# GLOSSARIO
# LUSO-ASIATICO

# GLOSSARIO

# LUSO-ASIATICO

SEBASTIAO RODOLFO DALGADO

VOLUME I

A — L

*Published by*

Facsimile Publisher
12 Pragati Market
Ashok Vihar, Ph-2
Delhi-110052
facsimilepublisher.com

*Distribution Network*
gyanbooks.com
India, USA, Canada, UK, Australia, France



ISBN : 978-93-5324-401-9 (Set)
ISBN : 978-93-5324-402-6 Vol. 1 (HB)
First Published, 1919

2nd Impression 2020

*Printed at:* Gyan Press, Delhi.



**Glossario Luso-Asiatico**
Author: Sebastiao Rodolfo Dalgado

ACADEMIA DAS SCIÊNCIAS DE LISBOA

# GLOSSÁRIO
# LUSO-ASIÁTICO

POR

MONSENHOR SEBASTIÃO RODOLFO DALGADO

Professor de sânscrito na Faculdade de Letras
da Universidade de Lisboa

VOLUME I

COIMBRA
IMPRENSA DA UNIVERSIDADE
1919

Ao Excelentíssimo Senhor

Dr. José Leite de Vasconcelos

**Abalizado filólogo, etnólogo e arqueólogo**

Em testemunho de muita consideração,
amizade e gratidão

Dedica

O autor.

# PREFÁCIO

«Foi de pouca dura a dominação dos portugueses no Oriente; acabou-se com a rapidez com que se adquiriu. Já não tremula o pendão das quinas nas margens do Hugli, na cidade de Bombaim, no Malabar, na costa de Choromândel, em Ceilão, Malaca e Ormuz. Do imenso império que erguera, como por encanto, o esforçado braço de

Albuquerque terribil, Castro forte,

só restam uns pequenos retalhos, que vicissitudes políticas farão talvez passar para outras nações.

«Mas nem por isso ficará de todo olvidado o glorioso nome da heróica nação, que, descerrando as portas do Oriente, foi a primeira a implantar a civilização do Ocidente, conquistando terras para o rei e ganhando almas para Cristo.

«As colossais fortalezas com que se depara a cada passo, e que são como os padrões na África; o padroado eclesiástico, que, se bem que cerceado, ainda cobre uma vasta área; e os apelidos portugueses que ressoam por toda a Índia, atestam eloqùentemente a sua passagem luminosa, que, embora efémera em várias partes, exerceu todavia poderosa influência e deixou vestígios duradouros por todo o Oriente.

«Mas — quem sabe! — a acção do tempo, e, ainda mais devastadora, a acção dos homens desmoronarão as fortalezas, e dissiparão os últimos restos do poderio temporal. O padroado, coartando-se ainda mais, desaparecerá por fim sob o conjunto de várias circunstâncias. Os mesmos apelidos passarão, por conveniência política ou social, por diversas transformações, e, como vi com meus próprios olhos em Bengala e Ceilão, os Correias serão Currie, os Coutos serão Cout, e os Soares e Gomes serão Swarees e Gomeesse.

«Ainda assim não se romperão por completo os laços que prendem a Índia a Portugal; não se apagará totalmente da memória dos índios a conquista dos portugueses, que se distancia das demais, anteriores e posteriores, pela sua acção civilizadora toda especial e pela sua política altamente igualitária e fusionista.

«A influência que a língua lusitana exerceu no Oriente zombará certamente da acção corrosiva do tempo e dos esforços dos homens, e será um monumento vivo e perene da dominação e civilização portuguesas.

«E quando porventura, pelo perpassar de séculos, o português não fôr falado na pátria de Valmíqui e Viassa, contudo os vocábulos da bela língua de Camões, adoptados e naturalizados nos idiomas indígenas, não perecerão jamais, mas perdurarão juntamente com os mesmos idiomas».

Assim escrevia eu em 1900 na introdução ao *Dialecto Indo-português de Ceilão;* e já havia uma dezena de anos que começara a estudar, com maiores ou menores intervalos, a influência da língua portuguesa na Ásia meridional, sob o duplo aspecto dos seus crioulos e dos vocabulários indígenas, bem como a reinfluência nela exercida pelos idiomas vernáculos.

E desde então tenho prosseguido na labuta, com mais ou menos actividade, mas sempre com o mesmo ardente zêlo e irremitente entusiasmo, derivados primáriamente da entranhada dedicação a Portugal e do empenho pela sua glória.

Os resultados não terão, quiçá, correspendido à aspiração e à expectativa; mas creio que não será descabido mencioná-los, para justa, embora modesta, satisfação: *Dialecto Indo-português de Ceilão, — de Goa, — de Damão, — do Norte, — de Negapatão; Influência do Vocabulário Português em línguas asiáticas; Contribuições para a lexicologia luso-oriental; Gonçalves Viana e a lexicologia portuguesa de origem asiático-africana,* e o *Glossário Luso-asiático,* de que sai agora o primeiro volume.

Qual seja o valor real desta última publicação os competentes o dirão, e também avaliarão a soma de trabalho que tem acarretado, assim na perlustração da nossa vastíssima literatura oriental, como na investigação etimológica de tantas centenas de vocábulos, pertencentes a tantas e tão desvairadas línguas. Por mim, posso afirmar que, a despeito de toda a boa vontade e diligência, não é completa ou perfeita; nem isso seria de esperar em semelhantes assuntos.

O meu projecto inicial era tratar da nossa inteira lexicologia colonial, asiática e africana; e, neste sentido, tinha principiado a coligir apontamentos e a coordenar o trabalho. Considerando porêm, por um lado, que se antolhavam muitas dificuldades etimológicas com respeito aos idiomas da África Oriental, e por outro, que a obra assumiria, à vista do pleno traçado, grandes dimensões, achei prudente circunscrever-me sómente à Ásia, para que o barco não naufragasse no meio da derrota. E por muito ditoso me darei se a Providência me prolongar a vida até levar ao cabo o presente empreendimento, assim limitado, atentos os embaraços de elaboração e de impressão, mormente nos tempos anormais que atravessamós.

A guerra actual (da qual esperam os optimistas que ponha a humanidade na posse do eldorado) tem entravado a comunicação com certos países, dificultado a aquisição de livros estrangeiros, e tornado demorada e irregular a correspondência postal, particularmente com a Índia.

A Academia das Sciências levou a sua benevolência ao extremo de dispensar o respectivo parecer para o *Glossário,* reputando-o complemento da *Influência.* O Dr. David Lopes teve a amabilidade de lhe tecer antecipado elogio numa das sessões e de me subministrar muitos esclarecimentos com relação ao árabe. A Direcção da Sociedade de Geografia, abrindo excepção por motivos especiais, permitiu-me consulta domiciliária dos livros da sua rica biblioteca. O Sr. Inspector das Bibliotecas Eruditas facilitou-me a leitura de algumas obras da Biblioteca Nacional. O Sr. Director da Faculdade de Letras requisitou, a meu pedido, várias espécies da referida Biblioteca. O Sr. J. A. Dias Coelho, habilíssimo chefe do quadro de revisão da Imprensa Nacional, também agora se prontificou a rever as provas mais de uma vez. O Sr. Cândido Augusto Nazaré, ilustrado director da tipografia, envidou toda a sua diligência para que a impressão fôsse possívelmente rápida e esmerada. Amigos e homens de letras da Índia obsequiaram-me com a sua valiosa colaboração nas consultas que lhes fiz, tais como: os Srs. Amâncio Gracias, alto funcionário da fazenda pública; António Francisco Moniz, magistrado em Damão; Cristóvão Pinto, antigo deputado; Ernesto Fernandes, oficial da alfândega de Nova Goa; Dr. José Maria da Costa Álvares; Padre Ludovico Ferrão, missionário do Padroado; P. E. Pieris, juiz de Jafna e autor da erudita história da dominação portuguesa em Ceilão, o qual, sem relações pessoais, pôs à minha disposição a sua cooperação no tocante às línguas singalesa e tamul.

A estes e todos os mais que de qualquer modo me prestaram o seu auxílio deixo aqui consignado o meu inolvidável reconhecimento.

Lisboa, Novembro de 1918.

S. R DALGADO.

# INTRODUÇÃO

## I. — Influência do Oriente em Portugal

A influência de Portugal no Oriente, conquanto muitos escritores estrangeiros e alguns nacionais se limitem a encarar a sua dominação como cruel, intolerante e de poucos resultados benéficos, apresenta-se-nos, quando devidamente perscrutada, com uma feição e um cunho todo peculiar, e altamente afectiva e simpática — influência que outras nações, que se reputam mais civilizadas e liberais, não lograram até o dia de hoje atingir com toda a orientação moderna [1].

Um facto da actualidade e de palpável evidência, que só por si representa um padrão glorioso e um aferidor seguro dessa relação entre os conquistadores e os conquistados, é o reconhecimento legal e efectivo da igualdade política e social, sem nenhuma restrição, de todos os coloniais — sejam índios, chineses, oceânicos ou africanos — com os europeus — facto que é mero *desideratum* de várias colónias estrangeiras, vastas, ricas e ilustradas [2].

Na concepção geral dos portugueses, e no seu conseqùente proceder, as suas colónias não são dependências ou núcleos de exploração: pelo contrário, são pedaços de Portugal, disseminados, para sua glorificação, em diferentes climas, com raças, côres, castas, usos e costumes dissimilares, sim, mas nem por isso menos portugueses de alma e coração, sem invejarem a sorte de outras colónias mais florescentes. É também por êste motivo que um português, nascido na Índia ou na África de pais europeus, não se peja de chamar-se *índio* ou *africano*.

Nem deve isso causar estranheza ou afigurar-se um facto insulado e

---

[1] «Há poucas nações que possam gloriar-se dum passado como os portugueses... A influência do elemento português exercida no Arquipélago Indiano, foi duma fôrça absolutamente particular, como resulta do facto de se depararem fàcilmente ainda hoje os seus vestígios na população indígena das ilhas que actualmente pertencem às possessões holandesas». — Heyligers, *Traces de Portugais*, pp. 3 e 11.

[2] «Os portugueses têem sido sempre n'este ponto muito tolerantes — e é esta uma das suas grandes qualidades de colonizadores — e não podiam considerar desdouro a alliança com as castas nobres da India, do mais puro sangue ariano». — Conde de Ficalho, *Garcia da Orta e o seu tempo*, p. 169.

recente. O intuito primordial, o móvel absorvente dos primeiros descobridores e conquistadores era dilatar os confins temporais e espirituais do reino, e vincular o Ocidente e o Oriente com os suaves laços de amor [1].

Eis uma prova de subido valor, que é ao mesmo tempo um corolário: o rei de Portugal não se dedignava de ser tratado pelos rajás amigos do Malabar como seu *irmão* — tratamento de que êles, a justo título, mais se ufanavam, e que nenhum soberano de outra nação se dignou ou mereceu receber de qualquer potentado da Ásia ou da África até o presente, vivendo nós, aliás, em uma época em que tanto se preconiza a liberdade, a igualdade e a fraternidade do género humano [2].

E não consta que algum vice-rei ou governador estrangeiro tenha jamais chamado *minha filha* a uma indígena, como o grande Afonso de Albuquerque chamava indistintamente às naturais de Goa que se convertiam e casavam com os seus soldados e marinheiros [3].

Estes e outros factores análogos da política colonial demonstram exuberantemente que, se os portugueses sabiam fazer-se temer dos inimigos e tratá-los com dureza, também possuíam o condão de ganhar os ânimos, associando-se sem reserva e até identificando-se com os indígenas, mormente se já pertenciam à mesma fé e eram pelo mesmo facto *irmãos* [4].

É precisamente êsse íntimo e assíduo convívio que chamava a atenção dos estrangeiros, naturalmente mais exclusivistas. «Os Portugueses,

---

[1] «A tenção principal que elRey dom Manuel seu senhor tiuera neste descobrimento, fôra desejar a communicação dos Reys Gentios daquellas partes. Porque mediante ella e o commercio que he hum vso que procedeo das necessidades dos homens, e fica hum vinculo de amizade pera se communicarem hũs com os outros: resultaria desta communicação o amor, e este amor daria as orelhas facilmente aos naturais a que a fê de Christo fosse por elles acceptada». — João de Barros, Déc. I, IX, 5.

[2] «Pedindolhe [o rei de Cochim a Afonso e Francisco de Albuquerque] que por seruiço d'elRey de Portugal **seu irmão**, pois elle tão lealmente defendia suas cousas *té offerecer a vida por ellas e perder todo o seu estado:* consultassem entre si como ali ficasse algum delles com maes gente do que ficaua ordenada à feitoria». — «Pois não tinha por trabalho os perigos que passaua em defender aquelle seu reyno, que era d'elRey de Portugal **seu irmão**». — Déc. I, VII, 3 e 7.

[3] «Contentauase com o dote que lhe Affonso d'Alboquerque daua, e mimos que lhe fazia, chamando a estes taes esposos *genros,* e às molheres **filhas**». — Déc. II, V, 11.

«E já a este tempo haveria em Goa quatrocentos e cincoenta casados, todos criados delRey, e da Rainha, e dos Senhores de Portugal, e eram tantos os homens que queriam casar, que se não podia Afonso Dalboquerque valer com os requerimentos, e elle não daua licença senão a homens honrados». — *Commentarios,* III, cap. 2.

[4] «A qual obra [reversão de Frei António do Loureiro ao cativeiro do rei de Cambaia] acreditou tanto nossas cousas, que não tardou muito vermos quanto aproveitou com elles, hauendo sermos homens que tinhamos duas partes: hũa pera muito temor, e outra pera grandemente amar: por mal, sermos mui esquiuos vingadores de offensas: e por bem, em extremo fiéis na amizade, e cumpridores da nossa palaura». — Déc. II, VII, 3.

escrevia Pyrard de Laval em 1615, tiram um espantoso lucro em toda a parte da Índia, onde tem entrada. Associam-se com os naturais, que os acompanham em suas navegações, e até todos os seus marinheiros e pilotos são índios, ou gentios ou mouros». *Viagem*, I, p. 363.

Claro é que dessa expansibilidade social e intimidade igualitária, a despeito de diversos pontos de discriminação, deviam necessáriamente surtir dois efeitos: influência multíplice, funda, dilatada e perdurável da parte dos portugueses nos povos asiáticos; e, reversamente, influência em vários sentidos, não menos poderosa, dos orientais nos filhos de Portugal e, por seu intermédio, no resto da Europa.

A primeira está expendida e exemplificada em outra obra. Para delinear a segunda, socorrer-me hei das autorizadas e eloqùentes palavras de Consiglieri Pedroso:

«O que de então para cá se passou no domínio da sciencia, da arte, da industria e da economia politica; as profundas modificações que a partir d'essa epocha solemne revolucionaram as relações commerciaes entre o Oriente e o Occidente... constituiria assumpto não de uma simples conferencia, mas de muitas, as quaes ainda assim haviam de ser insufficientes para tão complexa exposição.

«Revolução geographica sem par na historia de todos os tempos, importa ao mesmo tempo uma revolução profunda em todas as sciencias que com a geografia se relacionam. A ethnologia teve então noticia de novos grupos humanos, para preencher o quadro das suas classificações incompletas. A linguistica só se tornou possivel como disciplina de methodo rigoroso, depois que esteve de posse do enorme material que o conhecimento de tantas sciencias, até então ignoradas, lhe forneceu.

«Isto pelo que respeita ás sciencias sociaes ou historicas. Mas em outros dominios scientificos não foi a revolução menos importante. Outra fauna, outra flora, outros céus, outras terras e outros mares, offereceram novos elementos á observação n'um campo novo, inexplorado até ahi. E constituiram-se então: a nova botanica, a nova zoologia, a nova anthropologia, a nova geographia, a nova ethnologia, assentes na base definitiva, que lhes forneceu o criterio comparativo...» [1].

Os portugueses que, depois de mais ou menos longa ausencia, regressavam à metrópole, não traziam na sua bagagem sómente riquezas e curiosidades da Ásia, mas também vinham providos de novas ideas, variados conhecimentos, diversas proezas e aventuras; vinham transformados, completamente *orientalizados;* distinguiam-se fácilmente dos que não tinham saído do país, não só pelo seu luxo, mas também pela sua linguagem.

Não admira, portanto, que os seus compatriotas, que eram, conforme uma locução sânscrita, como «tartarugas do poço», os achassem singu-

---

[1] *Influencia dos Descobrimentos Portuguezes na Historia da Civilisação*, pp. 6 e 14.

lares e excêntricos, e às vezes os ridiculizassem, do mesmo modo que êles o faziam na Índia aos reinóis recenchegados. É por isso que Francisco Rodrigues Lôbo escrevia em 1619, referindo-se aos *indiáticos*: «Não sabem dar hum passo sem *palanquins, bajús, catanas, bois, larins* e *bazarucos;* e outras palavras, que deixam em jejum o entendimento dos ouvintes, sem por isso os seus ficarem melhor acreditados» [1].

Mas, evidentemente, não mereciam censura; não era por afectação calculada, era por mera espontaneidade, proveniente da prolongada prática, que se serviam na sua conversação de termos peregrinos. Não levavam, de certo, às costas, à maneira do caracol, como nos atesta Tomás Ribeiro (nas *Jornadas*) que o fazem os ingleses, a sua casa, o seu *home:* adaptavam-se ao ambiente em que viviam; faziam-se índios com os índios, chineses com os chineses, japões com os japões, naires com os naires, brâmanes com os brâmanes. Praticavam a seu modo o que S. Francisco Xavier exercitava, à imitação de S. Paulo: *Omnibus omnia factus sum.*

## II. — Influência de idiomas asiáticos na língua portuguesa

O Conde Angelo de Gubernatis, transviado pelo patriotismo desregrado e pelo pouco conhecimento da literatura portuguesa, abalançou-se a exarar, referindo-se aos seus patrícios, esta afirmação paradoxal» : «Mas ao menos esta parte exterior da sua vida [dos brâmanes] os nossos viajantes, recordando-se de ser povo de artistas, quiseram todos, dum modo ou doutro, representar; pelo contrário, mais grosseiros e mais ávidos que os nossos, os portugueses, à excepção de pouquíssimos, gozaram-se sibarìticamente da Índia e a depredaram, sem ver, sem investigar mais longe» [2].

Não podia haver apreciação flagrantemente mais injusta e disparatada. Aqueles que ao Conde se afiguraram «pouquíssimos» constituem uma legião, como demonstra a bibliografia desta obra, além de muitos livros inacessíveis; e a Índia *depredada* ainda hoje se recorda com gratidão e saùdade dos benefícios materiais e espirituais que deveu à acção civilizadora dos portugueses *sibaríticos* [3].

---

[1] *Corte na Aldea,* Dial. IX.

[2] *Storia dei Viaggiatori Italiani,* p. 321.

[3] «Pelo que respeita à influência da colonização portuguesa sôbre os costumes dos habitadores indígenas, bastará dizer que desde o princípio os missionários portugueses prègaram o cristianismo e fundaram escolas cristãs... Inútil é acrescentar que a obra dos missionários introduzia ao mesmo tempo os primeiros elementos da civilização europeia e as ideas dos conquistadores, emquanto os costumes começavam a abrandar-se sob o influxo do cristianismo». — Heyligers, *op., cit.,* p. 12.

«Os holandeses e os seus feitos cessaram de ser lembrados pelos singaleses da região baixa; mas os chefes do sul e do oeste perpetuam com orgulho o honorífico

E, com todo o seu patriotismo e erudição, não poderia o orientalista italiano apresentar-nos um viajante nacional — seja Marco Polo, Conti, Varthema, Balbi, Sassetti ou Valle — que tivesse vivido em contacto mais íntimo e directo com todas as camadas de homens e conhecido melhor a organização social e política, as religiões, as tradições, a psicologia e os costumes da Índia, entendida no sentido mais lato, do que Duarte Barbosa, Garcia da Orta, Diogo do Couto, Gaspar Correia, Fernão Mendes, Gaspar da Cruz, Jacinto de Deus, Francisco de Sousa e tantos outros. João de Barros, sentado na Casa da Índia, em Lisboa, sabia do Oriente, e em particular da Índia, muito mais, nomeadamente com relação à geografia e à história antiga, do que muitíssimos viajantes de nomeada, antigos e modernos [1].

Os *Roteiros*, as *Decadas*, as *Lendas*, a *Chronica dos Reis de Bisnága*, a *Peregrinação*, os *Coloquios*, *Os Lusiadas*, as *Cartas de Japão*, o *Vergel das Plantas*, o *Oriente Conquistado*, a *Conquista de Ceylão*, a *Noticia Summaria da Cochinchina*, etc., são monumentos imorredouros de fino espírito de observação, de ávida curiosidade de saber, de paciente investigação, de exame maduro e imparcial, de estudo bem digerido, de informações pormenorizadas e em primeira mão, de tão subido valor, que dêles se tem principalmente aproveitado os viajantes estrangeiros, coevos e posteriores, e dêles não podem prescindir, segundo o juízo dos orientalistas despreocupados e conscienciosos, os que tratarem devidamente da Índia, da Indo-China e do extremo Oriente [2]. As suas

---

título de *dom* que lhes foi concedido pelos primeiros conquistadores, e ainda antepõem aos seus antigos patronímicos os sonoros nomes cristãos dos portugueses». — Sir James Emerson Tennent, *Ceylon*.

«Em cochim achey hũa arca de cartinhas por omde simsynam os meninos, e pareceo me que voss alteza as nam mandara pera apodrecerem estamdo n arca e ordeney huum homem casado aquy, que imsynase os moços a ler e esprever, e averá na escolla perto de cem moços, e sam deles filhos de panicaees, e d omeens honrrados; são muito agudos e tomam bem o que lhe emsynam e em pouco tempo, e sam todos cristãos». — Afonso de Albuquerque, *Cartas*, I, p. 44.

«Os quaes [meninos de Maluco] Antonio Galvão mandaua doutrinar nas cousas de religião, e ensinalos a ler e escreuer». — Castanheda, *Historia*, VIII, cap. 203.

«Essas populações catholicas, que ainda por lá estão, em terras onde ha longos annos perdemos o dominio, e ainda unem á veneração pela sua crença o respeito pelo nome do nosso paiz, provam quão fundo haviam penetrado a palavra e o influxo do padre portuguez». — Conde de Ficalho, *op. cit.*, p. 160.

[1] «O principio deste Reyno Ormuz (segundo contão as chronicas que *nos forão interpretadas de Persico*) foi por esta maneira». Déc. II, II, 2. — «E segundo os povos Malayos dizem (*de quem nós recebemos esta relação*)». Déc. II, VI, 4. — «Os letrados Arabios e Parseos em suas geografias per nome antigo lhe chamão Serandib, das quaes *nós temos alguns volumes em sua propria lingua onde o vimos*». Déc. III, II, 1. — Vid. em especial Déc. I, IX, 1.

[2] «Não é, talvez, exageração dizer que para o estudante da história de Ceilão a *Conquista* [de Fernão de Queiroz] é sómente sobrelevada em valor pela grande crónica singalesa, o *Mahawansa*». — P. E. Pieris, *Introduction* ao livro *Conquista de Ceylão*.

traduções, a sua inclusão em colecções especiais, as constantes e elogiosas referências comprovam-no de sobra [1].

Nenhum botânico pode versar a flora oriental sem ter à vista a inapreciável obra do nosso Orta, como se colige de Cristóvão da Costa, Bóncio, Piso, Rheede, Rúnfio [2]. A Década V é um tratado dos principais sistemas religiosos da Índia, escrito com tanta minudência, clareza e precisão, que qualquer indianista dos nossos tempos se não dedignaria de o subscrever. É Diogo do Couto quem nos ensina, confirmado no século passado por Caldwell, que o «venerável» pariá Valuvar compôs 1:330 aforismos poético-religiosos, e quais são os assuntos de que tratam. É também êle o primeiro orientalista que identificou, como reconhece Yule, a lenda cristã de Barlaam e Josaphat com a de Buda, do que agora outros reclamam a honra, por nós não curarmos pugnar por nossas lídimas glórias [3].

Factos desta ordem são infalíveis indicadores da familiaridade dos portugueses, em geral, com os povos, línguas, literaturas e lendas do Oriente. D. João de Castro [4], Fernão Mendes, Lopo de Sousa Coutinho, António Galvão, Diogo do Couto, João Ribeiro, Gabriel Rebêlo, eram tão bons escritores como valorosos soldados; sabiam empunhar com igual habilidade a pena e a espada. O próprio grão Épico, com o «braço às armas feito», tinha a «mente às musas dada», como demonstrou mais de uma vez na Índia. Os mesmos negociantes, a pedido de João de Barros e outros sequiosos do orientalismo, consignavam nos seus cadernos, embora em linguagem tôsca, informações históricas, descrições de vários géneros e impressões pessoais, tão interessantes e valiosas, que reconhecem agora os ingleses que o livro editado pelo Dr. David Lopes é indis-

[1] Cumpre notar que se não pretende com isto contestar ou depreciar o grande merecimento de vários viajantes estrangeiros. Os italianos, em particular, atenta a sua curiosidade e ilustração, se se achassem nas circunstâncias dos portugueses, fariam, de certo, outro tanto ou talvez mais. Tratamos, porêm, de factos incontrovertíveis e de documentos históricos. — «E Josepe [cristão de S. Tomé] foi ter a Roma e a Veneza, e do que lá disse da sua christandade e costumes, os Italianos que nisto são maes curiosos que nós, fizerão hũ summario que está incorporado em hũ volume latino intitulado *Nouus Orbis*». Déc. I, v, 8. — Também, se não fôssem os italianos, perderíamos alguns dos nossos manuscritos, que só conhecemos por suas traduções. Vid. *Collecção de Noticias para a historia e geographia das Nações Ultramarinas*.

[2] «Garcia da Orta é talvez o primeiro europeu que examinou e descreveu criticamente *laca* na Índia, e dá as propriedades e os usos assim da matéria corante como da resina com tal minuciosidade, que se pode citar o passo como da pena dum escritor do século XX em lugar do do XVI». — Watt, *The Commercial Products*, p. 1054.

[3] Vid. o artigo *ágama* na presente obra.

[4] «Alleyxos de carvalho me dixe de parte de vosa s. que lhe mãdase allyxandre em parsyo, la lhe mando haindaque has escretūras destes mouros tenhoas por menos autentes que as nosas». — *Vida de D. João de Castro*, edição de Fr. Francisco de S. Luís.

pensável a quem queira tratar do extinto reino de Bisnaga, que representou um papel tão importante na história de Índia [1].

Pelo que toca às religiões de Índia — assunto muito intricado — era aos missionários que competia estudá-las e rebatê-las, visto que, doutro modo, não haveria verdadeira evangelização nem conversões aos milhares. E que os nossos evangelizadores as perscrutavam, consta das *Cartas* de S. Francisco Xavier, das *Cartas de Japão,* das *Relações Annuaes,* da *Noticia do Gentilismo,* e de tantas outras obras impressas que conhecemos, além das que ficaram, por nossa incúria, em manuscrito, como as de Frei Francisco Negrão, Padre Manuel Barradas, Padre Fernão de Queiroz [2].

Confrontem-se os antigos indianistas nacionais com os estrangeiros dos séculos XVI e XVII, e depreender-se há claramente que os nossos os sobrepujam *toto coelo* pela cópia de vocábulos vernáculos, pela exactidão de transcrições e pela precisão de definições, e que os outros hauriram os seus conhecimentos imediatamente das fontes portuguesas, e reproduziram os termos peregrinos com idênticas formas, que depois foram deturpadas por ortografias peculiares.

Fenómeno bem explicável. Pouco depois da chegada dos portugueses à Índia, a sua fala, modificada e simplificada, tornou-se *língua franca* e meio ordinário de comunicação entre os europeus e os naturais, entre os europeus de diversas nacionalidades e entre os próprios indígenas de diferentes idiomas; e fraccionou-se rápidamente em numerosos crioulos, até hoje existentes fora do domínio português; o que se não deu, pelo menos na mesma amplitude, com nenhuma língua das nações que posteriormente figuraram no teatro político do Oriente [3].

---

[1] Vid. *Chronica dos Reis de Bisnaga;* Sewell, *A Forgotten Empire.*

[2] «Quanto à genealogia de Bramá e doutros ídolos fabulosos dos índios, e ao que respeita à sua vã teologia, remeto o leitor aos livros do Padre Frei Francisco Negrão... o qual na história X da Crónica das cousas feitas pela sua Ordem na Índia, escrita em português, fala disto à saciedade... O Padre João Lucena Jesuita, na sua história de S. Francisco Xavier, escrita em português, faz também menção da religião e das cousas dos gentios indianos, e mostra que fala com bom fundamento». — Pietro della Valle, *Viaggi,* carta de 22 de Março de 1623.

[3] «O indo-português é mais ou menos entendido por todas as classes na ilha de Ceilão e por toda a costa da Índia; a sua extrema simplicidade de construção e facilidade de aquisição tendo-a pôsto extensamente em uso como um meio de tráfico». —*The Bible of Every Land.* Vid. *Dialecto Indo-português de Ceylão,* pelo autor.

«E se vos não enfadar, vos direi o que me aconteceo, curando ao seu principe erdeiro [de Nizamoxá], que entonces era homem de 30 annos, muito forçoso, bem acompreisoado e comedor. E porque aprendia *a lingua portuguesa* comigo, me perguntou *em português* que faria a huma sarna que tinha com muito prurido». — Garcia da Orta, Col. XXXVI.

Perguntava um padre português, em 1663, a uns missionários franceses que de Surrate pretendiam ir para a China: «Mas em passando de Surrate em que lingua se hão VV. SS. de explicar? Na *Portugueza, que he a mais universal,* não; porque a

As dicções vernáculas, inseridas no português oriental e importadas em larga escala pelos seus crioulos, deviam naturalmente transmitir-se, se bem que em menor número, ao português continental e nele encorporar-se para sempre, enriquecendo assim consideràvelmente o seu vocabulário e testemunhando a repercussão da influência asiática, *aere perennius* [1].

## III. — Influência de idiomas asiáticos em outras línguas europeias

Logo que os portugueses iniciaram as suas conquistas no Oriente, acompanharam-nos muitos indivíduos doutras nações, principalmente da Itália, como artilheiros, comerciantes, viajantes e aventureiros, alguns dos quais desertaram e combateram contra os seus protectores, como em Calecut.

Nas obras que escreveram ou que trasladaram dos originais portugueses, de que se apropriaram, reproduziram, de ordinário, os vocábulos asiáticos na forma e no sentido em que os conquistadores commummente os empregavam, como se vê nos livros de Empoli, Sassetti, Balbi, Linschoten, Beaulieu, Pyrard, Tavernier, etc. Alguns chegaram até a copiar os erros tipográficos dos nossos autores [2]. Quando se desviaram das fontes, erraram amiúde na feição vocabular ou na significação, como Barthema e Carletti. Vid. *ágama* e *corja* no *Glossário* [3].

Quando os holandeses, os ingleses, os franceses e os dinamarqueses seguiram na esteira dos portugueses, e se apoderaram de vários retalhos e estabeleceram feitorias, adoptaram o mesmo processo de se servir, mais ou menos fielmente, dos termos orientais, tais quais tinham passado

---

não sabem, nem aprendem. A Latina e a Franceza totalmente se ignora pelos naturais». — P. Manuel Godinho, *Relação*, p. 45.

[1] «De todo este tracto e communicação com tantos principes africanos e orientaes, antigos e modernos, continuado por longos seculos dentro e fóra da Peninsula, necessariamente haviam de vir, e effectivamente vierão, aos idiomas das Hespanhas, e em particular ao portuguez, muitos vocábulos, frases, formas e idiotismos das linguas daquelles povos, assim como nos vierão usos, costumes e praticas, que ainda entre nós se conservão». — Cardeal Saraiva, *Glossario*.

[2] Por exemplo: a 1.ª edição dos *Coloquios* (de Garcia de Orta) tem *elevi* por *eleni* como nome malabárico de *lanha* (q. v.). Linschoten, em 1589, e Rúnfio, em 1690, transcrevem *elevi* no mesmo sentido, mas o segundo conjuntamente com *lenni*. Dellon (1670), porêm, substitui-o por *elenir*, pròpriamente *iḷaṇīr*.

[3] «A palavra *chakka* da língua do Malabar foi invariàvelmente transcrita *jaca* em português. Escritores italianos reproduziram-na por: *ciake* (Marignolli, séc. XIV), *cachi*, *ciccara* (Conti, 1444), *ciaccara* (Barthema, 1510), *giava* (Sassetti, 1586), *giacca* (Fr. Vincenzo Maria, 1655), *ciaca* (Fra Paolino, 1786).

O Padre Charlevoix conhecia sem dúvida as *Cartas de Japão* dos nossos missionários; mas, por seguir o Padre Crasset, estropeia muitos vocábulos japoneses, como: *iambus* por *iamabuxis*, *xenxus* por *jenxus*, *xodocins* por *jodoxus*, *conikus* por *conixus*.

pelo cadinho português, e que ouviam de viva voz ou liam nos livros, como se pode verificar nos seus autores e no decurso dêste *Glossário*[1].

Os estrangeiros que vinham a Lisboa, que era então um empório oriental, comprar ou examinar produtos ou animais asiáticos (africanos e brasileiros), levavam consigo, como era de esperar, nomes que aqui vogavam e transmitiam aos seus patrícios[2].

No decurso do tempo, alguns dêstes vocábulos, mais vulgarizados, foram acomodados à índole e à ortografia da respectiva língua e à etimologia popular; e por isso ficaram enormemente desfigurados, a ponto de se lhes não conhecer a verdadeira derivação ou de se dar incorrecta. Assim temos: *bois d'aigle* e *eagle-wood* por *pau de águila; biche-de-mer* e *beech-de-mer* por *bicho do mar; bayadère* por *bailadeira; albatrós* por *alcatraz; cutter* por *catur; cot* por *catre; macrée* por *macaréu; mort-de-chien* por *mordexim; pastèque* por *pataca; mangouste* por *mangus; bœuf* por *boi* («porta-sombreiro»); *main* por *mão* («pêso indiano»)[3].

Várias dições, que tinham sido outrora daqui exportadas, ou tinham cá sinónimos mais portugueses, foram modernamente importadas no país, por escritores eruditos e dicionaristas solícitos, com trajos exóticos e burlescos, tais como: *aligator* por *lagarto* ou *lagarto de água; babouches* por *papuses: firman*, que, fonéticamente, só existe em francês (os ingleses proferem-no diferentemente) por *formão; litchi* por *lichia* ou *lechia; rajah* por *rajá* ou *raja; schah* por *xá; shogun* por *xogum*[4].

Não sendo as palavras, que os estrangeiros adoptaram por via do

---

[1] «Uma grande quantidade dos nossos coloquialismos anglo-indianos, se bem que sejam porventura atribuíveis a fontes indígenas... veio-nos por um intermédio português». — Yule, *A Glossary*, p. xv.

[2] «Veneza e Génoa passaram desde então ao segundo plano, enquanto Lisboa, tomando-lhes o lugar, se tornou a primeira cidade comercial do mundo, onde afluíam superabundantemente todos os produtos do Oriente, o entreposto donde essas mercadorias eram transportadas para todos os países da Europa». — Heyligers, *op. cit.*, p. 4.

[3] Vid. a documentação nos respectivos vocábulos.

[4] «A velha ortographia portugueza dos nomes orientaes era sonicamente muito exacta. *Xá* e *xeque* dão-nos bem o som das palavras persiana e arabica, como *Xercansor* nos dá muito proximamente Scher Khan Súr. Parece-nos, porém, que a sua adopção seria hoje inadmissivel, porque a ortographia se dirige aos olhos, tanto pelo menos quanto aos ouvidos, e esta volta a formas já hoje desusadas introduz um elemento de incerteza na leitura»! — Conde de Ficalho, Col. x.

E assim pensam outros escritores modernos, que não gostam de prata de casa, e perfilham ortografias que nem são tradicionais, nem scientíficas, nem etimológicas, mas sómente estrangeiras e as mais das vezes desarrazoadas. O Conde prefere *schah, scheikh, haschish* (*hashish* = *haxixe*) por causa dos olhos, mas não nos diz que olhos são êsses, se portugueses ou franceses ou germânicos, e se não se extasiariam melhor com a grafia da origem. Pois *sch* representa, na língua original, uma só letra, cuja fonação se conforma exactamente com a do nosso *x* inicial; mas o congresso dos orientalistas (1884) optou por *sh*, que é fonema inglês, sem valor em português.

português, meros sons sem sentido, mas representativos de ideas e designativos de objectos, é evidente que deveram o seu conhecimento primordial a Portugal e às suas colónias, e indirectamente se sujeitaram á influência de línguas asiáticas.

Vários dêsses vocábulos são derivados pelos lexicógrafos estrangeiros imediatamente do português. Há, porêm, muitos cuja etimologia vão buscar directamente ao Oriente, em desacôrdo com o testemunho da história, legítimo aferidor de etimologias. O presente trabalho, restringindo-se, de ordinário, ao inglês e ao francês, indica as formas que os vocábulos de origem asiática, recebidos, em regra, pelo canal português, assumiram nessas línguas [1].

Mas não sómente para as línguas vivas da Europa e para o latim moderno, mas também para a própria nomenclatura scientífica, principalmente botânica, transitaram com o cunho português numerosos termos orientais ou de significação oriental, tais como: *Lacerta aligator* = *lagarto*, «jacaré, caimão»; *Herpestes mungos* = *mangus*, «icnêumon da Índia meridional»; *Abada* = *bada*, «rinoceronte da Indo-China e Malásia»; *Areca catechu* = *areca* (*cate* e *cáchu*), «arequeira»; *Piper betel* = *bétele; Mangifera indica* = *manga*, «mangueira»; *Cocus nucifera* = *côco*, «coqueiro»; *Psidium pyriferum* = *pêra*, «goiabeira» [2].

## IV. — Nomes portugueses dados a objectos orientais

Quando Vasco da Gama e os seus companheiros e sucessores transpuseram o cabo Nam, passaram o Bojador e penetraram no *mar tenebroso,* viram uma quantidade de aves e peixes quo nunca tinham visto, e não sabiam como lhes chamariam. Recorrendo então às analogias e às suas observações pessoais, deram-lhes (como Adão no Éden) nomes que julgaram mais apropriados, e que posteriormente foram adoptados pelos mareantes doutras nações. E assim surgiram *alcatrazes, antenais, mangas-de-veludo, feijões-frades, rabos-de-junco, rabos-forcados, pintados, brigadeiros, almas-do-mestre*; *peixe bonito, voador, albacora, serra, pâmpano, madama,* etc.

---

[1] As abonações e a analogia mostrarão que outros idiomas europeus, se possuem tais palavras, deverão admitir idêntica procedência, particularmente o holandês. «Logo que Portugal, e sobretudo Lisboa, se tornou o empório central dos produtos da Índia, os negociantes holandeses começaram e mantiveram com essa capital um comércio muito activo e sempre em incremento, de sorte que era por seu intermédio que se fazia a venda destas mercadorias nos outros países da Europa». — Heyligers, *op. cit.*, p. 5.

[2] Semelhantemente, muitos nomes geográficos denunciam o crisol português, como: *Ceilão, Calecut, Goa, Bombaim, Bengala, Cochinchina, Barmâ* (*Birmânia,* que é sua corrução), *Japão*. Outros vogam traduzidos, como: Cabo de Boa Esperança = *Cape of Good Hope,* ou simplesmente *Cape;* Costa da Pescaria = *Fishery Coast.*

E quando aportaram à Índia, acharam-se em um país totalmente diferente do seu: homens, costumes, religiões diversas; flora, fauna, drogas, tecidos novos; embarcações, moedas, pesos e medidas peculiares. E não sabiam como os haviam de nomear e registar nos seus roteiros e memorandos.

De uns poucos já conheciam os nomes, transmitidos pelos árabes (ou genoeses e venezianos) e correntes na Europa ou sòmente na península hispânica, como, por exemplo: *anil, arroz, açúcar, alcanfor, laranja, limão, gengibre, canela, cravo.* Mas que fariam com os outros?

A analogia veio outra vez prestar-lhes o seu valioso auxílio: um fruto, que se assemelhava a um papão, foi chamado *côco*, e a árvore que o produzia teve o nome genérico de *palmeira;* um fruto saboroso, que tinha uns longes de figo, denominou-se *figo da Índia;* um outro, transportado da América e parecido com a pêra, designou-se por *pêra,* quando no país da sua naturalidade era *goiaba;* a curcuma, que tinha visos de açafrão, ficou sendo *açafrão da terra;* a insígnia do hindu regenerado era um cordão, que se podia designar por *linha* ou *linhas;* quem cuidava dos catecúmenos e dos neófitos merecia bem o nome de *pai dos cristãos;* um metal, que era como cobre, mas branco, podia sem impropriedade denominar-se *cobre branco.*

Além disso, a flora possuía várias espécies que tinham propriedades características e conspícuas, das quais tiraram elas os seus nomes: uma árvore, cujas flores se murchavam durante o dia, denominou-se *árvore triste;* outra, que deitava dos ramos raízes compridas, nomeou-se *árvore de raízes;* outra, de fôlhas muito amargas mas medicinais, foi conhecida por *amargoseira;* uma flor, que servia para engraxar o calçado, chamou-se *flor de sapato;* outra, que desabrochava à hora da merenda, teve o nome de *flor da merenda;* uma fruta, que era como uma estrela, designou-se por *fruta estrelada;* outro fruto, que servia para contas do rosário, alcunhou-se *fruta de conta.* Idênticamente, *pau-de-cobra, pau-rosa, pau-preto, pau-ferro* [1].

O lugar de origem do produto também subministrava nome português: *marmelo de Bengala, fava de Malaca, amendoeira da India, fôlhas da China, junco da Índia, avelã da Índia, mal de Ormuz* («filária»), *mal de Loanda* («escorbuto»).

O mesmo processo analógico e atributivo se seguiu, pôsto que em menor escala, na fauna: *cobra de capelo, cobra alcatifa, cobra cuspideira, cobra de ratos; bicho de palmeira, bicho de mar, lagarto de água; pássaro dominico, pássaro do sol, peixe naire, peixe pedra, peixe bigodeiro, peixe pâmpano.*

Outras palavras portuguesas adquiriram na Índia significações especiais, como: *casta*, na acepção de «classe social do regime bramânico»;

[1] *Pau-ferro* é tradução do malaio *káyu bési.*

*sombreiro* por «guarda-sol grande» ; *pano pintado* por «chita»; *bailadeira* «mulher que dança por profissão»; *bacia*, «prato que se tange com uma baqueta ; *espada preta*, «alfange timorense» ; *mouro*, «maometano» ; *comunidade de aldeia*, «peculiares associações agrícolas»; *lavrador de palmeiras*, «o indivíduo que extrai seiva delas» [1].

## V. — Carácter sematológico e morfológico dos vocábulos adoptados

Não tendo os portugueses na sua língua palavras para designar objectos desconhecidos, nem bastando o processo de analogia, de denotação característica e de procedência geográfica, foi necessário adoptarem os nomes correntes na respectiva localidade, que primeiramente foi o Malabar [2]. E o nome que foi uma vez adoptado aplicou-se, em regra, ao idêntico ou semelhante objecto doutras regiões, ainda que estas possuíssem seus termos vernáculos. Assim, encontramos *pagode, andor, palanquim, bétele, caixa, manga, chuname*, não sómente na Índia, mas igualmente na Indo-China, na Malásia, na China, no Japão.

Os referidos termos peregrinos podem agrupar-se, para maior clareza, em certas classes principais :

I. Nomes de objectos inanimados, tais como : *a*) os de tecidos, que são numerosíssimos e, lexicológicamente, difíceis ; *b*) de embarcações de diversas regiões, os quais também não são poucos, e alguns dêles obsoletos nas próprias localidades ; *c*) de moedas, pesos e medidas, em parte antiquados e de procedência incerta ; *d*) alguns de metais e pedras preciosas [3]; *e*) uns poucos de vestuários [4]; *f*) muitos de drogas medicinais e industriais ; *g*) alguns de instrumentos músicos [5]; *h*) uns poucos de documentos [6]; *i*) de louça [7]; *j*) de artigos culinários [8].

II. Alguns da fauna da Ásia meridional, como : *abada, ganda, ema, nilgau, chitela, bibió, manduco, talagóia, mangus, nore, martinho*; — e copiosíssimos do reino vegetal e dos seus produtos [9].

III. Alguns nomes de geografia física : *cande, patana, atol, cantor,*

---

[1] Vid. também *boiada, brinco, cangalha, cartaz, caseiro, carruagem, descendente, dobrado, enganchado, enrolado, fama, fechado, vigiador*.

[2] «Chamamoslhe *betre*, porque a primeira terra dos Portuguezes conhecida foi o Malavar... Todos os nomes que virdes, que nam sam portuguezes, sam malavares ; assi como *betre, chuna*, que he cal, *maynato*, que he lavador de roupa, *patamar*, que he caminheiro, e outros muytos». — Garcia da Orta, *Coloquio de Betre*.

[3] *Calaim, tutenaga, tambaca ; babagore, jagonça, manica, perose*.

[4] *Cabaia, baju, quimão, camarabando, dotim, chole, papuses, patola*.

[5] *Rabana, murdanga, baba, gumala, xinga, goto*.

[6] *Chapa, cartaz, formão, pottó, goguensi, goxuim*.

[7] *Pires, bule, chávena, boião, anchão*.

[8] *Canja, caril, apa, foguéu, bringe, balchão, paparim, bibica chau-chau*.

[9] Só com relação ao coqueiro, temos os seguintes : *ola, churta, iole, marindo, sura,*

*casana, borodo, culna;* — uns poucos de geografia política: *caçabé, pragáná, pacari, malo, taluca, corla, fu, cheu.*

IV. Nomes de fenómenos meteorológicos: *monção, tufão, macaréu, samatra, vara, elefante, terral;* — e de doenças: *mordexim, béri-béri, panicale, naru.*

V. Nomes de castas: *brâmanes, charodós, sudros, naires, macuas, chaliás, poleás, pariás;* — de dignidades: *samorim, rajá, xá, paxá, modeliar, bendará, mandarim, aitau, dairi, cubó, jacata, tono;* — de profissões e mesteres: *panditos, chatins, banianes; naiques, lascarins, sipais, araches; mainatos, farazes, cules, bois.*

VI. Nomes de religiões, com sufixos portugueses: *bramanismo, hinduísmo, budismo, jainismo, xintoísmo, lamaísmo, tauísmo;* — de seus deuses: *Bramá, Vixnu, Xiva, Ganês, Cali, Amida, Xaca, Camis;* — de seus templos: *pagodes, varelas, teras, dágabas, mias;* — de seus ministros e religiosos: *gurus, botos, saniassis, jogues, faquires, bonzos, bicos, talapões, lamas, rolins, fotoqués, icoxus;* — de suas festividades, cerimónias e objectos de culto: *sigmó, dosseró, caló, divali, puzá, bom, tirta, prassado, tulossi, suriapano, olli, morchéis.*

VII. Uma grande quantidade de termos técnicos das associações agrícolas aldeanas de Goa, muitos dos quais são de uso restrito em português [1].

Vê-se da sucinta enumeração que as palavras recebidas designam, na sua generalidade, objectos materiais, e são todas substantivos. Mas *chiado* é adjectivo.

Alguns dêstes vocábulos, porêm, transportados para a Europa, não conservaram a sua significação originária, ou tiveram outra acessória, como: *chatim, veniaga, pagode, corja, caurim, bailéu, amouco, sumbaia, canja.*

Os portugueses, todavia, não se contentaram com os termos importados; formaram dêles muitos derivados: substantivos, adjectivos e verbos, como, por exemplo: *chatinar, chatinagem, guazilado, mandarinado, mandarinete, anchacilado, tanadaria, gancaria, gancarial, bonzeria, bonzeiro, pagodento, mutrado, foteado, enjangado, embangueado* (de *bangue*), *juncaneiro, mordangueiro, empolear, desempolear, encachar, engunar, encairar, enrotar, enrotador, aripar, aripeiro.*

Derivados botânicos são sem conto: *manga* > *mangueira, mangueiral; areca* > *arequeira, arecal; caju* > *cajueiro, cajual; jaca* > *jaqueira, jaqueiral; palma* > *palmar, palmeira, palmeiral, palmareiro; bambu* > *bambual; pateca* > *patecal.*

---

*niró, urraca, fenim, fenasco, cajuló, dobrado, jagra, tenga, lanha, côco bárico, manzari, selim, copra, copraol, chireta, cairo, alenga, terlo, terluca, manducar, lavrador, derrubador, julgador,* etc.

[1] É Bluteau quem, entre os lexicógrafos, os regista mais, com longas explicações. E existe um glossário especial.

## VI. — Valor lexicológico dos vocábulos importados

I. Quanto ao *tempo,* convêm discriminar os termos orientais em antigos ou obsoletos, e modernos e contínuos.

As palavras vivem na linguagem falada emquanto designam objectos que actualmente existem; se estes desaparecem, são mortas, ou históricas, se constam de algum documento. Ora, desde os nossos descobrimentos e conquistas até hoje se tem operado, no Oriente da influência portuguesa, variadas e profundas mudanças em diversos sentidos: sociais, políticas, administrativas, fiscais, industriais, comerciais, monetárias, navais, etc. E nestas vicissitudes sucumbiram e afloraram numerosos vocábulos.

Conquanto sejam correntes na região da sua origem, se cessaram as relações desta com Portugal (como aconteceu com o Japão, Maluco, Ormuz), só podem ser conhecidos pela nossa antiga literatura oriental, verdadeiramente nacional; ou pela moderna, escassa e pouco lida, a qual por vezes os apresenta com feição tão exótica e estrangeirada que mal se podem identificar, como: *kouli* ou *cooli* (= cule), *schah* (= xá), *kimono* (= quimão), *litchi* (= lichia), *punkah* (= pancá), *suttee* (= sati), *haschich* (= haxixe), *bangalows, bengalows, bungalows* (= bangalós).

Os termos modernos não entraram no continente com novos objectos, mas geralmente pelos livros de funcionários e viajantes; não os conhece, por isso, o povo. Alguns devem a sua introdução à literatura francesa e inglesa, principalmente periódica.

II. Quanto ao *lugar,* uns são comuns à metrópole e às colónias, assim no sentido como na forma vocabular; outros sómente na forma (como *corja, chatim, canja, veniaga*); outros são comuns às colónias asiáticas e africanas orientais (como *achar, canudo, jagra, machila, saraça*); outros são regionais, os quais pertencem ao respectivo crioulo, como se verá no *Glossário.*

Os produtos, os artefactos, as drogas e outros artigos, que em tanta quantidade e diversidade entravam em cada monção no Tejo e se espalhavam pelo país inteiro, vinham ordinàriamente acompanhados dos seus nomes vernáculos, que corriam de bôca em bôca por todo o povo. Assim se introduziram na fala comum *abada, andor, bengala, biombo, bule, chá, chávena, charão, catana, catre, caurim, chita, côco, jangada, pires.*

Os indiáticos falavam constantemente, conforme o testemunho de Francisco Rodrigues, nos *bois, larins, bazarucos,* e outras cousas por êles vistas mas não importadas. Tais palavras, porêm, não se propagavam, por lhes falecer o substracto.

Mas dado o ensejo, também diriam, com ares de superior competencia: «Aquele comerciante é agudo e subtil como um *chatim* da Índia: homem de tretas, sem consciência, sem Deus». Ou: «Que *corja* de roupa tu compraste! Aquilo não vale um *caurim;* tu foste logrado». Ou: «Cuidado com aquele sujeito! Está feito como um *amouco* do Malabar; não se importa de morrer, contanto que se vingue». Ou: «Oh! que folguedo desordenado! Pareceu-me um *pagode* da India: tal algazarra, tal bambochata». Dêste modo a gente aprenderia a empregar figuradamente tais expressões e outras semelhantes, como *salema, sumbaia, veniaga, babaré.*

Muitíssimos vocábulos não tiveram, contudo, ocasião de vir para a Europa; mas também não permaneceram na sua restrita pátria, estenderam-se, mercê dos portugueses, por toda a zona da nossa actividade na Ásia e até na África e na América [1].

Houve outros que sómente eram correntes na área da sua língua, porque os objectos que designavam não eram conhecidos fora do país, como os nomes de certos funcionários, peças de vestuário, iguarias, animais, árvores e seus produtos, etc.

III. Quanto ao *uso,* uns são vulgares e outros literários ou eruditos. *Vulgares* ou *vivos* denomino os termos que são ou foram de facto usados pelos portugueses ou seus descendentes em qualquer parte do Oriente ou em determinada localidade. Os literários são os que figuram nos livros dos nossos orientalistas e que, por sua natureza, não seriam empregados na linguagem falada.

Temos tratadistas da Índia, da Pérsia, da China, do Japão, e doutros países, os quais descrevem as religiões, as instituições políticas e sociais, a marinha, a flora, a fauna; e tudo isso com os seus nomes vernáculos aprendidos nos livros ou dos especiàlistas [2]. Tais termos ocorrem únicamente no autor ou nos autores que tratam do mesmo assunto, e às vezes nos lugares onde se não praticava a língua portuguesa.

## VII. — Tratamento fonológico, morfológico, sematológico e etimológico dos vocábulos importados

Na adopção das palavras orientais, os portugueses antigos tiveram sempre em vista dois princípios de alto valor glotológico: representar fielmente o seu som e significado, quanto o alfabeto nacional, sem novas letras ou sinais diacríticos, e as informações cuidadosamente colhidas, na falta de conhecimento pessoal, o comportavam; e ao mesmo tempo darlhes uma feição possívelmente consentânea à índole do idioma pátrio.

O que os nossos escritores da actualidade, mais cosmopolitas e mais

---

[1] Como: *bate, sura, jagra, calão, fula, gudão, caixa, cule, sombreiro, saguate, curumbim, mogarim, longana.*

[2] Como são os decadistas, Fernão Mendes, missionários do Japão (*Cartas*), Gaspar da Cruz, Jacinto de Deus, Fernão de Queiroz, Manuel Barradas, Pedro Teixeira, os autores da *Noticia da Cochinchina* e das *Noticias do Gentilismo,* etc.

filólogos, consideram, consciente ou inconscientemente, como defeito, preferindo sem discernimento formas estrangeiras e grotescas, é na realidade uma virtude, engendrada pelo purismo da língua portuguesa e pelo verdadeiro nacionalismo [1]. Um termo peregrino não pode encorporar-se em uma língua sem se despir do seu carácter heterogéneo, do mesmo modo que um estrangeiro não pode naturalizar-se sem se sujeitar ás leis do país. Se as palavras de origem latina fôssem escritas e proferidas como na sua fonte, teríamos latim, mas não português. A filologia superficial encontraria, sem dúvida, mais facilidade na investigação etimológica, mas a língua perderia muito do cunho evolutivo, seria indefinida [2].

A justa combinação, porêm, de ambos os princípios fundamentais acarretavam-lhes algumas vezes sérias dificuldades de carácter fonológico. Sabiam muito bem os nossos escritores que diversas línguas vernáculas, mormente as monossilábicas, tinham mais fonemas, sons aspirados, letras dobradas sonantes, tons ou modulações de voz; os quais não podiam, em geral, enunciar e reproduzir na escrita, e se o pudessem, não seriam entendidos. Não ignoravam, por exemplo, que os persas diziam e escreviam *khan'*. ¿Como o pronunciariam e transcreveriam? A par de algumas variantes (*chan, han, kan, can, cam*), prevaleceu a forma *cão* — *Idalcão, Rumecão, Cedecão* [3]. Garcia da Orta, Diogo do Couto, Frei Jacinto de Deus explicam o motivo, se bem que tenham a forma corrente por corrução do protótipo. Os dois primeiros conheciam que *morxi* transliterava exactamente o concani *moḍxi;* não puderam, contudo, reagir contra *mordexim*, forma menos etimológica, mas, em compensação, mais portuguesa. Fernão Mendes ouvira, mais e melhor do que os viajantes modernos, os japoneses dizerem *kimonó;* como porêm não escrevia para japões, mas para portugueses, e não queria passar por tolo (que o tachariam de mentiroso, já o previa), ortografou *quimão;*

---

[1] «Orta dá estes nomes [asiáticos] como os pôde apanhar de ouvido, e nas irregulares transcrições do seu tempo, quer dizer com muita incorrecção». Conde de Ficalho. — Bem entendido o sistema de transcrição, embora um tanto inconsistente, e tida em conta a oscilação da ortografia antiga, as incorrecções não são tantas e tamanhas como se afiguram à primeira vista. Orta reproduziu as palavras como vulgarmente se enunciavam ou como se deviam proferir em português; mas sabia notar leves variantes fonéticas: «Todos lhe chamam *afiom*, scilicet, os Mouros, donde os tomaram os Gentios, e nós corrompidamente lhe chamamos *amfiam*». Col. XLI. — Nem todos os vocábulos persas e árabes são pronunciados nas línguas da Índia da mesma maneira que no solo da sua naturalidade.

[2] Assim *lunch*, pronunciado à inglesa, não será nunca português, se não escrevermos *lanche;* e *sport* será sempre inglês, se não ortografarmos, como proferimos, *esporte; touriste* só será português tornando-se *turista*, como o é em castelhano.

[3] «Hospedados los dos europeos en la tienda del *Khan* (se pronuncia *Jan*) ó jefe del aduar, esperaron la celebracion de la ceremonia». — Alfredo Opisso, *El Asia Musulmana*, p. 27.

e *quimão* é a verdadeira representação nacional de *kimonó*, que, por mais que se repita, será sempre vocábulo estrangeiro [1].

¿ Quais foram, então, as principais alterações fonéticas a que se sujeitaram as dições asiáticas na sua transição para português? Podemos estabelecer as seguintes regras:

I. O *i* final nasalizou-se. Ex.: *lascarim*, *mordexim*, *caurim*, *langotim*, *bigarim* [2]. Houve também nasalização no interior de muitas palavras. Ex.: *palanquim*, *bonzo*, *biombo*, *anfião*. Excepção: o *i* final de poucas vozes tomou *l* de encôsto: *caril*, *candil*, *sandil*, *cauril*, *cacheril*.

II. A nasal final literal (*ng*, *am'*, *om'*, *on'*, *un'*) converteu-se em neutra ditongada *ão*. Ex.: *sultão*, *cão*, *formão*, *gudão*, *balão*, *vancão*. O mesmo se deu com *au*, *ao* ou *av* final. Ex.: *aitão*, *fão*, *batão*, *gão*, *parão*, *anfião*, *dução*.

III. As consoantes finais, excepto as que a fonologia portuguesa admite, tiveram *e* ou *o* de encôsto. Ex.: *bate*, *cato*, ou *cate*, *chito*, *cátele*, *late*, *moto*. Em vocábulos malaios cai normalmente o *q* final, que é pouco perceptível. Ex.: *bada*, *calumbâ*, *champada*, *bentó*, *pucho*. Também *puló* de *pulot*.

IV. As consoantes dobradas tornaram-se singulares. Ex.: *chatim*, *bétune*, *budão*, *mainato*, *areca*, *aca* ou *acca*.

V. As consoantes aspiradas mudaram-se em inaspiradas. Ex.: *bangue*, *bate*, *cande*, *candim*, *adar*, *gará*. O *h* inicial e medial suprimiu-se em regra, e o final, sempre. Ex.: *(h)indu*, *(h)azar*, *(h)ucá*, *(h)amal*; *brâ(h)mane*, *ba(ha)r*, *bá(ha)dur*; *palapa(h)*, *jáo* = *jāuh*, *jangá* = *changgah*. Exceptua-se o *h* inicial japonês (e às vezes o chinês), que passou a *f*. Ex.: *facharão*, *faxi*, *fanjo*, *figúri*, *fotoqué*; *fão*.

VI. As cacuminais *t* e *n* tornaram-se, normalmente, dentais. Ex.: *chita*, *moto*; *nirvana*, *bavina*, *bornim*. Mas *bôto* ou *bôtto*, *cota* ou *cotta*, *Gate* ou *Gatte* [3].

VII. O *d* e o *l* cacuminais tiveram três tratamentos: *a*) de *r* português, fonema mais aproximado: *areca*, *ará*, *curó*; *cormoró*; *b*) de *d* e *l* dentais: *addo* ou *addáo*, *borodo*, *badagas*; *cambolim*, *ambalô*, *betal*; c) ou um e outro: *purvém* ou *pudvém*, *morexim* ou *mordexim*; *gueri* ou *guelli* [4]. O *d*, antecedido de nasal, é sempre dental: *candil*, *cande*, *caranda*, *ganda*.

---

[1] O mesmo processo de dar feição portuguesa foi seguido no continente com respeito aos vocábulos árabes. E isso está na essência da evolução espontânea de qualquer língua.

[2] Cf. port. ant. *si* = sim, *assi* = assim; e o popular *perum* = *peru*.

[3] Convencionaram os missionários antigos notar a consoante cacuminal pela geminação das dentais; mas os europeus não lhe davam comummente o som representado. O mesmo se pratica actualmente em Goa, mas com a correspondente fonação. É o que explica a geminação de letras de certos vocábulos, que figuram nesta obra.

[4] Os europeus preferem *r*; os índios propendem a conservar o som originário.

VIII. *Cha* inicial de vocábulos malabáricos transmuda-se por vezes em *ja*. Ex.: ja*ngada*, ja*ca*, ja*gra*; também ju*ncão*. *Chi* passa a *cha*. Ex.: cha*tim*, cha*reta*, cha*ruto* (por intermédio do inglês *cheroot*).

IX. Recorreu-se amiúde ao suarabacti ou anaptixe de *a, e, o, u*, para substituir o *a* surdo (quási mudo) dos idiomas áricos. Ex.: *pata-mar, battacar, mordexim, canequim, mandovim, manducar*.

X. O *a* breve medial do concani e marata, que se avizinha mais do nosso *o* breve aberto, transcreveu-se por essa vogal, em conformidade com a prolação. Ex.: *jono* (conc. *jaṇ*), *moto* (conc. *maṭh*), *bôto* (conc. *bhaṭ*), *formão* (persa *farman*, pron. *phormaṇ* no Concão).

XI. O *i* e *u* átonos, seguidos de vogal, ortografam-se *e* e *o*, sem mudança fonética. Ex.: *baneane* por *baniane*, *pareá* por *pariá*, *chaleá* por *chaliá*; *bedoim* por *beduim*, *catoalia* por *catualia*, *goazil* (p. us.) por *guazil*. *Item u* átono preconsonântico: *poleá* por *puliá*, *modeliar* por *mudeliar*.

XII. Idênticamente, escreve-se algumas vezes *qu* e *gu* por *c* e *g*, antes de *a* e *o*. Ex.: *areq(u)a, jaq(u)a, coq(u)o, mang(u)a, adig(u)ar*.

XIII. Ocorre amiúde nos escritores antigos *g* por *gu*, *ch* por *c* ou *kh*, *qh* por *kh*, *i* por *j* e *j* por *i*, *s* por *ss* ou *ç*, *u* por *v* e *vice-versa*. Ex.: g*erindão*, g*émio*, *ing*e, *frang*e; *chorombim* (= *curumbim*), *laschari* (= *lascari*), *machiê* (= *maquiê*); *chan*, *chanchana* (= *khankhana*), *cheripo* (= *kheripo*); *qhatri* (= *khatri*), qh*oxteira*; i*aca*, i*agra*, *brinie*, *doiuco* = *dójico*; *agomja* = *agomia*, *chanoju* = *chanoiu*, *xaja* = *xaia*; *jousis*, *ça-sapo*, *basim*, *damasim*, *lasamane*.

Dão-se várias outras modificações fonéticas, principalmente nas línguas monossilábicas (que exprimem por frases uma idea simples); as quais se não podem reduzir a regras gerais, mas que se podem examinar no corpo do *Glossário*.

Convêm aqui notar que em algumas edições antigas se suprime a cedilha inicial, e algumas palavras vem erradas, por falta de revisão cuidada ou falha na cópia. Ex.: C*amorim*, c*andil*, c*arapo*, c*aleti*; *atabaque* por *atalaque*, *arimono* por *norimono*, *gorsa* por *gorca*, *catopa* por *câtapa*.

Em conclusão, pode-se afirmar que houve desde o princípio duas correntes: uma erudita, que tendia a guardar a forma típica; outra popular, que acomodava as palavras exóticas à índole do idioma próprio. A primeira circunscreveu-se à investigação etimológica e à terminologia scientífica; a segunda, oscilante às vezes, generalizou-se, encorporou-se na língua e produziu algumas variantes, como em *cátele* e *bétele*.

Com relação à *morfologia*, cumpre encarar o género e o número que os portugueses deram aos termos de origem asiática, quando os encorporaram na língua.

Quanto ao *género*, a regra que seguiram não foi a de conservar o

**originário** (à excepção do neutro, que não podiam representar), mas a de adaptar o vocábulo à gramática nacional.

1. Consoante esta norma, são femininos todos os nomes que terminam em *-a* átono. Ex.: **a** *chita* (neut.), **a** *ganda* (masc.), **a** *alanga* (neut.), **a** *bichara* (masc.). Exceptuam-se os nomes que denotam o sexo. Ex.: **o** *cornaca*, **o** *lama*, **o** *bendara*, **o** *jacata*, **o** *chua*, **o** *balala*, **o** *garuda*.

2. Há muitos substantivos, terminados em *a*, que são indiferentemente masculinos ou femininos. Ex.: **o** *mantra*, **a** *mantra*; **o** *purana*, **a** *purana*; **o** *xastra*, **a** *xastra*; **o** *linga*, **a** *linga*; **o** *dacma*, **a** *dacma*; **o** *jangada* (naire-guarda), **a** *jangada* [1]. Mas **o** *Veda*, **o** *gotra*.

3. Os nomes de qualquer outra terminação consideram-se masculinos. Ex.: **o** *bate* (neut.), **o** *cate* (masc.), **o** *babaré* (masc.), **o** *jambulão* (neut.), **o** *bangaçal* (fem.), **o** *caril* (fem.), **o** *cati* (fem.), **o** *fenim* (fem.), **o** *lonim* (neut.), **o** *meru* (neut.). Exceptuam-se: **a** *funé*, **a** *funce*, **a** *laulé* (embarcações); **a** *bicuni*, **a** *apô* (designações de mulheres).

4. Uns poucos substantivos tem um e outro género. Ex.: **o** *cassabé*, **a** *cassabé*; **a** *mangostão* (ant.), **o** *mangostão*; **o** *aliá* (ant.), **a** *aliá*, conforme o sexo; **os** *zaiôs*, **as** *zaiôs* (como em concani); **o** *adiá*, **a** *adiá*.

5. Alguns nomes designativos do sexo tem femininos irregulares. Ex.: **o** *faraz*, **a** *farazôa*; **o** *chardó*, **a** *chardina*; **o** *dessai*, **a** *dessaina* (do conc. *desāyīṇ*). Também: *cafre*, *cafra*; *brâmine*, *brâmina*.

Quanto ao *número*, igualmente se seguiu a morfologia portuguesa. Mas há algumas particularidades a notar:

1. Um ou outro substantivo tem duas formas no plural, como: *durião* > *duriões*, ou *duriães* (Couto); *mangostão* > *mangostões*, ou *mangostães* (Orta, Erédia); *diuti* > *diutis*, ou *diutiôs* (do conc.).

2. Vários nomes concanis, não perfeitamente aportuguesados, tomam no plural português a forma do plural indígena. Ex.: *beṇḍó*, *beṇḍés* = *bendó*, *bendés*; *āmbāḍó*, *āmbāḍé* = *ambaddó*, *ambaddés*, ou, melhor, *amburó*, *ambarés*; *gāvḍó*, *gāvḍés* = *gaudó*, *gaudés*; *dālêṁ*, *dālīṁ* = *dalêm*, *dilins*; *dālī*, *dāliyô* = *dali*, *daliôs*.

3. Alguns substantivos se empregam, em um e outro número, na forma do plural vernáculo, juntando-se-lhe no plural o sufixo *-s*. Ex.: *kāṅkaṇ*, *kāṅkaṇāṁ* = *cancanã*, *cancanãs*; *karāb*, *karābāṁ* = *carabã*, *carabãs*; *chāmpêṁ*, *chāmpīṁ* = *champim*, *champins*; *āṅgaṇ*, *āṅgaṇāṁ* = *anganã*, *anganãs*; *harḍó*, *harḍé* = *arare* (Orta) [2].

4. Alguns nomes não se usam no singular, e o seu plural é formado sôbre a base vernácula: *zāy*, *zāyô* = *zaiôs*; *chirbulī*, *chirbuliyô* = *chirbuliôs*.

---

[1] Isto é: houve duas correntes divergentes. Uma cingiu-se à morfologia portuguesa; a outra guiou-se pelo género de origem, incluindo o neutro no masculino.

[2] Estes substantivos são comummente usados no plural; mas em português não poderiam considerar-se como tais sem o sufixo distintivo.

5. Ocorre plural do plural de alguns vocábulos, como: *boiá, boiás, boiazes; gará, garás, garazes; cancana, cancanas, cancanases* (Bluteau).

Quanto à *sematologia*, era natural que os portugueses empregassem, em regra, os vocábulos no mesmo sentido que os indígenas lhes atribuíam. As definições e as descrições que os autores dão, uma e mais vezes, são, de ordinário, correctas e cabais. Se erram algumas vezes, é por deficiência da informação nas cousas que lhe não caíam debaixo da vista.

Houve, sem dúvida, no lapso do tempo, modificações de certos significados primordiais, simultâneas ou sucessivas. Os portugueses alteraram ou ampliaram as atribuições de certos funcionários e oficiais; mudaram o valor e a matéria de diversas moedas; e introduziram outras modificações, conservando porêm os nomes vernáculos.

Os autores, não tratando do assunto *ex professo* (como fez António Nunes com moedas, pesos e medidas da Ásia e da África Oriental), tomam as dições nas mesmas acepções que vogavam na sua época e no seu sítio, não podendo, por conseguinte, haver acôrdo entre todos. Também não dão sempre uma definição compreensiva de todos os casos, mas restritiva à matéria que versam. Por exemplo, Fernão Mendes atribui à *altirna* ora uma côr, ora outra; em uns passos a faz capa dos religiosos budistas, em outros, a dos cortesãos do Japão. Figuram umas poucas palavras cujo sentido se não completa ou se não determina sem outra palavra, subentendida, como *caril*, que os europeus entendem por «arroz, môlho e acepipes». No português indiano se diz *arroz-caril*, como em concani. Idêntico facto se deu com *opala*, que é de origem sânscrita, mas por si sómente significa «pedra». Também os franceses e os ingleses dizem *cobra* em lugar de *cobra de capelo*. Cf. *bengala, rota, guno, lascar, leros*.

Figuram vários vocábulos peregrinos em certos livros ou cartas sem nenhuma explicação. Os autores julgaram escusado interpretá-los, por serem conhecidos dos leitores.

Pelo que respeita à *etimologia*, raros são os escritores que, como Garcia da Orta, João de Barros, Diogo do Couto, Fr. Jacinto de Deus, indicam o étimo exacto. Contentam-se, pela maior parte, com reproduzir fielmente a palavra, até com a sua prosódia, que, normalmente, era dispensável (como *lanchára, patóla, patáca, ballâtes, balâlas, dissâva, lacsamána*), e com indicar o berço ou a pátria. Alguns nem mencionam a naturalidade, ou se limitam a declarar «como êles dizem» ou «como êles chamam»; o que não implica necessáriamente que o termo é corrente na região de que se trata; vale por «como se diz» (*on dit*, em francês). Outros, como Fernão Mendes Pinto e os missionários, levam consigo na bagagem vocábulos de diferentes procedências para toda a parte aonde vão.

Isso não quero dizer que muitos dos nossos indianistas não conheciam a precisa forma originária. Sabiam-na perfeitamente, porque a ouviam com freqüência e tinham ouvido apurado. Mas não a podiam reproduzir com exactidão pela fonética portuguesa, nem tinham por conveniente socorrer-se de ortografias exóticas, que o leitor ordinário não perceberia.

Finalmente, convêm observar que nos séculos XVI e XVII eram mais conhecidos e estavam mais vulgarizados em Portugal do que nos nossos tempos muitíssimos termos orientais, que depois caíram em desuso, tais como, conforme os nossos historiadores e dicionaristas antigos: *achar*, *babaré*, *late*, *baju*, *catana*, *caurim* (no sentido próprio), *bentó*, *guingão*, *canequim*, *cotonia*, *cheila*, *cacha*, etc. Os indianistas, aos quais semelhantes palavras eram de uso quotidiano, podiam, portanto, dispensar-se de os interpretar ou de apontar a sua procedência.

## VIII. — Lexicologia luso-asiática nos dicionários portugueses

Atentas as multíplices dificuldades, de fácil intuição, não é de admirar que a lexicologia portuguesa, concernente às terras com que mantivemos relações majestáticas, político-internacionais, religiosas e comerciais, não tenha até hoje tido o merecido tratamento nos nossos dicionários, ainda mesmo nos mais copiosos e modernos. As deficiências e os defeitos são de diversas espécies.

I. Em primeiro lugar, há omissão de centenas de vocábulos, antigos e actuais, que figuram nos livros e nos periódicos continentais e coloniais, como mostra a presente obra [1].

Bento Pereira, Bluteau, em especial, e Morais registam numerosíssimos vocábulos asiáticos e africanos, muitos dos quais não foram insertos nos dicionários mais compreensivos dos últimos tempos, pôsto que incluam muitíssimos modernos. Não se sabe bem o motivo: se por não terem sido notados, se por não se acharem justificados, ou se para não avolumarem. Em todo caso, é uma falta grave [2].

---

[1] Tais são, sòmente na letra *a*, os seguintes: *abcari*, *abolim*, *achêm*, *açoca*, *adar*, *addáo*, *ágama*, *ageres*, *ageru*, *agi*, *agra*, *água de peru*, *alcista*, *aier*, *aleja*, *alenga*, *amanão*, *amanata*, *ambil*, *ambolim*, *Amida*, *anchaci*, *anchacilado*, *anchão*, *angana*, *angira*, *angracá*, *anista*, *anjuão*, *annavi*, *apô*, *aptaguir*, *apuame*, *arado*, *arco*, *arcolim*, *arda*, *arel*, *arroz puló*, *asa de peixe*, *assidar*, *assuai*, *atalá*, *atalaque*, *atapala*, *atapato*, *atol*, *aurora*, *avacari*, *avel*, *Avesta*, *avildar*, e outros, que serão dados no Suplemento.

[2] Omitem-se, por exemplo, em dicionários modernos palavras como as seguintes: *formão*, de tanta freqüência na literatura oriental, mas registam *firmão* ou *firman*, que nunca foi português; *cacoete*, de que o Cardeal Saraiva declara que, não obstante a sua origem grega e feição erudita, era popular no seu tempo no Minho, e que é corrente na Índia no sentido de «gagueira»; *chiripo*, «tamanco» (dado por João de Deus), que Gabriel Rebêlo menciona na sua *Informação de Maluco*, e que ainda voga

São registados truncados alguns vocábulos, como: *bessi* por *cáiu-béssi; billis* por *belichaparo; adão* por *árvore da fruta de Adão*.

II. Em segundo lugar, os lexicógrafos modernos inserem uma quantidade de termos supérfluos e descabidos, principalmente botânicos, derivados das línguas das nossas colónias, e até das estrangeiras, sòmente porque os mencionou algum autor, scientífico por erudição ou por ignorância, quando há em português os seus correspondentes, muito usados e expressivos. Se fôssemos recolher todos os nomes que os naturais dão à sua flora e fauna, ou que figuram nas obras botânicas de Garcia da Orta, Rheede, Rúnfio,. Lopes Mendes, Watt... teríamos uma espécie de calepino multilingüístico, e não um dicionário da língua portuguesa.

Nota-se, alêm disso, redundância de variantes — às vezes meia dúzia — dum mesmo vocábulo, sem se discernir se com efeito estiveram em uso tais formas, ou provieram de erros de imprensa, dos copistas ou de algum autor pouco cuidadoso, ou se são devidos à diversidade da ortografia antiga [1].

Variantes fonéticas de muitas palavras foram convertidas em vocábulos semânticamente independentes, como: *babaré*, *babaréu* e *babaiés* (evidentemente êrro tipográfico); *aleia* («elefante sem dentes») e *aliás* («fêmea de elefante»); *lúcio* («certa embarcação da costa do Monomotapa») e *lúzio* («espécie de embarcação da Índia»); *gorgoli* («vaso com água, em que se imerge o tubo do cachimbo para esfriar o fumo») e *gurguri* («espécie de narguilhé, usado pelos baneanes e mouros da África Oriental»); *mangu* ou *mangus* («animal carnívoro de Ceilão»), *manguço* ou *mangusto* («animal mamífero e carnívoro da Ásia e da África»), *mangoose* («espécie de raposa de Moçambique») e *mongu* («sub-género de mamíferos quadrúmanos do género máki»); *boy* («criado, serviçal») e *bóya* («portador de machila») [2].

III. Por um motivo ou outro, figuram nos dicionários vários vocábulos fonèticamente mal representados. Temos, por exemplo, *bringe*, *bringue* e *brinie* como três dições diferentes, quando na realidade não há senão *bringe*. A falta de cedilha em *Çandil* (vid. *sadi*), em um passo de João de Barros, produziu um novo termo, designativo duma moeda de Ormuz. Por ocorrer no *Vergel* de Fr. Jacinto de Deus *arimono* por *norimono*, Bluteau incluíu-o no seu *Vocabulario*, e os dicionaristas posteriores, sem mais investigação, foram-no copiando com o epíteto de

---

na Índia; *caçanar* ou *catanar*, «sacerdote dos cristãos siríacos do Malabar», dos quais tanto falam os nossos indianistas.

[1] *Jacra, jacre, jágara, jagra, xágara, lagra* (faltou *iagra*, dado por Fr. João dos Santos); *mangu, mangus, manguço, mangusto, mongu, mongoose, babália, babaliá, babol, babul; mordexi, mordexim, mordicim, morexim; goderim, godorim, godrim, gotrim; cole cóli, cooli, culi* (faltou *cule*, que é mais autorizado).

[2] Também: *baty, batim* e *bantim; canje* e *canja; feez* e *fen; bigarim* e *biguairim; garajau* e *gorjau; guazil* e *gozil*.

*antigo*. Por ter algumas vezes, nos livros antigos, *u* o som de *v*, inscreveu-se *calvete* em lugar de *caluete*. A troca tipográfica de uma letra ocasionou a inserção de *goling* por *goting* [1].

São igualmenta freqùentes os erros prosódicos, como: *lânchara* (*lanchára*, Barros), *daimio* (*daimeó*, *Cartas de Japão*), *arímono*, *badúr*, *ábada*, *betél*, *mírza*, *cotónia*, *sanscrito*, *sarangúi*, *agár-agár*, *bàdi*, *abariaré*, *páttem*, *chodéne*, *chalé*, *láule*, *jânga*, *bóia*, *ambâro* (= *ambaró*), *coucés*, *cér* (= *cêr*), *fedéa* ou *fedeia* (= *fédea*), *gânja*, *anácara*, *pali* (= *páli*).

Há certas palavras, de tal modo desfiguradas, que se não podem identificar com segurança, por deficiência do significado, como: *baty* («antiga embarcação indiana»), talvez por *bantim*; *ifol* («arvoreta da Índia Portuguesa»), talvez por *tefol* ou *tirfol*; *lassacuane* por *lassamane*; *panguio*, talvez por *panguerό*; *fanos* por *fanões*; *nanchni*, «uma das modernas línguas indianas» !

Figuram, além disso, várias formas estrangeiradas, como: *babirusa* (= *babirussa*), *litchi* (= *lichia*), *firman* (= *formão*), *houca* (= *ucá*), *rack* (= *araca*, *urraca*), *derviche* (= *daruês*), *haschiche* (= *haxixe*), *cachoobong* (= *cachubão*), *mullah* (= *mulá*), *iman* (= *imamo*), *harém* (= *arame* ou *harão*), *cash* (= *caxa* ou *caixa*).

Por fim, levam o qualificativo de *antigos* inúmeros vocábulos, que nunca foram usados em Portugal, e nunca cessaram de ser usados nas colónias, onde se originaram; sómente porque foram lidos em algum livro antigo, sem mais averiguação. Como, por exemplo, *xendim*, *mainato*, *macuá*, *bandel*, *néle*, *langotim*.

IV. Também não faltam algumas incorrecções *morfológicas*, como: plural pelo singular: *argarises* por *argaris*, *caladaris* por *caladari*, *curcas*, *couces*, *aliás*, *carviz*, *minhamudis*; o masculino pelo feminino: *mainata*; substantivos pelos adjectivos: *cacebi*, *abariaré*; adjectivo pelo substantivo: *jacatá*.

V. Quanto à *sematologia*, as inexactidões são por centenas e de diversos jaezes.

Primeiramente, consignam-se vocábulos com a declaração de «significação incerta», como *andone*, *bringe*, *lágima*, *loia*, *caraja*, *passeivão* [2].

A verdade é que, pela maior parte, a incerteza provêm de o dicionarista não ter conhecimento suficiente da nossa literatura oriental ou

---

[1] Assim temos: *bugançal* por *bangaçal*, *babaiés* por *babarés*, *chempo* por *chiripo*, *lúcio* por *lúzio*, *inge* por *ingue*, *junção* por *juncão*, *sandrá* por *sadrá*, *lagra* por *jagra*, *aleia* por *aliá*, *pancar* por *pancá*, *mandaçarre* por *mandacar*, *mussó* por *mussolo*, *joguo* por *jogue*, *gueice* por *gueche*, *fundão* por *fanão*, *cangue* por *canga*, *chanambo* por *chunambo*, *chambuco* por *chabuco*, *muge* por *munge*, *batim* por *bantim*, *quinzolo* por *quinzol*, *naja* por *naga*.

[2] Até a falta de vírgula em uma edição qualquer da *Peregrinação*, de Fernão Mendes, fez surgir a locução *lacre pucho*, que não vem definida, e é indefinível: «Benjoim, lacre, pucho, roçamalha». Cap. 151.

de não saber depreender o sentido do contexto. Sómente as autoridades, quando passam ordens aos subordinados, como os governadores, os feitores, os vedores, não interpretam os termos vernáculos que empregam, por ser inteiramente desnecessário no caso. Pela mesma razão, não se explicam as pautas aduaneiras. Mas raro é o historiador nacional que se sirva duma dição peregrina sem indicar mais duma vez o seu significado. Acontece, porém, que certas palavras ocorrem amiúde numa mesma obra; seria então descabido que fôssem explicadas em cada passo. E o que é algumas vezes obscuro em um autor fica elucidado por outros [1].

Um grande número de definições são demais genéricas e vagas, as quais, por isso, não permitem identificar o significado: «uma árvore da Índia»; «um animal da Ásia»; «uma embarcação oriental»; «um tecido que vinha da Índia».

Não há dúvida que em certas circunstâncias não se pode bem precisar ou caracterizar o vocábulo, particularmente com relação a tecidos e embarcações antigas. Mas muitas vezes a indecisão procede da falta de estudo das fontes legítimas. Não é difícil designar o nome botânico recorrendo aos livros da especialidade, ou declarar algumas propriedades características com o auxílio dos autores. Que o vocábulo designa «árvore» ou «animal», o próprio contexto do livro o indica; e o dicionarista, dizendo o mesmo, nada adianta.

Abundam definições, em especial nos dicionários modernos, que são totalmente erradas ou disparatadas. O cego tradicionalismo tem bastante prejudicado os dicionaristas dos nossos tempos, mais pressurosos, assim como a falta da devida orientação induzira em muitas inexactidões os antigos [2].

---

[1] Eis uma prova: Lê-se na *Chronica de D. João III*, por Francisco de Andrada (I, cap. 40, 1.ª ed.), *gutedras de cairo*. Morais regista *gutedras de Coiro* e pregunta o que significa. Vieira inscreve *gutedra* e declara que é de «significação incerta»: Outro dicionarista moderno consigna *gutedra* como termo antigo e inédito e reputa-o sinónimo de *polaina*. Gaspar Correia, a quem de perto segue Francisco de Andrada, Diogo do Couto e outros indianistas lêem *gundra*. *Gutedra* é, portanto, êrro tipográfico. Vid. *Candura*.

E outra: Morais insere *muxara* e limita-se a citar um passo da Déc. IX. Vieira diz-nos: «Significação incerta; talvez asylo, abrigo». Outro lexicógrafo afirma que é «agasalho, asilo». Mas Simão Botelho interpreta *muxara* por «tença», e António Bocarro por «sôldo»; e tal é o sentido do termo em árabe, «salário, ordenado».

[2] Eis uma amostra do pano: *adão* (fruta de Adão) é «árvore da Índia Portuguesa»; *bandel* (pôrto) é «bairro destinado à habitação dos estrangeiros»; *gudão* (armazém) é «casa térrea, na Índia Portuguesa»; *jagra* (açúcar da seiva de palmeira) é «açúcar feito do côco, na Ásia»; *necodá* (arrais) é «chefe militar na Índia: *reimão* (tigre de Malaca) é «animal que não tem habitação certa»; *talagóia* (iguana) é «peixe de Dio»; *vangana* (arrozal regadio) é «planta da India»; *ambolim* (tecido) é «árvore da Índia»; *baé* (senhora) é «mulher cristã de canarim»; *covid* (côvado) é «medida chinesa»; *jacatá* (rei feudal, no Japão) é «o mesmo que *japonês*»; *mundaçó*

Alguns vocábulos, inteiramente diferentes na significação, são feitos sinónimos, como: *jaca*, «fruto de jaqueira ou árvore de pão, também chamada durião»; *olla* (fôlha de palmeira), «o mesmo que *ollaria*» (fábrica de loiça de barro); *cachari* (pilau), «o mesmo que *caril*».

Certos vocábulos são de tal modo definidos, que se não dá indício da sua origem asiática, como: *funé* (japonês), «pequena embarcação de remos»; *jangá* (malaio), «espécie de embarcação chata, que serve principalmente para transportar madeiras»; *guingão* (malaio), «tecido fino de algodão; (ant.) bôrra de sêda»; *biombo* (japonês), «tapume ou tabique móvel...»; *baju* (malaio), «casaquinho curto semelhante à roupinha da Beira Alta»; ou: «se chama assim, na província do Minho, às roupinhas usadas pelas mulheres»; *formão* (persa), «escritura ou carta rial».

Várias definições são demasiado restritas, e por isso não abrangem todos os significados. Um dicionário diz, referindo-se a Fernão Mendes, que *altirna* é «nome índico de uma vestidura sacerdotal da Ásia, a qual é de côr *verde* e também serve de insígnia de classe». Mas o autor narra em outro lugar (cap. 164): «Havia huma grande soma de Sacerdotes [religiosos budistas] com habitos pardos e suas altirnas de damasco *roxo*». Outro declara que *altirna* é «espécie de vestidura sacerdotal no Oriente». Mas o autor da *Peregrinação* também alude à *altirna* do introdutor da côrte de Calaminhã e às dos cortesãos do rei de Bungo, no Japão.

Quanto aos nomes de árvores, a restrição geográfica provêm dos escritores que delas trataram com relação a certa zona; o que não quere dizer que a vivenda não seja mais ampla, ou que a espécie e o seu nome não sejam importados [1].

---

(trunfa) é «espécie de barrete indiano»; *xendim* (carrapito) é «trança sôlta de cabelo»; *jaca* (fruto de jaqueira) é «a arvore cujo fruto na Ásia e no Brasil se lhe dá o nome de durião»; *fanos* (*fanões*, moeda) é «quilate»; *gueche* (cimento) é «madeira forte, pau ferro, rijo»; *biró* (involucro de bétele) é «bocado que se mete na bôca duma vez»; *foguéu* (bôlo frito) é «tributo que em Goa se pagava por cada casa habitada»; ou: «tributo que se pagava em Goa das importações e exportações»; *gancar* (membro da comunidade aldeana) é «cultivador de terras bravias, na Índia Portuguesa; cobrador de rendas, na Índia»; *jono* (rédito da mesma) é «terreno foreiro, entre os gancares, na Índia Portuguesa»; *tuaca* (vinho de sagùeiro) é «o mesmo que sagu»; *industani* (urdu vulgar) é «língua moderna dos indus»; *morodo* (campina) é «terra destinada à cultura de coqueiros»; *bibió* (pantera) é «feroz animal indiano»; *pau brasil* (sapão) é «o mesmo que *pau preto*»; *moplas* (malabares muçulmanos) são «islamitas do Malabar, *da raça malaia*»; *mandovim* (alfândega) é «certo direito alfandegário».

[1] Um dicionarista lèu que havia *botos* em Satari, e logo definiu o termo: «servidores de culto entre os indígenas de Satari», — como se não houvera *botos* em outras partes da Índia. *Cancanan* (*cancaná* ou *cancanã*) é «manilha com que as bailadeiras enfeitam os pulsos», — como se outras mulheres, gentias e cristãs, não fizessem o mesmo. *Mandó* é «música monótona que, em certas festas, cantam as bailadeiras indianas, — como se os cristãos não cantassem e dançassem o *mandó*.

VI. Se a fonologia e a sematologia do vocabulário luso-asiático deixam tanto a desejar, bem se pode calcular a sorte da sua *etimologia*. E é fácil de explicar: os escritores não indicam muitas vezes o berço dos vocábulos e, em geral, o seu étimo exacto; os lexicógrafos não tem conhecimento cabal da nossa literatura colonial e nenhum das línguas asiáticas, e, para não serem taxados de plagiários ou por se julgarem mais sabedores, coartam, estendem ou alteram os significados dados pelos antecessores, mais lidos nas fontes, e assim ocasionam grande detrimento às derivações.

Em 1.° lugar, há numerosos vocábulos cuja pátria se não aponta absolutamente, ou se designa sob as rubricas «termo asiático», ou «oriental», ou «indiano»; como se a Ásia, o Oriente e a Índia tivessem uma língua só ou meia dúzia, e não, centenas delas. Assim, por desconhecimento da história filológica, passam por europeus termos como *andor, bailéu, biombo, cassa, catre, jangada, macaréu, veniaga. Funé* é «pequena embarcação asiática», quando na realidade é «japonesa». *Ganero* é termo da «marinha asiática», quando de facto é da «macaísta ou chinesa». *Xendim* é termo asiático», mas não o conhecem senão os concanis e os maratas.

Em 2.° lugar, atribuem-se derivações latinas ou gregas a muitas palavras orientais, como se efectivamente tivessem existido na língua tais étimos, ou fôssem formadas pelos portugueses na localidade com elementos europeus. Assim: *tufão* (árabe ou chinês) vem do gr. *tuphon* (ou antes *typhon*); *basim* (pròpriamente *bassim* ou *bacim*, do bengali, «tecido de algodão de Bengala»), do baixo gr. *bombaxion*, de *bombax*; *veniaga* (malaio), de *veniagar* e êste do lat. *venum agere* (como se *veniagar* não fosse derivado de *veniaga*); *babaiés* (isto é, *babarés*, do concani), do gr. *babazo*; *biombo* (japonês), do lat. *bis-umbo*; *aripar* (malaiala), do lat. *ripa*; *datura* (sânsc.), do lat. *datura*; *lintea* («tecido chinês»), do lat. *linteia*?; *manucódio* (malaio), do lat. *manus* + *cauda* (quanto pode a etimologia sónica!); *nacibo* («fado, sina», do árabe), por *nascibo*, de *nascer*?; *bailéu* (mal.), de *bailar*?; *batuque* (cafreal), do rad. de *bater*?.

Em 3.° lugar, derivam-se certos vocábulos, designativos (pelo menos originàriamente) de objectos asiáticos, doutras línguas europeias, implicando-se desta maneira que os portugueses os receberam dêsses idiomas e não lhes deram; como: *cassa* (mal.), do fr. *casse*; *saraça* (mal.), do cast. *zaraza*; *gudão* (mal.), do ingl. *go-down*; *bule* (mal.), do ingl. *bowl*; *jangá* (mal.), do cast. *jangua*; *babaréu* (conc.), do fr. *bavarderie*; *bões* (conc.) do ingl. *bound*; *macaréu* (guzarate), do fr. *macrée*; *catre* (< *câtere* < *câtele*, malaiala), do cast. *catre*; *bringe* (persa), do germânico, por intermédio de *brinde* (!); *catana* (jap.), do italiano. E para remate, filia-se *cairo* (dravídico) em *Cairo*, cidade do Egipto! [1].

[1] «En etimologias ay poquissima seguridad, y han hecho dezir muchos disparates a hombres doctos». — Faria e Sousa, *Lusiadas de Lvis de Camoens*, tom. II, col. 93.

Em 4.º lugar, inserem-se nos dicionários etimológicos, sob uma só inscrição de vocábulo europeu, palavras asiáticas homótropas, atribuindo-se-lhes dêste modo origem errada. Assim: *balão* (embarcação indiana) encabeça-se no *balão* europeu; *caixa* (moeda asiática) acasala-se com *caixa*, do lat. *capsa*; *calão* (bilha, na Índia) emparelha-se com *calão*, «barco de pesca», para se originar de *cale*; *mão* (pêso indiano) mete-se em *mão*, do lat. *manus*; *vara* (vendaval de Choramândel) prende-se ao lat. *vara*; *chale* (alcaçaria) une-se com *chalé*, do fr. *chalet*.

Em 5.º lugar, manda-se às vezes comparar, para vocábulos portugueses, dições paralelas estrangeiras; não se sabe com certeza o motivo: se por mera erudição, se para sugerir influência estrangeira, ou para insinuar, ao contrário, a nacional, mais conforme à verdade.

Convêm muito que os nossos escritores modernos, e particularmente os lexicógrafos, tenham sempre em vista que em terminologia antiga da Ásia meridional nós somos mestres, não discípulos; exportadores, não importadores. É por isso que os estrangeiros que pretendem tratar, com sciência e consciência, de semelhantes assuntos, recorrem, de preferência, às fontes portuguesas: tais como Yule, Burnell, Whitworth, Wilson, Watt, Devic, Bóncio, Piso, Rheede, Rúnfio.

Na verdade ¿que tem que fazer *chita* (neo-árico) com o fr. *chite*, *funce* (jap.) com o fr. *fonce*, *macaréu* (guz.) com o fr. *macrée*? Que necessidade há de comparar o cast. *charol*, para se preferir *charão* a *xarão*, se todos os nossos orientalistas antigos ortografam *charão*, e se *charol* é, com muita probabilidade, uma variante de *charão* > *charon* > *charol*? Porque é que se manda comparar *murza*, que não existe, com o persa *mirza*, que também não existe senão na forma *mīrzā*, ou *mirzā*, e é o étimo? Que comparação pode haver entre *águila* (malaiala), que é «pau», e *águia*, que é «ave»? A mesma que entre um ôvo e um espêto [1].

Em 6.º lugar, aponta-se erradamente uma língua oriental ou americana como fonte do vocábulo português, por desconhecimento da sua história; como: *abada* (mal.) do árabe *ābida*; *ema* (mal.) do árabe *neâma*; *andor* (malaiala) do persa *handūl*; *catre* (malaiala) do persa *katel*; *bazar* (persa) do árabe; *bangue* (neo-árico) do persa *beng*, que não existe; *bandel* (persa) do guzarate; *candil* (indiano) do malaio; *rota* (mal.) do concani; *pêru* (ave) «de origem dravídica (talvez do tamul)»; *curumbim* (concani-marata) identificado com o tupi *curumi*, com os significados «rapazinho, moleque».

Em 7.º lugar, os étimos indicados são, de ordinário, incorrectos ou incertos na sua forma, não se sabendo se representam a fonação originária ou a acomodação portuguesa. Não se conhecendo com justeza a prolação do étimo, é impossível notar as alterações fonéticas por que

---

[1] Os estrangeiros é que confundiram a nossa *águila* com lat. *aquila*, e transladaram-na para as suas línguas.

passou na sua transição; o que não é de somenos importância em glotologia. Por exemplo: *atabay* por *atalīk* (vid. *atabaque*) [1]; *charado* por *tçaroḍó* (vid. *charodó*); *anfiun* por *afiun; araque* por *'araq; chit* por *chhiṭ; pula* por *phūl* (vid. *fula*); *rontó* por *ronṭó*.

Em 8.º lugar, desloca-se o significado de diversos termos, especialmente de flora e fauna, duma região para outra; o que obscurece a sua verdadeira pátria e entrava a investigação da sua origem. É verdade que os portugueses uniram a Índia, a África e a América na sua acção civilizadora, e transportaram plantas, animais, trajos e iguarias duma parte para outra, ou os seus nomes para os aplicar a objectos similares. Mas o etimologista tem de saber filiá-los.

Se *longana* é «planta sapindácea do Brasil» ¿como se pode esperar que provenha do chinês *long-ien*? Se *benteca* é «árvore da Guiné, ¿como se filiará o nome no malaiala *bendikku*, «teca branca»? Se *pangolim* é «mamífero africano» ¿quem irá buscar a sua origem à Malásia? Se *mongoose* é «espécie de raposa de Moçambique» ¿como se há-de ligar ao *mangus* («icnéumon») indiano, demais a mais aparecendo trajado tão estravagantemente? Se *mogarim* é nome brasileiro de «uma espécie de rosa branca, muito aromática» ¿que tem que fazer com o concani *mogarīm* e sânsc. *mudgara*? Se *aluá* é usado no norte do Brasil, deve ser uma especialidade local, e não prender-se ao árabe *al-ḥaluā*, que deu «alféloa» no português continental, e outra forma e outro significado no asiático. Se *arache* é epitetado «termo africano» ¿quem pode adivinhar que se liga ao singalês *ārachchi*, e *Nigombo*, a que se alude na abonação, é uma província de Ceilão?

Se os portugueses levaram da América o ananás, o caju, a goiaba, a papaia, a ata, a anona, o tabaco, que se vulgarizaram e em parte se tornaram espontâneos, não é nas línguas da Índia que se há-de procurar a origem dos seus nomes, recebidos juntamente com as plantas. Parelhamente, não se há-de indagar em tupi ou guarani a etimologia de *banana*, de *mogarim*, de *café*, de *manga*, de *ema*, de *baju*, de *jangada*, se bem que tenham sua vivenda ou estejam em uso no Brasil [2].

Parece-me que se pode concluir do que fica exposto que a lexicologia colonial, tal qual figura nos nossos dicionários mais copiosos e etimológicos, precisa dum grande varejo, e que a causa fundamental, e ao mesmo tempo principal, da maior parte dos defeitos e imperfeições está no desconhecimento ou no desprêzo das legítimas fontes de estudo, e na etimologia empírica, que se estriba inteiramente na homofonia — critério

---

[1] A etimologia demonstra que *atabaque*, que eu não encontrei em nenhum escritor, está por *atalaque*.

[2] «A descrição de Plukenet, que a [juta] identifica com a América, deve rejeitar-se como um dos muitos enigmas da literatura de juta, se não se aceitar como mais uma das muitas provas da estreita associação da Índia e da América realizada pelos espanhóis e pelos portugueses». — Watt, *The Commercial Products*, p. 411.

pouco seguro e nada scientífico, como está de sobra demonstrado pela filologia comparativa [1].

Cumpre porêm reconhecer, com o sisudo Bluteau, que «de toda a empreza literaria a mais molesta, e embaraçada he a de hum Vocabulário». Mas convêm igualmente que se notem as faltas e as incorrecções (como se notarão no decurso do *Glossário*), a fim de quo se não transmitam e perpetuem.

## IX. — Fontes e dificuldades de estudo

É óbvio que a certidão e os primeiros traços biográficos dos vocábulos orientais é no Oriente que, em regra, se devem buscar. Mas, para isso, importa primeiro averiguar se de facto o termo é oriental e a que região do Oriente pertence, e qual foi a derrota que seguiu na sua viagem para a Europa.

O processo, portanto, que se me afigura indispensável ao estudo da lexicologia asiática — e o mesmo se dirá da africana — é percorrer com paciência as obras de todos os nossos escritores, e as principais dos estrangeiros, que com reconhecida competência trataram das cousas da Ásia meridional, e colhêr aí os vocábulos exóticos com a sua definição ou descrição e com a sua pátria ou derivação.

Felizmente, os nossos indianistas reproduzem geralmente com mais fidelidade e método do que os estrangeiros, não sómente dições malaias e japonesas, cujos fonemas pouco ou nada diferem dos portugueses, mas os complicados alfabetos indianos e as locuções dos idiomas monossilábicos. Alêm disto, interpretam uma e mais vezes as expressões peregrinas que empregam, e indicam amiúde o seu berço e às vezes a sua etimologia.

Com tais elementos fica o campo em grande parte desbravado e o estudo assente em bases sólidas e irrefragáveis. Para o seu complemento há dificuldades momentosas a superar, as quais demandam muita perspicácia na investigação, e conhecimento adequado, pelo menos nos seus dicionários, de dezenas dos idiomas indígenas — tarefa árdua que se não pode desempenhar cabalmente sem colaboração dos competentes, nem sempre fácil de alcançar.

Acontece que, de edição a edição, a deturpação de vocábulos estranhos se avoluma em quantidade e qualidade, e que nem a primeira (raras vezes revista pelos autores) os apresenta todos correctamente ortografados, ou por êrro de cópia, ou por ignorância dos compositores, ou por incúria, incompetência ou presunção dos revisores.

[1] «A etymologia é uma sciencia ou antes ramo de sciencia historica: quando faltam os elementos historicos successivos não pode muitas vezes chegar a mais do que conjecturas». — Adolfo Coelho, *Prefação* do Diccionario.

A falta de uma cedilha (*Candil*), ou de uma vírgula entre duas palavras (*lacre* [,] *pucho*), ou a notação de *i* por *j* (*brinie*), ou de *ge* por *gue* (*inge, frange*), etc., ocasionaram a inserção nos dicionários de vocábulos que jamais existiram. O próprio Gonçalves Viana, filólogo tão atilado, incluíu nas suas *Apostilas*, pelo que leu nas correspondências da Índia publicadas em diários de Lisboa, como vocábulos novos: *hompim* por *bongui, mosteiro* por *norteiro, naixó* por *voixó, nandrenine* por *nanchenim, tio-lio* por *lio-lio* [1].

É de suma conveniência, portanto, o conhecimento das ortografias antigas, o confronto de textos paralelos e o auxílio da etimologia, para se apurar a forma vocabular e a ortografia correctas e relegar as erradas [2].

Ocorre uma quantidade de termos nas pautas aduaneiras antigas e nos sistemas tributários, os quais não se interpretam por serem então assaz sabidos no local. Outros há — como *côco, areca, bétele, caixa, catana, cule, pagode, almadia, parau, pangaio, manga* — que são ambulatórios em toda a periferia da influência portuguesa na Ásia, na África e até na América. Muitos dos referentes a tecidos e embarcações — como *bengala, serampuri, bertangil, bofetá; sanguicel, catur, cotacoulão* — são antiquados ou geográficos, os quais não vem nos dicionários vernáculos manuais, compostos ordinàriamente para uso de escolas ou de missionários, e comummente deficientes. Por último, a identificação das dições da China e da Indo-China oferecem maiores obstáculos, atenta a índole das suas línguas, e a incorrecção das reedições, que, pretendendo emendar o texto da primordial, por vezes o corrompem [3].

---

[1] Lê-se na Década I, IX, 3, da edição de 1628: «Viue todo o gentio debaixo de palmares e *areaes* que he a fazenda de que viuem». Não duvido que mais de um leitor desprevenido tenha julgado que João de Barros escreveu um despropósito, ou que com efeito os gentios do Malabar vivem debaixo dos areais, que fazem parte da sua fazenda. Ponha-se porêm *arecais* em lugar de *areais*, e tudo se explica perfeitamente. Mas os tipógrafos conheciam melhor *areais* que *arecais*, e julgaram que deviam corrigir o original. E há numerosos exemplos semelhantes.

[2] É a inobservância dêstes preceitos que tem muito prejudicado os dicionaristas modernos, que puseram a sua principal mira em recolher dições ou formas inéditas, mas com pouco critério.

[3] Na primeira edição da *Peregrinação* lemos sempre, uma dúzia de vezes, *bada* ou *badas*; mas em algumas edições posteriores (por exemplo, na de 1725) substitui-se *bada* por *abada*, como mais correcto! Mas a forma *abada*, que é protética, não vigorava no tempo de Fernão Mendes, e bem sabia êle que o seu étimo era o malaio *bada*[q].

«A monosylaba *po* (assim nos mais) de onze modos faz onze palavras, que significam onze cousas diversas, e é cousa admiravel que cada monosylaba, sem alteração alguma material, é nome, pronome, substantivo, adverbio, participio, e verbo... a diversidade porém para significar tantas cousas vem tomada de a pronunciar com voz, toada, acento plano, carregado, depresso, levantado ou circumflexo, da voz espirada ou não espirada [com relação ao chinês]». — Fr. Jacinto de Deus, *Vergel* (ed. de Macau), p. 98.

Sucede também, não raro, que um dado vocábulo, peregrino em português, se encontra ao mesmo tempo em vários idiomas da mesma família ou de diversas e em regiões muito distanciadas, não se podendo precisar, sem demorada pesquisa, de qual deles proveio para a nossa língua [1]. Pode igualmente acontecer que o que se afigura como étimo tenha na realidade por étimo a palavra cuja origem se procura, sendo facto, copiosamente comprovado em outra obra (*Influência*) que os portugueses transportaram diversos termos indígenas duma terra para outra, onde ficaram depois completamente naturalizados [2].

Cumpre levar em linha de conta que vários nomes de dignitários, embarcações, pesos e medidas de certas regiões não pertencem às suas respectivas línguas, como se poderia inferir dos nossos historiadores, lidos de alto e separadamente. É muito duvidoso se os termos *bale* (árabe *vāli*), *catual* (persa *kotual*), *guazil* (ár. *uāzīr*), dados como títulos de autoridades, vogavam com efeito na língua indígena do Malabar, ou eram únicamente usados pelas colónias estrangeiras, ou sómente foram transmitidos aos portugueses por intérpretes árabes e judeus. Quem hesitaria em supor que *mandarim*, não provindo do nosso verbo *mandar*, deve ser palavra chinesa? Todavia, a história mostra que os portugueses o receberam dos malaios, como tantos outros termos concernentes à China. Igualmente, muitos vocábulos dravídicos passaram para Pegu e para a Malásia. O crioulo de Macau recebeu um considerável número das suas dições peculiares, não da China, mas de Malaca. Em Timor são correntes várias expressões privativas do português de Goa [3].

É claro que o cometimento é laborioso e inçado de estorvos; mas deve-se admitir que é o único processo racional e frutífero. Os lexicógrafos que o seguiram, parcialmente, apresentam-nos o vocabulário luso-asiático com melhor ortografia, mais exacta sematologia e indicação da sua pátria. Merece especial menção Rafael Bluteau, que não sómente perlustrou grande parte da nossa literatura oriental, então existente e conhecida, mas obteve da Índia listas de termos ali correntes, e manteve aqui, em Lisboa e nos arredores, relações, a que alude algumas vezes, com os indiáticos, assim para melhor se inteirar da lexicologia, como para conhecer *de visu* as aves e os objectos que possuíam. O resultado das suas pesquisas evidencia-se no *Supplemento* do seu monumental *Vocabulario*.

---

[1] Parecerá, talvez, indiferente que se atribua a procedência a uma língua ou outra, se a palavra realmente existe nela. Mas não é tal. Além da falsidade histórica, o vocábulo típico não é muitas vezes fonética e semânticamente idêntico em todos os idiomas que o possuem. Não é histórica e lexicológicamente o mesmo derivar *ola* do malaiala *ola* ou do tamul *olei*.

[2] Há etimologistas que derivam *manga*, *palanquim*, *parau*, do malaio; a história, porêm, atesta que os portugueses levaram para Malaca as duas primeiras palavras e conheciam, antes da sua conquista, a terceira no Malabar.

[3] Vid. Alberto Osório de Castro, *Flores de Coral*.

## X. — Organização do Glossário

O método que adoptei na organização do presente *Glossário* foi o seguinte:

1. Transcrevi primeiro da *Influência do Vocabulário Português* os vocábulos que, por motivos especiais, tinham sido aí incluídos.

2. Percorri depois, uma ou mais vezes, toda a nossa literatura oriental, antiga e moderna, a que pude ter acesso, atento o meu estado valetudinário; colegi em verbetes de cada vocábulo um ou dois (excepcionalmente mais) passos de cada obra em que figuravam, verdadeira ou presumidamente, palavras asiáticas (e ao princípio também africanas), e assim consegui recolher em primeira mão um enorme cabedal vocabular.

Idênticamente procedi com respeito às obras dos viajantes, missionários e tratadistas estrangeiros de maior nomeada: italianos, franceses, ingleses, espanhóis, holandeses, latinos.

3. Passei em seguida a examinar a correcção das poucas etimologias que eram assinadas por certos escritores, e a investigar as outras, assim pelo conhecimento pessoal de algumas línguas, como pelo auxílio de dicionários, mais de um de cada uma, e dos glossários, particularmente do de Yule & Burnell. Se o significado se apresentava claro e preciso, era alguma língua europeia que me servia de chave. Se o sentido era obscuro ou extensivo e a forma fácil, como acontecia em malaio e japonês, recorria imediatamente à língua do berço.

4. Perlustrei também, quanto vinha ao meu propósito, os dicionários nacionais, antigos e modernos mais autorizados e copiosos, bem como alguns estrangeiros. Não descurei revistas e jornais indianos, onde poderia fazer qualquer colheita, nem as correspondências que do Oriente vinham para os diários de Lisboa.

5. Os vocábulos que, em conseqüência dêste processo, me pareceu possuírem elementos seguros e suficientes para sua inscrição, passei a limpo, em separado, com margem para serem aperfeiçoados. Os outros ficaram de remissa para ulteriores indagações de significado ou de derivação.

6. As repetidas pesquisas foram sucessivamente apurando uma considerável quantidade. As consultas aos competentes em casos particulares, e as listas enviadas a amigos e literatos obsequiosos deram algum resultado ou me puseram na pista. O número dos vocábulos refractários tornou-se assim muito reduzido.

Explicado sucintamente o processo de elaboração do *Glossário*, começado há meia dúzia de anos, com labor incessante e com os materiais e com a preparação derivada do anterior trabalho, eis o seu resultado e a sua justificação:

Foram pescados no *mare magnum* da literatura portuguesa oriental milhares de vocábulos, um grande número dos quais não foram até hoje registados nos dicionários, e que, por um motivo ou outro, tem direito a entrar no léxico pátrio. E foram profusamente abonados com autoridades nacionais e estrangeiras, e munidos, com pouquíssimas excepções, da sua etimologia ou do atestado da sua naturalidade.

Incluíram-se na obra vozes de origem arábica, que penetraram na nossa língua por via da Índia, depois das conquistas, directa ou indirectamente, por vigorarem na Índia. Das que se encorporaram anteriormente por outra via, e das quais há tratados proficientes, nacionais e estrangeiros, introduziram-se, com a respectiva ressalva, as que adquiriram outra forma ou acepção, ou se tornaram muito vulgarizadas. Algumas entraram só com o intuito de se lhes apontar a origem sânscrita. Por idêntico motivo foram incluídos certos termos de gíria portuguesa.

Dos vocábulos registados nos dicionários com anotação de «asiáticos» se reproduziram, indicada a fonte para justificação, os que puderam ser identificados e elucidados ou corrigidos. Os outros, cuja procedência, forma ou significação não era clara ou segura, foram omitidos.

Excluíram-se igualmente muitas das palavras que figuram em alguns dos nossos escritores como usadas pelos indígenas, e não pelos portugueses. Por exemplo: Orta refere (*Col. de Betre*) que o rei Nizamoxá dá às vezes o betre «por sua mão, e a outros polla alhea, que é o pagem delle, a quem chamam *xarabdar*, e outros *tambuldar*» [1]. Êsses termos não se podem considerar portugueses, nem *ciri* (*sireh*), que êle nos diz ser nome malaio de betre. Usou-se neste assunto de certa latitude, porque não era possível traçar uma rigorosa linha divisória [2].

Foram também excluídos os nomes geográficos e os dos povos dêles derivados, se não ofereciam algum interêsse especial. Tais vocábulos, que montam a centenas, devidamente desenvolvidos, dariam por si só matéria para um grande volume. Muitos dêles são explicados pelos nossos indianistas, registados por Bluteau, e tratados com vasta erudição por Yule & Burnell no seu *Glossário*.

Rectificou-se com o auxílio da etimologia e do conhecimento lingüístico, a fonação de certas palavras, que, ou devido à ortografia ambígua

---

[1] *Xarabdar*, composto do árabe *xarāb*, «vinho», e do persa *dār*, «dador» = ministrador de vinho, copeiro. *Tambuldar* (persa *tambūldār*) quere dizer «preparador e ministrador de bétele com os seus ingredientes. Vid. *atambor*.

[2] Cândido de Figueiredo regista os nomes dos cinco tempos do dia em que os muçulmanos ortodoxos rezam as suas orações: *axá*, *dór*, *hácer*, *magareb* e *sob*, que nem tem forma portuguesa, só porque João de Barros os emprega para explicar as diferenças entre os *xiás* e *sunis*: «Dizem os Parseos que tres vezes basta fazer oração a Deos, pela manhaã em nascendo o sol chamada *Sob* [*subh*], e a segunda *Dor* [*ḍuhr*] ao meyo dia, & a terceira *Magareb* [*maghrib*] ao sol posto, porque estas conthem em si todolas partes do dia: respondem os Arabios que segundo os preceitos da lei, hão de ser cinco vezes, estas tres, e maes duas: a primeira chamada *Hácer* [*'asr*] que he antes do sol posto, e outra antes de lançar na cama, a que chamão *Axá* [*'axā*]». — Déc. II, IX, 6.

ou a êrro de cópia ou de composição, era obscura ou inexacta; como: *çalete* por *calete*, *catapa* por *catopa*, *gorca* por *gorsa*, *guémio* por *gémio*.

Fixou-se com o conjunto das citações, e também com a intervenção da etimologia, a variante fonética mais usual ou mais correcta, pondo de parte as incorrectas, que, aliás, vão indicadas nas mesmas citações.

Com idênticos recursos se determinou a prosódia e a morfologia de várias dições, erradamente representadas nos dicionários, com acentuação, género e número.

Com os esclarecimentos fornecidos pelos materiais e pela proveniência, formou-se um conceito cabal dos vocábulos, e deu-se uma definição possívelmente precisa. Se alguns tecidos e embarcações não foram convenientemente caracterizados, foi porque faltaram elementos necessários, e não por descuido [1]. Na colisão, preferiu-se uma definição extensiva à restritiva, e a designação genérica, nos pesos e medidas variáveis, à específica e exclusiva.

Procurou-se, em regra, evitar longas descrições, enumeração de diversos usos e produtos industriais, e noções históricas dos objectos designados, assim para se não estender o trabalho, primáriamente lexicológico, já de si volumoso, como para se não privarem as abonações do seu interêsse, visto que isto se havia de fazer, em grande parte, com o seu auxílio e detrimento [2].

Quando porêm houve razão de particular importância, desenvolveram-se largamente as questões de sematologia, de etimologia, de evolução formativa ou de transmisssão de vocábulos, a fim de se esclarecer a matéria complicada ou restabelecer a verdade deturpada [3].

Pôs-se muita diligência em investigar e apurar, à vista da documentação histórica e prefixação do berço, a etimologia scientífica de cada vocábulo, atentas as vantagens práticas na determinação fonética e semântica [4].

É patente que em semelhantes assuntos nem sempre se pode esperar uma derivação certa e incontestável, por vários motivos: obscuridade ou indefinidade do significado no texto, indeterminação do berço do vocábulo, falta de base ou ligação histórica, similaridade de som ou de sen-

---

[1] Algumas definições, desumidas do contexto, nem sempre claro, ou da etimologia, nem sempre certa, são susceptíveis de emenda.

[2] Em certas definições e indicações de propriedades e efeitos preferi as dos autores mais competentes às que eu poderia formular.

[3] Vid. *abada, amouco, andor, azulaque, baju, bambu, bandel, bramanismo, budismo, canga, canja, cátele, catur, casta, caurim, charão, chatim, côco, corja, cule, dógico, gengibre, guingão, janɀada, macaréu, machila, pagode, palanquim.*

[4] «Canons for etymology. 1. Before attempting an etymology, ascertain the earliest form and use of the word; and observe chronology. 2. Observe history and geography: borrowings are due to actual contact». — Skeat, *An Etymological Dictionary*.

tido de palavras diferentes. Teve-se porêm o cuidado de declarar se a proveniência era sómente provável ou duvidosa ou incerta. Por estes motivos mais de uma vez se alterou, mercê de novos elementos, algumas etimologias antes assinadas [1].

Julgou-se, de ordinário, supérfluo explicar a derivação ou a composição do étimo, expor os seus diversos sentidos, ou apontar todas as línguas indígenas em que se encontrava um dado vocábulo, quando disto não redundava nenhuma vantagem real. Indicou-se, todavia, o sentido literal, se diferia do dos nossos autores.

Quando vão conjuntas duas línguas (*persa-ár.* ou *árabe-persa*) a primeira denota o étimo e a segunda a origem remota. O mesmo se entende, algumas vezes, por *conc.-mar.* ou *mar.-conc.*, mas, em geral, que a dição se encontra em ambos os idiomas. Se são mencionadas paralelamente duas ou mais línguas, é por se não poder discernir de qual delas proveio o termo. Quando é indicado o étimo do étimo, não se deve concluir que o primeiro tem sempre o mesmo sentido, principalmente com relação ao sânscrito. A notação genérica «neo-árico» ou «dravídico» quere dizer que a dição se encontra em quási toda a família lingùística. O étimo sânscrito de algumas palavras introduzidas em português não implica que foram imediatamente recebidas daquela língua, mas que é corrente *ipsis literis et sensu* em toda a área da influência bramânica [2].

Tomou-se por norma não inserir nenhum vocábulo que não fôsse escudado por alguma abonação, pelo menos estrangeira. E era natural que assim se fizesse, visto o trabalho todo basear-se na literatura. Se alguns termos são arrevesados ou estranhos, e não própriamente adaptados pelo autor, sirva o *Glossário* de comentário para êle e de esclarecimento para o seu leitor.

Parecerá, à primeira vista, excessiva tanta abonação de cada vocábulo, pois que os glossaristas se contentam ordinàriamente com poucas autoridades. Mas a verdade é que se não pode cabalmente conhecer a origem geográfica e etimológica, os motivos da adopção, a evolução fonética e semântica, o uso no espaço e no tempo, e outras particularidades dos vocábulos, sem copiosa documentação histórica e scientífica, que constitui a sua biografia [3].

---

[1] «As derivações dos nomes são más de acertar nas proprias regiões onde nacemos, onde sabemos tambem as linguas: que fará (*sic*) nas estranhas onde escassamente sabemos hum vocabulo, quanto mais a derivação delle». — Garcia da Orta, Col. LVIII.

[2] Convêm saber que os nossos indianistas antigos se informaram dos sistemas religiosos da Índia mais na zona dravídica ou dos letrados dêsse território. Empregam, por isso, os termos sânscritos na mesma forma que é usada nas línguas da família dravídica, como, por exemplo: *Budão por Buda* (= Buddha), *Vedão* por *Veda*, *sattialogão* por *satyaloka*.

[3] As abonações atestam primàriamente o uso do termo, e só secundàriamente a

Duas são as ordens cronológicas de abonações: uma portuguesa, que abrange as obras originais ou traduzidas; a segunda encerra indistintamente os livros escritos em qualquer língua estrangeira, ainda que alguns autores sejam portugueses. Julgou-se conveniente copiar as citações tais quais se acham nas suas fontes, guardando-se até a mesma ortografia antiga [1].

As abonações estrangeiras tem mais de uma utilidade: consignam certos termos que se não depararam na literatura nacional impressa; corroboram ou desenvolvem as nacionais; denotam a importância, a necessidade ou a conveniência dos respectivos vocábulos; declaram ou insinuam a fonte donde os receberam; patenteiam a superioridade dos nossos escritores no seu tratamento; mostram a evolução fonética e semântica por que certas palavras orientais passaram na respectiva língua antes de assumir a actual forma ou significação. É inegável que tudo isso é de subido valor para a filologia e para a influência portuguesa.

Aconteceu porêm mais de uma vez que, não tendo tomado apontamento de palavras asiáticas que figuravam em livros estrangeiros, por não as ter encontrado nos nacionais, quando depois se me depararam já não podia tornar a lê-los. O mesmo se deu com alguma dição, que me não pareceu suficientemente aportuguesada, mas que vi posteriormente mencionada por outros escritores ou registada nos dicionários.

Prosseguindo na leitura da literatura nacional e estrangeira, concernente à lexicologia colonial, colhi novos vocábulos ou novas abonações de particular merecimento, os quais se não puderam intercalar no corpo da obra, por estar já impressa a parte correspondente. Ficam, portanto, reservados para o *Suplemento,* juntamente com os termos obscuros ou de somenos importância. Notar-se hão aí quaisquer incorrecções de monta que haja no *Glossário* e se conheçam até então [2].

---

importância do autor. As citações dos periódicos visam principalmente à actualidade e à popularidade do vocábulo.

[1] É bem possível que algumas citações não se conformem totalmente com os originais, devido a reiteradas cópias e à ausência do texto no acto de revisão. Algumas das abonações seguem a cronologia dos sucessos, como as de Fernão Mendes Pinto e Gaspar Correia. Foram encurtados os títulos compridos de certas obras citadas, os quais se podem ver na *Bibliografia*. Quanto aos autores, foram ordinàriamente dados os nomes primeiro e último; com relação a certos, preferiram-se os dois últimos apelidos, pelos quais são mais conhecidos.

[2] Idênticamente procederam Yule & Burnell no seu monumental *Glossário,* que me serviu de modêlo e de que muito me utilizei. Em português não há nenhuma obra semelhante. O *Glossario* do Cardeal Saraiva, além de ser muito limitado, pouco valor scientífico tem quanto à lexicologia asiática. (Vid. *Gonçalves Viana e a lexicologia portuguesa de origem asiático-africana*, pelo autor). Gonçalves Viana incluiu, nas suas *Apostilas* e *Palestras Filolójicas*, grande número de termos coloniais, não registados nos dicionários portugueses, apontou os étimos de muitos, e emendou a prosódia, a sematologia e a etimologia de vários outros. Cândido de Figueiredo

## XI. — Noções das línguas orientais e da sua influência na portuguesa

Na Introdução à *Influência do Vocabulário Português* tratou-se largamente das línguas da Ásia meridional na generalidade e sucintamente de cada uma delas em particular, bem como dos motivos especiais por que a língua portuguesa exerceu nelas a sua influência directa ou indirecta. Também foi apenso um mapa lingùístico-geográfico.

Para se não repetir o que já está desenvolvido, direi aqui tão sómente o que de perto se relaciona com o presente trabalho.

As línguas asiáticas que subministraram termos à portuguesa são:

1. Da família árica, ramo indo-árico: concani, marata, guzarate, hindustani, bengali e singalês. — Ramo eránico: persa moderno.

2. Família dravídica: malaiala, tamul, canarês, túlu e telúgu.

3. Da família indo-chinesa, ramo tibeto-birmânico: birmanês e tibetano. — Ramo mon khmer: cambojano. — Ramo siamo-chinês: siamês, anamita, tonquinês.

4. Da família malaio-polinésia: malaio, javanês, teto e galóli, — as duas últimas são línguas de Timor.

5. Da família semítica: árabe oriental.

6. Chinês.

7. Japonês.

8. Línguas da África Oriental, restritamente [1].

A grande diferença entre o número dos idiomas asiáticos, que receberam palavras portuguesas, e o dos que deram, explica-se pela influência mediata que a nossa língua exerceu em muitos dêles, como panjabi, sindi, nepali, assamês; sundanês, madurês, macaçarês, nicobarês. Era natural que os portugueses tomassem certos termos directamente dos povos com que tratavam, como molucanos, sundaneses, achineses; mas como tais palavras se encontram em malaio, e êste era língua franca naquelas partes, é de presumir que dêle se servissem nas suas relações com os indígenas.

Em princípio, é proporcionalmente recíproca a influência. Quanto mais influíu a língua portuguesa no vocabulário duma dada língua asiática, tanto mais foi por ela influenciada. Portugal exerceu intensa actividade no Malabar, na costa de Choramândel, no Concão, no Maharaxtra ou Norte, no Guzarate, em Ceilão, no Arquipélago Malaio e, religiosamente, no Japão; do que dão testemunho os vocabulários dos respectivos

---

prestou a esta matéria, especialmente na 2.ª edição, muito mais atenção do que os seus antecessores, não porêm com a proficiência e a justeza que seriam de desejar, mas que também demandariam estudo especial e aturado.

[1] Sómente quanto aos vocábulos que se vulgarizaram na Índia e cuja procedência não é notória, como *machila, pangaio, batuque, mandó, calumba*.

idiomas. Inversamente, também é dêsses idiomas que lhe proveio maior soma de vocábulos.

Goa, Damão, Dio, Macau e Timor, por serem as actuais colónias portuguesas no Oriente, a influência das suas línguas indígenas ou dos seus crioulos é contínua e ininterrupta; a das outras regiões é únicamente histórica, excepto a zona do Padroado Português, onde o clero nacional continua a entremear na sua linguagem falada e na sua correspondência dições vernáculas.

O persa esteve em grande voga na Índia no período da dominação maometana: era a língua da côrte e dos tribunais, oficial e literária. Os tratados dos portugueses com os potentados muçulmanos eram exarados em português e em persa [1]. Numerosos termos persianos, em particular administrativos, infiltraram-se necessáriamente nos idiomas vernáculos, inclusive dravídicos, e em indo-inglês. Era, portanto, natural que muitíssimos vocábulos dessa procedência se introduzissem directa ou indirectamente na língua portuguesa. Mas não lhe comunicou senão pouquíssimos, pôsto que seja de supor que mais alguns vogassem em certas partes, como em Ormuz, Congo, Comorão.

O árabe é a língua sagrada dos islamitas da Índia, onde há escolas para seu ensino. Os portugueses estiveram em contacto com os árabes em algumas regiões; a sua língua era ao princípio o meio de comunicação daqueles com os indígenas da Índia. O persa moderno está extensamente eivado de vocábulos árabes, não há nenhuma palavra dessa origem que não tenha ou não possa ter cabimento no seu vocabulário. Explica-se, portanto, análogamente, a introdução, mediata ou imediata, no português oriental de várias dições da língua semítica. Mas não houve troca documentada.

A civilização chinesa impressionou vivamente os portugueses por sua novidade e singularidade. Os nossos escritores, como Fernão Mendes, Castanheda, Barros, Orta, Frei Gaspar, Padre Lucena, Padre Semedo, Frei Jacinto, tecem grandes elogios à sua administração pública, letras, artes, indústria, flora [2]. A descrição destas, com menção de nomes ver-

---

[1] «Concluidos estes capitulos se passarão dous estromentos em Parseo e Portugues, hum para darem ao Embaixador, e outro pera ficar em estado... Deste juramento se fizerão dous autos em Parseo e Português». — Diogo do Couto, Déc. V, I, 9.

[2] «Hum escrauo Chij que comprei pera interpretação destas cousas sabia tambem leer e escreuer nossa linguagem, e era grande contador de algarismos». — Déc. I, IX, 2.

«São os Chins homens muy sutis em comprar e vender, e em officios mecanicos; e em letras não dam vantagem a alguns outros, porque tem leis escritas, conformes ao direito comum, e outras muito justas... damse lá gráos e muytas honrras aos letrados, e elles sam os que governão o rei e a terra. Nas pinturas que fazem vem pintadas catedras, e homens que estão lendo, e ouvintes que estão ouvindo; quanto mais que, pera vos convencer seu gram saber, abasta que a arte de emprimir sempre foi lá usada, e nam ha em memoria de homens ácerca deles, quem a enventou». — Garcia da Orta, Col. XVII.

náculos, importou para a nossa língua uma notável quantidade de termos chineses. A nossa colónia de Macau também concorreu bastante para isso. Mas os chineses, assim por seu desmarcado desprêzo pelos europeus («diabos do Ocidente»), como pela índole da sua língua, poucas palavras portuguesas recebeu; como: *padre, papa, missa, leilão, pipa, manga, caju*, e, talvez, *pão* e *dado*.

Idênticamente, as línguas da Indo-China deram mais o seu contingente, pelo menos literáriamente, do que receberam da portuguesa, a julgar pelos seus dicionários [1].

Modernamente entraram na língua, por meio de livros, novas palavras, ou suas novas formas, não mencionadas pelos autores antigos; mas não tantas quantas os desconhecedores da nossa literatura oriental supõem [2]. O principal órgão transmissor é o inglês, não como se pronuncia mas como se escreve, sendo, por isso, erradamente lido [3].

## XII. — Alfabetos e transcrições [4]

É agora ponto assente entre os sanscritólogos, após as investigações paleográficas do Dr. Bühler, que a escrita era conhecida na Índia no século VIII antes de Cristo, pôsto que não fôsse então, nem muito tempo depois, empregada para fins literários. É de origem semítica do tipo fenício, semelhante ao da estala moabita, introduzida por mercadores por via de Mesopotâmia. Os mais antigos documentos que possuímos são as inscrições lapidares do imperador Açoca (século III antes de Cristo), que já apresentam numerosos cambiantes gráficos.

A remodelação, a sistematização e a adaptação dos caracteres semíticos à fonética do indo-árico deram em resultado, no século V da era vulgar, o alfabeto conhecido pelo nome de *brāhmī* («relativo a Brahmá»), o qual pode considerar-se como o verdadeiro alfabeto nacional da Índia. É dêle que derivam todos os alfabetos modernos, até os próprios dravídicos, por mais divergentes que actualmente pareçam. O mais importante é o *nāgarī* («urbano») ou *devanāgarī* («da cidade de Deus»), no qual principalmente estão exarados os monumentos literários da língua sânscrita, e que na sua caracterização gráfica data pelo menos do século VIII.

Para me restringir às línguas que figuram no presente trabalho, se-

---

[1] Entre os cristãos estavam em uso outrora muitos termos portugueses, e é possível que ainda hoje estejam alguns, além dos que vem nos vocabulários.

[2] Por exemplo, *pariá, cule, micado, xogum*, que se reputam importações modernas e indirectas, já eram conhecidos dos portugueses nos séculos XVI e XVII.

[3] Eis uma amostra: *suttee* (*sati*), *thug* (*tague*), *cutter* (*catur*), *bungalow* (*bangaló*), *pijama* (*paijamá*), *firman* (*formão*), *gutta* (*gata*), *shah* (*xá*), *jinriksha, jujutshu*.

[4] Vid. *Influência*, pp. LXXI-LXXVII.

guem o alfabeto devanagárico, além do sânscrito, o hindi, o hindustani (conjuntamente com o árabe-persiano), o marata, o concani (em parte) e o guzarate, com pequenas variantes. O bengali, o singalês, o telúgu, o canarês com o túlu, e o malaiala tem próprios, que diferem do devanágari gráficamente, e não fonética ou metódicamente. Muitos dêstes idiomas, porêm, não usam no vocabulário vernáculo de todos os fonemas do devanágari, e algumas há que tem um ou outro fonema especial ou fonemas e letras a mais.

Entre as línguas dravídicas só o alfabeto do tamul difere consideràvelmente do nagárico, assim por falta de muitas letras, como pelo acrescentamento de algumas consoantes, e mais pelo emprêgo de certas consoantes para representar dois ou três fonemas.

Serve-se do alfabeto árabe-persiano, alêm do hindustani, o malaio [1].

O birmanês, o tibetano, o cambojano, o javanês, tem alfabetos peculiares, derivados primitivamente do índico, mas ao presente muito modificados.

O chinês, o anamita e tonquinês e o japonês empregam idiógrafos chineses. À vista das dificuldades que oferece o conhecimento dêsses caracteres, os missionários católicos do Anão inventaram um esmerado sistema de transcrição em alfabeto romano, denominado *quôc ngũ*, para representar fielmente todos os sons e tonalidades do idioma. Êste sistema é igualmente seguido pelos filólogos e, segundo Lajonquière, pelos próprios indígenas da Cochinchina [2].

O chinês não tem um sistema de transcrição comummente seguido pelos sinólogos. Alêm disso, um mesmo idiógrafo é diferentemente enunciado conforme as províncias e conforme a linguagem é mandarina ou vulgar. Não há, portanto, perfeita uniformidade na reprodução das dições chinesas em alfabeto romano. No *Glossário* tem-se seguido, em regra, o dialecto de Pequim, que representa a língua literária, e o de Cantão, mais conhecido dos nossos escritores.

O Congresso dos Orientalistas, realizado em Genebra em 1894, adoptou, quanto ao devanágari, um sistema uniforme de transcrição, que desde então tem sido geralmente seguido pelos sanscritólogos. O mesmo pode e convêm aproveitar-se para a transcrição dos outros alfabetos que tem idêntica origem, com notação peculiar, fácilmente inteligível, das letras privativas. Importa, portanto, conhecer a transcrição dos alfabetos devanagárico, tamul e árabe-persiano.

---

[1] O baixo malaio, mais dilatado, escreve-se comummente em caracteres romanos.

[2] Por falta de tipos especiais omito um ou outro sinal diacrítico nos étimos dessa origem.

## Transcrição do alfabetó devanagárico

| | | | | | |
|---|---|---|---|---|---|
| Vogais: | अ *a*, आ *ā*, इ *i*, ई *ī*, उ *u*, ऊ *ū*, ऋ *ṛ*, ॠ *ṝ*, ऌ *ḷ*, ए *e*, ऐ *ai*, ओ *o*, औ *au*. | | | | |
| Guturais: | क *ka* | ख *kha* | ग *ga* | घ *gha* | ङ *ṅa* |
| Palatais: | च *ca* | छ *cha* | ज *ja* | झ *jha* | ञ *ña* |
| Cacuminais: | ट *ṭa* | ठ *ṭha* | ड *ḍa* | ढ *ḍha* | ण *ṇa* |
| Dentais: | त *ta* | थ *tha* | द *da* | ध *dha* | न *na* |
| Labiais: | प *pa* | फ *pha* | ब *ba* | भ *bha* | म *ma* |
| Semivogais: | य *ya* | र *ra* | ल *la* | व *va* | |
| Sibilantes: | श *ça* (palatal), ष *ṣa* (cacuminal), स *sa* (dental). | | | | |
| Aspirante: | ह *ha*; anusuara ं *ṁ*; visarga ः *ḥ*. | | | | |

### OBSERVAÇÕES

I. *A* soa como a vogal neutra ou o *a* pequeno. Em concani e em bengali aproxima-se do *ŏ* breve aberto. *A, i, u, ṛ, ḷ,* são breves (= *ă, ĭ, ŭ, ṛ, ḷ*); *ā, ī, ū, ṝ* são longos. As vogais *ṛ, ṝ, ḷ* são privativas de vocábulos sânscritos. *E* e *o* são ditongos em sânscrito (originàriamente *ăi* e *ău*) e, como tais, longos e fechados (= *ê, ô*).

II. Nas línguas dravídicas e em algumas das neo-áricas *e* e *o* são breves e longos. O singalês possui, a mais, *e* ditongo (= *æ*), breve e longo, muito palatizado; translitera-se comummente em *ę* e *ę̄* ou, melhor, em *e̤* e *ē̤*. O concani tem *e* e *o* abertos e fechados; distingo-os, se é necessário, por *é* e *ó*, quando abertos e tónicos, e por *ê* e *ô*, sendo fechados. As línguas dravídicas finalizam muitas palavras em *u* muito breve, de apoio, o qual se costuma notar por *ụ* ou *u̥*. Os gramáticos dão-lhe, conforme Caldwell, um quarto da quantidade de vogal longa.

III. Muitas das línguas neo-áricas não pronunciam o *a* breve final e freqùêntemente nem o medial, pôsto que escrevam a consoante inteira (sem o *virāma*), como se o tivesse inerente. Assim, escreve-se राम *rāma*, mas lê-se *rām'*. Nestes casos, omito o *a* na transcrição.

IV. Os idiomas dravídicos e muitos dos neo-áricos tem o fonema, bem como a letra ळ *ḷa* cacuminal, que em sânscrito sòmente figura na escrita védica.

V. O concani, o marata e o telúgu tem duas letras com dois fonemas cada uma, sem distinção gráfica: o normal (antes de *e, i* e *y*) *ch* explosivo (como o italiano *c* antes de *e* e *i*) e *tç* ou *ts*, quási equivalente ao de *zz* em italiano; *j* explosivo (como em inglês) e *z* (ou *dz*)[1]. Distingo-os na transcrição.

VI. Por motivos ponderosos e especiais, faço as seguintes alterações na transcrição acima dada: *ch, chh* por *c, ch; x* (palatal) por *ç* (excepto em sânscrito) e por *ṣ* (excepto em sânscrito).

VII. Em todas as línguas áricas o acento recai na última sílaba, se fôr longa, ou na penúltima, longa ou breve, se a última fôr breve. Em singalês porêm o acento pode protrair-se à antepenúltima, ainda que seja breve, como *annắsiya,* «ananás»[2].

## Transcrição do alfabeto tamul[3]

| | | | | | | | | | | | |
|---|---|---|---|---|---|---|---|---|---|---|---|
| அ | *a* | எ | *e* | க் | *k* | த் | *t* | ல் | *l* |
| ஆ | *ā* | எ | *ē* | ங் | *ṅ* | ந் | *n* | வ் | *v* |
| இ | *i* | ஒ | *o* | ச் | *ch* | ப் | *p* | ழ் | *ḻ* (ou *ḷ*) |
| ஈ | *ī* | ஒ | *ō* | ஞ் | *ñ* | ம் | *m* | ள் | *ḷ* |
| உ | *u* | ஐ | *ai* (ou *ei*) | ட் | *ṭ* | ய் | *y* | ற் | *ṛ* |
| ஊ | *ū* | ஔ | *au* | ண் | *ṇ* | ர் | *r* | ன் | *n* |

Letras para fonemas sânscritos: ஷ் *sh*, ஸ் *s*, ஜ் *h*, ஃ *ḥ*.

### OBSERVAÇÕES

I. Êste alfabeto dravídico é tambêm silábico; o ponto ou o círculo por cima da consoante, equivalente ao sânscrito *virāma,* indica a ausência do *a* breve inerente.

II. O tamul não tem fonemas aspirados, nem letras especiais para consoantes brandas; um mesmo carácter serve para representar ambos os fonemas.

III. *K, ch, ṭ, t, p,* sendo mediais e simples, isto é, não geminados, soam *g, j* (pouco usado em palavras vernáculas), *ḍ, d, b. Ch* inicial, e mesmo intervocálico simples, abranda-se às vezes em *x* ou o sânscrito *ç* ou *ś;* e tambêm se emprega para representar a sibilante dental *s.* Transcrevo *ch, j* e *s,* mas não *x,* que não é vulgar. O *d* intervocálico do tamul e do malaiala é muito brando, como o *th* inglês em *than, that.* Não o distingo do *d* simples, nem o faz Caldwell. Em vocábulos peregrinos figuram sonoras iniciais.

---

[1] Beames denomina *ts* e *dz* «palatais não-assimiladas».

[2] As palavras esdrúxulas singalesas tem o acento na 4.ª sílaba, incluindo o sufixo (separável) *-ya* ou *-va: kámaraya = câmara, púkuruva = púcaro, viduruva = vidro.*

[3] Vid. Caldwell, *op. cit.;* Percival, *Tamil-English Dictionary.*

IV. A regra tamúlica de sonoras mediais é igualmente observada no malaiala, mas com letras distintas, excepto *k* medial, que sôa *g* muito fraco, quási como *h*, e transcreve-se por um sinal especial, que eu omito.

V. As consoantes peculiares são *ḻ, ṟ, ṉ*. A primeira, que existe igualmente no malaiala, «pronuncia-se diferentemente em diferentes distritos», diz Caldwell. Conforme êste autor, o seu som normal assemelha-se ao de *r* inglês em *farm*, mais líquido e pospalatal. Segundo Percival, é uma mistura de *r*, *l* e do francês *j*. O telúgu substitui-o por *ḍ* cacuminal, e o canarês por *ḷ* cacuminal.

VI. O *r̥* duro, presentemente usado em tamul-malaiala, tem o som médio entre as cacuminais *ḍ* e *ḷ*, como no inglês *crack*.

VII. O *ṉ*, última letra do alfabeto, não se diferença fonéticamente de *n* dental; não tem, por isso, notação discriminativa.

VIII. Algumas das vogais tem cambiantes particulares ante certas consoantes, que acho desnecessário descrever. O ditongo *ai* é de pouca ocorrência, e pronuncia-se comummente *ei*.

IX. As línguas dravídicas não possuem palavras de sílaba tónica, com a elevação da voz; enunciam-se na mesma toada, distinguindo-se sílabas longas, breves e brevíssimas. Mas de ordinário profere-se com mais ênfase a primeira sílaba, que é a base do vocábulo.

## Transcrição do alfabeto árabe-persa-hindustani [1]

| | | | | | | | | | | | |
|---|---|---|---|---|---|---|---|---|---|---|---|
| ا | *a* (etc.) | چ | *ch* | ذ | *dh* | ش | *sh* | غ | *gh* | م | *m* |
| ب | *b* | ج | *j* | ر | *r* | ص | *ṣ* | ف | *f* | ن | *n* |
| پ | *p* | ح | *ḥ* | ڑ | *ṛ* | ض | *ẓ* (*ḍ*) | ق | *q* | ه | *h* |
| ت | *t* | خ | *kh* | ز | *z* | ط | *ṭ* | ک | *k* | و | *v* (*w*) |
| ٹ | *ṭ* | د | *d* | ژ | *zh* | ظ | *ẓ* | گ | *g* | ي | *y* |
| ث | *th* | ڈ | *ḍ* | س | *s* | ع | ʻ | ل | *l* | | |

### OBSERVAÇÕES

I. Muitas das letras dadas tem diversas formas, quando iniciais, mediais e finais. Não as reproduzo por não influírem na transcrição.

II. As letras *th, ḥ, ṣ, ẓ* (*ḍ*), *ṭ, ẓ*, ʻ, *q*, são peculiares ao árabe. *Kh, dh, z, gh*, são comuns ao árabe e ao persa. A letra *zh* é peculiar ao persa. *P, ch, g*, são comuns ao persa e ao hindustani. As cacuminais *ṭ, ḍ, ṛ*, são peculiares ao hindustani.

---

[1] Vid. Duncan Forbes, *A Grammar of the Hindustani Language;* David Lopes, *Textos de Aljamia Portuguesa*.

III. Algumas das letras arábicas tem som diferente em persa e hindustani, como: *th* = *s*; *dh* = *z*; *ḍ* = hindust. *z*; *ṭ*, *ẓ* = hindust. *t*, *z*.

IV. O referido Congresso dos Orientalistas tambêm fixou a transcrição do alfabeto arábico, que eu sigo, preferindo as variantes optativas. Mas substituo *ḍ* por *ẓ*, para evitar a confusão com o *ḍ* do hindustani, e *w* por *v*, ou *u*, para manter a harmonia com a transcrição do alfabeto devanagárico [1].

V. Sendo alguns étimos arábicos reproduzidos das transcrições antigas, devem naturalmente diferir às vezes da transcrição aprovada. Tambêm as vogais breves árabe-persianas, bem como as semivogais *v* e *y*, são amiúde proferidas diversamente em diferentes regiões, e por conseguinte, diversamente transcritas.

VI. O malaio não emprega no vocabulário vernáculo as seguintes letras arábicas: *th*, *ḥ*, *kh*, *z*, *sh*, *ṣ*, *ḍ*, *ṭ*, *ẓ*, *'*, *gh*, *f*; e tem a mais as seguintes: *ch*, *ng*, *p*, *g*, *ñ* ou *ny*.

VII. Os autores holandeses, conformando-se com a índole da sua língua, transcrevem por *tj*, *dj*, *nj*, as letras *ch*, *j*, *ñ* do malaio e das outras línguas do Arquipélago, as quais se pronunciam exactamente como em devanágari.

---

[1] Na transcrição portuguesa, *v* ou *w* é tradicionalmente representado por *u*, de que mais se aproxima, e *sh* por *x*, que lhe corresponde. O *sh* doutras línguas tem igualmente o mesmo valor.

# BIBLIOGRAFIA


ABREU (Miguel Vicente de). Vid. KLOGUEN e DELLON.

ABREU (G. de Vasconcelos). *Importancia capital do sãoskito como base da glottologia árica.* Lisboa, 1878.

—— *Investigação sobre o caracter da civilisação ária-hindu.* Lisboa, 1878.

—— *Manual para o estudo do sãoscrito classico. II. — Chrestomathia.* Lisboa, 1883.

—— *A Literatura e a Religião dos Árias na Índia.* Paris, 1885.

—— *O Animismo em jeral e sua representação entre os Chineses.* Lisboa, 1889.

—— *Curso Integral de antiguidades áricas. Discurso de abertura.* Lisboa, 1903.

AFONSO (P. Baltasar). *Descoberta de Angola e Congo.* In *Bol. S. G. L.*, IV.

AFONSO (P. Gaspar). *Viagem da nau S. Francisco*, in *Hist. Tragico-maritima*, vol. VI.

AGOSTINHO DE SANTA MARIA (Fr.). *Historia da Fundação do real convento de Santa Maria na Cidade de Goa.* Lisboa, 1699.

AIRES (Cristóvão). *Indianas e Portuguezas.* 2.ª ed. Lisboa, 1881.

—— *Fernão Mendes Pinto. Subsidios para a sua biografia e para o estudo da sua obra.* Lisboa, 1904.

—— *Fernão Mendes Pinto e o Japão.* Lisboa, 1906.

ALBUQUERQUE (Afonso de). *Cartas*, 6 tom. Lisboa, 1884–1915.

*Alguns Documentos do Archivo Nacional da Torre do Tombo ácerca das navegações e conquistas portuguezas.* Lisboa, 1892.

ALMADA (Francisco Vaz de). In *Hist. Tragico-maritima*, vol. IX.

ALMEIDA (Fortunato de). *Portugal e as Colónias Portuguesas. Com um apêndice sôbre a História da Geografia e uma nota bibliográfica sôbre a Geografia de Portugal e dos seus domínios.* Coimbra, 1918.

ANDRADA (Francisco de). *O Primeiro Cerco que Turcos puzerão há fortaleza de Diu nas partes da India.* Coimbra, 1589.

—— *Chronica d'el Rey D. João III.* 4 partes. Lisboa, 1613.

ANDRADA (Jacinto Freire de). *Vida de Dom João de Castro.* Lisboa, 1651.

ANDRADE (José Inácio de). *Memoria dos feitos macaenses contra os piratas da China: e da entrada violenta dos ingleses na cidade de Macáo.* 2.ª ed. Lisboa, 1835.

—— *Cartas escritas da India e da China.* 2 vol. Lisboa, 1847.

ANDRADE (P. António de). *Novo Descobrimento do Gram Cathayo.* Lisboa, 1626.

*Annaes do Conselho Ultramarino* (parte não official). Séries de 1854–1885.

*Annaes Maritimos.* 5 vol. Lisboa, 1840–1844. Os termos relativos à India são da *Memoria descriptiva e estatistica das possessões portuguezas na Asia*, pelo desembargador M. T. Lousada de Araujo, publicada nos *Annaes.*

ANTÓNIO DO SACRAMENTO (Fr.). *Viagem Santa, e Peregrinação Devota que aos Santos Lugares de Jerusalem, em que se obrou a nossa Redempção, fez nos annos de mil setecentos e trinta e nove, e quarenta.* 2 vol. Lisboa, 1748.

APTE (Vaman Shivram). *The Student's Sanskrit-English Dictionary.* Poona, 1890.

**Aragão** (A. C. Teixeira de). *Descrição geral e historica das moedas*. 3 vol. Lisboa, 1874–1880.

*Archivo Portuguez-Oriental*, em 6 fasciculos e 2 suplementos, por J. H. da Cunha Rivara. Nova Goa, 1857 e seguintes.

*Archivo Pittoresco*. Semanario illustrado. 11 vol. Lisboa, 1857–1868.

*Archivo de Pharmacia e Sciencias Accessorias da India Portugueza*. 5 vol. Nova Goa, 1864–1868.

*Arte Palmarica, escripta por um dos padres da Companhia de Jesus*. *Apud* B. F. da Costa.

**Azevedo** (António Emílio de Almeida). *As Communidades de Goa*. Lisboa, 1890.

**Balbi** (Gaspare). *Viaggio delle Indie Orientali*. Venetia, 1590.

**Balsemão** (Eduardo Augusto de Sá Nogueira Pinto de). *Os Portuguezes no Oriente. Feitos gloriosos praticados pelos portuguezes no Oriente*. 3 vol. Nova Goa, 1881.

**Barbosa** (Duarte). *Livro*. Edição da Academia (*Noticias*, vol. II).

—— *A Description of the Coasts of East Africa and Malabar in the beginning of 16th century. Translated from an early Spanish manuscript* (de 1624) by the Hon. Henry E. J. Stanley. London, 1866. A tradução castelhana contêm muitas interpolações e alterações, devidas ao tradutor.

**Barbosa** (Agostinho). *Dictionarium Lusitanico-Latinum*. Bracharae, 1611.

**Barbosa** (D. José). *Epitome da Vida do Senhor D. Luis Carlos Ignacio Xavier de Menezes, Primeiro Marquez do Louriçal,... duas vezes Vice-Rey e Capitão General dos Estados da India*. Lisboa, 1743.

**Barbuda** (C. Lagrange Martins de). *Huma Viagem de duas mil leguas. Estrahida da Revista Universal Lisbonense — e enriquecida com varias peças, por Filippe Nery Xavier*. Nova Goa, 1848.

**Barradas** (P. Manuel). *Descripção da Cidade de Columbo*, in *Hist. Tragico-maritima*, vol. II.

**Barreto** (P. Manuel). *Moçambique e Madagascar*, in *Bol. S. G. L.*, IV.

**Barros** (João de). *Decadas da Asia*. Edição de 1613.

**Barth** (A.). *The Religions of India*. 4.ª edição. London, 1906.

**Barthema** ou **Varthema** (Ludovico). *Itinerario*, *apud* Ramúsio, vol. I.

**Bazin**. *Chine Moderne. Arts, Littérature, Mœurs, Agriculture, Histoire Naturelle, Industrie*, etc. Paris, 1853. (In *Univers Pittoresque*).

**Bell** (C. A.). *Manual of Colloquial Tibetan*. Calcuttá, 1905.

**Bellot** (P. J. B.). *Vocabulaire Arabe-français*. Beyrouth, 1899.

—— *Petit Dictionnaire Français-arabe*. Beyrouth, 1900.

**Belsare** (M. B.). *An Etymological Gujarati-English Dictionary*. Ahmedabad, 1904.

**Ben-Batuta**, *Viagens do celebre arabe Abu-Abdallah, mais conhecido pelo nome de Ben-Batuta, traduzidas por José de Santo Antonio Moura*. 2 vol. Lisboa, 1840.

**Bernier** (François). *Voyages, contenant la description du Grand Mogol*. 2 vol. Paris, 1830.

**Biker** (Júlio Firmino Júdice). *Collecção de Tratados e concertos de pazes que o Estado da India Portugueza fez com os Reis e Senhores com que teve relações nas partes da Asia e Africa Oriental*. 14 vol. Lisboa, 1881–1887.

**Bluteau** (Padre D. Rafael). *Vocabulario Portuguez e Latino*. 8 vol. e mais 2 de Supplemento. Lisboa, 1712-1728.

**Bocage** (Manuel Maria de Barbosa du). *Obras Poeticas*. 3 vol. Lisboa, 1849–1850.

**Bocarro** (António). *Livro das Plantas das fortalezas da India*, in *O Chronista de Tissuary* (Ms. da Biblioteca de Evora).

—— *Decada 13.ª da Historia da India*. Lisboa, 1876.

*Boletim da Sociedade de Geografia de Lisboa*. Collecção inteira.

**Bontius** (Jacobus). *Historia Naturalis et Medica Indiae Orientalis*. Publicada no livro de Piso.

Botelho (Simão). *Tombo do Estado da India*, in *Subsidios para a Historia da India Portugueza*.

Bordalo (Francisco Maria). *Ensaios sobre a Estatistica das Possessões Portuguezas*. 2 vol. Lisboa, 1862.

*Breve Relação das Escrituras dos Gentios da India Oriental, e dos seus costumes*, in *Collecção de Noticias*, I.

Brion (Hipácio de). *Duas mil leguas no Hindustão*. Lisboa, 1906.

—— *A India Portugueza. Conferencia feita em 16 de Março de 1908*. Lisboa, 1909.

Brown (Charles Philipp). *A Dictionary of mixed Telugu*. Madras, 1854.

Bulhão Pato. *Portuguezes na India*. Lisboa, 1883.

Brito (Bernardo Gomes de). *Historia Tragico-maritima*. 2.ª ed. 12 vol. Lisboa, 1904.

Brito (Fernão Pereira de). *Historia do Nascimento, Vida e Martyrio do Ven. Padre João de Brito*. Lisboa, 1722.

Burnouf (E.). *Introduction à l'Histoire du Buddhisme Indien*. Paris, 1884.

Cabreira (José de). In *Hist. Tragico-maritima*, vol. X.

Cadamosto (Aluise). *Delle Navigationi, apud* Ramúsio, vol. I.

—— Tradução portuguesa no tomo II da *Collecção de Noticias*.

Caldwel (Rev. Robert). *A Comparative Grammar of the Dravidian or South Indian Family of Languages*, 2.ª edição. London, 1875.

Camões (Luís de). *Os Lusiadas*. Lisboa, 1905.

Candy (Thomas). *A Dictionary, English and Maráthí*, Bombay, 1873.

Cardeal Saraiva (D. Francisco de S. Luís). *Glossário dos vocabulos portuguezes derivados das linguas orientaes e africanas, excepto o arabe*, 1816.

Cardim (P. António Francisco). *Batalhas da Companhia de Jesus*. Lisboa, 1894.

—— *Relatione della Provincia del Giappone*. Roma, 1645.

—— In *Hist. Tragico-maritima*, X.

Cardoso (Jerónimo). *Dictionarium Latino-lusitanicum et vice versa Lusitanico-latinum*. Conimbriae, 1607 (3.ª ed.).

Cardoso Júnior (João). *Subsidios para a materia medica e therapeutica*. 2 vol. Lisboa, 1902–1905.

Cardoso (Manuel Godinho). *Relação do naufragio da nau Santiago*. In *Hist. Tragico-maritima*, IV.

—— *Perdição do Galeão S. Lourenço. Ibid.*, X.

*Cartas que os padres e irmãos da Companhia de Jesus escreverão dos Reynos de Japão e China*. 2 tom. Évora, 1598.

Carter (Charles). *An English and Sinhaleze Dictionary*. Colombo, 1889.

Castanheda (Fernão Lopes de). *Historia dos Descobrimentos e Conquistas da India*. 8 livr. Edição de Lisboa, 1833.

Castel Branco (José Emílio). *Noticia dos trabalhos executados pela direcção dos estudos hydraulicos na India Portugueza*, In *Bol. S. G. L.*, XXIX.

Castro (Afonso). *As Possessões Portuguezas na Oceania*. Lisboa, 1867.

Castro (Alberto Osório de). *Flores de Coral*, Dili, 1908.

—— *A Cinza dos Myrtos*. Nova Goa, 1906.

Castro (D. João de). *Roteiro de Lisboa a Goa*. Lisboa, 1882.

—— *Roteiro, em que se contem a viagem que fizeram os portuguezes no anno de 1541, partindo na nobre cidade de Goa até Suez, que he no fim, e estremidade do Mar Roxo*. Paris, 1833.

*Ceylon. Glossary of Native, Foreign, and Anglicised Words*. Colombo, 1904.

Charlevoix (Père de). *Histoire du Japon. Nouvelle édition*. 6 vol. Paris, 1754.

Chalmers (John). *English and Cantonese Dictionary*. 7.ª ed. Hongkong, 1907.

Childers (Robert Caesar). *A Dictionary of the Pali Language*. London, 1865.

*Chronica dos Reys de Bisnaga*. Editada por David Lopes. Lisboa, 1897.

CLOUGH (Rev. B.). *A Dictionary of the Sinhalese and English Languages*. Colombo, 1830.

CLÚSIO (Caroli Chisii). *Rariorum Plantarum Historia*. Antuerpia, 1601.

COBBOLD (George A.). *Religion in Japon*. London, 1824.

COELHO (F. Adolfo). *Diccionario Manual Etymologico da Lingua Portugueza*. Lisboa.

*Collecção de Bandos*. Vid. XAVIER (Filipe Néri).

*Collecção de Noticias para a historia e geographia das Nações Ultramarinas*. Lisboa, 1812-1841.

*Commentarios de Afonso d'Albuquerque*. 4 partes. Lisboa, 1774.

CONCEIÇÃO (Fr. António da). *Tratado dos rios de Cuama*. In *O Chronista de Tissuary*, II, 1696.

CONDE DE ARNOSO. *Jornadas pelo Mundo*.—I. *Em Caminho de Pekim*.—II. *Em Pekim*. Porto, 1895.

CONDE DE FICALHO. *Nomes vulgares de algumas plantas africanas*. In *Bol. S. G. L.*, II, e III.

—— *Flora dos Lusiadas*. Lisboa, 1886.

—— *Garcia da Orta e o seu tempo*, Lisboa, 1886. Vid. ORTA.

*Conquista do Reyno de Pegu* (por Manuel de Abreu Mousinho). Em apêndice à *Peregrinação* de F. M. Pinto.

CONTI (Nicolo de). *Viaggio*. *Apud* Ramúsio, vol. I.

CORREIA (Duarte). *Relação do aleuantamento de Ximbará* (no Japão). Lisboa, 1643.

CORREIA (Gaspar). *Lendas da India*. 4 em 9 tomos. Lisboa, 1858.

CORSALI (Andrea). *Lettere*. *Apud* Ramúsio, vol. I.

CORVO (João de Andrade). *Estudos sobre as Provincias Ultramarinas*. 4 vol. Lisboa, 1883-1887.

COSMAS. *Descriptions des Plantes et des Animaux des Indes Orientales par Cosmas Monachus autrement Indicopleustes*. In *Relations*, etc., I.

COSTA (Bernardo Francisco da). *Manual pratico do Agricultor Indiano*. 2 vol. Lisboa, 1872-1873.

—— *Memoria sobre a gutta-percha extrahida da Euphorbia-neriifolia e sobre a Areca-catechu*. Nova Goa, 1890.

COSTA (Cristóvão da). *Tractado de las Drogas y medicinas de las Indias Orientales*. Burgos, 1578.

COSTA (P. Diogo da). *Descoberta de Angola e Congo*. In *Bol. S. G. L.*, IV.

COUTINHO (André Ribeiro). *Relação da expugnação da praça de Bicholim em 27 de Maio de 1726*. Lisboa, 1728.

COUTINHO (Lopo de Sousa). *Historia do Cerco de Diu*. Lisboa, 1890.

COUTINHO (D. Francisco Inocencio de Sousa). *Breve e util idea do Commercio, navegação e conquistas da Asia e da Africa*. Publicada no *Panorama*, vol. X.

COUTO (Diogo do). *Decadas da Asia*, IV-XII.

—— *Dialogo do Soldado Pratico Portuguez*. Ed. de 1790.

—— *Dialogo do Soldado Portuguez*. Ed. de 1790.

—— *Vida de D. Paulo de Lima*. Lisboa, 1903.

COVARRÚVIAS (Dom Sebastião de). *Tesoro de la Lengua Castellana o Española*, 2.ª ed. 2 vol. Madrid, 1674.

CRESPO (Joaquim Heliodoro Calado). *Cousas da China*. Lisboa, 1890.

CRASSET (P. João). *Historia da Igreja do Japão. Vertida em português, da tradução italiana*, por D. Maria Antónia de S. Boaventura Meneses. 3 vol. Lisboa, 1749.

CREPIN (P.). *Nouveau Vocabulaire Français-tonkinois et Tonkinois-français*. Paris, 1900.

CRUZ (Fr. Gaspar da). *Tractado em que se contam muito por estenso as cousas da China*. Évora, 1569.

CUNHA (Gerson da). *Contributions to the study of Indo-Portuguese Numismatics*. 2 fasc. Bombay, 1880.

—— *The Origin of Bombay*. Bombay, 1900.

DALAL (Vaman Somnārayān). *A History of India from the earliest times*. Vol. I. Bombay, 1814.

DALGADO (D. G.). *Classificação Botanica das plantas e drogas descriptas nas «Coloquios da India», de Garcia d'Orta*. Bombay, 1894.

—— *Vires Plantarum Malabaricum ou Virtudes das Plantas do Malabar, extrahidas do «Hortus Indicus Malabaricus» de Henrique Van Rheede*. Bastorá. 1896.

—— *Flora de Goa e Savantvadi*. Lisboa, 1896.

DALGADO (Sebastião Rodolfo). *Diccionario Konkani-portuguez*. Bombaim, 1893.

—— *Diccionario Português-konkani*. Lisboa, 1905.

—— *Influência do Vocabulário Português em linguas asiáticas*. Coimbra, 1913.

—— *Contribuições para a Lexicologia Luso-oriental*. Coimbra, 1916.

—— *Gonçalves Viana e a lexicologia portuguesa de origem asiático-africana*. Coimbra, 1917.

DANVERS (Frederik Charles). *The Portuguese in India — being a history of the Rise and decline of their Eastern Empire*. 2 vol. London, 1894.

DAUTREMER (J.). *La Chine pour tous*. Paris, 1903.

*De Imperio Magni Mogolis sive India Vera. Commentariis e variis auctoribus congestis*. Lugduni Bataviorum, 1631.

DELLON. *Narração da Inquisição de Goa, escripta em francês por ...; vertida em portuguez, e acrescentada com varias memorias, notas, documentos, e um apendice, contendo a noticia que da mesma inquisição deu o inglez Claudio Buchanan;* por Miguel Vicente de Abreu. Nova-Goa, 1866.

—— *Relation d'un voyage des Indes Orientales*. 2 vol. Paris, 1685.

DEVIC (Marcel). *Dictionnaire Étimologique des mots d'origine orientale*. Em suplemento ao dicionário de Littré.

—— *Légendes et traditions historiques de l'Archipel Indien* (*Sedjarat Malayou*). Parte I. Paris, 1878.

DIAS (Henrique). In *Hist. Tragico-maritima*, vol. III.

*Diccionario Contemporaneo da Lingua Portugueza*. 2 vol. Lisboa, 1881.

*Diccionario de la Lengua Castellana por la Real Academia Española*. 13.ª edição. Madrid, 1899.

*Diccionario da Lingua Portugueza, publicado pela Academia das Sciencias de Lisboa*. Tomo I. Lisboa, 1793.

DOCTOR (Sorabshaw Biramji). *The Student's Enlarged English-Persian Dictionary*. Surat, 1892.

—— *The Student's Persian and English Dictionary*. 8.ª ed. Bombay, 1915.

DORES (Rafael das). *Diccionario Teto-Português*. Lisboa, 1907.

*Documentos remettidos da India ou Livros das Monções* (Collecção de Monumentos ineditos, da Academia). 4 vol. Lisboa, 1889.

DOWSON (John). *A Classical Dictionary of Hindu Mythology and Religion, Geography, History and Literature*. London, 1888.

DOZY (R). *Glossaire des mots espagnols et portugais dérivés de l'arabe*. Leide, 1869.

DRIEBERG (C.). *Year Book of the Ceylon Agricultural Society*. Colombo, 1914.

DUBLEUX (Louis). *La Perse*. In *L'Univers Pittoresque*. Paris, 1841.

DUBOIS (Abbé J. A.). *Mœurs, Institutions et Cérémonies des peuples de l'Inde*. 2 vol. Paris, 1825.

DUPERRON (Anquetil). *Législation Orientale*. Amsterdam, 1778.

EMPOLI (Giovan da). *Viaggio fatto nell' India*. *Apud* Ramúsio, vol. I.

—— EMPOLI (João de). *Viagem ás Indias Orientaes*. Na *Collecção de Noticias*, tom. II.

ÉNAULT (Louis). *L'Inde Pittoresque*. Paris, 1860.
ERÉDIA (Manuel Godinho de). *Declaraçam de Malaca e India Oriental com o Cathay*. Bruxelas, 1881.
FAVRE (Abbé P.). *Dictionnaire Malais-français*. 2 vol. Vienne, 1875.
FEIO (Bento Teixeira). In *Hist. Tragico-maritima*, vol. X.
FERGUSON (Donald). *Letters from Portuguese Captives in Canton*. Bombay, 1902.
FERNANDES (Francisco Xavier Ernesto). *Memoria Historico-economica do Estado da India Portugueza*. In *Bol. S. G. L.*, XIV.
—— *Regimen do sal e abakari e alfandegas na India Portugueza*. *Ibid.*, XXII–XXIII.
—— *India Portugueza. Estudos economico-sociaes*. Bastorá, 1905.
FIGUEIREDO (Cândido de). *Novo Dicionário da Língua Portuguêsa*. Lisboa, 1899. 2.ª ed. 1913.
FONSECA (José Nicolau da). *An Historical and Archeological Sketch of the city of Goa*. Bombay, 1878.
FRA PAOLINO (da S. Bartolomeo). *Viaggio alle Indie Orientali*. Roma, 1796.
FRYER (John). *A New Account of East India and Persia. Edited with notes and an introduction by William Crooke*. 3 vol. London, 1909–1915.
GALVÃO (António). *Tratado dos Descobrimentos antigos e modernos*. Lisboa, 1731.
GASPAR DE S. BERNARDINO (Frei). *Itinerario da India*. Lisboa, 1842.
*Gazetteer of the Bombay Presidency. Botanical volume*. Bombay, 1886.
GÉNÉRAL BEAULIEU. *Mémoires du Voyage aux Indes Orientales*. In *Relation de divers voyages*.
GIP. *Jacob e Dulce (Scenas da vida intima)*. Margão, 1896.
GODINHO (P. Manuel). *Relação do Novo Caminho que fez por terra e mar, vindo da India para Portugal*. 2.ª ed. Lisboa, 1842.
*Glossary*. Vid. YULE & BURNELL.
GÓIS (Damião de). *Chronica d'el Rey D. Manuel*. Lisboa, 1566.
—— *Chronica do Principe Dom João*. Coimbra, 1905.
GOMES (Francisco Luís). *Os Brahamanes*. Lisboa, 1866.
GOMES (José Benedito). *Afonso d'Albuquerque*. Lisboa, 1916.
GONÇALVES VIANA. *Classificação Summaria das linguas*. Lisboa, 1897.
—— *Apostilas aos dicionários portugueses*. 2 vol. Lisboa, 1906.
—— *Palestras Filolójicas*. Lisboa, 1910.
GOSHAL (Bojendra Nath). *A Dictionary of the Bengalee Language*. Calcutta, 1890.
GOUVEIA (Fr. António de). *Jornada do Arcebispo de Goa Dom Frey Aleixo de Menezes*. Coimbra, 1603.
—— *Relaçam, em que se tratam as guerras e as grandes victorias que alcançou o grande Rey da Persia Xá Abbas*, etc. Lisboa, 1606.
GRACIAS (Caetano Francisco Xavier). *Flora Sagrada da India, ou Mythologia das Plantas Indianas*. Margão, 1912.
GRACIAS (João Baptista Amâncio). *Subsidios para a historia economico-financeira da India Portugueza*. Nova Goa, 1909.
GRACIAS (J. A. Ismael). *A India em 1623 e 1624. Excertos das Memórias do viajante italiano Pietro della Valle*. Nova Goa, 1915.
GROSE (Jean-Henri). *Voyage aux Indes Orientales*. (Tradução do inglês). London, 1758.
GUARDA (Cosme da). *Vida e Acções do famoso e felicissimo Sevagy, da India Oriental*. Lisboa, 1730.
GUBERNATIS (Angelo de). *Storia dei Viggiatori Italiani alle Indie Orientali*. Livorno, 1875.
—— *Gli Scritti del Padre Marco de la Tomba*. Firenze, 1878.
GUERREIRO (João Tavares de Velez). *Jornada, que Antonio de Albuquerque Coelho, Governador, e Capitão General da Cidade do Nome de Deos de Macao, na China, fez de Goa até chegar á dita Cidade no anno de 1708*. Lisboa, 1732.

GUERREIRO (P. Fernão). *Relaçam Annual das cousas que fizeram os padres da Companhia de Jesus, nas partes da India Oriental... nos annos de 600 e 601, 602 e 603, 604 e 605, 606 e 607, 607 e 608.* Lisboa, 1602, 1605, 1607, 1609, 1611.

GUIMARÃES (José Maria Teixeira). *As Communidades Indianas das Velhas Conquistas.* Nova Goa, 1885.

GUNDERT (Rev. H.). *A Malayalam and English Dictionary.* Mangalore, 1872.

HALDE (P. J. B du). *Description Géographique, Historique, Chronologique, Politique et Physique de l'Empire de la Chine et de la Tartarie Chinoise.* 4 vol. in-fol. Paris, 1735.

HAUG (Martin). *An Old Pahlavi-Pasand Glossary, edited with an alphabetical index by Destur Hoshanji Lamaspji Asa, revised and enlarged, with an introductory essay on the Pahlavi Language, by Martin Haug.* Stuttgart, 1870.

HEBER (Reginald). *Narrative of a Journey through the Upper Provinces of India. From Calcutta to Bombay.* 2 vol. Philadelphia, 1828.

HEPBURN (J. C.). *Japanese-English and English-Japanese Dictionary.* Tokyo, 1907.

*Heraldo.* Diário de Nova Goa.

HERBELOT (D'). *Bibliothèque Orientale ou Dictionnaire Universel.* Maestricht, 1776.

HEYLIGERS (J. C. Th.). *Traces de Portugais dans les principales langues des Indes Orientales Neerlandaises.* La Haye, 1889.

*Historia Tragico-maritima, compilada por Henrique Gomes de Brito.* 12 vol. 2.ª ed. Lisboa, 1904–1909.

HUNTER (W. W.). *The Imperial Gazetteer of India.* 14 vol. 2.ª ed. London, 1385.

HOWORTH (Henry H.). *History of the Mongols from the 9th to the 19th century.* 3 vol. London, 1876-1888.

*India Orientalis.* Relação de varias viagens, traduzidas em latim. 12 partes em 4 vol. Francfort, 1601–1624.

JACINTO DE DEUS (Fr.). *Vergel de Plantas, e Flores da Provincia da Madre de Deos dos Capuchos Reformados.* Lisboa, 1690.

*India in the fifteenth century. Being a collection of narratives of Voyages to India... Edited, with an Introduction, by R. H. Major.* London, 1857.

JANCIGNY (M. Dubois de). *Inde, par —, et par Xavier Raymond.* Paris, 1845.

—— *Japon, Indo-Chine, Ceylon.* Paris, 1854. In *L'Univers Pittoresque* (Asie, VIII).

JUAN DE PERSIA. *Relaciones de Don Iuan de Persia... dividida em tres libros, donde se tratan las cosas notables de Persia.* Valladolid, 1604.

JACQUEMONT (Victor) *Correspondence de.* 2 vol. Paris, 1833.

KAZIMIRSKI (A. de Biberstein). *Dictionnaire Arabe-français.* 2 vol. Paris, 1860.

KLOGUEN (P. Dinis L. Cottineau de). *Bosquejo Historico de Goa (An Historical Sketch of Goa), traduzido por Miguel Vicente de Abreu.* Nova Goa, 1858.

*La Grande Encyclopédie.* 31 vol. Paris.

LAJONQUIÈRE (M. C. Lunet de). *Dictionnaire Français-siamois.* Paris, 1904.

LAOUENAN (Mgr. F. R.). *Du Brahmanisme et de ses rapports avec le judaïsme et le christianisme.* 2 vol. Pondechery, 1884–1885.

LAVANHA (João Baptista). In *Historia Tragico-maritima,* vol. V.

LE GOUZ DE LA BOULLAYE (François). *Les Voyages et les observations du sieur de la Boullaye Le Gouz.* Paris, 1653.

*Lembranças das Cousas da India.* In *Subsidios* (q. v.).

*Lettres Chinoises, Indiennes et Tartares. A Monsieur Paw, par un benedictin.* Londres, 1776.

*Lettres Édifiantes et Curieuses, 34 Recueils.* Paris, 1717–1774.

LINSCHOTEN. *Histoire de la Navigation de Jean Hugues de Linschot Hollandois aux Indes Orientales.* Amsterdam, 1638.

LISBOA (J. C.). *Useful Plants of the Bombay Presidency.* (In *Gazetteer of the B. P.*) (vol XXV). Bombay, 1886.

*Litterae S. J. d. Aa. 1586 et 1587*. Romae, 1589.
*Litterae Societatis Jesu annorum 1590 et 1591*. Romae, 1594.
*Litterae S. J. e Regno Sinarum 1610 et 1611*. Augustae Vindelicarum, 1615.
Littré (E.). *Dictionnaire de La Langue Française*. Paris, 1885.
Lobo (Francisco Rodrigues). *Corte na Aldea*. Lisboa, 1774.
Lopes de Mendonça (Henrique). *Os Orphãos de Calecut*. Lisboa, 1897.
—— *Affonso de Albuquerque* (drama). Lisboa, 1898.
Lopes Mendes (A.). *A India Portugueza*. 2 vol. Lisboa, 1886.
—— *Apontamentos sobre a provincia de Satary*. 1864. In *Descripção do Coqueiro*, de F. N. Xavier.
Lopes (Tomé). *Navegação ás Indias Orientaes*. Na *Collecção de Noticias*, tom. II.
—— *Navigatione verso le Indie Orientali*. *Apud* Ramúsio, vol. I.
Loti (Pierre). *L'Inde (sans les anglais)*. Paris, 49.ª ed. 1900.
Loureiro (Adolfo). *No Oriente. De Napoles á China*. 2 vol. Lisboa, 1896–1897.
Lucena (P. João). *Historia da Vida do Padre Francisco de Xavier*. Lisboa, 1600.
Macdonell (Arthur). *A History of Sanskrit Literature*. London, 1905.
—— *Vedic Index of names and subjects, by Arthur Macdonell and Arthur Berriedale Keith*. 2 vol. London, 1912.
Macedo (João de). *Estudos Coloniaes*. In *Bol. S. G. L.*, VII.
Maffei (P. Giovan Pietro). *Le Istorie delle Indie Orientali, tradotte da latino in lingua toscana*. Firenza, 1589.
Marsden (H.). *Memoirs of a Malay Family*. London, 1830.
Martins Velho (A. A.). *Estudos sobre o Oriente. Progresso da civilisação aryana*. Tomar, 1880.
Mascarenhas (João Carvalho). *Memoravel Relação da perda da não Conceição*. In *Hist. Tragico-maritima*, VIII.
Melo (D. Francisco Manuel de). *Apologos Dialogaes*. Lisboa, 1721.
Melo (Manuel de). *Notas Lexicologicas*. Rio de Janeiro, 1889.
Mendoça (Fr. Joan Gonçalez de). *Historia de las cosas mas notabiles, ritos e costumbres del gran Reyno de la China*. Anvers, 1596.
Meneses (D. Luís de). *Historia de Portugal Restaurado*. 4 vol. Lisboa, 1751–1759.
Meneses (Francisco de Sá de). *Malaca Conquistada*. Lisboa, 1779.
Meneses (João Rodrigues de Sá e). *Rebelion de Ceylan, y los progressos de sua conquista en el gobierno de Constantino de Saá, y Noroña*. Lisboa, 1681.
Meneses (D. Manuel de). *Chronica de D. Sebastião*. Lisboa, 1730.
Mesnier (Pedro Gastão). *O Japão. Estudos e impressões de viagem*. Macau, 1874.
—— *Viagem de s. ex.ª o sr. Visconde de Sam Januario, governador geral da India portugueza ás praças do norte, Bombaim, Damão, Diu, Praganá, Surrate*, etc. Nova Goa, 1871.
Methold (Willem). *Relation des Royaumes de Golconda, Tannassery, Pegu, Aracan*. In *Relations*, I.
Michel (Fr.). *Choix de Poésies Orientales; traduites en vers et en prose par M. M.... recueillies par M. Fr. Michel*. Tome I. Paris, 1830.
Michell (C. B.). *A Siamese-English Dictionary*. Bangkok, 1892.
Molesworth (J. T.). *A Dictionary, Maráthi and English*. Bombay, 1857.
Monclaio (Padre). *Expedição de Francisco Barreto*. In *Bol. S. G. L.*, IV.
Moniz (António Francisco). *Historia de Damão*. 3 vol. Bastorá, 1900–1904–1910
Monterroio Mascarenhas (José Freire). *Epanaphora Indica*. 4 partes. Lisboa, 1746–1748.
Morais (António da Silva). *Diccionario da Lingua Portugueza*. 2 vol. 2.ª ed. Lisboa, 1813.
Morais (Venceslau de). *Dai-Nippon*. Lisboa, 1897.
—— *Cartas do Japão*. 3 vol. Porto, 1904–1906.

MOURA (A). *Vocabulaire Français-Cambodgien et Cambodgien-Français*. Paris, 1878.
NAUDEAU (Ludovic). *Le Japon Moderne. Son évolution*. Paris.
*Navegação do Capitão Pedro Alvares Cabral, escripta por hum piloto portugues*. Na *Collecção de Noticias*, II.
NAZARÉ (P. Casimiro Cristóvão de). *Mitras Lusitanas*. In *Bol. S. G. L.*, XII e segs.
NAZARÉ (José Maria do Carmo). *Numismatica da India Portugueza*. Nova Goa, 1890.
NEUVILLE (Padre). *Relação da Jornada que fez ao Imperio da China Francisco Xavier Assis Pacheco e Sampaio*. Lisboa, 1754.
NOGUEIRA (António Francisco). *A India Portugueza em 1887*. Lisboa, 1890.
*Noticia Summaria do Gentilismo da India*. In *Collecção de Noticias*, I.
*Noticias Summarias das Perseguições da Missam de Cochinchina, principiadas e continuadas pelos Padres da Companhia de Jesus*. Lisboa, 1694.
*Noticia (Verdadeira e exacta) dos Progressos de Thamas Kouli Khan Schah da Persia no Imperio do Gram Mogôr*. Lisboa, 1740.
NUNES (António). *Lyvro dos Pesos da Ymdia, e assy Medidas e Mohedas*. In *Subsidios*.
ODORIÇO. *Les Voyages en Asie au* XIV *siècle du Bienheureux Odoric de Pardenone, publiés avec une introduction et des notes par Henri Cordier*. Paris, 1891.
*O Chronista de Tissuary. Revista Historica, dirigida por Cunha Rivara*. Nova Goa, 1866–1869.
*O Inventario do Thesouro do Rei de Ceylão (Rep.*[ta] *do dinheiro ouro e joias que forão ẽtregues em Ceylão a Simão Botelho V.*[or] *da fazenda quando la foy o Viso Rey Dom Afonso de Noronha ẽ ano de 551)*. In *Historia e Memorias da Academia*. Vol. LVII.
OLIVEIRA (Fr. Nicolau de). *Livro das Grandezas de Lisboa*, 1620.
OLIVEIRA MARTINS (J. P.). *Portugal nos mares*. 2.ª ed. Lisboa, 1902.
OLIVEIRA MASCARENHAS e ANTUNES MONTEIRO. *Atravez dos Mares. Recordações da India*. Lisboa, 1898.
O'NEILL (Henry). *Africa Oriental Portugueza*. In *Bol. S. G. L.*, III.
—— *Da Agricultura e do trabalho em Moçambique*. *Ibid.*, IV.
*O Oriente Portuguez. Revista da Commissão Archeologica da India Portugueza*, 1904 e segs.
*O Panorama. Jornal litterario e instructivo*. Lisboa, 1836–1844.
OPISSO (Alfredo). *Viajes á Oriente. La India y Indo-China. El Asia Musulmana. La Raza Amarilla*. Barcelona, 1898.
ORTA (Garcia da) *Coloquios dos Simples e Drogas da India*. Edição comentada pelo Conde de Ficalho. 2 vol. Lisboa, 1891–1895.
OSÓRIO. *Hieronimi Osorii... de Rebus Emmanuelis... Libri duodecim*. 3 vol. Conimbriae, 1791.
*O Ultramar*. Periódico de Margão, Índia.
OVIEDO (Gonzalo de). *Sommario delle Indie Occidentali*. *Apud* Ramúsio, vol. III.
OVINGTON (J.). *A Voyage to Suratt*. London, 1696.
PALMERS (E. H.). *A Concise Dictionary English-Persian*. London, 1883.
—— *A Concise Dictionary of the Persian Language*. 3.ª ed. London, 1899.
PANTALEÃO DE AVEIRO (Fr.). *Itinerario da Terra Santa*. Lisboa, 1721.
PAUTHIER (G.). *Chine ou Description Historique, Géographique et Littéraire de ce vaste empire, d'après des documents chinois*. Paris, 1853. In *Univers Pittoresque*.
PAUL (Bulloram). *An Enlarged English to Bengali Dictionary*. Calcutta, 1888.
PERCIVAL (Rev. P.). *Tamil-English Dictionary*. Madras, 1893.
PEREIRA (A. Marques). *Moedas de Siam*. Lisboa, 1879.
PEREIRA (António Pinto). *Historia da India no tempo em que a governou Dom Luis de Ataide*. Coimbra, 1616.
PEREIRA (P. Bento). *Prosodia in Vocabularium trilingue*. 5.ª ed. Ulissipone, 1674.

PERESTRELO (Manuel de Mesquita). *Naufragio da não S. Bento.* In *Historia Tragico-maritima*, I.

PIERIS (P. E.). *Ceylon: The Portuguese Era, being a History for the period 1505-1658.*

PIGAFETTA (António). *Viaggio atorno il mondo. Apud* Ramúsio, I.

PINA (Rui de). *Chronica d'ElRei D. João II.* 1792.

PINHEIRO (José do Nascimento). *Restauração social e economica do Estado da India.* In *Bol. S. G. L.*, XX.

PINTO (Augusto A. de Macedo). *Breves Estudos referentes á Praganá Nagar-Avely.* Bombay, 1892.

PINTO (Cristóvão). *O Antigo Imperialismo Portugues e as leis modernas do governo colonial.* In *B. S. G. L.*, XX.

—— *Estudos de Politica Portugueza.* Lisboa, 1893.

—— *Les Indigènes de l'Inde Portugaise.* Lisbonne, 1906.

PINTO (Fernão Mendes). *Peregrinação.* Lisboa, 1614. As abonações são transcritas de diversas edições, havendo, por isso, variedade de ortografias.

PISO (Gulielmus). *De Indiae Utriusque re naturali et medica.* Amstelaedami, 1658.

PLINIUS. *Caii Plinii Secundi Veronensis Naturalis Historiae libri* XXVI. Parisiis, 1516.

—— *Interpretatione et notis illustravit Joannes Harduinus.* 5 vol. Parisiis, 1685.

*Primor e Honra da Vida Soldadesca no Estado da India.* Editado por Fr. António Freire. Lisboa, 1630.

POLO (Marco). *Delle Cose de' Tartari e delle Indie Orientali. Apud* Ramúsio, vol. II. Vid. YULE.

PROSTES (Henrique). *A Primeira exposição nacional em Siam.* In *Bol. S. G. L.*, IV.

PYRARD DE LAVAL (Francisco). *Viagem.* Tradução de Cunha Rivara. Nova Goa, 1858-1862.

QUEIRÒZ (Eça de). *O Mandarim.* Porto, 1880.

QUEIROZ (P. Fernão de). *Historia da Vida do Veneravel Irmão Pedro de Basto.* Lisboa, 1699.

—— *Conquista Temporal e Espiritual de Ceylão. Com muytas outras proveitosas noticias pertencentes á disposição e governo do Estado da India.* Colombo, 1916.

QUERIOL (Nuno de Freitas). *As Missões Catholicas em Africa.* In *Bol. S. G. L.*, II.

RAMÚSIO (Gio. Battista). *Delle Navigationi e Viaggi.* 3 vol. Venetia, 1583, 1563, 1565.

RAYNAL (Abbé W. F.). *Histoire Philosophique et Politique des Établissements des Européens dans les deux Indes.* 1770.

*Regulamento das Communidades de Goa. Approvado por Portaria do Governo Geral.* N.º 591. Nova Goa, 1886.

RAYMOND (Xavier). Vid. JANCIGNY.

REEVE (Rev. W ). *A Dictionary Canarese and English.* Bangalore, 1858.

REBÊLO (Gabriel). *Informação das Cousas de Maluco, dada ao Senhor Dom Constantino.* In *Collecção de Noticias*, vol. VI.

REINAUD (M.). *Relations des Voyages faits par les arabes et les persans dans l'Inde et à la Chine dans le* IX.e *siècle de l'ère chrétienne.* 2 tomos. Paris, 1845.

*Relations de divers voyages curieux, qui n'ont point été publiées; ou qui ont été traduites d'Hacluit, de Purchas, et d'autres voyageurs Anglois, Hollandois, Portugais, Allemands, Espagnols.* 4 partes. Paris, 1663-1672.

*Relations du Japon. Ibid.*

*Relation de la Chine. Ibid.*

*Relatorio da Commissão encarregada de demarcar os terrenos da Provincia de Satary.* 4 partes. Nova Goa, 1866-1869.

RESENDE (Garcia de). *Chronica do Principe Dom João, depois segundo do nome Rey de Portugal.* Lisboa, 1622.

—— *Miscellanea.* Apensa à *Chronica.*

RESSURREIÇÃO (Fr. Clemente da). *Tratado de agricultura. Apud* Bernardo da Costa.
*Revista Lusitana* (dirigida por J. Leite de Vasconcelos). Lisboa, 16 vol. 1877 e seg.
RHEEDE (H.). *Hortus Malabaricus.* Amstelod, 1686.
RIBEIRO (João). *Fatalidade Historica da ilha de Ceilão.* In *Collecção de Noticias.*
RIBEIRO (Tomás). *A Indiana, entre-acto em verso.* Porto, 1873.
—— *Jornadas.* Parte I. Coimbra, 1874. Parte II. *Entre palmeiras.* Coimbra, 1874.
RIENZI (G. L. Domeny de). *Océanie.* 3 vol. Paris, 1836. In *Univers Pittoresque.*
RIVARA (Joaquim Heliodoro da Cunha). Vid. *Archivo. O Chronista* e PYRARD.
—— *Brados a favor das Communidades das Aldeas do Estado da India.* Nova Goa, 1870.
*Roteiro da Viagem de Vasco da Gama.* Ed. de 1838.
Row (Sir Tomas). *Mémoires.* In *Relations de diverses voyages.*
RUMPHIUS (Georgius Everhardus). *Herbarium Amboinense.* 6 vol. Amsterdam, 1741.
SÁ (José Maria de). *Productos Industriaes do Coqueiro.* Nova Goa, 1893.
SAGASTUME (Baldomero Garcia). *En el Extremo Oriente. De Tokio al Pekin.* Madrid, 1916.
SAINT-PIERRE (Bernardin de). *La Chaumière Indienne,* 1791.
SALDANHA (J. A.). *The Indian Caste.* Vol. I. *Konkani or Goan Castes.* Bombay, 1904.
SANTOS (Fr. João dos). *Ethiopia Oriental.* 2 vol. Lisboa, 1892.
SARAIVA (Cardeal, D. Francisco de S. Luís). *Obras completas.* 10 vol. Lisboa, 1876–1887.
SASSETTI (Filippo). *Lettere.* Milano, 1874.
SEBASTIANI. *Seconda Spedizione all' Indie Orientali di Monsignor Sebastiani Fr. Giuseppe di S. Maria.* Venetia, 1683.
SEMEDO (P. Álvaro). *Imperio de la China, e cultura evangelica en el per los Religiosos de la Compañia de Jesus, sacado de las noticias del Padre Alvaro Semedo de la propria Compañia, por Manuel Faria y Sousa.* Lisboa, 1731.
SHAKESPEAR (John). *A Dictionary Hindustani and English.* London, 1817.
SHELLBEAR (W. G.). *Malay-English Vocabulary.* Singapore, 1912.
SILVA (P. Sebastião Maria Aparício da). *Diccionario de Portuguez-tetum.* Macau, 1889.
SIMÕES (P. Garcia). *Descoberta de Angola e Congo.* In *Bol. S. G. L.*, IV.
SKEAT (Walter W.). *An Etymological Dictionary of the English Language.* Oxford, 1898.
SLOAN (W. H.). *A Pratical Method of the Burmese Language.* Rangoon, 1901.
SOARES (Joaquim Pedro Celestino). *Bosquejo das Possessões Portuguezas no Oriente.* Lisboa, 1851.
—— *Documentos Comprobativos do Bosquejo.* Lisboa, 1853.
—— *Marinha,* in *Os Fastos,* de Castilho. 1862.
SONNERAT. *Voyages aux Indes Orientales et à la Chine.* 2 vol. Paris, 1782.
SOUSA (Fr. João de). *Vestigios da lingua arabica em Portugal, ou lexico etymologico, augmentado e annotado por Fr. José de Santo Antonio Moura.* Lisboa, 1830.
SOUSA (Fr. Luís de). *Historia de S. Domingos.* 4 vol.; o vol. IV por Fr. Lucas de Santa Catarina. Lisboa, 1736.
—— *Annaes de El-Rei Dom João Terceiro.* Lisboa, 1844.
SOUSA (Manuel de Faria e). *Asia Portugueza.* 3 vol. Lisboa, 1666–1675.
SOUSA (P. Francisco de). *Oriente Conquistado a Jesus Christo pelos Padres da Companhia de Jesus.* 2 vol. Lisboa, 1710.
STOLZ (C.). *School-Dictionary English and Malayalam.* Mangalore, 1870.
SPINOLA. *Vita P. Caroli Spinolae, Societatis Iesu, pro Christiana Religione in Iaponia mortvi: italice scripta a P. Fabio Ambrosio Spinola, latine reddita a P. Hermanno Hugone.* Antverpiae, 1630.

*Subsidios para a Historia da India Portugueza, comprehendendo os livros de Simão Botelho e Antonio Nunes, e Lembranças das Cousas da India*. Lisboa, 1868.

Swettenham (Frank A.). *Vocabulary of the English and Malay Languages*. Vol. I. *English-Malay*. Singapore, 1885. Vol. II. *Malay-English*. Leyden, 1910.

Taberd (J. L.). *Dictionarium Latinum-Anamiticum*. Serampore, 1838.

Tavernier (Jean Baptiste). *Les six voyages en Turquie, en Perse, et aux Indes*. 6 vols. Ruen, 1712.

*Ta-ssi-yang-kuó. Archivos e annaes do Extremo Oriente*, por J. F. Marques Pereira. Lisboa, 1899–1902.

Teixeira (Pedro de). *Relaciones del Origen, Descendencia y Succession de los Reys de Persia, y de Hormuz, y de un Viage hecho per el mismo Autor dende la India Oriental hasta Italia por tierra*. Ambres, 1610.

—— *The Travels of Pedro Teixeira*. London, 1660.

Tenreiro (António). *Itinerario*. Apenso à *Peregrinação* de F. M. Pinto.

Terry (Edward). *Voyages aux Indes Orientales*. In *Relations*.

Torrie (João Stuart da Fonseca). *Estatistica da India Portugueza*. Nova Goa, 1879.

Trigault (P. Nic.). *Vita Gasparis Barzaei Belgi e Societate Iesu B. Xavierii in India Socii*. Antuerpiae, 1610.

Ursis (P. Sabatino de). *P. Matheus Ricci S. J. Publicação commemorativa do terceiro centenario da sua morte*. Roma, 1910.

Valle (Pietro della). *Viaggi*. 3 vol. Venetia, 1681. O vol. I é da edição de Roma de 1663.

Vaquinhas (José dos Santos). *Timor*. In *Bol. S. G. L.*, II e III.

Vasconcelos (José Leite de). *De Campolide a Melrose. Relação de uma viagem de estudo. Filologia, Etnologia, Arqueologia*. Lisboa, 1915.

Vasconcelos (Jorge Ferreira de). *Comedia Eufrosina*. Lisboa, 1786.

*Viaggio & impresa che fece Soleyman Bassá nel 1538 contra Portoghesi per racquistare la citta di Div in India*. Traduzido, in *Bol. S. G. L.*, V.

Viegas (Manuel Ferreira). *Estudo Economico e financeiro da India Portugueza*. *Ibid.*, XXVII.

Vieira (D. Fr. Domingos). *Grande Diccionario Portuguez ou Thesouro da Lingua Portugueza*. 5 vol. Porto, 1871.

Vieira (P. António). *Arte de Furtar, Espelho de Enganos*. Amsterdam, 1652.

—— *Xavier Dormindo e Xavier Acordado*. Lisboa, 1694.

Vincenzo Maria (Fr.). *Il Viaggio alle Indie Orientali del Padre Fr.— di Santa Caterina de Siena*. Venetia, 1683.

Viterbo (Fr. Joaquim de Santa Rita de). *Elucidario das palavras, termos e frases*, etc. 2 vol. Lisboa, 1798.

Watt (George). *The Commercial Products of India*. London, 1908.

Webster. *Complete Dictionary of the English Language*. London, 1884.

Whitworth (George Clifford). *An Anglo-Indian Dictionary*. London, 1885.

Wilkinson (H. J.). *An Abridged Malay-English Dictionary*. Kuala Lumpur, 1904.

Williams (Monier). *A Sanskrit-English Dictionary*. Oxford, 1899.

Williams (S. Wells). *An English and Chinese Dictionary, in the court dialect*. Macao, 1844.

Wilson (H. H.). *A Glossary of Judicial and Revenue Terms... of British India*. London, 1855.

Winkel (Dr.). *Le Royaume de Jogjakarta* (Java). In *Bol. S. G. L.*, II.

Xavier (Alfredo Augusto Caldas). *Provincia de Moçambique, districto de Inhambane*. In *Bol. S. G. L.*, II, 1877.

Xavier (Filipe Néri). *Collecção de Bandos das Novas Conquistas*. 2 vol. Pangim, 1840–1850.

—— *O Gabinete Litterario das Fontainhas*. 5 vol. Nova Goa, 1846–1855.

XAVIER (Filipe Néri). *Bosquejo Historico das Communidades*. Nova Goa, 1852. 2.ª ed. em 3 vol., 1903–1908. Esta edição refunde o texto em certas partes.

—— *Resumo Historico da maravilhosa vida, conversões e milagres de S. Francisco Xavier*. Nova Goa, 1861.

—— *Descripção do Coqueiro, arroz e moedas de Goa*. Nova Goa, 1866.

—— *Instrucção do Ex.mo Vice-rei Marquez de Alorna ao seu successor o Ex.mo Vice-rei Marquez de Tavora*. 2.ª edição. Anotada por Filippe Nery Xavier. Nova Goa, 1856.

—— *Defensa dos direitos dos Gão-carias, Gão-cares, e dos seus privilegios*. Nova Goa, 1856.

XAVIER (Filipe Néri, filho). *Collecção de Leis Peculiares das Communidades de Aldeas*. Nova Goa, 1878.

XAVIER (S. Francisco). *Epistolarum omnium libri quatuor*. Bononiae, 1837.

YANGUAS (D. Leopoldo de Eguilaz y). *Glosario Etimológico de las palabras españolas (castellanas, catalanas, mallorquinas, portuguesas, valencianas y bascongadas) de origen oriental*. Granada, 1856.

YULE (Henry). *Cathay and the Way thither, being a Collection of Midieval Notices of China*. New edition revised by Henri Cordier. 4 vol. London, 1915.

—— *The Book of Ser Marco Polo*. 2 vol. London, 1875.

YULE & BURNELL (Henry Yule and Arthur Burnell). *Hobson-Jobson, being a Glossary of Anglo-Indian colloquial words and phrases*. London, 1866. 2.ª ed. por William Crooke, 1903. A obra é citada nas abonações resumidamente por «*Glossary*».

ZIEGLER (F.). *A School Dictionary English and Canarese*. Mangalore, 1889.

# ABREVÍATURAS

| | |
|---|---|
| adj. | adjectivo |
| anam. | anamita |
| ant. | antigo |
| ár. | árabe |
| beng. | bengali |
| birm. | birmanês |
| *Bol. S. G. L.* | *Boletim* da Sociedade de Geografia de Lisboa |
| bot. | botânico |
| bras. | brasileiro |
| camb. | cambojano |
| can. | canarês |
| cast. | castelhano |
| chin. | chinês |
| *Chron.* | *Chronica* |
| *Cf.* | *Confer* |
| col. | coluna |
| conc. | concani |
| corr. | corrução |
| desus. | desusado |
| *Dial.* | *Dialogo* |
| *Dicc.* | *Diccionario* |
| *Doc.* | *Documentos* |
| dravid. | dravídico |
| ed. | edição |
| ex.: | exemplo. |
| f. | feminino |
| fig. | figuradamente |
| fl. | fólio |
| fr., franc. | francês |
| gr. | grego |
| guz. | guzarate |
| *Herb.* | *Herbarium* |
| hindust. | hindustani |
| *Ibid.* | *Ibidem* |
| *Id.* | *Idem* |
| indo-fr. | indo-francês |
| indo-ingl. | indo-inglês |
| ingl. | inglês |
| ital. | italiano |
| jap. | japonês |
| jav. | javanês |
| lat. | latim |
| *Lib.* | *Liber* |
| lit. | literalmente |
| *loc. cit.* | *loco citato* |
| m. | masculino |
| mais us. | mais usado |
| mal. | malaio |
| mar. | marata |
| *Nat.* | *Naturalis* |
| *op. cit.* | *opere citato* |
| P. | Padre |
| p. | página |
| pl. | plural |
| port. | português |
| pron. | pronuncia-se |
| p. us. | pouco usado |
| q. v. | *quod vide* |
| s. | substantivo |
| sânsc. | sânscrito |
| segs. | seguintes |
| siam. | siamês |
| sing. | singalês |
| sing. | singular |
| Suppl. | Supplemento |
| s. v. | *sub voce* |
| tibet. | tibetano |
| v. tr. | verbo transitivo |
| V., vid. | *Vide* |
| *v.* | *versus* |
| * | indica que o vocábulo não está registado nos dicionários. |
| = | indica a equivalência de forma ou de sentido. |
| < | indica o étimo do étimo. |
| > | indica a palavra derivada. |

# GLOSSÁRIO
# LUSO-ASIATICO

## A

**ABACÁ** (s. m.). É o nome que os espanhóis adoptaram nas Filipinas dos idiomas tagalo e bisaio (*abaká*), da família malaio-polinésia, e transmitiram a outras línguas europeias, para designar uma espécie de bananeira, *Musa textilis*, Nees, e a sua fibra. Usa-se o termo no teto de Díli, em Timor; no malaio médio de Bornéu diz-se *'ambaq*.

A planta, também conhecida por «cânhamo de Manila», encontra-se em várias partes da Malásia, e até em Ceilão. Os holandeses introduziram-na em 1850 no norte da península vulcânica de Celebes. Pigafetta (1521) faz-lhe alusão sem a nomear, e Dampier (1686) indica o modo de extrair os filamentos têxteis das suas fôlhas, que tem grande consumo nas Filipinas e são objecto de larga exportação.

1882. — «E espontanea a producção de **abacá**, e assim denominado pelos indigenas de Dilly, e *Rame*, que é um arbusto da familia da malva, e de que se tiram filamentos... A importancia do **abacá** é bem conhecida, e á sua exportação devem as Filippinas uma parte da sua prosperidade». — *Bol. S. G. L.*, II, pp. 733 e 739.

1782. — «Les Manillois sont bazonés, grands et bien faits; leur habillement est une chemise de toile faite avec les filamens de l'**abaca**, espèce de bananier». — Sonnerat, *Voyages*, II, p. 109.

1803. — «En el pueblo se dedican las mujeres á tejer: hacen diversas telas de **abacá**, que es una especie de cáñamo que sale de un plátano silvestre, y fabricadas se llaman *sinamay*, de que hay mucho consumo entre los indios». Fr. Joaquín Martinez de Zúñiga, *Estadismo de las Islas Filipinas* (1893), vol. VIII, t. I, p. 102.

1860. — «Here the roots of the broad-leafed wild plaintain (*Musa textilis*) penetrate the soil among the broken rocks». — Emerson Tennent, *Ceylon*, I, p. 88.

1886. — «L'**abaca**, ou chanvre de Manille, fournit une très-belle matière blanche, soyeuse et brillante; le filament de jute est difficile à travailler». — Littré, *Supplément*.

**ABADA, BADA** (mais correcto, mas antiquado; s. f.). Rinoceronte; ponta dêsse animal, da qual se fabricam diversos artefactos. Do mal. *bādaq*, com eliminação do *q*, quási imperceptível, e prótese de *a*. Castelhano *bada*, ingl. e fr. *abada*.

Dois termos peregrinos empregaram os nossos escritores antigos, que trataram das cousas do Oriente, para designar um paquiderme, desconhecido então na Europa: *bada* ou *abada* e *ganda*. O segundo teve uso muito restrito e duração breve. O primeiro, porêm, expandiu-se notávelmente no tempo e no espaço, e passou para várias línguas europeias, pelo menos nas obras de seus viajantes e homens de sciência.

Tem-se últimamente suscitado numerosas questões e aventado diferentes opiniões com respeito à sematologia, morfologia, prosódia e etimologia da palavra *abada*, as quais ou não apareceriam ou fácilmente se resolveriam se fôssem consultadas as legítimas fontes do estudo, que são os nossos indianistas. V. *Contribuições para a lexicologia luso-oriental*.

Primeiramente, tem-se duvidado do significado do vocábulo. Mas os nossos historiadores, como João Lucena, Gaspar de S. Bernardino, Manuel Godinho de Erédia, Faria y Sousa e outros, dizem unânimemente que *abada* é sinónimo de «rinoceronte». O mesmo declaram autores estrangeiros, como Linschoten, Carletti, Cocks, Bóncio. Estão de acôrdo lexicógrafos nacionais, como Agostinho Barbosa, Bento Pereira, Morais, Constâncio, Adolfo Coelho, João de Deus, Cândido de Figueiredo (na 1.ª edição [1]), e os dicionários da Academia e *Contemporaneo*. Rafael Bluteau, a quem seguem Vieira e Lacerda, é o primeiro, que eu saiba, a contestar a identidade e a latinizar a palavra portuguesa «por não haver nome proprio latino». Diz êle que *abada* é «fera da África nas terras de Benguella ou nas terras de Sofala».

Tem-se também opinado que *abada* é tam sómente o nome da «fêmea do rinoceronte». Tal restrição, porêm, é inadmissível: os nossos historiadores não a autorizam, nem os dicionaristas a consignam. Entre as autoridades estrangeiras, citadas no *Glossário Anglo-Indiano*, não se vêem mais que duas que limitem o sentido à fêmea, por confusão do género gramatical com o sexo: Barker em 1585 e um dicionário castelhano de 1726.

Em segundo lugar, tem-se pretendido masculinizar o vocábulo, à imitação dos franceses, porque, dizendo-se «*a* abada», se excluiria o macho. Como se não houvesse outros termos análogos, tais como *girafa, zêbra, pantera, gazela, águia, lontra, foca, baleia, abelha, mosca*; ou como se a gramática portuguesa permitisse que os nomes de animais terminados em *-a* fôssem masculinos!

Em terceiro lugar, não falta quem considere esdrúxula a palavra, acentuando *ábada,* não sei com que fundamento: se em coerência com a origem, que o não justifica; se em discriminação de *àbada* (derivado de *aba*), que o não exige.

[1] Mas na 2.ª diz que *abada* é «fêmea do rhinoceronte; pachiderme análogo áquelle».

Tambêm aparece a dição escrita *abbada,* por mero capricho, creio eu, ou talvez por atracção de *abbade,* com que não tem nenhuma relação.

Em quarto lugar, tem-se sugerido como étimo mais provável a voz ár. *ābida* (feminino), que significa: conforme Belot, «bêsta ruiva»; conforme Lane, «animal silvestre»; conforme Kasimirski, «animal que se tornou bravo, espantadiço, e que fácilmente se escapa». Não é pois o nome do rinoceronte, mas de uma alimária indeterminada pela espécie. O nome próprio árabe-persa do rinoceronte é *karkaddan* [1]. Alêm disso, a palavra *abada* não era certamente conhecida em Portugal antes do descobrimento da Índia, e os nossos indianistas indicam claramente a sua pátria.

Contra a derivação malaia se tem levantado algumas dificuldades. Afirma-se que *bādaq* é o nome privativo do rinoceronte de Samatra. Mas tal asserção é desmentida pelos lexicógrafos. Wilkinson atesta que *bādaq* é «nome genérico do rinoceronte e do tapir», e declara que *bādaq hĕmpit* ou *bādaq kĕrbau* é a designação do «rinoceronte de Samatra». Swettenham interpreta o ingl. *rhinoceros* pelo mal. *bādak,* sem nenhuma restrição. Outros ramos da família lingüística empregam o termo no mesmo sentido, tais como: javanês (*warak*), achinês, bata, sundanês, daiaque (*bādak*), búgui e macaçarês (*bāda*).

Objecta-se que a consoante final do étimo não aparece em *abada*. Mas também não aparece em *pucho* do mal. *púchuq,* em *calamba* ou *calambá* do mal. *kalámbaq*.

Alega-se, finalmente, que o *a* inicial de *abada* não é representado no vocábulo da origem. Mas a normal e primitiva forma portuguesa é *bada,* empregada por Fernão Pinto (doze

[1] «Le même pays nourrit le bochan marqué autrement appelé *kerkedenn*. Cet animal a une seule corne au milieu du front... Le *kerkedann* est inférieur par sa grosseur à l'éléphant, et sa couleur tire vers le noir». — Soleimão (851), *apud* Reinaud, *Relations des Voyages*, I, p. 28.

vezes), Gaspar da Cruz, Lucena, João dos Santos, Fernão Guerreiro, Sassetti e outros. O *a* é acrescência subseqùente, devida à aglutinação do artigo ou, com mais probabilidade, à prótese, de que há numerosos exemplos na língua, como *abentesma, adaga, atambor, alacre, alanterna, alagoa.* Emquanto na primeira edição da *Peregrinação* se lê sempre *bada*, na de 1725 substitui-se-lhe *abada*, como mais correcta! E *alligator* (*Lacerta alligator*, Linn.) é corrução inglesa do port. *lagarto*, usado outrora por «crocodilo».

**1541.** — «Onde ha outros muytos animaes muyto peyores ainda que aves, como são alifantes, **badas**, liões». — «Donde [Tartária] partirão com oitenta mil **badas**». — «Apos estes sacerdotes mais atrás hum pequeno espaço hião quarenta carros com duas **badas** em cada carro». — Fernão Pinto, *Peregrinação*, capp. 41, 107 e 131.

1569. — «E hũas alimarias qne chamam naquellas parte **badas**, das quaes os machos tem hũ corno na testa sem ponta, he rombo e hũs dos cornos são malhados de singulares cores, outros pretos todos, outros cor de cera, mas não tem virtude, se não he pera almorreimas: e depois de Alifante não ha outra alimaria mayor». — Fr. Gaspar da Cruz, *Tractado da China*, cap. 33.

1569. — «Do Cabo das correntes trazem muytos a Moçambique assi delles [tigres] como de outros animaes grandes e dalli vem cornos que querem egualar com os de **Abada** de Malaca». — P. Monclaio, in *Bol. S. G. L.*, IV, p. 547.

1585. — «Postos da outra banda do rio, sahio a elles um cavallo marinho, que pelo não terem nunca visto cuidáram ser **badá**, e com o medo e pressa se metéram pela vaza». — Manuel G. Cardoso, *Hist. tragico-maritima*, IV, p. 71.

1600. — «Renocerontes ou **Badas**». — P. Lucena, *Historia*, X, cap. 18.

1609. — «Elefantes, **badas**, bufaros, vaccas bravas». — Fr. João dos Santos, *Ethiopia Oriental*, I, p. 39.

1611. — «Os Rynocerontes, que são as **Abadas**». — Fr. Gaspar de S. Bernardino, *Itinerario*, p. 79.

1611. — «Tomou o caminho pera Odiá, cidade real, e corte do Rey [de Sião] parte por agoa nauegando por rios fresquissimos e amenissimos, parte por terra, e caminhos asperos de Serras, e matos pouoados de Tigres, e Elefantes, **Badas**, e outras feras crueis». — P. Fernão Guerreiro, *Relaçam*, fl. 79 *v.*

1613. — «E os mâttos produzẽ grossa madeira, onde se crião elephantes, **badas**, tigres *arymos*». — Manuel G. de Erédia, *Declaraçam de Malaca*, fl. 10.

«E nella se crião grandes elephantes, rinocerotes ou **badas**». — *Id.*, fl. 50.

1613. — «Só faltam na ilha [de Ceilão] leões, onças e **abadas**». — P. Manuel Barradas, *Hist. tragico-maritima*, II, p. 87.

1650. — O beijoim amendoado desce pelo rio abaixo do reino de Laos, como as pontas de **abadas**». — P. António F. Cardim, *Batalhas*, p. 257.

1679. — «A vista de animaes ferozes, Tigres, Elefantes, **Badas**, e Bufaros, causava terror, e espanto». — Fr. Jacinto de Deus, *Vergel*, p. 279.

1684. — «*Sapão, Cayolac*, Marfim, pontas de **Abada**, e Canfora de Sião». — P. Fernão de Queiroz, *Hist. de Pedro de Basto*, p. III.

1880. — «Os productos que constituem principalmente o commercio de importação d'aquella provincia [Moçambique] são: marfim, pontas de **abada**, cera, gergelim, caoutchuc, etc.». — *Bol. S. G. L.*, III, p. 444.

1579. — «Ora ci [em Lisboa] si trova la **Bada**, altrimenti *Banda* [talvez *Ganda*] dagli antichi detta Rinoceronte, ancora che in Persia ella ritiene il nome antico». — F. Sassetti, *Lettere*, p. 122.

1585. — «Ay en ella muchos Elefantes y **Abadas**, que son vnos animales de grandeza de dos grandes toros, y tienen sobre el oxico, vn cuerno pequeño: de los quales vi yo vno en Lisboa, que esta agora en Madrid donde lo van a ver por cosa muy estraña, y nunca vista en nuestra Europa». — Fr. Joan G. de Mendoça, *Hist. de la China*, p. 356.

1589. — «En ce mesme pays [Bengala] se trouve le Rhinoceros, et il en a grand nombre, il est appellé des Portugais **Abada**. Sa corne, sa chair, ses ongles, son sang, et le reste du corps, sert contre les venins, et pourtant est en grande estime entre les Indiens». — Linschoten, *Histoire*, p. 80.

1592. — «Now this **Abath** is a beast which hath one horne only in her forehead, and is thought to be the female Vnicorne and is highly esteemed of all the Moors in these parts as a most sovereigne remedie against poyson». — Barker, in *Glossary*.

1606. — «Ove portano le loro mercanzie per vendere a' Cinesi, particularmente... molti corni della **Bada**, detto Rinoceronte». — Carletti, *ibid.*

1611. — «**Bada**, animal ferocissimo, decho per otro nombre comun Rhinocerote. En nuestros dias trouxeron al Rey Filipe II, que santa gloria aya, vna **Bada**, que por mucho tiempo estuuo en Madrid... El nombre de **Bada** es impuesto de los mismos Indios, mas presupuesto que no ay lengua que no ays tenido origen de la Hebrea... no será fuera de camino dizer, que **Bada** es nombre de *Badad*, solus, solitarius; por quanto este animal se cria en desertos y lugares muy remotos, y solitarios»,

— Covarrúvias, *Tesoro de la Lengua Castellana.*

1620. — «... nombre de Tigres, quelques **Adybadas,** ou Rinoceros, Buffles Sauvages, Porc-Espys, Civettes» (em Samatra).—General Beaulieu, *Mémoire*, p. 97.

1631. — «De **Abada**, sive Rhinocerote». — Bontius, *Hist. Naturalis*, p. 50.

1666. — «Y delos era parte un Rinocerot, ó **Abada** [*ganda* dos outros escritores]; que despues se perdiò en el Mediterraneo, embiandole elRey D. Manuel al Papa con otras cosas raras de la India». — Faria y Sousa, *Asia Portuguesa*, I, p. 167.

1675. — «Mil cañones tirados de mil juntas de bueyes: y de **Abadas**; y otras tantas de bufanos cargados de municiones». — *Id.*, III, p. 422.

1608. — «Hum cópo de **Abada** guarnecido de pedraria». Fr. António de Gouveia, *Relaçam da Persia*, fl. 177.

1611. — «O seu tributo era um vaso de **abada**». — In *Dicc.* da Academia.

1618. — «A China brought me a present of a cup of a **abado** (or black unecorns horne) with sugar cakes». — Cocks, in *Glossary*.

1674. — «I saw an Unicorn's Horn, not that of the Rhinoceros, of which Cups are made and profered for Sale here, and are relied on to discover Poyson, if poured into them». — Fryer, *East India*, I, p. 291.

**ABARIARI.** Espécie de *tafecira* ou chita indiana. Parece que é o mesmo que *aubrah*, mencionado numa tarifa inglesa de Bengala. É incerta a etimologia; conjecturo, porêm, que o vocábulo é adjectivo, como *cacebi* (q. v.), a qualificar *tafecira*, e que se prende ao persa *abrī* (de *abr*, sânsc. *abhra*, «nuvem»), «undulante, variegado». *Ambarī*, derivado do ár. *ambar*, quere dizer, nas línguas asiáticas, «perfumado com âmbar», e *ambara* é, em sânscrito, «firmamento, roupa».

1525. — «Tafecyra **abaryary** caceby vall a *corja* vymte e sete tamgas e mêa». — *Lembranças das cousas da India*, p. 50.

**ABÁS.** Pêso que serve no Oriente para a avaliação de pérolas. Tira a origem do nome de um xá da Pérsia. Não encontrei o termo nos nossos escritores. Vid. *abassi*.

1676. — «Dans tous les lieux d'Orient où se fait la pêche de perles, on ne parle que **d'abas**, et un **abas** fait sept octaves de carat». — Tavernier, *Voyages*, I, p. 328.

**ABASSI.** Era uma moeda de prata do valor de uns trezentos réis, que corria na Pérsia. Fôra mandada cunhar pelo Xá Abbas II, de quem tira o nome, em cêrca de 1600.

1630. — «Desfazendo o concerto cobrei o meu dinheiro, que vinha a ser cincoenta **abássis**, moeda da terra, que na nossa fariam nove mil reis». — P. Manuel Godinho, *Relação*, p. 127.

1697. — «Correrão muytos a offerecer, quem quinhentos **Abacîs**, quem mil, quem quatro mil, e alguns com todos os seus cabedaes. **Abacî** grande he moeda da prata, que vale duzentos e quarenta reis. Ha outros **Abacîs** pequenos, que valem cento e vinte reis». — P. Francisco de Sousa, *Oriente Conquistado*, I, v, 1.

1630. — «The **Abassee** is in our money sixteene pence». — Herbert, in *Glossary*, s. v. *gosbeck*.

1666. — «Le Garde prend pour son droit de chaque passager, un **abassy** qui vaut dix-huit sols». — Thevenot, *Voyages*, III, p. 3.

«Les **abassys** qu'on apporte de Perse, ne passent que par dix-neuf *pechas*, qui sont environ séze sols et demi».—*Id.*, p. 55.

1673. — «They [gente de Calecut] have yet a correspondence with Persia, as may appear by their **Absees**, a Sixteen penny piece of Silver, current among them». — Fryer, *East India*, I, p. 143.

1676. — «Deux *Mamoudis* font un **Abassi**. La reale ou l'écu de France vaut trois **abassis** et un *Chayet*». — Tavernier, *Voyages*, I, p. 167.

* **ABCÁRI**, s. m. (hindust.-persa *ābkārī* «negócio de águas (ardentes), destilaria»)[1]. Êste vocábulo entrou em indo-português em conseqüência do tratado anglo-português de 1878, que introduziu nas nossas possessões o sistema tributário de destilação e venda de espíritos indígenas, vigente na Índia Britânica, a que os ingleses chamam *abkary*. Cessando o tratado, continua o regime, mas modificado conforme as exigências locais.

1886. — «A fiscalisação das rendas do sal e **abkari** é regulada actualmente pelo tratado anglo-portuguez de 26 de dezembro de 1878». — Lopes Mendes, *A India Portugueza*, I, p. 138.

1900:

> «Maldiçoado, maldiçoado **abkary**,
> Privou todos do nosso *cajuri*».
>
> *Canção* de Damão, *apud* A. F. Moniz, *Hist. de Damão*, I, p. 267.

[1] O acento tónico é na segunda sílaba, conforme a prosódia inglesa.

1892. — «Tratemos hoje do **abkari**, ou do systema indo-inglez do imposto do consumo sobre as bebidas espirituosas». — Cristóvão Pinto, *Estudos*, p. 41.

1901. — «Instituimos o **abkari** para unificarmos e identificarmos tambem o imposto de consumo». — José Pinheiro, *Bol. S. G. L.*, xx, p. 141.

1903. — «São quatro as partes que constituem este trabalho e respeitam ás quatro principaes clausulas do Tratado: caminho de ferro de Mormugão, a liga aduaneira, a adopção do regimen do **abkary** indo-inglez e o monopolio do sal, que compreende o seu fabrico». — F. X. Fernandes, *ibid.*, xxii, p. 170.

1909. — «De todas as industrias existentes na colonia a que constitue ubere do Estado, é a do **abkary**, lavra do coqueiro á sura». — Manuel F. Viegas, *ibid.*, xxvii, p. 431.

1911. — «Nominalmente 50 contos de reis, dos quaes 50 % representam o producto do **abkary**». — J. E. Castel Branco, *ibid.*, xxix, p. 382.

1915. — «Mezes volvidos ia a Londres como plenipotenciario do ministerio das Colonias para estabelecer um accordo com o governo inglez sobre a questão do **abkary** — o alcool da India». — *A Nação*, de 17 de Março

1879. — «Natives who have expressed their views are, we believe, unanimous in ascribing the increase of drinking to our **abkary** system». — Yule, in *Glossary*.

**ABECEDÁRIA**. O Sr. Cândido de Figueiredo regista o vocábulo com anotação de inédito e define-o: «Planta indiana, a que se atribue a propriedade de desenvolvêr a língua das crianças e facilitar-lhes a pronúncia». Foi Rúnfio quem deu tal nome ao *Spilanthes acmella*, Linn., indígena da Índia insular. Outros nomes portugueses são «agrião do Pará» e «jambu» [1].

1693. — «Latine *A B C Daria* a subsequente ejus usu, juxta Malaice dici potest *Piperitis Indica*, ipsis enim dicitur *Daun lada* [= fôlha de pimenta]. Aethiopes magistri hac utuntur herba in pueris, ut subtilem ac glabram adquirant linguam, quem in finem capitula vel radiculas solas, vel cum Pinanga masticandas ipsis exhibent, ut Arabicas literas facilius pronuncient, praesertim binas difficiles ac blesas literas *Tscha* et *Ze*, quae plerumque tanquam *S* pronunciantur. Hanc ob rem ipsi nomen **Abecedaria** imposui, quum et quidam Malaice eam quoque vocant *Daun murit*, h. e. Herba discipulorum». — *Herbarium Amboinense*, xi, cap. 35.

«Tabula... **Abecedariam** exhibet, quae sine dubio celeberrimae Acmellae Zeylanensium species, ni eadem forte sit planta». — *Ibid.*

«**Abecedaria** (Bot.). Nom vulgaire aux Indes Orientales du *Spilanthes Acmella*, Linn., plante de la famille de Composées, appellée également *Cresson de l'Ile de France*, *Herbe de Malacca*». — *La Grande Encyclopédie*.

* **ABEDALE**. É nome genérico do religioso muçulmano; faquir. Do ár. *abdāl*, que Littré deriva de *abd*, «servo», e *Allah*, «Deus», = servo de Deus.

1346. — «Ali tive conhecimento do Visir **Abdallah** haver casado com Gadeja, Soltana das ilhas» (Maldivas). — Ben-Batuta, *Viagens*, p. 323.

1615. — Ha entre elles [maometanos malabares] gente, a que chamam **Abedalles**, que tem feito voto de pobreza, e que tambem andam em peregrinação pelo mundo». — Pyrard de Laval, *Viagem*, i, p. 287.

«Os gentios tambem tem destes **Abedalles**, que são como eremitas, e chamam-se *Jogues* (q. v.)». — *Id.*, i, p. 288.

1897. — «Reconhecel-o-hia como um **Abedade**, ou santo musulmano, dos que fazem voto de pobreza e permanecem á porta das mesquitas, recebendo as esmolas dos devotos». — Lopes de Mendonça, *Os Orphãos de Calecut*, p. 96.

1611. — «**Abdala**, vale siervo de Dios, és Arabigo corrompido del Hebreo, en cuya lengua *Hebed* vale servus, famulus, minister... y *El* Deus, juntos estos dos vocabulos, con alguna corrupcion, formaron los Arabigos el nombre de **Abdala**». — Covarrúvias, *Tesoro de la Lengua Castellana*.

1695. — «**Abdal**, *homme transporté de l'Amour de Dieu*, qui fait des choses extraordinaires... Il y a plusieurs d'Enthusiastes parmi les Mahometans, et parmi les Indiens, lesquels tous, sans beaucoup de discernement, sont reputés saints par le menu peuple». — Herbelot, *Bibliothèque Orientale*.

* **ABOLIM** (conc. *abolīm*, pl.). É o nome que se dá em Goa à flor, muito estimada, de *Crossandra undulaefolia*, Salisb. Fazem-se grinaldas, com que as mulheres enfeitam a cabeça.

1908. — «Como em Lahane, como na India do Concão, estão em flor, d'um doce amarello pallido, os **abolins** bravos (as Acanthaceas *Barleria prionitis*, sendo uma Asterecantha o verdadeiro **abolim** das grinaldas indianas e dos *Parsad*)» (arus-

[1] «Mastigam-se as flores como remedio contra a dôr de dentes. No Pará usa-se o agrião como alimento, cozido e mesmo cru». D. G. Dalgado, *Flora*, p. 103.

pícios). — Alberto de Castro, *Flores de coral*, p. 253.

**ABRAEMO.** Era uma moeda estrangeira, que antigamente corria em Goa e valia 420 réis. É claramente derivado do nome próprio ár. *Ibrāhīm* = Abrão.

1554. — «E venezeanos, soltanis e **abraemos** valem 7 tamgas, que são 420 reis». — António Nunes, *Lyvro dos pesos*, p. 32.

**ABUNHADO (abunhação; abunhadio; abunhar)**, s. e adj. «Trabalhador indiano, que, nascido em terras de um senhorio, é obrigado a viver e trabalhar nellas». C. de Figueiredo. Acrescente-se: e não pode ser expulso sem culpa.

Os colonos tem na Índia vários nomes e diversas obrigações conforme as regiões. Em Goa chamam-se *manducares* (q. v.) e em Damão *machins*. Em Baçaim prevaleceu outrora o nome de *abunhado*, de que se derivam *abunhadio, abunhar* e *abunhação*. Em indo-inglês são conhecidos por *ryots*, e tem código especial, que regula os seus deveres e direitos.

O *abunhadio* corresponde, na sua essência, ao colonato do direito romano, pelo qual certos homens, cuja situação legal era intermediária entre a liberdade e a escravidão, se obrigavam à cultura de certo terreno, que não podiam abandonar por seu arbítrio e de que não podiam ser privados contra sua vontade. Vid. *La Grande Encyclopédie* [1].

O étimo da palavra deve ser o persa *bunyād*, «alicerce, fundamento, fundo» (adoptado em hindustani, marata, guzarate e concani) como em Goa *mūnd*, «fundo, capital», deu *mūndkār*, aportuguesado em *manducar*. *Bunyādī thalkarī*, em marata, significa «proprietário originário».

1611. — «Nem se lhes faça outra avexação alguma á dita gente mesquinha e **abunhada** ...os homens que estiverem fóra do dito *Cassabé*, que forem **abunhados** ...os ditos capitães, ouvidores e mais officiaes, a quem for requerido pelo dito Padre Procurador, ou util senhorio, lhes fação entregar conforme ao costume de **abunhação**». — *Alvará* do vice-rei, in *Archivo*, VI, p. 864.

1701. — «Os foreiros são todos christãos, e todos tem conveniencia em que os seus **abunhados** tãobem o sejão». — *Ibid.*, Suppl., II, p. 172.

1718. — «Invadio as Aldeas da jurisdição de Damão, e levou prizioneiros os *Cherumbins* [curumbins], e **Abunhados**, que as cultivavão, e com elles os gados». — D. José Barbosa, *Epitome da Vida*, p. 18.

1726. — «**Abunhado.** Termo da India Portuguesa, na provincia do Norte, de que Baçaim he a capital, he aquelle, que, nascido nas terras de qualquer senhorio, tem de ajudar a sua cultura, por meio de certa porção della, com que o **Abunhado** se sustenta: são castigados como desertores, se abandonam a Aldêa em que nasceram, e o senhor obriga por justiça á restituição do seu **abunhado**, mas não o pode vender, nem castigar, e assim não os comprehende a vileza do captiveiro». — Bluteau, *Supplemento*.

1728. — «Deve-se ordenar aos foreiros de Baçaim e Damão que cada hum faça húma torre ou casa forte na sua aldea; e que de seus **abunhados** sejão ao menos vinte que tenhão armas de fogo». — *O Chronista de Tissuary*, I, p. 52.

1850. — «Em Damão, em vista da resposta do Desembargador Procurador da Coroa e Fazenda... na qual declarava que em Damão não existiam **abunhados** ou servos Ascripticios, por tanto não deviam ser consentidos, foram declarados livres do serviço que prestavam». — F. N. Xavier, *O Gabinete Litterario*, IV, p. 28.

1871. — «**Abunhar,** *v. a.* e *n. ant.* Viver com parcimonia, parcamente, como **abunhado,** da porção da terra que tem para sua sustentação». — *Dicc.* de Domingos Vieira.

**ACA (acca ou hacca).** É a porção da renda ou da colheita, devida ao funcionário hereditário do distrito ou da aldeia, na Índia. Do marata-conc. *hakka* < ár. *haqq*, «direito».

Tem-se empregado o termo com certa latitude, como sinónimo de «pensão ou paga hereditária», conforme se vê das abonações.

Filipe Néri Xavier descreve nos seguintes termos as **acas** que vigoravam, e ainda hoje vigoram em parte, nas Novas Conquistas de Goa: «*Acca* ou *hacca* (Tença ou Soldo).

---

[1] Parece que o *abunhadio* se assemelha, na sua condição, ao antigo *malado* português.

Mercê em dinheiro; concessão dos antigos Dominantes do Concão, especialmente aos *Dessais*, e mais officiaes militares, para sustento da gente armada. A concessão era sobre os foros das Aldêas, ou sobre os direitos das Alfandegas». — *O Gab. Litterario*, IV, p. 30.

1764. — «**Acca**, quer dizer, soldo ou paga». — *Collecção de Bandos*, I, p. 218.
1768. — «Cobrando-se delle somente a porção pertencente á **Acca** dos Sar-Dessais, na mesma forma que se praticava ao tempo da Conquista».—*Ibid.*, II, Apêndice, p. 11.
1844. — «Os Sar-Dessais não são obrigados, por possuirem *Inamas*, que são inteiramente bens particulares, e patrimoniaes, a prestarem serviço, como são pela posse de **Accas**, que percebem da Fazenda». — *Ibid.*, p. 41.
1845. — «Não ha Dessae ou Sar-Dessae sem a sua *Hacca* ou *Acca;* esta é da essencia do Dessaiado; e quer dizer, tença, soldo ou pensão em dinheiro, arrecadada do Thesouro, ou pelo rendimento das aldêas doadas ao Dessae ou Sar-Dessae pelos serviços feitos, ou que ha de fazer». — *Annaes maritimos*, p. 247.
1886. — «... titulo de penção alimenticia, deduzida da que antes recebiam com a denominação de **ácca**, como representantes da familia dos Ranes de Satary».— Lopes Mendes, *A India Portugueza*, II, p. 5.
1890. — «Em lugar de considerarem as suas mercês como remuneração ou salario, consideram-nas como **hakas** ou direitos livres de todas as condições». — António de Azevedo, *As Communidades de Goa*, p. 84.
1903. — «A cujo favor eram constituidas as **accas**, mercês pecuniarias assentadas ou em direitos da propriedade ou sobre os impostos aduaneiros». — F. X. Fernandes, *Regimen do sal*, in *Bol. S G. L.*, XXII, p. 290.

**ACADAR.** É o «merconario dos antigos Dominantes, que possue a tença ou mercê denominada **Acca**». F. N. Xavier.

1788. — «O Rendeiro desta renda pagará de mais a mais a todos os **Accadaries**, e Mercenarios». — *Collecção de Bandos*, I, p. 41.
1845. — «Tambem a **Acca** se diz *Tainata*, e quem a recebe **Accadar** ou **Haccadar**». *Annaes maritimos*, p. 248.
1846. — «Os Dessais **Accadares**, e outros mercenarios, que estiverem no gozo das suas mercês devem apresentar para o serviço das Estradas tantos homens, quantos, segundo os seus *Formões*, deveriam ter promptos para o serviço militar». — *Collecção de Bandos*, II, p. 110.

* **AÇADACAN, açadecão, acedecan, açedecão.** Cargo correspondente ao de condestabre do reino. O vocábulo é do persa, *asadkhān*, composto do ár. *asad*, «tigre», e do turco-persa *khān*, «príncipe». Os nossos indianistas empregam-no com referência a um dignitário de Idalcão, que residia ordinàriamente em Pondá, nas Novas Conquistas.

1532. — «O **Acedecão** homem de grande estado, assy como em Portugal he marquez, e por sua dinidade nenhuma cousa o Idalcão pode determinar, nem fazer cousa do estado do reyno sem o **Acedecão** nom dar voz, que he o principal do conselho». — Gaspar Correia, *Lendas*, III, p. 463.
1535. — «O Ydalcão não entrou nella [batalha], mas sempre esteve na goarda de Sefallarym, que agora se chama **Açadacão**, que he senhor de Billgão». — *Chronica de Bisnaga*, p. 38.
1538. — «Desta poderosa Armada era o Baxá avisado todos os dias por cartas de Hidalcão, e do Çamorim Rey de Calecut por Inezemaluco e pelo **Acedecão**. — Fernão Pinto, *Peregrinação*, cap. 12.
1554. — «No qual entra o dinheiro que foy do **Açadecão**». — Simão Botelho, *Tombo*, p. 40.
1555. — «E vindo ter a esta cidade por fallecer o **Acedecão**, pessoa principal neste negocio, e no reino, não poderá haver effeito». — *Archivo Portuguès-Oriental*, fasc. V, p. 267.
1556. — «Ao presente era impedido com aspera guerra que com **Accedecan** visinho de Goa tinha».—Lopo de Sousa Coutinho, *Hist. do cerco de Diu*, p. 68.
1570. — «E sendo aberto o testamento, porque se vio como o **Açadechan** [=*Açadekhan*] ficava por Governador, ouve em todos muita indinação». — João de Barros, Déc. IV, VII, 2. — «O cargo de **Açadechan** corresponde em dignidade ao de Condestabre, e he tamanha preeminencia no Reino de Hidalcão, que quem o tem se assenta á sua mão direita acima de todos os senhores». — Comentario de Lavanha.
1589:

> «Se lho de todo entam não impedira
> Hua aspera, cruel, e dura guerra
> Que com o Acedecão travada tinha
> Que sua terra a Goa tem vizinha».
>
> Francisco de Andrada, *O Primeiro Cerco de Diu*, VI, 26.

1602. — «Vagando o cargo de **Accedecan** do reino (que em dignidade corresponde ao de Condestabre do reino) lho deu [o Idalcão] a elle». — Diogo do Couto, Déc. IV, VII, 6.

«... lhe daria logo na mão setecentos mil *pagodes* de ouro, e o titulo de **Accedecan**». — *Id.*, VII, II, 7.

1613. — «Este **Acedecão** he senhor de todas as terras que estão desta serra para o mar, que são muytas, e de grandes rendimentos». — Francisco de Andrada, *Chronica de D. João III*, III, fl. 12.

**AÇAFRÃO DA ÍNDIA. AÇAFRÃO DA TERRA. CROCO INDIANO. GENGIBRE DE DOURAR.** São outros tantos nomes portugueses de *Curcuma longa*, Linn. Na Índia diz-se simplesmente *açafrão*. Tem muitos usos, especialmente como condimento e matéria corante.

1516. — «... tamarinhos, **açafram Indyo**, cêra, fero, açuquar, muyto aros, e quoquos» (côcos). — Duarte Barbosa, *Livro* (2.ª ed.), p. 271.

1554. — «O *baar* de **açafrão da Imdia** he em tudo como o da pimenta quanto ao peso». — António Nunes, *Lyvro dos pesos*, p. 18.

1554. — «*Imge* [= ingo, q. v.], **açafrão da terra**, alhos e cebolas sequas». — Simão Botelho, *Tombo*, p. 59.

1563. — «Entanto traze um pouco de **açafram da terra**». — Garcia da Orta, Col. XVIII.

1578. — «El **Açafram de las Indias** (tenido de algunos autores por el Curcumani o Meimiran ..) es vna medicina muy vsual en las Indias, assi para teñir, como para enfermidades de los ojos, e para la sarna». — Cristóvão da Costa, *Tractado*, p. 257.

1693. — «Nomen generale harum trium specierum Latinum est *Curcuma* et *Crocus Indicus*, juxta Portugallicum **Saffran de terra**, h. e. *Crocus terrestris*[1]; sic quoque in cunctis aliis Indicis linguis nomen obtinuit a luteo suo colore». — Rumphius, *Herb. Amboinense*, VIII, cap. 16.

1770. — «Le **saffran d'Inde** que les médecins appellent *Carcuma* est une plante dont les feuilles ressemblent à celles de l'ellebore blanc... Sa racine qui est amère, et qu'on a longtemps regardée comme aperitive étoit employée autrefois pour la guérison de la jaunisse. Les Indiens s'en servent pour teindre en jaune, et elle entre dans l'assaisonnement de presque tous leurs mets». — Raynal, *Histoire*, p. 305.

1786. — «*Magnel* in lingua Malabarica, **Açafrão Indico** in Portoghese, Zaffrano Malabarico, *Curcuma* in lingua Samscrit». — Fra Paolino, *Viaggio*, p. 361.

[1] O autor interpreta mal a palavra portuguesa *terra*, que está por «país».

**ACEAI.** Antigo pêso de Lara, equivalente a dez *maticais*. Do persa *shāhī* (que significa própriamente «rial, régio»), com prótese de *a*. *Shāhī* é também uma moeda de cobre da Pérsia, que valia uns dez réis.

1525. — Dez matyquaes fazem hum **aceay**». — *Lembranças das Cousas da India*, p. 52.

**ACHAR** (s. m.). É o nome que se dá à conserva de vários frutos e raízes em vinagre ou em salmoira (inglês *pickles*), em ásio-português, indo-inglês, indo-francês (*achar* ou *achars*) e em muitas línguas indianas. O vocábulo é de origem persa, *achār*, provávelmente encontrado pelos portugueses no malaio e introduzido em outras línguas indianas, directa ou indirectamente. Conforme o Conde de Ficalho, o termo é conhecido em cozinhas de Portugal, e segundo Rafael Bluteau, era antes muito usado[1].

Yule & Burnell acham muito provável prender-se o persa *achār* ao lat. *acetaria*, empregado por Plínio (XIX, 19). Bluteau traduz *achar* por *acetaria*, fundado na mesma autoridade.

1563. — «Fazem delle [anacardo] quando he verde, conserva em sal pera comer (a que chamão qua **achar**) e vende-se na praça como azeitonas ácerca de nós». — Garcia da Orta, Col. V.

«E tambem as [*carandas*] lançam em vinagre e azeite, a que chamam **achar**». — *Id.*, Col. XIII.

1577. — «Alguma pimenta em **achar**, alguns panos de frandes ou godomecim, ou alcatifa». — P. Luís Fróis, *Cartas de Japão*, I, fl. 397.

1712. — «Por esta palavra **achar** entendem os Portuguezes humas raizes ou frutos, como pepinos, sinouras, etc., que postos de molho em vinagre, se comem crús e despertão appetite. Tambem se fazem varios manjares em **Achar**, v. g. Mexilhoens em **Achar**». — Bluteau, *Vocabulario*.

1736. — «Não usem nas suas comidas de arroz cozido sem sal, misturando-lhe depois o sal por modo de **achar** como cos-

[1] «Cabeça de porco d'*achar*; que esteve de conserva em *achar*, ou na conserva de vinagre, sal, etc.». Morais (1811).

tumam fazer os gentios». — *Edital* da Inquisição de Goa, *apud* Lopes Mendes, *A India Portugueza*, I, p. 257.

1782. — «Igualmente serve [o *bilimbim*] para doce assim como a ginja na Europa, e para **achar** ou conserva». — Fr. C. da Ressurreição, *Tratado*, II, p. 338.

1886. — «Vestidas apenas nos seus *bajus* transparentes e nas suas faxas bordadas enroladas a modo de saias, comendo mangas de **achar** e outros acepipes apimentados da cozinha oriental, mascando *betle*». — Conde de Ficalho, *Garcia da Orta e o seu tempo*, p. 185.

1901. — «Dos rebentos novos de bambu os indigenas fazem uma conserva, **achar**, muito apreciada na India». — José Pinheiro, *Bol. S. G. L.*, XX, p. 33.

1908. — «**Achar**, acepipe de caril, conservas em agua salgada». — Alberto de Castro, *Flores de coral*, p. 138.

1578. — «Del clavo verde se haze conserva de açucar, y tambien lo echan en vinagre y sal, para comer (a que ellos llaman **achar**». — Cristóvão da Costa, *Tractado*, p. 82.

1598. — «Sur ces navires d'Armada, galiotes ou vaisseaux de guerre on donne à la milice du riz cuit avec de l'eau et du sel, du biscuit, de l'eau douce, du poisson salé, de l'**achar** ou fruicts d'Inde confis dans le sel et vinaigre, comme les concombres que l'on vend à Paris chez les droguistes». — Linschoten, *Histoire*, p. 113.

1631. — «Quod genus conditurae communi nomine **Achar** Indi vocant». — Bontius, *Hist. Naturalis*, p. 23.

1658. — «... bases sint celebris istius compositionis **Achar** dictae, quae in Europam invecta inter delitias habetur palatum doctis, et à me quoque non semel cum voluptate gustata. — Piso, *Mantissa Aromatiça*, p. 186.

1675. — «They [mulheres da India] sing, and play on the lute, make confections, pickle **achars** (the best mango **achars** coming from them)». — Fryer, *East India*, II, p. 28.

1690. — «Hae mangae raro crudae comeduntur, nisi a Baliensibus, qui cum **Aatchiar** tanquam obsonium ad Oryzam usurpant». — Rumphius, *Herb. Amboinense*, I, cap. 22.

1786. — «Dal midollo dell' albero [coqueiro] in cima si fa l'**aciara**, cioè, pezzetti confettati, eccellente companatico per el riso». — Fra Paolino, *Viaggio*, p. 116.

**ACHARÃO.** V. *Charão*.

* **ACHÊM.** Grande balança chinesa. É o mesmo que *dachêm*, q. v. Julgou-se que *de* era preposição anteposta ao nome geográfico *Achêm*, com que o vocábulo não tem nenhuma relação de significado.

1610. — «Hei por bem e me praz que do dia da publicação d'este na dita fortaleza e cidade [de Malaca] em diante se não uze n'ellas de peso chamado **Achem** e somente haja e se use do peso da balança». — *Carta régia*, in *Doc. da India*, I, p. 295.

* **AÇOCA.** Árvore *Saraca Indica*, Linn. São lindas as suas flores, que em português se chamam «flores do diabo», não sei por que motivo, talvez por serem oferecidas aos ídolos; e rija a sua madeira. Do conc. *āxok*, sansc. *açoka*, literalmente «sem dor».

1898:

«Como a sanguinea flor de **asoka** desbotada,
Erma do aroma já, fiquei desamparada».

Lopes de Mendonça, *A. de Albuquerque*, p. 40.

1912. — «Na ethymologia sanskrita *Asok* significa «livre ou isento de dôr». — Caetano Gracias, *Flora Sagrada*, p. 45.

**AÇÚCAR.** A fonte primordial do vocábulo é o sânsc. *çarkarā*, «areia grossa, saibro, cascalho». Os idiomas neo-áricos fizeram dêle *xākar*, *sākar*, *sākhar*; e o malaiala transformou-o em **chakkara**, que deu o indo-português *jagra* (q. v.). As formas prácritas produziram *shakar* em persa, *sakkar* e *sakkaron* em grego, e *saccharum* em latim; e *sukkar* ou *as-sukkar* em árabe, origem imediata da palavra nas línguas europeias. V. *Glossary* e Devic.

Também *cande* ou *cândi* (em *açúcar cande*) é do sânsc. *khaṇḍa*, por intermédio do persa-ár. *qand*.

c. 70. — «**Saccharon** et Arabia fert: sed laudatius India. Est autem mel in arundinibus collectum: gummium modo candidum: dentibus fragile». — Plinius, *Nat. Historia*, XII, cap. 8.

1898. — «But the Arabic word may be of Aryan origin. Cf. Sk. *khand*, to cut or break in pieces, to bite, *khanda*, a piece; *khandana*, sweat-meats». — Skeat, *An Etym. Dictionary*, Suppl.

**ADALI.** Planta verbenácea, *Lippia nodiflora*, Rich. Considera-se bom emoliente. «Morbo medetur sacro, si succus cum momento piperis bibatur». Rheede. Do conc. *ādālī*.

1879. — «**Adali**, *s. f.* Em Botanica, planta da familia das verbenas, a que Linneu chama *Lippia*; tem um sabor amargo, acre nas raizes, sem perfume nas flores; misturado o seu succo com uma pequena dose de pimenta em pó, é um excellente antidoto contra a mordedura da *cobra de capello*». — Domingos Vieira, *Diccionario*.

**ADAMANES** (s. m. pl.). Atabales usados na Índia. Do persa *damāma*.

1633. — «Ao nascer e pôr do Sol se tocam todos os dias na fortaleza [de Surrate] os **adamanes**, que são uma casta de atabales, os quaes na guerra servem de tambores aos Mouros». — P. Manuel Godinho, *Relação*, p. 31.

* **ADAR**. Local destinado ao viveiro ou sementeira de *bate* ou arroz em Damão. Do guzarate-sânsc. *adhāra*.

1901. — «O tradicional *candó* ou poda, feita pelos colonos para obterem a cinza que serve de estrume aos **adares** ou sementeiras, tem concorrido muito para o deploravel estado do arvoredo e principalmente das tecas». — José Pinheiro, *Bol. S. G. L.*, xx, p. 30.

**ADATIS** (s. m). «Musselina da Índia». C. de Figueiredo. Littré também diz o mesmo. Yule & Burnell atestam que **adati** é tecido de Bengala e supõem que o vocábulo proveio do hindust. *adha*, «meia largura». *Adatis* deve ter originàriamente sido plural, sendo depois considerado singular, do mesmo modo que aconteceu com *argaris*.

* **ADÁO, ADDÁO**. A palavra provêm do conc. *āḍāv*, que, em geral, designa «esgrima», e, em particular, uma festividade religioso-civil, que se celebra nas Ilhas de Goa com o simulacro de esgrima, por ocasião da novidade de arroz. As letras dobradas dêste vocábulo e doutros análogos, não perfeitamente aportuguesados, denotam a consoante cacuminal da origem e a sua fonação peculiar. Cf. *battcar* e *bôtto*.

1850. — «**Addau**. He a folia que acompanha os conductores de *bate* novo que da Aldea Taleigão levam para a Sé Primacial, em 24 de Agosto, pelo privilegio que tem para esse fim: For(al), cap. 44. — Tombo Geral, p. 10». — F. N. Xavier, *O Gab. Litterario*, iv, p. 38.

1886. — «E o **adáo** ou festividade da colheita do arroz, que tem logar todos os annos no dia 24 de agosto». — Lopes Mendes, *A India Portugueza*, p. 45.

1908. — «Na epocha da colheita faz-se a festa **Adáo**, que tem logar a 24 de agosto, em que entram guerreiros e bailadeiras». — Hipácio de Brion, *A India Portugueza*, p. 19.

1915. — «Trata-se da festa de benzimento da espiga nova em Taleigão, com o conhecido **addáo** .. E finalmente a 24 é a oferta ao Cabido na Sé e em Pangim ao governador geral e ao arcebispo-patriarca, acompanhada do tradicional **addáo**, ruidosa folia com um tanto de marcial, que já tem decaido bastante do seu antigo apparato». — Ismael Gracias, *A India*, p. 170.

**ADAU**. O vocábulo deriva do conc. *āḍāv* (sânsc. *ādāna*), que significa «ganho, lucro, receita». Bluteau regista-o, no Suplemento do seu dicionário, mas dá-lhe um significado muito restrito, que deve ter encontrado em algum escritor, se o não recebeu, como parece mais provável, directamente da Índia, assim como vários outros referentes às comunidades agrícolas. A palavra não está em uso no português de Goa.

1727.—«**Adao**. Termo dos Portuguezes da India. São as contas geraes do proveito liquido, que fica aos *Gancares* [accionistas das comunidades], pagos os foros, contribuições Reaes, e mais despezas, e he o que se reparte». Bluteau.

**ADEM**. Parece que as palavras *adem* e *pato* não tinham antigamente em português os sentidos em que actualmente são tomadas. *Pato*, de origem arábica (*bat*) significa «ganso» em ásio-português e em várias línguas indígenas em que se introduziu (vid. *Influência*), emquanto *adem*, ou *ade*, do lat. *anas*, é sinónimo de «pato» em geral; e nesta acepção é empregado o termo por nossos indianistas.

1569. — «Agasalham dous ou tres mil **adens**, mais ou menos segundo he ha embarcaçam; algũas d'estas são de señorios e andam nellas seus criados: apacentam estas **adens** da maneira seguinte». — Fr. Gaspar da Cruz, *Tractado da China*.

1755. — «São os Chinas affectivos nas criaçõens de gados, não só vacúm e *Bufaras*, mas de Cabras, Ovelhas, Gallinhas, Capoens, **Ades**, e porcos .. O modo de tirar e criar as **Ades** he mui celebre». — In *Ta-ssi-yang-kuó*, 11, 111, 3.

1902. — «O **adem** é tambem chamado *pato real* em portuguez. Mas convem notar que em macaista se designa por **ade** quasi todos os palmipedes que tanto abundam na China, isto é, não só o *pato domestico*, como o *pato bravo*, o *ganso*, etc.». — *Ibid.*

**ADIÁ, ODIÁ.** O ár. *hadyia* significa «presente feito ao superior ou ao mestre que ensinou o alcorão». O vocábulo introduziu-se no hindustani, de que o tomou Barros, e no malaio, onde o apanhou Fernão Mendes, grafando-o *odiá*, e levou consigo, segundo o seu costume, na sua peregrinação para várias partes.

1539. — «Fomos ver o Rey com huma **odiá** ou presente (como lhe nós cá chamamos)». — Fernão Pinto, *Peregrinação*, cap. 19.

1541. — «Lhe mandou huma **odiá**, que valia duzentos cruzados, parecendo-lhe que entre gente de primor aquillo bastava para não querer mais». — *Id.*, cap. 64.

1556. — «Ordenarão fazer entre si huma **odiá** (que he presente) de peças ricas que valessem mil cruzados». — *Id.*, cap. 183.

1563. — «Ordenou logo de mandar à el Rei [de Bengala] as cartas que levava, com o presente, que em aquelle Reino chamão **Adià**, onde na offerta dos presentes se tem esta ordem por costume mui antigo». — João de Barros, Déc. IV, p. 365.

1827. — «**Odia.** Vocabulo asiatico: significa o presente que se offerece aos Reis e grandes senhores, quando se lhes vai fallar. Em Bengala dizem **adiá.** Os barbaros do interior de Sofala lhe chamão *curves* ou *curvas*. Os Persas lhe dão o nome *mocararias*, e os Mouros orientaes lhe chamão *xaguates* ou *çaguates*». — Cardeal Saraiva, *Glossario*.

**ADIBE, ADIVE** (ár. *ad-dhīb*). É o mesmo que *chacal* (q. v.), *Canis aureus* de Linneu. O termo já era conhecido na península antes da viagem de Vasco da Gama, e é comummente usado na Índia Portuguesa. Os *adibes* andam em bandos, uivam em côro durante a noite nos montes, e infestam as capoeiras e o canavial. Diz-se que seguem a pista do tigre que fez presa, a fim de lhe apanhar os restos. O *adibe* representa na fabulística indiana o papel da raposa europeia. V. Dozy.

1516. — «Depois de morto uiramno com os peitos pera cima, pondolhe o alvará sobre ele, e aly ho leyxaom, honde nom he ousado ninguem de ho toquar, e aly ho comem aues e hos **adibes**». — Duarte Barbosa, *Livro*, p. 323.

1540. — «Bugios, **adibes**, monas, raposas, e lobos». — Fernão Pinto, *Peregrinação*, cap. 73.

1552. — Bodes bravos, vssos, **adiues**, lobos e porcos». — Castanheda, *Historia*, III, cap. 147.

1563. — «Melhor he ser **adibe** solto, que galgo preso em trela d'ouro». — Gaspar Correia, *Lendas*, I, p. 279.

1602. — «... dando a comer meu sangue aos tubarões no mar, aos **adibes** no reino de Fez, e as gralhas da India». — Diogo do Couto, Déc. IV, VI, 7.

1613. — «São muytos elephantes, badas, antas, tygres, e cobras grandes, e muyta copia de lobos e **adibes**». — Manuel de Erédia, *Declaraçam de Malaca*, fl. 18.

1615. — «Toda terra [do Malabar] é tambem cheia de raposas (**adibes**) que de noite até vem á cidade, entram nos pateos das casas, e afugentam os cães». — Pyrard de Laval, *Viagem*, I, p. 339.

1712. — «Em Goa chamão **Adibe** ou **Adive** á Raposa, ou (como querem outros) a huma especie de lobo que frequenta aquelas partes». — Bluteau.

1842. — «Os mattos são habitados por tigres, bufalos bravos, macacos, **adibes**, raposas, veados». — *Annaes maritimos*, p. 270.

1700. — «Le jour suivant ils furent fort surpris, lorsque voulant prendre ce corps pour le porter à l'Eglise, ils trouverent que les **Adibes**, qui sont une espece de renards, l'avoient dévoré, et qu'il n'en restoit que la carcasse» (na Índia). — *Lettres Edifiantes*, V, p. 32.

1782. — «**Adive**, espèce de Renard des Indes, connu vulgairement sous le nom de *Chien marron*». — Sonnerat, *Voyages*, II, p. 250.

1786. — «L'**Adibe**, *Curuken* in lingua Malabar... è una specie di volpi, o cani selvatici. Tutto il Malabar è ripieno di questi animali. Non si può sepelire un morto fuori di Chiesa. Questi animali lo disterrano, lacerano e divorano». — Fra Paolino, *Viaggio*, p. 155.

1829. — «I giaccali e **adivi** non son molto dissimili da questa razza di cani. Essi escono nella notte dai loro boschi e s'avicinano in grandi truppe di luoghi abitati e alla riva del mare, in cerca di qualque preda». — Lazzaro Papi, *apud* Gubernatis, *Storia*, p. 279.

**ADIGAR, DIGAR.** É do tamul-malaial. *adhigāri*, sânsc. *adhikārī*, «aquele que possui autoridade, administrador, director». No sul da Índia era, e ainda hojo é em algumas partes, o título do chefe de aldeia; mas parece que em certas regiões designava outras autoridades, como ministro, governador de distrito, magistrado superior. Em Ceilão *adikār* ou *adhikārama* era o título dos dois primeiros ministros dos reis de Cândia. A forma incorrecta *digar* é empregada por Gaspar Correia e Francisco de Andrada. V. *Glossary*.

1507. — «Auia de entregar os arrenegados que la estauão, e outros se pera la fogissem, e o **Digar** de Chaul ficaua fiador per ysso». — Gaspar Correia, *Lendas*, I, p. 744.

1519. — «Tolheo as nauegações, e nom lhe daua liçença senão com lhe darem muyto dinheiro, que lhe dauão os **digares** [de Comorim], que são senhores dos lugares, e pagão muyta renda ao senhor da terra, que he ElRey de Bisnaga». — *Id.*, II, p. 568.

1534. — «Foy falar com o **adigar**, e em segredo lhe disse que se nom fiasse do ladrão». — *Id.*, III, p. 555.

1554. — Com o **adiguar** corymale, catinenbiar, e com todos *pulas*, *mares* e Regedores da dita terra [Coulão] concertaram estes capitulos». — Simão Botelho, *Tombo*, p. 36.

«Esta dita *ola* é ffeita pelos escrivães do Reey grande e asynada por eles, e pelo **adiguar** da terra que aquy estaa, e pesoa do Reey grande». *Id.*, p. 38.

1616. — «Desembarcaram em Veadala [Ceilão] com seguro dos **Adigares**, que são os principaes da terra». — Diogo do Couto, Déc. X, III, 13.

1618. — «O Manoel de Frias que o gouernador mandou por capitão e feitor de Choromandel... arrendou a pescaria aos **Digares** por preço de mil e quinhentos cruzados... O **digar** de Dabul tendo noticia disto buscou maneiras com que mandou dar auiso has suas fustas».—Francisco de Andrada, *Chron. de D. João III*, I, fls. 54 e 55.

1685. — «Os *Modeliares*, *Apuames*, **Adigares**, e outros grandes entre elles, vestem camisa e gibão, que os de casta baixa não podem trazer». — João Ribeiro, *Fatalidade historica*, I, p. 16.

1544. — «Fac te comem et humanum cùm isti Genti praebeas, tum praesertim Magistratibus eorum et Praefectis Pagorum, quos **Adigares** vocant».— S. F. Xavier, *Lib.* I, epist. 26.

1582. — «E questo Capitano è da loro chiamato **Adicari**». — G. Balbi, *Viaggio*, fl. 87.

1786. — «Molti **Adhigári** o ministri d'un distretto». — Fra Paolino, *Viaggio*, p. 337.

1803. — «The highest officers of state are the **Adigares** or Prime Ministers. They are two in number». — Percival's *Ceylon*, in *Glossary*.

1861. — «... may have been but the consummation of a revenge provoked by the discovery of the treason concocted by the **Adigar** in confederancy with the representative of the British Crown». — Tennent, *Ceylon*, I, p. XXXVIII.

* **ADOLIM.** Medida de capacidade, equivalente a duas *ceiras* (q. v.), ao norte de Goa. Do mar. *adholī*, que deriva do sânsc. *ardha*, «meio».

1727. — «A Aldea Vadalla e suas *Pacarias*, Iyary e Gouvary tem de torrão 75 *murás*, 4 *parás* e 4 **adolins** de *batte*, e algumas palmeiras bravas... A Aldea Matunguem tem de torrão 75 murás, 4 parás e tres **adolins** de batte». — *Arch. Port.-Oriental*, Suppl., II, p. 289.

**ADUFA.** Emprega-se o termo em indo-português por «resguardo de janelas», feito ordináriamente de conchas semi-transparentes do marisco *bhing*, em lugar de vidraça. V. *carepo*. Também se diz *adufo* em Goa. *Adufaria* é o «conjunto de *adufas*.

1915. — «A oleação da gradaria, **adufaria** e portas foi renovada duas vezes». — *Ultimo Relatorio da egreja de Assagão* (em Goa), p. 25.

**ADVIPATEL.** Contribuição que se pagava nas Novas Conquistas de Goa pelo pasto consumido pelo gado forasteiro. Do concani-mar. *āḍvīpaṭṭī*.

1886. — «Os rendeiros e seus agentes, encarregados de cobrança das rendas denominadas **advipatel**, ou de pasto consumido pelo gado dos *balagateiros* e outros, tambem afugentavam os negociantes de fóra da provincia». — Lopes Mendes, *A India Portugueza*, II, p. 15.

* **AFONSA** (indo-ingl. *afoos*). É o nome duma variedade de manga de enxêrto, em Goa. As mangas da Índia Portuguesa são consideradas as melhores, e a *afonsa* ocupa entre estas o primeiro lugar [1]. A enxertia foi introduzida pelos portugueses e muito aperfeiçoada pelos frades. As variedades de árvores enxertadas e seus frutos distinguem-se em geral por nomes portugueses, às vezes feminizados por causa da concordância.

Outras variedades com denominações portuguesas, que existem na Índia, são: Bispa, Carreira, Colaça, Costa, D. Bernardo, D. Filipe, Dou-

[1] 1829. — «Goa è *rinomata* per le sue belle e saporose manghe, d'una fragranza delicatissima». — Lazzaro Papi, apud Gubernatis, *Storia*, p. 280.

rada, Fernandina, Ferrão, Bem--curada, Mal-curada, Malagesta, Monserrate, Papel, Papel branco, Peres, Rebêlo, Reinal, Salgada, Salgadinha, Santo António, Sacratina, Temuda, Xavier, etc.

1782. — «Devem ser antepostas a todas outras a **affonsa,** e carreira assim branca como ordinaria... deveis antepor a fernandina, collaça branca, e ordinaria, monserrate, timuda, papel, D. Joanna, secretina, D. Luiz, matajaça (propria para dôce), bispa e outras innumeraveis de differentes nomes, e que lhe são inferiores, como são cidra, bufara, gorgó, chupadeira, etc.». — Fr. Clemente da Ressurreição, *Tratado*, II, p. 328.

1883. — «Depois vêm as mangas, a que acho um sabor muito pronunciado a terebentina. Ha-as, porém, que dizem ser superiores ao nosso pecego, e taes são as **affonsinas** de Goa». — Adolfo Loureiro, *No Oriente*, I, p. 149.

1906. — «La qualité des fruits varie beaucoup, selon la variété des arbres, tels que la mangue **Affonsa,** la *Fernandina*, la *Xavier*, la *Collaça*, la *Carreira*, la *Monserrate*, la mangue *Bispo*, etc. Beaucoup de Portugais et d'Anglais aiment mieux la mangue que la meilleur pêche». — Cristóvão Pinto, *Les Indigènes de l'Inde Portugaise*, p. 25.

1916. — «The old man was like a perfectly ripe **Alfonso** mango — not a trace of acid or coarse fibre in his composition». —*The Modern Review*, de Março.

**AGÁ.** Senhor, chefe; oficial militar na Turquia. Do turco *aghā*, de origem mongólica.

1552 — «Mandou a hum Turco capitão de Pondá, chamado Çoleymão **Haga**». — Castanheda, *Historia*, VIII, cap. 104.

1563. — «Era o capitão principal de Melique Az chamado **Haga** Mahamed, Tartaro de nação, e parente seu». — João de Barros, Déc. III, IV, 9.

1570. — «O Hidalchan dera a elle Soleimão **Agà** aquellas terras de arrendamento». — *Id.*, IV, p. 449.

1682. — «Teve aviso que o dano que os nossos recebião na guerra que lhes fazia **Aga** Mahamud capitão de Meliquiás, procedia de trazer navios de remo leves e ligeyros». — Fr. Luís de Sousa, *Annaes de D. João III*, p. 80.

1663. — «O presidio consta de quinhentos *janiçaros* e trezentos *Surpagis*, que são soldados reformados. O capitão ou **agá** da fortaleza não pode por nenhum caso sair della». — P. Manuel Godinho, *Relação do novo caminho*, p. 158.

1712. — «**Agâ** (Termo da Milicia Turquesca). **Agâ** dos Janizaros, he nos exercitos do Turco o General delles, ou coronel da Infantaria. Esta palavra quer dizer Mestre ou Senhor, e assim Soleimão **Agâ**, val o mesmo que o Senhor Soleimão. Aos Governadores das Cidades sogeitas aos Baxâs, se dá este mesmo titulo». — Bluteau, *Vocabulário*.

1898. — «... *livás* (generaes de brigada), *kaikamans* (tenentes-coroneis), e *effendis* e **aghas** (subalternos com e sem instrucção militar)». — Oliveira Mascarenhas, *Atravez dos mares*, p. 24.

1695. — «Ainsi l'**Aga** des Jannissaires chez les Turcs est leur Colonel; et le *Capi* **Aga** est le Capitaine de la porte du Serrail». — Herbelot, *Bibliothèque Orientale*.

**Agá.** «Mot qui en turc oriental signifie primitivemente frère aîné, qui en suite a été employé en turc ottoman dans le sens de chef, maître, seigneur et qui parfois répond même simplement à notre *monsieur*. Il se donne comme titre en Turquie aux officiers et à certains fonctionnaires civiles». — *La Grande Encyclopédie*.

1915. — «An **Aga** might be one occupying a confidential position in the Sultan's seraglio or merely retired official, an army officer, or a big landowner». — *Tit--Bits*, de 10 de Abril.

* **ÁGAMA** (s. m.). É palavra sânscrita, que literalmente quere dizer «chegada, vinda», e que no sentido translato se emprega por «conhecimento, livro sagrado ou religioso», e restritamente por «tratados místicos e mágicos».

O termo é empregado assim pelos brâmanes, como pelos budistas, para designar as suas escrituras canónicas.

O Conde Ângelo de Gubernatis, na sua *Storia dei Viaggiatori Italiani* (p. 321), depois de notar que os seus patrícios pouco souberam da sabedoria bramânica, porque sómente viam a sua pantomima, acrescenta: «Mas ao menos esta parte exterior da sua vida os nossos viajantes, recordando-se de ser povo de artistas, quiseram todos, dum modo ou doutro, representar; pelo contrário, mais grosseiros e mais ávidos que os nossos, os portugueses, à excepção de pouquíssimos, gozaram-se sibarìticamente da Índia e a depredaram, sem ver, sem procurar mais longe»!

Isso só se explica pela obcecação, causada pelo patriotismo, a qual até invade espíritos os mais ilustrados. Se o Conde lesse despreocupadamente as obras de Duarte Barbosa, Castanheda, João de Barros, Garcia da Orta, Gaspar Correia, Fernão Pinto, Diogo do Couto, Camões, e de dezenas doutros, fàcilmente se convenceria de que não eram pouquíssimos, mas numerosos, os escritores portugueses que devassaram o Oriente e forneceram à Europa, pela maior parte em primeira mão, informações copiosas, minuciosas e exactas, em presença das quais as dos seus nacionais ficam a perder de vista, não obstante os seus merecimentos reconhecidos.

Se percorresse, por exemplo, a Década V, veria que o seu erudito autor expende pormenorizadamente, com admirável clareza e precisão, os principais sistemas religiosos da Índia, e revela factos que só modernamente chamaram a atenção dos orientalistas. É êle quem nos ensina, confirmado por Caldwell, que o «venerável» pariá Valuvar compôs 1:330 aforismos poético-religiosos, e quais são os assuntos de que tratam. É também êle quem primeiro identificou, como reconhece Yule, a lenda cristã de Barlaam e Josaphat com a de Buda, do que outros agora reclamam a glória[1].

Além disto, os italianos que foram para a Índia depois dos portugueses, e muitos com o seu auxílio e protecção, não hauriram os seus conhecimentos das fontes orginárias, receberam-nos, na generalidade, dos portugueses, assim como outros viajantes estrangeiros, que se não pejam de o confessar. E quando pretendem ser originais, cometem muitos erros crassos. Barthema, por exemplo, que esteve no Malabar em 1510, diz que há ali «outro fruto que se chama *Amba*, e o seu pé se chama *manga*». Isso é um disparate. *Manga* é forma portuguesa do dravídico *mān-kāy*, fruto (*mā-maram*, árvore), e *amba* é nome indo-árico da árvore e do fruto. Sassetti (1584), que Gubernatis parece supor ser o primeiro a descrever a cólera indiana (quando já o tinham feito, com mais proficiência, Gaspar Correia em 1543 e Garcia da Orta em 1563), aponta como uma das causas do mal «molta carne di porco», sendo notório que os hindus e os muçulmanos detestam o porco. E Carletti (1599) observa que «se encontra aí uma erva própria para o remédio dêle, chamada, com o mesmo nome, *mordescim*». Aqui há dois erros. Primeiro, não se conhece nenhuma erva eficaz para a cura de cólera; se houvesse, não causaria a epidemia tanta devastação. Segundo, qualquer erva que se aplique não se pode chamar simplesmente *mordexim*, mas «erva de mordexim», do mesmo modo que se não diz *cobra*, mas «pau de cobra».

O próprio Gubernatis, com todos os seus conhecimentos do orientalismo, mostra saber muito menos das línguas orientais do que os nossos historiadores dos séculos XVI e XVII. A prova está no capítulo quinto do seu livro, onde fervilham desconchavos lingüísticos. Eis alguns exemplos, para pano de amostra: Prende o dravídico-malaio *parau* ou *paró* (embarcação) ao sânsc. *pāra*, que significa «a outra banda, o lado oposto»! Liga o malaio-javanês *junco* (embarcação) ao verbo sânsc. *gam*, «ir», pelo seu derivado (?) «*jaṅgala* che vale rápido, veloce», — significados que nenhum dicionário consigna e que se não podem aplicar aos navios chineses. Pigafetta refere que o palácio do imperador da China tem sete muros com uma porta cada um, e que a cada porta está um guarda, *satuhoram*, tendo o primeiro um grande azorrague, *satubagan*; e o sábio orientalista rectifica os termos peregrinos pelos sânscritos *Çataharaṇa* e *Çatabhāgaṇa*, sem indicar os seus significados. Ora em sânscrito, *çata* é «cem» e *haraṇa* é «apreensão,

[1] «Professor Müller attibutes the first recognition of identity of the two stories to M. Laboulaye in 1839. But in fact I find that the historian de Couto has made the discovery long before». *Marco Polo*, II, p. 308.

abducção», e o sentido do composto adjectivado seria «o que leva ou arrebata cem»; *çatabbāga,* e não *çatabhāgana,* que não existe, significa «centésima parte». Mas os vocábulos são puros malaios, como diriam Fernão Pinto ou Manuel Godinho de Erédia, se vivessem: *sátu,* «um», *horan* por *órang,* «homem»; cf. *órang-útan* = homem do mato; *bagan,* por *bahan,* «látego»: *sátu-orang* = um homem, *sátu-báhan* = um açoite. Á sexta porta está um leão, de nome *satuhoriman,* que o ilustre sanscritólogo reconduz a *Çatahariman,* que significaria «o que possui cem cavalos baios», emquanto em malaio *sátu-harimau* quere dizer «um tigre ou leopardo». Á sétima estão dois elefantes brancos, que se chamam *Gagiapute,* locução que o Conde não sabe, pelo padrão sânscrito, se está devidamente ortografada, se designa machos ou fêmeas e se brancos ou corpulentos; mas qualquer dicionário malaio diz que *gája-puteh* é «elefante branco».

1612. — «Estes livros são repartidos por corpos, membros e articulos, cujos originaes são uns a que elles chamão *Vedáos,* que são repartidos em quatro partes, e estes em outras cincoenta e duas por esta maneira. Seis a que chamão *xastrá,* que são os corpos: dezoito a que chamão *puraná,* que são os membros: vinte e oito chamados **Agaman,** que são os articulos». — Diogo do Couto, Déc. V, VI, 3.

**Agama.** Mot sanscrit signifiant «approche», servant à désigner d'une manière générale des livres religieux ou scientifiques supposés d'origine divine, — spécialement des ouvrages du genre *Tantra* célébrant Siva et Sakti». — *La Grande Encyclopédie.*

**AGARA** (s. m.). «Madeira da China e do Japão, tambêm conhecida por *madeira de cheiro».* C. de Figueiredo. É o mesmo que *águila* (q. v.). Do sânsc. *aguru* ou *agaru* > neo-árico *agaru,* mal. *gaháru,* malaial. *agil.* Etimológicamente, o acento predominante deve recair na segunda sílaba, e não na primeira, conforme o referido lexicógrafo.

**ÁGAR-ÁGAR.** «*Agar-agar,* m. Gêlo compacto, preparado pelos malaios e de que actualmente se fazem na Europa diversas applicações industriaes». C. de Figueiredo.

Assim a prosódia como a definição são inexactas. O malaio *ágar-ágar* é o nome da alga marinha *Spherococcus lichenoides,* de que se prepara geleia suculenta, que os chineses empregam na sua sopa de ninho de pássaro. «Usa-se tambêm como cola e aplica-se à sêda e ao papel para os tornar transparentes». *Glossário Anglo-Indiano.*

**AGATI.** Árvore *Sesbania grandiflora,* Pers. «Cultivada especialmente pelos hindus; tem flores brancas ou da côr de rosa, Comem-se as flores e as vagens como hortaliça». D. G. Dalgado, *Flora.* É do malaiala, mas não o encontro nos dicionários; em concani é *āgāxṭó.* Rúnfio diz: «Malabarice *Abatj».*

1770. — «On la [*bétele*] cultive comme la vigne, et on lui donne, pour la soutenir, un petit arbre, appellé **Agati,** sur lequel elle se plaît singulièrement». — Reynal, *Histoire,* p. 168.

1786. — «L'albero *Màva* o Mangueira, l'albero di Tamarindi, l'**Agati,** il legno nero...». — Fra Paolino, *Viaggio,* p. 380.

**AGERU.** É vocábulo recolhido por Domingos Vieira com o sentido de «nome dado pelos brahmanes ao heliotropio indico». Procede do conc. *ājerū.* «Attribuem-se ás folhas tenras a propriedade de sarar os carbunculos, leicenços, bolhas, etc.». D. G. Dalgado, *Flora.*

* **AGERES.** Duarte Barbosa menciona *ageres* como o nome de uma das castas do Malabar; mas não está correcta a transcrição do malaial. *āxārī,* que certamente é o seu étimo e significa «carpinteiro», sendo alguns outros ofícios designados por outro vocábulo junto a *āxārī.*

1516. — «Ha outra ley de gente mais baixa tambem Gentios, ha que chamaom **Ageres,** seus oficios saom pedreiros, e carpinteiros, ferreiros, vazadores de metal, e algũus ourivezes». — *Livro,* p. 336.

1885.—«Trabalhavam sobretudo os **ageres,** que são os artifices do Malabar». — Lopes de Mendonça, *Os Orphãos de Calecut,* p. 117.

* **AGI.** Romeiro de Meca. Do persa *hājjī* < ár. *hājj*. Gozavam tais romeiros de muita consideração entre os seus correligionários.

1552. — «Peytou a hum capado que auia nome **Agehabedela**, grande priuado del rey». — Castanheda, *Historia*, VIII, cap. 67.

1615. — «Os que já foram á Arabia e visitaram o sepulchro de Mafoma na Meca, são mui respeitados e honrados de toda a gente [das Maldivas], sejam elles de qualquer qualidade, pobres ou ricos, e ha entre elles muitos que são pobres. São chamados **Agy**, e para serem conhecidos e differençados dos outros, trazem todos roupões de algodão mui alvos, com contas na mão, sem cruz».—Pyrard de Laval, *Viagem*, I, p. 147.

1663. — «Os que visitam esta sua santa cidade e casa de Meca antepõem em seus nomes este de **Agí**, e por elle são conhecidos e invejados; como agora, se um se chamava d'antes Mamudxá, depois se nomeia **Agi** Mamudxá». — P. Manuel Godinho, *Relação*, p. 70.

«A confirmação que trazem aquelles barbaros para crermos esta communicação da sua alagôa, é fundada em certa historia de um **agí** ou romeiro de Meca». — *Id.*, p 186.

1840 — «**Hag-ge** he huma dignidade privativa dos que vão à peregrinação de Mecca, o qual nome significa peregrino». — Moura, em Ben-Batuta, I, p. 6.

1631. — «Nam qui hanc peregrinationem semel absoluerint, deinceps **Hoggel**, id est, Sancti appellantur». — *De Imperio Magni Mogolis*, p. 113.

1674. — «And hardly restrained from running *a Muck* (which is to kill whoever they meet, till they be slain themselves) especially if they have been at **Hodge**, a Pilarinage to Mecca, and thence to Juddah». — Fryer, *East India*, I, p. 230.

**AGOMIA, gomia.** «Arma curva, usada no Malabar; faca de ponta recurvada, que usam em Portugal alguns trabalhadores do campo». C. de Figueiredo. «Faca curva de que usão os Mouros». Morais. «Arma de Mouros. He uma faca, que de ordinario he torta para dentro; aqui lhe chamão alguns faca de fouce». Bluteau. «Arma offensiva dos Mouros, e Naires do Malabar, como huma faca, e de ordinario com volta para dentro». *Dicc.* da Academia.

A arma, como se vê, não é peculiar do Malabar, e era conhecida dos portugueses, que não explicam o termo, antes de lá chegarem, como consta do *Roteiro*. V. Dozy, s. v. *gumia*.

Atribuem-se ao vocábulo dois étimos árabes: *kommiya*, conforme Dozy, de *komm*, «manga de vestido», por se trazer o punhal na manga; e *janbiya*, conforme o capitão Burton (*Camões, Commentary*), de *junb*, «lado, por se trazer no cinto. V. *Glossary*.

1498. — «E elles andavam ao longo da praia com tavollachinhas azagaias **agomjas** e arcos e fundas com que nos tiravam as pedras». — *Roteiro de Vasco da Gama*, p. 37.

1542. — «Com os braços arregaçados, e huma **gomia** tinta no sangue do mesmo moço na mão». — Fernão Pinto, *Peregrinação*, cap. 136.

1552. — «Não fez mais que dar-lhe com uma **agomia** pelo bucho de hum braço». — João de Barros, Déc. I, VIII, 8.

1552. — «Pelejão com **agomias**, lanças e zagunchos» (em Narsinga). — Castanheda, *Historia*, II, cap. 16.

«E deulhe a sua **agomia**, e seu escudo que lho leuasse». — *Id.*, VIII, cap. 142.

1557. — «Deixando na praia muitas espadas guarnecidas de ouro, e prata, e **agomias**, e vestidos de brocado. — *Commentarios*, I, cap. 31.

1566. — «Todos com terçados cingidos, punhados *(sic)* e **agomias**» (em Quiloa). — Damião de Góis, *Chron. de D. Manuel I*, I, cap. 57.

«Dandolhe huma **agomiada** por hum braço». — *Id.*, cap. 13.

1898. —

> «Vasilhas de ouro em pó, jarrões e **agomias**,
> Quatro enormes leões de ouro e pedrarias».
>
> Lopes de Mendonça, *A. de Albuquerque*, p. 54.

* **AGRA** (singalês-sânsc. *ākara*, «mina»). Davam os portugueses êste nome, durante a sua dominação em Ceilão, às minas de Sofragão, e o de *vidana das agras* ao capataz dos homens que extraíam a pedraria. O vocábulo não aparece no Glossário oficial de Ceilão.

1685. — «Da pedraria se não valião, e assim se achão somente vinte e cinco *paravenias* em Sofregão dos que o officio era de a tirarem, e o fazião quinze dias no anno, tendo hum capataz, a quem chamão *Vidana das* **agras**... Tanto que S. Magestade foi Senhor de Ceilão, não faltou portuguez, que quiz ser *Vidana das* **agras**». João Ribeiro, *Fatalidade historica*, I, cap. 10.

**AGRÊM.** Êste termo ocorre muitas vezes na *Peregrinação* de Fernão

Pinto, no sentido de «púlpito dos budistas na Indo-China». O seu étimo deve ser o páli *āgāram*, do sânsc. *agāra* ou *āgāra*, «casa, quarto», que entra na composição de várias locuções como segundo elemento.

1544. — «Foy necessario mudar o **agrem**, que era o pulpito, para hum terreyro muyto grande». — Cap. 127.

1547. — «Hum *talagrepo* Bramaa de nação... subio num **agrem**, que era o pulpito». — Cap. 168.

**AGUADOR.** Em ásio-português quere dizer «jarro de água, gomil».

**ÁGUA DE PERU.** Nome que se dá nas alfândegas de Goa à «água de rosas». «Ainda hoje vem com êsse nome nos manifestos das embarcações», diz-me um obsequioso informador. Do can. *pannīru*, túlu *pannīru*, tam. *pannīram*, malaial. *paninīr*.

1788. — «Cada carga de **agua de peru**, duas tangas e trinta reis». — *Collecção de Bandos*, I, p. 44.

**ÁGUILA, ÁQUILA** (pau de —). É o pau, usado como incenso, de *Aquilaria Agallocha*, Roxb., ou de *Aloëxylum Agallochum*, Loureiro, indígena da Cochinchina. Era muito apreciada outrora na Europa. V. Conde de Ficalho, Col. XXX, Bluteau e *Glossary*.

Camões chama à águila «pau cheiroso», e Vasco Calvo designa-a por «pão de syam» (pau de Siame). Orta dedica-lhe um colóquio muito erudito, sob o título de *linaloes* (q. v.). Alguns escritores portugueses corromperam a palavra *águila* em *áquila*, de que derivaram os franceses e os ingleses os nomes da substância, *bois d'aigle* e *eagle wood*. V. *aloés* e *calamba*.

O étimo é o malaial. *agil*, do hindi *agar*, sânsc. *aguru* (lit. «não pesado, leve») ou *agaru*, que deu *gahấru* ou *gấru* em malaio [1].

1515. — «São mercadores; trazem aqui ouro; **aguilla** levam daquy» (Malaca). — Rui de Brito, in *Cartas* de A. de Albuquerque, III, p. 218.

1516. — «Tambem nase [em Champa, costa da Cochinchina] muyto lenho aloes, que hos Indios chamaom **Aguila** *calambua*». — Duarte Barbosa, *Livro*, p. 381.

1539. — «Trouxe hum rico presente de paos de **Aguila**, e calambaa, e sinco quintaes de beijoim de boninas, e hũa carta escrita em fôlha de palmeira». — Fernão Pinto, *Peregrinação*, cap. 13.

1552. — «As aruores sam grandes, e como sam velhas cortamnas e tirãolhe ho legno aloes, que he ho seu amego, o cerne, e ho de fora se chama **aguila**». — Castanheda, *Historia*, III, cap. 68.

1554. — «Canfora, **aguila**, mirabulanos sequos». — Simão Botelho, *Tombo*, p. 49.

1563. — «Páos d'**aguila**, e sandalo moydo desfeito em agoa rosada». — Gaspar Correia, *Lendas*, III, p. 714.

1563. — «Tem [Samatra] as de sandalo branco, **aguila**, beijoim, e as que dão a canfora, como as da ilha Burneo». — João de Barros, Déc. III, v, 1.

1563. — «Em Ceilão ha hum pao que cheira (ao qual nós chamamos **aguila** *brava*); e cheira asi como entre nós cheiram muytos paos; e já este pao foy por mercadoria a Bengala, e chamavamlhe **aguila** *brava*». — Garcia da Orta, Col. XXX.

1566. — «Huma grande fogueira de sandalo, **Aaquila**, e doutros paos cheirosos». — Damião de Góis, *Chronica de D. Manuel*, II, cap. 6.

1572:

> «Eis corre a costa que Champá se chama,
> Cuja mata he do *pao cheiroso* ornada».
>
> Camões, *Lusiadas*, X, 129.

1577. — «A costa de Malaca, onde se acha a estimada **Aguila**, e prezado Calambá». — *Primor e Honra*, fl. 106.

1601. — «Hũmas contas **daguillá** com crus e estremos douro, em quatro myll réis». — Tomás Pires, *Materiaes*, in *Bol. S. G. L.*, XVI, p. 715.

1609. — «Infinita **aguila** brava mui boa, e de tão excellente cheiro, que parece mansa». — Fr. João dos Santos, *Ethiopia Oriental*, I, p. 179.

1613. — «De arvores aromaticos e odoriferos he a **Aguila**, arvore alta e grossa de folhas como de Olyveira: e aquella medûlla do interior aspero e oliginoso he a **Aguila** differente da cortiça branda alem daquella casca de fora; e depois de cortada por tempo de 3 mezes, passada de choveyros, então com aquella putrefatão deita desy o cheiro da medulla. E o *calamba* he da medulla mais oliginosa da ditta arvore». — Manuel de Erédia, *Declaraçam de Malaca*, fl. 15 v.

1650. — «Ha na ilha [de Haynão] pau preto, *Japão*, que é *brazil*, charão, areca, **aguila**». — P. António F. Cardim, *Batalhas*, p. 228.

1679. — «Produzem a *aguilla* cheirosa,

---

[1] O *g* de *agil* é *k* abrandado, isto é, tem som intermédio. Gonçalves Viana acha duvidosa a acentuação de *aquila*. Se o étimo é *agil* (= *águil*), como não pode deixar de ser, não subsiste a dúvida.

o estimado sandalo, e precioso calamba». — Fr. Jacinto de Deus, *Vergel*, p. 264.

545. — «Les insulaires traittent avec les Chinois des soyes, de bois d'Aloë, d'**Aquila**, de Clou de Girofle, de bois de Girofle, de bois de Sandale et d'autres Marchandises». — Cosmas Indopleustes, in *Relations*, I, p. 20.

1549. — «Illi idolo suo freti, quod in puppi cereis ex odoriferis ex **Aquilano** ligno incensis summè venerabantur». — S. F. Xavier, *Lib.* III, Epist. 18.

1583. — Questo [calambuco] è differente dal legno aloe, che quà domandano *palo* d'**aguila**, secondo il più e 'l meno». — F. Sassetti, *Lettere*, p. 201.

1585. — «Tambien los Iapones lleuan a vender alli sua plata... los de la Iaua y Pegu, il palo del **Aguila**». — Fr. Joan G. de Mendoça, *Hist. de la China*, p. 363.

1589. — «Le bois appellé *palo d'***Aguila** y [Champa] abonde, comme aussi le bois odoriferant de calamba». — Linschoten, *Histoire*, p. 39.

«Le bois d'Aloe qu'on appelle es Inde Calamba ou *Palo d'***Aguilla**, se trouve principalement en Malacca, Sumatra, Cambaia et Siam et lieux voisins».—*Id.*, p. 123.

1770. — «Du **bois d'aigle**, qui est plus ou moins parfait, selon qu'il est plus ou moins résineux». — Raynal, *Histoire*, II, p. 41.

1786. — «Certi legni preciosi, come il Sandalo, l'*Aghil* o legno di **Aquila**, l'*arasu*, il legno di canfora, ridotti in pezzi lunghi un palmo si mettono in una fossa quadrangulare». — Fra Paolino, *Viaggio*, p. 202.

1854. — «The **eagle-wood**, a tree yielding *uggur* oil, is also much sought for its fragrant wood, which is carried to Silhet, where it is broken and distilled». — Hooker, in *Glossary*.

1875. — «The fragrant wood called «aloes» in Proverbs, VII, 17, etc., was the *Aquillaria Agallocha*, the Hebrew word for which, *ahalim* or *ahaloth*, is evidently derived rather from the Tamil-Malayâlam form of the wood, *aghil*, than from the Sanskrit *agaru*, though both are ultimately identical». — Caldwell, *Camparative Grammar*, p. 92.

* **AIER**. Padre, mestre. Do tam. *aiyar*, plural de *aiyan*. *Aiyar* é tratamento honorífico dos brâmanes em Madrasta.

1608. — «Sua habitação [do P. Roberto de Nobili] he em hum bairro de gente nobre, e pera conciliar maior respeito, nunca sae de casa, nem se deixa ver, nem fallar de toda a pessoa, nem em qualquer tempo, senam depois de ir lâ duas vezes, ou tres rogando ao *topaz* [intérprete, mordomo] que o deixe fallar com o **Aier**, que quer dizer señor». — P. Fernão Guerreiro, *Relaçam*, fl. 84.

«A isto respondeo **Aier**, ou padre, que ha dous modos de viuer». — *Id.*, fl. 96 *v.*

**AITAU, AITÃO** (mais us.). É o título do almirante chinês. O seu tribunal tinha jurisdição sôbre a gente do mar e sôbre os estrangeiros. Do chin. *hae-tao*, «chefe do mar».

1534. — «Estes perguntarão outro tanto a **oytão** que teem carrego do mar e dos estrangeiros». — Cristóvão Vieira, *apud* Ferguson, *Letters*, p. 80.

1542. — «Tinha apelado para o tribunal do **Aytau** da Batampina na Cidade de Pequim que era o supremo Almirante sobre os trinta e dous Almirantes... o qual Almirante por jurisdição particular tinha alçada sobre toda a gente forasteira, e mareante que vinha de fóra». — Fernão Pinto, *Peregrinação*, cap. 85.

«Estes nove estrangeiros sejão remettidos por appelação ao tribunal do **Aytau dos Aytaus** na Cidade de Pequim». — *Id.*, p. 86.

«Mandou logo um **Aytão**, que he como Almirante entre nós, com hũa Armada de trezentos *juncos*, e oytenta *vancões* de remo». — *Id.*, cap. 221.

1555. — «Outro **Aytam** que rege as cousas da guerra». — *Carta* do P. Belchior Nunes, *apud* Cristóvão Aires, *Fernão Mendes Pinto*, p. 86.

1555. — «Outro por nome **Aytam**, que rege as cousas do mar». — *Cartas de Japão*, I, fl. 35.

1569. — «Outra dignidade abaixo desta [de *Anchaci*] he ha do capitam moor, a quem chamam em ha sua lingua **Aitão**. A este **Aitão** compete mandar que se faça prestes ha gente de guerra, e todo o que for necessario de nauios, mantimentos e todos os mais aparelhos». — Fr. Gaspar da Cruz, *Tractado da China*, cap. 16.

1583. — «Acontecendo neste tempo de perder o officio o dito *Tutão* arecciando que não folgaria o seguinte Tutão delles estarem naquella cidade, os mandou fora encomendando-os ao **Aitão** de Cantão com huma sua *chapa*». — P. Sabatino de Urcis, *P. Matheus Ricci*, p. 15.

1635. — «Eu **Aitão** tenho sabido por informações que os portugueses tem cahido em muitas culpas, por não obedecerem ás justiças dos chinas». — António Bocarro, *Déc.* XIII, p. 724.

1668. — «E os mandou para Cantão, com ordem aos **Aitãos**, que são Veadores da fazenda». — Fr. Jacinto de Deus, *Vergel de plantas*, p. 117.

1701. — «**Aytão** he o juiz dos estrangeiros». — P. Francisco de Sousa, *Oriente Conquistado*, II, IV, 1.

1585. — «El sesto es el **Aytão** que es proueedor general, y presidente de consejo de guerra, a quien toca a hazer gente quando ay necessidad, preuenir nauios, bastimentos, y municiones pera las armadas de mar, y exercitos de terra... A este le esta encomendado el examinar los estrangeros, que llegan a la tal prouincia, y saber de donde son, y a que an venido».— Fr. Joan G. de Mendoça, *Historia de la China*, p. 76.

1588. — «L'**Altan** gouerna le cose della guerra, scrive gli eserciti, prouuede l'armata, e principalmente ha cura, che i forastieri a poco a poco non penetrino nella Città, e ne' luoghi fra terra». — P. Maffei, *Le Istorie*, p. 230.

**ALÁCAR.** V. *lácar*.

**ALAQUECA, LAQUECA.** Nome oriental da cornalina, variedade de calcedónia. Do ár. *al'aqīqa*.

1515. — «Asy pera vemder as mercadorias, como pera trazer **alaqueqas** e anill, que mandes levar nas naos». — A. de Albuquerque, *Cartas*, I, p. 266.

1516. — «Está hũu lugar que chamaom Limadura, honde está hũa pedra **dalaquequa,** que he hũa pedra branqua leitenta e vermelha». — Duarte Barbosa, *Livro*, p. 279.

1525. — «**Alaqueqas** de quando fino vall 110 tamgas». — *Lembranças*, p. 51.

1545. — «Cobre, estanho, latão, **alaqueca,** cristal, pedra de fogo». — Fernão Pinto, *Peregrinação*, cap. 107.

1546. — «6 Ramaes de contas de **alaqueqas**». — *Espolio de Balthazar Jorge*, in *Bol. S. G. L.*, IV, p. 290.

1552. — «Ha nele hũa pedraria **dalaquecas,** de que se fazem muytos brincos que vão ter aas nossas partes». — Castanheda, *Historia*, III, cap. 130.

1554. — «**Alaqueca** se vende por conto e a olho». — António Nunes, *Lyvro dos pesos*, p. 22.

1563. — «A **alaqueca** chamada de nós (que he em arabio chamada *quequi*) val hum arratel desta pedra lavrada em peças meudas hum real castelhano». — Garcia da Orta, Col. XLIV.

1885. — «A virtude atribuida á **laqueca** de estancar o sangue, era muito sabida». — Conde Ficalho, *ibid*.

1598. — «La pierre Hamatite appellée **Alakecca** qui arreste soudainement le flux de sang, et autres pierres appellées de laict d'autant qu'ils font venir le laict aux femmes se trouvent en grand nombre en Cambaia et Ballagate». — Linschoten, *Histoire*, p. 140.

1596. — «Lapidem apud eosdem quoque **Languecca** dictum, ex Zeylana insula aduectum cum rotundis Magridettis Dallemannis conspeximus». — *India Orientalis*, III, p. 76.

**ALARVE.** Árabe beduim. Do ár. *al-arab* ou *al-arabī*, «o árabe». «A palavra *Alarve* he muito usada entre nós com as significações de rustico, bruto; e assim dizemos: cóme como hum *alarve*». Fr. João de Sousa. V. *beduim*.

1498. — «E neste camjnho pera o Cairo mujtas vezes os salteam ladrões que ha naquella terra os quaes som **alarves** e outros». — *Roteiro de Vasco da Gama*, p. 89.

1513. — «He, ao derodor da dicta ylha, muytos **alarues,** que se chamam Machamanyr, que non sam mouros, nem judeus, nem cristaãos, nem sam sobgeitos a nyngem, saluo por hum pedaço de pam que lhe dam, hyram estroyr a casa de Mequa, se necessario for». — In *Cartas* de A. de Albuquerque, III, p. 368.

1516. — «Pelo certam dela he tudo abitado **dalarues**». — Duarte Barbosa, *Livro*, p. 254.

1520. — «Fez logo sobr'isso ajuntamento com os Alcaides, e pricipaes do seu Regno e com os **Alarves,** e Enxouvios, e Colotos seus Comarquaãos». — Rui de Pina, *Chron. de D. João II*, p. 97.

1541. — «Na terra não ha cidades, nem pouoações; mas viuem no campo em tendilhões, a modo **dalarues**». — D. João de Castro, *Roteiro do Mar Roxo*, p. 74.

1552. — «Com o qual fundamento entrado nesta enseada acodirão logo á ribeira do mar hũs poucos de Mouros a que elles chamão Baduijs: cuja vida he pastorar o gado e andar no campo a modo que dizemos que andão os **Alarues**». — João de de Barros, Déc. I, VII, 2.

1557. — «De Judá até Otor vivem muitas cabildas de **Alarves.** Otor he huma cidade de Christãos; de Acintura, e dali até Suez pelo Sertão tudo são **Alarves,** que vivem naquelles desertos». — *Commentarios*, IV, cap. 17.

1627. — Na qual está huma grande cava, e não ha mouro, **alarve,** ou outra qualquer pessoa, que ouze a entrar dentro».— João Mascarenhas, *Hist. tragico-maritima*, VII, p. 43.

1635. — «Partidos elles veio o sol sahindo, e de entre os matos ajuntaram-se poucos, e poucos tantos **alarves,** que vieram a ser mais de trezentos, o que nos poz em grande cuidado». — José de Cabreira, *ibid.*, X, p. 30.

1663. — «Tres castas de gente são as que habitão o povoado desta Arabia: turcos e arabios, que vivem em casas de barro ao longo do rio, com alguma politica, e **alarves,** que tem suas moradas e assentos nos mais escusos logares do deserto sem povoações fixas, nem outras casas, que umas pobres tendas de campo, armadas sobre quatro paus que apenas os defendem dos raios do sol, e da chuva». — P. Manuel Godinho, *Relação*, p. 133.

1712. — «Os **Alarves** procedem de huns Arabes, que da Asia passarão para a costa de Berberia, e por isso com mais propriedade os Castelhanos lhe chamão *Alarabes*. Os **Alarves** da costa de Berberia andão sempre no campo, sem outro domicilio, que o das suas tendas, que levão de huma parte para a outra, buscando pasto para si, e para o seu gado». — Bluteau, *Vocabulario*.

**ALBACORA, Albecora.** É o nome do peixe *Thinnus albacora*, Lowe. O Sr. Cândido de Figueiredo dá dubitativamente por étimo o ár. *al-bacor*. Mas Dozy declara que não encontrou a palavra com êste sentido em nenhum dicionário árabe [1]. Alguns escritores derivam o vocábulo de *alva côr*.

1563. — «... leuando o piloto por popa do nauio hũa linha com seu anzolo pera tomar os peixes, a que os mareantes chamão **Albecóras**, que são do tamanho e feição do Atũ, veyo cair no anzolo hũ destes peixes Agulha». — João de Barros, Déc. III, III, 1.

1569. — «Chamão a estes peixes **Albecoras** (*albecora piscis*) peixe velocissimo e tanto que por mais enfunada que vá huma nao com todas as velas, a vai seguindo e isto quasi toda a carreira, salvo no Cabo de Boa Esperança». — P. Monclaio, in *Bol. S. G. L.*, IV, p. 495.

1882. — «A agulha, **alvacora**, arenque, badejo» (peixes de Cabo Verde). — *Ibid.*, III, p. 98.

1579. — «These (flying fishes) have two enemies, the one in the sea, the other in the aire. In the sea the fish which is called **Albacore**, as big as a salmon». — *Letters* from Goa, by T. Steven, in *Glossary*.

1582. — «Pigliavisi un'altra sorte di pesce che domandano **albucore**, detta *Pelamis sarda*; questa è migliore, con tutto che alida». — F. Sassetti, *Lettere*, p. 174.

1620. — »... ayant remarqué plusieurs fois les *Bonitos* et **Albacores** s'y debattre grandement». — General Beaulieu, *Mémoire du Voyage*, p. 5.

1673. — «Of these sort we saw good store flying from *Bonitos* and **Albecores**, who were hunting them». — Fryer, *East India*, I, p. 36.

1750. — «L'**Albacore** est à peu près de la même espèce que le Bonite, quoique plus grand. On en prend qui pesent depuis 60 jusqu'à 90 livres. Ce sont aussi les Portugais qui l'ont nommé **Albacore**, à cause de sa blancheur». — Grose, *Voyage*.

**ALBETOÇA.** «Certa embarcação indiana», diz o *Diccionario* da Academia. Mas os nossos indianistas empregam o termo como muito conhecido, sem nenhuma explicação; nem as línguas indianas conhecem nenhuma embarcação com tal nome, que parece ser de origem arábica, provávelmente *al-botsa*, conforme opina Engelmann. Pelo contrário, em Portugal havia barcos denominados *albetoças*. «Apeados todos, diz Francisco de Andrada (*Chron. de D. João III*, fl. 119 *v*) no caiz [em Lisboa] El-Rey tomou a princesa polla mão, e assy a leuou até a meter na *albetoça*, e dentro nella lhe beijou ella a mão».

1520. — «E ao passar do Tejo ouve logo hũ singular recebimento d'**albetoças**, barcas, bateis, e outros navios muitos que pera a dicta passagem foram ali vyndos, toldados, e concertados com muita perfeiçam e riqueza». — Rui de Pina, *Chron. de D. João II*, p. 130.

1530. — «Em Cochym Antonio de Saldanha fez carauellas nouas e duas **albetoças** pera cada huma tirar hum basilisco por proa e oito peças grossas polas bandas e por popa». — Gaspar Correia, *Lendas*, III, p. 335.

1542. — «Mandaua a Cochym dar pressa que se acabasse hum galeão, e quatro carauellas que se la fazião, que começára dom Estevão, e mandára fazer muy fortes, como **albetoças**, que se podião remar, e cada huma podia tirar por proa hum basilisco, e seis peças grossas polas bandas». — *Id.*, IV, p. 248.

1552. — «Guardauão aquele rio em duas galeotas e hũa **albetoça**». — Castanheda, *Historia*, VIII, cap. 158.

1556. — «As pessoas que haviam d'estar em os bateis, de mantas e **albetoças**, e outros navios». — Lopo de Sousa Coutinho, *Hist. do cerco de Diu*, p. 23.

1589:

«Nada Antonio de Sá tras estas tarda
Que huma grande albetoça vay mandando».
F. de Andrada, *O Primeiro Cerco de Diu*, II, 28.

**ALÇA.** Emprega-se esta palavra na Índia no sentido peculiar de «lucro proveniente de subarrendamento, e da venda de objectos miúdos das comunidades agrícolas.

1771. — «... abolindo-se inteiramente a indecorosa negociação, que até agora se fez, sob o barbaro nome de **Alças** *do bate* de — *Dastam* — comprando-se debaixo desta denominação o arroz por menos dos pobres para depois ser vendido por mais em nome

[1] Crooke (em Fryer) pretende que o ár. *al-bukr*, «camelo novo, vitela», a que prende o port. *bácoro*, seja o étimo.

da Fazenda». — Marquês de Pombal, in *Coll. de Bandos*, I, p. 11.

1850. — «**Alça**... Neste Estado significa lucro que resulta do producto da arrematação de *Orvanas* (retalhos) *Mus* (comporta) etc. *Item* a quota, que cabe na divisão desse lucro, a cada vargeiro». — F. N. Xavier, *O Gabinete Litterario*, IV, p. 113.

1852. — «**Alça.** Lucro que resulta do producto da arrematação de *Mús*, palha, etc... *Item* o avanço que fica ao arrendatario na Varzea no subarrendamento». — *Id.*, *Bosquejo historico*, IV, p. 1.

1896. — «Vive de **alças**... á custa da communidade... á custa de viuvas e orphãos». — Gip, *Jacob e Dulce*, p. 48.

**ALCAÇUZ INDIANO, ALCAÇUZ DA AMÉRICA, ALCAÇUZ SILVESTRE, JEQUIRITI.** São outros tantos nomes de *Abrus precatorius*, Linn., *guñjā* ou *guñjī* nas línguas indianas. V. *fruta de conta*.

1898. — «As folhas sabem a alcaçuz; a semente tem a propriedade de causar inflammação, quando introduzida na pelle ou nas fistulas». — D. G. Dalgado, *Flora*, p. 49.

**ALCAIDE.** Capitão de fortaleza. **Alcaide-mor,** governador de praça, alcaide superior. **Alcaide do mar,** capitão do porto. **Alcaidaria,** ofício de alcaide. Termos levados de Portugal para a Índia. Do ár. *al-kāïd*.

1507. — «Por **alcayde** Ruy de Brito, por escripuam vaaz pireira». — A. de Albuquerque, *Cartas*, I, p. 5.

1512. — «Achei algũas pesoas de bem lançadas fora de cochim pelo **alcaidemoor** e feytor a que ficou o cargo da terra». — *Id.*, p. 29.

1513. — «A capitanya, **alcaydaria,** e sprevaninhas da feitoria sam dadas a vosos cryados». — *Id.*, p. 187.

1546. — «Achey que el Rey de Ormuz o pasado dera estes percalços ao **alcaide do mar,** e que ele os levava». — *Archivo Port.-Oriental*, V, p. 189.

1554. — «Ho **alcaide do mar** não tem mais ordenado que seu soldo e mantimentos». — Simão Botelho, *Tombo*, p. 99.

1557. — «Entregou a capitania della [forteleza de Socotorá] a D. Afonso de Noronha... e a Fernão Jacome seu cunhado da **alcaidaria-mór**». — *Commentarios*, cap. 17.

1568. — «Capitães das fortalezas, **alcaydes móres,** feitores, escriuaes das feitorias... Declarando cada huũ se por nome, e se estão nas dictas **alcaidarias,** e officios por minhas prouisões». — *Regimento jeral*, in *Archivo Port.-Oriental*, III, p. 11.

1591. — «Tanto que ao dito porto chegar *paguel* [embarcação] de qualquer pessoa que seja o não deixe hir pera Chaul de riba sem o **alcaide do mar** e o escriuão da feitoria irem a elle buscar». — *Alvará* do vice-rei, *ibid.*, p. 544.

**ALCATRAZ.** Os nossos indianistas não empregam o vocábulo no sentido ordinário de «pelicano», mas sim como sinónimo de *mangas-de-veludo*, *Diomedia exulans* de Linneu, que se encontra nas paragens do mar da África Oriental. Os ingleses e os franceses corromperam a palavra em *albatros* ou *albatross*, que é também registado por alguns dicionários portugueses — *albatroz*. V. *antenal*.

1541. — «Este dia polla menhaa vimos huuns passaros, aqui chamados *rabos de junco*, e á tarde **Alcatrazes**». — D. João de Castro, *Roteiro do Mar Roxo*, p. 8.

1555. — «E vimos neste pedaço de terra muitos passaros brancos com pontas das azas pretas, a que chamam **alcatrazes**». — Manuel Rangel, *Hist. tragico-maritima*, II, p. 14.

1561. «Os passaros eram muitos mais de cada vez; muitos rabos de juncos, muitos rabisforcados, e alguns grajaos, e infinitos **alcatrazes**». — Henrique Dias, *ibid.*, III, p. 54.

1585. — «Tinham visto uns passaros, a que os marinheiros chamam **alcatrazes,** os quaes não andam senão junto da terra, onde possam fazer o ninho». — *Ibid.*, IV, 17.

1712. — «**Alcatraz**. Passaro de mar. He mayor que Gaivota; anda com ellas. Tem algumas pennas pardas. Achão-se muitos na viagem da India, quando se chega á terra... **Alcatrazes**, que chamão *Mangas de veludo*, por terem as pennas das azas pretas, e elles todos brancos, dormem na terra». — Bluteau, *Vocabulario*.

1837. — «O **albatroz** commum (*diomedia exulans*) pela sua extrema corpulencia é denominado por muitos navegantes *carneiro do Cabo*... Diz um escriptor inglez que o nome que geralmente lhe dão = *albatross* = é uma palavra do portuguez = **alcatraz** = que os nossos primeiros navegantes applicaram indistinctamente aos corvos marinhos, e ás demais aves de maior grandeza, que encontraram nos mares em suas descobertas». — *O Panorama*, de 12 de Agosto.

1564. — «The 8th December we ankered by a small Island called *Alcatrarsa*, wherein at our going a shore, we found nothing but sea-birds, as we call them Ganets, but by the Portugal called **Alcatarses,** who for that cause gave the said Island the same name». — Hawkins, in *Glossary*.

1589. — «Nous... vismes de rechef l'eau verte, et quelque nombre d'oiseaux appellez **Alcatrases,** et beaucoup de Loups de mer, certains indices de la Coste d'Afrique». — Linschoten, *Histoire,* p. 166.

1620. — «... comme aussi des oiseaux que les Portugais appellent **Alcatras** ou Margants, qui ont le corps blanc et le bout des aisles noires seulement». — General Beaulieu, *Mémoire,* p. 6.

1673. — «We met with three feathered Harbingers of the Cape, as Pintado Birds, Mangofaleudos [*Mangas-de-veludo*], **Albetrosses;** the first remarkable for their painted Sports of black and white; the last in that they have great Bodies, yet not proportionate to their Wings, which mete out twice their length». — Fryer, *East India,* I, p. 51.

1750. — «Les **Albatrosses** sont de la grosseur d'un Autriche, quoiqu'ils n'ayant pas d'autre ressemblance avec cet animal. Les Portugais leur donnerent en conséquence le nom d'**Alcatraz,** d'où par corruption on les appelle Albatrosses». — Grose, *Voyage,* p. 16.

1754. — «An **Albatrose,** a sea-fowel was shot off the Cape of Good Hope, which measured 17 1/2 feet from wing to wing». — Ives, in *Glossary.*

**ALCISTA.** É aquele que percebe *alças.*

1909. — «Estes syndicateiros em Goa são conhecidos dos colonos pelo nome de **alcistas,** em virtude de se denominar *alça* a differença entre a renda que pagam e a que recebem». — Manuel Ferreira Viegas, in *Bol. S. G. L.,* XXXII, p. 427.

1916. — «... pondo-se assim em merecido relêvo mais por esta forma de parasitismo social a acrescentar ao dos **alcistas** e outros que medram desde longe enxertados nas *gãocarias*». — *Heraldo,* de 4 de Abril.

**ALCORÃO.** Em duas acepções se toma o vocábulo: «livro sagrado dos maometanos», geralmente chamado *moçafo* pelos escritores antigos; e «tôrre donde os almoadens chamam os muçulmanos à oração, minarete». Do ár. *al-qor'an,* no primeiro sentido; o segundo é por extensão. «Ha duas maneyras de **Alchorão;** hũa dellas significa summa, ou copia de preceytos, e mandamentos, e este he o que tem nas suas Mesquitas escripto na lingoa Arabica. A segunda maneyra de **Alchorão** he o que responde entre elles a torre de sinos: e este modo de fallar não he tão proprio, mas secundario». Fr. Gaspar de S. Bernardino (1609), *Itinerario da India,* p. 216.

1516. — «Estes Mouros [de Quiloa] falaom arauya e tem a ceita do **Alcoram,** creem muito em Mafamede». — Duarte Barbosa, *Livro,* p. 238.

1552. — «Foy a mayor injuria e offensa que se podia fazer a hum mouro, por lhe ser tão defeso em seu **alcorão** comerem porcos». — Castanheda, *Historia,* VIII, cap. 19.

1554. — «Estes mouros pregão continuamente o **alcorão** de Mafoma». — *Carta* de Fernão Pinto, *apud* Cristóvão Aires, I, p. 65.

1557. — «Dissessem ao Rey, que ele, e Cogeatar, e Rexnordim, e todos os Governadores da Cidade jurassem no seu **Alcorão** de terem e manterem tudo aquillo que tinham assinado». — *Commentarios,* I, cap. 36.

1563. — «E lhe começou a rezar as orações de Mafamede e de seu **alcorão**... Com o qual modo foy correndo as terras, e chamava ao **alcorão,** e fazia todos os modos de caciz santo». — Gaspar Correia, *Lendas,* II, p. 348.

1572:

> «Gregos, Thraces, Armenios, Georgianos,
> Bradando-vos estão, que o povo bruto
> Lhe obriga os caros filhos aos profanos
> Preceitos do Alcorão (duro tributo!)».
>
> Camões, *Lusiadas,* VII, 13.

1608. — «Destes [Mulás] tem alguns a cargo o serviço della [mesquita], e o bradarem o **Alcoram** de dia e de noite conforme suas horas». — Fr. António de Gouveia, *Relaçam da Persia,* fl. 38.

1613. — «Raramente se occupão nos escrittos de **Alcoroés** salvo algum *Mula* ou *Casis* de Arabia». — Manuel G. de Eré dia, *Declaraçam de Malaca,* fl. 39.

1627. — «Estes *Cadis* são homens velhos, ricos e lidos no **Alcorão**». — José Mascarenhas, *Hist. tragico-maritima,* VIII, p. 79.

1529. — «Derribava as mesquitas, e **alcorões:** fazia dellas estrebarias para o seu exercito». — António Tenreiro, *Itinerario,* cap. 5.

1552. — «E sem nenhũa vergonha lhe cometeo que fizessem chamar no **alcorão** de Diu por rey de Cambaya ao Turco». — Castanheda, *Historia,* VIII, cap. 194.

1554. — «E que nos **allcorões** o chamassem nome de Rey do guzerate, asy como se chamaua o sultão *badur* em seu tempo». — Simão Botelho, *Tombo,* p. 225.

1557. — «E no **alcorão** da mesquita mandou arvorar huma bandeira e pôr dez homens para vigiarem dali o campo». — *Commentarios,* I, cap. 21.

1563. — «E ainda sobre esta matinada de bacias, este Mouro que estaua por atalaya na torre, a que elles chamão **Alco-**

**rão,** feito o sinal, bradou altas vozes: Matalos, matalos». — João de Barros, *Déc.* III, vii, 2.

1563. — «Em quanto se este fazia o Capitão mór se aposentou em huma fremosa mesquita, que auia; sobre o **alcorão** della esteue sempre sua bandeira» (em 1507). — Gaspar Correia, *Lendas*, i, p. 802. — Não é bem claro o sentido em que o autor emprega o termo no seguinte passo (iii, p. 290): «E estas [galeotas] tinhão nas popas grandes bayleos, e n'elles **alcorões** de muytas pinturas».

1585. — «Pede o Concilio a Sua Magestade que a Mesquita e **alchorão** que no meyo daquella Cidade [Ormuz] está junto á fortaleza, se tire daquelle lugar». — Terceiro Concilio de Goa, in *Archivo Port.-Oriental*, iv, p. 122.

1632. — «Começou a soar da torre alta do **Alcorão** hum som muyto picado de bacia de arame». — Fr. Luís de Sousa, *Annaes de D. João III*, p. 6.

1663. — «Ha nas cidades da Persia altas e soberbas mesquitas com **alcorões,** que correspondem ás nossas torres dos sinos, tão levantados que se vão ás nuvens. A estes **alcorões** sobe quatro vezes no dia o *telismano* ou *muzin*, que he o thesoureiro da mesquita». — P. Manuel Godinho, *Relação*, p. 100.

Yule diz que não percebe a que palavra se refere Herbert no seguinte passo das suas *Viagens* (1665): «Some (mosques) have their Alcorana's high, slender, round steeples or towers, most of which are terassed near the top». E o editor da segunda edição do seu *Glossário* observa que o *Stanford Dictionary* considera o vocábulo como distinto de *Alcorān*, livro sagrado, e sugere *Al-qorūn*, os cornos», ou *al-quirān*», «os vértices». — Evidentemente, tomou o termo aos portugueses.

**ALDAVANE, Aldravane** (guz. *haldavaṇā* ou *aladhvan*). É árvore indiana de madeira — *Adina cordifolia*, Roxb. O termo é usado em Damão. Também se chama *edu*.

1886. — «A teca ou sag, sissó, **aldravane** ou hédu». — Lopes Mendes, *A India Portugueza*, ii, p. 245.

«Hedu (nauclea cordifolia) denominada egualmente **aldavane** ou *calame*, branca ou amarellada, é de grandes dimensões, mas pouco duravel exposta ao tempo, fornecendo tábuas muito largas e limpas, e por isso de grande uso em toda a construcção interior das casas». — *Id.*, p. 246.

1911. — «O pau preto, sissó, o *kalicantis*, o **aldravane,** etc.». — J. E. Castel Branco, *Bol. S. G. L.*, xxix, p. 389.

**ALDEANO.** Êste termo é corrente na Índia, como substantivo e como adjectivo, por «aldeão». As aldeias indianas são como as freguesias em Portugal, e originàriamente eram organizadas a modo de comunas, de que ainda conservam alguns restos. V. *coaldeano*.

1764. — «Os foreiros maus pagadores com exemplo do dito abuso não dariam satisfações aos Saccadores **Aldeanos** no tempo devido». — F. N. Xavier (filho), *Coll. de leis*, p. xxxvi.

1872. — Os escrivães **aldeanos** formulem as relações e entreguem aos sacadores para estes fazerem a arrecadação». — *Id.*, p. 151.

1906. — «Devemos todavia conjecturar que não é **aldeanos** castelhanismo, pois ainda é usado na Índia portuguesa a forma **aldeano,** abonada por Monsenhor Rodolfo Dalgado no seu interessante estudo sôbre o *Dialecto indo-português de Goa*». — «Com ajuntamento dos **Aldeanos** da Camara», «Communidades **Aldeanas**». — Gonçalves Viana, *Apostilas*, i, p. 3.

1915. — «Em agosto uma série de actos eram projectados e levados a cabo, taes como banditismos, descontentamento de tropas, dos **aldeanos** e estudantes». — *O Ultramar*, de 25 de Novembro.

1916. — «Para lembrar mais uma entre muitas, o desatino que conseguiu afastar, de passarem os fundos das instituições locaes **aldeanas** para constituirem um banco agricola pouco accessivel ao povo». — *Id.*, de 14 de Fevereiro.

**ALEGRETE.** Êste termo, que no continente quer dizer «canteiro de plantas», na Índia Portuguesa se emprega para designar o «vaso de barro em que se cultivam flores».

*** ALEJA.** É espécie de tafetá listrado, às vezes com mistura de algodão, mais comum no norte da Índia. Os nossos escritores antigos não o mencionam, pelo menos sob esta designação; mas referem-se-lhe viajantes ingleses. O étimo é, conforme Yule, o turquestano *alajah*. O malaio tem *haleja*, que deve ter sido importado.

1852. — «**Alejas,** 12 *corjas* e 15 peças» (na alfândega de Goa). — *Annaes Maritimos*, p. 377.

1674. — «They go rich in Apparel, their Turbats of Gold, Damask's Gold *Atlas* Coats to their Heels, Silk **Alajah,** or Cuttanee Breeches». — Fryer, *East India*, ii, p. 113.

1712. — «An **Allejah** petticoat striped with green an gold and white». — In *Glossary*.

* **ALENGA**. Caldeira em roda de árvore, ou cova grande para se plantar o coqueirinho, É termo muito usado em Goa, e derivado do conc. *āḷem*.

XVIII. — «Então se abrem **alengas** de sufficiente altura, em que os taes côcos se semeiem... No fundo das **alengas** se lance sal misturado com cinza em sufficiente quantidade». — *Arte palmarica*, I, p. 146.

1782. — «É melhor cinzal-o [o palmar] no tempo de entrar o inverno e cobrir outra vez as **alengas** da mesma terra». — Fr. C. da Ressurreição, *Tratado*, II, p. 285.

«Fazendo-lhe uma pequena **alenga** para que a agua da chuva o não espalhe». — *Id.*, p. 286.

1852. — «*Allém* ou **Alenga** — Excavação, cova de redor do pé de palmeira para regar, e estrumar». — F. N. Xavier, *Bosquejo historico*, IV, p. 1.

1886. — «E ainda hoje, em relação á agricultura, se expõem á sua immediata acção as raizes das palmeiras, abrindo-lhes em roda as **alengas** ou caldeiras«. — Lopes Mendes, *A India Portugueza*, I, p. 35.

* **ALGODOEIRO DO MATO**. É o mesmo que *panheira*.

**ALGUAZIL**. A palavra arábica *al-uazir* (*vizir* em turco) deu em português três formas: *aguazil*, «antigo empregado administrativo e judicial; oficial de diligências»; *alguazil* e *guazil* (sem o artigo), «governador». Os nossos indianistas empregam-na no último sentido, e preferem a forma *guazil* (q. v.). **Alguazilado** é o cargo de *alguazil*.

1510. — «Tem continoa guerra estes **alguazis** huns com os outros e tomam os lugares huns ós outros». — A. de Albuquerque, *Cartas*, I, p. 22.

1512. — «Fycou lhe hum filho moço he começou entender primeiro em seu **alguazilado**». — *Id.*, p. 85.

«A mim me pareceo voso seruiço fazer com el Rey de cananor que todavia tirase este seu **alguazil** de cananor e posese outro». — *Id.*, p. 85.

1557. — «Grande senhor e Capitão entre todos os **Alguazis**, e Capitães». — *Commentarios*, I, cap. 60.

«E que o faria **Alguazil mór**, e Capitão de toda a gente da terra». — *Ibid.*, II, cap. 22.

**ALIÁ**. É uma peculiaridade singular dos elefantes de Ceilão, já notada pelo Padre Manuel Barradas em 1613, «que nenhuma femea tem dentes, e dos machos os menos são os que os tem»[1]. Em singalês há muitos nomes para o elefante: o que não tem dentes é *aliyā*, mais usado, *hastiyā*, *gajendrayā*; e o de dentes é conhecido por *œtā*; a fêmea chama-se *œtinnī* ou *hastinnī*.

Os portugueses, que já conheciam na Índia o animal com dentes e lhe davam o nome europeu com o seu género próprio, ouvindo que os indígenas chamavam communmente *aliyā* ao seu paquiderme, entenderam que tal era a denominação específica de «todo o elefante sem dente, quer seja macho quer femea», como declara o aludido autor, que emprega o vocábulo como masculino e feminino, conforme o sexo.

Os outros escritores, porêm, consideram o nome como feminino e sinónimo de «elefanta». Várias seriam as razões da restrição do sentido: a terminação feminina de *aliá*, o facto de nenhuma elefanta de Ceilão ter dentes e a existência do termo *elefante* para designar o macho.

1609. — «... dous dentes que lhe saem fora seys, ou sete palmos, os quaes nam muda em toda a vida, nem os tem as **aliás**, ou femeas, mas só os Elephantes machos». — Fr. Gaspar de S. Bernardino, *Itinerario da India*, p. 163.

1613. — «Em logar de azemolas se servem alli [em Ceilão] de **aléas**». — P. Manuel Barradas, in *Hist. tragico-maritima*, II, p. 79.

«E muitas vezes se espantaram os padres de ver o que nesta parte fazem os **aléas** mansos e de carga, já acostumados a andar entre gente»[2]. — *Id.*, p. 81.

1615. — «Os *vidanás* das **aliás** com que os [elefantes] caçam, serão postos pelo capitão geral, visto serem necessarias para os serviços dos arraiaes; e o capitão geral dará ordem ao vidaná, para acudir com as **aliás** de caça necessarias para a dos ele-

---

[1] Emerson Tennent (1860) corrobora plenamente a asserção do nosso escritor: «It is a curious fact that, whilst in India and Africa both sexes have tusks... not one elephant in a hundred is found with tusks in Ceylon, and the few that possess them are exclusively males». — *Ceylon*, II, p. 263.

[2] Em ambas as edições o vocábulo ocorre invariávelmente acentuado *alèa* e *aléa*; mas suponho que o autor escreveria *aleá*.

phantes e para os amansar». — *Doc. da India*, III, p. 55.

1635. — «Levando á sua mão esquerda o rei de Tangú, seu primo, em cima de uma **aliá**, que é a femea do elephante». — António Bocarro, Déc. XIII, p. 149.

«Tomaram-lhe algumas **aliás**, e todas suas armas» (em Ceilão). — *Id.*, p. 708.

1685. — «O Capitão Geral como tinha este aviso, expedia o *Ortelá* [nome próprio dum elefante] sómente com dous *Cornacas*, e algumas **Aliás**, que são as femeas». — João Ribeiro, *Fatalidade historica*, I, cap. 17.

1827. — «Encontrámos uma **aliá** ou elephanta, que só á força de mais de cem tiros de espingarda podémos derrubar». — No *Panorama*, de 16 de Maio de 1838.

1644. — «In quello staccato mettono l'elefanti femine, chiamate **alias**, che sono già domestiche». — P. Cardim, *Relatione della Prov. del Giappone*, p. 143.

**ALIGATOR.** V. *lagarto*.

**ALJÔFAR, aljofre** (nome colectivo). Pérolas miúdas. Do ár. *al-jauhar*. O termo era conhecido muito antes do descobrimento da Índia; por isso os nossos indianistas o não explicam. Viterbo menciona um documento de 1258, em que ocorre *algofar* com idêntico sentido.

1497. — «As mercadorias eram canella e cravo e **aljofar** e ouro». — *Roteiro de Vasco da Gama*, p. 6.

1508. — «O **aljofar**, e perolas, que me manda que lhe enuie, nom as posso auer, que as ha em Ceylão e Caille, que são as fontes dellas». — D. Francisco de Almeida, in *Lendas*, I, p. 908.

1512. — «Nem ho **aljofar** e perolas valem o preço por que as lá comprey pera vos alteza». — A. de Albuquerque, *Cartas*, I, p. 75.

1516. — «Tambem se achaom muitas perolas e **aljofar** meudo, que se acha dentro do mar» — Duarte Barbosa, *Livro*, p. 232.

1534. — «Em Cantão tem trato com essa *areqa* e *quoquos* assi d'**aljofre** muita copia que não tem toda a terra da China».— Cristóvão Vieira, *apud* Ferguson, *Letters*, p. 79.

1552. — «... a roupa de Bengala, **aljofar** de Calecarê, diamantes de Narsinga, canela e robijs de Ceilão». — João de Barros, Déc. I, VIII, 1.

1557. — «E derrodor della [ilha de Barém] se pesca o **aljofar** e perolas, que vem a estes Reynos de Portugal, e he o melhor, e mais duravel de todas aquellas partes». — *Commentarios*, IV, cap. 43.

1572:

«As portas d'ouro fino, marchetadas
Do rico **aljofar**, que nas conchas nace».
Camões, *Lusiadas*, VI, 10.

1601. — «Trynta e tres botões douro cada hum em tres graos d'**aljofre**». — Tomás Pires, *Materiaes*, in *Bol. S. G. L.*, XVI, p. 715.

1613. — «O que nella ha pela praia do mar... são perolas, **aljofar**, coral preto». — P. Manuel Barradas, *Hist. tragico-maritima*, II, p. 93.

1685. — Os que comprão por miudo, vão dividindo as perolas de **aljofar** e as sortes delle... O mais todo o dividem em nove generos: o primeiro he o melhor; a este chamão **aljofar** de primeira joeira». — João Ribeiro, *Fatalidade historica*, I, cap. 22.

1883. — «... sendo tambem muito procuradas as *pedras de lua* e os *olhos de gato*, estes de elevado custo, bem como as perolas, avultando as pequenas, que denominam **aljofares**, e que são muito vulgares» (em Ceilão). — Adolfo Loureiro, *No Oriente*, I, p. 236.

1675. — «The Lusitanians call it **Aljofar**, which in Arabic sounds as much as *Julfar*, the Port in Sinu Persico where the most excellent Pearls are caught». — Fryer, *East India*, II, p. 364.

**ALMADIA** (fr. *almadie*). Embarcação monóxila, pequena, estreita e comprida; canoa. Do árabe africano *al-'madīa*, «jangada». Parece que o termo vogava na África austral (onde está em uso em landim) ao tempo dos descobrimentos portugueses, sendo depois levado para a Índia, onde penetrou no malaiala. Agostinho Barbosa, porêm, diz, no seu dicionário português-latino (1611), que as «*almadias* são embarcações de pouca fabrica, que se usão na India».

1445. — «Tem humas canoas, isto he, **almadias** de hum páo só, as maiores das quaes levão tres, ou quatro homens quando muito». — Luís de Cadamosto, *Navegação Primeira*, cap. 20.

1487. — «E esta jente folgava muito comnosco e nos traziam aos navios djso que tinham em **almadias** que elles tem». — *Roteiro de Vasco da Gama*, p. 2.

1500. — «O Rei mandou tambem aparelhar as suas **almadias**, ou bateis com muitas festas, e tangeres ao seu modo».— *Navegação de P. A. Cabral*, cap. 4.

1500. — «Alguuns d elles se meteram em **almadias** duas ou tres que hy tijnham, as quaes nom sam feitas como as que eu já vy, somente sam tres traves atadas juntas» (no Brasil). — *Alguns Doc. da Torre do Tombo*, p. 113.

1502. — «Vierão tres delles ter comnosco em a sua **almadia**, com hum presente de figos e cocos». — Tomé Lopes, *Navegação*, cap. 7.

1507. — «Hos zambucos todos se perderam com toda a jente e todas as **almadias** alaguadas, e o mar era coalhado d omens afogados e molheres e mininos». — A. de Albuquerque, *Cartas*, I, p. 3.

1516. — «Ha hũu lugar que chamaom Angoya, que he por honde se hos Mouros seruem com muytas **almadias** de trazer os panos, e outras mercadorias». — Duarte Barbosa, *Livro*, p. 236.

1531. — «De cada hum homem que fôr em **almadia** e *cotiá* por este rio [Mandovi] acima levará o escrivão hum *leal*». — Afonso Mexia, *Precalços dos officiaes do Mandovim*.

1552. — «Os negros deste terra [Cabo Verde]... vierão a elle em suas **almadias** com mão armada e tenção de fazer algum dãno se pudessem». — João de Barros, Déc. I, I, 15.

1556. — «Antonio da Silveira mandou uma **almadia**, e em ella dois homens para que os trouxessem». — Lopo de Sousa Coutinho, *Hist. do cerco de Diu*, p. 197.

1557. — «Fôra ter a hum porto da Ilha de S. Lourenço, e em surgindo vieram duas **almadias** com alguns negros a bordo da náo». — *Commentarios*, I, cap. 9.

1563. — «Muyto proveito achamos nelle [óleo de côco] para o espasmo, ou dores de junturas, antiguas, scilicet, metendo o paciente em huma **almadia** pequena, mais que de comprimento de homem, ou em huma gamella grande; e nelle quente deixão dormir e estar o paciente, e milagrosamente aproveita». — Garcia da Orta, Col. XVI.

1567. — «Nesta paragem tomou em hũa **almadia** alguns negros que consigo trouxe, e que foram os primeiros mouros que vieram a Portugal». — Damião de Góis, *Chron. de D. João*, p. 21.

1572:

> «As embarcações eram na maneira
> Mui velozes, estreitas, e compridas:
> As velas, com que vem, eram de esteira
> D'umas folhas de palma bem tecidas».
>
> Camões, *Lusiadas*, I, 46.
>
> «Uns vão nas **almadias** carregadas,
> Um corta o mar a nado diligente».
>
> *Id.*, I, 92.

1609. — «Muitas embarcações a que chamam **almadias**» (em Sofala). — Fr. João dos Santos, *Ethiopia Oriental*, I, p. 115.

«N'este bosque achámos muitos cafres cortando alguns paus grossos para fazerem d'elles embarcações, como fazem ordinariamente, inteiras de um só pau cavado por dentro... chamam-se estas embarcações **almadias**». — *Id.*, p. 163.

1613. — «Chegou hum *tone* (que por outro nome se chama **almadia**)». — Francisco de Andrada, *Chron. de D. João III*, IV, fl. 83.

1615. — «O rei lhe enviou grande copia de **almadias** ou bateis carregados de viveres». — Pyrard de Laval, *Viagem*, I, p. 316.

1635. — «E como entram pelo rio, descarregam em outras embarcações ligeiras e muito compridas, a que chamam **almadias** [em Manamotapa], e em cada uma se recolhem vinte até vinte e cinco fardos de roupa, de vinte e cinco *corjas* cada um». — António Bocarro, Déc. XIII, p. 534.

1697. — «Enchêram a *caracora* de agua, e a fizerão virar, se bem que a não metêrão no fundo, porque era da forma das **almadias** da India, e canoas do Brazil, que depois de cheyas de agua virão, e nadão». — P. Francisco de Sousa, *Oriente Conquistado*, I, III, 2.

1712. — «**Almadiâ** (Termo da India). Embarcação pequena de que usão os canarins nos rios». — Bluteau, *Vocabulario*.

1895. — **Almadias**, embarcações miudas e monoxilas». — Lopes de Mendonça, *Os Orphãos de Calecut*, p. 103.

1898. — «Compravam aos egypcios differentes objectos que estes removeram para alli nas suas ligeiras **almadias**». — Oliveira Mascarenhas, *Atravez dos mares*, p. 29.

1444. — «E fanno d'esse battelli piccoli al modo di **almadie** per pescare». — Nicolo di Conti, *apud* Ramúsio, I, fl. 339.

1582. — «Fabricano alcune barche [em Cochim], da loro chiamate **Almadie** tutte di un pezzo, lequali usanno cariche con huomini, e roba di questa città fino in Goa». — G. Balbi, *Viaggio*, fl. 74 *v.*

1589. — «Se confiant à leur dexterité à nager ils s'aventurent sur la riviere en des **Almadies** qui sont barquettes faites d'une seule piece de bois creuse au milieu, si petite qu'à peine peuvent elles contenir un homme». — Linschoten, *Histoire*, p. 77.

XVII. — «Un' **almadia** (certa sorte di barche simili alle feluche di Napoli, più basse e più lunghe, armate di molti remi». — P. Vincenzo Maria, *apud* Gubernatis, *Storia*, p. 248.

1625. — «Lo pregai; che mi mandasse da Damàn vna barca di quelle leggierissine, che chiamano **Almadie**, che per la loro velocità non temono tanto de i Corsari». — Pietro della Valle, *Viaggio*, III, p. 93.

1653. — «De Chaul m'embarquai sur une **almadié**». — Le Gouz de la Boulaye, *Voyages*.

1666. — «On pourait y aller par mer en vingtquatre heures, sur une **Almadie**, qui est une espece de Brigantin, dont les Portugais se servent pour trafiquer le long de la côte». — Thevenot, *Voyages*, III, p. 38.

1676. — «Particulièrement depuis Daman jusqu'à Rajapour, la plupart de voyageurs font le chemin par mer, et prenant un **Almadier** qui est une barque à rame, ils vont terre à terre jusques à Goa». — Tavernier, *Vayages*, III, p. 148.

«Les Indiens de la côte da Malabar appellent **almadie** un navire d'une carêne effilée, pointue aux deux extrémités. Constance, dans son dictionnaire latin, fait déculer **almadie** du verbe arabe *madá*, creuser». — *La Grande Encyclopédie.*

**ALMÍSCAR.** É sabido que o étimo do vocábulo é o ár. *al-misk*. Mas o *misk* é do persa *mushk* (sânsc. *muṣka*, testículo), representado pelo lat. *muscus*, já mencionado por S. Jerónimo.

1500. — «Habitão nella [Quiloa] mercadores ricos, que commercêão muito em ouro, prata, ambar, **almiscar,** e perolas». — *Navegação de P. A. Cabral*, cap. IV.

1513. — «Leuaua alacar e marfim e arroz e **almisquyry** e algũa pedraria». — A. de Albuquerque, *Cartas*, I, p. 125.

1516. — «Ho **almisquere** se acha em hũas alimarias tamanhas como gazelas, tem dentes pequenos como dalifantes, has quaes nacem por debaixo das barigas hũas nasidas como leicenços, e pelos peitos; e depois que saom maduros, com ha materia, comelhes... e aly lhe cortaom deredor aquelas postemas com a pele, e leyxandoas secar fica ho verdadeiro *papo d***almisquere,** e mais excelente». — Duarte Barbosa, *Livro* (2.ª ed.), p. 362.

1563. — «Tambem o corretor compraua porcelanas, e beijoim, e *papos d'***almisquere,** e isto pouca cousa, e assi pimenta, que lhe vendião ás medidas, e feixes de canella e gengiure». — Gaspar Correia, *Lendas*, I, p. 86.

1611. — «**Almiscar,** ambar, bejoim, calamba, aguila». — Diogo do Couto, *Dialogo do S. P. P.*, p. 97.

1635. — «Tambem já tinha posto em terra a pedraria, ambar, **almiscar** e pedras *bazares*, aljofar». — José de Cabreira, *Hist. tragico-maritima*, X, p. 40.

**ALOÉS.** «O aloes, como todos sabem, é o succo concreto de diversas especies do genero *Alöe* da familia das *Liliaceae*... Os conhecidos nomes, grego *aloés* e latino *alöe*, parecem derivar do syriaco *alway*». Conde de Ficalho, Col. II. O mais estimado *aloés* é de Socotorá. O *lenho aloés* ou a *águila* não tem nenhuma relação com esta droga. V. *erva babosa*.

1516. — «**Aloes** nace em a ylha de Çacotrá, em Adem, em Cambaya, em Vahuca de Aragam, em huma cidade que se chama Molvedro, e em outros lugares; o muyto estimado na ylha de Çamatra». — Tomé Pires, *Carta a elrei, apud* Card. Saraiva, VI, p. 422.

1525. — «E elle lamça no foguo hũs poos de muitas cousas, comvem a saber, rubys e perllas, e todo a outra pedrarya, e **aloes,** e outras cousas suaves de cheiro». — *Chron. de Bisnaga*, p. 104.

1552. — «A buscar sangue de dragão, de que ha muito na ilha, e assi ho **Aloes** que se chama *çacotrino*, por tomar o nome desta ilha onde se apanha». — Castanheda, *Historia*, II, cap. 39.

1553. — «Porém as naturaes que a terra per si dá, são maceiras d'anâfega, palmeiras, dragoeiros, de que colhem muito sangue de dragão, e dá o melhor **aloe** que se sabe, donde geralmente todo por razão do nome da ilha se chama *Socotorino*». — João de Barros, Déc. II, I, 2.

1563. — «De **aloes** ha poucas cousas que dizer que sejão notaveis... faz-se do sumo de huma herva depois de seco, e he chamada em Portuguez *herva-babosa*, da qual herva ay muita quantidade em Cambaya e em Bengala e em muitas outras partes, mas a de Çocotora he muito mais louvada... e por isso o chamam **aloes** *çocotrino*». — Garcia da Orta, Col. II.

1572:

> «Verás defronte estar do Roxo estreito
> Socotorá co'o amaro **aloe** famosa».
>
> Camões, *Lusiadas*, X, 137.

c. 70. — «**Aloe** scyllae similitudinem habet maioribus et pinguoribus foliis ex obliquo striata... Laudatissima ex India affertur... Usus in multis et principalis alvum solvere; cum poene sit sola medicamentorum, quae id per se prestat». — Plinius, *Nat. Historia*, XXVII, cap. 5.

1554. — «Nasce in detta isola [Socotorá] eccellente **aloe** chiamato çocotrino». — Nicolo de Conti, *apud* Ramúsio, I, fl. 342.

1601. — «Vulgarem **aloën** sponte provenientem observare memini in veteribus Vlyssiponensis muris arcis, quâ descensus est ad proximum templum in declivi situm». — Clusius, *Rariorum Plant. Historia*, p. CLIX.

**ALPAM.** «Designação vulgar de uma planta malabárica (*Bragantia Wallichii*) que se considera efficaz contra as úlceras e mordeduras de cobras». C. de Figueiredo. O termo é do malaiala, conforme Rheede, usado também em concani, *alpām*, ao lado de *pahisarā*. D. G. Dalgado regista «fruta trilha» como nome português. *Flora e Vires*.

1786. — «I Malabari danno la radica **Alpam,** e l'*Amelpari* ridotta in polvere» (para a mordedura de cobra de capelo). — Fra Paolino, *Viaggio*, p. 176.

**ALTIRNA.** Vem o vocábulo em alguns dicionários com o significado de «espécie de vestuário sacerdotal no Oriente». As abonações que se aduzem são de Fernão Mendes Pinto, que emprega o termo com referência à capa que traçam ou sobraçam os religiosos budistas (que, em rigor, não são sacerdotes, visto que não há sacerdócio sem sacrifício) da China e Indo-China.

O vestuário do indo-ária compõe-se desde os tempos primitivos de duas peças: uma, de que se cingem da cintura para baixo, e a outra, que é uma espécie de toga ou cabaia, que às vezes so substitui, por causa do calor ou para maior comodidade, por um chale leve, que se traz a tiracolo. A primeira nomeia-se em sânscrito *antarīya*, «veste interior», e a segunda, *uttarīya*, «veste superior ou exterior». O páli, língua sagrada dos budistas do Sul, tem ambas as dições *(antarīyam, uttarīyam)*, com os mesmos sentidos; e os seus religiosos trazem em geral ambas as peças, sendo a superior, amarela, em volta do busto. Vestem, além disso, às vezes uma camisola. O conjunto das três peças tem o nome técnico de *tichīvaram,* isto é, «três trapos».

Na Indo-China, China e Japão o budismo ortodoxo, que foi sempre oportunista, passou por grandes modificações, e é natural que as diversas categorias dos religiosos se distingam, como observam alguns dos nossos escritores, pelo seu trajo, particularmente pelas suas capas.

Não se pode bem precisar de que idioma apanhou Fernão Mendes o termo; creio porêm que êsse se deve ligar próxima ou remotamente ao páli *uttariyam,* sendo muitos termos litúrgicos correntes em todas as línguas. Note-se, contudo, que o singalês tem *talani,* «espécie de tecido fabricado de casca de árvores» (Clough).

1543. — «... a fóra outra muy grande copia de Daroezes [religiosos budistas de Pequim] que servem de fóra, que não estão atados ao voto de profissão, como os de dentro, os quaes por insignia do sacerdocio andão vestidos com suas **altirnas** verdes sobraçadas, que são como entre nós as estolas, e as cabeças rapadas e contas ao pescoço por onde rezão; mas não pedem esmola, porque tem proprio de que se sustentão». — *Peregrinação,* cap. 110.

1546. — «Havia [num pagode de Calaminhã, no interior da Indo-China] hũa grande soma de Sacerdotes com habitos pardos, e suas **altirnas** de damasco roxo, sobraçadas, como já disse algumas vezes, a modo de estolas, os quaes por serem mais sabios que todos os outros das vinte e quatro seitas deste Imperio, trazem huma certa divisa de cordões amarellos, com que andão cingidos». — *Id.,* cap. 164.

**ALUÁ**, **alvá** (s. m.). O ár. *al-ḥaluā* ou *al-ḥalāua* transmudou-se em «alféloa» no português continental e em *aluá* ou *alvá* no oriental. Na Índia designa «doce feito de leite, açúcar, amêndoas pisadas e manteiga», e em Goa, «doce de côco ralado, *jagra*, castanhas de caju e gergelim» [1].

1520. — «E nestas jlhas de Adu, e Coaydu, e nas outras d arredor, que ssaão sete *patanas*, não fazem nada por arroz; e com peixe, jagra, e **aluas** da terra sse mantem» (nas Maldivas). — *Alguns Doc. da Torre do Tombo,* p. 550.

1727. — «**Aloá**. Doce mais commum de todo o Oriente; compoem se de farinha de arroz, manteiga, e jagra, que he o assucar da palmeira. Os Portuguezes da Asia o estimão tanto como os Orientaes. Alguns escrevem e pronuncião **Aluá**». — Bluteau, *Supplemento.*

1880. — «Querê mandá um pôco de **alúa** mas nom pôde, paciencia». — Dialecto de Macau, in *Bol. S. G. L.,* II, p. 169.

1899. — «D'entre os citados doces indianos distingue-se a *alúa* (na India diz-se **aluá**) muito usado em todo o Oriente como um verdadeiro confortativo para as pessoas fracas. A mais afamada é a de Mascate, que se exporta em tigelinhas de barro, emquanto a de Macau é feita na fórma de tijolos rectanguleres». — *Ta-ssi yang-kuó,* de Dezembro.

**AMAÇAR**. No sentido peculiar da Índia, *amaçar* é o que no continente se diz «fazer maçagens»; e **amaçador** é «maçagista». As maçagens são muito usadas, e antiqüíssimas no Oriente; no Japão há maçagistas cegos, de um e outro sexo, que se apregoam de manhã pelas ruas.

1866. — «Os conductores do *palanquim,*

---

[1] Conforme Cândido de Figueiredo, *aluá* é «bebida, us. ao N. do Brasil, e formada por um cozimento fermentado de arrôz e algumas gotas de limão».

o *preparador* do *ukó*, os criados do *panká*, o *porta-chapeo*, o *boller*, o *moço de divan*, o **amassador**, eram para o austero Roberto outras tantas sinecuras».—Francisco Luís Gomes, *Os Brahamanes*, p. 21.

1916.—«The barbers and *shampoóers* not only carried on their hereditary professions but also sold perfumes and were skilful adepts in arranging the turbans donned by the wealthier people» (na Índia búdica). — *The Hindustan Review*, de Agosto.

* **AMACATA.** É denominação de freira budista no Japão, conforme S. Francisco Xavier. Do jap. *ama*, «freira», e *kata*, «pessoa, indivíduo».

1549.—«Tem dentro cinco Collegios principaes e mais de duzentas casas de Bonzos, e dos outros como frades, que lhe chamão Ieguixu, e de freiras, as quaes chamão **Hamacata**». — S. F. Xavier, *Cartas de Japão*, I, fl. 140.

«Itemque ejusdem generis feminarum, quas **Hamacutas** nominant». — *Id.*, *Lib.* III, epist. 18.

**AMAL** (hindustani-ár. *ḥamāl*). Condutor de palanquim; carregador. Os palanquins são transportados no sul da Índia por *bois* ou *boiás*, no norte por *amais* e na China por *cules*. Há também outros nomes indígenas, que os nossos escritores não mencionam.

1526. — «Os **amaes**, que são acarretadores, podem servir no pesar e nos mais serviços da casa que comprirem; notificovolo pera que vos nom sirvaes mais dos ditos pesadores, salvo dos **amaes**, assim no carreto, como no pesar». — *Regimento* de Afonso Mexia, in *Archivo Port.-Oriental*, v, p. 92.

1554. — «Ao *xabandar*, pera as *terradas* que descarreguão as ffazendas e pera os **amaes** que servem n'alfandega» [de Ormuz]. — Simão Botelho, *Tombo*, p. 103.

1866. — «**Hamales**: criados que conduzem o palanquim e pertencem á casta baixa». — F. L. Gomes, *Os Brahamanes*, p. 32.

XIV.—«De quibus etiam hodie fiunt apud illos, et apud Judeos vestes pro pluvia rusticorum, qui vocantur **camalli**, portantes onera, et etiam homines et mulieres portant super scapulas in lecticis». — Marignolli, *apud* Gubernatis, *Storia*, p. 154.

1676. — «En même temps on fit venir seize **Hamals** qui sont des porte-faix, et le Nazar ordonna qu'on écrivit le nom de chacun d'eux avec leur demeure, de peur que quelque sac ne s'égarât en chemin.— Tavernier, *Voyages*, II, p. 151.

1906. — «D'ailleurs, le *Foral dos usos e costumes* avait aussi consacré un chapitre à régler l'assistance du *brahmane de pagode*... de *faraz* ou **hamal** (domestique de temple)». — Christóvão Pinto, *Les Indigènes de l'Inde Portugaise*, p. 22.

1916. — «They [os brâmanes do Guzarate] have fallen in the estimation of the people and do menial duties — such as cooking, drawing water, serving as **Hamals** and sepoys, etc». — *The Modern Review*, de Abril.

* **AMANÃO.** É medida de capacidade em Ceilão, equivalente a seis alqueires. Do sing. *amuṇa*.

1611. — «Faz-se cada hum anno para elrey sete, oito mil **amanões** de areca, que vem a montar quinze e vinte mil pardaos». — *Doc. da India*, II, 82.

1614. — «Podem ir acommodando aos *lascarins* nas mesmas aldeas dos portugueses, dando-lhes d'ellas hum **amanão** de sementeira, mais ou menos, como parecer e cada hum merecer, com sua horta em que more». — *Ibid.*, III, p. 62.

1635. — «Com a obrigação de pagar cada anno de pareas quatro elephantes de cinco covados cada hum, mil **amanões** de areca, e duzentos *bares* de canella». — António Bocarro, *Déc.* XIII, p. 709.

1685. — «O principal genero he aréca, que val bem em toda a India, e cada hum paga conforme está lançado no tombo: quem a dous **amanoes**, tres, ou quatro cada anno, que he certo numero de quantia». — João Ribeiro, *Fatalidade historica*, I, cap. 11.

1770. — «De l'areque, que la Compagnie achete, à raison de cinq florins l'**ammonan**, et qu'elle vend dix-huit ou vingt sur les lieux-mêmes...». — Raynal, *Histoire*, I, p. 167.

* **AMANATA** (marata-conc. *amanāt*). Verba de receita ou despesa eventual, que não entra na conta regular.

1792. — «O rendimento, que a Fazenda Real percebe em razão da **Amanata**, que foi nos rendimentos cobrados pelo Pagode de Queullá, ficará separadamente pertencendo á Real Fazenda». — *Coll. de Bandos*, I, p. 68.

**AMARGOSEIRA, ÁRVORE AMARGOSA.** É *Melia Azadiracta*, Linn. Indo-ingl. *margosa*, indo-fr. *margosa* ou *margosier*. Diz-se também *margosa* no crioulo português de Bombaim. Outro nome português é *nimbo* (q. v.). Conforme Rúnfio, os portugueses da Insulíndia denominavam *amargosa* ou *margosa* a balsamina, *Momordica charantia*, Linn. «Foi admittida officialmente na Pharmacopêa da India, sendo chamada nas pharmacias *margosa* (a casca *cortex margosae*), o que claramente se deriva da palavra portugueza amargosa». Conde de Ficalho, nos *Coloquios* de Garcia da Orta, XL.

1695. — «Latine Amara Indica, Malaice Papari, Portugallice **Margosa,** quasi **Amargosa,** h. e. *Amarities,* ob saporem omnium partium amarum». — Rumphius, *Herb. Amboinense,* IX, cap. 56.

1782. — «Ils lavent le malade avec de l'eau froide, ensuite ils le frottent rudement avec de la feuille de **Margosier,** et appliquent sur les escorchures de feuilles du même arbre». — Sonnerat, *Voyages,* I, p. 118.

1786. — «... nel quale vi devon essere alcune foglie di Vepa o di **Amargoseira**». — Fra Paolino, *Viaggio,* p. 189.

1834. — «Adjacent to the Church stand a number of tamarind and **margosa** trees». — Chitty, *Ceylon Gazetteer,* in *Glossary.*

1912. — «General wiew of Temple and grounds with worshippers preparing for ceremony of circumambulating the temple in their dress of **margosa** leaves». — *The Times of India,* de 11 de Dezembro.

**AMBALÓ, AMBARÓ** (pl. *-és*). É o nome de fruto e árvore *Spondias mangifera.* Willd. Do concani *āmbāḍó,* árvore e fruto; *āmbāḍé,* plural; malaial. *ambaḷam.* Comem-se os frutos maduros; e dos verdes se faz conserva em açúcar, em água e sal, e tambêm *balchão* (q. v.). Denominam-se por vezes *catonas,* não sei por que motivo.

1563. — «Não he fruta de que se usa na mézinha, mas he boa pera temperar os comeres com azeda, fazendoos mais apetitosos; em madura cheira bem, e com ser madura retem em si o azedo mais apetitoso, chamam-se **ambares,** e tem uma amendoa cartilaginosa». — Garcia da Orta, Col. VII.

1782. — «As melhores forquilhas são as de **ambareira,** que além do fim para que se põem, dão tambem fructo de muita serventia». — Fr. C. da Ressurreição, *Tratado,* II, p. 286.

1846. — «*Anvalés,* **Ambaddés** (*Corá* no Brazil)». — F. N. Xavier, *O Gabinete Litterario,* I, p. 249.

1873. — «O **amballó** (*Spondias lutea*) em malabar **amballam** é, como fica dito, da mesma familia da mangueira, mas de genero ou subfamilia differente e visinha». — B F. da Costa, *Manual do agricultor,* II, p. 141.

1578. — «El arbol que da el fructo (llamado **Ambares**) es grande y gruesso». — Cristóvão da Costa, *Tractado,* p. 293.

1586. — «I Temerindi, l'**Ambale,** e mille altri frutti». — F. Sasseti, *Lettere,* p. 270.

**ÂMBAR, ambre** (ant.), **alambre** (ant.). Substância sólida, geralmente de côr parda e de cheiro semelhante ao do almíscar. O termo é anterior aos descobrimentos. Duarte Barbosa e Castanheda descrevem três espécies de âmbar, produzido nas ilhas Maldivas. Do ár. *anbar* ou *al-anbar.*

1500. — «Habitão nella mercadores ricos que commercêão em ouro, prata, **ambar,** almiscar, e perolas». — *Navegação de P. A. Cabral,* cap. 5.

1516. — «Acha-se tambem aquy [nas Maldivas] muyto **ambre** em grandes pedaços, dele branquo, e dele pardo, e outro preto». — Duarte Barbosa, *Livro,* p. 352.

1548. — «Ramal de contas de **alambres**». — *Espolio de Baltazar Jorge,* in *Bol. S. G. L.,* IV, p. 290.

1548. — «Hum pouco d'**ambre** avalliado em trezentos réys». — Tomás Pires, *ibid.,* XVI, p. 706.

1552. — «Estas aues se ameijoão em hũas rochas questão nas mesmas ilhas ao longo do mar, e ali deitão hũ esterco que he ho **ambar:** e he de tres qualidades, ho primeyro he branco e este he muyto fino... e val mais que todos porque se acha pouco e com muyto mór trabalho que os outros dous que sam pardo e preto, que se fazem de branco». — Castanheda, *Historia,* IV, cap. 35.

1557. — «Mandou-lhe Afonso Dalboquerque, depois de serem na náo perguntar por **ambre** (porque nesta ilha [de Bedalcuria] ha muito)». — *Commentarios,* I, cap. 53.

1563. — «No cabo da qual ilha contra o Leste, descobrio o porto, a que os naturaes chamão Bemaro, onde fez resgate de muita quantidade de **ambre**». — João de Barros, Déc. III, I, 1.

1563. — «E mandou pera a Rainha hum pedaço d'**ambre** do tamanho de meo couado e grossura de hum homem pela cinta, metido em prata». — Gaspar Correia, *Lendas,* I, p. 132.

1563. — «**Ambar** dizem os arabios, e *ambarum* os Latinos, por o costume da variação latina e uso, e as outras nações e lingoas, quantas eu sei, todas a chamam assi, ou varião pouco». — Garcia da Orta, Col. III. — «O **ambre** de que falla Orta é o *ambar cinzento,* uma concreção intestinal do cachelote (*Physeter macrocephalus*»). — Ficalho.

1567. — «Grande trato **Dambar,** que se acha no mar».—Damião de Góis, *Chron. de D. Manuel,* IV, cap. 27.

1609. — «Do nascimento do **ambar**, e da muita quantidade que ha d'elle n'esta costa da Ethiopia». — Fr. João dos Santos, *Ethiopia Oriental*, I, p. 157.

1613. — «O que nella ha pela praia do mar... são perolas, aljofar, coral preto, **alambre**, que lança fóra, do qual eu vi algum, e se me não disseram o que era, nem na mão o tomara, nem com o pé lhe tocara». — P. Manuel Barradas, *Hist. tragico-maritima*, II, p. 93.

1298. — «Hanno ancora molto **ambraca**, quale le balene gettano, et il mare lo fa andare al lito, et loro lo raccolgono». — Marco Polo, *apud* Ramúsio, II, fl. 57.

**AMBARRAJA** (s. m.). Personagem da côrte na Malásia. Do mal. *hamba-rāja*, «servidor do rei».

1539. — «Acompanhado de muytos *Ourobalões* e **Amborrajas**, que he a mais nobre gente da corte». — Fernão Pinto, *Peregrinação*, cap. 15.

1553. — «No trabalho das quaes obras se aproueitou Affonso d'Alboquerque de hũa gente do pouo de Malaca chamada **Ambarages**, que quer dizer escrauos d'elRey: como na verdade o erão d'elRey e elle lhe mandaua dar ração de mantimento». — João de Barros, Déc. II, VI, 6.

1556. — «Mandou diante para espiarem o campo seis *ourobalões* dos mais esforçados **ambarrajas**». — *Id.*, cap. 174.

**AMBETI** (s. m.). É vocábulo recolhido por Domingos Vieira com o significado de «nome indostánico de diversas plantas cujas partes se comem».

Em concani *āmbeṭi* é, segundo D. G. Dalgado, o nome duma planta litrácea — *Sonneratia acida*, Linn., a qual no português indiano se denomina «jambeiro do mato». «E foliis contusis cataplasma conficitur, quod capiti raso in febribus continuis impositum somnum conciliando delirium solvit». Rheede, *Hortus Malabaricus*.

* **AMBIL**. As papas de farinha de nachinim, cozidas em água e azedas, chamam-se *āmbīl* (m.) em concani (*ambīl* em marata), e pelo mesmo nome se designam no português local. É alimentação de certas classes pobres da Índia.

1886. — «À noite fazem uso de caldo, um pouco espesso, da farinha de nachinim (*dolichos biflorus*), que se denomina **ambil**». — Lopes Mendes, *A India Portugueza*, I, p. 123.

**AMBÓ**. «Árvore da Índia portuguesa». C. de Figueiredo. É o nome indo-árico (sânsc. *āmra*, mar. *ambā*, conc. *āmbó*, que é o étimo) de *manga* e *mangueira*, que são de origem dravídica. Não é usado pelos nossos escritores. Não é claro se Diogo do Couto se refere a esta fruta ou a outra qualquer.

1333. — «Quando a **Alamba** amadurece na estação do outono, faz-se o seu fruto amarelo, o qual comem como a maçã, cortando-a alguns com a faca, e outros chupando-a muito bem, cuja doçura tem misturado algum azedo. — Ben-Batuta, *Viagens*, II, p. 22.

1614. — «Todo o mato [de Amboino] he de arvores de fruitas... **ambós** fermozissimos, de grandes, e saborozos». — Déc. VIII, I, 25.

1886. — «A mangueira, *mangifera indica*, de Linneu, ou **ambó**, como se denomina em concany, é a rainha das arvores fructiferas». — Lopes Mendes, *A India Portugueza*, I, p. 170.

1444. — «Anchora si troua [no Malabar] vn' altro frutto, che si domanda **Amba**, molto verde, simile alla noce, maggior però del persico: la sua scorza è amara, ma quel de dentro ha sapor di mele». — Nicolo di Conti, *apud* Ramúsio, I, fl. 341.

1510. — «E quiui vn'altro frutto che si chiama **Amba**, il piede suo si chiama *manga*». — Barthema, *ibid.*, fl. 161.

1578. — «Llamase este fructo en Canarin, **Ambo**; em parsio, y Turco, *Amba*». — Cristóvão da Costa, *Tractado*, p. 319.

1623. — «Cioè **Ambe**, ò come altroue dicono, *Manghe*». — Pietro della Valle, *Viaggi*, III, p. 31.

**AMBOLIM**. É tecido de sêda bordado, na Índia. Do mar. *ambarū*, persa *amarū*.

1615. — «Com muitas fazendas, manteigas, couramas, e **ambolins**» [1]. — Diogo do Couto, Déc. VIII, I, 11.

**AMBULIA**. Conforme Domingos Vieira, «genero de plantas aromáticas da India; é empregada em decocção contra as febres». Se é o mesmo que o conc. *āmbulī*, pertence a planta à família das *scrophularineas* — *Limnophila gratioloides*, Br., *Columnea balsamica*, Roxb. — In decocto data antifebrilis est, in lacte

[1] Domingos Vieira cita êste mesmo passo de Couto e dá à palavra o significado de «arvore da India».

acido vertigines sedat». Rheede, *Hortus Malabaricus*.

* **AMEIXA DA ÍNDIA.** V. *jangoma*.

* **AMENDOEIRA DA ÍNDIA.** É combretácea *Terminalia catappa*, Linn., originária da Malásia. «Come-se a amêndoa, que tem gôsto agradavel. O fruto d'esta e da *T. chebula* formam os myrabolanos de commercio». D. G. Dalgado, *Flora*.

1881. — «Sob este nome cultivam na ilha de S. Thiago e na de S. Thomé, esta conhecida arvore, originaria da India». — Conde de Ficalho, *Bol. S. G. L.*, II, p. 709.

1908. — «... de **amendoeiras da India**». — Alberto de Castro, *Flores de coral*, p. 249.

* **AMIDA.** O termo é japonês, derivado do sânsc. *amita*, «ilimitado, infinito», por via do páli (*amito*), ou, como querem outros com mais razão, de *amitābha* «infinitamente esplendoroso». Toma-se por epíteto do Buda ou por personificação do paraíso; mas o povo considera *Amida* como divindade. Os nossos escritores atribuem-lhe o género feminino. Vid. *Xaca* e *Fotoqué*.

1541. — «... conforme ao quarto preceito da deosa **Amida**, que foy a primeira de quem estes cegos [chineses] tomarão suas superstições, e suas erronias». — Fernão Pinto, *Peregrinação*, cap. 112.

1549. — «E que por este pouco que os nossos olhos nos mostravão delle, se julgaria ser elle o verdadeiro Deos, e não Xaca, nem **Amida**, nem Gizom, nem Camom, que não forão mais que homens muyto ricos, como as suas escrituras contavão delles». — *Id.*, cap. 212.

«Foy necessario para se ellas reduzirem á perfeição do seu primeiro ser, nacer **Amida** de todas ellas, a qual tinhão que nacera oitocentas vezes, para dar ser perfeito a oitocentas especies de cousas que avia no mundo». — *Id.*, cap. 213.

1551. — «outros adorão outro idolo, que se chama **Amida**: huns o pintão como homem, e outros como molher». — P. Cosme de Torre, *Cartas de Japão*, I, fl. 17 *v.*

1608. — Nella habita hum Bonzo com alguns discipulos, tido, e estimado dos ignorantes por grande santo, e ainda por **Amida** viuo, e como a tal o veneram». — P. Fernão Guerreiro, *Relaçam*, fl. 126.

1650. — N'aquelle paço se não adorava o pagode **Amida**, senão o verdadeiro Senhor do céu e da terra». — P. António Cardim, *Batalhas*, p. 27.

1694. — «Como as seitas, e deoses do Oriente erão tantos, Camis, Fotoquès, Xacàs, **Ammidas**, e muytos outros, para que o nome do verdadeiro Deos se não equivocasse com o dos falsos, ainda que Xavier prègasse em differentes linguas, sempre o nomeava na lingua Portugueza». — P. A. Vieira, *Xavier Dormindo*, p. 395.

1697. — «Quem adora o Sol, e a Lua, quem varios animaes, especialmente os lobos, quem alguns dos Camis, antigas divindades do Japão, quem os Fotoques, idolos transplantados da China, dos quaes os principaes forão **Amida** e Xaca». — P. Francisco de Sousa, *Oriente Conquistado*, I, IV, 1.

1701. — «Ambas se pretendem salvar pelos merecimentos de **Amida**, que foi o principal objecto das pregações de Xaca, a quem attribuio propriedades, e honras divinas, fazendo principio, donde sahírão todas as criaturas, e fim em que todas se hão de resolver, dizendo que este era o verdadeyro santo Fotoque, que estava em todas as cousas, dando-lhe ser e vida, e que devia ser adorado de todos os homens». — *Id.*, II, IV, 2.

1559. — «Principes sectarum auctores (ut ostendimus) Xaca et **Amida** numerantur: Bonzii ac Bonziae cinerei coloris, et maxima populi pars **Amidam**; reliqui tametsi **Amidam** non aspernantur, tamen Xacam praecipuè colunt». — S. F. Xavier, *Lib.* IV, Epist. 2.

1588. — «Predicano alla plebe douersi supplicheuolmente adorare alcuni antichi giuntatori, **Amida**, e Xaca». — P. Maffei, *Le Istorie*, p. 490.

1675. — «Su mayor Paraiso es el de Xàca, particular Autor de los Fotoques; aun que el mismo diò el primer lugar a **Aminda** otro Filosofo, de cuya virtude para llevar las almas a la gloria, escribiò inumerables libros». — Faria y Sousa, *Asia Portuguesa*, II, p. 764.

1754. — «On va même indifféremment de toutes les Sectes aux Temples d'**Amida**, qui est la principale Idole des Fotoques». — P. de Charlevoix, *Hist. du Japon*, I, p. 185.

1770. — «Mais les Boubsdoistes [budistas] adorent de plus un **Amida**, espéce de médiateur entre Dieu et les hommes. Ils adorent d'autres divinités médiatrices entre les hommes et **Amida**». — Raynal, *Histoire*, I, p. 103.

1786. — «Ammettono per primo loro dio Budha, Shakya, Gódama, o **Amida**, che son tutti epiteti Samscrdamici del dio Mercurio». — Fra Paolino, *Viaggio*, p. 231.

1844. — «Ils [as *Tantras*] renferment d'abord le Buddhisme, et j'oserais presque dire, tous les Buddhismes réprésentés chacun par leurs symboles les plus respectés: savoir, le Buddhisme primitif par le nom de Çâkyamuni ; celui des Buddhas célestes par le nom d'**Amitâbha**». — Burnouf, *Introduction à l'Hist. du Buddhisme*, p. 545.

1894. — «The devotion to **Amida** is very widely practised in Japan, and it is extremely popular. No doubt, the more educated and intellectual Buddhists..., would explain the Paradise of the West as a mere allegory, and regard *Amitabha* [sinónimo de *Amida*], as he was originally conceived as merely an ideal personification of boundless light». — Cubbord, *Religion in Japan*, p. 60.

«**Amitâbha**. Mot sanskrit signifiant «qui a un éclat» (*ābhā*) «sans limites» (*amita*) et appartenant à la nomenclature bouddhique... Les Chinois le transcrivent *O-ni-to*... De là vient que les Japonais disent simplement : **Amida**... *Amitâbha* est le quatrième des bouddhas de la contemplation». — *La Grande Encyclopédie*.

1916. — «The first Chapter of the Work deals with Sukhavati the realm of Buddha **Amitabha**». — *The Modern Review*, de Junho.

**AMIR** (ár. *amīr*). Chefe ou príncipe. Os nossos escritores preferem a forma *emir*, q. v.

1506. — «No tempo de Mocamba Menamotapam... tinha hum seu pryvado que era grande senhor em seu regno, e que governava todo o regno de desterrar e degolar, e de todas outras cousas que queriam, como rey, que se chamava Changanjr, e era justiça moor d el-rei ; e o nome d este justiça he **amyr**, assy como dizemos governador». — *Alguns Doc. da Torre do Tombo*, p. 154.

1840. — «O nome **Amir** significa príncipe, chefe, commandante, coronel, capitão, e governador». — Moura, em Ben-Batuta, 1, p. 4.

**AMOUCO**. Própriamente, *amouco* é na Índia e na Malásia o homem possuído de fúria e desespêro, que se determina, de ordinário por juramento e com certas cerimónias, a vingar-se, à custa da própria vida, da grave injúria feita a si ou à pessoa da sua particular obrigação. Figuradamente, *amouco* é, no português continental, homem obcecado, que defende porfiosamente em tudo o seu chefe, o seu partido ou a sua doutrina. Na Índia Portuguesa por *amouco* se entende homem obcecado por uma paixão, o qual pratica desatinos. Em inglês, *to run a-muck* é «correr furiosa e desesperadamente contra alguem». A dição tambêm está afrancesada, conforme *La Grande Encyclopédie* : «*Amuk*. Ce mot malais, aujourd'hui francisé, désigne une sorte de rage ou de folie furieuse, dont on trouve des exemples dans tous les pays malais».

Na história da humanidade não são raros os eventos de um indivíduo ou grupo de indivíduos, pundonorosos ou patrióticos, se resolver a cometer façanhas as mais arrojadas e temerárias, com o intuito de se conseguir a satisfação da grave ofensa particular ou a reparação da honra nacional ultrajada. Rasgos tais tem por incentivo o espírito de revindita e o sentimento de represália, ladeado de zêlo amiúde indiscreto.

Na Ásia meridional, contudo, onde há sempre acentuada propensão a extremos, de que a Índia fornece copiosos exemplos, a prática foi freqùente e muito caracterizada, menos justificada nas suas causas motivas e mais desastrada nas suas conseqùências. E por isso que desde o princípio a estranha usança atraíu a atenção dos escritores nacionais e estrangeiros, que, referindo-se à Insulíndia e ao Malabar, a pintam com côres vivas.

Cumpre, porêm, distinguir duas espécies de *amoucos* orientais : uns, que movidos do espírito de vingança, fazem desesperadamente todo o mal que podem aos seus inimigos, como na Índia ; outros, que, sem serem maníacos, dominados de furor, real ou fictício, matam os inculpados ou inocentes, como no arquipélago malaio.

Os nossos historiadores descrevem as diversas causas que produziam *amoucos* no Malabar, e que são mais ou menos justificadas e plausíveis. Mas não é facil assinar a razão de ser do fenómeno peculiar da Malásia, e particularmente de Java, onde freqùentemente aparecem *amoucos* sem motivo conhecido ou racional. Walter Skeat (na 2.ª edição do *Glossário*) julga que a melhor explicação da usança consiste em ser o método nacional de cometer o suicídio com bravura ; mas reconhece que o *amouco* mata tambêm crianças, mulheres e até pessoas da sua família ; o que sómente pode ser o efeito da aberração mental, ou do fanatismo, no sentido de ir bem acompanhado para a outra vida. Há alguns escritores que atribuem êste fenómeno ao abuso do ópio.

Quanto à etimologia, o vocábulo provêm do mal. *āmoq*, que Crawfurd (*Malay Dictionary*) regista como *amuk* e considera primordialmente javanês. Significa «arremetida furiosa, homem possuído de fúria». Emprega-se, porêm, ordináriamente como verbo, *mengāmoq*, «investir com furor».

Yule & Burnell supõem, todavia, que é à Índia continental, e especialmente ao Malabar, que se deve atribuir a origem do *amouquismo*, outrora ali freqùente, e do seu nome; e sugerem o malaial. *amar-kkan*, «guerreiro», de *amar*, «combate, guerra». Reconhecem, contudo, que há divergência fonética entre *amouco* e *amarkkan*, e pode-se acrescentar que também os significados não são bem idênticos. Alêm disto, a costumeira de Calecut, que alegam, não se inspirava na vindictividade, nem procedia da fúria; era simplesmente um lance arrojado para se ganhar um trono.

O Conde de Gubernatis, por seu lado, tem por certo que a palavra *amouco* procede do sânsc. *amokya*, «o que se não pode soltar, indissolúvel», visto que o *amouco* se ligava por um voto ou juramento, que tinha de cumprir a todo o custo [1]. O vocábulo sânscrito, porêm, não está em uso na língua do Malabar. Demais, sabemos de Castanheda que o termo corrente na região era *chaver*.

Não quero com isto dizer que se não possa genealógicamente relacionar *amouco* com *amokya*. Mas a sua procedência não seria imediata, nem se realizaria na Índia própria, onde nenhum idioma moderno o emprega, mas sim em Java. O sânscrito *amokya*, «insolúvel», passando à língua vernácula, reduzir-se-ia a *āmoq*, por motivo do dissilabismo da família lingùística malaia, e seria, na sua evolução semântica, empregado no sentido técnico. V. *Contribuições para a lexiologia*.

1516. — «Se algum destes Jãos adoece de qualquer doença, promete ha ho seu Deos que dandolhe saude dela, tomaraa outra mais honrada morte por seu serviço; depois que he sam toma hũa adargua na mam, de hũas colubrinas que ha antre eles muyto boas, e saindo has praças e ruas mata quantos acha, homens e mulheres, e meninos, e ha ninguem perdoa; a estes chamaom eles *Guaniços*, e como ho vem logo bradaom as gentes, dizendo *Guanicio, Guanicio*, porque se guardem, e has frechas e lançadas ho mataom» [1]. — Duarte Barbosa, *Livro*, p. 373.

«Estes Nayres quando asentaom uiuenda com ElRey, ou outra qualquer pesoa de que hamde receber soldo, prometem de morerem por ela, e esta ley he antre eles guardada dos mais, algũus ho nom cumprem, mas he isto de geral obrigaçam: asy que se em algũa guera mataom seu Rey ou Senhor, se se eles achaom presentes, fazem o que podem até morte; e se se nom achaom ahy, ainda que uenhaom de casa, uem busquar aquela pesoa que ho matou, ou Rey que ho mandou matar, e ahy por mais que sejaom hos contrarios, cada hũu sem tornar atras faz tanto até que ho mataom: se algũa pesoa se teme, toma destes Nayres hũu ou dous, ou aqueles que se atreuem ha manter, ha que dá hũa certa contia pequena, pera que ho guardem: ninguem por amor deles lhe ousa fazer mal, por que eles e toda sua linhagem vingaom ha injuria que ha ho tal fose feita, ainda que seja contra Rey». — *Id.*, p. 328.

1540. — «Incitando [a rainha de Aru] os seus a se fazerem **Amoucos**, e trazendo-lhes á memoria com muytas lagrimas a obrigação que para isso tinhão». — Fernão Pinto, *Peregrinação*, cap. 27. — «O Jorge Mendes foy o primeiro que subiu pelas escadas, acompanhado de dous dos nossos, que como **Amoucos**, hião determinados a morrerem ou a fazerem cousa com que se sinalassem». Cap. 119. — «Com

[1] «*Amocco*, certamente dalla voce indiana *amokya* ossia quegli che non si può sciogliere che anche i poeti vedici hanno già adoperata». *Storia*, p. 211.

[1] *Guaniço* ou, antes, *ganiço*, é do mal. *ganas*, que significa «mata-homens». A tradução inglesa de H. Stanley, citada por Yule & Burnell, substitui *guaniços*, *guanicio* por *Amouco*, e estes concluem daqui «que a palavra *amuk* devia ser communmente usada nos paises malaios antes de lá chegarem os portugueses, cêrca de 1511».

as quaes palavras, e mostras do amor do seu Rey, ficarão tão animados, que sem esperar mais, se untarão os mais delles com *minhamundy*, que he hũa certa confeição de azeite cheiroso com que esta gente em taes casos como este se costuma de se untar para remate de toda a determinação que levão para morrerem, e a estes que se untão desta maneira, chama o vulgar da gente **Amoucos**». Cap. 174.

1551. — «... ficando os Nayres de Cochim muyto tristes pela morte dos Principes, e por seu Rey ser vencido. Quatorze delles, que o mais sentirão, determinarão de vingar esta injuria, e morrer sobr'isso, e assi o jurarão, e deixarão crescer o cabello das barbas e das cabeças. E a estes tais chamão na lingua Malabar *Chauer*, que na nossa quer dizer mortos, e geralmente lhes chamão na India **Amoucos**, e estes são muy temidos dos outros homens, porque sabem, que vão a morrer, e por medo de morte não hão deixar de matar quem quizerem». — Castanheda, *Historia*, I, cap. 53. — *Chāvurra* quere dizer em malaiala «pronto a morrer», e *chāvurravan*, «homem resolvido a morrer em combate», isto é, *amouco*.

1552. — «Dizião que os nossos andauão tomados da furia de vingança, como os **Amoucos** de Malaca e da Jaua, os quaes são homens que com indignação de algũa vingança matão quantos achão ante si não temendo a morte, com tanto que fiquem vingados». — João de Barros, Déc. I, VII, 5. — «Como gente determinada a morrer, toda aquella noite se rapáram [os habitantes da ilha de Beth em Cambaia] as cabeças (que he uma superstição de que usão os que desprezão a vida, aos quaes chamamos na India **Amoucos**) e se foram á sua Mesquita, e alli offereceram suas pessoas á morte, ou ao que a ventura delles dispuzesse; pois que queriam manter a fé que tinham dada». — *Id.*, Déc. IV, VI, 13.

1563. — «Estes ficão assi como homens doudos, a que chamão **amoucos**, que já se tem em conta de mortos. Os quaes se espalharão, e andauão por onde achauão os de Calecut, e sem nenhum temor se metião antre elles, matando e ferindo até que os matauão». — Gaspar Correia, *Lendas*, I, p. 364. — «... dizendo **Amouco! Amouco!** que quer dizer homem danado que mata». — *Id.*, II, p. 286.

1602. — «São [os Jáos] homens cavaleiros, e tão determinados, que por qualquer offensa que se lhe faz, se fazem **amoucos**, para se satisfazerem d'ella». — Diogo do Couto, Déc. IV, III, 1. — «E se a caso este forasteiro [que tomou a *jangada*, q. v.] for auexado ou afrontado de algũa pessoa fica esta afronta e injuria tanto á conta d'este Naire e de toda a geração, que logo se juntão todos, e se offerecem a morrer a te satisfazerem aquella afronta, vsando certas cerimonias, como homens que se despedem da vida, rapando as barbas de hũa ilharga, que he o sinal de homens determinados a morrer, a que elles chamão **Amoucos**: e juntos todos dão n'aquelle lugar onde lhe fizerão a afronta, e destruem e abrazão... Em outro negocio se fazem estes homens **amoucos**, que he quando na guerra lhe matão o seu Rey, então todos os seus criados, familiares, e todos os que d'elle tem tenças, ordenados, e comedias, logo se fazem **amoucos**, e se determinão a morrer em vingança do seu Rey». — *Id.*, IV, VII, 14.

1603. — «**Amoucos** entre Malavares sam homens que jurão de morrer na empresa que tomão, o que fazem sem falta algũa, ainda que seja meterem-se dous entre mil, e assim sam muy temidos por onde quer que vão, por irem com esta brutalidade como furiosos, e sem siso, matando os que achão dos inimigos sem consideração, escolha, ou razão». — Fr. António de Gouveia, *Jornada do Arcebispo*, fl. 28.

1611. — «Que quer dizer **amoucos**?... Homens que se determinam a morrer com matarem a todos os que puderem, como se costumam nas partes de Malaca, que chamam **amoucos**, pela linguagem da terra». — Diogo do Couto, *Dial. do Soldado port. pratico*, p. 9.

1701. — Não podendo elles ver com seus olhos tão grande lastima, se fizeram **Amoucos**, como costumão, quando se deliberão a morrer, ou vencer, e sahirão outra vez ao campo tão orgulhosos, que dada a primeyra carga, nos investirão á espada». — P. Francisco de Sousa, *Oriente Conquistado*, II, III, 1.

1883. — Mas aquelle gentio, cego e **amouco**, vinha cravar-se ou era retalhado pelo ferro dos portuguezes». — Bulhão Pato, *Portuguezes na India*, p. 242.

1912. — «Mas deixe la cantar lôas aos **amoucos** d'elles, que nós, já a encanecer estamos muito dispostos a deixarmonos adormecer ao som de lunduns». — *A Nação*, de 25 de Setembro.

1530. — «Nell' India interiore vi sono due isole verso l'estremo confine del mondo, e ambedue sono dette le Giave... Gli abitatori di queste isole sono più inumani e crudeli, che alcun'-altra nazione... l'amazzare un uomo l'hanno per giouco, nè per questo portano supplicio alcuno. I debitori che non hanno il modo di soddisfare a chi debbono si danno loro per schiavi; ma alcuni per non servire s'eleggono più volontieri la morte in questo modo, percioochè pigliando una spada ignuda se ne vengono nelle strade ed amazzano quanti riscontrano che possano manco di lui, sinattantochè truovino uno che sia più valente che l'amazzi; vien poi il creditor del morto, e fa citare colui che l'amazzò dimandandogli il suo credito, al che è costretto dai giudici di soddisfare». — Nicolo di Conti, *apud* Gubernatis, *Storia*, p. 170.

1582. — «Vi sono alcuni, i quali essendo detti **Amocchi** i quali [*sic*] sono una sorte di gente, che sono chiamati *Chiaui*, & non sono di quei Gentili di S. Thomè mà della costa della *Chiaua* [Java] che stufi di uiuer si mettono con una lor arma in mano, laquale chamano *clisse* in strada; & amazzano quanti ne capitano frà le mani, fino che sono ancora essi amazzati». — G. Balbi, *Viaggio*, fl. 90.

1584. — «La forza loro consiste in una maniera di soldati che domandano **amucchi**, che sono obbligati a morire à volontà del loro re, e rimangono in questo obbligo tutti quelli soldati che in una guerra perdono il lor re e il lor generale, de' quali si serve il re poi ne' casi urgenti, mandandone, hora uno sciame, hora un altro, conforme alla necessità». — F. Sassetti, *Lettere*, p. 224.

1588. — Tutta la moltitudine de' Nairi fiorisce nello studio dell' arte militare, ma la principal lode s'attribuisce a vn cert' ordine di soldati, che si chiamano **Amoci**... e li Rè sono stimati più, ò meno potenti secondo che hanno maggior, o minor numero d'**Amoci**». — P. Maffei, *Le Istorie*, p. 47.

1676. — «Derrière ces palissades s'étoit caché un coquin de Bantamois qui étoit revenu de la Mecque et joüoit à Mocca, c'est-à-dire en leur langage, que quelqu'un de la canaille des Mahometans qui est de retour de la Mecque, s'avise de prendre son *cric* [cris] en main qui est une forme de poignard... il court par les ruës et tuë tous ceux qu'il rencontre qui ne sont point de la loi de Mahomet jusqu'à ce qu'on tuë lui-même».—Tavernier, *Voyages*, IV, p. 267.

1782. — «Les Malais naturellement féroces aiment beaucoup l'opium; cette boisson les rend furieux; quand ils en ont pris une certaine quantité ils ne connaissent plus de frein et se vouent à la mort; c'est une espèce de maladie qu'on pourrait appeller rage. Ils courrent les rues un *crit* dans main, en criant *amoc*, ce qui vaut dire en Malais, *je mets tout à mort:* dans cet état, les yeux pleins de feu leur sortent de la tête, leur bouche écume, ils agitent leurs deux bras et tuent tout ce qu'ils trouvent sur leur passage». — Sonnerat, *Voyages*, II, p. 101.

1786. — «Questi miserabili ebrj di opio sciolto negli acidi, chiamansi **amoochi**, e sogliono esser o Nairi, od alcuni Muhamedani, i quali espongono la lor vita per la persona del Re, del Padrone, del tempio, del partito che presero in una lite, o per pura vendetta che vogliono fare di qualche ultraggio ricevuto... Gli **ammochi** non distingono l'amico dall' inimico, e tagliano in pezzi quel che incontrano. La miglior maniera di difendersi dagli **ammochi** è di gittare polvere ed arena in loro occhi». — Fra Paolino, *Viaggio*, p. 352.

1875. — «Such also was a custom [de morrer com o chefe] among the Spanish Iberians, and the name of these **Amuki** signified «sprinkled for sacrifice» ... The same practice was common in Japan, when the friends and vassals who were under the vow committed *hara kiri* at the death of their patron». — Yule, *Marco Polo*, II, p. 332.

**AMOUCADO** (pouco usado). Feito amouco.

1626. — «Outros dizem que se entaipou, e como hum Brazil emperrado e **amoucado** se deixou estar um dia, e outro dia, e muitos dias, sem comer, nem beber cousa alguma desta vida». — P. Manuel de Mendonça, *Sermões*.

**AMRITA.** «A ambrósia da immortalidade, na mythologia brahmânica». C. de Figueiredo. Em sânscrito, *amṛta*, significa: como adjectivo, «não-morto» (*a*, «não» + *mṛta*, «morto» = gr. *am(b)rotos*), «imortal»; como substantivo masculino, «ente imortal, deus»; como substantivo feminino (*amṛtā*), «bebida alcoólica»; como substantivo neutro, «néctar da imortalidade, ambrósia». Os deuses acharam-na, conforme a mitologia, entre outras preciosidades, quando revolveram o oceano [1].

1886. — «Sustenta uma amphora contendo **amerute** ou licor da immortalidade». — Lopes Mendes, *A India Portugueza*, II, p. 68.

1912. — «Crêem os indus que, quando **Amrita** (ambrosia) foi da terra levada pelos deuses para céus, cairam sobre esta arvore [amargoseira] umas suas gottas».— Caetano Gracias, *Flora Sagrada*, p. 28.

1782. — «**Amourtam**, liqueur qui procuroit l'immortalité». — Sonnerat, *Voyages*, II, p. 279.

**ANÁ** ou **anná** (hindust. *ānā* ou *ānah*, mar. *āṇā*, conc. *āṇó*). Nome que se dá às vezes à actual tanga da Índia Portuguesa, equivalente à 16.ª parte de rupia. «Não havendo moeda de um *anna*, é sómente dinheiro de contagem». Yule & Burnell.

1891. — «Ora applicada a estas 280:000

---

[1] «Alimento dos deoses, na mythologia da India; corresponde a ambrosia dos gregos. Usado na linguagem poetica». Domingos Vieira.

*mãos* a taxa do *excise* de 1 rupia e 15 **annás** por mão...». — Christóvão Pinto, *Estudos*, p. 28.

1898. — «Manifestou desejo de possuir uma das bengalas de canella que levavamos comnosco, e que, semanas antes, haviamos comprado em Ceylão a quatro **annás** cada uma». — Oliveira Mascarenhas, *Atravez dos mares*, p. 54.

1903. — «Foi tributada desde 1827 a 10 **annas** por gallão». — Ernesto Fernandes, *Regimen do sal*, in *Bol. S. G. L.*, XXIII, p. 220.

1906. — «Por fim se contenta com uma media de seis **anás** a cada um». — Hipácio de Brion, *Duas mil leguas*, p. 124.

1910. — «Os quaes eram pagos a dois **annas** de Surrate por dia. — António F. Moniz, *Hist. de Damão*, III, p. 136.

1911. — «No começo da exploração se deverá estabelecer o preço de 7 **annás** por metro cúbico». — J. E. Castel Branco, *Bol. S. G. L.*, XXIX, p. 311.

1915. — «A taxa para a lavra será indistintamente a toda a arvore, um **anná** e 4 réis, paga adiantada por cada mez, equivalente a uma rupia annual». — *O Ultramar*, de 21 de Outubro.

**ANACARA.** «Especie de tambor usado pela cavallaria no Oriente». Domingos Vieira. O étimo é o ár. *an-naqāra*, admitido em persa, sendo, portanto *anacara* a acentuação correcta e não *anácara*, como êle escreve.

**ANACARDO.** É o nome do fruto e da árvore *Semecarpus anacardium*, Linn. f. Diz-se também *bibó* e *fava de Malaca*. Em concani *bibó* é a árvore e *bibaṭ* o seu fruto. Emprega-se o sumo do fruto em marcar a roupa, sendo por isso a árvore denominada pelos ingleses *marking-nut-tree*. Também se faz conserva com sal [1].

1563. — «Queria saber do **Anacardo**, pois he nome grego, derivado de coraçam, cuja feição e cor he... Os Indios lhe chamão *bybo*, e nós os Portuguezes *fava de malaqua*; porque a feição delle no arvore onde nace, parece fava maior que as nossas, e casi he da feição de humas favas que qua ha, que vieram primeiro de Malaqua... Porque se dá nestas terras deitado com leite e nutrido para a asma, e tambem usam delle contra as lombrigas, e fazem delle, quando he verde, conserva com sal para comer (a que chamão qua *achar*) e vendese na praça como aseitonas ácerca de nós; e quando he seco usão delle em modo de caustico para as alporcas: e toda a India tambem usa delle pera pôr sinal nos panos misturado com cal». — Garcia da Orta, Col. V.

1873. — «O **anacardo** faz-se uma arvore alta e direita... A não ser para marcar a roupa, não sei que mais algum uso se faça desta arvore. Mas infelizmente desprezando-se este nosso producto natural nós mesmos consumimos o nitrato, porque no commercio não encontramos o *bibó*». — B. F. da Costa, *Manual do agricultor*, II, p. 150.

[1] O Sr. João Cardoso Júnior confunde êste anacardo com o caju, *Anacardium occidentale*. *Subsídios*, II, p. 19.

**ANAFIL.** «He huma especie de trombeta igual e direita mas sem voltas, de que usavão os Mouros». Bluteau. Do ár. *an-nafīr*, em turco *anafin*.

1587. — «Vinham tangendo huũs **anafis**, que elles traziam dizendonos que fossemos pera dentro». — *Roteiro de Vasco da Gama*, p. 24.

1516. — «Uem acompanhado de muytos grandes Senhores que todos trazem consygo *Nayres* com muytos atambores grandes e pequenos, trombetas ha maneira **danafis**, e frautas». — Duarte Barbosa, *Livro*, p. 116.

1529. — «Trasião consigo trombetas, **anafiles**, atabales, grandes, e pequenos». — António Tenreiro, *Itinerario*, cap. 17.

1557. — «As gritas dos Mouros, e os tangeres dos atabaques, e **anafis** eram tantos que não avia homens, que se entendessem hum com outro». — *Commentarios*, I, cap. 28.

1572:

> «Com toucas na cabeça, e navegando,
> Anafis sonorosos vão tocando».
>
> Camões, *Lusiadas*, I, 47.

1589:

> «As luas polos ares já s'estendem,
> O anafil, e o canhão os ares fendem».
>
> Francisco de Andrada, *O Primeiro Cerco de Diu*, X, (fl. 65 v).

1611. — «**Añafil**, genero de trompeta igual, e direcha sin bueltas, de que usavan los Moros; eran de metal como las demàs, y las reales de plata». — Covarruvias, *Tesoro de la Lengua Castelhana*.

**ANANÁS.** Fruto, e planta (também dita *ananaseiro*), *Ananas sativa*, Linn. O nome e a planta são americanos, introduzidos pelos portugueses na Ásia, onde a planta está perfeitamente naturalizada. Do peruano *nanas*, segundo Cândido de Figueiredo, ou do brasileiro *nana* ou *nanas*, conforme Yule & Burnell.

Webster, no seu dicionário inglês, deriva o vocábulo do malaio: *ananas, anas, nanas, ninas*.

1563. — «Aveis de escrever desta fruta, que chamam **ananaz**, porque certo que he rey das plantas no sabor, e muyto mais no cheiro». — Garcia da Orta, Col. LVIII.

1596. — «No ultimo e supremo lugar de todas as frutas quero pôr os **ananazes**, que pelas Indias [ocidentais] chamam *pinhas*, com mais acertado nome que nós, pela muita semelhança exterior que tem». — P. Gaspar Afonso, *Hist. tragico-maritima*, VI, p. 51.

1616. — «Todo o paiz é coberto de arvores de fructo, laranjas doces e azedas... romans, cocos, **ananazes**, e outras fructas da India». — Pyrard de Laval, *Viagem*, II, p. 125.

1725. — «Do alto da serra correm varias fontes e ribeiras, que continuão todo o verão, de cujas aguas se valem para nas quebradas da serra semearem tambem figueiras, **ananazes**, etc.». — *O Chron. de Tissuary*, IV, p. 63.

1782. — «O **ananaz**, figueira, pimenteira, jambo, jaqueira, mangueira, e outras innumeraveis especies de differentes plantas». — Fr. C. da Ressurreição, *Tratado*, II, p. 315.

1578. — «Este peregrino pomo [*ananás*] (cujo origen dizen, ser en el Brasil, de donde llevaron los primeros a las Indias Occidentales)... Los primeros destes fructos, que se dieron en las Indias, valieron (al menos precio) a diez ducados cada vno: e agora (no porque mengoassen en su olor, y sabor, sino por la mucha abundancia, que por todas aquellas partes ay dellas) valen lo mas caros a dos reales». — Cristóvão da Costa, *Tractado*, p. 250.

1583. — «L'**ananas** mi pare a me la più gustosa frutta che ci sia... Questa pianta è qui [Cochim] forastiera venuta dal Verzino [Brasil], e condottaci in Portogallo non vi visse». — F. Sassetti, *Lettere*, p. 223.

1588. — «Ma di tutte queste sorti di piante si dà il primo luogo à quella che il volgo chiama **Ananaze**» (no Brasil). — P. Maffei, *Le Istorie*, p. 61.

1658. — «*Nana* Brasilianis; **Ananas**, Lusitanis... Eoque magis quod à fide dignis senibus Incolis testatum est, primum hunc fructum ex his Provinciis ad Peruviam, inde ad Indias Orientales delatum fuisse». — Piso, *Indiae Utriusque*, p. 194.

1676. — Le Tonquin a aussi quantité d'**ananas** et d'oranges». — Tavernier, *Voyages*, V, p. 222.

1786. — «L'Aspide è amante degli **ananas** per cagion dell' odore grato che esalano, e quindi i giardini dove crescono molti **Ananas**, hanno molte serpi». — Fra Paolino, *Viaggio*, p. 179.

**ANÁRICO** (adj.). Glotològicamente, é o que não pertence à família linguística árica ou indo-europeia. Etnològicamente, é o que não pertence ao povo árico ou, mais restritamente, ao povo indo-árico. Do sânsc, *anārya*. O prefixo negativo *an-* não é privativo do grego, como supõem alguns lexicógrafos; é proto-árico, representado por *an-* em sânscrito e grego (sendo *a-* forma abreviada antes de consoante), *in-* em latim, *un* em germânico. V. *árico*.

1897. — «Pertencem tambem a esta divisão dos flexivos os idiomas chamados hamíticos, os denominados semíticos, e, ao que parece, os idiomas caucásicos, mesmo os **anáricos**, isto é, não aparentados com os fallados por povos áricos ou indo-europeus». — Gonçalves Viana, *Mappa dialectologico*, p. 7.

***ANCHACI**. Juiz provincial na China. Do chinês *án-cha-sz'*.

1534. — «Estes dous mandarĩs que perguntarão hum era o *chãcy* outro o **anchaçy** que eram os mayores de Cantão». — Cristóvão Vieira, *apud* Donald Ferguson, *Letters*, p. 80.

1536. — «E farse ão tres cartas ao *çeuy pachençy* **anchaçy**». — Vasco Calvo, *ibid.*, p. 100.

1540. — «Esta noyva, segundo depois se soube, era filha do **Anchaci** de Colem, que he como Corregedor entre nós». — Fernão Pinto, *Peregrinação*, cap. 47.

«Passando este mes e meyo o **Anchaci** do Feyto, que era hum dos Juizes, perante os quaes isto corria ordinariamente, julgou a requerimento do Procurador da Justiça». — *Id.*, cap. 85.

1552. — «Ha outros officios menores que estes, que se chamão *puchancis*, **amechacis**, *tocis, itaos, pios*». — Castanheda, *Historia*, IV, cap. 27.

1555. — «E tem hum que he chamado **en casi** que tem cargo da justiça do crime que he como capitão da cidade». — P. Belchior Nunes, *apud* Cristóvão Aires, *F. M. Pinto*, p. 86.

1569. — «Outra dignidade abaixo desta [de tutão] he ha justiça mor que na sua lingua chamam **Anchasi**. E inda que ha outros muitos oficiaes de justiça, este he sobre todos, e por elle são distribuidos os despachos aos outros». — Fr. Gaspar da Cruz, *Tractado da China*, cap. 16.

1611. — «Como fez com o *Pu-Chin-Si* (vid. *ponchaci*) e **Ngan-Cha-Si** de Cantão, Mandarins dos grandes na provincia de Cantão». — P. Sabatino de Ursis, *P. Matheus Ricci*, p. 57.

1585. — «El quinto es **Anchasi**, que es

Presidente de la Iusticia ciuil, y criminal». — Fr. Joan G. de Mendoça, *Hist. de la China*, p. 76.

1588. — «Seguita poi l'**Ancasio**, il quale con vn consiglio d'huomini eletti, non solamente giudica differenze, e le liti ciuili, ma ancora fa i processi delle cose criminali, e a questo tribunale s'appellano in tutto quel regno quelli, che si tengono aggrauati, nelle cose di più importanza». — P. Maffei, *Le Istorie*, p. 230.

* **ANCHACILADO**. É o termo que Fernão Pinto emprega para designar o distrito do *anchaci*.

1540. — «Por aquelle rio ião para diversas partes dos **Anchaciladoe**, e senhorios d'aquelle Imperio». — *Peregrinação*, cap. 87.

«E o quinto [rio] por nome Lensacotay, corta, segundo a opinião de todos os Chins, a terra a Leste até o **Anchaciiado** de Xinxipon». — *Ibid.*, cap. 88.

«E mandou passar disso hum Padrão geral para todas as cidades dos **Anchaciladoe** de Comarcas». — *Ibid.*, cap. 118.

* **ANCHÃO**. Usado em ásio-português (dialecto macaense *anchom, anchòum*) por «boião pequeno, compoteira». Do chinês cantonense *ham*, «tampa», e *chǒum*, «malga». O malaio tem *anchong*.

1880. — «Eu já mandá dos **amohôm** di *achar* di *gamen*, un-ha balsa di sucre pedra, dos jara di *jagra*». — Dialecto de Macau, in *Bol. S. G. L.*, II, p. 169.

1900. — «**Amohom**, uma especie de boião com tampa (é termo chinez)». — *Ta-ssi-yang-kuó*, de Abril.

* **ÂNCORA CHINA**. Chama-se assim no português oriental à âncora de madeira, porque os chineses se servem de semelhantes âncoras.

1609. — «... se assentou que na primeira conjunção de bom vento, colhessemos anchora, que já então não era outra, que uma peça de artelharia, encaixada em huns paos a modo de roseta, a que os mareantes chamão **China**». — Fr. Gaspar de S. Bernardino, *Itiner. da India*, p. 25.

1685. — «Tambem ordenamos *ancoras de pao*, a que na India chamão **chinas**, quatro para cada navio». — *Hist. tragico-maritima*, X, p. 58.

1298. — «Le naui de Mangi [chineses] vengono per la estate [a Deli do Malabar], et si congano per ventura in otto giorni, et piu tosto, che possono si parttono, perche non vi è buon stare, per essere la spiaggia tutta di sabione, et molto pericolosa, anchor che le dette naui portino assai *ancore di legno* cosi grandi, che in ogni gran fortuna ritengono le naui». — Marco Polo, *apud* Ramúsio, II, fl. 156.

1715. — «Leurs ancres ne sont point de fer commun comme les nostres: elles sont d'un bois dur et pesant, qu'ils appellent pour cela *tiemon*, c'est-à-dire, bois de fer. Ils prétendent que ces ancres vallent beaucoup mieux que celles de fer, parce que, disent-ils, celles-ci sont sujettes à se fausser». — *Lettres Edifiantes*, XIV, p. 12.

1782. — «Leurs vaisseaux ou *sommes* sont des machines énormes... Leurs *ancres* sont *de bois*, leurs voiles de nattes, et leurs cables de rotins». — Sonnerat, *Voyages*, II, p. 27.

**ANDONE**. Domingos Vieira inscreve o vocábulo da seguinte maneira: «*Ant.* (Segundo Moraes, talvez corrupção de *Brandone* ou *Brandão* (!). Na Mythologia indiana, os *andones* representam o mundo visivel (!). Palavra oriental, de significação incerta (!), e completamente obliterada». O que Morais diz (na 2.ª ed.) é: *Andònes*, s. m. pl. «poserão na rua sobre arvores *muitos* andones *accesos*». *Cart. do Japão*». O passo citado está assim concebido: «Por toda a rua larga, que vao até a cruz, puseram os portuguezes arvores mui altas de huma parte, e da outra, e n'elles muitas lanternas e **andones** accesos». Tom. I, fl. 117.

Bastava dizer simplesmonte, por significado: Lâmpada. Do jap. *andon*.

**ANDOR**. «Especie de andas portateis, sobre que vão homens ou imagens de divindades na Asia, ou de Christo, ou santos entre os Catholicos, nas procissões». Solano. «Padiola ornamentada, em que se levam imagens nas procissões; (ant.) liteira, andas». C. de Figueiredo.

Os povos do Oriente preferem, por luxo ou por comodidade, veículos de diversos feitios, transportados aos ombros ou à cabeça pelos homens a êsse fim destinados, a cavalos e viaturas, que não poderiam transitar por todas as partes, por falta de estradas ou por serem as herdades de tal modo muradas, que nenhum gado pode atravessar. É um meio de locomoção — já mencionado no *Ramáyana* — mais económico, mais seguro, mais senhoril e mais adaptado ao clima e ao solo. Os mais luxuosos e confortáveis eram o apanágio dos reis e das altas personagens, e o seu uso era determinado por leis especiais, civis e eclesiásticas, e sujeito a várias restrições.

Os nomes que tais transportes tem em português, recebidos das línguas indígenas, são *andor, palanquim, machila, dolim, catre,* cadeirinha.

O mais antigo dêstes veículos, conhecido no Malabar, é o *andor,* já mencionado pelo seu nome em 1500, e depois largamente descrito pelos cronistas. Era uma espécie de *machila* ou maca, com o fundo acolchoado, pendurada em um grosso varal, ordináriamente de bambu espinhoso, e conduzida aos ombros por dois ou quatro carregadores. Da cana pendia de um lado e do outro um pano, que resguardava do sol e da chuva, mas que se dispensava quando ia ao lado o *boi* com o «sombreiro de pé alto».

Mas os *andores* de todos os lugares e de todos os tempos não seriam do mesmo feitio, como o não eram os *palanquins,* considerados superiores, nem teriam, na bôca dos portugueses, o mesmo nome em toda a parte. Actualmente são pouco usados na India Portuguesa, pelo menos com a mesma denominação.

Há outros *andores,* em forma de padiola, como os da Europa, em que são levadas não sómente imagens dos deuses ou santos, mas também homens, pôsto que raramente, por veneração ou exibição.

Quanto à origem do vocábulo *andor,* que existe únicamente em português, há divergência entre os lexicógrafos. Uns não lha conhecem, outros, mais modernos, como o *Diccionario Contemporaneo,* derivam-no do verbo *andar;* outros, como Fr. João de Sousa e o Diccionario da Academia, da voz pérsica *andul* ou, antes, *handūl* [1].

Primeiramente, o termo *andor* não é coevo de *andas.* Os escritores quinhentistas, como Duarte Barbosa, Castanheda, João de Barros, Gaspar Correia, Damião de Góis, temno por estranho, e explicam-no, em geral, por meio de «andas». Diz o Roteiro de Vasco da Gama (p. 34): «Alj trouxeram ao capitam mor hũas *andas* domeẽs em que os honrrados costumam em aquella terra dandar, e alguns mercadores se as querem ter pagam por elle a elrey certa cousa». Também, nenhum dos autores alegados em abonação é anterior à época das conquistas asiáticas.

As mais antigas menções da palavra são de um pilôto português, que descreve a *Navegação de Pedro Alvares Cabral* em 1500, cujo teor sómente conhecemos pela tradução italiana da colecção de Ramúsio, e de João de Empoli, que narra em carta a um italiano a sua *Viagem ás Indias Orientaes* em 1503. Refere-se o primeiro ao veículo do samorim e o segundo ao do rei de Coulão, e ambos os consideram «uma espécie de andor». Julgo porêm que isso não implica que os preditos transportes eram uma espécie de outros conhecidos na Europa com o mesmo nome.

Empoli fez várias viagens ao Oriente até 1517, quando morreu em Cantão, e não se sabe o ano em que escreveu a sua carta. Não havendo em italiano a voz *andor,* nem sendo de presumir que a ouvisse em Portugal, é natural que aludisse a outros andores comuns do Malabar, que amiúde teria visto.

O mesmo se deve entender da distinção feita pelo pilôto português, que esteve três meses em Calecut e se inteirou com muita discrição dos usos e costumes do país.

Para se admitir a derivação do persa, não basta que haja *andūl* nessa língua, convém saber a épôca

[1] Domingos Vieira deriva *andor* de *andul* na acepção de «carruagem portatil», e omite a etimologia na de «charola». Cândido de Figueiredo tira-o, dubitativamente na 1.ª edição, de *andar* e *andul,* e na 2.ª do conc. *andor.*

e o meio da sua transmissão. Não entrou de certo durante a denominação dos mouros por via dos árabes, porque não deixou vestígios na península nem é conhecido do castelhano. Não veio por via da Índia, porque a Índia não precisava de tal empréstimo.

Mas o persa não tem *handūl;* se algum escritor o emprega é como uma palavra peregrina. E num livro árabe do século XI (*Kitāb'Ajāib-al-Hind*, citado em tradução francesa no Glossário Anglo-Indiano) vem mencionado e explicado o termo: «Le même m'a conté qu'à Serandib [Ceilão] les rois et ceux qui se portent à la façon des rois, se font porter dans **handoul** (*handūl*) qui est semblable à une litière, soutenue sur les épaules de quelques piétons».

Ben-Batuta (1325-1356) também se refere ao *andor* indiano e o descreve: «Passados dias vierão rapazes da casa de Almagduma Jahan com **Addula**, que he a liteira em que se transportão as mulheres, e em que moutão tambem os homens, que se assemelha a huma cadeirinha de mãos, cujo tecto ho de tranças de seda e algodão, e sobre a qual ha hum páo curvado... de cana indiatica maciça, a qual liteira conduzem oito homens, quatro por cada vez, descançando outros quatro». *Viagem*, II, p. 162.

Shakespear, no seu dicionário hindustani-inglês, deriva *haṇḍolā*,- não do árabe ou do persa, mas do sânsc. *hindola*, «redoiça, berço baloiçante ou maca; redoiça ou liteira ornamentada em que se levam imagens de Crixna durante a festividade de redoiça (*Swinging-festival*», Monier Williams).

Demais, é no Malabar que os portugueses primeiro conheceram o veículo e aprenderam o seu nome, e é naturalmente nessa região que se deve buscar a origem de *andor*, visto que a filiação de palavras anda, do ordinário, conexa com a sua pátria.

Ora o malaiala possui *aṇḍola*, que, na sua passagem para o português, deve normalmente, pela lei de atracção, assumir a forma *andor*. Cf. *anzol* do antigo *anzolo*, *mogor* de *mogol*. E que o vocábulo é vernáculo, inferimos dos paralelos: codágu *andola*, canarês e túlu *andaṇa* (idiomas dravídicos); sing. *andôreva* («palanquim candiano», conforme Clough; *va* é sufixo separável»), conc. *āndôl* ou *āndôr*, hindust. *haṇḍolā*, beng. *āndola* (línguas neo-áricas); os quais todos se entroncam no sânsc. *hindola*, que, por outra corrente e no sentido primário de «redoiça», deu o hindust. *hiṇḍolā*, mar. *hiṇḍoḷā* ou *hinduḷā*, guz. *hiṇḍoḷô*, conc. *hinduḷó* ou *hindḷó* [1].

Conclui-se, portanto, que o *andor* veio directamente da Índia para Portugal, onde se restringiu na sua significação. Não há motivo para se admitir, no caso, a hipótese de dois vocábulos etimològicamente distintos.

Jerónimo Cardoso (1563) dá um só significado de *andor* — *sella gestatoria*, ao passo que Bento Pereira consigna *ferculum* e *sella gestatoria*; o que implicaria que nem no sentido de «charola» estava *andor* vulgarizado no continente na primeira metade do século XVI.

1500.—«Havia nesta casa huma especie de **andor**, em o qual tinha vindo do palacio aonde costumava residir habitualmente: este **andor** he levado por homens infinitamente ricos» (em Calecut). — *Navegação de P. A. Cabral*, cap. 9.

«Quando sahe fóra vai em hum **andor** muito rico que levão dous homens, e vão com elle muitos tangedores de instrumentos, e muitos Gentis-homens com espadas e rodelas, e muitos archeiros, e adiante de tudo os seus guardas, e porteiros: vai ElRei coberto com hum docel, de sorte que lhe fazem mais honra do que a nenhum outro do mundo». — *Ibid.*, cap. 13.

1503. — «Trazião o rei [de Coulão] em uma especie de **andor** magnifico da feição de paviola, com quatro braços de marfim muito bem trabalhados, e em cima delle o Rei assentado a seu modo sobre os pés á maneira de alfaiate, bem ornado com panos lavrados de seda e algodão». — João

[1] Não se pode derivar o termo português directamente do conc. *andol* ou *andor*, actualmente em voga, por ser conhecido antes da conquista de Goa.

de Empoli, *Viagem*, cap. 9. — É claro que alude ao *andor* religioso.

1505. — «Il Re se fa portare in vna Barra quale chiamano **Andora** portata da homini». — *Carta* de D. Manuel ao rei de Castela, in *Glossary*.

1513. — «El Rey de pegu leua gramde contemtamento de vosa amizade, quer vosos tratos e vosa jemte e vosa ajuda; em seu reyno recebe vosa jemte que vay de malaca, são trazidos em **andor** cubertos de panos d ouro e da lhes grandes dadiuas». — Afonso de Albuquerque, *Cartas*, I, p. 138.

1516. — «Sae elRey [do Malabar] em hũu **andor**, que leuaraom (*sic*) dous homeins com suas almofadas de seda em que vay encostado; e ho **andor** he de pano de seda pendurado em hũa cana de muyta pedraria, tam grosa como hũu braço de hũu gordo homem, com hũas uoltas que de seu nacimento lhe afeiçoam pera aquilo, a qual cana dous homeins leuaom ha hos hombros de que vay ho dito **andor** pendurado». — Duarte Barbosa, *Livro* (2.ª ed.), p. 320.

1525. — «Não poderá ninguem trazer tocha, **andor**, sombreiro, sem nossa licença ou do nosso Governador». — *Foral* de D. João III, in *Archivo*, v, p. 132.

1525. — «Todos os capitães deste reyno se servem de **andores** e palanques, que são como andas, as quaees trazem homeẽs as costas, os quaees não podem andar nelles, convem a saber, nos **andores** se são [talvez *se não*] homeẽs de cavalleiros pera cima, e nos palanques capitães e pessoas principaes, e ha sempre na corte onde elrey está vinte mil **andores** e palanques». — *Chronica de Bisnaga*, p. 74.

«E estas molheres [do rei] não são vistas por homem nenhũu... e quando quer que camynhão vão os **andores** em que ellas vão cerrados e sellados, de maneira que vistas não podem ser». — *Ibid.*, p. 90.

1547. — «O novo *Roolim* [chefe dos budistas de Pegu] foy levado daqui deste lugar em hum riquissimo **andor** de ouro e pedraria, que oito principaes senhores do reyno levavão aos hombros». — Fernão Pinto, *Peregrinação*, cap. 169.

1552. — «Vindo o recado do Çamorij que fosse, sahio Vasco da Gama com doze pessoas em terra, onde o recebeo hum homem nobre, a que elles chamão *Catual*, acompanhado de duzentos homens a pé... e outros de o trazer aos hombros em hum **andor**, porque em toda aquella terra Malabar não se seruem de bestas, hum dos quaes **andores** foi tambem apresentado a Vasco da Gama pera ir nelle». — João de Barros, *Déc.* I, IV, 8.

«El-Rey [de Cananor] vinha em hum **andor** dos que elles vsão, às costas de certos homens muy bem vestidos a seu modo com panos de seda. — *Id.*, I, v, 4.

1552. — «Depois de recebido [Vasco da Gama] foi tomado em hum **andor**... porque naquella terra não se costuma andar a cavalio, e andão nestes **andores**, que sam como leytos dandas, senão quo sam descobertos, e quasi rasos, tão baixas tem as goardas». — Castanheda, *Historia*, IV, cap. 16.

1557. — «Leváram Timoja em hum **andor** por toda a cidade [de Goa] com muitas festas». — *Commentarios*, II, cap. 23.

1563. — «Veo á feitoria em hum **andor**, que homens trazião ao hombro, que são humas canas voltadas pera cima e arcadas, e dellas pendurados huns panos largos de meia braça e de comprido braça e meia, e nos cabos paos que sosteem o pano pendurado na cana; e encima deste pano hum colchão de sua grandura, tudo isto feito de panos de seda e fio d'ouro, com muitos lauores e franjas e borlas, e a cana, os cabos guarnecidos de prata tudo muito loução, e de tanta riqueza, como som os senhores que nelles andão, que vão assestados sobre este colchão, e se querem, deitados em almofadas, e de quantas gentilezas querem. O Catual veo assi em hum destes **andores**». — Gaspar Correia, *Lendas*, I, p. 102.

«ElRey vinha assentado em hum **andor**... e o pano em que vinha assentado laurado de fio d'ouro com muytas franjas e borlas pendentes, e da compridão de huma braça, e meia de largura, postos os cabos em huns paos de marfim que o fazem estar aberto, pendurado em huma cana da grossura de hum homem, que no meio faz huma volta arcada, que nam toca em quem vay assentado; e almofadas de seda feitas da feição e largura do pano». — *Id.*, I, p. 171.

«1566. — «Na mesma hora, que Vasco da Gama desembarcou, ho fez ho Catual tomar em hum **andor**, que sam a modo de andas descobertas, que levão quatro homens aos hombros por estado, estes sam tão destros neste officio que ho que vai no **andor**, posto que elles vão ás vezes correndo, quasi não sente que o movem, a par dos quaes vai outro homem com hum sombreiro desparavel, posto em huma haste comprida pera lhe tomar o sol e a chuva». — Damião de Góis, *Chron. de D. Manuel*, I, cap. 39.

1565. — «As tres horas depois do meio dia me sahi com todos os christãos e com o Secretario de Mioxindono, e sua gente metido em hũ **andorzinho** pequeno». — P. Luís Fróis, *Cartas de Japão*, I, fl. 192.

1572:

> «Mas um tiro que com zunido voa,
> De sangue o tingirá no andor sublime».
>
> Camões, *Lusíadas*, x, 17.

1574. — «Mando a todos os *panditos* [médicos] e phisicos gentios que não andem por esta cidade e arrabaldes della a cavallo nem em **andores** e palanquins». — *Alvará* do governador da Índia, de 15 de Dezembro.

1577. — «Trazem sombreiros de pé, **an-**

**dores**, palanquins». — *Primor e Honra*, fl. 6.

1597. — «Discorrendo pelos esquadrões em hum **andor** de marfim ao modo que os Reys Godos costumavão andar nos exercitos». — Fr. Bernardo de Brito, *Monarchia Lusitana*.

1603. — «Este mesmo carro com estes tristes sacrificios ha em muitas outras partes da India, em especial nas de Choramandel e S. Thomé, e noutras vay o Pagode em hum **andor**, e os que o leuão aos hombros parão em alguns passos».—Fr. António de Gouveia, *Jornada do Arcebispo*, fl. 126.

1609. — «. . . forrão palanquins, que são como **andores** em que a gente do Oriente anda como em Portugal nas cadeiras». — Fr. Gaspar de S. Bernardino, *Itinerario*, p. 35.

1613. — «Iam diante quatro ou cinco **andores** com alguns Pagodinhos» (idolos). — P. Manuel Barradas, *Hist. tragiomaritima*, II, p. 107.

1635. — «Só indo subindo a serra de Balané [em Ceilão] de dentro do matto lhe tiraram uma espingarda, de que lhe passaram os coxins do **andor** onde ia deitado». — António Bocarro, *Déc.* XIII, p. 405.

1650. — «O mesmo empreenderam Domingos Borges de Sousa, que fez de uma alcatifa um **andor**, e Francisco Cabrita, outro de um pano, servindo-lhe de canas os remos do batel, que o carpinteiro affeiçoou». — Bernardo Feio, *Hist. tragico-maritima*, x, p. 93.

1634. — «Quem é (tende mão) aquelle senhor, que alli vem naquelle **andor**, tão rodeado de gente, de que faz elle tão pouco caso?». — D. Francisco de Melo, *Apologos Dialogaes*, p. 125.

1612. — «Foi disto hum retrato aquelle **andor** que Salamão mandou fazer no dia dos seus desponsorios, quando indo nele com sua esposa, desse mostras de si a toda a cidade». — Fr. António Feio, *Trattados Quadragesimaes*.

1619. — «O meio que achou o engenho humano para vadear este passo [descida dos Alpes para o Piemonte] foi inventar huma maneira de **andores** ou carretes, que vão descendo ou cahindo pelas serras abaixo, arrastados cada hum por dous homens». — Fr. Luís de Sousa, *Vida de D. Fr. Bertolameu*.

1694. — «Entre os quaes hião todos os Religiosos da Companhia, que tambem levavão aos hombros o seu Santo Padre [S. Francisco Xavier em Goa] em hum esquife ou **andor**, ricamente ornado... Das janellas, e eirados chovião flores sobre o **andor** e corpo do Santo». — P. A. Vieira, *Xavier Dormindo*, p. 359.

1832. — «Fazem parte do cortejo turmas de musicos, tangendo instrumentos; e muitos **andores**, levados por homens, com os symbolos do casamento» (na China). — José Inácio de Andrade, *Cartas*, II, p. 144.

1855. — «Os **andores** são hoje raros e o seu uso he privativo aos Prelados dos Gentios, e aos Pagodes, sob a denominação de *palqui*. O seu uso, assim como do sombreiro (para-sol) e Tocha, era objecto de concessão do Governo, em remuneração de serviços prestados ao Estado». — F. N. Xavier, *O Gabinete Litterario*, IV, p. 155.

1884. — «Era uma outra procissão que já andava na rua, e na qual era levado um grande **andor**, com muitos cavallos dourados, ostentando-se na parte superior a imagem da divindade hindú .. Este **andor** era levado por muitos homens, com lanternas, queimando fogos de Bengala e fazendo uma vozeria infernal». — Adolfo Loureiro, *No Oriente*, II, p. 229

1623. — «Queste Reti son differenti da i Palanchini e da gli **Andòr**: perchè in quelle dalla canna, che si porta in spalla, pendono pur, non reti, ma bare à guisa di letticciuoli, doue vn' huomo assiso con le gambe stese, ò per dir meglio, mezzo colcato co' i suoi cossini và molto commodamente. E sono anco i Palachini, e gli **Andòr** differenti fra di loro, perchè ne gli **Andòr** la canna con che si porta, come anche nelle reti, è dritta; ma ne i Palanchini, per più comodità di chi và dentro... la detta canna è incuruata in alto». — Pietro della Valle, *Viaggi*, III, p. 133.

1760. — «Of the same nature as palankeens, but of a different name, are what they call **andolas**: these are much cheaper, and less esteemed». — Grose, in *Glossary*[1].

**ANFIÃO.** É o mesmo que ópio, produto de *Papaver somniferum*, Linn. «O *amfiam* he o que chamamos opio». Garcia da Orta, Col. VIII. «*Anfiam*. Assim chamão na India ao Opio». Bluteau. «Recebeu dos gregos o nome de *mēkōneion* ou de *opós*, que os latinos, como Plinio, escreveram *opion*, e de que os arabes fizeram *afiun* [ou afyūn]. De *afiun* os portuguezes da India derivaram *afiam*, e depois por uma alteração phonetica natural *anfiam*». Conde de Ficalho, Col. XL.

1513. — «Mando vos tambem hum mouro d'adem, que sabe laurar **afyam** e a maneira de que se colhe... O **afyam** nam he outra cousa, senhor, senam leite de dormideiras». — A. de Albuquerque, *Cartas*, I. p. 174.

1516. — «Opio chamamos qá **amfião**... costumase a comer, os reis, e senhores em

[1] V. outras abonações em *palanquim*.

cantidade de avellã; a gente baixa come menos, porque custa caro». — Tomé Pires, *apud* Cardeal Saraiva, VI, p. 420.

1516. — «Uemos por experiencia no **anfiam** que a moor parte dos Mouros e Indios comem, que se ho leyxasem de comer moreriaom, e se ho comesem hos que nunqua ho comêraom moreriaom tambem». — Duarte Barbosa, *Livro* (2.ª ed.), p. 281.

«Tambem leuaom **anfiam** a que nós chamamos opeo». — *Id.*, p. 375.

1554. — «E a Renda de **anfião** e *bangue* e sabão». — Simão Botelho, *Tombo da India*, p. 53.

1563. — «O **amfiam** he o opio . Dixeramos que destas durmideiras se fazia o **amfiam**, dando cutiladas nas durmideiras por onde corria o **amfiam**». — Garcia da Orta, Col. XL.

1557. — «Levam esta roupa de Cambaia, e **Anfião**, sandalos, e agoa rosada». — *Commentarios*, I, cap. 14.

1563. — «Sômente cadahum tomaua hum grão de **Anfião** tamanho como hum grão de pimenta, o qual acertou de leuar no seyo hum Mouro que ali ia, por ser entre elles tão costumado o vso daquella mezinha que não sabem andar sem ella». — João de Barros, Déc. III, v, 3.

« .. o que lhe causava o **Anfiam** que tomava (que he o opio), com que os Indios se embebedão». — *Id.*, Déc. IV, IX, 6.

1615. — «Accrescente-se que a maior parte mascam opio [nas Maldivas] ou **amphião**, como lhe elles chamam, que os embriaga e adormece». — Pyrard de Laval, *Viagem*, I, p. 168.

1616. — «Foi tomar todos os portos porque lhe não entrasse arroz, nem **Anfião**». — Diogo do Couto, Déc. VII, II, 11.

1701. — «Virão muytos campos de papoulas, de cujo çumo se faz o **anfião** tão celebre em todo o Oriente, pelas muytas forças, que põem; mas quem se costuma a elle, o não deve deyxar sob pena de morte». — P. Francisco de Sousa, *Oriente Conquistado*, II, I, 2.

1825. — «O **anfião** era de Malwa: o director abriu o preço: 1:000 rupias a caixa». — José Inácio de Andrade, *Cartas*, I, p. 96.

1841. — «Os acontecimentos extraordinarios que têm tido logar na China, por causa do commercio do Opio ou **Anfião**, são hoje já demasiado conhecidos». — *Annaes Maritimos*, p. 300.

1586. — «La seconda è l'anile, o vero indico; la terza è l'**anfione**, cioè, l'oppio, con quale si sostentano». — F. Sassetti, *apud* Gubernatis, *Storia*, p. 225.

1598. — «**Amfion**, so called by the Portingales, is by Arabians, Mores, and Indians called *Affion*, in latine *Opio* or *Opium*... The Indians use much to eat **Amfion**». — Linschoten, in *Glossary*.

1631. — «**Affion**, ac quibusdam **Amphion**, Arabibus, et Indis, Opium Græcorum est». — Bontius, *Historia Naturalis*, p. 42.

1676. — «On seme principalement quantité de pavots dont on tire l'Opium ou l'**Aphion**, comme l'appellent les Turcs». — Tavernier, *Voyages*, I, p. 120.

* **ANGANA** (s. m., pl. *anganans*). Eira ou pátio defronte da casa na Índia. Do conc. *āṅgaṇ* (pl. *āṅgaṇā*), sânsc. *aṅgaṇa*.

1736. — «Mandâmos aos ditos naturaes da India, e tambem a todos os moradores nos sobre ditos districtos ainda portuguezes, que não tenham nos quintaes das suas casas, nem nos **anganans**, nem em seus palmares e fazendas, a planta chamada *Tulossi* [1], e em qualquer parte donde a houver, a arranquem logo». — *Edital* da Inquisição de Goa, *apud* Lopes Mendes, *A India Portugueza*, I, p. 158.

**ANGELIM** (indo-ingl. *angely-wood*). Nome português de *Artocarpus hirsuta*, Lamk. É árvore de madeira muito valiosa e largamente utilizada no Malabar. Do tam. *aññili*, malaial. *aññili* ou *āyini*. Diz-se também *jaqueira brava*.

1514. — «Entregues a martim fernandez mestre da nao belem cemto e trynta seys couados de tauoado **damgellim**». — In *Cartas* de A. de Albuquerque, VI, p. 219.

1541. — «Pinhaes, arvores de **angelim**, como na India, para se poderem fazer infinidade de navios». — Fernão Pinto, *Peregrinação*, cap. 53.

«Nas partes altas [de Siame] tem arvoredos espessos de muyta madeira de **Angelim**, de que se podem fazer milhares de navios de toda a sorte». — *Id.*, cap. 189.

1563. — «São de tauoado **dangelim**, pao muy forte». — Gaspar Correia, *Lendas*, I, p. 405.

1635. — «Engenhamos uma das taboas do fundo de um caixão de **angelim**». — José Cabreira, *Hist. tragico-maritima*, X, p. 45.

1701. — «Nos matos de Cochim andava o Irmão Gaspar Paes cortando madeira de **Angelim**, muito estimada pela sua notavel largura, e incorruptibilidade». — P. Francisco de Sousa, *Oriente Conquistado*, II, I, 1.

1767. — «Ha nesta Ilha [de Larantuca na Oceânia] muita madeira, ainda que nenhuma de Tequa, nem **Angelim**». — Fr. Lucas de Santa Catarina, *Hist. de S. Domingos*, IV, p. 659.

1782. — «A 8.ª é a planta chamada

---

[1] *Tulossi* é objecto de culto entre os hindus.

pelos naturaes *patponnus* ou jaqueira brava... Da sua madeira se fazem taboas e almadias, e no sul lhe chamam **angely**». — Fr. C. da Ressurreição, *Tratado*, II, p. 319.

1886. — «Pat-ponôsso, **angeli** ou jaqueira brava». — Lopes Mendes, *A India Portugueza*, II, p. 130.

1578. — «Nasce en lugares humidos, y entre arboles principalmente cerca de los **Angelins** y no muy lexos de la mar». — Cristóvão da Costa, *Tractado*, p. 342.

1598. — «On truve pres de Cochin un arbre nommé **Angelina**, duquel on fait certains bateaux tous d'une piece qu'on appelle *Tones*, aucuns desquels peuvent porter vingt ou trente pipes d'eau, d'ou on peut juger de la grosseur de cet arbre». — Linschoten, *Histoire*, p. 106.

1675. — «Son muchos los bosques de Evano, Brasil, y **Angelim**». — Faria y Sousa, *Asia Portuguesa*, III, p. 432.

* **ANGRACÁ** (s. m.). É uma espécie de blusa ou cabaia de algodão, que os índios e os maometanos trazem ordinàriamente fora de casa. É quási sinónimo de *chogó*, q. v. Do marata-hindust. *aṅgrākhā* (conc. *āṅgarkhó*), de *aṅg*, «corpo», e *rākh*, «proteger».

1874. — «Mais alem um jardim de turbantes ou *pagotens* de todas as cores por cima do alvejar das cabaias, **angracás** ou chogás e dos *pudivães*, de barras vermelhas e roxas». — Tomás Ribeiro, *Jornadas*, II, p. 101.

1886. — «O vestuario dos *saucares* ou gentios mais opulentos, consiste n'um *angui*, **angracá** ou cabaia, que lhes desce até aos artelhos». — Lopes Mendes, *A India Portugueza*, II, p. 138.

1898. — «Outros indios (os mais ricos) usam o **angarkah** (camisa curta) e o *jamáh* (tunica comprida de côr branca)». — Oliveira Mascarenhas, *Atravez dos mares*, p. 62

**ANIL.** Substância que tinge de azul, extraída de **anileira** — *Indigofera tinctoria*, Linn. [1]. **ANILAR** é dar côr de anil. Em uma lista de mercadorias, despachadas na alfândega de Goa em 1630 para Portugal, se menciona «anil, anil d'aldea, anil roim, anil em pó». V. *O Chronista de Tissuary*, I, p. 158. O mais fino era conhecido por «anil nadador».

O étimo é o ár. *an-nīl*, por *al-nīl*, ou *annīr* conforme Dozy, do persa *nīl*, sânsc. *nīlī* de *nīla*, «azul». V. *índigo*.

1514. — «Tanto que aqy chegou lujs d amtas, ho mandey logo partir, camjnho de cambaya, a vemder as mercadorias e trazer o **anill** e *alaquequas* que vossa alteza mamda levar». — A. de Albuquerque, *Cartas*, IV, p. 189.

1516. — «Anfiam, **Anil** fino de taboleta, e outro mais bayxo... **Anil** *nadador*, muyto bom, per *farazola fanams* 30». — Duarte Barbosa, *Livro*, p. 393.

1554. — «O **anil** se peza por *mãos* da tara, e vendese por fardos, e cada fardo tem 40 mãos». — António Nunes, *Lyvro dos pesos*, p. 17.

1563. — «**Anil** não he simple medicinal, senam mercadoria. . Sabei que o **anil** he assim chamado dos Arabios e Turcos, e de todas as lingoas, e somente o Guzarate, que he onde se faz, o chama *gali*, e porém já agora o chama *nil*. He herva que se semea e parece com a que nós chamamos *mangeriquam*». — Garcia da Orta, Col. VII.

1603. — «As molheres [dos cristãos de S. Tomé] são por estremo honestas, assim na vida, como no trajo, porque trazem vestidos huns mantos brancos, ou tintos com o **anil**, com que ficão azulados, que lhe cobrem o corpo todo». — Fr. António de Gouveia, *Jornada do Arcebispo*, fl. 63 v.

1614. — «... irem dar os trabalhadores com vns fardos de **anil**». — Diogo do Couto, Déc. VII, VIII, 1.

1516. — «O **Anil**, por outro nome *Indigo*, sómente se produz no reino de Cambaia e Surrate». — Pyrard de Laval, *Viagem*, II, p. 364.

1652. — «Deixão passar por estimação de **anil**, o pacote, que vem cheyo de *bazares*; e cintão por cascaveis o barril, que vem recheado de coraes, e alambres». — P. António Vieira, *Arte de furtar*, p. 449.

1663. «Mas sobre tudo que não tivessem as terras do *mogol* mais, as suas tres hervas que dão, o anfião, o **anil** e o algodão, bastara para as darmos por ricas». — P. Manuel Godinho, *Relação*, p. 55.

1684. — «O **Anil**, Anfião, Assucar, Roupas, Tapeçaria, e Sedas do Industán». — P. Fernão Queiroz, *Hist. de Pedro de Basto*, p. III.

1701. — «As minas mais rendosas de Cambaya são o **anil**, a erva de anfião, e os arbustos de algodão». — P. Francisco de Sousa, *Oriente Conquistado*, II, I, 1.

1891. — «As maneiras de apreciar as qualidades do **anil**, a que se refere o nosso escriptor, eram bem conhecidas no Oriente; e ao melhor e mais leve davam os portuguezes o nome de **anil** *nadador*». — Conde de Ficalho, Col. VII.

1589. — «L'**Anil** ou Indigo se prépare particulièrement à Cambaya, et delà est

[1] Les Portugais ont entendu et adopté ce mot dans les Indes, où ils l'ont transmis aux Hollandais». Dozy.

transporté par tous les endroits du monde» — Linschoten, *Histoire*, p. 20.

1631. — «Secondo **Annil,** quod vulgo glostum vocant, tincturae species toti Europae jam notissima et usitatissima». — *De Imperio Magni Mogolis*, p. 99.

1663. — «.. comme aussi dans l'achat de l'**anil** ou indigo qui se recueille tout autour d'Agra». — Bernier, *Voyages*, II, p. 77.

* **ANISTA.** A palavra chinesa *háng* ou *sháng* significa «negociante ou mercador» ; mas os estrangeiros interpretam-na por «comerciante que era antigamente intermediário oficial entre os negociantes europeus e chineses». *Anista* é formação portuguesa de *háng*, adoptada pelos estrangeiros.

1825. — «Em 1813 mandou o governo chinez vigorar a lei concernente aos **anistas,** a fim de cohibir o contrabando feito pelos inglezes». — José Inácio de Andrade, *Cartas*, p. 147.

«O governo para não tratar directamente com os estrangeiros, nomeou certo numero de negociantes probos, e abastados a quem chamou **Anistas,** para negociarem com os estrangeiros». — *Id.*, p. 164.

1870. — Estipulou-se, afóra outros artigos... a suppressão dos cong-hang ou sociedades dos **anistas**». — *In Ta-ssi-yang-kuó*, I, p. 24.

1898. — «Depois da guerra entre a China, Inglaterra e França foi abolida a instituição dos **Hongs,** ou agentes oficiaes, negociantes intermediarios entre os negociantes europeus e chinezes». — Joaquim C. Crespo, *Cousas da China*, p. 15.

1782.—«Les **Annistes** sont des riches négocians associés au nombre de sept; ils ont le privilège exclusive du commerce de Canton, et vendent aux autres la permission de faire le commerce soit en gros, soit en détail». — Sonnerat, *Voyages*, II, p. 10.

* **ANJIRA.** É termo usado nas pautas aduaneiras da nossa Índia, no sentido de «figo passado», que se importa em grande quantidade da Pérsia. Não se lhe chamou *figo*, porque *figo* é ali sinónimo de «banana». Do conc. *añjīr*, persa *anjīr*, sânsc. *añjīra*.

1788. — «Por cada carga de **Anjiras,** huma tanga dous reis e meio». — *Collecção de Bandos*, I, p. 54.

* **ANJUÃO.** É o fruto da árvore que produz a *assa-fétida* (q. v.). Do ár. *anjudan*.

1515. — «E 72 quintaes, 2 arrobas, 24 arrates de **amgyam**». — Doc. da Torre do Tombo, *apud* Amâncio Gracias, *Subsidios*, p. 16.

1554. — «**Anjuão,** pucho, mirra, encenso, anil...». — Simão Botelho, *Tombo da India*, p. 49.

1563. — «E como a qualquer arabio lhe mostraes esta goma, dos Indios chamado *imgu* ou *imgara*, por o mesmo nome a nomeão que vos disse [*altiht* ou *antil*]; e a arvore de que se tira ou mana se chama **anjuden,** e outros o nomeão *angeidam*». — Garcia da Orta, Col. VII.

1832. — «Por carga de **anjuão** (folhas de) 0 : 2 : 02 ¼». — *Collecção de Bandos*, I, p. 133.

* **ANNAVI.** Catequista em Ceilão. Do tamul-malaial. *aṇṇāvi*, «mestre, pedagogo». Quási todas as igrejas da ilha tem seus *annavis* nas capelas filiais.

1707. — «Mas tambem os ermidarios **Annavés,** que são os que ensinão, e fazem os exercicios das ermidas, declaram espontaneamente os seus ministerios». — P. Manuel de Miranda, in *O Chron. de Tissuary*, III, p. 206.

**ANONA.** Fruto de **ANONEIRA**—*Anona reticulata*, Linn. Na Madeira chama-se-lhe *nona*. O primeiro indianista que menciona *anona* é o P. Vincenzo Maria, cuja obra foi publicada em 1672. O P. Gaspar Afonso (1596) diz que em S. Domingos lhe chamam coração «pela semelhança que tem com um coração em tudo, por fóra, e muito mais por dentro, na brancura e candura da massa, como Nosso Senhor quer os humanos». (*Hist. tragico-maritima*, VI, p. 49). Cf. o nome inglês *bullock's heart*, a par de *soursop*. Quanto à pátria e à etimologia do vocábulo, vid. *ata*.

1782. — «Vê-se outra quasi similhante á precedente [*ateira*] no fructo com o nome de **anoneira;** é elle maior, mais agreste, menos saboroso, mais aspero seu amago, e tirando para o encarnado sua casca exterior». — Fr. C. da Ressurreição, *Tratado*, II, p. 338.

1873. — «A fructa é exteriormente ao principio verde e quando madura de côr roxa castanha, de pelle lisa, trazendo pintadas areolas polygonaes... Ao paladar não se encontra a sensação tão suave e lubrica como a da *ata*, mas um tanto farinacea, sem comtudo deixar de ser agradavel». — B. F. da Costa, *Manual do agricultor*, II, p. 164.

1882. — «A lechia; a **anona**; o rambotão; o ananaz». — Henrique Prostes, *Bol. S. G. L.*, IV, 392.

1886. — «Costumam os *bottos* cultivar... *ateira* (anona squamosa), **anoneira** (anona reticulata)...». — Lopes Mendes, *A India Portugueza*, I, p. 237.

**ANTENAL** (s. m., derivado de *antena*). É sinónimo de *alcatraz* ou *mangas-de-veludo* (*Diomedia exulans*, Linn.). Morais e Vieira dão-lhe o significado de «ave marítima», e José Inácio Roquete, no seu *Diccionario Portuguez-francez*, traduz *antenal* por «anténal, albatros: oiseau de mer». Vê-se das abonações que o termo era muito conhecido outrora.

1561. — «Vinhão comnosco muitos **Antenaes**, e outros passaros, a que chamão *Borelhas*». — Henrique Dias, *Hist. tragico-maritima*, I, p. 396.

1906. — «Se as duas expressões **antenal** (pl. *antenais*, e não *antenales*) e *mangas-de-veludo*, como denominações vulgares impostas provávelmente por marítimos, figuram, ou não, em escritores portugueses do século XVI, ou posteriores, e se ainda são usuais em qualquer parte do reino, é o que não ousarei afirmar, nem negar». — Gonçalves Viana, *Apostilas*.

1598. — «Nous vismes [no Cabo] beaucoup d'oiseaux de la grosseur des oisons, que les Portugais nomment **Antenales**». — Linschoten, *Histoire*, p. 165.

**ANVALLÓ** (pl. *anvallés*). É o nome que se dá na Índia ao mirabólano êmblico (q. v.) fruto de *anvalli*. «Faz-se achar do fructo; a casca e o fructo são adstringentes, e aproveitam contra a diarrhéa e a dysenteria». D. G. Dalgado, *Flora*. Do conc. *ãṁvāḷó*, pl. *ãṁvāḷẽ*; *ãṁvāḷī*, árvore.

1908. — «... misturados com pedacinhos de canna doce, tamarindo verde, **anvallés** e cocos». — *Luz do Oriente*, de Abril.

**APA.** Bôlo circular e chato de várias espécies de farinha não fermentada, como de arroz, trigo, *nachinim*, milho. O que na Índia Portuguesa se chama *apa* é assado em um caco de barro. O termo é usado em toda a área do ásio-português. O étimo é o dravídico *appam*. Em landim *apa* significa «pão».

1552. — «E assi tornou com hum fardo **dapas**, que sam huns bolos de farinha de trigo que os mouros comem». — Castanheda, *Historia*, VI, cap. 38.

1554. — «E a Renda das **apas** e dos queijos». — Simão Botelho, *Tombo*, p. 53.

1563. — «Alguns a comem com o pão a que chamão **apas**». — Garcia da Orta, *Col.* VII.

1572. — «O ramo das **apas**, e *fogueos*, que seraa livre». — *Archivo Port.-Oriental*, II, p. 197.

1616. — «Fazem farinha de um páo de uma arvore, a que chamam sagú, da qual farinha todos aquelles povos fazem bollos e **apas**». — Pyrard de Laval, *Viagem*, I, p. 670.

1687. — «Nos dias de grande solemnidade mandava o Santo fazer algumas **apas**, isto he, bolos a modo dos *beyjùs* do Brasil». — P. Francisco de Sousa, *Oriente Conquistado*, I, IV, 1.

«**Apas** Bolos compostos de farinha de arroz e azeite de coco que comem todos os Orientaes». — Bluteau, *Vocabulario*.

1842. — «Um bollo, a que chamam **apa**, feito de farinha de arroz, que comsigo levam em marcha, os (*sipais*) sustenta por 3 e mais dias, sem necessidade de algum outro alimento». — *Annaes Maritimos*, p. 198.

1850. — «Esta sorte de **apas** [de que fala Bluteau] se chamam neste Estado *polés* ou *fugueos*: pois as **apas** propriamente ditas são assadas». — F. N. Xavier, *O Gabinete Litterario*, IV, p. 160.

1866. — «Quando o sipay está para fazer uma jornada, manda aprromptar **apas** circulares de farinha de nachenim (dolichos biflorus), de um palmo de diametro e da grossura de um *carlisle biscuit*». — F. L. Gomes, *Os Brahamanes*, p. 231.

1875. — «Come por dia uma **apa**, pequeno pão de arroz, e bebe agua das fontes». — Tomás Ribeiro, *Jornadas*, II, p. 19.

1886. — «Com o caril usa-se de *papari* ou **apa** mui delgada feita da farinha de nachinim». — Lopes Mendes, *A India Portuguesa*, I, p. 54.

«Com tres ou quatro **apas**, que é uma especie de bolos feitos de arroz ou trigo, tem que comer para varios dias». — *Id.*, II, p. 138.

1898. — «**Apa**, bolo de farinha de arroz, trigo, nachini, etc , em fórma circular, cozido sobre um caco de panella de barro». — D. G. Dalgado, *Flora*, p. XVII.

1912. — São uns grãos como os de nachinim ou mais grossos, muito farinaceos, amilaceos e saborosos, de que se fazem **apas** (bolos chatos e largos)». — Caetano Gracias, *Flora Sagrada*, p. 5.

1578. — «Hazen destas rayzes harina, de que hazen cierta manera de Pan, como bollos delgados, a que llaman **Apas**, y algunas vezes con *Sura*, y con *Yagra*». — Cristóvão da Costa, *Tractado*, p. 60.

1786. — «Questo **appam** o pane di riso

alle volte è condito con zucchero o con mele». — Fra Paolino, *Viaggio*, p. 138.

**APSARÁ.** «Nympha do céu ou do paraíso dos índios». C. de Figueiredo. A palavra sânsc. *apsaras* (nominativo *apsarā*) é composta de *ap*, «água» (cf. lat. *aqua*) e de *sara*, «movente». O *Ramáyana* atribui a sua denominação ao facto de terem saído da água, quando os deuses bateram ou remexeram o oceano.

1912. — «... espelhando-se no sagrado Ganges e no poetico leito de Golconda entre magicos perfumes de *kamalas* e *mogarins* e meigos canticos das lindas **Apsáras**». — Caetano Gracias, *Flora Sagrada*, p. III.

1916. — «Tambem teve igual imposto, de cujo produto o bramanismo com as suas castas, as suas **apsarás**, o cortejo luzido de toda a pleiade dos que intervinham nos seus complicados ritos, se alimentava exclusivamente». — *Heraldo*, de 14 de Abril.

1786.— «Mandò una **Apsarastri**, cioè una Ninfa, acciocchè colle sue lusinghe distornasse l'animo di Vishvamitra dalla contemplazione». — Fra Paolino, *Viaggio*, p. 311.

**APÔ** (s. f.). Emprega-se êste termo em Macau para designar a mulher chinesa da classe baixa. Em chinês *yó pó* quere dizer «mulher velha».

1667. — «Sucedeo porem, que indo vespora da Paschoa 9 de Abril hũa lorcha em q' hião duas **apôs** hũ soldado ou cryado da terra e dous remadores; estando para desembarcar em terra; de cima da terra tirarão frechas e espingardas; e hũ pelouro deu no soldado, matou-o; e como as duas **apôs** estavão já em terra, vieram os soldados Chinas, cortarão-lhe as cabeças; os dous remadores remarão e trouxerão a lorcha ao meyo do Rio; de onde vierão para Macáo sem as **apôs**». — In *Ta-ssi-yang-kuó*, de Dezembro de 1899.

«Só pôde intrá na classe de **apô**. — Dialecto de Macau, *ibid*.

**APTÁ** (s. m.), **APTEIRA.** São os nomes de *Bauhinia racemosa*, Lamk. Fazem-se «canudos» ou cigarros com suas fôlhas, que dão um gôsto especial ao tabaco. Do mar. *apṭā*, *āpṭó* em concani.

1872 — «Vê-se outra com o nome de **ametá** [*aptá*], a qual produz umas folhas encarnadas... de suas folhas se servem para fumar na falta de *figueira* [bananeira]». — Fr. C. da Resurreição, *Tratado*, II, p. 347.

1886. — «**Apteira** ou **aptá**... é de madeira mui forte, mas de inferiores dimensões. — Lopes Mendes, *A India Portugueza*, II, p. 248.

1910. — «Sentava-se no chão semi-nú e obsequiava todos, que para ali iam obter justiça para as suas petições verbaes, com tabaco e folhas de **apteira**». — António F. Moniz, *Hist. de Damão*, III, p. 199.

1912. — «A casca de **Aptá** é muito adstringente e usa-se nas diarrhéas e dysenterias chronicas». — Caetano Gracias, *Flora Sagrada*, p. 52.

* **APTAGUIR.** Sombreiro ornamentado, debaixo do qual andam altos personagens nas procissões. É uma espécie de pálio dos hindus. Do concani-mar. *āptāgīr*, persa *āftābgīr*, «quita-sol».

1874. — «Em volta do pallio estreitavam-se os *Chouris* e *mortcheis*... o pendão, **aftaguir** ou *suriapana*». — Tomás Ribeiro, *Jornadas*, II, p. 138.

1674. — «... and **Oftagary** (a Screen of Silver and Velvet with Sarcenet Borders) to keep off the Sun». — Fryer, *East India*, II, p. 36.

* **APUAME** (sing. *appuhāmī*). Tratamento honorífico, dado a um funcionário superior de Ceilão.

1685. — «Assentarão fosse hum **Apuame** do Imperador, e delle bem visto, por ser homem de prendas, e qualidades entre elles, discreto e grande amigo nosso». — João Ribeiro, *Fatalidade historica*, I, cap. 5

«Os *modeliares*, **Apuames**, *Adigares*, e outros grandes entre elles, vestem camisa e gibão, que os de casta baixa não podem trazer». — *Id.*, cap. 16.

**ÁQUILA.** V. *águila*.

**ARÁ** (s. m.). Medida de capacidade para secos em Damão, equivalente a duas mãos. Do beng. *āḍhā*.

1516. — Levaom no [arroz] depois de debulhado e limpo, metido em fardos de propia palha dele, todos saom de hũa medida, **ara**, cada hũu quatro alqueires e meio, e ual cada hũu cento e sincoenta, e duzentos rs. segundo a calidade do aros». — Duarte Barbosa, *Livro*, p. 299.

1777. — «A dez rupias o **Ara** do *bate* Dangui». — *Apud* A. F. Moniz, *Hist. de Damão*, I, p. 155.

1886. — «**Ará**, que se divide em 30 *parás* (q. v.). É medida ideal e unidade principal». — Lopes Mendes, *A India Portugueza*, II, p. 255.

1901. — «Sendo no mercado de Damão, por exemplo, o preço medio de cada **ará** de genero da qualidade superior de 25 rupias». — *Bol. S. G. L.*, p. 35.

**ARACA, ARRACA, ORRACA, URRACA.** O vocábulo ár. *'araq* significa própriamente «transpiração»; empregou-se porêm o termo para indicar a exsudação ou seiva da tamareira» e, depois, «bebida espirituosa, espirito destilado». Os nossos escritores entendem por *orraca* o «espírito fraco da palmeira». A forma mais corrente actualmente na Índia é *urraca*, do conc. *urūk*, corrução de *'araq*[1]. Os ingleses dizem *arrack* ou *rack* e os franceses, *araque* ou *rack*. V. Dozy. Cf. *fenim*, *xarão* e *sura*.

1514. — «Treze fardos d arroz e duas jarras d **orraqua** e duas *maos* de manteiga». — A. de Albuquerque, *Cartas*, II, p. 120.

«Reçeby d'aluaro lopez... trinta *paras* darroz e quatro *chodanes* de manteyga, e hũa pypa **doraqua**». — *Ibid.*, VI, p. 8.

1518. — «Todos os mantimentos asy de pão, como vinhos, **orracas**, arrozes, carnes, e pescados. — *Carta régia*, in *Archivo Port.-Oriental*, II, p. 14.

1554. — «E a Renda das **orraquas**, que se ffaz das palmeiras, da qual ha y tres sortes — a saber — *çura* que he asy como se tira, **orraqua** que he çura cozida hũa vez, *xarao* que he cozida duas e tres vezes e he mais forte que **orraqua**». — Simão Botelho, *Tombo*, p. 50.

1557. — «Ey por bem e me praz fazerlhe doação, como de feito por esta faço e aforo emfatiota pera sempre as rendas das **orracas**, azeite, *bangue*, e anfião de Tanna das minhas terras de Baçaim». — *Archivo*, V, p. 306.

1563. — «Fazem duas maneiras de palmeiras, humas pera fruta, e outras pera darem çura, que he vinho mosto; e quando he cozido, chamam lhe **orraqua**». — Garcia da Orta, Col. XVI.

1568. — «Nenhum meu feitor nam compre arroz, açuquar, salitre, breu, **orraqua**... nem outra nenhũa cousa». — *Archivo*, III, p. 16.

1570. — «Tambem lhe pedio el Rei, que lhe mandasse entregar a renda da casa das **Orracas**, que poderia render dous, ou tres mil xerafijs». — João de Barros, Déc. IV, III, p. 12.

1585. — «Valia a canada de **urraca**, ainda que muito má, a dous *meticões*, que sahia a pipa por 749 cruzados de ouro».— *Hist. tragico-maritima*, IV, p. 81.

1608. — «Este mesmo [sumo ou sura] cozem depois, e fazem outro genero de vinho, que chamão **orraqua**, mais forte, e que representa mais o nosso vinho de vuas, mas corta muyto, mais que a sura».— Fr. António de Gouveia, *Jornada do Arcebispo*, fl. 63.

1609. — «O segundo vinho se faz estillando esta sura azeda em um engenho a modo de lambique, a que chamam *bati*, e todo o licor que d'alli sahe estillado é o segundo vinho, a que chamam **urraca**». — Fr. João dos Santos, *Ethiopia Oriental*, I, p. 296.

1615. — «O outro vinho, que é branco, e a que chamam **Orraca** não vale mais de dez *basarucos*, e é ordinariamente usado pela gente de baixa condição». — Pyrard de Laval, *Viagem*, II, p. 61.

1634. — «A renda das **urracas** em mil patacões». — António Bocarro, *Livro*, in *O Chronista*, IV, p. 38.

1728. — «Os que se costumão a usar de **Urraca**, a preferem ao vinho da Europa, porém se lhes vem a faltar inchão e morrem». — Bluteau, *Supplemento*.

1745. — «Sobre elle bebem [os chineses] o seu cha ou **urraca**, mas agua por nenhum principio a usão para simples bebida». — In *Ta-ssi-yang-kuó*, II, IV, 5.

1829. — Mas nunca omittem o seu caril e bebem **urraca**». — Cottineau de Kloguen, *Bosquejo historico de Goa*, p. 162.

1842. — «Da sura destillada sahe a **urraca**, especie de aguardente, que em mais subido grão se chama *Fenim*». — *Annaes Maritimos*, p. 268.

1843. «Distilado tira-se-lhe um licor, ou aguardente, a que chamam **arraca**».— *O Panorama*, p. 312.

1915. — «Ordenareis ao rendeiro da **urraca** que accresente 10 reis em cada canada do dito genero que vender». — In *O Oriente Portugues*, XII, p. 39.

1915. — «O direito de distillação... será por *galão* imperial de espirito... do inferior grau (**urraca**) 5 ½ *annás*». — *O Ultramar*, de 21 de Agosto.

1544. — «Mitto ad vos impetratum à Praetore Apparitorem, cui mandavi ut a singulis mulieribus quae potione dementante, **Orrachã** isthic dicta, contrà quàm edicta sanciunt publica, se adhuc ingurgitant...».— S. F. Xavier, *Lib.* I, epist. 16.

1578. — «Destas palmeiras hazen dos suertes, vnas para dar Sura (la quale es como il vino mosto) y cuezenla al fuego, hasta queda hecho vino, a que ellos llaman, **Orraca**». — Christóvão da Costa, *Tractado*, p. 100.

1589. — «La deuxième distillation qui se fait de cette liqueur Sura est appellée **Vraca** laquelle est l'unique vin des Indes, chaud et fort, que les Indiens boivent toutes fois comme de l'eau». — Linschoten, *Histoire*, p. 103.

1631. — «Imo propter intemperantiam militum, et nauticorum sociorum in potando **Aracco** seu vino adusto Indico,

[1] *Orraca* é mera variante ortográfica de *urraca*.

haec ulcera cacoëthia, et mali moris, et saepe insanabilia efficiuntur». — Bontius, *Hist. Naturalis*, p. 119.

1631. — «... et **Oracca** quae ignis vi ex illa *sura* per Alembycum extrabitur; haec vehementissima est, verum ad robur illius enervandum, solent uvas passas ei miscere, atque ita suaviorem et blandiorem efficere». — *De Imperio Magni Mogolis*, p. 98.

1666. — «Ils gardaient leur **arec** ou eau-de-vie de sucre noir dont ils étaient très-friands». — Bernier, *Voyages*, I, p. 188.

1690. — «Plurima itaque hujus liquoris copia in Amboina non hauritur, sed majore cum reditu Sinensibus venditur, qui ex illo **Areccam**, seu spiritum Vini Indicum conficiunt». — Rumphius, *Herbarium Amboinense*, I, cap. 3.

1750. — «Ils ne trovent pas le vin assez fort pour eux, et ne boivent d'eau-de-vie d'**Arrack**, que lorsqu'elle a été distillée par trois fois». — Grose, *Voyage*, p. 244.

1770. — L'**arrack** est une eau-de vie faite avec du ris, du sirop, du sucre et du vin de cocotier, qu'on laisse fermenter ensemble, et qu'ensuite on distile». — Raynal, *Histoire*, I, p. 199.

1786. — «Consagravasi il vino di coco dagl' Indiani chiamati *Tagaram* od **Aràca**». — Fra Paolino, *Viaggio*, p. 136.

1791. — «Il fit signe à sa femme, qui apporta sur la natte deux tasses de coco et une grande calabasse pleine de punch qu'elle avait préparé pendant le souper, avec de l'eau, de l'**arrack**, du jus de citron, et du jus de canne de sucre». — Bernardin de Saint-Pierre, *La Chaumière Indienne.*

1800. — «I don't imagine that the Goa **arrack** is of so good quality as that made at Batavia or Colombo». — *The Journal B. B. R. A. S.*, XIII, p. 115.

1825. — «Les premières castes des *goudras*, sans même en excepter les femmes et les enfans boivent publiquement de l'**arrack**, l'eau de-vie du pays, et de *toddy* ou jus de palmier». — P. Dubois, *Mœurs des peuples de l'Inde*, I, p. 169.

1860. — «In the later times has been added the privilege of distilling **arrack** from the juice of the coco-nut palm». — Tennent, *Ceylon*, II, p. 16.

**ARACHE.** Capitão de exército indígena em Ceilão [1]. Corresponde ao *naique* da Índia meridional. Do sing. *ārachchi* [2].

1603. — «As aldeas mais pequenas se darão e repartirão pelos *Modeliares*, **Araches**, capitães, e outra gente da milicia». — *Regimento do rei*, in *Archivo*, VI, p. 805.

1616. — «Em breve espaço lhe matou mais de duzentos, em que entrarão os principaes Modeliares, e **Araches**». — Diogo do Couto, Déc. VII, IX, 6.

1635. — «Pagando a cada *lascarim* um *larim*, e aos **araches**, que são os capitães, dous, com que nenhum ficou que não apparecesse». — António Bocarro, Déc. XIII, p. 276.

1685. — «O Modeliar assim como teve a ordem, logo mandou avisar a gente que havia de levar em sua companhia, fazendo eleição principalmente de tres **Araches** seus confidentes, e mal affectos ao Principe, por favorecer tanto aos Portuguezes». — João Ribeiro, *Fatalidade historica*, II, cap. 9.

1707. — «Mandou com ordens secretas ajuntar tres ranchos de lascares, **Araches**, e capitães, e outra gente da milicia». — P. Manuel de Miranda, in *O Chronista de Tissuary*, III, p. 162.

1675. — «Poniendose Manuel Mexia en una emboscada, salió della a dar sobre un **Arache** bien acompañado (tã valiente que en el cerco proximo nos havia çortado 29 cabeças)». — Faria y Sousa, *Asia Portuguesa*, III, p. 52.

*** ARADO.** Nome de uma medida agrária de Damão. O seu étimo é o hindust. *harātar*, «campo que um arado pode lavrar em um dia».

1886. — Os terrenos são medidos por **arados** e por *unddós*. Entende-se por arado 5 *vigas* de terreno, tendo cada viga 20 *bambus* quadrados de 4 covados cada um». — Lopes Mendes, *A India Portugueza*, II, p. 244.

*** ARAME, harão.** É o que actualmente dizemos *harém*: aposento ocupado pelas mulheres muçulmanas, zenana, gineceu. Do ár. *ḥaram*, *ḥarīm*, «sagrado».

1552. — «E estas [mulheres] com suas tendas logo junto das do Xeque Ismael. A este aposento chamão **arame**: e he muy suntuoso e rico». — Castanheda, *Historia*, III, cap. 145.

1603. — «E nos meteo no **arame**, que he a casa de suas molheres cousa não acostumada, nem feita até então a pessoa alguma». — Fr. António de Gouveia, *Jornada do Arcebispo*, fl. 155.

1608. — «Os paços onde o Xá tem suas molheres, a que chamão **Arame** (que em

---

[1] «An office in the native militia of the rank of sergeant». Clough.

[2] Domingos Vieira diz ser «termo africano» e abona com um passo de *Portugal Restaurado*: «Hum dos capitães da gente preta de Nigombo a que chamam **Araches**». Negombo é uma província de Ceilão e a «gente preta» são os singaleses ou *chingalás*, conforme os antigos escritores.

Parsio quer dizer cousa prohibida, e não cuydo que he sem mysterio, porque não ha Religiosas em Europa mais fechadas, nem guardadas, do que o Rey da Persia, e seus grandes costumão ter suas molheres)». — Id., *Relaçam da Persia*, fl, 61 *v.*

1741. — «nem elle a quer de mais extenção, que a do **Harão** ou Serralho». — Joaquim C. Soares, *Doc. Comprobativos*, p. 21.

1841. — «As que pertencem aos abastados, vivem na tristeza de ferreos **harens**, dos quaes não lhes é permittido lançar a vista». — José Inácio de Andrade, *Cartas*, p. 18.

1623. — «Volse condurla nel suo **Harám**, ò Gynaeceo; e tenerla quasi appresso di se, come vna delle altre Concubine». — Pietro della Valle, *Viaggio*, III, p. 40.

1695. — «L'appartement des femmes chez les Orientaux s'appelle aussi **Harám**; et le quartier où elles logent dans les voyages, et dans les campements, porte aussi le même nom. Lorsque le **Harám** marche, il est fort dangereux à ceux qui ne sont pas de service, de se présenter sur sa route». — Herbelot, *Bibliothèque Orientale*.

* **ARCO.** Na sua acepção peculiar, *arco* é uma moeda antiga da Índia, mais conhecida pelo nome de *roda*, q. v.

1616. — «Abaixo desta moeda [*bazaruco*] ha pequenos pedaços de cobre sem cunho algum, a que chamam **Arco**, e são mister duzentos e quarenta para uma tanga». — Pyrard de Laval, *Viagem*, II, p. 56.

* **ARCOLIM** (guz. *reṅklo*). Pequena e leve carruagem com duas rodas e quatro pilares, que sustentam o tôldo, pintada de encarnado e amarelo, e tirada por um ou dois bois ligeiros. Usa-se em Bômbaim e no Guzarate.

1663. — «Alguns passeiam tambem [em Surrate] em carretinhas a modo de coches; elles lhe chamam **arcolins**, tiradas por grandes e ligeiros bois de boas cores, cujas pontas arreiam com argolas de bronze sobredourado, por galantaria: os toldos lhe forram e cobrem de sêda escarlata, e por assentos ricos coxins sobre finas almofadas». — P. Manuel Godinho, *Relação*, p. 33.

1623. — «Queste carrozze d'India, simili anche hoggi molto a i carri antichi indiani, che descrive Strabone, quasi tutte sono hora coperte di drappi di seta di color cremesino, con freggi gialli attorno, tanto nel cielo, quanto nelle bandinelle che pendono». — Pietro della Valle, *Viaggio*, III, p. 16.

* **ARDÁ.** É mirabólano québulo, fruto de *Terminalia chebula*, Retz. Do mar. *hardā*, conc. *hardó*, pl. *hardé*, sânsc. *harītakī*. Serve para fazer tinta e curtir coiros; contêm grande quantidade de tanino. O termo é usado no português de Goa conforme o tipo concani. Garcia da Orta emprega-o no plural e na forma *arare*.

1563. — «A primeira [espécie de mirabólanos] chamam **arare** (e isto no povo, porque os fisicos lhe chamam *aritiquí*) e estes sam redondos e purgam a colera». — Col. XXXVII.

1842. — «**Ardá**, 200 ditas» (sacas). — *Annaes Maritimos*, p. 362.

1909. — «*Terminalia chebula, myrabolano quebulico*, **hoddé**, tem 30 [nomes] e assim outras». — *O Oriente Portuguez*, VI, p. 372.

1631. — «Ab hac provincia agnomen accepit species mirabolanorum quae officinis *Kebuli* dicuntur: Arabes et Persae hunc fructum vocant *Alilah*, et Indi corrupte **Arare**» (!). — *De Imperio Magni Mogolis*, p. 63.

**ARECA** (malaial. *aḍekka* ou *aḍakka*, talvez do can. *aḍiki* ou *aḍikē*). É o fruto de **AREQUEIRA**, *Areca catechu*, Linn. Indo-ingl. *areca-nut*, mais usado *betel-nut*; indo-fr. *arec*, *arèque*, *arêquier*. A *areca* é um dos ingredientes do afamado masticatório oriental, de que tanto falam os nossos indianistas e os estrangeiros. Atribuem-se-lhe muitas propriedades higiénicas. V. *bétele*. A *areca* era antigamente conhecida dos europeus pelo nome de *avelã indica* ou *da Índia*, que depois foi suplantado pela denominação portuguesa.

1510. — «... tãobem que mandassem naos a charamandell e a malaqua, pera trazerem *chjm* (?) e **harequa**». — *Carta* do rei de Cochim, in *Cartas* de A. de Albuquerque, IV, p. 43.

1513. — «Os vosos oficiaes nam tratam eles **arecas**, nem arrozes, nem cocos». — *Ibid.*, I, p. 133.

1516. — «Nase hũa fruyta tamanha comolo nozes, que chamaom **Areca**, e comemna com o betele». — Duarte Barbosa, *Livro*, p. 347.

1525. — «Um outro fruyto que se chama **areca**, da feição de hũa nespera, mas he muito dura, e faz muito bom bafo». — *Chronica de Bisnaga*, p. 85.

1531. — «Do *candil* de **arequa** quer venha para dentro ou vá para fóra de uma só vez o *Tanadar* levará dous leaes». — Afonso Mexia, *Precalços dos officiaes do Mandoim*.

1534. — «Tem este Aynão muitos sendeyros tem *quoquos* [côcos] e **areqa** que não tem toda a terra da China». — Cristóvão Vieira, *apud* Ferguson, *Letters*, p. 79.

1563.—«Porêm estes tinhão outra differença, cá erão de hũs paos, a que chamão **areca** tão direitos, compridos e delgados, como pinheiros». — João de Barros, Déc. III, II, 8.

1563. — «E outras coisas, que chamão **areca**, cortada meuda, que he do tamanho de huma castanha». — Gaspar Correia, *Lendas*, I, p. 17.

1563. — «No Malavar lhe chamam *pac;* e os Naires (que sam os cavalleiros) **areca**, he donde os Portuguezes tomaram o nome». — Garcia da Orta, Col. XXII.

1566. — «Com esta folha [bétele] usão hum pomo tamanho quomo nozes cortado em pedaços, a que chamão **arequa**, que dão humas palmeiras delgadinhas, altas, e muito limpas». — Damião de Góis, *Chron. de D. Manuel*, I, cap. 41.

1577. — «As honras mais gerães e costumadas são darem os senhores ás pessoas que querem honrar betle, **areca**, com sua mão». — *Primor e Honra*, fl 8.

1616. — «Ha tambem alli certas arvores do genero das palmeiras, que dão a **areca**, que se mastiga com o betel». — Pyrard de Laval, *Viagem*, II, p. 124.

1617. — «Costumam trazer o Bethle, que he hũa folha como de hera, cujo sumo de qualidade he quente musturado com certo frutto chamado **areca**, que tem o sabor da maçã de cypreste, temperado com pouca cal de ostras amassada com agua rosada».— *Conquista de Pegu*, cap. 18.

1520. — «Queste genti masticano quasi sempre vn frutto che chiamano **Areca**, il quale è alla similitudine d'vn pero». —Pigafetta, *apud* Ramúsio, I, fl. 358.

1578. — «Este arbol (el quale en el Malabar, en donde ay la mayor abundancia dellas, se llama *pac*, y a su fructo, que es el que se vsa en medicina **Areca**)...». Cristóvão da Costa, *Tractado*, p. 94.

1584. — «Mangiando questi ad ogni ora quella foglia di erba tanto eccellente, che domandano betle, che è astringente e disseccativa in gran maniera, con quel frutto che domandano **areca**, che anticamente chiamavasi *avellana indica*». — F. Sassetti, *apud* Gubernatis, *Storia*, p. 191.

1586. — «Their friends come and bring gifts, cocos, figges **arrecaes** and other fruits». — Fitch, in *Glossary*.

1598. — «Ils oignent leur teste et leur front de Sandal, pour sentir bon, et mangent continuellement des facilles de Bettele avec de la chaux et certaine herbe nommée **Arecqua**». — Linschoten, *Histoire*, p. 64.

1623. — «Qui chiamano *Fanfel*, e in altri luoghi **Areca**: frutto secchissimo, che dentro par quasi tutto legno; e per esser di natura stringente, l'hanno per buono à fortificare i denti». — Pietro della Valle, *Viaggio*, III, p. 29.

1652. — «Au Tonquin toute la conversation commence par là, et on n'entre point en matière que l'on n'ayt donné et receu de l'**Areca**». —*Relation de la Chine*, p. 18.

1676. — «Elle piloit des feüilles de betlé, parmi lesquelles elle mêloit de noix d'**Arequé** avec la semence de perle que l'on avoit fait dissoudre». — Tavernier, *Voyages*, IV, p. 260.

1690. — «Ubique, ubi lingua Portugallica est in usu, vocatur aeque viridis ac siccata nux **Arequa** seu **Areca**, et arbor *Arequera*». — Rumphius, *Herbarium Amboinense*, I. cap. 5.

1770. — «L'**areque**, qui croît sur une espèce de palmier, est un fruit qui n'est pas rare, dans le plupart des contrées de l'Asie, et qui est très-commum à Ceylan: il est ovaire, et ressemble assez à la date, s'il n'étoit pas plus serré par les deux bouts». — Raynal, *Histoire*, I, p. 167.

1786. — «Son assai ricchi e comercianti con pepe, con cardamomo, con *Pacca* od **Areca**, che è una noce Indica, la quale serve di cibo agl' Indiani». —Fra Paolino, *Viaggio*, p. 76.

«**Areca** conferma i denti, corrobora le gengive, ferma lo sputo di sangue, il vomito, e il scioglimento de ventre». — *Id.*, p. 358.

1569. — «Aqui [em Zanzibar] vi a primeira vez as **arequeiras** arvores na India tão frescas e estimadas pello fruito que se come com o Betele... São da feição de palmeiras ainda que mais frescas». — P. Monclaio, in *Bol. S. G. L.*, IV, p. 599.

1886. — «O porte d'este vegetal [*arequeira*] é de uma elegancia encantadora. As folhas reunidas em numero de seis a sete, guarnecidas do lado do peciolo commum de foliolos estreitos e dobrados na extremidade, são de côr verde-escura e do comprimento de 2 a 3 metros. O *sendy*, ou o ramo superior, constitue o elegante capitel d'esta vistosa columna natural, cujas virentes folhas, em fórma de ramalhete, coroam magestosamente o espique de *maddy*» (nome concani da arvore). — Lopes Mendes, *A India Portugueza*, I, p. 235.

**ARECAL.** Plantação ou mata de *arequeiras*.

1536. — «Por respeito destes **arequaes** e palmares he a milhor cousa que ha na terra da China». — Vasco Calvo, *apud* Ferguson, *Letters*, p. 96.

1552. — «Quasi por este modo viue todo o gentio debaixo dos palmares e **arecaes** que he a sua fazenda de que viuem». — João de Barros, Déc. I, IX, 3.

1566. — «Ha cidade de Melinde jaz de longo da praia em hum campo raso cercada de palmares e **arequaes**». — Damião de Góis, *Chron. de D. Manuel*, I, cap. 38.

1609. — «Cercados de **arecaes**, e ou-

**tras** arvores frescas». — Fr. João dos Santos, *Ethiopia Oriental*, II, p. 270.

1612. — «Bosques serrados de **arecais**, betrais, jaqueirais, mangueirais». — Diogo do Couto, *Déc.* V, VI, 5.

1866. — «Como o oasis no deserto, assim creou Deus o **arecal** para abrigo contra as ardencias e actividades do sol da Índia. O **arecal** tem a magestade do templo e a formosura do jardim». — F. L. Gomes, *Os Brahamanes*, p. 83.

1873. — «Uma plantação de *arequeiras* é chamada em portuguez **arecal**, e em concani *gina*». — B. F. da Costa, *Manual do agricultor*, II, p. 190.

1906. — «Destacam-se os **arecaes**, que são de certo as mais bonitas e agradaveis plantações que podem vêr-se. Erguem as *arecas* a algumas dezenas de metros os seus troncos brancos como prumos, finos, flexiveis e elegantes». — Hipácio de Brion, *Duas mil leguas*, p. 26.

1911. — «O **arecal** que no concelho de Pondá dá o rendimento liquido de 200 rupias por hectare...» J. E. Castel Branco, in *Bol. S. G. L.*, XXIX, p. 299.

**Arequeira**. Além da significação própria e primária, a palavra *arequeira* também se emprega para designar uma espécie de acções das comunidades agrícolas em certas aldeias de Goa.

1850. — «Acções das Communidades das Aldêas: São as unidades, pelas quaes se divide a renda liquida, ou o deficit. Mas tem diversas denominações accomodadas ás circumstancias locaes, taes como *Jonos* (pessoaes e fateosins), *Cuntos, Tangas, Melagas*, **Arequeiras**, etc.». — F. N. Xavier, *O Gabinete Litterario*, IV, p. 35.

1886. — «Os mesmos *gãocares* crearam jonos e fateosins, tangas, **arequeiras** e melgas, que são especies de acções, cujo numero é inalteravel». — Lopes Mendes, *A India Portugueza*, I, p. 153.

1916. — «Devia pagar o interesse do capital representado pelas tangas, melgas, **arequeiras**, catins, etc». — *Heraldo*, de 4 de Abril.

**Festa da arequeira**. Entende-se por esta locução a festividade hindu que se celebra no equinóxio vernal sob o nome de *holli*, e na qual se arvora úma *arequeira*, como os cristãos o fazem na sua *fama* (q. v.), e se brinca um carnaval desbragado, sendo por isso proibida pelas autoridades portuguesas.

1559. — «Nem se festeje a **festa de arequeira** que costumavão fazer». — *Lei* de D. Sebastião, in *Archivo*, v, p. 389.

1567. — «Nem fação as festas que acostumão aos pagodes... como a **festa da Arequeira**, nem as de *Sati* (q. v.)». — Primeiro Concilio de Goa, *ibid.*, IV, p. 13.

1701. — «*Arequeyra* he hũa arvore muyto comprida, e direyta, copada no alto, muyto leve, e de pouca grossura, e produz *arêcas*, fructo semelhante às nozes, porém de miolo mais solido, e duro, e pouco agradavel ao gosto. A **festa** se faz deste modo. Abre-se hũa cova, na qual o Sacerdote Bramane lança dinheyro, *arêcas*, e flores, e sandalo, e os devotos arvorão hũa **arequeyra** dizendo em altas vozes, *Olli, Olli*, isto he, entrudo, entrudo». — P. Francisco de Sousa, *Oriente Conquistado*, II, I, 2.

* **AREL.** Chefe dos pescadores, pilôto ou capitão do pôrto no Malabar. Do malaial. *arayal*. Couto também emprega a forma *ariole*. O arel era às vezes homem poderoso.

1510. — «Mando que dees ao **Arell** dos *mucuaas* oyto quintaes e huma arroba de cobre em paguamento de huma bombarda e tres camaras de metall». — A. de Albuquerque, *Cartas*, IV, p. 270.

1514. — Nos espreuemos a Antonio Reall, **arel** de Cochim, encomendando-lhe que trabalhe de meter em costume que os christãos da terra, e asy gentios naueguem em nossas naaos e nauios». — *Carta régia, ibid.*, III, p. 231.

1515. — «No que me vos alteza espreue sobre o acrescentamento do soldo de **arell**, eu o pus naquele quando se tornou christão .. e ele serve bem e tem muita jente e mando na terra, porque todos esses macuas, pescadores e marinheiros e barqueiros, tudo he debaixo de sua jurdiçam e mando; e ainda me parece que há de trazer todolos **arés** seus parentes, asy o de calicut e o de porcá e o de caecoulam, a serem christãos». — A. de Albuquerque, *ibid.*, I, p. 270.

1528. — «E o **arel** com armada de *tones* que trazia, gente d'espingardas e frechas, andaua pelo mar». — Gaspar Correia, *Lendas*, III, p. 279.

1552. — «E tendo esta gente junta para darem na fortaleza hum **Arel** grande seruidor delrey de Portugal e amigo de Eytor Rodriguez entrou de supito na fortaleza». — Castanheda, *Historia*, V, cap. 40.

1559. — «Sem se dar a entender a elRey de Cochim que he auido por culpado nelle, o obrigueis por bons modos que dê o officio de **Arel** a hum filho do dito Dom Pedro». — *Carta régia*, in *Archivo*, III, p. 214.

1603. — «No mais os deixauão viuer a seu modo, com certas cabeças, a que chamão **Areis**, que são como capitães, ou Iustiças suas». — Fr. António de Gouveia, *Jornada do Arcebispo*, fl. 80.

1613. — «Peitou o **arel** de Cochim, que he o piloto da barra que mete dentro os nauios e os deita fora». — Francisco de Andrada, *Chron. de D. João III*, I, fl. 30 *v*.

1615. — «Ha no caminho os estados de hum rei, que se chama **Ariol**». — Pyrard de Laval, *Viagem*, I, p. 293.

1616. — «Ao que se fizeram muitas festas, e foi a lingua fiel delles D. Pedro Real, **Arel** Mór de Cochim». — Diogo do Couto, Déc. X, v, 1.

«Mandou dous Capitães Malavares, bons Cavalleiros, pera irem assistir o **Ariole**, que fica da outra parte do rio, fronteiro á fortaleza... E os repartio pelos **Arioles** e Naires destes rios pera lhes queimarem todos os Paraos que nelles houver». — *Id.*, XII, IV, 5.

1701. — «**Arel** nas terras de Cochim e Porcá, val o mesmo que cabeça de algum povo: e na costa de Travancor dizem *Arasen*, e corresponde entre nós, não a Conde, senão aos quadrilheyros do lugar». — P. Francisco de Sousa, *Oriente Conquistado*, II, I, 1.

1894. — «Á proa do batel capitaina o **arel** de Cochim, cujos pannos alvejavam abaixo do tronco indeciso de contornos, escuro como a noite, dirigia a navegação, evitando os baixos, aproveitando as correntes, assignalando os sitios perigosos». — Lopes de Mendonça, *Os Orphãos de Calecut*, p. 133.

1588. — «Il Signore del luogo, che nella lor fauella è nomato **Arel**, haueua ragunato quiui molte richezze». — P. Maffei, *Le Istorie*, p. 363.

1590. — «Inter hos **Arel** erat (nomen est optimatium his locis)». — *Litterae S. J.*, p. 904.

**ARELHANA**. Os lexicógrafos registam o vocábulo como antigo e de procedência asiática, e atribuem-lhe dois significados principais: «cordão de prata ou de oiro que se punha à roda do chapéo como ornato; espécie de cinturão asiatico onde se traz o dinheiro ou se enfiam as adagas» (*Dicc. Contemp.*). Bluteau descreve-o largamente, segundo o seu costume. A palavra provêm do malaial. *araññaṇa* (leia-se *aranhanna*), «cadeia de ouro ou de prata que se traz em volta da cintura» (Stolz); cinturão, cinto. É o mesmo que *muñz* em concani.

1513. — «Mando que pagues a duarte barbosa vinte e tres pardaos e meo por hũua **arelhana** e quatro perlas que comprou pelo dito dinheiro... **Arylhana** de pedraria que eu aquy comprey pera mandar a el Rey. — A. de Albuquerque, *Cartas*, v, pp. 474-475.

1514. — «Trazião nas mãos bacias de prata d'agoa mãos, e, em cyma cada um sua peça, que erão duas manilhas dos pés e duas dos braços, e huma **arelhana** com huma joya para o pescoço, e hum fio de perolas». — Gaspar Correia, *Lendas*, II, p. 377.

1536. — «Os [naires] que são riqos trazem no pescoço **arelhanas** d'ouro, e arrecadas nas orelhas». — *Id.*, III, p. 765.

1612. — «O Camareiro mór tirou huma **arelhana** de ouro que valeria quinhentos cruzados, e lh'a deu». — Diogo do Couto, Déc. VI, x, 11.

1727. — «**Arelhana** de ouro, ou prata. He a modo de hum cordão de muitos fios, com cadea sem fuzis, e com muitas voltas, com que se faz hum trancelim para o chapeo, e no fim tem seus extremos do mesmo metal. Tambem **arelhana** de ouro, ou prata, de que usão os Principes Gentios na India, e os seus vassallos, serve de cingidouro, sobre o *longhim*, que he o primeiro pano immediato á carne, nas pontas tem dous canudos, chamados *Muges*, em que metem seu dinheiro, ou diamantes, e hum no outro se tarraxa ás avessas, segundo o costume da India». — Bluteau, *Supplemento*.

**ARGALA**. «Espécie de cegonha da Índia». C. de Figueiredo. E o *Leptoptilus argala* de Linneu. Os ingleses chamam-lhe comummente *adjutant*. O termo provêm do hindust. *hadgīlā*, que literalmente quere dizer «traga-ossos». V. *Glossary*.

1823. — «... swarmed with gigantic birds, the **hurgila**, from «hur», a bone, and «gilana», to swallow, larger than the largest turkey, and twice as tall as the heron». — Heber, *Narrative*, I, p. 55.

**ARGARIS, ARGARISIS**. Aparecem êstes vocábulos na lista de panos despachados na alfândega de Goa em 1630 para Portugal, publicada por Cunha Rivara no *Chronista de Tissuary* (I, p. 157). Parece que estão por *argasis* e *argasises*, e provêm do hindust.-persa *gazī*, «estôfo ordinário de algodão», com o artigo árabo *al*-. Primitivamente, *argaris* seria plural de *argari*, considerado depois singular. Cf. *boiazes*.

1727. — «**Arganizes**. Pano de algodão estreito, e grosso, fabricado na India, de dous palmos de largo, de cor azul, e branco, servia para o reyno de Angola». — Bluteau, *Supplemento*.

**ÁRIA**. Em sânscrito a palavra *ārya*, como substantivo, é designação étnica das três primeiras classes — *brāhmaṇas*, *kxatryas* e *vaiçyas* — em distinção dos *dāsas* (= dassas) ou *dasyus* e dos *çudras* (= xudras ou sudras), aborígenes conquistados.

Como adjectivo, *ārya* (= árico) quere dizer «relativo aos árias», e aplica-se à gente, à casta, ao nome, à casa; figuradamente, significa «nobre, honrado, respeitável» [1].

Geográficamente, *Âryāvarta*, nome mais moderno, é o «país dos árias», desde o Himálaia até o Víndhya.

Na Pérsia, *ārya* tem desde o princípio significação étnica e geográfica: *airya*, *airyana* em avéstico (zende), de que provêm *Erān*, *Erāni*, *Irān*. Na sua inscrição tumular (586 antes de Cristo), Dario chama-se «*Ariya, Ariya chitra* — Árya, descendente de Árya». E conforme o testemunho de Heródoto, «os medos eram antigamente chamados *Arias* por todos os povos». *V.* Macdonell (*Index*), *Glossary* e *La Grande Encyclopédie*.

O reconhecimento da íntima afinidade, lexicológica e morfológica, do sânscrito e persa antigo com o grego, latim e outras línguas europeias evidenciou desde logo a necessidade de uma denominação glotológica comum à inteira família. Frederico Schlegel aventurou em princípios do século passado a *indo-germânica*; outros propuseram a *indo-céltica*, e alguns a *jafética*; mas vogou por muito tempo a *árica*, propugnada com muitos argumentos por Adolfo Pictet (*Les Origines Indo-Européennes*, 1859), que pretendeu encontrar vestígios do vocábulo em alguns ramos europeus. Modernamente, prevaleceu a designação de «família indo-europeia», entendendo-se por *indo-europeu* a língua proto-árica, já extinta sem monumentos, de que derivam as actuais, e restringindo-se o termo *árico* ao indo-erâneo. V. Brugmann e Meillet. Note-se, porêm, que o nome proposto parece excluir o erâneo ou o persa e que *árico* é mais simples, sendo por isso preferido por alguns filólogos.

Os ingleses adoptaram, consoante a índole da sua língua, a forma *aryan* e os franceses a *aryen*, como substantivo e adjectivo. Os alemães dizem *Arier* ou *Arianer* (subst.) e *arisch* (adj.). Em português, as formas legítimas são *ária* como substantivo masculino e *árico* como adjectivo. *Ariano* denuncia influência estrangeira; mas, como adjectivo, pode passar.

Foi corrente por longo período a teoria da unidade étnica dos povos que falam línguas áricas, inferida como corolário da comunidade glotológica. Muir arvorava-a em axioma na sua primeira edição (*Original Sanskrit Texts*), modificando-a posteriormente no sentido de mera presunção, em deferência aos antropólogos.

1866. — «Os portuguezes têem sido sempre n'este ponto muito tolerantes — e é esta uma das suas grandes qualidades de colonizadores — e não podiam considerar desdouro a alliança com as castas nobres, do mais puro sangue **aryano**». — Conde de Ficalho, *Garcia da Orta e o seu tempo*, p. 169.

1878. — «Os **áryas** persas e os **áryas** hindus constituiram dois ramos, emigrados, da mesma familia ethnica a que alguns orientalistas e ethnologos denominam **arica**, i. é., dos **aryas**». — Vasconcelos Abreu, *Investigações*, p. 37.

«O Sãoskrito é uma lingua da familia **arica** do grupo asiatico e ramo hindú». — Id., *Chrestomathia*, p. 197.

«Os **Áryas** que immigraram na India, em tempo anterior a 15 seculos antes da nossa era, desenvolveram ahi a sua linguagem e a civilisação que levavam já em grau notavel. A estes **Aryas** damos o nome de *Áryas-hindús*, e aos seus descendentes o de Hindús». — *Id.*, p. 199.

1883. — «As raças distinctas da India são a negra, a amarella, touraniana e a

[1] Na tecnologia do budismo a palavra *ária* tem uma significação muito restrita: «Ceux qui comprennent ces vérités et y conforment leur conduite, sont nommés **Âryas** ou vénérables, par opposition aux hommes ordinaires (*Prithag djana*), qui n'ont pas encore réfléchi sur ces importants sujets... La qualité d'**Arya** me paraît, au contraire, une de plus hautes à laquelle puisse parvenir celui qui n'est pas Buddha». — Burnouf, *Introduction à l'Hist. du Buddhisme*, p. 290.

**aryana**». — Adolfo Loureiro, *No Oriente*, I, p. 152.

1884. — «Cinco seculos antes da nossa era, quando o buddhismo ganhou predominio sobre a religião degenerada dos **aryas**, Benares tornou-se sob o nome de Varanasi, por ter servido de theatro ás primeiras praticas de Buddha...». — *Id.*, II, p. 295.

1897. — «Famila **Arica:** linguas **áricas**, *japhéticas, indo-europeias, indo-germánicas, indo-célticas*... As linguas **áricas** são quasi todas cultas». — Gonçalves Viana, *Classificação summaria das linguas*, p. 8.

1898.— «Dizem conspicuos autores que, ahi pelo seculo XV, anteriormente á era christã, os **aryas** entraram no Hindustão, occupando primeiramente o reino de Dilhy». — Oliveira Mascarenhas, *Atravez dos mares*, p. 86.

1900. — «Em épocha muito anterior ao alvorecer da história existia em região ignorada da Asia ou da Europa um povo, conhecido hoje pela denominação de povo **ariano** ou povo dos **árias**». — António de Vasconcelos, *Grammática Histórica*, p. 9.

1902. — «Foi apenas a nau que nos levou, aos portuguezes de Malaca, a descermos á condição de degenerados, polluindo o nosso sangue **aryano**, esquecendo as nossas tradições europeias.—Oliveira Martins, *Portugal nos mares*, p. 225.

1902. — Dirigia-se mais ás massas **aryanas**, e era escrito em linguas d'elles».— *Ta-ssi-yang-kuó*, II, III, 5.

1903. — «Já existia [o *sati*] pelo noroeste da India ao tempo da invasão de Alexandre Magno, mais de tres seculos antes de Christo, e foi tomado a outros povos, pois não era dos **Aryas** vedicos». — *Ibid.*, II, IV, 5.

1906. — «Já os velhos brahmanes de pelle branca e craneo luzidio, descendentes directos dos povos **aryanos**, recebiam como hoje as offertas, que os crentes traziam a Vichnú ou a Sivah». — Hipácio de Brion, *Duas mil leguas*, p. 104.

1915. — «A immensidade do Himalaya despertou os primitivos **árias**, a sairem do planalto de Pamir e das raizes do Hinducush, a se emigrarem e se domiciliarem no oeste e sul». — Benedito Gomes, *Afonso d'Albuquerque*, p. 18.

**ARIANIZAR** (v. tr.). Submeter à civilização árica. Diz-se particularmente das raças *anáricas* da Índia com relação à influência dos indo-árias. Neste sentido também se diz *bramanizar*.

1900. — «Assim se **arianizaram** através dos séculos as vastíssimas regiões acima indicadas». — António de Vasconcelos, *op. cit.*, p. 10.

1916. — «Eram uma poderosa tribu indigena dos drávidas e em tanta maneira preponderante e **arianizada**». — *Herald*, de 10 de Setembro.

1858. — «Thus all India was brought under the sway physical or intellectual and moral of the alien race; it was thouroughly **Aryanized**». — Whitney, in *Glossary*.

**ARIANIZAÇÃO**, Redução à civilização indo-árica.

1875. — «The lock at the back of the head, corresponding to the tail of the Chinese, seems to have been considered as a sign of **Aryanisation**, or submission to Aryan customs, and admission within the pale of the Aryan protection». — Caldwell, *Comparative Grammar*, p. 115.

1916. — The flesh and blood of the population was almost renewed, and social transformation as epoch-making as the first **Aryanisation** itself» — *The Modern Review*, de Março.

Com os vocábulos *ária, árico* e *ariano* se formam alguns compostos, como *proto-ária, proto-árico, pre-árico*. **PROTO-ÁRIAS** são os primeiros ou primitivos *árias*, quando viviam em um núcleo comum, onde quer que êste se localize. Assim se diz: o estado da civilização dos *proto-árias*; a religião dos *proto-árias*.

**PROTO-ÁRIO** ou **PROTO-ARIANO** (subst.). Lingua-mãe dos dialectos áricos ou arianos ou indo-europeus. (Adj.). Relativo ao proto-árico ou à época em que êste era língua viva.

**PRE-ÁRICO** (adj.). Anterior ao período árico: como raça *pre-árica*, civilização *pre-árica*.

1878. — «Que todos provêem de um idioma **proto-árico**, é indubitavel... Como se foram separando as linguas desenvolvidas dessa **proto-árica?**». — Vasconcelos Abreu, *Importancia*, p. 32.

1903. — «Poder-se há, talvez, em ciéncia, considerar que todas essas linguas são dialectos de lingua commum, a que chamamos **proto-ário**; mas nada sabemos dela senão por conjecturas e síntese cientifica». Id., *Curso integral*, p. 10.

1875. — «Tra le vocali delle lingua **protoariana** eravi pure la sonante nasale». — Oreste Nasari, *Elementi di Grammatica Sanscrita*, p. 5.

**ARIMONO**. É registada a palavra nos dicionários como antiquada e com o significado «cadeirinha, pequeno vehiculo, fechado e portatil» (Vieira). Morais e Vieira acentuam *arimono*. Parece que *arimono* está pelo japonês *norimono* (q. v.). Sòmente em um escritor encontrei o vocábulo, e os lexicógrafos não citam outro.

1668. — «Em huns **arimonos** (que respondem a cadeiras cobertas, e fechadas) forão para o nosso Convento» (em Macau). — Fr. Jacinto de Deus, *Vergel*, p. 132.

**ARIPO**. Joeiramento das areias da praia, onde foram enterradas as ostras, para apanhar pérolas e aljôfar, em Ceilão. Evidentemente, o vocábulo não se liga ao lat. *ripa*, como sugerem alguns lexicógrafos; procede do malaial. *arippu*, «joeira, bateia» [1]. O principal lugar onde se pratica êste processo também se denomina *Aripo*. **ARIPAR**, v. int., e **ARIPEIRO** são derivados portugueses.

1618.— «Fomos sahir destes matos junto das praias de **Aripo**, porque caminhamos meio dia a grande pressa, e as em que antigamente se alojava o exercito dos *Paravás*, quando vinham a fazer as pescarias das perolas e aljofares». — P. Manuel Barradas, *Hist. tragico-maritima*, II, p. 94.

«Achei em varias partes muita gente **aripando**, que é o mesmo que cavando, e joeirando a terra para nella pescar o aljofar, que antigamente iam mergulhar ao mar, e por miudo deixavam cahir, sem fazer caso delle. O que julguei e ouvi dizer, é que andavam **aripando** nestas praias continuamente duas mil pessoas». — *Id.*, pp. 94-95.

1685. — «Sómente se faz a pescaria na praia de **Aripo**, por ser aqui a paragem disposta, e o fundo do mar com modo para se pescarem». — João Ribeiro, *Fatalidade historica*, I, cap. 22.

1860. — «In 1833, during the progress of the Pearl Fishery Sir Robert Wilmot Horton employed men to drag for crocodiles in a pond which was infested with them in the immediate vicinity of **Aripo**». — Tennent, *Ceylon*, I, p. 188.

* **ARMATÓRIA DAS IGREJAS. PALMA DA IGREJA**. São nomes de uma árvore da Índia — *Cycas circinalis*, Linn. «Dá-se-lhe o nome de palma da egreja pela razão de suas folhas serem usadas nas egrejas no domingo de Ramos». D. G. Dalgado. Igualmente se chama *armatória* por servirem as fôlhas para adornar as igrejas.

1690. — «In *Horto Malab*... describitur arbor *Todda-Pana*, Japonensibus *Soteetsjoe* dicta, Portugallis **Armatoira** seu **Palma d'Igreeja**». — Rumphius, *Herbarium Amboinense*, I, cap. 20.

**ARMEZIM**. «He hum tafetá ligeiro, que vem de Bengala; ha Armezim lisos, e outros de varias cores. Na Pauta dos Portos secos, e molhados se faz menção deste pano». Bluteau, *Suppl.* — «Tafetá ligeiro, que vinha de Bengala e de lá trouxe o nome». Cardeal Saraiva. Concluir-se-ia daqui que a pátria da fazenda é Bengala e que o seu nome provêm da língua vernácula.

Mas o indo-inglês tem *armoseen* e *armosine*, que Yule diz ser uma espécie de sêda que não pode definir. Na segunda edição, porêm, se define: «Sêda encorpada, quási invariàvelmente preta. É usada para fitas de chapéu e bandas nos funerais pelos que não são da família do defunto». Tambêm se sugere aí que a derivação é de *Ormuz*.

Não deve fazer dificuldade a diferença da vogal inicial, pois que Camões chama à cidade *Armusa* (X, 113) e S. Francisco Xavier, *Armuzia* (lib. I, carta XIII). «*Armuzium* autem est insula inter ostium sinus Persici». Jerónimo Osório, *De Rebus*, II, p. 198. Na *Chronica de Bisnaga* (1535) tambêm aparece esta forma: «Elrey todolos anos merca treze mill cavallos d'*Armuz* e da terra» (p. 69). — «Trelado do comtrato e conçerto que o governador Dom Duarte de Menezes ffez com el rey d *Armuz* Mamaxa» (1523). *Alguns Doc. da Torre do Tombo*, p. 576.

1580. — «... ciambellotti, **ormisini**, canevaccie de setta». — G. Balbi, *Viaggio*, fl. 27 *v.*

**ARROZ**. A palavra portuguesa *arroz*, *Oryza sativa*, Linn., deriva do ár. *ar-ruzz*, que presumivelmente se liga ao tam. *arusi* (*ari* em malaiala),

[1] Apesar d'esta palavra ser de formação popular (!) póde comtudo dar-se-lhe a seguinte etymologia, de *ripa*, com o prefixo «*a*» e a terminação «*ar*». Na linguagem popular a palavra *ripa*, praia, foi rusticada em *riba*». Domingos Vieira.

«arroz descascado», da raiz *ari*, «limpar ou separar». Mas o gr. *oryza*, de que procedem o ital. *riso*, fr. *riz* e ingl. *rice*, prende-se imediatamente, conforme Yule, ao sânsc. *vrīhi*. V. *Glossary*.

Constituindo o arroz a base da alimentação dos povos da Índia meridional, numerosos são os termos vernáculos que lhe dizem respeito, alguns dos quais entraram no português luso-oriental. As suas variedades contam-se por centenas: segundo Lopes Mendes (*A India Portugueza*, I, p. 50), as mais cultivadas em Goa são vinte seis, a saber: *asgó*, *asguy*, *babry*, *belló*, *beily*, *bilare*, *calaqui*, *calló* ou *cavaco*, *caró-asgó*, *caró-quendaló*, *calassó*, *carguntó*, *cotombarsal*, *dangó*, *dongorem*, *dovem-bim*, *dovi-patny*, *girisal*, *normaré*, *conchoró*, *conchory*, *savó-quendaló*, *sirtó*, *sirty*, *suncoly* e *tambri-patny*.

Os nossos escritores antigos mencionam particulármente quatro variedades de arroz: *chambaçal*, *giraçal*, *pacharil* e *pulot*, que vou especificar separadamente.

I. — **ARROZ CHAMBAÇAL**[1]. O vocábulo é híbrido, composto do dravídico *chambā* (*chambā-nellu*, malaiala-tamul) e do neo-árico *sāḷ* (concani-marata), do sânsc. *çāli*, «arroz» em geral. Etimológicamente, *chambā* é «arroz de superior qualidade, com grãos brancos e bem cheirosos, semeado em Julho, transplantado em Outubro e ceifado em Fevereiro». H. H. Wilson, *Glossary*. Os nossos indianistas, porêm, reputam-no inferior às outras variedades; o que se pode explicar ou por deslocação do nome ou por superioridade regional, tendo cada região qualidades superiores e inferiores.

1509. — «Meyo *para* d *aroz chambaçal* em cada huum mes». — *Alvará* do vice-rei in *Alguns Doc. da Torre do Tombo*, p. 206.

1510. — «**Darros chanboçall** tres mil e cento e cinquo pareas» [= paraas]. — In *Cartas* de A. de Albuquerque, p. 16.

1554. — «ElRey de Baticalaa he obriguado paguar de pareas a ElRey noso senhor dous mill fardos d'**arroz chanbaçal** cada ano». — Simão Botelho, *Tombo*, p. 243.

1563. — «Mandou grande avondança de cousas de refresco para toda 'armada, e dous mil fardos de **arros chãobaçal**, e mil *giraçal*, e duzentos fardos d'açuquar». — Gaspar Correia, *Lendas*, I, p. 694.

1585. — «Quinze fardos de arroz *geriçal* para os enfermos, e doze *candins* de arroz **chambaçal**, para os servidores, se os já não tiver comprado do arroz, que vem de Bengala». — *Archivo Port.-Oriental*, V, p. 1022.

1613. — «Em Baticalá fez o feitor Diogo Cerveira tambem muyto arroz *giraçal* e **chambaçal**, enfardelado, muyto açucar, e ferro». — Francisco de Andrada, *Chron. de D. João III*, II, fl. 81.

1589. — «Le meilleur riz appellé *Girasal* est de plus haut prix que celuy qu'ils appellent **Chambasal**, et y a encore d'autres sortes de Riz de moindre valeur». — Linschoten, *Histoire*, p. 73.

1711. — «On cueille icy [Maduré] diverses especes de ris; le meilleur est celui qu'on nomme **Chámba** et *Pijasam*; le premier croist et meurit dans l'espace de sept mois». — *Lettres Edifiantes*, XIII, p. 5.

II. — **ARROZ GIRAÇAL**. É palavra concani-marata, *jiresāḷ* (*jirasaṇṇanelu* em canarês) composta de *jirém*, «cominhos», e *sāḷ*, «arroz» = arroz cominho, isto é, arroz que se assemelha a cominhos. É muito fino, branco, perfumado e saboroso; os nossos autores consideram-no de primeira qualidade. Escreve-se tambêm *giriçal* e *geriçal*.

1510. — «E cada dose dias lhe dareis oito *paras* d aroz **geracell**». — A. de Albuquerque, *Cartas*, II, p. 85.

1516. — «Cadano daa esta tera duas nouidades: ho primeiro he **giracal**, e he milhor, ho segundo he chamado *acal*[1], ha ho outro chamaom *quanagas*, ho outro *pachary*, e cada hũu tem muyto diferente preço». — Duarte Barbosa, *Livro* (2.ª ed.), p. 299.

1563. — «O Rey lhe mandou de presente

[1] *Chambaçal* tambêm se dizia outrora de uma espécie de *jaca*, q. v.

[1] *Acal* — se não está por *açal*, como *giracal* está por *giraçal* — significaria «intempestivo», isto é, arroz produzido fora da estação pluviosa: sânsc. *akāla*, neo-árico *akāl*. Se é *açal*, seria talvez arroz para cuja cultura não é necessário pagar mais contribuição, em interpretação do hindust. *asal-beriz*, «contribuição ou fôro originário».

mil fardos d'arrôs **giraçal**, e cem fardos d'açuquar branco». — Gaspar Correia, *Lendas*, I, p. 621.

1585. — «Vinte candis de triguo, 25 fardos darroz **giraçal**, desoito candis e sinquo *mãos* darroz preto, 50 peixes *serras*». — *Carta* do rei, in *Archivo Port.-Oriental*, III, p. 516.

1612. — «Sameão muito arroz, e hũa laya delle a que chamão **Giraçal**, o melhor de toda a costa da India, de que se provê a mór parte della». — Diogo do Couto, Déc. V, IX, 2.

1613. — «Mormente do arroz de que ha muytas especies, e o milhor he o **giriçal** delgado e branco, de que os naturaes se sustentão como pão cottidiano». — Manuel G. de Erédia, *Declaraçam de Malaca*, fl. 19.

1635. — «A cada portuguez tres gallinhas cada dia e arroz **geriçal** em abastança». — António Bocarro, Déc. XIII, p. 170.

1727. — «**Giraçal**. He o nome da melhor casta de arroz de toda a Costa da India. Dá-se em abundancia nas varzeas da Cidade de Batecalá, na Costa do Canará». — Bluteau, *Supplemento*.

III. — **ARROZ PACHARIL**. Outra variedade de arroz fino, mas inferior ao *giraçal*, mencionada por alguns escritores com referência ao Malabar. Empregava-se o termo algumas vezes ou em algumas regiões para denotar o arroz **giraçal**, como se depreende da descrição de Rúnfio. Também actualmente o que em concani se chama *jiresāḷ* ou *sāḷ* traduz-se no português local por *pacharil*, não estando em voga a voz *giraçal*. Lopes Mendes não inclui *pacharil* nas variedades cultivadas em Goa, e com razão, pois não é conhecido tal nome na língua vernácula. O arroz denotado na Índia por *refogado* (que se prepara com manteiga, cebola, caldo de carne, passas, cravo, açafrão) é quási sempre *pacharil*.

Quanto à origem do vocábulo não se pode assinar com segurança, por não haver na Índia, que eu saiba, nenhuma espécie de arroz com semelhante designação. O malaiala *pachchari*, que parece ser o étimo, quere dizer «arroz mal cozido». É bem possível que certa variedade de arroz se comesse pouco cozido. Também o bengali tem *pachchaḷi*, que significa «espécie de arroz preparado».

1512. — «E cuidam os danadores das cousas do voso serviço, porque vêm pagar os mamtimentos á vossa jemte per arroz **pacharil** e nam por curzados, que he gramde gasto». — Afonso de Albuquerque, *Cartas*, I, p. 55.

«Reçebi de aluaro lopez almaxarife dos mãtimentos de cochym trinta *paras* daroz **pachari** e tres fardos daroz *chãbacall* e seiscẽtos coquos». — *Ibid.*, V, p. 206.

1727. — «**Pacharil**. Nome que se dá na India Oriental ao arroz, que se vende com a casca, todo o arroz, que se come e navega no Norte de Goa, se chama Arroz **Pacharil**, differente do cozido, ou *Geriçal*, que se gasta no Sul. O **Pacharil** he menos branco, menos sadio, mas mais gostoso que o *Geriçal*. — Bluteau, *Supplemento*. — É confusa a descrição e errada a distinção.

1842. — «Arroz **pacharil**, 3.658 saccas». — *Annaes Maritimos*, p. 362.

1912. — «Serviam-se de arroz **pacharil**, caril de gallinha, peixe frito e acepipes». — *O Ultramar*, de 8 de Agosto.

1695. — Sexta species est *Bras Dyñatan*, Portugallice *Arros* **Patsjari**, cujus granum minimum est, coctumque gratum spirat odorem, estque pingue, et viscosum». — Rumphius, *Herbarium Amboinense*, VIII, cap. 30.

IV. — **ARROZ PULOT**. É espécie de arroz da Índia insular, muito glutinoso. Do mal. *pūlot* ou *pūlut*. Também se escreve *pulo* ou *pulu*.

1563. — «Do arroz que comemos, vos quero dizer que vem da Java a Malaca hum arroz que chamam **pulot**, o qual cozendose somente com o baffo da aguoa, apeguase tanto ás mãos e he tam humido que parece ser cozido com manteigua». — Garcia da Orta, Col. 58. — «O nome javanez do arroz é *pari*, transformado em *pali* n'outras linguas do Archipelago, o que pode ter dado este **pulot**»! — Conde de Ficalho.

1613. — «E produze outro genero de arros azeytoso, chamado **Puloth**, de que ha branco, pretto e colorado de muyta extima, porque deste genero de **Puloth** se não dá na India do Indostan intergangges». — Manuel G. de Erédia, *Declaraçam de Malaca*, fl. 19.

1650. — «Eram invenções para grangear *caixas* e **arroz pulo**». — P. António F. Cardim, *Batalhas*, p. 227.

1899. — «Não ha em Lisboa o **arroz pulu** empregado em Macau para se fazer a farinha com que é fabricada a *alua*». — *Ta-ssi-yang-kuó*, de Dezembro.

1695. — «Haec Oryzae species Latine *Oryza glutinosa* vocatur, juxta Malaicense *Bras* **pulut** seu **Pulu**, h. e. viscosum». — Rumphius, *Herbarium Amboinense*, VIII, cap. 31.

**ARROZ-CARIL.** Quere dizer «arroz e caril», isto é, refeição completa do índio, constante do arroz, caril e acepipes. A locução é ainda hoje corrente na Índia Portuguesa, e interpreta a do concani *xīt-koḍhī*. V. *caril*.

1577. — «O seu comer he como de gente barbara: os Mouros he tudo *bringe:* e os Gentios **arros caril,** não ha entre elles potagens, nem as delicadezas de nossos manjares». — *Primor e Honra*, fl. 9 *v*.

«... duas panelas em que lhe fazem **arros caril,** o qual comem em folhas de *figueira* [bananeira] que são os bacios da terra». — *Ibid.*, fl. 14 *v*.

1915. — «Ainda tem alguns *laques* de rupias, é terra de **arroz e caril** e de bailadeiras». — *O Ultramar*, Dezembro 13.

1916. — «Para mim quinze pardaos e **arroz caril** basta, e meus paes deixaram-me o sufficiente». — *Ibid.*, Julho 24.

**ÁRVORE DA FRUTA DO PÃO.** É *Artocarpus incisa*, Linn. A árvore é indígena das Ilhas do Pacífico, onde a fruta serve em lugar de pão. Em francês *arbre à pain*, em inglês *bread-fruit tree*. É também cultivada em Cabo Verde. Vid. *Bol. S. G. L.*, III, p. 651.

1838. — «Esta arvore [do pão], cujo fructo é tão util, senão absolutamente necessario aos habitantes de muitas ilhas dos mares do Sul, foi principalmente preconisada como producção das ilhas de Sandwich». — *O Panorama*, de 17 de Fevereiro.

1883. — «Ha uma grande abundancia em Bancau, Bucolo e nas outras jurisdicções arvores que produzem a **fructa do pão,** que é de grande alimento para estes povos». — José Vaquinhas, *Timor*, in *Bol. S. G. L.*, IV, p. 312.

1884. — «... junto do qual está uma arvore immensa, de cujo fructo um javanez me dá um exemplar. Julgo ser a celebre *arvore* chamada **do pão**». — Adolfo Loureiro, *No Oriente*, II, p. 174.

1886. — Costumam os *bottos* cultivar... **arvore do pão** (*artocarpus incisa*), larangeira, romãseira...». — Lopes Mendes, *A India Portugueza*, I, p. 237.

1902. — «O dr. Gomes da Silva divide assim as fructas do sul da China: ...Feculentas ou polposas: banana, castanha, **fructa-pão**». — *Ta-ssi-yang-kuó*, II, III, 3.

1908. — «**Arvore da fruta de pão**... Esta bella arvore produz uma fruta oval, muito parecida com a nossa *jaca*, embora de dimensões menores, e a qual quando torrada dá farinha de que se faz pão na Oceania, donde lhe veio o nome portuguez». — *O Oriente Portuguez*, V, p. 308.

1916. — «É a **arvore de pão,** *Artocarpus incisa*, irmã da jaqueira... É uma arvore ornamental e o seu fructo dá um jantar completo, frugal está claro, desde a sopa até á sobremesa». — *O Ultramar*, de 28 de Setembro.

**ÁRVORE DA RASPA, raspadeira, fôlhas da raspa.** É por estes nomes conhecida na Índia a urticácea *Ficus asperrima*, Roxb., e a razão é que as suas fôlhas servem para raspar e polir a madeira em lugar da lixa. «Radix cum aceto e nuce Indica confecto contusa, et mane jejuno ventriculo assumpta viscerum ardorem compescit». Rheede.

**ÁRVORE DE CATO.** É o nome que os portugueses deram à *Acacia suma*, Kurz, ou *Mimosa suma*, Roxb., por se fazer dela o *cato*, q. v. É também conhecida por «pau ferro».

**ÁRVORE DE GRALHA; ÁRVORE DE RAÍZES; FIGUEIRA DE BENGALA** ou **DA ÍNDIA.** São denominações vernáculas de *Ficus Bengalensis*, Linn., ou, com mais propriedade, *Ficus Indica*, Roxb. Diz-se igualmente em Goa *vodo* ou *ollo*, do conc. *vaḍ*, sânsc. *vaṭa*. Os ingleses chamam-lhe *banyan-tree*, e os franceses *arbre de banians*. É uma das árvores sagradas da Índia.

Esta gigantesca árvore tem a peculiaridade de lançar dos seus ramos raízes compridas, que penetram no solo e com o tempo formam novos troncos grossos. As gralhas acoitam-se de preferência na sua basta ramagem e alimentam-se dos seus frutos, que são como figos miúdos. Daqui provêm os seus nomes portugueses [1].

1569. — «Aqui [em Cambo, perto de Melinde] foi a primeira vez que vi huas arvores que ha muytas na India (*ficus ethiopica similis indicis*) as quaes do alto lanção raizes para o chão e assim multiplicão muyto e he muyto para ver huas já presas e outras começarem a prender e outras descendo para baixo». — P. Monclaio, in *Bol. S. G. L.*, IV, p. 501.

---

[1] Há outra *fruta de gralha*, que é o produto de *Melastoma malabathricum*. Vid. D. G. Dalgado, *Flora*, p. 76.

1616.—«Ha nas ilhas de Maldiva grande abundancia de uma arvore, a que os portuguezes chamam **Figueira da India,** que tem a folha como a nogueira». — Pyrard de Laval, *Viagem,* II p. 370.

1650. — «Aqui se achâram alguns *figos,* que na India chamam da **gralha,** mas poucos. — Bernardo Feio, *Hist. tragico-maritima,* x, p. 101.

1701. — «As **arvores de gralha** alèm das raizes com que se fixão na terra, lanção dos ramos outras raizes, que prendem no chão, e vão engrossando de sorte, que formão hũa estacada, como se quisessem cobrir, e defender o tronco donde procedèrão. Chamão-se de **gralha,** porque as gralhas gostam do seu fruto, que por dentro he semelhante ao figo na côr, e na grandura aos murtinhos». — P. Francisco de Sousa, *Oriente Conquistado,* II, I, 2.

1747. — «Entre as mais arvores que ali produz a Natureza ha humas, a que chamam communmente naquelle pays **arvores dos Banianes;** por costumarem estes levantar debaixo dellas os seus Pagodes, para fazerem preces aos Idolos, que veneram».—Monterroio Mascarenhas, *Epanaphora Indica,* IV, p. 79.

1782. — «Vê-se outra admiravel com o nome de **arvore de gralha;** costumam plantal a em palmares nimiamente humidos e dados ao bicho *Milondim*» — Fr. C. da Resurreição, *Tratado,* II, p. 340.

1842. — «Adoram o *Oddo,* que nós chamâmos **arvore de gralha,** sobre a qual dizem se refugiaram os Deoses e escaparam o diluvio».—*Annaes Maritimos,* p. 453.

1845. — «Desempenhando completamente este serviço [de balizas fixas] as **arvores de gralha** que os Gentios pelas suas crenças não arranquem, V. S.ª fará que as *communidades* limitrofes nos seus proprios interesses as plantem». — *Collecção de Bandos,* II, p. 82.

1850. — «He representado [Vixnu] com quatro braços, e deitado sobre huma folha de *Voddo* **(arvore de gralha)**».—F. N. Xavier, *O Gabinete Litterario,* II, p. 82.

1872. — «Algumas plantas, como a canna de assucar, a **arvore de gralha** (*óllo*) deitam raizes aéreas, que chegam a vir fixar-se no solo». — B. F. da Costa, *Manual do agricultor,* I, p. 30.

1906. — «A *ficus indica,* conhecida entre nós pela **arvore das gralhas,** de grosso tronco, densa folhagem, podia comparar-se ao carvalho». — Hipácio de Brion, *Duas mil leguas,* p. 27.

c. 70. — «Ficus ibi exilia poma habet. Ipsa se semper serens: vastis diffunditur ramis. Quorum pondere adeo in terram curvantur: ut annuo spatio infingantur: novamque sibi propaginem faciant in orbes: quodam opere topiario... Umbrae vero bina stadia operiant». — Plinius, *Naturalis Historia,* XII, cap. 5.

1598. — «L'Inde produit un certain arbre nommé **Arvore de Rays,** c'est à dire arbre de racines, lequel est merveilleux à voir». — Linschoten, *Histoire,* p. 105.

1666. — «On l'appelle aussi *Ber,* et *arbre des Banians,* et **arbre de racines,** à cause de la facilité que ses branches, qui portent des grands filamens, ont à prendre racine, et par consequant à reproduire d'autres branches». — Thevenot, *Voyages,* III, p. 76.

1674. — «We pitched our Tent under a Tree, that besides its Leafs, the Branches bear its own Roots, therefore called by the Portugals, **Arbor de Rais**». — Fryer, *East India,* I, p. 265.

1676. — «Les Persans l'appellent *Lul,* les Portugais **Arber de Reys** [*árvore de raizes*], et les François l'*Arbre de Banianes,* parce que les Banianes, ont fait bâtir dessous une Pagode avec un *Caravansera* acompagné de plusieurs petits étangs pour se laver. — Tavernier, *Voyages,* II, p. 433.

1809. — «Their greatest ennemy (i. e. of buildings) is the *Banyan Tree*».—Lord Valentia, in *Glossary.*

**ÁRVORE DO PAGODE.** É o nome português do *pimpôlo* (q. v.), ou *Ficus religiosa,* Linn. A árvore é sagrada para os hindus, que, por isso, a plantam ao pé dos pagodes. Os franceses chamam-lhe *figuier des pagodes.*

1883. — «As **arvores de pagode** (*ficus indica*) a que os inglezes chamam *banian tree,* formam um grande macisso de verdura, com as folhas verdenegras e lustrosas, e multiplicam os seus troncos pelas raizes que lançam dos ramos superiores, formando ás vezes um fasciculo de columnas, como as das cathedraes gothicas, sobre as quaes se apoiam aquellas abobadas de verdura». — Adolfo Loureiro, *No Oriente,* I, p. 225. — O autor faz confusão com a *árvore de gralha.*

1884. — «Observa-se em Samara uma grande **arvore do pagode** conhecida por *lequibella* (que significa macaco branco)». — José Vaquinhas, *Timor,* in *Bol. S. G. L.,* IV, p. 488.

**ÁRVORE DOS SOMBREIROS ou PALMEIRA DAS VASSOURAS.** É *Corypha umbraculifera.* Os nomes provêm dos seus usos. «Fazem-se abanos e guarda-chuvas das folhas, e contas do rosario, das sementes». D. G. Dalgado, *Flora,* p. 198.

1690. — Mira describitur Arbor *Coddapana,* Latinis *Palma Indica Montana,* Portugallis **Arbore de Sombreiros** vocata».—Rumphius, *Herbarium Amboinense,* I, cap. 7.

**ÁRVORE TRISTE.** É *Nyctanthes arbor tristis*, Linn., também conhecida por «árvore da noite» e *parizátaco*. Garcia da Orta trata no Colóquio VI «do arvore triste», e explica o motivo do nome: «Dizem que esta arvore foi filha de hum homem, grande senhor, chamado *Parizataco*; e que se namorou do sol, o qual a leixou, depois de ter com ella conversação, por amor doutra; e ella se matou, e foy queimada (como nesta terra se costuma) e da cinza se gerou esta arvore, as flores da qual avorrecem o sol, que em sua presença não parecem».

1563. — «E tambem me lembra que o **arvore triste,** que estilam a agoa delle molhando os panos nella, he boa pera os olhos». — *Id.*, Col. *de betre*.

1609. — «Tem muitas **arvores tristes,** que todas as noites verão e inverno carregam de flor branca, ao modo de flor de jasmim, que cheira suavissimamente, e quando sae o sol, lhe cae toda, e tornando a noite lhe nasce outra de novo». — Fr. João dos Santos, *Ethiopia Oriental*, II, p. 271.

1616. — «A arvore que se dá nas Indias Orientaes, e chamam **Triste,** é assim chamada porque não floresce senão de noite». — Pyrard de Laval, *Viagem*, II, p. 365.

1578. — «Llamase este arbol, en Canarin, *Parizataco*: en Malayo *Singadi*: y los Portugueses **Arbol Triste**». — Cristóvão da Costa, *Tractado*, p. 220.

1598. — «L'arbre qu'on appelle **Triste** d'autant qu'elle ne fleurit que de nuict tout le long d'année, peut estre mis entre les miracles». — Linschoten, *Histoire*, p. 107.

1631. — «Quod haec arbuscula noctu flores expandat, inde eam Lusitani **Arvore da Notte** vocant». — Bontius, *Hist. Naturalis*, p. 49.

1673. — «... a Tree called **Arbor tristis,** which withers in the Day, and blossoms in the Night». — Fryer, *East India*, I, p. 116.

**ASAS DE PEIXE.** São as barbatanas de tubarão e de peixe viola, que constituem um importante artigo de comércio indiano com a China, onde são muito estimadas.

1774. — «As **azas** de tubarão, e os cestos de galinhas de fóra, e da Provincia, que passarem pelo dito caminho para Salcete, toca o seu direito de Alfandega ao dito caminho de Guddy». — *Collecção de Bandos*, I, p. 22.

1840. — «Exceptuam-se as barbatanas (vulgarmente chamadas **azas**) de tubarão, viola, buxos de peixes estrangeiros». — *Ibid.*, p. 192.

1843. — «Barca *Marquez de Hastings*, procedente de Bombaim, conduzindo: 1.287 *picos* de algodão; 140 de **azas de peixe**». — *Annaes Maritimos* (parte official), p. 30.

«146 picos de **azas** de viola e tubarão». *Ibid*, p. 37.

1884. — «Seguiu-se uma fabrica de **aza de peixe**. É asquerosa e de cheiro nauseabundo. Consiste na preparação de barbatanas de tubarão, que é acepipe muito estimado na China». — Adolfo Loureiro, *No Oriente*, II, p. 116.

1886. — «Os homens empregam-se em pescar ao anzol tubarões e peixe viola, e em colher... ninhos de andorinhas do mar, que exportam para a China, onde são muito apreciados, bem como as **azas** daquelles peixes». — Lopes Mendes, *A India Portugueza*, II, p. 216.

1900. — «**Aza de peixe**... As quaes azas não passam de barbatanas de tubarão, iguaria muito apreciada pelos chins e que é importada em grande quantidade de Java, Singapura, Pinão, Bombaim e Golfo Persico. Os chins de Macau comem em grande quantidade d'esta iguaria, que é tambem reexportada para os portos proximos da provincia de Cantão. É uma substancia gorda e cartilaginosa, considerada pelos *gastronomos* como estimulante e tonica». — *Ta-ssi-yang-kuó*, de Abril.

1909. — «Renda de *buchos* e **azas de peixe**. Foi creada em 1842». — Amâncio Gracias, *Subsidios*, p. 152.

**ASSA-FÉTIDA.** Goma resinosa de *Ferula foetida* e *F. alliacea*, Boiss. Os nossos escritores antigos chamam-lhe *ingo* (q. v.). A assa-fétida entra como condimento em várias comidas indianas. V. *anjuão*.

1563. — «Saibamos do que se chama Altiht e *anjuden*, **assa-fetida,** doce e odorata... Pois sabey que a cousa mais usada que ha em toda a India e per todalas partes della he esta **assa fetida,** assi pera mézinhas como pera cozinha. — Garcia da Orta, Col. VII.

1510. — «Turbitti, galanga, spico nardo **assa fetida,** e lacca». — Barthema, *apud* Ramúsio, I, fl. 157.

**ASSANE, assono.** Lopes Mendes menciona estes termos, que representam o conc. *āxoṇ* (sânsc. *asana*), designativo de três espécies de árvores de madeira: *āxaṇ* ou *pāle-āxaṇ*, «tanoma quino, mareta branca» (*Ptocarpus marsupium*, Roxb.); *āxaṇ* ou *mārṭī*, «mareta» (*Terminalia tomentosa*, Bedd.); *kāṇṭe-āxaṇ*, «benteca» (*Briedelia spinosa*, Roxb.).

1863.—«A primeira é representada principalmente pelo **assono** (mareta branca), quinzolo. . .». Lopes Mendes, *apud* Oliveira Mascarenhas, *Atravez dos mares*, p. 184.

1886. — «As essencias florestaes dominantes são: **asson** (Braidelia-spinosa), mareta». — Id., *A India Portugueza*, II, p. 30.

**Assane** (*briedelia spinosa*) attinge grandes dimensões, e a madeira é forte e facil de trabalhar, sendo alem d'isso muito preferida para as grandes armações dos poços, porque tem uma extrema duração, quando emergida na agua». — *Id.*, p. 247.

* **ASSUAI**. «Heroe, valentão, valente. Os indigenas dão este nome aos seus companheiros de guerra que já tem cortado varias cabeças dos inimigos» Rafael das Dores. Do teto *asuáin*, adjectivo.

1853. — «Servem de adorno aos valentões, chamados **Assoáes**, quando se occupam em suas guerras». — *Annaes Maritimos* (parte official), p. 181.

1882. — «Brincos para os valentões, sendo estes valentões chamados **assuaes**, e nenhum homem pode ser considerado **assuae** sem que tenha cortado uma, duas ou mais cabeças na guerra, e por cada cabeça que corta é-lhe permittido pelo regulo trazer uma distincção na orelha». — José Vaquinhas, *Timor*, in *Bol. S. G. L.*, p. 581.

1908. — «Nem sempre o que feriu ou abateu um inimigo lhe decepa a cabeça. Quem o poder fazer é declarado um **Açuaim** ou Heroe, ou, como já se diz aportuguesadamente em tétum um *valentâne*». — Alberto O. de Castro, *Flores de coral*, p. 184.

**ATA**. Fruto de **ATEIRA** — *Anona squamosa*, Linn. Dá-se-lhe também o nome de fruta do Conde. «A ata tem a forma ovoide globosa. . . inteiramente branca, contendo uns bagos envolvidos de uma massa como nata de leite, de um sabor deliciosamente doce e aromatico». Bernardo Francisco da Costa (II, p. 159).

É muito intricada a questão da pátria e da etimologia de *ata* e de *anona*, cujos nomes se trocam e se confundem por vezes, e que se dão espontâneamente em várias partes da Índia, como aconteceu com o caju e a goiaba.

Nas esculturas de Bharhut, nas talhas de Muthra e nas pinturas murais de Ajanta representa-se uma fruta muito parecida com a ata, mas de grandeza descomunal. O general Cunningham identifica-a com *Anona squamosa*, filia o seu nome indiano *āt* ou *ātā* no sânsc. *ātrapya*, e mantêm que os portugueses, introduzindo-a na Índia, não fizeram mais que levar carvão para Newcastle.

Max Müller, porêm, põe em dúvida a existência do vocábulo *ātrapya* no sânscrito verdadeiro; e Yule & Burnell sugerem que se têm inventado nomes sânscritos para muitos objectos só conhecidos nos últimos séculos. Fundados na autoridade do botânico holandês Rheede [1] e em um vocabulário de Manila, presumem estes autores que a ata e o seu nome foram para a Índia do México por via das Filipinas, emquanto a anona e o seu nome foram de Hispaníola por via do Cabo de Boa Esperança. V. *Glossary*, s. v. *custard-apple*.

Cumpre contudo notar que se a *Anona squamosa* entrou pelas Filipinas, não levou consigo o nome de *ata*, porque as línguas malaias lhe não dão tal nome, mas o de *nona*, e bem pode ser que *ate* ou *atte* do vocabulário de Manila seja de introdução moderna. A planta é também indígena do Brasil, onde se chama igualmente *ata* ou *ateira*.

1745. — «Das que há na Asia e eu provei na America, adonde são muyto mais gostosas, **Atas**, Goyabas, Jambos». — In *Ta-ssi-yang-kuó*, II, III, 3.

1782. — «Vê-se egualmente no paiz outra arvore com o nome de **ateira**, cujo fructo similhante a pequena e verde pinha, contem um amago branco saborosissimo e bastante quente». — Fr. C. da Ressurreição, *Tratado*, II, p. 337.

1846. — «**Atas** (fructa do Conde), *Tendulins*, *Bilimbins*». — F. N. Xavier, *O Gabinete Litterario*, I, p. 249.

1873. — «A **ateira** (*Anona squamosa*) porque produz um fructo, que dá uns ares de jaca, leva em algumas paragens da costa

[1] Diz êste botânico que no Malabar se chama às vezes à ata *manil-jaca*, «jaca de Manila», e à anona *parengi-jaca*, «jaca portuguesa».

de Malabar os nomes de *manil-jaca* e *manil-ponnôs*, parecendo importação de Manila; faz-se uma arvore de mediana estatura, não passando de 5 a 5 ½ metros de altura. É sylvestre e brava em Jamaica». — B. F. da Costa, *Manual do agricultor*, II, p. 157.

1672. — «The plant of the **Atta** in 4 or 5 years comes to its greatest size». — P. Vincenzo Maria, in *Glossary*.

1713. — «Nous avons aussi, mais seulement dans nos jardins, quelques **ates** et quelques goyaves» (em Maduré). —*Lettres Édifiantes*, XII, p. 87.

**ATABALE** (mais us. no plural). Tambor oriental, timbale. Do ár. *aṭṭbl*. O termo era conhecido em Portugal antes do descobrimento da Índia. **ATABALEIRO**, tocador de atabale. **ATABALINHO**, tamboril. **ATABALINHEIRO**, o que toca atabalinho.

1445. — «Huns são **atabales** Mouriscos, os outros huma especie de violetas daquellas que nós tocamos com arco». — Luís de Cadamosto, *Navegação Primeira*, cap. 68.

1500. — «Os Mouros principiárão a arrombar as paredes da casa, de modo que no espaço de meia hora a deitárão toda por terra, ao som de trombetas e **atabales**». — *Navegação de P. A. Cabral*, cap. 17.

1513. — «E, se tangiam os **ataballes** em ha terra firme, ouuem nos na ilha». — In *Cartas* de A. de Albuquerque, III, p. 368.

1520. — «Tinha quatro cadafalsos envestidos na parede, dous de cada banda para manistrees, e hũ mui grande aa mão direita da entrada pera bastordas, e **atabales**». — Rui de Pina, *Chronica de D. João II*, p. 118.

1541. — «N'esta lanteaa se embarcou Antonio de Faria, e chegando ao caiz com grande estrondo de trombetas, charamellas, **ataballes**, pifaros, atambores. . .». — Fernão Pinto, *Peregrinação*, cap. 68.

1552. — «Cessou o estrondo das trombetas e **atabales** e começarão entrar na pratica, depois que se tractarão as cortesias, e ceremonias da primeira visita». — João de Barros, Déc. I, v, 3.

1552. — E chegados a ela tangerão as trombetas de gouernador, e os seus **atabales**». — Castanheda, *Historia*, III, c. 26.

1557. — «Mandou logo trazer a bandeira real, e as trombetas, e **atabales**, e ajuntou toda a gente da Armada». — *Commentarios*, II, cap. 25.

1565. — «Tamjem ate anoitecer huns **atabales** como os das nossas canas». — *Itinerario* do Mestre Afonso, in *Annaes Maritimos*, IV, p. 53.

1585. — «Tangem-se entretanto muitos **atabales**, e tudo o que se hade offerecer á noiva se lança primeiro ao pescoço dos tangedores». — Manuel G. Cardoso, *Hist. tragico-maritima*, IV, p. 53.

1608. — «Antes della ouue muitas maneiras de fogos no adro da igreja, que de muito longe se viam com grande estrondo de atambores, e **atabales** que em terra dos Christãos se não pudera fazer mais compridamente». — P. Fernão Guerreiro, *Relaçam*, fl. 7.

1612. — «Começarão os estromentos bellicos de tambores, pifaros, trombetas e **atabales**». — Diogo do Couto, *Vida de De Paulo*, p. 45.

«Com grandes gritos, vozearias, **tabalinhos**, trombetas e outros estromentos». — *Id.*, p. 74.

1515. — «Pagues a Jeronimo e a Diogo e a Rodrigo todos tres **atabaleiros**, o mãtimento que lhe for devido». — A. de Albuquerque, *Cartas*, VI, p. 48.

1553. — «Aos **atabaleiros**, que estão no paço, outro tanto». — João de Barros, Déc. II, x, 7.

1554. — «. . . todos cheos **databaleyros** com os **aballes** pollas bordas dos cadafalsos da parte de fora». — Garcia de Resende, *Chron. de D. João II*, fl. 81.

1634. — «Anda com toda a dita gente da fortaleza huma trombeta, e tres **atabaleiros**». — António Bocarro, *Livro*, in *O Chron. de Tissuary*, III, p. 223.

1685. — «Os que se seguem são casta mais baixa: **atabalinheiros** vão á guerra para os tocar, e se recolhem com a sua companhia». — João Ribeiro, *Fatalidade historica*, I, cap. 10.

**ATABAQUE.** Tamboril oriental. Parece que o étimo é o persa *tablak*, com *a* protético, que também pode estar pelo artigo árabe *al*. **ATABAQUEIRO**, tangedor de *atabaque*.

1515. — Per este vos mando que des ao *ajar* (?) por nome tijava duas *farazolas* de cobre pera fazerem huum **atabaque**». — A. de Albuquerque, *Cartas*, IV, p. 245.

1512. — «Per este vos mando que des a dezoito *balagates* e a seis **atabaqueiros** que handam com Lourenço Preguo em guarda da Ilha de goa a cada hũu hũu pardao». — *Id.*, V, p. 244.

1525. — «Vem muytas molheres tangendo muytas trombetas, e **atabaques**, charamellas, e não como as nossas». — *Chronica de Bisnaga*, p. 108.

1552. — «. . . acompanhado com grande numero de vassallos, estrondo de bozinas, **atabaques** e outros tangeres a seu modo por festa» (no Congo). — João de Barros, Déc. I, I, 9.

1554. — «. . . e com muytos instrumentos de marfim, e **atabaques**, e outros estromentos cantando todos muytos louuores del Rey de Portugal». — Garcia de Resende, *Chronica de D. João II*, fl. 103.

1557. — «Os gritos dos Mouros, e os tangeres dos **atabaques**, e anafis eram tantos, que não avia homem, que se entendesse hum com outros». — *Commentarios*, I, cap. 28.

1569. — «E com mores açovios e **atabaquinhos**, e com mayor confiança de vitoria». — P. Monclaio, in *Bol. S. G. L.*, IV, p. 553.

1569. — «Quando vem aa noite tangemlhe hũ **atabaquinho** e inda que estejam diversas embarcações juntas conhecem [as adens] ha sua pelo som do **atabaque** e recolhem-se a ella». — Fr. Gaspar da Cruz, *Tractado da China*.

1632. — «E huns tambores, ou **atabaques**, formados de huns páos occos de grande barriga, e apertados na boca, onde os cobrem suas pelles». — Fr. Luís de Sousa, *Historia de S. Domingos*, II, p. 415.

1894. — «Animavam ainda o cortejo os tangedores malabares, ferindo compassadamente os **atabaques** de dois fundos». — Lopes de Mendonça, *Os Orphãos de Calecut*, p. 88.

**ATABAQUE.** Registam alguns dicionários o vocábulo como termo oriental para designar o «aio de príncipe». O étimo é o persa *atālīk* (e não *atabay*, dado por Domingos Vieira), que significa «aio, tutor» em geral.

* **ATALÁ** (s. m.). Setim indiano, mais encorpado do que o ordinário. O termo é muito usado em indo-português. Do ár. *aṭlas*. *Atlas* é corrente em alemão por «setim».

1810. — «Escarlate de Damasco, alcatifa, velludo, **atalá**, *burnes*». — Joaquim C. Soares, *Doc. Comprobativos*, p. 440.

1846. — «Os que contam com mais meios fazem-no de cotonia, ou **atalá** (o 1.º estofo de seda, o 2.º com mistura de fios de ouro e flores espalhadas pelo corpo, ambos fabricados em Tannam e Surrate)». — F. N. Xavier, *O Gabinete Litterario*, I, p. 102.

1673. — «The Inland Factories subject to it, are Amidavad, whence is provided Silks, as **Atlases** wrought with Gold...». — Fryer, *East India*, I, p. 220.

1673. — «They go Rich in Apparel, their Turbats of Gold, Damask'd Gold **Atlas** Coats to their Heels, Silk, Alajah or Cuttanee breeches». — *Id.*, II, p. 113.

1676. — «**Atelas**, la piece de 9 Cobits, mamoudis 21». — Tavernier, *Voyages*, V, p. 202.

**ATALAIA.** Além dos significados, bem conhecidos, tem ou, antes, tinha o vocábulo na Índia o de «barco ligeiro de remos, que servia de vigia ou de aviso». «Embarcação, de que usam na India, que he barco de remo, e muito legeiro». Viterbo.

Não é fácil discernir se os portugueses estenderam, por analogia, o termo que receberam dos **árabes** (*at-ṭāla'a*), ou se adoptaram algum vernáculo. Pelo modo como os nossos escritores o interpretam e circunscrevem a Diu e ao Canará, parece que é de origem indígena. Não se conhece, porêm, actualmente nenhuma embarcação indiana com semelhante nome e significado, a **não** ser *aṭālī*, derivado do sânsc. *aṭṭāla* ou *aṭṭāli(kā)*, que quere dizer «andar superior de casa, tôrre ou pôsto de observação», e é usado em guzarate, marata e hindustani. É muito natural que o barco de vigia tivesse um lugar alto, destinado a êsse fim.

1512. — «Hiam se laançar ao monte dely e quall quer **atalaya** ou *parao* que vinha de goa pera cananor, pegavam logo com elles». — A. de Albuquerque, *Cartas*, I, p. 44.

«Fazia saber que se fazyam ally quinze naos como as nosas, afora outros navyos de rremo que se chamam *atallaas*». — *Ibid.*, III, p. 199.

1514. — «Chegaram quatro **atalayas** de miliquiás a goa, as quaes vinham a çurrate em busca de diogo fernandes». — *Id.*, I, p. 332.

1516. — «Tem muytos nauios de remos muy concertados e apontados, soma deles muy pequenos e ligeiros em estremo, ha que chamaom **atalayas**» (em Diu). — Duarte Barbosa, *Livro*, p. 275.

1552. — «Virão vir duas **atalaias**, que são como fustas, e vinhão embandeiradas, e com estandartes nos topos dos mastros». — Castanheda, *Historia*, I, cap. 26.

«Metidos no porto vararão a nao em terra e salvaranse em duas **atalayas**». — *Id.*, III, cap. 44.

1553. — «Porem lá onde estaua depois que o Viso-Rey partio de Dabul, sempre andarão meya duzia de **atalayas**, que são barcos de remo, em atalaya delle contandolhe os passos e voltas que daua». — João de Barros, *Déc.*, II, III, 5.

1557. — «E meteo no fundo alguma parte dos galeões e **atalayas**, que a sua artelharia alcançou». — *Commentarios*, I, cap. 34.

1563. — «Trazia no mar hum Capitão, que se chamaua Timoja, com **atalayas** roubando o que podia». — Gaspar Correia, *Lendas*, I, p. 565.

* **ATALAQUE.** Chefe distrital em algumas partes da Insulíndia. Do mal. *atas-lāki*, «homem principal, maioral».

1632. — «Os que em Solor são *Sangue de Pates* (q. v.), chamão pelas outras Ilhas **Atalaque**». — Fr. Luís de Sousa, *Hist. de S. Domingos*, III, p. 281.

«Santa Luzia, na povoação Siccá, onde era **Atabaque** D. Cosmo, muito bom Christão». — *Id.*, p. 287.

1767. — «Ha em cada povoação hum maioral, a que chamão *Atacabel* ou **Atalaque**, a que se sogeitam, no governo, e castigo, e o seguem como a seu Capitão». — Fr. Lucas de Santa Catarina, *ibid.*, IV, p. 658.

* **ATOL.** Grupo circular de ilhas baixas de coral, também circulares, que circunscrevem uma laguna, e de que se observam espécimes nas ilhas Maldivas [1]. Foi Darwin o primeiro que tornou scientífico o vocábulo, que na língua vernácula se pronuncia *atoḷu* e que Yule julga derivado da preposição singalesa *ătul* (*eṭul*), «dentro de». Os nossos escritores chamam-lhe *patana*, q. v.

1615. — «São divididas [as ilhas de Maldiva] em treze provincias, a que chamam **Atollons**, que é uma divisão natural, segundo a situação dos logares, de forma que cada **Atollon** é separado dos outros, e contem em si uma grande multidão de ilhotas». — Pyrard de Laval, *Viagem*, I, p. 85.

1858. — «**Atollon**. Assim se chamam os pequenos grupos de ilhas, ou subdivisões do grande archipelago de Maldiva». — Cunha Rivara, *ibid.*, p. 82.

1880. — «Occasionalmente eram arremessados [côcos] ás praias em differentes regiões na extensa corda de innumeras ilhas baixas e **atolls**, conhecidas com o nome de Maldivas». — Conde de Ficalho, *Flora dos Lusiadas*, p. 86.

1842. — «I have invariably used in this volume the term **atoll**, which is the name given to these circular groups of coral islets by the inhabitants in the Indian Ocean, and is synonymous with lagoon islands. — Darwin, in *Glossary*.

---

[1] «As quaes ilhas são huma das cousas admiraveis do mundo, comprehendendo cousa de duas mil ilhas, das quaes cem, ou perto disso, são juntas, e esfericas como o circulo, e tem huma entrada como a porta, pela qual sómente entrão os navios». — Ben-Batuta (1343), *Viagens*, II, p. 264.

**ATAMBOR, tambor.** É outro nome de *bétele*, sómente usado pelos nossos primeiros indianistas. Do ár. *at-tambūl* < persa *tambūl* < sânsc. *tāmbūla*, corrente em idiomas neo-áricos [1].

1326. — «Depois trazem o **tambul** que elles tem em grande estimação, e com que obsequeão os que os vem visitar; e quando o Soltão o dá a algum, equivale a hum donativo de ouro, e a huma pelliça». — Ben-Batuta, *Viagens*, I, p. 113.

1498. — «Na qual talha lançava bagaço de hũas ervas que os homens desta terra comem pella calma, a qual erva chamam **atambor**». — *Roteiro de Vasco da Gama*, p. 59.

1502. — «Tinha á roda da cabeça huma grande toalha de seda á Mourisca, e a boca chea de **atambor** que não cessava de mastigar». — Tomé Lopes, *Navegação* (2.ª ed.), p. 172.

1505. — «Aqui [em Quíloa) se cria **tambor**, que tem a folha como a era, e criamse como ervilhas, todas tem páos ao pé». — In *Bol. S. G. L.*, XVII, p. 358.

1563. — «Somente sabei, que Avecina chama ao betre **tembul**, e parece ser vocabulo hum pouco corrupto, porque todos lhe chamão **tambul** e não *tembul*». — Garcia da Orta, *Coloquio de betre*.

1298. — «Di continuo portano in bocca vna foglia chiamata **Tembul** per certo habito et delettatione, et vannola masticando, et sputano la spuma, che la fa». — Marco Polo, *apud* Ramúsio, II, fl. 56.

1510. — «E mangia ancora certe foglie d'herbe lequali sono come foglie de melangole, che alcuni chiamano **tambor**». — Barthema, *ibid.*, I, fl. 157.

1588. — «Quiui era presente vn vecchio, che teneua in mano vn piatto d'oro, entroui foglie del Betele Malabarico, ouero del **Tambul** Arabico, le quali foglie li principi Indiani masticano, perchè fanno buon fiato, leuano la sete, e nettano la pituita». — P. Maffei, *Le Istorie*, p. 53.

* **ATAPALA** (sing. *attū-pāla*). É a guarda dum dignitário em Ceilão.

1635. — «Logo acudiu a sua **atapala**, que são os da guarda do *dissava*». — António Bocarro, *Déc.* XIII, p. 407.

* **ATAPATO** (sing. *atapattu*). Nome do capitão da guarda do rei de Ceilão.

---

[1] Os nossos antigos escritores dizem muitas vezes atambor por *tambor*. «O Rei manda tanger seu **atambor**, que sendo ouuido de qualquer parte que seja logo todos se afastão». — Gaspar Correia, *Lendas*, III, p. 765.

1616. — «Na dianteira o seu **atapato**, que he Capitão das guardas, com seis mil homens escolhidos, tres mil espingardeiros, mil rodeleiros, e dous mil lanceiros, que são da guarda da sua Pessoa, como os Janizaros do Turco... E assim ajudados dos nossos apertáram tanto com a dianteira, que os fizeram recolher ao corpo da **atabata** que vinha atrás». — Diogo do Couto, Déc. X, ix, 5.

«Os da dianteira em chegando á ponte, em que acharam aquelle poder do **Atapata** do Rajú, tocaram atabales». — *Id.*, Déc. X, x, 18.

1685. — «O Rei [de Cândia] tinha mandado sobre Jafauapanão cinco mil homens escolbidos, e por seu cabo hum *Modeliar* seu **Atápata** (que he capitão da guarda da pessoa)». — João Ribeiro, *Fatalidade Historica*, II, cap. 1.

**ATIÁ** (s. m.). Moeda portuguesa de cobre ou tutanaga, que corria antes em Diu e cujo pêso e valor variavam segundo as emissões. Valia geralmente 20 *bazarucos*, e 1 bazaruco equivalia de ordinário a 2 réis fracos. Também havia meios *atiás* e quartos de *atiás*. A primeira emissão conhecida é de 1704 e a última de 1851. Tinha no anverso as armas do reino e no verso a cruz de Cristo dentro dum círculo.

A denominação da moeda é evidentemente de origem indiana, como o são as doutras moedas; mas não encontro a palavra em nenhum dicionário vernáculo neste sentido, nem em glossários estrangeiros; e as minhas indagações tem sido até hoje infrutíferas. Conjecturo porêm que haveria anteriormente alguma moeda indígena, semelhante, com diferença do cunho, a qual teria um elefante por divisa, como outras tinham javali ou vaca [1]. Cf. *orá* e *pagode*. O sânsc. *hastī*, «o que tem mão», isto é, «elefante», deu em hindustani e guzarate *hāthī*, e *hāthiyá* teria sido empregado como adjectivo, «elefantino».

1896. — «O escudo de armas do reino que se vê em todos os **atiás** de Diu e suas fracções, é caracteristico e differe do tipo usado em outras especies de moedas». — Manuel de Campos, *Numismatica indo-portuguesa*, in *Bol. S. G. L.*, XVIII, p. 176.

1910. — «A moeda de tutenaga aqui [em Damão] não tinha o valor d'ella em bazaruco, como em Diu os **atiás** de tutenaga». — António F. Moniz, *Hist. de Damão*, III, p. 318.

* **AURORA, ROSA DE S. FRANCISCO, ROSA DA CHINA, INCONSTANTE AMANTE.** São outros tantos nomes por que é conhecida a malvácea *Hibiscus mutabilis*, Linn. O primeiro provêm do tempo em que desabrocha a flor; o segundo deve ter sido dado por algum franciscano que tivesse trazido a planta da China, sua pátria, e o quarto indica a peculiaridade de mudar a côr, passando de branca, que é pela manhã, para encarnada à tarde.

**AUSSARI.** Morais inscreve (e Domingos Vieira repete) o vocábulo do seguinte modo: «T. da Asia. Prazo que se deixa nas *Gançarias* [gancarias] para depois d'elle se começar a executar e praticar alguma lei, innovação, etc.».

Em concani *avasar* (sânsc. *avasara*) quere dizer «tempo oportuno, ocasião, ensejo». A palavra pertence à terminologia vernácula das comunidades agrícolas de Goa, como tantas outras com significação técnica. Não creio, porêm, que se use no português local, que substitui muitas delas por outras puramente portuguesas, passando em seguida para o concani, como «comunidade» por *gancaria*, «assento» por *nemo*, «escrivão» por *xeṇoy*.

* **AVACARI.** Garcia da Orta menciona uma planta com êste nome e diz que é antidisentérica. O Conde de Ficalho observa que lhe não «foi possivel averiguar o que seja este *avacari*, posto que não julgue difficil essa averiguação para quem seja familiarisado com a flora local das terras de Goa». O Dr. D. G. Dalgado identifica-a com a «ipecacuanha de Goa» ou «trifólio» (conc. *pitmārī* ou *tīnpānī*), *Naregamia alata*, W. & A.,

[1] 1786. — «Come le prime monete Romane di Servio Tullio portavano Tipo di una pecora, cosi le monete antiche Indiane sono d'oro o di rame col tipo d'una vacca, d'un elefante, di *Lingam*...». — Fra Paolino, *Viaggio*, p. 56.

meliácea sub-arbustiva, muito comum em Goa e no Malabar. E acrescenta: «As raizes desta planta têem sido ultimamente muito exportadas de Savantvadi para a Allemanha, onde são usadas nas bronchites e dysenterias».

Quanto à etimologia, parece-me que o vocábulo se liga ao conc. *onkārī*, no sentido de planta emética», de *onk*, «vómito», assim denominada pelos médicos indígenas com referência aos seus efeitos.

1563. — «Ha tambem nesta ilha huma arvore pequena, e porem de maior cantidade que estoutra frutice; tem as folhas e a flor como murta, e dá a fruta como murtinhos, e do mesmo sabor, mais estiticos, e chamão esta herva **avacari**». — Garcia da Orta, Col. XXVIII.

1909. — «Por exemplo a citada *naregamia alata*, chamada por Garcia da Orta **avacari**, de *voncaré* que significa nauseas, se emprega aqui na dysenteria». — *O Oriente Portuguez*, VI, p. 377.

**AVANIA.** «Vexação, que os turcos faziam aos christãos; affronta pública (Gr. moderno *abania*)». C. de Figueiredo. Devic acha difícil a etimologia desta palavra, que primitivamente não significava, segundo êle, «desprêzo», que é o sentido do ár. *hauān*, que também se aponta por étimo, mas simplesmente *tributo, multa, soma a pagar, direito de passagem*. Presume êste etimologista que o «fr. *avanie*, port. *avania*, ital. *avonia*, baixo grego, *abania*, corresponde a um termo do Levante *awānī*, que não está nos dicionários, e que parece ligar-se ao velho termo de que veio o latino *angaria*, «serviço forçado (*corvée*)».

1663. — «Temia o que depois succedeu, segundo de lá escreveram, que os turcos de Alepo mandassem em minha busca, ou o vice-bachá de Alexandria me fizesse alguma **avania**, quer dizer em lingua turca, vexação e tirannia». — P. Manuel Godinho, *Relação*, p. 230.

1580. — «... esser buona cosa à i mercanti, che arriuano in questa città di dar in gola al *Sangiacco* di Giuba, & suoi Emin; perche sono facili à lasciarsi persuadere le **uanie**, che quei Mori leuano à i passaggieri». — G. Balbi, *Viaggio*, fl. 17 *v*.

1625. — «Alcuni dissero ciò non conuenire per le **auanie** de' Turchi, che erano all'hora più che mai exorbitanti» — Pietro della Valle, *Viaggi*, III, p. 417.

1666. — «... ni en un mot personne à qui un paysan, artisan ou marchand se puisse plaindre dans les **avanies** et tyrannies qu'ils leur font très-souvent». — Bernier, *Voyages*, I, p. 313.

1666. — «Et alors outre qu'ils seroient exposez à des coups de bâton, on leur ferait encore une grosse **avanie**, et on en a fait à quelques-uns de plus de diz mil livres». — Thevenot, *Voyages*, III, p. 5.

1699. — «Il leur faut neanmoins d'assez grands fonds pour pouvoir entretenir leurs Catechistes, et subvenir à une infinité de frais et d'**avanies** qu'on leur fait» (em Maduré). — *Lettres Édifiantes*, I, p. 18.

**AVATAR.** Encarnação dos deuses hindus, e em particular as de Vixnu. Lopes Mendes descreve largamente os dez **avatares** de Vixnu e dá suas estampas. Emprega-se o termo em português metafòricamente por «transformação». Do sânsc. *avatāra*, literalmente «descida», subentendendo-se «do céu à terra».

1837. — «Cada uma destas incarnações, ou **avatares**, como elles lhe chamam, gerou uma diferente deidade, que tem culto particular». — *O Panorama*, de 8 de Julho.

1850. — «Contam-se vinte e quatro Encarnações de Vissunú, sob a denominação de **Autar**». — F. N. Xavier, *O Gabinete Litterario*, I, p. 39.

1886. — «Na Harypurana, terceira parte da *Purana* emanada do Vedão [Veda], vem descritas as dez encarnações de Vishnú chamadas **Avatars**, que os *chitaris* [pintores] representam muitas vezes a capricho, e quasi sempre incorrectamente». — Lopes Mendes, *A India Portugueza*, II, p. 72.

1906. — «Vichnú acha-se representado em todas as suas manifestações ou **avatares** dezenas de vezes repetidas». — Hipácio de Brion, *Duas Mil Leguas*, p. 39.

18 0. — «Parece condemnado a identificar-se com alguma das encarnações (**avatáras**) de Vishnu ou com o *lingam*». — António de Almeida Azevedo, *As Communidades de Goa*, p. 44.

1904. — «... por tal forma actuaram na sensibilidade do nosso singular Fernão Mendes que determinaram o seu novo **avatar** no sentido da exaltação mystica». — Cristóvão Aires, *F. M. Pinto*, p. 11.

1912. — «Robespierre, Marat, Saint Just, Carrier, Fouché, Tallian, ha mais de um seculo destroncados e em pó ou, pelo menos, em pó ainda mexem, sob **avatars** tragicamente caricaturaes». — *O Dia*, de 31 de Dezembro.

1916. — «Esta consciencia de existencias anteriores, vaga lembrança de varios

**avataras**, é fenomeno psiquico muito familiar a todos os espiritos que se nutrem de tradicioualismo». — *Diario de Noticias*, de 31 de Março.

1825. — «J'en ai une fois rencontré une troupe considérable qui représentait les dix **Avataras** (ou incarnations) de Vichnou». — P. Dubois, *Mœurs*, I, p. 87.

1885. — «Les jours anniversaires de dix **avataras** (incarnations) de Vichnu». — Mgr. Laouenan, *Du Brahmanisme*, I, p. 74.

1916. — «The rhapsodists of the Valmikian cycle sang verses like these to millions of men and women, teaching them doctrine of **Avatar** (human incarnation of the Divinity)». — *The Hindustan Review*, de Maio-Junho.

**AVEL, avela (ávila**, ant.). Arroz com casca mal cozido e torrado e depois pisado. Do dravídico *aval*; em malaial. também *avil* (*phau* em concani). Era muito usado como mantimento nas nossas armadas da Índia. Creio que o arroz de que fazem uso os soldados japoneses em campanha é análogamente feito. Vários são os processos de o preparar para comer: o mais simples e barato é macerá-lo em água quente e acompanhá-lo de peixe sêco ou outro acepipe; o mais complicado é ensopá-lo em leite e misturá-lo com açúcar e côco ralado; o mais ordinário é repassá-lo de água e juntar-lhe *jagra* (açúcar mascavado) de palmeira ou de cana.

1554. — «E a Renda das pessoas que fazem **avel** e vendem, paguão tres *fedeas*». — Simão Botelho, *Tombo*, p. 156.

1563. — Coqus e **auila**, que he arroz molle pisado». — Gaspar Correia, *Lendas*, II, p. 902.

XVI. — «Mandão fazer a tal rogatiua e aly lhoferecem arros e **avila** e vinho, em caixas, então todos comem **davila** e bebem hũa porcelana de vinho». — In *Instituto* de Coimbra, LIV, p. 62.

1600. — «Chamam **avella** aos grãos de arroz nam cozidos, mas maal torrados ao fogo». — P. Lucena, *Historia*, VII, cap. 24.

1615. — Não leuaua outra cousa mais que **ávila**, que he arroz torrado, e cocos pera mantimento, e pera beberem». — Diogo do Couto, Déc. VI, III, 1.

1615. — «Uma especie de arroz cosido e depois secco, que se guarda para dous ou tres annos, e do qual fazem grande provimento em todos os navios, servindo-se delle como nós de biscouto... E chamam a este **Avel**». — Pyrard de Laval, *Viagem*, I, p. 320.

1619. — «Os que pilam **avella** paga cada hũ de direito hũ *barganim* e quatro *leaes*». — *Regimento* de Nuno Vaz Castelo Branco.

1852. — «**Avel** — Arroz, que depois de mal cozido se enxuga ao lume, e se bate na gral, ou *Vana* de madeira». — F. N. Xavier, *Bosquejo Historico*, IX, p. 8.

1886. — «... vão, acompanhados de jogadores de arma branca, e com tambores á sua frente, offerecer no altar da Sé em Velha Goa, e em seguida ao governador e outras auctoridades, o arroz novo e **avel**, isto é, arroz pisado e torrado com assucar». — Lopes Mendes, *A India Portugueza*, I, p. 46.

1894. — «Improvisou-se um banquete, regado pela agua assucarada dos côcos, e acompanhado pela farinha de arroz secco, chamada **Avel**, saborosa como a mandioca». — Lopes de Mendonça, *Os Orphãos de Calecut*, p. 192.

1578. — «... y con el açucar de la misma Palma, llamado *Iagra* y con **Auila**, que es hecha de arroz, cozido en agua, y despues picado y muy bien seco al Sol». — Cristóvão da Costa, *Tractado*, p. 102.

1588. — Portauano le lor bagagliuole sopra le spalle, e nelle maniche alcuni bocconi di riso mezzo arrostito (che il volgo chiama **auela**)». — P. Maffei, *Le Istorie*, p. 552.

1711. — «Pour moi je crus que je devois m'abstenir même du ris ordinaire, et me contenter seulement d'un peu de lait et de quelques poignées d'**Avel** (c'est du ris rôti avec l'écorce, et pilé). C'est ainsi que vivent les grands Penitens aux Indes quand ils sont prisonniers». — *Lettres Edifiantes*, XI, p. 88.

* **AVEL**. Êste termo, usado em Goa, não tem, salvo a homofonia, nenhuma relação com o antecedente, pois vem do conc. *āvel* e designa o «óleo de côco fresco e escolhido, extraído por um processo especial, que não o de lagar, e empregado medicinalmente». Garcia da Orta descreve-o, mas não com muita correcção: «Duas maneiras ha de azeite: hum he feito de coquos frescos, e o outro da que chamamos *copra*, que he os coquos sequos; e este que se faz dos coquos frescos he feito pisando o coquo e deitando-lhe agoa quente; e tiram a corpulencia, que no fundo reside, e per cima a espremem, e o oleo nada sobre agoa; e esta he huma mézinha purgativa que purga lubrificando ou fazendo brando; a muitos a damos qua pera

evacuar as tripas e o estomago somente; e purga muito bem, sem nenhum perigo, nem damno. E muytos a misturam com expresam de tamarinhos; e por experiencia achei ser muito boa. E se Avicena entende deste oleo, que he bom nutrimento, diz verdade».

O Conde de Ficalho comenta: «Nas propriedades medicinaes do oleo, Orta distingue o oleo dos cocos frescos do oleo de copra, louvando muito o primeiro como uma excellente «mezinha purgativa», que elle receitava varias vezes. Não propriamente o oleo, mas o succo espremido da amendoa pisada ou raspada — o que se approxima da preparação indicada — tem sido recommendado como fortificante, aperiente, e em certos casos activamente purgativo».

A «espressão da amendoa pisada ou raspada» denomina-se «leite de côco», que ninguém conhece na Índia por «activamento purgativo». Orta fala de duas espécies de óleo de côco quanto à matéria, processos e usos.

*** AVELÃ DA ÍNDIA.** É o nome antigo da *areca,* dado por analogia, como *figo* à «banana», *pera* à «goiaba».

1516. — «Verde [bétele] he sustancial, com **avelana India,** ou areca, e com a call». — Tomé Pires, *Carta a elrey, apud* Cardeal Saraiva, VI, p. 425.

1563. — «Do que chamamos em Portugal **avelam da India** falemos, pois me dixestes no *betre* que he muyto usada ácerca de todos». — Garcia da Orta, Col. XX.

1578. — «Llaman los Arabios, *Faufel...* y los Portuguoses **Auelan da India,** y Areca». — Cristóvão da Costa, *Tractado,* p. 94.

1585. — «... con quel frutto che domandano areca che anticaamente chiamavasi **avellana indica**». — F. Sassetti, *Lettere,* p. 239.

**AVESTA** (s. m.). Nome dos livros sagrados dos antigos persas e actuais parses, atribuídos a Zoroastro e commummente conhecidos dos europeus por «Zend-avesta» (q. v.). Do ant. persa *abastā, avistāk* em páhlavi, que significa «lei».

*** AVÉSTICO.** Referente à língua ou à doutrina do Avesta. Como substantivo, designa o idioma do Avesta.

1878. — «... deram nascimento ao grande imperio persa, á religião de Zoroastro, á antiga lingua persa, em que foi escripto o **Avesta** e se denomina o antigo baktrio, ou mais vulgarmente o *zende*». — Vasconcelos Abreu, *Investigações,* p. 25.

«Em alguns textos **avesticos** lê-se tambêm iñdra». — *Id.,* p. 40.

1903. — «O estudo do **Avestá,** o dos cuneiformes, o do budismo e páli, o do sânscrito, prosseguem ainda hoje por impulso dado por êsse génio privilegiado». — Id., *Curso Integral,* p. 22.

1903. — «Ethnologicamente, porém, Arya era o nome do povo que habitava entre a India e Persia, do paiz *Airya,* occupado pelos adoradores de Ormuz... como é chamado Airyanen vaézzó, *Arianum semen,* no **Avasta** ou **Avesta**». — In *Ta-ssi-yang-kuó,* II, IV, 5.

1912. — «Tiele sugeitou á severa critica a excentrica theoria de Darmesteter, e chegou a concluir que o **Avesta** data de 800 a 1000 annos antes da era christã». — *O Oriente Portuguez,* IX, p. 176.

c. 1030. — «He says that he has endeavoured to correct his account by means of the **Abastâ,** which is the religious code (of the Zoroastrians)». — Al-Biruni, in *Glossary.*

1884. — «And this religion, that is, all the books of **Avesta** and *Zend,* written with gold ink upon prepared cow-skins, was deposited in the archives of Stakhar (Istakhar or Persopolis) of Papak». — Dosambhai Framji, *ibid.*

1885. — «**Avesta**... Réunion des trois premiers livres du *Zendavesta;* ces trois premiers livres sont le *Vendidad,* le *Yaçna,* et le *Vispered*». — Littré.

1914. — «Indra who is the principal God of the Indian pantheon is represented as a fiend in the **Avesta**». — Dalal, *A History of India,* I, p. 24.

*** AVILDAR, abaldar.** O persa *ḥavāldār* significa literalmente «ocupador de cargo de confiança»; os maratas deram-lhe o sentido de «comandante de fortaleza ou governador de praça forte». No exército indígena da Índia Britânica *havildar* (do hindust. *ḥavīldār*) corresponde a «sargento». Nas duas últimas abonações *avildar* é «autoridade fiscal».

1631. — «Só escrevi ao **Avildar** deste Conquão, que é o capitão de Pondá... Tornei a escrever a este **Avildar** e Capitão que eu não avia de romper a guerra». — *O Chronista de Tissuary,* I, p. 91.

1695. — «Aqui tomou huma Fortaleza, que chamão Dabul, senhoreando-se de todas as terras da sua jurisdicção, e matou todos os Mouros, que alli achou, pondo de sua mão **Abaldares** (são Governadores) Gentios, como elle o era, e de nação todos Marestres». — Cosme da Guarda, *Vida de Sevagy*, p. 7.

1771. — «Constituia Rendeiros chamados **Avildares** quando substancialmente o dito *Parpotecar*, não he mais que hum Feitor e Administrador Geral, e os ditos **Avildares** não são mais do que huns Rendeiros, os quaes postos pela Fazenda Real seriam muito menos nocivos».—Marquês de Pombal, in *Collecção de Bandos*, I, p. 8.

1843. — «Estes fóros continuaram a serem arrendados perante a Junta da Fazenda, e segundo o mappa delles, dado por **Avildar** (autoridade fiscal), pelo qual se regularam os foros, rendas, e mais contribuições desta provincia». — *Annaes Maritimos*, p. 7.

1674. — «*Sfosdars* or Centurions, *Subidars*, **Havaldars**, Civil Governors, Generals or Fighting Bishops».— Fryer, *East India*, II, p. 4.

**AXERI, xeri** (mais correcto). Antiga moeda de prata de Diu, do valor de 10 réis ou 12 *perogis* ou 60 *fédeas*. Provávelmente do persa *sheri*, derivado de *sher* «leão», que em hindustani também se aplica ao «tigre». A moeda teria numa face a efígie de leão ou de tigre, donde tiraria o seu nome. V. *atiá*.

1554. — «60 fedeas destas se faz huum **axery**, que he moeda de prata que ora corre.. Estas fedeas acima de 60 ho **xery** se faz Recepta em todolos despachos das alfandegas». — António Nunes, *Lyvro dos pesos*, p. 28.

**AZAGAIA** (fr. *assagaye*, ingl. *assagai*, *assegai*), **zagaia**. Lança curta. É voz berbere, *zagāya*, adoptada pelos árabes, *az-zagāya*, e pelos portugueses, para disignar lanças diversas das suas próprias. De *azagaia* se formam os derivados *azagaiada* e *azagaiar*.

1445. — «Para offender tem quantidade de **azagaias**, que são huma especie de dardos ligeiros, e atiram-nos com muita velocidade, porque são grandes mestres disso». — Luís de Cadamosto, *Navegação Primeira*, cap. 20.

1497. — «Começaram atirar com hũas **azagayas**, que traziam, omde foy ferido o capitam moor». — *Roteiro de Vasco da Gama*, p. 8.

1516. — «Trazem tambem nas mãos **azagaias**; e muytos arquos e frechas meãas». — Duarte Barbosa, *Livro*, p. 234.

1520. — «... acompanhados de infindos negros, delles com arcos e frechas, e outros com **azagayas**, e escudos». — Rui de Pina, *Chron. de D. João II*, p. 13.

1541. — «Entre elles [abexins] nam ha outro genero de armas, que **Azagayas**, nas quaes trazem afigurada a lança com que nosso senhor Jesu Christo foi ferido». — D. João de Castro, *Roteiro do Mar Roxo*, p. 75.

1554. — «Vimos sahir de um mato para onde estavamos um ajuntamento de cafres, que traziam entre si a um homem nu, com um molho de **zagaias** ás costas (segundo seu costume)». — Manuel Perestrelo, *Hist. Tragico-maritima*, I, p. 88.

1557. — «Achou ainda muitos mouros com **azagaias**, e adagas que esperáram, e trouxe-os todos á espada». — *Commentarios*, I, cap. 10.

1561. — «Foram de cima feridos de tantas **azagaiadas** e frexas, que foi necessario remarem atrás». — Henrique Dias, *Hist. Tragico-maritima*, III, p. 100.

1569. — «O que mais pode e mais tem acaba tudo com Principes a quem peitão, e elles mandão **azagayar** e matar como lhe vem á vontade». — P. Monclaio, in *Bol. S. G. L.*, IV, p. 543.

1572:

> «Mas os Mouros que andavam pela praia,
> Por lhe defender a agua desejada,
> Um de escudo embraçado, e de **azagaia**,
> Outro de arco recurvado, e setta ervada,
> Esperam que a guerreira gente saia».
>
> Camões, *Lusiadas*, I, 86.

1577. — «Todos foram mortos ás **azagayadas**». — *Primor e Honra*, fl. 22 *v*.

1609. — «As insignias deste capitão [de Massapa], e da sua jurisdicção, é uma **azagaia** de pao preto, de comprimento de uma vara, pouco mais ou menos, com uma ponta comprida de ouro». — Fr. João dos Santos, *Ethiopia Oriental*, I, p. 196.

1613. — «A lança chamada **azagaya** tem 10 palmos de comprimento, e usão muyto destas lanças de arremesso». — Manuel G. de Erédia, *Declaraçam de Malaca*, fl. 21.

1615. — «Para armas usam só dardos, a que chamam **azagayas**, que elles atiram mui destramente». — Pyrard de Laval, *Viagem*, I, p. 31.

1622. — «Depois todos os cafres desta povoação juntos nos vieram com grandes gritos perseguindo a retaguarda com muitas pedradas, e **azagaiadas**». — J. F. de Almada, *Hist. Tragico-maritima*, IX, p. 51.

1632. — «Poz minha pessoa, em muy grande perigo ferindo-me o cavallo com muitas **azagaiadas**».—Fr. Luís de Sousa, *Annaes de D. João III*, p. 139.

1650. — «Salvador Pereira passageiro, que nas occasiões em que se achou fez sempre, o que se deve a bom soldado, sahiu desta com duas **zagaiadas** perigosas». — Bernardo Feio, *Hist. Tragico-maritima*, x, p. 137.

1667. — «Por entre os paus espingardeão, frechão ou **azagaião** muito a seu salvo aos que pretendem chegar».— P. Manuel Barreto, *Moçambique e Madagascar*, in *Bol. S. G. L.*, IV, p. 38.

1620. — «Ils ont pour vne **Assagaye** et vn arc assez foible, avec la trousse».— Général Beaulieu, *Mémoires*, p. 8.

1676. — «Ils ont pour armes, l'arc et la fléche, le mousquet et la pique, et une **zagaye** qui est un bâton de cinq ou six pieds de long ferré au bout qu'ils lancent avec adresse contre l'ennemi». — Tavernier, *Voyages*, IV, p. 204.

1898. — «**Assagai**... A word (like *fetish*) introduced into Africa by the Portuguese». — Skeat, *An Etymol. Dictionary*.

**AZAR.** Moeda de Ormuz, do valor de 150 réis. Do persa *hazār*, «mil», pois o *azar* representa mil *dinares*. V. *laque* e *sadi*.

1515. — «Dees a quatro molheres que oje se fizeram xpaãs [cristãs] huũ pano a cada hũa pintado e huũ **azar** a cada huũa delas». — Afonso de Albuquerque, *Cartas*, VI p. 279.

1553.— «Hum xarafij val da nossa moeda trezentos reaes, e dous **azares** val hum xarafij». — João de Barros, Déc. II, x, 7.

1554.—«Tem cada pardao destes 2 **azares**, e cada **azar** 10 çadis, cada çadim 100 dinares». — António Nunes, *Lyvro dos pesos*, p. 25.

1554. — «Per dous mil e cincoenta nove leques, catorze **azares**, seis çadis». — Simão Betelho, *Tombo*, p. 87.

«Ao sacador mouro dous leques, e sesenta **azares** mais por causa das quebras das moedas». — *Id.*, p. 103.

1517. — «Le monete di Ormuz sono saraffi, & mezzo saraffi d'oro, i quali chiamano **azar**». — Corsali, *apud* Ramúsio, I, fl. 188.

1580. — «Una lecca sono **Asari** 100... **Asar** uno poi fa sadini diedi». — G. Balbi, *Viaggio*, fl. 51 *v*.

**AZEBRE, azevre, zevre.** É o mesmo que *aloés*. Do ár. *as-sebar*. Cf. o esp. *acibar*.

1541. — «A terra [de Socotorá] naturalmente he prove, e nella nam achão outras mercadorias que **azeure** e sangue de dragão». — D. João de Castro, *Roteiro do Mar Roxo*, p. 18.

1554. — «O *baar* de **azeure** çacatorino he como o de beijoim». — António Nunes, *Lyvro dos pesos*, p. 8.

1563. — «Digo que o *aloes* ou *aloa* é latino e grego, e os Arabios o chamão *cebar*, e os Guzarates e Decanis *areá*, e os Canarins (que são os moradores desta fralda do mar) o chamão *catecomer*, e os Castelhanos *acibar*, e os Portuguezes **azevre**; faz-se do çumo de huma herva depois de seco, e é chamada em portuguez *herva-babosa*». — Garcia da Orta, Col. II. — Em concani *kānttekumvar*, planta; *sabar*, azevre.

1603. — «Junto da praya ha poços, de que bebem os Arabios, que pertc della tem suas pouoações, dão muito **azeure**, ou aloes, e he o melhor que se sabe, por onde he muito nomeado o Socotorino».—Fr. António de Gouveia, *Jornada do Arcebispo*, fl. 135.

1609. — «Cria-se tambem grande abundancia de herva babosa, da qual se colhe muito aloé, a que nesta costa chamam **azevre**». — Fr. João dos Santos, *Ethiopia Oriental*, I, p. 450.

1609. — «Tambem nasce aqui a erua Aloés ou Baboza, a quem outros chamão **Azeure** *Sacatorino*, da qual a experiencia tem mostrado seu preço, e valor» — Fr. Gaspar de S. Bernardino, *Itinerario*, p. 100.

1616. — «Couramas, e ambolins, sangue de Dragão, **zeure**, e outras couzas». — Diogo do Couto, Déc. VIII, I, 11.

1654. — «Untão-lhe a teta com **azebre**, e logo que lhe toca o beyço da criatura, e gosta o sabor amargoso, já toma antojo ao leyte». — D. Francisco de Melo, *Apologos Dialogaes*, p. 37.

**AZEITE DE PAU.** É por êste nome conhecido em Macau o óleo de amendoim, *Arachis hypogoea*, Linn.

1670. — «O demais era muita farinha, açucar, **azeite de pao**, e ordinario». — *Ta-ssi-yang-kuó*, I, II, 11. — «Os inglezes chamam tambem a esse oleo *Wood oil*, á nossa moda. Sendo o oleo ou azeite extrahido do amendoim, não sei o motivo porque se lhe chamou **azeite de pau**». — Nota do editor.

**AZULACRE.** Damião de Góis emprega o termo no seguinte passo: «Depois deste veo hum embaixador del Rey de Campar, que fora genro del Rey de Malaca, e outro de hum dos Reis da ilha de Çamatra mais vizinho áquella çidade com recado a Afonso Dalbuquerque, quomo o queria visitar em pessoa, e fazersso vassallo del Rey de Portugal, pera o que deu seguro, com que se logo veo a Malaca, onde se lhe fez grande reçebimento. Ho qual depos de terem assentadas pazes, deu a Afonso Dalbuquerque oito fardos de lenho aloes, e aguila, e dous fardos **dazulacre**». *Chronica de D. Manuel*, III, cap. 19.

— Note-se que não eram dois embaixadores de dous reis, mas um só do rei de Campar da ilha de Samatra.

Que vem a ser *azulacre?* Se a palavra é composta de *azul* e *lacre*, como parece, significaria literalmente «lacre azul». Mas o verdadeiro lacre não é azul no seu estado natural, nem tal substância é produto da referida ilha, mas principalmente de Pegu.

Domingos Vieira declara que é, «segundo Moraes, o mesmo que Anil». Mas o citado lexicógrafo não regista o vocábulo na sua 2.ª edição de 1813 (depois da qual não houve outra do próprio autor), nem se faz anil em Samatra, nem o cronista desconhecia o seu nome. Vejamos, portanto, o que dizem os outros historiadores a êste respeito.

Fernão Lopes de Castanheda, a quem geralmente segue de perto Damião de Góis, narra assim o facto: «Nestes dias chegou ao gouernador hũ messejeiro del rey de Campar que he hũ pequeno reyno na ponta da grande ilha de çamatra defronte de Malaca, não ha nele se não matas daruoredos que dão lenho aloes, a que na India chamão calambuco... Foy el rey a Malaca... e ele lhe deu de presente pera el rey de Portugal oyto fardos de lenho aloes e aguila, e dous de *lacre*». *Historia*, III, cap. 63.

João de Barros refere: «ElRey de Campar, cujo Reyno he na ilha Çamatra... mandou hum presente a Affonso d'Alboquerque de certos fardos de lenho aloe, e de hũa *massa da especie de lacre* que entre ellos serue de *verniz*. Dizendo que aquella era a fruita da sua terra». Déc. II, VI, 7.

Atendamos ao que diz o filho do conquistador de Malaca: «Mandou [o rei de Campar] hum mensageiro a Afonso Dalboquerque com hum presente de oito fardos de lenhanoe muito fino, e dous de huma *maça* que se faz do sangue do dragão que serve de *verniz* pera cousas pintadas, e mandou-lhe dizer, quo aquella era a fruta que se colhia na sua terra». *Commentarios*, III, cap. 37.

Ouçamos agora a Gaspar Correia: «O rey de Campar era casado com huma filha do Rey de Malaca... e se veo ao rio de Muar que he perto de Malaca, e d'ahy mandou hum messigeiro ao Gouernador com presente de *dous fardos de calambuqo*, cousa de muyto preço, cousa que em todas as partes de Malaca se nom acharia outra tal». *Lendas*, II, p. 264.

Conclui-se daqui que o autor da *Chronica* forjou a locução *azulacre* para abranger o *lacre* de Castanheda e a *massa de verniz* de Barros e para designar, talvez, o «charão».

## B

«**BABA**, m. Pequeno tambôr, do fórma cónica, usado em Timor». C. de Figueiredo. É do teto *bába*.

* **BABÁ** (s. m.). No indo-português gáurio[1] é o tratamento de carinho a um rapaz, como tambêm em concani entre os cristãos de Goa. Mas nas línguas neo-áricas *bābā* designa primáriamente «pai», como em persa e turco, pôsto que se aplique ocasionalmente aos meninos. V. *bai*.

1345. — «Não foi o meu desejo, desde que cheguei a esta ilha [Ceilão] senão visitar o veneravel pé de Adão, a que elles chamão **Babá**, e tambem *Hanah*». — Ben-Batuta, *Viagens*, II, p. 301.

1516. — «Dizem hos Mouros que he ha peguada de nosso padre Adam, ha que eles chamaom **Adambaba**». — Duarte Barbosa, *Livro*, p. 356.

1552. — «Está hũa pegada dhomem, que dizem os mouros que he do nosso padre Adão, a quem chamão **Baba** Adão». — Castanheda, *Historia*, II, cap. 22.

1663. — «Tem estes na Natolia um prior geral da sua ordem, a que chamam *azun* **babá**, que quer dizer, padre supremo, ou protopapa, á imitação dos gregos». — P. Manuel Godinho, *Relação*, p. 103.

1666. — «... ne le traitant pas moins que de **baba** et de **babagy**, de père, de seigneur père». — Bernier, *Voyages*, I, p. 35.

1916. — «**Baba** literally means Father,

[1] Isto é, o português falado na área das línguas gáurias ou neo-áricas, com exclusão do da área dravídica.

but is often used by elders as a term of endearment». — *The Modern Review*, de Abril.

* **BABAGORE.** É o nome hindustani (*Bābāghūrī*) da calcedónia de Cambaia.

1516. — «Aquy achaom tambem grande soma de **babagoure,** que nós chamamos calsadonia, que saom hũas pedras de hũas areias pardas e branquas que eles fazem muyto redondas, e furadas trazemnas hos Mouros nos braços... saom pedras de pouca ualia porque ha hy muytas». — Duarte Barbosa, *Livro*, p. 279.

**BABARÉ, babaréu** (p. us.) [1]. É termo corrente em indo-português, donde passou para a África Oriental, por «rebate, alarme», equivalente à *cucuiada* do Malabar, de que tanto falam os nossos cronistas. *Dar babaré* é «dar rebate, pedir socorro» [2]. É costume em várias partes da Índia, quando uma pessoa se acha em perigo, gritar em voz contínua, batendo ao mesmo tempo na bôca com a palma da mão direita. A êste grito se chama *bób* em concani e *bomb* em marata. A exclamação que de ordinário se repete é *bābā-rê!* em concani, *bāp-rê!* em hindustani: vocativo de *bāb* (q. v.) ou *bāp* «pai». *Babaré* corresponde, portanto, às frases portuguesas: «aqui del-rei!», «ó da guarda!». Em indo-inglês diz-se *bobbery-bob*. No sentido figurado, *babaré* é «alarido, gritaria». Comforme Bluteau, o termo era usado no seu tempo em Portugal.

1608. — «Hũa vez veio aqui a fazer mil **babares,** e lançando tantas pragas ao filho, como se o não fora ja seu». — P. Fernão Guerreiro, *Relaçam*, fl. 104 *v*.

1613. — «E assim um destes dias amanhecemos entre **babales** (*sic*) e vozes de gente, e de atabalinhos, que de todas as partes soavam, e se viam á muita pressa chamar a gente para a guerra». — P. Manuel Barradas, *Hist. Tragico-maritima*, II, p. 114 [3].

1697. — «O sino com que tocão [os canarins] a rebate he bater com a mão na boca, fazendo certo estrondo, a que os Portuguezes chamão **babarè**. **Babarè** he palavra composta de *Babu*, que significa menino, e de *Arè*, adverbio de chamar; e como os soldados Portuguezes, que muitas vezes experimentão esta furia Canarina, lhes ouvem repetir esta palavra, com que se appelidão huns aos outros para acodirem todos à pendencia, por isso lhe chamàrão **babarè**». — P. Francisco de Sousa, *Oriente Conquistado*, II, I, 1.

1727. — «**Babarè**, ou **Babareo** he palavra de Goa, e suas vizinhanças, e val o mesmo que gritar à que delRey... Nos meloaes são continuos os **Babarés,** os quaes se tocão (como elles dizem) da mesma sorte, que em Portugal se dá uma vaya, surriada, ou matraca, e daquella origem veyo a ser em Portugal applicado o **Babaré** em sentido semelhante ao da India, mas entre nós he termo baixo». — Bluteau, *Supplemento*.

1886. — «As mulheres da casa e da vizinhança, que são convidadas para fazer **babaré** — carpir — estão lamentando em altos gritos o passamento». — Lopes Mendes, *A India Portugueza*, p. 265.

1913. — «**Babaré,** m. (des.). Alarme, rebate, aviso de que há ladrões na vizinhança. Barulho de grande chusma de pretos, bem ou mal intencionados, na África portuguesa». — Cândido de Figueiredo, 2.ª edição.

**BABIRUSSA.** É um animal singular que se encontra em Celebes e algumas outras partes do arquipélago malaio, o qual pertence ao género de javali, mas tem pontas como o veado — *Sus babirussa*, Linn., *Babirussa alfurus*, Cuvier. A palavra é composta de duas malaias, *bábi*, «porco», e *rusa*, «veado».

1658. — «Quadrupes hoc inusitatae figurae monstruosis bestiis ascribunt Indi, quod adversae speciei animalibus, Porco scilicet et Cervo, pronatum putent... ita ut primo intuitu quator cornibus juxta se positis videatur armatum hoc animal **Baby-Roussa**». — Piso, em apêndice a Bóncio.

**BABUCHE.** V. *papus*.

---

[1] Morais considera *babaré* e *babaréu* vocábulos diferentes, e Vieira liga *babaréu* ao francês *bavarderie*. Bluteau reputa os, com razão, sinónimos.

[2] Morais regista, com o sentido de «dar rebate de ladrões na vizinhança», a locução *tocar babaré*, que eu nunca ouvi na India, mas pode ser que algum escritor a tenha impròpriamente empregado. E Vieira diz que *babaré* é «nome indiano de um instrumento proprio para tocar a rebate»! O que se toca freqüentemente nos meloais e nos canaviais é o búzio (*cornó*), como sinal de vigia e para afugentar os adibes, mas não se chama *babaré*.

[3] Domingos Vieira cita êste passo e deriva *babaiés* do grego *babazo*!

**BABUL.** É o nome de *Acacia arabica*, Willd., tirado do concani-mar. *bābhūḷ, bābhaḷ* < sânsc. *babbula*. Também se chama «árvore de goma da Índia». «A madeira é forte; a casca é adstringente». D. G. Dalgado, *Flora*.

1886. — «**Babul** ou *babalia*... é arvore de medianas dimensões, que nasce e se desenvolve com grande facilidade. O seu tronco é empregado como excellente combustivel nas machinas a vapor, e as suas folhas e pequenos ramos prestam, desde fevereiro até ao principio da estação pluviosa, um bom alimento ao gado lanigero e cabrum». — Lopes Mendes, *A India Portugueza*, II, p. 250.

1912. — «Como lenha é um combustivel de primeira ordem, egual á **babul**». — Caetano Gracias, *Flora Sagrada*, p. 41.

1658. — «Grande è la pianta **Bablia**... Frà le molte piante medicinali questa è singolarmente stimata. Le foglie spoluerizzate, e beuute con acqua piouana seruono per reprimere il flusso del sangue, che procede da eccesso di calore. Aggiungendo al sugo zuccaro, e preso per beuanda, modera il flusso moroidale, e gioua per molte altre cose». — Fr. Vincenzo Maria, *Viaggio*, p. 364.

1666. — «Celle [aguardente] qu'on y boit ordinairement, est faite de *jagre* ou sucre noir qu'on met dans l'eau avec de l'écorce de l'arbre **Babouls**, pour y donner quelque force; et en suite on les distille ensemble». — Thevenot, *Voyages*, III, p. 50.

***BACAL** (desus.). Negociante de cereais; tendeiro. O termo aparece empregado nos primeiros anos da conquista de Goa, onde havia portas da cidade denominadas dos **bacais**, e foi recebido dos mouros. Substituíram-se-lhe depois outras expressões, como *chatim* e *baniane*. Do hindust.-ár. *baqqal*.

1513. — «Vos mando que pagues [pagueis] a manoell meu criado quatro cruzados por quatro *beirames* que lhe mãdey que desse a hũs **bacaes** de que lhe fiz mercê». — A. de Albuquerque, *Cartas*, v, p. 446.

«... por hũa cotonia de seda que deu a mucalxetỹ **bacall** mor por arrẽdar a rrẽda do betele azeite e cocos». — *Id*,. p. 52.

1563 (1510). O que sabido do Gouernador, mandoũ tapar de pedra e cal as portas da cidade todas, e duas que estauão juntas, onde agora está a igreja de Nossa Senhora da Serra, que se chamão as *portas dos* **baçaes** (*sic*), em que somente ficou aberto hum pequeno postigo». — Gaspar Correia, *Lendas*, II, p. 94. — E assim mais vezes.

1900. — «A **buccal** of this place told me he would let me have 500 bags to-morrow». — Wellington, in *Glossary*.

**BACAR.** «Armazem, de panos, na Índia portuguêsa. (Talvez por êrro de cópia, de escrita ou de composição, por *baçar* ou *bazar*)». C. de Figueiredo. *Bacar* não tem nada que fazer com o *bazar*; é do hindust. *bakhār* (*vakhār* em marata e guzarate), «armazêm, celeiro». Os nossos escritores não empregam *bazar* por «armazêm» mas por «mercado, praça». Para «armazêm» temos *gudão, bangaçal, pataia*.

**BACARÉU, macaréu.** Nome de uma pequena espécie de veado — *Cervulus aureus*, conforme Jerdon, *Cervus Muntjak*, conforme Molesworth. Em indo-inglês chama-se *barking-deer* e no de Bombaim, *baikree*. O seu étimo parece ser o marata-conc. *bheṅkrem*; mas Yule indica o guz. *bekṛī*, que não vejo nos dicionários. A palavra é onomatopaica.

1663. — «Nos matos [de Damão] ha infinita caça de lebres, corças, *merus*, veados, javalis, **bacareos**, gazelas, pavões, rolas». — P. Manuel Godinho, *Relação*, p. 19.

1685. — «Muita caça, javalis, veados, *merús*, gazelas, corças, **macareos**, porco espinho» (em Ceilão). — João Ribeiro, *Fatalidade Historica*, I, cap. 19.

1688. — «Nestes montes [da China] pastão muitas corças, **macareos**, e veados». — Fr. Jacinto de Deus, *Vergel*, p. 251.

**Bachá** V. *baxá*.

***BACHÃO.** É o fruto de *Mangifera foetida*, espécie de manga, em Malaca. Do mal. *bāchong*.

1613.—«Rambês, rambotans, **bachoés**, champadas, chintes, buas ducas». — Manuel G. de Erédia, *Declaração de Malaca*, fl. 10.

**BACIA.** Numa das suas acepções, peculiar ao Oriente, Gonçalves Viana (*Apostilas*) define o vocábulo: «prato grande e largo de metal, que se tange com uma vaqueta, e supre o sino, entre vários povos da Ásia». Neste sentido é sinónimo de *bátega* (q. v.), mais usado.

1546. — «... a qual acompanhada do

infinidade de sinos, **bacias,** tambores, buzios, e sestros, fes hum tão desacostumado estrondo, que a terra tremia debaixo dos pés». — Fernão Pinto, *Peregrinação,* cap. 161.

1553. — «Mandou *Lacsamanà* [almirante malaio] tanger todolos seus sinos, que são de metal ao modo de **bacias** grandes, e delles taes, que o seu tom quando são muitos em hũa frota se ouue no mar hũa legua». — João de Barros, Déc. II, IX, 2.

1650. — «Obedecem [os habitantes de Hainão] ao sinal, parando ou marchando ao som da **bacia**». — António F. Cardim, *Batalhas,* p. 229.

1900. — «Em macaista chama-se á batega **bacia** e ao tocar batega *bater-bacia*». —*Ta-ssi-yang-kuó,* I, II, 11.

**Bada**. V. *abada*.

* **BADAGÁS, badegás**. É o antigo nome do povo de Bisnaga. O vocábulo é corrução do tam. *vaḍagar* (canarês *baḍaga*), que literalmente significa «habitante do Norte». A língua *badaga* dos nossos escritores é o telúgu. Os *badagás* faziam freqùentes incursões no sul da Índia e maltratavam em especial os cristãos.

1687. — «Agradecido o Rey Xaga Rajà ao bom seruiço que lhe fizerão os **Badagaz**, gente sempre estimada, por ualente, e rebelada ao *Nayque* de Madurê...». — P. Fernão de Queiroz, *Conquista de Ceylão,* p. 41.

1694. — «Entràrão por essa parte subitamente com poderoso, e furioso exercito os **Badagás,** gente barbara por natureza, fera, e cruel por costume, e por trato, e por exercicio da mesma vida, a qual sustentão de saltear, roubar, e matar». — P. A. Vieira, *Xavier Dormindo,* p. 299.

1697. — «Descêrão neste tempo os **Badegás,** gentios por seyta, soldados por exercicio, e por desaffeyção inimigos capitaes da Fé de Christo, do Sertão de Bisnagá sobre os Christãos da Pescaria». — P. Francisco de Sousa, *Oriente Conquistado,* I, II, 1.

1721. — «Acharão Bracmanes daquellas terras aos quaes fallou nas suas lingoas Tamul e **Badagá** o Padre André Freytas». — Fernão de Brito, *Hist. do Ven. João de Brito,* p. 34.

1544. — «Ego ad Comorinum Promontorium contendo, còque naviculas deduco XX cibariis onustas, ut miseris illis subveniam Neophytis, qui **Badagarum** acerrimorum Christiani nominis hostium terrore perculsi, relictis vicis, in desertas insulas se abdiderunt». — S. Francisco Xavier, *Lib.* I, epist. 6.

«Profectus itinere terrestri ad Promontorium, ut inviserem miseros illos Christianos qui superfuerunt latrocinio et crudelitati **Badegarum**». — *Id.,* epist. 18.

1588. — «Ricorsero a' più vicini populi di Narsinga, nomati **Badagi,** e si lamentarano con loro delle ingiurie riceuute da' Portoghesi». — P. Maffei, *Le Istorie,* p. 579.

1700. — «Cette Ville, qui termine le Royaume de Travancor du côté du Sud, n'est pas plus à couvert que le reste du pays des courses des **Badages,** qui viennent presque tous les ans au Royaume de Maduré faire le dégast dans les terres du Roi de Travancor». — *Lettres Édifiantes,* V, p. 38.

«**BADÍ,** m. Pequeno punhal dos indígenas de Java». — C. de Figueiredo. Conforme o mal. *bádeq,* «pequena faca», a grafia correcta seria *báde*.

**BADULAM**. Domingos Vieira regista o vocábulo com o sentido de «arbusto de Ceylão». Parece que é o mesmo que o sing. *bhaduvallī,* que designa duas plantas — *Jasminum sambac,* Ait. (mogarim), e *Gaertneria racemosa,* Roxb., que em português se chama, conforme D. G. Dalgado, *Dom Jorge*.

«**BADHAMÚ,** s. m. Em Botânica, espécie de milho miudo, que se dá em Ceylão». Domingos Vieira. O termo singalês correspondente é *baḍa-iriṅgu*.

**Baé**. V. *bai*.

* **BAGA**. É uma embarcação pequena do Arquipélago Malaio. Do mal. *bāgan,* «barco de passagem».

1616. — «Acharam uma embarcação pequena, a que chamam **baga,** quasi alagada, e dentro nella um homem». — Diogo do Couto, *Vida de D. Paulo,* p. 94.

* **BAGAITA**. A palavra deriva do mar. *bāgāīt,* que vem do persa *bāghāt,* e significa «horta, pomar».

1832. — «Foros de **Bagaitas** (Varzeas) 100 xerafins». — *Collecção de Bandos,* I, p. 131.

1843. — «Para este se encabeçar do rendimento das **Bagaitas** daquella Provincia, pagando desde logo no Thesouro a quantia de tres mil e duzentos xerafins». — *Ibid.,* II, p. 17.

1853. — «A Fazenda possue mais na provincia de Pernem os bens denominados **Bagaitas,** que são predios, que sendo foreiros aos antigos dominantes, ou a senhorios, que se retiraram da provincia para o inimigo, devolveram ao Estado, e tomaram a natureza de bens da Coroa». — *Annaes Maritimos*, p. 7.

**BAGANÇARINS.** Figura a palavra nas Décadas de João de Barros como nome duma casta do Guzarate. É o mesmo que *venezaros* (q. v.), de que fala Garcia da Orta. Os *bagançarins* são mercadores ambulantes, que traficam em cereais e gado; mas não professam o jainismo, comendo por isso carne e peixe. Podem contudo chamar-se *banianes* no sentido de comerciantes, visto que o étimo do vocábulo, hindust. *bunjārī*, se liga ao sânsc. *vaṇij* ou *baṇij*, donde procede *baniane*.

1570. — «Todo este Reino de Guzarate he muito povoado de quatro generos de gente, do povo natural da mesma terra, a que chamão *Baneanes* de duas sortes: hũs são **Bagançarijs,** que comem carne e pescado: outros Baneanes que não comem cousa que tivesse vida». — Déc. IV, v, 1.

* **BAGATA** (s. m.). É o homem que tem trato com o demónio na Índia. Do hindustani-marata-conc. *bhagata;* sânsc. *bhakta,* «devoto, cultor».

1701. — «Excepto a de invocarem o demonio, por meio de **bagatas,** e feiticeiros». — *Archivo Port.-Oriental,* Suppl., II, p. 170.

**Bagata**, que C. de Figueiredo regista com anotação do termo de gíria e com o significado de «bruxaria», deve ter a mesma origem.

* **BAGERI.** É nome neo-árico (*bājrī*) de um legume indiano — *Panicum spicattum,* Roxb.

1842. — «**Bageri,** 30 *candis*». — *Annaes Maritimos*, p. 363.

1901. — «A importação consta de generos alimenticios, entre os quaes avulta o **bageri,** flor de *maurá*». — José Pinheiro, *Bol. S. G. L.*, xx, p. 22.

1911. — «Cultivando-a, além disso, de coqueiros e **baggery** (um cereal) que se dão bem em logares proximos». — José E. Castel Branco, *ibid.*, XXIX, p. 377.

1916. — «Permitem as culturas dos mais importantes alimentos do gado — sargo (*Sorgum Vulgare*) **Bajri** (*Panicetum Tifoidum*)». — *Heraldo,* de 10 de Maio.

* **BAGIBABO.** É termo aduaneiro da Índia Portuguesa, o qual designava os «direitos de objectos miúdos e fungíveis». Compõe-se hìbridamente do sânsc. *bhājī* (corrente nos prácritos), «hortaliça», e do árabe *bāb*, «imposto». O marata tem, neste sentido, *bhājīdast,* composto de *bhājī* e do persa *dast*, «mão».

1771. — «Os outros Direitos meudos chamados — **Bagibabo** — que consistem nos impostos sobre o ferro, cato, lenha, mel, cêra, Tabaco». — Marquês de Pombal, in *Collecção de Bandos*, I, p. 10.

1780. — «A renda de **Bagibabo,** quer dizer de lenha, cato, de pasto do gado, e ferro, etc.». — *Ibid.*, I, p. 273.

1837. — «O rendeiro do **Bagibabo** por si ou por seus encarregados será obrigado a aferir em todos aquelles dias». — *Ibid.*, p. 161.

1841. — «Mas só sim os Passos (ou Portagens) e as muitas alcavallas, ou direitos meudos a que corresponde o nome de — **Bagibabo** — e que constituiam na realidade aquelle imposto». — *Ibid.*, p. 208.

1842. — «Tambem acresceram os [direitos] das extinctas rendas do **Bagibabo**». — *Annaes Maritimos*, p. 370.

1843. — «Não era possivel bem definir o que eram propriamente direitos, meudos do **bagibabo,** ou das alfandegas, a que em algumas partes eram annexos». — *Ibid.*, p. 132.

1852. — «**Bagibabo**. — He um composto de multas, direitos, impostos, e alcavalas». — F. N. Xavier, *Bosquejo Historico das Communidades*, IV, p. 2.

* **BAGO.** Esta palavra, sem nenhuma especificação, quere dizer, na India Portuguesa, o «gomo de jaca» ou, antes, «o saco polposo que envolve o caroço». Também êste se diz simplesmente «castanha».

1873. — «A fruta é um sycone que se chama *jaca;* mas o verdadeiro fructo são os caroços, que cada flor fecundada produz dentro de uns saccos polposos amarellos, que levam o nome de **bagos**». — B. F. da Costa, *Manual do Agricultor*, II, p. 148.

«A [jaca] *barica* é consistente e dura, seus **bagos** se separam inteiros e podem ser cortados». — *Ibid.*

* **BAGUE, bagueação**. Estas palavras ocorrem repetidas vezes em um contra-projecto, elaborado em Goa, de companhia de comércio oficial, que se pretendia estabelecer, à imitação da inglesa e da holandesa. Os termos são empregados como bem conhecidos, pois o contra-projecto é enviado para Portugal. V. *O Chro-*

*nista de Tissuary,* vol. II. Neste sentido é actualmente corrente na Índia o termo *mistiguidade,* derivado do antigo português *mistico,* na acepção de «misto». *Bens de mistiguidade* são os que pertencem em comum a dois ou mais proprietários ou herdeiros.

*Bague* é do conc. *bhāg* (sânsc. *bhāga*) que quere dizer «participação na propriedade ou no negócio comum». *Bagueação* é a «distribuição pelos interessados do que é comum».

1694. — «19 a. que visto a companhia não tirar á cidade de Macáo os dous terços da carga das barcas que fossem a Timor a saccar sandalo, que era o que se havia de repartir por **bagueação** entre os pobres, ficaria na escolha da cidade de Macáo o largarem á companhia o sandalo dos ditos dous terços pelo preço que na chegada corresse em Macáo, para ficar todo estancado na mão da companhia; pois não era em prejuizo dos moradores; ou a companhia se obrigaria a levar dos ditos moradores o seu dinheiro, repartido na forma da **bagueação** a responder para Timor com o premio do risco, por que até agora o costumavão dar...

«20.ª que querendo os moradores de Macáo entrar nesta companhia, o poderão fazer no tempo limitado nestas condições, e os que tiverem porção nesta companhia, não entrarão nos dous terços da **bagueação** das viagens para Timor, que ficarão para os pobres; e entrando no **bague** por si, ou com nome alheio, perderião a porção que no dito **bague** metessem, ametade para quem denunciasse, e a metade para a fazenda da companhia». — *O Chronista de Tissuary,* II, p. 126.

1852. — **Bago**. — Parceria, sociedade». — F. N. Xavier, *Bosquejo Historico das Communidades,* IV, p. 2.

* **BAGUIÁ** (sing. *bāgiyā*). Partidário, fautor, em Ceilão.

1685. — «**Bágueás** são como entre nós os partidarios, que o Rei de ordinario mandava que viessem ás nossas terras a matar algum Portuguez que achassem na sua aldeia, ou soldado que hia, e vinha dos arraiaes; e os religiosos, que estavão administrando os sacramentos á christandade que havia nas suas terras, e muitos perderão a vida neste ministerio». — João Ribeiro, *Fatalidade Historica,* II, cap. 19.

**BAHÁDUR**, *bhádur, bádur.* É o título que alguns reis muçulmanos da Índia tomavam para si e também conferiam a seus súbditos conspícuos, com o sentido de «herói, valente». É do hindustani-persa *bahādur,* de origem mongólica. Os nossos escritores mencionam-no em especial com relação a um soberano de Cambaia. Há na Índia inglesa uma ordem militar para os indígenas com o título de *bahadur.* V. *Glossario Anglo-Indiano.*

1345. — «Tendo-lhe chegado a noticia, que Almalek Maçaud o visitara na sua prisão antes da sua morte, o matou tambem, assim como a Almalek **Bahadar**, que era hum dos valorosos, honrados e excellentes». — Ben-Batuta, *Viagens,* II, p. 322.

1554. — «Embaixador d'elRey **bador**, Rey de Cambaya». — Simão Botelho, *Tombo,* p. 134.

1556. — «Reinando em Cambaia Sultão **Badur**, rei muito poderoso e rico...». — Lopo de Sousa Coutinho, *Hist. do Cerco de Diu,* p. 19.

1563. — «Eu conheci o irmão delrey Dely, na corte de Sultão **Bhadur**, rey de Cambaya». — Garcia da Orta, Coll. X.

1589:

«Cambaya, Reyno grande e populoso,
Nas partes d'Oriente situado,
Em riquezas e em armas poderoso,
Foy de Sultão **Baadur** senhoreado».

Francisco de Andrada, *O Primeiro Cerco de Diu,* I, 7.

1850. — «A investidura de Rajá **Bahadar** consistia em conceder, por um *Formão* Imperial, sendo da 1.ª ordem, alem do *Sicco* (sello) o uzo de Estandarte de Pião». —F. N. Xavier, *Collecção de Bandos,* apêndice II, p. 64.

1905. — «O titulo de Raja **Bahadar** com a sua investidura foi concedido ao governador e capitão geral deste Estado, Francisco da Cunha e Menezes, por **Grão** Mogol, Xá Alama, por seu formão de 10 de outubro de 1791». — Ernesto Fernandes, *India Portugueza,* p. 157.

**BAHAR**, **baar**, **bar**. Pêso indiano, generalizado pelos árabes, o qual varia, conforme as regiões, e as mercadorias (vid. *picotá*), de 141 a 330 quilogramas. Do ár. *bahār,* que provêm do neo-árico *bhār,* sansc. *bhāra* [1]. V. a erudita nota preliminar de Félner nos *Subsídios,* pp. VI-VII.

1054. — «De todo o metal quer seja ouro e prata dará de cada **bhar**, que importa trinta e quatro *mãos* e meia e algu-

[1] Em sânscrito: 1 bhāra = 2:000 *palas* de ouro, 1 pala = 4 *karxas,* 1 karxa = 18 *māxas,* 1 māxa = 10 *guñjās,* 1 gunja = 1 ⅛ grãos.

mas *xeras*, um quarto de mão». — *Placa* de Goa (achada em umas excavações e remetida para Portugal em 1727).

1498.—«Pedia que ele mandase a ElRey seu Senhor hũ **bagar** de canella e outro de cravo». —*Roteiro de Vasco da Gama,* p. 78.

1500. — «Não tinha necessidade senão de cem **bahares** de canella, que são quatrocentos quintaes».—*Navegação de Pedro Alvares Cabral,* cap. 19.

1502. — «O Almirante lhe deu licença para vinte **baares** de canella, que elle logo comprou em Cochim». — Tomé Lopes, *Navegação,* cap. 20.

1508. — «Achámos que péza o **bár** de Coçhym tres quintaes e trinta arrateis do pezo velho». — D. Francisco de Almeida, in *Lendas,* I, p. 901.

1512 — «A seda dos chins vall a *façola* (*sic*) em malaca a catorze e quimze curzados, e case toda he bramca, he ho **bahar** de quatro quintaes». — A. de Albuquerque, *Cartas,* I, p. 75.

1516. — «E outros pezos mais pequenos que chamam *mãos* que saom vinte no *candil,* o qual como diguo pesa huũ **bahar,** que he quatro quintaes». — Duarte Barbosa, *Livro,* p. 282.

1539. — «Fizerão ambos pazes entre sy com tal condição que o Achem désse logo ao Bata cinco **bares** de ouro que fazem da nossa moeda duzentos mil cruzados».— Fernão Pinto, *Peregrinação,* cap. 13.

1557. — «Daria pera ajuda da despeza das obras da fortaleza sete **Bahares** de ouro, que tem cada hum quatro quintaes». —*Commentarios,* III, cap. 34.

1560. — «Era bom que ele senhor Capitão moor aceptase as ditas pareas dos ditos cento e cincoenta **bares** de cairo de duzentas mãos o **baar**». — *Archivo Port.-Oriental,* v, p. 426.

1561. — «Hun **bar** pesava tres quintaes e meio». — Gaspar Correia, *Lendas,* I, p. 239.

1563. — «El Rey do Pacem lhe daria a razão de dous cruzados o **bahar** de quatro quintaes cada hum».—João de Barros, Déc. III, v, 2.

1563. — «Um **bar** (que são quatro quintaes)». — Garcia d'Orta, Coll. XLIX. — «O **bar** são perto de seiscentos arrateis». — Col. XII.

1566. — «Faz cada **bahar** tres quintaes, tres arrobas e dezoito arrateis de nosso peso». —Damião de Góis, *Chron. de D. Manuel.* I, cap. 80.

1577. — «Mandou presente sete **bares** de ouro, que são vinte e tantos quintaes». — *Primor e Honra,* fl. 37 *v.*

1585. — «E por entretanto mandou para todos um **bahar** de fato».—Manuel G. Cardoso, *Hist. Tragico-maritima,* IV, p. 73.

1602. — «O **bar** de Bãda, he de cinco quintaes e meio». — Diogo do Couto, Déc. IV, III, 1.

«Avia antigamente homens tão ricos, que muitos falavão por **bares** de *pagodes,* que são quatro quintaes o **bar**». — *Id.,* Déc. VIII, I, 32.

1609. — «Cem **bares** de marfim, que tem cada um dezaseis arrobas».—Fr. João dos Santos, *Ethiopia Oriental,* I, p. 308.

1613. — «... dando hum pano azul de Cambaya que valia hum cruzado por hum **bar** de cravo que tinha quatro quintaes». — Francisco de Andrada, *Chron. de D. João III,* I, fl. 27.

1652. — «Vinhaııos de Maduré o Salitre trazido por particulares a duas patacas o **bar,** que são dezaseis arrobas». — P. A. Vieira, *Arte de Furtar,* p. 39.

1687. — «E nos dentes não se igualão com os [elefantes] africanos; em que já se achou dente de meyo **bar,** que são dous quintaes». — P. Fernão de Queiroz, *Conquista de Ceylão,* p. 56.

1697. — «Cada **bar** ordinario passa de cinco quintaes dos nossos, deduzida a palavra de *Baros,* vocabulo Grego, que significa carga (!)». — P Francisco de Sousa, *Oriente Conquistado,* I, III, 1.

1883. — «**Bar** ou **bahar** é um peso oriental: pode ter 150 kilos ou apenas 5, ou ainda menos; 500 **bares** de pimenta são 2:000 quintaes, diz um chronista; o **bar** de ouro, diz Fernão Mendes, vale 40$000 reis». — Gabriel Pereira, *Bol. S. G. L.,* IV, p. 288.

1578. — «... y la [cânfora] de la China se vende por **Bares** (que tiene el **Bar** a cerca de seyscientas libras)». — Cristóvão da Costa, *Tractado,* p. 250.

1580. — «I quali **Bar,** si grandi, come piccoli sono frassole 20, & ogni frassola è *man* (= *mão*) dieci, che sariano mani 200 il **Bar**... Ui sono **Bari** di molti pesi e con molta differenza».— G. Balbi, *Viaggio,* fl. 51.

1587. — «In quell' isola Zeilan si vende un **Bar** della più fina canella, che sono 360 libbre di 16 oncie, a sei e sette parafini [= serafini] di 6 reali l'uno». — F. Sassetti, *Lettere,* 326.

1589. – «Le **Bhare** de Poivre se vend communement es Indes 28 Pagodes. Il contient trois quintaux et demi poids de Portugal». — Linschoten, *Histoire,* 160.

**BAÍ.** Do mesmo modo que *babá* para o menino, *bai* é o tratamento de carinho na Índia Portuguesa para a menina, e às vezes para a dona da parte dos criados. Do concani *bāi* ou *bāī*. *Bāyê* é vocativo da mesma palavra. Mas o tratamento não é peculiar às cristãs, como o supõe Bluteau, e repetem outros lexicógrafos; corresponde ao francês *mademoiselle* ou ao ingl. *miss,* com a diferença de que se dá também às mulheres casadas novas.

1727. — «**Baê,** com hum acento. He o nome, que se dá na India ás mulheres dos Canarins Christãos, e por elle se distinguem das Gentias». — Bluteau, *Supplemento.*

1874. — «É um poeta apaixonado por alguma **bahé** de olhos pretos e *panno paló* ou *bajú*». — Tomás Ribeiro, *Jornadas,* II, p. 93.

«Seriam d'esta aldeia, **bahy,** um gentio e una gentia que ha tres dias foram mortos pelas feras alem no valle dos cajueiros?». — *Id.,* p. 284.

**BAICURÍ.** Enfeite que as mulheres hindus trazem nos cotovelos. Do conc. *bāykhurī,* que no plural é *báykhuryô.*

1874. — «Em volta do cotovelo **baicurós** ou *vonças* de ouro pulido». — Tomás Ribeiro, *Jornadas,* II, p. 104.

**BAILADEIRA** (**balhadeira**, p. us.). É a mulher que na Índia dança por profissão. Vive geralmente ao pé do pagode e exerce a prostituïção. O célebre chinês Hiuon Thsang, peregrino budista do século VII, faz menção de bailadeiras que cantavam constantemente num pagode de Multane. Os franceses e os ingleses transformaram *bailadeira* em *bayadère,* que alguns portugueses empregam por não conhecerem na língua vernácula termo equivalente! Em indo-inglês usa-se mais *dancing-girl,* ou *nautch-girl,* que também significa o mesmo. Em concani chamam-lhe *kalāvant* ou *kalvant,* «artista». V. Gonçalves Viana, *Palestras.*

1525. — «Quando quer que vem a festa de quoalquer destes pagodes trazem hũs carros triunfaes que amdão sobre suas rodas, onde amdão **bailhadeyras** e outras molheres com tamgeres ao pagode, o ydollo». — *Chronica de Bisnaga,* p. 100.

1526. — «Os *Bayladores* e **Bayladeiras** que vierem festejar á Aldêa, hirão primeiro festejar a casa do principal *Gancar*». — *Foral* de D. João III, in *Archivo,* V, p. 132.

1561. — «Tangendo bacias e sestros segundo seus costumes, e diante **bailadeiras,** e chocarreiros». — «Vinhão ao terreiro muytas molheres **bailadeiras,** com seus tangeres, que a ysso ganhão sua vida». — Gaspar Correia, *Lendas,* II, pp. 77 e 363.

1577. — «As **balhadeiras,** em que está toda a felicidade dos infieis destas partes são libertas de todas as tyranias e vituperios acima ditos; são molheres publicas que por dinheiro se não negão a ninguem, as quaes andão bem ataviadas e acompanhadas; chamão lhe **balhadeiras,** por que balhão, cantão, tangem, volteão, muito bem ao seu modo». — *Primor e Honra,* fl. 9.

1585. — «Nem haverá nos ditos cazamentos **bailadeiras,** autos de Pagodes, cantigas suas, e couzas semelhantes». — Terceiro Concilio de Goa, in *Archivo,* IV, p. 139.

1603. — «No segundo sobrado hião muitas molheres, das que chamão **bailadeiras** dos Pagodes, que todas são publicas, deshonestas, e ganhão com suas torpezas pera o Pagode, as quaes hião dansando e cantando, e bailando». — Fr. António de Gouveia, *Jornada do Arcebispo,* fl. 39.

1613. — «E nesta [procissão] que aqui estivemos sabio a procissão com muitas e grandes luminarias diante atravessadas em táboas; não poucas **bailadeiras** (que os Pagodes para este effeito sustentão) e varios tangeres». — P. Manuel Barradas, *Hist. Tragico-maritima,* II, p. 107.

1697. — «**Bayladeiras** se chamão na India as mulheres publicas, que habitão nos pagodes; por que todas baylão, e cantão... Recolhiãose tambem neste pagode as viuvas, que se não atrevião a queymar vivas com os maridos como costumam alguns destes barbaros». — P. Francisco de Sousa, *Oriente Conquistado,* II, I, 1.

1709. — «Para poderem celebrar os seus casamentos com assistencia dos seus *Bottos* e **balhadeiras,** mas a portas fechadas, e sem assistencia dos Christãos». — *Carta régia,* in *Archivo,* Suppl. II, p. 217.

1729. — «Me pareceo ordenarvos expulseis logo da Ilha de Santo Estevão a estas **balhadeiras,** e façaes observar a ley de 20 de Outubro de 1700». — *Carta régia, ibid.,* p. 312.

1825. — «As **bailadeiras** são dançarinas da segunda ordem; recebem egual educação; mas não ficam sendo propriadade dos pagodes» [como as *devadassis,* q. v.]. — José Inácio de Andrade, *Cartas,* I, p. 48.

1850. — «**Bailadeiras.** Dançarinas dos Pagodes; mulheres publicas». — F. N. Xavier, *O Gabinete Litterario,* IV, p. 219.

1866. — «A **baladeira** dança na praça publica, canta no pagode, e prostitue-se em casa». — Francisco Luís Gomes, *Os Brahamanes,* p. 184.

1877. — «As **bailadeiras** formam na India uma instituição monstruosa, anomala, aos olhos dos christãos. Como as sacerdotizas de Vesta, ellas alimentam no templo o fogo sagrado, e, como as bacchantes das saturnaes, são votadas aos prazeres lascivos dos seus voluptuosos senhores». — Tomás Ribeiro, *Jornadas,* II, p. 102.

1884. — «Passei pelo bairro das *bayaderas*, ou **balladeiras**, essas verdadeiras sacerdotisas da dansa, do prazer e da prostituição». — Adolfo Loureiro, *No Oriente*, II, p. 228.

1886. — «As *kalavontes* são mais conhecidas pelo nome de **balladeiras**, que lhes deram os primeiros portuguezes, que vieram á India». — Lopes Mendes, *A India Portugueza*, II, p. 34.

1298. — «They have certain abbeys in which are gods and goddesses to whom many young girls are consacreted; their fathers and mothers presenting them to that idol for which they entertain the greatest devotion. And when the monks of a convent desire to make a feast to their god, they send for those consacreted damsels and make them sing and dance before the idol with great festivity». — Marco Polo, *apud* Yule, II, p. 329.

1623. — «E certe donne Indiane della Villa **ballatrici** publiche, al suon di tamburri, di campanelli, e di altri instrumenti al lor modo, che i loro huomini sonauano... ballando, cantando com grande strepito, come è loro vso, ci diedero spasso buona pezza». — Pietro della Valle, *Viaggio*, III, p. 17.

1676. — «Ils n'eurent pas plûtôt touché cet argent qu'ils se traiterent l'un l'autre, et les **Baladines** en emporterent plus de la moitié». — Tavernier, *Voyages*, III, p. 250.

1770. — «Il y avoit à Surate un autre genre de délices que notre molesse lui eut peut-être envié: c'étoient les danseuses, ou **balliaderes**, nom que les Européens leur ont toujours donné d'après les Portugais». — Raynal, *Histoire*, II, p. 18.

1782. — «Surate est renommé par ses *Bayadères*, dont le véritable nom est *Déuadassi*: celui de **Bayadères**, que nous leur donnons, vient du mot **Balladeiras**, qui signifie en Portugais danseuses». — Sonnerat, *Voyages*, I, p. 40.

1791 — «Aussitôt une troupe de jeunes **bayadères** sortit d'un jardin et vint audevant de lui en chantant et en dansant au son des tambours de basque». — Bernardin de Saint-Pierre, *La Chaumière Indienne*.

1854. — «Les Portugais désignaient les almées de l'Inde par le terme générique de **Balladeira**, dont nous avons fait *Bayadère*». — Delatre, *La Langue Française dans ses rapports avec le sanscrit et avec les autres langues indo-européennes*.

* **BAINHÁ, banha.** É o nome de um alto funcionário de estado em Barmá e Pegu. Do birmanês *ba-yin*.

A palavra tem duas lições nos nossos escritores. V. *chaubainhá*.

1545. — «Era Capitão hum Bramaa tio del Rey por nome Mompocasser, **Bainhaa** da Cidade de Meleytay no Reyno do Chalen... Estava esperando o *Chaubainhaa*, com apparato Real, acompanhado de muytos senhores, em que entravão quinze **Bainhaas**, que são como Duques, e outros seis ou sette titulos ainda mayores, e mais hourados que estes». — Fernão Pinto, *Peregrinação*, cap. 150.

1616. — «Vendose o pescador tão prospero e obedecido, tomou o titulo de **Banha**, que quer dizer Gouernador». — Diogo do Couto.

1617. — «Ahi [em Pegu] ficarão sem **Banhas** (que são os senhores Titulares daquellas partes)». — *Conquista de Pegu*, cap. III.

«Ao **Banha** Dala (que era maior senhor de Pegu)». — *Ibid.*, cap. IV.

«Em breves dias vierão á obediencia quinze **Bainhas**, os quaes (como dissemos) são senhores Titulares». — *Ibid.*, cap. XII.

1635. — «Sahiu o **Banha** com muitos carros de fogo, e seiscentos rodelleiros pegús que trazia, para abrasarem a tranqueira e a egreja». — António Bocarro, *Déc.* XIII, p. 129.

1883. — «Vinha para fazer as pazes entre os portuguezes e o **Banha**, regulo de Martavão, que recentemente haviam chegado ás mãos». — Bulhão Pato, *Portuguezes na India*, p. 284.

1582. — «E fece chiamar a se i suoi **Bagnià** & i *Semini* al Decagini suo, che come veniuano, cosi ad uno gli facessero metter in prigione». — G. Balbi, *Viaggio*, fl. 112.

«Dopo andorno i **Bagiá** (*sic*), che sono quegli che noi diciamo Duchi». — *Id.*, fl. 119.

1675. — «Al **Baña**, que pidia premio de aver dado entrada en la Fortaleza, mandó hazer pedaços». — Faria y Sousa, *Asia Portuguesa*, III, p. 238.

* **BAINHEIRO.** É uma árvore da família das anacardiáceas — *Odina Wodier*, Roxb. O nome português deve a sua origem ao facto de se ter usado na Índia a madeira desta árvore para bainhas.

**BAJU.** O vocábulo pertence ao léxico do português continental. O Sr. Cândido de Figueiredo regista-o como termo de Miranda, com o sentido de «casaquinho curto semelhante á roupinha de Beira Alta». O *Dicc. Contemporaneo* diz que «se chama assim, na provincia do Minho, ás roupinhas usadas pelas mulheres». Em análogos termos se exprime o Cardeal Saraiva: «Na provincia do Minho era mui usado o *bajú*, roupa curta que vestião as mulheres, e lhe chegava até á cintura com pequenas abas. Hoje lhe chamão *roupinhas*». Fr. João de Sousa deriva *baju* do árabe *badjú* e define-o «certa especie de roupão de que as mulheres muito usavão, e de que algumas ainda usão nas nossas Provincias, aonde lhe dão este nome»; e abona-o com Damião de Góis: «El Rey de Calicut estava vestido com um *Baju* branco de seda e ouro, sentado em um *Catel*». Morais, que lhe attribui a mesma origem, diz que é «vestido, que cobre o corpo, de mangas curtas e fralda até o joelho: na Asia trazem-no homens e mulheres; no Brazil só estas, e algumas aí lhe chamam *bajó*». Vieira regista ambas as formas, *bajó* e *bajú*, abona-as com Castanheda [1], e observa que o termo é «usado nos Cantos populares do Archipelago Açoriano». Bluteau tem *baju* por «palavra da Índia», e dá-lhe o significado de «camisa de meio corpo de Escumilha, ou Beatilha, de que usão as Senhoras».

Os autores da *Chronica de Bisnaga* (1535) escrevem *bajuri* e notam «que são como camisas e a fralda». No português de Goa emprega-se o termo especialmente na frase *pano-baju*, designativa de certa espécie do trajo feminino, em distinção de *pano-paló*, outro trajo puramente indígena [2].

Os dicionários de árabe e de persa que consultei não registam *badju* ou *bazu* com o significado de «roupão, jaqueta», ou cousa parecida. O Padre Favre diz que em persa é «*bazu* nom d'un vêtement pour se bagner et qui s'attache à la ceinture». H. N. van der Tuuk opina que o persa *bājū*, «braço» (sânsc. *bāhu*) é o étimo do vocábulo malaio, por isso que originàriamente *bājū* não era outra cousa senão *een kleedingstuk met armen*, «uma peça de vestido com braços», mangas!

Yule & Burnell tem por certo que o étimo do ingl. *badjo* ou *bajoo*, «jaqueta malaia», é o mal. *bāju*, e os autores que citam parece que o confirmam plenamente [1]. O termo encontra-se nos principais idiomas da Malásia, como javanês, bataque, daiaque, macaçarês e búgui.

É, portanto, daquela região que os portugueses introduziram o trajo e o nome na Índia e os trouxeram para a Europa.

1515. — «Vos mãdo que des a estes oyto jaos carpinteiros del Rey noso senhor a cada huũ duas camisas e dous pares de ceroulas dos panos das ilhas a cada hũu seu **baju** hamarello». — Afonso de Albuquerque, *Cartas*, VI, p. 229.

1551. — «Estes reys de Malabar... ás vezes se vestem de hũus roupas curtas que chamão **bájus** de seda ou brocado». — Castanheda, *História*, I, cap. 14.

1557. — «Os homens deste Reyno [de Menambaco em Samatra] são muito bem dispostos, e alvos, andam sempre bem tratados, vestidos em seus **bajus** de seda». — *Commentarios*, III, cap. 37.

1613. — «E o corpo de boa estatura, cuberto de **baju** fino ou camisa curta de cassa, e cingido por la çinta com pano de Choromandel, com volta que descobre a perna direita». — Manuel G. de Erédia, *Declaraçam de Malaca*, fl. 20.

1616. — «As mulheres [em Goa] ficam com as suas roupinhas ou **bajús**, mais raras e finas que o mais delicado crêpe de cá». — Pyrard de Laval, *Viagem*, II, p. 96.

1619. — «Não sabendo dar hum passo sem *palanquins*, **bajús**, *catanas*, *bois*, *larins*, e *bazarucos*; e outras palavras, que deixão em jejum o entendimento dos ou-

---

[1] «Tinha [el-rei de Ceilão] vestido um **bajo** [não *bajó*] de seda, que he hũa vestidura de feição de jaqueta çarrada». — «Elles [os reis das ilhas de Maluco]... se vestem ao modo Malayo e os **bajus** são de seda rica com botões douro».

[2] «Nos trajos das mulheres christãs de Damão e Diu se encontra a palavra, e até em Goa, com a forma de *sarass*, designando, salvo o erro, o *pano-baju* das brámines salsetanas christãs». — Alberto de Castro, *Flores de Coral*, p. 192. — Em Macau diz-se «saia e báju»: «*Baju*. — Casaco de fórma especial que usavam antigamente as mulheres de Macau e ainda hoje usam as da classe baixa». — *Ta-ssi-yang-kuó*, de Dezembro de 1899.

[1] «Over this they wear the *badjoo*, which resembles a morning gown, open at the neck, but fastened close at the wrist, and halfway up the arm». Marsden. — «They wear above it a short-sleeved jacket, the *baju*, beautifully made, and often very tastefully decorated in fine needlework» — Bird.

vintes, sem por isso os seus ficarem melhor acreditados». — Francisco Rodrigues Lôbo, *Corte na Aldea*, Dial. IX.

1685. — «Trazem tambem [as mulheres de Ceilão] **bajú** e pano até a ponta do pé por modo muito grave e honesto». — João Ribeiro, *Fatalidade Historica*, I, cap. 16.

1701. — «Os homens vestem hũa meya cabaya com seus calções, as mulheres **bâjûs**, isto he, meya camisa, e pannos compridos até os pés».—P. Francisco de Sousa, *Oriente Conquistado*, II, III, 2.

1846. — «O modificado de **pano-bajú** — **toropo-bajú** — ou *saraça* e *quimão*, que tudo vem a dizer o mesmo». — F. N. Xavier, *O Gabinete Litterario*, I, p. 101.

1884. — «Em dia de festa trazem [as timores] mais uma *lipa* ou uma tira de panno preto do comprimento de dois metros por cima de *sarão* e usam um **bajú** d'este panno, o qual vestem sempre com a costura para fóra». — José Vaquinhas, *Bol. S. G. L.*, IV, p. 478.

1589. — «Estans à la maison elles [as damas de Goa] vont presque toutes la teste nue, ayants le haut couvert d'une chemise fort fine et claire qu'elles appellent **Balu** qui ne passe point les haunches, le reste est couvert de quelque linge plié en deux ou en trois». — Linschoten, *Histoire*, p. 63.

1620. — «... faisant faire de colliers et chaisnes de grandes esmerauds et des **balus** ou casques à sa mode, tous brodés de ces pierreries». — Général Beaulieu, *Mémoires*, p. 51.

1676. — «... et les dépouillerent de tout ce qu'ils avoient, ne laissant aux hommes que la chemise et le caleçon, et aux femmes que leur **bagou** (*sic*), qui est une forme de brassiere que ne leur vient qu'en peu au-dessous des mammelles». — Tavernier, *Voyages*, V, p. 220.

1690. — «Ex ejus cortice incolae fila tenuia et alba findunt, atque ex iis *Utentes* ac **Badjus** texunt, quae sunt nomina ipsorum vestimentorum, quæ lungos durari possunt per annos». — Rumphius, *Herbarium Amboinense*, I, cap. 7.

**BALAGATE. BALAGATINHO.** Bluteau diz que *balagate* «he o nome de uma lençaria de varias castas. Ha *Balagate* estreito, grosso, crú, fio de ouro, etc.». O vocábulo é geográfico — *Bhālghāṭ*, em marata e concani — indicativo da proveniência da fazenda. *Balagatinho* seria tecido mais fino ou mais estreito. O que actualmente se diz «pano de Balagate» em Goa (*ghāṭvaḷ kāpaḍ*, em concani) é fazenda grossa de algodão, branca ou de côr, e de pouco valor. *Bālghāṭ* é composto híbrido do persa *bālā*, «acima», e neo-árico *ghāṭ*, «desfiladeiro, monte». V. Garcia da Orta, Coll. X.

1620. — «Cassas, Cachas, Bengalas, **Balagates**, **Balagatinhos**, rengos, e scumilhas». — Fr. Nicolau de Oliveira, *Grandezas de Lisboa*, fl. 13.

1667. — «.. muitos panos de **balagate** e outros, podres cõ algũs sãos». — In *Tassi-yang-kuó*, de Fevereiro de 1900.

1727. — **Balagate** *Zalina*, e **Balagate** *Zagari*, são huns panos da India brancos e azuis, muy grosseiros, que se gastão em o Reyno de Angola, e na Costa da Micoa». — Bluteau, *Supplemento*.

Castanheda emprega *balagatino* no sentido de «habitante de Balagate»: — Sete mil erão *Balagatinos*, em que entravão duzentos de cavalos ligeiros e cincoenta acubertados». — *Historia*, VIII, cap. 123.

* **BALAGATEIRO, balgateiro.** É o nome que se dá ao habitante de Goa que comerceia com o Balagate, que fica a este de Goa. Êste comércio se fazia em grande escala por meio de *boiadas*; mas agora está muito reduzido, por várias causas.

1776. — «A roupa, e mais cousas, que vierem pelo caminho de Codrem, e Supem trazidas pelos **Balgateiros**, ou mercadores de fóra, toca o seu direito ao *Torofo* de Virnoy». — *Collecção de Bandos*, I, p. 21.

1842. — «Mercadores (incluindo os chamados **balagateiros**, ou homens que trazem fazendas do Balagate)». — *Annaes Maritimos*, 1845, p. 146.

1886. — «Os rendeiros e seus agentes, encarregados da cobrança das rendas denominados *advipatel*, ou do pasto consumido pelo gado dos **balagateiros** e outros, tambem afugentavam os negociantes de fóra da provincia». — Lopes Mendes, *A India Portugueza*, II, p. 15.

1890. — «Entre os *gaudés* distingui já duas raças, os *saleiros*, que considero *sudras*, e os **balaghateiros**, que pertencem a uma raça inteiramente differente... Occupavam-se no comercio de Balaghate, que é o paiz a cima dos Ghates, e parece provavel que sejam *vanis* (*vaisyas*) e tenham algum sangue aryano». — António de Almeida Azevedo, *As Communidades de Goa*, p. 17.

1901. — «Nas Ilhas, Bardez e Pernem parece que se extinguiram os *curumbins*, mas encontram-se duas classes importantes: *marnotos* e **balaghateiros** com o titulo de *Gaudés*». — José Pinheiro, *Bol. S. G. L.*, XX, p. 50.

1905. — «Roupa que trazem os **balgateiros** ou corretores». — Ernesto Fernandes, *Regimen do sal*, etc., in *Bol. S. G. L.*, XXIII, p. 284.

1915. — «... os brâmanes cristãos de Bardês negociantes de panos, conhecidos em Salcête por *bardescares* **balagateiros**». — *Heraldo*, de 23 de Dezembro.

* **BALALA**, **belala** (mais correcto). É indivíduo da casta agrícola na Índia meridional. Do tam. *veḷāḷār*.

1602. — «A coarta casta he a dos **Balalas** que são os lavradores. Estes são tão estimados, que podem os Reys casar com suas filhas... e estes tambem repartem em duas partes, a que chamão *Valanga* [tamul-malaial. *valaṅkai*], e *Elange* [leia-se *elangue;* tamul-malaial. *idaṅkai*]: que quer dizer os da mão direita, e os da esquerda». — Diogo do Couto, Déc. V, VI, 4.

1608. — «Outro **Belala** mestre com extraordinario feruor, veio pedir que o ensinassem». — P. Fernão Guerreiro, *Relaçam*, fl. 87 *v*.

1687. — «He gente pobrissima [a de Jafanapatão], e por extremo fraca, porque são **Balalaz** de diuersa casta dos *Chingalaz;* e a origem dizem ser de Bramenes da terra firme, gente que nunca se deu bem com as armas; porque nunca as professarão». — P. Fernão de Queiroz, *Conquista de Ceylão*, p. 38.

«Não se mande pilar o arroz a **Belâlas**, nem a gente honrada, por lhes ter dado grande opressão este nouo costume». — *Id.*, p. 898.

1860. — «A **Vellale** of the first class would shrink from the communication with a **Vellale** of a lower order, with as much sensitiveness as he would avoid contact with a washer or a *Chalia*». — Emerson Tennent, *Ceylon*, II, p. 158.

**BALAIS**, **balax**. É o nome antigo duma espécie de rubi ou, antes, de espinela côr de rosa. O termo é asiático, como indicam vários escritores, corrução, conforme Yule, «de *Balakhshī*, forma popular de *Badakhshī*, pois que estes rubis vinham das célebres minas situadas no Oxo superior, em um dos distritos sujeitos a Badakhshan». V. *Glossário Anglo-indiano*.

1516. — «Os **Balaches** são outra especie de Rubis mas não tão duros; a sua côr he rosada, e alguns quasi brancos nascem em *Balassia* (que he hum Reyno da terra firme, além de Pegu e de Bengala)». — Duarte Barbosa, *Livro* (2.ª ed.), p. 378.

1552. — «Nace tambem nesta ilha [de Ceilão] muyta pedraria, assi como rubis muyto finos, vermelhos e brancos, **balais**, jacintos, çafiras». — Castanheda, *Historia*, II, cap. 22.

1566. — «Ha muita pedraria s. rubins, **balais**, jacintos, çafiras». — Damião de Góis, *Chronica de D. Manuel*, II, cap. 11.

1563. — «Ha outra especie que chamam **balax**, que he algum tanto roxa, este he de menos preço». — Garcia da Orta, Col. XLIV. — «Barbosa tambem as [côres] distingue, dando sobre a sua procedencia algumas noticias interessantes, indiçando a origem do nome *balax* ou *balass*». — Conde de Ficalho.

1763. — «**Balax**. Pedra preciosa, que é especie de rubi, tem maior grandeza, e de côr de rosa». — José Monteiro de Carvalho, citado na *Revista Lusitana*, VIII, p. 297.

1298.— «Quiui [em Balaxiam] si trouano quelle pietre pretiose, che si chiamano **Balassi**, molto belli, et di gran ualuta, et nascono ne' monti grandi». — Marco Polo, in Ramúsio, II, fl. 10.

1589. — «Autres sont nommez **Ballax** qui sont de moindre prix, de couleur incarnat». — Linschoten, *Histoire*, p. 139.

1614. — «E frà le gioie, ve n'erano anche molte che noi altri stimiamo poco, come Turchine, **Balasci**, Smeraldi».—Pietro della Valle, *Viaggio*, I, p. 87.

1616. — «Ils auoient des rubis **ballais**, des émerauds, et autres pierreries à vendre». — Thomas Row, *Relations*, p. 16.

1596. — «... viles pyropos, Hiacinthos, Spinellos, **Balasios**, Granatos, et Robassos venundantes». — *India Orientalis*, III, p. 98.

* **BALANCÁS**. É uma espécie de caranguejo de Malaca. Do mal. *balangkas*.

1613. — «E se acha hua especie de cangrejo não visto no mundo, porque he cangrejo com rabo de comprimento de hum palmo chamado **balancás**, e tem hua cuberta em forma lunar onde naquelle conuexo tem os olhos, e por baixo no concavo tem cinco pés de cangrejo, e o ventre recheado de granos de ovas de que fazem iguaryas». — Manuel G. de Erédia, *Declaraçam de Malaca*, fl. 33.

1902. — «Convem notar entre os crustaceos o grande *Limulus* designado pelos macaistas com o nome de **balancaz** (do creoulo malaio-portuguez *blancas* e do malaio *blangkas*)». — *Ta-ssi-yang-kuó*, II, III, 3.

**BALANCO**. Embarcação malaia de dois mastros. Provávelmente do mal. *balang*, que normalmente devia dar *balão*, q. v.

1552. — «Foy em hum **balanco** que se rema de pangaio, e por isso não levam mais que hum soo remeiro». — Castanheda, *Historia*, v, cap. 35.

1602. — «Metendose cada hum em seu **balanco**, com dez ou doze homens cada hum, tomarão o remo em punho, e forão passar por aquella furia infernal das bombardas até chegarem ao nauio». — Diogo do Couto, Déc. IV, II, 3.

**BALÃO** (indo-ingl. *ballam, baloon, balloon*). Pequena e ligeira embarcação de remos, de base monóxila, freqùentemente mencionada pelos nossos escritores com relação à Índia e à Malásia. Não se sabe bem onde é que os portugueses ouviram originàriamente o vocábulo, que empregam em toda a zona da sua intensa influência, e que aparece em diversas línguas indígenas, algumas das quais a receberam sem dúvida por seu intermédio.

O concani e o marata tem *balyānv,* que Yule sugere por étimo, mas que não parece ser vernáculo. O guzarate tem *baliyan* (que dei por origem na *Influência,* mas que agora suspeito importado); o bengali, *baulía* (usado principalmente em Chatigão), o malaio, *balang,* cujo significado não quadra bem ao de *balão;* vid. *balanco.* Acho muito provável que o berço de *balão* seja o Malabar e o verdadeiro étimo o tamul-malaial. *vaḷḷam,* «canoa feita do tronco duma árvore» (Percival); e tal é o conceito fundamental da palavra. É possível que os malaios recebessem *balang* directamente dos indígenas do sul da Índia, antes da chegada dos portugueses, como receberam *parau* e *kapal,* nomes de outras embarcações.

Estendeu-se depois o termo a algumas embarcações, não inteiramente similares, como sinónimo de «almadia, escaler, falua, bergantim, galeota». Em Goa e Surate havia *balões* de luxo, cujo uso não era permitido a toda a gente, como se vê das abonações. Os que porêm actualmente se vêem em diversas partes da Índia não passam de modestos botes monóxilos, às vezes com acrescentamento de tábuas de ambos os lados, juntas com cairo, rotim ou bambu.

1535. — «Dom Estevão mandou Pero Barriga e Jorge d'Aluarenga, em **balões,** que fossem pelo rio ver o que achavão» (em Malaca). — Gaspar Correia, *Lendas,* III, p. 627.

1539. — «Com cinco *lancharas* e doze **balões** me veyo buscar». — Fernão Pinto, *Peregrinação,* cap. 15.

1552. — «Levou quantas *manchuas* e **balões** avia em Malaca que sam como boas almadias». — Castanheda, *Historia,* VII, cap. 58.

1553. — «Mas ainda com **balões** que são barcos sutijs, mandava entrar os esteiros, que cercão a povoação da cidade». — João de Barros, Déc. II, IX, 3.

1570. — «Mandou Simão Sodré com outo **balões** (que são hũs barcos leues)». — *Id.,* Déc. IV, IX, 12.

1589. — «O **balão** que no tempo que a Alfandega andava arrendada, os rendeiros costumavão trazer da ponta de Ribandar thé São Pedro, mando que o não haja por desnecessario». — *Provisão* do governador, in *Archivo,* V, p. 1169.

1600. — «Hũa grande quantidade de **baloens,** que são embarcaçoens pequenas». — P. João Lucena, *Historia,* V, cap. 7.

1613.— «E pera o serviço de pescharya e tratto de ryos usão do **ballões** e *nambangues,* com remos pequenos de mão a força de braços, nauegão ligeiros com armonia de vózes cantando». — Manuel G. de Erédia, *Declaraçam de Malaca,* fl. 26.

1616. — «Encarregou a João Pereira, que com alguns batéis pavezados, manchuas, e **balões** com que deo hũa madrugada naquellas maquinas e com muito ualor, e trabalho de todos queimaram tudo». — Diogo do Couto, Déc. IX, cap. 27.

1634 :

> «Neste tempo da terra para a Armada
> Balões, *Cal'luzes* cruzar vimos».
>
> Meneses, *Malaca Conquistada,* III, 44.

1635. — «O mesmo capitão mór se meteu n'um **balão** e lhe foi dar toa». — António Bocarro, Déc. XIII, p. 100.

1635. — «Desembarcando os que estavam na nao, uns em jangadas, outros em **balão,** começamos a tirar algum mantimento».—José de Cabreira, *Hist. Tragico-maritima,* X, p. 38.

1697. — «Ainda se vay continuando esta religiosa caridade, e se leva nos **balões,** ou faluas aos enfermos abundantes refrescos». — P. Francisco de Sousa, *Oriente Conquistado,* I, I, 2.

« .. conduzindo seis **balões,** isto he, bargantins da India». — *Id.,* I, IV, 2.

1718. — «Fiquei entendendo não ser bem permitido que os gentios andassem em *andores,* e **balões** com ornato». — *Carta* do vice-rei, in *Archivo,* Suppl. II, p. 242.

1862. — «O balão em Siam não é aerostatico, porem sim um longo escaler ou galiota, tendo a meio uma casa com gelosias, de forma abaulada, que serve para os passageiros, indo dentro sentados ou deitados, e é puchado por remeiros, usando de pás, dispostos em bancadas a vante e á ré da casa, e governada por uma especie de esparella. Porque lhe chamam **balão** não sei eu, nem ninguem m'o soube dizer». — In *Ta-ssi-yang-kuó*, de Outubro de 1899.

1582. — «Dopo mezo giorno ci trouammo sul porta di Cochi doue ne vennero apresso alcune barche da loro dette **balloni**, lequali sono fatte di pezzo di legno intiero». — G. Balbi, *Viaggio*, fl. 74.

1673. — «The President commanded his own **Baloon** (a Barge of State of Two and Twenty Oars) to attend me». — Fryer, *East India*, I, p. 182.

1860. — «The **ballams** are usually hollowed out of the trunk of the *Angely* or Angelica tree... These canoes are generally brought from the coast of India, chiefly from Mangalore and Calicut». — Emerson Tennent, *Ceylon*, II, p. 549.

. **Balon**. Bateau de plaisance de Surate, très élevé et à forme arrondie. C'est aussi le nom que l'on donne aux pirogues de Siam qui sont très longues et très étroites». — *La Grande Encyclopédie*.

* **BALATE**. — O vocábulo provêm do mal. *bĕlati*, que quere dizer «estrangeiro». Mas Barros dá-lhe o significado de «escravo», isto é, escravo estrangeiro.

1563. — «E quanto aos que se chamaução criados d'el Rey per este vocabulo *Ambarages*, e assi aos escrauos do mesmo Rey, que de Malaca, comprados por dinheiro, a que elles chamão **Balláte**s, viuerião debaixo da obrigação de serviço, e liberdade que tinhão em poder delle». — João de Barros, Déc. III, I, 9.

* **BALCHÃO**. É termo do indo-português, derivado do mal. «*balāchan*, o qual passou ao indo-inglês sob as formas de *balachong* e *blachong*. Designa um acepipe, composto de camarão picado e fermentado, de *bilimbins*, ou *ambarés* (qq. vv.), e de especiarias picantes. Marsden chama-lhe «espécie de caviar», e Crawfurd identifica-o com o *garum* romano. V. *Glossario Anglo-indiano*. Por *balchão* também se entende a própria conserva de camarão.

1873. — «Além d'isso servem [os bilimbins] para a preparação de acepipes (**balchão**) apetitosos». — Bernardo da Costa, *Manual do Agricultor*, II, p. 216.

1896. — «**Balchão** de bilimbins, mas com moderação, disse o doutór com emphase». — Gip, *Jacob e Dulce*, p. 110.

1900. — «O **balichão** de Macau é muito empregado como tempero para certos guisados ou acepipes. É uma massa ou antes molho composto de camarões muito pequenos, pisados e misturados com sal, aguardente, pimenta, malagueta, etc., e conservado crú. Quando se emprega nos guisados é que se frege uma pequena porção, que se mistura com o refogado, etc. Na India usa-se d'esse **balxão** para preparar o *balxão de mangas*, o de *bilimbis*, de *tomate*». — *Ta-ssi-yang-kuó*, de Fevereiro.

**BALE**. Êste termo ocorre no *Roteiro* de Vasco da Gama por «governador».— É do malaial. *bāḻi* < ár. *vāli*.

1498. — «E mandou [o rei de Calecut] hum homem que se chama **Bale**, o qual he como alquaide». — *Roteiro*, p. 54.

1886. — «It stands properly for a governor of the highest class in the Turkish system, superior to a Pasha. Thus, to the common people of Egypt, the Khedive is still a *Wāli*».— *Glossáry*.

**BÁLI**. V. *páli*.

**BALÓ**. É registado o vocábulo em um dicionário com o significado de «árvore da Índia Portuguesa». É o nome concani (*bāḷó*, ou *bāvó*) de «canafístula», q. v.

1563. — «O arvore della chamão nesta terra canarim **bahó**». — Garcia da Orta, Col. XIV.

**BAMBU** (às vezes *bambum*, *bambuns*, na Índia). É o nome de várias espécies de *Bambusa*: *Bambusa vulgaris*, Schrad.; *B. arundinacea*, Willd.; *B. stricta*, Roxb.; *B. arundo*, Dalz. & Gibs. — *Bambu macho* é o bambu maciço, sem furo no meio; usa-se também como sinónimo de *bambu espinhoso* de que se fazem varais de machilas e palanquins. *Bambu* é igualmente uma medida linear, equivalente a 18 palmos ou 9 *mãos* (q. v.) na Índia, por se empregar comummente o *bambu* para a medição. Com relação à China, os nossos escritores por *bambu* entendem também o «açoite de bambu». Os primeiros portugueses, no começo do século XVI, designaram, como observa o Conde de Ficalho, o *bambu* pelo nome genérico de «cana» ou «cana da Índia». O bambu tem largo uso e innúmeras applicações na Índia e particularmente no estremo Oriente; depois do coqueiro, é a planta de mais utilidade. O nome passou para outras línguas europeias: inglês, *bamboo, bambou;* francês, *bambou*.

A origem do vocábulo é muito obscura. Marsden regista-o como puro malaio; mas o termo vulgar é *buluh*. Crawfurd considera-o vernáculo da costa ocidental de Samatra. Wilson tem-no por canarês, e como tal o consigna Reeve, mas os nomes usuais são *biduru* (túlu *biduru̥*) e *gala*. Parece-me que o étimo mais provável é o marata *bāmbū* (também em guzarate), nome genérico e vulgar da planta.

A forma *mambu*, que ocorre nos nossos antigos indianistas, seria então realmente usada no Concão, como supõem Yule & Burnell e declara Linschoten, e o actual concani *mān* representaria a sua contracção; ou seria devido à dissimilação na bôca dos portugueses [1]. Inversamente, *Bombaim* é a assimilação de *Mombaim*, como ortagrafaram Duarte Barbosa, Simão Botelho, Garcia da Orta: vernáculo *Mumbāī*, corrução de *Mumbādevī*, «deusa Mumbá». V. Gérson da Cunha, *The Origin of Bombay*.

I. — *Bambu*, planta.

1516. — «E hũas canas que ha na India, que saom tam grosas como hũa perna de huũ homem». — Duarte Barbosa, *Livro* (2.ª ed.), p. 297.

1611.— «Mandou aos bombardeiros, que refinada a polvora a recolhessem em **bambuzes** (que se acharam na praia de alguns que serviram na nao de baldes)». — João Baptista Lavanha, *Hist. Tragicomaritima*, v, p. 25.

1613. — «**Bambús** sem conto (que são outra sorte de canas da India) tão altas, que dos valles se igualam aos montes, tão direitos e grossos como arrazoadas fayas». — P. Manuel Barradas, *ibid.*, II, p. 120.

1613. — «Assy a fortaleza como o castello erão cercados em roda de hũa bem larga e fermosa caua, toda por dentro e por fora cheya de estrepes de **bambus machos** muyto agudos bem fixados na terra». — Francisco de Andrada, *Chronica de D. João III*, IV, fl. 94.

[1] «A gente onde a ha, a chama *sacarnambum*, que quer dizer, *açucare de mambum;* porque áquellas canas daquella arvore chamam os Indios onde nasce, *mambú*». Orta, Col. II.

1614. — «Lançou mão de hũa cana macissa (a que na India chamão **bambuz**)». — Diogo do Couto, Déc. VII, II, 5.

1615. — «Ha ahi [em Bengala] grande numero de canas grossas como a perna de um homem, e compridas de seis a sete toesas, ôccas por dentro, e nodosas como as de cá... Chamam-lhe por toda a parte **Bambú**». — Pyrard de Laval, *Viagem*, I, p. 176.

1632. — «Foy o combate geral, trazendo diante mais de seiscentas escadas feitas de humas canas mociças (chamão-lhes **bambus**) que juntamente são leves de menear e fortes para sustentar». — Fr. Luís de Sousa, *Annaes de D. João III*, p. 105.

1635. — «Houve que por lanças e **bambus**, e pela mesma parede por não levarem cordas, foram subindo pelos muros». — António Bocarro, Déc. XIII, p. 209.

1650. — «Chamaram os padres a estas povoações aldeias, pela pouca curiosidade das casas, que são de canna grossa que chamam **bambus**». — P. António F. Cardim, *Batalhas*, p. 68.

1684. — «Com grande furor, e rayva, esquecido já da pessoa que representava, pelo estylo dos Cafres da Iudia, ameaçava, dizendo, que com hum **bambû** o mataria». — P. Fernão de Queiroz, *Hist. de Pedro de Basto*, p. 155.

1701. — «Ordenou os meninos e as mulheres em duas fileyras dyante da porta com seus **bambûs machos** nas mãos, isto he, canas solidas, e grossas». — P. Francisco de Sousa, *Oriente Conquistado*, II, IV, 1.

1743. — «São os **bambûs** humas canas muito grossas, e muito duras, que se plantão na terra, e que com o tempo se elanção e encadeão humas com outras com tão forte união, que ficão impenetraveis, de modo, que se não podem nem escalar, nem bater em brecha .. He cada **bambû** huma viva sentinella, porque sempre que a queimão dá hum estallo, que como se fosse hum tiro do mosquete, serve de aviso aos Soldados». — D. José Barbosa, *Epitome da Vida*, pp. 21 e 23.

1782. — «Ha tres especies de **bambús**: ocos e direitos [*sābrī mān*, em concani]; macissos e algumas vezes tortos [*bābrī mān*]; e ocos, e grossos, espinhosos, e muito altos [*veḷū*]. Desta ultima qualidade se fazem as cannas de palanquins e machilas». — Fr. Clemente da Ressurreição, *Tratado*, II, p. 312.

1883. — «São outros arabes, de differente tribu talvez, e naturalmente empregados da policia, os quaes usam de **bambus** ou de grandes bengalas, e se encarregam de enxotar aquelles importunos».— Adolfo Loureiro, *No Oriente*, I, p 110.

1886. — «O **bambú**... produz uma semente similhante ao trigo, da qual os habitantes das Novas Conquistas extrahem uma excellente farinha, com que fazem *apas* para se alimentarem, e dizem ser extremamente nutritiva». — Lopes Mendes, *A India Portugueza*, II, p. 142.

1898. — «O **bambu**, que depois do arroz é para os chinezes o producto mais precioso do reino vegetal...». — Joaquim C. Calado, *Cousas da China*, p. 180.

1900. — «Não ha planta na China, que tenha tantas applicações como as diversas qualidades de **bambú**, cuja cultura tanto os chins como os japonezes teem desenvolvido e melhorado... A meza, as cadeiras, os biombos e os armarios são feitos de tronco ou hastes de **bambú**; de **bambú** são os pausinhos com que comem, e de fibras de **bambú** é o cesto que contém o arroz e o envolucro do bule de chá, e a esteira do chão e o *store* das janellas... Com lenha de **bambú** foi cozinhada a comida, e para dizer tudo, até de **bambú** é o papel do guardanapo em que o china se limpa». — *Ta-ssi-yang-kuó*, de Abril.

1585. — «Dove se ha da tirare la cortina, rizzano certi pezzi di canne che e' chiamano **bambu**, addoppiatti gli uni e gli altri». — F. Sassetti, *Lettere*, p. 148.

1586. — «All these houses are made of canes, which they call **Bambos**, and bee covered with Strawe». — Fitch, in *Glossary*.

1589. — «S'ils ne le veulent pas tuer, ils le font inhumainement battre dos et ventre par leurs serviteurs à grands coups de **Bambus**, qui est un roseau fort espais» (em Goa). — Linschoten, *Histoire*, p. 60.

«En la coste de Malabar notamment en Choromandel croist une espece de roseau d'extreme grosseur, par les Indiens appellé **Mambu**, et par les Portugais **Bambu**, dans lequel il y a certaine moelle ou matiere telle qu'on void es plumes que les Indiens nomment *Saccar Mambu*, c'est à dire Sucre de Mambu laquelle est fort propre à l'usage de la medecine, et est fort recherchée des Arabes, Perses, et Mores qui l'appellent *Tabaxir*». — *Id.*, p. 10.

1640. — «Lo más común, y más usado [papel] en las impressiones es de un arbol (que en la India llaman **Bambú**, y *Chó* los Chinas) pisado, y al fin obrado como el nuestro». — P. Semedo, *Imperio de la China*, p. 36.

1653. — «Un esclave porte le parasol ou *sombrero* comme l'appellent les Portugais, lequel est très grand et emmanché à un **bambou**, qui sert dans les rencontres à maltraiter les ennemis». — Le Gouz de la Boullaye, *Voyages*.

1658. — «Inter tot variae figurae, et magnitudinis Arundinetes in incultis Indiarum regionibus luxuriantes, duae dantur species *Mambu*, Lusitanis corrupte **Bambu**...». — Piso, *Mantissa Aromatica*, p. 185.

1674. — «**Bamboos** are so general, that by the way of Excellency they call all Sticks and Canes **Bamboos**; the Woods are over-grown with them; for which reason often impassable». — Fryer, *East India*, II, p. 74.

1676. — «Une sorte de canne nommée **Bamboue** que l'on plie de bonne heure pour lui faire prendre au milieu la forme d'un arc, soutient la couverte du Pallanquin». — Tavernier, *Voyages*, III, p. 37.

1690. — «Ex rectis ejus [arundinis] stipitibus tectorum ligna, et ex crassissimis aedium postes fabricantur et sepes, quae vehementissimos edunt ictus et sonitus, quum incendio comburuntur, quando notum ejus nomen **Bambu** facile exauditur(!)». — Rumphius, *Herbarium Amboinense*, VI, cap. 7.

1782. «Le **bambou** est une espèce de roseau, qui pousse une multitude de rameaux, d'un bois noueux, très-dure et creux en-dedans, recouvert d'un induit qui ressemble au plus beau vernis». — Sonnerat, *Voyages*, I, p. 33.

1875. — «Of all the fibres yielding plants known to botanical science, there is not one so well calculated to meet the pressing requirements of the paper trade as **Bamboo**, both as regards facility and economy of production, as well as the quantity of paper-stock which can be manufactured therefrom». — Routledge, em Watt, *The Commercial Products*, p. 109.

## II. — *Bambu*, medida.

1553. — «Tomou [o tanador mor] huma canna de quinze palmos por elle medidos, que são tres varas portuguezas de cinquo palmos cada vara, e ordenou e mandou que com a dita canna se medissem todalas as terras da dita Aldea». — *Archivo Port.-Oriental*, III, p. 253.

s. XVIII. — «Quanto á distancia, que os naturaes absolutamente dizem que deve ter da distancia ou comprimento de um **bambú**, isto é, nove mãos em quadro». — *Arte Palmarica*, I, p. 151.

1842. — «A medição de terras nos titulos e documentos do dominio d'elles vem expressada por **bambús**». — *Annaes Maritimos*, p. 280.

1873. — «E se a esta circumstancia reuno a de que o **bambú** da medição dos palmares (ou cova) é de 18 mãos, ainda mais se me fortalece a opinião». — Bernardo da Costa, *Manual do Agricultor*, II, p. 11.

1886. — «O **bambú**, vara ou canna, nesta ilha corresponde a 10 mãos de extensão, sendo cada mão igual a 0m,44». — Lopes Mendes, *A India Portugueza*, I, p. 191.

1915. — «De sorte que o nosso classico **bambú** de palmar, de 18 mãos ou 9 jardas é espaço minimo». — *O Ultramar*, de 28 de Outubro.

«**Bambou**. Mesure de longueur ou de capacité en usage aux Indes et à Madagascar. Comme mesure de longueur, le

**bambou** égale au Pégu 3m,39591». — *La Grande Encyclopédie.*

III. — *Bambu,* açoite.

1640. — «**Bambú** es el açote... Son **bamboues** unas tablas de siete palmos de largo, de ancho una mano a la parte que dá, y la que se ase con la mano, en proporcion para isso: como palas de pelota. Aunque esta materia corresponde en el arbol a la caña, corresponde en el peso al boa». — P. Semedo, *Imperio de la China,* pp. 126-127.

**BAMBUAL.** Bosque de bambus.

1613. — «E ao redor daquella caverna, e cava estão plantados espessos **bambuaes**». — Manuel G. de Erédia, *Declaraçam de Malaca,* fl. 31.

1615.—«Corria hum espesso **bambual,** e da outra vm muyto intratavel mato». — Diogo do Couto, Déc. VI, VIII, 7.

1635. — «E assi, vencido o trabalho do caminho, para vencer o da fortificação, que era toda de **bambuaes** fortissimos e mui cerrados, que por seus espinhos intrataveis são as arvores a que tem mais respeito todos os animaes...». —António Bocarro, Déc. XIII, p. 72.

1684. — «Tinhão armado cilada em hum **bambual** fronteiro».—P. Fernão de Queiroz, *Vida de Pedro de Basto,* p. 306.

1743. — «A este **Bambual** servirão de exemplar os celebrados **Bambuaes** dos Reys de Sunda, e do Canara, que sendo muitas vezes penetrados, e saqueados os seus Estados por inimigos muito poderosos, se conservarão elles nestas rusticas Cidades». — D. José Barbosa, *Epitome da Vida,* p. 22.

**BAMBUEIRA.** Lê-se a palavra em vários dicionários com diversos significados: «o mesmo que bambu», «planta que produz bambus», «cada um dos rebentos que nascem da mesma raiz de bambu». Não consta que algum escritor a tenha empregado; na Índia é desconhecida. Parece um termo dos lexicógrafos, que sómente se pode admitir e ter aplicação plausível como correspondente ao conc. *bêṭ*, isto é, «um grupo ou pequeno viveiro de bambus». Há bambuais espontâneos em matas, e cultivados, e estes procedem de tanchões, plantados a grande distância uns dos outros, que sucessivamente deitem rebentos das raízes que estão debaixo do solo, e assim se formam outros tantos grupos, cujo conjunto se denomina *bambual.*

* **BAME.** Antigo tecido da Índia, que não se sabe de que espécie era, visto que não vem descrito. Quanto à etimologia, parece-me que se liga ao hindust. *bam* ou *bām* (mar. *vāṁv*) < sânsc. *vyāma,* «medida igual ao espaço desde a ponta do dedo médio de uma mão até a do da outra, estendidas horizontalmente», isto é, 3 ½ mãos. A fazenda teria tal largura, e o seu nome seria complotado pelos indígenas por outra palavra, designativa de «pano ou roupa», como *kāpaḍ, vastr, lugaṭ.*

1615. — «Mantazes grandes e pequenos, **bames,** espicés...». — *Doc. da India,* III, p. 355.

1617. — «Doctins bons, mantazes grandes, **bames,** espices...». — *Carta Régia, ibid.,* IV, p. 11.

**BANACA** (s. m.). Nada menos de quatro vezes figura a palavra em um só lugar (que também ocorre em outras partes) da obra do Padre Fernão de Queiroz, com o sentido de «escrivão» do capitão geral de Ceilão. Parece que, por êrro do autor, está por *canaca* (q. v.), que significa o mesmo. O singalês não possui vocábulo semelhante.

1687. — «Os seus Escriuães, a que chamão **Banâcas,** á sua sombra, erão os Dezembargadores da Ilha... Quando o Geral queria dar, ou tirar algũa [aldea] destes se informaua; mandando ao pretendente, que falasse com o **banâca,** pera a buscar... E com ser este priuilegio tão singular, o mesmo se fazia aos **Banâcas,** ainda que em lugar apartado... Indignou-se hum Geral contra ele, querendo que prouasse o que lhe dissera de seus **Banâcas.**—*Conquista de Ceylão,* p. 859.

«O mesmo ao **Banâca** do Geral, bastando lhe um, com dous *Motiares,* ou escrivães». — «Quando suas causas uiessem diante do Geral, não fossem julgadas pelos **banâcas**». — *Id.,* pp. 888 e 900.

**BANANA.** Fruto da **BANANEIRA.** — *Musa sapientum* o *M. paradisiaca,* Linn. Inglês *banana* [1]; francês *ba-*

[1] O indo-inglês prefere o vocábulo *plantain,* que é corrução do espanhol *plátano,* outro nome da banana. «Os *platanos* ou bananas, guyabas, pintagueiras, pitambas e outras fructas». — Lopes Mendes, *Bol. S. G. L.,* XV, p. 521.

*nane, bananier*. **BANANAL** é a plantação de bananeiras.

O nome português do fruto, mais antigo, e mais vulgarizado na Ásia, é «figo da Índia» (q. v.), que posteriormente foi suplantado em Portugal pelo de «banana». Garcia da Orta atribui-lhe origem africana (Coll. XXLI): «Tambem ha estes figuos em Guiné, chamamlhe **bananas**». E o Conde de Ficalho comenta: «É possivel que tenha razão; a palavra não é seguramente asiatica, e tambem não parece ser americana». Os nossos escritores, referindo-se à África ocidental e à América empregam geralmente a voz *banana*. No Brasil também voga o mesmo termo. Mas Yule cita a autoridade do abalisado arabista Robertson Smith, que nota não se poder considerar como acidental a coincidência dêste nome e do árabe *banāna*, «dedo», e que, além da denominação literária *mauz*, podia o fruto ser popularmente conhecido em alguma parte como «dedo»; e acrescenta que é possível que os árabes levassem o fruto e o nome para a África ocidental. Não é porêm de crer que o vocábulo transitasse da Arábia para lá sem deixar vestígios nos idiomas da costa oriental.

1575. — «La da terra se trazem algumas vezes **Bananas** e outras (*sic*) que chamão figos do Congo que fazem adoecer especialmente aos que vem de novo e aos outros ajudão hum pouco». — Garcia Simões, in *Bol. S. G. L.*, IV, p. 342.

1576. — «Porém a commua e generalissima [fruta] de todo o anno e em grande abundancia, não só por estas Indias, mas tambem pela nossa, por todo o Guiné e Brazil, por onde ha, e nós vimos mais castas e melhores que estas, e a que chamam *platanos*, e na nossa India *figos*, e no Brazil **bananas**». — P. Gaspar Afonso, *Hist. Tragico-maritima*, VI, p. 50.

1583. — «Não ha nesta terra fruta mais que **bananas**, micefos e baá de que fazem azeite». — Baltasar Afonso, *Bol. S. G. L.*, IV, p. 376.

1585. — «Tem [Angola] muytos rios, fontes, palmares e **bananaes**, que he a melhor fruta da terra». — P. Diogo da Costa, *ibid.*, IV, p. 376.

1615. — «Ha **bananas**, a que os Portuguezes chamam na India *figos* e nas Maldivas *Quellas*». — Pyrard de Laval, *Viagem*, I, p. 103.

1697. — «Lançavão as cascas dos figos Indicos ou **bananas** Brazilicas». — P. Francisco de Sousa, *Oriente Conquistado*, I, III, 2.

1727. — «**Banana** se chama por desprezo o frouxo, e para pouco». — Bluteau, *Supplemento*.

1745. — «Das que há na Asia e eu provei na America adonde são muito mais gostozas, tem [a China] bastantes: Coqueiros, Jacas, Mangas, Atas, Goyabas, figos a que lá chamão **Bananas**, Papayas que lá se dizem Mamoens». — In *Ta-ssi-yang-kuó*, II, III, 3.

1593. — «As arvores cortão-nas cada tres annos para melhor frutificarem, e creio eu que estas são as **bananeyras** do nosso São Thomé». — Fr. Pantaleão de Aveiro, *Itinerario*, p. 59

1782. — A figueira da terra, ou por outro termo **bananeira**». — Fr. Clemente da Ressurreição, *Tratado*, II, p. 345.

1873. — «A **bananeira** (*Musa*) tambem, e mais geralmente chamada na India *figueira*, em Malabar *bala*, e em concani *quelli*, é uma arvore monocolytidonia da familia das Musaceas». — Bernardo da Costa, *Manual do Agricultor*, II, p. 209.

1911. — «Onde se encontram numerosos e bons exemplares de mangueiras, cajúeiros, brindoeiros, goiabeiras, larangeiras, **bananeiras**»... «O **bananal** que... chega a dar o lucro de 2:500 rupias por hectare». — José Emílio Castel Branco, *Bol. S. G. L.*, XXIX, p. 358.

1589. — «... tels que sont les Citrons, Limons et Oranges agredouces, et des **Bananes** qu'aucuns estiment estre ces fruicts que les Egyptiens et Syriens appellent Muse qui sont figues de bon aliment». — Linschoten, *Histoire*, p. 199.

1585. — «In Guinea vocantur **Bananas**, reliquae minores ac vulgatior species *Bacovos*». — Rumphius, *Herbarium Amboinense*, VIII, cap. 1. — Êste autor menciona, entre as variedades malaias, *pissang* **salpicado** e *pissang* **soldado**. *Pisang* é «banana» em malaio.

1606. — «Quamplurimae mulieres inueniuntur, Betelle, Areccam, Melones aquaticos et **Vannanas** vendentes». — *India Orientalis*, III, p. 98.

1652. — «Au Bresil ils appellent **Bananas**, en Sirie et à Damas ils l'appellent Musa». — *Relation de la Chine*, p. 20.

1710. — «Les principaux fruits de ce Païs sont la Mangue, qui est une espece de Pavie; la **Banane**, qui ressemble à la Figue». — *Lettres Édifiantes*, X, p. 399.

1786. — «Il riso cotto si mette sopra una foglia larga di **fico banano**, che serve di piatto». — Fra Paolino, *Viaggio*, p. 113.

**BANAZA.** Conforme Fernão Mendes Pinto, é um quadrúpede extraordinário de Calaminhão, no interior da Indo-China. Não me foi possível identificá-lo nem saber a que língua pertence o seu nome. V. Gonçalves Viana, *Apostilas*, I, p. 147.

1546. — «Esta caça de animaes sylvestres fazião cavalgados em outros animaes do tamanho de cavallos, que tem tres cornos, ou pontas no meyo da testa, e os pés e as mãos muyto curtas, e grossas, e no meyo do lombo huma ordem de espinhos, com que ferem quando se assanhão, e todo o mais corpo he conchado da cor de hum sardão, e no pescoço em lugar de coma tem outros espinhos muyto mais compridos, e grossos que os do lombo, e no encontro dos hombros tem humas azas curtas como perpetanas de peyxe, com que dizem que voão á maneyra de salto 25 a 30 passos: os quaes animaes dizião que se chamavão **banazas**». — *Peregrinação*, cap. 166.

*** BANCALÉ.** É uma árvore de Malaca — *Pandamus atrocarpus*. Do mal. *bĕngkuang*.

1613. — «Condor, **bancalé**, dringo... e outras innumeraveis rayzes de que se pode fazer particular trattado». — Manuel G. de Erédia, *Declaraçam de Malaca*, fl. 37.

**Bancão.** V. *vancão*.

**BANDANA.** «Lenço vermêlho com desenhos brancos, primitivamente de fabricação indiana». — C. de Figueiredo.

Não encontrei nenhuma abonação portuguesa do termo, que parece provir imediatamente do inglês *bandanna*, derivado do hindustani *bū̃dhnū*, que significa o mesmo. V. *Glossário Anglo-indiano*.

*** BANDAR** (sing. *baṇḍāra*). Título de príncipe ou do filho de nobre em Ceilão. Os nossos escritores preferem a forma *pandar* (q. v.), conforme a fonologia do tamul.

1687. — «Ficou por curador e defensor do Reyno Eranêz **Bandar**, varão de bom juizo, com quem pode mais a lealdade, que o temor da morte». — P. Fernão de Queiroz, *Conquista de Ceylão*, p. 243.

«Ali lhe deu batalha o Rey de Candea Carauliade **Bandar**, com 60,000 homẽs». — *Id.*, p. 356.

**BANDARIM.** Indivíduo da casta *sudra*, que exerce o mister de extrair *sura*, e fabricar *urraca*. Do marata-conc. *bhaṇḍārī*.

1554. — «E a *caruqua* e *cinguouty*, que são huns direitos que se arrecadão do guado, e dos **bandarys** que tirão çura». — Simão Botelho, *Tombo*, p. 203.

1632. — «Ficou em memoria, que os Gentios erão da casta **Bandarim**». — Fr. Luís de Sousa, *Hist. de S. Domingos*, III, p. 371.

1667. — Estando eu assistente neste Convento, costumaua uir a elle todas as manhãs hum gentio tirar o summo, a que chamão Sura, das palmeiras da nossa horta, e quem a tira se nomea **Bandarim**, ou Sudro». — Fr. Jacinto de Deus, *Vergel*, p. 73.

1687. — «São os que tirão o licor, ou sura das Palmeiras (a que chamão os Canarîs *Xindos* (*sic*, por *Xudros*), os do *Norte* **Bandaris**)». — P. Fernão de Queiroz, *Conquista de Ceylão*, p. 16.

1728. — «Servem tambem [em Chaul] 234 **bandarins**, soldados que merecem muito pelo bom serviço que fazem, e pelo muito valor». — *O Chronista de Tissuary*, I, p. 35.

1850. — «**Bandary**: Homem que tira sura ás palmeiras». — F. N. Xavier, *O Gabinete Litterario*, IV, p. 223.

1886. — «A extracção de sura é feita por um individuo denominado **bandary**». — Lopes Mendes, *A India Portugueza*, I, p. 186.

1890. — «... pode talvez encorporar-se nos **bhandaris**, embora estes nas Velhas Conquistas se dediquem exclusivamente á extracção de sura». — António de Almeida Azevedo, *As Communidades de Goa*, p. 11.

1916. — «.. e os sudras que constituem o mais extenso conglomerado posterior, classes que com os **bandaris** e outros se supõem que tenham sido as fundadoras das *gancarias* da maior parte das aldeias de Gopacpur, nome antigo desta terra». — *Heraldo*, de 4 de Abril.

1673. — «Of **Badarines** (that lookt after the Woods of Cocoe) with Clubs and other Weapons 300». — Fryer, *East India*, I, p. 171.

1760. — «There is also on the island kept up a sort of militia composed of the land-tillers, and **bandarees**, whose living depends chiefly on the cultivation of the coco-nut trees». — Grose, in *Glossary*.

**BANDEL** (indo-ingl. *bunder*). Pôrto, bairro do pôrto; sítio próximo dum pôrto, habitado por uma raça ou casta de estrangeiros. Do persa *bandar*, «pôrto, cais», adoptado pelos idiomas modernos da Índia.

Nos portos orientais, que eram empórios de comércio, havia quarteirões separados, muitas vezes com cais próprio, para a residência temporária ou permanente dos negociantes estrangeiros de cada nacionalidade ou religião, a fim de que seguissem sem estôrvo os seus usos e costumes e praticassem o seu culto. Cada grupo tinha de ordinário seu chefe, conhecido geralmente por *xabandar* (q. v.), que era ao mesmo tempo seu representante perante a autoridade da terra, e mantinha a ordem e dirimia pequenos litígios entre os seus. Assim temos «*bandel* dos portugueses», «*bandel* dos quelins», «*bandel* dos guzarates».

Outros portos, que não tinham tanta importância e onde não havia colónias distintas, eram especificados pelo nome do sítio, como «*bandel* de Comorão», «*bandel* de Chatigão», ou Pôrto Grande, «*bandel* de Ugolim» (situado na margem direita do rio Hugli) ou Pôrto Pequeno.

Neste último *Bandel* se tinha estabelecido no século XVI uma feitoria com numerosa colónia portuguesa, que exercia largo tráfico, e se tinha construído a primeira igreja católica de Bengala. A colónia passou por muitas vicissitudes; mas ainda hoje subsiste o nome *Bandel,* como próprio da localidade, e bem assim alguns dos muitos privilégios e isenções, concedidos pelo Grão Mogol Xá Jehan (em atenção à santidade de Fr. João da Cruz, comprovada por milagres) e a majestosa igreja com o anexo mosteiro dos antigos agostinianos, onde reside presentemente o superior das missões portuguesas. Durante o ano e em particular por ocasião das festividades concorrem muitos católicos e até protestantes e hindus, por ser o santuário da maior devoção e de mais recordações históricas. Quando eu era vigário geral de Bengala, ia lá muitas vezes de Calcutá, onde morava, pelo caminho de ferro [1].

1529. — «... que se chama **Bandel,** que em nossa lingoa quer dizer porto». — António Tenreiro, *Itinerario,* cap. 2.

1541. — «N'este porto do **Bandel** tomão piloto as naos dos mouros quando vão pelo Estreito dentro». — Gaspar Correia, *Lendas,* IV, p. 168.

1554. — «Ao homem que tem cuidado de ir aos **bandeys** da banda d'alem [em Ormuz] a ver as ffazendas que vem nas caffilas...». — Simão Botelho, *Tombo,* p. 104.

1563. — «E por quanto ao **Bandel** de Angon que he hum porto da terra firme da Persia, onde vem ter todalas cafilas do interior dos seus Reynos, era vindo hum Capitão». — João de Barros, Déc. III, III, 9.

1565. — «Parti dormuz em hũa *terrada* hũa sexta feira XXV de Junho para o **bandel** gombruc chamado assim em lingua parsia e turquesca que quer dizer alfandega ou lugar honde se pagão direitos». — *Itinerario* do Mestre Affonso, in *Annaes Maritimos,* (1844), p. 217.

1577. — «Chegado ao **bandel** de Maçulepatão, foy levado á cidade do Gollecondá e do **bandel** até onde elRey está morrerão quatro asnos». — *Primor e Honra,* fl. 27.

1589. — «... darlhe e a doarlhe ametade de toda a parte, que lhe a elle cabe aver erdar por morte do dito seu pay Xeque Raxete no rendimento do **bandel** de Mascate, e direitos delle pera sempre». — *Archivo Port.-Oriental,* V, p. 1247.

1612. — «Pera se ir a Cosmim, que he o **Bandel,** onde o navio do trato ja era chegado». — Diogo do Couto, Déc. VII, II, 5.

«Forão até o **Bandel,** que era perto da barra, e derão em dous navios de alto bordo». — *Id.,* III, 14.

1635. — «Para o que o mandaria por ou no **bandel** de Comorão, ou na fortaleza de Ormuz». — António Bocarro, Déc. XIII, p. 33.

«O padre João Gomes, vigario do **bandel** dos portuguezes...». — *Id.,* p. 519.

1663. — «Na terra firme da Persia apparecia o Comorão, em cujo **bandel** tivemos já um porto, que no anno de 1602 se defendeu de quinze mil persianos, e hoje está presidiado por elles». — P. Manuel Godinho, *Relação,* p. 80.

1674. — «We fortify our Houses, have **Bunders** or Docks for our vessels, to which belong Yards for Seamen, Soldiers, and Stores». — Fryer, *East India,* I, p. 289.

1676. — «Nous lui demandâmes une mule et de l'argent autant qu'il étoit besoin pour se rendre au **Bander,** et se mettre sur les premiers vaisseaux qui partiroient pour Surate». — Tavernier, *Voyages,* III, p. 183.

## Bandel de Ugulim.

1674. — «Mas ainda se conhecem nelle [Mogor] desejos de nos fazer guerra, como já poz em effeito na povoação do *Golym,* que em Bengala tinhão os Portuguezes, a qual mandou destruir e assolar ha tres an-

[1] V. *O Chronista de Tissuary,* I, pp. 60-61; *Historical Facts relating to the Agustinian Convent of Bandell.* Calcutta, 1899.

nos na era de 1632, levando os que forão captivos, como ainda hoje tem, posto que alguns dos ditos moradores lho tenhão muy bem merecido com treições e maldades». — António Bocarro, *Livro*, in *O Chron. de Tissuary*, III, p. 104.

1665. — «Dizem os moradores Portuguezes e homens da terra, e mais christandades que assistem no **Bandel** *de Ugulim* e outras partes de Bengala.. ».— *Provisão* do vice-rei, in *Archivo*, VI, p. 1278.

1820. — «Ácerca dos direitos que podião assistir á coroa de Portugal, para reclamar a dominação do porto do **Bandel** *Uguli*, ou Balagor...». — *O Chronista de Tissuary*, I, p. 60.

1820. — «Privilegios que o imperador de Dily concedeo á Igreja do **Bandel** *de Houguli...»*. — *Ibid.*

1775. — «**Bande** o Ugli. Primo stabilimento de' Portoghesi nel Bengal, dove in oggi hanno il Convento di Residenza i PP. Agostiniani missionari di tutto il Bengal». — P. Tomba, *apud* Gubernatis, p. 292.

1753. — «Les établissements formés pour assurer leur commerce sont situés sur les bords de cette rivière. Celui des Portugais, qu'ils ont appelé **Bandel**, en adoptant le terme Persan de *Bender*, qui signifie port, est aujourd'hui reduit à peu de chose». — D'Anville, in *Glossary*.

*** BANDIGARRALA** (sing. *baṇḍāravaliya*). Capitão, chefe, fidalgo, em Ceilão.

1635. — «João Leitão, que havia sido **bandigarrala**, que he capitão da guarda, do mesmo Hieronimo de Azevedo em Ceilão». — António Bocarro, *Déc.* XIII, p. 18.

1685. — «O Sargento maior, os *Dissavas*, o **Bandigarrala**, o Capitão da guarda do General, e Feitor». — João Ribeiro, *Fatalidade Historica*, I, cap. 11.

1687. «Estaua nas casas Manoel Ferreira **Bandigarrâla** do Geral, que ual tanto como dizer, Honrado da casa del Rey; mosso briozo, mas de pouca experiencia». — P. Fernão de Queiroz, *Conquista de Ceylão*, p. 477.

«E outro tanto em outras pera seus criados, Veador, **Bandigarrala**, e Capitão da guarda, se este oficio se conseruasse». — *Id.*, p. 891.

«Estes erão nomeados por **Bandigarrala**, posto que entre nós he como Regedor das Justiças». — *Id.*, cap. 18.

**BANDIM** (conc. *bāndhī*). *Jono* ou *tanga* de certas comunidades agrícolas de Goa; courela de campo da comunidade, cultivada por um indivíduo interessado nessa associação.

1611. — «... em bens de raiz que não seião reguengos, aldeas, *gancarias*, jonos, nem **bandins** foreiros á minha fazenda». — *Carta Régia*, in *Archivo*, I, p. 128.

1727. — «**Bandins**, ou **Bandis**. Palavra da India. São os quinhões e certo numero em que se reparte a vargia». — Bluteau, *Supplemento*.

1825. — «Desde a primitiva e até 1735 separava-se de cada communidade uma porção de terra, que se arrematava, cujo producto chegasse ao pagamento do fôro e mais contribuições ao dominante; e o resto tinham reduzido em tiras a que se chama **bandys**, sendo a divisão com tanta equidade, que não havia nenhuma differença em producção de um **bandy** a outro; estes **bandys** cultivavam os *interessados*, *culacharins*, *gancares*, etc., segundo o interesse que tinham na communidade». — *Informação* do Tanadar-mór das Ilhas, *apud* António de Azevedo, *As Communidades de Goa*, p. 89.

1890. — «Em Margão e em outras aldeias ha varzeas possuidas por differentes proprietarios em **bandys**, ou *meios*, como se diz em Aveiro». — *Id.*, p. 89.

**BANDO.** Morais e Vieira registam o termo como asiático e com o significado de «valado da várzea». De facto, o concani tem *bāndh*, do sânsc. *bandha*, com idêntico sentido; mas não é actualmente usado no português local.

*** BANDRASTAL.** Quarteirão habitado pelos *bandarins* (q. v.); contribuição que pagavam pelo seu mister. Do marata *bhaṇḍarasthal*, «bairro de bandarins».

1634. — «Rende o **Bandarestar** de Sangens em cada anno conforme o arrendamento que está feito, sessenta pardáos». — António Bocarro, *Livro*, in *O Chronista de Tissuary*, III, p. 170.

1727. — «Ha tambem na dita Ilha de Bombaim dous **Bandrastaes**, que vem a ser hum jus, ou faculdade de tirar o sumo, a que vulgarmente se chama *sura*, das palmeiras bravas e mansas, do qual se faz vinho da terra». —. *Archivo Port.-Oriental*, Suppl. II, p. 290.

1891. — «Tambem se cobravam direitos dos *bandarys* (*Bhandāri* em marathi) os membros de uma casta especial, que se empregava no cultivo e exploração das palmeiras; e a este tributo ou imposto pessoal dava-se o nome de direitos de **bandrastal**». — Conde de Ficalho, Col. XVI,

**BANEANES, banianes.** Rigorosamente, o termo designa, em especial na Índia, os jainas do Guzarate ou

Cambaia que exercem a mercancia [1]. Mas os europeus aplicam-no muitas vezes, por ampliação, a qualquer comerciante hindu, do mesmo modo que *chatim* ao dos países dravídicos. Antigos viajantes entenderam por *banianes* os sectarios da religião hindu ou bramânica.

As características mais notáveis dos jainas são o seu tacto comercial e o seu exagerado amor a toda a sorte de animais. Os mais puritanos coam a água que bebem, sopram o chão que pisam, e cobrem a face com uma rede, para não ingerir, molestar ou aspirar algum animálculo. Mas nem por isso são mais virtuosos [2].

Os nossos indianistas, excepto Orta, dizem que «todos os baneanes seguem a doutrina de Pythagoras» (Bluteau), quando a verdade é que Pitágoras hauriu da Índia grande parte da sua doutrina. V. Leopold Schroeder, *Pythagoras und die Inder;* Richard Garbe, *The Philosophy of Ancient India.*

Em sânscrito, *vaṇij* é «mercador» e *vaṇig-jana* «homem de negócio»; em guzarate, *vāṇiyo*, sing., e *vāṇiyān*, pl. (que parece ser o étimo imediato), «negociante, negociantes». Outras línguas áricas, tais como marata e concani, tem *vāṇī*.

1516. — «Ha neste regno [de Guzarate] outra sorte de Gentios, que chamam *Bramanes* [leia-se **Baneanes**], e saom muy grandes mercadores e tratantes; uiuem entre os Mouros, com que fazem todo seu trato, estes nunca comem carne, nem pescado, nem nenhũa cousa que mora [morra], nem mataom, nem menos querem uer matar, por asy lho defender sua idolatria». — Duarte Barbosa, *Livro*, p. 267.

1552. — «Entre os quaes vierão certos homens a que chamão **Baneanes**, do mesmo Gentio do reyno de Cambaia: gente tão religiosa na secta de Pythagoras, que até immundicia que crião em si não matão, nem comem cousa viua». — João de Barros, Déc. I, IV, 6.

«Surat era prouida de gente fraca, a a que chamão **Baneanes**, homẽs dados a officios mechanicos, principalmente a arte de tecer panos de algodão». — *Id.*, IV, IV, 8.

1552. — «Ha outros gentios a que chamão **Baneanes**, que não comem cousa nenhũa que padeça morte, e tem por ley de a não matar, nem ver quando a matão, e os pobres lhes leuão aues viuas e dizem-lhes que as querem matar, e eles as comprão por mais do que valem porque as não matem, e depois soltão». — Castanheda, *Historia*, III, cap. 130.

1563. — «Se são ricos comem muyto della [de assa-fétida], como são os **Baneanes**, e todo o gentio de Cambaya». — Garcia da Orta, Col. VII.

«O demonio pôs certa superstição em as molheres e filhas dos **Baneanes**, que são os que vivem segundo o costume pitagorico, e he que quando morre algum parente, quebram as molheres todas as manilhas que tem nos braços, as quaes são vinte ao menos». — *Id.*, Col. XXII.

1566. — «A hi [em Narsinga] outros homens, que tem por sanctos, a que chamam **Baneanes**». — Damião de Góis, *Chron. de D. Manuel*, I, cap. 6.

1567. — «Costumão em alguns lugares desta Provincia os infieis **Baneanes** em observancia da sua falsa religião, em a qual tem por grande peccado matar cousa viva peitar aos pescadores, carniceiros, e caçadores gentios, que não cacem, nem pesquem, nem matem animaes em os dias das suas festas». — Primeiro Concilio de Goa, in *Archivo*, IV, p. 58.

1602. — «Os **Baneanes** são todos dados á mercancia, em que tambem precederão a todos, por sua grande abelidade, e agudeza». — Diogo do Couto, Déc. IV, I, 7.

1609. — «Os moços christãos da India, particularmente os de Diu, armam aos passaros, e tomam algum vivo, vão-se aos bramenes ou **baneanes** gentios, dizendo que lhe comprem aquelle passaro vivo». — Fr. João dos Santos, *Ethiopia Oriental*, II, p. 311.

1632. — «Surat povoado de gente vil, e fraca, que chamão **banianes**, tecedores, polla mór parte, de panos de algodão». — Fr. Luís de Sousa, *Annaes de D. João III*, p. 299.

1552. — «Haverá em Cochim, e seu districto, mais de cincoenta mil mercadores entre Christãos, e **Banianes** de bom trato». — P. António Vieira, *Arte de furtar*, p. 436.

1701. — «Ha outros generos de gentios,

[1] «Os Guzarates são... grandes mercadores e naturaes de huma Provincia chamada Cambaya... Estes Guzarates não comem cousa alguma que padeça morte, nem igualmente pão». — *Navegação de P. A. Cabral*, cap. XIV.

[2] «Por outra parte saom grandisimos onzeiros, e falsificadores de pesos e medidas, e doutras muytas mercadorias e moedas, e muy grandes mentirosos». — Duarte Barbosa, p. 268.

a que chamão **Baneanes**, os que não comem cousa que tenha sangue, e por sua ley não podem matar cousa viva». — P. Francisco de Sousa, *Oriente Conquistado*, II, I, 2.

1825. — «Os **Baneanes** exercem todas as classes de commercio... Os **Baneanes** mais austeros trazem pendentes do labio superior um bocado de tecido ralo, pegado com gomma, para estorvar a entrada de algum mosquito na boca, a fim de o não offender». — José Inácio de Andrade, *Cartas*, I, p. 20.

1883. — «Os **banianes**, que professam a maxima caridade, não se limitam a exercer essa virtude para com os seus irmãos, mas praticam-na para com todos os seres animados». — Adolfo Loureiro, *No Oriente*, I, p. 87.

1898. — «O **baniane** é, em regra, sordido, avarento e de má fé». — Oliveira Mascarenhas, *Atravez dos Mares*, p. 111.

1901. — «Os **banianes** de Diu, que exclusivamente se dedicam ao commercio em Africa... poderiam ser poderosos agentes de venda d'estes productos». — José Pinheiro, *Bol. S. G. L.*, XX, p. 203.

1445. — «Euui vna sorte di sacerdoti chiamati **Bancam** (*sic*) questi si contetentano d'vna sola donna, la quale per legge è obbligata di brucciarsi col marito quando egli muore». — Nicolo di Conti, *apud* Ramúsio, I, fl. 342.

1571. — «Est aliud genus hominum, quod valdè sanctum habetur. Hi **Baneanes** appellantur». — Jerónimo Osório, *De Rebus*, II, p. 192.

1578. — «Todos los Gentilicos, principalmente los de Cambaya, y los Pitagoricos **Baneanes** la [assa-fétida] compran y comen ordinariamente». — Cristovão da Costa, *Tractado*, p. 84.

1589. — «Mais un **Baniane** fort ruzé (selon que cette sorte de gens est fine et cauteleuse) trouva un autre dent». — Linschoten, *Histoire*, p. 84.

1608. — The Gouernour of the Towne of Gandeuee is a **Bannyan**, and one of those kind of people that obserue the Law of Pythagoras». — Jones, in *Glossary*.

1616. — «Ces Idolâtres qui ont le plus d'estime pour les Vacches s'appellent **Banianes**. Ils croyent la transmigration des ames, comme le premier article de leur foy». — Terry, *Voyage*, p. 25.

1625. — «Altri Sensali, ò Mercanti, qualli sono quelli, che noi chiamiano **Baniani**, ma da loro in lor lingua più correttamente detti *Vanià*». — Pietro della Valle, *Viaggi*, III, p. 59.

1658. — «Furono chiamati da Portoghesi **Bagnani**, per la frequenza, e superstitione, con quale si lauano più volte il giorno (!)». — Fr. Vincenzo Maria, *Viaggio*, p. 269.

1666. — «Un riche **banyane**, ou marchand gentile, grand usurier, comme ils sont plupart». — Bernier, *Voyage*, I, p. 222.

1666. — «La Tribu de ces **Banians**, est la quatrième en dignité entre les Castes, Tribus ou Sectes de Gentils... Ils sont tous Marchands et Courtiers». — Thevenot, *Voyages*, III, p. 165.

1676. — «Les **Banians** sont pour le négoce pire mille fois que les Juifs, et plus sçavants qu'eux en toutes sortes de ruses de malice quand ils se veulent venger». — Tavernier, *Voyages*, III, p. 116.

«La troisième Caste est celle de **Banianes**, qui s'adonnent tous au trafic, et dont les uns sont *Cherafs*, c'est-à-dire Changeurs ou Banquiers, et les autres Courtiers, pour l'entremise desquels les Marchands vendent et achetent». — *Id.*, IV, p. 107.

1770. — «Elles étoient la plupart entre les mains des **Banians**, Caste Indienne, vouée uniquement au commerce. Ils se distinguoient par la franchise avec laquelle ils traitoient». — Raynal, *Histoire*, II, p. 15.

1776. — «... molti Gentili Canarini, chiamati **Baniani** e *Cetti*, mercanti astuti, diligenti, laboriosi, sobrj, frugali, ricchi». — Fra Paolino, *Viaggio*, p. 79.

«Toutesfois, à cause précisément de la grande habilité des **Banians** dans les affaires, on a donné par extension ce nom aux marchands indiens qu'on rencontre dans les marchés et les grands centres trafiquants de l'Asie et de l'Afrique... On les désigne sous le nom de *Baniahs*». — *La Grande Encyclopédie*.

**BANGAÇAL** (indo-ingl. *bankshall*). Armazêm indiano, *gudão*. Ao presente emprega-se o vocábulo em Goa quási exclusivamente por «estância de madeiras», como observam Kloguen e Cunha Rivara, abaixo.

Indicam-se vários étimos; o mais provável é o sânsc. *bhaṇḍaçālā*, pelo canarês *bhaṇḍxāle*; malaiala *poṇḍixāla*, «armazêm». Em concani diz-se actualmente *bhaṅgsāḷ*; se constasse que tal palavra era usada ao tempo da conquista, seria o étimo imediato do termo português. Também o marata tem *bhaṅgsāḷ*, mas com o sentido de «medonho cazarão». Molesworth não indica a sua etimologia. V. *Glossário Anglo-indiano*.

1520. — «Todo o *cairro* que nisso momtar terra [= terá] junto em seu **bamgaçall** pera o tempo da *mençãao* [monção], que he de Dezembro ate todo Março» (nas Maldivas). — *Alguns Doc. da Torre do Tombo*, p. 452.

1524. — «Daqui em diante se não arrecadẽ pera nós as rendas da praça da dita cidade dos **bacaoés**, que são os que vendem mel azeite manteiga, *betre* especiarias, e panos, porque aquelles que as ditas cousas vendē em ditos **bacacés**, queremos que livremente as vendão». — *Carta Régia,* in *Archivo,* IV, p. 43. — «Parece que deve ser *bacaçães*, ou *bancaçães*, ou *bangaçaes*, que significava naquelle tempo qualquer lugar de venda; e hoje mais estrictamente estancia de madeira». — Cunha Rivara.

1553. — «Ninguem se mouesse nem bolisse com os seus **bagançaes**[1], que são como lógeas ao longo da ribeira, onde tinhão recolhido mercadorias». — João de Barros, Déc. II, III, 4.

1563. — «Ficando grande despojo nos **bengaçaes**, que erão fardos d'arrôs, e d'açuquar, e ferro». — Gaspar Correia, *Lendas,* I, p. 620.

1592. — «Sem primeiro ir ao sorgidouro e luguar dos Portuguezes que está de ribeiro da demarcação té á fortaleza, onde poderão fazer seus **bangaçaes**, e venderem suas fazendas e mercancias». — *Carta Régia,* in *Archivo,* III, p. 363.

1609. — «Ao longo da praia d'esta cidade [de Goa] estão as alfandegas, e logo abaixo uns formosos armazens de mantimentos, a que na India chamam **bangaçal**, que respondem ao Terreiro do Trigo». — Fr. João dos Santos, *Ethiopia Oriental,* II, p. 273.

1615. — «Quando pois era chegado algum navio ou algum mercador á sua ilha, elle lhe mandava dar um **bangaçal**, ou armazem para metter sua fazenda». —Pyrard de Laval, *Viagem,* I, p. 234.

1635. — «Mandei tambem fazer uma casa, a que chamavamos **bangaçal**, que é nome da India, aonde se recolhe o mantimento». — José de Cabreira, *Hist. Tragico-maritima,* X, p. 45.

1687. — «Os principaes erão os *Dissâuas* Portuguezes; que de mais tinhão **bangaçães**, ou feyras publicas, aonde vendião pelo mayor preço, e por estanque». — P. Fernão de Queiroz, *Conquista de Ceylão,* p. 604.

1829. — «Havia um grande Bazar, e o **Bangaçal**, ou estancia de madeiras na sua área que hoje occupa a Igreja e o Convento de S. Caetano». — Cottineau de Kloguen, *Bosquejo Historico de Goa,* p. 21.

1673. — «Their Bank Solls, or Custom-House Keys, where they land, are two».— Fryer, *East India,* I, p. 80.

1878. — «**Bangaçal** formerly meant a place of sale or store, but it is now restricted to a place where only timber is sold». — José Nicolau da Fonseca, *Sketch of Goa,* p. 191.

---

[1] Alguns dicionaristas, fundados neste passo, inserem *bagançal* e omitem *bangaçal,* quando é históricamente manifesto que Barros deslocou a nasal.

**BANGALÓ.** Dá-se êste nome na Índia à casa grande e abarracada ou à casa campestre. O termo é neo-árico, *baṅgalā* ou *baṅglā: baṅgló* em concani, *bungalow* em inglês.

1866. — «O **bangaló** visto de perto dava idéa do luxo oriental e estylo leve e gracioso da architectura indiana».—Francisco Luís Gomes, *Os Brahamanes,* p. 15.

1882. — «Esta *chacara* fez-me recordar com saudades os **bangalós** da India, onde passei os melhores dias da minha vida». — Lopes Mendes, *Bol. S. G. L.,* XII, p. 251.

1883. — «No meio de jardins e de parques os seductores **bangalows**, que são os palacios campestres indianos».—Adolfo Loureiro, *No Oriente,* I, p. 139.

1886. — «Os **bangalós**, officinas ruraes, e os viveiros pertencem ás plantações. . . ». — Lopes Mendes, *A India Portugueza,* II, p. 38.

1898. — «Na cidade nova, abundam os **bungalows**, de bom gosto, espaçosos e confortaveis». — Oliveira Mascarenhas, *Atravez dos Mares,* p. 29.

1906. — «Todos os **bengalows**, quer os particulares, quer aquelles onde se installam as lojas e armazens, são isolados no meio de grandes jardins, fechados por muros ou grades». — Hipácio de Brion, *Duas mil leguas,* p. 31.

**BANGUE** s. m. Fôlhas sêcas e hastes tenras de cânhamo (*Canabis sativa,* Linn.), que se fumam ou comem, e tem a virtude de embebedar, como o ópio. Indo-inglês e indo-francês *bang, bangue.* Do neo-árico *bhāṅg,* sânsc. *bhaṅgā.* O vocábulo introduziu-se nas línguas da África austral. O uso de *bangue* é antiqüíssimo na Índia.

1554. — «E a Renda de anfião e **bangue**, e sabão». — Simão Botelho, *Tombo,* p. 53.

1557. — «Aforo enfatiota para sempre as rendas das *orracas,* azeite, **bangue**, e anfião de Tanná das minhas terras de Baçaim». — *Archivo Port.-Oriental,* V, p. 306.

1563. — «Agora vos satisfarei com dizervos que cousa he o **bangue**, scilicet, a arvore e a semente. . . . Faz-se do pó destas folhas pisadas, e ás vezes da semente; e alguns lhe lanção areca verde; porque embebeda e faz estar fóra de si».— Garcia da Orta, Col. VIII.

1609. — «Em toda esta cafraria se cria uma certa herva que os cafres semeiam, a que chamam **bangue**, a qual é da propria feição do coentro espigado... Muitos cafres ha que com este **bangue** se sustentam muitos dias sem comer outra cousa, mas se comem muito junto, embebedam-se com elle de tal modo, como se bebessem muito vinho». — João dos Santos, *Ethiopia Oriental*, I, p. 88.

1608. — «Aforou em tres vidas a Alvaro Vaz Coutinho, seu parente, as rendas, de **bangue,** sabão, bazar e *sarrayem* (leia-se *sarrafagem*)». — *Carta Régia*, in *Doc. da India*, p. 192.

1877. — «Os banhanecas [na África occidental] cultivam o tabaco, que é excellente, e uma espécie de canhamo, **pangue,** que fumam como o tabaco, e que produz uma embriaguez prolongada e embrutecedora». — António F. Nogueira, *Bol. S. G. L.*, I, p. 81.

1906. — «... noventa e dois armazens de **Bhang,** o mais embriagante e terrivel toxico que se tem inventado». — Hipácio de Brion, *Duas mil leguas no Hindustão*, p. 134.

1578. — «Hazece deste **Bangue** una composicion la quale es muy ordinaria entre aquellas gentes para diversos effectos, porque vnos la toman para se oluidar de sus trabajos, y dormir sin pensamiento: otros para se deleytar dormiendo en variedade de sueños, y illusiones: otros para estar borrachos y graciosos truhanes: otros por el effecto de las mujeres». — Cristóvão da Costa, *Tractado*, p. 360.

1589. — «On trouve ordinairement es boutiques des apoticaires de semence de **Bangue** avec ses feuilles pulverizées, meslez avec de l'Arecque, pour enyvrer et esgarer les sens». — Linschoten, *Histoire*, p. 129.

1673. — «He hightens by a Drink, which at first they refuse, made of **Bang** (the Juice of the intoxicating sort of Hemp)». — Fryer, *East India*, I, p. 92.

1676. — «Ils ont enfin une autre sorte de beurage fort amer et fâcheux à boire, fait de feüilles de chanvre et de quelque autre drogue, qui les rend plus fort que tous les beurages précedents». — Tavernier, *Voyages*, II, p. 383.

1908. — «A narcotic resinous substance that appears in trade in three chief forms, known as **bhang,** *charas*, and *ganja*, and which chemically consists of a resin and a volatile oil». — Watt, *The Commercial Products*, p. 49.

1914. — «Wife, wife, have you eaten *dhatura*, or **bhang** to-day? Why do you tell like that, looking neither before nor behind?». — *The Times of India Illustrated Weekly*, de 7 de Janeiro.

**BANGUEIRO.** Homem habituado ao *bangue*.

1635. — «Oh Manamotapa **bangueiro!** (que é o mesmo que bebado, porque comia de certa herva a que chamam *bangue*, que faz embebedar)». — António Bocarro, Déc. XIII, p. 560.

*** BANIANA.** Camisola em ásio-português; *banyan* em indo-inglês. O vocábulo designava originàriamente o justilho dos *banianes* (q. v.). Cf. *judia* em indo-português por «casaco». A palavra é de importação moderna.

1846. — «Especie de **baniana** ou cutão justo ao corpo». — Filipe Néri Xavier, *O Gabinete Litterario*.

1915. — «Também usam aqui chamar **baniana** á camisola, termo que não vejo ainda registado nos dicionários». — *Heraldo*, de 9 de junho.

*** BANTÁ.** Bioco ou sendal com que as mulheres muçulmanas cobrem o rosto, ou tão sómente uma parte, dos olhos para baixo. Do persa *band*, sânsc. *bandha*.

1663. — «O rosto não descobrem nunca fóra de casa, trazendo coberto com um sendal, ou guarda-cara de sedas de cavallo, a que chamam **bantá**». — P. Manuel Godinho, *Relação da Persia*, p. 85.

1670. — «Portano il volto sempre coperto de vna maschera tessuta di peli sottilissimi di Cauallo, che a loro non difficulta il vedere, & a gl'altri impedisce il conoscerle». — Fr. Vincenzo Maria, *Viaggio*, p. 50.

**BANTIM.** Bergantim, brigue, especialmente na Malásia. Do mal. *banting*, «embarcação mercante de dois mastros».

1602. — «Mandarão com muita pressa negociar alguns **Bantis,** e tres Bateis das naos». — Diogo do Couto, Déc. IV, VIII, 11.

«Despedio hum **bantim** muito ligeiro». — *Id.*, VI, v, 1.

1613. — «E nas guerras navaes usão de outras embarcações menores, como de lancharas e **bantis** de remo, de peito com 2 lemes e mâstos». — Manuel G. de Erédia, *Declaraçam de Malaca*, fl. 26.

1629. — «E com outros tres ou quatro navios que havia em Malaca, e com as jaléas e **bantins,** que alli se costumavam armar». — In *O Chronista de Tissuary*, I, p. 7.

1635. — «Quatro galeotas de coberta, um calamute, dois bateis dos galeões, e seis **bantins**». — António Bocarro, Déc. XIII, p. 85.

«Um sanguicel, cinco **bantins,** uma jalia... Ajuntando uma armada entre galeotas de chatins e **bantins** e mais embarcações, sufficiente para qualquer ocasião». — *Id.*, p. 101.

1651. — «Mandou logo por hum **Bantim** ligeiro espiar os passos do Achem». — Jacinto Freire de Andrada, *Historia*, p. 352.

**BANTINEIRO.** Dono ou tripulante de *bantim*.

1616. — «D. Antonio lhes perguntou se virão Pedro Velho, que era hum homem da terra, **bantineiro** de Malaca, havido por cavalleiro». — Diogo do Couto, *Vida de D. Paulo*, p. 102.

«Tomado D. Antonio d'isto, falou-se com os **bantineiros** de Malaca, e convocou soldados seus amigos por toda a armada». — *Id.*, p. 134.

* **BÁNUA, bénua** (s. m. e f.). O vocábulo é malaio, *bánua* ou *bánuwa;* significa própriamente «país, região», e *orang-banua*, «aborígene», com referências às tribos selvagens da península malaia. «É por isso que *Benuas* tem sido empregado pelos europeus como nome próprio daquelas tribos». *Glossário Anglo-indiano.* O nosso Erédia atribui-lhes propriedades maravilhosas, que teria ouvido, em pequeno, ao povo de Malaca.

1613. — «Em as mattas daquelle sertão habitão **Banuâs**, gente agreste como aquelles satyros de Plinio, lib. 1, cap. 2. E estes **Banuas**, adevinhos como outros de Thuscia, habitão no monte Gunoledam». — Manuel G. de Erédia, *Declaraçam de Malaca*, fl. 11.

«Affirmão estar naquelle monte de Gunoledam certa cavidade, como aquellas covas pitias e sibbillas, onde aquellas **banuas** sylvestres aprendem as artes magicas, e tem trato com o demonio... E os **bànuas** sylvestres da mesma maneira, e com a mesma arte e palavras, de homens se transformão em tigres e lagartos ou cocordillos, e em outros animaes e aves e peixes, alem de ser adevinhos... E a este proposito farei menção do primeiro Bispo de Malaca... querendo evitar o grande dano que fazião aquelles **banuas** sylvestres do sertão em se transfigurar de homẽs em tigres *arymos*, que de noyte vinhão ao povoado de Malaca, mattar meninos e mulheres... solennemente escomungou aquelles tigres arymos e daquelle ponto de escomunhão, nunca mais tygres entrarão nas povoações». — *Id.*, fl. 32.

1902. — «Já disse com melancholia que ainda hoje ha portuguezes em Malaca, mas que esses portuguezes são como os **orang-benuas**». — Oliveira Martins, *Portugal nos mares*, p. 225.

1520. — «Fu referito per cosa vera, che alla ripa d'vn fiume habitauano huomini pelosi, et alti di statura, et valenti nel combattere con archi, et spade di legno lunghe vn palmo, et come amazzano gli huomini gli mangiauano subito il cuore crudo, con succo di naranzi et limoni: questi huomini pelosi si chiamano **Benulan**». — Pigafetta, *apud* Ramúsio, I, fl. 364.

**BANZÉ.** «Esta palavra de jíria, que quere dizer «folgança, função» e também «desordem, tumulto», pode ser o japonês *banzai* «viva!», como me sugere Z. Consiglieri Pedroso». Gonçalves Viana (*Apostilas*). O mesmo filólogo diz nas *Palestras*: «De todos estes mesmos [vocábulos japoneses] os únicos que ficaram verdadeiramente portugueses são *biombo*, *bonzo*, *catana* e *banzé*, se na realidade representa o japonês *banzai!* «viva!».

A expressão japonesa *banzai* significa literalmente «dez mil anos», e usa-se na saùdação ao Micado ou imperador. Mas quem a teria transmitido à gíria portuguesa e por que motivo? Os nossos escritores não a mencionam.

1897. — «Aproveitam-se avidamente os minimos pretextos, aqui nas cidades como alem nas aldeias, para pomposas glorificações; e o grito — *banzai!* — freme entre a turba. De **banzé** vem por certo este grito, ou dele deriva o termo portuguez; mas aqui com uma significação respeitosa, imponente, de commemoração festiva». — Venceslau Morais, *Dai-Nippon*, p. 202.

**BARATA.** Como termo oriental, quere dizer «letra sacada sôbre o tesouro, ou ordem de pagamento passada à fazenda pública». Do persa-turco *barāt*.

1554.—«Da qual divida se ffez **barata**, que he a obrigação do dito Rey [de Ormuz] assinada com sua *chapa*» (q. v.). — Simão Botelho, *Tombo*, p. 86.

1666. — «Plusieurs sont écrivains, sousécrivains et appliqueurs de cachets sur les **barattes** ou papiers pour recevoir de l'argent, sur quoi ils savent bien griveler pour dépêcher les **barattes**».—Bernier, *Voyages*, I, p. 298.

* **BARCA DE OURO.** Nome de barra de ouro, de forma de barca, que outrora corria como moeda no comércio do extremo Oriente. Holandês *Goldschuyt*, inglês ***shoe of gold.*** Os nossos escritores chamam-lhe comummente *pão de ouro* (q. v.); também dizem *ouro de pão*, para denotar

a superior qualidade do metal. Orta chama *leito* à barra de prata.

Também havia *barcas de cânfora:* «7 **Barcas** *de camphora* da China que têem 28 *mãos* e 34 *séres* (vid. *cêr*)». — *Espolio de Balthazar Jorge* (1546), in *Bol. S. G. L.*, IV, p. 288.

1611. — «Pois da China vos digo eu poder-se-hiam carregar Naos de *pães de ouro* de feição de *batéis,* que tem cada hum ao redor de dous marcos, e assim valerá cada pão duzentos e oitenta pardaos». — Diogo do Couto, *Dial. do Soldado Pratico*, p. 155.

1915. — «... moedas de Ceilão, de prata, de fórma de anzóes; moedas chinesas, de forma de **barcas;** moedas siamesas, de fórma de rins» (no Museu Rial Escocês). — J. Leite de Vasconcelos, *De Campolide a Melrose*, p. 106.

1563. — «Sabey que as mercadorias que della vem são **leitos de prata,** e baixellas ricamente lavrada, seda solta e tecida». — Garcia da Orta, Col. XII. — «Alguma prata devia vir em obra... e alguma viria em «leitos», que não deve ter aqui a sua significação vulgar». — Conde de Ficalho.

1676. — «Quand les Chinois transportent leurs *pains d'or* ou **bâteaux** dans les pays étrangers, les Marchands les font couper par le milieu, ne se fiant pas aux Chinois qui les ont souvent trompez». — Tavernier, *Voyages*, IV, p. 355.

* **BARCHIM, brichi.** Azagaia indiana, lança comprida e fina; virote, dardo pequeno. Do hindust. *barchhī*.

1634. «As armas que usão são, os de cavallo huns dardos pequenos de arremesso, que chamão **brichis,** que tirão com tanta força que passão peitos de ferro, e ás vezes com elles mesmos sem os arremessarem uzão melhor». — António Bocarro, *Livro*, in *O Chronista de Tissuary,* III, p. 220.

1663. — «Usam [os árabes] de espadas curtas e largas, **brechés** por lanças, e são grandes tiradores de espingardas». — P. Manuel Godinho, *Relação,* p. 68.

1685. — «Logo hum *Rayapulo* envestio com o ousado *Daquiny,* e tirando-lhe hum **Barchim,** que he lança de arremesso, lhe penetrou o coração, e cahio morto. — Cosme da Guarda, *Vida de Sevagy,* p. 106.

1687. — «Usão de zarguncbos de arremesso, ou **brichis,** lanças curtas, mais faceys de menear naqueles matos». — P. Fernão de Queiroz, *Conquista de Ceylão,* p. 47.

**BARGANIM** (hindust. *bārakānī*). «Nome duma pequena moeda de prata corrente na Índia ocidental ao tempo da ocupação portuguesa de Goa, e depois avaliada em 40 réis». *Glossário Anglo-indiano* (q. v.). Uma tanga *branca* ou de prata tinha quatro *barganins.* O vocábulo ainda voga nas comunidades agrícolas de Goa, com o significado de «quarta parte de *tanga* ou acção». Em concani diz-se, por contracção, *bārnī.*

1512. — «Recebeo francisco coruinell feitor de goa .. quinhentos e dezoito pardaos sete **barganis** dous leaes». — In *Cartas* de A. de Albuquerque, V, p. 295.

1525. — «Per eles se os ditos *Gauncares* obrigam paguar a ell Rey noso senhor desoito mil tanguas de quoatro **barganis** a tangua, assi como em poder dos Mouros». — *Archivo Port.-Oriental,* V, p. 75.

1531. — «De cada fardo de pannos levará hum **barganym** ou a sarapilheira acostumada». — Afonso Mexia, *Precalços dos officiaes do Mandoim.*

1554. — «São de 4 **barganis** a tanga, e de 24 leaes **bargany**». — António Nunes, *Lyvro dos Pesos,* p. 31.

1554. — «A Razão de quatro **barguanis** a tanga [branca], e vinte quatro leaes o **barganim,** que são vinte e quatro bazarucos». — Simão Botelho, *Tombo,* p. 46.

1557. — «Que a moeda de prata pesasse hum **bargani,** que era moeda dos Mouros, que pesava cada hum dous vintens». — *Commentarios,* II, cap. 25.

1563. — «Huma moeda de prata boa, a que chamavão **barganym,** de valor de dous vintens». — Gaspar Correia, *Lendas,* II, p. 76.

1852. — «**Bargani.** Quarta parte de tanga ou *Tancó* (acção)». — F. N. Xavier, *Bosquejo Hist. das Communidades,* IV, p. 2.

1582. — «In questa città di Goa ci è un costume fra le genti di terra, che nel comprar e vender di legnami, carboni, calcini, e altre cose simili, si parla à **Braganini;** fecendo fra loro conto, che Basarucchi 24 faccino un **Braganin,** ma tal moneta di **Braganin,** non è stampata». — G. Balbi, *Viaggio,* fl. 71, *v.*

* **BÁRICO.** Emprega-se êste adjectivo com referência a duas espécies de frutas — côco e jaca. *Côco bárico* é muito mais doce que os ordinários; come-se cru, e não serve para outros usos. *Jaca bárica* (ou *barca,* ant.) é a que tem gomos tão secos e duros, que se podem cortar; donde provêm o seu nome em conc. *kāpó paṇas,* «jaca cortável». Outra variedade de jaca, que tem gomos viscosos e em geral mais miúdos, chama-se *geriçul* (q. v.), em conc. *rasāḷ,* «sumarento». V. *jaca.*

O ótimo é o malaial. *varakka*, «bom, doce»; em túlu *barika*, «duro (fruto)». *Barkó* em conc., *barkū* em mar., quere dizer, com relação à jaca, «mole, fláccido, isto é, o mesmo que *geriçal*.

1886. — «*Mórem* é o **côco barico** ou doce, isto é, o côco perfeito, mas destituido de substancia oleosa; e por isso constitue um alimento gostoso e salubre». — Lopes Mendes, *A India Portugueza*, I, p. 174.

XVIII. — «As jaqueiras devem ser de boa casta, e d'estas, dizem alguns, que melhores são as **baricas** do que as *geriçaes*. Outros seguem a opinião contraria. Mas o certo é que hão jacas **baricas** que excedem ás *geriçaes*, e hão *geriçaes*, que excedem muito ás **baricas**».—*Arte Palmarica*, I, p. 159.

1782. — «O que quer fazer o plantamento d'esta arvore, ou seja das **baricas**, ou *gerissaes*, ou carnudas, deve procurar a semente da melhor qualidade, doçura e grandeza». — Fr. Clemente da Ressurreição, *Tratado*, II, p. 300.

1873. — «A [jaca] **barica** é consistente e dura; seus bagos se separam inteiros e podem ser cortados; a *gerissal* é molle e os bagos tão brandos e sumarentos, que não se prestam ao córte e mettem-se inteiros na bocca». — Bernardo da Costa, *Manual do Agricultor*, II, p. 148.

1612. — «Le fruit [jaca] est encore meilleur que nos melons, la poulpe ou chair qui est la plus dure passe pour la meilleure; les Portugais l'appellent *Cocobarca*». — *Relation de la Chine*, p. 22.

1658. — «Questa è gustosissima, di sapore di latte, alquanto più dolce, anzi quando sii di cocho **Barca** (specie particolare) sembra vna massa di zuccharo, e latte, condensata». — Fr. Vincenzo Maria, *Viaggio*, p. 359.

«La prima detta *Giacha* **Barcha**, che è la migliore, più dureuole, di maggior prezzo, di pasta più soda, e gustosa. L'altra Giacha, Pappa, ò Girasole, la quale per essere più commune, troppo molle, quasi disfatta, onde a' forastieri causa nausea, e abborrimento, è di molto minor stima». — *Id.*, p. 381.

*** BARLAQUE** (s. m.). O vocábulo é o mesmo que o malaio *bĕrlāki*, composto de *lāki*, «marido», e de *bĕr*, prefixo verbal. *Berlāki* é, portanto, «tomar marido, casar-se uma mulher». No português de Timor, porêm, emprega-se **barlaque** como substantivo, no sentido de «compra de mulher segundo o rito gentílico»; e forma-se o verbo *barlaquear-se*, «comprar mulher».

1884. — «**Barlaque**. É o casamento gentilico que consiste em ligar-se um rapaz a uma rapariga; muitas vezes é o rapaz obrigado a casar com uma rapariga de certa e determinada familia; o que geralmente acontece com os regulos que pretendem **barlaquear-se**». — José Vaquinhas, *Timor*, in *Bol. S. G. L.*, IV, p. 584.

1884. — «O **barlaque** é a compra de mulher, que vale tanto mais quanto maior for a jerarchia a que pertence. Se for christão, casa-se com uma e **barlaqueia-se** com quatro». — Jacinto Pereira de Castro, *Annaes do Conselho Ultramarino*, p. 11.

1908. — «No português de Timor: **Barlaque**, casamento gentilico. **Barlaqueado**, casado, de *Berlaki*, tomar mulher».—Alberto de Castro, *Flores de Coral*, p. 139.

**BASIM**. O termo figura, sem abonação, nos dicionários portugueses, desde o de Morais, com o significado de «lençaria de algodão Bengaleza». O de Vieira deriva-o do francês *basin* e o de Cândido de Figueiredo do baixo grego *bombaxion*, de *bombax!* O nome do tecido de Bengala é na sua pátria que se deve naturalmente buscar. E o bengali tem *bāsi*, «cuidadosamente lavado (aplicado a panos que são bem lavados com sabão)». Bhojendra Ghosal. *Bāsi* deriva-se de *bāsa*, sânsc. *vāsa*, que quere dizer «roupa, vestido». *Basim* designaria originàriamente «tecido de algodão lavado», em distinção do cru. E a exacta ortografia seria, por conseguinte, *bassim* ou *bacim*.

*** BASTÃO**. Designava-se por êste nome no Oriente o fuste ou pecíolo do cravo, q. v.

1535. — «E deixou cargo ao seu escrauo que alimpasse o crauo e vendesse o **bastão** a troco de cotonias». — Gaspar Correia, *Lendas*, III, p. 663.

1554. — «O *baar* de **bastão** do crauo asy mesmo é em tudo ho do beijoim, cardamomo, e cubebas». — António Nunes, *Lyvro dos Pesos*, p. 7.

1563. — «*Ruano*. E o que os Castelhanos chamão *fuste*, e os Portuguezes **bastam** donde he? —*Orta*. Sam os páos donde estes cravos pendem, como as flores pendem dos páos meudos». — Garcia da Orta, Col. XXV.

1589. — «Quant aux moindres [cravos] parmi lesquelles il y a quelque poussiere et ordure, appellez **Baston**, on en vend le *bare* sept ou huit *Caixas*». — Linschoten, *Histoire*, p. 35.

1858. — «Quo appellunt, ibi plerumque purgari à petiolis suis consueverunt, et hi seorsum vendi. Id purgamentum Lusitani **Baston,** nostrates *Nagelgruns* solent appellare». — Piso, *Mantissa Aromatica,* p. 174.

* **BASTÃO** é também uma medida das Maldivas. O termo deve ser de origem indígena.

XVI. — «Em estas ilhas de Dyve fazem mui ricos pannos de algodão, e assim finos que valem 40, 50, até 100 **bastões** a peça, tecido o algodão misturado com seda... **Baston** cada um faz em Lisboa 25 alqueires. E um **baston** faz oito *miticaes* de prata». — In *Bol. S. G. L.,* XVIII, pp. 350 e 353.

**BASTARDO** (s. m.). Moeda de *calaim* ou estanho, mandada cunhar em Malaca por Afonso de Albuquerque.

1553. — «Laurou duas sortes: a hũa chamou *dinheiro*, e a outra que continha dez dinheiros, chamou *soldo* e a outra de dez soldos **bastardos**». — João de Barros, Déc. II, VI, 6.

1557. — «E outras [moedas] que pesavam dez soldos, puzeram nome **bastardos**». — *Commentarios,* III, cap. 32.

**BASTIÃO.** É o nome da moeda de prata, do valor de 300 réis, que D. Luís de Ataíde mandou cunhar em Goa com a efígie de S. Sebastião.

1618. — «Xerafim, a que por outro nome chamão **Bastiões,** são humas moedas batidas na India por mandado dos Vice-reys, tem de valia cada huma dellas 300 reis». — Manuel Barbosa, in *Archivo Port.-Oriental,* V, p. 328.

1879. — «Dom Luis de Athaide some years afterwards, not content with the existing currency, sent into circulation another silver coin, valued at about 300 reis (10 d.) and called **bastião,** after St. Sebastian, whose impress it bore». — José Nicolau da Fonseca, *Sketch of Goa,* p. 20.

**BATA.** Ração, comedorias; gratificação, propina. Do hindust. *bhata, bhatha* ou *bhātā,* adoptado em marata (*bhatta, bhātā*) e em indo-inglês (*batta*). O termo português correspondente, usado pelos escritores antigos, é «mantimento». V. *Influência.*

Simão Botelho emprega o vocábulo uma vez (p. 233): «E para dous *ffarazes* (q. v.), dous pardaos a ambos por mês, quatro tamguas para *bata*». O editor (Rodrigo Félner) nota que «parece que deve ser «*bate*», isto é, arroz com casca». Mas tal não é, como se depreende do contexto e da verba que segue: «E ao condestabre trynta e oyto mil e novecentos e vinte reis por ano, em que entra mantimento». E em outra parte (p. 237): «E a seys obreiros fferreiros que seruem na fferraria, a dous pardaos por mês, e seu mantimento d'arroz, pexe, lenha, pela maneira acima». Demais, os farazes, de que fala Simão Botelho, não poderiam, por vários motivos, praticar por si o longo processo, seguido em Goa, de reduzir o arroz com casca, a arroz limpo, pronto para cozer.

1736. — «Le Nabab me fit saluer à son tour, et m'envoya le **Battiam:** c'est la nourriture de chaque jour, qui consiste en une mesure de ris, une demi-mesure d'une sorte de pois du Pays, du beurre, et quatre pieces de monnoye de cuivre faisant la valeur d'un sol, pour acheter du poivre, du sel, et du bois». — *Lettres Édifiantes,* XXIV, p. 219.

«**BATA,** f. (gír.). Mão. (Or. ind.). C. de Figueiredo. Se com efeito o termo é de origem indiana, o seu étimo deve ser o neo-árico *hāt* < sânsc. *hasta,* «mão». O malaio tem *batang* no sentido de «mão, cabo de instrumento».

* **BATALÓ** (s. m.). Hindu poluído por comer com pessoa de diferente casta, ou cousas proïbidas. Do conc. *bāṭló,* pretérito perfeito do *bāṭunk,* mar. *bāṭṇem,* que vem do hindust. *baṭṭā,* «troca». V. *castas.*

1567. — «Os gentios se distinguem por gerações e castas de maior ou menor dignidade, e tem por mais baixos os Christãos, e guardam tam supersticiosamente, que nenhum da casta mais alta possa comer ou beber com os da mais baixa, logo perde sua casta, e preminencias della... e a este que assi comeo chamão em sua lingoa **Batalo** [leia-se *bataló*], a saber homem constituido fora da casta».—Primeiro Concilio de Goa, in *Archivo,* IV, p. 8.

**BATÃO.** É sinónimo indiano de ágio; *batta* em indo-inglês. A palavra deriva do hindust. *baṭṭau* (também *baṭṭā* ou *bāṭṭā*), do qual provêm o marata *vaṭāv* e o concani *vāṭāv*. O termo mais usado, neste sentido, pelos nossos indianistas é *sarrafagem* (q. v.).

1554. — «E allem diso tem **batão,** que he çarrafagem ou caibo, que não he certa». — António Nunes, *Lyvro dos Pesos*, p. 38. «Alem diso tem seu **batão,** que he çarrafagem ou caibo, segundo tempo». — *Id.*, p. 40.

* **BATCAR** (*battcar*), **batcará** (*battcará*). Proprietário de prédio rústico, especialmente de palmar. É usado o termo em Goa. Do conc. *bhāṭkār*, derivado de *bhāṭ*, «palmar». Cf. *bathiás* e vid. *manducar*.

1852. — «**Bathacaro.** — Senhor, proprietario, dono de *Batha* ou Palmar». — F. N. Xavier, *Bosquejo Historico*, IV, p. 2.
1872. — «O solo plantado de coqueiros recebe o seu nome de palmar (*batt*) e o cultivador ou dono, o do palmareiro (**battcar**)». — Bernardo da Costa, *Manual do Agricultor*, I, p. 140.
1886. — «Todas as partes de que se compõe o coqueiro são igualmente de reconhecida utilidade; e por isso os **battacares,** ou palmareiros, na sua linguagem metaphorica appellidam esta arvore o *Patxyáruqhá* — rei das arvores». — Lopes Mendes, *A India Portugueza*, I, p. 171.
1890. — «Nas Novas Conquistas é costume, pela festa de *Ganesh*, levarem os arrendatarios ao **battcar** (proprietario) um cacho de bananas, de arecas ou outros fructos conforme a producção do predio arrendado». — António de Almeida Azevedo, *As Communidades de Goa*, p. 94.
1909. — No arrendamento de propriedade particular desapparecem o *alcista*, o *saucar* e o colono, para darem logar ao **batcará** e ao *mandcar*». — Manuel F. Viegas, *Bol. S. G. L.*, XXVII, p. 427.
1010. — «Aqui sob a denominação de *saucares*, que segundo os documentos officiaes, desappareceram da scena das suas depredações; mas ha-os ainda nesta vasta provincia de Goa sob o nome de **battcares**». — António F. Moniz, *Historia de Damão*, III, p. 301.
1912. — «Mas quando amanhã tiver de a semear como varzea do seu **batcará,** ainda mais fugirá de ser seu *manducar*». — *O Ultramar*, de 7 de Novembro.
1916. — «... que lhes dê a impressão ou a ilusão gozosa de pequeno **battcar** (de *munddcar* que daqui havia saido)». — *Heraldo*, de 4 de Abril.
1878. — «The **bátkará** is the very type of a Goa country gentleman, simple in his tastes, but of cultivated mind». — J. N. da Fonseca, *Sketch of Goa*, p. 16.

* **BATCARISMO.** Sistema agrícola do *batcares* e *manducares* ou de proprietários e colonos; a qualidade de *batcar*; sua prepotência.

1916. — «Não sendo possivel restaurar já o **battcarismo,** nem o *gauncarismo*, que fazia a distribuição equitativa das várzeas da aldeia pelos respectivos colonos, cumpre atender a outra maneira de restabelecer ou criar o credito agricola local». — *Heraldo*, de 4 de Abril.

**BATE** (concani-mar. *bhāt*). Arroz em casca ou em erva. O termo é corrente em indo-português e no português de Goa. *Arroz*, por si só, quere dizer «o descascado ou cozido». As línguas vernáculas também possuem nomes distintos. V. *arroz*.

1531. — «Sómente levará o Tanadar de cada *candil* de **bate** meo leal». — Afonso Mexia, *Precalços dos officiaes do Mandoim*.
1554. — «O *mura* de **batee** tem tres candis, que he arroz com casca». — António Nunes, *Lyvro dos Pesos*, p. 40.
1563. — «Por razão do qual, que elles chamão **bate,** se chama o Reyno Batecalou, que interpretão o Reyno do arroz». — João de Barros, *Déc.* III, II, 1.
1574. — «... que passa tirar em **bate,** que he arroz com casca, daquella Fortaleza, e da de Baçaim, e Chaul pera as terras de Cambaya, o que seus Capitães virem que he necessario». — *Apud* Diogo do Couto, *Déc.* IX, cap. 28.
1634. — «O deposito que tem de mantimentos, são vinte e seis muras de **bate,** cada mura tem tres candis de Goa, e o **bate** he arros dentro na casca, em que nasce, que o faz durar muito tempo». — António Bocarro, *Livro*, IV, p. 224.
1687. — «A *Vidâna* de Vintêna, sem corrupção, *Vitienu*, cuja versão he, Terra que tem muito **bate;** ou arroz com casca, ocupa 27 legoas em circumferencia». — P. Fernão de Queiroz, *Conquista de Ceylão*, p. 48.
«E tendo junto muyto **bate** (assim chamão em Goa ao arros com casca, e no Sul se chame *nêle*) não se contentando com o que buscauão...». — *Id.*, p. 396.
1760. — «Obrigou a sup. [licante] fazer provimento na dita Praça de trinta *cumbos* de **bate** em cada ano». — Documento publicado no *Heraldo*, de 1 de Dezembro de 1915.
1777. — «A dez rupias o *Ará* de **bate** *Dangue* e a oito rupias o **bate** *cará*». — *Apud* António Francisco Moniz, *Historia de Damão*, I, p. 155.
1912. — «N'esse quarto frequentes vezes se recolhia **batte** na época da colheita». — *O Ultramar*, de 28 de Julho.
1589. — «Quand il [arroz] est encore en

escorce il est appellé **Bate** semblable à de l'orge». — Linschoten. *Histoire*, p. 73.

1673. — «... peculiarly notable for a Fish called *Bumbelo*, the Sustenance of the Poorer sort, who live on them and **Batty,** a coarse sorte of Rice, and the Wine of the Cocoe, called *Toddy*». — Fryer, *East India*, I, p. 173.

**BÁTEGA (bática).** Na acepção de «bacia de metal», o termo é obsoleto no continente, mas vigora no Oriente, e em ásio-português com o sentido adicional de «bandeja» e nas formas de *bática* e *bátic*. Os nossos escritores antigos explicam-no às vezes; o que indica que, ainda no seu tempo, não era muito conhecido ou que tinha adquirido novos significados. Dá-se geralmente por étimo o ár. *bātya;* mas Dozy observa que a inserção de *g* é singular e a etimologia está longe de ser certa. Seria conveniente saber se a palavra era conhecida em Portugal antes do descobrimento da Índia. Viterbo menciona, como uns dos étimos possíveis, «*batica*, que na Índia he o nome, que se dá á bacia». — V. Fr. João de Sousa.

*** BATEGADA** emprega-se em dois sentidos: por «bátega cheia», e por «pancada na bátega com uma vaqueta, a modo de badalada, como sinal ou como salva». V. *bacia*.

1525. — «Trazem nas mãos hũas **bategas** d ouro do tamanho de huũ baril d augoa as mãos». — *Chronica de Bisnaga*, p. 109.

1535. — «Tanto que entrou honde elle estava, lhe apresentou hũa **batega** douro, e nella levava hũa adaga cheia de peçonha». — *Ibid.*, p. 10.

«As quaes [iguarias] vem em hũas **bategas** que são bacias d ouro». — *Ibid.*, p. 70.

1546. — «3 **Bategas** de Diu, 2 doiradas. 1 **Batega** fechada grande, com 12 **bategas** pequenas de pau dentro, aqui da terra». — *Espolio de Balthazar Jorge*, in *Bol. S. G. L.*, IV, p. 290.

1552. — «Depois lhe estenderão diante hũa alcatifa, e sobrela hũas toalhas redondas de seda listradas, e sobrelas muytas e diuersas igorias em **bategas** de prata». — Castanheda, *Historia*, III, cap. 146.

1554. — «Neste Reyno de Peguu não ha dinheiro amoedado, e o de que se usa e pratica he de **bategas,** bacios e outras cousas de serviço, que são de huum metal como frozyleyra[1], quebradas, que se chama *gamça*». — António Nunes, *Lyvro dos Pesos*, p. 38.

c. 1560. — «Vão diante moças que lhe levão a espada e o betele em **bategas,** e tudo sobre o ouro». — Gabriel Rebêlo, *Informação das cousas de Maluco*, p. 155.

1563. — «Então lhe trazem dez **batygas,** que são bacias de latão rasas... e bebem agoa que está em outras **bategas**». — Gaspar Correia, *Lendas*, III, p. 715.

1613. — «**Bategas** de latão, que são bacias, cheyas de arroz cozido». — Francisco de Andrada, *Chron. de D. João III*, III, cap. 24.

«Acharão muytos idolos douro, e de prata grandes e pequenos, candieiros, **bàtegas,** campainhas, e outras cousas de serviço do pagode». — *Id.*, IV, fl. 101 *v*.

1615. — «De bordo dos navios com tambores, **batigas,** e caldeiras, fizeram tão grande bulha, que os afuguentaram». — Pyrard de Laval, *Viagem*, I, p. 272.

1617. — «... apresentar huma salva de ouro, a que os naturaes chamam **batega,** na qual os Reys, do Oriente costumam trazer o *Bethle*». — *Conquista de Pegu*, cap. XIII.

1650. — «Vigia toda a noute com **batega** e soldados». — António F. Cardim, *Batalhas*, p. 229.

1668. — «Mezes ha que não vem a Macáo Mandarĩs por terra com os seus coribantes das **bategas**... Veyo da Caza branca por terra hũ *Tagim* de nove **bategadas** lá pola tarde ás sinco horas á porta da Cidade junto á nossa Igreja». — In *Ta-ssi-yang-kuó*, I, II, 12.

1727. — «**Batica**. He o nome que na India se dá à Bacia. Huma **batica** de prata, de cobre, etc.». — Bluteau, *Supplemento*.

1745. — «24 tambores ou **baticas** de cobre que acompanhão estas trombetas». — In *Ta-ssi-yang-kuó*, de Julho de 1900.

«Lanção todos [os patinhos] a pasto por humas taboas, donde ao por do sol e tocada em cada embarcação huma **batiga,** ao som della se recolhem». — *Ibid.*, II, III, 3.

1882. — «Avultam as variadas especies de bandejas usadas no paiz [Siame], e caixas para bethel; **bategas**, bules, etc.». — Henrique Prostes, in *Bol. S. G. L.*, IV, p. 399.

1883. — «A grande **batega,** ou *tam-tam*, pende de um lado do tecto, emquanto do outro está situada uma sincta». — Adolfo Loureiro, *No Oriente*, I, p. 362.

1886. — «A frente dos conductores collocam-se os caçadores e *bazanterys* tocando *xinga* (q. v.), **bategas** de cobre, *táles* e atabaques, e fazendo uma gritaria infernal». — Lopes Mendes, *A India Portugueza*, p. 51.

[1] «Fuzileira», diz Castanheda, III, cap. 75.

1907. — «Sobre uma cadeira, ao lado da cova, uma imagem de S. João, e perto uma **bática,** ou bacia de metal, para recolher os donativos». — *O Oriente Portuguez,* IV, p. 90.

1908. — «Leva o resto do preço n'uma **batiga** de latão ou cobre». — Alberto de Castro, *Flores de Coral,* p. 176.

* **BATEGARIA.** Multidão de *bátegas.*

1569. — «Vsam de infinidade de vasilhas de latão: e da China se enche toda a Jaoa e Siam destas vasilhas a que na India chamam **Bategaria,** e sam em cada espécie muy perfeitas». — Fr. Gaspar da Cruz, *Tractado da China,* cap. 11.

«**BATHIÁS,** m. pl. Negociantes indianos estabelecidos na África oriental. Assim escrevem geógraphos, sem explicarem o emprêgo, talvez arbitrário, de *h* em tal palavra». Assim aparece o vocábulo inscrito na 1.ª edição do dicionário de Cândido de Figueiredo, sendo eliminado da 2.ª Explica-se o emprêgo do *h* pela intenção de representar o *t* cacuminal do guz. *bhāṭiyo,* mar. *bhāṭyā,* nome duma casta mercantil guzarate. Outros autores dobram as letras em idênticos casos — sistema geralmente seguido, por conveniência tipográfica, desde os antigos missionários e de que ocorrem numerosos exemplos na presente obra. Os que ouvem tais fonemas cacuminais (*ṭ, ḍ, ṇ, ḷ*) julgam que os não devem confundir com os seus respectivos dentais portugueses.

* **BATI** (s. m.). Alambique indiano. Do conc. *bhāṭṭī* < hindust. *bhaṭṭī.* É pouco usado.

1554. — «Butiquas d'*orraqua* e *çura* e dos **bates** do *xarao*». — Simão Botelho, *Tombo,* p. 54.

1609. — «O segundo vinho se faz estilando esta sura azeda em um engenho a modo de lambique, a que chamam **bati**». — Fr. João dos Santos, *Ethiopia Oriental,* I, p. 296.

1852. — «**Batty.** — Alambique, ordinariamente é de barro». — Filipe Néri Xavier, *Bosquejo Histórico,* IV, p. 2.

**BATI.** É tambêm o nome de «sapal» em Goa, mas pouco usado. Do conc. *bhāṭī.*

1727. — «**Bati.** Palavra da India. He o sapal, que se cria no rio extravasado da Varzea». — Bluteau, *Supplemento.*

**BATUQUE.** «Dansa especial entre os negros de Angola; acto de batucar, de martelar, de fazer bulha. (Do rad. de *buter ?*)». C. de Figueiredo. O vocábulo não deriva de *bater,* é de origem africana, provávelmente do landim *batchuque,* «tambor, baile», nem é privativo de Angola; na África Oriental tambêm há *batuque.* Na Índia, *batuque* é sinónimo do vernáculo *gumate* (q. v.), instrumento que de ordinário acompanha o canto e a dança popular, conhecidos por *mandó.* **BATUCAR** é tocar o gumate. **BATUCADA** é toque de gumate.

1877. — «Em todas as raças se encontram instrumentos musicos, marimbas, gaitas de canna, **batuques,** etc.». — Caldas Xavier, *Bol. S. G. L.,* II, p. 83.

1882. — «Um tambor ou **batuque** em tom grave era tangido á mão pela mais velha do rancho». — Henry O'Neil, *Afr. Or. Portugueza, ibid.,* III, p. 208.

1882. — «Acompanhadas por todas vestidas de gala, tocando **batuque** e dansando». — José Vaquinhas, *Timor, ibid.,* IV, p. 483.

1883. — «Aquella gente, com a mira na pequena paga, entregava-se com ardor ao trabalho, fazendo grande algazarra e batendo com as raspadeiras no costado de ferro do vapor, como acompanhamento de **batuque** aos cantos nacionaes, que entoavam os que nadavam em volta do vapor». — Adolfo Loureiro, *No Oriente,* I, p. 114.

1896. — «Preparação já elle tinha feito ás 4 horas da tarde ao som do **batuque** e tambores dos *brincos*» (em Goa). — Gip, *Jacob e Dulce,* p. 87.

1904. — «Em occasiões festivas ao velho **batuque** substituiu a musica, os vinhos generosos occuparam o logar da aguardente nativa, os doces de assucar affrontaram os da *jagra*». — Ernesto Fernandes, *Regimen do sal, etc.,* in *Bol. S. G. L.,* XXII, p. 387.

1907. — «Consiste na queda de individuos que, a som da **batucada,** deitam-se na terra, como se fossem mortos, e a som da 2.ª **batucada** levantam-se todos ao mesmo tempo». — *O Oriente Portuguez,* IV, p. 89.

1908. — «Mas estruge o **batuque,** á airosa moda serpentina de Cailaco, mal imitada comtudo». — Alberto de Castro, *Flores de Coral,* p. 221.

«Veem **batuques** festejar a pessoa do Emboóte (Governador)». — *Id.,* p. 223.

**BAVINA.** Mulher que se dedica ao

serviço do idolo nos pagodes indianos. Do concani-mar. *bhāvīṇ*. V. *devadassi* e *bailadeira*.

1824. — «Se os filhos, e filhas de Bailadeiras e **Bavinas** tem o mesmo modo de succeder que as mais castas». — *Collecção de Bandos*, I, p. 75.

1885. — «... uma parte para sustentação do culto religioso e dos sacerdotes e servidores d'este (*botos*, *bailadeiras*, *gaiteiros*, *gaddys*, **bavinas**)». — Teixeira Guimarães, *As Communidades Indianas*, p. 12.

1886. — «As **bavinas** são uma especie de vestaes consagradas desde a infancia por seus parentes ao serviço das divindades gentilicas, e pelas quaes juram dedicar-se unicamente ao serviço religioso... As **bavinas** e *calavantes* [bailadeiras] têem diversos misteres: as primeiras não dansam e, em geral, conservam toda a vida a sua virgindade, e as segundas dansam em todas as festividades gentilicas, sempre duas a duas, e face a face». — Lopes Mendes, *A India Portugueza*, II, p. 33.

1890. — «Tem ainda encargos de outra natureza, em *Inamas*, ou terras sem fôro, concedidas ao deus da Aldeia, e ás *servidoras do pagode*». — António de Almeida Azevedo, *As Communidades de Goa*, p. 85.

**BAXÁ**. É a forma arábica (*bāshā*) de *paxá*, q. v. Governador ou rei subordinado; às vezes é título honorífico dos altos funcionários.

1529. — «He senhoreada pelo grão Turco, onde elle tem hum **Báxá** por Governador della». — António Tenreiro, *Itinerario*, cap. 18.

1537. — «Tomarão quatrocentos mil cruzados, e seis naos Portuguesas, que forão as que Soleymão **Baxá** Visorrey do Cairo levou com mantimentos e munições da sua armada». — Fernão Pinto, *Peregrinação*, cap. 4.

1552. — «Ho Turco deu a capitania moor da armada que mandaua aa India ao Çoleymão **baxa** rey do Cayro». — Castanheda, *Historia*, VIII, cap. 191.

1563. — «Quando Soleimão **Bassa** capitão do Turco veyo sobre esta cidade, á instancia do Soltão Badur Rey de Cambaya em odio nosso». — João de Barros, Déc. III, IV, 9.

«*Vazir*, que quer dizer Conselheiro, he dignidade igual à do Duque, e **Baxia** à do Conde». — *Id.*, Déc. IV, V, 16.

1589:

> «Manda logo o Baxá que o gram tesouro
> Sem detença lhe fosse ali trazido».
>
> F. de Andrada, *O Primeiro Cerco de Diu*, X, fl. 59 v.

1593. — «A hũs faz **Baxás**, que he dignidade suprema, posto que tambem nestes haja serem avantajados, porque são como Vice-Reys das Provincias e Reynos, como o **Baxá** do Egypto: e o da Palestina, que comprehende muyta parte da Suria». — Fr. Pantaleão de Aveiro, *Itinerario*, p. 13.

1603. — «Respondeome que era forçado por ter o Xaa informado que entre os dous **Baxas** de Babylonia auia discordias sobre a jurdição». — Fr. António de Gouveia, *Jornada do Arcebispo*, fl. 151.

1609. — «Ha nove baluartes, cincoenta torres, e hum castello em que mora o Sultão **Baxá** ou Vice-Rey». — Fr. Gaspar de S. Bernardino, *Itinerario*, p. 208.

1611. — «Hum mercador Mouro levava para Méca hum fardo pequeno de *bofetás*, os mais ricos que podiam ser, que os fez de encommenda em Baroche para os **Bachás** do Turco». — Diogo do Couto, *Dial. do Soldado Pratico*, p. 53.

1616. — «A causa disto foi o descontentamento que o rei ou **bachá** de Cambaya tinha com o Vice-Rei da India». — Pyrard de Laval, *Viagem*, II, p. 215.

1627. — «Tabaco Arrais general daquella esquadra, tanto que desembarcou, foi logo dar conta ao **Baxá** ou Rei, que tudo é mesma cousa [em Argel] da preza que trazia». — J. C. Mascarenhas, *Hist. Tragicomaritima*, VIII, p. 43.

1634. — «Está sujeito a hum **Baxá**, que está por capitão de Suaquem». — António Bocarro, *Livro*, in *O Chronista de Tissuary*, III, p. 124.

1652. — «O Emperador dos Turcos tem huma gelosia coberta com hum sendal verde, por onde vê, e ouve tudo, quanto os **Bachás** fazem, e dizem, quando se ajuntão em conselho». — P. António Vieira, *Arte de Furtar*, p. 259.

1663. — «.. e era que me fizesse mouro e ficasse com elle em Baçorá, onde era chamado pelo **baxá** com promessas de grandes acrescentamentos». — P. Manuel Godinho, *Relação*, p. 113.

1580. — «... & un altro deuo facemmo a i suoi Bassi». — G. Balbi, *Viaggio*, fl. 8.

1658. — «Il **Bassa**, che presideua al gouerno di quella Prouincia l'amaua...». — Fr. Vincenzo Maria, *Viaggio*, p. 33.

1676. — «Le nom de **Bacha** n'est qu'un titre d'honneur et de dignité, commun à tous les Grands de la Porte, qui se distinguent par la différence de leurs charges». — Tavernier, *Voyages*, VI, p. 12.

1770. — «Les **Bachas** qui leur succederent, ceux qui gouvernoient Tunis et Tripoli, villes également subjuguées et opprimées, exercerent une tyrannie heureusement assez cruelle, pour devoir expirer dans ses vices». — Raynal, *Histoire*, IV, p. 109.

***BAXADO**. Ofício ou jurisdição de *baxá*.

1663. — «... na Feliz o **bachádo** de Catifa». — P. Manuel Godinho, *Relação* p. 166.

**BAZAR.** No Oriente, é mercado em geral e às vezes feira. Do persa *bāzār*, «mercado permanente ou rua de lojas». As outras acepções portuguesas, consignadas nos dicionários, são modernas, algumas das quais provieram doutras línguas europeias [1].

Os lexicógrafos derivam *bazar* imediatamente do árabe. Mas vê-se das abonações que a palavra era desconhecida para os nossos indianistas, que explicam o seu sentido, mas muito vulgarizada na Índia. Se efectivamente os mouros a introduziram na península, o que não consta, devia estar esquecida no seu tempo. E é improvável que a importassem, se a sua acepção primária é, como dizem os dicionários, «mercado oriental» [2]. Convêm saber que muitos dos termos persas, e até árabes, entraram em português nos séculos XVI e XVII por via da Índia, onde o persa era a língua da côrte e oficial dos reis muçulmanos, que nessa exaravam os seus tratados com as autoridades portuguesas. V. *Influência*, p. LXIX, e *Contribuições*.

1544. — «E que o que daly por diante fizesse união nos **bazares** ou tirasse sangue a qualquer pessoa, fosse morto a açoites o mesmo dia». — Fernão Pinto, *Peregrinação*, cap. 115.

«El Rey se recolheo, e os **Bazares** se levantarão, e todas as janellas e portas das casas se fecharão». — *Id.*, cap. 167.

1554. — «A Renda do **bazar**, que he das boticas onde se vendem as cousas por miudo». — Simão Botelho, *Tombo*, p. 124.

1556. — «Estão em hum alto á maneira da fortaleza, junto do **bazar**, que he a praça». — Lopo de Sousa Coutinho, *Hist. do Cerco de Diu*, p. 112.

1563. — «Então o armenio mandou hum seu criado com elle, que mandou pelo **bazar**, que he a praça». — Gaspar Correia, *Lendas*, I, p. 823. — «As miudezas de **bazar** do comer se comparavão por huma moeda d'estanho, a que chamão *calaym*». — *Id.*, II, p. 256.

1563. — «**Bazar** quer dizer luguar donde se vendem as cousas». — Garcia da Orta, Col. XLV. — «Estando huma tarde no **bazar** (a que nós chamamos praça ou feira)...». — *Id.*, LIV.

1558. — «No **Bazar** [de Mombaça], id est, na praça, corre huma moeda de prata». — P. Monclaio, in *Bol. S. G. L.*, IV, p. 500.

1613. — «O menos que cada sabbado se vende no **bazar** [de Ceilão] são cem pardáos de aljofar». — P. Manuel Barradas, *Hist. Tragico-maritima*, II, p. 85.

1615. — «Junto a este arraial esteve hum mercado, ou **bazar**, como lhe chamam na India». — Diogo do Couto, Déc. XI, X, 32.

1615. — «Os seus mercados, a que elles chamam **Bazar** [no Malabar] são tão cheios durante o dia inteiro de toda a sorte de povo, que mal se pode passar». — Pyrard de Laval, *Viagem*, I. p. 340.

1651. — «Fabricou a Cidade no **Bazar** de Santa Catharina, hum espaçoso caes, cujo material cobrião varias alcatifas». — Jacinto F. de Andrada, *Vida*, p. 324.

1687. — «A mayor parte dos outros moradores são mercadores Mouros, e *Parauaz* da Costa da India, que para uenderem suas mercadorias, tem ali hũa grande rua, que lhes serue de feyra, ou **uazar**, como cá dizem». — P. Fernão de Queiroz, *Conquista de Ceylão*, p. 47.

1701. — «Advertirão na falta de algũa gente de serviço, que tinha ido ao **bazar**, isto he, feira estavel, comprar arroz para comer». — P. Francisco de Sousa, *Oriente Conquistado*, II, I, 2.

1712. — «**Bazar**. Na India, e em outras terras do Oriente, e particularmente na Persia he huma especie de rua comprida, larga, e abobedada, em que se ajuntão os homens de negocio, ou he a praça, e cabanas, em que se vende hortaliça, peixe e outros mantimentos. — Bluteau.

1883. — «Depois do almoço desci ao **bazar** do hotel, que occupa o rez-do-chão. É um grande armazem de fato, roupa branca, mobilia, objectos de escriptorio, malas e petrechos de viagem». — Adolfo Loureiro, *No Oriente*, I, p. 148.

1578. — «... por quanto la plaça entre aquella gente (principalmente del Malabar) se llama **Bazar**». — Cristovão da Costa, *Tractado*, p. 153.

---

[1] «A palavra propagou-se para o Ocidente em árabe e turco, e, com sentidos especiaes, em línguas europeias, e para o Oriente na Índia, onde foi geralmente adoptada nos idiomas vernáculos». *Glossary*.

«No litoral do Algarve chamam *bazar* a uma disposição de estacaria ligada por varas transversaes, formando corredores extensos em que se secca a moxama, ou tiras de atum de revés. Dizem *bazar*, ou *bazar de moxama*». *Revista Lusitana*, XVIII, p. 74.

[2] Bento Pereira (1674) regista tão sómente *bazar de peixe* e explica que é «rua onde se vende»; o que é evidentemente alusão ao «Bazar de peixe», ou de «Santa Catarina» da cidade de Goa, freqùentemente mencionado pelos nossos cronistas.

1586. — «Là servono [os caurins] per moneta per comprar certe cose solamente, come le minutezze del **bazarro**». — F. Sassetti, *Lettere*, p. 287.

1631. — «Praeter duo *Saraya*, et longam plateam sive **Bazar,** id est, forum rerum venalium». — *De Imperio Magni Mogolis*, p. 49.

1638. — «We came into a **Bussar,** or very faire Market place». — W. Burton, in *Glossary*.

1658. — «... trouandosi d'ordinario li **Bazzarri,** ò Mercati, come anco ogni altra via principale, tanto affolati, che non si passa se non con stento». — Fr. Vincenzo Maria, *Viaggio*, p. 32.

1666. — «Sans compter ce nombre incroyable de valets, et ces gens de **bazar** ou marché qui sont nécessaires pour la subsistance des armées dans la paix et dans la guerre». — Bernier, *Voyages*, I, p. 58.

1666. — «Les **Bazards** ou Marchés sont dans une grande ruë qui est au pied de la montagne». — Thevenot, *Voyages*, III, p. 18.

1676. — «Il y a des **Bazars** ou Halles pour les marchandises qui sont bien bâtis». — Tavernier, *Voyages*, I, p. 70.

II. Por *bazar* também se entendia no Malabar, pelo menos entre os cristãos de S. Tomé, uma povoação grande, em oposição aos lugarejos, onde não havia mercado. Diogo do Couto toma-o por sinónimo de «cidade», talvez no sentido de empório.

1603. — «Sahirão a receber os padres, e meninos do Collegio com todos os Christãos do **Bazar,** e com muyta festa o levarão á Igreja». — Fr. António de Gouveia, *Jornada do Arcebispo*, fl. 89.

«E praticando todos no alpendre da Igreja se aqueixou gravemente do Regedor da terra prender o **Bazar** (que assim chamão no Malauar aos pouos por grandes que sejam) pera não hirem os Christãos com elle». — *Id.*, fl. 50.

«Trouxessem todos os meninos que auia, assim no **Bazar,** como nos lugares sojeitos a elle nos matos, pera os bautizar». — *Id.*, fl. 51.

1613. — «Pois na serra nenhuns delles [cristãos de S. Tomé] habitam, sendo todos espalhados por estes reinos do Malávar, divididos em suas povoações apartadas, a que chamam **bazares,** onde tem suas igrejas mui formosas». — P. Manuel Barradas, *Hist. Tragico-maritima*, II, p. 121.

1614. — «Entrando pelo **Bazar,** que assim chamão as Cidades, lhe forão pondo fogo por huma e outra parte». — Diogo do Couto, Déc. VIII, I, 6.

1660. — «Gnareca fù il primo luogo, che ciò facesse, per mezzo del Paroco, e d'otto *Mapoli*; doppo Garingarè per due capi del **Bazzarro**». — Mgr. Sebastiani, *Seconda Spedizione*, p. 38.

«**Bazzarro**. Villagio, doue sia Mercato ne' Regni de' Malauari». — *Id.*

**BAZAR, bezar, bezoar,** ou **pedra bazar, pedra de bazar.** A palavra persa *pādzahr* ou *pāzahr*, de que os árabes fizeram, por falta de *p* no seu alfabeto, *bādizahr* ou *bāzahr*, significa «o que expele veneno, antídoto». Apropriou-se, porêm, o termo às concreções calcáreas que se formam em várias partes do corpo de certos quadrúpedes e a que se atribuíam propriedades antidotais. Mas a *pedra bazar*, a que se referem com tanto encarecimento os nossos indianistas e que é actualmente conhecida por *bezoar oriental*, é a que se encontra no estômago de *Capra œgagrus*, habitante de Lara, província da Pérsia.

A forma que de ordinário ocorre nos escritores antigos é *bazar* ou *bezar*, que ou teria provindo, como insinuam Orta, Costa e Linschoten, da influência de *bazar*, «mercado», por se achar à venda, ou da variante arábica, vulgarizada pelo comércio oriental, o que é mais provável. Foram os portugueses que divulgaram a pedra e o seu nome na Europa. Skeat deriva o ingl. *bezoar* do antigo franc. *besoar*, moderno *bézoard*, e Brachet tira êste do português. V. Dozy e *Glossary*.

1516. — «Tambem trazem estes *Jones* [Jogues] hũa pedra que chamaom **paza,** e se acha no bucho de hũa alimaria, que eles chamaom *pagem*, e he tamanha como hũa amendoa, e parda; damna moida em agoa rosada a qualquer homem que tem peçonha». — Duarte Barbosa, *Livro*, p. 309.

1529. — «Junto desta cidade [de Lara] em huma serra pequena, se crião huns animaes que são tamanhos como corças grandes que crião huma pedra no bucho a que chamão **Bazar,** que val entre elles muyto, e he muyto estimada, por ter virtude contra a peçonha». — António Tenreiro, *Itinerario*, cap. 3.

1554. — «De modo que se logo não acudiam com pedra **Bazar,** não podiam mais dar passo avante, e ficavam fazendo torceduras e geitos com a dor e afrontamentos que pareciam endemoninhados». — Manuel Perestrelo, *Hist. Tragico-maritima*, I, p. 118.

1563. — «A segunda casca delle [do côco das Maldivas] he muyto mais efficaz contra a peçonha, que a **pedra Besoar**, que vem daquellas partes orientaes, que se cria no bucho de hũa alimaria, a que os Parseos chamão *Pasen*». — João de Barros, Déc. III, III, 7.

1563. — «Muito me maravilho não me perguntardes polla **pedra bezar**, pois he tam louvada de todos os Arabios, e com muita rezam». — Garcia da Orta, Col. XLV.

1601. — «Huma **pedra de vazar**, em quoatro mill réys». — Tomás Pires, *Bol. S. G. L.*, XVI, p. 724.

1565. — «Amim deume a vida todo este tempo hũa pequena de **pedra bazar** que leuaua de cada dia bebia hũa pequena desfeita em hũa pouca dagoa». — *Itinerario de Mestre Affonso*, in *Annaes Maritimos* (1845), p. 29.

1609. — «Na Cidade Coraçone onde se vendem as melhores lhe chamam **pedra Pazar** do animal *Pazão*, e dizem os Persianos que este he seu verdadeyro nome, que na sua lingoa significa Raynha contra veneno: e com muyta razão, porque de todas as contrapeçonhas que das partes Orientaes temos, de nenhuma a experiencia dá mais verdadeyro testemunho que della, cuja virtude he potentissima, e verdadeyro antidoto contra todos os males, e enfermidades da vida... Este nome *Pazar* he o seu proprio, e o de **Bazar** improprio, e corrupto». — Fr. Gaspar de S. Bernardino, *Itinerario da India*, p. 167.

1614. — «Pelas duas **pedras bazares** orientaes que pezarão quoarenta grãos em mill rs». — Tomás Pires, *loc. cit.*, p. 724.

1613. — «Badas, tigres *arymos*, antas e grandes cabras e bojiôs de **pedra bazar**». — Manuel G. de Erédia, *Declaraçam de Malaca*, f. 10.

1635. — «Tambem já tinha posto em terra toda a pedraria, ambar, almiscar, e **pedras bazares**». — José de Cabreira, *Hist. Tragico-maritima*, x, p. 40.

1650. — «E eram ervas babosas as quaes causaram taes agonias, que a não aliviarem os que as comeram com **bazares**, e vomitar, morreram por ser peçonha». — Bernardo Feio, *ibid.*, p. 106.

1652. — «E se não tiverem **pedra de baazar**, que pevides de cidra tanto montão». — P. António Vieira, *Arte de Furtar*, p. 22.

1687.— «Na [Ilha] das Vacas há hũas cabras, que degoladas no mez de Julho, trazem nos buchos excelentes **pedras bazares**». — P. Fernão de Queiroz, *Conquista de Ceylão*, p. 43.

1694. — «Ao menos lhe rogavam que levasse os **Bazares**, os Unicornios, as pedras de Porco Espim, e os outros defensivos mais finos, e aprovados». — P. António Vieira, *Xavier Dormindo*, p. 182.

1839. — «Ao bezoartico, assim chamado vulgarmente na Europa, deram os nossos antigos escriptores o nome de **pedra bazar**. Ainda nos lembra o tempo em que os rapazes, passando pelas boticas, perguntavam se nella havia **pedra bazar**». — *O Panorama*, n.º 112.

1578. — «Dela qual [*piedra Bezahar*] affirmam una et uina voce... que es el mas vniversal y potentissimo antidoto contra todos los venenos... Llamase esta piedra propriamente entre los Parsios, Arabes, y Coraçones *Pazar:* toman el nombre del animal en que se engendra, el qual se llama *Pazan*. Otros llaman a esta piedra *Belzahr*, otros mas corrompidamente le llaman **Bezar:** y el vulgo dela India, y muchos Portugueses... corrompendole de todo el nombre le llaman **piedra del Bazar**». — Cristóvão da Costa, *Tractado*, p. 153.

1580. — «Sono stato molte settimane senza rispondere alla lettera di V. S., aspettando di averle mandato la **pietra Bazar**». — F. Sassetti, *Lettere*, p. 128.

1589. — «Es Indes elle est nommée **Pedra do Bazar**, c'est-à-dire du marché, car **Bazar** en langue Indienne signifie marché». — Linschoten, *Histoire*, p. 140.

1611. — «**Bezar**, piedra que se cria en las entrañas, e en las agellas de cierta Cabra monteza en las Indias, la quale vale contra todo veneno, y enfermidad de tabardillo, y qualquier otra maligna, y peçoñosa». — Covarrúvias, *Tesoro de la Lengua Castellana*.

1631. — «... ut magnus Xaabes, Imperatorum Persarum ultimus, mortuus anno 1628, inibi vigiles locaverit, ut omnes istos lapides **Bazahar** qui certum pondus excederent, sibi vindicaret».—Bontius, *Hist. Naturalis*, p. 47.

1631. — «Lapides **Bezaares:** gossipini panni omnis generis». — *De Imperio Magni Mogolis*, p. 89.

1658. — «Prima di partire, mi regaló di due **Bazuari** bellissimi». — Fr. Vincenzo Maria, *Viaggio*, p. 135.

1665. — «The King of Bantam sends K. James I two **beazar stones**». — Sainsbury, in *Glossary*.

1676. — «Le **Besoar** vient d'une Province du Royaume de Golconda tirant au Nord-Est. Il se trouve parmi la fiente qui est dans la panse des chevres qui broutent un arbisseau, dont j'ai oublié le nom». — Tavernier, *Voyages*. IV, p. 78.

1786. — «... capre silvestri, che portano il **Bezoar**».—Fra Pàolino, *Viaggio*, p. 36.

1870. — «La langue portugaise nous a fourni quelques mots relatifs aux mœurs de l'Inde et de la Chine [**bézoard**, *bayadère, mandarin, caste, fetiche*). — Brachet, «*Diction. étymologique*, p. LVI.

1908. — «**Bezoar**. — This is the *padzahr* or *pazahr* of the early Persian writers, a name which usually denotes an antidote, or alexipharmic. The word came into English through the Arabs, who wrote it *bazahr*».—Watt, *The Commercial Products*, p. 131.

**BAZAREIRO**. Mercador de *bazar*. O termo é corrente na Índia Portuguesa, sendo porêm mais usado *botiqueiro*.

1850. — «**Bazareiros** do bazar de Sanquelim». — *Collecção de Bandos*, I, p. 298.

1886. — «Tinham de satisfazer aos mesmos **bazareiros**, que por este exclusivo pagavam á fazenda publica a renda do bazar». — Lopes Mendes, *A India Portugueza*, II, p. 15.

**BAZARUCO**. Antiga moeda miúda da Índia Portuguesa, de valor variável e de diversos metais, como cobre, estanho, chumbo e tutanaga. Os *bazarucos* que Afonso de Albuquerque mandou cunhar em Goa (1510) e que também se chamavam *liais* (q. v.) valiam dois réis. Na gíria portuguesa, *bazaruco* é sinónimo de «pataco».

O termo era corrente em Goa quando os portugueses a conquistaram, mas a sua etimologia não é assaz clara. Uns o derivam de *bāzār-rukā*, «ruka de bazar»; mas não explicam a razão do seu nome [1]. Outros o tiram do canarês *badaga-ruka*, «moeda baixa», e citam em confirmação a frase «vilem assem» de Horácio; mas tal não podia ser o nome próprio e popular do dinheiro. Outros, finalmente, apontam por étimo o persa *buzurg*, «grosso», e alegam a palavra *kabū*, «grosso», que se aplicava a uma moeda antiga de Meca. É bem possível que *bazaruco* significasse primitivamente «moeda grossa ou grosseira», por ser feita de material de pouco valor.

*Budrūkh* é dialectal em marata, conforme Wilson, e *budruc* é «dinheiro em geral» no indo-português de Bombaim (V. *Dial. indo-port. do Norte*); mas, sem se prender ao persa *buzurg*, pode ser corrução do português *bazaruco*. V. *Glossary*, s. v. *budgrook*.

1554. — «Vinte e quatro leaes o barganim, que são vinte e quatro **bazarucos**». — Simão Botelho, *Tombo*, 46.

1554. — «E asy ha **bazarucos** da terra [em Chaul], que valem 20 por 1 tanga de 60 reis». — António Nunes, *Lyvro dos Pesos*, p. 30.

1563. — «Huma moeda de cobre, a que chamão **bazaruqos**... De cada **bazaruqo** fez quatro moedas, a que chamauão *cepuqua*, e aos **bazarucos** pôs nome *leaes*». — Gaspar Correia, *Lendas*, II, p. 76.

«Mandou o Gouernador que em Cochym se fizessem **bazaruqos** como em Goa, e mandou correr a cinqoenta **bazaruqos** por tanga». — *Id.*, IV, p. 337.

1582. — «Mando em nome do dito senhor que da publicação deste em diante corrão os **bazarucos** de cobre e de *calaim* á rezão de setenta e cinco a tanga somente». — *Alvará* do vice-rei, in *Archivo*, Suppl. II, p. 713.

1609. — «Na ribeira d'el Rey se batem tambem **bazarucos** de cobre, e de estanho fino, a que chamam *calaim*, que são como ceitys grossos, quinze dos quaes vale um vintem». — João dos Santos, *Ethiopia Oriental*, II, p. 275.

1611. — «Val o cobre a quarenta xerafins o quintal; batem os **bazarucos** a razão de sessenta, e setenta». — Diogo do Couto, *Dial. do Soldado Pratico*, p. 138.

1616. — «A primeira [moeda de Goa] chama-se **Basarucos**, dos quaes são necessarios setenta e cinco para fazerem Tanga. Ha outros **Basarucos** velhos que são necessarios cento e cincoenta para a Tanga». — Pyrard de Laval, *Viagem*, II, p. 56.

1619. — «Não sabem dar hum passo sem *palanquins*, *bajús*, *catanas*, *bois*, *larins*, e **bazarucos**». — Francisco Rodrigues Lôbo, *Corte na Aldea*, Dial. IX.

1651. — «Corria na India hũa moeda de baixa ley, que chamão **Bazarucos**, a qual entre Christãos, Mouros, e Gentios conseruou sempre a mesma estimação vulgar». — Jacinto Freire de Andrada, *Vida*, p. 38.

1694. — «Embarca-se hum Indiatico em Goa rico, e chega aqui [ao Brasil], ou a Lisboa, sem hum **bazaruco**». — P. António Vieira, *Xavier Dormindo*, p. 261.

1712. — «**Bazaruco**. Moeda baixa da India. Cinco **bazarucos** fazem 4 reis». — Bluteau.

1850. — «**Bazaruco**. Moeda antiga, que valia hum real, conforme o Alv. de 4 de Setembro de 1619. Tinha-se mandado cunhar de calaim, tutanaga, cobre, bronzo,

---

[1] *Rukā* ou *rukhā*, em marata, é o nome do rial do actual sistema monetário da nossa Índia, equivalente à 192.ª parte de rupia. O termo também voga no Canará.

e prata». — F. N. Xavier, *O Gabinete Litterario*, IV, p. 228.

1910. — «Chamava-se **bazaruco** toda a moeda de calaim, e entre o povo, é synonimo de dinheiro — *Num tem bazaruc.* — O cambio ou dinheiro meudo passava por esta denominação». — António Francisco Moniz, *Historia de Damão*, III, p. 318.

1582. — «Tali monete sono chiamate **Basarucchi**, dei quali 18 fanno vn ventinno di cattiva moneta». — G. Balbi, *Viaggio*, fl. 69 *v.*

1584. — «Costa una frutta di queste due **basalucchi**, che sono uno di questi ventini». — F. Sassetti, *Lettere*, p. 230.

1589. — «. . . et à chacun payent deux **Bazarucs** de la valeur d'un double liard au profit du Capitaine et de l'ecrivain». — Linschoten, *Histoire*, p. 56.

1673. — «Of Copper, a **Buserook**, 20 of which make a *Fanan*». — Fryer, *East India*, I, p. 139.

* **BAZARUCADA.** Porção de *bazarucos.*

1781. — «Cobrar os foros destas Aldeas por oito soluções recebendo no seu pagamento a quarta parte em **bazarucada**». — *Collecção de Bandos*, I, p. 26.

1844. — «Mandou o Vice-Rei Conde da Ega para occorrer á grande falta que havia da moeda provincial d'ouro, prata e **bazarucada**, cunhar 40 mil xerafins de bronze com a mistura d'uma parte de tutanaga». — *Annaes Maritimos*, p. 57.

1910. — «Na monção do anno 1781 veio pela primeira vez remettida de Goa **bazarucada** em cobre de tangas e meias tangas». — A. F. Moniz, *loc. cit.*, III. p. 321.

* **BAZEMAL** (ant.). Figura o vocábulo três vezes no *Tombo da India*, sem nenhuma explicação. O seu editor, Rodrigo Félner, dá-lhe dubitativamente o significado de «certo direito ou rendimento». Se o seu étimo é, como suponho, *bājhmāl* (mar. *bājh*, «colheita ou novidade de frutos e flores», e ár. *māl*, «mercadoria, fazenda»), *bazemal* designaria «direitos de flores, frutos, e outros objectos semelhantes».

1554. — «Do **bazemall** do dito taná [Taná, terra próxima de Bombaim], que andava apartado, e agora anda com o *mandovim* [alfândega] de baçaim». . . «E o manvim do dito tanaa com o **bazemall**». . . «E o mandovim e **bazemall** do dito tanaa se arrecadou por elRey nosso senhor». — Simão Botelho, *Tombo*, pp. 139, 142 e 144.

**BEDA** (s. m.). Bluteau inscreve o vocábulo do seguinte modo (*Supplemento*): «Nome, que em Goa se dá áquelles, que ou não servirão nunca em guerra, ou depois de algum emprego Civil, cuidarão só em governar o estado nas suas conversações; e sem que se saiba a origem, são todos elles chamados *Bedas*, por ventura por allusão irrisória ao Ven[erável] Beda, Escritor famoso».

O termo não é actualmente usado na Índia, nem o encontrei nos escritores antigos. Em todo caso, a sua origem deve ser indiana. Há muitas palavras concani-maratas, fonéticamente similares, mas nenhuma com o sentido indicado, que não é muito preciso, tais como: *bheḍ*, «tímido, cobarde»; *veḍ*, «parvo, estúpido»; *beḍó* (*beḍā*), «rípio», que podia ser empregado no sentido figurado. Mas julgo que o verdadeiro étimo é o canarês *vēḍa*, nome duma casta ínfima, que vive de caça, e cujos membros eram muitas vezes empregados como soldados, que pouco valeriam em comparação com os portugueses.

Convêm igualmente notar que em Ceilão há uma gente selvagem, suposta descendente dos aborígenes e conhecida pelo nome de *bedas* ou *veddas*, sing. *vedda*. «Das terras do Vani, que são do Reino de Jafanapatão, para as de Trequimalé estão dous rios, que dividem humas das outras, estão dez legoas de costa, e pouco mais de oito pela terra dentro: estão despovoadas, cobertas de mato fechado: nellas vive uma casta de gente, a que chamão **Bédas**: são na cor quasi como nós, e alguns ruivos, bem assombrados; a lingua nenhum Chingalá, ou outra nação da India a entende, somente huns com outros se communicão». — João Ribeiro, *Fatalidade Historica*, cap. 24 [1].

[1] «Faltando-lhes em largo tempo a policia da Corte, e comunicação das gentes, entre aquellas Serranias, se fizerão de todo barbaros seluaticos, e são os **Bedas**, que ual tanto como brutos». — P. Fernão de Queiroz, *Conquista de Ceylão*, p. 13.

Les *Bedas* établis à la partie septentrionale de l'isle et dans le pays moins abondant, sont partagés en tribus qui se regardent comme une seule famille». — Raynal, *Histoire*, I, p. 67.

**BEDUIM** (ár. *badauī*). Árabe nómada [1].

1541. — «Que homens eram estes tanto seus imigos, e feros, contra os quaes se armauam de tam fortes muralhas? Dixeramme que **Badois,** gente peruersa, e sem algum deos, os quaes muitas vezes, com supitas arremetidas, e saltos desinquietauam o lugar e roubauam as requoas».— D. João de Castro, *Roteiro do Mar Roxo,* p. 188.

«**Badoil,** em bom Arabio, significa homem, que viue soomente de gado: estes homens chamados **Badoies** he propriamente a gente de Toglodithas, Ichitiofagis, Ofiofagis, dos quaes escreuc, Ptolomeo, Plinio Pomponeo Mella, e outros Authores: os quaes Thoglodithas, ou **Badoies,** moram as serras, e prayas do mar, que se contem des a costa de Mellinde, e Magadaxò até o cabo de Guardafui, e deshi entrando por dentro do streito, assi de huma parte, como da outra o cingem, e ocupam todas as prayas. Os **Badoies** sam homens seluagens, nos quaes não entra algum conceito de vida». — *Id.*, p. 234.

1563. — «Somente hum mercador que tratava de Melinde para Moçambique me disse, que os **Bedoins** a traziam a Brava e a Magadoxo por terra». — Garcia da Orta, Col. LV.

1603. — «Os naturaes [de Sacotorá] se chamão **Biduins,** que he nome commum a toda a nação entre os Arabios, que viue de pasto de gado». — Fr. António de Gouveia, *Jornada do Arcebispo,* fl. 135.

1699. — «Determinou ir pessoalmente à Ilha de Socotorá, para reduzir à fé os Barbaros, que a habitão, chamados **Buduis**». — Fr. Agostinho de Santa Maria, *Historia,* p. 22.

1588. — «Era molto soggetta alle subite correrie de gli Arabi di campagna, che chiamano **Baduini**». — P. Maffei, *Le Istorie,* p. 244.

1615. — «La quale voce **Bedeui,** deriuata da *Bedeù,* che significa Deserto, voul dire Habitator di Deserto, à differenza di altre sorti di Arabi, che altrimente sono chiamati». — Petro della Valle, *Viaggi,* p. 473.

1658. — «Precorrendo dunque il *Shiater* ad auisare gl' Arabi, ò **Beduini** del nostro arriuo, stesero vn straccio in terra per tappeto». — Fr. Vincenzo Maria, *Viaggio,* p. 505.

**BEGARIM, bigarim** (menos usado). Trabalhador, jornaleiro, na Índia. Do concani-mar. *bigārī*, hindust. *begārī* < persa *begār*, «trabalho forçado». A palavra perdeu a sua significação originária especial, que fôra o motivo da sua adopção, a de trabalho compulsório com salário ou sem êle. «Prohibo aos ditos Commandantes para que mais as [ordens] passem, excepto o único caso de **Begarins** para transportes, para serviço e segurança pública». *Collecção de Bandos.* É ainda corrente na Índia Portuguesa com o novo sentido.

1512. — «Mãdou ao arrayall camdo estaua sobre benastarỹ pera comer os **bygarys** e outra gente».— Affonso de Albuquerque, *Cartas,* v, p. 267.

1526. — «Os *Gancares* desta Ilha de Tissuary... são obrigados pelos moradores das Aldêas darem **begarins,** que são trabalhadores, á sua custa cada ano para limpar os muros e chapas das cavas desta cidade... e assi para outros alguns serviços de necessidades, e pressas que algumas vezes sobrevem». — *Foral* de D. João III, in *Archivo,* v, p. 120.

1552. — «Acertarão hum dia sessenta **Bigairins** de irem da parte de Comorim para a fortaleza carregados de conchas de ostras e de lenha pera fazerem cal». — Castanheda, *Historia,* v, cap. 38.

1554. — «E a quatro **belguaryns,** que seruem d'aguoa aos portugueses...». — Simão Botelho, *Tombo,* p. 47.

1563. — «... trabalhadores, a que elles chamão **biguarins**». — Gaspar Correia, *Lendas,* II, p. 157.

1614. — «Erão vns coitados, couardes, e **biguarins,** de que não fazião conta algũa» — Diogo do Couto, Déc. VI, II, p. 1.

1732. — Que os *curumbins* **begarins** *boys* e outros de semelhante colidade pagarão na mesma forma meyo xerafim per cabeça». — *Assento* do Conselho da fazenda de Goa.

1745. — «Nam havendo no Paiz carros, nem bestas de carga para a sua conducçam, e ser preciso servir-se dos **Bogarins** (*sic*), que são a gente mais medrosa e desanimada, que ha no mundo». — Monterroio Mascarenhas, *Epanaphora Indica,* II, p. 30.

1842. — «**Begarins,** que são jornaleiros e carregadores». — *Annaes Maritimos,* p. 112.

1846. — «Geralmente porém usa-se de conductores, ou carregadores á cabeça, que se denominam **Begarins**». — F. N. Xavier, *O Gabinete Litterario,* I, p. 248.

1849. — «E por **Begarins** pagos quando affluia mais trabalho». — Joaquim Soares, *Bosquejo das Possessões Portuguezas,* p. 191.

1886. — «Um *gãocar* que quer trabalhar para ganhar a vida e alimentar seus filhos, não o pode fazer, porque o *narcarnim* o chama para seu **begarim** ou *royte* sem lhe

[1] «*Beduini, ò Bedeui.* Arabi del Deserto». — Mgr. Sebastiani, *Seconda Spedizione.*

pagar, porque é mercê do senado». — Lopes Mendes, *A India Portugueza*, II, p. 27.

1906. — «Mal correspondia ás humildes saudações que mouros, *cherubis* [curumbins] ou **begarins** me dirigiam». — Hipácio de Brion, *Duas mil leguas*, p. 14.

1670. — «Chi non puol andar a piedi, si fà portare in certe reti nell' estremità legate ad vna cana molte grossa. Ogn' vno leua quattro, ò sei huomini, detti **Begarini**, secondo la maggior, ò minor comodità de' Viandanti, acciò lo portino». — Fr. Vincenzo Maria, *Viaggio*, p. 126.

1675. — «I took a Pilgrimage, with one other of the Factors, Four Peons, and Two **Biggereens**, or Porters only».—Fryer, *East India*, II, p. 30.

1800. — «The **bygary** system is not bearable: it must be abolished entirely». — Wellington, in *Glossary*.

1916. — «The evils of the **Begar** system, encouraged by Europeans from ignorance or indolence are graphically described». — *The Modern Review*, de Maio.

**BEGUE, beque.** Título honorífico entre os maometanos, correspondente a «dom» ou «senhor», posposto ao nome próprio. O termo é persa-turco *beg*, origináriamente turquestano. Crooke deriva-o do antigo persa *baga* e relaciona-o com o sânsc. *bhaga*, «senhor».

1513. — «Despendeo em ir arrecadar os seis centos pardaos de **cojibequy** que devia a el Rey». — Affonso de Albuquerque, *Cartas*, V, p. 48.

1520. — «Nós, o çamorym, rrei de Calecute, ffazemos saber a vossa alteza, como fyzemos paz com ho voso capytam mor affonso d albuquerque, e com coje **byquym** voso serujdor, o qual coje **byquym** vay aguora pera lla». — *Ibid.*, IV, p. 31.

1552. — «Na frontaria do arrayal estauão dous senhores principais, hum se chamaua **Indobeque** que era Mogor, outro Estacolim, Grego de nação».—Castanheda, *Historia*, VIII, cap. 85.

1563 (1500). — «Hum destes Mouros tinha hum irmão chamado **Cogebequi**, homem muyto principal... Este **Cogebequi** era como cabeça mór antre os Mouros naturaes da terra».— Gaspar Correia, *Lendas*, I, p. 189.

1571. — «**Bec** responde à dignidade de Conde». — João de Barros. Déc. IV, IV. 16.

1608. — «E dos que neste ministerio seruiam ao Xá era hum, e nam menos principal este chamado **Assadbegue**».— Fr. António de Gouveia, *Relaçam da Persia*, fl. 55 v.

«O Capitão Murad **begue** ajuntou tres mil Curdes entre vassalos e parentes». — *Id.*, fl. 81.

1718. — «Chegou a Goa em huma náo Olandeza Thomás **Beg**, Embaixador d'el-Rey da Persia Chà Hassein». — D. José Barbosa, *Epitome da Vida*, p. 23.

1582. — «... hauendo prima in quello giorno preso una nostra conserua di cui era patrone Chogia **Bichli**». — G. Balbi, *Viaggio*, fl. 5 v.

1615. — «Non voleuano che intrassemo senza licenza del **Beig**, ò Gouernatore, e Capitano». — Pietro della Valle, *Viaggi*, I, p. 116.

1675. — «The Warrior blustering in the Title of **Begue**, and the Gown-man priding himself in the courteous Name of *Mirza*». — Fryer, *East India*, III, p. 116.

1695. — «**Begh**, que l'on ecrit aussi *Bek*, et que l'on prononce souvent *Bey*, est un mot Turc, qui signifie proprement *Seigneur*: mais on l'applique en particulier à un *Seigneur de baniere*, que l'on appelle aussi dans la même langue *Sangiakbeghi*». — Herbelot, *Bibliothèque Orientale*.

* **BEGUME.** Senhora maometana; princesa, infanta. Do persa *begam*, feminino de *beg* ou *begue*, q. v. O termo é usado na Índia Inglesa.

1608. — «A todas [as mulheres do Xá] preside hũa a que chamam **Begum**, que he tanto como Iffante». — António de Gouveia, *Relaçam da Persia*, fl. 44 v.

«Tem o Xá muyto grande sugeiçam a esta Zeina **Begúm** sua Tia». — *Id.*, fl. 114.

1916. — «Mas o nome de Razia **Begum** eleva-se mais alto do que o Kutub-Minar, na admiração e veneração dos povos». — *Heraldo*, de 9 de Abril.

1631. — «Nisi soror Sha-Tamae, **Begen** Sultana, exulis Regis miserta...». — *De Imperio Magni Mogolis*, p. 177.

1653. — «**Begun**, Reine, ou espouse du Schah». — Le Gouz de la Boullaye, *Voyages*.

1666. — «Des deux filles, l'ainée s'appelait **Begum-Saheb**, c-est-à-dire la princesse maitresse». — Bernier, *Voyages*, I, p. 5.

1824. — «The Khelâts which they got in return, were only fit for May-day, and made up [I fancy] from the cast-off finery of the **Begum**». — Heber, *Narrative*, I, p. 453.

**BEIJOIM, benjoim** (mais correcto, mas menos usado). Incenso tirado de *Stirax benzoin*, Dryander. «G. da Orta, diz D. G. Dalgado (*Classificação Botanica*), foi o primeiro europeu que escreveu com precisão sobre a origem desta droga». Distingue o nosso botânico três espécies de benjoim: *amendoado, preto* e *de boninas*; as quais são actualmente conhecidas pelos nomes da sua procedência: Sião, Samatra, Penango. O étimo é o ár. [lu] *bān Jāwī*, «incenso de Java». Fr. *benjoin*, ingl. *benjamin*.

1350. — «Chegámos depois de vinte e cinco dias á ilha de Aljaua [Java], que he aquella, donde traz a origem o *leite Aljaui*» (*al-lubān al-Jāwī*). — Ben-Batuta, *Viagens*, II, p. 336.

1498. — «Ha hy muita lacra e **beijoim** de duas maneiras, branco e preto». — *Roteiro de Vasco da Gama*, p. 112.

1500. — «... almiscar, ambar, **beijoim**, encenso, páo aloes». — *Navegação de P. A. Cabral*, cap. 15.

1502. — «O cravo e o **beijoim** o trocaria pelas nossas fazendas, posto que não dessemos dinheiro». — Tomé Lopes, *Navegação*, cap. 20.

1515. — «... quintaes de cobre, duas *farculas* [faraçolas] de **beijoy**, seis peças de beatilhas». — In *Cartas* de A. de Albuquerque, I, 392.

1516. — «Nace muyto boõ **beijoim**, que he rezina daruore, a que os Mouros chamaom *Loban*». — Duarte Barbosa, *Livro*, p. 369.

1539. — «Trouxe hũ rico presente de paos de *aguila* e *calambaa* e cinco quintaes de **beijoim** *de boninas*». — Fernão Pinto, *Peregrinação*, cap. 13.

1552. — «Ha ouro, prata, **beijoim**, que he rezina daruores». — Castanheda, *Historia*, III, cap. 64.

1561. — «Tem [Samatra]... singularissimo e mais fino **beijoim** *de boninas*». — Henriques Dias, *Hist. Tragico-maritima*, III, p. 85.

1563. — «A mais vendavel de todas, que chamam *amendoado*, que dentro tem humas amendoas brancas; e quanto mais amendoas tem, tanto he havido por milhor... Ha outro **benjuy**, e mais preto, na Jaoa e em Çamatra; e este he de menos preço e ha outro na mesma ilha de Çamatra preto, scilicet, de arvores novos; a este chamâmos **benjuy** *de boninas*, e val dez vezes tanto como estoutro». — Garcia da Orta, Col. IX.

1563. — «E muyto **beijoim** em grandes pães». — Gaspar Correia, *Lendas*, I, p. 555.

1563. — «O cheiroso **beijoim**, a que os nossos por sua suavidade chamão **beijoim** *de boninas*». — João de Barros, Déc. III, III, 3.

1567. — «Ha nesta ilha de Samatra, em alguns lugares della, **beijoim** muito bom, e canfora». — Damião de Góis, *Chron. de D. Manuel*, III, cap. 1.

1611. — Almiscar, ambar, **beijoim**, calamba, aquila». — Diogo do Couto, *Dial. do Soldado Portuguez*, p. 97.

1616. — «O **Benjoim** procede, como as outras gommas de una arvore muito alta, e é uma gomma mui aromatica. Dá-se principalmente em Malaca e Samatra». — Pyrard de Laval, *Viagem*, II, p. 364.

1650. — «As drogas principaes que dão nos Laos são: muito **benjoim** *amendoado*, que é leite de certas arvores montezes muito altas, cujas folhas não se distinguem das de larangeira, nem no cheiro, nem na forma». — António F. Cardim, *Batalhas*, p. 255.

1652. — «Bem pode elle [dinheiro] sahir da mais immunda cloaca, respira nelle **bemjoim** *de boninas*; ainda que venha entre enxofre, ha-lhes de cheirar a ambar, algalia, e almiscar». — P. António Vieira, *Arte de Furtar*, p. 264.

1695. — «... nem Ambar, nem Almiscar, ou **Bejuim** *de boninas*, mas em huma Naveta de ouro o Incenso da Arabia». — Id., *Xavier Dormindo*, p. 27.

1510. — «Vna spetiaria piena di muschio, e **benzui**, e d'altri odori suavissimi». — Barthema, *apud* Ramúsio, I, fl. 151.

1582. — «Quiui dentro si negotiano grandissimi trafichi di Muschio, **Belzuin**, i gioie diuerse». — G. Balbi, *Viaggio*, fl. 94 *v*.

1589. — «Ce pays [Siame] produit force **Benloin** qu'on envoye à Malaca, et de là en divers autres endroits». — Linschoten, *Histoire*, p. 32.

**BEIRAME.** Antigo pano fino de algodão, de várias côres, fabricado na Índia. Do persa *bairam*, *bairamī*. Esteve muito em voga nos séculos XVI e XVII. Bluteau também regista *beiraminho*. Afonso de Albuquerque menciona beirames de *romã*.

1510. — «Recebi... dezaseys cutonyas brancas e oyto tafeciras listradas de seda» e oyto camisas de tafeciras e onze camisas brancas de **beirames**». — In *Cartas* de Afonso de Albuquerque, VI, p. 412.

1511. — «E mais lhe entregares [entregareis] treze **beiramees** *de romã*». — *Id.*, V, p. 153.

«Recebe tristã de gaa... mais treze **beirames** *de Romã* curados». — *Ibid.*

1513. — «Tomou duas naos de chaull carregados de **beirames**, e hũua de urmuz de cavalos e aljofar». — *Id.*, I, p. 166.

1516. — «De Chaul e Dabul lhe trazem muyta soma de **beirames** e beatilhas». — Duarte Barbosa, *Livro*, p. 275.

«Dos **beirames** se seruem muyto os naturaes da terra, e se uestem deles, trazendoos asy cruus; depois que os trazem os curaom, fazendoos muyto aluos, e gomandoos, e asy os uendem pera muytas partes, e por isso se achaom has uezes rotos». — *Id.* (2.ª ed.), p. 290.

1525. — «**Beirames** vermelhos e grossos, a *corja* vall a quarenta tamgas». — *Lembranças das Cousas da India*, p. 48.

1548. — «Hũa toalha de **beirame** avalliada em trezentos réys». — Tomás Pires, *Materiaes*, etc., in *Bol. S. G. L.*, xvi, p. 705.

1552. — «Hũ pano tão comprido como hũ **beirame**, em que estauão pintadas todas as suas batalhas». — Castanheda, *Historia*, iii, cap. 62.

1553. — «Cada hum segundo se atreuia assim tomaua ás costas o fardo de seda, de **beirames**, de *patólas* até irem dar com a prata e Cruz». — João de Barros, Déc. II, iv, 1.

1554. — «E para seis **beirames** para seys sobrepelizes . . .». — Simão Botelho, *Tombo*, p. 129.

1563 (1498). — «E o vedor da fazenda ao outro dia veo ao Capitão mór e lhe trouxe vinte peças de pano branco muito fino com chapas d'ouro, a que elles chamão **beirames**». — Gaspar Correia, *Lendas*, i, p. 100.

1602. — «Os Guzarates são todos dados á mercancia, em que se estremarão de todos os do Oriente, cujas louçainhas ja em tempo dos Romanos erão muito estimadas, as quaes hião ter a elles por via do mar roxo, como se vê em Arriano autor grego no tratado que fez sobre aquella nauegação, na qual nomea muitas e diversas sortes de roupas, como são *ganisse, monoche, sagmatogene, milochine*, que diz serem muito finas e de algodão: pello que a nós parece que erão os *canequins, bofetás*, **beirames**, *sabagagis*, e outros». — Diogo do Couto, Déc. IV, i, 7.

1630. — «Estavam tão abertas as costuras da nao, que em mui pequeno espaço levava a nao meio **beirame**, e em partes duas meadas de fiado de algodão». — *Hist. Tragico-maritima*, ix, p. 116.

1727. — «**Beiraminhos**. Pano de Algodão, de tres palmos de largo, que vem da India, e serve para roupa branca; delles ha mais finos, e mais grossos». — Bluteau, *Supplemento*.

1894. — «Dois pannos de **beirame**, de uma pureza alvinitente, onde realçavam as largas chapas de ouro». — Lopes de Mendonça, *Os Orphãos de Calecut*, p. 41.

1908. — «Tecido antigo da India, hoje mal identificado . . . É o conhecido mote da redondilha de Camões:

> Coifa de beirame
> Namorou Joane».
>
> Alberto de Castro, *Flores de Coral*, p. 188.

1510. — «**Bairami**, Namone, Lizari, Ciantari, Doazar, et Sinabaffi». — Barthema, *apud* Ramúsio, i, fl. 165.

1589. — «. . . des **Beyramenes** de couleur rouge grands et petits qu'on peut comparer aux fines toiles de Cambray». — Linschoten, *Histoire*, p. 36.

1750. — «La Compagnie anglaise y envoie beaucoup d'étoffes, et surtout des **Birampauts** et *Chelloes* pour la Guinée». — Grose, *Voyage*.

**BEIRO** (teto *béiru*). Canoa monóxila de Timor. «Este pequeno barco unico de construcção indigena é feito do tronco de uma árvore, o qual se mantem sobre as aguas por seus braços de bambu». Rafael das Dores.

1843. — «Ha outras embarcações mais pequenas a que chamam **beiros**, que são uma especie de canoas feitas de um só pau escavado, sobre as quaes nas extremidades do seu comprimento atravessam dois bambús, ou quaesquer varas de madeira leve». — *Annaes Maritimos* (parte oficial), p. 141.

1908. — «Corridas de cavallos timores, regatas de **beiros**, exercicios de natação dos estudantes, combate de gallos, cheio de gloria e sangue, dividem o dia». — Alberto de Castro, *Flores de Coral*, p. 218.

* **BÊL** (*bot.*). V. *cirifole* e *marmeleira da Índia*.

1912. — «Como agente therapeutico, o **bêl** e sobre tudo o seu fructo, ninguem melhor tem conhecido e mais apreciado do que os indios». — Caetano Gracias, *Flora Sagrada*, p. 24.

1908. — «It is all but universally known by its Sanskrit name *bilva*, a word which appears in some form, such as **bel** or *bael*, in most modern languages. The fruit is generally called *sriphal*». — Watt, *The Commercial Products*, p. 26.

* **BELADI**. V. *gengibre*.

* **BELARBEGUE**. *Begue* superior, chefe dos *begues* (q. v.). A palavra é turca, *beglar-beg*, «begue dos begues».

1593. — «A outros [faz o Grão Turco] **Berlebis**, *Chauses, cabdis* [cadis], que são como Corregedores, e justiças móres das Cidades». — Fr. Pantaleão de Aveiro, *Itinerario*, p. 13.

1609. — «O principal he este Alauerdehan, de quem o Xâ mais se fia, e a quem tem feito **Belarbegue**, que quer dizer cabeça de todos os grandes». — Fr. António de Gouveia, *Relaçam da Persia*, fl. 27.

«Todos deram mostras de grande contentamento, e alegria pela resolução que Xâ tinha tomado em particular Alauerdehan Soltam de Xiraz, como general, e **Belarbei**, que era de todo o Reyno da Persia». — *Id.*, fl. 114 *v*.

1670. — «A questi Sangiacchi presiedono diecinoue *Bassà*, ò **Begllerbei**». — Fr. Vincenzo Maria, *Viaggio*, p. 39.

1695. — «**Beghiler Beghi**, ou **Beyler Bey**. C'est chez les Turcs le Gouverneur d'une Province de l'Empire Othoman, et on lui donne ce titre, à cause qu'il commande à tous les *Sangiak-Beys*, ou Seigneurs porte-banniers de sa Province». — Herbelot, *Bibliothèque Orientale.*

**BELÉRICO** (adj.). V. *mirabólano.* Do ár. *belīlej* < persa *belīleh.*

* **BELI** (s. m.). Oblação, oferenda; sacrifício hindu. Do malaiala *veli*, sânsc. *bali*, corrente nos prácritos.

1687. — «Fingirão se tãobem tão poderozos Papas, que as [indulgências] aplicarão as suas ceremonias, e sacrificios; que exprimem por diuersos nomes. Ao cruento chamão **Belli**; ao incruento *Pûgey* [vid. *pujá*]; ao de flores, *Archiney* (tam. *archanei* < sânsc. *archana*); ao Holocausto, *O Maõ* [malaial. *homam* < sânsc. *homa*]; estes quatro generos de sacrificios, dizem ter grandissimas indulgencias». — P. Fernão de Queiroz, *Conquista de Ceylão*, p. 121.

* **BELI**. Soldado indígena em Cambaia. Do guzarate *belī*, «camarada, ajudante», Os lexicógrafos, a começar por Bento Pereira, registam *belis*, «pessoa ladina», derivado do árabe *iblis*. Mas não é nesse sentido que a dição é empregada na abonação.

1535. «Mostrou grande magua de o não avisarem por um peão dos soldados da terra, que digo que se chamam **belis**, que, como frazões (?) d'ella lhe poderiam levar o recado». — António Bocarro, Déc. XIII, p. 247.

* **BELICHAPARO**. *Velichchappaḍu*, em malaiala, quere dizer «oráculo dos deuses»; mas na abonação abaixo emprega-se o termo por «sacerdote possesso», como na realidade era da deusa Cali o que o proferia [1].

1603.—«**Bellchaparo** he o que tem o cuidado do pagode, e ás vezes entra nelle o diabo, e treme e se voltea no chão, e responde ás perguntas que lhe fazem em nome do pagode».—*O Chronista de Tissuary*, III, p. 138.

1915. — «Each of these shrines has an Oracle or **Velichapad**, attached to it. The Goddess communicates her wishes and thoughts to her votaries through her representative the **Velichapad**. — *The Modern Review*, de Novembro.

* **BELICHECALI** (malaial. *veḍi-tikkallu*). Pederneira de fuzil, no Malabar.

1687. — «Acha-se por cá hũa pedra, que chamão **Bellichecali**, muyto dura, que serve para ferir fogo; e se faz em lascas tão delgadas, que cortão como faca, pela carne, e pelo pao». — P. Fernão de Queiroz, *Conquista de Ceylão*, p. 120.

**BENDARA**, **bendará**. Viador de fazenda; governador do estado, em Malaca. Do mal. *bĕndāhara*, «tesoureiro», jav. *bendara* < sânsc. *bhaṇḍārī*. Os portugueses conservaram o cargo, com algumas restrições dos poderes.

1510. — «Tem dado o mando e governaçam a **Bendara**, seu tio, e este **Bendara**, tem tomado posse de tudo». — *Alguns Doc. da Torre do Tombo*, p. 221.

1589. — «**Bendara** de Malaca, que he supremo no mando, na honra, e na justiça dos Mouros». — «Aonde o **Bendara**, Governador do Reyno, me estava esperando». — Fernão Pinto, *Peregrinação*, capp. 14 e 15.

1552. — «Fizerão os chins saber a chegada do capitão mór a elrey de Malaca, e a seu tio o regedor, que na lingoa malaya se chama **bendara**». — Castanheda, *Historia*, II, cap. 113.

1553. — «Perguntou que gente era, e donde vinha, e que mercadoria trazião, e isto da parte do **Bendara**, governador da cidade». — João de Barros, Déc. II, IV, 3.

1557. — «Chegada esta nova a Malaca, o **Bendará**, que governava o Reyno pelo Rey, que era seu sobrinho. . .». — «Havia em Malaca cinco dignidades principaes:. . . a segunda de **Bendará**, isto he Veador da fazenda, e governava o Reyno: ás vezes **Bendará** tem estes dois officios, de *Pudricaraja* (q. v.) e de **Bendará**». — *Commentarios*, III, capp. 10 e 18.

1563 (1510). — «O **bendara** de Malaca, que era o regedor que mandava tudo, fallando com ElRey sobre isto, e dos portuguezes que tinhão catiuos, e trayção e roubo, e mortes que tinhão feito, ouuerão medo».—Gaspar Correia, *Lendas*, II, p. 163.

«Em Malaca, como auia sempre de continuo gentes de muytas nações, cada nação tinha apartamento de seus costumes e justiça, pelo que auia na cidade **bendará** dos naturaes, mouros e gentios, cada hum sobre sy; auia **bendará** dos estrangeiros, auia **bendará** dos mercadores estrangeiros». — *Id.*, II, p. 253.

1567. — «Dando aviso a el Rey, que alli entam estava, a hum seu tio que ho governava, e era Regedor da cidade, a que chamam **Bendara**». — Damião de Góis, *Chron. de D. Manuel*, III, cap. 2.

1585.—«Dom Anrique **Bemdará** desta cidade de Malaca me pede por sua carta allgũas cousas». — *Carta Regia*, in *Archivo*, III, p. 40.

[1] Domingos Vieira regista *billis* com o significado de «feiticeiros do Malabar».

1602. — «... que he pouoação dos naturaes, de que he governador o *Tumegão*, e o **Bendará** de todos os Chilis [leia-se *quilis*], que são mercadores de toda aquella costa de Choromandel». — Diogo do Couto, Déc. IV, II, 2.

1613. — «Afonso de Alboquerque... logo começou a engrandecer a Christandade, e favorecer a todos aquelles que se querião baptizar e ser do gremio da Egreja como foi aquelle **Bendara** leal com sua familia, que permanece até o presente sua caza com muyta fidelidade e Christandade, e o dito cargo nestes tempos, seu neto D. Fernando leal». — Manuel G. de Erédia, *Declaraçam de Malaca*, fl. 42.

1634:

> «O principal sogeito no governo
> De Mahomet, e privança, era o **Bendára**,
> Magistrado supremo...».
>
> Francisco de Meneses, *Malaca Conquistada*, III, 6.

1571. — «Hi verò non oratione tantùm, sed muneribus etiam Regis patruum, penes quem erat totius regni moderatio (**Bendaram** appellabant eum, qui munus id gerebat) corruperunt». — Jerónimo Osório, *De Rebus*, II, p. 439.

1878. — «Le roi Iskender-Chah avait un **bendahari** (majordome) nommé Sang Radjouna Tapa». — Marcel Devic, *Légendes de l'Archipel Indien*, p. 118.

**BENDI.** «Árvore indiana (*thespesia populnea*)». C. de Figueiredo. É o nome concani (*bhenḍī*) do que em português é conhecido por «pau-rosa», q. v.

1846. — «*Benteca; Elu* (Páo de cadeira); **Bendy** (Páo de rosa)». — F. N. Xavier, *O Gabinete Litterario*, I, p. 256.

* **BENDÓ** (pl. *bendés*). É o nome que em indo-português se dá ao fruto e à planta *Hibiscus esculentus*, Linn. Usa-se mais *quiabo*, de origem africana, quimbundo *kilôbu*. Do conc. *bhenḍó* (pl. *bhenḍé*), mar. *bhenḍā*. É uma das hortaliças mais saudáveis e estimadas; come-se de diversos modos. Os que aparecem nas praças de Lisboa são muito pequenos.

1615. — «Dão-se aos doentes excellentes caldos feitos de diversas sortes de carnes cosidas com **Bendés,** que é um fructo refrigerante, do tamanho dos nossos pepinos». — Pyrard de Laval, *Viagem*, II, p. 8.

1846. — «Aboboras da terra, **Bendés** (quiabos). Mostarda». — F. N. Xavier, *O Gabinete Litterario*, I, p. 249.

1886. — «Cultivam as seguintes plantas horticolas: kiabos ou **bendés** (*hibiscus esculentus*), *gonçalinho* (*cucumis acutangula*)». — Lopes Mendes, *A India Portugueza*, I, p. 238.

1813. — «The **bandá** (Hibiscus esculentus) is a nutritious vegetable». — *Forbes*, in *Glossary*.

**BENGALA.** Bastão de cana de Bengala — *Arundinaria Wightiana*, Nees; qualquer pequeno **bastão**; (ant.) insígnia militar. Do nome geográfico *Bengala*.

O termo indiano, designativo de objecto comum, que mais vulgarizado está no português continental é sem dúvida *bengala* no sentido de «**bastão**, bordão». Dizia-se a princípio «cana de Bengala» e denotava uma espécie de cana ou bambu maciço muito apreciado no Oriente e na Europa, diferente da *Cana Indica*, Linn., «erva conteira» em português, de cujas sementes se fazem contas de rosários.

Com o correr do tempo suprimiu-se a palavra *cana*, e o nome da pátria representou o do produto, como aconteceu com várias outras denominações, especialmente de tecidos, como *cambraia, holanda, saragoça, damasco, casimira;* e por fim acabou por abranger no seu conceito qualquer pau que se traz na mão para apoio ou ostentação, como o francês *canne* e o inglês *walking-stick*. Idêntica evolução se deu na Índia com respeito à *rota*, q. v.[1]

O uso de *bengala* como pau de apoio parece que começou em Portugal ou foi generalizado pelas velhas, conforme o testemunho de Linschoten (p. 30): «Semblablement y croissent des roseaux, appellez par les Portugais Cannes de Bengale, solides par dedans, non guere moins gros que les roseaux d'Espagne ployables comme l'Osiere ou les branches de Saulx en leur verdeur, marbrez et bigarres de diverses couleurs comme au pinceau. Ils servent de bastons aux vieilles de Portugal».

---

[1] Gonçalves Viana (*Apostilas*) presume que *pengalim* (*pingalim*) é deminutivo de *bengala*, com mudança da letra inicial.

1509. — «Ora eu irei a Portugal, e direi a sua alteza que com esta **cana de Bengala** na mão, e com este barrete na cabeça, entrei em Calecut». —*Apud* João de Barros, Déc. II, IV, 1.

1525. — «Dando [o governador] com o braço para trás, com huma **cana de Bengala** que leuaua na mão, sem olhar para trás, tocou com a ponta da cana no beixo de cyma do *caimal*» (era Cochim).— Gaspar Correia, *Lendas*, II, p. 825.

1549. — «Outro [português levava] hũa **cana de Bengala** com hum castão de ouro» (no Japão). — Fernão Pinto, *Peregrinação*, cap. 209.

1569. — «Hum espelho e hũa **cana de Bengala**, e hum rabo de pavão». — P. Luís Fróis, *Cartas de Japão*, I, fl. 259.

1612. — «Na mão hũa **cana de Bengala** com que ya ameaçando os marinheiros». — Diogo do Couto, Déc. VII, VII, 2.

1615. — «Ha tambem [em Bengala] canas de outra especie, diversas na forma e na grossura, das quaes a mais grossa não passa de quatro pollegadas (de circunferencia) e não mui altas. Estas são porosas, duras, e mui flexiveis, de sorte que se unem as duas pontas sem quebrar, e com tudo são mui fortes. Servem para bordões de trazer na mão, e para bater em quem se applica castigo; a sua pancada arranca as carnes de qualquer parte do corpo aonde assenta. Nunca estalam por mais delgadas que sejam. Tem linda aparencia, e naturalmente são variegadas de branco, amarello, e preto. São materia de commercio, e muito procuradas para bordões em toda a India, onde se não usam outras». — Pyrard de Laval, *Viagem*, I, p. 277.

1650. — «Um dos officiaes enfadado pegou de uma **bengala** para os fazer retirar». — P. Cardim, *Hist. Tragico-maritima*, X, p. 165.

1652. — «Com cinco mil cruzados se contentou cada hum, saindo a cinco tostoens cada **bengalada** como bofetada em peão». — P. António Vieira, *Arte de Furtar*, p. 61.

1712. — «**Bengala**. Cana da India, e particularmente da terra do mesmo nome. Em Portugal he insignia militar. Usa o Mestre do Campo de **bengala** curta e grossa com engaste. O Sargento mór usa de **bengala** delgada e curta; as **bengalas** dos alferes são tão altas, que chegão á testa como uma lanceta pequena...».— Bluteau.

1858. — «E porque as [canas] de Bengala são as mais estimadas, são na Europa conhecidas pelo nome de **Canas de Bengala**, a que nós abreviadamente chamamos em Portugal, simplesmente **Bengala** e os Francezes *Canne*. Na India chamamlhe *Rota*». — Cunha Rivara, *apud* Pyrard.

1898. — «Manifestou desejos de possuir uma das **bengalas** de canella que levavamos comnosco, e que, semanas antes, haviamos comprado em Ceylão».—Oliveira Mascarenhas, *Atravez dos Mares*, p 54.

1695. — «Ab Europaeis scriptoribus vocatur Arundo Indica farcta, Nastos et **Canna d'Bengala**, quae impropria penitus sunt nomina». — Rumphius, *Herbarium Amboinense*, VII, cap. 53. Impróprio é certamente o último nome, sendo aplicado ao *Calamus rotang*, «junco da Índia», que pertence à família das palmeas.

**BENGALA**. É também o nome que se dava antigamente a um tecido fino que era importado de Bengala. Os dicionários modernos não consignam esta acepção da palavra, que já era conhecida em Espanha no tempo dos mouros e é registada por Dozy: «**Albengala** (étoffe de lin très-fin dont les Maures d'Espagne ornaient leurs turbans) semble être formé du nom propre *Bengale*, car c'est dans cette province que l'on fabricait la mousseline la plus fine que l'on connaisse dans l'Inde».

1561. — «Coifas de Lisboa, **bangalas**, corpinhos de chamalote». — Jorge F. de Vasconcelos, *Eufrosina*, act. III.

1620. — «... e infinidade de caixões cheos de roupa de toda a sorte, a saber, Cassas, Cachas, **Bengalas**, Balagates». — Fr. Nicolau de Oliveira, *Grandezas de Lisboa*, fl. 13.

1611. — «**Bengala** es vn cierto genero de velo mui delgado». — Covarrúvias, *Tesoro de la Lengua Castellana*.

1696. — «'Tis granted that **Bengals** and stain'd Callicoes, and other East India Goods do hinder the Consumption of Norwich stuffs». — Davenant, in *Glossary*.

**BENGALEIRO**. Fabricante, vendedor ou guardador de bengalas, conforme as acepções modernas. Mas antigamente tinha outro significado: «O que vende lençarias de Bengala, e outras mercadorias, que de lá se trazem». Morais. E muito antes dêle, Bento Pereira interpretava *bengaleiro* por «propola lintearius» — fanqueiro.

* **BENGALINA**. Planta euforbiácea — *Acalypha Wilksiana*, originária de Fiji e introduzida há muito tempo na Índia. Dá flores verdes, em volta das quais rebentam fôlhas encarnadas, realçando assim a sua beleza. Não se sabe o motivo por que é cha-

mada *bengalina* em Goa; seria talvez levada de Bengala.

1873:

«Nas paisagens divinas,
em miragens feiticeiras
eu via sempre palmeiras
e campos e **bengalinas**».

Tomás Ribeiro, *A Indiana*, p. 49.

1874. — «Ainda hoje, quando o portuguez visita estas montuosas paragens, estas brenhas adustas, pergunta... ás folhas vermelhas das **bengalinas** se não guardam ou não retratam o sangue do conde d'Alva». — Id., *Jornadas*, II, p. 208.

**Beniaga.** V. *veniaga.*

**BENTECA.** É o nome duma árvore de madeira da Índia — *Lagerstroemia parviflora*, Roxb. Ingl. *benteak*, (conc. *nāṇó*), e *L. lanceolata*, Wall. Entende-se, porêm, comummente em Goa por *benteca* a *Briedelia retusa*, Spreng. (*phūtarphoḍ* em concani). Do malaiala *vendikkụ* ou *bendikkụ*, lit. «teca branca».

1782. — «Da mesma qualidade e serventia são as plantas chamadas marêta e **benteca**; é preciso conduzil-as para este paiz [Goa] na forma de teca da terra firme». — Fr. Clemente da Ressurreição, *Tratado*, II, p. 326.

1846. — «**Benteca**; Elu (Páo de cadeira); *Bendy* (Páo de rosa)». — F. N. Xavier, *O Gabinete Litterario*, I, p. 250.

1898. — «As essencias que ahi se encontram são a *mareta*, *nanó* ou **benteca**, *combió*, *santono*». — Oliveira Mascarenhas, *Atraves dos Mares*, p. 180.

**BENTÓ** (ant.). Grande escritório ou pequeno contador oriental. Do mal. *bentoq*. Cf. *badu* de *bādaq*, *pucho* de *puchoq*.

1616. — «Mas entre outras cousas grande numero de pequenos armarios de todos os feitios, feitos ao modo dos de Alemanha, e são a cousa mais linda e mais bem acabada que ver-se pode, porque são todos de madeira exquisita, mosqueada, e marchetada de marfim, madre-perola, e pedras preciosas. Em vez de ferro põem-lhe ouro. A isto chamam os Portuguezes *Escritorios da China*». — Pyrard de Laval, *Viagem*, II, p. 154.

1687. — «Nem em Ceylão avia risco, de que este ceuo da cobiça corrompesse a integridade da justiça; assim por se não agradeçer, ja como data, mas como diuida, como porque os *sagoates* de Ceylão, mais seruião, para a despença, ou rouparia, do que pera os **bentoz**». — P. Fernão de Queiroz, *Conquista de Ceylão*, p. 80.

«Foy se embarcar a Cochim, e em uesperas da partida, não tendo já em casa mais que hum **bentô** de seus papeys, uio arder na nao em hũa hora quanto da India leuaua». — *Id.*, p. 266.

1697. — «Abrindo diante delle hum **bentó** (assim chamamos na India os escritorios grandes) o convidara a tomar hũa Cruz, que nelle estava, prophetizando-lhe grandes fortunas». — P. Francisco de Sousa, *Oriente Conquistado*, I, III, 2.

1727. — «**Bentô**. Vid. *Ventô*... Diz-se de huns contadores pequenos, que vem da India». — Bluteau, *Supplemento*.

«**Ventô**. Peça movel, que vem da India, acharoada, como hum Escritorinho, com huma só porta». — *Id.*

**BÊR, bôr** (s. m.). *Zizyphus jujuba*, Lamk. Indo-ingl. *ber-tree*. Em indo-port. denominam-se *maçãs* os frutos e *maceira* a árvore. Do conc. *bór*, «fruto», *bôr*, «árvore»; hindust. *ber* ou *bir*; sânsc. *badara*. Tambêm se chama *jujuba* e *maceira da Índia*.

1563. — «**Ber**, que são as *maçaãs* que cá usamos». — Garcia da Orta, *Col.* V.

1846. — «*Peras* (goiaba), **Borans** (maçans), *cajú*, *Jambolans*». — F. N. Xavier, *O Gabinete Litterario*, I, p. 248.

1904. — «Flora damanense: Limoeiro, *macieira*, mangueira...». — A. F. Moniz, *Hist. de Damão*, II, p. 177.

1578. — «Este arbol, se llama en Canarin **bor**: en Decanin **Ber**: y en Malayo *Vidaras*... Destas Maçanas son mayores, y mejores las de Malaca, que las del Malabar, y a todas exceden, las del Balagate». — Cristóvão da Costa, *Tractado*, p. 111.

1623. — «... ma qui lo chiamomo **Ber**». — Pietro della Valle, *Viaggi*, III, p. 28.

1908. — «The grafted **ber** is called *poyndi*». — Watt, *The Commercial Products*, p. 1148.

* **BERBAIA** (s. m.). Indivíduo duma das castas baixas de Ceilão, cujo ofício é tanger o bombo e os atabales. Do sing. *beravāyā*.

1687. — «Os **Berbayas** são tecelões, e os que tocão atabales, que em Ceilão fazem hum som muito belicozo. Repartem-se pelas quatro *Dissâuas*, e que he tão bayxa casta entre eles, que nem os *Pachas* podem comer em suas casas». — P. Fernão de Queiroz, *Conquista de Ceylão*, p. 16.

**BÉRI-BÉRI**, s. m. «(Termo da India). Huma Paralysia bastarda, ou entorpecimento, com que fica o corpo como tolhido». Bluteau. Teem-se apontado várias etimologias do vocábulo, sendo a mais aceita a do sing. *beri* (própriamente *bæri*), «debilidade»; adoptam-na Littré, Yule & Burnell. Mas a doença prevalece mais na Malásia, como insinuam alguns dos nossos escritores, e o malaio tem a voz *biri-biri* para a denotar. É bem possível que o termo tenha passado, como diversos outros, do Arquipélago para Ceilão, se é que efectivamente os naturais da ilha o empregam neste sentido, o que não consta dos lexicógrafos, mas João Ribeiro parece indicar. *Ceylon Glossary* regista o vocábulo sem apontar a origem.

1613. — «E as vezes o [vinho de *nipa*] fazem muyto forte de fogo, como agua ardente medicinal contra o frio de **berebere**». — Manuel G. de Erédia, *Declaraçam de Malaca*, fl. 19.

1616. — «A nossa gente hia adoecendo da doença que chamão **berebere** — que he inchação da barriga, e pernas, de que em poucos dias morrem». — Diogo do Couto, Déc. VIII, I, 25.

1684. — «... inconveniente que mais se descobria nas continuas *samatras* de Malaca (donde vinha perecerem tantos de **berebêre**)». — P. Fernão de Queiroz, *Hist. de Pedro de Basto*, p. 286.

1685. — «Dá na Ilha aos Portuguezes outra doença a que os naturaes chamão **bére bére**, que estando hum homem bem disposto sem dor alguma, de improviso cahe no chão (que he este de todos o mais terrivel achaque), sem se sentir, tomandolhes a porção dos quadris até os pés, e fica aquella parte sem nenhuns espiritos vitaes. E este mal não se cura mais que comendo carne de porco, bisconto, bebendo vinho de palmeiras, tomando tabaco de fumo». — João Ribeiro, *Fatalidade Historica*, I, cap. 19.

1687. — «Erão ja muytos mortos, e os mais quasi todos feridos, doentes de febres, cursos, bexigas (peste geral da India) e **berebére**, doença mais familiar em Ceylão, e dos mais climas, que se auzinhão á linha Equinocial». — P. Fernão de Queiroz, *Conquista de Ceylão*, p. 483.

1896. — «Outros são vasto alvo, onde a febre amarella, o **beri-beri**, dez outras doenças desconhecidas dos climas africanos, fazem victimas sobre victimas». — *Bol. S. G. L.*, XV, p. 55.

1897. — «A 15 do mesmo mez communica haver a bordo treze praças atacadas de **beri-beri**, sendo oito simplesmente suspeitas». — *Annaes da Marinha*, 1898, p. 40.

1915. — «... além de espancar o perigo de **beri-beri** que ataca as populações que se alimentam exclusivamente de arroz polido». — *O Ultramar*, de 21 de Outubro.

1916. — « .. cuja tese versava sobre o «Estado actual da sciencia sobre a etiopatogenia do **Beriberi** (com experiencias pessoais destinadas a esclarecer tão importante problema». — *Heraldo*, de 1 de Abril.

1631. — «Penetrabilis praeterea hujus aëris natura, miserabilem illam paralyseos speciem producit, quae **Beriberii** in method. mea med. Indica nominatur». — Bontius, *Hist. Naturalis*, p. 4.

1650. — «Les **Barbirs** sont une autre espèce de paralisie, qui attaque principalement les Européens, et leurs ôte l'usage de leurs membres». — Grose, *Voyage*, p. 358.

* **BERIDO.** Divisa ou insígnia de superioridade ou de excelência, em forma de bracelete ou cadeia, usada na Índia. Do mar. *birīd* < sânsc. *biruda*.

1552. — «E estes desafios tem tambem lugar entre os officiaes hũs com outros sobre quem sabe melhor o seu officio, e assi entre pessoas sobre qualquer manha das que os homens sabem, porque tambem do que sabe melhor traz a mesma cadeia, que se chama **berid**». — Castanheda, *Historia*, II, cap. 16.

**BERILO.** «Esta palavra é talvez muito antiga importação da Índia para o Ocidente, tendo-se suposto que a sua origem era o sânsc. *vaidūrya*; prácrito *velūriya*, donde o persa *billaur*, o grego *Béryllos*». *Glossário Anglo-indiano*.

O vocábulo ocorre na Versão dos Setenta, em Ptolomeu e Plínio. Quem primeiro propôs a derivação do sânscrito foi o orientalista alemão Weber (*Omnia*. p. 326). Max Müller, sem a contestar, observa (*Selected Essays*, 1881, II, p. 352) que o persa *billaur* é de origem arábica, significa «cristal» e não podia fàcilmente passar ao grego em tão remota antiguidade.

1563. — «Na India ha **berilo**, que he asi como cristal, e o ha em grandes pedaços, de que fazem jarras e escudellas... ha muyto deste **berilo** em Cambaya e em Martavan, e em Pegu». — Garcia da Orta, Col. XLIII.

1699. — «Huns lhe chamão christal de roca... outros **birillos**; outros finalmente dizem serem aquellas pedras semelhantes, e iguaes na qualidade aos diamantes». — Fr. Agostinho de Santa Maria, *Historia*, p. 16.

c. 70. — «Eandem multis naturam, aut certe similem habere **beryli** videntur, in India originem habentes: raro alibi reperti... Probatissimi sunt ex iis, qui viriditatem puri maris imitantur». — Plinius, *Naturalis Historia*, lib. XXXVII, cap. 5.

1589. — «Il y a en plusieurs endroits des Indes certain material semblable à Crystal de montagne, mais qui ne peut estre appellé Crystal, car il n'y a point en tout Levant. On le nomme **Beryls**, il ne differe gueres du Crystal». — Linschoten, *Histoire*, p. 138.

1776. — «Tolomeu già aveva osservato, che a Pugnatil a tempo suo si ritrovano li **Berilli**», — Fra Paolino, *Viaggio*, p. 77.

**BERTANGI, bertangil, bretangil.** São nomes dum tecido de algodão (azul, preto, vermelho), que antigamente se exportava de Cambaia para a África Oriental, e também aí se fabricava em algumas localidades. Por mais que trabalhei, não pude saber a origem do vocábulo, nem mesmo se é asiático ou africano.

1512. — «... de caçutos, de tagadis, de **bretamgis**». — In *Cartas* de A. de Albuquerque, V, p. 248.

1514. — «Per este vos mando que des [deis] a tomas queimado homẽ de mjnha goarda quatro mil reaes e dous **bertagys**». — *Id.*, VI, p. 49.

1635. — «E deixou cargo ao seu escrauo que alimpasse o crauo e vendesse o *bastão* a troqo de cotonias e **bertangys** vermelho, e roupa fina» (em Chaul). — Gaspar Correia, *Lendas*, III, p. 663.

1546. — «Colcha de tafesira de Cambaya forrada de **bretangil** vermelho». — *Espolio de Balthazar Jorge*, in *Bol. S. G. L.*, IV, p. 290.

1563. — «Daua muita quantidade de ouro a troco de hũs pannos de Cambaya da sorte que elle ali trouxera: que erão vespicias, mantazes, e **bertangijs** azues, e vermelhos». — João de Barros, Déc. III, III, 3.

1569. — «Afóra este [trato] ha outro de roupa preta, **Bertangil**, *matares* [mantazes], *tafeeiras* [tafeciras] que tambem com as contas de mistura fazem grosso resgate». — P. Monclaio, *Bol. S. G. L.*, IV, p. 548.

1585. — «Entretanto se amortalha o defuncto, quasi ao nosso modo, em um **bertangil** azul, cingido por muitas partes com tiras do mesmo **bertangil**». — Manuel Godinho Cardoso, *Hist. Tragico-maritima*, IV, p. 52.

1601. — «**Bertangins** azues e de mais cores, hão de ter sete covados de comprido, e cinco sexmas de larguo». — *Carta de lei*, in *Archivo*, VI, p. 744.

1609. — «Dentro em Sofala dão doze [galinhas] por um **bertangé** preto, que ali vale o mais dois tostões». — Fr. João dos Santos, *Ethiopia Oriental*, I, p. 52.

«O defunto [macua] se amortalha quasi ao nosso modo envolto em um **bertangi** preto, e atado com muitas tiras do mesmo **bertangi**». — *Id.*, p. 255.

1611. — «Mandou Nuno Velho soltar um dos negros, para que se fosse á sua caza, e désse novas dos outros, e com uma tira de **Bretangil** vermelho, e um pedaço de cobre se houve o cafre por satisfeito da prisão». — João Baptista Lavanha, *Hist. Tragico-maritima*, V, p. 77.

1612. — «A oitava duvida, sobre os mil quinhentos cincoenta e tres xerafins, hũa tanga e quarenta réis, que se liquidou valerem as noventa e cinco corjas de **bertangis**». — *Carta Régia*, in *Documentos da India*, II, p. 27 *v.*

1622. — «Escoou-lhe aonde tinha a ferida, e untando-lhe com uma pouca gordura de vaca lha atou com um pedaço de **bertangil**». — Francisco Vaz de Almada, *Hist. Tragico-maritima*, IX, p. 67.

1712. — «**Bertangil**, ou **Bertangi**, ou **Bretangil**. Panno de Algodão que os Cafres tecem. Ha grandes, e pequenos, azues e pretos». — Bluteau.

**BESPIÇA, bispiça, vespiça, espicé.** Diferentemente ortografado, figura o termo nos nossos indianistas antigos, com o sentido de «tecido de algodão grosseiro, pano cru». Não estou certo da sua etimologia; é possível que seja composto do sânsc. *veça* ou *veṣa* (hindust.-conc. *bhes*), «vestuário», e *vāsa*, «peça de vestuário». A fazenda servia de saiote ou *dotim*, q. v.

1510. — «Sesẽta panos **bepiças** pera cobertores das camas dos doentes do espritall» (de Cananor). — In *Cartas* de A. de Albuquerque, VI, p. 398.

1512. — «... e aos piães a cada hũ seu pano de **bispiça** de que lhe faço merce». — *Id.*, V, p. 176.

«Asy vos mando que lhe pageys quorẽta **bispiças** a tres fanoes **bispiça** que lhe mãdei tomar pera dar aos *caturcs* e pagarlhes estas **bespiças** e cotonias pelos preços de ca ou ẽ dinheiro». — *Id.*, p. 192.

1513. — «Por este vos mando que des a manoell de sampaio dez **vespiças** de que faço merce ẽ nome de sualteza aos negros que trabalham ẽ pangim». — *Id.*, V, p. 377.

1563. — «Daua muita quantidade de ouro a troco de huns pannos de Cambaya da sorte que elle ali trouxera: que erão **vespiças**, mantazes, e bertangijs azues, e vermelhos». — João de Barros, Déc. III, III, 3.

1617. — «... bames, **espicés**, chandés

de Verdorá, gandares». — *Carta Régia*, in *Documentos da India*, III, p. 355.

1617. — «Doctins bons, mantazes grandes, bames, **esploés**, chandés...». — *Ibid.*, IV, p. 11.

**BESSI.** Esta palavra aparece no dicionário de Cândido de Figueiredo, com o significado de «grande árvore leguminosa das Malucas, que dá bôa madeira pâra construções». Também Devic regista o vocábulo. Não sei porêm se algum nosso escritor o empregou jamais. *Bési* é simplesmente «ferro» em malaio, e *kāyubési* é «pau-ferro», e é assim que os nossos indianistas disseram.

* **BESTEIRO.** Ocorre mais de uma vez o vocábulo na obra do Padre Fernão de Queiroz, com relação a Jafanapatão, no sentido de «embarcação pequena e ligeira». Qual será o motivo da denominação? Talvez a analogia com besta na forma ou na rapidez. O barco devia ser peculiar da região.

1687. — «A toda a pressa mandou recado ao Caes, que se metesse gente no **besteyro** da Igreja (embarcação pequena e ligeyra), com mais duas manchuas». — *Conquista de Ceylão*, p. 513.

«Partio com estas ordens de Columbo, chegou a Manâr, armou quatro [embarcações], hum **besteyro**, e outras pera sua guarda. — *Ibid.*, 540.

«Mandou fazer na praya hũa barraca, onde uiuia com os companheyros, e o **besteyro** prezo á sua cabeceyra, com a chaue do cadeado em sua mão». — *Ibid.*, p. 541.

«D. Diogo Coutinho, que de Malaca viera a Negapatão, carregou ali quatro **besteyros** á sua custa, com que soccorreo Colombo». — *Id.*, p. 702.

«Punhão em Valauê dous **besteyros**; em Gâle hum, com hum Sanguicel... em Manâr dous **besteyros**; em Jafanapatão dous Sanguiçeys, com dous **besteyros**; em Triquilemalê dous **besteyros**; em Bate-calou quatro». — *Id.*, p. 958.

* **BETAL.** É uma divindade hindu, suposta personificação de Crixna, muito venerada pelas classes inferiores do Concão. Representa-se todo nu, como Príapo da mitologia greco-latina. Os seus ministros são da casta sudra. Do conc. *betāḷ*, mar. *viṭhṭhal*.

1525. — «Fora dos muros da cidade da bamda do norte tem tres pagodes muy fermosos, o qual hũu se chama **Vitella**». — *Chronica de Bisnaga*, p. 98.

1614. — «Hum destes idolos se chamava **Vithelá** Chendai; tem seis braços, e huma só cabeça, e está arrimado a dous idolos pequenos que tem a cada parte». — Diogo do Couto, *Déc.* VII, III, 12.

1687. — «Ouue hum Pagode de menor nome e veneração que o de Maturê, dedicado ao seu Deos Perumal **Betal**; que conforme crem, e relatão da sua vida em tudo foi semelhante a Priapo. Os Gentios de Concão de Goa lhe chamão **Betâlu** e sua escultura he a mais torpe, que se pode representar aos olhos humanos, digna só de ser reuerenciada por brutos, que tem a sensualidade por bem auenturança». — P. Fernão de Queiroz, *Conquista de Ceylão*, p. 33.

1890. — «Nos pagodes em que os *gurous*, ministros de castas inferiores, se tem mantido contra os brahmanes, e pertencem-lhes todos os de **Vetal**, depois de invocações solemnes, o deus entra lhes no corpo, que se contorce em movimentos epilepticos, ao som de uma musica infernal e falla pela bocca d'elles». — António de Almeida Azevedo, *As Communidades de Goa*, p. 33.

**BÉTELE, bétel, betle, bétere, betre.** É o nome da fôlha de *Piper betle*, Linn. Por *betle* também se entende o afamado mesticatório da Índia e da Indo-China, por constituir o seu invólucro em forma de canudo e o seu ingrediente principal, sendo os outros a areca, o cato, a cal de ostras e, às vezes, substâncias aromáticas. Atribuem-se-lhe muitas propriedades benéficas, e mascam-no, como na Europa se faz com o tabaco, homens e mulheres, especialmente depois das refeições; e é de civilidade oferecê-lo aos visitantes. O seu oferecimento e aceitação é sinal de amizade e de acôrdo ou pacto. V. *atambor*.

O étimo de *bétele* é o malaiala *veṭṭila*, composto de *veru*, «simples», e *ila*, «fôlha», isto é, fôlha por antonomásia. As línguas neo-áricas também lhe chamam *pān*, «fôlha», donde o indo-inglês *pawn*, e à planta *pān-vêl*, «tropadeira de fôlha». Onde, porêm, *pān* é igualmente o nome do tabaco, como em Goa, distingue-se um objecto do outro, quando é necessário, com as locuções *khāvuñchem-pān*, «fôlhas de comer», e *odhechem-pān*, «fôlha de fumar». Em landim também se diz *folie* por «tabaco».

As formas *bétele* e *bétere* são as mais antigas; *betle* e *betre* são as suas contracções, sendo *betle* modernamente mais usado na Índia. Bento Pereira também regista *béter*. O vocábulo *catre* passou igualmente por idêntico processo [1].

1500. — «Tanto homens como mulheres trazem todo o dia na boca huma folha de **betele**, que tem a propriadade de a fazer vermelha, e os dentes negros: os que não fazem isto são homens de baixa extracção. Quando algum morre, os que devem trazer luto tingem os dentes de preto, e não comem desta folha durante alguns mezes». — *Navegação de P. A. Cabral*, cap. 12.

1502. — «E porque era costume quando se acertauão os preços das compras e vendas, dar-se **betelle** aos mercadores, e elle o não tinha, em lugar de **betere**, pera todos os que aly estauão presentes lhe mandou dar mil cruzados meudos em ouro». — Gaspar Correia, *Lendas*, I, p. 314.

1513. — «Que hão de saber estes taes do negocio da india ençarrados em cochim e em cananor, cheos de **betele**, de negras e a destro e sestro?». — Afonso de Albuquerque, *Cartas*, I, p. 408.

1516. — «Ha ho qual **betele** nós chamamos *folio Indio*, que tem a folha como tanchage» [2]. — Duarte Barbosa, *Livro*, p. 286.

1516. — «Folio indio he o **betelle**. O milhor de qá he do reyno de Goa.... Verde, he substanciall, com avelana India, ou areca, e com a call... Faz grandemente digerir, conforta o cerebro, arreiga os dentes, que os homẽes de qá, que ho comem saam de oytenta anos, e tem todos os dentes gerallmente sem lhe falecer algum». — Tomé Pires, *Carta a elrey, apud* Cardeal Saraiva, VI, p. 425.

1525. — «Este **betre** he hũa erva que tem a folha como a folha de pimenta, ou a era da nossa terra, esta folha comem sempre». — *Chronica de Bisnaga*, p. 85.

1526. — «Qualquer peão que for com recado que comprir a nosso serviço e arrecadação de nossas rendas, dar-lhe-hão cada dia que lá estiver sem o despacharem, duas medidas de arroz para seu comer e hum real para **betre**». — *Foral* de D. João III, in *Archivo*, V, p. 130.

1536. — «O Rey de Repelim estaua em suas casas com sua gente, e fazia zombaria de os nossos auerem de chegar a suas casas, porque elle tinha dado o **betele** a todos os seus, que era o sinal de todos morrerem ante elle». — Gaspar Correia, *Lendas*, III, p. 768.

1546. — «... o **betere**, que são humas folhas de tanchagem, que elles costumam comer continuamente, porque lhes faz bom bafo, e purga as humidades do estomago». — Fernão Pinto, *Peregrinação*, cap. 177.

1552. — «Tinha na mão hum prato d'ouro com folhas de **betelle** que elles vsão remoer, para lhes confortar o estomago». — João de Barros, Déc. I, IV, 8.

1559. — «Aqui [em Zanzibar] vi a primeira vez as arequeiras arvores na India tão frescas e estimadas pello fructo que se come com o **betele** o qual ia trepando por ellas ao modo de eras». — P. Monclaio, in *Bol. S. G. L.*, IV, p. 499.

1563. — «O nome em malavar he **betre**, e em decamim *pam* [aliás *pān*]; e em malaio *ciri*». — Garcia da Orta, Col. *do betre*.

1566. — «Ho qual **betelle** he huma folha tamanha, quomo de tanchagem, e quasi da mesma feição, cresce como a era apeguada as arvores, ou em latadas». — Damião de Góis, *Chron. de D. Manuel*, I, cap. 41.

1572:

> «Bem junto delle um velho reverente,
> Co'os giolhos no chão, de quando em quando
> Lhe dava verde folha de herva ardente
> Que a seu costume estava ruminante».
>
> Camões, *Lusíadas*, VII, 58.

1577. — «Quando o Rey, ou senhor quer restituir a honra a algum dos flagellados, dalhe **betle**, pano, cabaya, ou touca». — *Primor e Honra*, fl. 8 *v*.

1585. — «E ey por bem e mando que lhe sejão pagos seus ordenados pela renda do **betre** desa cidade de Goa». — *Carta Régia*, in *Archivo*, III, p. 36.

1602. — «Mas achasse [acha-se] que foi sempre tão continuada dos estrangeiros, que andaua entre elles por adajo, vamonos recrear ás frescas sombras de Goa, e a gostar da doçura do seu **betre**». — Diogo do Couto, Déc. IV, x, 4.

1613. — «Povoado de Monancabos do tratto de **betre**, planta aromatica pera mastigar com mistura de cal, e areca pera conservação do estomago». — Manuel G. de Erédia, *Declaraçam de Malaca*, fl. 10.

1616. — «Usam tambem dia e noite mascar **Betel** como fazem todos os Indios». — Pyrard de Laval, *Viagem*, II, p. 96.

1617. — «Costumão trazer o **Bettele**, que he hũa folha como de hera, cujo sumo de qualidade he quente». — *Conquista de Pegu*, cap. 13.

1635. — «E lhes offerecem logo sacrificio de **betre** e areca». — António Bocarro, Déc. XIII, p. 151.

---

[1] «A forma *bet(e)re* explica-se perfeitamente. Suprimido que seja o *e* da segunda sílaba de *bétele*, resulta *betle*, e *tl* é grupo de sons intolerável em português». — Gonçalves Viana, *Apostilas*.

[2] Yule nota: «*Folium indicum* of druggists is, however, not *betel*, but the wild cassia».

1645. — «... de que muito se admirou a Rainha, e chamou junto a si o mais ancião, e lhe offereceu **betre**, que he hum grande mimo e favor, fazendo de sua mão um prato». — Fr Jacinto de Deus, *Vergel das Plantas*, p. 147.

1663. — «Dá muito gengibre, **betele**, que he a mais prezada e fragante erva do mundo, muito ananaz, bananas, jácas, e mil outras fructas». — P. Manuel Godinho, *Relação*, p. 14.

1695. — «He **Betle** huma folha muito uzual na India, e que sempre a comem os naturaes com cal, e huma fructa que chamão *Areca;* e ainda que os ingredientes de cal, e Areca, tão dura como pao, parecem asperos: o que resulta, sobre ser proveitoso para a vida, não he para o gosto desabrido». — Cosme da Guarda, *Vida de Sevagy*, p. 68.

1842. — «Alguma [areca] se consome no uso de a mascar, assim como o **Betele,** folha de uma especie de vide de que fazem muita estimação, particularmente os gentios». — *Annaes Maritimos*, p. 268.

1866. — «Um bigode denso e azeviche cobria-lhe os beiços delgados e tintos de **betle**». — Francisco Luís Gomes, *Os Brahamanes*, p. 26.

1873. — «O **betel** ou **betle** que precisa de igual lentura e de esteio que o supporte, se enrosca e trepa n'essas columnas vivas [arequeiras] e lhes dá um vestuario elegante». — Bernardo da Costa, *Manual do Agricultor*, II, p. 192.

1874. — «Sentámo-nos a descançar um pouco no atrio ou alpendrada do pagode, onde a cortezania dos hospedeiros nos offereceu flores, assucar, e areca e **betle,** que é entre os gentios a offerta de maxima distinção». — Tomas Ribeiro, *Jornadas*, II, p. 116.

1886. — «Ha duas especies de **betle,** a branca e a negra; a primeira é mais estimada, e o fructo similhante ao da pimenta redonda é raro e não empregado na masticação, como as folhas». — Lopes Mendes, *A India Portugueza*, II, p. 143.

1898. — «O **betel,** como os estudiosos sabem, é uma planta sarmentosa da familia das piperaceas. Os indigenas da India usam embrulhar n'uma das suas folhas areca e cal virgem, que ingerem». — Oliveira Mascarenhas, *Atravez dos Mares*, p. 111.

1908. — «Quando um europeu visita um indio, a primeira cousa que este faz é offerecer-lhe a areca e cal, envoltas n'uma folha de **bétle,** para lhe desejar a boa vinda». — Hipácio de Brion, *A India Portugueza*, p. 26.

1510. — «O ueramente di non mangiar **betole,** le quali sono come foglie di aranzi, le quali vsano loro di continuo à mangiare». — Barthema, *apud* Ramúsio, I, fl. 160.

1520. — «Et lo tagliano [a areca] in quattro pezzi, & poi ne inuiluppano ciascuna parte nella foglia d'un arbore che è chiamato **Bettre,** le quali foglie sono simili à quelle del lauro». — Pigafeta, *ibid.*, fl. 358.

1578. — «El quale [bétele] es aromatico, cordial, y confortatiuo del estomago, resolutiuo de las ventosidades, restauratiuo de las muelas que andan...». — Cristóvão da Costa, *Tractado*, p. 139.

1583. — «Qua tutti hanno li denti neri come ebano, il che causa questo **bettre** [em outra parte diz *betle*]... Qua non hanno mai dolori di denti, e tutta questa generazzione ne mangia. Il re quando favorisce uno gli dà una foglia di **bettre**». — Filippe Sassetti, *Lettere*, p. 213.

1589. — «Les feuilles de **Bettela** ou **Betra** sont fort communes entre les Indiens qui en mangent continuellement». — Linschoten, *Histoire*, p. 109.

1623. — «Son di una pianta qui chiamata *Pan*, ma in altri luoghi d'India **Betle**. Le quali foglia gl' Indiani vsano tutto'l giorno di masticare, ò sia per sanità, ò per trattenimento, e per delitia». — Pietro della Valle, *Viaggi*, III. p. 28.

1631. — «Praeter hoc peculiare habemus nobile medicamentum, quod conficitur ex Arecca et **Betele,** et calce viva ex ostrearum conchyliis usta, quod masticando pituitam è capite elicit, eamque, quae in vintriculo est, consumit, et probibet, ne vaporibus caput impleat, unde hi catarrhi nascuntur». — Bontius, *Hist. Naturalis*, p. 28 [1].

1644. — «I Portoghesi chiamano questo frutto *Areca*, e non si mangia solo, ma s'inuolta in certe foglie di **Betle,** assai in tutta l'India nato». — P. António Cardim, *Relatione*, p. 50.

1658. — «Frà le piante, che dagl' Indiani sono tenute in maggior stima, e del possesso delle quali molto si preggiano, quella del **Betel** è singolare per la cui conservatione si occupano con tanta diligenza, che la custodiscono non solo dal tocco delli animali, ma ancora d'ogn' altra persona non pratica della loro conditione, essendo di natura delicatissima, facile a seccarsi». — Fr. Vincenzo Maria, *Viaggio*, p. 372.

1666. — «**Betlal** est un petit paquet composé de feuilles fort delicates et de quelques autres choses avec un peu de chaux de coquilles de mer, ce qui rend la bouche et les lèvres vermeilles, et rend l'haleine douce et agréable». — Bernier, *Voyages*, I, p. 16.

1666. — «Pour une seule feüille de **Be-**

---

[1] «Nunc si quis sententiam me de harum rerum usu roget, dicam libere quod sentio, id est, me masticationem hanc longe praeferre fumigio Nicotianae, seu Tabaci». — *Id.*, p. 91.

**tlé** dérobée, ils font mourir un homme» (no Malabar). — Thevenot, *Voyages*, III, p. 267.

1674 — «**Betéle** es una planta cuyas hojas pulverizadas con cal y areca, mazcan y chupan los Indios para conservar los dientes, fortalecer lo estomago, y induzir la Venus humana». — Faria y Sousa, *Asia Portuguesa*, II, p. 680.

1676. — «Le Nabab témoigna que notre compliment ne lui avoit pas déplû, et après qu'il nous eut fait présenter le **Betlé** nous primes congé de lui et rentrâmes dans la Ville». — Tavernier, *Voyages*, III, p. 248.

1770. — «Le **bétel** est une plante qui rampe et qui grimpe comme le lierre... On ne peut pas se separer avec bienséance pour quelque tems, sans se donner mutuellement du **bétel** dans une bourse: c'est un présent de l'amitié qui soulage l'absence. Personne n'oserait parler à son supérieur, sans avoir la bouche parfumée de **bétel**». — Raynal, *Histoire*, I, p. 168.

1782. — «Le **Bétel** est la feuille d'une plante du genre du poivre: on la place au pied d'un arbre, sur lequel il grimpe; la feuille ressemble à celle du poivrier. On la prépare avec de la noix d'Aréque et un peu de chaux brûlée, faite de coquillages». — Sonnerat, *Voyages*, I, p. 48.

1786. — «Sono assai richi e commercianti con pepe, con cardamomo, con *Pacca* od *Areca*, che è una noce Indica, la quale serve di cibo agl' Indiani col **Bettila**, foglio aromatico». — Fra Paolino, *Viaggio*, p. 76.

1860. — «In the chewing of the areca nut with its accompaniments of lime and **betel**, the native of Ceylon is unconsciously applying a specific to correct the defective qualities of his daily food... In Ceylon, its use is mentioned as early as the fifth century before Christ when «**betel** leaves» formed the present by a princess to her lover». — Emerson Tennent, *Ceylon*, I, pp. 139 e 438.

1908. — «The name *Betel* or *Betle* is Malayan (*sic*) in origin and simply means «a leaf», and came to English through the Portuguese **Betre**». — Watt, *The Commercial Products*, p. 83.

**BETRAL.** Plantação de *bétele*.

1604. — «Bosques serrados de arecais, **betrais**, jaqueirais». — Diogo do Couto, Déc. V, VI, 4.

* **BÉTUNE** (malaial. *veṭṭuvan*). Nome duma casta baixa do Malabar, que se ocupa em fabricar sal e em cultivar arroz.

1516. — «Ha nesta tera do Malabar outra ley dos Gentios mais baixa ha que chamaom **Betunes** cujo oficio he fazer sal, e semear arôs, nem uivem de outra cousa». — Duarte Barbosa, *Livro*, p. 337.

1894. — «Tinham que tornear o arrozal miasmatico, do meio do qual um misero **betune**, ocupado na plantação, erguia a cabeça bronzeada e tonsa, com um gesto de espanto». — Lopes de Mendonça, *Os Orphãos de Calecut*, p. 191.

**Bezoar.** V. *bazar*.

**BÍA, BIBLÁ.** São os nomes que, conforme Lopes Mendes, se dão em Damão a uma árvore de madeira (*Pterocarpus marsupium*, Roxb.), que em concani se chama *āsaṇ* ou *pāle-āsaṇ* (vid. *assune*), e em português, segundo D.-G. Dalgado, *tanoma quino* ou *quino* de Amboina. *Biá* é do guz. *biyo*, e *biblá* do marata-guz. *biblā*.

1886. — «**Biá** ou **biblá**... arvore de grandes dimensões, servindo a madeira para construcção dos madeiramentos das casas, mas pouco apreciada por ser accessivel á humidade». — *A India Portuguesa*, II, p. 249.

1898. — «A madeira é forte e duravel. A casca é adstringente. É d'esta arvore que se extrahe o kino no Canará». — D. G. Dalgado, *Flora*, p. 57.

1886. — «Pterocarpus marsupium, **bio** or **bibla**. This tree is found only in large forest tracts. To get at the leaves, an excellent fodder, professional cattle breeders often do great damage to the trees. Its timber is valuable for building purposes, being second only to teak».—*Bombay Gazetteer, Botanical vol.*, p. 394.

* **BIBAS.** Usa-se o termo em Macau, para designar as «nêsperas».

1902. — «O dr. Gomes da Silva divide as fructas do sul da China:... «Astringentes: marmello, **bibas**, vompite, guyava»... Segundo Debeaux, o nome de **bibas**, dado pelos europeus, vem do chinez *Pi-po*, pelo qual é conhecida a nespera, alem da designação mais vulgar de *tsenpi-tze*». — *Ta-ssi-yang-kuó*, II, III, 3.

* **BIBI** (hindustani-persa *bībī*). Senhora, princesa muçulmana.

1330. — «A significação de **Bibi** he entro elles a fôrra». — Ben-Batuta, *Viagens*, I, p. 343.

1563. — «... e outro menor por nome Melique Abrahemo, de outra sua molher Chan de **biby**, irmãa de Nizamaluco». — João de Barros, Déc. IV, VII, 2.

1612. — «Recolheo no seu navio o Cid Ali, e a **Bebi** (*sic*) com a sua fazenda... e ao Cid e **Bebi** mandou agazalhar e correo com elles muito bem... e a **Bebi** foi presa pela Inquisição por cousas que não sabemos». — Diogo do Couto, Déc. X, iv, 11.

1615. — «Os de raça nobre juntam ao seu nome a palavra *Tucurú*, que significa a sua qualidade de nobreza, e as suas mulheres **Bybis**». — Pyrard de Laval, *Viagem*, i, p. 182.

1740. — «Cependant elles voyent volontiers l'image de la Sainte Vierge: elles lui font d'abord la révérence: elles l'appellent **Bibi** *Miriam*, Dame Marie très-chaste». —*Lettres Édifiantes*, xxv, p. 470.

**BIBIÓ** ou **tigre bibió**. É o nome que se dá em Goa à pantera, tirado do concani *bibyó* (corrução de *bibḷó*, mar. *bibḷā*) *vāgh* — tigre que tem pintas semelhantes ao *bibó* ou anacardo. Também se diz em concani *bibṭó*, de *bibaṭ*, outro nome do anacardo.

1874.—«Viam passar as *chitellas*, os *merús* e as rapozas; mas guardavam os seus tiros para o tigre, a panthera (**bibiós**), a hyena, o chacal». — Tomás Ribeiro, *Jornadas*, ii, p. 277.

1898. — «Um de nós já foi victima duas vezes d'este contratempo, uma d'ellas, de noite, e em local muito percorrido pelos tigres **bibiós**». — Oliveira Mascarenhas, *Atravez dos Mares*, p. 40.

1912:

> «Vou. Tenho imenso prazer
> de assistir a uma lambada
> ao b.bió, merú ou chitela...».
>
> *O Instituto*, vol. lix, n.º 6.

1916. — «Ha poucos dias, por um caçador de nome Purxotoma Forzento foi caçado um tigre **bibtó** que no dia antecedente matara um bizerro». — *O Ultramar*, de 2 de Março.

**Bibó**. V. *anacardo*.

**BIBOI**. Anacardeácea *Holigarna Grahamii*, Hook. «Muito commum na margem dos vallados. O succo oleoso do fructo pode ser aproveitado para verniz». D. G. Dalgado. Do concani *biboï*.

* **BIBORALA**. É o mesmo que *mirabólano belérico*. Parece que o vocábulo é deminutivo de *bibó*, por ser o fruto mais pequeno.

**BIÇA**. Pêso usado na Índia meridional e em Pegu e Barmá, de ordinário equivalente a 40 onças. Os ingleses chamam-lhe *viss*. O étimo é o tam. *visei*, em birmanês *peik-tha*.

1545. — «Que lhe daria [o rei de Martabão] trinta mil **biças** de prata, que era hum conto de ouro... Trinta mil **biças**, de quinhentos cruzados cada **biça**». — Fernão Pinto, *Peregrinação*, cap. 148.

1552. — «Neste reyno [do Pegu] não se laura moeda, e correm por ela hũas bacias velhas de que se seruirão e sam de fuzileira, por peso se compra tudo coelas: ho peso comum se chama **biça** que he dous arrateis e meyo e tem cem miticaes». — Castanheda, *Historia*, v, cap. 11.

1554. — «O *baar* do Peguu tem 120 **biças**, cada **biça** pesa 40 onças». — António Nunes, *Lyvro dos Pesos*, p. 38.

1635. — «E para [o pegu de Banhadelá] poder sustentar aquella guerra se apoderou de passantes de quinhentas **biças** de ouro, que cada **biça** tem dois arrateis e mais dos nossos». — António Bocarro, Déc. xiii, p. 130.

1582. — «Ogni **biza** fà mezzo ducato». — G. Balbi, *Viaggio*, fl. 106 *v*.

1776. — «Una **Bisa** pesa trenta quattro oncie di nostro peso». — Fra Paolino, *Viaggio*, p. 53.

1855. — «The King last year purchased 800,000 **viss** of lead at five tikals for 100 **viss**». — In *Glossary*.

* **BICARNA-SINGA**. Comandante geral do exército dos reis de Ceilão. Do sing. *vikramasiṁha*, que literalmente quere dizer em sânscrito «leão de valor».

1616. — «O Capitão do campo de Raju, que por sua linguagem lhe chamavão **Bicarnasinga**...». — Diogo do Couto, Déc. VIII, i, 3.

1635. — «Depois de ser **bicanasinga**, que é capitão geral d'elrei de Candia». — António Bocarro, Déc. xiii, p. 508.

1687.—«Não se satisfazendo com o cargo de **Bicarna Singa**, que já tinha, pretendeo casar de nouo com a Irmã do Rey minino». — P. Fernão de Queiroz, *Conquista de Ceylão*, p. 383.

«Fugio outra vez para Columbo, e em serviço do Estado, fez taes, e tantas proezas, que mereçeo o titulo de **Bicarna Singa**». — *Id.*, p. 385.

«Os Principes fiados em suas promessas, e para animar outros a semelhantes treyções, o fizerão *Modeliar* **Bicarna Singa**, que como já dissemos, ual tanto como Geral, e segunda pessoa na guerra». — *Id.*, p. 450.

1913. — «... the greater portion of which was appropriated by Domingos Correa who was at the time created *Wikramasinha*». — P. E. Pieris, *Ceylon*, i, p. 285.

«**Bicarnasinga**. All the Portuguese writers give this name to the chief commander of the Sinhalese forces. It would seem to have been the recognized *patabendi name* [= título de dignidade] of the *Maha Senadhipati* (= generalíssimo)». — *Id.*, p. 551.

* **BICHARA.** Consulta, conferência; interrogatório. Sânsc. *vichāra*, prác. *vichār*, *bichāra*.

1540. — «Se ajuntarão todos em huma consulta, a que elles chamão **bichara**». — Fernão Pinto, *Peregrinação*, cap. 52.

* **BICHO.** Figura o termo na literatura luso-indiana com o significado de «criado de pouca idade», como a palavra *boy* em indo-inglês. Linschoten (1589) intercala algumas estampas coloridas na sua interessante obra, com legendas portuguesas, entre as quais aparece a de *bicho*, que figura como pagem, no cortejo do fidalgo a cavalo ou em palanquim.

1629. — «Declaro que um **bicho** por nome Manuel que serve na Igreja aos padres que serva oito annos, e depois lhe dei a sua liberdade». — In *O Oriente Portuguez*, v, p. 27.

1764. — «Paguei huma tanga quinze reis, a quatro **bichos** (rapazes, termo antigo damanense) meyo dia para alimpar as ruas e deitarem fora o çujo». — *Ibid.*, p. 99.

* **BICHO DE PALMEIRAS.** É o que se chama no português de Goa «harda», e *tschūnī* em concani — *Sciurus palmarum*.

1589. — «Par ces mesmes arbres courent certaines bestiolettes qu'ils nomment **Bichos de Palmeiras**, c'est à dire bestioles de la Palme, semblables à des furets, ayant la queue comme celle de l'escurieu, le poil tacheté, lesquelles on recherche pour plaisir et passetemps». — Linschoten, *Histoire*, p. 86.

1658. — «L'India non abonda d'alcun animale più del *Palmerino*... Chiamasi perciò *Palmerini*, perchè nelle Palme hà il nido, l'origine, l'abitatione, ed il pascolo, nutrendosi delle foglie più tenere, e delli fiori delle medesime». — Fr. Vincenzo Maria, *Viaggio*, p. 413.

1674. — «Squirrels delicately streaked White and Black, run about the House, and on top of Terraces». — Fryer, *East India*, I, p. 291. — Nota do editor: «The pretty *palm*, or common striped squirrel».

1690. — «Tertio. Animalculum quoddam forma Sciuri, malaice *Tupe* [tupai], Portugallis **Bicho de Palmeira**». — Rumphius, *Herbarium Amboinense*, I, cap. 2.

1823. — «The *Indian squirrel*, which abounds in the park, is smaller than ours, more of an ash colour, with two black and white streaks down its back; and not only lives in trees, but in the thatch of houses». — Heber, *Narrative*, I, p. 74.

* **BICHO DO MAR.** É o nome que os portugueses deram à *holothuria* e que os franceses e os ingleses corromperam em *biche-de-mer* e *bech-de-mer*. Pesca-se principalmente nos mares da Oceânia, e exporta-se, sêco e fumado, para a China, onde é reputado afrodisíaco e empregado na composição de muitos guisados e petiscos.

1840. — «Fornecem as suas praias grande abundancia e variedade de **bicho do mar**, que secco compram os Chinas por bom preço para as suas iguarias». — *Annaes Maritimos*, p. 40.

1881. — «A pesca é facil [em Timor] quando espraia a maré, e apanham o **bicho do mar** nas restingas e donde ha pedras». — José Vaquinhas, *Timor*, in *Bol. S. G. L.*, II, p. 740.

1898. — «**Bicho do mar**. Holuthuria, nome que os portuguezes deram e pelo qual é conhecido, se bem que alguns escritores inglezes lhe chamem «sea slugs». — Joaquim Calado Crespo, *Cousas da China*, p. 232.

1900. — «**Bicho do mar**. É uma especie de *Holothuria*, chamada pelos malaios *Tripang*, pelos chinezes (pelas suas qualidades aphrodisiacas) *hai-san*, ou *hoi-san*, conforme os dialectos, e significa *gin-seng* do mar, nome que os portuguezes primitivamente lhe deram. É do feitio d'uma enguia grossa, cujo comprimento chega a dez pollegadas inglezas e a largura a duas; excedendo muitas vezes estas dimensões». — *Ta-ssi-yang-kuó*, de Abril.

1860. — «... the preparation of the holuthuria, which are found on the coral polypi, and are captured to be dried in the sun, and exported to China under the name of *tepang* [trepang] and **bicho de mar**». — Emerson Tennent, *Ceylon*, II, p. 5770.

1908. — «**Bêche-de-mer**... These edible sea-slugs are found on the coast of the Mediterranean, the Eastern Archipelago, Australia, Mauritius, Ceylon and Zanzibar, whence they are occasionally brought to Bombay for re-export to China». — Watt, *The Commercial Products*, p. 122.

1914. — «Other exports are rattans and Gurgan oil, trepang **bech-de-mer**, tortoise shells and edible birds' nests». — *The Modern Review*, de Junho.

**BICO.** Religioso budista, que vive de esmolas. Do páli *bhikku* < sânsc. *bhikṣu*; em siamês *pikkhu'* [1]. V. *talapão*.

[1] Domingos Vieira diz que *bicar* é «nome dado aos penitentes indianos, que vivem nús, e não cortam o cabello nem as barbas». Nas linguas indianas *bikhār* ou *bikhārī* é simplesmente «mendigo».

1545. — «Dos quaes [sacerdotes] muytos tinhão differentes nomes, como são grepos, talagrepos, roolins, neepois, **bicos,** sacureus, chanfarauhos, os quaes todos pelas vestiduras de que hião ornados, e pelas divisas, e insignias que levavão nas mãos, se conhecião». — Fernão Pinto, *Peregrinação*, cap. 160.

1612. — «Haa por todos estes reinos muitos religiosos de differentes regras: vns a que em Pegú chamão Talapois, e em Sião **Bicos:** e em Camboja, Chikús». — Diogo do Couto, Déc. V, VI, 1.

1298. — «There is another marvel performed by those **Bacsi,** of whom I have been speaking as knowing so many enchantments... There are some among these **Bacsi** who are allowed by their rule to take wifes». — Marco Polo, I, pp. 292 e 293. — «**Bakhshi,** is generally believed to be a corruption of *Bhikshu*, the proper Sanskrit term for a religious mendicant, and in particular for the Buddhist devotees of that character. *Bakhshi* was probably applied to a class only of the Lamas, but among the Turks and Persians it became a generic name for them all».— Yule, *ibid.*, p. 365.

1786. — «**Bhikshu,** ossia mendicanti, che vivono di elimosine». — Fra Paolino, *Viaggio*, p. 230.

1884. — «Les Religieux Buddhistes paraissent avoir été dès l'origine, divisés en deux catégories: celles des Sramanas ou ascètes contemplatifs, et celle des **Bhikshus** ou mendiants». — Mgr. Laouenan, *Du Bhrahmanisme*, I, p. 423.

* **BICUNI** (s. f.). Freira budista. Do páli *bhikkhunī* e sânsc. *bhikṣuṇī*.

1578. — «Está hum mosteiro de freiras em Funáy, as quaes em Japão se chamão **bicunis** que tem grossa renda, e pelo principe saber que ordinariamente as **bicunins** são de mao viuer, dizem que lhe mandou dizer...».—P. Luís Fróis, *Cartas de Japão*, I, fl. 425.

1697. — «Não faltão mosteiros de monjas, que elles chamão **Biconis,** virgens na apparencia, e verdadeiramente deshonestas como os seus Bonzos». — P. Francisco de Sousa, *Oriente Conquistado*, I, IV, 1.

1674. — «Asylos tambien de Mujeres, a que llaman **Biconies,** con la misma profession de continencia, tan mal guardada entre ellas como entre ellos». — Faria y Sousa, *Asia Portuguesa*, II, p. 767.

1754.—«On les nomme **Biconis** ou **Bicunis,** et nos Relations leur ont donné le nom de *Bonzies*». — P. Charlevoix, *Hist. du Japon*, I, p. 257.

* **BIGA, viga** (hindust. *bīghā* < sânsc. *vigraha*). Medida agrária da Índia, de variável extensão, conforme as regiões.

1820. — «Ouvera um *formam* do Imperador Mogol, cedendo 760 **Vigas** de terreno, o qual existe no cartorio do collegio, que essa congregação tem n'aquelle porto [de Uguli]... O Imperador de Mogol concedeo aos Padres, e Christãos 777 **bigas** de chão». — *O Chronista de Tissuary*, I, pp. 60 e 61.

1886. — «... tendo cada **viga** 20 bambus quadrados de 4 covados cada um». — Lopes Mendes, *A India Portugueza*, II, p. 244.

1890. — «N'essa aldeia as rendas constituem um fundo, de que se tira a contribuição, e o resto divide-se pelos gancares, como diriamos em Goa, calculando-se os seus quinhões por fracções de rupia ou da **bigha,** unidade das medidas agricolas de extensão».—António de Almeida Azevedo, *As Communidades de Goa*, p. 124.

1900. — «Paga-se de *chot* por cada **viga** de terra de varzea com as respectivas terras altas dez annos». — António F. Moniz, *Historia de Damão*, I, p. 168.

1824. — «The usual rent for rice-land in Bengal... is two rupies a **begah,** or about twelve or fifteen shillings an acre». — Heber, *Narrative*, I, p. 88.

**BILIMBIM** (*blimbee* em indo-ingl.). Fruto de **bilimbeiro** — *Averrhoa bilimbi*, Linn. Do mal. *balimbing*. Usa-se o fruto na Índia para caril, *achar*, *balchão* e compota. V. *carambola*.

1563. — «Chamase em canarim e em decanim *camariz* [1], e, em malaio, *balimba*».— Garcia da Orta, Col. XII.

1782. — «Vê-se outra com o nome de **bimbileiro,** que ordinariamente se dispõe e encontra nas hortas por causa do seu fructo acido, sucoso, esverdeado, entrar na composição; supre e excede o limão neste ministerio, pois não só aduba, mas elle mesmo serve de gostosa comida; igualmente serve para doce assim como a ginja na Europa, e para achar ou conserva». — Fr. Clemente da Ressurreição, *Tratado*, II, p. 338.

1846.— «*Tendulins*, **Bilimbins,** Melão, *Moguem*». — F. N. Xavier, *O Gabinete Litterario*, I, p. 249.

1878. — «O **bilimbim** é estimado e tem sorte melhor que a *caramboleira*; rara será a casa que não possua o seu **bilimbeiro** e que o não regue; são os nossos tomates perennaes. Do mesmo modo que estes na Europa, aquelles temperam na India as comidas». — Bernardo da Costa, *Manual do Agricultor*, II, p. 216.

1902. — «Acidas: laranja, tangerina,

[1] Em concani chama-se, pelo menos actualmente, *bilimbém* ou *bimblêm*, pl. *bilimbim* ou *bimblim*.

limão, tamarindo, carambola, **bilimbim**». — *Ta-ssi-yang-kuó*, II, III, 3.

1631. — «Eodem modo incolae condiunt radices recentes Zinziberis, Galangae, cum fructibus Manga, Carambola, **Billing-bing**, Curcuma». — Bontius, *Hist. Naturalis*, p. 9.

1658. — «La pianta del **Bilimbio** è arbore di mediocre grandezza, molto curiosa, e vaga alla vista, per onde nei Giardini riesce giontamente d'vtilità, ed ornamento». — Fr. Vincenzo Maria, *Viaggio*, p. 37.

1908. — «The fruits of the **Bilimbi** ripen about the middle of summer and are used in pickles and curries. The flowers also are sometimes preserved». — Watt, *The Commercial Products*, p. 98.

* **BILVA** (bot.). É o mesmo que *cirifole*. Do sânsc. *bilva*.

1912. — «A importante efficacia de **bilva** na dysenteria chronica e diarrhéa é bem conhecida». — Caetano Gracias, *Flora Sagrada*, p. 25.

* **BIMO, bimão.** Seguro de mercadorias exportadas ou importadas, dado pelos capitalistas de Diu; aposta que se fazia acêrca do dia da chegada das embarcações, do tempo decorrido na viagem, da espécie da carga, etc. Do guz. *vimo* ou *vimā*, «seguro».

1747. — «O dolo que em Diu se praticou muitas vezes no uzo dos seguros que ali chamão **Bimos**, foi neste anno mais evidente na desordenada viagem de uma *pala* carregada para Meca... e representandome o dito Castelão que de se não haverem estabelecido penas aos transgressores da lei de 1688 que deu forma aos ditos **Bimos**, procedia ser frequente a transgressão, me pareceu conveniente mandar formar e publicar o alvará que faço presente a V. Magestade». — In *O Oriente Portuguez*, XI, p. 53.

1904. — «O jogo era tambem conhecido pela denominação de renda de **bimo** por isso que a pedra de **bimão**, eminencia sobre a qual se construira uma torre, chamada a torre de apostas, era em Diu o sitio onde estas se effectuavam e onde se vigiava o apparecimento de navios... Determinou em portaria n.º 16 de 24 de abril de 1856 que fossem abolidas as apostas em Diu». — *Ibid.*, pp. 404 e 406.

«Ficou sendo conhecida como *Torre de Vynnã*, palavra que o barbarismo corrompeu em **Bimá, Bimão,** e *Bimbão!*». — *Ibid.*, p. 627.

**BINGA** (sing. *bhiṅga*). É o mesmo que *ceilanite* ou variedade azul de espinela, que se encontra em Ceilão.

1613. — «... nas serras cristal, ouro, ferro e **binga**, que é uma piçarra, que depois de cozida se desfaz em tezes finas, como de cabellos alvos e transparentes, como de vidro, de que se uza muito nos sepulchros». — P. Manuel Barradas, *Hist. Tragico-maritima*, II, p. 25.

**BIOMBO.** É bem conhecido o seu significado — tabique móvel, formado de caxilhos, ligado por dobradiças. Mas nem todos sabem a origem da palavra; os lexicógrafos ignoram-na ou hesitam, havendo quem admita a hipótese da transição do termo português para o Oriente.

Não pode, porêm, haver nenhuma dúvida, à vista dos testemunhos abaixo aduzidos, que o étimo é o jap. *byóbu* ou *bióbu*. Os nossos japonistas do século XVI escrevem uniformemente *beòbu* e explicam o seu sentido; sómente pelo meado do século seguinte e fora do Japão ocorre a variante *biombo*, o que indica que a nasalização se operou dentro do português, como em *palanquim* de *pālkī*, V. *Contribuìções*.

1569. — «Sem mais apelação, nem agrauo se derribassem logo todos os *zaxiquis*, e camaras ricas deste mosteiro, e da mesma maneira que estauão com todos os **beòbus** (que são huns panos pintados que se dobrão) e paineis requissimos se tornassem a armar, e fazer na fortaleza para o *Cubócama*». — P. Luís Fróis, *Cartas de Japão*, I, fl. 259.

«Neste primeiro andar da sala estauão alguns quinze ou vinte *Iaxequis* com todos os **beòbus** (que são huns panos cosidos em ouro) com todos os fechos e crauações de ouro puro». — *Id.*, I, fl. 272 *v.*

1582. — «Huns dos fauores que digo foi que tendo o Nobunânga feito huns panos darmar da maneira que os senhores Japões usão, e são entre elles de grande estima, os quaes chamão **beòbus**, que auia hum anno que os mandara fazer pelo mais insigne pintor que auia em Japão, e nelles mandou pintar esta cidade nova com a fortaleza... O padre lhe mandou dizer quanto lhe contentarão os **beòbus**, do que Nabunânga ficou muito contente». — P. Gaspar Coelho, *ibid.*, II, fl. 39.

1585. — «Estavão ricamente ornadas conforme a tapeçaria de Japão, que he de **Beòbus** dourados, com historias antigas destes reinos e da China». — P. Luís Fróis, *ibid.*, II, fl. 164.

1608. — «Algũs **Biobos** da China, e Japão que foram os primeiros que tinhão entrado na Persia, e como taes muyto estimados, particularmente do Xá, que he muy affeiçoado à pintura». — Fr. António de Gouveia, *Relaçam da Persia*, fl. 176 *v.*

1668. — «... se colocarão na Capella mór que estava composta de alguns **byombos,** porque sem serem vistas do grande concurso do povo, que brevemente acudio, assistissem à Missa e Prégação» (no Aname). — Fr. Jacinto de Deus, *Vergel*, p. 132.

1701. — «Nobunanga lhe deo dous **biombos,** isto he, panos de armar, de tanta estima, que todos os desejavam ver». — P. Francisco de Sousa, *Oriente Conquistado*, II, IV, 2.

1749. — «Depois de lhe ter mostrado o seu palacio, e fortaleza, lhe deo hum **beobus,** que he huma especie de tapeçaria, na qual se mostrava debuxada a Cidade de Anzuquiama com todas as suas excellencias». — P. Crasset, *Hist. da Igreja do Japão*, II, p. 149.

1874. — «Voltam recordações indistinctas das pinturas dos vasos de porcelana que adornavam as salas de visita lá na Europa, e que o viajante em pequeno admirou, e elle reconhece, que não mentia o **biombo** cujos phantasticos desenhos o faziam sorrir». — Pedro G. Mesnier, *O Japão*, p. 99.

1882. — **Biombos** recamados de figuras, representando passagens historicas» (em Siame). — Henriques Prostes, *Bol. S. G. L.*, IV, p. 388.

1897. — «Dizemos **biombo,** que vem certamente de *biôbo,* termo japonez com significação identica». — Venceslau de Morais, *Dai-Nippon*, p. 26.

1906. — «O mesmo aconteceu ao vocábulo **biombo,** em japonês *biôbu* ou *biómbu*». — Gonçalves Viana, *Apostilas*, p. 161.

1910. — «De lá [Japão] troussemos igualmente os seguintes nomes: «**biombo**» (*biôbu* ou *biómbu*), «bonzo»... De todos estes mesmos únicos que ficaram verdadeiramente portugueses são **biombo,** *bonzo, catana* e *banzé,* se na realidade representa o japonês *banzai!* «viva». — Id., *Palestras*, pp. 175 e 193.

1640. — «Las otras aves que vemos pintadas en sus **biombos** e otros adornos que llegan a Europa, sin duda ay los más delles, puesto que siempre el arte favorezca, o altere en algo a la Naturaleza». — P. Semedo, *Imperio de la China*, p. 6.

* **BIRCO.** Ocorre a palavra na obra de Manuel Godinho de Erédia (fl. 50): «Cravo, massa, nós e sandalo, e a erba **birco,** e outras especiarias». Não se sabe claramente o que quer dizer; o mal. *birah*, se é o seu étimo, é o nome de *aroídeas.*

**BIRÓ.** Morais diz, e Vieira reproduz, que é termo da Ásia e que significa «bocado que se toma na boca de uma vez», e dá por exemplo «hum *biró* de betle». Não se emprega em nenhuma parte da Ásia tal vocábulo no sentido genérico de «bocado». *Viḍó* é, em concani, o invólucro composto de algumas fôlhas de bétele, contendo areca, cato, cravo, cardamomo, etc., o qual constitui o célebre masticatório indiano. *Biró,* que é a notação portuguesa da referida dição, não pode ter outro significado. O conc. *viḍī* («cigarro em forma de canudo»), dominutivo de *viḍó,* que se traduz de ordinário por «canudo», também se diz ocasionalmente *biddi*. V. *viddó.*

A ortografia exacta é *viró*: «Não repartam pelas pessoas que assistirem em casa do noivo ou da noiva **virós** de bétele e areca». *Decreto* da Inquisição (1736), in *O Oriente Portuguez*, IV, p. 234. Diz-se porêm *biḍô* em guzarate.

1727. — «**Byrô.** Val o mesmo, que bocado na lingua, que fallão as Portuguezas da India, e assim a quantidade de Betle e areca, que de cada vez se mete na boca, se chama hum **Biró** *de Betle*, e esta mesma porção se vende por um bazaruco». — Bluteau, *Supplemento.*

1898. — «Distribuidos ramos e **biddás** (pequenos embrulhos com areca) a todos os convivas, segue-se a ceremonia nupcial». — Oliveira Mascarenhas, *Atravez dos Mares*, p. 118.

1908. — «Many other names were appropriated to the nut or to the special preparation of leaf, nut, lime and spices mady to be chewn. This was first designated *bira* (*vira*) *viti* in Sanskrit». — Watt, *The Commercial Products*, p. 83.

* **BISÃO.** Dá-se na Índia êste nome de origem latina ao grande boi silvestre — *Gavaeus gaurus*, Jerdon, ou *Bos gaurus*, Blanford. Em indo-ingl. *bison.*

1782. — «Le premier [*gari*] est une espèce de belvéder, garni tout autour de rideaux, porté sur un petit chariot à deux roues, et trainé par de bœuf à loup (c'est le **Bison** blanc de Buffon)». — Sonnerat, *Voyages*, I, p. 32.

1673. — «The like Terror is conceived by the crushing noise among the Woods made by the wild Bulls». — Fryer, *East India*, I, p. 147. — Nota: «He probably means *Bos Gaurus*, the Gaur, the **Bison** or **Indian Bison** of European sportsmen».

1908. — «The *Gaur* or *India* **Bison** of the hill forets of the Indian Peninsula, Assam, Burma and the Malay Peninsula, ascending to altitudes of about 6,000 feet». —Watt, *The Commercial Products*, p. 733.

* **BISCOBRA** (hindust. *biskhoprā*, «concha de veneno»). É um grande lagarto da Índia, reputado muito peçonhento. J. L. Kiplin dá-lhe o nome scientífico de *Varanus dracaena*. O termo está admitido em inglês. V. *Glossário Anglo-indiano*, 2.ª edição.

1883. — «But of all the things on earth that bite or sting, the palm belongs to the **biscobra**, a creature whose very name seems to indicate that it is twice as bad as cobra. Though known by the terror of its name to natives and Europeans alike, it has never been described in the Proceedings of any learned Society, nor has it yet received a scientific name». — In *Glossary*.

* **BISMELA**. É a expressão empregada por Gaspar Correia, no sentido de «cerimónia que fazem os muçulmanos ao matar um animal para comer», do mesmo modo que os cristãos abençoam a sua comida. O seu editor nota: «Nos Diccionarios não se encontra esta palavra. Nem tampouco em Castanheda, que no Liv. VIII, C. LIV, menciona o facto, nem em Andrada, que o repetiu, supprimindo-a».

Em árabe, *bismillāh* quere dizer «em nome de Deus»; é a invocação geralmente usada pelos maometanos ao principiarem qualquer acto. *Bismil* significa «sacrificado».

1330. — «Tendo-o visto comer daquellas aves, e extranhando-lhe o seu procedimento, encheo-se de excessivo pejo, e me disse: eu pensava, que elles as tinhão degollado». — Ben-Batuta, *Viagens*, I, p. 338.

1536. — «O Rao ao outro dia, por mandado d'ElRey, mandou ao capitão da fortaleza corenta galinhas com as cabeças cortadas, dizendo que forão mortas pera ElRey cear hontem que chegára, e nom se fez d'ellas comer pera ElRey porque forão mortas á maneira dos portuguezes, sem o **bysmela**, que lhe nom fizerão, que he costume dos mouros». — *Lendas*, III, p. 746

1687. — «E ouue casado, que a petição deste Mouro mandou hum cafre seu para lhe matar a vaca, com *suas ceremonias*».— P. Fernão de Queiroz, *Conquista de Ceylão*, p. 607.

1673. — «After which Torture they as slowly cut their Throats, till they have finished a short Litany, which is the Priest's Office, if at hand; otherwise the Good Man of the House says Grace». — Fryer, *East India*, I, p. 68. — Nota: «No animal, except fish and locusts, is lawful food unless it is slaughtered, according to the Muhammedan law, by drawing the knife across the throat, and cutting the windpipe, the carotid arteries, and the gullet, with the words *bi'smi 'illāhi, Allāhu akbar*, «In the name of God; God is great».

1824. — «As I mount my new elephant, the same sort of acclamation of «*Bismillah!* Ullah Achar! Ullah Kureen!» was made by the attendants, as I have heard by the Nawâb's of Dacca's arrival and departure». — Heber, *Narrative*, I, p. 316.

* **BISSA** (própriamente *bixa*). Raiz venenosa de *Aconitura ferox*, Wallich. Do hindust. *bish* < sânsc. *visha*, «veneno».

1563. — «Dizem que o espique he suspeitoso na India porque delle se faz huma poçam ou composição venenosa chamada *pisso*, o qual *pisso* dizem que mata não tão somente per dentro, senam applicado por fóra». — Garcia da Orta, Col. L. — «É muito conhecida na India uma droga extremamente venenosa, chamada *bish*, do sanskrito *visha*, da qual parece que Christovão da Costa fallou, dando-lhe o nome de *bisa*». — Conde de Ficalho.

1554. — «Entre les singularités que le consul de Florentins me montra, me feist gouster vne racine que les Arabes nomment **Bisch**: laquelle me causa si grande chaleur en la bouche, qui me dura deux iours, qu'il me sembloit y auoir du feu».— Pierre Belon, in *Glossary*.

1578. — «... Sandalos blancos y Atincar, y rayz de **Bisá** (que es vna rayz, que viene de las sierras de Bengala y Patane) y de las hojas de *Bangue* (que es vna yerua como liño cañamo)». — Cristóvão da Costa, *Tractado*, p. 90.

1855. — «**Bish**... Poison in general, but usually applied to a root used sometimes in medicine (*aconitum ferox*)». —Wilson, *Glossary*.

1908.—«These roots are in India traded in under the name «Nepal Aconite», **bish**, *bikh*, etc.». — Watt, *The Commercial Products*, p. 20.

**BISTE**. «Antiga moeda persa, de prata. (T. persa)». C. de Figueiredo. Em persa *bistī* é derivado de *bist*, «vinte», e quere dizer «vintena de *dinares*». Não dei fé do termo nos nossos indianistas; mas ocorre em autores estrangeiros. Herbert (in

*Glossary*) dá a *Bistee* o valor de 2 dinheiros, e Fryer (III, p. 153) declara que *Bistree* é moeda de cobre, equivalente a 4 *Goss*, *ghāz* em persa, 10 dos quais fazem 1 *xāī*. Um *biste* valeria 50 a 60 réis.'

1676. — «Le double vaut onze deniers. Les quatre simples ou les deux doubles valent un **Bisti**... Toutes ces especes d'argent sont rondes, hormis le **bisti** qui est en ovale». — Tavernier, *Voyages*, I, p. 167.

* **BIVA** (jap.). Guitarra japonesa de quatro cordas.

1897. — «Os deuses familiares são: Benten, a deusa das artes e da belleza, representada como uma formosa corteză dedilhando n'uma especie de guitarra indigena, o **biwa**». — Venceslau de Morais, *Dai-Nippon*, p. 114.

* **BÓ** (jap. *bo*). Presbitério ou pequeno convento de budistas japoneses.

1634. — «Havia tres mil **Bõ** ou mosteiros formados com seus templos, que Nabunanga queimou, e assolou». — *Historia da Igreja do Japão, apud* Cristóvão Aires, *F. M. Pinto e o Japão*, p. 143.

**BOBINI**. Bluteau regista o vocábulo como nome duma ave do mar da Índia. É o mesmo que Grose denomina *booby*, que em inglês quere dizer «parvo, estúpido». Não encontrei o termo nos nossos escritores.

1727. — «**Bobinis**. Passaros do mar da India, tão simples e tão tolos que se deixão apanhar com a mão». — Bluteau, *Supplemento*.

1750. — «Les **Booby** ou *Noddy* (qui en anglais signifie nigaud) sont ainsi nommés, parceque quand ils viennent se percher sur la verge d'un vaisseau, ils se laissent prendre avec la main, et ce n'est pas par lassitude; car ils ont le pied plat et garni comme celui d'une oye. Ils sont de la grosseur d'un Canard, et si coriaces qu'il est impossible de les manger». — Grose, *Voyage*, p. 17.

1823. — «Two large birds, which the sailors said were **boobies**, flew some time round the ship this evening». — Heber, *Narrative*, I, p. 21.

**BOCASSIM, bocaxim**. Entretela, tarlatana. Domingos Vieira encontra o vocábulo no baixo lat. *boccacinus*, hesp. *bocaci*, mas observa que se julga de origem oriental. Parece que o étimo é o persa *buqchah*, «trouxa de roupa ou saco em que se entrouxa». Mas Gaspar Correia refere-se-lhe como termo conhecido; talvez o conhecesse sómente na Índia durante a sua longa estada. Em indo-inglês toma a palavra a forma de *bakshaw*, e em marata-concani, de *boksem*.

1346. — «Tendo vindo depois hum dos mancebos com huma **baqxa**, que he o lenço, tomou-a o dito substituto na sua mão... de cuja **baqxa** tirou tres fôtas, huma de seda pura, outra de seda, e algodão, e a outra de seda». — Ben-Batuta, *Viagens*, II, p. 338.

1515. — «... e hua vestimenta de cetim verde com senastros de damasco vermelho cõ sualua e todos seus comprimentos e toda frangada de retros branco e vermelho formada de **bocasim** vermelho». — In *Cartas* de A. de Albuquerque, IV, p. 255.

1536. — «Os mais d'elles [naires] nom tem mais que seus panos encachados, branqos, vermelhos, amarellos, que são tão tezos como **bocasym**, que leuão derrador de sy e nas cabeças». — *Lendas*, III, p. 765.

1652. — «Que fardos de télas finas, e brocados de tres altos corrão praça de **bocachim**, e calhamaço, não o crerá senão quem o vio». — P. António Vieira, *Arte de Furtar*, p. 449.

1695. — «Chamando hum criado, lhe mandou trouxesse o seu **Boxá** [= bocsá] (he un lenço forte, e quadrado, que tem na ponta huma fita larga. Aqui metem o mais guardado do fato, e o amarrão de sorte que fica hum fardinho bem feito e bem seguro)». — Cosme da Guarda, *Vida de Seragy*, p. 112.

1675. — «... has his Golden Headed *Coleon* behind him magnificently carried, with change of Vests in rich **Bug-Shoes** or Portmantles». — Fryer, *East India*, III, p. 133.

* **BODIAME**. É o nome búdico da figueira religiosa ou *pimpolo* (q. v.), que os budistas veneram por crer que o seu fundador alcançou o supremo conhecimento quando estava sentado à sombra de uma dellas. Do sing. *bōdhiyan*, acusativo de *bōdhi* < páli *bodhi*.

1685. — «Fazendo-lhe tambem muitas honras lhe chamam *Jacá*, e lhe põem comer guizado ao pé de certas arvores, a que chamão **Bodiames**, composto com muitas flores». — João Ribeiro, *Fatalidade Historica*, I, cap. 15.

1687. — «Estes, que o reuerenciavão por um segundo Buddum, acudirão ao lugar deputado, com brevidade, e debaixo de hum **Budiâme**, aruore, que adorão, lhes falou deste modo». — P. Fernão de Queiroz, *Conquista de Ceylão*, p. 269.

**BOÊM**. Bluteau tem a seguinte inscrição (no Supplemento, em 1727): «**Boens**. Palavra da India. São as balizas das varzeas, que se poem para a divisão da terra repartida». Informam-me de Goa [que, feita a divisão das várzeas em glebas entre vários cultivadores, se colocam duas balizas nos dois extremos e no intervalo se fincam pequenos paus de espaço a espaço, para servirem de linha demarcatória, e que êsses paus se denominam em concani *boyīm*, plural de *boyém*. Mas onde foi que o insigne lexicógrafo pescou o vocábulo? Presumo que o alcançou por informação particular.

**BOFETÁ** (s. m.). Antigo tecido de algodão («muito fino e muito tapado», conforme Bluteau), fabricado principalmente em Baroche, Índia. Do persa *bāfta* (part. pass.), «tecido». «Nada é mais difícil, observam com razão Yule & Burnell, do que achar aplicações inteligíveis da distinção entre as numerosas variedades de algodão, outrora exportadas da Índia para a Europa, ainda com maior variedade de nomes».

1601. — «**Bofetás** [hão de] ter vinte covaados de cumprido, e hum covado de larguras». — *Carta de lei*, in *Archivo*, IV, p. 743.

1602.— «Canequis, **bofetás**, beyrames, sobagagis, e outras». — Diogo do Couto, Déc. IV, I, 7.

«Tecelões das mais finas roupas que se sabem no mundo, que são os **bofetás** de Baroche tão estimados». — *Id.*, VI, IV, 7.

1611. — «... hum *godrim* de seda, huns **bofetás** e *sucisses*». — *Carta Régia*, in *Doc. da India*, II, p. 39.

1635. — «E outras miudezas de **bofetás**, e semelhantes cousas». — António Bocarro, Déc. XIII, p. 357.

1663. — «E ainda para as demais partes do mundo se trazem as finas baetilhas, rengos, **bofetás**, enrolados, e cachas». — P. Manuel Godinho, *Relação*, p. 56.

1589. — «On y fait [em Cambaia] beaucoup d'ouvrages de coton de diverses sortes et de divers noms, comme cannequins, **Boffetas**, Iarins...». — Linschoten, *Histoire*, p. 19.

1637. — «Las mercadorias que llevan allá son sal amoniaco, azul fino, **bofetás**, alfombras, passa de ubas, cuchillos, e otras minudencias». — P. Semedo, *Imperio de la China*, p 18.

1666. — «C'est où l'on fabrique ces Toiles de Coton appellées **Baftas**, dont il se fait un si grand debit dans les Indes». — Thevenot, *Voyages*, III, p. 18.

1670. — «**Boffetas**, ou pieces de toile qui se font aux environs de Surate, comme à Brouta, Baroche, Renusari et autres lieux sont de 21 Cobits, étant crûs, et étant lavé, de 20 Cobits». — Tavernier, *Voyages*, V, p. 200.

1707. — «The Baroache **Baftas** are famous throughout all India, the country producing the best Cotton in the World». — A Hamilton, in *Glossary*.

1770. — «Les toiles blanches de Brozia si connues sous le nom de **baffetas**. Comme elles sont d'une finesse extrême, elles servent pour le *cafetan* d'été des Turcs et des Persans».—Raynal, *Histoire*, II, p. 230.

**Bogarim**. V. *Mogarim*.

**BOÍ** (ant.), **boiá**. O vocábulo *boi* ou *boy*, de origem indiana, acha-se empregado pelos antigos portugueses no sentido genérico de «homem que exerce misteres baixos», como carregador, aguadeiro, e no especial de «portador de palanquim e de sombreiro». Nesta acepção, que únicamente voga hoje em dia, usa-se na Índia *boiá* (não *bóia*, que não existe), que em concani é forma temática, representada pelo vocativo *bhôyā*, sendo *bhôi* o nominativo. Cf. *batcará* de *batcar*, «senhorio». *Boi* só vigora actualmente em posposição ao nome próprio, como «Joaquim *bôi*, Diogo *bôi*». V. *amale* e *cule*.

O étimo da palavra é, conforme a história, o conc. *bhôi*, que também se encontra em outras línguas neo-áricas, como marata, guzarate, hindustani, oria. As línguas dravídicas tem igualmente *bôvi* ou *bôyi*, que parece ligar-se a *bhôi* e designa uma casta de «porta-palanquins e ao mesmo tempo pescadores». As profissões convertem-se geralmente em castas na Índia [1]. V. *Glossário Anglo-indiano*.

[1] Tem-se pretendido relacionar etimològicamente o indo-inglês *boy*, «fámulo», com o inglês *boy*, «rapaz». Sabe-se porêm

Acêrca da prosódia portuguesa de *boi*, há divergência entre os lexicógrafos. Bluteau (*Vocabulario*) e Roquette (*Dictionnaire Portugais-français*) acentuam *bôi*; Cândido de Figueiredo e Gonçalves Viana (*Palestras*) preferem *bói*, para se diferençar de *bôi*, «animal»; em um e outro caso como monossíbabo. A meu ver, a verdadeira ortoépia é *bôi*, em concordância com a etimologia e com a pronunciação indo-portuguesa. Os vocábulos indianos *bhôi* e *bôyi* ou *bôvi* são dissilábicos; a grafia *bóy* e *bóyes*, que ocorre no *Tombo da India*, indica presumìvelmente o mesmo, e não que o *o* é aberto.

Ocorre algumas vezes, modernamente, *boiazes* como plural da palavra, mas que na realidade é o plural do plural *boiás*, como *póses*, que também se ouve ocasionalmente em Goa, é plural de *pós*. Mas é corrutela intolerável.

Na província de Salcete havia uma comunidade ou associação denominada *dos bois*, que tinha o exclusivo de vender o peixe nas praças e pelas aldeias: «A Communidade dos **bois** se deve considerar extincta desde a data do despacho da Junta de 11 de Janeiro de 1843, e por isso se deixou de arrecadar desde esta data os respectivos foros; conseguintemente he livre a todos a vendagem de peixe, e nestes termos se officie ao administrador do Concelho de Salcete». *Archivo Port.-Oriental*, Suppl. II, p. 244.

1511. — «Per este vos mando que des a este mocadam dos **boys** que carregão pedra grande tres panos de cambaya». — Afonso de Albuquerque, *Cartas*, v, p. 122.

1525. — «Tem molheres que jogão de espada e adarga... asy estas como **boois** e *maynatos* [lavadeiros] e outros officios tem ellas das portas adentro como elrey». — *Chronica de Bisnaga*, p. 90.

1535. — «Hũas são bailhadeiras e outras são **bois** que trazem as mulheres d elrey as costas». — *Ibid.*, p. 70.

1551. — «... cubertos com sombreiros de pé que lhe tambem leuão homens que chamão **boys**». — Castanheda, *Historia*, cap. 16.

1554. — «Hum **bói** de sombreiro, dous maynatos, seys **bóyes** d'aguoa, que todos seruem o gouernador». — Simão Botelho, *Tombo*, p. 57.

1563. — «E ha homẽs que levão este sombreiro de tomar o sol tão destros que ainda que o senhor vá trotando: não lhe ha de tocar o sol em todo o corpo, e a estes taes homẽs chamão na India **boy**». — João de Barros, Déc. III, x, 9.

1614. — «Tornou a largar os *sombreiros* altos com a condição que os trouxessem escravos proprios, cativos, por forrarem as despesas dos que os trazem, que são Gentios, comummente chamão **bois de Sombreiro**». — Diogo do Couto, Déc. VII, I, 12.

1516. — «... carregadores, e mariolas, que lá se chamam **Boye,** *c'est à dire Bœuf* (!), e servem para levar qualquer fardo pesado que é mister». — Pyrard de Laval, *Viagem*, II, p. 38.

1619. — «Não sabem dar hum passo sem palanquins, bajús, catanas, **bois,** larins». — Francisco Rodrigues Lobo, *Corte na Aldea*, Dial. IX.

1634. — «Hum tocheiro, hum **boy** de sombreiro, um *naique*» (homem de recados). — António Bocarro, *Livro*, in *O Chronista de Tissuary*.

1687. — «A todos sem distinção os fazião acarretar andores, e palanquins, o mays bayxo ofiçio, que no Sul pertence aos que chamão Cules, e em Goa aos Farazes, e **boys**».—P. Fernão de Queiroz, *Conquista de Ceylão*, p. 845.

1688. — «... désse muitos recados a Fernão Filho e ao seu **boy** de sombreiro (que assim chamão a quem o leva, para impedir os rayos e furor do Sol, que não offendam a seu amo)». — Fr. Jacinto de Deus, *Vergel*, p. 111.

1712. — «**Bôy,** ou **Bôl**. Palavra da India. He o nome que se dá ao criado que leva o chapeo de sol». — Bluteau [1].

1728. — «**Bois**. Na India Portuguesa, são os que carretam os andores, em Salcete ha tambem aldea delles, que paga os foros do peixe que vende, comprando aos pescadores das praias».—Id., *Supplemento*.

1715. — «Nenhuns **Boys** christãos carretem andores e sombreiros dos gentios, ainda que sejam rendeiros das dividas reaes». — *Carta Régia*, in *Archivo*, Suppl. II, p. 8.

---

da história que os ingleses começaram a empregar o vocábulo, no sentido indiano, no Malabar e no Concão, onde se exerceu mais a influência portuguesa, e depois o generalizaram, pela analogia que tinha com a palavra da sua língua.

[1] Gonçalves Viana observa que Bluteau denota com o acento circunflexo *o* e *e* abertos, e com o acento grave o som de *o* e *e* fechados.

1716. — «Nem os que são **boys**, que he o mesmo que acarretadores, podem ser ourives, nem estes ferreiros». — *Carta do vice-rei*, *ibid.*, p. 10.

1760. — «Cento e trinta e tres [tangas] brancas, um barganim e oito leaes que pagam os **bois** que são os que carretam palanquins e andores». — Documento publicado no *Heraldo*, de 1 de Dezembro de 1915.

1778. — «**Boyes** de palanquim, Kákár». — *Gramatica Indostana*, p. 86.

1828. — «Vigario de S. Lourenço de Linhares para 4 **boyazes** do Santissimo 336 xerafins». — Joaquim Soares, *Doc. Comprobativos*, p. 358.

1842. — «**Boiazes**, que são conductores das machilas, cadeirinhas, Dolys». — *Annaes Maritimos*, p. 112.

1846. — «Os **Boiás** (Carretadores de machilas á cabeça)... Os *Farazes* (Carretadores de machilas aos hombros)». — F. N. Xavier, *O Gabinete Litterario*, I, p. 150.

1862. — «Os Portuguezes diziam antigamente com os naturaes **Boy**, tomando o nominativo, mas hoje tem prevalecido entre elles o caso obliquo, e declinando a seu modo dizem em todos os casos do Singular, **Boyá**, e em todos os casos do Plural, **Boyás**». — Cunha Rivara, em Pyrard.

1874. — «Minutos depois desembarcavamos sobre um tapete de relva, aonde nos esperavam machillas e **boiás**». — Tomás Ribeiro, *Jornadas*, II, p. 34.

1886. — «**Boiás** ou **boiazes** — Homens que se occupam em conduzir gente nas machilas, em numero de 4, á cabeça ou aos hombros». — Lopes Mendes, *A India Portugueza*, I, p. 60.

1901. — «O transporte de pessoas fazia-se em machilas levadas aos hombros de **boiás**». — José Pinheiro, *Bol. S. G. L.*, XX, p. 7.

1909. — «Cada um dos *curumbins*, *begarins*, **boiás** e outros d'esta ordem, tambem (devia pagar) 1/2 xerafim». — Amâncio Gracias, *Subsidios*, p. 185.

1653. — «S'il se met en palanquin, il se fait porter par 4 ou 6 noirs de la terre libres ou esclaves, qu'on appelle **boias** ou bœufs (!)». — Le Gouz de la Boullaye, *Voyages*.

1673. — «Ambling after these a great pace, the Palankeen-**Boys** support them; four of them, two at each end of a Bambu». — Fryer, *East India*, I, p. 97.

1782. — «Il est traversé par un bambou arqué dans milieu, qui tient au palanquin, et sur les bouts duquel se mettent cinq à six porteurs qu'on appelle **Boués**». — Sonnerat, *Voyages*, I, p. 33.

1786. — «Questa lettiga è portata sopra uno stagno da 6 uomini, che si chiamano *Kùli*, cioè, facchini di giornata, e dagl' Inglesi ed altri Europei **Boy**, vocabulo, che non a niente da fare collá lingua Indiana (!)». — Fra Paolino, *Viaggio*, p. 43.

1810 — «The palankeen bearers are called **Bhois**; and are remarkable for strength and swiftness». — Maria Graham, in *Glossary*.

1878. — «These are carried by four men, called **boias**, belonging either to the Mahár, Kunbi or Súdra class». — J. N. da Fonseca, *Sketch of Goa*, p. 34.

1825. — «Instead of «Koee hue», who is there? their way of calling a servant is **boy**, a corruption, I believe, of «bhaee», brother». — Heber, *Narrative*, II, p. 97.

*** BOIADA.** Os dicionários dão ao vocábulo o significado de «manada de bois». Na Índia, porêm, por *boiada* se entende «récua de bois, que transportam carga em costais».

1516. — «Trazem estes suas mercadorias em muy grandes recouas de bois mansos, com suas albardas, como castelhanas, e em cima hũas sacas compridas atrauesadas, sobre que caregaom suas mercadorias». — Duarte Barbosa, *Livro*, p. 284.

1685. — «O Rei de Candia, como tinha guerra comnosco, e só deste genero necessitava, daqui com facilidade se provia mandando de Dezembro até Abril **boiadas** de cinco e seis mil bois, e bufaros, que vinhão carregados, e para sua guarda alguma gente de guerra». — João Ribeiro, *Fatalidade Historica*, I, cap. 22.

1687. — «Vão ali buscar sal, com **boyadas**, e cafilas de gente. Quando as terras estavão por nós, arrecadaua se de cada carga de boy, seys *bazarucos*, e duas medidas de arrôz». — P. Fernão de Queiroz, *Conquista de Ceylão*, p. 50.

1747. — «Franqueada a passagem começarão a concorrer em grande numero as **boyadas**, de que resultou aumento á fazenda real, e mais provimento aos habitantes do Estado». — Monterroio Mascarenhas, *Epanaphora Indica*, IV, p. 34.

1749. — «Deixou guarnecidos os dous castellos de Asservem e Zarbem, que franqueam o commercio das **boiadas** pela parte dos Gates». — *Apud* Eduardo Balsemão, *Os Portuguezes no Oriente*, III, p. 149.

1774. — «A roupa, e mais cousas, que vierem das **Boiadas**, e nas cabeças dos *Begarins* da Provincia de Salcete, Pondá, e Zambaulim, e forem para fóra, o seu direito toca ao *Cotto* do dito caminho». — *Collecção de Bandos*, I, p. 20.

**BOIÃO.** Vaso cilindrico de barro vidrado. O *Dicc. Contemporaneo* e o de Cândido de Figueiredo derivam *boião* de «bojo». Gonçalves Viana (*Palestras*), fundado em um passo de Diogo do Couto, citado por Morais [1], considera o termo como òriginàriamente asiático, pertencente ou ao malaio *búyong*, «jarro, cangirão, bilha», ou a alguma das línguas monossilábicas da Indo-China. E Jerónimo Cardoso não o regista no seu dicionário. Os nossos indianistas, porêm, não o tem por novo e peregrino, e empregam-no em um sentido amplo, por «bilha, jarro, panela, chávena». Muitas das línguas indianas usam o vocábulo sob diversas formas, mas não como vernáculo. V. *Infl. do Vocab. Português*.

1540. — «Setins, damascos, e tres **boyões** grandes de almiscar». — Fernão Pinto, *Peregrinação*, cap. 55.

«... sinco **boyões** grandes de almiscar, que mandou recolher». — *Id.*, cap. 65.

1581. — «Fazem pouca conta das nossas joyas, e pedraria, e por uma panela, ou **boyão** de barro para uso do seu chá, se for feyta por algum insigne official antigo, darão muitos mil cruzados, sendo a nosso respeyto cousas de riso, e de nenhum valor... El Rey de Bungo me mostrou hum **boyão** mui pequeno de barro... o qual elle mesmo comprou por nove mil taeis de prata, que são perto de quatorze mil cruzados, e na verdade eu não dera por elle tres reis». — P. Valignano, in *Oriente Conquistado*, II, IV, 2.

1605. — «Hum **boyam** da India e hua pallangana grande e hua talha grande todo da India». — Tomás Pires, *Materiaes*, in *Bol. S. G. L.*, XVI, p. 729.

1616. — «Não comiam se não de vinte e quatro em vinte e quatro horas huma pouca de canja, que se cosinhava em hum **boyão** de Pegu». — Diogo do Couto, *Déc.* X, III, 13.

1635. — «Mando-lhe cozer arroz, e um pouco de melaço, que se achou no fundo de um **boyão**». — José de Cabreira, *Hist. Tragico-maritima*, X, p. 49.

1668. — Tinha tambẽ pegado fogo no entre forro tambẽ em lavareda: trabalhou-se com diligencia trazendo os moços, e cafres de caza **boyões** de agua repetidamente, e lançando a agua da banda de cima». — In *Ta-ssi-yang-kuó*, I, II, 12.

* **BOJÃO** (sânsc. *bhoja*). É o título que antigamente tomavam alguns régulos de Bengala. *Aitareya Brâhmaṇa* indica o significado do título, «gozador, desfrutador», que se podia aplicar a todos os reis. *Bhoja* é também o nome dum país e dos seus habitantes. Os nossos escritores referem-se à confederação de doze *bojões*.

1612. — «O Mogor mandou hum seu capitão com grande exercito a Bengala e tomou todo Siripur junto a Sundiva, onde se fortificou e lhe deram obediencia os doze **Boiões**». — *Carta* do rei, in *Doc. da India*, II, p. 226.

1635. — «... se veiu Philippe de Brito para a India, dizendo a elrey de Arracão que vinha buscar gente para o fazer imperador de todo Bengela, e dos **Bojões**, que eram doze senhores cada um de suas terras, mas unidos contra o rei Mogor, e o Mogo, e os mais seus inimigos». — António Bocarro, *Déc.* XIII, p. 131.

«Já neste tempo o Mogor tinha vencido os doze **bujões** de Bengala, que são senhores de todas terras de baixo que rega o Ganges». — *Id.*, p. 440.

1914. — «Hence all kings of living creatures in the southern regions are inaugurated for the enjoyment of pleasures and called **Bhoja**, i. e. the enjoyer» (in *Aitareya Brāhmaṇa*). — Dalal, *Hist. of India*, I, p. 252.

* **BOLUCHE.** Castanheda emprega o termo a respeito dos guzarates da ilha de Beto, que preferiram morrer combatendo a entregar-se a Nuno da Cunha, e aos quais João de Barros chama *amoucos* (q. v.). Em árabe *valūj* é, conforme Kazimirski, «aquele que entra, que penetra freqùentemente no interior e acomete com resolução, com coragem», isto é, homem corajoso e resoluto; e *vulūj*, que parece ser o étimo, designa o acto.

1552. — «Os mouros como estavão determinados de morrerem antes que se entregarem, fizerão setecentos deles os cercilhos como clerigos, que assi ho costumão quando se determinão de morrer: e estes se chamão **boluches**, gente de feito». — *Historia*, VIII, cap. 30.

* **BOM** (s. m.). Festa de lanternas no Japão em honra dos antepassados. Do jap. *bon*. O cambojano também usa *bŏn* no sentido geral de «festa», como *bon natal*.

1561. — «Outra festa tem a que chamão **Bom**, a qual fazem ás almas dos seus antepassados, cada anno pelo mes de Agosto, a 15 dias da lua delle. Cada hum poem por todas as partes das ruas muitas alampadas acesas, pintadas com as galan-

[1] «Em um boião de Pegu se cozinhava o arroz».

terias que cada hum pode». — *Cartas de Japão*, I, fl. 92.

1904. — «Seguidamente, de 13 a 15 (tambem pelo antigo calendario) foi a festa dos mortos, chamada **Bom**». — Venceslau de Morais, *Cartas do Japão*, II, p. 170.

* **BOMBAISTA** (s. m.). Indivíduo de Goa, que grangeia a sua vida em Bombaim. O termo é muito usado na India Portuguesa.

1912. — «Egual tratamento teve tambem um cozinheiro de Loutolim, **bombaista** de barbas sujas». — *O Ultramar*, de 15 de Julho.

**BOMBILIM.** (conc. *bombīl*). Pequeno peixe, parecido com pescadinha, muito abundante em Bombaim, Damão e várias outras partes. Sendo sêco, exporta-se para a Europa e acha-se à venda em Lisboa. Os ingleses chamam-lhe *bummelo*, e o seu nome scientífico é *Harpodon nehereus* (do beng. *nehare*), Buch. Hamilton.

1727. — «**Bambolim** tambem he o nome de hum peixe muito sadio da India». — Bluteau, *Supplemento*.

1900. — «Talvez para provar *in situ* os tradicionaes **bombilins**». — Ismael Gracias, *in* Prólogo à *Historia de Damão* (A. F. Moniz) I, p. III.

1673. — «... a great Fishing Town, peculiarly notable for a Fish called **Bumbelo**, the Sustenance of the Poorer sort, who live on them and *Batty*». — Fryer, *East India*, I, p. 173.

1825. — «The sea abounds in excellent fish. The **bumbelow**, very much resembling an eel in shape, is considered one of the best, and great quantities are annually dried for the Calcutta market». — Em Heber, *Narrative*, II, p. 165.

* **BONCHORONE** (s. m.). Pastagem em um oiteiro ou lugar inculto, na India. Do conc. *vantsaraṇ*, mar. *vancharaṇ*, sânsc. *vanacharaṇa*.

1832. — «**Bonchoron** (Pasto de Gado) de Bufala parida, a 1:4:15, e 1 xerafim de Vacca». — *Collecção de Bandos*, I, p. 132.

1841. — «A pensão chamada *Zacal Supari* se deve considerar extincta até ulterior determinação de Sua Magestade, e para sempre o imposto de **Bochoron**». — *Ibid.*, p. 206.

**BONDARA.** «Árvore de Damão (*lagerstroemia microcarpa*), o mesmo que a *benteca* da Guiné». C. de Figueiredo. A palavra *benteca* provêm do malaiala *bendikkụ*, literalmente «teca branca», e emprega-se na India para designar mais de uma árvore de madeira. *Bondara* ou *bondará* é o nome guzarate (*bandara* ou *bandarā*) de *L. lanceolata*, Wall., ou *microcarpa*, Wight, e de *L. parviflora*, Roxb.

1908. — «It [*bondará*] is of considerable economic importance since the timber is in demand for general purposes such as house-posts, beams rafters, door and window frames, agricultural implements, carts and boats». — Watt, *The Commercial Products*, p. 701.

* **BONDI** (s. m.). Carroça comprida, em que se acarreta feno ou fôlhas para o gado em Goa. Do concani-mar. *baṇḍī*.

1776. — «Pasto de Gado que vier de fóra do Estado, que vulgarmente se chama **Bondy**». — *Collecção de Bandos*, I, p. 17.

**BONDUQUE.** «Planta leguminosa, tambêm conhecida por ôlho de gato. (Fr. *bonduc*)». C. de Figueiredo. Devic tem a seguinte inscrição: «**Bonduc**. Plante exotique aussi nommée *œil-de-chat* ou *guilandine*. C'est l'arabe *bondouq*, qui parait d'origine indienne. On le trouve en malais». Os dicionários malaios que possuo não o registam; nem eu conheço a planta e o seu nome botânico. Na flora de Portugal, *ôlho de gato* é, conforme Pereira Coutinho, o nome vulgar de *Anchusa sempervirens*, Linn., da família das boragináceas.

Em hindustani *banduq* é «espingarda», do ár. *bonduq*, que originàriamente designava, na sua forma plural *banādiq*, «avelãs», por as receberem os árabes de Veneza, passando-se em seguida a designar «as balas» de espingarda, e depois a mesma arma.

Em inglês, por *bonduc-nut* se entende a *Caesalpinia bonducella*, Fleming, «silva da praia» em português, *gājrī* em concani. «A semente é tónica e antiperiódica». D. G. Dalgado. Se por analogia da bala com a noz se ampliou o significado, o termo não é de origem indiana. V. *Glossary*, s. v. *bundook*.

1695. — «**Bondoo** ou **Bonduc** et *Fonduc*. Le premier est Arabe, le second Turc, et le troisieme, persian. Ces trois mots signifient dans leur origine, une espece de noix, que nous appellons *Avelaine* et par métaphore, une petite boule ou balle de terre, de pierre, ou de plomb, de laquelle on se sert pour tirer de l'arc, de l'arbalêtre ou d'une arme à feu». — Herbelot, *Bibliothèque Orientale*.

**BONGUI.** Está modernamente em uso na Índia Portuguesa êste termo para designar o indivíduo que faz os despejos e outros serviços baixos, e que pertence a uma casta abjecta. Do hindust. *bhangī*.

1897. — «Os parias ou **hompins** (*sic*), que fazem os despejos e outros misteres identicos, casta completamente separada de todas». — *O Seculo*, de 21 de Outubro.

1916. — «O que significa «pomada de Cambronne? — Pergunte ao seu **bongui**». — *Heraldo*, de 1 de Agosto.

1917. — «... como quem diz a um **bongui** (o termo é deles) «toma conta daquilo». — *A Terra*, de 27 de Janeiro.

**BONITO.** Espécie de atum — *Thynnus pelamys*, Day, da família *scombrida*. À primeira vista, parece que vem do adjectivo port. *bonito*, como também Yule admite; mas Fr. João de Sousa deriva-o do ár. *bainito*, e Skeat do ár. *baynis*, observando que a consoante final é a quarta letra do alfabeto, que os árabes pronunciam como o ingl. *th* em *both*. Littré e Adolfo Coelho dão por étimo o baixo lat. *boniton*. Dozy não o menciona, e os nossos indianistas não o explicam. O termo não é agora usado na Índia. Ingl. *bonito*, francês *bonite*.

1557. — «... fazer sua pescaria de **Bonitos** e albecoras, porque ha grande carregação deste peixe para muitas partes». — *Commentarios*, I, cap. 19.

1563. — «Carregavão peixe secco, que chamão *moxama*, que he os lombos de peixes **bonitos**, que os secção ao sol, porque nas Ilhas [Maldivas] não ha sal». — Gaspar Correia, *Lendas*, I, p. 341.

1609. — «Em muitas partes desta viagem achamos muito peixe, que logo ia seguindo a náo, como eram dourados, **bonitos**, albocaras». — Fr. João dos Santos, *Ethiopia Oriental*, p. 328.

1615. — «Chegam a ser tamanhos como **bonitos** e albacoras». — Pyrard de Laval, *Viagem*, I, p. 8.

1687. — «O peixe he muyto e bom: linguados, salmonetes, curvinas, **bonitas**, dourados, xarcos.... — P. Fernão de Queiroz, *Conquista de Ceylão*, p. 60.

1712. — «Na I parte da relação das suas viagens escreve Dellon Medico Francez, que entre os dous Tropicos se acha um peixe, a que os Portugueses chamão **bonito**, que he hum dos melhores refrescos, que o mar pode dâr. Muitos delles são voadores, e tem azas semelhantes às de morcego. Porem não se podem valer dellas, senão quando são humidas, e he a causa porque muitas vezes mergulhão. No feitio se parecem com arenques. As aves os perseguem no ar, e elles perseguem no mar as aves, quando a elle se acolhem». — Bluteau.

1749. — «Os **bonitos** são gróssos como o atúm, e sem escama; a pelle he verde, e tão liza, como o vidro; a cabeça aguda, e não tem espinhas, mais que a do meyo, como o salmão: quando cozidos, equivóca o seu sabor, e côr com a de vitêla, e he o mayor regalo dos navegantes». — P. Crasset, *Hist. da Igreja do Japão*, II, p. 177.

1882. — «A agulha, alvacora, arenque, badajo, barbo, bentelha, bexugo, bica, bicuda, bodião, **bonito**» (peixes de Cabo Verde). — *Bol. S. G. L.*, III, p. 98.

1900. — «Tambem exportam [as Maldivas] peixe salgado (**bonitos**, escreve Reclus)». — Gabriel Pereira, *ibid.*, XVII, p. 346.

1916. — «No San Miguel vieram 13 passageiros... A carga consta de algum gado e varias mercadorias para Lisboa, e alguns caixotes de peixe **bonito** que deviam ter desembarcado na Madeira». — *O Seculo*, de Dezembro.

1520. — «Fu veduta vna piacceuole caccia di pesce, delle quali ne erano tre sorti, lunghi vn braccio, cioè orati, abacore, et **bonite**». — Pigafetta, *apud* Ramúsio, I, fl. 355.

1582. — «Sonvi una sorte che domandano **Bonitti**, detti *Pelamis* vera seu *Thunnus Australis* dal Rondelezio». — F. Sassetti, *Lettere*, p. 174.

1615. — «**Bonitoes** and albicores are in colour, shape, and taste much alike to Mackerils, but grow to be very large». — Terry in *Glossary*.

1620. — «C'est un poisson fort viste et roide, l'ayant veu eslancer sur quelques **Bonites**, qui se sauvaient sur nostre nauire». — Général Beaulieu, *Mémoires*, p. 5

1631. — «Quoniam pisces **Bonitae** vocati Lusitanis, huc quotidie ad mercatum feruntur, ego potissimum inter eos depingi curavi, qui è Thynnorum, seu Delphinum, sunt generi». — Bontius, *Hist. Naturalis*, p. 72.

1673. — «Of these sort we saw good store flyng from **Bonetos** and Albecores, who were hunting them». — Fryer, *East India*, p. 36.

1750. — «Nous étions environ à 30 dégrés de latitude, lorsque nous prîmes plusieurs poissons appellés **Bonites**. Ils sont de la grandeur d'un Saumon, mais plus épais. Ce sont les Portugais qui les ont ainsi nommés, **Bonito** signifiant dans leur langage quelque chose d'excellant». — Grose, *Voyage*, p. 7.

1782. — «Et vont à Achem traiter des **bonites** salées fort communs dans cette contrée» (Maldivas). — Sonnerat, *Voyages*, II, p. 92.

1916. — «Probably a **bonito** (a fish of the mackrel family) at its best could move for some distance at forty miles an hour». — *Tit-Bits*, de 5 de Fevereiro.

**BONVÔRO.** Insecto que perfura árvores, especialmente palmeiras, na Índia. Do conc. *bhonvar*.

1886. — «Além dessas doenças que acometem as palmeiras pela raiz, estão ellas ainda sujeitas a outras produzidas no stipe, e são os ferimentos, as contusões e a perfuração longitudinal feita pela larva, denominada pelos indigenas *routó*, e pelo insecto chamado **bomôro** [leia-se *bonvôro*], que fere tanto o stipe da palmeira, como as suas spadices... Será o coleóptero *Lorichtas Rhinocéros*, que sob o nome vulgar faz na India Portugueza iguaes estragos áquelles que faz no Coromandel?». — Lopes Mendes, *A India Portugueza*, p. 184.

**BONZO.** Nome do religioso budista no Japão e na China. Francês e ingl. *bonze*. Os nossos missionários do Japão extendem a denominação aos sacerdotes do *xintoísmo*, que própriamente se chamam *canuxis*, q. v. **BONZARIA** é a «colectividade de bonzos». S. Francisco Xavier também se refere a **BÓNZIAS** (em Macau *bonzas*) «freiras budistas». **BONZEIRO** é «amigo dos bonzos».

O vocábulo é de origem japónica, *bózu*, correspondente ao chinês *fan-seng*, «pessoa religiosa», ou *fă-sze*, «mestre da lei»[1]. É possível que *bónzu* se relacione com o sânsc. *vandya*, «venerável», aplicado ao clero de Buda, em nepali *bandhya*, e em tibetano *bandhe* ou *bande*. O jap. *bonsō* quere dizer «religioso ordinário ou ignorante». Os antigos escritores chamam *talapòes* aos bonzos de Bramá (Birmânia), de Sião e de Pegu. Fernão Pinto menciona *rolins*, *grepos*, *menigrepos* e *talegrepos* como vários graus dos religiosos.

1545. — «Os **Bonzos** (que são os seus sacerdotes) nos fazião bom agasalho, porque toda esta gente do Japão he naturalmente muyto inclinada, e conversavel». — Fernão Pinto, *Peregrinação*, cap. 134.

1554. — «Todo o trabalho que os padres e irmãos tiuerem, ha de vir por parte dos sacerdotes desta terra (que em lingoa de Japão chamão **Bonzos**)». — *Cartas de Japão*, I, fl. 25.

1578. — «Para se tratar da conversão dos Japões, assim **Bonzos**, como seculares, e dos mais estados das gentes destas partes, se requereria como de necessidade absoluta tratarse primeiro do clima da terra,» etc. — P. Luís Fróis, *apud* Cristóvão Aires, *Fernão Mendes Pinto e o Japão*, p. 107.

«Por esta causa aborrecem aos **Bôzos** [*Bonzos*, p. 113 *et alibi*] desta terra posto que exteriormente lhe fação muita honra». — *Id.*, p. 114.

1584. — «Esteve o Padre deste modo em Xan Kim seis annos, o qual por andar em abito de **bonzo**, que são os sacerdotes dos Idolos da China, gente mui baixa e vil...». — P. Sabatino de Ursis, *P. Matheus Ricci*, p. 20.

XVI. — «Estes japões tem duas maneiras de casas de deuoção e estas casas tem padres que vyuem dentro e cada huũ tem sua çela onde dorme e tem seus lyuros e chamão lhe **bonzes**». — *Manuscrito* publicado no *Instituto*, vol. LIV, p. 60.

1600. — «Nam lhe dando pera isso os seus **Bonzos** (que sam em Japam os ministros dos idolos)...». — P. Lucena, *Historia da Vida*, V, cap. 19.

1614. — «Elles [imperadores do Japão] confirmão os seus **Bonzos**, que são os mestres da sua religião... Cada rito destes tem seus pregadores, e defensores, a que chamão **Bonzos**, e trazem sinaes das suas opiniões, para serem conhecidos». — Diogo do Couto, *Déc.* VIII, 12.

1668. — «Dizem entrou tambem hũ Velho grande **Bonzeiro** avô do Rey que governa: e foi com os demais comprehendidos no crime de Rebelião». — In *Ta-ssiyang-kuó*, I, II, 12.

1687. — «Nenhũa guerra nos fazem estes **Bonzos** [da China], porque não são aqui estimados, como no Japão, nem são

---

[1] «De lá (do Japão) troussemos os seguintes nomes: «biombo» (*biôbu* ou *biòmbu*), «bonzos» (*bónzu* ou *bónyu*)». Gonçalves Viana, *Palestras*. — Julga êste filólogo que *bonzo* e *biombo* provêm imediatamente das formas dialectais *bónzu* e *biómbu*. Mas não consta que existam em japonês semelhantes formas, e a nasal podia desenvolver se na bôca dos portugueses, como aconteceu, sem dúvida, com *biombo*, q. v. Quanto a *bonzo*, o Padre Luís Fróis, muito competente no assunto, escreve mais de uma vez *Bonzos*, e para que não houvesse ambiguidade com respeito a *u* por *n*, ortografa em um passo *Bôzos*. V. infra.

Letrados, mas gente desprezivel, e bayxa, porque nenhũ graue se faz **Bonzo**». — P. Fernão de Queiroz, *Conquista de Ceylão*, p. 110.

1694. — «O mesmo passou no Japão. Afrontados os, que são os seus religiosos, e sacerdotes, de que hum Estrangeiro pobre, só, e mal vestido, prégasse no Japão uma nova Ley...». — P. António Vieira, *Xavier Dormindo*, p. 39.

1749. — «Os Sacerdotes do Japão se chamão **Bonzos**: este nome he commum a todos os ministros, que são dedicados ao culto dos falsos Deoses adorados dos Japões». — P. Crasset, *Hist. da Igreja do Japão*, I, p. 61.

1825. — «Emquanto o imperio, na parte do sul, era regido por **bonzos**, cahiu desgraçadamente a parte do norte, nas mãos de Hou, mulher não menos submettida a esses embusteiros de officio». — José Inácio de Andrade, *Cartas*, I, p. 202.

1841. — «Os **bonzos** são os padres da seita de Fo: fazem como os indostanicos grandes e terriveis penitencias para merecerem a publica comiseração e caridade». — *O Panorama*, p. 131.

1874. — «Os templos de Shiba haviam sido dedicados ao culto de Budha, porém, depois da revolução contra os *taicuns*, os **bonzos** *búdhistas* foram substituidos pelos **bonzos** *shintús*». — Pedro G. Mesnier, *O Japão*, p. 216.

1883. — «Os templos em que se pratica o culto chinez chamam-se *pagodes*, e os sacerdotes **bonzos**, que se distinguem dos outros homens por trazerem a cabeça completamente rapada, sem usarem rabicho». — Adolfo Loureiro, *No Oriente*, II, p. 68.

1898. — «Os **bonzos**, que monopolisam o exercicio do culto buddhico na China, propriamente dito, consideram-se independentes do soberano pontifice de Lhassa». — Joaquim Crespo, *Cousas da China*, p. 121.

1549. — «Japones comites mei mihi denuntiant fore, ut **Bonzii** (hi sunt in Japonia sacrorum antistites) offendantur si nos viderint carne aut piscibus vesci... Iidem magnam in Japonia **Bonziorum** multitudinem esse narrant, eorumque maximam apud omnes ordines auctoritatem». — S. F. Xavier, *Lib.* III, epist. 12.

«Magnus est his locis numerus tum virorum, tum foeminarum religiosam vivendi rationem profitentium, **Bonzios** et **Bonzias** appellant... **Bonziorum** ac **Bonziarum** innumerabilis est in Japonia multitudo». — *Id.*, IV, epist. 2, *et passim*.

1588. — «Tutti con nome commune sono chiamati **Bonzi**, la più parte nati di chiaro lignaggio» (em Japão). — P. Maffei, *Le Istorie*, p. 488.

1625. — «Perpetuum hi vouent caelibatum, suntque in diuersas scissi Sectas, quamuis in uniuersum omnes **Bonzii** vocitentur». — *India Orientalis*, XII, p. 95.

1674. — «Las ciudades, tienen *Tundos* (corresponden estos a Arcebispos y Obispos) a que obedece toda **Bonzeria**». — Faria y Sousa, *Asia Portuguesa*, II, p. 770.

1676. — «Aussitôt qu'il [Daire] est couronné par les **Bonzes**, qui sont les Prêtes et les gens de la loi, il ne faut plus qu'il s'expose à la clarté de la Lune». — Tavernier, *Voyages*, V, p. 4.

1754. — «Nous les [canuxis] verrons souvent... prendre tous indifféremment sous le nom générique de **Bonzes** la défense des *Camis* et des *Fotoques* contre les Chrétiens». — P. de Charlevoix, *Hist. du Japon*, I, p. 201.

«Les Talapoins de Siam, les Lamas de Tartarie, et ce que les Européens appellent **Bonzes** à la Chine et au Japon, sont les successeurs des Disciples de *Xaca*». — *Id.*, p. 219. — Nota: — «On ne sçait pas l'origine de ce nom, dont il paroit les Portugais se sont servis les premiers».

1770. — «On ne permet pas aux **Bonzes** [da China] de fonder sur les dogmes de leurs sectes les devoirs de la morale, et par conséquent d'en dispenser». — Raynal, *Histoire*, I, p. 95.

* **BORÁ** (marata *bharā*, m.), **boró** (conc. *bharó*). Medida de capacidade para secos, equivalente a quatro *candis*. Também se emprega o vocábulo como sinónimo de «carga».

1780. — «Abatida a parte pertencente ao Cultivador, ou Socio, se cobrava a razão de 16 xerafins a cada **Boró** ou **Borá** (carga)». — *Collecção de Bandos*, I, p. 272.

1788. — «Por cada **bora** de Sal, que for carregado nos Boys... meio xerafim». — «Por cada **boró** de *Batte*, que for comprado pelo Mercador de fora de Provincia, meio xerafim». — *Ibid*, pp. 44 e 45.

* **BORDONEL** (persa *bārbardār*). Almocreve, na Pérsia.

1529. — «E logo o seguinte dia aluguey hum **bordonel** chamado por sua lingua, e pela nossa almocreve, que me levou este caminho». — António Tenreiro, *Itinerario*, cap. 34.

**BORNIM**. Medida de capacidade em Cananor, no Malabar. Do malaiala *bharaṇi*, «grande vaso».

1554. — «E hum **bornym**, que he medida de Cananor, tem 16 canadas». — António Nunes, *Lyvro dos Pesos*, p. 33.

1511. «Per este vos mando que dees a gill de Magalhães escripvam do navio santa maria dajuda dous **bornis** d azeite per a lampada do dito navio». — Afonso de Albuquerque, *Cartas*, V, 22.

1515. — «... quatro **bornys** de manteiga, hũm quintal de jagra, duas pypas doraqua». — *Ibid.*, VI, p. 381.

* **BORODO** (concani-marata *barad*). Terreno alto e pedregoso, que só serve para semear legumes, no Concão.

1780. — «Das sementeiras do **Borod**, que quer dizer o terreno de semear legumes...». — *Collecção de Bandos*, I, p. 272.

1890. — «Em todas as communidades os visinhos levam o gado para os outeiros durante as chuvas, e depois das colheitas para as varzeas, mas os outeiros susceptiveis de cultura, **bharoda**, tambem se arrendam por licitação. A cultura de **bharoda** é um afolhamento de 3 a 6 annos ficando a terra outros tantos annos de pousio». — António de Almeida Azevedo, *As Communidades de Goa*, p. 97.

1905. — «... os [terrenos] da cultura de legumes denominados **borodas**». — Ernesto Fernandes, *India Portugueza*, p. 103.

**BOSTEAR**, v. t. É muito usado êste verbo na Índia Portuguesa, no sentido de «barrar com bosta, embostar». Narra Diogo do Couto (Déc. V, VI, 4) que, indo de Goa para Chaul por terra, com dois ou três companheiros, os brâmanes, em cujas varandas se agasalhavam, «depois que nos yamos fazião mũy grandes purificaçõons, lauandosse com muitas cerimonias, e *embostando* as varandas, como se foramos feridos de algum mal contagioso» [1]. Até se chama *bosteadeira* à mulher que *bosteia*, assim como se diz *piladeira* a que pila o *bate* ou arroz. Entre os cristãos é simples acto económico de limpeza do chão; mas entre os hindus tem significação litúrgica, sendo a vaca e as suas excreções consideradas sagradas.

1687. — «O pauimento **bosteado**; e este he o leyto, e colchão de toda a gente ordinaria; e os mais ricos hũa esteyra, ou manta de burel». — P. Fernão de Queiroz, *Conquista de Ceylão*, p. 65.

1736. — «Nos dias dos partos de suas mulheres, nem antes, nem depois d'elles com respeito aos mesmos partos, se não **bostelę** o logar da casa, em que o parto tiver sido ou houver de ser... Que morrendo alguma pessoa, se não **bosteie** o logar ou casa em que morrer». — *Edital* da Inquisição de Goa, *apud* Lopes Mendes, *A India Portugueza*, I, p. 256.

[1] «Manchão os seus aposentos e as suas paredes com as suas bostas». — Ben-Batuta (1334), *Viagens*, II, p. 66.

**BOTICA.** Na acepção de «loja, mercearia», é termo antiquado em Portugal, mas corrente na Ásia Portuguesa. **BOTIQUEIRO** é «lojista, merceeiro»; *botickeer* em indo-inglês, agora obsoleto.

1516. — «Tambem a gente da terra fazião **boticas**, em que vendião cousas de comer muy abastadamente». — Gaspar Correia, *Lendas*, I, p. 624.

1534. — «Onde a gente da terra acodio com cousas de comer a vender, em que se fez bazar, e **botiqueiros** canarys, e começou a crecer pouoação». — *Id.*, III, p. 586.

1554. — «E a Renda d'outras **buticas**, onde se vendem sedas, chamalotes, panos de portugal, porcelana e outras miudezas». — Simão Botelho, *Tombo*, p. 51.

1559. — «E vos mando que façaes avenças com todos os **botiqueiros** e pessoas que quizerem ter **boticas**, e vender as cousas pertencentes á dita renda». — *Provisão* de D. Constantino, in *Archivo*, V, p. 420.

1567. — «Não entrarão nestes rois **butiqueiros** das minhas rendas, nem fisiquos». — *Carta de lei* do vice-rei D. Antão de Noronha, *ibid.*, IV, p. 69.

1567. — «Os **botiqueiros** não tenham as **buticas** apertas nos dias de festa, senão depois da missa da terça». — *Decreto* do concílio de Goa.

1619. — «Cada **Butiqueiro** paga da sua **Botica** doze barganins brancos e oito leaes de direitos». — *Regimento* de N. V. Castello Branco.

1630. — «Darão licença pello modo nella declarado pera ficarem nesta cidade... os **botiqueiros**, que lhes parecerem necessarios, com alguns servidores». — *Archivo Port.-Oriental*, V, p. 1396.

1645. — «Hum Soldado dos nossos Castelhanos querendo comprar de hum China **butiqueiro**, sobre o preço se descompozerão». — *Apud* Fr. Jacinto de Deus, *Vergel*, p. 143.

1697. — «Fecharão as logeas, ou, como dizem na India, **boticas** das sedas, e mantimentos». — P. Francisco de Sousa, *Oriente Conquistado*, I, I, 2.

1699. — «Temos alimpado as ruas, recolhido os pobres, visitado os Boticarios, e examinado suas mezinhas, castigado aos **Butiqueiros**, e emendado a falta do pezo do pão». — Fr. Agostinho de Santa Maria, *Historia*, p. 207.

1727. — «**Butiqueiro.** Em Goa, e outras Cidades da India Oriental, **Butiqueiro** he tendeiro porque os Portuguezes da India chamão **Butica** à loja, ou tenda. Em Goa, **Butiqueiros** vendem toda a casta de comestiveis, e tambem mezinhas, tabaco, etc.». — Bluteau, *Supplemento.*

1837. — «Faço saber aos **Botiqueiros**, Rendeiros, Taberneiros, e outros vendedores de differentes artigos...». — *Collecção de Bandos*, I, p. 160.

1842. — «**Botiqueiros** ou homens de loja». — *Annaes Maritimos* (1845), p. 146.

1850. — «**Botica**: Diz-se em geral de qualquer loja, em que esteja fazenda a vender». — F. N. Xavier, *O Gabinete Litterario*, IV, p. 260.

1856. — «Cada taberneiro, **botiqueiro** e mestre de officio com loja aberta, chefe de familia, pagará 1:3:00». — *Collecção de Bandos*, II, p. 10.

1883. — «Entrei em muitas **boticas**, como ali [em Macau] se chamam as lojas e casas de commercio, para fazer acquisição de diversos objectos». — Adolfo Loureiro, *No Oriente*, I, p. 313.

1912. — «Tambem foi levado preso um **botiqueiro** por nome Lounddò». — *O Ultramar*, de 12 de Fevereiro.

1915. — «... e alguns brâmanes de Salcête, **botiqueiros**, *possorecares* ou merceeiros». — *Heraldo*, de 23 de Dezembro.

**BÔTO, bôtto** (pl. *bótos, bóttos*). Sacerdote hindu. Do conc. *bhaṭ* < sânsc. *bhaṭṭa*, «brâmane letrado»[1]. Conquanto todos os brâmanes sejam originàriamente da casta sacerdotal, nem todos estão habilitados a exercer o ministério.

1587. — «Escreueo que no rio de Barcellor ha hũa ylha da banda de Coquely sercado dagoa que remde dez mil pagodes ao Sãocarnão, **Boto**, senhor della». — *Carta Régia*, in *Archivo*, I, p. 91.

1592. — «Entrão nesta Cidade pellos passos da Ilha de Goa muitos gentios, **Bottos**, *Jossins*, *Joguis*, pregadores da gentilidade». — Quarto Concílio de Goa, *ibid.*, IV, p. 189.

1697. — «**Botos** he huma casta de Bramanes de mayor excellencia, como a descendencia de Arão entre os Levitas, à qual pertence o sacerdocio, ritos, e ceremonias dos pagodes, e ainda que nem todos os **Botos** são sacerdotes, todos os sacerdotes são **Botos**». — P. Francisco de Sousa, *Oriente Conquistado*, I, I, 2.

1707. — «Tambem fazem offerta ao mar como côco no mez de Agosto com assistencia dos *Grous*, **Bottos**, etc.». — *Archivo*, Suppl. II, p. 180.

1715 — «Dom Pedro concedeo muitos privilegios aos mesmos gentios, como foi a extensão dos orfãos, e o **Botto** nos casamentos, só para conservar nas suas terras os vassalos gentios». — *Ibid.*, p. 27.

1727. — «**Bottos**. Termo da India. São huns sacerdotes da Gentilidade, que dão leys aos mais. Descendem com os Bramanes do mesmo Brama, porém dizem que são mais puros, por não comerem peixe, e passarem só com verduras». — Bluteau, *Supplemento*.

1747. — «Recolheram-se as tropas, que entraram no Pays inimigo, sem haver feito nellas mais hostilidades que rebanhar algum Gado, e prisionar dous **Botos**, ou Sacerdotes gentios, que foram achados em hum Pagode». — Monterroio Mascarenhas, *Epanaphora Indica*, IV, p. 81.

1842. — «Estes porém ostentam que da sua classe eram os **bottos**, ou ministros da sua religião». — *Annaes Maritimos*, p. 431.

1849. — «Ordeno ao mesmo **Boto** ou aos *Mazanes* do mesmo Pagode, que não mais repitam procedimento tão vergonhoso, que devo cohibir». — *Collecção de Bandos*, II, p. 253.

1850. — «**Botos**. São Padres entre os Gentios, e Servidores dos Pagodes». — F. N. Xavier, *O Gabinete Litterario*, IV, p. 260.

1874. — «Um **botto** (sacerdote) se namorou d'uma *Ranes*, moça viuva de notavel formosura, e a levou de casa dos seus». — Tomás Ribeiro, *Jornadas*, II, p. 21.

1886. — «... seguidamente o **botto** ou sacerdote gentio, que leva um *curó*». — Lopes Mendes, *A India Portugueza*, I, p. 53.

1890. — O **bhoto** molhou as flores, colocou-as em linha, e revelou que se cahisse primeiro a segunda flor da terceira columna a alevantina era a mulher de Vichnu». — António de Almeida Azevedo, *As Communidades de Goa*, p. 33.

1893. — «Houve larga discussão, em que o nosso arcebispo [D. Cristóvão em 1619] foi de parcer que de nenhuma sorte se lhes devia permittir aquella *linha*, fosse ou não fosse insignia de nobreza, que aos gentios lançavam seus **botos** com muitas superstições». — P. Casimiro de Nazareth, *Mitras Lusitanas*, in *Bol. S. G. L.*, XII, p. 492.

1898. — «Os gentios, quando tentam de praticar algum roubo, ou outros crimes consultam os **bôtos** (sacerdotes)». — Oliveira Mascarenhas, *Atravezdos Mares*, p. 155.

1902. — «O *sivaismo* fôra pregado por um **bhatta** de Bengala, e derramou-se primeiro pela India meridional». — *Ta-ssi-yang-kuó*, II, III, 5.

1912. — «... provar ao mesmo tempo que esse não era **bôtto** ou *bhatta* brahmane». — *O Heraldo*, de 20 de Junho.

1674. — «The **Butts** addict themselves to the Religion, giving themselves over to an exact Regular life, abstracted from all Worldly Employments». — Fryer, *East India*, II, p. 101.

***BOTOR**. «Nome de uma sorte de farinhas que se comem cruas». P. Favre. Do malaio-jav. *bōtor*.

[1] A geminação de *t* representa, como em outros casos, o *ṭ* cacuminal do étimo, proferido normalmente na Índia.

1613. — «Outro genero de granos **bottôres**, favas, e legumes cozidos e temperados a seu modo com que o vulgo se alimenta». — Manuel G. de Erédia, *Declaraçam de Malaca*, fl. 19.

* **BOUÇO.** Corporação ou grupo de cultivadores dos campos da comunidade agrícola de Goa. Do concanimar. *bhāũs*, que propriamente significa «irmão, parente próximo».

1825. — «Todos cultivadores formavam uma corporação, como já disse, chamada **bouço**, e esta fazia todas as despezas precisas para a conservação dos campos». — *Informação* do Tanadar-mór das Ilhas, *apud* António de Almeida Azevedo, *As Communidades de Goa*, p. 89.

1852. — «**Bouço** — associação forçada de arrendatarios ou colonos duma *casana*, sujeita ás disposições que regulam as communidades; compete-lhe conservar, reparar e vigiar os vallados, portaes e represas da casana, perceber a receita e pagar a despesa que houver». — F. N. Xavier, *Bosquejo Historico* (2.ª ed.), II, p. 51.

1855. — «V. s.ª se serviu de escreverme, incluindo uma copia da denominada resposta do **bouço** da communidade da aldêa de Neurá o grande... ordenou que o **bouço** ordenasse seus empregados, como lhe conviera». — F. N. Xavier (filho), *Collecção de Leis*, p. 2.

1857. — «Em regra os arrematadores das varzeas das communidades são membros do **bouço** e os colonos seus representantes». — *Id.*, p. 28.

1880. — «... cumprindo ao governador geral em conselho fixar... a escripturação, contabilidade e systema de arrecadação da receita, as obrigações dos **bouços**». — *Decreto, apud* Eduardo Balsemão, *Os Portuguezes no Oriente*, II, p. 208.

1915. — «Um antigo costume, que ainda subsiste em algumas povoações rurais, é o mandarem os **bouços** (associações de lavradores) celebrar no dia 24 missas rezadas ou cantadas em louvor do santo». — Ismael Gracias, *A India*, p. 167.

* **BOUNSULÓ** (conc. *Bhoṁsló*, mar. *Bhoslā* ou *Bhoṁslā*). Apelido de Sivaji, fundador do império marata, usado também por outros dominantes da mesma raça [1]. Os nossos escritores empregam-no em particular com respeito aos régulos do Savantvadi (e sua gente de armas), que mais de uma vez invadiram o território português, e dos quaes passaram algumas terras para o nosso estado da Índia.

1728. — «O lugar em que se faz este lavatorio he de Naroá, terra de Sar-Dessay Fondu Saunto **Bounsuló**». — *Carta* do vice-rei, in *Archivo*, Suppl. II, p. 123.

1741. — «Todas as communidades das Aldeas da Provincia de Bardez se tem havido nesta guerra dos **Bounsulós**, que em invasões consecutivas a destruirão...». — *Ibid.*, p. 461.

1741. — «O mesmo rio lhes facilitava os soccorros, que lhes podião introduzir os **Bounsulós**». — D. José Barbosa, *Epitome da Vida*, p. 78.

1744. — «A força do pirata Angriá vos não deve dar menos cuidado do que as dos **Bounsulós** e Marattas, porque unido com os Melondins, é tambem com os mesmos Marattas e **Bounsulós**, que uns e outros tem já bastante numero de galeotos e algumas *pallas*, infestão continuamente toda aquella costa». — *O Chronista de Tissuary*, II, p. 184.

1745. — «Sendo antigo dicterio entre os Portuguezes, que bastava hum para dez **Bonsulós**, elle o converteu hyperbolicamente, dizendo, que bastava hum **Bonsuló**, para cem Portuguezes». — Monterroio Mascarenhas, *Epanaphora Indica*, II, p. 9.

1795. — «Para o bom exito da guerra contra o **Bounsuló**, manda que se diga nas missas a oração *pro tempore belli*». — P. Casimiro de Nazareth, *Mitras Lusitanas*, XV, p. 468.

1845. — «Eram vassallos do **Bounsuló**, dominante de um pequeno territorio, confinante com os nossos estados, a Norte e a Leste delles». — *Annaes Maritimos*, p. 251.

1849. — «Elle [rio] vem da provincia de Ussapá, nos dominios do **Bounsuló**». — Joaquim Soares, *Bosquejo das Possessões Portuguezas*, I, p. 17.

1850. — «**Bounsuló**. He appellido de Quemá Saunto, 1.º Dominante de Pragana Cudale ou Saunto-Varim... origem dos Dominantes **Bounsulós**». — F. N. Xavier, *O Gabinete Litterario*, IV, p. 260.

1874:

> «Nobre orgulho dos marathas,
> tentação dos Bounsulós!»
> Tomás Ribeiro, *Jornadas*, II, p. 88.

1886. — «A provincia de Pernem, outr'ora dominada por **Bounsuló**, foi submettida ás armas portuguezas em 1788». — Lopes Mendes, *A India Portugueza*, I, p. 224.

1890. — «As repetidas invasões marathas e as inquietações dos **Bonsulós**, *dessais* de Savant-vadi, bem depressa o demonstraram». — António de Almeida Azevedo, *As Communidades de Goa*, p. 4.

**BOXÁ.** «Pequena mala, usada en-

[1] «The name is derived from the village *Bhosawat* near the Bhosa fort, in Bombay». — Crook, em Fryer, II, p. 60.

tre os moiros, para guardar o fato». C. de Figueiredo. V. *bocassim*.

**BRABAR.** Mercador natural do Malabar. Do malaiala *vyāpāri* < sânsc. *vyāpārī*. V. *chatim*.

1516. — «Ha tambem neste regno de Malabar outra ley de gente [casta] que chamam **Brabares** que saom mercadores Indios naturaes da terra, e asy ho eram antes que gentes estrangeiras houuessem nauegaçam da India». — Duarte Barbosa, *Livro* (2.ª ed.), p. 332.

1894. — «Os **brabares,** que são os mercadores autochtones do Malabar». — Lopes de Mendonça, *Os Orphãos de Calecut*, p. 93.

**BRACALÃO.** Emprega Fernão Mendes Pinto o termo com relação a Siame e à China, no sentido de «alto dignitário», talvez «ministro ou conselheiro de estado». Conjecturo que é composto do siam. *boromo*, «preeminente, rial», e *krŏmo*, «ministro».

1541. — «A ver Autos, farças, jogos, touros, lutas, e banquetes esplendidos, que Tutões Chães, Conchacys, Aytaos, **Bracalões,** Chumbins, Monteus, Lanteaas, e outros muytos senhores, e Capitães, mercadores, e gente nobre e rica alli vão dar a seus amigos, e parentes» (na China). — *Peregrinação*, cap. 105.

1548. — «E por quanto o Rey, [de Siame] era menino de nove annos sómente, ordenárão os vinte e quatro **Bracalões** do governo que a Rainha sua mãy fosse tutora». — *Ibid.*, cap. 184.

* **BRAECHAGA, baçaraga.** A julgar pelas propriedades que dois escritores nacionais atribuem à árvore e ao seu fruto, parece que se trata de *upas* (q. v.) ou *Antiaris toxicaria*, Lesch. Mas não se vê nas línguas indianas nenhum nome que se assemelhe ao português; o comum é *jāsundī*; Watt menciona outros, como *karwat, alli, jazúgri, uranjili, hmyaseik*. «A semente é muito amarga, e usa-se contra a colera e dyspepsia; fazem-se saccos de casca interna. A substancia resinosa que sae da casca com incisão emprega-se para preparar as frechas envenenadas». D. G. Dalgado, *Flora*. Vid. J. C. Lisboa, *Useful Plants*, p. 128.

1516. — «Ha nesta terra [Deli] hũas aruores ha cuja rais chamaom **Braechagua,** e he tam peçonhenta, que ha toda cousa que a comer mata: ha fruyta desta propia aruore a que chamaom *Miralecy* tem tal uirtude que mata toda peçonha, e ha qualquer homem daa uida, ainda que coma ha propia rais ou outra qualquer forte peçonha». — Duarte Barbosa, *Livro* (2.ª ed.), p. 311.

1554:

> «No reyno de Deli ha
> arbores daquesta sorte.
> que ha raiz he tam maa
> peçonha que se se da
> a comer da logo morte
> ha fructa tem tal virtude
> que comendoa da saude
> a todo peçonhentado
> he fructo mui estimado
> com que se a peçonha acude».

Á margem: «Ha raiz se chama Baçaragua, e ha fructa *miraberi*».

Garcia de Resende, *Miscellanea*, fl. 150.

**BRAHMA, Brahmá.** Na teologia indo-árica os dois termos são muito distintos, sendo o primeiro neutro e o segundo masculino. *Brahma* ou *Brahman* é nos hinos rigvédicos o nome da «fórmula sagrada, da oração omnipotente», que produzia o efeito *ex opere operato* e dominava os próprios elementos. Paulatinamente a oração foi-se apoteosando, e *Brahma* tornou-se, na época rigorosamente brahmânica, o Supremo Ser impessoal, a Única Realidade, o Universo, de que a alma individual é uma parcela, uma fagulha, sendo o resto mera ilusão — *māyā*[1].

A absorção em *Brahman* é a suprema aspiração beatífica do filósofo ortodoxo, e o meio de a alcançar é a convicção íntima e inabalável da identidade da alma própria com a alma universal, *Ātman*, por meio de constante e profunda contemplação: *tad tvam asi* — tu és aquilo. «*Om* est son nom mystique, *tad* sa désignation philosophique, *sat* son application pratique». Sylvain Lévi, *La Grande Encyclopédie*.

*Brahmá* (nominativo masculino de *brahman*) é o primeiro membro da *Trimurti* (q. v.), ou trindade hindu, o deus criador, a hipóstase ou per-

[1] «Em breve nasceu a idéa de que o *brahman* era o que dava tudo, o supremo dispensador dos bens, o supremo bem, o inteiramente unico e absoluto bem». — Vasconcelos Abreu, *Investigações*, p. 36.

sonificação do *Brahman* impessoal. O seu nome não ocorre nos Vedas, onde o criador é conhecido por *Prajāpati*, «senhor das criaturas», ou por *Hiranyagarbha*, «ôvo de ouro». O culto de Brahmá não é popular na Índia, e raro é o templo que lhe seja exclusivamente dedicado [1]. V. Dowson, *A Classical Dictionary* e *La Grande Encyclopédie* [2].

1612. — «O quinto que gouerna a terra, **Brahemá**, e sua molher, *Exarasuadi* [Sarasvatí]. Estes cinco dizem que gouernão toda a cousa criada: mas aos tres delles adorão como deoses, que são **Brahemá**, Bisnú, e Rudra, que são os regentes da terra, agoa, e fogo: porque vm cria, outro augmenta, e outro consume, e porque são a causa da geração, criação, e corrupsão de tudo». — Diogo do Couto, Déc. V, vi, 4.

1687. — «E estes mesmos [Brahma, Vixnu e Xiva] confessando que forão homeus, dizem, que nem cada hum deles, nem todos tres juntos são Deos; mas que este se chama *Paramá* **Brumâ**; e alem deste, que hâ 330 milhões de Deoses». — P. Fernão de Queiroz, *Conquista de Ceylão*, p. 62.

1837. — «Ha ahi duas seitas principaes: a de **Brama**, e de Budda: segundo a primeira, existem tres intelligencias — a creadora, a conservadora, e a destructora — que reveste de corpo, dando-lhe os nomes de **Brame**, Visnu e Siva. — *O Panorama*, de 8 de Julho.

1874. — «**Brahma**, tu creaste a minha casta d'um halito da tua bocca sacrosanta». — Tomás Ribeiro, *Jornadas*, ii, p. 305.

1883. — «A Alma-Universal ou Átman é **Brahma** ou **Brahman** (n., th[ema] *Brahman*, e em com[posição] ou no nom. *Brahma*)». — Vasconcelos Abreu, *Chrestomathia*, p. 382.

1886. — «Os brahmanes derivados da cabeça de **Brahma**, symbolo da sciencia, são considerados superiores a todos os demais homens, e destinados ao sacerdocio, ao estudo e ao ensino». — Lopes Mendes, *A India Portugueza*, ii, p. 36.

1900. — «Et c'est une preuve terrible que d'entrevoir, même de bien loin et de bien bas, **Brahm** l'absolu qui réside au fond de l'abîme obscur; le dieu sans rapport concevable avec l'univers manifesté; **Brahm**, l'essentiellement ineffable, Celui qui est au delà de toute pensée, dont rien ne peut être dit, et qui ne s'expresse que par le silence». — Pierre Loti, *L'Inde*, p. 456.

**BRÁHAMANAS** (sânsc. *brāhmaṇa*) s. m. pl. São rituais védicos, verdadeiras enciclopédias religiosas e os primeiros espécimes de prosa da família indo-europeia. Tiram o seu nome de *brahman*, «palavra sagrada», na sua acepção primitiva, e tem por objectivo ensinar a aplicação das fórmulas védicas, *mantras*, às cerimónias de sacrifício. Cada um dos quatro Vedas tem um ou mais *Bráhmanas*.

1883. — «... e a litteratura critica d'estes Vedas (os **Bráhmanas**, as *Upanixadas*, os *Sútras*)». — Vasconcelos Abreu, *Chrestomathia*, p. 200.

**BRÁHMANE**, **brácmane** ou **brágmane** (ant.), **brâmane** ou **brâmene** (mais usado), **brâmine**, **brame**, m. e f. (também *brâmana* ou *brâmina*). Indivíduo da casta sacerdotal hindu; sacerdote brahmânico. Nesta última acepção usa-se comumente em Goa a palavra *bôto*. Do sânsc. *brāhmaṇa*. O *c* e *g* de *brácmane* e *brágmane* são em substituïção do *h* de *bráhmane*. Os autores gregos e latinos escrevem o vocábulo com *ch* ou *c*. Os franceses chamam *bracmanes* aos brâmanes antigos, mencionados pelos autores clássicos, e *brames* aos modernos.

O Padre Fernão de Queiroz faz análoga distinção: «Tanto que distinguir *Bramânes* de *Bragmânes*, euitará todas estas confusões, e entenderá, que Majestanes [Megásthenes], Estrabo, e S. Jeronimo, falão de *Bragmânes*, e não de *Bramanes*, e que Damião de Gois se equiuocou por mal informado». *Conquista de Ceylão*, p.134.

Raros eram os reis da India pertencentes à casta dos brâmanes; mas quási todos os soberanos os

[1] «Em toda a India ha muitos templos alevantados a todos os idolos como já dissemos, somente ao *Brahema* não ha vm só: sendo ao que elles atribuem o gouerno da terra, e isto he por que lhe tem elles vsurpado o seu lugar e honra, porque dizem que descendem delle». — Diogo do Couto, Déc. V, vi, 4.

[2] O Padre Fernão de Queiroz distingue *Brumâ* e *Bramâ*, mas sem clara idea da diferença: «Quanto mais, que nas *Puranas*, mais lhe chamão *Brumâ*, que *Bramâ*, e assim falão os Bramenes mais apurados; e se quer que, seja o mesmo *Bramadeu*, tudo reduz a principios alheos de toda a uerdade». — *Conquista de Ceylão*, p. 131.

tinham por seus conselheiros e ministros. V. *castas, bôto* e *guru*.

1333. — «Vi a mulher de hum cafre dos Indios, enfeitada e montada, a quem seguião os Mouros, e os cafres, indo diante della os tambores, e trombetas, e com ella os **Barahamates,** que são os principaes dos Indios». — Ben-Batuta, *Viagens*, II, p. 26.

1500. — «O Rei tem duas mulheres, e cada huma dellas he acompanhada por dez Sacerdotes, a que chamão **Bramanes**». — *Navegação de P. A. Cabral*, cap. 13.

1502. — «Estes **Bramines** são como entre nós os Bispos, e Religiosos; homens ricos que não tem outro officio ou cargo senão orar pelo povo, e dar esmolas». — Tomé Lopes, *Navegação*, p. 201.

1504.— «E se pozeram da banda daalem, com mays de trinta ssombreiros, por mostra de xxx rex e ,*caymaaes;* e eles eram **bramenas**». — Álvaro Vaz, in *Cartas* de A. de Albuquerque, III, p. 264.

1505 — «Os **brahmanes** são como frades de boa vida e por sua santidade dormem com a mulher delrei, e por isso não herda o filho se não seu sobrinho mais chegado por se não saber o filho ser de rei ou **brahmane**». — In *Bol. S. G. L.*, XVII, p. 366.

1510. — «E me mandava muitas vezes prender os meos **bramenes** e *najres*, no sseu tronquo». — *Carta* do rei de Cochim, in *Cartas* de A. de Albuquerque, IV, p. 44.

1516. — «Aquy ha outra ley de Gentios, que chamaom **Bramenes,** que entre eles saom sacerdotes, e pesoas que administraom suas casas dorações e idolatrias, que eles tem muy grandes e com muytas rendas». — Duarte Barbosa, *Livro*, p. 269.

1525. — «Este **bramine** mor leua nas mãos hũa *batega* com huũ coco e arros e fullas [= flores]». — *Chronica de Bisnaga*, p. 108.

«Sempre no paço estão dous tres mil **bramenes,** que são os seus padres». — *Ibid.* (1535), p. 68.

1526.— «Os *Gancares* poderão dar chãos cada hum em sua Aldêa de graça para aproveitar, ou aproveitados, estando vagos, a saber, ao **Bragmane** do Pagode, e escrivão, e ao porteiro, e ao rendeiro». — *Foral* de D. João III, in *Archivo*, V, p. 123.

1552. — «E assi como estes reys [de Narsinga] ajuntão grandes tesouros, assi fazem grandes esmolas aos seus pagodes, e a **bramenes** que estão nelas que sam os seus sacerdotes». — Castanheda, *Historia*, II, p. 16.

1557. — «Estes **Bramenes** são huns homens religiosos (como cá antre nós Sacerdotes) que tem cuidado de seus pagodes». — *Commentarios*, II, cap. 17.

1559. — «Nem aja **bramenes,** prégadores de sua gentilidade». — *Lei* de D. Sebastião, in *Archivo*, V, p. 389.

1563. — «A porta estaua hum seo **bramane,** que são como seos clerigos». — Gaspar Correia, *Lendas*, I, p. 88.

1566. — «Entre os quaes os **Bramanos** são sacerdotes por geração, e delles ha ordem separada de mais nobres, e outros populares». — Damião de Góis, *Chronica de D. Manuel*, I, cap. 42.

1572:

> «Bramenes sam os seus religiosos
> Nome antigo, e de grande preminencia:
> Observam os preceitos tão famosos
> Dhum que primeiro pos nome à ciencia».
>
> Camões, *Lusiadas*, VII, 40.

1577. — «... inda que antre Gentios ha **Bragmanes,** que he sua gente nobre, e outras maneiras de Religiosos a que se tem respeito como nós temos aos nossos Padres». — *Primor e Honra*, fl. 8.

1609. — «Em todas as terras da India habitam muitas castas e nações de gentios; entre os quaes os **bramanes** são mais honrados, e melhor gente, porque são como sacerdotes e religiosos, dedicados ao serviço dos pagodes». — Fr. João de Sousa, *Ethiopia Oriental*, II, p. 310.

«Sabida a sua tenção pelo **bramanemor** do pagode, que reside n'elle como bispo entre os gentios...». — *Id.*, p. 309.

1612. — «A segunda casta he dos Bragmanes, ainda que elles querem preceder aos outros, assi pelo sacerdocio, como pellas letras, sobre o que antre elles ha tantas questões, que antre os nossos doutores, sobre qual precede se as armas, se as letras... E porque tem feito crêr aos simples, que quem adora a vm **Bagmane,** o faz ao **Brahemá,** lhes vierão a ter tamanha veneração, como ao mesmo idolo». — Diogo do Couto, Déc. V, VI, 4.

«Os **Bramanes** de Goa tomarão à sua conta fazerem huma galé, que foi uma das mais fermosas peças que vi, e dellas tomou o nome, e se chamou a galé **Bramana**». — *Id.*, VII, II, 1.

«... acompanhado de seus Regedores, *Caimaes*, e *Panicaes*, e apar delles vinhão os **Bragmanes,** que são os ministros de suas seitas». — *Id.*, Déc. VII, X, 9.

1616. — «Os **Bramanes** são uma raça de gente a mais nobre, mais honrada e respeitada de todas. Seguem um modo de vida particular; e uma mais religiosa e austera observancia da sua lei». — Pyrard de Laval, *Viagens*, I, p. 313.

1617. — «O çapateiro não entra em casa dos **Bracmanes** que são os Sacerdotes». — *Conquista de Pegu*, cap. 1.

1687. — «Do rosto de Brumâ naçerão os **Bragmanes,** que são os Autores de todos estes enredos, e contrariedades. E tomando para si este naçimento dizem expressamente que são o mesmo Deos Brumâ». — P. Fernão de Queiroz, *Conquista de Ceylão*, p. 62.

1695. — «Não matar vaca, he de cinco preceitos que tem, o terceiro, sendo o primeiro e segundo não matar **Bracmane** (são os seus padres) nem mulher». — Cosme da Guarda, *Vida de Sevagy*, p. 104.

1697. — «Os **Bramanes** sam os mais nobres de todos, e tem por officio, segundo a disposição das suas leys antigas, dar, e pedir esmola, aprender, e ensinar a ley, fazer o sacrificio, e assistir a elle, e em huma palavra, vem a ser como os Levitas entre as Tribus de Israel». — P. Francisco de Sousa, *Oriente Conquistado*, I, I, 1.

1699. — «Somente se havião recebido quatro molheres **Bramenas** para Conversas, que he a casta mais nobre, que ha entre os naturaes da India». — Fr. Agostinho de Santa Maria, *Historia*, p. 225.

1721. — «Estimauão aos **Bracmanes** pela Casta mais nobre, e pelos homens mais letrados, que ha, nem póde hauer no mundo, e que só elles podem ensinar a ley, e o caminho do Ceo, e da salvação». — Fernão de Brito, *Hist. do Ven. João de Brito*, p. 30.

1746. — «Concede a conservação de seus pagodes, *bottos*, **bragmanes**, e seus ritos e costumes». — *Apud* Júlio Biker, *Collecção de Tratados*, VI, p. 267.

1750. — «Falleceu Xáu Rajá o anno passado; Nana que, pelo seu poder, podia subir ao throno, oppunha-se a isto ser da Casta **Bragmane**, que, segundo o seu rito, o exclue desta alta prerogativa». — *Ibid.*, p. 307.

1843. — «Os **bracmanes**, ou **bramas**, reconhecem um Deus Supremo, e adoram muitos deuses da segunda ordem». — José Inácio de Andrade, *Cartas*, I, p. 31.

1866. — «Os **brahamanes** são uma dynastia e uma casta. Brahma é o sol, e os **brahamanes** os seus raios. Os **brahamanes** sahirão da bocca de Deus, como o mais puro dos seus verbos, e os sudras nasceram dos seus pés, como o mais vil pó». — Francisco L. Gomes, *Os Brahamanes*, p. 23.

1883. — «O Samorim revogára a sentença a rogos do seu **bramane-mór** e do seu vedor da Fazenda». — Bulhão Pato, *Portuguezes na India*, p. 21.

1878. — «O *Yajurveda* (*Taittiriya-sãohitá*) diz positivamente que os **brahmanes** são os deuses visiveis na terra. E o *Chatapatha-Bráhmana* diz que ha duas especies de deuses, os deuses e os **brahmanes**. Mais tarde o **brahmane** é dotado do poder de fazer caír do alto solio aos deuses, mesmo ao maior dos deuses, Indra». — Vasconcellos Abreu, *Investigações*, p. 37.

1815. — «Designam-se com relação a castas, em **brâmanes** (chamando-se a mulher em português, **brâmina**)». — *Heraldo*, de 14 de Novembro.

1916. — «O culto vedico é naturalista e patriarcal; mais tarde as familias onde mais completo se mantinha o conhecimento das formas rituaes, vem a dar origem á casta sacerdotal, — os **brahmanes**». — *A Ordem*, de 14 de Março.

A. C. 335. — «Nearco fala assim dos sofistas: os **Brachmanes** vivem nas cidades, e acompanham os reis e são seus conselheiros; outros porêm contemplam o que pertence à natureza». — Estrabão, XV.

A. C. 330. — «Aristóbulo diz que viu em Táxila dois sofistas, ambos **Brachmanes**, o mais velho rapado, o mais novo com cabeleira». — *Id.*

A. C. 300. — «Faz [Megástenes] também outra divisão dos filósofos, distinguindo-os em dois géneros, um dos quais se chama **Brachmanes** e o outro *Garmanes* [Sarmanes], sendo superiores os **Brachmanes** aos outros, por serem as suas ordenações mais consentâneas». — *Id.*

c. 200. — «É verdade que os **Brachmanes** não comem nenhum animal, nem bebem vinho... Desprezam a morte, e não apreciam a vida; crêem porêm que há regeneração» (transmigração). — Clemente Alexandrino, *Strōmatōn*, lib. 3.

IV. — «**Brachmani** a nonnullis *Gymnosophistae*, a quibusdam *Philosophi*, seu Sapientes Indorum appellantur. Habitant juxta Gangem, fluvium totius Indiae maximum». — Santo Ambrósio, *Tractatus Brachmanorum*.

IV. — «Com quanto a nação dos índios esteja dividida em muitas partes, há entre êles uma espécie de sábios, que os gregos costumam nomear gymnosofistas. Há duas classes dêles: uma dos **Brachmanes** e outra dos *Samaneus*. Os **Brachmanes** admitem tal sabedoria divina por sucessão da linha, do mesmo modo que o sacerdócio». — Porfírio, *De Abstinentia*, lib. 4.

545. — «Les Philosophes Indiens qu'on appelle **Brachmanes**, dizent que si l'on tiroit un cordeau depuis Tsin iusques en Grece, il passeroit iustement par le milieu du monde». — Cosmas Indicopleustes, *Relations*, I, p. 22.

1298. — «Et essendovi in questo colfo pesci grandi ch'vccideriano i piscatori [de pérolas], però i mercanti conducon' alcuni Incantatori d'vna sorte di **Bramini**, quali per arte diabolica sanno constringere, et stupefare i pesci». — Marco Polo, *apud* Ramúsio, II, fl. 53.

1444. — «In questa isola [Ceilão] è vn lago, in mezzo del quale è posta vna città regale, che circonda tre miglia, che non se governa da altri, se non da certe genti, che discendono dalla stirpe di **Bramani**, i quali sono reputati per i piu sauij che altre persone, percio che non attendono ad altro tutto il tempo della lor vita che agli studij della philosophia, et son molto dediti all' astrologia, et alla vita civile». — Nicolo di Conti, *ibid.*, I, fl. 339.

1544. — «Gens est in his locis ex numero Ethnicorum, quam illi **Brachmanes** vocant. Hi Deorum cultum ac superstitionem tuentur, templa eorum colunt, simulacra custodiunt. Nihil illis perversius, nihil improbius». — S. Francisco Xavier, *Epistolae*, lib. I, 14.

1555. — «Amonge these is ther a people called **Brachmanes,** whiche (as Didimus their Kinge wrote unto Alexandre...) live a pure and simple life, led with no likerous lustes of other mennes vanities». — W. Wakeman, in *Glossary*.

1578. — «El qual baño es de precepto a los **Bragmanes,** y Baneanes, y a todo Gentilico, que ningun dia comen sin lauar o bañar todo el cuerpo primero». — Cristóvão da Costa, *Tractado*, p. 206.

1582. — «In questa citta [Cochim] sono alcuni **Bramini,** i quali sono à modo nostro i loro sacerdoti, e hanno autorità di vsar carnalmente tutte le donne». — G. Balbi, *Viaggio*, fl. 137.

1585. — «Tra tutti i più vaghi sono una razza che domandano **Brameni,** de' quali fece menzione Plinio, che, trattando di queste genti orientali, dice: *audio complures eorum vocari* **Bracmanes:** i quali appresso tutti sono reputati i più nobili e i migliori e i più intelligenti di tutti gli altri». — F. Sassetti, *apud* Gubernatis, *Storia*, p. 189.

1585. — «Esta en el [pagode] vn sacerdote de los idolos a quien llaman en su lengua **Brama,** que es como vn summo sacerdote en aquella tierra». — Fr. Joan G. de Mendoça, *Hist. de la China*, p. 370.

1588. — «Sacerdoti, i curatori delle cose sacre, questi sono **Brachmani** d'antichissima origine, e nome». — P. Maffei, *Le Istorie*, p. 48.

1589. — «Entre les Indiens Payens les **Bramenes** sont estimés les plus honnorables de tous, et il n'y a qu'eux à qui les Roys donnent presents et offices». — Linschoten, *Histoire*, p. 73.

1610. — «La otra casta *Baman*. Aquien los Portugueses e aqua dezimos, **Bramanes,** son los que ministran en los templos de los Idolos: hazen casamientos y interuienen en otros actos semejantes». — Pedro Teixeira, *Relaciones*, p. 97.

1623. — «I più stimati, e più sublimi frà i **Brahmani,** e per conseguenza, sopra tutti rigorosissimi nel mangiare, e nelle altre osseruanze, son quelli, che fanno ufficio di Sacerdoti, che essi chiamano *Boti*». — Pietro della Valle, *Viaggi*, III, 61.

1631. — «*Baman*, quos Lusitani et nostri vulgo vocant **Bramanes,** in templis sacrificant idolis, praesunt connubiis jungendis et similibus: horum quidam ex eleemosynis viuunt neque tamen ipsis licet in aedibus Baneanorum aut bibere aut cibum capere». — *De Imperio Magni Mogolis*, p. 118.

1655. — «Murieron a crueles golpes bellissimas **Brámanas,** y *Bancànas*». — Faria y Sousa, *Asia Portuguesa*, II, p. 177.

1658. — «Sino da primi secoli della legge di Gracia li **Brahmani** dell' Indie, si guadagnarono tanto nome nel Moudo, che frà Gentili furono creduti li più dotti, e morali dell' Oriente. Di questi ne parla Eusebio, Santo Agostinho, Plinio, Strabone, e molti altri Scritori sacri, e profani, celebrando con particolare stima le molte osseruanze morali, nelle quali, guidati da sol lume naturale si esercitarono. — Fr. Vincenzo Maria, *Viaggio*, p. 268.

1673. — «At the Head were the **Brachmines,** the ancient Gymnosophists; out of whom branched their Priests, Physicians, and their learned Men». — Fryer, *East India*, I, p. 82.

1676. — «La premiere Caste est celle des **Bramins,** qui sont les successeurs des anciens **Brachmanes,** ou Philosophes des Indes, qui s'étudioient particulièrement à l'Astrologie». — Tavernier, *Voyages*, IV, p. 106.

1685. — «**Brachmanae**. Non Philosophorum modo generis, et sectae nomen id fuit, sed et gentis diffusissimae». — Joannes Harduinus, em Plinio, VI, 21.

1695. — «*Barahemah:* les **Brachmanes,** première Tribu des Indiens, de laquelle sont tous les gens qui se mêlent de la Philosophie et de la Religion... Les Mahometans mettent les **Brachmanes** dans le 3.e étage de l'Enfer». — Herbelot, *Bibliothèque Orientale*.

1699. — «Ils [os missionários do Maduré] se qualifient **Brames,** c'est-à-dire, Docteurs venus du Nord pour enseigner la Loi du vrai Dieu».—*Lettres Édifiantes*, I, p. 17.

1770. — «Le souverain [de Calecut] qui lui donne aujourd'hui les lois est **Brame.** C'est presque le seul trône de l'Inde occupé par cette premiere de Castes... Presque partout les **Brames** dépositaires de la littérature ainsi que de la religion du pays sont employés par les Rajas comme ministres ou comme sécretaires». — Raynal, *Histoire*, I, p. 303.

1776. — «Ce peuple fortuné, dit la relation, a conservé la beauté du corps si vantée dans les anciens **Bracmanes,** et toute la bonté de l'ame, pureté, pieté, équité, régularité, amour de tous les devoirs». — *Lettres Chinoises*, p. 55.

1782. — «Si l'on en croit les monumens et les traditions, l'Inde fut le berceau de toutes les religions, et les anciens **Brachmanes** en furent les inventeurs». — Sonnerat, *Voyages*, I, p. 192.

1786. — «Il mezzo millione che non mangia pesce [no Malabar], sono i **Brahmani** sacerdoti ed i altri devoti, assoluti Pitagorici, che vivono di riso, di latte e d'erbaggi». — Fra Paolino, *Viaggio*, p. 168.

«**Brahmane.** Membre de la caste sacerdotale chez les Hindus. À l'époche védique, le titre de **brahmane** n'était encore héréditaire. Le nom *brahman* désignait, soit la parole sacrée, soit les auteurs des hymnes; toutefois l'emploi de la forme tion patronymique *brâhmanas* trahit l'évolution qui s'accomplit. Le fameux hymne du Pouroucha-sukta (Rig-Veda, x, 90), un des plus modernes de la collection, exprime déjà l'orgueil de la nouvelle caste». — Sylvain Lévy, *La Grande Encyclopédie.*

1823. — «The **Brahmin** announced himself to us as the *Padre* of the village, a name which they have originally learnt from the Portuguese, but which is now applied to religious persons of all descriptions, all over India, even in the most remote situations, and where no European penetrates once in a century». — Heber, *Narrative*, I, p. 48.

1825. — «Dans les langues savantes, on les nomme *brahmanahas* et *brahmahas*, d'où est venu sans doute le nom de **bracmanes** qui leur est donné dans les auteurs latins». — P. Dubois, *Mœurs*, I, p. 124.

**BRAHMÂNICO.** Relativo aos bráhmanés ou ao brahmanismo. Religião *brahmânica*, sistemas *brahmânicos*, civilização *brahmânica*.

1883.—«Diplomacia **brahmanica**».— Vasconcelos Abreu, *Chrestomathia*, p. 66.

**BRAHMANISMO.** Define-se diversamente o termo; diz-se commummente que é «a religião de Brama ou dos bráhmanes». Os bráhmanes tiveram várias religiões sucessivas, e *Brahma* é termo ambíguo. *Brahmá*, como deus pessoal, nunca teve extenso culto nem grande mitologia. *Brahma*, como alma universal e ser absoluto, não foi objecto de culto, mas sim do teosofismo dos sábios hindus (que não eram exclusivamente bráhmanes) do período que medeia entre o vedismo e o hinduísmo actual, isto é, o período da literatura denominada dos *Brāhmaṇas*. E é neste sentido estrito que na história das religiões da Índia se entende o *brahmanismo* — religião de *Brahman*, fundada nos *Brāhmaṇas*, q. v. Também se podia chamar *brahmismo* tal religião, e *brahmistas* os seus sectários, que ainda hoje não faltam nas classes ilustradas e ortodoxas da Índia. Temos até uma associação denominada *Brahma-samaj*.

*Brahmanismo* é, como bem diz Sylvain Lévi, «sobretudo um tipo social, uma constituição caracterizada pela supremacia da classe sacerdotal dos bráhmanes, e por uma regulamentação minuciosa da vida social, confundida em todos os seus actos com os deveres religiosos». *La Grande Encyclopédie*. V. *hinduísmo.*

1687. — «O **Bramanismo** com os Antropomorfitas, nunca chegou a conhecer ente espiritual, nem passou do conhecimento do corporeo». — P. Fernão de Queiroz, *Conquista de Ceylão*, p. 127.

1837. — «E o principal dogma do **brahmanismo** a perpetua transmigração das almas d'uns para outros corpos». — *O Panorama*, de 14 de Outubro.

1886. — «A religião dos primitivos habitantes de Goa... era o **brahmanismo** puro, que, com o dominio musulmano, perdeu a sua inicial pureza». — Lopes Mendes, *A India Portugueza*, II, p. 93.

1878. — «As missões religiosas na India são, porém, uteis, quando o espirito que ahi as leve tiver por fim, não impor uma religião, mas extirpar todos os absurdos que o **brahmanismo** ali tem arraigado». — Vasconcellos Abreu, *Investigações*, p. 12.

1906. — «O **brahmanismo** é muito subtil para ser atacado de frente, com o brahmane não se discute, porque elle aceita todos os factos e todas as razões, absorvendo tudo nos abismos da sua crença, de onde é impossivel affastal-o». —Hipácio de Brion, *Duas mil leguas*, p. 124.

1907. — «O **neo-brahmanismo** fendeu e altcou um pouco d'uma das cellas de Arvalem, primeira da direita, para representar o *Yôni*, e ergueu um *lingam* de pedra em uma das outras cellas».—*O Oriente Portuguez*, IV, p. 23.

1915. — «O **brahmanismo** de Manu é um credo religioso avariado pelos sacerdotes da epoca postvedica». — Benedito Gomes, *Afonso d'Albuquerque*, p. 56.

1916. — «A India... tambem teve igual imposto, de cujo produto o **bramanismo**, com as suas castas sacerdotais, as suas *apsarás*, o cortejo luzido de toda a pleiade dos que intervinham nos seus complicados ritos, se alimentava exclusivamente». — *Heraldo*, de 14 de Abril.

1900. — «Sur leurs modestes tables, sont ouverts des livres sanscrits renfermant les arcanes de ce **brahmanisme**, qui a devancé de plusieurs millénaires notre philosophie et nos religions. Dans ces livres insondables, les penseurs de vieux âges qui voyaient infiniment plus loin que les hommes de nos races et de nos temps, ont déposé le summum de la Connaissance».— Pierre Loti, *L'Inde*, p. 409.

**BRAHMANIZAR.** Sujeitar à civilização brahmânica, reduzir à influência dos bráhmanes.

1883. — «Os naturaes do paiz tinham sido já mais ou menos **brahmaniza-**

**dos».** — Vasconcelos Abreu, *Chrestomathia*, p. 258.

**BRALA.** É o mesmo que *varela* (q. v.) ou pagode búdico. O termo é usado por Fernão Mendes com referência a Pegu e concorda melhor com o étimo, mal. *barhala*, jav. *brahala*.

1545. — «Dos pães de prata que tambem vira na **bralla** de Quiay Adocaa Deos dos trovões não sabia a quantidade certa». — *Peregrinação*, cap. 148.

«Com todas as varellas, pagodes, e **brallas** de toda a cidade». — *Ibid.*, cap. 151.

1546. — «Mandou fazer por todo o povo muyto grandes festas, e nas **brallas** de suas gentilicas seitas sacrificios de fumos cheyrosos». — *Ibid.*, cap. 167.

**BRAMÁ.** É também o nome que os nossos escritores antigos dão ao país que agora nomeamos Birmânia, e os ingleses conhecem por *Burma* e os franceses por *Barmanie* ou *Birmanie*. Abrange sob a denominação, como em casos análogos, o povo e o seu soberano. O vocábulo provêm do nome vernáculo da nação, *maran-mā*, que vulgarmente se pronuncia *bam-mā*. A forma correcta seria, portanto, *Bamá* ou *Barmá*; mas os Portugueses já conheciam antes a palavra *brâmenes* e, provàvelmente, *Bramá*.

1516. — «Passando o regno de Bengala, ha ho longo da costa contra ho sul, estaa outro regno de Gentios, que chamaom de **Berma**, e ho Rey mesmo ho he... No proprio certam deste regno de **Berma** estaa outro regno tambem de Gentios». — Duarte Barbosa, *Livro*, p. 364.

1545. — «Sem duvida nos perderiamos, e seriamos tomados da Armada, que o Rey do **Bramá** alli tinha... E continuey com elle no trabalho deste cerco por espaço de quarenta e seis dias, que foi o tempo que este rey **Bramá** aqui mais se deteve». — Fernão Pinto, *Peregrinação*, cap. 148.

«E começando já os **Bramás** da Guarda a se encresparem contra nós, meyos arremangados, nos lançarão dalli fóra com assás de affronta, e vitupirio nosso». — *Id.*, cap. 150.

1572:

> «Os Laos, em terra e numero potentes,
> Avás, Bramás, por serras tão compridas».
>
> Camões, *Lusiadas*, x, 126.

1614. — «Andava naquelle tempo o **Bramá** Rey de Pegú ajuntando hum muyto grosso exercito para ir contra o Rey de Arracão». — Diogo do Couto, Déc. IV, I, 3.

1617. — «Era... este tyranno **Bramá** de nação, e cuydando que os Pegùs com odio que lhe tinhão, e por escusarem o proprio perigo, consentirão na morte de seu amado filho, ajuntou dos seus **Bramás** hum exercito». — *Conquista de Pegu*, cap. 11.

* **BRANDE** (ingl. *brandy*). É usado o termo na Índia Portuguesa como sinónimo de *conhaque*.

1905. — «Raramente conhecia antes do tratado de 26 de dezembro de 1878 os **brandes** e *wiskys* ou os vinhos espumosos e licorosos». — F. X. Fernandes, *India Portugueza*, p. 18.

1908. — «To a small extent wines and **brandy** are reproduced in Kashmir, but the bulk of the vintage beverages are imported». — Watt, *The Commercial Products*, p. 143.

**BRASIL,˜ pau brasil.** Madeira de *Caesalpinia sappan*, Linn., e outras espécies de *Caesalpinia*. Vê-se dos nossos escritores que o nome *brasil* era conhecido em Portugal antes do descobrimento da Índia e do Brasil, onde suplantou o nome de «Santa Cruz». Presume-se que deriva de *brasa*, com referência à sua côr. O italiano tem *verzino*. V. *sapão, japão* [1].

1498. — «Nesta terra ha muito **brasyll**, o quall faz muyto fino vermelho tanto como grãa». — *Roteiro de Vasco da Gama*, p. 110.

1500. — «... cravo da India, canella, **páo brazil**, sandalo, laca». — *Navegação de P. A. Cabral*, cap. 15.

1502. — «Por hum pezo de pedra hume refinado, lhe darião dous de **páo Brazil**». — Tomé Lopes, *Navegação*, cap. 20.

1503. — «Nos achamos muito engolfados na altura da terra de Vera Cruz ou *Brazil*... da qual se tira grande quantidade de canafistula, e de **páo Brazil**». — João Empoli, *Viagem*, cap. 1.

1516. — «... aguila, sandalo, **brazyl**, miramulanos». — Duarte Barbosa, *Livro*, p. 261.

1545. — «Ha muytas minas de prata, perolas, ambar, incenso, e seda, pao preto,

---

[1] «Pouco a pouco porém foi perdendo o seu nome, passando a ser conhecido pela designação malaya de *sappan*, que hoje tem no commercio». — Conde de Ficalho, *Flora dos Lusiadas*, p. 92.

**brasil,** aguila brava, e muyto breu». — Fernão Pinto, *Peregrinação*, cap. 143.

1563. — «O mantimento da terra [Brasil] era milho, e o nauio carregado dos paus vermelhos aparados, que erão muy pezados, a que chamão **brasil** por sua vermelhidão ser fina como brasa». — Gaspar Correia, *Lendas*, I, p. 152.

1563. — «O **brasil** he mais doce, e mais tinge, e o sandalo nem he doce, nem tinge». — Garcia da Orta, Coll. XLIX. — «Madeira empregada na tinturaria, e conhecida no commercio europeu, desde os antigos tempos da idade media, pelos nomes de *brazil, bresil,* em italiano *verzino,* os quaes se julgam derivados de *brasa* ou *braise*, pela côr vermelha da madeira». — Conde de Ficalho.

1572:

> «Mas ca, onde mais se alarga, ali tereis
> Parte tambem co *pao vermelho* nota;
> De Sancta Cruz o nome lhe poreis».
> Camões, *Lusiadas*, X, 140.

1610. — «E se podem alli tambem ajuntar roupas finas de Bengala, benjoim, almiscar, pedraria, lacre, **pau do Brazil**». — *Carta Régia*, in *Documentos da India*, I, p. 352.

1613. — «Estaua hũa grossa taboa de madeira vermelha como **brasil** ou sandalo vermelho». — Francisco de Andrade, *Chronica de D. João III*, I, fl. 32.

1650. — «Ha na ilha [de Hainão] pau preto, *Japão*, que é o **brazil**». — António F. Cardim, *Batalhas*, p. 228.

1685. — «Tambem em toda a Ilha [de Ceilão] ha muita copia de **páo brazil**, que na India chamão *Sapão* aonde tem grande valor». — João Ribeiro, *Fatalidade Historica*, p. 6.

1510. — «Molto sandalo, assai **verzino,** bombagio». — Barthema, *apud* Ramúsio, I, fl. 166.

1520. — «Questa terra del *Verzino* [Brasil] è grandissima... et è abbondantissima di ogni cosa». — Pigafetta, *ibid.*, I, fl. 353.

c. 1620. — «... beaucoup d'acier, et d'vn bois qui sert pour teindre en rouge, qu'ils nomment dans le Pays *Sapan,* et qui est le mesme que nostre **bois de Bresil**». — Methold, in *Relations*, I, p. 12.

1588. — «Ma poi dal **Brasile,** che è legno rosso che se porta quindi per tingere i panni, gli fù posto sopra nome di *Brasilia*». — P. Maffei, *Le Istorie*, p. 59.

1644. — «V'è anche il **legno brasile** il meglio di tutta la India». — P. Cardim, *Relatione della Prov del Giappone*, p. 143.

1747. — «... avec le bois de *Sapan* qui est absolument le même que ce que nous appellons en France **bois de Bresil**». — *Lettres Édifiantes*, XXVIII, p. 423.

1908. — «The Sappan- or Bakam-wood or Sampfen-wood, sometimes also called **Brazilian-wood** of the word *Brazilian* being derived fron *braise* (red coals) and this originally unconnected with the country of that name». — Watt, *The Commercial Products*, p. 194.

*** BREDO MAMA.** Caparídea *Cleone viscosa*, Linn. «O succo da planta misturado com o óleo de côco usa-se contra a otorrhaea. A planta cozida perde a sua acidez e come-se como hortaliça». D. G. Dalgado, *Flora*.

1695. — «Malaiense et Javanicum *Lagansa* et *Colagansa*, vulgo *Sajor Mamma*, Portugallece **Bredo Mamma,** quod denotat herbam lactariam». — Rumphius, *Herbarium Amboinense*, VIII, cap. 66.

**BRICHE.** V. *barchim*.

*** BRIGALIM** (ant.). É o mesmo que *dotim* ou *pudvêm* (pano em que se envolvem os hindus da cintura para baixo), com a extremidade externa de tecido superior. Do mar. *varghaḍī*, «dobra superior de pano».

1511. — «Mando que deis a benogi irmão de nangi e a demogi seu filho hũ **brigalim** a cada hũ fino de preço cruzado e hũa tafecira de algodão a hũ seu criado». — In *Cartas* de Afonso de Albuquerque, VI, p. 438.

*** BRINCO.** Emprega-se o termo em Goa na acepção peculiar de «cogada ou grupo de palhaços, que cantam, tocam, bailam e esgrimem por ocasião do carnaval ou no cortejo cívico de grande regosijo». Também se diz, para melhor caracterização, *brinco popular*. É mera tradução do vocábulo conc. *khêḷ*. Gonçalves Viana, todavia, julga que *brinco,* nesta acepção, conserva o significado de verbo *brincar,* que «entre o povo no continente, era usado no sentido de «bailar».

1874. — «Em Raia encontrámos os **brincos,** danças do paiz, em que o caprichoso e pittoresco dos trajos e a arrogancia febril dos meneios parecia accender-se e tomar fórmas phantasticas quando o som dos *chingas* (vid. *xinga*) levantava e prolongava ou trinava os gritos selvagens da sua melodia apocripha, ou, quando menos, anachronica». — Tomás Ribeiro, *Jornadas*, II, p. 37.

1896. — «Preparação já elle tinha feito ás 4 da tarde ao som do *batuque* e tambores dos **brincos**». — Gip, *Jacob e Dulce*, p. 87.

1912. — «Com grande algazarra feita pelo **brinco** de *curumbins* que os cercava». — *O Ultramar*, de 28 de Julho.

1915. —«O grupo, a que se refere o viajante, foi, sem dúvida, um **brinco** *popular*, como ainda hoje se vêm em prestitos nupciais e festas públicas». — Ismael Gracias, *A India*, p. 162.

1916. — «Uma vez na capital, o sr. Roque da Costa, que ia de automovel foi, á porta da Camara Municipal, aclamado freneticamente por grande massa de cavalleiros, estudantes e populares, em quanto uma duzia de **brincos** e uma banda de musica secundavam a ovação com todo o alvoroço». — *O Ultramar*, de 24 de Janeiro.

1916. — «Numerosos **brincos** *populares* precediam e tres bandas de musica se encorporavam no colossal cortejo». — *Heraldo*, de 30 de Janeiro.

**BRINDÃO.** Fruto de **brindoeiro**, — *Garcinia purpurea*, Roxb. Do conc. *bhirâṇḍ*, árvore, *bhiraṇḍ*, fruto, *bhiraṇḍām*, pl. Tambêm em marata. Erra, portanto, o Cende de Ficalho, quando diz: «Este nome [*brindão*] parece ter sido inventado pelos portuguezes, tanto pela sua fórma, como pelo facto de unicamente ser conhecido em Goa». Os portugueses não inventavam nomes de objectos indígenas: adoptavam os vernáculos ou empregavam, por analogia, os usados no continente.

O *brindoeiro* é uma belissima árvore, e o seu fruto tem vários usos, descritos abaixo.

1563. — «Chama-se nesta terras **brindões**; e por fóra é vermelha algum tanto, mas por dentro tem hum tão fino vermelho que parece sangue». — Garcia da Orta, Coll. x.

1782. — «O **brindoeiro** não deixa de ser de utilidade e lucro em uma fazenda... o fructo todo é proveitoso, porque das cascas se faz *solâm* (q. v.) ao sol para tempero, e do sumo d'ellas um bom xarope cordeal, e dos caroços excellente azeite, mui fresco e medicinal». — Fr. Clemente da Ressurreição, *Tratado*, II, p. 283.

1842. — «Ha ainda o **brindão**, que serve para comer, e do caroço se fórma uma massa oleosa boa para luzes, e outros usos». — *Annaes Maritimos*, p. 269.

1872. — «Os palmares estão abundantemente plantados de mangueiras, jaquiras, arvores de gralha, chliantos, **blindoeiros**, cajueiros».—Bernardo da Costa, *Manual do Agricultor Indiano*, I, p. 173.

1917.— «Não passam de um xarope feito da polpa da manga bem sazonada ou da polpa de tamarino, pelo mesmo processo que se faz do limão e do **brindão**». — *O Ultramar*, de 13 de Abril.

1589. — «Il y a encore d'autres fruicts, comme **Brindoins**, Durions, Iambolons, Mangustans et autres».— Linschoten, *Histoire*, p. 98.

1658. — «Il **Brindone** di Goa è frutto nell' apparenza diuerso dal *Carcapuli*... per essere tutto sferico, più picciolo, di colore quasi azzurro, misturato con rosso, poco però si differentia nelle qualità, & altre conditioni, seruendo per l'isttesse operationi; solo pare, che sij più gradito, per essere più temperato dal dolce, onde è tenuto per più salutifero, rinfrescativo, e che risueglia più soauemente l'appetito». — Fr. Vincenzo Maria, *Viaggio*, p. 377.

**BRINGE** (s. m.). Carne, especialmente de galinha, cozida com arroz, que é o manjar predilecto dos persas e muçulmanos da Índia. É o mesmo que *pulau*, vocábulo presentemente mais conhecido. Em Goa, *bringe* ou *brinhe* (tambêm usado em concani), é actualmente reputado termo português e empregado para designar «arroz preparado com camarão ou amêijoas», pois não se costuma cozer carne com arroz. Do persa *brinj* ou *birinj*, «arroz».

Os dicionários de Domingos Vieira e de Candido de Figueiredo registam *bringue* com o sentido «certo manjar delicado» e «antigo manjar oriental», e *brinie*, «carne cozida com arroz». Evidentemente, não são dois vocábulos, e ambas as formas são incorrectas. *Brinie*, que foi primeiro inserido por Bento Pereira («caro cocta cum oriza»), deve ler-se sem dúvida *brinje*, e *bringue*, abonado com Jorge Ferreira de Vasconcelos (*Aulegraphia*) é êrro.

1577. — «O seu comer he como de gente barbara: os Mouros he tudo **bringe**: os Gentios arros caril». — *Primor e Honra*, fl. 9 *v*.

1614. — «Mandára uma Escrava de D. Filipa huma galinha com **bringe** a hum soldado com que andava, e onde havia esta galinha, e este arroz havia de haver mais». — Diogo do Couto, Déc. IX, 3.

1663. — «Peixe comem [os persas] raramente, e nunca sopas: o seu comer é carneiro assado, **bringes** de galinha, perdizes, vacca e cabrito cozido, com arroz e manteiga».—P. Manuel Godinho, *Relação*, p. 95.

1908. — «... but come from the old Persian word *virinzi* or *virinza*, the modern equivalent of which is *birinj*». — Watt, *The Commercial Products*, p. 825.

*** BROQUÊM.** Governador japonês. *Buraku,* em japonês, quere dizer «provincia».

1540. — «O **Broquem,** capitão da guarda do paço o estava esperando a pé acompanhado de muyta gente nobre». — Fernão Pinto, *Peregrinação,* cap. 130.

«Fomos levados á Cidade de Pongor [em Léquios], e apresentados ao **Broquem** da Justiça, Governador do Reyno». — *Id.,* cap. 139.

«Esta nobre mulher disse-o a hũa sua sobrinha filha do **Broquem** Governador da Cidade». — *Id.,* cap. 130.

**BUA** (s. m.). Antigo título do rei do Aname. Do anam. *vua.* V. *chua.*

1650. — «Usurpou o governo universal do reino ao **bua** ou rei». — António F. Cardim, *Batalhas,* p. 68.

«Um dia nos mandou chamar o **buá,** por favorecidos de *chua*». — *Id.,* p. 83. V. pp. 85, 86 e 87.

1727. — «**Bua.** He o titulo dos Reys do Tonquim, os quaes pouco mais tem que o nome, porque o mando todo he do Choũa... Finalmente para o **Bua** he todo o esplendor da Coroa, e para Choũa o manejo do governo». Bluteau, *Supplemento.*

1644. — «Questo Capitano assai scaltro impadronisse del Regno, restando il proprio Rè solamente col, **Bua,** ò Dignità Regia senza poter comandare cosa alcuna, e le successioni dell' uno e dell' altro sono dell' istessa maniera conforme al costume del Giappone con il *Xogun,* e *Dairi* havendo solamente vno il Nome senza la potenza, e l'altro la potenza senza il nome». — P. Cardim, *Relatione della Prov. del Giappone,* p. 53.

1676.—«Il y a encore deux Rois au Tonquin, dont le premier n'en guere que le nom et est appellé **Bua,** et le second nommé *Choua* en a presque toute autorité, disposant à son gré de toutes choses, tandis que l'autre demeure enfermé dans son Palais comme un esclave, et sans en sortir qu'à de certains jours».—Tavernier, *Voyages,* v, p. 263.

*** BUBO.** Armadilha para apanhar peixe, feita de bambu e rota, em Timor. Do mal. *búbu.*

1843. — «Alguns indigenas, que se occupam na pesca, usam para isso de linhas com anzoes, tarrafas, e de covas, a que chamam **búbus**». — *Annaes Maritimos* (parte official), p. 218.

*** BUCHO DE PEIXE.** «É o estómago do tubarão, estendido e secco ao sol e fumado, adquirindo então um aspecto exquisito e rigido, e de côr amarellada. É importado dos mares da Oceania e do Golfo Persico. Tem um aspecto cartilaginoso. Consome-se grande quantidade d'esta iguaria em Macau e na provincia de Cantão, apezar de ser considerado um artigo de luxo nas mezas chinezas» (*Ta-ssi-yang-kuó,* de Abril de 1900). Também se exporta da nossa Índia, sobretudo de Damão e Dio.

1840. — «Exceptuam-se as barbatanas (vulgarmente chamadas azas) de tubarão, violas, e **buxo de peixe** estrangeiros, que continuarão a pagar os direitos de consumo». — *Collecção de Bandos,* I, p. 192.

1842. — «**Bucho de peixe,** 3 ditas» (mãos). — *Annaes Maritimos,* p. 360.

1843. — «140 [*picos*] de aza de peixe; 94 de **bucho de peixe**». — *Ibid.* (parte oficial), p. 30.

1909. — «Renda de **buchos** e *azas de peixe.* Foi creada em 1842». — Amâncio Gracias, *Subsidios,* p. 152.

**BUDDHA, Buda, Budão, Budo, Buduçó.** *Buddha* é particípio do pretérito do verbo sânsc. *budh;* significa, no sentido próprio, «despertado, acordado», e no figurado, «esclarecido, iluminado». Como substantivo, *buddha* é «um homem letrado, um sábio», e conforme a doutrina búdica, «o ente que, não sómente obteve a suprema sabedoria, o conhecimento perfeito, a sciência inteira, e por conseqüência a libertação final, mas que alêm disto está em condição de encaminhar para ela os outros, em uma palavra, o libertador». L. Feer (*La Grande Encyclopédie*).

Apropriou-se o nome, por excelência, como fundador duma religião, a Siddartha, da família dos Gáutamas, que eram da linha rial dos Xáquias, tribo dos Rajputos, estabelecidos umas trinta milhas ao norte de Benares. Prègou a sua doutrina por quarenta anos, viveu oitenta e entrou no *Nirvana* em Mágadha, pátria do budismo, com muita probabilidade, em 480 ou, antes, entre 482 e 472 antes de Cristo.

O nome de *Buda* tem muitas variantes, conforme as regiões: *Budu* em Ceilão (*Bodu,* diz João Ribeiro), *Buddham* em dravídico (*Budão,* diz Diogo do Couto), *Butsu* no Japão (onde é mais conhecido por *Xaca* (q. v.), a que em chinês corresponde *Fu-tsu*. V. *bonzo* e *lama*. É, além disso, nomeado pelo patronímico *Gáutama*, e pelo nacional *Xáquia* (**Çākya**), geralmente com o adiantamento de *muni*, «asceta», e às vezes com o de *sinha*, «leão». Os brâmanes fizeram de Buda a nona encarnação do seu deus Vixnu.

1563. — «E desta opinião gentia vierão os nossos chamar a este monte Pico de Adão: ao que elles por nome proprio chamão **Budo**». — João de Barros, Déc. III, II, 1.

1577. — «Nesta terra [Pegu] fizerão escreuer em lingoagem Portugues os milagres que elles dizem que neste mundo fez hum seu Deos, a que elles chamão *Chaque Racha Buduçó* [= *Çākya Rājā* **Buddha**], os quaes estão pintados pelas crastas de que está cercada a *Varela* Babilou». — *Primor e Honra*, fl. 97 *v*.

1612. — «Por que dizem que andando por aquellas partes aquelle santo seu, a que chamão **Budão**... — «A este Principe nomeão seus historiadores por muitos nomes: o seu proprio era *Dramá Rajo* (= *Dharma-Rājā*), o por que foi conhecido depois que o tiverão por sancto, he o **Budão**, que quer dizer sabio». — Diogo do Couto, Déc. V, v, 9 e vi, 2.

1685. — «Sobre todos estes [idolos] tem hum, a quem fazem muita veneração, a que chamão **Bodû**: a figura deste he de homem, e a fazem muito grande, por representar nella que foi grande santo... Este (dizem elles) foi um grande *Deo*, que esteve naquella Ilha [de Ceilão] fazendo vida muito santa». — João Ribeiro, *Fatalidade Historica*, I, cap. 14.

1687. — «Deste Rey, dizem, foy o primeyro, que recebeu a ley de **Buddum**, ou **Buddu**». — P. Fernão de Queiroz, *Conquista de Ceylão*, p. 10.

«E posto que algũs confundirão, a Vedão, com a Seyta de **Budhûm**, *Foë*, ou *Xaca* (que todos estes nomes tem em diuersas nações) he certo serem diuersas». — P. Fernão de Queiroz, *Id.*, p. 61.

«Tendo eu notiçia de ser comũ opinião dos nossos Missionarios ser o **Buddu** de Ceylão o mesmo que o *Fô* (ou *Foë*, como outros escreuem)...». — *Id.*, p. 94.

1825. — «A seita de **Boudha** voga na ilha de Ceilão, no reino de Pegú, no de Sião, etc.. . **Boudha** chegou a persuadir os seus, que a acção de matar, de qualquer maneira que seja, é impia e horrivel». — José Inácio de Andrade, *Cartas*, I, p. 37.

1886. — «Os gentios affirmam que se ignora o logar aonde reside **Budha**, que significa encoberto ou Vishnu invisivel... Referem tambem os mythologistas goanezes que **Budha** era filho de um poderoso rajah». — Lopes Mendes, *A India Portugueza*, II, p. 79.

1903. — «Não cabe no tempo, Senhores, falar-vos da grandíssima criação humana — a religião de **Buda** —, à qual nenhuma, na historia da evolução mental, há que se compare. Não cabe no tempo dizer-vos como a religião de **Buda** se prende ao Veda e á filosofia indiana; como ela é maravilha tambêm e assunto de sanscritologia». — Vasconcelos Abreu, *Curso Integral*, p. 22.

1895. — «N'um dos corredores lateraes, dentro d'um recinto envidraçado, dorme o grande **Boudha**, d'uns cinco ou mais metros de comprido, deitado, disforme, d'uma só peça de pedra, e pintado de amarello, vermelho e azul». — Conde de Arnoso, *Jornadas pelo Mundo*, p. 64.

1906. — «**Budda** cujo verdadeiro nome é *Sakiá-Muni*, appareceu cinco seculos antes da nossa era, pregando a sua admiravel doutrina, ensinando aos povos o valor da caridade e de esperança». — Hipácio de Brion, *Duas mil leguas*, p. 93.

c. 200. — «Há entre os indios os que obedecem aos mandamentos de **Boutta**, que êles honram como um Deus por causa da santidade da sua vida». — Clemente Alexandrino, *Strōmatōn*, lib. I.

c. 400. — «Apud Gymnosophistas Indiae quasi per manus hujus opinionis auctoritas traditur, quod **Buddam** principem dogmatis eorum, e latere suo virgo generaret». — S. Jerónimo, *Adversus Jovinianum*, lib. I.

1676. — «La seconde secte vient d'un certain Solitaire nommé *Chacabout*, et est suivi de la plus grande partie du même peuple [de Tonquim]. Il leur a enseigné la transmigration des ames; il faut que ses sectateurs observent dix commandemens que ce *Chacabout* leur a laissé». — Tavernier, *Voyages*, v, p. 290.

1754. — «Ceux-là ont été instruits par les Docteurs mêmes de la Loi du **Budsó** (ou nomme ainsi la Religion des *Fotoques* du nom de *Buds*, ou **Budha**, qui est un de ceux, qui les Brahmins donnent à *Xaca*». — P. de Charlevoix, *Histoire du Japon*, I, p. 213.

1770. — «Ils [Chingalás] honorent particuliérement dans les dieux du second ordre un **Buddou**, qui est descendu sur la terre pour se rendre médiateur entre Dieu et les hommes. Les prêtres de **Buddou** sont de personnages fort importans à Ceylan». — *Raynal*, I, p. 67.

1786. — «Ammettono per primo loro dio **Budha**, *Shakya*, *Gódana*, o *Amida*, che sono tutti epiteti Samserdamici del dio Mercurio». — Fra Paolino, *Viaggio*, p. 231.

1825. — «Quelques auteurs modernes ont supposé qui la religion de **Boud** ou **Bouddha** fut anciennement celle de toute l'Inde en-deçà et au-delà du Ganges». — P. Dubois, *Mœurs*, I, p. 136.

**BUDISMO.** Conjunto da doutrina ensinada pelo Buda Gáutama. — **BÚDICO.** Relativo a Buda ou ao budismo. — **BUDISTA.** Sectário do budismo. — **BUDÍSTICO.** Relativo aos budistas. Os autores gregos e latinos conhecem os budistas por *samanes* ou *samaneus*. V. *xamane*.

Diz-se geralmente que o *budismo* é «religião filosófica de Buda». Mas o verdadeiro budismo, sendo avesso à pura especulação, tem pouco de filosófico [1]. E quanto à religião, alguns orientalistas lhe contestam êsse título, como a palavra é comummente entendida, por não admitir Deus nem alma. Afirmam até, com visos de verdade, que Buda não intentou fundar uma religião ou uma igreja, mas instituir uma ordem monástica, que, sem se importar com o dogmatismo, procurasse ganhar a salvação ou, rigorosamente, isenção de renascimento, pelo caminho de perfeição que ensinava. É certo porêm que se a sua doutrina se não recomenda pela sua parte teórica, tem grande merecimento pela sua sublime moral, que se aproxima notávelmente da do cristianismo, sem embargo de não admitir sanção externa.

Para explicar satisfatóriamente a analogia, não falta quem reconheça, sem nenhum fundamento histórico, a influência directa do budismo sôbre a religião cristã, sómente pela razão da sua prioridade. Ora, está averiguado que a moral ensinada por Xaquiamuni era conhecida e prègada, na sua maioria, pelos sábios indianos que o precederam; e, por outro lado, é sabido que o decálogo cristão é o mesmo que foi proclamado no monte Sinai, sendo neste sentido anterior aos ensinamentos de Buda.

Mas em que consiste a essência do budismo? Em quatro nobres virtudes: existência da dôr: existir é sofrer; causa da dor: esta causa é o desejo, que aumenta com o gôzo; supressão da dor: esta supressão se obtêm pela supressão do desejo; o caminho que conduz a essa supressão. Êste caminho é octóplice. O fim é *Nirvana*, isto é, total cessação da existência, como fiui dos princípios, ou isenção de renascimento, como admite a generalidade dos sectários. Buda não definiu êste ponto, limitou-se a evitar com os seus mandamentos a transmigração, que era um postulado da teologia e filosofia indoárica, visto que a vida neste mundo é um mal.

Os livros sagrados do budismo tem o nome de *Tripiṭaka* (*Tipiṭaka* em páli), «três cabazes», por constar de três colecções. Estes escritos tem sido conservados em redacções relativamente originais, mas nenhuma delas, conforme Barth, no dialecto mágadhi, língua primitiva da igreja: uma em páli e outra em sânscrito. Segundo a redacção que adopta e a língua que considera sagrada, a população búdica distingue-se em meridional e setentrional. Ao budismo do Sul pertencem Ceilão, Birmânia (*Bramá* dos nossos historiadores), Pegu, Siame, ao passo que Nepal, o Tibete, a China, o Japão, o Aname, Camboja, Java e Samatra são ou foram relacionados com o budismo do Norte. Vid. Émile Burnouf, *Introduction à l'Histoire du Buddhisme Indien*; Barth, *Religions of India*.

1837. — «O brahmanismo tem tido seus scismas: os mais consideraveis são o **buddismo,** e depois delle as seitas da mão direita e da mão esquerda». — *O Panorama*, de 14 de Outubro.

1873. — «É certo que quando os padres [protestantes] em Ceilão quizeram ensinar o christianismo áquelles povos, religião que haviam acceitado de nós, substituindo o **budismo,** cujo berço parece ter sido alli, tiveram de dar-lhes livros escriptos e impressos na lingua que elles chamam *portugueza*». — Tomás Ribeiro, *Jornadas*, I, p. 388.

1874. — «É um dos factos mais extraordinarios que nos apresenta a Asia, essa semelhança e quasi identidade que existe entre as ceremonias do culto **budhista** e as do culto catholico. Não ha duvida que

[1] «As for his metaphysics, it is pre-eminently negative». — Barth, *Religions of India*, p. 110.

o **budhismo** reagiu sobre o christianismo inicialmente, porém não indagaremos a razão da semelhança das duas religiões». — Pedro G. Mesnier, *O Japão*, p. 11.

«... religião **budhista**, que apezar de rejeitar as distincções de castas, e de proclamar que todos os homens são iguaes, não chegou ao Japão, senão muito alterada e eivada de restos de superstições brahmanicas, chinezas, siamezas, e emfim de todos os paizes por onde passaram os missionarios de Budha no seu progressivo caminhar até ás ilhas do Sol Nascente». — *Id.*, p. 25.

1883. — «Com effeito o typo **buddhico** da personalidade Rama, um dos ideaes da equanimidade **buddhica**, foi transformado contra os **buddhistas** em um heroe, cujos feitos cantados em subserviencia de pretenções brahmanicas tanto concorreram para que em toda a India fosse supprimido o **buddhismo**, e d'ella expulsos os **buddhistas**». — Vasconcelos Abreu, *Chrestomathia*, p. 260.

1884. — «No emtanto as crenças arraigadas do brahmanismo foram profundamente abaladas pelo **buddhismo**. Buddha, um philosopho, que creou uma escola sua, teve um discipulo que mais do que o proprio chefe grangeou adeptos e espalhou a sua doutrina. O rei Prayadesi [Pyadasi], gravando na pedra as suas maximas sublimes, só tinha em vista o bem da humanidade, a tolerancia, a indulgencia e a doçura». — Adolfo Loureiro, *No Oriente*, II, p. 237.

1897. — «O **buddhismo** incompleto e adulterado, que aqui se observa, estranho e decrepito nas suas fórmas, não satisfaz ás exigencias mentaes do povo chinez, porque os preceitos sanskritos da religião *buddhica* perderam a sua significação». — Joaquim C. Crespo, *Cousas da China*, p. 115.

1898. — «Os **budhistas** inclinando-se ao quietismo, crêem em metempsycose, nos castigos do inferno e nos premios celestiaes». — Oliveira Mascarenhas, *Atravez dos Mares*, p. 172.

1906. — «O **Buddhismo** é o christianismo apresentam muitos pontos de contacto não só em factos, como em principios». — Hipácio de Brion, *Duas mil leguas*, p. 96.

1916. — «A theologia **budhica** manifesta signaes evidentes de infiltrações evangelicas, derivadas do contacto com os prégadores christãos. Nada ha, porém, no **budhismo** que se aproxime dos conceitos theologicos christãos». — *A Ordem*, de 14 de Março.

1825. — «The Bishop had a deputation [em Ceylão] of the **Bhuddist** priests to wait upon him, of various ages, and all dressed in long yellow robes, their sacred colour, with the right arm ands houlder bare, and their head sand eyebrows closely shaven. Non long ago, these holy men would not enter a room with a woman, or even look at her if they met by accident; now, however, they are not so scrupulous, and although the elder of the party, who seemed the principal, never turned his eyes towards me [mulher do bispo], his followers looked at me over the round fan, which they all carried, with much curiosity». — Em Heber, *Narrative*, II, p. 190.

1844. — «La croyance à laquelle on a donné le nom de **Buddhisme** d'après celui de son fondateur, est un fait complètement indien. C'est dans l'Inde qu'elle a pris naissance; c'est dans ce pays qu'elle s'est développée et qu'elle a fleuri pendant plus de douze siècles». — Burnouf, *Introduction à l'Histoire du Buddhisme*, p. I.

1916. — «But Sanskrit was the language adopted by those who founded **Buddhism** or the Buddha-cult in subsequent times». — *The Hindustan Review*, de Maio-Junho.

**BÚFARA** (mais usado), **búfaro**. Os nossos antigos indianistas empregam estas formas, abrangendo, no plural, em qualquer delas a espécie, por *búfala* e *búfulo*, sem explicação como se foram já conhecidos [1]. Ocorre também *búfano*. Os lexicógrafos não registam o feminino *búfala*, usado na India, como se o termo fôra uniforme. Yule atribui o inglês *buffalo* ao português e Skeat ao castelhano. Cita êste etimologista o lat. *bufalus*, usado por Fortunato, forma secundária de *bubalus*, gr. *bóubalos*. V. *Glossário Anglo-indiano*.

1516. — «Saom os arquos de páo enuernizados, e de corno de **bufaro**». — Duarte Barbosa, *Livro*, p. 261.

1525. — «Tambem ha muito gado, **bufaras**, vacas, e bois, e outro gado meudo». — *Chronica de Bisnaga*, p. 82.

1529. — «Vivem em esta Comarca da terra que disse, por tamaras, que ha muytas, e criações de gados meudos, e **Bufaros**». — António Tenreiro, *Itinerario*, cap. 59.

1554. — «... Elefantes, Badas, leões, porcos, **bufaros**». — Fernão Pinto, *Peregrinação*, cap. 41.

1543. — «E ele mandou quatro **bufaras** carregadas de moeda d'ouro». — Gaspar Correia, *Lendas*, IV, p. 280.

1554. — «Nos trouxeram a vender alguns taçalhos de **bufanos** e outras caças, de que toda aquella terra é abastada». — Manuel Perestrelo, *Hist. Tragico-maritima*, I, p. 116.

---

[1] Jerónimo Cardoso e Bento Pereira registam sómente a forma *búfaro*.

«Desembaraçados desta gente, tornamos a seguir nossa jornada por uma charneca abaixo, na qual vimos andar grande bando de **bufanos** *mecenos* (?), zeuras e cavallos». — *Id.*, p. 117.

1569. — «Hai innumeraveis Alifantes e muitas **Bufaras,** de que eu vi por aquella terra muita soma dellas brauas».—Fr. Gaspar da Cruz, *Tractado da China*, cap. 3.

1585. — «Caçam algumas vezes, e tomam **bufaras,** merus, gazellas». — Manuel Cardoso, *Hist. Tragico-maritima*, IV, p. 50.

1609. — Ha muitos **bufaros** mui bravos, em cujos cornos morrem ordinariamente os caçadores desta terra [Sofala], porque são mui ciosos das femeas e dos filhos». — Fr. João dos Santos, *Ethiopia Oriental*, I, p. 124.

1612. — «Matão vacas, **bufaras,** e outras alimarias que comem tão mal assadas, que o sangue lhes corre pellas ilhargas das bocas». — Diogo do Couto, Déc. V, I, 13.

1685. — «He toda a ilha abundante de mantimentos, e gados, vacum, **bufaros,** cabras, carneiros, porcos».—João Ribeiro, *Fatalidade Historica*, I, cap. 19.

1687. — «Recolheo 30 candiz de arroz, de que se pudera aproueytar, e de outras muytas rezes, uacas, e **bufaras** daquellas serras pera dentro». — P. Fernão de Queiroz, *Conquista de Ceylão*, p. 643.

1745. — «. . . uzando para outras sementeiras [na China] de **Bufaras** e de Bois que são muyto corpulentos». — In *Ta-ssi-yang-kuó*, II, III, 3.

1806. — «Elle nos offereceu dois *quiçapos* [cestos] de milho miudo e trinta postas de carne de **bufra** seca». — *Apud* Júlio Biker, *Collecção de Tratados*, X, p. 212.

*** BUFRA.** (persa *urfa*). Baliza no rio Eufrates.

1663. — «Entre uma e outra ilha desemboca o rio Eufrates, a que chamam de Baçorá, no qual só ha fundo para naus. Para melhor o conhecerem tem suas balisas, a que chamam **bufras**».—P. Manuel Godinho, *Relação*, p. 119.

**BUGDI,** s. m. (pl. *bugdiós*). Arrecada com que se enfeita a mulher hindu no Maharaxtra e no Concão. Do marata-conc. *bugḍī*, pl. *bugḍyō̃*.

1784. — «A seu prazer, tem umas que têm enfeitada toda a circumferencia das orelhas de **bugdiós** com cachos da aljofares». — Tomás Ribeiro, *Jornadas*, II, p. 104.

«Teus cadaveres, em vez de **bugdios,** um cinto em que pendem, lividas, as mãos dos teus inimigos». — *Id.*, p. 305.

*** BULBULO, burbulo** (em indo-inglês *bulbul*). Pássaro canoro da Índia — *Lanius boulboul*, Lath., *Ixos jocosus*. Há muitas variedades. Do persa *bulbul*, «rouxinol».

1842. — «Os martinhos e **bulebules** são mui domesticos, e em grande numero». —*Annaes Maritimos*, p. 271.

1846. — «*Pitoly* ou *Buchundy* (**Borbulos,** ha as de quatro qualidades, denominadas Portuguez, Negro, Roxo, e Branco)». — F. N. Xavier, *O Gabinete Litterario*, I, p 252.

1873. — «Emquanto o **bulbulo** e o domenico (*moddvoni*) trinam seus chilros agudos e graciosos».—Bernardo da Costa, *Manual do Agricultor*, II, p. 191.

1658. — «Il **Bulebull** cosi detto per ragione del canto, con il quale vn fischio sonoro, graue, e soaue, pare, che sempre replichi queste due silabe».—Fr. Vincenzo Maria, *Viaggio*, p. 432.

1782. — «Cet oiseau se trouve aux côtes de Malabar et de Coromandel, on l'appelle **Boulboul**».—Sonnerat, *Voyages*, II, p. 189.

1784. — «We are literally lulled to sleep by Persian nightingales and cease to wonder that the **Bulbul** with a thousand tales makes such a figure in Persian poetry». — Sir W. Jones, in *Glossary*.

1860. — «This propensity, and the ordinary character of its notes, render it impossible that the **Bulbul** of India can be identical with the **Bulbul** of Iran, the «Bird of a Thousand Songs», of which the poets say that its delicate passion for the rose gives a plaintive character to its notes». — Emerson Tennent, *Ceylon*, I, p. 169.

1914. — «Our common **Bulbul** (*Molpastos hoemorrhous*) and all our Barbets are fruit eaters». — Drieberg, *Year Book of the C. A. S.*, p. 64.

**BULE.** — Vaso para serviço de chá. Bluteau define-o: «Frascheto de louça da India, agudinho para cima». Não está bem assente a etimologia do vocábulo. Cândido de Figueiredo aponta o ingl. *bowl*, que se não emprega neste sentido, mas sim *tea-pot*. Gonçalves Viana atribui-o, creio que com mais razão, ao mal. *búli*, «frasco». Swettenham dá ao *búli* os significados de «vaso, tinteiro», e Wilkinson os de «pequeno frasco ou garrafa». Favre define-o: «Une petite bouteille avec un cou long et étroit, et un gros ventre». Rigg declara que *búli-búli*, em sindanês, quere dizer «taça com tampa (a covered cup) ordináriamente usada para guardar óleo». Parece-me que a significação mais antiga do português *bule* é, conforme Bluteau e Domingos Vieira, «frasquinho de louça da Índia, de gargalo estreito»; o que concorda com o do mal. *búli*, e do conc. *būl*, «frasquinho de louça para rapé». É sabido que no extremo Oriente se não faz uso de *bule*, por se deitar o chá na chávena (*chavan*) e a água da chaleira.

1756. — «Um **bule** de pedra branca. Dois **bules** esmaltados» (presente do imperador da China). — *Apud* Júlio Biker, *Collecção de Tratados*, VII, pp. 100 e 101.

1882. — «**Bules,** boiões e tigelas com cobertura das mais variadas formas e tamanhos... Foi monomania em Siam o colleccionar **bules,** como em tantas outras partes se colleccionam estampilhas, monogrammas, etc.». — Henrique Prostes, *Bol. S. G. L.*, IV, p. 390.

1897. — «Os chinezes não tem **bules** nas visitas, mas sim algumas folhas de chá no fundo da chavena, na qual se deita agua a ferver, e que se tapa com uma tampa de louça». — Joaquim C. Crespo, *Cousas da China*, p. 209.

*** BULIBULIÃO.** Direitos de alfândega, que se cobravam em Malaca e que vão abaixo especificados. Parece que o étimo é o mal. *bĕli*, «compra», reduplicado. *Búli-búli* significa «bule».

1554. — «De qualquer nauio que vinha com ffazendas ao dito porto, tomaua o Rey da terra a quoarta parte da ffazenda por esta aualiação, que o que ualia dez na terra lho tomaua por oyto. E tornauãolhe a paguar a ffazenda, que assi tomauão, em outras fazendas que os mercadores auião de tomar e leuar para as partes d'onde vinhão, por aualiação, que o que valia dez pagauãolhe em doze; o qual direito se chamaua **bulybullião,** este costume se husou dês o tempo que se a dita cidade tomou athé o ano de 542». — Simão Botelho, *Tombo*, p. 105.

1612. — «A estes costumes chamão na sua lingoa **bulibullião,** que se forão arrecadando por conta d'Elrey. — Diogo do Couto, Déc. V, IX, 3.

*** BÚNGUIO.** Ouvidor geral no Japão, conforme Bocarro. Mas *bungyō*, em japonês, quere dizer «repartidor do trabalho», ou «chefe de repartição».

1635. — «Mandando o **bungulo,** que é como o seu ouvidor geral, uma vez certa cousa aos japões de Nangaçaque, christãos, responderam elles que para a fazerem fallariam com os padres. De que o **bungulo** tomou grande paixão». — Déc. XIII, p. 718.

1749. — «O **Bongio,** que he como Regedor das Justiças, pronunciou a sentença de morte contra os dous prezos». — P. Crasset, *Hist. da Igreja do Japão*, III, p. 321.

1644. — «Gl'Interpreti ragguagliarono del tutto il Gouernatore, dal quale poco dopo furono inuiate altre barche di maggior grandezza, piene di **Bunghi** (cosi chiamano li Ministri dello Xoia)». — P. Cardim, *Relatione della Prov. del Giappone*, p. 24.

*** BURLADORA** (des.). É o nome que os portugueses davam burlescamente à *datura* ou *dutró* (q. v.), em alusão aos seus efeitos nos homens.

1578. — «Llamase esta planta... en Canarin *Datyro:* los Portugueses, *Datura*, y la **Burladora**». — Cristóvão da Costa, *Tractado*, p. 87.

1638. — «L'herbe nommée *Dutroa* est par autres appellée *Tatula*, par d'autres *Datura*, en Espagnol **Burladora**». — Paludanus, *apud* Linschoten, *Histoire*.

1886. — «Datura was also often given as a practical joke, whence the Portuguese called it **Burladora** (Joker)». — *Glossary*.

**BURNUS.** Em indo-português, bem como em concani e marata, quere dizer «colcha de feltro». Etimològicamente, é o mesmo que o continental albornós. Do ár. *burnus*, «manto com capuz». O termo foi empregado por Camilo Castelo Branco (*Noites*, V, p. 35): «Envolvia-se n'um *cafran* (*sic*) ou **burnus,** uma espécie de farrapo de panno, que lhe cingia o tronco, deixando solta a cabeça».

1883. — «Deixavam fluctuar á mercê do vento as largas vestes, ou os fartos **burnús,** e olhavam, talvez com mágua, as hordas com que o Occidente vinha todos os dias invadindo as terras outr'ora só permittidas ás raças indomaveis e invenciveis do Oriente». — Adolfo Loureiro, *No Oriente*, I, p. 84.

*** BUS** (s. m., sem pl.; des.). O sânsc. *bus* quere dizer «gramça ou alimpadura de cereais, farelo, refugo»; mas a sua forma neo-árica *bhūs* (hindust.-mar.-conc.) também designa «cereais, legumes e ervas comestíveis em geral».

1810. — «Generos **Bhús** que são: Bate,

Nachinem, Orió, Pacol, Sanvó e Chounlós». — *Panta Aduaneira* de Goa.

1824. — «Direitos de **Bhus** e sal pela medição 20 rupias». — *Apud* Júlio Biker, *Collecção de Tratados*, XII, p. 36.

*** BUTICA.** Não se explica no texto o sentido especial em que o vocábulo é empregado, mas depreende-se do contexto que denota alguma espécie de pérolas, diferente de aljôfar. O ár. *bāṭin*, também usado em persa, significa «interior, inferior», e em acepção técnica designa «pérolas de mediana grandeza», isto é, da segunda joeira, sendo três o número delas. ¿Mas teria com efeito o autor ortografado *butica*, ou haverá viciação da palavra na cópia ou na imprensa, devida a outro termo homófono, *botica*, «loja», muito usada no Oriente?

1663. — «As fazendas propriamente da terra são muitas caixas de marmellada, muita tamara e a maior parte de aljofar e **butica** que se pesca em Bahrem pelos Arabios de Catifa e Baçorá». — P. Manuel Godinho, *Relação*, p. 119.

1901. — «... who proceeds to sort them by the manupulation of a triple set of brass sieves, pierced with holes of different diameter. The pearls that are unable to pass through the largest sieve are called «Ras», the residue of the second sieve are «*Batin*», while the resulting contents of the third sieve are known as «Dzel». — *Journal of the Society of Arts*, em *The Travels of Pedro Teixeira*, p. 176.

## C

**CABAIA.** Roupão ou túnica, que os orientais ricos usam geralmente. Yule & Burnell presumem que o termo era conhecido dos portugueses antes do descobrimento da Índia. Mas muitos dos nossos antigos historiadores descrevem o objecto e reputam-no oriental. É certo, porém, que os portugueses comunicaram o vocábulo a alguns idiomas indianos. V. *Infl. do Vocab. Port.* A *cabaia* dos cristãos de Goa é talar e feita de chita ou *chêla;* a dos hindus, que tem vários nomes vernáculos, é menos comprida e de mangas estreitas, e a sua fazenda é musselina ou pano patente; a dos chineses é de sêda. Na Índia insular é uma espécie de penteador; trazem-no homens e mulheres não indígenas. O étimo é o ár. *qabā* (que na Berberia parece assumir a forma *qabāya*, vid. Dozy), adoptado em persa. Afonso de Albuquerque emprega a forma *caba* (*Cartas*, VI, p. 292): «E hua *caba* feita de cotonya de seda».

1516. — «Andaom estes Mouros Dormus bem vestidos de hũas camisas muy aluas dalgodam delguadas e compridas.—«Duarte Barbosa, *Livro*, p. 261.

1525. — «Não fallão hũs com os outros, nem comem *betre* diante d elle [rei], e metem as mãos nas mangas das **cabayas**, e põem os olhos no chão». — *Chronica de Bisnaga*, p. 92.

1526. — «Se os *Gancares* lançarem pedidos pelas Aldêas para **cabaya** ou *pachoris*, ou quaesquer benesses...». — *Foral* de D. João III, in *Archivo*, v, p. 130.

1538. — «Leuaua hũa **cabaya** muyto rica para Hidalcão, a qual elle não quisera acceitar, por não ficar vassalo do Turco, visto não ser costume entre os Mouros mandarense estas **cabayas**, senão do senhor ao vassalo».—Fernão Pinto, *Peregrinação*, cap. 8.

1545. — «El Rey d'Ormuz se me envion agravar que meus capitães e officiaes da dita cidade o obrigavão a lhe dar **cabayas** assim quando chegavão ao dito Reino, como pelas festas do anno». — *Carta Régia*, in *Archivo*, v, p. 186.

1551. — «Vsaua vestida hũa **cabaya** de pano dalgodão branco, que he hũa roupa apertada no corpo». — Castanheda, *Historia*, I, cap. 16.

1553. — «Hũa vestidura, a que elles chamão **cabaya**, que comũmẽte os Mouros vsão naquellas partes, comprida de mangas, cingida e aberta por diante com hũa aba sobre outra, a modo do trajo dos Venezeanos». — João de Barros, Déc. II, IV, 2.

1563. — «Tambem lhe deu huma **cabaya** de pano de seda, que ElRey despio e lha deu... **Cabaya** he seu vestido como a nós he o pelote». — Gaspar Correia, *Lendas*, I, p. 14.

«Trouxerão a ElRey huma rica **cabaya**, que elle com sua mão deitou ao Gouernador, que he a mór honra que lhe podia fazer segundo seus costumes». —*Id.*, III, p. 620.

1572:

> «Luzem de fina purpura as cabaias,
> Lustram os panos de tecida seda,
> . . . . . . . . . . . . . . . . . . .
> Cabaia de damasco rico e dino
> Da Tiria cor, entre eles estimada».
>
> Camões, *Lusiadas*, II, 18 e 95.

1577. — «... parecendolhe que o satisfazia com lhe dar nome de grande, **Cabaya,** touca, palanquim». — *Primor e Honra*, fl. 27.

1589:

> «Fica elle largamente declarando
> As honras e mercês que lhes fizera
> O Baxá Çoleymão, e que em chegando
> **Cabayas** de gram preço a todos dera».
>
> Francisco de Andrada, *O Primeiro Cerco de Diu*, xv, (fl. 75 v).

1603. — «... vestido em touca e **cabaja** trajo commum em todo o Oriente a toda a nação de Christãos, Mouros, Judeos, e Gentios». — Fr. António de Gouveia, *Jornada do Arcebispo*, fl. 24.

1613. — «O dito rey de Ormuz me escreveu tambem, pedindo mandasse se lhe désse o vestido que de minha fazenda se costuma dar aos reys daquelle reino; e mandando tomar sobre isto informações, constou que se deu sempre ao rey, com nome de **cabaia,** dois mil cruzados na alfandega». — *Carta Régia*, in *Doc. da Índia*, II, p. 360.

1615. — «Aquella opa ou roupeta a que elles chamam *Libassa* ou **Cabaia** é de panno de algodão mui fino e branco, e desce até aos artelhos». — Pyrard de Laval, *Viagem*, I, p. 314.

1650. — «... dando-lhe graças das mercês que nos fazia, porque nos mandou umas **cabayas** de cortezia para vestirmos quando fossemos ao paço».—P. António F. Cardim, *Batalhas*, p. 80.

1663. — «A maneira de seus vestidos é como a dos persas; **cabayas** compridas e abertas por diante de pouca fralda, cingidas por cima como uma meia touca». — P. Manuel Godinho, *Relação*, p. 56.

1687. — «O Capitão Portuguez, achando rezões pera aceytar o partido, despedio logo Francisco da Silua... com bons presentes, e entre estes hũa **Cabaya** branca muyto fina, bem guarnecida, e laurada, com hũa diuisa nas costas, que os Reys daquellas Ilhas costumão trazer».—P. Fernão de Queiroz, *Conquista de Ceylão*, p. 383.

1604. — «Appareçalhe vestida de huma **cabaya** ligeira, faxada de prata sobre verde». — P. António Vieira, *Xavier Dormindo*, p. 26.

1715. — «O gentio sem mais abono que a sua **cabaya,** sem mais fazenda que a sua propria pessoa acha promptos todos os cabedaes de Portuguezes».—*Archivo*, Supplemento II, p. 64.

1728. — «He o nome de tunica, ou roupa, de que se vestem todos os moradores do Indostão. Chega ao artelho; as mangas são tão compridas que arrastão quando se despe a **cabaya;** mas vestindo-se puxão tanto que ficão franzidas, e são estreitas, como o braço... Na China se fazem humas sedas, como o gorgorão, a que chamão **Cabayas**...». — Bluteau, *Supplemento*.

1785. — «Vestio [o governador inglês de Bengala] huma nova **cabaya,** e mais insignias, que o mesmo Imperador [Mogol] lhe mandou».—*Apud* Júlio Biker, *Collecção de Tratados*, XII, p. 23.

1828. — «Sobre os canhões de **cabaia** usarão os capitães de um galão de ouro de cinco linhas de largo». — Joaquim C. Soares, *Bosquejo das Possessões Portuguezas*, I, p. 80.

1832. — «Estando sentadas á mesa sete pessoas, rodeavam-na quatorze servidores, vestidos de **cabaias** de setim preto lavrado, tendo na cabeça barretes de abas levantadas, da mesma côr dos vestidos, com grandes borlas escarlates». — José Inácio de Andrade, *Cartas*, II, p. 130.

1846. — «E o geral, especialmente os clerigos, se vestem de hum chambre, que se denomina **cabaia** ou tunica, branca ou de côres (huma e outra cousa equivale a vestido talar)». — F. N. Xavier, *O Gabinete Litterario*, I, p. 101.

1908. — «A **Kabaia** é uma espécie de penteador de cambraia e rendas» (na Malásia). — Alberto O. de Castro, *Flores de Coral*, p. 145.

851. — «Les Chinois, en costume et dans une cérémonie publique, ressemblent aux Arabes, ils portent le **caba** et la ceinture». — Soleimão, *apud* Reinaud, *Relations*, I, p. 60.

1589. — «Quand ils [brâmanes] sortent ils sont quelques fois vestus d'une simple saye de toile de coton, qu'ils appellent **Cabaia** qui leur va depuis la teste jusques aux talons». — Linschoten, *Histoire*, p. 73.

1644. — «Il vestito è corto sino à mezza gamba con vna **Cabaia,** ch'è vna sorte di veste come sottana larga, & aperta dinansi con le maniche larghe». — P. Cardim, *Relatione della Prov. del Giappone*, p. 51.

1666. — «... et ces riches turbans et **cabaies,** ou vestes en broderie». — Bernier, *Voyages*, I, p. 938.

1666. — «Ces **Cabas** sont faits communément de toile blanche, c'est-à-dire de toile de coton, afin qu'ils soient plus legers et plus propres en les blanchissant souvent». — Thevenot, *Voyages*, III, p. 109.

1676. — «La toque, la **cabaye** ou grande veste, l'arcolou ou jupon». — Tavernier, *Voyages*, III, p. 138.

1700. — «Vestiva una **cabaja** bianca, ligata sotto al braccio destro come usano i Maomettani». — Gemelli Careri, *apud* Gubernatis, *Storia*, p. 263.

1913. — «**Cabaya,** a word originally Asiatic, received by the Portuguese from the Arabs and brought with them to India. It was applied to the long muslin tunic worn by the better classes of India». — P. E. Pieris, *Ceylon*, p. 448.

**CABAL** (s. m.). Em malaio, *kăbal* quere dizer, como adjectivo, «invulnerável», e como substantivo, «invulnerabilidade, impenetrabilidade da carne». Mas os nossos cronistas entendem por *cabal* «uma alimária, de Java e Siame, a cujos ossos se atribuía a virtude de vedar ou reter o sangue». É de presumir que tenha havido equívoco, tomando-se a propriedade pelo animal, que teria outro nome, e que parece ser o pangolim, chamado *kaballūvā* em singalês.

1553. — «Espantados os nossos de tão noua cousa, souberam dos Mouros que ali tomarão, que aquelle osso era de hũa alimaria que auia na Jauha, a que elles chamaram **Cabal**: cousa mui estimada entre os principes daquellas partes, o qual tinha a virtude de reter o sangue da maneira que elles virão». — João de Barros, Déc. II, VI, 2.

1557. — «A manilha era hum osso de umas alimarias, que elles chamavam **Cabais**, que se creavam nas serras do Reyno de Sião, e a pessoa que trazia aquelle osso, tocando-lhe na carne, não lhe podia sahir sangue, por mais feridas que lhe dessem, em quanto o tinha». — *Commentarios*, III, cap. 15.

1634:

«No mais inculto da fragosa serra
Da Java animal fero, o raro habita,
Que virtude num osso tanto encerra,
Que remora do sangue, o da agua imita.
. . . . . . . . . . . . . . . . . .
A esquerda costa do animal precioso,
Abrindo-o vivo, lhe arranquei do peito:
Della a manilha fiz, que o valoroso
Braço rodea, e tem o sangue estreito».

F. de Menezes, *Malaca Conquistada*, IV, 42-43.

**CABILA, cabilda** (ar. *kabīlā*). «Povo de huma Provinçia, ou tribu governada por hum chefe». Fr. João de Sousa. Parece que a definição de Bluteau é mais precisa: «Ajuntamento de gente Mourisca, antiga, e aparentada, que vive no mesmo lugar». Também ocorre o termo no sentido figurado, que não aparece nos dicionários, por «magote, banda, trôço».

1513. — «A terra qe estaa fronteyra de Dalaca, he hũa **cabila** de mouros sojeita ao preste johan». — A. de Albuquerque, *Cartas*, I, p. 225.

«Daly atá Suez tudo sam **cabilas** d alarues». — *Id.*, p. 228.

1541. — «Entre os *Badoies* nom ha rei, ou grande senhor; mas vivem em **cabildas**: nos seus campos nom consentem algum lugar, nem elles tem morada certa». — D. João de Castro, *Roteiro do Mar Roxo*, p. 235.

1557. — «De Judá até Otor vivem **cabildas** de Alarves». — *Commentarios*, IV, cap. 7.

1553. — O qual Rey por nome Atjoat era daquella antiga linhagem de Bemgbras hũa das notaveis **cabildas** dos Mouros Arabios». — João de Barros, Déc. II, II, 2.

1612. — «Estava por capitão Coze Zanede, cabeça de todos os Amadizes, que he huma **Cabilda** que vive no Magostão». — Diogo do Couto, Déc. X, II, 11.

1635. — «Podia haver occasião de intentar contra a fortaleza de Soar, particularmente com a ajuda de um *xeque* chamado Amer, cabeça de uma **cabilda**». — António Bocarro, Déc. XIII, p. 642.

1663. — «Nem todos assistem nas cidades, senão em **cabildas** nos campos e despovoados: e anda nesta Arabia certa **cabilda** de alarves, a que chamão Bengebra, a qual é das mais poderosas de toda a ilha». — P. Manuel Godinho, *Relação*, p. 69.

1687. «Na Arabia maritima accrescerão dous Reys, com o nome de *Iman*; depois que deyxarão o gouerno de **Cabildas**; como sucedeo na Mauritania, depois que entrarão os *Xarifes*». — P. Fernão de Queiroz, *Conquista de Ceylão*, p. 237.

1880. — Talvez nos campos de Ceuta e Tetuão, onde os arabes e **kabilas** usam muito fazel-as» (as queimadas). — Conde de Ficalho, *Flora dos Lusiadas*, p. 22.

1610. — «They are divided into what they call *tayffas*, the Arabs *cabiley*, and we **cabilda**, and the Tartars *orda*, all meaning «a tribe». — Pedro Teixeira, *The Travels*, p. 94.

1548. — «Ordenou que não fosse a gente toda junta, mas que fosse repartida em **cabildas**, para que assim caminhassem mais sem suspeita». — Fernão Pinto, *Peregrinação*, cap. 196.

1603. — «Por persuasam de hum *cassanar*... se apartarão do Arcebispo, e fizerão hũa **cabilda**, do que se forão dar nouas ao Arcebispo». — Fr. António de Gouveia, *Jornada*, f. 38.

1614. — «E todos os mais [grandes de Cambaia] andavão como em **cabildas**, comendo, e senhoreando as terras que achavão sem cabeça». — Diogo do Couto, Déc. VII, X, 8.

1632. — «Entrou na Egreja huma **Cabilda** de Gentios, que trazia hum moço de idade de dez annos, alejado de nascimento do pé direito». — Fr. Luís de Sousa, *Hist. de S. Domingos*, III, p. 371.

**CABISONDO.** Sómente sei do Fernão Pinto, que emprega o termo com relação à Indo-China e em três sentidos: «bonzo de categoria elevada», «funcionário superior de alfândega» e «nau principal ou capitânia». Em tonquinês *cai* é «cabo», *binh*, «tropa», e *xin*, «rezar». *Cabisondo*, como composto dessas vozes, significaria em rigor «chefe dos fieis ou crentes». Mas tambem há *song*, que quere dizer «rio»; substituindo-se *xin* por *song*, *cabizondo* seria «chefe ou autoridade do rio», e *cabizonda*, «embarcação principal ou barco em que vai o cabizondo».

I. — 1541. — «Ninguem era digno de ver senão certos bonzos que elles chamão **Cabizondos**, que são de dignidades, e graos mais altos que os outros, como Cardiais entre nós». — *Peregrinação*, cap. 111.

«E esta seyta com todas as mais que se acham neste barbarismo da China... vieram do reyno de Pegú ter a Sião, e dalli por sacerdotes e **Cabizondos** se espalharão por toda a terra firme». — *Ibid*, cap. 112.

«Os seus [dos religiosos budistas] mayoraes, a que por grao supremo chamão **Cabizondos** não conhecem mulheres, segundo deles se presume». — Cap. 115.

1548. — «... lhe pôs este *grepo* **Cabisondo** na çabeça hũa rica coroa douro e pedraria a modo de mitra com a qual entrou na cidade [de Pegu] com grandissimo aparato e triumpho». — Cap. 196.

II. — «O Nautarel com todos os mais **Capisondos** de Alfandega [do Aname]». — Cap. 49.

III. — «A cinza delle foi metida em hũa cayxa de prata, e a embarcaram em hũa rica *laulee*, que se dizia a **cabizonda**, a qual levarão à toa quarenta *seroos* esquipados de *Talegrepos*». — Cap. 184.

* **CABRAJOIA** (sing. *kabaragoyā*). É o mesmo que *talagoia* (q. v.), ou *iguana*.

1687. — «... chegando neste aperto a comer cães, gatos, morçegos, ratos, camaleões, *manducos*, e **cabrajoias**». — P. Fernão de Queiroz, *Conquista de Ceylão*, p. 484.

**CAÇANAR, cassanar, catanar**. Sacerdote dos cristãos de S. Tomé na Índia, os quais seguem o rito siríaco. A segunda forma é a que voga actualmente na Índia. O termo, que não vem registado nos dicionários modernos, originou-se do malaiala *kattanāra*, derivado do sânsc. *kartṛ* < *kar*, «fazer». É bem possível, porêm, que a palavra *kattanāra* seja composta, como sugerem Fr. Vincenzo Maria e La Croze, do siríaco *qasīs* (= casis) e do malaiala *nāyar* (= naire).



1599. — «E logo foi eleito de commum consentimento Jacob, Sacerdote **Cassanar** da Egreja de Pallurty». — Sínodo de Diamper, in *Archivo Port.-Oriental*, IV, p. 290.

1603. — «Chamão os christãos de Sam Thomé **Caçanares** a seus Sacerdotes». — Fr. Antonio de Gouveia, *Jornada do Arcebispo*, fl. 280.

1603. — «E por providencia do nosso senhor porque foi o mesmo caminho, que levou a **Cacenar**, que mandou o senhor bispo o anno passado... Onde achei o mesmo Chatim que fora com o **Cacenar**». — In *O Chronista de Tissuary*, III, p. 186.

1610. — «... com todos seus sacerdotes (a que elles chamão **Cassanares**)». — Diogo do Couto, Déc. VII, VIII, 2.

1631. — «Os **casanares**, e vigairos que nelles estiverem terão a mesma jurisdição sobre seus cristãos que os padres portuguezes nas outras igrejas». — *Apud* Júlio Biker, *Collecção de Tratados*, I, p. 284.

1684. — «Teve recado de hum **Cassanar** (assim chamão os cristãos de S. Tomé aos seus Parochos, e Sacerdotes) que o certificava, de como hum *paró* [embarcação] chapára junto a Chituâr». — P. Fernão de Queiroz, *Hist. de Pedro de Basto*, p. 173.

1699. — «De humas era lançado fora, de outras mal recebido, em outras ameaçado, tudo por ordem dos **Cassanares** (assim chamão aos seus Sacerdotes aquelles Christãos)». — Fr. Agostinho de Santa Maria, *Historia*, p. 24.

1701. — «Cantàrão os nossos as vesporas ao rito Latino e depois de nós começàrão os **Cassanares**, ou, como se diz melhor, **Catanares**, as suas em lingua Suriana». — P. Francisco de Sousa, *Oriente Conquistado*, II, I, 2.

1893. — «Passando para Angamale que era a residencia do arcebispo dos christãos de S. Thomé, corrigiu alguns livros dos **cathanares**, e queimou outros pelos julgar pouco orthodoxos». — P. Casimiro de Nazareth, *Mitras Lusitanas*, in *Bol. S. G. L.*, XII, p. 463.

1590. — «Audiuntur instruunturque mancipia, propter humilitatem atque inopiam contempta a Parochis, qui **Cassanairi** vocantur». — *Litterae S. J.*, p. 884.

1655. — «Il buon **Cassanare** (cosi chiamano li Ecclesiastici) cominciò à domesticarsi un poco». — Fr. Vincenzo Maria, *Viaggio*, p. 133.

«Tutti se chiamono **Cassanari**, nome preso dall' Arabicó, che vuol dire *Casis Nair*, cioè Sacerdote de' Nairi. — *Id.*, p. 155.

1660. — «**Cassanare**. Sacerdote Christiano di San Thomé». — Mgr. Sebastiani, *Seconda Spedizione*, p. 148.

1711. — «La Liturgie des Prestres Malabars appellez **Caçanares** est écrite en cette langue [siríaca]. Ces **Caçanares** sont les Curez des differentes Paroisses establies dans ces montagnes, où il y a plus de cent mille Chrestiens, dont quelques-uns sont encore Schismatiques». — *Lettres Édifiantes*, XII, p. 383.

1724. — «Il se trouve parmi eux plusieurs **Caçanares**, c'est le nom qu'ils donnent à leurs Prêtes... C'est un nom composé de deux Langues Syriaque et Malabare. Il signifie *un Prêtre Noble*, ou *Naire*». — La Croze, *Hist. du Christianisme*, p. 54.

1786. — «Stava meco Ciandi **Cassanar** di Callurcadà, curato di quella Chiesa de' Cristiani di S. Tommaso». — Fra Paolino, *Viaggio*, p. 129.

**CAÇANEIRA, CATATIARA.** Mulher de *caçanar*.

1599. — «Como as molheres dos Sacerdotes, a que chamão **Catatiaras**, ou **Caçaneiras**, não só por isto tinhão o melhor lugar no povo e na Egreja...». — Sínodo de Diamper, in *Archivo*, IV, p. 434.

1603. — «As mulheres a que elles chamão **Catatiaras**, ou **Cassaneiras**, são por isso mais honradas que as outras». — Fr. António de Gouveia, *Jornada*, fl. 59.

«Mas nem com ver isto com seus olhos, quis desistir de dizer que era sua molher, nem deixar de se tratar como tal, nem tirar o sinal de **catiara**, e molher de sacerdote, que he hũa cruz ao pescoço». — *Id.*, fl. 79 *v.*

1616. — «Estas suas mulheres se chamam **Catatiaras**, ou **Cassaneiras**, que quer dizer mulheres de *Cassanares*, que são os Sacerdotes, e assim por isso eram as mais honradas».— Diogo do Couto, Déc. XII, III, 6.

**CÁCER** (s. m.). Antigo direito aduaneiro sôbre o bétele sêco, em Baçaim. Do mar. *kāsrī*, «fruto secado em talhadas».

1554. — «*Patiager* e **cacer**, que he a renda de betel que vay para fora de Baçaim e Aguacim, que sempre anda junto». — Simão Botelho, *Tombo*, p. 158.

*** CACANHÚQUI** (jap. *kakanyoki*). Amplexo geral entre os cristãos do Japão.

1565. — «Dom Bertolameu os convidou ja hũa vez por via do *caterinyoto* em que lhe deu o **cacanhuqui** e diz que o a de fazer cada mes hũa vez e pedio perdão aos Christãos de o não poder fazer mais por sua pobreza».—P. Belchior de Figueiredo, *Cartas de Japão*, I, fl. 204.

**CAÇAPO** (ár. *qasāb*). Carniceiro, magarefe; peça de artilharia. O termo é usado em várias línguas da Índia. Bluteau e Morais escrevem *casapo*, à imitação de Couto; mas a etimologia indica como êste o leria.

1612. — «A principal forão nove peças grossas, em que entrava huma que os nossos chamauão o **Casapo** *grande*, e elles *Samacasapo*, que na sua lingua quer dizer, com *el* carniceiro; porque os carniceiros que cortão as vacas lhe chamão **Casapo**... Trazia outra peça que os nossos chamavão o **Casapo** *pequeno*».—Diogo do Couto, Déc. VIII, 9, 33.

«... tendo contra si aquelles **Casapos** arruinadores de tudo, que não davão que não levassem tudo apoz si».—*Ibid.*, cap. 34, *et passim.*

1630. — «Ficarão todos os pescadores, e os que athé agora forão regatões de peixe, galinhas, e qualquer outro mantimento, e os **cassassos** e marchantes». — *Archivo Port.-Oriental*, V, p. 1397.

1727. — «**Casapo**. He o nome de certas peças de artelharia na India». — Bluteau, *Supplemento*.

**CAÇARA, cacera, cachara.** Planta ciperácea — *Scirpus Kysoor*, Roxb., que dá tubérculos comestíveis. Do concani-mar. *kāchar*. Os ingleses chamam-lhe *caltrop* ou *water chestnuts*.

1333. — «Outra das suas frutas he a que elles chamão **Cacirá**, ao pé da qual cavão a terra, que he excessivamente doce, e se assemelha á castanha». — Ben-Batuta, *Viagens*, II, p. 23.

1563. — «Não he senam huma fruita que nace na vasa debaixo da terra... e depois de seca a vasa sae fóra, como as tubaras... Chamase **caceras**». — Garcia da Orta, Col. XI. — «O «**Caceras**» de Orta deve ser o *Scirpus Kysoor*, Roxb... O *Scirpus Kysoor*, commum na zona occidental da India, vivendo nas terras alagadiças e margens dos tanques, tem o nome vulgar de *kachara* ou *kachera* muitissimo similhante a **cacera**». — Conde de Ficalho.

1634. — «As fruitas são quasi todas as que se dão na India, e em particular muitas mangas e **caçaras**, que são como castanhas». — António Bocarro, *Livro das Plantas das Fortalezas*.

1810. — «*Gulgul*, galhos, **cachar**, pedra hume». — Joaquim C. Soares, *Doc. Comprobativos*, p. 434.

1900. — «**Caçaras** são batatas saborosas que se encontram nos tanques em toda a costa do Guzarathe». — António F. Moniz, *Hist. de Damão*, I, p. 76.

1908. — «... but enumerates the following spieces of *Scirpus* as affording edible products: (a) the bulbs of *S. grossus*, the *kysoor* or **kachara**, and (b) the seeds of *S. maritimus*». — Watt, *The Commercial Products*, p. 466.

**CACATU, cacatua, catatua** (mal. *kakatuva*). Espécie de papagaio da Malásia, ordináriamente branco e com poupa móvel.

1727. — «**Catatùa**. Passaro, que se acha na Java, Samatra e outras partes: he branco, com hum penacho cor de ouro na cabeça, o tamanho, e a fórma do bico he de Papagaio, e também o faz ser da mesma especie, o falar, repetindo continuamente *Catatua, tua tua,* de que tomou o nome». — Bluteau, *Supplemento*.

1840. — «As **kakatuas**, que ha de cores diversas, distinguem-se pelo maior volume do corpo, e principalmente por uma poupa no alto da cabeça, que a ave ou abaixa ou ergue, como lhe apraz, e que na primeira situação lhe dá muita graça». — *O Panorama*, n.º 190.

1843. — «Ha bastantes **cacatuas** que são uns passaros brancos maiores que os pombos communs, com uma especie de crista formada de pennas amarellas côr de canario na cabeça». — *Annaes Maritimos* (parto official), p. 221.

1908. — «E de neve no resplandecente azul do ceo o vôo das **cacatuas** sulphureas». — Alberto de Castro, *Flores de Coral*, p. 253.

1544. — «La terza [espécie de papagaios] sono bianchi et grandi come galline chiamati *Cochos*, che vuol dire pregiati; per esser migliori de gli altri». — Nicolo di Conti, *apud* Ramusio, I, fl. 341.

1589. — «Il y a certains autres oiseaux qu'on apporte des Molucques à Goa semblables à de Perroquets, lesquels valent es Indes vingt ou trente *Pardauves*». — Linschoten, *Histoire*, p. 87.

1658. — «Il **Caccatua** è parimente Vccello, non Indiano, mà Orientale, e della China, di doue viene trasportato da Portughesi, chiamato da naturali *Cachi*, che vuol dire pretioso, perchè in fatti è tale, non solo per le conditioni proprie, che sono singulari, mà ancora per la rarità, trouandosene pochissimi, ancora nelli medesimi Regni, doue nasce». — Fr. Vincenzo Maria, *Viaggio*, p. 425.

1674. — «Here were Milk-White Turtles from Bussorah, **Cockatoo**, and *Newries*, from Bantam». — Fryer, *East India*, I, p. 87.

1908. — «It would appear that **Cockatoos** were imported into India as long ago as in the time of Jahangir, for Mr. Finn tells us he has seen a picture of that period depicting a yellow-crested species». — Watt, *The Commercial Products*, p. 133.

**CACEBI.** Vem o vocábulo num dicionário com o significado de «espécie de tafecira», como o diz igualmente Rodrigo Félner. Vê-se porêm da abonação que é adjectivo qualificativo, derivado do ár. *kasb*, que significa «arte, profissão, comércio». Mas Molesworth, no seu dicionário marata, também lhe atribui o significado de «fio de prata muito fino». *Cacebi* deve, portanto, ser «o que tem fio de prata no seu tecido». Outras acepções de *kasbī* não tem aplicação no caso, a não ser «artístico».

1525. — «Tafecyra abaryary **caceby** vall a corja vynte e sete tamgas e mêa». — *Lembranças das Cousas da India*, p. 50.

**CACHA** (dravíd. *kachcha*). Pano cru. «Na India se dá este nome a huns panos de algodão ordinario que se fazem no Malabar». Bluteau, *Supplemento* [1]. V. *encachar*.

1511. — «Por este vos mando que des... duas **caxas** de canbaia dez tafeciras dalguodã e nove serafis hem dinheiro». — Afonso de Albuquerque, *Cartas*, VI, p. 428.

1513. — «Quatro beyrames e duas **cachas**, sete cotonias dalgodão». — *Id.*, II, p. 107.

1514. — «Vos mando que des antonio e a gaspar e a belchior francisco e a Joane e aluaro... a cada hũu hũa **cacha** e duas ceroullas ou pano pera ellas». — *Id.*, VI, p. 156.

1546. — «2 colchas, sendo uma de **cacha**». — *Espolio de Jorge Balthazar*, in *Bol. S. G. L.*, IV, p. 290.

1599. — «E assi o tirar hum fio com superstição quando se cortão as **cachas**, ou outros panos». — Sínodo de Diamper, in *Archivo*, IV, p. 489.

1611. — «Não sendo o menor [embaraço] D. Isabel e sua filha D. Luiza, as quaes traziam os escravos do capitão mór ás costas em **cachas** concertadas ao modo de redes do Brazil, que em Cuama chamam machiras». — *Hist. Tragico-maritima*, V, p. 30.

1663. — «E ainda para as demais partes do mundo se trazem as finas beatilhas, rengos, bofetás, enrolados, **cachas**, beirames». — P. Manuel Godinho, *Relação*, p. 56.

1684. — «Faltou hum anno na Rouparia do Collegio de Cochim, em que assistia o Irmão Pedro de Basto, roupa branca; por

[1] Os autores do *Glossário Anglo-Indiano* declaram que não sabem o «nome próprio» de *cacha*, que também aparece em inglês sob a forma de *ketchies*. E o editor da segunda edição liga o vocábulo ao nome geográfico *Cutch* (sânsc. *Kachchha*), estado indígena, limítrofe de Sinde. Mas os nossos escritores indicam distintamente a pátria da fazenda.

não chegarem **cachas** da costa da Pescaria, de que aquella oficina se costumava prover». — P. Fernão de Queiroz, *Hist. de Pedro de Basto*, p. 545.

1687. — «Pagasse quatro *laris*, ou hũa **cacha** que os valesse, por cada *amanão*, aos donos das hortas, e arecaes».— Id., *Conquista de Ceylão*, p. 848.

1697. — «Ordenáram huma embayxada ao mesmo Capitão de Cochim com hum *saguate* de oyto perolas de preço, com vinte mil *fanoens*, e algũas **cachas** de estima». — P. Francisco de Sousa, *Oriente Conquistado*, I, II, 1.

1727. — «That Country (Tegnapatan) produces Pepper, and coarse Cloth called **catchas**». — Hamilton, in *Glossary*.

* **CACHÃO.** Conforme Diogo do Couto, é o vento noroeste; conforme João Ribeiro e Fernão de Queiroz, é suão, e conforme o étimo tam. *kachchān*, é sudoeste. É o vento que sopra entre a Índia e Ceilão e dificulta a navegação.

1614.—«De Tutocorim foi atravessando a Ceilão com bom tempo; e sendo já á vista daquella Costa, lhe deo hum temporal, a que os naturaes ahi chamam **Cacham**, que é vento Norte, que alli fica sendo travessão; e he tão perigoso, que de maravilha escapa o navio, que toma no mar». — Diogo do Couto, Déc. X, v, 9.

«Começou a ventar o Noroeste, que alli chamam **cachão**, que he travessão, e naquella Costa venta os mais dos dias». — *Id.*, Déc. X, x, 8.

1685. — «Os ventos geraes, que todo o anno cursão [em Ceilão], he o Norte, e o Sul, e chamão áquelle *vara* e a este **cachão**, e ambos formão na Ilha dous invernos, e dous verões». — João Ribeiro, *Fatalidade Historica*, III, cap. 8.

1687. — «... deuendo partir de Goa antes de acabar a monção da *Vara* da parte do Norte, que cursa por todo Março; primeiro que começasse a do **Cachão** da parte do Sul nos primeyros de Abril». — P. Fernão de Queiroz, *Conquista de Ceylão*, p. 797.

**CACHARI.** Aparece o vocábulo em alguns dicionários como sinónimo de «caril»; mas não é tal. Em concani, marata e hindustani, *khichaḍī* implica o conceito de farragem, mixórdia, tendo por elemento principal algum legume sêco[1]. O *cachari* comum faz-se cozendo o arroz em água ou manteiga com alguma espécie de feijão ou lentilha descascada e partida; é a êste que se referem as abonações. Em Goa prepara-se *khichaḍī* doce com trigo, legume sêco, sumo de côco e jagra.

1333. — «Outra o Almanjo [= *mungo*], que com o arroz o comem com manteiga, a que chamão **Coxri** do que almoção todos os dias, que he entre elles como as papas no paiz da Mauritania». — Ben-Batuta, *Viagens*, II, p. 24.

1695. — «Nesta [prisão] morrêrão muitos [ingleses], porque em barriga ingleza agua sobre **cacherim** de lentilhas he prognostico de morte». — Cosme da Guarda, *Vida de Sevagy*, p. 31.

1760. — «E aos almoços huma vez se lhe [aos soldados] dará *atolla*, e outras **cacheril** com salgado e *achares*». — *Apud* Júlio Biker, *Collecção de Tratados*, VII, p. 185. — «**Cacheril**, arros e grão cozido com manteiga». — Nota.

1631. — «Unde jugiter famelicum ventrem familiari explent victu, quem vocant **Kitsery**, componitur è pisis et pauxillo oryzae, haec ita mixta cum aqua foco admovent, et tantisper relinquunt, donec legumina et far humorem omnem ebiberint». — *De Imperio Magni Mogolis*, p. 121.

1655. — «Li Guzaratti gustano certa specie di cibo, qual chiamano **Chicciri**, composto de riso, e piselli piccioli, negri, pestati, quali condiscono com' ogn' altra cosa con oppio» (!). — Fr. Vincenzo Maria, *Viaggio*, p. 261.

1666. — «Il répondit sans hésiter, du **kichery**, qui est un mélange de légumes, le manger ordinaire du menu peuple». — Bernier, *Voyages*, I, p. 208.

1673. — «The Diet of this Sort of People admits not of great Variety, their delightfullest Food being only **Cutcherry**, a sort of Pulse and Rice mixed together, and boiled in Butter, with which they grow fat». — Fryer, *East India*, I, p. 94.

1750. — «Les trois plus communs dans l'Inde sont le *Curri*, le **Kitcheri** et le *Pilau*... Le **kitcheri** est un ris étuvé avec une certaine légume appellée *Dholl*, qu'ils regardent comme très-saine et nourrissante». — Grose, *Voyage*, p. 243.

**CACHEMIRA, casimira.** Tecido de lã fina e macia de cabras de Tibete, o qual se fabrica na Índia, principalmente na província de Caxemira, vale do Himalaia ocidental, de que tira o nome, que agora se dá às imitações de outras procedências. V. *chale*.

[1] «Here is a great Plenty of what they call **Ketchery**, a Mixture of all together, of Refuse of Rough, Yellow and Unequal, which they sell by Bushels to the Russians». — Fryer, *East India*, II, p. 361.

***CACHIL.** Título dos príncipes das Molucas. Do mal. *kaychīli*.

1552. — «Devião de dar obediencia ao regedor **Cachil** Daroes que ali ya, porque se lhes não fizessem outro tanto como ao de Tidore». — Castanheda, *Historia*, VI, cap. 66.

«**Cachil** Rade ho governador de Tidore, que era muyto esforçado, e sabido na guerra não estaua na cidade». — *Id.*, VIII, cap. 5.

1563. — «Entre os de Maluco ha hum prenome de honra que he **Cachil**, como entre nos Dom, e dizem **Cachil** Daroes, **Cachil** Vaidua». — João de Barros, Déc. III, v, 5.

1697. — «Fomentavão este odio os principaes **Cachis** (titulo de mayor nobreza, e dignidade)». — P. Francisco de Sousa, *Oriente Conquistado*, I, III, 1.

1666. — «Murió en la Fortaleza de Ternate elRey Bohaat, con sospecha de veneno, dado por industria de **Cachil** de Aroez, ambicioso de que le durasse màs la administracion que tenia del Reyno». — Faria e Sousa, *Asia Portuguesa*, I, p. 264.

**Cache.** V. *cato*.

**CACHONDÉ, cachundé** (s. m.). Bolinho de cato, areca, açúcar e outros ingredientes, que se usa na Índia e na Malásia para perfumar a bôca. A palavra é composta de duas malaias, *kāchu*, «cato», e *ondeh*», bôlo.

1619. — «De cada *candil* de **cachundy** se pagará de direitos meio *pagode*». — *Regimento* do Vedor Nuno Vaz.

1712. — «**Cachondé**. He huma composição de almiscar, e ambar, com o sumo de pedaços de huma arvore da India, chamada Kaiùs, que fervendo, se condensa, e se faz como goma, de que se formão uns grãosinhos que se trazem na boca, e são bons para o bafo, e estamago». — Bluteau.

1756. — «Levam doze frascos grandes cristalinos de rosasolis, de **cachundé** e herva doce». — ... «cheios de pastilhas de bocca: de canella e **cachundé** e brancas» (presente para o imperador da China). — *Apud* Júlio Biker, *Collecção de Tratados*, VII, pp. 105-106.

1589. — «Et ce qu'elles [damas de Goa] sont si soigneuses d'avoir de la Bettele et de l'Areque en la bouche est pour estre incitées à luxure, comme aussi à mesme fin elles mangent beaucoup d'especeries qui eschauffent, et usent de certains gasteaux appellez **Cachunde** faits de diverses choses aromatiques pour estre chatovillées à incontenence». — Linschoten, *Histoire*, p. 64. — Nota do Dr. Paludano: «La **Cachunde** à mon opinion est faite d'une espece de Gallia Muscata avec jus de Regalisse. Les gasteaux en sont noirs, marquez de devers characters, amers au premier goust mais après fort doux. Ils confortent le cœur et font avoir très bonne haleine».

1768. — To these three articles (betel, areca, and chunam) is often added for luxury what they call **cachoonda**, a Japan-earth, which from perfumes and other mixtures, chiefly manufactured at Goa, receives such improvement as to be sold to advantage when re-imported to Japan». — Grose, in *Glossary*.

**«CACHOOBONG** (s. m.). Estramonio de Sumatra». Domingos Vieira. O mal. *kachubong* é o nome da *datura* (q. v.), e a sua correcta transcrição em português deve ser *cachubão*. Cf. *gudão* do mal. *godong* ou *gudong*.

**CACIMBA**. Esta palavra de origem africana — quimbundo *kixima* — emprega-se na Índia Portuguęsa no sentido de «mangra ou neblina», que costuma aparecer na estação dos *terrais* (q. v.), isto é, em Dezembro e Janeiro, e cresta a inflorescência das árvores, especialmente de cajueiros, mangueiras, e figueiras. Na África e no continente tem o vocábulo mais significações. O termo correspondente em concani é *pālvī*.

1916. — «Pelo aspecto de mangueiras que quasi em toda a parte apparecem florescidas, espera-se boa producção de mangas, este anno, caso não haja damno pela **cacimba**». — *O Ultramar*, de 28 de Janeiro.

1917. — «As mangas começarão a vir ao mercado, produto das mangueiras felizes que sejam mais tamporans e tenham escapado á calcinação da **cacimba**». — *O Ultramar*, de 13 de Abril.

**CACIZ.** Sacerdote muçulmano. Em árabe a palavra *qasīs*, de origem siríaca, significa própriamonte, segundo Dozy, bem como o persa *kaschīsh*, «sacerdote cristão»; mas os nossos indianistas não a empregam muito neste sentido.

(1497). — «Mandou ElRey o Mouro e com elle o seu **Caciz**, homem velho de muita authoridade, que era o seu principal sacerdote da sua Mesquita». — Gaspar Correia, *Lendas*, I, p. 49.

1529. — «... se foy queixar ao capitão do que mandara fazer ao tio d'ElRey, e **caciz** *mór* de todas as terras de Ternate». — *Id.*, III, p. 365.

1535. — «Tanto que a carta foy lida ao ydalcão, mandou chamar os seus **cacizes** e homeẽs de conselho».— *Chronica de Bisnaga*, p. 25.

1537. — «O **Caciz** *Moulana* q̃ ja ahi era chegado cõ mais outros dez ou doze seus inferiores tambem **Cacizes** da maldita seita, requereo ao Herodim Sopo Capitão da cidade, que nos mandasse de esmola á casa de Meca». — Fernão Pinto, *Peregrinação*, cap. 6.

1552. — «Hum mouro branco que era **caciz** dos mouros, que em nossa lingua quer dizer clerigo». — Castanheda, *Historia*, cap. 7.

«Achou culpado na morte da porca a *Cachil* Vaydia tio del rey, e **caciz** *mór* que entre elles he como entre nós ho Papa». — *Id.*, VIII, cap. 19.

1552. — «Là teve modo que se meterão os seus **cacizes** entre elles com que se concertarão que causou partirse logo Antonio de Saldanha e Ruy Lourenço com elle». — João de Barros, Déc. I, VII, 4.

1557. — «Tinham tambem por si os **Cacizes** que lhe faziam grandes prégações, dizendo que os Portuguezes eram arrenegados e ladrões». — *Commentarios*, III, cap. 16.

1566. — «... matarem um mouro **caciz**... estando em oração na camara da galé em que vinha, avido entrelles por homem sancto». — Damião de Góis, *Chron. de D. Manuel*, II, cap. 25.

1567. — «A todos os infieis que tem por oficio sustentar suas falsas religiões, como são **cacizes** dos mouros, e os pregadores dos gentios». — Primeiro Concílio de Goa, in *Archivo*, IV, p. 11.

1589:

«Estas bandeyras tam differenciadas
Das outras na materia, e no ornamento,
Dizem que do Caciz forão mandadas
Que lá em Medina tem assento».

Francisco de Andrada, *O Primeiro Cerco de Diu*, XIX.

1602. — «Hum Vaydua muito parente de Daroes, e douto na lei de Mofamede, principal **cassis** e Sacerdote entre elles». — Diogo do Couto, Déc. IV, VII, 7.

1603. — «... sabendo que os chamava para fazerem o que quizessem os **Cacizes** *frangijs*, que tinha consigo, que assim chamão aos Portuguezes, e ainda a todas as nações da Europa em todo o Oriente». — António de Gouveia, *Jornada*, fl. 32.

1609.—«Atado [Fr. Nicolau do Rosário] de pés e mãos a um pau o assetiaram e acabaram de matar cruelmente ás frechadas por ser religioso a que elles chamão **Caciz**». — Fr. João dos Santos, *Ethiopia Oriental*, II, p. 135.

1609. — «Respondeo em alta voz: **Cassis** *Frangi*, que quer dizer, são sacerdotes dos christãos». — Fr. Gaspar de S. Bernardino, *Itinerario*, p. 59.

«E depois os daua a quatro **Cacises**, que seruião como de Desembargadores, homens velhos e veneraveis em suas pessoas». — *Id.*, p. 156.

1632. — «E era tradição de seus antepassados, que dous **Cacizes** da Franquia (tal nome dão aos Sacerdotes Christãos) vindo áquelle lugar em tempo, que era nobre cidade... forão mandados matar polo Rey della». — Fr. Luís de Sousa, *Hist. de S. Domingos*, III, p. 246.

1687. — «Já lhe chamauão, aldea dos Mouros; com seu **Cassis**, que os ensinaua, e hia propagando sua Seyta nos Chingalaz». — P. Fernão de Queiroz, *Conquista de Ceylão*, p. 606.

1749. — «Mas os **Caziques** (assim são chamados naquelle povo os ministros da ley de Mafoma) fizérão requerimento ao Rey, para que o mancebo fosse restituido». — P. Crasset, *Hist. da Egreja do Japão*, II, p. 152.

1785. — «Desta Cidade e povoação foram lançados fóra os Portuguezes por industria dos **Cacizes** ou Padres Mouros». —*Apud* Júlio Biker, *Collecção de Tratados*, XII, p. 18.

1885. — «O **cacice** dorme, havemos de voltar aqui ámanhã muito cedo para darlhe novos parabens e receber algum *saguate*». — P. Vítor Courtois, *Bol. S. G. L.*, V, p. 504.

1905. — «**Kasi** é derivado do arabe *Kashih* ou *Kasis*, significando = um «presbytero», = — «um padre» — christão. Os escritores europeus empregam o termo para designar um sacerdote mahometano, e os mussulmanos para significar um secerdote pagão, isto é, não mahometano». — Herculano de Moura, *O Oriente Portuguez*, II, p. 504.

1542.—«Extitit Saracenus **Caciz**, idem ac Magister Mahometicae disciplinae, eruditus imprimis... Suus cuique vico **Caciz** est instar Parochi; **Cacizes**, autem nihilo magis, quam alii, scribendi legendive periti».—S. Francisco Xavier, *Epist.*, lib. I, 10.

1588. — «Di più perchè i **Cacizi** (con questo nomine se chiamano i sacerdoti della superstizione Mahomettana)...». — P. Maffei, *Le Istorie*, p. 570.

1670. — «Chiamano i Sacerdoti ordinarij **Casis**, ò con altro nome *Schierifi*, quali come anche i Vescoui, non si distinguono nell' habito da simplici Secolari, si non per ragione del Turbante più grande». Fr. Vincenzo Maria, *Viaggio*, p. 58.

1875.—«Every village [de Socotorá] had its minister, whom they called **Kashîs** (Ar. for a Christian Presbyter), to whom they paid tithe». — Yule, *Marco Polo*, II, p. 399.

* **CAÇUTO.** Nome dum estôfo indiano, que ocorre, como tantos outros, nas *Cartas* de Afonso de Albuquerque, sem nenhuns elementos

elucidativos da natureza e da pátria da fazenda. Se a palavra é abreviação do neo-árico *kālāsūt* (do sânsc. *kāla*, «preto», e *sūtra*, «linha»), devemos entender «um tecido preto ou em que predomina a côr preta». O persa *kālā* quere dizer «roupa preta», mas só por si não pode ser étimo de *caçuto*.

1512. — «... de **caçutos**, de tagadis, de bretangis, de çerqueres, de panos de cambaia». — In *Cartas*, v, p. 248.

«Ouverão todos panos de **caçutos**, de çerqueres, de tagadis». — *Ibid.*, p. 252.

«Lancees em despessa ao feitor cinquenta panos de cambaya nove teadas e quatro **caçutos** e quatro tafeciras dalgodão duas çarqueras quatro mâtazes». — *Ibid.*, p. 267.

**CADEIRINHA.** Designa actualmente em Goa «machila ou liteira com dois assentos a modo de cadeiras, em ambos os extremos, na qual se faz transportar uma ou duas pessoas e que é conduzida à cabeça por quatro homens. As cadeirinhas da China são de outra espécie. V. *Andor, dolim, machila, palanquim* [1].

1825. — «Kien-Long sahiu detraz de uma collina, sobre uma **cadeirinha** descoberta, conduzida por dezeseis officiaes militares». — José Inácio de Andrade, *Cartas*, I, p. 146.

1842. — «Machilas, dolys, e **cadeirinhas** servem em vez de carruagem, para uma só pessoa, suspensa á cabeça de uns conductores» (em Goa). — *Annaes Maritimos*, p. 434.

1880. — «Depois é alguma aristocratica **cadeirinha** de Mandarim, que *koulis* [cules] vestidos d'azul, de rabicho solto, vão levando a um trote arquejante para os *Yamens* [repartições] de Estado». — Eça de Queiroz, *O Mandarim*, p. 99.

1883. — «Uma pessoa que se préza, tem, porém, a sua **cadeirinha**, com os seus dois culis uniformisados». — Adolfo Loureiro, *No Oriente*, I, p. 312.

1895. — «As cadeiras são feitas de bambu, inteiramente similhantes ás nossas antigas **cadeirinhas**, mas descobertas... A chamada *cadeira de montanha* é uma verdadeira cadeira reduzida á mais simples expressão e suspensa das *pingas*». — Conde de Arnoso, *Jornadas pelo Mundo*, p. 107.

1898. — «Para as pequenas distancias faz-se uso de **cadeirinha**, de que ha duas variedades: a «da montanha», muito leve... A **cadeirinha** fechada ou de visitas, é uma especie de guarita quadrada». — Joaquim Calado Crespo, *Cousas da China*, p. 30.

[1] 1753. — «Levavão a S. Ex.ª oito *Cadeiras* Chinas vestidos, uniformemente de seda». — P. Newielhe, *Relação da Jornada*.

«**CADELARI**, s. m. (Palavra asiatica). Planta do Malabar da familia dos amarantos». Domingos Vieira. A palavra vem mencionada por Rheede como nome malaiala de *Achiranthes aspera*, Linn. «Radia cathartica est», diz êle; «trita et butyro decocta dysenteriae medetur; decoctum ex illa praeparatum stomachum confortat, flatus dissipat, flegmata corrigit, calculos vesicae infringit». — «Podem-se comer as folhas como hortaliça; sendo frescas, attribuem-se-lhes propriedades diureticas». D. G. Dalgado, *Flora*.

**CADI.** (ár. *qādī*). Juiz, entre os maometanos. Confunde-se às vezes, quanto ao significado, com *caciz*. Na India tambêm se diz *cagi*. O *cadi* julga todas as causas de direito civil, criminal e religioso, com apelação para o *mufti*.

1329. — «O **Cady** julga o que pertence aos negocios de justiça, e os outros negocios os mais do conselho, que são os Visires e Amires». — Ben-Batuta, *Viagens*, I, p. 322.

1553. — «Os quaes embaixadores vinhão em nome do **Cadij** do Cairo, que naquelle tempo representava em dignidade do pontificado dos Mouros o que erão os Califas da Arabia, que já não auião». — João de Barros, *Déc.* II, VIII, 6.

1539. — «Se o portuges for culpado o ouuidor dos portugeses o julgará e se o mouro for culpado o **cady** da justiça mamdará nele». — *Apud* Júlio Biker, *Collecção de Tratados*, I, p. 86.

1557. — «Este **Cadi** do Cairo he huma pessoa principal que ali está como *Caciz* maior de Méca, e confirma o Grão Soldão do Cairo quando o elegem». — *Commentarios*, IV, cap. 16.

1593. — «A outros [faz o Grão Turco] Berlebis, Chauses, **Cabdis**, que são como Corregedores, e justiças móres das Cidades». — Fr. Pantaleão de Aveiro, *Itinerario*, p. 13.

1609. — «Na qual ilha [de Taná, na India] estava uma cidade povoada de mouros e gentios vassallos do Soldão da Persia, cujo governador então era um mouro chamado Melique, e *cassis* maior outro chamado **Cadi**, o qual era como bispo dos mouros». — Fr. João dos Santos, *Ethiopia Oriental*, II, p. 78.

1612. — «Disto tudo se passarão instrumentos em lingoa Persa, assinados por Mir Mahamude, e pelo **Cadi**, lingoa, e mais pessoas principais». — Diogo do Couto, Déc. V, I, 12.

1615. — «Avisaram o povo da parte do Pandiane, a que os Arabios chamam **Cady**». — Pyrard de Laval, *Viagem*, I, p. 124.

1627. — «Ha tambem para o governo da terra dous juizes, a que chamam **Cadis**, um é justiça para os mouros, e outro para os turcos» (em Argel). — João C. Mascarenhas, *Hist. Tragico-maritima*, VIII, p. 79.

1750. — «Apresentou a parte testemunhas, que forão preguntadas de tal sorte em favor dos presos, que a alguns mandou arrancar as barbas por falsarios: entre ellas achou este castigo hum **cazi** da aldea». — *O Chronista de Tissuary*, II, p. 64.

1765. — «Ao **Cagy** de Pondá das suas propriedades que estão encorporadas na Fazenda Real...».—Joaquim Soares, *Doc. Comprobativos*, p. 132.

1580. — «Per suo gouerno haueua un Sangiaco Turco, e un **Cadi**, & è ripiena di molti huomini timorati». — Gaspar Balbi, *Viaggio*, fl. 8.

1610. — «There is a **kadi** with civil and criminal jurisdiction. The **kadi** of our time was said, by both Moors and Christians, to be not only an accomplished natural philosopher, but a most upright judge».—Pedro Teixeira, *The Travels*, p. 116.

1615. — «I **Cadi** sono Giudici, dei quali ue ne è vno in ogni Città, huomini dotti in legge non solo humana, ma anche diuina; e spetta a loro tutta quella giurisdittione, che frà noi a i Giudici, ò a i Prelati in Roma».—Pietra della Valle, *Viaggi*, I, p. 152.

1616. — «Le **Cadi** en Iuge fait emprisonner ceux qui doiuent, lorsqu'ils se sont obligés par écrit». — Terry, *Voyage*, p. 27.

1620. — «Leur **Cady** ou Euesque avoit predit ce tremblement il y a quatre ou cinq jours, et qu'il viendroit sur la pleine Lune, comme de fait il y est survenu». — Général Beaulieu, *Mémoires*, p. 57.

1663. — «Il assiste régulièrement une fois par semaine accompagné de ses deux premiers **kadis** ou chefs de justice». — Bernier, *Voyages*, II, p. 37.

1666. — «Il y a à Sourat... un **Cady** qui est établi pour les Loix, à qui on a recours en cas de contestation».—Thevenot, *Voyages*, III, p. 56.

1673. — «As for their Law-disputes, they are soon ended; the Governor hearing, and the **Cadi** or Judge determining every morning». — Fryer, *East India*, I, p. 93.

1676. — «Les **Cadis** sont au dessous des *Mollahs* et doivent avoir connaissance des loix et de coûtumes du païs».—Tavernier, *Voyages*, II, VI, p. 40.

1770. — «Les affaires civiles étoient du ressort du **Cadi**». — Raynal, *Histoire*, II, p. 70.

**CADUCA** (conc. *kadūk*). Brinco de orelha da mulher hindu, no Concão e Malabar.

1874. — «... outras com *carabans* ou cravos engastados de rubís e perolas, outras com pingentes de ouro e **caducas**». — Tomás Ribeiro, *Jornadas*, II, p. 104.

1786. — «Le gioje che prende la sposa dopo che è vestita sono... **Cadacam**, una senaniglia d'oro dal gomito in giù».—Fra Paolino, *Viaggio*, p. 206.

**CAFARRO.** Portagem na Palestina.
**CAFARREIRO.** Cobrador da portagem. Do ár. *khafra*, «protecção».

1529. — «Achamos huma casa, ou choça feyta de madeyra, cuberta de rama de palmeyras: em que estauão Mouros que arrecadão tributo de todo o judeo, e Christão que por alli passa: que elles chamão **Gafar** (*sic*), que valerá de cada cabeça este tributo vinte, e quatro, ou vinte, e cinco reis». — António Tenreiro, *Itinerario*, c. 46.

1593. — «... por me dizerem os almocreves, que haviamos de passar por hum lugar, donde se pagava **cafarro**, que he hum direyto cómo portagem em Portugal, e alcavala em Castella». — «... passado aquelle tão aspero encontro ficando os **cafarreiros** feridos, e sem **cafarro**». — Fr. Pantaleão de Aveiro, *Itinerario*, pp. 434 e 435.

1615. — «Haueuamo di più due, ò tre di loro, che chiamano **Cafari** ò guide: huomini tra la natione di rispetto, che mostrano, e assecurano la strada». — Pietro della Valle, *Viaggi*, I, p. 276.

1660. — «**Cafar.** Gabella, Dogana, ò datio de' soli Christiani». — Mgr. Sebastiani, *Seconda Spedizione*, p. 148.

**CAFATAR.** Feiticeiro asiático, que se supunha matar homens só com a vista e devorar-lhes invisívelmente os corações. Fr. José de Moura declara não conhecer palavra arábica com semelhante sentido. O termo aparece empregado na zona da influência da língua pérsica. É de presumir que o seu étimo seja o persa *kaftār*, que significa «hiena», mas que podia designar metafóricamente indivíduos tão ferinos.

1343. — «Ha delles [dos *jogues*] quem olha para hum homem, o qual por causa da sua vista cahe morto. O vulgo diz: quando he morto pela vista, e se divide pelo peito, e se achava sem coração que elle o comera. A maior parte destes feiticeiros são mulheres, e o que faz isto, chama-se **Kaftan**». — Ben-Batuta, *Viagens*, II, p. 221. «*Kaftan* não se encontra nos dicionarios, nem eu já mais o ouvi pronunciar, nem o li senão agora com a significação de feiticeiro, que aqui lhe dá o viajante; ainda que os Marroquinos dão este nome ao casaco vulgarmente». — O tradutor.

1608. — «He cousa averiguada por muy certa, haver entre aquelles Mouros hum genero de gente a que chamam **cafatares**, que matão os seus inimigos com os olhos... E he cousa de notar, que confessam os mesmos **Cafatares** que desejando matar por aquelle modo alguns Christãos, nunca o poderão effeituar». — Fr. António de Gouveia, *Relaçam da Persia*, fl. 130.

**CAFÉ**, *Caffea Arabica*, Linn. Dá-se comummente por étimo o ár. *qahua*, que originàriamente significava «vinho», e que depois foi apropriado à «infusão de café», sendo *bunn* o nome do fruto. É todavia provável que o verdadeiro étimo seja o nome geográfico *Kaffa*, na Abissínia, primitiva vivenda da planta. O conhecimento e o uso do café propagaram-se à Europa por via da Turquia, que já tinha uma casa de café em Constantinopla em 1554 e que emprega o vocábulo *kaphe*. V. *Glossario Anglo-Indiano* e *Influência do Vocabulário Português*.

1663. — «... a semente do **caoe**, que dizem ser a mesma que a do chocolate, a qual se bebe por toda a Turquia, e Mourama depois de torrada, moida e cozida em agua, e serve de vinho aos mahometanos, os quaes a acreditam de confortadora dos estomagos». — P. Manuel Godinho, *Relação*, p. 68.

1721. — «Vinha de Moca no mar Roxo carregado de **caffé**». — D. João Barbosa, *Epitome da Vida*, p 59.

1782. — «Ha outra planta, que podia dar bom, seguro e crescente rendimento ao senhor de uma fazenda... que é o **café**, pela grande estimação e gosto que fazem d'elle as nações europeas e mouros». — Fr. Clemente da Ressurreição, *Tratado*, II, p. 315.

1610.—«Hay otra manera de beuida muy vzada por toda Turquia, Arabia, Persia y Surya dicha **Caôah**, es vna semiente, muy semejante à pequeñas hauillas sequas, trahese de Arabia, cuezese en casas para ello deputados». — Pedro Teixeira, *Relaciones*, p. 19.

1614. — «Chi la vuol più delicata, insieme con la poluere del **Cahue**, mette anche nell' acqua buona quantità di zucchero, con canella, e qualche poco di garofani, e riesce all' hora di sabor quentissimo, è cosa di sostanza». — Pietro della Valle, *Viaggi*, I, p. 99.

1616. — «Ceux-là se seruent d'vne liqueur qui est plus saine qu'elle n'est plaisante à boire. Elle s'appelle parmi eux **Cahûa**, et est faite d'vne feve noirâtre que l'on fait bûillir dans de l'eau».—Terry, *Relation*.

1655. — «In vece di quello sorbiscono el **Caffè**, acqua bollente nera, cotta con la poluere di certe faue brugiate, che vengono dall' Arabia Felice, cosa molto salutifera, che risueglia dal sonno, & asciuga li catarri».—Fr. Vincenzo Maria, *Viaggio*, p. 50.

1666.—«Toute la Turquie généralement a besoin de **cauvé** qui lui vient de l'Hyeman ou Arabie heureuse, étant la boisson ordinaire des Turcs». — Bernier, *Voyages*, p 31.

1676. — «Le **Caffé** ne croit ni en Perse ni aux Indes; neanmoins puisque quelques vaisseaux Indiens se chargent à leur retour de la Mecque, je lui donnerai place ici entre nos drogues».—Tavernier, *Voyages*, III, p. 376.

1770. — «Le **caffier** vient originairement de la haute Ethiopie, où il a été connu de tems immémorial, où il est encore cultivé avec succès». — Raynal, *Histoire*, I, p. 280.

1786. — «Le piante del **Caffè** pigliano nei giardini e nei boschi» (do Malabar).— Fra Paolino, *Viaggio*, p. 116.

«**CAFETAN**, m. Túnica debruada de pelles, usada no Oriente, e que o sultão da Turquia offerece como destincção. (Fr. *cafetan*)». C. de Figueiredo. O fr. *cafetan* vem do turco *qaftān*, que deriva do persa *khaftān*, «camisola, roupão», o qual parece ser o étimo do mal. *kutong*, do qual procede o indo-port. *cotão*, q. v. Os nossos indianistas chamam *cabaia* à semelhante veste. V. Moura em *cafatar*.

1770. — «Les toiles blanches de Brozia [Baroche] si connues sous le nom de *baffetas*. Comme elles sont d'une finesse extrême, elles servent pour le **cafetan** d'été des Turcs et des Persans».—Raynal, *Histoire*, II, p. 23.

1824. — «Their dress was also completely Tartar, large boots with their trowsers stuffed into them, **caftans** girded round the waist, and little bonnets edged with black sheep's skin». — Heber, *Narrative*, I, p. 403.

**CÁFILA** (ár. *kāfila*). *Caravana* ou comboio de viajantes ou mercadores; (ant.) navios de carga que vão de conserva. O Cardeal Saraiva distingue os dois vocábulos do seguinte modo: «Parece que *caravana* se refere directamente á multidão de pessoas, que viajam em conserva para mutua defesa; e *cafila* á multidão de animais de carga, conduzidas por homens, que tem esse oficio, ou emprego». Mas ambos os termos significam o mesmo, e a diferença consiste nas suas procedências, sendo *cáfila* árabe e *caravana* (q. v.) persa. O vocábulo *cáfila* era conhecido em Portugal antes do século XVI.

1513. — «Em a dicta ylha de Canaquen, he gramde o trato com a terra firme, que vam **cafillas** a terra de hum rrey, que se chama Hajaya, o qual compra todas as mercadoryas que os mouros lhe leuão». — In *Cartas* de A. de Albuquerque, III, p. 368.

1552. — «E estes leuão e trazem suas mercadorias em **cafilas** de bois que carregão como azemolas, e em asnos, e em carretas». — Castanheda, *Historia*, II, cap. 35.

1563. — «Passarão a Turquia e se forão a Alexandria em modo de mercadores, em cuja companhia se meterão, servindo-os por soldados, com os quaes nas **cafilas** passarão a Meca». — Gaspar Correia, *Lendas*, I, p. 6.

1567. — «Acharam rasto de camellos, e caminhos trilhados, que davam sinal de seguida de **cafilas**, ou recouas». — Damião de Góis, *Chron. de D. Manuel*, p. 18.

1593. — «Depois que com a **cafila**, ou caravana nos ajuntámos, a qual hia tão de espaço, que os Turcos de cavallo, matárão duas, ou tres perdizes». — Fr. Pantaleão de Aveiro, *Itinerario*, p. 434.

1614. — Elegeu a Pedro da Silva de Menezes com sete navios para levar ás **cafilas**, o qual partio entrada de Janeiro, e foy visitando a costa do Canará, deixando por aquelles portos os navios de **cafila** pera carregarem de arroz». — Diogo do Couto, Déc. VIII, I, 1.

1624. — «Alguns dias estivemos esperando com determinação de passar na primeira **cafila**, porem neste meo tempo, tivemos avisos e sinais manifestos, que o Rajà de Siranagar nos mandaua represar». —António de Andrade, *Novo Descobrimento do Grão Cathayo*, fl. 7 *v*.

1635. — Mandava o visorei dom Henrique de Azevedo estas quatro embarcações para trazer uma **cafila** dos mantimentos». — António Bocarro, Déc. XIII.

1663. — «Desta cidade para a de Alepo vão cada anno duas caravanas ou **cafilas**».—P. Manuel Godinho, *Relação*, p. 163.

1728. — «Não cuidão senão de levarem e trazerem as **cafilas** daquelle verão».— *Archivo Port.-Oriental*, Suppl. II, p. 358.

1616. — «Este trafico é tal que duas ou tres vezes no anno vem trezentos ou quatrocentos navios juntos em conserva, a qual chamam **cafilas** de Cambaya, e se podem comparar com as caravanas de Alepo». — Pyrard de Laval, *Viagem*, II, p. 215.

«Era o tempo em que a grande frota, a que chamam **cafila**, hia de Surrate e Cambaya para Goa». — *Id.*, p. 233.

1589. — «Or la cause de ceste grande fréquence de Marchands à Ormuz est telle: Tous les ans il y a deux troupes qui font le chemin de terre. On les appelle **Caffiles** ou Caravanes».—Linschoten, *Histoire*, p. 15.

1617.—«On m'écriuit qu'il n'estoit point venu d'Indigo à cause que la Caravane ou **Caphila** de Goa auoit manqué de venir cette année». — Thomas Row, in *Rélations*, I, p. 55.

1623. — «Doveuano essere, ò di Portoghesi, ò di Mercanti Indiani, di qualche **Cafila**, come chiamano, cioè raunanza di vascelli, che facilmente veniua da Cambaia, ò altronde, per andare a Goa, ò in altro porto di là intorno». — Pietro della Valle, *Viaggi*, III, p. 14.

1660.—«**Cafila**. Truppa di Passaggieri, ò Flotta di Barche». — Mgr. Sebastiani, *Seconda Spedizione*, p. 148.

1675. — «Mientres la **Cafila** se detuvo en Cambaya, passò el a visitar la Fortaleza de Diu». — Faria y Sousa, *Asia Portuguesa*, III, p. 274.

**CAFRE**, s. m. e f. (tambêm *cafra*, registado por Bento Pereira). Preto, negro. *Kāfir* (pl. *kofra*), em árabe, significa «infiel, incrédulo», e designa qualquer indivíduo que não professa o islamismo [1]. Aplicado, entre outros, aos pagãos da África Oriental, os portugueses adoptaram-no, restringindo a sua significação, e transmitiram-no às outras nações europeias [2].

1516. — «Jas huũ muy grande regno de Benemetapa que he Gentio, ha que os Mouros chamam **Cafres**». — Duarte Barbosa, *Livro*, p. 234.

1534. — «Não ficarão mais que quatro homens portugueses, hum **cafre** os quaes

---

[1] «Que se lembrasse que aquelles Padres eram dos principaes inimigos da sua ley, mestres dos **Cafâres**, (assi chamão aos Christãos, que quer dizer gente sem ley». — Fr. António de Gouveia, *Relação da Persia*, fl. 216 *v*.

[2] «Applied by the Arabs to pagan negroes, adopted by the Portuguese, and from them by our countrymen». — Crooke, em Fryer, I, p. 62.

**morrerão nesta cadea».**—Cristóvão Vieira, *apud* Ferguson, *Letters*, p. 63.

1538. — «O primeiro lugar que foi tomado em nome do dito rei é Mazabig; é gente preta e se chamam **cafries**». — *Viaggio*, in *Bol. S. G. L.*, v, p. 547.

1541. — «As fontes, e allagoas, onde arrebenta, ou nace este Rio [Nilo] está nos termos, que apartão a terra dos Abexijs, ou Ethiopia, dos **Cafres** que morão ao sertão da terra, que vay de Melinde para Moçambique». — D. João de Castro, *Roteiro do Mar Roxo*, p. 63.

1542. — «Mal assombrados, de cabello crespo, e feito em grenhas a modo de **cafres**». — Fernão Pinto, *Peregrinação*, cap. 122.

1552. — «E por outro nome commum tambem chamão **Cafres**, que quer dizer gente sem lei, nome que elles dão a todo gentio idolatra, o qual nome de **Cafres** he já acerca de nós mui recebido pelos muitos escravos que temos desta gente». — João de Barros, Déc. I, VIII, 3.

1552. — «Appareceram nove **cafres** em um outeiro, e alli estariam duas horas, sem terem nenhuma fala comnosco». — *Hist. Tragico-maritima*, I, p. 25.

1563. — «O Mouro tinha aly hum gentio natural da terra, que conhecia de muitas vezes que vinha a Moçambique e possuia em sua casa um moço que falaua muito bem a lingua dos **Cafres**, que eram os naturaes da terra». — Gaspar Correia, *Lendas*, I, p. 96.

1572:

> «Verão os **Cafres** asperos e avaros
> Tirar á linda dama seus vestidos».
> Camões, *Lusiadas*, v, 47.

1577. — «Dizem os Mouros que sós elles conhecem a Deos, e todas as outras nações, que não guardam a ceita de Mafamede são idolatras, e a nós chamão **cafres**, que quer dizer infieis». — *Primor e Honra*, fl. 11.

1609. — «Esta **cafrinha**, filha de pais **cafres** pretos era tão alva, que até as pestanas dos olhos tinha brancas». —Fr. João dos Santos, *Ethiopia Oriental*, I, p. 97.

1611. — «O que os mata he fome, e lançarem-se as **Cafras**». — Diogo do Couto, *Dial. do Soldado Pratico*, p. 148.

1614.—«Não quizesse pelejar com aquelles **Cafares** (que assim nos chamam elles por desprezo, que tanto quer dizer como *Cafres*)». — *Id.*, VII, IX, 13.

1615. — «Negro ou negra da Guiné são os da banda occidental da Africa, os da banda oriental são na India egualmente conhecidos pelo nome de **Cafres**». —Pyrard de Laval, *Viagem*, II, p. 54.

1650. — «Aonde prantearam ao morto grande copia de **cafres**». — Bernardo Feio, *Hist. Tragico-maritima*, x, p. 144.

1699. — «De todas estas as **Cafras** provão bem, e são mais valentes, podem com mais trabalho, e são muito humildes». — Fr. Agostinho de Santa Maria, *Historia*, p. 359.

1726. — «Mandará logo restituir todos os **cafres** e **cafras**, e mais cativos de nossas terras». — André Ribeiro Coutinho, *Relação*, p. 33.

1889. — «Aos povos que habitavam estes paizes foi-lhes dado o nome de **cafres**, derivado de *kaffir* ou infiel, pelo qual os mouros estabelecidos na Costa designaram aos primeiros navegadores os naturaes do paiz, por não seguirem o alcorão». — A. P. Paiva e Pena, *Bol. S. G. L.*, IX, p. 352.

1586. — «La causa è perchè sono alla fine Negri e **Cafri**, che vuol dire uomini senza ragione». — F. Sassetti, *Lettere*, p. 277.

1589. — «Ceux qui avoient gagné terre furent accueillis d'autres difficultez estans tombez es mains de **Caffres** qui les despouillirent».—Linschoten, *Histoire*, p. 151.

1596. — «**Caphres** nobis visis passim succensis ignibus multos pro more fumos excitabant». — *India Orientalis*, III, p. 126.

1614. — «That knave Simon the **Caffro**, not what the writer took him for—he is a knave, and better lost than found». — Sainsbury, in *Glossary*.

1652. — «Ces **Caffres**, car c'est ainsi qu'on appelle les habitans de cette partie du monde» (Moçambique). — *Relations de la Chine*, p. 28.

1658. — «Vn Caualiero di Christo mi disse, che pochi giorni prima trouandosi a caccia, con quattro de' suoi **Caffari** (Schiaui Africani) s'incontrò d'vcciderne uno [gibóia], lungo cinquantacinque passi». — Fr. Vincenzo Maria, *Viaggio*, p. 416.

1660. — «**Cafre**. Huomo negro di Mozabico, Sofala, & altre Prouincie vicine». — Mgr. Sebastiani, *Seconda Spedizione*, p. 148.

1676. — «Ces **Cafres**, sont des peuples noirs qui viennent de plusieurs endroits de l'Afrique». — Tavernier, *Voyages*, III, p. 160.

**CAFRARIA.** País habitado por cafres; multidão de cafres.

1611. — «Puderão penetrar esse coração da **Cafraria** até a outra parte de Angola». — Diogo do Couto, *Dial. do Soldado Pratico*, p. 8.

1632. — «... situados na Ethiopia, que commummente chamamos **Cafraria**». — Fr. Luís de Sousa, *Hist. de S. Domingos*, III, p. 363.

1650. — «Passaram de mil *mucates* de milho, o melhor pão de toda a **cafraria**». — Bernardo Feio, *Hist. Tragico-maritima*, x, p. 129.

1667. — «São obrigados os senhores da terra a acudir com sua **cafraria** quando o capitão o mandar per seu serviço ao *chuambo*». —P. Manuel Barreto, in *Bol. S. G. L.*, IV, p. 38.

1782. — «A batata ingleza, de que já fallei, a qual e a farinha de páo podiam dar sustento para a innumeravel **cafraria**» (em Goa). — Fr. Clemente da Ressurreição, *Tratado*, II, p. 365.

1610. — «En la **Cafraria**, o tierra de los negros hazia la parte de Mosambique, se haze vino de mijo, que dizen *Huyenbe*, o, **Pembe**». —Pedro Teixeira, *Relaciones*, p. 17.

**CAFREAL.** Relativo aos cafres.

1831. — «Mandou o dito Tenente Coronel a Cuamue Atutume, ou solicitador, que assistio em todos os actos da dita negociação, relatasse officialmente segundo o estylo **cafreal** tudo que se tratou».—*Apud* Júlio Biker, *Collecção de Tratados*, XII, p. 80.

* **CAFRINHO.** V. *mundā*.

* **CAIDA** (ant.). Emolumento, direito, na Índia Portuguesa. Do ár. *qā'da*, «regra, lei», admitido em hindustani e outras línguas áricas.

1546. — «O alcaide do mar me dizem que leva mais das suas **caidas** do que tem por ordenança, das *tarradas* que hali vem de lenha». — D. João de Castro, in *Archivo*, V, p. 192.

1593. — «Não levará mais *lagimas* nem **caidas** nem percalços que os não tem». — Francisco Pais, *Regimento de Percalços*.

1620. — «... et pour les droits des Officiers de l'Alfandegue qu'ils appellent **Cayda**, nouuellement imposé à raison de diz pour cent de droits du Roy» (em Achêm). — Général Beaulieu, *Mémoires*, p. 70.

1590. — «Gli Hebrei, poi i Armeni, i Mori oltre gli undeci, per cento, pagano un'altro datio, che chiamano **Caida**, ch'è di tre altri per cento». — G. Balbi, *Viaggio*, fl. 52 *v*.

**CAIMAL** (**caimão**, p. us.; malaiala *kaimal*). *Naire* principal, «senhor de muitas terras e vassalos», conforme os nossos cronistas. Às vezes é simples tratamento, dado por classes inferiores a qualquer naire ou indivíduo da casta militar no Malabar [1].

1504. — «Mandou lla abaixo aaquele lugar a que chamam o palinhar, huum **caymal** seu, com obra de IIIC [300] homens». — Álvaro Vaz, in *Cartas* de A. de Albuquerque, III, p. 262.

1512. — «Porem se me V. A. segurar dos arrufos del rrey de cochim e de cananor, os quaees nam qerem ver esta paz [com o samorim], porque ficam **caimaees** de todo». — A. de Albuquerque, *Cartas*, I, p. 79.

1516. — «Loguo certos condes, ha que elles chamaom **Cahimal**, com ho que ha de ser principe, e com os outros erdeiros fazem juramento ha ho dito Rey... Nestes treze dias [de luto] em que estaom esperando por esta ceremonia, governa o regno huum **Cahimal**, que he como escripuam moor dele, ho qual cargo e dinidade he seu de juro». — Duarte Barbosa, *Livro*, p. 313.

1552. — «Mas ainda se lhe rebellarão muitos **caimaes** que entre elles são pessoas notaveis como acerca de nós senhores de terras de titulo». — João de Barros, Déc. I, VII, 7.

1552. — «Mandoulhe cometer pelo **Caymal** de Paluarte seu védor da fazenda». — Castanheda, *Historia*, III, cap. 38.

1557. — «Cumpria muito... despejar-se a Ilha de Cochym dalguns **Caimaes** (que são senhores principais do Reyno) que o Çamorim nella tinha com gente para a defender». — *Commentarios*, I, cap. 1.

1563. — «Estes **Caimaes** são senhores de terras e muytos vassalos, e nome de **Caimaes** são nomes de Condes». — Gaspar Correia, *Lendas*, I, p. 214.

1566. — «Estes [naires] por lei do Regno não podem casar, com tudo hos **Caimães** que são senhores ho podem fazer». — Damião de Góis, *Chron. de D. Manuel*, I, cap. 42.

1603. — «Chamão os Malauares **Caimaes** a senhores grandes de vassallos, isentos em seus gouernos como Reys, mas os mais tem consideraçam e liança, e certo modo de vassallagem com alguns dos Reys grandes, que elles estão obrigados a lhe acodir e os defender, e os **Caimaes** ajudarem os Reys em suas guerras».—Fr. António de Gouveia, *Jornada*, fl. 270.

1613. — «Neste districto que digo, ha cincoenta e nove senhores absolutos, entre Reis e **Caimães**». — P. Manuel Barradas, *Hist. Tragico-maritima*, II, p. 122.

1614. — «Abalou de sua casa com quarenta mil Naires, que tambem se estendérão em fileiras, por cujo meyo elle foy passando acompanhado de seus Regedores, **Caimaes**, e *Penicaes*, e apar delles vinhão os Bragmanes, que são os ministros de suas seitas».—Diogo do Couto, Déc. VII, x, 9.

1632. — «... depois que se comprarão a elRey de Cochim e aos **Caymais** do Vaipim, e a outros possuidores as partes que nella tinhão». — Fr. Luís de Sousa, *Hist. de S. Domingos*, III, p. 360.

1634:

> «Tal resistida a Lusitana gente
> Rompe com furia, Naires derrubando,
> A quem tomando daquella ilha as portas,
> Ficarão seus Caimais prezos e mortos».
>
> Meneses, *Malaca Conquistada*, VI, 10.

[1] A title of rank amongst the Nairs, and used by the inferior classes when addressing them, as My lord, and the like». — Wilson.

1697. — «Trabalharão alguns dos mais poderosos **Caymays**, que são os senhores das terras, e titulares do Reyno».—P. Francisco de Sousa, *Oriente Conquistado*, I, I, 2.

1571.—«Postquam ad regiae vestibulum peruentum est, dynastae, quos illi **caimaes** appellant, Gamae obviam prodiere». — Jerónimo Osório, *De Rebus*, I, p. 119.

1578. — «. . . diziendo me que supiesse, que aquel Gentilico era adeuino de vn capitan de aquella tierra, a que elles llaman **Caymal**». — Cristóvão da Costa, *Tractado*, p. 238.

1588. — «Questi [samorim] hà quattro ordini di huomini nel suo regno, Satrapi, e segnori, che volgarmente chiamano **Caimali**». — P. Maffei, *Le Istorie*, p. 47.

1666. — «Vasco de Silveira se oposo con mucho animo al furor de los barbaros, haziendo dexar la vida a dos de los de mais cuenta, y a que por sus cargos llaman **Caymalles**». —Faria e Sousa, *Asia Portuguesa*, I, p. 129.

*** CAIQUIÒ** (jap. *kaikyō*). Supremo juiz japonês.

1569.— «O **Caiquiò**, que he como ouuidor geral do Miáco, tinha já por rool ás portas colchões de palha».—P. Luís Fróis, *Cartas de Japão*, I, fl. 259 *v*.

**CAIRO.** Mesocarpo ou fibra de casca de côco, corda dessa fibra. Do malaiala-tam. *kayuṛu* «corda». O termo passou para outras línguas europeias: ingl. *coir*, franc. *caire*.

O cairo era largamente usado nas nossas antigas armadas para cabos e calafetagem, e os nossos historiadores exaltam a sua superioridade, proveniente da sua elasticidade e incorrutibilidade na água. O maior centro produtor e fornecedor para as armadas eram as ilhas Maldivas. Também no Malabar há muitas fábricas e grande exportação para Bombaim.

1346. — «Tambem transportão dellas os vasos de cobre, porque tem muito, as conchas marinas, e o *alcanbau* [1], que são as fibras do cocco, que elles curtem em covas, batem-nas depois com os maços, fião-nas depois as mulheres, e dellas fabricão cordas para a cosedura dos navios, e as transportão para a India, China e Arabia feliz, que são melhores do que o canamo».—Ben-Batuta, *Viagens*, p. 270.

1502. — «Hião de huma ilha para Cananor, a tomar carga segundo disserão, e levavão **Cairo** e inhame». — Tomé Lopes, *Navegação*, cap. 7.

1508. — «Temos cordoaria com todos os seus petrechos, e **cairo** em abastança».—*Carta* de D. Francisco de Almeida, in *Lendas*, I, p. 915.

1512. — «Não ousava ho feitor de cananor mandar **cairo** nem mantimentos em *pagueres* e *paraos* a cochim, que loguo não fossem tomadas». — Afonso de Albuquerque, *Cartas*, I, p. 44.

1516. — «Damlho ha troquo de **cairo**, que he hum fio para fazer calabres e cordoalha, que se faz de casquas de quoquos». — Duarte Barbosa, *Livro*, p. 295.

1520. — «As ffeitorias seeriam fartas, e Vosa Alteza servjdo, porque ssempre tyve deposyto mill *barres* de **cairo** nas jlhas». — *Alguns Doc. da Torre do Tombo*, p. 451.

1545. — «. . . e ao pescoço huma corda de **cayro** muito velha para assi com ella se entregar a el Rey». — Fernão Pinto, *Peregrinação*, cap. 150.

1552. — «Ha muytas palmeiras [nas Maldivas] que dão coquos de cujas cascas se faz ho **cayro**, que he boa mercadoria para toda a India, em que fazem dela a cordoalha que se nella gasta, assim pera naos e nauios como pera outras cousas». — Castanheda, *Historia*, IV, cap. 35.

1563. — «Seruem-se mais deste **cairo** em lugar de pregadura, porque como tem esta virtude de reuerdecer, e engrossar no mar, cosem com elles o tauoado do costado das naos, e tem-as por mais seguros». — João de Barros, Déc. III, III, 7.

«Da primeira casca que o [côco] cobre, se faz o **cairo**, que dissemos ser tão commum e necessario para a nauegação de todo aquelle Oriente, depois que o curtem, mação e fião, à maneira de linho canhamo». —*Id., ibid.*

1563. — «A primeira he muito lanuginosa e desta se faz **cairo**, que assi he chamado dos Malavares e de nós». — Garcia da Orta, Col. XVI.

1563. — «Fizerão amarras de **cairo**, que he fio que os da terra fazem das cascas que os cocos tem por cima, que he em tanta avondança, que em toda a India se nom seruem d'outro fio nas enxarcias, e amarras, que são brandas e dão de si, pelo

[1] A tradução do Glossário Anglo-indiano tem *kambar* que parece mais correcto, porque Albiruni também dá *qanbār*. O tradutor português, depois de dizer no texto (pág. 273) que «a obrigação principal destas mulheres alugadas (ou concertadas) he a fiação do ambar», nota: «Eu sempre estava persuadido, que o Ambar era certa materia cheirosa; e segundo Gigeo he o escremento de hum animal maritimo: e sendo assim como he possivel fiar-se, como se diz no texto? he provavel ser erro». Não há nenhum êrro; faltou *q* inicial de *qanbar* no texto ou na tradução.

que são de melhor tença que os nossos cabres, e com a agoa do mar são mais fortes». — Gaspar Correia, *Lendas*, I, p. 61.

1566. — «Grande trato dà cordoalha, a que chamam **cairo**, feitas das cascas dos cocos, fructo que dão as palmeiras».—Damião de Góis, *Chron. de D. Manuel*, IV, cap. 27.

1603. — «Do **cayro** que cerca o coco entre a primeyra casca que he branda, e a segunda que he muito dura se faz toda a sorte de cordoalha». — Fr. António de Gouveia, *Jornada*, fl. 62 *v*.

1609. — «Das cascas de fóra destes cocos, a que chamam **cairo**, se fazem cordas... e d'estes fios fazem todo o genero de cordas, que servem na India, as quaes são muito fortes, chamam-lhes cordas de **cairo**». — Fr. João dos Santos, *Ethiopia Oriental*, I, p. 299.

1613. — «O bispo de Cochim me escreveu que, tendo elle edificado quasi de novo o hospital d'aquella cidade, e o viso-rey Ayres de Saldanha applicado a elle os terços do **cairo** que el-rey das Ilhas [Maldivas] me paga de pareas...». — *Carta Régia*, in *Documentos da India*, II, p. 363.

1615. — «Recebendo em troca da sua fazenda côcos, e cordas de fios de côco a que chamam **cairo**». — Pyrard de Laval, *Viagem*, I, p. 238.

1694. — «A cama em que se encostava, era hum catre precintado de cordas de **cairo**; que são os entre costos do coco». — P. António Vieira, *Xavier Dormindo*, p. 101.

1697. — «Havia mais hũm catre percintado do **cayro**, isto he, de cordas tecidas da estopa das cascas dos cocos mollificadas em agua, e depois batidas ao maço».— P. Francisco de Sousa, *Oriente Conquistado*, I, III, 1.

1578. — «A este Tomento llaman los Nayres **Cayro**, del qual se siruen mucho en aquellas partes». — Cristóvão da Costa, *Tractado*, p. 103.

1589. — «Il ne s'y [nas Maldivas] trouve rien de singulier sinon des noix d'Inde qu'ils appellent *Cocos* et l'escorce des noix qu'ils appellent **cairos**, dont ils font des chables, comme par deçà on les font de chanvre». — Linschoten, *Histoire*, p. 25.

1620. — «Les planches de ces petits bastimens estoient cousuës les vnes aux autres avec du **Cairo**». — Methold, *Relations*, I, p. 12.

1652. — Et cette poulpe ou chair qu'elle enferme, se change en vn tissu, que les Portugais appellent **Cairo**». — *Relations de la Chine*, p. 18.

1673. — «They [em Surrate] have not only the **Cair**-yarn made of the Cocoe for cordage, but good Flax and Hemp». — Fryer, *East India*, I, p. 302.

1658. — «Questa serue primeiramente di legna, e mantiene longo tempo il fuoco, perchè arde come vn miccio; mà posta à marcire sotto l'acqua si sfila in stoppa, che chiamano **Cairo**, con quale formano le corde, non solo d'vso ordinario, mà ancora ne tuorciono gomene molto grosse per le prouisione de' Vascelli, non meno forti che le nostre, benchè più difficili da maneggiare». — Fr. Vincenzo Maria, *Viaggio*, p. 359.

1770. — «Le **kaire** est l'écorce du cocotier, dont on fait des cables qui servent à la navigation dans l'Inde. Nulle part il n'est aussi beau, aussi abondant qu'aux Maldives». — Raynal, *Histoire*, I, p. 299.

1823.—«... which consists of cowries, dried fish, coco-nut oil, and the **coir** or twine made from the fibres of the same useful tree». — Heber, *Narrative*, I, p. 42.

1908. — «The word *coir* did not come into the English language until the eighteenth century. It is doubtless an Anglicised version through Portuguese word **cairo** of the Malayal verb *káyáru* = to be twisted». — Watt, *The Commercial Products*, p. 355.

* **CAITOCA** (conc. *kūytak*). Mosquete raiado, comprido e com vareta de ferro, usado pelos maratas das Novas Conquistas. Tem aneis no cano indicando o número de homens ou feras mortas, como testemunho da valentia do seu possuídor. O vocábulo não aparece nos dicionários maratas. V. *zuranti*.

1726. — «Forão para outro [lugar] mais coberto na margem do rio dar algumas descargas de **caytocas** sobre os baloens dos particulares». — André Ribeiro Coutinho, *Relação*, p. 6.

1741. — «Deu o Forte a primeira descarga das suas **caitocas**, que são humas espingardas mais compridas do que as nossas, com varetas de ferro para meterem a bala com força, e se lhes dá fogo não com pederneira, mas com morrão». — D. José Barbosa, *Epitome da Vida*, p. 78.

1752. — «E assim consegui desembarcar as tropas sem mais opposição, que a de alguns tiros de **caitoca** entre os nossos sipais, e os dos inimigos».—*Apud* Eduardo Balsemão, *Os Portuguezes no Oriente*, III, p. 178.

1842.—«Usam [os sipais] de **caitocas**, terçados, e punhaes». — *Annaes Maritimos*, p. 198.

1863. — «Já hoje centenas de naturaes, que viviam do zuranty e da **caitoca** (armas de fogo), se occupam no serviço de rendeiros».—Lopes Mendes, *apud* Oliveira Mascarenhas, *Atravez dos Mares*, p. 198.

1886. — «As armas de que fazem uso são a *tarvar* ou espada, o *zuranty*, **caitoca**, *tubaca* e *bonduc*, armas de fogo fabricadas no paiz». — Lopes Mendes, *A India Portegueza*, II, p. 138.

1898. — «... arcabuz ou **kaitoca** chineza, ainda usado em parte do exercito chino». — *Ta-ssi-yang-kuó*, p. 582.

* **CAITOCARIA.** Multidão de *caitocas*, mosquetaria, espingardaria.

1726. — «Mas como os portugueses guardavão os tiros para occasião segura, empregarão nos primeyros toda a artelharia, e **caytocaria,** com que lhe fizerão, não só huma grande mortandade, mas o proposito de toda a desistencia». — André R. Coutinho, *Relação*, p. 30.

1782. — «Alguma gente do inimigo se poz em defensa, disputando com fogo de **caitocaria** a marcha e entrada delle». — *Apud* Júlio Biker, *Collecção de Tratados*, VIII, p. 172.

* **CAIULAQUE** (s. m.). *Myristica iners*, conforme Crawfurd. A sua madeira é vermelha e usa-se por incenso. Exporta-se grande quantidade da Malásia para a China. Do mal. *káyu*, «árvore», e *laka*, relacionado com *lacre*, designação específica.

1569. — «E estando eu em Cantam se fez hũ [leito] muito rico lavrado de marfim e de hũ pao cheiroso, que chamam **Cayolaã,** e de sandalo». — Fr. Gaspar da Cruz, *Tratado da China*, cap. 11.

1684. — «Marfim, **Cayolac,** *Tafuci*, Beyjoim, e Chumbo de Camboja». — P. Fernão de Queiroz, *Hist. de Pedro de Basto*, II, V.

**CAIXA** (mais usado), **caxa, caxe.** Nome de uma moeda de cobre de pequeníssimo valor, corrente outrora na Índia austral. Os portugueses aplicaram-no à moeda miúda de outros países, como Malásia, China e Japão. Conforme António Nunes, uma *caixa* de Maluco vale $\frac{3}{10}$ do rial e a de Sunda $\frac{3}{5}$. Diogo do Couto também menciona *caixas de ouro* com relação a Maluco. O étimo é o dravídico *kāsu*, derivado do sânsc. *karṣa*, «pêso de prata ou ouro». Indo-ingl. *cash*, indo-fr. *cache*. V. *Glossary*.

1510. — «Ora nom nos tomando na terra os cruzados ora nom nos dando florins, **caxas,** ja nunca as hy pode auer, non nos pode mjnjstrar justiça». — In *Cartas* de A. de Albuquerque, IV, p. 58.

1511. — «Item: de **caxas** da moeda da terra, de cobre, que vieram feitas de Portugal, e ca nam valem nada, hum quintal, tres arrobas, e quinze arrates». — *Ibid.*, III, p. 25.

1522. — «Os quaes saquos [de pimenta] hão de ser dos acostumados da terra, que pesa cada saquo dez mill sejscentas **caixas** da Java, que fazem os ditos mill saquos cento e sesenta *baares*». — *Alguns Doc. da Torre do Tombo*, p. 461.

1532. — «... e venderem os portugueses muitas roupas e mercadorias que levavam a **caixas** moeda da terra» (em Sunda, na Malásia). — *Apud* Júlio Biker, *Collecção de Tratados*, I, p. 55.

1541. — «Á entrada desta porta estavão doze homens com alabardas, e dous escrivães assentados a huma menza que escrevião todo o genero de pessoa aos quaes se davão duas **caixas,** que são tres reis da nossa moeda». — Fernão Pinto, *Peregrinação*, cap. 109.

1552. — «Fez seu caminho para a ilha de Borneo, que assi leuaua por regimento de Nuno da Cunha para tomar has **caixas,** que sam hum genero de moeda que serue em Maluco». — Castanheda, *Historia*, VIII, cap. 21.

1554. — «E se faz conta de 1000 **caixas** hum pardao, de 300 reis o pardao... E na terra [Maluco] ha algũas **caixas** que vem de Jaoa, que são de cobre, mayores que ceitis, furadas pelo meio». — António Nunes, *Lyvro dos Pesos*, p. 41.

1557. — «A qual moeda mandou lavrar tanto que chegou a Malaca, e poz-lhe nome **Caixes,** que são como os nossos ceitis, e cento delles valiam hum *Calaim*, e cada calaim valia por lei posta onze reis, e quatro ceitis». — *Commentarios*, III, c. 17.

1561. — «... cada hum da hũa **caxa,** moeda que val dous r̃s.». — *Cartas de Japão*, I, fl. 780.

1563. — «Hũa moeda de cobre do tamanho dos nossos ceitijs... á qual moeda elles chamam **caixas,** de que mil duzentas fazem ora em nossos tempos hum cruzado em valia». — João de Barros, Déc. III, V, 5.

1563. — «Rapão a cabeça por huma só moeda de cobre a que chamão **caixa».** — Gaspar Correia, *Lendas*, IV, p. 301.

1565. — «Ao que faz as exequias com a tocha dão cinco, ou dez, ou vinte cruzados, e a cada Bonzo, ou cruzado em prata, ou **caxas** que ha nesta terra a maneira de ceitis furados, mas cento valem passante de hum tostão». — *Cartas de Japão*, I, fl. 176.

1566. — «Fez moeda nova destanho... a que pôs nome *dinheiros*, de que hum valia dous **caxes,** que era a moeda que então corria na terra». — Damião de Góis, *Chron. de D. Manuel*, III, cap. 17.

1577. — «Trouxemos de presente vinte mil **caixas,** que são moedas de cobre que correm pela feira, das quaes mil valem tres cruzados». — *Cartas de Japão*, I, fl. 388 *v.*

1569. — «Hum *condorim* tem dez **caixas,** que são moedas de cobre, e hũ *maz* tem cem **caixas».** — Fr. Gaspar da Cruz, *Tratado da China*, cap. 11.

1593. — «De cada navio que sae deste

porto despachado da alfandega ou mandovim tem hũ **caxi** de pilotaria e chapa que se põe». — Francisco Pais, *Regimento de Percalços*.

1600. — «Pediam [no Japão] cem mil **caixas**, que montam seiscentos cruzados da nossa moeda». — P. João Lucena, *Historia*, VIII, cap. 24.

1602. — «Em todas aquellas partes [da Malásia] não corria outra moeda se não cruzados e **caixas** (que he moeda de cobre meuda, como os nossos reaes, de que trezentos e sessenta fazem hum cruzado)». — Diogo do Couto, Déc. IV, VIII, 12.

«Chegou huma costa de sagu biscoutado, que parecia hum ladrilho de tijolo, a valer huma **caixa de ouro**, que era mais de hum cruzado». — *Id.*, Déc. VIII, I, 29.

1745. — «E contam [os chineses] outro dinheiro imaginario, pois não existe, a que chamão **caixa**, dando-lhe o valor de um real completo». — In *Ta-ssi-yang-kuó*, II, IV, 5.

1843. — «A **cacha** é a unica moeda effectiva, que existe no imperio [chinês]: he composta de seis partes de cobre, e quatro de estanho». — José Inácio de Andrade, *Cartas*, II, p. 11.

1891. — «A **caixa** era uma moeda infima, de cobre, e que os nossos escriptores dizem vir de Java, mas que é provavelmente de origem chineza». — Conde de Ficalho, Col. XXV.

1895. — «Cada *condorim* [tem] dez **cachas**. Cada **cacha** devia corresponder a uma *sapeca*, mas não corresponde exactamente». — Conde de Arnoso, *Jornadas pelo Mundo*, p. 339.

1900. — «O *tael*... é dividido (em peso) em 10 *mazes;* o maz em 10 *condorins* e o condorim em 10 **caixas**, que, em moeda, corresponde ás *sapecas*». — *Ta-ssi-yang-kuó*.

1510. — «Ha moneta di rame detta **cas**: e sedeci di queste valeno per vn *fanom*, che venirà vn **cas** ad esser circa vn quattrino d'Italia». — Barthema, *apud* Ramúsio, I, fl. 159.

1582. — «Dieci di essi danari [*dinheiro*] fanno vna **cazza**... Detta è vna moneta di stagno... e due di esse **cazze** fanno vn *calim* pur di stagno». — G. Balbi, *Viaggio*, fl. 131 *v.*

1589. — «À Sinda il n'y a autre sorte de monnoye que de **Caixas** de cuiure, de la grandeur des deutes de Hollande, mais plus menues, percées au milieu pour y faire passer une cordolette et y ioindre deux cents ou mille, afin de faire un neste conte». — Linschoten, *Histoire*, p. 35.

1600. — «Those [coins] of Lead are called **caxas**, whereof 1600 make one mas». — John Davis, in *Glossary*.

1606. — «Pro singulis Regalibus **Caxas** 3500 recepimus, vt minoris monetae nulla nobis post penuria esset». — *India Orientalis*, III, p. 79.

1640. — «Les **cassies** à la vérité ont esté autrefois de differente valeur dans les Provinces differentes; mais l'Empereur les a fait refondre et a fait faire vne nouvelle monnoye de **cassies** de cuiure qui courrent partout». — *Relation du Japon*, p. 28.

1754. — «**Casie** ou **Cassie**, petite monnoye du Japon, qui vaut communement un peu plus qu'un de nos deniers». — P. de Charlevoix, *Histoire du Japon*, I, p. 35.

1782. — «Ils [chineses] n'ont qu'une seule monnoie de mauvais cuivre, qu'on appelle **Cacha;** elle offre un trou carré dans le milieu, qui sert à l'enfiler». — Sonnerat, *Voyages*, II, p. 36.

1786. — «**Kaiola** è un peso di quattro Kalangia». — Fra Paolino, *Viaggio*, p. 51.

1824. — «There have been undoubtedly more words brought into our language, from the East than I use to suspect. **Cash**, which here means snall money, is one of these». — Heber, *Narrative*, I, p. 77.

1825. — «La perte n'en sera pas considérable, pour deux **caches** (deux liards) je pourrai m'en procurer un autre». — P. Dubois, *Mœurs*, I, p. 400.

1914. — «In China, the only Coins in use a British, Hong Kong, or Mexican silver dollar, and a native coin called **cash** (made of copper, iron and tin, about 25 of which are only worth a penny». — *Drieberg, Year Book of the C. A. S.*, p. 21.

**CAJEPUTE** (s. m.). Aparece o termo em alguns dicionários como nome duma árvore das Malucas e do óleo que se extrai das suas fôlhas. Mas o étimo mal. *káyu-pútih* significa simplesmente «pau branco»; e o óleo é destilado das fôlhas de seis diferentes árvores, principalmente de *Malaleuca leucadendron*, Linn., que habita em quási toda a Malásia. Yule entende por *cajeput* «óleo essencial fragrante, produzido especialmente em Celebes e na vizinha ilha de Bouro». Emprega-se externamente e, nos casos de cólera, também internamente.

**CAJU**. Fruto de **CAJUEIRO**, *Anacardium Occidentale*, Linn., segundo Maont, originário das Antilhas, introduzido na Índia pelos portugueses e hoje perfeitamente naturalizado. **CAJUAL**, mata de cajueiros. O Conde de Ficalho observa que Garcia da Orta não faz menção da árvore, porque não era então cultivada em Goa, mas menciona-a no Malabar o botânico Cristóvão da Costa. O vocábulo é brasileiro, *acaju* em tupi.

O cajueiro é, das plantas introduzidas pelos portugueses, a da maior utilidade e da maior receita pública. Quanto aos usos e aplicações, vid. Bernardo Francisco da Costa, II, p. 137.

1745. — «Tambem semeião [os chineses]... o milho, alguma sevada, que ou junto ou disparado de Marmellos, **Cajús**, e Canas de assucar lhe servem para fazerem esquipaticas bebidas». — In *Ta-ssi-yang-kuó*, II, III, 3.

1782. — É o *cajueiro* da sua natureza quente, e por isso attrahe a si toda a humidade: é fazenda de muita utilidade, não só pelo gosto do seu fructo; mas tambem pelo rendimento, que dá o excellente vinho, que d'elle se estilla, e até lucro do seu caroço». — Fr. Clemente da Ressurreição, *Tratado*, II, p. 310.

1842. — «O gergelim de que se extrahe azeite; e o vinho que se faz do **cajú**». — *Annaes Maritimos*, p. 269.

1873. — «Estas plantações chamam-se **cajuaes**, e ahi não se encontram em regra quaesquer outras especies». — Bernardo da Costa, *Manual do Agricultor*, I, p. 173.

1873. — «São varzeas, terrenos de legumes, marinhas, palmares e **cajuaes** (onde os ha)». — F. N. Xavier (filho), *Collecção de Leis*, p. 171.

1878:

> «Entremos no bosque sombroso...
> Quanto cajueiro espesso!».
>
> Tomás Ribeiro, *A Indiana*, p. 59.

1877. — «Uma das principaes industrias dos habitantes da villa [de Inhambane] é a distillação de aguardente de canna e de **cajú**, que tem enorme consumo nas terras da corôa». — Caldas Xavier, *Bol. S. G. L.*, II, p. 485.

1885. — «O **cajueiro**, o cajazeiro, a que ali chamamos guegue». — A F. Nogueira, *A Ilha de S. Thomé, ibid.*, v, p. 408.

1886. — «Com relação aos **cajueiros** está calculado que o sumo dos **cajús** d'esta provincia [Bardês] produz annualmente 258:614 gallões imperiaes, dos quaes 240:585 são empregados na distillação). — Lopes Mendes, *A India Portugueza*, p. 221.

«O **cajueiro** tambem fornece uma goma assaz abundante, de que se fazem as manilhas, e que poderia substituir a gomma arabica». — *Id.*, II, p. 140.

1892. — «E este lançamento, além de aggravar o coqueiro e o cajuri, aggravou tambem os **cajuaes**... A producção média do espirito de **cajú**, antes do Tratado, elevava-se a 500:000 galões imperiaes de 60° abaixo da prova». — Cristóvão Pinto, *Estudos*, pp. 42 e 43.



1904. — «Caroços de **cajú**, a mão 1/2 tanga». — Ernesto Fernandes, *Regimen do Sal*, etc., *Bol. S. G. L.*, XXIII p. 284.

1909. — «Dada a sua grande força de vegetação, o **cajueiro** é das arvores que tambem só veem o seu proprietario de anno em anno». — Manuel F. Vargas, *ibid.*, XXVII, p. 430.

1911. — «Onde se encontram numerosos e bons exemplares de mangueiras, **cajueiros**, e brindoeiros». — J. E. Castel Branco, *ibid.*, XXIX, p. 358.

1578. — «Da este arbol vn fructo llamado **Caiu** vulgarmente: el qual por ser muy estomacal, y sabroso es de todos los que veen muy estimado... Es este fructo tenido en mucha cuenta, e no se halla en todas las partes, y en la Ciudad Sancta Cruz de Cochin lo ay en muchos jardins y huertas». — Cristóvão da Costa, *Tractado*, p. 324.

1588. — «Vi [no Brasil] sono ancora certe pere nomate **Caius** salvatiche molto sugose, e sane, le quali nel cuore della state si mangiano con gran gusto, e nella più bassa parte della pera spunta vna certa faua, che hà la buccia amarissima, ma'l midollo è molto dolce, se si arrostisce, e la pera hà forza di rinfrescare, e la faua di riscaldare». — P. Maffei, *Le Istorie*, p. 61.

1585. — «I **Cagiu** o **Lagiu**, e Tamarindi, l'Ambale, e mille altri frutti». — F. Sassetti, *Lettere*, p. 270.

1623. — «Gustauo, dico, la Papaia, il **Casù**, ò **Cagiù**, il Giambò ò Iambò, la Manga, ouero Amba, e li Ananas». — Pietro della Valle, *Viaggio*, III, p. 103.

1652. — «Le **Kia-giu**, ou **Kagiu**, ne croit point dans la Chine, mais bien dans les pays qui autrefois en dependoient». — *Relation de la Chine*, p. 20.

1658. — «Omnibus fructibus poma silvestria, **Acajú** dicta, praeferunt, quod egregie succosa sint, et ad victum aeque ac potum sufficiant». — G. Piso, *Indiae Utriusque*, p. 12.

1658. — «Perfettionato, che questo è, spunta il **Cagiu**, che in pochissimi giorni tanto s'augmenta, e cresce, che gionge alla grandezza, e forma d'vn pero ordinario, e quasi subito è maturo. Le sue qualità sono excessivamente calde, perciò prima di mangiarlo, lo pongono spartito in pezzetti nell' acqua, con che temprata la forza del sugo, misturando di quando in quando con il cibo, riesce profiteuole, e dà aiuto alla digestione». — Fr. Vincenzo Maria, *Viaggio*, p. 379.

1754. — «... le même qui s'appelle **Kajou** au Brésil, qui est de la grandeur d'un Grenadier». — P. Charlevoix, *Hist. du Japon*, I, p. 193.

1908. — «**Cashew-nuts** are imported into Bombay from Goa in very considerable quantities». — Watt, *The Commercial Products*, p. 66.

***CAJULÓ.** Aguardente de palmeira, duas vezes destilada, mais fraca do que *fenim,* três vezes destilado, e mais forte do que *urraca, sura* uma vez destilada. É muito usado em Goa. Do conc. *kāzuló,* que própriamente significa «pirilampo».

1886. — «O finim é o espirito alcoolico do coqueiro, o **cajuló** a aguardente ou primeiro producto da destilação da sura, e a urraca é uma porção de **cajuló** misturado com agua, e serve de bebida ordinaria á classe dos jornaleiros». — Lopes Mendes, *A India Portugueza,* p. 187.

1905. — «Aguardente fraca (urraca, valium e dobrado, a que se chama **cajuló**) de sura d'essas arvores». — Ernesto Fernandes, *Bol. S. G. L.,* XXIII, p. 222.

**CAJURI.** É uma espécie de palmeira. — *Phoenix silvestris,* Dalz. & Gibs. Faz-se vinho da seiva da árvore. Do marata-guz. *khajurī,* sânsc. *karjura,* «tâmara».

1613. — «Ha em Ceilão toda a sorte de palmeiras... as brancas de Tresolins, as **cajurins,** nipeiras». — P. Manuel Barradas, *Hist. Tragico-maritima,* II, p. 84.

1663. — «As fazendas constam de varzeas de arroz e muitos **cajuris,** que são como estas palmeiras de Portugal, mas mais baixas, de que se tira um licor para fazer vinho». — P. Manuel Godinho, *Relação,* p. 12.

1782. — «Vê-se outra, a que no Norte dão o nome de **cajuri,** e de que tiram excellente bebida por incisão, nutritiva, fresca, e que desembaraça as fezes». — Fr. Clemente da Ressurreição, *Tratado,* II, p. 340.

1873. — «Um **cajuri** visto de longe parece uma cabelleira elegante muito frisada... O fructo é como a tamara, uma baga ovada de côr alaranjada, andando por metade do volume da tamara e nascendo em abundantes cachos». — Bernardo da Costa, *Manual do Agricultor,* II, p. 233.

1900. — «Pagam por cem **cajuris** seis rupias e um quarto». — António F. Moniz, *Historia de Damão,* I, p. 202.

1892. — «O [numero] dos **cajuris** lavrados em Damão antes do Tratado era de 163:876». — Cristóvão Pinto, *Estudos,* p. 43.

1905. — «... obrigando-se a vender os vinhos nativos do **cajuri** (urraca, valium e dobrado) unicas especies de distilação então conhecidos» (em Damão). — Ernesto Fernandes, *Regimen do sal,* in *Bol. S. G. L.,* XXIII, p. 220.

1905. — «O **cajuri** é uma outra arvore que tem especial consagração e alta cotação por todo o Guzarate, que é sua patria. Como a palmeira em Goa, o **cajuri** é considerado divindade tutelar do campo». — *Id., India Portugueza,* p. 248.

1911. — «... valor do imposto de lavra de **cajuris** para extracção de *sura* (seiva), cuja fermentação dá tambem uma bebida alcoolica». — J. E. Castel Branco, in *Bol. S. G. L.,* XXIX, p. 382.

1666. — «Le *Tary* [sura] est une liqueur dont l'on boit avec plaisir dans les Indes. On la tire de deux sortes des Palmiers, à savoir de celui qu'on appelle **Cadjiour,** et de celui qui porte le Cocos». — Thevenot, *Voyages,* III, p. 50.

***CALABA.** Espécie de arma de arremêsso da Malásia, à maneira de fisga. A descrição de Diogo do Couto quadra à que Castanheda faz com respeito à *tarrana* de Maluco. Do mal. *kalebet* ou *kalepet,* «torcedura, volta».

1614. — «Alguns dos Jaos peleijavam com humas armas, a que chamam **Calabas,** que são á maneira das fisgas, que tem huma arpoeira de pouco mais de braça e meia com o cabo, e lhe andava prezo no braço; e assim como atiram, se acertam o inimigo o fisgam, e alando pela arpoeira, o levam a si e o matam». — Déc. X, III, 7.

***CALACHURRO.** Punhal singalês. Parece que a palavra é composta de *kāla,* «morte», e *churi,* «faca», isto é, «faca de matar». No singalês moderno usa-se *kirichchya,* que é o mesmo que *cris.*

1635. — «Indo um negro fugindo o foi seguindo um *lascarim* nosso, e alcançando-o por detraz lhe deu com o **cailchurro** (que são umas facas largas e curtas, mas pouco encurvadas) no pescoço uma cutilada». — António Bocarro, *Déc.* XIII, p. 419.

1685. — «Trazem traçados de dous palmos e meio a que chamão **Calachurros**». — João Ribeiro, *Fatalidade Historica,* I, cap. 16.

1687. — «Estando preuenido com valos, duas pessas, e algũs mosquetes, de que tinhão menos uso, que do arco, frecha, e **calachurro**». — P. Fernão de Queiroz, *Conquista de Ceylão,* p. 317.

«Aonde não labora o mosquete, obra o **calachurro**». — *Id.,* p. 851.

**CALADARI** (s. m.). Pano de algodão com listas pretas e encarnadas, procedente da Índia, e particularmente de Bengala. Do beng. *kāladhārī,* «o que tem borda preta». *Caladáris,* escrito pelos lexicógrafos, é errado quanto à acentuação e quanto à terminação, que é a do plural. O indo-inglês tem *carridarry*.

**CALADIGÃO**. Casa de audiência em Pequim, conforme Fernão Pinto. Creio que provêm do chin. *tá-li-sz'-king*, «supremo tribunal».

1540. — «Rodeando a todos nove numa corrente de ferro muyto comprida, nos levarão ao **Caladigão,** que era a casa de audiencia, e aonde se fazia a execução dos padecentes». — *Peregrinação*, cap. 103.

**CALAIM** (indo-fr. *calin*, indo-ingl. *kalay*). Estanho oriental. O ótimo é o ár. *qal'aī*, adoptado pelas línguas indianas, o qual se prende provávelmente ao mal. *kālang*. Alguns escritores árabes derivam o vocábulo dum lugar chamado *Qalah* ou *Qaleh*, que devia estar situado na costa de Malaca. Em malaio *Nagri Kūlang*, «Cidade de Estanho», é o nome antigo do estado de Salangor. V. *Glossary*. O Arquipélago Malaio era celebrado pela sua produção de estanho [1].

*Calaim* é também o nome que os nossos escritores dão a uma moeda de Malaca. — «... somente [moeda] de estanho pelo auer muito e fino que se achaua na propria terra». Barros, Déc. II, VI, 6.

1554. — «O *baar* de **calaim** he em tudo como ho da canella». — António Nunes, *Lyvro dos Pesos*, p. 6.

1554. — «... nom paguarem os dereitos de porcelanâ, **calaym,** e outras ffazendas». — Simão Botelho, *Tombo*, p. 17.

1558. — «Mando que não deis licença a nenhũa pessoa de qualquer qualidade e condição que seja para que possa laurar nessas partes moeda de cobre nem de **calaim**». — *Carta Régia*, in *Archivo*, III, p. 129.

1563. — «Cobertos de pasta de chumbo, e **calaym,** que he estanho, que auia muyto na cidade... As meudezas de bazar de comer se comprauão por huma moeda de estanho, a que chamauão **calaym**». — Gaspar Correia, *Lendas*, II, pp. 252 e 256.

1613. — «... a troco de mettaes e **calim** que a mesma terra produz». — Manuel G. de Erédia, *Declaraçam de Malaca*, fl. 31.

1614. — «Prezão muito o estanho, ou **Calaim,** e val antre elles [madagascarenses] tanto como prata, para joyas das mulheres». — Diogo do Couto, Déc. VII, IV, 5.

1615. — «Ha tambem grande diversidade de moedas no cunho e letreiro, não somente de ouro ou prata, mas tambem de outro metal chamado **Calaim,** que é branco como estanho, mas mais duro, mais puro, e mais bello, e que é muito presado nas Indias». — Pyrard de Laval, *Viagem*, I, p. 193.

«Nestas galés ha quantidade de vasos para beber do feitio de garrafões de vidro, mas feitos de **Calains,** que é um metal branco como estanho, porém mais duro». — *Id.*, I, p. 376.

1629. — «E ainda ElRey de Perá deu algum **calaim** com que em grande parte se acudio aos gastos da armada». — *O Chronista de Tissuary*, I, p. 8.

1635. — «No reino de Perá estavam tres naus de Guzarate, e tinham feito tres mil *bares* de **calaim**». — António Bocarro, Déc. III, p. 101.

1650. — «Tem muitas minas, donde tiram ferro, chumbo e **calaim**». — P. António F. Cardim, *Batalhas*, p. 253.

1745. — «Tambem se acham [minas] de Estanho a que neste paiz chamão **Calaim**». — In *Ta-ssi-yang-kuó*, II, III, 3.

1812. — «Prohibe armação nas egrejas de papel e **calaim,** exceptuando o tecto». — P. Casimiro de Nazareth, *Mitras Lusitanas*, in *Bol. S. G. L.*, XV, p. 581.

1199. — «**Kaleh** est le centre du commerce de l'Aloès, du camphre, du sandale, de l'ivoire, du plomb **alcaly,** de l'ébane». — Abu-Zeyd, *apud* Reinaud, *Relations*, I, p. 95.

1582. — «Nasce assai **calaim** in lingua loro, ma in nostra lingua si chiama *Calaia*». — G. Balbi, *Viaggio*, fl. 125.

1770. — «... couvre encore sous une légere superficie des mines d'or, de cuivre, d'aiman, de fer, de plomb, et de **calin,** cet étain si recherché dans toute l'Asie». — Raynal, *Histoire*, II, p. 30.

1782. — «Il a trouvé que le **calin** étoit de l'étain ordinaire. Ces mines de la presqu'île Malaise sont riches». — Sonnerat, *Voyage*, II, p. 101.

1510. — «E nos mandou dar hũa casa e dez mjll **cahahyns** em panos de Cambaia rotos, dos que trouvemos nas naos, dizendo nos que aquylo era para comermos e tratarmos» (em Malaca). — *Alguns Doc. da Torre do Tombo*, p. 222.

1512. — «... e trinta e seis quintaes e meo de estanho em **calaiz**». — Afonso de Albuquerque, *Cartas*, V, p. 193.

1515. — «Asy, com achaques de humas cortinas delrey de bintam que sabia honde estauam, que valiam doze mill **calais**». — Pedro de Faria, *Ibid.*, III, p. 119.

«Em Malaca nam se faz nenhua conta

[1] 1513. — «Melacha non ha nulla salvo una mina di stagno tanto buona quanto è quella di Londra». — *Apud* Gubernatis, *Storia*, p. 374.

por cruzados, nem serafis, senam por **calais**». — *Ibid.*, p. 125.

1557. — «Cada **calaim** valia por lei posta onze reis, e quatro ceitis». — *Commentarios*, III, cap. 17.

1609. — «Tambem é moeda corrente estanho, a que chamam **calaim**».—Fr. João dos Santos, *Ethiopia Oriental*, I, p. 192.

1898:

«De Malaca ella vinha, que uns trinta
Calains traz comsigo e um *cris* malaio á cinta».

Lopes de Mendonça, *A. de Albuquerque*, p. 35.

**CALAJAR** (s. m.). Vem a palavra registada em um dicionário, colhida na obra de Lopes Mendes, que a menciona como sinónimo de *cazeró* (q. v.) ou *canirão;* mas não é usada em concani nem em marata. Pode ser que tivesse êle ouvido dizer alguêm nas Novas Conquistas, em alusão às folhas da árvore, *kāḷā-jhāḍ*, que em marata quere dizer «árvore preta».

1886. — «Realçam pelas suas dimensões, e pela utilidade que se tira da sua aplicação em grandes peças para mastros de navios, vigas mestras, varas de lagar, prennos, columnas, pranchões, etc., os troncos grossos de ... **calajar**, *cartó*, ou *cazeró* (strichnos nux vomica), *jaqueira* (artocarpus integrifolia)». — *A India Portugueza*, II, p. 129.

* **CALALA** (sing. *kalāla*). Tecido grosseiro de Ceilão, que serve de tapete.

1687. — «Nem algum aldeão, de qualquer calidade que seja, venda mays que ao Senhorio, areca, pimenta, sapão, sera, galinhas, manteyga, e **calâlas**».—P. Fernão de Queiroz, *Conquista de Ceylão*, p. 899.

«Toda a areca de suas terras, pimenta, sapão cera, marfim, **calâlas**, e qualquer outra veniaga, trarão a nossos portos... as **calalas** finas a *larim* e meyo; as grossas, a larim». — *Id.*, p. 90.

**CALALUZ**. Pequena e ligeira embarcação de remos, usada antigamente na Índia insular. Do malaio-javanês *kalālus* ou *kelūlus* [1].

1525. — «Quatro lancharas grandes e seis **qualaluzes** e manchuas que se remam muyto». — *Lembranças*, p. 8.

1535. — «Trazia grande armada de **calaluzes** que tinhão duas andainas de remos, huns de mão e outros como de fustas, muy ligeiros de vela e remo, que sem virar corrião para trás como para diante». — Gaspar Correia, *Lendas*, III, p. 631.

1539. — «A mayor parte são lancharas, e galeotas de remo, com alguns **Calaluzes** da Jaoa». — Fernão Pinto, *Peregrinação*, cap. 26.

1552. — «Auia bem cem **calaluzes**, lancharas e manchuas e alguns dourados nas proas e popas». — Castanheda, *Historia*, V, cap. 36.

c. 1560. — «Ha outras a que chamão **Calaluzes**, que differem somente na feição de popa e proa». — Gabriel Rebêlo, *Informação de Maluco*, p. 176.

1563. — «O qual em hũa armada de lancháras, e **calaluzes**, que são nauios de remo, se veyo meter em o rio de Muár».— João de Barros, Déc. III, I, 9.

1556. — «Deixando [o *Lascar* de Chatigão] cinco navios que chamam **calaluzes**, com os quais se reformou mais a frota dos Portugueses».—Damião de Góis, *Chronica de D. Manuel*, IV, cap. 27.

1602. — «Quatro lancharas, cinco **calaluzes**, e dous bargantins». — Diogo do Couto, Déc. IV, II, 2.

«Constava de trezentas vélas, em que entrava coisa de oitenta juncos grandes do tamanho de nossas náos de até quatrocentas toneladas, e as mais embarcações **calaluzes**». — *Id.*, Déc. IX, cap. 27.

1613. — «Embarcado com algũs companheiros em hum **calalus** ou embarcação de remo provido do necessario».—Manuel G. de Erédia, *Declaraçam de Malaca*, fl. 51.

1634:

«Vio que Serrão tambem vinha acossado
De inimigos Calaluzes...».

Francisco de Meneses, *Malaca Conquistada*, III, 66.

1589. — «Diede questo carico a Odoardo Celio con quattro lanciare, e cinque **Calaluzie** (amendue sono nomi di nauili leggieri quasi della medesima grandezza)». — P. Maffei, *Le Istorie*, p. 344.

**CALAMBA, calambá, calambac, calumbuco**. É o nome malaio, *kalāmbaq* (mac.-búgui *kalámbā*) da superior qualidade de *águila* (q. v.), adoptado pelos nossos indianistas [1]. Gonçalves Viana tem por «duvidoso se *calambuco*, ou *calambuque*, desi-

[1] This word seems to be derived from *loeloes*, «to go right through anything», and thus the literal translation would be «the threader», the reference being, as in the case of most of Malay boat names, to the special figure-head from which the boat was supposed to derive its whole character». — Crooke, in *Glossary*, 2.ª edição.

[1] Yule conjectura que o nome veio com o objecto de Champa, grande centro produtor na Indo-China.

gnava a mesma substáncia vegetal aromática», que *calambá*, forma por êle proferida a *calamba*, firmado na autoridade de Fernão Mendes, que escreve *calambaa*. Mas o Conde de Ficalho nota que o termo malaio é «ainda usado no commercio relativamente moderno nas fórmas *calambac, calambuc, calamburg*». Littré regista as seguintes variantes: *calambac, calambart, calambouc, calambom, calambour*.

Alguns dos nossos escritores distinguem *águila* de *calambá* e indicam em que consiste a diferença; mas empregam indiferentemente *calambá* e *calambuco*. Diz, por exemplo, António Cardim com referência a Tonquim: «E vn albero istesso, alto assai, che se si taglia essendo giouane, deuiene *Aquila*: se si taglia essendo il tronco antico, riesce **Calambà**». (*Relatione della Provincia del Giappone*, p. 51). E em outro lugar, falando da ilha de Hainão (p. 105), observa: «L'occupationi di questa gente, sono di far gran quantità di legna di ogni sorte e andar cercando **calambuco**, e legno *d'aquila*, che nel mezzo di quelle folte silue si producono, e questi le vendono à i Cinesi». V. Gaspar da Cruz e Pedro Teixeira, abaixo.

1516. — «Tambem nase [em Champa] muyto *lenho aloes*, ha que os Indios chamaom *Aguila* **calambua**» (talvez *calambaa* no original).—Duarte Barbosa, *Livro*, p. 381.

1540. — «Doze *cates* de **calambuco** em huma boceta de tartaruga». — «Ardião muytos pivetes de cheyro suavissimo, e caçoulas de ambar, e **calambaa**». — Fernão Pinto, *Peregrinação*, capp. 18 e 163.

1554. — «O ouro, allmiscre, aljofar, coral, **calambuco**, manicas». — António Nunes, *Lyvro dos Pesos*, p. 39.

1561. — «Tem [Samatra] muita pimenta, e melhor que a India; e muito gengebre e páo de aguila e **calamba** excellentissimo e de muito grandissimo valor». — Henriques Dias, *Hist. Tragico-maritima*, III, p. 85.

1563. — «Dous fardos de **calambuco** de muito preço, cousa que em todas as partes de Malaca se nam acharia outro tal». — Gaspar Correia, *Lendas*, II, p. 264.

1569. — «Confina com Champa, donde vem ho muy precioso **Callambuco**, ou pola sua lingua *Calambach*» — Fr. Gaspar da Cruz, *Tractado da China*, cap. 1.

1600. — «... Champá, em cujas montanhas nace o verdadeiro lenho aloe, a que os naturaes chamam **calambuc**». — P. João Lucena, *Historia*, VII, cap. 15.

1611. — «Almiscar, ambar, bejoim, **calamba**, aguila, sandalo». — Diogo do Couto, *Dial. do Soldado Portuguez Pratico*, p. 97.

1613. — «Tudo está cuberto de flores e verdes plantas medicinaes, e espesso arvoredo de aguila, **calamba**, bejoim». — «E o **calamba** he da medulla mais oliginosa da dita arvore». — Manuel G. de Erédia, *Declaraçam de Malaca*, fls. 10 e 15. V. o mesmo em *águila*.

1613. — «Humas contas de **callambuquo**, com seys estremos douro e crus avaliados em tres myll réys». —A. Tomás Pires, *Materiaes*, in *Bol. S. G. L*, XVI, p. 743.

1616. — «Ha duas sortes de páo aloes na India; um que é chamado pelos Indios **Calamba**, e outros a que chamam *Garoá* [1]. Os Indios servem-se deste páo para esfregar o corpo e fazer perfumes». — Pyrard de Laval, *Viagem*, II, p. 364.

1679. — Produzem a aguila cheirosa, o estimado sandalo, e precioso **calamba**». — Fr. Jacinto de Deus, *Vergel*, p. 264.

1685. — «Em Pegú, rubins e lacre: na Sumatra, ouro, cobre, estanho, beijoim, e pimenta: em Champá, **calambá**, águila». — João Ribeiro, *Fatalidade Historica*, III, cap 8.

1687. — Há nos rios Aguila preçiosa, e se uelha, **Calambâ**, particularmente nas serras de Lupâla». — P. Fernão de Queiroz, *Conquista de Ceylão*, p. 921.

1694. — «O que ennobrece mais aquelles bosques, e montes da Cochinchina he o pao de *Aguila*, e o de **Calambà**, ou **Calambuco**. Não são troncos, nem ramos de arvores, e muyto menos a mesma arvore, que sendo nova se chama Aguila, e depois de velha, **Calambà**. Pois assim hum como outro pao são pedaços não redondos, mas concavos, que se achão no amago jà corrupto de certas arvores». — *Noticias da Cochinchina*, p. 11.

1699. — «Está encaixilhada e engastada esta pedraria em madeira de **calambuco**, esmaltada toda de ouro por officiaes Chinos». — Fr. Agostinho de Santa Maria, *Historia*, p. 17.

1510. — «Sono tre sorti di legno d'aloe: la prima sorte che è la più perfetta si chiama **Calampat**». — Barthema, *apud* Ramúsio, I, fl. 166.

1583: — «L'odore del **calambucco** non pure non è nocivo, ma è molto grato, e proprio nel conforto della testa, così senza abbruciare... chè il **calambucco** è fresco e tiene molto olio, tantochè quei

[1] Malaio-polinésio *gáru*.

re negri lo cavano e lo stimano eccessivamente, come e' merita». — F. Sassetti, *Lettere*, p. 201.

1589. — «En ces lieux croist le bois de **Calamba** odoriferant et precieux, lequel estant bon est autant estimé qu'or ou argent». — Linschoten, *Histoire*, p. 38.

1596.—«Aramata autem haec fere sunt... Ampiun, Fagara, **Calamba,** Garro, Santalum». — *India Orientalis*, III, p. 99.

1610. — «Llaman los Arabes y Persios al aguila o lenno aloes, *Vd*, y a la **Calambà, Kalumbuck**». — Pedro Teixeira, *Relaciones*, p. 111.

c. 1640. — «... de la porcelaine, du canfre, du borax, du **calambac,** des dens d'Elephant». — *Relation du Japon*, p. 26.

1618. — «We opened the II chistes which came from Syam with **callamback** and silk, and void it out». — Cocks, in *Glossary*.

1770. — «Les morceaux [de águila] qui contiennent le plus de cette resine sont communément tirés du cœur de l'arbre, ou de la racine. On les nomme **calambac,** et ils sont toujours vendus au pris de l'or aux Chinois, qui les regardent comme le premier des cordiaux». —Raynal, *Histoire*.

**CÁLAMO AROMÁTICO.** É o nome que se dá ao *Acorus calamus*, Linn. (sânsc. *vachā*, conc. *vaikhanḍ*). Também se diz *cana cheirosa*, e *dringo*. «É um excellente amargo, aromatico e estimulante; muito usado na medicina domestica». D. G. Dalgado, *Flora*.

1516. — «Zodoaria, **calamo aromatico,** cassia linea em Malabar muito em Mangalor, e em outras partes». — Tomé Pires, *apud* Cardeal Saraiva, VI, p. 426.

1563. — «O que lá em Portugal se usa em as boticas por **calamo aromatico,** e que na India he mézinha mais usada, assim nos homens como nas molheres, como nos cavalos pera suas doenças». — Garcia da Orta, Col. XI.

c. 70. — «**Calamus** quoque **odoratus** in Arabia nascens, communis Indis atque Syriae est». — Plinius, *Naturalis Historia*, II, 48.

545. — «... en rapportant la plus part des Aromes, l'Encens, la Canelle, le **Calamus** et beaucoup d'autres» — Cosmas Indicopleustes, *Relations*, I, p. 23.

1515. — «Et in le dette parti si trova Zenzeri: pevere: et **Calami Aromatici**». — *Apud* Gubernatis, *Storia*, p. 390.

1596. — «Aromata autem haec sunt... Nardus, Iuncus odoratus, **Calamus Aromaticus**, Chinae radix». — *India Orientalis*, III, p. 99.

1631. — «Per totam Indiam vix pisces coquuntur, aut carnes, quin fasculus **calami Aromatici,** aut Iunci odorati, iis injiciatur, ad gratum saporem, ac ventriculi non levem corroborationem». — Bontius, *Hist. Naturalis*, p. 10.

1786. — «Il **Calamo Aromatico** è una erba in paglia, silvestre, e campestre, non palustre». — Fra Paolino, *Viaggio*, p. 361.

**CALAMUTE (colemute, culimute).** É uma pequena embarcação do Malabar, que tira o seu nome de um pôrto da mesma costa, mencionado pelos nossos cronistas. «E sabendo Martim afonso que em *Colemute* se fazia sempre grande armada contra os nossos, determinou de ho destruyr». Castanheda, *Historia*, VIII, cap. 140. Cf. *cotacoulão* e *sanguicel*.

1537. — «E foy seu caminho, é porque sabia que em Culimute sempre se fazião bons *parâos* e *catures* para os armadores malauares, determinou dar hum salto em terra, e andou que anoiteceo antes que fosse visto dos *culymutes*». — Gaspar Correia, *Lendas*, III, p. 712.

1592. — «Nenhum nauio ligeiro asy d'esporão como **calamutes,** e cotacoullões, e sanguiceres naueguem nem possão nauegar do norte para o sul nem do sul para o norte sem expressa licença do nosso Viso Rey que ora he na India». — *Carta de lei*, in *Archivo*, III, p. 365.

1597. — «Mandou á costa do Norte outra armada de oito fustas e quatro **calamutes**». — *Ibid.*, I, parte II, p. 51.

1614. — «Levou comsigo outros dous que eram **calamutes**».—Diogo do Couto, Déc. X, I, 8.

1635. — «Quatro galeotas de coberta, um **calamute,** dois bateis dos galeões». — António Bocarro, Déc. XIII, p. 95.

«Constava de septe galeotas, um **calamute**...». — *Id.*, p. 101.

1678. — «Os **calamutes** que houver de vir para esta cidade... trarão cartaz do feitor, o qual pagarão na forma do estilo e costume, e vindo sem o dito cartaz, serão os ditos **calamutes** tomados por perdidos». — *Apud* Júlio Biker, *Collecção de Tratados*, IV, p. 208.

**CALANDAR, calendar** (mais corrente). Monge maometano, que às vezes anda peregrinando; faquir. «Homem desprezador do mundo, que vive de esmolas, e veste somente roupa de laã». Fr. João de Moura. Os nossos escritores comparam-no ao *jogue* indiano. Do persa *qalandar*, marata-hindust. *kalindār*.

1325. — «Ha a Zauia [ermida] de Xeque Jamalo Addiu, exemplar dos confrades, conhecidos por **Carandares,** que são os que rapão as barbas, e as sobrancelhas».— Ben-Batuta, *Viagens*, I, p. 21.

1552. — «E geralmente os que tomão esta vida se são do genero gentio chamamlhe *Iogues*, e se são Mouros **Calendares**». — João de Barros, Déc. I, v, 8.

«Tomou habito de **calandar,** despedindo-se de todos, dizendo que deixava o Mundo, e se oferecia todo ao serviço de Deos, e a peregrinar, pedindo esmola por salvar sua alma». — *Id.*, Déc. IV, v, 5.

1563. — «São elles muito crentes nestes jogues, a que chamão **calendares**». — Gaspar Correia, *Lendas*, I, p. 657.

1563. — «E este *geiduar* he huma mézinha de muyto preço, e não achada senam nas mãos dos que os Gentios chamam *jogues*, ou outros a que os Mouros chamam **calendares**».—Garcia da Orta, Col. LVII.

1602. — «Foisse por esse Industão açima em trajos de peregrino, a que elles chamão **Calendar,** e assi andão muitos annos». — Diogo do Couto, Déc. IV, I, 7.

«**Calendar** (que he o mesmo que peregrino)». — *Id.*, VIII, II, 1.

1663. — «Os **calendares** vestem tunicas apertadas e curtas, sem mangas, umas de laã, outras de sedas de cavallo... Habitam em umas como ermidas pequenas e estreitas». — P. Manuel Godinho, *Relação*, p. 203.

1712. — «**Calandares,** ou **Calendares**. He huma casta de Jogues, ou Religiosos Mouros, cujo Author foi certo Santão, chamado *Calenderi*. Este continuamente pronunciava ao som de frauta, o nome de Deos, e de dia, e de noite andava com esta musica». — Bluteau.

1610. — «Dos suertes ay de aquesta gente, vnos Mahometanos que tienen por nombre **Kalandores**, otros Gentiles que son los *Ioguys*, vnos y outros van peregrinando, biuen pobremente de limosina y mal vestidos: pero por las tierras por onde passan son libres priuilegiados, bien mirados, y reputados por de buena vida, como solian ser filosofos morales antigamente». — Pedro Teixeira, *Relaciones*, p. 103.

1631. — «Narrant Indi... Baberem cum triginta nobilibus suis habitu **Kalanderum** (Monachorum genus id est apud Turcas)...». —*De Imperio Magni Mogolis*, p. 166.

1666. — «Se hizo **Calandar,** ò Religioso, por huir la pena de sus maldades... Andan estes **Calendares** cargados de catenas de hierro: y no conoscen algun regalo en el comer». — Faria e Sousa, *Asia Portuguesa*, I, p. 300.

1666. — «... bâtie par un Mahometan **Calendar** de profession, qui y est enterré en qualité de Saint. Les **Calendars** sont des Derviches, qui vont piés nuds». — Thevenot, *Voyages*, III, p. 120.

1695. — «**Calender,** espece de Derviches, qui sont répendus dans la Perse et dans la Turquie, dont la vie religieuse n'est pas généralement approuvée par les Mahométans; parce que leurs mœurs ne se trouvent pas si réglées que celles de quelques autres Derviches, qu'ils estiment davantage». — Herbelot, *Bibliothèque Orientale*.

* **CALANGO** (tamul-malaiala *kilañgu*). Raiz tuberosa de palmeira brava (*Borassus flabelliformis*) tenra, a qual se come no sul da Índia e particularmente no norte de Ceilão.

1687. — «... semeão os caroços, a que chamão *panagayos*, e depois que crião raizes, que nomeão por esta palavra, **Calango,** ou as comem verdes, ou secas, fazendo dellas farinha, de que se sustentão». — P. Fernão de Queiroz, *Conquista de Ceylão*, p. 40.

1914. — «Lift palmyra **kilangu** (i. e., germinated seedlings)». — Drieberg, *Year Book of the C. A. S.*, p. 33.

**CALANJA.** Pêso de joalheiro na Índia meridional, equivalente a 20 *mangelins*. Do malaiala *kalañcha* (tam. *kalañchu*).

1551. — «De cospidouros douro dous pedaços da dita ley que pesarã mill çemto corenta çymquo **calanjas**». — *O Inventario do Thesouro do Rei de Ceylão*, p. 20.

1554. — «Hua **calanja** tem 20 mangelins, cada mangelim 8 graos d'arros; huum português d'ouro pesa 8 **calanjas,** 2 mangelins». — António Nunes, *Lyvro dos Pesos*, p. 35.

1563.—«A [pérola] do pezo de 100 grãos de trigo, que sam 25 quilates, a que chamam **calanja,** val mil e 500 cruzados».— Garcia da Orta, Col. XXXV.

1776. — «**Kalangia** è un peso di undeci *panam* e un quarto di Coccino... *Kaicia* è un peso di quattro **Kalangia**». — Fra Paolino, *Viaggio*, p. 51.

**CALÃO.** O vocábulo designa, em indo-português, a bilha de barro ou cobre, com capacidade mais ou menos de um almude, usada para água, e, como medida, para vinho e azeite. «Calão de azeite, contendo 20 *ceiras* liquido». Francisco Coutinho, *Compendio do Ensino Primario*. Procede do tamul-malaiala *kalam*, sing. *kalaya*. Corresponde no significado ao conc. *kaḷsó*, do sânsc. *kalaça*.

1510. — «... os quaes ceemto e vynte e sejs fardos daroz e quatorze jaras **caloes** de manteiga ficam caregados em reçeita».

— In *Cartas* de A. de Albuquerque, VI, p. 395.

1521. — «Dentro na feitoria se nam achara nada, sómente hum **calão** que ally trazia, que mostrou na mão que todos lhe fossem testemunhas; com que o mouro deu no esporão da fusta e o quebrou». — Gaspar Correia, *Lendas*, II, p. 640.

1538. — «As mulheres trazião as panellas e **callões** que tinhão e as enchião de polvora».—*Id*, IV, p. 47.

1525. — «Muitos **calõees** de manteiga e mel». — *Chronica de Bisnaga*, p. 93.

«Acabando estas tres voltas quebra o **calãao**, que he hua panela... E toma hum **calãao** d azeite na cabeça e bota-se no foguo». — *Ibid.*, (1535), pp. 76 e 77.

1551. — «De **calõis** douro hũa peça de ley biij ¾ mates que pesou seteçemtas e dez *calanjas*». — *O Inventario do Thesouro do Rei de Ceylão*, p. 21.

1526. — «Aquy se fazião muitas despesas em **calões** de barro mal cozido para cozinharem nos navios e fustas e parãos de remo». — Afonso Mexia, in *Archivo*, V, p. 106.

1552. — «Depois hindo os nossos por ella [água] acharão os **callões** que são huns vasos de barro em que os da terra a trazião, todos quebrados». — João de Barros, Déc. I, V, 3.

1585. — «A agoa que os enfermos ouverem de beber, seja sempre da fonte de Banganim, trazida em **calões**».—*Archivo*, V, p. 1036.

1609. — «Com elle e cinco Mouros mais donos da *terrada*, e com tantos outros cantaros, a que elles chamão **calões**, partimos para a fortaleza». — Fr. Gaspar de S. Bernardino, *Itinerario*, p. 106.

1609. — «O terceiro juramento é de menos perigo, mas não de menos admiração: chamam-lhe os cafres [de Sofala] juramento de **calão**, que é uma panella mui grande cheia de agua quente, que leva um almude». — Fr. João dos Santos, *Ethiopia Oriental*, I, p. 78.

1613. — «Conforme o recebimento do caminho foi o da povoação, tambem real; isto era, ter cada casa á sua porta um **calão**, que é como quarta, mas redondo, cheio de água, coberto com um panno branco, e em cima uma mecha aceza». — P. Manuel Barradas, *Hist. Tragico-maritima*, p. 89.

1614. — «Forão dar em huns **calloens** de polvora (que são tamanhos como grandes cantaros) que elles tinhão dentro». — Diogo do Couto, Déc. VII, 14.

XVIII. — «No primeiro dia em que as [palmeirinhas] transplanto, mando lançar a cada uma tres **calões** de agua em diversos tempos».—*Arte Palmarica*, I, p. 149.

1782. — «Mas é preciso botar-lhe quatro ou cinco **calões** de agua». — Fr. Clemente da Ressurreição, *Tratado*, II, p. 286.

1852. — «**Calão** — Vaso de barro como cantaro. Medida molhada, ou de liquidos e tem 6 canadas de ordinario». — F. N. Xavier, *Bosquejo Historico*, IV, p. 3.

1872. — «A rega, tão necessaria ás tenras plantas no clima ardente da India, é feita a **calões** (grandes bilhas)». — Bernardo da Costa, *Manual do Agricultor*, I, p. 176.

1901. — «Em Goa, pode-se dizer, não ha nenhum dos maravilhosos engenhos, como moinhos, noras, etc., destinados á rega dos campos, que em hortas se faz com pequenos **calões** (vasos) á custa de extraordinaria somma de trabalho e paciencia». — José Pinheiro, *Bol. S. G. L.*, XX, p. 106.

1906. — «Seguiam-se os serventes levando os presentes da noiva, que eram 5 ou 6 **calões** (ou vasos de cobre mais ou menos cinzelados e outros artigos, que se destinam a usos domesticos». — Hipácio de Brion, *Duas mil leguas*, p. 208.

1911. — «Em geral o liquido fertilisante é extraido dos poços por meio de **calões** ou grandes vasilhas de barro». — J. E. Castel Branco, *Bol. S. G. L.*, XXIX, p. 320.

1578. — «... y en estas puntas cortadas atan vnas ollas anchas, y de pequeñas bocas, llamadas **Caloins**: y alli está la Palma distilando esta que llaman *Sura*». — Christóvão da Costa, *Tractado*, p. 100.

**CALAPITA.** Domingos Vieira insere, sem abonação, o vocábulo com anotação de inédito, bem como Cândido de Figueiredo, com o significado de «concreção pétrea que aparece algumas vezes no interior dos côcos, e de que os habitantes das Molucas fazem fetiches muito celebres entre elles». Também Devic regista *calapite* com o mesmo sentido, e acrescenta que «a palavra vem de *kalapa*, nome malaio e javanês do côco».

Não há dúvida acêrca do étimo do tema. Mas quem é que formou o derivado? As referidas línguas não o conhecem; expressam a «concreção esponjosa formada pela coagulação da água de côcos velhos», por *kalapa lādeh* ou *nyur lādeh*. *Lādeh*, por *dādeh*, quere dizer próprîamente «coalhada». Nos nossos escritores não me lembra tê-lo encontrado; na Índia Portuguesa dizem *murindo*, como em concani.

* **CALARIÃO.** O Padre Fernão de Queiroz emprega o vocábulo para qualificar uma espécie de *fanão* (q. v.), a que attribui o valor de uma

tanga. Parece que é corrução de *chacarão* ou *chocarão* (q. v.), e corresponde ao tam. *chakkarappaṇam*, «espécie de moeda cunhada com um círculo, sendo o seu valor 11/2 fanões». Percival.

1687. — «Do porto de Columbo, 2000 fanões **calariões**, que então ualião hũa tanga». — *Conquista de Ceylão*, p. 254.

*** CALÊM.** Fernão Mendes Pinto não declara a que fera chinesa se refere por êsse termo peregrino. Se quis designar «o lôbo», como me parece, o termo correspondente é *chái-lang*.

1543. — «... em que havia muytos tigres, badas, liões, **calens**, onças». — *Peregrinação*, cap. 73.

*** CALETI.** Assim escrito, figura o vocábulo na obra de Duarte Barbosa; mas o étimo — malaiala *chāliyatti*, «tecelã», *chāliyan*, «tecelão» — indica claramente que o autor deveria escrever *çaleti*, que pela nova ortografia se representaria por *salêti*, e designaria o «indivíduo da casta de tecelões no Malabar». A tradução castelhana dá *chelien*. Também a palavra *mainato* (lavadeiro) é derivado do feminino do nome malabárico.

1516. — «Ha outra ley mais baixa que estes [*mainatos*] ha que chamaom **Caletis**, que saom tecedores; nom tem outro oficio em que ganhem de comer senam em tecer panos dalgodões e algũus de seda; mas saom baixos de pouquo dinheiro, de que se uestem as gentes baixas». — *Livro*, p 331.

1894. — «Os **caletis** que tecem o algodão e a seda» — Lopes de Mendonça, *Os Orphãos de Calecut*, p. 196.

*** CALI** (sânsc. *Kālī*). É a deusa mais popular do hinduísmo, chamada, por antonomásia, *devī*, «a deusa», ou *mahādevī* «a grande deusa», e invocada sob vários títulos, indicativos do seu duplo carácter, benigno e feroz, tais como: *Umā*, «luz»; *Gaurī*, «branca»; *Pārvatī*, «montanhesa» (filha do monte); *Bhavanī*, «mulher de Bhava (epíteto de Xiva); *Kālī*, «negra»; *Durgā*, «inacessível»; *Bhairavī*, «terrível». Teológicamente, Párvati é a *xacti* ou energia feminina de Xiva, assim como Sarasvati é a de Brahmá e Lacxmi a de Vixnu.

1874. — «Tu, **Kaly** divina, esposa do grande deus! tu, cuja lingua é afogueada e sedenta, que brandes numa das mãos a espada coruscante e levantas na outra a cabeça ensanguentada, que espumas sangue dos teus labios trémulos, e tens cadaveres, em vez de *bugdiós*, um cinto em que pendem, lividas, as mãos dos teus inimigos e um collar de craneos de gigantes, olha para mim, Kaly!». — Tomás Ribeiro, *Jornadas*, II, p. 305.

1883. — «Hesitei em entregar-me nas mãos d'aquelle indio, que podia ser sectario da deusa **Kali**». — Adolfo Loureiro, *No Oriente*, I, p. 138.

1886. — «Estando um dia *Parvoti*, esposa de Shiva ou Mahés, a banhar-se, tivera a veleidade de fazer uma figura de barro amassado com agua de banho, que se animára ao contacto do seu halito». — Lopes Mendes, *A India Portugueza*, I, p. 56.

1906. — «No dia seguinte começava em Maissur a grande festa do Dassará, a mais rica e brilhante que se faz na India, em honra de Darga [Durga], uma das formas de **Kali**, mulher de Sivah». — Hipácio de Brion, *Duas mil leguas*, p. 33.

1912. — «É consagrada esta arvore a **Kali**, ou *Parvoti*, a consorte de Siva». — Caetano Gracias, *Flora Sagrada*, p. 71.

1915. — «Os abominaveis sectarios da deûsa **Kali** não eram, por certo, mais crueis e ferozes do que esses *bôtos* de falas mansas». — *Heraldo*, de 14 de Março.

1776. — «Ella ha molti nomi, come *Parvadi*, **Kàli**, *Vmà*, *Ishvarì*». — Fra Paolino, *Viaggio*, p. 79.

**Kali** (proprement *Kālī*, la Noire). — Ce nom qui désigne dans les Védas l'une de sept langues de l'Agni, est devenue dans le système brahmanique l'un des noms de Devî, l'épouse de Siva, sous sa forme farouche. Comme telle, **Kali** se confond souvent avec *Dourgâ*, autre forme terrible de la même déesse». — A. Fauche, *La Grande Encyclopédie*.

**CALIANA** (persa *qaliyūn*, «tubo de água). Bluteau regista êste vocábulo no *Supplemento* com o sentido de *ucā*, e, segundo o seu costume, descreve-o minuciosamente: «He o instrumento de que se servem os Persas, e Mogores para fumar tabaco de fumo, cujo uso é tão continuo nelles, como em todos os Orientaes. A *Caliana* he composta de huma garrafa de cristal, ou vidro cheyo de agoa, e da boca sahe hum canudo, que entra pouco na agua, e emcima delle se poem huma cousa de fórma de hum perfumador de ouro, prata, ou de cobre, na qual se mete o tabaco muito bem picado, e huma braza de lume, e hum pouco mais abaixo ha hum buraco, de donde sahe hum canudo de canna comprido, ou de couro muito bem cozido, e ás vezes bordado de ouro, e seda, pelo qual se chupa o fumo de huma grande distancia, para que tendo menos força, se possa estar continuamente neste exercicio, sem damno de saude.

1675. — «... with their Servants bearing after them their **Collons**, or Glass Vessels, out of which they smoak Tobacco, by a long Reed, or Cane, fixed into Golden, or Silver, or Brass Heads, with their Magnificent Appendices, carried stately behind them». — Fryer, *East India*, III, p. 259.

1825. — «The Rawul kept his seat, called for his **kalean**, or Persian pipe, smoked some whiffs, then began talking again». — Heber, *Narrative*, II, p. 70.

**CALIANCHI-POTTI** (conc. *kalyañchī-paṭṭī*). Corrente de botões de ouro, que serve de enfeite para a cabeça da mulher hindu.

1874. — «Luzem-lhe nas infloradas cabeças os lavrados *chondracôres*, finos **calianchi-pottis** e *curtarens*, cada qual a seu prazer». — Tomás Ribeiro, *Jornadas*, II, p. 104.

**CALICANTI.** Nome duma árvore de madeira de Damão — *Acacia sundra*, D. C. É uma das árvores de que se faz *cato*. Do guz. *kālīkāṇḍī*.

1886. — «**Calycanty** (*acacia sundra*) ou *lalker*, muito similhante ao *ker* na folha e flor, distingue-se apenas d'esta pelas fendas do involucro cortical do tronco. É, com tudo, de muito menor duração e dimensões, sendo em geral tortuoso». — Lopes Mendes, *A India Portugueza*, II, p. 248.

1898. — «Produzem pau rosa, teca, maretha, sissó, **calicanti**». — Oliveira Mascarenhas, *Atravez dos Mares*, p. 59.

1901. — «As essencias florestaes que predominam e em algumas mattas e campos abundam são: teca, sadra ou mareta, ker ou pau ferro, **kalicanty**, babalia. — José Pinheiro, *Bol. S. G. L.*, XX, p. 32.

1911. — «A teca, a mareta, o jamboleiro, o pau preto, o sissó, a **kalicantiz**, o aldravane». — J. E. Castel Branco, *ibid.*, XXIX, p. 389.

* **CALICÓ.** Não vem êste têrmo nos dicionários portugueses, mas é conhecido no comércio como designativo de «tecido branco de algodão». Provêm imediatamente do fr. *calicot*, ingl. *calico*, mas procede do nome geográfico *Calecut* ou *Calicut*. Os nossos escritores antigos chamam-lhe *cotonia*. Fryer declara abaixo o motivo da denominação. Os portugueses não empregaram a palavra nesta acepção, por não exportarem de Calecut a fazenda, que aí se não fabricava, e por terem animosidade com o *samorim*.

1884. — «Do Malabar transportavam preciosas especiarias e o tecido que foi conhecido pelo nome de **calicut**». — Adolfo Loureiro, *No Oriente*, II, p. 226.

1611. — «**Calicud**, vna cierta tela delgada, que traen de la India de Portugal, y tomó el nombre de la Provincia donde se labra, llamada **Calicud**». — Covarruvias. *Tesoro de la Lengua Castellana*.

1613. — «Ils changent leur bestail et leurs fruits contre des **Callicoos** et autres sortes de toiles et étoffes de coton dont ils font leurs habits».—Thomas Row, in *Relations*, I, p. 3.

1673. — «... having an accomplishment in the Art of Staining **Callicuts** here beyond any other place in the East Indies». — Fryer, *East India*, I, p. 90.

«**Calicut** for Spice, Amber greez Granats, opiums, with Salt Peter, and no Cloath, though it gave the name of **Calicut** to all in India, it being the first Port from whence they were known to be brought into Europe». — *Id.*, I, p. 221.

1880. — «They ware a shirt (kulmiak) made of **calico**, sometimes white and sometimes red; their drawers (schtann) are worn very wide, and are made likewise of **calico**, or occasionally of silk». — Howorth, *History of the Mongols*, II, p. 23.

* **CALMELAS, camelmas** (s. m. sing. e pl.). Peixe *bonito* (q. v.) que, sendo curado, constitui o principal alimento e objecto de exportação das ilhas Maldivas, onde se chama *kalu-bili-mas* = preto-bonito-peixe. A frase é diferentemente transcrita.

1343. — «A comida dos habitantes dellas he hum peixe, semelhante ao Albirun, a que elles chamão **Calbo-Almace**, cuja carne he vermelha, e não tem gordura».— Ben-Batuta, *Viagens*, II, p. 265.

XVI. — «O algodão não nasce ahi se não mui pouco e todo vem de Cambaya, o qual resgatam por peixes chamados **camelmas** [à margem — **Calmelas**, peixe, não se acha em outro lugar]. **Calmelmas** é um peixe de que aproveitam as náos da

India por ser tambem curado. E tão pouco não no ha se não em termos destas ilhas, e é hum peixe de dois palmos em longo, e é redondo, o qual pescam desta maneira, primeiramente vão pescar peixinhos meudos com que depois hão de pescar em outro cabo os **calmelas**». — In *Bol. S. G. L.*, xii, p. 350.

1615. — «Este peixe, que assim se apanha, chama-se geralmente em sua lingua **Cobolly masse,** isto é, peixe negro, por que todo assim é. Cosem este peixe em agua do mar, e depois secam-no ao sol sobre grades, e depois de secco guardam-no por muito tempo. Fazem delle grande trafico, não somente entre si, mas abastecem o resto da India, onde esta fazenda é muito procurada... O que se apanha no mar alto chama-se como já disse, **Cambolly masse,** isto é, peixe negro». — Pyrard de Laval, *Viagens*, i, pp. 163 e 167.

1578. — «Tambien lo [côco] comen con vna suerte de pescado seco q̃ viene de las islas de Nalediva, y paresce carne de vaca cocinada, llamado entre ellos **Comalamasa** (que es buena Azeytuna a los beuedores) y desta Mezcla no solo come la gente de la tierra, mas tambien los Portugueses». — Cristóvão da Costa, *Tractado*, p. 103.

1727. — «I have seen **Comelamash** (for that is their name after they are dried) sell at Atcheen». — A. Hamilton, in *Glossary*.

1770. — «Le poisson appellé dans le pays **complemasse** est séché au soleil. On le sale en le plongeant dans l'eau de la mer à plusieurs reprises». — Raynal, *Histoire*, i, p. 300.

*** CALÓ** (conc. *kālô*). Nome duma festividade hindu em Goa.

1886. — «Nas festividades gentilicas do **Caló,** em Vellús, e do Sigamó, em Arvalem, fazem-se mercados, que duram tres dias». — Lopes Mendes, *A India Portugueza*, ii, p. 17.

«Este acontecimento é ainda representado na festividade denominada **Caló,** que os gentios celebram annualmente em quasi todos os pagodes da India Portugueza nos mezes de novembro e dezembro, apparecendo em scena as figuras de Brahmá, Vishnú e do gigante Sancassur». — *Id.*, p. 74.

1907. — «... e na occasião do canto dos cantores estranhos que vierem para a festividade do **Caló**». — *O Oriente Portuguez*, iv, p. 96.

1915. — «Epocha é esta das festividades hindús de «**calós**» e «zatras», que na maior parte foram realisados». — *O Ultramar*, de 4 de Janeiro.

**«CALÓ-GONDÓ** (m.), pequena árvore da Índia portuguêsa». C. de Figueiredo. É *Ehretia laevis*, Roxb. «Come-se ás vezes o fructo, posto que não seja gostoso; a madeira é util». — D. G. Dalgado, *Flora*. Do conc. *kālô-gonḍô*.

**CALOIRO.** Monge grego, da ordem de S. Basílio. Do grego *kalógeros*, que literalmente quere dizer «bom velho». Domingos Vieira deriva desta palavra a outra homófona, que em português designa «noviço ou estudante de disciplinas preparatórias», e de que outros lexicógrafos não indicam a etimologia.

1584. — «A estes [religiosos] chamão os Gregos **Caloiros,** que tanto quer dizer, como bons, e virtuosos». — Fr. Pantaleão de Aveiro, *Itinerario*, p. 447.

1604. — «The other [igreja] is Greek, served by a **Caloyro,** or monk of the Greek Church» (em Alepo). — Pedro Teixeira, *The Travels*, p. 131.

1614. — «... habitate non più dalle Arpie, come vn tempo, ma solo da cinquanta, ò 60 **Caloieri** Greci, che in vn bel monastero... menano sequestrati dal Mondo, in quel luogo solitario, vna vita inocente». — Pietro della Valle, *Viaggi*, 1, p. 6.

**CALUETE** (s. m.). Pau para empalar; suplício do empalamento, na Índia dravídica. O étimo imediato deve ser o tamul-malaiala *kaḻuvīṟṟi* (leia-se *kaḻuvīṭṭi*), «merecedor de empalamento, empalando» de *kaḻu*, «pau de suplício», e *ḻuvīṟṟu*, «empalar» [1].

A palavra aparece ortografada *caluete* e *caloete*, não havendo, portanto, dúvida acêrca do valor do *u* antigo, nem justificação da forma *calvete*, dada por alguns dicionários. Duarte Barbosa e Tomé Lopes contentam-se com descrever o suplício, sem indicar o seu nome. Fernão Pinto emprega-o fora da Índia.

1502. — «Apenas chegarão foram empalados vivos pela maneira seguinte. Espetárão hun páo pelos rins a cada hum, que lhe passava pelo peito; e com cabeça para cima os encravarão na terra, ficando

[1] O étimo que Yule indica — o malaiala *kaluekki*, que manda ler *kaluetti* — é inadmissível, assim porque a referida língua não tolera o encontro de *ue*, como porque não reconhece o som de *tt* a *kk*, que sòmente admite para *ṟṟ*. V. Gundert.

altos do chão cousa de huma lança, e com os braços e pernas abertas, atados a quatro páos, não podendo correr para baixo porque havia uma travessa que os embaraçava». — Tomé Lopes, *Navegação*, cap. 18.

1516. — Confessando eles o furto, ou achando-o em flagrante delito, sendo Gentio levamno ha hũu lugar honde executaom ha justiça, honde estaom hũus paos altos muytos agudos, e hũa taboa pequena, por honde passaom aquela ponta, e aly lhe cortam a cabeça com hũa espada; e entam ho espetaom pelo meio das espaduas naquele pao que lhe sae na boqua do estomago mais de hũu covado fora, ha cabeça lhe metem no outro pao». — Duarte Barbosa, *Livro*, (2.ª ed.), p. 321.

(1504). — «E o havia de espetar em um **caluete,** que havia de mandar fazer, com que havia de mandar espetar quantos Mouros e gentios achasse em falsidade. Com que se sayo muyto merencorio, e mandou logo armar muytos **caluetes,** e hum mais alto que todos, dizendo que era para o Çamorim».—Gaspar Correia, *Lendas*, I, p. 476.

1525. — «Logo meteo os officiaes, e cerquou a Ribeira de longo para a ponta que se chama do **Caluete**». — *Id.*, p. 930.

1535. — «Os fidalgos que são tredores mandão os espetar em hũu espeto de pao pella barriga vivos». — *Chronica de Bisnaga*, p. 71.

1545. — «Mandou espetar em **caloetes** todos os nobres que tomarão vivos». — Fernão Pinto, *Peregrinação*, cap. 155.

1546. — «O moço foy espetado vivo em um **caloete** de arrezoada grossura, que lhe meterão pelo sesso e lhe sahio pelo toutiço). — *Id.*, cap. 177.

«Huns espetarão vivos em **caloetes,** e outros queimarão nas mesmas embarcações». — *Id.*, cap. 179.

1603. — «E estranhou a Raynha muito o caso, e pollos contratos lhe mandou entregar o feiticeyro que o castigassem, e posessem no **caloete,** que he hum pao muyto agudo e fixado no chão forte, em que os espetão com grandissimo tormento, e aly se ficão consumindo os corpos, castigo que pera os Malavares serve, como entre nós a forca de que não vsão. Mas o Arcebispo não consentio que posessem o feiticeyro no **caloete**». — Fr. António de Gouveia, *Jornada*, fl. 48 *v*.

«Se hum Rey mandar por no **caloete,** que he o genero de morte dos condenados...». — *Id.*, fl. 63.

1685. — Esta cidade [de Cochim] tem hum bairro, que chamão o **Caloete,** aonde algum tempo residião mulheres do mundo, e hoje por nossos peccados toda está feita hum **Caloete**». — João Ribeiro, *Fatalidade Historica*, III, cap. 3.

1510. — «Cerca la justitia che si vsa fra costoro è, che se vno amazza vn' altro à tradimento, il Re fa pigliar vn palo lungo quattro passi ben apuntato, e appresso la cima due palmi fa mettere due bastoni in croce nel detto palo, e poi fa mettere il detto legno in mezzo della schiena di malfattore, e passali il corpo, e viene a giacere sopra quella croce, e in tal modo si muore, e questo martirio lo chiamano **vncaluer**». — Barthema, *apud* Ramúsio, I, fl. 161.

**CALUMBA** (indo-inglês *Calumba root*). Planta menispermácea—*Jateorhiza palmata*, Miers, originária da África Oriental, cuja raiz é exportada para a India, por se considerar muito medicinal. O termo *kalumba* voga nas línguas indígenas de Quelimane.

1883. — «... e da apanha da borracha, da urzella e da raiz de **Calumba,** resultam as cinco sextas partes da exportação da provincia». — O'Neill, *Da Agricultura*, etc., in *Bol. S. G. L.*, IV, p. 17.

«**Calumba** (*Menispermum palmatum*). — Esta planta medicinal, de cujas raizes se extrahe um tonico e antiseptico, é indigena do solo de Moçambique, d'onde se diz provir-lhe o nome vulgar que tem. Os indigenas vem vendel-a a differentes pontos da costa». — *Id.*, p. 23.

1786. — «**Calumba,** radice gialla, eccellente remedio contro la febbre terzana, li dolori di stomaco, contro il veleno, facilita li mesi ed il parto». — Fra Paolino, *Viaggio*, p. 363.

* **CAMADENU** (s. f.). Conforme a mitologia bramânica, é uma vaca celeste, que satisfaz todos os desejos; equivale à cornucópia da mitologia greco-romana. Do sânsc. *kāmadhenu*, lit. «vaca leiteira de desejos».

1817. — «Em seguida Narana mostrou-me as santas conquistas de Vishnu... **Camadenu,** a vaca de cara humana e com asas». — *Heraldo*, de 8 de Maio.

«**CAMALASSANA** (f.). Flôr indiana, aquática e gigântea, de pedúnculo encarnado (nimphea alba)». C. de Figueiredo. O vocábulo foi colhido na obra de Lopes Mendes que não se exprime, nesto passo, com a devida correcção. Em sânscrito, *kamala* é «nelumbo», e *āsana* é «sede, assento»; e o composto *kamalāsana* quere dizer «aquele cujo assento é o nelumbo», ou «o assentado sôbre o nelumbo»: epíteto de Brahmá. Neste caso, a prosódia portuguesa requere que a palavra seja esdrúxula — *camalássana*.

Há na Índia várias espécies de ninfeias: *Nymphaea lotus*, Linn., «lódão, gólfão vermelho» em português, *xūḷak* em concani; *N. stellata*, Willd., «gólfão» em port., *xūḷak*, *kastūrī xūḷak* em conc.; *Nelumbium speciosum*, Willd., «nelumbo» em port., *kamaḷ* em conc. Vid. D. G. Dalgado, *Flora*, p. 5.

1886. — «Está [Brahmá] sentado sobre a **Camalassana** ou flor de camal, tambem nomeada pelos indigenas christãos de Goa *salóc* ou *camól*, cujo pedunculo encarnado sae do umbigo de Vishnú. Esta flor é a *Nymphea alba* da familia das *Nympheaceas* de Salisbury. Serve de throno a Brahmá; representa Horus ou o sol, a quem os egypcios a consagram». — *A India Portugueza*, II, p. 67.

1912. — «... espelhando-se no sagrado Ganges e no poetico leito de Golconda entre magicos perfumes de **kamalas** e mogarins». — Caetano Gracias, *Flora Sagrada*, p. 111.

1658. — «La sua [de Bramá] habitatione suppongono sii in vn mare di latte, sopra d'vn fiore, simile a quelli che nascono nelle paludi, detto **Camalla**». — Fr. Vincenzo Maria, *Viaggio*, p. 305.

**CAMARABANDO.** Cinto de seda que trazem os muçulmanos orientais; faixa. Do persa *kamar-band*, empregado pelos idiomas indianos.

1534. — «Estaua vestido em camisas brancas gugoratas [gujaratas?], e cingindo hum **camarabando** de seda amarela, e n'ela huma adaga d'ouro e pedraria». — Gaspar Correia, *Lendas*, II, p. 500.

1552. — «Chegado o gouernador a Goa achou hi hũ presente dhũs panos ricos da Persia que se chamão **camarabandos**, que são douro e seda». — Castanheda, *Historia*, III, cap. 7.

1565. — «... lhe pedirão cinco toucas, quatro **camarabandos**, e hũu pão daçucar». — *Itinerario* do Mestre Affonso, in *Annaes Maritimos* (1844), p. 222.

1557. — «Deram a todos cabaias que vestiram, e adagas, e **camarabandos**, com que se singiram». — *Commentarios*, IV, cap. 23.

1589. — «E assy tambem toucas e **camarabandos** de sortes, e assy anil de Cambaya». — *Archivo Port.-Oriental*, v, 1249.

1602. — «E tirando vm **camarabando**, que tinha sobre a touca laurado douro, lhe deo para que se encachasse como fez». — Diogo do Couto, Déc. IV, x, 8.

«E vm punhal d'ouro metido em vm **camarabando**, com que ya cingido». — *Id.*, V, I, 9.

1718. — «E acompanhando o Governador atè à porta, e despedindose, lhe offereceo huma cabaya, touca, e **cabarbando**, tudo muy rico, e de grande valor, e preço». — João Tavares Guerreiro, *Jornada*, p. 145.

1727. — «They have also a fine Turband, embroidered Shoes, and a Dagger of Value, stuck into a fine **Cummerband**». — A. Hamilton, in *Glossary*.

1824. — «He had a very filthy turban round his head, with a cock's feather in it; two satchels flung over his broad shoulders, — the remains of a **cummerbund**, which has been scarlet». — Heber, *Narrative*, p. 133.

*** CÂMARA GERAL.** Dava-se outrora êste nome à assembleia dos representantes das *gancarias* ou comunidades agrícolas de Goa: «câmara geral das Ilhas», «câmara geral de Bardês». Posteriormente eram conhecidas por «câmaras agrárias». Agora estão extintas.

1618. — «Mandey passar provisão a petição da **camara geral** das terras de Salcete dessa Ilha sobre se não venderem pelos gancares das aldeias as *tangas de cunto* para fora da terra». — *Carta* do rei, in *Archivo*, v, p. 1387.

1655. — «... pedindome confirmação do assento, que os gancares móres da **camara geral** dessa Ilha fizerão no anno 604 sobre as vendas das ditas gancarias». — *Id.*, *ibid.*, p. 1380.

1710. — «Visto a Representação, que me havia feito a **Camara Geral** das terras de Bardez, em razão de que possuindo as Communidades das Aldeas da sua jurisdição alguns bens...». — *Id.*, *ibid.*, Suppl. II, p. 6.

1713. — «Nós os gancares-móres da **Camara Geral** da Ilha de Goa, fazemos presente a V. Magestade...». — *Apud* F. N. Xavier, *O Gabinete Litterario*, v, parte II, p. 34.

1741. — «Ajustou que as ditas vargias possuiria o Estado a ser satisfeita a quantia de que ficava devendo o dito Dessay à **camara geral** de Bardez». — *Apud* Júlio Biker, *Collecção de Tratados*, VI, p. 235.

1852. — «**Camara geral** ou agraria. — Reunião de Gancares eleitos de certas Aldêas, que tem esse direito para fins determinados». — F. N. Xavier, *Bosquejo Historico*, IV, p. 3.

1894. — «Cada uma das Aldeas ou communidades nomeava ou elegia os seus deputados para um congresso central, supremo arbitro d'aquella republica federativa; este congresso chamava-se e chama-se na nossa lingua **camara geral** agraria. Nesta camara discutiam-se e decidiam-se os interesses do povo». — Tomás Ribeiro, *Jornadas*, II, p. 15.

1885. — «Provavelmente tambem á sua influencia e iniciativa se deve a formação das **camaras geraes,** uma em cada provincia, constituidas por deputações das comunas, e tendo por objecto a promoção dos interesses d'estas, o julgamento de certos casos crimes, e, talvez, a organisação de meios da defeza em commum contra o ataque dos inimigos». — Teixeira Guimarães, *Communidades Indianas*, p. 14.

1901. — «As gãocarias eram representadas em cada provincia para a resolução de negocios communs, por **Camaras Agrarias,** que reuniam ás attribuições administrativas as de julgar causas crimes nas suas respectivas provincias». — José Pinheiro, *Bol. S. G. L.*, XX, p. 92.

1901. — «A gerencia dos negocios geraes de todas as communidades de aldeia de cada provincia estava ao cargo da **Camara geral** agraria». — Cristóvão Pinto, *ibid.*, p. 249.

*** CAMARBACUTE** (persa *kamarbaft*). Cingidoiro, faixa, entre os persas. V. *camarabando*.

1575. — «Vos mando que des... hũa touca e hũ **camarbacute** de pano baixo». — A. de Albuquerque, *Cartas*, VI, p. 363.

*** CAMAVISDAR.** Em marata, *kamāvīsdār* quere dizer própriamente «cobrador das rendas públicas do distrito»; mas emprega-se também por «administrador, gestor» de qualquer estabelecimento.

1738. — «Todo o individuo que demandar outro para juramento no pagode (perante a divindade), assim o deverá participar... ao respectivo **camavisdar** (administrador do pagode)». — In *O Oriente Portuguez*, II, p. 272.

**CAMBAIATE** (adj.). Fabricado em Cambaiate. *Chader cambaiate*, tecido de algodão, procedente da cidade marítima de Cambaia, conhecida dos maometanos por *Kanbāyat*, corrução, segundo o coronel Tod, do primitivo nome hindu *Khambavatī*, «cidade de colunas». Os portugueses estenderam o nome de *Cambaia* ao reino do Guzarate, onde está situada, e por *Cambaiate* entenderam o porto de Cambaia [1].

1525. — «De *chader* **cambaiate** 2000 fedeas». — *Lembranças*, p. 56.

*** CAMBELÃO, cão.** Estalagem, caravanserai na Pérsia e Palestina. O *cão* é do persa *khān*, «estalagem»; não pude bem identificar o *belão*, que pode significar «alto, elevado», se provêm de *buland*.

1593. — «Para a senhora Turca tinhão muy bem concertado o **cambelão** do lugar, o qual era muyto grande, e bem murado». — Fr. Pantaleão de Aveiro, *Itinerario*, p. 437.

«Vimos estar ao longo do rio Jordão sentadas as tendas dos senhores Turcos, e o **cão** muy concertado para a Turca». — *Id.*, p. 453.

«Este **cão,** em que na Cidade do Damasco descansamos, era como huns paços reaes, com muyta quantidade de casas, e aposentos, todos muyto bem forrados, e fechados com suas chaves mouriscas». — *Id.*, p. 468.

1615. — «La sera andammo a dormir sopra 'l fiume in vn **chan** ouero Casa di alloggiamento publico, che si chiama Murseijèb; fabricato per commodità de' passaggieri». — Pietro della Valle, *Viaggi*, I, p. 499.

1888. — «Its citizens, as well as the peasants from the country round, had taken refuge in a **khan** in the middle of the town, where they were all slaughtered». — Howorth, *History of the Mongols*, II, p. 20.

**CAMBOLIM.** Manta de lã, de ordinário parda, muito usada na Índia e na Pérsia. Do conc. *kāmblém* (pl. *kamblīm*), *kāmbaḷ* < sânsc. *kambala*.

1514. — «Comprou sesenta **cambalis** e custaram doze pardaos». — In *Cartas* de A. de Albuquerque, II, p. 144.

1516. — «Na ilha de Çacotorá que atras dise fazem hũus panos de lãa como ordens, (*sic*) que chamaom **cambolins,** que ualem muyto». — Duarte Barbosa, *Livro*, (2.ª ed.), p. 264.

1541. — «Os homens [de Socotorá] andão nuus e somente cobrem as partes vergonhosas com huns panos, que chamão **Cambolis,** dos quaes fazem na ilha grande cantidade». — D. João de Castro, *Roteiro do Mar Roxo*, p. 17.

1563. — «Assentado em huns baileus sobre hum **cambolym** preto, segundo o costume do seu estado». — Gaspar Correia, *Lendas*, III, p. 714.

1603. — «Andão cubertos com huns panos, que chamão **Cambolins** de lam de cabra, pretos de dous palmos de largura, e seis de comprido» — Fr. António de Gouveia, *Jornada*, fl. 135.

---

[1] «Vem ter a cidade de *Cambayate* (cotovello do mar da enseada)». — Garcia da Orta, Col. XVII.

1608.—«Vestia hum **Cambolim** muyto roto, e remendado, trazia o cabello prolixo, e solto que lhe chegaua athé os pés todo cheo de cinza, e terra que de industria lhe lançaua». — *Id.*, *Relaçam da Persia*, fl. 12 *v.*

1609. — «Seus vestidos são huns **cambolins** listrados, de branco, e preto, que fazem, e tecem da lã das cabras». — Fr. Gaspar de S. Bernardino, *Itinerario*, p. 96.

1616. — «Fabricam grande quantidade de gabões ou albornozes, a que os Indios chamam *Monsars*, e os Portuguezes **Cambolins** de Ormuz». — Pyrard de Laval, *Viagem*, II, p. 209.

1619. — «De cada corgia [= corja] de **cambolins** se pagará hũ **cambolim** de direitos». — *Regimento* do vedor N. V. Castelo Branco.

1624. — «Qualquer de nós, leuaria hum **cambolim** para se cobrir». — António de Andrade, *Novo Descobrimento do Gram Cathayo*, fl. 7 *v.*

1635. — «E por conclusão tomou d'elles Ruy Freire um **cambolim** de vinte pardaos de valia». — António Bocarro, Déc. XIII, p. 464.

1663. — «Mas o povo se veste ordinariamente do **cambolim**, que he certo pano feito de pellos de camelo». — P. Manuel Godinho, *Relação*, p. 68.

1667. — «Chegou-se hum pobre vestido nos habitos de burel, a que na India chamão **cambolim**, de que usam os Capuchos». — Fr. Jacinto de Deus, *Vergel de plantas*, p. 59.

1687. — «E sem mais bagagem que as armas, hum **cambolym** pera vestido, e cama, algũas *apas*, ou *rutrix* de trigo quasi tostado, ou *auela* seca de arros; andão muytos dias em campanha». — P. Fernão de Queiroz, *Conquista de Ceylão*, p. 74.

1727. — «**Cambolim**. Especie de droguetes, que se fazem em varias partes da India, e na Persia ha alguns tão macios, e bem tecidos que parecem de castor, estes que são comummente carmesins, ou acamurçados, servem aos Mouros, e Gentios principaes em lugar de capote, ha **cambolins** muito grosseiros, que parecem burel, e delles se vestem os Padres Capuchos da India, e tambem os Soldados *Lascarins* Gentios, marinheiros, e demais gente humilde». — Bluteau, *Supplemento*.

1675. — «Aquella pieça con que se quedó el galantissimo Freyre, era un **Cambolin**, que valeria vinte pardaos. Um pardao val 12 reales y medio, **Cambolin** es un paño que las mujeres usan en vez de manto poniendole sobre los ombros».—Faria e Sousa, *Asia Portuguesa*, III, p. 272.

1825. — «Le malheureux [pária] n'a pour se couvrir qu'une guenille autour des reins, et un **cambily** ou tissu de laine grossier et tout déchiré, qui lui laisse à nu la moitié des membres». — P. Dubois, *Mœurs*, I, p. 34.

**CÁMI** (mais us. no plural). O jap. *kami* é o nome das divindades da religião *xintó*, homens ilustres delficados, cujo número se eleva a oito milhões. Observa Hepburn que «esta palavra é agora usada pelos cristãos como a única japonesa equivalente a «Deus». Mas os nossos antigos missionários não a empregavam, de certo; preferiam a palavra portuguesa *Deus*, como afirma o Padre António Vieira a respeito de S. Francisco Xavier. V. *fotoqué*.

1562. — «Ha duas maneiras de idolos, huns se chamão **Cámmis**, que são os Reys do Japão, outros chamão Fotoqués, que vierão da China». — *Cartas de Japão*, I, fl. 99.

1572. — «Ha muitas seitas entre os gentios, a mais antiga he dos **Cámis**, que quer dizer dos senhores, e reis antigos, a que elles fazem templos, e adorão como que nelles ouuesse alguma santidade». — P. Gaspar Vilela, *ibid.*, fl. 328 *v.*

1585. — «A segunda maneira de idolos se chamão **Cámis**, os quaes dizem ser tantos, como as areias do rio ganges, e antes que passassem a Japão as sobreditas seitas dos Fotoqués, já se adorauão em estas ilhas os **Cámis**, os quaes confessão que são homens mortaes, que nacerão nestes mesmos reinos; huns filhos de reis, e outros *Cungués*, e fidalgos mui nobres, dos quaes huns pela excellencia de suas artes; outros por ser insignes em arte militar, e ter obrado em sua vida factos heroicos, e cousas exquisitas: depois de mortos lhe atribuirão esta dignidade, e preeminencia de **Camis**, e são diferentissimos em tudo de Fotoqués, assi em o culto, templos, e Bonzos, como em tudo o de mais. A estes **Câmis** pedem immediatamente todos os bens naturaes, saude, vida prelongada, riquezas, filhos, vitorias contra seus inimigos, e entre toda esta infinidade de **Cámis**, ha hi tres que são os supremos, e mais venerandos». — P. Luís Fróis, *ibid.*, II, fl. 155.

1588. — «Pois os **Camis** não forão outra cousa senão os mesmos senhores Japões que por suas grandezas, e vitorias vierão a ser adorados por **Càmis** e agora os senhores de Japão, pretendem tambem quanto podem de se fazer **Càmis** como fizerão os outros». — P. Gaspar Coelho, *ibid.*, fl. 258.

1588. — «A quarta cousa que parece pretende, conforme aos que muitos cuidão, he depois de ter feito esta obra por ahi hũa estatua que represente a elle mesmo, e desta maneira fazer-se **Cami**, e ser adorado do pouo». — *Id.*, *ibid.*, fl. 259 *v.*

1608. — «... e tambem induzido pelos

Bonzos e cuidar que fazia nisso seruiço aos **Camijs** e Fotoques de que he muito deuota se mandou queixar ao *Cubo*». — P. Fernão Guerreiro, *Relaçam*, fl. 110 *v*.

1612. — «E tambem alguns naturaes que elles venerão por santos, a que chamão **Camis**, fizerão outras» (seitas). — Diogo do Couto, Déc. V, VIII, 12.

XVII. — «Foy tão notavel [o espanto e horror] que conceberam quasi todos os idolatras dando inteyro credito á communicação dos Bonzos, que como se já começassem a experimentar e a sentir os rigores do açoute, não mostravão outro cuidado que o de aplacar a ira dos **Camis** e *Fotoqués*». — *Apud* Cristóvão Aires, *Fernão Mendes Pinto e o Japão*, p. 96.

1634. — «Tem elles por suas historias duas series de genios ou espiritos que chamão **Cames**». — *Ibid.*, p. 126.

1694. — «Abominando e chamando diabolica a Divindade dos **Camis**; e Fotoquez, e dos outros monstros, que adoravão por deoses». — P. António Vieira, *Xavier Dormindo*, p. 379.

1697. — «Governava-se seiscentos e sessenta annos antes da vida de Christo por hum só Emperador, e senhor natural descendente dos **Camis** seus primeyros Reys, e progenitores, e adorados por Semideoses, por serem da prosapia do Sol». — P. Francisco de Sousa, *Oriente Conquistado*, I, IV, 1.

1874. — «Emquanto à religião, o povo limitava-se a adorar certos animaes, as montanhas, as arvores, e os seus chefes de tribus (analogos aos senhores feudaes da antiga Europa) que se chamavam **kamis** ou filhos de **kamis**, e considerava o imperador como divindade superior descendente de *Tendjiu*, o sol». — Pedro G. Mesnier, *O Japão*, p. 10.

1588. — «Hanno dipoi altri Dei, quasi del secondo grado donatori della sanità, de' figliuoli de' danari, e di quelle cose, che si appartegono al corpo, e questi chiamano **Camis**, che furono già Re, ò figliuoli di Re, ò che per alcuno ritrouamento, ò altra segnalata pruoua hanno conseguito la gloria di falsa diuinità. — P. Maffei, *Le Istorie*, p. 491.

1674. — «La más antiga y propria es de Deoses, a que llaman **Camis**; y estos fueron Reys y Principes antiguos y Personajes que con singularidad eran utiles a lo publico». — Faria e Sousa, *Asia Portuguesa*, II, p. 763.

1754. — «Le terme de **Cami** est fort équivoqué dans la Langue Japonnaise; car quelques fois il ne signifie, que Chevalier, et quelques fois il signifie beaucoup plus; on l'ajoute même aux noms des Femmes, aussi-bien qu'à ceux des Hommes. Enfin, c'est le nom générique de tous les anciens Dieux du Pays; mais alors il ne s'écrit pas de même, que quand c'est un titre d'honneur, il n'y a que la prononciation de semblable». — P. de Charlevoix, *Histoire du Japon*, I, p. 144.

« .. les **Camis**, qui sont en même temps regardez comme les premiers Dieux et les premiers Souverains du Japon». — *Id.*, p. 163.

1770. — «Celle [a religião *xintó*] reconnoît un être suprême, l'immortalité de l'ame, et elle rend un culte à une multitude de dieux, de saints ou de **Camis**, c'est-à-dire, aux ames de grands hommes qui ont servi et illustré la patrie». — Raynel, *Histoire*, I, p. 102.

1894. — «For the maintenance of the Shinto temples and shrines, which are said to number in all about 98,000, and to be dedicated to no less than 3,000 different Genii, or **Kami**». — G. Cobbold, *Religion in Japon*, p. 22.

* **CAMINHÃO**. Goma ou resina de benjoim. Do mal. *kamiñan*.

1613. — «Espesso arvoredo de aguila, calamba, beijoim, **caminhan**». — Manuel G. de Erédia, *Declaraçam de Malaca*, fl. 10.

* **CAMOTIM** (conc. *kāmatī*). Inspector dos campos, agrimensor. Usa-se o termo particularmente com relação às communidades agrícolas. Há famílias em Goa com a alcunha de *camotins*, pois o ofício, como outros de igual natureza, era hereditário.

1687. — «E tomando pera si este naçimento dizem expressamente que são o mesmo Deos Brumá; de cujos hombros ensinão nacerão os Rajus; e das coyxas os **Camotis**; e ultimamente dos pés os Xutres». — P. Fernão de Queiroz, *Conquista de Ceylão*, p. 62[1].

1720. — «Por sua letra e sinal poderia mostrar a V. S.ª a falsidade com que criminou a esse **camotim**, não sendo só elle o que concorreu para a sua ruina». — *Apud* Júlio Biker, *Collecção de Tratados*, III, p. 200.

1727. — «**Camotim**. Na India Portugueza, he o que tem debaixo da sua administração a Varzea, e o cuidado de a mandar avalladar, e applicarlhe o necessario». — Bluteau, *Supplemento*.

1746. — «E foi traduzido da lingua Portugueza na dos mesmos *Dessays* por Bogana **Camotim**, interprete do Estado». — Monterroio Mascarenhas, *Epanaphora Indica*, II, p. 65.

1852. — «**Camoty** inspector dos campos, nas Ilhas especialmente do serviço de vallados, portaes e semelhantes». — F. N. Xavier, *Bosquejo Historico*, (2.ª ed.), III, p. 53.

---

[1] O autor faz confusão com *comati*, quanto ao significado.

1855. — «Deixou de levar a effeito a nomeação dos **camotins** que lhe ordenara». F. N. Xavier (filho), *Collecção de Leis*, p. 2.

«O escrivão dará aos respectivos **camotins** a relação dos arrematadores ou subrendeiros seus declarando as varzeas que cada hum delles tiverem». — *Id.*, p. 29.

1907. — «... nomear entre os sete chefes da Ilha um **camoty**, e dar-lhe a posse dos vallados das *cazanas* da Ilha». — *O Oriente Portuguez*, IV, p. 88.

* **CAMPILÃO.** Alfange timorense. Do mal. *kampilan*,

1843. — «**Campilões** são uns alfanjes curtos e sem ponta, que quando tem certas nodoas no ferro, que os indigenas apreciam muito, toma o nome de *espada preta*, e se vendem por 10 pardáos». — *Annaes Maritimos* (parte official), p. 190.

**CAN, CÃO.** Corrução do turco-persa *khān*, «príncipe, senhor». A palavra ocorre posposta a vários nomes próprios de muçulmanos, como *Idalcão, Cedecão, Mamude Cão*. O reduplicativo *can-can* quere dizer «príncipe dos príncipes». *Grão Cão* era o tratamento que se dava ao rei da Tartária. O título está presentemente muito depreciado na Índia, por sua generalização.

1512. — «E **Rruztalcão** pelejou com o **Pularcão,** que estaua nas ilhas, e o desbaratou». — Afonso de Albuquerque, *Cartas*, I, p. 42.

1531. — «Ao que El-Rey lhe deu seus agradecimentos, e lhe deu o nome de **Cão,** que he como honra de *dom*, e d'ahy ávante se chamou **Rumecão**». — Gaspar Correia, *Lendas*, III, p. 417.

1552.—«Era senhor hum mancebo mouro chamado Cadauaz e por dinidade **cão,** e ficaua o nome todo **Cadauazcão,** e era vassalo do rey de Bengala».—Castanheda, *Historia*, VII, cap. 78.

1554. — «O *gram* **cão** tambem mandou grandes gentes, muitas terras». — Garcia de Resende, *Miscellanea*, fl. 153.

1563. — «E porque *ham* ácerca dos Mogores ou Tartaros, quer dizer rey, tambem chamão aos que querem *ham*, e nós corrutamente lhe chamamos **cam,** e por ventura milhor». — Garcia da Orta, Col. X.

—«O filho do grande Chingiz-Khan, Akkodai, assumiu o titulo superior de *Cáán, Qáán* ou *Kháqán*. Este era, assim como os seus sucessores, aquelle mysterioso potentado, o **Grão Cão** *da Tartaria*, ás vezes chamado **Grande Cão**». — Conde de Ficalho.

1570. — «O **Chan** que acrescentou el Rei Badur ao Rumi, he denotação da dignidade tomada dos Tartaros, e que entre os Guzarates, e outros Povos do Oriente se costuma dar por estado, ou merecimento de pessoa, que denota entre elles hũa dignidade como em Espanha a de Duque». — João de Barros, Déc. IV, IV, 16.

«Com a palavra do **Cancanà** (que era o principal Senhor de Guzarate em sangue, e renda, à que el Rey tinha grande respeito e o mesmo Melique) se tornou».—*Id.*, Déc. IV, V, 15.

1602. — «O Papa Innocencio quarto mandou por Embaixadores ao **grão Cão** senhor do Cathayo, que era Christão». — Diogo do Couto, Déc. IV, X, 1.

«Este, *Han*, he titulo entre os Tartaros, e delles correo por todos os reinos do Oriente, e he a cousa de que se os grandes mais honrão que todas. E como a pronunciação com que elles nomeão não cabe na nossa, porque o fazem na garganta, e com hũa aspiração que não se lhes entende mais que aquella, *an*, vierão a lhe chamar **can,** e ainda se corompeo mais, porque vulgarmente lhe chamão **Cão**». — *Id.*, Déc. V, X, 1.

«E pera mais o obrigar, lhe deo o titulo de **Chanchana** [leia-se *can-cana*], que he como Condestabre do Reyno, o qual na sua lingua quer dizer Senhor dos Senhores». — *Id.*, Déc. X, IV, 9.

1634. — «O **grão-cão** Rey dos Tartaros dominando a China mandou sobre o Japão um exercito de 200 mil infantes, e quatro mil vellas». — *Hist. da Igreja do Japão, apud* Cristóvão Aires, *F. M. Pinto e o Japão*, p. 152.

1663. — «No tempo que por alli passei era governador do Congo um filho do **Kan** de Lara, que corresponde no titulo a duque em Hespanha». — P. Manuel Godinho, *Relação*, p. 104.

1697.—«**Can** he indicativo de nobreza, como entre nós o *Dom*, e *Xa* da dignidade, e assim ora dizemos *Idalcão*, ora *Idalxá*». — P. F. de Sousa, *Oriente Conquistado*, I, I, 2.

1727. — «**Kam,** ou **Cham,** ou **Chan,** Na lingua Turca, e Persiana, val o mesmo, que Grande, e Poderoso Senhor. Tomão este titulo os Reys da Tartaria, particularmente o mais poderoso delles, e chamão-lhe o *Grão Ham da Tartaria*. Tambem na Persia se dá o titulo de **Kam** aos magnates da Corte, e aos Governadores das Provincias». — Bluteau, *Supplemento*.

1769. — «Sendo morto na batalha de Ambur pelos Francezes o Nababo Anavarde **Kan** de Arcata». — *O Chronista de Tissuary*, I, p. 324.

1825. — «S. Luiz recebeu, na Palestina um supposto embaixador do **Grã-Kan,** 1250». — José Inácio de Andrade, *Cartas*, I, p. 136.

851. — «En deçà de la Chine sont le pays des Tagazgaz, peuple de race turke, et le **khakan** du Tibet». — *Apud* Reinaud, *Relations*, I, p. 60.

1292. — «... Al **gran Can**, ch'è il maggior Re di tutti i Tartari, quale stà nei confini della terra fra Guco et Levante». — Marco Polo, *apud* Ramúsio, II, fl. 2.

XIV. — «A Sancto Papa Benedicto duodecimo cum aliis missus fui cum apostolicis literis et donis nuncius et legatus ad **Kaam**, summum omnium Thartarórum imperatorem». — Marignolli, *apud* Gubernatis, *Storia*, p. 142.

1444». — Piu oltre di questa prouincia di Mangi, se ne troua vn'altra che è la miglior di tutte altre del mondo nominata il Cataio, il signor della quale si fa chiamare il **gran Cane**, che nella sua lingua vuol dire imperatore». — Nicolo di Conti, *apud* Ramúsio, I, fl. 340.

1602. — «Y de [cousas de] guerras a los grandes y Virreys de las ciudades, que llaman **Cahni**, y *Cahnes*, y aunque estos son estados hereditarios y proprietarios, los quitan y ponem en criados de los Reyes». — D. Juan de Persia, *Relaciones*, fl. 10 *v*.

1610. — «Los de Tatar, a que dezimos Tartaros: llaman al Rey *Hhakhon* y **Khan**». — Pedro Teixeira, *Relaciones*, p. 192.

1616. — «Son frère aîné y auoit mal reüssi, et **Chanoann** le plus grand Capitainé de l'Empire n'y auoit pas esté plus heureux». — Thomas Row, in *Relations*, p. 28.

1616. — «Le **Can** est le premier tiltre d'honneur. *Mirza* suit apres; puis *Umbra*, et *Haddee*, qui signifie vn simple Cavalier ou Soldat». — Terry, *Voyage*, p. 17.

1631. — «**Chanis** vel *Hanis* (aspiratione forti) appellatio per quam usitata Persis et Tartaris est, apud quos reges et principes etiam minorum gentium dicuntur». — *De Imperio Magni Mogolis*, p. 171.

«Abdul tamen Rachiem his rebus gestis nomen **Chan Channae**, et quinque millium equitum praefecturam meruit». — *Ibid.*, p. 195.

1658. — «Tutto el Regno [da Pérsia] è repartito à diuersi **Kam**, che vuol dire Prencipi, ò Signori di prouincie». — Fr. Vincenzo Maria, *Viaggio*, p. 112.

1660. — «Seppe lo *Sciabandar*, ch'era pure Gouernatore del Luogo, e figlio del **Kam** di Lara (cioè del Viceré di quel Regno) il mio arriuo». — Mgr. Sebastiani, *Seconda Spedizione*, p. 127.

1675. — «This City has Caesar for its principal Patron; under him the **Cann**, who is President of the Province, or County-Sheriff». — Fryer, *East India*, III, p. 22.

1845. — «Chaque groupe de *khails* [subtribo no Afgão] ou chaque *khail* indépendent, ou même chaque division, qui a par chef un **khan**, est désigné par le mot *oulouss*». — Jancigny, *Inde*, p. 39.

1875. — «**Qaán**, again, appears to be a form of *Khágán*, the *Kháganos* of the Byzantine historians, and was the peculiar title of the supreme sovereign of the Mogols... When the value of **Khan** had sunk, a new form, **Khán-khánán**, was devised at the court of Delhi, and applied to one of the high officers of state». — Yule, *Marco Polo*, I, p. 9.

1876. — «Everywhere in Mongol history we find evidence of their presence, the titles **Khahan**, **Khan**, *Bigui*, or *Beg*, *Terkhan*, etc., are common to both races, while the same names occur among Mongol and Turkish chiefs». — Howorth, *History of the Mongols*, I, p. 31.

«**Kaan** is a contraction for **Khakan**, a title which Ogotai and his successor bore to distinguish them from the rulers of the three branches of the house of Jinjis». — *Id*, p. 116.

*** CANACA, canacar.** É o mesmo que *canacápole*, mas sem o prefixo honorífico. Rigorosamente, *kaṇakkar* é em tamul o plural do *kaṇakkan*. Os *canacas* formam uma casta do Malabar, conforme Duarte Barbosa.

1516. — «Ha outra ley nesta terra de gente mays baixa, ha que chamão **Canaquas**, que tem por oficio fazerem adarguas, e sombreiros; estes aprendem letras pera astrologia, saom grandes astrologos». — Duarte Barbosa, *Livro*, p. 335.

1894. — «... **canacas** que fazem *adargas* e sombreiros». — Lopes de Mendonça, *Os Orphãos de Calecut*, p. 196.

1544. — «Id me docuit Primarius quidam **Canacar** benevolus Christianis terram istam incolentibus». — S. Francisco Xavier, *Epist.*, lib. I, 19.

**CANACÁPOLE** (tam. *kaṇakkapillei*). Escrivão, contador; gerente, administrador, no sul da Índia. Os nossos missionários dão o nome também ao catequista e procurador dos cristãos.

1577. — «Veyo hum que seruia de escriuão, e disse que era pobre **canaquapolle** que não tinha que dar, mas que buscaria quatorze ou quinze fanões». — *Primor e Honra*, fl. 94.

1585. — «Em S. Thomé, e outras partes de Malavar os Portuguezes, e outros christãos tem muita e estreita conversação, e familiaridade em suas casas com os **Canacapoles**, ou escrivães infieis por respeito dos seus tratos». — Terceiro Concílio de Goa, in *Archivo*, IV, p. 135.

1592. — «O primeiro e terceiro Concilios Provinciaes tem prohibido a communicação, familiaridade, e cohabitação dos fieis com os infieis, e particularmente o serviço domestico dos **Canacapoles**, e escrivães gentios de S. Thomé». — Quarto Concílio de Goa, *ibid.*, p. 181.

1600. — «Para remedio desta falta o que chamam **Canacapoles** em lingua malabar, que na nossa he o mesmo que Procuradores do bem espiritual, e temporal da igreja». — P. João Lucena, *Historia*, II, cap. 10.

1603. — «Fareis a dita declaração pelo que achardes pelos **Canacapoles** das ditas aldeas, ou maioraes, ou por testemunhas». — *Regimento* do rei, in *Archivo*, VI, p. 803.

1614. — «... os *mutiares*, **canacapoles**, e todas as cabeças das *corlas*, e aldeias acudam ao vedor da fazenda, quando forem chamados». — *Documentos da India*, III, p. 56.

1684. — «Assinarão esta petição, proposta, e protesto 22 *Patangatins* de toda a Costa, hum *Topaz* Môr dos sete lugares, hum **Canacapuli** Môr, e 45 mays dos principaes daquelles lugares e nação». — P. Fernão de Queiroz, *Hist. de Pedro de Basto*, p. 91.

1687. — «Chegou esta carta á costa da pescaria, acompanhada de outra para os Christãos Parauâz; a qual se leu pelos seus escriuães, ou **canacapoles**». — Id., *Conquista de Ceylão*, p. 818.

«No dia seguinte me disse o sachristão, que ali chamão **canacapule**, que muytos virão aquele prodigio». — *Id.*, p. 825.

1694. — «Inventou a residencia dos que na lingua Malabar se chamão **Canacapoles**, que val o mesmo que procuradores da Igreja, os quaes sendo de boa vida, e bem instruidos nos Mysterios da Fé os ensinavão todos os dias, bautisavão em caso de necessidade, ajudavão a bem morrer, e supprião quanto sem o caracter do Sacerdocio póde fazer um Christão». — P. António Vieira, *Xavier Dormindo*, p. 458.

1701. — «Ordenou o Padre Francisco Peres, que os doentes avisassem logo o **Canacopole**, isto he, hum Coadjutor, ou Cura secular, de virtude provada». — P. Francisco de Sousa, *Oriente Conquistado*, II, I, 2.

1544. — «In eis conferenda, qui diligenter et accurate Christianam doctrinam in Neophitis pagis docuerint, quos hic **Canacapolas** appellant». — S. Francisco Xavier, *Epist.*, lib. I, 41.

«... et aliquem **Canacapulam** qui norit scribere, cujus manu exaratas relinquere possis in quovis loco precationes a pueris et aliis Cathecumenis ediscendas». — *Id.*, *ibid.*

1588. — «Poneua in quella veletta ripetitori scelti (che in quella lingua si nominano **Canacopoli**) di ogni numero di Christiani, huomini eccellenti di bontà, e d'ingegno». — P. Maffei, *Le Istorie*, p. 469.

*** CANA CHEIROSA.** V. *cálamo aromático.*

**CANA DA ÍNDIA.** V. *bambu* e *erva conteira.*

1831. — «Deu-se-lhe huma cabaia, e barrete de panno encarnado, hum panno, hum lenço, tambem encarnado, huma *rota* da **canna da India** com castão de prata, tudo remettido de Moçambique». — *Apud* Júlio Biker, *Collecção de Tratados*, XII, p. 85.

**CANA DE BENGALA.** V. *bengala.*

**CANAFÍSTULA.** É o mesmo que *Cassia fistula* de Linneu. — «A arvore pode ser facilmente conhecida pelas suas flores amarellas, e muito compridas e cylindricas vagens». — D. G. Dalgado (*Classificação Botanica*, p. 8). Daqui vem o seu nome. A polpa do fruto tem propriedades purgativas.

1503. — «Partindo della navegamos tanto que nos achámos muito engolfados na altura da terra de Vera Cruz ou Brazil... da qual se tira grande quantidade de **canafistula** e de páo Brazil». — João Empoli, *Viagem*, cap. I.

1509. — «... E hua arroba he quatro arates de **canafistulla**». — In *Cartas* de A. de Albuquerque, IV, p. 198.

1516. — «A **cana fistola** nace na serra que divide o Malabar de Narsinga em todo o lugar». — Tomás Pires, *Carta* a elrey, *apud* Cardeal Saraiva, VI, p. 420.

1516. — «... miramulanos, tamarinos, **canafistula**, e toda a sorte de pedrarias». — Duarte Barbosa, *Livro*, (2.ª ed.), p. 339.

1540. — «... pedra hume, **cana fistula**, tamarinho, cardamomo». — Fernão Pinto, *Peregrinação*, cap. 41.

1563. — «Acontece que purgam com huma onça de **canafistola** ás vezes mais que com trinta grãos de escamonea». — Garcia da Orta, Col. XIV.

1566. — «Nace nellas [ilhas de Java] pimenta, canella, **canafistula**, e cubebas». — Damião de Góis, *Chronica de D. Manuel*, III, cap. 41.

1596. — «Com as frutas podiam tambem entrar as **canas-fistulas**. Dão-se [nas Indias Ocidentais] em arvores mui grandes, e que tem muita semelhança com nogueiras». — P. Gaspar Afonso, *Hist. Tragico-maritima*, VI, p. 2.

1609. — «Ha n'esta terra muita **cana-**

**fistula** pelas matas». — Fr. João dos Santos, *Ethiopia Oriental*, I, p. 180.

1613. — «No sertão se achão alguns arvores de canella, **canafistola**, Tamarindo». — Manuel G. de Erédia, *Declaraçam de Malaca*, fl. 16.

1616. — «A arvore de **Canafistula** é semelhante á pereira, mas tem a folha mais comprida, e dá uma flor amarella de bom cheiro». — Pyrard de Laval, *Viagem*, II, p. 365.

1782. — «Vê-se outra que produz a **Canafistula**; mereceria pois a vossa attenção por ter extração e serventia nas boticas sua producção». — Fr. Clemente da Ressurreição, *Tratado*, II, p. 34.

1891. — «A **cannafistula**, isto é, a polpa do fructo — que Orta chama «cana» — era principalmente usada na India, como um purgante leve». — Conde de Ficalho, Col. XIV.

1578. — «En cayendo la flor, nasce la verde **canafistola**, la qual esta de vn verde muy hermoso, teñida en quanto es verde, y en madurando se buelue en breue termino negra». — Cristóvão da Costa, *Tractado*, p. 129.

1631. — «Si alvus solito astrictior fuerit, eam commode solvemus praestantissimis nascentibus laxativis, Thamarindis nimirum, et medulla **Cassiae fistulae**». — Bontius, *Hist. Naturalis*, p. 13.

1658. — «La *Cassia*, chiamata da Portughesi **Cannafistula**, da gl'Indiani *Bhaua* nasce in piante assai grandi». — Fr. Vincenzo Maria, *Viaggio*, p. 388.

1674. — «I travelled to the Tops of the Hills for the **Cassia fistula** Tree». — Fryer, *East India*, II, p. 74.

1786. — «... il sandalo, la **cassia fistula** o l'albero della cassia purgante». — Fra Paolino, *Viaggio*, p. 115.

* **CANAIATE** (própriamente *caniane*, do malaiala *kaṇiyān*, sendo *kaṇayātti* feminino). Feiticeiro do Malabar. V. *canoniane*.

1563 (1498). — «Nesta terra da India usão muito de feiticeiros e adevinhadores, e mórmente nesta costa da India, que se chama terra do Malabar, e chamão a estes adevinhadores **canayates**». — Gaspar Correia, *Lendas*, I, p. 69.

1600. — «Como se podera auer peor ventura, quando algũa ouuera, que sogeitarem os pays a criaçam, e vida dos proprios filhos, ao que acerta de vir á boca á um **Caneane**, criando sómente aquelles, que lhe elle quer fazer bem apertados, ou engeitando todos os que acerta de dizer que naceram em má hora». — P. João Lucena, *Historia*, VI, cap. 6.

**CANANGA.** «Nom d'un arbre à fleurs odoriférants (*uvaria*)». Favre. Do mal. *kananga* < talvez do sânsc. *kanaka*, *Cananga odorata* dos botânicos. Os dicionários registam *canango*.

1882. — «As essencias de mogarinhos [mogarins], champak, **canduanga**, laranja, rosa, cravo e outras». — Henriques Prostes, *Bol. S. G. L.*, IV, p. 392.

1908. — «Agua de **kananga** é o nome da essencia no mercado da Insulindia, e **cananga** em português de Dilly, o da arvore». — Alberto de Castro, *Flores de Coral*, p. 215.

1690. — «Hujus arboris [*canangae*] paucae partes sunt in usu, exceptis ejus nucleis seu ossiculis, quae mulierculae conterunt ad unguentum odoratum seu Boborri, quo inter lavandum corpus inungunt, ut bonum ipsi concilient odorem». — Rumphius, *Herbarium Amboinense*, III, cap. 10.

1908. — «Cocoanut oil has thus been found in **cananga**, citronella and palmarosa oils». — Watt, *The Commercial Products*, p. 360.

**CANARÊS** (s. e adj.). É claro que o termo designa a língua falada no Canará. Mas a própria palavra *Canará* tem passado por modificação geográfica: o sânsc. *Karṇāṭa* ou *Karṇāṭaka*, corrompido em *Kannāḍa* (= Kanara), era o nome duma vasta região no planalto dos Gates, conhecida dos nossos historiadores principalmente com relação ao reino de Bisnagá ou Narsinga, e abrangida actualmente por Maiçor e pelos distritos ocidentais de Hidrabad [1]. A sua deslocação, para denotar a costa ocidental entre Goa e o monte Deli, foi feita pelos portugueses e outros europeus, devido a ter estado essa região por muitos séculos sujeita aos reis canareses. V. *Influência*, p. L.

Por *língua canarim* ou *canarina* entendiam também os portugueses a que é actualmente conhecida por *concani*, pela mesma razão por que aos naturais de Goa chamavam *cana-*

[1] «A terceira [província de Narsinga] se chama **Canará**, tambem no sertão». — Castanheda, *Historia*, cap. 16.

«Aqui se enxerga lá do mar undoso
Hum monte alto que corre longamente,
Servindo ao Malabar de forte muro,
Com que do Canará vive seguro.
. . . . . . . . . . . . . . . . . . . .
Da terra os naturaes lhe chamam *Gate*».
Camões, *Lusiadas*, VII, 1 e 22.

*rins* (q. v.), sendo na realidade *concanis*.

1552. — «A lingoa do gentio he **Canarâ**». — Castanheda, *Historia*, II, cap. 22.

1597. — «Este Reino de **Canarâ** segundo suas escrituras teve principio quasi nos annos de mil duzentos e vinte da nossa Redempção. O seu proprio nome he *Charnà Thacà*, que de corrupção em corrupção se veyo a chamar **Canarà**». — Diogo do Couto, Déc. VI, v, 5.

1631 — «Fiz acima tresladar de lingoa e letra **canará**, em que está, bem e fielmente». — *Apud* Júlio Biker, *Collecção de Tratados*, I, p. 276.

1687. — «Quem for Missionario no Mogol, deve aprender a lingoa do Industan, e a Persiana, que se fala na Corte. Nas terras do Norte, a Marastta; nas de Goa, a *Canarina*, nas do Canará, e Maysur, o idioma **Canarâ**». — P. Fernão de Queiroz, *Conquista de Ceylão*, p. 91.

1655. — «Este Reyno *Charnátacà* (**Canará** con corrupcion siempre ocasionada en brevidades) no tuvo Principe soberano asta los años 1200 de la Reparacion humana». — Faria e Sousa, *Asia Portuguesa*, p. 189.

1886. — «Gradually and owing probably to local application at Goa, where the natives seem from the first to have been known to the Portuguese as *Canarijs*, * the name became appropriated to the low country between Goa and Malabar. * And this term, in the old Portuguese works, means the *Konkani* people and language of Goa». — *Glossary*.

* **CANÁRIA** (bot.). *Canarium commune*. É indígena das ilhas Molucas. Extrai-se óleo do seu fruto para usos domésticos. Do mal. *kanāri*

1552. — «E estes saem do mar para o mato a comer hũa fruita que ha na terra que se chama **Canaria** e he como amendoas e assi tem a casca». — Castanheda, *Historia*, VI, cap. 11.

1843. — «Ha em bastantes logares da Ilha [de Timor] umas grandes arvores denominadas de **canária**, igualmente silvestres, as quaes produzem uma fructa similhante ás amendoas da Europa, porém bastantes maiores». — *Annaes Maritimos*, (parte official), p. 85.

1883. — «Citaremos o pau rosa, palavan branco e o preto, parapa, **canaria**, estremangueira». — José Vaquinhas, *Timor*, in *Bol. S. G. L.*, IV, p. 308.

1902. — «Oleosas: amendoa, **canaria**, azeitona, coquinho, coco». — *Ta-ssi-yang-kuó*, II, III, 3.

1690. — «Harum insularum incolae ingens capiunt nutrimentum ac victum ex hujus arboris fructibus». —Rumphius, *Herbarium Amboinense*, III, cap. 1.

**CANARIM** (subst. e adj. uniforme [1]). Em rigor, *canarim* é o «habitante do Canará». Mas os portugueses desde princípio aplicaram erróneamente a denominação ao povo de Goa, que, geogràficamente, é concani, étnicamente, é indo-ária e, glotològicamente, é indo-europeu. Às vezes por *canarins* se entendem sómente os gentios ou sómente os cristãos indígenas, e amiúde, modernamente, se emprega o termo com sentido depreciativo. Com muita probabilidade, esta designação e a sujeição política ocasionaram, na bôca dos europeus, a deslocação do nome Canará (*Kannaḍa* em vernáculo, *Karṇāṭa* em sânscrito) dos Gates para o território da costa entre Goa e o monte Deli, isto é, entre o Concão e o Malabar.

1512. — «Feitor desta fortaleza de goa ho capitam mor e etc. per este vos mando que dees amtonio homẽ **canarim** cristão duas cotonias e tres panos de cambaya de que em nome de sualteza lhe faço merce por se tornar cristão». — Afonso de Albuquerque, *Cartas*, v, p. 175.

1515. — «Per este vos mando que pages manuel de lacerda natural da terra casado e morador nesta cidade de goa cõ molher outrosy natural da terra seis mil reaes ẽ dinheiro... por qanto he **canarī** e he bẽ qe receba fauor e gasalhado». — *Id.*, v, p. 266.

«Asy da nosa gente, como malavares, **canarins** de Goa e gente da terra». — *Id.*, I, p. 377.

1552. — «A todo o maritimo que encontramos até a serra Gate que vae ao longo da costa com que faz hũa comprida e estreita faixa de terra, chamão elles *Concan*, e aos pouos propriamente *Conquenijs*, posto que os nossos lhe chamão **Canarijs**). — João de Barros, Déc. I, IX, 1.

1552. — «Esta ilha a que nós chamamos Goa, chamão os **canarins**, que são os gentios naturaes da terra Tiçoary». — Castanheda, *Historia*, III, cap. 8.

1563. — «Os **Canarins**, que he o Gentio desta terra de Goa...». — Garcia da Orta, Col. XIV.

1589:

«De Canaris, e Malabares hião
Outros dous mil tambem (os quaes criados
Na mesma terra sam) que embarcauão
Nos nauios de Mouros que ali estavão».

Francisco de Andrada, *O Primeiro Cerco de Diu*, I, 41.

[1] Mas ocorre em escritores antigos a frase «língua canarina».

1694. — «E os filhos que lhe vierão de longe, são os **Canarins,** os Decanis, os Malabares, os Chingalàs, os Bengálas, os Peguz». — P. António Vieira, *Xavier Dormindo*, p. 152.

1616. — «... que no-la [relação] mandou de lá o padre Belchior da Sylva, sacerdote theologo pregador, **Canarim** de nação, nascido em Goa».—Diogo do Couto, Déc. VII, I, 8.

1616. — «Todo o trafico ordinario a retalho é alli [em Goa] feito por Banianes, **Canarins,** e outros estrangeiros, assim gentios como mahometanos, e raras vezes pelos Portuguezes, Mestiços, ou Indios christãos da terra». — Pyrard de Laval, *Viagem*, II, p. 154.

1697. — «São os **Canarins**, que assim se chamão os naturaes destas terras, insignes neste jogo, e estas são as armas ordinarias com que se defendem das violencias dos estrangeyros nas suas aldeas». — P. Francisco de Sousa, *Oriente Conquistado*, II, I, 1.

1842. — «Pode fazer duvida a denominação **Canarins** dada aos Christãos nativos de Goa; mas se se attender que o Canará foi christianisado dez annos antes de Goa (!), e que muitos dos nativos daquelle paiz acudiram a este, talvez os Goanos Christãos quizessem antes denominar-se **Canarins** do que Concanós; e ou que os gentios, conservando este appelido, dessem o outro aos neófitos». — *Annaes Maritimos*, p. 103.

1852. — «Do *Canará* vem o **Canarim,** e com quanto os habitantes de Goa nada tivessem de commum com aquelle Reino, aquelle appelido foi-lhes applicado, bem ou mal, como patronimico, em alluzão ao Reino donde vieram; por isso nada teria de ignominoso, se porventura não fosse empregado em forma de desprezo, que merecesse de ser tratado por Leis de injuria punivel». — F. N. Xavier, *Bosquejo Historico*, III, p. 6.

1858. — «A palavra **Canarim** está tomada hoje como termo offensivo, mas sem razão, por que nada mais significa do que *natural do Canará*, e o territorio de Goa era antes da conquista portugueza incluido no Canará. Donde vem que nos primeiros tempos chamávamos **Canarins** indistinctamente a gentios e a christãos, como ainda faz o auctor; posto que agora quasi exclusivamente se applicasse o nome aos christãos naturaes». — Cunha Rivera, *apud* Pyrard, II, p. 31.

1874. — «Um rei do Canará, gentio, conquistou ou antes tomou posse do rico paiz inerme; d'ahi veio aos habitantes, com pouca propriedade, a denominação de **canarins**». — Tomás Ribeiro, *Jornadas*, II, p. 16.

1582. — «In questa Isola [de Goa] sono alcuni habitanti detti **Canarini,** i quali adorano una statua nuda di pietra, che la tengono per loro Idolo». — G. Balbi, *Viaggio*, fl. 68.

1676. — «Pour ce qui est des procés on n'en voit jamais la fin, ils passent par les mains des **Canarins** qui sont gens du païs qui font le metier de soliciteurs et de Procureurs, et il n'y a point de gens plus rusez et plus subtils». — Tavernier, III, *Voyages*, p. 159.

**CANCANÃ** (conc. *kāṅkaṇ*, pl. *kāṅkṇām*, sânsc. < *kaṅkaṇa*). Manilha de massa vidrada, que usam em grande número as índias solteiras e casadas e que se quebram à morte do marido, em sinal de viùvez. Há igualmente *cancanãs* de ouro e outros metais, com que se adornam até os homens e que são às vezes concedidas por autoridades em prémio de actos valorosos.

1727. — «**Cancanas**. Bracelete. Todas as mulheres Indias trazem cinco, seis, e mais bracelletes, ou **Cancanases** [plural do plural] em cada braço; as Mogolas usão de **Cancanases** de marfim, que quebrão com qualquer colera, ou pesar, que tenhão, para melhor mostrar a sua dor». — Bluteau, *Supplemento*.

1874. — «... e nos pulsos uma arcaria enfeitada de *ganttés*, **cancanás,** e pulseiras de coral com rosas de ouro». — Tomás Ribeiro, *Jornadas*, II, p. 104.

1886. — «Rapam a cabeça; quebram as **cancanás,** bracelletes». — Lopes Mendes, *A India Portugueza*, I, p. 268.

1898. — «... nos torneados pulsos, vistosas arcarias de **cancanás** e gantes». — Oliveira Mascarenhas, *Atravez dos Mares*, p. 203.

1905.— «**Cancanã**-*Qharo* (potassa usada na fabricação de manilhas de massa) a pardau 8 réis». — Ernesto Fernandes, *Regimen do sal*, no *Bol. S. G. L.*, XXIII, p. 384.

1906 — «Nos braços enfiam uma série de **kankanas,** manilhas de vidro, que tomam o nome de *patleu* quando de ouro» — Hipácio de Brion, *Duas mil leguas*, p. 23.

1916. — «... com o respectivo cortejo de **cancannãs** e custosos penduricalhos». — *Heraldo*, de 9 de Novembro.

1825. — «Les époux ayant pris place sur l'estrade, et le *san-calpa* terminé, on passe à la cérémonie importante appelée **kankana**. A cet effet, on se procure deux morceaux de safran, ou curcuma, autour desquels on attache un fil double... L'époux, prenant alors un de ces morceaux de safran, l'attache au poignet gauche de l'épouse, qui, à son tour, lui attache l'autre morceau au poignet droit». — P. Dubois, *Mœurs*, I, p. 308.

**CANCHI** (s. m.). Ocorre a palavra

em alguns dicionários portugueses com o significado de «árvore japonesa, cuja casca serve, como o papel, para nela se escrever». — Os dicionários japoneses registam *kanchi* com os significados «astúcia, manha»; mas *kanchiku* é «uma espécie de bambu»; não sei porém se a sua casca serve de papel.

**CANDE.** Desfiladeiro nos Gates, e no «Norte», isto é, em Damão e outras praças. Do mar. *khānḍ* e sânsc. *khaṇḍa*.

1687. — «O nome deste Reyno [de Cândia] sem corrupção he *Candi hūre*, que uertido diz: As serras la do sima; porque esta palaura, **Candi**, tãobem em outras linguas do Industan significa, caminho, ou vereda estreyta entre serras». — P. Fernão de Queiroz, *Conquista de Ceylão*, p. 46.

1726. — «Recebeo Sua Excellencia a noticia secreta de que Nagobba Saunto estava em hum **cande** (ou desfiladeyro)». — André Ribeiro Carvalho, *Relação*, p. 7.

1731. — «Outrosim se assenta, que o caminho do **Cande** de Tellery será francamente continuado aos Maratas». — *Apud* Júlio Biker, *Collecção de Tratados*, VI, p. 176.

1745. — «Esta [serrania dos Gates] pelo aspero, e escabrozo dos seus penhascos, pelo intrincado dos seus impenetraveis bosques, difficulta a communicaçam de Balagate com estas terras, que ficão para a parte de Goa, e só se tem praticado, algumas estreitas veredas, a que chamão **Candis**, pelas quaes, pode passar sómente hum boy carregado, a traz de outro, ou hum homem só a pé, com o cavallo pela redia». — Monterroio Mascarenhas, *Epanaphora Indica*, II, p, 5.

«Chegando a huns desfiladeiros, a que a lingua da terra dá o nome de **Candi**, o achou impenetravel pela aspereza do mato que nelle havia crescido». — *Id.*, p. 47.

1828. — «Estas [tropas] ainda não bastavão para impedir em alguns **candes** (ou desfiladeiros) o passo aos inimigos, que entravão a roubar os incautos moradores de nossas aldeas». — *O Chronista de Tissuary*, I, p. 30.

«Dous desfiladeiros (ou **candes**) que ficão ao norte e sul do dito forte se devem cegar, deixando crescer nelles o mato». — *Ibid.*, p. 55.

**CANDI** (adj.). V. *açúcar*.

1687. — «Nas partes do Norte, em Cambaya, Bengâla, e Kina, o purificão com limo, e fazem assucar **candil** como christal, e muyto duro». — P. Fernão de Queiroz, *Conquista de Ceylão*, p. 921.

**CANDIL, candim** (pl. *candis, candins*). Como medida de capacidade, vale 20 *curós* ou alqueires; como pêso, corresponde a 20 *mãos* ou uns 500 arráteis. Do mar. *khaṇḍī; khānḍī* em concani, *kaṇḍi* em tamul e malaiala.

O *i* tónico final das palavras indianas nasaliza-se normalmente na sua passagem para português, como *lascarim, palanquim, Pangim, Cochim*. Mas às vezes encosta-se a um *l*, como *candil, caril, sadil*. Gonçalves Viana, porêm, entende que o *l* se originou do plural, — *candis, caris*, por analogia com *funis*, de *funil*, e outros vocábulos semelhantes. Mas *caril* usa-se geralmente no singular. Também em concani, *mercel* está por «mercê», e em muitas línguas neo-áricas *mastul* é «masto», forma antiga de *mastro*.

Rafael Bluteau e vários dicionaristas modernos consignam outro significado de *candil*, o de «antiga moeda de Ormuz», e abonam com João de Barros. Nunca existiu tal moeda; o que há é *çadi, çadim*, ou *çadil* ou *çandil*, com omissão tipográfica de cedilha do *Ç* maiúsculo em alguns escritores antigos, como também aconteceu algumas vezes com *Çamorim*. V. *sadi*.

1511. — «Nove pardaos de arroz giracall e dous **camdys** de mãtega». — Afonso de Albuquerque, *Cartas*, V, p. 151.

1515. — «. . . a razam de hũ **cady** por dia a cada hũ». — *Id.*, VI, p. 280.

1516. — «Tem outros pesos maiores que chamaom **candil**, que pesaom quatro quintaes pouco mais ou menos segundo hos lugares». — Duarte Barbosa, *Livro*, (2.ª ed.), p. 289.

1531. — «Levará o *Tanadar* de cada **candil** de bate meio *leal*». — Afonso Mexia, *Precalços dos officiaes do Mandovim*.

1538. — «E lhe mandou de presente mil vaqas . . . e quatro centos **candis** de trigo que passão de cem moyos». — Gaspar Correia, *Lendas*, IV, p. 25.

1545. — «Teria de peso seis mil **candins**, que da nossa conta são vinte e quatro mil quintaes». — Fernão Pinto, *Peregrinação*, cap. 158.

1554. — «O **candil** de guoa tem 20 mãos, cada mão 24 arrateis». — António Nunes, *Lyvro dos Pesos*, p. 31.

1559. — «Cinquo mil **candis** darroz de

carregação para provimento dos almazens e armadas de sua Alteza».—*Archivo Port.-Oriental*, v, p. 400.

1569. — «E o **candil** darroz, que sohia valler a tres pardáos, se não achaua agora por seis e sete patacões».—*Ibid.*, II, p. 178.

1604. — «Nos almazens de cada fortaleza dous mil **candiz** de arroz, para estarem em deposito». — Diogo do Couto, Déc. VI, IX, 16.

1611. — «Havia muitos chatins, que são mercadores que falavão por **candiz** de pagodes de ouro, que he huma moeda como tremoços... e o **candil** he hum quarteirão de trigo desta terra». — Id., *Dial. do Soldado Pratico*, p. 156.

1616. — «Affirmam os *Talapões* antigos daquelle Reyno, que se lançarão naquelles alicerces seiscentos **candis** de ouro, que pela nossa conta sam duzentos moios de ouro, porque cada **candil** tem vinte alqueires». — *Id.*, Déc. XII, v, 4.

1632. — «Responde hum **Candil** a quasi trinta alqueires da medida de Portugal».—Fr. Luís de Sousa, *Hist. de S. Domingos*, III, p. 369.

1634. — «A dita armada é de fustas ou navios de remo de porte cada hum de oitenta **candis**, e cada **candil** de 20 mãos, que são como alqueires de Portugal». — António Bocarro, *Livro*, III, p. 75.

1791. — «Queira V. Ex.ª mandar cá 5:000 homens, 50 **candins** de polvora, e 25 **candins** de chumbo». — *Apud* Júlio Biker, *Collecção de Tratados*, IX, p. 1791.

1840. — «Todo o Tabaco importado pagará nas Alfandegas do Estado o Direito unico de oitenta xerafins por **candil** de dezeseis arrobas». — *Collecção de Bandos*, I, p. 189.

1883. — «**Candil** pode ser peso (460 kilos) ou medida de capacidade (280 litros)». — Gabriel Pereira, *Bol. S. G. L.*, IV, p. 288.

1915. — «Eu tive a fortuna de colher 34 **candins**, dez **candins** mais de que o anno passado». — *O Ultramar*, de 21 de Outubro.

1578. — «Es tanta la cantidad [de canafistula] en Cambaya (de donde es la mejor) que dan vn **candil** (que es quinientas y veinte y dos libras) por vna moneda que vale tresientos y sessenta marauedis». — Cristóvão da Costa, *Tractado*, p. 129.

1582. — «In Goa sono due sorti di **Candil**, cioè uno di *man* 16, e uno di man 20». — G. Balbi, *Viaggio*, fl. 68 *v*.

1589. — «On n'y peut avoir vne **Candile** de Riz qui contient quatorze mesure de deçà pour la valeur de diz ou quinze sols». — Linschoten, *Histoire*, p. 30.

1618. — «The **Candee** at this place [Batecala] containeth neere 500 pounds». — W. Hore, in *Glossary*.

1666. — «Il y a à Sourate comme ailleurs diverses sortes di poids et de mesures. Celle qu'on appelle **Candy**, vaut vingt mans». — Thevenot, *Voyages*, III, p. 53.

* **CANDÓ** (guz. *kāndho*). Corte de ramos de árvores para queimada, em Damão. V. *cumerim* e *chobinó*.

1901. — «O tradicional **candó** ou poda, feita pelos colonos para obterem a cinza que serve de estrume aos *adares* ou sementeiras, tem concorrido muito para o deploravel estado do arvoredo, e principalmente das tecas». — José Pinheiro, *Bol. S. G. L.*, XX, p. 30.

1916. — «O problema de **kandó** (que é uma poda barbara nas arvores em Nagar Avely, e dos *cumerins* (queimada de terras com folhagem) nas Novas Conquistas sempre ai está irresolvido». — *O Heraldo*, de 30 de Março.

**CANDUM.** «Termo da India portugueza. Ruptura no vallado ou dique». Domingos Vieira. De facto, em concani e marata *khāṇḍ* (pl. *khāṇḍām*), derivado do sânsc. *khaṇḍa*, quere dizer «rotura»; e vê-se da abonação que o termo é corrente no português de Goa.

1917. — «A precipitação da chuva aos cantaros, umas boas polegadas em poucos minutos, está produzindo **canduns** em todas as bordas e taludes... Pois impedir êsse curso é em geral fazer que a água irrompa por mais quatro lugares e cause mais quatro **canduns**»». — *O Ultramar*, de 18 de Junho.

**CANDURA, cundura, gandra, gundara, gundra.** O vocábulo, diversamente grafado, designa uma «embarcação pequena das Maldivas exclusivamente construida e aparelhada com a madeira e productos do coqueiro». Parece que o termo é vernáculo, e não recebido do Malabar ou de Ceilão, como são alguns outros, e que a forma *cuñdura* se aproxima mais da dição originária. Note-se porêm que P. E. Pieris afirma que «as Maldivas são conhecidas entre os singaleses como *Gundira Raṭa*, «País de Gundiras». Havia no Malabar um pequeno reino, conhecido por *Gundra*; é possivel que o seu nome influísse na forma *gundra* [1].

[1] «É de muita importancia, diz o rei de Portugal, não se unir o reino de *Gundra* ao de Travancor, por ser mau e não ficar mais poderoso». — *Doc. da India*, II, p. 90.

1345. — «Tambem he dos seus costumes, quando lhes chega algum navio, sahiremlhe ao encontro os **Alcanaderes,** que são os botes (cada hum destes chama-se **Condoro**)». — Ben-Batuta, *Viagem*, II, p. 269.

«Afretou depois o **Kandora,** em que seguio viagem para Almahal». — *Id.*, p. 279.

1513. — «Comprou hũua **comduraa** das jlhas, e, como veyo tempo partio nela, com algũa espyciaria que escapou». — Afonso de Albuquerque, *Cartas*, IV, p. 179.

1520. — «Agora me tomarão outra **gundora,** tudo a mymgoa disto; que sse os dessem e as **cundoras** andassem seguras, as ffetorias seeriam fartas». — *Alguns Doc. da Torre do Tombo*, p. 451.

1557. — «Comprou uma **candura,** que são naviós pequenos que navegão por aquellas Ilhas». — *Commentarios*, III, cap. 43.

1563. — «... **gundras,** que são huns barcos das Ilhas de Maldiva, onde se faz o fio de cairo de que se fazem as amarras e enxarcias de toda a nauegação da India, afora muito outro serviço da terra. **Gundras** são feitas de madeira das palmeiras juntas e pegadas com tornos de páo, sem nenhum prego, e as velas são esteiras feitas de folha secca das palmeiras». — Gaspar Correia, *Lendas*, I, p. 341.

1613. — «Tinhão alem de Cochim roubado hũas **guntedras** (*sic*) de cairo que vinhão das ilhas de Maldiva». — Francisco de Andrada, *Chronica de D. João III*, II, fl. 57.

1613. — «Cotias, champanas, **gundras,** jambucos [zambuco] e parangues, de cem *candis* pera cima [pagam] meyo pardáo». — In *O Oriente Portuguez*, II, p. 15.

1614. — «Nesta envolta tomáram tambem sete **gundras** das Ilhas de Maldiva, carregadas de fazenda». — Diogo do Couto, Déc. X, IX, 11.

1616. — «Tomara o dito vedor da fazenda de risco a terça parte do dito cairo, ordenando que viesse em **gondlas** [talvez por *gondras*] cada anno». — *Carta Régia*, in *Documentos da India*, III, p. 471.

1825. — «Several large boats from the Maldive Islands passed, which were pointed out to me by the pilot as objects of curiosity, non often coming to Calcutta; they have one mast, a very large square mainsail, and one top-sail, are built, the more solid parts of coco-wood, the lighter of bamboo, and sail very fast and near the wind». — Heber, *Narrative*, I, p. 42.

**CANE** (chin. *kái* ou *pán*). Pavimento, chão de casa, na China.

1895. — Com o corpo alquebrado pelo cansaço, deitamo-nos sobre o **kan** de tijolo». — Conde de Arnoso, *Jornadas pelo Mundo*, p. 360.

**CANELA.** Casca de *Cinamomum Zeylanicum*, Breyne. Também se chama *cinamomo* e *cássia* (*lignea*), ambos os vocábulos de origem semítica. A sua pátria é, como indica o nome botânico, a ilha de Ceilão. Há alguma no Malabar, mas é de inferior qualidade, sendo por isso denominada «canela de matos». Etimològicamente, *canela* é deminutiva de *cana*.

A canela era um dos principais objectos de comércio português, e os nossos escritores descrevem minuciosamente a árvore e o processo de preparar a canela.

1500. — «... cravo da India, **canella,** páo Brazil, sandalo». — *Navegação de P. A. Cabral*, cap. 15.

1502. — «He huma Ilha rica, e de trezentas legoas de grandeza, donde ha grandes serranias, e produz **canella** em muita mais abundancia do que em nenhum outro lugar». — Tomé Lopes, *Navegação*, cap. 19.

1507. — «E de **canela** fyna o dobro do que forem ordenadas pera ver». — *Regimento Régio*, in *Annaes Maritimos* (1845), p. 385.

1516. — «Nesta ilha [Ceilão] nasce boa e verdadeira **canela,** nasce pelos montes em aruores como louros: elRey ha manda cortar em ramos delguados, e mandandolhe tirar a casca, ha manda secar em certos meses do anno, e da sua mam ha daa ha hos mercadores que ha vem comprar». — Duarte Barbosa, *Livro*, (2.ª ed.), p. 350.

1552. — «Grão parte he das arvores de que se tira a **canela** que tem a folha como louros e a casca he a **canela** que vem cá, que se tira dos ramos depois denxapotados e secos». — Castanheda, *Historia*, II, cap. 22.

1563. — «Direi hum pouco da aruore de **canella,** porque a não ha em outra parte senão neste Ceilão. A qual aruore he baxa e delgada madeira; todo o anno tem folha e está verde sem perder folha, somente tem folha mais em hum tempo que em outro, que he no tempo de florecer, e lança huma flor branca em que faz huma baga preta como baga de louro, que assy tem a folha propia como louro. A flor he muy cheirosa; da baga se tira hum azeite, que se faz duro como o sabão branco, cousa muy forte de quente... Então a gente da terra a vay cortar, que he casca do páo, que cortão ao redor do páo por cima e por baixo, e hum golpe ao longo do páo, e a deixão assy ficar; e neste cortar são tão mestres, que hum dia hum só homem cortará dous quintaes de **canella;** e dando o corte esfolhão o páo, porque já nom toma virtude da terra, logo se vay secando e espedindo o páo, virando as pontas pera dentro, até que se espede do páo, e cae no chão, onde se está secando, e toma a sua côr que tem». — Gaspar Correia, *Lendas*, I, p. 651.

1572:

«A nobre ilha tambem de Taprobana,
Já pelo nome antigo tão famosa,
Quanto agora soberba e soberana,
Pela *cortiça* calida cheirosa».
Camões, *Lusiadas*, x, 51.

1613. — «Vi, oh padres, a primeira vez a afamada **canella** de Ceilão, cuja fruita é como pequenas landeas com seus cascabulhos, mas a cor depois de madura preta como azeitonas, da qual tambem se faz oleo». — P. Manuel Barradas, *Hist. Tragico-maritima*, II, p. 78.

1685. — «Os matos della [canella] são tão fechados, que hum homem não he possivel andar por elles hum tiro de pedra. A sua folha he no feitio, como de tanchagem, em quanto nos tres talos que tem; porêm o corpo della, como o de louro; quebrada entre os dedos he o cheiro do melhor cravo da Arrochella, que pode haver». — João Ribeiro, *Fatalidade Historica*, p. 5.

1687. — «Hé a casca de huma aruore semelhante â Romeyra, que parte abrindo com o calor do Sol, parte com a industria, se tira, e seca ao Sol; e uulgarmente se chama **canêla**, pela figura de canal; porque os Chingalezes lhe chamão, *Curdo;* os Malayos, *Caisman;* os Malauares, *Cames;* os Arabes, *Quirza;* os Persas, *Darquima;* os Latinos, *Cinamomum*, ou *Cassia*. Esta hê a droga, que fez celebre a Ilha de Ceylão. As aruores em tres anos produzem noua casca; e se ouuera cultura, fora increuel a abundançia». — P. Fernão de Queiroz, *Conquista de Ceylão*, p. 58.

1782. — «Tem o 1.º logar a planta chamada **canella**, bem conhecida por suas virtudes aromaticas da sua casca, e cheiro de suas flores, que aqui [em Goa] fazem as vezes de louro».—Fr. Clemente da Ressurreição, *Tratado*, II, p. 318.

1578. — Y porque estos Chinas la lleuauan a vender a los de Ormuz, la llamaron los Ormuzanos, *Darchini:* que en Parsio quiere dezir palo de la China: y assi la vendian en Alexandria, y en las otras partes, mudandole el nombre, per la vender mejor a los Griegos: y llammaron *Cinamomo*, que quiere dezir, palo oloroso, y a la **Canela** de la Iaua y a la del Malabar (per ser peor) le pusieron nombre, *Cays manis*, que en la Lengua Malaya quiere dezir, palo dolce». — Cristóvão da Costa, *Tractado*, p. 10.

1584. — «L'albero della cannella fa qui nello Statto del re di Cochin, non già quella eccellente, che questa vienne dall' isola di Zeilan, che è sotto il capo di Camorin, ma d'una specie un poco più grossa; qui le chiamano di *Máttos*, como dire, salvatica, ancora ch'ei se ne trovi della bonissima». — F. Sassetti, *Lettere*, p. 223.

1610. — «Sigue luego la que en Portugues se dize **Canela do mato**, e de aquesta la mijor es la que se coge en el [reino] de Coulan, y no tan bueno la del de Cochim». — Pedro Teixeira, *Relaciones*, p. 185.

1658. — «Quod vocabulum [*canela*] diminutum ex *Canna* videtur, à quo Isidorus l. XIX, Orig. cap. VIII, *Cinamomum* dictum scribit: *quod cortex in modum Cannae sit rotundus et gracilis*».—Piso, *Mantissa Aromatica*, p. 165.

1676. — «La **canelle** vient toute presentement de l'Isle de Ceilan. L'arbre qui la porte est fort approchant de nos saules et a trois écorces». — Tavernier, *Voyages*, III, p. 371.

**CANEQUIM.** Tecido grosso de algodão, muito usado outrora na Índia e na África Oriental. Do concani-mar. *khaṇkī*.

1546. — «1 Cabaya branca, acolchoada, de **canequim**». — *Espolio* de Balthazar Jorge, in *Bol. S. G. L.*, IV, p. 290.

1601.—«Quatro gyboys de **canequym** usados, de molher, avaliados em duzentos réis». —Tomás Pires, *Materiaes*, etc., *ibid.*, XIV, p. 719.

1601. — « **Canequins** andem [hão de] ter dezoito covado de páo, de comprido, e hum covado de largura». — *Carta de Lei*, in *Archivo*, VI, p. 743.

1602. — «**Canequins** bofetas, beyrames, sabagagis, e outras [roupas] que se achão escritas nos livros das leis dos Romanos, das quaes costumauão a pagar grandes direitos». — Diogo do Couto, Déc. IV, I, 7.

1609. — «Todos os mouros desta costa, ainda que sejam muito pobres, e não tenham de comer em sua vida comtudo fazem muito por ter guardado um panno fino ou **canequim** para se amortalharem em quando morrerem». — Fr. João dos Santos, *Ethiopia Oriental*, I, p. 111.

1611. — «E sendo horas de jantar se despedio de Nuno Velho levando uma peça de **Canequim** que lhe deu». — João Baptista Lavanha, *Hist. Tragico-maritima*, V, p. 58.

1615.—«Hum pavilhão de **quanequim** usado avalliado em dous mil e quinhentos rs.». — Tomás Pires, *Bol. S. G, L.*, XIV, p. 746.

1634. — «Principalmente [as roupas] de Cambaya, que servem para Moçambique e toda a costa de Mombaça, que são **canequins** pretos, teadas, algodões». — António Bocarro, *Livro*, III, p. 122.

1657. — «Anda jurando em altas vozes pelas ruas, como o moço, que vende caça, e **canequim**». — D. Francisco de Melo, *Apologos Dialogaes*, p. 169.

1663. — «... cachas, beirames, guingões, **canequís**, e muitas outras sortes de pannos». — P. Manuel Godinho, *Relação*, p. 56.

1699. — E assim não se devia imputar ás Religiosas de Santa Monica, que vivião amortalhadas em hum pedaço de **canequim** tinto, escondidas ao mundo, e unidas todas com Deos». — Fr. Agostinho de Santa Maria, *Historia*, p. 222.

1906. — «**Canequim** — Tecido de algodão, ordinario, que ainda hoje vem de Damão ou de Diu para Goa». — Alberto O. de Castro, *A Cinza dos Myrtos*, p. 172.

1589. — «On y [Cambaia] fait beaucoup d'ouvrages de coton de diverses sortes et de divers noms, comme **Cannequins**, Boffetas, Iornins, Chauteres, Cotonias». — Linschoten, *Histoire*, p. 19.

**CÂNFORA**. Do sânsc. *karpūra* se derivou o neo-árico *kāpūr*, de que os árabes, por não terem *p*, fizeram *kafūr*, e transmitiram aos portugueses sob a forma de *alcanfor*, e *canfor*, que por fim se corrompeu em *cânfora*.

Há várias espécies de cânfora, sendo a mais estimada a de Bornéu e Samatra. V. Garcia da Orta, e *Glossary*.

1516. — «... honde [em Solor] se acha muyta cantidade de **canfor** de comer, que antre hos Indios he muy estimada, e ual a peso de prata». — Duarte Barbosa, *Livro*, (2.ª ed.), p. 373.

1524. — «A terra de burneo nam tem majs que **canfora**, que se chama de burneo, a quall he de comer, e gastase prjnçjpallmente em bengala e paleacate... que a **canfora** da china he de botica, segundo o costume dos christãos, e nam he pera comer, como est outra de burneo». — In *Cartas* de A. de Albuquerque, IV, p. 36.

1529. — «.. terra [Bornéu] muyto abastada de carnes, e arroz, e outros muytos mantimentos e riqas mercadorias, e principalmente **canfora**, que d'aqui corre por muytas partes, que nace na terra em aruores, como nace a goma». — Gaspar Correia, *Lendas*, III, p. 369.

1552. — «He [Bornéu] terra muyto abastada... de cousas ricas, e de muyto preço, como a **canfora**, que nace por toda esta ilha em aruores, assi como nace a rezina nestas partes». — Castanheda, *Historia*, VIII, cap. 21.

1563. — Os Gentios e Baneanes e Mouros, que esta fazenda comprão, fazem della quatro sortes, scilicet: *cabeça, peito, pernas, pé*». — Garcia da Orta, Coll. XII.

1572:

«Olha tambem Borneo, onde não faltam
Lagrimas no licor coalhado, e enxuto,
Das arvores, que camphora he chamado,
Com que da ilha o nome he celebrado».

Camões, *Lusiadas*, X, 133.

1788. — «Por cada arratel de **Cafur**, dezoito reis, e tres quartos». — *Collecção de Bandos*, I, p. 43.

1578. — «Llaman los Arabes a la **Canfora**, *Capur*, y *Cafur*, haziendo poco escrupulo de la *P*, a la *F*» — Cristóvão da Costa, *Tractado*, p. 251.

1610. — «... la grande isla Borneo, de donde viene la perfetta y pura **Camphora**, llamada por todo Oriente, Persia y Arabia *Kapur* y *Kaphur*». — Pedro Teixeira, *Relaciones*, p. 162.

**CANGA** (*cangue* em francês e inglês). O significado oriental desta palavra é «tábua de suplício», usada especialmente na China e Cochinchina. Joaquim Calado Crespo descreve-a do seguinte modo (*Cousas da China*): «A canga é um pesado quadrado de madeira com 80 centímetros de lado por 5 de espessura, tendo um buraco central onde fica preso o pescoço do condemnado».

O vocábulo, neste sentido, é, segundo Yule, genuínamente chinês, registado em um dicionário do século IX com a forma de *kanggiai* (mandarino moderno *kyang-hiai*). De *kanggiai* provêm o cantonês *k'ang-ka*, «trazer a canga», e provávelmente o anamita *ganga*. Julga êle provável que os portugueses tomaram a palavra duma dessas últimas formas, e a associaram com a sua própria *canga*, «jugo de bois», ou «jugo de carregador para transportar cargas». Gonçalves Viana, porêm, afirma que o termo português *canga* «designou, por analogia de forma ou de aplicação, a tábua que serve de suplício na China» [1]. V. *Influência*.

Os nossos mais antigos orientalistas não dão nenhum nome específico ao instrumento. Fernão Pinto chama-lhe simplesmente *colar*: «Nos mandou meter numa estreyta prisão com grilhões nos pés, algemas nas mãos e

[1] Domingos Vieira atribui à palavra portuguesa origem asiática e deriva o verbo *cangar* de *canga*, e não inversamente, como o fazem outros lexicógrafos: «A etymologia proposta do latim *conjugare*, não se póde acceitar, porque não ha exemplo de alteração phonetica, similhante à que se daria no caso de essa etymologia dever acceitar-se».

*collares* nos pescoços». O P. Belchior Nunes (1555) designa-o por *tábua:* «Com hũa *taboa* metida no pescoço com hũas letras que declaravão seu crime»[1]. Fr. Gaspar da Cruz (1569) emprega a mesma expressão: «Alguns tambem por leues culpas os fazem andar pelas ruas aa vergonha com hũa *tauoa* grossa e quadrada, de tres palmos ou pouco mais de largura, metida pollo pescoço por hũ buraco que tem no meio da largura do pescoço, sendo a tauoa de duas peças que se abre para lh'a meterem pollo pescoço. E na tauoa leua escritas as culpas porque anda aa vergonha». O P. Semedo, que tambem descreve minuciosamente o instrumento de tortura (p. 126) e indica o seu nome chinês — *kia hao* — não menciona a palavra *canga*. Emprega-a Castanheda no seguinte passo (VI, cap. 72), mas não precisamente no sentido oriental: «Sabendo [Vasco da Gama] que forão na frota duas molheres solteiras as mandou açoutar metidas ambas em hũa *canga*.

A primeira menção de *canga,* na acepção chinesa, encontramo-la no livro de Cardim; mas antes dêle, em 1635, António Bocarro alude a *ganga* com a mesma acepção (p. 158): «Amarrado o metteram n'um *balão,* e com um sino o levaram a correr toda a armada, e depois o metteram n'uma capoeira com uma **ganga** ao pescoço» (em Pegu). Parece-me que temos aqui um indício de que o verdadeiro étimo não é a voz portuguesa *canga,* mas o anamita *gang,* que depois, por atracção, se converteu em *canga.* O que é corroborado pelos autores das *Noticias da Cochinchina, infra.*

Beato Odorico (1318) fala de uma espécie de *canga,* usada, por motivo religioso, em Choramândel: «In cotal pelegrinaggio molti portano una tavola in collo, ovvero mensa forata, e'mettono il capo per lo foro, e così la tiene infine che perviene a l'idolo, e quivi la gettano dinanzi di lui». *Apud* Gubernatis, *Storia,* p. 140.

1640 — «Tinha lançado ao pescoço uma **canga** com dois pesados paus a modo de escada». — «Foi preso André por ser christão e levado ao tronco, onde lhe lançaram uma **canga** ao pescoço, que, como já disse, são dois paus grossos a modo de escada, mais ou menos pesados conforme a culpa do delinquente». — P. António F. Cardim, *Batalhas,* pp. 85 e 185.

1694. — «**Canga** chamão no Oriente os Portuguezes, e os Cochinchinas *Goung,* a huma maquina a modo de escada, as duas hastes tão compridas como quasi duas braças, e se vem con quatro travessas como degraos hũo em cada ponta, e as outras duas muy chegadas ao meyo de tal maneyra, que se possa huma haste desencaixar das travessas prezas na outra. Mete o padecente o pescoço dentro das duas travessas do meyo, e encaixão-se tôdas as quatro travessas na outra haste, amarrando-se apertadamente ambas as hastes nas pontar». — *Noticias da Cochinchina,* p. 49.

1838. — «Compoem-se a **canga** de duas pranchas com um buraco redondo no meio, por onde só cabe o pescoço do reu, que, depois de unidas não é senhor de ver os pés, nem levar as mãos á boca, e carece que outrem lhe ministre a comida. Em ambas as faces da **canga** costumam grudar umas tiras largas de papel em que estão escritos em grandes caracteres o delicto que se pretende castigar e o tempo que deve durar a pena». — *O Panorama,* de 13 de Janeiro.

1700. — «On mit la **Cangue** (c'est un instrument composé de deux ais fort pesants échancrez vers le milieu de leur union pour serrer le col) à Monsieur Canghis, et aux Peres Candone et Belmonté». — *Lettres Édifiantes,* I, p. 82.

1725 — «L'Empereur fit alors attention à tant de malheureux détenus dans les prisons, ou condamnés à porter la **Cangue** dans les carrefours». — *Ibid.,* XVIII, p. 444.

1727. — «With his neck in the **cangoes** which are a pair of Stocks made of bamboos». — A. Hamilton, in *Glossary.*

1778. — «Ceux qui vendent à faux pris, sont condannés à la **Kangue,** espece de pilori ambulant». — Anquetil Duperron, *Législation Orientale,* p. 206.

1779. — «Aussitôt on les mit tous trois en prison, des chaînes aux pieds, une **cangue** au cou». — *Lettres Édifiantes,* XXV, p. 427.

1876. — «Terkutay fastened on him a **cangue,** the instrument of torture used by the Chinese, consisting of two boards which are fastened to the shoulders, and when joined together round the neck form an effectual barrier to desertion». — Howorth, *History of the Mongols,* I, p. 50.

[1] Cristóvão Aires, *Fernão Mendes Pinto,* I, p. 88.

**Canga**. V. *ganga*.

* **CÂNGALHA**. Denominou-se antigamente na Índia o barco pequeno, como canoa ou almadia, que tem um contrapêso de três peças de madeira, para se não bandear ou virar. Modernamente, por *cangalhas* se entende únicamente a aludida armação, muito usada nos rios. As *coracoras* dos malucanos tem um engenho análogo.

1518. — Nam dê seguros, somente ás cotias e **cangualhas** que ao porto de Chaul vem com mantimentos e outras cousas necessarias para naos». — *Archivo Port.-Oriental*, v, p. 23.

1531. — «Assentey que das náos, e zambuquos, pagueis e paraos, **cangalhas** e cotias de nauegação... De huma **cangalha** pequena ou almadia grande se leuará doze *bazarucos*». — *Ibid.*, p. 142.

1687. — «Vão á praya, embarcão se em hum *tone* de **cangalha,** pera nelle passarem o golfo». — P. Fernão de Queiroz, *Conquista de Ceylão*, p. 449.

1582. — «Queste perche dette barche sono atrauessate di due legni di una banda, iquali escono fuori di dette barchette uicino ad un passo, e à piedi di quelli è bollato un grosso legno à trauerso, e piano, che tanto è grande quanto vien à riposarsi sopra l'acqua, in modo, che non può in alcuno modo sommergersi». — G. Balbi, *Viaggio*, fl. 64.

1782. — «Aux deux côtés du bateau sont attachés deux aîles horisontales qui servent à le soutenir quand la mer est grosse» (em Maluco). — Sonnerat, *Voyages*, II, p. 121.

* **CANGALI**. Ração de arroz que se dá ao jornaleiro no Malabar. A palavra não vem nos dicionários vernáculos, mas deve derivar-se de *kangālam*, «classe de servos prediais no Malabar». H. H. Wilson.

1511. — «... deu e despendeo cõ os cynquoenta e seis *tibas* que vieram de cananor a fazer a caua aos quaes deu vinte e noue fardos e seis candys em corenta e cynquo dias que aquy estiverã a hũ **cangally** darroz a cada hum por dia». — Afonso de Albuquerque, *Cartas*, v, p. 150.

* **CANGANE** (tam. *kaṅgaṇi*). Fiscal, olheiro, em Ceilão.

1687. — «Em outra aldea, estando já a novidade posta em monte, tirou o *Vidâna* e **Cangâne** a porção do foreyro; e de sorte repartio pera si, pera o **Cangâne,** e medidor o que ficaua, que deixou aos Lauradores muyto pouco... Subitamente cahio hum rayo, que matou o Vidâna, o **Cangane,** e medidor». — P. Fernão de Queiroz, *Conquista de Ceylão*, p. 832.

**CANGUE**. Figura esta palavra em um dicionário com o significado «árvore da Índia portuguêsa». Se é o mesmo que o conc. *kāṅg*, não é árvore, é «milho painço» — *Setaria Italica*, Beauv.

* **CANIANE**, **canoniane** (malaiala *kaṇiyān*). Astrólogo, feiticeiro no Malabar. V. *canaiate*.

1606. — «Manda o sagrado Concilio que nenhuma pessoa se cure com *Curumbim*, ou **Canoniane** em Cochim, ainda que sejão christãos». — Quinto Concilio de Goa, in *Archivo*, IV, p. 265.

* **CANIPA** (teto *kanipa* ou *kaniba*). Nome de aguardente de cana em Timor. «Bebida importada de Java, de que os indigenas são muito apaixonados, a qual é feita de canna de assucar ou, para melhor dizer, dos seus residuos, depois de tirado o producto principal. Este termo foi introduzido pelos commerciantes que lhes chamam *canipa*». Rafael das Dores.

1843. — «Picos de **canipa** ou aguardente de cana».—*Annaes Maritimos*, (parte official), p. 182.

1881. — «Para a distilação de aguardente de canna, denominada na ilha **canipa,** que tem muito consumo no paiz». — José Vaquinhas, *Timor*, in *Bol. S. G. L.*, II, p. 737.

1883. — «O governador Alcoforado e Sousa montou uma fabrica de aguardente **canipa** a 50 metros de Coilão - Cebo».— *Id.*, III, p. 749.

1908. — «Excepto nos centros, onde os negociantes chineses vão introduzindo a **canipa,** uma confeição de alcool de milho importado, com assucar-pedra amarello». Alberto de Castro, *Flores de Coral*, p. 175.

**CANIRÃO**. V. *cazoró*.

1786. — «**Cagniram** Malab., *pau de Solor* (?) Portg., albero che porta la noce vomica, che si dava per vomitare, ma deve proscriversi, perchè è troppo violenta». — Fra Paolino, *Viaggio*, p. 365.

**CANOATA** (mar. *khāṇvaṭ*). Antigo imposto de Baçaim, que vai abaixo explicado.

1554. — «E a Renda **canoata,** que he dum percalço que tinha o *catuall*, que he de cada butiqua em que os *conchares* vendem arroz».—Simão Botelho, *Tombo*, p. 156.

**CANJA** (fr. *cange*, ingl. *congee*). Esta palavra, muito vulgarizada hoje em dia em Portugal, não tem na Índia o mesmo sentido em que aqui se toma [1]. A *canja* indiana, como se entende em ásio-português, é arroz muito cozido em água e sal, e algumas vezes sem sal, e assim comido com desenjoativos, de manhã por almoço e às vezes à tarde por merenda. Dá-se ordinàriamente aos doentes como alimento fraco e de fácil digestão. Corresponde no significado ao conc. *péz*, de sânsc. *peyā* < *peya*, «bebível ou bom para beber».

Em sânscrito e nos prácritos modernos, *kāñjī* significa «arroz muito diluído e azedado», tal como é usado pelos lavadeiros indígenas em lugar de goma. «Seus [dos malabares] panos brancos são lauados com agoa de cozedura de arroz, com que ficão muyto lisos». Gaspar Correia, *Lendas*, I, p. 357 [2].

Mas em tamul *kañji* tem ambos os significados, de arroz com água e goma de arroz, emquanto em malaiala o mesmo vocábulo sómente se emprega na primeira acepção, sendo a segunda expressa pelo composto *kañjippaxa* = goma de canja. Do que se infere que a dição indo-portuguesa se originou do malaiala.

Os nossos antigos indianistas empregam a palavra em diversos sentidos e compreendem sob uma denominação genérica várias espécies de decoctos de arroz, que nos idiomas vernáculos tem expressões especiais ou compostos especificativos. Também a voz *canja* em indo-português se aplica por analogia às papas de outras substâncias. V. *Contribuïções*.

[1] «Êste termo indiano, que em todo o Portugal se difundiu para designar o caldo de arroz, principalmente com galinha e presunto, mas que também se emprega quando outra carne se utiliza...». — Gonçalves Viana, *Apostilas*.

[2] «They have... a great smooth Stone on which they beat their Cloths till clean; and if for Family use, starch them with *Congee*». — Fryer, *East India*, II, p. 122.

A canja era conhecida em Roma no tempo de Horácio, que põe na bôca dum médico a seguinte receita: «Ora vamos! Toma esta *tisana de arroz*». Mas o doente recusa-a por ser cara: «Que me importa que morra de enfermidade, de furto ou de roubo?».

1553. — «Vierão os nossos a não comer que hũa vez no dia, e isto muito pouca quantidade de arroz cozido em aguoa sem mais outra cousa». — João de Barros, Déc. II, IX, 3.

1563. — «Dam-lhe a beber agoa de expressam de arroz com pimenta e cominhos (a que chamão **cange**)». — Garcia da Orta, Col. XVII.

«Damos a comer ao enfermo leite azedado misturado com arroz, e frangos delidos em agoa deste arroz (a que elles chamão **cange**)». — *Id.*, Col. XXVII.

1585. — «Não havia outras mezinhas nem beneficios mais que remedio de sangrias, **canjas** de arroz ou milho, e estas não com abundancia». — Manuel Godinho Cardoso, *Hist. Tragico-maritima*, IV, p. 55.

1614. — «Não tinham mais que hum pouco de arroz, de que faziam **canja**, que são papas, de que davam huma só vez ao dia a cada pessoa». — Diogo do Couto, Déc. X, VIII, 13.

1635. — «Respondendo-lhe elles que só tres ou quatro patacas salvaram, que se as queria alli as tinha, se calou o china, e mandou logo fazer grande copia de **canja** de arroz, que bastou para todos se refazerem da fome em que estavam». — António Bocarro, Déc. XIII, p. 168.

1695. — «Em nove dias não dão ao febricitante cousa alguma de comer, mais que de manhãa, e noite huma pouca de agoa que escoam do arroz, a que chamão **Canja**, sem sal, nem outro tempero». — Cosme da Guarda, *Vida de Sevagy*, p. 156.

1712. — «**Canja**. Arroz cosido sem sal, muito delido, ficando a agua muito grossa, sem se enxergar bago de arroz; bebida que se dá para engrossar estillicidio». — Bluteau, *Supplemento*.

1782. — «Deveis livrar as [folhas de bananeira] que tiverdes, d'esses grandes decotes, que muitas vezes soffrem da gentilidade que as busca para pratos em que coma, como a arequeira, ainda os christãos para n'ella comer e beber sua **canja**». — Fr. Clemente da Ressurreição, *Tratado*, II, p. 346.

1829. — «Alguns comtudo conservam o primitivo habito de beberem **canja** feita de arroz». — Cottineau de Kloguen, *Bosquejo Historico de Goa*, p. 162.

1842. — «O sustento usual dos nativos é, logo pela manhã, **canja** (agoa de arroz cozido sem sal), com peixe miudo, e manga salgada, a que chamam *tóca bôca*, e lhes serve para tirar o fastio de semlehante bebida, aliás reputada medicinal, e é o seu caldo de galinha nas enfermidades». — *Annaes Maritimos*, p. 435. — Nem a refeição consiste únicamente em água de arroz, que não precisaria de tais desenjoativos, nem é preparada sem sal, que só se omite por exigência terapêutica ou, em raras partes, por motivo de economia, que não subsiste em Goa, onde abunda o sal e é baratíssimo. A porção de água é que pode ser maior ou menor e o arroz mais ou menos cozido, conforme os usos locais. A simples água em que se cozeu o arroz denomina-se no português do país «caldo ou calda de arroz», e em concani *tarṇ, nīs, nixém, nivaḷ*.

1898. — «Almoço do indio é o *canji* (**canja**), que não passa d'uma decocção d'arroz em que não entra sal nem temperos, mas que, segundo elles, os alimenta e refregera». — Oliveira Mascarenhas, *Atravez dos Mares*, p. 128.

c. 70. — «Maxime quidem *oryza* gaudent [os índios], ex qua **tisanam** conficiunt quam reliqui mortales ex hordeo».— Plinius, *Naturalis Historia*, XVIII, 13.

1578. — «. . . en la qual aplicando se desta Raiz, o del tronco molida con **Canja** (que es agua de cozimento de Arroz), deixando esta agua primero algunas horas, para que se haga azeda». — Cristóvão da Costa, *Tractado*, p. 58.

1631. — «. . . in vino suo adusto, vel aqua Oryzae, quam **Candgie** vocari alibi diximus». — Bontius, *Historia Naturalis*, p. 82.

1658. — «. . . per prendere la **cangia**, ordinaria collatione degl' Indiani, che è l'acqua, quale colano dal riso mal cotto, misturato com molto pepe ammaccato».— Fr. Vincenzo Maria, *Viaggio*, p. 379.

1690. — «In Diarrhea ac Dysenteria, si quotidie vetustae nucis [arecae] contusae assumatur semi-drachma cum vino rubro austero, aqua chalybeata, vel cum Oryza cocta, **Candji** dicta, mixtae, quae simul itidem adstringunt, et intestina corroborant». — Rumphius, *Herbarium Amboinense*, I, cap. 6.

1713. — Dans certains *Madams* on donne à manger aux Brames, dans d'autres on leur donne de la **Canje**, on appelle ainsi l'eau où l'on a fait boüillir le riz».—*Lettres Édifiantes*, XII, p. 113.

1782. — «Dans quelques-unes [*chaurins*] même on pousse l'hospitalité jusqu'à lui donner du **Cange** pour se rafraîchir». — Sonnerat, *Voyages*, I, p. 25.

1786. — «Gl' Indiani prima di uscir di casa e di accingersi alle loro facende prendono la mattina il loro *Cagni*, che gli Europei chiamano **Cangi**. Questo è l'acqua del riso cotto, che vi lasciò crema farinacea, nutritiva becchica, rinfrescante». — Fra Paolino, *Viaggio*, p. 113.

«Questo **Cangi** datto alle tele con arte, inganna sovente il compratore, perchè vede più corpo nella tela, che realmente non vi esiste, giacchè lavandosi la tela, questo **Cangi** sparisce, e la tela diventa men consistente». — *Id.*, p. 347.

1824. — «And also ordered one of them to sit by him and gave him **congee**, rice-gruel, as often as he complained of thirst». — Heber, *Narrative*, I, p. 424.

**CANOM** (jap. *kvan-on*). Deusa da misericórdia, na mitologia chino-japonesa, representada com onze rostos e mil mãos.

1549. — «E que por este pouco que os nossos olhos nos mostravão delle, se julgaria ser elle o verdadeiro Deos, e não Xaca, nem Amida, nem Gizom, nem **Canom** que não forão mais que homens muyto ricos, como as suas escrituras contavão delles». — Fernão Pinto, *Peregrinação*, cap. 212.

1874. — «A deosa **Canon** (em chinez *Kuan-yin*), uma das innumeraveis santas locaes do budhismo, tambem tem um templo em Macau, chamado pagode da Barra, que é o mais antigo edificio da possessão portugueza, e de cujo nome, Makok se derivou o nome d'esta colonia». — Pedro G. Mesnier, *O Japão*, p. 250.

**CANTOR** (conc. *kāntor*). Sapal valado e reduzido à várzea.

1727.—«**Cantor**. Na India Portugueza chamase assim o Sapal cuberto de salgueiros, e quando se reduza a varzea, cortando os salgueiros, se chama tambem **Cantor**, sendo grande, e sendo pequeno *Cantorla*». — Bluteau, *Supplemento*.

1741. — «A vargia Somannochó **Cantor**, sita na aldeia de Maem, não foi dada para o Estado poder possuir, nem foi pedida pelo mesmo Estado». — *Apud* Júlio Biker, *Collecção de Tratados*, VI, p. 236.

* **CANUDO**. Esta palavra tem em ásio-português o significado peculiar de «cigarro», feito na fôlha de qualquer árvore e especialmente na de bananeira. Conforme o P. Gaspar Afonso, o termo era usado, na forma deminutiva, nas Índias Ocidentais, donde os portugueses e os espanhóis o teriam introduzido no Oriente juntamente com a planta. Tal cigarro tem efectivamente o feitio de canudo.

1596 — «De maneira, que o fim dos banquetes mui regalados, e a ultima iguaria delles é um prato fermoso cheio de tantos rolos ou **canudinhos**, como elles lhe chamam, feitos daquelas mesmas folhas seccas enroladas, quantos são os convidados, os quaes **canudinhos** acezos por uma ponta, e metidos na boca, pela parte que estão acezos [? — talvez «não estão acezos»] estão chupando o fumo, reprimindo o folego quanto podem, para que o fumo tenha tempo para andar visitando, consolando, e amezinhando todas as partes interiores». — P. Gaspar Afonso, *Hist. Tragico-maritima*, v, p. 54. V. *tabaco*.

1833. — «A Renda do Tabaco de folhas consiste no monopolio, e privilegio exclusivo de só os Rendeiros do Tabaco ou Contractador desta Renda poder vender ao publico por grosso, ou por meudo, incluzive os **canudos** e cherutos». — *Collecção de Bandos*, I, p. 136.

1886. — «Achava-se o fosso todo povoado de magnificas bananeiras, cujas folhas são consideradas de primeira qualidade para embrulhar o tabaco, em fórma de **canudos** ou *viris* — especie de cigarro — de que geralmente se usa em Goa. — Lopes Mendes, *A India Portugueza*, I, p. 232.

1898. — «**Canudo,** cigarro de tabaco indiano, feito sobre uma folha de bananeira ou d'outra arvore, em fórma de canudo». — D. G. Dalgado, *Flora*, p. XVII.

1912. — «As folhas de *Aptá* são o producto commercial de grande valor. Servem para obrar cigarros indianos ou *biddis* (**canudos**) de tabaco de Balagate que fumam os indios». — Caetano Gracias, *Flora Sagrada*, p. 43.

1917. — «Proibe vender às crianças até a idade de 16 annos **canudos** cigarros e outras cousas desta especie ou tabaco». — *Heraldo*, de 16 de Maio.

* **CANUXI** (jap. *kannushi*). Sacerdote do *xintoismo*, (q. v.), religião nacional dos japoneses. Muitos dos nossos escritores abrangem tais sacerdotes sob a denominação de *bonzos*.

1584. — «Acertarão de ir ter a hũa *varela* de hum *Cami*, donde lhe sahião os **Canuxis,** que são hũa certa maneira de Bonzos casados, que servem aos camis, e ordinariamente grandes feiticeiros». — P. Luís Fróis, *Cartas de Japão*, II, fl. 102.

1584. — «Ha nesta cidade hũs certos Bonzos leigos, casados com cabello, e barba, barrete, vestidos de amarello, a que chamão, **Canoxis**». — P. Lourenço Mexia, *ibid.*, fl. 125.

1902. — «Mas imaginem agora que n'um paiz qualquer da Europa, no nosso por exemplo, faziam a sua entrada triumphal os bonzos buddhistas, ou os **kanushi,** de *Shintô*, e começavam a querer catechisar as massas». — Venceslau de Morais, *Cartas do Japão*, I, p. 35.

1754. — «Tous les ministres du Sinto, qui sont connus sous les noms de *Neges*, de *Sinsios* et de **Canusis,** sont regardez comme des Personnes profanes». — P. de Charlevoix, *Histoire du Japon*, I, p. 176.

* **CANVO** (chin. *kan-vu*). Patente de fornecimento de provisões a um funcionário durante o trajecto na China.

1729. — «Quando partir o Embaixador Me-te-ló mandado a pagar tributo leverá comsigo carta, e as cousas que traz, e então se lhe dará **Kamho** (he huma patente ou passaporte) para por todo o caminho ter o que lhe for necessario». — *Apud* Júlio Biker, *Collecção de Tratados*, VI, p. 90.

**CAPACEIA.** Diz o Padre Fernão de Queiroz, falando da África Oriental, que é o nome da semente de algodão. O termo não é certamente africano, e nenhuma língua da India, que eu saiba, o conhece. Em concani, marata, singalês, *kāpūs* é «algodão», do sânsc. *kārpāsa*; e *kāpūsā-bī*, que parece ser o étimo, quere dizer em concani «semente de algodão». Dá-se na Índia a semente às vacas e cabras como alimento lactígeno.

1687. — «Nace [o algodão] de hũs arbustos, que ao modo de uinhas semeão, cultiuão, e podão; sem mais trabalho, que tirar lhes a semente, ou **capacea,** que por ser quente dão ao gado em tempo frio». — *Conquista de Ceylão*, p. 320.

* **CAPANEQUE.** Gabão oriental. Do persa *kapanek*, que, conforme Devic, pode bem ser de origem europeia.

1565. — «Viuem de vender tudo isto e **capaneques** (que são como roupoens grandes». — *Itinerario* de Mestre Affonso, in *Annaes Maritimos* (1884), p. 227.

«E com **capaneques** (que são como roupoens de laam)». — *Id.*, p. 410.

1610. — «Los **Kalandares,** que son los Mahometanos... ahorranse mejor vistiendose de **Capanecas** o feltros, pieles de Carneros, Caperuzones de lo mismo, medias y çapatos o alpergatas». — Pedro Teixeira, *Relaciones*, p. 103.

* **CAPÃO, caxão.** Não se sabe qual das duas formas é mais correcta, nem se pode bem precisar o sentido da palavra. Depreende-se porêm que deve ser «casa de pesagem nas alfândegas de Ormuz, Mascate e outras partes, como as havia no Malabar («casas de pêso») para pesar especialmente a pimenta. Parece-me que o vocábulo provêm do persa, que

tem *vazn*, pl. *auzan*, «pêso»; *hamsang*, «eqùiponderante», que podia corromper-se em *caxão*; *pāsang*, «fazer pêso», que podia influir em *capão*. São meras conjecturas, na falta de melhor.

1554. — «A manteiga se vende por mãos [em Ormuz]... e vem em hũas Jarras de couro grandes, *dabaas* (q. v.) e pesa-se no **capão** [1], que he o peso da çidade, juntamente cada dabaa». — António Nunes, *Lyvro dos Pesos*, p. 23.

1589. — Elle seja juiz do *mandovim*, e **caxão**, e *bandel* do dito Mascate e rendimento delle, e os officiaes e guardas della serão mouros postos por elle, e nos despachos do dito mandovim e **caxão** de todas as fazendas de toda a sorte que pagarem direitos por entrada e saida, assistirá o feitor de Sua Magestade». —*Archivo Port.-Oriental*, v, p. 1248.

**CAPIAR** (malaiala *kappiyāra*). Sacristão da igreja dos cristãos de S. Tomé no Malabar, os quais seguem o rito siríaco.

1599. — «Não era benta [a água] por Sacerdote, nem com oração alguma da Igreja, senão só o **Capiar**, ou Sanchristão deitava nella hum pouco de barro, que os Romeiros que hião á romaria a S. Thomé trazião dos lugares santos». — Sínodo de Diamper, in *Archivo*, IV, p. 469.

«Manda o Synodo que das esmollas das Igrejas se tire certa porção que parecer aos mordomos, e se dê ao **Capiar**, ou outra pessoa que tenha cuidado de alimpar os altares». — *Ibid*, p. 478.

*** CAPIGI** (turco *qápiji*). Guarda-portão, porteiro, na Turquia.

1604. — «When we were now set upon our departure, there came to Pasha fifteen **capgis** from Constantinople, who are gate-wards to the Grand-Turk». — Pedro Teixeira, *The Travels*, p. 70.

1614. — «Si trouano **Capigi**, cioè Portieri, alla guardia». — Pietro della Valle, *Viaggi*, I, p. 85.

1676. — «Il trouva un **Capigi** qui l'y attendoit, avec l'ordre du Grand Seigneur de lui envoier sa tête».—Tavernier, *Voyages*, I, p. 16.

**CAPIM**. Êste vocábulo brasileiro, também usado na África, designa na Índia as gramíneas *Anthistiria citrata* e *A. cymbaria* (*karai*) em concani), que se usam para forragem e lume.

1904. — «Denomina palha de arroz e **capim** (feno)». — *O Oriente Portuguez*, I, p. 90.

1909. — «Nas Ilhas era feito o pagamento com molhos de palha de arroz e de **capim**».—Amâncio Gracias, *Subsidios*, p. 137.

1911. — «O sr. Barreto preconisou o emprego do **capim** para a alimentação do gado, durante a epoca secca, o que se obtem simplesmente á custa da despesa de córte ou ceifa». — J. E. Castel Branco, *Bol. S. G. L.*, XXIX, p. 373.

*** CAQUEMONO** (jap. *kakemono*). Pintura japonesa, que se suspende nas paredes a modo de mapas.

1897. — «Longas tiras de seda ou de papel, por onde correu o pincel imaginoso, tiras assentes em tecidos deslumbrantes, debruados de setim; e todo collado depois a uma folha de papel resistente, terminando por ligeiros rolos de madeira, com os topos por vezes de charão ou de marfim. Não ha lar, luxuoso ou humilde, que não guarde, enrolados e cuidados, alguns **kakemonos**, que se desenrolam em pendão, ao longo das paredes». — Venceslau de Morais, *Dai-Nippon*, p. 66.

1908. — «A leste os montes arborescentes de Tatu-áhi, que no extremo oriental do porto de Dilli teem um relevo de montanhas de **Kakemono**, ou de antigas porcelanas japonesas». — Alberto O. de Castro, *Flores de Coral*, p. 217.

1894. — «The reception-rooms which are beautifully decorated with **kakemonos**». — Cobbold, *Religion in Japan*, p. 72.

**CAQUESSEYTÃO**. Fernão Mendes Pinto, narrando a sua viagem para o país dos Batas em Samatra, descreve minuciosamente um maravilhoso animal, nomeado pelos naturais *caquesseitão*, que não encontrei em nenhum dicionário. Gonçalves Viana (*Apostilas*) observa com muita razão que «difícil de identificar é o animal a que Fernão Mendes Pinto chama *bicho de voo*, no que o compara ao morcego... Como descrição leva a palma às de Cuvier; assim ela seja verdadeira!».

O vocábulo tem visos de composto, sendo o primeiro elemento *caque-*, onomatopaico, que significaria «cacarejar, grasnar, gargalhar», do mal. *kakak* ou *kekek*. (Cf. *kakaktua*, ou *kĕkĕtua*, «cacatua»). Quanto à se-

[1] «Peso d'Ormuz, ou casa onde se pesava». Felner.

gunda parte, há mais dificuldade na averiguação. Se é *Setan*, «Satán», ou demónio, a locução diria literalmente «demónio gargalhante», e poderia talvez designar figuradamente algum animal fabuloso ou horrendo. Mas o malaio tem igualmente *sintar*, «uma espécie de coderniz listrada de peito azul (blue-breasted banded rail) — *hypotaenidia striata*». Nem de longe, porêm, lhe quadra a descrição do autor. V. *banaza*, outro animal singular descrito pelo mesmo escritor.

1539.—«Vimos aqui tambem hũa muyto nova maneira, e estranha feyção de bichos, a que os naturaes chamão **Caquesseytão**, do tamanho de hum grande pato muyto pretos, conchados pelas costas, com hũa ordem de espinhos pelo fio do lombo do comprimento de hũa penna de escrever, e com azas da feyção das do morcego, com pescoço de cabra, e hũa unha a modo de esporão de galo na testa, com rabo muyto comprido, pintado de verde e preto, como são os lagartos desta terra. Estes bichos de voo, a modo de salto, cação os bugios, e bichos por cima das arvores, das quaes se mantem». — *Peregrinação*, cap. 14.

* **CAQUI.** «É o nome de uma fazenda de algodão côr de barro, que actualmente se usa muito em fardamentos das tropas que vão fazer serviços em África». Gonçalves Viana, *Apostilas*. Do ingl. *khaki* e hindust. *khākī*, «barrento», < persa *khāk*, «barro». O processo de dar à fazenda a referida côr foi inventado no século passado por um químico suíço, que estava na Índia Inglesa, à solicitação das autoridades militares, com o intuito de tornar o soldado menos visível de distância. Reconhecida a sua vantagem, generalizaram os ingleses o seu uso nas guerras.

1902. — «É alto, traz trunfa branca, casaco de **kaki** com platina e *pudvém* branco». — *O Seculo*, de 1 de Abril, citado por Gonçalves Viana.

1012. — «A translation of the Persian **khākī** (*khāk*, «ashes, dust») applied to ascetics who smear their bodies with such substances». — Crooke, em Fryer, II, p. 38.

**CARABÁ, carbá** (s. m.). Usa-se êste vocábulo na Índia Portuguesa como sinónimo de «garrafão». Do conc. *kārbā* < persa *qarāba*, talvez do ár. *qarbah*, «vasilha de água». *Carboy* em indo-inglês.

1727. — «**Carabâ**. He palavra Persiana, que significa garrafa, ou redoma, mas os Portuguezes na India a todas chamão **Carabâs**». — Bluteau, *Supplemento*.

1914. — «... e particularmente recolhida [a água] por varios curiosos em **carbás** (grandes vasilhas de vidro) para usarem no decurso do anno, por quanto não fica inquinada de qualquer microbio». — *O Ultramar*, de 27 de Agosto.

1712. — «Vasa vitrea, alia sunt majora, ampullacea et circumducto scirpo tunicata, quae vocant **Karabà**... Venit **Karaba** una apud vitriarios duobus *mamudi*, raro carius». — Kaempfer, in *Glossary*.

1754. — «I delivered a present to the Governor, consisting of oranges and lemons, with several sorts of dried fruits and six **karboys** of Isfahan wine». — Hanway, *ibidem*.

**CARABANS** (m. pl.). É registado o vocábulo em um dicionário com o significado: «espécie de cravos, engastados de rubis e pérolas, com que as bailadeiras indianas enfeitam as orelhas». Emprega-o Tomás Ribeiro nas *Jornadas* (II, p. 104), que, falando das bailadeiras, descreve os seus enfeites, mas não pretende que estes sejam exclusivos delas: «... outras com **carabans** ou cravos engastados de rubis e perolas, outras com pingentes de ouro e *caducas*».

A dição portuguesa *cravo*, neste sentido, penetrou em várias línguas indianas e malaias (vid. *Influência*), assumindo em concani a forma *karāb*, que, por ser masculino, é invariável no nominativo singular e plural. A forma *karābām* só se explicaria pela suposição de ser a palavra do género neutro. E assim a consideram os hindus das Novas Conquistas. Na mesma forma figura o vocábulo em um ditado concani: *Kān' khātāt tim karābām kityāk zāy?* = porque se querem os cravos que correm as orelhas? Os termos vernáculos mais usuais entre os gentios para designar as jóias das orelhas são *kāp* e *karṇaphūl*.

**CARABÉ** (ar. *kahrabā* < persa *kah-rubā*). É o mesmo que *âmbar* amarelo. Littré deriva o francês *carabé* do port. *caraba*.

1563. — «E em reprender aos que dizem que [o lacre] é **carabé**, bem fez Aviçena; mas errou em dizer que tem as propriedades do **carabe**, que isto he falso, porque o **carabe**, he conglutinativo e estitico, e o lacre aperitivo». — Garcia da Orta, Col. XXIX. — «O **carabe**... é uma substancia absolutamente distincta, o bem conhecido *succino*, ou *ambar amarello*». — Conde de Ficalho.

1712. — «He palavra Persiana, val o mesmo que *Attrahe-palha*. Deu-se ao Alambre este nome, porque attrahe a si as palhas». — Bluteau.

1578. — «Avicena haze su calidad semejante al **Carabe**, llamado en España Alambre, y Ambar de Rosarios». — Cristóvão da Costa, *Tractado*, p. 117.

1610. — «Lleuase tambien de Arabia à la India y todo Oriente, por el mar Roxo, aquella Goma que dezimos Ambre y los medicos **Karabe**». — Pedro Teixeira, *Relaciones*, p. 146.

1695. — «*Carabah*, l'Ambre jaune, que les Arabes appellent ainsi, du mot Persien *Kah Rubah*, qui signifie ce qui dérobe ou ensleve la paille. C'est d'où vient le nom de **Carabé**, qui les Chemistes et les Droguistes lui donnent». — Herbelot, *Bibliothèque Orientale*.

1770. — «Ils portent pour l'Asie de la verroterie de Venise, du corail, et du **Carabé**, dont les Indiens font des coliers, et des brasselets». — Raynal, *Histoire*, I, p. 288.

«**CARABÚ** (s. m.). Termo de Botanica. Nome de uma bella arvore da India». Domingos Vieira. Se é o mesmo que o malaiala *karambu*, registado por Rheede, é o nome da onagrácea *Ludwigea parviflora*; e, neste caso, não passa duma pequena planta. «Planta trita et in lacte acido epota sistit fluxum dysentericum». Rheede.

**CARAJA**. Deduz-se do contexto da abonação que é «atestação de algum feito ou façanha» [1]. Presumo que provêm do hindust. *kāraj* (sânsc. *kārya*, de *kṛ*, «fazer»), «negócio, feito, trabalho».

1611. — «Quando o negocio vem a parar em grande rompimento, he passarem-lhe por sua Costa os nossos Navios, e queimarem-lhe quatro palhoças, e outras tantas almadias com grandes **Carajas** e Certidões, que disso lhe passam». — Diogo do Couto, *Dial. do Soldado Pratico*, p. 78.

**CARAMBOLA**. Fruto de **CARAMBOLEIRA**, *Averrhoa carambola*, Linn. Indo-ingl. *carambola*, indo-fr. *carambole*, *carambolier*. Come-se o fruto cru, em *achar* ou em geleia. Do concani-mar. *karambal* ou *karmal* < sânsc. *karmaranga*.

1563. — «Antonia traz dessa arvore alguma **carambola**, que assi se diz em malavar; e ficou nos em uso os nomes malavares, por ser a primeira terra que conhecemos». — Garcia da Orta, Col. XII.

1600. — «Ha na China tanta abundancia, como das mangas, **carambolas**». — P. João Lucena, *Historia*, X, cap. 18.

1609. — «Diversas castas de fructas, como são mangas, *iaquas* [jacas], **carambolas**». — Fr. João dos Santos, *Ethiopia Oriental*, II, p. 270.

1650. — «Venderam um fardo de arroz redondo por quatorze cruzados e uma *maina* de **carambolas** por seis e meio». — Bernardo Feio, *Hist. Tragico-maritima*, X, p. 154.

1679. — «... se hia pôr nu, e despido a huma arvore que chamão **caramboleira**, que de continuo está cheia de innumeraveis formigoens ruivos». — Fr. Jacinto de Deus, *Vergel*, p. 433.

1712. — «**Carambola**... O fruto he compridinho, cortado em quatro partes com huma covinha em cada huma dellas; a semente he miuda, e tem hum azedinho, muito agradavel ao gosto. Este fruto cozido em açucar serve de doce e de medicamento». — Bluteau, *Suplemento*.

1782. — «Vê-se outra com o nome de **caramboleira**, a qual produz uns fructos a cachos de côr de laranja quando maduros; estes servem para o mesmo que o limão e o *bilimbim* quando verdes e sazonados para doce, de que tão utilmente cuidam na China, e lhe dão consumo». — Fr. Clemente da Ressurreição, *Tratado*, II, p. 339.

1846. — «**Carambolas**, Abutans, Dar ou Zarambo». — F. N. Xavier, *O Gabinete Litterario*, I, p. 249.

1873. — «O fructo é pentagonal formando angulos reintrantes, que lhe dão o feitio de uma **carambola**, d'onde tira o nome. Quando maduro é de um amarello de ouro... Não conheço outros [usos] que o de comerem as fructas em conserva de agua e sal. Diz porém o *Hortus* que os maduros se preparam em doces». — Bernardo da Costa, *Manual do Agricultor*, II, p. 214.

1885. — «A nespera, a **carambola**, o jambo, etc.». — A. F. Nogueira, *A Ilha de S. Thomé*, in *Bol. S. G. L.*, V, p. 408.

[1] Domingos Vieira observa que é «palavra de significação incerta».

1578. — «El fructo llamado de los Portugueses **Carambola**: y de los Decanins y Canarins, *Canaria*, de los Malayos *Bolimba*: de los Malabares **Carambolas** (a quien tambien llaman los Canarins *Carabeli*....) es fructo de vn arbol del tamaño de vn mambrillero». — Cristóvão da Costa, *Tractado*, p. 254.

1589. — «Il se trouve es Indes une autre espece de fruict qu'ils nomment **Carambolas**, ayant huict angles, de la grosseur d'une petite pomme, de goust aigre comme les prunes vertes. On en fait de la conserve». — Linschoten, *Histoire*, p. 98.

1652. — «Pour ce qui est des autres fruits des Indes Orientales, comme le Giangame, le Giambelame, le **Carambole**, ils ne meritent pas que ie m'arrete icy à les descrire». — *Relation de la Chine*, p. 23.

1658. — «Quasi tutte le conditioni, che sopra descrisci nella pianta del *Bilimbino*, potrei qui trascriuere per notitia di quella della **Carambola**, essendo la pianta non solo nell' apparenza similissima, ma ancora nella maggior parte dell' altre qualità la medesima».—Fr. Vincenzo Maria, *Viaggio*, p. 377.

1908. — «Of the **Carambola**, leaves, roots and fruits, having antiscorbutic properties, are used as cooling medicines. The fruits ripen about January, and when stewed are very palatable». — Watt, *The Commercial Products*, p. 98.

* **CARAMUÇALE** (turco *qaramusal*). Antiga embarcação turco-persiana, semelhante à caravela ou galeaça.

1565. — «Dez **caramuçales**, que são como galeaças grossas». — *Itinerario* de Mestre Affonso, in *Annaes Maritimos* (1845), p. 90.

1582. — «I uascelli di Balsara per Ormus sono nel fundo di essi incurui, e concaui, e senza alcuna coperta si restringono nella poppa e prora indiferentemente come mangiamari larghi, mà poco più sottili di quelli di **Caramusali**».—G. Balbi, *Viaggio*, fl. 38 *v*.

1604. — «For, besides the Venetians, French and English, who come regularly, there use it many **caramusales**, which are vessels very like our Portuguese caravels. They come here from Egypt, Alexandria, Tripol, Cypro, Candia, Constantinople, and many other ports, with merchandize and provisions». — Pedro Teixeira, *The Travels*, p. 132.

1615. — «Haueuamo acchiappato quei deciotto di **Coramuçali**; che furon presi dalle Galee di Sicilia, e da quelle di Malta, e di Fiorenza». — Pietro della Valle, *Viaggi*, I, p. 216.

1670. — «Li **Caramuschiali**, ed altre Naue picciole, che d'ogni banda in gran numero concorrono alle Città marittime, vendono per se medesime il tutto, prima di partire». — Fr. Vincenzo Maria, *Viaggio*, p. 44.

**CARANDA**. Fructo de **CARANDEIRA**, *Carissa carandas*, Linn. Come-se o fruto cru ou em conservas de açúçar ou de vinagre. Do conc. *karand* (mar. *karvand*) < sânsc. *karamardda*. O malaiala tem *kuraṇḍa* e o malaio *karandang*.

1563. — «Chamamse **carandas** ha as na terra firme e no Balaguate: são arvores do tamanho de medronheiro, e a folha assi, e a frol he muita e cheira madresilva». — Garcia da Orta, Col. XIII.

1782. — «Adquiriria mais bondade se n'ella se empregassem mais os olhos, como tambem no **Carandá** tão desprezivel no paiz apezar do seu gosto e eminente qualidade anti-escorbutica e refrigerante». — Fr. Clemente da Ressurreição, *Tratado*, II, p. 336.

1846. — «Babolans, **Carandans**, Belçans». — F. N. Xavier, *O Gabinete Litterario*, I, p 248.

1872. — «Se se entremear nas **carandeiras** o grão maluco (purgueira), que medra em toda a parte, a sebe seria mais compacta». — Bernardo da Costa, *Manual do Agricultor*, I, p. 171.

1906. — «**Caranda** — . . . No principio das calmas fica em flores, que exhalam um perfume suave de jasmim, e têm a apparencia das folhas do jasmineiro bravo. O pequeno fructo faz lembrar, em compota, o dôce de ginja. Todas as sebes e azinhagas de Goa se infloram nas calmas de **carandás** e de ixoras (*pircuãs*, em concanim), estas de flores muito vermelhas». — Alberto O. de Castro, *A Cinza dos Myrtos*, p. 174.

1658. — «La **Charandera** non è pianta domestica, mà agreste, che non ama altro suolo, che il duro montuoso, & in culto». — Fr. Vincenzo Maria, *Viaggio*, p. 383.

* **CARÃO**. Esponja coralina em Timor. Do mal. *karang*.

1843. — «A cal é aqui um objecto indispensavel, e se obtem pela calcinação de umas petrificações marinhas e ramosas com a figura de esponja (coral branco), a que chamam **carão**, e que se acha em grande quantidade nas praias de toda a Ilha». — *Annaes Maritimos* (parte official), p. 138.

* **CARAPUCH**. Atesta Duarte Barbosa que assim chamam os índios às espinelas; mas o étimo sing. *kareppu* indica que a forma correcta do vo-

cábulo no singular deve ser *carapo* (ou *carêpu*), pl. *carapos*.

1516. — «Ha outra especie de Rubis, a que nos chamamos Espinellas e os Indios **Carapuch,** que nascem do mesmo modo que os Rubis finos em o Reino de Pegu, e se achão nos montes á flor da terra». — *Livro* (2.ª ed.), p. 378.

**CARAVANA** (persa *karvān*). Cáfila (q. v.) ou combóio de viajantes ou mercadores[1].

1445. — «Serve de escala para pousarem as **caravanas,** que vem de Tambuto e outros lugares dos Negros». — Luís de Cadamosto, *Navegação Primeira*, cap. 9.

1513. — «Rroubaram a **caravana** que hya do Quairo [Cairo] em rromarya a Mequa». — In *Cartas* de A. de Albuquerque, III, p. 369.

1727. — «Ha duas castas de **Caravanas, Caravana** de peregrinos que vão a Meca, e **Caravana** de Mercadores... A **Caravana** dos Mercadores, he a modo de hum grande comboy, composto de muitos mercadores. que em certos tempos, e lugares se ajuntão para fazerem com segurança as suas jornadas, e defenderem-se dos ladroens de estradas». — Bluteau, *Supplemento*.

1885. — «As necessidades de defeza commum, e talvez as relações de parentesco entre as familias que formavam cada **caravana,** aconselhavam a organisação em que todos partilhassem os beneficios e os riscos da nova carreira encetada». — Teixeira Guimarães, *As Communidades Indianas*, p. 9.

1589. — «Tous les ans il y a deux troupes qui font le chemin de terre. On les appelle *Caffiles* ou **Caravanes**». — Linschoten, *Histoire*, p. 15.

1590. — «Assaltorno una **carauana** ch'era carica di setta e la sualigiorno con hauer amazzato tre huomini di detta **carauana**». — G. Balbi, *Viaggio*, fl. 2 *v*.

1615. — «Concorrono da tutte loro nationi tanti Pellegrini, che la **Carauana** suol esser di quarenta, di cinquanta, e sessanta mila Cameli». — Pietro della Valle, *Viaggi*, I, p. 238.

1627. — «A **Caravan** is a convoy of soldiers for the safety of merchants that travell in the East Countreys». — Minshew, in *Glossary*.

1631. — «Porro Magni Mogolis imperium longe amplissimum est, ita ut quidam scripserint, via biennio **Caravanâ** obire posse». — *De Imperio Magni Mogolis*, p. 4.

1676. — «Les **Caravanes** sont comme de grands convois composez de quantité de Marchands». — Tavernier, *Voyages*, III, p. 369.

**CARAVANÇARÁ** (s. m.). Estalagem para as caravanas. Do persa *karvān-sarāī*, de *karvān*, e *sarāī*, «estalagem». São vastos edifícios construídos pelo govêrno ou por pessoas piedosas para benefício de viajantes e mercadores. Na Índia chamam-se *daramesalá* (q. v.). *Caravansaraí* seria forma mais correcta, mas não a vejo empregada pelos nossos indianistas.

1529. — «A estas casas chamão em lingua Persiana **Carvançaras,** que quer dizer pousadas de Cafilas e Estrangeiros. Estas casas costumão fazer os Mouros ricos por suas almas, como antre nós hospitaes para se recolherem nellas os caminhantes, e gentes que vão em cafilas». — António Tenreiro, *Itinerario*, cap. 2.

1565. — «Tem muitas **caruamsaras** que são casas de grandes fabricas feitas de cantaria em que se alojão passageiros e mercadores estrangeiros». — *Itinerario* do Mestre Affonso, in *Annaes Maritimos* (1844), p. 257.

1609. — «Junto dellas estão quatro casas, chamadas em sua lingua **Carbançarás,** tam grandes como mosteiros, em que aposenta todo o forasteiro de qualquer nação, ou estado que seja». — Fr. Gaspar de S. Bernardino, *Itinerario da India*, p. 156.

1663. — «Nada menos sumptuosos os dous **caravançarás** (quer dizer estalagens publicas) que tem Surrate, feitos a modo de claustros, com muitas casas de alojamento por banda». — P. Manuel Godinho, *Relação*, p. 30.

1564. — «Hic diverti in diversorium publicum, **Caravasarai** Turcae vocant... vastum est aedificium... in cujus medio patet area ponendis sarcinis et camelis». — Busbequius, in *Glossary*.

1604. — «Y podra se ver per las casas de mesones, que tiene en sus entradas, que son seyscientos, que alla llaman **Carvançara**». — D. Juan de Persia, *Relaciones*, fl 5.

1616. — «Il y a seulement dans les grandes Villes, et de distance en distance dans la campagne de grandes maisons ou **Caravannes-saras,** pour le recevoir». — Terry, *Voyage*, p. 19.

1623. — «Ci retiramo in vna delle case, che stanno dentro alla contrada, che chiamano Terzi **Caruansarai,** cioè **Caruansarai** del Sarto». — Pietro della Valle, *Viaggi*, III, p. 72.

---

[1] «Além do chá preto e verde que nós conhecemos, ha ainda o chamado **caravana,** qualidade especialmente preparada para o consumo da Russia, onde é introduzido pela Siberia, livrando-o assim do pernicioso contacto do ar do mar». — Joaquim C. Crespo, *Cousas da China*, p. 180.

1631. — «Singulis quinque aut sex *cosis* **Sarayum** occurrit, à Rege aut aliquo nobilium conditum, in quo iter agentes cubiculum et stabulum sortiuntur». — *De Imperio Magni Mogolis*, p. 60.

1660. — «**Carauanseral**. Luoghi come Claustri per i Passaggieri».—Mgr. Sebastiani, *Seconda Spedizione*, p. 148.

1666. — «. . . seraient devenues dix ou douze misérables **karavanserrahs**, c'est-à-dire assez souvent de grandes granges relevées et pavées tout autour comme notre Pont-Neuf, où les centaines d'hommes se trouvent pêle-mêle avec leurs chevaux, leurs mules et leurs chameaux». — Bernier, *Voyages*, I, p. 327.

1674. — «They have Three other places for Strangers called **Caravan Serawes**, or Inns, intended by Donors gratis, but since perverted, and let out to Foreigners» .(em Surrate). — Fryer, *East India*, I, p. 150.

1676. — «Les **Caravanseras** sont les hôtelleries des Levantins, bien différentes des nôtres, et qui n'en ont ni les commodités ni la propriété». — Tavernier, *Voyages*, I, p. 144.

«. . . qui tire son origine du mot *Serrai*, qui signifie Hotel en langue Persane». — *Id.*, V, p. 53.

1719. — «On y [em Benares] voit de très beaux **Caravanseras** (bâtiment destiné à logar les Voyageurs)». — *Lettres Édifiantes*, XV, p. 55.

1778. — «Le soldat y est représenté comme un gardien, un protecteur ; le Chef, quel qu'il soit, comme le maître d'une hôtellerie, d'un grand **Caravanseral**, lequel doit fournir aux passagers tout ce qui est nécessaire à la vie, et ne gagner que pour des frais de l'établissement et les provisions». —Anquetil Duperron, *Législation Orientale*, p. 276.

1880. — «The name [*Serai*] is Turkish, and means a palace. We are all familiar with the derivatives **Caravanseral** and Seraglio». — Howorth, *History of the Mongols*, II, p. 97.

**CARBAGÉ**. Domingos Vieira inclui o vocábulo no seu dicionário, cita um passo do *Itinerario* de António Tenreiro, e declara que é «palavra de significação incerta». Com efeito, não é facil de discernir o sentido exacto em que o autor a emprega; pareceme porêm que quere designar a armação ou recoveira de camelos em forma de dois leitos ou «berços», como lhe chama Pedro Teixeira e conforme descreve o mestre Afonso no seu *Itinerario* (publicado nos *Annaes Maritimos*), nos quais vão sentadas duas pessoas ou metidas cousas miúdas. Neste caso, o étimo de *carbagé* é o persa *kajāva*.

1529. — «Passados alguns dias em que se mudava o arrayal de huma parte para outra para se aproveitarem das ervas, e pastos que ha por estes campos muytos, e muy bons, e quando se delle mudavão, assas bem rasos e trilhados dos seus cavallos, e assim tambem camelos, de seus **carbagès**, chegámos junto de humas serras».— Cap. 18.

1876. — «Ces **Cajavas** sont comme des cages couvertes en demi rond de toile cirée, et pour les Dames de belle écarlate... On met deux **Cajavas** de côté, et d'autre du chameau, dans chacun desquels un homme est assez commodement assis, et quand il n'y a lieu que de mettre un **Cajava**, on donne au chameau une bale de l'autre côté pour faire le contrepoids». — Tavernier, *Voyages*, I, p. 197.

1902. — «Teixeira throughout calls the panniers, in Spanish, *cunas*, literally «cradles»... The Anglo-Indian reader will recognise them as **kajávas**». — D. Ferguson, em Teixeira, p. 73.

**CARBAR** (hindust.-mar.-conc. *kārbhār*). Escritório, secretaria, conselho para tratar de negócios.

1814. — «Sendo todos juntos no pagode Vitobá em Sanquelim junto á sua principal residencia, perante o Coronel Commandante daquellas provincias... com os *Botos*, e Bragmanes, que compõe o seu **carbar**, reconheceram por Senhor, administrador, e herdeiro do *Sardessaiado* a Zaibá Rane». — *Apud* Júlio Biker, *Collecção de Tratados*, XI, p. 290.

**CARCAPULI** (bot.). É o mesmo que *brindoeiro*, mas de origem malabárica, malaiala *koḍukka-puli*. Diogo do Couto chama-lhe *carcapuleira* e Barthema *corcopal*. Indo-ingl. *corcopali*.

1614. — «E fazendo seu caminho tanto àvante como huma arvore que chamão **Carcapuleira**, encontrárão com todo o poder de Rajù». — Diogo do Couto, Déc. VIII, I, 3.

1578. — «**Carcapuli** es arbol grande, alto, y grueso: su fructo es del grandor y parecer de vna Naranja sin cascara». — Cristovão da Costa, *Tratado*, p. 357.

1658.— «La pianta di **Carcapoli** è singolare del Malabar, doue nelle campagne inculte, e deserte, nasce frequente, senz'altra cultura». — Fr. Vincenzo Maria, *Viaggio*, p. 382.

1913. — «The **Carcapuli** as mentioned by the XVI and XVII century writers is the *Gorka* of the Sinhalese». — P. E. Pieris, *Ceylon*, I, p. 516.

***CARCUNO** (s. m.). Secretário, escrivão; agente, feitor. Do mar. *kārkūn*, persa *kārkun*.

1791. — «Chegou a esta Côrte Bagi Custam, **Carcuno** da Repartição da artilharia, com duas cartas do Dominante de Pernem». — *Apud* Júlio Biker, *Collecção de Tratados*, IV, p. 181.

1818. — «Eu Vencopá Sudecar, **Carcuno** do honrado Essavante Rau, *Sar Dessay* de Canapur, o escrevi». — *Id.*, XII, p. 5.

«Já a [verdade] conhece o honrado *Subedar* de Griem, e todos quantos **Carcunos** aqui tem vindo com cartas do Felicissimo a este respeito». — *Ibid.*, p. 210.

1905. — «Logo no principio deste anno [1737] os marathas romperam com violencia as hostilidades. Visagy Pant Lely, **carcuna** (secretario ou administrador) do Peshva, conseguiu subornar alguns indigenas que estavão ao serviço dos portuguezes». — Ismael Gracias, in *O Oriente Portuguez*, III, p. 77.

**CARDAMOMO.** Esta palavra greco-latina emprega-se na Índia para designar o fruto duma planta herbácea da família de *Scitamíneas* — *Elettaria cardamomum*, Maton. O cardamomo é originário do Malabar; a sua variedade *cardamomo maior* habita em Ceilão. É uma especiaria muito usada no Oriente, por facilitar a digestão e fortificar o estômago. O nome de *cardamomo*, porêm, tem-se aplicado a outros produtos similares. Garcia da Orta dedica-lhe um dos seus Colóquios.

1515. — «... e huũ quyntal de **cardamomo**, e hũa *farazola* de beijoym». — Afonso de Albuquerque, *Cartas*, VI, p. 277.

1516. — «Aquy [em Calecut] carregauaom toda a sorte de mercadorias pera todas as partes... as quaes mercadorias erao muyta pimenta, e gengibre, e canela, **cardamomo**, miramulanos, tamarinos, canafistula». — Duarte Barbosa, *Livro*, p. 341.

1563. — «Eu muy bem vos saberey dizer qual he o que chamão **cardamomo** *mayor* e *menor*... são estas muyto usadas mercadorias, e assi gastadas nesta terra, como levadas pera Europa e Africa e Asia; mas se este nome **Cardamomo** lhe foy bem posto ou não, não volo posso afirmar». — Garcia da Orta, Col. XIII. Vid. Conde de Ficalho, *ibid.*

1612. — «Tem [Ceilão] pimenta, gengiure, **cardamomo**, muitas canas da sucar (*sic*)». — Diogo do Couto, Déc. V, VI, 2.

1685. — «Ha muita quantidade de **cardamomo** no Reino de Candia, e são tão avantajados na grandeza, que seis de Cananor não fazem hum da Candia». — João Ribeiro, *Fatalidade Historica*, I, p. 6.

1687. — «Em todas as superiores, a estas *Agras*, em circuito de tres, e quatro legoas, ha muito **cardamomo** de extraordinaria grandeza, porque cada bago dele he de meyo dedo; mas como lhe falta a cultura de Cananor; se não é propriedade do clima, e por causa da muita chuua, tem pouca uirtude». — P. Fernão de Queiroz, *Conquista de Ceylão*, p. 33.

c. 70. — «Simile his et nomine et frutice **cardamomum**, semine oblongo. Metitur eodem modo et in Arabia». — Plinius, *Naturalis Historia*, XII, 29.

1588. — «Hanno gran copia di pepe, di **cardamomo**, di gengeuo, di dattoli Indiani, di cinnamomo, e di mirabolani». — P. Maffei, *Le Istorie*, p. 70.

1590. — «**Cardamomo** di Barzalor piccolo...». — G. Balbi, *Viaggio*, fl. 54.

1631. — «**Cardamomo** excepto, quod blando suo calore, et naturae nostrae familiari, masticatum, nullum empyreuma visceribus inurit». — Bontius, *Hist. Naturalis*, p. 10.

«Inter alias herbas, et Aromata, quae fertilis Insula Java profert, merito inter excellentissima **Cardamomum** est numerandum». — *Id.*, p. 126.

1658.— «Del **Cardamomo**, frà li Aromatî il più raro... nell' India ancora vale molto, e solo serue per Signori grandi, e per le Dame Portughesi, che lo masticano con il Betel».—Fr. Vincenzo Maria, *Viaggio*, p. 368.

1673. — «They meed with Mount Sephir (all along unchristened Gate) these ere the minor **Cardamoms**, and the best, if not the only in the World».—Fryer, *East India*, I, p. 147.

1770. — «... un peu de mauvaise canelle, assez de poivre et du **cardamome**, sorte d'épicerie dont les Orientaux font un grand usage». — Raynal, *Histoire*, I, p. 69.

1782. — «Le **Cardamome** est un object de commerce de Malabar... les Gates, vers Mahé, prennent le nom *Montaigne de Cardamome*». — Sonnerat, *Voyages*, II, p. 242.

1786. — «Il **Cardamomo** è un seme aromatico quasi triangolare, di sapore caldo e mordicante». — Fra Paolino, *Viaggio*, p. 116.

***CARDEIRA.** É o nome indo-português de *erva leiteira de espinhos* — *Euphorbia neriifolii*, Linn. «Usa-se o succo leitoso externamente como resolvente contra as contusões... E do succo leitoso d'esta planta que o finado Bernardo Francisco da Costa preparou uma especie de gutta-percha». D. G. Dalgado, *Flora*.

1912. — «Nomes. — *Nival-canti* (konk.), **cardeira** (port.)». — Caetano Gracias, *Flora Sagrada*, p. 100.

*** CARDUELI.** Administrador dum *atol* ou grupo de ilhas Maldivas. Presumo que o vocábulo se compõe de dois elementos de origem diversa, mas ambos usados em malaiala: *kārtta-vāli*, do sânsc. *kartā*, «fazedor, agente», e do ár. *uālī*, «governador». V. *bale*.

1346. — «Os habitantes destas ilhas são todos Mosselemanos, e dotados de bondade, as quaes estão divididas em climas, e cada huma destas com seu governador, a que chamão **Aloardui**». — Ben-Batuta, *Viagens*, II, p. 265.

1520. — «O ffeitor que for das jlhas, depois de sse meterem em ordem, ha de ter ho mouro principall em cada comarqua, a que elles chamam **cardoelliy**, o qual a de rrecadar as rendas e direitos, que se recadavão pera Mamalle». — *Alguns Doc. da Torre do Tombo*, p. 452.

**CAREÁS, caroás** (m. pl.). Casta de pescadores de Choromândel e de Ceilão, secção dos *paravás*, os quais são também bons mergulhadores. O primeiro vocábulo é do tam. *kareiyan* (pl. *kareiyar*), e o segundo do sing. *karāvā*.

1608. — «Aly esteve muy largo espaço de tempo sem bolir consigo, mandando o Capitão per vezes hum **Coroá**, ou mergulhador ver o que fazia, ou se perigaua». — Fr. António de Gouveia, *Relaçam da Persia*, fl. 13 *v*.

1610. — «... se perdera a nau em que ia defronte de Tutucorim, de que se salvara toda a fazenda e dinheiro pela quarta parte, que (com parecer dos religiosos da Companhia) se dera aos **caroás**; e que por lhe parecer cousa exorbitante dar-se-lhe tanto por acudir á fazenda da dita nau, se taxara em Relação o que era justo dar-se-lhe». — *Carta Régia*, in *Documentos da India*, I, p. 311.

1612. — «Mandaram os ditos **Caroás** offerecer dez mil xerafins para a armada que se fazia em soccorro de Malaca». — *Ibid.*, II, p. 192.

1635. — «Vendo o galeão em pedaços, se lançou ao mar só com os *lascarins*, onde iam *muitas* **coroas** [*sic*, evidentemente por êrro do copiador ou da imprensa], que são mergulhadores, que nunca mais pereceram». — António Bocarro, *Déc.* XIII, p. 166.

1685. — «Entre a gente de guerra tambem ha castas baixas: os **cariás** são pescadores». — João Ribeiro, *Fatalidade Historica*, I, cap. 16.

1687. — «Aqui [em Nigombo] carregão taobem mais os **Careas**, ou pescadores, por serem aquelas prayas mais prouidas de peyxe; ainda que não faltão nas outras *Dissâuas*». — P. Fernão de Queiroz, *Conquista de Ceylão*, p. 16.

1688. — «Os mesmos Religiosos, de que falamos, bautizárão dous **Careas**, que vivem nos portos maritimos de Ceilão; e a mais de setenta mil». — Fr. Jacinto de Deus, *Vergel*, p. 14.

1697. — «Recebido o recado, passárão logo com summo gosto todos os Paravás e **Careás** de Punicale, aquellos pescadores de perolas, estes de peyxes». — P. Francisco de Sousa, *Oriente Conquistado*, I, II, 2.

1544. — «Manueli a Cruce Combuture moranti commenda, ut plurimum invigilet duobus illis Christianorum **Carearum** Pagis». — S. F. Xavier, *Epist.*, lib. I.

1610. — «One third of them are **karoas**, that is, divors». — Pedro Teixeira, *The Travels*, p. 176.

1860. — «The number of fishing-boats perceptibly increase, and the **karâwe**, or fisher caste, form the most numerous section of the village population». — Tennent, *Ceylon*, II, p. 129.

1918. — «The **Karawo** were divided into nine classes; of these the **Karawo** proper formed the first class of the Fishers and from among them were recruited the *Mudaliyars* and *Arachchis* who were their chiefs in war. — P. E. Pieris, *Ceylon*, I, p. 499.

*** CARECA.** Diz-nos o Padre Fernão de Queiroz que é um fruto de Ceilão, que serve para purgas e para tinta. Não posso com segurança identificar o vocábulo. Se representa o sing. *karaka*, é, conforme Clough, o nome da planta *Galedupa arborea*, que, se é a mesma que *Galedupa Indica*, de Roxburgo, é conhecida em português por *favas de chapa*, talvez no sentido de «favas de marcar». Rheede descreve as propriedades desta: «Balneum ex foliis praeparatum flatus, arthritidisque dolores, suffitus febrem depellit. Eorundem succus in tempora adhibitus, venenatos curat serpentum morsus». E D. G. Dalgado acrescenta: «O oleo da semente é usado contra as sarnas e outras molestias de pelle, como tambem para allumiar; a madeira é util». Mas suponho que o vocábulo representa o sing. *goraka*, «*carcapuli*» (q. v.

1687. — «Nestas *Corlas* [distritos] ha grande copia, de miramolanos, e de outra fruta chamada **carêca,** que serue para purgas. e para tinta preta ou parda, conforme os mais ingredientes». — *Conquista de Ceylão*, p. 28.

«**CARELÚ** (s. m.). Especie de fructice do Malabar, pertencente ao genero sésamo». Domingos Vieira. É o mesmo que *gergelim* ou *Sesamum Indicum*, D. C. A palavra é malaiala (*karellu*), composta de *karum*, «preto», e *ellu*, «gergelim», em distinção de gergelim branco. O vocábulo é, como tantos outros que se encontram no *Hortus Malabaricus*, de Rheede, absolutamente desnecessário.

* **CAREPO**. Usado em indo-português para designar a concha translúcida da ostra *Placuna placenta*, chamada *bhiṅgaṭi* em concani, de que se faz uso para janelas em lugar de vidros. Do conc. *karap*, «concha»; especialmente de ostra. V. *adufa* e *ôlho de vidro*.

Tais janelas tem muitas vantagens em um clima quente: deixam penetrar uma luz branda e suave, interceptam os raios do sol, dispensam cortinas e estores, e são mais fortes e duradoiras. Também estão em uso nas Filipinas.

1616. — «Não usam [em Goa] de vidraças, mas em vez dellas servem-se de cascas de ostra mui delgadas e lisas, que encaixilham em grades de madeira; e deixam passar luz como se fossem papel ou chavelho, porque não são tão transparentes como o vidro». — Pyrard de Laval, *Viagem*, II, p. 49.

1915. — «Tem o feitio de um grande armazem. As janellas do edificio com os anachronicos **carepos** dos tempos do Idalcão...». — *O Ultramar*, de 2 de Agosto.

1916. — «Adufa é o resguardo exterior de uma janela, de portas ou de corrediça e que nesta terra costumavão antes ser de ripas de madeira e **carepas,** hoje substituida por vidraça». — *Heraldo*, de 22 de Dezembro.

1673. — «Instead of Glass, use Panes of Oister-shells for their Windows (which as they are cut in Squares, and polished, look gracefully enough)» (em Bombaim). — Fryer, *East India*, I, p. 172.

1786. — «Dalle conche di perle, chiamate *Madre perla*, si fanno le finestre nell' India, che servono come tra noi i vetri. Essi si lavorano al Capo Comori, ove si fà le pesche di perle». — Fra Paolino, *Viaggio*, p. 184.

1907. — «The window oyster is very plentiful in Karachi Harbour... It is still used for windows in Goa». — *Gazetteer of the Province of Sind*, p. 70.

1815. — «In the Philippine Islands sea-shells are used for window-pans in the same way that glass is used in other countries... The most magnificent sea-shells windows, however, are those of the General Hospital at Manila. In Manila alone no fewer than 5,000,000 Kapas shells — the largest of which are about 3 in square — are used each year for making windows». — *Tit-Bits*, de 10 de Maio.

**CAREPO** (em Timor). Restos de sândalo, refugo. Do mal. *kĕrāpis*, «restos».

1843. — «Este genero se divide em tres qualidades principaes — sandalo primeiro, segundo, e terceiro, que tambem se chama **carepo**... E o terceiro, ou **carepo,** são todos os mais páos assim preparados, que são tortos, ou têm algumas fendas, ou furos». — *Annaes Maritimos* (parte official), p. 133.

* **CARETÊM** (conc. *kāretem*, *kāreṭī*). Fruto de **CARETEIRA** — *Momordica charantia*, Linn. Os termos são correntes na Índia Portuguesa. Chamam-lhes também *balsamina*, que pròpriamente designa *Momordica dioca*, *phāgūḷ* em concani. «O fructo é amargo, mas come-se como hortaliça depois de bem cozido». D. G. Dalgado, *Flora*.

* **CARIÁ** (s. m.). Formiga branca. É termo indo-português, derivado do tam. *kareyān*. Os estragos que causa a térmite, imprópriamente denominada «formiga», são bem conhecidos. Os seus ninhos, em forma de altos cones de barro duro, que resistem à chuva, são de construção maravilhosa.

XVII. — «Esta formiga ou **Cariá** he que a Parissu Rama, armado com o arco para atirar contra o mar, lhe cortou a corda». — *Noticias para a Historia e Geografia*, I, p. 59.

XVIII. — «No fundo das *alengas* se lance sal misturado com cinza, em sufficiente quantidade, para que o **cariá** não rôa as cascas, e damne os côcos, que sem duvida não nascerão». — *Arte Palmarica*, I, p. 146.

1812. — «Manda aos parochos que façam transportar para o seu palacio de Panelim, os livros do registo parochial, afim de não serem nas egrejas destruidos por **cariá**». — P. Casimiro da Nazaré, *Mitras Lusitanas*, in *Bol. S. G. L.*, xv, p. 578.

1872. — «Outros servem-se da terra com que o **cariá** construe a sua casa». — Bernardo da Costa, *Manual do Agricultor*, i, p. 121.

1874. — «Aqui não estudo; tenho medo do **cariá**; aquillo pega-se, e eu sou muito rapaz por ora para me sujeitar ao caruncho». — Tomás Ribeiro, *Jornadas*, ii, p. 98.

1881. — «... ora expurgando d'elles o **cariá**, esse eterno e impassivel destruidor de todos os papeis dispostos nos archivos». — Eduardo Balsemão, *Os Portuguezes no Oriente*, iii, p. 111.

1886. — «Nas covas costuma-se deitar algum sal commum misturado com cinza, para facilitar o desenvolvimento da germinação, e evitar que o **cariá**, ou formiga branca, nos terrenos onde costuma apparecer, damnifique as sementeiras». — Lopes Mendes, *A India Portugueza*, i, p. 176.

1890. — «Abundam na India os ninhos de formigas brancas, monticulos endurecidos de terra avermelhada, a que um homem pode subir sem receio de que desabem ou se abalem». — António de Almeida Azevedo, *As Communidades de Goa*, p. 38.

1898. — «Fomos nós... que o [hindu] convertemos em homem desconfiado, em traidor ás vezes, e, desde ha muito n'um **cariá** impotente contra a nossa soberania». — Oliveira Mascarenhas, *Atravez dos Mares*, p. 45.

1713. — «La plus pernicieuse, est celle que les Européens ont nommé Fourmi blanche, que les indiens appellent *Carreian*, et qui nous appellons plus communement **Caria**». — *Lettres Édifiantes*, xii, p. 102.

1782. — «Vidi una ciurma infinita di animaletti bianchi, che li Tamouli, cioè gli habitanti della costa Ciòlamandala chiamano **Carea**, e li Malabaresi *Cedil*. Questi sono formiche bianche». — Fra Paolino, *Viaggio*, p. 7.

1825. — «Elles vont ensuite en procession chercher de la terre sur une fourmilière de **cahriahs**». — P. Dubois, *Mœurs*, i, p. 223.

1829. — «Parlerò solamente del **carià** detto generalmente dagli Europei formica bianca, e da Linneu *Termes fatale*.. Questi **carià** in certi tempi dell' anno ingrossano, metton l'ali e volano a nuvole». — Lazzaro Papi, *apud* Gubernatis, *Storia*, p. 277.

1860. — «But of the insects of this order the most noted are the white ants or termites (which are ants only by a misnomer)». — Emerson Tennent, *Ceylon*, i, p. 253.

**CÁRIA** (s. f.). Negócio, afazer, demanda na Índia. Do malaiala *kāryam*, sânsc. *kārya* (também em singalês).

1599. — «Todo o governo dos christãos deste Bispado, não só o espiritual, mas tambem o temporal, esteja devoluto á Igreja, e ao Bispo, e elle determine todas as queixas, **careas**, negocios, demandas e cousas que socedem entre elles». — Sínodo de Diamper, in *Archivo*, iv, p. 498.

1687. — «Compunhão **careas** (demandas) entre partes, e quem mays lhes daua, tinha justiça». — P. Fernão de Queiroz, *Conquista de Ceylão*, p. 855.

1726. — «Não admitirá que no districto que se lhe entrega, se consintão **cariás**, como de castas, ou outras quaesquer controversias, que possam perturbar o socego, ou commercio dos gentios, que vivem debaixo da protecção do Estado». — *Apud* Júlio Biker, *Collecção de Tratados*, vi, p. 26.

**CARIACARI** (japonês *kariyakari*). Trajo de gala.

1588. — «... todos vestidos de roupas mais ricas, e lustrosas, a que os Japões chamão **Caryacari**». — P. Gaspar Coelho, *Cartas de Japão*, ii, fl. 261.

**CARIL** (ingl. *curry*, fr. *cari*, hol. *karrie, kerrie*). Môlho feito com várias especiarias — como malagueta, pimenta, açafrão, cominhos, gengibre, tamarindo, cebola, alho, côco — e empregado como conduto para acompanhar o arroz ou a *apa*. Diz-se *caril de peixe*, *caril de carne*, conforme o ingrediente. Os europeus abrangem geralmente *arroz* sob a designação de *caril*; na Índia porêm costuma-se dizer, neste sentido, *arroz-caril*, q. v.

O seu nome em concani e marata é *kaḍhī* e em malaiala e tamul *kaṛi*. Qualquer dêles pode ser o étimo da palavra portuguesa; mais presumívelmente o primeiro [1]. Quanto ao *l* final, vid. *candil*.

1563 (1502). — «Dizia que mandasse fazer **caril** pera comer do que lhe leuaua o seu frade». — Gaspar Correia, *Lendas*, i, p. 302.

1563. — «Fazem comeres das aves e carnes (a que chamam **caril**); e tambem

[1] Yule & Burnell apontam o canarês *karil* por sua origem; mas eu não estou seguro da sua existência; os dicionários não o registam.

secam estes coquos». — **Garcia da Orta,** Col. xvi.

1585. — «Pescam as negras com uns panos, que metem pela agoa, em que tiram uns peixinhos, de que fazem seos **caris** com que comem o milho e o arroz». — Manuel Godinho de Mendonça, *Hist. Tragico-maritima*, iv, p. 51.

1603. — «Seu comer ordinario, he arroz cozido com muytas inuenções de certas potagens que deitão sobre elle, a que comummente nestas partes chamão **caril**». — Fr. António de Gouveia, *Jornadas*, fl. 61 *v*.

1687. — «Estamos feytos cuzinheyros, buscando arros, e fazendo diuersidade de **caris**, para quantos vão, e uem, em quanto nós comemos heruas do mato». — P. Fernão de Queiroz, *Conquista de Ceylão*, p. 838.

1829. — «**Caril** he a sua principal iguaria, e o arroz cozido a comida de manhã e de tarde». — Cottineau de Kloguen, *Bosquejo Historico de Goa*, p. 162.

1842. — «O **caril** é um môlho feito de especiarias, côco ralado, e camarão, ou peixe, o qual se lança sobre o arroz cozido com agoa sem sal; é um prato de familia, ou nacional, que aparece em todos os jantares: e nos mais abundantes e ainda festivos, fórma sempre a ultima coberta». — *Annaes Maritimos*, p. 435.

1883. — «... um jantar completamente portuguez, condimentado com os **caris** indianos, e regado com o *Claret* e o *Champagne*». — Adolfo Loureiro, *No Oriente*, i, p. 181.

1895. — «O **caril**, comido com os famosos peixes *Bombay ducks* [vid. *bombilim*], que para mim são apenas detestaveis, passa mesmo por precioso». — Conde de Arnoso, *Jornadas pelo Mundo*, p. 66.

1898. — «O *carry* (**caril**) é a comida mais em uso, e até mesmo mais infallivel na mesa oriêntal». — Oliveira Mascarenhas, *Atravez dos Mares*, p 128.

1906. — «... terminando pelo indispensavel **caril**, prato obrigatorio a quasi todas as refeições na India». — Hipácio de Brion, *Duas mil leguas*, p. 24.

1908. — «O arroz come-se com molho de **caril**, composto de tamarino, côco, carne ou peixe, malagueta e outras especiarias». — Id., *A India Portugueza*, p. 18.

1917. — «... para havermos de temperar pela boa fruta a picancia das nossas **cariladas**». — *O Ultramar*, de 19 de Abril.

1589. — «Ils cuisent presques tous poissons avec du Riz, versant dessus certaine sausse peu aigre et bien agréable au goust qu'ils appellent **Carijl**, qui est comme sausse à l'aigret». — Linschoten, *Histoire*, p. 90.

1655. — «... ò **carillo**, che sono certi brodi fatti con latte di cocho, spetiarie, e frutti». — Fr. Vincenzo Maria, *Viaggio*, p. 261.

1681. — «Most sorts of these delicious fruits they gather before they are ripe, and boyl them to make **Carreas**, to use the Portuguese word, that is somewhat to eat with and relish their Rice». — Knox, in *Glossary*.

1690. — «Indi enim ac praesertim Javani, Malaienses, et Baleyenses adeo ipsi [curcumae] adsueti sunt, ut eam cunctis admisceant condimentis, praesertim autem isti, quod **Karri** ipsis vocatur». — Rumphius, *Herbarium Amboinense*, viii, cap. 16.

1724. — «Leurs repas consistent dans un peu de ris cuit à l'eau et au sel avec de Gingembre et du petit lait, ou dans une espece de bouillon qu'ils appellent **Caril**, composé de Drogues Aromatiques». — La Croze, *Hist. du Christianisme*, p. 94.

1750. — «Les **curris** sont très variées, étant une sorte de fricassée qui se mange avec le ris, et qui est faite de viande ou de végétables». — Grose, *Voyage*, p. 242.

1782. — «Auprès de laquelle est placée une pierre platte qui sert à broyer les ingrédients qui entrent dans les **Caris** ou ragoûts». — Sonnerat, *Voyages*, i. p. 81.

1786. — «Vi stà vicino il **Karil**, o la salsa composta di pepe, di cardamomo, di legumi, di frutti, tutti ben cotti ed apprestati all' odore suave e gusto picante, che correge la crudezza e l'umidità del riso». — Fra Paolino, *Viaggio*, p. 113.

1860. — The popular error of thinking **curry** to be an invention of the Portuguese in India is disproved by the mention in the *Rajavali* of its use in Ceylon in the second century before the Christian era». — Emerson Tennent, *Ceylon*, i, p. 77.

**CARLÁ** (s. f., conforme Couto). Figura o termo numa lista de panos despachados na alfândega de Goa em 1630. V. *argaris*. Diogo do Couto emprega-o para designar um tecido fino. O vocábulo indiano, foneticamente mais aproximado, que encontro, é o hindust.-mar. *kharva* (guj. *kharvum*), que denota uma «fazenda grosseira de algodão, de côr vermelha, fabricada no Guzarate».

1612. — «Repartio por todos aquelles fidalgos, capitaens, e criados do Gouernador, muitas peças ricas de sedas, beirames, bofetas, **carlás**, e outras». — Déc. V, x, 1.

«... **Carlás** finissimas, Baitilhas, Rambotins, e outras peças ricas, e curiosas». — Déc. VI, i, 2.

1877. — «Os landins apreciam muito os tecidos de algodão azul e os *palós* ou **carlanganiz**». — Caldas Xavier, in *Bol. S. G. L.*, ii, p. 483.

**CÁRÓ** (conc. *kārŏ*). É uma árvore

da família das meleáceas — *Melia dubia,* Cav., «amargoseira dúbia». «É uma majestosa arvore... O fructo é amargo, e usa-se com proveito contra a dyspepsia e a colica». D. G. Dalgado, *Flora*[1].

1810. — «Copra, cato, peixe, tamara, congo, betele, govechendana [*gopichandana*] semente de **caró**». — Joaquim C. Soares, *Documentos Comprobativos*, p. 434.

*** CAROÁ**. Peça de tecido do algodão, grosseiro e tosco, do Balagate e do Guzarate. Do mar. *khārvā*, guz. *kārvum*.

1547. — «E quanto ao costume antigo em que dizeis que os mercadores que a ella vem com roupas de Balagate estão de paguar os direitos per **caroas**...». — *Carta Régia*, in *Archivo*, I, p. 25.

«E de cada **Caroá** de beatilhas que pagarem direitos ao dito senhor, levará o Tanadar...». — *Ibid.*, IV, p. 1550.

*** CAROÇO**. Antonomásticamente, é na Índia o caroço ou a castanha de caju, assim como *castanha* denota a semente de jaca.

1782. — «Colher cajús para vinho, e **caroços** pera guardar». — Fr. Clemente da Ressurreição, *Tratado*, II, p. 283.

1788. — «Por cada carga de **Caroços** *cazeados* (?), duas tangas e trinta reis». — *Collecção de Bandos*, I, p. 44.

**CARRANCA**. Gonçalves Viana supôs possível a derivação dêste termo do sânsc. *karaṅka*, que significa «crânio e vasilha de *chireta* ou casca dura de côco». Mas as línguas modernas da Índia não o conhecem e, portanto, não o podiam transmitir ao português. Em concani, *karṭī* é «chireta ou chareta», *karṭó*, «chireta grande», *karṭen*, «crânio». V. *Apostilas*.

*** CARRANE** (indo-ingl. *cranny*). Agente ou feitor; sobrecarga, na Índia. Do malaiala *karana*, hindust. *karāṇī* < sânsc. *karan*, particípio do presente de *kar*, «fazer».

1330. — «He costume delles [de Dafar], quando chega alguma embarcação da India e de outras partes sahirem os escravos do Soltão para a praia, e embarcarem... levando consigo hum vestido completo o dono da embarcação, para o seu encarregado, para o arraes, e para o **Alcarani**, que he o escrivão da embarcação». — Ben-Batuta, *Viagens*, I, p. 326.

1500. — «Pode enviar seguramente aas ditas naos seus feytores e **carranes** da terra aos quaes todas as naaos seram mostradas». — *Instruções de D. Manuel*, in *Alguns Documentos da Torre do Tombo*, p. 98.

1615. — «O Secretario [do rei das Maldivas] chama-se **carans**». — Pyrard de Laval, *Viagem*, I, p. 180.

1714. — «Hey por bem de lhe conceder licença e seguro ao dito seu barco... de que vai por Nacodá Hassana Bapa, **Carrane** Pumddalicu, Piloto Mahama Daegi, Condestavel Salú, *Sarangue* Ismal, *Tandel* Abdul, e mais gente de sua navegação». — *Apud* Júlio Biker, *Collecção de Tratados*, IV, p. 184.

«Hey por bem de lhe conceder licença e seguro ao dito um barco por nome tal... de que vai por *Nacodá* F. **Carrane F.** Sarangue Tandel F. e mais gente da sua navegação». — *Ibid.*, p. 185.

**CARRAPICHO** (botan.). Malvácea *Urena sinuata*, Linn. Diz-se *tupkāṭó* em concani. Dá filaça, que é muito resistente.

**CARRUAGEM**. Emprega-se na Índia Portuguesa êste têrmo no sentido peculiar de «machila, cadeirinha». No continente é antiquada essa acepção. Bluteau e o dicionário da Academia explicam *andor* por «carruagem portatil».

1799. — «Logo a bem poucos passos largaram-nos com o machila, e por cansados se hião embora, largando tambem a minha **carruagem**» (em Cazembe). — *Apud* Júlio Biker, *Collecção de Tratados*, X, p. 179.

1842. — «*Boiazes* (homens que carregam com as maxilas, a que no paiz chamam tambem **carruagens**». — *Annaes Maritimos*, (1845), p. 147.

**CARTAZ**. Esta palavra, que os nossos indianistas empregam, explicando-a alguns, no sentido de «passaporte ou salvo-conduto para navegar», não é europeia, mas de origem arábica, *qirṭās*, «papel, documento», que estaria em voga nos mares do Oriente antes da chegada dos portugueses. V. *Influência*.

1518. — Façaes hum caderno, no qual registareis todolos **cartazes** que dessa feytoria sairem». — *Archivo Port.-Oriental*, V, p. 30.

[1] Rheed menciona *caró* como nome concani de «noz vómica». Deve ser equívoco por *kāsró*.

1521. — «Vinha hum negro que se chamava Bastiam, pedindo huma bandeira, e hum **Cartaz** pera o governador de Dignacam». — *Roteiro da Viagem de Fernão de Magalhães, apud* Saraiva, p. 132.

1539. — «Me mandes hum **cartás** de tua letra para minhas lancharas e jurupangos navegarem em seguros com todos os ventos». — Fernão Pinto, *Peregrinação*, cap. 13.

1548. — «Quanto ao que mais pedem a v. s. que as naos del Rey naveguem sem **cartazes** e que as outras de cambaya não venham pagar os direitos a dio a sua alfandegua a mim me parece que o mayor estado que el Rey noso senhor nestas partes tem he saberse em todo o mundo que nom ha cousa segura nesta terra senão os que naveguão debaixo deste nome de seguro que os seus capitães dão». — *Apud* Júlio Biker, *Colecção de Tratados*, I, p. 129.

1552. — «Apresentou o seguro que trazia do capitão Lourenço de Brito para poder navegar, o qual seguro communmente acerca dos Mouros e nossos ao presente se chama **cartaz**».—João de Barros, Déc. II, I, 4.

1554. — «Elle dará **cartazes** ás naos de Idalxa, para nauegarem para todolas partes... Para o dito feitor dar **cartazes** aos nauios que partissem do dito porto». — Simão Botelho, *Tombo*, pp. 43 e 44.

1559. — «Será obrigado a dar em cada hum anno ao dito Rey quatro **cartazes** para poderem navegar quatro náos suas». — *Archivo*, V, p. 401.

1563. — «Os [navegantes] de Ceylão mandarião a Cochim tomar a certidão, a que elles chamão **cartaz**». — Gaspar Correia, *Lendas*, I, p. 298.

1567. — «Mande que em os **cartazes**, per que se lhes dá licença pera navegarem, entre as cousas que se lhes prohibirem em que não tratem, sejam escravos». — Primeiro Concílio de Goa, in *Archivo*, IV, p. 19.

1577. — «Obrigados somos guardar com muita fee os **Cartazes** com que neste Estado os nauios de infieis navegão... porque o **cartaz** ou se hade guardar, ou se não hade dar».—*Primor e Honra*, fl. 79.

1585. — «Não passauão tantos **cartazes**, como lhes costumauão a dar». — *Carta Régia*, in *Archivo*, III, p. 43.

1602. — «Yrião a Baçaim tomar salvo conduto (a que elles chamão **cartazes**) dos capitães». — Diogo do Couto, Déc. IV, IX, 2.

1615. — «Não podem dar-lhe remedio, em caso que os corsarios tenham **cartaz** dos Portuguezes». — Pyrard de Laval, *Viagem*, p. 287.

«Estes passaportes, a que chamam **Cartazes**, levam clausula de que elles não podem navegar senão para certas partes alli declaradas». — *Id.*, II, p. 182.

1687. — «Fazendo-nos Senhores destes mares, prohibimos a gentios, e Mahometanas navegarem neles sem **cartaz**, ou saluo conduto; tomando os que não obedecem com boa guerra». — P. Fernão de Queiroz, *Conquista de Ceylão*, p. 945.

1718. — «... reconhecendo todos os barcos que forão á vista... dos quaes se apresou hum de Bengalla, por trazer cousas prohibidas contra o **cartás**». — In *O Instituto*, LXII, p. 546.

1726. — «Fez preza em hum nauio, que com **cartaz** nosso fazia segura a sua viagem». — André Ribeiro Coutinho, *Relação*, p. 1.

1746. — «Vendo que os mais Regulos daquella Costa, passavão **cartazes** (ou passaportes) por somas grandes de dinheiro, aos que queriam navegar...». — Monterroio Mascarenhas, *Epanaphora Indica*, II, p. 7.

1721.—«Mas tambem lhes deram **chartazes** firmados, pera que em todas as demais do seu dominio deixassem assistir o dito V. Padre, e lhe consentissem prégar a Ley de Deos sem impedimento, nem contradição alguma». — Fernão de Brito, *Hist. do Ven. João de Brito*, p. 50.

1604. — Some of then recognise the Portuguese, taking their **cartazes**, or *passaportes*, without which they would sail in peril of the Portuguese *fustas*, cruising commonly in those narrow seas». — Pedro Teixeira, *The Travels*, p. 24.

* **CARU** (jap. *karō*). Ministro do daimió, funcionário principal dum *han* ou daimiado, no antigo regime.

1874. — «Os *samourais* mais importantes na côrte do daimio chamavam-se **karus** que significa *antigos servidores* e esta dignidade era hereditaria». — Pedro G. Mesnier, *O Japão*, p. 14.

«Ja te não lembras da tua gente e do teu *han*? Eu sou *M.* que d'antes era o **karu** do nosso principe». — *Id.*, p. 282.

**CARUCA** (s. m.). Antigo imposto de Goa, que incidia sôbre as indústrias das aldeias. Era um dos direitos da *catualia*, q. v. Do conc. *karūk* < sânsc. *kāru*, «artista, artífice».

1554 — «E a Renda da catualya, á qual pertencem estes Ramos seguintes — a dos caçadores de Telauly, e a dos pescadores de Telauly, e a dos leyteiros, e a das orelheyras (?), e a de *patracam*, e do **caroucar**, e da casa que se chama *body*».— Simão Botelho, *Tombo*, p. 52.

1569. — «Titulo de **caruca** das terras de Salcete». — *Regimento* de Nuno Vaz.

1572. — «O ramo do *cate*, que he a **carouqua**, que pagauão os *chandarins*». — *Archivo Port.-Oriental*, II, p. 197.

1619. — «Paga mais este povo para a

renda da alfandega desta dita provincia por quatro vias, a saber, de cocos, de *copra*, de azeite, e de **caruca**». — *Ibid.*, Supplemento II, p. 332.

1774. — «O direito do **Caruca** *Palnidama*». — *Collecção de Bandos*, I, p. 21.

1824. — «Direitos **Caruca** de Mecanicos 25 rupias». — *Apud* Júlio Biker, *Collecção de Tratados*, XII, p. 36.

1827. — «Entrão os Direitos de 2 ramos chamados **Caruca** e *Singotim:* os Direitos da primeira pagão os Rendeiros e Lavradores pella fouce de lavrar palmeiras chamada *Catty*». — Joaquim C. Soares, *Documentos Comprobativos*, p. 270.

1843. — «A renda do **caruca** consiste em direitos, que pagam os rendeiros e lavradores de sura, pelo uso da fouce, de que se servem». — *Annaes Maritimos*, p. 123.

1904. — «Esta tarifa comprehendia uma variedade de impostos... os quaes incidiam sobre as industrias locaes, conhecidos pelo nome de **carucas**, pagos do mesmo modo á fazenda em moeda ou em arroz». —Ernesto Fernandes, *Regimen do Sal*, etc., in *Bol. S. G. L.*, XXII, p. 292.

* **CARVALHO DE CEILÃO.** É o nome português de *Schleichera trijuga*, Wild. V. *laca*. «A fructa é comestivel. A casca é adstringente. A madeira é muito duravel. O oleo extrahido da semente é muito recommendado como estimulante para o crescimento do cabello».—D. G. Dalgado, *Flora*.

**CARVI** (ant.). Pescador de Goa. Do conc. *khārvī*. A palavra é empregada por Afonso de Albuquerque, não se sabe bem por que motivo. Vem registada em dicionários com a forma *carviz*, que é a do plural.

1512. — «Per este vos mando que des [deis] a doze **quarues** de daoquym [Daugim] a cada hũu seu pano de que lhe faço merçe». — *Cartas*, V, p. 307.

«Per este vos mando que des a ojto **carues** que ajudam a fazer a call em pãjy [Pangim] com ho *tanadar* pera todos dezaseis *bespiças*». — *Id.*, p. 320.

* **CASANA** (conc. *khāzan*). «Varzea á margem do rio, formada pela alluvião, e vallada para obstar á allagação, leziria»· F. N. Xavier (*Bosquejo Historico*, 2.ª ed., III, p. 54).

1741. — «Deve-se dar quita do que se tem levado das vargias Vazary e **Mahaqhazana** [= grande *casana*] estando ajustada a paz entre uma e outra parte». — Apud Júlio Biker, *Collecção de Tratados*, VI, p. 236.

1852. — «**Qhazana**.—Varzea salgada». — F. N. Xavier, *Bosquejo Historico*, IV, p. 16.

1905. — «Existem terrenos, denominados **casanas**, addis, quêros, etc., campos planos e vastos». — Ernesto Fernandes, *India Portugueza*, p. 118.

1907. — «nomear entre os sete chefes da Ilha um *camoty*, e dar-lhe a posse dos vallados das **cazanas** da Ilha». — *O Oriente Portuguez*, IV, p. 88.

1911. — «As Communidades das duas aldeias tem extensas **casanas** de serodio muito productivas. Designam-se por nome de **casanas** na nossa Índia várzeas baixas marginaes aos cursos d'agua salgada, defendidas d'elles por meio de diques que geralmente são feitos de lodo». — J. C. Castel Branco, *Bol. S. G. L.*, XXIX, p. 345.

1916. — «Effectivamente teve uma ruptura o vallado das **casanas** da communidade desta aldeia, e os seus concertos foram já arrematados na communidade por 950 rupias». — *O Ultramar*, de 28 de Janeiro.

* **CASCADO** (s. m.). Dá-se êste nome no português timorense a uma doença de pele, peculiar dos indígenas, que lhe chamam *aba*. Rúnfio denomina-a «lepra sêca». Covarruvias diz que *cascado* se chama «o homem que as enfermidades trazem fraco de cabeça».

1907. — «Doença de pelle especial do país, a que os portugueses dão o nome de **cascado** em consequencia da especie de escamas que produz. A que tem a propriedade de apparecer e desapparecer em differentes epocas chamam os indigenas *ába mâno fónun*». — Rafael das Dores.

1690. — «Incolae Uliasserenses ejus folium tanquam specificum habent remedium contra *lepram siccam*, Amboinice *Kessi-kessi* dictam, vulgo **Cascado**». — Rumphius, *Herbarium Amboinense*, VI, cap. 34.

* **CASCASSI** (s. m.). Tecido de algodão indiano grosseiro e áspero ao tacto. Êste vocábulo figura em uma lista de panos despachados na alfândega de Goa em 1630 para Portugal, publicada por Cunha Rivara no *Chronista de Tissuary*, I, p. 157. O seu étimo é o conc. *khaskhasī*, mar. *khaskhasīt*.

**CASEIRO, caseira.** Empregam-se os termos na Índia para designar o «dono e a dona da casa». Não sei se no continente teriam antigamente tal sentido, ou se são formados por analogia com o concani (e outras línguas) *gharkār, gharkhārṇ*. Figura, porêm, o vocábulo em um livro antigo, escrito no Oriente, com idêntico significado, e mais como sinónimo de «hóspede» em ambos os sentidos.

1694. — «Deu com hũa casa entre os bosques, e entrou nella, para tomar algum descanço, e apagar a grande sede, que trasia. Estando pois conversando com o **caseiro,** que era gentio, ouvio hũa voz, que sahia do interior da casa, e disia: Há por ventura alguem, que me faça charidade. Perguntou logo André ao **caseiro** de quem era aquella voz tão fraca que parecia de pessoa muito doente». — *Noticias da Cochinchina,* pelos Padres da Companhia, p. 395.

«E lhe pedio falasse a algum daquelles Portuguezes para morar em sua casa, obrigando-se ella a lhe dar almoço, jantar e cea por tres meses, que costuma fiar o navio: só pedia lhe emprestasse logo o **caseiro** tres para quatro mil reis, os quaes ella depois restituiria, quando voltasse para Macao». — *Ibid.*, p. 24.

«Queria tambem o Padre sahir, para não ser causa de molestias e vexações a seu **caseiro,** mas este não ho consentio antes pedio ao Padre, se deixasse ficar».— *Ibid.*, p. 369.

**CASOAR** (mal. *kasuvāri*). Ave pernalta — *Struthio casuaris*. Fr. *casoar*, ingl. *cassowary*. Tambêm é conhecido por *ema* (q. v.), que é nome molucano.

1861. — «A *ema* da Asia tem o nome especial de **cazoar,** que a distingue da ema da America... Tambem como a abestruz tem o corpo coberto de pennas, com a differença que as de **cazoar** são dobradas na maior parte, pois de cada canudo nascem duas hastes, mais ou menos compridas, pretas, chatas, e lustrosas, divididas em nós por baixo, saindo de cada nó uma barba, ou fiosinho... Os ovos de **casoar** são de côr cinzenta, atirando para o verdoengo, mais pequenos, porém mais compridos que os de abestruz». — *Archivo Pitoresco,* IV, p. 236.

1631. — «De Emeu, vulgo **Casoaris**. In insula Ceram, aliisque molucensibus vicinis insulis, celebris haec avis reperitur». — G. Piso, em apêndice a Bóncio, p. 71.

1659. — «This aforesaid bird **Cossabàres** also will swallow iron and lead, as we once learned by expecience». — J. J. Saar, in *Glossary*.

1674. — «... also a **Cassawar** that digest Iron». — Fryer, *East India,* I, p. 291.

1690. — «Primo acquirit magnitudinem ovi avis **Casuaris** dictae, dein decrescit ad figuram ovi Anserini». — Rumphius, *Herbarium Amboinense,* I, cap. I.

**CASSA** (mal. *kāsa*). Tecido transparente de algodão ou de linho, que vinha antigamente do Oriente. *Casse* em francês.

1613. — «E o corpo de boa estatura, cuberto de *baju* fino ou camisa curta de **cassa,** e cingido por la çinta com pano de Choromandel». — Manuel G. de Erédia, *Declaraçam de Malaca,* fl. 20.

1620. — «... e infinidade de caixões cheios de roupas de toda a sorte, a saber, **Cassas,** Cachas, Bengalas...». — Fr. Nicolau de Oliveira, *Grandezas de Lisboa,* fl. 13.

1692. — «E as roupas grossas que se fabricavam em Calapor, Belgão, e Cambaya; e outrosim **cassas** cruas e curadas». — *O Chronista de Tissuary,* II, p. 101.

1580. — «Il [Bengala] ne froisonne pas seulemont en Riz, mais aussi en Coton duquel on y fait divers ouvrages exquis qu'on ne transporte pas seulement es Indes où ils sont fort estimez, mais aussi en Portugal, desquels il y a diverses sortes qu'ils nomment Sarampuras, **Cassas,** Comsas, Biatillias, Sataposas, et mille autres noms». — Linschoten, *Histoire,* p. 30.

1676. — «D'Ouguely et de Daca, au Royaume de Bengale sortent ces toiles fines qu'on nomme **casa,** dont il se debitoit autrefois grande quantité en Italie, Provence, Languedoc et Espagne». — Tavernier, *Voyages,* V, p. 181.

* **CASSAR** (s. m.; concani-mar. *kasar*). Falha na medida ou contagem, deficiência.

1810. — «**Cassar** não é officio se não um titulo pelo qual se cobra, alem dos direitos, mais certa quantia para se acautelar qualquer falha que haja na liquidação dos direitos da Alfandega, por se dever preencher a sua quantia». — Joaquim Soares, *Documentos Comprobativos,* p. 435.

**CASSABÉ, caçabé** (s. m. e f.). Sede da província ou do distrito na Índia. Do ár. *qaṣba,* que deu *alcáçova* em português, *alcazaba* em espanhol. O termo é ainda hoje usado em Goa com relação às Novas Conquistas.

1554. — «Do **caçabé** e *mandovim* de Caranjaa». — Simão Botelho, *Tombo,* p. 137.

1606. — «Notificamollo assim ao nosso vigairo da vara da cidade de Baçaim, e a todos os vigairos do **Cassabé** da dita cidade». — *O Chronista de Tissuary,* p. 63.

1611. — «Sou informado que, de mais

dos ditos mandovins, ha outra parte onde se pagam direitos na mesma forma, das alfandegas que se chamam **casebés,** que estão incorporadas com as aldeias que andavam de aforamento». — *Documentos da India,* II, p. 25.

1632. — «No meio da **Cassabé,** que assi chamam o grande, e espesso bosque, que serve á Cidade, parte com hortas, e parte com palmares, e canaviaes de Assucar». — Fr. Luís de Sousa, *Historia de S. Domingos,* III, p. 370.

1663. — «... como tambem na muita copia de assucar, que recolhe [Baçaim] cada anno do seu **cassabé**». — P. Manuel Godinho, *Relação,* p. 12.

1727. — «O **Cassabé** de Bombaim. **Cassabé** val o mesmo que terra de arvoredo e hortas». — *Archivo,* Suppl. II, p. 289. — Cunha Rivara nota: «**Cassabé** val o mesmo que povoação principal de um districto, ilha ou *praganã,* com as hortas, palmares, etc., dos seus moradores. Aqui a povoação havia-se convertido em cidade, e por isso não entra na lista por não render senão foros».

1766. — «Rende o **Cassabé** de Mahim outra tanta quantidade». — *Apud* António F. Moniz *Historia de Damão,* II, p. 89.

1845. — «Examinadas as contas da Communidade da Aldêa **Cassabé** da Provincia de Bicholim». — *Collecção de Bandos,* II, p. 93.

1883. — «Bombaim não passava de uma dependencia de Salcete, e os seus terminos, com as pequenas aldeias ou **caçabés,** em que se dividia... eram pelos governadores portuguezes de Salsete e de Baçaim doados a nobres ou prestantes cidadãos». — Adolfo Loureiro, *No Oriente,* I, p. 157.

1883. — «**Cassabé** significa aldeia ou povoação principal de uma ilha, ou de uma pequena provincia indiana». — Júlio Biker, *Collecção de Tratados,* III, p. 104.

1886. — «Do Arabó passamos á **Cassabé,** ou capital da Provincia de Pernem». — Lopes Mendes, *A India Portugueza,* I, p. 227.

1908. — «Em Goa as capitaes e as povoações principaes das provincias das Novas Conquistas são chamadas **Cassabés.** Assim a **Cassabé** de Pernem, a **Cassabé** de Sanquelim, etc. Deve ser a palavra *Kasbah* ou *Kasbet,* cidadella que designa a parte mais alta e fortificada das cidades». — Alberto O. de Castro, *Flores de Coral,* p. 133.

1911. — «A partir da confluencia dos dois grandes braços do rio de Sanguém, que fica junto da **cassabé** do mesmo nome». — José E. Castel Branco, *Bol. S. G. L.,* XXIX, p. 364.

1912. — «Construiu na **cassabé** um grande Dharamsala com a denominação das Baronezas de Pernêm». — *Diario de Noticias,* de 20 de Outubro.

1913. — «O que foi a **cassabé** de Pernêm e o que ella é!». — *Heraldo,* de 16 de Abril.

* **CASSANA** (própriamente *cajana;* s. m.). Fôro de terreno ou terras, na Índia. Do hindust.-persa *khajāna,* bengali-mar. *khajānā.*

1785. — «E só os Mouros, e Gentios, que ali habitam, pagam hum limitado **cassana,** ou foro do chão, em que tem suas casas» (em Bengala). — *Apud* Júlio Biker, *Collecção de Tratados,* XII, p. 21.

**Cássia fistula.** V. *canafistula.*

c. 70. — «Cinammum et **casias** fabulose narravit antiquitas, princepsve Herodotus, avium nidis, et privatim phoenicis». — Plinius, *Naturalis Historia,* XII, 42.

**CÁSSIA LÍGNEA.** Empregam esta locução latina alguns dos nossos botânicos como sinónimo de «canela». Cristóvão da Costa julga que os gregos corromperam o malaio *cays manis* (*kayu manis*), «pau doce», em *cássia.* Alguns autores estrangeiros entendem por *cássia* «a canela silvestre».

1516. — «Zodoaria, calamo aromatico, **cassia lignea** no Malabar muito em Mangalor, e em outras partes». — Tomé Pires, *apud* Cardeal Saraiva, VI, p. 426.

1516. — «**Cassia** fresca e boa, cada *Farazola* 1 e ½ *Fanão*». — Duarte Barbosa, *Livro,* p. 393.

1554. — «**Cassia,** sandalos tambem canfar, aguila, e isto tal».—Garcia de Resende, *Miscellanea,* fl. 156.

1563. — De canella, e de **cassia lignea,** e do cinamomo, que tudo he huma cousa». — Garcia da Orta, Col. XV.

1510. — «Pepe, zenzero, cardamomo e mirabolani, e alcuna poca di **cassia**». — Barthema, *apud* Ramúsio, I, fl. 158.

1578. — «Mas el Cinamomo, y la **Cassia lignea,** y la Canela se tenga todo por vna sola cosa, puesto que nunca fose bien sabido de los Griegos, ni de los Arabios». — Cristóvão da Costa, *Tractado,* p. 11.

1587. — «Dice egli bene, che in Venezza si ritrouerebbero tutte le spezie della **cassia lignea**».—F. Sassetti, *Lettere,* p. 318.

1770. — On trouve de la fausse cannelle connue en Europe sous le nom de **cassa lignea,** à Timor, à Java, à Mindanao; mais celle qui croît sur la côte de Malabar est fort supérieure». — Raynal, *Histoire,* I, p. 305.

1786. — «**Cassia lignea** del Malabar o scorsa di Cannella silvestre». — Fra Paolino, *Viaggio,* p. 54.

*** CASSUMBA.** É o mesmo que açafrão da Índia, q. v. Do mal. *kasumba* < sânsc. *kusumbha*.

1613. — «Lancoas de outra especie mais caloroso, choncor, açafram da terra, **casumba** como açafram de Europa». — Manuel G. de Erédia, *Declaraçam de Malaca*, fl. 16.

1695.— «In India tam haec planta, quam color roseus ex ejus floribus confectus **Cassumba** vocatur». — Rumphius, *Herbarium Amboinense*, VIII, cap. 38.

1908. — «The most prevalent Indian vernacular name *kusum* comes directly from the Sanskrit **kusumba**». — Watt, *The Commercial Products*, p. 277.

**CASTA DA LUA** (em sânscrito *chandra-vamça*). Nome duma dinastia ou raça de reis indianos, que se presume descender da lua. Dividia-se em dois ramos, Yádavas e Páuravas, descendentes de Yadu e de Puru. V. *casta do sol*. Ainda hoje há rajás que pretendem proceder do sol e da lua.

1554. — «E ao menguate **carta** (*sic*) da lua, cento e corenta pardaos». — Simão Botelho, *Tombo*, p. 25.

1597. — «Mandou solicitar os reis de Porca, e de Palur, e o Mangate Caimal, e o Mangate **Casta de lua**, e outros Senhores, e Caimais». — Diogo do Couto, Déc VI, VIII, 9.

1767.—«Finalmente destruidas as Igrejas e Christandades de Bengala e Pegu pelo Mogor, e pelo **Rey da lua**...». — Fr. Luís de Santa Catarina, *Hist. de S. Domingos*, IV, p 664.

1898. — «Tira o seu nome do d'um principe sahido da **raça lunar**». — Oliveira Mascarenhas, *Atravez dos Mares*, p. 83.

*** CASTA DO SOL.** É o mesmo que *suriavança*, q. v.

1687. — «Estas mesmas cortezias estão em uso, entre os Chingalaz; ainda que não dizem, que naçerão de algua parte do corpo de Brumâ; mas os nobres, se tem por deçendentes da **casta do Sol**, como fica declarado». — P. Fernão de Queiroz, *Conquista de Ceylão*, p. 63.

1825. — «It has been the misfortune of his family to have been oldest and purest of India; to be descended in a right line *from the Sun* without any debasing mixture». — Heber, *Narrative*, II, p. 44.

*** CASTANHA.** Designa-se por êste termo na Índia a semente de *jaca*, assim como por «bago» se entende o saco polposo que o envolve.

1563.—«Sómente se sequam estas **castanhas** de dentro, e comemnas assadas e ás vezes cozidas». — Garcia da Orta, Col. XXVIII.

1788. — Cada carga de **castanhas** de Jaca, doze reis». — *Collecção de Bandos*, I, p. 48.

1873. — «Dentro dos bagos, que se comem como fructo, encontram-se as sementes (*bicnam*) que são chamadas **castanhas**. Estas são tambem comestiveis cozidas ou assadas, da mesma maneira como as castanhas do castanheiro, e no gosto tem uns longes d'estas, o que provavelmente originou o seu nome portuguez». — Bernardo da Costa, *Manual do Agricultor*, II, p. 149.

1886. — «As sementes da jaqueira, conhecidas pela denominação de **castanhas**, são preparadas de diversos modos, e constituem um bom alimento». — Lopes Mendes, *A India Portugueza*, II, p. 141.

XIV. — «Et bene quingenas **castaneas** continet ejusdem saporis; quando sunt coctae, bene comestibiles». — Marignolli, *apud* Gubernatis, *Storia*, p. 152.

1444. — «Hanno poi dentro vn' altro frutto ventoso, di sapore et di durezza come la **castagna**, a modo della quale elle si cuocono». — Nicolo di Conti, *apud* Ramúsio, I, fl. 341.

1578. — «Partiente este fructo con cuchillo de vna ponta a outra, se muestra de dentro todo blanco, y carnoso, repartido todo en capsulas, o receptaculos, llamados **castañas**, mas largas y mas gruessas que los Datiles; y blancas de dentro como las castañas ordinarias». — Cristóvão da Costa, *Tractado*, p. 265.

1586.— «... il cui seme sono certe **castagne**, che, cotte, sono al gusto dolcissime». — F. Sassetti, *Lettere*, p. 270.

1652. — «C'est vn sac qui en enferme plusieurs autres pleins de miel, dans lesquels il y a des **chastagnes**». — *Relation de la Chine*, p. 22.

1658. — «**Castanea** ut et nucleus renis ovilli figurae sunt, hic tenui pellicula, illa crasso et spongioso cortice cinereo vestitur». — G. Piso, *Indiae Utriusque*, p. 121.

**CASTANHA DE ÁGUA** (ingl. *water chestnut*). É o fruto de *Trapa bispinosa*, Roxb., da família das onagráceas, que habita na Índia e na China. O fruto nasce debaixo da água doce e sabe à castanha.

1902. — «Entre as Onagraceas, o *len-kok* ou *len-kó*, ou **castanha d'agua** (*trapa bicornis*)». — *Ta-ssi--yang-kuó*, II, III, 8.

**CASTAS.** Os portugueses serviram-se dêste vocábulo da sua língua, adoptado depois por outros europeus, no sentido de «espécie, raça», para designar o peculiar sistema social de divisão do povo que voga na Índia[1]. Duarte Barbosa (1516) chama-lhe «ley de gentios»; — mas em mais de um passo emprega a palavra *casta* de tal modo, que óbviamente se conhece a fácil e natural transição desta para a acepção técnica: «Estas saom fidalgas e de boa **casta**» (p. 316). «Se algũa de **casta** de Nayres era [erra] em sua lêy, e ho Rey ho sabe primeiro que seus irmãos e parentes, mandaa tomar e vender fora do reguo» (p. 323). «Ha afora estas gentes acima honze leys de outras mais baixas... guardandose de misturar hũa **casta** com outra **casta**» (p. 334).

O sistema de distinções sociais da Índia, que tem dado ensejo a numerosos tratados e largos debates de orientalistas europeus, evolveu-se, desde os tempos rigvédicos, espontâneamente, *sensim sine sensu;* funda-se em parte na distinção de raças, em parte na de profissões; perpetua-se por endogamia, e implica várias restrições religioso-sociaes, entre as quais avultam o exclusivismo do sacerdócio, a incomensabilidade e a intangibilidade ou incontacto físico. Não há dúvida que, com o decorrer dos séculos e com a tendência ingénita dos índios ao exagêro, a classe sacerdotal concorreu poderosamente para estremar as diferenças, saturando-as de religião e munindo-as com sanções legais.

O primitivo nome vernáculo da casta é o sânsc. *varṇa*, «côr», sendo brancos (*çukla*) os árias conquistadores, e escuros os aborígenes conquistados, *dāsas* ou *dasyus*, que foram reduzidos à condição servil e chamados comummente *çudras*.

Quando porêm as tríbus áricas se expandiram das ribanceiras do Indo para o sul, na Índia central, e organizaram regularmente grandes comunidades políticas, amiúde em guerra entre si e com os aborígenes, salientou-se paralelamente e com mais rigor a divisão das principais classes profissionais, já agora muito desenvolvidas. As famílias que se dedicavam ao ministério do culto, com o seu vasto e complicado cerimonial, que demandava instrução técnica e aturada, chamaram-se *brāhmaṇas*. A classe que se exercitava em armas por longo tirocínio e formava a côrte do rei, e defendia a tríbu e alargava o território, tornou-se nobre e denominou-se *rājanya* ou *kshatrya*. A massa geral do povo (*viç*), que mantinha o estado com tributos, e se ocupava em agricultura, criação de gado, indústrias e comércio, teve o nome de *vaiçya*. Os *çudras* continuaram a empregar-se em misteres baixos, às vezes como escravos.

Assim emergiram quatro castas primárias: sacerdotal, militar, popular, e servil, que se dividiram e subdividiram em numerosíssimas outras, produzindo um vasto labirinto de mais de três mil agrupamentos. E atribuíu-se-lhes origem divina, fazendo emanar o bráhmane da bôca, o chátria dos braços, o váixia das coxas e o sudra dos pés de Puruxa ou Brahmá (*Rigveda*, x, 90).

E então, não sendo *varṇa* ou côr critério seguro, prevaleceu o termo *jāti*, «nascimento: nascimento discriminativo, forma de existência determinada pelo nascimento». Um indivíduo pertence a uma casta porque nela nasceu, qualquer que seja a sua tez, fisionomia ou ocupação. V. em especial Artur Macdonell, *Vedic India*, s. v. *varṇa*.

Tão arraigado é na Índia o sentimento de castas, que o maior obstáculo que os seus habitantes ofereciam, e oferecem, à sua conversão ao cristianismo era a perda da sua casta. E muitas cristandades ainda a conservam: a de Goa só na endogamia, isto é, nos casamentos dentro da própria casta, e em certas irmandades exclusivas; as do Malabar e de

[1] «Sono divisi in sei specie, che li Portoghesi chiamano *caste*».—P. Tomba (1774), *apud* Gubernatis, p. 88.

Madrasta pouco diferem, sob êste respeito, dos respectivos hindus, havendo lugares distintos nas igrejas para cada casta e até comungatórios diversos.

Não falta quem suponha, sem nenhum fundamento histórico, que as castas indianas são na sua origem dravídicas e que existiam no país antes da invasão dos árias [1], sendo certo que os drávidas são mais adictos às suas distinções e aos seus privilégios. Há ainda uma casta profissional de ladrões na costa da Pescaria, denominada *kaḷḷar* e considerada honrada!

É opinião geral na Europa que as castas são o cancro da Índia e a principal causa da sua decadência e o estigma da humanidade, como se não tivessem existido análogas distinções entre muitas nações antigas, como Egipto, Judea, Grécia e Roma, e não existam entre algumas modernas, como na América do Norte entre os brancos e os pretos, na África entre os boers e outras raças. Roberto Cust diz (*The Custom known in British India as Caste, Varna, or Jati*): «É-me impossível ver na instituição das castas um mal tão profundo como se imagina... Parece-me que, na Europa, as classes da sociedade se dispõem em camadas horizontais, emquanto na Índia a separação se faz no sentido vertical». *V.* Queiroz e Dubois, abaixo.

1516. — «Aueis de saber que em todo ho Malabar ha dezoito leys de Gentios naturaes, cada hũa apartada das outras, e tanto, que nom se toquaom hũas com has outras, sob pena de morte ou perdimento de suas fazendas».—Duarte Barbosa, *Livro*, p. 310.

1552. — «O lavrador he distincto do pescador, o teçelão do carpinteiro, etc., de maneira que os officiaes tem feito entre elles linhagem para hũs não casarem com os outros, nem communicarem em muitas outras cousas». — João de Barros, Déc. I, IX, 2.

1566.—«Estes Naires e outras **castas** de gente que ha no Malabar tem tal modo, e ordem em suas gerações, que o tecelão nunca pode ser çapateiro, nem o çapateiro alfaiate, nem o alfaiate carpinteiro, e assi todolos outros». — Damião de Góis, *Chron. de D. Manuel*, I, cap. 42.

1572:

> «Dous modos ha de gente, porque a nobre
> *Naires* chamados sam, e a menos digna
> *Poléas* tem por nome, a quem obriga
> A ley não mesturar a casta antiga.
> . . . . . . . . . . . . . . . . . . . .
> Desta sorte o Judaico povo antigo
> Nam tocaua na gente de Samaria».
>
> Camões, *Lusiadas*, VII, 37 e 39.

1602. — «Em todo este Oriente ha coatro **castas** que precedem a todas as mais... Quanto as **castas**, o mayor impedimento que ha na conversão dos gentios, he a superstição que guardão em suas **castas**, sem se poderem tocar, communicar, nem misturar com outros, como superiores com inferiores: os de vm rito com os de outro» [1]. — Diogo do Couto, Déc. V, VI, 4.

1607. — «He o empedimento principal a superstiçam que tem estes Gentios de cuydarem que recebendo a fee se fazem de **casta** baixa dos *Frangues*, ou Portugueses»... «Mas desprezauão a ley, que pregaua hauendoa como ley de gente baixa, pois a tinham os Parauas, e os Portugueses, aos quaes põe no infimo lugar das **castas** e gerações». — P. Fernão Guerreiro, *Relaçam Annal*, fl. 182 e 106.

1667. — «Em algumas partes desta Provincia os gentios se distinguem por gerações e **castas** de maior ou menor dignidade... e guardão tam supersticiosamente, que nenhum da **casta** mais alta possa comer ou beber com os da mais baixa, que se o faz, logo perde sua **casta**, e preminencias della, e fica no gráo e honra do mais baixo com que comeo». — Primeiro Concílio de Goa, in *Archivo*, IV, p. 8.

1685. — «Tem esta gente tal costume, que os nobres por nenhum caso nem agoa hão de beber em casa de outro inferior; como tambem o da **casta** baixa não lhe póde chegar á porta, e de fóra hade pedir o que quiser». — João Ribeiro, *Fatalidade Historica*, I, cap. 16.

1687. — «Para todos os oficios mecanicos de mercancia e do culto de seus idolos, hâ **castas** particulares, com diversos trajes, e costumes; e considerando o genio destas gentes, e quão dados são ao descanço... vesse [vê-se] nisto hũa particular prouidencia; porque se não forão obrigados por **casta**, nenhuma se dispusera a seguir as artes mecanicas de mais trabalho... Os

---

[1] «*Caste* is probably Dravidian in origin and existed before the Aryan invasions». — Homersham Cox, in *The Modern Review*, de Setembro de 1915.

[1] «Nos casamentos por nenhum modo se podem misturar, nem mudar de estado. O çapateiro com a filha do outro, o ouriuez o mesmo... Cousa em que tambem Licurgo teue muito tento na reformação da sua Republica Espartana». — *Id.*

excessos porem da soberba gentilica, e de suas superstições, depranarão o bom uso desta divisão de **castas**; que nem a ser hum dos mayores obstaculos para os converter a Fé de Christo». — P. Fernão de Queiroz, *Conquista de Ceylão*, p. 16.

1694. — «Huns erão, como de ouro, Principes, e illustres; outros como de chumbo; em frase da India, **casta** *baixa;* huns, como de marfim, brancos, como os Portuguezes; outros, como de ebano, negros, como os Ethiopes». — P. António Vieira, *Xavier Dormindo*, p. 328.

1697. — «O gentilismo se divide em varias **castas**, ou linhagens entre si tam diversas, como se cada huma dellas constituisse huma nação differente, ou fosse especifica, e não individual a sua distincção: porém de todas juntas com boa ordem resulta o corpo de hum Reyno, ou Republica perfeita... Todas se vem a reduzir a quatro fundamentaes, que são *Bramanes, Ketris, Oyxes*, e *Sudros*». — P. Francisco de Sousa, *Oriente Conquistado*, I, I, 1.

1716. — «Todos os officios, que ha na India, se exercitão por homens de certas familias, que elles chamão **Castas**, de sorte que nem os que são *boys*, que he o mesmo que acarretadores, podem ser ourives, nem estes ferreiros». — *Archivo Port.-Oriental*, Supplemento, II, p. 10.

c. 1788:

«Dizes, que he má Nação, que he casta abjecta,
Fructo de enxertos vis? Irra! Tu mentes;
Vai ver-lhe os seus papeis: são descendentes
Do solar de Hidalcão por linha recta».

Bocage, *Obras Poeticas*, I, p. 85.

1825. — «A quarta **casta** divide-se em tantas outras, quantos são os officios, que são oitenta... Nesta divisão acham os indios duas vantagens: 1.ª fazer o numero das artes necessarias; 2.ª não extinguir as precisas. Os filhos, em virtude desta lei, só podem exercer os officios dos pais». — José Inácio de Andrade, *Cartas*, I, p. 29.

1880. — «E depois d'isto a classe passou a **casta** propriamente dita; e a **casta** bramánica assentou as pretenções de superioridade sobre origem divina». — Vasconcelos Abreu, *Bol. S. G. L.*, II, p. 210.

1883. — «Das numerosas **castas** indianas, as primordiaes são as dos *brahmanes*, dos padres; a dos *kahatryas, quetris* ou *charadós*, dos guerreiros; a dos *vaisyás*, ou *vaixás*, dos negociantes e agricultores; e a dos *sudras* ou *sudros*, dos operarios e servos». — Adolfo Loureiro, *No Oriente*, I, p. 152.

1906. — «Pobres espiritos que nascem, vivem e morrem apertados no circulo de ferro das suas crenças no limitadissimo e estreito campo das **castas**, hoje tão numerosas como os officios e misteres, que não podem confundir-se, nem mesmo aproximar-se». — Hipácio de Brion, *Duas mil leguas*, p. 110.

1908. — «Os indigenas dividem-se em quatro **castas** fundamentaes, duas nobres e duas plebeias. As nobres são *Brahmanes* e *Charodós*, as plebeias os *Vaixas* e os *Sudros*. A estas **castas** são atribuidos os quatro serviços sacerdotal, militar, industrial e servil». — Id., *A India Portugueza*, p. 25.

1585. — «Son ambos de vn Rey moro de **Casta** Malaya, y no obstante la gente de estos reynos son Gentiles». — Fr. Joan G. de Mendoça, *Hist. de la China*, p. 361.

1655. — «Frà li Gentili dell' India, per ragione di profissione, ò esercitio, corre quella distintione, anzi molto maggiore, che li Hebrei per ragione di sangue, ò discendenza, hebbero dodici Tribù. Il medesimo popolo, nell' istessa Communità, si divide in pluralità di **Caste**, che vuol dire sorte, ò conditione, senza ammettere communicatione, ò tratto di familiarità fra di loro». — Fr. Vincenzo Maria, *Viaggio*, p. 264.

1676. — «Une **Caste** est à peu près parmi les Idolatres, ce qu'étoit anciennement une tribu parmi les Juifs». — Tavernier, *Voyages*, IV, p. 106.

1700. — «On appelle une **Caste** l'assemblage de plusieurs familles d'un même rang, ou d'une même profession». — *Lettres Edifiantes*, v, p. 17.

1702. — «Les **Castes** sont dans l'Inde quelque chose de comparable à ce qu'estoient les Tribus parmi les Juifs». — *Ibid.*, III, p. 187.

1782. — Presque tous les États de l'Europe, à imitation de l'Inde, admettent des distinctions dans leur Corps civil; et nous qui blâmons, sommes-nous plus justes et plus sages; n'avons-nous pas nos **Castes?**», — Sonnerat, *Voyages*, I, p. 63.

1786. — «Le tribù *Giàdi* o *Varna*, dagli Europei malamente chiamate **Caste**, sono molte: Le nobili sono quattro: i *Brahmani*, i *Khetria*, o *ràgiaputra*, i *Vaishya*, e i *Shudra*». — Fra Paolino, *Viaggio*, p. 230.

1825. — «Je considère la division de castes comme le chef-d'œuvre de la législation indienne, sous plusieurs rapports; et je suis persuadé que si les peuples de l'Inde ne sont jamais tombés dans un état de barbarie, si, dans le temps que la plupart des autres nations qui peuplent la terre y étaient plongées, l'Inde conserva et perfectionna les arts, les sciences et la civilisation, c'est uniquement à la distribution de ses habitans en **castes**, qu'elle est redevable de ces précieux avantages». — P. Dubois, *Mœurs des peuples de l'Inde*, I, p. 22.

1815. — «C'est trop peu encore de dire que pour un homme la perte de ses droits de **caste** équivaut en principe à la mort civile. Le malheureux, qui est dans ce cas ne peut ni hériter, ni contracter, ni déposer en justice; ce qui est bien cruel encore, il est rejeté de la société commune, aussi bien que privé de ses droits de citoyen. Il ne peut se présenter à la maison de son père; ses parents doivent éviter tout rapport avec lui; il est privé des consolations de la religion dans cette vie et de toute espérance de bonheur dans l'autre». — Xavier Raymond, *Inde*, p. 178.

1872. — «**Caste**, The artificial divisions of society in India, first made known to us by the Portuguese, and described by them by the term *casta*, signifying breed, race, kind, which has been retained under the supposition that it was the native name».—Wedgwood, *A Diction. of English Etymology*.

1879. — «**Caste**... Properly used only in speaking of classes of men in India. — Port. *casta*, a race, stock: a name given by the Portuguese to classes of men in India». — Skeat, *An Etymological Dictionary*.

1914. — «**Caste**, as now understood, is (a) hereditary division of labour, (b) aggregation into separate social units for purposes of interdining and intermarriage and (c) certain traditional ideas of graded rank, high, low, etc.».—*The Hindustan Review*, Oct.-Nov.

1914. — «There are only four **castes** in the shastras and the fifth is not allowed, but actually we have at least five hundred... Nowadays **castes** are more marriage guilds than anything else». — *The Modern Review*, de Novembro.

1915. — «Of the two prohibitions imposed by **caste** rules, the prohibition of taking food with a member of a different **caste** is fundamental, while the prohibition of marriage between a man and woman of different **caste** is secondary». — *Id.*, de Setembro.

**CASTIÇO** (s. m. e adj.). Filho de pais portugueses, nascido na India. É a substantivação do adjectivo português, com o sentido de «puro de sangue, sem mistura heterogénea». O termo caíu em desuso, sendo substituído modernamente por «descendente», subentendendo-se, «de português». V. *mestiço*, *topaz* e *crioulo*. Conforme o Dr. Hugo Schuchardt, *castiços* são, em alemão e holandês, filhos de casamentos entre europeus e mestiços.

1577. — «... muitas mulheres Portuguesas, mistiças, **castiças**, fermosas, como ellas alli são».—*Primor e Honra*, fl. 94 *v.*

1615. — «Os mais estimados são os que vieram de Portugal, e lhes chamam Portuguezes de Portugal (vid. *reinol*); depois vem os que nasceram na India de pai e mãi portuguezes, e lhes chamam **castiços**; os inferiores são os que procedem de pai Portuguez e mãi India, ou pelo contrario, e lhes chamam mestiços». — Pyrard de Laval, *Viagem*, II, p. 32.

1676. — «Por *mistiço* a praxe commum entende aquelle, que he filho de duas naçoens imediatamente diversas, como Pay Portuguez, ou nacido na India, ou em Portugal, ou qualquer outro Europeo, e mãy India sem algũa mistura de Europeo; e por **castiços** são entendidos, os que tem hum avo da India, e outro da Europa: e fallando *juridicè*, *mistiço* he o que està no primeiro grao de duas naçoens diversas, e **castiço**, o que està no segundo grao de hũa diversa». — Fr. Jacinto de Deus, *Caminho dos Frades para a Vida Eterna*, p. 177.

c. 1788:

> «Vinde salvar destes Pardaes **castiços**
> As searas de arroz, por vós ganhadas,
> Mas ha! Poupai-lhes as filhas delicadas,
> Que ellas culpa não tem, tem mil feitiços».
>
> Bocage, *Obras Poeticas*, I, p. 115.

1842. — «Os filhos delles [portuguezes] ou nascidos na India, mas de puro sangue Portuguez, **castiços**, o que corresponde á denominação de *creoulos* n'America meridional... Os epithetos de **Castiços**, mistiços, e Canarins são olhados como injuriosos entre os filhos da India».—*Annaes Maritimos*, p. 111.

1589. — «Les enfens nez es Indes de pere et de mere Portugais sont appelez **Castisi**, et ne resemblent pas mal aux Portugais». — Linschoten, *Histoire*, p. 57.

1653. — «Les **Castissos** sont ceux qui sont nés de père et mère reinols; ce mot vient do *caste* (race); ils sont méprisés des reinols». — Le Gouz de la Boullaye, *Voyages*.

1726. — «... or the offspring of the same by native women, to wit Mistices and **Castices**, or blacks». — Valentijn, in *Glossary*.

* **CASTISMO**. Doutrina, sentimento ou pundonor da casta; amor desordenado da casta própria. * **CASTISTA** (subs. e adj.), aferrado às distinções de castas; apaixonado pela casta própria; relativo às castas. São termos correntes em Goa.

1913. — «Mas voltando ao **castismo** — do seio do mesmo partido a que nos referimos em cima parte uma campanha accêsa contra o Seminario de Rachol, accusando de **castista** o r.do Reitor e um e outro professor daquelle estabelecimento». — *O Ultramar*, de 28 de Junho.

1914. — «Tivera-se apenas em vista demonstrar que na eleição se não haviam arrastado pelo **castismo**». — *O Oriente Portuguez*, XI, p. 263.

1814. — «Ainda não se extirpou o prejuizo do **castismo**, causa do nosso atrazo e de tantas animosidades e digladiações internas». — *O Ultramar*, de 8 de Janeiro.

«É possível que do seu partido façam parte individuos obsediados pela idéa **castista**». — *Ibid.*

1915. — «As alianças da familia não se subordinam a preocupações ou exclusivismos **castistas** e sim a paridade da educação moral e social». — *Heraldo*, de 16 de Novembro.

1916. — «Fechado o parêntesis que de indústria abri para o conhecimento dos senhores **castistas** da minha terra, que até o são, pelo menos os ilustrados, apesar de saberem que as mesmas **castas** são produto de mestiçagens mil». — *Ibid*, de 1 de Setembro.

1917.— «Houve na ortodoxia hindu quem considerasse funestos os principios do **castismo** e previsse os seus prejuizos». — *Heraldo*, de 26 de Maio.

*** CASTUR** (s. m.). É o mesmo que almíscar. Do sânsc. *kastūrī*, corrente nas línguas modernas da Índia e do Arquipélago. V. *Influência*.

1664. — «Quoylaca, **Castúr**, Aguila, Calambá, Marfim, Cayolac, Tafuci, Beijoim, e Chumbo de Camboja». — P. Fernão de Queiroz, *Hist. de Pedro de Basto*, p. 11, *v*.

**CASTURI**. Beija-mão do *caçanar* ou sacerdote dos cristãos de S. Tomé. Não sei a que língua pertence o vocábulo.

1599. — «Nem os sacerdotes poderão entrar em sua casa nem dar-lhe o **Casturi** até com effeito trazer os ditos meninos ao bautismo». — Sínodo de Diamper, in *Archivo*, IV, p. 353.

«O costume de tomar as mãos o Caçanar mais velho a todos os outros que rezão no choro acabado o officio divino, e de todos lhe darem o que chamão **Casturé**, contem em sy conforme os costumes deste Bispado symbolo, e significação de caridade, communicação, e amor fraternal». — *Ibid.*, p. 423.

1603. — «Todas as vezes que na Quaresma, que pello discurso do dia e noite entrauão na Igreja, em que os Caçanares estavão cantando o officio divino, tomauão antre as palmas das suas mãos as dos sacerdotes erguidas beijavamlhas em sinal de paz, e obediencia, e a isto chamauão dar, ou tomar o **Casturi**». — Fr. António de Gouveia, *Jornada*, fl. 60.

1701. — «Em sinal de paz com a Igreja beyjavão as mãos dos Sacerdotes, metendo-as entre as palmas das suas, e a isto chamavão tomar o **Castûri**: o que não se concedia aos excommungados, e desobedientes». — P. Francisco de Sousa, *Oriente Conquistado*, II, 1, 2.

1724. — «Toutes les fois qu'ils entroient dans l'Eglise les jours de jeûne, ils y trouvoient les Prêtres assemblez qui chantoient l'Office divin, et leur donnoient la benediction: Cette ceremonie s'appelloit donner ou recevoir le **Casturi**». — La Croze, *Hist. du Christianisme*, p. 181.

1786. — «Il **Casturi**, cioè, il toccare le mani del Sacerdote dopo la Messa era il segno della pace». — Fra Paolino, *Viaggio*, p. 136.

*** CATÁ** (persa-ár. *fakhta*). Pombo torcaz, na Síria.

1663. — «Lá já perto da Syria se acham aguias reaes, falcões, e uma infinidade de certos passaros, a que os turcos chamam **cattás**, maiores que trocazes: estes por falta de arvores criam no chão, e como são muitos, a cada passo se acham seus ninhos e ovos, que servem de refresco aos que fazem caminho por aquelle dezerto». — P. Manuel Godinho, *Relação*, p. 102.

1830. — «Le poète... dit que, lorsqu'il cherche une cisterne pour se désaltérer, il devance le **kata**, espèce d'oiseau qui vole en troupe, et qui indique par son vol aux Arabes des déserts les lieux où il y a de l'eau». — Silvestre de Sacy, *apud* Michel, *Poésies Orientales*, p. 142.

*** CATABA**. Aposta que se fazia no Guzarate sôbre o êxito do litígio. Do guz. *khatabha*, «fim, conclusão».

1548. — «As **catabas**, que se soyão a levar ás partes, que são como apostas que fazem as partes que trazem demandas, ey por bem que ho nom fação, nem as aja ahi, e o *catual* julgará as partes sem isso». — *Archivo*, V, p. 19.

*** CATABIRA** (jap. *katabira*). Cabaia japonesa, feita de linho e usada no estio.

1569. — «Veo seu filho de dentro com hum vestido muito rico, e hũa **catabira** branca muito fina, que me mandava el Rey aquillo, pera que logo o vestisse, e a Lourenço outra **catabira** muito fina». — P. Luís Fróis, *Cartas de Japão*, I, fl. 274.

1582. — «... e hũas **catabiras**, que são certas camisas de Japão». — P. Gaspar Coelho, *ibid.*, II, fl. 34 *v*.

1640. — «Visten [os laos] cabaya semejante a la **catabira** del Japon, poco faldada, pero suelta». — P. Semedo, *Imperio de la China*, p. 229.

**CATALÓ**. Leito, na Índia. Do concani-guz. *khāṭlo*. Em concani diz-se comummente *khāṭlem*, forma deminutiva.

1727. — «**Catalô**. Nome, que na India, e na China se dá aos Canapés, ou preguiceiras. Comummente os **Catalós** são de charão *enrotados*» (cobertos de palinha). — Bluteau, *Supplemento*.

1886. — «A mobilia consta apenas de um **cataló** (leito) ou estrado de madeira assente sobre quatro pés de $0^{m},3$ de altura». — Lopes Mendes, *A India Portugueza*, II, p. 136.

1901. — «... para forrar os leitos das camas dos indigenas chamados **catiás**». — José Pinheiro, *Bol. S. G. L.*, xx, p. 33.

1908. — «*Katil*, catre ou leito (em Goa **Cataló** e *Cátil*)». — Alberto O. de Castro, *Flores de Coral*, p. 139.

1917. — «... cama de ferro de colchão de arame 1; **catalós** 25; cadeiras com assento de palhinha 3». — *O Ultramar*, de 11 de Janeiro.

**CATAMARAN**. Jangada de três ou quatro pranchas, usada na costa de Choramândel. Do tam. *kaṭṭumaram*, *kaṭṭu*, «ligadura», *maram*, «pau» [1].

1687. — «Passando aquele estreyto canal, em uarias embarcações de remo, e **catamarães** (que he hũa jangada de paos unidos, que em pouca agoa tomão terra) poz de cerco a fortaleza». — P. Fernão de Queiroz, *Conquista de Ceylão*, p. 362.

«Os Eleytos de Negapatão fizerão auizo ao Capitão Mor. mandando lhe poluora, e chumbo em **catamorões**». — *Id.*, p. 517.

1884. — «Jangadas de pranchas, a que chamam **catamaran**, circundam tambem o navio, e indios munidos de pás, ou usando de uma véla latina, as governam muito bem». — Adolfo Loureiro, *No Oriente*, II, p. 224.

1913. — «**Catamaram**, *m. Bras.* Primitivo salva-vidas, que foi talvez ponto de partida para a construcção do salva-vidas actual». — Cândido de Figueiredo.

1582. — «... Alcune barche [em Negapatão] fatte à somiglianza delle nostre zattare con sette traui tondi legati insieme per ogn'una di dette barche, e di dette sette traui ne sono cinque per fondo, uno più lungo degli altri, ilquale è di mezzo, che per prora fa uno sperone, e un altro per poppa, che stà sotto l'acqua, oue stà a seruire un'huomo, che tiene il timone con un legno lungo, e in cappo di detto legno sotto l'acqua è inchiodato un pezzo di tauola. Sono queste barche chiamate **Gatameroni**... Ma per tornare al proposito de' sopradetti **Catameroni**, solcano quei mari, e cosi uanno nauigando con sei, sette, e otto marinari per ogni una di quelle». — G. Balbi, *Viaggio*, fl. 82.

1673. — «Coasting along some **Cattamarans** (Logs lashed to that advantage that they waft off all their Goods, only having a Sail in the midst, and Paddles to guide them) made after us». — Fryer, *East India*, I, p. 74.

1700. — «Un pêcheur assis sur un **catimaran**, c'est-à-dire sur quelques pièces de bois ensemble en manière de radeau». — *Lettres Édifiantes*, x, p. 50.

1701. — «Un vaisseau qui s'estoit brisé sur le Paracel, leur fournit du bois pour faire une espece de **gatimaron** (c'est un radeau qu'on fait de Planches et autres bois liez ensemble), sur lequel ils oserent braver les dangers de la Mer». — *Ibid.*, III, p. 70.

1786. — «**Candimaram**, cioè due soli legni uniti insieme, sopra i quali monta il *Mucavem* ignudo, e lavorando con un remo, passa le onde feroci, che battono sula spiaggia». — Fra Paolino, *Viaggio*, p. 170.

1826. — «The **catamarans**, however, I found I had no idea of till I saw them. They are each composed of three coco-tree logs, lashed together, and big enough to carry one, or, at most, two persons». — Heber, *Narrative*, II, p. 205.

1860. — «The **Cattamaran** is common to Ceylon and Coromandel». — Emerson Tennent, *Ceylon*, I, p. 142.

**CATANA**; **catanā** (p. us.). Espécie de espada curta, alfange. Do jap. *katana*. Muito vulgarizado nas colónias portuguesas asiáticas e africanas. Na Índia designa particularmente «faca comprida e larga». Não tem nenhum fundamento histórico a procedência italiana, que se tem aventado; as primeiras abonações indicam claramente a origem da palavra. **CATANADA**, golpe de catana; (fig.) repreensão severa. V. *Influência*, e Gonçalves Viana, *Apostilas* [1].

1582. — «... levandolhe de presente hũa **catanà**, que fora do pai, que valia mil e quinhentos cruzados». — P. Gaspar Coelho, *Cartas de Japão*, II, fl. 34 *v*.

1585. — «E todos com seus alfanges, ou **catanás**, (que são espadas de Japão arcadas e de hum só corte, e o punho mui grosso e assi todos são de duas mãos)». — P. Luís Fróis, *ibid.*, fl. 163 *v*.

1600. — «Armeiros não os ha melhores no descoberto, que assi cortam pelo nosso ferro as suas **catanas**, como por lenho brando». — P. João Lucena, *Historia*, VII, cap. 6.

1619. — «Não sabem dar hum passo sem palanquins, bajús, **catanas**, bois, larins, e bazarucos». — Francisco R. Lobo, *Corte na Aldea*, Dial. IX.

1622. — «Por ser o touro muito bravo, mandou o capitão o matassem ás **catana**-

---

[1] «Alguuns delles se meteram em almadias... as quaes nom sam feitas como as que eu já vy, somente sam tres traves atadas juntas» (no Brasil, em 1500). — *Alguns Doc. da Torre do Tombo*, p. 113.

[1] Conforme Gonçalves Viana, *catanar* quere dizer no Riba-Tejo «ceifar herva com a gadanha».

**das**, ao que se defendeo elle de maneira, que o não poderão matar». — J. F. de Almada, *Hist. Tragico-maritima*, IX, p. 40.

1634. — «Neste tempo há no caminho vendas de comer para os peregrinos os quaes botão naquela cova ou boca **Catanas**, ou alfanges, e adagas, e outras armas de offerta»: — *Hist. da Igreja do Japão, apud* Cristóvão Aires, *F. M. Pinto e o Japão*, p. 146.

1635. — «Manuel Rodrigues... levou uma **catana** que trazia e deu de repente no capitão com ella uma grande **catanada**». — António Bocarro, *Déc.* XIII, p. 361.

1650. — «Dos quaes trinta morreram gloriosos martyres aos fios da **catana**».— António F. Cardim, *Batalhas*, p. 65.

1694. — «A **catana** no primeiro golpe fez tão pouca móça na cerviz do potentissimo Atleta, como se ella fora de aço, e a **catana** de cera». — P. António Vieira, *Xavier Dormindo*, p. 348.

1694. — «No tempo porèm de peleja para offenderem, alèm do mosquete empunhão a **catàna**, ou alfange». — *Noticias da Cochinchina*, p. 9.

1697. — «Feyto o sinal referido, saltarão nelle às pedradas, e devia ser a mão tente, porque logo o lançarão por terra: e depois de o verem cahido, o fizerão em pedaços com golpes de **catanas**». — P. Francisco de Sousa, *Oriente Conquistado*, II, I, I, 1.

1718. — «Só possam querellar perante o Ouvidor do crime das causas da morte, aleijão, feridas penetrantes de faca, e espada, **catana**, arma de fogo, falsidade e testimunho falso». — *Carta* do vice-rei, in *Archivo*, Supplemento, II, p. 74.

1874. — «Porém esta ultima particularidade sómente se nota nas **catanas** da côrte, e falta na grande maioria dos sabres dos *samourais*, que são propriamente de guerra». — Pedro G. Mesnier, *O Japão*, p. 289.

1885. — «Na mão traz quasi sempre ou um *maxim*, especie de **catana**, com que se fazem as capinas, ou uma zagaia». — António F. Nogueira, *A ilha de S. Thomé*, in *Bol. S. G. L.*, V, p. 415.

1640. — «Assi como de los Japones se dize que no se podrian governar sin **catana**, se dize de los Chinas, que sin bambu era impossible governar-se». — P. Semedo, *Imperio de la China*, p. 126.

**Catanar**. V. *caçanar*.

**CATANDUR** (conc. *kāṭāndūr*). É uma espécie de arganaz, que se encontra na Índia e cuja carne se come — *Paradoxurus typus*, Couvier.

1842. — «Os **catanduros** são una especie de rato bravo, que habitam os forros das casas e são damninhos». — *Annaes Maritimos*, p. 270.

1886. — «*Pacmasoro* (gato alado), **catandur** (especie de arganaz)». — Lopes Mendes, *A India Portugueza*, I, p. 118.

* **CATAPANEL** (sing. *kaṭapannay*). Pequena embarcação de Ceilão.

1612. — «Matarão huma grande soma dos gastadores, e lhe tomarão huma embarcação chamada **Catapanel**». —Diogo do Couto, *Déc.* VII, I, 3.

1687. — «Fazendo alto na aldea Deltôta, depois de ajuntar, com bem de trabalho, alguns *tones* e **cataponeys**, embarcações daquele rio, partio pera Diagão». — P. Fernão de Queiroz, *Conquista de Ceylão*, p. 752.

1750. — «Intentando Manuel Gil embarcar no porto de Paniture com doze soldados em huma pequena embarcação, a que chamão **cataponel**, antes de chegarem à outra parte do rio, receberão algumas cargas dos Hollandezes». — D. Luís de Menezes, *Hist. de Portugal Restaurado*, II, p. 488.

1913. — «**Kattapanels** are mentioned in Baldaeus, p. [pater] I cannot find the word in use to-day, but it occurs in the Will of Canahara Mudiyanselage». — P. E. Pieris, *Ceylon*, I, p. 516.

* **CATAPUNE** (sing. *kaṭapan*). Outro barco de Ceilão.

1614. — «E pela alagoa, por partes que tinhão ainda agua, deitou muitos **catapunes**, que são embarcações pequenas amarradas humas ás outras, feita huma grande jangada carregada de gente». — Couto, *Déc.* X, X, 2.

**CATAR** (persa-ár. *qaṭār*). Récova de camelos ou de mulas. Em Lara compõe-se, conforme António Tenreiro, de sete mulas. O termo vem registado no dicionário de Domingos Vieira.

1529. — «Ha nesta terra muytos recoveiros, tem cada sete, ou quartoze, ou vinte, e huma mullas, e a cada sete, se chama **catar**, que quer dizer récova: e dizem, he recoveiro de hum **catar**, ou dous, e andão a ganhar por toda a Persia levando as mercadorias, de humas cidades para outras». — *Itinerario*, cap. 3.

**CATE** (s. m.). Pêso usado na Malásia e na China, equivalente a 625 gramas. Um *cate* tem doze *taeis* e é centésima parte de *picul*. Do malaio-jav. *kāti*. Em francês e inglês *catty*, em chinês *kin* ou *chin*.

1514. — «Depois vieram com cartas, e dous **cates** douro que ham de pagar em cada hum ano; e fez-se elRey de pão vasalo del Rey noso senhor». — Rui de Brito, in *Cartas* de A. de Albuquerque, III, p. 217.

1539. — «Doze **cates** de *calambuco* em huma boceta de tartaruga». — «Com tributo de dous **cates** cada anno, que são quinhentos cruzados». — Fernão Pinto, *Peregrinação*, capp. 18 e 206.
1554 — «Asy pesa [em Malaca] o dito **cate** 28 onças». — António Nunes, *Lyvro dos Pesos*, p. 39.
1563. — «Prometendo de lhe dar cada anno em sinal de obediencia um vaso de ouro, que pesasse quatro **cates**, peso que naquellas partes se usa». — João de Barros, Déc. III, II, 4.
1563. — «E venderam hum **cate**, que são vinte onças, 1500 cruzados». — Garcia da Orta, Col. III.
1679. — «E lhe mandou dar trinta **cates** de prata, que fazem tres mil Cruzados». — Fr. Jacinto de Deus, *Vergel*, p. 297.
1727. — Costumava-se mandar em similhantes occasiões de Embaixada, 2 ou 4 **catez** della [da raíz de *ginsem*, q. v.] mas no presente do Rey Nosso Senhor, manda o Imperador 40 **catez** que fazem 50 arrateis com pouca differença, he necessaria grande vigilancia com ella porque a come hum bicho que dentro della se cria». — *Apud* Júlio Biker, *Collecção de Tratados*, VI, p. 52.
1881. — «A rupia vale 320 réis [em Timor]; o *pico* tem 100 **cates** e o **cate** 630 grammas». — José dos Santos Vaquinhas, *Bol. S. G. L.*, II, p. 734.
1882. — «Em cinco vitrines estão colleccionadas n'esta sala as velhas moedas siamezas esphericas, desde uma enorme de prata 1 **kate** ou 80 *ticaes* (4:800 réis), que mais parece uma bola do que uma moeda, até ao pequenissimo (pae) tão difficil hoje de encontrar». — Henrique Prostes, *ibid.*, IV, p. 394.
1900. — «Refere-se ao emprestimo que o Rei de Sião fez a Macau de 665 **cates** (800 arrateis). Esse emprestimo (que segundo alguns escritores se diz ter sido feito em 1660) foi pago em diversas prestações até fins de 1721 ou 1722, em que se pagou toda a quantia». — *Ta-ssi-yang-kuó*, I, II, 12.
1578. — «La Canfora de Burneo por ser mas estimada, y valer mas, se vende por **Cates** (que es vn peso de veynte onças)». Cristóvão da Costa, *Tractado*, p. 250.
1586. — «Vengono 3500 **cute** (*sic*) ogni anno, che sono ogni **cute** 30 once e mezza». — F. Sassetti, *Lettere*, p. 273.
1589. — «Le poiure de Sunda se vend par sacs, et le sac vaut quarente cinq **Cattes** Chinois, le *Cat* fait vingt onces de Portugal». — Linschoten, *Histoire*, p. 35.
1596. — «Quod si pondere maiore piper emunt, tum saccis illud tradunt, quorum quilibet **Cates** 45 aut 56 libras habet... **Cate** autem vnciae binae sunt». — *India Orientalis*, III, p. 99.
1604. — «Their pound they call a **Cate**, which is one and twentie of our ounces». — John Davis, in *Glossary*.
1610. — «Fue acusado que en el pezo de la carne hurtaua algo, como en cada **cate**, que son veynte onças, vna». — Pedro Teixeira, *Relaciones*, p. 27.
1620. — «... mais assez bon nombre de canfre, qu'ils ne donnent à moins de 14 et 15 realles le **cati** qui est de 28 onces». — Général Beaulieu, *Mémoires*, p. 45.
1637. — «... en cantidad de mil **cattes** (que son treinta e nueve arrobas)». — P. Semedo, *Imperio de la China*, p. 18.
1640. — «Les poids de **Cattes** sont les mesmes par tout le païs». — *Relation du Japon*, p. 28.

* **CATE**, * **cato, cacho, catechu.** Extracto da madeira de CATECHUEIRA, *Acacia suma*, Kurz, e de *A. sundra*, D. C. Também é conhecido por «terra japónica», nome que, segundo Yule, lhe foi primeiro dado por Schröder em 1654: «Catechu, terra japonica, gonus terrae exoticae». O *cato* é um dos ingredientes do afamado mastigatório oriental. **Cate** ou **cato** é do concani-mar. *kāt* < sânsc. *kvatha* ou *kvātha*; *cacho* é forma dravídica e malaia, *kāchu*; *catechu* é o composto de *cate* e *cacho*. *Cauchu* (goma elástica) é diferente de *cacho* quanto à natureza e etimologia. V. Gonçalves Viana, *Apostilas*.

1516. — «... e asy outras muytas dragoarias que nós nom conhecemos, e em Malaca e China saom muyto estimadas, e tem grande valor, silicet, **cacho**, *pucho*, e muyto encenso, que vem de Xaer». — Duarte Barbosa, *Livro* (2.ª ed.), p. 289.
1542. — «Roçamalha, açafrão, **cacho**, myrrha, perçolana». — Fernão Pinto, *Peregrinação*, cap. 145.
1552. — «Droga de Cambaya, que chamão **cacho** e pucho» (em Malaca). — Castanheda, *Historia*, II, cap. 112.
1554. — «O *baar* do **cate**, que aqui [em Ormuz] chamão **cacho**, he em tudo como ho arroz quanto ao peso». — António Nunes, *Lyvro dos Pesos*, p. 22.
1563. — «E ácerca de todos se chama **cate** e em Malaca **cato**; e alguns varião este nome pouco». — Garcia da Orta, Col. XXXI.
1572. — «O ramo do **cate**, que he a *carouqua*, que pagauão os *chaudarins*». — *Archivo Port.-Oriental*, II, p. 197.
1782. — «Finalmente a planta chamada *pau ferro* por outro nome *queire*; tem tambem grande serventia havel-a nos bosques e mattos; porque do amago do seu pau se faz o **cato**, e serve para pilões e outras

obras de pau duro». — Fr. Clemente da Ressurreição, *Tratado*, II, p. 32.

1788. — «Neste contrato entrarão as rendas dos palmares do *Sarcar*, **catte**, tabaco, dos direitos miudos e seus annexos».—*Apud* Júlio Biker, *Collecção de Tratados*, VIII, p. 323.

1840. — «**Cato**. Massa composta de decocção de certa arvore (*coire*) com mistura de farinha de *nachinim*». — F. N. Xavier, *Collecção de Bandos*, p. 131.

1843. — «Nenhuma pessoa poderá cultivar legumes, fabricar ferro, e **cato** nas referidas provincias, se não os que tiverem domicilio permanente». —*Ibid.*, II, p. 12.

1886. — «Obtem-se pela decocção de pau-ferro, uma substancia secca e friavel, com sabor fortemente adstringente, denominada **cato, catechu,** ou *terra japonica* de muita applicação (segundo as qualidades) na pintura, na medicina e na tinturaria, mas o seu principal uso consiste em misturar pequenas porções com o betle e areca». — Lopes Mendes, *A India Portugueza*, II, p. 247.

1901. — «Manná purgativo, tamarindo, **cate**, lacre, gengibre».—José de Macedo, *Bol. S. G. L.*, XVIII, p. 543.

1578. — «**Cate** (assi llamado vulgarmente en las Indias, e en la China, o **Cato,** como algunos le llaman en Malaca, en donde se gastá en muy grande cantidad, porque se come, y se masca de ordinario con el Betele) se haze de vn grande arbol». — Cristóvão da Costa, *Tractado*, p. 147.

1586. — «L'albero detto *Cadirà*, del cui legno fanno gl'indiani il **Catu** nasce da per stesso in tutta la costa d'India». — F. Sassetti, *apud* Gubernatis, p. 219.

1589. — «Ils font des gasteaux d'Areque et Bettele y meslant du bois de l'arbre qu'ils appellent **Kaate**». — Linschoten, *Histoire*, p. 109.

1631. — «Hoc unicum addo, Malaios, et praesertim Chinenses, si quando Areccam et Betele masticant, parum Lycii ipsi **Cate** dicti admiscentes ad praeservationem non solum; sed et corroborationem dentium et gengivarum». — Bontius, *Hist. Naturalis*, p. 95.

1750. — «Ils y joignent encore du **Cachou** noir parfumé, qu'ils portent dans les petites boëtes; il est d'un bon goût, et ils le regardent comme un provocatif pour les plaisirs de l'amour, en le prenent à part». — Grose, *Voyage*, p. 341.

1754. — «Selon d'autres Auteurs, la base du **Cachou** est une Gomme qui se tire d'une decoction épaisse d'un certain arbre». — P. de Charlevoix, *Histoire du Japon*, I, p. 293.

1908. — «There are said to be three forms of this substance (1) *Dark* **Catechu** or *Cutch*, chiefly used for industrial purposes (2) *Indian Pale* **Catechu,** or *kath*, a crystalline substance eaten in *pan* [= betle] or used medicinally; and (3) *Keersal* (*kirsal*), a crystalline substance found embedded in the wood, much after the same fashion as Barus Camphor». — Watt, *The Commercial Products*, p. 10.

**CATELE, cátel, catle, cátere, catre** (indo-ingl. *cot*). Todas essas variantes ocorrem nos nossos indianistas, em exacto paralelo com *bétele, bétel, betle, bétere* e *betre*. Do *cátele* ou *cátel* se formou *cátere* (p. us.) ou *catre* do mesmo modo que de *bétele* ou *bétel* se fez *betre*, por intermédio de *betle*. *Catre* entrou na linguagem comum, enquanto *cátele* e *catle* se circunscreveram ao vocabulário luso-asiático [1].

A palavra *catre* tem passado por muitas significações. Os que actualmente vogam são: camilha dobradiça, cama de viagem, leito tôsco e pobre. Na Índia designa uma espécie de machila ou maca de lona, suspensa de um varal por meio de cadeias de ferro e transportada aos ombros por quatro homens. Mas antigamente também se entendia o trono dos reis do Malabar, o qual era em forma de estrado ou divã ricamente paramentado; e pequeno leito oriental, de pés baixos e fácil de armar e desarmar, tais como vinham da China.

Quanto à origem, os lexicógrafos seguem em geral Fr. João de Sousa, que indica o persa *catel*, «cadeira ou assento de madeira», por étimo do port. *catel*, que diz ser palavra antiga e pouco usada, e abona com Damião de Góis, que se refere ao Samorim. Da minha parte, não conheço tal palavra do persa, que tem *kursī* e *sandali* para «cadeira ou mocho». E a cadeira não é o mesmo que *cátel* ou *catre*.

Não falta, porêm, quem derive o port. *catre* do idêntico vocábulo castelhano, que o Dicionário da Academia Espanhola regista com o significado de «cama ligeira para uma só

[1] «*Catle, Catel, Catele* e *Catre* — Significa o leito, em que se faz a cama. He vocabulo que nos veio da India». — Cardeal Saraiva.

pessoa», e deriva de «cuatro, por alusión à los cuatro pies qui tiene» [1]. Mas o mero facto de existência em castelhano de um termo português creio que não é critério seguro da procedência, pois também há nele *côco, manga, palanquim, bada, bengala, bazar, rota*, e muitas outras palavras asiáticas que se lhe transmitiram por via do português, do mesmo modo — e muito mais — que as receberam outras línguas européias e a própria nomenclatura scientífica.

Vê-se claramente dos nossos cronistas que os portugueses conheceram primeiro o termo no Malabar e com relação aos assentos ou tronos dos seus reis. O autor do *Roteiro*, diz simplesmente *camilha* (p. 58): «El Rey estava lançado em hũu patim de costas em huúa camilha». E Jerónimo Cardoso já sabia em 1563 que *catre* era de origem indiana, pois regista no seu dicionário *catre da India*, com o significado latino «fulcrum Indicum» [2].

E de facto, o tamul e o malaiala possuem *kaṭṭil* com o sentido de «leito, sofá», derivado do sânsc. *khaṭṭa*, que deu *khāṭ* em concani e marata e o deminutivo *khāṭlêm*, «leito tôsco e pobre». O etimo de *catre* é, portanto, o malaiala *kaṭṭil* (assim como *veṭṭila* o é de *bétele*) e o conc. *khāṭlêm*. V. *Contribuïções*.

I. — *Catele:*

1510. — «Dares [dareis] ao dito gonçalo afonso trinta e nove *fanões* que despendeo em esteiras e **cateles** e rroupa e outras coussas necessarias». — In *Cartas* de A. de Albuquerque, VI, p. 397.

1513. — «Mandou ao Gouernador riqas cousas de Cambaya, em que foy hum **catele** de lauor de madre perola, cousa riqa, com varandas e paramentos». — Gaspar Correia, *Lendas*, II, p. 373.

1551. — «E elle me respondeo, nunca dormio, mas está de joelhos chorando de bruços sobre o **catele**». — Fernão Pinto, *Peregrinação*, cap. 214.

1552. — «As mais das casas erão lauradas de mercenaria, e douradas, e **cateles** dourados e laurados de pedraria baixa». — Castanheda, *Historia*, XIII, cap. 8.

1557. — «... e lhe [a D. João III] posemos o Bentinho de Christo, sem outra cousa, sem vestido, nem habito, e o posemos em hum **catele** sem alcatifa, nem nada, onde esteve ate trazerem o ataude». — Fr. Tomé de Jesus, *apud* C. Castelo Branco, *Noites de Insomnia*, I, p. 36.

1613. — «Acabou a Madune que mandasse trazer os feridos em **catelles**, e a todos mandou por hum rio leuar ha Cota» (em Ceilão). — Francisco de Andrada, *Chron. de D. João III*, IV, fl. 38.

II. — *Càtel:*

1552. — «Estaua no cabo da casa lançado em hũa camilha cuberta de pano de de seda, posto em hum leito a que elles chamão **catel**... O Çamorij posto que no ar do rostro recebeu Vasco da Gama com graça: tinha tamanha magestade, e assi estaua graue naquelle seu **catel**: que não fez maes mouimento para elle quando lhe falou que leuantar a cabeça d'almofada, e de si acenou ao Brammane que o fizesse assentar em hũs degraos do estrado em que tinha o **catel**». — João de Barros, Déc. I, IV, 8.

1557. — «El Rey estava lançado em hum **catel** (que são leitos quomo de campo) cuberto de hum pano de seda branca, e ouro, bem laurado, e por cima huu sobreceo de jaez». — Damião de Góis, *Chronica de D. Manuel*, I, cap. 41 [1].

III. — *Catle:*

1552. — «E hum **catle** lavrado de pedraria falsa, porem muyto rica e galante, com hũas cortinas de seda branca da China lavrada com *ouro de pão*». — Castanheda, *Historia*, III, cap. 95.

1557. — «E hum **catle** com hum pano de seda por cima, e almofadas do mesmo teor, em que auia de estar assentado... O Rey de Cananor estaua lançado no **catle**». — *Commentarios*, II, cap. 44.

1707. — «Assim moribundo veio em um **catle**, e muito arrependido recebeo todos os sacramentos, e dahi poucos dias falleceo». — P. Manuel de Miranda, *O Chronista de Tissuary*, III, p. 207.

1648. — «Indian bedsteads or **Cadels**». — Van Tuist, in *Glossary*.

---

[1] *Chārpā* — o que tem quatro pés — é o nome persa de «leito» em geral, *chārpāī* em hindustani.

[2] «Assi fallando entrauão já na sala,
Onde aquelle potente Emperador
Nũa *camilha* jaz, que nam se igoala
De outra algũa no preço e no lauor».
Camões, *Lusiadas*, VII, 57.

[1] 1914. — «By his orders the men were carefully attended to and **kattils** and boats provided for the conveyence of those whose wounds prevented their continuing their march to Colombo». — P. E. Pieris, *Ceylon*, II, p. 105.

IV. — *Cátere :*

1535. — «Os **cateres** em que dormem suas mulheres são cubertos e chapados de prata, e cada mulher tem seu **catere** em que dorme, e o delrey he chapado e forrado, todos os paos douro, seu colchão de tafeta, e travesseiro redondo laurado pellas cabeças daljofar groso, e quatro almofadas do mesmo theor pellos pees».— *Chronica de Bisnaga,* p. 61.

1563. — «Mandou [o rei de Cochim em 1500] recolher os feridos e doentes em huma casa grande, a que mandou deitar em camas em **cateres** em que dormissem». — Gaspar Correia, *Lendas*, I, p. 217.

«Mandou ao bergantim a Cananor dizer ao feitor que á pressa despejasse muytas casas, e buscasse **cateres** pera os feridos». — *Id.,* p. 604.

1603. — «E assim cheyos de azeite estão duas ou tres horas sobre hum **catere,** e dahi se uão lauar, ou em suas casas, ou tanques publicos, de que todo o Malabar he cheyo». — Fr. António de Gouveia, *Jornada,* fl. 64.

V. — *Catre :*

1525. — «Entrando no corredor [do palácio] estava hũm **catre** pendurado no ar por hũas cadeas de prata, o **catre** tinha os pees de hũas lynhas douro bem feytas que não pode ser milhor, os travessões do **catre** forrados douro, defronte deste **catre** estava hũa camara, onde estava outro **catre** dependurado por hũas cadeas douro; o **catre** tinha os pees douro com muyta pedraria, e os travessões forrados douro». — *Chronica de Bisnaga,* p. 120.

1534. — «Cadeyas **catres** bacios outras miudezas para as casas dos mandarîs». — Cristóvão Vieira, *apud* Donald Ferguson, *Letters,* p. 73.

1535. — «Põem o morto em **catre** enramado cuberto de flores». — *Chronica de Bisnaga,* p. 76.

1548. — «Hum **catre** avalliado em oitocentos rêys». — Tomás Pires, *Materiaes,* in *Bol. S. G. L.,* XVI, p. 703.

1577. — «. . . quando adoecem, deitados no chão, ou quando muito em hum pobre **catre**». — *Primor e Honra,* fl. 72.

1593. — «Hum **catre** da India em douus mil réis». — Tomás Pires, *loc. cit.,* p. 710.

1600. — «Recolherase elle no hospital dos enfermos, e pobres, e ali tinha sua cella, cujas paredes eram esteiras tecidas de palma, dentro estaua huma mesa pequena, e nella hum Crucifixo de pao da casa de S. Thomé cuberto com hum veo, e hum breuiario, auia mais hum **catre** de cayro com huma pedra á cabeceira». — P. João Lucena, *Historia,* III, cap. II.

1601. — «Hum **quatre** da China dourado, avaliado em seys mill réis». — Tomás Pires, *loc. cit.,* p. 723.

1604. — «Antes lhes da os primeiros comeres, aposentos, e **catres,** tudo de graça». — *Apud* Fernão Guerreiro, *Relaçam Annual,* fl. 91 *v.*

1609. — «As camas em que dorme a gente nobre [na Etiópia] são **catres** com precintas de correias de boi». — Fr. João dos Santos, *Ethiopia Oriental,* I, p. 375.

1613. — «E aqui entra um **catre** dourado, um sombreiro, um habito de Christo». — P. Luís Mariano, *Relação,* in *Bol. S. G. L.,* VII, p. 345.

1689. — «Huma cruz de pao a cabeçeira do **catre**». — P. Fernão de Queiroz, *Historia,* p. 479.

1694. — «A cama em que se encostava, era hum **catre** percintado de cordas de cairo; que são as entre cascas de coco e huma pedra por cabeceira». — P. António Vieira, *Xavier Dormindo,* p. 100. — «Contadores da China, **catres** de tartaruga». — Id., *Arte de furtar,* p. 342.

1815. — «A saber, **catres** lacreados, e de cairo; colchas, colchões, travesseiros». — *Archivo,* v, p. 1015.

1578. — «Assi que entre las muchas y differentes mercancias, e cosas que vienen de la China, son muchas differencias de vasos de Plata muy ricamente labrados, todo servicio de casa e lechos, e **catres** para dormir». — Cristóvão da Costa, *Tractado,* p. 251.

1578. — «Vengono di là [Índia] legnami da letti, che e' domandano **catri**, depinti di diversi colori, e tali miniati d'oro di gentilissimo compasso». — F. Sassetti, *Lettere,* p. 116.

1637. — «Digo **catre,** que es el maderage de la cama». — P. Semedo, *Imperio de la China,* p. 12.

1660. — «**Cattle**. Letticciole portatile». — Mgr. Sebastiani, *Seconda Spedizione,* p. 148.

1786. — «Dentro non v'è altro che un **Kattila,** o letto con una stora di sopra su cui dormono». — Fra Paolino, *Viaggio,* p. 148.

* **CATÊM, catim** (s. m.). Conta corrente; posse ou usufruto de prédio sem título legal, em Goa. Do conc. *khatém*, pl. *khatīm;* mar. *khātem.*

1840. — «**Catens** ou **Catins** (os bens de raiz, que possuem por longissimo tempo, sem *Pottó,* ou titulo algum)». — *Collecção de Bandos,* I, p. 97.

1845. — «**Catens** ou **catins**. — Bens de raiz possuidos de longo, não interrompido tempo, sem Pottós (titulos) d'aforamento ou arrendamento». — *Annaes Maritimos,* p. 249.

1867. — «Uma copia por certidão da conta corrente ou **catem** da fazenda publica das aldêas em que ella possuir algum interesse». — F. N. Xavier (filho), *Collecção de Leis,* p. 74.

1916. — «Devia pagar o interesse do capital representado pelas tangas, arequeiras, melgas, **catins,** etc., ora convertidas em acções». — *Heraldo,* de 4 de abril

*** CATERINGOTO.** Ágape que os cristãos do Japão faziam por turno em suas casas. Do jap. *kataringoto.*

1565. — «Os Christãos de Vómuro fazem já seu **cateringoto,** e dom Bertolameu os convidou ja hũa vez por via de **cateringoto**». — *Cartas de Japão.*

*** CATI.** Faca larga, em forma de meia-lua, empregada pelos «lavradores» de palmeiras à *sura* para aparar a espata. Também se entende por *cati* o imposto que cada lavrador pagava antigamente. É termo dravídico, *katti,* adoptado em concani, marata e guzarate, *kātī.*

1615. — «Quando estavam no mar, lhes deceparam as cabeças a golpes de **caty,** que é um instrumento como uma grande faca das nossas, mas de aço excellente, mui polido e bem obrado; vem da costa de Malabar, e corta excellentemente». — Pyrard de Laval, *Viagem,* I, p. 71.

1619. — «Cada *chaudarim* paga o seu **cathy** em cada hũ anno hũa tanga, 16 leaes de direitos». — *Regimento* de Nuno Vaz Castelo Branco.

1782. — «Serve aqui igualmente para alimpar e dar fio a facas, **caty,** etc.». — Fr. Clemente da Ressurreição, *Tratado,* II, p. 319.

1852. — «**Caty** — Instrumento de ferro de forma semi-circular, com cabo do mesmo metal, pelo lado da linha recta». — F. N. Xavier, *Bosquejo Historico,* IV, p. 4.

1855. — «O exclusivo que a dita Communidade [de chaudarins] tinha de poderem somente exercer a profissão de Lavradores de palmeiras á sura os seus membros ou gancares, e de receber o imposto de quatro tangas annualmente, denominado **Caty,** de todos os que não sendo gancares quiserem exercer a dita profissão». — *Archivo Port.-Oriental,* Suppl. II, p. 255.

1843. — «... pelo uso da fouce, de que se servem para fazer extrahir aquelle liquido dos coqueiros, a que chamam **catty**». — *Annaes Maritimos,* p. 122.

1886. — «Depois de apertada a espiga, deve-se tocar levemente em torno d'ella com o cabo de **caty** em dias interpolados, até ficar redonda e flexivel». — Lopes Mendes, *A India Portugueza,* I, p. 187.

**CATÓLICO** (s. m.). Moeda de ouro, mandada cunhar por Afonso de Albuquerque em Malaca, a qual valia mil réis.

1511. — «A esta moeda pôs nome **Catolica,** e d'esta fez uns **catolicos** do preço de quinhentos e vinte reaes». — Gaspar Correia, *Lendas,* II, p. 256.

1552. — «Cinco portugueses douro, e cinco cruzados, e cinco **catholicos** douro da moeda de Malaca, de mil e corenta rs cada hũ». — Castanheda, *Historia,* III, c. 145.

1553. — «E de ouro fez hũa só moeda chamada **Catholico,** de valia de mil reaes mui fermosa de vintequatro quilates de lei». — João de Barros, Déc. II, VI, 6.

1557. — «Pareceo a todos bem que a moeda do ouro pezasse hum quarto de *tundiá,* que tem de valia mil reis antre nós, a que puzeram nome **Catholico**». — *Commentarios,* III, cap. 32.

1566. — Fez moeda de prata do valor de mil reaes, a que chama *Malaquezes,* e douro do mesmo peso a que pôs nome **Catholicos**». — Damião de Góis, *Chronica de D. Manuel,* III, cap. 19.

*** CATONA.** É o nome indo-português de *ambaló* ou *ambaró,* q. v. Não pude saber a sua origem nem vi o nome em algum livro.

**CATOPA.** Assim grafado, ocorre o vocábulo na Década IV; mas conjecturo que Diogo do Couto teria escrito *catapa,* em conformidade com o mal. *katāpang,* nome vernáculo da «amendoeira da Índia» — *Terminalia catappa,* Linn. Domingos Vieira reproduz o termo e diz-nos que é uma «arvore de Ternate, em cujas folhas se cria um coleoptero, que os indigenas suppõem ser a folha transformada».

1602. — «A porta da fortaleza de Ternate, está hũa fermosa aruore chamada **Catopa,** de que caem hũas folhas mais pequenas que as geraes, cujo pé he a cabeça de hum bicho, ou borboleta, e o talo, o corpo, e as veyas que procedem d'elle pés e mãos, e as folhas azas, com que logo voão, ficando perfeita borboleta, e folha». — Déc. IV, VII, 10.

1908. — «**T. Catappa,** Linn. The Indian Almond... A large deciduous tree of the beach forests of the Andaman Islands; cultivated in most parts of India and Burma, especially near the coast». — Watt, *The Commercial Products,* p. 1073.

**CATUAL; quetual** (p. us.). Empregava-se o termo na Índia para designar o indivíduo que exercia todas ou algumas das seguintes funções: chefe da polícia da cidade, inspector dos mercados, juiz criminal, governador da cidade. Do persa *kotual*, «commandante da fortaleza», <sânsc. *koṭa*, «fortaleza», e *pāla*, «guarda».

1346. — «Na primeira assenta-se o **Al-catual**, que he o Amir dos porteiros, tem estrados altos á direita, e esquerda da porta, em que estão os mamelucos alfardadarias, que são os guardas do palacio» (do imperador da China). — Ben-Batuta, *Viagens*, II, p. 377.

1512. — «E Cojequy, mouro **quitual** e *tanadar* de Goa, ao quall dey estes oficios por seus seruiços e fieldade». — Afonso de Albuquerque, *Cartas*, I, p. 63.

1515. — «Neste tempo nos acudio o filho do **catuaa** o mais velho com cem homens; e este **catua** senhor he como governador dos mouros». — Pedro de Faria, *ibid.*, III, p. 122.

1539. — «O *cady* e **catual** e *tenedar* e pouo e mando de todoa cidade será do *diuão* e os portugueses por amor de suas cousas requererão ao tenadar e **catual** e o tenadar e **catual** as coisas dos portugeses farão por direito dos portugeses».— *Apud* Júlio Biker, *Collecção de Tratados*, I, p. 86.

1546. — «Ey por bem que o dito meirinho daquy em diante não entenda com nenhum mouro ou mercador do dito Ormuz... por quanto ao **catual** delles pertence isso pera os castigar». — *Regimento* de D. João de Castro, *ibid.*, p. 192.

1548. — «As *catabas* que se soyão a levar ás partes, que são como apostas que fazem as partes que trazem demandas, ey por bem que se não fação, nem as aja ahi, e o **catual** julgará as partes». — *Archivo Port.-Oriental*, V, p. 19.

1552. — «Saio Vasco da Gama com doze pessoas em terra onde o recebeo hum homem nobre a que elles chamão **Catual**». — João de Barros, Déc. I, IV, 8.

1553. — «Veyo pedir a elle Affonso d'Albuquerque o officio de **Quetual** da cidade». — *Id.*, II, VI, 7.

1554. — «E a Renda *canoeta*, que he d'um percalço que tinha o **catual**» (em Baçaim). — Simão Botelho, *Tombo*, p. 156.

1557. — «E o seu **Catual** Gouernador da Cidade, e dous *Caimais* mortos». — *Commentarios*, II, cap. 17.

1563 (1498). — «Veo a receber o Capitão mór o **Catual** da casa d'ElRey, que he Guarda mór de seos paços, que se alguem entrar onde estiver El Rey sem sua licença, logo á porta dos paços lhe mandará cortar a cabeça». — Gaspar Correia, *Lendas*, I, p. 98.

1566. — «O **Catual** del Rei, que he quomo corregedor da côrte, lhe mandou dizer, que era alli vindo pera o acompanhar ate a cidade de Calecut». — Damião de Góis, *Chronica de D. Manuel*, I, cap. 39.

1572:

> «Na praia um Regedor do reino estava,
> Que na sua lingua Catual se chama,
> Rodeado de Naires que esperava
> Com desusada festa o nobre Gama».
>
> Camões, *Lusiadas*, VII, 44.

1591. — «Notefico-o assy ao ... escrivão das auenças, **catoal**, meirinhos e mais justiças e officiaes». — *Alvará* do vice-rei, in *Archivo*, III, p. 335.

1607. — «Forão de tudo auisados os Padres pello **Catual**, que era a justiça mór, que sempre os defendeo». — P. Fernão Guerreiro, *Relaçam Annual*, fl. 142.

1608. — «Tem-se-me representado que ha muitos inconvinientes em se servir o officio de **catual** que ha n'essa cidade [de Goa] por homens da terra, e muitos novamente convertidos». — *Carta Regia*, in *Documentos da India*, I, p. 206.

m. 1805:

> «Debalde o Catual, cuja avareza
> Thesouros me absorve insaciavel,
> Esperanças vendendo a preço de ouro,
> Debalde tem mil vezes maquinado
> Dos atrevidos Nautas a ruina».
>
> Bocage, *Obras Poeticas*, VII, p. 194.

1883. — «O **catual** era o guarda-mór dos paços reaes e tinha, como direito inherente do seu cargo, poder de mandar immediatamente cortar a cabeça áquelle que sem sua ordem entrasse as portas do palacio». — Bulhão Pato, *Portuguezes na India*, p. 15.

1571. — «Deinde post aliquos dies venit ad Gamam vir quidam primarius, qui jus illi genti dicebat. Appellant illi hunc magistratum **Catualem**». — Jerónimo Osório, *De Rebus*, I, p. 116.

1588. — «Al dismontare se gli fece incontro il **Catual** vno di quelli, che rendono raggione a' forastieri con vari canti, e con gran multitudine di soldati». — P. Maffei, *Le Istorie*, p. 52.

1615. — «**Kutewal** vient au devant de moy, accompagné d'une grande suite, et precedé de 16 Drappeaux que l'on portoit à la teste de sa trouppe». — Thomas Row, *Relations*, p. 7.

1631. — «Regimen hujus civitatis et territorii est penes gubernatorem, judicem qui *Cahi* [vid. *cadi*] vocatur, et **Cutwallem**».—*De Imperio Magni Mogolis*, p. 21.

1666. — «Saliò nuestro Capitan en tierra, llamado del-Rey por un **Catual** (esto es Governador) y llevo consigo doze Personas». — Faria e Sousa, *Asia Portuguesa*, I, p. 35.

1666. — «On voit dans ce *Maïdan* plusieurs petits bâtimens quarrez élevez environ de trois toises, qui sont des Tribunaux pour le **Cotoüal**, qui est le Juge criminal». — Thevenot, *Voyages*, III, p. 25.

1676. — «Il le fit porter à la place du **Couteval**, qui est comme une barriere où un Prevôt rend la justice à ceux du quartier». — Tavernier, *Voyages*, III, p. 95.

1763. — «The **Cotwal** is the Judge

and executor of justice in criminal cases». — Orme, in *Glossary*.

1778. — «**Cotoüal**, ou *Kotoüal*, Lieutenant Général de Police, dans l'Inde». — Anquetil Duperron, *Législation Orientale*, índice.

*** CATUALIA** (hindust. *katuālī*). Os nossos indianistas empregam o termo para significar, não «o ofício de catual», mas certos direitos que se pagavam à barreira, sob o título originário de manutenção do catual.

1514. — «*Quetual* manday dar pera os alifantes cada dia seis mãos e meia darroz pera seu mãtimento a custa das remdas da **quetulya**». — A. de Albuquerque, *Cartas*, VI, p. 130.

1518. — «A fazemda da renda de **catuolya** ey por bem e mais serviço del Rey meu senhor nom se arrecadar pera elle, e se arrendar loguo a quem por ella mais der». — *Archivo Port.-Oriental*, V, p. 19.

1554. — «E a Renda da **catualya**, á qual pertencem estes ramos seguintes — a saber — a dos caçadores de Telauly, e a dos pescadores de Telauly e a dos leyteiros e a das orylheiras de palha». — Simão Botelho, *Tombo*, p. 5.

«E o Ramo de **catoaly** [em Baçaim] 1125 *fedeas*». — *Id.*, p. 141.

1691. — «Fazendo seus contratos, e distratos, sendo a maior parte delles Rendeiros, e outros contratos, como constava da certidão do escrivão da **Catualia**, por onde mostravão serem todos moradores». — *Ibid.*, Suppl. II, p. 137.

1572. — «Betre, panos, **catoalya**, orracas, passos, sabão, anfião, e todas as mais». — *Archivo*, II, p. 193.

1904. — «A renda de **catoalia**, que recaia sobre objectos meudos». — Ernesto Fernandes, *Regimen do sal*, in *Bol. S. G. L.*, XXII, p. 245.

**CATUR.** Pequena, estreita e ligeira embarcação indiana, muito usada antigamente. O termo entrou na marinha inglesa com a grafia *cutter* (leia-se *câṭâr*), e daí passou para a portuguesa sob a forma de *cuter*, como aparece nos *Annaes Maritimos* (1842), p. 287, et *alibi* [1].

É incerta a origem do vocábulo. Yule confessa que o não pôde filiar em nenhum idioma indiano. Burton, citado pelo mesmo, prende-o ao ár. *katireh*, «pequeno barco». Fr. João de Santo António Moura deriva-o do persa *kātūr*. Mas não consta se realmente existem tais dições em árabe e persa. Crooke sugere como étimo possível o sânsc. *chatura*, «ligeiro». Parece-me que o verdadeiro étimo deve ser o malaiala *kattiri* ou neo--árico *kātar*, do sânsc. *kartarī*, «tesoira»; literalmente «cortadeira», do verbo *krt*, «cortar». O barco, que se distinguia pela sua forma estreita, especialmente na proa, e pela sua facilidade, notada pelos nossos escritores, em cortar as ondas, bem podia merecer a denominação de *kātar*, que se emprega em vários sentidos metafóricos, como, em concani, nos de «asna, pirâmide, obelisco». A palavra era corrente no Malabar e no Concão quando os portugueses lá chegaram; e se hoje se não usa, é porque tais barcos não existem. Convêm porêm advertir que há no Malabar uma povoação situada à beira-mar, que se denomina *Cattur* [1] e que, à semelhança de Cotacoulão e de Sanguicel (qq. vv.), poderia dar o seu nome a uma embarcação. Mas os nossos historiadores não a mencionam; não tem pôrto nem rio; é uma pequena aldeia, que não se sabe se tinha o mesmo nome no século XV.

1504. — «Obra de cxx barcos de rremo, a que chamão **caturis**» (em Cochim). — Álvaro Vaz, in *Cartas* de A. de Albuquerque, III, p. 259.

1512. — «Daly a dias tornando-se pera Cochim em hum *paguer* de mouros, tomaram a ele e a outros os **catures** de Calecut». — Afonso de Albuquerque, *ibid.*, I, p. 29.

---

[1] «*Cúter*, pequena embarcação de um só mastro, com mastaréu latino quadrangular e um traquete redondo, além do garupez e seu velame». — *Revista Lusitana*, XVIII, p. 102.

[1] 1786.— «Alcuni piscatori Christani in *Càttur* e Tambòli avevano imitata questa festa». — Fra Paolino, *Viaggio*, p. 78.

«Segue sulla riva del Mare Tumbòli, *Càttur* Artunkel, Tanghi, Mannocodam, Manaceri, Saude, Coccino città e castello degl' Olandesi». — *Id.*, p. 79.

1878. — «... devendo o parocho providenciar para não haver fogos artificiaes nem festins, a exemplo do que se deixou de fazer em Pettaha, *Cattur*, etc., por deliberação dos freguezes». — P. Casimiro C. da Nazaré, in *Ta-ssi-yang-kuó*, II, III, 5.

1514. — «Eu disse em publico que nom qeria vsar o alvará, que de V. A. trazia, pera os **catures** daquele anno, que se aly achasem, virem comigo». —*Ibid.*, IV, p. 20.

1516. — «Trazem hũus pequenos barcos de remo como bargatim... e asy com estes seus barcos rendem e roubaom (que chamaom **catures**) fazem boas presas, de que daom parte ha ho Senhor da tera». — Duarte Barbosa, *Livro*, p. 348.

1524. — «E mandou tomar no rio dos Culymutys quatro **catures** nossos que tinhão feitos, e os trouxerão a Cochim, que erão feitos muy sotís pera muyto remarem, que lhe todos gabauão». — Gaspar Correia, *Lendas*, II, p. 820.

1538. — «Chegou hum **catur** de Diu com cartas de Antonio da Sylveira, capitão da fortaleza». — Fernão Pinto, *Peregrinação*, cap. 12.

1547. — «A nossa armada... era de sete fustas e hum **catur** pequeno para serviço de recados». — *Id.*, cap. 204.

1552. — «Andando ho gouernador hũa vez em hũ **catur** pequeno de Malabares diante de todos os bateys... vem hũ pelouro dhũ tiro pequeno e pescou ho Malabar que hia gouernando o catur».—Castanheda, *Historia*, III, cap. 90.

1556. — «Porque se metteu em um **catur** com um só pagem, querendo nisto tirar a cobiça que el-rey teria dos alabardeiros». — Lopo de Sousa Coutinho, *Hist. do cerco de Diu*, p. 13.

1561. — «Seu irmão indo na volta da ilha Çacotorá, em hum **Catur** seu, fez hũa presa rica em hum nauio de mercadores». — Jorge F. de Vasconcelos, *Eufrosina*, p. 125.

1589:

> «Chegalhe juntamente neste ensejo
> O ligeiro catur em que o Sousa hia».
>
> Francisco de Andrada, *O Primeiro Cerco de Diu*, VII, 16.

1602. — «Despedio hum **catur** muito ligeiro com cartas a Christovão de Sousa». — Diogo do Couto, Déc. IV, I, 2.

1613. — «Mandou diante João de Mello da Silva em dez **catures** do Arel de Porcaa que trazia a soldo por serem muyto ligeyros». — Francisco de Andrada, *Chron. de D. João III*, I, fl. 83.

1605. — «Sayo seu Capitam geral com hũa armada de mil velas, as mais dellas *geleas* [jalias], que sam hũas embarcaçoens de trinta remos muy ligeiras, e algũas outras maiores como **catures**, e outras que chamam *Cossas*» — P. Fernão Guerreiro, *Relaçam Annual*, fl. 98 *v*.

1651. — «Despachou em um **Catúr** ligeiro, para que o lançasse na costa do Pão». — Jacinto F. de Andrada, *Vida*, p. 139.

1694. — «Só se acharão no arsenal de Malaca sete fustas, e hum **catur** pequeno». — P. António Vieira, *Xavier Dormindo*, p. 205.

1712. — «**Catur**... Pequeno navio de guerra, que em calmaria se póde melhorar ao remo; e com vento ordinario, e à popa, nenhuma náo lhes dá alcance, nem lhes ganha o barlavento com monção ordinaria, e trazendo vela Latina, que na India chamão Penão, e foy usada em outros tempos». — Bluteau.

1894. — «**Catures** estreitos e ponteagudos nas extremidades, como os saveiros». — Lopes de Mendonça, *Os Orphãos de Calecut*, p. 103.

1510. — «Anchora v'è vn'altra sorte di nauilii, iquali vanno à vela et remi, et sono fatti tutti d'vn pezzo di lunghezza di dodeci et tredeci passa l'vno... et sono aguzzi da tutte due le bande, iquali nauilii si chiamano **Cathuri**, et vanno à vela et remi piu che galea, ò fusta, ò brigantino» — Barthema, *apud* Ramúsio, I, fl. 161.

1544. — «Dedi etiam ad Præfectum literas, orans ut navigium majus, quod vocant **Caturem**, armatum præsidio naviculis istorum inermibus mitteret».—S. Francisco Xavier, *Epist.*, lib. I, 19.

1588. — «E per schiuare le secche fu ordinato a due **Caturi**, che erano come due galeotte, che tentati i canali rimurchiassero la naue».—P. Maffei, *Le Istorie*, p. 343.

1596.—«Biremes seu **Cathures** quamplurimae conduntur in Lassaon, Iauae civitate». — *India Orientalis*, III, p. 78.

1742. — «... to prevent even the possibility of the galeons escaping us in the night, the two **Cutters** belonging to the Centurion and the Glouscester were both manned and sent in shore». — Anson, in *Glossary*.

1823. — «Captain Manning hoisted out one of his **cutters** with ten oars, besides the quarter-master and the midshipman who commanded, a handsome boat, and making, from the appearence of the men, and their discipline, a show little inferior to that of a man of war». — Heber, *Narrative*, I, p. 15.

«**Côtre.** Ce terme du mot anglais *cutter* (qui vient lui-même du verb *to cut*, couper) désigne un petit navire dont les façons coupent la mer comme le ferait un couteau». — *La Grande Encyclopédie*.

**CATUREIRO.** Arrais ou tripulante de catur.

1529. — «O Gouernador mandou Vicente Correa, valente **catureiro**, em seu *catur* desmastrado, que foy espiar». — Gaspar Correia, *Lendas*, III, p. 290.

1577. — «Mandou por capitão mor hum **Catureiro** afamado».—*Primor e Honra*, fl. 46 *v*.

1593. — «Não fará o official da matricula desconto a nenhum capitão, mestre, contra mestre, patrão, comitre, meirinho de gallé, despenseiro, **catureiro**, e qualquer outro official». — *Regimento* do vice-rei, in *Archivo,* v, p. 1350.

1612. — «E porque os de Dio se animassem, despedio o **catureiro** chamado André Rodrigues com cartas ao capitão». — Diogo do Couto, Déc. VI, III, 9.

«Mandarão aos **Catureiros,** que posessem as proas em terra».—*Id.*, Déc. IX, 12.

1613. — «E a outra ametade fez mercê aos **catureiros** da dita cidade, não passando de duzentos pardáos de larins cada anno». — *Provisão* do vice-rei in *Archivo,* v, p. 1048.

1613. — «Os nossos **cathureiros,** que andauão espiando as galés, em saindo estas tres de Bassorâ, ouuerão logo vista delles». — Francisco de Andrada, *Chronica de D. João III,* IV, fl. 1160.

1687. — «Hindo de noyte a casa de hum **catureyro** Portuguez, no bayro de S. Pedro, de tal modo fizerão, com sacos de area, que ueyo a morrer, primeyro sepultado, que falecido». — P. Fernão de Queiroz, *Conquista de Ceylão,* p. 491.

**CAULANGE** (s. m.). Fernão Mendes Pinto designa por êste termo um instrumento de música que figurava numa farça que se representou na côrte de Calaminhão, e que tinha a propriedade de adormentar o peixe. Não indica a que língua pertence; mas não será temerário derivá-lo do mal. *kalangar,* que quere dizer «desmaio, delíquio». Conhecia o autor o malaio mais do que qualquer outra língua oriental, e aplica muitas vezes os seus vocábulos a objectos de outros países.

1545. — «E lhes disserão que o *Quiay* Paturen [deus do mar] lhes mandava do Ceo da Lũa aquelles **caulanges** para com elles adormentarem os peixes do mar». — *Peregrinação,* cap. 164.

**CAULIM, caulino** (chin. *káu-ling*). Substância argilosa de que se fabrica a porcelana na China.

1898. — «Rigorosamente, a peça de porcellana, saida do forno japonez, não desperta admiração pela pureza do seu **kaolin,** mas encanta pela gentileza nas formas, pelo mimo nos desenhos, pelo brilho nos esmaltes». — Venceslau de Morais, *Dai-Nippon,* p. 96.

1712. — «La matière de la porcelaine se compose de deux sortes de terres, l'une appellée *pe tun tse,* et l'autre qu'on nomme *kao lin.* Celle-cy est parsemée de corpuscules qui ont quelque éclat: l'autre est simplement blanche et très-fine au toucher». — *Lettres Édifiantes,* XII, p. 273.

1860. — «**Kaolin,** called by the natives *Kirimattie,* appears near Neueraellia... and in many of higher ranges as well as in the low country near Colombo».—Emerson, *Ceylon,* I, p. 31.

1876. — «It seems to be a kind of greasy earth found in crevices in the rocks, the product of the desintegration of the aluminous parts of granite and other rocks, and is probably the same substance as the **kaolin** or China clay used for making porcelain in the barbarous latitudes of China, and for filling up the interstices in badly made cotton cloth in civilised Europe».—Howorth, *History of the Mongols,* I, p. 677.

1908. — «**Kaolin,** besides being employed for porcelain, is utilised in the paper and soap industries. It is sold in the form of large lumps of a white or yellowish white colour. It fills up the pores of the paper and gives a smoother and more absorbent surface». — Watt, *The Commercial Products,* p. 330.

* **CAULÓ.** Parece que se depreende do contexto que o termo quere dizer «marinheiro subordinado», em antítese a *mocadão,* que significa «capataz»; e, neste caso, proviria do conc. *khāyló,* «inferior, subalterno».

1577. — «Favoreça os marinheiros de seu banco ou balhesteira, **caulós** e mocadões conforme a sua possibilidade». — *Primor e Honra,* fl. 126.

**CAURIM** (também **cauri** e **cauril**). Pequena e branca concha do molusco *Cypraea moneta,* que corria, e ainda hoje corre em menor escala, por moeda em várias regiões da Ásia Austral e da Africa. Os ingleses chamam-lhe *cowry* e os franceses *cauri, coris, caouri, kauri* ou *cowry.*

Declara Yule que a mais antiga menção de concha como moeda ocorre em um livro chinês (*Shu-King*) do século XIV antes de Cristo. As ilhas de Maldiva são o principal produtor de caurins, que ao tempo das conquistas portuguesas eram em grandes quantidades transportadas para diversas partes, especialmente para Bengala. Eram considerados mais limpos para manear do que as moedas de cobre e empregados na compra de artigos miúdos do mercado.

Afirma o mesmo autor que não encontrou na Índia nenhuma denominação monetária, realmente usada, abaixo de *caurim.* Mas o Sr. Hipácio de Brion alude a uma moeda, sem indicar o nome nem o material de que é feita, a qual, se não é o búzio, deve ser-lhe inferior em valor: «Nos bazares de Lucknow circula a mais pequena moeda do mundo, pois um *anná* que vale approximadamente 20 réis divide-se em 912 fracções; por isso em todas as ruas encontram-se os cambistas sentados defronte de pequenas mezas onde se enfileiram aos milhares as pequeninas moedas». *Duas mil leguas*, p. 134.

João de Barros descreve minuciosamente o marisco, sem mencionar o seu nome oriental, e ministra várias informações interessantes: «E assi tem hũa maneira de marisco tão meudo, como caracóes, mas de outra feição, e de hum osso duro, branco, e lustroso: entre os quaes se achão alguns tão pintados e lustrosos, que são feitos em botões com hum cerco de ouro, parecem algũa cousa esmaltada: dos quaes se carregão por lastro muitas naos pera Bengala, e Sião, onde seruem de dinheiro, ao modo que entre nós serve a moeda meuda de cobre para comprar as cousas meudas da praça. E a este Reyno de Portugal tambem se trazem por lastro dous ou tres mil quintaes alguns annos: os quaes se leuão a Guinè, aos Reynos de Benij e Congo, onde se gastão no mesmo vso de moeda, e o gentio do interior daquellas terras fazem (*sic*) desta moeda thesouro... E de si lauado no mar, ficão os buzios (que assi lhe chamamos nós, e os negros Igouos) mui aluos pora com menos nojo os trattar nas mãos, que a moeda de cobre, de que neste Reyno val hum quintal de tres até dez cruzados, segundo vem muito ou pouco da India». Déc. III, III, 7.

Caurins eram tambêm importados em avultadas quantidades, até em princípios do século passado, em Inglaterra e Amsterdam, e empregados na escravatura africana.

O vocábulo é neo-árico: hindust. *caurī*, marata-conc. *kavḍī*, guz. *koḍi*; do sânsc. *kaparda*, 80.ª parte de *paṇa*. V. *Glossary*.

Em português emprega-se a palavra *caurim* figuradamente por «calote, pirraça», com os derivados *caurinar* e *caurineiro*». Gonçalves Viana (*Apostilas*) sugere o motivo da translação do significado: «Figuradamente, e com certa graça, designa o mesmo que *calote*, isto é, «divida que se não paga», que o mesmo seria pagá-la em caurins». E sabemos de Barros que as conchas eram muito conhecidas em Portugal e tinham pouca valia. Em indo-português «não dar um caurim» equivale a «não dar um ceitil». *Fruta caurim* é o produto de *Eugenia Zeylanica*, Wight.

1345. — «A moeda dos habitantes desta ilha [Maldiva] he a concha marina que he vivente que colhem no mar, preparam-na ali em covas; e por si vai a sua carne, e fica o seu osso branco. Chamão elles a cem delles *saia*, a sete centos *alfal*, a doze mil *alcotta* (vid. *cota*), a cem mil *bosetu*; e nella se vendem quatro *bosetus* por hum ducado de ouro». —Ben-Batuta, *Viagens*, II, p. 271.

1445. — «Ouvi que pela terra dentro, estes Azenegues, e ainda os Arabes em algumas povoações suas, uzão conchas brancas, destas pequenas que vem a Veneza pelo Levante, e dão certo numero destas a seu modo, conforme as cousas que tem a comprar». — Luís de Cadamosto, *Navegação Primeira*, cap. 14.

1516. — «Tambem correm neste regno [do Guzarate] amendoas por moeda baixa asy como em outras partes os buzios... Daquy [de Maldiva] leuaom tambem hũus buzios pequenos, que he grande mercadoria para o regno de Cambaya e Bengala, onde corre por moeda baixa, e hamna por mais limpa e melhor que ha de cobre». — Duarte Barbosa, *Livro*, (2.ª ed.), 289 e 348.

1520. — «Saão as majs ricas jlhas, e he a ffroll dellas, e de lla vem o ambar, **caurrys**, e gram ssoma de peixe». — *Alguns Doc. da Torre do Tombo*, p. 450.

1520. — «E sendo ja juntos com a Corte d'ElRey [do Congo] veeo a elles outro Senhor, seu grande privado com muitos mil *zimbos*, que he sua moeda os quaes sam cascas pequenas, e alvas de marisco, que se acham no mar fectos como caramujos, e sam delles, e de todolos da terra tam estimado como moeda d'ouro, ou prata». — Rui de Pina, *Chron. de D. João II*, p. 159.

1552. — «Ha nestas ilhas muyto pescado... e assi hũs buzios brancos pequenos a que chamão **caurîs** que seruem de moeda miuda em Bengala, porque som mais limpos que ho cobre de que ha auião de fazer, que dizem que he çuja as mãos». — Castanheda, *Historia*, IV, cap. 35.

1554. — «E os **cauryns** 12000 he hũa cota; e 4 cotas hum quintal». — «**Cauryns** correm pola terra [Bengala]: 80 **cauryns** he huum *pone*; destes pones 48 vallem huum larym» — António Nunes, *Lyvro dos Pesos*, pp. 35 e 37.

1561. — «Sey, que vencer hũa batalha campal, ou entrar-nos polla barra a salvaçam, hũa Nao carregada de **cauril** se tem valia, que certeza tamanha». — Jorge Ferreira de Vasconcelos, *Eufrosina*, p. 17.

1563. — «As quaes vinhão carregadas de cairo, e de **caury**, que são huns buzios brancos meudos... que he grande mercadoria pera Bengala, porque corre por moeda».—Gaspar Correia, *Lendas*, I, p. 341.

1566. — «E buzios pequenos a que chamam **Cauri**, que em algumas partes serve de moeda». — Damião de Góis, *Chronica de D. Manuel*, IV, cap. 47.

1615. — «Os de Maldiva chamam ás taes conchas *Boly*, e os naturaes indios **Caury** [1]. — Pyrard de Laval, *Viagem*, I, p. 373.

1634. — «Levão tambem **caurins**, que por outro nome chamão *buzios*». — António Bocarro, *Livro*, III, p. 122.

1711. — «Dei tudo que havia nelle, que foi, pimenta, cardamomo, **cauri** e sandalo». — *Apud* Júlio Biker, *Collecção de Tratados*, VI, p. 5.

1798. — «Do velorio fazem varios ornatos para a cabeça e trazem no pescoço grandes enfiadas delle ou de **cauril**». — *Apud* Júlio Biker, *Collecção de Tratados*, X, p. 64.

1858. — **Caurim** (que é o nome mais commum deste buzio) não só se apanha nas ilhas de Maldiva; é tambem muito abundante, e se exporta da Africa oriental. Corre por moeda em muitas regiões da Africa occidental, e nas mais orientaes da India, como Bengala, Indo-China, etc.». — Cunha Rivara, em Pyrard, I, p. 196.

1900. — «Exportam [as Maldivas] assucar de côco, peixe salgado, e porcelanas [2] ou **cauris** brancos (*cypræa moneta*) que servem de moeda em Africa: 12:000 **cauris** por uma rupia, ou proximamente 5:000 por um franco». — Gabriel Pereira, in *Bol. S. G. L.*, XVII, p. 345.

1586. — «A Bengala vanno di quelle cioccioline piccole che si trovano nell' isole di Maldiva, chiamandole qua **Caurim**, in Portugallo Buzio». — F. Sassetti, *apud* Gubernatis, *Storia*, p. 205.

1672. — «**Cowreys**, little sea-shels, come from Siam and the Phillipine Islands». — Fryer, *East India*, I, p. 219.

1676. — «L'autre petite monnoye est de coquilles appellées **Cori**, qui ont les bords renversez, et il ne s'en trouve en aucune lieu du monde que aux Isles Maldives».— Tavernier, *Voyages*, III, p. 22.

1735. — «Certains petits coquillages appellez *Poei* à la Chine, et **Coris** dans le Royaume de Bengale, ont servi pareillement de petite Monnoye». — P. Halde, *Description de la Chine*, II, p. 165.

1770. — «Les **cauris** sont des coquilles blanches et luisantes, grosses comme le bout du petit doigt. La pêche s'en fait deux fois le mois, trois jours avant la nouvelle lune, et trois jours après. Elle est abandonnée aux femmes qui entrent dans l'eau jusqu'à ceinture por les ramasser dans les sables de la mer: on en fait des paquets de douze mille». — Raynal, *Histoire*, I, p. 300.

1782. — «Ils [maldivenses] n'ont d'autres objects de commerce que les **Coris**, espèce de petite Porcelaine que nous appellons *Pucelage* ou *monnoie* de Guinée». — Sonnerat, *Voyages*, II, p. 97.

1786. — «In Bengala la rupia de Madras vale 3040 **Cauris**». — Fra Paolino, *Viaggio*, p. 56.

1824. — «No payment is required for lodging here, except a few **cowries** to the sweeper». — Heber, *Narrative*, I, p. 303.

* **CAVALA, cavalinha**. A primeira forma é corrente em indo-português; a segunda foi outrora usada pelos portugueses. Ambas designam uma das doze espécies de *Equula*, descritas por Day (*Fishes of India*), — *Equula caballa, cavally* em indo-inglês. O peixe é mais parecido com a sarda do que com a cavala do continente, sendo esta a razão da forma deminutiva do vocábulo; abunda nos mares da Índia, e é dos que principalmente se secam em grande quantidade. V. *Glossary*.

1515. — «Tres myl **cavalas**, duzentos quações, trezentos bagres». — In *Cartas* de A. de Albuquerque, VI, p. 382.

1563 (1498). — «Derão [em Calecut] muito peixe como sardinhas, a que chamão **cavalinhas**». — Gaspar Correia, *Lendas*, I, p. 71.

1552. — «Vendião muyto á sua vontade que davão hũa sardinha por cincoenta rs, e hũa **cavala** por seys vintens». — Castanheda, *Historia*, VIII, cap. 131.

---

[1] «Transportam-se em espantosa quantidade, de sorte que vi carregar por anno trinta ou quarenta navios inteiros sem outra carga alguma... Tambem em Cambaia, e por toda a India engastam os mais bonitos destes buzios em varios trastes, como se faz a certas peças de marmore ou pedras finas». — *Id.*, I, pp. 195 e 196.

[2] Também é conhecido êste nome em italiano, *porcellene*, e em francês, *pourcelaines*.

1611. — «Nas Armadas não faltava hum prato de arrôz com uma **cavallinha** salgada; que estes são os regalos em que lá servimos a ElRey». — Diogo do Couto, *Dial. do Soldado Pratico*, p. 139.

1615. — «Estes Macuas pescadores [de Cochim] apanham entre outras grande quantidade de uma sorte de peixe pequeno que não tem mais comprimento, e é da largura de um pequeno sargo, a que os Portuguezes chamam peixe **cavalla**». — Pyrard de Laval, *Viagem*, I, p. 328.

1626. — «The Ile inricht us with many good things: Buffols... Oyesters, Breams, **Cavalloes**, and store of other fish». — Herbert, in *Glossary*.

1670. — «Questo [peixe] per la maggior parte è **Cavalla**, specie di sardelle grosse, quali salano, e fanno seccare al Sole: il più grosso lo gettan come nociuo; perciò tutta la spiaggia del Malabar, ne suol essere ripiena». — Fr. Vincenzo Maria, *Viaggio*, p. 137.

1786. — «L'*Aylà*, in Portoghese **Cavala**, è un pesce poco gustoso quando è fresco, ma sarebbe come l'arenga se fosse insalito». — Fra Paolino, *Viaggio*, p. 169.

**CAVALO DO DIABO.** É o nome que se dá em Damão, conforme o testemunho do Dr. Alberto Osório de Castro, à *talagoia* (q. v.) ou *iguana*. Em concani chamam «cavalo do diabo» (*devtçārāchém ghoḍkém*) a uma espécie de gafanhoto, de pernas compridas.

1906. — «Talagoia... Em Damão ouvi chamar-lhe **cavallo do diabo**. A sua pelle serve para tambores de diversas formas». — *A Cinza dos Myrtos*, p. 200.

**CÁVI** (s. m.). Antiga língua poética da ilha de Java, impregnada de sanscritismos; o que denuncia a grande influência que a civilização indo-árica exerceu outrora no Arquipélago. O vocábulo provêm do sânsc. *kāvya*, que, como substantivo, quere dizer «poema», e como adjectivo, «poético»; diz-se própriamente em javanês-mal. *bahāsa-kāvi*, «língua poética».

1839. — «Fallam-se na ilha tres differentes dialectos malaios, mas ha tambem uma lingua sacra mui antiga chamada **kovi**, que contém infinidade de palavras sanscritas». — *O Panorama*, n.º 117, p. 89.

1883. — «Deu-se, porem, mais particularmente o nome de *kávya* a um genero de litteratura que floresceu na India ao tempo da emigração indiana para a ilha de Java, e que se encontra reproduzido ou imitado nos *kávyas* (*kĕkawin*) da ilha de Bali em lingua **kaui** ou **kawi**». — Vasconcelos Abreu, *Chrestomathia*, p. 71.

1897. — «**Cávi** ou javanês antigo: litteral. Java». — Gonçalves Viana, *Classificação Summaria das linguas*, p. 18.

1902. — «O javanez antigo é chamado **Kavi**, de *Kavi bassa*, linguagem de poemas... Quanto aos monumentos da antiga litteratura **Kavi**, de Java, é desconhecida a data e a auctoridade de muitas obras; mas o poema *Brata Yudu*, embora os javanezes o considerem puramente indigena, relacionando os seus reis e heroes com a historia do paiz, e apontando-os como antepassados das suas familias nobres, está averiguado que derivou do sâmskrita *Bharata Yuddha*, o conflicto dos Bharatas». — Cristóvão Pinto, em *Ta-ssi-yang-kuó*, II, p. 315.

1889. — «Pour la plus grande partie les Javanais tiennent leur civilisation, leur écriture et leur littérature des anciens Indiens et de leur langue, le Sanscrit. Surtout le **Kawi**, espèce de langue poétique des Javanais, est riche en mots empruntés au Sanscrit». — Hyligers, *Traces de Portugais*, p. 15.

**CAXO.** Diogo do Couto menciona com êste nome uma moeda de ouro, que valia meio pardau ou 150 réis e corria em Maluco. Não sei se, etimològicamente, se liga ao vocábulo *caixa* (q. v.) ou ao mal. *kasut*, que quere dizer «sapato». *Barca* ou *sapato de ouro* se denominava uma barra de ouro da China, que corria por moeda.

1614. — «Mandarão pedir pases aos Itos, que lhes elles concederão, mas os nossos não quizerão vir nisso, sem lhes darem dous mil **Caxos** de ouro; em fim vierão os Ceiroens a lhe conceder mil **Caxos**, que tudo serião quinhentos pardaos». — Déca da VIII, I, 23.

**CÁZERÓ, cazoró** (conc. *kāzró*). É o nome de uma árvore — *Strychnos nux-vomica*, Linn. «A semente tem valor commercial; extrahe-se d'ella a strychnina, que é um dos melhores tonicos do systema nervoso». — D. G. Dalgado (*Flora de Goa*, p. 125). Êste também menciona outro nome português, *canirão*, que provêm do malaiala *kanniram*.

1886. — «Estas cerimonias, que se praticam principalmente entre o vulgo gentio, consistem em cortarem as articulações dos membros superiores e inferiores da finada, em lhe cravarem no alto da cabeça um prego de madeira do **cazró**». — Lopes Mendes, *A India Portugueza*, I, p. 267.

« .. *calajar*, *cartó* ou **cazeró** (strichnos nux vomica) jaqueira». — *Id.*, II, p. 129.

**CAZOL.** Colírio de fuligem, que usam nas pálpebras as mulheres indianas para apurar a vista e embelezar os olhos. Do conc. *kāzal* < sânsc. *kajjala*. Na China servem-se de *cazol* para tinta. «La mejor [tinta] es de humo de azeite, que recogen con artificio». P. Semedo, p. 36.

1663. — «Os olhos trazem [os alarves] sempre cheios de **cazol**». — P. Manuel Godinho, *Relação*, p. 134.

1727. — «**Cazôl**. He huma agoa negra, creyo que composta de tutia, e outros ingredientes, que as mulheres de Asia, como tambem as Portuguezas, usão, pondo-a nas capellas dos olhos, e pretendem ter com isto mais viveza nelles, e por consequencia, mais formosura». — Bluteau, *Supplemento*.

1770. — «La plupart de ces danseuses croyent ajouter à l'éclat de leur tein, à l'impression de leurs regards, en formant autour de leurs yeux un cercle noir qu'elles tracent avec une aiguille de tête teinte d'une poudre d'antimonie. Cette beauté d'emprunt relevée par tous les poëtes Orientaux, après avoir parue bizarre aux Européens qui n'y étoient pas accoutumés, a fini par leur plaire». — Raynal, *Histoire*, II, p. 21.

1912. — «*Kājal* or lampblack is also used». — Crooke, em Fryer, II, p. 118.

**CELETE.** O vocábulo malaio *sělat* quere dizer «estreito» em geral, e, em particular, denota o de Singapura. Os pescadores que ali vivem nos barcos e roubam no mar seriam conhecidos dos índios e dos mouros por *selatīs*, de que os portugueses fizeram *celetes*. O malaio, que é língua remática dissilábica, não admite semelhantes derivados. Conforme Diogo do Couto, por *celete* também se entendia o «barco» dos aludidos pescadores.

1553. — «Trouxe consigo hũa gente, a que elles chamão **Cellates**, homens que uiuem no mar, cujo officio é roubar e pescar, com o fauor e ajuda dos quaes se fez senhor de Cingâpura». — João de Barros, Déc. II, VI, I.

1610. — «Os **Selletes** perseguiam como d'antes aquella barra, e iam os pescadores a ella com muito perigo, por terem tomado muitos homens da terra, e não haver na fortaleza embarcação que a libertasse e o mar». — *Carta Régia*, in *Doc. da India*, I, p. 415.

1616. — «Por todo este estreito acharam os nossos muitas embarcações de pescadores, que chamam **celetes**, a quem compraram peixe». — Diogo do Couto, *Vida de D. Paulo*, p. 94.

«Tanto que os da terra viram dar a não á restringa, acudiram muitas embarcações, a que chamam **Celezes** (*sic*), que começáram a roubar, e escorchar tudo que puderam». — Diogo do Couto, Déc. IX, III, 14.

1610. — «Los **Seletes**, que es cierta gente que nasce, se cria y biue en la mar en vnos harto pequeñas barquillas, biuiendo, aora de lo que pescan, aora de latrocinios, venden el pescado que va nadando de baxo del agua, y acordado el precio lo fisgan y lo entregan al comprador, siendo en ello tan diestros y ciertos que yamas lo yerran». — Pedro Teixeira, *Relaciones*, p. 136.

1650. — «On nomme ces Peuples **Salettes**. Ils passent leur vie dans les Vaisseaux, où ils ont leurs femmes et leurs enfans, et uiuent de la Pesche». — Floris, in *Relations*, I, p. 24.

* **CÊLHA.** «Boceta redonda de xarão, da China, usada antigamente pelas senhoras portuguesas da India para a sua costura». Alberto O. de Castro, *Cinza dos Myrtos*, p. 174.— Parece que provêm do chin. *siáng*.

1906 :

«Vestidinha de cassa, a bocca purpurina
Como as ixoras de madrugada,
Na *quilande* de rota e a cêlha acharoada
Guarda os *pilouros* de linha fina».

*Id.*, p. 164.

**CEM** (siamês *sèn*). Medida linear, equivalente a 20 braças.

1563. — «A repartição das quaes [terras] he per hũa medida, a que elles chamão **cem**, a qual conthem em si vinte braças em quadrado: e seiscentos **cões** destes he hũa medida itineraria, porque medem os caminhos, e distancias que ha de lugar para lugar». — João de Barros, Déc. III, II, 5.

1732. — «Aux deux cens **senes** ou cordes de cette même Ville et du même côté, il y a un puits ou mine de Pierreries, qui a bien cent **senes** de profondeur, dont l'on tire des rubis». — P. Halde, *Description de la Chine*, I, p. 106.

**CENTÉSIMO.** É uma moeda de cobre corrente em Timor e equivalente à centésima parte de rupia.

1881. — «Pagam de direitos a importancia de 8:000 rupias e 28 **centésimos**».

— José Vaquinhas, *Bol. S. G. L.*, II, p. 735.

**CER** (ant.), m., **ceira** (mod.), f. Pêso e medida de capacidade na Índia, variando, conforme as localidades, entre 286 e 533 gramas. Sendo medida de líquidos, diz-se comumente no português de Goa *quartilho*. É vocábulo neo-árico, *ser* ou *xer*, do sânsc. *sera*. V. *Glossary*, s. v. *seer*.

1525. — «Pesam dez malotas hũa mão, e cada malota tres **ceres** e huum terço». — *Lembranças das Cousas da India*, p. 39.

1546.—«7 *Barcas* de camphora da China que tem 28 mãos e 34 **séres**». — *Espolio* de Balthazar Jorge, in *Bol. S. G. L.*, IV, p. 288.

1554. — «O candil de Dio... tinha 20 mãos; cada mão 40 **ceres;** pesa a dita mão 24 $\frac{3}{4}$ arrateis; pesa o **cer** 10 $\frac{5}{8}$ onças, 8 $\frac{1}{2}$ grãos». — António Nunes, *Lyvro dos Pesos*, p. 28.

1554. — «Quatro **ceres** de azeite a cada hũa por noyte, o azeite a oyto leaes por **çer**». — Simão Botelho, *Tombo*, p. 77.

1634. — «E duas **ceiras** de arros cada dia de mantimento, que tem huma medida e hum quarto de Goa». — António Bocarro, *Livro*, in *O Chronista de Tissuary*, III, p. 75.

1724. «Se naquelas embarcações houver tabaco, huma ou duas **seiras** *pacás* [= grandes, maiores], se não fará impedimento». — *Apud* Júlio Biker, *Collecção de Tratados*, VI, p. 13.

1788. — «O transgressor [será] condenado em doze xerafins por cada **Ceira** do dito Tabaco». — *Collecção de Bandos*, I, p. 41.

1901. — «De 2 réis por **ceira** de tabaco em folha». — José Pinheiro, *Bol. S. G. L.*, XX, p. 80.

1905. — «... liquidando-se a conta com o pagamento de 8 tangas e dois réis no penultimo mez do anno, mas sempre fabricando duas mãos ou 80 **ceiras**... por cada coqueiro». — Ernesto Fernandes, *India Portugueza*, p. 169.

1916. — «Despachou por Lima á razão de 56 libras ou 28 **ceiras** (quando deviam ser 93 libras ou 41 $\frac{1}{2}$ **ceiras**) cada caixa». — *O Ultramar*, de 14 de Fevereiro.

1666. — «Ces livres ou **serres** sont différentes selon les Païs... La **serre** ou livre de Sourat ne pese que quatorze onces». — *Voyages*, III, p. 54.

1824. — «Rice may be had at less than half an *ana* the **seer,** a weight of nearly two pounds».—Heber, *Narrative*, I, p. 130.

1845. — «... qui représentaient chacun une valeur de vingt *candacas*, ou 330 **sirs,** cette dernière mesure équivalant à une quantité de grains du poids moyen de 3 kilogrammes». — Xavier Raymond, *Inde*, p. 476.

**CERAME** (também **çarame**). Pórtico de templo ou palácio, com um quarto por cima, geralmente fortificado, no Malabar; mirante. Denota também um pequeno edifício quadrado, sustentado por quatro postes. Do malaiala *xrāmbi;* em malaio *serámbi* ou *sarámbi*, «varanda».

1504. — «Elrrey estaua em huum tabernacollo, a que chamam **çerambi,** no cabo da dita praça, em casa d'huum mercador». — Álvaro Vaz, in *Cartas* de A. de Albuquerque, III, p. 263.

1508. — «Emfim mandou-me dizer que me mostraria hum do **cerame,** e deixou me estar ao soll booas duas oras ou tres». — Afonso de Albuquerque, *ibid.*, I, p. 14.

1512. — «Per este me praz que os tres pesos de baar que vos furtaram no **çerambe** do pesso que vos sejam leuados em comta». — *Id.*, V, p. 177.

1552. — «E este modo e lugar, foi em hum **Cerame,** que estaua sobre o mar, que he como hum eirado cuberto, armado sobre madeira muito bem laurada: onde os Reys por seu passatempo e recreação as vezes vinhão dar hũa vista ao mar». — João de Barros, Déc. I, V, 4.

«Em hum lugar teso estaua hũa casa de madeira em modo de eirado onde elRey de Calecut no tempo que estava na cidade ás vezes vinha esparecer, e tomar as virações do mar. A qual casa (a que elles chamão **Cerame**) neste tempo estaua feita com outras forças de madeira, entulho, e artelharia hum baluarte mui temeroso». — *Id.*, II, IV, 1.

1552. — «Toda a fortaleza da cidade era da banda do sul onde estava ho **çarame** delrey, que he ho seu pagode, que seria hum tiro de bésta do mar». — Castanheda, *Historia*, III, cap. 1.

1557. — «Receberam os nossos muito dano de hum **cerame,** que o Rey [de Ormuz] tinha feito de madeira metido no mar, diante das portas do Castelo cõm a artelharia que nelle tinha, e com frechas». — *Commentarios*, I, cap. 31.

1563. — «E sobre tudo as portas d'essa casa que se chama **çarame** d'ElRey, as quaes estauão marauilhosamente lavradas, com imagens d'alimarias e aues em chapas de prata e ouro». — Gaspar Correia, *Lendas*, II, p. 6.

1566. — «Que se vissem em huma casa junto da praia a que elles chamão **Cerame**». — Damião de Góis, *Chron. de D. Manuel*, I, cap. 48.

1635. — «Onde o rei de Cochim tinha uma cerca diante da nossa fortaleza distancia de um tiro de pedra, de **sarames** (que são uma casa pequena quadrada, posta sobre quatro esteios grossos de pau, de obra de uma lança de altura), em que estão de ordinario dez até doze naires de peleja». — António Bocarro, Déc. XIII, p. 321.

1687. — «Em quanto se armaua hum **serame** na ponta da terra [em Columbo] e se assentauão outras duuidas... Esperaua o Rey ao pê do **Serame**, pouco distante da praya». — P. Fernão de Queiroz, *Conquista de Ceylão*, p. 148.

1655. — «Con tutto ciò gli è concesso di tenere **serambi**, che sono certe loggie aperte, quali formano nel second' ordine, per riceuer da ogni parte il fresco, priuilegio proprio de' Grandi». — Fr. Vincenzo Maria, *Viaggio*, p. 154.

1675. — «Essas torres (llamanlas ellos **Zarames**) fueran luego colmadas de artilleria meuda». — Faria e Sousa, *Asia Portuguesa*, III, p. 81.

1913. — «**Cerame**... A Malabar word for a kind of watch tower, made by erecting a flooring on the standing trunks of four trees arranged in a square, over which is placed a roof of palm leaves». — P. E. Pieris, *Ceylon*, I, p. 456.

*** CERQUER** (em indo-ingl. *seersuckers*). Espécie de antigo tecido indiano de seda. Do persa *shīr* (leite) *shakar* (açúcar).

1512. — «... de caçutos, de tagades, de bretangis, de **çerqueres**, de panos de cambaia». — In *Cartas* de A. de Albuquerque, V, p. 248.

«Ouuerão todos panos de caçutos, de **çerqueres**, de taegadis». — *Ibid.*, 252.

«Lançees em despessa ao feitor çimquoenta panos de cambaya e nove teadas e quatro caçutos e quatro tafeciras dalgodão duas **çarqueras** quatro matazes». — *Id.*, *ibid.*, p. 267.

1513. — «... oyto teadas dez **cerqueiras** e quatro tagadés grandes». — *Id.*, p. 441.

*** CEUI** (chin. *sz'*). Comissário imperial, que visita anualmente as províncias chinesas com amplos poderes.

1534. — «Tem Cantão mandaris depois destes ho **cheuhi** e o *pochãcy*... o **ceuhy** vem cada anno este não teme a ninguem todos temem a este este vem para despachar todo o caso para ver qual mandarỹ faz mal». — Cristovão Vieira, *apud* Ferguson, *Letters*, p. 80.

1552. — «Com estes anda outro que se chama **ceivi**... este despacha com *tutão* as cousas da justiça e tem cargo de tirar as inquirições e devassas geraes que manda a el-rey». — Castanheda, *Historia*, IV, cap. 27.

1563. — «E este superior (a que elles chamão **Ceuhij**) prouê de outros nouos officiaes, e aos que seruem bem, manda pera outros officios de mais confiança na mesma provincia, a que he enviado». — João de Barros, Déc. III, II, 7.

1585. — «Ay ansi mesmo tres que son como Alcaldes de corte en España que llaman *Haytay*, **Tzia**, y *Tontay*, los quales hazen audiencia en sus casas cada semana sua vez». — Fr. Joan G. de Mendoça, *Hist. de la China*, p. 77.

**CHÁ** (indo-inglês *cha*, *chaw*, pouco usado). *Camellia theifera*, Griff.; fôlhas sêcas da planta; sua infusão.

Ao ideograma chinês, representativo da planta de chá, correspondem duas formas fonéticas: *chá* no dialecto mandarino, e *te* no dialecto de Fun-kien. A primeira foi adoptada pelo Japão e pela Indo-China, e por Portugal, pela Grécia e pela Rússia; e a segunda, pelas outras nações europeias, bem como pelas línguas malaio-polinésias. Vê-se das mais antigas referências que os portugueses receberam o vocábulo directamente dos chineses e dos japoneses. V. Gonçalves Viana (*Apostillas*) e *Influência*.

1565. — «São todos os petrechos, com hũa certa erua moida, que a quem a costuma beber he gostosa, que se chama **Chà**». — *Cartas de Japão*, I, fl. 163.

1569. — «Qualquer pessoa ou pessoas que chegam a qualquer casa de homem limpo tem por costume oferecerem lhe em hũa bandeja galante hũa porcelana ou tantas quantas são as pessoas, com hũa agoa morna a que chamam **Cha**, que he tamalvez vermelha e muy medicinal, que elles costumam a beber, feita de hum cozimento de eruas que amarga tamalvez». — Fr. Gaspar da Cruz, *Tractado da China*, cap. 13.

1600. — «Vam [os japoneses] pôr o preço em cousas de mais riso, e zombaria, como sam as peças, que seruem no cozimento de erua que se chama **cha**». — P. João Lucena, *Historia*, VII, cap. 4.

1607. — «Leua o a outro aposento, conuida o com o **Chà** que he hũa certa bebida ao costume da terra, trata o com muitas mostras de amor». — P. Fernão Guerreiro, *Relaçam Annal*, fl. 29 *v*.

1624. — «As fazendas mais ordinarias, são algũas cedas grossas, muitas porcelanas, e **chá** de que ha grande vso no Tibet». — P. António de Andrade, *Novo Descobrimento do Gram Cathayo*, fl. 15 *v*.

1667. — «Mas não escusarão o convite de bober; porque o **chá** e vinho se lança á vista de todos e he comũ a todos». — In *Ta-ssi-yang-kuó*, de Dezembro de 1899.

1694. — «A beberagem commum he

aquelle seu **cha**, que são folhas tenras de hũa arvore pequena, e fazem a agoa algum tanto roxa, sempre o bebem quente como o **cha** da China, de que tambem usão pessoas graves: e passão mezes e annos sem beber gota de agoa fria». — *Noticias da Cochinchina*, p. 21.

1697. — «**Chà**, são humas folhas seccas semelhantes às do sumagre, que lançadas em agua fervendo compoem a bebida ordinaria da China, e do Japão, e os livrão de dores de pedra, ou pela virtude da erva, ou pela demasiada quentura da agua, que se não leva senão aos sorvos». — P. Francisco de Sousa, *Oriente Conquistado*, I, IV, 2.

1727. — «Mandou-me dar [o imperador da China] **chá** *tartaro*, e depois fez signal de eu poder fallar». — *Apud* Júlio Biker, *Collecção de Tratados*, VI, p. 38.

1749. — «Tem por especial regalo beberem agoa quente, na qual lanção huma herva que elles appellidão **Chá**, que he o mesmo dos Chinas. Todas as pessoas nobres fazem singular gosto de preparar por sua mão esta bebida aos seus amigos; e as casas tem certos gabinetes, que não servem mais, que para este ministerio». — P. Crasset, *Hist. da Igreja do Japão*, I, p. 6.

1753. — «Apenas alli chegou, logo o Imperador mandou **Chá** com leite, e varias castas de comeres». — P. Newielhe, *Relação da Jornada*.

1874. — «Nagasaki tem os seus modestos restaurantes, ou **casas de chá**, como é costume chamar-lhes, ao uso dos indigenas, isto é, destituidos de mobilia, e de substancias comestiveis para europeus». — Pedro G. Mesnier, *O Japão*, p 48.

1895. — «Sobem as caravanas que levam o chá, conhecido em toda a Europa pelo nome de **chá de caravana**». — Conde de Arnoso, *Jornadas pelo Mundo*, p. 360.

1897. — «Suppõe-se que a planta de **chá** é indigena na China, aproveitando-se como bebida aromatica ha apenas mil annos... O **chá** no estado silvestre attinge a altura de 4 metros; mas nas plantações limita-se o seu crescimento a 1 metro por meio de córtes e pódas». — Joaquim C. Crespo, *Cousas da China*, p. 179.

1904. — «**Chá**, poderia vir da China, porque os chinezes do sul dizem *chá;* mas os japonezes tambem assim dizem: e inclino-me mais para esta ultima origem, porque nós dizemos *chavena* (chicara), e os japonezes dizem *chawan*, para indicar o mesmo objecto». — Venceslau de Morais, *Cartas do Japão*, II, p. 372.

851. — «Le roi [da China] se réserve, entre les substances minérales, un droit sur le sel, aussi sur une plante qui se boit infusée dans de l'eau chaude. On vend de cette plante dans toutes les villes, pour des fortes sommes; elle s'appelle le **sâhh**». — Soleimão, *apud* Reinaud, *Relation des Voyages*, I, p. 40.

1588. — «Spremeno d'vna certa herba vn liquore molto sano, nomato **Chia**, e le beono caldo, come vsano anche i Giapponesi, e l'vso di esso fa che non sanno, che cosa sia la flemma, la grauezza di testa, ne le scese degli occhi, e uiuono lunga uita quasi senza dolore, ò infermità di veruna sorte». — P. Maffei, *Le Istorie*, p. 217.

1589. — Ils mettent au susdit breuvage de la poudre de certaine herbe qu'ils appellent **Chaa**, qui rend ce breuvage fort exquis et de grande valeur». — Linschoten, *Histoire*, p. 50.

1610. — «Al mismo modo es el **Cha** de la China, y en la misma manera se toma: saluo que el **Cha**, es hoja de yerua menuda de cierta planta trahida de Tartaria». — Pedro Teixeira, *Relaciones*, p. 19.

1631. — «Ego ea pro bellariis reservabam, ut simul cum Chinensium potu *The* vocato, et **Tchia** Iaponibus dicta convivium finiremus». — Bontius, *Historia Naturalis*, p. 11.

1637. — «**Chà** es hoja de un arbol parecido al Arrayan, pero en algunas Provincias del tamaño de una albahaca, y en otras como granadas pequeñas. Secanla sobre el fuego en caços de hierro, adonde se une, y congloba». — P. Semedo, *Imperio de la China*, p. 19.

1676.—«Ils font grand cas de cette herbe appellée *Thé*, qui vient de la Chine, et du Japon, et cette dernière est la meilleur... A Goa, à Batavia, et dans les Comptoirs des Indes, il n'y a guere de nos Européens qui n'en prennent quatre ou cinq fois le jour, et ils ont soins de garder cette feüille qui a été büillée pour en faire une salade le soir, avec l'huile, le vinagre et le sucre». — Tavernier, *Voyages*, v, p. 257.

1735. — «Le nom de *Thé* nous es venu du patois... Dans le reste de l'Empire on se sert du mot **Tcha**, comme on le nomme aussi dans les Relations Portugaises... Il en a aussi des autres especes de *Thé:* par exemple celui dont se servent les Mongols en Tartarie, et qu'on nomme *Kaiel tcha*, ou *Kartcha*, n'est composé que des feüilles, soit du *Sang lo*, soit du *Von y tcha*, qu'on a laissé grossir, et qu'on mêle sans choix; parce que les Chinois jugent que tout est bon pour les Tartars, qui sont incapables de distinguer le Thé grossier du Thé délicat, et qui sont accoûtumés à le mêler avec le lait». — P. Halde, *Description de la Chine*, I, p. 20.

1830. — «Le mot **tchà** originairement signifie *thé*, mais le boisson **tchà** est une soupe bourrée, faite en remuant fortement ensemble du beurre, du sel, du carbonat de soude et de l'infusion buillante de thé» (no Tibete). — Michel, *Poésies Orientales*, p. 117.

**CHABUCO** (concani-hindust. *chābūk*). Chicote, açoite. O termo é usado em indo-português.

1584. — «Então lhe mandou dar, que leuasse ao Bobor, hum torquym [cavalo turco] de grande andar, com hum **chabuquo,** que he hum azorrague com que fazem andar os cavallos, e hum açôr, dizendo que folgaria que o Bobor azinha viesse andando com aquelle torquym, e como aquella aue voaua». — Gaspar Correia, *Lendas,* III, p. 591.

1612. — «Apertou [o filho de Cogeçofar] as pernas ao caualo, dãdolhe cõ o **chabuco** (que he hum açoute que todos trazem na mão, com que os açoutão rijamente) cõ o q̃ arrancou o cavalo como hum tronão». — Diogo do Couto, Déc. V, II, 9.

1667. — «E assim apertados, atão nos a duas argolas de ferro, e pendurados no ar, os assoutão cruelissimamente com **chabucos** de caualo». — P. Fernão de Queiroz, *Conquista de Ceylão,* p. 72.

1673. — «Upon any suspicion of default he has a black-Guard that by **a Chawbuch,** a great Whip, extorts Confession». — Fryer, *East India,* I, p. 247.

1709. — «Il n'a pas tenu à ceux que je ne fusse battu cruellement de plusieurs coups de **Chabouc** (espèce de grand foüet de cuir que les Indiens nomment **Chabouc**)». — *Lettres Édifiantes,* X, p. 26.

1736. — «... sous peine d'être puni de cinquente coups de **Chabouc:** c'est un grand fouet de cuir, dont on châtie les Criminels». — *Ibid.,* XXIV, p. 256.

1782. — «Un Marchand riche peut acheter une place de Mandarin pour un son fils ou pour lui; dès ce moment il est distingué par un bouton d'or qu'il porte à son bonnet, et se trouve exempt du **Chabouk,** qu'un Mandarin qui passe peut faire donner à tous ceux qu'il lui plaît». — Sonnerat, *Voyages,* II, p. 20.

**CHACAL.** *Canis aureus,* Linn. Os nossos antigos escritores chamam-lhe *adibe* ou *adive,* q. v. O étimo imediato é o turco *chaqal,* relacionado com o persa *shaghal,* que se filia no sânsc. *çṛgāla.*

1873:

> «Nem aves nem tigres,
> nem tigres nem chacais».
> Tomás Ribeiro, *Indiana,* p. 34.

1874. — «Por unica voz o grito, ao longe, de **chacaes**». — Id., *Jornadas,* II, p. 228.

1681. — «Nam hic plurimae reperiuntur ferae hominibus infestae, leones, tygres, lupi, canes, ut videtur efferati, quos vocant **Iackals** et similia fera animantia». — *De Imperii Magni Mongolis,* p. 95.

1673. — «After two Nights cold and disquieted Lodging on the Ground... and an Hellish concert of **Jackals** (a kind of Fox)». — Fryer, *East India,* I, p. 140.

1676. — «Autour du village, comme en plusieurs autres lieux de la Perse, il y a un grand nombre de **Chacales.** C'est une espece de Renard qui fait la nuit un bruit incommode, parce qu'il y en a un qui crie, tous les autres lui répondant». — Tavernier, *Voyages,* I, p. 100.

1823. — «We saw one **jackall** run into the woods, the cries of these animals grew loud and incessant». — Heber, *Narrative,* I, p. 51.

* **CHACRA, chacrão** (indo-inglês *chucker*). É o nome duma arma de arremêsso, em forma de disco de aço, muito usada outrora na Índia e que ainda hoje algumas raças guerreiras, como os siques (*sikhs*), empregam. Vai abaixo descrita com muita exactidão e minuciosidade. *Chakra* é a arma favorita de Vixnu. Do sânsc. *chakra, chakkram* em malaiala. V. *chocrão.*

1516. — «Ornam-se [os de Deli] de muitas maneiras darmas, saom muy rijos, e tambem bõos archeiros... e costumaom trazer hũas rodas daço, que chamaom **Chaçaram** (*sic*) de largura de dous dedos, tam agudas por fora como naualhas, e por dentro rombas, saom do tamanho de hũu pratel pequeno, e saom furadas; tras cada hũu destas até des metidas no braço esquerdo, e tomaom hũa na guera, e metemna no dedo da mam direita, andando com ela hũu pouco deredor pera tomar força, entam a despedem rijo contra ho inimiguo, e se acertaom em braço, perna, pescoço, cortaom tudo sercio, e asy fazem muy grande damno, e aquy ha homeis muy certos delas». — Duarte Barbosa, *Livro,* (2.ª ed.), p. 311.

1563 (1503). — «E tambem assi rasteiro tirão com humas rodelas de ferro delgadas e agudas, da grandura de dous palmos, abertas no meo, que tambem onde estas acertão fazem muyto mal».— Gaspar Correia, *Lendas,* I, p. 354.

1618. — «Idem em Siri Rama e a sua cobra Ananta, **chacra,** Buzio, sistema (?), homens, filhos delrey Dacxarada».—P. Manuel Barradas, *Ms.,* in *O Oriente Portuguez,* II, p. 229.

1837. — «Vem a ser um grande buzio (*chank*) côr de vermelhão, e uma arma de arremesso (**chakra**) semelhante á rodela do jogo de conca». — *O Panorama,* de 14 de Outubro.

1886. — «N'uma das mãos o buzio chamado *xenco,* n'outra o circulo denominado **checra** ou *sudorsem,* instrumento que constantemente irradia fogo». — Lopes Mendes, *A India Portugueza,* II, p. 69.

1630. — «In her right hand shee bares a **chuckery,** which is an instrument of a round form, and sharp edged on the superficies thereof». — Lord, in *Glossary».*

1786. — «In questa pittura Indica del

Museo Borgiano vedesi il Cocodrillo con un **Ciacra,** o ruota sacra addosso, simbolo del Sole». — Fra Paolino, *Viaggio,* p. 160.

«... imperocchè il **Ciacra,** ossia la Ruota è l'ensegnia e l'arma del dio Vishnu». — *Id.*, p. 203.

1825. — «Il a quatre bras; il porte dans une main un coquillage, dans l'autre l'arme appelée *sanka,* dans la troisième le **tchacara,** et dans la quatrième un lis d'étang». — P. Dubois, *Mœurs,* I, p. 353.

**CHADER, chandel, chaudel.** Tecido branco de algodão, lençol; coberta de côres. Do persa *chadar,* admitido nas línguas indianas. Parece que, etimològicamente, *chautar* ou *chauter,* mencionado por alguns dos nossos cronistas, é o mesmo que *chaudel,* não obstante a opinião em contrário de Yule & Burnell, s. v. *chudder*.

1516. — «E outros panos grandes que chamam **chandes,** que eles lançam por cima de sy como mantas, quando vaom fora» (no Guzarate). — Duarte Barbosa, *Livro,* p. 269.

1525. — «De **chader** cambayate 2000 fedeas». — *Lembranças das Cousas da India,* p. 56. — «Na Pauta de 1744, pag. 23, apparecem ainda as duas verbas seguintes: «**Chaudels** brancos de Bengala, peça setecentos reis. **Chaudels** de cores, ou *saraças* grossas, peça setecentos reis». — Rodrigo Felner, *ibid.*

1547. — «E todos os mais [*grepos*], que serião de seys até sette mil, vestidos da mesma côr amarella, porém de tafetás e **chauteres** finos, que pelo grande numero pareceu cousa de custo». — Fernão Pinto, *Peregrinação,* cap. 168.

1552. — «De Bengala, sinabafos, beatilhas, **chauteres,** mamonas. — Castanheda, *Historia,* II, cap. 58.

1565. — «Seis ou sete panos pintados, e não sei quantos **chaudeis**». — *Itinerario* do Mestre Afonso, in *Annaes Maritimos* (1844), p. 229.

1601. — «**Chaudeis** de Vedorá e Madavá, hão de ter quatro covados de comprido, e dous e meyo de larguo». — *Carta de Lei,* in *Archivo,* VI, p. 744.

1615. — «Vem tambem de Bengala um modo de tapeçaria de panno pintado, e de cores variegadas, que é mui bonita e lhe chamam *Jader*». — Pyrard de Laval, *Viagem,* I, p. 186.

1617. — «Doctins bons, mantazes grandes, bames, espices, **chaudeis** de Verdorá...». — *Carta Regia,* in *Doc. da India,* IV, p. 11.

1696. — «As roupas de lei como são **Chanderes,** Velorio, Conta de Balagate, e o mais que gasta o Cafre». — Fr. António da Conceição, *O Chronista de Tissuary,* II, p. 88.

1727. — «**Chandeis,** ou **Chandeos**. São huns panos grandes, que servem para cobrir camas, e outras cousas. São pintados de cores muy vistosas, alguns mais finos, a que chamão *palangapuzes*. Fabricão e (*sic.*, talvez «de seda e») de algodão em Bengala e Choromandel». — Bluteau, *Supplemento.*

1831. — «... constante de quatro *Zuartes,* quatro *Dotins,* hum *Semater,* hum *Ardian,* hum **Zader,** e dois pães de *Calaim*» (na África Oriental). — *Apud* Júlio Biker, *Collecção de Tratados,* XII, p. 81.

1589. — «On y [Cambaia] a beaucoup d'ouvrages de coton de diverses sortes, et de divers noms, comme Cannequins, Boffetas, lorins, **Chauteres,** Cotonias». — Linschoten, *Histoire,* p. 19.

1604. — «In the streets they wear always mantles called **chandeles,** but not black». — Pedro Teixeira, *The Travels,* p. 66.

**CHÁEM.** É termo chinês, empregado por nossos escritores com certa latitude, talvez por confusão ou absorção de diferentes dições. No sentido de «corregedor ou visitador», corresponde a *yü sz',* vogal de *tú-chah-yuen,* «supremo tribunal de censura», que deve ser o étimo com a supressão de *tú.* Em outras acepções, *chaem* pode ligar-se a *hien,* «juiz», a *chi hien,* «governador», ou a *kuang-yuen,* «qualquer oficial». V. *ceui.*

1540. — «Não sei mais que o que tenho ouvido a alguns antigos que por *tutões* e **chaẽs** governarão em outro tempo este *Anchacilado* de Aynão». — Fernão Pinto. *Peregrinação,* cap. 45.

«O proprio **Chaen** desta ilha de Ainão, q̃ he o proprio Visorrey della, pelo que tinha ouvido delle, o mandou visitar com hum rico presente». — *Id.*, cap. 52.

«... ser acrescentado em titulo de hum dos vinte e quatro **Chaẽs** do Governo com mando supremo em toda a Justiça». — *Id.*, ibid.

«Como **Chaem** do governo dos vinte e quatro supremos que ha neste Imperio». — *Id.*, cap. 68.

«Aonde [Nanquim] continuamente reside um **Chaem** da Justiça, que he titulo supremo como do Viso Rey». — *Id.*, cap 85.

1555. — «E outro que se chama **Chaem,** que traz por diuisa hum olho, o qual he sobre todos estes, em olhar se todos cumprem o regimento de seus officios, e em depor dos cargos os que não guardam, e em cumprir as sentenças de morte, e castigos que vem confirmados da corte del Rey». — P. Belchior Nunes, *Cartas de Japão*, I, fl. 35.

«Outro *Aitam* que rege as cousas da guerra, e pois de mar he outro que se chama **Chaem**». — Id., *apud* Cristóvão Aires, *Fernão Mendes Pinto*, p. 86.

1569. — «Todos os annos he mandado a cada provincia hũ como corregedor a que chamam **Chaem**, que vem tomar residencia a todos os *Louthias* grandes e pequenos». — Fr. Gaspar da Cruz, *Tractado da China*, cap. 16.

1588. — «Não era ainda chegado o P. Almeida quando os vadios de Cantão deram petição ao **Chayxem**, que he visitador da provincia e tem grandes poderes, que levasse fora os Padres». — P. Sabatino de Ursis, *P. Matheus Ricci*, p. 20.

1608. — «Ajuntaram muitos mais pera leuarem a mesma petição, e libello ao **Chiem**, que he como justiça mór». — P. Fernão Guerreiro, *Relaçam*, fl. 217.

1631. — «Tenho escrito ao Tutão e **Chaem**, e tem concedido e mandado aos da armada que não recolham mais moços nas armadas».—António Bocarro, Déc. XIII, p. 727.

1729. — «Era a dita resposta do *Puchin-çu* de Cantao, que he o Thesoureiro da fazenda imperial, e vinha por meio de **Chy hyen** ou Governador da villa de Ansão». — *Apud* Júlio Biker, *Collecção de Tratados*, VI, p. 77.

«Dois **Chihyuen**, que são como os dois Juizes do civel que ha nesta côrte de Lisboa». — *Ibid.*, p. 166.

1585. — «Estaua en esta ciudad el Tutan (que es el Viso Rey de la Prouincia) y el **Chaen** (que es Visitador general)». — Fr. Joan G. de Mendoça, *Hist. de la China*, p. 334.

«No duran [os ofícios] en ellos mas de tres años y acabados se los toma cuenta y estrecha residencia por los juezes della que llaman **Chaens**». — *Id.*, p. 84.

1637. — «Hallavase un **Chayuen** (esto es, Visitador de una Provincia, cargo de los más graves del Reyno) visitando». — P. Semedo, *Imperio de la China*, p. 29.

«El segundo destos dos, llamase **Cha Yuen**; no le veo correspondencia entre nosotros. Es como Visitador de la Provincia: sirve solo un año: es de gran rigor, y consequientemente muy temido». — *Id.*, p. 117.

1702. — «Mais ce ne fut pas sans contradiction. le **Tchin-hien** de la Ville (c'est l'Officier qui gouverne le peuple) leur envoya demander qui ils étoient, d'où ils venoient, et quel étoit leur dessein». — *Lettres Édifiantes*, v, p. 158.

1724. — «Le **Tchien** (c'est ainsi qu'on appelle le Mandarin de Foungan) ayant reçu cet ordre, porta aussitôt un Edict public». — *Ibid.*, XVII, p. 170.

1731. — «**Tchi-hien**... Juge et Gouverneur d'une Ville de troisième ordre». *Ibid.*, XXI, p. 221.

1735. — «Les Présidens de celles-là sont appellés *Tchi fou*; et les Administrateurs de celles-ci se nomment *Tchi tcheou*, et **Tchi hien**. De-là vient qu'on trouve toûjours dans l'enceinte d'une seule ville appellée *Fou*, un Mandarin nommé *Tchi fou*, et au moins un autre qui est **Tchi hien**». — P. Halde, *Description de la Chine*, I, p. 2.

1875. — «It is very probable that two different words, *Siang* and *Sing*, got confounded by the non-Chinese attachés of the imperial court; but it seems to me quite certain that they applied the same word, *Sing* or *Shen*, to both institutions, viz., to the high council of state, and to the provincial government».—Yule, *Marco Polo*, I, p. 418.

1876. — «Who had sent his **Chinsong** (prime minister) wan-jan-siang, with an army against him». — Howorth, *History of the Mongols*, I, p. 53.

**CHAGUER, cheguel, chiquel.** Coiro granuloso, que se prepara da garupa de cavalo ou jumento. O Sr. Cândido de Figueiredo regista *chagrém* como termo inédito e deriva imediatamente do franc. *chagrin*. O étimo primário é o persa *saghrī* ou *sāghrī*. Também se entende por *chaguer* vasilha para água, feita do referido coiro.

1552. — «E hũs **chagueres** de coyro para esfriar agoa, e sam de muyta estima, porque as peles sam cortidas com hũa compostura que val muyto, e ficão com hũ cheiro muy suaue». — Castanheda, *Historia*, III, cap. 99.

XVI. — «Tem synos de feyção de **chegeyis** de cobre e de ferro que tangem e tambores como chys» (chins). — Manuscrito, in *O Instituto*, LIV, p. 60.

1663. — «Prestes assim mesmo os **chiqueis**, que são umas borrachas de agua que pendem do arcão da sella». — P. Manuel Godinho, *Relação*, p. 142.

1663 (1770). — «Le chagrin est fait avec la peau de la croupe. Au lieu de la graine de moutarde employée ailleurs pour le grainer, on se servoit de la graine de casbin» (na Pérsia). — Raynal, *Histoire*, I, p. 254.

1875. — «This shows us what is meant, for *Shagri* is just our own word *Shagrin* and is applied to a fine leather granulated in that way which is much used for boots and the like by the people of Central Asia». — Yule, *Marco Polo*, I, p. 382.

* **CHAIA** (jap. *chaya*), Casa de chá, estalagem, no Japão. V. *chanoiu*.

1874. — «Nagasaki tem os seus modes-

tos restaurantes, ou **casas de chá,** como é costume chamar-lhes, ao uso dos indigenas, isto é, destituidos de mobilia, e de substancias comestiveis para europeus».— Pedro G. Mesnier, *O Japão,* p. 48.
1897. — «Cidades que lhe deram alegria, **chayas** que lhe deram poisada, *musumés* que lhe deram beijos». — Venceslau de Morais, *Dai-Nippon,* p. 16.
«Imaginemos a **chaya,** a casa de chá, que é o restaurante indigena, offerecendo-se ao publico sobre algum recanto pittoresco, servida por um batalhão de creadinhas». — *Id.*, p. 252.
1915. — «And the cleaning of pots and pots takes place in the yard at the back of the **chaya,** or of the private dwelling, instead of the kitchen».— *The Times of India Illustrated Weekly,* de 2 de Junho.

* **CHALANI** (adj.). Usado com *mamudi,* q. v. Do hindust. *chalanī,* «corrente» (moeda). *Rupia chalani* era «rupia ordinária de conta», que valia menos que as outras espécies. Wilson deriva o vocábulo do tel. *chalāvaṇi.*

1674. — «Rupees... **Chillanee,** All valued at Mamoodoes 2 ¼». — Fryer, *East India,* II, p. 125.

«**CHALAR,** v. i. (gir.) andar, fugir; v. p. (a mesma significação). (T. caló)». C. de Figueiredo. Do sânsc. *chal* «andar, ir», > hindust. *chal-nā,* mar. *chal-ṇem,* conc. *tçal-uṅk.*

* **CHALAVAGÃO.** Embarcação de guerra no Bramá ou Birmânia. Do birmanês *yai-hlay-gah'.*

1604. — «Vem grande numero de embarcações, a que chamão **Chalavegoens,** remão com duas ordens, e são muy grandes, e capazes de muita gente». — Diogo do Couto, Déc. V, v, 9.

**CHALE** (marata-conc. *tçāḷ*), s. m. (ant.). Edifício estreito e comprido, ocupado por lojas ou oficinas; quarteirão habitado por certos artífices, alcaçaria. Alguns lexicógrafos acentuam *chalé,* não sei com que fundamento.

1567. — «Os gentios estrangeiros, como Guzarates, poderão viver pela cidade em alguns **chales,** com tanto que sejão cerrados e nelles não vivão Christãos».—Primeiro Concílio de Goa, in *Archivo,* IV, p. 23.
1592. — «O mesmo inconveniente, que ha de morarem christãos com infieis em huma casa, se segue de morarem em hum **chale,** ou horta de uma porta para dentro».— Quarto Concílio, *ibid.,* p. 191.
1701. — «Havendo na mesma mais de trinta ou quarenta mil gentios, a maior parte dos quaes tem a sua habitação dentro da cidade de Goa em **Challes,** e bairros separados, e em ruas que não tem habitadores de outro genero». — *Ibid.,* Suppl. II, p. 162.
«Elles perturbão as minhas ordens, alvarás e cartas, que a mesma Camara tem, os quaes prohibem os **Chales** particulares, elles obrão pelo contrario, porque tem **Chales** publicos, para os quaes conduzem todos os officiaes misterais e mecanicos». — *Carta Régia, ibid.*, p. 164.
1706. — «Mandava a todos os *mocadões* dos **Chales** desta cidade [de Goa] e as mais pessoas... que em termo de seis dias denunciassem ao dito Padre *Pay dos Christãos* todos os orfãos que soubessem, ou delles noticia tivessem, pera serem bautizados». — *Provisão* do Santo Officio, *ibid.*, p. 2.
1715. — «E naquela [cidade] em diversos **Chales,** os quaes são officiaes mecanicos, e pela maior parte corretores; divididos outros officiaes em ruas, como ourives, e mercadores de pannos». — *Ibid.*, p. 61.
1727. — «**Chale.** He hum Palmar da India Portugueza, onde morão officiaes mecanicos de todos os officios, e aonde ha forjas, theares, tudo posto à custa do dono do Palmar, que protege, ampara e socorre a gente do seu **Chale**, para ter sempre nelles moradores». — Bluteau, *Supplemento.*
1604. — «The like are in India **chales,** but not so well built and cleam». — Pedro Teixeira, *The Travels.* — «The Bombay *chawls,* though of similar etymology, are simply large houses let out in rooms, or set of rooms, to tenants». O editor.

**CHALE** (persa *shāl* relacionado talvez com o sânsc. *chela*). Peça de vestuário bem conhecida. Os nossos indianistas antigos não conheceram o vocábulo.

1786. — «Offereço a V. Ex.ª pelo honrado Naraena Rao Vital as peças seguintes: 2 **xales,** 2 *mamudes,* 1 peça de atala». — *Apud* Júlio Biker, *Collecção de Tratados,* VIII, p. 234.
1798. — «Estava elle [o rei de Cazembe] assentado na sua *Hytanda,* tamborete baixo, raso, feito ao gosto do paiz, forrado de **xale,** fazenda pintada do Norte». — *Apud* Júlio Biker, *Collecção de Tratados,* X, p. 105.
1906. — «Muitos armazens onde se vendem os magnificos **chales** de lã de camello de Thibet». — Hipácio de Brion, *Duas mil leguas,* p. 109.
1623. — «E sopra qualle anco come costumano, certi panni colorati di quelli, che in Persia chiamano **Scial,** e ne fanno so-

pracinte; ma gli Indiani se gli gettano ad armacollo, coperti d'un altro bombaccino bianco sottile». —Pietro della Valle, *Viaggi*, III, p. 182.

1666. — «Ils mettent sur eux en toute saison, lorsqu'ils sortent, un **Chal**, qui est une maniere de toilette d'une très-fine laine qui se fait à Cachmir. Ces **Chals** ont environ deux aûnes de long sur une de large». — Thevenot, *Voyages*, III, p. 110.

1668. — «Ces **châles** sont certaines pieces d'étoffes d'une aune et demie de long, et d'une de large ou environ, qui sont brodées aux deux bouts d'une espèce de broderie faite au métier, d'un pied ou environ de large... il s'en fait de deux sortes, les uns de laine du pays, qui est plus fine et délicate que celle d'Espagne; les autres sont d'une laine, ou plutôt d'un poil qu'on appelle *tous*, qui se prend sur la poitrine d'une espèce de chèvre sauvage du grand Thibet; ceux-ci sont plus chères à proportion que les autres». — Bernier, *Vayages*, II, p. 265.

1750. — «On y [em Surrate] fabrique aussi des pieces appellés **Chals** (les plus fines viennent de Cachemire)». — Grose, *Voyage*, p. 183.

1770. — «Les **chaules**, draps très légers, très-chauds et très-fines, fabriqués avec de laines de Cachemire. On les teint de differentes couleurs, et l'on y mêle des fleurs et des rayures. Ils servent à l'habillement d'hiver en Turquie, en Perse, et dans les contrées de l'Inde où le froid se fait sentir. On fait avec cette laine précieuse des turbans d'une aulne de large, et d'un peu plus de trois aulnes de long qui se vendent depuis mille jusqu'à quinze cens roupies». — Raynal, *Histoire*, II, p. 24.

1786. — «In Cashmir nell' India Settentrionale si tessono di pele di certe capre montagnole i **Shawls**, stoffe insigni e famose, che superano la seta di Cina, e tutta la delicatezza dei drappi di Persia». — Fra Paolino, *Viaggio*, p. 150.

1824. — We went... to see a **shawl** manufactory carried on by Cashmirean weavers with wool brought from Hymalaya, in the house of a wealthy Hindoo merchant». — Heber, *Narrative*, I, p. 449.

1860. — «Ce sont eux qui fabriquent ces **châles** qui ont porté leur nom et l'ont rendu si célèbres dans le monde entier... La France est le pays qui achète le plus de **châles** de l'Inde et qui sait le mieux les porter». — Ernault, *L'Inde Pittoresque*, p. 353.

* **CHALIÁ** (s. m.). Nome de uma casta de Ceilão, que se ocupa em preparar a canela e em transportar palanquins. Do sing. *sakkiliyē* < tam. *chakkiliyan*.

1602. — «E assy hey por bem que se não dem em repartição as aldeas dos **Chaliás**». — *Regimento* do rei, in *Archivo*, VI, p. 806.

1612. — «**Chaleás**, que a [canela] tiram, com não fazerem o que costumam para particulares, acrescentariam voluntariamente ao menos duzentos *bares* aos que são obrigados a pagar de pareas». — *Carta Régia*, in *Doc. da Índia*, II, p. 153.

1615. — «Os *pareás* e **chaleas** da Ilha de Ceilão andão muito divididos por aldeas de particulares, que se servem delles em lhe fazer canella». — *Alvará Régio*, in *Archivo*, VI, p 1078.

1635. — «Depois foi servir ao capitão geral dom Francisco de Menezes de *vidana* dos **chalias** do seu palanquim». — António Bocarro, Déc. XIII, p. 497.

1644. — «Os **Chaleás** que na ilha de Ceilão fazem a canella, servirão a huma e outra parte, pedindo-se licença a aquelles, em cuja sorte cahirem». — *Apud* Júlio Biker, *Collecção de Tratados*, II, p. 146.

1685. — «... em que vivem os **challás**, que são os que tirão a canella». — João Ribeiro, *Fatalidade Historica*, I, cap. 10.

1687. — «Destes, querem, procedão os **Chaleaz**, que são obrigados tirar a canéla». — P. Fernão de Queiroz, *Conquista de Ceylão*, p. 12.

«Nós os **Chaleaz** uiemos a esta Ilha em hum *paguel* de mouros que aportou em Chilaõ; trazemos nossa origem de *Chale*, e de nós tomou o porto de Chale o nome que hoje tem». — *Id.*, p. 841.

1750. — «Pela mesma causa salvarão os **Caliás** (*sic*) hum pataxo que se desgarrou, trazendo-o á toa para Columbo». — D. Luís de Meneses, *Hist. de Portugal Restaurado*, II, p. 487.

1860. — «The **Chalias** were accustomed to resort to cut and peel it [canela], a task which was imposed on them as a feudal service by the native sovereign». — Emerson Tennent, *Ceylon*, I, p. 88.

1825. — «The peelers [de canela] are called **Challers**; they are a distinct caste whose origin is uncertain». — Em Heber, *Narrative*, II, p. 176.

* **CHAMADOR**. Na Índia, é um empregado da igreja ou do pagode, que chama e faz recados. V. *Influência*.

1890. — «Ficam apenas doze pessoas, e o **chamador**, que se senta abraçado a Vital de olhos vendados. O **chamador** larga então Vital, que teria sabido se o não segurassem». — António de Almeida Azevedo, *As Communidades de Goa*, p. 37.

**Chamanismo**. V. *xamanismo* (grafia mais correcta).

**Chámara**. V. *chouri*.

**CHAMAZ**. Indivíduo que no rito siríaco ajuda à missa em Cranganor e outras partes, tendo geralmente ordens menores; diácono. «Os cristãos de S. Tomé», residentes no Malabar, tem vários termos religiosos, muitos dos quais não se pode saber com certeza se receberam da língua vernácula, dando-lhe significados especiais, ou da siríaca, de que se servem na sua liturgia. O malaiala tem *chamayam*, que quere dizer «ornato, paramento».

1599. — «Todos os Sacerdotes, Diaconos, Subdiaconos, e mais **Chamazes,** que se acharão presentes se assentarão em joelhos». — Sínodo de Diamper, in *Archivo*, IV, p. 302.

«Todos os **Chamazes,** que ajudavão á missa, ainda que só com ordens menores ou sem ellas, tinhão a dita Stolla deitada ao hombro como Diaconos». — *Ibid.*, p. 393.

«Alguns Ecclesiasticos, assi *Caçanares*, como **Chamazes**». — *Ibid.*, p. 431.

«E foi o numero dos que vierão ao Synodo oitocentos e treze, a saber Caçanares e Sacerdotes cento e cincoenta e tres, afora Diaconos, Subdiaconos, e mais **Chamazes**». — *Ibid.*, p. 513.

1608. — «E se foy ao Diamper, leuando consigo.... muytos Caçanares, **Chamazes** e outros Christãos». — Fr. António de Gouveia, *Jornada*, fl. 58.

«Aos que não são sacerdotes chamão **Chamazes** des da primeira tonsura até o sacerdocio, e todos acodião sempre a rezar o officio divino em Caldeo em voz alta». — *Id.*, fl. 59.

1660. — «Ordinai ad instanza de' medesimi, moltissimi Religiosi, e Clerici Secolari di varie Parti, & alcuni **Sciammaes,** e Cassanari della Serra». — Mgr. Sebastiani, *Seconda Spedizione*, p. 37.

**Chambaçal**. V. *arroz* e *jaca*.

**CHAMBITÉ**. Forja de ferreiro, no Concão. Do mar. *chamoṭī* ou *chamboṭī*, «correia», ou, antes, do can. *chamatige*, «malho».

1619. — «Por cada Forgia de Ferreiro que é **Chambité** paga de direitos em cada anno sete barganins brancos. E sendo meyo **Chambitté** ou forgia paga metade». — *Regimento* do vedor Nuno Vaz.

«**CHAMELI**. Árvore de Damão». C. de Figueiredo. É *Bauhinia Vahlii*, W. & B., ou *B. racemosa*, Roxb. Chama-se *chambelī* em concani, e encontra-se em várias partes da Índia.

**CHAMOTIM**. A palavra aparece nos dicionários como termo asiático e com o sentido de «cafuné ou estalido dado com os dedos na cabeça de uma pessoa para a fazer adormecer». Bluteau diz: «Fazer *chamotins*, he ir dando beliscoens levemente com os dous dedos, polegar, e mostrador. He invenção para conciliar o sono, como a de amassar o corpo, tambem usada na India».

O étimo é o conc. *chimaṭé*, «beliscões». Cf. *chareta*, por *chireta*, *charuto* por *cheruto*, *chatim* por *chetim*. Mas não sei se a frase portuguesa está em uso, visto que a tal «invenção» é actualmente pouco praticada, sendo preferida a maçagem. «Amaçar o corpo» continua a dizer-se.

1770. — «Dans le tems de leur repos, le plus grand plaisir, le plaisir le plus ordinaire des habitans de Surate étoit de s'étendre sur un sopha, où des hommes d'une dextérité singulière, les pêtrissoient pour ainsi dire comme on pêtrit la pâte. On leur tiroit les extrêmités de tous les membres, sans leur causer le moindre mal, quoique ce fut assez fort pour faire craquer les jointures des pugnets, des genoux, du col même». — Raynal, *Histoire*, II, p. 18.

* **CHAMPADA** (mal. *champadaq*). E uma espécie de jaca de Malásia — *Artocarpus polyphema*.

1613. — «Rambés, rambotans, bachoés, **champadas,** chintes e buas ducas». — Manuel G. de Erédia, *Declaraçam de Malaca*, fl. 10.

1635. — «Inter Echinatos porro, et Spinosos quoque referuntur hi fructus Incolis *Iaaca*, et **Chàmpidaca** vocati: qui ejusdem sunt generis, et uterque obsitus protuberantiis spinosis; sed, ut *Iaaca* fructus tota mole et magnitudine superat **Champadaca,** ita et pungentioribus spinis». — Bontius, *Historia Naturalis*, p. 118.

1690. — «Malaice **Champadaha** et *Tsjampadaha:* a Portugallis scritoribus meo judicio describitur nomine *Cambasâl* (= *chambaçal*): quum ab ipsis viliores habeantur quam *Girusal* (= *giraçal*)». — Rumphius, *Herbarium Amboinense*, I, cap. 26.

1695. — «**Tsjampadaha** bulbum gerit rotundum instar pomi, vel lagenae, qui multas gerit spinas, estque solidus, ac magna ex parte supra terram eminens, externe, et interne albus». — *Id.*, IX, cap. 13.

**CHAMPANA**; **champão** (pouco us.). Pequena embarcação da Malásia e da

China, e de algumas partes da Índia. Do mal. *sampan* < chin. *sam-pam*, «três tábuas». **CHAMPANETA**, champana pequena.

1516. — «Sua nauegação he duns nauios pequenos ha que chamam **champanes**, em que os Mouros Malabares uem ha tratar». — Duarte Barbosa, *Livro*, p. 357.

1540. — «Se embarcou na **champana** que era o batel». — Fernão Pinto, *Peregrinação*, cap. 57.

1552. — «E irão alî de duzentas até trezentas **champanas** que sam huns nauios pequenos em que vão vinte cinco e trinta homens». — Castanheda, *Historia*, II, cap. 22.

1562. — «Chamados os marinheiros para esta determinação (os quaes erão Chins e gentios) lhe disserão que ja que não tinhão remedio, lhe concertassem a **champana**, e que elles de vagar farião do nauio outra embarcação para se saluarem». — *Cartas de Japão*, I, fl. 96.

1566. — «Elle mandou tomar hum nauio, a que chamam **chãpana**, que estava surta no porto» (de Chatigão). — Damião de Góis, *Chron. de D. Manuel*, IV, cap. 27.

1577. — «... se embarcarão em fustas, e **champanas**, ficando em terra muita gente popular». — *Primor e Honra*, fl. 24 v.

1599. — «E a defendem ha tantos annos dos imigos, armando à sua custa navios, **champanas**, paráos». — *Archivo*, I, parte II, p. 69.

1606. — «Encontrou huma **champara** (*sic*) que sahia do porto, carregada dos Mouros da nao». — Diogo do Couto, Déc. VIII, I, 11.

«Havia alguns annos que na costa de Ceilão se tinha perdido huma **champana** de hum Diogo Gonçalves». — Id., Déc. X, X, 6.

1613. — «Com declaração que pera Bengala poderão navegar as ditas náos, **champanas**, e outras embarcações». — *Alvará* do vice-rei, in *Archivo*, VI, p. 941.

1613. — «Em suas embarcações ou **champanas** como bateys desembarcão dos iuncos e nauios mantimentos pera se vender naquella praça geralmente». — Manuel G. de Erédia, *Declaraçam de Malaca*, fl. 6.

1635. — «Teve vista de uma nau hollandeza e uma **champana**». — António Bocarro, Déc. XIII, p. 479.

1685. — «Tirão-se todos os annos do Reino de Cotta até mil **champanas** (que são como sumacas de quarenta toneladas)». — João Ribeiro, *Fatalidade Historica*, I, cap. 3.

1694. — «Navegando huma vez de Jonasirem a Pegù em hum **champam**, embarcação pequena, e propria daquelles mares... Vós no vosso **champhamsinho**, ides tão seguro, e cantando?». — P. António Vieira, *Xavier Dormindo*, p. 223.

1697. — «Continuas experiencias lhe confirmáram a verdade desta viagem, que fez de Tanasseri a Pegù em huma **champaneta**, embarcação pequena, e ligeyra, além de muyto velha, destroçada... Só a pequena, e velha **champaneta** sem forças para resistir a terceira parte daquele vento, à maneira de pèla lançada das ondas hia acima, e vinha abaixo com tanta segurança do bom piloto, que se poz a cantar alegremente como se navegasse na mayor bonança». — P. Francisco de Sousa, *Oriente Conquistado*, I, I, 1.

1874. — «Os barcos chamados **shampanas**, derivado de *sampan* (nome chinez) são estreitos e compridos, com a prôa levantada; têem uma camara fechada, para onde se entra por uma estreitissima abertura. Um homem a ré, com um remo a que dá movimentos helicoidaes, conduz a embarcação». — Pedro G. Mesnier, *O Japão*, p. 40.

1883. — «Foi mister entrar em uma pequena **champana** de pescador, onde o mar nos molhou todos». — Adolfo Loureiro, *No Oriente*, I, p. 332.

1895. — «**Champanas**, barcos onde os chinezes habitam, coalham este braço de mar» (em Singapura). — Conde de Arnoso, *Jornadas pelo Mundo*, p. 72.

1896. — «Mil embarcações pequenas, denominadas... puntões, tanxos, **champões**, etc.». — A. Loureiro, in *Bol. S. G. L.*, XV, p. 41.

1898. — «Mas os movimentos dos juncos, dos **sampans**, das canhoneiras e de tantas barcas prende-nos de novo a attenção». — Joaquim C. Crespo, *Cousas da China*, p. 14.

1916. — «Nos primeiros dias de março, se reuniam de tres a quatro mil **champanas** (botes de pequena lotação, preparados pelos mercadores moiros, gentios, e cristãos)» (em Ceilão). — *O Oriente Português*, XIII, p. 197.

1510. — «Alcuni altri che sono fatti al modo nostro, cioè di sotto, e si chiamano **Ciampane**». — Barthema, *apud* Ramúsio, I, fl. 161.

1782. — «Les Mandarins qui voyagent en bateaux, sont des galères ou plutôt des maisons flottantes, qu'on appelle **chapans**; elles sont très-commodes, et divisées intérieurement en plusieurs chambres». — Sonnerat, *Voyages*, II, p. 33.

«Les célèbres bateaux de fleurs, enfin, ne sont que des **sampangs** plus ou moins élégamment décorés». — *La Grande Encyclopédie*.

**CHAMPÓ**. Árvore da família das magnoliáceas — *Michelia champaca*, Linn. As flores são amarelas e fragrantes e por isso muito estimadas. A madeira é de muita utilidade. A árvore é favorita dos poetas índios.

Do conc. *tçãmpó,* árvore, *tçãmpém,* flor; sânsc. *champaka.* V. *marroio rosado.*

1563. — «Outras flores ha de que muito usão nesta região ditas **champe,** e tem hum cheiro muito forte, mais que lirio branco, e nam he tam suave». — Garcia da Orta, Col. VI.

1727. — «Os Europeus e Canarins, estabelecidos em Goa, chamão *fula* a flor. O **champim** e *mogorem* são fulas, que cheirão a jasmim». — Bluteau, *Supplemento.*

1782. — «Tambem é de proveito o plantamento de **champós,** não só pelo rendimento que dão, mas tambem pela serventia da sua madeira. E taes plantas não dão fructo que sirva, senão flores, mas mui estimadas do sexo feminino, que lhes dá o seu valor». — Fr. Clemente da Ressurreição, *Tratado,* II, p. 315.

1873. — «Conhecem-se na India duas arvores deste nome; o **cull-tchampó** (*michelia Champaca*) em malabar *champacam,* da familia das magnoliaceas; e o **nag-tchampó,** em malabar *belutta-champacam*». — Bernardo da Costa, *Manual do Agricultor,* II, 243.

1874. — «Que seria de nós se nos não cobrisse tanto **champó,** tanto cajueiro, tanta jaqueira e mangueira?». — Tomás Ribeiro, *Jornadas,* II, p. 117.

1882. — «Com as essencias de mogarinhas, **champak,** canduanga, laranja». — Henrique Prostes, *Bol. S. G. L.,* IV, p 392.

1898:

«Incoerciveis como o aroma do **champaka**
Cahieis de roldão nas praias de Malaca».

Lopes de Mendonça, *A. de Albuquerque,* p. 40.

1906:

«Engrinaldada de **champins** e *onlã,*
Vai já tomar o banho da manhã
Na verde fonte do arecal tremente
A doce Sitá-Bay.

Alberto O. de Castro, *A Cinza dos Myrtos,* p. 180.

1623.—«Mi mostrarano vn fiore, di grandezza, e di forma, non dissimil da vn nostro Giglio, ma di color gialetto biancheggiante, che aueua odore assai suaue e vigoroso, e lo chiamano **Ciampà**». — Pietro della Valle, *Viaggio,* p. 31.

1631. — «Arboris simul, et florum nomen **Sampaca** incolis est, et apud illos in summo sunt honore». — Bontius, *Historia Naturalis,* p. 23.

**CHAMPAULU** (s. f.). Espécie de embarcação da China; parece que é o mesmo que *champana.*

1881. — «Junto ás margens não ha um unico caes em que nas marés mais baixas possa atracar a mais pequena **champaulu**» (em Macau). — *Bol. S. G. L.,* III, p. 744.

*** CHAMPOUCHU** (chin. *tsau-po-yü*). Camarista imperial, na China.

1720. — «... nos tem encommendado de saber da vontade de Vossa Magestade sobre mandar ao Mandarim de Palacio **Cham-pau-chu,** que vá receber ao Embaixador de Portugal, e o traga á presença de Vossa Magestade... Mande tambem que **Cham-pau-chu,** e *Cham Ngam To,* partam aos 16 desta lua a receber o Embaixador». — *Apud* Júlio Biker, *Collecção de Tratados,* VI, pp. 118 e 119.

*** CHANCO.** Búzio grande — *Turbinella rapa* — que se encontra especialmente no gôlfo de Manar em Ceilão; madrepérola. Serve de corneta nos templos pagãos, e fazem-se dêle vários artefactos, que se chamam de *madrepérola.* Do malaiala *chaṅgu* ou do sing. *xaṅkh* ou *xaṅk* < sânsc. *çankha.*

1563. — «*Ruano.* E o outro de que fazem as cousas, que chamamos de madreperola, he esse que chamaes *cheripo* (q. v.)? *Orta.* Nam, senam outro que chamam **chanquo,** de que fazem cofres e mesas e contas; porque ainda que por de fora seja tosco, pella parte de dentro he muyto liso e fermoso». — Garcia da Orta, Col. XXXV.

1635. — «Tomaram-lhe tambem algumas *alias,* e todas as suas armas e insignias de rodelas, **choncos** (*sic*), e espadas e frechas». — António Bocarro, Déc. XIII, p. 708.

1687. — «... dous sombreyros brancos, duas bandeyras brancas, Rodela branca, **chancoy,** e *combalas* de auanar, tudo dourado». — P. Fernão de Queiroz, *Conquista de Ceylão,* p. 462.

XVIII. — «O buzio em Lingua gentilica se chama **Sanca**». — *Noticia do Gentilismo,* I, p. 85.

1837. — «A estampa junta á presente descrição mostra Visnú com os seus attributos ordinarios, que o distinguem dos demais idolos, e vem a ser um grande buzio (**chank**) côr do vermelhão, e uma arma de arremesso (*chakra*) semelhante à rodela do jogo da conca». — *O Panorama,* de 14 de Outubro.

1886. — «N'uma das mãos o buzio chamado **xenco,** n'outra o circulo denominado *checrá* ou *sudorsem,* instrumento que constantemente irradia fogo». — Lopes Mendes, *A India Portugueza,* II, p. 69.

1898. — «Vixnu, encarnado em meio homem e meio leão, segura o **xenco** (buzio em que se transformou o gigante Sancassur)». — Manuel de Campos, *Numismatica indo-portuguesa,* in *Bol. S. G. L.,* XVIII, p. 248.

851. — «On trouve dans ces parages [de Ceilão] la perle, et le **schenek** [corri-

gido pelo editor em **sankha**], mot par lequel on désigne cette grande coquille qui sert de trompette, et qui est très recherchée». — Soleimão, *apud* Reinaud, *Relations*, I, p. 6.

1589. — «Il y a une autre sorte de coquille que les Indiens nomment **Chanca** et les Portugais *Madre Perola*, c'est-à-dire Mere Perle, lesquelles servent principalement à orner et enrichir diverses pieces de meubles: comme coffres, tables, bastons de femmes, damers et autres choses». — Linschoten, *Histoire*, p. 137.

1675. — «There are others they call **Chanquo**; the Shells of which are the Mother of Pearl». — Fryer, *East India*, II, p. 366.

1770. — «Il se trouve sur les mêmes côtes une coquille appellée **Sianoos**, dont les Indiens de Bengale font des bracelets». —Raynal, *Histoire*.

1782. — «**Chanque**, coquillage du genre des buccins». — Sonnerat, *Voyages*, II, p. 259.

1825. — «Les sectateurs de Vichnou, lorsqu'ils voyagent ou qu'ils vont demander l'aumône, portent toujours avec eux une plaque ronde de bronze, et un gros coquillage appelé **sangou**». — P. Dubois, *Mœurs*, I, p. 148.

1860. — «He sent saphires, lapis lazuli, and rubies, a right hand **chano**».—Nota: «A variety of the *Turbinella rapa* with the whorls reversed, to which the natives attached a superstitions value; professing that a shell so formed is worth its value in gold». — Emerson Tennent, *Ceylon*, I, p. 446.

1908. — «A right banded **chank** (that is to say one with the spiral opening to the right) is much prized by the Hindus to be used at their temples, and being exceedingly rare fetches a high price. Bracelets, armlets, charms, etc., are made of the ordinary conch shell, and these have been used in India from time immemorial». — Watt, *The Commercial Products*, p. 989.

1913. — «A beautiful virgin of the royal caste then poured the sacred water of the Ganges on his head from a snow-white **chank** with its whorls twisted to the left, which she held aloft in both her hands, exhorting him at the same time to govern the people in accordance with the Dasa Raja Dharma». — P. E. Pieris, *Ceylon*, I, p. 64.

1915. — «**Chank-shells** are used for innumerable purposes. The earliest mention of them is probably in the opening stanzas of the *Bhagavat-Gita*, where the warriors begin the battle of Kurukshetra by blowing blast of defience on their conch trumpets».—*The Times of India Illustrated Weekly*, de 15 de Setembro.

* **CHANDA** (s. m.). Indivíduo duma das castas baixas de Ceilão, cujo ofício é extrair *sura* e fabricar vinho e *jagra*. Do sing. *chandu*. Também se chama *durāvā*.

1687. — «A maior parte dos **Candaz** uiue nos contornos de Nigombo; posto que tãobem se repartem por outros lugares da Ilha, porque como são os que tirão o licor, ou sura e jagra (especie entre mel e assucar) acodem aonde ha palmares».—P. Fernão de Queiroz, *Conquista de Ceylão*, p. 16.

«Dos **Chandas**, e da areca. O nosso costume he pagar das plantas, e das hortas a porção sabida». — *Id.*, p. 840.

1914. — «The **Chandos** were divided into ten classes, and though their general employment was that of drawing *toddy*, their duties were differentiated according to their classes». — P. E. Pieris, *Ceylon*, II, p. 486.

**CHANDALA** (s. m.). Indivíduo da ínfima das castas mixtas, suposto originàriamente produto de um sudro e de uma brâmina. Do concani-mar. *chanḍāḷ* < sânsc. *chanḍāla*.

Um lexicógrafo regista *chandela* e diz que é «o mesmo que pária». Não é bem assim; os pariás constituem uma raça homogénea, pôsto que baixa, da zona tamúlica, ao passo que os *chandalas* são refugo da sociedade hindu. Figuradamente, *chandala* é um malfeitor, um homem abominável.

1880. — «As purificações a que deve sujeitar-se um membro de qualquer das castas superiores, quando tem contacto com individuo das castas degradadas, como um pária, ou um **tchandala**, por ex., são hoje factos rigorosamente estabelecidos». — Z. Consiglieri Pedroso, *Portugal a Camões*, p. 8.

1898. — «O pária, tambem conhecido pelo nome de **chandéla**, é ainda mais desprezivel do que o proprio sudra». — Oliveira Mascarenhas, *Atravez dos Mares*, p. 112.

1902. — «**Tchandala** na India é o nome de uma das muitas classes ou castas misturadas que são formadas (segundo Manu, x, 24), pelo casamento illicito mediante cruzamento, pelo casamento das mulheres que não devem casar, e pela expulsão ou excommunhão proporcionada contra os transgressores dos seus deveres». — Cristóvão Pinto, em *Ta-ssi-yang-kuó*, II, p. 245.

1906. — «Mais tempo será preciso para um pária ou um **tchandala** ser considerado homem, adquirindo os direitos de cidadão, do que o que decorreu para transformar o habitante das povoações lacustres no *flaneur de boulevards* de Paris». — Hipácio de Brion, *Duas mil leguas*, p. 200.

1916. — «**Tchendalas** ou *parias*. A casta impura e mais baixa de todas». — *O Instituto*, LXIV, p. 326.

1917. — «Proclamava que Deus se lhe revelara em forma de **Chandala**, casta a mais baixa». — *Heraldo*, de 26 de Maio.

712. — «You have joined these **Chandáls** and cow-eaters, and have become one of them». — In *Glossary*.

1786. — «Quelli che hanno sposato per *usucapionem*, come sono una gran parte delle Tribù vili, chiamate **Clandàler** o *Nisher* ripigliano la loro pietruzza». — Fra Paolino, *Viaggio*, p. 200.

1845. — «Mais le fils d'un Soudra et d'une femme d'origine brahmanique est un «**Tchandala**», le plus vil des mortels, et son union avec les femmes des castes supérieures produirait une race encore plus vile que celle de leur père». — Xavier Raymond, *Inde*, p. 166.

1913. — «Five hundred low-caste **Chandálas** had to be employed in the task of scavenging the capital of Anurádhapura». — P. E. Pieris, *Ceylon*, I, p. 3.

* **CHANDARRUS.** É o nome de goma copal na Índia; *sandáraca*. Do mar.-conc. *chandras* ou *chandrús*, persa-ár. *sandaros*.

1563. — «Sabey que a [cânfora] de Burneo vem muitas vezes mesturada com algumas lascas de pedra muito delgadas, ou com huma goma (a que chamão **chanderros**) que parece alhambres crús». — Garcia da Orta, Col. XI, 1.

1685. — «Ha outro [breu] que se cria nas vargeas, mui claro, e transparente, da cor de alambre: os naturaes usão delle em muitos medicamentos, e em toda a India tem grande preço, aonde lhe chamão **chandarrús**». — João Ribeiro, *Fatalidade Historica*, I, cap. 11.

1610. — «En la costa de Melinde se coje vna Goma muy semejante à esta llamada **Sandaroz**». — Pedro Teixeira, *Relaciones*, p. 146.

1902. — «The name he [João Ribeiro] mentions, however, of which Garcia da Orta and Teixeira give variants, is Arabic and Hindustani *sindarús*, *sandaros*, *sundaros*, and is known in Europe as «gum sandarach». — D. Ferguson, em Teixeira, p. 227.

* **Chandel.** V. *chader*.

* **CHANDEU.** Feira, arraial, na China. Do chin. *chin-hü*. O chinês não tem *d*. Cf. *chareta*, *charão*, quanto à alteração da primeira sílaba.

1544. — «Principalmente nos **chandeus**, e feyras que se fazem nos dias dos seus pagodes, em que tudo he franco pelo grande concurso de gente que nellas se ajunta». — Fernão Pinto, *Peregrinação*, cap. 98.

«Vimos [em Calaminhão] tambem nas feyras ordinarias, a que elles chamão **Chandeuhós**, todas as cousas quantas a terra cria»». — *Id*, cap. 165.

**CHANFACAU.** Diz-nos Fernão Mendes Pinto que é o nome chinês da Grande Muralha, que o imperador Tsin-chi-hoang mandou construir no ano 221 antes de Cristo, para defender o seu país contra os tártaros, e de que tanto falam os viajantes europeus. Mas é, na realidade, o nome dum dos fortes da referida muralha, sendo esta conhecida por *Ván-li-cháng-ching*.

1542. — «Este muro, ou **Chanfacau** como elles lhe chamão, que quer dizer resistencia forte, corre todo o fio igualmente até entrar nos agros das serras». — *Peregrinação*, cap. 95.

1735. — «Les portes de la grande Muraille sont fortifiées en dedans par des forts assez grands, le premier à l'Orient s'appelle **Chang hai koan**; il est près de la Muraille, qui depuis le Boulevard bâti dans la mer, s'étend pendant une lieüe dans un terrain tout-à-fait plein». — P. Halde, *Description de la Chine*, I, p. 38.

**CHANGÁ.** Conforme os nossos indianistas, é o título que um rei de Aracão, na Birmânia, dera a um célebre aventureiro português e seu grande valido. Interpretam-no em dois sentidos: «viador da fazenda» e «homem bom». Não me foi possível identificá-lo etimològicamente.

1617. — «Em cujo serviço entre outros Portuguezes andava Filipe de Brito Nicote, natural da Cidade de Lisboa, com o nome de **Changá**, que val o mesmo, que Veador da fazenda». — *Conquista de Pegu*, cap. 3.

1635. — «Chamando-lhe por outro nome o **changá**, que quer dizer bom homem em sua lingua». — António Bocarro, *Déc.* XIII, p. 122.

1915. — «Diz mais a inscrição, que **Nga Zinga** governou Siriam por 12 anos e foi preso e morto no dito ano de 2152 [da era búdica] por Anankpetlum Mindaya, Rei de Ava, cujo dominio abrangia o Pegú. **Nga Zinga** não é outro senão Filipe de Brito». — *O Oriente Portuguez*, XII, p. 302.

1650. — «Ce Prince donna à ce Portugais le nom de **Xinga,** c'est à dire Galant homme».—Floris, in *Relations*, I, p. 21.

1673. — «Estos considerando la prospera Fortuna del Felipe de Brito y Nicote, y su natural bondad, que por antonomasia les hecho llamarle, **Changá** (vale bueno hombre) le aclamaron Rey de Pegú». — Faria e Sousa, *Asia Portuguesa*, III, p. 152.

*** CHANGÁTÁ changatar, sangatar** (mais correcto). Presidente da assemblea dos budistas; prelado. Do páli *sanghatthara*, admitido em singalês.

1577. — «Em todas estas *Varelas* viuem Religiosos a que chamão **Changatá** e *Talapois*, que são grandes prégadores de seus ritos e costumes». — *Primor e Honra*, fl. 97.

1612. — «Ficou o gouerno do reino [em Ceilão] a vn **Changatar,** homem sabio e moralmente virtuoso». — Diogo do Couto, Déc. V, I, 5.

«Os principaes desta conjuração forão dous parentes seus, Reigão Pandar, e Curale Petra Pandar, e o seu **Sangatar** maior, que he o sacerdote supremo, como entre nós o Arcebispo». — *Id*, X, VIII, 12.

1643. — «Succedeo em Candea outro Rey intruso irmão do dito apostata, que foi o **Changatar** (que quer dizer Padre do Pagode), o qual se intitulou Anarosbandar». — *Apud* Júlio Biker, *Collecção de Tratados*, I, p. 227.

1685. — «No Pico de Adão estava hum principe da mesma Ilha, e seu parente, por nome Henar Pandar **Changatá,** que he Sacerdote gentio, fazendo alli penitencia (que a necessidade a alguns faz virtuosos)». — João Ribeiro, *Fatalidade Historica*, I, cap. 8.

1687. — «Fingem os seus Religiosos, chamados **Changatares,** que foy este Rey tão amigo dos pobres e do culto de Buddum, que por isto lhe derão o apelido de *Darma*, que quer dizer, Esmoler». — P. Fernão de Queiroz, *Conquista de Ceylão*, p. 19.

1697. — «Tem este idolo em Ceylão templos e sacerdotes, que se chamam **Changatares**». — P. Francisco de Sousa, *Oriente Conquistado*, I, I, 2.

1707. — «Forão tambem ao palacio vestidos, e calçados, com barretes, e coroas, e vão os **Sangatares,** que são sacerdotes do idolo, a fazerem conferencias». — P. Manuel de Miranda, in *O Chronista de Tissuary*, III, p. 234.

*** CHANIPATÃO.** Guarda-selos na China. Parece que provêm do chin. *châu-mó-ting*, que tem o mesmo sentido.

1541. — «E para que tanta multidão de gente se possa toda sinalar, estão a estas portas de huma banda, e de outra huma grande somma de **Chanipatões,** que com sinetes de chumbo molhados naquelle betume a cada hum dos que chegão lhe pôem logo aquelle sinal e deyxão entrar... para que os mesmos **Chanipatões,** que são os porteyros e ministros daquelle negocio, os conheção». — Fernão Pinto, *Peregrinação*, cap. 108.

*** CHANOIÚ** (jap. *chanoyu*). Acção de fazer a infusão do chá; casa de chá. Peças de *chanoiú* são os utensílios de chá, como chaleira, chícara, pires. V. *dongu*.

1584. — «Vendeo a Faxiba hũa peça que tinha de **Chanoyu** por seis mil cruzados, e agora o serue de lhe fazer chá como qualquer de seus pagens». — P. Luís Fróis, *Cartas de Japão*, II, fl. 100 *v*.

«Tem a cargo suas peças de **Chanòju,** que são como vossa reuerencia tem sabido, a pedraria e a riqueza de Japão... Estando outra vez Aráqui em hũa camara com Fâxiba no **Chanòju** lhe começou Faxibadono a tratar de Justo». — *Id.*, fl. 110.

1585. — «Seguem se logo em lugar bem accomodado huns *Zaxiquis* que seruem de cozinha e hũa fresca casa de **Chanoiu,** junto da qual estão jardins que lhe dão muita graça com sua frescura». — *Id.*, fl. 160 *v*.

1586. — «Apresentandolhe hũa peça de **Chanoiu** de estima e que era de Quambacudono muito desejada». — *Id.*, fl. 199.

*** CHAO.** Saùdação no Aname. Do anam. *chào*, «saùdar».

1650. — «Disse a Aquileu que queria **chao** (que é fazer as cortezias de vassalo a rei, que são bem enfadonhas)». — P. António F. Cardim, *Batalhas*. p. 45.

«O padre superior Gaspar de Amaral ia com a cabaia de cortezia fazer **chao** (quer dizer cortezia) ao principe nos dias em que elle dava audiencia». — *Id.*, p. 115.

**CHAPA.** O vocábulo tem no continente, como é bem sabido, o significado principal de «lâmina metálica». Gonçalves Viana presume que o seu étimo mais provável é um *klap* ou *plak* germânico. Os nossos indianistas, porém, empregam freqùentemente a palavra em sentidos muito diversos, como «sinete, carimbo; sêlo, chancela; mandado, ordem, provisão». E muitos dêles o explicam como termo desconhecido. Tais significados, e muitos outros, tem a dição *chāp* ou *chāpā* na maior parte das línguas indianas e malaias, especialmente neo-áricas. Daqui surge uma questão muito intrincada com respeito à etimologia, a qual está largamente expendida em meu outro trabalho (*Influência do Vocab. Port.*), sendo a conclusão que a voz *chapa*, no sentido de «carimbo» ou «chancela», é genuínamente neo-árica. *Chapa*, na acepção de «lâmina», neste caso, se não é de origem oriental, como parece que não, deve ser vocábulo paralelo, como *tanque* e *varanda*.

**CHAPAR.** Pôr chapa ou sêlo.

1518. — «Da **chapa** assy em papel como no braço se nom levará [no posto fiscal] mais que dous *pequeninos* por cada pessoa». — *Archivo Port.-Oriental*, v, 18.

1537. — «Logo peraute asynou e jurou em seu *moçafo* de teer e manter, e cumprir este, como nelle he conteudo e o **chapou** de sua **chapa**». — Simão Botelho, *Tombo*, p. 224.

1552. — «Mandou que nam deixassem entrar na ilha, nem sayr dela nenhũa pessoa sem leuar sua **chapa**, como se costumava dantes. E esta **chapa** era como selo se não que era aberta de parte a parte, e punhasse com almagre». — Castanheda, *Historia*, III, cap. 32.

1553. — «Tornando a çarrar e a sellar o testamento com a **chapa** e sello delRey, publicamente com actos solemnes o mandou abrir». — João de Barros, Déc. II, v, 2.

1556. — «Eu me entreguei ao grão capitão Çoleimão Baxá por hum *formão* seu **chapado** de ouro». — Lopo de Sousa Coutinho, *Historia*, p. 160.

1563. — «E lhe meteo no dedo polegar da mão direita hum anel d'ouro pera pôr **chapa**». — Gaspar Correia, *Lendas*, II, p. 65.

«Mostrando a **chapa** de cobre, em que lerão talhadas letras do nome d'El-Rey dom João e do Preste, em caldeu». — *Id.*, III, 29.

1583. — «Assi tornarão juntamente com a **chapa** do *Tutão*. He costume entre os Chinas quando sae alguma **chapa** dos Mandarins ficar a copia no seu paço, e depois de escutar a dita **chapa** tornar a resposta ao mesmo paço, a qual se treslada debaixo da mesma **chapa** e se guarda no seu archivo». — P. Sabatino de Ursis, *P. Matheus Ricci*, p. 15.

1593. — «Das cartas de venda de propriedade e das mais que se vendem na terra que se pagão direitos na alfandega levará hum *caxi* de carta e **chapa** que lhe põe». — Francisco Pais, *Regimento de Precalços*.

1600. — «Entram os Bonzos, acham tudo feito, saem com huma **chapa** ou prouisam». — P. João Lucena, *Historia*, VII, cap. 20.

«Tardaua em ir denunciar a fé ao Quinay, e auer huma **chapa**, e prouisam do *Dáyri*, e outra de *Cubóçama* pera a ley de Deus sem contradiçam dos Bonzos poder ser prègada, e recebida por todo Japam». — *Id.*, VII, cap. 23.

1603. — «Lida a carta perante nós lhe poz logo a **chapa**, e a mandou cerrar». — Fr. António de Gouveia, *Jornada*, fl. 147 *v.*

1609. — «E d'alli ao Cathayo, com **chapas** d'estes reis, que são as provisões, ou cartas de seguro, que dão aos passageiros». — Fr. João dos Santos, *Ethiopia Oriental*, II, p. 15.

1512. — «Elle lhe passou hum formão com letras grandes, e fermosas, **chapado** com **chapa** de suas armas». — Diogo do Couto, Déc. VI, VII, 7.

«E huma Provisão, a que elles chamão Formão, **chapada** em branco com a **chapa** do Idalxá pera tudo mais que quisesse assentar com o Governador». — Id., Déc. IX, cap. XXII.

1613. — «... hũa **chapa** douro assinada por elle e pelos regedores da cidade». — Francisco de Andrada, *Chronica de D. João III*, I, fl. 52.

1614. — «... e o rey de Ormuz não passar formão, sem ser **chapado** pelo *guazil*». — *Carta Régia*, in *Doc. da India*, III, p. 142.

1617. — «Com as testemunhas que de presente estavão as abaixo assignadas e com huma **chapa** á ilharga». — *O Chronista de Tissuary*, IV, p. 24.

1632. — «Mas de tudo lhe tinha passado **chapa** Real pera na primeira bonança a pôr por obra». — Fr. Luís de Sousa, *Hist. de S. Domingos*, III, p. 337.

1635. — «Eu fui ao porto, e vi estar muitos japões, e logo os mandei botar fóra, que eram noventa e tantos, e por isso mandei a **chapa** de pedra». — António Bocarro, Déc. XIII, p. 725.

1679. — «Proseguião o caminho com huma **chapa** (chamão assim ás Portarias e Alvarás) que o dito Capitão lhe dera». — Fr. Jacinto de Deus, *Vergel*, p. 280.

1745. — «Sendo os Mandarins e mais ministros de letras e armas tão prezumidos de politicos, que tem no Imperio por hum Tribunal supremo o de Cerimonias, nenhuma fazem contra todo o direito e universal politica das mais nações no mundo, o abrir qualquer as cartas, a que chamão **Chapas**, que se escrevem a seus maiores, ahinda que sejão escritas por hum Rey, ao seu proprio Imperador». — In *Ta-ssi-yang-kuó*, II, IV, 5.

1810. — «**Chapação** de panos de Salcete, que sendo avaliados...». — Joaquim C. Soares, *Doc. Comprobativos*, p. 439.

1843. — «**Chapa** de felicitação ao commissario imperial Ki-ing pela sua chegada a Cantão». — In *Bol. S. G. L.*, XI, p. 743.

1883. — «O vice-rei havia dirigido huma **chapa** ao governador de Macau insistindo tenazmente pela entrega do supposto criminoso macaense para ser julgado nos tribunaes de Shangae». — Adolfo Loureiro, *No Oriente*, I, p. 364.

1886. — «Estas diversas concessões dos chinas feitas aos Portuguezes constam de uns documentos a que chamam **Chapas**, de que possuo algumas copias». — Júlio Biker, *Collecção de Tratados*, XI, p. 78.

1620. — «On ne le peut enleuer sans la permission du Roy d'Achem, où il faut aller pour l'obtenir, et apportant les lettres du Roy, qu'ils appellent **Chappa**, marque ou cachet, alors on trafique librement avec tous ceux de la terre». — Général Beaulieu, *Mémoires*, p. 44.

1689. — «Upon their **Chops**, as they call them in India, or Seals engraven, are only Characters, generally those of their Name»· — Ovington, in *Glossary*.

1782. — «Il [pilôto chinês] apporte avec lui leur **chappe** (passeport où il est dit qu'il est permis à ces barbares de se soumettre aux lois de l'empire, et d'y faire le commerce». — Sonnerat, *Voyages*, II, p. 8.

«On met sur chacun [caixa] une empreinte qu'on appelle **Chappe**». — *Id.*, p. 11.

*** CHAPARI** (ant.). O termo era usado como adjectivo, em distinção de *chalani* (q. v.), para indicar uma espécie de *mamude* (q. v.), no sentido de «selado ou carimbado», e por isso de mais valor. Do hindust. *chhāpārī*.

1617. — «Os foreiros arrecadão dos lavradores e povo dellas por moeda de mamudes **chaparis**». — In *O Chronista de Tissuary*, IV, p. 22.

1617. — «Os Portuguezes foreiros das aldeas arrecadão dos seus *curumins* o rendimento por *mamudes* **chaparis**, e pagão o foro del-Rey por *mamudes chalanis*». — *Ibid.*, p. 23.

**CHAPAZ**. Uma classe de religiosos budistas, superior à de *sazes*, no Aname e Cochinchina. Do anam. *cha*, «pai, padre», *phât*, «Buda, budista».

1569. — «Abaixo dos quaes ha ainda dous graus, que chamam **Chapuzes** e Sazes». — Fr. Gaspar da Cruz, *Tractado da China*, cap. 1.

1630. — «Entretanto disputavão os Frades com os **Chapazes**, Sazes, e Mitens». — Fr. Luís de Sousa, *Hist. de S. Domingos*, III, p. 333.

**CHAQUIVILI** (tam. *shakkili*). Indivíduo da casta de sapateiros na costa de Choramândel.

1577. — «Todos os Gentios destas partes mormente estes de Bisnagá tem muitas castas que todas precedem hũas às outras. Os mais baixos são **Chaquivilis**, que fazem alparcas, e comem todas as cousas immundas». — *Primor e Honra*, fl. 95.

1759. — «**Shackelays** are shoemakers, and held in the same despicable light in the Coromandel Coast as the Niaddes and Pullies on the Malabar». — Ives, in *Glossary*.

1782. — «Les **Shachils** ou Cordonniers, qui font dans la tribu de main gauche ce que les Parias font dans l'autre; mais ils sont encore plus méprisés que les Parias, parce qu'ils emploient le cuir de vacche à faire des chaussures». — Sonnerat, *Voyages*, I, p. 59.

1825. — «Elle compte encore dans ses rangs la plus infame de toutes, celles des **chakilys** ou savetiers». — P. Dubois, *Mœurs*, I, p. 16.

*** CHARA**. Modo, moda, no extremo Oriente. Do mal. *chāra*, que o P.ᵉ Favre prende ao sânsc. *chāra*, «andamento», de *char*, «andar».

XVI. — «Chamão lhe bonzes e estes lem a **chara** da chyna e tem muitas escrituras dos chys». — Manuscrito, publicado no *Instituto*, LIV, p. 60.

1569. — «Todos estes Christãos, e gentios dançaram, e cantaram, e tangeram seus instrumentos, e todos a sua **chara** o sabem fazer». — *Cartas de Japão*, I, fl. 284 *v.*

1635. — «Não comprarão á gente natural da terra homens nem mulheres, porque comprando-os logo lhes tiram os cabellos e os vestem á **chara** portuguez e mettem no tronco». — António Bocarro, Déc. XIII, p. 725.

**CHARACHINA** (mal. *chāra-Chīna*). Moda dos chineses. O termo é muito usado por Fernão Pinto.

1540. — «Perlongando ella [embarcação] por junto de nós, a salvamos á **Charachina** (como naquellas partes dizem) com a nossa bandeyra de veniaga, que são as mostras e sinaes de amizade que entre esta gente se costumão fazer em semelhantes tempos». — *Peregrinação*, cap. 40.

«Neste tempo começando já a ventar a viração, se fez á vella com muyta festa e regozijo, e as gaveas toldadas de seda, e com sua bandeyra de veniaga á **Charachina**». — *Ibid.*, cap. 50.

«Toda a noite tinhão payrado a arvore secca com grandes jangadas de madeira por popa á **charachina**, que seus officiaes lhe inventarão, pera poderem suster melhor o pairo». — *Ibid.*, cap. 62.

«De quando em quando bradavão á **Charachina** paraq̃ a gente se affastasse das ruas». — *Ibid.*, cap. 68.

«E os chins affirmarão que ha banquete que dura dés dias á **Charachina**». — *Ibid.*, 105.

**CHARÃO; acharão** (p. us.). Verniz especial da China e do Japão, extraído de várias árvores; objecto de madeira com êle revestido. **ACHAROADO**, envernizado com charão. **CHAROADO** (s. m.), objecto de charão. O termo é próprio da nossa língua, como observa Gonçalves Viana, que o relaciona com o castelhano *charol*, «verniz e pulimento», e também sugere a possibilidade de provir do chinês *chat*, «verniz», e do mal. *rĕngas*, «árvore de que se extrai»: *charangas*. Mas o Dr. Alberto de Castro deriva-o do chin. *tchi-yâu*. Não será *charol* relacionado com *charão*, e ambos de origem oriental?

O Dicionário da Academia Espanhola diz que *charol* é «voz da China», e define-o: «Barniz muy lustroso y permanente, que conserva seu brilho sin agrietar-se y se adhiere íntimamente á la superficie del cuerpo á que se aplica».

Derivar do castelhano dições portuguesas com significados orientais, posteriores aos nossos descobrimentos, será processo cómodo, mas não é nada racional. O vocábulo português tem sentido muito restrito, e Fr. Gaspar da Cruz indica a sua procedência asiática. O nome chinês é *tsi*, *tchi* ou *ci*, que com o aditamento *liáu*, «tinta ou óleo», dá *chi-liáu*. Os fonemas iniciais *che*, *chi*, *chu* de palavras orientais transformam-se por vezes em *cha* na língua dos portugueses. Cf. *chatim*, *chareta*, *charuto*. O ditongo chinês *au* passa a *ão*. Cf. *aitão* e *incão*. A troca de *l* e *r* de um idioma para outro não é fenómeno raro, e parece que em chinês ha também a forma *yáu*. Não seria, portanto, difícil *chi-liáu* ou *chi yáu* converter-se em *charão*.

1569. — «Toda via antrelles algũs sacerdotes do templo de idolos, que autre os Chinas sam mais reverenciados que os outros, estes criam cabello e trazemno no cume da cabeça arrematado com hũ pao muito bem feito a modo de mão fechada, envernizado de muito bom verniz, que chamam **Acharam**». — Fr. Gaspar da Cruz, *Tractado da China*, cap. 13.

1588. — «E os jaezes dos caualos todos de retros carmesim com as selas e estribos de **charão** preto que reluzião como espelho». — P. Gaspar Coelho, *Cartas de Japão*, II, fl. 261.

1616. — «Trazem ainda grande copia de bocetas, taboleiros e açafates feitos de certa qualidade de pequenos juncos, cobertos de **charão** e verniz de todas as cores, dourados e brincados». — Pyrard de Laval, *Viagem*, II, p. 151.

1632. — «O feitio era oitavado, e dourado sobre **Charão** vermelho pera preservação do Sol, e ouro contra a força do Sol, e agoa». — Fr. Luís de Sousa, *Hist. de S. Domingos*, III, p. 337.

1650. — «Ha na ilha pau preto, Japão, que é o Brazil, **charão**, areca». — P. António F. Cardim, *Batalhas*, p. 228.

1684. — «O ouro, Rubim, e **Charoados** de Pegú». — P. Fernão de Queiroz, *Historia*, p. 111.

1694. — «O mais corpo exterior da galè he todo **charoado**, e de variadas cores, como tambem os remos: e tudo com tanta perfeição, quanta vemos nos contadores, que vem de Japão». — *Noticias da Cochinchina*, p. 9.

1729. — «Tem o mesmo Imperador mais 500 barcos a que os nossos Europeus chamam de Mandarim, de bastante grandeza e commodos e admiraveis, porque todos são cobertos, *xaroados* e pintados por dentro, e com janellas para huma e outra parte». — *Apud* Júlio Biker, *Collecção de Tratados*, VI, p. 159.

1745. — «O **Charão** certamente singular com que se dá lustro primoroso ás pinturas, e na lingoa sinica soa *Cie* ou *Ci*, he hum licor que distilão certas arvores que ha especialmente n'esta mesma Provincia de Nankim, ao qual temperão os Pintores». — In *Ta-ssi-yang-kuó*, II, III, 8.

1749. — «Guarnecem as paredes escaparetes de **xarão** cheyos de chicaras, em que costumão beber o chá» — P. Crasset, *Hist. da Igreja de Japão*, I, p. 8.

«Ordinariamente são de cédro, preciosamente esmaltadas, e **acharoadas** com lavores exquisitos, e muy vistozos». — *Id.*, p. 17.

1825. — «Entre umas, e outras feitorias, alugadas por negociantes de nações diversas, ha ruas destinadas á venda de sedas, louça, **charão**, etc.». — José Inácio de Andrade, *Cartas*, I, p. 164.

1874. — «E proprio dos japonezes **acharoarem** os vasos, de modo que a porcelana desapparece completamente, debaixo d'uma espessa camada de tintas». — Pedro G. Mesnier, *O Japão*, p. 43.

«O **charão**, como geralmente é sabido, prepara-se com o succo incolor da planta *Rus Vernix*, a que se dá a côr que se deseja com differentes substancias. O artista japonez lembrou-se de incorporar folhas de ouro com o liquido **charão**, e produziu obras maravilhosas e unicas».—*Id.*, p. 129.

1882. — «Pelo que respeita a **charão** propriamente, alguns que figuram são antigos, mas bastante imperfeitos, nada para comparar com os trabalhos similares dos chinas e japonezes». — Henriques Prostes, *Bol. S. G. L.*, IV, p. 400.

1883. — «Visitamos depois o bazar chinez, onde se encontram os variados exemplares das industrias da China e do Japão, louças, **xarões**, marfim, objectos de bambú». — Adolfo Loureiro, *No Oriente* p. 187.

1897. — «Como artifice, é a sua mão paciente e inspirada que burila os metaes, que entretece o fio de seda, que molda e dá côr ás porcelanas, que desenha o *kakemono*, que enverniza o **charão**». — Venceslau de Morais, *Day-Nippon*, p. 26.

1898. — «Esta arvore chama-se *tsi* em chinez, *tsat* no dialecto de Cantão, e *sitz-djon* e *ourousi-no-ki* em japonez... O **charão** é uma mistura de lacca com fel de porco ou de bufalo e grés vermelho em pó, o qual serve para envernizar objectos de madeira ou papelão». — Joaquim C. Crespo, *Cousas da China*, p. 192.

1908. — «**Xarão** ou **charão**. Nome português da lacca da China ou gomma preparada do *Rhus vermicifera* e dos objectos laqueados (ou lacrados, como na Renascença diziamos), entrado na lingua pelo dialecto português creolo de Macau. Derivará talvez do nome chim do **xarão**: *tchi-yâu*. Ouvindo pronunciar esta palavra a um chinês, parece-me clara a derivação». — Alberto O. de Castro, *Flores de Coral*, p. 212.

1582. — «Le targhue sono larghe vn palmo, & sei lunghe, e sono fatte del cuoio doppio, e forte con una mistura di sopra chiamata **Achiran**, molto lustro, e negro». — G. Balbi, *Viaggio*, fl. 111 *v*.

1712. — «Il me semble que le nom Chinois *yeou*, qui se donne aux differentes sortes d'huile, convient moins a la liqueur dont je parle, que celui de *tsi*, qui signifie vernis, et je crois que c'est ainsi qu'on appelleroit en Europe. Cette huile ou ce vernis se tire de la pierre la plus dure».— *Lettres Édifiantes*, XII, p. 179.

1735. — «Le premier est l'arbre du vernis *Tsichu*... La gomme qu'il distille goutte à goutte, ressemble assez aux larmes de térébinthe. Il rend beaucoup plus de liqueur, si on lui fait incision; mais il périt aussi plûtot». — P. Halde, *Description de la Chine*, I, p. 17.

1770. — «Le vernis est une espèce de gomme liquide de couleur roussâtre... L'arbre qui le donne se nomme *Tsi-chu*. Il ressemble au frêne par l'écorce et par la feuille». — Raynal, *Histoire*, II, p. 234.

**CHARATONE.** Barco de mercadoria na Índia meridional. Do malaiala **charatòni**, de *charakku*, «mercadoria, carga», e *tóni*, «barco».

1606. — «Chegarão a Conduturé, que erão doze leguas de Panicalle e ali tomarão hum **charatone** em que se passarão a Tutucori». — Diogo do Couto, Déc. VII, VIII, 11.

«Logo despedio dous **charatones** carregados de mantimentos, e soldados». — *Id.*, X, III, 13.

1614. — «Somente se poderão fazer tones, **charatones** e champanas até duzentos candis para o serviço da terra». — *Documentos da India*, III, p. 61.

1635 — «E de Tutucorim fizesse por levar dois pares de **charatones**, dos que lá costumão, por ser embarcação ligeira». — António Bocarro, Déc. XIII, p. 619.

1588. — «In vn momento ruppe, e pose in fuga dodeci galeote, e più di quarenta legnetti, che chiamano **Chialatone**». — P. Maffei, *Le Istorie*, p. 626.

**CHARANA.** Bandeja com pé, que se usa na Índia insular especialmente para o bétele e outros ingredientes do masticatório oriental. Do mal. *charana*, sânsc. *charaṇa*, «pé».

1542. — «Hum Talagrepo de dignidade suprema sobre todo o sacerdocio... prostrado aos pés do menino [rei de Siame] lhe deu juramento numa **charana** douro chea de arros». — Fernão Pinto, *Peregrinação*, cap. 182.

* **Charas.** V. em *ganjá*.

**CHARDÓ, charodó** (conc. *tçārḍó, tçāroḍó*); **chardina** (f.). Indivíduo de uma das castas dos cristãos de Goa. Não se sabe com certeza qual casta lhe corresponde entre os gentios nem qual a origem da denominação. Tem-se aventado muitas hipóteses desde longo tempo e escrito livros apaixonados sôbre o assunto, sem se esclarecer cabalmente a questão. Supõe-se geralmente que seja a casta ou raça dos maratas ou rajaputros; mas admira que não tenha seus representantes entre os hindus de Goa. Parece que o nome é corrução (originada no século XVII) do neo-árico *chātrī*, que também é corrução do sânsc. *kṣatrya* («casta militar»), que produziu igualmente *khetrī*. A forma *chardó* reputa-se depreciativa. V. *casta* e *quetri*.

1697. — «**Charoddós**, conforme elles dizem, vem a ser o mesmo que Rajaputros ou Ketris, segundos em nobreza depois dos Bramanes, os quaes não querem estar por esta opinião, e derivam a significação Charoddó de principios menos lustrosos». — P. Francisco de Sousa, *Oriente Conquistado*, I, I, 2.

XVIII. — «Os maratas, chamados geralmente **Charadós**, tambem levão linha (q. v.)». — *Noticia do Gentilismo*, I, p. 121.

1716. — «Fui informado que estas duas castas Canarins, Bragmanes e **Charodós**, cada huma solicitava com varias sugestões, e outras diligencias ficar sem culpa». — *Carta* do vice-rei, in *Archivo*, Suppl. II, p. 13.

1736. — «Nas aldeas em que costuma haver votos de igual numero de Bramanes e **Charodós**, tem succedido varias desordens». — *Ibid.*, V, p. 1418.

1829. — «A quarta classe ou casta he a dos **charodós**, que com os Rajeputros e Paruas em outras partes da India, pretendem ser da casta *chatria*, ou casta real, e militar».— Cottineau de Kloguen, *Bosquejo Historico de Goa*, p. 146.

1880.—«Havia e ha ainda hoje, entre os orientalistas, duvida sobre qual das castas é mais nobre: se a brahmane ou sacerdotal, se a chatriá ou **chardó**, a guerreira». — Tomás Ribeiro, *Vesperas*, p. 273.

1880. — «Os *quetris*, vulgarmente **charodós**, nasceram dos braços, significando a força; d'estes se escolhem os destinados ao governo e á guerra». — Teixeira de Aragão, *Descripção das Moedas*, III, p. 22.

1890. — «É a esta raça [marata], a mais numerosa de Goa, que pertencem os **charadós** das Velhas Conquistas... A origem *rajput* que os **charodós** algumas vezes se attribuem é uma tradição que se encontra igualmente entre marathas e que vejo explicada pelo facto de ter havido casamentos entre os antigos dominantes d'aquella raça com a gente do povo». — António de Almeida Azevedo, *As Communidades de Goa*, p. 16.

1898. — «Os kxatriás, quetris, ou **charodós**, que constituem a classe militar». — Oliveira Mascarenhas, *Atravez dos Mares*, p. 104.

1906. — «Todos os habitantes destes estados são *chatrias* por direito de nascença, isto é, pertencem á segunda casta, dos guerreiros, sahidos do peito de Brahma, que só reconhecem acima d'elles os brahmanes, sahidos da cabeça». — Hipácio de Brion, *Duas mil leguas*, p. 191.

1915. — «**Kchatryas** ou **Shatryas**. A 2.ª classe brahmanica que constituia a nobreza militar e da qual sahiam os reis. Cabia-lhes a defeza das terras e do povo... Theologicamente eram sahidos dos braços de Brahma». — *O Instituto*, LXIV, p. 321.

1915. — «... algumas **chardinas** com alguns brahmanes». — *O Ultramar*, de 21 de Outubro.

1915. — «... (chamando-se a mulher, em portuguès, *brâmina*) **chardós** (**chardina**, a mulher). — *Heraldo*, de 14 de Novembro.

1915. — «... vendo mesmo surgir no seu seio uma nova casta, sem equivalente ou identica entre os indus, a de **chardós**, cuja origem e razão de ser ainda se conserva na obscuridade... A vestimenta de todas as **chardinas** das classes inferiores...». — *Ibid.*, de 22 de Dezembro.

1917. — «As familias **chardós** teem por *daijis* maratas ou vanis. Nada mais lógico do que concluir que os ascendentes dessas famílias eram maratas ou vanis».— *Heraldo*, de 2 de Agosto.

1676. — «La quatrième caste s'appelle **Charodos** ou de *Soudras*, et de même que celle de Raspoutes s'occupe à la guerre, mais avec cette différence que les Raspoutes servent à cheval, et les **Charodos** à pied». — Tavernier, *Voyages*, IV, p. 107.

1884. — «Aujourd'hui, il ne reste pas plus dans l'Inde d'autres *Kshatryas* authentiques que les Rajputes et les Marattes; encore est-il douteux qu'ils appartiennent à la race des aryas». — Mgr. Laouenan, *Du Brahmanisme*, I, p. 193.

**CHARÊTA**, **cherêta** (mais us.), **chirêta**. Endocarpo ou casca dura do côco, a qual tem na Índia muitas serventias. Do tamul-malaiala *chiratta*.

1603. — «Da segunda casca do coco que he como pao duro se fazem muitos vasos pera beber e pera todo o serviço, e o que se nam láura serue de lenha pera o fogo a que chamão **charetas** que pera isso he estimado». — Fr. António de Gouveia, *Jornada*, fl. 63 v.

1684. — «... defendendo-se milagrosamente com as armas, que o furor administrava, em tudo designou às do Inimigo; como forão pedras, torrões, **cheretas** de coco, e cascas de lenha». — P. Fernão de Queiroz, *Hist. de Pedro de Basto*, p. 96.

1842. — «A mesma casca de côco partida forma uma especie de cuia, de que a gente pobre se serve para por ella beber; e a **chareta**, lenha que faz do entre casco do côco, se reduz a carvão, de que usam os ourives e fundidores». — *Annaes Maritimos*, p. 267.

1843. — «Mettem dentro metade da casca interior de um côco denominada **chereta** com a concavidade para cima, e um pequeno orificio no centro da parte mais funda, vão comprimindo, e fazendo mansamente mergulhar a dita **chereta**, a qual recebe pelo orificio a agoa que está misturada no azeite; com uma colher feita tambem de **chereta**, unida a um cabo de páo se lhe vai extrahindo, e lançando fóra a agoa até de todo se acabar». — *Ibid.* (parte official), p. 127.

1852. — «**Chereta** — Casca ouca da noz de côco». — F. N. Xavier, *Bosquejo Historico*, IV, p. 2.

1872. — «O nosso, com razão predilecto, côco tem no interior em contacto com a amendoa (*catholi*) um involucro duro quasi ossificado, a que damos ahi o nome de **chareta** (*côrtti*), é o endocarpo». — Bernardo da Costa, *Manual do Agricultor*, I, p. 42.

1886. — «E o endocarpo, *cortti* ou **cherêta**, coreacea, munida de tres orificios ou olhos na base, e embryão muito pequeno». — Lopes Mendes, *A India Portugueza*, I, p. 172.

1914. — «Usariamos do cairo e da **chereta** inicialmente para artefactos rudimentares e para combustivel e estrume». — *O Ultramar*, de 10 de Setembro.

1917. — «Desde cordas, manteiga, confeitos, bolachas, sabonetes, *bibelots* de **cherêta**, tudo o que a arte dos grandes tem inventado». — *Heraldo*, de 5 de Janeiro.

1917. — «E se pelo atabalhoamento das metades partidas o pó das **charetas** caisse na amendoa suja-la-ia». — *O Ultramar*, de 26 de Março.

1578. — «De la otra cascara que cobéja la Medula (la qual es negra, y dura, de nosotros llamada, y de los de la tierra, **Xareta**) hazen escudillas, y vasos con que beue la gente mezquina». — Cristóvão da Costa, *Tractado*, p. 104.

1610. — «... «lleuando cada qual consigo vna **xareta**, que es la mitad de aquella cascara rezia que cubre el coco o nuez de la India». — Pedro Teixeira, *Relaciones*, p. 163.

1658. — «Divisa nel mezzo, nella quale forma la chiamano **Ceretta**, serue per tazze da bere, non hauendo gl'Indiani altra specie di bicchieri, di lampade per illuminare le Case e li Tempij in occasione di solemnità, ed allegrezza; per cocchiari di ministrare il cibo; di recipiente per formare le bilancie, e finalmente per nutrimento del fuoco, nutrendo viuamente le fiamme». — Fr. Vincenzo Maria, *Viaggio*, p. 359.

*** CHARU.** Betume de Ormuz. Do persa *sarīsh.*

1556. — «Este mal diziam ser cauzado da agua da nova cisterna, a qual sendo guarnecida de uma compostura que se faz em a cidade de Ormuz, que se chama **charu**, por caso de guerra se lançou a agua em ella estando o dito betume fresco». — Lopo de Sousa Coutinho, *Hist. do Cerco de Diu*, p. 171.

1589:

«A causa deste dano foi nacida
Da cisterna segundo o que suspeito
Que sendo dum betume guarnecida
Cujo nome he charú, e em Ormuz feito».

Francisco de Andrada, *O Primeiro Cerco de Diu*, XV (fl. 75).

1610. — «They call it **charú**, and it is made of the oldest and best cured dung collected on the middens... This stuff is especially proof against water, and resists it for many years». — Pedro Teixeira, *The Travels*, p. 167.

**CHARUTO.** Rôlo de tabaco, preparado para fumar. Nós recebemos o vocábulo dos ingleses (*cheroot*) que o trouxeram da Índia, tamul-malaiala *churuṭṭu*, que significa o mesmo, e como verbo, «envolver, enrolar».

1833. — «A Renda do Tabaco de folha consiste no monopolio, e privilegio exclusivo de só os Rendeiros ou o Contratador desta Renda o poder vender ao publico por grosso, ou por meudo, inclusive os *canudos* e os **charutos**». — *Collecção de Bandos*, I, p. 136.

1840. — «Os **charutos** constituindo uma especie distincta, devem ser despachados em caixas, pagando um direito por milheiro». — *Ibid.*, p. 200.

1842. — «Madeira de abéto, **charutos**, chapéos de palha...». — *Annaes Maritimos*, p. 229.

1781. — «... to talk politics and smoke **cheroots**». — J. Lindsay, in *Glossary*.

1782. — «Les **Chiroutes** de Manille ont quatre à cinq pouces de longueur, et sont faites de feuilles roulées les unes sur les autres; c'est proprement ce qu'on appelle *Cigares*, dans les Indes Occidentales». — Sonnerat, *Voyages*, II, p. 114.

**CHATA.** Jantar que os cristãos de S. Tomé dão por ocasião de entêrro ou ofícios solenes por seus parentes defuntos. Do malaiala *chattam*, «cerimónia fúnebre».

1603. — «Nos enterramentos, ou officios solemnes, que fazem pellos defuntos, fazem os mesmos jantares, a que chamão **chata**, guardando ainda nisto os Costumes dos Christãos da primitiva Igreja». — Fr. António de Gouveia, *Jornada do Arcebispo*, fl. 63.

1655. — «Li noni [classe dos brâmanes do Malabar] fanno le **Clatte**, ò Conuiti, ed altre cerimonie per li defonti detti Elada». — Vincenzo Maria, *Viaggio*, p. 264.

1786. — «Non vanno alla **Ciàta**, cioè per gli anniversarj dei loro defunti parenti, che si fanno in casa». — Fra Paolino, *Viaggio*, p. 137.

**CHATIM.** Semânticamente, *chatim*

passou por evolução análoga à de *tratante*. Aplicado primordialmente pelos nossos indianistas, em harmonia com a sua origem, ao mercador ou comerciante da Índia meridional e do Arquipélago Malaio, como sinónimo de «baniane», adquiriu no decurso do tempo o significado pejorativo de «negociante de tretas». Neste sentido ficou perfeitamente naturalizado em Portugal, juntamente com *veniaga*, o produziu vários derivados, como *chatinar, chatinador, chatinaria,* havendo um lexicógrafo moderno que propusesse *chatinagem* como substituto vernáculo do francês *chantage*.

Quando porêm *tratante* e *traficante* assumiram as suas presentes acepções depreciativas, *chatim* cedeu-lhes o lugar, sendo actualmente pouco usado. Mas os nossos cronistas, como Castanheda, não acharam nada feio ou injurioso chamar *chatim* ao português do negócio no Oriente, e alguns, como Bocarro e Queiroz, adjectivaram o vocábulo, denominando «navios *chatins*» às embarcações de comércio.

O étimo de *chatim* é o dravídico *cheṭṭi,* derivado do sânsc. *çresṭhī,* neo-árico *xeṭhī* ou *xeṭh,* designando em malaiala donde os portugueses o tomaram, própriamente «o mercador de Choramândel», como já tinham notado Duarte Barbosa e João de Barros e o confirmam Wilson e Gundert. Como denominativo honorífico da profissão, *chatim* ou *xette* é posposto na Índia ao nome próprio. *Chatim* teve algumas variantes: *chetim, chitim, chati, chatis.* É possível que no *a* de *chatim* tenha influído o *e* surdo do mal. *cheti*. Mas cf. *chareta* e *charuto,* e vid. *Contribuições*.

1510. — «Por serem de jaus e **chetys,** que são os principais mercadores da terra [Malaca] que mais gente tem, e mais sentidos estam dele». — In *Cartas* de A. de Albuquerque, III, p. 7.

1514. — «Per este vos mando que os quinhêtos fardos darroz que recebestes das pareas de batecalla, dees a este **chatym** delRey nosso Senhor». — *Id.,* VI, p. 37.

1516. — «Primeiramente destas gentes que digno estrangeiras que no Malabar moraom, hũa ley ha que chamaom **Chatis,** naturaes da prouincia de Charamandel». — «Ha maior parte ou todolos mercadores gentios e **Chatis** que viuem por toda a Índia saom naturaes daquy [de Charamândel], e saom homeis muy agudos em todo o trato de mercadores». — Duarte Barbosa, *Livro,* pp. 339 e 339.

1539. — «Homem bem entendido no negocio de mercancia, com o qual forão desasseis homens **chatins,** e soldados com suas fazendas». — Fernão Pinto, *Peregrinação,* cap. 36.

1552. — «O gentio natural e proprio indigena da terra he aquelle pouo a que chamamos Malabares; ha hy outro que ali veo da costa de Charomandel por razão de tracto, aos quaes chamão Chingalas que tem lingoa propria, a que os nossos commummente chamão **Chatijs**. Estes são homens tão naturaes mercadores e delgados em todo o modo de commercio, que acerca dos nossos quando querem tachar, ou louuar algum homem por ser mui sotil, e dado ao tracto da mercadoria, dizem por elle, he hum **chatim,** e por mercadejar **chatinar:** vocabulos entre nos ja mui recebidos». — João de Barros, *Déc.* I, IX, 3.

1552. — «Concertou-se com certos **Chatins** Portugueses casados em Goa que tinhão hũa *terrada* Dormuz e hũ huquer de Cananor que auião de leuar carregadas de fazenda». — Castanheda, *Historia,* VI, cap. 35.

«E este lugar tinha arrendado a el rey de Narsinga hũ grande mercador gentio, a que em sua lingoa chamão **Chatim:** e por seu grande trato e riqueza se chamaua ho **Chatim** de Mangalor». — *Id.,* VIII, cap. 12.

1557. — «A qual Casa arrendou a hum **Chatim** de Baticalá por seissentos mil reis». — *Commentarios,* III, cap. 9.

«Não podia sofrer que os Quilins e **Chitins,** que eram Gentios, fossem fóra da sua jurdição» (em Malaca). — *Ibid.,* III, cap. 33.

1563. — «A qual venda foi com elles em grande segredo com **Chatins** de Cochim, que tudo comprão». — Gaspar Correia, *Lendas,* III, p. 281.

1566. — «Aos mercadores estrangeiros, e de qualidade que uão a Calecut, per ordenauça del Rei se dá hum Naire, pera o guardar, e seruir, e hum scrivão **chetim,** que são homens, que sabem de mercadoria, e muito entendidos em conta». — Damião de Góis, *Chronica de D. Manuel,* I, cap. 42.

1577. — «Por tanto ninguem cuide que por casar, ou **chatinar** se desobriga de pelejar». — *Primor e Honra,* fl. 84 v.

1599 — «Manda o Synodo que nenhum clerigo della seja ousado a andar em **cha-**

**tinarias** publicas, nem fazerem-se rendeyros de rendas algumas». — Sínodo de Diemper, in *Archivo*, iv, p. 430.

1607. — «... entregues os nauios a seus criados, que usam mais de **chatinar** n'elles que de recolher as cafilas e franquear o mar». — *Carta Régia*, in *Doc. da India*, i, p. 164.

1609. — «Os Gentios, ou Baneanes, são gente mais acommodada com a razão, e de melhor natural, que todas as nações infieis; manços de condição; grandes **chatins**, ou mercadores, em cujo trato tem por timbre, falar sempre verdade, cousa de que muyto se prezão». — Fr. Gaspar de S. Bernardino, *Itinerario da India*, p. 130.

1612. — «A terceira casta he a dos **Chatins**, que são mercadores grossos, de ouro, prata, pedraria, sedas, roupas, e outras fazendas de preço».—Diogo do Couto, Déc. V, vi, 4.

«Estes naturaes de Barcelor, a que chamam **Chatins**, que na lingua propria quer dizer Mercadores, são homens de governo». — *Id.*, X, iii, 16.

«Despedirão dous procuradores entre elles principaes, chamados Trametim **Chatim**, e Drimy **Chatim**». — *Id.*, Déc. VI, viii, 4.

1613. — «Affirmão nacer os Bragmanes da testa, e os Rajâs do peito e os **Chettis** do ventre e o vulgo dos pés». — Manuel G. de Erédia, *Declaraçam de Malaca*, fl. 39.

1613. — «Foy seruir hum **chatim** com hum nauio ha sua custa chamado Damião Bernaldez [português], a que o gouernador pollo seruiço que fizera deu hũa viagem para Bengala no mesmo seu nauio». — Francisco de Andrada, *Chronica de D. João III*, ii, fl. 109 v.

1615. — «A maior parte dos navios desta armada eram de **Chatins**, como lhe elles chamam, e são mercadores». — Pyrard de Laval, *Viagem*, i, p. 290.

1632. — «He de saber que este **Chatim** de mercador ordinario, que isso quer dizer na India o nome de **chatim**, cresceo tanto em menêo e substancia de fazenda, que vêo a arrendar a ElRey de Narsinga o rio de Mangalor». — Fr. Luís de Sousa, *Annaes de D. João III*, p. 298.

1635. — «E assi, ajuntou-se obra de quatrocentos, em treze navios **chatins**». — António Bocarro, Déc. xiii, p. 88.

1652.—«Este mundo he huma ladroeira, ou feira da ladra, em que todos **chatinão** interesses, creditos, honras, vaidades». — P. António Vieira, *Arte de Furtar*, p. 16.

1654. — «Não quizerão mais os visinhos do lugar que amanhecer em casa do **chatim** a levar o panno ás punhadas». — «Hora o **chatim** em me recebendo, sepultou-me em cayxa».—D. Francisco de Melo, *Dialogos Apologaes*, pp. 35 e 69.

1687. — «Deste modo recolhião quanta pimenta podião, e tudo o mais, em que podião interessar, **chatinando** athe em manteyga, galinhas, e temperos».—P. Fernão de Queiroz, *Conquista de Ceylão*, p. 855.

«Deyxando a prouida de armada suficiente, pera segurança de embarcações **Chatis** ...». — Id., *ibid.*, p. 42.

1701. — «Mandárão os Portuguezes chamar o Calgó Nayque, e Santú **Chatim**», —P. Francisco de Sousa, *Oriente Conquistado*, II, i, 2.

1707. — «Sob pena de condenação e castigo todos os filhos machos e femeas de pescadores, **Xetti**, Paravás, e outras castas fossem á escolla nova» (em Ceilão). — P. Manuel de Miranda, in *O Chronista de Tissuary*, iii, p. 161.

1875. — «... em consequencia do processo de execução que Vitolá **Chatim** de Saligão promoveu contra a dita communidade». — F. N. Xavier (filho), *Collecção de Leis*, p. 206.

1898:

«Tremo de vir, guerreiro, a crescerem-te as [unhas
De **chatim** nessa mão em que o montante [empunhas».

Lopes de Mendonça, *A. de Albuquerque*, p. 208.

1583. — «Alchuni pochi ve ne sono mercanti, che chiamano **Ciattini**, e intendono in tutte sorte di cose». — F. Sasseti, *Lettere*, p. 210.

1589. — «Il en a d'autres d'entre ces soldats, qui sont employez par quelques uns de leurs amis à faire çà et là des voyages, et exercer quelques négoces, ceux qui sont appellez **Chatins**... Il y a pour le aujourd'hui tres grand nombre de ces **Chatins** pour toute l'Inde, lesquels ayant quitté les armes se rangent au commerce, pour diverses raisons». — Linschoten, *Histoire*, p. 62.

1590. — «Fatte queste divisioni, ui sono alcuni periti, detti **Chitini**, che mettono il prezzo alle perle». — G. Balbi, *Viaggio*, fl. 51.

1610. — «El mercador en la India se dize, **chatin**, por esso le llaman el Reyno de los **Chatins**, que no es nombre vituperiozo ni vil, mas honrado y de estima: el Persio lo dize *Sawagar*, el Malayo *Quelin*, el China Queue». — Pedro Teixeira, *Relaciones*, p. 99.

1782. — «Elle n'est pas la même que celle de Marchands qui trafiquent aujourd'hui dans toute l'Inde sous le nom de **Chétis** et *Cométis*».—Sonnerat, *Voyages*, i, p. 54.

1786. — «... molti Gentili Canarini, chiamati Baniani e **Cetti**, mercanti astuti, diligenti, laboriosi, sobrj, frugali, ricchi». — Fra Paolino, *Viaggio*, p. 79.

1860. — «... Moors, Malabars, and Malays, Chinese, Caffers, Parsees, and **Chetties** from the Coromandel coast, the latter with their singular head-dresses and prodigious earrings». — Tennent, ii, *Ceylon*, p. 105.

* **Chátria.** V. *charodó* e *quetri.*

* **CHAU.** Nome do antigo papel-moeda da China. *Tsau chi* quere dizer «papel de embrulhar, papel grosso». O nome actual de papel-moeda é *chú tsien* ou *chí tsien.*

1347.— «Os povos da China não vendem, nem comprão entre si a ducados, ou derahem... por tanto a sua venda, e compra he com pedaços de papel do tamanho da palma da mão, sellados com o sello do Soltão». — Ben-Batuta, *Viagens*, II, p. 355.

1680. — «Costumavão os Reys antigos, quando se vião faltos de dinheiro, dar aos Mandarins, e Soldados, em lugar de suas rendas, e pagas certos assinados, firmados, e sellados com o seu sello Real, os quaes erão feitos de pasta, de grandeza de meia folha de papel; nelles estava escrito, e determinado seu valor, e preço». — Fr. Jacinto de Deus, *Vergel*, p. 205.

1876. — «The paper money was called **tchao**». — Howorth, *History of the Mongols*, I, p. 272.

* **CHAUBAINHÁ** (ant.). Título do rei de Martavão. Do birm. *tsau-ba-yin.* V. *bainhá.*

1545.—«Para assentar pazes com **chaubainhaa**, Rey de Martavão». — Fernão Pinto, *Peregrinação*, cap. 144.

«O **Chaubainhaa** se vio tão falto de tudo, que se afirmou que não tinha em toda a Cidade mais que só cinco mil homens». — *Id.*, cap. 148.

1675. — «Cuyos Reys entonces eran **Chaubaiñaa,** y Nhay Canatoo su muger, que de opulentissima Fortuna, descendieron a la mas miserable». — Faria e Sousa, *Asia Portuguesa*, III, p. 412.

* **CHAU-CHAU** (indo-inglês *chow-chow*). É termo chinês, adoptado em ásio-português; o qual designa a conserva de frutas de várias espécies, que aparece nos mercados orientais. *Chau* em chinês é qualquer «comida»; a reduplicação denota «variedade de comida» e êste sentido voga em Macau. No português indiano, bem como em indo-inglês, *chau-chau* significa metafóricamente «mixórdia, miscelânea» [1]. Em Macau ha um beco nomeado *Cha-Chao.*

1899. — **Chachau** ou **chauchau**. — É o refugado á chineza. Faz-se com dentes d'alhos e banha de porco. Em estando a banha a ferver deita-se no tacho um dente d'alho pisado. Em estando frito o alho lança-se o que se quer para tomar gosto». — *Ta-ssi-yang-kuó,* de Novembro.

1906. — «Ainda hoje dizemos botica do *chèchè*, a uma loja de miudezas diversas, expressão que provávelmente nos proveio de Macau, e aí quererá dizer o mesmo, e na qual ó epíteto deve corresponder ao chinês **chau-chau,** «conservas», ou a outro vocábulo análogo».—Gonçalves Viana, *Apostilas*, I, p. 21.

1858. — «The word **chow-chow** is suggestive... of a mixture of things, «good, bad, and indifferent», of sweet little oranges and bits of bamboo stick, slices of sugar-cane, and rinds of unripe fruits, and concocted together».—In *Glossary.*

1904.—«**Chow-chow**. Pegeon-English for mixed preserves imported from China». — *Ceylon Glossary*, p. 6.

* **CHAUDARIM.** Extraidor de sura, ou «lavrador de palmeiras», como se diz em indo-português. É sinónimo de *bandarim.* Do mar. *chaudharī,* «chefe de um negócio ou de uma casta».

1554. — «E a Renda das butiquas de betel e mantimentos, e dos Ramos dos **chaudaris,** *maynatos*». — Simão Botelho, *Tombo*, p. 54.

1572. — «Querendo os donos dos palmares forciros pagar por cada **chaudary,** que trouuer no seu palmar a razão de tres xerafins por ano, o poderá fazer, e cõ isso poderá vender a çura, e *orraca* branca».— *Archivo Port.-Oriental*, II, p. 200.

1619. — «Cada **chaudarim** paga do seu *cathy* em cada hũ anno hũa tanga branca». — *Regimento* do vedor Nuno Vaz.

1635. — «Achou que os mesmos gentios [de Chaul] que serviam nos palmares dos portugueses, a que chamam **chaudaris,** costumados a subir ás palmeiras a lhe tirar a sura e a colher os cocos, que são a novidade que dão, era gente ligeira, e ousada». — António Bocarro, Déc. XIII, p. 219.

1720. — «E **Chaudorins** que lavrão a sura para estillar vinho». — *Archivo*, Suppl. II, p. 253.

1842. — «Os *sudros*, os que exclusivamente exercitam na comarca de Salsete, o officio de derrubadores de côcos, que chamam **chaudarins;** e são elles os que cultivam as palmeiras, para tirar a sura em toda a parte». — *Annaes Maritimos*, p. 431.

1852. — «**Chaudarim** — Lavrador de palmeira á sura». — F. N. Xavier, *Bosquejo Historico*, IV, p. 4.

* **CHAURIM** (indo-ingl. *choultry*). Repartição pública, tribunal admi-

[1] «*Cháo-Cháo* dos povos do Oriente».— *Ta-ssi-yang-kuó,* II, IV, 5.

nistrativo; ponto de reùnião, sala de assemblea, especialmente de comunidade agrícola. Do concani-mar. *tçāvḍī*, hindust. do Decão *chāoḍī* < sânsc. *chatur*, «quatro», + *vāṭa*, «estrada» = lugar onde se cruzam quatro estradas. O telúgu e o malaiala têm *chāvaḍi*.

1828. — «Na Aldea Canácona perto de **Chaury**». — *Collecção de Bandos*, I, p. 102.
1852. — «**Chavddy** — casa de gancaria; reunião da communidade». — F. N. Xavier, *Bosquejo Historico* (2.ª ed.), III, p. 56.
1886. — «Ficamos pois senhores da provincia e de uma fortaleza em ruinas, das quaes apenas restam alguns vestigios no sitio em que actualmente está o **Xaurim**, residencia do commandante militar da provincia». — Lopes Mendes, *A India Portugueza*, II, p. 206.
1673. — «It enjoys some **Choultries** for Places of Justice». — Fryer, *East India*, I, p. 107.
1711. — «On me conduisit au milieu de ces clameurs dans un **Chaveri** (espéce de Halle quarrée et ouverte d'un seul côté, où il est permis à tout le monde d'entrer) public». — *Lettres Édifiantes*, XI, p. 18.
1782. — «Les **chaudaries** sont dans l'Inde ce que les *caravanséras* sont en Perse: elles sont fort multipliées». — Sonnerat, *Voyages*, II, p. 24.
1786. — «Si trovano magnifici Madam, *Ambalam*, cioè, alberghui dagli Europei chiamati **Chaudaries**, che sono peristili di elegante construzione per recivere ed alloggiare i viandanti». — Fra Paolino, *Viaggio*, p. 43.
1825. — «On trouve communément dans les bourgades un peu considérables, un ou plusieurs bâtimens publics, qui consistent en un hangar ou grande salle ouverte d'un côté dans toute sa longueur. C'est ce que les Européens appellent des **chaudaries**; ces édifices correspondent aux *caravansarais* des peuples de l'Orient. Ces **chaudaries**, plus ou moins vastes et commodes, servent non-seulement d'abri aux voyageurs, mais ce sont encore des espèces de salles d'audience où les chefs du lieu s'assemblent pour traiter des affaires communes à tous les habitans, pour juger les procès, apaiser les querelles, terminer les différens». — P. Dubois, *Mœurs*, I, p. 458.

* **CHAUS**. Alferes, porta-bandeira, na Turquia. Do turco *chàvush*.

1571. — «Os Turcos chamão à vm Rei Paderam: e Vazir, que quer dizer Conselheiro, he Dignidade igoal à do Duque, e Baxia à do Conde: Sangiac, he o mesmo que Capitão de bandeira; **Chiause** Cavalleiro da casa d'el Rei». — João de Barros, *Déc.* IV, p. 237.
1593. — «A outros [faz o Grão Turco] Berlebis, **Chauses**, *Cabdis* [cadis], que são como Corregadores, e justiças móres das Cidades». — Fr. Pantaleão de Aveiro, *Itinerario*, p. 13.
«... o qual nos desseram que era **Chaus** da Corte do Grão Turco, que he hũa dignidade honrada». — *Id.*, p. 459.
1579. — «Lequali erano cariche di piombo per Babilonia, ch'era condotto da un **Chaùs** per monitione di quella città di Babilonia». — G. Balbi, *Viaggio*, fl. 4 v.
1604. — «Acceptò el cargo Municher, y fue à la buelta de Theflis con los *Capigis* y **Chauses** à meter el dinero en Theflis». — D. Juan de Persia, *Relaciones*, fl. 84.
1604. — «At that time there were in the island a **chaús** and a saniaco of the Turkas». — Pedro Teixeira, *The Travels*, p. 150.
1615. — «Veniua poi il *Ciauschassi*, cioè Capo de' **Ciausci**, & alla sua destra, come lato inferiore fra Turchi, vno Spahiler *Agà*, cioè Capitano de' Spahi». — Pietro Della Valle, *Viaggi*, I, p. 116.
1658. — «Trè mila Armaruoli, trè mila Cappigi, mille cinquecento **Claus**, e cinque cento Lancie spezate de la guardia». — Fr. Vincenzo Maria, *Viaggio*, p. 40.

**Chauter**. V. *chader*.

**CHÁVENA**. Chícara. Do mal. *chāvan*, chin. *chā-kvān*. Lucena chama-lhe *escudela*: «A escudela de barro tal, em que se bebe» (o cha). *Historia*, VII, cap. 4.

1650. — «Resgatando a alguns cafres que vieram tão pouco milho, que não coube a cada pessoa mais que uma **chavena**». — Bento T. Feio, *Hist. Tragico-maritima*, X, p. 107.
1756. — «Vinte **Chavenas**, de varias côres e pinturas» (presente do imperador da China). — *Apud* Júlio Biker, *Collecção de Tratados*, I, p. 101.
1838. — «As taças, ou **chavenas** estão cheias d'agua a ferver, e em cada uma deitam, com a ponta d'um canivete, uma pitada deste pó». — *O Panorama*, de 14 de Abril.
1882. — «**Chavenas** variadissimas em cores, formas e dimensões» (em Siame). — Henrique Prostes, *Bol. S. G. L.*, IV, p. 396.
1904. — «Nós dizemos **chavena** (chicara), e os japonezes dizem *chawan*, para indicar o mesmo objecto». — Venceslau de Morais, *Cartas do Japão*, II, p. 372.
1906. — «A **chávena** chinesa tem dois pires: um em que assenta num largo orifício circular, aberto no meio, onde encaixa a base da **chavena**, e outro cheio com que esta se cobre, servindo-se a bebida

por entre êle e a **chávena** aos golinhos». — Gonçalves Viana, *Apostilas*.

**CHÉ, chi** (chin. *chí* ou *chek*). Medida linear da China, equivalente a pouco mais de um pé ou a treze polegadas. Também significa «côvado».

1898. — «Para unidade de medidas de comprimento adoptam o **chih,** que tem 13 ⅛ pollegadas, se bem que os ha também de 14,6 e 14.8 pollegadas». — Joaquim Crespo Calado, *Cousas da China*, p. 158.
1903. — «Medidas de extensão: Em Macau chamam *pau* ao covado chinez (*tchih*) que tem $0^{m},36667$ e é subdividido em 10 *tsun* ou 100 *fun* ou *lih*. Os seus multiplos são: 1 yin = 10 tchang = 100 **tchih** ou covados». — *Ta-ssi-yang-kuó*.
1640. — «Los caminos miden por passos mas por la propria medida, haziendo de seis **ches** un passo geometrico; y de trezientos destos un *li*. — P. Semedo, *Imperio de la China*, p. 53.

**CHEGO.** Pêso peculiar de pérolas, combinado com o seu volume. O Conde de Ficalho dá a tabela de correspondência do *chego* com os quilates e gramas.

Não consegui averiguar a que língua pertence o termo, que não voga actualmente na Índia. A palavra mais aproximada que encontro é *jokh*, usado nos idiomas neo-áricos e que significa «pêso em geral» ; mas podia empregar-se restritamente com alguma expressão determinativa. O *ch* e *j* trocam-se na transcrição portuguesa. Cf. *jaca*, *jagra*.

1712. — «**Chego**. He palavra da India, que os nossos que naquellas partes contratão em pedraria fina aportuguezarão. Responde ao nosso quilate... na India só as perolas se vendem por **Chegos,** como os Diamantes por *Mangelins*, os Rubis, e Sapiras por *Fanoens*, e as Esmeraldas por *Ratins*». — Bluteau.
1895. — «O **chego** usado unicamente em Goa, e unicamente no commercio de perolas, era um peso engenhosamente variavel... A combinação engenhosa consiste em o peso de **chego** diminuir á medida que o da perola augmenta». — Conde de Ficalho, Col. 35.
1610. — «The reckoning and weighing is by **chegos**, by a method not easy but very subtle and ingenious». — Pedro Teixeira, *The Travels*, p. 179.
«**Chow** (*Tchoh*). Mesure employée en Orient pour évaluer la valeur de perles». — *La Grande Encyclopédie*.

* **CHEGO** (malaiala *chegavān*). Nome de uma casta baixa do Malabar, a qual se ocupa na cultura de palmeiras e no fabrico dos seus produtos, como *sura*, *jagra*, *urraca*.

1599. — «Não percão nunca ocasião de os trazer ao conhecimento da verdade, assim os Naires, como os **chegos,** e mais castas baixas». — Sínodo de Diamper, *Archivo*, IV, p. 484.
1655. — «Seguono quelli, che coltiuano le Palme, detti communmente **Cegos,** ò Bandarini, frà quali vi è la sua differenza, parimente in pluralità di Caste».—Fr. Vincenzo Maria, *Viaggio*, p. 265.
1786. — «I **Cegaver** o *Cianas* che coltivano i palmeti». — Fra Paolino, *Viaggio*, p. 119.

**CHEILA, chêla.** Tecido de algodão, mais encorpado e menos liso e de côres menos vivas que a chita. «Pano da India de varias cores, e figuras». Bluteau. Do conc. *chēl* < sânsc. *chela*, *chaila*. Em malaio, *chīle* significa, conforme Favre, «toile peinte en carreaux».

1577. — «Capas de pano de Portugal, **cheilas** boas ainda que sejão da China». — P. Luís Fróis, *Cartas de Japão*, I, fl. 397.
1601. — «Cortes de **Cheylas** e Matafunas [de S. Tomé de Meliapur] hão de ter oito covados e meio de comprido, e hum covado e duas terças de larguo... **Cheilas** e Merinó [de Sinde], vinte e sete covados de comprido, e hum covado e duas terças de larguo». — *Carta de Lei*, in *Archivo*, VI, p. 744.
1611. — «Folgareis de ver hum soldado do meu tempo, com hum sayo de *guingão* pardo, ceroulas de **cheila,** gabão do mesmo». — Diogo do Couto, *Dial. do Soldado Pratico*, p. 142.
1842. — «Fazendas de Diu, *canequins* de Damão brancos, e azues, pannos de côr tecidos, chitas, **cheillas,** colchas brancas e pintadas». — *Annaes Maritimos*, p. 357.
1901. — «Os tecidos chamados **chelas** imitam o zephir francês, faltando-lhe apenas bom gosto na disposição das côres e desenhos». — José Pinheiro, *Bol. S. G. L.*, XX, p. 22.
1909. — «Os atoalhados, pela boa qualidade de tecidos e firmeza das côres de estampagem, e os tecidos chamados **chelas** de Diu, são ainda hoje afamados». — Manuel Ferreira Viegas, *ibid.*, XXVII, p. 433.
1915. — «O vestuario doutros consistia numa túnica ou *cabaia* de **chela,** aberta ao meio ou só na altura do peito (como as camisas)». — *Heraldo*, de 23 de Dezembro.
1589. — «On y besoigne d'excellents ou-

vrages de Coton, nommement en Negapata, S. Thomas, Muselapata, de toutes sortes de couleurs, de diverses fleurs et figures, fin ouvrage, fort recherché es Indes, et plus estimé que la soye meme». — Linschoten, *Histoire*, p. 28.

1750. — «La Compagnie anglaise y envoie beaucoup d'étoffes, et surtout des **Chelloes** pour la Guinée». — Grose, *Voyage*, p. 154.

* **CHENO** (chin. *chêu*). Cidade de mercado na China.

1534. — «Esta gouernança tem treze çidades e sete **chenos** que sõ grandes çidades que não tem nome de çidades». — Cristóvão Vieira, *apud* Ferguson, *Letters*, p. 71.

* **CHERAMELA.** É outro nome de mirabólano índio (q. v.), de origem malaia, *chĕrmai*.

1578. — «Llamase en Canarin, y en Decanin, *Arazaavali*, y el comun, **Charamels**, en Arabio, parsio, y Turco, *Ambela*». — Cristóvão da Costa, *Tractado*, p. 322.

1695. — «Latine **Cheramela**. Malaice *Boa Tsjeremey*. Plurimi fructibus utuntur, quo aceto condiunt, et cum cibis adhibent ad appetitum excitandum... quidem hosce fructus saccharo etiam condiunt, et ad potum Thee adhibent». — Rumphius, *Herbarium Amboinense*, (*Auctarium*), p. 34.

* **CHENCHICOGIM.** A palavra é composta de duas japonesas: *tenjiku*, «Índia», e *jin*, «indivíduo», homem índio. Era empregada para designar os portugueses, que iam ao Japão por via da Índia.

1545. — «O *Nautaquim*, fes hum grande espanto, e disse para os seus que estavão presentes: Que me matem se não são estes os **Chenchicogis**, de que está escritto em nossos volumes, que voando por cima das aguas tem senhoreado ao longo della os habitadores das terras». — Fernão Pinto, *Peregrinação*, cap. 133.

«Honrem e venerem este **Chenchicogin** do cabo do mundo, porque de hoje em diante o faz seu parente». — *Id.*, cap. 134.

1552. — «Ouvindo eu os dias passados o padre Francisco **Chenchicogin** praticar da nova ley do criador de todas as cousas...». — *Id.*, cap. 218.

«A mim fará grande esmola, e aos **Chenchicos** que agora vierão nesta nao grande mercê. — *Id.*, cap. 223.

* **CHERIPO.** Orta, Linschoten e Fryer dão êste nome à ostra perolífera, que os escritores posteriores denominam *chipe* ou *chipo*. Creio que provêm do concani-mar. *karap* sânsc. < *kūrpa*, «concha de ostra». Nesta hipótese, parece que se pronunciaria *queripo*. Crooke conjectura que é o mesmo que *chipe*.

1563. — «E as melhores destas ostras pera dar os aljofares sam humas ostras lisas e brancas a que a gente desta terra chama **cheripo**». — Garcia da Orta, Col. xxxv.

1589. — «On trouve aucunes fois multitude jusques au nombre de 200. Celles-là sont les meilleurs, qui sont plates et blanches lesquelles les Indiens appellent **Cheripo**, dont on fait des cuilliers et des coupes à boire». — Linschoten, *Histoire*, p. 137.

1675. — «The Indians call the brighter, candid, or splendid Shell-fish, **Cheripo**, which is a kind of Oyster, of which they make spoons, or little Cups. These fishes do generate excellent Margarites, or Seed-Pearls». — Fryer, *East India*, ɪɪ, p. 366.

* **CHETENI** (ingl. *chutni*). Espécie de *achar* ou acepipe, ácido e picante, feito de vários frutos e especiarias, e usado na Índia e em Inglaterra. Do conc. *chetnī* < hindust. *chaṭnī*. O termo é corrente em indo-português.

1908. — «Presta-se [o ananás] tambem para a preparação de **chatni**, conserva e xarope». — *O Oriente Portuguez*, v, p. 218.

1914.—«Ora uma outra preparação que experimentei é de **chetni**, á imitação do que se faz de mangas e de tomate». — *O Ultramar*, de 14 de Dezembro.

1917. — «A manga até aqui recebida, porém, tem sido verde e só serve para conservas de **chutneys** (grafia inglesa), etc.». — *O Ultramar*, de 7 de Maio.

1820. — «**Chitnee**, **Chatnee**, some of the hot spices, made into a paste, by being bruised with water, the «kitchen» of an Indian peasant». — In *Glossary*.

1908. — «It also forms an ingredient of a common **chutni**». — Watt, *The Commercial Products*, p. 906.

* **CHEU.** É termo chinês (*tcheu*), que designa uma comarca dependente de *fu* (q. v.), e sua cidade principal. A palavra é de ordinário posposta aos nomes próprios.

1563. «As maes das villas tambem tem seu termo final, que denota villa, que he **cheu**». — «João de Barros, Déc. III, ɪɪ, 7.

1600. — «Os **Cheus** sam tambem cidades pouco, ou nada menores, que os *Fus*, mas com menos jurdiçam, e preminencias». — P. João Lucena, *Historia*, x, cap. 20.

1611. — «... dandolhe o *Tutão* licença, de estarem em uma *Varela* de Bonzos chamada Nanhoa, perto da cidade de Xau **Cheu**». — P. Sabatino de Ursis, *P. Matheus Ricci*, p. 23.

1634. — «E as Provincias em estados menores que chamarão *Coe*, id est, Reyno, ou, **Cheu**, ou mesmo, *Fu*, que tambem significa o mesmo». — *Hist. da Igreja do Japão, apud* Cristóvão Aires, *F. M. Pinto e o Japão*, p. 141.

1679. — «As civeis contem cidades de primeira ordem, as quaes os Chinas chamão *Fu*, e sam 175. Cidades de segunda ordem, que os Chinas chamão **Cheu**, saom 274. Villas, que os Chinas chamão *Hien*, sam 1288. Hospedarias Reaes, que os Chinas chamão *Ye*, são 205. Vigias, e Hospedarias Reaes de segunda ordem, que os Chinas chamão *Chyen*, são 113». — Fr. Jacinto de Deus, *Vergel*, p. 164.

1729. — «Tem mais cada Provincia outra cidade da segunda ordem chamada **Cheu**, com hum Mandarim a que chamam *Chichue*». — *Apud* Júlio Biker, *Collecção de Tratados*, VI, p. 167.

1897. — «Os nomes das cidades terminam em geral por *Fou*, **Tcheou** ou *Hien*, segundo ellas são de 1.ª, 2.ª ou 3.ª ordem». — Joaquim C. Crespo, *Cousas da China*, p. 50.

1585. — «Vsan los Chinos, en la pronunciacion terminar las Ciudades con esta sillaba *fu*, que quiere dizer ciudad... y las villas, com esta sillaba **cheu**». — Fr Juan G. de Mendoça, *Hist. de la China*, p. 14.

1637. — «Ciudades mayores a que llaman Fú, Menores a que llaman **Cheu**». — P. Semedo, *Imperio de la China*, p. 4.

1735. — «Chaque Province est subdivisée en certain nombre de Jurisdictions, qu'on nomme *Fou* em Chinois, d'où dépendent d'autre moins étendues nommées **Tcheou** et *Hien*». — P. Halde, *Description de la Chine*, I, p. 2.

**CHIADO** (adj.). Astuto, ladino, malicioso. Usado em indo-português. Do conc. *chyād* < sânsc. *chadmin*.

1727. — «**Chiado**. Termo de que se servem os Portuguezes nascidos na India: para dizerem malicioso, dissimulado, he muito **Chiado**, etc.». — Bluteau, *Supplemento*.

* **CHICU**. Nome que, conforme Couto, se dá em Camboja ao religioso budista; equivale a *biço* de outras línguas, Mas a exacta forma em cambojano é *phĭk* ou *phĭkkuk*, estando *ph* por *bh* do páli e do sânscrito, como *phéassa* = páli *bhāsā* = sânsc *bhāṣā*. Cf. *pŭt* = páli *buddho*, Buda.

1612. — Haa por todos estes reinos muitos religiosos de differentes regras: vns a que em Pegú chamão *Talapois*, e em Sião *Bicos*: e em Camboja, **Chikus**». — Déc. V, VI, 1.

* **CHICANDONO** (jap. *shikandono*). Bonzo de elevada categoria, cujo ofício é receber e hospedar os visitantes dum templo ou *varela*.

1650. — «E os pozeram em casa de hum **chicandono**, que fôra christão». — António F. Cardim, *Batalhas*, p. 163.

**CHIFANGA**. *Chi fan* é em chinês «repartição», e *tse fan* «direitos de alfândega». Mas Fernão Pinto emprega o termo por «cárcere», que os chineses designam por *kien láu*. E bem possível que o étimo seja *cháh fáng*; «casa da guarda».

1541. — «Eu os vi ha dous dias prender na **Chifanga** de Nonday, e botarlhes ferros nos pés». — *Peregrinação*, cap. 63.

«E se foy com ella á **chifanga**, que era prisão onde os nossos estavão».—*Ibid.*, cap. 65.

**CHIFU** (chin. *chi-fú*). Alcaide chinês.

1542. — «E nos encommendarão muyto ao **Chifuu** que era o Alcayde a quem iamos entregues». — Fernão Pinto, *Peregrinação*, cap. 87.

«O **Chifuu**, que era guarda mór desta prisão, nos disse que esperassemos até o outro dia que nos encommendaria aos *Tanigores* da Irmandade, para que nos provessem com alguma esmola». — *Id.*, cap. 103.

1569. — «**Chifu** e *Chanchifuu* [1], tambem fuistes conforme com as vontades do *aitão* e *luthisse*, e fostes com elles a matar». — Fr. Gaspar da Cruz, *Tractado da China*, cap. 26.

1583. — «Chegou a Macao um criado do Paço do Tutão com uma *chapa* do **Chifu** de Xau Kin com a qual chamava os Padres a fazer igreja e casa naquella cidade... Logo os levarão para o **Chifu**, o qual naquelle tempo estava na audiencia, por onde lhe foi necessario porse de joelhos como os mais, e de joelhos responder ao que lhe perguntou, o que foi perguntar-lhe que erão, o que querião e donde vinhão». — P. Sabatino de Ursis, *P. Matheus Ricci*, p. 16.

1605. — «E pera que a mentira ficasse autentica, con fé de official publico, e aprouada no foro secular, acharam logo o

[1] «Assessor de *chifu* (*san-fu* em chinês)». «Le *San-fu*, c'est-à-dire, son assesseur, dans le dessein de lui plaire, voulut engager le Chef des Lettrez». — *Lettres Edifiantes*, p. 252.

**Chifui**, que he Ouuidor Geral, ou Corregedor da comarca, que disse como na mesma noute tiuera em sonhos esta visam».— P. Fernão Guerreiro, *Relaçam Annual*, fl. 82 *v*.

1729. — «O mesmo Vice Rey ficava de o mandar avisar a Macau pelo **Chifú**, que he o Governador da Cidade de Cantão». — *Apud* Júlio Biker, *Collecção de Tratados*, vi, p. 78.

1897. — «Botão egual ao antecedente, mas mais pequeno. Concedem-se aos prefeitos dos departamentos (**tchi-fou**)». — Joaquim C. Crespo, *Cousas da China*, p. 83.

1899. — «Será tambem necessario não confundir... o *Fu-yen* com o **Chifu** ou prefeito da cidade de Cantão, que é uma auctoridade muito secundaria». — *Ta-ssi--yang-kuó*, de Outubro.

851. — «On donne au gouverneur d'une ville de l'importance de Khonfou le titre de **deffou**». — Soleimão, *apud* Reinaud, *Relation*, i, p. 37.

1637. — «Perguntóle, si tenia algun enemigo en la Ciudad? Respondio, que el Mayor Ministro della, por ser el **Chifu**, o Governador, que de largo tiempo dissimuladamente le mirava de mal ojo». — P. Semedo, *Imperio de la China*, p. 30.

«Ay en cada Ciudad quatro Mandarines principales: uno como Presidente, y Governador della, a que llaman **Chifu**». — *Id.*, p. 119.

1716. — «Le **Tchi-fou** (Gouverneur de la Ville) n'eut pas plûtost pris possession de sa charge, qu'il se déchaîna contre nostre sainte Religion» — *Lettres Édifiantes*, xiv, p. 412.

1735. — «Les Présidens de celles-là [*fus*, q. v.] sont apellés **Tchi-fou**». — P. Halde, *Description de la Chine*, i, p. 2.

* **CHILE** (indo-ingl. *chilly*). Malagueta, em Macau e Timor. O termo entrou por via do malaio, que o recebeu do nome geográfico americano. Yule porêm diz que «não há dúvida que a planta foi introduzida na Índia pelos portugueses». Em Goa chamam-lhe «pimenta longa».

1843. — «O mesmo acontece com uma especie de malaguetas ou pimentas longas, a que chamam **chile** *de matto*. Estas são de meia pollegada de comprido, com uma até duas linhas de grossura, e sobre maneira estimulantes». — *Annaes Martimos*, (parte official), p. 84.

1902. — «Ha, pois, a notar: entre as Solanaceas, as diversas especies de **Chiles** ou pimentos». — *Ta-ssi-yang-kuó*, II, iii, 3.

1631. — «An nescis, eos addere fructum ricini Americani, quod lada **Chili** Malaii vocant, quasi dicas, Piper è Chile, Brasiliae contermina rigione». — Bontius, *Hist. Naturalis*, p. 10.

1658. — «Teste Ximene Mexicani hanc plantam **Chilli** vocant, quae fert siliquias illas Hispaniolae Incolae Axi, et Antiqui Siliquastrum, Hispani Piper vocant Americanum, et Auctarius Capsicum».—G. Piso, *Indiae Utriusque*, p. 226.

1695. — «Malaice *Lada* **Tschili**, ac tantummodo **Tschili**, unde multi crediderunt, hoc Piperis genus primum ex regno Chili fuisse translatum, quod cum vero non videtur convenire». — Rumphius, *Herbarium Amboinense*, viii, cap. 50.

1908. — «The names in use in India to-day are clearly of foreign or modern origin, such as **chillies**, *lal-marcha* (= red pepper), *goa-mircha* and the like».—**Watt**, *The Commercial Products*, p. 255.

**CHILEU**. Fernão Mendes diz que é título do «governador de província» no Aname. Se o étimo é, como me parece, o tonquinês *kinh luoc*, a palavra deve ler-se *quileu*.

1540. — «Com o qual o **Chileu** Capitão e Governador daquella Provincia tinha feyto praçaria». — *Peregrinação*, cap. 47.

* **CHIN** (chin. *ching*). Cidade chinesa fortificada. Pertence à circunscrição militar.

1637. — «Villas, a que llaman Hien; y Castillos, a que llaman **Chin**». — P. Semedo, *Imperio de la China*, p. 4.

1712. — «Ces endroits nommés **tchim** qui sont en petit nombre, mais qui sont d'un grand abord et d'un grand commerce, n'ont point coustume d'avoir d'enceinte». — *Lettres Édifiantes*, xii, p. 260.

1853. — «Les circonscriptions militaires sont les villes fortifiées (**tching**) et les autres places fortes».—Bazin, *Chine Moderne*, p. 165.

* **CHIN-CHIN**. Saudação chinesa. A frase é corrução anglo-chinesa do chin. *ts'ing-ts'ing* ou *ch'ing-ch'ing*. V. *Glossary*.

1880. — «Dobrando ao meio, fazendo girar os punhos fechados sobre a fronte abaixada, fiz gravemente a **chin-chin**». — Eça de Queiroz, *O Mandarim*, p. 96.

1895. — «Os mandarins curvando-se levemente, arqueando os braços e cruzando as mãos, cumprimentavam repetindo a palavra **shing-shing**».— Conde de Arnoso, *Jornadas pelo Mundo*, p. 172.

1897. — «O visitante, porém, não sáe da cadeira [cadeirinha] sem para isso ser convidado, e logo ali começam as saudações **Tsing-tsing**, que se repetem ao passar por todas as portas até chegar á sala». — Joaquim C. Crespo, *Cousas da China*, p. 208.

1735. — «Le salut ordinaire consiste à

joindre les mains fermées devant la poitrine, en les remuant d'une manière affeçtueuse, et à courber tant sait peu la tête, en se disant réciproquement **Tsin tsin**». — P. Halde, *Description de la Chine*, II, p. 102.

1782. — «Le salut ordinaire d'égale à égale, consiste à joindre les mains fermées devant la poitrine, ensuite on les remoue à plusieurs reprises, en penchant un peu la tête, prononçant **Sin, sin**». — Sonnerat, *Voyages*, II, p. 31.

1795. — «Thus we soon fixed them in their seats, both parties, during the struggle, repeating **Chin Chin, Chin Chin**, the Chinese term of salutation». — Symes, in *Glossary*.

* **CHINAVOL, chinual** (mar. *chhinnaval* < sânsc. *chinna*, «dividido, partido»). Direitos miúdos, que se pagavam antigamente nas alfândegas internas de Goa.

1703. — «Dito da alfandega de *Cassabé* em duzentos pagodes, **Chinavol** miudo, palmares, e vargeas». — *Apud* Júlio Biker, *Collecção de Tratados*, XII, p. 147.

1788. — «O Rendeiro cobrará todos os direitos que pertencem a essa renda de Cate, Tabaco, **Chinovol**, mais annexos. pelo mesmo modo que se cobravão no tempo do *Bounsuló*». — *Collecção de Bandos*, I, p. 41.

1789. — «De cato, tabaco, **chinual** e outros direitos de Bagibab». —*Apud* Júlio Biker, *Collecção de Tratados*, VIII, p. 332.

1840. — «**Chinual** (generos conduzidos á cabeça), estes pagam direitos menores (excepto nas Alfandegas de Bicholim, e Sanquelim, onde são iguaes)». — F. N. Xavier, *Collecção de Bandos*, I, p. XVIII.

* **CHINCHPOTA** (s. m.). Adôrno de pescoço da mulher hindu no Concão. Do conc. *chiñchpaṭ*, mar. *chiñchpaṭī*.

1874. — «Ao pescoço, umas ostentam os seus riquissimos *Tuxis* ou **Chinchpotas**, cravejados de rubis, diamantes e esmeraldas». — Tomás Ribeiro, *Jornadas*, II, p. 104.

1898.—«... ostentando nos esbeltos pescoços, banhados de scintillações de finissima pedraria, os seus soberbos **chinchpotes?**». — Oliveira Mascarenhas, *Atravez dos Mares*, p. 203.

**Chinga.** V. *xinga*.

* **CHINGALA, chingalá** (singalês-sânsc. *siṁhala*). O que dizemos actualmente «singalês» os nossos indianistas expressavam *chingala*. O indo-português de Ceilão não reconhece outra forma senão *chinglá*. João de Barros deriva o vocábulo de *Chim* e *Galle*.

1550. — «Parece que será nestes do mais fruito, e por isso milhor empregada a diligencia que se puser para os converterem a fé que nos **Chingalas** de Cómorim e de Ceilão». — Fernão Pinto, *Peregrinação*, cap. 213.

1563. — «Naquella ilha leixarão [os chineses] (segundo os naturaes dizem) hũa lingua, a que elles chamão **Chingálla**, e aos proprios pouos **Chingállas**: principalmente os que vivem na ponta de Galle por diante». — João de Barros, Déc. III, II, 1.

1563. — «Á gente della de [Ceilão] chamam **Chingalas**». — Garcia da Orta, Col. XV.

1610. — «Nas materias della não se deve perder nenhuma occasião, e a que o tempo offerece da fraqueza em que por ora estão os **chingalás**, e não terem rey nem capitães». — *Carta Régia*, in *Doc. da India*, I, p. 342.

1614. — «Isto o fez acabar de desconfiar de todos os Nobres, e os foi matando dissimuladamente, quer tivessem culpa, quer não sem lhe ficar uma só pessoa da casta dos antigos **Chingalas** nobres». —Diogo do Couto, Déc. X, VIII, 12.

1615. — «Julga-se que as ilhas de Maldiva foram antigamente povoadas pelos **Chingalás** (assim se chamam os habitantes da ilha de Ceilão)». — Pyrard de Laval, *Viagem*, I, p. 96.

1685. — «Veio obedecer hum *Mudeliar*, homem grande entre os **Chingalás**». — João Ribeiro, *Fatalidade Historica*, I, cap. 7.

1687. — «*Le*, entre eles significa, sangue, e *Cinga*, Leão; donde formarão a palavra **Cingâle**, e no plural *Cingâles*, que depois corromperam em *Cingalins*, e nós ultimamente em **Chingalaz**». — P. Fernão de Queiroz, *Conquista de Ceylão*, p. 5.

1694. — «E os filhos que lhe vierão de longe, são os Canaris, os Decanis, os Malabares, os **Chingalás**, os Bengálas, os Peguz». — P. António Vieira, *Xavier Dormindo*, p. 152.

1697. — «**Chingalà** quer dizer leão na propriedade da lingua de Ceylão, e não he nome derivado de Chinas, e Galas, como escrevem os nossos Authores». — P. Francisco de Sousa, *Oriente Conquistado*, I, I, 2.

1589. — «Les habitans nommés **Cingalas** sont de visage et de mœurs semblables aux Malabars». — Linschoten, *Histoire*, p. 25.

1610. — «And this port is so called because «Chilao» means «fishery» in the **Chingala** tongue, which is that spoken in the Island».—Pedro Teixeira, *The Travels*, p. 177.

1676. — «Et ensuite un Capitaine Hollandois amena quantité de **chinglas**, qui sont des gens de l'Isle de Ceilan». — Tavernier, *Voyages*, III, p. 204.

1770. — «Une nation plus nombreuse et plus puissante qu'on appelle les **Chingulais**, est maîtresse de la partie méridionale». — Raynal, *Histoire*, I, p. 67.

* **CHINTE**. Fruta de Malaca. Talvez do mal. *sentul, Sandericum Indicum.*

1613. — «Como mangostans, tampoes... champadas, **chintes** e buas dûcas». — Manuel G. de Erédia, *Declaraçam de Malaca*, fl. 10.

**CHIPE, chipo**. Ostra perolífera. Do tamul-malaiala *chippi*, «concha»; *muttu-chchippi*, «ostra de pérola». Orta chama-lhe *cheripo* (q. v.). V. *chanco*.

1613. — «Vi eu ainda por estas praias as serras de **chipo**, e cascas de ostras, bem altas e continuadas por muitas leguas». — P. Manuel Barradas, *Hist. Tragico-maritima*, II, p. 94.

1614. — «Os Christãos, e pescadores daquella costa lhe davão de pareas hum dia de **Chipo**, que he hum dia de pescaria do Aljofar, e tudo o que se pescasse aquelle dia fosse pera elle». — Diogo do Couto, Déc. VII, VIII, 2.

1684. — «Vio debaixo do mar grandes serras de **chipo** (assim chamão os naturaes, e deles os Portuguezes, às outras que crião aljofar)». — P. Fernão Queiroz, *Hist. de Pedro de Basto*, p. 118.

1685. — «Cada qual dos armadores toma na praia lugar suficiente para recolher o **chipe** (que assim chamam aquellas ostras) que seus barcos hão de pescar, e aquelle logar o cercão com ramos de espinheiros, deixando huma abertura para a conducção do **chipe**». — João Ribeiro, *Fatalidade Historica*, I, cap. 22.

1687. — «Crião-se no fundo do mar, em hũas ostras, a que os naturaes chamão **Chipo**». — P. Fernão de Queiroz, *Conquista de Ceylão*, p. 60.

1701. — «Algumas destas ostras, ou **chepîs**, que assim lhe chamão os naturaes, produzem perolas, porém são raras, as mais produzem aljofres». — P. Francisco de Sousa, *Oriente Conquistado*, II, I, 2.

1838. — «*Avicula margaritifera*, Lin. e Cuv. Madreperola, ou **Chipo**, ou concha peroleira. É um mollusco acephalo, do genero das aviculinas». — *O Panorama*, de 24 de Março.

1610. — «They call the oyster **chipo**». — Pedro Teixeira, *The Travels*, p. 178.

**Chiquel**. V. *chaguer*.

* **Chirás**. V. *ganjá*.

* **CHIRINA** (adj. fem.). Usava-se antigamente esta palavra como qualificativa da rupia da Índia Inglesa, para a destinguir da da Portuguesa, a qual tinha ágio e se chamava em concani *surtī rupyā* = rupia de Surrate. Sendo agora uma e outra rupia idênticas no material, com a diferença do cunho, e não havendo já ágio, a denominação caíu em desuso. *Chirina* é corrução de *chalani*, q. v.

1782. — «Roubaram 19 fardos de Maugalor, 8 rupias **chirinas**, duas resmas de papel». — *Apud* Júlio Biker, *Collecção de Tratados*, VIII, 167.

1880. — «A rupia **chirina** ou de Bombaim e a de Baroche correu em Damão com 12½ por cento de vantagem». — Teixeira de Aragão, *Descripção das Moedas*, III, p. 100.

1886. — «Representavam o capital de 8 milhões de rupias **chirinas**, ou 3:200:000$000 reis fortes». — Lopes Mendes, *A India Portugueza*, II, p. 250.

**CHIRIPOS** (s. m. pl.). Tamancos. Do tamul-malaiala *cherippu*. Os dicionários portugueses mais modernos não registam o vocábulo. Bento Pereira dá-lhe por significados latinos *gallicae* e *calones*. O termo é corrente em Goa. V. *Influência*.

c. 1560. — «Alguns trazem [em Maluco] **chiripos** de pao». — Gabriel Rebelo, *Informação das Cousas de Maluco*, p. 158.

1613. — «Vinha todo açafroado, com uma cabaya muito fina, os pés descalços à uzança da terra, e neles uns **chempos** (*sic*) ou tamancos presos entre o dedo polegar e o vizinho, com uma formosissima perola» [1]. — P. Manuel Barradas, *Hist. Tragico-maritima*, II, p. 117.

1788. — «Por cada carga de **Chiripos**, e páos de sombreiros, ou outra qualquer desta qualidade, seis reis». — *Collecção de Bandos*, I, p. 44.

* **CHIRBULIÔS** (conc. *chirmulyô*) (s. m. pl.). Arroz descascado e torrado. V. *avela*.

1788. — «Por cada Panella em que se fazem **chirbuleos**, meio xerafim». — *Collecção de Bandos*, I, p. 45.

1832. — «De Fabricas de **chirbuleos**, a 1 xerafim». — *Ibid.*, I, p. 131.

1908. — «Distribue-se em cada casa aos expectadores um pouco de avela ou arroz torrado (*chirmulyâ*) misturado com peda-

---

[1] Domingos Vieira, fundado neste passo, insere (como vocábulo diferente de *chiripos*) *chempo*, que nunca existiu nem podia sair da pena do autor.

cinhos de canna doce». — *Luz do Oriente*, de Abril.

*** CHISSANGUI.** Fernão Mendes Pinto designa por êste nome os superiores dos conventos dos budistas na Tartária. Parece-me que o vocábulo deriva do sânsc. *crīsanghī* (páli *sanghī*, «aquele que tem muitos discípulos»), «venerável chefe do convento». No budismo do Norte *çr* ou *xr* corrompe-se em *ch*; cf. *chaman* ou *xaman* do sânsc. *çramaṇa*.

1544. — «Tinha de ordinario doze mil sacerdotes a que se dava de comer e vestir... os quaes não sahião fóra daquella cerca sem licença dos seus **Chisanguës**». — *Peregrinação*, cap. 126.

**CHITA** (franc. *chite*). Tecido de algodão, estampado a côres. Os nossos antigos escritores chamam-lhe *pano pintado* ou simplesmente *pintado* (q. v.). O étimo é o neo-árico *chhīṭ* (mar., beng.; em hindustani *chīnṭ*, donde o ingl. *chintz*), do sânsc. *chitra*, «matizado».

1728. — «*Saraça* he hum genero de pannos, que vem de Cabo Verde, e de Maranhão, pintados como **chita**, e servem de cobrir bofetes, camas, etc. — Bluteau, *Supplemento*.

1779. — «... pannos *elefantes* superfinos, finos e ordinarios, **chitas** de Madrasta e de Mamalung». — D. Francisco de Sousa Coutinho, *Breve e util idéa*, no *Panorama*, x, p. 38.

1799. — «Despedi tres Cafres por differentes partes com pedaços de **chita** de *godrim*, que no dia antecedente tinha desmanchado, para comprar mantimentos». — *Apud* Júlio Biker, *Collecção de Tratados*, VIII, p. 287.

1845. — E eu o presenteei com seis botijas de genebra, seis garrafas de vinho, uma peça de **chita** de ramagem, e um colar de coralinas». — A. J. de Castro, in *Bol. S. G. L.*, II, p. 57.

1883. — «Vendem-se ali pannos de algodão, **chitas**, e louças, quasi tudo de fabricação ingleza ou americana». — Adolfo Loureiro, *No Oriente*, I, p. 187.

1885. — «O seu vestuario consiste n'uma camisa de **chita** ou de riscado, que lhe desce até abaixo dos joelhos, e n'um chapéu de mataba». — António F. Nogueira, *A ilha de S. Thomé*, in *Bol. S. G. L.*, v, p. 415.

1623. — «Però le Indiane Gentili, comunemente non vsano affato altro colore, che il rosso; ouero certe tele stampate con lauoro di più colori, che le chiamano **Cit**». — Pietro della Valle, *Viaggi*, III, p. 32.

1663. — «Elle était rouge par le dehors, et doublé par le dedans de ces beaux **chittes** ou toiles peintes au pinceau, de Maslipatan». — Bernier, *Voyages*, II, p. 46.

1666. — «Le principal trafic des Hollandois à Amedabad, est des **chites**, qui sont des Toiles peintes». — Thevenot, *Voyages*, III, p. 35.

1670. — «Avant que d'aller à Achem il avoit passé Masulipatan Ville du Royaume de Golconda de la côte de Coromandel, où l'on fait ces belles **Chites** que nous appellons Indiennes, dont la peinture ne dure pas moins que la toile sans rien perdre de son éclat». — Dellon, *Relation d'un Voyage*, I, p. 126.

1676. — «Toutes les **Chites** qui se font dans l'Empire du Grand Mogol sont imprimées et de différente beauté, tant pour l'impression que pour la finesse de la toile». — Tavernier, *Voyages*, III, p. 359.

1735. — «Les Marchands .. leur apportent du fer, du sandal jaune et rouge, des toiles, des **chites** ou toiles peintes». — P. Halde, *Description de la Chine*, I, p. 107.

1824. — «The second was the manner of weaving and dyeing a coarse kind of **chintz**, of which there seemed to be a considerable manufactory in the place». — Heber, *Narrative*, I, p. 425.

*** CHITELA.** Antílope mosqueado e de pontas muito curtas, *Cervus Axis*. Do concani-mar. *chitaḷ*, sânsc. *chitrāṅga*.

1874. — «Ella fugiu como a **chitela** do matto». — Tomás Ribeiro, *Jornadas*, II, p. 259.

1886. — «*Merum* (veado), *chitol* (**chitela**), *bocris* (cabras)». — Lopes Mendes, *A India Portugueza*, I, p 118.

1912. — «À primeira pedrada matemos gorda **chitela**». — *O Instituto*, de Coimbra, LIX, p. 328.

1906. — «**Chitella** — Antilope da India, de pellagem amarellada e mosqueada, gracioso e fino animal, facilmente domesticavel». — Alberto O. de Castro, *A Cinza dos Myrtos*, p. 175.

1673. — «... being here presented with Rich Game, as Peacocks, Doves, and Pigeons, **Chitrels**, or Spotted Deer». — Fryer, *East India*, I, p. 185.

1915. — «Two **chittals** which fell to the gun of the Maharaja Rana in the Joaram Forest». — *The Times of India Illustrated Weekly*, de 28 de Abril.

*** CHITINIS** (sing. e pl.). Secretário de correspondência do governo, nos estados maratas; escriturário. Do mar. *chiṭṇīs*.

1787. — «O meu predecessor expressamente declarou aos honrados *Sabanis* e **Chetinis** do Grandioso *Sar Dessay*». —

«A declaração que o antecessor de S. Ex.ª fez ao Sabanise **Chitnis** do Bounsuló». — *Apud* Júlio Biker, *Collecção de Tratados*, VIII, p. 287.

**CHITO** (*chit*, *chitty*, em indo-ingl.). Bilhete; aviso; atestado, na Índia Portuguesa. Do conc. *chiṭṭ*, mar. *chiṭṭī*, hindust. *chiṭṭhī*. Bento Pereira regista o vocábulo, e interpreta-o por «chartula».

1563. — Deu o Mirão piães e **chitos** pera todolos lugares por onde passassem». — Gaspar Correia, *Lendas*, III, p. 609.

1585. — Nem lhe leve, mande, ou deixe passar recados, cartas, ou **chitos**, sem primeiro as apresentar ao mordomo». — *Archivo Port.-Oriental*, V, p. 1038.

1611. — «Certifico que o **chito** escrito atraz n'esta uma folha de papel he da letra de Francisco Travessos Prego, ouvidor e vedor da fazenda que foi n'esta cidade; o qual **chito** me deu Dom Diogo Coutinho, capitão e vedor da fazenda n'esta cidade». — *Documentos da India*, II, p. 119.

1613. — «Mando ao feitor do dito senhor da fortaleza, e cidade de Baçaim, que ora é, e ao diante for, não faça nenhum pagamento com **chitos** como ateagora se contumava fazer». — *Alvará* do vice-rei, in *Archivo*, VI, p. 920.

1677. — «Não irião suas manchuas a Goa sem nosso **chitto**, nem seus barcos navegarião para parte alguma sem nosso cartaz». — *Apud* Júlio Biker, *Collecção de Tratados*, IV, p 204.

1707. — «Remeteo um **chito** do reverendo padre Superior, em que avisava que acabadas as oitavas da paschoa, sahião os padres de Candia». — P. Manuel de Miranda, in *O Chronista de Tissuary*, III, p. 234.

1727. — «Para os Portugueses, que assistem na India, he Escrito, principalmente quando se falla nos papeis da Bulla». — Bluteau, *Supplemento*.

1776. — «Não deixe passar Embarcação alguma de lenha sem apresentar **chito** do dito Rendeiro de ter pago os direitos». — *Collecção de Bandos*, I, 17.

1818. — «Prohibirá sob penas as mais rigorosas que das fronteiras delle saiam individuos alguns sem se qualificarem com **Chitós** (*sic*) seus de abonação de conducta, e destinos a que vem». — *Apud* Júlio Biker, *Collecção de Tratados*, XII, p. 4.

1880. — «A instituição [de *catualia*] já existia quando Goa foi conquistada pelos portuguezes, que a conservaram havendo como empregados o *catual* e o seu escrivão que repartiam entre si as *lagimas* (emolumentos) e o producto dos **chitos** (certificados dos despachos)». — Teixeira de Aragão, *Descripção das moedas*, III, p. 207.

1900. — «Este é o **chito** que se mandou pôr por todas as Igrejas». — António F. Moniz, *Historia de Damão*, I, p. 30.

1904. — «Affonso d'Albuquerque, ao partir para Malaca, segundo affirma João de Barros, creou o primeiro imposto portuguez sob a denominação de *lagimas* de **chitos** do capitão». — Ernesto Fernandes, *Regimen do Sal*, etc., in *Bol. S. G. L.*, XXXII, p. 242.

1674. — «I received his **Chitty** or Pass, with two Guides to direct us through the Country». — Fryer, *East India*, I, p. 308.

* **CHÔ** (anam. *cho*). Embarcação da Cochinchina.

1645. — «Aqui nos fizerão muitas extorçoens, não só tomarão o fato todo que no **chô** vinha, e tudo descorchárão». — *Apud* Fr. Jacinto de Deus, *Vergel*, p. 142.

1650. — «. . . negociar um **chô** e manda-los a Annam para saber dos padres». — P. António Cardim, *Batalhas*, p. 76.

1679. — «E se forão em hum barco, a que chamão **Choô**, que forçado dos tempos, e ventos contrarios arribou a Cachichina». — *Apud* Fr. J. de Deus, *Vergel*, p. 267.

1699. — «Nos cinco **Choôs**, que vinhão da China para Malaca, que os Olandezes tomàrão no estreito, ouve de perda cento, e oitenta mil xerafins». — Fr. Agostinho de Santa Maria, *Historia*, p. 340.

* **CHOBINÓ** (conc. *tçobiṇó*). Corte de árvores de madeira, na Índia.

1787. — «Os direitos de Corte de madeira na Provincia de Bicholim chamado **Cobinò** (*sic*)». — *Collecção de Bandos*, I, p. 36.

1822. — «O dito Zaibá Rane pelos direitos de madeira, vulgarmente denominados **Chobinó**, contribuiria annualmente 5 rupias ao dito Zaiba Rane, e bem assim 25 rupias pelos direitos de *Bagibabo*». — *Apud* Júlio Biker, *Collecção de Tratados*, XII, p. 31.

1832. — «Do corte de Madeira (**Chobinó**) por convenção». — *Ibid.*, p. 129.

1886. — «A exploração das florestas e o **chobinó** ou córte de madeira são ainda feitos como na primitiva». — Lopes Mendes, *A India Portugueza*, II, p. 128.

1909. — «Depois de occuparmos essas provincias, o corte de madeira principiou a ser, como d'antes, arrematado sob a denominação de **chobinó**, constituindo esta renda o chamado *bagibabo*». — Amâncio Gracias, *Subsidios*, p. 253.

**CHOCRÃO**. Nome de *fanão* marcado com um círculo, o qual corria em Negapatão e Palacate, na Índia, e valia um fanão e meio ordinário. Nunes dá-lhe o valor de um duodécimo de *pagode*, e Wilson, de um décimo. V. *chacrão*, grafia mais correcta. Do tamul *chakkaram*, telúgu *chakramu* < sânsc. *chakra*, «roda».

1551. — «De **ffanões chocrõis** nove onças e mea». — *O Inventario do Thesouro do Rei de Ceylão*, p. 26.

1554. — «E os fanões deste porto se chamão **chocrões**, que são d'ouro». — António Nunes, *Lyvro dos Pesos*, p. 36.

1687. — «Basta apresentarem se, ao *Adigar* (Almoxarife, ou Recebedor) e dar **chocorão**, recebendo *ola* pera suçeder nos bens patrimoniaes do Tio». — P. Fernão de Queiroz, *Conquista de Ceylão*, p. 41.

1697. — «*Fanoens*, e por outro nome **chacarás**, são moedas de ouro tam sutís como pequenas escamas de peyxe, e cada hum delles val cento e vinte reis». — P. Francisco de Sousa, *Oriente Conquistado*, I, II, 1.

1880. — «Em Negapatão os *fanões* chamavam-se **chocrões**, era moeda de oiro baixo». — Teixeira de Aragão, *Descripção das Moedas*, III, p. 94.

1786. — «Il **Ciacram** d'argento, piccola moneta del Re di Travancor, è la vigesima sesta parte d'una rupia». — Fra Paolino, *Viaggio*, p. 36.

1913. — «... who seens to have been expected to supervise the Fishing on behalf of the *Naik*, for which he was to get 60 **Chacrum** a month». — P. E. Pieris, *Ceylon*, I, p. 514.

**CHÓDANE** (malaiala *chodaṇa*). Medida de capacidade para líquidos no Malabar, equivalente a seis canadas.

1512. — «Receby do dito almoxarife [de Cochim] vinte e dous **chodqnes** dazeyte de tẽga». — In *Cartas* de A. de Albuquerque, V, p. 197.

«Recebeu Vicente Anes... e de mãteiga catro **chodones** de mãteiga». — *Ibid.*, p. 198.

«Per este vos mando que des... quatro **chodenas** de manteyga». — A. de Albuquerque, *ibid.*, p. 200.

1554. — «A de **chodane** de mantegua e azeite são 6 canadas». — António Nunes, *Lyvro dos Pesos*, p. 34.

1786. — «Una **Ciòdana** fà trenta e due *Nagi* à 30 Sestieri... Un *Codane* fà cinque **Ciòdana**». — Fra Paolino, *Viaggio*, p. 52.

* **CHOGÓ** (indo-ingl. *choga*). É um sobretudo em forma de roupão, que os hindus e maometanos trazem fora de casa. Em Goa é ordináriamente de algodão branco. Os nossos antigos escritores chamavam-lhe *cabaia*. Do conc. *tçogó*, hindust. *choghā*. Diz Yule que o vocábulo é originàriamente do turquestano, e a veste própria dos afgãos, feita geralmente de lã macia.

1874. — «Mais alem um jardim de turbantes ou *pagotens* de todas as côres, por cima do alvejar das cabaias, *angracás* ou **chogós**...». — Tomás Ribeiro, *Jornadas*, II, p. 101.

1915. — «.. **tçógo** ou casaco, curto ou comprido, no trage masculino». — *Heraldo*, de 24 de Dezembro.

1917. — «E o *pudvém* e o **tçogó** valem mais que a calça e a rabona». — *O Ultramar*, de 15 de Outubro.

1845. — «Ainsi que des pièces de satin de toutes les couleurs; des **chogas** (pelisse) de fourrure; des *kimkhâbs* (brocats) d'or et d'argent, et des tapis persans». — Jancigny, *Inde*, p. 58.

1908. — «These are pieces of a fixed length, such as would require for the preparation of a **choga** or coat, or suitable for a lady's dress». — Watt, *The Commercial Products*, p. 1125.

* **CHOLE**. Corpete de mulheres na Índia. Usado em indo-português. Do conc. *tçoḷī* < sânsc. *choḷī*.

1687. — «Outras castas, como Banianas, de hũ pano de seda, fazẽ hũ modo de anagoa; e acrescentão hũ **chole**, que he hũ corpinho por diante; e cobrem as costas em publico com outro pano de seda». — P. Fernão de Queiroz, *Conquista de Ceylão*, p. 64.

1736. — «Não usem, nem em publico nem em particular, os homens de *purvens*, que costumam usar os gentios, e as mulheres dos **choles**, que costumam usar as gentias». — Inquisição de Goa, *apud* Lopes Mendes, *A India Portugueza*, I, p. 258.

1846. — «**Chole** he uma especie de baniana, ou quimão curto, e muito justo ao corpo». — F. N. Xavier, *O Gabinete Litterario*, I, p. 102.

1873. — «Cassi vem ricamente vestida de sêda de *chapur* [nome geográfico] com barras d'ouro; **choli** de setim encarnado tambem bordado d'ouro». — Tomás Ribeiro, *A Indiana*, p. 53.

1874. — «Nada mais elegante do que estes trajos de Venus, de formosissimas côres e barras tecidas de ouro e prata, cruzando sobre **cholis** de setim». — Id., *Jornadas*, II, p. 104.

1878. — «**Chól** — Especie de corpete de manga curta, que conchega o busto da mulher até um pouco acima da cintura. Trazem-n'o as classes abastadas dos mais custosos estofos». — Cristóvão Aires, *Indianas e Portuguezas*, p. II.

1898. — «As mulheres trajam o *sary* (faxa de tecido, ás vezes de seda, e quasi sempre de côres garridas, que lhes pende da cabeça) e o **choly** (pequena e elegante jaqueta de mangas curtas)». — Oliveira Mascarenhas, *Atravez dos Mares*, p. 62.

1906. — «Chama-se **chol** (*tçôli* o *tçôhi*) em concani) o pequeno corpete que lhes cobre o seio até á raiz, deixando nus os braços, nu o tronco desde a raiz do seio á cintura». — Alberto O. de Castro, *A Cinza dos Myrtos*, p. 195.

1915. — «... usando, umas, *tçoddi* (ou **chole** ou corpete) para cobrir os seios». — *Heraldo*, de 23 de Dezembro.

1878. — «This dress for domestic purposes is very simple and chaste, consisting of a simple web of cloth seven or seven and a half yards long, and a bodice or **choli**». — José Nicolau da Fonseca, *Sketch of Goa*, p. 13.

* **CHOLNEM**. Calças, na Índia. Do conc. *cholṇem*, hindust. *cholnā*.

1828. — «**Cholnem** azul ferrete ou branco, é alparcas ao modo ordinario, e espingardas de adarme de bala de onça, e Terçado como até agora». — Joaquim Soares, *Bosquejo das Possessões Portuguezas*, I, p. 81.

* **CHONCOR** (mal. *chakūr*). É uma espécie de galanga — *Kaempferia galanga*. «Bullus cum recenti butyro in pillulas redactus, asthmaticis datur». Rheede.

1613. — «Lancoas de outra especie mais caloroso, **choncor**, açafram da terra, *casumba* como açafram de Europa». — Manuel G. de Erédia, *Declaraçam de Malaca*, fl. 16.

1695. — «**Tsjonckor** formam habet Zinziberis et Curcumae mixtam, estque plantula humilis, nullos emittens cauliculos». — Rumphius, *Herbarium Amboinense*, VIII, cap. 19.

**CHONDRACÔR** (concani-mar. *chandrakor*). Meia-lua de ouro, com que as mulheres indianas adornam a cabeça.

1874. — «Luzem-lhes nas infloradas cabeças os lavrados **chondracores**, os finos *calianchi-pottis* e *curtarens*, cada qual a seu prazer». — Tomás Ribeiro, *Jornadas*, II, p. 104.

**CHOQUÉ** (correctamente *chuquei*), **choquel**, **chuquel**. Frete do cravo de Maluco, pago em género. Do mal. *chūkei*, «direitos de alfândega; impostos». O termo é mais usado no plural *choqueis*, cujo singular podia ser *choquei* e não, necessáriamente, *choquel*.

1554. — «E trazendo as partes nas naos de Sua Alteza os 2 terços que lhe ficão, pagão de **chuquel**, que he frete, the Mallaqua a rezam de 30 por 100». — António Nunes, *Lyvro dos Pesos*, p. 41.

1554. — «Somente pagasem os **choqueis** uindo em naos de partes de Maluquo athe Malaqua, que he a rezão de cada dez tres para o senhoryo do nauio de **choqué** que he frete». — Simão Botelho, *Tombo*, p. 113.

1558. — «Cinco bares em cada uma dellas [naus] forros de fretes, terços e **choqueis**». — Francisco Barreto, in *Archivo*, V, p. 355.

1612. — «Assi pelas desordenadas merces que os Visorreys e Gouernadores fazião, dos terços e **choques**, que vinhão a ElRey». — Diogo do Couto, VII, IX, 11.

1613. — «E se do galeão de que era capitão Francisco Toscano Pereira, que foi de Maluco áquella fortaleza, se pagaram de cravo os direitos e **choqueis**». — *Carta Régia*, in *Doc. da India*, II, p. 347.

1613. — «Fez com Diogo de Sousa outro contrato nouo nesta forma, que pollos terços e **choqueis** (que são fretes) que pertencessem a Elrey de todo o crauo que trouxesse no seu galeão, desse quatro centos e cincoenta bares». — Francisco de Andrada, *Chron. de D. João III*, IV, fl. 103.

1891. — «Quando o cravo vinha nas naus do estado, pagavam, alem d'isso, de frete ou **chuquel** até Malaca 30 por cento dos dois terços que lhes pertenciam... O lucro do estado consistia nos **chuqueis**, em obter o terço de todo o cravo por um preço infimo». — Conde de Ficalho, *apud* Garcia da Orta, Col. XXV.

* **CHOQUÊM** (gur. *choki*). Pôsto fiscal, alfândega, em Damão.

1783. — Fallando-lhe eu que a producção daquella Praganã passaria livre de direitos, ao menos do **Choquem** de Dadará, me respondeu que não, e por muito favor só dispensou no dito **Choquem** o mantimento que fosse de *jaine*, e alguns viveres, que fossem de pensão». — *Apud* Júlio Biker, *Collecção de Tratados*, VIII, p. 109.

1785. — «As alfandegas desta dita Praganã constam de cinco lugares ou sitios, que chamam **Choquens**, onde se cobram direitos das carretas, que vem dos matos com cargas de páos». — *Ibid.*, p. 141.

* **CHORGUÊM** (des.). Direitos aduaneiros de pasto do gado, que se pagavam nas Novas Conquistas de Goa. Do mar. *charganṇ* < sânsc. *char*, «pastar».

1703. — «**Chorguem** de *bangaçala*... **Chorguem** da estrada de Querim, *lagimas* da estrada de Borondum». — *Apud*

Júlio Biker, *Collecção de Tratados*, XII, p. 149.

1782. — «As lagimas chamadas **Chorguem** na alfandega de Comane, passagem de Sivolim». — *Ibid.*, VIII, p. 163.

1822. — «As pensões **Chorguem**, *Vanaqui, Lasmó*, de azeite, e de côcos de almadia». — *Ibid.*, XII, p. 23.

* **CHOUNLÔ** (s. m. pl.). É uma espécie de feijão da Índia — *Dolichos catiang*, Roxb. — mais miúdo que o feijão fradinho e muito comum em Goa. «Ha duas raças de «*chamvḷī*», grande e pequena; a primeira não é muito apreciada». D. G. Dalgado, *Flora*. Do conc. *tçanvlyô*, pl. de *tçanvḷī*.

1810. — «Generos *Bhus* que são: Bate, Nachinim, Orió, Pacol, Sanvó e **Chounlós**». — *Pauta Aduaneira* de Goa.

* **CHOURI**. Rabo de *Bos grunniens*, usado na Índia por enxota-moscas e insígnia da realeza. Do concani-mar. *chaurī*, hindust. *chauhrī* < sânsc. *chāmara*.

1390. — «... cuja magestoza cabeça beija a lua, e é adornada com insignias de **Chouriós**». — Placa da Goa, *apud* F. N. Xavier, *Descripção do Coqueiro*, p. 57.

1502. — «Trazia tambem outros dous homens com outros bastões, e em cada hum delles um mosquiteiro branco». — Tomé Lopes, *Navegação*, cap. 10.

1516. — «De cada banda leua [o rei do Malabar] dous homens, hũm com abano muy largo redondo, outro com outro abano de hũm *rabo* branquo de hũa alimaria como caualo que antre elles he muy estimado, posto em hũa asta douro; has quaes ho uaom abanando». — Duarte Barbosa, *Livro*, (2.ª ed.), p. 320.

1525. — «Ally estão muytos bramines em derrador da cadeyra onde estaa o ydollo, e estão no abanando com rabos de cavallos de cores, e com este em que estão são forrados todos d ouro estes rabos, e antre elles grande estado, e tambem com elles abanão a elrey». — *Chronica de Bisnaga*, p. 106.

1874. — «Em volta do pallio ostentavam-se os **chouris** e *mortcheis*, especie de penachos ou espanadores, com cabos de prata». — Tomás Ribeiro, *Jornadas*, II, p. 113.

1223. — «Reverence to Sámbhu who is made beautiful by a **chowri** which is moon that lightly rests upon lofty head». —Inscrição canaresa, in *The Journal*, XII, p. 18.

1610. — «Ay mas vacas, que dizen *domato*, que son muy differentes de las comunes en grandor, blancura, y fuerças de cuyas colas se hazen las combalas, servicio muy galan y estimado entre los naturales de la India del norte y del sur, en lugar de mosqueaderos».—Pedro Teixeira, *Relaciones*, p. 130.

1860. — «They consisted of a **chowrie** (the royal fly flapper) a diadem, a sword of state, a royal parasol».—Tennent, *Ceylon*, I, p. 446.

1824. — «I saw some Bhooteahs during my stay at Almorah, who had come down whith a cargo of **chowries**, tails of the *yâk*, or mountain ox». — Heber, *Narrative*, I, p. 403.

1908. — «The white tails constitute the **chowris** (fly-flaps) sold all over India». Watt, *The Commercial Products*, p. 733.

1913. — «Like a Being Divine he sits on his regal throne; on either side fair damsels fan him with soft **chamara**».— P. E. Pieris, *Ceylon*, I, p. 214.

* **CHOUTIÁ** (s. m.). Aquele que tem direito ao *chouto*. Os nossos escritores referem-se, neste sentido, a um rei vizinho de Damão. António Bocarro, porêm, emprega o vocábulo como sinónimo de «grássia» (q. v.) ou depredação; neste caso, o nome deve ser feminino. Evidentemente *choutiá* é derivado de *chouto*, mas não foram de certo os portugueses que o formaram. Os dicionários maratas e guzarates não o registam, mas devia existir na forma de *chauthyā*, como há em hindustani, *chouthiyā*.

1603. — «... vassalo do Rey de Sarcetta, a que chamam o **Choutia** de Damão pollo couto, ou foro que as nossas terras de Damão lhe pagam». — Fr. António de Gouveia, *Jornada*, fl. 125.

1605. — «Eu fui informado que a dita guerra do **Choutia** se occasionou das muitas semrazões, que os capitães d'aquella fortaleza [de Damão] fizeram ao dito rei sobre os direitos dos *choutos*». — *Carta Régia*, in *Doc. da India*, I, p. 3.

1618. — «Eu sou informado que a occasião, de que procede haver rompimento entre o **Choutéa** e a fortaleza de Damão, se entende que nasce ...» — *Ibid.*, IV, p. 288.

1635. — «Tem elles natureza tão prompta para fazer isto, que se chama **choutia**, por outro nome *grecia*, que significa viver de roubos». — António Bocarro, Déc. XIII, p. 214.

1695. — «Daqui passou às terras do **Choutià**, outro Regulo, que avisinha com Damão, Cidade de Portuguezes». — Cosme da Guarda, *Vida de Sevagy*, p. 151.

1610. — «... quedando en medio, las

tierras del Cole y **Chouteà** y otras harto anchas». — Pedro Teixeira, *Relaciones*, p. 98.

**CHOUTO.** Contribuição da quarta parte do produto da terra, especialmente em Damão. Posteriormente, o imposto reduziu-se ao oitavo ou a certa quantia de dinheiro, conservando-se porêm a denominação originária. Do mar. *chauth* (guz. *choth*, hindust. *chout*), sânsc. *chaturtha*, «quarto».

1595. — «Tendosse contratado antigamente El Rey de Sarcete de leuar do **chouto** das terras daquella cidade [Damão] a doze e meio por cento se fora introduzindo pagaremlhe muito mais». — *Carta Régia*, in *Archivo*, III p. 513.

1605. — «A provisão que V. Magestade mandou passar pera os Viso Reis irem à Relação, e pera os capitães de Damão não entenderem no **chouto** delle...». — *Ibid.*, I, parte II, p. 154.

1606. — «Concertarão com elles, que os deixassem laurar, e grangear suas terras pacificamente, que lhe pagarião de cada quatro um: este foro em sua lingua se chama *chautà* e nós corruptamente lhe chamamos **Choutas**»[1]. — Diogo do Couto, Déc. VII, VI, 6.

1634. — «**Chouto** quer dizer de oito hum, e disem lhe pagavão a oitava parte do que rendem as terras». — António Bocarro, *Livro*, in *O Chronista de Tissuary*.

1635. — «Uma certa porção a que chamam **choutos**, que é como certo foro que cada uma d'ellas [terras de Damão] lhes paga». — *Id.*, Déc. XIII, p. 248.

1635. — «Disse que o **chouto**, que elle hade arrecadar, que pagão as aldeias destas terras, sitas nas suas *Praganãs*... serão a dezasete por cento... e de Mahym a doze e meio por cento da moeda do dito Mahym, e na de Trapor, a catorze por cento». — *Apud* Júlio Biker, *Collecção de Tratados*, II, p. 63.

1638. — «A quem os moradores daquella cidade pagavão **chouto**, que he huma especie de condição com que o referido Rey [de Sarceta] se obrigava a não haver ladrões nas terras, nem se fazer prisão de gente, nem de gado aos lavradores de todo aquelle territorio de Damão». — *Ibid.*, p. 101.

1718. — «Consignou para ellas 18 mil Xerafins de renda, chamada de **Chouto**, que todos os annos lhe pagava a Praça de Damão pela liberdade de cortar o Capitão, e seus moradores as madeiras, de que aquelle Reyno he abundante». — D. José Barbosa, *Epitome da Vida*, p. 19.

1890. — «No regimen mussulmano e maratha as rendas da terra eram divididas em quatro partes, uma do Governo (**chauth**) e as outras do *jaghir*, que se pode considerar um feudo». — António de Almeida Azevedo, *As Communidades de Goa*, p. 87.

1900. — «Paga-se de **chot** por cada *viga* de terra da varzea com as respectivas terras altas dez annas». — António F. Moniz, *Historia de Damão*, I, p. 168.

1825. — «Les Mahrattes vers la fin du règne d'Aurengzeb, avaient offert de cesser leurs déprédations moyennant l'abandon du **chout**, ou quart du revenu des districts exposés à leurs incursions; mais l'orgueilleux monarque, bien qu'impuissant à les repousser, avait rejeté avec colère leurs propositions». — Xavier Raymand, *Inde*, p. 344.

* **CHOVOLO** (mar. *chaval*). Antiga moeda do sul da Índia, equivalente a um oitavo de *pagode*.

1703. — «De *Passori* se contribuia da mesma provincia, segundo o numero geral que importasse de pagodes *nixanis* da mesma, hum **chovolo** por pagode, hum *duval*, e hum *bill* a elle Sar Dassay, e hum *bill* a Bascaró Caci, com que se faz hum **Chovolo**.... Deve mandar cumprir ao pagode do feliz Senhor Vittol dezoito pagodes, e hum quarto, e **chovelo**, que elle vence». — *Apud* Júlio Biker, *Collecção de Tratados*, XII, p. 148.

* **CHUA** (s. m.). Antigo vice-rei do Aname. Do anam. *chúa*, «senhor». «*Chúa* était le titre des vice-rois ou maires du palais, qui exerçaient leur autorité sous les derniers rois de la famille de Lê». P. G. Vallot. V. *bua*.

1650. — «Só chamam cidade á metropole com nome de Queicho, que é a mesma côrte, onde mora o **chuá** ou governador, que usurpou o governo universal do reino ao *buá* ou rei». — P. António F. Cardim, *Batalhas*, p. 68.

«E o *buá* o proprio rei, este **chuá** seu capitão geral, mas ha alguns annos que estes capitães gernes têem usurpado o reino ao *chuá* (buá?), reverenciando-o só como estatua, na forma que os imperadores do Japão ao *dayri*». — *Id.*, p. 82.

1694. — «Recebeu o victorioso Capitão o titulo de **Chua**, que quer dizer Generalissimo de todas as armas, e com o mando dellas se pôs no absoluto senhorio de todo o Reyno: ficando o *Bua* com o titulo de supremo Governador, e o **Chua** com todos os poderes para governar. Estes mesmos nomes e titulos continuão ainda hoje em

[1] *Chauthā* é com efeito numeral ordinal em marata e podia ser empregado no sentido indicado, subentendendo-se *bhāg*, «parte».

os successores».—*Noticias da Cochinchina*, p. 4.

1640. — «El P. Antonio de Fontes, que en elle acompañó al **Chua**, assistió a la Christandad que por allá ay». — P. Semedo, *Imperio de la China*, p. 231.

1644. — «... riceuendo il Bua alcune volte nell' anno alcune visite con gran riuerenza dal **Chua** nel giorno che si numerano gl'anni della vita del sudetto Bua». —P. Cardim, *Relatione del Prov. del Giappone*, p. 53.

1721. — «Le Tyran **Chua** n'étoit qu'à demi sitisfait, parce que nonobstant ses ordres, et la ponctualité avec laquelle on les exécutoit, on n'avoit pû encore... se saisir d'aucune Missionaire».—*Lettres Edifiantes*, XVIII. p. 147.

* **CHUCA** (chin. *shau-ku*). Espécie de algema chinesa.

1569. — «Todos os que tem graves casos trazem adobas nos pés, nas mãos trazem hũas que elles chamam **Chucas**, que sam Algemas, mas sam de pao grosso, que tem dous buracos quanto lhe cabem as mãos». — Fr. Gaspar da Cruz, *Tractado da China*, cap. 21.

* **CHUJÊM** (chin. *shú-yuen*). Título de académico, na China.

1895. — Este titulo de **chu-jen** é traduzido pelos europeus pela palavra *doutor*. Na qualidade de **chu-jen**, é a primeira pessoa da aldeia». — Conde de Arnoso, *Jornadas pelo Mundo*, p. 286.

**CHUMBIM**. Magistrado judicial na China. Parece que o étimo é o chin. *hing-ming*. V. *chumpim*.

1541. — «Aonde por nossos peccados, sem o nós sabermos, acertou de estar hum **Chumbim**, que são como Presidentes de Alçadas, que de tres em tres annos correm as Comarcas do Reyno, a devassar dos Corregedores e Officiaes da Justiça». — Fernão Pinto, *Peregrinação*, cap. 84.

«Hum Sabado pela manham nos forão buscar á prisão dous **Chumbins** da justiça, que são como já disse, os meirinhos da execução do crime». — *Id.*, cap. 103.

«El Rey mandou logo chamar o **Chumbim**, que fôra no dar da sentença, e lhe deu conta de tudo o que passava». — *Id.*, cap. 142.

* **CHUMPIM** (chin. *tsung-ping*). Tenente-general do exército chinês.

1563. — «... e o capitão geral de guerra, **Chumpim**». — João de Barros, Déc. III, II, 7.

1668. — «Mais servião de capa de ladroeiras, e de se aproveitarem os mandaris, capitães, e **Chompis**, e outros particulares do que de proveito á fazenda e serviço real». — *Ta-ssi-yang-kuó*, I, II, 12.

1727. — «Mandou mais dois **Xeupins** que cada hum governa 1:000 soldados, que viessem acompanhar-me, e assistir-me em seu nome». — *Apud* Júlio Biker, *Collecção de Tratados*, VI, p. 53.

1900. — «*Zun-ping* ou *Tsun-ping* é a 2.ª auctoridade militar, ou tenente general, a seguir ao general ou *Tutú* (*Tai-tu*)». — *Ibid.*, I, II, 11.

1717. — «Un **Tsong ping** (Mandarin de guerre du second ordre) de la Province de Canton a pris de-là occasion de me presenter une Requeste à l'Empereur». — *Lettres Édifiantes*, XIV, p, 87.

1731. — «Un **Tsong-Ping** ou Lieutenant Général des Troupes...». — *Ibid.*, XXI, p. 222.

**CHUNAMBO** (indo-port. dravídico), **chumame** (indo-port. gáurico). Cal obtida pela calcinação de conchas de mariscos. O motivo da admissão do termo indiano é que a cal da Ásia se faz de outro material. O étimo é o malaiala *chuṉṉambu*, relacionado com o neo-árico *chunā*, sânsc. *churṇa*. O vocábulo entrou também em indo-inglês, *chunam*, *chinam* [1].

1515. — «... pera comprar betre araqua **chunãbo** dous pardaos» — Afonso de Albuquerque, *Cartas*, VI, p. 237.

1592. — «E isto em tempo em que valião todos os materiaes, a saber, madeira, pedra, **chunambu**». — *Carta Régia*, in *Archivo*, III, p. 359.

1616. — «Manda tambem ir cavallos á destra bem acobertados e ajaezados, com muitos pagens, dos quaes um lhe leva o abano, outro a boceta de prata cheia de betel, outro outra boceta com **chuname**, que é cal». — Pyrard de Laval, *Viagem*, II, p. 117.

1619. — «Mandando-me pedir licença para levar de Ceilão quantidade de moios de **chunambo**, para obras que mais quer fazer nas suas casas, lh'a neguei». — *Doc. da India*, IV, p. 305.

1635. — «Pedimos a vossa senhoria nos mande dar madeira, telha, **chunambo** para o concerto». — António Bocarro, *Déc.* XIII, p. 736.

1687. — «Entrão no pagode; poem um dedo de **chunambo** (cal de ostras) na cara de Buddûm, e fazẽ suas promessas».

---

[1] «E de *Chunambo* que deriva a palavra *Chanambêro* empregada em Macau para designar o antigo sitio, proximo da fortaleza do Bom-Parto, no extremo sul da bahia da Praia-Grande. N'esse sitio havia antigamente fornos de cal de ostras». — *Ta-ssi-yang-kuó*, II, III, 3.

— P. Fernão de Queiroz, *Conquista de Ceylão*, p. 94.

1727. — «**Chunambo**. He na India o mesmo que a cal da Europa, esta se compõem de cascas de ostras para edificar, e principalmente para entrar na composição do betle, a cujas folhas se junta huma pequena porção de **chunambo,** ou cal, e metade de huma areca. Tem havido na India pessoas tão voluptuosas, que mandavão fazer **chunambo** de aljofre fino». —Bluteau, *Supplemento.*

1745. — «Tambem não faltão Canaviaes de Assucar neste Imperio, e do seu melaço muito se aproveitão para vinagre, deixando-o azedar bem, e para caldear com **Xinamo,** que he cal de Ostras, com que os edificios se costumão rebocar». — *Ta-ssi-yang-kuó*, II, III, 3.

1782. — «Obrigam a passar para uma apparente madureza á força de cal, **chunambo,** ou fogo, o que não pode deixar de ser prejudicial á saude».—Fr. Clemente da Ressurreição, *Tratado*, p. 346.

1788. — «Por cada carga de **Chumane,** vinte e cinco reis». — *Collecção de Bandos*, I, p. 44.

1915. — «. . e que se compõe de areca, cal ou **chuname,** e varias especiarias». — Ismael Gracias, *A India*, p. 74.

1510. — «Mangiano con le dette foglie [bétele] certa calcina di scorze d'ostreghe, le quali loro chiamano **Clonama**».—Barthema, *apud* Ramúsio, I, fl. 160.

1584. — «Pigliano costoro una foglia di quest' herba e ci impiastano su un poco di gesso che demandano **clunamè,** e pigliano un pezze di frutto che chiamano areca e fatto un boccone di tutto se 'l mettono in bocca». — F. Sassetti, *Lettere*, p. 223.

1660. — «**Cinamo**. Calce fatta d'Ostrecche, o Concoglie brugiate». —Mgr. Sebastiani, *Seconda Spedizione*, p. 149.

1673. — «The Natives chew it with **Chinam** (Lime of calcined Oyester-Shell) and Arak». — Fryer, *East India*, I, p. 110.

1750. — «On parquette les planchers avec une espece de stuc appellé **chunam:** c'est une chaux faite de coquilles brulées, qui dure fort longtemps, et prend un poli si uni, qu'on peut exactement s'y mirer». — Grose, *Voyage*, p. 73.

1770. — «On n'y joint constamment du **chunnam,** espece de chaux brûlée faite avec des coquilles». — Raynal, *Histoire*, I, p. 168.

1786. — «La quale [areca] serve di cibo agl' Indiani col Bettila, foglio aromatico, e **Clunamba** o la calce fina». — Fra Paolino, *Viaggio*, p. 76.

1825. — «This is unavoidable in an island where no **chunam** is made but by a most expensive process, from shells». — Em Heber, *Narrative*, II, p. 178.

1860. — «. . . to hold a portion of **chunam** (lime obtained by the calcination of shells)». — Tennent, *Ceylon*, I, p. 118.

1908. — «The word **chúnám,** by modern usage, generally denotes, however, the beautiful plaster or ciment characteristic of many localities of India, more especially in the south . . . One of the earliest European writers to use the word **chúna** appears to be Garcia de Orta».— Watt, *The Commercial Products*, p. 710.

* **CHUPA** (mal. *chūpaq*). Medida de capacidade na Malásia, equivalente a um quarto de canada ou de *ganta*. É «aproximadamente a capacidade da metade da casca [*chereta*] de côco». Wilkinson.

1903. — «Em Macau os chins medem os sêccos por gantas (do malaio *gantang*) ou 10 **chupas,** que equivalem a pouco mais de 4 1/2 kilogrammas». — *Ta-ssi-yang-kuó*, II, IV, 5.

1620. — «La mesure de marchands est le Nali, lequel contient 16 gantas; chaque gante 4 **chuppas**». — Général Beaulieu, *Mémoires*, p. 81.

«**CHURINAR**, v. t. (gir.) esfaquear. (Or. ind.)». C. de Figueiredo. Se de facto o vocábulo é de origem indiana, o seu étimo deve ser o hindust. *chhurī* (marata conc. *surī*) < sânsc. *chhurī* ou *chhūrī*, «faca». «A existir no calão português, é o caló espanhol *churinar*, derivado de *churí*, «faca», e que tem um nome de agente derivado do verbo, *churinaró*, «matador». Gonçalves Viana, *Apostilas*.

**CHURRIÃO.** Os significados que os dicionários lhe atribuem são «carruagem pesada, carrão, ómnibus», Vê-se porêm das abonações que o vocábulo também designava outrora, pelo menos na Índia, uma espécie de embarcação de carga, provávelmente grande e pesada.

1687. — «Auistou o Olandez aquela barra com oyto naos, dous patachos, e hum **churrião**».—P. Fernão de Queiroz, *Conquista de Ceylão*, p. 667.

«Aos 12 amanheceu a armada inimiga de 18 naos, e muytas sumacas, **churriões,** e lanchas». — *Id.*, p. 782.

* **CHURTA, churto.** É o mesmo que *ola* ou fôlhas de palmeira. O termo é modernamente usado em Goa. Do conc. *tsudét*, «fôlha de palma».

1866. — «A palma ou *olla* (*chudita* ou

*chudéta*) nasce com os folíolos ou divisões estreitamente unidos, tendo a figura dos antigos floretes». — F. N. Xavier, *Descripção do Coqueiro*, p. 8.

1917. — «Diversos artigos de **churto** representavam as suas vestes sacerdotais, com que ia pontificar naquela festa pagã». — *Heraldo*, de 5 de Janeiro.

«É **churto** como uns dizem, ou **churta**, como lhe chamam outros, á palma do coqueiro?»... «A adoptarmos o mesmo género em português, deverá ser *a* **churta** e não *o* **churto**, como lhe chamam no concelho de Salcete». — *Heraldo*, de 6 de Janeiro.

1917. — «Ao lado da *ola* há que considerar o **churto** ou a **churta**, correspondendo aquela a *morl* (palma de coqueiro com os folíolos entretecidos), e êste a *chuddet*, palma». — *Heraldo*, de 7 de Outubro.

* **CIBIRALÁ** (ár. *sabīl-allah*). Água dada de graça aos viandantes sequiosos, como se costuma nos países quentes da Asia e do Egito, por se considerar obra de misericórdia de grande merecimento. Depositam-se para êsse fim grandes talhas ao longo das estradas.

1529. — «Por este caminho não ha nenhuma agoa para beber, somente em elle achamos em duas, ou tres partes huns edificios feytos de pedra, e cal, cubertos com abobedas da altura de hum homem, em que estavão vasilhas de barro grandes: a que elles em sua linguagem chamão **Cibiralà**, que quer dizer cousa piadosa feyta por amor de Deos. Estes edificios mandarão fazer Mouros defuntos, e deyxar rendas para se trazer alli aquella agoa, que vem de carreto em Camelos de muyto longe». — António Tenreiro, *Itinerario*, cap. 46.

«**CIDÃO** (m.), espécie de fôro na Índia portuguêsa». C. de Figueiredo. Do conc. *xidāv*, «fôro que se paga às communidades agrícolas pelos seus campos arrematados». O termo figura em dicionários desde o de Morais, que ortografa, com mais correcção, *cidão*, mas não está actualmente em uso no português da Índia.

**CIDE** (ár. *sayīd*). Senhor; príncipe. Título honorífico, preposto ao nome de certos árabes, especialmente aos dos descendentes de Mafamede por via de seu neto Husain.

1529. — «He senhoreada pelo *Sufi*, em que estão huns Mouros que comem os tributos daquella terra, que chamão **Ceydes**, que dizem que são parentes, e da geração de Ale e de Mafamede». — António Tenreiro, *Itinerario*, cap. 53.

«He senhoreada pelo Sufi, em que estão estas gentes que chamão **Ceydes**: que entre elles tem por fidalgos, e senhores». — *Id.*, cap. 54.

1614. — «Estavão dentro nella **Cide** Bofetà, **Cide** Rana, e Carnabec, tres Abexins principaes, e cabeças de todos os que andavão no Reino de Cambaya, que erão mais de quatro mil». — Diogo do Couto, Déc. VII, VI, 5.

1679. — «E ao **Cide** se tornou a entregar o casco da sua embarcação».—D. Luís de Meneses, *Hist. de Portugal Restaurado*, IV, p. 399.

1778. — «**Saied**, un des chefs de l'administration, dans une ville Maure. Mahométan, qui est censé de la famille de Mahomet». — Anquetil Duperron, *Législation Orientale*, no índice.

1845. — «Aussi dit-on d'ordinaire qu'ils n'ont de zèle que pour célébrer la fête de l'Yde (la principale de leurs fêtes religieuses), de libéralité que pour nourrir la paresse des **sayëdes** (descendants du prophète), de goût que pour orner les tombeaux de leurs saints». — Janeigny, *Inde*, p. 66.

1880. — «The **Seyids** according to Mr. Schefer were all who claimed descent from the Khalifs Oman and Ali, through the daughters of the Prophet... The **Seyid** had precedence of the *Khojàs*». — Howorth, *History of the Mongols*, II, p. 870.

**CIFA**. «Azeite de peixe, assim denominado em Xael, Ormuz e outros logares». Cardeal Saraiva. O persa *sift*, que é o étimo, significa própriamente «pez». A gordura de peixe é empregada no Oriente para untura de navios. Em ásio-português *cifa* é «gordura» em geral, seja de carne ou de peixe [1]. **CIFAR** quere dizer «untar com gordura de peixe». *Cifa* no sentido de «areia fina», é do ár. *saifa*.

1510. — «Foy pôr fogo em huma tercena em que estauão azeite, breu, e **cifa**, e cairo, e linho, e monição das naos».—Gaspar Correia, *Lendas*, II, p. 97.

1536. — «Varou suas fustas, espalmou e **cifou** de nouo na borda d'agoa».—*Id.*, III, p. 824.

1552. — «Mandou descarregar os bargantins, e a galeota. E **cifadas**, enseuadas pera que ficassem mais ligeiras, leuando alguns *catures* de Cananor». — Castanheda, *Historia*, VIII, cap. 13.

1554. — «A **cifa** he o peso como o ar-

[1] Também se diz carne *cifosa*, peixe *cifoso*, no sentido de «gordurento».

roz». — António Nunes, *Lyvro dos Pesos*, p. 25.

1616. — «He causa de muitas vezes haver falta de cairo, **cifa,** breu, pregadura, remos, mantimento, cotomias, e outras cousas». — *Alvará Régio,* in *Archivo,* VI, p. 1110.

1616. — «Estes muito encubertos lhes foram pôr o fogo, que ateou com muita braveza, por haver alli muitas **cifas,** e azeites com que as lavaredas foram tamanhas, que allumiavam como de dia». — Diogo do Couto, Déc. X, II, 2.

1651. — «Mandou logo **cifar,** e bastecer trinta nauios». — Jacinto F. de Andrada, *Vida,* p. 322.

1687. — «... não faltando pera o concerto **cifa,** cayro, e carpinteyros, tudo barato». — P. Fernão de Queiroz, *Conquista de Ceylão,* p. 41.

1670. — «Molte volte ne [de *cavalas,* q. v.] cauano certo oglio crasso, nero, quale chiamano **Sciffa,** per ongere le Naui». — Fr. Vincenzo Maria, *Viaggio,* p. 137.

**CIMITARRA.** Sabre asiático, de lâmina longa e curva, também usado pelos turcos. A palavra portuguesa deriva do francês *cimiterre,* que Marcel Devic liga ao persa *chimchir* (*shamshīr*).

1529. — «Andão sempre apercebidos com boas armas a saber arcos, frechas, e escudos de aceyro, e boas **çamitarras**». — António Tenreiro, *Itinerario,* cap. 3.

1552. — «Trazem [os jáos] **cimitaras** como turcos e padezes de pao muyto leve». — Castanheda, *Historia,* III, cap. 32.

1557. — «Armados, e vestidos como Turcos com seus arcos, lanças espadas, e **cimitárras**». — *Commentarios,* I, cap. 20.

1726. — «O aspecto era soberano, mas a condição docil; **cimitarra** e *sotary* na cinta, e na mão hum globo de pomada». — André Ribeiro Coutinho, *Relação,* p. 15.

1750. — «Leurs **cimeterres,** qu'ils laissent prendre devant eux, ne sont pas moins artistement travaillés». — Grose, *Voyage,* p. 234.

**CINAMOMO.** É o nome scientífico da caneleira, derivado do grego *kinnamómon,* provávelmente de origem hebraica. V. *canela* e *cássia.*

1563. — «Coloquio decimo quinto da canela, e da cassia lignea e do **cinamomo,** que tudo he huma cousa». — Garcia da Orta. V. Ficalho, *ibid.*

1745. — «Tambem se acha no seu terreno o **Cinamomo**» (na China). — *Ta-ssi-yang-kuó,* II, III, 3.

c. 70. — «**Cinamomum,** idemque Cinamum, in Ethiopia Troglodytis connubio permixta». — Plinius, *Naturalis Historia,* XII, cap. 19.

1589. — (1588). — «E similmente spezierie preziose, **Cinnamomo,** Cardamomo, Pepe, e Palme di maravigliosa bontà» (em Ceilão). — P. Maffei, *Le Istorie,* p. 108.

1615. — «Il vero **Cinnamomo,** come anche l'Amomo e 'l Costo, dice questo huomo, che si troua, e che egli l' ha veduto; e messo in opera in Venetia nella Theriaca». — Pietro della Valle, *Viaggi,* I, p. 588.

1673. — «It bore from us North by West 12 Leagues, the out-Land low, but rarely enriched with Woods of **Cinamom,** from which only it is brought». — Fryer, *East India,* I, p. 72.

**Cipai.** V. *sipai.*

* **CIPÓ DA ÍNDIA.** *Clematis Gouriana,* Roxb., da família das ranunculáceas. *Cipó* é do tupi, conforme Cândido de Figueiredo. «O sumo das folhas é vesicante». D. G Dalgado, *Flora,* p. 1.

**CIRIFOLE.** É o mesmo que *bêl* e *marmeleira da Índia* (q. v.) — *Aegle marmelos,* Correia. Do sânsc. *çrīphala* (lit. «fruto santo»), usado com pequenas variantes em diversos idiomas neo-áricos

D. G. Dalgado diz que o actual nome português é *bilva,* que é outro vocábulo sânscrito, *bilva* ou *vilva,* que se transformou em *bêl* nos neo-áricos.

1563. — «E pois quereis saber o nome desta fruta, diguo vos que em Bengala, e em todos os cabos se chama **cirifoles** e *belas.* E porque eu sabia que se chamava *beli* em Baçaim, perguntei a estes fisicos da terra qual era o seu proprio nome, se **cirifole** ou *beli;* e elles me disseram que **cirifole** que era o nome vulgar, e porém que *beli* era o nome dos fisicos, e que elles o tinham em suas escrituras». — Garcia da Orta, Col. LVIII.

1908. — «It is all but universally known by its Sanskrit name *bilva*... The fruit is generally called **sriphal**». — Watt, *The Commercial Products,* p. 26.

* **CIUBARA** (jap. *shivabitaru*). Encrespado, frisado (papel), no Japão.

1584. — «A machina do sepulchro era quadrada, e estaua alto, e em boa proporção, era feito de diamães muito brancos de papel que se chama **çiubara,** e de pedras jaspeadas do mesmo». — P. Luís Fróis, *Cartas de Japão,* II, fl. 102.

* **COALDEANO** (s. m.). O que pertence à mesma aldeia ou freguesia. Êste termo, como o *aldeano* (q. v.)

é corrente em Goa. Não sei se há algum correspondente em Portugal; parece-me que se diz «conterrâneo» ou mais comummente «da mesma terra, da mesma pia» (baptismal).

1915. — «Foi significativa a festa que alguns amigos, seus **coaldeanos**, realizaram a 14 do passado, em Uccassaim, em homenagem ao sr. dr. Mariano José Saldanha, illustre professor do Lyceu Nacional, pelo seu regresso á terra do berço». — *O Ultramar*, de 1 de Março.

1915. — «É certo que o seu **co-aldeano** sr. Chrysologo Viegas, offendido pelo tal redactor, cá appareceu a pedir-nos para, sob sua responsabilidade, o combater por todos os meus». — *Id.*, de 30 de Setembro.

1915. — «O **coaldeano** com que devia andar feito era esse outro empregado do correio». — *O Futuro*, de 4 de Dezembro.

* **COAMERQUE**. Assim figura o vocábulo na edição portuguesa do *Livro* de Duarte Barbosa, como sinónimo de *jogue* que êle escreve *jone*; mas evidentemente está desfigurado. Na tradução inglesa do manuscrito espanhol está *Zoame*, isto é, *suami* (q. v.), «prelado dos hindus», que se não aplica aos ascetas mendicantes. Parece-me que *Coamerques* deve estar por *Çoanyasins* (*saniassi*, q. v.), que equivale a *jogue*.

1516. — «Andaom estes pela maior parte juntos, como os Egyptanos [= ciganos] em nossas partes, nem costumaom estarem muito em qualquer parte, antes muy poucos dias; estes chamaom *Jones*, ou **Coamerques**, quer dizer tanto como seruidor de Deos». — Pág. 307.

«They are called *zoame*, which means servant of God». — *A Description*, p. 99.

* **COBRA ALCATIFA**. É uma das cobras venenosas da Índia (*āgyó* em concani), *Bungarus*, Daud., que se diz não ver durante o dia. A denominação portuguesa provêm da côr da pele.

1842. — «A cobra de capello, e **a cobra alcatifa,** cuja peçonha opéra prompta e violentamente, e a vibora». — *Annaes Maritimos*, p. 271.

1846. — «Divod, Aguio (**Alcatifa**)». — F. N. Xavier, *O Gabinete Litterario*, I, p. 253.

1858. — «A cobra chamada **alcatifa,** pela côr mosqueada da pelle». — Miguel Vicente de Abreu, *Bosquejo Historico*, p. 158.

1873. — «A **alcatifa** acha prazer em deitar-se debaixo dos travesseiros». — Tomás Ribeiro, *Jornadas*, II, p. 367.

1886. — «Aguió (**cobra alcatifa**), fursen (vibora)». — Lopes Mendes, *A India Portugueza*, I, p. 118.

1901. — «Os unicos animaes perigosos, abundantes em todo o districto, são a cobra capello, a **alcatifa** e a vibora». — José Pinheiro, *Bol. S. G. L.*, XX, p. 21.

1908. — «A fauna é variadissima, abundando os tigres, bufalos selvagens, ursos, variados antilopes, e cobras as mais venenosas, como a capello, a **alcatifa** e a vibora». — Hipácio de Brion, *A India Portugueza*, p. 21.

1914. — «Consta que na noite de ultima quinta feira foi morta à pedrada pelo sr. Filipe Nery Corrêa uma valente **alcatifa** (*mandol*) junto a sua casa situada na Rua do Norte». — *O Ultramar*, de 16 de Novembro.

«Le genre *Bungarus* comprend trois formes propres à Java et à l'Inde. Les animaux paraissent avoir des habitudes nocturnes, car ils se cachent le jour et évitent les rayons du soleil... Leur morsure est des plus dangereuses; excessivement communs, ils pénètrent souvent dans les habitations, et deviennent ainsi des hôtes redoutables». — *La Grande Encyclopédie*.

* **COBRA CHUMBO**. É uma espécie de cobra de Timor, que tem côr de chumbo.

1908. — «Em uma das masmorras abandonadas uma estreita cobra escura de cabeça triangular, á qual chamam **cobra de chumbo,** e que dizem venenosa». — Alberto O. de Castro, *Flores de Coral*, p. 217.

* **COBRA CUSPIDEIRA**. Outra cobra da Índia, que também se acha na África, pequena, muito venenosa, e que salta a grande distância, donde tira origem o seu nome. Diz-se que é o macho da *cobra capelo* [1]. V. *naguine*.

1846. — «Naguiny (Macho de Panró, vulgarmente **Cuspideira**)». — F. N. Xavier, *O Gabinete Litterario*, I, p. 253.

1885. — «Cobra **cuspideira**». — António F. Nogueira, *Bol. S. G. L.*, V, p. 224.

* **COBRA DA SERRA**. Conforme João Ribeiro, é o nome que se dava em Ceilão a uma serpente do género de «boa».

---

[1] «*Panró* (cobra de capello), *naguine* (macho de panró)». — Lopes Mendes, *A India Portugueza*, I, p. 118.

1685. — «Ha outra Casta a que chamão **cobra da serra**, engolem um novilho ou veado, das quaes vi algumas mortas pelos nossos cafres, e as comião, dizendo que erão muito gostosas e substanciaes; tinha de diametro cada posta passante de hum palmo». — *Fatalidade Histórica*, I, cap. 20.

1825. — «The *Boa Constrictor* is occasionaly found of the enourmous length of thirty feet. The bite is not poisonous, but its size renders it extremely formidable» (em Ceilão). — Em Heber, *Narrative*, II, p. 197.

**COBRA DE CAPELO, cobra capelo, capelo.** *Naga tripudians.* É uma das mais perigosas e peçonhentas da Índia (da qual foi vítima um irmão meu), e um dos objectos do culto hindu, adoptado dos aborígenes. O motivo da denominação portuguesa explica-se abaixo. O nome passou a outras línguas europeias, às vezes só em parte, *cobra* ou *capel*. Tomás Ribeiro diz «a capello, as duas capellos», subentendendo *cobra*.

1516. — «Algũas serpentes ha que hos Indios chamam *Nurcas*, e nós **cobras de capelo,** porque fazem hũu sombreiro sobre ha cabeça». — Duarte Barbosa, *Livro*, p. 344.

1539. — «Vimos tambem grande soma de **cobras de capello,** de grossura da coxa de hum homem». — Fernão Pinto, *Peregrinação*, cap. 14.

1563. — «Ha muytas serpentes, a que chama o vulgo **cobras de capelo;** e nós em latim as podemos chamar *regulus serpens*». — Garcia da Orta, Col. XLII.

1602. — «Deitarão no aposento às escuras duas **cobras de capello,** para os morderem, e matarem». — Fr. António de Gouveia, *Jornada*, fl. 13.

1685. — «Ha tambem humas [cobras] a que chamão de **capello,** ainda que muito venenosas, nenhum Chingalá as mata». — João Ribeiro, *Fatalidade Historica*, I, cap. 20.

1687. — «Os Portuguezes chamão lhe **cobra de capelo,** por algũa semelhança com o capelo de Viuuas; porque assanhada, de hũa, e outra parte da cabeça, estende hũ cartilago branco, que o pareçe; e não de capela, nem de capêlo, ou chapeo em Italiano; como a estampou o Padre Chircher», — P. Fernão de Queiroz, *Conquista de Ceylão*, p. 87.

1697. — «Chamase esta **cobra de capello,** porque tem sobre a cabeça huma pelle cartilaginosa, que se abre, e fecha, e quando se abre, representa hum capello de frade, e com mais propriedade huma mulher com patas ou monhos. He ferocissimo animal, quando está assanhado estende o capello, levanta o collo a meyo corpo, e lança tam venenosos sopros, que mata com elles frangos, galinhas, e animaes quadrupedes pequenos... Venerão os gentios esta cobra como sagrada, e sempre crião alguma nos seus pagodes, alguns por devoção em suas casas... E tornando à **cobra de capello,** certo Author estrangeiro em Roma ouviu fallar sobre ella a hum Portuguez ido da India, e não sabendo o Portuguez explicar o capello por outro vocábulo, duvidou o estrangeyro, se era cabello, ou chapeo, porque ambas estas cousas significa *capello* na lingua Italiana, e pintou a cobra em hum dos seus opusculos Latinos com mais cabellos que hum urso, não tendo ella hum só pelo, e com hum chapeo sobre a cabeça, com seus cordões lançados, de que nos rimos muyto na India». — P. Francisco de Sousa, *Oriente Conquistado*, I, II, 1.

1843. — «A caça das cobras, ditas de **capello,** he um tanto perigosa, porque se a cobra escapa da mão direita é inevitavel a mordedura». — *O Panorama*, n.º 66.

1906. — «A verdadeira divindade hindu de Goa é a **cobra capêllo,** sob os nomes de *Santéry* e *Shant-Durgá*, ou Durgá, a Serena».—Alberto O. de Castro, *A Cinza dos Myrtos*, p. 188.

1917. — «Rasteja traiçoeira a **cobra-capêlo,** e fosforejam olhos avidos do tigre rial». — *Heraldo*, de 8 de Maio.

1578. — «En aquel Calecut hay muchas sierras asperas, y fragosas, llenas de Elephantes, Tigres, Puercos montezes, Onças, **Culebras de capello,** y otras muchas sauandijas». — Christóvão da Costa, *Tractado*, p. 187.

1585. — «Aueua in una delle mani destre una di questa serpi che domandano di **capello,** per rizzarsi loro sopra la testa, quando elle sono in caldo, una cosa come una chioma». — F. Sassetti, *apud* Gubernatis, *Storia*, p. 193.

1631. — «Morsus erat à serpente quodam, quem Lusitani **Cobra de Capello** vocant». — Bontius, *Hist. Naturalis*, p. 46.

1711. — «Il en sortit un gros serpent, de ceux qu'on appelle en Portugais **Cobra-Capel**». — *Lettres Édifiantes*, IX, p. 229.

1670. — «Il y en a d'autres que les Indiens appellent *Nalle bambou* [*pāmbu*], c'est à dire bonne couleuvre, et les Portugais **Cobra capel,** parce qu'elle a une peau grande comme la main qui lui environne la tête, faite en forme de chapeau émaillé». — Dellon, *Relation d'un Voyage*, I, p. 191.

1786. — «Per la prima volta vidi far un encantesimo da un Gentile, che provocò una serpe **Cobra capello** con il suo canto e musica in nostra presenza». —Fra Paolino, *Viaggio*, p. 49.

1824. — «I have only seen one **cobra di capello**».—Heber, *Narrative*, I, p. 212.

1825. — «Le *nahgara-pantchamy* est encore une grande fête, qui au commencement de février, se célèbre en l'honneur des serpens, et surtout des plus venimeux, tels que l'espèce de serpent à lunettes appellée **cobra de capello** par les Portugais, et *nahga* ou *nahgara* par les Indiens». — P. Dubois, *Mœurs*, II, p. 333.

1860. — «The **cobra de capello** is the only one exhibited by the itinerant snake charmers». — Tennent, *Ceylon*, I, p. 192.

1860. — «C'est ainsi que l'on en rencontre dans toutes les rues de Bénarès jouant avec cette terrible vipère au col noir que les Hindous appellent *Naga*, et que nous nommons **cobra-di-capello,** et dont le poison est si violent, que le cadavre de l'homme qu'il a pénétré est décomposé en moins d'une heure». — Énault, *L'Inde Pittoresque*, p. 290.

1884. — «Des pierres plates sur lesquelles sont esculptées en relief des représentations du serpent que les indiens appellent *Nâga-pâmbu*, le bon serpent, et que les européens connaissent sous le nom de serpent à lunettes ou serpent **capel**». — Mgr. Laouenan, *Du Brahmanisme*, I, p. 214.

1860. — «Ramparts de deux lieues de long, palais et temples, aujourd'hui abandonnés aux singes et aux serpents **cobras**». — Pierre Loti, *l'Inde*, p. 272.

**COBRA DE DUAS CABEÇAS.** É, conforme Fra Paolino, o nome indo-português malabárico de anfisbena. A verdadeira anfisbena encontra-se, conforme Crooke (em Fryer, I, p. 98) sómente na América Meridional e nas Índias ocidentais, mas dá-se o nome a algumas cobras asiáticas, como *Ptyas mucosus*, *Eryx Johnii*, Russ. Em concani chama-se *mālūṇḍ*.

1786. — «*Irutalakuszali* è un serpe che ha due teste, checche ne dica Charletan, che lo nega. *Iru* due, *tala* testa, *kuszali* serpe della grossezza di un osseto d'una coscia di gallina. In Portoghese egli si chiama **cobra de duas cabeças**, in latino e greco *Amphisbena*». — Fra Paolino, *Viaggio*, p. 180.

c. 70. — «Geminum caput *amphisbaenae*, hoc est, et a cauda, tanquam parum esset uno ore fundi venenum». — Plinius, *Naturalis Historia*, VIII, 35.

* **COBRA DE OITO PASSOS.** Nome de outra cobra do Malabar, mencionado pelo aludido escritor.

«Il serpe *Ettadimùken*, o **cobra de oitto passos,** che camina saltando, facendo salti de 8 passi, torcendosi in un cerchio». — *Viaggio*, p. 180.

* **COBRA DE RATOS.** É o nome que se dá a uma grande cobra indiana, que anda pelos tectos de casas a apanhar ratos e que não faz mal aos homens. Chamam-lhe *divaḍ* em concani.

* **COBRA MADEIRA.** É conhecida por êste nome em Timor uma espécie de gibóia. Diz-se *lebós* em teto.

1843. — «Ha aqui **cobras madeiras** que chegam a ser mui corpulentas de fórma que podem comer um grande porco, ou pequeno bufalo, mas não perseguem a gente nem são peçonhentas». — *Annaes Maritimos* (parte official), p. 220.

* **COBRA MANILA** (indo-ingl. *cobra manilla* ou *minella*). Uma das cobras da Índia meridional — *Bungarus caeruleus* ou *Daboia Russellii*. O étimo é o concani-mar. *maṇer* < sânsc. *maṇi*, «jóia».

1616. — «Ha outra sorte de cobras mui peçonhentas, ha que hos Indios chamaom *Madalis*». — Duarte Barbosa, *Livro*, p. 344.

1786. — «Gli altri serpenti vellenossi del Malabar sono il *Veliketten* o *Valluni*, chiamato **Serpe maniglia,** perchè porta alcuni cerchi di color bianco intorno al suo corpo». — Fra Paolino, *Viaggio*, p. 179.

1810. — «Here, too, lurks the small bright speckled **Cobra manilla,** whose fangs conveys instant death». — Maria Graham, in *Glossary*.

**COBRE BRANCO.** «É um mineral que se encontra principalmente nas provincias de Yun-nan e em Kuein-cheu, quasi semelhante ao zinco, mas muito mais denso... O **cobre branco** é um composto de cobre, zinco, de arsenico e de nickel». — *Tu-ssi-yang-kuó*, II, p. 168.

1745. — «Tambem se achão [minas] de Estanho a que neste paiz chamão *Calaim*, de Cobre amarello, e de **Cobre Branco,** que tem grande estimação e valor: o fino escolhido tem o toque de prata e a ella se assemelha; delle se fazem varias obras para outros Reinos, mas já muy falsificado e com liga, que lhe faz perder a cor e quebrar com facilidade». — *Ta-ssi-yang-kuó*, II, p. 152.

* **COBU** (jap. *kobu*). É uma espécie de erva marinha — *Laminaria japonica*, que comem os japoneses.

1634. — «Ha grande trato por ella na Ilha de Yezo, de peixe **Cobu** que são hũas ervas do mar muy compridas, e largura palmo e meyo, que os Japoens comẽ e outras cousas do mar, e *Racconacava* (*drakko*, «lontra» + *ro*, «de» + *kava*, «pele) que são pelles de lontras». — *Hist. da Igreja do Japão, apud* Cristóvão Aires, *F. M. Pinto e o Japão*, p. 149.

**COCA DE LEVANTE. FRUTA MATA-PEIXE.** Menispermácea *Anamirta cocculus*, W. & A. «As *cocas de Levante* são exportadas em grande quantidade de Bombaim para Europa, onde são usadas para adulterar a cerveja; n'estes Estados são empregadas para matar ou entorpecer o peixe». D. G. Dalgado, *Flora*, p. 4.

* **COCADA.** Doce de côco moído, farinha de trigo e açúcar. Há outros termos análogos em indo-português. V. *figada*, *mangada*, *perada*.

**COCE, cosse** (neo-árico *kôs* e sânsc. *kroṣa*). Medida itinerária variável, mas de ordinário equivalente a quási duas milhas. V. *gos* e *Glossary*.

1554. — «Casy dous **coucés** e mêo da banda do mar pera dentro da terra ffirme desde o dito Mangualor te' a Ilha de Chalaguão». — Simão Botelho, *Tombo*, p. 226.

1612. — «Daria a Elrey de Portugal para todo sempre, o porto e cidade de Mangalor, com todos os direitos, rendas, e jurdição, como dous **coces** e meyo (que he hũa legoa e vn quarto) de hũa e outra banda». — Diogo do Couto, *Déc.* V, I, 12.

1616.— «As portas [da cidade] são todas por ordem, hũa da outra hum **couce** (medida sua, em que ha espaço de dous terços de legoa». — António Pinto Pereira, *Historia da India*, I, p. 29.

1713. — «**Gos**. Medida itineraria dos Indios: que assim como medimos os caminhos, e jornadas por legoas, os Indios as medem por **Goses**, e cada he de quatro mil, e oito centos, ou de cinco mil passos geometricos». — Bluteau.

1788. — «Quando o Marechal recebeu esta minha ordem, já se achava em Negodem, dous **couces**, ou hora e meia de caminho adiante de Madurem». — *Apud* Júlio Biker, *Collecção de Tratados*, VIII, p. 288.

1791. — «Eu estou acampado com o meu exercito na aldeia Gudin dos dominios de Betguer, de donde dista Darvada quatro **cosses**». — *Ibid.*, IX, p. 18.

545. — «L'Isle de Taprobane selon le rapport de ceux du pays, a trois cens **cos** de longeur et autant de largeur, ainsi elle a de circuit vn peu plus de 900 milles». — Cosmas Indicopleustes, *Relations*, I, p. 20.

1616. — «... every Indian **Course** being two English miles». — Terry, in *Glossary*.

1623. — «E ogni **Cos**, ò *Corù*, è mezza *Fersegna*, ò lega di Persia». — Pietro della Valle, *Viaggi*, III, p. 18.

1631. — «Distat ab aequatore unus et viginti gradus et LV scrup. versus arctum, à Surratte viginti tres **cosas** sive duodecim milliaria Belgica». — *De Imperio Magni Mogolis*, p. 24.

1666. — «Une **cosse** qui est la mesure des Indes pour l'espace des lieux, est environ d'une demi-lieu». —Thevenot, *Voyages*, III.

1674.—«Eastward of Surat, two **Courses**, i. e. a League, we pitched our Tent». — Fryer, *East India*, I, p. 265.

1778. — «**Cosse**, Mesure de chenin, dans l'Inde, trente sept au dégré». — Anquetil Duperron, *Législation Orientale*, índice.

1786. — Un miglio Indiano chiamato *Casam* ò *Cas* e non **Cosse**, come malamente scrivono gli Europei, non è sempre eguale nell' India». — Fra Paolino, *Viaggio*, p. 55.

1824. — «Our march to-day... was ten **coss**, or twenty miles, to a large village with an old fortress». – Heber, *Narrative*, I, p. 348.

1845. — «Les soldats de Timour durent se frayer un chemin, à la lueur des torches, à travers de fourrés du jongle, durant l'espace de douze **kosses** (environ dix-huit milles)».—Xavier Raymond, *Inde*, p. 300.

* **COCELBAXA.** A locução turca *qizil-bāsh* quere dizer literalmente «cabeça encarnada», e denota os turcos que se estabeleceram na Pérsia durante a dinastia dos *sufis* (q. v.) e que trazem carapuça encarnada, em que tanto falam os nossos indianistas, a começar de Duarte Barbosa, com relação àquele país. Tem a reputação de óptimos soldados. V. *corchim*.

1529.—«Chamão-lhe **cazelbaras** (*sic*), que quer dizer em sua lingoagem cabeças vermelhas». — António Tenreiro, *Itinerario*, cap. 4.

1603. — «E voltou-se ao Principe... e a *Corchi-baxi* Capitão geral dos **Cocelbaxas** que são os soldados que mais estima». — Fr. António de Gouveia, *Jornada do Arcebispo*, fl. 134.

1603. — «Ie visité le **keselbache** qui y commande vne petite fortresse, du quel ie receu beaucoup de civilitez». — Le Gouz de la Boullaye, *Voyages*.

1604. — «I believe that the title *baxa* is of the same derivation, meaning head of the government, and so also **Cazel Bax**, or Red-head, and, *Corà Bax* or Black-head: names of fighting tribes amongst Persians and Turks». — Pedro Teixeira, *The Travels*, p. 66.

1604. — «Aly inuento esta maniera de Tocado, que era vn bonete, o copa de sombrero de algodon, o lana bermejo, que esso quiere dezir **Cuseluas**, color bermejo: y como despues veremos, los Turcos llaman por esso **Cuseluas** a los Persianos». — D. Juan de Persia, *Relaciones*, fl. 50.

1623. — «Io pur lo vestj con habiti miei portati da Persia in habito di un Persiano, ò per dir meglio, di vn nobil soldato **Chizilbase**». — Pitro della Valle, *Viaggi*, III, p. 127.

1666. — «... qui avait été **bakchis** ou grand-maître de la cavalerie». — Bernier, *Voyages*, I, p. 5.

1675. — «**Corgee Bashee**, Adjutant-General, is next him, Commander of Twelve Thousand Horse». — Fryer, *East India*, III, p. 56.

1815. — «They wore a red cap, from which they received the Turkish name of **Kuselbash** or «Golden heads», which has descended to their posterity». — Malcom, in *Glossary*.

1845. — «Il faut distinguer les **Kazzelbashis** (appellés *Qizalbash* par Mohon Lall; *Kuzzilbaushes* par Elphinstone), tribu tourkomane, qui du temps de la domination des dynasties tourkomanes parvint en Perse à un haut dégré de puissance». — Jancigny, *Inde*, p. 94.

* **CÔCHE**. Emprega-se êste termo em Goa na acepção de «palanquim do feitio de caixa oblonga, em que se leva o Viático para os enfermos». Antigamente servia tambêm para outros usos.

1916. — «Um valioso oferecimento acaba de fazer à igreja de Nagoá o sr. p.e Salvador João Pinto. É um lindo **coche** para o santo Viatico — obra esmeradamente acabada». — *Heraldo*, 29 de Julho.

**CÓCO** (jap. *koku*). Medida japonesa para os cereais, equivalente a seis alqueires.

1600. — «Os dias passados, que alli estiuemos em se declarando por parte do principe Findejuriçama lhe vierão logo dous, ou tres mil **Goous** [*sic*], que sam cada hum dous fardos de arrôs». — P. Fernão Guerreiro, *Relaçam Annual*, p. 188.

1874. — «As rendas no Japão pagavam-se ainda ha pouco em generos; e a unidade era o **koku** de arroz». — Pedro G. Mesnier, *O Japão*, p. 139.

1906. — «*Dáimio* era o título que competia a um cabo de guerra, cujo rendimento anual excedesse dez mil **cocos** (*cóku*) de arroz, porque a riqueza de cada um, bem como os proventos, tinham por unidade a quantidade de arroz a que montavam as suas rendas. Os dez mil **cocos** de arroz equivaliam a uns vinte e cinco contos de réis. Até muito recentemente os funcionários públicos eram pagos, pelo menos nominalmente, em arroz, no Japão». — Gonçalves Viana, *Apostilas*.

**CÔCO**. Fruto de *Cocos nucifera*, Linn.; vasilha da casca de côco, metade da casca, que em indo-port. se chama *chareta* ou *chereta*; bôlo de côco. «O fructo, *côco*, é uma drupa oval ou elliptica trigonia, tendo pouco mais ou menos um palmo de eixo maior». Bernardo Francisco da Costa.

Os nossos escritores antigos designaram a árvore que produz o côco pelo nome genérico de «palmeira», e não por «coqueiro», que é um termo moderno, ainda hoje pouco usado na Índia. V. *coqueiro* e *palmeira*. Os escritores estrangeiros, anteriores aos portugueses, denominam o fruto *nux indica* ou *noce d'India*, à imitação dos árabes, que lhe chamam *jauz-al-hindī*. Actualmente, a palavra *côco* é empregada por todas as línguas europeias.

Quanto à etimologia do vocábulo, tem-se aventado várias hipóteses, não faltando quem lhe atribua origem egípcia, *kuku!* Mas se tivermos em vista o que dizem os nossos indianistas, mais competentes no assunto, não pode restar nenhuma dúvida acêrca da proveniência.

O autor do *Roteiro* (1498), referindo-se a Mombaça, diz: «As palmeiras desta terra dam hũm fruto tam grande como melõees e o mejollo de dentro he o que come e sabe como junça avellanada» (p. 28). E o mesmo, já na Índia, escreve: «E o mantimento era **coquos** e quatro talhas de hũus queijos daçuquar de palma» (p. 94)[1]. É, portanto, no Malabar que os companheiros de Vasco da Gama aplicaram o nome ao fruto, e certamente não o receberam da língua vernácula, que o designa por *tengu*, nem das línguas áricas modernas, que lhe chamam *nārel* ou *nāral*, sânsc. *narikela*, persa *nargīl*. E que o não conheceram no lugar, mas transferiram por analogia dum objecto para outro, como o fizeram com *figo* e *pera*, sabemos de Barros, Orta e outros.

O étimo é pois o português continental *coco*, que antigamente se empregava, como se emprega ainda hoje em castelhano, por «papão». Bluteau dá uma derivação inversa, mas indica a acepção que *côco* tinha em Portugal: «O *Coco* ou a *Coca*. Usamos destas palavras, para pôr medo aos meninos, porque a segunda casca do *Coco* tem na sua superficie tres buracos com feyção de cáveira». Também cita a frase: «Fazer coco. *Terricula intendere*. V. *Glossary*; Conde de Ficalho, Col. XVI; Cândido de Figueiredo, no *Instituto de Coimbra*, vol. XLVIII, p. 655; Gonçalves Viana, *Apostilas*, s. v. *carranca*, e *Revista Lusitana*, XV, pp. 242 e 247.

1502.—«Vierão tres delles ter comnosco em a sua almadia, com hum presente de figos e **cocos**». — Tomé Lopes, *Navegação*, cap. 7.

1504. — «Com tanta galinha, e figuos e **coços**, que me nam cabiam no parauo». — Álvaro Vaz, in *Cartas*, de A. de Albuquerque, III, p. 263.

1505. — «Mandou [o rei de Quíloa] em presente ao capitão mór 5 cabras, uma vaquinha, muitos **cocos** e fruta... Estes **cocos** são tamanhos como bons melões, tem a casca grossa da qual fazem todas as cordas, e dentro tem um fructo como grande pinha, terá meio quartilho d'agua, a qual he gostosa de beber; depois d'esta agua ser fóra quebram-no e comem-no, de dentro tem gosto de nozes que não são de todo maduras» — In *Bol. S. G. L.*, XVII, p. 357.

1513. — «Os vossos oficiaes não tratam eles arecas, nem arrozes, nem **cocos**». — A. de Albuquerque, *Cartas*, I, p. 133.

1516. — «Soya de uir ha mais especiaria, com muy grande soma daros [d'arroz], e açuquar, e **cocos**». — Duarte Barbosa, *Livro*, (2.ª ed.), p. 262.

1521. — «Trouxeram-lhes gallinhas e **cocos**». — *Roteiro* da viagem de Fernão de Magalhães, *apud* Saraiva, p. 125.

1534. — «Tem este Aynão muitos sendeyros tem **quoquos** e areqa que não tem toda a terra da China». — Cristóvão Vieira, *apud* Ferguson, *Letters*, p. 79.

1552. — «Não mais que **cocos** e jagra». — Castanheda, *Historia*, I, cap. 25.

1563. — «Os nossos lhe chamão **coco**, nome imposto pelas mulheres a qualquer cousa com que querem fazer medo ás crianças, o qual nome assim lhe ficou que ninguem lhe sabe outro». — João de Barros, Déc. III, III, 7.

1563. — E nós os Portugueses, por ter aquelles tres buracos, lhe posémos o nome **coquo**; porque parece rosto de bugio ou de outro animal». — Garcia da Orta, Col. XVI.

«E a gente da terra, toma purga deste tamarindo com azeite de **coquo**, que he o fructo da palmeira». — *Id.*, Col. LIII.

1563 (1493). — «Os cafres forão á terra, onde muyta gente na praya se ajuntou a lhe perguntar, os quaes dahi a pouco tornarão á nao em huma almadia com **cocos** e duas galinhas que derão ao Capitão mór». — Gaspar Correia, *Lendas*, I, p. 35.

1615. — «Os Portuguezes lhe chamam *Palmeira*, e ao fructo **Côcos**». — Pyrard de Laval, *Viagem*, II, p. 371.

c. 1788:

> «Mas, em casando, quem diria,
> Que o dote consistisse em quatro cocos,
> Hum Cafre, dez *cajús*, e a senhoria!».
>
> Bocage, *Obras Poeticas*, I, p. 86.

1872. — «Quando finalmente o **côco** é inteiramente verde, sem amendoa, ou em principio de formação, e leva o nome de **coquinho** (*bonddó*), e então o *selim* é apenas uma excrescencia branda e murcha». — Bernardo da Costa, *Manual do Agricultor*, I, p. 188.

1883.—«Era aquelle o dia da festa chamada do **côco**, em que muitos crentes levam **cocos** enfeitados com flores, e são acompanhados por grupos que conduzem estandartes e ramilhetes». — Adolfo Loureiro, *No Oriente*, I, p. 174.

[1] O Conde de Ficalho acha «esta phrase de dificilima explicação», por se empregar o nome de *côco* «como uma palavra conhecidissima, de uso corrente». Mas não é tanto. O autor menciona o *côco* em Angediva, perto de Goa, quando estava de regresso a Portugal; e os portugueses, uma vez adoptado o nome, fariam naturalmente uso dêle todos os dias no Malabar, como o fariam do fruto para comer ou beber sua «água». Demais, a «palma» refere-se assim ao açuquar como aos *coquos*, e o autor já tinha descrito o fruto da «palmeira».

1898. — «Os hindus dependuram o **côco** cercado de folhagem, no meio da barraca em que solemnisam os seus actos religiosos e funcções domesticas... O noivo hindú da casta inferior o traz, descascado, entre as mãos, como em adoração, durante a cerimonia nupcial, pois é considerado emblema de felicidade e symbolo da alliança matrimonial». — José Maria de Sá, *Productos do Coqueiro*, p. 50.

1915. — «Ha cêrca de trinta variedades de **côcos** que se prestam ao uso industrial». — *Jornal do Commercio*, de 22 de Julho.

1915. — «... ou com leite do **coco** ou de vaca». — *Heraldo*, de 17 de Dezembro.

1292. — «Cuceno cõ un filo grosso, che si caua di sopra il scorzo delle noci d'India». — Marco Polo, *apud* Ramúsio, II, fl. 8.

1330. — «O **côco** [vocábulo do tradutor] assemelha-se á cabeça do homem, porque nelle se acha a semelhança dos olhos e da boca; e dentro delle, quando está verde, se acha semelhança do cerebro; e sobre cuja noz estão certas fibras semelhantes a cabello, de que fabricão cordas». — Ben-Batuta, *Viagens*, II, p. 332.

XIV. — «Est autem nargillus *nux indica*, arbor ejus est in cortice delicatissima, folia habet pulcherrima, quasi palma, de quibus fiunt sportae, sextaria, cooperiunt domos de ligno, scilicet hastas et trabes, de callo sive scortia faciunt funes, de testa cuppas et vas». — Marignolli, *apud* Gubernatis, *Storia*, p. 152.

1444. — «Et vi nascono anche delle palmiere che fanno il frutto che noi altri dimandiamo *noci d'India*». — Conti, *apud* Ramúsio, I, fl. 139.

1510. — «Del piu fruttifero albero che sia al mondo, qualle quello che fa le noci che si chiamano **cochos**». — Barthema, *ibid.*, fl. 161.

1571. — «Nuces ferunt ingentis magnitudinis, quas nostri **cocos** nominant». — Jerónimo Osório, *De Rebus*, I, p. 94.

1578. — «... vntando las con azeite de **Coco** (que es fructo de vn arbol, que da todo lo necessario a la vida humana». — Cristóvão da Costa, *Tractado*, p. 23.

«El Arbol... es el que da aquel fructo que se tras a España llamado de los Portugueses **coco** (por respeito de aquelles tres agujeros que tiene) y al mismo arbol, *Palmiera*». — *Id.*, p. 99.

1584. — «Tra le quali tengono il primo luogo le palme che fanno i **cocchi** o *noci d'India*, per essere il loro frutto il più rico rendimento di questi populi per trarne tutti quei comodi che di essi si racconta-no». — F. Sassetti, *apud* Gubernatis, p. 366.

1589. — «Les Portugais donnent au fruict le nom de **Coquo** à cause de trois trous qu'on y voit semblables à la teste d'un marmot». — Linschoten, *Histoire*, p. 101.

1652. — «Les Indes el les Provinces Australes de la Chine ont le **cocos**, qui est vne autre sorte de Palmier». — *Relation de la Chine*, p. 17.

1611. — «El nombre de **coco** se le dieron los Españoles, por el gustillo que se figura con los tres agugeros, que parecen ojos, y boca: en razon de que ordinariamente llamamos *coco* la mona, quando da à entender estar enojada, y haze vn sonido en la garganta de Ko, Ko, de donde se tomó el nombre de *coco*, e *cocar*». — Covarrúvias, *Tesoro da le Lengua Castellana*.

1676. — «Il y a beaucoup de **cocos** au Bresil, moins gros que ceux des Indes Orientales, qui servent à faire des boëtes et des tabaquieres, parce qu'ils sont fort épais, et parmis ceux-là on en trouve de si petits, que chacun n'est propre qu'à faire un grain de Chapelet». — Dellon, *Relation d'un Voyage*, II, p. 123.

1690. — «Turcis *Cock-Indi* eadem significatione, unde sine dubio Aethiopes Africani, eorumque vicini Hispani, ac Portugalli **Coquo** deflexerunt». — Rumphius, *Herbarium Amboinense*.

* **CÔCO DO MAR** (fr. e ingl. *coco de mer*); * **CÔCO DOBRADO**; * **CÔCO DAS ILHAS**, * **côco das Maldivas**. São outros tantos nomes portugueses de *Lodoicea Seychellarum*, Labill. Atribui-se-lhe origem singular e virtudes miríficas; e em um tempo tinha grande valor. D. G. Dalgado julga provável que Garcia da Orta seja o primeiro europeu que descreveu esta espécie de côco.

1563. — Os **coquos das ilhas** das Maldivas sam muito grandes; e eu tive já hum, que cabiam nelle sete quartilhos. E tambem ha nestas ilhas das Maldivas *coquos* de contra peçonha ou veneno, alguns pequenos e redondos». — Orta Col XVI.

1563. — «Em algumas partes debaixo da agua nasce outro genero dellas [palmeiras]; as quaes dão hum fruito pouco mayor, que o **coco**, e tem a experiencia que a segunda casca delle he muito maes efficaz contra a peçonha que a pedra Bezoar». — João de Barros, Déc. III, III, 7.

1569. — «Dizem que são [cornos] de animal que somente tem hum na testa e querem tambem dizer que tem virtude contra a peçonha, mas eu não a exprimentei, dando ma algumas pessoas que de lá vierão em tanto como o **coco de Maldiva**». — P. Menclaio, in *Bol. S. G. L.*, IV, p. 547.

1572:

> «Nas ilhas de Maldiua nace a pranta
> No fundo das aguas soberana,
> Cujo pomo contra o veneno vrgente
> He tido por Antidoto excelente».
>
> Camões, *Lusiadas*, X, 136.

1609. — «N'esta costa se acha pelas

praias alguns **cocos de Maldiva**; os quaes dizem que nascem no fundo do mar». — Fr. João dos Santos, *Ethiopia Oriental*, I, p. 281.

1611. — «. . . guarnecer cofres de tartaruga de prata, e cascas de **coco das Ilhas**». — Diogo do Couto, *Dial. do Soldado Pratico*, p. 52.

1615. — «O mesmo se segue com um certo fructo que o mar lança ás vezes à praia, que é do tamanho da cabeça de hum homem, e se pode comparar a dous grandes melões juntos. . . Os Portuguezes lhe chamam **côcos de Maldiva**». — Pyrard de Laval, *Viagem*, I, p. 192.

1903.— «O exquisito e curioso producto gemeo chamado **côco do mar** ou **côco dobrado** das Maldivas. . . ». — *Ta-ssi-yang-kuó*, II, IV, 2.

1563. — «Vidimus cum Ulysipone, tum aliis locis, vascula ex hoc **cocco de Maldiva** confecta». — Clusius, *apud* Ficalho, Col. XVI.

1589. — «J'en ai vu presenter au Viceroy de l'Inde qui estoyent chacune de la grandeur d'un pot de mesure, estimées de la valeur de trois cents *pardaues* qui estoyent gardées pour en faire un present au Roy d'Espagne». — Linschoten, *Histoire*, p. 25.

1620. — «. . . tellement que craignant que l'aduis des Portugais ne fiet veritable, je pris du **cocos des Maldives** (qu'on tient par-deçà pour assuré contrepoison) avec de bezoard». — Général Beaulieu, *Mémoires*, p. 47.

1666. — «Deste liñage de arboles procede otro en el fondo del mar, cuyo fruto mayor que el **coco**, se tiene por más potente reparo contra el veneno que la piedra bezar». — Faria e Sousa, *India Portuguesa*, I, p. 190.

1689. — «One of the Antidotes, above all the rest, is the celebrated **Maldive Coco-nut**». — Ovington, *A Voyage to Suratt*, p. 264.

1690.—«De *Noce* **Cocos de Maldiva** dicta non agam, quum sit fructex marinus ac multum de natura arborum terrestrium differat». — Rumphius, *Herbarium Amboinense*, cap. 2.

1695. — «Latine *Cocus maldivicus* minor et *Cocillus*, juxta Lusitanicum **Coquinho**, quod denotat Calappum minorem, vocant quoque eum **Coquo de melinde**, et **Coquo das Ilhas**, quum e parvis et incultis deferantur insulis». — *Id.*, XII, cap. 9.

*** COCOTINA.** É um dos nomes da manteiga de côco, sendo alguns dos outros *palmina*, *vegetalina*, *niveina*.

1908.—«More recently Messrs. Gaudart & Co. have commenced making what they call **Cocotine** at Pondicherry. Similar factories have also been established in America and elsewhere». — Watt, *The Commercial Products*, p. 359.

*** CÔDO.** Emprega o termo, explicando-o, João Ribeiro com referência aos elefantes de Ceilão. Quanto à forma, deve ser corrução do port. *côvado*, como se infere das outras abonações, pronunciado *kôbd* em concani, o qual estaria outrora em voga entre os naturais da ilha, assim como em outras partes da Ásia, mas que não vem registado nos dicionários. Quanto ao significado, equivale a dois «palmos de Goa» (vid. *Goa*), ou à *mão* (medida de extensão) do indo-português, *hāt* em concani-marata < sânsc. *hasta*, muito usado na Índia. V. *covid*.

1685. — «O preço destes animaes he mil pardaos cada **códo**, que he da ponta do dedo maior até o cotovelo; e o maior elefante tem nove **códos** da ponta de mão á espadoa». — *Fatalidade Historica*, I, cap. 17.

1687. — «Vendem nos aos **covados**, medidos pela anca; cada **covado a** 1,000 pardaos; e há Elefante de tres covados e meyo». — P. Fernão de Queiroz, *Conquista de Ceylão*, p. 58.

1684. — «Vendonsi [os elefantes] a mesura per la lunghezza a 100 ducati d'oro il **covodo**, e costerà 1000 e 1200 scudi, conforme a che son grandi». — F. Sasseti, *Lettere*, p. 219.

1914. — «He offered to enter into a perpetual peace paying yearly four elephants of five **covados** each». — P. E. Pieris, *Ceylon*, II, p. 17.

**CODRÁ** (s. m.). Espécie de cereal, o mesmo que *pacolo* (q. v.), *Paspalum scrobiculatum*, Roxb. O termo é usado em Damão. Do mar. *kodrū* < sânsc. *kodrava* (*kodas* em guzarate).

1333. — «D'estas sementes outoniças he entre elles **alcodro**, que he huma especie de milho painço, o qual **Alcondro** he a maior quantidade de sementes entre elles». — Ben-Batuta, *Viagens*, II, p. 24.

1911. — «Além do arroz outros cereaes, como o *nanchenim*, o **codrá** e os legumes, são as producções principaes». — José E. Castel Branco, *Bol. S. G. L.*, XXIX, p. 391.

**CÔFO.** Antigo escudo persiano, muito forte, feito de sêda e algodão, conforme os nossos escritores. Depois de muitas pesquisas e consultas ainda não estou certo da sua etimologia. João de Sousa dá-lhe o epíteto de «antigo e menos usado», e aponta por étimo o persa *coffon*, que não existe em persa nem em árabe. O que há em ambas as línguas é *kafan*, que quere dizer «mortalha», o qual seria talvez empregado metafòricamente, no sentido de «cobrir ou proteger o corpo inteiro». Sugerem-me dois professores de Bombaim duas palavras arábicas; *kaff*, «palma da mão», e *koffa*, «prato da balança, qualquer objecto redondo»; mas eu acho preferível *kafan*, na falta de melhor derivação. Os nomes persianos de «escudo» são *sipar*, *junnah*, *yalab* [1].

1525. — «E tem no collo seus **cofos** todos dourados, e outros de seda com suas chaparias douro e de prata». — *Chronica de Bisnaga*, p. 111.

1529. — «Trazem uns escudos a que chamão **cofos**, que são de seda, dalgodão tão fortes que os não passa nhũa frecha». — António Tenreiro, *Itinerario*, cap. 1.

1539. — «Muyta gente armada com traçados, **cofos**, e lanças». — Fernão Pinto, *Peregrinação*, cap. 19.

1552. — «Trazem huns escudos a que chamão **cofos**, que são de seda e algodão tão fortes que os não passa nhũa frecha» (em Ormuz). — Castanheda, *Historia*, II, cap. 58.

1552. — «Esgrimião certos homens de espada e **cofo**, cousa pera muito folgar de ver». — João de Barros, *Déc.* I, IX, 4.

1563. — «Os mouros erão muytos e mui armados de zagunchos, **cofos**, traçados e muytos arcos troquiscos» (em 1507). — Gaspar Correia, *Lendas*, I, p. 673.

«O mouro leuaua a tiracollo hum **cofo** e na cinta hum treçado e huma adaga» (em 1515). — *Id.*, p. 431.

1613. — «... os forão receber obra de trezentos dos inimigos com seus treçados, **cofos**, zargunchos e muytas frechas». — Francisco de Andrada, *Chronica de D. João III*, II, fl. 59 *v*.

1616. — «... e hum rico *camarabando* de cadilhos de ouro, com hum terçado de galante guarnição e arrezoado comprimento, embraçada hũa maneira de rodela que os mouros chamão **Coffo**, espalhado de aço». — António Pinto Pereira, *Hist. da India*, II, fl. 79 *v*.

1600. — «Their arms are swords, **cofos**, thatis, targets made of *rota* or vexucos, lances, *assegais*, and even arquebuzes». — Pero Teixeira, *The Travels*, p. 5.

1825. — «Quelques-uns portent, en guise de cuirasse, des corselets épais et piqués, qui, dit-on, ne peuvent être entamés par les armes blanches ni par les flèches». — P. Dubois, *Mœurs*, II, p. 495.

* **COIAFIGUÍRI** (jap. *koya-higiri*). Budista errante, no Japão.

1578. — «Mandaua mais, que outra certa maneira de Bonzos, que se chamão **Coyafigiris**, que andão correndo todo o Japão, como siganos, e fazem muitos males, por onde passão com pretexto de virem vender algumas cousas que trazem, que agora este anno lhes perdoaua». — Luís Fróis, *Cartas de Japão*, I, fl. 427.

* **COILÃO** (teto *koilan*). «Agua estagnada. Dão esta denominação [*koilan*] aos pantanos e paúes de aguas putridas que existem por todo o litoral, principalmente na costa norte, e que os europeus denominam **coilões**)». Rafael das Dores.

1842. — «Empregam as tarrafas á borda do mar, ou nas lagôas, a que chamam **coilôis**». —*Annaes Maritimos* (parte official), p. 218.

1908. — «... os **coilões** estagnantes, bordados de vinca rosea, e verdejando em cyperos». — Alberto O. de Castro, *Flores de Coral*, p. 254.

«**Coilão**, canal de drenagem dos pantanos de Delli, esteiro, do malaio *Kolam*, charco». — *Id.*, p. 139. —Wilkinson deriva *kolam* do tamul.

«**COIRY**, m. árvore da Índia portuguêsa». C. de Figueiredo. Nem êste termo, nem *keire* ou *ker*, que também regista na primeira edição o diligente lexicógrafo — todos de procedência vernácula — *khair* ou *kher* em concani-marata-guzarate — são necessários em português; pois temos outros e melhores, adaptados pelos nossos antigos e modernos indianistas, tais como: *árvore de cato*, *catechueira*, *pau ferro*.

Lopes Mendes menciona semelhantes vocábulos como indígenas e não como portugueses. Dos nomes botânicos exóticos só podem ter ca-

---

[1] *Côfo* é também uma medida do Congo: «ElRey meu senhor me fez mercê avisar por Carta sua, que mandasse a Vossa Reverencia alguns **cofos** de zimbos [cauris ou búzios]... O **cofo** he como medida, que leva dez milheiros, e val dez mil reis». — Fr. Luís de Sousa, *Hist. de S. Domingos*, II, p. 414.

bimento no dicionário português os que não tiverem já seus correspondentes, sancionados por escritores autorizados. E, mesmo neste caso, cumpre restringir-se sòmente aos de maior ocorrência na localidade. Uns, por ignorância, outros, por erudição, aludem a muitas palavras indígenas, que não merecem foros de portuguesas ou aportuguesadas.

*** COITA.** Termo indo-português: faca grande para uso de cozinha; faca de mato. Do mar. *koytā*, conc. *koytó*.

1687. — «Daqui uem, que nem pera comprar bufaros, machados, **coutas**, facas, e o necessario de panos pera uestir, e o que se não escusa pera a uida, nada temos». — P. Fernão de Queiroz, *Conquista de Ceylão*, p. 837.

1782. — «Esta diligencia se deve fazer no mez de agosto ou antes de entrar o inverno, no principio de junho, o que se deve fazer com uma **côita**, já feita para este ministerio». — Fr. Clemente da Ressurreição, *Tratado*, II, p. 290.

1808. — «**Coitas** de cortar matto». — Joaquim Soares, *Documentos Comprobativos*, p. 176.

1852. — «**Coitó** — Facão, que se vai alargando pelo extremo opposto». — F. N. Xavier, *Bosquejo Historico*, IV, p. 4.

1866. — «O *padecar* (= *derrubador*, q. v.), armado do seu facalhão rombo (*coity* ou **coitò**), seguro no *macddy* (encaixe de osso ou madeira) que traz preso no cinto, e os pés mettidos em um circulo (*caddum*) se arrima ao coqueiro, e firmando-se nelle, por baixo com as extremidades dos pés, e por cima com uma das mãos...». — Id., *Descripção do Coqueiro*, p. 24.

1886. — «Os côcos são colhidos pelos derrubadores ou *pallecares*, que sobem á palmeira munidos de uma **coita**, com a qual dão golpes na raiz do spadice, e deitão ao chão os côcos maduros». — Lopes Mendes, *A India Portugueza*, I, p. 186.

1914. — «... que ao lado do cadaver se achava uma **coita** de gume rombo e que esta não podia ter servido para praticar aquelles ferimentos». — *O Ultramar*, de 21 de Dezembro.

1917. — «Ora a boa *copra*, como sabem, exige que a **coita** do *derrubador* seja comedida para só colher o côco bem maduro». — *O Ultramar*, de 15 de Março.

*** COJA, coge** (s. m.). Prenome honorífico de vários indivíduos muçulmanos, especialmente persas, como *Coge-atar*, *Coge-beirame*, *Coge-çofar*. Do persa *khojah*, «mercador opulento, eunuco».

1510. — «Des [deis] a esta moura criada da molher de **coja** *bequi* que me trouxe cartas pera saber novas do dito **coja** *bequi* dez *fanões*». — In *Cartas* de A. de Albuquerque, VI, p. 389.

1539. — «Áquelle junco grande que deziamos, era de hum Mouro Guzarate por nome **Coja** Achem». — Fernão Pinto, *Peregrinação*, cap. 27.

1552. — «A vinda do qual moço deu azo **Coje** Bequij que era o nosso amigo do tempo de Pedro Alvarez Cabral». — João de Barros, Déc. I, VII, 9.

«*Xech* em Arabigo, e **Cogia** em Turquesco, significão homem velho d'autoridade». — *Id.*, Déc. IV, IV, 16.

1552. — «Sobre o que lhe mandou hum embaixador, que se chama **Coge** xacoez». — Castanheda, *Historia*, VIII, cap. 83.

1563. — «Este **Cojebequi** era como cabeça mór antre os Mouros naturaes da terra, porque elles tinhão muytas vezes competencias com os Mouros estrangeiros, que tambem antre si tinhão outro Mouro estrangeiro muyto possante, que tinha muyto poder nas cousas do mar, que se chamaua **Coge** Caccem». — Gaspar Correia, *Lendas*, I, p. 189.

1563. — «Alem da fama comum o soube de hum rico mercador e bom letrado, a sua guisa, qua serviu de secretario aos governadores, chamado **Coge** Perculim». — Garcia da Orta, Col. II.

«E juntamente com estes se levantaram alguns por concerto, como foy o Mahadum **coja**, e o Veriche que era gentio». — *Id.*, Col. X.

1565. — «Logo o *caravão paxá* (que quer dizer capitão da cafila) que era hum **coja** Hidar mouro parsiano...». — *Itinerario* do Mestre Affonso, in *Annaes Maritimos* (1844), p. 222.

1883. — «Os sectarios do islamismo são numerosissimos, mas seguem diversos ritos, em geral arabes e persas... Os **kodjahs**, que se approximam dos *bohorahs*, são tambem numerosos, e fazem com estes uma liga offensiva e defensiva». — Adolfo Loureiro, *No Oriente*, I, p. 151.

1898. — «Na maioria o mouro é bem parecido, mas sobretudo as mulheres, sobresahindo entre todas a **kójá**». — Oliveira Mascarenhas, *Atravez dos Mares*, p. 194.

1580. — «... hauendo prima in quello giorno preso una nostra conserua di cui era patrone **Chogia** Bichii». — G. Balbi, *Viaggio*, fl. 5 *v*.

1615. — «I **Chogia**, che sono quelli che scriuono, e tengono libri, & a loro bisogna far capo, vanno adesso tutti in tresca coi morti». — Pietro della Valle, *Viaggi*, I, p. 183.

1655. — «Pasmóse el astucioso **Cojè**, con ver patente el secreto de su traicion en que lebrava el fruto della». — Faria e Sousa, *Asia Portuguesa*, II, p. 159.

1674. — «Con industrias, con maquinas, y aun con abrir caminos subterraneos se llegó el **Cogé** a la Fortaleza con materiales para cegarle el fosso». — *Id.*, II, p. 163.

1875. — «Some centuries ago a *Dai* or Missionary of the Ismailis, named Saddrudin, made converts from the Hindu Trading class in Upper Sind. Under the name of **Khojas** the sect multiplied considerably in Sind, Kach'h, and Guzerat, whence they spread to Bombay and to Zanzibar». — Yule, *Marco Polo*, I, p. 153.

1880. — «The *Seyids* and **Khojas** occupy such a prominent position in the history of Central Asia, that it is well to remember who they were... The **Khojas** claimed descent from the Khalifs, Abu bekher and Omar by other women than the daughters of the Prophet». — Howorth, *History of the Mongols*, II, p. 87.

**COLÁO.** Conselheiro ou ministro de estado na China. Do chin. *koh-láu*. Fernão Pinto não emprega o vocábulo, abrange-o em *tutão*.

1552. — «El Rey da China não despacha nenhũa cousa da governança de seu reyno, e pera todas as cousas tem officiaes que gouernão per ele, na justiça que he mór officio do reyno, tem tres homens grandes letrados que se chamão **colous**... E estes officios de **colous** vemnos a ter homens baixos, que se não olha se não que sejão velhos bons homens e letrados». — Castanheda, *Historia*, IV, cap. 27.

1605. — «E nesta corte polla misericordia de Deos, estamos ja em tal foro, que nem os **Colaos,** que sam os supremos do conselho do estado del Rey, e o mais alto de todos... se desdenham de tratar comnosco, com tanta familiaridade e cortezia, como se foramos seus iguaes». — P. Fernão Guerreiro, *Relaçam Annual*, fl. 69.

1611. — «Se foi primeiro ao **Colao,** Mandarim o maior da Corte, que he conselheiro del Rey». — P. Sebastião de Ursis, *P. Matheus Ricci*, p. 60.

1619. — «... sendo **Con lau,** que he accessor, e supremo Conselheiro do Rey, e o ultimo auge, assim em honras, como em riquezas a que póde chegar a fortuna de hum uassallo».—Fr. Jacinto de Deus, *Vergel*, p. 210.

1729. — «São estes **Colaus** como Conselheiros de Estado do Imperador».—*Apud* Júlio Biker, *Collecção de Tratados*, VI, p. 128.

1824. — «Os **Coláos** e mandarins letrados são mais estimados no imperio do que os militares. Entre o grande numero dos primeiros ha seis que acompanham a côrte. O **coláo** mais antigo e de maior merito nomeia os mandarins para todos os empregos superiores, e os manda punir se não cumprem com o seu dever». — José Inácio de Andrade, *Memoria*, p. 9.

1825.—«Principes, **coláos,** mandarins, ainda não tinha amanhecido, já formavam grupos em frente da barraca imperial». — Id., *Cartas*, I, p. 146.

1610. — «Is fuit è Cantoniensi Provincia oriundus quidam, cum summum totius regni gereret magistratum, **Colaum** vocant, quod nomen antiquum regni propugnaculum sonat». — *Litterae S. J.*, p. 9.

1625. —«Quin et praecipuus ex regiis consiliariis, **Colao** dictus, officio et dignitate motus est, quod ausus fuisset litteras ad vicinum regnum mittere, graviter hoc nomine accusatus». — *India Orientalis*, XII, p. 101.

1637. — «El Presidente dellos siempre es **Coláo,** dignidad la mayor deste Imperio despues del Rey». — P. Semedo, *Imperio de la China*, p. 47.

«Quisera yo, que supiera Europa bien, lo que es ser Mandarin, y luego **Colào,** en la subervia Corte de la China, y la severidad, y la arrogancia, y el desprecio en quanto ay de ali abaxo, que engendran aquellas soberanias». — *Id*, p. 214.

1652. — «Les **Colas,** qui sont les premiers aprés le Roy, et qu'il avoit converti à la foi enuoierent un riche et precieux tombeau, pour y enfermer son corps». — *Relation de la Chine*, p. 5.

1674. — «Solamente los de aquel Colegio pueden entrar a la suprema dignidad de **Colao**». — Faria e Sousa, *Asia Portuguesa*, II, p. 808.

«A todos estes Tribunaes es superior uno, que se llama **Coláo:** puesto mayor, y a que ascenden los del Colegio Real, como ya dixemos, despues de aver governado mucho sin nota alguna. No exceden de seis Ministros los deste Consejo; y ordinariamente son quatro». — *Id.*, p. 116.

1687. — «Ce jour-là nous reçûmes une visite de Hien laoye, petit-fils de Paul Seu, ce célébre **Colao,** qui a été un des plus grands défenseurs de la Religion Chrétienne».—*Apud* P. Halde, *Description de la Chine*, I, p. 66.

1703. — «Il seroit mort infailliblement, sans les soins que pris de luy un Seigneur, qui est aujourd'hui le premier **Colao** de la Chine, et qui avoit esté alors envoyé en Tartarie, pour juger et terminer tous les differends de Kalkas de ce pays-là». — *Lettres Édifiantes*, VII, p. 261.

1735. — «Le premier ordre des Mandarins est celui des **Colao** ou Ministres d'État, des premiers Présidens des Cours Souveraines, et autres premiers Officiers de la Milice». — *Ibid.*, II, p. 22.

1886.—«**Colao.** s. Chin. *Koh-lao*. Council Chamber Elders» (Bp. Moule). A title for a Chinese Minister of State, which frequently occurs in the Jesuit writers of the 17th century». — *Glossary*, Supplement.

*** COLAU** (chin. *tsau-lau*). Casa de pasto, na China.

1868. — «As *boticas* d'aquelle bairro quasi se resumem em tres generos, que alternam em collocação: a casa de comida (**ouliáo**), a do jogo (*latane*) e a de emprestimos sobre penhores (*hão*)». — *Archivo Pittoresco*, XI, p. 106.

1895. — «São curiosos os **colaus**, casas de pasto, com largas e luxuosas escadarias, e os espelhos dos degraus sempre dourados... É nos **colaus** que os chinas fazem as suas *parties fines*... Os **colaus** de Macau deixam, para melhor, bem entendido, a perder de vista os Silvas e Augustos da nossa pacata Lisboa». — Conde de Arnoso, *Jornadas pelo Mundo*, p. 131.

*** COLE** (teto *kole*). «Folha do palmeira que se emprega para fazer esteiras, cestos e sacas». Rafael das Dores.

1843. — «Das folhas similhantemente e colhidas das *toaqueiras*, a que chamam **cole**, fabricam os *suppos* de que fallei». — *Annaes Maritimos*, (parte official), p. 131.

**COLECTA.** Era na Índia a contribuição que se pagava a alguma instituição, dos mantimentos importados, além dos direitos aduaneiros e das gratificações dos empregados. V. *combói*.

1668. — «Achava-se em Baçaim o governador Luiz de Miranda Henriques, e no porto de Damão a armada da **collecta**... Chamava-se a esta armada de **Collecta**, por ser mantida á custa de uma imposição lançada sobre os mantimentos, que ou da costa do sul, ou da do norte entravam todos os annos em Goa, e servia de dar guarda ás cafilas, que iam ás ditas costas a buscar os taes mantimentos». — Miguel Vicente de Abreu, em Dellon, *Narração da Inquisição de Goa*, p. 191.

1671. — «Cobrem as *lagimas*, ancoragens, *fanão* de **Collecta**, e os mais direitos que se pagavão quando havião fortalezas, e as parias em Barcelor e Mangalor». — *Apud* Júlio Biker, *Collecção de Tratados*, IV, p. 195.

1679. — «V. S.ª me fez mercê mandar largar a **coleta** do arroz da quantia de trinta mil xerafins, dos quaes já se tem descontado a **coleta** de vinte e cinco, a qual V. S.ª me fara mercê mandar descontar no arroz, que....». — *Ibid.*, p. 214.

1731. — «As Rendas da administração tem tres por cento, e as **culettas** hum *larim* em cada *murá*, e assim cobrando quatro larins cabe ao Rendeiro do *Mandovim* o mesmo que lhe faculta o seu foral» (em Bombaim). — *Ibid.*, III, p. 352.

«Para o trigo a imposição em cada *candil* um xerafim, **culletas** dois larins, fóra dois por cento das Rendas da administração ao Mandovim». — *Ibid.*

*** COLEDON.** Graminea *Alpinia galanga*, Sev. É o mesmo que *galanga maior*. Do mar. *kalañjan* < persa *kolanjan*.

1832. — «Dita [carga] de **coledon** (herva)». — *Collecção de Bandos*, I, p. 134.

**COLES** (s. m. pl.). É uma casta de *sudras*, que se divide em dois ramos: um, vivendo nas planícies do Guzarate e de Concão, ocupa-se em pescaria e horticultura, e outro, habitando nos Gates ocidentais, dedica-se à caça e à salteagem. Os *coles* tinham antigamente seus reis, a que se referem os nossos cronistas. Do guzarate-mar. *kolī*. V. *cule*.

1554. — «E a Renda dos **coles**, que são pescadores que vão pescar as estaquadas ao mar, e por este Rio de Baçaim...». — Simão Botelho, *Tombo*, p. 155.

1563. — «Este rei Doly tomou o Balagate a huns gentios muy poderosos, cuja geração são estes que agora chamam Venezaras, e outros que na terra habitão, chamados **Colles**; e assi estes **Colles**, como os Venezaras, como os Reisbutos, vivem de roubos e furtos o dia de hoje». — Garcia da Orta, Col. X.

1570. — «Acertou à ver na casa onde se arrecadavão seus direitos naquella cidade, certos homens, que erão Gentios, e do Reyno dos **Collijs**, que fica entre o Regno de Mandou, e Champanel». — João de Barros, Déc. IV, V, 7.

1607. — «Por ter intendido a importancia de que esta fortaleza he, e estar fronteira de tam bellicosos inimigos, como são os mogores, **colles** e *Choutea*...». — *Carta Regia*, in *Doc. da India*, I, p. 94.

1611. — «Os homens que estiverem fóra do dito *Cassabé*, que forem *abunhados* delle, quer sejão **colles**, *curumbins*, ou quaesquer outros...». — *Alvará* do vice-rei, in *Archivo*, VI, p. 864.

1612. — «Aqui em Manorá se foi offerecer a dom Pedro d'Almeida hum irmão do Rey dos **Colles**, que vivia naquelle Sertão de Baçaim». — Diogo do Couto, Déc. VII, VII, 6.

1634. — «Em todas estas terras de Damão a gente que nellas mora são vassallos de Sua Magestade, e gentios, a que chamam **Coles**». — António Bocarro, *Livro das Plantas das Fortalezas*.

1663. — «Na nossa ilha de Caranjá no norte se tem achado em mãos de **Colles** pescadores alguns aljofares». — P. Manuel Godinho, *Relação*, p. 111.

1695. — «Entrou pelas terras de hum Regulo, visinho da Cidade de Baçaim, que chamão o **Colle**». — Cosme da Guarda, *Vida de Sevagy*, p. 150.

1708. — «... devendo declarar tambem a [guerra] que o rei **Colle** nos está fazendo nas terras do Norte que achei destruidas e assolladas». — *Apud* Eduardo Balsemão, *Os Portuguezes no Oriente*, III, p. 12.

1716. — «No que toca ao naufragio do *Sibar* em o rio de Mahim, bem sabe V. S.ª qual he a natureza dos **Colles**, porque não bastaria toda a prevenção e diligencia para lhes impedir os roubos».—*Apud* Júlio Biker, *Collecção de Tratados*, III, p. 183.

1829. — «Estes se assemelhão aos Pariás no sul da India, e aos **Colles** e outras castas baixas do norte». — Cottineau de Kloguen, *Bosquejo Historico*, p. 146.

1871. — «Aqui o **Cóle** meio nú está vendendo as aves d'aurea plumagem, apanhadas nas florestas do Hindustão». — Pedro Mesnier, *Viagem de... Visconde de Sam Januario*, p. 2.

1902. — «Não vem para aqui os **colls**, as tribus montanhezas da India central e meridional, chamadas dravidianas, que com as da Australia e em parte aproximadamente os egypcios pertencem ao australoide». — *Ta-ssi-yang-kuó*, II, IV, 5.

1906. — «A ilha de Diu, fora das *Hortas*, cantantes de noras moiriscas, e onde o coqueiro medra á força do trabalho dos **colles**». — Alberto O. de Castro, *Cinza dos Myrtos*, p. 189.

1589. — «... desquels restent encore aujourd'hui ceux qu'on appelle Veneseres et autres qui habitent au mesme pays, appellés **Colles**, qui aujourd'hui vivent de butin avec de Reysbutes». — Linschoten, *Histoire*, p. 52.

1616. — Those who inhabit the country villages are called **Coolees**; these till the ground and breed up cattle».—Terry, in *Glossary*.

1666. — «Nous rencontrâmes quantité de **Colys**, qui sont gens d'une caste ou tribu de Gentils, qui n'ont point d'habitation arrêtée, mais qui vont de Village en Village, et portent avec eux tout leur menage». — Thevenot, *Voyage*, III, p. 21.

1845. — «Les **Côlis** s'étendent dans les montagnes et les forêts de l'ouest jusque dans le Gouzerat, près du désert». — Xavier Reymond, *Inde*, p. 256.

*** COLHIMENTO.** Chama-se assim em Goa à colheita de côcos.

1864. — «Cada coqueiro dá quatro **colhimentos** annualmente, vindo a ser a sua producção média por anno, de 200 a 300 côcos». — Lopes Mendes, *Apontamentos sobre a Provincia de Satary*.

1866. — «No **colhimento** de cocos, servem para tomar nota das faltas (*selins*) que houver delles, dos cachos cortados, e dos arrancados». — F. N. Xavier, *Descripção do Coqueiro*, p. 12.

1872. — «A colheita dos côcos é especialmente denominada **colhimento** (*palló*); a de sura *launnim*». — Bernardo da Costa, *Manual do Agricultor*, I, p. 183.

1893. — «**Colhimento** — O coco é colhido na India e em Ceylão, por homens de casta especial, que sóbem á palmeira munidos de um largo facão, necessario para cortar o forte pedunculo». — José Maria de Sá, *Productos do Coqueiro*, p. 48.

1917. — «Os nossos *derrubadores* chamam o *terlo* em dia de **colhimento**». — *Heraldo*, de 5 de Janeiro».

1917. — «Arrematar-se-ha o côco dos ultimos 2 **colhimentos** do vallado de S. Roque da capela de Fatradi de Varcá». — *O Ultramar*, de 15 de Março.

*** COLI** (concani-mar. *kholī*). Armazêm, depósito.

1787. — «Será o dito Rendeiro obrigado a comprar o tabaco, que se acha no **Coly**, ou armazem dos Rendeiros ausentes pelo preço, que prezentemente corre». — *Collecção de Bandos*, I, p. 37.

*** COLINJÃO.** É o mesmo que *galanga-maior* —*Alpinia galanga*, Sev. Do persa *kolanjan*. V. *coledon*.

1510. — «Trazem [os chineses]... almisquere, e damascos, çitins baixos, **colinjam**» (em Malaca). — *Alguns Doc. da Torre do Tombo*, p. 223.

« **Collio**, s. m. Termo da India. Valla que circunda os arrozaes». Não sei onde pescou o vocábulo Domingos Vieira, que o regista como inédito. O concani tem *khalyô*, que é o plural dọ *khaḷi* e quere dizer «vala; valeta»; mas não é usado no português de Goa, que emprega a palavra *sangria* no referido sentido.

1852. — «**Kholly** — sargenta, valla».— F. N. Xavier, *Bosquejo Historico* (2.ª ed.), III, p. 81.

*** COLOARIA.** (ant.). Inscrição dos agricultores duma aldeia, obrigados ao serviço, no Concão. É uma espécie de *abunhadio* (q. v.). Do mar. *kūḷvārī*.

1549. — «Todolos outros que ao deante se converterem e tornarem christãos não sejão obrigados nem constrangidos as **coloarias** como erão dantes que fossem christãos mas viuão em sua liberdade em qualquer parte desta ilha de Baçaim que quizerem sem obrigação alguma das ditas

**coloarias**». — D. João de Castro, in *Archivo*, v, p. 202.

1678. — «E vindo com ordem sua muito apertada da honoravel companhia para que se lhe restituisse tudo com seus reditos, não foi metido de posse da **colvaria** que é a principal, e só de terras de *batte* e palmeiras». — *Apud* Júlio Biker, *Collecção de Tratados*, III, p. 156.

1727. — «Tem mais a Ilha de Bombaim varias **Colluarias**, ou povoação de *Colles*, que são pescadores, a saber, Bombaim, Mazagão, Varoly, Parella, Sião, e Daravy. Estas **Colluarias** são annexas das Aldeas de seus nomes». — *Ibid.*, p. 346.

1848. — «**Colvarias**: Povoações dos *Coles* com os nomes das aldeas a que pertenciam». — F. N. Xavier, *Huma Viagem*, p. 19.

1850. — «Desembarcão em Tanna, e queimão a **Coloaria** (grupo, ou rua de casas de palha) de Chandini... Largão fogo á fortaleza, a **Coloaria** de trezentas casas e trinta galvetas, e se retirão com huma bandeira». — *Ibid.*, pp. 71 e 72.

**COLOR.** O termo foi recolhido de Barros por Bluteau, que lhe dá o significado de «moeda da India». Não houve tal moeda na Índia; o hindust. *karor*, do sânsc. *koṭi*, significa «quantidade de cem *laques* ou dez milhões». Diz-se *crôre* em indo-inglês e assim também em indo-português.

1342. — «Hum Judeo se obrigára aos seus impostos, e dos seus estados... por dezesete **Carures**, cada hum dos quaes vale cem Laques, e cada Laque vale cem mil ducados». — Ben-Batuta, *Viagens*, II, p. 227.

1571. — «Mandoulhe dar todo o tesouro que se achou d'el Rey, que era quinze **colores**, que valem da nossa moeda tres contos d'ouro» — Déc. IV, p. 315.

1739. — «Era o primeiro artigo o valor de hum Trono Real, que havia custado nove **Courons** (*sic*) de rupiâs (cada **Couron** vale cinco milhoens de patacas) que o Gram Schaabas, Rey da Persia, havia maudado a Delhy». — *Verdadeira Noticia de Thamas Kouli Khan*, p. 5.

1915. — «Ao passo que se realizaram **crores** de augmento da riqueza (diz o dr. Mann) desde que a attenção foi concentrada no melhoramento das culturas actuaes». — *O Ultramar*, de 28 de Outubro.

1916. — «A exportação total foi de 197 **crores** (cada **crore** tem 100 laques ou dez milhões) de rupias, e a importação de 131 **crores** de rupias, deixando um saldo a favor da India de 66 **crores**». — *Heraldo*, de 23 de Agosto.

1631. — «Rationes suas ineunt per Leckas sive Leckas, quae vox sonat centum millia; et **Crou** sive **Caroras**, quae centum Leckas; et *Areb* quae decem *Crou*». —*De Imperio Magni Mogolis*, p. 141.

1666. — «Il faut cent mille roupies pour faire un lek, cent mille leks pour faire un **courou**, cent mille **courou** pour faire un *padan*». — Thevenot, *Voyages*, III, p. 54.

1666. — «Cent mille font une lecque, et cent lecques un **kourour**». — Bernier, *Voyages*, I, p. 310.

1786. — «La rupia vale cinque paoli romani, un lac sono centomila rupie, un **cori** o **codi** sono cento lac di rupie». — Fra Paolino, *Viaggio*, p. 27.

1737. — «I will give them one **crore** of rupies». — Orme, in *Glossary*.

1825. — «Their revenue used to be reckoned at a **crore** of rupees (at the present rate of exchange less than a million pounds sterling) annually». —Heber, *Narrative*, II, p. 8.

1845. — «Il pourvut aussi aux finances, qu'il avait grevées d'un surcroît de dette, montant à 5 **crores** de roupies (25 millions de francs)». — Xavier Raymond, *Inde*, p. 572.

*** COLTOI.** Diz-se na abonação que é o título que tomaram os reis de Malaca e que equivale a «imperador». Não encontro semelhante termo nos dicionários malaios. Emprega-se a locução sânscrita *mahā-rājā* (lit. «grande rei») para designar «imperador».

1557. — «E vierão os Reys deste Reyno a ser tão poderosos, que se chamáram **Coltois**, que antre elles he nome de Emperador». — *Commentarios*, III, p. 17.

*** COLVĀ** (s. m.). Queima de colmo e arbustos, para adubar a terra, na Índia. Do mar. *kolvā*, conc. *kolū* (pl. *kolvām*).

1909. — «O **Colvā** consiste no corte das arvores a certa altura, para lenha».—Manuel Ferreira Viegas, *Bol. S. G. L.*, XXVII, p. 435.

1911. — «Tendo por unico adubo as cinzas obtidas pelo systema dos *cumerins* e dos **colvans**... No 2.º [caso] a fertilisação é dada pelas cinzas dos ramos d'arvores trasidas d'algures para o terreno que se cultiva». — José E. Castel Branco, *ibid.*, XXIX, p. 359.

«Empregando-se o processo de estrumação dada pelos **colvans** e cumerins». — Id., *ibid.*, p. 359.

*** COMADREJA.** Não se pode saber bem da abonação o sentido da palavra; mas se o seu étimo é, como parece, o sing. *kamaragoyā*, é uma espécie de iguana grande. V. *talagóia.*

1687. — «... e outras [feras] menores, como lebres, coelhos, **comadrejas**, gatos dalgalia, e diversas especies de bugios alguns aluos como a neue».—P. Fernão de Queiroz, *Conquista de Ceylão*, p. 56.

*** COMATI.** Mercador, em certas partes da Índia. Do telúgu e can. *kōmaṭi.*

1697. — «Os *oyxes*, e por outro nome **Comatis**, que tambem he boa casta, attendem aos contratos, e mercancia». — P. Francisco de Sousa, *Oriente Conquistado*, I, I. 1.

1620.—«Les **Comatis** composent l'autre Tribu; sont tous Marchands dans le Pays». — Methold, in *Relations*, I, p. 5.

1782. — «Les **Cometis** ou Marchands; ils étaient autrefois de la main gauche, et ne formaient qu'une classe avec les Chétis; mais depuis qu'ils ont prié les Choutres de la main droite de les recevoir comme leurs enfans, ils sont entrés dans l'autre rang». — Sonnerat, *Voyages*, II, p. 55.

1786. — «A questi emigranti e aventizj Malabaresi si unischino i Baniani, i Canarini, i Cetti, i **Cumuttis**, che parimente nei tempi remoti si stabilirono nel Malayàla per esercitarvi il commercio». — Fra Paolino, *Viaggio*, p. 109.

1825. — «En 1794, dans un village du Tanjaour, appelé Poudoupéthat, il mourut un homme de la caste **komoutty** (*veissiah*), et qui juissait de quelque considération». — P. Dubois, *Mœurs*, II, p. 26.

**COMBALENGA, comalenga** (indo-ingl. *combalingua*). *Cucurbita pepo*, Roxb. É uma espécie de abóbora chila. O étimo é o dravíd. *kumbaḷam*, *kumvāḷó* em concani, e *camolenga* em malaio, conforme Rúnfio.

1554. — «Tamarinhos verdes, alfaças, **combalengas**, gengivre». — Simão Botelho, *Tombo*, p. 49.

c. 1560. — «*Patecas*, **combalengas**, beringelas. — Gabriel Rebêlo, *Informação de Maluco*, p. 172.

1616. — «Dizem tambem que sua mulher nasceo de huma **Combalenga**, que he hum pomo mui ordinario na India, de que ha algumas feições de conserva tão fria, que se dá em lugar de assucar rosado». — Diogo do Couto, Déc. IV, IV, 3.

1745. — «... e outras [abóboras] brancas e grandes **Cambalengas**, destas uzão ordinariamente para doces». — In *Ta-ssi-yang-kuó*, II, III, 3.

1788. — «Cada **Cumvalenga**, e Aboboras, hum real e meio». — *Collecção de Bandos*, I, p. 47.

1902. — «Em Macau ainda hoje se chama a esta cucurbitacea **cambalanga** e não *camolenga*». — *Ta-ssi-yang-kuó*, II, p. 157.

1510. — «Vn' altra sorte anchora di frutti vi viddi, il quale era come vna zuccha di colore, & lungo due palmi, & la piu saporosa (!) da mangiar perche ha tre dita di polpa... questo si chiama **Comolanga**, & nasce in terra à modo di Melloni». — Barthema, *apud* Ramúsio, I, fl. 162.

1695.—«Portugalli Marmeladae quoque speciem ex ejus [*camolengae*] carne praeparant, quam *Bocado*, vocant, quum rasam, vel minutim conscissam carnem cum Saccharo excoquunt, sique fuerit frigefacta, in quadrata hanc scindunt frusta». — Rumphius, *Herbarium Amboinense*, IX, cap. 37.

**COMBIÓ.** Árvore da Índia — *Careya arborea*, Roxb. Do conc. *kombió*. Também se chama *pereira brava*.

1863. — «As essencias que ahi se encontram são a mareta, nanó ou bemtica, **combió**, santono». — *Apud* Oliveira Mascarenhas, *Atravez dos Mares*, p. 181.

1886. — «Abre-lhe o ventre com a *coity* [fouce], que traz á cintura, arranca-lhe as visceras, e embrulha-as em grandes folhas da **combió**». — Lopes Mendes, *A India Portugueza*, II, p. 51.

1901. — «Bôr, **Cumbyo**, Calane, Carage». — José Pinheiro, *Bol. S. G. L.*, XX, p. 33.

1909. — «Por minha propria experiencia e sobre o mesmo assumpto, posso testemunhar os beneficos effeitos locaes, nos casos de ulcerações rectaes de natureza dysenterica, produzidos por *carica arborea, pereira brava*, **combió**». — *O Oriente Portuguez*, VI, p. 376.

*** COMBO.** A palavra tam. *kombu* significa primáriamente «chifre», e secundáriamente um «instrumento de sôpro», que é o mesmo que *xinga* (q. v.). Mas o Padre Fernão de Queiroz dá-lhe em Ceilão o sentido de um «jôgo desonesto», que não explica em que consistia nem eu consegui sabê-lo [1].

1687. — «Consentião leuantarem Pagodes, e o deshonesto jogo de **Combo**». — *Conquista de Ceylão*, p. 860.

*** COMBÓI.** Usava-se antigamento

[1] «**Combo**, *Kombu*, lit. A horn, from the Tamil. Applied to a wind instrument, made of copper, shaped somewhat like a semicircle, and emitting a peculiarly raucus note. It is very rare and there is one employed by the Guard of the *Attapattu Mudaliyar* at Galle». P. E. Pieris.

na Índia êste termo, no sentido de «imposto que pagavam à câmara da cidade de Goa as embarcações mercantes comboiadas». V. *colecta*.

1703. — «Arrendou a Camara desta cidade a renda do **Comboi** por vinte e oito mil *xerafins* a hum gentio». — *Archivo Port.-Oriental*, Supplemento II, p. 175.

1866. — «Os navios mercantes que traziam mantimentos para Goa eram escoltados nesses tempos com os da armada para evitar os roubos dos piratas, que eram frequentes nos mares da India, e corria a despesa dessa armada por conta da camara da cidade de Goa, deduzindo dos proprios mantimentos um tributo, a que chamavam a *collecta* e depois se chamou **comboy**». — Miguel Vicente de Abreu, em Dellon, *Narração da Inquisição de Goa*, p. 44.

* **COMIL.** Pagode, templo, igreja. Do tamul-malaiala, *kovil*.

1632. — «Mandou elRey agasalhar os hospedes por um Mossancrache, a quem por tal dignidade, e por ser havido grande Letrado, fazia honras extraordinarias. Este os levou a hum **Comil** dos seus Religiosos, de forma e largura do Mosteiro». — Fr. Luís de Sousa, *Hist. de S. Domingos*, III, p. 332.

1913.—«Was the beautiful Bréndi **Kovil**, dedicated to Paraméswara, an exquisite edifice of carved granite». — P. E. Pieris, *Ceylon*, I, p. 119.

* **COMPIM.** Dignidade militar chinesa: comandante do exército duma província. Provàvelmente do chin. *kung-ping*, «justo, recto», conforme Donald Ferguson.

1534. — «O Tutão **Compim** Comquõ são tres pessoas que teem carrego desta gouernança de Cantão Cançy». — Cristóvão Vieira, *apud* Ferguson, *Letters*, p. 79. V. *chumpim*.

1552. — «Ha outros officiaes que chamão tutões e conquões e **compins:** e estes todos tres se chamão conselho e gouernão cidades... ho **compim** he o segundo e he capitão de guerra e não he letrado».— Castanheda, *Historia*, IV, cap. 27.

* **COMPU** (chin. *kong-pu*). Ministério das obras públicas, na China.

1605. — Pera o [catecismo] apurar na lingua politica da China se ajudou o Padre de dous Mandarins grauissimos, hum delles do conselho que chamam **Compù** que he das obras del Rey, grande discipulo do mesmo Padre [Ricci] na mathematica». — P. Fernão Guerreiro, *Relaçam Annual*, fl. 70.

1735. — «La sixième et dernière Cour Souveraine appellée **Cong pou,** c'est-à-dire, tribunal des ouvrages publics a soin d'entretenir les Palais, tant de l'Empereur, que des Tribunaux, des Princes du Sang, et des Viceroïs, les sépulchres des Empereurs, les Temples, etc.».—P. Halde, *Description de la Chine*, II, p. 25.

1853. — «... et 6° le ministère des traveaux publics (**Koûn-poû**)». — Bazin, *Chine Moderne*, p. 147.

**COMUNIDADE.** É o nome português, também adoptado em concani, pelo qual se designa a associação agrícola de cada aldeia de Goa, que possui, desde tempos imemoriais, bens comuns, cujo produto reverte a favor dos associados. Os ingleses adoptaram a denominação portuguesa com a forma de *village community*.

As comunidades indianas eram, na sua origem, uma espécie de comunas, com todos os elementos necessários à sua vida social. Há muitos livros, nacionais e estrangeiros, que tratam do assunto, e a legislação portuguesa concernente é vasta e emaranhada, a qual, a título de modernizar as associações, tem em grande parte deturpado o seu carácter. Ainda assim, constituem o melhor benefício para o povo e igualmente para o estado. V. *gancaria* e *câmara geral*.

1697. — «Governãose estas Aldeas por **communidades,** ou gancarias». — P. Francisco de Sousa, *Oriente Conquistado*, I, I, 2.

1699. — «As terras que ficaram aos gentios possuem seus descendentes, hoje catholicos, em **communidades**, de sorte que cada aldea é uma **communidade,** com suas terras, separadas por districtos, umas das outras». — *Informação* do vicerei, *apud* Eduardo Balsemão, *Os Portuguezes no Oriente*, II, p. 181.

1710. — «Visto a Representação que me havia feito a Camara Geral das terras de Bardez, em razão de que possuindo as **Communidades** das Aldeas da sua jurisdição alguns bens... — *Carta Régia*, in *Archivo*, Suppl. II, p. 6.

1712. — «Os Gancares das **Communidades** das sobreditas Aldêas, que fizerem o contrario em algum tempo, serão castigados». — F. N. Xavier, *O Gabinete Litterario*, v, (parte II), p. 32.

1852. — «O nome **Communidade** *de Aldêa* he posterior á Conquista; o anterior era *Gauncaria* — *Gaumpan* — *Gram-*

*pan* — e *Camara*». — Id., *Bosquejo Historico*, II, p. 6.

1858. — «O Juiz das **Communidades** das Ilhas se chamava *Tanadar-mór*». — Miguel Vicente de Abreu, p. 150.

1874. — «Conhecendo a improficuidade das tentativas individuaes, para o aproveitamento daquelles terrenos, constituiram-se em **communidades** *agricolas*. Cada uma tinha e tem uma porção de terrenos que cultiva em commum, e em commum se faziam os grandes vallados de vedação, «á maneira dos adiques de Flandres», diz Barros... Cada uma d'estas aldeias tinha a sua autonomia; nomeava os seus empregados, e mantinha attribuições policiaes, judiciaes e administrativas, pela auctoridade collectiva dos seus *gancares* (senhores da terra)». — Tomás Ribeiro, *Jornadas*, II, p 14.

1880. — «Conhecendo por experiencia a utilidade das associações agricolas da India portugueza, que têem a denominação de **communidades,** estou convencido que da existencia de taes associações resultam incontestaveis vantagens áquella possessão, já pelas vastissimas zonas de terreno que ellas cultivam, já pela avultada importancia dos fóros e pensões com que contribuem annualmente para a receita publica...».—*Decreto, apud* Eduardo Balsemão, *Os Portuguezes no Oriente*, II, p. 191.

1885. — «Decifrar os hyeroglíphos do tempo dos Pharaós, e entender da organisação das sociedades indianas conhecidas pelo nome de **communidades,** tem-se reputado desde longa data empreza por igual difficil». — Teixeira Guimarães, *As Communidades Indianas*, p. 7.

1901. — «Surgiu a conveniencia de dividir as terras em aldeias, constituindo-se em cada uma um d'esses monumentos, os mais antigos de Goa, conhecidos pelo nome de **communidades,** assumindo os seus membros o titulo de *gãocares*». — José Pinheiro, *Bol. S. G. L.*, XX, p. 49.

1901. — «Na ordem das providencias que deviam carear para os conquistadores as sympathias, conta-se a manutenção do regimen das communas, que começaram então a ser conhecidas sob o nome de **Communidades** *das Aldeias*». — *Ibid.*, p. 87.

1911. — «As **Communidades** levantariam os capitaes necessarios á construcção e receberiam os lucros provenientes da exploração dos reservatorios». — José E. Castel Branco, *ibid.*, XXIX, p. 297.

1909. — «A Affonso Mexia devemos o conhecimento completo da origem e mechanismo das seculares instituições locaes, d'essas utilissimas republicas agricolas, chamadas **communidades** aldeanas, cujos usos e costumes compilou n'um diploma intituladado Foral». — Amâncio Gracias, *Subsidios*, p. 47.

**CONCANI** (s. m. e adj.). Língua vernácula de Goa e das regiões limítrofes ao norte e ao sul, a mais austral das indo-áricas e privativa do Concão, donde lhe veio o nome. É vernáculamente denominado *koṇkṇī bhās* = língua concani, e mais comummente *ām'chī bhās* = «nossa língua», em distinção da portuguesa ou marata. Os nossos antigos escritores deram-lhe vários nomes: *concana, concanica, brâmana, brâmana-goana, goana, canarim, canarina*. V. *Dicc. Konk.-Port., Port.-Konk.* (introdução) e *Influência*, pelo autor.

Com relação à lexicologia portuguesa, o concani tem grande importância, como se verá no decurso da presente obra.

1874. — «Do *Concão* ou *Goncão*, como primitivamente se chamava, vem **concani** — que é o nome da lingua ou dialecto do paiz; uma degeneração da lingua marata [o que é falso], salpicada de hindustani, e até de portuguez». — Tomás Ribeiro, *Jornadas*, II, p. 13.

1917. — «E ainda é, por fim, uma canção de caracter regional, cujos versos são em puro dialecto **concanim**». — *Jornal da Mulher* (Lisboa).

**CONCHAR** (ant.). Vendedor de arroz em Baçaim. Os vocábulos mais aproximados que encontro em marata, língua vernácula, são *koñchāḷem*, «círculo de pessoas», como fazem muitas vezes os vendedores; e *kanchār* ou *kanchūr*, «fabricante e vendedor de manilhas de massa vidrada», o qual seria talvez generalizado ou mal aplicado.

1554. — «Percalço que tinha o *catuall*, que he de cada butiqua em que os **conchares** vendem arroz, dez *bazarucos* por mês». — Simão Botelho, *Tombo*, p. 156.

* **CONCHOR.** É nome duma planta de Malaca — *Kaempfera galanga*. Do mal. *kanchur*.

1613. — «**Conchor,** bancalê, dringo, pulacary, canafistola, tamarindi, cayoular, cayotay, e outras innumeraveis raizes de que se pode fazer particular trattado». — Manuel G. de Erédia, *Declaraçam de Malaca*, fl. 37.

* **CONCHUIM** (chin. *kung chuen*). Embarcação do estado, na China, a

modo de caravela, que serve de transportar os mandarins em serviço público.

1680. — «As d'ElRey, hũas se chamão **Conchuim**, id est, barcas, que servem de levar e trazer os Mandarins quando vão, ou vem dos seus officios: estas são quasi como as nossas Caravellas, porém tão altas, tão pintadas, principalmente a em que vai o Mandarim, que não parecem barcos, mas salas de prazer». — Fr. Jacinto de Deus, *Vergel*, p. 201.

« **CONDI**, m. Vara graduada para medições, na Índia portuguesa». C. de Figueiredo. O termo usual em concani é *koṇḍó*, mar. *koṇḍā*, «bambu pequeno»; mas pode ser que se empregue *koṇḍī*, que é deminutivo. Como vara de medição, porêm, diz-se comummente em português *bambu*, q. v. Domingos Vieira insere *condó* com idêntico significado: «páo graduado para proceder ás medições».

**CONDORIM** (mal. *kandūrī*). Pêso e medida de conta no Arquipélago Malaio e na China. Vale dez *caixas* ou réis.

1544. — «Não ha [em Calaminhã] moeda de prata, nem de ouro, mas por peso de cates, taeis, mazes, e **condorins** se negocea toda a mercancia». — Fernão Pinto, *Peregrinação*, cap. 165.

1554. — «O peso por onde se pesa [em Malaca] o ouro, almiscre, aljofar, calambuco, manicas, se pesa por cates, que tem 20 taes, cada tael 16 mazes, huum maz 20 **cumduryns**; e huum paual 4 mazes, huum maz 4 cupões, huum cupão 5 **cumduryns**». — António Nunes, *Lyvro dos Pesos*, p. 39.

1569. — «Dos pesos pequenos ho mais pequeno he hum **Conderim**, dez **conderins** fazem hũa Tanga, ou hũ maz». — Fr. Gaspar da Cruz, *Tractado da China*, cap. 19.

1614. — «Ficarão no juizo dos orfãos da cidade de Machao quinhentos e cincoenta taeis, sete mazes, e dous **condorins** de prata, de seda, que andavão a ganhar». — *Archivo*, v, p. 1052.

1745. — «O Jornal he limitado [na China] pois ordinariamente são sete **condorins**, isto he 70 rs. — In *Ta-ssi-yang-kuó*, II, III, 3.

1843. — «O taél vale mil réis, o más cem, o **condorim** dez réis». — José Inácio de Andrade, *Cartas*, II, p. 10.

1895. — «Tem [o *tael*] dez *mazes*, cada *maz* dez **condorins** e cada **condorim** dez *cachas*». — Conde de Arnoso, *Jornadas pelo Mundo*, p. 339.

1898. — «Para pesar o ouro e prata cada maza vale 10 **condorins**, e cada **condorim** 10 caixas». — Joaquim C. Crespo, *Cousas da China*, p. 159.

1782. — «La masse vaut dix **condorins**, le **condorin** dix caches, et la cache dix herdes». — Sonnerat, *Voyages*, II, p. 36.

1914. — «The *tael*... is equivalent to 10 *mace* or 100 **candareens**». — Drieberg, *Year Book of the C. A. S.*, p. 21.

**CONFUCIANISMO.** É o nome que os europeus dão à religião ou, antes, ao naturalismo ético, estabelecido na China por Confúcio, *Kung-fú-tsze*, no século VI antes de Cristo. Os chineses denominam-na *yu-kiau*, que quere dizer, «religião dos letrados», por ser geralmente professada pela classe ilustrada. Há, alêm desta, outras duas religiões importantes: budismo e tauísmo. **Confuciano** é «sectário de Confúcio».

1679. — «O quarto livro, ou escritura compoz o mesmo *Cum fu cu*: contém a historia do seu Reyno Liû, que agora he parte da Provincia de Xantum... Deste livro fazem os Chinnos grande caso, e o tem por muita estimaçam, todos se derretem quando o lem».—Fr. Jacinto de Deus, *Vergel*, p. 187.

1889. — «Ao seu [de Mêncio] triunfo contra os adversários de Confucio, a quem elle chamava o maior dos homens, se deve não ter desaparecido o **confucianismo**... O **confuncionismo** correu tanto maior risco de ser eliminado quanto a consolidação dada á forma política foi proficua». — Vasconcelos Abreu, *Animismo*, p. 21.

«No ano 212, Xi-Hoam-ti persegue os **confucianos**». — *Id.*, p. 22.

1897. — «O **confucianismo** é uma religião essencialmente positiva, não ligando importancia á origem, creação e fim do mundo, ou a outro qualquer assumpto em que tenha de intervir um ser creador e superior a tudo que é terrestre. Como os letrados a consideram não é bem uma religião, mas sim uma especie de civilisação, porque toda a sua philosophia não é mais que uma arte de bem viver, a de mandar e obedecer». — Joaquim C. Crespo, *Cousas da China*, p. 120.

* **CONGO.** Tâmara colhida antes de amadurecer e secada. O termo é usado em Goa, especialmente nas pautas aduaneiras. Parece que provêm do nome geográfico *Congo*,

pôrto da Persia. Em concani temos *khārkô*, pl. de *khārkī*.

1663. — «Alguma [tâmara] colhem em pintando de vermelho, e cosendo-a no fogo em grandes caldeirões, e poem depois a secar, até que fica dura, e esta chamam **congos**, mui saborosos e doces». — P. Manuel Godinho, *Relação*, p. 120.

1740. — «Não entenderemos com as embarcações delles, nem de seus mercadores, que navegarem no mar, como tambem com as que forem para Marcate, e outras quaesquer partes a conduzir tamara, **congos**, e cavallos». — *Apud* Júlio Biker, *Collecção de Tratados*, VI, p. 203. — «**Congos** he uma especie de tamara que vem secca; e se chama na lingua de Goa *carqui*, no plural *carquieu*. Talvez os portuguezes lhe chamaram **Congo**, por vir deste porto da Persia». Nota.

1788. — «Cada candil de Tamara e **Congas**, hum xerafim». — *Collecção de Bandos*, I, p. 43.

1842. — «**Congos**, 2 candis». — *Annaes Maritimos*.

1904. — «**Congos**, a mão 32 réis, não havendo despacho da alfandega de Goa». — Ernesto Fernandes, *Regimen do Sal*, in *Bol. S. G. L.*, XXIII, p. 284.

**CONGUI** (jap. *kongi*). Fidalgo japonês que pretende ter origem celeste. V. *cungué*.

1612. — «E ainda ha oje muitos Iapoens a que chamão **Conguis** que são fidalgos, e continuos da casa do Rey, que se jactão virem direitamente d'aquella casta». — Diogo do Couto, Déc. V, VIII, 12.

**CONQUÃO**. Dignidade administrativa chinesa, chefe da fazenda da província. Não é fácil a identificação. Watters, citado por Ferguson, sugere o chin. *chyang-chün*, «general das tropas manchus». Parece que o vocábulo se prende, antes, a *kung-kau*, «grande homem, alto magistrado» ou *kung-kán*, «serviço público». Fernão Pinto não fala de *conquão*, mas menciona *conquiaes*, *conchacis* e *conchalis*. Os dois últimos podem derivar-se do chin. *kwán-chāh sz'* ou *li*, no sentido de «magistrado judicial». O primeiro parece que é etimològicamente o mesmo que *conquão*, mas empregado com significado religioso.

1534. — «O Tutão Compim **Comquõ** são tres pessoas que teem carrego desta governança de Cantão e Cançy». — Cristóvão Vieira, *apud* Ferguson, p. 79.

1552. — «Ha outros officios que chamão tutões, e **conquões** e compins: e estes todos tres se chamão conselho, e gouernão cidades... ho **conquão** he o terceiro, e tem cargo das cousas da fazenda, e ho somenos deste conselho». — Castanheda, *Historia*, IV, cap. 7.

1563. — «... e o [governador] do regimento da fazenda, se chama **Concam**». — João de Barros, Déc. III, II, 7.

«Destes pagodes que digo ha muytos de edificios muyto sumptuosos, principalmente os das religiões em que vivem os Menigrepos, **Conquiaes**, e Talagrepos, que são os sacerdotes das quatro seytas de Xaca, Amida, Gizom, e Canom, as quaes precedem por antiguidade ás outras trinta e duas deste diabolico labyrinto». — *Peregrinação*, cap. 107.

«No qual despacho vinha assinado o *Chaem*, e oyto **Conchacis**, que são como juizes do crime». — *Ibid.*, cap. 86.

Assim que ninguem sabe do limite, e da ordem que lhe he posta pelos **Conchalys** do governo, que são como almotaceis». Cap. 87. — «Os doze **Conchalis** da Menza do crime que são (falando ao nosso modo) os Dezembargadores, e Juizes das appellações, e das revistas com alçada suprema». Cap. 101. — «Oyás, e **Conchalis**, e Monteos, que são dignidades supremas sobre todas as outras do Reyno» (em Siame). — Cap. 182.

**CONSTO**. Usa-se o vocábulo na Índia no sentido de «recibo de pagamento», derivado do verbo *constar*. «Vale o mesmo que certidão». Bluteau, *Supplemento*.

1774. — «... em se dar depois do referido ao Vencedor, em lugar de Sentença, hum Bilhete denominado **Consto**, e munido com hum pequeno Sello». — Joaquim Soares, *Doc. Comprobativos*, p. 397.

1783. — «... bem inteirado nesta dependencia tão interessante á fazenda real, entre a diligencia primeira do **consto** do rendimento, que hade ficar na forma que tenho dito». — *Apud* Júlio Biker, *Collecção de Tratados*, VIII, p. 109.

1831. — «Tomei com José Gonçalves 120 pannos sorteados, que elle tem para negocio, e passei-lhe hum **consto** ao pé do officio, que lhe dirigi, para poder haver as mesmas fazendas nessa villa» (Tete). — *Apud* Júlio Biker, *Collecção de Tratados*, XII, p. 79.

1844. — «Expedir as ordens necessarias, tomar nota do seu cumprimento, e execução, registar os **constos** (recibos do pagamento), ajustar as contas dos sacadores». — *Annaes Maritimos*, p. 274.

**CONTINÃO**. Procurador da justiça na China. Provàvelmente do chin. *kwá-ti-nien*.

1541. — «O **Continão** Procurador da Justiça, lhes não provou nada do que allegou... Sejão absoltos de tudo o que contra elles requereu o **Continão** Procurador da Justiça». — Fernão Pinto, *Peregrinação*, cap. 103.

*** CONTRAMONÇÃO.** Monção contrária; estação desfavorável à navegação por causa de ventos contrários. V. *monção*.

1870. — «Os detractores do nosso direito á posse de Macau dizem que fomos aqui apenas admittidos por deferencia ao pedido, que fizemos, para enxugar e guardar as mercadorias e abrigar os navios durante a **contramonção**». — In *Ta-ssi-yang-kuó*, I, I, 1.

***COPANG**, *m.* Moéda de ouro no Japão». C. de Figueiredo. Conquanto apareça o vocábulo escrito *cobang* e *copang*, a exacta ortografia portuguesa do jap. *koban* seria *coban* ou, melhor, *cobão*, como o mal. *kupang* deu *cupão*, q. v. *Koban* é moeda de ouro antiga, de forma oblonga, que se começou a cunhar em 1580, e pesava, conforme Yule, 222 grãos. Parece-me que não há nenhuma relação etimológica entre o termo japonês e o malaio, mencionado por António Nunes em 1554. V. *oban*.

1754. — «Soissante Maas ou six Thaëls font un **Cobang**». — P. de Charlevoix, *Hist. du Japon*, I, p. 152.

1616.—«About ten a clock we departed from Shrongo, and paid our host for the howse a bar of **Coban** gould, vallued at 5 tais 4 mas». — Cocks, in *Glossary*.

**COPRA.** Amêndoa sêca de côco, geralmente em talhadas. Indo-ingl. *coprah*, indo-fr. *copre*. **COPRAOL**, óleo de copra. O étimo é o malaiala *koppara*, do hindust. *khopra*, sânsc. *kharpara*; em marata-conc. *khobrem*.

1563. — «Tambem secam estes coquos. Desque elles despedem a casca, ficão secos em pedaços e chamãlhes **copra**». — Garcia da Orta, Col. XVI.

1602. — «O seu pão são cocos secos ao sol, a que na India commummente chamão **copra**». — Diogo do Couto, Déc. IV, IV, 8. «Muitos comião os miollos dos cocos secos, a que na India chamão **Copra**, que os corrompia muito por ser já tudo azeite». — *Id.*, Déc. VIII, cap. 38.

1603. — «Dão mantimento ordinario dos cocos secos, tirado miolo, partido, a quê chamão **copra**, de que se carregão nauios pera muytas partes». — Fr. António de Gouveia, *Jornada*, fl. 62 *v.*

1609. — «Este miolo de coco depois de seco e avellado se chama **copra**, e serve aos gentios de mantimento... Desta **copra** se faz azeite muito excellente». — Fr. João dos Santos, *Ethiopia Oriental*, I, p. 294.

1619. — «A **Copra** pagará de direitos de cada *candil* meyo *pagode* e ao Escrivão 10 leaes e o seu *possoy* que é **copra** de dois cocos». — *Regimento* de N. V. Castelo Branco.

1634. — «Coquos e **copra**, que são os coquos passados e seccos ao sol, de que se usa muito neste Oriente». — António Bocarro, *Livro*, in *O Chronista de Tissuary*, IV, p. 34.

1727. — «**Copra**. He o mantimento da gente mais pobre da Asia, e de toda a que vive em Paizes, que não produzem arroz; a **copra** he o coco pilado, e dura muito tempo sem corromperse: de Goa, e suas provincias vay muita **copra** para Balagate». — Bluteau, *Supplemento*.

1842. — «Do côco sêcco que chamam **cópra**, se extrahe excellente azeite para luzes, e geralmente usado na comida». — *Annaes Maritimos*, p. 267.

1893. — «A amendoa secca e separada da *chereta* (estado em que se torna rancida e descorada) chama-se **copra**, e forma um artigo de exportação». — José Maria de Sá, *Productos do Coqueiro*.

1901. — «Enviou, por conta do Estado, para Marselha, e á consignação do nosso consul, **copra** adquirida em Goa. A **copra** foi considerada em Marselha de primeira qualidade». — José Pinheiro, *Bol. S. G. L.*, XX, p. 118.

1915. — «Mas é que só o converter o côco em **copra** moderna, a **copra** branca e ossea, que aqui se conhece por *quitqui*, uma industria rendosa...». — *O Ultramar*, de 13 de Dezembro.

1578. — «La Medula destos Cocos se seca al Sol, e se llama **Copra**: es muy sabrosa, y sirve en aquellas partes de fructa, como en la Europa la Castaña seca». — Cristóvão da Costa, *Tractado*, p. 104.

1589. — «Tout le trafic de ces Isles n'est autre que de ce Cairo dont on fait des cables, et noyau appellé **Copra** dont on tire de l'huile». — Linschoten, *Histoire*, p. 104.

1590 — «**Copra**, cioè calo di noci d'India». — G. Balbi, *Viaggio*, fl. 55.

1658. — «Fatta seccare al Sole diviene ogliosa, e di colore cinericcio, quale poi chiamano **Koper**, il quale serue, parte per formare l'oglio più commune, che oltre d'essere medicinale, quando è fresco essere gustoso... parte per regalo de' Mori, a quali serue per nobilitare le mense, come frà noi li conditi, e le confetture». — Fr. Vincenzo Maria, *Viaggio*, p. 360.

1727. — «That tree [coco-nut] produceth... **Copera,** or the Kernels of the Nut dried, and out of these Kernels there is a very clear Oil exprest». — A. Hamilton, in *Glossary*.

1750. — «On extrait du noiau desseché une huile fort estimée et qui fait une branche considérable de trafic sous le nom d'huile de **copra**» —Grose, *Voyage*, p. 66.

1786. — «**Copra,** cioè, il midollo della noce di Cocó per far olio, a lume di rocca». — Fra Paolino, *Viaggio*, p. 54.

**COQUEIRAL.** Plantação de coqueiros. **COQUEIRO.** *Cocos nucifera*, Linn. O vocábulo aparece modernamente usado, como derivado de *côco*, que os nossos indianistas antigos empregaram como denominação privativa do fruto, designando a árvore, que o produz, pelo nome genérico de «palmeira» (q. v.) [1]. Diz porém o P. Francisco de Sousa «que no Brazil chamamos *coqueyro*». *Oriente Conquistado*, II, III, 10.

E. Le Maout faz do coqueiro o seguinte elogio: «O homem encontra n'este vegetal com que prover a todas as suas necessidades; o espiquo, as folhas, as fibras lenhosas, o fructo, tudo concorre a abrigal-o, a embriagal-o, a aquecel-o, a transportal-o sobre os mares, a desaltaral-o e a cural-o de suas molestias». (Citado por Bernardo da Costa). V. a minuciosa descrição que Faria e Sousa (*Asia Portuguesa*, II, p. 864) faz dos usos e utilidades do coqueiro.

1861. — «O **cocoeiro,** ou **coqueiro,** tem o tronco mui alto, delgado, com cicatrizes semicirculares que deixaram as folhas velhas. É coroado por um feixe de dez a doze folhas, do centro das quaes sáe um gomo ou grelo direito quasi cylindrico, ponteagudo, tenro, bom para comer, e a que chamam *repolho de coqueiro*». — *Archivo Pittoresco*, IV, p. 207.

1864. — «Os antigos indús attribuiam-lhe noventa e nove applicações uteis... Todas as partes de que se compõe o **coqueiro** são igualmente de reconhecida utilidade; e por isso tem sido esta arvore appellidada o *rei dos vegetaes*». — Lopes Mendes, *Apontamentos sobre a Provincia de Satary*.

1886. — «O **coqueiro** dá assucar, vinho, vinagre, oleo, leite, madeira e filaça. Da casca que reveste o côco fazem-se mais de mil primores da arte». — Id., *A India Portugueza*, I, p. 175.

1866. — «O **Coqueiro,** chamado vulgarmente *Palmeira*, é uma arvore de esbelta figura, tendo o tronco a feição de um colossal obelisco, com o seu cimo graciosamente enfeitado, com diversos ornatos, varios nas cores, e distinctos nas formas e figuras... Os gentios chamam-lhe *Calpavruxa*, isto é, arvore que dá tudo quanto se quer ou se deseja della para viver, e é o emblema da liberalidade». — F. N. Xavier, *Descripção do Coqueiro*, p. 6.

1872. — «Segundo Mr. Guibourt, o **coqueiro** é denominado rei dos vegetaes... No meio dos seus vastos **coqueiraes** da Ilha de S. Thomé faz diversas culturas annuaes». — Bernardo da Costa, *Manual do Agricultor*, I, p. 172.

1892. — «O numero medio dos **coqueiros** lavrados annualmente em Gôa antes do tratado era de 107:009». — Cristóvão Pinto, *Estudos*, p. 43.

1905.—«O **coqueiro** demandando cuidados e despezas para a sua cultura, é desconhecido na Nagar-Avely». —Ernesto Fernandes, *Regimen do Sal*, in *Bol. S. G. L.*, XXIII, p. 220.

1909. — «Não creio que exista arvore tão rica como o **coqueiro.** Dá vinho (*sura*), alcool, assucar, oleos, cocos, filaça, lenha, madeira, *olas* para as paredes e coberturas das casas, e até dá pinceis para as caiar e pintar».—Manuel Ferreira Viegas, *ibid.*, XXVII, p. 429.

1917. — «E havia um mês que na minha aldeiazinha, à beira-mar, sob o enorme dossel do **coqueiral,** os serões e os ócios eram ocupados em escrever prosa». — *Heraldo*, de 5 de Janeiro.

* **COQUINHA.** Planta indiana da família das ciperáceas — *Kyllinga brevifolia*, Rottb. «Radices, Lusitanicae **Coquinha** dictae, in decocto usurpatae conducunt in febribus calidis et diabete». Rheede.

* **CORAÇONE.** Embarcação de vela, usada especialmente nas passagens dos rios e nos portos, na costa de Choramândel. Do tam. *kuṛaitōṇi*.

1615. — «... e Manoel de Macedo em hum **coraçone,** em que partira da outra costa pera se ir metter em Ceilão com alguns companheiros». — Diogo do Couto, *Déc.* X, x, 9.

---

[1] 1610. — «En la India se destila Vino de la substancia del arbol que produze los *Cocos*, llamada **palma**, por la semejança que tiene con la verdadeira». — Pedro Teixeira, *Relaciones*, p. 16.

«João Caiado, depois de chegar a Ramanacor, ajuntou os **Coraçones**, que lhe pareceram necessarios pera passar toda aquella gente, e fabrica». — *Id.*, 11.

**CORACORA (caracora, caracola).** «Barca malaia de cabotagem e antigamente de pirataria, de fundo chato e extremidades finas, velas trapizoides de esteira. Em Timor, barca de cabotagem». Alberto O. de Castro (*Flores de Coral*, p. 134). Do mal. *kora-kora* [1].

Favre deriva com probabilidade o vocábulo malaio do port. *caraca*, que Cândido de Figueiredo diz ser «antigo navio português de 200 toneladas», e que, conforme Wilkinson, deu *kĕrakah* em malaio. Mas os nossos escritores tem o termo por peregrino e o barco por peculiar de Maluco, como bem observa Devic, que identifica *coracora* com outro vocábulo malaio, *kura-kura*, «tartaruga do mar», e presume que o ár. *qorkūr* é de procedência malaia.

Dozy regista o baixo-lat. *caracora*, esp. *caracoa*, fr. *caracore*, «espécie de navio grande e de andamento ronceiro». Filia êste etimologista a voz *caracora* no ár. *qorqūra* (ou *qurqūra*), que, por sua vez, prende ao baixo-lat. *carricare* (ital. *caricare*), já mencionado por S. Jerónimo. Idênticamente, deriva *carraca* ou *caraca* do pl. *qarāqir* de *qorqūra* V. *Glossaire*, s. v. *caraca*, e *Glossary*, s. vv. *caracoa* e *carrak*.

1552. — «Os mayores [navios] se chamão **corascoras** e joangas. e sam tão compridos que tem cento e oytenta remos por banda, e sam muyto bem feytos». — Castanheda, *Historia*, vi, cap. 11.

c. 1560. — «E aos daqui para baixo chamão **Coracoras**, que remão de cincoenta até setenta, e dahi para baixo tem outros navios». — Gabriel Rebêlo, *Informação de Maluco*, p. 176. V. *ote*, *joanga* e *calaluz*.

1563. — «... mandando de noite hũa **caracóra**, que são nauios leves de remo, que ao outro dia apparecessem ao mar». — João de Barros, Déc. III, viii, 9.

1600. — «Sam estas **córacóras** nauios de remo, compridas, e estreitas, ao modo de fustas». — P. João Lucena, *Historia*, cap. 5.

1602. — «Tomarão duas **Caracoras** de Geilolo, e hũa champana de Ternate, que ya carregada de crauo». — Diogo do Couto, Déc. IV, iii, 8.

1613. — «Detriminou de mandar para este effeito hũa **caracora**, que he hum certo genero de embarcações rasteyras que ha naquella terra». — Francisco de Andrada, *Chronica de D. João III*, ii, fl. 45.

1616. — «As **Coracoras** leuão ate sessenta e cinco [remos], e dahy para bayxo, e hũs, e outros, são de muyto pequeno fundo, muyto ligeyros, com hũa sò vella, que nem he bem redonda, nem latina, com duas vergas, hũa por cima, e outra por baixo». — António Pinto Pereira, *Historia da India*, i, p. 114.

1632. — «Eis que huma manhã apparece ao mar huma **caracora** (são **caracoras** navios de remo muyto ligeyros)». — Fr. Luís de Sousa, *Annaes de D. João III*, p. 107.

1635. — Tomaram e queimaram mais de vinte **caracolas** de guerra, e tres juncos grandes de sagú». — António Bocarro, Déc xiii, p. 403.

1668. — «Sahindo de Ternate em hũas **coracoras**, que erão navios ligeiros de duas proas, de que era Cabo o Padre Fernão Vinagre, destruiu os Cossarios». — Fr. Jacinto de Deus, *Vergel*, p. 120.

1697. — «... em huma lustrosa armada de **coracoras**, isto he, de navios de remos prolongados, altos de popa, e proa, capazes de jugar artilharia, e movidos a compasso de muitos pandeiros, e bacias de metal sonoro, cantando os remeyros, e lançando os braços com mayor, ou menor força, segundo a solfa dos instrumentos ou mais picada, ou mais remissa». — P. Francisco de Sousa, *Oriente Conquistado*, I, iii, 1.

1874. — «Ao principio os mais impacientes embarcaram em vasos asiaticos, em juncos mal construidos e de pequena lotação, em **córacóras**, barcos descobertos e estreitos que andavam a remos e em que se faziam navegações arrojadas pelas ilhas Molucas». — Pedro G. Mesnier, *O Japão*, 3.

1908. — «É certo que em um doc. de Oé-Kússi, datado de 1800, vejo indicada uma joia indigena com o nome de **coracora**, e é este o nome da joia [de crescente de prata, ou prata dourada, de mais dum palmo de comprimento] em português de Timor». — Alberto O. de Castro, *Flores de Coral*, p. 216.

1561. — «Bella maxime maritima gerunt, triremibus et nauiculis aliis, quas ipsi **Coracoras** vocant, congressi». — *India Orientalis*, viii, p. 25.

1588. — «Costoro, veduta la sciagura del Serrano, veniuano pronti alla preda con vn legno d'andare in corso, che é' chiamano volgarmente **Caracora**» (em Banda). — P. Maffei, *Le Istorie*, p. 197.

---

[1] Castanheda escreve *coracora* no singular e *carascoras* no plural.

1606. — «The foremost of these Galleys or **Caracolles** recovered our Shippe, wherein was the King of Ternate». — Middleton, in *Glossary*.

1620. — Deux autres François l'auoient adverty que le destroit de Sonda estoit plein de gens de guerre de Jaua taut en Paraus que **Caracaus**». — Général Beaulieu, *Mémoires*, p. 42.

1690. — «Ex hujus autem arundinis stipitibus... alae minorum navigiorum **Correcoren** dictorum conficiuntur». — Rumphius, *Herbarium Amboinense*, vi, cap. 5.

1711. — «Les Philippines nomment ces Bastimens **Caracoas**. C'est une espece de petite Galere à rames et à voiles, ayant sur les costez deux aisles faites de grosses cannes pour rompre les vagues de la mer, et pour se soutenir sur l'eau». — *Lettres Édifiantes*, x, p. 51.

«**Corocore** ou **corocora**. Caboteur malais caractérisé par les points suivants: extrémités fines, fond plat, quille faisant suite à la courbure de l'étrave et de l'étambot, comme on l'observe dans certains bateaux de pêche annamites». — *La Grande Encyclopédie*.

Gaspar Correia menciona **corocora** com relação a Mombaça e à viagem de Vasco da Gama (*Lendas*, i, p. 45): «Todavia mandou o Capitão mór leuar a **corocora** que hauia de hir diante». Diz porêm em outro lugar (1528; iii, p. 245): «Determinou mandar huma **coracora**, que são barcos da terra [Maluco], que podia hir aquelle caminho».

*** CORANGARIM.** Conforme António Bocarro, é almirante ou general de Arracão, na Índia. Em birmanês, *ray-gyung-sit-bū-rin* é o nome do «almirante», e *sit-bū-rin* o do «general».

1600. — «Encontraram no caminho, ao **Corangarim**, tio do mesmo Rey, e o mais poderoso senhor de seus reynos». — P. Fernão Guerreiro, *Relaçam Annual*, p. 65.

1635. — «Acceitou o partido elrei de Arracão, e mandou a Philippe de Brito e o seu **corongary**, que é capitão geral do mar, para acceitarem as cousas que o rei de Tangú prometia». — Déc. xiii, p. 126.

«O principe de Aracão com o seu general ou **Carangarim**, e os infantes de Pegu». — *Ibid.*, p. 140.

*** CORCHIM.** Soldado de cavalaria, que fazia guarda à pessoa do Xá da Pérsia. Passava por mais valoroso e era pago pelo erário rial, emquanto os outros eram fornecidos por chefes locais ou pelos nobres. Também era conhecido pelo nome de *cocelbaxa*, q. v. Do persa *qūrchī*, «porta-couraça».

1552. — «Tinha o Xeque ismael pera guarda de sua pessoa cinco mil de caualo, que chamão **corchis**, e destes o vigiauão cada noyte mil homens armados». — Castanheda, *Historia*, iii, cap. 144.

1603. — «E voltou-se ao Principe... e a *Corchibaxi* [literalmente «capitão dos **corchis**»] Capitão geral dos *Cocelbaxas* que são os soldados que mais estima». — Fr. António de Gouveia, *Jornada do Arcebispo*, fl. 134.

1608. — Somente leua [o Xá] de paga [isto é, pagando] aquelles que ordinariamente tem em sua guarda, que sam cinco mil **Corchis** a que dá extraordinarias pagas». — Id., *Relaçam da Persia*, fl. 45 *v.*

«O Xá sentio muyto esta noua e mandou a **Corchi** *Baxi* Capitão dos Ginetes com doze mil **Corchis** que quer dizer cavalleiros da casa do Xá». — *Id.*, fl. 97 *v.*

1604. — «Embio a **Gorchi** (*sic*) Bassi Cácher, que quiere dezir cabeça de los criados del Rey, con cinquenta mil soldados». — D. Juan da Persia, *Relaciones*, fl. iii, *v.*

1675. — «The Second Order is **Corge**. Their salary 6 Thomands per An without Charges». — Fryer, *East India*, iii, p. 62.

1676. — «Les **Corschis** sont decendus d'une ancienne race étrangère, qui a toujours été en réputation pour la bravure... On les appelle ordinairemente *Keselbachs*, c'est-à-dire *têtes rouges;* parce que autrefois ils portoient des bonnets rouges. On tient que le Roi de Perse entretient jusqu'à vingt-deux mille de ces *Corschis*, tous bons soldats, et qui font merveilles quand il faut bâtre». — Tavernier, *Voyages*, ii, p. 309.

*** CORCOVADO.** Conforme Bóncio, é o nome que os portugueses davam na Malásia a um peixe do género de delfins, em alusão à corcova que tem no dorso.

1631. — «Omnes è Delphinum sunt genere, alti, et longi, inter quos quoque numeratur piscis, qui iisdem Lusitanis **Corcovados** vocatur, quod gibbosum sonat, quia gibbum in tergo gerit. Igne elixi demidia ex parte condiuntur porro, oleo, et aceto, admixto pipere, allio, et sale, vel etiam aliis aromatibus: et ita conservantur longo tempore, ut utiles sint iis, qui hinc Ternatem versus, et Moluccas navigant». — *Hist. Naturalis*, p. 73.

**CORGUL.** «Árvore da Índia portuguesa». C. de Figueiredo. *Khargūl* é em concani o nome de duas plantas da família das urticárias: *Trema*

***orientalis***, Blume, e *Debregeasea velutina,* Gand. Da primeira diz D. G. Dalgado: «A casca dá filaça util; o carvão da madeira é usado para a fabricação de polvora». E da segunda: «A casca dá filaça, que se usa para fazer cordas». *Flora.*

**CORJA** (indo-ingl. *corge, coorge,* indo-fr. *corge, courge*). Na sua significação originária e indo-portuguesa, é o nome do número vinte na contagem, é vintena de objectos da mesma natureza, como *score* é, no mesmo sentido, em inglês, ou *dúzia* é na Europa a denominação do número doze. Os nossos indianistas empregam o termo principalmente com referência a enfiadas de pedras preciosas, pacotes de tecidos e jogos de louça [1]. Também entendem por *corja* objectos que só se vendem às vintenas», como *rubis de corja.*

Em Portugal, *corja* é actualmente o mesmo que «multidão de pessoas desprezíveis, malta, súcia, canalha». Muitos dos lexicógrafos modernos nem sabem se teve outrora, e tem ainda hoje nas colónias, outro significado. «Esta palavra que actualmente significa apenas, em sentido pejorativo e ofensivo, o mesmo que «matula» (q. v.), «quadrilha» (espanholismo), «turba», é declarado termo da Índia, com a significação de «vinte» no *Vocabulario Portuguez e Latino* de Bluteau (1712). Vê-se pois que há dois séculos ainda não havia adquirido o sentido deprimente que ao depois prevaleceu». — Gonçalves Viana, *Apostilas.*

Deve ser curiosa a evolução semântica da significação primordial em acepção figurada. É verdade que *corja* por «vintena» não denota, por si só, «grande quantidade»; mas o seu plural indefinido, como o da *dúzia,* já designa «avultado número», do mesmo modo que o inglês *score.* E a expressão estaria muito em voga no período de actividade febril no trato comercial com a Índia, quando Lisboa era o empório dos produtos orientais, onde entravam em cada monção milhares de *corjas* de cada espécie, e onde os negociantes luso-orientais não venderiam as suas fazendas por miúdo, e, em alguns casos, por conta europeia, mas por grosso e com denominações originárias, assim porque isso facilitaria os seus cálculos de lucro nas transacções, como porque muitos dos objectos formavam agregados de vintenas em jogos ou enfiadas.

Compreende-se fácilmente que a palavra *corja,* depois de passar a designar «multidão», até no singular, fôsse amiúde empregada na acepção de «numerosas cousas más», sendo de presumir que vários compradores ficariam logrados com aquisição de objectos avariados ou de somenos estimação, e não perderiam a ocasião de os deprimir, aludindo às suas *corjas* de cotomias ou porcelanas ou gemas.

Mas não poupariam, antes confundiriam, nas suas invectivas e no seu desprêzo dos artigos, que então particularmente lhes pareceriam numerosos, os chatins sem consciência, que lhes impingiram gato por lebre. E assim se transferiu gradualmente, conjecturo eu, das cousas más para as pessoas más o sentido de «multidão», que a dição tinha adquirido.

Quanto à origem do vocábulo, há divergência entre os etimologistas. Devic sugere como étimo provável o ár. *khordj,* talvez baseado na errada definição de Littré: «Paquet de toile de coton des Indes»! Mas *khordj* significa «sela, saco, mala», e não «vinte», que é o sentido em que sempre foi o termo empregado no Oriente pelos mercadores.

H. H. Wilson aponta o telúgu *khorjam* por étimo, o qual Yule & Burnell presumem ser corrução do vocábulo comercial. E de facto, Filipe Brown, no seu dicionário de telúgu mixto, nota que *korja* ou *khorja* é termo dos negociantes. Também o concani tem

[1] Bento Pereira regista sómente «corja de louça, *fictilium vigenus numerus*».

*korj* (ao lado de *kôḍ*), o túlu *kōrji*, o malaiala *kōrja*, que, evidentemente, provêm da forma portuguesa.

Os idiomas neo-áricos tem um vocábulo, admitido também em tamul, para designar o número vinte, o qual é *koḍī*, extensamente usado pelo povo, que conta por *koḍís* ou «vintenas». Mas a dificuldade está em indicar o processo da evolução fonética de *koḍī* ou *koṛī* em *corja*, visto que a sua representação normal em português deveria ser *cori* ou *core* como *areca* é de *aḍeka*.

Os autores do *Glossário Anglo-indiano* julgam que a forma empregada por Barthema ou Varthema (1510) explica a transição: «Se são estofos, vendem por *curia*, e do mesmo modo se são gemas. Por *curia* se entende vinte»[1]. Mas não vejo como é que «a citação mostra a palavra em uma forma intimamente conexa com esta [*koṛī*] e explica a transição». Admitido que o italiano *curia* não esteja por *curja*, o que é contestável, não se explica a mudança de *o* em *u* nem o acrescentamento de *a*.

A palavra *curia* ou *curja* ou *corja* devia então vogar na costa ocidental, entre os portugueses, para designar particularmente o conjunto de vinte gemas ou vinte peças de tecidos, como declaram os nossos indianistas, sendo também nestes dois sentidos a voz *kōḍi* empregada em tamul.

Ora, o malaiala, que não conhece *kōḍi*, possui *kórchchu*, que quere dizer «enfiada, ramal», derivado do verbo *kōrkk*, «enfiar», sendo *kōrbat* «enfiada de pérolas». *Kórchchu* é, por conseguinte, termo vernáculo e fonte do termo português *corja*, pois que o *ch* do malaiala se representa por *j* e vice-versa. Cf. *jágara* de *chákkara*, *janguda* de *chaṅgaḍam*, *jaca* de *chakka*; e *chenel* por *janela*, *chudu* por *jôgo*. V. *Influência*, p. 93.

O termo generalizou-se na Índia por ser sinónimo do árico *koḍī* e por se vender grande parte de artigos comerciais por vintenas.

1514. — «O Gouernador falou com o seu judeu, o lingua, que tivesse modo como ouuesse do chatim como lhe ouuesse em Baticala cinco mil rubis de **corja** da marca grande. Estes rubis são miudos que encastoão derrador d'outras peças grossas, e estes de marca grande, que são vinte a **corja**, valem a **corja** a trinta e corenta cruzados a **corja**, que nos cinco mil que o Governador queria para mandar á Raynha, que lhos mandava pedir. era 250 **corjas**, que valião quinze mil cruzados». — Gaspar Correia, *Lendas*, II, p. 388.

1516. — «Estas sortes de panos prendem elles por **corjas**, que antre eles he hũu conto de vinte, como qua dizemos duzia». — Duarte Barbosa, *Livro*, p. 283.

1525. — «A **corja** de quotonyas pequenas vall cento e corenta tamgas». — *Lembranças*, p. 49, *et passim*.

1539. — «... com huma **corja** de çaraças e pannos Malayos para sua mulher e filhas que he o commum trajo daquella terra». — Fernão Pinto, *Peregrinação*, cap. 21.

1547. — «... a fóra os vestidos que el-Rey e os grandes mandarão dar aos trinta mil sacerdotes [budistas], em que gastarão infinitas **corjas** de roupa». — *Id.*, cap. 167.

1554. — «Quatro **corjas** de cotonias pera abitos de moços, cinquo **corjas** de panos pera çiroulas e camisas dos ditos moços». — Simão Botelho, *Tombo*, p. 28.

1559. — «Cinquoenta **corjas** de roupas serampori». — *Archivo*, v, p. 401.

1559. — «E cincoenta **corjas** de roupas *serampuris*. E cincoenta **corjas** de roupas *traqueteás*. E cinquoenta **corjas** de roupas *mazaguayins*». — *Apud* Júlio Biker, *Collecção de Tratados*, I, p. 146.

1563 — «Chamamos rubins de **corja**, que he tanto dizer que comprados 20 a vinte». — Garcia da Orta, Col. XLIV.

1632. — «Sinalou-lhe o Viso-Rei de ordinaria... vinte candiz de Arros, dez de trigo, oito cantaros d'azeite, e dez **corjas** de Cotonias. São Cotonias lenço da terra, que serve para vestido. A **Corja** he numero de vinte». — Fr. Luís de Sousa, *Hist. de S. Domingos*, III, p. 275.

1635. — «Andou por casa dos mercado-

[1] Traduzo a tradução inglesa, por me ter passado despercebido o vocábulo no original italiano, que não posso agora ter à mão. Barthema passou a maior parte do seu tempo no Malabar, como observa Garcia da Orta, e pretendendo dar informações originais com respeito à Índia inteira e à Malásia, aproveitou os esclarecimentos fornecidos pelos portugueses e pelos comerciantes locais, mas não conseguiu reproduzir as dições vernáculas com a exactidão dos nossos escritores.

res e casados, e os fintou em cem **corjas** de teadas». — António Bocarro, Déc. XIII, p. 243.

m. 1805. :

> «Tu, que detestas esta corja horrenda
> Que devêo à ganancia inutil sua.
> Primeiro ao chafariz, depois à tenda».
>
> Bocage, *Obras Poeticas*, IV, p. 106.

1612. — «White callicos from twentie to forty Royals [réis] the **Corge** (a **Corge** being twentie pieces)». — Saris in *Glossary*.

*** CORLA.** Subdivisão de *dissava*, ou distrito, em Ceilão. Do sing. *kōrale*.

1603. — «Ireis pessoalmente com vosso escrivão a todas as **Corlas**; na cabeça de cada huma, ou na aldea que vos parecer mais conveniente, chamareis alguns homens bons da terra». — *Regimento Régio*, in *Archivo*, VI, p. 802.

1613. — «Sobre a tarde chegamos a Manteigama, que é povoação grande e bem arruada, cabeça das sete **corlas** ou concelhos, que das provincias sujeitas é a maior». — P. Manuel Barradas, *Hist. Tragico-maritima*, II, p. 89.

1614. — «Intentáram tambem devertir o Geral pela frontaria das quatro **Corlas**». — Diogo do Couto, Déc. XII, I, 6.

1635. — «E à sombra d'estes vieram mais de mil cules d'estas **corlas** carregados de arroz para Colombo». — António Bocarro, Déc. XIII, p. 709.

1679. — «Convertêrão ao Rey das Sete **Corlas**, a quem chamárão Dom Manoel». — Fr. Jacinto de Deus, *Vergel*, p. 13.

1685. — «Depois de varios pareceres foi assentado. que mandassem notificar todas as provincias daquelles Reinos, a que elles chamão **Córlas**, para que um certo dia se achassem em Columbo duas pessoas de cada **Córla**». — João Ribeiro, *Fatalidade Historica*, I, cap. 9.

1687. — «As *Dissavas* se dividem em **Corlas**, ou Comarcas, e cada hũa tem seu Corregedor, que a governa, a que chamão *Adigar*». — P. Fernão de Queiroz, *Conquista de Ceylão*, p. 25.

1707. — «Eu já tenho enviado gente procurando a entrada das **Corlas**». — P. Manuel de Miranda, *Relação*, in *O Chronista de Tissuary*, III, p. 235.

1675. — «Hizieron que todas las **Corlas**, o distritos rebeldes, se restituyssen a nuestra obediencia». — Faria e Sousa, *Asia Portuguesa*, III, p. 111.

1678. — Las demás tierras con apellido de **Corlas**, que suena lo mismo que provincias, se reduzieron al gobierno de quatro *Dissavas*». — João de Sá e Meneses, *Rebelion de Ceylan*, p. 15.

1825. — «The old road lay through the seven **Corles**, a distance of eighty miles». — Em Heber, *Narrative*, II, p. 186.

*** CORLILE.** «Pequenissimo passaro dos arvoredos das ribeiras de Timor, todo cinzento, cujo canto lembra o de cotovia... Em tétum tem o nome de *Mano-Matobiam* (passaro-alma), em galóli tambem o de *Tutui*, e em uaimolcá o de *Quirlólo*. Esqueceu-me tomar nota da lingua fallada pelos auxiliares das Obras Publicas, que me indicaram a linda forma **Corlili**». —Alberto O. de Castro, *Flores de Coral*, p. 134.

**CORMARÓ** (conc. *karmaḷó*). É uma planta odorífera da família das labiadas — *Coleus barbatus*, Benth.

1727. — «**Cormarô**. Planta muito odorifera depois de seca, aqual nasce em muitas partes da India, sem ser cultivada; o cheiro é semelhante ao do trevo, mas melhor; metida entre os vestidos, os preserva da traça». — Bluteau, *Supplemento*.

**CORNACA** (s. m.; fr. e ingl. *cornac*). Guia e tratador de elefante. Os nossos escritores antigos chamam-lho de ordinário *naire* (q. v.). Os ingleses preferem o hindust. *mahout*. O étimo não é o sânsc. *karṇakin*[1], como julga Littré, mas o sing. *kūruṇ̣ka* < *kūrunāyak* < *kūruva-nāyaka*, «chefe da manada de elefantes, amansador de elefantes». V. Gonçalves Viana, *Apostilas*.

1612. — «A molher de vn **cornaca** (que são os que governão os alifantes)». — Diogo do Couto, Déc. V, VII, 11.

1613. — «E he com tanta pressa, que se os **Cornacas** com os ganchos de ferro, que são os freyos, os querem ter mão, logo bramão e urrão». — P. Manuel Barradas. *Hist. Tragico-maritima*, (1.ª ed.), I, p. 158.

1635. — «Sahiu o rei preto no seu elephante tão descoberto que todo o exercito contrario o conheceu, e brigando valorosamente o feriu o contrario com gancho do **cornaca**». — António Bocarro, Déc. XIII, p. 120.

1638. — «... e mais cousas que forão compradas para os telizes dos dous elefantes, e os dos cavallos, e os vestidos dos **cornaquas**». — *Apud* Júlio Biker, *Collecção de Tratados*, II, p. 99.

1685. — «Os **cornacas** são os que do-

[1] *Karṇakin* é, conforme Monier Williams, vocábulo dos lexicógrafos, o qual não se encontrou até hoje nos textos publicados. Há muitos desta natureza. Apte nem o regista.

mão e servem de aios aos elefantes». — João Ribeiro, I, cap. 10.

1687. — «Logo os **Cornacãs** (homẽs que tem por oficio domesticalos, e gouernalos) os vão amarrando, cada hum no meyo de quatro *Aleas* mansas». — P. Fernão de Queiroz, *Conquista de Ceylão*, p. 57.

1695. — «. . . e desunião, que succedeu na Corte de Visapur pela eleyção, que fez a Rainha do filho, segundo dizem, de hum **Cornaca** de Elefantes». — Cosme da Guarda, *Vida de Sevagy*, p. 5.

1837. — «O leão, posto que já maltratado, immediatamente se lançou, e o teria acabado em menos de um credo, se o elephante espicaçado pelo *mahut* ou **cornaca** (guia) não désse um passo avante». — *O Panorama*, de 26 de Agosto.

1861. — «Um **cornaca** (conductor) maltratou injustamente um elephante, e este no impeto do seu furor matou-o. A mulher do **cornaca**, que estava presente, pega logo em dois filhos que tinha, lança-se aos pés do bruto ainda furioso, e diz-lhe: «Pois tu mataste meu marido, tira-me tambem a vida e a meus filhos». A estas palavras, o elephante para de repente, deixa a furia, e como se fosse tocado de pezar, pega com a tromba no mais velho dos filhos, põe-no sobre o pescoço, adopta-o para seu **cornaca**, e nunca mais quiz consentir outro guia». — *Archivo Pitoresco*, IV, p. 318.

1898. — «Montando nos seus soberbos elephantes, e acompanhado pelos naires e **cornacas**». — Oliveira Mascarenhas, *Atravez dos Mares*, p. 38.

1906. — «A ordem do **cornaca** ajoelhou-se o animal, installando-me eu e o amigo no largo dorso». — Hipácio de Brion, *Duas mil leguas*, p. 162.

1610. — «Embian à las seluas y bosques vna hembra, ala quale por nombre comun dizen *Aleáh* con vn **Cornaca**, que es vn Indio, que sabe hablar y gouernar al elefante». — Pedro Teixeira, *Relaciones*, p. 131.

1658. — «. . . d'ordinario è toccato de suoi **Cornacchi** (così chiamano quelli, che li gouernano)». — Fr. Vincenzo Maria, *Viaggio*, p. 397.

1674. — «**Cornacas** son los que gubiernan aquellas valientes, e entendidas bestias». — Faria e Sousa, *Asia Portuguesa*, II, p. 112.

1678. — «On appelle ceux qui conduisent les Elephans **Cornac**, ils se placent sur le col, où ils se tiennent fermement, sans avoir besoin de bride». — Dellon, *Relation d'un Voyage*, I, p. 168.

1700. — «Dapoi che il **Cornacciâ** (**cornac**, cioè colui che gli monta) avea all'elefante scoperto la grappa per farla veder al Re, lo faceva girare». — Gemelli Careri, *apud* Gubernatis, *Storia*, p. 264.

1914. — «They [elefantes] were then led away by the **Kurunayakas** whose duty it was to tame them, each animal being secured to four tame ones». — P. E. Pieris, *Ceylon*, II, p. 67.

*** CORNOM.** Trompa indiana de bronze. Do conc. *karṇó*, mar. *karṇā*, hindust. *karnāī* < ár. *kuran*.

1873. — «Os gritos estridentes da *chinga* (vid. *xinga*) e do **Cornom**, precursores da *rabanada* da *Vádia* inteira, denunciavam que a festa principiava». — Tomás Ribeiro, *Jornadas*, II, p. 101.

1898. — «. . . ao som estridulo do *pripri* e do **cornôn**, nos seus *pitambores* lustrosos de garridas telas, cruzando sobre *chólis* de finissimo cetim!». — Oliveira Mascarenhas, *Atravez dos Mares*, p. 203.

1663. — «Il y a tel hautbois, celui qu'on appelle **karna**, qui est long d'une brasse et demie, et qui n'a pas moins d'un pied d'ouverture par le bas». — Bernier, *Voyages*, II, p. 32.

1791. — «Aussitôt les grosses timbales de cuivre, et les **karnas** ou grands hautbois de la garde, sonnèrent l'alarme avec un bruit épouvantable». — Bernardin de Saint-Pierre, *La Chaumière Indienne*.

**Coru.** V. *cuddó*.

*** COSSA** (beng. *koxa*). Embarcação pequena de Bengala e Arracão: canoa, almadia.

1602. — «E da banda de Siripur, estauam tambem cem **cossas** (que sam certas embarcações)». — P. Fernão Guerreiro, *Relaçam Annual*, fl. 43 *v*.

1605. — «Sayo seu Capitam geral com hũa armada de mil velas, as mais dellas *geleas* (= jalias). . . e algũas outras maiores como *catures*, e outras que chamam **Cossas**». — *Id.*, fl. 96 *v*.

1635. — «Quarenta embarcações, em que entravam sanguiceis, jalias, **cossas**, dauras». — António Bocarro, *Déc.* XIII, p. 433.

**Cosse.** V. *coce*.

**CÔRTE** (ingl. *court*). Tribunal judicial. Usa-se o termo em indo-português com relação aos tribunais ingleses.

1866. — «A casa de justiça chamada **Côrte**, é uma sala dividida ao meio por uma grade de ferro». — F. L. Gomes, *Os Brahamanes*, p. 291.

1824. — His Cutcherry, or **Court** of Justice, the gaol, and a small unoccupied bungalow, are the only buildings». — Herber, *Narrative*, I, p. 161.

*** CORTE DE JIBÕES** (ant.). Designava-se na Índia por esta locução certo tecido, especialmente destinado a jibões.

1634. — «Há nesta povoação muitos teares de roupa, que chamão **corte de jibões**, guingões, e tafeciras». — António Bocarro, *Livro*, in *O Chronista de Tissuary*, III, p. 256.

* **COSTA**. Empregavam os nossos indianistas êste termo para designar, por antonomásia, a «costa de Choramândel», e mais restritamente a «costa da Pescaria». E porque conheciam a pronúncia vernácula, diziam Choramândel» ou «Choromândel», assim como diziam, com igual propriedade, *Columbò* e *Samatra*, representando o tam. *Chōṛamaṇḍala*, «reino de *Choṛa*». Yule reconhece que «os portugueses aderiram em geral á forma mais correcta *Choromandel*» [1]. V. *vara*.

Com a mesma significação passou o vocábulo *Costa* ao crioulo português de Malaca, e ao malaio e sundanês, e ocasionou vários compostos, como *kain Kosta*, «roupa da Costa»; *sagu su-Kosta*, «sagu da Costa». V. *Influência*, Também os ingleses o empregam no mesmo sentido. V. *Glossary*, s. v. *Coast*.

1577. — «Tirados os soldados ordinarios que se pagão nas fortalezas que temos, e os que se embarcão narmada da **Costa**, ou outra algũa, se se faz, os que sobejão não tem nenhum modo de remedio para passar a vida». — *Primor e Honra*, fl. 99 *v*.

1600. — «Sem duvida foram grande parte, para os Christãos da **Costa** saberem tão depressa, e cantarem perpetuamente a santa doutrina». — P. João Lucena, *Historia*, II, cap. 9.

«Grande foy o alvoroço e alegria em toda a **Costa** com a chegada do seu grande, e santo padre Francisco». — *Id.*, V, cap. 23.

1605. — «O Bispo de Cochim prohibio por sua excomunham que nenhuns Cristãos Portugueses nem da terra fossem tratar, nem comercear na **Costa**, que pera aquella gente he muy aspero castigo, por nam terem outro remedio de sua sustentação e vida, senam o que por mar lhe vay por via deste comercio». — P. Fernão Guerreiro, *Relaçam Annual*, fl. 112 *v*.

1613. — «Assim o permitiria Deos Nosso Senhor, pelo atrevimento que teve em prender um padre nosso, quando estavamos na **Costa** [da Pescaria], e ser o principal em nos lançar della». — P. Manuel Barradas, *Hist. Tragico-maritima*, II, p. 117.

1718.—«Era aquelle Cavalleiro... Francez de nação, mas de muitos annos morador na India, e casado na **Costa**, com mulher de sangue Portuguez». — João Tavares Guerreiro, *Jornada*, p. 216.

«E erão duas pessas de pano branco da **Costa**, bastantemente fino, dous frascos de agua rosada, e dous cortes de carmezim». — *Id*, p. 215.

1620. — «Les realles ont peu ou point de cours en cet endroit, il y faut des marchandises de Surate ou de la **coste**». — Général Beaulieu, *Mémoires*, p. 45.

[1] «Aquy [em Malaca] uiuem jagóra todo ho genero de grosos mercadores mouros e gentios, muytos de *Choromandel*».—Duarte Barbosa, *Livro*, p. 371.

**COSTEIRA** (**qhoxteira**). É a bixínea *Hydnocarpus Wightiana*, Blume. «Extrae-se oleo da semente (*kavam̃ṭhel*), que é usado, com grande proveito, contra as sarnas e a lepra». D. G. Dalgado, *Flora*. Do conc. *kaxṭhām̃*, «frutos», *kaxṭhī*, «árvore».

1866. — «Alias tambem se tira de mistura com as sementes oleaginosas, taes como gergelim, **kost**, *undáns*, etc.». — F. N. Xavier, *Descripção do Coqueiro*, p. 24.

1872. — «A **qhoxteira**... *qhoxtti*, em malabar *marotti*, é cultivada nos palmares, nas bordas dos arecaes, e nos sitios pedregosos... O proveito que se tira da **qhoxteira** é o oleo que se extrae das suas sementes. São expostas ao sol; depois partidas para se separar a amendoa da casca, do mesmo modo como as sementes do ricino; e finalmente a amendoa é moida em moinhos proprios, se bem que grosseiros, para lhe extrairem o oleo».—Bernardo da Costa, *Manual do Agricultor*, II, pp. 229 e 230.

1917. — «Nós temos varias outras sementes oleaginosas não comestiveis, como... a **qhosteira**, o *enddi* (ricino)... Quem não conhece o alto valor fertilisante da pinaca de *qhostans*? — *O Ultramar*, de 23 de Julho.

**CÔSTO**. É nome duma raiz aromática, procedente de *Saussara Lappa*, Clark, indígena de Casmira. O étimo primordial é o sânsc. *kuṣṭha*, de que os gregos fizéram *kostos*, os romanos *costus* e os árabes *qast*. V. *pucho* e *uplot*.

1563. — «Diguo que **costo** em arabio se chama *cost* ou *cast*, e em guzarate se chama *uplot*, e em malaio, pera onde he grande mercadoria e se guasta muyto, se chama *pucho*. — Garcia da Orta, Col. XVII.

1712. — «O **côsto** verdadeiro he uma raiz succosa, da grossura do dedo polegar, pouco mais ou menos, de côr branca, o sabor aromatico, e cheyroso, com alguma acrimonia, e mistura de doce, e amargoso». — Bluteau.

1891. — «Continua a ser verdade que ainda hoje a maior parte do **costo** vae para o Celeste Imperio. Attribuem-lhe ali numerosas propriedades medicinaes, carminativas, estimulantes, antisepticas, e muitas mais; mas é sobretudo empregado para queimar, com uma significação religiosa». — Conde de Ficalho, *Col.* xvii.

c. 70. — «Radix et folium Indis est maximo precio. Radix **costi** gusto fervens: odore eximio: fructice alias inutili: proprio statim introitu amnis Indi in Patale insula».—Plinius, *Nat. Historia*, xii, cap. 12.

1578. — «Es el **costo** caliente, prouocatiuo de urina, y del menstruo: y pronechoso a las enfermidades de la madre». — Cristóvão da Costa, *Tractado*, p. 397.

1596. — «Aromata autem haec fere sunt... Santalum, **Costus** Indicus, Nardus, Iuncus odoratus». — *India Orientalis*, iii, p. 99.

1610. — Halla se en Xiraz, aquella segunda especie de **Costo** amargo, à que Persios y Arabes dizem *Kost*». — Pedro Teixeira, *Relaciones*, p. 28.

1615. — «Mi hanno mostrato vn **Costo**, ma di quella sorte, che il Drogho Venetiano mi dice, che in Venetia, e per tutta Italia ve ne è assai». — Pietro della Valle, *Viaggi*, i, p. 549.

1875. — «Besides these resinous substances, the **Custus** of the ancients may be mentioned (Sansk. *Kushtha*), being still exported from western India, as well as from Calcutta, to China, under the name of *Putchok*, to be burnt as incense in Chinese temples». — Yule, *Marco Polo*, ii, p. 388.

1908. — « **Costus** root has been held in high repute from remote times... The roots are actually dug up in large quantities in Kashmir, cut into small pieces and sent to Calcutta and Bombay, whence the drug is exported chiefly to China and the Red Sea». — Watt, *The Commercial Products*, p. 980.

**COTA** (tam. *kōttei*). Medida de capacidade para cereais, em Choramândel. Nas ilhas de Maldiva *cota* é um pêso de caurins.

1846. — «Chamão elles a cem dellas *saia*, a sete centos *alfal*, a doze mil **alcottá**, e a cem mil *bocitu*; e nellas se vendem quatro *bocetus* por um ducado de ouro». — Ben-Batuta, *Viagens*, ii, p. 271.

1520. — «Huũa *lequa* [laque] ssaão cem mill **cotas**, e huũa **cota** ta rs.° (trinta reis). — *Carta* de Álvaro Fernandes, *Alguns Doc. da Torre do Tombo*, p. 449.

1554. — «E hũa **cota** d'arroz deste porto [de Negapatão] tem 4 *paraos* dos de Cochim de 42 medidas paraa... E a medida do arroz [em Caillu] ha hũas **cotas** que tem 5 paraas, e outras que tem 6 paraas». — António Nunes, *Lyvro dos Pesos*, p. 36.

«E os cauryns 12000 he hua **cota**; e 4 **cotas** pesa hum quintal cummummente, dos meudos, que os grosos pesam mais algũa cousa». — *Id.*, p. 35.

* **COTA, coto.** Fortaleza, na Índia. Neo-árico e sânsc. *koṭṭa*.

1563. — «O Rey estaua recolhido a hum lugar que se chama a **Cota**, que quer dizer fortaleza». — Gaspar Correia, *Lendas*, ii, p. 519.

1563. — «Afastada da qual está hũa força, em que se o Rey recolhe, chamada **Cóta**, como nós cá dizemos fortaleza». — João de Barros, *Déc.* III, ii, 1.

1563. — «Em Calecut tinhão huma feitoria, com fortaleza, que oje em dia permanece, e se chama *China* **cota**, que quer dizer fortaleza dos Chins». — Garcia da Orta, *Col.* xv.

1685. — «O principal Rei, e Reino, que alli havia era o de **Cotta**, a quem os demais veneravão com os respeitos de Imperador. A sua Corte distava de Columbo meia legoa». — João Ribeiro, *Fatalidade Historica*, i, p. 4.

1687. — «Defendia a Perea **Cota**, forte pouco distante da Cidade com ponte de madeyra leuadiça». — P. Fernão de Queiroz, *Conquista de Ceylão*, p. 23.

1774. — «A roupa, e mais cousas, que vierem das *Boyadas*, e na cabeça dos *Begarins* da Provincia de Salcete, Pondá, e Zambaulim, e forem para fóra, o seu direito toca ao **Cotto** do dito caminho». — *Collecção de Bandos*, i, p. 20.

1908. — «Agora me dizem que, na occasião das antigas guerras, era á tranqueira dos *Datos* ou dos Regulos que recolhia o povo, e na **Cotà** se defendia do inimigo». — Alberto O. de Castro, *Flores de Coral*, p. 252.

1623. — «E è porta di vn piccolo Castello, che con voce Persiana dicono essi **Cut**». — Pietro della Valle, *Viaggi*, iii, p. 73.

1666. — «Le mot **Cot** en Indien veut dire Fortresse; et à cause de toutes ces fortifications, les Indiens croient que cette Place est imprenable». —Thevenot, *Voyages*, iii, p. 239.

1673. — «A demie-lieuë de Bargara l'on trouve le *Basar*, que les Malabares appellent **Cota**, ou Cognialy; ce premier nom signifie Une Forteresse, et l'autre est celuy du Corsaire qui y commande». — Dellon, *Relation d'un Voyage*, ii, p. 8.

**COTABASSA.** É um termo, actualmente desusado, das comunidades agrícolas de Goa, *kaṭṭābhāṣ* em concani, que quere dizer «o compro-

**misso rigoroso»**, que o sacador tomava de pagar integralmente os foros, ainda que os não recebesse de alguns arrematadores ou cultivadores de campos comunais.

1735. — «E porque a Sacadoria da *Camara Geral* dellas se dá alternativamente com boas fianças, se não alterará este costume, e nem nas arrematações das Sacadorias das Aldeas o estilo praticado, chamado **Cottabassa**». — F. N. Xavier (filho), *Collecção de Leis*, p. XXXI.

1727. — «**Cotabaça**. Na India Portugueza he a obrigação de cobrar o Sacador de todos os foros, como proprio rendeiro, ou arrematador das varzeas arrematadas, e ainda que os arrematadores as não semeem, elle he obrigado a semealas, e segurar toda a importancia, arrematandoas de novo, e haver a diminuição do preço arrematado». — Bluteau, *Supplemento*.

**COTACOULÃO.** Antiga embarcação de guerra, pequena e ligeira, na Índia meridional. O vocábulo deriva do nome dum rio do Malabar assim denominado, do mesmo modo que *sanguicel* (q. v.). «Avisaram que nos rios de *Cota Coulão*, e Canhoroto se faziam prestes muitos paraos... E com todos juntos se foi pôr sobre os rios *Cotocoulão* e Canhoroto, onde os paraos se armaram». Diogo do Couto, Déc. XII, v, 8 [1].

1592. — «Nenhum nauio ligeiro asy d'esporão como calamutes, e **catacoulloẽs**, e sanguiceis naueguem nem possam nauegar do norte pera o sul, nem do sul pera o norte, sem expressa licença do nosso Viso Rey que ora he da India». — *Carta de Lei*, in *Archivo*, III, p. 365.

1613. — «**Catacoulois** de qualquer porte que sejam [pagam] um larim cada hum». — In *O Oriente Portuguez*, XII, p. 14.

1614. — «Houveram vista de dous **Catacoulões**, a que deram caça». — Diogo do Couto, Déc. X, II, 7.

«Em todo este verão tomáram os nossos vinte e dous **Cotacoulões** que são os que maior estrago fazem em navios Portuguezes, que todos outros navios». — Id., Déc. X, IV, 11.

«Os cossarios que mór damno fazem no mar, eram huns, a que chamam **Coutacoulões**, que sahiam de alguns rios de Malavar, que por serem muito pequenos, e ligeiros as fustas das nossas Armadas não podiam alcançar... e tinha mandado preparar seis **Coutacoulões** muito leves, e com muito boas esquipações». — Id., Déc. X, v, 9.

[1] «Aveis de saber, que de Cumbola, que he delRey de Narsingua, contra o Sul ha ho longuo da costa, estaa hũu lugar que chamaom *Cotecoulam*, em ha borda do maar». — Duarte Barbosa, *Livro*, p. 342.

* **COTAMALUCO.** Era o título por que eram conhecidos dos portugueses os reis maometanos da dinastia de Golconda, proveniente do epíteto do seu fundador — *Quṭb-ul-mulk*, que em árabe quere dizer «Estrêla polar do estado». Barros e Orta dão-lhe outra derivação híbrida.

1543. — «Onde tambem vierão a estes concertos o Madremaluco, e **Cotamaluco**, e o Verrido, que são outros grandes senhores comarcãos ao Izam-Maluco, e seus genros e cunhados; os quaes todos fizerão ajuda ao Idalcão de muyto dinheiro e gente, em que tornou ao Balagate muy possante». — Gaspar Correia, *Lendas*, IV, p. 314.

1563. — «*Cota* em Arabico [em sânscrito] he fortaleza, e por isso **Cotalmaluco** quer dizer fortaleza do reino». — Garcia da Orta, Col. x.

1571. — «Os Capitães do Reino do Decan acrescentão à seus nomes proprios outros de honra, de que se mais prezão, chamandose *Iniza Malmulco*, que quer dizer lança da terra, **Cota Malmulco** fortaleza da terra, *Adilchan*, da justiça senhor; e nós corrompendo estes nomes, lhe chamamos *Nizamaluco*, **Cota maluco**, e *Hidalchan*». — João de Barros, Déc. IV, IV, 16.

1614. — «Convocou em sua ajuda o **Cota Maluco**, que reinava naquella parte de Golconda, contra Masulepatão, que tambem foy hum dos alevantados, que estava inimigo do Idalcan». — Diogo do Couto, Déc. VII, IV, 9.

* **COTARI** (marata-hindust. *kaṭārī* < sânsc. *kartarī*). Punhal indiano. Os soldados trazem-no na cinta.

1726. — «O aspecto era soberano, mas a condição docil; cimitarra e **cottary** na cinta, e na mão hum globo de pomada». — André Ribeiro Coutinho, *Relação*, p. 15.

1866. — «Tem em uma das faces no alto o sol e a lua, no centro um leão sustentando em uma das mãos um *Xenco* (buzio) e na retaguarda o **cotar** (punhal)». — F. N. Xavier, *Descripção do Coqueiro*, p. 60.

1689. — «With a **Catarry** or Bagonet in his hand he first falls upon those that are near him whether Parents, Wife or Child, killing and stabbing as he goes...

These that run thus are called *Amouki*».— Ovington, *A Voyage to Suratt*, p. 126.
1825. — Les cavaliers maures et mahrattes sont armés de lances, de flèches et de **katharys**, espèces de poignards». — P. Dubois, *Mœurs*, II, p. 486.

*** CO-TAU.** Saùdação chinesa, provávelmente introduzida pelos mongóis, perante o imperador ou seus representantes, a qual consiste em pôr-se de joelhos e tocar a terra com a cabeça, sendo três vezes três ao soberano. Do chin. *k'o-t'ou*, «bater a cabeça». *Bater a cabeça* também dizem os nossos escritores antigos. A mesma pragmática vogava na Pérsia muitos séculos antes da era cristã, como consta de Heródoto, Plutarco e Cornélio Nepote. V. *Glossary*, e João de Barros, Déc. III, VI, 1.

1542. — «Antes de chegarmos a elle [rei tártaro], dez ou doze passos, fizemos nossa cortezia, *beijando o chão tres vezes*, com certas cerimonias que os interpretes nos ensinarão. — Fernão Pinto, *Peregrinação*, cap. 122.
1605. — «Muitos Mandarins graues o foram visitar, e *bater-lhe a cabeça*». — P. Fernão Guerreiro, *Relaçam Annual*, fl. 73 *v*.
1668. — «Os ditos Mandarins com grande cortezia lhe fizerão 3 vezes reverencia abaixando-se com meyo corpo, e tres vezes postos de joelhos lhe *baterão cabeça*». — In *Ta-ssi-yang-kuó*, I, p. 760.
1679. — «Pondevos de joelhos, e todos se poem de joelhos: *Kiec teu*, Ponde as cabeças em terra: e logo se debruçam todos... Continua o mestre das ceremonias, dizendo: **Keu teu**, id est, Batey vossas cabeças na terra; todos as abatem». — Fr. Jacinto de Deus, *Vergel*, p. 249.
1727. — «Quazi todos os Governadores das villas quando me buscavam, offereciam seus papeis azues, que he vir *bater cabeça*, e se eu lhe admittia a visita, era logo precizo não deixal-o ajoelhar, porque haviam de fazer com effeito o que no papel dizião». — *Apud* Júlio Biker, *Collecção de Tratados*, VI, p. 52.
1729. — «He a fórma com que se bate nove vezes a cabeça o seguinte: Primeiramente postos todos de pé com os chapeus na cabeça (porque he contra a politica do Chinez o estar descoberto) com as mãos estendidas ao natural se ouvia huma voz *Kuey* com que ajoelhavamos, logo passado algum tempo se ouvia outra voz **Koteu** com que tocavamos a terra com ambas as mãos, e juntamente com a cabeça, e postos outra vez de joelhos ao som da mesma voz, que se repetia, tocavamos da mesma maneira mais duas vezes a terra; logo que se ouvia outra voz *Kilay* com que nos levantavamos, e punhamos de pé como no principio; e toda esta ceremonia se repetia por tres vezes». — *Ibid.*, p. 155.
1825. — «Macartney fez a ceremonia do **Ko-tou**, na cidade de Tien-sing, perante o retrato do imperador, e de cada uma tocou o chão com a fronte». — José Inácio de Andrade, *Cartas*, I, p. 145.
1898. — «A imperatriz eleita ajoelha, prostra-se tres vezes, repete mais duas vezes a genuflexão, acompanhada de tres prostrações em cada vez. Ao levantar-se ella, a duqueza mãe e outras damas presentes fazem a mesma cerimonia». — Joaquim Calado Crespo, *Cousas da China*, p. 56.
1900. — «Era justo que nós *batessemos cabeça* ao Imperador quando elles faziam **Kotau** á carta do nosso rei». — *Ta-ssi-yang-kuó*, I, p. 760.
1640. — «Son temidos de todos los Magistrados, que a sus tiempos les hazen suas reverencias como a superiores, en sala publica: adonde estando los *Colaòs* en pie, van passando los Magistrados, por orden; y los reverenciau hasta el suelo: llamase a esto **Quo tham**, como se dizessemos, passar la Sala». — P. Semedo, *Imperio de la China*.
1700. — «Le Pere de Fantaney revestu de ses habits Chinois d'Envoyé de l'Empereur, lui fit le **Kotheou**, c'est-à-dire les génuflexions qu'on fait à la Chine, quand on veut honorer extraordinairement quelqu'un». — *Lettres Édifiantes*, III, p. 85.
1782. — «Leur superstition pour le nombre neuf est extrême; tout se fait par ce nombre; on bat neuf fois la tête (*batre la tête*, c'est la pencher neuf fois contre terre en se prosternant) si l'on aborde un Mandarin, et celui fait la même cérémonie en approchant l'Empereur». — Sonnerat, *Voyages*, II, p. 31.
1853. — «C'est cette cérémonie du **kotéou**, ou du prosternement, à laquelle les ambassadeurs étrangers, surtout les Anglais, ont eu une grande peine de se soumettre». — Pauthier, *Chine*, p. 322.
1875. — «The **Kowtow** (*Khéu-théu*) which appears repeatedly in the ceremonial, and which in our text is indicated by the four prostrations, was, Pauthier alleges, not properly a Chinese form, but only introduced by the Mongols».—Yule, *Marco Polo*, I, p. 378.
1913. — «The obeisance to a king was similar to the Chinese **kowtow** and was known to the Portuguese as the *zumbaya*, from the Malay *sambah*, obeisance». — P. E. Pieris, *Ceylon*, I, p. 527.

**COTIA.** Barco pequeno e ligeiro da Índia meridional. Yule descreve-o como «embarcação veleira, com dois mastros, e velas latinas». Do malaiala *kōṭṭiya*. O guzarate também tem *coṭiyuṁ*, que talvez seja o étimo da palavra portuguesa e da malabárica, pois algumas das abonações se referem a Chaúl e outras praças do norte.

1518. — Não ousão de vir as **cotias** de Chaul com mantimentos e cousas que nos são necessarias». — *Archivo Port.-Oriental*, v, p. 19.

1521. — «E lhe mandou que fosse em huma **cotya**, barco da terra, que vinhão muytas de Chaul». — Gaspar Correia, *Lendas*, II, p. 622.

1531. — «De cada hum homem que for em almadia e **coteá** por este rio acima levará o escrivão huns leal». — Afonso Mexia, *Precalços dos Officiaes do Mandovim*.

1552. — «Nos ilheos de Goa se embarcou em sua armada, que seria de até doze **cotias**, em que leuaua boa gente de guerra». — Castanheda, *Historia*, III, cap. 9.

1554. — «Isto se não entenderá em **cotias** e canoas pequenas que andarem ao longo da terra da costa». — Simão Botelho, *Tombo*, p. 135.

1554. — «Valarão a dita praia de valados nouos, pollo que se empedia a seruentia do concelho, e varação de **cotias**, que ahi se sohião varar». — *Carta Régia*, in *Archivo*, II, p. 135.

1566. — «Mandou que se aparelhassem algumas **Cotias**, que são de remo, pera andarem com a gente de guerra». — Damião de Góis, *Chronica de D. Manuel*, III, cap. 5.

1571. — «Quarenta e tres nauios, à que chamão **cotias**». — João de Barros, Década IV, IV, 12.

1577. — «Os Capitães não hão de fiar ser nauio pequeno, Champana, **Cutia**, Paráo de bico revolto». — *Primor e Honra*, fl. 72 *v*.

1602. — «E assim se pos fogo a vinte naos que ali estauão, e a muitas **Cotias** carregadas de fazendas, mantimentos, e madeira». — Diogo do Couto, Déc. IV, VI, 9.

1613. — «Tinhão queimado seis **cotias**, que leuauão hũa grande jangada de madeyra para Dio». — Francisco de Andrada, *Chronica de D. João III*, II, fl. 79.

1631. — «Promete o Samorim, Rey de Calecut, de fazer vender os *parós*, que estiverem feitos, ou armar nelles *champanas* ou **cutias** cozidas com cairo». — *Apud* Júlio Biker, *Collecção de Tratados*, I, p. 286.

1697. — «Na madrugada seguinte se encontrárão os nossos bateis com tres **cotias**, outra espécie de embarcação com suas barquinhas por popa». — P. Francisco de Sousa, *Oriente Conquistado*, I, I, 2.

1726. — «Não deixe passar Embarcação alguma de lenha sem apresentar *chito* do dito Rendeiro de ter pago os direitos, que se costuma pagar da dita lenha, que são dous xerafins, e meio por cada Barca, e cinco xerafins por cada **Cotia**». — *Collecção de Bandos*, I, p. 17.

1571. — «Dant operam continuo vt parua quaedam nauigia, quibus Goenses vtuntur, quae remis impelluntur (**Cotias** autem appellant) in vnum locum conueniant». — Jerónimo Osório, *De Rebus*, II, p. 462.

**COTONIA**. Tem-se empregado a palavra em várias acepções, todas referentes a tecidos: roupa de algodão, linhagem, tecido de linho ou de sêda. Bluteau diz (*Suppl.*) que é «pano de seda da India, lavrado, tem tres palmos de largo, e dez covados cada peça; serve para vestidos de mulheres». Actualmente, na Índia, designa um tecido listrado de sêda e algodão [1]. As cotonias também eram usadas para velame das nossas armadas antigas [2]. Do ár. *quṭnīya*; conforme Yule, do persa *kuttān*, «linho ou tela de linho».

1511. — «... **cotonyas** brancas dalgodam tres myll e sete centos e setemta e cymquo **cotonyas** dalgodõ em que vem enfardelados os ditos panos». — In *Cartas* de A. de Albuquerque, v, p. 168.

1513. — «... **cotonias** d algodam, teadas d algodam, roupa baixa d'outras sortes». — A. de Albuquerque, *ibid.*, I, p. 224.

1516. — «Ha outros panos pintados muytos e de muytas sortes, **cotonias** de seda, alaquequas». — Duarte Barbosa, *Livro* (2.ª ed.), p. 289.

1525. — «E asy lhe mandou breu e pregadura, e fyo e **cotonias**, pera o correggymento dos nauyos». — *Lembranças*, p. 9.

«A *corja* de **quotonyas** grandes vall 250 tamgas». — *Ibid.*, p. 48.

1526. — «O feitor ade comprar e fazer contratos de salitre, linho, cairo, ferro breu, azeite, lonas e **cotonias**». — *Regimento* de Afonso Mexia, in *Archivo*, v, p. 99.

1535. — «E dos toldos das fustas, e algumas velas, e **cotonias** que comprarão, fizerão tendas e emparos pera o sol». — Gaspar Correia, *Lendas*, III, p. 17.

1544. — «Tomarão mais de dez mil cruzados de roupas que tinhão, que a mór parte erão **cotonias** de Cambaya, que os

---

[1] «*Cuttanee*... a silk or mixed silk and cotton cloth». Crooke, em Fryer, II, p. 118.

[2] «*Cotão*, tecido forte de algodão empregado no fabrico de velas de lanchas e pequenas fragatas do Tejo». *Revista Lusitana*, XVIII, p. 74.

rumes comprauão ás naos que vinhão, pera vellas de suas galés». — *Id.*, p. 244.

1554. — «Eu ordenei agora que se fizessem aqui **cotonias** pera as velas, e podem se sempre muito bem fazer porque ha muito tecelão na terra». — Simão Botelho, *Cartas*, p. 7.

1588. — «Será muito meu serviço, e proueito comum virem dessas partes algũas pessoas que fiem e teção algodão polla muita quantidade que delle ha em toda aquella costa [do Brasil] de que se poderão fazer muitas **cotonias** para velas, e outros panos de diferentes sortes».—*Carta Régia*, in *Archivo*, III, p. 142.

1589.—«Seis corjas de **cotonias**, dous fardos de assucar». — *Carta Régia*, p. 516.

1614. — «Com calções de **cotonia** a meia perna, saya de malha, e montante nas mãos». — Diogo do Couto, *Déc.* VII, II, 11.

«Fizeram alforges de **cotonias** para o caminho».—Id., in *Hist. Tragico-maritima*, IV, p. 98.

1634. — «Ha nas terras e nos reinos do Mogor... **cotonias** de seda, e *patacas* de seda que servem pera o sul». — António Bocarro, *Livro*, in *O Chronista de Tissuary*, III, p. 103.

1650. — «Estava o velho Rei com um lençol de **cotonia** almagrada cuberto, com o seu lingua em pé». — Bento Feio, *Hist. Tragico-maritima*, X, p. 149.

1846. — «Os que contam com mais meios fazem-no de **cotonia** ou *atalá* (o 1.º estofo de seda, o 2.º com mistura de fios de ouro, e flores espalhadas pelo corpo, ambos fabricados em Tannam e Surrate)».— F. N. Xavier, *O Gabinete Litterario*, I, p. 102.

1589. — «On y fait beaucoup d'ouvrages de coton de diverses sortes, et de divers noms, comme Cannequins, Boffetas, Iorins, Chauters, **Cotonias**, de quoy on fait des voiles et des sacs». — Linschoten, *Histoire*, p. 19.

1673. — «Silk Alajah, or **Cuttanee** Broeches». — Fryer, *East India*, II, p. 113.

1676. — «**Cotoni** de soye... **Cotoni** de soye et or, et de soye et argent». — Tavernier, *Voyages*, V, p. 212.

1689. — «It is renown'd for Traffick through all Asia, both for rich Silks, such as *Atlasses*, **Cuttanees**, *Sooseys*, Culgars, *Allajars*, Velvets, Taffatees, and Sattins». — Ovington, *A Voyage to Suratt*, p. 21.

**COTUBANA.** Fôro fixo e perpétuo de terreno primitivamente inculto, no Concão. Do concani-mar. *kaṭubān̄*.

1727. — «**Cutubana**. São aquelas fazendas, e propriedades, que pagão certos foros limitados à *Gancaria* cada anno, e não entrão a ganhos e perdas».—Bluteau, *Supplemento*.

1768. — «O importe das **cotubanas** cobradas n'este tempo segundo a liquidação das contas». — *Apud* Júlio Biker, *Collecção de Tratados*, VII, p. 22.

1780. — «As cobranças dos foros das palmeiras, arequeiras, e jaqueiras se faria segundo a certeza da estipulação de **cottubana**, que constava dos *Pottós*».—*Collecção de Bandos*, I, p. 273.

«Huma das ditas propriedades estava afforada, segundo o uzo do Paiz em **Cotubana**, que he hum foro perpetuo com uma pensão certa, que não tem alteração». — *Ibid.*, p. 275.

1845. — «**Cótubana**. Terras com foro certo e inalteravel». — *Annaes Maritimos*, p. 249.

1852.—«**Cutubana**, *kuttunbann*—terra dada para alimentação dos moradores da aldea, mediante pensão certa; fôro de semelhante terra, conhecido ultimamente, como *fôro limitado*». — F. N. Xavier, *Bosquejo Historico* (2.ª ed.), III, p. 64.

1885. — «A ultima parte ficou reservada para os aforamentos *in perpetuum* (**cotubana**) e para os arrendamentos temporarios (fôro corrente), servindo as designações — *gormanda, culagor, gorbata, tican*— para indicar a applicação que poderia ter a terra, dada de aforamento ou de renda». — Teixeira Guimarães, *As Communidades Indianas*, p. 12.

1886. — «Uns como fôro de **cotubana** ou permanente, outros, como fôro de *serestó* ou de contagem das arvores fructiferas». — Lopes Mendes, *A India Portugueza*, I, p. 143.

1890. — «A palavra **kutuban** implica em si propria uma renda fixa, sem fluctuação». — António de Almeida Azevedo, *As Communidades de Goa*, p. 31.

1901. — «A estes adventicios concedeu-se algumas varas de terra com a obrigação de pagarem á communidade uma retribuição *in perpetuum* (*foro de* **cotubana**)».— José Pinheiro, *Bol. S. G. L.*, XX, p. 86.

1909. — «**Cotumbana** ou **cotubana**, termo composto de duas palavras — *cutumb* (familia) e *ana* (alimentação) significando assim primitivamente a alimentação d'uma familia e depois o terreno cultivado, sufficiente para essa alimentação». — Amâncio Gracias, *Subsidios*, p. 241.

* **COTUMBA.** Barco pequeno do Guzarate. Parece que o étimo é o mar. *koṭamba*, talvez existente em guzarate, que literalmente significa «dorna», mas pode ter sido aplicado a uma espécie de embarcação.

1552. — «E elles lhe buscarão tres zambucos, que se chamão **cotumbas** á custa de Meligupem». — Castanheda, *Historia*, III, cap 134.

1557. — «Elle lhes mandou tres **cotumbas** (que são huns navios pequenos)». — *Commentarios*, IV, cap. 23.

*** COULO.** Escritura de garantia ou concessão, carta de seguro, passada pela autoridade soberana a um indivíduo, com a condição de lhe contribuir anualmente um tanto, em Goa. Do concani-mar. *kaul*, ár. *kol.*

**1741.** — «... a não pedir, nem inquietar morador algum da dita provincia de Bardez ácerca de dividas particulares, **coulos**, emprestimos ou promessas». — *Apud* Júlio Biker, *Collecção de Tratados*, VI, 228. — Nota: «**Coulo** era uma especie de carta de seguro, pela qual a parte que a alcançava era obrigada a por um tanto por anno ao Dominante».

1845. — «Ses compatriotes avaient obtenu du roi de Narsinga, un **khul** ou privilège qui interdisait tout commerce aux Européens, sauf à ceux qui seraient pourvus d'une commission du prince Maurice». — Xavier Raymond, *Inde*, p. 394.

**COUTO.** Diz Bluteau que assim se chama na Índia o rendeiro ou foreiro. De facto, o vocábulo marata-conc. *khot* tem tal sentido, mas não creio que se tenha jamais empregado a expressão em português.

**1727.** — «**Couto.** Na India Portugueza chama-se assim o encabeçado, ou rendeiro da varzea, ou de outra cousa». — *Supplemento.*

*** COUVE-COCO.** É o nome que se dá em Macau ao repolho, por sua analogia com o côco.

**1902.** — «O repolho é designado em Macau por **côve-côco**». — *Ta-ssi-yang-kuó*, p. 156.

**« COVID**, m. Medida chinésa, correspondente a 358 millímetros». C. de Figueiredo (1.ª ed.). Parece que o vocábulo é o port. *côvado*, muito vulgarizado outrora no comércio da Índia. O indo-inglês tem *covid*, agora obsoleto, e Tavernier (1676) emprega freqùentemente o termo *cobit* como vernáculo: *Bofetas...* sont de 21 **Cobits**, étant crûs et lavé, de 20 **Cobits** (v, p. 200).

**1663.** — «De madeira ha nella [Baçorá] muita falta, e toda lha vem da India... a da India compram por grande preço, e se vende a **covados**». — P. Manuel Godinho, *Relação*, p. 117.

1582. — «La quale [vara] è di palmi cinque di mesura di **couedo** uno, quarte due e due terzi». — G. Balbi, *Viaggio*, f. 52.

**1584.** — «Vendonsi [os elefantes] a mesura per la lunghezza a 100 ducati d'oro il **covodo**, e costerà 1000 e 1200 scudi, conforme a che son grandi». — F. Sassetti, *Letterê*, p. 219.

1676. — «Le **Cobit** est une mesure pour toutes les marchandises qui se doivent mesurer à l'aune, et il en a de diverses sortes, comme nous avons en Europe de diverses sortes d'aunes». — Tavernier, *Voyages*, III, p. 356.

1689. — «The Silks and Callicooes vendible here [em Surrate], are either sold by the Piece, or by **Cobits**, which is a Measure containing 27 Inches». — Ovington, *A Voyage to Suratt*, p. 221.

1886. — «**Covid**, s. Formerly in use as the name of a measure, varying much locally in value, in European settlements not only in India but in China, etc. The word is a corruption, probably an Indo-Portuguese form, of the Port. **covado, a** cubit or ell». — *Glossary.*

*** COXÃO.** Denominação do religioso budista na China. Do chin. *hó-shâng.*

1554. — «Na sua lingua chamão as Igrejas *Incão*, e os seus padres **coxão**». — Fernão Pinto, *apud* Cristóvão Aires, p. 119.

1729. — «As outras seitas dos *Lamás*, **Hoxan**, *Tauzú*, e a dos Mouros todas não honram ao *Tien?* id est, ao Ceo?». — *Apud* Júlio Biker, *Collecção de Tratados*, VI, p. 147.

1588. — «Portano molti poco respetto ai sacerdoti (che in lor linguaggio chiamano **Hossioni**)». — P. Maffei, *Le Istorie*, p. 236.

1610. — «Vnde vulgi dictum est: In vrbe Regia **Hó-xám** (sic enim profanos suos sacerdotes vulgò appellant Sinae) in Provinciis Magistratus coluntur». — *Litterae S J.*, p. 5.

1692. — «On permet à tout le monde d'aller dans les temples des *Lamas*, des **Ho-chang**, des *Tao-ssé*, et l'on défend d'aller dans les églises des Européens, qui ne font rien de contraire aux lois». — *Apud* Pauthier, *Chine*, p. 445.

1702. — «Il s'adressa d'abord à une espece de bonzes qu'on appelle **Hochans**». — *Lettres Édifiantes*, v, p. 198.

1733. — «Nous avons sçû qu'il les avoit fait remettre entre les mains de quelques **Ho chang** et de quelques *Tao ssée* (ce sont les Ministres de deux sectes idolâtres)». — *Ibid.*, XXII, p. 40.

1735. — «Les Bonzes *Lamas*, et quelques fois aussi les Bonzes **Hochans** avoient beaucoup d'autorité dans leur Cour. — P. Halde, *Description de la Chine*, I, p. 62.

1853. — «Un grand nombre de fonctionnaires publics et de particuliers se rendent dans le dernier temple desservi par des moines, que l'on nomme **Ho-chang**, pour adorer Kouan-ti, et il est peu de ces adorateurs qui ne tirent en même temps les baguettes divinatoires». — Bazin, *Chine Moderne*, p. 27.

1876. — «The **Ho chang** and *Tao se*... The former is a Chinese name for the Lama Buddhists». — Howorth, *History of the Mongols*, I, p. 279.

*** CÓXI** (jap. *koshi*). Palanquim, andor, especialmente do micado.

1588. — «Hião metidos em hũa maneira de andas leuadas às costas de homens que aqui chamão **Coxis** cubertas todas de charão preto muito reluzente e ricamente marchetadas de ouro... Detras destes seguião no quinto lugar outras quinze andas destas que se chamão **Còxis** differentes na cor, porque estes são brancos mui bem guarnecidos». — P. Gaspar Coelho, *Cartas de Japão*, II, fl. 261.

**COXI-VARADO.** Literalmente, a locução quere dizer «contribuição voluntária» para um fim determinado, com carácter em geral transitório. Em Goa, porêm, teve uma significação oficial muito restrita: cotização das comunidades agrícolas paga aos dominadores que antecederam os portugueses, a qual não tinha entrado no acôrdo celebrado entre Afonso de Albuquerque e as *gancarias* (q. v.) das Ilhas. Quem primeiro renovou o *coxi-varado*, a favor do estado, foi o vedor Castelo Branco, de combinação quási coacta com os *gancares* interessados; e depois de muitas vicissitudes foi por fim definitivamente abolido. A frase provêm do conc. *khoxī-varāḍó*, do persa *khushī*, «vontade», e do can. *varāḍā*, «subscrição» [1].

1545. — «Sendo veedor da fazenda os [gancares] mandára chamar, e lhes dissera que pagassem hum tributo, que se chamava **Coxi varado**, que quer dizer *peita de prazer*». — *Provisão* do governador, in *Archivo*, v, p. 174.

1553. — «Cada parentela tomou hũa certa comarca de terra, da qual se obrigou a pagar áquelle principe e seus successores hũ tanto cada anno, sem mais crescer ou diminuir, quer as terras rendessem ou não, ao qual direito elles chamão **Coolvarado**». — João de Barros, *Déc.* II, v, 1.

1579. — «Daqui em diante hão de pagar o dito **Coxivarado** á fazenda de Sua Alteza em cada hum anno como os mais foros». — *Provisão* do vice-rei, in *Archivo*, v, p. 963.

1584. — «Passára huma provisão feita em Goa a 29 de outubro de 1579 pera hum tributo per nome **Coxi Varado**, que quer dizer peita de prazer, ou serviço voluntario, e offerta graciosa, se arrecadar pera minha fazenda dos Gancares da minha ilha de Goa, e das mais a ella adjacentes». — *Ibid.*, p. 1068.

1595. — «**Coxi varado** ou **coxi** *papoxi*, que he o mesmo, he outro direito de que os Gancares de todas estas terras por suas livres vontades fizerão serviço antigamente ao senhor dellas; e chama-se por isso **coxi varado** que quer dizer — direito por suas vontades — e a quantidade era de hum quarto mais do que rendessem as terras». — *Tombo Geral*, *ibid.*, p. 175.

1632. — «Repartidas as terras em comarcas, que chamavão *tenadarias*, avia huma como cabeça de todas, aonde das mais se acudia com o tributo (era o nome **coolverado**)». — Fr. Luís de Sousa, *Annaes de D. João III*, p. 97.

1843. — «Taes eram o *goddovarado*, o **coxivarado** ou *coxipapoxi*, e o *culcaina papoxi* que se pagavam ao Idalcão». — *Annaes Maritimos*, p. 134.

1872. — «... pagando sem regatear os seus tributos, distribuidos por *cabeceis* e arrecadados pelos *tanadares*, encargos que lá encontramos e a que, como se vê, demos denominações nossas». — Tomás Ribeiro, *Jornadas*, II, p. 16.

1885. — «O soberano hindú, estabelecido no Concão, passou a arrecadar um tributo espontaneamente offerecido — **coxi varado** — isto é, dado de livre vontade». — Teixeira Guimarães, *As Communidades Indianas*, p. 13.

*** COXOXU** (jap. *koshoshu*). Pagem fidalgo, moço fidalgo.

1585. — «Os terceiros se chamão **Coxuxus**, que são mancebos fidalgos filhos dos sobreditos [*umavarixus*]... Entre os quaes ha hĩ dez **Coxoxus**, que são mancebos fidalgos dos mais privados de Chicugendono». — P. Luís Fróis, *Cartas de Japão*, II, fl. 153.

**CRAVO DA ÍNDIA.** Botão da flor de *Caryophyllus aromaticus*, Linn. Deu-se-lhe tal nome por analogia, não sómente em português, mas em várias outras línguas, como *clou* em francês, *clove* em inglês, *Nelken* ou *Nägelchen* em alemão, *mekheh* em persa, *ting-hyang* (especiaria-cravo)

[1] H. H. Wilson diz que *varāḍā*, em canarês, significa «subscrição entre os aldeãos para custear as despesas da aldeia».

em chinês. A denominação portuguesa foi adoptada por alguns idiomas indianos [1]. V. *Influência*.

Observa, porêm, o Conde de Ficalho que «na opinião de Dymock, todos estes nomes se devem prender ao tamil *kirámbu*, e ao malayo *karámpu;* pois foi por intermedio d'aquelles povos, que a especiaria penetrou na Índia e chegou depois ao conhecimento dos arabes e gregos». *Chengkeh* ou *chingke*, antecedido de *bunga*, «flor», ou *buah*, «fruto», é o nome malaio do cravo, também usado em Maluco, e não *karámpu*, que, se aparece em alguma parte, deve ser exótico [2]. O tam. *karāmbu* ou *kirāmbu*, e o malaiala *karāmbu*, *karayābu* ou *karappa* são importados de português, como o singalês *krābu* e o bengali *karābu*. O termo sânscrito e neo-árico é *lavañga; lavañgam, elavañgam* em tamul.

Distinguiam-se no comércio duas espécies de cravo: «cravo de cabeça», superior, e «cravo de bastão ou pau», inferior. As ilhas que o produzem são Ternate, Tidore, Maquiem, Bachão e Monrel, pertencentes ao arquipélago de Maluco.

1500. — «... ruibarbo, porçalana, **cravo da India,** canella». — *Navegação de P. A. Cabral*, cap. 15.

1516. — «Hos matos destas ilhas [de Maluco] saom todos cheos de hũas arvores como loureiros, e tem a folha como medronho, em que nase o **crauo** em pinhas como frol de laranja ou madre silva, nom muyto verde, depois se torna alvo; como he maduro se torna muy fina cor uermelha; entam hos moradores da terra ho colhem ha mam; e lançando-o ha secar ha ho sol, se fas preto, e nom havendo hi sol, secam-no em fumeiros».—Duarte Barbosa, *Livro* (2.ª ed.), p. 371.

1554. — «O *baar* do *bastão* do **cravo** asy mesmo he em tudo ho de beijoim». — António Nunes, *Lyvro dos Pesos*, p. 7.

1563. — «Ruano. E o que os castelhanos chamão *fuste*, e os Portugueses *bastam* donde he? Orta. Sam os páos donde estes **cravos** pendem, como flores pendem dos páos meudos; e o **cravo** grande que vos disse, he o que chamamos *madre do cravo*, e não porque o seja... mas he mais velho que outro, porque o que chamamos madre do cravo não é do mesmo anno se nam do anno anterior». — Garcia da Orta, Col. xxv.

1572:

> «Vê Tidore e Ternate co'o fervente
> Cume que lança as flammas ondeadas.
> As arvores verás do cravo ardente
> Co'o sangue portuguez inda compradas».
> Camões, *Lusiadas*, x, 132.

1589.—«Tantos bares de **cravo** *de cabeça* ou *de bastão*, que conforme a dita certidão de carga, e livro de receita se mostrarão nos terços». — *Archivo Port.-Oriental*, v, p. 1198.

1602. — «Tiradas estas duas cousas [fuste e madre] fora todo o mais **cravo** que fica apurado, e lhe chamão limpo *de pao* e *de bastão*, e este de ordinario val mais a terça parte, que por alimpar». — Diogo do Couto, Déc. IV, vii, 9.

1613. — «Mandaua que ninhũa pessoa vendesse nem comprasse **crauo** senão de *cabeça* e *limpo de pao* e *de bastão*».—Francisco de Andrade, *Chron. de D. João III*, fl. 117 *v*.

1616. — «Assim que darão todas [as ilhas] em monção grande, ate quatro mil *báres* de **crauo** *de cabeça*, por que não dam sempre nouidade inteyra, se não em çafras, e tambem ha annos em que todas não dão hum só **crauo**». — António Pinto Pereira, *Hist. da India*, i, p. 113.

1891. — «Do Caryophyllus procediam tres especiarias distinctas e de diverso valor: — o **cravo** propriamente dito, que é a flor colhida ainda em botão, no momento em que passa da côr branca esverdeada á côr vermelha; e esta era a especiaria mais cara e procurada, por ser a mais cheirosa e pungente; — o pedunculo, o pequenino pé da flor, menos perfumado, de preço muito menor, e chamado *bastão, fuste*... — o fructo já formado, *madre do cravo*, ou *anthophylli*, e tambem mais barato que o **cravo** propriamente dito». — Conde de Ficalho, Col. xxv.

1548. — «Quippe **clavus,** quem *cariophyllum* vulgò appellamus, nusquam alibi gignitur». — S. F. Xavier, *Lib.* ii, epist. 21.

1578. — «El arbol de los **Clavos** es de la altura y forma del Laurel, pero hase grande copa en el alto, y la hoja mas pequeña, entre delgada y gruessa». — Cristóvão da Costa, *Tractado*, p. 81.

[1] «Os primeiros nossos, que forão ter áquellas Ilhas, tomando-o na mão, e vendo a semelhança com hum cravo de ferro, lhe ficarão chamando **cravo**, por onde he hoje tão conhecido no mundo». — Diogo do Couto, Déc. IV, vii, 9.

[2] «Nos lhe chamamos, **Crauo**, pola semelhança, que tem com os que nos seruem de crauejar, sendo o seu nome na lingua da terra *Chaque*». — P. Lucena, *Historia*, iii, cap. 15.

«Os Malucos lhe chamão **Chanque**». — Diogo do Couto, *loc. cit.*

**CRIOLO, crioulo** (cast. *criollo*, fr. *créole*), s. m. e adj. O vocábulo, derivado de *criar*, tem vários significados, tais como: mestiço americano e o seu dialecto, negro nascido no Brasil, dialecto colonial. Em indo-português sómente se emprega em duas acepções: filho adoptivo, e fâmulo criado em casa desde infância. Bluteau diz que *crioulo* é «escravo, que nasce na casa do senhor».

1687. — «Chegou da Igreja do Caes hum Clerigo, que disse ser dos Christãos de S. Thomé; e fora **crioulo** do P. Reytor da Igreja de S. João». — P. Fernão de Queiroz, *Conquista de Ceylão*, p. 561.
1730. — «Morrendo com bastante cabedal, como he notorio deixou todo este a hum seu **criolo**». — *Archivo Port.-Oriental*, Suppl. II, p. 240. — «**Crioulo** significa filho adoptivo, que pela lei hindu tem os mesmos direitos do filho proprio». — Cunha Rivara, em nota.
1822. — «O dito Zambá promettia e se obrigava por este mesmo Termo a adoptar, e tomar por **criolo** segundo os seus usos, e ritos da sua religião no prazo de quatro mezes a hum dos filhos do sobredito seu sobrinho Bapú». — *Apud* Júlio Biker, *Collecção de Tratados*, XII, p. 28.
1824. — «Quaes são as pessoas que podem tomar **criolos**; quaes as que podem ser, e em que casos. Se devem os **criolos** ser da mesma casta do adoptante, e com que authoridade, e formalidades se deve fazer semelhante adopção». — *Collecção de Bandos*, I, p. 75.
1840.—«Esta confirmação foi do **creolo** adoptado pela Viuva do Biquea Sinai, de Morgim». — *Ibid.*, p. 294.

1632. — «Era muito valido d'el Rey hum Sacerdote **crioulo** (assim chamão lá [no Congo] os que tem mistura de dous sangues; e como raramente esta massa inclina pera a melhor parte, segundo o que de ordinario vemos)».—Fr. Luís de Sousa, *Hist. de S. Domingos*, II, p. 418.
1842. — «Os filhos delles ou nascidos na India, mas de puro sangue Portuguez, *castiços*, o que corresponde á denominação de **crioulos** n'America meridional». — *Annaes Maritimos*, p. 111.
1858. — «Os **creoulos** da India, que tem no sangue alguma mistura de indio ou portuguez, são chamados pelos inglezes *half cast*, meia casta, ou casta bastarda, e não são considerados do mesmo modo que os brancos». — *Archivo Pittoresco*, I, p. 279.
1770. — «Ces blancs sont, la plupart, **créoles**, ou des esprits chagrins, retirés du service de la compagnie». — Raynal, *Histoire*, I, p. 153.
«L'Européen alla épouser une **Créole**, ou le **Créole** épousa l'Européene que le sort ou la famille amenèrent en Amérique... Les **Créoles** sont en général bien faits. — *Id*, IV, p. 196.
1786. — «Tra le donne **Creole**, *mistishe, Topasine* e naturali Indiane a Coccino vi sono anche alcune Europèe». — Fra Paolino, *Viaggio*, p. 84.

**CRIS** (malaio-jav. *kĕris* ou *krīs*). Punhal malaio que tem dois a três palmos de comprido e dois gumes e a lâmina ondulada. Afonso de Albuquerque, nas recepções solenes que dava aos reis e embaixadores do Oriente depois da conquista de Malaca, trazia à cinta, conforme o testemunho de Gaspar Correia, «hum cris d'ouro que valia quinze mil cruzados». Nenhum malaio que se preza sai de casa sem levar um *cris*. Alguns dos nossos escritores estenderam o seu nome a outros punhais.

1512. — «Dous **crises** que sam adaguas dos jaos, com as bainhas d ouro». — Afonso de Albuquerque, *Cartas*, I, p. 58.
1516. — «Hos mais honrados trazem hũas roupetas, que lhe daom por mea coxa, de pano de seda, grão, ou brocadilho, em cima seus cingidouros; trazem nas cintas adaguas lavradas de tauxia, que chamaom **crus** (*sic*)». — Duarte Barbosa, *Livro*, (2.ª ed.), p. 366.
1540. — «Não tinhão outras [armas] senão sómente paos tostados, e **crises** de dois palmos de corte». — Fernão Pinto, *Peregrinação*, cap. 41.
1552. — «Trazem [os jáos] outras armas que chamão **crises** que lhes seruem como a nós as adagas». — Castanheda, *Historia*, III, cap. 62.
1553. — «As armas que usão, são huns **crises** de dous palmos e meyo até tres de comprido, direito de dous gumes». — João de Barros, Déc. II, VI, 1.
1557. — «Os homens deste Reyno são muito bem dispostos... vestidos em seus *bajus* de seda, e **crises** com bocaes de ouro, e pedraria na cinta». — *Commentarios*, III, cap. 37.
1563. — «... com hum **cris**, que he como huma adaga».— Gaspar Correia, *Lendas*, II, p. 275.
1572:

> «Opulenta Malaca nomeada!
> As setas venenosas que fizeste,
> Os crises com que já te vejo armada».
>
> Camões, *Lusiadas*, X, 44.

1591. — «Nhũ moço ande com armas, nem bordões, nem adaguas, e **crises**».— *Archivo*, III, p. 325.
1612. — «Esta arma **cris** he propriamente dos Jáos, he de dous palmos, ou

dous e meio de comprido, tem quasi dous dedos de largura... tem o corte de ambas as partes em voltas, como espada columbrina, e algumas untadas com peçonha».— Diogo do Couto, Déc. XII, II, 7.

1613. — «E com hum punhal da cinta de 2 palmos de comprimento de folha de Adaga chamado **Cris**». — Manuel G. de Erédia, *Declaraçam de Malaca*, fl. 20.

1615. — «As suas armas são adagas ou punhaes, a que elles chamam **cris**, com a lamina ondulada, e são mais perigosas; o cabo é uma figura de demonio, outra que tal mui feia; a bainha é feita de páo, e inteiriça». — Pyrard de Laval, *Viagem*, II, p. 141.

1616. — «Entendera, que indo Diogo de Mendonça, a cujo cargo estava a armada, de Malaca com ella á barra de Pam, se fizera aquelle rey meu vassallo e o jurara assi, e que o reconheceria com o tributo de hum **criz** todos os annos».—*Carta Régia*, in *Doc. da India*, III, p. 385.

1634:

«Feridas já não dão curvas espadas,
Nem são mais, que despojos, Crises de ouro».

F. Meneses, *Malaca Conquistada*, XII, 61.

1701. — «Os marinheiros que as remavão, e os mercadores, que hião nellas, erão cento e cincoenta, soldados velhos com seus **crises** ou punhaes escondidos nas cabayas».—P. Francisco de Sousa, *Oriente Conquistado*, II, III, 2.

1718. — «Vestião [*amoucos* malaios] cabayas de damasco azul, cahião-lhe os cabellos da cabeça soltos, e largos até a cintura, cingião-se com tres **crises**, arma ordinaria daquella gente, trazião os olhos espantados por causa da bebida, que costumão tomar em semelhantes occasiões».— João Tavares Guerreiro, *Jornada*, p. 282.

1908. — «Punhal javanês, ou, melhor, malaio, cuja lamina é em geral de forma ondulada ou serpentina». — Alberto O. de Castro, *Flores de Coral*, p. 137.

1199. — «Autrefois il n'était pas rare, dans cette île [de Ceilão], de voir un homme du pays s'avancer dans le marché, tenant à la main un **kri**, c'est-à-dire un *khandjar* particulier au pays, d'une fabrication admirable et parfaitement aiguisé». — Abu-Zayd, *apud* Reinaud, *Relations*, I, p. 126.

1582. — «Vi sono ancora alcuni, i quali essendo detto *Amocchi* i quali (*sic*) sono una sorte di gente, che sono chiamati *Chiaui*, & non sono di quei Gentili di S. Thomè mà della costa di *Chiaua* [Java] che stufi di viuer più, si mettono con una lor arma in mano, la quale chiamano **clisse** in strada; & amazzano quanti ne capitano frà la lor mani, fino che sono ancora essi amazzati». — G. Balbi, *Viaggio*, fl. 90.

1589. — «En la partie occidentale de l'Isle [de Samatra] est Manancabo place celebre pour ouvrage de poignards qu'on y fait qu'ils appellent **Crises**». — Linschoten, *Histoire*, p. 85.

1620. — «... et vn de ses Eunucques qui portoit sa *chappe* qu'ils appellent, qui est vn **cris** ou poignard à manche et fourreau d'or, appartenant au Roi». — Général Beaulieu, *Mémoires*, p. 45.

1650. — «Elle fit present à Essingthon d'vn **cris** ou poignard d'or». — Floris, in *Relations*, I, p. 23.

1675. — «Ils prient leurs **cries** ou poignards, qui étoient empoisonnez, et se mirent à crier *Mocca* sur les Anglois, desquels ils tuerent un grand nombre, avant qu'ils eussent eu le temps de se mettre en defense». — Tavernier, *Voyages*, IV, p. 279.

1770. — «La longueur du **cri**, leur arme favorite, est d'un pied et demi. Il a la forme d'un poignard dont la lame s'allonge en serpentant, on n'en porte qu'un à la guerre; mais on en a deux dans les querelles particulières. Celui qu'on tient à la main gauche, sert à parer les coups, et l'autre à frapper l'ennemi. La blessure qu'il fait est très-dangereuse; et un duel se termine le plus souvent, par la mort des deux combattans». —Raynal, *Histoire*, I, p. 155.

1786. — «Dentro la cinta un **Crid** o pugnale alla Persiana, arma defensiva e offensiva». — Fra Paolino, *Viaggio*, p. 122.

1836. — «Le **kris** est un poignard à lame tantôt droite et tantôt en zig-zag, et quelquefois empoisonné avec la résine de l'ipas. Il est admirablement travaillé. Tout Malais qui n'est pas serf le porte toujours avec lui; il se croirait deshonoré s'il sortait de sa maison sans cette arme». — Rienzi, *Océanie*, I, p. 87.

1915. — «Some authorities claim that the weapon [bayonet] is simply the Malay **kris** introduced by Dutch soldiers from the East Indies, though manufactured at Bayonne. The Malay weapon consisted merely of a native dagger thrust into the muzzle of a musket». — *Tit-Bits*, de 30 de janeiro.

**CRISADA.** Golpe de cris.

1554. — «Matarão ás **crizadas** dentro da floresta». — Simão Botelho, *Tombo*, p. 112.

1557. — «Matou-o ás **crizadas**, e ficou por senhor do Canal, e povoações, que nelle havia». — *Commentarios*, III, cap. 17.

1563. — «Foi ali morto ás **crisadas** diante d'elRey».—João de Barros, Déc. III, v, 1.

1614. — «Matáram o pobre Principe ás **crisadas**, de que todos os Tios, e Grandes do Reino se escandalizáram muito».— Diogo do Couto, Déc. X, VIII, 4.

«Ficando os nossos outros quatro feridos de **crisadas**, porque eram todos jaos, gente bellicosa e esforçada». — Id., *Vida de D. Paulo*, p. 89.

1679. — «Com muitas **crizadas** e penetrantes feridas de azagayas forão mortos».—Fr. Jacinto de Deus, *Vergel*, p. 447.

1687. — «Sahindo de dentro Alvaro de Sousa, com o mesmo *criz* de ouro que Jauîra trazia na sinta, lhe deu tres **crizadas**, de que logo morreo». — P. Fernão de Queiroz, *Conquista de Ceylão*, p. 394.

**CRISTÃO DE S. TOMÉ** ou **DA SERRA.** Dão-se estes nomes aos cristãos do rito siríaco (ou *suriano*, como dizem os nossos escritores antigos, do persa *suryānī*) os quaes habitam ao presente no Malabar, particularmente em lugares montanhosos e se reputam descendentes dos índios convertidos à fé católica pelo apóstolo S. Tomé. Estiveram por longo tempo sujeitos ao patriarca scismático de Babilónia e eivados do nestorianismo. Foram reduzidos ao catolicismo pelo arcebispo de Goa D. Frei Aleixo de Meneses em 1599, mas recaíram muitas vezes nos erros antigos. Agora constituem dioceses católicas com bispos do seu rito, sem dependência do Padroado Português. Mas o bispo de Damão tem o título honorífico de «arcebispo de Cranganor», em reconhecimento dos serviços prestados por Portugal.

1503.—«Estavão aqui [em Coulão] desde o tempo de S. Thomé, e chamavão-se pelo nome de *Christãos*, tanto homens como mulheres assim como nós». — João de Empoli, *Viagem*, cap. 11.

1603. — «Nesta serra que se chama dos **christãos de Santo Thome**, está o Collegio de Vaypicota».— P. Fernão Guerreiro, *Relaçam Annual*, fl. 86 *v*.

1605. — «Todos os nossos que aqui residem, que sam dez religiosos, se empregam com os Christãos antiguos, que chamam de **Sam Thome**, com singular fructo das almas». — *Id*, fl. 119.

1603. — «Foy obra de se reduzirem os Christãos a que nesta India Oriental chamamos de **S. Thomé** moradores nas *Serras*, e Reynos de Malavar á obediencia da Santa Igreja Romana». — Fr. António de Gouveia, *Jornada*, prólogo.

1613. — «Pois me vejo já entrado no reino de Tingurê, metido em uma igreja dedicada á Virgem Mãi de Deos, dos christãos a que communente chamamos **da Serra,** havendo-os com mais razão de chamar **de S. Thomé,** pois nas serras nenhuns delles habitam, senão todos espalhados por estes reinos do Malavar, divididos em suas povoações apartadas, a que chamam *bazares*». — P. Manuel Barradas, *Hist. Tragico-maritima*, II, p. 21.

«Por todos estes Reys estão espalhados os **christãos de S. Thomé** repartidos e divididos em muitos bazares, nos que ha ao presente cento e tres igrejas sojeitas ao Arcebispo de Cranganor, e nellas mais de cincoenta mil christãos». — *Id.*, p. 122.

1631. — «Promete mais que os mesmos privilegios terão as igrejas dos **cristãos de Sam Thomé,** que estiveram em suas terras, e nas de seus vassallos». — *Apud* Júlio Biker, *Collecção de Tratados*, I, p. 284.

1679.—«... nam só reduzindo os **Christãos de S. Thomé** á obediencia da Igreja Romana, de que andavão desunidos, alumiandoos de muitos erros em que tropessavão na mesma Fé que professavão, mas converteo innumeraveis Gentios». — Fr. Jacinto de Deus, *Vergel*, p. 11.

1687. — «Chegou da Igreja do Caes hum Clerigo, que disse ser dos **Christãos de S. Thomé;** e fora *criolo* do P. Reytor da Igreja de S. João». — P. Fernão de Queiroz, *Conquista de Ceylão*, p. 561.

1699. — «Celebrando-se em Diamper hum Synodo, a que todos os **Christãos de S. Thomé** por suas cabeças concorrerão...». — Fr. Agostinho de Santa Maria, *Historia*, p. 26.

1902. — «**Christãos da Serra,** quer dizer, **christãos de S. Thomé,** naturaes da Serra de Cochim... E **christãos de S. Thomé** era a antiga christandade do Malabar (uma poderosa casta militar) que já existia na India antes da chegada dos portuguezes, bem organizada, com os seus governantes espirituaes, bispos, arcediagos e sacerdotes, constituindo a egreja heretica Nestoriana». — Cristóvão Pinto, em *Ta-ssi-yang-kuó*, II, p. 173.

1624. — «Nella Chiesa del Gesù in Goa fu consecrato Arciuescouo d'Angemale, e come dicono in Portoguese, **da Serra,** cioè, della montagna, doue habitano i Christiani, che chiamano **de San Tomè,** di rito Caldeo». — Pietro della Valle, *Viaggi*, III, p. 329.

1658. — «Li **Christiani di S. Tomaso,** fra li malauari, sono li dotati di miglior qualità, giuditio, e conditioni». — Fr. Vincenzo Maria, *Viaggio*, p. 151.

1786. — «I **Cristiani di S. Tomaso** sono nobili, e vi fanno una porzione di stato: entrano negli officj publici nel civile, e formano una specie di Republica Cristiana nell' ecclesiastico». — Fra Paolino, *Viaggio*, p. 72.

*** ÇRIVAMERGAM.** A locução malaiala *çrīmāmṛgam* é composta do sânsc. *çrīmān*, «afortunado, ditoso», e *mṛga*, «antílope»; o seu significado seria «antílope auspicioso ou sagrado», e tal é considerado o que tem pele preta. Manu recomenda aos árias que não residam senão onde haja antílopes negros, e os nossos cronistas referem-se muitas vezes à pele preta sobre que se sentavam os reis do Malabar.

1516. — «Hos quaes como saom de idade de sete anos, lançam-lhe hũu tiracolo de hũa corea [correia] de largura de dous dedos, crua com seu pelo, que he de hũa alimaria que chamaom **Criuamergam**, que he como asno brauo, e mandamlhe que nam coma *betele* sete anos, todo qual tempo tras aquele tiracolo, e como he de quatorze anos fazemno Bramene, tirandolhe o tiracolo de couro, e lançandolhe outra de tres *linhas* (q. v.) que toda sua vida tras em sinal de Bramene». — Duarte Barbosa, *Livro*, p. 323.

*** CROCO INDIANO**. É o mesmo que açafrão da Índia, q. v. Do grego *krókos*, que Dozy liga a *curcuma*, q. v.

1563. — «Da crisocola e **croco indiano** (que he açafrão da India) e das curcas». — Garcia da Orta, Col. XVIII.

1631. — «Hanc radicem Garcia da Orta vocat **Crocum** *Indicum*, non quod Croci Britannici filamentis similis sit: sed quod flavo colore tingat». — Bontius, *Hist. Naturalis*, p. 10.

*** CROS** (s. m. sing.). Massa coagulada da nata ou flor de *cato*, em forma de cilindro. Do mar. *kharos*.

1788. — «Cada dita [carga] de **Cros** de Cato, quinze reis». — *Collecção de Bandos*, I, p. 49.

**CÚBEBA** (ár. *kabābah*). «As *cubebas* são as bagas ou drupas do *Piper cubeba*, Linn. f., *Piperacea arbustiva*, indigena da Java. Na Pharmacopêa Portugueza diz-se que a *cubebeira* é indigena da India; isso não é correcto; as *cubebas* são algumas vezes exportadas de Bombaim para a Europa, mas são originarias da Java e Sumatra. Na phrase de G. d'Orta as *cubebas* «são amigas de Venus». D. G. Dalgado, *Classificação Botanica*, p. 11.

1510. — «Os de Jaua vem em outubro a novembro, e trazem todo arroz, escrauos, e allgumas **cubebas**». — Afonso de Albuquerque, *Cartas*, I, p. 10.

1514. — «He terra de muito arroz infindo, de **cubebas**, de tamarindos». — *Ibid.*, III, p. 93.

1516. — «**Cubebas**, que nascem em Java, dão-se aqui por pouco preço, e vendem-se a olho». — Duarte Barbosa (na tradução de Ramúsio), p. 394.

1554. — «O baar das **cubebas** he em tudo como ho de beijoim». — António Nunes, *Lyvro dos Pesos*, p. 7.

1563. — «Sam na propria sua origem tam estimadas estas **cubebas**, que as cozem lá primeiro que dahi as leixem levar». — Garcia da Orta, Col. XIX.

1566. — «Nasce nellas [ilhas de Java] pimenta, canella, canafistula, e **cubebas**». — Damião de Góis, *Chronica de D. Manuel*, III, cap. 41.

1712. — «**Cubêba**. He hum pequeno fruto, secco, redondo, da feyção de pimenta negra, mas alguma cousa mais pequeno, rugoso, pardo escuro, aromatico, e agradavel ao gosto, ainda que tenha algum amargor, e acrimonia». — Bluteau.

1298. — «Noci Noschate, spico, galanga, **cubeba**, garofili». — Marco Polo, *apud* Ramúsio, II, fl. 51.

1325. — «On y trouve les clous de girofle, les **cubebes**, nois moscades et plusieurs autres espices». — Beato Odorico, *Voyages*, p. 161.

1510. — «Passano per vn boschetto di **cubebe** cerca cinque miglia». — Barthema, *Viaggio*, I, fl. 173.

1590. — «**Cubebe**, cioè Amomo di zinna». — G. Balbi, *ibid.*, fl. 55.

1596. — «Aromata autem haec fere sunt... Zedoaria, Zurumbeth, piper longum, **Cubebe**, Amfiun». — *India Orientalis*, III, p. 99.

1836. — «A la Nouvelle-Irlande (Mélanaisie) on trouve l'arbre à pain, et le poivrier **cubebe** y croît à l'ombre des forêts». — Rienzi, *Océanie*, I, p. 46.

1908. — «The fruit, known as **cubebs**, has been used in European medicine from the Middle Ages, and yields a thick, colourless essencial oil, with an aromatic odour and flavour of camphor and peppermint». — Watt, *The Commercial Products*, p. 390.

**CUBO**, **cubó** (mais correcto), **cubó-sama**. Antigo governador ou *xogum* do Japão, o qual era originàriamente simples chefe do exército, mas depois se arrogou todo o poder temporal, reservando ao *dairi* ou *micado* o espiritual, e algumas honras riais. V. *dairi*. Do jap. *kubō*; *kubō sama* = senhor cubó. Em textos antigos figura *cubócama*, creio que por omissão de cedilha. Nenhum significado de *kama* tem aplicação no caso; seria necessário supor que *cama* é corrupção de *cami* (q. v.), que tambêm significa «regedor, governador» [1].

1549. — «Se partio para a cidade de Mioco, que he no mais oriental de toda a ilha Japão, porque foy informado que ahi residia de assento o seu **Cubumcamaa**, que he o supremo no seu sacerdocio, e com elle outras tres dignidades, que se intitulão em Reis, dos quaes cada hum per si distintamente entende no governo da justiça, e da guerra, e no bem da Republica». — Fernão Pinto, *Peregrinação*, cap. 208.

1562. — «Entreueo nisto o **Cubó**, que he o senhor de todo o Japão, nas cousas que tocão â honra somente, que no poder, e Reinos, outros lhe leuão auantagem». — P. Gaspar Vilela, *Cartas de Japão*, I, fl. 113 *v.*

1564. — «O costume da terra he todo o estrangeiro que quer ser conhecido, e não impedido, dar obediencia ao Emperador chamado **Cubó**». — *Ibid.*, fl. 141.

«O governo de Miáco depende de tres pessoas. A primeira he, o rei de todo Japão, chamado **Cubóoama**». — *Ibid.*, fl. 144.

1565. — «Anda agora o padre pera ver se pode effeituar alugarem-lhe os gentios hũa casa perto dos paços do **Cubócama**, ou do *Vó*, que são os principaes superiores de todo o Japão». — *Iibid.*, fl. 182.

1582. — «Veo a meter ao **Cubòcama** de posse do Miáco, que he a segunda pessoa depois do *Dayri* Rei de todo Japão». — P. Luís Fróis, *ibid.*, II, fl. 61 *v.*

1588. — «De 500 annos a esta parte se romperão as guerras entre os dous **Cubos**... e desde então pera cá ficou o Dairi despojado do mando de Japão, occupando cada hum dos senhores que agora se chamão *Yacatas* a parte que pode». — P. Gaspar Coelho, *ibid.*, fl. 160.

1600. — «A qual [guerra] com a mor parte do gouerno estaua á conta de dous principaes senhores, e capitães, que elles chamam **Cubos**». — P. João Lucena, *Historia*, VII, cap. 6.

1605. — «E esta merce faz nosso Senhor nestes annos a Christandade de a deixar viuer nestas partes em muita paz e quietaçam, debaixo do gouerno temporal do **Cuboçama** senhor vniuersal, e monarcha que agora hé de todo Iapam».—P. Fernão Guerreiro, *Relaçam Annual*, fl. 56 *v.*

1608. — «... senhor universal, que he o mesmo **Cubo**, e por outro titulo Xugùm». — *Id.*, fl. 107.

1612. — «Vm destes Emperadores... proueo aquella ilha de dous Gouernadores, com o nome de **Cubos**, vm com a jurdição de Meacó, pera o Levante, e outro delles pera o Poente, pera administrarem justiça a todos os estados». — Diogo do Couto, Déc. V, VII, 12.

1697. — «Desenganado com esta repulsa passou ao Meaco, se foy logo presentar ao **Cubozama**, Rey do Guequinay, ou Tencá». — P. Francisco de Sousa, *Oriente Conquistado*, I, IV, 2.

1749. — «**Cubozama** he propriamente Senhor da Tanza, onde ha cinco Reynos, que lhe rendem cinco milhões de ouro só de entrada». — P. Crasset, *Hist. da Igreja do Japão*, I, p. 38.

«A segunda cabeça de Nobres he **Cubozama**, General dos exercitos do Imperador do Japão, de quem dependem todos os outros Reys, e os pode despojar dos seus Estados cada vez, que lhe parecer». — *Id.*, p. 41.

1874. — «O verdadeiro titulo do senhor do executivo era ou *Dai-i-Shogun*... ou **Kubo-sama**, titulo honorifico que vale o mesmo que *irmão segundo* do imperador». — Pedro G. Mesnier, *O Japão*, p. 18.

1588. — «Comminciò [Dairi] a esser sprezzato da' Capitani, e da' Satrapi, e pricipalmente da' **Cubi** (che cosi si chiamauano due principali signori, l'vno de' quali poi amazzò l'altro)». — P. Maffei, *Le Istorie*, p. 493.

1628. — «Hîc Societas Collegium habet, conniuente ferentéque **Cubo** (quo nomine Iaponiae totius Imperatorem appellant)». — Fabius Spinola, *Vita Caroli Spinolae*, p. 73.

1640. — «Son fils **Cubosanna** fut solemnellement installé en sa place, et l'Empereur qui regne aujourd'hui nommé Chiongen est fils de ce **Cubosanna**». — *Relation du Japon*, p. 14.

1754. — «Quelques des Empereurs **Cubo-Samas**, ont pris ce titre [*Quambacundono*] pour eux, et l'ont donné à ceux, qu'ils désignoient pour leur succeder, mais ç'a toujours au Dairy à le leur conferer». — P. de Charlevoix, *Hist. du Japon*, I, p. 143.

«Dans les premiers tems de la Monarchie Japonnoise, le Chef de la Milice se nommoit **Cubo**; avec le tems on ajouta à ce titre celui de *Sama*, qui vient dire Seigneur». — *Id.*, p. 150.

1770. — «Le **Cubo** ou Empereur laïc lui [ao dairi] rendoit des honneurs, sans lui laisser de crédit; et pour ôter aux ecclésiastiques tout leur pouvoir, il cherchoit à faire goûter au peuple le théisme, et les dogmes de Confucius». — Raynal, *Histoire*, I, p. 145.

1854. — «Le pouvoir législatif et exécutif semble émaner au Japon d'un haut dignitaire ou prince, que tous les historiens ont désigné, jusques dans ces derniers temps, par le titre de **koubo** ou d'*empereur civil*». — Jancigny, *Japon*, p. 29.

[1] «O *Cubocama* é conhecido nos annaes japonezes pelo nome de Minamoto-Yoshi-Taira e esse nome parece ser alteração da palavra *Kubo-sama* e que significo *o senhor condestavel*». Pedro Mesnier.

«Le titre de **koubo** (littéralement, *palais*) est quelquefois appliqué au *micado*, par métonymie, mais plus correctement au *siogoun*, avec l'addition de *sana:* — **koubo-sama:** seigneur du palais». — *Id.*, p. 112.

**CUCHIMIACO.** Carta de recomendação para os directores dos funcionários da região dos mortos, passada pelos bonzos do Japão e da China; passaporte para o céu. Do jap. *kuchi* e *myōkuan*. Tambêm se diz *xiquimiaco*, q. v. Em chinês chama-se *lu-in* [1].

1543. — «Os quaes sacerdotes lhes dão [na China] para isso hũs escritos como letras de cambio, a que o commum chama **Cuchimiocós** para que lá no Ceo, em elles morrendo, lhes dẽ a cento por hum». — Fernão Pinto, *Peregrinação*, cap. 114.

1549. — «Para que os povos vivessem quietos, davão **cuchumiacos** recambiados por letras para o Ceo, para lá todos os mortos serem ricos, estarem muyto de seu». — *Id.*, cap. 210.

«A riqueza dos que hião ao Céo não consistia nos **cochumiacos**, que por modo de tyrania os Bonzos cá lhes davão, senão nas obras, que com fé nesta vida fazião». — *Id.*, cap. 212.

1551. — «E tambem lhes dão a entender que qualquer alma que leuar a cedula dos padres deste mundo para o outro, os demonios o deixauão passar». — P. Cosme de Torres, *Çartas de Japão*, I, fl. 17 *v*.

1564. — «Os seus pregadores nos pulpitos, costumão dar huns escritos pera irem seguros ao seu paraiso... por estes escritos leuão dinheiro». — P. Gaspar Vilela, *ibid.*, fl. 142 *v*.

1749. — «As suas letras de cambio, chamadas por elles **cochumiachi**, não tinhão valor algum, porque só as obras boas, he que valião na outra vida». — P. Crasset, *Hist. da Igreja do Japão*, I, p. 250.

1843. — «Uns dão aos bonzos quanto possuem, julgando comprar assim prazeres, além da vida: os bonzos passam-lhe letras de cambio, no valor de um por cento, pagaveis no ceo, como se lá tivesse o dinheiro valor». — José Inácio de Andrade, *Cartas*, II, p. 37.

1549. — «Nec desunt multi, tum viri tum foeminae, qui magnam Bonziis vim nummorum ita credant, ut eam deinde decuplo cum foenore in immortali vita exigant: quibus Bonzii sedulò scilicet cavent chirographo suo». — S. F. Xavier, *Lib.* IV, epist. 2.

1754. — «Ils s'attachent les plus interessez en leur donnant de Lettres de Change, qui doivent, dizent-ils, être payées comptant au dixième dans l'autre Monde». — P. de Charvoix, *Hist. du Japon*, I, p. 253.

**CUCHO** (conc. *kūtç*). Conta corrente para a cobrança das dívidas das comunidades agrícolas; declaração do escrivão da aldeia, passada a favor do sacador e contra o devedor, espaçado o prazo de pagamento voluntário. Fazia-se antigamente num pedaço de papel, rubricado pelo juiz da comunidade, e tinha o efeito de mandado executivo.

1727. — «**Cucho.** Termo da India Portuguesa: He huma lista dos devedores da aldea, passada pelo Escrivão della, reportada aos livros das arrematações dos retalhos, que leuão arrematados, ou dos lanços de alguma contribuição; tem força de mandado, e via executiva, para se dar melhor satisfação à fazenda Real, e se evitarem as despesas, e perniciosas demoras dos pleitos. O que se observa infallivelmente nas Aldeas, e Camaras geraes de Goa, Salcete e Bardes». — Bluteau, *Supplemento*.

1735. — «E se cobrará pelo mesmo sacador executivamente por **cucho** do Escrivão». — F. N. Xavier (filho), *Collecção de Leis Peculiares*, XIV.

«As contas geraes se farão dentro do praso costumado para que se saiba o que cabe aos *Gancares*, *Culacharins* e *Cuntucares*, pera se lhes dar desconto em seus titulos, e passar-se o **cucho** do liquido». — *Ibid.*

1857. — «Quer que v. s.ª declare explicitamente se mandando expedir agora **cuchos** contra os devedores dos foros ou rendas da dita aldêa, poderão ser effectivamente admittidos em juizo para gosar dos privilegios de execução». — *Ibid.*, p. 25.

1875. — «... salvo porem quando tenha expedido **cucho** (conta corrente) contra os ditos devedores durante o tempo da dita sacadoria». — *Ibid.*, p. 206.

**CUÇO.** Quadrúpede da Malásia, «une sorte de civette-chat», Favre. Do mal. *kūsu*.

1552. — «Ha tambem nestas ilhas hũs bichos como coelhos que tem nas barrigas hũs bolsos com aljabeiras, e quando parem metem neles os filhos, e coeles dentro sem lhe cairem correm e saltão polas arvores dumas em outras: estes se chamão **cuços** na lingua da terra e sam muy bõs pera comer». — Castanheda, *Historia*, VI, cap. 11.

1602. — «Ha [em Maluco] huns bichos

[1] «C'est ce qu'ils appellent *Lou in*, c'est-à-dire, passe-port pour le voyage de cette vie en l'autre». — *Lettres Édifiantes* (1715), XIII, p. 343.

que chamão **Cuços,** que habitão nas aruores de cujo fruto se mantem e são como coelhos, o pelo espeço, crespo, e aspero, antre pardo e ruiuo, os olhos redondos e uiuos, mui pequenos pés e mãos, e rabos compridos sem pelo algum, por onde se dependurão, pera melhor poderem chegar ao fruto». — Diogo do Couto, *Déc.* IV, VII, 10.

1695. — «Tertio animal *Cuscum*, Malaice **Kussu,** Belgice *Koeskoes* dictum, quod in talibus locis, et vellosis densisque arboribus habitat». — Rumphius, *Herbarium Amboinense*, IX, cap. 91.

**CUCUIÀ, cuculada, cuquiada.** Voz de alarme, rebate, na Índia dravídica. Corresponde ao *babaré* (q. v.) dos idiomas neo-áricos. Do malaiala *kūkkuka*, «bradar, dar rebate»; *kū*, «gritar»; *kūkkukuḍu*, *kūkkural*, subst. Em concani diz-se *kūī* para chamar uma pessoa que está a grande distância ou para saber se está alguêm na proximidade. Vê-se das abonações que o termo foi levado para a África Oriental.

Gonçalves Viana prova com a autoridade de Frederico Mistral e outros que em provençal há *conquihado*, *cugullada*, e *cucuiado*, «cotovia»; mas não mostra que o termo era conhecido em Portugal, e os nossos cronistas tomam-no por malabárico, pelo menos no significado.

1551. — «Apelidirão logo a terra dando suas **coquiadas,** a que acodirão huns com enxadas, outros com paos feytiços e pedras». — Castanheda, *Historia*, I, cap. 79.

1552. — «Depois que esclareceo que a terra foi appelidada, acodio tanto gentio que parecião gralhas que decião das aruores, por trazerem entre si hũa maneira de se chamar a que elles chamão **Cuquiada».** — João de Barros, Déc. I, VII, 2.

«Derão hũa **cuquiada,** que entre elles he appelidar a terra por hũa detonação da voz». — Id., Déc. II, IV, 1.

1563. — «Dando gritos por sua lingoa, que dizem **cucuya,** que fazem hum arroido de guerra muy temeroso». — Gaspar Correia, *Lendas*, I, p. 170.

«Com grandes gritos, e **cocuyadas** com que chamão huns per outros pera a guerra, que se ajuntão em magotes de vinte e trinta, e dão gritos e apupos ao modo proprio». — *Id.*, IV, p. 327.

1577. — «Deitei conta quanto espaço de caminho auia dos Palmares ás casas del Rey, e o tempo em que os Mesquinhos lhe poderião ir dar a nova de nossa chegada, e o que auião mister para darem suas **Coquiadas,** e ajuntarem-se e o que era necessario para virem». — *Primor e Honra*, fl. 47.

1612. — «Com grande determinação cometerão as tranqueiras, e as rodearão de escadas, pollas quaes muitos sobião muy ousadamente, segundo o grito, e laberinto, a que elles chamão **coquadas,** tal que só pudera meter temor e espanto em todo o mundo». — Diogo do Couto, Déc. VIII, I, 6.

«... com o que se levantaram por todo o exercito grandes alaridos, e gritos, a que elles chamam **Coquiadas,** porque a mór parte dos gentios da India pelejam tanto com a lingua, como com as mãos». — *Id.*, Déc. X, X, 4.

1635. — «Estavam embuscados muitos alarves, dando-nos sempre grandissimas **coquiadas».** — José de Cabreira, *Hist. Tragico-Maritima*, X, p. 35.

1650. — «Ameaçando com azagaias lançaram a fugir, com cobre e peixe para o mato, sahindo em quanto não veio a noite em magotes a dar **coquiadas».** — Bento Feio, *ibid.*, p. 143.

1687. — «A este tempo derão os inimigos da praya **coquiadas,** guiados do Principe, que dela a todos desafiaua». — P. Fernão de Queiroz, *Conquista de Ceylão*, p. 288.

1666. — «Si un Naïre entend prononcer ce *Popo* [*pô pô*], il répond en criant **Cocouya,** et alors le *Poleas* connaissant qu'il a un Naïre peu éloigné de lui, il se détourne du chemin, de peur de le rencontrer». — Thevenot, *Voyages*, III, p. 264.

1915. — «He shouts three **hooves** which can be heard all over the *Desom* [aldeia]. On hearing the sound the inhabitants within her jurisdiction repair to her shrine with incredible quickness». — *The Modern Review*, de Novembro.

* **CUCUME.** Cosmético e distintivo da mulher hindu solteira ou casada, que o traz principalmente na testa. Compõe-se do pó de *curcuma* ou açafrão da Índia, de alúmen, sumo de limão, óleo, etc. Do concani-mar. *kuṅkum*, sânsc. *kuṅkuma*. Outro arrebique é *cazol*, q. v.

1906. — «Sitá, fazendo lentamente na fronte com o pó vermelho do **cucúme** o signal de bom agoiro, e derramando o oleo do sandalo na trança engrinaldada de flores...». — Alberto O. de Castro, *A Cinza dos Myrtos*, p. 133.

1908. — «Os sectarios de Vichnú usam tres traços verticaes, os de Siva tres traços horisontaes. Estes traços são feitos com cinza de bosta de boi secca, com lodo do Ganges, com açafrão ou com tinta veomelha extraída de **Cucumb».** — Hipácir de Brion, *A India Portugueza*, 26.

1916. — «Damas se apinham no alto, **cucume** e penteado classico, num tablado com parapeitos baixos». — *Heraldo*, de 16 de Abril.

1825. — «... se trace sur le front la marque circulaire rouge appelée **concouma**, et retourne à la maison». — P. Dubois, *Mœurs*, II, p. 535.

* **CUDDO.** Emprega-se o termo na Índia para designar a casa em que vivem em comum, em terra estranha, indivíduos duma freguesia, duma profissão ou duma casta. A expressão voga mais entre os portugueses de Bombaim, onde cada freguesia de Goa tem um ou mais *cuddos*, denominados também «clubs», ou «quartos», em tradução literal do conc. *kūḍ*, que quere dizer o mesmo. Do *cuddo* se deriva **CUDDISTA**, com sentido pejorativo de «habitante de *cuddo*», e **CUDDISMO** por «modismo do *cuddista*». Não sei porêm em que acepção precisa é tomado o vocábulo na seguinte notícia:

1915. — «O sr. administrador do concelho das Ilhas começou na noite de 15 a rusga dos **cuddos**». — *O Ultramar*, de 18 de Março.

«Suppunhamos que o *castismo* tenha entrado num periodo de declinação e que os nossos illustrados **cuddistas** de Bombaim tinham entrado numa nova phase». — *Id.*, de 22 de Março.

«Já hoje os manifestantes não são **cuddistas**». — *Id.*, de 15 de de Abril.

1915. — «Mas, em suma, pode êsse tal sr. membro ser ao mesmo tempo um conselheiro barrigudo da communidade (cheira á commensalidade **cuddista** ou á ordem monastica)». — *Heraldo*, de 10 de Abril.

1916. — «Entre nós, nesta terra, nota-se também muito inglesismo, mas charro e só nas classes inferiores, nas de imigrantes, e dá pelo nome de **cuddismo**». — *Id.*, de 28 de Outubro.

**CUDDÓ, curó** (conc. *kuḍó*). *Holarrhana antidysenterica*, Wall. A casca da planta aproveita muito contra a disenteria e febre palustre. Também se chama «erva do Malabar».

1563. — «Chama-se a herva, ou frutiçe mais verdadeiramente dita, em lingoa canarim, que he a de Goa, **coru** [1]; e nós a chamamos *herva do Malavar*, porque os Malavares curam desta enfermidade» (cólera). — Garcia da Orta, Col. XXVII.

1701. — «Descobrio o Padre certo arbusto, a que estes naturaes chamão *Sanalô* [= pequeno] **cuddô**, cujas raizes cozidas, ou feitas em pó, e dadas a beber em agua quente, ou fria, são boa mezinha. Os Portuguezes chamão-lhe *erva do Malabar*, e com ella tirou o Padre Alvares a muitos das gargantas da morte». — P. Francisco de Sousa, *Oriente Conquistado*, II, I, 1.

1788. — «Por cada carga de **Curó** hum xerafim». — *Collecção de Bandos*, I, p. 43.

1886. — «Para as febres palustres ministram com successo, no intervallo da febre, as plantas amargas, em que abunda o Concão, e com especialidade da raiz e das folhas das plantas denominadas *niumbo* e **cuddó**, que produzem o effeito de quina». — Lopes Mendes, *A India Portugueza*, I, p. 113.

1895. — «O nome vulgar de «coru», citado por Orta, parece-se bastante com os nomes hindustanis, vulgares em Bombaim, de *kureya*, ou *kúra*; e sobretudo com a ultima parte do nome de *khaṇ curro*, que, segundo Dymock, aplicam á casca de *Holarrhana* nas terras de Goa». — Conde de Ficalho. — Não se conhece tal palavra em Goa; o que há é *kāḷó-kuḍó*, «curó preto», nome que se dá, entre outras árvores, a uma rubiácea — *Hymenodyction excelsum*, Wall, cuja casca é amarga e febrífuga.

1912. — «O **cuddó** é adstringente, antidysenterico, febrifugo e antihelmintico». — Caetano Gracias, *Flora Sagrada*, p. 85.

1578. — «En aquellas mismas partes, ay... dos arboles differentes en todo ser, vn dellos a que llaman en Malabar, *Curodapala*, y **Curo**: y en Canarin, *Coru*: y los Bragmanes, **Cura**». — Cristóvão da Costa, *Tractado*, p. 45.

**CUDOLIM.** Espécie de sachão indiano. Do conc. *kudaḷ*, diminutivo *kudaḷī*; sânsc. *kuddala*. Usado em indo-português.

1602. — «Muitos servidores com enxadas e **codelins**, pas, e cestos, para correrem com aquella obra». — Diogo do Couto, Déc. IV, x, 6.

«Hũa grande soma de picões, alauancas, **cudilins**, padiolas». — Id., V, I, 9.

«... de fouces vinte mil; de picões (a que na India chamam **Codelís**) dous mil». — Id., X, IX, 4.

1727. — «**Codlim**. Instrumento mais pequeno que enxada, que na India serve de cavar, como os nossos Alferces, só differe em ser todo direito de alto a baixo». — Bluteau, *Supplemento*.

1782. — «O tempo de semea-los [caroços de cajus] é no principio do inverno, em quarto crescente da lua, cavando-se na terra com a ponta de um **cudolim**». —

[1] O conc. *koḍū*, adj., que daria em português *coru*, significa «amargo»; mas parece qua *coru* é êrro tipográfico por *curó*.

Fr. Clemente da Ressurreição, *Tratado*, II, p. 310.

1852. — «**Cudôlly** — Especie de sacho, que serve para cavar a terra: (vulgarmente *codolim*)». — F. N. Xavier, *Bosquejo Historico*, IV, p. 6.

**CUIAVÊM**. Casta de oleiros no Malabar. Do malaiala *kuxavan*.

1516. — «Ha nesta terra outra ley de gente ha que chamaom **Culavem**, que non tinhaom diferença dos Nayres, somente por hũu ero [êrro] que fizeraom ficaraom em ley sobre sy; seu oficio he fazerem louça e tijolo pera cobrirem as casas dos Reys e dos Idolos, os quaes cobrem com ho tijolo em lugar de telha». — Duarte Barbosa, *Livro*, (2.ª ed.), p. 332.

1894. — «Os **culavens** que se occupam de olaria e ceramica». — Lopes de Mendonça, *Os Orphãos de Calecut*, p. 196.

**CULACHARIM**. «Colono que os Gancares agregaram á sua Communidade ou associação, em tempos antigos, para cultivar os campos e para outros fins». Filipe Néri Xavier, *Bosquejo Historico das Communidades*, IV; p. 60. O étimo é o conc. *kulāchārī*. Em sânscrito *kulāchārī* quere dizer «o que segue os usos e costumes da família ou da casta». O *culacharim* adaptava-se às praxes da comunidade a que pertencia, e tinha parte nos lucros e nas perdas.

1680. — «Sendo a causa de taes molestias alguns adventicios e **culacharins**, tomados pelos mesmos gancares para o serviço e expediencia das ditas aldeas». — *ArchivoPort.-Oriental*, V, p. 1412.

1681. — «... copia, em que se queixão de os Adventicios e **Culacharins**, que os Gancares tomarão para o serviço e expediente dos aldeas os perturbarem com demandas». — *Carta Régia, ibid.*, p. 1411.

1712. — «Hey por bem e mando que os taes confiscados, que são gancares, e **culacharins**, não gozem mais das honras e preheminencias que tinhão». — *Alvará do vice-rei, ibid.*, Supplemento, II, p. 228.

1727. — «**Culacharins**... São aquelles, que os Gancares tomarão depois para os ajudarem, por não poderem elles por si só cultivar as terras; e ha entre elles differença: huns com igual *jonno*, voto, e lanço aos Gancares; outros com alguma diminuição no jonno, e sem lanço nem voto; outros com meyo jonno, e sem voto, nem lanço, antes obrigação de serviço, e outros com certos jonnos perpetuos que se deram às familias segundo os pactos, com que se admittirão, que se observão até o presente... Em Bardes tambem se chamão **Culacharins** os que comprão bens de raiz naquellas terras, e vem a ser os interessados nellas». — Bluteau, *Supplemento*.

1746. — «Concede amplo seguro, e geral a todos os *Dessaes*, *Gancares*, **Cullacharins**, e mais moradores das aldeias dos sobreditos Dessaes». — *Apud* Júlio Biker, *Collecção de Tratados*, VI, p. 269.

1842. — «E o resto se distribue por estes e pelos **colacharins** ou interessados de fóra, que prestaram dinheiro a beneficio da aldêa, ou compraram alguma parte do rendimento della». — *Annaes Maritimos*, p. 303.

1880. — «E o resto divide-se pelos *gancares* em proporções diversas, conforme os seus antigos privilegios, e pelos **colacharins**, que adeantaram dinheiros ou compraram alguma parte do rendimento computado por *tangas*, *leaes* ou meias tangas, e *barganis* ou meios leaes». — Teixeira de Aragão, *Descripção das Moedas*, III, p. 17.

1880. — «Cada communidade é composta de *gancares* **culacharins** *jonoeiros*, *cuntucares*, e dos *interessados*, de qualquer natureza, que não sejam servidores, propriamente ditos». — *Decreto, apud* Eduardo Balsemão, *Os Portuguezes no Oriente*, II, p. 193.

1885. — «Os terrenos para si reservados pelos gãocares tinham vastidão tal que os braços destes se mostravam insufficientes para o grangeio, e havia-se recorrido ao expediente de chamar em auxilio outros estranhos na qualidade de colonos cultivadores (**culacharins**)». — Teixeira Guimarães, *As Communidades Indianas*, p. 12.

1915. — «... indio dos 4 costados, para mais, brâmane e *jonoeiro* embora não gãocar mas simples e vulgar **culacharim**», — *Heraldo*, de 20 de Novembro.

1916. — «... e dos **culacharins** (lavradores contratados para o serviço das communidades mediante certa retribuição). — *Ibid.*, de 4 de Abril.

* **CULAI** (desus.). Carapuça na Índia. Do persa *kulāh*.

1525. — «Na cabeça trazem hũas carapuças altas, a que elles chamão **collães**, e nestas carapuças trazem hũas flores feytas de perolas grossas». — *Chronica de Bisnaga*, p. 109.

1535. — «E na cabeça trazem hũs carapuções de brocado, a que chamão **culaes**, que cada huũ pode valer vinte cruzados, e como o tira (o rei) da cabeça não ho torna a por». — *Ibid.*, p. 71.

**CULCORNIM**. Escrivão da comunidade da aldeia. Voga o termo nas Novas Conquistas de Goa. Do mar. *kulkarṇī*.

1852. — «**Culicorny** — Escrivão da Aldêa, hoje usado exclusivamente nas Novas Conquistas». — F. N. Xavier, *Bosquejo Historico*, IV, fl. 6.

1663. — «Para extremar as mattas e florestas do estado, se informará a commissão dos **culcornis**, e outras pessoas entendidas das respectivas aldêas». — *Apud* Oliveira Mascarenhas, *Atravez dos Mares*, p. 179.

1886. — «*Narcornim* significa escrivão da camara geral, assim como **culcarnim** significa escrivão de aldeia» —Lopes Mendes, *A India Portugueza*, II, p. 27.

1901. — «O **culcornim** desempenha perante a communidade quasi o mesmo serviço que numa casa commercial o guarda-livros, ou na associação de soccorro mutuo o cartorario». — José Pinheiro, *Bol. S. G. L.*, XX. p. 51.

1905. — «Particularmente nas Novas Conquistas, cujos habitantes boçalmente sertanejos desconheciam até o systema da arrecadação do sal, que os narcornins e **culcornins** logravam em seu proveito». — Ernesto Fernandes, *Regimendo Sal*, etc., *ibid.*, XXIII, p. 257.

1917. — «... um acervo de miudezas burocráticas fastientas e inúteis como todo o regimen de papelório complicado, multiplicado e inútil a que, como eméritos e manhosos **culcornis**, vimos desde muito atreitos». — *O Ultramar*, de 6 de Agostq.

1917. — «Deu de si o *filósofo*, o **culcorni**, o burocrata, o *gãoponista* bulhento, o *alcista* parasitante, o demandista de profissão». — *O Ultramar*, de 29 de Outubro.

**CULE**, **cúli** (indo-ingl. *cooly*, indo-fr. *couli*). Operário, jornaleiro; mariola, moço de recados; portador de palanquim. O termo voga, além da Índia, na China, na África Oriental, e em diversas outras regiões, adquirindo em algumas delas o significado especial de «operario emigrado da Índia ou da China para trabalhar nas plantações ou nas minas».

Yule & Burnell presumem que o étimo de *cúli* é o nome gentílico *Koli* (vid. *coles*), e citam para exemplo o nome de *Slav* (eslavo), que em várias línguas europeias se aplica ao servo, «escravo». E em Lisboa temos outro exemplo em *galego*, que designa o «moço de fretes» [1]. Mas parece muito improvável a derivação, sendo mais plausível a que indica Wilson, o dravídico *kūli*, «jornal, salário, paga», que se introduziu em singalês, concani, hindustani e bengali, com o sentido de «operário, mariola» [1].

Os coles não exerceram nem exercem de modo particular os misteres de *cules*, nem se estenderam por toda a Índia, nem o marata e o guzarate, em cuja área tem êles a sua vivenda, nem os nossos antigos escritores lhes atribuem tais ocupações. Os coles montanheses vivem de caça e de depredações, e os de planícies mantêm-se em geral de pesca e de cultura.

A julgar pelas abonações de António Bocarro, João Ribeiro e outros autores, parece que o termo *culi* ou, antes, *cule*, procedeu de Ceilão.

1581. — «Somente Xibatadono que antontem aqui chegou de Ychigèn tras consigo dez mil homens, e dez mil **qules**». — P. Luís Fróis, *Cartas de Japão*, II, fl. 4.

1620. — «A camara da cidade de Columbo se nos queixou do Geral daquella ilha e seus criados, *vidanas*, e capitães da gente preta prenderem os **Culles** das Aldeas dos casados e foreiros portuguezes por suas *ollas*». — *Carta Régia*, in *Archivo*, VI, p. 1218.

1634. — «Frecheiros, e rodeleiros, e **cules**, a que se pagão suas *muxaras* conforme o seu regimento». — António Bocarro, *Livro*, in *O Chronista de Tissuary*, III, p. 246.

1635. — «Vieram mais de mil **cules** d'estas *corlas* carregados de arroz para Columbo». — *Id.*, Déc. XIII, p. 709.

1634. — «Os arrayaes d'El-Rey andão tão mal servidos, que não sou senhor de um **cule** [em Ceilão] para levantar um ferido, em occasião de uma retirada». — *Apud* Eduardo Balsemão, *Os Portuguezes no Oriente*, II, p. 43.

1638. — «Duzentos vinte e cinco xerafins para paga dos **culles** de carreto de canella, e outras cousas. — *Apud* Júlio Biker, *Collecção de Tratados*, II, p. 100.

1684. — «Os **Cules** que o acompanhavão, logo o desempararão de terror e espanto, perseverando só hum com elle que o vinha encaminhando». — P. Fernão de Queiroz, *Hist. de Pedro de Basto*, p. 128.

[1] «Imponente, imponentissima mesmo, a parada de *gallegos* (como synonimo de moço **de fretes**)». — *A Nação*, de 18 de Maio de **1913**.

[1] Tam. *kūliyāḷ*, malaiala *kūlikkaran*, tel. *kūlivandu*, can. *kūligara* (*kūliyāna*, *kūliyāḷu*), túl. *kūlidaye*, sing. *kulikāriyā*, «operário, moço de fretes».

1685. — «Todas estas aldeas [de Ceilão] tem **Culles,** que são para acarretarem e fazerem o serviço semelhante, como homens de ganhar». — João Ribeiro, *Fatalidade Historica,* I, cap. 10.

«A obrigação dos **Culles** é acarretarem, assim como os mais officiaes trabalhar cada hum em seu officio». — *Id.,* III, cap. 7.

1687. — «Dá lhe dinheiro, e pessas, finge que vay fugido, com dous **cules**». — P. Fernão de Queiroz, *Conquista de Ceylão,* p. 424.

«A todos sem distinção, os fazião acarretar andores, e palanquis, o mais baixo oficio, que no Sul pertence aos que chamão **Cules,** e em Goa aos *Farazes,* e *boys*». — *Id.,* p. 845.

1753. — «Logo hião tres Granadeiros de S. Exc. com espadas na mão na frente dos vinte e noue caixões do presente d'ElRey, cubertos de seda amarella, leuados por **Cules** Chinas vestidos uniformemente de seda». — P. Newielhe, *Relação da Jornada.*

1792. — «Os escravos e **cules,** se morrerem sem se terem confessado em devido tempo, serão sepultados fóra do logar sagrado». — P. Casimiro de Nazareth, *Mitras Lusitanas,* in *Ta-ssi-yang-kuó,* I, p. 610.

1858. — «A maior [estampa] representa o bispo quando sáe em grande estado, conduzido por quatro **culis** ou criados chinezes e outros dois com grandes umbrellas ou pára-soes, que vão ao lado da liteira». — *Archivo Pittoresco,* I, p. 278.

1874. — «Entre os **cules** que puchavam os 12,000 *jin-rik-shás* que correm em Yeddo, alguns foram pessoas nascidas em outra e mais elevada gerarquia, ou mesmo artistas habeis mas sem freguezes». — Pedro G. Mesnier, *O Japão,* p. 282.

1883. — «Ha, finalmente, outros que não tem casta. São os parias do sul da India, ou os **culis** do norte». — Adolfo Loureiro, *No Oriente,* I, p. 135. V. *cadeirinha.*

1895. — «Em Macau havia familias muitissimo ricas, essas riquezas porém desappareceram com a prohibição da emigração dos **culis** e o terrivel tufão de 1874». — Conde de Arnoso, *Jornadas,* p. 145.

1897. — «A Nobunanga succede Hideyoshi, um seu antigo **culi,** moço de fretes, mas de ha muito investido nos mais altos cargos das armas». — Venceslau de Morais, *Dai-Nippon,* p. 30.

1898. — «E contar que os **culis** das cadeiras hão de receber no dia immediato a gratificação que lhes dá o dono do estabelecimento». — Joaquim C. Crespo, *Cousas da China,* p. 111.

1906. — «Muitos **culis,** carregadores, dirigiram-se a nós em inglez, pedindo as bagagens, com insistencia incommodativa». — Hipácio de Brion, *Duas Mil Leguas,* p. 30.

1912. — «O governador [de Hong-Kong] ia numa cadeirinha transportada por **coolies**». — *O Futuro* (de Goa), de 23 de Agosto.

1658. — «I soli **Giannizzeri** più giouani la radono portando li mostacci lunghissimi, i quali appunto sono detti **Culeo,** che vuol dire Schiaui». — Fr. Vincenzo Maria, *Viaggio,* p. 50.

1673. — «On the Shoulders of **Coolies** they load their Provant, and what Mouvables necessary». — Fryer, *East India,* I, p. 97.

1786. — «Questa lettiga [*dolim*] è portata sopra una stanga da 6 uomini, che si chiamano **Kùli,** cioè, facchini di giornata, e dagli Inglesi ed altri Europei *Boy*». — Fra Paolino, *Viaggio,* p. 43.

1791. — «... deux relais de vigoureux **coulis,** ou porteurs, de quatre hommes chacun». — Bernardin de Saint-Pierre, *La Chaumière Indienne.*

1825. — «Plusieurs gros marchands en [dos brâmanes] ont à leurs gages, qu'ils paient bien, pour faire le métier de **couly** ou porte-faix, parce que les douaniers ont ordre de laisser passer librement tout ce qu'ils portent». — P. Dubois, *Mœurs,* I, p. 412.

1825. — «The head man of the village said he was a *Kholee,* the name of a degenerate race of Rajpoots in Guzerât, who, from the low occupations in which they are generally employed, have (under the corrupt name of **Coolee**) given a name, probably through the medium of the Portuguese, to bearers of burthens all over India». — Heber, *Narrative,* II, p. 89.

1854. — «L'immigration de **Coulies** des côtes de Malabar et de Coromandel, dans Ceylon, a commencé em 1839. — Jancigny, *Ceylan,* p. 650.

1875. — «All throughout Ceylon the **coolies** in the coffee plantations are Tamulians». — Caldwell, *Comparative Grammar,* p. 9.

**CULITA** (conc. *kulīt*). Legume indiano — *Dolichos biflorus,* Linn. Come-o em papas a gente pobre, por ser barato, e dá-se ao gado.

1780. — «Tori **culita,** urida, pacolo, e gergelim». — *Collecção de Bandos,* I, p. 273.

1782. — «Outros dois legumes com os nomes de urida e **culita** vemos no paiz, similhante ao nosso joio, ou ervalhaca». — Fr. Clemente da Ressurreição, *Tratado,* II, p. 357.

1842. — «Grão, feijão, **culita,** urida, mugo, e nachinim, que se semeiam pelas encostas e pelos outeiros». — *Annaes Maritimos,* p. 269.

1846. — «Nachinim, urida, **culita,** tory». — F. N. Xavier, *O Gabinete Litterario,* I, p. 246.

1874. — «Votae, nomadas, que queimaes cada anno uma porção de matto, semeaes ali um pouco de naixinim e de **col-lita,** para fugirdes, finda a colheita, ante uma fiscalisação que vos rouba». — Tomás Ribeiro, *Jornadas*, I, p. 20.

1911. — «São frequentemente aproveitados para a colheita de nanchenim, **coolita,** pacol, oroi e outros cereaes». — José E. Castel Branco, *Bol. S. G. L.*, XXIX, p. 358.

*** CULNA.** Terreno alto susceptível de cultura, em Goa. Do conc. *kuḷṇ*, por corrução *kũyṇ*.

1840. — «A sobredita Sociedade possue tambem nesta divisão tres campos — **Culna** — Cumbarmolla — e Pimpormolla». — F. N. Xavier, *Collecção de Bandos*, I, p. XIX.

1905. — «... tendo-se apoderado de terrenos altos, **culnas,** que segundo a tradição tinham sido trazidos á cultura pelos colonos *roytos*... Entre os terrenos cultivados de cereaes e legumes em poder das communidades destacam-se quatro especies... os da cultura do arroz pelo systema de previa calcinação das **culnas**». — Ernesto Fernandes, *India Portugueza*, pp. 102 e 103.

*** CUM.** É a primeira parte do nome de Confúcio, *Kung-fú-tsz'*. V. *confucianismo*.

1605. — «Ate os estudantes nos temas e composiçoens dos exames, nam alleganam ja sentenças do **Cum** (que foy hum grande Philosopho, e Letrado antiquissimo da China, cuja doutrina seguem os letrados) mas as sentenças dos Pagodes». — P. Fernão Guerreiro, *Relaçam Annual*, fl. 74.

«Destas a mais antiga he a dos letrados, que conforme as suas historias começou com este imperio ha perto de quatro mil annos, no meio dos quais a reformou, e ordenou melhor, e illustrou com exemplo e doutrina d'hum Philosopho famosissimo seu, por nome **Cum**, o qual ainda que ensina a viuer conforme a rezam, e ditame do lume natural, tem cometido alguns erros crassissimos». — *Id.*, fl. 82.

*** CUMARA** (s. m.). Príncipe, infante, na Índia. Do sânsc. *kumāra*, corrente nas línguas modernas.

1687. — «O Bragmane com hum lençol nas mãos por diuisa, diante da porta gritou : **Cumara, Cumara,** que quer dizer Princepe». — P. Fernão de Queiroz, *Conquista de Ceylão*, p. 515.

«Reçeberão mais o Sacramento do Bautismo... athe 20 **camaras** (*sic*), que são os que tem parentesco com a casa do Rey». — *Id.*, p. 537.

*** CUMBULEM** (concani-mar. *kum'blem*). Arroz contribuído pelo rendeiro ao senhorio.

1787. — «Assim mais o dos palmares e vargens, em que tem 7 *Borás* de **cumbulem** de *bate* e arroz, e mais pensões de *Dessayado*». — *Apud* Júlio Biker, *Collecção de Tratados*, VIII, p. 255.

*** CUMBO.** Medida de capacidade para secos na Índia árica. Um *cumbo* contêm vinte *candis*, q. v. Usa-se mais o termo com relação ao *bate* e ao sal. Do conc. *kumbh*, sânsc. *kumbha*.

1732. — «Hum xerafim em cada **cumbo** de sal e meio xerafim em cada candil de arequa e cobra» (= copra). — *Assento* do concelho da fazenda de Goa.

1760. — «Obriguei a supplicante fazer provimento na dita praça de trinta **cumbos** de *bate* cada ano». — *Doc.* publicado no *Heraldo* de 1 de Dezembro de 1915.

1765. — «Importará a renda de 29 **cumbos** e 12 candis de bate que as aldeas de Siroddá e Velinga são obrigadas a pagar...». — Joaquim Soares, *Doc. Comprobativos*, p. 131.

1788. — «Por cada **cumbo** de Sal, quando desembarcar em terra, trinta e sete reis e meio». — *Collecção de Bandos*, I, p. 46.

1842. — «Batte (arroz em casca), 25 **cumbos**». — *Annaes Maritimos*, p. 376.

1886. — «A producção total do arroz no territorio de Goa, calcula-se, aproximadamente, em 14:742 **cumbos,** ou 47:174 kilolitros e 4 hectolitros». — Lopes Mendes, *A India Portugueza*, I, 47.

«Medidas de capacidade de seccos em Goa : o **cumbo** tem 20 candis, o candil 20 curós, o curo 2 pailis, o paili 4 pôris, o pôri ou medida 2 nactis, o nacti 2 ardnactis, o ardnacti 2 guirnactis, o guirnacti 2 solavens, o solavem 2 botes solavens». — *Id.*, p. 48.

1909. — «... por cada **cumbo** [de sal] de 23 candins, sendo o candil de 23 curós». — Amâncio Gracias, *Subsidios*, p. 148.

1916. — «Deve elevar-se a 15:000 **cumbos** ou 479:160 hectolitros annualmente». — *Heraldo*, de 4 de Abril.

1878. — «In 1729 the quantity of rice grown in the Ilhas, Salsette, and Bardez was 9,853 **khumbos** 16 khandis 17 kurós». — José Nicolau da Fonseca, *Sketch of Goa*, p. 27.

**CUMERIM** (indo-inglês *coomry*). Queimada, boucha, na Índia. O Conde de Ficalho afirma que havia queimadas nas charnecas da Beira e do Alemtejo (*Flora dos Lusiadas*, p. 22). Em Goa, o processo é mais praticado nas Novas Conquistas. Do conc. *kumerī*, can. *kumari*.

1780. — «Das sementeiras dos Montes chamadas **cumèry**, que he cortando, e queimando as arvores, ou matos». — *Collecção de Bandos*, I, p. 272.

1852. — «**Cumery, cumerim** — Sementeiras dos montes, que se faz cortando e queimando as arvores ou matto».—F. N. Xavier, *Bosquejo Historico*, IV, p. 6.

1872. «Do mesmo modo como em Portugal, na França, na Hespanha, na Saboia, etc., é na India, antiga usança fazer as queimadas (**cumerins**)». — Bernardo da Costa, *Manual do Agricultor*, I, p. 104.

1886. — «O prejudicialissimo systema de **cumerins** tem completamente arrazado as florestas, esterilisando ao mesmo tempo o terreno e o paiz». — Lopes Mendes, *A India Portugueza*, II, p. 10.

1890. — «Os **cumerins** são tambem licitados na communidade e a sua cultura consiste em derrubar e queimar as florestas e semear nas cinzas. Em todos os districtos britanicos á volta de Goa a cultura de **cumeri** está restringidissima e só se permitte aos sertanejos que ao presente não têm outros meios de vida». — António de Almeida Azevedo, *As Communidades de Goa*, p. 97.

1905. — «**Cumerim** é campo de cultura de legumes preparado com a dissipação da matta e adubado com cinza de arbustos do mesmo terreno». — Ernesto Fernandes, *Regimen do Sal*, etc., *Bol. S. G. L.*, XXIII, p. 256.

1909. — «. . . e pelo systema de queimadas (**cumerins**)». — Amâncio Gracias, *Subsidios*, p. 251.

1909. — «Ali se cultiva pelo processo de **cumerim**, processo que caracterisa a epocha pastoril». — Manuel Ferreira Viegas, *ibid.*, XXVII, p. 256.

1911. — «Tendo por unico adubo as cinzas obtidas pelo systema dos **cumerins** e dos *colvans*. No 1.º caso o adubo é fornecido pela queima de arvores completas existentes no terreno que se pretende cultivar». — José E. Castel Branco, *ibid.*, XXIX, p. 399.

1913. — «Passando agora á portaria que regulamentou a pratica dos **cumerins**, seja-nos permittido dizer que valia bem a pena de não coarctar a liberdade de **cumerins** nas propriedades particulares desde que estas observem as regras de aceiro de modo a evitar a propagação do fogo». — *O Ultramar*, de 7 de Abril.

* **CUNGAU** (tibetano *kyam-gön*). Grão lama de Lassa.

1607. — «E que o seu Padre Grande, a quem chamam **Cungao** tem mitra na cabeça, e que seu vestido, he a modo de casula». — P. Fernão Guerreiro, *Relaçam Annual*, fl. 168 *v*.

* **CUM-HÓ** (chin. *kun-hó*). Mandarim intendente dos rios, na China.

1729. — «Nesta cidade se achava o **Cum hó**, que he hum grande Mandarim, que governa os rios, e os andava naquelle tempo visitando». — *Apud* Júlio Biker, *Collecção de Tratados*, VI, p. 124.

* **CUNGUE** (chin. *kung*). Título chinês, correspondente ao de duque. V. *cungué*.

1866. — «Os imperadores tem constantemente honrado um dos descendentes do celebre philosopho chinez elevando-o á dignidade de **cong**, que talvez corresponda á dos nossos duques ou á dos antigos condes». — *Archivo Pittoresco*, IX, p. 402.

1853. — «Les chefs des états feudataires portant le titre de royaume (*koue*), n'ont chez ces mêmes historiens que le titre de princes ou ducs (**koung**)». — Pauthier, *Chine*, p. 151.

1853. — «En Chine, les **koûng** ou ducs étaient seigneurs d'un pays de dix lieues d'étendue; les *héou* (marquis), de sept lieues; les *pè* (comtes) de six lieues; les *tsèu* (vicomtes) et les *nân* (barons), de cinq lieues». — Bazin, *Chine Moderne*, p. 163.

* **CUNGUÉ** (jap. *kuge*). Nome da antiga nobreza, que fazia parte da côrte do micado; ministro ou conselheiro do *dairi* no antigo regimen. Os *cungués* atribuiam-se origem semidivina.

1560. — «Também dous **Cungés**, que sam mui principaes pessoas deste Reino, em dinidade, mais que ElRey de Bungo, ainda que nam em riquezas, vierão de noite a nossa casa ouuir a prêgação». — *Cartas de Japão*, I, fl. 70.

1567. — «Mandou com cartas suas este fidalgo christão ao Miáco pera os **Cunges** que sam os do conselho do *Vó*, em que lhes rogaua fallassem por mim a sua Alteza. . . respondeo hum dos **Cungès** principaes que por nenhum caso auia de falar por mim ao Daire». — *Ibid.*, fl. 241 *v*.

1571. — «Os **Cunges** que são senhores muito principaes, e do conselho do Dairy que he o Rei proprio de Japão, pedirão a Vatadono muito que ouuessem por bem concederlhes huns direitos». — *Ibid.*, fl. 313 *v*.

1577. — «Perfilhou lâ hum menino por nome Chicatàra, filho de hum **Cunguè**, que na honra são os principaes de Japão por seruirem imediatamente ao Dairî, que por direito he senhor de todos estes sessenta e seis reinos». — *Ibid.*, fl. 374.

1588. — «Assi a corte do Dairî, com todos os mais officiaes e **Cungès** que quanto a dignidade são senhores mui grandes, viuião mui pobres, e necessitados, sem se ter quasi conta com elles». — *Ibid.*, II, fl. 260 *v*.

1607. — «Viuia nesta cidade de Nangazaqui hũa neta sua filha de filha, cujo pay foi hum **Cunge** nobilissimo e dos principais que seruem imediatamente ao *Dairi* suprema cabeça de Iapam». — P. Fernão Guerreiro, *Relaçam Annual*, fl. 6.

1701. — «Os **Conges**, ou Conselheiros do Vô, regeytárão a offerta, por escrupulo de favorecerem hũa ley, que destruhia a sua». — P. Francisco de Sousa, *Oriente Conquistado*, II, IV, 1.

1749. — «O Dayri tem seus officiaes mayores, que se chamão **Congi**, os quaes tem por officio hirem por Commissarios por todo o Japão pacificar as differenças, que ordinariamente succedem entre os Reys, e Grandes do Imperio». — P. Crasset, *Hist. da Igreja do Japão*, I, p. 38.

1874. — «A nobreza japoneza era, e ainda hoje é, essencialmente repartida em tres classes: os *daimios*, os **kugés** parentes do mikado e analogos titulares, e os gentis-homens communs». — Pedro G. Mesnier, *O Japão*, p. 12.

«Os fidalgos assim agraciados [pelo micado] formavam uma classe altamente respeitada, entre os quaes figuravam em primeira linha os **kugés**, ou fidalgos com honras de parentes. Os conselhos d'estado e outros formavam-se d'esta gente, e posto que houvesse **kugés** muito pobres e miseraveis, como no Japão se não considera a pobreza nos nobres por vileza, eram sempre acatados estes altos dignitarios». — *Id.*, p. 19.

1897. — «Seguiam-se ao primeiro ministro, em ordem hierarchica, o *taico*, que distribue os titulos nobiliarios, e os demais nobres da côrte, os **kugés**». — Venceslau de Morais, *Dai-Nippon*, p. 24.

1674. — «Aun oy la familia de **Cunguis** entre ellos, cuelga de los calçones unas colas que imitan las de Crocodilos». — Faria e Sousa, *Asia Portuguesa*, II, p. 114.

1754. — «Toute la Cour de Dairy est composée de Personnes, qui se flattent de tirer comme lui leur origine du fils-aîné de Tensio-Dai-Dsin, le premier de Demi-Dieux et le chef de la seconde Dynastie; aussi regardent-ils tous les autres Hommes, comme font les Indiens de la Caste de Brama; ils les appellent tous indifféremment *Guges*, et prennent pour eux celui de **Kuges**». — P. de Charlevoix, *Hist. du Japon*, I, p. 142.

«C'est encore à lui à prononcer sur certains différents, qui surviennent entre les Grands; il y a pour cet effet un Conseil d'État, dont les Membres se nomment **Cungis**, ou **Cunis**». Nota: «Peut-être que ces noms sont les mêmes que celui de **uge** défiguré». — *Id.*, p. 148.

*** CUNIXU** (jap. *kunishu*). Fidalgo, grande proprietário.

1585. — «Desta vez que elrei e o principe se acharão em Funáy, onde se ajuntarão os regedores e **Cunixús**, que são somente as pessoas mais eminentes, e principaes de todo o reino, veo tambem este mancebo». — P. Luís Fróis, *Cartas de Japão*, II, fl. 141.

«Folgou o principe de o ver ir tam depressa, e disselhe mui depressa viestes, porque ainda não são chegados os outros **Cunixús**». — *Id.*, fl. 144 *v*.

1586. — «E como estes *Yacates* tem em seus reinos diversos *Tónos*, que são senhores a que chamão **Cunixûs**, facilmente se perturbão, e reuoluem huns com os outros... Este reino he muito grande, e tem mui grandes **Cunixûs** (que são mui poderosos e livres)». — *Id.*, fl. 188 *v*.

«... estando ainda sogeito a seu avô (que era *Ronjù* de Bungo, e a seu pai que era **Cunixû**, por lhe não ter ainda entregue a casa)». — *Id.*, fl. 219.

1749. — «Ha mais quatro especies de Nobres: a primeira de Reys Soberanos, chamados *Jacatas*; a segunda de *Tonos*, ou **Conixus**, que são os Duques, Condes, e Marquezes do Japão; a terceira de *Tonos*, que são como os nossos Barões». — P. Crasset, *Hist. da Igreja do Japão*, I, p. 41.

1589. — «... distribuants [os jacatas] le reste aux Ducs et Comtes qu'ils appellent **Cunixus** lesquels sont établis par le Roy qui peut à sa discretion leur donner ou oster leurs offices». — Linschoten, *Histoire*, p. 50.

1754. — «Chacun [jacata] avoit son Domaine particulier, qui excedoit toujours la moitié de son État, et partageoit le reste entre ses grands Vassaux, qui nos Relations appellent **Conikus**, et qui étoient obligés de lui faire service à proportion de Terres, qu'ils tenoient de lui». — P. de Charlevoix, *Hist. du Japon*, I, p. 153.

*** CUNQUOM** (chin. *kung-kuan*). Hotel ou aposentadoria, na China.

1729. — «Mas o Vice-Rey o demittiu de si, e o commetteu ao mesmo *Chifú*, a quem o Secretario buscou no dia e hora determinada no seu **Kum-kuen** e casa onde o recebeu com toda a cortezia». — *Apud* Júlio Biker, *Collecção de Tratados*, VI, p. 86.

«O Embaixador estava embarcado, e não acceitou hum **Kum-Kuon**, que lhe tinham para a sua aposentadoria». — *Ibid.*, p. 113.

«E conduziram tambem ao mesmo Embaixador para hum **Kum-kuon** ou caza de aposentadoria que lhe tinham preparado. Neste **Kum-kuon** nos demoramos varios dias». — *Ibid.*, p. 156.

1693. — «... de me loger dans les **Cong quan**, ou Hôtelleries publiques, où l'on a accoûtumé de loger les Officiers qui sont dépêchés de la Cour». — *Apud* P. Halde, *Description de la Chine*, I, p. 95.

* **CUNTO**. «A renda, ou fundo da communidade. *Item*. As tangas, e outras acções, cujos possuidores, por compra, e não por hypotheca, chamam-se **CUNTOCARES** ou *Interessados*». Filippe Néri Xavier, *Bosquejo Historico*, IV, p. 6. O vocábulo provêm do conc. *khunṭ*. V. *tanga*.

1618. — «Sobre se não venderem pelos *gancares* das aldeias as tangas de **cunto** pera fora da terra». — *Carta Régia*, in *Archivo*, V, p. 1387.

1632. — «E no que toca aos *jonos* e *tangas de* **cunto** de Portugueses, de que mandastes dar copia ás camaras geraes, se lhes verão seus requerimentos, e se lhes fará justiça». — *Carta Régia*, *ibid.*, 1398.

1720. — «Pagos os foros e mais contribuições feita rateação pelos ditos jonos e **cunto,** dando titulo de perda». — *Ibid.*, Supplemento, II, p. 252.

«Nas ditas Aldeas ha bens perpetuos, que se chamão *tangas de* **cunto,** que possuem as confrarias, viuvas, e forasteiros». — *Ibid.*, p. 263.

1727. — «**Cunto**. Termo da India Portugueza. Fazenda, que entra a ganhos e perdas, e tem certo numero. **Cunto** *de tangas de recamo*. Assim se chama na India o numero certo, que tem cada Aldea de tangas perpetuas, que entrão a ganhos, e perdas, e nelle se distribue todo o proveito da importancia das varzeas, tirados os foros, contribuição, e despesas... **Cunto** *de tangas de vanti*, tem annexos os palmares, e propriedades, que se chamão de *foro corrente*, e he tambem numero certo, e da mesma natureza perpetua». — Bluteau, *Supplemento*.

«**Cuntocares**... são os que possuem as tangas de **cunto,** sejão Gancares da Aldea, quer moradores de fora, mas sendo moradores não podem lançar por si nas varzeas, nem nas vigiadorias [1], e só podem fazer por boca do Gancar daquella Aldea». — *Id.*

1732. — «... pagando os foros, donativos, e outras contribuições repartir o sobro com os **Cunttocares** e Jonoeiros, os jonos e **cuntos**». — *Archivo*, V, p. 390.

1735.—«Succedendo vir alguma despesa extraordinaria para Meu Serviço, se distribuirá nos gancares, Culacharins, **Cuntocares** e se cobrará pelo mesmo Sacador». — *Regimento*, in *Collecção de Leis*, por F. N. Xavier (filho), p. XIV.

1885. — «O certo é que as alienações de tangas augmentaram o numero dos interessados estranhos (**cuntocares**), e desde esse tempo as pretensões d'estes e dos culacharins foram a origem de luctas tão curiosas como insistentes, entre elles e os gãocares».—Teixeira Guimarães, *As Communidades de Goa*, p. 29.

1906. — «D'autres [comunidades] comprenaient en outre les **cuntocares,** sans voix délibérative, c'est-à-dire, les obligataires ou porteurs de titre de la dette de Village». — Cristóvão Pinto, *Les Indigènes de l'Inde Portugaise*, p. 14.

* **CUNTO**. É tambêm a denominação de certos direitos que pagavam em Goa o tabaco e as embarcações. Do conc. *kunṭh*, «satisfação».

1776.—«Não entra neste arrendamento... a pensão chamada **cunto,** e seus annexos que as Embarcações mercantes costumavão pagar no tempo do Sunda naquella Fortaleza». — *Collecção de Bandos*, I, p. 16.

«De **cunto** *denem* [1], que são direitos de tabaco». — *Ibid.*, p. 17.

* **CUPA** (s. m.). Espécie de sal de Goa, descrito abaixo. Do concanimar. *kūpa*, «sebe, cercado».

1905. — «Ainda ha outra qualidade de sal, leve e finissimo, denominado **cupa,** destinado exclusivamente para o mercado de Bombaim. Este obtem-se fraccionando os taboleiros em pequenas subdivisões».— Ernesto Fernandes, *Regimen do Sal*, in *Bol. S. G. L.*, XXIII, p. 251.

**CUPÃO**. Pêso de ouro em Malaca. Do mal. *kūpang*.

1554. — «Hum maz 4 **cupões,** hum **cupão** 5 cunduryns». — António Nunes, *Lyvro dos Pesos*, p. 39.

* **CURA** (jap. *kura*). Armazêm, celeiro.

1573. — «Barrou Martinho as portas, e as janelas da nossa **curá,** enterrou mais algum fato no chão debaixo do altar». — P. Luís Fróis, *Cartas de Japão*, I, fl. 344 *v*.

«Pos alguns quatrocentos fardos de arroz nas **curas** destes Bonzos, que tomara da terra de Nobunanga». — *Id.*, fl. 349.

1854. — «Les magasins ordinaires portent le nom de **koura** ou *kioura*». — Jancigny, *Japon*, p. 44.

**CURCA** (ár. *kulka* ou *kalka*). Planta *Alocasia Indica*, Schott., *Arum Indi-*

---

[1] Ofício de vigiador. Não vejo o termo nos dicionários; talvez seja formação indiana, em correspondência à palavra conc. *terluca* (q. v.), mais usada actualmente.

[1] *Denêm*, em concani, quer dizer «acção de dar, pagamento».

*cum*, Roxb. Comem-se as raizes e a haste.

1563. — «SERVA. As **curcas** que de Cochim vieram, quer vossa mercê que lhos façam em caril com galinha, ou que as lance no carneiro? — ORTA. São huns grãos brancos, mayores que avellans, com casca e não tam redondos; sam brancos, e sabem como tubaras da terra cozidas; e ha as no Malavar, onde lhe chamão *chiviquilengas*, que quer dizer inhames pequenos». — Garcia da Orta, Col. XVIII.

1631. — «Prosper Alpinus libro suo, quem edidit de plantis Egypti, hanc **Culcas** ab incolis vocari ait, ipse Colocassiam vertit». — Bontius, *Hist. Naturalis*, p. 144.

1605. — «Aruenses et Bandenses nullum alium hujus arboris habent usum, quam quod fructus tam crudos quam siccatos piscibus adcoquant pro acido condimento, uti in Zeylana cum **Curcas** fit». — Rumphius, *Herbarium Amboinense*, (*Auctarium*), p. 56.

**CURCUMA.** É o nome scientífico do *açafrão da India* (q. v.) — *Curcuma longa*, Linn. Do ár. *kurkum* (persa *karkam*) < sânsc. *kuṅkuma*.

1563. — «E mais me fez cuidar isto ser verdade de ver o capitulo de fece [fezes] de **curcuma**». — Garcia da Orta, Col. XVIII.

1891. — «Esta droga... é mais geralmente designada pelo nome de **curcuma**, do persiano *kurkum*». — Conde de Ficalho, *ibid.*

1595. — «Nomen generale harum trium specierum Latinum est **Curcuma** et *Crocus Indicus*». — Rumphius, *Herbarium Amboinense*, VII, cap. 16.

1613. — «Dixeras antea, etiam **Curcumae** radicem incoqui cibis... Recte quidem et hanc radicem Garcias ab Orta vocat *Crocum Indicum*». — Bontius, *Hist. Naturalis*, p. 10.

1770. — «De *safran d'Inde* que les médecins appellent **Carcuma**...». — Raynal, *Histoire*, I, p. 305.

1786. — «Dal nome Samscrdamico *Cuncuma* fu corrotto **Curcuma** dagli Europei, i quali impiegano la radice di questa pianta di fogglie verdi e larghe per tingere in giallo». — Fra Paolino, *Viaggio*, p. 361.

* **CURO** (sing. *kūruva*, *kūru* em compostos). Recinto para apanhar elefantes, em Ceilão. O termo de que os portugueses mais usavam era *curral*, que se aproxima fonética e semânticamente do vocábulo singalês, e do qual os ingleses fizeram *corral* e os holandeses *kraal* [1]. V. *Influência*.

1687. — «Nas aldeas do **Curo**, a quem se obrigar a dar mais elefantes, e *aleas*, pagandolhos hum tanto preço, pelos que forem de mais, ou pagando eles em dobro o que lhe faltar no cabo de tres anos». — P. Fernão de Queiroz, *Conquista de Ceylão*, p. 883.

**CURÓ** (conc. *kuḍav*). Medida de capacidade para secos na India, vigésima parte de *candil*, equivalente proximamente a 8 litros.

1054. — «O *Parangue* que vier carregado de mantimentos, dará um **curó** da marca grande da medição». — *Placa* de Goa.

1842. — «Candil, 20 **curós; curó** 8 medidas; medida: 4 quartos». — *Annaes Maritimos*, p. 380.

1852. — «**Curó** — Medida de capacidade para solidos, e tem dois pailis». — F. N. Xavier, *Bosquejo Historico*, IV, p. 6.

1864. — «Ha terrenos, em que 4 medidas de semente dá um *candil*, ou um candil produz 1 *cumbo*. A conta destas medidas é como se segue — 1 cumbo tem 20 candins, 1 candil 20 **curós**, 1 **curó** 2 *pailis*, 1 paili 4 *medidas* ou *podís*. — 13 medidas ou podís equivalem a um alqueire de Lisboa». — Lopes Mendes, *Descripção do Coqueiro*, p. 43.

1886. — «Segue-se o *narcornim* ou escrivão administrativo, que recebe um **curó**». — Id., *A India Portugueza*, I, p. 58.

1901. — «Um outro desgraçado que lançou á terra um ou dois **curós** de legume, e porque a chuva escasseou, nada produziu, ou produziu muito pouco, o narcornim com o sipay á porta, exige o tal meio **curó**». — António de Almeida Azevedo, *As Communidades de Goa*, p. 86.

1905. — «Alfajão ou metiós (alforvas) a **curó** 9 réis». — Ernesto Fernandes, *Regimen do Sal*, etc., *Bol. S. G. L.*, XXIII, p. 283.

1912. — «Instituiu premios para cada **curó** de gafanhotos que fossem apanhados». — *Diario de Noticias*, de 20 de Outubro.

1917. — «Poupa anualmente, com igual resultado, 11 **curós** de semente sôbre os 36 que usava». — *O Ultramar*, de 7 de Junho.

1878. — «In 1720 the quantity of rice grown in the Ilhas, Salsette, and Bardes was 9,843 *khumbos* 16 *khandis* 17 **kurós**».

[1] «The *Keddahs*, or, as it is there called, the *corru* or *kohral* (from the portuguese *curral*, a «catle-pen») consists of but one enclosure instead of three». — Tennent, *Ceylon*, II, p. 843.

— José Nicolau da Fonseca, *Sketch of Goa*, p. 27.

**Curó.** V. *cuddó.*

**CURTARÊM** (conc. *kudtarém*). Jóia de três ou quatro enfiadas de peças de ouro, com que as mulheres hindus de Goa enfeitam a parte posterior da cabeça.

1874. — «Luziam-lhes nas infloradas cabeças os lavrados *chondracôres*, os finos *calianchipottis* e **curtarens**, cada qual a seu prazer». — Tomás Ribeiro, *Jornadas*, II, p. 104.

* **CURUJO** (ant.). Direitos especiais que os arménios pagavam na alfândega de Ormuz. Do persa-ár. *kharāj*, «imposto».

1612. — «Devia aver por bem escusar aos Armenios, que vão á fortaleza de Ormuz, de pagarem nella os direitos que se chamão **curujos**». — *Carta Régia*, in *Archivo*, VI, p. 909.

1612. — «Os annos passados me foi feito lembrança que devia haver por bem escusar aos armenios que vão á fortaleza de Ormuz, de pagarem n'ella os direitos que chamão **corujos**... pelo que vos encommendo m'o aviseis, e me envieis uma informação mui particular de quem paga estes direitos dos **curujos** e quanto e o que se deve pagar». — *Carta Régia*, in *Doc. da India*, II, p. 143.

1635. — «Pagavam na alfandega de Ormuz os armenios vassallos do Xá uns direitos, além dos reaes ordinarios, a que chamavam **curujos**». — António Bocarro, Déc. XIII, p. 82.

1590. — «Non pagai datio alcuno dell' uscita, eccetto una certa impositione detta **orugie**». — G. Balbi, *Viaggio*, fl. 55.

**CURUMBIM** (*curumbina*, f.). Indivíduo da casta sudra e agricultora na costa ocidental da Índia; agricultor. Do concani-mar. *kuṇbī*. Chama-se também *bāvḍī* como portador de *machila* (q. v.).

1563. — «E os Gentios são de muytas maneiras scilicet: os que lavram e semeam a terra para o arroz e outros legumes; estes chamam elles **curumbins** e nós lavradores». — Garcia da Orta, Col. LIV.

1615. — «Outros que lavram a terra, e lhe chamam **Culumbins**». — Pyrard de Laval, *Viagem*, I, p. 327.

1630. — «Os **Chorumbins**, que se quizerem fazer marinheiros, poderão ficar, e todos os mais deitem fora, porque para lavrar os outeiros bastão os **chorombins** christãos». — *Archivo Port.-Oriental*, V, p. 1397.

1635. — «E que se lhe pagasse conforme o rendimento das aldeas e na mesma moeda em que os foreiros arrecadavam dos seus **curumbins**». — Antonio Bocarro, Déc. XIII, p. 675.

1687. — «Fazião-nos acarretar *pingas*, e cargas à cabeça, oficio proprio dos que chamão **Curumbis**». — P. Fernão de Queiroz, *Conquista de Ceylão*, p. 846.

1715. — «Diz que se não pode fazer nas terras do Norte, porque fugirão os **Corombins**, que são os lavradores». — *Archivo*, Suppl. II, p. 29.

1728. — «E para mostra tem **curumbins** tão destros, que respondem, e fingem todas as circunstancias, que lhe perguntão». — *O Chronista de Tissuary*, I, p. 31.

1732. — «Que os **curumbins** *begarins boys* e outros de semelhante calidade pagarão na mesma forma meyo xerafim por cabeça, e os **curumbins** varzeiros hũ xerafim». — *Assento* do Conselho da fazenda de Goa.

1782. — «E ainda espalhal-as a beneficio publico pelas mãos dos **curumbins** cultivadores dos oiteiros». — Fr. Clemente da Ressurreição, *Tratado*, II, p. 354.

1886. — «Vêem-se no desenho que representa esta festividade, os **kulumbys** ou trabalhadores agricolas». — Lopes Mendes, *A India Portugueza*, I, p. 46.

1890. — «Os **curumbins**, que constituem o *stratum* mais antigo da população do paiz, conservam, ainda mesmo os christãos, um costume que justificaria, independentemente de outras provas, o lugar em que os colloquei». — António de Almeida Azevedo, *As Communidades de Goa*, p. 64.

1901. — «Provavelmente eram esses povos, pacificos e trabalhadores, um ramo da familia dos **curumbins**». — José Pinheiro, *Bol. S. G. L.*, XX.

1908. — «São graciosas em novas, mesmo com a fina belleza morena ou bronzeada dos Levantiscos e das raparigas sudras ou **curumbins**». — Alberto O. de Castro, *Flores de Coral*, p. 172.

1915. — «... umas tantas **curumbinas** com outros tantos *chardós*, algumas chardinas com alguns bramanes». — *O Ultramar*, de 21 de Outubro.

1915. — «A mulher **curumbina** ou da casta de **curumbis**, de Goa, cristã ou pagã, não veste o seu pano passando a parte dêle que se chama *paló* por sobre os ombros». — *Heraldo*, de 24 de Dezembro.

1589. — «Les Canarins et **Corumbins** sont ceux qui vacquent à l'agriculture et à la pescherie entre les Indiens, et qui entretiennent les palmes, d'Inde qui portent le *Cocos*». — Linschoten, *Histoire*, p. 77.

1658. — «Li secondi, che cultiuano legumi, ed altre cose di minor stima, **Corombini**». — Vincenzo Maria, *Viaggio*, p. 266.

1673. — «To which appertains Siam, manured by **Columbeens**, Husbandmen». — Fryer, *East India*, I, p. 174.

1750. — «Leurs [dos maratas] armées sont composées de laboureurs appellés **Corumbis**, qui sont obligés de consulter le tems de semailles et de la recolte pour se rendre chez eux». — Grose, *Voyage*, p. 115.

1884.—«Les **Kurumbaras** régnaient dans le Carnatic avant la fondation du Royaume de Chôla ou Sôja... Dans le Guzarat, le titre de **Kumbis** s'applique aux Sudras purs, quelle que soit leur occupation, mais principalement à ceux qui exercent l'agriculture». — Mgr. Laouenan, *Du Brahmanisme*, I, pp. 97 e 157.

*** CURVADI** (conc. *kuḷvāḍī*). Agricultor, lavrador.

1914. — «Muitos **curvadis** de Bicholim se queixaram de estarem demorados os casamentos dos seus filhos por causa das disposições do registo civil e não haver quem os informe do que ha que fazer». — *O Ultramar*, de 23 de Julho.

**CUSCÓ.** «Arvorêta da Índia portuguêsa». C. de Figueiredo. É bignoniácea *Sterospermum suaveolens*, Roxb. «A madeira é duravel e util para a construção de casas; attribuem-se propriedades tonicas á casca da raiz». D. G. Dalgado, *Flora*, p. 132.

*** CUSSAMBE.** É uma árvore da família das sapindáceas — *Schleichera trijuga*, Wild., também conhecida por «carvalho de Ceilão», *Ceylon oak* em inglês. Do conc. *kasīmb*. «A fructa é comestivel. A casca é adstringente. A madeira é muito duravel. O oleo extrahido da semente é recommendado como estimulante para o crescimento do cabello». D. G. Dalgado, *Flora*, p. 40.

1843. — «Preparam [em Timor] uma maior ou menor cama de folhas de um arbusto denominado *langudo*, e ainda melhor de umas arvores a que chamam **cussambe**, ambas conhecidas na India com os mesmos nomes». — *Annaes Maritimos* (parte official), p. 125.

1901. — «*Carvely, Cohral.* **Cossame**, *Cogdol*». — José Pinheiro, *Bol. S. G. L.*, XX, p. 33.

1908.— «The *Lac Tree*, **Kasumba**, or *Ceylon Oak*... The most valuable product of this tree is the Oil yielded by the seeds, which is used for culinary and lighting purposes, also as a hair-oil and in Native medicine». — Watt, *The Commercial Products*, p. 980.

**CUTÃO.** Os dicionários portugueses modernos não registam o significado aumentativo de *cotão*, «cota grande», que Morais menciona e abona com um passo do *Segundo Cerco de Diu* [1].

Há outro vocábulo homónimo, usado em indo-português, derivado do mal. *kūtang*, talvez relacionado com o persa *khaftan*, o qual significa «camisola, corpete, jaqueta». V. *Influência*.

1846. — «Especie de *baniana* ou **cutão** justo ao corpo». — F. N. Xavier, *O Gabinete Litterario*.

1849. — «**Cutão** ou Jaqueta ferrete com canhões escarlates». — Joaquim Soares, *Bosquejo das Possessões Portuguezas*, I, p. 81.

1915. — «... cobrindo o tronco com um corpete (**cotão**)». — *Heraldo*, de 23 de Dezembro.

«**CÚTTER**, m. Pequeno navio de um só mastro. Ingl. *cutter*». C. de Figueiredo. — É curiosa a história desta palavra. Os portugueses, quando chegaram ao Malabar, encontraram, entre outras embarcações indígenas, uma que provávelmente se chamaria *kātar* ou *katiri* (o segundo *a* surdo), de que fizeram *catur*. Os ingleses, por seu turno, quando visitaram a Índia, acharam o termo português muito vulgarizado, e adoptaram-no, representando-o fonèticamente o melhor que podiam pela sua notação *cutter* (leia-se *câṭṭar*). Posteriormente o vocábulo penetrou na marinha inglesa para designar um barco ligeiro, e passou à marinha portuguesa na mesma forma escrita, mas pronunciado à portuguesa! Os

---

[1] «E leuaua hũa roupa francesa de cotim auelutado forrado de cetim aleonado, e hũa gorra de veludo carmesim encima dhũa escofia de seda negra, e hũ gibão de veludo carmesim sobre hũ **cotão** do mesmo». — Castanheda, *Historia*, II, cap. 68.

«Francisco Barreto hia em hum cavalo dos que escaparam da peçonha em Sena, sempre armado em hum **cotão** grosso de malha». — P. Monclaio (1569), in *Bol. S. G. L.*, II, p. 550.

francêses fizeram de *cutter côtre*. V. *catur*.

1828. — «Captain Manning hoisted out one of his **cutters** with oars, besides the quarter-master and the midshipman who commanded, a handsome boat, and making, from the appearence of the men, and their discipline, a show little inferior to that of a man of war». — Heber, *Narrative*, I, p. 15.

*** CUTUDÊM** (ant.). Imposto sôbre o corte de lenha das matas públicas em certas partes das Novas Conquistas, origináriamente lançado pelo rei de Sundêm. Do conc. *khùṇtdém*, mar. *khuṇtaṇ*.

1788. — «Quando carregar em Candeapar, e Coddar, direito de lenha, hum xerafim e trinta reis... Chamado **Cutudem**, hum xerafim». — *Collecção de Bandos*, I, p. 53.

«O Rendeiro da dita Aldêa deve pagar á Communidade de Candeapar, se cortar a lenha, cada anno chamado **Cutdine** (*sic*) sete xerafins tres tangas e meia». — *Ibidem*.

# D

**DABÁ** (s. m. Indo-ingl. *dubber*). Vasilha de coiro para azeite ou manteiga, na Índia. Do persa *dabbāh*, hindust. *ḍabbā*, conc. *dābó* < sânsc. *dabaḍā*.

1552. — «A manteiga se vende por *mãos* [em Ormuz]... e vem em hũas Jarras de couro grandes, **dabaas** e pésa-se no *capão*[1], que he o peso da çidade, juntamente cada **dabaa**». — António Nunes, *Lyvro dos Pesos*, p. 23.

1840. — «O **dabá** de azeite de duas *mãos* e meia, equivalentes a dous almudes e oito canadas e meia...». — *Collecção de Bandos*, I, p. 194.

1842. — «**Dabá**: 2 mãos; mão: 2 *calões*, calão: 6 canadas». — *Annaes Maritimos*, p. 380.

1852. — «**Dabá** — Vaso de couro, proprio para azeite, com capacidade para conter 2 mãos». — F. N. Xavier, *Bosquejo Historico*.

1913. — «A provisão annua de oleo de côco era, em termo medio, de 66 **dabás**». — *Heraldo*, de 11 de Setembro.

1674. — «For did they not boil their Butter, it would be Rank, but after it has passed the Fire, they keep it in **Duppers** the year round». — Fryer, *East India*, I, p. 296.

[1] «Peso d'Ormuz ou casa onde se pesava (?)». Felner.

«**DABO**, m. (gir.) pai. (Or. ind.?)». C. de Figueiredo. As línguas indianas tem *dādā* e *bābā*, às vezes *bābū*, na mesma acepção.

*** DABU** (indo-ingl. *dub*). Moeda de cobre que corria em Damão e valia seis réis da convenção ou 32.ª parte de rupia. Do guz. *dhabbu* < tel. *dabbu*, «moeda equivalente a vinte *caixas*».

1832.—«Determino, que interinamente... corra nessa praça e em toda a jurisdicção de Damão o **dabu** pelo preço de dezoito réis, e o meio **Dabú** por nove réis, isto como moeda provincial». — In *O Oriente Portuguez*, XI, p. 77.

1880. — «Com o cunho maratha gira [em Damão] o **dabú** que vale 8 [deve ser 2] *siuray* ou 18 réis de Goa, o siuray ou 1/2 **dabù** que tem 3 *aricás* ou 9 réis de Goa e o aricá 1 1/2 réis». — Teixeira de Aragão, *Descripção das Moedas*, III, p. 102.

1900. — «1 *sêra* peza 16 **dabús** ou 26 rupias». — António Francisco Moniz, *Hist. de Damão*, I, p. 245.

«Foi mais ou menos n'essa occasião [1845] que appareceu no mercado a moeda *siuray* (3 reis) e **dabú** (meia tanga actual)». — *Id.*, p. 242.

1914. — «Os gentios empregavam o termo — **dabu** — como synonimo dum individuo pouco astuto e intelligente. Entre os christãos indigenas a seguinte e vulgarisada phrase — «Não vales um **dabu**!» — significa que o individuo não tem merecimento algum. Não correndo esta moeda presentemente, também vai desapparecendo o emprego do citado synonimo». — *O Oriente Portuguez*, XI, p. 79.

*** DACA**. Tamboril indiano. Do conc. *ḍakā*, marata-hindust. *ḍaṅkā*, < sânsc. *dhakkā*.

1697. — «... ao som de huma gayta, e de hum tambiril pequeno, a que os paysanos chamão **daca**». — P. Francisco de Sousa, *Oriente Conquistado*, I, II, 1.

*** DAÇARUM**. Medida de Damão, equivalente a dez *ceiras*, como indica o nome. Do guz. *daxaxerī* ou *daxaxero*.

1900. — «Uma rupia por um **daçarum** (10 ceiras) do *dobrado* (q. v.)». — António F. Moniz, *Hist. de Damão*, I, p. 177.

**DACHÊM** (ingl. *dotchin*). Grande balança chinesa de aço à romana. Do mal. *daching* < chin. *tá-ching*.

Em javanês, *daching* é pêso de cem *cates*. *Dachem* é em alguns nossos escritores o nome de *Achêm*. António Nunes menciona o *baar* do grande *Dachem* e o *baar* do pequeno *Dachem*; e Yule diz que lhe ocorreu algumas vezes que êsse nome próprio podia ser o étimo de *dachêm* «balança». V. *achêm* e *Glossary*.

1532. — «E para yso logo ordenara **dachim** pera pesar as dictas drogas o qual **dachim** tinha de peso per quintaes de Portugal dezaseis arrobas e tantos arrateis». — *Apud* Júlio Biker, *Collecção de Tratados*, I, p. 61.

1552. — «Mas tambem Gonçalo pereyra atalhou a isto, com mandar apregoar sob certa pena que toda pessoa que tiuesse **dachen** em sua casa, que assi chamam ao peso com que pesam ho crauo, ho leuassem ao feytor Luis dandrade pera ho quebrar e queimar. E todos os **dachens** forão leuados a luis dandrade que os quebrou e queimou». — Castanheda, *Historia*, VIII, cap. 24.

1680. — «Estes [pães] de prata cortam com talhadeiras de asso, e dividem em pedaços, mayores, ou menores, conforme o preço, e a valia do que comprão; e se pezão em balança, a que chamão **dáchém**». — Fr. Jacinto de Deus, *Vergel*, p. 205.

1903. — «Em Macau chama se indistintamente às balanças de differentes especies **daching**; mas convem distinguir que ás balanças propriamente ou de braços eguaes chamam os chins *tien-ping*... e á balança romana *toh-ching* (pesar) d'onde deriva a palavra *datchin*, e que é de uso geral nos mercados, lojas, etc.». — *Ta-ssi-yang-kuó*, II, IV, 5.

1582. — «Tutti i pesi, con che si pesa ogni sorte de mercantia sono, e si reggono per il peso di **Dachien**, il quale è un peso à modo di statera di Venetia, che in loro linguaggio si chiama *fusto*, & è di più sorti, perchè alcuno è di ferro, altri sono di ottone, & altri di legno, e in cambio di auer le sue catene per legare la robba, hanno una tauola grande, e piccola, secondo la statera, & la quantità di robba». — G. Balbi, *Viaggio*, fl. 112 *v*.

1836. — «Le peson (**dachin**) viendrait de la Chine par la même raison, ainsi que le *kati* et le *pikle*, qui sont également des dénominations chinoises». — Rienzi, *Océanie*, I, p. 67.

**DACMA** (s. m. e f.). É uma construção circular, em forma de tôrre, na qual os cadáveres dos parses, sectários de Zoroastro, são expostos à voracidade dos abutres. Do avéstico *dakhma*, relacionado com a raiz sânsc. *dah*, «queimar». Denomina-se também «tôrre de silêncio».

1873. — «O parse, sobre a *torre de selencio*, num amplo taboleiro circular, de bronze, ou lageado de marmore ou granito, com covas pouco fundas, e de tamanhos diversos, expõe os cadaveres ás aves carnivoras; poucos dias depois restam sómente os ossos, que a familia guarda como quer». — Tomás Ribeiro, *Jornadas*, I, p. 375.

1883. — «É alli no alto da colina que está situada a *Torre de Silencio*, ou o **Dakma** dos parses». — Adolfo Loureiro, *No Oriente*, I, p. 168.

1895. — «Ao lado fica a *torre do Silencio*» (em Adem). — Conde de Arnoso, *Jornadas pelo Mundo*, p. 50.

1898. — «As **dakmas**, ou *torres de silencio* são... umas construcções circulares, destinadas a receber os cadaveres dos parses, que seguiram a religião de Zoroastro». — Oliveira Mascarenhas, *Atravez dos Mares*, p. 52.

1906. — «... tendo ainda assim tempo para ir á *Torre do Silencio*, **Dakmas**, que se levanta no alto da montanha de Malabar, no meio de lindos jardins». — Hipácio de Brion, *Duas Mil Leguas*, p. 75.

1917. — «A *Torre de Silencio* representa para os sectarios de Zoroastro o que o cemiterio é para os cristãos». — *Heraldo*, de 29 de Maio.

1879. — «The existence of the rites of burial among the ancient Persians, before the practice of exposing the dead was adopted and made a religious duty of all Zoroastrians, appears to be further confirmed by the word **dakhma**, now applied to the so called «Tower of Silence», and in the Zend Avesta to tombs or sepulchres». — Gerson da Cunha, *The Journal, B. B. R. A. S.*, IV, p. 11.

1916. — «... and contains some illustrations, two of them being the different plans of the **Dakma** or the *Tower of Silence* as it is often called». — *The Modern Review*, de Setembro.

* **DÁGABA**. Santuário búdico em forma de cúpula, que de ordinário encerra alguma relíquia de Buda, como sugere o nome. O vocábulo aparece em várias línguas europeias: *dagaba* em francês, *dagoba* em inglês, *Dagap* em alemão. É do sing. *dāgaba* < páli *dhātugabbha* < sânsc. *dhātugarbha*. V. *Glossary*.

1837. — «Neste templo ha varias edificações quadradas antes de entrar na principal; na passagem daquellas para esta ha duas grandes moles de pedras com cupulas esphericas, chamadas **dhagopes**,

**as quaes indicam ser o templo consagrado a Budda».** — *O Panorama*, de 8 de Julho.

1902 — «É coroada por uma cupula de 52 pés de diametro, cercada de 16 cupulas mais pequenas, e erguida sobre tres estrados mais baixos, limitados por 72 pequenos **dagabas**, sendo o todo coroado por um **dagaba** grande». — *Ta-ssi-yang-kuó*, II, III, 5.

1907. — «Mesmo os **dagobás** ou *dagops* do sul da India, os pagodes drávidas, com o seu *vimana*, ou santuario quadrangular, o seu *mandapam* ou vestibulo com columnatas, os seus *gopurás*, ou portas monumentaes de altos frontões em pyramide... são das proximidades do millenio christão». — *O Oriente Português*, IV, 21.

1860. — «A **dagaba** (from *datu*, a relic, and *gabbam*, a shrine) is a monument raised to preserve one of the relics of Gotama». — Tennent, *Ceylon*, I, p. 345.

1900. — «Ceux qui recèlent le sanctuaire forment quelque chose comme une réunion de monstres couchés, et le plus gros porte la **dagaba** indicatrice (le clocher bouddhique)». — Pierre Loti, *L'Inde*, p. 22.

1913. — «The earliest and most graceful of the mighty **dagobas** of the island was erected as a receptacle for the first of the two» (reliquias). — P. E. Pieris, *Ceylon*, I, p. 4.

* **DAIA** (indo-ingl. *daye, dhye*). Parteira; curandeira. É corrente em ásio-português. Do persa *dāyah*, hindust. *dāī* < sânsc. *dhātrī*, «ama».

1563. — «Aquillo que se gasta na terra em salada e em mezinhas da gente indiana, principalmente da que vem de Java, que sam as parteiras (a que chamão **daias**) e tem o officio de fisicos». — Garcia da Orta, Col. XXIV.

1567. — «Nenhuma christã em seu parto chame **daya** infiel». — Primeiro Concílio de Goa, in *Archivo*, IV, p. 25.

1613. — «A mor parte são **Dayas**, phisicas molheres excelentes erbolaryas, aprendices das escholas de Java mayor». — Manuel G. de Erédia, *Declaraçam de Malaca*, fl. 37.

1884. — «As mulheres que assistem aos partos e que entre nós se chamam parteiras, denominam-se no dialecto tetu *atahooan* ou **daias**». — José Vaquinhas, *Timor*, in *Bol. S. G. L.*, IV, p. 484.

1908. — «É certo que em galóli a palavra **Daia**, parteira, é puramente de Goa... Pelo menos é em galoli que encontro maior numero de palavras do português de Goa». — Alberto O. de Castro, *Flores de Coral*, pp. 173 e 175.

1914. — «A generosa cruzada de educação e instrucção das **daias**, que constituem um grave mal social da India retrógrada, prosegue sem desfallecimentos». — *O Ultramar*, de 18 de Maio.

1917. — «... ou ainda pela impericia das **daias** (parteiras) dentro de 10 anos de casamento». — *Heraldo*, de 17 de Janeiro.

1578. — «Vna partera o comadre, a que ellos llaman **Daya** vi vsar de este fructo [*carambola*] seco em poluo, con hojas de Betele, para expelir las Secundinas del parto». — Cristóvão da Costa, *Tractado*, p. 255.

1589. — «... et en ceste sorte en usent leurs sagefemmes qu'ils appellent **Dayas**». — Linschoten, *Histoire*, p. 136.

1610. — «Otros medicos differentes tienen los Parsios que son Mugeres, à que per nombre comun dizen, **Dayah**, estas curan mugeres y niños, y está tan introduzido, que raras vezes se llama para ellos otro medico». — Pedro Teixeira, *Relaciones*, p. 179.

* **DAIBUT**. Grande estátua de Buda. Do jap. *daibutsu*, lit. «grande Buda».

1584. — «Ha tambem hũa estatua de Xáca que chamão **Daibút**, que quer dizer o grão pagode; tem hũa estatua increiuel, porque com estar assentado sobre huns golfãos, como estão commummente os pagodes: he tão alto como hũa grande aruore, e hum dedo tamanho como hum homem». — P. Lourenço Mexia, *Cartas de Japão*, II, fl. 125.

1586. — «Puramente para adquirir grande nome, manda fazer o **Daibut** da cidade de Nara». — *Ibid.*, fl. 175 *v.*

1588. — «A terceira inuenção foi tornar a edificar o **Daybut**, que he hũa obra de hum idolo com hum grande convento de Bonzos que os reis antigos quando erão senhores vniuersaes do Japão, edificarão com grande magnificencia, e immenso culto na cidade de Nara». — P. Gaspar Coelho, *ibid.*, fl. 259 *v.*

1602. — «Auia aqui hum *Fotoque* ou Idolo de *Xaqua* famosissimo em todos estes Reynos chamado **Daybut**, que quer dizer Fotoque grande, porque era de admirauel, e estranha grandeza». — P. Fernão Guerreiro, *Relaçam Annual*, fl. 54.

1608. — «Aqui está ainda hum *Fotoque* de bronze de estranha grandeza, como aquelle de Meaco chamado **Daibut** posto em hum campo a chuua e sol». — *Id.*, fl. 1200.

1749. — «Em hum destes templos, chamado o Grão **Daybut**, se via hum idolo de bronze todo coberto de ouro; mas de huma tão desmedida grandeza, que hum grande pavão posto sobre a sua cabeça, não parece mais que hum passarinho, a quem chega aos pés do idolo. Esta he a figura de Xaca». — P. Crasset, *Hist. da Igreja do Japão*, I, p. 78.

1874. — «Este é um **dai-budhs** (grande budha) mas comtudo mui inferior em di-

mensões, ao **dai-budhs** de Kamakura». — Pedro Mesnier, *O Japão*, p. 233.
1854. — «On peut voir dans Klaproth... une description minutieuse de la statue colossale de Bouddha dans le temple de **Daibut**». — Janeigny, *Japon*, p. 95.

* **DAIGI** (s. m.). Esta palavra ocorre repetidas vezes em um edital da Inquisição de Goa, de 14 de Abril de 1736, relativo aos casamentos dos cristãos indígenas. O vocábulo é o concani-mar. *dāyjī* < sânsc. *dāyāda*, e quere dizer «herdeiro» (de *dāya*, «herança»), e por extensão, parente por varonia. Tais parentes, embora remotos, tem certas regalias, particularmente se forem mais velhos, por occasião dos casamentos e outras funções solenes dos seus agnados.

As disposições do edital, como tantas outras semelhantes, não surtiram efeito, e os costumes, que nada tinham de heterodoxo, ainda vigoram no povo [1].

1736. — «Quando ajustarem seus casamentos, e entregarem os dotes, e lançarem as prendas, não convidem aos parentes, assim homens, como mulheres, do noivo, e noiva, a que costumam chamar **Daigis** ou *Gotris* [maiorais da família] para assistirem nas ditas funcções... Que nas funcções dos seus casamentos... não mandem, da casa do noivo, ou da casa da noiva, *saguate* algum de *fullas, betle, areca, fugueos*, ou de qualquer das ditas cousas, a casa dos seus **Daigis** ou Gotris, e seus parentes... Não sejam nas ditas casas recebidos pelos parentes e **Daigis** da noiva ou noivo... nem os parentes ou **Daigis** da noiva ou noivo lancem fullas sobre os noivos, e hospedes, que os acompanharem, nem os borrifem com agua cheirosa». — *Apud* Lopes Mendes, I, pp. 250-252.
1917. — «Verificar a que casta pertencem os **daijis** hindus (descendentes do mesmo tronco, por tradição) — eis o que exige o método rigoroso de investigação. Ora familias *chardós* teem por **daijis**

[1] «Contra estas e muitas outras leis de absurda intolerancia, emanadas de *Orlem-Gôr* ou palacio da inquisição, os indigenas das classes principaes oppuzeram sempre resistencia invencivel e triumpharam, porque o seu desenvolvimento intellectual e moral offerecia maior somma de energia do que o dos conquistadores europeus». — Lopes Mendes, *A India Portugueza*, I, p. 260.

maratas ou vanis». — *Heraldo*, de 2 de Agosto.

* **DAIM.** Leite coalhado e azedado. Do conc. *dahīm* < sânsc. *dadhi*. É muito usado na Índia entre os hindus, e era outrora também entre os cristãos de Goa.

1614. — «Mandou trazer muito leite azedado, a que chamam **Daim**, e muito vinagre». — Diogo do Couto, Déc. X, IX, 5.
1697. — «**Daim**, iguaria ordinaria destes paysanos, he leyte coalhado. Aquentão o leyte ao fogo até engrossar, e depois de esfriar lhe lanção hum pouco de sumo de limão, ou qualquer outro licor azedo, e o deyxão coalhar, e fica feyto o **daim**, que he muito fresco e de bom gosto, e depois o comem de mistura com o arroz, ou só por si, como quem come coalhada. Depois de hum dia logo azeda, e gostão então mais delle os naturaes, que são inclinados ao azedo». — P. Francisco de Sousa, *Oriente Conquistado*, I, IV, 1.
1886. — «Os *goulys* não fazem uso de *louny*; preferem antes o **daim** e a *tac*, que é uma especie de requeijão muito acidulo, a que addicionam uma porção de leite coalhado de fresco, algum sal de cozinha, e folhas de betle». — Lopes Mendes, *A India Portugueza*, II, p. 240.
1668. — «... d'une pochette de toile avec son petit crochet de fer pour faire égouter et conserver du **days** ou lait caillé». — Bernier, *Voyages*, II, p. 193.
1660. — «**Dain**. Latte agro». — Mgr. Sebastiani, *Seconda Spedizione*, p. 149.
1689. — «**Dye** is a particular innocent kind of Diet, fed upon by the Indians for the most part about Noon. It is sweet Milk turn'd thick, mix'd with boiled Rice and Sugar, and is very effective against the Rage of Fevers and of Fluxes». — Ovington, *A Voyage to Suratt*, p. 310.

**DÁIMIO daimió** (jap. *daimyō: dai*, «grande», *myō*, «excelente»). Senhor feudal no Japão, por outro nome *jacata*, q. v. * **DAIMIATO.** Território de um dáimio. * **DAIMIAL.** Relativo ao dáimio. V. Gonçalves Viana, *Apostilas*.

1585. — «Em as partes de Miaco ha hi tres maneiras de fidalgos, os primeiros se chamão **Daimeós**, que são como Condes ou Marquezes... Foi nosso Senhor servido de mover hum dos principaes que tem». — P. Luís Fróis, *Cartas de Japão*, II, fl. 153.
1874. — «Esta palavra [kuó] tambem se applica aos **daimiatos** sujeitos ao suzerano, assim a ilha Sikok, *quatro reinos*, continha quatro **daimiatos**». — Pedro Mesnier, *O Japão*, p. 6.
«A nobreza japoneza era, e ainda hoje

é, essencialmente repartida em tres classes: os **daimios**, os *kugés* parentes do micado e analogos titulares, e os gentis homens communs. Conservamos a ortografia ingleza e franceza, por estar já consagrada, porém deve-se pronunciar como se estivesse escripto *daimiou* com acento no *ou*». — *Id.*, p. 12.

«Os *samourais* habitavam nos recintos da côrte **daimial** ou nas casas que por ventura possuiam». — *Id.*, p. 15.

«A Luiz de Almeida se deve a creação de grande numero de estabelecimentos portuguezes nas costas meridionaes do Japão, e elle era tão estimado e querido de todos os **daimios** do sul que obtinha tudo quanto desejava d'esses senhores». — *Id.*, p. 65.

1897. — «São os **daimios** os senhores feudaes dos innumeros retalhos em que se subdivide o estado». — Venceslau de Morais, *Day-Nippon*, p. 25.

«Té ao sul do imperio, ás praias do Kagoshima, capital do **daimiato** de Satsuma». — *Id.*, p. 28.

1902. — «Em uma das grandes expedições enviadas pelo Japão á conquista da Coréa iam alguns principes ou **daimios**, que estavam já no gremio da egreja catholica e usavam nomes portuguezes». — *Ta-ssi-yang-kuó*, II, III, 5.

1854. — «Les princes, en japonais *kok'-siou* ou *seigneur de la terre*, se divisent en deux classes: **daïmiou** ou *daimiô* (très-fort honorés) qui relèvent directement du *micado*, et les *saïmiou* (très-honorés), qui relèvent du *siogoun*». — Jancigny, *Japon*, p. 114.

1915. — «The Krupp gun and quick-firers have come to displace the picturesque weapons of the ancient **daimio**». — *The Times of India Illustrated Weekly*, de 2 de Junho.

* **DAINICHI** (jap. *dainichi*). Uma das seitas búdicas do Japão.

1562. — «Desta cabeça sayo hua seyta chamada **Daynichi**, que adora tres em hum só, que elles tomão pela materia prima». — P. Baltazar Gago, *Cartas de Japão*, I, fl. 99 *v*.

1916. — «Among such studies that of the iconography of **Dainichi** Buddhism is the most interesting and profitable». — *The Modern Review*, de Junho.

* **DAIQUIÃO** (jap. *dai-kuan*). Administrador-agente do *xogum*.

1585. — «A Riuza tem feito **Daiquião** de quatorze mil fardos de Chingucho em Cavâche». — P. Gregório de Céspides, *Cartas de Japão*, II, fl. 167 *v*.

**DAIRE, dairi.** Antigo imperador do Japão, que tão sómente tinha o poder espiritual e honras majestáticas, sendo esbulhado do temporal pelo *cubo* ou chefe do exército, que o exercia aparentemente em seu nome, do mesmo modo que o *chua* (q. v.) em Aname. Do jap. *dairi*, «palácio imperial, *micado* (q. v.), agente». V. *ó*.

1564. — «He esta ilha de Japão partida em sessenta e seis reinos, em tempos passados todos obedecião a hum senhor a que chamão **Dayri**, este senhor tinha deixado do seu mando hum capitão mór do campo por nome *Cubô*, vierão a desauir-se entre si, de modo que o capitão mór possuia tudo, e o principal Senhor nam era obedecido». — P. Gaspar Vilela, *Cartas de Japão*, I, fl. 143.

1566. — «Trabalhamos muito o padre e eu por ver se podiamos auer do **Dayri**, que he Rei e senhor absoluto de todo o Japão, mas de ninguem obedecido, antes está em seus paços como pagode, donde nunca sae». — P. Luís Fróis, *ibid.*, fl. 208.

1586. — «Era Japão todo primeiro de hum senhor vniuersal que chamão **Dairi**, mas de quinhentos annos a esta parte se trauarão as guerras de tal maneira entre dous seus principaes gouernadores, que tinhão repartido toda a administração do gouerno de Japão, e o **Dairi** ficou de todo desapossado, não lhe ficando mais que a sombra e o nome». — *Id.*, II, fl. 188 *v*.

1608. — «Foi esta forma de agasalhado, recebimento de muita honra, e que o Cubo não costuma fazer senão a certos parentes mui chegados do **Dairi** que he o Rey natural de Japam». — P. Fernão Guerreiro, *Relaçam*, fl. 193.

1635. — «Outros que não eram os seus **Daires**, que é como entre nós o Papa, porque este presidia a todos os mais senhores do Japão, e então se chamavam estes *tonos* reis. Foi-se o *Combaco* e assentou praça de soldado com um tono d'estes, ao qual servindo o foi acompanhar aos paços do **Daire**, para elegerem presidente, ou quasi imperador, como era costume fazerem ao mesmo **Daire**». — António Bocarro, Déc. XIII, p. 738.

1640. — «Les Chroniques du Japon rapportent que le païs estoit gouuerné il y a cent ans par vn prince nommé **Dairo** qui y commandoit par droit de succession, que les peuples le reconnoissoient pour leur souverain, et qu'ils l'aimoient en opinion de sainteté». — *Relation de Japon*, p. 12.

«Tous les Prestres reconnoissent pour superieur le grand **Daïro** qui est dans la mesme estime parmi eux que le Pape l'est entre les Catholiques». — *Ibid.*, p. 23.

1676. — «Le grand **Daïry** fait sa demeure à Meaco: cette Ville est aussi fort grande, et contient plus de cent mille maisons; c'ètoit autrefois la capitale de l'Empire, lors que les **Daïry** en furent depouïllez... En effet, l'Empire, leur appartient par droit de succession; mais ils n'en ont conservé qu'un titre honorable». — Tavernier, *Voyages*. v, p. 4.

1754. — «Les principaux [titres] sont *Vo*, ou *Oo Dai*, qui signifie la Race élevée, *Tai ten-Sin, Mikado, Dao*, ou **Dairy,** qui veulent dire le Fils du Ciel, Empereur, Prince Grand, ou Seigneur».— P. de Charlevoix, *Hist. du Japon*, I, p. 139.

1770. — «Le grand prêtre de cette religion, sous le nom de **Daire,** gouvernoit le Japon». — Raynal, *Histoire*, I, p. 102.

1854. — «... par le titre de *kouho* ou d'empereur civil, le distinguant aussi d'un autre prince qu'ils ont appelé **daïri** ou *empereur ecclésiastique*». — Jancigny, *Japon*, p. 29.

* **DAITAN.** Contribuição de *bate* para o Estado, na Índia. O mar. *dāytem*, que é o étimo, significa simplesmente «o devido».

1781. — «Isentar o *Batte* que se cobrava no tempo do honrado *Sar-Dessai* a titulo de **Daitan** (provimento da Praça)». — *Collecção de Bandos*, I, p. 29.

* **DÁITIA** (s. m.; sânsc. *daitya*). Corresponde na mitologia bramânica a *titan* ou *titão* da grega; demónio, génio mau.

1857. — «A nossa pequena estampa representa uma das multiplicadas cathegorias dos genios malignos da India, os **Daitias**. Estes genios eram filhos da noite [de Diti], e andavam colligados com os *Açouras* [*Assuras*], isto é, privados de *Soura* [sura] ou *Amrita*, a bebida da immortalidade, licor delicioso em que se transformou [que se achou] o mar *Lait* [no mar de leite], promovendo continuas guerras entre [contra] os genios bons». — *Archivo Pittoresco*, I, p. 108.

* **DAIUZ.** Em japonês *dai-uso* quere dizer «grande mentira». S. Francisco Xavier e os primeiros missionários serviam-se da palavra portuguesa *Deus* nas suas prègações para se evitar confusão com as divindades da terra; e os bonzos, fazendo jôgo de palavras, diziam ao povo que *Deus* e *dai-uso* eram o mesmo.

1600. — «Se o Deos que pregam he **Dayuz** como o não descobris? (Val **Dayuz** em Iapam tanto como, famosa mentira, por onde ajudandose os blasfemos da semelhança das palavras pregauam ao pouo, que o mesmo era Deos, e **Dayuz**)». — P. João Lucena, *Historia*, VIII, cap. 1.

1549. — «Dei quoque nomen cavillantes interpretabantur, [Deum nihil aliud esse, nisi **Dajum,** quod verbum ipsorum lingua mendacium significat». — S. Francisco Xavier, *Epist.*, lib. IV, 2.

«**DAL,** m. Cêsto de bambu, com que os índios medem os cereaes. (Do conc.)». C. de Figueiredo. Não é sómente para medir cereais que se usa o *dal* (conc. *dāl*), mas também para transportar à cabeça quaisquer objectos miúdos. Diz-se também *dalêm* no singular, *dalins* no plural, do conc. *dālém*, *dālīm*.

1864. — «Em seguida o *gãocar* colloca um côco no centro da eira, e com um **dal,** que é um cesto de bambú, vai medindo e lançando o *batte* em cima do côco, e ao mesmo tempo avaliando o numero de *curós* que produziu o arrozal». — Lopes Mendes, *Apontamentos sobre a Provincia de Satary*.

1917. — «É preciso que os hemisferios sejam, logo após a quebra, postos nos cestos ou **dalins**, com a amendoa virada para baixo. — *O Ultramar*, de 26 de Março.

**DALACA.** «Barca grande, lada, e rasa». Bluteau. É tirado de João de Barros, como também o faz Faria e Sousa. Parece que o vocábulo provêm do nome duma ilha do estreito do Mar Vermelho [1].

1546. — «Eu tenho mandado recolher **talacas** (*sic*), fustas, e *catures*, que se acharem em toda a costa da India». — *Carta* de D. João de Castro, no *Panorama*, IX, p. 73.

1570. — «Concertando que fossem contra el Rey de Gisaira, se fez prestes de Basçorá em espaço de quinze dias, e partio com duzentas **dalacas,** que são hũas barcas grandes, ladas, e rasas em que levou cinco mil homens de pé». — Déc. IV, III. 14.

1666. — «Partió el de Baszorá com dozientas **dalacas**, ò barcaças, y cinco mil hombres en ellas». — *Asia Portuguesa*, I, p. 271.

* **DALI** (s. m.). Bandeja de bambu, açafate, condeça, em Goa; (fig.) presente que se envia em tais bandejas. Neste último sentido, emprega-se o termo em indo-inglês. Do conc. *dālī*, marata-hindust. *ḍālī*.

---

[1] «Hindo mais ha ho diante passando este lugar, ha ho longo da costa, esta outra dos Mouros que chamaom *Dalaqua*, que tambêm he porto de maar». Duarte Barbosa, *Livro*, p. 243.

1736. — «Não ponham em algum **daly**, *supo*, panella ou outro qualquer lugar, arroz, legumes, cocos, betele, areca ou outra qualquer cousa comestivel». — *Edital* da Inquisição de Goa, *apud* Lopes Mendes, *A India Portugueza*, I, p. 255.

1866. — «Cestinhos de diversos feitios (**dallos**) [plural concani] para os mesmos [meninos] levarem flores na referida novena». — F. N. Xavier, *Descripção do Coqueiro*, p. 13.

1822. — «I learn that in Madras **dallies** are restricted to a single gilded orange or lime, or to a tiny sugar pagoda». — In *Glossary*.

**DAMA, damo** (hindust. *dām*). Pequena moeda de cobre, de valor vário, que antigamente corria em diversas partes da Índia. Barbosa menciona com o mesmo nome uma moeda de prata do Narsinga.

1516. — «Ha outra moeda de prata que chamaom **dama**, que val vinte rs.» (em Baticalá).—Duarte Barbosa, *Livro*, p. 293.

1840. — «Duas são as especies de Pagodes Sannury e Nixany... Os primeiros são divididos em seis fracções — Pagode — Pratapa — **Damo** — Pagó — Visvo — Cannó. De 4 cannós se compõe hum Visvo; de 4 Visvos um Pagó; de 4 Pagós hum **Damo**, de 5 **Damos** hum Pratap, e de 2 Pratapos hum Pagode, que equivale a seis xerafins, 4 tangas, e 30 reis». —F. N. Xavier, *Collecção de Bandos*, I, p. 269.

1880. — Nas Novas Conquistas ainda se conservam os **dramos**, fazendo 5 um *pratap*, 2 prataps um *pagode nixany* (no valor de 6 tangas), havendo tambem o pagode *saunoy*, equivalente a 3 xerafins e 2½ tangas». — Teixeira de Aragão, *Descripção das Moedas*, III, p. 95.

**DAMANE, damni** (conc. *dhāman*). É uma árvore de madeira da Índia — *Grewia tiliaefolia*, Vahl.

1886. — «**Damni**... é mais commum que a *damborá*, a qual substitue com menos vantagem». — Lopes Mendes, *A India Portugueza*, II, p. 248.

**DAMAR** (*dammer* em indo-ingl.). Substância resinosa que exsuda de várias árvores asiáticas e que substitui o breu. O vocábulo *dāmar* existe em vários idiomas neo-áricos, como concani, marata, hindustani; mas Yule presume que procede primáriamente do malaio-jav. *damar*.

1916. — «A Zanzibar chegaram alguns exemplares com artigos nossos completamente borrados por **damor**». — *O Ultramar*, de 13 de Janeiro.

1673. — «The bended Planks are sowed together with Rope-yarn of the Cocoe, and calked with **Dammar** (a sort of Resin taken out the Sea)». — Fryer, *East India*, I, p. 103.

1673. — «**Damar**, a gum that is used for making Pitch and Tar for the use of Shipping». — A. Hamilton, in *Glossary*.

1750. — «Au lieu de poix, ils se servent de la gomme d'un arbre appellé **Dammar**, qui n'est point inférieure à la nôtre». — Grose, *Voyage*, p. 167.

* **DAMARI** (ant.). Moeda de cobre indiana, do valor de meio rial da convenção. Do híndust. *damṛī*.

1600. — «Mais quero quando me faltasse o necessario, hum **damarís** de esmola dos padres, que cem mil rùpias vossos». — P. Fernão Guerreiro, *Relaçam Annual*, p. 32.

1823. — «In Malwa there are 4 *cowries* to a *gunda*; 3 gundas to a **dumrie**; 2 **dumries** to a *chudaun*». — In *Glossary*.

* **DAMASSIM**. Consta da abonação que era uma moeda da Pérsia, do valor de uns quinze réis. Parece que o vocábulo se liga ao nome da cidade de Damasco, *Damashq* ou *Demeshq* em árabe e persa. Mas a forma regular da derivação seria *damashqī*, *damasquim* ou *damasquino* em português.

1565. — «Por huũ **damasim** que pode valer da nossa moeda quinze reis». — *Itinerario* do Mestre Affonso, in *Annaes Maritimos* (1844), p. 288.

**DAMBORÁ** (s. m.). Vem o termo em um dicionário, tirado da obra de Lopes Mendes, que o emprega com referência a uma árvore de madeira de Damão — *Anogeissus latifolia*, Wall., ou *Conocarpus latifolia*, Dalz. & Gib.

A madeira é muito rija e principalmente usada para eixos de carros; extrai-se da árvore, por incisão, goma branca, que se emprega na estampagem de tecidos; e as fôlhas servem para cortimento. Do guz. *damarā* ou *damarô*.

1886. — «**Damborá** (*conocarpus latifolia*); a madeira d'esta arvore é de grande resistencia e elasticidade, e apenas com dimensões pouco superiores ás que se dariam a qualquer eixo de ferro, é usada em todas as carretas, mesmo das que servem á conducção de grandes madeiras». — *A India Portugueza*, II, p. 248.

*** DANCO** (do jap. *dankō*). Conferência, consulta, no Japão.

1565. — «Mandou o mesmo fidalgo Christão que fizessem logo **danco** com os Christãos... Mandoulhe o padre os seus agradecimentos, que ao outro dia pola manhã, que era a segunda feira faria o **danco** com os Christãos, se la chegasse». — P. Luís Fróis, *Cartas de Japão*, I, fl. 197 *v.*

«Eu fico aqui em Imòri quasi escondido pera assentar **danco** com os Christãos fidalgos, no que se fará». — P. Gaspar Vilela, *ibid.*, fl. 190 *v.*

1569. — «Porem como os que tinhão preso erão seruos do demonio, avendo cada dia **danco**, como elles dizem ou conselho sobre lhe cortarem a cabeça». — P. Fróis, *ibid.*, fl. 263.

**DANECA, dainaca.** Escritores nacionais e estrangeiros empregam o termo para designar uma espécie de barca oriental, especialmente com referência aos rios Eufrates e Tigre.

Não se conhece porêm a sua origem; o persa, o árabe e o turco não tem vocábulo parecido com o sentido de «embarcação». *Dāniq* em árabe, *dānak* em persa quere dizer «sexta parte do dracma», bem como «pequena moeda de prata; mas não é fácil relacionar os significados. E possivel que *dānak* ou *dirham* fôsse a moeda que de ordinário se pagava de passagem. O turco tem *tekné*, «embarcação»[1]. V. *dalaca*.

1663. — «São navegaveis, até Babylonia, de **dainecas**, barcas, grandes, ladas e rasas, que alojam muita fazenda... Fiz logo chamar o **dainiqueiro**, e me concertei com elle sobre os fretes que lhe havia de pagar». — P. Manuel Godinho, *Relação*, p. 126.

1588. — «... and by this pitch, the people haue great benefite, to pitch their barks, which barks they call **Dannec** and *Safine*». — *The Voyage of M. Cæsar Frederiche*, em Teixeira, p. 268.

1604. — «They cross their creek by a wooden bridge set upon eight boats, and elsewhere in boats that they call **danequas**, built of any little scraps of wood for want of greater». — Pedro Teixeira, *The Travels*, p. 28.

«There were also therein certain boats, like those of Baçorá, called **danecas**, pitched with *quir*, that is the betumen of Hyt, on the Eufrates» — *Id.*, p. 59.

[1] «I am uncertain regarding the origin of *daneca*». D. Ferguson, em P. Teixeira.

1658. — «Resoluta la partenza, fummo auisati, che attualmente s'allestiua vna **Dannecha** (certa sorte di Barca) di partenza per il Tigre». — Fr. Vincenzo Maria, *Viaggio*, p. 94.

1668. — «E si procurò un Passaporto di quel Bassà, che poi non fù preso, perchè il Capitano della **Dannecha** disse non essere necessario .. Trouammo la **Dannaca** tanto piena di mercanzie, e di Gente, che appena v'era luogo da starci a sedere vicino all'albero». — Mgr. Sebastiani, *Seconda Spedizione*, p. 16.

**Danneka**. Barca per lo Tigre, e per Eufrates». — *Id.*, p. 149.

*** DANGALI.** Medida de capacidade para secos, no Malabar; é uma fracção de *pará*. Creio que se liga ao malaiala *tāngal*, «sustento».

1515. — «Per este vos mãdo que des... hũ paraa e seis **dãgalys** daroz que fazem a cõtidade de tres medidas por dia a cada hũ». — In *Cartas* de A. de Albuquerque, VI, p. 207.

**DANGUI** (concani-mar. *ḍāṅgī*). Título dum antigo empregado aduaneiro de Goa, o qual tinha por ofício declarar os direitos a que estavam sujeitas as mercadorias.

1619. — «Havia hum homem natural a que chamavão **Danguy** que é nome de officio e o tinha por descendencia de geração antiga do tempo dos mouros que este **Danguy** tinha ordem do que devia pagar cada sorte de fazenda». — *Regimento* de Nuno Vaz Castel Branco.

1781. — «Assim mais os Escrivães da alfandega Datu Sinay, Govinda Sinay, **Danguis**, Vitú **Dangui**, e Govinda **Dangui**». — *Apud* Júlio Biker, *Collecção de Tratados*, VIII, p. 153.

1840. — «A referida Alfandega alem de Rendeiro tem ... hum **Dangui** (Guarda)». — F. N. Xavier, *Collecção de Bandos*, I, p. XVIII.

1850. — «**Dangui** (Numerador dos bois e cargas)». — Joaqnim Soares, *Doc. Comprobativos*, p. 235.

1852. — «**Danghy** — Guarda d'Alfandega nas Novas Conquistas». — F. N. Xavier, *Bosquejo Historico*, IV, p. 7.

1904.—«Cessou tambem o arrendamento da alfandega de Bardez, onde, como em Salcete, existiam entidades denominadas **Danguys**... as quaes organisaram a pauta de direitos aduaneiros que os mercadores soiam pagar». — Ernesto Fernandes, *Regimen do Sal*, in *Bol. S. G. L.*, XXII, p. 321.

*** DARAMESALÁ** (s. m.). Literalmente o vocábulo significa, em sânscrito (*dharmaçālā*) e em prácritos (*dharmxālā* ou *dharam'xālā*) «casa de caridade, asilo, albergue». Aplica-se comummente a uma estalagem, albergaria ou *caravançará*, onde pousam de graça os viandantes. Pierre Loti chama-lhe «maison du voyageur». Há muitas destas casas na Índia. Indo-ingl. *dhurmsalla*.

1390. — «Em outro Tirtha denominado Bramapuri que fica perto, erigiu formosos hospicios, **Darmaxalá**». — *Placa* de Goa, *apud* F. N. Xavier, *Descripção do Coqueiro*, p. 58.

1886. — «Este grande edificio, pelos indigenas denominado **Dâramsallá**, é um extenso rectangulo com accommodações amplas, arejadas e devidamente apropriadas a cada especie de animal que ali entra, tendo no centro os alojamentos para os empregados d'este hospicio».—Lopes Mendes, *A India Portugueza*, II, p. 87.

1898. — «**Dharamsâl**, hospicio para os viandantes se albergarem». — D. G. Dalgado, *Flora*, p. XVIII.

1906. — «Em tôrno dos jardins estão construidos os **dramesals**, que servem para descanso e abrigo dos peregrinos».— Hipácio de Brion, *Duas mil leguas*, p. 55.

1912. — «Construiu no *cassabé* um grande **Dharamsala** com a denominação das Baronezas de Pernéın». — *Diario de Noticias*, de 20 de Outubro.

1917. — «Para os hindús dos arredores havia vastos «**dharmasalas**» com perfeitas acomodações». — *O Ultramar*, de 29 de Janeiro.

1658. — «... ma più per ragione delle case publiche, ed hospitali, detti *Anassetra*, ò **Darmassetra**, doue si provede il cibo necessario à qui lo vuole». — Fr. Vincenzo Maria, *Viaggio*, p. 333.

1825. — «Al Kim Chowkee is a large Serai, called here **Durrumsallah**, which is kept in good repair». — Heber, *Narrative*, II, p. 130.

* **DARBAR** (persa *darbār*). Govêrno, poder executivo; recepção solene dada pelo soberano ou seu representante. *Durbar* em indo-inglês.

1633. — «O **Darbar** se não intrometerá em alguma cousa da fazenda do barco, e que só lhe pertencerá os direitos da dita fazenda... Nenhum **Darbar** poderá reter os servidores e officiaes de qualquer qualidade de Christãos, se fugirem para outro dominio... Se os Christãos se apanharem amancebados, o **Darbar** não terá nada com isso».—*O Chronista de Tissuary*, I, p. 61.

1783. — «Falei no mesmo dia, e no segundo ficou dito que no terceiro mandasse para **Darbar** ao Lingua Arbá para dar principio ao ajuste da entrega». — *Apud* Júlio Biker, *Collecção de Tratados*, VIII, p. 107.

1785. — «A dita *Praganā* toda he composta de oitenta e quatro Aldeias, das quaes... setenta e duas ficavam a cargo do **Dorbar** de Punem que as entregou ao Estado». — *Ibid.*, p. 135.

1871. — «Resolveu antes de partir fazer um **durbar** (recepção official) na feitoria portugueza». — Pedro Mesnier, *Viagem de... Visconde de Sam Januario*, p. 18.

1916.—«Foi eregida em Delhi no campo do Amphitheatro uma columna commemorativa do **durbar**, a qual terá a seguinte inscripção: Aqui, a 12 de dezembro, 1911, S. M. I. o Rei Jorge V, Imperador da India, num solemne **Durbar** annunciou em pessoa aos Governadores, Principes e povos da India a sua coroação». — *O Ultramar*, de 28 de Janeiro.

1616. — «Il fut au **Durbal**, qui est le lieu où le Mogol donne audience aux Étrangers et à ses Sujets».—Thomas Row, in *Relations*, p. 9.

1631. — «Intra hos cancellos admissis, obvius est Principis **Derbar**, sive thronus regalis».—*De Imperio Magni Mogolis*, p. 133.

1778. — **Dorbar**, Cour, Conseil, Audience, du Souverain, dans l'Inde». — Anquetil Duperron, *Législation Orientale*, indice.

1782. — «Ils pénétrèrent bientôt jusqu'à **Dorbar**, où ils trouvèrent le Prince avec ses femmes». Nota: «Salle d'audience, où les Rois tiennent leur Conseil». — Sonnerat, *Voyages*, I, p. 13.

1824. — «I went down to Calcutta this morning, to attend a **Durbar**, or native levee of the Governor's which all the principal native residents in Calcutta were expected to attend, as well as the vakeels from several Indian princes». — Heber, *Narrative*, I, p. 34.

1845.— «Un grand **dorbâr** (réception) où se présentant tous les officiers, termine la fête». — Xavier Raymond, *Inde*, p. 245.

1860. — «C'est à Calcutta, le plus souvent à la fin du printemps... que le gouverneur général tient son audience solennel, sorte de cour plénière que les Hindous appellent **Durbar**».—Enaut, *L'Inde Pittoresque*, p. 18.

* **DARCHINI**. É o nome que os persas dão à canela, *dār-chīnī*, que quere dizer «pau chinês». Orta explica o motivo da denominação.

1563. — «E os de Ormuz, porque esta casca traziam a vender os da China, lhe chamaram **darchini**, que em persio quer dizer páo da China; e assi a vendiam em Alexandria, e nas partes que acima dixe, mudandolhe o nome por o vender milhor aos Gregos, e chamaram-lhe *cinamomo*, que quer dizer páo cheiroso, como *amomo* trazido da China». — Garcia da Orta, Col. xv.

1600. — «E se he verdade o que ouuimos notar a algũs curiosos, que o mesmo he **Darcino** (como dizem, que chamaram os medicos Arabes á canela), que *pao da China*, e Cinamomo, que pao cheiroso da China...». — P. João Lucena, *Historia*, x, cap. 17.

1602. — «Como foi com a Canela, que Avicena, e Rasis nomeão por dous nomes; **Darcine,** que quer dizer pào da China, sendo ella de Ceilão, e *Cinnamomo*, que quer dizer, pao cheiroso da China».— Diogo do Couto, Déc. iv.

1621. — «Circa il Cinnamomo, che V. S. scrisse, chiamarsi da gli Arabi *Dartzenì;* io l'assicuro, che il **Dar-Sini,** come dicono gli Arabi, ò **Dar-Cini,** come dicono i Persiani & i Turchi, non è altro, che la nostra Cannella ordinaria, nè altro si troua per pensiero». — Pietro della Valle, *Viaggio*, ii, p. 233.

*** DARMA-XASTRA** (s. m. e f.). Código de direito hindu; uma espécie de *Institutas*. Há vários códigos com tal nome, compostos por juristas de comprovada autoridade, entre os quais avulta o de Manu, suposto primeiro legislador dos índios áricos. Tais códigos abrangem, em geral, todas as fases da vida humana: política, civil, social, doméstica e religiosa. Muito pontos da doutrina expressam o ideal dos seus autores. Do sânsc. *dharma-çāstra: dharma*, «dever», *çāstra*. «sciência, tratado».

XVII. — «O primeiro livro se chama **Darmá Kastra,** contém-se todas as ceremonias, superstições e ritos do culto da Idolatria, levantar Idolo novo quando por algum contingente he arruinado, e certas ceremonias, que para isso são ordenadas». — *Collecção de Noticias Ultramarinas*, i.

1878. — «**Darmashastra** — *Manava-darma-shastra,* ou Livro das Leis de Manú, Codigo das instituições religiosa e civil dos hindús. É dos mais antigos codigos do mundo». — Cristóvão Aires, *Indianas e Portuguezas*, p. iii.

1883.—«Por **Dharma-xastras** (*dharma* «praxe, lei, obrigação religiosa», *sãstra* «livro») entendemos, aqui, á letra, os compendios e repositorios das leis... Necessidades religiosas levaram á criação de escolas vedicas, para o estudo das praxes costumeiras e usanças e tradições, que, mais tarde, se decretaram, por sancção do tempo, em direito consuetudinario, compendiado nos **dharma-sútras**». — Vasconcelos Abreu, *Chrestomathia*, p. 313.

1884. — «O Sapher dos hebreus, o Geneses de Moysés tem muitos pontos de contacto com o **Dharma-Shastra,** o codigo da moral brahmanica». — Adolfo Loureiro, *No Oriente*, ii, p. 236.

1890. — «As regras para os sacrificios, os ritos e systemas de deveres, que constituem os **dharma-shastras,** passaram da memoria dos *rishes* para a tradição. Mas os **dharma-shastras** indicavam apenas artigos de doutrina, necessariamente sujeita a modificações; interpretal-os e adequal-os ás circumstancias, foi a grande obra de jurisconsultos posteriores com commentarios e tratados». — António de Almeida Azevedo, *As Communidades de Goa*, p. 58.

1898. — «Antes da apparição das **Dharma-Xastras** e *Puranas*, o officio e o dever dos brahmanes (segundo antigas escripturas) consistiam em rezar». — Oliveira Mascarenhas, *Atravez dos Mares*, p. 106.

«As **Dharma-Xastras,** que, repetimos, são os codigos das leis moraes e religiosas, fornecem a base de toda a sua jurisprudencia». — *Id.*, p. 110.

1912.—«... um nobre e cioso brahmane, por longos annos meditabundo — o sabio e prudente Manú — com a sua legislação de usos e costumes, ou **Dharma-Xastra,** pôz o fecho d'ouro a esse vasto thesouro religioso-social do hinduismo». — Caetano Gracias, *Flora Sagrada*, p. iv.

1790. — «It appears from the style and metre of the **Dharmashàstra** revealed by Menu, that it was reduced to Writing long before the age of Vàlmi or Vyàsa».— William Jones, *Asiatic Researches*.

1825. — «Deux ou trois ouvrages indiens contiennent des règles et des maximes sur l'administration de la justice civile et criminelle: le plus connu est le **Darma-sastra,** où l'on trouve entre autres un exposé du polythéisme indien». — P. Dubois, *Mœurs*, ii, p. 457.

*** DÁRNUA** (s. m.). Diz-nos um missionário que é a designação de fidalgo principal do Japão. Presumo que o vocábulo provêm do jap. *dai-nō*, «grande poder».

1584. — «... os *grinuxus*, que são como gouernadores do reyno, **Darnuas,** que são os principaes fidalgos».—P. Luís Fróis, *Cartas de Japão*, i, fl. 107 *v*.

**DAROES** (daruis), **DARVIS.** Monge maometano; o mesmo que *derviche* moderno. Na Índia é conhecido por *faquir*. Fernão Mendes aplica o termo aos budistas chineses que não vivem em *varelas* ou conventos. O étimo é o árabe-persa *daruish*[1]. V. Gonçalves Viana, *Apostilas*.

Vê-se daqui, como de muitos outros casos análogos, que os antigos escritores nacionais, por não receberem por intermédio de francês ou inglês palavras de origem oriental, mas das próprias fontes, as reproduziam com mais fidelidade etimológica e com mais conformidade com a língua portuguesa do que os modernos, que acham modelar tudo quanto nos vem da França ou da Inglaterra, e até o que nos vem de torna-viagem, já avariado. V. *formão*.

1540. — «Certa temos a promessa do livro das flores, em que o Profeta Nobí abastou de deleytes aos **Daroezes**, da casa de Meca». — Fernão Pinto, *Peregrinação*, cap. 59.

«A fóra outra muy grande copia de **Daroezes** [em Pequim] que servem de fóra, que não estão atados ao voto de profissão, como são os de dentro... mas não pedem esmola, porque tem de proprio de que se sustentão». — *Id.*, cap. 110.

«Mais de trezentas casas terreas muyto limpas, e bem concertadas, em que se agasalhão os peregrinos, Faucaroes e **Daroezes**, que vem em cabildas como Cyganos com seus Capitães». — *Id.*, cap. 159.

1609. — «Entre estes gentios da India ha uma certa casta, a que chamam *iogues*, e outros lhe chamam **darvis**. Estes são peregrinos, e andam de terra em terra, como ciganos».—Fr. João de Sousa, *Ethiopia Oriental*, p. 134.

1609. — «Perto della vi oyto Mouros, que estavam rezando, ou para melhor dizer blasphemando como Mercyeyros, a que elles chamam **Drevis** ou **Deruis**, que quer dizer Irmitão». — Fr. Gaspar de S. Bernardino, *Itinerario*, p. 146.

1663. — «Fóra das portas da cidade ficam dois conventos de religiosos mahometanos: dos quaes ha quatro ordens: uns se chamam **dervisios**, outro *calendares*, outro *hugiemahs*, outro *torlacos*. Os Superiores de todos se chamam *dadás*». — P. Manuel Godinho, *Relação*, p. 203.

1697. — «Fomentavão este odio os principaes *Cachis* (titulo de mayor nobreza, e dignidade), por não levar em paciencia a pujança, e valia do **Daroez**». — P. Francisco de Sousa, *Oriente Conquistado*, I, III, 1.

1616. — «Le Roy fut à Vgen pour y voir vn **Deruis** ou un Saint qui vit dans la montagne, et l'on tient estre agé de trois cens ans». — Thomas Row, in *Relations*, p. 45.

1658. — «La superstizione maggiore è nelli **Deruisi**, i quali professando Vita Monastica, con zelo di maggior perfettione, viuono ne' Monasteri à guisa de' Religiosi». — Fr. Vincenzo Maria, *Viaggio*, p. 58.

1660. — «**Deruisi**, ò **Deruisoi**. Religiosi Mori». — Mgr. Sebastiani, *Seconda Spedizione*, p. 149.

1676. — «Les **Dervis** sont des Religieux Turcs qui vivent pauvrement, et **Dervis** aussi veut dire pauvre. Ils sont la plupart ridiculement vétus, et tous généralement de grands hypocrites». — Tavernier, *Voyages*, VI, p. 421.

1695. — «**Derviche**: Un pauvre en général, dans les langues Persienne et Turquesque, de même que *Fakir* dans l'Arabique, et ces deux mots en particulier signifient un *Religieux* dans les mêmes langues». — Herbelot, *Bibliothèque Orientale*.

* **DARSADÉ** (ant.). Era uma mercê, que consistia em certa percentagem nas Novas Conquistas de Goa. Do mar.-persa *darsadde*, «por cada cento».

1788. — «O vencimento da mercê chamada **Darsadé**, pertencente aos *Dessays* e *Narcarnis*, que o Sar Dessay cobrava para si; queira-nos restituir o Magestoso Estado». — *Apud* Júlio Biker, *Collecção de Tratados*, VIII, p. 327.

**DASTÚR.** Sumo sacerdote ou bispo dos zoroástricos ou parses. Do pahlavi-persa *dastūr*.

1883. — «Ninguem entra lá dentro, senão o sacerdote do fogo, o **dastur**». — Adolfo Loureiro, *No Oriente*, I, p. 168.

1885. — «A tradução foi feita para francês segundo a explicação dada em persa pelo **Dástur** Darab o mestre de Duperperron, e um dos mais habeis *Dásturea* de Surrate». — Vasconcelos Abreu, *A Literatura e a Religião*, p. 102.

1898. — «Levada a creança a outro compartimento, onde se encontra o **dastur** (chefe dos sacerdotes) e outras pessoas...». Oliveira Mascarenhas, *Atraves dos Mares*, p. 117.

1917. — «**Dastur** Doctor Dhalla, ministro da religião zoroastriana, no decurso de um sermão em Karachi fez um vibrante apêlo aos parses». — *O Ultramar*, de 5 de Julho.

531-579. — «Remained partly in writings, and partly in oral tradition, with the **Destur** (Desturs)». — Em Hang, *Essay of Pahlavi Language*, p. 146.

1689. — «The High-Priest of the Per-

[1] O pérsico-árabe *w* pode transcrever-se em *u* ou *v* português.

sies is called **Destoor,** their Ordinary Priests Daroos, or Harboods». — Ovington, *A Voyage to Suratt*, p. 376.

1750. — «Il n'y avoit rien à gagner pour les Mages, qui sont aujourd'hui connus dans les Indes sous le nom de **Dustur,** nom dérivé du mot Persan, qui signifie forme ou coutume». — Grose, *Voyage*, p. 317.

1870. — «This small glossary is considered by the **Desturs** as the foundation or chief corner-stone, of the so-called «Huzvánash learning». — Destur Hoshanggi, *An old Pahlavi-Pazand Glossary*, p. IX.

1915. — «We have, in Sind, Hindu *gurus* and Mohammedam *mullahs* and Parsi **dusturs** and Jewish *rabbis* and Christian Ministers». — *Hindustan Review*, de Outubro.

*** DASTÃO** (persa *dāstān*). Celeiro, armazêm. O significado técnico vai abaixo explicado.

1771. — «... abolindo-se inteiramente a indecorosa negociação que até aqui se fez, com o barbaro nome de *Alças do bate* de — **Dastam** — comprando-se debaixo desta denominação o arrôz por menos aos pobres, para depois ser vendido por mais em nome da Fazenda Real». — Marquês de Pombal, in *Collecção de Bandos*, I, p. 11.

*** DATA.** Tem esta palavra em Goa o sentido peculiar de «enxoval e joias que a noiva leva para casa do marido, alêm do dote». O termo correspondo em concani a *deném* = lat. *donum*. As línguas indianas tem *datta*, do sânscrito «dado», mas não se emprega nesta acepção. Bluteau regista *data* com os significados «dádiva, dom, benefício» [1].

1846. — «As **datas** são de duas qualidades: Humas ajustadas e outras voluntarias (*cochechem denem*): humas e outras consistem em enxoval e joias».—F. N. Xavier, *O Gabinete Litterario*, I, p. 124.

1896. — «O dote era 7 mil rupias, além das **datas** de mil rupias». — Gip, *Jacob e Dulce*, p. 42.

«As **datas** creio que foram, na sua origem, as offertas que os paes da noiva faziam-lhe, quando ia á casa do noivo». — *Id.*, p. 101.

1652. — «E arrasta a grandeza de suas **datas** e mercês». — P. António Vieira, *Arte de Furtar*, p. 308.

XVII. — «... e *Gandavadis*, que são os que levão de casa sandalo moido, azeite cheiroso, e alguns pós de cheiro, e dando-os gratis, alcanção alguma **data** de homens ricos». — *Collecção de Noticias Ultramarinas*, I, p. 434.

1677. — «Esta foi a causa de o Capitão sahir a terra, onde se lhe fez muita festa, mas custou-lhe cara pelas **datas** que deu de sua pobreza a este Rey e Principes, costume do Malavar». —*Apud* Júlio Biker, *Collecção de Tratados*, IV, p. 203.

**DATO.** Prelado em Malaca. O étimo mal. *datok*, de que se deriva também o timorense *dató*, significa própriamente «maioral, sénior».

1539. — «... por bom, e fiel *Daroes*, como os **datos** Moulanas, que por honra do profeta *Nobi* peregrinarão com esteril vida os cansados dias desta miseria». —Fernão Pinto, *Peregrinação*, cap. 31.

1614. — «O seu General consultou com o seu **Dato**, que he entre elles, como entre nós, hum Prelado, que mandasse apalpar o Capitão com pazes». — Diogo do Couto, *Déc.* IX, cap. 27.

**DATÓ** (teto *dató*). Chefe do *suco* ou aldeia em Timor.

1848. — «Todos os Reinos [de Timor] são governados pelos respectivos Reis — **Datos** — *Tumagões*, com patentes de Brigadeiros, Coroneis, e Tenentes Coroneis». — F. N. Xavier, *Uma Viagem*, p. 127.

1884. — «Cada um suco tem o seu chefe, principal ou **dató**; quasi todos os principaes têm postos dados pelo governo do districto e na justiça que administram ao povo são equiparados aos juizes de paz».— José Vaquinhas, *Bol. S. G. L.*, IV, p. 479.

«Se qualquer questão não pode ser resolvida pelo **dató** chefe do seu suco, partecipa-o ao *macoan* para a resolver».—*Id.*, p. 480.

1908. — «O chefe ou **Dató** da aldeia, que tem ao lado a sua linda nétasinha». — Alberto O. de Castro, *Flores de Coral*, p. 220.

1836. — «Il y a trois classes de nobles, les **datous,** les karrés et les lolos». — Rienzi, *Océanie*, I, p. 231.

*** DATUBANDAR** (mal. *datoq-bĕndahara*). É o mesmo que *bendara* (q. v.), com o prefixo honorífico *dátu* ou, antes, *dató*, q. v. = senhor bendara.

1718. — «Por morte do qual foy levantado em Rey o **Datubandar** do Reyno. **Datubandar** he dignidade, ou titulo

[1] «As *datas*, as doações e os trespasses, a que se refere o assento do Conselho da Fazenda de 5 de julho de 1649, são indicio certo de que os proventos dos gãocares já não eram tão convidativos». — Teixeira Guimarães, *As Communidades Indianas*, p. 25.

grande, que sempre anda annexo a familias, ou casas de sangue real. Tem a seu cargo o governo das Armadas, dispoem da gente de guerra, e prové os postos tocantes a ella com tão absoluto mando, que neste particular he quasi igual ao mesmo Rey».— João Tavares Guerreiro, *Jornada*, p. 199.

«... podendo mais a traição do seu **Datubandar**, que toda a sua grande cabeça, poder, e riquezas». — *Id.*, p. 204.

**DATURA** (sânsc. e neo-árico *dhattūra*). É uma planta indiana da família das solanáceas — *Datura fastuosa*, Linn., diferente de estramónio ou figueira do inferno — *D. stramonium*, Linn. «É muito útil contra a asthma e outras molestias espasmodicas». D. G. Dalgado. Tem além disso propriedades narcóticas e tóxicas, sendo muitas vezes empregada para fins criminosos; produz insensibilidade ou inconsciência temporária, e causa hilaridade e infatuação. É por isso que se sói preguntar em Goa, a quem se ri muito sem motivo, se comeu *dutró*. Há quem suponha que a *datura* produzia o delírio frenético da Pítia em Delfos. V. *dutró* e *burladora*.

1563. — «Serva. Á minha senhora deu **datura** a beber huma negra da casa, e tomoulhe as chaves, e as joyas que tinha ao pescoço, e as que tinha na caixa, e fogio com outro negro... Orta. A quem dam esta mézinha não falam cousa a proposito; e sempre riem, e sam muito liberaes, e todo o negocio he rir e falar muito pouco, e não a proposito: e a maneira que qua ha de roubar he deitandolhe esta mézinha no comer, porque os faz estar com este acidente vinte e quatro oras». — Garcia da Orta, Col. xx.

1606. — «... que lhe lançassem nelle [no pão] hũa semente muito geral na India chamada, **Daturo**, que tem força de alienar quem come della, com tanta mortificaçam dos sentidos, que nenhũa lembrança tem depois quem a toma do que fez, ou passou em sua presença emquanto estam occupados da força della que he segundo a quantidade que se comeo, a qual semente tam prejudicial (que dá hua erua que nasçe em montes à feyçam da erua sancta) he quasi do tamanho de bugalhos com bicos». — António Pinto Pereira, *Historia da India*, I, p. 150.

1872. — «Só um idiota se serveria do arsenico tendo ali o **Datura** tanto á mão». — Loarer, citado por Bernardo da Costa, *Manual*, II, p. 102.

1906:

«Essa doçura de planta magoada
É a datura suave e perfumada
Que nos esconde a nossa agitação».

Alberto O. de Castro, *A Cinza dos Myrtos*, p. 186.

1578. — «Llamase esta planta... en Canarin *Datyro:* los Portugueses, **Datura**, y la *Burladora:* los Parsios y Turcos, *Datula*».—Cristóvão da Costa, *Tractado*, p. 87.

* **DAURA**. Embarcação indiana com um mastro e vela latina. *Dhow* ou *dow* em indo-inglês. Dá-se por étimo o árabe *dāo*, que os arabistas consultados por Yule não consideram genuíno.

1635. — «Quarenta embarcações, em que entravam seis sanguiceis, jalias, cossas, **davras**». — António Bocarro, Déc. XIII, p. 433.

**DAVADÁ** (s. m.). Fabricador ou fundidor de ferro. Do mar.-conc. *dhavaḍ*.

XVIII. — «... sendo esses cinco filhos denominados *Panchal*, como são ourives, manilheiros, latoeiros, ferreiros, **Davadá**, que são os que fazem ferro derretendo pedras delle».—*Notiçia do Gentilismo*, I, p. 93.

* **DAVALÓ** ou **douló** (conc. *davló*, pl. *davlé*), **duvol** (mar. *duval*). Antiga moeda da Índia, equivalente ao meio *chovolo* ou à 16.ª parte de *pagode nixani*. Actualmente, *daval* em marata é 16.ª parte de rupia.

1703. — De *Passoi* contribuia da dita provincia, segundo o numero geral que importasse de pagodes nixanis da mesma, hum chovolo por pagode, hum **duvol**, e hum *bill* a elle Sar Dessay, e hum bill a Bascaró Caci, com que se faz hum chovolo». — *Apud* Júlio Biker, *Collecção de Tratados*, XII, p. 148.

1706. — «Da pratica de *Tainata*, trezentos e dezaseis pagodes da moeda nixanny, hum quarto, tres **davalós**, e hum bill». — *Ibid.*, p. 146.

1814. — «Explicação do dinheiro dos pagodes da moeda nixanny que é distribuido em oito partes a saber: *Hona* ou *vara* (vid. *orá*) chamado em portuguez *pagode*, 2 dharanes, 3 **doulés**, 4 belans, 5 vis, 6 arvis, 7 rucós, 8 paurucós». — *Apud* Joaquim C. Soares, *Documentos Comprobativos*, p. 449.

**DECANI** (hindust. *dakhnī* < sânsc. *dakṣiṇa*, lit. «direito», em oposição a *esquerdo;* «sul»; cf. lat. *dexter;* s. e adj.). Pertencente ao Decão; maometano do Decão; hindustani do Decão.

1516. — «Ha tambem na cidade de Calecut muytos Mouros... Arabios, Persios, Guzarates, Curaçones, e **Daquinis**, que aquy estaom estantes». — Duarte Barbosa, *Livro*, p. 341.

«Falaom Arabio, Persyo e **Daquanim** que he lingua natural da propria terra».— *Id.*, p. 295.

1552. — «E do norte com o reyno de **Decanim** ou de *Daquẽ* como lhe agora chamamos». — Castanheda, *Historia*, II, cap. 16.

1552. — «E no reyno **Dacani** dividido em muytos senhorios que tem estado como o de Pale, que jaz entre hum e outro». — João de Barros, Déc. I, IV, 7.

«Os quaes costumauão comprar estes cauallos e vendião aos Mouros **Decanijs**, de que ëlRey de Bisnaga recebia grande damno». — *Id.*, I, VIII, 10.

«O primeiro [rio] divide o Reyno **Decan** (a que corruptamente os nossos chamão *Daquem*) do Reyno Guzarate». — *Id.*, I, IX, 1.

1563. — «O avô deste Nizamaluco que agora he, pay do meu amigo que foy, morreo no anno de mil quinhentos e nove; e foy, como dixe, **Decanim**». — Garcia da Orta, Col. x.

1572:

> «**Decanis**, Oriás, que a esperança
> Tem de sua saluação nas resonantes
> Agoas do Gange...».
>
> Camões, *Lusiadas*, VII, 20.

1613. — «Nesta occasião de guerra presente se unirão e confederarão com os **Decanis** inimigos deste Estado». — *Alvará* do vice-rei, in *Archivo*, XI, p. 927.

1614. — «... assi convem defender dos **decanis**, e offendel-os, que não venham elles a acabar-se e enfraquecer-se de todo, pois elles são o muro que ha entre as minhas fortalezas e o Mogor, que nunca convem que se avisinhe a elles por sua potencia». — *Carta Régia*, in *Doc. da India*, III, p. 234.

1635. — «... os defendesse dos **decanis**, que não haviam de deixar de commetter com muita gente». — António Bocarro, Déc. XIII, p. 59.

1638. — «E nos annos proximos trouxe a si o grande reino do **Decany**... e no ponto que concluiu com o **Decany**, mandou no anno de 32 hum grande exercito sobre Visapôr». — *Apud* Júlio Biker, *Collecção de Tratados*, II, p. 100.

«1687. — Os Chingalaz de Columbo lhes [aos muçulmanos] chamão **Da-Kanis**; porque os primeyros forão do Dekan». — P. Fernão de Queiroz, *Conquista de Ceylão*, p. 17.

1695. — «Mas os **Daquinis** de Visapur, como bons soldados que são, derão fim ao combate, matando todos os Mogoles, e grande parte dos Vanayares». — Cosme da Guarda, *Vida de Sevagy*, p. 99.

1697. — «... meninos de todas as nações Orientaes, nomeando especialmente Canarins, **Decanis** do Norte, Malavares, Chingalas...». — P. Francisco de Sousa, *Oriente Conquistado*, I, I, 1.

1589. — «Le plus est plat pays appellé vulgairement *Ballagata* et **Decan**, divisé entre plusieurs Roys en divers Gouvernements. Les habitans naturels se nomment **Decanins** et Canares». — Linschoten, *Histoire*, p. 21.

* **DECUM.** Imposto, contribuição, em Ceilão. Do sing. *deḳuma* ou *deḳma*.

1614. — «Os maioraes e cabeças das aldeias por costume, a que chamam **decuns**, pagam cada anno as comedias que tem nellas».—*Carta Régia*, in *Doc. da India*, II, p. 136.

1635. — «E deu de supito em Pero de Azevedo e outro seu parente portuguez, que lá andavam com os *mutiares*, arrecadando os **decus**, e os matou a ambos».— António Bocarro, Déc. XIII, p. 714.

1687. — «... pagando somente cada cabeça de casal, quatro larīs do costume que chamão, **Decum**». — P. Fernão de Queiroz, *Conquista de Ceylão*, p. 851.

1914.— «The **Dekum** or poll-tax which was paid in money by certain classes of the caste... Each would be accompanied up to the gateway by servants carrying their offerings or **Dekum** covered with cloth». — P. E. Pieris, *Ceylon*, II, pp. 65 e 87.

* **DEDDI** (conc. *dedī*). Paraninfa ou mulher que acompanha a noiva para casa do noivo nos primeiros dias do noivado. O noivo também é acompanhado de *deddó*, mas êste não se presta tanto ao desfrute dos convivas como a *deddi*. A usança abaixo aludida sómente vigora ao presente nas classes populares.

1792. — «Prohibe debaixo d'excommunhão a todo o que for causa ou occasião ainda por conselho, de se levar a chamada **deddy** ou servidora da noiva, quando para nada mais serve do que para ser objecto das acções mais abominaveis, permite comtudo que acompanhe a noiva alguma pessoa confidente para a servir, e não para ser desafogo das paixões dos convidados». — P. Casimiro de Nazareth, *Mitras Lusitanas*, in *Bol. S. G. L.*, XV, p. 467.

* **DEKHANIM.** É o nome por que são conhecidas as cantigas que cantam as bailadeiras da Índia e que se

consideram supersticiosas ou lascivas. Do conc. *dākhṇī* < sânsc. *ḍākinī*, «demónio fêmea».

1585. — «Nenhuma pessoa mande, ou consinta aprender mulheres de sua familia de qualquer sorte que sejam a bailar, ou tanger, ou cantar **deqhanym**, nem outros bailes ou cantigas gentilicas». — Terceiro Concilio de Goa, in *Archivo*, IV, p. 182.

«**DENGUE**, adj. Diz-se de uma febre epidémica, acompanhada de erupção e dôres articulares, análoga á grippe. (T. as.)». C. de Figueiredo. Não é termo asiático, é americano, introduzido na Europa pelos espanhóis. V. *Glossary*, Suplemento.

«**DENGUIM**, m. Embarcação asiática». C. de Figueiredo. O étimo é o beng. *ḍiṅgī*, «canoa, almadia, barco de passagem». V. *Glossary*.

* **DENIVA** (ant.). Assim escrito, figura o termo na edição portuguesa do *Livro* de Duarte Barbosa, com o sentido de «alfândega» de Surrate. Mas a sua exacta ortografia é *divana*, como aparece na sua tradução castelhana de 1524, trasladada por Stanley. E de facto, um dos significados do persa *dīuān* é «alfândega», ou *aduana*, que provêm imediatamente do ár. *ad-dīuān*. V. *divão*.

1516. — «Rende a **deniva**, que he ha alfandegua, cadano grande soma de dinheiro ha elRey de Cambaya». — Duarte Barbosa, *Livro*, p. 280.

«Its custom-house, which they call the **Divana**, produces a very large revenue for the King of Guzerat». — *A Description*, p. 68. — «The writer had forgotten that *aduana* (custom-house) and *divan* are the same word». Nota.

* **DERES** (s. m. pl.). É uma das castas ínfimas do Guzarate e do Maharaxtra. Do marata-guz. *dheḍ*.

1563. — «E ha em cada pouoação huma gente desprezada e avorrecida de todos, e não se tocam com outros; estes comem tudo e as cousas mortas... o seu cuidado he limpar as çujidades das casas e ruas: estes são chamados **deres** ou *farazes*, e servem tambem estes de algozes». — Garcia da Orta, Col. LIV.

1577. — «Dizem os Nayres do Malavar, que se não comeramos vaca, nem admitiramos a nossa conversação **Deres** e *Poleás*, que são gente baixa, como *Chaquivillis*, que elles se misturarão com nosco, e se fizerão todos Christãos». — *Primor e Honra*, fl. 96 *v*.

1900. — «Os **deres**, possuidores de *undós* não pagam as imposições de *patinga* e lenha». — António F. Moniz, *Historia de Damão*, I, p. 185.

1909. — «Era triste notar que não se via um **dére**, o pária das castas de Diu». — *O Oriente Portuguez*, VI, p. 382.

1911. — «É de grande necessidade a mudança do bairro ou aldeia habitada pelos **Déres**, para fóra das portas de Gogolá, onde existe disponivel terreno do Estado. Aquelle bairro de gente miseravel pertencente á raça indigena mais inferior dos que habitam no districto...». — José E. Castel Branco, *Bol. S. G. L.*, XXIX, p. 376.

1666. — «Les moins estimées de quatrevingts-quatre Tribus sont celles des Pirias et des **Der** ou Halalcour, à cause de leur saleté, et ceux qu'ils touchent se croient pollus». — Thevenot, *Voyages*, III, p. 189.

1884. — «Les **Dhéres** du Guzarat forment une caste semblable à celles de Parias dans le Dravid et aux autres castes serviles de l'Inde». — Mgr. Laouenan, *Du Brahmanisme*, I, p. 160.

* **DERRUBADOR**. É em Goa o colhedor de côcos, o qual os derruba da árvore.

1782. — «É preciso tambem recommendar aos **derrubadores** e rendeiros de *sura*, que em vendo este signal façam logo aviso». — Fr. Clemente da Ressurreição, *Tratado*, II, p. 290.

1842. — «Os *sudros* são exclusivamente os que exercitam, na comarca de Salcete, o officio de **derrubadores** de côcos, que chamam *chaudarins*». — *Annaes Maritimos*, p. 431.

1866. — «O olhador tem por officio vigiar que os **derrubadores** combinados com os *terlos* (vigias do palmar) occultem os cachos, cortados ou arrancados furtivamente». — F. N. Xavier, *Descripção do Coqueiro*, p. 25.

1872. — «Alguns homens denominados, em razão do seu officio, **derrubadores** (*pallecár*) sobem á palmeira com uma grande e pesada faca». — Bernardo da Costa, *Manual do Agricultor*, I, p. 184.

1886. — «Os côcos são colhidos pelos **derrubadores** ou *pallecares*». — Lopes Mendes, *A India Portugueza*, I, p. 186.

1893. — «Os quaes [monos] escolhem o coco maduro e só derrubam os indicados, fazendo o serviço com mais dextreza do que muitos **derrubadores** da Costa de Coromandel». — José Maria de Sá, *Productos do Coqueiro*, p. 48.

1901. — «**Derrubadores**, distilladores de aguardente, doceiros». — José Pinheiro, *Bol. S. G. L.*, xx, p. 114.

1915. — «... sustentada com a contribuição voluntaria do mais misero **derrubador** ou barbeiro, sem o menor subsidio do governo». — *Heraldo*, de 14 de Novembro.

1917. — «Ora a boa *copra*, como sabem, exige que a *coita* do **derrubador** seja comedida para só cortar o coco bem maduro». — *O Ultramar*, de 15 de Março.

**DEROGA** (mais correctamente *daroga*). Pequeno governador persa, governador duma cidade. Do persa *dārogha*, de origem mongólica. Em hindustani e na Índia *dāroga* designa «chefe duma repartição, superintendente» [1]. V. *Glossary*.

1608. — «Ficou gouernando a Provincia hum filho seu... com outro criado por **Derogâ**, ou gouernador pequeno». — Fr. António de Gouveia, *Relaçam da Persia*, fl. 28.

1604. — «Y los **Daragoa**, que es lo mismo [corregedores das cidades] aun que quando se enoja y desgusta el Rey, suole mudarlos». — D. Juan da Persia, *Relaciones*, fl. 10 *v*.

1778. — «**Daroga**, Commandant d'une petite Place, Chef d'un district, dans l'Inde». — Anquetil Duperron, *Législation Orientale*, índice.

1825. — «Mad persons may be sent hither by their friends, on payment of a small sum, or, if poor, by the **Daroga** of each *pergunnah*, (the superintendent of a district), whose duty is to apprehend and send to the district asylum any dangerous or disgusting object of this kind who may be at large». — Heber, *Narrative*, I, p. 151.

1876. — «There he began his administrative measures by appointing civil governors (**Darugas**) to the various conquered towns». — Howorth, *History of the Mongols*, I, p. 91.

* **DESCENDENTE** (s. m. e f.). É o nome que actualmente se dá na Índia, como mais eufónico, ao *castiço* e *mestiço* (q. v.).

1880. — «No pequeno territorio que hoje comprehende a India Portugueza os habitantes dividem-se nos seguintes grupos: europeus, **descendentes**, mestiços, canarins, gentios, mouros, e alem d'estes ha ainda os parses, gugires, baneanes e outros que professam differentes seitas religiosas». — Teixeira de Aragão, *Descripção das Moedas*, III, p. 20.

1901. — «Designam-se por **descendentes** os individuos que na sua ascendencia teem algum europeu de um dos sexos». — José Pinheiro, *Bol. S. G. L.*, xx, p. 51.

1901. — «... estabelecendo primeiro uma colonia mestiça, á qual se seguiria a colonia puramente portugueza dos chamados **descendentes**». — Christóvão Pinto, *ibid.*, p. 262.

1908. — «Jasmim de Italia é o nome que dão os nossos **Descendentes** de Ribandar (Goa) a uma pequena Auranciacea de flores de um aroma penetrante». — Alberto de Castro, *Flores de Coral*, p. 255.

1908. — «Além dos indús, encontram-se os Parsis, os Musulmanos, os Africanos, e os **descendentes**, que são brancos nascidos na India, de pais europeus e que durante muitos annos occuparam quasi todos os cargos na administração e no militarismo». — Hipácio de Brion, *A India Portugueza*, p. 26.

1915. — «Existiram também, desde a conquista, os **descendentes** de portugueses, e *castiços*, quando descendentes de pai e mãe portugueses e *mestiços*, quando só um dos seus progenitores fosse portugalense ou êle mesmo descendente mas sem mescla anterior de português de Portugal». — *Heraldo*, de 14 de Novembro.

1916. — «Se a Socialista quizer conhecer os costumes europeus, no que respeita ao dote, olhe para o que se passa entre os **descendentes**». — *Ibid.*, de 23 de Novembro.

* **DESCHARETADO.** Destituído de *chareta* (q. v.) ou de endocarpo (o côco).

1917. — «Depois de **descharetado**, pode manejar-se á vontade». — *O Ultramar*, de 26 de Março.

* **DESEMPOLEAR.** Purificar o pagode ou o indivíduo da casta superior, que foi contaminado pelo contacto com um *poleá* ou indivíduo da casta ínfima do Malabar. É formação portuguesa. V. *empolear* e *poleá*.

1572:

> «Pera os Naires he certo grande vicio
> Destes serem tocados, de tal sorte
> Que quando algum se toca, por ventura,
> Com cerimonias mil se alimpa e apura».
>
> Camões, *Lusiadas*, VII, 38.

1603. — «Disse por afronta que auia de mandar tocar hum Poleaa, que he hũa das castas mais baixas de Malavar na Igreja dos Christãos, porque os Gentios tem isto por grande afronta nos seus Pagodes, e ficão çujos como inuiolados com o tocamento das castas baixas, assi como se tocam aos nobres, e pera se **desempolear**, que he como entre nós desenuiolar as Igrejas,

---

[1] Domingos Vieira regista *dáruga* com o significado de «juiz criminal na Persia».

ou adros, fazem grandes cerimonias». — Fr. António de Gouveia, *Jornada*, fl. 78.

1614. — «Queimou o pagode, o que elles sentiram muito, por ser de muito grande veneração sua pela offensa feita á sua religião, e na sua reedificação, e purgação delle (a que elles chamam **desempolear**) gastaram muito dinheiro e tempo». — Diogo do Couto, Déc. X, III, 17.

*** DESMUCA** (s. m.). Chefe duma *pragana* ou administrador dum concelho. O cargo era hereditário, como outros semelhantes. Do mar. *dexmukh*. **DESMUQUI**. Ofício ou jurisdição de *desmuca* (mar. *dexmukhī*).

1696. — «Representou que elle se achava de posse do **Desmuqui**, ou *Sar-Dessayado* desde o tempo do Idalxá, com as suas tenças, e pertenças de *Accas*, *Votono*». —*Apud* Júlio Biker, *Collecção de Tratados*, XII, p. 145.

1783. — «As nove [aldeias] nomeadas nos *Sonodos* passados não só ficavam longe, mas eram pensionadas de **Dassamequy** e outras pensões, que elles haviam de cobrar». — *Ibid.*, VIII, p. 110.

1824. — «O qual com a dignidade de *Sar Dessay* administrará a dita provincia, a sua agricultura e rendas, percebendo o *Haca* de **Sar Dessamuky** a razão de 5 rupias por cada cento da total quantia do rendimento». — *Ibid.*, XII, p. 43.

«Mando a vós que reconheçaes ao dito Rudragi Rane como *Sar* **Desmuca** da dita provincia». — *Ibid.*, p. 44.

1880. — «Os *dessaes* ou **dexmukas**, e *sar-dessaes* ou **sar-dexmukas**, succedem como varões mais velhos da familia com obrigação de dar alimentos aos parentes». — Teixeira de Aragão, *Descripção das Moedas*, III, p. 25.

1902. — «É concedido na India o titulo de *dessae* e de **desmukh** aos chefes da aldeia».—Cristóvão Pinto, in *Ta-ssi-yang-kuó*, II, p. 314.

1909. — «Concediam-se terrenos a indús que dêssem provas da sua lealdade e que por esse facto se chamavam *jagirdars* e **deshmukh** (chefe hereditario)».—Amâncio Gracias, *Subsidios para a Historia*, p. 10.

*** DESPANDA** (s. m.). Escrivão dum distrito, no govêrno dos maratas. Do mar. *dexpaṇḍe*, *dexpaṇḍya*.

1814. — «Em cada *pragana* haja um *Dessai*, e hum **Despanda**, que lhe escrivão, a fim de cuidarem no estabelecimento das Provincias». — *Collecção de Bandos*, Apêndice II, p. 71.

1886. — «Na India existem os titulos de rajah, bahdur, rane, sar-dessay, dessay, desporobo, **despanda**». — Lopes Mendes, *A India Portugueza*, II, p. 14.

*** DESPÔROBO**. Governador dum distrito, no Decão. Do conc. *dexparabh*, mar. *dexprabhu*, «senhor de distrito». V. *porobo*.

1822. — «Atmarama Porobo, Dessay de Cassabé, e **Des-porobo** da provincia de Pernem». —*Apud* Júlio Biker, *Collecção de Tratados*, XII, p. 26.

1850. — «E por feudatarios nobres o **Des-porobo** e os Dessais de Pernêm — Bicholim — Arabó — Parcem, etc.». — F. N. Xavier, *Collecção de Bandos*, Apêndice, II, p. 68.

1898. — «Os ascendentes do visconde serviram o antigo Aider-Ali-Can com fidelidade e energia, tendo sido agraciados por elle com o titulo de **desparobo** da provincia». — Oliveira Mascarenhas, *Atravez dos Mares*, p. 66.

1905. — «Sar Dessay, Dessay, **Desparobo**, Despanda, etc., concedidas no dominio maratha ou hindú». — Ernesto Fernandes, *India Portugueza*, p. 157.

**DESSAI** (também **deçai**). Antigo chefe ou administrador de concelho ou de aldeia no Concão; *gancar-mor*. Era cargo hereditário, como quási todos os outros do país. Agora existe o mero título, *sine re*, em muitas famílias de Goa, mesmo cristãs, como na do autor, excepto nas Novas Conquistas, onde também se emprega o termo como sinónimo de «gancar» [1]. Do conc. *desāy*, mar. *dexāī* < sânsc. *deçādhipati*, de *deça*, «região, distrito», e *adhipati*, «senhor».

*** SAR-DESSAI** é «arquidessai», chefe dos dessais, dessai principal. *Sar* quere dizer em persa «cabeça». *Sar-dessai* é, portanto, um composto híbrido. É também o epíteto do régulo de Savantvari, ao norte de Goa. Cf. *sar-desmuca*.

1614. — São estes **Deçais**, como juizes, e cabeças das Aldeias, e como Almotacés na repartição dellas». — Diogo do Couto, Déc. VII, IV, 14.

1695. — «**Deçaes** são como erão os Principes de Italia, quando pagavão tributo ao Emperador, porque desta sorte ao Rey Idalcão pagavão todos». — Cosme da Guarda, *Vida de Sevagy*, p. 28.

---

[1] «Nas outras provincias as gancarias são em regra compostas de marathas que se denominam umas vezes **dessais** e outras gancares». — Antonio E. de Azevedo, *As Communidades de Goa*, p. 10.

1697. — «Os Reys infieis davão estas Aldeas a pessoas particulares, que se chamavão **Deçays**, com certa pensão de foro». — P. Francisco de Sousa, *Oriente Conquistado*, I, I, 2.

1714. — «Me parece dizer-vos que se deve coarctar a liberdade ás provisões, que se concedem aos ditos gentios para andarem em andores, e trazerem sombreiros, e outras semelhantes, não humas taes pessoas cuja authoridade e postos, como são **Dessais**, convem politicamente que se despense com elles neste particular». — *Carta Régia*, in *Archivo*, Supplemento II, p. 17.

1715. — «... se vai despejando de tudo, e tratando já de fazer novas colonias na terra firme, com grandes conveniencias que lhe offerecem os **Dessais** della, e se achava a cidade de Goa em termos de ficar quasi deserta no que toca ao povo». — *Archivo*, loc. cit., p. 62.

1718. — «Faltando os **Deçais** de Pondà à palavra com que tinhão promettido cavallos para aquella jornada... o Senhor D. Luiz da Costa applicou sua diligencia, e cuidado a supprir o com que faltarão aquelles **Deçais**». — João Tavares Guerreiro, *Jornada*, p. 7.

1727. — «**Dessay**. He na India huma dignidade, que ha entre os Gentios, possuhida sempre pelos que servem na guerra; são inferiores a *Rajas*, ou Principes, com feudos do Mogor, que desfrutão com encargo de certo numero de *Lascarins* ou Soldados, mas muitos receando o castigo das violencias cometidas nas terras, que os Reys Mogores lhes derão, se refugiarão nas dos Portuguezes; destes he o Fondu Saunto Bonsuló, **Sar-Dessai**, das terras de Cudale». — Bluteau, *Supplemento*.

1728. — «O lugar em que se faz este lavatorio he o de Naroá, terra de **Sar-Dessay** Fondu Saunto Bounsuló». — *Carta* do vice-rei, in *Archivo*, Supplemento II, p. 123.

1745. — «A estas se unirão mais duas Companhias de dous **Dessays**, ou Senhores hereditarios do Estado». — Monterroio Mascarenhas, *Epanaphora Indica*, II, p. 27.

1746. — «Convidava a todos os **dessaes**, que são os senhores das terras, e os *gancares* que são os principaes das aldeas, a voltarem para ellas e cultivarem-nas». — *Apud* Eduardo Balsemão, *Os Portuguezes no Oriente*, III, p. 112.

1747. — «Seguiam estes annos passados o [partido] dos **Sardessays**, que se arrogaram este titulo, que he mesmo que *Archi Dessay*, ou *Gram Dessay*, sendo de antes somente *Dessays de Cuddale*. Alguns escritores Francezes dam a estes Principes, em lugar de **Dessay** o titulo de Duque». — *Id.*, IV, p. 75.

1749. — «E entre os mortos pelo fogo, foi Nebbá Cabo, estimado e parente dos **Sar-Dessaes** seus soberanos». — *Apud* Eduardo Balsemão, *Os Portuguezes no Oriente*, III, p. 67.

1750. — «Entrou o Sevagi na ilha de Bardez rompendo os numeros (*sic*), que a defendem pola terra firme, tomando por pretexto haver o Vice-Rey amparado Alcomocanto hum **Dessavi** das suas terras, que por levantado vinha fugindo». — D. Luís de Meneses, *Hist. de Portugal Restaurado*, III, p. 400.

1782. — «Mandei publicar alguns editaes em gentilico segurando a todos os **Dessays**, que são os senhores das terras... que os conservaria nos seus usos e costumes, na posse dos seus *Dessayados*, tenças, fazendas e rendimentos, na forma que se achavam pelo Bounsuló». — *Apud* Júlio Biker, *Collecção de Tratados*, VIII, p. 174.

1838. — Boa vontade do mesmo ex-Governador Militar de attender, e recompensar os serviços allegados por aquelles **Dessays**, e a necessidade que então se apresentára de augmentar a força militar». — Joaquim Soares, *Bosquejo das Possessões Portuguezas*, I, p. 82.

1842. — «Os sipais obedecem servilmente aos seus cabos, especialmente aos **Dessaes**, cujas ordens cumprem cégamente por barbaras ou immoraes que sejam». — *Annaes Maritimos*, p. 198.

1849. — «Ao Norte, as terras de **Sar-Dessay** Bounsuló».—Joaquim C. Soares, *Bosquejo das Possessões Portuguezas*, I, p. 13.

1852. — «**Dessay** — Gancar-mor. *Item*. Mercenario feudatario dos antigos Dominantes». — F. N. Xavier, *Bosquejo Historico*, IV, p. 7.

1863. — «No *mocaçó* do **dessae** (titulo que corresponde a conde, entre os gentios)...». — Lopes Mendes, *apud* Oliveira Mascarenhas, *Atravez dos Mares*, p. 193.

1874. — «Ha tambem na nossa India os **dessais** e **sardessais**, titulares donatarios de feudos e provincias pelos antigos denominadores». — Tomás Ribeiro, *Jornadas*, II, p. 17.

1880. — «Ha outros nobres sem fóros de realeza, pertencentes ás castas mais privilegiadas e descendentes das familias que occuparam elevados cargos civis, conhecidos pelo nome de **Dessaes** e **Sar-Dessaes**, conforme a extensão dos seus limites». — Teixeira de Aragão, *Descripção das Moedas*, III, p. 25.

1901. — «Os **sar-dessais**, possuidores desta provincia, declaram-se subditos portuguezes em 1746». — José Pinheiro, *Bol. S. G. L.*, XX, p. 14.

1901. — «Os **Sar-dessais** e *Dessais* representavam barões e condes, e os *Ranes* eram Regulos, governando os povos, pagando o feudo ao suzerano, e auxiliando o Estado com tropas e forças militares em casos de urgencia». — Cristóvão Pinto, *ibid.*, p. 254.

1912. — Felizmente, escapou de ser pisado pelo vehiculo um dos que lá iam e ficando levemente molestado o sr. **Déssai**». — *O Futuro* (de Goa), de 18 de Outubro.

1674. — «... who fail not once a-year to send to reap the Profit, which is received by the Hands of the **Desie,** or Farmer, who squeezes the Countryman, as much as the Governor does the Citizen». — Fryer, *East India*, I, p. 301.

1906.—«L'histoire agricole du territoire de Satary et des autres regions qui étaient sous la seigneurie de nos *Ranes*, **Sar-dessaïs** et **Dessaïs** en est le temoignage». — Cristóvão Pinto, *Les Indigènes*, p. 26.

* **DESSAIADO, SAR-DESSAIADO.** Ofício, jurisdição, mercê do *dessai* ou *sar-dessai*.

1714. — «Para evitar confusão e requerimentos, que continuamente accrescem na materia dos **Sar Dessaiados** entre os mesmos co herdeiros, sem embargo do ajuste feito por ordem do governo deste Estado». — *Apud* Júlio Biker, *Collecção de Tratados*, v, p. 256.

1747. — «Nomeou-o Commandante para em nome do estado fazer quantas hostilidades fossem possiveis no **Dessayado** de Minory». — Monterroio Mascarenhas, *Epanaphora Indica*, IV, p. 104.

1749.—«Persuadiu-se que d'ali passasse eu a Cudale, cabeça do seu **dessaiado**». — *Apud* Eduardo Balsemão, *Os Portuguezes no Oriente*, III, p. 146.

1844. — «Todos aquelles bens e outros similhantemente patrimoniaes, foram na sua origem, do *Devão* (Fisco) e concedidos pelos Antigos Dominantes do Concão ás principaes Personagens da sua Côrte, e Dominios, fundando nelles *Des-Porobados*, **Dessaiados, Sar-Dessaiados** etc., preheminencias, ou jerarquias, que coincidem, pela sua natureza, e encargo, com os Baronatos, Viscondados, Marquezados». — F. N. Xavier, *Collecção de Bandos*, Apêndice II, p. 37.

1846. — «Ha no Industão uma sorte de nobreza, com o nome de *Dessaes* e *Sar-Dessaes*, os quaes eram, como chefes locaes, tirados das mais altas castas... Os Sar-Dessaes eram possuidores de territorios mais estensos. Estes **Dessaiados** eram uma especie de feudos concedidos, com obrigação expressa de estarem os seus possuidores sempre promptos, para servirem ao dominante na paz e na guerra». — *Annaes Maritimos*, p. 247.

1850. — «**Dessaiados** são mercês, e a sua conservação he dependente do arbitrio do Governo». — F. N. Xavier, *loc. cit*, p. 1.

1880. — «Hoje, depois de reduzidos os vinte e sete **dessaeados,** ainda câstam aos cofres da fazenda da India portugueza 33:162 xerafins 13 ¼ tangas (5:306$032 réis)». — Teixeira de Aragão, *Descripção das Moedas*, III, p. 25.

1886. —«Os **dessayados** e **sar-dessayados** são instituições puramente feudaes ou concessões, que o dominante fazia, de certas terras, rendas, cargos e direitos, com a condição de seus possuidores lhe guardarem fidelidade e prestarem serviços militares». — Lopes Mendes, *A India Portugueza*, I, p. 225.

* **DESSAÍNA.** Mulher do *dessai*. Do conc. *dessāyṇ*.

1886. — «Vestem um panno branco, cobrindo com elle a cabeça como as mouras, as ranes e as **dessaynas**».—Lopes Mendes, *A India Portugueza*, I, p. 268.

* **DEVADASSI.** Bailadeira que serve em algum pagode. Do sânsc. *devadāsī*, «escrava de Deus», corrente nos idiomas modernos. Em concani é designada por *kalāvant* ou *kalvant*, lit. «artista». V. *bailadeira*.

1516. — «Destes templos ha muytos que tem loguo destas mulheres [viúvas] cento e mais fidalgas, e algumas solteiras se metem aquy tambem por suas vontades, has que saom obrigadas a tanger e cantar diante dos idolos certas horas do dia, e ho mais do tempo que lhes fiqua ganhaom pera elles». — Duarte Barbosa, *Livro* (2.ª ed.), 306.

1525. — «A este ydolo dão de comer cada dia; que dizem que come; e quando elle come baylhão lhe molheres diante, as quaes são do dito pagode, e lhe dão de comer, e tudo o que he necessario, e todas as que dellas nacem são do pagode». — *Chronica de Bisnaga*, p. 85.

1552. — «Estava aposentado em hum pagode de freyras chamado Bardor; que tomaua o nome do diabo a que era dedicado, e estas freyras erão molheres, que depois de viuuas não se quiserão queymar». — Castanheda, *Historia*, VIII, cap. 104.

1825. — «Chamam ás religiosas, empregadas no serviço dos pagodes, **Devadasses**». — José Inácio de Andrade, *Cartas*, p. 48.

1878. — «*Bailadeira* — **Déva-dassy,** dançarina ao serviço dos templos. É filha d'uma classe especial, tolerada pelos codigos indianos, onde a mancebia é um modo de vida que passa como herança de mães para filhas». — Cristóvão Aires, *Indianas e Portuguezas*, p. I.

1884. — «São raparigas escolhidas de entre as mais formosas e formam duas classes principaes, as **devadaris** (*sic*) e as *natsch* (!). As primeiras são escolhidas de entre as creanças, ainda nubis, das *vaicias* ou *sudras*, e são as *escravas dos deuses*, habitando os templos e animando as festas e as procissões». — Adolfo Loureiro, *No Oriente*, II, p. 228.

1908. — «**Deva-Dassi**. Nome das bailadeiras indianas, ligadas ao culto de um templo brahmanico». — Alberto O. de Castro, *Flores de Coral*, p. 134.

1908. — «Nas festas que são muitas, o que mais os extasia é o *nautch* (!)[1] ou dança das bailadeiras, servas do templo ou **devadassadis**, e diga-se de passagem que taes espectaculos bem longe estão do que a maior parte dos europeus imaginam». — Hipácio de Brion, *A India Portugueza*, p. 26.

1916. — «**Devadassi**. Dançarina indiana; antecessora de *bayadeira* (!) mas de posição mais elevada»[2]. — *O Instituto*, LXIV, p. 319.

1702. — «Peu de temps après je baptisai une **Deva-Dachi**, ou Esclave divine, c'est ainsi qu'on appelle les femmes, dont les Prestres des Idoles abusent, sous pretexte que leurs Dieux les demandent et les retiennent à leur service». — *Lettres Édifiantes*, VI, p. 8.

1782. — «Spourate est nommé par ses Bayadères, dont le véritable nom est **Dévadassi**». — Sonnerat, *Voyages*, I, p. 40.

1825. — «Ces femmes prennent le nom de **deva-dassya** (servantes ou esclaves des dieux); mais le public les désigne sous le nom plus énergique de prostituées; en effet, elles sont juridiquement tenues, par leur profission, d'accorder leurs faveurs, si faveurs il y a, à quiconque les en requiert moyennant finance». — P. Dubois, *Mœurs*, II, p. 353.

1836. — «Il en est de même dans tout l'Orient. Les almés de l'Égypte et les danseuses de la Perse, sans être au-dessus de nos figurantes des petits théâtres, sont supérieures aux **devadassi**, que nous appelons *bayadères*, et surtout aux ronguines». — Rienzi, *Océanie*, I, p. 15.

1875. — «The nature of the institution of the temple dancing-girls seems to have been scarcely understood by the Traveller [Marco Polo; vid. *bailadeira*]. The like existed at ancient Corinth under the name of *hierodouloi*, which is nearly a translation of the Hindi name of the girls, **Deva-dási** (Strabo, VIII, 6, § 20)». — Yule, *Marco Polo*, II, p. 338.

1884. — «Quant aux **Dêva-dassis** (esclaves ou servantes de dieux) danseuses ou bayadères, bien que consacrées au service du temple, ce sont simplement des prostituées publiques». — Mgr. Laouenan, *Du Brahmanisme*, I, p. 78.

[1] As línguas indianas não conhecem *nautch* nem *natsch*, que são formas inglesa e alemã do vernáculo *nāch* ou *nāţç*.

[2] Não é antecessora nem sucessora de *bayadeira*, que não existe em português nem em francês: *bailadeira* (representado em francês por *bayadère*) é o nome português de *devadassi*.

**DEVANÁGARI** (s. m.). Assim se denomina o alfabeto em que geralmente se exaram os monumentos literários da língua sânscrita. Diz-se também simplesmente *nágari*. É de origem semítica, introduzido na Índia no século VIII antes de Cristo. V. A. Macdonel, *A Hist. of Sanskrit Literature*, p. 17. O vocábulo sânsc. *devanāgarī* é composto de *devá* e *nāgarī*, «urbano», isto é, «alfabeto da cidade de Deus».

1874. — Deixa-se ficar ao pé da cova um vaso com agua, e uma taboleta com uma inscrição em caracteres **devanagari**, e os bonzos correm a receber propinas». — Pedro G. Mesnier, *O Japão*, p. 277.

1854. — «La secte *sin-gon*... et la secte *tendaï* sont remarquables en ce qu'elles font usage des caractères **dewanagri** modifiés». — Jancigny, *Japon*, p. 150.

**DEVANAGÁRICO** (adj.). Relativo ao *devanágari*. Alguns escrevem *devanágrico*.

1881. — Os caracteres **devanágricos** são os mais geralmente empregados nos monumentos litterarios em lingua sãoskrita». — Vasconcelos Abreu, *Gramatica Sãoskrita*, p. 1.

1902. — O alfabeto sundanez, como o javanez, o madurense, o balinense e todos os mais da Indonésia (excepto o malayo) derivam do alfabeto **devanágari**». — *Ta-ssi-yang-kuó*, II, III, 5.

1903. — «Por via dos Arabes conheceu a Europa os algarismos **devanágricos** representativos dos números dígitos, do que dizem letras de conta árabes». — Vasconcelos Abreu, *Curso Integral*, p. 16.

1906. — «No alfabeto **devanágrico**, ou índico, represento semelhantemente as aspiradas». — Gonçalves Viana, *Apostilas*, I, p. VIII.

1915. — «... se o estudo de concani deverá ser ministrado no analfabeto em caracteres próprios, **devanágricos** ou **devanagáricos**». — *Heraldo*, de 28 de Maio.

1623. — «Ci mostrò i suoi libri, scritti in vn carattere antico, frà di loro letterale, non comune hoggi al volgo, mà noto a i dotti, e vsato da' Brahmani, che à differenza di diversi altri caratteri volgari... lo chiamano **Nagheri**». — Pietro Della Valle, *Viaggi*, III, p. 57.

1786. — «Pretendono il Sig. Wilkins e Jones, che il carattere proprio ed originale della lingua Sancrit è il **Dèvanagari**, cioè quello in cui essi trovanno scritti alcuni libri ed inscrizioni indiane». — Fra Paolino, *Viaggio*, p. 263.

«**DEVAS**, m. pl. Os gênios bons na theogonia brahmânica». C. de Figueiredo. Não é tal. O sânsc. *deva-s* (nominativo singular) é o lat. *deus*, derivado da raíz proto-árica *div*, «brilhar». Deus era, portanto, no conceito pelo menos de uma secção dos povos da fala indo-europeia, um «ente brilhante». O termo aplica-se na Índia, por excesso de acatamento, a homens superiores, como também se nota na Bíblia. Os cristãos indianos empregam o mesmo no seu culto. De *devā* se deriva a palavra mar.-conc. *devūl* (corrupção do sânsc. *devālaya*), «casa de Deus, templo»; mas não se aplica às igrejas católicas.

1685. — «Tem a hum só Deos por author da natureza, superior a huma multidão de Deoses, que nomeão com o nome de **Deo**, aplicando a cada hum huma obra, como agricultura, elemento, ou outra semelhante». — João Ribeiro, *Fatalidade Historica*, I, cap. 14.
1687. — «Os Bramanes procedem de **Bramâ-Deu**; que na realidade não foy Dêos, como fabularão os Gentios; senão Rey; porque ainda hoje chamão ao Rey, Devâ Rajâ; que quer dizer Dêos da terra». — P. Fernão de Queiroz, *Conquista de Ceylão*, p. 124.
1825. — «Os indios chamam **Divas** aos genios de bem; *Deithis* [*daityas*] aos do mal; e julgam aquelles sempre em guerra com estes». — José Inácio de Andrade, *Cartas*, I, p. 31.
1898. — «Segundo as leis de Manu ha 8 especies de casamentos: — bons e maus, ou sejam ao modo de Brahma, dos **devás** (deuses)...». — Oliveira Mascarenhas, *Atravez dos Mares*, p. 130.
1916. — «**Devas**. Deuses (em sanskrito)». — *O Instituto*, LXIV, p. 319.
1913. — «To Sekra the Lord of **Devas** he commended the protection of Wijayo, the Lion-born, who that day had reached Lanka». — P. E. Pieris, *Ceylon*, I, p. 2.

* **DEVI**. Deusa hindu; por antonomásia, Cali (q. v.) ou Durgá, mulher de Xiva. Do sânsc. *devī*.

1915. — Para que lhe servia a sua peregrina beleza que causara a admiração de quantos a conheciam, de que lhe valia ter sido festejada, adulada como quasi uma **devi**, se não tardaria a ser pasto das chamas e, o seu corpo — um sonho feito em carne — reduzido á cinza!...». — *Heraldo*, de 14 de Março.

* **DEVIÁ** (s. m.). A palavra *deviya* quere dizer em singalês «deus, divindade»; empregava-se porêm no antigo regime como título duma dignidade.

1687. — «Conforme seus merecimentos, e calidades, acrescentou-os com os cargos de Modeliares, Araches, Tandârez, Duriaz, Panichiaz, **Deueaz**, e Vngiaz». — P. Fernão de Queiroz, *Conquista de Ceylão*, p. 415.

* **DEVOTA** (s. f.). Serenata religiosa, que se fazia em Goa durante a quaresma e que foi modernamente abolida pela autoridade eclesiástica, por causa de abusos.

1812. — «Prohibe... aos clerigos irem de noite cantar a chamada **devota**». — P. Casimiro de Nazareth, *Mitras Lusitanas*, in *Bol. S. G. L.*, XV, p. 582.

* **DIBÁ** (persa *dībā*). Rico brocado persiano.

1610. — «**Dibá** es vna tela riquissima que alla vzan los Reys y Principes». — Pedro Teixeira, *Relaciones*, p. 114.

**Digar**. V. *adigar*.

**DHOROVETTI**. Bluteau regista êste vocábulo no *Supplemento* como «termo da India Portugueza», e dá-lhe o seguinte significado: «he a pensão de serviço, a que se está sogeito». O étimo é o concani-mar. *darveṭh*, que quere dizer «serviço que cada indivíduo tem de prestar gratuitamente ao estado ou à pessoa no poder». Deve-se ortografar *dorveti*.

* **DIMITI** (ant.). É uma espécie de tecido fino de algodão. Não se sabe a que língua pertence o termo, que também figura nas pautas aduaneiras da Índia Inglesa.

1779. — «... chitas de Madrasta e de Mamalong, cobertas, mouries, **dimitys**, pascaul, *dorias*, betilhas e muslinas». — D. Francisco de Sousa Coutinho, *Breve e util idéa*, no *Panorama*, X, p. 38.
1678. — «Broach Boftas, broad and Narrow; **Dimities** and other fine *Calicuts*». — Fryer, *East India*, I, p. 220.

* **DIM, DIN**. Religião de Maomet.

Do hindustani-ár. *dīn*, «fé». *Din din* é o grito de guerra santa dos maometanos.

1577. — «... gritando como he seu costume: **Dim, Dim,** Mafamede, de sorte que enchião o ar e a terra de terror e confusão». — *Primor e Honra*, fl. 19.
1866. — «Nem o **din** que soara no alto do Himalaia, nem o canhão, que atroara as muralhas de Delhi pudera despertar esse gigante». — Francisco Luís Gomes, *Os Brahamanes*, p. 300.

**DINAR.** Moeda árabe-persa (*dīnār*) de diverso metal e valor. A que corria em Ormuz com êsse nome ao tempo dos portuguezes valia 5 réis. O étimo primordial é o lat. *denarius*, já conhecido na Índia em princípios da era vulgar, e registado (*dināra*) no *Amarakoça*, dicionário sânscrito do século v, como sinónimo de *niṣka*, «moeda de ouro». Nas línguas da Malásia também tem o mesmo significado. Mas o *dinar* da Pérsia moderna é, como diz Yule, «uma pequeníssima moeda imaginária, 10:000 das quais fazem um *tamão* (*tomaum*)» ou 1$800 réis.

1333. — «Designou a cada individuo a sua parte daquella bolsa, da qual me tocarão cinco mil **dinar**, sendo o dinheiro ao todo cinco mil ducados». — Ben-Batuta, *Viagens*, II, p. 169.
1525. — «Dous fules (=*faluz*) valem huum **dynare**, e doze **dynares** hũa tamgua, e tres tangas e dez **dynares** hum larym novo». — *Lembranças*, p. 53.
1553. — «Dous azares val hum xerafim, e dez çandijs meyo xarafij, e cem **dinares** hum çandil». — João de Barros, Déc. II, x, 7.
1554. — «Abaixa 20 **dinares,** que são 2 faluzes». — António Nunes, *Lyvro dos Pesos*, p. 15.
1554. — Ficando elRey d'Ormuz deuendo das ditas pareas trezentos e cincoenta e dous xerafins e sete çadis e corenta e seys **dinares**». — Simão Botelho, *Tombo*, p. 86.
851. — «Chaque navire chinois paye mille dirhems; pour les autres navires (qui sont moins lourdes), ils payent depuis un **dinar** jusqu'à dix».—Soleimão, *apud* Reinaud, *Relations*, II, p. 15.
1582. — «Ogni *sadino* fà **denari** cento». — Gaspar Balbi, *Viaggio*, fl. 51 *v*.
1675. — «... and give him a Staff in his Hand with some **Daniros** for his Journey». — Fryer, *East India*, II, p. 337.
1876. — «... made of white camels hair, and costing fifty **dinars** each». — Howorth, *History of the Mongols*, I, p. 74.
1878. — «La dotation (de la princesse) est fixée à trois cent mille **dinars** d'or». — Marcel Devic, *Légendes de l'Archipel Indien*, p. 6.

**DINHEIRO.** Antiga moeda de estanho em Goa e Malaca, mandada cunhar por Afonso de Albuquerque. Valia meio real.

1553. — «E deste [de estanho] para pagamento de jornaes e cousas da praça, lavrou duas sortes: a hũa chamou **dinheiro**». — João de Barros, Déc. II, II, 6.
1557. — «A agora em Ormuz era tão cara que huma jarra della, que em tempo de paz valia dez **dinheiros** [por *dinares*, q. v.], valia agora duzentos». — *Commentarios*, I, cap. 59.
«E á moeda de cobre [de Goa] poz nome leaes, e á outra mais pequena que valia tres hum leal, poz nome **dinheiro**». — *Ibid.*, II, cap. 25.
«De dois caixes, que era moeda de estanho do Rey de Malaca, se fizesse huma moeda com a espera del-Rey D. Manuel, a que puzeram nome **dinheiro**». — *Ibid.*, III, cap. 32.
1566. — «Fez moeda noua de estanho de que se acha muito, em minas que a no mesmo regno [Malaca], a que pos nome **dinheiro,** do que hum valia dous caxas». — Damião de Góis, *Chronica de D. Manuel*, III, cap. 19.
1582. — «Le più piccole monete che corrono nella città di Malacca sono fatte di stagno molto piccole rotonde... lequali si chiamano **danari,** che dieci di essi denari fanno una *caiza* (*caixa*). — Gaspar Balbi, *Viaggio*, fl. 131 *v*.
1880. — «Lastly were struck coper coins called **dinheiros** and *leaes*. Now the word *dinheiros* (Lat. *denarii*, Fr. *deniers*) when used in singular is a generic name for all kinds of money, and... it caused not little confusion and consequently they agreed to call the **dinheiros** *cepayquas*».— Gerson da Cunha, *Contributions to the numismatics*, I, p. 11.

* **DIQUEMALI** (mar. *ḍikemalī*, conc. *ḍīkmālī*). Resina de *Gardenia lucida*, Roxb. «Dos botões, das flores e da casca, depois de incisões, mana uma resina conhecida por «*dikmālī*», que é usada pelos cirurgiões veterinarios como antiseptico contra as feridas e molestias cutaneas». D. G. Dalgado, *Flora*.

1810. — «Azeite de copra, **diquemali,** pat, areca...». — Joaquim Soares, *Doc. Comprobativos*, p. 434.
1875. — «It [*Gardenia lucida*] grows in

the Konkan districts, producing a fragrant resin called **Dikamáli** in India and by Arabs *Kankham*». — Yule, *Marco Polo,* II, p. 387.

* **DISSAVA** (s. m.). Governador de província ou distrito, em Ceilão; (s. f.). Província, distrito. Do sing. *disāva;* sânsc. *deça,* «região».

1615. — «Eu sou informado que de alguns annos a esta parte se fazem muitas forças e tyranias aos naturaes da ilha de Ceilão, assim pelos capitães e cabeças das **dissavas,** como pelos *vidanas* das aldeias, de que tenho muito desprazer». — *Carta Régia,* in *Doc. da India,* III, p. 208.

1632. — «E tomára o dito Rey duzentos e cincoenta portuguezes com o capitão mór, e mais alguns **Dissavas,** e outros capitães». — *Apud* Júlio Biker, *Collecção de Tratados,* II, p. 48.

1635. — «O que fizeram não só os soldados, mas tambem os casados senhores das aldeias, vindanas e **dissavas**».— António Bocarro, Déc. XIII, p. 275.

1685. — «Assistia mais o **Dissava,** que responde aqui como Governador das armas de huma Provincia entre os naturaes, e sempre tinha effectivos tres ou quatro mil *lascarins* e seus cabos». — João Ribeiro, *Fatalidade Historica,* I, cap. 16.

1687. — «**Dissâua,** ou como outros pronuncião, *Vissâva,* he entre eles o mesmo que Prouincia, e das Serras, que se estendem no certão da Ilha pera bayxo, pela parte do Norte, e do Poente dividirão os Reys, athe as fraldas do mar, quatro **Dissâuas**». — P. Fernão de Queiroz, *Conquista de Ceylão,* p. 25.

«Eles [obedecem] ao *Vidâna,* e todos ao **Dissâua,** que he seu Juiz no crime e no Ciuel, a que eles são subordinados».— Id., *ibidem.*

1707. — «Da banda de Caymel ha quatro ermidas em quatro povoações de Nigombo, onde o dia seguinte chegarão o **dissava,** e o predicante para fazer a visita». — P. Manuel de Miranda, in *O Chronista de Tissuary,* III, p. 206.

1750. — «No mesmo tempo deste successo havia alcançado outro de não menos consequencia João Botado (a que chamavão **Dizava,** por ser Cabo de hum Corpo de Infantaria, seguindo os termos com que se explicavão os naturaes da Ilha)». — D. Luís de Meneses, *Hist. de Portugal Restaurado,* II, p. 406.

1881. — «Mandou ordem secreta ao **dissava** (chefe) das 4 corlas».—Eduardo Balsemão, *Os Portuguezes no Oriente,* II, p. 28.

1876. — «Diz-nos que o territorio de Ceylão, no tempo dos seus ultimos reis, se dividia em provincias centraes, chamadas *rattes,* que rodeavam a capital, e em provincias lateraes ou **dissavas**».—Rodrigo Felner, em Bocarro, p. 687.

1678. — «Quedaron solamente con nombre de Reys los de Candia, Uva, y Jafanapatan; y con el de *Varias,* **Dissavas** (que son como entre nosotros los Condes) parte de Batecalou, Pacardiva, y Balani». — João de Sá e Meneses, *Rebelion de Ceylon,* p. 15.

1690. — «Centurio declarabat, Cinghalenses ipsi dixisse saepius tales Dendrites in Calappi ligno inveniri, plures tamen proferre non poterant, vel indicare, quamvis tum temporis ipsis praeesset tamquam **Dessave,** seu praefectus». — Rumphius, *Herbarium Amboinense,* I, cap. 3.

1854. — «Venaient ensuite des *désapatis, desauves* ou **dissaves** Ces chefs de grand district ou province (appelés en conséquence *dissavenies*) avaient non-seulement l'autorité militaire et la surveillance de l'administration dans leurs lieutenances, mais l'inspection des comptes des revenus publics et des collecteurs de taxes».—Jancigny, *Ceylon,* p. 647.

1860. — «At one extremity of the town of Bintenne is the Willawé, or residence of the local headman, a chief named Gonnigoddé, who formerly held the high rank of **Dissave** of Bintenne». — Tennent, *Ceylon,* II, p. 427.

* **DIULI**. Candeeiro pequeno. Do concani-mar. *divlī,* deminutivo de *divó,* «candeeiro».

1886. — «... uma grande salla de baile, que illuminavam com profusão de alampadas e **deulys** ou candieiros de bronze». — Lopes Mendes, *A India Portugueza,* I, p. 43.

* **DIUSA** (jap. *uso*). Mentira, falsidade, em japonês. V. *daiuz.*

1549. — «E para que se entenda donde naceu a este dizer isto, se ha de saber que na lingua de Japão se chama a mentira **diusa,** e porque o Padre quando prègava dizia que aquella Ley que vinha denunciar era a verdadeira Ley de Deos, o qual nome elles pela grossaria da sua lingua não podião pronunciar tão claro como nós, e por dizerem *Deos* dizião *diùs,* daqui veyo que estes servos do diabo tomarão motivo de dizerem aos seus que o Padre era demonio em carne que vinha infamar a Deos, pondolhe nome de mentiroso». — Fernão Pinto, *Peregrinação,* cap. 213.

* **DIUTI**. Facho, lampião. Do conc. *divṭī* < sânsc. *dyuti.*

1874. — «O calor tinha aumentado, pela grande porção dos grossos fachos ardentes, **diutis,** com que vieram ennobrecer o prestito». — Tomás Ribeiro, *Jornadas,* II, p. 114.

1866. — «Estas metades [de côco] tem

muitas serventias: Servem para **diuty** (vaso com luz) de luminarias fixas por occasião de procissões». — F. N. Xavier, *Descripção do Coqueiro*, p. 23.

1886. — «**Diutti** ou Tocha. — Luzes portateis; são formadas de um tubo, em que se encaixa um embrulho de panno ensopado em azeite, que se accende, sostido n'um cabo, tudo de prata, oiro, latão, etc.». — *Apud* Júlio Biker, *Collecção de Tratados*, IX, p. 296.

1917. — «Tudo ali brilhava á luz de enormes **diuttôs**» (pl. do conc. *divṭyô*). — *Heraldo*, de 5 de Janeiro.

* **DIVALI** (indo-ingl. *dewally*). Festividade hindu que se celebra no outono, geralmente em Outubro, com grandes iluminações, de que tira o nome, neo-árico *divāḷī*, sânsc. *dīpāvali*, «linha de alâmpadas». O nome da aldeia *Divar* das Ilhas de Goa tem a mesma etimologia. Atribui-se a origem da festividade de iluminação aos jainas, em glorificação do dia do *nirvana* de Mahavira, fundador da sua religião. Os católicos também chamam vulgarmente *candelária* ou *festa das candeias* à festa da Purificação da Virgem Maria. Os chineses e japoneses tem igualmente «a festa das lanternas».

1613. — «Nos dias dos 2 pontos dos equinotios, mormente no equinotio da entrada de libra, dia chamado **Divaly**, tem tal privilegio e virtude que obriga a falar as arvores, plantas e ervas». — Manuel G. de Erédia, *Declaraçam de Malaca*, fl. 38.

1707. — Festejão a festa de **Divaly** e *Auly* queimando arequeira». — *Archivo Port.-Oriental*, Supplemento II, p. 180.

1906:

> «No **Divali** toda a cidade é lumes.
> Chamam os finos *gongs* á oração».
>
> Alberto O. de Castro, *A Cinza dos Myrtos*, p. 50.

1912. — «Uma outra pratica consiste em fazer passar a planta em volta do corpo quando se toma banho matinal no 1.º dia de **Divali** (no anno dos hindús)». — Caetano Gracias, *Flora Sagrada*, p. 99.

1914. — «Passou hontem a festividade gentilica de **divaly**, que no presente anno decorreu aqui animada. Houve em algumas casas e estabelecimentos commerciaes illuminações, foguetorio, bandeirolas e mais ornamentações externas de costume». — *O Ultramar*, de 19 de Outubro.

1915. — «**Divali** ou **dipavali** significa uma fileira de luzes, ou iluminação. É uma festividade anual indú em honra de Kali ou Bhavani, mulher de Siva, e de Lakshimi, mulher de Vishnú, deusa da prosperidade e da abundancia». — Ismael Gracias, *A India*, p. 61.

1623. — «Alli 24 Ottobre fù il **Dauàli** degli Indiani Gentili, e credo che sia la medesima, che l'anno addietro vidi celebrare nel *Bender* di Cumbrù nella Persia». — Pietro della Valle, *Viaggio*, III, p. 149.

1673. — «The first New Moon in October, is the Banyan's **Dually**». — Fryer, *East India*, I, p. 277.

**DIVÃO**. Estado; tesouro público; supremo tribunal; ministro de estado. Na Europa *divã* ou *divan* tem mais acepções, sendo a principal a de «sofá sem encôsto». Na Índia Inglesa também se emprega em diversos sentidos, sendo um dêles «administrador de *zemindaria* ou vasta propriedade». A missão portuguesa de Nagori (Bengala) tem um empregado com êste nome. Do persa-ár. *dīuān* [1].

1333. — No tempo da permanencia do Soltão, mandou este que me designassem das aldêas seis mil ducados por anno; e tendo-mos determinado o Visir, e os membros do **divan**...». — Ben-Batuta, *Viagens*, III, p. 85.

1539. — «Quando amtre o mouro e o portugues ouuer demamda ou diferença ao tal caso ordenarám audiemcia junto dalfamdega e o cady do **divão** e ouuidor dos portugueses ambos de dous assentarám aly e ouuirão a demanda». — *Apud* Júlio Biker, *Collecção de Tratados*, I, p. 86.

1545. — «Disse ao Embaixador que fosse surgir ao **divão** de Campalagran, que era hum dos castellos que estava da banda do Sul, para mostrar aly a carta que levava do seu Rey para o Calaminham». — Fernão Pinto, *Peregrinação*, cap. 162.

1717. — «Escreveu o General ao **Divan** de Porpatane [cidade livre, vizinha de Diu] pedindo-lhe o tributo de tantos annos devido». — D. João Barbosa, *Epitome da Vida*, p. 14.

1785. — «Conseguio o presente Governador de Bengala hum *Formão* ou Patente do Imperador, porque o constituio seu **Divão** (isto he immediato senhor) em todas suas terras». — *Apud* Biker, XII, p. 23.

1788. — «Perdoar o delicto de adulterio,

---

[1] «The Arabic *dīwān* is, according to Lane, an Arabicized word of Persian origin (though some hold it for pure Arabic)». *Glossary*. «L'acception primitive de ce mot arabe était celle de recueil, et c'est dans ce sens que l'on dit, par exemple, le *divan* Ibn Taredh pour désigner la collection des œuvres de ce poète». — *La Grande Encyclopédie*.

que succeder, e que o **Divão** não proceda sobre este caso». — *Ibid.*, VIII, p. 324.

1839. — «Perto se erigia uma nova Mesquita, levantada sobre as ruinas do **divan**, ou salão do Palacio de Saladino, sobre as magnificas columnas de granito vermelho, que outr'ora o decoraram». — Lagrange de Barbuda, *Uma Viagem*, p. 51.

1848. — «Sendo certo que o Governo do Estado representando o antigo **Divão**, superintende a administração dos Pagodes das Novas Conquistas». — *Collecção de Bandos*, II, p. 196.

«Sendo todos estes actos formaes attentados contra o direito da Fazenda Publica, interesse da Communidade da Aldêa—authoridade do **Divão** (Governo do Estado)». — *Ibid.*, p. 211.

1852. — «**Divão** — Dominante. *Item* Fazenda ou Thesouro Publico. *Item* Tribunal superior de Justiça». — F. N. Xavier, *Bosquejo Historico*, IV, p. 7.

1882. — «. . . em dar um castigo severo ao **divão** de Pôr Patane, por não pagar ao Estado os 32 mil xerafins que lhe devia». — Eduardo Balsemão, *Os Portuguezes no Oriente*, III, p. 43.

1900.—«Em Diu denominam-se **divans** ou **divões**, os administradores das *parganâs* (concelhos) dos estados indígenas». — *Ta-ssi-yang-kuó*, I, p. 554.

1906. — «A mais notavel [construção] é o Munshi do **Divan** do Rajah de Nagpor». — Hipácio de Brion, *Duas Mil Leguas*, p. 185.

«Quantas vezes as formosas odaliscas preguiçosamente recostadas em fôfos **divans**, contemplando como nós, este quadro que nos encanta, não lamentaram a sua vida de escravas, anceiando por fugirem d'este paraiso de marmore». — *Id.*, p. 145.

1604. — «Queria hazer vnas proposiciones de vn **Divan** y consejo general para el sossiego vniversal de aquellos estados». — D. Juan de Persia, *Relaciones*, fl. 107.

1614. — «Vn giorno che si faceua **Diuán** . . . che qui è il Consiglio di stato, ò, come diremmo in Roma, Consistoro . .». Pietro della Valle, *Viaggi*, I, p. 55.

«. . . & i **Diuani**, ouero Sale, che sono da vna parte tutti aperti, come gran loggie, nel modo che gli vsano anche in Constantinopli». — *Id.*, p. 486.

1658. — «Più riguardeuoli sono le case de' grandi, ornate di bellissime Cuppole, che sourastano alli **Diuani**, stanze loro principali». — Fr. Vincenzo Maria, *Viaggio*, p. 31.

«Ritornò in questo tempo d'Amadabat Assen Bassa, e richiesto al **Diuani**, ò Gouernatore commodità d'imbarco per se, e per sua gente...». — *Id.*, p. 468.

1660. — «**Diuano**. Luogo da Consigli, ò da conuerzazione». — Mgr. Sebastiani, *Seconda Spedizione*, p. 149.

1666. — «Le Grand-Mogol se l'étant faire lire au **Divan**, en fût satisfait, aussi bien que ses Officiers». —Thevenot, *Voyages*, III, p. 65.

1675. — «In these Straits they find Pretences to cast an Odium on the **Divan** or Council». — Fryer, *East India*, II, p. 350.

1676. — «Quant un Ambassadeur est venu jusqu'au canal, celui qui fait la charge d'Introduction crie vers le **Divan** où le Roi est assis, que tel Ambassadeur demande à parler à sa Majesté». — Tavernier, *Voyages*, III, p. 85.

1695. — «**Divan**, ce mot signifie en Arabe deux choses fort différentes. Par sa premiere signification, l'on entend une chambre de conseil, de justice, de police, et de finances». — Herbelot, *Bibliothèque Orientale*.

1703. — «Quelque puissans que soient ces Gouverneurs, ils ont des surveillans, qu'on appelle **Divans**, charge qui répond à celle des Intendans de nos Provinces de France». — *Lettres Édifiantes*, VI, p. 240.

1770. — «Le **Divan** avoit l'inspection des revenus, des depenses, et prenoit possession au nom de l'Impereur des fiefs qui devenoient vacans». — Raynal, *Histoire*, II, p. 70.

1778. — «Le **Divan**, en Turquie, s'assemble quatre jours de la semaine; les affaires des particuliers y sont traités, ainsi bien que les affaires d'Etat, et le Grand Seigneur y assiste souvent sans être vu». — Anquetil Duperron, *Législation Orientale*, p. 41.

«Il est faux que dans l'Inde les Grands n'ayent pas d'affaires qui soient portées devant le **Devant**: nous avons vu ci-devant que cet Officier arrête la cupidité des Gouverneurs». — *Id.*, p. 136.

1880. — «The **Divan** or Grand Council of the Khan was presided over by the latter, assisted by the sultans... Besides its judicial functions, the **Divan** also had control of the general administration of the Kingdom». — Howorth, *History of the Mongols*, II, p. 608.

«This figure, which from the deference paid to him, was clearly a person of consequence, having set itself on a **divan**, Stoddart reproached it with the indignities he had suffered». — *Id.*, p. 797.

«**Divan**. Sorte de large canapé sans dossier et garnis d'amples coussins... Le grand **divan** de Constantinople ou le **divan** d'Alger, dont parlent les historiens, étaient les conseils de gouvernement du sultan et du dey. Comme les locaux dans lesquels se tiennent ces graves réunions ont pour principal mobilier, en Orient, un large canapé à coussins sur lesquels s'accroupent ceux qui y prennent part, nous avons, en le transplantant chez nous, appelé ce meuble **divan**». —*La Grande Encyclopédie*.

1900. — «A deux heures, une dépêche

du **Dewan** (ministre du Maharajah) pour m'annoncer qu'une voiture attélée de chevaux doit se tenir à mes ordres». —Pierre Loti, *L'Inde*, p. 50.

**DIVANI.** Arrecadador das contribuições. Do hindust. *dīvānī* < *dīvān*.

1746. — «Querendo exercer a sua juridição os *Fordares* e **Diwanis**, contra a ordem real». — *O Chronista de Tissuary*, I, p. 62.

* **DÓ.** «É a velha e comprida mantilha portugueza que as macaístas conservam ainda usando-a com requintada elegancia». Conde de Arnoso.

1895. — «Toda a macaísta sem excepção, pode dizer-se, tem as mãos e os pés bonitos. Sabem-no tão bem, que na rua e principalmente aos domingos á saída da missa, mesmo aquellas que usam sempre o **dó**, e são muitas, encontram maneira de se envolver n'elle por forma a deixar ver pé e mão, o que não é facil». — Conde de Arnoso, *Jornadas pelo Mundo*, p. 145.

1906. — «Dá-se este nome [*tudum*] [1], em Macau, e tambem o de **dó**, a uma capucha preta que é usada pelas senhoras. — Gonçalves Viana, *Apostilas*.

* **DOBRADO** (s. m.). É o nome que se dá na Índia à aguardente de palmeira ou cajuri duas vezes destilada. Por analogia, diz-se também *tibrado*, sendo três vezes destilada.

1866. — «Uma parte de *urraca*, e duas de sura entra para a segunda destilação, e dá o *casuló*, *fechado* ou **dobrado**». — F. N. Xavier, *Descripção do Coqueiro*, p. 16.

1893. — «Quatro partes de *sura* produzem, distilladas, acima de uma parte de espirito fraco, que nós chamamos **dobrado**». — José Maria de Sá, *Productos do Coqueiro*, p. 7.

1900. — «O foreiro paga pelo espirito de Cajuri uma rupia por dez *seiras* de **dobrado**, e meia por dez seiras de *valium*». — António F. Moniz, *Hist. de Damão*, I, p. 163.

1904. — «A vender os vinhos nativos de cajury (urraca, valium, **dobrado**), umas especies de distillação então conhecidas» (em Damão). — Ernesto Fernandes, *Regimen do Sal*, in *Bol. S. G. L.*, XXII, p. 220.

1915. — «O direito de distillação... será por *galão* imperial de espirito... de 17 a 18 graus (**dobrado**) 11 *annás*. —*O Ultramar*, de 21 de Outubro.

[1] É do mal. *tudung*, «véu, bioco».

* **DODDÓ** (pl. *doddé*). Pêso de Goa, equivalente a sete arráteis. Conc. *dhaḍó* (pl. *dhaḍé*), hindust. *dhaḍā*.

1619. — «Sinco **doddés** cada *mão* e de sette arrateis cada **doddó**». — *Regimento* de Nuno Vaz Castelo Branco.

1917. — «Dizem que por estes dias ha tendencia para subir o preço de *copra* como tambêm do côco, pois actualmente o preço do **dorá** de copra é de 14 anás e o do milheiro do côco de 35 rupias». — *O Ultramar*, de 11 de Junho.

* **DODOL.** «Doce feito com jagra ou assucar de palmeira, côco, farinha, etc.». Alberto O. de Castro (p. 136). Usado em ásio-português. Provêm do mal. *dodol*, admitido em concani.

1899. — «Na copa se aprompam o *pão de casa*, a *alúa*, o *doce pinhão*, o *frate*, o **dodol** e outras doçuras e guloseimas». — *Ta-ssi-yang-kuó*, de Dezembro.

1915. — «A saborosa **dudoll** de amendoa de cajú é escura, e quantos outros doces». — *O Ultramar*, de 21 de Outubro.

1036. — «Le soulthan de Java en [manga] possède dans ses jardins une variété appelée **dodol** en javanais, qui est supérieur aux mangues du Bengale et de Malabar». — Rienzi, *Océanie*, I, p. 107.

* **DÓGICO.** No sentido búdico japonês, é «estudante de *varela*, postulante, ajudante», mas não própriamente «noviço», que se designa pelos vocábulos *heta*, *shimbochi*, *shami*, *shashin*. No sentido católico, é «acólito, sacristão, catequista, candidato a irmão, colegial», mas não própriamente «seminarista», como se colige dos textos abaixo reproduzidos, excepto o do P. Valignano.

Gonçalves Viana diz (*O Instituto*, LII, p. 509): «Este vocábulo, que pela definição que o leitor encontrou no texto significava uma espécie de «noviços» nas confrarias budhicas dos bonzos japoneses, não figura em nenhum dicionário português, nem tampouco francês com a fórma *dogique* usada por Charlevoix. É de necessidade, porêm, que se lhe dê entrada no thesouro das duas línguas, visto encontrar-se, avisadamente romanizado nos autores antigos, que a elle se referem».

O mesmo filólogo aponta dois étimos: *dōgi*, «menino», e *dōgaku*, «condiscípulo», e prefere o segundo, «porque, sendo o *k* muitas vezes nullo entre vogaes nas terminações adverbiaes em *ku*, resulta a pronúncia *dogo*, por isso que *au* se profere *ó*, fórma que concorda exactamente com o *dògò* inserto no vocabulário de 1603, indicado, e de que se derivou para português um adjectivo *dógico*, por analogia com *lógico* de *logos*.

Parece-me, contudo, mais provável o étimo *dōjiku* ou *dōjuku*, composto de *dō*, «o mesmo», e *jiku*, «escola particular, sala de estudo», isto é, «o que freqùenta a mesma escola, condiscípulo». *Dōgaku*, decomposto, também significa «a mesma escola, a mesma sciência ou disciplina».

Há outra palavra japonesa, *dōjukyo*, que quere dizer «a mesma morada», e *daigakkō*, «colégio, universidade».

1564. — «Mandou o padre vir do seminario de Tacacçuqui hum **dògico** de boas partes, e habilitado pera poder aliuiar o trabalho dos irmãos na pregação».— P. Luís Fróis, *Cartas de Japão*, II, fl. 109 *v*.

1585. — «Alguns destes [filhos dos cristãos de Nangaçáqui] servem na igreja de **dogicos**, que são como Acolitos pera ajudar à missa, e acompanhar os padres, quando vão polas aldeas confessando, e bautisando, e porque estes Christãos viuem á sombra de nós, ainda que são gente plebea, tratão seus filhos como se fossem *Tonos* ou fidalgos nobres». — *Id.*, fl. 129.

«Em elles começando se aleuantou o principe, e chamou os padres, e irmãos pera dentro do aposento, onde elle estaua, e mandou chamar os **Dogicos** [do colégio] pera que olhassem da varanda, e falou com os padres, e perguntoulhes se lhes parecia bem aquella agilidade, e ligeireza [dos volteadores], e se auia cousa semelhante na India». — *Id.*, fl. 137 *v*.

«Ordenou o padre Argentino que os do seminario, e os **Dogicos** aprendessem o intrinsico das seitas de Japão». — *Id.*, fl. 152 *v*.

1586. —«Quatro padres e quatro irmãos, e quinze **Dogicos** e alguns meninos do seminario». — *Id.*, fl. 175 *v*.

«Lião nosso **Dogico** e prĕgador, anda da mesma maneira, e todos o convidão se quer comprar sal». — *Id.*, fl. 228.

1588. — «... perto de setenta entre padres e irmãos com outros mais setenta moços do seminario, aos quaes ajuntados tambem os **Dogicos** e outros moços de serviço, fazião hum numero de gente muito grande». — P. Gaspar Coelho, *ibid.*, fl 238.

1600. — «E os irmãos de casa com os **Dógicos** (que san os moços que se criam, e seruem na igreja), e os mais que estauam presentes se poseram em oraçam por elle». — P. Fernão Guerreiro, *Relaçam Annual*, p. 129.

1605. — «Tem a sua conta dous seminarios de mais de trezentos moços estudantes naturaes de Japam, e todos os **Dogicos**, ou Cathechistas que ajudam na conuersam das almas». — *Id.*, fl. 3.

1608. — «Leuaua o padre bons ornamentos, e instrumentos musicos, e alguns **Dolucos** tangedores e cantores». — Id., fl. 130 *v*.

«Respondeolhe que se espantaua muito de o persuadirem que adorasse o idolo, sendo cousa que elle não avia de fazer, porque se criaua pera ser **Dolucu**, e depois irmão, e finalmente padre». — *Id.*, fl. 144.

1583. — «Inventarion tambien este grado de **dogicos**, y son mancebos que para ser despues Bonzos se crian en sus casas rapados, y vestidos con ropas largas... y estos agudan en muchos ministerios honrados, y graves acompañando e serviendo a los Bonzos... y destos ay tambien muchos en nuestras Iglesias, porque assi los niños que vienen en los Seminarios como los demas que son rapados y traen ropas largas en nuestras casas tienen en Japan esto nombre de **dogicos**, los quales aunque se visten de largo es de otra manera differente de los nuestros».—P. Valignano, citado por Jordão de Freitas, *O Instituto*, LII, p. 445. V. *ibidem*.

1628. — «Aduocat Catechistam, supellectilis si quidpiam tutò occultandum commendat... scriniolum quoddam per eumdem **Dogicum** adferri sibi iussit, è quo duobus extractis rosariis, alterum illius sorori, alterum fratri minori donare se dixit». — Fabius Spinola, *Vita Caroli Spinolae*, p. 98.

*** DOL.** Bombo, zabumba. Conc. *ḍhol* < sânsc. *ḍhaula*.

1874. — «Á falta de *sarangui*, sempre hade haver um *maddlem* e um **dol**». — Tomás Ribeiro, *Jornadas*, II, p. 77.

1906. — «... vozeando, acclamando, quebrando a leve e azulada noite do Guzerate com os rugidos roufenhos das suas *tarpas*, e os rufos nervosos dos seus **dôlls**». — Alberto O. de Castro, *A Cinza dos Myrtos*, p. 298.

1907. — «... os christãos depois de tomarem banho no mar e tocando um do grupo **dôlls** ou tambores». — *O Oriente Portuguez*, IV, p. 90.

1782. — «Le **Dole** ou Tamtam est un tambour long et on bât de deux côtés avec des baguettes». — Sonnerat, *Voyages*, I, p. 101.

**DOLANQUIM.** Bluteau regista o vocábulo no *Supplemento*, mas nenhum outro lexicógrafo o reproduz, como sinónimo do que se chama *tinta de Nanquim* ou, simplesmente, *nanquim*, «tinta preta que vem da China em paus e que depois de derretida em agua se usa nos desenhos e nas aguarellas». *Dicc. Contemporaneo*. Quere-me parecer que é corrupção de «de Nanquim», como «de Achem» deu *Dachem*, empregado por vários dos nossos escritores [1]. Cf. *Abada*.

1728. — «**Dolanquim**. Tinta negra, chamada **Dolanquim**. Da China vem para a India humas talhadinhas negras estreitas, e chatas, do comprimento de hum dedo, das quaes humas são douradas, e outras não, cujo prestimo he ordinariamente para servirem de tinta, para escrever, roçando-as levemente em agoa cummua. Porém tem outra admiravel serventia, porque quando os olhos se esbugalhão de sorte, que parece quererem rebentar, e saltar fóra do rosto, em duas horas de tempo, a dita tinta roçada, ou o polme della, untando a palpebra de cima, e de baixo, se desfaz a inchação ou vermelhidão». — Bluteau.

1756.—«Vinte bocetas de *tinta de Nanquim*». — *Apud* Júlio Biker, *Collecção de Tratados*, VII, p. 102.

* **DOLI**, **dolim**. Transporte indiano, mais modesto do que palanquim e machila, do qual geralmente se servem as mulheres hindus. Assemelha-se a um grande berço coberto, suspenso dum bambu e conduzido à cabeça por dois ou quatro homens. Também se dá o mesmo nome, em algumas partes de Goa, ao palanquim em que se leva o Viático aos enfermos, e que em outras freguesias se denomina *côche*. Os nossos antigos escritores não conhecem o termo. Do conc, *doḷī*, hindust. *dolī*, sânsc. *dolika*.

1833. — «As pessoas, que com sciencia de ser Tabaco de Contrabando, ou carregarem em Embarcações, **Dolins**, Bestas, Palenquins, ou quaesquer outros transportes de mar e terra...». — *Collecção de Bandos*, I, p. 138.

1842. — «Boiazes, que são os conductores das manchilas, cadeirinhas e **Dolys**». — *Annaes Maritimos*, p. 112.

«Machilas, **dolys**, e cadeirinhas servem em vez de carruagem, para uma só pessoa, suspensas á cabeça dos seus conductores». — *Ibid.*, p. 434.

1914. — «Do *palanquim*... veio-nos machila, do *dulá*, o **dolim**, — transporte que, actualmente, está entre nós limitado á condução do Viatico, possuindo-o todas as igrejas para êsse fim». — *O Oriente Portuguez*, XI, p. 65.

1711. — «Il fit mettre sa femme dans un **Doull** (c'est une voiture moins honorable que le palanquim) et il la fit transporter à l'Église». — *Lettres Édifiantes*, IX, p. 195.

1750. — «Il y a encore des **doulis** faits dans la forme des *andolas*, mais de cuir ou d'autres matériaux plus communs, ils ne servent que pour porter les pauvres malades». — Grose, *Voyage*, p. 252.

1786. — «Io partii... in un **Duli**, che è una specie di lettega il cui fondo è tessuto di canne d'India come le nostre sedie, e di sopra proveduta d'un coperchio di legno e di panno».—Fra Paolino, *Viaggio*, p. 43.

1824. — «The native women conveyed in **dhoolies**, or litters, and hackeries». — Heber, *Narrative*, I, p. 293.

**DOLQUI.** Tamboril indiano. Concani-mar. *ḍholkī*, deminutivo de *ḍhol*.

1899. — Adornavam-se com todas as suas joias, com que morriam na fogueira ao som das *xingas* e **dolquis**». — Oliveira Mascarenhas, *Atravez dos Mares*, p. 131.

* **DOMINICO.** É o nome de um pássaro canoro (*madvaṇ* em concani)— *Motacilla Indica*, Gm., ou *M. Madraspatana*, Briss. A sua plumagem branca e negra imita o hábito do frade dominicano, sendo por êste motivo chamado *dominico* em português.

1842. — «Passaros de canto. — Apenas vi os **domenicos**, mas os *martinhos* e *bulebules* são mui domesticos». — *Annaes Martimos*, p. 271.

1846. — «*Modvony* (**Dominico**). *Pitoly* ou *Buchundy*». — F. N. Xavier, *O Gabinete Litterario*, I, p. 252.

1873. — «Em quanto o bulbulo e o **dominico** (*moddvoni*) trinam seus chilros agudos e graciosos». — Bernardo da Costa, *Manual do Agricultor*, II, p. 191.

1886. — «*Congofod* (**dominico** real), gallinhas, gallos e outras aves». — Lopes Mendes, *A India Portugueza*, I, p. 119.

1658. — «Con nome di **Dominicano** vi è vn' Vccello chiamato da Portughese, solo per ragione della piume, e dispositione de' colori bianco, e negro, delli quali si

---

[1] 1597. — «... de Pegu como do *Dachem*». — *Carta* do rei, no *Archivo Port.-Oriental*, III, p. 669.

veste». — F. Vincenzo Maria, *Viaggio*, p. 431.

1782. — «Le Merle **Dominicain** de la Chine. Cet oiseau est moins gros que le Merle de l'Europe». — Sonnerat, *Voyages*, II, p. 191.

1786. — «Il *Curikil* o il **Dominico** grande, il *Manatikli* o il **Diminico** piccolo, perchè è bianco e negro». — Fra Paolino, *Viaggio*, p. 160.

*** DONAZ.** Cepo, toro. Concani--mar. *ḍhoṇas*.

1809. — «A contribuição de **donazes**, e carvão para o Arsenal Real somente pertence a esta renda». — *Collecção de Bandos*, I, p. 17.

1840. — «**Donazes**, paus compridos que podem servir para remos, e aguieiros para casas». — *Ibid.*, p. 129.

*** DONGO** (jap. *dogu*). Utensílio de chá.

1581. — «Ontem foi visitar a Nobunanga, e offereceolhe em ouro trinta *Ychimais*, e tres **dongus** de *Chanoyu*, que val cada hum *sangengua*, e são por todos trinta mil cruzados, que são vinte mil *tacis* [*taéis*] de presente». — P. Luís Fróis, *Cartas de Japão*, II, fl. 4.

*** DONGRI.** Fazenda de algodão grossa e de inferior qualidade, na Índia. Do marata-conc. *ḍongrī*, que literalmente quere dizer «montanhês»..

1779. — «Salitre, tincal, humums, cassas, bastas, mulmuls, jarras, abachis, bolsaquis, coupis, *caridaris*, **dongris**, *dimitys* de Dacca e de Balsor, dussiquessais, fotas, jangeb, lenços, sutrumals, cranasi, puchaquis de mulmul, sistermansais, chapa, *bandana*, chapa bonali, nansuhis, sanas, *sussins*, sarhat canas, sursaquers, jarindans, janjeb de Dacca Japonis, hamaramatis, coluna, hazari, e varias outras manufacturas de seda»[1]. — D. Francisco de Sousa Coutinho, *Breve e util Idéa*, no *Panorama*, X, p. 38.

1673. — «Along the Coasts are Bombay, Rajapore for *Salloos*; Carwar for **Dungarees** and the weightiest Pepper». — Fryer, *East India*, I, p. 220.

*** DONO** (jap. *dono*). É a forma que *tono* toma quando é posposto ao nome de pessoa ou de terra. Os que tinham direito ao tratamento de *dono* receberam, depois da conversão, o de *dom*, como *Dom Bertolomeu*, *Dom João*, *Dom Luís*.

1545. — «Peço muyto como a filho igual aos meus, que por **Fingeandono**, por quem mando visitar minha filha, me queiraes mandar hum desses tres que me la dizem que tendes». — Fernão Pinto, *Peregrinação*, cap. 135.

1551. — «Mandey dizer a Osquiem **dono** Capitão della [fortaleza] como eu era alli chegado». — *Id.*, cap. 223.

1563. — «Veo **Vmbradono**, que he principe de Vmbra, e senhor deste porto, ver o padre. Este **Vmbradono** he irmão de *Jacáta*, Rei de Arima, que se chama **Armadono**». — *Cartas de Japão*, I, fl. 117 *v*.

1564. — «Auia tambem o anno passado em Miáco dous grandes feiteceiros, hũ delles chamado **Xamaxicodono**, o outro **Quicodono**». — *Ibid.*, fl. 144.

1697. — «Rebellaramse contra ElRey tres principaes senhores seus vassallos, **Fatarindono, Envatacandono, Hicimandono**, isto he, o **dono**, ou o senhor de Fatarin, de Envatacan, e de Hiciman, porque os titulares de Japão costumão tomar os nomes dos Castellos, ou Villas, do que são senhores, e a palavra, **dono**, significa quasi o mesmo na sua, e na nossa lingua». — P. Francisco de Sousa, *Oriente Conquistado*, I, IV.

*** DONÓ** (pl. *donés*). Pequeno vaso de fôlha de árvores, especialmente de bananeira, de que se servem na India os merceeiros em lugar de sacos de papel. Do conc. *doṇó* (pl. *doṇé*) < sânsc. *droṇī*).

1788. — «Cada dita [carga] de **Donés** de Figueira, doze reis». — *Collecção de Bandos*, I, p. 50.

*** DOPO.** Fortaleza em Pegu e Bramá. Do birmanês *tat* ou *dat*.

1544. — «O general [tártaro na China]... se recolheo ao seu **dopo**, que era a estancia onde tinha a sua tenda». — Fernão Pinto, *Peregrinação*, cap. 118.

«E chegando ás primeiras tranqueyras do **dopo** del Rey, que se chamava Xuxiapom, se desceu do *piambre*». — *Id.*, cap. 121.

«Pela menham o **dopo** del Rey, que era sua estancia, apareceo com oitenta e seys tendas de campo muyto ricas». — *Id.*, cap. 149.

1635. — «Foi este fazendo alli [em Sirião] uma fortaleza de madeira, cousa mui pequena, que estes [pegus] chamam **dopo**, com suas guaritas». — António Bocarro, *Déc.* XIII, p. 128.

**DORIÁ.** Indivíduo duma das cas-

---

[1] É quási impossível identificar todos os vocábulos dados na lista com relação a Bengala, e alguns dos quais tem forma inglesa.

tas baixas de Damão. Parece que o vocábulo se prende ao mar. *ḍohar*, «casta de carregadores e curtidores».

1886. — «A quasi totalidade da população divide-se em quatro *jates* ou castas, conhecidas pelos nomes de *Rajahputros*, **Daryás**, *Dublás* e *Varlys*».—Lopes Mendes, *A India Portugueza*, II, p. 239.

1904. — «Castas gentilicas e suas subdivisões que habitam o districto de Damão: .. **Doriá**, Dublá, Varly». — António Francisco Moniz, *História de Damão*, II, p. 128.

1905. — «A população hindú d'esta provincia... é constituída na sua grande maioria por *varlis*, **doriás**, castas inferiores». — Ernesto Fernandes, *India Portugueza*, p. 239.

* **DORIA**. Antigo tecido de Madrasta e de Bengala, não se sabe de que espécie, nem a que língua pertence o vocábulo. Figura também nas pautas inglesas.

1779. — «Zuartes, corobandeis, cadêas de 19 covados, lenços de Mazulipatam, ventopolam, maganamam azuis... chitas de Madrasta e de Mamalong, cobertas, nouries, *dimitys*, pascaul, **dorias**, betilhas e muslinas» [1].—D. Francisco de Sousa Coutinho, *Breve e util Idéa*, no *Panorama*, X, p. 38.

* **DOSSORÓ**. É uma festividade hindu, que se celebra no mês de Outubro, e que é também conhecida pelo nome de *Durgá-pujá*, «culto da deusa Durgá». Dura nove noites ou dez dias. Do conc. *dasró*, mar. *dasrā* < sânsc. *daçaharā*.

1864. — «Gastam muitas vezes toda a sua fortuna em seus casamentos, funeraes, e differentes festividades, taes como as de **dossoró**, *sigmó*, *tacarduma*, etc.». — Lopes Mendes, in *Annaes do Conselho Ultramarino*, VI, p. 62.

1878. — «§ 1.º A eleição da mesa terá lugar indefectivelmente no dia immediato ao **dossoró** para tomar contas da administração no dia 1.º de Lua seguinte ao **dossoró**». — *Regulamento das Mazanias dos Pagodes*, p. 3.

1917. — Passou no dia 25 do corrente mês a festividade anual hindu, **Dosró**, com a precedencia de *nâva-ratra*, que quer dizer praticas de devoção nas nove noites anteriores á festa (como a novena da religião católica) tendo sido festejada com a costumada pompa em todos os templos hindus deste concelho». — *O Ultramar*, de 8 de Novembro.

1813. — «This being the **Desserah**, a grat Hindoo festival... we resolved to delay our departure and see some part of the ceremonies». — Forbes, in *Glossary*.

* **DOTIM** (indo-ingl. *dotee* ou *dhoty*, indo-fr. *douti*). Estôfo branco de algodão, com que os hindus geralmente se cingem para cobrir a parte inferior do corpo. Do hindust. *dhotī*, conc. *dhotīr* < sânsc. *dhautra*.

1601. — «**Dotins** hão de ter dezanove covados de comprido, e hum covado e duas terças de largura». — *Carta Régia*, in *Archivo*, VI, p. 744.

1697. — «As roupas de lei, como são Chuabo, Chocas, **Dotins**, Chauderes, Velorio, Conta de Balagate, o mais que gasta o Cafre». — Fr. António da Conceição, in *O Chronista de Tissuary*, II, p. 88.

1717. — « **Dootins** bons, montazes grandes, bames...». — *Carta Régia*, in *Doc. da India*, IV, p. 11.

1831. — «Mandaram o fato de *Tendo*, ao que satisfez o dito Tenente Coronel mandando-lhes hum *Xiputo*, ou cento e vinte pannos, constante de quatro *Zuartes*, quatro **Dotins**, hum *Samater*, hum *Ardiam*, hum *Xander*, e dois pães de *Calaim*» (na Africa Oriental). — *Apud* Júlio Biker, *Collecção de Tratados*, XII, p. 81.

1898. — «... ao lado dos parses nos seus **dutiums** de custosa seda e cobertos pelos seus typicos *pagorys*». — Oliveira Mascarenhas, *Atravez dos Mares*, p. 53.

«O trajo dos gentios (castas altas) consiste n'uma ampla faxa de tecido, que enrolam no tronco do corpo, passando uma das pontas por entre as pernas, e atando-a depois nas costas». — *Id.*, p. 62.

1918. — «Em Bengala o motivo da alta dos preços do sal e dos **dhotis** e a baixa no canhamo tinham sido, como dissemos, causa de saques nos mercados».—*Heraldo*, de 22 de Janeiro.

1854. — «C'est le vêtement qui entoure les reins, et qui se compose comme le **dhoti** des Hindustanis, d'un pièce de toile ou de soie, longue de dix coudées, dont on laisse un bout pendre par devant». — Jancigny, *Indo-Chine*, p. 286.

1883. — «The principal native manufacture of the District is the weaving of silk *sáris* and **dhutis**».—Hunter, *The Imperial Gazetteer*, 99, p. 132.

* **DRÁVIDA** (sânsc. *drāviḍa*), s. m. e f. **DRAVIDICO** adj. *Drávida* é sinónimo de *támil* ou *tamul* que, segundo Caldwell, é sua variante fonética. Em sânscrito, *andhradrāviḍa-bhūṣā*

[1] É quási impossível identificar todos os termos mencionados.

quere dizer «língua dos andhras e drávidas», isto é, telúgu com canarês, e tamul com malaiala. Glòtològicamente, a família dravídica é constituída pelos idiomas aglutinativos falados no sul da Índia. Etnològicamente, os drávidas constituem uma raça diferente da indo-árica e anterior a esta no solo. V. *Influência*, introdução.

XVIII. — «Chamam os Gentios *Panchá govoddó*, e *Panchá* **Dravir** antiga existencia dos Bramenes». — *Noticia do Gentilismo*, I, p. 90.

1885. — Notamos os uralo-altaicos da Asia Central e os **Drávidas** habitantes da parte da India pròpriamente peninsular, mestiços de cruzamento de uralo-altaicos e negro-amarelos indianos». — Vasconcelos Abreu, *A Literatura e a Religião*, p. 18.

«Do cruzamento dos invasores das raças uralo-altaica com os **proto-Drávidas** resultou a raça **dravídica** pròpriamente dita, que os Árias forçaram a immigrar, em grande número, no planalto do Decão». — *Id.*, p. 43.

1904. — «Porque não atribuir a esse nucleo hebraico a primeira christianisação da India **drávida?**». — *O Oriente Portuguez*, I, p. 36.

1908. — «O mais antigo [tipo] e, por isso, a muitos respeitos o mais interessante é o **dravidico**, de estatura baixa, tez escura, cabeça comprida e nariz largo». — *Ibid.*, V, p. 172.

1915. — «A primeira invasão scita que se estendeu pela costa ocidental da India, estabelecendo fusões com os árias e **dravidas**, dá a medida da chamada genuinidade das castas que hoje povôam a India». — Benedito Gomes, *Afonso d'Albuquerque*, p. 66.

1916. — «Após às primeiras imigrações dos árias na India, pertence a prioridade, na ordem cronológica da formação das línguas, aos dialectos falados no seio daquela sociedade e pela população indigena, **drávida**, já existente». — *Heraldo*, de 1 de Setembro.

1845. — «Le tâmoul se parle dans le **Drâvida**, qui occupe l'extrémité sud de la Péninsule». — Xavier Raymond, *Inde*, p. 265.

1856. — «The idioms which are included in this work under the general term «**Dravidian**» constitute the vernacular speech of the great majority of the inhabitants of S. India». — Caldwell, *Comparative Grammar*.

1883. — «Manu mentions the inhabitants, the **Dravidas**, as outcastes and barbarians, *i. e.*, not in communion with Bráhmans, nor incorporated in the Hindu community... **Dravida** is a linguistic and not an administrative division». — Hunter, *The Imperial Gazetteer*, IV, p. 316.

1884. — Le groupe des idiomes classés généralement sous le nom de **dravidiens** (de *Dravida*, pays où l'on parle la langue tamoule), est considéré comme appartenant à la famille des langues touraniennes». — Mgr. Laouenan, *Du Brahmanisme*, I, p. 104.

«La vaste péninsule indienne, depuis les monts Himalaya jusqu'à l'île de Ceylan, est occupée par deux groupes de peuples, entre lesquels il n'y a nulle parenté: les Aryas et les **Dravidas**. Sous ce dernier nom, on désigne tous les peuples habitants la partie méridionale de la péninsule qui s'étend depuis les monts Vindhya et la rivière Nerbudha ou Nermadâ jusqu'au cap Comorin et porte le nom de Dekhan». — *La Grande Encyclopédie*.

* **DRINGO** (mal. *diringu*). É o mesmo que *cálamo aromático* ou *cana cheirosa*. V. Cristóvão da Costa (*Tratado*, p. 377).

1613. — «Conchor, bancalé, **dringo**, pulacary, canafistula, tamarindi, cayoulor, cayolay, e outras innumeraveis rayzes de que se pode fazer particular trattado». — Manuel G. de Erédia, *Declaraçam de Malaca*, fl. 37.

1596. — «... ut sunt Galanga, **Deringo**, Canior, Bange».—*India Orientalis*, III, p. 361.

1695. — «In regionibus Malaiensibus *Deringo*, quod Portugalli **Diringo** scribunt».—Rumphius, *Herbarium Amboinense*, VIII, cap. 23.

1786. — « *Vayambu* Malab., *Acorus* Lat., **Dringo** in Port.. nasce in fiumi e stagni del Malabar con foglie verdi e lunghe, è una radice molto aromatica». — Fra Paolino, *Viaggio*, p. 361.

* **DROCA.** Antiga moeda de Cambaia. Parece que é o mesmo que *ducara*, q. v.

1525. — «Toma-se a tanga em nove **Droquas**». — *Lembranças*, p. 51.

1880.—«E 1 fedea [equivalia] a 10 **droquas** ou 12 reaes de moeda portugueza»: — Teixeira de Aragão, *Descripção das Moedas*, III, p. 94.

**DRUGO.** Fortaleza, muro. Conc. *duruñg* ou *duriñg* < sânsc. *durga*, literalmente «impassável, inatingível».

1635. — «Uma povoação sita ao pé de uma fortaleza dos mouros, chamada **Drugo**». — António Bocarro, *Déc.* XIII, p. 284.

1701. — «Segura este **Drugo** (que assim se chamão na India estas fortalezas) as Aldeias de Baçaim e Damão».—P. Francisco de Sousa, *Oriente Conquistado*, II, I, 2.

1687. — «Prisidiou os passos estreytos das serras (que neste Industau chamão *Candes*); e as serras inexpugnaueys, **Drugos**; assim como em Ethiopia, Ambaz». — P. Fernão de Queiroz, *Conquista de Ceylão*, p. 420.

1825. — «Sur plusieurs points de la presqu'île, on trouve des châteaux forts pour la défense desquels l'art de l'ingénieur a eu peu de frais à faire : ils sont situés sur des montaignes escarpées et presque inaccessibles. Ces fortresses se nomment **dourgams**. C'en est une de ce genre qu'Alexandre assiégia sur les bords de l'Indus, et dont il eut beaucoup de peine à se rendre maitre». — P. Dubois, *Mœurs*, II, p. 494.

1885. — «To the north towers the **durgam** or fortified hill, rising almost perpendicularly 800 feet over the tower». — Hunter, *The Imperial Gazetteer*, VIII, p. 317.

**DUBAXI**. Intérprete, língua, na Índia árica. Do mar.-conc. *dubhāxhī* < sânsc. *dvibhāṣya*, «aquele que fala duas línguas».

1822. — «Essovont Ganés, **Dubaxi** Casnis, por parte do Sr. Ram Sar Dessay da provincia de Sanquelim, — Dita de Apagi Sinay, **Dubaxi**». — *Apud* Júlio Biker, *Colleoção de Tratados*, XII, p. 30.

«Memoria da receita e despesa do Sar Dessaiado de Satary, verbatim declarada pelos **Dubaxis** Apagi Sinay, e Fotu Sinay». — *Ibid.*, p. 33.

**DUBLÁ** (s. m.). Indivíduo duma das castas baixas de Damão, pertencente à raça dos *biles* aborígenes. Do mar. *ḍublā*, guz. *dublo*.

1740. — «E os *cajuris* se darão contados de parte a parte, ficando livres os das aldeias dos **Dobiás**, que nunca entrarão em conta para pagamento». — *Apud* Júlio Biker, *Collecção de Tratados*, XI, p. 212.

«Os **Dobiás** não deve consentir o governo que fiquem em Damão no caso que elles sejam *abunhados*». — *Ibid.*, p. 214.

1783. — «Na mesma Praganã Nagar Avely persistem muitos *Coles*, *Varlis*, que são **Dublás**, os quaes em qualquer parte fazendo *Malay*, que he alevantamento, se fará socegar, mandando abster, para não prejudicarem». — *Ibid.*, VIII, p. 104.

1886. — «A quasi totalidade da população divide-se em quatro *játes* ou castas, conhecidas pelos nomes de *Rajahputros*, *Daryás*, **Dublás** e *Varlys*». — Lopes Mendes, *A India Portugueza*, II, p. 239.

1904. — «Castas gentilicas e suas subdivisões que habitam o districto de Damão: . . . Doriá, **Dublá**, Varly». — António Francisco Moniz, *História de Damão*, II, p. 128.

**DUCANDAR** (persa *dukāndār*, de *dukān*). Merceeiro, tendeiro.

**DUCÃO** (persa *dukān*, do ár. *dukkān*, adoptado pelos idiomas indianos). Loja; mercearia, tenda; taverna. Não voga actualmente o termo.

1554. — «E comprando nos **Ducões**, não da picotaa, que iso ganhão os **Ducandares**». — António Nunes, *Lyvro dos Pesos*, p. 22.

* **DUÇÃO** (mal. *dūsum*). Quinta, herdade, na Malásia.

1552. — «Dhũa parte e doutra auia muytas quintãs, que se chamão **duções** na lingua da terra, em que auia muytos laranjais, e outras arvores de fruyto». — Castanheda, *Historia*, III, cap. 150.

1553. — «Somente pegado com Malaca naquelle campo Beitão tem os Mandarijs e gente nobre as quintãas de seu prazer, a que elles chamão **duções**». — João de Barros, II, VI, 1.

1607. — «Tem adquirido metade das casas e **duções** d'aquella terra, de que resulta padecerem os clerigos e ficarem sem remedio». — *Carta Régia*, in *Doc. da India*, I, p. 160 [1].

* **DUCARÁ** (s. m.). Antiga moeda miúda de Damão, equivalente à centésima parte da rupia. *Dukarā*, em marata, é termo de gíria para *aná* ou tanga, mas talvez outrora designasse alguma moeda inferior. Em guzarate, *dukāni* equivale a dois réis da convenção. Em hindustani *dukrā* é «quarto de *poiçá*», que vale três réis da convenção.

1634. — «A que tudo se paga os 713 pardáos e 19 **ducaras** atraz apontados». — António Bocarro, *Livro das Plantas*.

1785. — «O sobredito Alferes administrador cobraria o rendimento daquella Praganã 4:813 rupias, tres quartos e quatorze **ducrás**, que o dito administrador lhe entregou». — *Apud* Júlio Biker, *Collecção de Tratados*, VIII, p. 131.

1880. — «Oitavo de *atiá* ou **ducrá**, 1,87 réis de Diu». — Teixeira de Aragão, *Descripção das Moedas*, III, p. 388.

1900. — «Os portuguezes tinham na Praganã Tarapur 22 aforamentos que rendiam á feitoria de Damão 1482 pardáos, 2 larins, 19 **ducarás**». — António F. Moniz, *Historia de Damão*, I, p. 86.

---

[1] O editor, Bulhão Pato, põe a ressalva *sic* depois de *duções*, supondo que deveria ser *doações*.

«**Ducarás**, hoje moeda desconhecida, mas applicada na contabilidade dos gentios». — Francisco Coutinho, *Compendio do Ensino Primario.*

1885. — «He has a mint, and coins silver pieces called *koris*, and copper coins called **dokrás**, of which 82 usually go to the kori». — Hunter, *The Imperial Gazetteer*, xi, p. 216.

* **DUCO** (mal. *dūku*). Fruto de *Lansium domesticum*, em Malaca.

1613. — «Rambés, rambotans, bachoé, champadas, chites e *buas* **ducas**[1]». — Manuel G. de Erédia, *Declaraçam de Malaca*, fl. 10.

1836. — «Le **doukouh**, de la grosseur d'un œuf de pigeon, approche beaucoup de mangoustan et du dourian, au rang desquels il est placé dans l'estime des indigènes». — Rienzi, *Océanie*, i, p. 108.

* **DUCÔLLO**. Penúria, fome. Concani-mar. *dukaḷ* < sânsc. *duṣkāla*.

1684. — «Neste anno de 32 para 33 ouve em todo este Industán hũa fome geral, a que os naturaes chamárão o anno do **ducôllo**, que quer dizer, o anno da carestia, e da fome; em que morrérão muytos milhoens de pessoas miseraveys». — P. Fernão de Queiroz, *Historia*, p. 197.

* **DUDUQUÊM** (pl. *duduquins*). É o vaso feito de abóbora carneira, no qual o *lavrador* de palmeiras recolhe diáriamente mais de uma vez a *sura* dos seus receptáculos (*zām'ṇó* ou *dhām'ṇém* em concani). Do conc. *dudhkém* (pl. *dudhkīm*) de *dudhī*, «abóbora».

1872. — «Um individuo a quem chamam lavrador á sura (*rendêro*) munido de um instrumento, bem afiado, e de uma cabaça (**dudinem**) sobe á palmeira como se fosse sobre uma escada». — Bernardo da Costa, *Manual do Agricultor*, i, p. 189.

1889. — «1 *Caty* e 1 **dudquem**». — *Relatorio do Imposto do Abcari.*

1898. — «Da casca do fructo fazem-se os receptaculos chamados **dudhkins** dos lavradores de palmeiras, guitarras indianas e botões». — D. G. Dalgado, *Flora*, p. 82.

* **DUGANI** ou **dugni** (s. m.). Antiga moeda de cobre ou *calaim*, de Dio, equívalente a um quarto de *atiá* ou a 3 réis antigos de Goa. Do mar. *dugāṇī*.

1880. — O atiá em cobre ou calaim vale a quarta parte da tanga, ou 15 réis de Diu, ou 12 de Goa, ou 6 $^1/_2$ de Portugal. Ha tambem o meio atiá, o **duguy** [leia-se *dugny*] ou $^1/_4$ do atiá e o meio **duguy** ou $^1/_8$ do atiá». — Teixeira de Aragão, *Descripção das Moedas*, iii, p. 103.

«Quarto de atiá ou **dugny**, 3 $^3/_4$ de Diu, 3 de Goa, ou 1 $^3/_5$ de Portugal». — *Ibid.*, p. 306.

1890. — «Quarto de atiá ou **dugny** — Cobre — peza 42 grãos». — José Maria de Nazaré, *Numismatica*, p. 55.

1883. — «All petty sales are effected by barter, or by *kauris* or shells when procurable, 20 kauris (cowries) making a *barí*, 12 barís a **dúganí**, and 12 **dúganís** one rupee». — Hunter, *The Imperial Gazetteer*, ii, p. 207.

* **DUGÃO** (fr. e ingl. *dugong*). Cetáceo mamífero do mar da Índia, *Halicore dugong*. Do mal. *dūyong*. São provávelmente as sereias antigas.

1687. — «No mar das ilhas Busicas, 20 legoas de Sofála pera o Sul, ha muyto peyxe mulher; de cuja boca sahem quatro presas do comprimento de hũ palmo, como dentes de javali, e são muyto estimados contra todo o fluxo de sangue, trazidos juntos da carne». — P. Fernão de Queiroz, *Conquista de Ceylão*, p. 918.

1869. — «Tambem tem seus amphybios, como cavallos marinhos, *peixe-mulher*, e jacarés». — *Annaes do Conselho Ultramarino*, ii, p. 81.

1674. — «There are Nereids too, or Men of the Rivers, but dye as soon as taken». — Fryer, *East India*, ii, p. 97. — Nota do editor. «This is perhaps, as Col. Cunningham suggests, the **Dugong**... found on the Malabar coasts and its estuaries».

1836. — «Le **douyoung** est un cétacé que n'ont sert dans la Malaisie que sur la table des princes et des grands, de même que le crocodile en Chine et en Cochinchine: sa chair a le goût du veau». — Rienzi, *Océanie*, i, p. 250.

1860. — «One of the most remarkable animals on the coast is the **dugong**, a phytophagous cetacean». — Tennent, *Ceylon*, ii, p. 557.

1902. — «And the woman-fish [de que fala Pedro Teixeira] must be the **dugong** (*Halicore*)». — Nota do tradutor, p. 224.

1913. — «Doctor Dinas Bosque... has left a minute account of some **dugong**, sixteen in number, which he saw at Manar». — P. E. Pieris, *Ceylon*, i, p. 511.

* **DUGAZA**. Antigo tecido de Bengala, mencionado por Duarte Barbosa. Parece que o vocábulo se liga ao hindust. *dogaz*, que quere dizer «duas varas ou jardas», que teria a fazenda de comprimento.

[1] *Bua* significa «fruta» em malaio.

1516. — «Tambem se fazem outros que se chamaom mamonas, outros **duguazas**, outros chantares, outros sinabafos, que saom hos melhores e que hos Mouros mais estimaom pera camizas». — *Livro*, p. 362.

1759. — «1 par de **durgagim**».—*Apud* Júlio Biker, *Collecção de Tratados*, VII, p. 164.—«**Durgagim**, certo panno de algodão branco». Nota.

Suponho que o vocábulo *degogim*, que figura em um documento com o sentido de «tecido do Balagate e do Sinde», tem idêntica origem.

1601. — «**Degogins** quatro covados e meio de comprido, covado e meio de largura». — *Carta de Lei*, in *Archivo*, VI, p. 744.

**DUM-DUM, dundum.** Esta bala explosiva, de efeito mais mortífero e desumano, sendo por isso proibida pela Convenção de Haia, foi primeiro empregada pelas tropas inglesas na fronteira noroeste da Índia contra os Ghazis ou derviches guerreiros, e fabricadas no arsenal de *Dum-Dum*, cidade cinco milhas distante de Calcutá, da qual tirou o nome. Mas *damdam* em persa é nome apelativo e quere dizer «bataria elevada» [1].

No começo da última guerra europeia cada nação beligerante acusava a sua inimiga de empregar as balas *dum-dum* e nenhuma confessava o seu uso.

1906. — «O nome já agora está como está; mas aquela escrita **Dum Dum** inglesa quere dizer *damedame* em portuguesa». — Gonçalves Viana, *Apostilas*.

* **DURAI.** «Exclamação ou expressão usada em proibir em nome do rei ou doutra alta autoridade, implicando imprecação da sua vingança no caso de desobediência». Molesworth. Do marata-hindust. *durāhī* (*durāy* em concani), provávelmente derivado do sânsc. *droha*, «ofensa, injúria».

1695. — «E se nem isso bastasse, que lhes dessem **Duray** da sua parte. **Duray** he requerer da parte do fulano, a quem se appellida. **Duray** Sevagy: eu vos requeiro, e cito da parte de Sevagy, etc. e se não obedecessem, lhe fizessem aviso logo, para sem detença terem o castigo». — Cosme da Guarda, *Vida de Sevagy*, p. 19.

1678. — «They set a **De-Roy** on the Factory (which is a prohibition in the Kings' Name for any one to have any thing to do with them till that be taken off) whereby they were debarred Wood and Water». — Fryer, *East India*, I, p. 90.

* **DUREI** (indo-ingl. *durai*), * **duriá.** Senhor, amo, na Índia dravídica. Do tamul *turei*. Em singalês toma a palavra a forma *durayā*, e designa o chefe de certas castas.

1613. — «Aqui [em Maduré] vi já algumas casas de **Dureis**, e capitães mais authorizados, por serem de pedra e cal com seus terrados».—P. Manuel Barradas, *Hist. Tragico-maritima*, II, p. 115.

1614. — «Poz o capitão alguns **Dorias** com seus *Pachas*, que he gente baixa em sangue, mas esforçada em guerra». — Diogo do Couto, Déc. X, IX, 4.

1687. — «Conforme os seus merecimentos, e calidades, acrescentou-os com os cargos de *Modeliares, Araches, Tandâres*, **Duriaz**, *Panichiaz, Daveaz*, e *Vngiaz*».— P. Fernão de Queiroz, *Conquista de Ceylão*, p. 415.

1701. — «Le **Durey**, c'est le Gouverneur de la Ville, accompagné d'un grand nombre de personnes distinguées, me vint rendre visite». — *Lettres Édifiantes*, VI, p. 29.

1913. — «There were also several **durey** with their brave *paduwo* in various places of danger». — P. E. Pieris, *Ceylon*, I, p. 222.

**DURIÃO.** Fruto de *Durio zibethinus*. Linn. Do malaio-jav. *durian*. O fruto vai abaixo descrito e é diversamente apreciado.

1552. — «E **duriões** que sam da feyção dalcachofras, e do tamanho de grandes cidras: e de tão singular sabor que diz á gente que naquelle pomo pecou Adão». — Castanheda, *História*, II, cap. 112.

1553. — «Entre as quaes foi hũa, a que ora chamão **duriões**, cousa mui estimada, e tão gulosa, que contão os mercadores vir ja aquelle porto mercador com hũa nao carregada de muita fazenda, e comeu toda nestes **duriões**, e gastou em amores das moças Malayas».—João de Barros, Déc. II, VI, 1.

1563. —«He o **durião** hum pomo do tamanho de hum melam, e tem huma casca por fóra muyto grossa, e cercada de bicos pequeninos, a modo do que aqui em Goa chamamos *jaca*».—Garcia da Orta, Col. XX.

[1] 1883. — «*Dum-Dum* (*Dam Dama*). — Tower, municipality and cantonment in *Dum-Dum* Subdivision, Twenty-four Parganás District, Bengal». — Hunter, *The Imperial Gazetteer*, IV, p. 320.

1566. — «Dizem que ha nella huma fructa de feição de alcachofras, tamanha como cidras, a que chamam **durioens**, que sam de tam delicado, e suave gosto, que muitos homens estrangeiros se deixam alli ficar por respeito desta fructa, ainda que a terra seja doentia». — Damião de Góis, *Chronica de D. Manuel*, III, cap. 1.

1613. — «Como os **Duriões**, fructo semelhante no gosto e sabor ao manjar branco, e quasi da mesma massa». — Manuel G. de Erédia, *Declaraçam de Malaca*, fl. 10.

«É desta fructa se achão muytas especies, e a milhor e mais manteygada he o **Dorião** *Tambaga*, que me parece a milhor fructa do mundo». — *Id.*, fl. 16.

1614. — «Todo o mato [de Amboino] he de aruores de fruitas excellentes, e muy gostosas, de **Doriães**, os melhores do mundo». — Diogo do Couto, VIII, I, 25.

1615. — «A arvore dos **Duriões** semelha-se propriamente a uma pereira; o seu fructo é do tamanho de um melão, e os Indios estimam-no muito por ser um dos mais saborosos e melhores da India». — Pyrard de Laval, *Viagem*, II, p. 367.

1679. — «Depois de larga conversação mandou o Governador vir hum açafate de laranjas, e outro de **durioens**, e figos, em que convidou ao nosso Frey André». — Fr. Jacinto de Deus, *Vergel*, p. 282.

1882. — O antipathico **durião**, tão asqueroso pelo seu olor, mas tão apreciado dos naturaes». — Henrique Prostes, *Bol. S. G. L.*, IV, p. 392.

1444. — «Nasce anchora in questa isola vn frutto che essi dimandano **Duriano**, ch'è verde e di grandezza d'vna anguria, in mezzo del quale si trovano cinque frutti, come sarian melarancie, ma vn poco piu lunghi, d'eccellente sapore, che nel mangiare pare vn butiro rapreso». — Nicolo di Conti, *apud* Ramúsio, fl. 339.

1578. — «Vna fructa ay en Malaca tan saborosa, y olorosa, que escuresce el sabor, y olor de todas las otras fructas, que en aquella tierra ay, que son muchas y buenas... Llaman este fructo en Malayo (que es la tierra donde la ay) **Durlaon**... E el comer de este fructo, como el manjar blanco: empero mas saboroso y oloroso». — Cristóvão da Costa, *Tractado*, p. 227.

1585. — «Entre las quales ay vna que llaman en lengua de Malaca **Durion**, y es tan buena que ey oydo affirmar a muchos que an dado vuelta al mundo, que exceden en sabor todas las que an visto y gustado en todo el». — Fr. Joan G. de Mendoça, *Hist. de la China*, p. 362.

1589. — «Malacca ne produit autre fruict que des **Durlons**, lequel fruict est de si excellent goust qu'il surpasse en saveur tous les autres fruicts du monde au dire de ceux qui en ont gousté». — Linschoten, *Histoire*, p. 104.

1631. — «**Duriones** ob foetorem Allium referentes, primum gustantibus, fateor, fastidiosi sunt et nauseabundi, tamen inter fructus saluberrimos Indicos eos merito repono: nam diuretici sunt, et sudores eliciunt, tum flatus discutiunt, tamen si nimia quantitate eos quis sumserit propter calidam et siccam, qua praediti sunt, qualitatem, inflammant sanguinem et hepar, pustulasque in faciem excitant». — Bontius, *Hist. Naturalis*, p. 11.

1644. — «Qui [em Siame] ancora v'è vn frutto chiamato **durione** assai precioso, così per non esser in altro luogo ch'in Malacca, e suo distritto, come anche per esser caro l'albero di questo frutto, ch'è somigliante alla *giaca*». — P. Cardim, *Relatione della Prov. del Giappone*, p. 142.

1676. — «Tout le pays de Siam est très-fertile en ris et en fruits, dont les principaux sont appellés Mangues. **Durions** et Mangoustans». — Tavernier, *Voyages*, IV, p. 197.

1690. — «**Duriones** a multis excellentissimi Indiae fructus habentur, quum autem novitiani diu ab iis abhorrent ob gravem eorum odorem, sententia haec non est universalis». — Rumphius, *Herbarium Amboinense*, I, cap. 24.

1836. — «Le fruit le plus estimé des indigènes est le **dourian**... auquel les étrangers, repoussés par sa couleur et son odeur, attachent bien moins de prix. Il a presque la grosseur d'une tête humaine, tantôt sphérique, tantôt ovoïde, sa couleur est d'un vert jaunâtre». — Rienzi, *Océanie*, I, p. 106.

* **DUTRÓ** (conc. *dhutró*). É o mesmo que *datura*, q. v.

1609. — «Em muitas partes d'esta Ethiopia se cria uma herva a que os portuguezes chamam **dutrô**, e alguns cafres *banguinê*; e por outro nome lhe chamaom *nachaya moroy*, que é o mesmo que herva feiteceira, significando por este nome, que sens efeitos são de feitiços». — Fr. João dos Santos, *Ethiopia Oriental*, I, p. 431. V. *burladora*.

1616. — «Ora todas as mulheres da India usam muito de um certo fructo do tamanho de uma nespera grande, que se produz, não em arvore, mas em uma erva... Em outros lugares da India é chamado **Dutró**». — Pyrard de Laval, *Viagem*, II, p. 97. V. Cunha Rivara, *ibidem*.

1846. — «**Dutró** (branco e roxo), Losna, etc.». — F. N. Xavier, *O Gabinete Literario*, I, p. 251.

1589. — «Elles se servent d'une [erva] appellée **Dutroa** de la semence de laquelle elles tirent le suc pour le mesler en quelque breuvage qu'elles font boire à leurs maris, dont l'operation est telle qu'ils deviennent comme hebetez et troublez en leur sens, ne faisants que rire sans apprehention d'aucune chose, ou bien sont emportez de si profond sommeil qu'on les iugerait estre morts».—Linschoten, *Histoire*, p. 63. — Nota de Paludanus: .«L'herbe nommée **Dutroa** est par aucuns appellée *Tatula*, par d'autres *Datura*, en Espagnol *Burladora*... in Canara *Daturo*».

1673. — «... and being mingled with **Dutry** (the deadliest sort of *Solanum*, or Nightshade) named Post, after a Week's taking, they crave more than ever they nauseated». — Fryer, *East India*, I, p. 920.

1689. — «And many of them take the liberty of mixing **Dutra** and Water together to drink, without any privacy or fear which will intoxicate almost to Madness, when they are in the habit of gulping it freely». — Ovington, *A Voyage to Suratt*, p. 235.

1695.—«Portugallis vocatur **Dutroa**... In Canara et circa Goam *Daturo* seu *Datura*». —Rumphius, *Herbarium Amboinense*, VIII, cap. 49.

**DUVOL** (mar. *duval*), **davaló** ou **douló** (conc. *davló*, pl. *davlé*). Antiga moeda da Índia, equivalente a meio *chovolo* ou 16.ª parte de *pagode nixani*. Actualmente, *daval* em marata é 16.ª parte de rupia.

1705. — «De *Possoi* se contribuia da dita provincia, segundo o numero geral que importasse de pagodes nixanis da mesma, hum chovolo por pagode, hum **duvol**, e hum *bill* a elle Sar Dessay, e hum bill a Bascaró Caci, com que se faz um chovolo». — *Apud* Júlio Biker, *Collecção de Tratados*, XII, p. 148.

1706. — «Da pratica de *Tainata*, trezentos e dezaseis pagodes, hum quarto, tres **davalós**, e hum bill». — *Ibid.*, p. 146.

1814. — «Explanação do dinheiro de pagodes da moeda nixanny que é distribuida em oito partes, a saber: 1 *Hona* ou *Vara* (vid. **orá**) chamado em portuguez *pagode*, 2 dharanes, 3 **doulés**, 4 belans, 5 vis, 6 arvis, 7 rucós, 8 paurucós».—*Apud* Joaquim C. Soares, *Doc. Comprobativos*, p. 449.

# E

**EDU** ou **hedu** (conc. *hedū*). É o mesmo que *aldavane*, q. v.

1863. — «As essencias florestaes que ahi se encontram são... caró ou cazeró, **edú**, e muitos outros arbustos». — *Apud* Oliveira Mascarenhas, *Atravez dos Mares*, p. 181.

1886. — «Encontra-se tambem em grande abundancia nas mesmas matas o *keir* ou pau ferro (acacia catechu), o **hedú**.. ». — Lopes Mendes, *A India Portugueza*, II, p. 128.

1883. — «The following are the principal timber-trees in the hills... **hedu** (Adina cordifolia)». — Hunter, *The Imperial Gazetteer*, III, p. 45.

«**ELA-CALLI**, m. Arbusto medicinal da Índia». Cândido de Figueiredo. É, conforme Rheede, o nome malabárico (malaiala) de *Euphorbia neriifolia*, Linn.; *nival-kānṭém* em concani. Os nossos escritores chamam-lhe «erva leiteira», q. v. É, portanto, escusado o termo.

1786. — «**Ellacalli** Malab. è l'*Euphorbio*, medicina acre che si deve proscrivere». — Fra Paolino, *Viaggio*, p. 363.

**ELCHE** (ár. *'ilj*). Cristão ou muçulmano renegado. O Sr. Cândido de Figueiredo diz que o termo é usado na Índia Portuguesa. Mas já era conhecido muito antes na península. V. *Dozy*.

1539. — «A todos os Francezes della [nau] fes Mouros, que erão oytenta e dous, os quaes depois sendo **Elches**, levou em 1533 por bombardeyros». — Fernão Pinto, *Peregrinação*, cap. 20.

1616. — «E aqui teve o visorey nestes dias hũa carta muito longa de dous **elches**, Antonio gonçaluez, e Gonçalo fernandes murzeli: em que no certo lhe declararão do poder e processos do Hidalcão». —António Pinto Pereira, *Historia da India*, II, fl. 53.

1898:

«Os elches! Rassul-Khan seus servos não renega;
Á morte, que os espera, os elches não entrega».
Lopes de Mendonça, *A. de Albuquerque*, p. 97.

1611. — «**Elche**, en lengua Arabiga, vale tornadiço, profuga, transfuga». — Covarrúvias, *Tesoro de la Lengua Castellana*.

* **ELEFANTE**. É o nome por que é conhecido na Índia Portuguesa e em Timor o pano cru ou patente: «elefante cru, elefante branco». Parece que a denominação provêm da estampa de elefante, que é a marca mais generalizada, havendo outras com a de camelo e veado.

1779 —«Pannos **elefantes** superfinos, finos e ordinarios, chitas de Madrasta». — D. Francisco Sousa Coutinho, *Breve e util idéa*, no *Panorama*, X, p. 38.

1842. — «**Elefante** branco, dito crú». — *Annaes Maritimos*, p. 360.

1843. — «Ditas [peças] **elefante**...

ditas de panno branco grosso». — *Ibid.* (parte official), p. 183.

1917. — «Compare-se, por exemplo, o actual preço duma peça de **elefante** branco da marca «1500» que aqui se vende @ 18 ½ rupias e ali @ 19 ½». — *Heraldo*, de 2 de Outubro.

***ELEFANTE.** Vem registado êste vocábulo no *Glossário Anglo-Indiano* como o nome originàriamente dado pelos portugueses às borrascas que ocorrem no mar da Índia no fim da estação pluviosa. Parece certo; mas eu só o encontrei em um autor nacional.

O editor da segunda edição da aludida obra nota que os portugueses «tomaram o nome do hindust. *hathyā*, sânsc. *hasta*, 13.° asterisco lunar, ligado a *hastín*, elefante, e por isso algumas vezes denominado «o signo do elefante». *Hathyā* também significa «fim do inverno».

1662. — «E porque se vinha armando um grande chuveiro [em fins de Setembro], a que chamão *a* [note-se o artigo] **ellefante**, tratarão de amarrar e segurar ambas as naos». — *Apud* Júlio Biker, *Collecção de Tratados*, III, p 11.

1654. — «The kind of storm is known under the name of the **Elephant**; it blows from the west».— Sadi 'Ali, in *Glossary*.

1666. — «Principalement dans ce Golphe de Cambaye, il y fait si mauvais pour les Vesseaux au commencement de ce mois, à cause d'un vent d'Oüest qui y souffle en ce tems-là avec violence, et qui est toujours accompagné de gros nüages qu'on appelle **Elefans**, parce qu'ils en ont la figure, que le naufrage y est presqu'inévitable». — Thevenot, *Voyages*, III, p. 38.

1673. — «... where we have the *Tail of the Elephant* full in our mouth, a constellation by the Portugals called *Rabo del* **Elephanto**». — Fryer, *East India*, I, p. 127.

1674. — «It Rains all September till the **Elephant** breaks up, the last Rainy Star». — *Id.*, II, p. 94.

1689. — «The *Mussouns* are rude and Boisterous in their departure, as well as their coming in, which two Seasons are call'd **Elephant** in India». — Ovington, *A Voyage to Suratt*, p. 137.

1750. — «Les pluies qui commencent environ vers le 28 Mai, s'amoncent par un tonnerre violent appellé **Eléphant** dans le style asiatique, à cause de sa ressemblance pour la force avec un éléphant».— Grose, *Voyage*, p. 50.

***ELEITOS** ou **electos**. (ant.). Dava-se êste nome na colónia portuguesa de Negapatão, na costa da Pescaria, aos vereadores escolhidos pelos cidadãos para administrarem os negócios públicos da cidade, que era quási autónoma e muito florescente nos séculos XVI e XVII. Em Goa por *Eleitos* se entendiam os «*gancares* que eram escolhidos pelas comunidades para constituir a *câmara geral*».

1641. — «... fazendo juntamente aviso por terra aos **electos** de Negapatão e prevenindo-os com grossos creditos para que acudissem a Malaca com todos os mantimentos possiveis». — *Apud* Eduardo Balsemão, *Os Portugueses no Oriente*, II, p. 25.

1687. — «De Jafanapatam escreueo [em 1619] aos **Eleytos** de Negapatão (assim se gouernaua então aquele pouo Portuguez, que depois veio a ter o titulo de Cidade, e gouerno posto por El Rey)». — P. Fernão de Queiroz, *Conquista de Ceylão*, p. 512.

1852.— «**Eleitos** — gancares que eram nomeados para constituirem a camara geral». — F. N. Xavier, *Bosquejo Historico* (2.ª ed.), III, p. 25.

***ELU; PAU DE CADEIRA.** É rubiácea *Vangueria spinosa*, Roxb. «O fruto é comestivel, mas não é gostoso». D. G. Dalgado, *Flora*. Do conc. *helū*.

1846. — «*Benteca*; **Elu** (**Páo de cadeira**); *Bendy* (Páo de rosa)». — F. N. Xavier, *O Gabinete Literario*, I, p. 250.

**EMA** (ingl. *emu*, *emeu*). É o nome que os portugueses deram ao *casoar* (q. v.), recebido do molucano *emeu* ou *eme*, e depois estenderam à «avestruz». A origem arábica, sugerida por alguns etimologistas, não tem nenhum fundamento, como bem observa Skeat, que, todavia, não conhece senão o vocábulo português como étimo do inglês. Os nossos escritores antigos não conhecem a palavra *casoar*.

1541. — «Ha rumas muito altas de lacões, marrans, toucinhos, adens, patos, grous, betardas, **emas**, veados, vacas». — Fernão Pinto, *Peregrinação*, cap. XCVII.

1609. — «N'este deserto [da Etiópia] se criam grandissimas aves, a que chamam **emas**, as quaes tem o estomago tão calido, que gastam e esmoem pedras e ferro». — Fr. João dos Santos, *Ethiopia Oriental*, I, p. 425.

1652. — «Mas que muito, se ha aves, que comem, e digerem, quaes são as **hemas**...». — P. A. Vieira, *Arte de Furtar*.

1657. — «Sempre com os olhos como Avestruz, ou **Ema** de choco, nas sevandijas, de que pertende alimentar-se». — D. Francisco de Melo, *Apologos Dialogaes*, p. 184.

1663. — «Ha tambem muitas **emas** e abestruzes, patos e ganços incrivelmente grandes, criadas no Eufrates». — P. Manuel Godinho, *Relação*, p. 132.

1864. — «A **ema** é dos que estão ne'ste caso. Julgaram os antigos, e ainda dizem alguns dicionarios da nossa lingua, que a **ema** digere ferro... A **ema** engole tudo que lhe cae debaixo do bico, ferro, cobre, chumbo, vidro, pedras, paus, etc. Mas *engolir* não é digerir. Como a abestruz, sua congenere, a **ema** é de uma insaciabilidade espantosa... A **ema** da Asia tem o nome especial de *casoar*, que a distingue da **ema** da America». — *Archivo Pittoresco*, IV, p. 236.

1899. — «*Emada*. — Esfomeada, glutona. Provém esta palavra de **Ema** ou cazuar (*struthio casuarius* de Linneu) a que se atribue a mesma voracidade das abustruzes (*Struthio camelus*, Lin.)». — *Ta-ssi-yang-kuó*, p. 127.

1658. — «Diversae magnitudinis Sthrutiones hic [na América da Sul] reperiuntur, ita tamen maximae Africanis minores aliquanto existant. *Nhandu-Guaçú* Brasilianis, **Ema** Lusitanis dictae» — G. Piso, *Indiae Utriusque*, p. 84.

«De **Emeu** vulgo *Casoaris*. In Insula Ceram, aliisque Moluccensibus vicinis insulis celebris haec avis reperitur. Surrecto capite et collo decenter incedit, tuncque fere quinque pedum altitudinem aequat». — *Id.*, em apêndice a Bóncio, p. 71.

1682. — «On the islands Sumatra, Banda, and other adjoining islands of the Moluccas there is a certain bird, which by the natives is called **Emeu** or **Eme**, but otherwise is commonly named by us *Kasuaris*». — Nieuhof, in *Glossary*.

* **EMBANGUEADO.** Aquele que ingeriu *bangue;* embebedado com o *bangue*. É provavel que se usassem antigamente na Índia os verbos *embanguear* e *embanguear-se*.

1687. — «Durou esta batalha perto de duas horas; porque **embangueados** os mouros, e feytos *amoucos* os Badâgaz, brigarão com toda a resolução». — P. Fernão de Queiroz, *Conquista de Ceylão*, p. 290.

«Posto que tres mais atrêuidos ou **embangueados** entrarão na ilha, hũ logo ali ficou; os dous forão morrer no campo, das feridas que leuarão». — *Id.*, p. 353.

**EMIR.** Chefe, senhor ou principe maometano. Do ár. *emīr* ou *amīr*. É pouco usado pelos nossos indianistas.

1513. — «Juda he terra firme; e ell **emir** Ahosen a cerquou per terra de muro, de medo dos Alarves». — Afonso de Albuquerque, *Cartas*, III, p. 369.

1570. — «**Emir** quer dizer Capitão, he titulo que se dá ao fidalgo». — João de Barros, Déc. IV, IV, 16.

1898:

«Foram buscar-me ao paço; e levaram-me escrava,
Para a nau onde o vosso **emir** se aposentava».

Lopes de Mendonça, *A. do Albuquerque*, p. 41.

1604. — «Se vino por los pueblos de Palestina y Judea, y sossegó de passo los **Emires** de aquellas prouincias, que son los Reys dellas». — D. Juan de Persia, *Relationes*, fl. 89.

1615. — «Per l'**Emir** Friàd, che è padrone della Città come del Deserto, si tiene una casa delle migliori nelle parti di Arabia, che è forse la più nobile». — Pietro della Valle, *Viaggi*, I, p. 473.

1651. — «**Emeres** apud Turcas appellati fuerunt Praesides et propagatores imperii Mahumetis quasi superiores». — *De Imperio Magni Mogolis* II, p. 449.

1675. — «Por vengar-se de Mahomet, Xaque, el Regulo de Soar que le avia ofendido, se unio con los nuestros pára la empresa, **Amer** Xeque de una Cabilda». — Faria e Sousa, *Asia Portuguesa*, III, p. 297.

1695. — «Les Khalifes qui avoient une authorité souveraine tant au spirituel qu'au temporel sur tous Musulmans ne prenoient d'autre titre que celui de l'**Emir** *al-moumenin:* Commandant Des Fideles». — Herbelot, *Bibliothèque Orientale*.

1750. — «Ce fut alors que les **Emirs** ou *Omrahs* porterent de sensibles atteintes à l'autorité royale». — Grose, *Voyage*, p. 218.

1770. — «Les enfans des personnes les plus qualifiées, ceux même des *Scheiks* et des **Emirs**, gardent les troupeaux de leur famille». — Raynal, *Histoire*, IV, p. 110.

1845. — «Il fut assassiné par quelques-uns des principaux **émirs** de Ghazna, qui mirent sur le trône Furrukzand, fils du sultan Mussaourd». — Xavier Raymond, *Inde*, p. 279.

1880. — «Timur, having confided the command of the troops to Haji Seifud din and other **emirs**, returned home by forced marches». — Howorth, *History of the Mongols*, II, p. 249.

* **Êmblico** (adj.). V. *mirabólano*. Do ár. *amlej* < persa *amleh* < sânsc. *āmlaka*.

**Empalega.** É o mesmo que *palega*.

1598. — «Almadias, tones, charatones, **empalegas,** ballos [= balões], e bateis». — *Archivo Port.-Oriental*, v, p. 1519.

1603. — «Vierão ter com elle polla outra banda do rio vinte, e tres **empalegas** com todo o aljofar, e mercadorias». — Fr. António de Gouveia, *Jornada do Arcebispo*, fl. 103.

**EMPOLEADO** (adj.). Contaminado pelo contacto com os *poleás*, casta baixa do Malabar. Não encontrei o verbo *empolear*, como ha *desempolear*. V. *poleá*.

1603. — «Tem pera sy, que se tocão com castas baixas, ficão **empoleados,** como elles chamão, que he como irregulares, até se lauarem». — Fr. António de Gouveia, *Jornada do Arcebispo*, fl. 63 v.

1684. — «Ha castas que nenhum trato podem ter com as outras mays vis, sem ficarem **empoleadas,** e perderem pelo mesmo acto a casta, e a nobreza, se se não tornarem a purificar, e serem de novo admittidas ao foro do seu sangue». — P. Fernão de Queiroz, *Hist. de Pedro de Basto*, p. 55.

1687. — «Mas não estas somente as castas de gente bayxa, que ha em Ceylão; porque são mais sete as que tem por tão bayxas, que não comem couza tocada por esta gente, sem se reputarem **empoleados**». — Id., *Conquista de Ceylão*, p. 15.

1720 — «Os Nayres, que são os nobres da dita gente, são tão ufanos, e soberbos, que se acaso algum delles se roça por algum *Poleá*, logo se lava com mil superstíciosas impertinencias, chamando-se **empoleados** os a que succede esta imaginaria desgraça, com o mesmo sentimento que entre nós os apostatas». — Bluteau, *Supplemento*.

**ENCACHAR.** Cobrir com *cacha* (q. v.), que aqui tem o sentido de *dotim* ou *tanga*, provindo doutro vocábulo indiano, hindust. *kāchh* < sânsc. *kaccha* (conc. *kās*, sânsc. *kakṣā*), que significa «ponta inferior do pano da cintura, que se passa entre as pernas e se cinje por detrás». Os dicionários também registam *encacho*, «panno, com que os homens se cobrem da cintura para baixo as partes da geração». Morais.

1516. — «... e dado eles uaom nuus, somente cobertos da cinta para baixo com hũs panos muyto **encachados,** com muy alegre rosto». — Duarte Barbosa, *Livro*, p. 293.

1535. — «Os mais d'elles [naires] nom tem mais que seus pannos **encachados,** branqos, vermelhos, amarellos, que são tesos como bocasym, que leuão derrador de sy e nas cabeças». — Gaspar Correia, *Lendas*, III, p. 765.

1545. — «... oyto, e dės homens envoltos em muytos cheyros, e **encachados** com *patolas* de seda, e suas manilhas de ouro nos braços... e fazendo estes *sumbayas* ao idolo que hia em sima no carro, se arremeçavão de bruços no chão, e passando as rodas por cima delles, os cortavão em dous pedaços». — Fernão Pinto, *Peregrinação*, cap. 100.

1602. — «São seus [de Celebes] naturaes muito atrayçoados, andão nús, **encachados,** e trazem os corpos pintados com muitos lauores». — Diogo do Couto, Déc. IV, VII, 8.

«Estes tres soldados por ordem do Governador D. Estevão da Gama se despirão e **encacharão,** e se untarão de cevo todos, pera que não podesse pessoa alguma pegar delles». — Id., Déc. V, VII, 9.

1695. — «Despia-se totalmente, e com hum panno não mui limpo, como dizem na India, se **encaxava** (isto he cubrir o que se não deve mostrar) e pondo á cabeça feyxes de erva, os levava á estribaria do General». — Cosme da Guarda, *Vida de Sevagy*, p. 13.

1687. — «E sem outro ornato mais que hum **encacho** ou pedaço de pano, com que cobrem o mesmo recato da natureza, cuyda hum destes que pode vencer em asseyo, a hum Heliogabalo». — P. Fernão de Queiroz, *Conquista de Ceylão*, p. 62.

* **ENCAIRAR** (v. trans.). Cobrir de cairo ou de cordas de cairo; meter em barças de cairo. É termo usado na Índia Portuguesa. V. *cairo*.

1886. — «Item — para **encairar** ou forrar, como se forrão com o vime, os *carbás* e garrafões de vidro, os boiões, e bilhas de barro. Item — para **encairar** os assentos de cadeiras, e sofás, que são estofados ou forrados, e percintar as camas». — F. N. Xavier, *Descripção do Coqueiro*, p. 22.

* **ENCAZUCAR.** Empalar, no Oriente. É a adaptação do verbo ár. *khauzaq*, em persa *khāzūq zadan*. V. *caluete*.

1739. — «Se he que o Governador só os mandasse açoutar nos pés com tantos centos de açoutes, e não **encazucar,** que he tirar-lhes a vida, mandaudo-lhe metter hum páo pela via até lhes sahir pela cabeça». — Fr. António do Sacramento, *Viagem Santa*, I, p. 146.

* **ENGANCHADO** (s. m.). É o nome que os portugueses deram na Índia ao hindu que, por motivos religio-

sos, se suspende a um poste por meio de ganchos fisgados nas costas.

1516. — «Ela sae aquele dia de casa honradamente acompanhada... de cinta pera cima nua, e pera baixo apertada com seus panos dalgodam, e chegando ha sua porta honde estaa ha careta [carreta] prestes, abaixaom a picota e metem-lhe aqueles ganchos polos lombos per antre ho couro e carne, e metendolhe na mam esquerda hũa adagua pequena, fazem da outra parte aleuantar ha picota, com muytos clamores e brados da gente; ficando ela dependurada na piçota, uailhe o sangue correndo pelas pernas abaixo, de que ela nom mostra nenhũa door, antes nay muy leda esgremindo com ha adagua, tirando com os lymões ha ho esposo, e desta maneira ha leuaom ha ho templo honde estaa ho Idolo ha quem ela uotou tal sacrificio». — Duarte Barbosa, *Livro* (2.ª ed.), p. 306. Análoga descrição faz Castanheda, *Historia*, II, cap. 16.

1612. — «Outros se dependurão no ar pellos lombos em vns ganchos de asso mũy agudos, e ali estão cantando versos em louuor dos idolos». — Diogo do Couto, Déc. V, VI, 3.

1663. — «Outros [*jogues*] nos dias de maiores festas de seus pagodes se penduram de polés por uns ganchos de aço mui agudos, que mettem pelas costas nuas, e estão no ar cantando com alegria versos aos idolos». — P. Manuel Godinho, *Relação*, p. 37.

1880. — «A festa que os gentios intitulam *Zatrá* ainda se pratica no Decan e Concão acompanhada de uma espectaculosa penitencia chamada dos **enganchados**... Os *gancares* de uma aldeia das Novas Conquistas requereram permissão para fazer a festa dos **enganchados**, allegando que desde a sua suppressão haviam succedido n'aquella aldeia as maiores calamidades». —Teixeira de Aragão, *Descripção das Moedas*, III, p. 21.

1886. — «Encontrou igualmente o brahmanismo com todas as suas superstições e os sacrificios humanos das *sattys*... e dos **enganchados**, que consistia em insar os homens até ao topo de um grande poste... por meio de cordas com ganchos de ferro, em que se suspendiam pelas costas os que se offereciam em sacrificio aos deuses, rasgando-lhes as carnes. Estes sacrificios humanos foram prohibidos, nas Novas Conquistas, por portaria do governador geral do estado, o sr. conselheiro José Ferreira Pestana, datada de 7 de dezembro de 1844». — Lopes Mendes, *A India Portugueza*, II, p. 93.

1915. — «No território de Goa foi o *satra* dos **enganchados** (*chakrapujá*) proibido pelo governador José Ferreira Pestana». — Ismael Gracias, *A India*, p. 93.

1915. — «Havia mais um costume barbaro que parece não chegou ao seu conhecimento, ou foi posterior. Eram os **enganchados**, homens presos a uma roda rotativa por ganchos na pele». — Benedito Gomes, *Afonso d'Albuquerque*, p. 71.

1582. — «Il populo haueua piantato un'albero in terra, come uno di quelli delle galere, con le antenne; in cima delle quali antenne erano due rampini attacati; e ui sono molti che desiderano di liberarsi da qualchi trauagli ò malattia, e però fanno uoto al Pagode d'inganzarsi: & a ciò stanno quiui assistenti alcuni deputati, i quali uedendo alcuno, che habbia uoglia di andar al ganzo per diuotione gli fanno fare un'offerta prima & poi alentano una corda, & fanno calar i rampini e con quelli attacano le spalle di quei, che voglino inganzarsi, e gli tirano in alto, facendoli voltar il viso verso il pagode, & salutarlo tre volte con le mani supplicheuoli auante il petto, e poi gli fanno tirar suso, & cosi essendo stati un pezzo gli calano a basso e del suo sangue tingono l'albero, dicendo di farlo per deuotione del pagode, e cosi le disficcano». — G. Balbi, *Viaggio*, fl. 90.

1612. — «Cette cérémonie consiste à faire passer deux crochets de fer attachés au but d'un très-long levier sous la peau du dos de celui qui a fait le veu». — Sonnerat, *Voyage*, I, p. 244.

* **ENGUNAR.** Meter no *gune*, q. v.; ensacar.

1559. — «Cem *candis* de breu **engunados**». — *Archivo Port.-Oriental*, v, p. 401.

**ENJANGADO.** Feito em jangada (q. v.); ligado à maneira de jangada. Os lexicógrafos registam o verbo *enjangar*, que eu não encontrei nos nossos indianistas.

1552. — «E erão muytos *tones* e almadias grandes **enjangadas** com arrombadas muyto grossas de cairo e *paraos* pequenos da mesma maneyra». — Castanheda, *Historia*, II, cap. 51.

**ENROLADO** (s. m.). Uma espécie de tecido da Índia, de que não sei a natureza nem a razão do nome. Domingos Vieira diz que é «tecido ou droga de lã».

1532. — «Contratara com toda a gente da terra das dictas jlhas, a saber, nesta maneira o *bar* de crauo a tres pannos **enrolados** oito *beirames* vermelhos». — *Apud* Júlio Biker, *Collecção de Tratados*, I, p. 60.

1663. — «E ainda para as demais partes do mundo se trazem as finas beatilhas, rengos, bofetás, **enrolados**, cachas, beirames». — P. Manuel Godinho, *Relação*, p. 56.

**ENROTAR.** «No português de Goa quer dizer pôr palhinhas nas cadeiras e sofás». Alberto O. de Castro (*A Cinza*, p. 139). V. *rota*.

1727. — «Commummente os *Catalós* são de charão **enrotados**». — Bluteau, *Supplemento*.
1874. — «Que malditas cadeiras estas, dissemos nós ao encontrar as celebres preguiceiras **enrotadas,** largas, baixas e recurvadas». — Tomás Ribeiro, *Jornadas*, II, p. 208.

«**ERANDY**, m. Planta intertropical (*ricinus communis*)». Cândido de Figueiredo. O termo foi tirado da obra de Lopes Mendes, que o foi encontrar em concani-mar. *eranḍī* ou *eranḍ*, que se aplica também a outras plantas. Mas em português se diz *carrapateiro*, *ricino*, *palma-Christi*.

1886.—«Alguns cajurys, e tractos maiores ou menores, semeados de **erandy** (*ricinus communis*)».—Lopes Mendes, *A India Portugueza*, II, p. 233.

**ERVA BABOSA.** Erva de que se extrai o *aloés* (q. v.) — *Aloe vera*, Linn.

1563. — «Faz-se do sumo de huma herva depois de seco, e he chamada em portuguez **herva babosa**, da qual herva ay muita quantidade em Cambaya e Bengala e em outras muitas partes». — Garcia da Orta, Col. II.
1609. — «Cria-se tambem grande abundancia de **herva babosa,** da qual se colhe muito alóe. — Fr. João dos Santos, *Ethiopia Oriental*, I, p. 450.
1611. — «E **herva babosa**, e grande que parecia arvore, cujas pencas eram de quatro e cinco palmos de comprido, e de um de largo, e do meio deitava um talo com flores amarelas». — João Baptista Lavanha, *Hist. Tragico-maritima*, v, p. 22.
1650. — «E por uma negra dizer que umas flores vermelhas, que trazia na mão se comiam cozidas, se fizeram dellas caldeiradas, e eram **ervas babosas,** as quaes causaram taes agonias, que a não aliviarem os que as comeram com *bazares*, e vomitar morreram por ser peçonha». — Bento Feio, *ibid.*, x, p. 106.
1578. — «Hazese del çumo de vna yerva, la qual es llamada em Portugues, **Herba Babosa**». — Cristóvão da Costa, *Tractado*, p. 191.
1610. — «En Mexico se haze vino de Maguey, yerua muy semejante en figura à la **yerua babosa** de que se haze el aloe ó aziuar». — Pedro Teixeira, *Relaciones*, p. 17.

**ERVA CONTEIRA.** É cana da Índia própriamente dita — *Canna Indica*, Linn., originária de Bengala. Fazem-se das suas sementes contas de rosários; daqui provêm a sua denominação. Mas a *erva de rosários* de que fala Bóncio é outra.

1580. — «Pater nostri di canna d'India non ci si fanno; vengonene bene assai, ed hanno di canna solamente l'ordine delle foglie, che le distingono, ma non fanno nodo, vengono di Bengala, e dicono che serpono per la terra lunghissime una o due legue». — F. Sassetti, *Lettere*, p. 132.
1601. — «Quo nomine Veteribus dicta sit haec planta [*Canna Indica*], me ignorare fateor ingenuè... Hispani et Lusitani **Cuentas** dicunt, à numero, quod ex ejus granis spherulae ad numerandas preces idoneae, fieri solent, non secus ac ex tenellis malis arantijs». — Clusius, *Rariorum Plantarum Historia*, p. LXXXII.
1631. — «Hoc Milium Solis, quia à Patrio floribus caule, et foliis, non longe differt... dico, fructum longe majorem, ac lapidis instar durum, ferre, quae farinam edulam intus contineat: Portugallice vocatur **herba de Rosarios**, quod Malaice mulieres pauperiores, et servae horulas suas precarias inde conficiant, et etiam iisdem catenarum seu torquium loco, ut ditiores auro, utantur». — Bontius, *Historia Naturalis*, p. 152.

* **ERVA BRUXA.** Diz-nos Fra Paolino que é o nome que os portugueses deram no Malabar a uma planta labiada — *Anisomeles ovata*, B. «Integra planta, excepta radice, pro balneo adversus frigidas adhibetur febres, inservit et sive in potu vel balneo, cum universali, cum cephalico dolore, simul cum mania. In aqua decocta oris praestat collutionem, quae infantum tollit aphtas». — Rheede.

1786. — «*Ciadayen* Malab., *Marubia* dei Latini, **herva bruxa** dei Portoghese». — *Viaggio*, p. 365.

* **ERVA DE S. JOÃO.** *Ageratum Conysoides*, Linn.

1786. — «*Dèradali* Malab., **Herva de S. João** Port., sembra essere la Verbanaca, o Peristerion dei Latini. Il seme leva il veleno, la pituita, e le sedie serose». — Fra Paolino, *Viaggio*, p. 364.

**ERVA DO MALABAR** ou **erva malavar.** *Holarrhena antidysenterica*, Mall. V. *curó*.

1563. — «Chama-se a herva, ou frutiçe mais verdadeiramente dita, em lingoa canarim, que he a de Goa [aliás *concanim*] *coru* [aliás *kudó*], e nós a chamamos **herva de Malavar**». — Garcia da Orta, Col. XXVII.

«E quando he neceçario, lhe misturamos pós de trosiscos de **herva malavar**». — Id., *Ibid.*

1701. — «Os Portuguezes lhe chamão **erva de Malabar**». — P. Francisco de Sousa, *Oriente Conquistado*, II, I, 2.

*** ERVA LACRAU**. Diz-nos Fra Paolino que é o nome português duma erva do Malabar. Se é a mesma que *ira* do *Hortus Malabaricus,* a sua denominação botânica é *Mariscus albescens,* Gaud; *Ram'-derpũ* em concani. «Folia in decoctum praeparata dolores ventris sedant, menstrua provocant». — Rheede.

1786. — «*Iratticiùda* Malab., **herva Lacrào** Port., Calendula dei Latini». — *Viaggio*, p. 365.

**ERVA LEITEIRA, leiteira, planta leitosa. TITIMALO**. São nomes portugueses de *Euphorbia tirucalli,* Linn. É originária da África; mas, como diz D. G. Dalgado, «era outrora obrigatoria, debaixo de certas condições, a cultura d'esta planta em Goa, onde foi usada para o fabrico de polvora». *Flora*. A planta é cheia de látex ou suco leitoso, donde lhe vem o nome. Os ingleses também lhe chamam *milk-hedge bush*.

Há outra *planta leiteira* da mesma família — *Euphorbia neriifolia* — que tem espinhos e de que se fazem sebes. «Usa-se o succo leitoso externamente como resolvente contra as contusões; e um pedaço do tronco bem aquecido serve para fomentações. É do succo leitoso d'esta planta que o finado Bernardo Francisco da Costa preparou uma espécie de gutta-percha. D. G. Dalgado, *Ibid.*

1563. — «E cá nestas partes ha humas plantas com que tapam e valam as ortas, que fazem o mesmo deitando leite de si». — Garcia da Orta, Col. LIV.

1614. — «Tinha sobre o canal plantadas estancias entre hũas **eruas leiteiras**». — Diogo do Couto, Dec. VII, IX, 12.

«... e **hervas leiteiras** mui grandes, e espessas, ás quaes se não pode chegar, pera as cortar, porque o leite que dellas salta, se dá nos olhos, logo os céga, e trata mal, e com a artilharia não se podem bater, porque nos pés dellas nos entulhos de arêa ficão os pelouros enterrados, e mais assim passão pelas arvores sem fazerem damno». — Id., Déc. IX, cap. 13.

«E sem outras fortificações mais que umas tranqueiras de paus metidos em uns vallos de **hervas leiteiras**». — Id., *Vida de D. Paulo*, p. 59.

1701. — «**Leyteyras** são certos arbustos, que lançāo leyte, e se tem espinhos, servem para as sebes, e se os não tem, para a polvora». — P. Francisco de Sousa, *Oriente Conquistado*, II, I, 2.

XVIII. — «Depois de plantar assim estas palmeirinhas, costumam todos fazer-lhe suas rodas, e nellas ordinariamente plantam **leiteiras**». — *Arte Palmarica*, I, p. 148.

1658. — «La **Lattera** pianta senza foglie, tanto multiplicata nelli rami verdi, sottili, d'vgual grossezza, che ne formano alte strade fortissime, ed altissime siepi». — Fr. Vincenzo Maria, *Viaggio*, p. 394.

*** ERVA MIMOSA** ou **VERGONHOSA**. É *Caesalpina mimosoides,* Lamk. Chama-se «mimosa», porque as fôlhas se melindram com o tacto. «Attribuem-se ás folhas propriedades refrigerantes». D. G. Dalgado, *Flora*.

1578. — «Llamase en vulgar **yerva Mimosa**, porque en tocandole con la mano, se enuejesce y se marchita, y en quitandole la mano, se buelve a su estado, mas no tan presto ni con tanto sentimento como la primera». — Cristóvão da Costa, *Tractado*, p. 241.

1786. — «*Tattavàdi*, cioè, erba che si restringe ed inaridisce quando è toccata colla mano, *Noli me tangere* lat., *Sensitive* francese, **erva vergonhosa**, o *erva virgem* in Portoghese, è una piccola erba che si retira quando è toccata». — Fra Paolino, *Viaggio*, p. 361.

1631. — «De Herba sentiente, et pudica, quam Lusitani **Yerva** *Sentida y* **Vergonhada** appellant». — Bontius, *Historia Naturalis*, p. 129.

*** ERVA LOMBRIGUEIRA**. Conjecturo que a planta a que se refere Duarte Barbosa é *Artemisia vulgaris,* Linn., ou *A. Indica,* Roxb. (*Indian Wormwood* em inglês). «É de constante uso na medicina domestica, na hysteria e n'outras queixas nervosas; tambem como carminativo nas colicas flatulentas das creanças». D. G. Dalgado, *Flora*.

1516. — «... cotonias de seda, alaquequas, oleo de gergelym, **erua lombrigueira**, espiquenardo, tincal, aufiam, anil fino de tableta, e outro mais baixo». — Barbosa, *Livro*, p. 282.

1610. — «Otra cosa no menos provechosa tiene Kermon [na Pérsia], que en ninguna otra tierra se halla, que es la yerua contra lombricas, que en Portugues dezimos **lombriguera**: y los Persios en lengua propia la llaman *dram nah Kermony* [*dirmanah kirmānī*], que es medicina que viene de Kermon, o contra los vermes, porque *dram nah* es nombre propio de aquel simples y *Kermon* es equivoco, que significa el Reyno Kermon, o los vermes». — Pedro Teixeira, *Relaciones*, p. 101.

1908. — «The Levant wormwood of European commerce comes from Persia, Asia Minor, etc., whilst the Barbary wormseed comes from Palestine and Arabia». — Watt, *The Commercial Products*, p. 98.

**ESCRITORIO DA CHINA.** É o mesmo que *bentó*, q. v.

* **ESMANI** (s. m. e f.). Pai ou mãe do noivo ou da noiva, ou outro parente que faz as despesas e os arranjos do casamento, entre os hindus e cristãos. Do conc. *yezmān*, *yezmānī*. Em sânscrito, *yajamāna* é a pessoa que custeia a despesa do sacrifício solene; e sendo o matrimónio um dos sacramentos, *saṁskāra*, em que se oferece sacrifício e a que assistem muitos sacerdotes bem remunerados, explica-se a segunda acepção do vocábulo, a qual para os cristãos é inteiramente profana.

1842. — «Á meia noite ha uma especie de cêa a algumas pessoas, como pai, mãe, e parentes que vem da casa da noiva ou noivo, e estes individuos são chamados **Esmanis**». — *Annaes Maritimos*, p. 435.

* **ESPADA PRETA.** V. *campilão*.

* **ESPERA.** Antiga moeda de prata, de Goa, que tinha uma esfera armilar ou *espera*, como então se dizia, divisa de D. Manuel. Valia 40 réis. Havia tambêm *meia espera*.

1512. — «Por este vos mando que pages [pagueis] a fernã nunez capelam vynte e seis **meias esperas** por dezasete missas que lhe mandey dizer». — Afonso de Albuquerque, *Cartas*, v, p. 347.

1552. — «Mandou apagar a moeda dos mouros, e que se cunhasse do cunho da Portuguesa, e a de prata se chamasse **esperas**, e **meias esperas**, por amor da divisa del rey que era espera». — Castanheda, *Historia*, III, cap. 47.

1553. — «Mandou laurar moeda de ouro, prata e cobre: e á primeira chamou *Manueis*, á segunda **Esperas**, e **meias Esperas**, á terceira de cobres *Leaes*». — João de Barros, Déc. II, v, 9.

1557. — «Que a moeda de prata pesasse hum *bargani*, que era moeda dos Mouros, que pesava cada huma dous vintens, e porlhe nome **esperas**». — *Commentarios*, II, cap. 25.

1563 (1510). — «Fez moeda em que de huma parte pôs hum *A* grego e da outra a **espera**, que ualia dous vintens, e **meias esperas**, que ualião hum uintem». — Gaspar Correia, *Lendas*, II, p. 76.

1890. — «Teem effectivamente as moedas de oiro, prata e cobre, cunhadas na officina monetaria de Goa durante o reinado de D. Manuel, a esphera gravada, e chamavam-se taes moedas as de oiro, *crusado* ou *manuel* ou **espera**, que é tambem a denominação das de prata, e *meia espera* as metades de ambas as especies». — José Maria de Nazaré, *Numismatica*, p. 10.

**ESPICANARDO** (lat. *spicanardus*). V. *nardo*.

* **ESPINHO DO LADRÃO. RAIZ DE LOPES** (indo-ingl. *Lopez root*). Rutácea — *Toddalia aculeata*, Pers. «A casca da raiz é tónica e estimulante. Foi outr'ora exportada de Goa e usada na Europa contra a diarrhéa. O nome vulgar é derivado de João Lopes Pinheiro». D. G. Dalgado, *Flora*.

1766. — «*Mullilava* Malab., *João Lopes* Portog., albero grande che porta la bombagia grossa in certi gusci grandi nel Malabar». — Fra Paolino, *Viaggio*, p. 365.

* **ESTAMIM.** «Estamym de Chaul, grande feira ou mercado, que se fazia perto d'esta cidade». Felner. Parece que o étimo é o marata-sânsc. *stoma*, «grande aglomeração de objectos animados ou inanimados».

1554. — «E o capitão do dito chaul, e ffeytor d'elRey de portugal seu senhor, de toda a ffazenda que comprarem no **estamim** não paguarao direitos». — Simão Botelho, *Tombo da India*, p. 120.

1554. — «O baar do **estamym**, de chaul, tem 20 mãos, e cada mão 40 ceres». — António Nunes, *Lyvro dos Pesos*, p. 30.

**ESTRAMANGUEIRA.** É uma árvore de madeira de Timor. Parece que o vocábulo é composto de *extra* e *mangueira*.

1862. — «*Madeiras* — catapa, palabão preto empregado na construcção das casas, curbára, surem, sandalo, **extramangueira**, mosca, caicassa branca, magustão e mangueira». — *Annaes do Conselho Ultramarino* (parte não official), III, p. 43.

1883. — «Nas montanhas proximas a Dilly ha boas madeiras para construcção... parapara, canaria, **estramangueira**, sandalo». — José Vaquinhas, in *Bol. S. G. L.*, IV, p. 308.

*** ESTRAVANTE.** Antigo tecido ralo de Bengala, que servia para toucas. Parece que é o mesmo que *seerband*, que aparece em uma antiga lista de exportação da Índia Inglesa. Provávelmente do hindust. *sirband*, «banda ou faixa de cabeça».

1516. — «E huũs que chamaom **estravantes**, que he hũa sorte de panos ralos, que nós muyto estimamos pera touquados de donas, e hos Mouros, Árabios, e Perseos pera touquas». — Duarte Barbosa, *Livro* (2.ª ed.), p. 357.

*** EURASIANO** (s. m.). Em indo-inglês, *eurasian* quere dizer «indo-europeu ou mestiço». É composto de *European* e *Asian*. Em português dir-se-ia melhor *eurasiático*.

1897. — «**Eurasianos** (individuo nascido na India e filho de pae europeu e mãe india)...». — Joaquim C. Crespo, *Cousas da China*, p. 176.

1901. — «Os mestiços ou os **eurasianos** da India Britannica não formam classe protegida ou promovida, ao contrario, combatida pelos inglezes». — Cristóvão Pinto, in *Bol. S. G. L.*, XX, p. 275.

1906. — «A pequena sombra branca da **Eurasiana**, esvoaça. — Alberto O. de Castro, *A Cinza dos Myrtos*, p. 144.

1907. — «... desinquietar uma das ambaradas moirinhas destinadas aos seus *casados* de Goa, e em cujo seio queria acalentar um Portugal **eurasiano**, dominador da India... Na execução d'esse seu proposito da assimilação da India pela **euranização**, pelo cruzamento, Albuquerque não ia ás cegas e sem um certo criterio ethnico». — *O Oriente Portuguez*, IV, p. 6.

1917. — «De certo era indiano, como o seria a mãe tambêm, porventura ambos **eurasiaticos**». — Ismael Gracias, *Bocage na India*, p. 5.

1885. — «Le mot **eurâsian** est composé de termes *européan* et *asiatique* et sert à désigner les individus issus d'un père européen et d'une mère indienne ou asiatique».—Mgr. Laouenan, *Du Brahmanisme*, II, p. 335.

1885. — «Of the Christian population, 50 are Europeans, 9 **Eurasians** or *Indo-Portuguese*, 51 natives, and 13 unspecified». — Hunter, *The Imperial Gazetter*, X, p. 220.

*** ETA** (jap.—). Como os *pariás* na Índia dravídica e *chandalas* na Índia árica, os *etas* constituem a casta ínfima do Japão, cujo estado social e misteres são análogos, gozando porêm desde 1875 da igualdade civil.

1569. — «Antes o mandou entregar aos **ietas**, que he a mais baixa gente do Japão, como os *Poleas* do Malavar que tem por officio esfolarem bestas mortas, e serem algozes dos condenados». — P. Luís Fróis, *Cartas de Japão*, I, fl. 268.

1874. — «Ficou a sociedade dividida em tres ou quatro classes distinctas : clero, nobreza, povo e parias denominados **iétas**». — Pedro G. Mesnier, *O Japão*, p. 11.

«Os **iétas** ou parias são todos os que trabalham em couros, e assim como os alparqueiros na costa do Malabar, na India, são considerados impuros. Esta casta parece ter sido formada, por assim dizer, artificialmente, depois da adopção da religião budhista». — *Id.*, p. 25.

1897. — «Entramos assim em relações com uma interessante facção do imperio nipponico, um curioso enygma vivo, que é uma tribu de párias, que têem por nome os **étas**... A igualdade civil, porém, não passa aos costumes. Os **étas** continuam vivendo uma existencia á parte, casando-se entre si, perpetuando a casta; com bairros seus, com templos seus, com casas suas e até com uma aristocracia sua». — Venceslau de Morais, *Dai-Nippon*, pp. 192 e 193.

*** EVO.** A palavra mais aproximada, quanto ao sentido e à forma, que encontro na língua vernácula (marata) é *helū*, nome de *Vangueria spinosa*, Roxb. É possível que no original estivesse *ero*, representando *r* o *l* cacuminal do étimo, conforme a transcrição dos nossos escritores.

1609. — «Foram com a imagem de um frade de S. Domingos, que ali estava enterrada, a qual era de páo mui alvo, a que os naturaes [de Taná] chamam páo **evo**». — Fr. João dos Santos, *Ethiopia Oriental*, II, p. 83.

*** EXPLORAÇÃO.** Alêm dos seus significados bem sabidos, tem na Índia cristã o especial de «esponsais ou promessa de casamento feita em presença do páraco e de testemunhas».

Estranhava comigo, em tom de

mofa, um prelado português o emprêgo de tal expressão, por ignorar que a locução era elíptica, subentendendo-se «da vontade». A frase completa — exploração da vontade dos nubentes — é muito apropriada, a qual se não está em voga no continente, é porque aqui se não celebram tais esponsais.

1787. — «Tambem manda que o acto da **exploração** o faça o parocho na egreja, deante de duas ou tres testemunhas e não mais; não faça tal **exploração** se os contrahentes vierem com grande comitiva, nem lêa os proclamas; feita a **exploração**, os nubentes se recolham cada um a sua casa sem acompanhamento». — P. Casimiro de Nazaré, *Mitras Lusitanas*, in *Bol. S. G. L.*, xv, p. 454.

1880. — «Para a execução do estabelecido n'este alvará manda que os parochos, feita a **exploração**, ou ratificada pelos contrahentes o ajuste na forma dita, lavrem termo, assignando os nubentes, o parocho e as testemunhas». — *Id.*, p. 473.

## F

*** FACHARÃO.** O autor da abonação não explica o sentido da palavra; mas se a emprega por «companheiro ou colega», como parece depreender-se do contexto, o seu étimo deve ser o jap. *hōyū-tsure*. *F* por *h* inicial japonês é normal na transcrição portuguesa. Cf. *fachiman*, *fotoqué*.

1545. — «Honrem e venerem este *Chenchicogen* (q. v.) do cabo do Mundo, que de hoje por diante [o *Nautaquim*] o faz seu parente, assim como os **facharões** que se assentão junto da sua pessoa». — Fernão Pinto, *Peregrinação*, cap. 134.

*** FACHIS** (m. pl.). «É muito conhecido êste têrmo em Macau, pois designa as duas varetas com que os chineses comem, e que lhes servem de garfo. É palavra chinesa de Cantão *fa-chi*, (*fai-tsze*), que passou ao japonês, em que se prefere *fàxi*». Gonçalves Viana, *Apostilas*.

A fonologia japonesa não admite o fonema *f* senão quando é seguido de *u*, como em *funé*, «embarcação», *fuin*, «arcebispo budista». A forma é, portanto, *haxi*. Mas os escritores antigos transcreviam o japonês *h* por *f*, como *fanjo* por *hanjo*, «florescimento», *figiri* por *hijiri*, «bonzo de ordem militar», *fotoqué* por *hotoke*, «divindades budistas». É por isso mais provável que o português *fachi* provenha do japonês *hashi* ou *haxi* que do cantonês *fai-tsze*, *kuai-tsze* em geral. *Faxi* figura em uma carta de Japão de 1586.

1516. — «Nom tocaom [os chineses] com ha mão ho que comem, chegaom muyto o prato ha boca, e com hũas tanazes de prata ou pao, metem ho comer ha boca muy ha meude, porque comem muyto de pressa». — Duarte Barbosa, *Livro*, p. 382.

1542. — «Emquanto comiamos tiverão muytos passatempos de bons ditos com seu irmão quando virão que comiamos com as mãos, porque em todo aquelle imperio Chim se não costuma comer com a mão, como nós fazemos, senão com dous paos feitos como fusos». — Fernão Pinto, *Peregrinação*, cap. 88.

1569. — «Estauam dous paoszinhos dourados muito galantes pera comer com elles metidos antre os dedos: vsam delles a modo de tenazes». — Fr. Gaspar da Cruz, *Tractado da China*, cap. 13.

1586. — «E trazendolhe diante a *sacana* [comida que acompanha a bebida de *saqué*] que se dá com o *sacazuqui* [copo de vinho] por fruita, tomou os **faxis**, e com sua propria mão a deu aos padres, e irmãos». — *Cartas de Japão*, II, fl. 177 *v.*

1729. — «Não usam nas mesas de toalhas, guardanapos, facas, e nem de garfos, mas sim sómente de huns *Kuai zu*, ou palitos redondos, com que facilmente tudo comem, porque tudo lhe vai á meza feito em bocadinhos». — *Apud* Júlio Biker, *Collecção de Tratados*, VI, p. 165.

1874. — «Collocaram perante cada um dos convivas um tambo acharoado sobre o qual havia um frasco de *saki* tepido, uma diminutissima chavena, muitas tigelas com todos os acepipes nacionaes, e os dois pausinhos, chamados **fachi** em Macau, que servem de colher e garfo no extremo oriente». — Pedro G. Mesnier, *O Japão*, p. 141.

1897. — «Os chineses para comer fazem uso dos «pausinhos» a que chamam *Kwai-tsz* e que nós conhecemos pela denominação ingleza de «*Chopsticks*»; são de madeira ou marfim, de 20 a 30 centimetros de comprido, quadrados na parte superior com 8 a 10 millimetros de lado, e redondos no resto do comprimento». — Joaquim C. Crespo, *Cousas da China*, p. 231.

1900. — «E devoram esse arroz com o auxilio de pausinhos ou pequenas varas (**fai-chis**), que tanto podem ser de madeira pintada, como de ebano, marfim ou qualquer substancia mais preciosa». — *Ta-ssi-yang-kuó*, de Fevereiro.

1902. — «Collocam, por exemplo, sobre uma meza, umas pequenas espheras, muito lizas feitas de marfim ou de metal, e obrigam a noiva a levantal-as com dois **fai-chis** (uns pausinhos com que comem).. Ora os **fai-chis** deslisam naturalmente sobre a superficie da esphera, e neste caso ha grandes gargalhadas e troça de toda a sorte é dirigida á pobre que se vê nestes apertos». — *Ibid.*, II, p. 215.

1906. — «... e mais um desses pausinhos que se chamam *hashi*, com o comprimento de um palmo, substituindo na mesa japoneza o garfo e a colher». — Venceslau de Morais, *Paisagens da China e do Japão*, p. 218.

1585. — «Comen todos los manjares con dos pallitos de oro, o plata, o palo muy oloroso, un poco mas largos que forquetas, con los quales comen tan diestramente, que aun que el manjar sea de cosas muy pequeñas no se los cae nada, ni se ensuziau las manos ni los rostros». — Fr. Joan G. de Mendoça, *Hist. de la China*, p. 169.

* **FACHIMÃO** (jap. *hachiman*). Nome do deus da guerra, no Japão. É um dos *Camis* do *xintoismo*.

1605. — «Determinou de o hourar, e como canonizar por hum dos principais *Camis* de Japam, fazendo o igual ou ainda superior a todos elles, e ao proprio que elles chamam **Fachinam** que he o Cami, o falso Deos que inuocam nas batalhas, como os antiguos Romanos inuocauam a Marte». — P. Fernão Guerreiro, *Relaçam Annual*, fl. v.

1634. — «Está hum famoso templo de hum Camy muy venerado da gente militar, tido por Deos da guerra, chamado, **Fachiman**, o qual foi o 16 Rey do Japão». — *Hist. da Igreja do Japão, apud* Cristóvão Aires, *F. M. Pinto e o Japão*, p. 152.

* **FADIÁ** (s. m.; mar. *phadyā*). Pequena moeda de cobre, do valor de meio *anná* ou seis réis, que ainda no século passado corria em Damão. V. *fédea*.

1880. — «Em cobre: de Bombaim corre o anná por 42 ⅜ réis de Goa; **fadiá** ou meio anná; *derqui* ou meio **fadiá**, e *paiá* por 3 $^{31}/_{96}$ réis de Goa». — Teixeira de Aragão, *Descripção das Moedas*, III, p. 102.

* **FAITIÃO**. Barco chinês de passagem e de carga. Do chin. *fáh-tie*.

1870. — «... as embarcações chinezas de passagem e carga, denominadas **faitiões**, fossem registadas na Procuratura... Começaram desde logo os chinezes dos **faitiões** a reunirem a miudo no Pagode Novo... Chegados de roldão aos **faitiões** trataram de fazer-se de vela para fugir». — In *Ta-ssi-yang-kuó*, I, p. 25.



* **FALOPE**. Bonzo de Siame. Do siamês *phrah-rùb*.

1767. — «Replicando-lhe os seus **Falopis** (chamão assim aos Sacerdotes dos seus Deoses) que no campo estava hum Pagode antigo, e venerado, ordenou que o derribassem, e no mesmo lugar, por ser o melhor, se levantou huma Igreja. — Fr. Lucas de Santa Catarina, *Hist. de S. Domingos*, IV, p. 702.

**FALUZ**. Antiga moeda de cobre, que corria em Ormuz e valia 2 ou 3 réis. Do ár. *falas* (pl. *fulūs*) que se liga ao lat. *follis*. Reinaud (II, p. 23) diz que «a palavra *folous* é alteração da palavra grega *obole*».

1326. — «Dá conta do que tem conduzido do modo mais completo, pelo que tem huma paga certa de **foluzes**». — Ben-Batuta, *Viagens*, I, p. 166.

1515. — «E he seis serafins, seis meyos serafins d ouro, seis tamgas de prata, seis çadis de prata, seis **faluzes** e seis dinheiros de cobre» (moedas de Ormuz). — A. de Albuquerque, *Cartas*, I, p. 378.

1525. — «**Fules**, dynares, tamgas, larys: e dous **fules** valem huum dynare, e doze dynares hũa tamga». — *Lembranças das Cousas da India*, p. 53.

1529. — «A moeda que se aquy [em Ormuz] se gasta he mourisca, de ouro, e prata fina, e de cobre... a de cobre se chama **falus**, e val sete ceytis». — António Tenreiro, *Itinerario*, cap. 1.

1552 — «A [moeda] de cobre chamão **faluz**, e vale sete ceitis». — Castanheda, *Historia*, II, cap. 58.

1554. — «O Sabão de Dio se vende por pãaes, e val cada pão 7 e 8 **faluzes**». — *Lyvro dos Pesos*, p. 21.

1557. — «E mandou ao Feitor, que lhe désse dous mil **faluzes**, e alguns pannos». — *Commentarios*, I, cap. 59.

1609. — «A moeda mais comũa he o **faluz**, a que chamão na India *Bazaruco*, e neste Reyno real». — Fr. Gaspar de S. Bernardino, *Itinerario da India*, p. 114.

851. — Ces pièces de cuivre, que nous nommons **folous**, sont faites avec de cuivre et d'autres métaux». — Soleimão, *apud* Reinaud, *Relation*, I, p. 72.

* **FAMA**. Emprega-se êste termo na Índia cristã na acepção de «acto de benzer solenemente, na véspera da novena da festa principal da freguesia, a estampa do santo colocada no tope do *arequeira* (mastro) pintada, que se arvora no adro da igreja para o conhecimento dos transeuntes». Não há, porêm, actualmente as folias a que alude o arcebispo abaixo

citado. Parece que o costume proveio do hinduísmo, que tem idêntica cerimónia, pôsto que haja quem me assegure que em certas partes de Portugal vigora prática semelhante, talvez importada da Índia.

1663. — «Na segunda oitava saiu pelas ruas uma procissão ao modo daquellas que na India se chamam **famas**, as quaes servem de publicar pelas ruas o principio das novenas». — P. Manuel Godinho, *Relação*, p. 218.

1784. — «Condemna o modo de celebrar com folias o acto chamado pelos christãos **fama**, pelos gentios *olly*... lastima-se de que procurem por este meio attrahir gente á igreja». — P. Casimiro de Nazaré, *Mitras Lusitanas*, in *Bol. S. G. L.*, xv, p. 446.

1789. — «Prohibe as seguintes praticas abusivas... assistir o parocho de pluvial, com thuribulo e agua benta, ao arvorar-se o mastro ou bandeira antes de principiar a novena d'alguma grande festa». — *Id.*, in *Ta-ssi-yang-kuó*, I, p. 607.

1812. — «Renova a prohibição de *zagor* e de **fama** sob as penas d'antes cominadas». — *Id.*, in *Bol. S. G. L.*, xv, p. 580.

1866. — «Item — em haste de bandeira (*maddy*) de annuncio (**fama**) das festividades ecclesiasticas, nas Igrejas, Capellas, e ainda das Cruzes, em cujas immediações as trazem firmes em terra durante a festividade». — F. N. Xavier, *Descripção do Coqueiro*, p. 32.

1915. — «Foi, este anno, especialmente concorrida a **fama** da festa ao Menino Jesus de Colvá». — *O Ultramar*, de 28 de Outubro.

**FANÃO.** Antiga moeda pequena de ouro ou de prata, corrente na Índia meridional, de valor variável entre 20 e 40 reis. O étimo é o tamul-malaiala *panam*, «dinheiro», que se prende ao sânsc. *pan*, «permutar, comprar». *F* por *p* é devido, conforme Yule, à influência arábica, por não terem *p* os árabes.

1345. — «Hõ costume delles serem para o Soldão [rei de Ceilão] os jacintos, o valor de cada um dos quaes chega a cem **fanames**, o qual dá o seu preço e o toma... bem advertido que o valor de cem **fanames** são seis ducados de ouro». — Ben-Batuta, *Viagens*, II, p. 304.

1498. — «Hũa camysa muyto delgada que em Portugal vall trezentos reis davam aquy por dous **fanõs** que valem em esta terra trinta rreis, porem a estima de trinta rreis nesta terra he grande». — *Roteiro de Vasco da Gama*, p. 37.

1509. — «E sse nom teverdes *beyrames* day lhe vynte e hum **fanões** por eles pera os comprar a sete **fanões** beyrame porque assi valem». — A. de Albuquerque, *Cartas*, IV, 212.

«Se se a roupa ouuese de tingir com alacar, hum pano que vale quatro **fanões**, valeria vimte». — *Id.*, I, p. 135.

1515. — «Foy asentado e concordado que tomaram os nossos cruzados a dezanove **fanões**, e, se maior valia tiverem por todo Malavar, que se tomem pello preço que geralmente valerem». — *Alguns Doc. da Torre do Tombo*, p. 373.

1516. — «E, se isto asy ha de ser homde vos custa e temdes asentado a çento e cinquenta **fanões** valera a duzentos e nom o poderão ajnda achar». — In *Cartas*, IV, p. 72.

1516. — «Manda o governador pôr ha cada hũu diante duas moedas douro baixo, que chamaom **fanões** que val cada hũu vinte e dous rs.». — Duarte Barbosa, *Livro* (2.ª ed.), p. 323.

«A palavra **Fanão** significa hum peso maior do que dous quilates dos nossos... Esta palavra **Fanão** significa tambem huma moeda que val hum real de prata». — *Id.*, p. 376.

1525. — «As galinhas são muytas, dão tres na cidade por hũa moeda que val hũ vintem, que se chamão **favaos** (*sic*, = fanaos). Das rollas dão doze, catorze por hũu **favão**». — *Chronica de Bisnaga*, p. 97.

1552. — «Offereceo lhe sessenta moedas d'ouro a que chamão **Fanões**, quada huma das quaes pode valer da nossa moeda vinte reis». — João de Barros, *Déc.* I, IX, 3.

1552. — «Mil **fanões** de Cochim que val cada hum desasseys rs.». — Castanheda, *Historia*, V, cap. 5.

1554. — «E 30 **fanões** da terra [Ceilão] vallem huum *pardao*, e aleuantão e abaixão; e são estes **fanões** de muito roim ouro e baixo». — António Nunes, *Lyvro dos Pesos*, p. 36.

1563. — «O feitor lhe havia de dar em cada carga dez covados de veludo cremesym, e ao escrivão dez **fanões** cada mez, que **fanão** é huma moeda d'ouro baixo, que catorze delles valem trezentos reis». — Gaspar Correia, *Lendas*, I, p. 299.

«Comprauão oito, sete, e seis [galinhas] por hum **fanão**, que val menos de trinta reis». — *Id.*, IV, p. 132.

1566. — «Dos quaes **fanoms** douro dezoito valem hum pardao douro o qual pardao douro val da nossa moeda trezentos, e sessenta reis». — Damião de Góis, *Chronica de D. Manuel*, III, cap. 44.

1603. — «Cada hum daua por lhe darem o Sacramento hũ **Fanão** moeda de ouro, que responde a hum real de prata, ou dous vintens Portuguezes pouco mais, ou menos». — Fr. António de Gouveia, *Jornada*, fl. 43 v.

1613. — «O mesmo fez depois a todos que quezeram alcançar, ou para melhor dizer, dar o **fanão**». — P. Manuel Barradas, in *Hist. Tragico-maritima*, II, p. 110.

1613. — «Valião naquella terra os mantimentos tão baratos que se davão dez galinhas muyto grandes por hũa moeda da terra a que chamão **fanão** que val trinta reis». — Francisco de Andrada, *Chronica de D. João III*, I, fl 31.

1615. — «Tambem nos deram um servidor, e cada dia nos faziam distribuir dous **fanões**, que são moedas de ouro, que valem cada uma quatro soldos». — Pyrard de Laval, *Viagem*, I, p. 308.

1616. — «Gasta o Çamorim nesta festa duzentos mil **fanões**, em dadivas, que sam vinte mil cruzados».— Diogo do Couto, Déc. XII, IV, 4.

1609. — «Nem o nosso feitor só com dous **fanões**, que o Samorim lhe pagava cada dia, se podia tratar em Calicut com o mesmo fausto e aparato com que se tratão os Inglezes». — *O Chronista de Tissuary*, II, p. 83.

1891. — «O **fanão** valia de 20 a 27 reaes, havendo alguns mais baixos... Era uma pequena moeda, e o seu nome vinha do tamil *panam*, que significa dinheiro».— Conde de Ficalho, *apud* Orta, Col. VII.

1900. — «**Phanão** — pequena moeda de prata do reino de Travancor: 7 **phanões** e 8 *cashes* fazem 1 rupia; equivale um **phanão** pouco mais ou menos a 2 vintens portuguezes». — P. Casimiro de Nazaré, *Mitras Lusitanas*, in *Ta-ssi-yang-kuó*, p. 609.

1915. — «Moedas da India [no Museu Rial Escocês]: *pagoda* de ouro... **fannam** de Madrasta, de prata, dos sec. XVII-XIX, **fanams** de ouro, pequenissimos». — J. Leite de Vasconcelos, *De Campolide a Melrose*, p. 106.

XIV. — «Pro meo officio tanquam legatus Papae habebam omni mense **fan de auro** talis monetae centum, in fine mille». — Marignoli, *apud* Gubernatis, *Storia*, p. 145.

*1510. — «Batte anchora moneta d'argento chiamata, **fanon**, qual vale mezzo marcello d'argento in circa». — Barthema, *apud* Ramúsio, I, fl. 59.

1544. — «Nostro rogatu numulorum aureorum (**Fanajos** ipsi vocant), instar denariorum nostratum) quaterna millia assignavit». —S. Francisco Xavier, *Epistolae*, lib. I, 14.

«... mulctae nomine duos denarios argenti, hoc est unum nummum quem vocant **Fanam**, exigat». — *Id.*, 16.

1582. — «In questa città di Negapatan sopradetta corrono alcune monete dette **fannò**, che sono d'oro larghe e tonde, di larghezza poco maggiore di quella d'un grano di lentegrossa... Sono d'oro basso, e vagliono a raggione delle nostra moneta 10 soldi l'uno». — G. Balbi, *Viaggio*, fl. 84 *v*.

1585. — «Essendo già un reneccio [o rei de Cichim] di pochi **fanols**, ha preso molta maggiorenza sopra gli altri principi del Malabar».—F. Sassetti, *Lettere*, p. 304.

1588. — «Ne trasse vna pentola d'oro, piena di monete d'argento, che gli Indiani chiamano **Fanoni**, e non valgono più che dieci quattrini l'vna». — P. Maffei, *Le Istorie*, p. 477.

1658. — «Il stipendio, che giornalmente il Rè li dona è d'vn quarto de **Fanols**, che sarà il valiente d'vn baiocco, e mezzo, ò due soldi di Milano». — Fr. Vincenzo Maria, *Viaggio*, p. 274.

1660. — «**Fanos**. Moneta picciola de' Malauari, che vale meno di mezzo giulio». — Mgr. Sebastiani, *Seconda Spedizione*, p. 149.

1666. — «Il y a aussi de **fanons** qui sont de petites pieces moitié or et moitié argent. Elles sont marquées comme les Pagodes: Elles ne sont plus grandes que des paillettes». — Thevenot, *Voyages*, III, p. 317.

1700. — «Et fit vœu de donner à son Eglise de Cotate huit **fanons**, qui sont environ quarente sols de nôtre monnoye». — *Lettres Édifiantes*, v, p. 51.

1782. — «Le **fanon** est une petite monnoie d'or ou d'argent. Ceux d'or sont très desagréables parce qu'étant fort petits on les perd aisément; les Français, les Anglais et les Danois n'en font frapper qu'en argent». — Sonnerat, *Voyage*, I, p. 146.

1796. — «Il **fanone** d'argento dagl' Indiani chiamato *Panam* è moneta picciola rotonda come la rupia». — Fra Paolino, *Viaggio*, p. 56.

1825. — «When removed to a distance he has three **fanans**, or three half-pence per day». — Em Heber, *Narrative*, II, p. 174.

1909. — «The **fanam** was originally worth about 1 ¼ rupees; later, it was coined of silver or base gold». — Crooke, *in* Fryer, I, p. 106.

* **FANJO** (jap. *hanjo*). Medra, florescimento, prosperidade.

1668. — «Perguntou porque não hauia **Fanjo** no Miáco? respondelhe Lourenço que como o grão nacia erão tantas as espinhas, que logo o afogauão, dandolhe por aqui a entender que como os Bonzos sentião fazer-se algũa pessoa Christã buscauão todos os meos pera deitar o padre fora». — P. Luís Fróis, *Cartas de Japão*, I, fl. 260 *v*.

* **FANQUI** (chin. *fan-kwei*). É o nome que os chineses dão, por desprêzo, aos europeus, e que significa literalmente «demónio estrangeiro».

1897. — «Contenta-se em chamar-lhes

**Fan-kuai**, diabos estrangeiros, ou *Yang-kouei-tze*, diabos do occidente». — Joaquim C. Crespo, *Cousas da China*, p. 79.

**FANTAN.** «Espécie de jôgo chinês, em que, com o auxílio de *sapecas*, se joga sôbre quatro números inscritos numa loisa». C. de Figueiredo. O seu monopólio é grande fonte de receita para o estado em Macau. É vocábulo chinês, *fán-tán*.

1868. — «Vou explicar-te o mechanismo do **fantane** (*sic*). O banqueiro separa de um avultado montão de *sapécas*, um monte mais pequeno, de que, pela simples vista, se não pode calcular, nem aproximadamente, o numero». — *Archivo Pittoresco*, x, p. 206.

1881. — «O jogo de **fantan** e a loteria de **Vae-seng**, por que tanto nos desmerecem, é ali até certo ponto tolerado, e até pagam impostos indirectos». — *Bol. S. G. L.*, III, p. 742.

1883. — «Entrei em uma das casas do **fantan**... Um china fazia a escripturação, e outro, armado de um pequeno bambú, separava de um monte de sapecas, que collocara diante de si, uma a uma aquellas moedas, contando vagarosamente de 1 a 4, para achar o resto d'aquella divisão. O numero restante, 0, 1, 2, 3, determinava o ganho». — Adolfo Loureiro, *No Oriente*, I, p. 318.

1895. — «O china tem, como nenhum outro povo, a paixão do jogo. Em Macau, no bairro China são numerosas as casas de **tan-tan** (*sic*)... O arrematante do exclusivo do **tan-tan** paga á fazenda, quando ali estivemos, a quantia de cento e vinte mil patacas por anno». — Conde de Arnoso, *Jornadas pelo Mundo*, pp. 140-142.

1898. — «O jogo, porém, caracteristico da China, aquelle em que se jogam fortunas enormes n'uma noite, é o **Fantam**». — Joaquim C. Crespo, *Cousas da China*, p. 239.

1899. — «A principal fonte de receita não deixará por isso de continuar a ser a exploração do vicio com os seus monopólios do opio, dos jogos do *vae-seng* e do **fantan**, com os impostos sobre a prostituição e outros». — *Ta-ssi-yung-kuó*, I, p. 70.

1899. — «**Latan**. — É o celebre jogo tão vulgar na colonia». — *Ibid.*, p. 127.

**FÃO** (chin. *hau*). Moeda e pêso da China, equivalente a um décimo de *sapeca* ou *caixa*.

1525. — «Huum taeel dez mazes e huum maz dez **foées**». — *Lembrança das Cousas da India*, p. 56.

1536. — «Dando lhe cada dia tres **fôs** de seu jornal que são doze rs. por dia... os mandaris pera seos serujços lhe dão dous **fôs** e se não trabalhão dã lhe açoutes como palhas». — Vasco Calvo, *apud* D. Ferguson, *Letters*, p. 88.

1640. — «El tercer modo de medir, que es por peso, dividen casi en la misma forma, empeçando de un **hao**; y es decima parte de su moneda, a que lhaman los Portugueses *caxa*». — P. Semedo, *Imperio de la China*, p. 53.

**FAQUI** (ár. *faqīh*). Jurisconsulto, teólogo, doutor, entre os maometanos.

1613. — «São mouros e chamão-se Solimas, têem alcorão escripto em arabio, tem **faquir** (*sic*), um mestre que por elle ensinam a ler, a escrever». — P. Luís Maria, *Relação*, in *Bol. S. G. L.*, IX, p. 339.

1906. — «São dois vocábulos diferentes [*faqui* e *faquir*], e com diversíssimas significações: *faqui*, em árabe *faquie*, de *faque*, «saber teologico», significa «jurisconsulto; *faquir*, em árabe *faqīr*, de *faqar*, «pobreza», que quere dizer «frade mendicante». — Gonçalves Viana, *Apostilas*.

**FAQUIR.** Religioso muçulmano mendicante, como o *jogue* hindu; (fig.) pobretão. Do ár. *faqīr*, «pobre». De *faquir* derivam alguns etimologistas o italiano *facchino*, «mariola», e o português *faquino*, «varredor da igreja patriarcal de Lisboa»; e o Padre Vieira emprega *faquino* por *faquir*. Os serventes da igreja portuguesa de Calcutá são conhecidos, até mesmo em bengali, pelo nome de *pobres*. Os nossos escritores antigos abrangem geralmente os *faquires* sob a denominação de *jogues*, e os estrangeiros preferem designar por *faquir* qualquer asceta mendicante da Índia. **FAQUIRISMO** é o modo de vida do faquir.

1563. — «**Faquir** Çoleiman, que quer dizer, o pobre Çoleimam» — Garcia da Orta, Col. XXXIII.

1663. — «Este grão mogol, que hoje impera mais reinos que nenhum outro monarcha do mundo, de **faquir**, ou *jogue* (que os mouros aos seus *jogues* chamam **faquir**)...». — P. Manuel Godinho, *Relação*, p. 38.

1741. — «Largou o trage de **Faquir**, que tinha tomado por principio de devoção Nasserleng, e juntou hum Corpo de 22 mil cavallos, e ficava nos limites da Provincia Khan-Dex. — Joaquim C. Soares, *Doc. Comprobativos*, p. 21.

1825. — «Ha outros mais supersticiosos,

e mais nocivos, com o nome de **Fakires**, e *Djoghis*, votados a sustentar-se á custa do publico». — José Inácio de Andrade, *Cartas*, I, p. 49.

1866. — «Os **faquirs** prégavam por todos os angulos na sua linguagem mysteriosa». — Francisco L. Gomes, *Os Brahamanes*, p, 287.

1874. — «Sabel-o-hia a historia — se os aios e confessores de principes e de reis, em vez de serem *bonzos*, **fakires** e *derviches* d'un credo intolerante e sangrento...». — Visconde de Ouguela, *apud* C. Castelo Branco, *Noites de Insómnia*, VII, p. 7.

1883. — «É igualmente boa para o nobre brahmane, como para o miseravel **fakir**, quasi nu, e com corpo pintado». — Adolfo Loureiro, *No Oriente*, I, p. 153.

1886. — «Fr. António do Porto converteu os impios nas terras do norte... cathequisando muitos joguys e **fakirs**». — Lopes Mendes, *A India Portugueza*, II, p. 96.

1898. — «**Fakires**, ascetas mussulmanos, que vivem de esmolas». — D. G. Dalgado, *Flora*, p. XVIII.

1905. — «O meu amigo me dirá quanto, depois de verem o **fakirismo**, seriam ridiculos taes feiteceiros e meninos virtuosos, deante dos cerebros commovidos dos muitos, que não fazem a menor idéa do que, no assumpto, se passa em outro mundo oriental». — Ferreira do Amaral, *apud* Hipácio de Brion, *Duas Mil Leguas*.

1908. — «Visitando a India santa nas margens do rio sagrado, Benares, a cidade dos **fakires**, Allahabad, a cidade das peregrinações, passei depois á India dos Sultões, que tem por capitaes Agra e Delhi». — Brion, *A India Portugueza*, p. 4.

«... desde as danças lascivas e louvores entoados em honra do *Lingam*, até aos assombros do **fakirismo**». — Id, *ibid*.

1663. — «Il fit long-temps comme profession d'être **fakire**, c'est-à-dire pauvre, derviche ou dévot, qui a renoncé au monde». — Bernier, *Voyages*, I, p. 11.

1666. — «Il y a quantité de **Faquirs** parmi les Mahometans, aussi bien que parmi les Idolâtres, qui sont vagabonds comme eux, et encore plus méchans». — Thevenot, *Voyages*, III, p. 201.

1673. — «With these... must be numbered the **Fakirs** or Holy Men, abstracted from the world, and resigned to God, for the word will bear that Interpretation». — Fryer, *East India*, I, p. 240.

1676. — «Il y a diverses sortes de ces **Faquirs** Mahometans. Les uns vont presque tout nuds comme les **Faquirs** Idolâtres... Il y a d'autres **Faquirs** qui sont vêtus de tant de pieces qu'on peut bien dire ce que c'est... La troisième classe de ces **Faquirs** des Indes Orientales, sont ceux qui étant nés des parents pauvres, et desirant de sçavoir la loi pour devenir *Moullas* ou Docteurs, se retirent dans les Mosquées où ils vivent des aumônes qu'on leur fait». — Tavernier, *Voyages*, IV, p. 135.

1669. — «They are called **Faquirs** by the Natives, but *Ashmen* commonly by us, because of the abundance of Ashes with which they powder their Heads, and mix with their Hair, which falls down sometimes to the middle of their Back». — Ovington, *A Voyage to Suratt*, p. 362.

1774. — «L'astuzia però di questi **Fakiri** consiste in avere accomodate di modo le cose, che possono stare fra i Musulmani e fra i Gentili, unendo li dogmi i costumi degli uni cogli altri». — P. Tomba, *apud* Gubernatis, p. 98.

1786. — «**Fakir** è una parola Araba o Persica e non Indiana, e tutti questi malamente si chiamano **Fakiri**». — Fra Paolino, *Viaggio*, p. 231.

1845. — «Les *sayïdes* et les **fakirs**, mendiants religieux à pied et à cheval, aboudent dans toutes les parties du Sindh, ils demandent l'aumône avec arrogance et souvent la menace à la bouche. Mendier est un métier si profitable dans ce pays, que beaucoup de gens du peuple suivent cette vocation». — Jancigny, *Inde*, p. 67.

1883. — «It was here that the celebrated **fakir**, Murábak Ghází, who overawed the wild beasts and rode through the jungle on a tiger, settled while the place was yet in the heart of the forest». — Hunter, *The Imperial Gazetteer*, II, p. 190.

1900. — «Ce sont des hommes d'une vingtaine d'années, des débutants en **fakirisme**; les macérations et les jêunes n'ont pas altéré encore leur belle forme». — Pierre Loti, *L'Inde*, p. 297.

* **FARÁ, faré** (s. m.). Medida de capacidade para cereais, no Guzarate e Concão, correspondente a meio *curó* (q. v.) ou quatro *ceiras* (q. v.). Mas varia conforme as localidades. Do mar. *pharā* (guzarate e concani *pharo*) < sânsc. *phalaka*, «tábua»; *phare* é plural nas referidas línguas vernáculas.

1740. — «Serão contados 64 **farés** de *batte* a cada *murá*, e a cada *faré* se tem feyto 1 *paily* de 4 *ceras*». — *Apud* Júlio Biker, *Collecção de Tratádos*, VI, p. 216.

**FARAÇÓLA** (ár. *fārsala*). Pêso antigamente usado no comércio dos mares da Índia. «A *farazola* variava segundo as localidades entre 8 e 11 kilos, chegando algumas vezes a 14 kilos». Conde de Ficalho, Col. VII.

1498. — «Quobre que vale huũa **farazalla**, a qual tem perto de trinta arratées, çinquoenta *fanouns* que sam tres cruzados». — *Roteiro de Vasco da Gama*, p. 107.

1212. — «Ha **faraçola** d'Uurmuz he em peso **faraçola** e meia de Cochim, pouco mais ou menos». — A. de Albuquerque, *Cartas*, I, p. 75.

1516. — Vale cada **Farazola** (que são 22 arrateis e 6 onças) a razão de 14, 15 e 16 Fanões». — Duarte Barbosa, *Livro*, (2.ª ed.), p. 384.

1519. — «Acho que sete *parás* de triguo moido em pedras malavares me respondem dez **faraçolas** de biscouto muyto bõo». — *Archivo Port.-Oriental*, v, p. 37.

1552. — «Concedeu Nuno Vaz que podesse mandar duas **faraçolas**, que são trinta e seis arratés dos nossos de contas de Cambay». — João de Barros, *Déc.* I, x, 6.

1554. — «O *baar* de crauo em Ormuz tem 20 **faraçolas** .. e cada **faraçola** d'este peso tem 20 mãos, 19 *quiazes*». — António Nunes, *Lyvro dos Pesos*, p. 5.

1554. — «Pera dous bares e çinquo **ffaraçolas** de cera, que se guastão cada ano na Igreja». — Simão Botelho, *Tombo*, p. 96.

1563 (1498). — «E logo fez preço a cada mercadoria per si apertada, em que se muyto ganhaua, assi na valia como no peso, que nomeauão **faraçolas**, que alealdado com os pesos erão de dezoito arrates, e vinte **faraçolas**, hum bár, e assi assentárão os preços de pimenta, e todas as drogas». — Gaspar Correia, *Lendas*, I, p. 90.

1635. — «Mais de trinta **faraçolas** de pedras de prata, umas grandes de duas **faraçolas** e meia, e de duas, e de uma, e de meia **faraçola**». — António Bocarro, Déc. XIII, p. 595.

1750. — «Sendo o commum preço por que se vende [o açúcar em Quelimane] cada **faraçola**, que é o peso de trinta e seis arrateis, quatro *maticaes* de butonga, que tem cada um o valor de dez pardaus». — In *Annaes do Conselho Ultramarino* (parte não official), II, p. 104.

1582. — «I quali Bar, si grandi, come piccoli, sono **frassole** 20, & ogni **frassola** è *man* 10». — G. Balbi, *Viaggio*, fl. 51.

**FARAZ** (*farazôa*, f.). Actualmente, é o nome por que se designa uma das duas castas ínfimas de Goa (*mahār* [1] em concani), que se ocupa em misteres baixos, como os de coveiros, serventes das igrejas, pregoeiros da aldeia, condutores de *machila*, trabalhadores em obras de bambu. Mas antigamente denotava o tratador de cavalos e de tapetes e esteiras. Orta emprega o termo no sentido de casta, como é entendido hoje em dia. Mas Bento Pereira dá-lhe o significado latino de *stabularius Indicus*. «A servant whose business is to spread and sweep mats, carpets, etc.». Wilson [1]. Do ár. *farrāsh*.

1333. — «Aluga os **Alfaraxins**, que são os que armão a Çeraja [barraca] e a alcatifão, e carregão as cargas sobre os camelos». — Ben-Batuta, *Viagens*, II, p. 180.

1515. — «. . . pera quatro **farazes** que servem na estrebaria delRey». — In *Cartas* de A. de Albuquerque, VI, p. 359.

1526. — «Os *Gancares* poderão dar chãos ao **faráz** que he servidor do Pagode, e ás mulheres do Pagode que são mancebas do mundo, e ao chocarreiro». — *Foral* de D. João III, in *Archivo*, v, p. 123.

1535. — «Então será sua molher dada aos **farazes** dos cavallos d elrey de Bisnaga». — *Chronica de Bisnaga*, p. 22.

«Trazem tres mill e sete centos **farazes** que curão os cavallos». — *Ibid.*, p. 69.

1540. — «Por conselho, e incitação de **farazes**, que não punhão a salvação em mais que em lavar as partes traseiras, não comer porco, e casar com sette mulheres». — Fernão Pinto, *Peregrinação*, cap. 173.

1554. — «E pera dous **ffarazes** [de dois cavalos] dous pardaos a ambos por mes». — Simão Botelho, *Tombo*, p. 233.

1563. — «Cavalgavão os fidalgos e capitães nos cavallos que ElRey tinha em suas estrebarias, com seus servidores a que chamão **farázes**, que os alimpão e lhe dão seu comer». — Gaspar Correia, *Lendas*, II, p. 364.

1663. — «E ha em cada povoação huma gente desprezada e avorrecida de todos, e não se tocam com outros; estes comem tudo, e as cousas mortas... o seu cuidado he limpar as çugidades das casas e ruas: estes são chamados *déres* ou **farazes**, e servem estes de algozes». — Garcia da Orta, Col. LIV.

1566. — «Nem de *boy*, nem de **faraz** mouro, tirando nas estrebarias geraes em que não houver **farazes** Christãos». — Primeiro Concilio de Goa, in *Archivo*, IV, p. 22.

1598. — «Passão da cidade de Goa, e de outras cidades e fortalezas do estado da India, a terras de mouros e infieis com ca-

[1] «Junto a cada communidade ha egualmente familias de artifices *sudras* e *mhars*». António E. de Almeida Azevedo, *As Communidades de Goa*, p. 10.

[1] Domingos Vieira diz-nos que *faraz* é «sacerdote e doutor de lei nas ilhas de Sonda, e de outras partes da Asia»! Parece que confunde *faraz* com *faqui*, q. v.

vallos, e levão para lhes curarem **farazes** christãos... mando e defendo que nenhum christão da terra passe á outra banda por **faraz** de cavallos, nem mercador algum, ou outra pessoa os leve... e poderá levar **farazes** mouros ou gentios». — *Carta Régia*, in *Archivo*, Supplemento I, p. 722.

1569. — «A estes [cavalos] como elles não podião matar com a facilidade que aos bois, peitarão a huns mouros **farazes**, que delles tinhão cuidado para que pellas manhãs deixassem sair alguns mouros para lhes darem peçonha». — P. Monclaio, in *Bol. S. G. L.*, IV, p. 507.

1614. — «Fernão Rodrigues, que hoje viue na cidade de Goa, e serve o officio de *Mocadão* dos **Farazes**». — Diogo do Couto, Déc. VII, II, 5.

1619. — «Cada aldea por cada morada de **Farazes** pagará de direitos doze *barganins* brancos e oito *leaes*... e sendo meya morada paga metade». — *Regimento* de Nuno Vaz Castelo Branco.

1638. — «... para pagamento dos espingardeiros, piães, boys, naiques, bigarins, **farazes** e tocheiros, que comsigo leva para a dita jornada». — *Apud* Júlio Biker, *Collecção de Tratados*, II, p. 99.

1687. — «Hoje nos tem feyto **farazes** (são gente bayxa, que acarreta os andores e palanquins) quer estejamos presentes, quer não». — P. Fernão de Queiroz, *Conquista de Ceylão*, p. 838.

1729. — «Não existe officio algum nestas terras, por mais baixo que seja, como he de alparqueiros, **farazes**, *mainatos*, ferreiros, etc. que deixe de pagar o seu tributo».—*Archivo*, Supplemento II, p. 332.

1829. — «A sexta classe he a dos *sudras* inferiores, que seguem a profissão de pescadores, e tem occupações vis, chamados *curumbins*, **pharazes**, etc.». — Cottineau de Kloguen, *Bosquejo Historico*, p. 146.

1842. — «E **Farazes**, que fazem esteiras de bambus, e são para os trabalhos mais infimos, e a que nenhuma das outras castas se submette». — *Annaes Maritimos*, p. 112.

1850. — «Os *Parvares* (**Farazes** — trabalhadores em obras de bambú) — e *chamar*, curtidores de couros) he a ultima de todas essas subdivisões, que por terem violado os preceitos, perderam a protecção, e os privilegios». — F. N. Xavier, *O Gabinete Litterario*, I, p. 15.

1886. — «Os pariás ou **farazes**, que no antigo regimen nem mesmo eram homens, mas sim entes abjectos e impuros, ainda hoje são objecto de repugnancia e desprezo publico». — Lopes Mendes, *A India Portugueza*, I, p. 37.

1896. — «O **faraz**, estribeiro indio, approxima-se». — Lopes de Mendonça. *A. de Albuquerque*, p. 88.

1898. — «O *begarim* ou **faraz** (estrumeiro) não pode, dentro da casta, exercer outro mister». — Oliveira Mascarenhas, *Atravez dos Mares*, p. 112.

1915. — «... *sudros*, (*sudras*), **farazes** (*farazôa*), e *curumbins* (*curumbina*)». — *Heraldo*, de 14 de Novembro.

1631. — «**Frassi** tentoriorum et auleorum, quibus tam domi quam in itinere utuntur». — *De Imperio Magni Mogolis*, p. 122.

1673. — «... where live the **Frasses**, or Porters also; each of which Tribu have a *Mandadore*, or Superior». — Fryer, *East India*, I, p. 174.

1906. — «D'ailleurs le *Foral dos usos e costumes* avait aussi consacré un chapitre à régler l'existence du *brahmane de pagode* (prêtre du temple hindou)... du **faraz** ou *hamal* (domestique du temple)». — Cristóvão Pinto, *Les Indigènes de l'Inde Portugaise*, p. 22.

**FARINHA DE PAU.** E como se chama na Índia a farinha de mandioca. E inversamente se diz *pau de farinha*.

1782. — «... como a batata ingleza, de que já fallei, com a qual, e a **farinha de páo** podiamos dar meio sustento para a innumeravel cafraria, e um meio provimento para os navios, e exercito, e que acrescimo não resultaria no numerario deste beneficio?». —Fr. Clemente da Ressurreição, *Tratado*, II, p. 355.

1882. — «O certo é que mesmo nas regiões onde a mandioca é geralmente inoffensiva, os indigenas a consomem de preferencia depois de haver soffrido variadas preparações. O modo de a preparar na America, obtendo diversos productos, desde a **farinha de pau** grosseira até á tapioca fina, é bastante conhecido». — Conde de Ficalho, *Bol. S. G. L.*, III, p. 618.

1916. — «... concernentes á cultura, no nosso paiz, da **farinha de pau** ou mandioca». — *O Ultramar*, de 31 de Julho.

1676. — «Quoy qu'on en seme par tout du millet et du ris, le Mandioc, ou la farine qu'on en a fait est la nourriture ordinaire des Bresiliens; les François l'appellent *Cassave*, et les Portugais **Farina de Pao**». — Dellon, *Relation d'une voyage*, II, p. 131.

**FARSANGA, parasanga** (persa *farsang*, *farsang*). Medida itinerária da Pérsia, equivalente a uma légua. «Farsanga corresponde a huma legoa nossa ordinaria, isto é, a huma hora de caminho: e nisto parece que concordão os que fazem a *farsanga* persiana igual a 30 estadios, ou a quasi 4:000 passos geometricos». Cardeal Saraiva. O vocábulo introduziu-se em grego (*parasanges*) e em latim (*parasanga*), do qual deriva imediatamente Egualaz y Yanguas o castelhano *farasanga* ou *parasanga*.

1529. — Disseram os mouros que hião em nossa companhia que donde partimos, que era do Bandel a estas palmeiras, erão sinco **farsangues**, que em lingoa Persiana querem dizer legoas». — António Tenreiro, *Itinerario*, cap. II.
1563. — «A razão de **farsanga** por hora, tres das quaes fazem hum *jómo*, medida antiga dos Parseos, a que os Gregos corruttamente chamão *parasanga*».— João de Barros, Déc. III, VIII, 1.
1720. — «**Parasanga**. Antiga medida itineraria dos Persas. João de Barros lhe chama corruptamente **Farçanga**». — Bluteau.
851. — «Ces îles [Maldivas], qui sont gouvernées par une femme, sont plantées de palmiers cocotiers. La distance qui sépare les îles l'une de l'autre est de deux ou trois, ou quatre **parasanges**». — Soleimão, *apud* Reinaud, *Relations*, I, p. 4.
1610. — «Dista de la ciudad onze **farsanghes** que son treynta y seys millas». — Pedro Teixeira, *Relaciones*, p 121.
1675. — «And **Parasang**, now **Pharsang**, which contains one Hundred and thirty *Sathmi*, or 3000 Paces». — Fryer, *East India*, III, p. 153.
1876. — «In the time of Ibn Haukal it was surrounded by two walls, the inner one **parasang** in circuit, the outer, twelve **parasangs**». — Howorth, *History of the Mongols*, I, p. 78.
1845. — «... était campé à quatre **farsangs** de la capitale, lorsque Bâber lui envoya une ambassade». — Xavier Raymond, *Inde*, p. 303.

* **FAVA CARANGUEJO.** Leguminosa *Phaseolus Adinanthus*, Mayer. Vid. D. G. Dalgado, *Flora*.

1695. — «Bracm. *Rama-Sanvali*... Portugall. **Caringejo**». — Rumphius, *Herbarium Amboinense*, IX, cap. 83.

* **FAVA COCEIRA.** Designa duas árvores indianas: *Carpopagon pruriens* e *C. monosperma*, Roxb. Os frutos aplicados á pele produzem prurido e inflamação, o que indica o motivo da denominação.

* **FAVA DE CHAPA.** É o nome que se dá na Índia ao fruto de *Pongamia glabra*, Vent., da família de leguminosas, *karañji* em concani. «O oleo de semente é usado contra as sarnas e outras molestias de pelle, como tambem para allumiar; a madeira é util». D. G. Dalgado, *Flora*. A denominação deve ter sua razão no uso da fava para *chapar* ou carimbar, o que creio não estar actualmente em voga.

1817. — «Se para a semente oleaginosa de *coronji*, a arvore indiana que em botanica dá pelo nome de «Pongámia glabra», o *Times* de Londres preconisa um grande futuro economico justamente pela razão de os oleos vegetais comestiveis terem procura para a fábrica de margarina». — *O Ultramar*, de 23 de Julho.

* **FAVA DE MALACA.** É o mesmo que *anacardo*, q. v.

1563. — «Os Indios lhe chamão *bybo*, e nós os Portuguezes **fava de Malaca**».— Garcia da Orta, *Col.* V.
1579. — «Anacardo (llamado de los Arabes Balador: y de los Indios, *Bibo*: y de los Portugueses **Fava de Malaca**... es mucho semejante a la Haua». — Cristóvão da Costa, *Tratado*.
1589. — «Les Arabes le nomment *Balador*, les Indiens *Bibo*, les Portugais **Faua de Malaca**». — Linschoten, *Histoire*, p. 134.

**FAVA DE SANTO INÁCIO.** Laganiácea *Strychnos Ignatii*, originária das Filipinas, introduzida na Índia provávelmente pelos missionários jesuitas.

1909. — «As **favas de S.to Ignacio** são ovoides, irregulares, tendo 4 ou 5 faces produzidas pela muita pressão; são usadas principalmente na preparação de strychnina» — *O Oriente Portuguez*, VI, p. 227.
1836. — «Il faut ajouter aux productions précieuses du sol de cet Archipel [das Filipinas]... l'attier, et de plus le *strychnos ignatia*, dont les grains vénéneuses contiennent de la strychnine et de l'acide igasurique». — Rienzi, *Océanie*, I, p. 289.

* **FAXEQUE.** Reportando-se à *Relação do Japão*, de António Francisco Cardim, Bluteau regista o vocábulo com o significado de «nome, que se dá a certos ministros del-Rey». Eu não dei fé do termo quando li o livro; creio porêm que o seu étimo é *hashikake*, que quere dizer «intermediário», isto é, intermediário entre o rei e o povo.

**FÉ, fem** (provávelmente mais correcto). Antigo peso do Malabar, correspondente a cem gramas, com pequenas variações segundo as localidades.

Não consegui identificar satisfatóriamente o vocábulo, que se escreve *fẽes*, *fees* e *fes* no plural, por não poder saber a sua exacta forma[1], nem se é vernáculo, ou peregrino, como *faraçola* (q. v.). A palavra mais aproximada que encontro em malaiala é *pankkā*, «parte, porção»; e consta de António Nunes que *fem* era a centésima parte de faraçala. O *p* podia bem mudar-se em *f*, como aconteceu com *panam* = *fanão* (q. v.).

1509. — «Recebeo gaspar pirez de diogo perejra feytor desta fortaleza de quochim tres faraçolas de çerra (?) e tres **fes** de totia he hum *para* de quomjnhos». — In *Cartas* de A. de Albuquerque, IV, p. 198.

1512. — «Recebeo... hum *bar* e treze faraçolas sasemta cinquo **fees** de cobre». — *Ibid.*, V, p. 192.

1554. — «E tem 100 **fees** cada faraçola».— *Lyvro dos Pesos*, p. 32.

«E cada faraçola tem 100 **fẽes**... E a dita faraçola tem 100 **fẽes**». — *Ibid.*, p. 33.

*** FECHADO** (s. m.). É em indo-português a aguardente de grau médio entre a *urraca* e o *fenim*.

1775. — «Que das 3 qualidades de vinho estilado se ponha a imposição no medio ou **fechado;** porque a expressão de agoa ardente se devia entender do vinho destilado mais forte». — *Apud* F. N. Xavier, *O Gabinete Litterario*, IV, p. 104.

1858.— *Urraca* é o espirito da palmeira e mui fraca distilação, de que só usa o povo miudo Chama-se **fechado,** quando a mesma distilação he em grão immediato ao primeiro, e este novamente passado pelo alambique dá o *fenim*, que he mais ou menos de 16 gráos». — M. V. de Abreu, p. 163.

1866. — «Distila-se ordinariamente tres sortes de espirito — *fenim* — *casuló*, **fechado** ou *dobrado* — e urraca. Uma parte de urraca, e duas de sura entra para a segunda distilação, e dá o casuló, **fechado** ou dobrado». — F. N. Xavier, *Descripção do Coqueiro*, p. 16.

**FÉDEA.** Antiga moeda de cobre, do valor de 12 a 15 reis, que corria em várias partes da Índia e especialmente no Concão. Do mar. *phadyā*, que se liga ao ár. *faḍda*, pequena moeda do Egito.

1330. — «São obrigados no territorio da India a pagar de direito por cada cavallo sete **fadeas** (vale cada huma vinte e cinco reis)». — Ben-Batuta, *Viagens*, I, p. 431.

1553. — Gastaua por dia quarenta mil **fedeas,** moeda que são da nossa mil e e duzentos cruzados a razão de doze reaes a **fedea**». — João de Barros, Déc. II, II, 9.

1554. — «He que se faz a Recepta por **fedeas** que não he moeda, que he hum numero por que se fala» — António Nunes, *Lyvro dos Pesos*, p. 28.

1554. — «A rezão de quatro **fedeas** a tangua, como ualião no bazar, posto que d'antes 'te o ano 546 ualesem a rezão de seis **fedeas** a tangua nos arrendamentos e no forall». — Simão Botelho, *Tombo*, p. 161.

1880. — «Na fortaleza de Dio, em 1522, cinco **fedeas** e meia valiam uma tanga de prata ou sessenta reaes de Portugal». —Teixeira de Aragão, *Descripção das Moedas*, III, p. 93.

1880. — «**Fedea** was a nominal coin of the value of nearly 2 reis» (em Dio). — Gerson da Cunha, *Contributions to the Numismatics*, I, p. 30.

**FEDEGOSA, fedegoso**. Planta cesalpinea — *Cassia tora*, Linn. «As folhas tenras servem para a hortaliça; n'outras partes da India a semente é empregada na tinturaria». D. G. Dalgado, *Flora*, p. 60.

1872. — «O melhor momento de deitar a folhagem é aquelle em que a planta a enterrar entra em florescencia, porque então os succos se engrossam sem fatigarem a terra, e n'esta razão a **fedegosa** (*taiquillô*) em flor sem ter chegado a esgotar o solo, serve muito bem para o effeito de que se trata». — Bernardo da Costa, *Manual do Agricultor*, I, p. 180.

**Fedegoso maior, café dos negros** é *Cassia occidentalis*, Linn. A semente torrada sabe a café e às vezes se mistura com êle.

*** FENASCO.** É forma pejorativa de *fenim* (q. v.).

1906.—«Na Índia Portuguesa **fenasco** é nome que se dá á *urraca* ou aguardente, em concani *feni*». — Gonçalves Viana, *Apostilas*.

[1] Cândido de Figueiredo regista *fen*.

**FENIM.** Aguardente muito forte, especialmente de coqueiro, na India. Do conc. *phenī*. A Sociedade de Geografia de Lisboa tem nos seus mostruários espécimes dêste *fenim*. Em 1862 foram enviadas duas garrafas de *fenim* de palmeira e de caju para a exposição internacional de Londres. V. *Annaes do Conselho Ultramarino*, III, p. 36.

1833. — «Em razão de grande introducção de vinho **fenim** de Goa». — In *O Oriente Portuguez*, XII, p. 96.

1842. — «Da sura destillada sahe a *urraca* especie de aguardente, que em mais subido gráo se chama **Fenim**; e é o vinho commum da gente ordinaria». — *Annaes Maritimos*, p. 268.

1858. — «Chamão-no *fechado*, quando a mesma destilação he no gráo immediato ao primeiro e este novamente passado pelo alambique dá o **fenim**, que he mais ou menos de 16 gráos».—Miguel V. de Abreu, p. 163.

1866. — «**Fenim** é a agoardente de palmeira, e o nome que tem em lingoa do paiz provem da espuma (*fêno*) que deita quando se poem no copo ou calis».—F. N. Xavier, *Descripção do Coqueiro*, p. 17.

1874. — «Era um delirio que se apossava de repente d'aquelles, ordinariamente pacatos, conductores do seu proximo, que tanto gostam de descançar á sombra e de pedir a tanga para **fenim**». — Tomás Ribeiro, *Jornadas*, II, p. 37.

1881. — «Outra vantagem ainda para a exploração agricola é que do coqueiro se obtem a *sura*, e, distillada, **funim** (*sic*), como se chama na nossa India». — José Vaquinhas, *Timor*, in *Bol. S. G. L.*, II, p. 738.

1886. — «Nas febres intermittentes simples tambem empregam o polme da casca do *niumbo* (vid *nimbo*) roçado com **finim**». — Lopes Mendes, *A India Portugueza*, I, p. 113.

1889. — «2 boiões e 1 *carbá* de **fenim**, *dobrado* e *urraca* de coqueiro». — *Relatorio do Imposto do Abcari*.

1893. — «E este [*dobrado*, q. v.], por uma segunda distillação, dá a metade da sua quantidade d'um espirito, que chamamos **fenim**, da força de bom *brandy*: isto é, uma parte de sura se reduz, mediante duas distillações, a uma oitava parte de espirito forte, 25° abaixo da prova de Londres».— José Maria de Sá, *Productos do Coqueiro*, p. 7.

1905. — «Não se supponha que anciamos o advento da vida passada ou que queremos retroceder em busca do **fenim** e *cunja*».—Ernesto Fernandes, *India Portugueza*, p. 19.

1915. — «O direito de distillação... será por *galão* imperial de espirito de 19 a 20 graus Carter (**fenim**) 12 *annás*». — *O Ultramar*, de 21 de Outubro.

***FERÚCUA.** Conforme a abonação, é um magistrado judicial da China. Se o vocábulo é realmente chinês, parece que deve provir de *pwán-sze-kwán*, «juiz», ou de *kwán-fù*, «magistrado», com a transposição dos termos.

1542. — «Reside [em Nanquim] hum *Chaem* da justiça, que he titulo supremo como de Visorrey, com hũa grande relação de cento e cinquenta *gerozemos* e **ferucuas**, que são os desembargadores, chancereis e revedores de todas as causae civis e crimes». — Fernão Pinto, *Peregrinação*, cap. 85.

***FESTA DA ESPIGA.** Assim se denomina em Goa a festa do benzimento da espiga nova de arroz, que se celebra em várias freguesias no mês de Agosto, com diversas cerimónias e regalias. V. *addo*.

1917. — «**Festa da espiga**. Realizou-se ontem com grande pompa e brilhantismo a tradicional solenidade de côrte da primeira espiga da *comunidade* agricola da Raia. O procurador especial da comunidade, sr. João da P. Menezes teve a gentileza de nos vir oferecer uma espiga e uma linda estampa de N. S. das Neves, que agradecemos». — *O Ultramar*, de 6 de Agosto.

***FIACUXO** (jap. *kyakusho*). Lavrador, agricultor. O *h* japonês é transcrito por nossos escritores por *f*. Cf. *fotoqué*. Os missionários não explicam na sua correspondência muitos dos termos japoneses que empregam, por serem conhecidos dos seus colegas.

1577. — «Mandou logo chamar os seus **fiacuxos** principaes, fazendo com elles, que ouuissem pregação, e se nosso Senhor com isso lhes desse lume pera conhecerem a verdade da fé catholica a receberião se quisessem». — P. João Francisco, *Cartas de Japão*, I, fl. 395.

***FIAMBRA.** Os dicionaristas não registam o vocábulo, que figura na *Peregrinação* de Fernão Pinto, com relação à Cochinchina e com o sentido de «carruagem de seis rodas». O Sr. Brito Rebêlo faz a seguinte observação (na edição de 1908): «Já em outra parte se chamou *piambre* a uma espécie de vehiculo, não sei se aqui haverá erro tipografico». Mas também os significados não são idênticos; três vezes emprega o autor a palavra *piambre* no cap. CXX, e diz-nos «que he como andas entre nós, o qual levavão dous cavalos»; e no capítulo seguinte narra que o rei tártaro, invasor da China, «estava em cima no *piambre*, que era a tribuna, cercado de doze meninos».

A descrição que Fernão Pinto faz de *fiambra* é análoga à de *pirange* (cap. 124) do embaixador de Carão, que «vinha num carro de tres rodas por banda, todo guarnecido de prata, com hũa cadeira do mesmo em que hia assentado».

As minhas pesquisas com respeito a estes três vocábulos não deram até hoje nenhum resultado, por não ter podido fixar o seu verdadeiro berço e a sua exacta fonação e significação. Só posso relacionar foneticamente *pirange* ou, antes, *pirangue* com *pëlánki* ou *plánki*, forma malaia e javanesa de *palanquim*. Não encontrei nenhum dos termos em outros escritores.

1544. — «Vinha [o príncipe] em huma carreta de tres rodas por banda, toda forrada de prata, com quatro quartãos brancos guarnecidos todos de jaezes de ouro, e ao redor desta **fiambra**, que assim chamão naquella terra, vinhão sessenta homens a pé». — Cap. 130.

«O principe deu ao embaixador del Rey a **fiambra** em que vinha, e se poz em hum quartão á sua mão direita». — *Ibid.*

*** FÍGIRI.** Bonzo de ordem militar. Do jap. *hijiri*, lit. «bonzo virtuoso».

1584. — «Queria dar nos grandes templos, e congregações de Bonzos, que se chamão *Nengoros*, e outros **Figiris** de Coija... porque todos estes são como soldados, e viuem de guerra». — P. Luís Fróis, *Cartas de Japão*, II, fl. 120 *v.*

**FIGO DA ÍNDIA.** Banana. **FIGUEIRA DA ÍNDIA**, bananeira. **FIGUEIRAL**, bananal. **FIGADA** (us. em indo-port.), doce de bananas [1]. **RAMO DE FIGOS**, cacho de bananas [2].

Os portugueses chamaram, por analogia, às bananas «figos da Índia», assim como chamaram «pera» à goiaba; e como *figos* são conhecidas em toda a área do ásio-português, e na África Oriental, tendo o vocábulo penetrado até nos idiomas vernáculos, como *figu* na língua de Tete. O autor do *Roteiro de Vasco da Gama* foi o primeiro português que comparou as frutas (p. 59): «Tambem nos mandou outra fruyta que sam como *figos* e sabe muyto bem». Segue-lhe Tomé Lopes em 1502: «Uma especie de *figos* compridos e grandes como pepinos pequenos, que he hum dos frutos mais saborosos, que pode haver no mundo» [3]. Cf. o alemão *Paradiesfeige*, e note-se que João Marignolli (século XIV) chama *ficus* à bananeira: «Acceperunt autem folia *ficus*, seu *musarum*, et fecerunt sibi perizomata, foliis pudenda velantes». *Apud* Gubernatis, p. 148. E em outro lugar (p. 151): «Sunt enim in horto illo Adae de Seyllano,

[1] Há outras formações semelhantes, como *mangada*, *perada*. «Na Bahia he opinião commum, que esta fruta foy a que Deos prohibio a Adão no Paraizo. Na India as Bananas se chamão *Figos*. Os de Assar, que são do Norte, são mayores; os de *Baniane* são mais pequenos, e frios; os de *Açucar* são mais doces, e sadios; os de *Cadelins* são muy pequenos, e cheirosos, e mais agradaveis». Bluteau. A relação de bananeira com os nossos primeiros pais, por seu fruto ou por sua folha, deu aso aos seus nomes de *musa paradisiaca* e de *figueira de Adão*.

[2] *Penca* é, em indo-português, a escádea de bananas. Chama-se-lhe às vezes «cacho». «Um *fenó* — **penca**, ou cacho de bananas contém muitas vezes de 160 a 180 figos, e pesa de 30 a 40 kilogrammas». Lopes Mendes, in *Annaes do Conselho Ultramarino*, VI, p. 87. O autor confunde *ramo* (*gód* em concani) com *penca*.

[3] «Altri frutti ci sono molti senza nessuna proporzione a' nostri, non obstaste che i portoghesi ne chiamano alcuni con i medesimi lor nomi, come i *fichi*, che non hanno di fichi altro che il nome». — Sassetti, *Lettere*, p. 222.

primo, musae, quae incolae *ficus* vocant [1]. V. *banana*.

1444. — «Nascono infiniti frutti, et sopra tutti quelli detti Musa piu dolci del mele, simili a' *fichi*». — Nicolo di Conti, *apud* Ramúsio, I, fl. 339.

Tavernier chama às bananas «figos de Adão»: «L'Isle [de Goa] est abondante en bled, en ris, et porte quantité de fruits, comme Mangue, Ananas, *Figues d'Adam* et Cocos... Avec une lessive faite des cendres d'un arbre qu'on appelle le *figuier d'Adam*». *Voyages*, III, pp. 156 e 358.

Orta menciona algumas espécies de figos, como *figos martabanis*, de Martavão em Pegu; «*cenorins*, que sam huns figuos lisos e muyto amarelos e compridos; os *chincapatões* sam do Malavar, e bons, e sam huns figos verdes e compridos e de muyto bom sabor». Col. XXII.

1504. — «Com tanta galinha e **figuos** e cocos, que me nam cabiam no *paraao*». — Alvaro Vaz, in *Cartas* de A. de Albuquerque, III, p. 263.

1513. — «E nos trouxeram muitas vacas, pesegos, marmelos, Romaãs, tamaras e **figos da India**». — A. de Albuquerque, *ibid*., p. 220.

1516. — «Muytos limoens, romaans, **figos da India**, e toda hortaliça».—Duarte Barbosa, *Livro*, p. 239.

1529. — «Aqui ha muytos palmares de Tamaras, e Datiles, e fyguuyras de Faraó, canas de açucar, **figos da India**». —António Tenreiro, *Itinerario*, cap 65.

1581. — «De cada cem **figos** ou fruta levará de cento hum». — Afonso Mexia, *Precalços dos Officiaes do Mandoim*.

1551. — «E muytos fruytos, s. romaãs, **figos da India**, laranjas».— Castanheda, *Historia*, I, cap. 9.

1553. —«Veyose hum Brammane a dom Lourenço e deulhe hũs **figos da terra**, segundo seu costume, quando querem pedir algũa cousa». — João de Barros, Déc. II, II, 7.

1609. — «N'estas povoações de Sena e Tete ha muitos **figos** de Portugal e da India». — Fr. João dos Santos, *Ethiopia Oriental*, I, p. 191.

1684. — «... e assim foy continuando nos ultimos annos de sua velhice, temperando o arroz com caril de **figos da India** verdes, e tomando athé duas onças de pão».—P. Fernão de Queiroz, *Hist. de Pedro de Basto*, p. 504.

1782. — «A primeira [qualidade de bananas] é a que produz **figos** chamados *de assar;* porque pela sua dureza só assim ou cozidos, ou empregados em doce d'elles se pode usar sem temer indigestão... a segunda é a que produz **figos** *de horta* [1], mais doces e saborosos, e de casca mais fina que as outras». — Fr. Clemente da Ressurreição, *Tratado*, II, p. 345.

1878. — «A maior parte das melhores cidras, melhores ananazes, melhores **figos** *de horta* (bananas pequenas de primeira qualidade) d'ahi vem ao mercado». — Bernardo da Costa, *Manual do Agricultor*, II, p. 192.

1881. — «É costume geral na India portugueza chamar **figos** ás bananas». — Eduardo Balsemão, *Os Portuguezes no Oriente*, I, p. 5.

1902. — «Simplesmente por **figos** são em Macau designados os fructos da bananeira de que ha as variedades chamadas *figo villão*, *figo da horta*, *cheiroso*, etc.».— *Ta-ssi-yang-kuó*, II, III, 3.

1912. — «Temos no paiz 6 variedades cultivadas principaes que pela ordem de valor e apreço são as seguintes: *Figos d'assar* ou *de Moirá*, (port.), *rosballi*, *saldatti*, *deballi* e *marquêli* (*konk*)». — Caetano Gracias, *Flora Sagrada*, p. 128.

1578. — «Los Portugueses llaman a vnos destos **higos** *Cenorins*, a otros *Cadelins*, y a otros *Chincapanões*... De estos **higos** se halan vnos gruessos del largo de vn palmo, y comense assados con vino, Canela, y Açucar; y tambien cozidos con Açucar y Canela lo traemos en la mar por buena conserua... Muchos tienen, que con este fructo peco Adan, por ser muy suaue en olor, y sabor, y por la hoja ser tan hermosa y tan grande que bien cubre vn hombre». — Cristóvão da Costa, *Tractado*, pp. 74 e 77.

1589. — «Ces **figues** [d'Inde] appellées de Cananor sont à raison de leur grandeur et excellence fort estimées par toute l'Inde». — Linschoten, *Histoire*, p. 22.

1624. — «Haueuan, dico, steso vna gran foglia di quell' albero, che gli Arabi, e Persiani chiamano Mouz, e i Portoghesi in Indio **fichi d'India**».—Pietro della Valle, *Viaggi*, III, p. 244.

1628. — «Cibus praebebant platanorum fructus (**ficus** hi sunt Goae longi, *Bananae* apud Brasilos appellantur) qui et acerbi sunt, et flammis tosti vicem explent

[1] «Esta tradição, que ligava a bananeira ao paraiso terrestre, era corrente entre os christãos orientaes, e tambem entre os mussulmanos». — Conde de Ficalho, Col. XXII.

[1] A denominação portuguesa introduziu-se em concani, que os não conhece em Goa senão por *phigdort*.

panis» (em Pôrto Rico). — Fabio Spinola, *Vita Caroli Spinolae*, p. 41.

1658. — «Grandissima copia hà l'India di queste piante de' **Fichi**, le quali con la multiplicità, cumulano d'uguale utilità i naturali, straordinariamente inclinati al di lei frutto, quale preparano in varie maniere per il loro sustento».—Fr. Vincenzo Maria, *Viaggio*, p. 374.

1663. — «Les Bananes ou **figues d'Inde**, n'y sont pas plus rares, ny moins agréables. L'arbre qui les porte est bien différente des nôtres». — Dellon, *Relation d'un Voyage*, I, p. 18.

1695.—«Portugalli hunc vocant **Figuo d'India**, h. e. Ficus Indica, licet cum vera ficu (excepto sapore) fructus nihil commune habeat». — Rumphius, *Herbarium Amboinense*, VIII, cap. 1.

1786. — «La Musa o il **fico Banano**, il più eccellente frutto dell' India, si distingue in fico *Campala* o fico macua, in *Cadulipala*, in *Pùvànca* o *fico dell' orto*, in *Eráden* o fico di Zucchero perchè è dolcissimo, in *Nenda raca* o fico da arrostirsi, perchè non si può mangiar crudo. Il *Pála* o *fico Indico* è malamente descritto da Plinio lib. 12, cap. 5 de Spina et ficu Indicis. Egli confonde il Pàla coll' albero dai Portoghesi chiamato *Arvore de raiz*». — Fra Paolino, *Viaggio*, p. 366.

1516. — «Põe-lhe diante hũas folhas de **figueira** da India que saom sempre largas e tezas, sobre has quaes lhe manda lançar de comer». — Duarte Barbosa, *Livro* (2.ª ed.), p. 320.

c. 1560. — «As toalhas são de folhas de **figueira** e outras hervas limpas». — Gabriel Rebêlo, *Informação de Maluco*, p. 152.

1563. — «Mandou aly dar comer arroz cozido, que lhe poserão sobre folhas verdes de **figueira**, que são largas como huma folha de papel». — Gaspar Correia, *Lendas*, I, p. 87.

1577. — «. . . o qual [arroz] comem em folhas de **figueira** que são os bacios da terra». — *Primor e Honra*, fl. 14 *v*.

1578. — «Os Reys do Malabar não comem mais que hũa so vez em hũa baixela, por comerem em folhas de **figueiras**, que em acabando deitão fora». — P. Luís Fróis, *apud* Cristóvão Aires, *F. M. Pinto e o Japão*, p. 110.

1608. — «Mandando por a mesa, que era hũa folha de **figueira** eu me assentei no cham pera comer nella, veio logo o Bragmane, que fez de comer, e posme todo na folha». — P. Fernão Guerreiro, *Relaçam*, fl. 102 *v*.

1613. — «E elles lhes poem diante folhas de **figueira** que seruem de pratos, e os regedores lhe deitão nellas arroz cozido». — Francisco de Andrada, *Chronica de D. João III*, III, fl. 34 *v*.

1687. — «Poem lhe diante hũa folha de **figueira** *de India*, ou de outra arvore; e se são pequenas, cosem hũas com outras con junco». — P. Fernão de Queiroz, *Conquista de Ceylão*, p. 66.

1788.—«Cada cem folhas de **Figueira**, hum real e meio». — *Collecção de Bandos*, I, p. 46.

1860. — «A *bananeira* podia bem suprir todas as necessidades alimenticias do primeiro homem. O seu fructo é o mais salutar de quantos se conhecem. Um só cacho carrega um homem. A copa ampla e não muito alta, forma um guardasol magnifico, e as folhas de belissimo verde, compridas, largas e assetinadas, servem para tangas ou bragas. Como são muito flexiveis, os indios usam tambem d'ellas para fazer vasos onde recolhem a agua e os comestiveis; com ellas cobrem suas cabanas, e do talo extrahem fio para tecidos. Duas folhas da bananeira cobrem um homem da cabeça até aos pés». — *Archivo Pittoresco*, III, p. 386.

1873. — «A casa indú é quasi sempre terrea; ha dentro um claustro confinando com quintal de palmeiras, **figueiras** (bananeiras)». — Tomás Ribeiro, *Jornadas*, I, p. 376.

1782. — «É o **figueiral** summamente util, e rende pelo que fica dito, e tambem porque d'elles se pode tirar lucro, vendendo as folhas seccas, que são procuradas, e ante-postas ao papel para cigarros por não lhes causar mau gosto, e as verdes para uso de pratos do povo». — Fr. Clemente da Ressurreição, *Tratado*, II, p. 192.

1563. — «Forão á nao do capitão mór com fardos d'arroz, e d'açuquere, e **ramos de figos**». — Gaspar Correia, *Lendas*, I, p. 239.

1563.— «Dá hum **ramo** que tem ás vezes 200 figos, e alguns mais e outros menos». — Garcia da Orta, *Col.* XXII.

1585. — «E depois de assentados lhes mandou pôr diante um **ramo de figos** verdes da India, os quaes comeram assados». — Manuel Godinho Cardoso, *Hist. Tragico-maritima*, IV, p. 45.

1600. — «Outro trouxe a offerecer hum **ramo de figos**».—P. Fernão Guerreiro, *Relaçam Annual*, p. 57.

1609. — «Não dão no anno mais que um só **ramo** delles, que pouco mais ou menos terá hum cento, pegados todos a hum talo grosso». — Fr. Gaspar de S. Bernardino, *Itinerario*, p. 28.

1609. — «Muitas *figueiras da India*, que dão mui grandes **ramos de figos**, os quaes são do tamanho de pepinos, e quando são maduros fazem-se amarellos, e cheiram e sabem muito bem. Alguns **ramos de figos** vi n'esta terra [Sofala] que tinha cada um d'elles setenta figos, e mais, todos juntos em uma pinha, como um cacho de uvas». — Fr. João dos Santos, *Ethiopia Oriental*, I, p. 49.

1622. — «Trouxe-me de *saguate* dous **ramos de figos**, que lhes eu paguei muito bem, dando-lhe um *bertangil*». — Francisco Vaz de Almada, *Hist. Tragico-maritima*, IX, p. 80.

1687. — «Leuão parte do dinheiro aos Pays da Noyua, com hum açafate de flores, hum coco, e hum **ramo de figos** bananas, que oferecem á Noyua». — P. Fernão de Queiroz, *Conquista de Ceylão*, p. 68.

1718. — «... offerecendo a tão nobre hospede hum presente das cousas da terra, que constava de hum **ramo de figos**, huma *Jaqua*, *Betele*, e manteiga». — João Tavares Guerreiro, *Jornada*, p. 35.

1788. — «Cada **ramo de figos**, sete reis e meio». — *Collecção de Bandos*, I, p. 48.

1865. — «120 toranjas, 200 laranjas, 500 **ramos de figos** (bananas), e 15 a 20.000 folhas de betel». — *Relatorio da Provincia de Satary*, III, p. 5.

1915. — «Ainda hoje se diz em Goa: um **ramo de figos**, uma *penca de figos*». — Ismael Gracias, *A India*, p. 125.

**FIGUEIRA DA ÍNDIA; FIGUEIRA DO INFERNO; PALMATÓRIA DO INFERNO.** São outros tantos nomes da cáctea *Opuntia Dillenii*, Haw. Originária da América, introduzida pelos portugueses na Índia. Chamam por vezes «figueira da Índia» à *árvore de gralha* (q. v.)[1]. «Come-se algumas vezes o fructo; os rapazes de escola fazem d'elle tinta vermelha. O fructo assado usa-se contra a asthma e tosse convulsa». D. G. Dalgado, *Flora*.

1557. — «E purgam-nos com sementes da **figueira da India**, ou as folhas pisadas, e dam-lhes a beber com agoa». — *Commentarios*, III, cap. 17.

1873. — «A **figueira do inferno** (*Cactus opuntia*, ou *Opuntia ficus indica*), chamada tambem **figueira da India**, é espontanea na nossa região. Originaria do clima quento da America, é hoje abundante no meio dia da Europa». — Bernardo da Costa, *Manual do Agricultor*, II, p. 225.

1786. — «Avanaca, Riccino, in Portoghese **Figueira d'Inferno**, rossa e bianca raddolcita purga, amazza i vermi, scioglie l'umore rancido». — Fra Paolino, *Viaggio*, p. 358.

[1] «**Figueira da India.** Chamãolhe assi, porque dá huns figos, como os nossos da Europa, porem vermelhos como sangue, assi por fora, como por dentro, e bons de comer, mas não gostosos como os nossos. Chamão a esta planta por outro nome, *Arvore de rais*, e *Mangue*». Bluteau.

* **FIGUEIRA DE GOA. ÁRVORE DE RAIZES MENOR.** *Ficus retusa*, Linn. Deita raizes dos ramos, mas não tantas nem tam compridas com as da árvore de gralha. «Cortex arboris tritus ac in lacte per pannum expremendo datum vertigini capitis sedandae confert». Rheede.

* **Figueira do pagode.** V. *árvore do pagode*.

* **FINGEANDONO.** Do jap. *kinji*, «oficial às ordens, camarista do rei ou principe»; e *dono*, «senhor». Dignidade palatina, no Japão.

1545. — «Chegou o **Fingeandono** [mensageiro do rei de Bungo] ao qual me elle logo entregou com palavras de muyto encarecimente á cerca da segurança da minha pessoa... E nos partimos o **Figeandono**, e eu em hũa embarcação de remo, a que elles chamão *funce*». — Fernão Pinto, *Peregrinação*, cap. 135.

**Firmão.** V. *formão*.

**FIXO**: O autor abaixo citado não explica o termo; mas depreende-se do contexto que deve ser um alto funcionário, se não o próprio *tono* ou seu procurador. Hepburn dá o significado de «secretário particular» ao vocábulo *hisho*, que é o étimo.

1586. — «Temia o padre que o **Fixo** de Firàndo por sua ma inclinação, e auersão que tem as causas de Deus, lhe impedisse a viagem ou a delatasse (como já por outras vezes tinha feito) quis nosso Senhor mudarlhe o coração de maneira, que consentio na viagem, e lhe fez extraordinario agasalhado, e honra cousa com que os Christãos de Firàndo em extremo se consolarão, e mandou que se não leuassem direitos das *funés* que o padre leuaua, e que em tudo fossem libertados». — P. Luís Fróis, *Cartas de Japão*, II, fl. 173.

1554. — «Com esta vai hũa carta do *Tono* de Firando que me escreveo deste porto de Sanchão a 23 de Nobẽbro de 1555. Copia da carta do **Fixo** de Firando, para o P.e M.e Belchior. O P.e M.e Francisco veio aqui a esta minha terra, aonde fez alguns christãos, o qual a mim me deu grande contentamento, e a elles favoreceo muito». — P. Luís Fróis, *apud* Cristóvão Aires, *F. M. Pinto e o Japão*, p. 117.

* **FLOR DA LUA** (ingl. *moon-flower*). Flor da convolvulácea indiana *Ipomœa bona-nox*, Linn. As flores desa-

brocham de noite. O nome é tradição do conc. *tçandrīm-phūl*.

**FLOR DE MERENDA** ou **fula merenda**. É o nome que se dá na India à flor de *Mirabilis jalapa*, Linn., a qual tem vários nomes em Portugal: boas noites, suspiros, maravilhas de Peru. A flor desabrocha na Índia à hora da merenda. *Merend*, em concani, é nome da flor e da planta. Rúnfio menciona outros nomes portugueses.

1695. — «Portugallice vocatur **Fulha quadrohora** [leia-se *fula quatro horas*], h. e. flos quartae horae, quum eo tempore sese aperiat; licet melius esset, si quintae horae diceretur, item **Fulha merenda**, et **Fulha rabiqui**, h. e. Umbellarum flos, a purpureo ipsius colore». — Rumphius, *Herbarium Amboinense*, VIII, cap. 51.
1786. — «Mandàram... **fula de Merenda** in Portoghese, deve essere di fiore bianco». — Fra Paolino, *Viaggio*, p. 362.

*** FLOR DE SANTO ANTÓNIO**. Sob esta designação se entendem na Índia duas espécies de plantas apocináceas: *Plumeria acutifolia*, Poiret; e *Tabernamontana coronaria*, Br., que produz flores brancas, de pétalas singelas ou dobradas. A primeira era plantada junto das igrejas e dos cemitérios.

1782.— «Vê-se outra disposta nos atrios de algumas igrejas e outros logares que produz uma *fula* chamada **de Santo Antonio**, branca e amarella, bastantemente cheirosa». — Fr. Clemente da Ressurreição, *Tratado*, II, p. 341.

*** FLOR DO DIABO**. É o nome da flor de *açoca*, q. v.

*** FLOR DE PAVÃO**. *Ponciana regia*, Roger. *Fleur de paon* em francês. *Flor do pavão pequena* é *Cæsalpinia pulcherrima*, Swartz.

1690. — «... et semi-Portugallico vocabulo **Fula pavaon** et *Bonga pavaon*, h. e. pavonis flos, ob ejus cristae formam». — Rumphius, *Herbarium Amboinense*, VI, cap. 24.

*** FLOR DE SAPATO** ou **ROSA DA CHINA**. *Hebiscus rosa sinensis*, Linn. O primeiro nome provêm do seu uso em lugar de graxa, e o segundo indica a sua pátria. Há algumas variedades da flor quanto à côr e quanto às pétalas, que são umas singelas e outras dobradas.

1684. — «... como são hũas a que chamão **fulas de sapato**». — P. Fernão de Queiroz, *Hist. de Pedro de Basto*, p. 505.
1912. — «As petalas das flores vermelhas são muito usadas pelos sapateiros para tingir de preto o couro, e, por isso, chama-se a droga **flôr de sapato**». — Caetano Gracias, *Flora Sagrada*, p. 12.
1915. — «Se a vedação entrasse no nosso systema cultural nós tinhamos na **flôr de sapato** (*doxinim — hibiscus rosa sinensis*)...». — *O Ultramar*, de 1 de Novembro.
1684. — «Portugallice **Rosa de China**, Belgice *Chineese Roose-boom*, seu Sinensis Rosae arbor». — Rumphius, *loc. cit.*, IV, cap. 12.
1791. — «Je joignis aux pavots et aux soucis une fleur de **foulsapatte**, qui sert aux cordonniers à teindre leurs cuirs en noir, comme expression d'un amour humble et malheureux». — Bernardin de Saint-Pierre, *La Chaumière Indienne*.

*** FÓ**. Nome de Buda em chinês. *Fu*, do dialecto da côrte, representa a primeira sílaba (*bu*); mas parece que havia variantes em outros dialectos.

1687. — «E posto que algũs confundirão, o *Vedão*, com a Seyta de *Buddûm*, **Foë**, ou *Xaca* (que todos estes nomes tem em diuersas nações) he certo serem diuersas». — P. Fernão de Queiroz, *Conquista de Ceylão*, p. 69.
«Tendo eu notiçia de ser comũ opinião dos nossos Missionarios ser o Buddũ de Ceylão o mesmo que o **Fò** (ou **Foë**, como outros escreuem)...». — *Id.*, p. 94.
1729. — «Todos elles sabem que houve hum **Fó**, hum Confucio, hum Lau Kum e hum yu hoang». — *Apud* Júlio Biker, *Collecção de Tratados*, VI, p. 148.
1843. — «A seita mais em voga na China, ha 1760 annos, é a de Boudha, divindade a que os chineses chamam **Fó**». — *O Panorama*.
1884. — «Hoje, na China, as religiões predominantes são a Juchian, ou culto dos letrados, o bhudismo, a que chamam tambem Xechiam, ou Fochiam, culto de Bhuda ou de **Fó**, e a Tauchian, ou culto da razão». — Adolfo Loureiro, *No Oriente*, II, p. 67.
1897.— «Ha ainda o buddhismo, religião indiana e que pela transcripção incompleta do nome de Buddha, se chama na China a religião de **Fo**». — Joaquim C. Crespo, *Cousas da China*, p. 121.
1702. — «Ce sont les adorateurs de l'Idole **Foé**, les Predicateurs de la Metempsycose, et les auteurs de cent ridicules

fables, qu'ils ont apportées à la Chine avec leurs Idoles». — *Lettres Édifiantes*, v, p. 198.

1735. — «3.° La secte des Idolâtres, qui adorent une Divinité nommée **Fo**, ou **Foë**, dont le culte fut transporté des Indes à la Chine environ trente-deux ans après la mort de Jesus-Christ». — P. Halde, *Description de la Chine*, III, p. 1.

1770. — «On détruisit environ quatre cens temples de **Foé**, dont les idoles furent fondues». — Raynal, *Histoire*, II, p. 106.

1778. — «C'est un philosophe qui dit, parlant des Scïouras, prêtes d'une caste particulière d'Indians; *impertinente et idolâtre canaille;* parlant des *faxirs* Indiens: *ces gueux de gentils*. Voilà comme à la Chine les Lettrés traitent les Bonzes de **Fo**». — Anquetil Duperron, *Législation Orientale*, p. 188.

1782. — «Ce qui désigne assez que Rama ou Vichnou est le même que **Foë**, Sommonacodon, le Xaca des Japonnois, et le Boudha des Chingulais».— Sonnerat, *Voyages*, I, p. 204.

1786. — «Li Chinesi le [as escrituras] riferiscono al loro **Fohi**; e gl'Indiani al Re Manu et Budha, che è certamente il loro Mercurio». — Fra Paolino, *Viaggio*, p. 223.

1830. — «Le mot **Fo** n'est pas, pour l'oreille, si éloigné de celui de Bouddha qu'on pourrait croire à la première vue. Dans le midi de la Chine (et c'est par là que les rites de Bouddha se sont d'abord introduits pour s'établir), la classe de mots à laquelle appartiennent **Fo** se prononce avec l'articulation *t* à la fin; l'*f* est plutôt une labiale qu'une sifflante, formée par l'apposition de la lèvre inférieure contre les dents supérieurs, et la voyelle a à peu près de l'*o* comme dans *tonne*, de sorte que un Français, en ne suivant que son oreille, pourrait très-bien écrire le mot **Fo** *Both* ou *Foth*». — Michel, *Poésies Orientales*, p. 111.

1853. — «Seulement il voulait conserver... un nombre déterminé de monastères et de bonzes de **Fo**, en les plaçant sous la direction des mandarins qui avaient soin des affaires des pays étrangers, parce que, disait l'ordre de l'empereur, la religion de **Fo** est venue du pays des Indes». — Pauthier, *Chine*, p. 327.

*** FOFOLI.** Tecido indiano de algodão, pintado ou estampado em quadradinhos; pano riscado. O termo figura em uma lista de panos despachados na alfândega de Goa em 1630 para Portugal, publicada por Cunha Rivara no *Chronista de Tissuary*, I, p. 157. Do conc. *phopholī* (marata *popholī*), de *phophol*, «areca».

*** FOGUETE.** Emprega-se na Índia esta dição para designar o «estalo da China». O foguete no sentido continental expressa-se por «foguete do ar».

**FOGUÉU.** Bôlo de farinha de arroz, frito em óleo de côco (*vaḍó* em concani). O termo é corrente em Goa. A etimologia é incerta, talvez do conc. *phugó*, «forma abolada ou convexa».

1553. — «Boticas, hortaliças, apas, **fogueos**». —João de Barros, Déc. II, v, 2[1].

1572. — «O ramo das *apas*, e **fogueos**, que seraa liure». —*Archivo Port.-Oriental*, II, p. 197.

1577. — «Aos que adoecem dão não amendoadas, tisanas, apietos estillados, nem cousa que tenha substancia, excepto agoa com açuquar, a *lecha* (?) ou **fogueos** de *jagra*, e manteiga». — *Primor e Honra*, fl. 9 *v*.

1850. — «As apas propriamente ditas são assadas, e os *polés* ou **fogueos** são fritos em azeite, embora seja a massa de huma e outra sorte de apas, de farinha de trigo, arroz ou nachinim». — F. N. Xavier, *O Gabinete Litterario*, IV, p. 161.

1886. — «Moer as temperas, e a farinha, frigir os **fugueos**, e preparar as mais cousas necessarias para os banquetes dos casamentos». — Lopes Mendes, *A India Portugueza*, I, p. 251.

*** FÔLHAS DA CHINA.** É como se denomina na Índia a euforbiácea *Codialum variegatum*, Blume, por se supor provinda daquele país. «Das Moluccas; muito cultivado nos jardins; as folhas são salpicadas de verde e amarello. As folhas inteiras ou feitas em pedaços entram nas enfiadas de flores que se vendem no mercado». D. G. Dalgado, *Flora*.

*** FÔLHAS DA TRINDADE.** É o mesmo que *ponguerό* (q. v.). —*Erythrina Indica*, Lamk. «A madeira é usada para fazer objectos laqueados. O nome «fôlhas da trindade» é emblematico da trindade divina dos hindús: Brahmá, Vishnu e Xiva». D. G. Dalgado, *Flora*.

---

[1] Domingos Vieira, citando êste passo, define *fogueo*: «tributo que em Goa se pagava por cada casa habitada».

* **FÓLIO INDO, indio** ou **indico; fôlha da Índia.** É o nome que se dava antigamente às fôlhas sêcas, conhecidas em sânscrito por *tamāla-patra* (*tamāl-patr* em concani) de algumas espécies da caneleira brava, como: «canela da Índia» (*Cinnamomum tamala*, Nees), «canela do Malabar» (*C. iners*, Reinw., ou *Laurus nitida*, Roxb.). Era um grande artigo de exportação para a Europa, conhecido dos gregos e dos romanos sob a designação de *Malabathrum*. Garcia da Orta mostra a confusão que se fez desta droga com o *betle*, e trata do assunto, como reconhece Yule, «com a sua usual lucidez e cópia de conhecimentos locais». «Exportam-se as folhas em grandes quantidades para Bombaim e dizem que se usam para a preparação de um pó de caril». D. G. Dalgado (*Flora*; vid. também *Classificação*, pp. 8 e 13). V. *Glossary*, s. v. *malabathrum*.

1516. — «Ha ho qual betele nos chamamos **folio Indio**, que tem a folha tamanha como tanchage». — Duarte Barbosa, *Livro*, p. 286.

1516. — «**Folio Indio** he o betelle». — Tomé Pires, *Carta a elrey, apud* Saraiva, VI, p. 425.

1563. — «E o **folio Indo** lhe chamão os Indios *tamalapatra*, os Gregos e Latinos corrompidamente lhe chamaram *malabathrum*. É *cadegi indi* em arabio quer dizer **folha da India**». — Garcia da Orta, Col. XXIII.

1578. — «Y no es [bétele] el *Malabathro* o **Folio Indo**, porque el **Folio Indo** o *Cadagi indi* seu *Tamalapatra*... son vnas hojas muy semejantes a las hojas de la Canela o del Naranjo, pero mas delgadas en la punta». — Cristóvão da Costa, *Tractado*, p. 140.

1690. — «Hoc *Temul* seu Sirium, licet vulgatissimum in India sit folium, distinguendum est a **Folio Indo** seu Malabathro, Arabicus *Cadegi Hindi*, in Pharmacopeis, et Indis, *Tamala-patra* et **folio Indo** dicto... A nostra autem natione intellexi *Malabathrum* nihil aliud esse quam folium canellae seu cinnamomi sylvestris». — Rumphius, *Herbarium Amboinense*, V, cap. v, 337.

* **FOMBUM** (jap. *hombum*). Divindade dos *ienxus*, q. v.

1569. — «Tornandolhe a explicar isto por extenso, disse que o **Fombum** dos Ienxús, e nosso Deos, era tudo hum». — P. Luís Fróis, *Cartas de Japão*, I, fl. 264.

1585. — «... que os homens se conuertem em hum Chaos, que não he vida, nem morte, nem gloria, nem pena, ao qual elles chamão **Fombum**» — *Id.*, II, fl. 157 *v.*

**FOQUEQUIÓ.** Nome dos livros sagrados duma seita dos budistas japoneses. Do jap. *hokkekyo*, lit. «livros dos *hokkes*».

1561. — «Ha huns que adorão a hum homem por nome Xáca. E assi os que o adoram tambem adorão a hum livro seu, que chamão **Foquequiô**, e dizem que nenhum se pode saluar senão com a virtude deste liuro, e com elle se saluarão as eruas e paos». — P. Cosme de Torres, *Cartas de Japão*, I, fl. 76.

1573. — «... zombando do pouco fundamento que tem as autoridades que elles alegão de **Fotquequiô**». — P. Luís Fróis, *ibid.*, fl. 349.

1582. — «Todos os dias lhe lia o **foquiquió**, que são os oito liuros principaes da lei de Xaca». — *Id.*, II, fl. 60 *v.*

1605. — «Todos da mão do Bonzo tomassem o **Foquequio**, que he hum liuro da sua seita, e posessem sobre suas cabeças, como professando serem da seita dos *Foqueixos*». — P. Fernão Guerreiro, *Relaçam Annual*, fl. 15.

1701. — «... e esta foy a doutrina dos oyto liuros do **Fotquequiô**, que os *Fotqueixos* admitem por infallivel». — P. Francisco de Sousa, *Oriente Conquistado*, II, IV, 2.

1749. — «Tem diante de si huma mesa, coberta com hum bom tapete, sobre o qual põem o seu livro chamado **Fouquequium**, de que tomão o thema, como nossos Prégadores da Sagrada Escriptura». — P. Crasset, *Hist. da Igreja do Japão*, I, p. 66.

1754. — «Après la mort de Xaca ses deux plus illustres Disciples recuëillirent ses maximes, et tout ce qui fut trouvé écrit de sa main sur des feüilles d'Arbre... et ils en composerent un Livre, qui fut nommé **Fokekio**, le Livre des belles Fleurs». — P. de Charlevoix, *Hist. du Japon*, I, p. 213.

* **FORDAR, fosdar, fouzadar** (persa *fauj-dār*, do ár. *fauj* e persa *dār* «chefe do exército»). Comandante do exército; juiz criminal, chefe da polícia, na Índia [1].

1633. — «O **Fordar** não poderá cha-

[1] 1774. — «**Fosdar**. Piccoli Governatori di qualche provincia, però Musulmani; che, si sono Gentili, diconsi *Giamindar*». P. Tomba, *apud* Gubernatis, p. 294.

mar todos os christãos, quando tiver algum serviço de guerra, mas sómente quatro, ou cinco dos mais velhos, e melhor conselho». — In *O Chronista de Tissuary*, I, p. 61.

1646. — Querendo exercer as suas jurisdições **Fordares** e *Divanes*, contra a ordem real». — *Ibid*. p. 62.

1695. — «He **Fouzadar** Capitão de doze mil cavallos, e corre por sua conta ter segura a Corte de ladroens». — Cosme da Guarda, *Vida de Sevagy*, p. 130.

1784. — «O Nababo em vista do *Fornão* logo mandou **Fouzdar** de Ugoly que entregasse, como entregou, todos os bens do Inglez ao Prior». — *O Oriente Portuguez*, III, p. 132.

1785. — «... excepto nos casos, que pelas leis tem pena de morte, cuja averiguação e castigo pertence ao **Fardar**, Governador Mouro de Houguli» — *Apud* Júlio Biker, *Collecção de Tratados*, XII, p. 18.

1790. — «Respondeu que alcançaria licença do **Fozadar** (general) Iemal Gourro». — *Ibid.*, IX, p. 20.

1810. — «**Fouzadar** (officio militar)». —Joaquim C. Soares, *Doc. Comprobativos*, p. 434.

1914. — «Christovão de Sousa, **fauzadar-mór** addido á guarda rural e florestal de Nagar Avely — exonerado a seu pedido». — *O Ultramar*, de 19 de Outubro.

1917. — «Mantas de lã para **Fousdares** 3». — *O Ultramar*, de 11 de Janeiro.

1666.—«... **Foursdar**, qui est obligé à tenir la campagne secure et libre et répondre de tous les vols qui s'y font». — Thevenot, *Voyages*, III, p. 61.

1824. — «A messinger came from the **Foujdar** (chatellin) of Suromunuggur». — Heber, *Narrative*, I, p. 348.

1883. — «They stirred up the Muhammadan general (**Faujdár**) at Húghlí to pick a quarrel, in the name of the Delhi Emperor». — Hunter, *The Imperial Gazetteer*, II, p. 77.

* **FOREM** (jap. *hōren*). Palanquim do *daire*, carruagem do micado.

1588. — «Com este aparato chegou aos paços do Dairí, e logo elle saio metido em outras andas mui ricamente ornadas a que chamão **Foren**, que são proprias do Daire cubertas ao redor com hũas cortinas de seda roxa com muito artificio lauradas, as quaes leuauão nas mãos, e não nas costas como as outras, e ao redor delle hião oitenta *Cungés* a pé». — P. Gaspar Coelho, *Cartas de Japão*, II, fl. 261 *v*.

**FORMÃO, firmão** (p. us.). Decreto, provisão, carta régia, entre os muçulmanos do Oriente. Do persa *farmān* derivado de *farmūdan*, «ordenar», e adoptado pelos idiomas indianos. Os ingleses escrevem comummente *firmaun*, mas lêem *forman*, assim como ortografam *sirdar* e proferem *sordar*, conforme o persa *sardār*.

Os nossos escritores antigos, que eram mais entendidos em etimologias dos vocábulos orientais, ortografaram uniformemente *formão*. Os modernos, que lêem por livros franceses e ingleses, escrevem *firman*, com mais erudição e menos patriotismo [1].

1535. — «Disso vos mando este **Formão**, e o que me pedis vos outorgo». — *Apud* Castanheda, *Historia*, VIII, cap. 101.

1544. — «E de nos passar logo disso hum **formão** assinado com letras de ouro». — Fernão Pinto, *Peregrinação*, cap. 119.

1546. — «Não leve mais que aquilo que tiver por **formões** del Rey d'Ormuz».— *Regimento* de D. João de Castro, in *Archivo*, V, p. 192.

1556. — «Eu me entreguei ao grão capitão, Çoleimão Baxá por um **formão** seu chapado de ouro». — Lopo de Sousa Coutinho, *Hist. do Cerco de Diu*.

1577. — «... em palaura, juramento, nem **formão** seu, inda que o dêra illuminado de ouro, como elles fazem».—*Primor e Honra*, fl. 85.

1589 :

> «Senhor, eu m'entreguei ao poderoso
> Gram Baxá Soleimão, por elle dado
> Me ter seguro firme e valioso
> Nũ formão seu de chapas ornado».
>
> Francisco de Andrada, *O Primeiro Cerco de Diu*, XV.

1608. — «Estas cartas... quando chegaram nos pareceram diminutas, por não trazerem patente ou **formão** do Xá em que nos desse licença pera fazer esta jornada». — Fr. António de Gouveia, *Relaçam da Persia*, fl. 5.

1612. — «**Formão** em que ElRey d'Ormuz concedeo a ElRey dom João o terceiro as rendas da alfandega d'aquella fortaleza». — Diogo do Couto, *Déc.* V, IX, 5.

«E lhe mandou logo passar um soberbo **formão**, em que concedeu a El Rey de Portugal a cidade de Damão». —Id., *Vida de D. Paulo*, p. 65.

1616. — «Deo pera isso hũa carta de poder, a que os mouros chamão **Formão** de que forão descontentes alguns seus emulos e competidores». — António Pinto Pereira, *Historia da India*, fl. 58.

1631. — «Com todos os do seu conselho tinha passado **formão** para se fazer

[1] «*Farman*, *Furman*, vernacularly, *Pharman*, corruptly *Firman*, *Firmand*, *Phirmaun*, etc.». — H. H. Wilson, *Glossary*.

guerra a Goa, e tolher os mantimentos». — *O Chronista de Tissuary*, I, p. 92.

1635. — «Obrigando-se o dito nababo a dentro em cincoenta dias haver confirmação destas [pazes] por um **formão** d'elrey Jahanguir». — António Bocarro, *Déc.* XII, p. 397.

1695. — «Aos povos principaes dava seus **Formões**, ou Provisões, que mostradas aos cobradores Reaes, ou de Senhorios, ainda que ao tal papel não fazião a costumada cortezia, nos corações com tudo se lhes imprimia tal medo, e ficavão tão embaraçados, que os mais se deixavão de empenho». — Cosme da Guarda, *Vida de Sevagy*, p. 20.

1785. — «Mandou logo o Imperador passar-lhe hum **Formão** ou escriptura assiguada do seu punho». — *Apud* Júlio Biker, *Collecção de Tratados*, XII, p. 20.

1793.— «Eu Francisco da Cunha Menezes... Recêbi com summa satisfação o **Formão**, que Vossa Magestade Mandou expedir». — *Apud* F. N. Xavier, *Uma Viagem*, p. 86.

1820. — «Treslado do **Firmão** dos 17 privilegios de Baixá escritos em idioma Persiano». — *O Chronista de Tissuary*, I, p. 60.

1825. — «Uns, tomaram por suas leis fundamentaes os **firmans** dos mahometanos». — José Inácio de Andrade, *Cartas*, I, p. 8.

1866.— «Que se lhes concedesse licença, irião á corte d'ElRey Idalxà, e dando-lhes **formões** (provisões) como pediam, levariam ao dito Rey um presente». — Cunha Rivara, *O Chronista de Tissuary*, I, p. 39.

1873. — «Quinze dias depois o vice-rei assignava o primeiro **firman** da concessão». — Tomás Ribeiro, *Jornadas*, I, p. 340.

1881. — «Em nome do rei de Cambaya foi passado o competente **Formão**, no qual se fazia á corôa de Portugal a cessão que se pretendia». — Eduardo Balsemão, *Os Portuguezes no Oriente*, I, p. 163.

1883. — «Todos sabem como o genio arrojado, intelligente e perseverante de um homem pôde em 1854 obter de Mohammed Said o **firman** que lhe fez concessão exclusiva de organizar uma companhia universal para abertura e exploração de um canal». — Adolfo Loureiro, *No Oriente*, I, p. 81.

1904. — «A nação portuguesa adquiriu o privilegio da feitoria, concedido por um **formão** ou decreto do Grão Mogol, imperador de Delhi». — Ernesto Fernandes, *Regimen do Sal*, etc., in *Bol. S. G. L.*, XXII, p. 323.

1909. — «... não se realizando, todavia, a cessão por não ter sido ratificada por um **formão** (tratado) em consequencia de se terem exigido enormes direitos de mercê». — Amâncio Gracias, *Subsidios*, p. 253.

1917. — «Aurangzeb e Akbar ditavam os seus afamados **formões** e saiam de espada em punho para dilatarem as raias do seu opulento imperio». — *Heraldo*, de 9 de Março.

1616. — «Il m'auoit d'abord accordé ma priere, et vn **Firman** bien exprès pour le Gouuerneur de Baroch, luy commandant de receuoir avec ciuilité ceux de notre Nation». — Thomas Row, in *Relations*, I, p. 19.

1655. — «**Forman** (esto es cedula) sin otro igual... a que mando obedescan todos». — Faria e Sousa, *Asia Portuguesa*, II, p. 122.

1674. — «Our Usage **Pharmaund** (or Charter) granted successively from their Emperor». — Fryer, *East India*, I, p. 288.

1778. — «On présente des Officiers qui demandent des places, et dont le premier Vizir fait expédier les **firmans** (Brevets)». — Anquetil Duperron, *Législation Orientale*, p. 42.

1885. — «The Shah received the intelligence with satisfaction, and despatched a **farmán** by return of the messenger, appointing Nazír Khán *beglerbey* of all Balúchistán». —Hunter, *The Imperial Gazetteer*, II, p. 30.

* **FORMÁS**. O concani-mar. *pharmās* < persa *farmaish*, significa «ordem, mandato para se fazer algum serviço»; mas nas abonações tem sentido restrito e técnico de «pensão certa e invariável».

1840. — «**Formás** (Tributo directo e indirecto, imposto pelos Sar-Dessaes, Dessaes, Gancares nos habitantes das Aldêas)». — F. N. Xavier, *Collecção de Bandos*, I, p. 97.

1845. — «**Formás**. Titulo em dinheiro, ou em generos, que os Sar-Dessaes e outros empregados publicos impuzeram por sua propria authoridade, aos Gancares, alparqueiros, *farazes*, e outros». — *Annaes Maritimos*, p. 249.

1890. — «Lançaram sobre as communidades uma rede de impostos — *haccas*, **formás**, etc., que ainda hoje subsiste em grande parte».—António de Almeida Azevedo, *As Communidades de Goa*, p. 82.

«Haccas e **formás** são pensões certas e invariaveis que a communidade paga». — *Id.*, p. 94.

1901. — «Sobre as communidades das Novas Conquistas ainda incide a obrigação de pagar accas, **formás** (pensões certas e invariaveis) e *inamas* ou terra sem foro». — José Pinheiro, *Bol. S. G. L.*, XX, p. 93.

**FÔRO CORRENTE**. Entende-se em Goa por esta locução a pensão que se paga pelo arrendamento temporário de propriedades das communidades agrícolas ou de estado, em distinção de *fôro limitado*, q. v.

1727. — «**Foro corrente**. Na India Portugueza são aquellas fazendas, e propriedades, que entrão a ganhos, e perdas, e nellas se reparte o proveito das vargeas». —Bluteau, *Supplemento*.

1885. — «A ultima parte ficou reservada para os aforamentos *in perpetuum* (*cotubana*) e para os arrendamentos temporarios (**fôro corrente**)». — Teixeira Guimarães, *As Communidades Indianas*, p. 12.

1852. — «**Fôro corrente** — Era assim conhecida a pensão variavel que onerava os palmares, as varzeas e os arecaes, que tinham tangas annexas». — F. N. Xavier, *Bosquejo Historico* (2.ª ed.), III, p. 70.

**FÔRO LIMITADO.** É fôro fixo e perpétuo de terreno primitivamente inculto, no Concão. É o mesmo que *cotubana*.

1727. — «**Foro limitado**. Na India Portugueza se chamão as propriedades e fazendas, que pagão certo foro annualmente à gancaria, ainda que a terra não renda nada, e não entrão a ganhos e perdas». — Bluteau, *Supplemento*.

1852. — «**Fôro limitado** — Teve esta designação, para differençar da do *fôro corrente*, a pensão annual certa, inalteravel e perpetua que onerava os predios (*kuttumbân*); estes predios podem ser alienados e divididos sem consentimento da communidade». — F. N. Xavier, *Bosquejo Historico* (2.ª ed.), III, p. 70.

**FOTA** (ár. *fūṭah*, «avental»). «Tecido de lã, ou de algodão, e seda com listas, do tamanho e feitio de huma cinta. Os Orientaes a trazem enrolada na cabeça por Turbante; outros a trazem no pescoço com as pontas cahidas para baixo por causa do frio». Fr. João de Sousa. Mas o vocábulo tem outras acepções: segundo Ben-Batuta, é uma toalha; na Índia Portuguesa é um pano de fazenda rica e ornada, que as mulheres cristãs, que trajam à indiana, vestem em ocasiões festivas. **FOTEADO** (adj.). De fota ou semelhante à fota.

1329. — «Dão-se tres **fotas** (toalhas de algodão) a cada hum dos que entrão [no banho], com huma das quaes se cinge á entrada, com outra á sahida, e com a outra enxuga a agua do corpo». — Ben-Batuta, *Viagens*, I, p. 273.

1346. — «Suas mulheres [dos maldivenses] não cobrem as suas cabeças... e não vestem mais do que huma **fóta**, que as cobrem do embigo para baixo, ficando o resto do corpo descoberto». — *Id.*, II, p. 271.

1511. — «... de *tafeciras* bayxas dalgodam seys myll e quatro centos e de **fotas** sete myl e duzentos e oitenta e quatro». — In *Cartas* de A. de Albuquerque, V, p. 168.

1511. — «... de panos de cambaya que se chamam **fotas** hoyto centos panos». — *Ibid.*, VI, p. 418.

1515. — «Compres hũa camisa mourisqua de cotonia branca e hũa **fota** de seda boa pera o ẽbaixador delRey de barem». — *Ibid.*, VI, p. 370.

1516. — «Trazem outros panos sobraçados como capas, e **fotas** nas cabeças». — Duarte Barbosa, *Livro*, p. 233.

«Estes saom homeins aluos e muy gentis homeins e uistosos, andaom muy bem vestidos... suas touquas **foteadas** na cabeça». — *Id.*, p. 340.

1529. — «E trazem [em Lara] nas cabeças toucas **foteadas** sem rebuço, e **fotas** de sete [sêda?], alguns trazem o carapução do *Sufi* debaixo dellas». — António Tenreiro, *Itinerario*, cap. 3.

1551. — «... e na cabeça hũa touca muyto **foteada**». — Castanheda, *Historia*, cap. 226.

1552. — Estes se vestem de sedas e brocados, e calção no inverno borzeguins marroquis laurados douro, e çapatos de pontilha, e nas cabeças **fotas** muy ricas». — *Id.*, III, cap. 130.

1552. — «E mais thé vinte covados de tafetá e huma **fota**, sem disso paguar direitos nhũs». — *Archivo Port.-Oriental*, V, p. 60.

1553. — «Posta na cabeça hũa **fota** de seda e ouro, e vestida hũa cabaya de seda cremesim apedrado de ouro». — João de Barros, Déc. II, II, 3.

1566. — Os Nobres trazem **Fotas** na cabeça com cadilhos de seda». — Damião de Góis, *Chronica de D. Manuel*, I, cap. 38.

1572:

> «Na cabeça hũa fota guarnecida
> De ouro, e de seda e de algodão tecida».
> Camões, *Lusiadas*, V, 94.

1603. — «O corpo do defunto, queimamno, mas pode ser emburilhado em huma **fota** que chamão *toda-pata*, primeira seda de Todá, que vale 5 ou 6 *fanões*, e se faltar esta **fota** hão de esperar por ella». — *O Chronista de Tissuary*, III, p. 140.

1614. — «Trazem hũas beitilhas finas **foteadas**, leuantadas hũas pontas pera cima como carochas». — Diogo do Couto, Déc. V, VI, 1.

1687. — «Cingião no [ao rei de Cota] **fotas** de prata, cujos remates cahião sobre os pés». — P. Fernão de Queiroz, *Conquista de Ceylão*, p. 141.

1713. — «**Fota**. Véo fino, tecido as listras e com cadinhos. Poem-se ao redor da cabeça, a modo de turbante dos Turcos». — Bluteau.

1846. — «O que corresponde á 3.ª sorte, se chama **fota-toalha** e *quimão*. Ha **fotas** de 4 qualidades: a 1.ª de galão ou bordada de ouro sobre veludo encarnado, pela maior parte, e bordas da mesma côr, azul ou verde, sendo a escolha arbitraria; a 2.ª de galão de prata (raras) e tisso; a 3.ª de *atalá;* e a 4.ª denominada de Chaul, com o seu volante (toalha), hoje pouco usada pelas classes de grande tom». — F. N. Xavier, *O Gabinete Litterario*, I, p. 102.

1912. — «As senhoras de panno bajú scintillavam como *Gonpotis;* com as suas **fotas** envoltas ás suas abundantes carnes pareciam travesseiros». — *O Ultramar*, de 12 de Agosto.

1915. — «Era na **fota**, *quimão* e *toalha* que a mulher brâmane procurava satisfazer o melhor da sua vaidade, pela riqueza do tecido bordado a oiro ou prata». — *Heraldo*, de 24 de Dezembro.

**FOTOQUE, fotoqué** (mais correcto). «Nome genérico das divindades adoradas pelos budistas [japoneses], as quais eram todas originàriamente homens». Hepburn. Do jap. *hotoke*. O japonês usa *f* tão sómente antes de *u*. Fernão Pinto escreve *fatoqui*. V. *Amida, Xaca* e *Cámi*.

1551. — «Assim o tinhão já determinado todos os quatro **Fatoquis** (quer dizer deuses de crença) Xaca, Amida, Gizom e Camom». — Fernão Pinto, *Peregrinação*, cap. 211.

1562. — «Ha duas maneiras de idolos, huns se chamão *Cammis*, que são os Reis de Japão, outros chamão **Fotoquées**... Um destes **Fotoquées** se chama Amida... A outra cabeça **Fotoqué** se chama Xáca, tambem filho de Rei». — P. Baltazar Gago, *Cartas de Japão*, I, fl. 99.

1569. — «Tiravão os altares de pedra, e dauão com os **Fotoquès** ou idolos no chão feitos em pedaços». — P. Luís Fróis, *ibid.*, fl. 258.

1600. — «Era muy prejudicial, e contraria ao culto, e veneraçam dos *Camis*, e **Fotoques**, que sam seus Ydolos, e Deozes, que tantos annos auia se conseruaua em aquelles reynos de Iapam». — P. Fernão Guerreiro, *Relaçam Annual*, fl. 87.

1612. — «Tem os Japoens oito ou nove seitas, alevantadas por homens estrangeiros que ali forão ter, e que acabarão em vida religiosa, a que elles chamão **Fotoques**». — Diogo do Couto, Déc. V, VIII, 12.

1694. — «Abominando e chamando diabolica a Divindade dos Camis e **Fotoquez**, e dos outros monstros, que adoravão por deoses». — P. A. Vieira, *Xavier Dormindo*, p. 379.

XVII. — «Não mostrauão ter outro cuidado que o de applacarem a ira dos Camis e **Fotoqués**». — *Apud* Cristóvão Aires, *Fernão Mendes Pinto e o Japão*, p. 96.

1578. — «Questi Amida e Xaca, che habbiano detto, e se vi sono altri Dei del primo grado, da' quali si domandino i beni della vita futura, chiamano per sopranome in lor lingua **Fotoques**». — P. Maffei, *Le Istorie*, p. 491.

1674. — «Su maior Paraiso es el de Xàca, particular autor de los **Fotoques**». — Faria e Sousa, *A Asia Portuguesa*, II, p. 764.

1754. — «Ce Dieu [Amida] est un des plus anciens **Fotoques** des Indes, et il y a au Japon une Secte fort étendue, qui lui est spécialement dévouée». — P. Charlevoix, *Hist. du Japon*, I, p. 205.

* **FOTQUEIXO** (por abreviação, *foquexo*). Adorador de *fotoqué*. Do jap. *hotokeshu*.

1551. — «Ha alguns que adorão este [Xaca] somente, chamãse **Fotqueixos**. Outros ha que adorão este, e a todos os demais». — P. Cosme de Torre, *Cartas de Japão*, I, fl. 17 *v*.

1559. — «Dous Bonzos principaes letrados da seita chamada **Fotquéxu**, os quaes tem passados os livros de Iapão, falarão com o padre». — *Ibid.*, fl. 70.

1560. — «Os da seita de **Fotquéixu** dizem, que he o Mion, que elles pregão». — *Ibid.*, fl. 71 *v*.

1562. — «Ha hũa seita, que chamão **Fotqueixos**. Estes adorão cinco letras, e não buscão rezão, somente se fundão na fé do livro de Xaca, nam crem em milagres, porque assim lho mandou». — P. Baltazar Gago, *ibid.*, fl. 99 *v*.

1577. — «A mulher do filho de Leão que será moça de desasete annos, era **Fotquèixa**, e filha de grandes **Fotquèixos**». — P. Luís Fróis, *ibid.*, fl. 392.

1602. — «E como fino gentio que he, se fez pouco ha cabeça de hũa seita dos gentios chamados **Foqueixos**». — P. Fernão Guerreiro, *Relaçam Annual*, fl. 21.

1608. — «Hum christão da cidade de Cumamoto tendo retrocedido da fé desdo tempo das perseguições dos annos atras, se tinha feito da seita de **Foquexus**». — *Id.*, fl. 166 *v*.

1701. — «Converteo todos os seus parentes de seyta **Fotqueyxos**, que são os mais contumazes, e oppostos á ley de Deos». — P. Francisco de Sousa, *Oriente Conquistado*, II, IV, 1.

1749. — «Depois dos Xodaxinis, que adorão Amida, ha outros mais famosos, que adorão Xaca. Estes se chamão **Foquexus**, nome derivado de hum certo livro, que chamão *Foque*, que contem os pontos principaes desta religião profana». — P. Crasset, *Hist. da Igreja do Japão*, I, p. 71.

**FRANGUE, fringue.** Esta palavra, de origem persiana, *farangī*, *firingī* (ár. *ifranjī*, *firanjī*), é corrução de «franco». Designava originàriamente «europeu cristão»; mas na Índia restringiu-se ao «português», e posteriormente ao «indo-português» e ao «cristão», e teve outros significados nos idiomas indígenas, particularmento no território dravídico. Em concani *firingī* quere dizer sòmente «português», como substantivo e adjectivo. V. *Influência* e *Glossary*.

1330. — «Esta divisão é privativa dos Christãos **Francos**, que a habitão, que são de diversas nações, a saber: Genovezes, Venezianos, Romanos e Francezes, cujo imperio pertence ao Soberano de Constantinopla». — Ben-Batuta, *Viagens*, I, p. 466.

1498. — «Taes homens nom podiam ser senão **Francos**, que asi chamam a nós outros em estas partes».—*Roteiro de Vasco da Gama*, p. 99.

1516. — «Dizendo que pois os Portuguezes (aos quaes chamaom **Frangues**)...». Duarte Barbosa, *Livro*, p. 248.

1529.—«Habitão aqui [em Tabriz] duas nações de Christãos, e ha boa quantidade delles na terra, e huns delles, a que chamão **Frangues**, tem o costume, e fé como nós... e outros são Armenios». — António Tenreiro, *Itinerario*, cap. 15.

1552. — «Donde entre os indios naceo aquela maldição que dizem a ira dos **frangues** venha sobre ti. E esta ira hé a primeira cousa que os mercadores rogão a deos que os liure». — Castanheda, *Historia*, II, cap. 96.

1553. — «Dizendo que os mandauão uir para uerem a armada dos **Frangues** (que assi nos chamão elles)». —João de Barros, Déc. II, III, 4.

1557. — «Que se levantassem contra os nossos, dizendo-lhe que os **Frangues** não fizeram aquella fortaleza, senão para os cativarem todos, e tomarem-lhe suas terras». — *Commentarios*, I, cap. 17.

1563.—«E letras que dizião **frangue**, que quer dizer christão». — Gaspar Correia, *Lendas*, II, p. 344.

1563. — «RUANO. Pois porque causa chamam aos Portuguezes nesta terra **frangues**? ORTA. Eu volo direi: porque não tão somente o chamam aos de Portugal, mas todos os christãos do poente; e a causa nisto foy porque os primeiros christãos conhecidos na Asia eram Francezes, chamaram a christandade *Franquia*... As boubas [sífilis] não são chamadas **frangue** senão **fringue**». — Garcia da Orta, Col. XXXIV.

1607. — «Nam souberam dizer mais, senam que os moradores delle erão *cafáres*, que quer dizer gente sem ley, outros lhe diziam que erão **Frangues** nome que elles dam aos Portugueses, e mais Christãos». — P. Fernão Guerreiro, *Relaçam Annual*, fl. 167.

1615. — «Chamam à esta molestia *Faranqui baiscour*, porque este mal lhe veio da Europa, e elles chamam aos Europeos em commum **Franqui**, ou **Frangui**, por razão de serem os Francezes mais afamados povos do occidente». — Pyrard de Laval, *Viagem*, I, p. 159.

1616. — «Isto interpretam alguns desta maneira. Galas, e **Franquis** serem Portugueses, porque em toda a India nos chamam **Franquis**, que quer dizer Christãos, porque a todas as Provincias da Christandade chamam *Franquia*, ou *Franquistan*». — Diogo do Couto, Déc. XII, V, 5.

1617. — «... como que se persuadia serem pouca empresa para seu poder os encarcerados **Franguis**, como elles chamão aos nossos, nome que depois da jornada do affamado Gofredo de Bulhão se deo entre os infieis do Oriente a todos os Europeos». — *Conquista de Pegu*, cap. 5.

1651. —«Dizendo que só os **Franques** merecião trazer barbas no rosto». — Jacinto Freire de Andrada, *Vida*, p. 186.

1668. — «Explicou aos Mouros, que aquelle era Bragmane dos **Franquis** (assim nos chamão aos Portuguezes)...». Fr. Jacinto de Deus, *Vergel*, p. 74.

1687. — «Não faça duuida chamar o Traductor *francos* aos Portuguezes; porque como os Francezes, em seculos passados, forão tão conhecidos na Suria, e dali soou seu nome por toda esta Asia: a todos Europeos chamão ainda nela **Franguiz**, como se todos forão Françezes; e basta ser gente branca, e não uestir touca, e *cabaya*, para lhe darem este nome». — P. Fernão de Queiroz, *Conquista de Ceylão*, p. 51.

1741. — «Era o baixissimo conceyto, que os naturaes fazião, e fazem dos Européos, que lá conhecem, a que chamão **Pranguis**, nome tão vil, e indigno entre elles, que o não tem a nossa lingoa mais infame, nem ainda tanto». — Fernão de Brito, *Hist. do Ven. João de Brito*, p. 41.

1750. — «Logo o Nababo despedio 18 cavalleiros com ordem para hirem a Monspur prender todos os christãos, e deo tambem ordem para quebrar todas as Igrejas dos **Frangins**». — *O Chronista de Tissuary*, II, p. 64.

1862. — «Em Goa os portugueses chegados da Europa ou America são indistinctamente denominados **frangues** ou **fringuins**, ou *reinóes*». — Francisco M. Bordalo, *Ensaios sobre a Estatistica*, V, p. 45.

XIV. — «Sunt Christiani, re vel nomine, et dicunt se sclavos papae, parati mori pro **franguls,** sic enim vocant nos, non a *francia,* sed a *franquia*». — Marignolli, *apud* Gubernatis, *Storia,* p. 142.

1517. — «Giving out that they had brought tribute from the country of **Fu-lang-ki** (*Feringhi,* Franks). The master of the vessel named *ka-pi-tan*». — Doc. Chinês, *apud* Ferguson, *Letters,* p. 40.

1614. — «Già che in proibir l'andar in Persia a' **Franchi** (cioè à noi altri Christiani Latini), in altre cose simili, che à i nogotij della Persia appartengono, si mostraua molto zelante».—Pietro della Valle, *Viaggi,* I, p. 74.

1625. — «Saraceni eos [aos portugueses] Francos (quo nomine ab expeditione Gotfridi Bullionaei in Syriam omnes Europaeos appellere consueverunt) vocabant. A Cantonensibus etiamnum **Falanqui** pro *Franqui* (mutato *r* pro *l*) nominantur, quod nomen etiam tormentis nostris imponunt». — *India Orientalis,* XII, p. 102.

1666. — «Il suffit à présent pour être estimé Mogol, d'être étranger, blanc de visage, et mahométan, à la distintion des Indous, qui sont brun et gentils, et des chrétiens de l'Europe, qui sont appellés **franguis**». — Bernier, *Voyages,* II, p. 4.

1674. — «Ay otra profecia entre los mismos Abexins, de que ellos unicos con los **Frangues** (este es el nombre que en aquellos Climas se dá particularmente a los Portugueses) han de ganar la Casa de Meca, y destruir la Morisma». — Faria e Sousa, *Asia Portugueza,* II, p. 749.

1674. — «The *Cumby* [curumbim] that had left him and his Son at lenght came with a many more, calling **Fringi,** the Term they have for Europe-Men and Franks». — Fryer, *East India,* II, p. 70.

1676. — «... à la reserve des Maîtres Canonniers, qui étoient **Franguis,** c'est-à-dire, François, Anglois et Hollandois». — Tavernier, *Voyages,* III, p. 42.

1699. — «Mais ce qui les frappe particulièrement, c'est que les **Franquis,** ainsi qu'ils les nomment, mangent de la chair, chose si horrible parmi eux qu'ils regardent comme infâmes ceux qui le font».— *Lettres Édifiantes,* I, p. 1700.

1700. — «Ils se contenterent de répondre froidement, qu'ils ne peuvent abandonner leur Religion pour prendre celle d'une Caste aussi basse et aussi méprisable que celle des **Pranguis**». — *Ibid.,* V, p. 44.

1782. — «Ainsi un Européen est tout ce que les Indiens connoissent de plus méprisable; ils les nomment **Parangui,** nom qu'ils donnèrent aux Portugais, lorsque ceux-ci abordèrent dans leur pays, et c'est un terme qui marque le souverain mépris qu'ils ont pour toutes les Nations de l'Europe». — Sonnerat, *Voyages,* I.

1791. —«Qu'attendu sa qualité de **frangui** ou d'impure, il ne pouvait se présenter ni devant Jagrenat, ni devant son grand prêtre». — Bernardin de Saint-Pierre, *La Chaumière Indienne.*

***FRAZÃO.** Em persa *farzand* quere dizer «filho», mas na abonação emprega-se o termo no sentido de «oriundo, natural».

1635. — «Mostrou grande magua de o não terem avisado por um peão da terra, que digo que se chamam *belis* (q. v.), que, como **frazões** d'ella, lhe poderiam levar o recado». — António Bocarro, *Déc.* XIII, p. 247.

***FRIÃO.** Figura o termo no *Itinerario* do Mestre Afonso com relação à Pérsia e com o significado de «mensageiro». O vocábulo mais aproximado no sentido que posso achar na língua dêsse país é *faristādeh,* do verbo *faristādan,* «enviar». Mas é possível que o autor tivesse escrito *pião,* muito corrente no seu tempo na Índia, ao qual em persa corresponde *piyāda.*

1565. — «Eu dei hũa carta ao capitão pera o gouernador pedindo-lhe muito que a mandasse por hũ **frião** a ormuz que releuaua, por que elle lhe pagaria bem o caminho». — In *Annaes Maritimos* (1844), p. 221.

**FRUTA DE ADÃO; FRUTA DE MANILA** (em conc. *Ādāmvāchem phaḷ, Mānīl-phaḷ*), fruto de *Minusops Kanki,* Linn. A árvore foi introduzida na Índia pelos portugueses. Não chamam, porêm, em Goa simplesmente «Adão» ao fruto, como vem registado num dicionário moderno, nem dizem «árvore de Adão», mas «árvore da fruta de Adão». O nome «fruta ou pomo de Adão» tem-se atribuido a várias espécies. V. *Glossary,* s. v. *Adam's Apple.*

1516. — «Os montes [de Ceilão] estão cobertos de laranjas doces e formosas, de tres ou quatro especies de sabor, e algumas tem a casca mais doce do que o sumo, e são maiores que os **Pomos de Adão**». — Duarte Barbosa, *Livro* (tradução do italiano, 2.ª ed.), p. 350.

1782. — «Vê-se outra, ainda que rara, e com especialidade nas fazendas dos antigos Jesuitas, a qual produz a **fruta de Adão** similhante á nossa ameixa no feitio, na côr tirando para encarnado, doce no gosto mas secca bastantemente e com seu caroço despegado inteiramente da carne que o cerca». — Fr. Clemente da Ressurreição, *Tratado*, II, p. 339.

1842.— «Jambolão, **fructa de Adão,** matombas, cajus». — *Annaes Maritimos*, p. 270.

1846. — «*Calinga* (Pateca, melancia), **Fructa de Adão** (Não he vulgar)». — F. N. Xavier, *O Gabinete Litterario*, I, p. 249.

1862. — «... *ata* ou *fructa do conde*, **fructa de Adão,** *matomba*, *toranja*, laranja». — Francisco M. Bordalo, *Ensaios sobre a Estatistica*, v, p. 67.

1908. — «... contendo polpa amarello-esverdeada, muito saborosa, 2 ou 3 sementes, semelhantes ás da **fructa de Adão**». — *O Oriente Portuguez*, v, p. 205.

*** FRUTA BARRETE.** Malvácea — *Hibiscus vitifolius*, Linn. A denominação tem a sua razão na semelhança do fruto com o barrete. «Radix olei butyrique inservit confectioni». Rheede.

*** FRUTA BÔLSA.** Sapindácea — *Cardiospermum Halicacabum*, Linn. «O succo da planta é usado contra a dor de ouvidos, e o das folhas é administrado na amenorrhéa». D. G. Dalgado, *Flora*.

*** FRUTA DE CONTA** (em francês *arbre à chapelet*, em inglês *prayer beads*). É o mesmo que *gungi* ou *Abrus precatorius*. Usa-se o fruto para contas do rosário. Tem também outros usos, sendo um dêles a sua inserção, depois de reduzido a pasta, na pele de gado ou de homens, para lhes causar morte por envenenamento. V. Watt, *The Commercial Products*, p. 1.

**FRUTA DO CONDE.** É o nome que se dá à *anona*, conforme o Conde de Ficalho, à *ata*, segundo o Dr. Dalgado, com mais acêrto. Não se sabe como se originou êste nome: se de algum conde, que introduziu a planta em alguma parte, ou da excelência da fruta, digna de figurar na mesa de um conde.

1842. — «As fructas que mais vem ao mercado, ou se exportam para Bombaim, são os ananazes, átas ou **fructa do conde,** jambolão...». — *Annaes Maritimos*, p. 270.

1859. — «... povoações, *arimos* cultivados e arborisados com mangueiras, coqueiros, cajueiros, **fructa do conde,** palmeiras, goiabeiras» (em Angola). — *Annaes do Conselho Ultramarino* (parte não official), II, p. 90.

1862. — «... batata doce. *patéca* ou melancia, *ata* ou **fructa do conde,** *fructa de Adão*». — Francisco M. Bordalo, *Ensaios sobre a Estatistica*, v, p. 57.

**FRUTA DO PÃO.** V. *árvore de fruta do pão*.

1826. — «The *bread-fruit* tree I here saw for the first time, growing to an immense size, and with gigantic leaves, shaped like those of the fig-tree». — Em Heber, *Narrative*, II, p. 173.

*** FRUTA ESTRELADA.** *Dilleneácea* — *Dillenea Indica*, Linn.

1898. — «O fructo é do tamanho de um côco; as sepalas carnudas teem gosto agradavel; dá-se o fructo como tonico ao gado bovino». — D. G. Dalgado, *Flora*, p. 1.

*** FRUTA SANTA.** Fruto de *Samandra Indica*, Gœrtn. O nome originou-se das numerosas propriedades terapêuticas que se atribuem aos frutos, e às raizes da árvore e são descritas por Rheede, *Hortus Malabaricus*, VI, t. 18.

*** FRUTA TIRILHA.** É o mesmo que *alpam*.

*** FU.** É termo chinês, que designa um distrito ou prefeitura, bem como a sua cidade principal, sede do govêrno provincial. V. *cheu*, *chin*, e *hien*.

1563. — «Em as quaes... conthem duzentos quarenta e quatro cidades notaveis, as quaes todas acabão nesta sylaba **fú**, que quer dizer cidade: assi *Chincheufú*, *Nimpofú*, polas cidades de Chincheu, e Nimpo, onde os nossos vão fazer seus commercios». — João de Barros, Déc. III, II, 7.

1600. — «**Fu** he nota de cidade principal na jurdiçam, gouerno, honras do Rey, e cantidade do pouo... com algũa semelhança á composiçam Grega, em que tambem o *Polis* vai detrás dizendo Alexandrinopolis, Adrianopolis». — P. João Lucena. *Historia*, x, cap. 20.

1634 — «E as Provincias em estados maiores, que chamarão *Coe*, id est Reyno, ou, *Cheu*, e mesmo, **Fu,** que tambem significa o mesmo, e quer dizer ajuntamento». — *Hist. do Japão*, *apud* Cristóvão Aires, *F. M. Pinto e o Japão*, p. 141.

1668. — «As maes delas acabão na sylaba **Fu,** que em lingua China quer dizer

Cidade». — Fr. Jacinto de Deus, *Vergel*, p. 155.

1729. — «Tem mais cada Provincia huma Cidade chamada **Fú,** a que communmente os Europeus pōem no numero das cidades de primeira ordem, e tem esta mesma cidade hum *Chifú* ou Governador». — *Apud* Júlio Biker, *Collecção de Tratados*, vi, p. 167.

1897. — «A China acha-se dividida administrativamente em provincias (*Cheng*), departamentos (**fou**) e districtos (*chien*)». — Joaquim C. Crespo, *Cousas da China*, p. 50.

1585. — «Vsan los Chinas, en la pronunciacion terminar las Ciudades, con esta siliba **fu**, que quiere dizer cuidad, como *Taybin fu, Canton fu*». — Fr. Joan G. de Mendoça, *Hist. de la China*, p. 14.

1637. — «Dellos ay quatro generos, que son Ciudades mayores, a que llaman **Fù**». — P. Semedo, *Imperio de la China*, p. 4.

1735. — «Chaque Province est subdivisée en certain nombre de Jurisdiction, qu'on nomme **Fou** en Chinois». — P. Halde, *Description de la Chine*, i, p. 2.

1853. — «**Fou** (ville de premier ordre). *Tchéou* (ville de second ordre)... *Hien* (ville de troisième ordre»). — Pauthier, *Chine*, p. 366.

1875. — «It is still a large town and the capital of a **Fu**». — Yule, *Marco Polo*, i, p. 286.

*** FUCUSSA** (jap. *fukusa*). Tecido de sêda, com as dimensões dum lenço, o qual serve para embrulhar ou cobrir.

1898. — «Pela Europa, nas collecções dos amadores, são muito apreciados uns pedaços de seda da grandeza de lenços, os **fikusas,** muito em voga no Japão de ha cem annos, e então utilisados em cobrir o presente, que se offerecia a um amigo, devolvidos após em signal de ter sido entregue. No setim encorpado do **fikusa,** de tons inimitaveis de coloração, mãos intelligentes, palpitantes de arte, bordavam um motivo qualquer, que era um ramo de flores, que era uma bandada de aves, que era um enxame de insectos, que era um cardume de peixes». — Venceslau de Morais, *Dai-Nippon*, p. 90.

*** FUIEN**. É o título do governador de Pequim. Do chin. *fu-yin*. *Ciam kium*, que figura na abonação, representa o chin. *tsiáng-kiun*.

1729. — «O Embaixador [português] visitaria em primeiro logar ao **Fu yuen,** que era o Vice Rey; e em segundo logar ao *Ciam kium*, que he o Generalissimo das armas tartaras». — *Apud* Júlio Biker, *Collecção de Tratados*, vi, p. 87.

*** FUIN**. Arcebispo no Japão, conforme os nossos escritores. Mas o jap. *fūin* quere dizer própriamente «sêlo, carimbo».

1581. — «O segundo he o mais principal Bonzo deste Reino, cuja dignidade era **fuin** que he como entre nós Arcebispo... Mandou dizer pollo mesmo Vsuquindono, e por outro parente do mesmo **Fuin**» ..— P. Francisco Cabral, *Cartas de Japão*, ii, fl. 6.

1701. — «... sublimado à dignidade de **Fuin,** que corresponde entre nós à de Arcebispo Primaz». — P. Francisco de Sousa, *Oriente Conquistado*, II, iv, 2.

**FULA** (**fule**, ant.). Nome ásio-português da flor em geral. Do neo-árico *phūl* < sânsc. *phull*, «desabrochar». **FULEIRO**, florista. **ENFULAR**, enfeitar com flores.

Em concani *phūl* é também o nome de aguardente forte, como declara Orta: «A esta fina chamam *fula*, que quer dizer frol». Col. xvi. O indo-inglês tem *fool's rack* neste sentido.

*Fulas* é igualmente o nome duma raça da Guiné: «Os fulas pretos, capitaneados por Densá, queimaram as cubatas». — *Bol. S. G. L.*, iii, p. 690.

Parece que os portugueses adoptaram primeiro o termo indiano para designar alguma flor especial, como *mogarim*, que não conheciam, e as flores artificiais, feitas de ouro, que se costumam deitar em ocasiões solenissimas sôbre personagens de elevada categoria, como os nossos viso-reis, em testemunho de grande acatamento e regozijo.

1535. — «Cada vez que rezava lhe vinhão **fullis** do ceo que são rosas». — *Chronica de Bisnaga*, p. 59.

«Muytas **fullas,** que são rosas». — *Ibid.*, p. 66.

1554. — «E hũa arvore de **fules**». — Simão Botelho, *Tombo da India*, p. 54.

1563. — «Vay em tanto o gasto destas *flores*, que me afirmão que em Bisnaguer rendiam os cheiros e **fulas** a elrey 5000 pardaos». — Garcia da Orta, Col. xvi.

1567. — «Untalos [os idolos] com azeite, sandalo, e mais cousas, pôr lhes **fulas,** e todas as mais honras que lhes fazem». — Primeiro Concílio de Goa, in *Archivo*, iv, p. 13.

1603. — «Achamos que os que vem da

terra firme vender manilhas a estas terras, andando discorrendo pelas casas dão os dias e festas dos pagodes e trazem **fullas**». — *Apud* P. Casimiro da Nazaré, *Mitras Lusitanas*, in *Bol. S. G. L.*, XII, p. 485.

1618. — «Ixová corta a cabeça a Bramá e amaldiçoa as **fulas**». — P. Manuel Barradas, *Ms.*, in *O Oriente Portuguez*, II, p. 228.

1635. — «Sahiu o rei preto de Sião em quatro elephantes todos com as insignias reaes, sombreiros brancos com suas **fulas** de ouro pelas franjas». — António Bocarro, *Déc.* XIII, p. 119.

XVIII. — «Brama nasceo deste Visnú em huma **fula** semelhante á de Niféa, como demonstra a Estampa». — *Noticias do Gentilismo*, I.

1736. — «Não mandem *sagoate* de *figos* e **fulas**, nem de outras quaesquer cousas com o pretexto da dita novidade». — Inquisição de Goa, *apud* Lopes Mendes, *A India Portugueza*, I, p. 256.

1782.—«Vê-se outra disposta nos atrios de algumas igrejas e outros logares que produz uma **fula** chamada de Santo António, branca e amarella, bastantemente cheirosa». — Fr. Clemente da Ressurreição, *Tratado*, II, p. 341.

1788. — «Por cada arratel de *Crao* [cravo], cardamumos, nozes [moscadas], e **fulas** [macis, vid. *massa*] de nozes, vinte e cinco reis». — *Collecção de Bandos*, I, p. 44.

1843. — «Assim os moradores de Malebara em Goa Velha chamados **fuleiros**, pagavão pelas **fulas** (flores das lagoas e outras) que só elles vendiam, em cada anno certo tributo». — *Annaes Maritimos*, p. 184.

1846.—«O casamento de *tulosse* consiste em recitar algumas orações, **enfular** o arbusto, e acender hum lampião de papel, ou pano, por cima do mesmo arbusto». — F. N. Xavier, *O Gabinete Litterario*, I, p. 57.

1906 :

«Aves do outeiro, flores do tamarindo,
Festejae o seu corpo esvelto e lindo.
Aves, cantae. Fullas, desabrochae».

Alberto O. de Castro, *A Cinza dos Myrtos*, p. 180.

1578. — «... la qual [*sura*] en vasos despues distilan, para hazer agua ardente, de la qual vna, a que ellos llaman **Fula**, que quiere dezir flor». — Cristóvão da Costa, *Tractado*, p. 101.

1589. — «Il y a aucuns arbres garnis tout le long de l'an de fleurs qu'ils appellent **fullas**, lesquels les femmes sont soigneuses de mettre parmi le linge et les accoustrements pour leur donner bonne odeur». — Linschoten, *Histoire*, p. 99.

* **FULA CRICA**. Flor de *Clitorea Ternatea*, Linn. «A casca da raiz é diuretica e a semente é purgativa». D. G. Dalgado.

1695. — «... atque hinc Portugallis dicitur **Fula Criqua**». — Rumphius, *Herbarium Amboinense*, VII, cap. 30.

* **FULA TREPADEIRA ; TREPADEIRA DE S. JOÃO**. *Ipomaea quomoclit*, Linn. «Succus ex foliis expressus errhynum est cephalgiam fugans», Rheede.

1695. — «Nomen Americanum dicitur esse *quamoclit*. Portugallice **Fula trapadera**, h. e. saltatorius flos, quum in sepes prosiliat extra limites».— Rumphius, *Herbarium Amboinense*, VIII, cap. 52.

**FUNCE** (s. f.). Pequeno barco de remo no Japão. Do jap. *fune*, «barco», e *se*, «rio, canal».

1545. — «Nós partimos o *Fingeandono*, e eu em hũa embarcação de remo, a que elles chamão **funce**».—Fernão Pinto, *Peregrinação*, cap. 135.

«E mandandome logo esquipar hũa *funce* de remo apercebida de todo o necessario...». — *Id.*, cap. 137.

**FUNÉ** (s. f.). Nome genérico de embarcação no Japão. Do jap. *fune*.

1551. — «Este moço que trouxe esta carta, veyo em hua **funee** de remo do tamanho de hũa boa galeota». — Fernão Pinto, *Peregrinação*, cap. 209.

1565. — «Morrerão os dous capitães dos **funés** grandes de Miáco». — P. Baltasar da Costa, *Cartas de Japão*, I, fl. 203.

1568. — «Logo vierão à nossa nao muitas **Funès**, que são suas embarcações».— P. Alexandre Vallarreggio, *ibid.*, fl. 254.

1585. — «Era gente lustrosa com suas armas, e capacetes dourados, e as **funés** muito embandeiradas». — P. Luís Fróis, *ibid.*, II, fl. 149 *v*.

1586.—«Perto das embarcações em que hiamos, se ajuntarão seis ou sete **funés** pequenàs pera pescar : estas embarcações seruem de casas aos pescadores». — *Id.*, fl. 173.

1701. — «Manda largar o Estandarte Real com o sinal de Santa Cruz na sua **funé** ou sumaca».—P. Francisco de Sousa, *Oriente Conquistado*, II, IV, 1.

1650. — «Apparecendo de madrugada feita uma ponte de barcos, que chamam **funés**»... — P. António F. Cardim, *Batalhas*, p. 53.

1874. — «A agua do rio mal se pode ver, coberta como está, de innumeraveis **funés** (navios japonezes) de varios feitios, onde se navegam muitas mercadorias». —Pedro G. Mesnier, *O Japão*, p. 316.

1610. — «Sabemos tambien y es cosa harto sabida, que los Iapones vsan meterse en **fonés,** que son ciertas embarcaciones...». — Pedro Teixeira, *Relaciones*, p. 6.

1644. — «Arrivó alla costa del Regno di Fiunga, giunto al Regno di Saxoma in vna **funea**, legno proprio Giapponese, corrispondente ad vna nostra feluca grande».— Cardim, *Relatione della Prov. del Giappone*, p. 14.

**FUNG-XU** (chin. *fung-shui*, lit. «vento-água»). Geomância funerária, na China. Qualquer que seja a religião que professem (confusionismo, tauismo ou budismo), todos os chineses ligam grande importância à escolha do lugar apropriado à inumação de cada um dos seus defuntos, a fim de que lhes não faltem aí os devidos cómodos, especialmente bom ar e boa água. É um dever capital da piedade filial e conjugal. Não sendo isso matéria fácil e ao alcance de todos, há homens peritos, que gastam às vezes dias para acertar na selecção, que pode bem ser em um sítio remoto e ocasionar avultadas despesas para a família.

1895. — «Uma das mais arraigadas superstições que existe na China tanto nas classes elevadas como nas mais infimas, é sem duvida a escolha conhecida pelo nome de **Feng-Shin** que traduzida á lettra significa *vento e agua*, e é na escolha das sepulturas que consiste o maior prejuizo d'esta superstição. Existe mesmo uma classe de *mestre-adevinhos* que vivem da bem remunerada industria de escolher sepulturas segundo as leis de bom **Feng-Shin**».—Conde de Arnoso, *Jornadas pelo Mundo*, p. 304.

**FUTAMONO.** Ocorre o termo no seguinte passo da obra do Padre António Francisco Cardim (*Batalhas*, p. 217): «Afóra as espingardas, lanças, **fatamonos,** *laguinotas* (= nanguinatas), catanas, rodelas e outras armas pequenas sem conta». Gonçalves Viana, comenta (*Apostilas*, II, p. 55): «Também não saberei dizer o que fosse o *fatamono*, palavra que tem aspecto muito japonês. A ser assim, ou há êrro de *a* por *u* na primeira sílaba, sendo a palavra *futamono*, que quere dizer «cousa duplicada», podendo ser uma alabarda, ou então a forma é *hatamono*, «haste da bandeira». A primeira parece-me ser mais provável».

Pôsto que Cardim trate das armas de Tonquim, não tenho nenhuma dúvida acêrca da procedência, sendo também dições japonesas *laguinota* e *catana*, nem acêrca da forma *futamono*, visto o *f* japonês ser sempre seguido de *u*. É verdade que *hatamono* podia dar *fatamono* em português, sendo que os nossos escritores transcrevem o *h* inicial japonês por *f*; cf. *fotoque, fotquéixu*. Mas *hatamono* quere dizer própriamente «máquina de tecer»; e embora pudesse significar «haste de bandeira» não teria cabimento entre as armas do texto.

As palavras *futa*, «duplicado», e *mono*, «cousa», não figuram compostas nos dicionários que possuo; unidas, denotariam uma noção muito genérica, a não ser que se considerem como frase elíptica. Não podem designar «alabarda», pois tal é o significado de *nanguinata*. *Futamata* é «lança de duas pontas».

* **FUTVICRÓ** (p. us.). Vendagem a miúdo, em Goa. Do conc. *phūṭ-vikró*.

1822.—«**Futvicró** 110 rupias».—*Apud* Júlio Biker, *Collecção de Tratados*, XII, p. 33.

1824. — «No **Futvicró**».—*Ibid.*, p. 37.

## G

* **GABARA** (sing. *gabaḍa*). Despensa, adega, armazêm, em Ceilão. Vê-se das abonações que os portugueses por *aldeia de gabara* entendiam as «aldeias que forneciam hortaliça e frutas para a despensa duma autoridade».

1687. — «A areca que el Rey tomaua, era somente do *Mototo* de suas aldeas da **gabâra**, grangeadas por seus escrauos». — P. Fernão de Queiroz, *Conquista de Ceylão*, p. 837.

«De continuo trazemos *pingas* ás costas, e nos fazem obedeçer, buscando cocos, pimenta, e mais adubos para as **gabâras**, e despensas dos *Dissauas*». — *Id.*, p. 838.

«Depois que se tirarão aos Geraes aldeas que chamauão da **Gabâra,** querião que esta gente nobre fosse seus *culês*, e fizessem todo o serviço de sua casa». — *Id.*, p. 853.

«Tudo o que era pera suas despenças, ou **gabâras**, se andaua recolhendo e pedindo pelas portas de Chingalaz». — *Id.*, p. 855.

*** GABOEIRA.** Palmeira de Timor, da qual se obtêm *sagu* e se extrai *tuaca*. O Dr. Alberto Osório deriva *gaboeira* de *gabão*, e êste do malaio *gabá*, que não vejo nos dicionários. Mas há *gabar* ou *gĕbar*, que significa «coberta, cobertor», e *gabas*, «grosseiro, toscamente feito». Rienze entende por *gabang* «a palmeira das vassouras ou árvore dos sombreiros», mas não diz a que língua pertence o vocábulo.

1843. — «1.º **gaboeira**; 2.º toaqueira; 3.º palmeira de gamute; 4.º palmeira brava; 5.º finalmente romby». — *Annaes Maritimos*, (parte official), p. 82.

1843.—«Das ditas folhas de **gaboeira** chamadas *gabão* fazem tambem saccos para conducção e effeitos (são estes os que geralmente se usam no paiz) tecidas como as esteiras». — *Ibid.*, p. 131.

1881. — «Alem do coqueiro, abunda na ilha cinco qualidades de palmeiras silvestres, conhecidas com o nome de **Gaboeira**, Toaqueira, Gamuti, Valuiú e Rumbia. Da **Gaboeira** e da Rumbia obtem-se o bom sagu». — José Vaquinhas, *Timor*, in *Bol. S. G. L.*, II, p. 738.

1883. — «Nas povoações do littoral empregam-se muitas mulheres em fazer milhares de sacos de folha: de **gabão** (sagueiro), que os chinas compram». — *Id.*, *ibid.*, IV, p. 308.

1908. — «Quando o palmar de sagoeiros é novo ainda, e basto, chamam-se a estas palmeiras em português de Dílli, **gaboeiras** ou *arvore-gabão*, da palavra *gabão*, que designa qualquer folha de palmeira... A palavra *gabão*... deriva da palavra malaia *gabà*, esteira de palmeira para forrar casas». — Alberto O. de Castro, *Flores de Coral*, p. 186.

1836. — «Le **gabang**, ou palmier à éventail (*corypha umbraculifera*) est une autre palmier; la nervure du milieu de ses feuilles est employée à la confection des cordages». — Rienzi, *Océanie*, I, p. 100.

*** GABUTA.** É uma planta de Timor, provávelmente *Trevesia sondaica*, *kabu* em malaio.

1884.—«Para se purgarem tiram o succo de **gabuta** e misturando tres gotas d'este n'um copo de *tuaca* bebem-n'o; faz esta bebida um effeito laxativo rapido».— José Vaquinhas, *Timor*, in *Bol. S G. L.*, IV, p. 482.

**GADAMO.** Domingos Vieira regista o vocábulo com a seguinte observação: «significação incerta». Deve tê-lo colhido do *Vergel das Plantas* (p. 67), de Fr. Jacinto de Deus (1727), o qual escreve: «Buscou a sombra de hum navio, que á margem do rio se sustentava em **gadamos**». Pôsto que o autor não explique o termo, empregado com referência ao Concão, infere-se que se trata dos suportes da embarcação varada. Parece-me que o seu étimo é o marata *ghoḍā*, «cavalo, cavalete, suporte». É possível que no original estivesse *godamos* O telúgu (língua de Bisnaga) tem *gaḍḍamu*, mas não se acomoda bem ao texto o seu significado, «fôrça, compulsão».

*** GADARA** (s. m.). Músico que acompanha a bailadeira na Índia. Do mar. *gadar*, *gajar*, «sonata de conclusão, aclamação no fim duma canção».

1734. — «Por ser tambem conveniente ao serviço de Deos e ao dito Senhor não virem nem serem conduzidas ás terras do mesmo Estado servideiras dos pagodes e das ditas bailadeiras, nem **gadaras**, que andão com ellas». — *Archivo Port.-Oriental*, Suppl. II, p. 435.

*** GADDI.** Feiteceiro ou adivinho, na Índia. Do conc. *ghāḍī*.

1773. — «N'esse dia o servidor do pagode, denominado **gaddy**, embostará o chão em forma circular debaixo do sino». — *O Oriente Portuguez*, II, p. 272.

1885. — «A nova ampliação do estatuto organico consistiu em dividir as terras da communidade em dois lotes, reservando-se do primeiro, o de melhor qualidade, uma parte para sustentação do culto religioso e dos sacerdotes e servidores d'este (*botos*, *bailadeiras*, gaiteiros, **gaddys**, *bavinas*)». — Teixeira Guimarães, *As Communidades Indianas*, p. 12.

1886. — «Cercada pelos caçadores, fica o *gãocar* junto da cabeça [da caça] e a seu lado direito o **gaddy**, que tirando do *langotim* um punhado de arroz com casca o distribue pelos circunstantes». — Lopes Mendes, *A India Portugueza*, II, p. 51.

*** GADDIPONDO.** Feitiçaria. Do conc. *ghāḍīpaṇ*. V. *ghāḍī*.

1909. — «Mais duas terças partes dos habitantes da colonia se entregam ainda, em ocasiões de epidemia, a praticas supersticiosas, e sempre, ao **Gaddlpond**». — Manuel F. Viegas, in *Bol. S. G. L.*, XXVII, p. 445.

* **GADI** (s. m.). Casa onde se cobravam direitos sôbre o sal; os mesmos direitos. O local era de ordinário uma mercearia ou tenda na passagem do rio. Do marata-conc. *gādī*, «monopólio, tenda».

1904. — «Imposição sobre o côco, copra e areca, e de **Gady** sobre o sal». — Ernesto Fernandes, *Regimen do Sal*, in *Bol. S. G. L.*, XXII, p. 382.
1905. — «**Gaddy** era um estabelecimento em que se arrecadavam direitos sobre o sal que d'uma provincia fôsse exportado para outra. Era situado na passagem dos rios». — Id., *ibid.*, p. 223.
1909. — «Direitos addicionaes denominados **Gaddy**. Dataram do tempo da conquista e se pagavam de todo o sal, que, manufacturado nas aldeias das Ilhas de Goa, provincias de Salcete e Bardez, se exportasse para fóra do estado, na razão de 3½ xerafins por cada *cumbo*». — Amâncio Gracias, *Subsidios*, p. 148.

* **GAFANO**. Consta de Bocage que tal era o nome que os *reinóis* davam, por desprêzo, aos *mestiços* de Goa, derivado de *gafa*.

c. 1788:

«Quer despir a basofia dos Castelhanos
Das penas infernaes fazer a soma
Quem procura a amizade em vis **Gafanos**».
Bocage, *Obras Poeticas*, I, p. 88.

* **GAIATRI** (sânsc. *gāyatrī*). A mais sagrada prece que um hindu ortodoxo recita, desde a investidura religiosa, aos crepúsculos da manhã e da tarde, é uma estância de vinte e quatro sílabas do *Rig-veda* (III, 62, 10), atribuída a Visvamitra. Chama-se *Gaiatri*, do nome do metro, e *Sāvitrī*, por ser dirigida a *Savitar*, «Sol». Crê-se que tem a virtude de perdoar os mais graves pecados. A sua tradução é: «Adoremos esta excelente luz do Sol, para que êle ponha em actividade os nossos pensamentos». V. *La Grande Encyclopédie*.

Parece que não é a *Gaiatri* que S. Francisco Xavier traduz nas seguintes palavras: «Quo die unam hanc precationem identidem suâ linguâ usurpant: *Veneror te Deus, tuamque opem in perpetuum imploro*». — *Epist.*, lib. I, 14 [1].

1687. — «Deste Rey Bramâ, e juntamente Sacerdote Gentilico, e de sua mulher **Gaetri**; proçederão quatro Castas originaes, por uia de quatro filhos». — P. Fernão de Queiroz, *Conquista de Ceylão*, p. 124.
1825. — «Le plus fameux [*mantra*] et le plus efficace pour effacer les péchés, celui dont la vertu s'étend jusqu'à faire trembler tous les dieux, c'est le *mantram* auquel on donne le nom de *gaïtry* ou *gaïatry*». — P. Dubois, *Mœurs*, I, p. 188;
1845. — «Les longues, instructions qui y sont données sur les ablutions, la méditation du **Gayatri**, etc., ne sont pas en contradiction avec la religion des Védas». — Xavier Raymond, *Inde*, p 199.
1916. — «After we had attaind full brahmanhood I became very keen on repeating the **gayatri**. I would meditate on it with great concentration». — *The Modern Review*, de Abril.

**GAIRO** (conc. *garyal*), Mimósea *Entada scandens*, Benth. As vagens tenras são comestíveis.

**GALAGALA**. A palavra provêm do mal. *gala-gala*, que Wilkinson define: «mistura (pez e resina) usada para calafetar embarcações». Conforme Shakespear, *galgal* em hindustani é «mistura de cal e de óleo de linhaça, que forma uma espécie de betume impenetrável à água».

1543. — «Todos [navios] fazião muyta agoa, porque com a tromenta espedirão a **galagala**». — Gaspar Correia, *Lendas*, IV, p. 311.
1546. — «Sómente no mar lhe fazia Martim Afonso algum adubio de **galagala**, com que sostinha no mar». — *Id.*, p. 463.
1298. — «The people live by trade and manufactures, and great store of silk... and of ginger and **galingale**». — Marco Polo, em Yule, II, p. 208.
1621. — «Also the justis, Taccanun Done, sent us word to give over making

---

[1] «S. Francisco escreve (1544): «No dizen otra oraçiõ los domingos sino esta, y muchas vezes: «*onacery naraima noma* [*om çrī nārāyanāya namah*], que quiere dezir, adoro te Dios con tu graçia y ayuda para siempre». — Câmara Manuel, *Missão dos Jesuitas*, p. 19.

**gallegalle** in our howse we hired of China Capt., because the white lime did trouble the player or singing man, next neighbour». — Cocks, in *Glossary*.

**GALANA.** Contenda, briga, desordem. O autor da obra abaixo citada emprega o termo com relação a Pegu, mas creio que é de origem malaia, *galeng*, como tantos outros que figuram com referência à Indo-China.

1477. — «He a Nação Portuguesa nesta terra muy desacreditada, porque todas as brigas que nella fazem, ou qualquer outra contenda que tenhão, a que os naturaes chamão **galána**, ou seja falsa, ou verdadeira hão de remir com dinheiro... E outros prenderão em Martavão, porto do mesmo Pegú por solturas e **galanas** que fazião». — *Primor e Honra*, fl. 96 *v*.

**GALANGA.** «G. d'Orta foi o primeiro europeu que distinguiu a *galanga menor* ou da China da *galanga maior* ou da Java. Aquella é a rhizoma da *Alpinia officinarum*, Hance, Scitaminea vivaz, indigena da China; e esta a do *A. galanga*, Sev., indigena do Konkão e d'outras partes da India». D. G. Dalgado, *Classificação Botanica*. As galangas tinham antigamente grande uso nas farmácias, e ainda hoje apparece nos mercados orientais conserva chinesa de galanga maior. V. Garcia da Orta, Col. XXIV.

O malaio tem *gĕlanga*, que talvez não seja o étimo. Cândido de Figueiredo aponta o malaiala *kelengu* ou o ár. *chalan*, Dozy e Devic, o ár. *khalanjān*, adoptado em concani.

1516. — «**Galanga** sam raizes da feyção de gengivre: nacem em Chaull e Mangalor no reyno d'Indo». — Tomé Pires, *Carta a elrei*, *apud* Saraiva, VI, p. 421.

1298. — «Noci moschati, spico, **galangà**, cubebe, garofali». — Marco Polo, *apud* Ramúsio, II, fl. 51.

1510. — «Turbitti, **galanga**, spico nardo, assa fetida, e lacca». — Barthema, *ibid.*, I, fl. 157.

1578. — «De esta **Galanga** (medicina muy necessaria, y vsual, digna de se tener en todas las boticas) se hallan dos especies: vna pequeña, y muy olorosa... Otra ay mayor que esta, en hojas y raizes». — Cristóvão da Costa, *Tractado*, p. 59.

1586. — «Viene di là allume di rocca senza fine, **galanga**, cinabro, canfora». — F. Sassetti, *apud* Gubernatis, *Storia*, p. 203.

1596. — «Aromata autem haec fere sunt... Rhabarba, **Galanga**». — *India Orientalis*, III, p. 99.

**GALÃO.** É vocábulo inglês, *gallon*, que entrou na Índia Portuguesa em consequência do tratado luso-britânico; designa uma medida para líquidos, correspondente a duas canadas ou a 4,6 litros.

1883. — «... cujos reservatorios estão em construcção para se elevar o consumo diario de 5 a 25 **gallões** por habitante». — Adolfo Loureiro, *No Oriente*, I, p. 288.

1886. — «São necessarias 9 garrafas de sura para produzir 6 garrafas ou 1 **gallão** imperial de vinagre». — Lopes Mendes, *A India Portugueza*, I, p. 188.

1887. — «O tratado de 1878 com a Inglaterra obrigou a adoptar as medidas inglezas, especialmente o **gallão**, que elles dizem *imperial* por ser da India, e que equivale a 4,543 litros, ou 6 garrafas; a *jarda*, etc.». — A. F. Nogueira, *A India Portugueza*, p. 77.

1892. — «Foi este anno ordenada, à requisição ingleza, uma nova imposição sobre a distillação dos espiritos de qualquer procedencia, na razão de 400 réis por cada **galão** imperial de 25° abaixo da prova de Londres». — Cristóvão Pinto, *Estudos*, p. 42.

1893. — «Por esta conta o custo do espirito será, termo médio, 14 tangas por **gallão** de 6 garrafas». — José Maria de Sá, *Productos do Coqueiro*, p. 12.

1905. — «Foi tributada... a 10 annás por **gallão**». — Ernesto Fernandes, *Regimen do Sal*, in *Bol. S. G. L.*, XXIII, p. 220.

«Medidas de capacidade para liquidos [em Damão]: um **gallão**, meio **gallão**, um quarto de **gallão**». — Francisco Coutinho, *Compendio de Ensino Primario*.

1906. — «D'aqui resultou que em 1882 o imposto recahido em um **gallão** de 14 ½ gráus de espirito de caju, foi de 22 reis da nossa actual moeda. — Amâncio Gracias, *Subsidios*, p. 223.

1915. — «O direito de distillação... será por **galão** imperial». — *O Ultramar*, de 21 de Outubro.

1854. — «A la fin, une *jongue* ou barque de cérémonie portant un présent de fruits et quelques centaines de **gallons** d'eau, fut em vue». — Jancigny, *Indo-Chine*, p. 430.

**GALÊM.** Pêso das ilhas Maldivas, equivalente a 4 onças. Do tam. *kalam.*

1554. — «Certificarão ter o baar 20 faraçolas, e cada faraçola 100 **galões**; e que

4 **galês** pesavam hum arratel». — António Nunes, *Lyvro dos Pesos*, p. 35.

* **GAMAÇÃO, gamatão** (sing. *gam-vasam*). Aldeia, povoado, logarejo, em Ceilão.

1687. — «Consta a V. A. das *Corlas*, aldeas, e **gamatõys** despouoados com o rigor da tiranica arrecadação dos nossos costumes, que não devemos». — P. Fernão de Queiroz, *Conquista de Ceylão*, p. 635.

«Por estas causas se despouoão as terras e as **gamações**, por uerem, que se não acode âs forças que nos fazem». —*Id.*, p. 838.

* **GAMBEIRO** (javanês-mal. *gambir*). Árvore da Ásia Insular—*Uncaria gambir*. O seu extracto é semelhante ao cato, que substitui no uso de bétele naquelas regiões. Os malaios chamam-lhe *gatah-gambir*, «goma de gambeiro» ; mas os europeus designam-no simplesmente por «gambir». Cf. *guta-percha*. V. *cato*.

1642. — «Estanho, pimenta, chá, café, marfim, **gambeiro** [isto é, *gambir*], assucar, cêra» (em Malaca). — *Annaes Marítimos*, p. 231.

1695. — «In Celebes ora orientali vocatur **Gambir**». — Rumphius, *Herbarium Amboinense*, VII, cap. 10.

1836. — «**Gambir**... C'est une substance fort astringente qu'on extrait des feuilles du *nauclea gambir*, grande plante sarmenteuse. Le **gambir** ou kino remplace avantageusement le *cachou*. Il contient beaucoup d'acide gallique et de tannin, aussi l'emploie-t-on en Chine et à Batavia pour tanner les cuirs». — Rienzi, *Océanie*, I, p. 17.

1854. — «... et en préparation de la *terra japonica*, *catechu*, qu'on obtient pas ici de *mimosa catechu*, mais de l'arbuste de **gambir**... C'est une plante grimpante, qui a trois à quatre pieds de hauteur et vient dans le plus mauvais sol».— Jancigny, *Indo-Chine*, p. 523.

1908. — «About the same time **Gambier** also found its way to Europe, and was designated *Terra Japonica* indiscriminately with *catechu*». — Watt, *The Commercial Products*, p. 10.

* **GAMELÃO.** É um instrumento músico de Java, semelhante às marimbas de África, o qual acompanha as suas bailadeiras. Em javanês, *gamĕlan* quere dizer «orquestra».

1862. — «Aqui [em Java] as bailadeiras, vestidas ricamente, requebram-se, estorcem-se lascivamente ao som de **gamelam** (instrumento similhante ás marimbas) e cantam as proesas dos antigos guerreiros de Java: em Timor, em vez de requebros, passinhos miudos e apressados, em vez de **gamelam** harmonioso, o *buba* que ensurdece». — Afonso de Castro, *As Possessões Portuguezas da Oceania*, p. 324.

**GAMUTE** (mal. *gomūti*). É o mesmo que *sagueiro* (q. v.) ou *Borassus gomutus*, Loureiro; crina ou piassaba da referida árvore, da qual se fazem amarras.

1616. — «Mas ha *Ioangas* que tem de comprimento dezoito braças sem algũa pregadura, se não de pao por dentro, donde os costados são cosidos, e apertados em liame com hum fio preto, que se chama **Guamute**, que nasce na terra em certas aruores, e são as junturas tão primas na costura, que sem serem breadas, nem calefatadas, são estanques de todo». — António Pinto Pereira, *Hist. da India*, I, p. 115.

1769. — Produz [Timor] tambem hum genero chamado **gamute**, mais fino que o de Maranhão, em tanta abundancia que delle fazem massames, em a India, aonde tem o mayor consumo, porque assentão os naturaes ser melhor que o linho para amarras». — *Ta-ssi-yang-kuó*, II, III, 1.

1840. — «Tambem produz o Tabaco... e o **gamutte** (que é uma especie de piassá fino) de que fazem amarras as mais elasticas e fortes, que se conhecem». — *Annaes Marítimos*, p. 40.

1881. — «Abunda aqui o **gamute**, donde se tira a peassaba, com que se fazem bons cabos na ilha de Macassar». — José Vaquinhas, *Timor*, in *Bol. S. G. L.*, II, p. 738.

1908. — «Alem dos *sagoeiros* ou *gaboeiras* encontro na ribeira de Labane ou na planura de Dilli... a *Arenga saccharifera*, ou *Borassus gomutus*, de Loureiro, ou *Caryota onusta*, de Blanco, chamada em portugnês de Timor *gamuteira* ou *tuaqueira*, pelos indigenas *gamúti*, *nactáis*, ou *tuaná*, que se lavra á sura, segundo a expressão goesa, ou para extracção de vinho de palma; de que se tira o **gamute**, ou crina vegetal, com que se fabricam cordas». — Alberto O. de Castro, *Flores de Coral*, p. 136.

1690. — «Latinis *Palma Vinaria secunda*, *Saguerus* sive *Gomutus*, Malaicensibus **Gomuti** et **Gamuto**... Hisce in regionibus vulgo communi Portugallico nomine dicitur *Sagueiro* et Sagueers-arbor». — G. Rumphius, *Herbarium Amboinense*, I, cap. 12.

«Ex nigris pilis **Gomuto** dictis omnis parvorum funium species nectuntur, qui apti sunt pro sepibus atque aedificiorum areis colligandis, ut et pro mayoribus navium velis, ac crassioribus anchorarum funibus». — *Id.*, cap. 13.

1836. — «Le **gomuti** ou *sagouier*... donne une liqueur saccharine qui est d'un grand usage. Cet arbre, d'un aspect sauvage, est le plus gros de tous les palmiers, mais il est moins haut que le cocotier... Les Malais en préparent un liquide dont ils se servent à la guerre, Les Hollandais l'ont appelé *hel water* (eau d'enfer). Les Chinois en fabriquent le *toddi* [sura]... Le **gomouti** fournit aussi, comme le sagou, une farine médulaire, mais d'une qualité inférieure». — Rienzi, *Océanie*, I, p. 103.

1875. — «The tree here intended, and which gives the chief supply of toddy and sugar in the Malay Islands, is the *Areng Saccharifera* (from the Javanese name), called by the Malays **Gomuti**, and by the Portuguese Saguer». — Yule, *Marco Polo*, II, p. 279.

1908. — «At the base of the pitiole is found a beautiful black horsehair-like fibre known as the *Eju* or **Gomutu** fibre. Within the sheaths is a layer of reticulated fibres said to be in great demand in China for caulking boats». — Watt, *The Commercial Products*, p. 91.

* **GANARA**. Funcionário principal duma aldeia em Ceilão, superior em dignidade ao *vidana* (q. v.). Do sing. *gam-baraya*.

1635. — «Depois que dom Hieronymo veio por viso-rei serviu o dito Nicapety de **ganara** e vidana, que é quasi como veador, a um capitão chamado Simão de Lemos». — António Bocarro, Déc. p. 497.

1914. — «**Ganare** is *gam-baraya*, a word still in use in the Matara District». — P. E. Pieris, *Ceylon*, II, p. 467.

* **GANÇA**. Metal de Pegu, metal de sino. Do mal. *gansa* < sânsc. *kaṁsa*.

1554.—«São de huum metal como frosyleyra, quebradas, que se chama **gança**, e por peso se compra em todas as fazendas e cousas por tantas *biças* ou *ticaes* de **gamça**, — António Nunes, *Lyvro dos Pesos*, p. 38.

1582. — «Ve nè un altra [estátua] ancora di **ganza**, laquale è una materia fatta di rame, e di stagno, laquale ridotta in moneta, è assai corrente, e con essa si compra l'oro, & le gioie».— G. Balbi, *Viaggio*, fl. 110 *v*.

**GANCAR**, **gãocar**. Membro da associação agrícola aldeana, ou da *gancaria* (q. v.) em Goa. Do conc. *gāṁvkār*, de *gāṁv* < sânsc. *grāma*, «aldeia», e *kār*, «senhor». *Gancar mor*, gancar principal ou do primeiro voto. Os portugueses, não encontrando na língua própria termo correspondente, adoptaram, desde a conquista, o vernáculo.

1511. — «Vos mando que dees a estes sete **gancares** sete cotonias de que em nome de sua alteza lhes faço merce». — Afonso de Albuquerque, *Cartas*, v, p. 17.

1519 — «Primeiramente sabereis loguo quantos **gaumcares** na dita Ilha morã, e os que viuem em cada aldeia». — *Archivo Port.-Oriental*, v, p. 35.

1526.—«O dito nome de **Gancar** quer dizer Gouernador e Ministrador e Bemfeitor». — *Foral* de D. João III, *ibid.*, p. 118.

1552. — «Animou os **Gancares** que não ouuessem medo dos mouros, porque bem vião camanho ho elles auião das armas dos Portugueses».— Castanheda, *Historia*, VIII, cap. 104.

1553. — «Affonso d'albuquerque por estes **Gancares** serem cabeceiras, que (como dissemos) fazem o lançamento do tributo que pagão, os agasalhou bem». — João de Barros, Déc. II, v, 3.

1553. — «Os **Gancares mores**, e moradores dela se ajuntarão todos por mandado do dito *Tanadar moor*».—In *Archivo*, v, p. 251.

1554. — «E os **gancares** de Bardês tem de tença cad'ano 1675 tanguas brancas. — Simão Botelho, *Tombo*, p. 56.

1563. — «Os tanadares e os **gancares** são como almoxarifes que arrecadão as rendas». — Gaspar Correia, *Lendas*, II, p. 75.

1567. — «Os **Gancares** gentios não mandem serviço algum aos Christãos, por não ficarem com dominio sobre elles». — Primeiro Concilio de Goa, in *Archivo*, IV, p. 17.

1615. — «Os **Gancares-móres** da *camara geral*, de Bardês me enviaram dizer que ha mais de setenta annos que aquellas terras são minhas». — *Carta Régia*, in *Doc. da India*, II, p. 323.

1651. — «A saber a Cidade, e o Povo, e assi os Bramanes moradores, **gameares** (*sic*), e ouriues». — Jacinto F. de Andrada, *Vida*, p. 313.

1687. «Quem atentar ao gouerno de hũa aldea, pelos **Gancares** de Salcete, e Bardez, achará que na especulação se não podia inuentar mais sutil, e proporcionado gouerno, para o bem dos particulares, e aproueytamento das terras; mas quem sabe o que se pratica, uerá claro, que tudo peruerte a malicia». — P. Fernão de Queiroz, *Conquista de Ceylão*, p. 503.

1697. — «**Gaumcaru** he nome derivado de *Gaum*, que significa Aldea, e val o mesmo que aldeão, ou natural da Aldea... porèm este nome não se accommoda senão aos descendentes dos primeyros povoadores das Aldeas, que as governão e administrão». — P. Francisco de Sousa, *Oriente Conquistado*, I, I, 2 (p. 160).

«Nas terras dos infieis visinhas às nossas não ha estas *tangas de cunto*, nem as *gancarias* possuem bens alguns de raiz, e os **Gancares** não são mais que huns meros conductores, aos quaes os ministros do Rey arrendão todos os annos as varzeas de arroz». — *Id.*, p. 172.

1699. — «A communidade se compõe de certo numero de naturaes, a que chamam **gancares** que valle o mesmo que administradores; e este direito de ser **gancar** se não adquire por eleição, nem por contrato de compra, mas só parentesco por direito de sangue, que se deduz de pais a filhos, trazendo origem d'aquelles primeiros **gancares** que houve nestas terras, quando ellas se começaram a povoar e cultivar». — *Informação* do vice-rei, *apud* E. Balsemão, *Os Portuguezes no Oriente*, II, p. 101.

1713. — «Nós os **Gancares-móres** da Camara Geral da Ilha de Goa, fazemos presente a V. Magestade». — *Apud* F. N. Xavier, *O Gabinete Litterario*, V, parte II, p. 34.

1782. — «Mandei publicar alguns editaes em *gentilico* segurando a todos os *Dessays*... aos **Gancares**, que são os principaes das Aldeias e mais povos da provincia». — *Apud* Júlio Biker, *Collecção de Tratados*, III, p. 174.

1842. — «As terras de cada uma aldêa são administradas por uns poucos de individuos denominados **gauncares**, ou senhores da aldêa, que formam um conselho ou *gancaria* em que, por unanimidade de votos, se acorda sobre os negocios da administração». — *Annaes Maritimos*, p. 303.

1874. — «A vetusta federação agricola do Concão ainda hoje existe. O titulo mais antigo da nobreza é o de **gancar** — senhor da terra». — Tomás Ribeiro, *Jornadas*, II, p. 17.

1885. — «... formando uma sociedade cantonal sob a regencia dos chefes de familia (chefe de *vangor*) que, na linguagem do paiz, foram chamados **gãocares**, isto é: senhores da aldeia, titulo este que a gratidão e a dependencia fizeram equivaler a bemfeitor e protector». — Teixeira Guimarães, *As Communidades Indianas*, p. 9.

1674. — «When the **Goncar** or Bayliff of the Town takes a falched Knife for Sacrifice in one Hand and a Dunghill Cock in the other». — Fryer, *East India*, II, p. 78.

1906. — «Quelques communités agricoles se composent seulement de **gancares** (membres, associés ou *actionnaires* de la compagnie)». — Cristóvão Pinto, *Les Indigènes de l'Inde Portugaise*, p. 14.

**GANCARIA.** Associação ou sessão dos *gancares* duma aldeia; casa de sessão; direito ou regalia de gancar. A associação chama-se comummente em português *comunidade de aldeia* (q. v.), denominação que os ingleses adoptaram, *village community*. Do conc. *gā̃mvkārī* < sânsc. *grāmakārya*, «gerência da aldeia».

1526. — «Os *Gancares* da Aldêa perdida não perdem por o que he dito sua **Gancaria**, e a todo o tempo que elles pedirem a Aldêa, pagando o foro, e renda por inteiro, lhe entregarão». — *Foral* de D. João III, in *Archivo*, V, p. 121.

«Os outros *Gancares* da tal Aldêa se ajuntarão, e farão **Gancaria**, ou Camara sobre este caso... requererão aos herdeiros do dito *Gancar* fugido que tomem a herança e **Gancaria**, com obrigação de pagar o nosso foro». — *Ibid.*, p. 134.

1549. — «O qual se apregoará em todas as **Gancarias** segundo costume pera que a todos seja notorio, e hos escrivães das ditas **gancarias** passarão diso certidão». *Ibid.*, p. 219.

1563. — «Em cada terra, que he huma **gancaria**, como huma aldêa, fez hum tanadar arrecadador». — Gaspar Correia, *Lendas*, II, p. 75.

1565. — «Não podem perder as suas **gancarias**, antes ficão sempre a seus filhos e herdeiros». — In *Archivo*, V, p. 976.

1604. — «Venderam os *gancares* naturaes de cada aldea suas **gancarias** e *jonos*, onras e preminencias». — *Ibid.*, p. 1370.

1687. — «E hum Arcebispo de boas letras, posto que mal informado, queria apoyar o seu direyto, com tirar a ElRey o dominio direyto destas terras, e o dar ás **gancarias** que fundarão as Igrejas». — P. Fernão de Queiroz, *Conquista de Ceilão*, p. 561.

1697. — «Convocarão hum dia a sua **Gancaria**, isto he, Senado, ou Camara da Aldea, e por seo *nemo*, isto he, acordo, e determinação, desterrárão da sua Ilha dous amancebados». — «**Gancaria** he o ajuntamento de todos os *Gancares* de huma Aldea, ou ao menos de huma pessoa de cada *vangor*». — P. Francisco de Sousa, *Oriente Conquistado*, I, I, 2 (pp. 151 e 170).

1707. — «E cada huma [aldeia] tem sua Camara que a governa, a que chamão **gancaria**». — *Carta* do vice-rei, in *Archivo*, Suppl. II, p. 234.

1712. — «Hei por bem e mando que os tres confiscados que são *Gancares* e *Culacharins* não gozem mais de honras, e preheminencias que tinhão de *Gancar* nem serão admittidos na **Gancaria**». — *Apud* F. N. Xavier, *O Gabinete Litterario*, V, parte II, p. 32.

1718. — «Mandou a S. Mag. varios Regimentos para boa administração da Fazenda Real em Goa... para o Governo das **Gancarias**, ou Communidades das Aldeas». — D. João Barbosa, *Epitome da Vida*, p. 48.

1852. — «Tem voto deliberativo na **Gan**-

**caria**, direito activo e passivo a certos cargos». — F. N. Xavier, *Bosquejo Historico*, IV, p. 9.

1862. — «Chamam-se *gancares* os descendentes dos chefes de familia, e **gancaria** a reunião de todos os *gancares* de uma aldeia, ou ao menos de una pessoa de cada *vangor*».—Francisco M. Bordalo, *Ensaios sobre a Estatistica*, V, p. 44.

1880. — «... formando pequenas sociedades chamadas **gauncarias** ou **gancarias** (*gam*, aldeia, e *caria*, arranjo), e os individuos que os compunham conhecidos por *gancares*, ou senhores da aldeia». — Teixeira de Aragão, *Descripção das Moedas*, III, p. 16.

1885. — «E assim, a meu ver, tiveram principio as communidades das aldeias (**gãocarias**) que com mais propriedade mereceriam o nome de communas cantonaes». — Teixeira Guimarães, *As Communidades Indianas*, p. 10.

1886. — «As **gãocarias**, ou communidades das aldeias, dividiram-se em *vaddós* ou bairros». — Lopes Mendes, *A India Portugueza*, I, p. 142.

1904. — «Em virtude de um *nemo* (deliberação) dos *gancares* da aldeia Margão, a arrecadação do imposto aduaneiro se faz nas casas da **gancaria** da mesma aldeia». — Ernesto Fernandes, *Regimen do Sal*, in *Bol. S. G. L.*, XXII, p. 320.

1915. — «Durante o mês de Agosto festeja-se em todas as aldêas das Ilhas, Salcete e Bardez, a expensas das **gancarias** ou comunidades, a novidade, ou seja o córte, benzimento e distribuição da espiga de arroz novo». — Ismael Gracias, *A India*, p. 168.

1916. — «Perde-se na noite dos tempos... a origem das **gancarias**, associações decalcadas sobre o modelo das patriarcais e que são o maior monumento social da civilisação indiana». — *Heraldo*, de 4 de Abril.

**GANCARIAL** (adj.). O que diz respeito à gancaria; o que pertence aos gancares.

1881. — «Com o decorrer dos tempos entraram na partilha das rendas os chamados *jonoeiros* e *interessados*, sem, todavia, gosarem das regalias e preeminencias **gancariaes**». — Eduardo Balsemão, *Os Portuguezes no Oriente*, II, p. 181.

1886. — «O supplicante a [acção] não tem para demandar a sua communidade, o que emquanto aos *gancares* só pode ter lugar nas hypotheses, em que se ventilarem direitos e interesses **gancariaes** que não sejam puramente administrativos».—F. N. Xavier (filho), *Collecção de Leis*, p. 70.

1885.—«Affirmando-se terminantemente a existencia do patriciado **gãocarial**, estabeleceu-se que a qualidade de **gãocar** se não podia perder, e que a gerencia dos negocios da communidade só caberia aos que tinham aquelle titulo». — Teixeira Guimarães, *As Communidades Indianas*, p. 12.

1915.— «Faz rasgados elogios ao sr. governador, por a questão **gãocarial** dessa communidade ter sido decidida a favor dos componentes *sudras*». — *O Ultramar*, de 25 de Março.

1915. — «Está ligado ao seu direito **gãocarial** como fundadores do tempo respectivo».—*Heraldo*, de 13 de Novembro.

1918. — «Tais serviços se não teriam instituído se dêles não carecesse quem era senhor da terra, a communidade **gauncarial**». — *Heraldo*, de 7 de Fevereiro.

***GANCARISMO.** Condição, sentimento ou prepotência de *gancar*; sistema ou procedimento de *gancarias*.

1916. — «Não sendo possivel restabelecer o *battcarismo* nem o **gauncarismo**, que fazia a distribuição equitativa das várzeas da aldeia pelos respectivos colonos, cumpre atender a outra maneira». — *Heraldo*.

«Existe na consciência publica, claro e indelevel, o *espirito de aldeia*, a que podemos chamar, sem corar de vergonha, o **gãocarismo**, na pureza da sua acepção». — *Ibid.*, de 11 de Abril.

1916. — «Claro é que o velho **gauncarismo** não pode resurgir do estrato em que se fossilou. — *O Ultramar*, de 31 de Junho.

**GANDA** (ant.). Rinoceronte. Os nossos escritores antigos servem-se do vocábulo para designar o paquiderme de procedência indiana, empregando em outros casos a palavra *bada* ou *abada* (q. v.), de origem malaia. O sânsc. *gaṇḍa* ou *gaṇḍaka* passou às línguas modernas da Índia sob diversas formas: beng. *gaṇḍa* (que deve ser o étimo) ou *gaṇḍaka*, hindust. e mar. *geṇḍa*, guz. e sind. *geṇḍō*, oriá *gaṇḍā*, *gaṇḍāra*, panj. *gaiṇḍi*, assamês *gaṇḍa*, conc. *gaṇḍ*, *gaṇḍ-merūm* (lit. «veado rinoceronte»). V. *Contribuições*.

1513. — «Leuassem huma **ganda** que lhe lá [em Surrate] daria, que El Rey mandaua ao Gouernador, porque nunqua outra vira... Esta **ganda**, e o *catele* mandou o Gouernador a ElRey. E porque assy era espantosa a vista de **ganda**, ElRey a mandou ao Papa; que era alimaria mansa, baixa de corpo, hum pouqo comprido, os coiros, pés e mãos d'alifante, a cabeça como de porquo comprida, e os olhos junto do focinho, e sobre as ventas tinha hum corno, grosso e curto, e delgado da ponta; comia herva, palha, arroz cozido». — Gaspar Correia, *Lendas*, I, p. 373.

1516. — «Ele mandou hua **ganda** ha elRey noso Sõr, porque lhe diseraom que folgaria com ela». — Duarte Barbosa, *Livro* (2.ª ed.), p. 281.

1552. — «Chegou a **ganda** que era hũa alimaria quasi da grossura de hũa pipa e curta dos braços e das pernas, e toda coberta de conchas, salvo a barriga e a cabeça como de porco, e no meyo da testa hum corno agudo de comprimento de hum palmo ou mais». — Castanheda, *Historia*, III, cap. 134.

1553. — «E em retorno de muitas peças ricas, que elle Diogo Fernandez leuou a elRey, alem de outras que mandou a Afonso d'Alboquerque, foi hũa alimaria, a maior que a natureza criou depois do elefante, grande sua imiga, e fereo cõ hum corno, que tem direito sobre o nariz de comprimento de dous palmos, grosso na raiz, e agudo na ponta; á qual os naturaes da terra de Cambaya, donde aquella veyo, chamão **Ganda**: e os Gregos e Latinos Rhinoceros». — João de Barros, Déc. II, III, 1.

1557.— «Deo-lhe dous Alifantes, e huma alimaria que se chama **Ganda**, e outras muitas peças».— *Commentarios*, IV, cap. 18.

1563. — «Estes renoçerontes ha em Cambaya, onde parte com Bengala, e no Patane e chamalhes **ganda**». — Garcia da Orta, Col. XXI.

1566. — «A outra alimaria que natureza deu por imiga ao Elephante é o Rhinoceronte, ou **Ganda**, como lhe chamam os Indios». — Damião de Góis, *Chronica de D. Manuel*, IV, cap. 18.

1515. — «Uno animale chiamato da greci Rhynoceros et dalli Indi **Ganda**». — *Apud* Gubernatis (*Storia*, p. 389), o qual identifica *ganda* com o sânsc. *garuḍa*, que é ave.

c. 70. — «Iisdem ludis et rhinoceros, unius in nare cornus, qualis saepe visus. Alter hic genitus hostis elephanto: cornu ad saxa limato praeparat se pugnae, in demicatione alvum maxime petens, quam scit esse molliorem. Longitudo ei par, crura multo breviora, color buxeus». — Plinius, *Naturalis Historia*, VIII, 29.

**GANDAR** (**cundar, goldar**[1]). Pano grosseiro de algodão, branco ou azul, na Índia. Exportava-se antigamente em grandes quantidades para a Africa. Os dicionaristas registam *gandares*, que é evidentemente o plural do vocábulo. Não encontrei a palavra em nenhum dicionário das línguas vernáculas; parece que provêm do nome duma terra, *Gundalor*, da costa de Choramândel. *Gudeloor dimities* figura numa antiga lista dos tecidos exportados de Madrasta para Inglaterra.

1615. — «... bames, espicés, chaudés de Verdorá, **gandares**». — *Documentos da India*, III, p. 355.

1617.—«... chaudés de Verdorà, **gundazes**, mantazes pequenos, poucos d'esta sorte». — *Carta Régia, ibid.*, IV, p. 11.

1727. — «**Gandares**. Panos da India, brancos, e azues, grosseiros; servem para os negros». — Bluteau, *Supplemento*.

[1] *Goldares* ocorre numa antiga lista de panos despachados na alfândega de Goa em 1630 para Portugal.

* **GANDI** (ant.). Droguista, na Índia árica. Do marata-guz. *gāndhī*, de *gandh*, «droga».

1563. — «E asi o ha em Cambaia, e os buticarios (a que chamam **gandis**) que vendem mézinhas, como lhe perguntardes per *tamala*, logo vos entenderam». — Garcia da Orta, Col. XXIII.

XVII. — «E **Gandavadis**, que são os que levão de casa sandalo moido, azeite cheiroso, e alguns pós de cheiro, e dando-os gratis, alcanção alguma data dos homens ricos». — *Collecção de Noticias Ultramarinas*, I, p. 34.

1912. — «Sob o nome de **gandh** (perfume) é largamente usada a sua [de sândalo] roçadura no ceremonial religioso indu». — Caetano Gracias, *Flora Sagrada*, p. 123.

1578. «Quanto a ser blanco y negro, es costumbre de los boticarios della India llamados **Gandis**, secar el Turbit al Sol, y a la sombra».—Cristóvão da Costa, *Tractado*, p. 304.

**GANEIRO**. Diz-nos o Sr. Cândido de Figueiredo que é «aquele que, na marinha asiática, tem a seu cargo os petrechos de guerra, massame, poleame, etc. «Marinha asiática» é expressão demais vaga; pois o termo sómente é, ou era, usado nos mares da China pelos portugueses de Macau. Uma cantiga, publicada em *Ta-ssi-yang-kuó* (I, p. 57) tem a seguinte quadra:

> Nhum Vicente ben de esperto,
> trabalhador, viagero,
> Nhonha ólá: este anno mesmo
> elle logo ficá **ganêro**.

O director da revista nota: «**Ganêro**. — Informam-me que era logar abaixo de despenseiro nos barcos da praça de Macau».

«Despenseiro ou subdespenseiro», o étimo da palavra é o chinês *kwan* [*sz' ti*] = *gān* (cf. *guazil*, do ár. *wazīr*, *guerra* do ant. alto al. *werra*), com o sufixo port. *-eiro*.

* **GANÊS** (sânsc. *gaṇeça*), *Ganapati* (sânsc. *gaṇapati*). É uma das mais populares divindades do panteão hindu. Reputa-se dador da sabedoria e removedor dos obstáculos, sendo por isso invocado no princípio dos livros e antes de se começar algum empreendimento importante. O seu nome quere dizer «senhor dos exércitos» de divindades inferiores, que formam o cortejo de Xiva.

1525. — «Neste templo Darcha estaa hũu ydolo de fegura de hũu homem quanto ao corpo, e o rosto tem d alifante com sua tromba e dentes, e com tres braços de cada banda, e seis mãos».—*Chronica de Bisnaga*, p. 84.

1613. — «Cahio a festa do seu pagode chamada Tromba do Elephante, e assim o pintam com a tromba por nariz e grande barriga». — P. Manuel Barradas, *Hist. Tragico-maritima*, II, p. 109.

1614. — «Nesta venerão a memoria de hum Elefante, a que os gentios chamão o **Gaves** (*sic*), de quem contão muitas fabulas».—Diogo do Couto, Déc. VII, III, 11.

1618. — «A **Guanapati** se lhe quebrou um dente, pelejando com seu irmão Superbania, e do mar de assucar em que móra». — Barradas, ms., in *O Oriente Portuguez*, II, p. 229.

XVII. — «**Ganessa** tem a cabeça de Elefante, e o corpo de homem por razão de successo milagroso... E porque este monstro foi em sua vida preceptor de outros Deozes, o adorão os Gentios por Deos da Prudencia, e para o significar fazem a effigie delle com a barriga grande, e a cabeça de Elefante com tromba».—*Collecção de Noticias*, I, p. 9.

1873. — «O *Tolossi* é uma especie de Deus lar, como o é tambem o **Ganez**, figura de homem com tromba d'elephante. O **Ganez** tem oito dias de festa e d'illuminação em cada casa de gentio; finda a festa é levado em procissão entre luzes e cantares até ao caes mais proximo, e d'ahi em *tona* engrinaldada e embandeirada pelo mar dentro, até que o lançam ás ondas». —Tomás Ribeiro, *A Indiana*, p. 77.

1886. — «Não precisamos de sair de Pangim para presenciarmos tambem uma grande festividade gentilica, a de **Ganês**, denominada *Ganêsa chovote* ou *porobe*... O **Ganês** é um dos deuses mais adorados no mundo hindú». — Lopes Mendes, *A India Portugueza*, I, p. 55.

1906. — «... dedicado ao phantastico **Ganés**, o deus da sabedoria, que tem corpo de homem e cabeça de elephante». —Hipácio de Brion, *Duas mil leguas*, p. 108.

1912. — «Este fructo é usado para decoração do pallio ou docel de **Ganesha** ou **Ganpati**, cuja festa domestica fazem os indios uma vez ao anno para alcançarem todas as prosperidades». — Caetano Gracias, *Flora Sagrada*, p. 67.

1915. — «Ainda hoje se festeja na India Portugueza, o **Ganez**. Vemol-o sobre o seu altar, coberto de flores e profusamente illuminado: corpo do homem e cabeça de elephante». — *O Ultramar*, de 20 de Maio.

1917. — «Eis a origem do poema em que Bocage illustrou a história dêsse «novo **Ganês**» — comparação feliz porque a conhecida divindade indú se representa com um ventre enorme e quatro braços». — Ismael Gracias, *Bocage na India*, p. 60.

1786. — «Nell' appartamento di mezzo vi è un idolo visibile di sasso, che d'ordinario è il dio **Gannesha** o il Giano de' Romani, ma differentemente rappresentato». — Fra Paolino, *Viaggio*. p. 44.

1825. — «Cette divinité porte encore les noms de **Ganésa**, *Poulléyar*, *Inahika*, etc., c'est un des plus vénérés par les Indiens de toutes les sectes, et son culte est universellement répandu. On rencontre cette idole partout: dans les temples, dans les écoles, dans les *chauderies*, dans les places publiques, dans les forts, sur les grands routes, auprès des puits, des fontaines, des étangs; en un mot, dans tous les lieux fréquentés».— P. Dubois, *Mœurs*, p. 421.

1885. — «The shrine door is elaborately carved with two rows of figures on the frieze, **Ganapati** on the lintel, and the jambs richly ornamented». — Hunter, *The Imperial Gazetter*, VIII, p. 302.

1900. — «... une tombe de saint *fakir*, enguirlandée de fleurs fraîches, une statue de **Ganesa**, le Dieu à tête d'éléphant, qu'une main pieuse a ornée d'un collier d'œillets d'Inde enfilés avec des roses». — Pierre Loti, *L'Inde*, p. 52.

* **GANEZ**. Figura amiúde o termo, assim escrito, na obra do Padre Fernão de Queiroz, no sentido de «religioso budista ceilonense, de inferior categoria», cujo ofício é ler os sagrados livros em ocasiões solenes, oficiar ao altar e cuidar na limpeza do templo. A palavra é abreviação do sing. *ganinse* (= *ganin-unnānsē*, «senhor mestre»), páli *ganī*, «aquele que tem discípulos, preceptor».

1687. — «Durou [o pagode] athe os tempos do Geral D. Jeronimo de Azeuedo, que o destruio, prendeo, e matou os **Ganezes**, pessoas dedicadas a seu serviço». — P. Fernão de Queiroz, *Conquista de Ceylão*, p. 50.

«E fazem cortezia aos seus mestres espirituaes, e aos seus *saniazes*, que neste Industân, são Religiosos; em Ceylão os **Ganezes**». — *Id.*, p. 62.

«*Changatares* ou **Ganêzes** são os Religiosos desta Seyta» (de Buda). — *Id.*, p. 89.

**GANGA.** «Tecido de algodão mui conhecido, que vem da Asia e de lá trouxe o seu nome». Cardeal Saraiva. Na Índia, porêm, se entende actualmente por *ganga* «tecido de algodão, grosso, amarelado ou azulado, de proveniência chinesa. Os antigos missionários do Japão ortografam *canga* [1], De *yang*, no dialecto da côrte, provincialmente talvez *káng*. O chinês não tem palavras com *g* inicial. Littré regista no suplemento o vocábulo francês *canque* com o significado de «toile de coton de la Chine», que vem a ser a nossa *ganga*.

1577.—«Tambem para o de riba algũas **cangas** da China brancas, e pretas». — P. Luís Fróis, *Cartas de Japão*, I, fl. 397 *v*.

1582. — «Como moscas importunas nos visitauão para ver se podião leuar as **cangas** que o mar deitaua na praya».—P. Pero Gomes, *ibid.*, II, fl. 88.

1588. — «Dandolhe eu hũa **canga** de esmola por sua grande pobreza nunca a quis em nenhũa maneira receber». — P. Gaspar Coelho, *ibid.*, fl. 252.

1638. — «Alem do tributo ordinario, que os lavradores pagauão cada anno de arroz, trigo e ceuada, os obrigauão a pagar mais duas pessas, hua de *Nono* (?), e outra de **Canga**». — Duarte Correia, *Relação do alevantamento de Ximbára*.

1779. — «... **cangas** assucaradas e azuis, *tutanaga*, seda crúa de Nanchim e de Cantão». — D. Francisco de Sousa Coutinho, *Breve e util idea*, no *Panorama*, X, p. 39.

1843. — «E quanto á porção que deve ser transportada, como está estabelecido que as sedas e outras fazendas finas não póde exceder de 30 *picos*; chá, **gangas**, de 70 picos...». — In *Bol. S. G. L.*, XI, p. 756.

«Outros ha que vestem camisa, calção sem fivela, e huma vestia de chita, ou de **ganga**». — *Ibid.*, p. 432.

1858. — «O rude officio que exercem as *tancareiras* [remeiras de *tancar*, na China], desde crianças lhes desenvolveu completamente os musculos, e das suas largas calças de **ganga** azul saem ás vezes bellas pernas nuas, que o proprio pincel de Rubens não esboçaria melhor».—*Archivo Pittoresco*, I, p. 296.

1880. — «As paredes eram apenas um gradeado de bambú fino forrado de seda côr de **ganga**».—Eça de Queiroz, *O Mandarim*, p. 118.

1895. — «Enormes pancards [*pancás*] côr de **ganga**, franjados de vermelho, descem de toda a altura do tecto, agitando-se cadenciada e vagarosamente». — Conde de Arnose, *Jornadas pelo Mundo*, p. 65.

1902. — «Usam [chins ricos] cabaia de seda de côr ou preta; calção tambem de seda ou de **ganga**, sapatos de seda de côr, tendo estes um assento largo e formando um bico na frente». — *Ta-ssi-yang-kuó*, II, III, 1.

1585. — «Ay tambien mucho lino, algodon, y otras telas, todo vale tan poco, que... auía uisto vender vna **Canga** (que son quinze braças) en cuatro reales». — Fr. Joan G. de Mendoça, *Hist. de la China*, p. 342.

* **GANGA.** Rio grande; rio Ganges. Do sânscrito-prácr. *gangā*. O rio Ganges é divinizado pela mitologia post-védica, que reputa a sua água santificante e depuratória de todos os pecados. É tido por especialmente sagrado em Benares, lugar de constantes peregrinações, aonde muitos hindus vão morrer, esperando que as suas cinzas sejam lançadas no rio.

1333. — «Muitos dos quaes se submergem a si mesmos no rio **Alconco**, ao qual rio vão fazer a peregrinação, que he o em que lanção as cinzas antes queimados». — Ben-Batuta, *Viagens*, II, p. 31.

1516. — «Tem hum rio que chamaom *Ganges*, e eles lhe chamaom **Guorigua** (*sic*, por *Guangua*)... ha este rio Ganges vem todos Gentios em romaria, e lavam-se nele, dizendo que niso se saluam por ele sair da fonte do Paraiso terrestre». — Duarte Barbosa, *Livro*, p. 361.

1552. — «Como a Gange elles chamão **Ganga**, e tem que as suas agoas são sanctas... assi a estoutro de que fallamos chamão **Ganga**, e dizem ter a mesma sanctidade». — João de Barros, Déc. I, IX, 1.

1563. — «... e em algumas partes de Bengala, perto do rio Ganges (a que os Indios chamam **Guanga**): he rio muyto

[1] Domingos Vieira diz que *canga* é alteração popular de *ganga*, por influência de *canga*.

fermoso, e avido por sancto». — Garcia da Orta, Col. L.

1600. — «E mais lhe daria 200 [rupias] pera se yr lauar à **Gãga** (he a **Gãga** o rio Ganges) e cudão estes gẽtios que todo o que nele se laua fica limpo, e absolto de culpa, e pena». — P. Fernão Guerreiro, *Relaçam Annual*, p. 31.

1608. — «**Gangas** chamão os rios de que toda Bengala está cuberta, nestes os que se lauam ficam limpos de toda a macula de pecado». — *Id.*, fl. 95 *v.*

1616. — «Pareceo-nos bem por recreação dos curiosos dar relação destas **Gangas** de Bengala (que na nossa linguagem são rios), porque são muitas e mui diversas». — Diogo do Couto, Déc. XII, I, 5.

1624. — «... correndolhe lá no fundo como em hum abismo o Rio **Ganga**, que por ser mui caudaloso, e se despenhar com notavel estrondo por grande penedia entre serras infinitas acrescenta com o seu echo o pavor». — P. António de Andrade, *Novo Descobrimento do Gram Cathayo*, fl. 2 *v.*

1635. — «Pelo rio acima d'esta ilha de Goa e cidade d'ella, junto de **Ganga** se ia fazendo e fortificando pelos mouros vassallos de Idalcão um pagode à maneira de fortaleza». — António Bocarro, Déc. XIII, p. 81.

1684. — «Advirta V. M. que tanto que chegar à **Ganga** de Ugulim, se vá pera terra na primeira embarcação que chegar ao pataxo». — P. Fernão de Queiroz, *Hist. de Pedro de Basto*, p. 184.

1687. — «Esta palaura **Ganga** em toda esta India he generica, e significa rio de agoa doçe, porque he tão celebre o rio Ganges, que parece, que tomarão daqui ocasião para aplicarem a todos os outros seu nome, posto que tenhão outros particulares». — Id., *Conquista de Ceylão*, p. 31.

XVIII. — «Na expectativa de serem as agoas deste rio sacras, ou bentas como que descem dos Céos, e se correspondem para os rios doces chamados **Gangás**, se sogeitão a lavar nelles». — *Noticias do Gentilismo*, I, p. 164.

1884. — «Estavamos, emfim, em frente de uma das bôcas do grande rio Ganges, ou **Ganga**, rio sagrado por excellencia». — Adolfo Loureiro, *No Oriente*, II, p. 240.

1658. — «All' istesso effetto seruono ancora li fiumi, mà più il **Gange**, ed alcuni chiamati da loro *Trite*, tenuti quasi in quel conto, che frà noi il Battesimo». — Fr. Vincenzo Maria, *Viaggio*, p. 336.

1824. — «These people dont apply the name of **Gunga** at all to this stream, but call it Pudda... They know no **Gunga** but the Hooghly» — Heber, *Narrative*, I, p. 164.

1860. — «Les pélerins accourent pour se plonger dans l'eau sainte, en priant la déesse **Ganga**, patronne du fleuve, de leur accorder le don de prophétie». — Enault, *L'Inde Pittoresque*, p. 310.

1885. — «An ancient legend relates how **Gangá**, the fair daughter of King Himalaya (Himávat) and of his queen the air-nymph Menaka, was persuaded, after long supplication, to shed her purifying influence upon the sinful earth. The icicle-studded cavern from which she issues is the tangled hair of the god Siva». — Hunter, *The Imperial Gazetteer*, VI, p. 18.

* **GANIM** (guz. *ghānī*). Moinho de azeite em Damão.

1871. — «Os ganchins que tem **ganim** ou moinho de azeite pagam de pensão por cada **ganim** uma rupia por anno».—*Apud* António F. Moniz, *Hist. de Damão.*

«**GANJA**, f. Resina de uma espécie de cânhamo (*canabis indica*)». C. de Figueiredo. O hindust. *ganjhā* é quási sinónimo de *bangue*, muito conhecido dos nossos escritores. Em sentido restrito e específico, vem a ser «rebentos floridos ou frutescentes da planta fêmea do cânhamo índico, usados como intoxicantes». (Yule). O vocábulo deve ortografar-se *ganjá* e considerar-se do género masculino.

1889. — «As principaes drogas embriagantes são o *bang*, que outra cousa não é senão *folhas seccas* da planta *canabis sativa* de Linneu, e a **ganja** ou *ganjah*, que é o nome pelo qual são conhecidas as *flores seccas* da referida planta». — *Relatorio do Imposto do Abkari*, p. 6.

1891. — «O nome de que [Orta] usa, «bangue» — isto é *bháng* — dá-se propriamente ás folhas seccas, de *Cannabis*, tambem chamadas *siddhi* e *sabzi;* dando-se o de **ganjá** aos rebentos floridos, e o de *charás* á resina da mesma planta, a qual se colhe principalmente nas terras de Yarkand e outras regiões elevadas, e vem d'ahi para a India». — Conde de **Ficalho**, *in* Col. VIII.

1912. — «Ha 3 formas principaes pelas quaes a *Cannabis sativa* é usada na India: 1.° **Ganjá** ou *Gunjah*, que são as sumidades ou botões floraes resinosos não fecundados da planta femea, muito cultivada em Bengala, Provincias centraes e Bombaim».— Caetano Gracias, *Flora Sagrada*, p. 109.

«O *Charas* ou resina de cannabis exsuda naturalmente nas folhas, hastes e fructos, porém sómente nas plantas crescendo nos tractos montanhosos em altitude de 6,000 a 8,000 pés. É poderosamente narcotivo, e que os indigenas fumam com o tabaco». — *Ibid.*

1786. — «Quasi simile effetto [do ópio] cagiona el **Canglava;** o le foglie di Bangue, che è una pianta alta 5 ou 6 piedi». — Fra Paolino, *Viaggio*, p. 352.

1885. — «Both Muhammadans and Hindus are addicted to **gánja**, an intoxicating preparation of hamp». — Hunter, *The Imperial Gazetteer*, v, p. 278.

**GANTA.** Medida de capacidade variável, na Malásia, mas em geral equivalente a uma canada. Garcia da Orta menciona *ganta* como pêso de 24 onças. Do mal. *gántang*.

1514. — «Tem cada *para* dez **gantas** de malaca». — In *Cartas* de A. de Albuquerque, vi, p. 105.

1515. — «Tinha comprado oytenta ou cem mill **gantas** darroz alujadas em seus *gudões*». — Pedro de Faria, *ibid.*, iii, p. 122.

1545. — «. . . e hũa **ganta** de rubis, que he hũa medida como canada, para hũa joya de sua molher». — Fernão Pinto, *Peregrinação*, cap. 157.

1552. — «E por esta causa não hia nenhuma vela a Malaca, pelo que estaua em grande aperto de fome, e valia hũa **ganta** darroz (que he hũa medida de peso que leuaua hũa canada) hum cruzado». — Castanheda, *Historia*, v, cap. 10.

1554.—«A medida por onde se usa nesta fortaleza se chama **ganta,** que tem 5 cortilhos». — António Nunes, *Lyvro dos Pesos*, p. 39.

1554. — «E oyto **gantas** d'azeite de coquo cada mês pera as alampadas».—Simão Botelho, *Tombo da India*, p. 111.

1563. — «Valia huma **ganta** d'arroz, que he medida como huma canada...». — Gaspar Correia, *Lendas*, ii, p. 276.

1563. — «E era tanta a necessidade delles, que valia em Maluco hua **ganta** de arroz dez cruzados». — João de Barros, Déc. III, x, 3.

1563. — «Asi que vindo as náos de Malaqua, valeo algum pouquo desta raiz, que nellas veo, a dez cruzados a **ganta** (que he peso de vinte e quatro onças)». — Garcia da Orta, Col. xlvii.

1566. — «A medida d'arroz a que chamam **ganta,** que poderá levar uma canada...».—Damião de Góis, *Chronica de D. Manuel*, iv, cap. 52.

1613. — «Foi em tempo que nella [Malaca] valia hũa **ganta** darroz (que he hũa medida de pao que leuaua hũa canada) hum cruzado». — Francisco de Andrada, *Chronica de D. João III*, fl. 58.

1616. — «Todauia se ganharam nelle quinze mil **gantas** de arroz, que sam perto de quarenta e tres moyos, porque **ganta** he hũa medida quasi como as canadas da Africa, da qual trezentas, e cincoenta, fazem hum moyo».—António Pinto Pereira, *Historia da India*, i, p. 144.

1635. — «Valendo d'antes ordinariamente dez **gantas** de arroz um cruzado chegaram então a dar sessenta». — António Bocarro, Déc. xiii, p. 95.

1635. — «Tres cruzados e quinze **gantas** de arroz por mez, alem do mantimento». — *Regimento* do vice-rei, in *Archivo*, v, p. 1346.

1882. — «Para seccos a **ganta,** que varia conforme a localidade, em 20, 25 a 40 *cates*». — José Vaquinhas, *Timor*, in *Bol. S. G. L.*, iii, p. 749.

1903. — «Mas em Macau os chins medem os sêccos por **gantas** (do malaio *gantang*) ou 10 *chupas*, que equivalem a pouco mais de 4 ½ kilogrammas». — *Ta-ssi-yang-kuó*, II, iv, 5.

1582. — Legno di China si pesa à **ganta**, ch'è cantaro mezo, rotoli uno, e mezo, lire 2, & un quarto». — G. Balbi, *Viaggio*, fl. 54 *v*.

1596. — «Ad fori itaque aditum, vbi Mesquita vallo cincta adstat, foeminae considunt cum saccis, et mensura ipsis **Ganta** dicta, tres circiter libras Hollandicas piperis continente». — *India Orientalis*, iii, p. 18.

1620. — «La mesure de marchands est le Nali, lequel contient 16 **gantas**; chaque **gante** 4 chuppas». — Général Beaulieu, *Mémoires*, p. 81.

* **GANTTÓ** (pl. *ganttés*). Espécie de pulseira indiana. Do conc. *gāṇṭhó* (pl. *gāṇṭhés*).

1874. — «. . . e nos pulsos uma arcaria enfeitada de **ganttés,** *cancanás*, e pulseiras de coral com rosas de ouro». — Tomás Ribeiro, *Jornadas*, ii, p. 104.

1898. — «. . . e, nos torneados pulsos, vistosas arcarias de *cancanás* e **gantés?**». — Oliveira Mascarenhas, *Atravez dos Mares*, p. 203.

* **GÃO.** Aldeia, na Índia. Do conc. *gāṁv* < sânsc. *grāma*. Do *gão* derivam *gancar* e *gancaria* (q. v.).

1519. — «Em cada huma das ditas Aldeas, que se chamão **guãoos,** sabereis as terras que estão daneficadas... Tereis tal maneira e diligencia que as terras de cada hum **guãoo** andem sobre si».—*Archivo Port.-Oriental*, v, p. 35.

1886. — «Depois dividiram o territorio em *mâlos* ou provincias, **gãos** ou aldeias; e em certo numero de *vangôres* formaram uma *gaumpona* ou communidade».—Lopes Mendes, *A India Portugueza*, i, p. 142.

1887. — «Foram estes povos os instituidores do regimen a que me acabo de referir, e que consistiu, primitivamente, na simples partilha da terra por cada aldeia, ou grupo de familias, **gaun,** de que o *gaun-car* era chefe, e no trabalho em commum». — A. F. Nogueira, *A India Portugueza*, p. 18.

1890. — «Supponho que a palavra (*van-*

*gôr*, q. v.) deriva de **gão,** aldeia, e *gôr*, casa». — António de Almeida Azevedo, *As Communidades de Goa*, p. 89.

* **GARÁ** (s. m.), **garaz**. Casa; casebre, em Goa. Do concani-mar. *ghar[a]* < sânsc. *gṛha*, «casa». *Garaz* é plural de *gará*, empregado como singular. Cf. *boiá, boiás, boiazes*.

1849. — «Vivendo o povo em barracas de barro cobertas de *ólas* (folha de coqueiro), ou mesmo todas deste material, a que chamam **garazes**, apresentando uma certa apparencia do aceio pelo artificio com que lhe encobrem a fragilidade». — Joaquim C. Soares, *Bosquejo das Possessões Portuguezas*, p. 16.

1865. — «O pagode, e os **garás** ou casas, em que moram os pobres Ambechagorcares, não passam de mesquinhas choupanas». — *Relatorio da Provincia de Satary*, I, p. 20.

1874. — «Muitas vezes trabalha de dia, como o mais inoffensivo dos cultivadores, finge dormir no **gorath**». — Tomás Ribeiro, *Jornadas*, II, p. 19.

1886. — «Finda a cerimonia de saudação, sáem todos do *ossoró* [do concani = «sala»] para a ramada construida á porta do **gará** ou casa, e ali começa a dansa do *mandó*». — Lopes Mendes, *A India Portugueza*, p. 42.

«Os habitantes apenas cultivam de hortejo pequenos tractos de terrenos junto dos seus **garás**». — *Id.*, II, p. 214.

1898. — «Uns **garás** gentilicos a requererem petroleo e fogo por bem da salubridade local». — Oliveira Mascarenhas, *Atraves dos Mares*, p. 39.

**GARAJAU, garjau.** «Ave palmípede aquática (*sterna fluvialis*)». Cândido de Figueiredo. Não se sabe a sua etimologia; os nossos indianistas mencionam-no com *alcatrazes*, sem mais explicação.

1538. — «Este dia polla menhãa vimos alcatrazes e **garjaos**, que he o sinal maes aprouado pera sermos perto da terra». — D. João de Castro, *Roteiro de Lisboa a Goa*, p. 227.

1561. — «Muitos rabos de juncos, muitos rabisforcados, e alguns **grajáos**, e infinitos alcatrazes». — *Hist. Tragico-maritima*, III, p. 54.

1585. — «Tres dias antes da perdição se viram muitas aves, guaraginhas, alcatrazes, **garajáos**». — *Ibid.*, IV, p. 24.

* **GARAVETO.** Tranqueira ou estacada no passo ou desfiladeiro, em Ceilão, para impedir o trânsito ao inimigo. Do sing. *garadiveṭa*.

1687. — «Tribule depois de bem fortificado, com as costumadas tranqueiras, e **garavetos** de Ceilão; sabindo de Pelanda com copioso exercito, marchou pelas fraldas maritimas». — P. Fernão de Queiroz, *Conquista de Ceylão*, p. 252.

«Forão os Portuguezes passando o rio, e algũs **garavetos** em passos estreytos». — *Id.*, p. 413.

«Tendo já os inimigos na deçida da serra, entre o mato, serrado o caminho com 17 **garavetos**; que pera se romperem dauão grande trabalho, e tempo aos Inimigos pera milhor ofenderem». — *Id.*, p. 441.

1707. — «Sahindo fora era difficil tornar a entrar pelos grandes vigias, que tinhão posto em todos os passos e **garavetos**». — P. Manuel de Miranda, in *O Chronista de Tissuary*, III, p. 165.

* **GARCILHA.** Tiliácea *Grewia orientalis*, Linn. A sua casca contêm filaça. É termo da Índia Portuguesa.

* **GARGÓ.** Pequena bilha de barro, que serve de medida para líquidos em algumas partes da Índia meridional. Do conc. *gāḍgó*, mar. *gāḍgā*.

1782. — «Cobrir o olho cortado com um **gargó** ou panellinha para não cahir alguma agua ou sujo no olho até crescer-lhe novas ollas». — Fr. Clemente da Ressurreição, *Tratado*, II, p. 290.

1900. — «Para haver em sura a preço de 18 reis (um *dabu*) por um **gargó**, medida de mais de 7½ seiras». — António F. Moniz, *Hist. de Damão*, I, p. 161.

«Por **gargó** igual a cinco ceiras de sura». — *Id.*, p. 173.

* **GAROPO** (indo-ingl. *grub*). Uma espécie de embarcação da Malásia. Do mal. *gorap* < ár. *ghurāb*. V. *gurabo*.

1552. — «E foy de vinte e quatro *lancharas*. E seys delas eram muyto grandes a que na sua lingoa chamão **garopos**». — Castanheda, *Historia*, III, cap. 151.

1718. — «Expedio o terceiro irmão com huma Armada de sessenta Galés, entrando tres **Gorabus**, que são embarcaçoens Reaes, em que hião tres Cabos, todos parentes muy chegados do Rey». — João Tavares Guerreiro, *Jornada*, p. 253.

«Erão duas horas da noite quando o Capitão Tavares chega ao **Gorabo** do Rey, que estava dormindo, e os guardas o despertarão». — *Id.*, p. 314.

1689. — «An old English Master of a **Grab**, or small Vessel, George Toach, has frequently repeated this Story to me». — Ovington, *A Voyage to Suratt*, p. 265.

* **GARPOTI** (conc. e mar. *ghar-*

*paṭṭī*). Contribuição a casa, no Concão.

1781. — Aliviar todo trabalho chamado **Garpati**, que o honrado *Sar-Dessai* costumava impor a cada cinco, ou dez annos, cobrados com força». — *Collecção de Bandos*, I, p. 28.

1788. — «Prohibir... a pensão chamada **Garpoti**, quer dizer numeramento das casas». — *Apud* Júlio Biker, *Collecção de Tratados*, VIII, p. 324.

* **GARRO** (mal. *gāru* ou *gahāru*). Assim chamam os malaios à águila (q. v.) ordinária. O significado, porém, que dá Couto deve ter por étimo outro vocábulo análogo, talvez *gāru* ou *gāruq*, «voz estridente», como a que se emite quando se sai da emboscada.

1563. — «Chama-se *agalugem* e *haud* em arabio... os Malaios **garro** e estes chamam ao muyto fino *calambac*». — Garcia da Orta, Col. XXX.

1596.—Aromata autem haec fere sunt... Calambar, **Garro**, *Santalum*». — *India Orientalis*, III, p. 99.

1614. — «Os naturaes tinhão ordenado tres emboscadas, a que elles chamão **garros** [em Amboino]... Começarão a cometer com seus **garros**, ou ciladas, em que são tão destros, que he espanto». — Diogo do Couto, Déc. VIII, I, 25.

* **GAROPEIRO**. Encantador e exibidor de cobras na India; pelotiqueiro. O termo é corrente em Goa. Do conc. *gāroḍī* < sansc. *gāraḍika*. Os garopeiros que veem freqüentemente do Balagate para Goa são uma espécie de ciganos, oriundos uns e outros da tríbu nómada dos *venezeras* (q. v.). Rienzi coloca a sede primitiva dos ciganos europeus, que são conhecidos por diversos nomes, no país dos maratas.

1791. — «Aqui não ha hum grão de arroz, e justamente se desculpa o Tenente coronel José Felix com a invasão de **Garouperos**, chamados Marathas, que surprehenderam todos os mantimentos que puderam». — *Apud* Júlio Biker, *Collecção de Tratados*, IX, p. 161.

1864. — «Estes **garupeiros**... quando são chamados a qualquer caza para agarrar alguma cobra venenosa que n'ellas se introduzisse, prestam-se sem a mais pequena repugnancia, e sendo mordidos, servem-se dos seus contravenenos; não recorrem á cicatrisação, nem á ammonia, nitrato de prata, etc.». — *Archivo de Pharmacia*, I, p. 119.

1874. — «Começo a crer que a India só tem tigres empalhados e serpentes *ad usum* **garupeirorum**, civilisadas e expertas». — Tomás Ribeiro, *Jornadas*, II, p. 45.

1886. — «Os hindús chamados **garupeiros** agarram as cobras, e depois de lhe arrancarem os dentes injectores do veneno, andam com elles em exposição pelos povoados... auferindo d'esta industria os meios de sua subsistencia». — Lopes Mendes, *A India Portugueza*, I, p. 119.

1916. — «Tem ares de um **garopeiro** que vive de explorar a algibeira do público incauto». — *O Futuro*, de 16 de Outubro.

1917. — «Não sabemos como podem entrar em Goa os chamados **garopeiros** e outros maltrapilhos, que se entregam á gatunagem e outras artes magicas». — *A Terra* (periódico), de 10 de Fevereiro.

* **GARUDA** (s. m.). Ave fabulosa, que serve de montada ao deus Vixnu; águia, pelicano. Do sânsc. *garuḍa*, corrente nas línguas modernas.

1614. — «Foi dando [o rei de Bisnaga] nos inimigos, apellidando por vezes **Gorida, Gorida**, que he o seu Idolo das batalhas, como nós o fazemos ao Apostolo Sam Tiago».—Diogo do Couto, Déc. VIII, I, 5.

XVII. — «Huma ave de rapina chamada **Goroddá** trouxe hum peixe baléa nas unhas, e vêo pousar-se na mesma arvore; e com o pezo de ambos se quebrou um tronco da arvore». — *Collecção de Noticias Ultramarinas*, I, p. 18.

1846. — «Assim mais o passaro **Gurudo** ou *Gorou-poquió* (Caláo) em qualidade de cavalgadura do mesmo Deos [Vixnu] que nelle montou e monta, como seu carro volante». — F. N. Xavier, *O Gabinete Litterario*, I, p. 40.

1880. — «A sua copa emergia das aguas, e ahi pousavam ou faziam ninho os **gerudas**, aves que nas garras arrebatavam elephantes, rhinocerontes e outros animaes de egual jaez». — Conde de Ficalho, *Flora dos Lusiadas*, p. 87.

1886. — «Neste momento **Gurudda** com uma grande baleia no bico, pousou sobre um ramo d'esta arvore». — Lopes Mendes, *A India Portugueza*, II, p. 90.

1916. — «**Garouda** [à franceza]. A aguia de plumas [à franceza] de ouro cavalgada por Vichnou [à franceza]». — *O Instituto*, LXIV, p. 320.

1658. «Esce cavalcando vn vccello detto **Garurà**, che frà tutti li volatili tiene il Principato». — Fr. Vincenzo Maria, *Viaggio*, p. 308.

1695. — «Arbor ipsa iis dicitur *Pausengi*, quae fronde supra aquam eminet, in cujus ramis habitat **Geruda avis**, quae

Gryps erit, quaeque per noctem in hisce volitat regionibus, arripiens rostro et unguibus Elephantem, Tigridem, et Rhinocerontem, vel aliam ingentem bestiam, quam in nidum aufert hujus arboris». — Rumphius, *Herbarium Amboinense*, XII, cap. 8.

1782. — «Le soir elle [o ídolo] est portée sur **Guéroudin,** qui est aussi la monture de Vichnou». — Sonnerat, *Voyages*, I, p. 326.

1786. — «Lo sparviere Parande in lingua Malabar, **Garhuda** in Samscrit, è il *Vahana*, o cavalcatura del dio Vishnu».— Fra Paolino, *Viaggio*, p. 138.

1825. — «Il [Vixnu] a pour monture l'oiseau de proie **garoudah**». — P. Dubois, *Mœurs*, I, p. 353.

1825. — «Le **garouda** est grandement révéré, surtout par les sectateurs de Vichnou». — *Id.*, II, p. 433.

1875. — «The fable of the *Rukh* was old and widely spread... The **Garuda** of the Hindus, the *Simurgh* of the old Persians, the *'Angka* of the Arabs, the *Bar Yachre* of the Babylonical legends, the *Gryps* of the Greeks were probably all versions of the same original fable». — Yule, *Marco Polo*, p. 408.

* **GATE.** Cordilheira em geral, e, em particular, a que atravessa a península índica de norte a sul. Do neo-árico *ghatt* < sânsc. *ghaṭṭa* [1]. Modernamente diz-se e escreve-se *Gattes*, no plural, como em inglês (*ghauts*), e com dois *tt*, para representarem o *ṭ* cacuminal da origem.

Houve quem escrevesse que «ha duas serras com este nome, uma do lado da costa do Malabar, outra do lado da costa de Coromandel». Não é isso bem verdade: a serra ou cordilheira é uma só; a sua parte oriental chama-se *Gates orientais* e a ocidental, *Gates ocidentais*.

1552. — «E a mais natural divisão, que a natureza poz nesta terra, he huma corda de montes, a que os naturaes per nome commum, por o não terem próprio, chamão **Gate**, que quer dizer serra; as quaes vem correndo contra o Sul». — João de Barros, Déc. I, IV, 7.

1555. — «... ouvesse por bem mandalo pôr em Pondá, que he uma das fortalezas do dito estado, que estão a quem do **Gate**». — *Apud* Lopes Mendes, *A India Portugueza*, II, p. 147.

1563. — «Estes dous somente tiveram parte no Cuncam, que he a fralda do mar até huma alta serra que chamão **Guate,** que toma grande quantidade da terra». — Garcia da Orta, Col. X.

1572:

> «Aqui se enxerga lá do mar undoso
> 'Hum monte alto que corre longamente,
> Servindo ao Malabar de forte muro,
> Com que do Canará vive seguro.
>
> Da terra os naturaes lhe chamam **Gate**»
>
> Camões, *Lusiadas*, VII, 21 e 22.

1634:

> «Do' **Gate** vendo a altura descomposta,
> Com quem amigo o Ceo tanto reparte.
> Nella a abundancia reina no alto posta,
> Que ao cultôr trabalho escusa, e arte,
> Por ser erario rico dos haveres
> Da formosa Pomôna, e flava Ceres».
>
> F. Meneses, *Malaca Conquistada*, I, 89.

1663. — «... e muitas outras pelo Malavar dentro nas serras a que chamam **Gate**». — P. Manuel Godinho, *Relação*, p. 25.

1695. — «**Gate** (em todas as linguas Orientaes, que todas nisto concordão) quer dizer subida: e na verdade he tão eminente, que ha paragens que se gastão dez horas em descer delle à planicie». — Cosme da Guarda, *Vida de Sevagy*, p. 7.

1697. — «No esteyro, que emboca pela parte do Norte, vay engrossando com os rios, que descem dos **Gates,** ou montes da terra firme». — P. Francisco de Sousa, *Oriente Conquistado*, I, I, 1.

1718. — «São os **Gates** huma cordilheira de montes, que no principio do Reyno do Mogor corre da parte do Norte para o Sul, e vay acabar ao Cabo de Comorim, e divide huma e outra costa do mar». — João Tavares Guerreiro, *Jornada*, p. 65.

1750. — «Nas invasões do Marata, os **Gates** [desfiladeiros] por onde costumam passar, estão no seu dominio, e nós os vamos occupar com os seus, e nossos Sipaes». — Marquês de Alorna, *Instrução*, p. 19.

1865. — «... dos dominios britanicos, denominados **gattes,** que em phrase concani significa grande altura». — *Relatorio da Provincia de Satary*, I, p. 4.

1886.—«Desde Mormugão até ao **gatte** ou montanha de Tinem...».—Lopes Mendes, *A India Portugueza*, I, p. 26.

1901.—«Dos **Gattes,** com seus contrafortes, partem para a costa numerosas montanhas ou pequenas cordilheiras de contornos ondulantes, entre as quaes tem origem a maior parte dos rios que banham o nosso territorio». — José Pinheiro, *Bol. S. G. L.*, XX, p. 42.

1623. — «Cominciamo poi à salire il monte, che i paesani chiamano **Gat,** & atrauersa per mezzo tutta la lunghezza di quella parte dell' India, che se stende in mare, bagnata all' Oriente dal golfo di Bengala, & all' Occidente dall'Oceano, ò mar

---

[1] A palavra sânscrita, quere dizer «caminho de descida entre os montes ou de descida para o rio».—Algumas das línguas modernas empregam-na neste sentido.

di Goa». — Pietro della Valle, *Viaggi*, III, p. 160.

1666. — «La más notabile division que se vè en este gran terreno es un processo, ó curso de elevados montes, a que los naturales llaman **Gate,** que vale Sierra. Corren ellos por espacio de 200 leguas saliendo del Norte, y caminando al Sur». — Faria e Sousa, *Asia Portuguesa*, I, p. 34.

**Gau.** V. *gos*.

* **GAUDDÓ** (conc. *gāvḍó*). Indivíduo duma das castas de Goa, comummente conhecido por *saleiro* (q. v.). **GAUDDINA,** a mulher da dita casta.

1915. — «... *brâmanes* (chamando-se a mulher, em português, *brâmina*), *chardós* (*chardina*, a mulher), **gauddós (Gauddina)**. — *Heraldo*, de 14 de Novembro.

1917. — Tivemos prelados **gaudés** e vigários capitulares *sudras*». — *Heraldo*, de 2 de Agosto.

1904. — «The language of the Goans has borrowed largely from the Portuguese, especially religious and social terms, and exhibits varieties according to the districts into which Goa is divided... as well as according to the castes into which society is divided, viz.: *Bahmons, Chardos, Sudros,* **Gaudos,** etc.». — J. A. Saldanha, *The Indian Caste*, p. 19.

* **GAUGAU** (ant.). Tabulagem em Chaul. Provávelmente do mar. *gavgav*, «vociferação, balbúrdia».

1554. — «E tinha mais sua Alteza na dita cidade a renda de **guaoguao,** a qual hera hũa casa em que todos os negros hião juguar». — Simão Botelho, *Tombo*, p. 124.

«E o Ramo de **guaoguao**. Esta renda tirou Martim Affonso de Sousa, sendo gouernador, por ser de joguo».—*Id.*, p. 140.

* **GAUCHI.** Diz-nos Fr. António de Gouveia que é um produto híbrido de touro e burra e que o nome quere dizer «mula-vaca». De facto, *gāu* é em persa «vaca ou boi», mas *chi* não é «mula», que se designa por *qātir*, *astar*, *baghal*; é sufixo deminutivo e depreciativo, derivado de *chīzī*, «alguma cousa, um tanto». *Gauchi* significaria, portanto, «boizinho» ou «animal que tem um tanto de bovino».

1608. — «Costumão os Mouros dessa comarca ajuntar os Touros com as burras, de cujo ajuntamento nascem pequenas mullas, com o focinho de boi, a que elles chamão **Gauchi,** que quere dizer mulla vacca». —*Relaçam da Persia*, fl. 123.

* **GAURO** (hindust. *gaur*). É o mesmo que *bisão* da Índia — *Gavaeus-gaurus*, Jerdon.

1806. — «There is an account of a similar kind called **Gore;** one distinction between it and the buffalo is the length of the hoof». — In *Glossary*.

* **GÁURIO**, **gauriano** (adj.) O professor Hoernle adoptou êste termo, como mais simples, para denotar os idiomas neo-áricos da Índia, e alguns indianistas o empregam neste sentido. Mas não se vê bem a sua conveniência. É verdade que os filólogos indígenas dividem as línguas principais da Índia em dois grupos, constantes de cinco elementos cada um: *pañcha-gauḍa* e *pañcha-drāviḍa*. No grupo dravídico, porêm, incluem o marata e o guzarate, por estarem situados na Índia meridional. *Gauḍa* é o nome antigo de Bengala setentrional.

1906. — «Na qual influíu portanto a língua guzarate, que é a **gáuria** vernácula naquela região».—Gonçalves Viana, *Apostilas*, II, p. 161.

1886. — «**Gaurian,** adj. This is a convenient term which has been adapted of late years as a generic name for the existing Âryan languages of India, i. e., those which are radically sprung from, or cognate to Sanskrit». — *Glossary*.

**GAVIAL.** É uma espécie dos crocodilos do Ganges. Eis o que Yule diz a êste respeito: «Êste é o nome adoptado pelos zoólogos para um dos crocodilos do Ganges e dos outros rios indianos, *Gavialis Gangeticus*, etc. É o menos perigoso dos sáurios gangéticos, com maxilas longas, delgadas, subcilíndricas, que se expandem em protuberância no focinho. O nome deve ter-se originado de algum êrro, provávelmente do copista, visto que o verdadeiro termo é o hindust. *gharyāl* e *gavial* não é nada».

1837. — «Os Francezes e os Inglezes chamam **gavial** ao crocodilo do Ganges, que se acha nas Indias Orientaes». — *O Panorama*, de 1 de Junho.

1860. — «Os europeus estabelecidos na India pelas margens do Ganges e dos seus confluentes, com toda a razão consideram o **gavial** como um terrivel inimigo, e por consequencia assim o tratam. Os meios ordinarios de caçar tem pouco resultado contra os **gaviaes**; as proprias balas de ferro não lhes penetram a pelle».—*Archivo Pittoresco,* III, p. 164.

1863. — «... sustentando immensos corcodilos do genero **gavial**, de dimensões colossaes». —Lopes Mendes, *apud* Oliveira Mascarenhas, *Atravez dos Mares,* p. 194.

1836. — «On confond souvent, et mal à propos, le crocodile biporcatus de l'Océanie avec le caïman (*alligator*), dont l'Amérique est la patrie, et le **Gavial** de l'Asie, bien que ces sauriens offrent entre eux des différences remarquables».—Rienzi, *Océanie,* I, p. 50.

1879. — «Though the actual eye of the crocodile does not bear this comparison, the prominent orbits do, especially in the case of the **Gharlyal** of the Ganges, and one of the most repulsive features of the reptile's physionomy».—Yule, *Marco Polo,* II, p. 66.

**GAZA, gaze.** Tecido de algodão leve e transparente. Do hindust.-persa *gazī*, provávelmente derivado do persa *gaz*, «vara», que denotaria a largura da fazenda.

1601. — «**Gazeas** de Verdorá, sete covados de comprido, e cinco sexas [sexmas] de larguo». — *Carta Régia,* in *Archivo Port.-Oriental,* VI, p. 744.

1784. — «... **Guzzie** or coarse Cotton Cloths, and Otterskins». — In *Glossary.*

**GELBA, gelva** (mais us.). Pequeno barco do Mar Vermelho. Do ár. *jilba*.

1329. — «Embarcámos depois de Joddá em huma embarcação, a que chamão **Al-Jalba**, pertencente a Raxida». — Ben-Batuta, *Viagens,* I, p. 302.

1510. — «E se foy 'Adem, e d'aly em **geluas**, que são barcos pequenos, se foy a Judá». — Gaspar Correia, *Lendas,* II, p. 175.

1513. — «Todos tem grandes tratos de mantimentos que se gastão pola terra dentro, os quaes lhe vem em barcos pequenos a que chamam **geluas**, que nauegão por dentro d'este estreito, que indaque são fraqos barcos nauegão seguros». — *Id.,* p. 345.

1513. — «Sendo em mar em huua **jelba**, os tomaram, e deram-lhe a comer huua vianda com que os embebedaram».— Afonso de Albuquerque, *Cartas,* I, p. 221.

«Pagam os direitos as **jelbas** que de muitas partes da casta d Arabia e d outras partes ho [aljôfar] aly pescam». — *Id.,* p. 224.

1538. — «Vimos tres velas surtas, e parecendo-nos que serião **jelvas** ou *terradas* da outra costa, fomos guinando a ellas».— Fernão Pinto, *Peregrinação,* cap. 5.

1538. — «As quaes cousas vieram por mar até Alexandria e depois foram carregadas nas **zerbe** para o Cairo, carregando ao depois os camelos e conduzindo-os até ao Suez». — *Viaggio,* in *Bol. S. G. L.,* V, p. 530.

1541. — «E muitas vezes aconteceo, segundo dizem, entrando nella **gelluas**, e outros nauios, os quaes não se podendo sahir por falta de terrenhos, morreu toda a gente delles á sede». — D. João de Castro, *Roteiro do Mar Roxo,* p. 157.

1552. — Saluo as **gelvas** que deu que sam como grandes barcos». — Castanheda, *Historia,* III, cap. 112.

1557. — «E huma **gelua** pequena despacharei, para que saiba o Viso-rei que tu es tredor a El-Rey de Portugal». — *Commentarios,* I, cap. 60.

«A Ilha de Çuaquem hiam ter muitas especiarias da India, e ali embarcavam em **geluas** (que são huns barcos como caravelas que nauegam o estreito)». — *Ibid.,* II, cap. 49.

1563. — «Veyo dar narmada hum barco pequeno, a que os Mouros dali [Camaram] chamão **gelua**... Vierão duas **geluas**, que são barcos leues, por mandado de Raez Solimão». — João de Barros, Déc. III, I, 2 e 5

1614. — «Encontrarão algumas **geluas** e *terradas* dos Mouros da outra banda de Barbora». — Diogo do Couto, Déc. VI, VI, 1.

1636. — «Não ha nella [ilha de Maçuá] nenhuma embarcação, senão aquellas tres ou quatro **gelvas** que disse que servem de carreto sem nenhuma defesa». — In *O Chronista de Tissuary,* III, p. 55.

1651. — «Mandou alguns nauios de Baçaim e Chaul tomar as **Gelvas**, que bastecião o inimigo». — Jacinto F. de Andrada, *Vida,* p. 264.

1288. — «Fino al fiume Nilo, doue lo caricano sopra in nauilij piccoli chiamati **Zerme**, et con quelle vengono à seconda del fiume fino al Cairo». — Marco Polo, *apud* Ramúsio, II, fl. 59.

*** GELIATO** (mal. *gĕliat*). Título dum régulo da Malásia.

1604. — «Deulhes dom Jorge por regimento que fossem ajudar o **Geliato** da Gomo-Conora, Christão ainda que arrenegado, que estaua sobre o lugar de Galilás, que pretende ser seu» (na ilha do Moro). — Diogo do Couto, Déc. II, IX, 6.

«Ali assentarão os nossos o seu arrayal, com o **Geliato**, que já ali estaua». —Id., *ibid.*

1655. — «Entrandose de nuevo en ellos fueron nadando, y llegaron al fuerte que el **Geliato** combatia». — Faria e Sousa, *Asia Portuguesa,* II, p. 124.

*** GÉMIO.** Espécie duma antiga embarcação de Cambaia, de pequena lotação. Presumo que o vocábulo se liga ao turco *gémi* (= *guémi*), que significa o mesmo, devendo provávelmente ler-se *guémio*. Os dicionários guzarates são muito deficientes.

1613. — «**Gemios** de Cambaya de tresentos *candis*... Champanas, **gemios**, pangaios». — In *O Oriente Portuguez*, pp. 16 e 17.

**GENGIBRE, gengivre.** Raiz de *Zinziber officinale*, Roxb. Já na Idade Média era conhecido na Europa o *gengibre*, que tira o seu nome do ár. *zinjībīl* (*zenjeber* ou *zānjabīl*), lat. *zinziber*, provávelmente o étimo imediato do vocábulo português, que não tem o artigo arábico *al* (= *az-*), castelhano *agengibre*. Dioscórides, Plínio e o *Alcorão* referem-se à especiaria, cuja pátria é desconhecida. Reputa-se a melhor a do Malabar, onde, conforme o testemunho do botânico Rheede, «etiam in sylvis et desertis reperitur». Em malaiala dão-lhe entre outros nomes (*chukku*, *nāgaram-suṇṭhi*) o de *inchi* ou *inchi-ver*; e Yule & Burnell conjecturam que a forma anterior de *inchi* teria sido *sinchi* ou *chinchi*. V. *Glossary*, s. v. *ginger*.

Mas o sânscrito tem *crgavera*, que se representa em páli por *singivéra*, e que podia ter em outros prácritos antigos a forma *singaber* ou *singiber*. V. Eguilaz y Yanguas (p. 68).

Afonso de Albuquerque e Duarte Barbosa qualificam *gengibre* com *beledi* — palavra arábica, *baladī*, adoptado em castelhano com o significado «de pouco valor». Dozy deriva *baladī* de *balad*, «grande extensão de país, província», e dá-lhe o significado de «regnícola» em referência aos homens [1], o de «nacional» com relação às moedas e o de «indígena», em distinção de «exótico». Tem êle por certo que a qualificação *baladī* ao gengibre teve origem na Síria, para se distinguir o nativo, *chāmī* ou *rāsan* (*Inula Helenium*), do verdadeiro gengivre da Índia, «En Espagne aussi il était fort convenable, attendu que l'aunée y venait, tandis que le gingembre n'y croissait pas, et c'est justement le nom de cette plante qui explique pourquoi l'adjectif *baladi* signifie en espagnol : de mince valeur [1]. V. *Glossary*, p. 232.

Neste caso, é claro que os nossos escritores, se tomaram o vocábulo do espanhol, o empregaram incorrectamente, a não ser que entendessem por *beladi* «indígena da Índia». Note-se todavia que, segundo o P. Guadix, citado pelo referido etimologista, *baladi* quere dizer rigorosamente *ciudadano*, «urbano», e se aplicava às coisas falsificadas que os mouros vendiam pelas aldeias. Ora, um dos nomes malabáricos do rizoma é *nāgaram*, que significa exactamente «urbano», do sânsc. *nagara*, «cidade». Parece-me, portanto, muito provável que o termo *baladi* ou *beledi* fôsse corrente entre os árabes da costa ocidental em princípios do século XVI, quer na acepção de «urbano», para denotar a cidade de Calecut, quer no sentido de «indígena», isto é, «indiano». Os nossos indianistas posteriores julgaram absolutamente dispensável o epíteto. V. Conti, abaixo.

1498. — «Quintal de **gengivre** onze cruzados». — *Roteiro de Vasco da Gama*, p. 115.

1507. — «E de **gengiure** da milhor sorte todo o que tambem se pode auer». — *Regimento Régio*, in *Annaes Maritimos* (1845), p. 385.

1512. — «E quanto he ao **jimjivre**, cada vez auerá vos alteza mayor soma dele». — A. de Albuquerque, *Cartas*, I, p. 70.

1513. — «Aquy tendes todo **jemgivre**

[1] Neste sentido emprega Afonso de Albuquerque o termo no seguinte passo: «Veyo a segunda tomada de Goa, e eu mandei logo as *tanadarias* deses homens *valadis* que por hy achey, a maior parte deles degredados». — *Cartas*, I, p. 148.

[1] «*Baladi*, la cosa que està hecha à menos costa, y de poca dura, e provecho». — Covarrúvias, *Tesoro de la Lengua Castellana*.

**beledy,** toda a pimenta do Malabar, e outras muytas drogarias». — *Id.*, p. 130.

1516. — «Nace aquy (em Cochim] tambem muyto e fermoso **gengibre belide** e cardamomo». — Duarte Barbosa, *Livro*, p. 347.

1536. — «Tem grande copia de **gengibre** esta governança, teem muito **gengibre** e muito bom». — Vasco Calvo, *apud* Ferguson, *Letters*, p. 97.

1557. — «Tivessem sempre na Feitoria pimenta, cravo, **gingibre,** e todas as outras mercadorias que os Mercadores houvessem mister».—*Commentarios*, III, cap. 9.

1563 (1498). — «Darei pilotos que vos leuem á cidade de Calecut, que está na terra onde nace a pimenta e **gengiure**». — Gaspar Correia, *Lendas*, I, p. 57.

1563. — «Diguovos que se chama **gengivre** ácerca de nós, e ácerca dos Arabios e Persios e Turcos *gimzibil*... Este **gengivre** comese meudo na salada, misturado com outras hervas e azeite e vinagre e sal, e nos pasteis de peixe fresco; e alguns o comem nos pasteis da carne». — Garcia da Orta, Col. XXVI. — «Pois *baladi* se pode traduzir pela expressão portugueza «da terra». Conde de Ficalho.

c. 70. — «Non est hujus arboris radix: vt aliqui existimavere: quam vocant *singiuerim*: alii vero **gingiberim:** quamquam sapore simili». — Plinius, *Naturalis Historia*, XII, cap. 7.

1318. — «E per vn ducato viddi dar 700 libre di **Zenzevero** verde e fresco». —Beato Odorico, *apud* Ramúsio, II, fl. 154.

1820. — «Au chief de ceste forest a une tres grande cité qui a nom Ploubir en laquelle croist le meilleur **gingembre** que ont puist trouver en tout le monde». — Beato Odorico, *Voyages*, p. 100.

1444. — «Arriuò à due città poste sulla spiaggia del mare, cioè à Pacamuria et Dely, nel paese delle quali nasce il **gengeuo,** che si demanda nella loro lingua *Beladi*, Gebeli et Dely, il quale è radice d'herba alta vn braccio».—Nicolo di Conti, *Apud* Ramúsio, I, fl. 339.

1578. — «Nasce este **Gengibre** en muy grande abundancia por todas las Indias Orientales... hazen de esta rayz conserua de Açucar».—Cristóvão da Costa, *Tractado*, p. 261.

1658. — «Il **zenzaro** si troua ancora in Persia, e Mascate, Città dell' Arabia Petrea, benche non in quella copia, qualità, e perfettione, come nel Malabar. Il più stimato è quello del Regno di Cananor, ò del Nair, doue le campagne deserte tanto ne sono pieue che ad ogn' vno è libero d'aprofitarsene, e farne quella racolta le piace, non solo per vso proprio, mà ancora per venderlo». —Fr. Vincenzo Maria, *Viaggio*, p. 367.

1676.—«Le cardamon, le **zinzembre,** le poivre, la noix muscade, la fleur muscade, le clou de girofle, et la canelle, sont les differentes especes d'épiceries dont nous avons connaissance». — Tavernier, *Voyages*, III, p. 366.

1875. — «The term *Baladi* (Ar.), Indigenous, or «Country» ginger indicated ordinary qualities of no particular repute. The word *Baladi* seams to have become naturalized in Spanish with the meaning «of small value». — Yule, *Marco Polo*, II, p. 370.

1908. —«Three names that denote countries of supply are constantly mentioned—namely *Belladi*, Colombino and Mecchino. The *belladi* or *balladi* comes from various districts of India... The word *balladi* seems to be an exact equivalent to *desi*, and to mean «country», and ultimately denoted a common or inferior article». —Watt, *The Commercial Products*, p. 1140.

**Gengibre de dourar.** É o mesmo que *açafrão da Índia*, q. v.

*** GENTÍLICO** (s. m.). Língua dos gentios da Índia. Usa-se a palavra na frase «em *gentílico*».

1782. — «Mandei publicar alguns editaes em **gentilico** segurando todos os *Dessays*, que são os senhores das terras dos *Gancares*, que são os principaes das aldeias e mais povos da provincia...». — *Apud* Júlio Biker, *Collecção de Tratados*, VIII, p. 174.

1791. — «As instruções de S. Ex.ª vão em **gentilico,** para que V. m.cê as entenda perfeitamente». — *Ibid.*, IX, p. 173.

1818. — «As condições que V. S.ª me remetteu, lhe transmitto assignadas por mim, conservando em meu poder a sua traducção **gentilica**». — *Ibid.*, XII, o. 2.

**GERGELIM.** Semente e planta *Sesamum indicum*, D. C., ou *S. orientale*, Roxb. Extrai-se óleo da semente para alumiar e para usos culinários. Entra também na composição do bôlo conhecido por *gergilada*. O étimo é o ár. *juljulān*, que passou a várias línguas europeias. Os idiomas indianos chamam-lhe *tīl* ou *tīl*, do sânsc. *tīla*. Há *jinjali* em hindustani e marata, que Yule supõe, ser termo comercial, introduzido pelos portugueses.

1516. — «Servem-se muyto dazeyte de **gergelim**». — Duarte Barbosa, *Livro* (2.ª ed.), p. 249.

1539. — «Havia muytos *juncos*, que carregavão de sal, de pedra hume, do azeyte, de mostarda, e de **gergelim**». — Fernão Pinto, *Peregrinação*, cap. 55.

1552. — «Ha grande soma de **gergelim**, de que se faz bom azeite que escusa o nosso».—Castanheda, *Historia*, III, cap. 8.

1567. — «Colhesse nella [na ilha de Goa) muito **gergelim**, que abasta a terra, e se vende para fóra». — Damião de Góis, *Chronica de D. Manuel*, III, cap. 3.

1593. — «Alli nos dèrão collação com muytas tamaras, graos tostados, e biscoutos muy curiosos, cubertos de **gergelim** pilado, e vinho em extremo bom». — Fr. Pantaleão de Aveiro, *Itinerario*, p. 33.

1603. — «Faziãolhes certas vnturas por todo o corpo, quando os Bautizauam com azeyte de coco, ou de **gergelim**, ficando mais como mezinha, que como Cerimonia Santa da Igreja». — Fr. António de Gouveia, *Jornada*, fl. 39.

1609. — «Em todas estas terras ha muito **gergelim**, muito alvo e bom de que se faz azeite, e d'elle comem ordinariamente todos». — Fr. João dos Santos, *Ethiopia Oriental*, I, p. 50.

1619. — «De cada *candil* de azeite de **zerzelim** se pagará de direitos meyo *pagode*». — *Regimento* de Nuno Vaz Castelo Branco.

1882. — «O *mungo*, o **gergelim**, o cacau, a cera de abelhas silvestres». — José Vaquinhas, *Timor*, in *Bol. S. G. L.*, III, p. 41.

1883. — «As unicas materias agricolas que podem considerar-se implantadas firme e prosperamente na provincia de Moçambique, são as culturas de duas plantas oleaginosas, denominadas *amendoim* (*Arachis hypogœa*) e **gergelim** (*Sesamum Orientale*)».—O'Neill, *Da Agricultura*, etc., *ibid.*, IV, p. 17.

1911. — «Cultivam-se outros cereaes como nanchinim, pacol, coolita, **gergelim** e diversos legumes». — José E. Castel Branco, *ibid.*, XXIX, p. 342.

1510. — «Olio in molta quantità fatto non di oliue, ma di **Zerzilino**». — Barthema, *apud* Ramúsio, I, fl. 155.

1588. — «Sesame è un seme che à noi viene da Sicilia, somigliante al miglio, e in alcuni luoghi è chiamato **gingiolina**». — P. Maffei, *La Istorie*, p. 49.

1695. — «Latine *Sesamum Indicum*, in Malabara et Indostana **Gingeli** et **Gingelim**, unde Europaea descendunt nomina». — Rumphius, *Herbarium Amboinense*, VIII, cap. 33.

1658. — «. . . vngendoli prima per qualche tempo, più volte al giorno, con oglio, qual chiamano di **zerzelino**, ò sassifrario».—Fr. Vincenzo Maria, *Viaggio*, p. 273.

1883. — «The chief oil-seeds raised are **gingelli** (Sesamum Orientale) and the castor-oil plant». — Hunter, *The Imperial Gazetteer*, II, p. 63.

**GERIÇAL** (adj.). Diz-se de uma espécie de jaca, que é flácida e viscosa (em concani *rasāḷ paṇas*). Não se confunda *gireçal* (jaca) com *gireçal* (arroz). V. *bárico* e *jaca*.

* **GEROZEMO**. Diz-nos Fernão Pinto que é um funcionário judicial da China. Mas o vocábulo, pela sua feição, não deve ser chinês; será talvez do japonês, que tem *gero-sama*, «senhor do cárcere», isto é, carcereiro. Neste caso, terá de se ler *guerozemo*. Cf. *cubozama* em *cubo*.

1542. — «Reside [em Nanquim] hum *Chaem* da justiça, que he titulo supremo como de Visorrey, com hũa grande relação de cento e vinte **gerozemos** e *ferucuas*, que são desembargadores, chancereis e revedores de todas as causas civis e crimes». — *Peregrinação*, cap. 85.

* **GÉTAN**. Espécie de feijão da Índia insular, denominado por Rúnfio *Phaseolus cylindricus*. Do mal. (*kachang*) *jintan*.

1701. — «O comer ordinario dos moradores [de Cebeles] são bananas, inhames, algum arroz, sagû, milho, e outro mantimento, que tambem lhes serve de pão, e se chama **getan**». — P. Francisco de Sousa, *Oriente Conquistado*, III, III 1.

* **GIGOCO** (jap. *jigoku*). Inferno dos budistas do Japão, composto de oito regiões, cada uma das quais se subdivide em dezasseis círculos.

1870. — «O inferno japonez chama-se Gigoku, e o paraiso *Gokurakn*. O **Gigoku** compõe-se de oito regiões principaes, e cada uma d'estas por seu turno subdividida em dezeseis circulos. O juiz que julga as vidas dos homens, e que os condemna ou recompensa, é o terrivel *Yemmáoh*» (yama-o).—Pedro G. Mesnier, *O Japão*, p. 273

* **GIM**. Figura a palavra numa das Décadas de João de Barros, no sentido de governador duma cidade, pertencente ao reino de Narsinga, na Índia. Presumo que provêm do marata-hindustani *jī*, que quere dizer «senhor». A nasalização do *i* final é regular. Cf. *chatim*, *palanquim*. Fernão Guerreiro escreve *gem* e atribui-lhe o significado de «capitão-mor».

1563. — «Nas costas do qual [rei] ia o **Gim** da cidade de Bengapor. Ao qual por razão do officio, se ajuntauão grande numero de capitães». — Déc. III, IV, 4.

1605. — «A qual armada elle mandaua direitamente sobre o Cadarray, e por **Gem** capitam mor della vinha hum Gentio por nome Mundarray, muy esforçado, e temido em todo Bengala». — *Relaçam Annual*, fl. 99 *v*.

*** GIMECANA.** Entrou modernamente na língua portuguesa êste termo de esporte, que os ingleses trouxeram da Índia, *gymkhana*, e que se presume provir do hindust. *gend-khānā*, «casa de bolas», isto é, «terreiro de raquetas», talvez com a influência de *gimnástica* na primeira sílaba. Designa o lugar público de esportes ingleses (*polo, lawn-tennis*, etc.), e a reùnião dos esportistas. V. *Glossary*.

1912. «No dia 13 tambem se efectua no recinto dos *tennis* dos Jogos um **gymkana** automobilista, que está dispertando um interesse extraordinario». — *O Seculo*, de 27 de Setembro.

1915. — «A realização do **gymkhana** automobilista levada a effeito pela empreza «Estoril»... levou ao parque do Estoril basta concorrencia». — *O Seculo*, de 1 de Novembro.

1916. — «Como fora annunciado, realizou-se no *Catholic* **Gymkhana** a «Cinderella Dance» no dia 30 do passado e a distribuição dos tropheus aos vencedores no ultimo campeonato de bilhar». — *O Ultramar*, de 24 de Janeiro.

1917. — «Visitaram em seguida o «Catholic **Gymkhana**», onde houve um primoroso concerto». — *O Ultramar*, de 8 de Março.

1877. — «Their proposals are that the Criket Club shoculd include in their programme the games, etc., proposed by the promotors of a **gymkhana** Club, so far as not to interfere with cricket». — In *Glossary*.

1917.—«**Gymkana** *de automoveis*. Conforme estava annunciado, realizou-se ontem no parque Estoril o **Gymkana** de automoveis que, como sempre, em espectaculos interessantes como estes, teve uma assistencia elegante e numerosa». — *Diario de Noticias*, de 15 de Outubro.

**GIMNOSOFISTAS** (= sábios nus). É o nome que os gregos deram aos filósofos da Índia, com que se encontrou Alexandre na sua expedição. Estrabão descreve a sua doutrina e os seus costumes (*Geografia*, liv. xv). E Hesíquio, do terceiro século, traslada *Génnoi* (=*jaina*) por *Gymnoso-phistai*. É, portanto, aos jainas *digámbaras* (sânsc. *digambara*, «o que se veste do espaço», isto é, inteiramente nu) que própriamente se refere o termo. V. *jainismo, brâmanes* e *budistas*.

1563. — «E pois agora vem a proposito, me dizei quem são estes Baneanes ou Bramanes, que dizeis não comerem carne; e se sam os **genosofistas** que dizem: porque estes usam os mesmos vestidos que os escritores escrevem». — Garcia da Orta, Col. xxxiv.

1600. — «Outros, a que chamam Iogues, e os Gregos antigamente chamavam **Gymnosiphistas** vendense por homens castos, nam se obrigando nunca ao matrimonio». — P. João Lucena, *Historia*, ii, cap. 9.

1663. — «Mas não são estes os seus religiosos mais apertados, senão os *jogues*, a que chamaram os antigos **gymnosophistas**; e eu com mais propriedade lhe chamára martyres do demonio ou demonios vivos». — P. Manuel Godinho, *Relação*, p. 36.

«Aquellas sciencias, que tanto encareciam nestes jogues os antigos escriptores, chamando-lhe por isso **gymnosophistas**, que val tanto como philosophos nus». — *Id.*, p. 39.

1838. — «Os bramanes eram antigamente, como ainda hoje são, os depositarios do culto religioso... Muitos delles andavam nús, e d'ahi veio o chamarem-lhes os gregos **gymnosophistas**». — *O Panorama*, de 26 de Maio.

c. 70. — «Philosophos eorum, quos **Gymnosophistas** vocant, ab Exortu ad Occasum perstare contuentes Solem immobilibus oculis; ferventibus arenis toto die alternis pedibus insistere». — Plinius, *Naturalis Historia*, vii, 2.

1588. — «Altri non pigliano moglie, i quali hoggi con propria voce sono chiamati Giogui, i Greci già gli chiamarano **Gimnosofisti**». — P. Maffei, *Le Istorie*, p. 48.

1658. — «Li chiamarono Gymnosofisti, chi dice per lo sprezzo rigoroso delle commodità temporali, chi per lo studio di filosofia, e contemplatione delle cose del Cielo, nelle quali occuparano per il più la loro vita». —Fr. Vincenzo Maria, *Viaggio*, p. 268.

1666. — «Les Bramens, qui son proprement les Brahmans ou Sages anciens Indiens, et les **Gymnosophistes** de Porphire, sont les prêtres et les Docteurs des Gentils de l'Inde». — Thevenot, *Voyages*, iii, p. 192.

1674.—«The **Gymnosophistes**, Brachmins, or Book-Men». — Fryer, *East India*, ii, p. 100.

1748. — «Ce qui a rendu plus célèbre dans l'Antiquité le nom de **Gymnosophistes**, c'est leur Philosophie, dont il faut séparer d'abord la Philosophie Morale». — *Lettres Édifiantes*, xxvi, p. 237.

1782. — «On y voit Rama quitter son thrône pour se faire Pénitent ou **Gymnosophiste** des Anciens».—Sonnerat, *Voyages*, I, p. 204.

1786. — «Essi [jogues] sono nudi e veri **Gimnosofisti;** dormono per terra sopra le store tessute di foglie di palma, non communicano con altri secolari, studiano la filosofia, la Teogonia, la Bothanica, l'Astronomia, ed essi sono chi compusero nell' India infiniti libri». — Fra Paolino, *Viaggio*, p. 71.

1825. — «Le philosophe indien cependant daigna lui [a Alexandre] écrire; et la lettre que les historiens grecs lui attribuent est évidemment apocryphe, ou au moins surchargée de broderies et de pensées qui ne vinrent jamais à l'esprit d'un **gymnosophiste**». — P. Dubois, *Mœurs*, II, p. 254.

1830. — «Lors de l'Expédition d'Alexandre, les Grecs trouvèrent dans l'Inde des *sannyasis*, qu'ils nommèrent **gymnosophistes**». — Pauthier, *apud* Michel, *Poésies Orientales*, p. 12.

**GINSEM, ginsão.** Raiz de *Panax Ginseng*, Meyer, e *P. quinquefolius*, Linn. A primeira é originária da Coreia e a segunda da América, e ambas tem propriedades reconfortantes. Do chin. *jên-shên* ou *jin-san*.

Rúmfio enumera, no seu *Actarium*, dezassete propriedades desta maravilhosa raiz, que diz ter encontrado em um manuscrito de mercadores portugueses ou holandeses. Nas *Cartas Edificantes* (x, pp. 159–185) faz-se uma difusa descrição do *ginsão*, na qual o autor diz que os chineses a nomeiam *Gin-seng*, que quere dizer «representação do mundo», e que os tártaros a conhecem por *Orhota*, isto é, «a primeira das plantas».

1684. — «Pao da Kina [China], Assucar, **Ginsão,** Chá, Azougue, e Porselana da Kina». — P. Fernão de Queiroz, *Hist. de Pedro de Basto*, p. 11.

1707. — «Constava o presente imperial de dez formosas perolas pescadas nos rios da Tartaria, hum envoltorio da preciosa raiz chamada **Ginsen**, cincoenta pelles zebelinas». — In *O Chronista de Tissuary*, I, p. 86.

«Sabendo o Imperador [da China] da melhoria com que já se achava o Patriarcha, lhe mandou pello mesmo Hasken 15 peças de seda, e hum arratel das preciosas raizes de **Ginsen,** dizendo que elle tinha prometido dadivas, e as dava». — *Ibid.*, p. 132.

1727. — «Manda o Imperador a ElRey Nosso Senor o mais precioso [género] deste Imperio, he a raiz chamada **Ginsem** por ser cousa que só he permittido vir da Tartaria para o Imperador, e aqui mesmo vale pezo de oiro». — *Apud* Júlio Biker, *Collecção de Tratados*, VI, p. 208.

1843.—«A raiz de **ginção,** ou *ginseng* attribuem os medicos boudhistas virtudes singulares. Applicam a sua essencia (reputada por poderoso aphrodisiaco) em ultimo recurso a todas as molestias». —José Inácio de Andrade, *Cartas*, II, p. 51.

1637. — «La sexta, y ultima Provincia de Leaotum, remata el Norte, celebre por una raiz que produze de tanta estimacion, que al tiempo de mi partida era el precio della pesarse la plata dos vezes. Es medicina de tanto efeto, que tomandola un sano le dá nuevos y notabiles brios, y forças: y si un enfermo, le conforta y calienta admirablemente. Llamase **Ginsen**». — P. Semedo, *Imperio de la China*, p. 22.

1735. — «Il n'en est pas possible néanmoins de ne rien dire de la fameuse plante de **Gin seng** dont on fait tant de cas dans tout l'Empire, qui est d'un très-grand prix, et que les Medecins Chinois regardent comme le plus excellent cordial... Nous nous sommes souvent servis de feüilles de **Gin seng** à la place de thé, ainsi que font les Tartares». — P. Halde, *Description de la Chine*, II, pp. 150–151.

1770. — «La plante du **ginseng** ne coûte moins de fatigue, parce qu'elle ne croît que dans les montagnes les plus escarpées, dans les forêts et autour de rochers... Le **Ginseng** a plusieurs vertues dont les plus reconnues sont de fortifier l'estomach et de purifier le sang». — Raynal, *Histoire*, II, p. 108.

1855. — «Le sol de ce département produit en outre la fameuse plante nommée **jîn sêng,** qui, dit-on, prolonge la vie, et qui se paye excessivement cher, plus que son poids d'or». — Bazin, *Chine Moderne*, p. 43.

* **GIRAITA** (s. f.). Campo de lavoura, várzea. Do concani-mar. *jirāyt* < ár. *jir'at*.

1840. — «As [rendas] de Bagaitas, e **Giraitas,** de Napotrica». — F. N. Xavier, *Collecção de Bandos*, I, p. 15.

1844. — «Na provincia de Pernem tem a Fazenda Publica os bens denominados... **Giraitas**, que são varzeas encorporadas nos proprios». — *Annaes Maritimos*, p. 285.

**GIRIBANDA** (persa *zīr-band*). Gamarra; (fig.) descompostura, insulto. O termo é muito usado na Índia.

1552. — «... hũa faca selada com hũa seela cuberta dalaquequas, e de seda carmesim do pelo da alcatifa, e os outros arreyos muyto ricos e seu azorrague, ou ze-

**ribando** como lhe os Mouros chamão».— Castanheda, *Historia*, II, cap. 13.

1727. — «**Giribanda**. Na India he huma correa, que todos os cavallos da Asia trazem para lhes firmar a cabeça, por falta da sciencia dos que os ensinão e tambem de Freyeiros, em Portugal se chama gamarra à correa, que tem o mesmo uso».— Bluteau, *Supplemento*.

**GIROPANGO**. Nome dum barco da Malásia. Do mal. *jerampa, jirampa*.

1563. — «Hum nauio de Java, que se chama **giropangos**». — Gaspar Correia, *Lendas*, II, p. 797.

*** GIZOM** (jap. *jīzō*). Um dos *bodhisattvas* ou génios tutelares do budismo japonês, o qual guarda as crianças.

1549. — «Os santos *Fatoquins Xaca, Amida*, **Gizom**, e *Canom* estavão em pena perpetua no concavo fundo da casa do fumo... E por este pouco que os nossos olhos nos mostravão delle, se julgaria ser elle o verdadeiro Deos e não Xaca, nem Amida, nem **Gizom**, nem Canom, que não forão mais que homens muyto ricos, como as suas escrituras contavão delles. — Fernão Pinto, *Peregrinação*, cap. 212.

**GOA**. O termo vem registado no *Diccionário* de Cândido de Figueiredo como inédito e antigo e com o significado: «medida de três palmos chamados de *gôa*, e usada pelos constructores de naus; palmo de *gôa*, medida antiga igual a um palmo ordinário e mais uma pollegada». De facto, o «palmo» de Goa tem a medida indicada e representa a metade da «mão», que é a «medida do cotovelo à ponta do dedo do meio», muito usada na Índia. V. *códo*.

*** GOCURACU**, (jap. *gokuraku*). Paraíso dos budistas japoneses.

1564. — «Os seus pregadores nos pulpitos, costumão dar uns escritos para irem seguros ao seu paraiso, e lhes não pôr o diabo impedimento, tambem pera os que já estaon serem liures delle, e leuados ao seu paraiso, que se chama em sua lingoa **Gocuráqu**, que quer dizer lugar de deleites».—P. Gaspar Vilela, *Cartas de Japão*, I, fl. 142 *v*.

1874. — «O inferno japonês chama-se *Gigoku*, e o Paraiso **Gokuraku**». — Pedro G. Mesnier, *O Japão*, p. 273.

*** GODDIPOTTI**. Imposto que se pagava antigamente em Goa para sustento de cavalos do Estado. Do conc. *ghoḍepaṭṭī*, de *ghoḍó*, «cavalo», e *paṭṭī*, «contribuïção».

1840. — «Tendo chegado ao meu conhecimento, que o Commandante Militar de Pondá cobra ainda hoje das cinco Provincias de Zambaulim o imposto chamado **Goddipatti**, destinado em tempos remotos para a sustentação da Cavallaria, que ha longo tempo não existe...».— *Collecção de Bandos*, I, p. 200.

1843. — «O **gaddipoti** era um imposto que ainda se cobrava em Zambaulim, destinado, de tempos muito remotos, para sustento de cavallaria, que ha muito não existe». — *Annaes Maritimos*, p. 133.

1852. — «**Goddevrât, gorevorado** imposto que os moradores das aldeias contribuiam ao dominante para despesas de seus cavallos». — F. N. Xavier, *Bosquejo Historico*, (2.ª ed.), III, p. 73.

*** GODDO**. Fortim numa eminência, castelo, na Índia árica. Do concani-mar. *gaḍ*, hindust. *gaṛh*. V. *gouro*.

1750. — Achou Pondá, e **Goddo**, que lhe serve de Cidadela, occupada pelo Maratha». — *Apud* Júlio Biker, *Collecção de Tratados*, VI, p. 332.

1754. — «Cedem desde logo, e para todo sempre... as praças de Alorna e Bicholym, a provincia de Pernem, os **goddos** de Morly e Satorem, com todas as suas jurisdicções». — *Ibid.*, VII, p. 16. — «*Goddo*, ou *Gor*, castello, fortificação». Nota.

1754. — «Cedem desde logo... a provincia de Pernem, os **Goddos** de Marli, e Satorá». — *Ibid.*, XII, p. 143.

1787. — «... restituindo ao dito Tipú Sultan a fortaleza Gazendrá **Goddo** com seus dominios, e mais fortes e terras conquistadas». — *Ibid.*, VIII, p. 245.

1790. — «Esta praça, chamada vulgarmente do Piro, e por outro nome de Sadassiva **Goddo**... foi conquistada pelo mesmo Magestoso Estado ao Reino de Sundem». — *Ibid.*, IX, p. 63.

1856. — «Esta Praça tinha na primitiva o nome de Narceina **goddo**, e era situada na margem do rio do mesmo nome».—F. N. Xavier, *Instrucção*, p. 28.

*** GODOMEM**. Representa a palavra a forma *kodam'* ou *khdam'*, comum na Indo-China, do páli *Gotamo*, sânsc. *Gautama*, patronímico de Buda (q. v.).

1545. — «Vimos tambem outros da seyta de hum que se chamava **Godomem** que acabão seus dias por andarem gritando continuamente, e batendo com mão na boca pelos montes, de dia, e de noyte em vozes muyto altas, dizendo sem descançarem **Godomem**, até que caem mortos no chão por não poderem tomar folego». — Fernão Pinto, *Peregrinação*, cap. 161.

1686. — «J'ai cru devoir expliquer toutes ces choses avant que de parler de *Sommono*-**khodom** (c'est ainsi que les Siamois appellent le Dieu qu'ils adorent à présent». — In *Glossary*.

1782. — «Cependant ils n'en adorent qu'un seul qu'ils appellent **Godéman;** il est le dernier de cinq qui se sont incarnés, et paroît être le même que Vichnou. — Sonnerat, *Voyages*, II, p. 46.

1828. — «The titles or synonyms of Buddha, as they were given to me, are as follow: **Gotamo** (Gautama)...». — Crawfurd, in *Glossary*.

1845. — «Il y a un grand nombre de ces Bouddhas humains dans ce monde et dans les mondes antérieurs; mais les sept derniers sont plus distingués que les autres, le dernier surtout, **Gôtama** ou Sakya, qui révéla la religion actuelle. — Xavier Raymond, *Inde*, p. 201.

**GODORIM, godrim.** Colcha estofada da Índia. Do hindust. *gudṛī*, marata-conc. *godḍī*.

1611. — «...'hum **godrim** de seda e huns *bofetás* e *sucisses*». — *Carta Régia*, in *Doc. da India*, II, p. 39.

1614. — «Em muita abundancia proverei de munições, botica e trigo para o hospital, e de **godrins,** de que ha n'elle falta». — *Ibid.*, III, p. 61.

1615. — «Chamam aos colchões **Guldrins**» (em Goa). — Pyrard de Laval, *Viagem*, II, p. 4.

1620. — «... com muytos **godorins** de seda, e não ha Nao da India que não traga ao menos quatrocentos». — Fr. Nicolau de Oliveira, *Grandezas de Lisboa*, fl. 13.

1635. — «E tão ousados que com um **godorim** embrulhado no braço esquerdo e um terçado na mão direita se mettiam entre os portuguezes». — António Bocarro, Déc. XIII, p. 258.

1635. — «Gastavam alguns o tempo em pleitos sobre algum **godorim** molhado, ou cousa semelhante». — José de Cabreira, *Hist. Tragico-Maritima*, X, p. 55.

1652. — «Debaixo destas capas, para virem mais bem acondicionados [os escritórios], trazião varios **godrins** muito bons, que os estofavão, e erão de preço». — P. A. Vieira, *Arte de Furtar*, p. 402.

1673. — «Dá-se aos presos brancos uma colcha a cada um, que lhes serve de **godrim** ou colchão». — Dellon, *Narração da Inquisição de Goa*, p. 75.

1799. — «Acabei de perder o resto da roupa, que tinha ficado, sendo reduzido a ficar só com o que trazia no corpo, e com hum lençol, **godrim** e fronhas». — *Apud* Júlio Biker, *Collecção de Tratados*, X, p. 180.

1846. — «A fructa desta arvore produz uma especie de algodão que se denomina — *Panha* — e serve para **Godrins,** almofadas, etc.». — F. N. Xavier, *O Gabinete Litterario*, I, p. 250.

1653. — «**Goudrim** est vn terme Indien et Portugais, qui signifie les couuertures picquées de cotton». — Le Gouz de la Boullaye, *Voyages*.

*** GOGUENSI** (jap. *gogenshi*). Carta patente do *cubó*.

1569. — «Feitas estas visitações que erão principio do nosso assento no Miaco, por ser mais principal, e mais solida cousa ser a patente do sello vermelho que se chama **Goxum**, e em nossa lingoa mandado de Nobunanga, e a patente ou **Gogensi** do Cubòcama, especialmente na de Nobunanga faziamos mais instancia». — P. Luís Fróis, *Cartas de Japão*, I, fl. 269.

**GOIABA, goiava.** Fruto de **GOIABEIRA**. *Psidium guyava*, Linn., var. *pyriferum*, Roxb. É originária do México. Come-se o fruto e faz-se em geleia. O Sr. Cândido de Figueiredo deriva o vocábulo do guarani *cuiapa*. Os portugueses chamaram «pera» a goiaba, quando a introduziram na Ásia e na África, pelo mesmo motivo por que deram o nome de «figos» às bananas. V. *pera*, e *Influência*.

1596. — «Outra [fruta] **gouyabas** [em S. Domingos], que são como camoezas na feição, mas inferiores no sabor». — P. Gaspar Afonso, *Hist. Tragico-Maritima*, VI, p. 49.

1678. — «.. figos da India, jambos, jacas, mangas, cocos, cajuz, **goyauas**». — P. Fernão de Queiroz, *Conquista de Ceylão*, p. 54.

1745. — «Coqueiros, Jacas, Mangas, Atas, **Goyabas,** Jambos...» (na China). — In *Ta-ssi-yang-kuó*, II, III, 3.

1782. — «Vê-se outra na ilha com o nome de *pereira*, a qual produz fruta como a **goiaba** da America». — Fr. Clemente da Ressurreição, *Tratado*, II, p. 338.

1873. — «A **goiava**, a que os indios chamam *pêr* affecta duas formas, ora é globosa, isto é, redonda ligeiramente achatada, como a laranja, ora oblongo-oval. Segundo o *Hortus Malabaricus* (de Rheede) são duas especies, a redonda veio de Malaca, e é chamada *pêra de Malaca* pelos portuguezes, e *Malaca-per* pelos indianos». — Bernardo da Costa, *Manual do Agricultor*, II, p. 175.

1879. — «Uma grande rua de **goibeiras** destruida, já pelo fogo, já pelo machado devastador». — Silva Porto, *Bol. S. G. L.*, V, p. 25.

1911. — «Onde se encontram numerosos e bons exemplares de mangueiras, cajueiros, brindoeiros, **goiabeiras**, larangeiras». —José E. Castel Branco, *ibid.*, xxxix, p. 358.

1525. — «Il **Guiaiba** è vn arbore bello in vista, che ha la foglia quasi come di mora, si non che è minore». — Oviedo, *apud* Ramúsio, III, fl. 63.

1673. — «Flourish pleasant Tops of Plaintains, Cocoes, **Guiavas,** a kind of Pear». — Fryer, *East India,* I, p. 110.

1710. — «Les principaux fruits de ce Pais sont... la **Goyave,** qui approche assez de la Poire». — *Lettres Édifiantes,* x, p. 399.

1829. — «La banana è una frutta deliciosa; e tali pur son ai differenti palati la manga, la giacca, la **guiàva,** l'atta, il papai, l'ananassi ecc.». — Lazzaro Papi, *apud* Gubernatis, *Storia,* p. 280.

1908. — «There are two varieties, one known as the **Pear Guiava,** and the other as **Apple Guava,** but they are so alike that they can scarcely be distinguished till cut open. The fruit is eaten by all classes, but by Europeans generally preferred stewed or in the form of jelly or of the well-known **Guava-cheese**». — Watt, *The Commercial Products,* p. 907.

1854.—«Il est constant qu'indépendamment de ceux que nous venons de nommer, la **goyave** (*psidium pommiferum*), qui est encore à présent nommée chez les Siamois *maloko,* c'est-a-dire fruit de Malaca, et la figue *carica* (*carica papaya*), du Brésil, que les Malais appellent *kloa fâreng,* ce qui signifie *banane de France,* ont été apportées au Siam par les Européens». — Jancigny, *Indo-Chine,* p. 401.

**GOLÇORI.** «Joia com que as indianas adornam o pescoço». C. de Figueiredo. Do conc. *gaḷesarī* ou *gaḷsarī* (de *gaḷó,* «pescoço», e *sarī,* «corrente, cadeia»), «gargantilha».

1874. — «Ao pescoço umas ostentam os seus riquissimos *Tuxis* ou *Chinchpotas,* cravejados de rubis, diamantes e esmeraldas; outras **Golcoris** (*sic*) terminados em grossos coraes e cobertos de peças de ouro portuguezas, libras e quartos de ouro». — Tomás Ribeiro, *Jornadas,* II, p. 104.

«**GOLING**, m. Árvore da Índia portuguêsa. O mesmo que *golliy*». C. de Figueiredo. Não me consta que haja na Índia alguma árvore com tal nome. Presumo que deve ser *gotim* ou *gotingo* (conc. *goṭiṅg*) — *Terminalia belerica,* Roxb., «mirabólano belérico» ou «biborala» em português. «O fruto é o mirabolano belerico do commercio. A amendoa comida em grande quantidade produz symptomas narcoticos».—D. G. Dalgado, *Flora.* V. *mirabólano.*

1563.—«Ha outros que chamam **gotim**, e sam redondos, e sam os que chamamos belericos». — Garcia da Orta, Col. XXXVII.

1863. — «A primeira é representada principalmente pelo *assono* (marata branca), *quinsolo,* **gotingo**». —Lopes Mendes, *apud* Oliveira Mascarenhas, *Atravez dos Mares,* p. 185.

«**GOLLY**, m. Árvore da Índia portuguêsa». C. de Figueiredo. É uma espécie de figueira — *Ficus Mysorensis,* Heyne, «raizeira vidrada» em português, *gôḷ* em concani. «As raizes aereas são poucas e enroscadas ao tronco; quando em fructo, é muito frequentada de aves». D. G. Dalgado, *Flora.*

* **GOLMOR.** Antiga moeda de ouro na Índia Inglesa, a qual valia 14 a 16 rupias e pesava 100 *ratis* ou 175 grãos, como a rupia de prata. Também se chamava *rupia de ouro.* A sua origem data do domínio maometano. É composto híbrido do ingl. *gold,* «ouro», e hindust. *mohur* (persa *muhr*), «moeda de ouro». V. *Glossary.*

1842. — «Tambem são diversos os Pagodes e **Glomores** de ouro, e venezianos, que pouco apparecem no mercado».— *Annaes Maritimos,* p. 381.

1859. — «Quartos de **gulmores** 6».— F. N. Xavier, *Resumo Historico,* p. 539.

1862.— «**Golmor** inglez (*Gold-Mohur*) 9$880 [réis de Goa], 5$280» [réis de Portugal]. — Francisco M. Bordalo, *Ensaios sobre a Estatistica,* v, p. 83.

1866. — «Ainda hoje se diz acabari-mor — Sejani-mor (cunho de Acbar — de Sejan) aos quaes os Inglezes chamarão *Gold Mohur* (cunho de ouro) que por adulteração se diz **gulmor**». — F. N. Xavier, *Descripção do Coqueiro,* p. 66.

1880. — «**Gulmor** inglez (*Gold mohur*) 33 xerafins». — Teixeira de Aragão, *Descripção das Moedas,* III, p. 387.

1824. — «It was said that they sometimes were worth a **gold mohur** each».— Heber, *Narrative,* I, p. 178.

1885. — «It has been estimated that the gold circulation of India amounts to 1,620,000 of **gold mohars** (Rs. 16 to Rs. 20 each), worth about three millions sterling». — Hunter, *The Imperial Gazetteer,* VI, p. 569.

1909. — «The Ashrafi or **Gold Mohur**». — Crooke, em Fryer, I, p. 275.

1916. — «... a collection of 700 couplets for which he was rewarded 700 **gold Mohars** by Baja Jay Singh». — *The Modern Review*, de Maio–Junho.

**GOMA ELASTICA**, **goma-guta**. Vid. *guta-percha*.

* **GOMEDAR** (ant.). Punhal recurvado, na Índia. Do persa *kham-dahra*. O hindustani tem *jam-dhar*.

1535. — «Os espingardeiros e os adargueiros com suas espadas e **gomedares** na cinta». — *Chronica de Bisnaga*, p. 28.

1514. — «... e hum **gemedar** [leia-se *guemedar*], huma arma que elles [os de Bisnaga] trazem na cinta como punhal, todo goarnecido d'ouro com pedraria, que foy estimado em cinquoenta mil pardaos». — Gaspar Correia, *Lendas*, II, p. 377.

**Gomia**. V. *agomia*.

* **GONDÃO**. É o nome que em Timor dão à *Ficus Benjamina*. Não sei a que língua pertence.

1908. — «**Gondão**. — Nome português-macaista da *Ficus indica*, da *F. Benjamina*, egualmente empregado no português de Timor». — Alberto O. de Castro, *Flores de Coral*, p. 137.

«... em um e outro ponto á sombra do **gondão** sagrado ou *lullic* (*Ficus Benjamina*, não a *religiosa*, muito rara no Archipelago, segundo Boerlage)». — *Id.*, p. 241.

**GONDOCO** (concani-mar. *gandhak*). Enxofre. Não é usado actualmente.

1788. — «Por cada carga de **Gondoco**, duas tangas e cinco reis». — *Collecção de Bandos*, I, p. 45.

* **GONÇALIM**. Fruto de *Luffa acutangula*, Roxb. E uma excelente hortaliça. Do conc. *gomsālem*, pl. *gomsālīm*. Diz D. G. Dalgado que se chama em português *riscada*, mas eu não encontrei abonação.

1842. — «Nas hortas encontra-se o açafrão... **gonçalim**, feijão chicote, que se assemelha ao feilão carrapato». — *Annaes Maritimos*, p. 269.

1862. — «... pimentão, salsa, bretalhe, **gonçalim**, ervilha quadrangular». — Francisco M. Bordalo, *Ensaios sobre a Estatistica*, V, p. 37.

1886. — «Cultivam as seguintes plantas horticolas: kiabos ou bendés (*hibiscus esculentus*), **gonçalinho** (*cucumis acutangula*)...». — Lopes Mondes, *A India Portugueza*, I, p. 238.

* **GONG**. Grande prato plano de metal de sino, que se bate com uma vaqueta ou martelo e faz as vezes de sino em várias regiões do Oriente. Encontra-se o termo (*gong*, *agong*) em todos os idiomas do Arquipélago Malaio, mas Crawfurd considera-o originário do javanês. João de Barros chama-lhe *bacia*. V. *bátega* e *ló*.

1563 (1511). — «... e tangendo de paucadas huũs a que chamão sinos, que se fazem em outras terras, que são da feição como gamelas, que trazem pendurados, que fazem hum som muy guerreiro». — Gaspar Correia, *Lendas*, III, II, p. 217.

1885. — «Diz que o commercio de Banda se fazia por meio de trocas, dando ali grandes quantidades de mercadoria por qualquer objecto, por exemplo vinte *bahares* de maça por um **gong** javanez». — Conde de Ficalho, Col. XXXII.

1898. — «Á entrada vê-se tambem um enorme tambor ou **gong**, onde qualquer pessoa pode bater quando urgentemente quer pedir justiça». — Joaquim C. Crespo, *Cousas da China*, p. 25

1906. — «O verdadeiro nome da bacia de arame que se tange com vaqueta é **gom**». — Gonçalves Viana, *Apostilas*, I, p. 116.

1906. — «**Gong** — Palavra de origem javanesa. Disco de metal de sinos, tangido com um martello. Empregada por sinos pequenos e argentinos». — Alberto O. de Castro, *A Cinza dos Myrtos*, p. 179.

1908. — «O **gong** é um instrumento em fórma de bacia ou tambor de sons prolongados e estridentes». — Id., *Flores de Coral*, p. 258.

1444. — «In India di qua dal Gange non vi sono campane, ma in luogo di quelle hanno certi bacini d'ottone, i quali percotendo l'vn con l'altro fanno il suono». — Nicolo di Conti, *apud* Ramúsio, I, fl. 343.

1637. — «Lorsqu'on bat un **gong** ou un *tam-tam*, on ne se sert point d'un enclume». — *Apud* Bazin, *Chine Moderne*, p. 638.

1675. — ««Blew them for an hour, or **Ghong**». — Fryer, *East India*, I. p. 258.

1824 — «And the remaining furniture of the temple consisted of a large **gong**, hanging on the wall». — Heber, *Narrative*, I, p. 107.

1836. — «L'instrument qui approche le plus du tambour, est le **gong**, dénomination commune à toutes les langues de la Malaisie. Le **gong** paraît provenir de la Chine; il est fabriqué d'une composition de cuivre, de zinc et d'étain; il y en a de 4 à 5 pieds de diamètre; le maillet est recouvert de gomme élastique; on le suspend ordinairement à un riche cadre». — Rienzi, *Océanie*, I, p. 82.

1878. — «Devant le roi Tchangan précédé des **gong**, du tambour et de tous les instruments de musique». — Marcel Devic, *Légendes de l'Archipel Indien*, p. 136.

**GONI, gune** (s. m.). O vocábulo representa duas palavras marata-concanis, ambas derivadas do sânsc. *goṇī*, «saco»: *goṇ*, «saco grande» feito ordináriamente de juta; e *goṇī*, «costal de azémola», da mesma fazenda. Também se entende em português o próprio «tecido grosso de juta». *Gunny* em indo-inglês.

1054. — «Um **Gune** de mantimentos pagará um *mané*, que é duas medidas ordinarias». — *Lâmina* de Goa.
1528.—«N'estes dromedarios levão huns seirões de **gune**, fortes, em que elles vão assentados e se deitão quando querem».— Gaspar Correia, *Lendas*, III, p. 317.
1554. — «Hos capitãees e surês nobres [da China] por morte de pay ou de mãe, e parentes mujto chegados vestense de huas roupas brancas, como *leteyros* (?), ou **Gunes**, mas muyto mais grossas e asperas». —Fernão Pinto, *apud* Cristóvão Aires, I, p. 120.
1619. — «As precintas chamadas **gonis** que vem de Balagate e outras quaesquer partes serão avaliadas». — *Regimento* de Nuno Vaz Castelo Branco.
1651. — «Pendiam muitas sacas de **gunes** envoltas de polvora, salitre, e outros materiaes faceis ao fogo».—Jacinto Freire de Andrada, *Vida*, p. 153.
1667. — «Vendo que a [cama] dos Religiosos era hũa taboa, e por cuberta hum **gune**, e na almofada à cabeceira tinhão por fronha hum pequeno pedaço de aspero *cambolim*, que he o mesmo que burel...». — Fr. Jacinto de Deus, *Vergel*, p. 29.
1752. — «Sendo todo o transporte á cabeça de homens, a que chamam *begarins*, e em bois de cargas, que não soffrem mais que o que cabe em huns alforges, a que os gentios chamam **gunes**, conheci que me era necessario mais gente».—*Apud* Eduardo Balsemão, *Os Portuguezes no Oriente*, III, p. 173.
1788. — «Por cada **goni** *de Cato*, tres tangas, quarenta e cinco reis».— *Collecção de Bandos*, I, p. 45.
1810. — «De carga de cada um destes generos se arrecadam os direitos pela numeração de *Naddins* que se compõem de dous **gunes**, carga de um boi». — *Apud* Joaquim C. Soares, *Doc. Comprobativos*, p. 434.
1862. — «Sacas vazias de linho canhamo novas, denominadas de **gune**» — Francisco M. Bordalo, *Ensaios sobre a Estatistica*, V, p. 212.
1879. — «**Gunes** para sacos 31 arrobas 10 arrateis».— João Torrie, *Estatistica da India Portugueza*, p. 149.
1905. — «Percintas de **goni**, cada uma ½ tanga». — Ernesto Fernandes, *Regimen do Sal*, in *Bol. S. G. L.*, XXIII, p. 285.
1883. — «Jute Manufactures, in the shape of **guny-bags**, cloth, rope, etc., were also exported». — Hunter, *The Imperial Gazetteer*, II, p. 305.
1908. — «The coarse sackcloth woven of it [fibra de juta] and formerly used by the very poor of Bengal is *tát*, and the bags made of it are *choti* or **goni**». — Watt, *The Commercial Products*, p. 406.

* **GONIPATTO** (conc. *goṇī-pāṭ*). Fazenda de juta, de que se fazem *gonis*.

1788. — «Por cada carga de **Gonipatto**, huma tanga dous reis e meio». — *Collecção de Bandos*, I, p. 44.

* **GOPICHANDANA** (s. f.). Espécie de argila muito branca, de que se servem os vixnuítas (sectários de Vixnu) para marcar o corpo depois do banho diário, e que se supõe levada de Duarca. Do concani-sânsc. *gopichandana*.

1788. — «Por cada carga de **Gopichandon**, duas tangas e cinco reis». — *Collecção de Bandos*, I, p. 44.
1810 — «Tamara, *congo*, betele, **govechandana**, sementes de *caró* ..».—*Apud* Joaquim C. Soares, *Doc. Comprobativos*, p. 434.
1832. — «Por 1 dita [carga] de **Gopichandon** (pau de), 0:2:05». — *Collecção de Bandos*, I, p. 134.

* **GOPURÁ** (s. m.). A palavra *gopura* designava originàriamente em sânscrito «porta da cidade»; mas actualmente toma-se no sentido de «tôrre piramidal que se erige sôbre a entrada do recinto do pagode». Tais tôrres vêem-se especialmente no sul da Índia, e tinham outrora por objectivo a defesa do templo; ao presente, porêm, são meras edificações decorativas, muito ornamentadas.

1886. — «Diante da porta principal ha sempre um grande perystillo coberto de um telhado pyramidal, sustentado por muitos arcos de pedra ou por grossas columnas de madeira lavrada». — Lopes Mendes, *A India Portugueza*, II, p. 56.
1907. — «Mesmo os *dagobás* ou *dagops* do sul da India, os pagodes drávidas, com o seu *vimana*, o sanctuario quadrangular, o seu *mandapam* ou vestibulo com columnatas, os seus **gopurás**, ou portas ornamentaes de altos frontões em pyramide... são das proximidades do millenio christão». — *O Oriente Portuguez*, IV, p. 21.
«Padieira de largo portal, admiravel-

mente ornamentada de **gopurás** de estylo drávida». — *Ibid.*, p. 44.

1825. — «La porte d'entrée des grandes pagodes est pratiquée à travers une haute pyramide massive qui va toujours en diminuant, et dont le sommet est ordinairement terminé en croissant ou en demilune». — P. Dubois, *Mœurs*, II, p. 345.

1862. — «The **gopurams** or towers of the great pagoda». — Markham, in *Glossary*.

1883.— «The Lofty **gopuras** (pyramids), the thousand-pillared temple, with its splendid porch and fine jewels, attract the chief attention of visitors». — Hunter, *The Imperial Gazeteer*, IV, p. 26.

*** GORBAGA.** Casa e o seu quintal, em Goa. Do concani-mar. *gharbāg*, composto do neo-árico *ghar* (sânsc. *gṛha*), «casa», e persa *bāgh* «horta, jardim». Mais usada em linguagem forense é a locução *gorbatta*, do conc. *gharbhāṭ*, «casa e palmar ou quinta».

1856. — «Como **Gorbaga**, as propriedades sitas na aldeia Podoxem». — *Apud* Júlio Biker, *Colleoção de Tratados*, XIII, p. 96. — Nota: «Terreno adjacente á casa, e sua pertença.

1917. — «A principal cruzada das mulheres goesas para a guerra e para a paz é criar mais frutos, mais hortaliça e mais flores nos pequenos *porsuns* e **gorbatts**». — *O Ultramar*, de 2 de Julho.

**GORCA.** É uma espécie de brindoeiro de Ceilão — *Garcinia gambogia*, Desrouss. Diogo do Couto leria *gorca* e não *gorsa* (como se vê impresso), em conformidade com o sing. *goraka*, tam. *korakka*.

1616. — «Applicaram-se-lhes remedios de cousas frias, e seccas, como vinagre, com que o mitigavam; e por faltar este, usavam de huma fruta, a que chamam **gorsas**, que tem a mesma virtude». — Déc., XX, 12.

1687. — «Auia hũa aruore chamada **Gurgura**, que daua certa fruta azeda, que seruia de vinagre; para que nem isto faltasse em Ceylão». — P. Fernão de Queiroz, *Conquista de Ceylão*, p. 585.

1885. — «Bamboos are also exported, as well as myrabolans, the produce of the **karaka** (Terminalia chebula)». — Hunter, *The Imperial Gazetteer*, p. 484.

1913. — «The *Carcapuli* as mentioned by the XVI and XVII century writters is the **Gorka** of the Sinhalese». — P. E. Pieris, *Ceylon*, I, p. 516.

**GORGOLI.** «Vaso com água, em que se immerge o tubo do cachimbo pâra esfriar o fumo». C. de Figueiredo. Do concani-hindust. *guḍguḍī*. E o mesmo que *ucá*.

1799. — «E a sua [de cánhamo] espiga e semente he hum ramo de commercio para o gentilismo ajuntar com o tabaco que fumão nos seus **gorgurins**». — In *Archivo de Pharmacia*, I, p. 169.

1846. — «Fumão tabaco preparado com jagra de cana, por meio de **Gurguly**, huma especie de Ucá». — F. N. Xavier, *O Gabinete Litterario*, I, p. 202.

1866. — «Dizem que n'aquella occasião se lhes dá a fumar em seu **Gurgurl** o *bangue* (huma preparação de opio)».—*Ibid.*, III, p. 51.

*** GORMALE.** Conforme Gaspar Correia, é o título de capitão, em Bengala. Conjecturo que o vocábulo provém do hindust. *gaṛhpāl*, «governador de castelo».

1531. — «Deu com hum mouro honrado, capitão de gente de guarda da terra, que por seu officio se chamaua **gormale**, que acertou de andar só».—*Lendas*, III, p. 443.

1552. — Depois por duas ou tres vezes fizerão entradas com ardis e ciladas: hũa das quaes per industria de hum Mouro mercador chamado **Gormale**, a quem Duarte Pacheco por comprazer a elRey de Cochij deu hũa bandeira». — João de Barros, Déc. I, VII, 7.

1613. — «Foy topar a caso com hum mouro honrado capitão da gente com que se guardaua a terra, que por rezão do seu officio se chamaua **Gormale**... e o **Gormale** foy leuado ao nauio». — Francisco de Andrada, *Chronica de D. João III*, II, fl. 110.

*** GORÓGIO** (jap. *gorōjū*). Conselho de estado em Yedo no reinado do *xogum*.

1874. — «Houve comtudo homens perversos que procuraram sugar aos seus desgraçados servos mais do que deviam, e, levados pelo desespero, os aldeões souberam fazer soar as suas queixas junto ao **gorogio**, conselho d'estado do *tai-cun*... Um hattamotto, isto é, *samourai* cujas terras dependiam do *tai-cun*, opprimiu com tão excessivas contribuições os seus agricultores, que estes aventuraram-se a apresentar um memorial ao **gorogio** queixando-se do que soffriam. O **gorogio** decediu que o fidalgo culpado devia morrer pelo *hara-kiri* com todos os seus parentes proximos e remotos». — Pedro G. Mesnier, *O Japão*, p. 24.

**GOS.** Bluteau inscreve o termo do seguinte modo: «Medida itineraria das Indias: que assim como medimos os caminhos, e jornadas por legoas, os Indios as medem por **Goses**, e cada he de quatro mil, e oito centos, ou de cinco mil passos geometricos». Eu não o encontrei em nenhum escritor nacional; é possível que o dicionarista o tenha tirado de algum autor estrangeiro, como, por exemplo, de Tavernier, que menciona *gos* como palavra do número singular. Mas a exacta forma, *gau*, é dada por Pedro do Vale, do hindustani do Decão (decani) *gau*, «medida de umas quatro milhas». O termo é ainda corrente em Ceilão sob a forma *gavva*, derivado do páli *gāvuta* < sânsc. *gavyūti*. *Gau* corrompeu-se em *gão* em Goa, e confundiu-se no significado com «aldeia». O marata tem *gokox* ou *gaukox*, que Molesworth diz ser «a distância a que se pode ouvir o mugido duma vaca», o qual não pode certamente soar a milhas. Yule porêm observa que «a explicação é provávelmente moderna e incorrecta». Neste caso, *gos* poderia ser abreviação de *gokox*. V. *Glossary*.

1879. — «Medidas de extensão. **Gaum** ou *grames*, quasi duas leguas, divide-se em 4 *cossos*, e o cosso em 2 *dovoanis*». — João Torrie, *Estatistica da India Portugueza*, p. 205.

1623. — «Da Garicota à Tumbre sarà circa d'vna lega, e mezza, perchè in quel paese misurano i camini per **Gaù**, & ogni **Gaù** son circa de' due leghe, e da Garicota, e Tumbre dissero, che non era vn **Gaù** di strada». — Pietro della Valle, *Viaggio*, p. 166.

«Vn **Gau** costa di quattro **Gos**, e corresponde à due leghe Portoghesi». — *Id.*, p. 216.

1676. — «On mesure aux Indes les distances des lieux par **Gos** et par *Cosses*. Un **Gos** fait environ quatre de nos lieuës communes; et un *Cosse* une lieuë». — Tavernier, *Voyages*, III, p. 39.

1860. — «The *Mahawanso* tells us that, in his time, the city extended nine **gaous** (are about thirty miles)». — Tennent, *Ceylon*, II, p. 584.

*** GOTO** (jap. *koto*). Harpa ou lira japonesa.

1870. — «Ninguem sabia tirar sons mais voluptuosos do **Gotto** (viola japonesa), e as mais difficeis artes eram para ella um brinco». — Pedro G. Mesnier, *O Japão*, p. 160.

«Ella fallou aos dois amantes com mysteriosos accentos, semelhantes ás ultimas vibrações do **gotto**, repetidas pelo echo nocturno» — *Id.*, p. 176.

*** GÔTRA** (s. m.). O vocábulo é sânscrito; significa literalmente «curral de vacas», mas emprega-se em geral por «família», e com mais rigor pela «progénie, embora dividida em muitos fogos ou famílias, duma estirpe célebre, cujo nome leva». Neste último sentido corresponde a *gens* da sociedade romana. **GOTRI** é o indivíduo que pertence ao mesmo *gôtra*. V. *daigi*.

1687. — «Mas deixando as mais [cerimónias], e as particularidades, das diuersas tribus dos Bragmanes, que na lingua Canarina se chamão **Gotrx**...». — P. Fernão de Queiroz, *Conquista de Ceylão*, p. 68.

1736. — «Não convidem aos parentes... a que costumam chamar *daigis* ou **gôtris**, para assistirem ás ditas funcções». — *Edital* da Inquisição de Goa, in *O Oriente Portuguez*, IV, p. 234.

1886. — «São prohibidas as nupcias entre os individuos de uma mesma tribu, **gothra**, ou entre pessoas que adoram o mesmo deus primitivo e privativo da tribu». — Lopes Mendes, *A India Portugueza*, I, p. 242.

1890. — «Em primeiro lugar não pode celebrar-se [o matrimónio] entre pessoas do mesmo **gôtra** (familia), e em segundo lugar só pode celebrar-se entre pessoas da mesma casta». — António de Almeida Azevedo, *As Communidades de Goa*, p. 55.

1907. — «Cada familia constituindo um governo patriarchal representava um **gôtrâ** do nome do primitivo patriarcha». — José Joaquim Fragoso, in *Bol. S. G. L.*, XXV, p. 221.

1910. — «É o que na Índia Portuguesa se chama **gotra**, e os membros dela denominam-se **gótris**». — Gonçalves Viana, *Palestras*, p. 59.

1825. — «Comme ils connaissent tous les **gotram** ou la souche de laquelle ils dérivent, c'est-à-dire, quel est l'ancien mouny ou pénitent dont ils tirent leur origine...». — P. Dubois, *Mœurs*, I, p. 11.

1885. — «The Hindu custom now forbids marriage between the persons of the same **gotra** or kindred, and persons of different castes». — Hunter, *The Imperial Gazetteer*, VI, p. 195.

1904. — «The Brahmans claim that they have descended from seven or more *Rishis*, patriarchs, to whom were revealed the Vedas — and that the **gotras** mark this descent». — P. A. Saldanha, *The Indian Caste*, p. 8,

**GOULI**. Pastor; indivíduo da casta pastoril. **GOULINA**, pastora; mulher de *gouli*. Do concani-mar. *goṁvḷī* < *goṁvaḷ*, «gado».

1865. — «Tribus **goulinas** acampam com o seu armentio durante a quadra pluviosa nas colinas d'esta aldea».—*Relatorio da Provincia de Satary*, I, p. 16.

1886. — Os **goulys** são pastores, que vivem nas montanhas, tanto de Nagar-Avely, como das Novas Conquistas, uma vida errante e selvagem». — Lopes Mendes, *A India Portugueza*, II, p. 239.

«As varlanas e **goulynas** fazem todo o serviço domestico, tratam dos filhos com extremado carinho, e auxiliam seus maridos e paes nos trabalhos agricolas e na pastoria do gado». — *Id*, p. 240.

1898. — «Os **goulys** (pastores) foram reconhecidos pela primeira classe dos sudras, depois da encarnação de Vishnú, sob o nome de Crishna». — Oliveira Mascarenhas, *Atravez dos Mares*, p. 113.

1901. — «Mas é certo que algumas são deveras insubmissas, como os ranes e **goulys**, mas isso mostra uma superior necessidade da vida independente». — *Bol. S. G. L.*, XVIII, p. 508.

1916. — «São os chamados *curumbins*, christianizados, e os seus irmãos em raça ou casta, ainda pagãos, os **gounlis**». — *O Ultramar*, de 31 de Julho.

1916. — «... num dos furtos recentemente dados na casa dum **gouli**, residente no mercado da localidade». — *O Futuro*, de 12 de Outubro.

* **GOURO**. Fortim na Índia; é o mesmo que *goddo*, q. v. Do marata-conc. *gaḍ* < hindust. *gaṛh*.

1752. — «Recebendo por elle e por seu filho Usdia, *quiladar* do **Gouro** de Pondá, a noticia d'esta prisão, expedio o rei por embaixador a Carur Badrabader».—Eduardo Balsemão, *Os Portuguezes no Oriente*, III, p. 173.

* **GOVAR** (mar. *govārī*). É uma planta leguminosa da Índia — *Dolichos fabæformis*, Roxb., *chiṭkī* ou *tiḍkī-miḍkī* em concani. Come-se a vagem como hortaliça.

1862. — «... grão, coco, *cholá* (?), **govar**, ananaz, manga» (produtos de Goa). —Francisco M Bordalo, *Ensaios sobre a Estatistica*, V, p. 67.

* **GOXO** (jap. *gosho*). É actualmente sinónimo de *micado* (q. v.); mas no antigo regime designava o *cubo* ou autoridade temporal, e não o *daire* ou *ó*, autoridade espiritual. O P. Cosme de Torre, porém, distingue *goxo* de *cubo*.

1545. — «Olho direito do meu rosto, assentado igual de mim como cada hum dos meus amados, Hyascorão **goxo** Nautoquim de Tanixumaa». — Fernão Pinto, *Peregrinação*, cap. 135.

1560. — «Foi o padre falar ao Rei chamado **Goxo**, a quem todos os Señores de Japão obedecem: o qual he Rei de todo o Japão: porque o principal Rei a que elles chamam *Vó*, que tambem reside em Miáco, não tem mais que a dinidade, mas este **Goxo** tem o mando». — *Cartas de Japão*, I, fl. 70.

1561. — «A terceira e ultima cabeça, e segunda do estado secular he da justiça, poder, e governo, a que chamão *Cunge* [equívoco por *Cubo*] e ainda que haja outras duas, a hũa das quaes chamão *Enge*, e a outra **Goxo**, todavia estas são sogeitas ao Cunge, que he o principal». — P. Cosme de Torres, *ibid.*, fl. 74.

XVI. — «E este | Vo | parece que he antre eles asy como he antre nos o papa... e ajnda que tenha autorydade plenarya sobrẽ tudo diz que nunqua manda fazer justiça de nimguem | mas deixa todo o cuydado a outro que ha hi antre eles asy como he emperador antre nos o qual se chama | **goxo** | o qual tem mando e jmperyo sobrẽ todo o Japão | e porem tem obediencia ao dito | Vo | e quando **goxo** vay visitar o Vo diz que estaa cõ o gyolho no chão e diz que se **goxo** fizesse algũa cousa mal feyta que o *Vo* o pode pryvar do reino e cortala cabeça» — Ms. publicado no *Instituto*, LIII, p. 758.

«Quãodo não se comsertão o rei principal que he como o ẽperador antre nos a que chamão antre eles **gouxy** os mãoda apaziguar | e quõado algũ he contumas o dito **gouxy** lhe faz guerra e lhe toma o estado». — *Ibid.*, p. 766.

* **GOXUIM** (jap. *goshu-in*). Sêlo vermelho do *xogum* (suprema autoridade militar), apôsto a um documento oficial.

1568. — «Pedilhe mais que me fizesse mercê de me querer mandar dar o seu **goxuim**, que he hũa patente pera poder estar livremente no Miãco».—P. Luís Fróis, *Cartas de Japão*, I, fl. 260 *v*.

1569. — «Feitas estas visitações que erão principio do nosso assento no Miaco, por ser mais principal, e mais solida cousa ser a patente do sello vermelho que se chama **Goxum**, e em nossa lingoa mandado de Nobunanga, e a patente ou **Gogensi** do Cubócama, especialmente na de Nobunanga faziamos mais instancia». — *Id.*, fl. 269.

1854. — «Le siogoun Minamoto Yéyas octroya aux Hollandais, en 1611 (quelques-uns disent 1609) par un **gosyunim** formel, c'est-à-dire par lettres patentes scéllées par tous les conseillers d'État, l'autorisation de commercier dans toute l'étendue de l'empire». — Jancigny, *Japon*, p. 30.

* **GRABOSA, grabosa redonda, grabosa ovada**. É *Dioscorea pentaphylla*, Linn. «Comem-se as tubaras, que são brancas; as da planta com folhas ternadas dizem ser intoxicantes». D. G. Dalgado, *Flora*.

1695. — «Cum hoc quodammodo convenire videtur... Portugall. **Grabosa redonda**». — Rumphius, *Herbarium Amboinense*, IX, cap. 14.

* **GRANADA**. Emprega-se êste termo em indo-português, e em concani, marata e hindustani, no sentido de «bomba, estalo» [1]. V. *Influência*.

1817. — «Seja proibida a queima de *recamaras*, **granadas**, *panchões*, ou quaisquer outros fogos de artificio». — *O Ultramar*, de 10 de Abril.

* **GRANADILHO. FLOR DE S. THOMÉ**. É *Passiflora quadrangularis*, Linn., originária da América, cultivada nos jardins.

1658. — «Il **fiore di S. Tomaso**, ò come altri il chiamano **Granatiglia**, ò *fiore delle piaghe*, è molto misterioso, e vago, onde bene s'accopiarebbe col nostro della passione.. La radice spoluerizata, e beuuta è stimata remedio sperimentatissimo per il dolore delli reni, & il fiore quale è odoroso, quasi come le nostre Rose, frena la mossa del sangue per urina». —Fr. Vincenzo Maria, *Viaggio*, p. 396.

«Nel medesimo fondo nacquero certi fiori, per auanti, non mai veduti, hora trapiantati, e communi à tutta l'India, perciò sono detti **di S. Tomaso** vaghi, e misteriosi». — *Id.*, p. 143.

* **GRÃO DE CAVALO** É o nome que se dava antigamente na Índia ao grão de bico — *Cicer arietinum*, Linn. E mais pequeno que o de Portugal, e de duas variedades, preto e encarnado, sendo êste geralmente dado aos cavalos. Os ingleses corromperam a palavra em *gram* (pron. *grême*). Em Goa estava mais em uso, ao tempo da sua conquista, *munga*, q. v.

1786. — «*Mudira* Malab., **grão de cavallo** in Portoghese, *cicer rubrum* lat., semicalido, vale contro la pituita viscosa, fà urinare». — Fra Paolino, *Viaggio*, p. 364.

1824. — «These *serais* are generally noble monuments of individual bounty, and were in ancient times liberally endowed, and furnished supplies of **gram**». — Heber, *Narrative*, I, p. 303.—«A kind of vetch on which horses are chiefly fed in India». — Nota da editora.

1886. — «**Gram**, s. This word is properly the Portughese *grão*, *i. e.* «grain», but it has been specially appropriated to that kind of vetth... which is the most general grain- (rather pulse-) food of horses all over India». — *Glossary*.

* **GRÃO DE MALUCO** ou **grão-maluco; PURGUEIRA; RICINO MAIOR; PINHÃO** ou **PINHEIRO DE PURGA**. São outros tantos nomes portugueses da euforbiácea *Jatropha curcas*. Em Cabo Verde chamam-lhe também *bufareira* e *jague-jague*. V. *Annaes do Conselho Ultramarino* (parte não official), III, pp. 9 e 10. A semente é purgativa, e o suco da planta é na Índia remédio popular para as feridas. Diz o Dr. D. Dalgado (*Flora*) que é originária do Brasil, introduzida pelos portugueses e perfeitamente naturalizada; mas, conforme o testemunho citado por Rúnfio, parece que vinha de Maluco grande quantidade de sementes ou *grãos*, e assim se explica o seu nome vulgar.

1846. — «*Undans*, *Erondo* ou **Grão-maluco**». — F. N. Xavier, *O Gabinete Litterario*, I, p. 249.

1862. — «Sementes de *Brindão*... Ditas de **gramaluco**». — *Annaes* (cit.), p. 37.

1792.— «Se se entremeiar nas *carandeiras* o **grão-maluco** (purgueira) que medra em toda a parte, a sebe será mais compacta». — Bernardo da Costa, *Manual do Agricultor*, I, p. 171.

1690. — «Latine *Granum moluccum*... Portugallice **Grant de molucca** (*sic*) ... Canariensibus *Gepalu*... Ex testimonio D. Pauli Hermanni, Botanici quondam Zeylonensis ibi quoque crescit, uti et in Malabara, olim tantummodo ex Moluccis deducebantur ipsa grana, unde et nomen *Grain de Mollucco* seu *Molucco* sortitum est, Portugalli enim scribunt *Maluco*».

---

[1] 1728. — «Pois só nesta [companhia de granadeiros] consiste a nossa defensa, e o seu temor, sendo extraordinario o que estes barbaros tem do novo fogo de *granadas*». — In *O Chronista de Tissuary*, I, p. 52.

— Rumphius, *Herbarium Amboinense*, VI, cap. 48.
1786. — «*Cadel Avanaca Nirvàlam* Malab., **Grão de Maluco** Portog., descritto nell' Orto Malabarico, potentissimo purgante, che giammai si dove dare incorretto». — Fra Paolino, *Viaggio*, p. 362.

* **GRÁSSIA, grécia** (s. m.; indo-ingl. *grassia*). Êste termo,( do guj. *garāsiya*, hindust *garāsīyā*) designava origináriamente «o infante rial com direito ao *grasso*, isto é, à renda de certas terras para sua subsistência. Adquiriu posteriormente a significação de «homem prepotente, que recebia contribuições das aldeias vizinhas, para os poupar das suas extorsões ou depredações». Degenerou finalmente em sinónimo de «salteador ou bandido». O nosso Bocarro, porêm, emprega a palavra por «profissão do grássia».

1635. — «Tem elles natureza tão prompta para fazer isto, que se chama *choutia*, (q. v.), por outro nome **grecia,** que significa viver de roubos». — António Bocarro, Déc. XIII, p. 248.
1635. — «Somente haverá o dinheiro dos **gracias** *sôrre tores* (*sic*) palmeiras, tanques, e hortas, de que estiver de posse». — *Apud* Júlio Biker, *Collecção de Tratados*, II, p. 63.
1719. — «Será mais obrigado o dito Rey a pagar todas as perdas e danos que o **Grassiá** nos fizer nas nossas aldeas, constando que para fazer os furtos se valerão das terras do dito Rey». — *Ibid.*, II, p. 78.
1631. — «Incolunt barbari, qui itinerantibus perpetuo insidiantur, **Gracias** vocari produnt». — *De Imperio Magni Mogolis*, p. 37.
1666. — «Nous nous trouvâmes au Village de Bilpar, dont les Habitans qu'on nomme **Gratiates,** sont presque tous Voleurs». — Thevenot, *Voyages*, III.
1885. — «In 1880-81, the court decided 192 cases; 58 per cent. of them in favour of the **girásiás,** or claimant to the estates». — Hunter, *The Imperial Gazetter*, VIII, p. 94.

* **GRASSO.** Pão, alimento, subsistência; contribuição aldeã em géneros, em certas partes da India árica. Do sânsc. *grāsa*, «bocado», corrente nas línguas modernas. Em guzarate *garāsa* quere dizer «terra dada para a manutenção». V. *grássia*.

1617. — «O nosso **grasso**, que he *chouto*, que temos nas terras de Damão, e assim a *ogua*, que temos nas aldeas, o que tudo damos para sempre com seus costumes e *lagimas* a V. M. a saber, sete aldeas, que pagão o **grasso**». — In *O Chronista de Tissuary*, IV, p. 24.
1885. — «It decides, under the presidency of a British officer, all disputes as to **girás** or heredirary estates, between the chiefs and the *bháyâds* and *mulgirásias*, who for the most part are the kinsmen of the chiefs, or the descendants of earlier holders who have been unlawfully or oppressively deprived of their estates». — Hunter, *The Imperial Gazetteer*, VIII, p. 94.

* **GREGOGE.** Suplício de serração na Malásia. Do mal. *gĕrgāji*, «serrar».

1539. — «Mandou [o rei de Quedá, próximo de Malaca] matar a todos com hũa morte cruelissima (a que elles chamão de **gregoge**) que foy, serrarennos vivos pelos paes, pelas mãos, e pelos pescoços, e por derradeyro pelos peitos até o fio do lombo». — Fernão Pinto, *Peregrinação*, cap. 19.

**GREPO.** Fernão Pinto emprega freqüentemente o termo com relação aos bonzos da China e Indo-China, e forma dêle compostos, tais como *menigrepo, talagrepo, grepo talapoy*. Mas não se sabe de que língua o tomou; os dicionários não mencionam todas as categorias e denominações dos budistas. Parece que *grepo* é nome de religioso em geral, diferente do budista conventual. Conjecturo que a palavra se compõe do siamês *khru* (páli *garu* < sânsc. *guru*), «preceptor religioso», e de *phò*, «pai». V. *Devic*.

1545. — «Todos os **grepos,** e *menigrepos* fizerão os fogos que vistes».—*Peregrinação*, cap. 79.
«A Chaubainhá lhe mandou hũa carta por hum seu **Grepo** *Talapoy*, religioso de idade já de oytenta annos... Este santo **Grepotalapoy** mayor da casa dourada do santo Quiay». — *Ibid.*, cap. 149.
«Logo apos esta Princeza vinhão em duas fileyras sessenta **Grepos** rezando por livros, cos rostos bayxos, e chorando muytas lagrimas». — *Ibid.*, cap. 151.
«Cujos **Grepos,** *Manigrepos, Talagrepos*, que são os seus sacerdotes, são tambem muyto mais honrados que todos os outros». — *Ibid.*, cap. 165.
1689. — «They have amongst them many Hermits, not unlike the *Jogues* before spoken of, whom they divide into **Grepi**, *Manigrepi*, and *Taligrepi*, who for some severe and rigorous Penances inflicted

upon themselves, are had in great Esteem among the People». — Ovington, *A Voyage to Suratt*, p. 577.

* **GRINIXU** (jap. *goryo-ni-shu*). Título de governador, no antigo regime do Japão.

1584. «... os **grinixus**, que são como gouernadores, *Darnuas*, que são os fidalgos principaes». — P. Luís Fróis, *Cartas de Japão*, II, fl. 107 *v.*

**GROMENARE**. Saüdação muito respeitosa no Japão, zumbaia ; uma espécie de *co-tau* (q. v.). Do jap. *go-menare*, «fórmula de saüdação».

1558. — «Em vendo o Padre [S. Francisco] se levantárão todos em pé, e depois de fazerem seus **gromenares**, pondo por tres vezes a cabeça no chão, que he entre elles hũa tamanha cortezia, que a não faz senão o filho ao pay, ou o vasallo a seu Rey, ou a seu senhor». — Fernão Pinto, *Peregrinação*, cap. 210.

«O Padre se lhe quis inclinar aos pees, mas elle [o rei] o não consentio, antes o levou nos braços, e lhe fez por tres vezes o **gromenare**, que he, como atras disse, cortesia de filho ao pai, ou de vassallo a senhor, de que todos os senhores, que estavão presentes, ficarão muyto espantados, e nós muyto mais». — Id., *ibid.*

**GROXO** (jap. *gorō-ju*). Vogal do conselho de estado no Japão antigo.

1558. — «Tinhão graos nos collegios de Bandou, confirmados pelos *Cubocamás* e **Groxos** de Miaco». — Fernão Pinto, *Peregrinação*, cap. 210.

**GUARDA-OLHOS**. É o nome que se dá na Índia à euforbiácea *Excoecaria Agallocha*, Linn.; *arbre aveuglante* em francês, *blinding tree* em inglês. O seu suco é muito irritante.

1908. — «The wood contains a milky juice which hardens on exposure to the air into a black caouchouc-like substance. The sap that exudes from the fresh-cut bark is very acrid, some say poisonous, hence the name of *Blinding Tree* or *Arbor excoecans*». — Watt, *The Commercial Products*, p. 531.

* **GROU, gurou** (mais correcto). Indivíduo da casta *sudra*, que serve no pagode e adora a Xiva. Do marata-conc. *gurav*, derivado de *guru*, q. v.

1541. — «Elles dantes não haviam nenhum proveito das ditas rendas, senão que todas se gastavam nos ditos Pagodes e seus **grous**, bailadeiras, bramenes». — *Archivo Port.-Oriental*, v, p. 164.

1567. — «Os pregadores dos gentios, *jogues*, feiticeiros, *jousis*, **grous** e quaesquer outros que tem oficio de religião entre infieis». — Primeiro Concilio de Goa, *ibid.*, IV, p. 11.

1595. — «Como consagradas [terras] ao divino ficou a possessão dellas com os bramenes, e **grous**, sacerdotes e ministros dos ditos pagôdes». — *Ibid.*, v, p. 170.

1630. — «Trazendo para isso feiticeiros, mestres, e **grous** da terra firme». — *Ibid.*, p. 1399.

1707. — «Fazem seus casamentos publicamente com seus *Bottos*, **Grous**». — *Ibid*, Supplemento II, p. 180.

1728. — «Os **Grous** e Botos, que são os seus Sacerdotes, estão lavando os sugeitos de hum e outro sexo». — *Ibid.*, p. 122.

1738. — «... cumprindo ao servidor, denominado **gurou** levar a bandeja até ao circulo acima referido, onde ficará de pé, segurando-a na mão». — *O Oriente Portuguez*, II, p. 273.

XVII. — «Na comparativa, que he media, entrão os pescadores, *bandarins*, azeiteiros, **gruós** (*sic*) servidores do pagode, *battás*, que quer dizer, aquelles que vivem de esmola, dizendo alguns louvores». — *Collecção de Noticias Ultramarinas*, I, p. 34.

1852. — «Assim as concedidas aos Pagodes, Botos, **Gurous** etc.». — F. N. Xavier, *Bosquejo Historico das Communidades*.

1890. — «Nos pagodes em que os **gurous**, ministros de castas inferiores, se tem mantido contra os brahmanes, e pertencem-lhes todos os de Vetal, depois de invocações solemnes, o deus entra-lhes no corpo, que se contorce em movimentos epilepticos, ao som de uma musica infernal e falla pela bocca d'elles». — António de Almeida Azevedo, *As Communidades de Goa*, p. 33.

**GUAZIL** (também se escreve *goazil*, mas lê-se idênticamente). Primeiro ministro do rei; governador duma cidade. Os nossos escritores empregam o termo especialmente com relação a Ormuz e a Cananor. Do árabe *uazīr*. O vocábulo já era conhecido em Portugal antes do descobrimento da Índia, mas com o artigo árabe e significação diferente, — *alguazil*, q. v.

1510. — «Dei o bacio a el rei de Cananor e mais duas taças, e outra taça ao **alguazil**». — Afonso de Albuquerque, *Cartas*, I, p. 86.

1523. — «Mandamos a Rex Xaraffo, seu **goazill** que agora he, por nosso mandado, e ao que ao diante ffor». — *Carta Regia*, in *Alguns Doc. da Torre do Tombo*, p. 481.

1529. — «Estes Reys de Ormuz estauão continuamente em esta cidade, e tinhão hum Regedor, a que chamão **Guazil**, o qual despachaua os negocios do Reyno».— António Tenreiro, *Itinerario*, cap. 1.

1537.—«Deu logo rebate disso ao **Guazil** da justiça, que entre elles he como Corrregedor entre nós». — Fernão Pinto, *Peregrinação*, cap. 6.

1552. — «E se querião [os reis de Ormuz] entender na gouernança, ou ser isentos como os outros reys, tomao ho **goazil** dormuz, que assi se chama o regedor, e quebrando os olhos, el com os principaes do reyno ho metião nũa casa». — Castanheda, *Historia*, II, cap. 58.

«Foy surgir na barra de Chatigão, e com licença do **Goazil** da cidade (que he como Gouernador) sayo em terra com os Portugueses da sua companhia». — *Id.*, VIII, cap. 67.

1553. — «Aos gouernadores destas principaes cabeças chamão elles **guazil**, e ao officio *guazilado*».—João de Barros, Déc. II, x, 7.

1554. — «E ao **guaizill** do dito Cananor, de tença em cada hum ano, mil *fanões*, que valem dezoito mill reis». — Simão Botelho, *Tombo*, p. 30.

1557. — «O Rey de Ormuz mandava ali hum Mouro honrado cada anno por **Goazil**, este governava justiça, e fazia guerra e paz, quando lhe parecia bem». — *Commentarios*, I, cap. 21.

1563. —«Fallarão com o feitor mór d'ElRey, que era Vedor mór de sua fazenda, e assi com o **Gozil** d'ElRey, que he regedor da justiça». — Gaspar Correia, *Lendas*, I, p. 76.

1563. — «... lhe perguntei se fora rey, dixeme que não, senão que fora **goazil**, que entre elles quer dizer regedor ou grande... Ao rei dizem *Xá* [no jôgo de xadrez], e *á* dama *goazir*, que he condestabre». — Garcia da Orta, Col. VII e X.

1577. — «Tambem virião da Persia os **Guazis** do Verdestão, e Virdicão seus parentes». — *Primor e Honra*, fl. 49 *v.*

1585. — «Tambem me escreveu que por falecimento de Rex Nardim que foi **guazil** naquelle Reyno, lhe ficara hũ filho legitimo». — *Carta Régia*, in *Archivo*, III, p. 36.

1603. — «Mandou escrever hũa carta por Atambê que he seu *Vazir*, que nos mandou ler». — Fr. António de Gouveia, *Jornada*, fl. 147 *v.*

1613. — «Neste tempo estaua a cidade de Ormuz leuantada contra os nossos por induzimento do **guazil** mór della chamado Raix Xarofo». — Francisco de Andrada, *Chron. de D. João III*, fl. 20 *v.*

1632. — «Então contou como o Rey infiel mandara recado aos **guazis** das villas da sua jurdição, que matassem todos os portuguezes».—Fr. Luís de Sousa, *Annaes de D. João III*, p. 72.

1578. — «Este Auicena no fue princîpe ni rey, sino regedor (que en aquellas partes se llama **Goazil**)». — Cristóvão da Costa, *Tractado*, p. 433.

1610. — «En su tiempo huuo el primer Wazir en la Persia. A que nos viciosamente dezimos **Guazil** que es supremo Gouernador, e Regidor del Reyno, despues del Rey, aunque no todos tienen esta suprema jurisdicion». — Pedro Teixeira, *Relaciones*, p. 13.

**GUAZILADO.** Cargo de *guazil*. Vid. Barros em *guazil*.

1545. — «Levavão *marsungos* das pessoas a que elle dava **guazilados**, e arrendava suas rendas». — *Carta Régia*, in *Archivo*, p. 186.

1563. — «Pelo que lhe muyto rogava que largasse o **gozilado** dos mouros, que lhe tinha dado, e ficasse com o **gozilado** dos gentios» (*tanadarias* de Goa). — Gaspar Correia, *Lendas*, II, p. 63.

1570. — «Da qual Ilha o mesmo Xarofo lhe tinha dado o **guazilado**, e ambos a comião». —João de Barros, Déc. IV, III, 12.

1502. — «E o **guazilado** mandou o Gouernador dar a Rax Hamed, hum mouro muito principal». — Diogo do Couto, Déc. IV, II, 7.

1605. — «Avendo respeito a Rais Nordim soceder no **guazilado** de Ormuz por morte de seu pai Rais Xarofo». — *Alcará* do governador, in *Archivo*, VI, p. 1039.

**GUDÃO.** Armazêm, adega. O termo é corrente em ásio-português, bem como em indo-inglês, *godowon*. O ótimo é o mal. *gudang* ou *gĕdong*. «Todavia, dizem Yule & Burnell, parece que a palavra proveio primáriamente do sul da Índia, onde *gidangi* em telúgu, *kiḍaṅgu* em tamul significam «lugar onde jazem fazendas», de *kiḍu*, «jazer». V. *Influência*. Em Malaca os *gudões* eram subterrâneos, por motivo de perigo de incêndio, como observam Barros e Erédia.

1513.—«E lhe queimamos toda a pouoaçam, em que lhe queimamos muito arros e hum **gudam** cheo de maças».—In *Cartas* de A. de Albuquerque, III, p. 52.

1515. — «Mandou abrir hũs **gudões** que saam como logeas».—Pedro de Faria, *ibid.*, p. 123.

1536. — «E assi se perguntara s^or^ pelos **gudões** de arroz que são sete ou oyto casas onde estão taes mandarîs». — Vasco Calvo, *apud* D. Ferguson, *Letters*, p. 88.

1552. — «Mandou roubar muitos **gudões**, em que auia tanto crauo, noz, maça e sandalo, que de os nossos ho nã poderem leuar todo forão chamar o pouo de Malaca». — Castanheda, *Historia*, III, cap. 81.

1554. — «... **gudões,** que são hũas logeas quasi metidas debaixo do chão por guarda do fogo...». — «Dous **gudões** d'ElRey, os quaes dizia estarem cheyos de fazendas». — João de Barros, *Déc.* II, VI, 3 e 4.

1557. — «Avisando-se que nas casas, nem nos **gudões** de Ninachatu não tocassem». — *Commentarios,* III, cap. 28.

1562. — Sendo a igreja destruida, hum **gudão** que tinhamos desfeito, á sua custa fizerão a igreja, e fizerão concertar o **gudão**, como se o fizerão de novo». — *Cartas de Japão,* I, fl. 108 *v.*

1613. — «Havia muitas casas e *armenyas* [armazêns?] ou **gudoens** que são aedificios subterraneos, em que os mercadores recolhem as roupas de Choromandel per lo perigo de fogo, por as casas estar cubertas de palha». — Manuel G. de Erédia, *Declaraçam de Màlaca,* fl. 22.

1616. — «Mandou tirar toda a fazenda, e a recolheo na Cidade em Terracines, a que elles chamam **Gudões**». — Diogo do Couto, *Déc.* X, III, 14.

1668. — «N'este dia foi o proprio por mar com as cartas ao Sr. Embaixador sobre a força, e injusta agressão no sandalo, arrombando o **godão** em que estava recolhido». — In *Ta-ssi-yang-kuó,* I, II, 12.

1687.— «Acharão os Chingalaz na çerca do Rey muitas casas, ou **godões** de patacas». —P. Fernão de Queiroz, *Conquista de Ceylão,* p. 386.

1707. — «Achei que a Christandade de Nigombo estava tão esmorecida que já das ermidas tinha feito **gudões**». — P. Manuel de Miranda, in *O Chronista de Tissuary,* III, p. 189.

1833. — «O Tabaco que vier para Pondá, em *Boyadas,* ou de outra forma, será recolhido nos **Gudões** da Alfandega, de que terá huma chave o Rendeiro, e outra o dono do dito Tabaco». — *Collecção de Bandos,* I, p. 138.

* **GUDDI** (conc. *ghuḍī*). Alfândega de raia sêca. no Concão.

1774. — «A roupa, e mais cousas, que vierem de Balagate para Salcete, pelo caminho de Carbalganto, o seu direito da Alfandega da entrada, e sahida toca ao **Guddy**... Os Bois, Bufalos, e Bufalas, que vierem pelo caminho de **Guddy** para a Provincia, ou passarem por fora... toca o seu direito para a dita Alfandega de **Guddy**». — *Collecção de Bandos,* I, p. 20.

* **GUDDO** (conc. *gūḍh*). Vaso de que se servem os *mainatos* ou lavadores indianos para preparar a barrela.

1619. — «Cada hũ **guddo** de *mainatos* que é formã de Baril paga de direitos sete *barganins* brancos». — *Regimento* de Nuno Vaz Castelo Branco.

**GUEBRO** ou **gaur**. O vocábulo persiano *gabr* quere dizer «adorador do fogo», isto é, sectário de Zoroastro; mas os muçulmanos empregam-no injuriosamente no sentido de «infiel». V. *parse.*

1663. — «Na cidade de Yasd e em outras muitas partes daquelle imperio ha ainda grande numero de persianos, que se conservam em sua antiga crença adorando o fogo como o maior dos seus deuses, lançando nelle madeiras odoriferas, azeite e oleos. A estes chamam os naturaes **Gaor** *Yasdir;* que quer dizer gentios yazdyenses». — P. Manuel Godinho, *Relação,* p. 17.

1837. — «O termo **gauro** (infiel), ou **guebro**, é em geral applicado a todos os que não são musulmanos na Turquia, e paizes mahometanos; mas na Persia, empregado simplesmente designa sempre o parsio, ou **guebro**, como se fosse um nome proprio». — *O Panorama,* de 18 de Novembro.

1858. — «**Guebros**, da palavra persa *gher,* que significa infiel, como os vocabulos turcos *giaour* ou *gaur,* chamam os musulmanos, em geral, a todos aquelles, que, não sendo christãos nem judeus, não professam comtudo o islamismo, applicando tal denominação mais especialmente aos adoradores do fogo, discipulos de Zoroastro». — *Archivo Pittoresco,* II, p. 40.

1869:

> «Guebros entre os persas,
> Entre os indios pária,
> Judeu entre os christãos».
>
> João de Deus, *Flores do Campo,* p. 82.

1878. — «Os que ficaram na Persia são conhecidos tambem pelo nome de Parsis, mais geralmente, porém, pelo de **Guebros**». — Vasconcelos Abreu, *Investigações,* p. 23.

1886. — «A sua religião conserva alguma cousa da elevação e pureza de Zoroastro, a quem os **guebros** attribuem a redacção dos seus livros sagrados». — Lopes Mendes, *A India Portugueza,* II, p. 238.

1898. — «Tratamos agora dos parses, ou **guebros** — sectarios de Zoroastro — os quaes, descendendo dos persas, abandonaram o seu paiz». — Oliveira Mascarenhas, *Atravez dos Mares,* p. 114.

1442. — «In the opinion of these men without religion, this place is the Kabah of the **Guèbres**». — Abd-el-Razzan, in *India in the fifteenth century,* p. 22.

1610. — «Llamanse estos gentiles en Parsio, per vno destos tres nombres, Mayucy, Macrigy, ò **Gaòr** yazdi, de los quales el ultimo es mas comune». — Pedro Teixeira, *Relaciones,* p. 4.

1666. — «Il y a beaucoup de Parsis ou **Guébres**, mais sont fort pauvres». — Thevenot, *Voyages,* III, p. 170.

1675. — «The **Gabers** or **Gaures**,

are the true Persian Race, the undoubted Heirs both of the Gentilism and Succession, attributing Divine Honour to the Fire». — Fryer, *East India*, II, p. 253.

1676. — «Depuis que les Persans commencerent à persecuter les **Gaures**, il s'en retira une grande partie à Surate, et en d'autres lieux de la Province de Guzarate. Aujourd'hui le Roi de Perse les laisse vivre en liberté, et il y en a plus de dix mille à Kerman».—Tavernier, *Voyages*, II, p. 91.

1770. — «Cette importation est grossie par des Indiens **Guebres** qui viennent à Baku, province située au couchant de la mer Caspienne». — Raynal, *Histoire*, II, p. 204.

1782. — «Les Parsis ou **Guébres**, descendens des anciens disciples de Zoroastre, qui adorent le feu, y ont un temple». — Sonnerat, *Voyages*, I, p. 48.

1786. — «Che maraviglia sarebbe, se gli **Gabri** o **Gauri** veri Indiani avessero conservato nella Persia i loro libri Indiani ed un Dialetto Samscrit incirca mille anni, tempo in cui stavano fuori della loro patria». — Fra Paolino, *Viaggio*, p. 268.

1819. — «It cannot be doubted that the modern **Gabers** and Parsis, in allowing carcasses to be lacerated and disjointed by birds and beasts, imitate the exemple of their Magician forefathers». — Onsley, in *The Journal B. B. A. S.*, XIV, p. 12.

1825. — «Si l'on aperçoit quelque ressemblance entre les **guèbres** ou descendans des anciens Perses adorateurs du feu, et les Indiens, dans le culte que les uns et les autres rendent à cet élément et au soleil, leur religion et leurs coûtumes sont entièrement différentes pour tout le reste». — P. Dubois, *Mœurs*, II, p. 233.

1841.—«On ne trouverait pas aujourd'hui un seul fourgeron parmi les Parsis et les **Guèbres** établis dans l'Inde et en Perse, parce que les gens qui suivent cette profession sont exposés à éteindre le feu ou à le souiller par l'introduction de divers corps étrangers réputés impures». — Dubeaux, *Perse*, p. 268.

1913. — «**Gabar, gabr**, is probably a form of *Kafir* «an unbeliever». — J. Hastings, *Encyclopedia*, VI, p. 147.

* **GUECHE** (persa *gach*). Cimento, argamassa.

1610. — «The cement is made of white gypsum, abundant in the main land, which they call **gueche**» (em Ormuz). — Pedro Teixeira, *The Travels*, p. 167.

**GUEDÉ.** Fernão Pinto emprega o termo para designar uma espécie de embarçação da China. Mas evidentemente a palavra não é, como não são *mânchua* e *balão*, do chinês, que não tem os fonemas *g* sem nasal e *d*. Deve provir do malaio *gaeng*, que quere dizer «barco pequeno e chato».

1542. — «Ha mais de vinte mil embarcações, a fóra balões, e **guedees**, e manchuas, que não tem conto, por serem barcos muy pequenos em que a gente negocia».— *Peregrinação*, cap. 88.

* **GUEIXA** (jap. *geisha*). Bailadeira japonesa.

1874.—«Apenas se sentam os convivas, entram as **geychas**, dançarinas e cantoras, esplendidamente ataviadas». — Pedro G. Mesnier, *O Japão*, p. 50.

1897. — «E assim continua Ontamaro, em intermináveis theorias de mulheres gentis, que são as mundanas, que são as noviças, que são as cantoras, que são as **gueshas**, que são as criadas das *chayas*, todo o feminismo galante». — Venceslau de Morais, *Dai-Nippon*, p. 79.

1903. — «São figurantes algumas dezenas das mais gentis dansarinas (**gueishas**), da cidade, as quaes se apresentam em ricos e graciosos trajes». —Id., *Cartas do Japão*, p. 161.

1903. — «. . . são o Japão banal e aphrodisiaco dos romancistas e dos bajôjos estrangeiros e nacionaes, que se babam em frente das *mussmés* e das **gueishas**». — *Ta-ssi-yang-kuó*, II, IV. p. 832.

«**GUELY**, m. Árvore da Índia portuguêsa». Cândido de Figueiredo. É *Ramdia Malabarica*, Lamk., *geḷi* em concani, «espinho de urso» em português. «Fructus immaturi diarrhaeam compescunt et nimium mensium fluxum imminnunt». Rheede.

«**GUERY**, m. Árvore da Índia portuguêsa». Cândido de Figueiredo. É o mesmo que *guely*. O *ḷ* cacuminal das línguas indianas representa-se em português por *r* e, às vezes, por *l*.

* **GUEREDÂO.** A palavra sânscrita *grantha* quere dizer «livro»; nas línguas dravídicas, porêm, por *grantham* se entende, no sentido restrito, o alfabeto devanagárico, em que se escrevem comummente os livros sânscritos. Os antigos autores europeus, que escreveram no sul da Índia, empregaram o termo, diversamente ortografado, para designar a língua sânscrita. Chamam-lhe também «latim da Índia ou dos brâmanes».

1600. — «Nestes versos está escrita em hua lingua particular chamada **Gerodam** [leia-se Guerodam], a sua Filosofia, e Theologia, que os Brámenes estudão, e lem em vniversidades por todo a India». — P. Lucena, *Historia*, II, cap. 11.

1608. — «Começou [o P. Roberto de Nobili] agora a aprender o **gueredão**, que he o latim dos Bramenes, já o sabe mediocremente ler, e fallar». — P. Fernão Guerreiro, *Relaçam Annual*, fl. 85.

1612. — «Disto tem muitos livros em seu latim, a que chamão **Geredão** [= Gueredão], que contêm tudo o que hão de crer, e todas as ceremonias que hão de fazer». — Diogo do Couto, Déc. V, VI, 3.

1687. — «Diz no idioma **Girindão** [*guirindão*], que he a sua Lingua Latina, as seguintes palauras: *Agão, Brumá* (*aham Brahma*); que querem dizer: Eu sou o mesmo Deos Brumâ». — P. Fernão de Queiroz, *Conquista de Ceylão*, p. 86. — «Entretanto basta saber, que sendo já muitos os homens doutos e curiosos, que souberão perfeytamente a lingoa Marasta, e o **Guirindão**, em que promulgarão seus escritos...». — *Id.* p. 128.

1880. — «... e finalmente o alphabeto **grantha**, d'onde deriva o do *malayâla* ou malaio». — Martins Velho, *Estudos sobre o Oriente*, p. 62.

1727. — «**Girandam** (by others called *Kerendum*, and also *Sanskrits*) is the language of the Brahmins and the learned». — Valentijn, in *Glossary*.

1831. — «Le roi avait eu l'attention de me faire montrer le fameux bassin d'Umbritsir, au centre duquel est le temple d'or où est gardé le **Granth** ou livre sacré des Sykes». — Jacquemont, *Correspondence*, II, p. 173.

*** GUGIR.** Habitador ou oriundo do Guzarate; é quási o mesmo que *baneane*, com a diferença de que o primeiro denota, em rigor, a naturalidade e o segundo a profissão. Os *gugires* são também em geral, fora do seu país, comerciantes. Do conc. *gujïr*, mar. *gujar*, guz. *gujjara* < sânsc. *gurjara*. Lópes Mendes dá na sua *India Portugueza* (I, p. 45) uma estampa de «mulher gugyr», de Panjim.

1862. — «O paiz [de Goa] é habitado tambem por parses, **gugires**, baneanes e outros adventicios de diversas seitas religiosas». — Francisco M. Bordalo, *Ensaios sobre a Estatistica*, V, p. 47.

1880. — «Os habitantes dividem-se em seguintes grupos: europeus, *descendentes, mestiços, canarins*, gentios, *mouros*, e alem d'estes ha ainda os *parses*, **gugires**, baneanes e outros que professam differentes seitas religiosas». — Teixeira de Aragão, *Descripção das Moedas*, III, p. 2.

*** GUIGAVO** (chinês *nge-wai-wei*). Cabo militar.

1545. — «Na dianteyra destes em pé, como Tenentes, ou cabos de esquadras, dous gigantes fantasticos muy bem dispostos, e ricamente vestidos, com seus terçados a tiracolo, e alabardas muito grandes nas mãos, os quaes os mesmos Chins chamão em sua lingua **Gigauhos**». — Fernão Pinto, *Peregrinação*, cap. 103.

*** GUIMÃO.** Conforme Fernão Pinto, é religioso budista de certa categoria, na Indo-China. Mas o birm. *kyung*, que deve ser o étimo, designa a «varela ou mosteiro búdico», sendo *pungui* (*p'hun-gyi*, lit. «grande glória») o nome de religioso. Parece que o autor confundiu os dois vocábulos.

1547. — «Só de bicos, grepos, menigrepos, talagrepos, **guimões**, e rolins, se afirmou que passavão de trinta mil». — *Peregrinação*, cap. 167.

1854. — «Ces temples sont desservis par des *pounghis*, qui habitent les *kyaumes* au pied et sur le flanc de la montagne». — Jancigny, *Indo-Chine*, p. 300.

*** GUINA** (jap. *ginnan*). Pequena noz branca, fruto de *Gingo biloba*, que serve de contagem no Japão.

1638. — «... chamando de fracos aos fidalgos, que não sabião nada das armas, senão das **ginas**, com que fazião as contas, cobrauão as rendas, acrescentauão os tributos». — Duarte Correia, *Relação do aleuantamento de Ximbàra*.

*** GUINAI**, Bairro, quarteirão, no Japão. Parece que o étimo é *kanai*, «casa, lar».

1569. — Fizerão [os Bonzos] logo hum **guinai** junto do seu mosteiro que era hũa arrazoada villa, pera mais liuremente vsarem de suas abominações, e acrescentarem em sua riqueza temporal... Quando veo Cannixu por cerco ao mosteiro em que o *Cubòcama* estaua, a primeira cousa que fizerão foi queimaremlhe o nouo **guinai**, que tinhão feito sem lhe deixarem nem hua só casa». — P. Luís Fróis, *Cartas de Japão*, I, fl. 258 *v*.

**GUINDE** (s. m.). Emprega-se o vocábulo na India em duas acepções: própria, «jarro para água, gomil», originàriamente de metal; imprópria, «bacia de lavar a cara», tambem de metal. O termo é mais usado actualmente na primeira acepção em indo-português e na segunda em indo-inglês[1]. A sua origem é dravídica: tam. *kiṇṇi* (de *kiṇu*, «ser côncavo), malaiala *kiṇḍi*, tel., can., túlu *giṇḍi*; *giṇḍī* em concani e marata.

1551. — «De ouro hũa barra e hũu **guimde** e hũu colarinho, tudo douro de ley». — *O Inventario do Thesouro do Rei de Ceylão*, p. 21.

1552. — «Estaua hum **guinde** douro que he da feiçã dagomil ou quasi». — Castanheda, *Historia*, I, cap. 16.

«Muytos **guindes**, e perfumadores e cospidores de prata». — *Id.*, cap. 46.

1687. — «E lançando lhes com hum **guinde** sobre os dedos atados hũa pouca de agua, os torna a dezatar, e ficão casados». — P. Fernão de Queiroz, *Conquista de Ceilão*, p. 70.

1727. — «**Guinde**. Val o mesmo que Jarro entre os Portuguezes da India». — Bluteau, *Supplemento*.

1786. — «Un **Kindi** o vaso di ottone con becco per bere». —Fra Paolino, *Viaggio*, p. 112.

**GUINGÃO** (ingl. *gingham*, franc. *guingan*). O vocábulo tem vários significados. Bluteau atribui-lhe o de «escremento de bicho de seda» (também registado por Bento Pereira), e o de «certo estofo que se fabrica nos territorios do Mogor»; e no *Supplemento* insere *guingaens* como «pano de algodão e seda, que vem da India, de que se fazem varias cousas, e o commum são habitos dos Terceiros de S. Francisco». Cândido de Figueiredo considera antiga a acepção de «bôrra de sêda», e dá como actual a de «tecido fino de algodão». Littré também regista dois significados: «Etoffe de coton fine et employée souvent à faire de robes de femme. Toile de coton blanche de l'Inde». E aponta por etimologia *Guingamp*, «ville de Bretagne où il y a des fabriques de tissus». Yule, que rejeita com razão a derivação de Littré, reproduz a definição de *Draper's Dictionary* («estôfo feito de linha de algodão corada antes de ser tecida», e observa que «os *guingões* indianos eram provávelmente algumas vezes de algodão com mistura de algum outro material».

O termo *guingong* é comum às línguas do Arquipélago Malaio, com o sentido de «cotonia listrada ou axadrezada», talvez derivado do tam. *kiṇḍan*, que quere dizer o mesmo. É pois da Malásia que o termo veio para a Europa. V. *Glossary*.

1552. — «Acharão dous sacos de bizcouto todo molhado e hũa arca de pao, e dentro alguns **guingões** de que depois fizerão arrombadas á barquinha». — Castanheda, *Historia*, VII, cap. 78.

1611. — «Calções a meia perna de cotonia, ou *guingão*, espada curta, quando muito ponteada... Folgareis de ver hum soldado do meu tempo com hum sayo de **guingão** pardo, ceroulas de *cheila*, gibão do mesmo». — Diogo do Couto, *Dial. do Soldado Pratico*, pp. 141 e 142.

1611. — «E para se agasalharem fizeram tendas de boas alcatifas de Cambaya e Odiaz, de ricas colchas, de **gunjões**, caixas [= *cachas*, q. v.], esteiras de Maldiva». — João Baptista Lavanha, *Hist. Tragico-maritima*, V, p. 16.

1634. — «Ha na dita povoação muitos teares de roupa, que chamão corte de gibões, **guingões**, e tafeciras de linha e de seda». — António Bocarro, *Livro*, p. 258.

1663. — «... cachas, beirames, **guingões**, canequins e muitas outras sortes de pannos». — P. Manuel Godinho, *Relação*, p. 56.

1684. — «Ao tempo que fingia sacudir-lhe o pó, lhe foy lançando huns de peçonha, tão refinada, por cima da loba, que penetrando-a facilmente com sua grande efficacia, por ser de **gingão**, o puzerão às portas da morte». — P. Francisco de Queiroz, *Hist. de Pedro de Basto*, p. 102.

1842. — «**Guingões**, 54 ditas» (peças). — *Annaes Maritimos*, p. 360.

1770. — «Une centaine de balles de mouchoirs de Pagnes et de **Guingamps**, d'un très-beau rouge, que les Malabares fabriquent à Jafanapatan». —Raynal, *Histoire*, I, p. 167.

1782. — «Sadras est rénommé par ses **guingans**, ses toiles peintes». — Sonnerat, *Voyages*, I, p. 25.

1788. — «La città [Sadras] era popolatissima, composta di tissitori, di cardatori, di tintori di tele, tra le quali nobilissime sono quelle che chiamano **Guingan**». — Fra Paolino, *Viaggio*, p. 48.

[1] «In Malabar the word is applied to a vessel resembling a coffee-pot without a handle, used to drink from. But in Bombay dialect of Hindustani and in Anglo-Indian usage *giṇḍi* means a wash-hand basin of tinned copper, such as is in common use there». — *Glossary*.

1854. — «Ils consistoient en quelques étoffes de soie de la Chine, de Bengale... des **guingangs**, des pelaings, et un flacon de vin couvert». — *Apud* Jancigny, *Japon*, p. 83.

1885. — «Tartans, **ginghams**, towels, and table-linen are still manufactured to a small extent». — Hunter, *The Imperial Gazetteer*, I, p. 354.

* **GUIRÁ** (s. m.). Demónio aquático, conforme a mitologia hindu; (fig.) espectro. Do mar. *gihrā* (conc. *gihró*) < sânsc. *graha*. Costuma-se preguntar em concani a uma pessoa, que sente demasiada fome ou come com muita voracidade, se lhe entrou *gihró* na barriga.

c. 1788:

> «Quem és, **Guirá**! (pergunto-lhe, arquejando)
> Quem és, quem és, ó Lémure malino?
> Sou o Espírito (diz) de Saladino,
> De que já lêste o caso miserando».
>
> Bocage, *Obras Poeticas*, I, p. 61.

**GUIRMARIQUE** (conc. *girmārīk*). «Louvado ou arbitro nomeado annualmente pela communidade para julgar as cargas contra os *terlos*». F. N. Xavier, *Bosquejo Historico* (2.ª ed.), III, p. 75.

1727. — «**Grimarico**. Termo da India Portugueza. He aquelle que alvidra os frutos e por sua fé faz o Escrivão da Aldea carga no seu livro, para se cobrar de vigiadores, por ser o mesmo, que Juiz louvado da Aldea, e tem cada bairro hum **Grimarico**». — Bluteau, *Supplemento*.

1880. — «As questões da avaliação dos prejuizos porque os terlos forem responsaveis, e outras de semelhante natureza, não se tratarão por **guirmariques** ou louvados exclusivamente nomeados pela communidade, mas sim por louvados escolhidos perante o administrador». — *Decreto, apud* Eduardo Balsemão, *Os Portuguezes no Oriente*, II, p. 193.

* **GULGUL**. Goma arábica ou bdólio, produto de *Canarium strictum*, Roxb. Do concani-mar. *gugūḷ* < sânsc. *gugula*.

1789. — «Sapanga, **Gulgulo**, Incenso, e *Cobona*». — *Collecção de Bandos*, I, p. 21.

1810. — «Areca, jagra, **gulgul**, galhos». — *Apud* Joaquim C. Soares, *Doc. Comprobativos*, p. 434.

1875. — «*Canarium strictum* (Roxb.), of the Western Ghats, affording the *Black Dammer* of Malabar, which when fresh is aromatic and yellow in colour». — Yule, *Marco Polo*, II, p. 387.

1908. — «**Gugala, guggut, gúgul**... The Indian supply comes very largely from Amraoti, and is used in Bombay, mixed with mortar, as a fine ciment. It is employed medicinally in leprosy, rheumatism, etc.». — Watt, *The Commercial Products*, p. 400.

* **GUISSO** (jap. *giso*). Conselheiro de estado, no Japão.

1556. — «Aos **guesos**, que são como moços da Camara, mandou dar mil taeis de prata». — Fernão Pinto, *Peregrinação*, cap. 223.

1897. — «Finalmente os altos funccionarios inteiramente ligados aos negocios do estado e os **gisos** e os tensos». — Venceslau de Morais, *Dai-Nippon*, p. 24.

* **GULALA** (concani-mar. *gulāl*). Pó encarnado com que se pintam ou polvilham na Índia os cristãos e os hindus por ocasião dos seus entrudos.

1788. — «Por cada carga de **gulala**, meio xerafim». — *Collecção de Bandos*, I, p. 44.

1898. — «Deixando ver uns dentes avermelhados, pintados com **gulala** (!) esganiçavam-se no canto d'uns *mandós* pesados». — Oliveira Mascarenhas, *Atravez dos Mares*, p. 62.

1898. — «**Gulâb**, pó côr de rosa, de que lhe vem o nome». — D. G. Dalgado, *Flora*, p. XVIII.

* **GUMATA**, **gumate**. É o mesmo que *batuque* no sentido indiano. Do conc. *ghumaṭ*.

1842. — «E o resto da noite é passado em canto e algazarra ao som de **gumate**, ferrinhos, bacias, etc.». — Em nota: «É um traste de barro, á feição de uma bilha grande com aza, com os extremos largos, e um mais que o outro, no qual põem uma pelle de lagarto e tangem com ambas as mãos; e ao som deste toque cantam com grande algazarra, e se dança o *mandó*, que partecipa muito da indecencia e momices do batuque dos negros da costa d'Africa». — *Annaes Maritimos*, p. 435.

«Os actores sobem como, e quando lhes parece ao tablado, onde, cantando e saltando descompassadamente ao som do **gumate**, instrumento musico em qualquer festim destes, representam em lingua do paiz uma cousa improvisada». — *Ibid.*, p. 436.

1886. — «**Ghumatta** é uma panella de barro vermelho, aberta de ambos os extremos um muito largo, e outro estreito; na abertura larga estende-se uma pelle de *talagoia*, ficando a abertura estreita inteiramente livre. É o batuque ordinario». — Lopes Mendes, *A India Portugueza*, I, p. 42.

1908. — «Durante toda a noite tangem as **gumatas** e outros instrumentos, não sendo permittido ás pessoas da casa dormirem».— Hipácio de Brion, *A India Portugueza*, p. 28.

1915. — «Ao harmonico e cadenciado som da classica **gumata** promove uma serenata». — *O Ultramar*, de 27 de Dezembro.

**Gundra**. V. *candura*.

**GUNGI** (conc. *guñjī*). Fruto o trepadeira *Abrus precatorius*, Linn. O fruto serve de pêso na Índia. Outros nomes portuguêses são *fruta de conta*, e *jequiriti*, que não é usado na Índia.

1727. — «**Gungy**. He uma planta da India Oriental; sobe pelas arvores como a era; as suas folhas são como as de sene, o seu sabor he tão doce como o de alcaçuz; produz humas favas que tem dentro sementes redondas, do tamanho de hum grão de pimenta; são vermelhas». — Bluteau, *Supplemento*.

1865. — «**Gungy**. Ha duas especies, vermelho e branco, este é emetico e purgante. Empregam-no nas mordeduras das cobras».— *Archivo de Pharmacia*, II, p. 96.

1879.—«*Abrus* precatorius, **gungeiro**. A raiz é magnifico demulcente, as sementes servem de pesos granatarios». — João Torrie, *Estatistica da India Portugueza*, p. 39.

1666. — «La *vale* est de trois **Gungy**». — Thevenot, *Voyages*, III, p. 54.

* **GUNO**. Monte; rei do sertão, na Malásia. Do mal. *gunong*, «monte». O termo é usado no português de Timor.

1563.—«Na ilha chamada *Gunuape* não ha arvores de noz... na qual tambem ha hũa garganta de fogo, como a de Ternate, e por esta razão lhe derão o nome que tem, porque **Guno** quer dizer aquelle fogo, e *Ape* o proprio nome da ilha». — João de Barros, Déc. III, V, 6. — Aqui há dois erros a emendar: *guno*, «monte», e *ápi*, «fogo», em malaio, isto é, «monte de fogo».

1602. — «Pelo Sertão tem muytos Reys que se chamão **Gunos**, que viuem em serras asperrissimas, são brutos e seluagens, e muytos delles comem carne humana» (em Java). —Diogo do Couto, Déc. IV, III, 1.

«Receando os vassallos isto por duas vezes despejarão a povoação e se acolherão aos **gumos** (*sic*)» (em Maluco). —*Id.*, Déc. VIII, I, p. 25.

1602. — «... se recolheram com toda a gente em hum **guno** ou pico mais alto e inexpugnauel, que ha em toda esta terra». — P. Fernão Guerreiro, *Relaçam Annual*, fl. 37 *v.*

1614. — «Nas serras desta Ilha [Java] vivem muitos senhores que se chamão, **Gunos**, gente selvagem, e que come carne humana».— J. B. Lavanha, Déc. IV, I, 12.

* **GURABO**. Embarcação de vela, na Índia. Do marata-conc. *gurāb* < ár. *ghurāb*, que tambêm significa «corvo». V. *garopo*.

1615. — «Emfim tendo-se embarcado elrei na galé real, que elles chamam *Ogati* **Gurabe** (*Gurabe* quer dizer galé, e *Ogati* real) com suas mulheres e sobrinhos, foi obrigado a deixar a maior parte das suas riquezas». — Pyrard de Laval, *Viagem*, I, p. 262.

1635. — «Descubriram ser a armada do Achem, de cento e tantas galeaças e cincoenta **gurabos**, que são de remo muito grandes». — António Bocarro, Déc. XIII, p. 412.

1726. — «Pelejjou com a não da China, e duas vezes com hum **gorabo** de Damão». — André Ribeiro Coutinho, *Relação*, p 2.

1766. — «... senhorio de hum **Gurabo** ou Palla invocada *Savay*, de porte de 150 *candins* de Surrate. — *Apud* Júlio Biker, *Collecção de Tratados*, IV, p. 187.

1782. — «Avistou na manhã do dia 24 de dezembro de 1751 uma palla ou **gurab** dos piratas, e dando-lhe logo caça, forçou-a a encalhar sobre uma restinga».—Eduardo Balsemão, *Os Portuguezes no Oriente*, III, p. 162.

1791. — «Tinhamos visto ancoradas entre o Piro e Ximpim duas grandes Pallas de tres mastros, quatro **Gurabos** e vinte e tantas Galvetas dos Maratas». — *Apud* Júlio Biker, *Collecção de Tratados*, IX, p. 126.

1674. — «On appearence of the Desys [dessai] **Grab** they retreated again». — Fryer, *East India*, II, p. 6.

1750.— «Les Anglois ont aussi fait faire quelques vaisseaux appellés **Grab**, sur le modèle de ceux d'Angria».— Grose, *Voyage*, p. 60.

* **GURAL** (hindust.). Camelo himalaico — *Nemorhoedes goral*, Jerdon.

* **GURCAR** (conc. *gaḍkār*). Chefe de fortim no monte.

1777. — «Prezentára ao **Guroar** da Praça o Passaporte, ou *Formão* do Nababo, e em sua virtude, se lhes permitia toda franqueza .. No Piro prezenteou ao **Gurcar** com duas espingardas, e hum par de pistolas». — *Apud* Joaquim C. Soares, *Doc. Comprovativos*, p. 168.

* **GURI**. Autoridade japonesa. Parece que o étimo é o jap. *kwanri*, que significa o mesmo.

1566. — «Este senhor me acompanhou quando os **Guris** do Reino por persuasão dos bonzos nos deitarão fora do Miáco».— P. Luís Fróis, *Cartas de Japão*, I, fl. 213 *v*.

* **GURU**. Sacerdote hindu, preceptor espiritual. Em certas partes dão êste tratamento ao padre católico. Neo-árico *guru* ou *gurū* < sânsc. *guru*, literalmente «pessoa grave». Cf. lat. *gravis*. O termo é pouco empregado pelos nossos escritores, que preferem *brâmane, botto, gurou, jogue*.

1607. «Elle foy hum dos que com grande instancia aconselharam ao padre Roberto que mudasse o trajo de Portugues, que os Badagas aborreciam, e tomasse o vestido de que naquella terra costumam vsar os **Garus** (*sic*) e letrados, que professam ensinar a ley de Deos». — P. Fernão Guerreiro, *Relaçam Annual*, fl. 115 *v*.

1608. — «Na outra casa mora o padre Roberto Nobili... ao modo dos sacerdotes daquella gente, que elles tem por santos, e a que chamam **Górus**». — *Id.*, fl. 84.

1866. — «Falar ao **gurû** (sacerdote)». — Francisco Luís Gomes, *Os Brahamanes*, p. 58.

1866. — «As escolas gentilicas de instrucção primaria são sempre debaixo dos alpendres da habitação do **guru** ou *xenoy* (mestre-escola), como se observa principalmente nas Novas Conquistas». — Lopes Mendes, *A India Portugueza*, I, p. 106.

1890. — «Entre os próprios sacerdotes bramanes só os **gurús**, ou directores espirituaes, são celibatarios e fazem voto de castidade, dedicando-se a um ascetismo profissional». — António de Almeida Azevedo, *As Communidades de Goa*, p. 67.

1906. — «Não é preciso ser brahmane para fundar uma seita, qualquer pode fazel-o, e desde o momento que tenha feito alguns adeptos é chamado **guru**, conductor». — Hipácio de Brion, *Duas Mil Leguas*, p. 166.

1917. — «Estão sendo julgados em Calcutá tres mulheres de casta baixa e o seu **guru** (preceptor religioso), acusados de morte de dois rapazes cuja mãe, aconselhada pelo **guru**, sacrificou dois filhos». — *Heraldo*, de 17 de Março.

1700. — Je fus fort surpris de voir à la porte de notre Eglise le Penitent au colier, qui demandoit à parler au **Gourou**, c'est-à-dire, au Pere». — *Lettres Édifiantes*, V, p. 67.

1782. — «Le **Gourou** est toujours un Brame qui instruit les Indiens de la religion, fait leurs grands sacrifices, et les initie aux mystères: c'est une espèce de charge qui passe de père en fils». — Sonnerat, *Voyages*, I, p. 46.

1786. — «Vivono in communità con un capo o superiore *maestro* chiamato **Guru** in lingua Samscrit». — Fra Paolino, *Viaggio*, p. 71.

1825. — «These are **Gooroos**, or religious teachers, and seem considerably respected». — Heber, *Narrative*, I, p. 58.

1825. — «Le mot **gourou** signifie proprement maître ou guide... Par ce mot, néanmoins, on désigne certaines personnes distinguées dans le public, élevées pour l'ordinaire en dignité, et revêtues d'un caractère sacré qui leur confère un pouvoir tout-à-fait spirituel et politique».—P. Dubois, *Mœurs*, I, p. 167.

1836. — «On le [Xiva] rencontre encore dans les romans malais et javanais sous le nom de **Gourou** (instructeur), et il en est le principal personnage». — Rienzi, *Océanie*, I, p. 166.

1845. — «Le novice est sous la charge d'un maître particulier ou **gourou**, qui a sous lui plusieurs disciples, et est soumis lui-même au chef du couvent». — Xavier Raymond, *Inde*, p. 178.

1881. — «The staff of village servants includes, as a rule... the Musulman priest (*mullah*), the temple keeper (**guru**)». — Hunter, *The Imperial Gazetteer*, I, p. 101.

1884. — «Beaucoup de **gurus** gardent le célibat; d'autres son mariés». — Mgr. Laouenan, *Du Brahmanisme*, I, p. 66.

1904. — «Castes are well organized communities, whose affairs are controlled by a *punch* or council of elders, nominally five in number, or a spiritual head or **guru**». — J. A. Saldanha, *The Indian Caste*, p. 3.

**GUTA-PERCHA**. Suco de *Dichopsis gutta*, Benth.; e de outras algumas árvores. Do mal. *gĕtah percha*. A mudança de *ĕ* ou *a* do étimo em *u* explica-se pela notação inglesa *gutta* (adoptada por outras línguas), em que o *u* soa *ô* fechado. Também se chama *goma-guta, borracha* e *cauchu*.

1857. — «Aos inglezes somos credores da descoberta da **gutta-percha** e suas excellentes applicações». — *Archivo Pittoresco*, I, p. 155.

1861. — «Convem advertir que se não confunda a **gutta-percha** com o *cahutchuc*; porque embora ella provenha tambem do succo de certos vegetaes, e em particular da *isonandra percha*, arvore de Singapura e d'outras ilhas visinhas, tem mais tenacidade, dá laminas muito mais resistentes, é menos elastica; e para a obter tem de se cortar a arvore, porque então é que o succo escorre em abundancia». — *Ibid.*, IV, p. 312.

1890. — «A *euphorbia neriifolia* fornece visco que com pouco trabalho é convertivel em **gutta-percha**, producto de um consumo quasi illimitado nos grandes centros industriaes da Europa e America». — Bernardo da Costa, *Memoria sobre a Gutta-percha*, p. 2.

1898.—«É do succo leitoso d'esta planta [cardeira] que o finado Bernardo Francisco da Costa preparou uma especie de **gutta-percha**».—D. G. Dalgado, *Flora*, p. 165.

1908. — «The word **gutta-percha** is of Malayan origin: it signifies the gum or *gutta* or *getah* of the tree known as *percha*: according to some writers *percha* is also the ancient name of Sumatra, so that *getah-percha* would denote the *gutta* of Sumatra».—Watt, *The Commercial Products*, p. 626.

## H

**HACHICHE** (ou, melhor, **haxixe**; s. m.). É o nome árabe (*ḥashīsh*) do que os nossos indianistas denominam *bangue*, q. v.

1330. — Comem a **Al-haxix**, sem notarem ser hum vicio». — Ben-Batuta, *Viagens*, I, p. 362. — « «*Al-haxix* significa as folhas seccas; porêm aqui significa o electuario das folhas do linho canamo, o qual embriaga como o vinho, e o anfião».—Tradutor.

1874. — «O estado da sua imaginação só é comparavel á embriaguez do opio ou do **haschich**». — Tomás Ribeiro, *Jornadas*, II, p. 266.

1891.—«O uso do *Bangue* ou **haschich** era então muito geral na India, nas altas e nas baixas classes». —Conde de Ficalho, Col. VIII.

1903. — «*Bangue* — Em hindustani — Bhang, folhas e talos seccos da *Canabis indica*, que se fumam, entram em bebidas, ou na composição de um dôce chamado *majuma*. É o **háchsche** dos Arabes, provavelmente o Nepenthe dos Gregos».— Alberto O. de Castro, *A Cinza dos Myrtos*, p. 151.

1912. — «. . . as folhas seccas e os fructos constituindo o *bhang*... empregado na preparação d'um licor intoxicante **Hashish**, ou d'uma conserva ou confeição narcotica chamada *Majum*». — Caetano Gracias, *Flora Sagrada*, p. 109.

1917. — «An Egyptian smoker of **hashish** is a more helpless slave than the Chinese opium fiend». — *Tit-Bits*, de 23 de Junho.

* **HAI-TAGIM**. É, conforme a abonação, o «presidente do tribunal da fazenda», na China. Neste sentido deve o vocábulo representar o chin. *ui-tau-jin*. Se porêm se trata do camarista-mor ou do introdutor dos embaixadores, como se depreende, o seu étimo seria *yu-tsien-ta-chin*.

1756. — «Havia servir-me [ao embaixador português] o **Hay-Tagin**, Presidente do Tribunal da Fazenda» — «Só com o **Hay-Tagin**, que tambem merecia a mesma demonstração de agradecimentos, não me foi possivel praticar similhante correspondencia». — «**Hay-Tagin**, a quem pertencia por officio o maior cuidado de dirigir-me n'estas acções, me advertiu que esperasse pelo seu aviso». — *Apud* Júlio Biker, *Collecção de Tratados*, VII, pp. 76, 77 e 85.

**Han**. V. *can*.

1668. — «A mesma razão corre na dicçam, *Can*. . . devendo dizer **Han**, que na lingua dos Tartaros do Oeste quer dizer Rey». — Fr. Jacinto de Deus, *Vergel*, p. 151.

* **HANG-CHIEN** (chin. *sán-ching*). É a aguardente que os chineses fazem de arroz, e que é mais conhecida pelo nome de *sán-shán*, «três vezes destilado», *samshoo* em inglês.

1895. — «D'uma chaleira de zinco ennegrecido despejam em pequenos calices o famoso **Hang-Chien**, vinho amarello feito d'arroz e que se toma ligeiramente aquecido. Os mandarins saboreiam-no, com apreço, nós achamol-o simplesmente detestavel». — Conde de Arnoso, *Jornadas pelo Mundo*, p. 213.

* **HANLIN**. É o nome que em chinês se dá ao Colégio Imperial. Significa literalmente «floresta de pincéis». Designa também o diploma do referido colégio.

1605. — «Estes foram primeiramente dóus grandes Mandarins do tribunal, a que chamam **Hanlijuen**, a quem pertence tratar os negocios tocantes a pessoa real, e onde se metem os maiores e milhores letrados do Reyno, e donde sobem ao tribunal dos *Colaos*, que sam os immediatos a pessoa real, e sobre todos os outros tribunaes». — Fernão Guerreiro, *Relaçam Annual*, fl. 73 *v*.

1895. — «Vamos hoje pegar n'um pequeno china... e educal-o, fazer d'elle um grande homem, um sabio, um **han-lin**, quer dizer, um membro da academia imperial». — Conde de Arnoso, *Jornadas pelo Mundo*, p. 279.

1897. — «Devemos ainda fallar da academia imperial dos **Han-lin** destinada a proteger e espalhar a instrucção. É composta dos principaes letrados, de entre os quaes se escolhem os oradores das grandes festividades, examinadores, etc. — Joaquim C. Crespo, *Cousas da China*, p. 110.

1902. — «É redigido pelos membros da academia de sciencias — **Han-lins**». — *Ta-ssi-yang-kuó*, II, p. 67.

1903. — «Para chegarem a ter qualquer dos logares da administração publica devem ter qualquer dos graus: bacharel ou *Siu-tsai*, licenciado ou *Kiu-jen*, doutor ou *Tsin-sé*, e academico ou **Han-lin**». — *Id.*, II, IV, 5.

1680. — «Il est **Han-lin**, c'est-à-dire, un des Docteurs de premier ordre, que Sa Majesté choisit comme les plus habiles pour composer, imprimer, et rester ordinairement auprès de sa personne». — *Apud* P. Halde, *Description de la Chine*, I, p. 66.

1730. — «Les **Hanlins** sont choisis parmis les plus habiles Docteurs: on en a composé un Tribunal particulier qui est dans le Palais: leurs functions sont les plus honorables». — *Lettres Édifiantes*, XX, p. 102.

1853. — «Ces mots **Han-lin** signifient en chinois forêt de pinceaux, par allusion au grand nombre de lettrés qui composent cette académie, et dont la principale occupation est de manier le pinceau, et non pas, comme on pourrait le croire, pour couvrir les toiles de leurs peintures, mais pour composer ou compiler des livres; car c'est avec le pinceau que l'on écrit en Chine». — Bazin, *Chine Moderne*, p. 23.

1876. — «The young Emperor ordered the college of **Han lin** to draw up a collection of the Mongol customs, similar to the works styled *Hoei yao* of the Thang and Sing dynasties». — Howorth, *History of the Mongols*, I, p. 308.

*** HÃO**, **hong** (chin. *háng*). Negociante chinês, que era intermediário oficial entre os europeus e os chineses. Tal entidade não existe ao presente. V. *anista*.

1845. — «Estão extinctos os antigos **Hãos** de Anistas. Daqui em diante é permetido aos negociantes de todas as nações vir contratar aos cinco Portos... e ter relações commerciaes com quaesquer Chinas, que lhes convierem». — *Annaes Maritimos*, p. 238.

1852. — «O imperador, quando concedeu o privilegio exclusivo do commercio estrangeiro aos doze negociantes que formam isso a que chamais **Kong-han**, quiz que elles servissem de medianeiros obrigados e de procuradores dos barbaros... Não sabeis que os desgraçados *hanistas* (membros de **Kong-han**) são o malhadeiro verde onde vem bater todos os pontapés, que não se atrevem a dar em vós outros por serdes estrangeiros?». — *O Panorama*, IX, p. 76.

1868. — «As boticas d'aquelle bairro quasi se resumem em tres generos, que alternam em collocação: a casa de comida (*cullão*), a do jogo (*latane*) e a dos emprestimos sobre penhores (**hão**)». — *Archivo Pittoresco*, I, p. 206.

1884. — «Para montante divisam-se frondosos arvoredos e magnificos jardins, sendo nos arredores de Cantão que os **hãos** mais ricos possuem as suas casas de campo e vivendas de recreio». — Adolfo Loureiro, *No Oriente*, II, p. 60.

1898. — «Depois da guerra entre a China, Inglaterra e França foi abolida a instituição dos **Honge** ou agentes officiaes, negociantes intermediarios». — Joaquim Calado Crespo, *Cousas da China*, p. 15.

1845. — «Le 18, il rendit deux décrets, l'un adressé aux marchands **hongs**, l'autre aux étrangers». — Jancigny, *Inde*, p. 120.

*** HAQUIMO**. Êste vocábulo árabe, *hakīm*, significa própriamente «mestre, autoridade»; mas emprega-se vulgármente na Índia por «médico muçulmano». Também em português o médico era antigamente tratado por «mestre». V. *pandito*.

1565. — «Não chamaução nem sabião outro nome se não **haquim**, que em lingua parsia, araba e turquesca quer dizer medico». — *Itinerario* de Mestre Afonso, in *Annaes Maritimos*, (1844), p. 224.

1891. — «Os **Hakims**, ou medicos mussulmanos, da corte de Ahmednagar, conheciam naturalmente as obras dos seus celebres correligionarios». — Conde de Ficalho, Col. II.

1895. — «O medico portuguez distingue de um modo claro os **hakims**, ou medicos mussulmanos, segundo o systema Yunâni, dos *vidiás* [1], ou medicos hindus, segundo o systema *vaidik*». — Id., Col. XXXVI.

1915. — «Contra o **hakim**, levado aos tribunaes, fizeram uma carga os drs. Banaji e Prabharkar, mestres na materia». — *O Ultramar*, de 2 de Janeiro.

1610. — «Llaman los Parsios e Arabes al medico y filosofo **Akym**, y al Empirico Tabib». — Pedro Teixeira, *Relaciones*, p. 178.

1830. — «J'ai prié lord William de me qualifier de *seigneur médecin Victor Jacquemont*, et pour supporter le titre de **hakím**, j'emporterai quelques livres de cantharides». — Jacquemont, *Correspondence*, I, p. 312.

1915. — «Many of the empirical methods of treatment employed by the *Vaidyas* and **Hakims** are of the greatest value». — *The Hindustan Review*, de Fevereiro.

---

[1] Não sei onde o autor encontrou *vidiá* com o sentido de «médico». A palavra sânscrita *vidyā* é feminina e significa em todas as línguas que a admitem «sciência, arte». *Vaidya* é que é «medico». V. *oido*.

**Harão.** V. *arame.*

1604. — «Deulethcabna se llama el palacio de el Rey, **y Haram** el palacio de la Reyna, pero mejor diriamos de las Reynas, pues passam de quatrocientas mugeres las que tiene en el **Haram**, que es la casa que los Turcos dizen *Saray*, y nosotros Ceralle». — D. Juan de Persia, *Relaciones*, fl. 11 *v.*

1778. — «Il est faux qu'on ne puisse pas appeller à la justice publique de ce qui se passe dans le **Harem**». — Anquetil Duperron, *Législation Orientale*, p. 12.

* **HARA-QUIRI** (jap. *hara-kiri*). Suicídio voluntário ou obrigado, praticado no Japão, abrindo-se o ventre.

1607. — «Recebido o recado, laua o delinquente o corpo, perfumasse com *Aquila*, desatam e soltam o cabello que por detras trazem atado. Despêse de cintura para riba: e estando em pé sobre hũa esteira ou colcham, dos que usam os Iapoens, cortam a barriga em Cruz com a ponta da adaga, e este com muito espirito e serenidade do rosto, como cousa de que nada se lhe dá, antes que nella ganham honra e nome. O que feito em continente hũa pessoa das mais principais da familia do padecente, e delle mais amada, e que elle mesmo para isso nomea lhe corta a cabeça pera que nam pene. E se algum por fraqueza de animo, nam ouza cortar a barriga por si mesmo e he necessario que lhe cortem os executores da justiça, he cousa de grande deshonra, e infamia». — P. Fernão Guerreiro, *Relaçam Annual*, fl. 49.

1874. — «Quando se lhe concede, porém, o acabar com honra e decencia, o *samourai* condemnado pratica o **hara-kiri**. O padecente pede n'essa occasião, ao seu parente mais proximo ou amigo mais caro que lhe sirva de padrinho, isto é que se prepare para lhe cortar a cabeça com a espada, e depois ajoelha-se com grande ceremonia sobre uma esteira fina; tomando uma adaga descobre o abdomen e inserindo a lamina do lado esquerdo, abre o ventre n'uma linha que passa a uma pollegada abaixo do umbigo, e se ainda lhe restam forças dá um golpe a angulos rectos com este, formando uma cruz, e depois deita a adaga ao ar; n'esse momento, o padrinho vibra o golpe que separa a cabeça do corpo, e o cadaver é depois enterrado com todas as honras. Assim um pae mata seu filho ou um irmão seu irmão, sem a menor repugnancia. Por esta forma se pratica o monstruoso **hara-kiri**, e é maravilhosa a facilidade com que os samourais japonezes se suicidavam d'esta crudelissima maneira. Durante a guerra os **hara-kiris** são frequentissimos». — Pedro G. Mesnier, *O Japão*, p. 21.

1897. — «O official que deu a voz de fogo de Hyogo, Toki-Zenzaburo, é condemnado ao **hara-kiri**, o sangrento suicidio tradicional, em que o paciente se abre o ventre com a lamina da propria espada, competindo a um amigo dedicado o officio de acabar-lhe com a vida, decepando-lhe a cabeça».—Venceslau de Morais, *Dai-Nippon*, p. 48.

1910. — «... e entre outros uma admirável descrição do suicídio por brio, do estoico **hara-kiri**». — Gonçalves Viana, *Palestras*, p. 192.

1836 (1854). — «Nous devons dire que les *Annales des Sioguns* citent le **hara-kiri** comme un châtiment quelquefois imposé par l'empereur». — Jancigny, *Japon*, p. 121.

1875. — «The same practice was common in Japan, where the friends and vassals who where under the vow committed the **hara kiri** at the death of their patron». — Yule, *Marco Polo*, II, p. 332.

**HAVA.** Aguardente em Maluco. *Hāvap* em malaio significa «vapor, bafo»; mas o polinésio tem *kava*, «aguardente», que parece ser o étimo [1].

1522. — «E ally [em Tidor] tomaram porcos, e cabras, e gallinhas e côcos, e **hava**». — *Roteiro da Viagem* de Fernão de Magalhães, *apud* Saraiva (VI, p. 143), o qual nota que «*hava* ou *ava* he huma bebida usada naquellas partes».

**HIEN.** Palavra chinesa, que designa uma «vila».

1600. — «Respondem os **Hieus** (*sic*) a villas d'Espanha na subordinaçam do gouerno; posto que no apparato, e grandeza se possam comparar ás nossas cidades». — P. João Lucena, *Historia*, X, cap. 20.

1729. — «Tem cada provincia varias cidades da terceira ordem a que chamam **Hyen**, e *Chi hien* aos mandarins que as governam». — *Apud* Júlio Biker, *Collecção de Tratados*, VI, p. 167.

1637. — «Villas, a que llaman **Hien**, y Castillos, a que llaman *Chin*». — P. Semedo, *Imperio de la China*, p. 4.

1724. — «Et l'on a jamais pretendu souffrir que dans un petit **hien** (**hien** marque une Ville du troisième ordre), tel

[1] 1836. — «Le Polynésien vous apportera le fruit de l'arbre à pain, l'énivrante boisson du **kawa**, le bois odoriférant de sandal, le redoutable casse-tête».—Rienzi, *Océanie*, I, p. 5. — «Il y a identité entre ce mot et le mot *kavoua*, café des Arabes, qui se prononce de la même manière. Ces deux boissons sont servis chaudes. Il est probable que les Arabes ont autrefois navigué dans la Polynésie». — *Id.*, p. 145.

que Foungan, il y eût plus de dix de ces Eglises». — *Lettres Edifiantes*, XVII, p. 176.

1735. — «Chaque Province est subdivisée en certain nombre de jurisdiction qu'on nomme *Fou* en Chinois, d'où dépend d'autres beaucoup moins étenduës, nommées *Tcheou* et **Hien**... Au reste, quand on parle de **Hien** ou Ville de troisième Ordre, il ne faut pas se imaginer que soit un district de peu d'étendue : il y a tel **Hien** qui a 60, 70, et même 80 lieuës de circuit, et qui paye a l'Empereur milliers de tribut». — P. Halde, *Description de la Chine*, I, p. 2.

**Hindi, hindustani**. V. *indostani*.

**HINDU, indu** (s. m. e f., e adj.). O vocábulo sânscrito *sindhu* significa, em geral, «mar ou rio grande», e, em particular, «o rio Indo». Os persas transformaram-no em *hindū*, e deram-lhe dupla significação do «rio» e dos «habitantes nas suas margens», e formaram o derivado *Hindūstān* (Indostão), «país dos hindus», e dêste proveio outro derivado, *hindūstānī*, «língua do Hindustan». Os nomes vernáculos que representam aproximadamente o conceito da «Índia», como nós a entendemos, são *Aryāvartta*, *Bhāratavarṣa*, *Jambudvipa*.

Actualmente por *hindu* se entende «indivíduo da raça e religião indiana», em distinção dos maometanos, cristãos, parsés e outros, julgando-se os termos *gentio* e *pagão* menos adequados ou pouco agradáveis. Começou o vocábulo a ter voga neste sentido durante a dominação dos mogóis. Mas subsiste ainda divergência quanto à sua exacta aplicação aos drávidas e às castas baixas.

1563. — «E mais aos homens desta terra os da Arabia e Persia, se lhes querem perguntar se são Mouros ou gentios, perguntam-lhes por estas palavras : tu es *Moçalman* ou **Indu**? E se elle he gentio diz que **Indu**, e se he mouro diz *Alhandulila* [*alhamdu lillah*], que quer dizer salvo». — Garcia da Orta, Col. XXXIV.

1615. — «E deste theor se fizerão quatro, dous de letra **endu** (*sic*), e dous em portuguez». — *Apud* Júlio Biker, *Collecção de Tratados*, I, p. 193.

1617. — «... de que se fizerão coatro treslados deste assento, dous em letra **hindú**, dos quaes ficárão dous, hum em portuguez, e outro em **hindú** ao capitão». — *Ibid.*

XVIII. — «O mesmo Caxiepó entre a sua descendencia, que teve immensa, chegárão oitenta e oito mil a serem dotados da prerogativa de Sacerdotes, os quaes se appellidão por *Ruxes svar*... do mais resto que ficou são os que actualmente chamão **Indús**». — *Noticia do Gentilismo*, I, p. 71.

1864. — «Tem-se calculado que uma porção de terreno de 100 varas quadradas plantado de bananeiras póde alimentar mais de cincoenta individuos **Indús**». — Lopes Mendes, in *Annaes do Conselho Ultramarino*, VI, p. 88.

1870. — «Os musulmanos não reconhecem os **hindús** como incluidos nas disposições de suas leis. Reputavam-nos escravos, a quem haviam concedido a vida e propriedade por mero acto de graça fundado em motivos politicos; por quanto os legisladores musulmanos não admittem que os **hindús** logrem quaesquer direitos, salvo aquelles que por conveniencia politica de tempo em tempo lhes concedem». —*Apud* Cunha Rivara, *Brados a favor das Communidades*, p. 24.

1873. — «O palco mostra o claustro de uma casa **indú**, opulenta». — Tomás Ribeiro, *A Indiana*, p. 9.

1879. — «Os **hindús** descendem dos scytas e aryás os quaes em tempos mui remotos atravessaram os Himalayas e se espalharão por todo o Hindostão». — João Torrie, *Estatistica da India Portugueza*, p. 322.

1883. — «A estes Áryas damos o nome de *Áryas-hindús*, e aos seus descendentes o de **Hindús**». — Vasconcelos Abreu, *Chrestomathia*, p. 199.

1883. — «**Hindús** é o nome generico dos que seguem as maximas brahmanicas, e emprega-se a designar todo aquelle que 'não é musulmano, christão, judeu, e em geral todo o que não segue a religião brahmanica, reconhecida pelos budhistas». — Adolfo Loureiro, *No Oriente*, I, p. 151.

1898. — «E o **hindú** era esplendido de caracter, bondoso, serviçal e util». — Oliveira Mascarenhas, *Atravez dos Mares*, p. 45.

1900. — «N'outro pagode converteram fr. Antonio e seus companheiros 50 *jogues* (cenobitas **hindús**)». — António F. Moniz, *Hist. de Damão*, I, p. 250.

1902. — «**Hindús** não é palavra que signifique uma raça ou uma nacionalidade, mas o cultor da religião do *hinduismo*, que amalgamou povos, raças, nacionalidades e cultos indianos em uma só organização social e em uma corporação religiosa, a sociedade **hindú**. Como vimos, são **hindús** os habitantes malayos da ilha Bali». — Cristóvão Pinto, in *Ta-ssi-yang-kuó*, II, III, 4.

1905. — «Em todas as familias christãs e **hindus** — a consolidação do cabedal caseiro foi sempre um sagrado evangelho». — Ernesto Fernandes, *India Portugueza*, p. 4.

1906. — Viam-se os **hindus** nas suas posições favoritas, sentados no chão, de pernas cruzadas ou de cocoras, com os joelhos junto á boca, embrulhados em largos pannos». — Hipácio de Brion, *Duas Mil Leguas*, p. 32.

1913. — «Não pode prejudicar a classe dos **hindus**, que só constituem classe sob o aspecto religioso... Esses jovens **hindus**, se tivessem verdadeiro brio, deveriam até envergonhar-se de ignorarem o sanskrito, estudado e apreciado por muitos christãos eruditos e cultos». —*Heraldo*, de 7 de Maio.

1916. — «**Indús**. O povo que estabelecido ao principio unitariamente na Bactriana se subdividiu depois formando os aryas e os **indus** de Zoroastro (!) (donde sahiram os persas e os medos). — Estes foram authores da litteratura sanskrita». — *O Instituto*, LXIV, p. 320.

1442. — «When I obtained my audience of this prince [samorim], the hall was filled with two or three thousand **Hindoos**, who wore the costume above described; the principal personages amongst the Mussulmauns were also present». — Abd-el-Razzak, in *India in the fifteenth century*, p. 17.

1778.—«The **Hindoos**, or the followers of the Brahman faith are in number far superior to the Mahommedans in Hindostan». — *Apud* Anquetil Duperron, *Législation Orientale*, p. 231.

1845. — «*Hindustan* pourrait être, sous quelques rapports, une dénomination préférable, comme correspondant à **Hindou** et à *Hindustani*, les termes par lesquels nous désignons les indigènes et la langue vulgaire du pays». — Jancigny, *Inde*, p. 5.

1860. — Les premiers **Hindous** qui apparissaient au soleil de l'histoire habitèrent, au nord de Delhi, l'espace qui s'étend entre les deux fleuves Sersouty et Caggar». — Enault, *L'Inde Pittoresque*, p. 30.

* **HINDUÍSMO.** É o nome que os orientalistas dão às actuais religiões sectárias da Índia, evolvidas dos Vedas ou neles fundadas, também abrangidas sob a denominação de *neo-bramanismo*. As mais importantes são o *xivaísmo* e o *vixnuísmo*. Mas existem inumeráveis fracções, divergentes no dogma ou no culto, todas consideradas ortodoxas. Só as religiões que não admitem, pelo menos teóricamente, os Vedas, são heterodoxas: tais são o budismo e o jainismo [1].

1824. — «As *bailadeiras*, e *bavinas* devem observar as mesmas leis do **Induismo**». — *Collecção de Bandos*, I, p. 83.

1906. — «... com a mesma facilidade com que absorverá Christo ou S. Francisco Xavier, na sua religião, crendo n'elles, respeitando-lhes a existencia, levando-lhes obulos e esmolas, pedindo-lhes a sua protecção, e mesmo dirigindo-lhes preces, mas **hinduisando-os**, isto é, julgando-os no fundo como manifestações de Vichnú, ficando contentes com ter enrequecido com mais algumas imagens o seu pantheismo... Juntem-se todas as crenças do mundo, desde o christianismo até o fetichismo, desde os mais puros idealismos até as mais altas theorias positivas e todo esse extraordinario conjuncto de contradicções e absurdos, de banalidades e pensamentos philosophicos se encontra no **hinduismo**».—Hipácio de Brion, *Duas Mil Leguas*, p. 122.

1917. — «... as *Puranas*, verdadeiros romances historicos, destinados á propaganda do **hinduismo** ou *neo-bramanismo*, religião que os *hindus* actualmente professam». — *Heraldo*, de 17 de Agosto.

1825. — «... inasmuch as where others can succeed in obtaining a favourable bearing for doctrines, in many respects, at variance with general and received system of **Hinduism**». — Heber, *Narrative*, II, p. 112.

«**Hinduism** is, however, not only a social organization resting upon caste; it is also religious federation based upon worship». — *Id.*, p. 200.

1885. — «Within the historical period, the Bráhmans have incorporated the mass of the backward races into the social and religious organization of **Hinduism**». — Hunter, *The Imperial Gazetteer*, v, p. 97.

1904. — «The Brahmans found no difficulty in effecting a compromise with the religions of the conquered tribes, by making the **Hinduism** an all-embracing medley of monotheism, pantheism, polytheism, animism, fetichism and every gross superstition».—J. A. Saldanha, *The Indian Caste*, p. 11.

1906. — «Ce sont les indigènes *hindous* qui obéissent à l'**hinduoisme**, avec des restrictions introduites par les lois portugaises. L'**hindouisme** ne signifie pas seulement leur religion, il désigne aussi leur organisation sociale de caste, de famille.

[1] «La science des religions, comprend sous cette dénomination conventionnelle une multitude presque innombrable de religions, de dogmes, de cultes, de sectes, d'écoles divergeantes, toujours rivales, et conscientes pourtant de leur unité fondamentale; leurs adeptes s'accordent à se regarder entre eux comme les héritiers plus ou moins fidèles, mais certainement authentiques de la tradition ortodoxe revelée dans les Védas». — Sylvain Levi, in *La Grande Encyclopédie*.

mille et de propriété». — Cristóvão Pinto, *Les Indigènes de l'Inde Portugaise*, p. 5.

1916. — «What is **Hinduism?** Whatever it is, it is not the name of a religion. Strictly speaking it is a convenient ethnological term adopted by foreigners to understand certain races of men». — *The Modern Review*, de Julho.

«The idea underlying the system of *Tao* is exactly what the *Hindus* are familiar with in the conception of *Sanatana Dharma*, which by the bye, is the term by which the people of India designate their religion, the term **Hinduism** being an expression given by the outsiders».—*Ibid.*

1917. — «All these are instances of **Hinduisation** of Tartar conquerors down to the time of the Gupta Emperors». — *The Modern Review*, de Fevereiro.

1917. — «Dr. Pratt... extenuates nothing, and his comments of the erotic developments of **Hinduism** are as severe as they are just». — *The Hindustan Review*, de Abril.

*** HINDUÍSTA** (adj.). Relativo ao hinduísmo ou à religião hindu.

1902. — «Vê-se que nos primordios da epocha da conciliação **hinduista** ou do movimento historico simultaneo das tres crenças do *budhismo*, *sivaismo* e *visnuismo* pelos seculos XIII a XIV, que a civilização *hindú* exerceu ali maior influencia». — Christóvão Pinto, in *Ta-ssi-yang-kuó*, II, III, 5.

1907. — «Capitel de columna **hinduista**, proveniente, provavelmente, do pagode». — *O Oriente Portuguez*, IV, p. 42.

1918. — «... correspondentes aos quatro estadios da evolução religiosa: o védico, o bramânico, o jaina-budista e o **hinduista**». — *Heraldo*, de 25 de Janeiro.

**HIÓ.** É, conforme Cândido de Figueiredo, «árvore indiana, de fibras têxteis». Se o vocábulo está, como parece, pelo conc. *hilvó*, trata-se da tiliácea *Erinocarpus Nimmonianus*, Grah., cuja casca se usa para o fabrico de cordas.

*** HÓ** (anam. *ho*). Associação, congregação, irmandade cristã.

1694. — «O que pois commumente se costuma nas Cidades, e Villas, he, levantarem hũa companhia, que elles chamão **Ho**, na qual entrão os Christãos abastados, cada homem com o que pode: a qual quantia de dinheiro se dá a juro, e com este acodem aos pobres, aos doentes, aos prezos, e aos enterros dos Christãos». — *Noticia da Cochinchina*, p. 440.

*** HONA** (ant.). Moeda de ouro, o mesmo que *pagode* ou *orá*. Do can. *honna* ou *honnu* < sânsc. *suvarṇa*, «ouro».

1814. — «Explanação do dinheiro dos pagodes da moeda *mixany* que é distribuido em oito partes, a saber: **Hona** ou *vara* chamado em portuguez pagode...».—*Apud* Joaquim C. Soares, *Doc. Comprobativos*, p. 434.

1879. — «In Exibit 320 Ranji engages to pay five **hons**». — In *Glossary*.

1880. — «Among these may be specified the golden *pagodes*, now called **hûns** or *varâhas*, the former, a Muhammadan designation of the coin, the original meaning of **hûn** in Kanarese being «gold». — Gerson da Cunha, *Contributions to the Numismatics*, p. 10.

*** HODAMO.** Sacerdote da gente de Socotorá. Quando os portugueses descobriram a ilha, encontraram aí alguns vestígios do cristianismo, como cruzes nos seus lugares de culto e o nome *Maria*, dado a quási todas as mulheres, e supuseram que os seus antepassados tinham sido doutrinados pelo apóstolo S. Tomé. Os nossos missionários mais de uma vez tentaram sem resultado, particularmente no tempo do arcebispo de Goa, D. Aleixo de Meneses, a conversão dos indígenas. O vocábulo liga-se ao ár. *khuddām* (pl. de *khādim*), «servos, ministros».

1603. — «Cada Igreja tem seu *Caciz* a que chamam **Hodamo**, o qual de ordinario não serve mais que hum anno». — Fr. António de Gouveia, *Jornada do Arcebispo*, fl. 135 *v*.

1609. — «He de saber que ao que nós dizemos Igreja, dis o Turco, e Mouro, Mesquita, os Arabes *Mochamos*, os Judeus Asnega, e o Gentio *Pagode*, e ao que dizemos Sacerdote, dizem os primeiros *Cassis*, os segundos **Hodamos**, os Judeus Rabbi, o Gentio *Bramane*, ou *Iossin*, ou *Jogue*». — Fr. Gaspar de S. Bernardino, *Itinerario*, p. 129.

1658. — «Li Sacerdoti li chiamano **Odambo**, eletti e consecrati dal popolo». — Fr. Vincenzo Maria, *Viaggio*, p. 140.

*** HOPO.** Administrador de alfândega ou a mesma alfândega, na China. Presume-se que o termo provém do chin. *hu-pu*, «repartição de finanças».

1679. — «O segundo supremo Tribunal se chama **Hupu**, que vem a ser como Thesoureiro Mór d'ElRey. Tem cuidado das rendas, tributos, thesouros, despensa, des-

**pezas Reaes».** — Fr. Jacinto de Deus, *Vergel*, p. 220.

1729. — «Chegou a Macau hum Mandarim da casa do Vice Rey, segundo elle mesmo disse ao Governador de Macau, com quem unicamente fallou, com mais dois Mandarins inferiores de **Hopú** ou alfandega, que os Chinas tem na mesma cidade». — *Apud* Júlio Biker, *Collecção de Tratados*, IV, p. 75.

1808. — «Chapa do **Hópú** ao Procurador da cidade, restabelecendo a navegação e commercio Portuguez de Macau». — *Ibid.*, XI, p. 184.

1825. — «O **Hou-pu** ordenou aos *Anistas*, que fizessem entrar os europeus em seus deveres». — José Inácio de Andrade, *Cartas*, I, p. 147.

1841. — «No dia 5 do referido mez foi tambem a Macáo o grande **Hopú**, Administrador Geral das Alfandegas, que é parente do Imperador». —*Annaes Maritimos*, p. 303.

1843. — «Mas, a governança desejára saber se os grandes empregados com que a commissão vae tratar serão os ex.<sup>mos</sup> delegado imperial *Suntó*, soto-vice-rei e **Hoppu** do Cantão, visto que o ex-governador é tambem um alto funccionario portuguez». — In *Bol. S. G. L.*, XI, p. 770.

«O **Hoppu** deve escolher lojistas acreditados para estabelecer suas lojas de escolhedor em varios logares e dar-lhes uma licença por escripto». — *Ibid.*, p. 786.

1852. — «A companhia americana não pode soffrer taes ladroeiras: os direitos que lhe chupa o vosso **hou-pou** (director das alfandegas) em dois annos, dão com ella por terra». — O *Panorama*, IX, p. 76.

1887. — «O **ho-pu** de Cantão teve uma delegação em Macau e isto já quando de ha muito existia a colonia». — In *Ta-ssi-yang-kuó*, II, p. 455.

1895. — «Obrigando os chinezes a recuarem para além do isthmo do **opu** (alfandega) foi avisado por um china seu criado que não saísse». — Conde de Arnoso, *Jornadas pelo Mundo*, p. 127.

1899. — «A remoção das sepulturas, a construcção de estrada atravez das varzeas e lameiros; a extincção dos **hopus** ou alfandegas chinezas estabelecidas em territorio nosso...». —*Ta-ssi-yang-kuó*, I, p. 20.

1735. — «Le second, appellé **Hou pou**, est chargé des tributs». — P. Halde, *Description de la Chine*, I, p. 119.

1750 — «The **hoppo**, *happa*, or first inspector of customs... came to see us today». — Osbeck, in *Glossary*.

1782. — «La charge d'**Opeou** répond à celle d'Intendent de Province». — Sonnerat, *Voyages*, II, p. 9.

**HORDA.** A palavra turca *ordū* ou *urdū* designa própriamente o «campo ou arraial dum *cane* (*khān*) tártaro ou mongol»; os outros significados são secundários e posteriores. A residência rial do Grão Mogol em Deli era conhecida pelo nome de *urdū-i-mu'alla*, «o Sublime Castro»; e a língua mixta que se formou na sua côrte denominou-se elìpticamente *urdū*, de que o hindustani é a forma vulgar. V. *Glossary*, s. v. *oordoo*.

1727. — **Horda**. He termo, que se diz das catervas daquelles povos errantes, como v. g. Arabes, e Tartaros, que não vivem em Cidades, nem tem domicilio certo, mas correm a Asia e Africa, e depois de correr hum Paiz, passão a outro, e nos seus carros se recolhem». — Bluteau, *Supplemento*.

1247. — «Quando a **Orda**, che cosi chiamano le stanze dell' Imperatore, e Principe, per il gran vento giacevamo gittati in terra» (na Tartária). — *Apud* Ramúsio, II, fl. 233.

1468. — «We passed unmolested though Kazan, the **Orda**, Doslan, Sarai, and Berekezany... The zar ordered the whole **orda** to chase us». — Nikitin, *India in the fifteenth century*, p. 5.

XVI. — «Habitano i Tartari campestri alla campagna senza hauere confine o termine prefisso, & sono in **Horde**, quasi in prouincie, dalle quali il cognome pigliano, partiti». — *Ibid.*, III, fl. 70.

1604. — «Hisose con el tiempo muy poderoso, trayendo à su seruicio y obediencia todas las **Hordas**, o, Cabildas Tartaras». — Pedro Teixeira, *Relationes*, p. 95.

— **Orda** is «Tartar» enough, but implies often a greater body, possibly including many tribes. It is our «horde» and the Hindustani *urdú*, generally meaning «a camp». — Editor.

1876. — «Bogerdshi spake outside the tent: The daylight is already in your **Ordu**. We await your commands». — «... and reached his **Ordu** or home in the month of February, 1225». —Howorth, *History of the Mongols*, I, pp. 58 e 95.

«An assemblage of several *yurts* [fogo, lar] formed an **ordu** or **orda**, equivalent to the German *hort* and the English *horde*, which really means camp. The chief camp where the ruler of the nation lived was called the *Sir Orda*, i. e., the Golden Horde». — *Id.*, II, p. 1.

**HORRÁ.** Diz-nos o Padre Manuel Godinho que é o nome dum pau que nasce debaixo da água em Ormuz, e que pesa como a pedra, podendo ser usado por lenha. Parece-me que o seu étimo é o ár. *ḥarr*, «calor, ardor».

1663. — «A maior parte da lenha que naquella ilha se gastava e ainda hoje se gasta é d'um pau chamado **horrá**, o qual nasce debaixo da agua, e deitando nella se vai ao fundo como pedra: pondo-o no fogo arde logo como se fosse de oliveira».—*Relação*, p. 85.

**Hucá**. V. *ucá*.

# I

* **IAMAMBUXI, jamabuxo**. Seita do Japão, que adora o demónio. Do jap. *yamano*, «cume do monte», e *bushi*, «soldado» : *yamanbushi*.

1557. — «Ha ca alguns que adorão ao demonio, e quando querem tomar este officio, uão se a hũas serras altas, e ali esperão ao Demonio por muitos dias, até que por derradeiro o demonio lhes aparece na figura que querem: chamãolhe a estes **Yamambuxís**, que quer dizer soldado de outeiro». — P. Gaspar Velela, *Cartas de Japão*, I, fl. 58 *v*.

1562. — «Desta seyta saem huns por nome **Amambuxis**, que trazem um tiracolo com borlas. Estes adorão directamente o demonio com certos sinaes, e estão sete dias em montes altos sem comerem, até se verem com o demonio, passando grandes trabalhos e penitencias». — P. Baltazar Gago, *ibid*, fl. 99 *v*.

1565. — «Hai outra seita em Japão chamada **Iamambuxi**: são muitos e estes seruem ao demonio».—P. Luís Fróis, *ibid*., fl. 174.

1605. — Fizeram vir hum **Yemabuxi** (que sam certa casta de Bonzos grandissimos feiticeiros, e de muito grande trato com o diabo) e lhe pediram que o diabo que estaua apoderado da senhora prometesse com suas deprecações entrar em hũa moça de serviço». — P. Fernão Guerreiro, *Relaçam Annual*, fl. 89 *v*.

1634. — «No mesmo reyno estava o Convento dos *nengoroz* e dos que chamão **Yamabuxi** que Nobunanga destruhio—*Hist. da Igreja do Japão*, p. 151.

1701. — «Envergonhados os Bonzos de se verem sempre vencidos, o encommendarão aos **Jamabuxos**, isto he, a certa casta de feyticeiros, que tem pacto com o demonio, para fazerem mal a quem querem, e por esta diabrura são tão respeitados, como temidos». — P. Francisco de Sousa, *Oriente Conquistado*, II, IV.

1754. — «Ceux qui amusent ordinairement les Pélerins de pareils contes, sont les **Jammabus**, qui forment une espece de Congrégation Laique et Militaire de l'ancienne Religion. Leur nom signifie proprement *Soldat de Montaigne*». — P. de Charlevoix, *Hist. du Japon*, I, p 192.

1854. — «Les **Yamabusis**, ou *jammabosis*, ou *iamabos*... forment une sorte de confrérie monacale ou plutôt de secte religieuse, dont les traditions, les habitudes, les doctrines et l'influence mérite une étude particulière». — Janciguy, *Japon*, p. 67.

* **IAMEM** (chin. *yá-mun*). Repartição pública, na China.

1880. — «Depois é alguma aristocratica cadeirinha do Mandarim, que *koulis* [cules] vestidos d'azul, de rabicho solto, vão levando a um trote arquejante para o **yamen**». — Eça de Queiroz, *O Mandarim*, p. 11.

1895. — «Como é em conferencia com todos os membros de **Tsang-Li-Ya-Men** que se tratam os negocios diplomaticos, póde bem calcular-se a somma de habilidade que é necessaria a um negociador para os fazer chegar a um accordo». — Conde de Arnoso, *Jornadas pelo Mundo*, p. 215.

1897. — «Um **ya-men**, residencia official dos altos mandarins, compõe-se de um grupo de construcções ao rez-do-chão muito vastas, e dispostas em duas series alinhadas parallelamente, e de outras perpendiculares a estas. Estes edificios deixam entre si muitos pateos, ás vezes cheios de flores, e de pequenos tanques com peixes». —Joaquim Calado Crespo, *Cousas da China*, p. 24.

1900. — «Para qualquer lado que o leitor olhe, hade encontrar o bambú dominando a vida e os costumes dos chinezes, desde o berço feito de bambú, até as varas ou *pingas* que transportam os palanquins dos grandes e poderosos aos **yamens**, ou os caixões dos defuntos aos cemiterios. — *Ta-ssi-yang-kuó*, de Abril.

1722. — «Les **ya-men**, ou Palais des Mandarins, ont aussi leur beauté et leur grandeur». — *Lettres Édifiantes*, XVI, p. 42.

1735. — «Chaque Magistrat, grand ou petit, a son Tribunal ou **Yamen**». — P. Halde, *Description de la Chine*, I, p. 5.

* **IAQUE** (tibetano *gyak*). Boi do Tibete — *Bos grunniens*, Linn., que pertence ao grupo de bisões e de cujo rabo se fazem *chouris* (q. v.) ou enxota-moscas. Serve para carga e para montar; encontra-se também em estado silvestre. O rabo do animal doméstico é branco e o do bravo, preto e mais comprido. V. *Glossary*.

1730. — «Non se trova più abitazioni di case, ma solo alcune tende con quantità di mandre di **Iak**, ossiano bovi pelosi, pecore, cavalli». — Fra Orazzio della Penna, in *Glossary*.

1824. — «Nothing but mules, mountain-ponies, the **yák**, or Thibet cow, and active unencumbered foot-passengers can make their way along the tracks».—Heber, *Narrative*, I, p. 367.

1830. — «Je continuais d'avancer lentement au pas de mon cheval ou de mon **yak**, suivi de mes gens». — Jacquemont, *Correspondence*, I, p. 286.

1860. — «Toutes ces têtes sont décorées de longues barbes blanches et de queues touffues d'**yacks; yack** est le nom des vaches thibétanes». — Enault, *L'Inde Pittoresque*, p. 309.

1866. — «... entouré de belles servantes qui refraîchissent l'air avec des éventails et des queues de **Yak**». — Foucaux, *Sacountala*, p. XXII.

1876. — «The national standard of the race consisted of a Tuk with nine white **Yak** tails». — Howorth, *History of the Mongols*, I, p. 28.

1908. — «The **Yack** or Grunting Ox... It is dark, brown, almost black, with the exception of the muzzle, head and neck, which are often gray. In domestication it becomes smaller and various in colour, being often pure white or piebald». — Watt, *The Commercial Products*, p. 733.

1917. — «When they entertained envoys from foreign countries, they brought out a **yak** for the guest to shoot, the flesh of which was afterwards served at the banquet» (em Tibete). — *The Hindustan Review*, de Abril.

**IAQUIM** (jap. *yakuin*). Funcionário, administrador.

1566. — «Vindo o seu **Iaquuim** arrecadar a renda daquella parte dos alevantados, da outra parte do Faribo lhe sairão os de dom Bertolameu, e mataram-no com outros». — P. Belchior de Figueiredo, *Cartas de Japão*, I, fl. 204 *v*.

***IBA** (jap. *hiba*). Planta *Thujopsis delabrata*, de que se extrai um suco negro, com que as mulheres japonesas tingem os dentes, por beleza.

1874. — «Os labios rosados da sua breve boca, quando entre-abertos, descobriam dois fios de perolas de finissimo alvor, pois ella não tingira ainda os dentes com o suceo negro do **Iba**, o seu gesto meigo e submisso era cheio de volupia e de languidez». — Pedro G. Mesnier, *O Japão*, p. 130.

**ICHÃO**. Medida itinerária da China, equivalente a uma jornada ou a dez *pus* ou a cem *lis*. Conforme João Lucena, corresponde a pouco mais de seis léguas; conforme João de Barros, a dez léguas, e conforme João Gonçalves de Mendonça, a doze léguas. Do chin. *yi*, «um», e *chan*, «jornada». V. *ié*.

1563. — «Dez dos quaes *Lys* fazem hu *Pù*, que responde pouco mais de huma legua das nossas Hespanhoes, porque dez delles fazem huma jornada, a qual elles chamão **Ychan**». — Déc. III, II, 7.

1600. — «Hum **Icham** contem dez *Pús*, em que por esta conta ha seis legoas, e hum quarto das nossas, e he huma jornada das costumadas entre elles, que sam pequenas. Dos quaes **Ichãos** affirmam auer sessenta, e quatro em que se contem as quatrocentas legoas».— P. Lucena, *Historia*, X, cap. 17.

1849. — «Assim como nós medimos os caminhos por milhas, legoas, e dias de jornada, os Chinas tambem os medem por Lis, Pus e **Ichans**, isto é, dias de jornada... **Ichan** tem seis legoas e um quarto [italianas]. Segundo as medidas francezas 10 Lis são tres milhas ou uma legua de França». — In *Ta-ssi-yang-kuó*, I, p. 360.

1588. — «Diez *Pus* hazen vna jornada de vn dia, que llaman **Icham**, que vienen a ser doze leguas largas». — Mendoça, *Hist. de la China*, p. 12.

1835. — «Leurs chevaux n'ont pas beaucoup d'apparence, mais ils n'en sont pas moins capables de soutenir de longues courses qu'on leur font faire: on leur fait courir pour l'ordinaire 60 et 70 *lys* sans les changer. Une Poste se nomme **Tchan**: deux Postes deux **Tchan**». — P. Halde, *Description de la Chine*, II, p. 56.

***ICHIBI** (jap. *ichibi*). Espécie de carvalhos anãos do Japão, cujas folhas são depositadas no caixão mortuário.

1874. — «No caixão, junto com o cadaver, depositam-se cinco ou seis moedas de cobre, e algumas folhas da planta **ikibi**». — Pedro G. Mesnier, *O Japão*, p. 276.

«**Xikibi**. — Planta japoneza usada em varias ceremonias supersticiosas». — *Id.*, p. 330.

***ICHIBU** (jap. *ichi-bu*, lit. «um *bu*»). Moeda de prata, que corria antes no Japão e valia 33 centésimos de dólar.

1874. — «Um **itzebu** (*) pode muito bem applacar suas susceptibilidades religiosas, mas não vale a pena. (*) Moeda japonesa. 4 **Itzebus**, ou mais propriamente *bus* fazem um dollar».—Pedro G. Mesnier, *O Japão*, p. 48.

***ICHIMAI**. Moeda de ouro japoneza. Do jap. *ichi-mai*, lit. «uma moeda».

1581. — «Tem mandado dizer a todos,

que todo aquelle que não gastar pello menos mil e quinhentos cruzados em **Ichimais** douro pera riba, que não saia a esta festa, polo que os mediocres *Tònos* gastão cinco e seis **Ichimais** douro». — P. Luís Fróis, *Cartas de Japão*, II, fl. 4.

«Huma barra se chama hum **Yohimay** que tem seo pezo certo, e limitado, porque em Japão não ha dinheiro amoedado de ouro e prata, mas tudo se dá e recebe por pezo, somente *caixas* de cobre, que sam furadas pelo meio, e feitas á maneira de ceitis; e hum **yohimay** de prata tem de pezo quatro *taeis*, e tres *mazes*, que sam por nossa conta 4 cruzados, e 6 vintens; e hum **Yohimay** de ouro tem 43 de prata que sam 173 cruzados».—Id., *apud* Cristóvão Aires, *F. M. Pinto e o Japão*, p. 110.

*** ICLE** (s. m.) Nervura da lacínia da fôlha de coqueiro. Fazem-se na Índia vassouras de *icles*, e também servem de palitos. O termo é corrente em ásio-português. Do malaiala *īkkil* ou *īrkkil*. Formação análoga à de *betle* de *bétele* e à de *catle* ou *catre* de *cátele*.

1843. — «E lhes tiram os talos ou veios duros que têm no meio em toda a extensão de seu comprimento, aos quaes chamam **icles**, e servem para fazer vassouras de varrer casas» (em Timor).—*Annaes Maritimos* (parte official), p. 131.

1852.—«**icle**, que he o prolongamento ligneo do peciolo». — F. N. Xavier, *Bosquejo Historico*, IV, p. 4.

1866.—«O **icle** (viro) é prolongamento de peciolo, e da parte paranchimatosa do foliolo: tem a côr branca, que passa depois á de palma secca». — Id., *Descripção do Coqueiro*, p. 13.

1872. — «Os coqueiros tem os **icles** (*vir*) que nascendo da nervura mediana (*piddó*) seguem em linhas prallelas até á extremidade da *ólla* (*chullit*)». —Bernardo da Costa, *Manual do Agricultor*, I, p. 44.

1893. — «**Icle** — A nervura do foliolo, branca em quanto se não secca, passa depois a ter a côr da *olla* secca».—José Maria de Sá, *Productos do Coqueiro*, p. 158.

*** ICÓXO, Itcóxo** (jap. *ikkōshu*). Indivíduo duma seita búdica, que professa como único meio de salvação a fé em *Amida*.

1551. — «Hũs adorão este [Amida] somente, e chamão-se **Itcóxos**, outros a este e aos demais». — P. Cosme de Torre, *Cartas de Japão*, I, fl. 17 *v*.

1570. — «Entre estes se fez Christão hum Bonzo que nesta terra era hum grande pregador e cabeça dos **Itcóxos**, que he hũa seita como a de Lutero que diz que não he necessario mais pera hum se saluar que nomear o nome de Amida, e que cuidar alguem que se pode saluar por suas obras que he fazer injuria a Amida, se não só pelos merecimentos do mesmo Amida». — P. Francisco Cabral, *ibid.*, fl. 310.

1605. — «Como estaua em tal estado feito da seita dos **Icoxus**, tornando hum dia pera sua casa dos templos dos *Camis* deu hũa queda». — P. Fernão Guerreiro, *Relaçam Annual*, fl. 41.

c. 1640. — «Les Prestres ne obseruent aucune distinction pour les viandes, ils se marient; cette secte est nommée **Ikko** et a plus de superstitions que tous les autres». — *Relation du Japon*, p. 23.

1754. — «Il y en a qui font profession ouverte de Magie, ce sont les **Icoxus**». — P. de Charlevoix, *Hist. du Japon*, I, p. 254.

1854. — «La secte **Ikkosyou** ... est la plus éclairée, la plus populaire et, selon Siebold, la plus nombreuse qui existe en Japon... Les temples d' **Ikko-syou** sont d'un goût sévère. Le culte y est simple et austère. C'est celui d'*Amida* (Amida sauveur, charitable, secourable)».—Jansigny, *Japon*, p. 149.

*** IDALCÃO, IDALXÁ.** Com estes títulos designam os nossos historiadores os reis da dinastia maometana de Bijapur ou Balagate. Ambos os vocábulos são híbridos, compostos do ár. *'adil* («justiça, justo») e do persa *khān* («senhor, príncipe») e *xá* («rei, soberano»): «príncipe da justiça». O primeiro título foi tomado pelo fundador da linhagem, conhecido dos portugueses pelo nome de *Sabaio*, antes de ser rei. O segundo é o distintivo da dinastia.

1546. — «Trelado de contrato que ho Gouernador Dom Johão de Castro ffez com o **Idalxaa**, que d'antes se chamava **Idalcão**». — Simão Botelho, *Tombo da India*, p. 39.

1563.— «E tornando ao nosso proposito, porque *adel* em persio quer dizer justiça, chamáram a este senhor destas terras **Adelham**, como se dixesse rey de justiça». — Garcia da Orta, Col. x.

1571. — Os Capitães do Reino do Deccan acrescentão a seus nomes proprios outros de honra, de que mais se prezão, chamando-se... **Adilchan**, da justiça senhor; e nós corrompendo estes nomes, lhe chamamos... **Hidalchan**». — João de Barros, Déc. IV, IV, 16.

1880. — «Neste anno morreu Abul Mozfor, succedendo-lhe seu filho Ismael **Adil-xá** (**Idal-kan**. *Idal* é o nome da dynastia, *Kan* o titulo nobiliario que depois se mudou em *xá*, ainda mais superior e considerado como prerogativa de principe)». —

Teixeira de Aragão, *Descripção das Moedas*, III, p. 28.

1610. — «Él Rey del Cunkan, o Balagate, ado iaze la ciudad Goa en la India, se dize *Adel-khan*, ò *Adel Xá*, que es lo mismo que Rey o señor de iusticia: y los Portuguezes con alguna corrupcion lo llaman, *Dialcam*, o **Hidalcam**». — Pedro Teixeira, *Relaciones*, p. 193.

**IDI**. Nome de bonzo inferior, no Aname. Parece que o étimo é *yen diên*, «mole, fraco, amigo de cómodos»..

1650.—«Representando com esta figura sermos lettrados e não **Idy** ou bonzos (que por taes são no reino desprezados)». — P. António F. Cardim, *Batalhas*, p. 80.

* **IÉ** (chin. *hié*). Pousada, hospedaria oficial. V. *ichão*.

1668.—«São estes Lugares tantos quantos as jornadas, 1545. Chamãose **Ye**, ou *Chin*, ou juntas, *Yechin*, quer dizer Lugar de Hospedaria, e de Vigia; com muita razão lhe derão este nome, porque com tanta vigilancia, tento, e circunspecção esperão o Mandarim, como se temessem, e esperassem hum exercito inimigo». — Fr. Jacinto de Deus, *Vergel*, p. 166.

* **IEBOXI** (jap. *ebosbi*). Barrete japonês, espécie de solidéu, que usam os nobres.

1565. — «Vão logo muitos vestidos de pardo com hũs barretes muito pequenos, a maneira de meias gualteiras de tres quinas, que entre elles he honra, e não postas na coroa da cabeça atadas debaixo da barba, e são de couro preto burnidas, que não luzindo, que se chamão **Iebuxi**».—*Cartas de Japão*, I, fl. 175 *v*.

* **IEGUIXU**. Frade budista, no Japão. *Igi-shu*, que julgo ser o étimo, significa «augusto senhor».

1549. — «Tem... mais de duzentas casas de bonzos, e dos outros como frades, que lhe chamão **Ieguixu**». — S. Francisco Xavier, *Cartas de Japão*, I, fl. 14 *v*.

* **ILUI**. É, conforme João Lucena, aquartelamento chinês. Não dei fé do vocábulo nos livros de Pauthier e de Bazin acêrca de China. Fr. Jacinto de Deus menciona seis *ordens de fortalezas*, com os seus respectivos nomes chineses, nenhum dos quais se acomoda a *ilui*. Parece-me que o seu étimo é *hiá-liú*, «canalha», epíteto que o vulgo daria à soldadesca indisciplinada e relaxada.

1600. — «... ajuntando no fim de nome proprio de cada hum [cercado] huma destas palavras *Fu*, *Cheu*. *Hien*, **Ilui**... **Iluis** chamam aos lugares de guarnição d'aquelles milhões de gente de guerra, que diziamos auer em todo o reyno». — *Historia*, I, cap. 20.

«... aquella infinita soldadesca repartida pelos **Iluis**, e alojada nos presidios das villas, e cidades». — *Id.*, cap. 22.

* **IEMÃO**. É, conforme os budistas do Japão, o mesmo que Plutão na mitologia greco-latina: rei do inferno, que julga e pune as almas. Do jap. *emma* ou *emma-ō* (páli *yamo* < sânsc. *yama*.

1607. — «Logo depois que morri fui entregue aos Demonios e arço em viuas chamas, e sou manjar de **Iemão** (que conforme ao que dizem os Iapoens he hum dos Reys do Inferno) e sou delle cruelmente despedaçado». — «Por isso sou eu agora tambem atormentado, e feito manjar de **Iemos**, e me foi isto tambem grande impedimento pera minha saluação».— P. Fernão Guerreiro, *Relaçam Annual*, fl. 22 e 23 *v*.

* **IENE** (jap. *yen*). Moeda japonesa, equivalente a cem *senes* ou a um escudo português ou dólar americano.

1904. — «O professor d'instrução primaria japonez ganha effectivamente entre nove e doze **yen**, isto é, entre 4$185 e 5$580 réis, considerando o **yen** egual a 465 réis da nossa moeda». — Ladislau Batalha, *O Japão por dentro*, p. 85.

«Os cunhos de oiro são de 20, 10 e 5 **yen**... Tambem teem notas de 1 **yen** para cima, convertiveis em ouro». — *Id.*, p. 84

1908. — «... cuyo precio lo había rabajado desde 48 **yen** a 10». — Baldomero Sagastuma», *En el Extremo Oriente*, p. 23.

**IMAMO**. O ár. *imām* tem três acepções principais: «guia, chefe»; «cada um dos chefes ou cabeças das quatro seitas ortodoxas»; «capitulante ou oficiante das orações diárias da mesquita». Os nossos indianistas atribuem em particular o título aos antigos reis de Mascate, que eram chefes de uma das seitas.

1663. — «O **Imamo** da Arabia Felix [teve] a cidade de Mascate, com toda a costa daquelle mar». — P. Manuel Godinho, *Relação*, p. 9.

1695. — «E o tinha feito na Arabia Felix o **Imamo**, que nos tomou huma tão forte, e assentada cidade, como he Mascate, e a fortaleza de Curiate». — João Ribeiro, *Fatalidade Historica*, III, cap. 2.

1718.—«Tivera ordem expressa do **Imamo** para se fazer logo à vela». — D. José Barbosa, *Epitome da Vida*, p. 38.

1745. — «O **Imaum** da Arabia fez presente de hum bom cavallo ao Vice-Rey, dando-lhe os parabens».—Monterroio Mascarenhas, *Epanaphora Indica*, II, p. 68.

1751. — «Auisado o **Imamo** Principe daquelle Estado destas noticias, intentou sitiar Mascate». — D. Luís de Meneses, *Hist. de Portugal Restaurado*, I, p. 155.

1843. — «Se a casa d'oração, como elles lhe chamam, é ampla e muito frequentada tem dois **imans**; um préga, recita as oraçõesá sexta feira (que é o seu domingo); o segundo reza em publico as cinco orações diarias na mesquita ás horas estabelecidas». — *O Panorama*, n.º 75, p. 174.

1874. — «O **Imamo** de Mascate, quer paz, e pedem-na tambem os Sangames, ao pé de Surrate». — Tomás Ribeiro, *Jornadas*, II, p. 178.

1882. — Projectar o **iman** de Mascate aquelle arrojado commettimento, e pô-lo em execução, empreza foi de pouco tempo». — Eduardo Balsemão, *Os Portuguezes no Oriente*, III, p. 49.

1886. — «Em seguida o cági ou **imame** (sacerdote mouro) recita uns versiculos do alcorão». —Lopes Mendes, *A India Portugueza*, II, p. 36.

1902 —«Lá, nem ha o governo religioso dos **imám** (prelado, correspondente ao *antistes* latino, que governa o culto do Koran)». — *Ta-ssi--yang-kuó*, II, III, 5.

1676. — «Les **Imans**, ou *Emaums*, sont les Prêtres des Turcs, et comme les Curez de leurs Mosquées, où ils ont soin que toutes choses se fassent avec ordre et dans les temps ordonnez». —Tavernier, *Voyages*, v, p. 40.

1695. — «**Imam**, signifie proprement en Arabe, ce que les Latins appellent *Antistes*, celui qui précede et qui marche devant les autres. Cette signification est général; mais les Musulmans appliquent en particulier ce mot à celui qui est à la tête de leur assemblée dans Mosquées, et par excellence à celui qui est reconnu pour le chef souverain des Musulmanisme, tant au spirituel qu'au temporel».—Herbelot, *Bibliothèque Orientale*.

1778. — «Les gens d'Eglise, et avec eux tous les devots, et tous ceux qui professent l'étroite observance de la Religion, soutiennent qu'en absence de l'**Imam** (ou successeur de Mahomet) le siege royal doit être rempli par un homme de mœurs, et qui a acquis toutes les sciences». — *Apud* Anquetil Duperron, *Législation Orientale*, p. 75.

1824. — «Yet be said that they had a good deal of influence still, while this has been quite lost by the Mussulman **Inams**, and *Moulahs*».—Heber, *Narrative*, I, p. 160.

1836. — «Mais en même temps les musulmans [em Celebes] établirent leurs **imans**, et, depuis, le culte catholique n'y a plus d'autels». — Rienzi, *Océanie*, I, p. 231.

«**IMPOL**, m. Árvore da Índia portuguesa». Cândido de Figueiredo. É o nome concani, *impal*, do salgueiro da Índia ou «pau salgado macho», da família das rizofóreas — *Bruguiera gymnorhiza*, Lamk.

* **INAMA**. Mercê outorgada pelo poder público sem nenhum encargo, na Índia. Do ár. *in'ām*. **INAM'DAR** (*inamadar*). Possuidor de *inama*. Os termos são correntes nas Novas Conquistas.

1763.— «E os *Dessays* da dita Provincia de poderem possuir livremente os seus dessaydos, tenças, pertenças, e **Inamas**». — *Apud* Joaquim C. Soares, *Doc. Comprobativos*, p. 178.

1764. — «Os netos, e bisnetos do dito Sar-Dessai, Vitol Naique, alcançaram depois em diversos tempos, por serviços militares... e tambem por outros meios, muitas mercês particulares, cada hum por si, chamadas com o proprio nome — **Inama** — que quer dizer mercê».— *Collecção de Bandos*, I, p. 218.

1780. — «Ficam exceptuadas desta penção as **Inamas** ou mercês concedidas nas quaes não ha augmento nem diminuição». — *Ibid.*, p. 273.

1822. — «Elles se obrigavam a ter, manter, e conservar todos os usos, costumes, estylos e estabelecimentos dos seus antepassados concernentes aos Deoses, *Botos* e Pagodes, *Otonadares*, *Inamdares*, *Acdares*, *Varisdares*, ou Parentes». — *Apud* Júlio Biker, *Collecção de Tratados*, XII, p. 28.

1844. — «Os Sar-Dessais não são obrigados, por possuirem **Inamas** que são inteiramente bens particulares, e patrimoniaes, a prestarem serviço militar, como são pela posse de *Accas*, que percebem da Fazenda». — *Collecção de Bandos*, Apêndice II, p. 41.

1845. — «**Inamas**. Mercês em dinheiro, ou em terras, concedidas por serviços, sem foro ou contribuição alguma». — *Annaes Maritimos*, p. 249.

1890. — «*Haccas* e *formás* são as pensões certas e invariaveis que a communidade paga, mas tem ainda encargos de outra natureza, em **Inamas** ou terras sem fôro concedidas ao deus da aldeia e ás servidoras do pagode (bavinas)». — António de Almeida Azevedo, *As Communidades de Goa*, p. 94.

1918. — «*Acas* e **Inamas**. A pedido dos interessados, o sr. Governador Geral prorrogou por seu despacho até 31 de Julho o prazo para os srs. *Dessais* e possuidores dos bens dos dessaiados darem declarações especificadas dos mesmos bens». — *Herald*, de 24 de Maio.

1881. — «Area 432 square miles containing 3 towns and 301 villages, of which 7 are held as **inam**, or revenue-free». — Hunter, *The Imperial Gazetteer*, I, p. 308.

**INCÃO.** Templo búdico, na China. Do chin. *miáu háu*.

1554. — «Na sua lingoa chamão as Igrejas **Incão**, e os seus padres *coxão*». — Fernão Pinto, *apud* Cristóvão Aires, p. 119.

**ÍNDIA.** Não é, como pareceria, palavra oriental; é latina, correspondente à grega *Indiké*, derivada de Indoí, «índio», e de *Indós*, «rio Indo». Os gregos receberam o último vocábulo dos persas, que reproduziram por *Hindū* (abrandando em aspirada a sibilante inicial) o que os indo-árias proferiam *Sindhu*, «mar, rio grande», em geral, e em particular, o rio em cujas margens estavam estabelecidos depois que transpuseram o Hindu-Cuxe, e, secundàriamente, a região adjacente, ainda hoje conhecida pelo nome de *Sindh* [1]. Os irânios entendiam por *Hindū* (q. v.) assim o rio como o povo que aí assistia, designando por *Hindūstān* o seu país. Posteriormente, quando os árias se disseminaram por outras terras ao oriente e ao sul, também se ampliou a denominação, abrangendo por fim no seu conceito o território actualmente conhecido por tal nome [2].

Pôsto que os indígenas tivessem noção geográfica dos limites naturais da península, não é possivel saber como a nomeavam comummente. O nome mais aproximado é *Bhāratavarṣa*, «terra dos Bháratas», o qual figura nos *Puranas* (tratados lendários e mitológicos) ou *Jambudvīpa*, «continente do *Jambeiro*», o qual pertence à cosmogonia mítica, e ocorre amiúde na literatura búdica.

É bem sabido que os europeus empregaram a palavra Índia em várias acepções, às vezes demasiado amplas, e distinguiram «India aquêm do Ganges e alêm do Ganges, Índia Superior e Inferior, India Maior e Menor, India Grande e Pequena» [3].

No sentido restrito, Índia é muitas vezes, para os nossos escritores antigos, «a costa ocidental», isto é, o Malabar e o Concão. Convêm que se tenha isto em vista para a inteligência de vários textos, que aliás se afigurariam obscuros. É por isso que trato aqui excepcionalmente de um vocábulo geográfico.

1516. — «... e entam daquy [de Dio] irem ha **India** a cidade de Calecut, honde tambem lhe hauiaom de dar ajuda». — Duarte Barbosa, *Livro* (2.ª ed.), p. 284.

1525. — «Esta cidade de Darcha [em Narsinga] he mui bem cercada de muro... da banda d oeste, que he da **India**, a cerca hum ryo muy fremoso, e da outra parte do leste, do sertão da terra, e tudo terra chãa». — *Chronica de Bisnaga*, p. 83.

1552. — «Foy ter a Trauancor num porto do cabo de Comorim, onde soube que o viso rey era partido pera Portugual, e Afonso dalbuquerque gouernaua a India, e parecendolhe que Afonso dalbuquerque tinha rezão pera estar mal coele por quão contrario lhe fora por parte do viso rey não ousou de ir á **India**». — Castanheda, *Historia*, II, cap. 116.

«Mandou dar hũa cabaya e mil tangas de Bengala, que sam dous mil e quinhentas das da **India**». — *Id.*, cap. 128.

1602. — «Daquellas partes de Pegu, e Bengala, se pode com muita facilidade, e em todo o tempo do anno mandar prouimento, e soccorrer de mantimentos, e moniçoes, a Malaca, e a todos os portos do *Sul*, o que da **India** lhe não pode ir senão com muita difficuldade, e de anno em anno». — P. Fernão Guerreiro, *Relaçam Annual*, fl. 48.

---

[1] «*Indus* incolis *Sindus* appellatus in jugo Caucasi montis, quod vocatur Parapamisus, adversus Sasci artus effusus, et ipse undeviginti recipit amnes». — Plinius, VI, 21.

[2] «A região a que os Geographos propriamente chamão *India*, he a terra que jaz entre os dous illustres e celebrados rios Indo e Gange, do qual Indo ella toma o nome». — João de Barros, Déc. I, IV, 7.

[3] «Ho reyno de Narsinga he na segunda **India**, e tamanho que dizem que não ha nela outro mayor». — Castanheda, *Historia*, II, cap. 16.

«Á vista de uastidão de terras da Africa Oriental, e desta Asia Menor, e das *Duas Indias* antes, e depois do Ganges...». — P. Fernão de Queiroz, *Conquista de Ceylão*, p. 928.

1589:

«E que se com fauor do ceo amigo
desta sua tenção o effeito segue
sem auer mais detença, ou mais perigo
Fará que a Christãa gente á India nauegue [1]».

Francisco de Andrada, *O Primeiro Cerco de Diu*, XV.

1687. — «Os Indios chamão em sua lingoa a terra dos inuernos; porque de dous que a [Ceilão] regão, e represão, o primeiro hê o da Costa da **India**... O segundo hê o da Costa de Choromandel». — P. Fernão de Queiroz, *Conquista de Ceylão*, p. 2.

1567 — Di qui [Coilan] a Cao (*sic*) Commori si fanno settenta due miglia, e qui se finisse la costa dell' **India**». — Cesar Federici, em Ramúsio, III, fl. 390.

1589. — «La coste de ce qu'on appelle proprement l'**Inde** commence depuis l'Isle de Vaquas pres le Golphe de Cambaia... Elle s'estend depuis l'Isle de Vaquas, au SudEst, iusques au Cap de Comorim, là elle finit ayant en longueur cent huictaine de lieves». — Linschoten, *Histoire*, p. 20.

*** INDIÁTICO** (s. m.). Era antigamente empregado êste termo para denotar o português que tinha voltado rico da India, do mesmo modo que se diz agora *brasileiro*.

1561. — «Muito prospera, acolheouos antre mãos hum Burgales, alfayouse de maneira, que não outra mais rica, depois esbulhou tambem hum **indiatico**». — Jorge Ferreira de Vasconcelos, *Eufrosina*, p. 272.

1694. — «Embarcou-se hum **indiatico** em Goa rico, e chega aqui [ao Brasil], ou a Lisboa, sem hum *bazaruco*». — P. António Vieira, *Xavier Dormindo*, p. 261.

1687. — «Aqui sahio hum dos **indiaticos** com toda a arrogancia. Iâ isso he fraqueza». — P. Fernão de Queiroz, *Conquista de Ceylão*, p. 935.

*** INDIANISMO.** Littré dá-lhe dois significados: «carácter indiano», e «estudos indianos». Em português designa principalmente «palavra ou locução indiana», e «costume ou usança da Índia».

1916. — «If it is at all possible to regard any one work as the embodiment of **Indianism**...». — *The Hindustan Review*, de Março.

**INDIANISTA.** Indivíduo versado em cousas da Índia, isto é, na sua história, línguas e literaturas, etnologia, religiões, usos e costumes. Tem sentido mais extenso que o termo *sanscritólogo* ou *sanscritista* e menos amplo que o *orientalista*. Littré define-o: «Celui qui s'occupe de l'étude du sanscrit et de l'histoire de l'Inde».

1906. — «A única forma portuguesa, adoptada pelo **indianista** Guilherme de Vasconcelos Abreu, é a primeira». — Gonçalves Viana, *Apostilas*, II, p. 443.

**INDIANÓLOGO**, *** indólogo**. É o mesmo que *indianista*.

1816. — «It is now well-known to **Indologists** that this work [*Panchatantra*] existed in the first half of the sixth century». — *The Modern Review*, de Janeiro.

**ÍNDIGO.** É o mesmo que *anil* (q. v.). O vocábulo é pouco usado em português, mas é corrente em várias outras línguas europeias. O étimo é o grego *Indikon*, lat. *Indicum*. Hipócrates emprega-o, conforme Yule, por «pimenta»; mas Dioscórides e Plínio entendem-no pelo nosso «anil». Cf. *pêssego* de *Persicus*. V. *Glossary*.

1843. — **Indigo**, 40.470 arrobas». — *Annaes Maritimos*, p. 473.

1846. — «*Nilly* (**Indigo**), ha duas especies; huma he arbusto com folhas meudas; e a outra he com folhas como as de larangeira». — F. N. Xavier, *O Gabinete Litterario*, p. 281.

1298. — «Hanno anchora **endego** molto buono, & in grande abondantia, qual fanno d'herbe, alle quali leuateci le radice, pongono in mastelli grandi pieni d'acqua». — Marco Polo, *apud* Ramúsio, II, fl. 56.

1444. — «Quiui nasce spico nardo, lacca, mirabolani, **endego**, et seta in grande abondanza». — Nicolo de Conti, *ibid.*, I, fl. 342.

1499. — «From this place [Cambaia] are procured *lac* and **indigo**». — Hieronimo di Santo Stefano, in *India in the fifteenth century*, p. 9.

1586. — «I gherofani vengono dalle Molucche. . **L'indaco** e le telerie ci vengono da Cambay». — F. Sassetti, *Lettere*, p. 286.

1589. — «L'Anil ou **Indigo** se prépare particulièrement à Cambaya, et delà est transporté pour tous les endroits du monde». — Linschoten, *Histoire*, p. 20.

1602. — «... **Indigo**, qui color est cæruleus pretiosissimus». — *India Orientalis*, VII, p. 41.

1676. — «L'**Indigo** se fait d'une herbe qu'on seme tous les ans après que les

[1] De Dio para Goa.

pluyes sont passées, et que lorsqu'elle est cruë, ressemble fort à du chanvre». —Tavernier, *Vayages*, III, p. 363.

1695. — «Latine *Isatis Indica*, vulgo **Indicum**, tam siccata haec planta, quam pigmentum ex hac confictum, et in placentis formatum. Portugallice **Indigo**». — Rumphius, *Herbarium Amboinense*, VIII, cap. 39.

1735. — «Les femmes [de Hainão] sont vêtuës d'une espèce de chemisette de la même étoffe, et se distinguent encore par des rayes bleuës qu'elles se font avec de l'**Indigo**, depuis les yeux jusqu'au bas de visage».—P. Halde, *Description de la Chine*, I, p. 232.

1786. — «Le tinte per depingerle son l'**Indigo**, *Indaco*, Anil, Coacham, tutti nomi di diverse lingue».—Fra Paolino, *Viaggio*, p. 348.

1875. — «**Indigo** had been introduced into Sicily by Jews during the time of Frederick II, in the early part of Polo's century. Jews and **Indigo** have long vanished from Sicily». — Yule, *Marco Polo*, II, p. 371.

**Indo-ária** (s. m.); **indo-ariano** (s. e adj.); **indo-árico**. Ária, ou relativo ao ária, que é índio, em distinção dos índios, que não são árias, como os drávidas, e dos árias, que não são índios, como os irânios ou persas. V. *ária*.

1880. — «O peculio litterario e scientifico reunido e creado pelo genio da raça **indo-aryana** é de uma riqueza incalculavel não só pelo numero avultado de producções em todos os ramos das sciencias e da litteratura, mas tambem, e sobretudo, pelo valor intrinseco de cada uma, e pela grande influencia que tem de exercer na historia geral da humanidade». — Martins Velho, *Estudos sobre o Oriente*, p. 53.

«... a tocar de passagem em todos os assumptos e hypotheses, que se correlacionam com a civilisação **indo-aryana**, sem as poder desenvolver extensamente».—*Id.*, p. 118.

**INDO-EUROPEU** (s. m. e adj.). Prevaleceu modernamente a frase como designação do que era antes denominado *proto-árico*, isto é, a língua primitiva, sem documentos históricos, da qual se derivaram as línguas actualmente conhecidas por *indo-europeias*, e que antes eram nomeadas *áricas*, *jaféticas*, *indo germânicas* ou *indo-célticas*. Acham os orientalistas que o termo *árico* se aplica com mais propriedade ao sânscrito e ao irânio; mas a locução *indo-europeias* exclui, em rigor, o irânio, pois Iran ou Pérsia não entra na Índia, e inclui línguas da Europa que não pertencem à mesma família, como o basco e o finês.

1880. — «Vem a proposito fallar agora da pretendida *lingua commum* **indo-europêa** que representa um tão grande papel nas concepções linguisticas e philologicas da actualidade... Temos para nós como averiguado que a lingua commum **indo-europêa** é o sanskrito nos diversos periodos da sua existencia». — Martins Velho, *Estudos sobre o Oriente*, pp. 63 e 64.

1883. — «*Familia Árica* ou **Indo-Europeia** e ainda *Indo-Germanica* ou melhor *Indo-Celtica*. A familia árica é a mais moderna na historia, mas occupa já no mundo antigo tres zonas geographicas distinctissimas».—Vasconcelos Abreu, *Chrestomathia*, p. 197.

1903. — «On est convenu d'appeler **indo-européen** (les Allemands disent *indo-germanique*) cet idiome inconnu dont les langues qui viennent d'être énumérées sont les formes historiquement attestées». — Meillet, *Introduction à l'Étude comparé des Langues Indo-européennes* (2.ª ed.), p. 20.

* **INDOLOGIA**. Estudo do que diz respeito à Índia.

1916. — «It would be obvious to students of **Indology** that the so-called Buddhist gods of China and Japan and the gods of neo-Hinduism in India are substancially the same».—*The Modern Review*, de Julho.

1916. — «I venture to think that the data of Psycho-Social Analogies of Cultural Anthropology are copious and varied enough to attract sinologues to the study of **Indology** as a subsidiary branch of their special subject». — *Id.*, de Junho.

* **Indo-português** (subst. e adj.). Desde o século passado entrou em uso a locução, assim no país, como no estrangeiro, para designar o conjunto de dialectos crioulos do português, falados na Índia, e com particularidade o de Ceilão, o mais importante de todos. A expressão, porêm, é mais ampla, pois não sómente abrange os crioulos autónomos, segregados da língua mãe, mas tambêm a fala peculiar das actuais colónias, sujeita à sua influência directa, sendo grande parte do seu vocabulário adoptado pelos europeus, por falta de termos correspondentes na

linguagem continental. Diz-se também *ásio-português*, para se compreenderem os dialectos falados fora da Índia, como em Macau, Timor, Malaca, Singapura.

Por *indo-português* se entende igualmente o natural da Índia Portuguesa ou o que lhe é relativo.

1880. — «... estando assim habilitados para publicar em breve um estudo bastante completo sobre a *Grammatica e vocabulario* **indo-portuguez**... A primeira noticia que tivemos d'este dialecto achamol-a na obra de A. A. Teixeira de Vasconcellos... em que se acha um curtissimo extracto da parabola do semeador em **indo-portuguez**». — Adolfo Coelho, in *Bol. S. G. L.*, III, pp. 131 e 156.

1900. — «Confrontando as producções litterarias antigas com as modernas, se é que aquellas representam o fallar da epocha, fica-se surprehendido de ver os progressos que o **indo-português** de Ceylão tem feito com recursos proprios». — S. R. Dalgado, *Dialecto Indo-português de Ceylão*, p. XXIII.

1910. — «Era o denominado **indo-português**, que ainda subsiste, e tem uma literatura católica, e até gramática». — Gonçalves Viana, *Palestras*, p. 213.

1917. — «Era verdadeiramente uma festa **indo-portuguesa**, pois êle via na assemblea representantes de todas as classes da nossa colónia». — *Heraldo*, de 9 de Março.

1883. — «Wer von **Indo-portugiesische** redet, pflegt darunter ausschliesslich das entartete Portugiesisch zu verstehen, welches noch auf Ceylon gesprochen wird». — H. Schuchardt, *Kreolische Studien*, II, p. 3.

1886. — «The phonetic changes of **Indo-Portuguese** are few... The vocabulary varies, as regards the introduction of native Indian terms». — *Glossary*, p. XXIV.

**INDOSTANO** (s. m. e adj.). Entendem por êste termo os nossos escritores a língua falada no Indostão, isto é, na Índia Central, *Hindūstān*[1] em persa. O hindi é a mais importante língua da Índia, a qual abrange uma área de 248:000 milhas quadradas, é falada por sessenta e três milhões e conta mais de cinqüenta dialectos. A forma que tomou na côrte dos mogóis, com a introdução de inumeráveis vocábulos pérsico-arábicos e com a adopção do alfabeto árabe, denominou-se *urdu*, derivado de *horda* (q. v.), no sentido de «língua do campo ou arraial». O dialecto vulgar dêste idioma é o que comummente se chama *hindustani* (vid. *hindu*), e está espalhado por toda a Índia árica. O *indostano* ou *industano* é, portanto, o mesmo que *urdu* ou *hindustani*. V. *Influência*, p. XL. Há em português uma *Gramatica Indostana*, impressa em Roma em 1778 e reimpressa em Lisboa em 1805.

1687. — «Quem for Missionario no Mogol deue apreuder a *lingoa do* **Industan**, e a Persiana que se fala na Corte». — P. Fernão de Queiroz, *Conquista de Ceylão*, p. 91.

1880. — «Mais tarde ainda, quando do sanskrito corrompido surgiram varias linguas, recebeu ainda o nome de *Barat-kand*, que em **hindustani** designa a mesma idéa». — Martins Velho, *Estudos sobre o Oriente*, p. 4.

1906. — «*Chapa*. Com o significado especial de «ordenança, provisão, ordenação, prescrição», é termo asiático, devendo ser o **indostano** *chhāp*, «sêlo, sinete».— Gonçalves Viana, *Apostilas*.

1829. — «Voilà l'**hindostani**; et quand vous avez à force d'étude vaincu ces difficultés, vous possédez un méprisable patois, sans littérature aucune, une langue de cour et de courtiers, de corps-de-garde, comme l'indique son nom (*urdu zaban*, le langage des camps), qui ne vous sera d'aucune utilité, d'aucun agrément, hors du pays où on la parle». — Jacquemont, *Correspondence*, I, p. 86.

**Indu.** V. *hindu*.

**INGO.** É nome indiano de assa-fétida (q. v.): concani-mar. *hing* < sânsc. *hingu*. Cândido de Figueiredo também regista *inge* como antigo.

1554. — «Sandalo branco e vermelho, **imge** (= *ingue*), açafrão da terra». — Simão Botelho, *Tombo*, p. 49.

1563. — «Esta goma é chamada *althit* em arabio e outros *antit* a dizem: e como qualquer arabio lhe mostraes esta goma, dos Indios chamada **imgu** ou *imgara*, por o mesmo nome a nomeão que vos disse; e a arvore de que se tira ou mana se chama *anjuden*». — Garcia da Orta, Col VII.

[1] «*Hindustán* (literally «The Country of the Hindus», Pers.). — The name given, somewhat indefinitely, to the portion of India lying north of the Windhya ranges in the contradistinction to the Deccan». — Hunter, *The Imperial Gazetteer*, V, p. 420.

1609. — «Uma certa semente a que chamam **ingo,** que é como fizirão verde, de cheiro mui fortum». — Fr. João dos Santos, *Ethiopia Oriental*.

1619. — «De cada mão de **vingo** se pagará de direitos meio pagode». — *Regimento* de Nuno Vaz Castelo Branco.

1891. — «Parece averiguado que a droga mais fina, chamada **hing,** procede de *Ferula aliacea*, Boiss, que habita os terrenos aridos do Khorásán». — Conde de Ficalho, Col. VII.

1905. — «**Ingú** (assafetida) na forma da avaliação, a pardau 8 ½ réis». — Ernesto Fernandes, *Regimen do Sal*, in *Bol. S. G. L.*, XXIII, p. 284.

1578. — «Esta Goma es llamada de los Indios, **ingu,** o *Ingara*». — Cristóvão da Costa, *Tractado*, p. 362.

1631. — «Eadem provincia perfectissimum **ingu** mittit, Medici et Pharmacopolæ Europæi vocant assam fœtidam». — *De Imperio Magni Mogolis*, p. 103.

1673. — «To correct which, the Natives eat **Hing,** a sort of liquid Assa Fœtida, whereby they smell odiously». — Fryer, *East India*, I, p. 296.

1610. — «En el Reyno de Guzarate y Cambaya, vsan los naturales, echar en todo su comer, **ingu:** que es la Assafetida». — Pedro Teixeira, *Relaciones*, p. 17.

1735. — «Ils importent du coton filé, de l'yvoire, une espèce de terre ou pâte médicinale nommée *ladam*, une autre sorte de bois médicinale appelé **ingo** par les Portugais». — P. Halde, *Description de la Chine*, I, p. 108.

1908. — «*Assafetida* consists of resin, gum and essential oil in varying proportions, but the resin generally amounts to more than one half». — Watt, *The Commercial Products*, p. 535.

**INHAME** (fr. *igname*, ingl. *yam*). Dá-se o nome a várias espécies de dioscóreas: na Índia, à *D. alata*, Linn. (*chinem* em concani), e à *D. spinosa*, Roxb., ou *aculeata*, Birdwood («batata doce, inhame do cão», *kangī* em concani). A palavra é da África Ocidental, provávelmente da Guiné [1].

1500. — «Trouxerão de lá [Brasil] papagaios, e huma raiz chamada *inhame*, que he o pão de que alli uzão, e algum arroz». — *Navegação de P. A. Cabral*, cap. 2.

1502. — «Hião de huma Ilha para Cananor, a tomar carga segundo disserão, e levavão Cairo e **inhame**». — Tomé Lopes, —*Navegação*, cap. 7.

1516. — «Seu principal alimento he **inhames**» (em Madagáscar). — Duarte Barbosa, *Livro* (1.ª ed.), p. 253.

1552. — «E trazião alguns **inhames** e galinhas que derão ao capitão». — Castanheda, *Historia*, II, cap. 30.

1563. — E com elle se vierão alguns daquella gente que venderão galinhas e **inhames,** e fruitas do mato boas de comer». — Gaspar Correia, *Lendas*, I, p. 154.

1585. — «Dá-se nesta terra [Luranga] muito arroz, milho... gergelim e **inhames**». — Manuel G. de Mendonça, *Hist. Tragico-maritima*, IV, p. 50.

1586. — «E mantimentos da terra milho grosso e meudo, feijão **inhames** Bananas». — P. Diogo da Costa, in *Bol. S. G. L.*, IV, p. 383.

1609. — «Ha [em Sofala] muito milho e arroz, muitos **inhames,** batatas». — Fr. João dos Santos, *Ethiopia Oriental*, I, p. 50.

1613.—O mantimento dos naturaes assy o arros e granos sobre a terra, como variedade de **inhames** ou tubaras subterraneas». — Manuel G. de Erédia, *Declaraçam de Malaca*, fl. 19.

1685. — «Ha outras muitas varias sementes, que tambem lhe servem de mantimento, e quantidade de legumes, muita batata e muito **inhame**» (em Ceilão). — João Ribeiro, *Fatalidade Historica*, I, cap. 19.

1687. — «Sô acharão jacas, lanhas, cocos, e **inhames**».—P. Fernão de Queiroz, *Conquista de Ceylão*, p. 755.

1745. — «As Couves Alfaces, Espinafres, e Pepinos são bons; como tambem as Batatas e **Inhames**» (na China). — In *Ta-ssi-yang-kuó*, II, III, 3.

1767. — «Dá tambem esta Ilha [de Larantuca] muitos **inhames,** feijoens e batatas». — Fr. Lucas de Santa Catarina, *Hist. de S. Domingos*, IV, p. 659.

1782. — «O **inhame** é producção, em que se deveria empregar o trabalho, e que tenho ouvido dizer fructificar prodigiosamente no paiz». — Fr. Clemente da Ressurreição, *Tratado*, II, p. 355.

1798.—«Occupam-se sómente na plantação de milho, batatas e **inhames** (no Brazil chamada *Cará*)». — *Apud* Júlio Biker, *Collecção de Tratados*, X, p. 54.

1827. — «Vocabulo africano. O piloto portuguez, que escreveu a Navegação de Lisboa á ilha de S. Thomé, pelos annos de 1551, diz no cap. 15.º «que a raiz que os Indianos da ilha Hespanhola chamão batata, chamão os negros de S. Thomé **inhame,** que a cultivão como fazendo della o seu principal sustento».—Cardeal Saraiva, *Glossario*.

1882. — «Assim como mancarra, **inha-**

[1] «*Yam*. Port. *inhame*. Borrowed from an African language spoken in Benin, W. Africa. The African form is quoted as *inamia*. Skeat, *Etymological Dictionary*, p. XXXIV.

**me,** batata doce e do reino». — *A Ilha de S. Nicolau,* in *Bol. S. G. L.*, III, p. 354.

1610. — «Io tuue en el anno 1596 en Harmuz quatro rayzes que hize traher de Duzgun semejantes à los grandes **Innames** que suelen venir de Guiné». — Pedro Teixeira, *Relaciones*, p. 93.

1658. — «Quae autem **inhame** *de S. Thome* vulgo, et Brasiliensibus *Cará* dictae, quantum omnibus enarratis Batátis superiores: tantum dignitate inferiores existunt, et à plebe solum expetitae, iisque ob ubertatem in quotidiano usu sunt». — G. Piso, *Indiae Utriusque*, p. 254.

1711. — «On s'y [Nicobar] nourrit de fruits, de poissons, et de racines fort insipides appellées **Ignames**».—*Lettres Édifiantes*, x, p. 68.

1770. — «Ce qu'il y a de certain, c'est que les sauvages [das Antilhas] qui offrirent à nos premiers navigateurs des bananes, des **ignames,** de patates, ne leur présenterent point de manioc». — Raynal, *Histoire*, IV, p. 183. O autor propugna a introdução de mandioca na América pelos pretos de África depois do seu descobrimento pelos europeus.

1854. — «Du temps de Crawfurd la *yam* ou **igname** venait d'être introduite de Malaca» (em Bramá). — Jancigny, *Indo-Chine*, p. 370.

1908. — «Most of these names... denote knowledge prior to the Aryan conquests of India and leave no room for doubt that the cultivation of **yams** is quite as ancient (if not more so) in India as in any other country». — Watt, *The Commercial Products*, p. 496.

* **INORI** (japonês). Oração, prece.

1584. — «De cá fizemos nossos **Inoris,** e deprecações, pera que entrasse o demonio nelle, e como nós nisto temos muita facilidade, ainda as orações não eram feitas quando o demonio entrou nelle». — P. Luís Fróis, *Cartas de Japão*, I, fl. 102.

1904.— «Durante mil e duzentos annos, pois, constou este [culto] do *matsuri* ou grandes festas, do *harai* ou exorcismos e do **inori** ou súplicas». — Ladislau Batalha, *O Japão por dentro*, p. 301.

* **INTERESSADO** (s. m.). Na tecnologia das comunidades agrícolas de Goa, o *interessado* é aquele que, sem ser *gancar*, tem interêsse nos seus rendimentos na qualidade de credor ou possuidor de *tangas*. Não tem as regalías dos gancares, mas tem voz na administração dos bens comunais. V. *culacharim*.

1852.—«**Interessados** — Os das communidades nasceram pelo facto dos gancares, sobrecarregados de contribuições e encargos, que desde os fins do seculo 16.º todos os dias augmentavam para preencher o grande vacuo aberto pelas necessidades do Estado, terem vendido a estranhos as *tangas* e interesses semelhantes, que d'antes exclusivamente lhes pertenciam». — F. N. Xavier, *Bosquejo Historico* (2.ª ed.), III, p. 77.

1870. — «... ficando todavia desde então, ao que parece, creado o corpo dos *cuntocares* ou simples·**interessados,** os quaes são reconhecidos no Regimento de 1735, e se lhes concedem certos direitos». — Cunha Rivara, *Brados a favor das Communidades*, p. 78.

1874. — «Tiveram [as communidades] algumas vezes de recorrer ao credito e levantaram emprestimos por meio de *tangas*, como se levantam na Europa por meio de acções; só em vez de credores se chamam — **interessados** — aos seus prestamistas, porque os fizerão interessar numa quota parte dos seus rendimentos, conforme a quantia representada no seu titulo ou tanga». — Tomás Ribeiro, *Jornadas*, II, p. 15.

1881. — «Primitivamente as communidades compunham-se unicamente de *gancares*... mas com o decorrer dos tempos entraram na partilha das rendas sociaes os chamados *jonoeiros*, e **interessados,** sem, todavia, gosarem das regalias e preeminencias gancariaes». — Eduardo Balsemão, *Os Portuguezes no Oriente*, II, p. 181.

1916. — «Embora prestamistas, eram tambem sujeitos ás perdas como participavam dos lucros, e que todos eram ao depois conhecidos pelo nome genérico de **interessados,** isto é, própria e verdadeiramente *obrigacionistas* em moderna linguagem financeira». — *Heraldo*, de 30 de Agosto.

* **INUCUSSÊM.** Conforme o testemunho de Fernão Pinto, era com êste apodo que os budistas do Japão insultavam S. Francisco Xavier. A locução quer dizer «cão fétido»: *inu*, «cão», *kusai*, «fétido».

1551. — «Pelo que o povo os [bonzos] começava a ter em menos conta que de antes, do que elles se davão por muyto afrontados, e chamavão por muitas vezes a este servo de Deos **Inocoseem,** cão fedorento, e mais pobre que todos os pobres piolhosos, e que comia persevejos, e carne humana de gente morta, que desenterrava de noyte». — *Peregrinação*, cap. 211.

* **IÔNI** (s. m.). Órgão de geração feminino, que simboliza no culto hindu a actividade feminina duma divindade, especialmente de Xiva, do mesmo modo que *linga* (q. v.) simboliza a energia masculina. Usa-

-se mais a palavra *xacti* neste sentido. Do sânsc. *yoni* ou *yonī*.

1907. — «O neo-brahmanismo fendeu e alteou um pouco d'uma das cellas de Arvalem, a primeira da direita, pera representar o **Yôni**, e ergueu um *lingam* de pedra em cada uma das outras cellas». — *O Oriente Portuguez*, IV, p. 23.

1902. — «O linga e o **yoni** são os orgãos da energia geradora masculina e feminina na terra, como o sol é o typo da energia creadora nos céus». — Cristóvão Pinto, in *Ta-ssi-yang-kuó*, II, p. 377.

1917. — «Á beira da estrada, para a direita, por entre um macisso de arecal fresco e sombrio, dois altares, com os seus idolos expressivos e exactos — os deuses da virilidade masculina e feminina — o linga e o **yoni**». — *Heraldo*, de 8 de Maio.

1636. — «Le culte de Chiva et Dourga, du *Lingam* et du **Yoni**, mêlé au buddhisme, domine à Java». — Rienzi, *Océanie*, I, p. 166.

1885. — «Later Bráhmanism, and its successor Hinduism, seem to have adopted not only the serpent, but the linga and **yoni**, or the terrestrial organs of male and female creative energy, from the non-Aryan races». — Hunter, *The Imperial Gazetteer*, VI, p. 205.

**IPECACUANHA DO PAÍS**, É o nome que se dá na Índia à meliácea *Naregamia alata*, W. & A., conhecida também por *trifólio*. V. *avacari*. «A raiz é expectorante e emetica». D. G. Dalgado, *Flora*.

* **IRAVÁ** (s. m.). Nome duma casta ínfima do Malabar. Do malaiala *iraya*.

1504. — «Os *poleares* **jravaas**, que ssam os que tiram o vynho da palma». — Álvaro Vaz, in *Cartas* de A. de Albuquerque, III, p. 264.

1508. — «Ontem veo hum **Iraua**, que he gente baixa entre elles, e trouxe pimenta, de que leuou na mão quinhentos cruzados». — D. Francisco de Almeida, in *Lendas*, I, p. 901.

1510. «La sexta [casta] si chiamano **Hitaua**, questi seminano, et raccolgono il riso». — Barthema, *apud* Ramúsio, I, fl. 160.

«**IROY**, m. árvore indiana, o mesmo que *puna*». Cândido de Figueiredo. É palavra concani, *viroy*; em português se diz *puna bastarda* ou *satirão*, e em botânica *Sterculia fœtida*, Linn. «A madeira serve para mastros de barcos; a semente é oleosa». — D. G. Dalgado, *Flora*.

* **ITAU** (chin. *yuen-tau*). Comandante chinês.

1552. — «Ha outros officios menores que estes, que se chamão *puchancis*, **Itaos**, *pios*». — Castanheda, *Historia*, IV, cap. 27.

1563. — «O qual tanto que soube dos nossos o estado da terra, e como o **Itáo**, que era o capitão mór do mar, os cometera já por vezes...». — João de Barros, Déc. III, VI, 2.

1666. — «Se les apareció luego el **Itao** Capitan mayor de aquel mar, haziendo daño». — Faria e Sousa, *Asia Portuguesa*, I, p. 212.

# J

**JACA** (ingl. *jack*, fr. *jacque, jacquier*). Fruto de *Artocarpus integrifolia*, Linn.; f. *Jaca* é a mais volumosa fruta da Índia e talvez do mundo, mas por ser demasiado doce e de cheiro muito forte não agrada muito ao paladar europeu. É à maneira dum saco oval, com casca espinhosa, o qual contêm outros numerosos sacos polposos que se comem e se chamam *bagos* na Índia. A semente, que encerram, denomina-se *castanha* em indo-português, e muito se assemelha no gôsto ao fruto do castanheiro. Distinguem-se duas espécies principais de jacas: *báricas* e *geriçais*, q. v.[1] O étimo é o malaiala *chakka*.

1333. — «Outros são o *Axxaki* e o **Albarki**, que são arvores altas, as suas folhas são como as da nogueira, e o seu fructo sahe do pé da arvore, mas o que está contiguo da terra he o do **Albarki**, cuja doçura he excessiva, e o seu sabor o mais suave; e o que está mais alto he o do *Axxaki*, cujo fructo se assemelha ás grandes aboboras, e as suas pelles ás dos bois». — Ben-Batuta, *Viagens*, II, p. 22.

1535. — «Muyta abastança de fruytas, uvas, laranjas, limões, romãas, **jacas**, mangas». — *Chronica de Bisnaga*, p. 65.

1551. — «Fruytas da terra [Calecut] que sam differentes das nossas, porem muyto saborosas, e chamão a hũas **jacas**, a outras mangas, e a outras figos». — Castanheda, *Historia*, I, cap. 16.

1562. — «Auia muitas fruitas da terra,

[1] Parece que Plínio se refere à *jaca* quando diz (XII, 6): «Fructum e cortice mittit admirabilem succi dulcedine: vt uno quaternos satiet». Mas dá à árvore fôlhas que parecem de bananeira: «Folium alas auium imitatur longitudine trium cubitorum, latitudine duum». V. *Glossary*.

como duriões e **jacas,** vianda assaz gulosa a quem começa de gostar». — João de Barros, Déc. III, v, 7.

1563.—«Chamamse em malavar **jacas,** em canarim e guzarate *panaz;* e na fralda do mar as ha».—Garcia da Orta, Col. xxviii.

1873. — «A fructa é um sycone que se chama **jaca**». — Bernardo da Costa, *Manual do Agricultor,* ii, p. 148.

XIV. — «Sonvi albori che producono frutti che di due sarebbe carico un forte uomo, e quando si vengono a manicare conviene che altri s'unga le mani e la boca, e sono odoriferi e molto saporiti e chiamansi frutti *chabassi*». — Beato Odorico, *apud* Gubernatis, *Storia,* p. 59.

XIV. — «Est et alia arbor mirabilis nomine **Clake** *baruke* ingens, quasi quercus; in grosso, non in ramis producit fructus mirabiles ad magnitudinem unius grossi agnelli, vel pueri trium anorum». — Marignolli, *apud* Gubernatis, *Storia,* p. 152.

1444. — «Ha veduto in questo terra vn' arbore chiamato **Cachi** ouero **Ciccara,** che à piè del tronco fa vn frutto simile à quel del Pino, ma è si smisurato ch'vn huomo solo ha che fare assai à portarne vno». — Nicolo di Conti, *apud* Ramúsio, i, fl. 341.

1510. — «Vna sorte di frutti trouai in Calicut che si chiama **Ciccara,** il piede suo è à modo di vna pianta grande spinosa (!), et il frutto è lungo due palmi ouer due et mezzo, et grosso come la coscia dell' huomo». — Barthema, *apud* Ramúsio, i, fl. 162.

1578. — «Quando este fructo es maduro, tiene el olor bueno: del qual hay dos especies, vna llamada *Barca,* y otra llamada *Papa,* o *Girasal,* la qual es mas mala. Y esta postera se conosce en la mollicie, que poniendole las manos, da lugar al dedo, como la Vndimia». — Cristóvão da Costa, *Tractado,* p. 265.

1589. — «La **Giava** (*sic*) che matura in quel tempo, grande e ovata come un grandissimo cocomero e ha la sua scorza a punti di diamanti». — F. Sassetti, *Lettere,* p. 270.

1589. — «Les **Iacoas** croissent en de grands arbres, semblables à noyers, sur rivage de la mer et es lieux maritimes, tant au contraire des autres fruicts... Il y en a de deux sortes, le meilleur est appellé *Girasal.* Le moindre *Chambasal:* lesquels ne different pas de forme mais seulement de goust le *Girasal* ayant plus de saveur. Au reste les Indiens se servent ainsi de ces noms de *Girasal* et *Chambasal* pour distinction de diverses sortes de Riz et autres denrées, apellant tousiours *Girasal* ce qui est meilleur et *Chambasal* ce qui est moindre».—Linschoten, *Histoire,* p. 94.

1631. — «**Yaacas,** puto, sapor dulcis commendabit... Immo ego illas maxime insalubris esse puto, cum carnis sint tenacis ac durae, et quae incoctae et crudae, ut ore assumuntur, fere per alvum dejiciuntur». — Bontius, *Hist. Naturalis.*

1614. — «Ho ancora veduto vn'altro albero chiamato **Giacoa** [em Aname]... e dentro hà alcuni spicchi rotondi, di color giallo: nel mezzo de' quali è l'osso, che in alcuni si spicca, ma la polpa è molle. Questo vienne chiamato da' Portughesi **Giacca Barca:** in altri non si spicca, comungano però nel sapore». — P. António F. Cardim, *Relatione,* p. 49.

1652. — «Les Portugais appellent cet arbre **Giacca,** il a de remarquable qu'il ne produit que deux ou trois fruits, qui sortent de son tronc de la figure d'vn œuf, mais qui surpassent en grosseur tous les autres fruits du monde». — *Relation de la Chine,* p. 22.

1658. — «Li Malauari, per la quantità grande di **Giacca,** e perfettione, alla quale cresce nelli loro Regni communemente non si contentano di magnificarla, frà li frutti dell' India, mà stendono la propositione più oltra, la predicano per il più pretioso, e stimabile dell' vniuerso».—Fr. Vincenzo Maria, *Viaggio,* p. 380.

1670. — «Le **Jacque** est un fruit si prodigieux qu'un seul fait souvent la charge d'un homme: l'arbre n'est pas plus grande que nos pommiers, les feuilles ressemblent à celles du Laurier, et sont un peu plus larges; le fruit est toujours attaché au tronc». — Dellon, *Relation d'un Voyage,* i, p. 144.

1690. — «A Portugallicis **Jacca** dividitur in *Girasál* et *Chambasál,* vel, ut alii dicunt, in *Barca* et *Papa*». — Rumphius, *Herbarium Amboinense,* p. 25.

1786. — «**Ciaca** Malab. è il più gran frutto del Mondo, perchè ci voul un uomo robusto per portarne uno solo».—Fra Paolino, *Viaggio,* p. 363.

1825. — «On voit un brahme, après s'être déjà à demi rassasié de riz et de beurre liquéfié, manger à lui seul un de ces grands fruits appelés **jaacas,** qui seul serait suffisant por causer une indigestion mortelle à dix Européens». — P. Dubois, *Mœurs,* i, p. 382.

1836 — Un seul fruit de **jack** est quelquefois la charge d'une femme allant au marché. Il croît en abondance; il y en a dans toutes les saisons. Les naturels du pays en consomment une grande quantité; mais son goût, très fort, déplaît généralement aux Européens; il est très-nutritif, et originaire de l'Indoustan».– Rienzi, *Océanie,* i, p. 106.

1860. — «The ubiquitous **Jak** with its huge fruits, weighing from 5 to 50 lbs. (the largest eatable fruit in the world)». — E. Tennent, *Ceylon,* i, p. 113.

* **JACÁ.** João Ribeiro, que emprega o termo com respeito a Ceilão, aplica-o a um demónio ou génio mau,

que dá oráculos e é vingativo. Do sing. *yaka*, que é a forma *elu* ou arcaica do sânsc. *yakṣa*, que própriamente designa os semideuses ministros de Cubera, deus da riqueza, mas que em Ceilão se emprega comummente para denotar «génio ou espírito maligno».

1685. — «Fazendo-lhe tambem muitas honras lhe chamão **Jacá**, e lhe põem comer guizado ao pé de certas arvores, a que chamão *Bodiames* (q. v.), composto com muitas flores. Quando fui capitão, perguntei a um maioral das minhas aldêas... se **Jacá** era Deos? Sorrindo-se me respondeu: he a mais má criatura que tem o mundo: se assim é porque razão vós, e os mais lhe fazeis sacrificios e offertas do melhor que tendes? disse-me: se assim o não fizermos, nos fará grandes males, por ser máo, e vingativo, e nos convêm te-lo por amigo». — *Fatalidade Historica*, I, cap. 15.

1917. — «**Jacá**, *Yaka*, usually interpretated «devil». Flowers are offered at the foot of the *Bo* in honour of the Buddha. Flowers, food, etc., are offered at the foot of other trees in honour of some divinity supposed to reside therein. This unfortunate divinity is immediately called a «devil». It is a remnant of primitive worship, pre-hindu». — P. E. Pieris (Informação particular).

**JACKAL**. Diz um dicionarista que é «o mesmo que *chacal*». Não é o mesmo; é a forma inglesa, empregada por algum ignorante ou pedante, e que nunca deveria figurar em um dicionário português.

* **JACOMI** (jap. *yakume*). Governador de distrito.

1701. — «Era **Jacomi**, isto he, Governador deste distrito, hum fidalgo honrado». — P. Francisco de Sousa, *Oriente Conquistado*, II, LV, p. 2.

**JACATA**, **Iacata**. Rei feudatário no antigo Japão. Do jap. *yakata*, «palácio, residência dum nobre; também pronome honorífico da 2.ª pessoa.

1552. — «Eu **Yacata** *andono*, Rey de Bungo, de Facataa, de Amanguche, e da terra de ambos os mares». — Fernão Pinto, *Peregrinação*, cap. 218.

1578. — «O Senhor vniversal, Rey e monarca de todos estes 66 Reynos, não mais que hum, que se chama *Vo* — Vel *teivò* ou *Dairi* e assim os outros senhores de Reynos podem em respeito delle ter proprio e determinado titulo de Duques, que se chamão **yacatas**; mas por quanto são senhores absolutos de hum Reyno, ou muytos Reynos, corremos ordinariamente com lhes chamar a elles Reys». — P. Luís Fróis, *apud* Cristóvão Aires, *Fernão M. Pinto e o Japão*, p. 111.

1586. — «E se aleuantarão diuersos senhores, tomando titulo de **Yacatas**, que respondem ao de rei entre nós». — Id., *Cartas de Japão*, II, fl. 188 *v*.

1600. — «Nam sam [os mandarins] porem Duques, nem Condes, como entre nós, nem **Iacatas**, ou Tonos, como em Iapam com lugares, e vassallos, onde, e sobre quem possam pôr tributos, ou mandar no crime, nem no ciuel cousa algũa». — P. João Lucena, *Historia*, X, cap. 21.

1608. — «Actualmente seruia ao **Iacatà** de Satçuma, que ainda que até então se tinha mostrado mui forte, e constante a sombra da mãy, todauia como não tinha mais de idade quinze annos, pouco mais, depois della morta não sabia o que lhe aconteceria». — P. Fernão Guerreiro, *Relaçam*, fl. 153.

1612. — «A segunda ilha que está na ponta de rabo chamada Ximo, he repartida em dez gouernanças, estas por coatro senhores a que chamão **Iacatas**». — Diogo do Couto, Déc. V, VIII, 12.

1634. — «Sua metropoli he a tão nomeada Cidade de Yamaguchi, onde reynava o **Yacata** yoxitaca grão Duque do Chugoou». — *Hist. da Igreja do Japão, apud* Cristovão Aires, *F. M. Pinto e o Japão*, p. 150.

1650. — «[Perseguições] levantadas pelos *Tonos*, senhores de Japão, e **Yacatas**, reis gentios, que como senhores absolutos com suas terras e reinos, podem castigar com pena de morte». — P. António F. Cardim, *Batalhas*, p. 10.

1697. — «**Jacatas** se intitulão estes Principes, ou Duques, como lhes chama S. Francisco Xavier». — P. Francisco de Sousa, *Oriente Conquistado*, I, IV, 1.

1814. — «Os *daimios* ou **jacatás** eram senhores absolutos nos seus territorios respectivos, dispunham de vidas e propriedades e só deviam o serviço militar ao suzerano mikado. Havia entre os daimios o costume singular de abdicarem o poder nas pessoas de seus filhos». — Pedro G. Mesnier, *O Japão*, p. 12.

1589. — «Leurs Rois se nomment **Iacata**, et sont absoluts Seigneurs du pays» — Linschoten, *Histoire*, p. 60.

1674. — «Tienen cuatro Señores a que llaman **Iacatas**». — Faria e Sousa, *Asia Portuguesa*, III, p. 114.

1754. — «Les Seigneurs et les Gouverneurs de Provinces, qui se trouvoient en place lors que les *Cubo-Samas* acheverent de dégrader les Dairys s'érigerent en Soverains; on leur donnoit le nom de **Jacatas**, que nous avons rendu par celui de Rois, et ils régnerent en effet avec la même indépendence, que les **Cubosamas** affectoient à l'égard des Dairys».—P. de Charlevoix, *Hist. du Japon*, I, p. 153.

**JADE** (s. m. ou f.). Mineral composto de salicilato de alumina e de cal; conhecido também por *nefrite*, por se julgar que cura as cólicas renais. A origem do vocábulo é muito controvertida, supondo-se geralmente que seja oriental. Yule regista e aprova a opinião de Max Müller, que sustenta que o *jade* não era conhecido na Europa antes do descobrimento da América, e que a pedra dali trazida foi pelos espanhóis chamada *piedra de ijada*, pela mesma razão por que foi denominada *lapis nephriticus*. V. *Glossary*.

1716. — «*Pedra Nephritica*. He huma pedra preciosa, e especie de Jaspe, ordinariamente salpicada de branco, amarello, azul, e negro... Traz-se esta pedra consigo, como remedio contra a pedra, e dores de rins». — Bluteau.

1883. — «Esta pedra, que nos pareceu ser a malachite, a que já nos referimos em outro logar, chamam em linguas tupy, *muciraquitan*, e affirmam ser a *saussurite*, ou verdadeiro **jade**, a qual é preparada pelos celebres Amazonas que habitam além das cordilheiras do Oypac». — Lopes Mendes, in *Bol. S. G. L.*, XV, p. 527.

1898. — «A pedra **jada**. Esta pedra, um salicilato de alumina e cal, é a mais apreciada dos chinezes, que lhe dão o nome de «Yu». —Joaquim C. Crespo, *Cousas da China*, p. 189.

1902. — «Pedras preciosas. — Entre ellas ha a notar a celebre pedra **jade** (*yu*), tão estimada pelos chinezes... É muito dura, semi transparente, e cuja côr varia do branco leitoso ao verde carregado». — *Ta-ssi-yang-kuó*, II, III, 3.

1908. — «Fernão Mendes, que notou o **jade** («alabastro verde e branco») diz a pag. 125 ...». — Alberto O. de Castro, *Flores de Coral*, p. 213.

1637. — «Lo más e lo mejor es cierta pedra a que llaman *Yuxe*, e sacan en el Reyno de Yarkan; la ordinaria en el color tira a blanca, y fue ya de grande precio en la China, pero aun oy tiene buen valor; hazen della diferentes joyas para el ornato de la cabeça, usase mucho en los Palacios; y la pretina que el Rey dá a los *Colaos*, es della, y de la más fina, de que nadie pude usar en este adorno». — P. Semedo, *Imperio de la China*, p. 18.

1663. — «L'on ne voit partout que *jachen* ou **jad**, qui sont de ces sortes de pierre dont enrichit la chapelle du Duc à Florence». — Bernier, *Voyages*, II, p. 83.

«Ce *jachen* est une pierre verdâtre avec des veines blanches, qui est si dure qu'on ne la travaille qu'avec la poudre de diamant, et qui est fort estimée à la cour de Mogol; on en fait des tasses et autres choses». — *Id*, p. 290.

1735. — D'autres fournissent la pierre d'azur, semblable a celle qu'on apporte en Europe, et une espece particuliere de jaspe nommé *Yu che* très-transparent, et qui a la blancheur de l'agathe». — P. Halde, *Description de la Chine*, I, p. 206.

1853. — «On met dans l'appartement du côté opposé les pierres précieuses appelées *tu-yu* et *y-yu* (**jade** rare et **jade** commun)». — Pauthier, *Chine*, p. 90.

1883. — «Burma is rich in minerals. It produces... the **jade** or *yu* of the Chinese, saphires, and other precious stones». — Hunter, *The Imperial Gazetteer*, III, p. 211.

1908. — «Under the name **Jade** several different minerals are included, not always easily distinguishable. True **jade** or nephrite is a native silicate of calcium and magnesium, and may be regarded as a crypto-crystalline variety of horneblende». — Watt, *The Commercial Products*, p. 560.

1917. — «When their chiefs died, their skulls were cleft, the brains scooped out, and the space filled with pearls and **jade**» (no Tibete). — *The Hindustan Review*, de Abril.

* **JADACA**, **jedaca** (sing. *yachākayā*). Religioso mendicante, mas não budista, em Ceilão.

1687. — «Mas ainda que Constantino de Sá de Noronha, destruio estes Pagodes, não durou o culto deles, mays que athê os tempos do Geral D. Nuno Álvarez Pereyra, em que forão degolados os ultimos *Ganezes*, e **Jedâcas**, que o continuauão». — P. Fernão de Queiroz, *Conquista de Ceylão*, p. 52.

«Os Saçerdotes destes idolos, chamão-se **Iedâcas**; uiuem nos proprios pagodes, ou vizinhos a eles, pera com mays comodo tratarem do seu culto». — *Id.*, p. 94.

«Tinhamos oferecido, e dado as diuersas terras pera sustento de Ganezes e **Jadacas**. — *Id.*, p. 205.

«... com os Jogues, **Jadacas**, e Ganezes da Cota, pera induzirem os naturaes a desemparar a Cidade». — *Id.*, p. 269.

**JAGONÇA** (ant.), Figura o termo, especialmente com referência a Ceilão, nos escritos dos nossos indianistas antigos, que o não explicam; e os lexicógrafos contentam-se com dizer que é «pedra preciosa». É uma variedade de jacinto, incolor ou levemente afumado, a qual se vende por diamante de qualidade inferior. O seu étimo é o persa *zargūn*, «côr de ouro», como sugere Devic, ou antes, *āzargūn*, «côr de fogo», como declara Dozy. Da mesma origem proveio, pôr via do ár. *zarqūn*, o port. *azarcão* ou *zarcão*, como sinónimo de «mínio ou vermelhão». V. Dozy, s. v. *azarcon*, e *Glossary*, s. v. *jargon*.

1516. — «Acha-se tambem aquy [em Bisnaga] muita pedraria, **jagonças**, amatistas, e hũas safiras moles». — Duarte Barbosa, *Livro*, p. 296.

1552. — «Topazios, **jagonças**, amatistas, crisolitas» (em Ceilão). — Castanheda, *Historia*, II, cap. 22.

1554:

«Çafiras, olhos de gato
**jagonças**, de tudo ha tracto
e outras mais que nom sam ditas».
Garcia de Resende, *Miscellanea*, fl. 156.

1566. — «Ha muita pedraria, rubins .. topazios, **jagonças**, ametistas». — Damião de Góis, *Chronica de D. Manuel*, II, cap. 11.

1860. — «The *Matura Diamonds* which are largely used by the native jewellers, consist of **zircon**, found in the syenite, not only uncoloured, but also of pink and yellow tints, the former passing for rubins». — Tennent, *Ceylon*, I, p. 38.

1866. — «**Zircon** or **jargon**, a stone of which false diamonds are made». — Stanley, *A Description*, p. 42.

**JAGRA** (**jágara**, p. us.). Açúcar mascavado de palmeira ou de cana, em torrões ou em bloco (*gód* em concani). O termo é corrente em toda a zona do ásio-português. Indo-ingl. *jaggery*, *jagry*; indo-fr. *jagra*, *jagara*, *jagre*. A jagra é o açúcar da generalidade da população da Índia Portuguesa; os gentios, porêm, não se servem do jagra de palmeira, mas sómente da de cana. A *sura* de uma palmeira produz anualmente duas *mãos* ou cêrca de 75 quilogramas de jagra. O autor do *Roteiro de Vasco da Gama* descreve o objecto sem lhe dar o nome: «Quatro talhas de hũus queijos daçucar de palma». O étimo imediato é o malaiala *chákkara* (cf. *jaca* = *chakka*), que se liga ao sânsc. *çarkarā* por intermédio das formas neo-áricas *xākar*, *sākar*, *sākhar*. V. *açúcar*.

1510. — «Per este vos mando que entregues a symam de siqueira almoxarife da dita fortaleza doze quintaes e duas arrobas de **jagra**, que em vosso poder sam». — Afonso de Albuquerque, *Cartas*, IV, p. 323.

1515. — «... mantimentos pera vinte dias, a saber, de arroz, **jagra**, cocos azeite pescado orraqua». — *Id.*, p. 136.

1516. — «Açucar de palma que chamam **jagra**». — Duarte Barbosa, *Livro*, p. 274.

1522. — «Não pagarão de nenhuns mantimentos direitos, a saber, do arroz, carne, pescado, **jagra**, *mungo*». — *Regimento* do Governador, in *Archivo*, V, p. 1552.

1526. — «Os azeites, manteigua, meles, **jagra**, triguo, arrozes, vinhos». — *Regimento* de Afonso Mexia, *ibid.*, p. 94.

1552. — «E grandes palmeiras que dão muyto uinho, azeite, uinagre e **jagra**, que sabe quasi como açucar». — Castanheda, *Historia*, III, cap. 8.

1563. — «... cocos e **jágara**, que se faz delles, ao modo de açucare». — João de Barros, Déc. III, III, 7.

1563. — «E depois que se tira esta vasilha da *çura*, se dá muyta, tiram outra de que fazem açucare, embastecido ao sol ou ao fogo, a que chamam **jagra**». — Garcia da Orta, Col. XVI.

1563. — «Danão com **Jagra**, que he açucare de palmeiras». — Gaspar Correia, *Lendas*, II, p. 62.

1566. — «Tomou hum [navio] em que achou coquos e **jagra**, que he açuquar de palmeiras em pó». — Damião de Gois, *Chronica de D. Manuel*, cap. 43.

1603. — «... e certos bolos de arroz feitos com mel, ou **iagra**, que he assucar feyto de palmeira». — Fr. António de Gouveia, *Jornada*, fl. 61 *v*.

1609. — «D'este mel [da sura doce] se faz o assucar... E a este se chama na India, **iagra**». — Fr. João dos Santos, *Ethiopia Oriental*, I, p. 297.

1614. — «Sustentam-se os mais delles com hum coco, huma pouca de **jagra** (que dá a palmeira)». — Diogo do Couto, Déc. VII, X, 11.

1616. — «E o que ainda parece mais estranho, he o mantimento destes caualos, a que dam a comer açuçar rosado, e candil, e aos almoços bolos de trigo e **jagra**, que he hum açucare baixo». — António Pinto Pereira, *Historia da India*, II, fl. 52 *v*.

1619. — «Cada moinho de **jagra** paga de direitos em cada dous *barganins*». — *Regimento* de Nuno Vaz Castelo Branco.

1842. — «A *sura* é um liquido que se tira da bainha do cacho da palmeira, e della se faz **jagra**, especie de assucar de que muito usam os gentios e mesmo outras pessoas na confecção dos doces». — *Annaes Maritimos*, p. 268.

1864. — «Independentemente do assucar que fornece, dá tambem aguardente de canna e vinagre, e a **jagra**, da qual uma grande parte é comida pelos sataryenses... O liquido, que se obtem por meio d'esta operação, é de boa qualidade quando a **jagra** produz um setimo do seu peso de assucar bruto, e um terço de xarope». — Lopes Mendes, in *Annaes do Conselho Ultramarino*, VI, p. 90.

1872. — «Quando em vez de aguardente ou vinagre, se pretende converter a sura em **jagra** (assucar mascavado) então a *damnem* [receptáculo de sura] é pintada interiormente com cal viva, o que conserva ao liquido a maxima doçura». — Bernardo da Costa, *Manual do Agricultor*, I, p. 191.

1889. — «A industria de **jagra** de coqueiro está pois ameaçada de ficar annullada em Goa, favorecendo a importação do assucar ou **jagra** estrangeira». — *Relatorio do Imposto do abkari*, p. 8.

1893. — «O *niró*... abunda em materias saccarinas e produz **jagra,** especie de assucar mascavado, evaporada a parte aquosa». — José Maria de Sá, *Productos do Coqueiro*, p. 14.

1900. — «**Jagra** é o assucar não crystallisado de palmeira, importado, se não me engano, da India, onde se lhe dá o mesmo nome». — *Ta-ssi-yang-kuó*, I, p. 458.

1909. — «Veio a soffrer sensivel diminuição a industria do fabrico de **jagra,** assucar do grosso da população de Goa». — Amâncio Gracias, *Subsidios*, p. 226.

1909. — «Depois d'esta industria vem a de **jagra,** assucar do pobre». — Manuel F. Viegas, in *Bol. S. G. L.*, XXVII, p. 432.

1917. — «Consta que se encontram no nosso porto de Mormugão mais de 20 batelões á espera de **jagra** *de cana* procedente do *rajado* de Kolapur». — *O Ultramar*, de 8 de Março.

1589. — «De ceste mesme liqueur de Sura on fait du sucre, qu'ils nomment **Iagra**». — Linschoten, *Histoire*, p. 102.

1658. — Con la medesima Sura, e longo bollire, misturandoui vn poco di calce, formano certa specie di zuccaro, quale chiamano **Giagara,** condimento ordinario degl' Indiani, non disgustoso. ma grato, e di qualità più frigida, e meno bilioso del nostro». — Fr. Vincenzo Maria, *Viaggio*, p. 361.

1666. — «Celle [Aguardente] qu'on y boit ordinairement est fait de **Jagre** ou sucre noir».—Thevenot, *Voyages*, III, p. 50.

1670. — «Les Malabars l'appellent **Iagra,** et les Portugais **Iagre**». — Dellon, *Relation d'un Voyage*, I, p. 139.

1673. — «... beside Butter, Sugar and **Jaggaree** or Molasso's made into Paste. — Fryer, *East India*, I, p. 251.

1689. — «Stranger than this is another Compound-Liqueur, made in India, which is distilled from Black Sugar mixt with Water, with the bark of the Tree *Baboul*, this is called **Jagre** *Arak*» — Ovington, *A Voyage to Suratt*, p. 238.

1690. — «Saccharum rubrum, quod ex hoc coquitur succo, in Indostana **Jagra** vocatur... unde veteres sine dubio Saccharum derivarunt». — Rumphius, *Herbarium Amboinense*, I, cap. 9.

1782. «Ce **jagre** est un sucre brut tiré du palmier. Il entre ... dans beaucoup de remèdes, ainsi que dans composition du crépi fin et poli dont on enduit les maisons et les argamasses dans l'Inde».—Sonnerat, *Voyages*, I, p. 82.

1854.— «On en extrait, par incision, un suc qui soumis à la cuission s'épaissit et se concentre en un sucre grossier (**jagre** ou **jagri**) dont il se fait une immense consommation». — Jancigny, *Indo-Chine*, p. 370.

1860. — «... and **jaggery** (the black sugar extracted from the Palmyra and Kitool palms) to Malabar and Coromandel». — E. Tennent, *Ceylon*, II, p. 55.

1908. — The name **jaggery,** which today is used with special signification of palm-sugar or palm-molasses, is but a modern corruption of *sarkará*, first into the Malayalam *chakkara*, then into the Portuguese **jagara, jagra**». — Watt, *The Commercial Products*, p. 931.

***JAGRADA.** Doce de jagra, especialmente arroz doce feito com jagra. Usado em indo-português.

1915. — «A alimentação exclusiva de arroz e caril com carne, peixe, hortaliça, legumes, fruta e **jagrada**». —*Heraldo*, de 17 de Dezembro.

***JAGREIRO.** Fabricante de jagra.

1685. — «**Jagreiros** fazem certo assucar do licor de humas arvores». — João Ribeiro, *Fatalidade Historica*, I, cap. 10.

1687. — «The **jagreiros** make a kind of sugar from the liquor which they draw from certain trees». — *Apud* Pieris, *Ceylon*, II, p. 50.

***JAGUIR** (indo-ingl. *jagheer*, *jaghire*). Assinação de terras e do seu rendimento como anuidade em retribuição dos serviços prestados ou por prestar, no regime do Grão Mogol. Do persa *jāgīr*, «ocupação do lugar».

1695. — «O premio que dá o Mogol aos seus Grandes, já por serviços, já por sustentarem a quantia de cavallos, que são obrigados a ter promptos sempre, e quando lhos peção, são Reynos inteiros, e ás vezes mais de hum. Sejão porêm Reynos, sejão Provincias, sejão Cidades com seus termos, o seu nome generico he **Jaguir** grande, ou pequeno, he a differença que elles fazem, e nomeão por **Jaguir** de tantos, ou tantos cavallos. São estes Grandes como Reys nos seus **Jaguires,** e nelles põem Governadores, que sempre são seus criados».— Cosme da Guarda, *Vida de Sevagy*, p. 38.

1909.— «Concediam-se terrenos a indús, que déssem provas da sua lealdade e por este facto se chamaram **jagirdars** e *deshmukh* (chefe hereditario)».—Amâncio Gracias, *Subsidios*, p. 10.
1666. — «Ils peuvent obtenir de bons *jah-ghirs*, ou bonnes terres affectées pour leurs pensions... Selon que porte le mot **jah-ghir**, qui signifie bien à prendre au lieu de pension». — Bernier, *Voyages*, II, pp. 293 e 312.
1673. — «It has for its Maintenance the Income of Thirty Villages, over which the Governor presides, sometimes not, being in the **Jaggea** or Diocess of another». — Fryer, *East India*, I, p. 300.
1778. — «Enfin les **Djaguirdars**, possesseurs de Fiefs ou Bénéfices grevés de droits et autres redevances . — Anquetil Duperron, *Législation Orientale*, p. 259.
1824. — «Whose **Jaghirs**, or rent-free lands, which were their ancient and legal provision all over India, were forgotten». — Heber, *Narrative*, I. p. 201.
1831. — «Ils n'étaient pas d'ailleurs les serviteurs de Renjet-Sing, mais de tel ou tel petit **djaguirdar** ou *zemindar* (seigneur vassal)». — Jacquemont, *Correspondence*, II, p. 208.
1845. — «Et, quoiqu'il ne pût pas lui retirer le **djagir**, le fief ou le bénéfice qui lui avait été donné, pour lui assurer les moyens d'existence...».—Xavier Raymond, *Inde*. p. 318.
1854. — «Bamo est le **djaghir** (apanage) de la sœur du Radja de Tapon, l'une des femmes du roi d'Ava». — Jancigny, *Indo-Chine*, p. 307.
1881. — «Khálsa land, however, might be alienated by the Crown as endowment for a religious institution, or in a *jágír* as a reward of service to an individual and his heirs». — Hunter, *The Imperial Gazetteer*, I, p. 126.

* **JAINA** (sânscrito e neo árico *jaina*). Sectário do **JAINISMO**, uma das três grandes religiões da Índia, fundada por Jina, pouco posterior ao budismo, ao qual muito se assemelha. Tem, como êle, a sua doutrina de livramento da transmigração resumida em três jóias (*tri-ratna*): a perfeição da fé, a perfeição do conhecimento, a perfeição das práticas. Enumeram-se vinte e quatro Jinas, sendo o da actual idade conhecido por *Mahāvīra*, «grande herói».

O jainismo conta actualmente uns quinhentos mil fiéis, que habitam particularmente no Guzarate e seguem em geral a profissão de negociantes, estando por isso disseminados nos grandes centros comerciais da Ásia meridional e da África Oriental. São comummente conhecidos dos europeus por *baneanes*, q. v. A sua característica principal, largamente descrita pelos nossos cronistas, é a exagerada caridade para os animais.

Os antigos monumentos arquitectónicos da Índia, em grande parte subterrâneos, são na sua maioria obra dos jainas; e os seus religiosos podem comparar-se aos frades beneditinos com respeito à literatura oriental.

XVII. — «Argumento em que se trata de huma Secta chamada **Zainá**, que ha 1200 annos se introduzio nesta gentilidade, e foi sua origem no Reino de Cambaia».— *Breve Relação*, I, p. 35.
1883. — «O **jainismo**, de que em Bombaim ha numerosos sectarios, vem do budhismo, e acredita, como Budha, na eternidade do universo». — Adolfo Loureiro, *No Oriente*, I. p. 151.
1886. — «Mas os que assim o representam, são unicamente os **joinas** (*sic*) da seita de Budha».—Lopes Mendes, *A India Portugueza*, II, p. 80.
1890. — «Deante d'ella lembrei-me das estatuas **jains** e é possivel que *Vital* seja a adaptação de uma estatua **jain** ao culto sensual dravidiano». — António de Almeida Azevedo, *As Communidades de Goa*, p. 44.
1895. — «Diz Orta que havia entre os Bramanes «muitas especies»; e não é facil saber, se se quiz referir a differença de crenças, pois é certo que alguns eram sectarios de Vixnu, e outros seguiam a religião **jaina**». — Conde de Ficalho, Col. 34.
1898. — «Os **djainistas** tem um logar intermedio entre os budhistas e os brahmanes». — Oliveira Mascarenhas, *Atravez dos Mares*, p. 173.
1902.— «É a perseguição que elle excitou contra os **Jainas** (variedade especial do budhismo) no reino de Rudrapur, que a tradição retró amplificou, traduzindo-a na exterminação geral dos budhistas desde os Himálayas até ao Cabo Comorim». — Cristóvão Pinto, in *Ta-ssi-yang-kuó*, II, p. 312.
1906. — «O **Jainismo** assenta sobre tres principios: perfeição da fé, perfeição do conhecimento, perfeição das praticas». — Hipácio de Brion, *Duas Mil Leguas*, p. 166.
1906. — «Muitos d'elles [baneanes] são da seita **jaina**, que representa uma primeira heresia do Buddhismo». — Alberto O. de Castro, *A Cinza dos Myrtos*, p. 170.
1915. — «Ali [em Cambaia] visitou o

italiano um hospital de aves de todas as especies, o que não deve pasmar aos que saibam que semelhantes institutos ainda existem na India, geralmente fundados e mantidos pelos **jains**». — Ismael Gracias, — *A India*, p. 13.

1917. — «É facto incontestável que o budista leigo retinha a sua casta do mesmo modo como o faz agora o **jaina** leigo». —*Heraldo*, de 12 de Setembro.

1624. — L'Idolo principale in questo Templo, è quelo che stà nel nicchio di mezzo, chiamato *Mahaùr*, dal qual il Templo prende il nome [em Surrate]. Chi sia appresso questi Gentili Mahauír, e se sia tutto vno con *Mahadeù* [«grande Deus», título de Xiva], come ho qualche suspetto, in fin' hora non sò». — Pietro de la Valle, *Viaggi*, III, p. 55.

1824. — These **Jains** are a body of sectaries held in detestation by the Hindoos, but who agree with them in their adoration of the Ganges. They are not very numerous [em Benares], and are themselves divided into two sects, who hold each other in great abhorrence».—Heber, *Narrative*, I, p. 253.

1825. — «Outre ces deux cultes dominans, il en existe un troisième... c'est celui des **djainas**. Ces sectaires font intièrement bande à part, et détestent également les brahmes et les bouddhistes, ainsi que leurs dogmes».— P. Dubois, *Mœurs*, I, p. 138.

1844. — «Les ascètes ou saints [das esculturas] qui ne portent aucun vêtement doivent, selon toute vraisemblance, être déclarés **Djainas**; ce sont de ces personnages qui, comme indique leur nom de *Digambara*, n'avaient d'autre vêtement que l'espace». — E. Burnouf, *Introduction à l'Histoire du Buddhisme*, p. 312.

1845.—«Les **Djainistes** occupent une place intermédiaire entre les Buddhistes et les Brahmanes».—Xavier Raymond, *Inde*, p. 203.

1885. — «**Jainism** is, in its external aspect, Buddhism equipped with a mythology — a mythology, however, not of gods, but of saints. But in its essentials, **Jainism** forms a survival of beliefs anterior to Asoka and Kanishka». — Hunter, *The Imperial Gazetteer*, VI, p. 159.

«Le **djainisme** au fond n'était, comme les autres religions de l'Inde, qu'une forme légèrement altérée du brahmanisme avec des divergences purement philosophiques, une école plus encore qu'une secte». — Sylvain Levi, *La Grande Encyclopédie*.

* **JAIOS**, **zaiôs** (mais usado actualmente; s. m. ou f. pl.). Flores de *Jasminum grandiflorum*, Linn. Chamam-se também por outro nome «jasmins de Itália». São brancas e odoríferas; extrai-se delas óleo aromático. Do conc. *zāy*, pl. *zāyô*.

1789. — «Cada mil **Jaios**, e *Mogarins*, hum real e meio» (de direitos). — *Collecção de Bandos*, I, p. 46.

1906:

> «Ó *mogarins*, doirada *surungâ*,
> Doces **Zaiôs** que os mortos perfumaes!».
> Alberto O. de Castro, *A Ctasa dos Myrtos*, p. 181.

«**Zaiôs** — Jasminácea. O Senhor-morto é coberto de estas flores na procissão de Sexta-feira Maior, em Goa. Com enfiadas de **zaiôs** se enfeitam os templos de Goa e se engrinaldam os cadaveres de mulheres casadas hindus que vão a incinerar. Chamam-se **zuiôs** flores de outra jasminácea, mais finas e meudas». — *Id.*, p. 206.

1916:

> «Saudades dá-te o sol da India
> e o canto dos *moruonis*,
> saudades diz-te o perfume
> das **zaiôs** e mogarins».
> *Heraldo*, de 21 de Janeiro.

1917. — «No fim da festa a direcção pôs ao colo do sr. dr. Paulino Dias um colar de **zaiôs**, e ofereceu ao sr. Augusto Rodrigues um ramo de flores». — *Heraldo*, de 1 de Outubro.

**JALIA**, **jaléa**. Embarcação de guerra e de comércio, menor que galeota, usada antigamente em certas partes da Ásia. Yule presume que *jalia* é «adopção arabizada de alguma língua mediterrânea por «galé». Convêm porêm notar que o malaio tem *jalur*, «barco pequeno», e algumas das abonações se referem a Malaca.

1608. — «As demais **jaleas** que são hũas embarcações menores que galeotas, e de quinze remos por banda mui ligeiras, e acomodadas para guerra». — P. Fernão Guerreiro, *Relaçam*, fl. 73 *v*.

1629. — «E com outros tres ou quatro navios, que havia em Malaca, e com as **jalias** e bantins, que alli se costumavam armar». — In *O Chronista de Tissuary*, I, p. 7.

1635. — «Constava de septe galeotas, um calamete, um sanguicel, cinco bantins, uma **jalia**». — António Bocarro, Déc. XIII, p. 101.

«Ajuntou uma grande armada, em que vinham muitas **jalias** e navios portugueses». — *Id.*, p. 122.

«Comprou uma **jalia**, embarcação que alli [em Bengala] serve de armada e juntamente de tracto». — *Id.*, p. 431.

1684.—Resoluto por acabar em galeoens, demandou-os em hũa **jaléa** (*sic ubique*) bem carregada de gente». — P. Fernão de Queiroz, *Hist. de Pedro de Basto*, p. 356.

1687. — «Manoel Rodriguez ajudado de

alguns marinheiros, pode se afastar, em hua **jalea,** que leuaua, sem outros prouimentos».—Id., *Conquista de Ceylão*, p. 556.

1750. — «... em que se plantarão 26 peças de artilheria, e a boca da barra defendião dous pataxos, e quatro **jaléas**. — D. Luís de Meneses, *Historia de Portugal Restaurado*, II, p. 44.

1883. — «Paulo Rego sahiu com as suas oitenta embarcações, entre galeotas e **jaleas**, ao encontro do inimigo». — Bulhão Pato, *Portuguezes na India*, p. 230.

1894.—«He made sufficient to purchase a **jalia** (a small vessel), in which he carried a cargo of salt to Dianga». — Denvers, *The Portuguese in India*, II, p. 142.

**JAMBO.** Fruto de **JAMBEIRO**, *Eugenia jambos* e *E. Malaccensis*, Linn. O fruto é muito agradável à vista, mas pouco saboroso actualmente em Goa. O vocábulo é sânscrito, *jambu* ou *jambū*, que passou às línguas modernas da Índia e do Arquipélago Malaio, com leves variantes fonéticas, como *zāmb* em concani e marata.

1563. — «Em Malaca he chamada **jambos** (=*jámbu*); e assim lhe chamam nesta terra». — Garcia da Orta, Col. XXVIII.

1609. — «Carambolas, **iambos**, mirabulanos, grandes cidras e limões; figueiras da India, que dão grandes ramos de figos». — Fr. João dos Santos, *Ethiopia Oriental*, I, p. 270.

1745. — «Das que ha na Asia e eu provei na America... tem bastantes [a China]: Coqueiros, Jacas, Mangas, Atas, **Jambos**». — In *Ta-ssi-yang-kuó*, II, III, 3.

1727. — «**Jambo**. Fruta muito deliciosa da India Oriental; em Goa lhe chamão **Jambos** *de Malaca*, por ser trazida desta para aquella Cidade; he do tamanho e tem a mesma cor dos nossos damascos, não tem sumo, o caroço he redondo, e pequeno; chocalha dentro da fruta, a qual se come com casca, que he summamente delgada, o cheiro, e ainda o gosto o mesmo, que o de uma rosa». — Bluteau, *Supplemento*.

1782. — «Vê-se outra com o nome de **jambeiro,** ou melhor 3 arvores diversas com o mesmo nome, e todas de não pequena bondade».—Fr. Clemente da Ressurreição, *Tratado*, II, p. 336.

1846. — «Anonas, Jagomas, **Jambos** brancos, Babolans».—F. N. Xavier, *O Gabinete Litterario*, I, p. 248.

«**Jambos** cheirosos (denominados *de Malaca*). **Jambos** *vermelhos* (chamam-se *do Reino*)». — *Id.*, p. 248.

1869. — «D'ahi [segue] para o marco na raiz de um **Jambeiro,** que fica 32 ½ mãos distante do mesmo caminho». — *Relatorio Final da Provincia de Satary*, p. 47.

1873. — «Tres especies de **jambos** temos na India: uma é **jambo** *commum* (*Jambusa vulgaris*), outra o **jambo** *de Malaca* (*Jambusa malacensis*) e outra o **jambo** *vermelho* (*Jambusa purpurescens*). Todas as tres especies são estimaveis, mas a superior é a *malacensis*». — Bernardo da Costa, *Manual do Agricultor*, II, p. 165.

1880. — «Os aryas, povos que primeiro avassallaram as tribus aborigenes do paiz, deram-lhe na sua lingua classica, o sanskrito, o nome de *Jambudwipa*, isto é paiz dos **jambos** (fructo odorifero de *jambosa eugenia*)».—Martins Velho, *Estudos sobre o Oriente*, p. 2.

1906. — «O **jambo,** especialmente chamado de Malaca, tem um sabor de rosas». —Alberto O. de Castro, *A Cinza dos Myrtos*, p. 181.

1578. — «Ay otro fructo en las Indias tan aprazible a la vista, y tan suaue al olor, y tan grato al sabor, que es digno se pinte, y se haga memoria del, allen de que es medicinal. El arbol que da este fructo se llama **Iambeiro:** y es del tamaño del major Naranjo de España».—Cristóvão da Costa, *Tractado*, p. 269.

1585.—«**I Giambi,** di figura delle pere diaciuole, bianchi e incarnati come rose e latte miscolati insiene». — F. Sassetti, *apud* Gubernatis, p. 199.

1631. — «Ii sunt primum **Jambos** fructus vocati, pulcherrimo ex albo ad purpureum vergentes colore, sapore ferme, ut Capreae vitis... astringunt vehementer, ac proinde Dysenteriis et Choleris accommodatum remedium». — Bontius, *Hist. Naturalis*, p. 11.

1637. — «Sobrepujan en las partes Australes, que participan de las mejores de la India, que tienen el ananás, las mangas, las banañas, las jacas, y los **jambos,** e sobre todo algunas propriamente suyas de particular excelencia». — P. Semedo, *Imperio de la China*, p. 7.

1690. — «Fructus hi... meo vero judicio proxime Mangostano adaequant, atque majori jure pro praestantissimo Indiae fructu habendi sunt, quam supra memorati *Duriones*. Circa Melaccam alia occurrit quoque species dicta **Jambo** *d'Agua rosada*, h. e., rosacea Jambosa... Portugalli illam transtulerunt in Goam et Coetchin, ubi magni aestimatur, vocaturque **Jambo** *de Malaca*». — Rumphius, *Herbarium Amboinense*, I, cap. 27.

1825. — «The **jamba**, or rose-apple strewing the ground with its beautiful scarlet flowers». — Em Heber, *Narrative*, II, p. 173.

1836. — «Le **jambou**... est d'un goût assez fade Il en existe plusieurs variétés, cultivées et sauvages. Le **jambou** *kling*, qui ressemble assez à la poire appelées *cuisse-madame*, est la meilleur; elle est originaire de la côte de Coromandel». — Rienzi, *Océanie*, I, p. 107.

«**JAMBÓ**, m. Árvore da ilha de San-Thomé (*inga xilocarpa*). O mesmo que *jambol?*». Cândido de Figueiredo. Não é, porque *jambol* é o nome concani ( *zāmbaḷ* ou *zāmbūḷ*) do *jamboleiro*, q. v.

*Jambó* é o nome que se dá em concani à mimósea *Xylia dolabriformis*, Benth., ou *Mimosa xylocarpa*, Roxb. «Muito commum nas florestas. A sua madeira é muito forte e duravel». D. G. Dalgado, *Flora*.

1863. — «A primeira é representada principalmente pelo... *gotingo*, **zambó**, etc.». — Lopes Mendes, em Oliveira Mascarenhas, *Atravez dos Mares*, p. 185.

1886. — «As essencias florestaes dominantes são... *quinzol* (Pentaptera-paniculata), e o **jambó** (inga xilocarpa)». — Id., *A India Portugueza*, II, p. 30.

**JAMBOA** (mal. *jambua*). Designa-se por êste nome em Macau a *toronja*, q. v.

1745. — «Ha Sidras e **Jamboas**, *Muis* que arremedão as Ameixas». — In *Ta-ssi-yang-kuó*, II, p. 149. — «O curioso é que não encontrei em livro algum de Botanica a designação de **jamboa**, empregada em Macau para designar a toranja». O editor.

**JAMBOLÃO**. Fruto de **JAMBOLEIRO**, *Eugenia jambolana*, Lamk. O fruto duma das variedades é doce como a uva ferral; faz-se às vezes vinho, que se assemelha ao do Pôrto. Foram enviadas amostras de vinho, espírito e vinagre de jambolão para a exposição de Londres de 1862 [1]. Há *jambolões*, mais pequenos e azedos, que se chamam «dos cães», porque os cães os comem. A madeira do jamboleiro é muito boa. Do conc. *zāmbaḷ* (árvore), *zāmbūḷ* (fruto) < sânsc. *jambūla*.

O Conde de Ficalho julga «que o nome de jambolão — pelo menos na sua desinencia — é um arranjo portuguez». Não é tal; os nossos escritores não faziam «arranjos portugueses» com nomes indígenas, reproduziam-nos, quanto possível, fielmente no alfabeto pátrio, como, no caso presente, *jambolão* é o plural concani *jāmbuḷām*, agora pronunciado *zāmbḷām*. A mesma observação serve de resposta, *mutatis mutandis*, ao que diz o referido autor com respeito ao *brindão* e á *jamgoma*.

1653. — «Chamamse **jambolões**, e nacem em huma mata que parece como murta, e nas folhas parece medronho». — Garcia da Orta, Col. XXVIII.

1782. — «A 4.ª planta é o **jamboleiro**... a sua fructa é mui estimada da gente feminina, e se come com sal, e é refrigerante; a sua madeira serve para taboas, aguieiros e ripas de casas ordinarias». — Fr. Clemente da Resurreição, *Tratado*, II, p. 319.

1842. — «As fructas que mais vêm ao mercado, ou se importam para Bombaim, são os ananazes, atas ou fruta do conde, **jambolão**, fructa de Adão, matombas, cajus, papaias, bananas». — *Annaes Maritimos*, p. 270.

1846. — «De **Jambolans**, por meio de fermentação, se faz vinho tinto, mas por curiosidade». — F. N. Xavier, *O Gabinete Litterario*, I, p. 249.

1873. — «O **jamboleiro** deita um tronco direito, e uma ramagem copada e bella... A madeira serve para construcções, e não sei se tambem é empregada em navios. Os **jambolões** grandes são servidos como fructa, porém são reputados pouco digestos, quando frescos... Alguns curiosos tem feito vinho abafado dos **jambolões** grandes, que depois de velho tem se achado tão bom, que varios, que passavam por entendedores, o tem confundido com vinho do Porto». — Bernardo da Costa, *Manual do Agricultor*, II, p. 168.

1900. — «**Jambolão**. — Fructo roxo-escuro da *Eugenia jambolana*... commum em Macau e nas terras proximas, assim como na India e outras partes da Asia. É comestivel. O fructo parece-se com uma azeitona pequena». — *Ta-ssi-yang-kuó*, de Maio.

1904. — «Flora damanense: jagomeira, **jamboleiro**, jaqueira... ». — António F. Moniz, *Historia de Damão*, II, p. 177.

1911. — «A téca, a marêta, o **jamboleiro**, o pau preto». — José Emílio Castel Branco, in *Bol. S. G. L.*, XXIX, p. 389.

1917. — «Recomenda, bem assim, o uso do pó dos caroços ou pevides de **jambulão**, cujo emprego creio que não deve ser novidade á medicina». — *O Ultramar*, de 29 de Outubro.

1578. — «Otra fructa ay, llamada en el vulgar **Iambolans**, que se paresce con las Azeytonas maduras de Cordoua. Es esta fructa Pontica en el sabor: y aprieta la garganta». — Cristóvão da Costa, *Tractado*, p. 267.

1652. — «Pour ce qui est des autres

[1] V. *Annaes do Conselho Ultramarino*, (parte não official), III, pp. 35 e 36.

fruits des Indes Orientales, comme le Giangame, le **Giambelame**, le Carambole...». —*Relations de la Chine*, p. 23.

1690. — «Latine *Jambolaana*, juxta Portugallicum **Jambolaam**, Garzias vero aliique Lusitani scriptores vocant *Jambolones* et *Jambolyns*». — Rumphius, *Herbarium Amboinense*, I, cap. 37.

1908. — «In Goa a wine is prepared from it [de *jambolão*], and a spirit (*jambava*) is spoken of, by recent Sanskrit authors, as distilled from the *jambu*. Some years ago brandy was made at Monghyr from the fermented fruit». — Watt, *The Commercial Products*, p. 526.

*** JAMÉ** (ant.). Colecta ou renda pública, paga em géneros, em Damão. Do guz. *jame*, ár. *jam'a*.

1783. — «Todo **jamé** de arrendamento da dita Praganã Nagar Avely e mais generos de pagamento não pagará os direitos da mesma Praganã». — *Apud* Júlio Biker, *Collecção de Tratados*, VIII, p. 105.

«Só dispensou no dito *choquem* o mantimento que fosse de **jame** e alguns viveres, que fossem de pensão». —*Ibid.*, p. 109.

*** JAMEDAR, zamindar**. Proprietário de grandes terrenos na Índia Inglesa. Do hindust.-persa *zamīndār*. V. *zemindar*.

1785. — «A vigilante e costumada rapina dos **Gemedares** vizinhos nos tem furtado todo o mais resto do dito chão».— *Apud* Júlio Biker, *Collecção de Tratados*, XII, p. 20.

1820. — «O mesmo fez o dito governamento [govêrno inglês] aos demais **Jamedares**, ou senhores de outros terrenos». —In *O Chronista de Tissuary*, I, p. 62.

1914.— «Foi o caso que, tendo morrido, pouco depois da meia noite, o rico **zamindar** e negociante Babu Jaguendranath Law, que estivera doente por algum tempo...». — *O Ultramar*, de 4 de Maio.

1915. — «Alguns negociantes banianes e **zamindares** que haviam feito largos depositos de trigo a fim de aproveitando as consequencias da guerra e a demora da chuva, especulando com o pobre consumidor...». — *Ibid.*, de 5 de Julho.

1916. — «Entre os **Zamindares** ou senhores feudaes de Bengala, havia o costume de deixar sob a administração das mulheres a cultura dos campos». — *Herald*o, de 9 de Abril.

*** JANAVADIM**. Pequena moeda de cobre, em Damão, equivalente a 2 réis da convenção. Do guz. *janādī*.

1862. — «Tambem correm em Damão as moedas de cobre miudas de Goa; á de 6 réis dão-lhe o nome de **janovadim**, e vale 4 *aricás*. Igualmente circulam no territorio da praça e suas dependencias algumas moedas informes, com o nome de *ducrás*». — Francisco M. Bordallo, *Ensaios sobre a Estatistica*, V, p. 84.

1904. — «**Januadim** equivale a 6 réis antigos ou 2 réis de convenção».—Ernesto Fernandes, *Regimen do Sal*, in *Bol. S. G. L.*, XXII, p. 220.

1910. — «Ao foreiro a fabrica pagava de *jumprim* Rs. [rupias] 2:24 **janavadins**». — António F. Moniz, *Historia de Damão*, III, 219.

«Grande necessidade que todos em geral padeciam pela falta de *bazarucos* chamados **janavadis** e *rodas*». — *Id.*, p. 311.

«Um **janavadim** = 4 rodas = dois reis de convenção». — *Id.*, p. 318.

«Rupia tem... 16 canás = 112 ½ **janavadins** = 675 reis». — Francisco Coutinho, *Compendio do Ensino Primario*.

**JANGA, jangá**. O Sr. Cândido de Figueiredo opta, na 1.ª edição, pela segunda forma, e Gonçalves Viana pugna pela primeira. Pelo que vejo, o vocábulo aparece empregado tão sómente por Fernão Mendes, para designar uma embarcação do Extremo Oriente; e não pode haver nenhuma dúvida, á vista das edições Rolandiana e Ferreiriana, que a palavra é oxítona. Há outro termo semelhante, *joanga*, designativo duma embarcação de Maluco, que mencionam Castanheda, Gabriel Rebêlo e o próprio autor da *Peregrinação*, que acentua *joangá*.

Parece-me que o étimo de *jangá* é o mal. *changgah*, que Wilkinson diz, no seu dicionário, ser «o croque (usado para propelir o barco contra a corrente, empuxando-o contra ramos de árvores, arbustos, etc.)». Muitas das denominações das embarcações da Malásia provêm, como observa Skeat, duma peculiaridade ou circunstância qualquer.

1541. — «Dizem que mandou a buscallos huma frota de trinta **jangâs** de remos, em que dizem que hião mil e seiscentos homens» (na China). «Não havia mais em todo o rio que tres laulés pequenas, e huma **jangà** em que não podião caber cem pessoas». — *Peregrinação*, cap. 92.

«Virão hũa manham vir pelo rio abaixo a armada das trinta **jangás**, muito bem concertadas, e sem gente nenhũa... Embarcando-se com seus tres filhos e com toda a mais gente nas trinta **jangás** da armada, se foy pelo rio abaixo». — *Ibid.*, cap. 93.

1544. — «Vieram em dezasseis mil embarcações de Laulees, e **Jangaas** pelo rio de Batampina abaixo». — Cap. 117.

1546. — «... embarcados em tres mil seroos, e laulees, e **jangás**». — Cap. 181.

**JANGADA.** É um dos vocábulos asiáticos mais vulgarizados em português. Os nossos indianistas empregam-no em diversos significados, abaixo especificados. Os lexicógrafos derivam-no geralmente de *janga* (q. v.), que não tem com êle nenhuma relação de significado ou de procedência. O seu verdadeiro étimo é o malaiala *chaṅgāḍam'*, «balsa, dois barcos ligados para passagem dos rios». Stolz. Os autores do *Glossário Anglo-Indiano* observam que «é uma palavra de especial importância por ser uma das poucas vozes dravídicas conservadas nos restos da antiguidade clássica, a qual occorre no *Periplus» Maris Erythrei*, do primeiro século, sob a forma de *zángara*.

Mas *chaṅgāḍam* filia-se no sânsc. *saṅghaṭṭa* (derivado do verbo *saṅghaṭ*), «união, junção, coesão», o qual tomou em concani e marata a forma de *sāṅgaḍ* e o significado de «junção de dois ou mais objectos iguais», como duas embarcações, dois molhos, dois ou mais madeiros». O conceito fundamental é o de «juxtaposição ou contraposição». V. *Contribuìções*, e *Apostilas* de Gonçalves Viana.

**I. — Jangada.** Série de duas ou mais embarcações pequenas, ligadas umas às outras, às vezes com intervalos, cobertos com tabuado. A sua utilidade consiste em evitar balanços e ministrar mais capacidade para conter ou maior facilidade para tranportar. Dois barcos, assim juxtapostos, são ainda hoje muito usados nas passagens de diversos rios da Índia, especialmente no sul e em Ceilão.

1504. — «Vieram com IIII *jangadas* de II *parós* [barcos] cada huña, e fortes paliçadas de madeira, vaãs, e no meyo, muyta cordoalha, area, algodam». — Alvaro Vaz, in *Cartas* de A. de Albuquerque, III, p. 266.

1510. — «Huma noite de grande escuridão e chuua, se concertou hum capitão do Hidalcão, chamado Pulatecão, valente caualleiro, e se meteo em huma **jangada**, que erão muytas almadias juntas e por cyma tauoado, em que passarão oitocentos homens bem armados, e passou á ilha sem os nossos os sentirem... e a **jangada** se tornou a tomar outra barcada, onde dando a noua que a gente ficaua na ilha, se embarcarão outros tantos na **jangada**, e em outra outros muytos mais». — Gaspar Correia, *Lendas*, II, p. 89.

1552 — «Vasco da Gama se embarcou com os nossos em duas almadias juntas huma com a outra, que naquella terra se chama **jangada**».—Castanheda, *Historia*, I, cap. 16.

«Acabarão os inimigos de fazer as **jangadas** que sam desta maneira: duas almadias grandes com traues pregadas em ambas de duas muyto juntas, e traues pregadas por cima, e em cada hũa destas cabia muyta gente». — *Id.*, III, cap. 17.

1553. — «A qual seria de mais de duzentos barcos de remo de toda sorte, muita parte delles ordenados em **jangadas** pera trazerem mais corpo de gente». — João de Barros, Déc. II, I, 5.

1566. — «A multidam do inimigo era tanta que se embaraçauão huns com os outros, com tudo a **jangada** dos vinte paraos, que vinhão encadeados, se adiantou de toda a frota chegando perà nossa carauela, e bateis... Mandou Duarte Pacheco tirar com hum camello que ainda se não descarregara, o que se fez em tam boa hora, que do segundo tiro desmanchou de todo a **jangada**, arrombando quatro paraos que logo se forão ao fundo».—Damião de Góis, *Chronica de D. Manuel*, I, cap. 16.

**II. — Jangada.** É, secundáriamente, uma leve construção de traves e tábuas sobrepostas, levada à toa ou impelida à vara nos rios ou no mar sem marulho. Tem a vantagem de ser menos pesada que os barcos, de oferecer grande superfície plana e de demandar menos água.

1504. — «Tenha prestes muytas **Jangadas** de madeira para a gente passar á Ilha de Palimbão, que auia de passar pelo vão». — Gaspar Correia, *Lendas*, I, p. 476.

1544. — «Aüião de passar huma ribeira que auia no caminho, e a passarão com muyto trabalho os abexys com os odres, e os passarão em **jangadas** de madeira e rama, que o judeu foy diante fazer prestes, muyto boas, em que tambem passarão as mulas que muytos dos nossos leuavão, por não hirem cansados com as armas». — *Id.*, IV, p. 373.

1553. — «E como elle pera cometter esta passagem que mandou fazer não tinha embarcações, mandou que toda a gente de serviço não entendessse em outra cousa, senão em fazer **jangadas** de madeira, e cestos grandes de verga cubertos de couro pera os cavallos, e gente, o qual modo de cestos vsão por todas aquellas partes na passagem de rios cabedaes». — João de Barros, Déc. II, v, 5.

1557. — «Ordenou Afonso Dalboquerque de mandar fazer huma **jangada** de taboas sobre huns páos em que se meteo vestido em huma jaqueta parda». — *Commentarios*, III, cap. 42.

1566. — «Determinou de passar a ilha, e pera isso mandou fazer muitas **jangadas** de madeira». — Damião de Góis, *Chronica de D. Manuel*, III, cap. 5.

1862. — «Similhantes embarcaçoens pouco mais eram do que **jangadas**, ou embora grandes lanchas». — Joaquim C. Soares, in *Os Fastos*, de Castilho, p. 413.

III. — **Jangada**. Outra armação análoga, mais modesta, formada de poucos paus ou pranchas, munida dum pequeno mastro e vela ou puxada a pás, a qual serve para transportar poucas pessoas ou cousas, ou para pescar. Chama-se própriamente *catamarão*, q. v.

1575. — «Tambem vão os pretos de **jangadas**. Esta ilha [de Loanda] he mina do Congo, porque aqui se pesca o Buzio, que he dinheiro que corre por toda esta terra». — P. Garcia Simões, in *Bol. S. G. L.*, IV, p. 340.

1596. — «Passara quarenta rios tão caudalosos, que nem em **jangadas**, que são certos páos unidos entre si, se podiam passar os vinte delles». — P. Gaspar Afonso, *Hist. Tragico-maritima*, VI, p. 17.

1855. — «A nossa gravura representa uma embarcação de feitio singular, a que no vasto imperio do Brazil chamam **jangada**, e de que alli se servem, assim na pescaria, como tambem na pequena cabotagem». — *O Panorama*, XII, p. 376.

1884. — «**Jangadas** de pranchas, a que chamam *catamaran*, circundam tambem o navio, e indios munidos de pás, ou usando de uma vela latina, as governam muito bem». — Adolfo Loureiro, *No Oriente*, II, p. 224.

1658. — «Cui temeritas Barbarorum se fidens, gemino ligno suberoso, **Iangada** dicto, secure piscaturam exercent aliquot lancis à littore remoti» (no Brasil). — G. Piso, *Indiae Utriusque*, p. 6.

IV. — **Jangada**. É, por analogia, a armação feita à pressa com madeira do navio naufragado ou a naufragar, para recolher pessoas ou objectos. Tais factos ocorriam com freqùência outrora na carreira da India, quando os naufrágios eram tão amiùdados e os batéis insuficientes. V. *Hist. Tragico-maritima*.

1511. — «Conveo ao Gouernador [Afonso de Albuquerque] cortar todos os mastros, porque a não trabalhaua muyto com o mar por proa; e mandou que todo fosse amarrado á nao, e de todo fizessem **jangada**, porque a nao se hia ao fundo com a bomba que nam podião vencer. Pelo que toda a gente se meteo no trabalho da **jangada** fortemente... E porquê a **jangada** se desfazia na nao então a mandou o Gouernador largar por proa». — Gaspar Correia, *Lendas*, III, p. 269.

1546. — «Como fizerão os Chins que levavamos no *junco* por marinheiros, que forão tão industriosos que antes que fosse menham tinhão feyto hũa **jangada** de pedaços de paos, das taboas que podião aver ás maos e com as cordas das vellas as atarão de maneyra que quarenta estavão encima bem á vontade». — Fernão Pinto, *Peregrinação*, cap. 179.

1584. — «Huns fazião prestes a *champana* e a *manchua* que leuauamos, outros faziam **jangadas** de *rotas*, e taboas». — *Cartas de Japão*, II, fl. 83.

1602. — «Tratou de ver se os podia salvar em **Jangadas**, que logo mandou ordenar de paos, tavoas, e remos». — Diogo do Couto, Déc. IV, IV, 10.

1609. — «Os terceiros se salvaram em huma **jangada** que fizeram sobre os bancos de madeira da náo e das taboas de caixões». — Fr. João dos Santos, *Ethiopia Oriental*, II, p. 182.

1589. — «Quant à ceux qui estoient demeurez de reste de la navire, ils s'advisèrent de lier et ajouter des ais et fragmens que les Portugais appellent **Iangadas** pour se sauver dessus, mais ils perirent tous hormis deux qui parvindrent en terre firme». — Linschoten, *Histoire*, p. 150.

V. — **Jangada**. Contrapêso que se junta ao navio por ocasião de procela ou corrente rápida, para se segurar. Semelhante engenho, composto de três paus, usa-se muito na Índia em barcos pequenos, e chama-se *cangalha* (q. v.) em indo-português.

1540. — «Toda a noite tinhão payrado a arvore secca com grandes **jangadas** de madeira por popa á *charachina* que seus officiaes lhe inventarão para poderem suster milhor o pairo». — Fernão Pinto, *Peregrinação*, cap. 62.

1898. — «São curiosas estas construcções puramente primitivas, nas quaes, para o effeito do equilibrio, existe um aparelho rectangular (*out-rigger*), que, partindo d'um dos lados da *tóne*, mergulha a cerca de cincoenta centimetros de distancia».— Oliveira Mascarenhas, *Atraves dos Mares*, p. 32.

VI. — **Jangada**. Dizia-se *jangada de fogo* a armação de madeira que, levando matérias inflamáveis e seguindo a corrente ou a maré, ia dar nas embarcações inimigas — estratagema muito empregado antigamente no Oriente.

1510. — «O Hidalcão ordenou de mandar fazer muytas **jangadas** de tauoas cubertas de terra amassada, e em cyma posta leynha sequa miuda e *olá* e as leuar pelo rio abaixo com a vazante da maré, pelo escuro, e no meo do rio as acender, e deixar hir com a maré dar sobre ármada, que a queimassem». — Gaspar Correia, *Lendas*, II, p. 106.

1540. — «Por estar já a terra toda amotinada, e apercebida de muytas **Jangadas de fogo**». — Fernão Pinto, *Peregrinação*, cap. 40.

«Na entrada do porto estavão já duas **jangadas** muyto grandes com muyta soma de lenha, e de barris de alcatrão, e fardos de breu que em elle surgindo lhas lançassem». — *Id.*, cap. 47.

1570.— «E por estes nauios terem muito pouca guarda, determinarão os Mouros de as queimar com **jangadas de fogo**, entremetido pela madeira, breu e alcatrão». — João de Barros, Déc. IV, VI, 26.

VII. — **Jangada**. *Jangada de madeira* é o conjunto de toros de madeira ligados paralelamente uns aos outros e levados pelos rios e até por mar.

1533. — «Tirarão de debaixo da vaza muy fermosa madeira de páos estorados e cavacados, limpos, e fizerão **jangadas** d'elles atrauessando huns sobre outros, cada **jangada** de trinta e quarenta páos, que em Goa valião muyto dinheiro; e dauão huma **jangada** feita aos galeões, e outra tomauão e atauão por popa de suas fustas e embarcações». — Gaspar Correia, *Lendas*, III, p. 473.

1613. — «Tirarão da vaza muyta e fermosa madeyra de paos já desbastados e limpos de que fizerão **jangadas**, atrauessando huns sobre os outros». — Francisco de Andrada, *Chronica de D. João III*, II, fl. 114.

1635. — «Dom Henrique de Noronha veiu de Cochim para Cananor, para trazer humas **jangadas** de madeira por não haver cousa particular em que se empregasse, donde as trouxe e veio com ellas andando, trazendo as cafilas de Mangalor e Barcelor». — António Bocarro, Déc. XIII, p. 77.

1687. — «E os Portuguezes fazião em Ceylão muytos patachos; porque como tem tantos rios, que deçam ao mar, he muyto facil trazer a madeyra; ainda que do mais interior das serranias, ou solta, ou em **jangadas**». — P. Fernão de Queiroz, *Conquista de Ceylão*, p. 59.

1911. — «O mesmo se pode dizer com relação aos barcos e **jangadas** que frequentam o rio» (de Mapuçá em Goa). — José E. Castel Branco, in *Bol. S. G. L.*, XXIX, p. 303.

1796. — «**Ciangàda**, che Arriano nel Periplo di Mar rosso corruppe in *Sangras*, e sono più legni legati insieme, in latino chiamati *rates*». — Fra Paolino, *Viaggio*, p. 170.

* **JANGADA** (s. m. ou f.). Os nossos indianistas empregam igualmente a palavra *jangada* para designar «o naire assalariado que guia e guarda um viajante, ou defende uma fortaleza ou um templo, com a garantia da própria vida». «Aos mercadores estrangeiros, diz Damião de Góis, e de qualidade que vão a Calecut, por ordenança del Rey se dá hum Nayre, para o guardar e servir». *Chronica de D. Manuel*, I, cap. 42.

O étimo do termo nesta acepção é o mesmo *chaṅgāḍam'*, que expressa, metafòricamente, a ligação moral, estreita e indissolúvel, dum indivíduo nobre, que empenha nisso a sua honra e vida e até as da sua família, e se faz *amouco*, se é necessário.

1540. — Os senhores que ora lhe obedecem, que lhe obedeçam asy e da maneira que lhe ora ffazem, e que lhe não posão tirar as **jangadas**, que ao presente tem em suas terras». — *Apud* Simão Botelho, *Tombo*, p. 252.

1548. — «E este homem que assim veo a morrer tão denodadamente, era hum dos **jangadas** do pagode. E chamam-lhe **jangadas** porque os Reys e senhores das terras, por seu costume, mandão guardar estas casas dos pagodes, que estão em suas terras, por dous homens capitães, homens honrados e bons cavalleiros. A estes guardadores assy chamão **jangadas**, e tem gente de sua guarda». — Gaspar Correia, *Lendas*, IV, p. 328.

1602. — «Tendo hum forasteiro necessidade do fauor de hum d'estes Naires pera passar de hũa parte pera outra, pera segurar sua pessoa de ladrões, e salteadores: chegasse a hum Naire, e lhe pede seja sua **jangada**, e lhe dá pera isso algum dinheiro, valia de meyo cruzado... Tomando sua **jangada**, vai com elle tão seguro, como por Alemtejo, sem ninguem lhe perguntar donde vem nem pera onde vai... E por esta razão as nossas fortalezas tem **jangadas**, a que ElRey dá tenças, que são obrigados com todos os parentes e criados acodirem as afrontas que os visinhos lhes fazem». — Diogo do Couto, Déc. IV, VII, 14.

1603. — «Era costume dos Reys de Porcá, e de todos os mais do Malauar não entrarem na Cidade de Cochim sem o Regedor mór do Rey de Cochim, ou pessoa grande de seu mandado, como Regedor mór não fosse como por sua **jangada**, que entre os Malauares he como segurança de bom tratamento, ao qual ficão obrigados os que sam **jangadas**, e os que as dão, de modo que todo o agrauo, que se faz á pessoa a que se dá **jangada**, se faz ao mesmo Rey, ou pessoa que a deu, e ainda a todos os Naires, e como tal o vingão». — Fr. António de Gouveia, *Jornada do Arcebispo*, fl. 116 *v*.

1613. — «Este nayre que por sua vontade se veyo a entregar ha morte era hum dos **jangadas** daquelle pagode».— Francisco de Andrada, *Chronica de D. João III*, III, fl. 123 *v*.

1615. — «Tem á sua obediencia muitos dos a que chamam **Jangadas**, que são Naires deputados a acompanhar qualquer pessoa». — Pyrard de Laval, *Viagem*, I, p. 284.

1616. — «Tinha este rey de Banguel com a fortaleza hũa liança grande, por onde os Mouros se chamão **jangadas** huns dos outros a qual he hum ponto de tamanha obrigação, que cada hum está sempre apostado a morrer pola sua **jangada**. E se socede serlhe morto em guerra, ou por outro algum accidente, todos os **jangadas** do morto sam obrigados a se fazer *amoucos*, em sua vingança.—António Pinto Pereira, *Historia da India*, II, fl. 176.

1698. — «Era necessario que a igreja tivesse seus dous ou tres Naires, dos que no Malabar chamam **Gengadas**, e servem de curar e defender os privilegios e isenções das pessoas das quaes são **Gengadas**, e de tomar satisfação de qualquer affronta que se lhes faça». — *O Chronista de Tissuary*, II, p. 83.

1724. — «Primeiramente tem dado o Samorim os quarteis vencidos ao Feitor, Escrivão, Padre Vigario, *Topaz* e ao **Jangada** Naire». —*Apud* Júlio Biker, *Collecção de Tratados*, VI, p. 18.

1755. — «Elles ditos Regedores se obrigavam a tirar logo os **Jangadas** dos christãos da jurisdição do Padre, que assim lho requereu, por quanto com os **Jangadas** se fasiam absolutos e desobedientes aos castigos que por seus delictos mereciam». — *Ibid.*, p. 180.

1894. — «Quando um dos **jangadas** toma conta de um estrangeiro, é como se lhe respondesse pela vida; nenhum dos outros se atreve a tocar-lhe n'um cabello; e uma pessoa, mesmo que seja portuguez, anda tão seguro na conserva d'elles, como uma catraia pelo Tejo arriba, em dia de bonança». — Lopes de Mendonça, *Os Orphãos de Calecut*, p. 194.

1658. — «Trà tutti i viaggi dell' India, quello per li Regni del Nair [Cananor], e samorino, è il più securo, perchè si camina con **Gianoadas**, lo più pericoloso à chi sol' intenta. Questi **Gianoadas** sono huomini Gentili, li quali promettendo per poca mercede la vita propria, e di tutti li suoi congiunti, per securezza de' passaggieri, li fanno scorta da vn luogo all' altro, con rigorosa osseruanza di fede». — Vincenzo Maria, *Viaggio*, p. 135.

* **JÂNGAL** (s. m.; neologismo). A palavra sânscrita *jaṅgala* (hindust.-mar. *jaṅgal*, conc. *zaṅgal*) quere dizer «deserto, ermo, matagal, floresta». Adoptou-a o indo-inglês (*jungle*), e transmitiu-a ao francês e ao inglês e, modernamente, ao português. Gonçalves Viana incluíu no seu *Vocabulário Ortográfico* «*jângal, jângala m.*», e em inscrição separada, «*jangala, f.*», sem declarar o significado nem indicar a procedência [1]. V. *Glossary*.

1906. — «**Jàngal** — Uma floresta selvagem, matto, mattagal... O Poeta Fernando Leal adoptou a forma *jangle*. Prefiro **jàngal**, que dá quasi a pronuncia da palavra em guzerathi». — Alberto O. de Castro, *A Cinza dos Myrtos*, p. 181.

1809. — «The air of Calcutta is much affected by the closeness of the **jungle** around it». — Lord Valentia, in *Glossary*.

1829. — «Je devais un jour de repos à mes gens, et j'en avais besoin moi-même pour rajuster mon attirail, avant de me getter à corps perdu dans les **jungles**». — Jacquemont, *Correspondence*, I, p. 142.

1885. — «... who overawed the wild beasts and rode through the **jungle** on a tiger». — Hunter, *The Imperial Gazetteer*, II, p. 190.

* **JANGÃO** (mal. *jagong*). Nome do milho no português de Macau e Timor.

1843. — «Passando agora á cultura do milho (**jangão**), que é a mais geral de todas». — *Annaes Maritimos* (parte official), p. 77.

1868. — «A cultura mais geral na ilha de Timor é a de milho a que se chama

---

[1] Não tomei nota dos nossos escritores que escreveram o vocábulo à inglesa.

**jangáo**». — In *Annaes do Conselho Ultramarino*, IV, p. 35.

1899. — «Que sabe se sã **jamgôm**?». — Crioulo de Macau, in *Ta-ssi-yang-kuó*, de Dezembro.

**JANGOMA, jagoma.** Fruto de **JANGOMEIRA** — *Flacourtia cataphracta*, Roxb.; indígena da Índia e da África Oriental. Assemelha-se à ameixa; é por isso que também se chama *ameixa da Índia*. Do conc. *zañgam'* ou *zamañg*.

1563. — «Estas cartas me deu o vosso rendeiro, e este cesto de **jangomas**». — Garcia da Orta, Col. XXVIII.

1569. — «Fruitas tem poucas e a melhor de todas são huas como ameixas; não tem caroço, mais que huns baguinhos ou grãos pequenos, chamão se **zangomas**, são muyto melhores que da India, e ha muytas pelos matos». — P. Monclaio, in *Bol. S. G. L.*, IV, p. 545.

1609. — «Entre as quaes [frutas] vi hũa chamada **Iangoma**, que muyto se parece com sorvas, assim na grandeza, como na côr, excepto que no sabor me pareceo a todas as outras leuar muyta vantagem». — Fr. Gaspar de S. Bernardino, *Itinerario da India*, p. 23.

1613. — «Ha muita abundancia [em Madagáscar] de arroz, milho, *mungo* . . . **jangomas**». — P. Luís Mariano, in *Bol. S. G. L.*, VII, p. 318.

1396. — «Das frutas da India tem *pera*, *figos*, **jamgomas**, ananazes, tudo em abundancia, principalmente em Luabo». — Fr. António da Conceição, in *O Chronista de Tissuary*, II, p. 22.

1782. — «N'elle se vê outra com o nome de **jagomeira**, melhor que a antecedente [*maçeira*, q. v.], a qual dá um fructo acido similhante á nossa ameixa». — Fr. Clemente da Ressurreição, *Tratado*, II, p. 336.

1846. — «Anonas, **Jagomas**, Jambos brancos». — F. N. Xavier, *O Gabinete Litterario*, I, 248.

1896. — «**Jagomas**, atas e castanhas de caju e jaca». — Gip, *Jacob e Dulce*, p. 65.

1904. — «Flora damanense: **jagomeira**, jamboleiro . . .». — António Francisco Moniz, *Historia de Damão*, II, p. 177.

1518. — «Otra fructa ay llamada **Iangomas**, la qual es casi semejante a las Seruas, seu Soruas, en el color y en el sabor como las ciruelas redondas, y mal maduras». — Cristóvão da Costa, *Tractado*, p. 272.

1652. — «Pour ce qui est des autres fruits des Indes, Orientales, comme le **Giangame**, le Giambelame, le Carambole . . .». — *Relation de la Chine*, p. 23.

**JANÍZARO, janíçaro**, (turco *yenī-chĕri*, por via do italiano *ianizzeri*). Soldado de infantaria turca que servia na guarda do sultão, à semelhança da guarda pretoriana de Roma. Emprega-se às vezes o vocábulo como sinónimo de «soldado em geral». O termo era já conhecido em Portugal antes do descobrimento da Índia. Muitos dos nossos autores escrevem *genízaro*, mais etimológico.

1529. — «He senhoreado pelo grão Turco, onde tem hum Baxá por Governador della, com grande guarnição de gente de pé, que elles chamão **genizeros**: espingardeyros, e são escravos do grão Turco filhos de Christãos, dos Reynos que agora possuem por nossos peccados». — António Tenreiro, *Itinerario*, cap. 18.

1537. — «Cometerão a Capitaina das tres, em que vinha Solymão Dragut, Capitão mór da frota, que a arroxarão logo toda de popa a proa, com morte de vinte e sete **Janiçaros**». — Fernão Pinto, *Peregrinação*, cap. 5.

1538. — «Solimão repentinamente mandou seu *sanjaco* com quinhentos **janizaros**, para custodia e guarda da terra». — *Viaggio*, in *Bol. S. G. L.*, V, p. 532.

1544. — «E por ser elle Turco, o tinha em conta de homem invencivel, e para mais que todos os seus, o mandou então vir da fronteira donde estava com trezentos **Geniçaros** . . . Perto de trezentos Mouros de que a mayor parte forão **Geniçaros** de cercola de ouro, que he divisa de nobreza entre os Turcos». — *Id.*, cap. 146.

1556. — «Trazendo de Constantinopla mil e quinhentos **janizaros** mui escolhidos, e dois mil turcos gente boa». — Lopo de Sousa Coutinho, *Cerco de Diu*, p. 105.

1570. — «*Ianglichiari* escravos d'el Rei, que nos chamamos **Ianiçaros**». — João de Barros, Déc. IV, IV, 16.

1595. — «. . . e instruir em todos as boas artes de cavalaria, e a pelejar com toda a maneira de armas, e estes são, os que chamão **Genizaros**, e nelles principalmente consiste toda a força do Grão Turco». — Fr. Pantaleão de Aveiro, *Itinerario*, p. 13.

1608. — «Quasi o que entre os Turcos montam os **Ianiceros**, montão entre os Persas os escrauos do Xá». — Fr. António de Gouveia, *Relaçam da Persia*, fl. 27.

1614. — «E como os **Janissaros** andavão ciosos do Baxa, e souberão que fallou em segredo com Aleixo Carvalho, imaginando que os queria trahir, a troco de elle se livrar, derão todos na sua tenda e o prenderão». — Diogo do Couto, Déc. VII, VII, 10.

1627. — «Haverá em Argel cinco, ou seis mil **janizaros**, que andam no serviço, e de contino na guerra, e no campo». —

J. C. Mascarenhas, *Hist. Tragico-maritima*, VII, p. 85.

1651. — «Trazia mil **Janizaros** no campo com avantajado soldo». — Jacinto F. de Andrada, *Vida*, p. 120.

1663. — «Sua guarda é de companhia de **janiçaros**, que o vem servir de Babylonia, por lhes pagar bem». — P. Manuel Godinho, *Relação*, p. 123.

1694. — «. . . e entre elles muytos turcos, e **Genizaros**, e quinhentos criados del-Rey, da primeira nobreza, que chamão *Orobaloens* da manilha de ouro». — P. António Vieira, *Xavier Dormindo*, p. 206.

1902. — «**Janizaros**, infantaria turca da guarda do sultão, grandemente privilegiada e remunerada, era então um corpo especial dos christãos renegados, escravos ou captivos da Turquia, que chegou a ser, pela sua organização permanente, um poder formidavel, quasi invencivel e de tamanho prestigio, que de escravos do sultão, chegaram mesmo a dominal-o». — Cristóvão Pinto, in *Ta-ssi-yang-kuó*, II, p. 374.

1590. — «C' haueuamo per guida un **Gianizzero**, un capo di carauana, e altri Mori». — G. Balbi, *Viaggio*, fl. 3.

1625. — «Qattro mila **Gianizzari** (che con questo nome, benchè corroto, per esser più noto gli chiamano) con molti loro Capitani, el *Gianizzero Agà* loro Capitano Generale». — Pietro della Valle, *Viaggi*, I, p. 129.

1658. — «Li **Gianizzari** sono raccolti della decima de' figliouoli de' Christiani che si và riscuotendo ogni terz' anno dalla Grecia, ed altri Popoli soggetti à quali s'aggiungono quelli che restano preda delle scorrerie». — Fr. Vincenzo Maria, *Viaggio*, p. 32.

1660. — «**Gianizzaro**. Soldato à piè, nato di Padri Christiani, e fatto Moro». — Sebastiani, *Seconda Spedizione*, p. 149.

1676. — «Si les Marchands veulent donner quatre-vingt-dix écus, tant pour le Doüanier, que pour le Bacha et les **Janissaires**, ils ont le privilège qu'on ne leur ouvre point leurs balots». — Tavernier, *Voyages*, I, p. 25.

**JÁO**. Medida itinerária da Malásia e da China, equivalente a três ou quatro léguas. Do mál. *jāuh*, «distância».

1539. — «Tem em roda sessenta **jaos**, de tres leguas cada **jao**». — Fernão Pinto, *Peregrinação*, cap. 45.

1541. — «He distancia de settenta **jaos** que por nossa conta, a razão de quatro leguas, e meya por **jaó**, são ao todo trezentas e quinze leguas». — *Id.*, cap. 95.

**JÁO**. É também o nome que os nossos escritores antigos davam aos naturais de Jaoa ou Java, agora denominados *javaneses*.

1511. — «Hum mouro **jáo** remeteo com Ruy de Brito Patalim, o qual elle leuou com a lança e o passou; mas o **jáo**, de valente homem, correo seu corpo pela lança, que andaua untada, e chegou a Ruy de Brito e o ferio com um *cris*». — Gaspar Correia, *Lendas*, II, p. 240.

1516. — «Se algum destes **Jáos** adoece de qualquer doença, promete ha ho seu Deos que dandolhe saude dela, tomaraa outra mais honrada morte por seu serviço». — Duarte Barbosa, *Livro*, p. 373.

1553. — «He necessario saberse que auia nella dous mercadores **Jaos** de nação, que vierão ali assentar viuenda auia muitos annos». — João de Barros, Déc. II, VI, 3.

1572:

> «As setas venenosas que fizeste,
> Os *Crises* com que ja te vejo armada,
> Malaios namorados, **Jaos** valentes,
> Todos farás ao Luso obedientes».
>
> Camões, *Lusiadas*, X, 44.

1612. — «Ficando dos nossos outros quatro feridos de crizadas, porque eram todos **jaos**, gente bellicosa e esforçada». — Diogo do Couto, *Vida de D. Paulo*, p. 89.

**JAPÃO** (bot.). Corrução de *sapão* (q. v.).

1650. — «Ha na ilha [de Hainão] pau preto, **Japão**, que é o *brazil*». — António F. Cardim, *Batalhas*, p. 228.

**JAQUEIRA**. *Artocarpus integrifolia*, Linn. f. A sua madeira tem côr amarela e é muito apreciada. V. *jaca*.

1525. — «As mais são mangueyras, e arequeiras, e **jaqueiras**». — *Chronica de Bisnaga*, p. 96

1687. — «Tem em Ceylão, singular prerogatiua, e bondade, a fertilidade das **Jaqueiras**; que por darem muy grandes pomos, sô nacẽ dos troncos, e ramos capazes de os sustentar... A aruore he grande; a madeyra quasi uermelha, semelhante â de Seregeyra de Portugal; forte, duravel, e excelente pera edificios». — P. Fernão de Queiroz, *Conquista de Ceylão*, p. 59.

1782. — «A primeira planta que se costuma semear nos palmares pela sua grande utilidade, é a **jaqueira**, não só pela grandeza e eminente qualidade do seu fructo e rendimento, mas tambem pela qualidade da madeira». — Fr. Clemente da Ressurreição, *Tratado*, II, p. 344.

1842. — «O fructo da **jaqueira** é excellente para doce». — *Annaes Maritimos*, p. 270.

1864. — «Aqui distinguem as **jaqueiras** em *baricas* e *geriçaes*. Uns dão preferencia aos fructos das primeiras, outros aos das segundas». — Lopes Mendes, in *Annaes do Conselho Ultramarino*, VI, p. 89.

1866. — «A **jaqueira** cresce e desenvolve-se em toda a nossa India, e fornece excellente madeira de construcção, que é considerada a melhor depois da téca». — Lopes Mendes, *A India Portugueza*, II, p. 142.

1770. — «Ils avoient trois cens **jaquiers**, dix mille trois cens cinquante cocotiers, dex mille quatre cens soixante arrequiers, huit cens cinquante poivriers». — Raynal, *Histoire*, II, p. 124.

1782. — «Chaque habitant [do Malabar] a son carré de terre... planté de cocotiers, de **jacquiers**, de mourouq et de houette sur lequelles grimpent le poivre et le bétel». — Sonnerat, *Voyages*, I, p. 36.

1791. — «On y voit pêle-mêle des mangoustans... des manguiers, des **jacquiers**, des bananiers». — Bernardin de Saint Pierre, *La Chaumière Indienne*.

**JAQUEIRAL.** Plantio ou mata de jaqueiras.

1612. — «Bosques serrados de arecais, betrais, **jaqueirais**, mangueyrais». — Diogo do Couto, Déc. V, VI, 4.

1687. — «Ao quarto dia se alargarão a hũ **jaqueyral**, donde troyxeram jacas pera quatro dias». — P. Fernão de Queiroz, *Conquista de Ceylão*, p. 486.

1782. — «Pelo que eu vos aconselharia o mesmo... ainda a beneficio de vossos palmares, manguciraes, **jaqueiraes**, etc.». — Fr. Clemente da Ressurreição, *Tratado*, II, p. 344.

1872. — «O segundo [remédio] é substituir por arvores mais proprias as palmeiras que vão morrendo, e converter lentamente o palmar em **jaqueiral** ou mangueiral». — Bernardo da Costa, *Manual do Agricultor*, I, p. 169.

* **Jaqueira brava.** É outro nome de *angelim* (q. v.), *Artocarpus hirsuta*, Lamk, derivado do seu fruto, que se assemelha à jaca pequena.

1782. — «A 8.ª é a planta chamada pelos naturaes *patponnos* ou **jaqueira brava**, porque as suas jaquinhas que dá, não servem para comer, e só é dos bugios. Da sua madeira se fazem taboas e almadias, e no sul lhe chamam *angeli*». — Fr. Clemente da Ressurreição, *Tratado*, II, p. 319.

1886. — «Pat-ponôsso, angeli ou **jaqueira brava**». — Lopes Mendes, *A India Portugueza*, II, p. 180.

* **JARA** (malaiala *chāram*; cf. *jaca*, de *chakka*). Alimpadura, no Malabar.

1617. — «... por ser obrigado a dar a pimenta pesada em *candiz*, e limpa de todas as **jaras**, para o que lhe davam a dous por cento de quebra». — *Carta Régia*, in *Doc. da India*, IV, p. 22.

**JARDA** (do ingl. *yard*). Medida linear, equivalente a quatro palmos ou 91 centímetros. Usa-se o vocábulo na Índia Portuguesa como sinónimo de «vara». Na África Ocidental designa «pano». O metro não está ainda em voga.

1891. — «Estendemos ainda a acção da policia ingleza a cem **jardas** em roda das salinas». — Cristóvão Pinto, *Estudos*, p. 32.

1917. — «E lá me entram pela porta dentro no comprimento de pouco mais de dez **jardas**, em dois pedaços». — *O Ultramar*, de 14 de Maio.

1879. — «Percebiam aquelles [*pombeiros*] dois pannos ou **jardas**, que vem a ser a mesma cousa». — Silva Porto, in *Bol. S. G. L.*, V, p. 5.

1880. — «O trajo usual do sexo masculino são os pannos do tecido de que acabámos de falar, regulando a medida de 5 ou 6 pannos ou **jardas**, uns lisos, outros lavrados». — *Id.*, p. 632.

**JARRA.** Antiga medida de Maluco para líquidos. Uma *jarra* continha 24 canadas.

1554. — «Hũa **Jarra** de meação tem 18 *gamtas* das de maluco, a qual **Jarra** tem 24 canadas». — António Nunes, *Lyvro dos Pesos*, p. 40.

* **JARRA MARTABANA.** Espécie de jarra grande, fabricada em Martabão, descrita abaixo por Tavernier. Era muito apreciada antigamente pelos portugueses e outros europeus e usada nas armadas para água. Tambêm em árabe e persa *martabān* quere dizer «vaso vidrado».

1516. — «Tambem se fazem neste lugar [Martabão] muytas e grandes **jarras** de porcelãna, muy grosas, rijas, e fermosas; saom vidradas de preto e muyto estimadas antre os Mouros». — Duarte Barbosa, *Livro* (2.ª ed.), p. 361.

1552. — «Ha outro rio... que se chama Martabão... em que se fazem as **jarras martabanas** que leuão á India, e assi outra muyta louça da massa de porcelana, porem não tão fina como a da China, nem daquelas cores e pinturas». — Castanheda, *Historia*, V, cap. 12.

1563. — «E o páo que ouverdes de levar pera Portugal seja metido em **jarras martavanas** de colo alto; porque são vidradas por dentro, e sostem muyto o páo [da China] sem se danar». — Garcia da Orta, Col. XLVII.

1566. — «A cidade de Martavão, que he huma das principaes do regno [de Pegu] onde se fazem as talhas que chamam **Martabanas**, e outra muita louça de porcelana». — Damião de Góis, *Chronica de D. Manuel*, IV, cap. 52.

1585. — «Outro quarto de azeite, o qual se conserva melhor em **jarras martabanas,** e hum barril de vinagre de Portugal».—*Archivo Port.-Oriental*, v, p. 1021.

1589.— «En cette ville se font ces grands pots de terre appellés **Martavanes,** desquels il y en a aucuns qui contiennent deux pippes, en grand usage pour toute l'Inde».—Linschoten, *Histoire*, p. 31.

1674. — «They piled an huge Heap of long Jars like **Martivans,** about Figures resembling Serpents». — Fryer, *East India*, II, p. 79.

1676. — «Une Hollandaise avoit trouvé une de ses esclaves qui se divertissait avec un homme du logis, elle la fit prèndre, et la fit entrer par force dans une **Martavane,** qui est un grand pot de terre verni qui tient plus qu'un de nos muids, dont le ventre est large, mais la bouche fort étroite, comme il s'étrecit aussi vers le pied, et c'est dans ces sortes de vaissaux où l'eau se peut conserver sans se rendre puante ni engender de vermine». — Tavernier, *Voyages*, v, p. 449.

* **JAXIQUI**, **zaxiqui** (jap. *yashiki*). Quarto, aposento, paço, no Japão.

1559. — «Nos aposentou no seu **Zaxíqui,** que como vossa Reuerencia sabe os Japões estimão como as mininas dos olhos, por ser a limpeza dos taes **Zaxiquis** pera elles suas delicias e recreação na terra». —P. Luís Fróis, *Cartas de Japão*, I, fl. 157.

«Forãose ao *Dairi* e ao *Cubòcama*, finalmente nada aproveitou, tudo lhe derribarão, e destruirão, de que os Bonzos se punhão em pranto, e a esta casa em que estamos vierão a depositar muitas peças dos **zaxiquis,** por ser este Christão criado do Cubòcama». — *Id.*, fl. 252.

«Aonde parece não auer nada ali se descobre um aposento riquissimo, a que elles chamão **Iaxiqui**». — *Id.*, fl. 272 *v.*

«Estão armados estes **Zaxiquis** com grande variedade de pinturas assi de cousas naturaes, como de historicas antiguas de Japão, e da China». — *Id.*, II, fl. 160 *v.*

1749. — «Pouco abaixo em huma como especie de estrado, a que chamão **xaxexis,** estavão os Grandes do Japão». — P. Crasset, *Historia da Igreja do Japão*, II, p. 436.

1874. — «Ia indicando os logares notaveis, apontando os **yashikis** dos *daimios* mais importantes». — «Os *samourais* entregam-se ás suas diversões favoritas nos hippodromos dos **yashikis,** onde esgrimem com toda a especie de armas phantasticas».—Pedro G. Mesnier, *O Japão*, pp. 247 e 249.

1854. — «L'enceinte des temples bouddhistes est appelée aussi *tera* ou **tera-yasiki**; l'enceinte des temples *sintoo*, *yasiro*». — Jancigny, *Japon*, p. 44.

**JATEMAR.** É, conforme Fernão Mendes Pinto, uma árvore de madeira de Léquio (ilhas Léquias). Não sei a que língua pertence o vocábulo; se é do malaio *játi-mérah*, significa «teca encarnada».

1544. — «Tem tambem muyta madeira da angelim, **jatemar,** poytão, pisu, pinho manso». — *Peregrinação*, cap. 143.

**JELALA.** Moeda de cobre, que corria antigamente em Dio e que valia uns três réis. Do guz. *jalāla*, «grandeza, magnitude», < árabe *jalāl*, «majestade, glória». Cf. *xerafim*, que literalmente significa «nobre».

1577. — «Milagre foi a batalha de dom João de Castro no mesmo Dio: onde querendo os infieis poer fogo a hũa groça peça dartelharia carregada de **gelallas,** assestada no caminho por onde os nossos hião...». — *Primor e Honra*, fl. 32 *v.*

1614. — «Antre ellas [peças] estava aquella grande, medonha, e temerosa, que hoje está na fortaleza de S. Gião na barra de Lisboa, que estava carregada de **jellalas,** que he huma moeda de cobre grossa e redonda, que tem valia de tres reis». — Diogo do Couto, Déc. VI, IV, 1.

«Achou trinta e seis peças de artelharia de campo, e muitos carros carregados de moedas de cobre, que chamão **Jelallas,** que o Cide Bofetá tinha arrecadado dos rendimentos das aldeas». — *Id.*, Déc. VII, VI, 6.

1727. — Moeda de cobre grossa, e redonda, que valia treze reis na India. Com estas moedas carregão os Portuguezes às instancias dos seus inimigos a grande peça de artilharia, que hoje está na Fortaleza de S. Gião». — Bluteau, *Supplemento*.

* **JENXU** (jap. *zenshū*). Seita contemplativa dos budistas japoneses, a qual não admite a imortalidade da alma, e se contenta com os prazeres da vida presente.

1551. — «Outros ha que chamão **Ienxûs,** e destes ha duas maneiras: são homens de grandes meditações». — P. Cosme de Tôrre, *Cartas de Japão*, I, fl. 17 *v.*

1560. — «Os da seita de **Ienxú,** dizem que he o *Fombum*, que elles tem, que meditando alcançarão a conhecer». — *Ibid.*, fl. 71 *v.*

1562. — «Hay mais duas seitas que chamão **Iẽxu** e *Muraçaqui*. Estes são dados a meditações». — P. Baltasar Gago, *ibid.*, fl. 99 *v.*

1567. — «Do Miáco escreui hua carta em que trataua da seita dos **Ienxûs,** a qual segue pela maior parte a mais nobre e principal gente do Japão». — P. Luís Fróis, *ibid.*, fl. 240.

1570. — «Sempre a casa estaua chea de gente mais nobre da terra, e como todos são **Ienxús,** que he huma seita que tem que a alma perece juntamente com o corpo, e que não ha retribuição de bens nem castigo de males, tiuemos muito trabalho». — *Ibid.*, fl. 292 *v.*

1605. — «E assi como professar no exterior a seita dos **Genxus,** os quaes como crem que depois desta vida não ha cousa alguma, nem fazem caso de *Camis* e *Fotoques*, nem de cerimonias algumas tocantes a seu culto, e veneraçam...». — P. Fernão Guerreiro, *Relaçam Annual*, fl. 38 *v.*

1697. — «O Rey de Arima, que era da seita de **Jenxus,** a qual não admitte divindade alguma, nem alma immortal, mandou pedir hum Padre, que lhe declarasse os fundamentos da Fé». — P. Francisco de Sousa, *Oriente Conquistado*, I, IV, 2.

1749. — «Estes Bonzos se chamão **Xensus;** não communicão os seus segredos, senão aos Grandes do Reyno, e aos nobres, que vivem entre delicias, aos quaes hé muito agradavel esta seita». — P. Crasset, *Hist. da Igreja do Japão*, I, p. 69.

1754. — «La première [seita] est celle de **Xenxus**, qui n'enseigne, que la Doctrine de *Xaca*». — P. Charlevoix, *Hist. du Japon*, I, p. 253.

* **JINRICXÁ** (s. m.). Pequena carruagem de duas rodas e puxada por um homem, muito comum no Japão. Do jap. *jinrikisha*.

1874. — «Pela manhã cedo estavam reunidos, no pateo da casa de mr. Lepper, os *cules* e os **jin-rik-shás** em que os viajantes haviam de proseguir o seu caminho até Kobe». — Pedro G. Mesnier, *O Japão*, p. 147.

«Os rapidos **jin-rik-shás** transportaram os viajantes portuguezes para fóra da cidade, no meio de bem cultivados campos, até junto d'um denso e fechado bosque». — *Id.*, p. 220.

«E para suppôr-se que este não é um caso de todo excepcional, e que entre os cules, que puchavam então os 12,000 **jin-rik-shás** que correm em Yeddo, alguns foram pessoas nascidas em outra e mais elevada gerarquia, ou mesmo artistas habeis mas sem freguezes». *Id.*, p. 282.

1895. — «Carruagens como as que vimos em Aden, mas muito mais elegantes, conduzindo europeus; *dog-carts* por bois trotadores; **jinrikshas,** pequenas victorias de duas rodas, arrastadas por indus». — Conde de Arnoso, *Jornadas pelo Mundo*, p. 60.

1904. — «Desapareceram as antigas *kago* (liteiras portateis), mas ainda concorrem com os omnibus, caleches, cupés e elétricos, as **jinrikisha** que são carrinhos de duas rodas e varaes ligeiros, puxados em corrida vertiginosa por homens que designam pelo nome de *koruma*». — Ladislau Batalha, *O Japão por dentro*, p. 259.

* **JIQUIRÓ,** (jap. **jikiró**). Caixa em que se transportam comidas no Japão [1].

1569. — Trouxe Xacumandono de dentro huns **Iequixô** (*sic*) (que he hũa boceta grande dourada) com muitas *sacanás*, que são cousas de comer». — P. Luís Fróis, *Cartas de Japão*, I, fl. 259.

1577. — «Alguns **Iiquiros** da China bons, que são hũas bocetas, qualquer Japão ahi sabe que cousa he **Iiquiro,** que se fazem em Cantão». — *Id.*, fl. 397.

**JOANGA.** Embarcação grande de Maluco. Não vem o vocábulo nos dicionários malaios, a não ser que esteja desfigurado. V. *jangá*.

1539. — «... hũa grossa armada de duzentas vellas de remo, de que a mayor parte erão lancharas, **Joangás,** e calaluzes, e quinze juncos de alto bordo». — Fernão Pinto, *Peregrinação*, cap. 32.

1552. — «Não tem nauios senão pera guerra, e são de remo: os mayores se chamão *coras coras*, e **joangas,** e sam tão compridos que tem cento e oytenta remos por banda, e sam muyto bem feitos». — Castanheda, *Historia*, VI, cap. 11.

1560. — «Chamão a todos *Otes*, como nós nauios, e em particular os grandes **Joangas,** que remão de oitenta até cento e vinte remeiros». — Gabriel Rebêlo, *Informação de Maluco*, p. 176.

1616. — «Tem duas sortes de nauios chamados **Ioangas,** e *Coracoras*, dos quaes as **Ioangas** pequenas e as meãs sam de sessenta, e sinco remos ate nouenta, e as mayores de nouenta para cento, e sincoenta... Mas ha **Ioangas** que tem de comprimento dezoito braças sem algũa pregadura». — António Pinto Pereira, *Historia da India*, I, p. 114.

* **JOCIM, zoissi.** Astrólogo de profissão, na Índia. Do conc. *joxī, jaixī* < sânsc. *jyotiṣī*. Os astrólogos são muito recorridos e respeitados pelo povo, e a sua profissão é geralmente hereditária.

1567. — «Os pregadores de gentios, *jogues*, feiticeiros, **Jousis,** *grous*, e quaesquer outros que tem officio de religião en-

[1] «A box for carrying food in; a lunch-box». — Hepburn.

tre os infieis».—Primeiro Concílio de Goa, in *Archivo*, IV, p. 11.

«Pregadores gentios, **jocins**, jogues, feiticeiros». — *Carta de Lei. ibid.*, p. 89.

1609. — «Ao que dizemos Sacerdote dizem... os Iudeus Rabbi, o Gentio Bramane, ou **Iosim**, ou Iogue». —Fr. Gaspar de S. Bernardino, *Itinerario*, p. 127.

«Fazem os seus **Iosins**, ou padres penitencias tam excessivas e abstinencias tam extraordinarias, que muytos delles morrem nellas, sem porem cobro nas vidas». — *Id.*, p. 130.

1886. — «Quando é preciso empregar a arte obstetricia, depois de consultarem os **zoixys** (astrologos) e a *Saty* (deusa que preside aos partos)...». — Lopes Mendes, *A India Portugueza*, I, p. 110.

1890. — «As primeiras linhas encontram-se em livros populares, mas os ministros brahmanes, *puróhitos* e **joshis**, lhes conhecem a profundeza». — António de Almeida Azevedo, *As Communidades de Goa*, p. 49.

«Tambem tem *inamas* as familias do **joshí**, o brahmane que lê o calendario e declara os dias faustos e aziagos para lavrar, semear e colher, para casamentos e outras solemnidades». — *Id.*, p. 96.

1881. — «The Staff of village servants includes, as a rule, the head man (*pátel*); the accoustant (*kulkarni*); the family priest (**joshi** or *bhát*)». — Hunter, *The Imperial Gazetteer*, p. 101.

* **JODOXU** (jap. *jōdoshu*). Uma das seitas dos budistas do Japão, a qual professa maior austeridade que as outras.

1567. — «Elle era hum homem que desde sua mocidade desejara em extremo sua salvação, e por este respeito se fizera de hũa seita que se chama **Iodoxú**».—P. Luís Fróis, *Cartas de Japão*, I, fl. 240 *v*.

1608. — «Vinham por ordem do *Tono* a morar alli e fazer os christãos daquella pouoação, e destrito de sua seita, que era de **jodexus**».— P. Fernão Guerreiro, *Relaçam*, fl. 143.

1701. — «Na Corte de Meaco prègava com muyto applauso hum Bonzo da Seyta dos **Jodoxôs** laureado na Universidade do Bandou... Não querem estar os **Jodoxôs** por estes principios e seguem outro livro de Xaca, chamado *Nembut*». — P. Francisco de Sousa, *Oriente Conquistado*, II, IV, 2.

1749. — «A segunda seita dos Bonzos he a dos **Xodoxinis**, que quer dizer, homens do Altissimo Deos, ou do Paraiso: as pessoas civis, e de mais respeito professão esta religião. Crêm na outra vida, e que a alma he immortal». — P. Crasset, *Hist. da Igreja do Japão*, I, p. 71.

1754.—«On appelle **Xodoxins** ceux de la seconde Secte; ils tiennent, ou du moins ils enseignent l'immortalité de nos Ames, et rendent un culte spécial à Amida». — P. Charlevoix, *Hist. du Japon*, I, p. 253.

* **JOGOS MALABÁRICOS**. A locução não figura nos dicionários, mas voga no continente. Designa sortes de prestidigitação muito intrincadas e maravilhosas; no sentido figurado, mais úsado, «tretas ardilosas, tramas subtis». Informam-me que a frase se originou, há uns cinqüenta anos, de uns prestidigitadores estrangeiros, que apregoavam jogos de mão aprendidos no Malabar. Havia entre estes o de lançar ao ar e aparar sucessivamente com a mesma mão três ou quatro bolas; o que se pratica em várias partes da India e não desperta grande espanto. V. *malabarismo*.

**JOGUE**. Em rigor, é asceta hindu; entende-se porêm vulgarmente o hindu penitente e mendicante, que anda peregrinando, escassamente vestido, com o corpo polvilhado do cinza, cabelo crescido e em desalinho. Julga-se às vezes possuídor do dom de milagres e de remédios miríficos. Há *jogues* que formam uma corporação perfeitamente organizada. Os nossos indianistas descrevem-nos largamente. Aplica-se amiúde o termo ao religioso mendicante maometano, que se chama própriamente *faquir*. O vocábulo provêm do neo-árico *jogī* ou *zogī*, sânsc. *yogī*, «homem que pratica o *yoga*», «sistema de união com Deus por meio de contemplação e austeridades».

Bluteau regista *jogueiro*, derivado de *jogue*. «Raro é o reino de Gentios, em que não haja Infante *jogueiro*, que lhes serve a muytos, para viverem seguros de seus irmãos, e ainda para lhes tomarem Reinos com ajuda dos companheiros, quando lhes offerece a fortuna boa occasião».

1343.—«Tanto que desembarcamos nesta pequena ilha [de Angediva], achámos nella hum **Juki** encostado a huma parede em huma Dogana, que he hum quarto dos idolos». — Ben-Batuta, *Viagens*, II, p. 235.

1516.—«Andaom estes pela maior parte

juntos... nem costumaom estarem muyto em qualquer parte, antes muy poucos dias; estes chamaom **Jones** (*sic*) ou *Coamergues* (q. v.), quer dizer tanto como servidor de Deos, são estes Gentios homeins baços, muy bem dispostos, e apesoados e gentis homeins dos rostos, nunqua penteaom os cabelos, trazem-nos feitos em tranças». — Duarte Barbosa, *Livro*, p. 307.

1525.—«As quaes portas são muy grandes e fremosas, e a entrada de hũa destas portas, que estaa pera leste, que he defronte da porta do pagode, tem como varandas pequenas e baixas onde pousão algũus **Iogues**». — *Chronica de Bisnaga*, p. 84.

1525. — «E em como era de noite andaua por entre as casas bradando, pedindo esmola, que assy he costume dos **Jogues** pedirem de noite, e dãolhe arroz cozido, e manteiga, e bredos, que elles não comem outras cousas». — Gaspar Correia, *Lendas*, II, p. 871.

1526. — «Se algum destes irmãos se tornar mouro ou **Jogue**, que he semelhante a ciganos em nossos reinos... ficará a sua fazenda a nós». — *Foral* de D. João III, *in Archivo*, v, p. 128.

1545. — «Fomos de caminho ver as cabildas dos **Jogues** que aquy vinhão em romaria». — Fernão Pinto, *Peregrinação*, cap. 182.

1552.—«**Jogues** sam homeins que tem hũa certa religião antre os gentios, e andão pelo mundo fazendo romarias a pagodes e casas doração da sua seyta». — Castanheda, *Historia*, I, cap. 40.

1557.—«O Mouro lhe disse que era hum prove **Jogue**, que estava ali antre aquelles matos em huma casinha servindo a Deos». — *Commentarios*, II, cap. 19.

1563. — «E pera os fazerem pelejar com as cobras de capello, que trazem os **Jogues** com que pedem á gente esmola». — Garcia da Orta, Col. XLI. — Estes são própriamente chamados em indo-português *garopeiros*, do conc. *garoḍī*.

1563 —«Principalmente aquelles, a que chamão **Jogues**: que são como homẽns que leixando o mundo, se dedicão todos a Deos, e fazem grandes peregrinações». — João de Barros, Déc. III, II, 1.

«Este uso de religião não sómente tem os Mouros, mas tambem os Gentios, e estes tomão este modo de vida mais estreitamente, aos quaes elles chamão **Iogues**. Os quaes não só desprezão todo o mimo e delicias de comer, e vestir, mas ainda fazem vida de grande aspereza, e tal que faz espanto e move à compaixão». — *Id.*, IV, v, 5

1566. — «Os quaes são homens religiosos a que chamam **Jogues**, que andam por todas aquellas provincias pregando suas seitas, muito abstinentes de vida».— Damião de Góis, *Chronica de D. Manuel*, I, cap. 49.

1568. — «Eu sou informado que á ilha de Guoa vem **Jogues** que trazem bullas dos pagodes dos idolos dos gentios». —*Regimento Geral*, in *Archivo*, III, p. 20.

1609. — «Entre estes gentios da India ha uma certa casta, a que chamam **Iogues** e outros lhe chamam *daruis*. Estes são peregrinos, e andam de terra em terra, como ciganos». — Fr. João de Sousa, *Ethiopia Oriental*, II, p. 314.

1613. — «Duarte Fernandes aceitou a empresa, e recebeo logo o dinheyro e vestindosse em trajo de **Jogue** que erão panos velhos e esfarrapados, e vntando o rosto, os cabelos e a barba com cinza misturada com azeite, se transfigurou de maneyra que parecia o proprio **Jogue**». — Francisco de Andrada, *Chronica de D. João III*, I, fl. 82 *v*.

1614. — «Este homem foi lançado na costa de Pòr, e dalli em trajos de **Jogue** (que he huma gente que se preza de Religiosa, e que nos trajos mostra grande desprezo do mundo, porque não trazem mais vestido do que humas capas como os mantos dos Capuchinhos, feitos de farrapos que achão nos monturos)...». — Diogo do Couto, Déc. VI, I, 9.

1615. — «Os gentios tambem tem destes *Abedallas*, e chamam-lhe **Jogues**. Andam tambem peregrinando, mas pelas terras dos Naires e de outros gentios». — Pyrard de Laval, *Viagem*, I, p. 288.

1651. — «D'ahi em trajos de **Jogue** (que entre elles he habito religioso) se passasse ao Cinde». — Jacinto F. de Andrade, *Vida*, p. 139.

XVII. — «Dividio a secta em dous estados de **Jogues**, a saber: huns casados, que vem por casta, e não podem fazer outro officio, que pedir esmola e viver della; e outros que não são casados, e vivem de peregrinar; entre estes ha muitos magicos, que andão em regimentos de terra em terra com faustos de cavallos, elefantes, e tangeres». — *Breve Relação*, in *Noticias*, I, p. 41.

1663. — «De mais de respeitados, são os **Jogues** muito temidos; porque se ajuntam logo dois ou tres mil para tomarem satisfação dos aggravos que se fizeram a particulares... Raro é o reino de gentios em que não haja infante **Jogue**».—P. Manuel Godinho, *Relação*, p. 38.

1680. — «Derribou Frey Antonio do Porto 12 pagodes que rodeavão o tanque todo, em que os **Jogues** à maneira de Ermitães fingião penitencia, e religião».— Fr. Jacinto de Deus, *Vergel*, p. 9.

1687. — «... em razão das candeas, e azeyte que ali poem os **Jogues** peregrinos penitentes de toda esta gentilidade». — P. Fernão de Queiroz, *Conquista de Ceylão*, p. 29.

1697. — «**Jogues**, ou **Joguí**, como elles dizem, he nome da casta, *Sanèaxì* do estado, e profissão religiosa. Os anacoretas gentios, dos quaes as nossas historias referem grandes penitencias, não são **Jogues,** senão Sanèaxis, posto que vulgarmente na India, a todos estes penitentes, e religiosos chamamos **Jogues**». — P. Francisco de Sousa, *Oriente Conquistado,* I, I, 2.

1727. — «Encontrou com hum **yogue,** que são huma casta de Ermitaens, que ao modo gentilico ha naquellas partes que vagão, e fazem penitencia nos desertos». — D. Manuel de Meneses, *Chronica de D. Sebastião,* p. 106.

1878. — «Todos sabem o que são os **Jogues** da India: solitarios que se impõem tremendas penitencias... Vivem d'esmolas como os eremitas do christianismo, e quando veem ás povoações são objecto de muitas attenções e obsequios». — Tomás Ribeiro, *A Indiana,* p. 75.

1886. — «**Joguy**. — O individuo que na India abraça o estado de **jogue,** deixa de ser homem para tornar-se uma porção da divindade. Os objectos terrestres não lhe impressionam os sentidos. Olha com indifferença o bem e o mal, o vicio e a virtude, sente apenas as necessidades da natureza, sem comtudo se dominar por qualquer paixão; soffre pacientemente a fome, a sêde e toda a especie de privações; e logo que é obrigado a comer, usa indifferentemente e sem escolha das primeiras substancias que acha à mão». — Lopes Mendes, *A India Portugueza,* I, p. 262.

1898. — «**Jogues,** ascetas contemplativos que procuram a sua absorpção em Brahman». — D. G. Dalgado, *Flora,* p. XVIII.

1298. — «There is another class of people called **Chughi,** who are indeed properly *Abraiman,* but they form a religious order devoted to the Idols... They eat very little, but what they eat is good; rice and milk chiefly». — Marco Polo, *apud* Yule, II, p. 341.

1442. — «The Infidels are divided into a great number of classes, such as Bramins, the **Djoghis,** and others» (em Calecut). — Abd-el-Razzak, in *India in the fifteenth century,* p. 17.

1510. — «Questo Re di **Ioghi** è huomo di gran Signoria e fa circa 30 mile persone, & è gentile, e tutto il populo suo, e dalli Re gentili è tenuto santo per la lor vita». — Barthema, *apud* Ramúsio, I, fl. 152.

1571. — «Fuerat hic Michael vir abstinentia mirabili, addictus religioni, quam sequuntur illi, qui **Iogues** ab Indis appellantur. Prae se ferunt hi singularem rerum humanarum contemptionem. Nullas opes possident: emendicatis cibis victitant: per omnia fora cursant et suae sectae disciplinam omnium auribus inculcant». — Jerónimo Osório, *De Rebus,* I, p. 215.

1578. — «Y los **Iogues** (que son los peregrinos, que andan haziendo penitencia, de vnas partes a otras la principal romeria suya es a aquel Pico». — Cristóvão da Costa, *Tractado,* p. 15.

1582. — «Doue stanno à seder alcuni huomini, che essi chiamano **Gioghi,** i quali sono come appresso di noi i Frati, ò i Preti». — G. Balbi, *Viaggio,* fl. 83 *v.*

1585. — «I sacerdoti loro sono di questi Brameni, dotti nella legge loro, alcuni de' quali, che essi addimandano **Gioghi,** vanno buscando il martirio infernale per differenti maniere». — F. Sassetti, *Lettere,* p. 240.

1588. — «Altri non piglano moglie, i quali hoggi con propria voce sono chiamati **Giogui,** i Greci già gli chimarano Gimnosofisti». — P. Maffei, *Le Istorie,* p. 49.

1589. — «Il n'y a faute entre eux de moines et hermites qu'ils nomment **Iogos,** qui menent vie solitaire en grande austerité et abstinence, et entretiennent le peuple de diverses fables et resureries (*sic*) sous pretexte de sanctité». — Linschoten, *Histoire,* p. 67.

1610. — «Pero yre tratando de la vsança de otra gente vagabunda que ay en el Oriente llamada por nombre comun *Ioguys* y de los Portuguezes **Iogues,** y son como peregrinos que van vagando de Reyno en Reyno haziendo largas peregrinaciones». — Pedro Teixeira, *Relaciones,* p. 102.

1610. — «Gentilium horum lumina erant Anachoretae quidam (**Iogues** ipsi vocant) mira vitae asperitate. Vestis vulgò, quin et cibus cinere aspergebatur, ut memores essent, quoniam cinis et puluis essent mortales; paupertatem et castimoniam prae ceteris virtutibus vel colebant vel praeferebant; paupertatem, imò sordes tinctis luto vestibus ostentabant; cibo non nisi mendicato vescebantur». — Trigault, *Vita Gasparis Barzei,* p. 194.

1624. — «L'informerò prima dell' andata mia al famoso Heremo di Cadiri, e della visita di Batinato chiamato anch' egli Rè de' **Gioghi,** hoggi negli angusti suoi confini dell' Heremo, impouerito da Venk-tapa Naiaka». — Pietro della Valle, *Viaggi,* III, p. 258.

1658. — «Li secondi sono li **Giogui,** che vuol dire poueri, perche la loro professione tutta è di penitenza e pouertà. Questi sono tutti nudi, sol quanto vn vil straccio largo quattro dita, li cuopre le parti segrete. Non hanno casa, mà sempre pellegrinando, vanno visitando li Tempij più celebri, mendicando vitto». — Fr. Vincenzo Maria, *Viaggio,* p. 210.

1666. — «Ce sont pour l'ordinaire ceux qu'on appelle **Jauguis,** comme qui dirait unis avec Dieu; on en voit quantité de tout nus assis ou couchés les jours et les nuits sur les cendres». — Bernier, *Voyages,* p. 110.

1666. — «Ils ne brûlent point aussi les corps des *Vartias* ni des **Jogues,** qui sont des manieres de Dervich, parce qu'ils suivent le Rit de Albadeo». — Thevenot, *Voyages*, III, p. 72.

1674. — «We came to the Pomarium of the Pagod, where near the Gate in Choultry sate more than Forty naked **Jougies**, or Men united to God covered with Ashes, and pleited Turbates of their own Hair». — Fryer, *East India*, II, p. 35.

1676. — «De Faquirs ou pauvres voluntaires des Indes, et de leurs penitences». — Tavernier, *Voyages*, IV, p. 118.

1735. — «A dix-neuf ans il [Buda] abandonne ses femmes, son fils et tous les soins terrestres, pour se retirer dans la solitude et se mettre sous la conduite de quatre Philosophes, que les Indiens appellent **Ioghi**». — P. Halde, *Description de la Chine*, III, p. 19.

1774. — «Quelli che si danno alla penitenza, e sono della prima specie, si chiamano **Gioghi**». — P. Tomba, *apud* Gubernatis, p. 91.

1786. — «Questi filosofi si chiamano **Jogui** de *Jòga*, che significa una communità, e vale a dire vivente in communità». — Fra Paolino, *Viaggio*, p. 71.

1825. — «Cette contemplation est appelée *yogam*. De là vient le nom de **yoguy**, qu'on donne à une secte de vagabonds qui sont censés, quoique fort mal à propos, se livrer à cet exercice». — P. Dubois, *Mœurs*, II, p. 262.

1830. — «Par les exercices du **yoguisme**... l'homme selon cette doctrine, peut obtenir la divinité, l'absorption dans la divinité». — G. Pauthier, *apud* Michel, *Poésies Orientales*, I, p. 6.

1845. — «C'est au manque d'un chef reconnu de la religion qu'il faut en partie attribuer le relâchement de la plupart des ordres, l'absence complète de toute règle les Beïragis et les **Yogis**, l'existence de sociétés telles que celles des Nagas». — Xavier Raymond, *Inde*, p. 180.

* **JOJOGA** (mal. **jujong**). Grande embarcação de Celebes, na Malásia.

1614. — «E outros [navios] mayores a que chamão **Iojogas**». — Diogo do Couto, Déc. V, VII, 2. V. *pelan*.

**JOMO**. Emprega o termo João de Barros com referência ao Mar Vermelho e como medida itinerária, equivalente a três *farsangas* ou uma légua. Conjecturo que se prende ao persa-ár. *jam'a*, «colecção, reùnião».

1553. — «A qual medida **jómo** acerca delles quer dizer oitaua parte de vinte e quatro, dando por singradura entre dia e noite outras tantas partes á razão de farçanga por hora, tres das quaes farçangas fazem hum **jomo**». — Déc. II, VIII, 1.

1718. — «**Jomo**. (Termo de medidas itinerarias da Persia). Quer dizer a oitava parte de vinte, e quatro, ou mais claramente, hum **jomo** faz, tres farçangas, e huma farçanga faz tres mil passos geometricos». — Bluteau.

**JONCARO**. Embarcação da Malásia. Provávelmente do mal. *jūkung*, «barco feito de uma só peça de madeira escavada».

1614. — «Sessenta fustas, e galeotas, mais de duzentos **Ioncaros**, oitenta balões» (em Achêm). — Diogo do Couto, Déc. VIII, I, 22.

**JONO** Rédito da comunidade agrícola de Goa, o qual recebe anualmente cada *gancar*; direito ao referido provento, o qual é imprescritível e inalienável. Os gancares concediam às vezes o *jono*, por retribuição, a quem o não era. Do conc. *zaṇ*. Em sânscrito (e também em concani) *jana* quere dizer «pessoa, indivíduo».

1600. — «Tem seus foraes e costumes antiguissimos, pelos quaes se governão entre elles: he hum socederem os filhos machos aos pais nos **jonos** e gancarias, de maneira que se hum Gancar tem muitos filhos, todos são gancares, e todos tem seus **jonos** particulares». — *Archivo Port.-Oriental*, V, p. 1392.

1604. — «Tratando-se do muito prejuizo e dano que cada dia se hia em crescimento nesta dita Ilha de Tisoare de venderem os gancares naturaes de cada aldeia suas gancarias e **jonos**, onras e preminencias». — *Ibid.*, 1377.

1634. — «Mando que todos os naturaes das ditas Terras de Salcete, que se auzentarem com suas cazas e familias, ou sem ellas, pera viverem nas do Canará, e outras de infieis, não sejão admittidos a cobrar os **jonos** que tiverem, e os percão para a Fazenda Real». — *Bando* do vice-rei, *ibid.*, VI, p. 1295.

1710. — «Succedia absentarem-se alguns dos possuidores para o Canará, e outras terras dos infieis, cujos bens, a que chamão — **Jonos** — dos taes ausentes por costume antigo ficavão pertencendo, e seus rendimentos a outras pessoas chamadas — *Jonoeiros*, da mesma maneira como se pratica com os **Jonos** dos mortos» — *Carta Régia*, *ibid.*, Suppl. II, p. 6.

1727. — «Ha duas castas de **Jonos**; **Jonos** *pessoaes*, e **Jonos** *fateosins*. **Jonos** *pessoaes*, são as pessoas, e numero certo que se faz assim dos Gancares, como dos *Culacharins*, tendo a idade, que se tem determinado em cada Aldea, e nelle se reparte a quantia, que fica della, pagos os foros, e contribuições... **Jonos** *fateosins* se derão a certas pessoas com alguma obrigação de serviço, ou pelo beneficio recebido, entrão a ganhos, e perdas». — Bluteau, *Supplemento*.

1850. — «Acções das Communidades das Aldeas: São as unidades, pelas quaes se divide a renda liquida, ou o deficit. Mas tem diversas denominações accomodadas ás circumstancias locaes, taes como **Jonos** (pessoaes e fateosins), *Cuntos*, *Tangas*, *Melagas*, *Arequeiras*, etc.». — F. N. Xavier, *O Gabinete Litterario*, IV, p. 35.

1852. — «**Zono** — Huma pessoa, e hoje se diz **jono**. *Item*. O vencimento da Communidade». — Id., *Bosquejo Historico*, IV, p. 21.

1870. — «Parece que com o **jono** da gancaria hia incorporado sempre qualquer rendimento, que o gancar auferisse do monte commum». — Cunha Rivara, *Brados a favor das Communidades*, p. 86.

1885. — «... outra parte para beneficio directo dos gãocares, sendo o seu producto da natureza de dividendo (**jono** *pessoal*). — Teixeira Guimarães, *As Communidades Indianas*, p. 12.

1916. — «Reduziria á miseria inúmeras famílias que do **jono** vivem» — *Heraldo*, de 2 de Abril.

**JONOEIRO.** Aquele que tem direitos ao *jono*; componente da comunidade por direito de nascimento.

1720. — «A parte que sobra se reparte nas pessoas dos gaucares, vulgo **jonoeiros**». — *Archivo*, Supplemento II, p. 251.

1881. — «Mas com o decorrer dos tempos entraram na partilha das rendas sociaes os chamados **jonoeiros** e *interessados*, sem, todavia, gosarem das regalias e preeminencias gancariaes». — Eduardo Balsemão, *Os Portuguezes no Oriente*, II, p. 181.

1886. — «Toda a *communidade* é formada por componentes por direito de nascimento (*gancares*, *culacharins* e **jonoeiros**) e por *cuntocares* ou accionistas». — *Regimento das Communidades*, p. 2.

1886. — «Feita a divisão das terras de cada communidade, os gãocares ou senhores d'ellas ajustaram cultivadores, denominados *culacharins* e **jonoeiros**, para as cultivarem». — Lopes Mendes, *A India Portugueza*, I, p. 143.

1915. — «... indio dos 4 costados, para mais brâmane, **jonoeiro** embora não gãocar». — *Heraldo*, de 20 de Novembro.

1916. — «O accionista e o **jonoeiro** ficando nesta ultima situação, pois que a sua acção e o seu **jono** lhes dão interesse na administração das terras donde lhes há de vir a renda dêsses capitaes». — *Heraldo*, de 11 de Abril.

1906. — «Les membres ou associés, connus sous le nom de gaoncars, portent dans les règlements un autre nom (**jonoéiros**) sous lequel une autre sorte de *pensionnaires* était connue». — Cristóvão Pinto, *Les Indigènes de l'Inde Portugaise*, p. 14.

* **JORIM.** Brocado, na Índia. Do persa *jarīn*, marata-conc. *zarī*.

1601. — «**Jorins** do Sinde de toda a laya, hão de ter dezanove covados de páo de comprido, e hum covado de larguo». — *Carta de Lei*, in *Archivo*, VI, p. 744.

1589. — «Il s'y trouve beaucoup d'ouvrages de fin coton qu'ils appellent **iorins**, et des voiles ou couvrechefs nommez *Volantes*, et grande quantité d'huile de Cocos». — Linschoten, *Histoire*, p. 18.

* **JUAR.** Milho indiano — *Holcus sorghum*, Linn. Do guz. *juvār* < hindust. *juvārī*.

1862. — «... bate, codra, feijão, **juar**, *langa*, *mugo*». — Francisco M. Bordalo, *Ensaios sobre a Estatistica*, V, p. 67.

1886. — «Diversas especies de arroz, nachinim, urida, tory, trigo, gergelim, pacol, **juar**, ou milho miudo». — Lopes Mendes, *A India Portugueza*, II, p. 244.

* **JUDEU** (ant.). Espécie de espírito confeiçoado, fabricado em Dio. Não sei o motivo da denominação [1]. Foi mandada uma amostra para a exposição de Londres de 1862.

1862. — «Duas garrafas de **judeu**, de superior qualidade. — Fabricado em Diu, pelo *parse* Colá Curgy... É industria exclusiva dos parses residentes n'aquella Praça, desde muitos annos. Fabricam-se aproximadamente 300 a 350 canadas por anno, ou 600 a 700 garrafas de meia canada. Preço em Diu, 7 *tangas* ou 226 réis fortes». — *Annaes do Conselho Ultramarino*, p. 36.

1879. — «Espirito denominado **Judeo** — em Diu». — João Torrie, *Estatistica da India Portugueza*, p. 217.

1906. — «Imposto sobre o **judeu**, urraca e fenim. Imposto antiquissimo e de origem desconhecida. Provinha do exclusivo da importação, fabrico e venda de bebidas alcoolicas na Asia». — Amâncio Gracias, *Subsidios*, p. 153.

* **JUDIA.** Designa-se na Índia Portuguesa por êste termo o «casaco de homem». Conforme Gonçalves Viana, vogava em Lisboa no século passado com análogo sentido: «Êste adjectivo substantivado, *judia*, designou,

---

[1] Informa-me um amigo que lhe disseram que o seu inventor fôra um judeu de Bombaim.

aí por 1845, uma vestimenta de homem, comprida e justa, com uma só abotoadura, muito numerosa, mas não tanto como a das lobas eclesiásticas. Há quarenta anos ainda a usavam muitos judeus idosos estabelecidos em Lisboa, acompanhado de um barretinho como carapuça». — *Apostilas,* II, p. 45.

1915. — «... limitando-se porêm o trajo ordinário e doméstico a **judia** ou *quinzena* (casaco) e *pantalona* (calça)». — *Heraldo,* de 23 de Dezembro.

**JUJUBA.** Fruto de **JUJUBEIRA** — *Zizyphus jujuba,* Lamk. Garcia da Orta chama-lhe *ber* (q. v.); em Goa dão-lhe vulgarmente o nome de «maçã», e à árvore o de «maceira».

1563. — «É a arvore differente das **jujubas;** e os Coraçones trouxeram ao Nizamoxa estas que vos gabei, pequenas, e me dixeram ser outra arvore que as **jujubas**». — Garçia da Orta, Col. x.

1873. — «A **jujubeira** (*Rhamnus jujuba*), em malabar *perintoddali,* chamamos nós na India em portuguez *maceira,* e em concani *bori*». — Bernardo da Costa, *Manual do Agricultor,* II, p. 226.

* **JUGA** (s. m.). Idade do mundo, na Índia. Do neo-árico *jug* ou *jūg* < sânsc. *yuga.* A cosmografia bramânica distingue quatro *yugas: kṛta* ou *satya,* «idade de ouro», *treta, dvāpara* e *kali,* «idade de ferro», a presente.

1618. — «Dos **Jugas,** idades do mundo». — P. Manuel Barradas, Ms. da biblioteca do Visconde da Esperança, liv. 1.

1687. — «São celebres nesta gentilidade as quatro idades, a que chamão **juga,** em que por seus errados computos, não decreçendo o tempo, o comprimento da uida, e o mereçimento, e estamos na ultima, em que dizem não auer mais que pecados». — P. Fernão de Queiroz, *Conquista de Ceylão,* p. 113.

XVIII. — «Contão-se quatro **yugás** (Epocas), a saber: a primeira *Creyugá,* a segunda *Tatayugá,* a terceira *Dvapar,* e a quarta *Caliyugá*». — *Noticia do Gentilismo,* in *Noticias,* I, p. 80.

1916. — «As edades do mundo desde a sua creação segundo a chronologia indú». — *O Instituto,* LXIV, p. 328.

1825. — «Les Indiens reconnaissent quatre ages du monde, qu'ils désignent sous le nom de **yougams;** ils donnent à chacun une durée qui fairait monter la création de l'universe à plusieurs millions d'années». — P. Dubois, *Mœurs,* p. 99.

* **JUJÚTSU** (jap. *jūjūtsu*). O termo entrou modernamente nas línguas europeias para designar o sistema de atletismo peculiar do Japão, o qual consiste em derrubar o adversário mais robusto.

1904. — «Além das aulas de materia geral que ali [no Colégio dos Nobres] se professam, acresce a nota curiosa do ensino especial da esgrima japoneza (o **juditsu** e *kendutsu*), bem como a sujeição caprichosa dos alunos à disciplina e estudo militar». — Ladislau Batalha, *O Japão por dentro,* p. 92.

1905. — «Sabeis o que é **jutjutsu** ou **jiujutsu?** O termo anda agora, nos paizes occidentaes, bastante em moda. O **jujutsu** é uma arte de defeza e de ataque dos japonezes, herdada da China... O **jujutsu** consiste, condensando em poucas palavras a theoria, em tirar da propria fraqueza efficiencia que vença e derrube a robustez do adversario». — Venceslau de Morais, *Cartas do Japão,* III, p. 88.

1910. — «... e algum outro antigo, e o modernissimo **jujútsu,** que não é de importação directa, o que bem se vê da sua escrita». — Gonçalves Viana, *Palestras Filológicas,* p. 192.

1916. — «... sem que as habilidades de qualquer **jiutsú** possam vencê-la nas causas em que só se luta pela Verdade e pela Justiça». — *O Heraldo,* de 21 de Setembro.

1918. — «Chegou o momento de o sr. Freitas Ribeiro usar do seu *poder moderador* e pôr termo a essa situação indecorosa a que chegamos de dois chefes de serviço darem em plena rua um espectaculo de **jiujutsú**». — *O Ultramar,* de 1 de Abril.

c. 1909. — «Le **jiujutsu** (art de combat sans armes) et le *kentjutsu* (escrime) sont toujours enseignés avec d'infinies précautions». — Nandeau, *Le Japon Moderne,* p. 66.

**JULEPE, julepo.** Bebida feita com algum xarope, em que originàriamente deveria entrar água rosada. Do ár. *julāb,* que vem do persa *gul-āb,* «água de rosas». V. Gonçalves Viana, *Apostilas.*

1330. — «Vierão depois escudelas de ouro, e prata, cheias de **julepe** desfeito (xarope) em que se tinha expremido sumo de limão». — Ben-Batuta, *Viagens,* I, p. 391.

* **JULGADOR.** Na acepção peculiar da Índia Portuguesa é o «indivíduo que examina a palmeira e julga do

estado dela. O termo está mais em voga na provincia de Salcete.

1872. — «O **julgador** declara quantos são os cachos que faltam, e logo pelo estado da fecundação da arvore arbitra o numero dos côcos que cada um dos cachos devia dar». — Bernardo da Costa, *Manual do Agricultor*, I, p. 185.
1917. — «O **julgador** assenta a receita e a conta corrente do *terlo* (vigiador do palmar)». — *Heraldo*, de 5 de Janeiro.

* **JUMPRIM.** Cabana, palhota; fôro de casa, em Damão. Do guz. *zhupḍī*.

1900. — «Pagar de foros ou **jumprins** de suas casas ou quintaes os que possuirem terras de cultura». — *Apud* António F. Moniz, *Hist. de Damão*, I, p. 16.
1910. — «Com a condição de tirados os foros ou **jumprins** do foreiro da aldeia... Ao foreiro a fabrica pagava de **jumprim** Rs. [rupias] 2:24 *janavadins*». — *Id.*, III, p. 219.

* **JUNCABO** (mal. *jongkong*). *Junco* pequeno: almadia, canoa.

1635. — «Quem furta estes [direitos] são os vossos naturaes, concertando-se com os **juncabos** e armadas para que lhe dêm passagem para as trazer». — António Bocarro, *Déc.* XIII, p. 734.

**JUNCÃO.** Alfândega, aduana, no Malabar. Do malaiala *chuṅkam* < sânsc. *çulka*, que significa própriamente «direitos».

1554. — «No cays do mar, onde se embarcão d'aqui [de Coulão] para Cochim, onde estaa hum **Juncão**». — Simão Botelho, *Tombo da India*, p. 37.
1603. — «Em pena do que tinhão feyto lhe pos certo tributo nouo, a que elles chamão **juncão**, com que os carregou assàs». — Fr. António de Gouveia, *Jornada do Arcebispo*, fl. 49.
1684. — «Por mar com os ventos que cursauão em seys dias podia estar em Cochim e em menos, se se pusessem ao Sul; e por terra, a caminhar bem, sem embaraços poria um mez; fóra outros incomodos certos, de aduanas (cá dizem **juncãos**)». — P. Fernão de Queiroz, *Historia de Pedro de Basto*, p. 123.
1687. — «E como o Rey vio esta ambição, poz de nouo hum **juncão** que lhe não rende pouco». — Id., *Conquista de Ceylão*, p. 854.
1659. — «Hirá minha gente para arrecadar a renda do **juncão** da passagem, dandolhe livremente passagem sem pagarem **juncão**». — *Apud* Júlio Biker, *Collecção de Tratados*, II, p. 103.
1678. — «No **juncão** cada dia largarão cinco cargas para provimento das ditas boticas, sem pelas ditas cargas se pagar nada de **juncão**». — *Ibid.*, IV, p. 208.
1707. — «Nenhum Portuguez, nem Padre Missionario... passando pelas terras do Rey de Sunda, será obrigado a pagar **juncão** pessoal». — *Ibid.*, V, p. 189.
1746. — «Datu Sinay, proprietario do **juncão**, ou alfandega de Sanquelim, tambem official militar». — *Ibid.*, VI, p. 263.
1586. — «Al lungo di questi rii per la terra stanno regni che impediscono el passaggio, e lo fanno fastidiosissimo con lor diritti che demandano **giunconi**, i quali sono stati dati a' signori delle terre ò soldati particulari, perch' e' vivano di quello». — F. Sassetti, *Lettere*, p. 272.
1894. — «Portuguese subjects might reside therein without being subjected to the payment of «**Juncão**» (a local tax)». — Danvers, *The Portuguese in India*, II, p. 376.

***JUNCANEIROS.** Arrecadadores ou empregados dum *juncão*.

1633. — «O dito Rey Virabadar Naique será obrigado a ordenar aos seus **juncaneiros** das terras de baixo que não arrecadem mais **juncões** que conforme o costume antigo em vida de seu avô, quando começou a reinar, se arrecadava». — *Apud* Júlio Biker, *Collecção de Tratados*, I, p. 301.
1671. — «Tem ordenado aos mercadores para que paguem aos feitores os direitos e ancoragens, *lagimas*, e aos **juncaneiros** o arroz das pareas». — *Ibid.*, IV, p. 190.

* **JUNCÃO.** Figura o vocábulo, entre as especiarias, na obra de Fernão de Queiroz. Suponho que está errado, devendo ser *junvão*, por *anjuvão*, q. v.

1687. — «... crauo, canela, pimenta, cardamomo, **juncão**, almiscar». — *Conquista de Ceilão*, p. XVIII.

**JUNCO** (*jungo*, p. us.). Grande embarcação oriental, especialmente chinesa, descrita abaixo por Barbosa e Castanheda. Ingl. *junk*, fr. *jonque*. Atribui-se ao vocábulo origem chinesa, *chuen*, adoptada por Littré; mas é quási certo que o étimo imediato é o malaio-jav. *jung*, *ajung* (também *jong*), como acontece com muitos outros termos de procedência chinesa. Atesta porêm Pauthier, que em um livro chinês antigo figura a palavra *jung* no sentido de «morada flutuante».

1345.—«Os navios da China são de tres especies: os grandes chamão-se **joncos**, e sendo hum *jonc;* os medianos chamão-se *azzana;* e os pequenos *alkakame*». — Ben-Batuta, *Viagens*, II, p. 252.

1510. — «Podera auer neste porto [de Malaca] contynos, nouenta, ou çento **juncos** entre grandes e pequenos». — *Alguns Doc. da Torre do Tombo*, p. 220.

1512 — «E asy me mandaram dizer que hy estaua hum **junquo** del rrey de Malaca, que tinha Roupa dos mercadores chatins de Malaca e tambem del rrey». — Afonso de Albuquerque, *Cartas*, I, p. 45.

1513. — «Rreuoluese que degolou ho capitam mor aquelles omes, he que os **junquos** eram partidos, he nom se achou ho arroz, senam oyto medydas por dez *calays*». — *Ibid.*, III, p. 362.

1513. — «Era em cama com estas naos hum **junco** de pegu, que levava, alacar, marfim e arroz». — *Ibid.*, IV, p. 181.

1516. — «Tem grandes naos na feição dos de Meca, outras da China que chamaom **Juncos** que saom muy grandes, e leuaom muy grande caregua». — Duarte Barbosa, *Livro*, p. 362.

«Uem tambem a esta cidade de Malaca do regno de Jaoa has grandes naos **Juncos**, que saom muy desuiadas da feição das nosas, de muy grosa madeira, porque como saom velhas em cima daquele taboado lançam-lhe outro nouo, e assim ficaom muy fortes; nos cabres, e em toda ha enxarcea delas, saom de uerga que na tera ha». — *Id.*, p. 365.

1524. — «Mandou ambrosyo do regno ajante, e ele ficou ajinda la, que hos **junquos** nam sam vindos; e perguntejlhe per nossas da china». — In *Cartas* de Afonso de Albuquerque, IV, p. 41.

1534. — «Fizerão armada de çem **lungos** aguardando por portugueses».—Cristóvão Vieira, *apud* D. Ferguson, *Letters*, p. 77.

1536. — «E tem em si grande numero de **iuncos** com todo tempo podem hir e vir». — Vasco Calvo, *ibid.*, p. 92.

1552. — «E estes **juncos**, que assi chamão ás naos daquellas partes são muyto grandes e muyto desuiadas de todas as naos do mundo: porque da mesma feição he a proa que a popa, em cada hũa tem hum leme: e não tem mais que hum mastro, e tem vela, e esta de *rota* de Bengala que são caninhas delgadas, e anda ao redor como dobadoira, e por isto nunca virão como as nossas naos». — Castanheda, *Historia*, II, cap. 112.

1553. — «Porém no fim della tomou os **juncos**, que são naos de boa carga». — João de Barros, Déc. II, II, 9.

1557.—«E pera isto ordenou hum **Junco** grande com muita gente, porque são navios muito alterosos». — *Commentarios*, III, cap. 25.

1563. — «Toparão com hum **junquo**, que são os móres nauios que nauegão nos portos de Malaca». — Gaspar Correia, *Lendas*, II, p. 216.

1566.— «Fazem nellas [nas ilhas de Java] muitos navios de remo, e grande cantidade de naos grandes a que chamão **jungos**». — Damião de Gois, *Chronica de D. Manuel*, III, cap. 41.

1569. — «Aos mayores nauios chamam **Juncos** pelos que sam nauios pera guerra, feitos como naos grandes, aos quaes fazem muito altos castellos de Proa e de Poppa, para delles pelejarem... Ha outros **juncos** de carregaçam para fazenda, mas nam sam tam alterosos como os de guerra, inda que ha muy grandes». — Fr. Gaspar da Cruz, *Tractado da China*, cap. 9.

1587. — «Soube que o **junqo** em que se embarcou o Bispo de Cochim pera a India... tornou arribar aquella fortaleza». — *Carta Régia*, in *Archivo*, III, p. 83.

1578.—«Veo ao porto que está perto de Funai hum **juncosinho** de chins, e com elles seis ou sete mercadores Portugueses». — *Cartas de Japão*, I, fl. 422.

1612.—«Teve Antonio Galuão por nouas, que era chegada a Amboino hũa armada de **Iuncos** de Iaoa, que vinhão a resgatar o crauo». — Diogo do Couto, Déc. V, VI, 5.

1632. — «Hum **Junco** (he genero de navio de alto bordo) que emprestara por seu rogo a certo Portuguez, e se perdera». —Fr. Luís de Sousa, *Hist. de S. Domingos*, III, p. 328.

1634:

> «A defender exhorta, e a que offenda,
> Do junco o capitão déstro, e valente».
>
> F. Meneses, *Malaca Conquistada*, IV, I, 56.

1694. — «Partio S. Francisco Xavier de Meliapor; embarcou em hum **junco**, que lá chamão navio ordinario de carga». — P. António Vieira, *Xavier Dormindo*, p. 256.

1697. — «**Junco** no archipelago de Malaca, he especie de nao cuberta, e de dous lemes, e duas popas; porem na costa de Mombaça, he barco pequeno, e descuberto: donde me persuado, que he nome generico, e significa embarcação, ou navio». — P. Francisco de Sousa, *Oriente Conquistado*, I, IV, 2.

1858. — «Os **juncos** de guerra são embarcações que mal correspondem a este nome. Sua capacidade não excede de duzentas e cincoenta a trezentas toneladas, tendo de oitenta a noventa pés de comprido, e de doze a quinze de largo. A proa é cortada e sem talha-mar apresentando uma superficie plana, que difficulta o andamento do navio. A pôpa é aberta na parte inferior pára passar o leme, pesado e informe apparelho, que move com cabos. As ancoras são de páo, mas d'uma rija especie, a que chamam ferro». — *Archivo Pittoresco,* I, p. 207.

1862. — «Que dirás, sabendo que os **Juncos** do Celeste Imperio ainda são de tal modo construidos que não viram por d'avante, e se recolhem no primeiro porto de abrigo em conjuncção da lua?». — Joaquim C. Soares (nos *Fastos*, de Castilho), p. 403.

1895. — «... a não ser a fórma extravagante dos **juncos** ou *lorchas* muito mais elevadas da pôpa do que da prôa, que ás centenas entram e sáem do porto, e que, com as velas feitas de esteira e douradas pelo sol, parecem enormes mitras de bispos boiando á superficie das aguas». — Conde de Arnoso, *Jornadas pelo Mundo,* p. 100.

1898. — «Os **juncos** de guerra são de fórma estranha, que faz lembrar as caravellas de Colombo, com os seus elevados castellos á poppa e á proa». — Joaquim Calado Crespo, *Cousas da China,* p. 31.

1375. — «Ascendentes **junkos,** de inferiori India, tot procellis ferebamur, quod sexaginta vicibus vel amplius fuimus quasi demersi». — Marignolli, *apud* Gubernatis, *Storia,* p. 150.

1515. — «They navigate with vessels made of a certain wood which looks like canes: they call them **juncos** in Malay language». — Em Stanley. *A Description,* p. 227.

1543.—«Exclusus isto concilio, applicuit animum ad navem Sinensis formae, quam **juncum** vocant». — S. Francisco Xavier, *Epistolae,* III, 10.

1582.—«I quali Chini anticamente nauigauano per quei mari con certi vascelli ch'essi chiamano **gionchi**, e hanno le uele fatte di canna, con due timoni a poppa e prora, come i nostri barchi da legue». — Balbi, *Viaggio,* fl. 80 *v.*

1585. — «A los nauios mayores que son para nauegar lexos, llaman **Iuncos,** y quando se hazen de intento para cosa de guerra los hazen grandes, con castillos altos en popa e proa al modo de los que traen las naos de leuante, e los de los Portugueses, que van a la India». — Fr. Joan G. de Mendoça, *Hist. de la China,* p. 113.

1588. — «Le navi grosse, che vanno solo a uela le chiamano volgarmente **Giunchi**. Queste si fanno parte per combattere, e hanno alti castelli di poppa, e di proda, e parte sono più basse e che seruono a far mercanzia, e portare merci». — P. Maffei, *Le Istorie,* p. 226.

1589. — «Il avoit pris une barque Chinoise de celles qu'on appellé **Ionckos** chargée d'or et d'argent». — Linschoten, *Histoire,* p. 167.

1615. — Quelque-uns aussi ont appris à Mosambique, où ils trafiquent avec leurs **Jonckos** ou Barques de trente ou quarente tonneaux». — Thomas Row, in *Relations,* p. 4.

1853. — «Quelques-uns entrèrent dans les **jounques** ou demeures vagabondes nautiques (*hoë ji tsian joung*), sur lesquelles l'eau passait... Les *tsian joung,* demeures vagabondes flottantes, qu'ils montèrent, n'avaient pas des ponts découverts comme nos vaisseaux européens. C'est même un fait curieux de retrouver ce nom *joung,* pour les Européens **jounques,** dans le bâtiment flottant qui transporta les étrangers en Chine, plus de mille ans avant notre ère». — Pauthier, *Chine,* p. 85.

1854.— «Une **jonque** ou barque de cérémonie, portant un présent de fruits et quelques centaines de *gallons* d'eau, fut en vue. Ce bâtiment avait trois mâts, et dix perches garnis de bannières rouges qui ondoyaient à sa poupe. L'avant et l'arrière étaient carrés et armés chacun de deux pièces de canon en bronze». — Jancigny, *Indo-Chine,* p. 430.

1908. — «Y los **juncos,** con suas velas plegadrias, nos presentan bonitos paisages chinos». — Baldomero Sagastume, *En el Estremo Oriente,* p. 82.

1915. — «Battleships and submarines have taken the place of the old fighting **junks**». — *The Times of India Illustrated Weekly,* de 2 de Junho.

**Junco da Índia.** V. *rota.*

* **JUNEDIM.** Casa de alfândega, no Malabar. Do malaiala *chuṅkachchāvaḍi: chuṅkam* (vid. *juncão*) + *chāvaḍi,* «repartição».

1585. — «E porque se avexão tambem nos ditos reinos os ecclesiasticos, que por elles andão, e passão visitando a christandade, e igrejas della, especialmente em seus **junedins**, que são os lugares de passagem, aonde se lhes pagão seus direitos...». — Terceiro Concilio de Goa, in *Archivo,* IV, p. 134.

**JURUBAÇA.** Intérprete, no extremo Oriente. Do malaio-jav. *jurubahāsa: juru,* «mestre, perito»; *bahāsa,* do sânsc. *bhāṣā,* «língua». V. *topaz.*

1534. — «Os lingoas em Pequim forão pressos e mortos... O **Jurubaça** grande falleçeo de doença os quatro forão em Pequim descabeçados». — Cristóvão Vieira, *apud* D. Ferguson, *Letters,* p. 67.

1536. — «Tanto que esse porto chegarem logo fação os **jurabaças** as cartas sobre nos». — Vasco Calvo, *ibid.,* p. 95.

1545.—«Mandarão logo a grande pressa

chamar o **Jurubaça** que era o interprete por quem me entendia com elles» (japoneses).— Fernão Pinto, *Peregrinação*, cap. 186.

1555. — «... entrarem dous padres da Companhia em Cantã, com hum ou dous **jurubaças**, que saibão bem a lingua da terra». — P. Belchior, *Cartas de Japão*, I, fl. 35 *v.*

1557.— «Leuou o padre hum irmão consigo para **jurubaça**, e interprete». — P. Vilela, *ibid.*, fl. 51.

1600. — «Por relaçam d'hum daquelles interpretes, ou **jurubassas** (que assi lhe chamam os Chijs).— P. João Lucena, *Historia*, x, cap. 21.

1635. — «Capitão mór, ouvidor, moradares, **jurubaças**, por espaço de dous dias venham diante de mim, para dardes rezão dos ditos capitulos». — António Bocarro, Déc. XIII, p. 725.

1650. — «Tres **iurubaças**, que são interpretes». — P. António F. Cardim, *Batalhas*, p. 49.

1667. — «O *Taitô* [*tutão*] tinha dito aos 12 de março ao nosso **jurubassa** Joseph que não se hauia de fazer outra couza senão irem os de Macão para dentro». — In *Ta-ssi-yang-kuó*, de Dezembro de 1899.

1718. — «E como tudo me tinha constado pelo **Jerubassa** dos Inglezes, o mandey chamar, o qual veyo a meu Palacio com o seu Capitão, e gente armada, e averiguada a falsidade do dito **Jerubassa**, com que pretendia perturbar a amizade... ». — João Tavares Guerreiro, *Jornada*, p. 372.

1729. — «Para esta diligencia mandava quatro **Jorabaças** ou interpretes Chinas». — *Apud* Júlio Biker, *Collecção de Tratados*, VI, p. 79.

1620. — «Il me demanda qui m'avait mis cela en la teste, et sur ce qu'il apperceut que je tenoit le **Gilobassa** ou Interprete, il se doubta de la verité que sçauroit esté luy». — Général Beaulieu, *Mémoires*, p. 69.

1644. — «Taquero i Toni, e solo fecero segno all' **Iurubasa** (cioè Interprete) che legesse la sentenza contro di loro». — P. Cardim, *Relatione*, p. 26.

**JURUPANGO.** Embarcação da Malásia, do tamanho duma caravela pequena. Não se sabe com certeza a sua etimologia; parece que provêm do mal. *jurubung* «une tente de bateau faite de paille» (Favre), com o significado de outro vocábulo malaio *jarampa,* «espécie de barco».

1589. — «Para minhas lancharas e **jurupangos** navegarem seguros com todos os ventos». — *Carta* do rei de Bata, *apud* Fernão Pinto, *Peregrinação*, cap. 13.

«Armou hũa embarcação das que naquella terra se chamão **Jurupangos**, que são do tamanho de uma caravela pequena». — *Ibid.*, cap. 14.

1552. — «Poderia mandar socorrer em hum **jiropango** nauio de Jaoa (que serue de leuar mantimentos)». — Castanheda, *Historia*, VI, cap. 58.

**JUTA** (inglês e francês *jute*). Fibra têxtil da tiliácea *Corchorus capsularis,* Linn. e *C. olitorius*. Linn., que se cultivam principalmente em Bengala, sendo por isso também conhecidas por «cânhamo de Bengala». O étimo é o oriá *jhōṭŏ* ou *jhŭṭŏ*, que talvez se ligue ao sânsc. *jaṭa*, «raiz fibrosa». V. *Glossary* e *La Grande Encylopédie*.

1915. — «Em um dos mais importantes centros manufactureiros da Alemanha, as fabricas de **juta** e algodão estão fechadas por falta de materia prima». — *Diario de Noticias*, de 19 de Fevereiro.

1916. — «A industria nacional dos tecidos de **juta** está justamente alarmada por estas concessões, que a ameaçam d'uma crise para a qual não encontra remedio facil». — *O Seculo*, de 14 de Julho.

1883.— «**Jute** (*pát* or *koshtá*) now forms a very important commercial staple of Bengal. The cultivation of this crop has greatly increased during the past twenty-five years». — Hunter, *The Imperial Gazetteer*, II, p. 308.

1908. — «The history of the modern **jute** industry is exceedingly interesting and at the same time closely associated with the British rule in India». — Watt, *The Commercial Products*, p. 409.

# K

**KEIR, ker**. Figura o vocábulo, assim escrito, na obra de Lopes Mendes (como tantos outros indígenas), e já vem registado em um dicionário português, para se designar o que em nossa língua se chama *pau-ferro* ou *árvore de cato*. No português de Goa não se emprega tal termo, que é neo-árico: concani-mar. *khair* < sânsc. *khadira*.

1886. — «Encontra-se tambem em grande abundancia nas mesmas matas o **keir** ou pau ferro (acacia catechu)». — *A India Portugueza*, II, p. 127.

«**Ker**... é considerada uma das primeiras madeiras com relação ás suas qualidades, porque não é atacada pelos insectos, e tem uma extrema resistencia e duração... Não ha nora, cegonha, engenho para canna de assucar ou para azeite, que não requeira, como eixo ou pião, uma ou mais peças d'esta arvore». — *Ibid.*, p. 247.

1840. — «Massa composta de decocção de certa arvore (**coire**) com mistura de farinha de *nachinim*».—F. N. Xavier, *Collecção de Bandos*, I, p. 131.

1885. — «A small trade is carried on in *catechu*, boiled from the bark of the **khair** tree (Acacia Catechu)».—Hunter, *The Imperial Gazetteer*, XI, p. 179.

**KING** (chinês) **kim**. Nome genérico dos livros sagrados dos chineses.

1679.—«Tem mais cinco livros que chamão *V* [*vu*] **kim**; cinco escripturas que para elles são, como para nós as Sagradas: o primeiro livro se chama Xu Kim, id est, Chronica de cinco Reys antigos».—Fr. Jacinto de Deus, *Vergel*, p. 182.

1729. — «Os seus livros principaes por onde estudam, são huns chamados **Kim** ou livros classicos, que contem varios e admiraveis preceitos, e todos moraes, por onde se governam, e huns e outros se devem ao celebrado Confrosio, o mais famoso Philosopho que os Chinas tiveram». —*Apud* Júlio Biker, *Collecção de Tratados*, VI, p. 169.

1825. — «Ordenou-lhe que chamasse os mais distinctos sabios do imperio, e com elles fizesse um extracto de **Kins**, livros sagrados».—José Inácio de Andrade, *Cartas*, I, p. 207.

1889. — «A literatura coligida e modificada por Confucio e a orijinal de ele mesmo (se a houve) e a doutrinaria de Mencio foram reunidas em duas ordens de livros: canónicos e clássicos. Os canónicos são os 5 textos denominados **Kim**, *i. e.* «o fio que serve para urdir a teia, e a sua urdidura», e no sentido figurado «o que é regular e assegura a regularidade» e com referencia a livros expressa o vocábulo a «autoridade» dessa doutrina sôbre o assunto de que tratam. Os clássicos são simplezmente denominados *xa* «escritos». — Vasconcelos Abreu, *Animismo*, p. 27.

1895. — «É nesse pavilhão... que se tratam os negocios diplomaticos, com o fatal acompanhamento da terrivel comesaina, que vem consignada no **King**, livro sagrado». — Conde de Arnoso, *Jornadas pelo Mundo*, p. 213.

1897. — «Nos commentarios do illustre philosopho «Khoun-tseu», a quem chamamos Confucio, ao supplemento do **Y-king** ou Livro das transformações (o mais antigo livro chinez)...».—Joaquim C. Crespo, *Cousas da China*, p. 43.

1904. — «O Confucianismo... fez se valorisar pela obra do seu redentor, a quem se atribuem os cinco livros dos **King**, onde se ensina a historia, a poesia e os ritos sagrados do culto». — Ladislau Batalha, *O Japão por dentro*, p. 299.

1735. — «Ce ne sont-là que comme des préliminaires qui conduisent naturellement à la Littérature Chinoise, c'est-à-dire, à la connoissance de ces livres si anciens et si respectez des Chinois, et qu'ils appellent **King**. Ils entendent par ce mot une doctrine sublime, solide, et fondée sur des principes inébranlables. Ils en comptent cinq, qu'ils regardent comme Canoniques du premier Ordre, et qu'ils appellent *Ou* **King**, c'est-à-dire, les cinq livres par excellence». — P. Halde, *Description de la Chine*, I, p. XIX.

1853. — «Avec Yao commence le livre historique le plus célèbre, et le plus authentique des Chinois; le premier des **king** ou livres sacrés, au nombre de cinq». — Pauthier, *Chine*, p. 31.

* **KOHINOR**. Nome dum dos diamantes da Índia, um dos mais célebres do mundo, o qual pertence actualmente à coroa da Inglaterra. A locução é persiana, *koh-i-nūr*, e quere dizer «monte de luz».

1845. — «Il lui restaient encore, et Randjit-Sing le savait, des pierres precieuses d'une immense valeur, et une, entre autres, le **koh-i-nour** (montagne de lumière), ce diamant merveilleux qu'aucun souverain n'était assez riche pour acheter, et que la conquête ou pillage pouvaient seuls faire changer du maître». — Jancigny, *Inde*, p. 44.

1860. — «Le roi portait d'ordinaire à son bras (avant qu'on le lui eût pris) ce fameux **Koh-i-Nohr**, le plus magnifique diamant connu et dont le nom signifie *Montagne de lumière*». — Énault, *L'Inde Pittoresque*, p. 343.

## L

* **LABÃO** (ant.), **locão** (mod.). Militar chinês. Do chin. *vú-kván*.

1552. — «E sahido o *Tutão* em hum andor foy rodeado de muyta gente darmas que entre os chins se chamão **labões**».—Castanheda, *Historia*, IV, cap. 30.

1895. — «Soldados chinas, **locams**, completam a falta das praças europeias; os **locams** usam o sapato e a meia china empolainada, calção largo e azul, casaco da mesma fazenda, largo tambem e apertado por um cinturão» (em Macau).—Conde de Arnoso, *Jornadas pelo Mundo*, p. 120.

**LACA**, **lácar**, **alacre**, **lacre** (mais corrente; fr. *laque*, ingl. *lac* (ou *lake*, p. us.), castelh. *lacre*. A incrustação resinosa, produzida em certas árvores (como a figueira religiosa, o carvalho de Ceilão, *Schleichera* *trijuga*, Willd.) pelas picadas do insecto *Coccus lacca*, Linn., ou *Tachardia lacca*, Kerr, chama-se em sânscrito *lākṣā* ou *rākṣā*, que nos idiomas modernos da Índia se reduz a *lākh*, persa *lāk*, ár. *lak* ou *luk*. **LAQUEAR** ou **lacrear**. Pintar ou envernizar de laca ou lacre. **LAQUEADO** ou **lacreada** (subst.). Objecto envernizado de laca.

O principal centro produtor de *lacre* é Pegu, como atestam os nossos indianistas, que também distinguem várias espécies. Uma lista de mercadorias despachadas na alfândega de Goa em 1630 para Portugal menciona «lacre, lacre de canudo, lacre de formiga, lacre vermelho». (V. *O Chronista de Tissuary*, I, p. 158).

As incrustações na sua forma crua denomina-se «lacre de pau», *stick-lac* em inglês. Quando é fervido em água, a matéria corante que se extrai é «lacre de formiga» dos nossos escritores antigos ou *laca* em sentido restrito, *lac-dye* em inglês. As lâminas irregulares que se depositam no fundo tem o nome de «lacre de pasta» (*shell-lac* em inglês) ou «lacre de canudo», por se meterem num tubo. Parece que se dava o mesmo nome ao pauzinho ou caneta de lacre. As lâminas reduzidas à massa são «lacre de pão». V. *Glossario Anglo-indiano*. A *laca* era conhecida nas farmácias europeias por intermédio dos árabes. V. Garcia da Orta, abaixo.

1498. — «Ha nesta terra muyta **lacra** e vall hum *bachar* [bahar] que tem xx *farazallas* dez cruzados». — *Roteiro de Vasco da Gama*, p. 110.

1500. — «... sandalo, **laca**, noz moscada e massa». — *Navegação de P. A. Cabral*, cap. 15.

1502. — «E lhe venderia muitos diamantes e **lacca**, e que se porventura quizessem carregar grão, elle lho daria». — Tomé Lopes, *Navegação*, cap. 6.

1507. — «Avemos por bem que se traga de-la pera comprimẽto dela de bõo **lacar** quanto se pode auer». — *Regimento Régio*, in *Annaes Maritimos* (1846), p. 385.

1508. — «E vos lleuareis as mostras de todas as espeçiaryas, **llacas**, tintas, e maças, e gemgiure, e beijoim, para todo poderdes mostrar». — *Regimento do Rei* in *Alguns Doc da Torre do Tombo*, p. 191.

1508. — «O **lacre** que Vossa Alteza quer que lhe mande, será marauilha auerse porque estas naos partem cedo, e as naos que o trazem de Pegú, e Martabão, vem tarde». — D. Francisco de Almeida, in *Lendas*, I, p. 100.

1513. «Hum *jungo* de Pegu que leuaua **alacar** e marfim e arroz». — Afonso de Albuquerque, *Cartas*, I, p. 125.

1516. — «Este reyno confina com o reyno de *Os* [Laos], donde vem o **lacar**, e bemjõy a Pegu e a Sião». — Tomé Pires, *apud* Cardeal Saraiva, VI, p. 425.

1516. — Doutras muytas mercadorias, principalmente de **laquar** muyto bõo que na terra nace, muyto melhor que de Narsingua». — Duarte Barbosa, *Livro*, p. 367.

«Este **laquar**, alguũs dizem que he goma daruore, outros que se cria nos ramos delguados das arvores». — *Id*, p. 383.

1525. — «Tudo ysto tambem dourado, e alguã cor de **llacre** nos emvezes das folhas que da maçanarya saya». — *Chronica de Bisnaga*, p. 120.

1544. — «Chegamos a huma cidade pequena, e bem cercada, que se dizia Gumbim, do Reyno de Jangumá, rodeada da parte do sertão em distancia de sinco, ou seys legoas de arvoredo de beyjuim e de campinas de **lacre**, o qual desta Cidade se leva de veniaga a Martavão, donde se carregão muytas naos delle». — Fernão Pinto, *Peregrinação*, cap. 158.

1552. — «Não somente trazião a ellas os que nauegauão de Malaca, mas ainda os robijs e **lacre** de Pegu». — João de Barros, Déc. I, VIII, 1.

1552. — «Muyto **lacre** e muyto fino e ha nouidade dele muyta e pouca : procede de hum genero de formigas que o crião, ho bom he de *canudo*, ho semenos he de *pão*». — Castanheda, *Historia*, V, cap. 11.

1563. — «Suas lanças são assi pintadas as astes de muytas cores, assentadas com **alacre**, que nunqua destingem por sol, nem por chuva». — Gaspar Correia, *Lendas*, I, p. 354.

1563. — «Chamase **lacre** o que nos livros de botica chamamos **laca**... em Bengala, e no Balagate e no Malavar, onde o ha, tambem lhe chamam asi (*locsumutri* [1]) porque aprenderam dos Mouros, mas na lingoa da propria terra he *lac*». — Garcia da Orta, Col. XXIX.

1612. — «Daqui [Pegu] vai o **lacar** pera todo o Oriente, e vem fiado de cores vermelho, preto, azul, muito fino, com que se fazem muitas roupas finas». — Diogo do Couto, Déc. V, V, 9.

---

[1] *Locsumutri*, que Orta dá como o nome árabe da droga, quere dizer, «laca de Samatra», porque de Pegu ia para os portos de Samatra.

«Puzeram fogo a hum carro de madeira feito a modo de casa torreado, de sete sobrados, todos de grandes, e formosissimas **lacriadas** de diversas cores, e dourados por muitas partes». — *Id.*, Déc X, x, 15.

1613. — «E pela praia do rio dentro tem arvores de **lacre**» (em Ceilão). — P. Manuel Barradas, *Hist. Tragico-maritima*, II, p. 93.

1615. — «Os leitos são torneados, **lacreados** de **lacre** ou verniz vermelho». — Pyrard de Laval, *Viagem*, II, p. 4.

1617. — «Abunda de **lacre**, mercadoria de grande importancia, e se carrega em seus portos muyto beyjoim». — *Conquista de Pegu*, cap. 1.

1634. — «Ha nas terras e reinos do Mogor .. **lacre** *de formiga*, e *de pasta*». — António Bocarro, *Livro*, in *O Chronista*, III, p. 103.

1663. — «Não lhes faltam minas de ouro e de prata, muito salitre, muita seda, pimenta longa, **lacar** *de formiga*, azougue, metal». — P. Manuel Godinho, *Relação*, p. 55.

1692. — «Pimenta, **lacre** *de formiga*, anil, cravo». — *O Chronista de Tissuary*, II, p. 101.

1882. — «Nesta primeira sala ou compartimento com grande numero de moveis siamezes **laqueados** e dourados».—Henrique Prostes, in *Bol. S. G. L.*, IV, p. 388.

1897. — «Nas suas longas vestes de sedas rojantes, com um enfeite de **laca** pousado na cabeça». — Venceslau de Morais, *Dai-Nippon*, p. 24.

1904. — «Ao que V. chama *laca* sempre se chamou e continua a chamar em português — «charão» e é até curioso sermos nós o unico país da Europa que temos nome especial para aquelles artefactos; *laca* propriamente é o verniz e não todo o trabalho. Assim *lacado* terá de dizer-se *acharoado*».—Gonçalves Viana, *apud* Ladislau Batalha, *O Japão por dentro*, p. 247.

1906. — «... ou fazem-se os **lacreados** de cores vivas e brilhantes».—Hipácio de Brion, *Duas Mil Leguas*, p. 121.

1908.— «*Xarão* ou *Charão*.—Nome português da **laca** da China, ou gomma preparada do *Rhus vernicifera*, e dos objectos **laqueados** (ou **lacrados** como na Renascença diziamos)». — Alberto O. de Castro, *Flores de Coral*, p. 212.

1910.—«O povo diz *açucre*, e todos hoje dizem **lacre** e *aljofre*». — Gonçalves Viana, *Palestras*, p. 66.

1444. — «In questo paese nasce gran copia di pepe, **lacca**, gengeuo, canella grossa». — Nicolo di Conti, *apud* Ramúsio, I, fl. 342.

1570.— «Turbitti, galanga, spico nardo, assa fetida e **lacca**». — Barthema, *ibid.*, fl. 157.

1578. — «**Lacre** es medicina venal, y necessaria... al qual en las boticas llamamos **Lacca**, y en Arabio, Parsio, y Turco, *Lac Sumutri*, como si dixessem *Lacre de Samatra*». —Cristóvão da Costa, *Tractado*, p. 113.

1589. — «En ce mesme lieu [Chaul] se font *chalits* [liteiras], chaises et coffres de façon admirable, lesquels ils induisent de ce **Lacca** (qui est ce dont on fait la cire dure) de toutes couleurs». — Linschoten, *Histoire*, p. 21.

1620. — «On charge pour Pegou de pieces de toiles de cotton peintes de diverses sortes, ils en retirent des rubis et des saphires, de l'or, le meilleur **lacque** qui se trouve». — Methold, in *Relations*, I, p. 12.

1673.— «I went the same day to a Moorman that cuts all sorts of Stones, except Diamonds, with a certain wheel made of **Lacre** and Stone ground and incorporated, only to be found at Cochin». — Fryer, *East India*, I, p. 244.

1676. — «Pour la gomme **Laque**, la plus grande quantité vient du Pegou, et se prend à Masulipatan. Il en vient aussi du Royaume de Bengale au-delà du Gange». — Tavernier, *Voyages*, v, p. 184.

1854. — «Le capitaine Hannay y vit aussi du *stick-lac* en petite quantité, mais cher et de qualité inférieur à celui qu'on procure à Rangoun». — Jancigny, *Indo-Chine*, p. 305.

1898. — «Sobresalen también los chinos en la construcción de esas cajitas, mesas, sellas, *paravents ó biombos*, cofrecillos e arquillas, de planas superficies, recubiertas de **laca** tan conocidas en España por intermediación de nuestras Filipinas». — Alfredo Opisso, *La Raza Amarilla*, p. 62.

C'est de l'extrême Orient que nous vient de **laque**, sorte de vernis spécial fabriqué avec la gomme de *Rhus vernicifera*. Les Chinois et Japonais produisent à la fois le **laque** peinte et le **laque** sculpté, mais les procédés de ce travail varient suivant les provinces d'où il provient». — *La Grande Encyclopédie*.

1908. — «Garcia da Orta was perhaps the first European, however, who critically examined and described **lac** in India, and he gives the properties and uses of both the dye and the resin in such detail that the passage might be quoted as from the pen of a 20th instead of 16th century writer». — Watt, *The Commercial Products*, p. 105.

* **LACOCACHO.** Manuel Godinho de Erédia diz-nos que é um animal de Maluco, semelhante ao gato ou arganaz. Creio que o seu nome em malaio deve ser *láku-káching*, que não figura nos dicionários assim composto, mas que quere dizer «maneira de gato».

1613.—«Aindaque propriamente os carbunculos são pedras geradas na testa do animal **lacoocacho**, da forma de gâttos ou râttos grandes, brancos, de outra especie, que se recolhem em lugares sotterraneos e cavidades de montes, como affirmão os naturaes de Gilolo e ha quita de Maluco».— *Declaraçam de Malaca*, fl. 19.

**LAGÃO, lagoa** (birm. *hlo-gah'*). Embarcação de Pegu e de Bramá a modo de galé.

1545.— «Chegado o dia em que elle avia de entrar nesta ilha de Mounay... a armada dos *seroos*, e **laugoas** e *laulees*, e de toda a sorte de embarcações...». — Fernão Pinto, *Peregrinação*, cap. 169.

1614. — «Toda esta gente que era infinita hia pellos rios a baixo com muitas embarcações que chamão **lagoens** que são como galés».—Diogo do Couto, Déc. VIII, I, 12.

1617. — «Chegou á vista das primeiras **lagoas** dos contrarios, embarcações a modo de galés quasi da mesma grandeza, ainda que mais estreytas... Trinta **lagoas** ou galés e outras muytas embarcações». — *Conquista de Pegu*, cap. 4.

1582.— «Ne venne uicino una barchetta da loro detta **Salougara**, sopra laquale il capitano della nostra naue mandò un Portoghese con vn presente al Rè». — G. Balbi, *Viaggio*, fl. 92 *v*.

* **LAGIBABO**. Antigo imposto sôbre o sal, em Goa. Do ár. *lāzima* (vid. *lágima*) e *bāb*, «verba».

1905. — «O sal das Novas Conquistas era sugeito a um outro imposto sob a denominação de **lagibabo**». — Ernesto Fernandes, *Regimen do Sal*, in *Bol. S. G. L.*, XXIII, p. 224.

**LAGARTO, lagarto de água**. É o nome que os nossos escritores antigos dão comummente ao crocodilo da África e da Ásia meridional, e de que os ingleses, os franceses e os holandeses fizeram *alligator*, e que até passou à terminologia scientífica — *Lacerta alligator*, Linn.

No n.º 94 do *Panorama* vem um artigo, que evidentemente é extracto de outro em inglês, e no qual figura a palavra na forma inglesa: «Era meio-dia; e o batel estava alli havia huma hora, quando, á obra de cem varas de distancia dos europeus, um *alligator*, ou crocodilo, surgiu da agua, e foi dormir a sésta ao sol na praia».

1516. — «Ha tambem neste regno [de Cananor] muy grandes **lagartos** que comem hos homens». — Duarte Barbosa, *Livro*, p. 344.

c. 1550. — «Cuido que são estes os que quebrão os ovos aos **lagartos**, que ha muitos no rio Nilo, a que tambem chamão cocodrilhos». — António Galvão, *Tratado dos Descobrimentos*, p. 9.

1552. — «Ha nele muytos **lagartos dagoa**, que tambem ha noutros rios». — Castanheda, *Historia*, III, cap. 8.

1552. — «Mui grandes **lagartos**, que em figura e natureza são os crocodilos do Nilo». — João de Barros, Déc. I, III, 8.

1554:

> «Tem elefantes pasmosos
> cobras de grande grandura
> lagartos muy espantosos
> gatos dalgalia cheirosos».
>
> Garcia de Resende, *Miscellanea*, fl. 156.

1563. — «Auia muytos **lagartos** que andauão encarniçados, que ás vezes seçobrauão as almadias por comer a gente, e tomauão os que se estauão lauando na borda do rio».—Gaspar Correia, *Lendas*, II, p. 55.

1585. — «Criam-se neste rio [Cuama] muitos cocodrilhos, que são os **lagartos** *aquaticos*, muito maiores dos que se criam no Nilo... Na terra ha outros **lagartos** grandes, de cinco, seis, oito, até dez pés de comprido, que vão beber ao rio, e dizem os negros que teem ajuntamento com os aquaticos e terrestres». — Manuel Godinho, *Hist. Tragico-maritima*, IV, p. 77.

1596. — «E por tal tem tambem a carne dos **lagartos**, que lá são monstruosos, a que elles chamam jacarés [na América], e nós podiamos chamar crocodilhos». — P. Gaspar Afonso, *ibid.*, VI, p. 21.

1603. — «Tem estes **lagartos**, que são os a que chamamos cocodrilos, o rabo nam muito comprido, nem redondo, como os grandes, cujas pelles vemos em Europa, mas quadrados da mesma largura em todas as partes». — Fr. António de Gouveia, *Jornada do Arcebispo*, fl. 104 *v*.

1607. — «Assi andou por alli por espaço de oito dias, sem nem a corrente do rio o leuar, nem os muitos lagartos, que nelle ha o tocarem». — P. Fernão Guerreiro, *Relaçam Annual*, fl. 128 *v*.

1613. — «Está a cidade de Columbo situada ao longo de uma arrezoada bahia, cercada pela parte da terra de uma formosa lagoa de agoa doce, feita pela industria de um capitão portuguez, e cheia d espantosos **lagartos**, por medo dos quae se não pode vadear, nem passar a nado» — P. Manuel Barradas, *Hist. Tragico-maritima*, II, p. 79.

1613. — «Por distancia de 2 legoas está o fermoso ryo de Cassam de **lagarthos** ou cocordillos». — Manuel G. de Erédia, *Declaraçam de Malaca*, fl. 10.

1687. — «Auia nela quantidade de la-

**gartos**, pera se não passar a nado; pola ferocidade com que matão toda a cousa uiua, engolindo bezerros, e outros animaes, como se fora hum pequeno bocado». — P. Fernão de Queiroz, *Conquista de Ceilão*, p. 22.

1727. — «**Lagartos** de vinte palmos de comprimento; que se colhem hum homem, ou animal pela praya, o despedaçam e comem».—D. Manuel de Meneses, *Chron. de D. Sebastião*, p. 118.

1843.— «E até a [carne] dos **lagartos** *marinhos* (jacarés) que apparecem nas praias, e lagoas». — *Annaes Maritimos* (parte official), p. 218.

1584. — «Sono per questo rio, detto Mangate, de' coccodrilli, che qui domandano **Lagarti**, e ne sono per tutti questi rii della costa, e per tutti gli altri dell' Asia e dell' Africa, ancora che forse sono stati creduti propri del fiume Nilo». — F. Sassetti, *Lettere*, p. 220.

1585. — «Eran tan agoreros que si topauan a caso algun Cayman, o **Lagarto**, o otras seuandijas (a quien conoscian por de mal aguero) dexauan al punto il camino». — F. Joan G. de Mendoça, *Hist. de la China*, p. 320.

1610. — «... sin lleuarlos algun Crocodillo, á que comummente llamamos los Portugueses **lagarto**, que los hay muy grandes y disformes». — Pedro Teixeira, *Relaciones*, p. 6.

1658.— «Nella forma s'assomigliano [os crocodilos] alle lucertole, perció li Portoguesi li chiamano **Lagarti**, che vuol dire lucerte». — F. Vincenzo Maria, *Viaggio*, p. 414.

1673. — «And though there lie store of **Alligators** to and again, they are seldom known to Pry either on them or their Young». — Fryer, *East India*, I, p. 297.

1678. — «El demasiado vicio la inche de monstruos maritimos muy ponçoñosos, y **lagartos** de tantas fuerças, que arrastran tras sy dos buyes juntos». — João de Sá e Meneses, *Rebelion de Ceylan*, p. 48.

1824. — «A number of **alligators** were swimming all evening round the boat, lifting from time to time their long black heads and black fore feet above the water». — Heber, *Narrative*, I, p. 186.

1860. — «The Portuguese of India, like the Spaniards in South America, affixed the name of **Lagarto** to the huge reptiles that infest the rivers and estuaries of both continents; and to the present day the Europeans in Ceylon apply the term **alligator** to what are in reality crocodiles». — Emmerson Tennent, *Ceylon*, I, p. 186.

**LÁGIMA** (ant.). Pequeno direito aduaneiro, pago antigamente na Índia pelo bilhete de despacho ou para emolumentos de empregados. Do ár. *lāzima*, «direito, título». **LAGIMEIRO**, «cobrador de *lágima*[1].

1531. — «Das quaes cousas levarão a dita **lagima** das sobreditas contias». — Afonso Mexia, *Precalços dos Officiaes do Mandoim*.

1548. — Que poderia o Idalxà mandar leuar de Goa todos os annos tres mil pardaos, empregados nas fazendas que quizesse, sem pagar direitos, sem **lagimas** de sahida». —*Apud* Diogo do Couto, Déc. VI, VII, 1.

1564.— «Eu lhe mandey que vos ouuisse nella e fizesse nisso o que lhe parecer justiça, e asy no que toca ás **lagimas** que dizeis que os officiaes dalfandega leuão». — *Carta doRei*, in *Archivo*, I, p. 60.

1589.— «Acrescentão no rendimento da dita alfandega, e por conseguinte no das suas **lagimas**, como se deve esperar de boa guarda e vigia». —*Provisão* do governador, in *Archivo*, V, p. 1171.

1614. — «Desembarcariam as suas fazendas a seis por cento a ElRey de Cochim, a fóra as **lagimas** dos Officiaes».— Diogo do Couto, Déc. X, IV, 13.

1671. — «Tem ordenado [o rei do Equery, no Canará] aos mercadores para que paguem aos feitores os direitos e ancoragens, **lagimas**, e aos *juncaneiros* arroz das pareas». — *Apud* Júlio Biker, *Collecção de Tratados*, IV, p. 190.

1880. — «... havendo como empregados o *catual* e o seu escrivão que repartiam entre si as **lagimas** (emolumentos) e o producto dos *chitos* (certificados dos despachos)». — Teixeira de Aragão, *Descripção das Moedas*, III, p. 207.

1904.— Criou o primeiro imposto portuguez sob a denominação de **lagimas** *de chito do capitão*». — Ernesto Fernandes, *Regimen do Sal*, in *Bol. S. G. L.*, XXII, p. 242.

«A 1:000 côcos que levam para Balagate 1/2 xerafim e sendo por embarcação o **lagimeiro** deve cobrar além do dito 1/2 xerafim, 48 réis». — Id., *ibid.*, XXIII, p. 283.

1906.—«**Lagimas**. Imposição de 3 tangas e 10 reis por cento, sobre as mercadorias despachadas, quer por importação quer por exportação». — Amâncio Gracias, *Subsídios*, p. 152.

* **LAGUEL**. Embarcação pequena do mar da Arábia. Parece que o étimo é o persa *lāghar*, «fino, ténue». Não se pode ligar a *lagão* (q. v.), que é de origem birmânica.

1613. — «São alfragattas ou *gelues*

[1] Nota Domingos Vieira que é incerta a significação do vocábulo. As abonações removem qualquer incerteza.

[= gelvas], e *taurins* ou **lagueys**, com que costeavão Arabia, Persia e Indostan». — Manuel G. de Erédia, *Declaraçam de Malaca*, fl. 27.

*** LAILO** (ant.). Nome dum estôfo indiano, o qual figura na lista de 1630, tantas vezes mencionada. Se a fazenda era encarnada, o vocábulo ligar-se-ia provávelmente ao persa *lāl*, «encarnado», corrente na Índia. Mas, conforme Watt, *lalio* é o nome do algodão de Cambaia. Neste caso, o vocábulo deve provir do guzarate; os seus dicionários, porêm, não o registam.

1908. — «**Lalio:** the deshi [indígena] cotton of Ahmedabad and Kathiawar — the Dollera Cottons». — *The Commercial Products*, p. 584.

**LAMA** (tibet. *blama*, sendo o *b* mudo). Nome do religioso búdico do Tibete. *Dalai-lama* ou *Grão lama* é o seu chefe supremo, no qual se crê estar encarnado Buda.

1602. — «Tem bispo a que chamão **Lamhão**, e o que tinhão de presente, era tido entre elles por santo». — Fr. António de Gouveia, *Jornada do Arcebispo*, fl. 3.

1607. — «O qual sabia fallar Parsio, e este lhe disse que na sua terra não circuncidauam, mas aos oyto dias leuauam as crianças ao seu *Botelhana* [*butkhāna*], que he sua Igreja, e ahi as lava o seu **Itolama**, que he o seu Padre, e lhe punha o nome dos santos que estam pintados nas suas Igrejas». — P. Fernão Guerreiro, *Relaçam Annual*, fl. 167 *v.*

1624. — «Os **Lambàs**, são os seus Sacerdotes, muitos, e em grande numero, hũs viuem em communidade como os nossos Religiosos, outros em suas casas particulares, como clerigos entre nos, porem professão pobreza, e viuem de esmolas». — P. António de Andrade, *Novo Descobrimento do Grão Cathayó*, fl. 14 *v.*

1679. — «A este adoram os **Lamas** que são os bonzos; os tartaros do oeste são seus devotos; porém os chinas o aborrecem, e abominam monstro tão horrendo». — Fr. Jacinto de Deus, *Vergel* (2.ª ed.), p. 222.

1687. — «Alguns dizem, ser a cabeça de todos, o mayor **Lamaz** de Tartaria». — P. Fernão de Queiroz, *Conquista de Ceylão*, p. 89.

1825. — «Não satisfeito com destruir o imperio Mogol, ameaça o *Sofi* da Persia e o **Grande Lama**». — José Inácio de Andrade, *Cartas*, I, p. 52.

1841. — «O imperador reinante, que descende dos tartaros mantchus, reconhece a autoridade religiosa de **dalai-lamà**, que é uma especie de idolo vivo, porque o principe deste nome, que reinou no Thibet, passa por immortal, e é tido por successor e vigario do deus *Fo*. Os sacerdotes educam sempre um **lamà** novo, designado secretamente para succeder ao soberano pontifice, quando cessa de existir aquelle que é reputado immortal». — *O Panorama*, n.º 24.

1858. — «Sobre este pedestal grandioso preparado pela natureza, edificaram os adoradores de **Talé-lamá** um palacio magnifico, em que reside em carne e osso a sua divindade viva». — *Archivo Pittoresco*, I, p. 400.

1897. — «Em Lhassa, capital de Thibet, reinando mais que governando, vive o **Dalai-lama**, isto é, o representante de Buddha na terra, exercendo a sua influencia moral sobre os sectarios d'aquella religião». — Joaquim C. Crespo, *Cousas da China*, p. 121.

1902. — «... mas precedidos pelo representante do **Grão-Lama**, vestido de amarello, a côr eminentemente nobre na China». — *Ta-ssi-yang-kuó*, II, III, 4.

1906. — «Encontram-se de vez em quando os **lammas** ou sacerdotes budhistas, que fazendo rodar na mão o moinho de rezas, vão recitando constantemente ...». — Hipácio de Brion, *Duas Mil Leguas*, p. 94.

1668. — «Cet ambassadeur avait amené avec soi un médecin qu'on disait être du royaume de Lassa et de tribu *Lam* ou **Lama**, qui est la tribu des gens de loi de ce pays-là, comme est celle de brahmens dans les Indes». — Bernier, *Voyages*, II, p. 291.

1754. — «Les *Talapoins* de Siam, les **Lamas** de Tartarie, et ce que les Européeus appellent *Bonzes* à la Chine et au Japon...». — P. de Charlevoix, *Hist. du Japon*, I, p. 219.

1770. — «Ils [os tártaros] adopterent de bonne heure la doctrine de la metempsicose que leur fut enseignée par des prêtres appellés **Lamas**. Ces imposteurs ont réussi à faire croire que leur chef qui réside à Barantola dans le Tibet, était immortel. Pour entretenir cette erreur, la divinité ne se montre jamais qu'à petit nombre de confidans... Quant il meurt, on lui substitue un autre **Lama** de la même taille, et s'il peut de la même figure». — Raynal, *Histoire*, II, p. 378.

1776. — «Quand je viens à considérer tous les autres charlatanismes de ce monde, depuis les dogmes qui ont régné en Ethiope, jusqu'à immortalité du **Dalaï-Lama** au grand Thibet et à la sainteté de sa chaise percée...». — *Lettres Chinoises*, p. 26.

1786. — «Il **gran Lama** del Tibet è vero Budhista, ed è capo della setta». — Fra Paolino, *Viaggio*, p. 378.

1825. — «Le *grand* **Lama**, comme un autre phénix, ne meurt jamais. Lorsqu'il est sur le point de quitter ses dépouilles terrestres, les bonzes font choix d'un enfant de trois ou quatre ans, dans le corps duquel ils font transmigrer son ame, et qui est déclaré son successeur. Il n'est pas un fidèle bouddhiste qui n'ajoute une foi entière à cette naissance merveilleuse». — P. Dubois, *Mœurs*, I, p. 137.

1830. — «Le **grand lamah** de Kanun... a la mitre et la croix épiscopale, il est vêtu comme nos prélats; un connaisseur superficiel prenderait, à la distance, sa messe thibétaine et bouddhiste pour une messe romaine de meilleur aloi». — Jacquemont, *Correspondence*, I, p. 279.

1916. — «*Tashi* **Lama** the head of the monastery at Tasi-lumpo, whose temple-roofs glitter with gold and where 3800 monks dwell, is the spiritual lord of Tibetan *Lamaism*, as the **Dalai-Lama** is its political pontiff». — *The Modern Review*, de Março.

**LAMAÍSMO**. Budismo professado pelos lamas do Tibete, budismo tibetano.

1903.—«Procuremos a procedencia destes emigrantes do Tibet, onde o culto religioso não é o buddhismo meridional de Ceylão, como o de Siam e Barmah, mas o **lamaismo**, uma importante das suas formas mais conhecidas». — *Ta-ssi-yang-kuó*, II, IV, 5.

1855. — «La religion dominante des conquérants de Chine était le bouddhisme du Thibet ou **lamaïsme**, qui diffère aux plusieurs points du bouddhisme introduite en Chine l'année 65 de notre ère». —Pauthier, *Chine*, p. 352.

1875. — «The profession and practice of exorcism and magic in general is greatly more preminent in **Lamaism** of Thibetan Buddhism than in many other known forms of that religion». — Yule, *Marco Polo*, I, p. 306.

1876. — «... and believed in a modified system of **Lamaism**, holding that the spirit of Ali was transmitted to a line of descendents known as the *Imams*». — Howorth, *History of the Mongols*, I, p. 15.

1878. — «Their reconversion to **Lamaism** began after 1577».—*The Journal, B. B. R. A. S.*, XIII, p. 180.

1915. — «Guru Padma-Sambhava, the so-called founder of **Lamaism** had five... disciples».—*The Modern Review*, de Julho.

**LAMASSARIA**. Mosteiro dos lamas.

1884. — «According to Taratrs, the **Lamasery** of the five towers is the best place you can be burried in». — Huc, in *Glossary*, 2.ª edição.

*** LAMI**. Diz-nos Fr. Pantaleão de Aveiro que é o nome duma autoridade turca na Palestina; talvez governador. Parece que o vocábulo está por *amir* ou *bali* (qq. vv.). *Lami* quere dizer em árabe «resplandecente, brilhante».

1593. — «Mandarão recado á Cidade de Rama ou Ramula ao **Lamy** (que he o Turco nobre, que alli está o mais de tempo, para os negocios de importancia, que naquellas partes se offerecem)». — *Itinerario*, p. 76.

*** LAMPACHOI** (chin. *láp-chúk*). Vela de cera, na China.

1883. — «Nos altares, ornados com esculpturas de madeira e dourados, queimam-se em grandes vasos de cobre, alguns de fórmas elegantes, papeis encarnados ou pequenas vélas, a que chamam **lamp-choes**, e uns pivetes de côr». — Adolfo Loureiro, *No Oriente*, I, p. 362.

«Ao mesmo tempo queimam-se **lampachoes**, ou papeis e pivetes vistosos, comprados nos pagodes e consumidos em honra de Budha». — *Id.*, I, p. 62.

1895. — «Ardem, em vasos de bronze, folhas de papel vermelho, **lampschoes** (velas de cebo) e pivetes encarnados e pardos, em frente dos idolos cercados de altas pyramides de flôres de papel... Queimava devotadamente papeis vermelhos, accendendo ao mesmo tempo **lampschoes** e pivetes». — Conde de Arnoso, *Jornadas pelo Mundo*, p. 133.

*** LAMUCA**. É uma espécie de rôla de Timor. Parece que o vocábulo se liga ao teto *lacatéu*, que significa o mesmo.

1843. — «Tambem uma especie de rôlas matisadas de algumas lindas côres, a principal verde, a que chamam **lamúcas**, mas não são em grande abundancia».— *Annaes Maritimos* (parte official), p. 221.

*** Lanchal**. Parece que é termo corrente em Macau, mas não se depreende bem do texto o sentido em que é usado. Se quere dizer, como conjecturo, «revoltado, amotinado», corresponderia ao chin. *luan-chau*.

1870. — «Desembarcou d'elles [barcos] grande numero de **lancháes**, armados todos, e com tres peças de artilharia... Retirarão os **lancháes** com grande perda de gente». — *Ta-ssi-yang-kuó*, I, p. 25.

*** LANÇA** (mal. *langsat*). É o fruto da **LANCEIRA** — *Lansium domesticum*, árvore da Malásia, descrita abaixo.

1616. — «A liação [em Maluco] he de madeira de hũas aruores de fructo, que chamão **lanceyras,** que a mais grossa não passa da commum grossura da coxa de hum homem, e o fructo que se chama **lançaas,** he do tamanho de ameyxas e de cor, e pelle de pessegos, com hũa casca delgada, e caroço branco amargoso, mas a polpa he tam gostosa, que bem madura tem quasi o sabor, e cheiro de vuas moscateis». —António Pinto Pereira, *Hist. da India*, I, p. 113.

**LANCHARA.** Pequena, rasa e ligeira embarcação de remos, na Malásia. Yule presume que o étimo é o mal. *lanchar,* «rápido, ligeiro», com outra palavra designativa de «barco». Mas o exacto termo malaio é, como bem sugere Skeat, *lancharan.* Wilkinson regista *pĕrahu lancharan,* «embarcação ligeira».

1515.— «Vieram trinta e duas **lancharas,** que sam como barcos pequenos, que elrey de Bintam mandou a saber do que hera passado em Malaca». — Pedro de Faria, in *Cartas* de A. de Albuquerque, III, p. 121.

1524. — «Dom sancho amrryquez hera partido com hum nauyo e hũa fusta e duas **lancharas** e tres manchuas, e hia pera estar sobre bimtam». — Ibid., IV, II, 2.

1525. — «Quando foy dom Sancho a Muar pera pelejar com armada del Rey de Bintam, que estaua dentro no Ryo, deu-lhe hũa tervoada, que ceçobrou todolos paraos e **lancharas** nossas na boqua da barra». — *Lembranças das Cousas da India,* p. 1.

1539. — «Na firmeza de tua amizade me mandes um cartaz de tua letra para minhas **lancharas** e jurupangos navegarem seguros com todos os ventos». — Fernão Pinto, *Peregrinação,* cap. 13.

1552. — «E logo foi aos paraos dos chins hũ capitão del rey de Sião com duzentas **lancharas** cheas de muyta gente». — Castanheda, *Historia,* II, cap. 62.

1557.— «E mandou sahir huma Armada de **lancharas** fóra do rio». —*Commentarios,* III, cap. 16.

1563. — «Vinha com **lancharas** (que são os nauios de remo, que naquellas partes de Malaca se mais usa)». — João de Barros, Déc. III, v, 3.

«Veyo com suas **lancháras,** que são hũs nauios de remo, mui ligeiros, de que elles vsão pera a guerra de mar». — *Id.,* III, VIII, 6.

1563. — «Todos erão nauios pequenos e rasos, a que chamão **lancharas,** e calaluzes e balões».— Gaspar Correia, *Lendas,* II, p. 37.

1577.— «Desbaratarão suas **lancharas,** e lhes fizerão entrada nas terras do seu Reyno». — *Primor e Honra,* fl. 22 v.

1602 — «Quatro **lancharas,** cinco calaluzes, e dous bargantins». — Diogo do Couto, Déc. IV, II, 2.

1613. — «E nas guerras nauaes usão de outras differentes embarcações menores, como de **lancharas** e bantis de remo, de peito com 2 lemes e mastos». — Manuel G. de Erédia, *Declaraçam de Malaca,* fl. 26.

1613.— «Mandou fazer prestes cincoenta **lancharas** bem providas de gente de guerra, e de muyta artilharia». — Francisco de Andrada, *Chronica de D. João III,* I, fl. 46.

1632. — «São **lancharas** embarcações de remo rasas e ligeiras». — Fr. Luís de Sousa, *Annaes de D. João III,* p. 87.

1694. — «Boa parelha contra huma Armada de sessenta velas, fustas, **lanchâras,** e galeotas fortes». — P. António Vieira, *Xavier Dormindo,* p. 204.

1616. — «As **lancharas** seruiam sómente de vigia, nem ellas eram para mais». — António Pinto Pereira, *Hist. da India,* fl. 79.

1588. — «Il porto stesso era difeso da falluci stagni, e da tutti ordini di legni ficcati secondo il solito col mazzo, e da **Lanclare,** ò, brigantini armati, che stauano di continuo alla guardia».—P. Maffei, *Le Istorie,* p. 284.

* **LANCHUÊM.** Embarcação chinesa, pequena e ligeira, em que se transportam os mandarins e homens ricos. Presumo que provêm de *hang* (no dialecto cantonense), «ligeiro», e *chuen,* «barco». As *lanchuens* de regatas são estreitas e compridas.

1679. — «**Lan chuem,** sam ligeiras, pequenas, e pouco mais compridas que largas; nestes se embarcão lettrados, pessoas graves, homens ricos, limpos, e nobres que vão, e vem a Corte. Tem no meio huma sala com catre, mesa, e cadeiras».—Fr. Jacinto de Deus, *Vergel,* p. 201.

1897. — «Estes barcos [de regatas], a que os chineses chamam **Long tshuen,** são muito estreitas e extremamente compridas, tripuladas por oitenta, cem e mais marinheiros armados de pequenas pás para remar, o que dá ao barco a apparencia de uma enorme centopeia correndo velozmente sobre as aguas».—Joaquim C. Crespo, *Cousas da China,* p. 254.

**LANCOA** (bot.). *Alpinia galanga.* Do mal. *lengkuvas.* V. *galanga.*

1600. — «Aqui [na China] nace todo o reubarbo com a **lançoa** (*sic*), que se parece às raizes do nosso aypo; e aquelle excellente medicamento». — P. João Lucena, *Historia,* x, cap. 18.

1613. — «Pimentagrano, pimentalongas, *renriure* [gengibre], **lancoas** de outra especie mais caloroso».—Manuel G. de Erédia, *Declaraçam de Malaca,* fl. 16.

1589. — «Au moindre poids est pesé le vif argent, le Cinnabare... le **Lancua**, l'huile de fleur de noix Muscade». — Linschoten, *Histoire*, p. 47.

* **LANGA** (conc. *lāṅg*). É um legume indiano, semelhante ao chícaro — *Lathyrus sativus*, Linn., não muito sadio e pouco cultivado na Índia Portuguesa.

1810. — «*Massur*, **langa**, *culita*, trigo, milho, de cujas cargas de dez sendo reputadas cinco se deve cobrir os *Pagodes* de moeda *Nixani*...». — *Tarifa* de Pondá.

1862. — «Cereaes, legumes, hortaliças e outros productos do paiz: trigo indiano, milho, *maguire* (?), *bate*, *codra*, feijão, *juar*, **langa**, *mugo*...». — Francisco M. Bordalo, *Ensaios sobre a Estatistica*, v, p. 67.

* **LANGABOTE**, **languebote**. Êste vocábulo, que não vem nos dicionários, acha-se empregado no século passado com relação à nossa marinha da Índia, para designar uma espécie de embarcação. Presumo que provêm do ingl. *long-boat*, «bote longo», então em uso naquela região. Cf. *palhabote* do ingl. *pilot-boat*. Dizem-me que o termo é ainda hoje corrente em Quelimane.

1800. — «3 galeotas de 24 peças cada huma, e 2 **longuebotes** artilhados». — *Apud* Eduardo Balsemão, *Os Portuguezes no Oriente*, III, p. 39.

1804. — «Quatorze **langobotes** de 12 remos, com uma peça de libra na proa». — *Ibid.*, p. 276.

1849. — «Um **Langobote** e quatro Chatas para o fim de alimpar a parte do rio proxima ao Arsenal». — Joaquim C. Soares, *Bosquejo das Possessões Portuguezas*, I, p. 187.

1750. — «Nesta povoação [de Quelimane] devia haver um Patrão-mór... e um **langabote** para poder sahir da barra, com capacidade de soccorrer o navio de agua e lenha ou amarração, de que podesse vir falto». — In *Annaes do Conselho Ultramarino*, II, p. 106.

1856. — Percorriam pelos Rios *Balões* artilhados que se chamavam — **Langabotes**, e ficaram cassadas estas rondas em 1817». — F. N. Xavier, *Instrucção*, p. 72.

* **LANGANA**. Abstinência, jejum, na Índia. Do marata-hindust. *laṅghan* < sânsc. *laṅghana*.

1695. — «Em nove dias não dão ao febricitante cousa alguma de comer, mais que de manhã, e noite, huma pouca de agoa que escoam do arroz... Chamão a esta novena **Langana**. Fulano está com **Langana**; quer dizer, que está neste estado. Cosme da Guarda, *Vida de Sevagy*, p. 156.

**LANGARÁ**. Diz-nos Bluteau, no *Supplemento*, que é «termo de que se usa na India Portugueza para dizer-se, que hum homem he coxo». Com efeito, *laṅgḍā* em marata, do hindust. *langṛa* < sânsc. *laṅga*, significa «coxo»; mas a expressão não é usada, nem creio que tenha sido antigamente, em indo-português, como designação genérica de qualquer coxo ou falto de perna. Lembra-me porêm ter lido como alcunha de algum indivíduo, mas não tomei nota [1].

**LANGOTIM** (conc.-hindust. *langaṭī*). Pano curto com que os índios pobres se cingem, tanga; lenço que se traz por entre as nádegas, com uma ponta atada a um cordel por detrás da cintura e a outra parte pendente por diante. Usa-se mais o termo ao presente na segunda acepção, e diz-se às vezes *langôta* em Goa. Em quimbundo o *langotim* corresponde a *mulâmbu*.

1701. — «Hũa misericordia usarão com elle, e foy darlhe hum **langotim** para se cobrir, isto he, hum pedaço de panno precisamente necessario à honestidade». — P. Francisco de Sousa, *Oriente Conquistado*, II, I, 1.

1727. — «**Langotim**. He hum pequeno pano de algodão, que os Asiaticos prendem a huma fita atada à cintura, para que o **langotim** cubra aquellas partes, que a vergonha oculta». — Bluteau, *Supplemento*

c. 1788:

> «Vão para as Varzeas, leve-os o Diabo,
> Andem como os Avós, sem mais enfeite
> Que o **langotim** diametro do rabo».
>
> Bocage, *Obras Poeticas*, I, p. 115.

1842. — «Os mais inferiores andam nús, trajando apenas o **langotim** (trapo com que cobrem as partes genitaes)». — *Annaes Maritimos*, p. 432.

1846. — «Todavia os Jornaleiros (*Begarins* — Marinheiros — *Boiás* — etc) permanecem ainda na usança de incobrir apenas o que a decencia natural exige que se não exponha á vista, com o *rumalo* — *casty*

---

[1] Morais acentua *làngara*, diz que é adjectivo e dá-lhe os significados de «coxo, aleijado».

ou **langotim** (simples lenço, preso anterior e posteriormente, a um cordão, que cinge os rins». —F. N. Xavier, *O Gabinete Litterario*, I, p. 100.

1862 — «No resto do estado ainda é permittido o trajo de Adão, apenas modificado pelo **langotim**, quando muito». — Francisco M. Bordalo, *Ensaios sobre a Estatistica*, V, p. 48.

1870. — «O cule trabalha no estado de nudez, trazendo á cintura o simples **langotim**». — Pedro G. Mesnier, *O Japão*, p. 266.

1880. — Usam por decencia do **langotim**, que é uma faxa de qualquer tecido presa adiante n'um cordão enrolado á cintura e atada tambem da parte das costas a igual altura». — Teixeira de Aragão, *Descripção das Moedas*, III, p. 19.

1882. — «Tornam-se principalmente notaveis entre esses productos os **langotins** de seda e de ouro (!) do mais requintado bom gosto e nitidez de trabalho». — Henrique Prestes, *Exposição de Sião*, in *Bol. S. G. L.*, IV, p. 401.

1883.— «Andam totalmente nús, só com uma pequena tanga ou panno que lhes passa por entre as nadegas e se lhes prende á cintura por cordel que lhes cobre os rins». — Adolfo Loureiro, *No Oriente*, I, p. 110.

1886. — «... ainda que nús dos pés á cabeça, tendo apenas os orgãos sexuaes cobertos com um pequeno panno denominado **langotim**». — Lopes Mendonça, *Os Orphãos de Calecut*, p. 88.

1896. — «De cabaia para o **langotim** não vai um passo». — Gip, *Jacob e Dulce*, p. 41.

1898. — «As castas baixas andam quasi nuas, usando os homens simplesmente o **langotim**, panno com que se cobrem na cintura». — Oliveira Mascarenhas, *Atravez dos Mares*, p. 24.

1915. — «... um *caxtty* ou **langotim** (lenço ou faxa cobrindo apenas as partes pudendas)». — *Heraldo*, de 23 de Dezembro.

1442.—«The blacks of this country [Calecut] have the body nearly naked; they wear only bandages round the middle, called **lankoutah**, which descend from the navel to about the knees». — Abd-el-Razza, *India in the fifteenth century*, p. 17.

1699. — «Ils n'ont pour tout habit qu'un **Langotin**, qui est une longue piece de toile dont ils s'enveloppent le corps». — *Lettres Edifiantes*, I, p. 15.

1776 — «Questo pannolino chiamano *Lingacutti*, cioè, copertojo del *Lingam* o delle parti oscene, dagli Europei malamente detto (!) **Langotti**».—Fra Paolino, *Viaggio*, p. 43.

1885. — «A **languti** of white or blue cloth round the loins, scarf over the shoulder...». — Hunter, *The Imperial Gazetteer*, VII, p. 445.

* **LANGUDE**. Arbusto *Vitea Negundo*, Linn. «Fazem-se fomentações das folhas contra o rheumatismo». D. G. Dalgado, *Flóra* (p. 145). Do malaio-jav. *langúdi* (sânsc. *nigunḍi*; *ningūḍ* ou *lingūḍ* em concani.

1845. — «Preparam [em Timor] uma maior ou menor cama de folhas de um arbusto **langude**, e ainda melhor de umas arvores a que chamam *cussambe*, ambos conhecidos na India com os mesmos nomes». — *Annaes Maritimos* (parte official), p. 125.

1895. — «**Lagondi** é o nome javanes do *negundo*».—Conde de Ficalho, *Col.* XXXIX.

1631. — «Fomenta, ac Insessiones conficiunt ex herba nobili **Lagondi** dicta, quae folia quidem Persicariam refert, estque odoris suavis, et aromatici». — Bontius, *Historia Naturalis*, p. 17.

**Languinata**. V. *nanguinata*.

**LANHA; côco lanho** (mod.). Côco tenro, meio feito. O vocábulo é de origem dravídica: tamul-malaiala *iḷanīr*, «líquido de côco tenro»; *iḷanīrkkay* < *iḷa*, «tenro», *nīr*, «água», *kay*, «fruto». Em malaiala *iḷanīr* também quere dizer «lanha»[1]. As lanhas eram muito usadas nas nossas antigas armadas da India, por conterem água abundante, agradável ao paladar e ao mesmo tempo saùdável. Ainda hoje se vendem nas praças de Ceilão e outras partes lanhas para bebida refrigerante. A sua medula é mais flácida e apetitosa que a de côco maduro.

c. 1560. — «São de fria e singular aguoa, de cor e doçura quasi de **Alanha**».—Gabriel Rebêlo, *Informação de Maluco*, p. 182.

1563. — «Muyta soma de galinhas, e figos, e **lanhas**, cousas de refresco». — Gaspar Corrêa, *Lendas*, I, p. 448.

1563. — «Este coquo quando he verde, chamão os Malabares *elevi* [leia-se *eleni*], e aqui em Goa **lanha**».—Garcia da Orta, Col. XVI.

1577. — Quando chegão a dar alguma cousa he hum limão, **lanha**, figos, rosas, passaros, bicho ou bogio».—*Primor e Honra*, fl. 10.

1585. — «Tem Luanga [na África] pal-

[1] Yule & Burnell apontam por étimo o tamul *lanha*, que não existe. O *l* e *r* iniciais requerem, particularmente em tamul, a prefixação de *i* ou *e*: *ilansi* = lenço, *elam* = leilão. V. Caldwell, *Comparative Grammar*.

meiras, e muitos cocos, dos quaes não sabem tirar outro proveito que beberem-lhes a agoa e comerem as **lanhas**, e do sumo fazem secos *caris*». — M. Godinho de Mendonça, *Hist. Tragico-maritima*, IV, p. 50.

1597. — «Não levava outra cousa mais que *avila* que he arroz torrado, **lanhas**, e cocos pera mantimento, e pera beberem». — Diogo do Couto, Déc. VI, III, 1.

1603. — «Dão agoa excellentissima, que senam deuisa da das boas fontes, e assim a bebem polla Festa, trazendo pera isso algũas **lanhas**, que sam cocos, em verdes, e tem tanta copia de agoa que alguns tem tres quartilhos, e canada». — Fr. António de Gouveia, *Jornada do Arcebispo*, fl. 61.

1609.—«Do fruyto, varios mantimentos, como são **lanhas**, cocos, copra, iagra, azeyte, vinho, agoa, vinagre, assucar, agoa ardente». — Fr. Gaspar de S. Bernardino, *Itinerario da India*, p. 86.

1609. — «Particularmente quando os cocos são tenros, aos quaes então chamão **lanhas**». — Fr. João dos Santos, *Ethiopia Oriental*, I, p. 294.

1613. — «Em a nossa casa de Columbo ha huma palmeira, cuja casca, folhas velhas e novas, fruito em **lanhas** pequenas, e depois cocos, sempre tem a côr amarella como de ouro». — P. Manuel Barradas, *Hist. Tragico-maritima*, II, p. 84.

1635. — «Cheio de ramos e flores, com as **lanhas** ensacadas e penduradas pelas arvores». — António Bocarro, Déc. XIII, p. 507.

1687. — «... e sem comerem mais que algũas **lanhas** (cocos uerdes) que foy toda a matolotagem». — P. Fernão de Queiroz, *Conquista de Ceylão*, p. 449.

1872. — «Quando o côco é meio feito, isto é, com a amendoa formada mas ainda tenra com bastante agua, a que chamam **lanha** ou **côco lanho** (*alsor*), então o *selim*, se é volumoso, é menos rijo».— Bernardo da Costa, *Manual do Agricultor*, I, p. 188.

1886. — «Os indigenas de Goa chamam **côco-lanho** ao fructo do coqueiro, que ainda não tem attingido o seu perfeito crescimento». — Lopes Mendes, *A India Portugueza*, I, 174.

1895. — «Em portuguez dá-se em geral o nome de *côco* ao fructo do coqueiro, com ou sem casca, e ao seu amago, distinguindo-se apenas a noz e o albumen tenro, que se chama **lanha**».—José Maria de Sá, *Productos do Coqueiro*, p. 50.

1578 — «Pero serenase en la propria **Laña** (que assi se llama este fructo quando verde)».—Cristóvão da Costa, *Tractado*, p. 102.

1583. — «... cocchi o noci d'India, che quando sono acerbi si chiamono **lagne**, e se ne fa molto conto per essere pieni d'un' acqua dolcissima e molto grata al gusto».— F. Sassetti, *Lettere*, p. 209.

1589. — «Les Malabares le nomment *Tenga maram*, et *Elevi* [tomado de Orta] quand il n'est pas encore meur». — Linschoten, *Histoire*, p. 101.

1623. — «**Lagne** chiamano in India, i Portoghesi particularmente, le noci indiane prima che siano ben mature, quando in vece di midolla sono piene dentro d'un'acqua dolce, e rinfricatiua, che si beue per dilitia». — Pietro della Valle, *Viaggi*, III, p. 251.

1652. — «Il est plein d'vne eau fort douce, qui est une boisson d'vn grand secours dans les chaleurs excessives de ce pays-là. Les Portugais appellent ces Cocos **Lania**». — *Relation de la Chine*, p. 18.

1658. — «Ci furono presentati alcuni Cochi mal maturi, detti **Lanhas**, grandemente rinfrescanti». — Fr. Vincenzo Maria, *Viaggio*, p. 128.

1670. — «Cette eau se convertit en clair avec le temps; elle est d'abord blanche et molle, et c'est alors que les Malabars appellent le cocos *Elenir*, et les Portugais **Lagna**». —«Dellon, *Relation d'un Voyage*, I, p. 140.

1690.—«Junior ejus fructus potui aptus Malabaris dicitur *Elevi* e *Lenni*, Portugallis **lanha**, vetustior autem fructus illis audit *Copra*».—Rumphius, *Herbarium Amboinense*, I, cap. 1.

**Lantane**. É variante de *fantan*, q. v.

**LANTEÁ, lanteia**. Barco ligeiro do extremo Oriente, semelhante à fusta. Yule declara que não pode identificar a palavra; parece que tira a origem do mal. *lantey*, «tablado, sobrado», que teria aquele barco.

1540. — «Vierão dar de rosto com nosco quatro **lanteaas** de remo, que são como fustas, em que ia huma noiva pera huma aldea» (de Aname). — Fernão Pinto, *Peregrinação*, cap. 47.

«Erão tres juncos e hũa lorcha ou **lanteaa**, como lhe chamão os Chins». — *Id.*, cap. 63.

1569. — «Ha outras [embarcações] menores que chamam **Lanteas** que tem seys sete remos por banda que remam muito e tambem levam boa carga: e destes dous generos de nauios *s. * Bancões e **Lanteas** por serem ligeiros vsam communmente os ladrões». — Fr. Gaspar da Cruz, *Tractado da China*, cap. 9.

1585. — «Otros ay anchos que estos que llaman **Lanteas**, y traen a ocho remos por banda, con sús hombres remeros en cada vno». — Fr. Joan G. de Mendoça, *Hist. de la China*, p. 113.

1588.—«V' ha dell' altre, che chiamano **Lantee**, e Banconi, quelle hanno sei remi, e queste tre soli, e dall' vna, e dall' altra banda hanno quatro, ò sei galeotti per banco». — P. Maffei, *Le Istorie*, p. 226.

**Lantor.** V. *lontar.*

1612. — «**Lantôr**. Planta da India He casta de coqueiro. Lança folhas muito compridas, que aos moradores servem de papel». — Bluteau.

**LAPES** (s. m.). Betume de cal e óleo que se mete entre o costado velho e o novo de um navio, no Oriente. Do mal. *lāpis*, «camada».

1516. — «Uem tambem a esta cidade de Malaca do regno de Jaoa has grandes naos *Juncos*, que saom muy desuiados da feição das nossas, de muy grosa madeira, porque como saom uelhas em cima daquele taboado lançaom-lhe outro nouo, e asy ficaom muy fortes». — Duarte Barbosa, *Livro*, p. 365.

1553. — «Ao qual [junco] mandou lançar outro costado, e sobre este outros até numero de sete, com hũ certo betume de cal e azeite entre costado, a que elles chamão **lápez**, com que o junco ficou de tres palmos de grossura». — João de Barros, Déc. II, ix, 4.

1563. — «E foi elle o primeiro homem que por ver este bom vso aos Chijs, lançou **lapez** ás naos, e nauios que leuou, o que ora se costuma entre nós: e assi as varandas sobre o leme fóra do corpo da nao. O qual **lapez** he hum forro de tauoado delgado, que se prega por todo o costado da nao, vindo debaixo até um pouco acima das cintas, já onde o mar não chega: e entre este tauoado nouo, e o debaixo, se mete hum betume feito de cal, e azeite de peixe, picado ali do maçame velho da nao, com que a tauoa de cima se gruda com a outra debaixo. E depois em lugar de breu, sómente com a cal, e azeite vai o nouo tauoado cuberto per cima».—*Id.*, III, ii, 8.

1585.—«El betumen com que los brean..: se llama en su lengua **japez**, e lo hazen de cal y azeite de pescado y una pasta llamada *oname* [chunane?]».—Fr. Joan G. de Mendoça, *Hist. de la China*, p. 114.

**LAQUE** (mais us. agora), **leque** (ant.); **lacassá** ou **lequessá** (ant.). Quantia de cem mil, particularmente de rupias ao presente, como *conto* português com relação á réis. «100000 Roupies font une *Lekhe*». Tavernier (iii, p. 22). Do neo-árico *lākh* < sânsc. *lakṣa*, do qual procede *laquessá*, por via do mal. *laksa*, que representa «dez mil». O *leque* de Ormuz tinha por unidades os *dinares*. Indo-ingl. *lack*, indo-fr. *lecque*.

1333. — «E voltando para a cidade, tomárão o dinheiro, que havia nella do Soltão, que erão doze **laques**, cada hum delles do valor de cem mil ducados de ouro na India». — Ben-Batuta, *Viagens*, ii, p. 9.

1515. — «Do aljofar está arrendado, e pagam os arrendadores cento e vinte **lacas**, que sam seis mill serafins cad ano e mais sua corretagem». — Afonso de Albuquerque, *Cartas*, i, p. 378.

1520. — «Avia de dar cada anno dez mil pardaaos, que he polla sua conta huũa **lequa** de *cotas* e huũa **lequa** ssaão cem mil cotas» (nas Maldivas). — *Alguns Doc. da Torre do Tombo*, p. 249.

1525. — «Huum **laique** [de Dio] são quada tres, myll cruzados». — *Lembranças das Cousas da India*, p. 34.

1535. — «Com condição que lhe dese dez **leques** de pardaos d ouro, que cada **leque** tem cem mil pardaos». —*Chronica de Bisnaga*, p. 58.

1540. — «Em sos quatro annos e meyo morrérão a ferro dezasseis **lacasaas** de homens, e cada **lacasaa** tem cem mil».— Fernão Pinto, *Peregrinação*, cap. 45.

«Morrerão de ambas as partes desasseis **laquesás** de homens, e cada **laquesá** tem cem mil» — *Id.*, cap. 162.

1541. — «Val cada **Leque** arabio Dez mil Seraphins, e cada Seraphim arabio, Duas tangas *laris*. De sorte que Dez **Leques** arabios vallem, em nossa moeda, Quarenta mil Cruzados».— D. João de Castro, *Roteiro do Mar Roxo*, p. 55.

1552. — «Xercansur lhe pedia por lhe dar paz treze **leques** douro: e cada **leque** tem quarenta cinco mil pardaos». — Castanheda, *Historia*, viii, cap. 128.

1553. — «Iremos fazendo a conta destas despesas por **leques**, que he numero da mesma terra [Ormuz], e xerafij, azar, candil [çandil] e dinar que he moeda... Hum **leque** contem numero de cincoenta xarafijs, e hum xarafij val da nossa moeda trezentos reaes». — João de Barros, Déc. II, x, 7.

1554. — «Huum **leque** val 50 pardaos de çadis, que se chama de maa moeda; o qual **leque** não he moeda, e he huum numero porque se fala em Ormuz». — António Nunes, *Lyvro dos Pesos*, p. 25.

1554. — «A elRey d'Urmuz de vistiarya cada ano corenta **leques**, que são mil, e oyto centos sesenta xerafins e dez çadis». — Simão Botelho, *Tombo da India*, p. 101.

1609 — «Corenta **leques**, que são mil e oitocentos xerafins d'ouro». — Diogo do Couto, Déc. V, ix, 5.

1614. — «E se não tratará da provisão da mercê dos cinco **leques**, por quanto tenho já determinado que se lhe [ao guasil de Ormuz] não confirme». — *Carta Régia*, in *Doc. da India*, iii, p. 142.

1695. — «Rendia este *Jaguir* em cada anno trinta **laques** de pagodes. Cada **laque** tem cem mil, e fazem tres milhões de pagodes, e cada pagode cinco cruzados».— Cosme da Guarda, *Vida de Sevagy*, p. 38.

1747. — «Dá-se no Indostan o nome de **Laque** ao computo de 100 mil rupiàs e val cada rupià no tempo prezente dous Pardaos».—Monterroio Mascarenhas, *Epanaphora Indica*, IV, p. 36.

1767. — «Corrompendo a fidelidade dos seus vassallos com uma grossa somma de 8 **laques** de rupias, se senhoriou da Corte de Saundém». — *Apud* Joaquim C. Soares, *Doc. Comprobativos*, p. 93.

1884. — «. . . o poderoso *rajah* ou o rico *babou* [babu], que conta os seus rendimentos por muitos **lakes** de rupias».—Adolfo Loureiro, *No Oriente*, II, p. 273.

1891. — «O governo inglez compensa-nos, porém, estas concessões com a annuidade de 4 **laks** de rupias». — Cristóvão Pinto, *Estudos*, p. 11.

1900 — «O governo inglez pagou de indemnização durante o tratado quasi um **laque** de rupias». — António F. Moniz, *Hist. de Damão*, I, p. 135.

1904. — «Assim o Estado, como o particular gastaram á larga e superfluamente; aquelle recebendo **laques** de rupias para em **laques** pagar os compromissos adquiridos no estrangeiro». — Ernesto Fernandes, *Regimen do Sal*, in *Bol. S. G. L*,. XXII, p. 387.

1916. — «Disse que o numero das viuvas hindús na India Inglesa é de cêrca de 6 **laques** e meio, dum total de 37 **laques** da população feminina». — *O Ultramar*, de 28 de Janeiro.

1918. — «. . . como consta que sucedeu com as importantes quantias de alguns **laques** de rupias, apuradas com a venda das acções das *Comunidades* na posse do Estado e das extensas várzeas de Pernêm». — *Heraldo*, de 2 de Fevereiro.

1442. — «The troops amount in number to eleven **lak** (1,000,000)». — Abd-el-razzak, in *India in the fifteenth century*, p. 22.

1582. — «Le monete di detto luogo [Ormuz]: con le quali si contrattano le mercantie, sono **lecche** tante il *bar*, auertendo che una **lecca** sono Asari 100». — G. Balbi, *Viaggio*, fl. 51 *v*.

1663. — «Une **lecque** vaut cent mille roupies». — Bernier, *Voyages*, II, p. 45.

1666. — «Il faut cent mille roupies pour faire un **lek**». — Thevenot, *Voyages*, III, p. 54.

1674. — «It is usual for them to sit it around, with lamps to the Number of two or three **Lecques**, which is so many Hundred thousand in our Account». — Fryer, *East India*, I, p. 261.

1774. — «La quale vergine conteneva in sè la radice di 84 **lak** di anime (un **lak** sono cento mila)». — P. Tomba, *apud* Gubernatis, p. 96.

1786. — «Un **lac** sono cento mila rupia». — Fra Paolino, *Viaggio*, p. 27.

1831. — «Le gran duc de Férozpore est plus riche que maintes membres de la diète germanique. Il a quatre **lacs**, ou un millier par un». — «Jacquemont, *Correspondance*, II, p. 251.

1878. — «Le numératif sanscrit **laksa**, cent mille, a passé chez les peuples de l'Archipel indien avec le sens de «dix mille», bien qu'il ait gardé son ancien valeur dans l'Inde, où un **lao** de roupies, comme on sait, représente cent mille roupies». — Marcel Devic, *Legendes de l'Archipel Indien*, p. 142.

**Laqueca**. V. *alaqueca*.

**LARANJA**. Fruta do laranjeira — *Citrus aurantium*, Linn. A árvore era conhecida na Europa antes das conquistas portuguesas, e o seu nome é de origem arábica, *nāranj* < persa *nārang*, diversamente modificado, castelh. *naranja*, fr. *orange*, ital. *arancio*. Mas o seu étimo primordial é o sânsc. *nāraṅga*.

1563. — «O limão chamão muitos *linbon*, e á laranja **naranja**, e ao ambre *ambar*, e assi a muitos outros». — Garcia da Orta, Col. III.

* **LARÁS** (s. m.) Aguieiro, em Timor. Do teto-mal. *láras*.

1843. — «Collocam uns páos mui delgados (aguieiros) a que chamam **larazes**, de fórma que ficam apoiados os seus extremos mais grossos nos travessões superiores das paredes externas». — *Annaes Maritimos* (parte oficial), p. 136.

**LARIM**. Antiga moeda de prata, que pesava quási cinco gramas, valia 60 a 100 réis, e corria no Gôlfo Pérsico e na Índia Ocidental. Os portugueses chamavam-lhe por vezes «tanga larim». Tinha a moeda primitiva uma forma peculiar, descrita por João dos Santos, Balbi e Pyrard, abaixo. É vocábulo persiano, *lārī*, derivado do nome da cidade de Lara, onde primeiro se bateu a referida moeda.

1525.— «As **tangas larys** valem cada hũa sessenta reis».—*Lembranças das Cousas da India*, p. 38.

1529. — «A moeda que se aqui [Ormuz] gasta he mourisca, douro, e prata fina, e de cobre... a de prata [chama-se] tanga, e val tres vinteis, posto que os Mouros lhe chamão **laris**, por se fazerem em huma Cidade chamada Lara». — António Tenreiro, *Itinerario*, cap. 1.

1533. — «Homens riqos da India fizerão

grandes armações, e carregações de muyto dinheiro em moedas de **tangas larys**». — Gaspar Correia, *Lendas*, III, p. 476.

1545. — «. . e hum cofre com tres sacos de **tangas larins**». — Fernão Pinto, *Peregrinação*, cap. 147.

1552. — «A de prata [chama-se] *tanga* e val tres vinteus, posto que os mouros lhe chamão **larins**, por se fazerem em hũa cidade de terra firme chamada Lara». — Castanheda, *Historia*, II, cap. 58.

1554. — «E com a condição que as cinquo mill **tangas larins** que d'antigamente se derão. . . se lhe paguem das ditas rendas». — Simão Botelho, *Tombo da India*, p. 137.

1567. — «A cidade de Lara que he grande e de bons edificios, cercada de muros, e torres, o rei he Arabio sugeito ao xeque Ismael onde se fazem **tangas laresas**, que correm por todas aquellas provincias». — Damião de Góis, *Chronica de D. Manuel*, IV, p. 11.

1602. — «Cinco mil **tangas larins** que estavão applicadas nas rendas de Baçaim pera as Mesquitas». — Diogo do Couto, Déc. IV, IX, 2.

«. . . Pero de Mendoça, a quem chamavão **Larim**, por ser muito magro». — Id., Déc. VII, IX, 1.

1609. — «Tambem correm por toda a India **larins**, que são umas barrinhas de prata do comprimento de um dedo, e tem umas lettras esculpidas da lingua persiana, a qual moeda se bate na cidade de Lara, e é de muito fina prata; vale cada **larim** quatro vintens». — Fr. João dos Santos, *Ethiopia Oriental*, II, p. 276.

1615. — «Neste reino [das Maldivas] não ha moeda senão de prata e de uma só especie. São pedaços de prata, a que chamam **Larins**, do valor de oito soldos pouco mais ou menos. . . do comprimento de um dedo, mas dobrados. Elrei a manda bater na sua ilha, e faz cunhar nella o seu nome em letras arabigas». — Pyrard de Laval, *Viagem*, I, p. 193.

1619. — Não sabem dar um passo sem *palanquins, bajús, bois*, **larins**, e *bazarucos*». — Francisco Rodrigues Lobo, *Corte na Aldea*, Dial. IX.

1632. — «Cem patacoens de quatro **Larins**, cada **Larim** de valor de hum Tostão». — Fr. Luís de Sousa, *Hist. de S. Domingos*, III, p. 369.

1634. — A rezão de doze **larins** por mez de noventa reis o **larim**». — António Bocarro, *Livro*, in *O Chronista de Tissuary*.

1651. — «As drógas que trazião, erão coral, chamelotes, **lárins**, e alcatifas, que tudo foi julgado por perdido». — Jacinto F. de Andrada, *Vida*, p. 244.

1687. — «Com tres **Larins** (fazem hum xerafim) se reputam ricos, e presumem couzas mayores». — P. Fernão de Queiroz, *Conquista de Ceylão*, p. 17.

1701. — «**Larim** he moeda de prata, que val noventa reis». — P. Francisco de Sousa, *Oriente Conquistado*, II, I, 2.

1582. — «Il detto **Larino** è una strana moneta a uedersi, per non esser rotonda come l'altre monete: mà è una verghetta di argento di grossezza di una penna d'oca da scriuere, e di lunghezza di mezza quarta incirca. . . E questi **larini** sono tenuti per le miglior monete, che corrono per tutta l'India». — G. Balbi, *Viaggio*, fl. 35.

1586. — «Per comprare le mercanzie vogliono reali castigliani, o **larini**. Sono questi una moneta d'argento finissimo, che vale ciascuno quanto un reale e mezzo, e stampano in Persia». — F. Sassetti, *Lettere*, p. 287.

1589. — «On fait aussi à Ormuz grand et fructieux trafic d'une certaine espece de monnoye, nommée **Larin**». — Linschoten, *Histoire*, p. 15.

1610. — «Vale cada *Xarafy* de oro de Persia ocho **larines**, y cada **larin** dos Reales de plata poco mas o menos». — Pedro Teixeira, *Relaciones*, p. 351.

1676. — «Le **Larin** est une ancienne monnoie de Balsora et d'Arabie, et qui a cours jusqu'à l'Isle de Ceylan. . . Les huit **Larins** font un *Or* et les quatre-vingt **Larins** un *Toman*». — Tavernier, *Voyages*, I, p. 168.

1860. — «In India they are called **larins**, and money in imitation of them, struck by the princes of Bijapur and by Sivaji, the founder of the Mahrattas, was in circulation in the Dekkan as late as the seventeenth century». — Emerson Tennent, *Ceylon*, I, p. 463.

*** LARIM.** É nome duma árvore de Ceilão, descrita abaixo, o qual não pude identificar.

1613. — «Quanto estes matos mais se vão chegando a Manar, vão sendo menos frescos, e mais infrutuosos em **larins**, que são umas arvores tão carregadas de espinhos, que nascem de dous em dous, como a ollaia de flores». — P. Manuel Barradas, *Hist. Tragico-Maritima*, II, p. 94.

**LASCAR** (ant.). Em dois sentidos é pelos nossos indianistas empregado o vocábulo, que provêm do persa *lashkar*, «exército»; no de «marinheiro indígena» e, com referência a Bengala, no de «governador duma cidade». Na segunda acepção, provávelmente se subentende algum termo que signifique «chefe ou comandante», como o sânsc. *senāpati* quere dizer literalmente «senhor do exército» = general. Os ingleses empregam actualmente a palavra *laskary* mais no primeiro sentido. V. *lascarim*.

1577. — «Hum **lascar** de qualquer nauio, ou outra pessoa inda que pobre e ignorante, basta para persuadir hum grande Reyno á seita de Mafamede».—*Primor e Honra*, fl. 12.

1600. — «Tirando alguns, que nos seus proprios nauios, ou nas d'el-Rey vam por mestres e pilotos toda a mais chusma das naos sam Mouros, que chamam **Laschá-res** (donde procede aos soldados o ordinario appellido de *Lascharis*)». — P. João Lucena, *Historia*, IV, cap. 1.

1603. — «E se disfarçou em trajo de **Làscar** das naos pondo arrecadas com aljofres nas orelhas, ao modo do Guzarate, em cujas mãos auia de hir».—Fr. António de Gouveia, *Jornada do Arcebispo*, fl. 24.

1603. — «Condestable não tem mais que hum soo **lascar**, ou marinheiro, que foi nosso». — P. Fernão Guerreiro, *Relaçam Annual*, fl. 49.

1607. — «... pelo que se deve ordenar que lá se remedeie isto, assoldadando aos **lascares** arabios, que entendo poderão bem servir, e o costumaram fazer nas armadas d'esse Estado». — *Carta Régia*, in *Doc. da India*, I, p. 96.

1615. — «Associam-se [os portugueses] com os naturaes, que os acompanham em suas navegações, e até todos os marinheiros e pilotos são indios, ou gentios ou mouros. Chamam á gente do mar **Lascares**, e aos soldados *Lascarins*». — Pyrard de Laval, *Viagem*, I, p. 373.

1635. — «Mas no que toca aos bombardeiros e marinheiros era a desegualdade muito maior, porque os nossos levavam **lascares** que nem uma tormenta se atreviam a ver com os olhos abertos, e nos bombardeiros indios é a compaixão».—António Bocarro, *Déc.* XIII, p. 422.

1650. — «Acomodados por palhotas, que se faziam de novo, e outras, que despejaram os **lascares** da galeota». — Bento Feio, *Hist. Tragico-maritima*, x, p. 154.

1651. — «E para que os **Lascares** não viessem descobrir o muito, que se tinha furtado no galeão...». — P. António Cardim, *ibid.*, x, p. 184.

1684. — «Cinco **lascares** se meterão no batel, que vinha atoado, e nele se acolhérão». — P. Fernão de Queiroz, *Hist. de Pedro de Basto*, p. 124.

1687. — «Entre estas nações, *Lascar*, he o todo de hum exercito; posto que os Portuguezes, e Mouros chamão tãobem **lascar** a qualquer marinheiro». — Id., *Conquista de Ceylão*, p. 16.

1695. — «... se sentavão perguntando pelo **Lascar** (he exercito) e vinhão tomar paga». — Cosme da Guarda, *Vida de Sevagy*, p. 14.

1766. — «E leva a sua lotação seis ascoras entre grandes e pequenas, vinte e cinco **lascares**, hun *Sorangue*». — *Apud* Júlio Biker, *Collecção de Tratados*, IV, p. 187.

1842. — « **Lascares** ou **Laskares**, palavra Persa uzada em toda a India para exprimir a tripulação de uma armada, de um navio, ou mesmo um individuo; porque são elles uma das castas de Marinheiros». — *Annaes Maritimos*, p. 218.

1631. — «Quum Rex ipse expeditionem suscipit, castra illius quae vocant **Laskar**, magnum terrarum spacium occupant». — *De Imperio Magni Mogolis*, p. 155.

1674. — «The Seamen and Soldiers differ only in a Vowel, the one being pronounced with an *u*, the other with an *a*; as **Luscar** is a Soldier; **Lascar**, a Seaman». — Fryer, *East India*, p. 269.

1770. — «A l'égard de leurs matelots appellés **Lascars**, les Européens les ont trouvé bons pour leurs voyages d'Inde en Inde». — Raynal, *Histoire*, I, p. 14.

1791. — «Un **Lascar**, Patron d'une barque de commerce, qui était à l'ancre, prit alors la parole».—Bernardin de Saint-Pierre, *Café du Surate*.

1885. — «The natives of the town are reckoned the best sailors or **lascars** in India». — Hunter, *The Imperial Gazetteer*, v, p. 137.

«**Laskars**. Matelots ou cannoniers indiens; d'où **Laskar**, corps de troupes coloniales anglo-britanniques composées d'infanterie, d'artillerie et de cavalerie fort de 278 hommes, à Ceylan et Hong-Kong. Ce mot est devenu en France un nom commun et désigne les matelots dans la conversation familière». — *La Grande Encyclopédie*.

1552. — «Das portas a dentro se serue [o rei de Bengala] de capados que por tempo faz grandes senhores e gouernadores de cidades que na lingoa da terra se chamão **lascares**». — Castanheda, *Historia*, IV, cap. 37.

«Acodio o **Lascar**, que he como regedor da justiça em Portugal». — *Id.*, VIII, cap. 69.

1566. — «O que sabendo o governador della [de Chatigão], a que chamam **Lascar**...». — Damião de Góis, *Chronica de D. Manuel*, IV, cap. 27.

**LASCARIM** (ant.). Soldado indígena, na Índia, agora designado por *sipai*; às vezes soldado europeu. Do persa *lashkarī*, derivado de *lashkar*, «exército». Os nossos escritores fazem distinção entre *lascarim* e *lascar*, entendendo pelo primeiro «o soldado de terra», e pelo segundo «o soldado de mar ou marinheiro». O motivo é que os naturais empregavam a palavra *lashkar* como nome colectivo para significar a «tripulação inteira». O termo durou mais em Ceilão, onde a influência portuguesa foi muito intensa.

1510. — «E o fez logo embarcar muyto concertado de vestidos e seruidores, com quatrocentos homens **lascarins** bons guerreiros, e trinta de cavallo». — Gaspar Correia, *Lendas*, II, p. 161.

1523.—«No dito regno [de Ormuz] nam aja homens de guerra que se chamam **lascarjns**, senam pera serviço do rej». — *Alguns Doc. da Torre do Tombo*, p. 479.

1535. — «E os dous terços lhe ficão pera o soldo dos seus **lascarīs** e cavallos com que são obrigados a servir a elrey». — *Chronica de Bisnaga*, p. 72.

1541. — «He prouerbio em toda a India dizerem, que o bom **Lasquarim**, a que nós chamamos soldado, ha de ser Abexij». — D. João de Castro, *Roteiro do Mar Roxo*, p. 73.

1546. — «Sua vinda a esta fortaleza foy muyta parte, depois de Deos, da vida de muytos fidalgos e **lascarīs**, aos quaes elle curou como grande fisico». — D. João de Castro, em *Lendas*, IV, p 575.

1552. — «E de sua os [cavalos] entrega aos capitães que tem, e eles os repartem pelos **lascarins** de suas capitanias, que assi chamão soldados: os quaes **lascarins** sam recebidos em soldo com grande exame» (em Narsinga).—Castanheda, *Historia*, II, cap. 16.

1554. — «Discordias entre alguns **lascarins** das terras do Idalxa e piães d'elas». — Simão Botelho, *Tombo*, p. 44.

«Posto que Jeronimo Rodriguez nom estivesse d antes muito bem afamado, já hya com este poder, e nesta viagem seruio muito bem, asi de veador da fazenda, como ouuidor, como de **lascarim**, segundo todos dizem». — Id. (*Cartas*), p. 31.

1555. — «Possa prender todos os **lascarins** e pessoas que receberem soldo del Rey nosso Senhor para hirem em suas armadas».—*Archivo Port.-Oriental*, V, p. 280.

1563.—«Não era cousa justa leixar suas casas, molheres, e filhos pera os **lascarins** da armada atentarem nellas, como gente ociosa». — João de Barros, Déc. III, X, 7.

1566. — «Repartem pelos soldados das suas capitanias, a que chamão **lascarins**». — Damião de Góis, *Chronica de D. Manuel*, II, cap. 6.

XVI. — «Quãodo vão a gerra estes Japões cada **lascarim** leua suas couraças e capacetes». — *Manuscrito*, publicado no *Instituto*, LIII, p. 13.

1616. — «Os **lascarins** que assim se chamam os marinheiros Arabios, vendo a náo encalhada, os que estavam de poppa saltaram no batel, e foram-se abordo á proa». — Diogo do Couto, Déc. X, III, 13.

1616. — «Chamam-lhes **Lascarins** [lascares] e ao seu patrão *Mocadão*, á galeota portugueza *Navio*». — Pyrard de Laval, *Viagem*, II, p. 101.

1635. — «Assistião da porta para fora quatrocentos **lascarins** de gente preta, e dentro oito companhias de portuguezes cada uma de trinta». — António Bocarro, *Déc.* XIII, p. 44.

1685. — Teve a boa sorte poder-se retirar com perda de trezentos Portuguezes, e muitos **Lascarins** das terras do Imperador» [em Ceilão]. — João Ribeiro, *Fatalidade Historica*, I, cap. 8.

«Os soldados são **Lascarins**, huns são lanceiros, e as lanças que trazem são de dezoito palmos: outros espingardeiros, e são destros no atirar». — *Id.*, cap. 16.

1687. — «E das classes inferiores, principalmente os *Pachas*, chamão **Lascarins**, da palaura geral desta Asia, aonde aos exerçitos chamão *Lascar*». — P. Fernão de Queiroz, *Conquista de Ceylão*, p. 80.

1697. — «... acompanhado de alguns soldados pretos da fortaleza, a que na India chamamos **Lascarins**». — P. Francisco dé Sousa, *Oriente Conquistado*, II, I, 1.

1718. — «... se dividio em fórma de Arrayal, precedendo na vanguarda vinte **Lascarins** mosqueteiros com o Capitão João Tavares, e os dous Portuguezes, e na retaguarda hia o Governador com os outros **Lascarins**, seus Cafres, e o Ajudante... Erão aquelles **Lascarins** da Infantaria do *Deçai* Nagoi Naique».—João Tavares Guerreiro, *Jornada*, p. 12.

1883. — «E n'isto lhe fallo como amigo, porque estes cavalheiros são **lascarins**, que folgam mais com o trabalho da guerra que na folgança da paz». — Bulhão Pato, *Portuguezes na India*.

1825.—«... attended by some of Mr. Sansoni's **lascarines**, who answer in some respects to our peons in Calcutta». — Em Heber, *Narrative*, II, p. 171.

1894. — «He marched with 700 Portuguese and 25.000 **Lascarines** (Cingalese soldiers) to Kandy».— Danvers, *The Portuguese in India*, II, p. 148.

* **Lasmó**. É o mesmo que *lágima*, mas derivado imediatamente da forma concani *lāzmó*.

1822.—«As pensões *Chorguem*, *Vanaqui*, **Lasmó**, de azeite, e de côcos de almadia». — *Apud* Júlio Biker, *Collecção de Tratados*, XII, p. 33.

1824. — «Vendagem meuda de sal e lenha de Penthá, botiqueiros, *Talvata*, *Chobinó*, e mais artigos... e **Lasmó** das estradas de Querim, Velús, e *Bagibabo*». — *Ibid.*, p. 43.

**LASSAMANE** (escrito às vezes *lasamane*), **laquexemena**. Almirante, na Malásia. Do malaio-jav. *laksamana*, jav. vulgar *lakemana*, que se liga ao sânsc. *Lakṣmaṇa*, irmão de Rama e seu companheiro inseparável no exílio e na expedição para Ceilão. Barros reproduz o exacto étimo malaio.

1523. — «ElRey de Bintão, que tinha muyto cuidado de sempre guerrear Malaca, n'este anno mandou **Laquexemena,** seu capitão do mar, com oitenta lancharas muy armadas, que fosse guerrear Malaca». — Gaspar Correia, *Lendas*, II, p. 762.

1539. — «Pos nella por Capitão mór o grande **Laque Xemena** seu almirante. — Fernão Pinto, *Peregrinação*, cap. 32.

1552. — «E mandara logo recado ao seu **lasamane,** que era almirante do mar, que andaua correndo a costa com grande frota». — Castanheda, *Historia*, III, cap. 53.

1553. — «O outro auia nome **Lacsamána** que era capitão geral do mar ao modo que acerca de nós he o almirante, officio trazido a nós do vso dos Arabios, se auemos de dar credito á etimologia do vocabulo». — João de Barros, Déc. II, IV, 4.

1557.—«A terceira [dignidade] he **Lassamane,** isto he Almirante do mar». — *Commentarios*, III, cap. 18.

1566. — «Elle [rei de Malaca] esperaua pelo seu **Lasamane**, que he officio de almirante, o qual trazia huma frota de muitos nauios». — Damião de Góis, *Chronica de D. Manuel*, III, cap. 8.

1602. — «**Lac Ximena,** que estaua por capitão naquella tranqueira sentio a obra, e mandou auisar ElRey». — Diogo do Couto, Déc. IV, II, 3.

1613. — «Mandou neste mesmo anno o seu capitão do mar chamado **Laquexemena** com oitenta lancharas bem armadas». — Francisco de Andrada, *Chronica de D. João III*, I, fl. 47 *v*.

1629. — «Vinha por general desta armada **Lassemane,** que era o mais antigo capitão, e de mais valor que tinha o Rey de Achem». — In *O Chronista de Tissuary*, I, p. 9

1687. — «Contra pareçer do Geral do mar, a que chamão **Lacamane,** meteu toda a armada no esteyro de Pengor». — P. Fernão de Queiroz, *Conquista de Ceylão*, p. 621.

1571. — «At eorum conciliis vehementissime repugnabat **Lassemana**, rerum maritimarum praefectus».—Jerónimo Osório, *De Rebus*, II, p. 439.

1620. — Outre vn grand miroir qu'il m'a conuenu donner pour accompagner la *chappe* et pour l'*Orancaye* **Laxemane** qui est vn plus grand confident». — Général Beaulieu, *Mémoires*, p. 46.

1650. — «Les Esclaves de le Seigneur nommé **Datolaxmanna** se joignit à ceux-cy». — Floris, in *Relations*, I, p. 23.

* **LATACONDA** (conc. *lāṭ-khaṇḍ*). Pilão de *ável* (q. v.).

1774. — «O direito de **Lattaconda** quer dizer pilões de Avel». — *Collecção de Bandos*, I, p. 21.

**LATE.** Aparelho de extrair água de poços, cegonha, na India. Do conc. *lāṭh*.

1615. — «Alguns trauessos armarão ao outro dia nos seus uallos outro trabuco, ou engenho, que na India chamão **lates**, com que tirão a agua dos tanques, que são humas vergas delgadas». — Diogo do Couto, Déc. VIII, I, 28.

1727. — «**Lates**. Engenho, com que na India tirão a agoa dos tanques. He composto de humas vergas delgadas, com a ponta para cima, e o pé grosso para baixo e hum pezo nelle, armado sobre huma forquilha». — Bluteau, *Supplemento*.

1816. — «**Late**. He o nome que damos a huma maquina de tirar agoa dos poços. Consta de huma forquilha em cujas pernas anda huma vara com hum balde n'huma extremidade, e hum peso da outra. O vocabulo veio da Asia». — Cardeal Saraiva, *Glossario*.

1866. — «Sendo escavado o nó serve para balde... de cegonha (**láty**)».—F. N. Xavier, *Descripção do Coqueiro*, p. 7.

1886. — «Extrahe-se a agua dos *ondós*, poços ou reservatorios de agua, por meio de cegonha, **lathy**». — Lopes Mendes, *A India Portugueza*, I, p. 192.

1917. — «... não prescindir para estes ultimos efeitos da minha velha cegonha (**latti**) que um *begarim* ou duas mulheres manejam». — *O Ultramar*, de 14 de Maio.

1917. — «Se sobre cada charco ou poço se montasse uma cegonha (**latti**) a irrigação artificial durante a interrupção da *monção* aliviaria e remediaria os estragos da estiagem». — *Ibid.*, de 6 de agosto.

* **LATE** (conc. *lāṭh*). É tambêm, em Goa, o nome de outro engenho análogo, que serve para pilar arroz; pilão grande.

1866. — «Ha tambem outro systema de pilar, denominado **laty,** visto que o seu aparelho he como o de cegonha, que em lingoa do paiz se chama *laty*, em que o pilão fica fixo a huma extremidade do guindaste, em logar de balde, e a outra demora-se em falso sobre huma pequena cova». — F. N. Xavier, *Descripção do Coqueiro*, p. 51.

* **LAUIÉ** (chin. *láu-yé*). E o tratamento que se dá na China aos velhos, e quere dizer «senhor velho».

1729. — «Tanto como isto se respeita na China a velhice, e ancianidade de homens, de tal sorte, que até os homens benemeritos, e de doutores para cima se dá o nome de **lauye**, que quer dizer senhor velho». —*Apud* Júlio Biker, *Collecção de Tratados*, II, p. 122.

**LAULÉ** (s. f.). Ocorre esta palavra no livro de Fernão Pinto como nome duma embarcação dos mares da China. Suponho que o seu étimo é o mal. *lalai*, «adriça» (Wilkinson), ou *laley*, que Favre define: «les bras, manœuvres qui servent à faire tourner les verges avec leur voiles» [1]. Mas também pode provir do birmanês *hlay-loung*, que quere dizer «canoa, almadia».

1542.—«Embarcandose em huma **laulé** de remo, se veyo fugindo pelo rio abaixo». — *Peregrinação*, cap. 92.

«Não havia mais em todo o rio que tres **laulés** pequenas, e huma *jangaa* em que não podião caber cem pessoas». — *Ibidem*.

«Vierão em 16 embarcações de **Laulés** e jangás pelo rio de Batampina». — *Ibid.*, cap. 117.

* **LAUTIÁ**, **loutiá** (s. m.). Tratamento honorífico, dado aos altos funcionários chineses em geral, no sentido de «senhor». O chin. *lo-tia*, mandarino *lao-tié*, quere dizer «venerável pai». Fernão Pinto emprega o termo por título duma autoridade. V. *mandarim*.

1542. — «Chumbins, Monteos, **Lauteaas**, e outros muytos senhores, Capitães, mercadores».—*Peregrinação*, cap. 105.

«Mostra noutro capitulo os banquetes que se dão aos Chaens, Aytaos, Ponchacis, Barcalões, Anchacis, Conchalis, **Lauteaas**, Capitães, ou mercadores ricos».— *Ibid.*, cap. 106.

«Acompanhado de muytos ministros, e officiaes, a que chamão Chumbins, Upos, **Lauteaas**, e Sipatões». — *Ibid.*, cap. 115.

---

[1] 1346. — «Não obstante ter o junco vinte grandes remos como os mastros, a cada hum dos quaes se ajuntão trinta homens, permanecem de pé em duas alas, cada huma estando fronteira da outra. Nos remos estão duas grandes cordas; e tendo puxado huma das turbas, deixa-a depois, e a puxa outra turba, e entretanto cantão com vozes suaves, assim como a maior parte dos que combatem, *Laalá, Laalá*».— Ben-Batuta, *Viagens*, II, p. 348.

1569. — «Todo o homem que na China tem qualquer officio, mando ou dignidade por el Rey, se chama **Louthia**, que quer dizer em nossa lingoa señor... Ha em cada provincia da China mil **Louthias**, ou segundo outros tres mil». — Fr. Gaspar da Cruz, *Tractado da China*, cap. 16.

1614. — «... enviando-me a apresentar a dita sentença, de que consta ser havida contra os baneanes e **loutéas**, e não haver d'ella appellação para a Relação de Goa». — *Carta Régia*, in *Doc. da India*, III, p. 136.

1585. — «A todos los officiales del Rey y Iusticias, de qualquiera manera de administracion que sean, llaman generalmente por este nombre **Loytia**». — Fr. Joan G. de Mendoça, *Hist. de la China*, p. 75.

«... para recebir el grado de **Loytia** (que aun que entre ellos quiere dezir cauallero, es como dezir entre nosotros Doctor)». — *Id.*, p. 94.

1588. — «El Re gli [aos que passaram o exame universitário] fà mettere fra **Loitij**, che è titolo, che si dà a tutti i nobili; e assegna loro uno stipendio da pagarsi ogni anno per mantenere il grado... Di poi del corpo de' **Loitiy** si costuma creare i Giudici, i consiglieri, i magistrati». — P. Maffei, *Le Istorie*, p. 229.

1589. — «Ceux qu'on porte en siege avec voiles de soye couverts d'or et d'argent sont appellez **Loitias** et Mandarins». — Linschoten, *Histoire*, p. 41.

1625. — «... qui ex Mandarinorum sive **Loytiarum** (id est, Doctorum) munere fuisset». — *India Orientalis*, XII, p. 101.

* **LAVANACHITI** (conc. *lāvaṇchiṭṭ*), **lavanapottó** (conc. *lāvanpaṭṭó*). São termos usados nas Novas Conquistas; o primeiro quere dizer «bilhete de arrendamento», o segundo, «título de arrendamento de prédio rústico». V. *chito*.

1822. — «... excepto os [bilhetes] que se chamam **Lavanachiti**, e **Lavanapottó**, que continuariam a ser expedidos como até agora pelo dito Zaibá Ram, por ser o maioral na casa, e ter os *xicós* na sua mão». — *Apud* Júlio Biker, *Collecção de Tratados*, XII, p. 27.

* **LAVANISSI** (ant.). Verificador de alfândega, nas Novas Conquistas. Do mar. *lāvṇīs*.

1768. — «O grandioso *Sar Dessay* se obriga a conferir inviolavelmente a Vital Gorqui Sinay Valaulecar, vassallo do Magestoso Estado, e a seus descendentes a mercê do officio de **Lavanissi** da alfandega de Cançarpal, da provincia de Bicholim». — *Apud* Júlio Biker, *Collecção de Tratados*, VIII, p. 17.

*** LAVRADOR DE SURA.** Indivíduo que extrai profissionalmente a *sura* de palmeiras. Diz-se também, neste sentido, «*lavrar* as palmeiras».

1794. — Os **Lavradores** de Sura, e Taberneiros de vinho não lavrarão, nem coserão, nem venderão sura, jagra e vinho sem se avançarem primeiro com o Rendeiro». — *Collecção de Bandos*, I, p. 58.

1871. — Estas operações fiscaes se multiplicam pelas arrematações dos dizimos, renda das palmeiras **lavradas á sura**, imposto do tabaco». — F. N. Xavier (filho), *Collecção de Leis*, p. 125.

1872. — «A extracção da sura se faz pela seguinte maneira: Um individuo a quem chamam **lavrador de sura** (*rendéro*) munido de um instrumento cortante, bem afiado...». —Bernardo da Costa, *Manual do Agricultor*, I, p. 189.

1885. — «Introduziu-se na legislação fiscal um elemento perturbador da quantidade do imposto, accedendo á equiparação das taxas sobre as palmeiras **lavradas á sura** no territorio britannico e no portuguez». — Teixeira Guimarães, *As Communidades Indianas*, p. 1.

1889. — «... com prejuizo do paiz em geral e em especial dos proprietarios dos coqueiros e da laboriosa classe dos **lavradores**».—*Relatorio do Imposto do Abkari*, p. 8.

1891. — «Enumera detidamente todos os productos da palmeira **lavrada á sura**, isto é, para fornecer a sura». — Conde de Ficalho, Col. XVI.

1892. — «O coqueiro **lavrado** para a producção da seiva que serve de materia prima nas bebidas, pagava por anno 80 reis». — Cristóvão Pinto, *Estudos*, p. 42.

1893. — «Julga-se tambem que, sendo a frequente visita do **lavrador** ao topo da palmeira um estorvo para que os animaes e insectos damninhos façam ahi ninhos ou permaneçam escondidos». — José Maria de Sá, *Producto do Coqueiro*, p. 1.

1901. — «Jagra de canna sacharina. **lavra** de sura de cajuri e de *tad-mad* (palmeira brava)». — José Pinheiro, in *Bol. S. G. L.*, XX, p. 36.

1905. — «Na ilha e cidade de Bombaim os **lavradores** são differentes de taverneiros». — Ernesto Fernandes, *India Portugueza*, p. 184.

1906. — «Imposto de 2 tangas sobre cada palmeira **lavrada á sura**». —Amâncio Gracias, *Subsidios*, p. 145.

«O **lavrador** que **lavrasse** 30 coqueiros ou mais tinha o direito de distillar e vender espiritos de sura». — *Id.*, p. 216.

1912. — «... sub-casta *Bhandary*, cujo mister é tratar dos palmares e extrahir o sumo das arvores ou, melhor, **lavrar palmeiras á sura**». — Caetano Gracias. *Flora Sagrada*, p. 79.

*** LEAM-CHUEN** (chinês). Embarcação de carga, na China.

1679. — «Outras se chamão **Leamchuen**, id est, barcos, que trazem os mantimentos das Provincias para a Corte. São estas por todas 9999. Tem estas barcas seus castellos na popa, e na proa, e no meyo hũa sala muy fermosa, que fazem hũa vista muy pomposa». — Fr. Jacinto de Deus, *Vergel*, p. 201.

1637. — «Trae el Rey por aquelles rios mil embarcaçiones, como urcas, pero rasas, por el poco fondo dellos: llamase esta suerte de vaso **Leamchuen**». — P. Semedo, *Imperio de la China*, p. 21.

1735. — «On en compte environ dix mille qui sont entretenues par l'Empereur, et uniquement destinées à porter des Provinces à la Cour, le tribut de toutes sortes de provisions: ces Barques Impérielles se nomment **Leang tchouen**, Barques de vivres. Elles sont toutes à varangue plate, et le corps du bâtiment est également large de la poupe à la prouë». — P. Halde, *Description de la Chine*, II, p. 158.

**LECHIA, lichia.** Fruto de *Nephelium litchi*, Lamb. Do chin. *li-chi*, em malaio *līchi*, em cambojano *lichí*. É uma das melhores frutas da China, se não a melhor, a qual também há nalgumas partes da Índia. V. *longana*. Os nossos escritores comparam o seu gôsto ao das uvas moscatéis.

1541. — «... entressachados com outra verdura muyto mais fresca e de melhor cheyro que esta, a que os naturaes da terra chamão **lechias**». — Fernão Pinto, *Peregrinação*, cap. 68.

1563. — «E nas cousas da China não falastes cousa alguma, avendo lá muyto louvadas frutas, assi como são as **lixias**». — Garcia da Orta, Col. XXXVIII.

1569. — «Ha hũa fruita da qual ha muitos pomares e dasse em grandes aruores muy estendidas e ramalhadas, he fruito do tamanho de amexas redondinhas ou pouco mais, deixa a casca e he muito singular e estremada fruita, nem ha quem se afaste della, sempre deixa desejo de mais ainda que comam muita, e nenhũ dano faz. Ha desta fruita outra mais pequena, mas a grande he milhor, chamam se **Lechias**». —Fr. Gaspar da Cruz, *Tractado da China*, cap. 12.

1600.— «Não se achando nem na India, nem noutra algũa regiam as suas **lechias** e *naiuecas*, tam nomeadas em todo o Oriente pela suavidade do sabor, e pouco pejo. que fazem no stamago, por mais que se comam em contidade, sam as maiores de tamanho das ameixas, que chamamos saragoçanas, a côr de fora vermelha como de medronho, a carne de dentro como de vuas; o caroço comprido ao modo das tamaras, nacem em aruores muy grandes e muy frescas». — P. João Lucena, *Historia*, x, cap. 78.

1688. — «O segundo genero chamão **Limchi**: O terceiro, *Lumien*, e em Macao, *Lichias Longans*; huma, e outra fruta, ou seja fresca, ou seca, he de sabor excellente, e excedem no gosto a toda outra fruta». — Fr. Jacinto de Deus, *Vergel*, p. 209.

1745. — «As boas e excellentes **lixias** celebradas dos Escriptores..« tem sua galanteria no gosto que arremeda alguma couza ao das nossas Uvas Moscateis: sua figura he da grandeza de hum Bugalho, não tão redondas, por fora tem casca algum tanto aspera, por dentro hum grande caroço, e só entre este e a casca tem outra a modo de pello branco e suave da grossura de huma pataça com pouca diferença, e hé tão somente o que se come, sua qualidade hé quente, e occazionando abafamento, se lhe ajuntão algum sal». — In *Ta-ssi-yang-kuó*, II, III, 3.

1882. — «A papaia; a jaka; a **lechia**; a anona» (em Siame). — Henrique Prostes, in *Bol. S. G. L.*, IV, p. 392.

1895. — «Vendedores ambulantes apregoam fructas, ás bellas **lechias** da côr de tijolo como os abrunhos e com o delicado sabor de uvas moscateis». — Conde de Arnoso, *Jornadas pelo Mundo*, p. 130.

1898. — «Comendo pevides de melancia, canna de assucar e fructas, taes como **lichias**, «li-tchi», conquinhos, mangas, laranjas, etc.». — Joaquim Calado Crespo, *Cousas da China*, p. 231.

1900. — «**Lichia**.—É o delicioso fructo de sapindacea... tão apreciado pelo paladar europeu, e cujo gosto lembra o da uva moscatel. A casca, bastante dura, é vermelha e a polpa branca e sumarenta como a d'essa uva».—*Ta-ssi-yang-kuó*, de Fevereiro.

1585. — «Ay asi mismo vna suerte de cirvelas que llaman **lechias**, que de mas de ser sabrosissimas, nunca dan hastio, ni hazen daño, aunque coman de ellas gran quantidad». — Fr. Joan G. de Mendoça, *Hist. de la China*, p. 6.

1589.—«Et s'y trouve un certain fruict qu'ils appellent **Lechyas** semblable à la prune, mais ayant un autre goust fort estimé». — Linschoten, *Histoire*, p. 41.

1610.—«Adonde [na China] hay muchas differincias de vinos, aunque no de vuas, tiene el primer lugar el de **lechyas**, fruta muy semejante a madroño aunque major, y por excelencia lo dizen vino de mandarin». — Pedro Teixeira, *Relaciones*, p. 17.

1637. — «Otra [fruta] las **lechias**, como peras ordinarias el tamaño; como coraçon la forma, algo como de medroños el color, y superficie: dan la cascara que es sutil; y aparece dentro la carne de color de perla, tiene dentro un caroçoncillo: es de mucho gusto, y de poca dura».—P. Semedo, *Imperio de la China*, p. 7.

1652. — «On ne trouve point ailleurs que dans les Provinces Australes de la Chine, les fruits qu'ils appellent **Li-ci** et *Lum-ien*; la pelure du fruit appellé **Li-ci** ressemble à la pomme de pin; mais au contraire la peau de *Lum-ien* est fort déliée et fort lice». — *Relation de la Chine*, p. 20.

1735. — «Celui qu-ils nomment **Li-tchi** (s'il est de bonne espece, car y en a de plusieurs) est de la grosseur d'une datte; son noyau est également long et dur; il est couvert d'une chair molle, pleine d'eau, et d'un goût exquis». — P. Halde, *Description de la Chine*, I, p. 16.

1736. — «Je viens à un autre Arbre dont le fruit nommé **Litchi** est fort vanté par tous ceux qui ont écrit sur la Chine, et dont nos Navigateurs Européens qui l'ont vû, et qui en ont souvent mangé, ne parlent qu'avec admiration». — *Lettres Édifiantes*, XXIV, p. 368.

1791. — «On y voyait pêle-mêle des mangoustans, des orangers, des cocotiers, des **litchis**».—Bernardin de Saint-Pierre, *La Chaumière Indienne*.

1824. — Of the fruits which the season offers, the finest are **leechees**, and mangoes; the first is really very fine, being a sort of a plum, with the flavour of a Frontignac grape» (em Bengala).—Heber, *Narrative*, I, p. 98.

1860. — Foreign fruits without number, mangoes, durians, **lichees**, loquats, granadillas, and the avocado pear, have been propagated». —Emerson Tennent, *Ceylon*, II, p. 209.

1854. — «Les **litchis** (*scytalia litchi*) mûrcissent vers le fin de mars et commencement d'avril, et c'est de la Chine du sud, leur véritable patrie, qu'ils ont été introduits ici». — Jancigny, *Indo-Chine*, p. 401.

1908. — «**Litchi, lichi**, *kystmauk*. A handsome evergreen tree, introduced from South China and now largely cultivated in Northern India for its delicious fruit». — Watt, *The Commercial Products*, p. 793.

* **LEITE DE COCO.** Em duas acepções se emprega o vocábulo: pelo líquido que contêm o fruto, geralmente denominado em Goa «água de côco», como em concani (*nārlāchem udak*); e pelo suco da polpa do côco moída ou pisada, o qual tem mais parecença com o leite.

1664.—«O endosperma contém um **leite** bastante agradavel quando fresco». — Lopes Mendes, *Apontamentos sobre a provincia de Satary*.

1866. — «A *agoa* de *lanha* serve para beber como refrigerante, e o amago de alimento». — F. N. Xavier, *Descripção do Coqueiro*, p. 18.

«Do amago ralado (*soi*) tira-se **leite** (*rosso*) espremendo-o com as mãos, depois de moida em gral de pedra». — *Id.*, p. 23.

1872. — «A amendoa é aproveitada para d'elle se extrahir um **leite**, que quotidianamente se serve para o tempêro das comidas, e para doces». — Bernardo da Costa, *Manual do Agricultor*, I, p. 139.

«O liquido que se encontra no côco e que é chamado «agua de côco», é na India geralmente deitado á rua, ou dado como alimento aos porcos». — Id., *ibidem*.

1893. — «O **leite** espremido do miolo do coco é usado no café; e um jornal do paiz, redigido por um medico, affirma que esta bebida, além de ser bastante agradavel, é um grande confortativo nas affecções do peito». — José Maria de Sá, *Productos do Coqueiro*, p. 20.

«A *agua* tem a côr e consistencia de sôro de leite, mas sabor agridoce muito agradavel». — *Id.*, p. 50.

*** LENÇOL.** Dá-se êste nome na Índia ao manto do pano patente ou cru, que a mulher cristã do Concão veste, quando assiste aos actos da igreja e em algumas outras ocasiões graves. Há pretos para luto e de sêda para luxo. Foi invenção dos missionários antigos para substituir as mantilhas portuguesas. Por distinção do lençol da cama, costuma dizer-se às vezes «lençol de manto».

1915. — «Refere-se a um curioso requerimento dirigido por um goês, em princípios do século passado ao governo da metropole, queixando-se ao soberano de que «o trage usado pelas mulheres dos naturaes, o **lençol**, era, para elles, causa de muitas infelicidades e degradação». — *Heraldo*, de 24 de Dezembro.

«E o **lençol** ou *ôle* [em concani] que as mulheres de *pano-baju* (q. v.) e também quási todas as de *pano-paló* usaram e ainda usam para sairem á rua e estarem nas igrejas, etc.». — *Ibidem*.

*** LENHOLOÉS** = lenho aloés; **linaloés** = *lignum aloes*. É o mesmo que *águila*. Orta dedica o seu Coloquio XXX ao *linaloés*, e o Conde de Ficalho acrescenta-lhe muitas informações interessantes.

1498. — «Arratel de **paoo aloee** val dous cruzados». — *Roteiro de Vasco da Gama*, p. 116.

1500. — «... almiscar, ambar, beijoim, encenso, **páo aloes**, ruibarbo». — *Navegação* de P. A. Cabral, cap. 15.

1516. — «... beijoim, alacar, sandalo, **lenho aloes**, muyto ruybarbo». — Duarte Barbosa, *Livro* (2.ª ed.), p. 263.

1552. — «Não ha nelle [reino de Campa] se não matas daruoredos que he ho **lenho aloes**, a que na India chamão *calambuco:* as aruores sam grandes, e como sam velhas cortamnas e tirãolhe ho **lenho aloes**, que he seu amigo o cerne, e o de fora se chama aguila». — Castanheda, *Historia*, III, cap. 63.

1553. — «Da qual ilha mandou hum presente a Affonso d'Alboquerque de certos fardos de **lenho aloe**, e de hũa massa da especie de lacre, que entre elles serve de verniz». — João de Barros, Déc. II, VI, 7.

1554:

> «**Lenho loes**, cordial
> licorne, ruybarbo tem».
>
> Garcia de Resende, *Miscellanea*, fl. 156.

1557. — «Vinham de Çamatra carregadas de pimenta, e seda, sandalos, e **lenholoes**». — *Commentarios*, III, cap. 43. — **Lenhonoe** no cap. 37.

1566. — «Oito fardos de **lenho aloes**, e aguila, e dous fardos *dazulacre*». — Damião de Góis, *Chronica de D. Manuel*, III, cap. 19.

1600. — «Champá, em cujas montanhas nace o verdadeiro **lenho Aloe**». — P. João Lucena, *Historia*, VI, cap. 15.

1292. — «V'è abondanza di thesoro, & di tutte le specie, & di **legno d'Aloe**, verzino [brasil], ebano». — Marco Polo, *apud* Ramúsio, II, X, 61.

1444. — «Nauigò verso ponente ad vna città, che è nella costa del mare detta Campaa, nella quale v' è molto **legno aloe**, canfora, & gran copia d'oro». — Nicolo de Conti, *ibid.*, I, fl. 341.

1511. — «Lache: Muschio: Ambra: **legno Aloe:** Belzoi». — *Apud* Gubernatis, *Storia*, p. 383.

1582. — « .. *ganza*, panni, gioie, muschio, belzuin, sandalo, e **legno aloè**». — G. Balbi, *Viaggio*, fl. 111.

1583. — «Il **legno aloe** è più secco, e al taglio del coltello si conosce subito, che levatone da questo un poco, a toccarlo si trova calido e asciuto». — F. Sassetti, *Lettere*, p. 201.

1610. — «... y en Cochin China dedonde viene el aguila o **ligno aloes**». — Pedro Teixeira, *Relationes*, p. 185.

1611. — «**Linaloe**, vocabulo corrompido de *lignum aloe:* criase el mejor en la Isla Taprobana». — Covarrúvias, *Tesoro de la Lengua Castellana*.

1620. — «... du Damas, de la Soye, du **bois d'Aloës**, du Benjoin de Cambaya». — Methold, in *Relations*, I, p. 12.

1631. — «**Lignum aloës**... etiam frequens oritur et optimum in Champa, vicina Chinae regione, et in Cochin China». — Bontius, *Historia Naturalis*, p. 43.

1658. — «... l'incenso, la mirra, il **le-**

**gno aloe** del mar rosso». — Fr. Vincenzo Maria. *Viaggio*, p. 32.

1675. — «... besides perfumed with Odoriferous Gums, or the **Aloes Wood** alone, or other resiny Matters made into Candles». — Fryer, *East India*, III, p. 135.

1876. — «His palanquin was made of **lign aloes** and gold, covered with fine skins, and ornamented with precious stones». — Howorth, *History of the Mongols*, I, p. 305.

**LENTOCIM.** Inspector de celeiros públicos, na China; comissário. Do chin. *liáng-táu-sz'*.

1534. — «Isto não he justiça mas he injustiça de tres mandarís ladrões .s. *ampochim* ou *anchaci* e **lentocim** e *pio* de nato que pelos roubos que tem feitos querem matar a todos». — Cristóvão Vieira, *apud* Ferguson, *Letters*, p. 85.

***LEORAI** (teto *liurái*). É o nome que os timores dão aos seus reis.

1864. — «Cada uma d'estas pequenas nações era governada por um **Leoray,** a que os portuguezes depois chamaram rei, porque a terminação d'aquella palavra se assemelha a esta» — Afonso de Castro, *As Possessões Portuguezas na Oceania*, p. 18.

1907. — «**Elaré**. Este termo foi introduzido pelos portugueses, e acha-se completamente radicado na lingua, com a significação de «o rei». — Rafael das Dores, *Dicc. Teto-português*.

***LEPALEPA** (mal. *lepaq-lepaq*). Canoa de Timor, curta e larga.

1843. — «Ha outras mais curtas e largas, a que chamam **lépalépa**, e tambem *champana*, que andam presas por um cabo aos barcos maiores, de que acima fallei, e servem para os carregar e descarregar, e para embarque e desembarque de gente». — *Annaes Maritimos* (parte official), p. 141.

**LEQUE.** Abano. Está agora averiguado que a etimologia do vocábulo é o nome geográfico — *Lieu Khieu* em chinês, *Léquios* ou *Ilhas Léquias* dos nossos cronistas — de um arquipélago situado ao sul do Japão. Dizia-se a princípio «abano léquio», mas depois ficou substantivado o adjectivo, como tantos outros análogos.

Gonçalves Viana publicou um desenvolvido e erudito artigo na *Revista Lusitana*, reproduzido nas *Apostilas*, onde cita um documento de 1561, em que figura a frase «avano lequeo».

1551. — «Por retorno do presente lhe mandou [o rei de Bungo] armas ricas, e dous treçados douro, e cem **abanos Lequios**». — Fernão Pinto, *Peregrinação*, cap. 225.

1600. — «Com hum **leque** ou abano de ouro na mão».— P. João Lucena, *Historia*, VII, cap. 9.

1601. — «Seys **leques**, em duzentos réys». — Tomás Pires, *Materiaes*, etc., in *Bol. S. G. L.*, XVI, p. 720.

1605. — «O aleuautado offereceo hum presente a el Rey de vinte **lequès**, que sam a modo de avanos pequenos, todos guarnecidos de pedraria e aljofar, que foi avaliado cada hum em duzentos mil pardaos». — P. Fernão Guerreiro, *Relaçam Annual*, fl. 107.

1694.—«Trazem estas embarcações dous mastros, cujas velas são de esteira: a figura he de **leque**, e em lugar das varetas, tem de hũa e outra parte hũas largas tiras de grossas canas». — *Noticias Summarias de Cochinchina*, p. 7.

1729. — «Depois hia outro China com hum grande *sombreiro* de setim amarello, a quem seguia outro com hum grande **leque**, que servia de encobrir nos encontros com os mais Mandarins (costume dos Mandarins da China, que quando se encontram, como em reverencia e mutua attenção encobrem o rosto emquanto se não fallam». — *Apud* Júlio Biker, *Collecção de Tratados*, VI, p. 81.

1816. — «**Leque**... He vocabulo da Asia chineza, e nós conjecturamos que nos veio das *ilhas Lequias*, aonde se fabricavão excellentes abanos». — Cardeal Saraiva, *Glossario*.

1870. — «O **leque** parece ser o objecto mais proprio e caracteristico das raças touranianas. Na China, no Japão, e India transgangetica, encontra-se o mesmo costume, emquanto na India cisgangetica, habitada por nações em grande parte semiticas e árianas, é quasi desconhecido o **leque**». — Pedro G. Mesnier, *O Japão*.— Pode-se atribuir o costume à influência do budismo. V. *talapõe*.

1882. — «N'uma elegante e enorme vitrine ao centro encimada por um docel e ornamentada pelos mais variados e caracteristicos **leques** reaes» (em Siame). — Henrique Prostes, in *Bol. S. G. L.*, IV, p. 391.

**Leque.** É outra forma de *laque*, q. v.

***LEROS** (s. m. pl.). Diz-nos Castanheda, e repete Damião de Góis, que são indivíduos de uma classe de *naires*. Mas a expressão é incompleta, e por si não significa nada, sendo *lar*, sufixo plural em malaiala e *lan* singular, de nomes substantivos de castas e ofícios. *Mānalan* quere dizer literalmente «homem honrado» (sânsc. *māna*, «honra»), e técnicamente «naire de superior categoria, que exercia hereditáriamente os primeiros cargos militares», como o de capitão ou comandante.

1551. — «E durando assi esta goarda soube que era sua espia hum Naire de Cochim da casta dos **leros**, e trazia consigo alguns Naires não conhecidos que pareciāo de Calecut, o que sabido por ele fez de maneyra que logo lhos prenderão a todos». — *Historia*, I, cap. 85.

1566. — «Prendeo alguns Naires dos que eram nesta conjuraçam, de que hum que andaua por espia, era de Cochim da geraçam de **Leros**, os quaes mandou açoutar perante sim, pera delles saber a verdade». — *Chronica de D. Manuel*, I, cap. 92.

1658. — «Il secondo ordine di Caste è quello de' soldati, frà li Malavari detti Nairi, quali parimente si diuidono in quindeci altre specie... Li primi si chiamano **Manelere**, che sono Capitani». — Fr. Vincenzo Maria, *Viaggio*, p. 264.

**LI** (s. m. e f.; chin. *li*). Medida itinerária da China, que varia conforme os lugares e tem variado no decurso do tempo. Lucena diz que um *li* tem trezentos passos. Mendonça dá 10 *lis* a uma légua espanhola, e o Padre Semedo, 15. Segundo Giles, citado por Yule, 27 ⁴/₅ *lis* fazem 10 milhas inglesas. V. *ichão*.

1563. — «A primeira e menor distancia sua, he **Lij**, que tem tanto espaço, quanto por terra chaã em dia quieto e sereno se pode ouuir o brado de hum homem». — João de Barros, Déc. III, II, 7.

1600. — «... assim o fazem elles em **Lijs**, *Pus* e *Ichão*, chamando **lij** o espaço, porque se pode ouuir o brado humano em hum campo raso, e num dia quieto, e sereno». — P. João Lucena, *Historia*, X, cap. 17.

1668. — «Hum estadio China, que chamão **ly**, tem 360 passos, hum passo tem seis covados, hum grao tem 350 estadios Chinas». — Fr. Jacinto de Deus, *Vergel*, p. 161.

1719. — «Tem esta mesma cidade, na computação dos Chinas, 180 **Ly**, que na nossa portugueza são 18 leguas de circuito». — *Apud* Júlio Biker, *Collecção de Tratados*, VI, p. 129.

1895. — «O conhecido peregrino budhista do VII seculo, Huen Thsang, affirma que um rubim collocado sobre o templo de Ceylão onde se guardava o dente de Buddha, se via brilhar a uma distancia de 10:000 **li**». — Conde de Ficalho, Col. XLIV.

1895. — «Chamam-lhe os chinas *Wan-li-tchang-tching*, o que quer dizer a grande muralha de dez mil **lis** ou mil leguas». — Conde de Arnoso, *Jornadas pelo Mundo*, p. 364.

1898. — «O **li** para medidas itinerarias equivale a 1:825 pés pouco mais ou menos; a milha ingleza pode dizer-se egual a 2,29 **li**». — Joaquim Calado Crespo, *Cousas da China*, p. 158.

1900. — «As muralhas da Cidade interior [de Pequim], que formam um quadrado quasi perfeito, tem quarenta **li** de circumferencia ou quatro leguas, e trinta e cinco pés e cinco pollegadas de altura; a respectiva muralha 2325 *Thang* (7.750 metros) de desenvolvimento». — *Ta-ssi-yang-kuó*, de Julho.

1585. — «Tienen los chinos, tan solamente tres medidas itinerarias, a las quales en su lengua llaman **Lij**, *Pu*, *Icham*, que es tanto como si dizessemos, stadio, legua, jornada. La medida llamada **Lij**, tiene tanto spacio, quanto por tierra llana...». — Fr. Joan G. de Mendoça, *Hist. de la China*, p. 12.

1588. — «A distinguer gli spazi de' viaggi tengono questo modo. La piu piccola chiamano in lor fauella **Li**, la quale contiene tanto di spazio, quato si puó udire la uoce d'vn huomo, che gridi in vna campagna vgualmente piana, e in tempo chiaro, e sereno». — P. Maffei, *Le Istorie*, p. 225.

1640. — «Tiene de circunferencia treinta **lis**, que son dos leguas». — P. Semedo, *Imperio de la China*, p. 14.

«Los caminos miden por passos mas por la propria medida, haziendo de seis *ches* un passo geometrico; y trezientos destos un **li**, y de cien **lis** un estadio, o jornada, de modo, que de Norte a Sur, parece que dozientas y cincuenta y cinco **lis** hazem un grado: porque damos quinze **lis** a cada legua». — *Id.*, p. 53.

1735. — «Ces distances se marquent par des **lys** ou stades, mais ces **lys** ont plus ou moins d'étenduë dans les diverses Provinces, de même qu'en Europe il y a differences de longueur dans les lieuës des Provinces différentes d'un même Royaume». — P. Halde, *Description de la Chine*, I, p. VI.

1830. — «Un **li**, mesure de longueur chinoise, est le dixième d'une lieue française». — F. Michel, *Poésies Orientales*, p. 81.

1853. — «En prenant le **li** de cette époche, comme celui de la dynastie précédente, pour la valeur d'un 20ᵉ de lieue (au lieu d'un 10e que vaut le **li** d'aujourd'hui)...». — Pauthier, *Chine*, p. 292.

1853. — «Elle est située dans la partie septentrionelle de la province de Tchi-li, à quatre cents **li** (quarente lieues) de la grande muraille. Nous continuerons à employer cette dénomination chinoise pour mesure de distance, en prévenant que l'on en compte 250 pour un dégré, et 10 pour une ancienne lieue de France». — Bazin, *Chine Moderne*, p. 8.

1876. — «We travelled through a country watered by rivers towards the north-west for 200 **li** (twenty leagues)». — Howorth, *History of the Mongols*, I, p. 280.

«The **li** is a very variable distance, like the Spanish league, which, as those know to their cost who have been in out-of-the-way corners of that country, expands where there are no official posts to mark the distance». — *Id*, p. 454.

1898. — «Tres días duró la caminata, pernoctando el último de ellos la caravana en Pa-li-kao, nombre que quiere decir «Puente á 8 **lises** de Pekin» (es decir, á 3,200 metros). — Alfredo Opisso, *La Raza Amarilla*, p. 40.

1915. — «3 **li** is about an English mile». — *The Modern Review*, de Junho, p. 710.

**LI** (s. m.; chin. *le*). Moeda chinesa, composta de cobre e estanho, e equivalente a uma *caxa* (ou *sapeca*) ou a $^1/_{1000}$ de tael. É também usada como pêso de ouro e prata.

1640. — «El tercer modo de medir, que es por peso, dividen casi en la misma forma, empeçando de un *hao* [vid. *fão*]; y es decima parte de su moneda, a que llaman los Portugueses, *caxa*: de modo, que una destas (o **li** como llaman los Chinos) consta de diez haos, y corresponde al medio real nuestro; diez **lies**, o caxas, hazem un *condorim*». — P. Semedo, *Imperio de la China*, p. 53.

1735. — «Le *Tsien* ou le *Maz* se divise en dix *Fuen* qui sont dix sols: le *Fuen* ou un sol se divise en dix **Li** d'argent». — P. Halde, *Description de la Chine*, II, p. 167.

1876. — «These copper coins were of three sizes: 1, of the value of one **li**; 2, of the value of ten **li**; and 3, of the coins worth several of those of the dynasties Tang and Sug». — Howorth, *History of the Mougols*, I, p. 294.

«**Li**. Mesure de longueur chinoise qui vaut 180 tchang de 2 *pou* (pas) soit 442 a 443 m. C'est aussi une mesure de poids pour l'or et l'argent, équivalente au *koesch* ou *cash* valant $^1/_{100}$ de mace, soit 0 gr. 0378». — *La Grande Encyclopédie*.

* **LI** (chin. *lie*). Eminente, conspícuo. É tratamento honorífico, que se dá na China a certas pessoas.

1679. — «A letra **li** quer dizer mandarins, a letra *pu* quer dizer tribunal, ambas juntas dizem — tribunal dos mandarins». — Fr. Jacinto de Deus, *Vergel* (2.ª ed.), p. 165.

1707. — «Se seguirem a doutrina de **Li** Matheu (do Padre Riccio) poderão só ser Religiosos». — In *O Chronista de Tissuary*, I, p. 331.

«**Liais** ou **lines**. Passaros, que vem da India». — Bluteau, *Supplemento*. Não é fácil identificar os vocábulos com tão escassos elementos. O mal. *lilin* é o nome de uma espécie de calau — *Anthracoceros albirostris*; o conc. *lālā* designa uma espécie de beija-flor — *Fringella Amandava*, que não poderia, com toda a verosimilhança, vir para Portugal.

**LIAL** (s. m.). Moeda de cobre, mandada cunhar em Goa por Afonso de Albuquerque, do valor de pouco mais de um rial; *bazaruco*.

1552. — «A de cobre [se chamasse] **leais**, por amor da lealdade dos Portugueses: e tiroulhe o nome de bazaruco, como lhe chamauão os mouros a esta moeda de cobre». — Castanheda, *Historia*, III, cap. 47.

1554. — «A moeda que se fez de cobre, são **leaes** de 50 **leaes** por tangua, que vale 60 reis, e 5 tangas hum pardao». — António Nunes, *Livro dos Pesos*, p. 31.

1563. — «De cada bazaruco fez quatro moedas, a que chamauão *cepayqua*, e aos bazarucos pôs nome **leaes**». — Gaspar Correia, *Lendas*, II, p. 77.

1618. — «**Leal** tinha de valia 12 reis». — Manuel Barbosa, in *Archivo*, III, p. 328.

1856. — «As Tangas se dividem em 4 *Barganis*, e cada hum destes em 18 **leaes**; por conseguinte a Tanga tem 72 **leaes**». — F. N. Xavier, *Defensa dos Direitos*, p. 74.

1898. — «Esta moeda, pelo typo e pelo peso, é o meio **leal**, representativo de duas cepayquas». — Manuel de Campos, *Numismatica Indo-Portuguesa*, in *Bol. S. G. L.*, XVIII, p. 344.

1880. — «The **leaes**, the plural form of **leal**, were a little larger coins than the *cepayquas*, three of which went to the **leal**». — Gerson da Cunha, *Contributions to the Numismatics*, I, p. 12.

* **LIBANCO** (chin. *ling-yu*). Cadeia, cárcere, na China.

1534. — «Daqui leuarão a Thome piz [Pires] com seis pessoas a cadea do *Ponchaçy* que chamão **Ibango** e a mim com quatro pessoas a cadea do tomeçi». — Cristóvão Vieira, *apud* D. Ferguson, *Letters*, p. 59.

* **LICHIM.** Commissário da administração imperial na China. Do chin. *li che* [*-kuan*].

1675. — «Despues fueron llamados; y les habló por el Rey un Eunuco, de nombre, **Lichim**; y de Puesto, uno de sus más Validos». — Faria e Sousa, *Asia Portuguesa*.

* **LIM.** Comissário imperial na China, superintendente dos canais. Do chin. *liáng* [*táu*].

1833. — «Só poderam recuperar a liberdade entregando ao commissario imperial, **Lin**, 20, 289 caixas de opio, que foram queimadas». — Adolfo Loureiro, *No Oriente*, I, p. 297.

1845. — «Le 10 mars, le commissaire impérial **Lin** (pron. *Linn*) arriva à Canton avec la mission spéciale d'abolir sans délai et de déraciner complètement ce commerce illicite». — Jancigny, *Inde*, p. 120.

**LIMÃO.** Fruto do **limoeiro** — *Citrus limonum*, Risso. Do ár. *limūn* ou *leimun*, persa *līmū* ou *laimūn*, que se prende ao sânsc. *nimbūka*, que deu *nimbū* ou *limbū* nas línguas neo-áricas. A sua introdução na Europa, segundo o Conde de Ficalho, «parece ser devida aos árabes e aos cruzados, e ter tido logar depois do X seculo». *Flora dos Lusiadas*, p. 40.

* **LIMÃO PIMENTOSO. PIMENTA ALBARRÃ. TEFLÃ** (conc. *tephaḷ* ou *triphaḷ*, pl. *tephḷām*, *triphaḷam*). É fruto duma árvore rutácea — *Zanthoxylum rhetsa*, D. C. É redondo, da feição de ervilha grande, de casca dura e muito acre. Usa-se na Índia para temperar o caril, especialmente de peixe miúdo. Foi enviada uma amostra para a exposição internacional de Londres de 1863.

1862. — «Especiarias ... Açafroa, da comarca de Bardez. **Teflan,** *idem*». — *Annaes do Conselho Ultramarino*, III, p. 36.

**LINGA** (s. m. ou f.). *Phallus*, emblema do culto de Xiva, terceira entidade da trindade hindu. A sua representação ordinária em uma pedra redonda ou cilíndrica não tem nada de pornográfico aos olhos dos estranhos. Culto dos órgãos sexuais encontra-se em quási todas as religiões antigas (grega, romana, egípcia) e simboliza a energia da natureza. Do sânsc. *liṅga*, *liṅgam* nos idiomas dravídicos. V. *ioni* e *xacti*. **LINGAVATO** ou **LINGAITO** (sânsc. *lingavata*, mar. *lingāit*). Sectário do xivaísmo, o qual traz o *linga* ao pescoço.

1498. — «Elles faziam oraçam a tres pedras negras as quaes estavam em meio do corpo da capella». — *Roteiro de Vasco da Gama*, p. 94.

1525. — «O principall ydollo he hũa *pedra redonda* sem nenhuma figura, tem nelle granda devoção». — *Chronica de Bisnaga*, p. 100.

1551. — «Os gentios da terra firme (que he del rey de Narsinga) tinhão tamanha deuação neste pagode que yaõ fazer nele suas orações a tres *pedras negras* que estauão no meyo da capela». — Castanheda, *Historia*, I, cap. 26.

1608. — «**Lingam** he hũa pedra comprida aleuantada no meio do templo: tocar esta pedra tem que he grande merecimento». — P. Fernão Guerreiro, *Relaçam*, fl. 94.

1613. — «E esta dedicada ao **Lingao**, o mais torpe de todos os falsos deoses desta gentilidade, antes é a mesma torpeza, e isto é o que reina por todo este Pande, até pelos caminhos debaixo das arvores tem suas estatuas». — P. Manuel Barradas, *Hist. Tragico-maritima*, II, p. 108.

1614. — «Está aleuantada hũa figura de vm idolo que por deshonesta se deixa de nomear, a que os Gentios chamão **Linga,** e adorão aquillo com grandes supertições». — Diogo do Couto, Déc. VII, III, 11.

XVII. — «Precedem algumas ceremonias no lançamento da dita pedra, que se chama **Lingavá** de *Ispará* (que quer dizer, membro genital de Ispará [sânsc. *īçvara*], por outro nome mahadeo [sânsc. *mahādeva*]): se se acaso quebra a linha, ou fio, ou a dita pedra, não podem comer, nem beber, sem primeiro a tornar a lançar de novo... Admittem a toda a sorte de gente na sua Casta, porém primeiro de qualquer se fazer **Lingavato,** hade observar alguns dias os ritos». — *Breve Relação*, in *Collecção*, I, p. 38.

1687. — «O Dêos mais afamado nesta terra he o principio da geração, figurado, *in pudendis humanis*... Assim os Palestinos, e com eles os Hebreus adoravão a Camos, e Bulphegor; os Gregos, e Latinos, a

Priapo, e a Deuza Venus. Mas a Seyta da **Linga**, a mais torpe destas terras, em hũa cayxinha ao pescoço, ou atada no braço, traz esta torpe figura». — P. Fernão de Queiroz, *Conquista de Ceylão*, p. 119.

1741. — «E como dous delles erão gentios da infama Seyta de **Lingão**, cujo idolo trazião ao pescoço, os parentes os enterrarão conforme as cerimonias da sua Seyta». — Fernão de Brito, *Vida de Ven. João de Brito*, p. 105.

1837. — «Dentro está esculpido o emblema do poder creador, o **Linga**, o qual ainda hoje os Indios costumam ir enfeitar com flores». — *O Panorama*, de 8 de Julho.

1886. — «Tem nove aberturas... que dão ingresso a muitas casas interiores, onde se encontram diversas **lingas** — ou symbolos da natureza fecundante de granito». — Lopes Mendes, *A India Portugueza*, II, p. 18.

«A **lingá**, tambem denominada *Vana-lingá*, por ser o rei Vana o primeiro que a instituiu e ordenou a sua adoração, é similhante ao Priapo dos gregos». — *Id.*, p. 90.

1890. — «Ainda agora se pode ver como o de Sanvordem cortou o nariz ao de Cacorá, e como este lhe decepou um dos membros mais conspicuos, que ficou servindo de **linga** enterrado no chão». — Nota: «*Phallus*, emblema do principio activo da creação. É representado geralmente por uma pedra cylindrica». — António de Almeida Azevedo, *As Communidades de Goa*, p. 30.

1891.—«A pedra deve ser simplesmente um **lingam**».—Conde de Ficalho, Col. XV.

1903. — «O **linga** foi adoptado pelos aryanos aos Sythas».—In *Ta-ssi-yang-kuó*, II, IV, 5.

1906.—«... pedras sagradas, estranhos emblemas phallicos, **lingam** e *yonis* de marmore e de pedra preta». — Hipácio de Brion, *Duas mil leguas*, p. 109.

1917. — «À beira da estrada, para a direita, por entre um macisso de arecal fresco e sombrio, dois altares, com os seus idolos expressivos e exactos — os deuses da virilidade masculina e feminina — o **linga** e o *yoni*». — *Heraldo*, de 8 de Maio.

1918. — «Na India do sul muitas jainas fugindo ás perseguições de Basava, *premier* dum dos reis, converteram-se á religião **lingait**, a que pertence o rei de Sundêm». — *Heraldo*, de 27 de Junho.

1703. — «Je laisse encore dans des très-bonnes dispositions un homme et une femme de la secte des **Linganistes**... Le **Lingam** est une figure monstrueuse et abominable, que quelques-uns de ces Idolâtres portent au cou pour marquer le devouëment et l'attachement qu'ils ont à une espece de Priape, la plus infame de toutes divinitez». — *Lettres Édifiantes*, VI, p. 22.

1786. — «Stavano anticamente in Roma, Grecia, et Egito, dove como affirma Erodoto lib. II pag. 52 si celebrava la festa del Fallo o **Lingam** nell' stessa maniera, colla quale si celebra oggidi nell' India». — Fra Paolino, *Viaggio*, p. 234.

1825.—«Cet usage n'est en vigueur que dans les districts où dominent les **linganistes**, c'est-à-dire, les sectaires de Siva». — P. Dubois, *Mœurs*, I, p. 9.

1825. — «Though it is different in its form and style of ornament from the **lingam**, I cannot help thinking it has been originally intended to represent the same popular object of that almost universal idolatry, which Scriptures, with good reason, describes as «uncleanness and abomination». — Heber, *Narrative*, I, p. 145.

1836. — «On en voit une [estátua] avec un **lingam** (phallus), emblème de la reproduction, long de 6 pieds, et revêtue d'une longue inscription».— Rienzi, *Océanie*, I, p. 163.

1875. — «The Jangans, a **Linga**-worshipping sect of Southern India, wear a copper or silver **linga** either round the neck or on the forehead». — Yule, *Marco Polo*, II, p. 357.

1884. — «Le **Linga** (en tamoul *Ilingam*), est dans son acception première le membre virile, et par extension le nom donné aux pierres brutes ou polies qui représentent cet organe».— Mgr. Laouenan, *Du Brahmanisme*, 9, p. 216.

1885. — «The **Lingayats**, who worship the **linga** or emblem of Siva, are chiefly traders. Pink is their sacred colour, and every male **Lingayat** should wear at least one garment of this hue: for a female it matters not». — Hunter, *The Imperial Gazetteer*, V, p. 267.

1900. — «Une éternelle obscurité entoure la dernière, la plus sarcastique expression du dieu de l'engendrement et de la mort, qui est le caillou noir, cyniquement taillé en **Lingam**». — Pierre Loti, *L'Inde*, p. 269.

«**Linga** ou **lingam**. Symbole de fécondité naturelle dans les religions indiennes: c'est un phallus figurant le dieu Siva. On admet que l'origine de ces cultes remonte aux Dravidiens; Kittel les fait venir de Grèce». — *La Grande Encyclopédie*.

* **LÍNGUA BADAGÁ.** É o nome que os nossos historiadores antigos dão à que é actualmente conhecida por *telúgu* ou *telinga*, falada em Bisnagá. V. *badagás*, e *Influência*, p. XLIX.

1607. — «Fallou o padre algũas vezes con el Rey das cousas da sua saluação, e principalmente tomando ocasiam de alguas pinturas que lhe leuaua a mostrar... com letreiro que estaua no painel em **lingoa Badagâ,** que contaua a suma da historia» . . . «O padre Antonio. . . lhe leuou de presente hum fermoso mapa com letras **badagas,** e ao pe delle hũa descripçam dos Reynos principais e dos quatro elementos e onze ceos, o que tudo el Rey folgou muyto de ver e ler». — P. Fernão Guerreiro, *Relaçam Annual,* fll. 106 e 107.

**LÍNGUA MALABAR.** Em duas acepções empregaram a locução os nossos indianistas: como sinónimo de *malaiala* (q. v.), idioma falado no Malabar; e como sinónimo de *tamul* (q. v.), falado na costa de Choramândel, por serem ambas as línguas muito parecidas.

1551. — «Mandou hũa carta escrita em **lingoa Malabar** [malaiala] ao feytor del rey».—Castanheda, *Historia*, I, cap. 23.

1552. — «A lingua dos Gentios de Canará he **Malabar»** (malaiala). — *Id.*, II, cap. 78.

1603. — «E he de grão preueyto hũa escola de ler e escreuer em **Malauar** [tamul] que os padres aqui [em Meliapur] tem com hum mestre secular, a quem pagão à sua custa». — P. Fernão Guerreiro, *Relaçam Annual,* fl. 67 *v.*

1603. — «Os quaes forão escritos em *ollas* de cobre, como as de Cranganor de diuersas letras, e caracteres **Malauares,** Canarins, e do Tamul, e letra de Bisnagaa». — Fr. António de Gouveia, *Jornada do Arcebispo,* fl. 5.

1687. — «Ensinão a **lingua Malâuar,** a que chamão *Tamul;* estimada entre as nações que carregão pera o Cabo de Comoy [= Comorim], e costa de Choramandel; (assim como no Industan, a que chamão *Marastta*)». — P. Fernão de Queiroz, *Conquista de Ceylão,* p. 90.

1549.—«Enrico Enriquez, a Portuguese priest of our Society, a man of excellent virtue and good exemple, who is now in the Promontory of Comorin, writes and speaks the **Malabar tongue** [tamul] very well indeed». — S. Francisco Xavier, in *Glossary.*

1730. — «Je m'applique de toutes mes forces à apprendre la langue Tamul ou **Malabare».** — *Lettres Édifiantes,* v, p. 26.

1734. — «. . . pro Indorum Christi fidelium eruditione in linguam **Malabaricam** seu Tamulicam transtulere».—*Breve* do Papa Clemente XII.

* **LÍNGUA MOURA.** Assim se designa às vezes na Índia o hindustani ou indostano; pois quási todos os mouros ou muçulmanos a falam, seja materna ou não.

1887. — «Além destas ha algumas escolas particulares de guzarate e de **lingua moura».** — João de Andrade Corvo, *Estudos sobre as Provincias Ultramarinas,* IV, p. 100.

**LINHA, linhas.** É o nome por que os portugueses designaram o tríplice cordão que os hindus das castas superiores trazem a tiracolo, da esquerda para a direita, desde o dia da sua investidura, feita com grande aparato, como símbolo da sua regeneração, *dvija.* Os *dharmaxastras* descrevem minuciosamente a natureza e a feitura da linha (*zūn'vém* em concani), a idade do iniciando, a liturgia do acto, os privilégios que derivam, e as penas em que incorrem os omissos. A palavra portuguesa é tradução do concani *sūt,* que também se usa neste sentido.

Os zoroastrianos tem igualmente sua linha sagrada, *kusti:* «A investidura do *sadrá* e *kusty* (cordão que cinge o parse, e sobre o qual juram)». Oliveira Mascarenhas, *Atravez dos Mares,* p. 116.

Foi uma questão por longo tempo muito debatida entre os missionários católicos se a *linha* era uma insígnia religiosa ou social, e se os hindus a podiam continuar a trazer, como distintivo da sua nobreza, depois da conversão. Os jesuítas, tendo à sua testa o célebre Roberto de Nobili (vid. *saniassi*) [1], pugnavam pelo seu uso como sinal de nobreza, visto que aos brâmanes neófitos repugnava a sua privação. Os franciscanos e ou-

[1] «O vestido seu he hũa Cabaya comprida até os pés branca que tira hum pouco para amarello .. na cabeça hum pano ao modo de barrete, a tiracolo, hum cordam de cinco fios tres douro, e dous de linha branca, com hũa Cruz que lhe vem a cair no peito, isto faz o padre, porque como a *linha* nos Bramenes que sam mestres he tambem sinal da ley que ensinam, quis tambem trazer sinal da ley espiritual . . e assi os tres fios douro com hum cordão, as tres divinas pessoas e hum só Deos, os dous fios da linha branca o corpo, e alma de Christo nosso Senhor». — P. Fernão Guerreiro, *Relaçam,* fl. 84.

tros religiosos sustentavam que isso importava paganizar o cristianismo. O insigne teólogo Belarmini, consultado sôbre o caso, respondeu: «Evangilium Christi non eget coloribus et simulationibus; et melius quidem est ut Brahmani non convertantur ad fidem, quam ut Christiani non libere et sincere Evangelium praedicent». Mas o Papa Gregório XV permitiu o uso do cordão com certas modificações e restrições. Prevaleceu porêm a prática contrária, e actualmente não o traz nenhum hindu convertido. Análoga controvérsia se suscitou na China com respeito à palavra *tien*, q. v.

1516. — «Trazem ha tiracolo hũ fio de tres **linhas**, que he ho sinal por honde se conhecem serem Bramenes». — Duarte Barbosa, *Livro*, p. 270.

1538. — «Afirmadamente te juro por sua vida, e por esta **linha** de Bramene que professei de pequeno...». — Fernão Pinto, *Peregrinação*, cap. 11.

1552. — «Celebrão hũa festa a que chamão a festa da **linha**, que he a do seu bautismo, e então se lauão .. E chamase esta festa da **linha**, porque aos oyto annos deytão hũas certas **linhas** aos filhos que trazem como tiracolos a carão da carne». — Castanheda, *Historia*, II, cap. 34.

1563. — «E nesta tira atrauessada está a denotação de religioso [budista] como na terra Malabar a **linha** vermelha dos Brammanes lançada a este modo». — João de Barros, Déc. III, II, 5.

1563. — «E o Bramane tomou huma **linha** que trazia deitada a tiracolo entre os dedos polegares, com as mãos juntas, e jurou que ElRey assinara aquella *ola*, e nella afirmaua e seguraua tudo assi como o Capitão mór pedia». — Gaspar Correia, *Lendas*, I, p. 89.

1575. — Pede que mande nenhum bragmane traga **linha**, como já no primeiro Concilio lhe fez esta lembrança». — Segundo Concílio de Goa, in *Archivo*, IV, p. 97.

1585. — «As **linhas** que os Bragmanes, e outros gentios alguns destas partes da India trazem a tiracolo junto a carne... he hum sinal da profissão da sua falsa religião, que contem em si muitas cerimonias gentilicas com obrigação de rezar cada dia algumas vezes a seus idolos». — Terceiro Concilio, *ibid.*, p. 124.

1612. — «Trazem os Gentios em memoria d'aquelles tres, outros tantos fios de **linha** d'algodão que lhe pende de hum hombro, e vay por baixo do outro braço, à tiracolo, e quando se lhe dão seus juramentos he naquella **linha**». — Diogo do Couto, Déc. V, VI, 4.

1687. — «Cuja [da Trindade] memoria se conserua tambem naquela **linha**, que a modo de tiracolo trazem diversas castas; incluindo tres **linhas** debayxo de hum nó». — P. Fernão de Queiroz, *Conquista de Ceylão*, p. 190.

1697. — «Tambem lhe reparava o Padre na **linha** de tres fios, e tres pontas, que os Bramanes costumão trazer a tiracollo como propria divisa da sua casta; mas bem lhe podia permittir, por ser mais sinal de nobreza e de homem Filosofo, e contemplativo, que protestativo da seyta, e sem escrupulo trazem hoje todos os Bramanes Christãos nas gloriosas missões de Maessur, e Maduré, depois de muitas consultas sobre o ponto em Goa, Portugal, e Roma». — P. Francisco de Sousa, *Oriente Conquistado*, I, I, 1.

1735. — «Attendendo ás despezas que o povo gentio costuma fazer nas cerimonias das suas **Linhas**, hindo celebrar nas terras dos visinhos do Estado...». — *Alvará* do vice-rei, in *Archivo*, Suppl. II, p. 285.

1743. — «Assim se lhes conceda do mesmo modo a permissão para as cerimonias da **Linha**». — *Ibid.*, p. 460.

XVIII. — «Nascido o mesmo Bramene, passados alguns annos couvidão a seus *Botós* (Sacerdotes) e fazendo regozijado festejo com banquetes solemnes, segundo determina o seu ceremonial, com sacrificio de fogo, lhe lanção tres fios de **linha** torcidos, com hum nó chamado *Bramagant*». — *Noticia do Gentilismo*, in *Collecção*, I, p. 119.

1880. — Os contratos matrimoniaes são promovidos pelos paes sem consulta dos futuros conjuges, mas só podem ter logar depois da *ednipavitra* ou *zanvem*, ceremonia que filia os ricos na idade de nove annos e os pobres aos doze no bramanismo, e os habilita ao uso do *cordão* de tres fios (representando a sua trindade), que elles põem, como insignia de distincção, obliquamente do hombro direito para o lado esquerdo da cintura». — Teixeira de Aragão, *Descripção das Moedas*, III, p. 22.

1886. — «... e aquelles cujo obito se verifica antes de receber a ceremonia do *sut* ou *zanvem* — especie de baptismo — que consiste na collocação da **linha** ou cordão de tres e mais fios, que os brahmanes usam a tiracollo da esquerda para a direita». — Lopes Mendes, *A India Portugueza*, I, p. 266.

1893. — «Houve larga discussão, em que o nosso arcebispo [D. Cristóvão, em 1619] foi de parecer que de nenhuma sorte se lhes devia permittir aquella **linha**, fosse ou não fosse insignia de nobreza, que aos gentios lançavam seus *botos* com muitas superstições, e não obstante o breve apostolico lhes permittir o uso dessa **linha**, se lh'a devia prohibir». — P. Casimiro C. da

Nazaré, *Mitras Lusitanas*, in *Bol. S. G. L.*, XII, p. 492.

1912. — «A **linha** sagrada dos indús, segundo as leis de Manú, deve ser feita somente de algodão. Primitivamente era este privilegio só dos Brahmanes, mas com o andar do tempo extendeu-se a todas as castas dos indús». — Caetano Gracias, *Flora Sagrada*, p. 17.

1298. — «Si conoscono i Bramini per certo signale, che portano, che è un *filo* grosso di bombagio sopra la spalla, et legando sotto il braccio, di modo, che quel *filo* apare auanti il petto, et dopo le spalle». — Marco Polo, *apud* Ramúsio, II, fl. 55.

1623. — «E stata lunga disputa frà i padre Giesuiti e gli altri Religiosi, se questo laccio che i Portughesi chiamano **linha**, ò vogliam dir *filo*, era protestatiuo di religione, ouuero semplice insegna di nobilità». — Pietro della Valle, *Viaggi*, III, p. 67.

1825. — «Tous les brahmes portent, comme on sait, un petit *cordon* en bandolière, qui descend de l'épaule gauche à la hanche droite et qui se compose de trois petites ficelles formées chacune de neuf fils». — P. Dubois, *Mœurs*, I, p. 218.

* **LINTA** (s. m.). Segundo os dicionários malaios, *lintah* é «sanguessuga grande» («horse-leeck», Swettenham); mas pela descrição de Manuel de Erédia se vê que é o mesmo que *pangolim* (q. v.), sendo o nome mal aplicado.

1613. — «E entre os animaes parece notavel o **lynta**, do comprimento de 3 palmos com a forma de caracol, o qual **lynta** por ter escamas grossas e duras como de tartaruga, se deffende do elephante até o cansar e mattar a fome, somentes com o prender polla tromba em que o aperta enrolado tam fortemente, sem o elephante o poder despedir e lauçar de sy até, por algũs dias de cançado e rendido o elephante com fome, e cede, acaba e morre». — *Declaraçam de Malaca*. — À margem: «*Linta* digo *Tambolim*». — A estampa tem o titulo de «*Tambolym* como Armadillo». — Êste vocábulo é corrução do mal. *tĕnggiling*, «manis javanica». Wilkinson define-o: «A sort of ant-later or armadillo».

* **LIPA**. Tecido de algodão, em Timor, descrito abaixo. Do teto *liba, lipa*.

1843. — «Corjas de **lipas** *bonjis* (?) grossas». — *Annaes Maritimos* (parte official), p. 182.

1848. — «A industria do Paiz consiste em varios tecidos, denominados, *Cubertas* (muitas, de grande valor comparativo) *Sarãos*, **Lipas**, etc.». — F. N. Xavier, *Uma Viagem*, p. 128.

1868. — «Consiste o presente em lenços de algodão de varias côres, chitas, **lipas** (mantas de tecido de algodão de que os timores se servem como de saios), manilhas de marfim, alguns *cates* de chá e muitos frascos de cannipa». — In *Annaes do Conselho Ultramarino*, IV, p. 34.

1884. — «Em dias de festa trajam mais uma **lipa** ou uma tira de panno preto do comprimento de dois metros por cima do sarão». — José Vaquinhas, *Timor*, in *Bol. S. G. L.*, IV, p. 476.

1908. — «O Timor, que usa *tain* ou **lipa**, largo panno de algodão de riscas, colorido de azul ou encarnado, e chegando da cinta aos joelhos, cabaia ou curta jaleca branca...». — Alberto O. de Castro, *Flores de Coral*, p. 184.

* **LIO-LIO**. Remo chinês, muito grande. Parece que provêm de *yi-liu*, «remadura». O termo é usado em Macau.

1569. — «Chamam estes remos **Lios lios**: em todas maneiras dembarcaçoens vsam antes **Lios lios**, nem vsam doutra maneira de remos». — Fr. Gaspar da Cruz, *Tractado da China*, cap. 9.

1613. — «E usão de outras embarcações menores chamadas *lorchas* e **lyolyo**, e não usão mais que de 2 remos em cada lado, que servem de governo e remo por tratto dos ryos». — Manuel G. de Erédia, *Declaraçam de Malaca*, fl. 26.

1616. — «Todos grandes e pequenos se remam com hum modo de remos chamados, **liolio**, assentados de maneyra que vogão sempre por baixo de agoa». — António Pereira Pinto, *Hist. da India*, I, p. 144.

1899. — «**Lio lio** lorcha vai Cantão». — *Ta-ssi-yang-kuó*, (I, p. 56). — «**Lio lio** *lorcha* significa «remando a lorcha» (barco chinez), ou, mais rigorosamente, «remando com um remo só e a ré, dando ao barco uma oscillação especial que vae embalando o tripulante ou passageiro». — *Ibid.* (p. 65).

* **LIPU** (chin. *li-pu*). Ministério dos ritos e cerimonias, na China. Outrora tratava também dos negocios estrangeiros.

1522. — «Pede [el Rey de Malaca] ajuda e gente pera lhe ser tornada sua terra esta carta foy dada ao **libo** que he o despachador disto despachou o **libo** que a terra dos *franges* [frangues] deuia ser cousa pequena». — Em Cristóvão Vieira, *apud* Ferguson, *Letters*, p. 64.

1602. — «O diabo... leuantou contra elles hum Mandarim de grande dignidade por nome **Lipo**, a quem pertencia a presentaçam do presente, e o despacho dos padres por serem estrangeiros, o qual conforme as leys da China pode tanto, que os tirou dos paços reaes onde morauam». — P. Fernão Guerreiro, *Relaçam Annual*, fl. 11 *v*.

1603. — «O **Lico** (*sic*) de Pachim [Pequim] cujo officio he dar auiso a el Rey das cousas nouas que occorrem no Reyno) deu hũa petição a el Rey das cousas nouas contra hum Mandarim por se ter rapado, e ensinar aos homens, e molheres as cousas dos pagodes, e outras mentiras». — *Id.*, fl. 14.

1605. — «Dous ou tres Mandarins do conselho ou tribunal do **Lypo** onde correm os negocios dos estrangeiros, a quem os Padres por o serem estam como subordinados, trataram tambem de lhes fazer mal». — *Id.*, fl. 74.

1679. — «O terceiro supremo Tribunal se chama **Lipu**: tem este Tribunal cuidado das reaes cortesias, e ceremonias, e todo genero de policia». — Fr. Jacinto de Deus, *Vergel*, p. 221.

1758. — «Chamou-se o Padre, mas demorou-se a versão até o dia seguinte, porque por parte do **Lipu**, ou Tribunal dos Ritos se pedio a Carta». — P. Newielhe, *Relação da Jornada*.

1727. — «No mesmo dia da entrada nos mandarão do tribunal do **Lipu** pedir a carta, que vinha para o Imperador, a que respondi que eu não tinha nenhum negocio no Tribunal, e só o tinha com o Imperador«. — *Apud* Júlio Biker, *Collecção de Tratados*, vi, p. 37.

1843. — «Primeiro tribunal do imperio: *Tou-Tche-You:* censorio. 2.° *King-pou:* justiça. 3.° *Hou-pou:* fazenda. 4.° *Li-pou:* obras publicas. 5.° *Ping-pou:* guerra. 6.° **Lin-pou**: ritos». — José Inácio de Andrade, *Cartas*, ii, p. 18.

1852. — «Ha seis tribunaes ou conselhos superiores em Peking, e que são verdadeiros ministerios. O **li-pu** corresponde ao nosso ministerio do reino». — *O Panorama*, ix, p. 107.

1897. — «O **Li-pu**, tribunal de ritos, conformando-se com o antigo costume do imperio publicou um programma de cerimonias que devem ser observadas no casamento do imperador». — Joaquim C. Crespo, *Cousas da China*, p. 51.

1903. — «É o celebre **Li-pu**, Tribunal ou Ministerio dos cultos, ritos, e cerimonias, que ainda hoje subsiste». — *Ta-ssi-yang-kuó*, II, iv, 5.

1652. — «Et ce fut la raison qui porta l'Empereur à refuser de respondre deux requestes du Tribunal nommé **Li-Pù**, lequel sollicitoit fortement la sortie des Peres estrangers». — *Relation de la Çhina*, p. 5.

1715. — «Que le **Ly pou** (tribunal des Rites), délibère sur cette affaire, et qu'il m'en fasse son rapport». — *Lettres Édifiantes*, iii, p. 370.

1735. — «Le troisième, nommé **Li pou**, est pour maintenir les Coutûmes et les Rites de l'Empire». — P. Halde, *Description de la Chine*, i, p. 119.

* **LIQUIM** (chin. *li-kum*). Taxa sôbre as mercadorias para a despesa militar, na China.

1895. — «Garante o commercio dos *juncos* contra o abuso de ser sobrecarregados de duplos direitos aduaneiros e de dupla taxa, **likin**, enorme aggravo contra o qual debalde reclamaram todos os negociantes». — Conde de Arnoso, *Jornadas pelo Mundo*, p. 427.

1903. — «Mandou o commissario... das alfandegas maritimas imperiaes negociar a questão dos direitos do opio e **likin**, e o commissario assignou um tratado com Portugal». — In *Ta-ssi-yang-kuó*, ii, p. 666.

* **LIVROS DAS MONÇÕES.** Assim são denominados os livros do Estado da Índia, nos quaes era registada toda a correspondência oficial expedida e recebida nas *monções* (q. v.), assim metropolitana, como intercolonial. É um rico e precioso repositório de documentação histórica dos nossos domínios orientais, em grande parte reproduzido por Cunha Rivara no seu *Archivo Portuguez-Oriental*, e pela Academia das Sciências na sua «Colecção de Documentos Inéditos», sob o título de *Documentos remettidos da Índia ou Livros das Monções*.

1880. — Na secretaria do Governo em Goa eram estes livros denominados **Livros das monções**, por serem aquelles em que se collegia a correspondencia expedida do reino pelas armadas que partiam em épochas determinadas. Compõe-se de 250 volumes a collecção que ficou em Goa, e conservou até 1866 a mesma denominação, posto que já impropria». — *Doc. da India*, i, p. vi.

1906. — «Para isso [troca de correspondência] eram aproveitadas as náus que todos os annos em cada monção partiam de Lisboa para a India e vice-versa, derivando d'ahi o nome de **livros de monções** ou livros em que se registava a correspondencia recebida ou expedida por aquelle transporte». — Amâncio Gracias, *Subsidios*, p. 235.

* **LÓ** (chin. *ló*). Bátega ou bacia de

tanger, na China, muito usada em todo o Oriente.

1679. — «Hum, ou dous estadios chinas antes do Lugar; o posta toca forte, e animadamente em hua bacia, a que o China chama **Lo,** que leva pendurado ao hombro, que ouvida no Lugar, e acaso não estava já selado, e preparado o cavallo, com toda a pressa, e deligencia se prepara, e o posta sobe nelle, e deixa naquelle Lugar o cançado». — Fr. Jacinto de Deus, *Vergel,* p. 167.

1637. — «Toutes les fois qu'on veut marteler un instrument de cuivre, par exemple un *tching,* appelé vulgairement **lo** (un *gong, tam-tam* à fond plat)». — *Apud* Bazin, *Chine Moderne,* p. 638.

* **LOCONDEL** (s. m.). Fundição de ferro; direitos de fundição. Do conc. *lokhandel,* de *lokhand,* «ferro», e *tel,* «fusão». *Locondel devaddo* (conc. *devad*) quere dizer «trabalho contínuo e laborioso de fundição de ferro».

1776.—«Do **lacondel,** *devaddo* [leia-se *locondel devaddo*], que são direitos de ferro». — *Collecção de Bandos,* I, p. 17.

**LOCONDI.** «Arvoreta indiana». Cândido de Figueiredo. O termo é concani, *lokhandī* — *Samadera Indica,* Gaertn. Em português chama-se *fruta santa.* «A casca é amarga e pode usar-se em vez de quassia». D. G. Dalgado, *Flora.*

**LOIA.** Manilha de ouro, na Malásia. Do mal. *lōyang,* «molde» [1].

1539. — «Tirando o rei [de Aru, no Arquipélago] do braço duas **loyas** de ouro, que são manilhas moeiças tiradas pela fieyra, que pesavão oytenta cruzados, mas deu».—Fernão Pinto, *Peregrinação,* cap. 22.

1610. — «Lleua se [para Timor] para resgate del sandalo... **loyas** que es cierto laton, que viene de la China de que ellos hazem manillas». — Pedro Teixeira, *Relaciones,* p. 114.

**LONGANA** (chin. *long-ien* ou *lum-ien*). É uma espécie de *lichia,* mais pequena e menos gostosa, fruto de *Nephelium longana,* Camb. O termo é corrente em Macau.

1569. — «Ha desta fruita outra mais pequena, mas a grande he milhor, chamamse **Lochias**».—Fr. Gaspar da Cruz, *Tractado da China,* cap. 12.

1688. — «O segundo genero chamão *Limchi.* O terceiro, *Lumien,* e em Macau *Lichias* **Longans**». — Fr. Jacinto de Deus, *Vergel,* p. 209.

1900.—«Ha outra especie de *Nephelium* que é o *long-gñan* ou *long-ien* (conforme os dialectos) que significa olho de dragão... É um fructo de polpa acida e adstringente, de casca amarellada, considerada, como stomachica e anthelmintica. Alem d'isso os chinezes julgam-no muito efficaz para augmentar a memoria e a intelligencia. É muito vulgar em Macau». —*Ta-ssi-yang-kuó,* I, II, 7.

1902. — «O dr. Gomes da Silva divide assim as fructas do sul da China .. Assucaradas: uva, figo, pera, anoma, mangustão, lechia, **long-hane**». — *Ibid.,* II, III, 3.

1852.—La pelure du fruit appellé *Li-ci* ressemble à la pomme de pin; mais au contraire la peau de **Lum-ien** est fort déliée et fort lice».—*Relation de la Chine,* p. 20.

1735. — «L'autre espece, dont on fait à la Chine un grand débit, s'appelle en Chinois **Long-yen,** c'est-à-dire, œil du Dragon. Sa figure est ronde, l'écorce jaunâtre, la chair blanche, aqueuse, et souvent aigrelette. On prétend que si elle n'est pas si agréable que celle du Li-tchi, elle est plus saine, et qu'elle ne fait jamais de mal» — P. Halde, *Description de la Chine,* I, p. 16.

**LONGUIM** (hindust.-persa *lungī*). É o mesmo que *dotim* ou pano de algodão, às vezes de côr, com que os índios se cingem em duas voltas. Os franceses chamam-lhe *pagne.* Bluteau inclui o vocábulo no *Supplemento,* mas eu não o encontrei em nenhum nosso escritor nacional. Indo ingl. *loonghee.*

1727. — «Tambem arelhana de ouro, ou prata de que usão os Principes Gentios na India, e os seus vassalos, serve de cingidouro, sobre o **longhine** (*sic*), que he o primeiro pano immediato á carne».

1653. — «**Longui** est un petite pièce de linge, dont les Indiens se servent à chacher les parties naturelles». — Gouz de la Boullaye, *Voyages.*

1673. — «In Habit they excel not one another; the Peer as well as Peasant, wrapping only a **Lunga** [*lungy* em outra parte] about his Middle, and thence reaching to his Knees». — Fryer, *East India,* I, p. 137.

1845. — «Le **lounghie** est un tissu de

[1] Domingos Vieira declara que a significação é incerta!

soie et coton nuancé de plusieurs riches couleurs; la longueur ordinaire d'une pièce de **lounghie** est de dix à douze pieds, et sa largueur de deux pieds. Roulé autour de la taille, un **lounghie** forme ceinture d'une richesse et d'une élégance parfaites». — Jancigny, *Inde*, p. 70.

1880. — «The principal articles of production in the State are **lúngis**, sufi, silk goods, indigo, cotton, and cereals».—Hunter, *The Imperial Gazetteer*, I, p. 422.

1908. — «Throughout India certain localities are famed for the qualities, design, etc., of their *kheses, gabruns, susis, dhotis, saris, chadars, pagris* and **lungis**, etc. — Watt, *The Commercial Products*, p. 618.

* **LONIM.** Manteiga fresca, não clarificada. O termo voga no indo-português árico. Do concani-mar. *loṇī*.

1840. — «De vendagem de **lonim** (manteiga crù) que sobe de 1200, a 1300 xerafins». — F. N. Xavier, *Collecção de Bandos*, I, p. 9.

1886. — «Os *goulys* não fazem uso do **louny;** preferem antes *daim* e a *tac*, que é uma especie de requeijão». — Lopes Mendes, *A India Portugueza*, II, p. 240.

1896. — «Viera o **lonim** de Betul, que pagasse o portador, porque estava com pressa». — Gip, *Jacob e Dulce*, p. 27.

1901. — «Morrões de casca de *cumbió*, **lonim** e manteiga; calçado e fatos gentios». — José Pinheiro, *Bol. S. G. L.*, XX, p. 36.

1905. — «... untados de manteiga crua (**lonim**)».— *O Oriente Portuguez*, II, p. 271.

* **LONTAR** (s. m.). É nome malaio-javanês da palmeira brava ou, antes, de *tale*. Emprega-se também no sentido de *ola* indiana, isto é, fôlha ou escrito na fôlha de palmeira.

1613. — «E tambem os **Lontares** e Annaes de Java maior, de Bantam e Sunda fazem menção da India Meridional». — Manuel G. de Eredia, *Declaraçam de Malaca*, fl. 50.

1690. — «Latine **Lontarus**... Portugalli eam vocant *Palmeira Brawa*, h. e. Cocus Silvestris... Bramanis Tatamado... Ad Orientem nota est Malaicensi nomine **Lontar,** ac male in quibusdam libris *Lantor*». — Rumphius, *Herbarium Amboinense*, I, cap. 9.

1836. — «Le **lontar** (*borassus flabelliformis*), originaire des Indes occidentales, est un palmier qui produit une sorte di vin employé dans la manufacture de sucre. Les feuilles de cet arbre servaient de papier aux insulaires, avant que les étrangers leur eussent appris la manière de le fabriquer». — Rienzi, *Océanie*, I, p. 100.

**LÓPI** (mal. *lōpiq*). Embarcação de carga, em Celebes.

1612. — «Ha outros [navios] chamados **Lopi,** que são de carga». — Diogo do Couto, *Déc.* V, VII, 2.

* **LORÇÁ** (s. m.). Cântico guerreiro de Timor, descrito abaixo. Rafael das Dores não regista a palavra no seu dicionário teto, mas inscreve: «**Lôré**, dança. Este termo significa sómente as danças de guerra e os *tebedás*, nos quaes dançando muitos individuos ha um a quem os indigenas denominam *Lôré* ou *Loiré* e os europeus chamam «bobo» ou «sombra», o qual anda aos saltos fazendo jogo com uma *catana* como se cortasse cabeças aos inimigos». — *Lorçá* pode ser um composto de *loré* e *sa* (pronome rélativo) = «no que há loré».

1884. — «Logo que termina o fogo cantam todos o **Lorça;** este cantico é o hymno de guerra, e nos seus versos entra muitas vezes o nome de elrei de Portugal e todo o timor logo que ouve este hymno apodera-se d'elle um tal enthusiasmo que é impossivel descrever-se, e as proprias mulheres se o ouvem vão ao encontro dos guerreiros tocando o seu *tabedae*». — José Vaquinhas, in *Bol. S. G. L.*, IV, p. 477.

1908. — «... ao terrificante, lugubre cantico denominado **Lorça,** faz rolar e saltar as cabeças dos mortos, a pontapés dos guerreiros e das mulheres do *suco* ou do reino victorioso». — Alberto O. de Castro, *Flores de Coral*, p. 182.

1918. — «A casa do nubente põe-se em festa durante alguns dias, matando-se cabritos e dançando-se o *lái-lórè*, sem que a mulher possa, todavia, participar nos folguedos nupciais».—In *Bol. S. G. L.*, XXXVI, p. 66.

* **LOQUI** (chin. cantonense *lo-kui*). Mulher pública, na China.

1868 — «As **louquis** caracterisam bem o typo dos mais bellos, com as feições que acima apontei. São aventureiras, pobres aves sem ninho, especie de *demi-monde* na China, e passam a vida a tocar, e a fazer

1900. — «Os barcos de flores, feericamente illuminados, convidam ao prazer os chinas barrigudos, expostos a entregarem os ventres aos *taifós* dos piratas, emquanto nos braços das **loquís**, e envoltos no fumo do opio, sonham e se deixam embalar pelas sussurrantes aguas do rio». — *Ta-ssi-yang-kuó*, I, p. 473.

as delicias dos chinas viciosos e devassos». — *Archivo Pittoresco*, x, p. 248.

**LORCHA.** Pequena embarcação mercante da China. Giles, citado por Yule, diz que se supõe que a palavra foi levada pelos portugueses da América, mas o seu emprêgo por Fernão Pinto não parece comportar tal procedência. Julgo que *lorcha* podia ser corrução do chin. *long-chuen*, de que o Padre Halde diz: «On prépare pour ce jour-là [da festa] de petites barques longues et étroites, toutes dorées, qui portent à l'un des buts la figure d'un dragon; et c'est pourquoi on les appelle *Long tchuen*» (*Description*, I, p. 189).

1540. — «Em menos de um Credo forão mais de quarenta dentro da nossa **lorcha**». — *Peregrinação*, cap. 40.

«Nesta desventurada tormenta se perderão dous juncos, e huma **lorcha**, ou *lanteá*, em que morrerão passante de cem pessoas». — *Ibid.*, cap. 62.

1613. — «Do porto de Chimay se embarcou em hum junco ou **lorcha** para a Java maior». — Manuel G. de Erédia, *Declaraçam de Malaca*, fl. 50.

1670. — «... e não deixarem **lorcha** algũa a mariscar, pescar, buscar lenha». —In *Ta-ssi-yang-kuó*, de Novembro de 1899.

1748. — «As **lorchas** dos *Tancares*, e outras embarcações vinham surgir de noite na praia pequena defronte da casa de *Hopu*». — *Apud* Júlio Biker, *Collecção de Tratados*, VI, p. 297.

1824. — «Havia tambem uma **lorcha** (embarcação de 20 tonelladas) armada em guerra commandada por Antonio José Gonçalves Caroxa». — José Inácio de Andrade, *Memoria*, p. 38.

1843. — «Os carpinteiros fizerão tão grande motim, que chamou a gente de um comboy de **lorchas** de sal». — José Inácio de Andrade, *Cartas*, II, p. 106.

1845. — «E livre aos negociantes de todas as nações embarcar, e desembarcar, fazendas em qualquer embarcação que elles allugarem, quer seja em *Pintans*, quer em outras quaesquer **lorchas**». — *Annaes Maritimos*, p. 339.

1846. — «O porte destas **lorchas** está regulado até setenta e cinco toneladas para as pequenas, e cento e cincoenta para as grandes». — In *Ta-ssi-yang-kuó*, I, p. 155.

1874. — «... no gasto das **lorchas** portuguezas que ainda poucos annos faziam o commercio entre Macau e Ningpo». — Pedro G. Mesnier, *O Japão*, p. 71.

1881. — «Em dezcsete annos a entrada para Macau será secca nas baixamares das sègigias, e que no porto interior não poderão fundear nem os menores navios nem as maiores **lorchas**». — *Bol. S. G. L.*, III, p. 744.

1883. — «São milhares de **lorchas**, de *juncos*, de *sômas*, de *tammões*, de *tus*, de *haitós*, de *chantós*, de *tankas*, de *champanas*, e de todos esses esquisitos exemplares da architectura chineza, tão caracteristica e extraordinaria». — Adolfo Loureiro, *No Oriente*, I, p. 281.

1895. — «... entrar no porto interior por entre as **lorchas** com os castelos de prôa muito elevados e pintados alguns com ornatos amarellos, vermelhos e dourados e quasi todos armados com phantasticas peças de artilheria para se defenderem dos piratas chinas». — Conde de Arnoso, *Jornadas pelo Mundo*, p. 143.

1900. — «**Lorcha**. — É a conhecida embarcação chineza assim designada pelos portuguezes». — *Ta-ssi-yang-kuó*, de Maio.

1856.—«The **lorcha** «Arrow», employed in the river trade between Canton and the mouth of the river, commanded by an English captain and flying an English flag, had been boarded by a party of Mandarins and their escort». — In *Glossary*.

* **LÓRICO** (teto *loriko*). «Ave de côres vivas e bico vermelho, especie de «periquito». Rafael das Dores. Parece que o vocábulo é deminutivo de *lóri*, corrução do malaio *núri*. V. *louro*.

1908. — «**Loricos**.—Nome português-timorês do pequeno papagaio *Lorius garrulus*, muito vulgar em Timor... O nome malaio de **lorico** é *Lori* ou *bûrung-nuri*». — Alberto O. de Castro, *Flores de Coral*, p. 137.

1918. — «... sendo o **lorico** (*lili*) o único representante das aves trepadoras». — In *Bol. S. G. L.*, XXXVI, p. 57.

1658. — «Vn altra specie de papagallo, aggiongono, non Indiano, mà Giauo, ò de Malaca, chiamato da Portughesi **Lorico**, dalli naturalli, *Nor* che voul dire lucido [em persa, não em malaio], per il splendore delle piume».—Fr. Vincenzo Maria, *Viaggio*, p. 425.

1833. — «Là et aux îles Arrou brillent différentes espèces de ce ravissant oiseau et, en outre, le **lori**, dont les teintes rouges si variées surpassent celles de la plus belle tulipe». — Rienzi, *Océanie*, I, p. 49.

1854. — «... les élégants perruches du continent et les **lories** cramoisins des îles». — Jancigny, *Japon*, p. 239.

**LOURO.** Designa na bôca do povo, como se sabe, o papagaio. Mas não é, como pareceria, o adjectivo substantivado; é corrupção do mal. *núri* ou *nóri*, «papagaio», transcrito *nore* ou *nuri* (q. v.) pelos antigos escritores nacionais e estrangeiros, sendo *loro* ou *lórico, lori* ou *lory* deturpações posteriores. Se a côr loura predominasse nos papagaios da Malásia, teria cabimento a denominação portuguesa.

1705. — «On y trouve quatre sorte de perroquets, sçavoir, perroque, **lauris**, perruches, & cacatoris». — Luillier, in *Glossary*.

«Les **Loris** sont des Perroquets, de petite taille ou de petite moyenne, qui sont repandus sur la Nouvelle Guinée et sur les îles Salomon». — *La Grande Encyclopédie*.

* **LOTINGÓ** (pl. *lotingués*). Toro de árvore, aguieiro não serrado, aguieiro roliço e fino, no Concão. Do conc. *Laṭiṅgó* (pl. *laṭiṅgé*), mar. *laṭiṅgā*.

1879. — «A madeira que ficar dos *cumerins*, será separada em **lutingués**, aguieiros e travetas. Os **lutingués** serão vendidos por medida de *stera*, os aguieiros e travetas por duzia». — João Torrie, *Estatistica da India Portugueza*, p. 138.

**LOVANA.** Insere Bluteau o vocábulo no *Supplemento* e diz-nos que é «doce da India». Mas na Índia não se conhece actualmente nenhum doce com semelhante denominação. O que há é *lobān* [*Jāuī*] em árabe, usado também em malaio, que é o nome de *benjoim*. É possível que em Malaca se faça (ou se fizesse) algum doce em que entre benjoim, mas o seu nome não será simplesmente *loban* ou *lovana*.

1727. — «**Lovana**. Doce da India. Ha **lovana** e **lovana** confeitada. Na **lovana** não entra de cheiros mais que beijoim; na **lovana** confeitada entrão outros ingredientes».

1788. — «Cada dito [candil] de Passas, *Sapango*, Culgulo, Incenso e **Cobana** (*sic*) hum xerafim». — *Collecção de Bandos*, I, p. 51.

* **LUA.** «Chama-se *luas*, os circulos de ouro ou prata que os timores penduram ao pescoço como signal de haverem cortado cabeças dos inimigos». Afonso de Castro (*As Possessões Portuguezas na Oceania*, p. 336). Mas *luá* ou *luák* em teto quere dizer «largo ou largura».

1864. — «A moeda é desconhecida do indigena do interior, e se alguma vez a recebe em troca de artigos é para converter em manilhas ou em **luas**». — Id., *ibidem*.

* **LUDAR.** É uma arvoreta dos Gates — *Symplocus racemosa*, Roxb. «A casca contém uma tinta amarella; recommenda-se contra a menorrhagia como adstringente. É um objecto de commercio». D. G. Dalgado, *Flora*. Do conc. *ludhar* < sânsc. *ludhra*.

1879. — «**Ludar**, livre» (de direitos). — João Torrie, *Estatistica da India Portugueza*, p. 214.

1908. — «The **Loda** or **Lodh** Tree... The bark and leaves are used as dying. By itself the bark yields a yellow Die obtained by simply steeping in hot water. It is, however, rarely employed in that way, but more generally as a mordent with other dyes». — Watt, *The Commercial Products*, p. 1053.

* **LUDRILHO.** O vocábulo não tem feição de oriental, nem figura nos dicionários portugueses. Parece que se deriva de *ludro*, no sentido de «tecido cru ou grosseiro».

1601. — «**Ludrilho** de Moçambique hade ter sete covados de comprido e cinco sexmas de larguo». — *Carta de Lei*, in *Archivo*, VI, p. 744.

* **LUTE** (anam. *lụt*). Inundação, na Cochinchina.

1694. — «Todos suspirão por este diluvio, a que chamão **Lut**; os que habitão os campos para terem boa novidade, e os que morão nas cidades, para passarem alegremente aquelles tres dias necessarios para as agoas de todo abaterem». — *Noticias da Cochinchina*, p. 10.

* **LUMICHUEM.** Embarcação chinesa, que se emprega no transporte dos regalos do imperador. Do chin. *luen-yén-chuen*, «barco de prazer imperial».

1679. — «Outras [embarcações]. que chamão **Lum I chuem**, id est, barcas, que trazem para a Corte vestidos, peças de seda, e brocados, sam 365». — Fr. Jacinto de Deus, *Vergel*, p. 201.

* **LUTISSE**. (chin. *tu-ti-sse*). Comandante de exército, na China.

1569. — «Ha ultima e quinta dignidade das grandes he de capitão moor que põe em execução as cousas da guerra e preside nas armadas que ho *Aitão* estando em terra he este: quando releua alem de poer as cousas em execução e ordem, se o negocio requere sua presença, vay elle em pessoa: e tão importante pode ser o negocio que acudira o Aytão. Chama se na lingoa da terra **Luthisi**». — Fr. Gaspar da Cruz, *Tractado da China*, cap. 16.

«Ajuntou se a este **Lutissi** a cobiça de ver se lhe podiam ficar as muitas fazendas que nos nauios tomara». — *Id.*, cap. 24.

1700. — «Le Mandarim d'armes s'appelloit *Li-tou-sse*». — *Lettres Édifiantes*, III, p. 109.

1588. — «All' *Aitan* è soggetto il **Luitisis**, che tiene l'ultimo luogo, il quale similmente è perito della guerra, ed ad arbitrio dell' Aitan, secondo che richiede la bisogna, va con l'essercito in varie spedizioni». — P. Maffei, *Le Istorie*, p. 230.

**LUZEIRO.** Emprega-se o termo na Índia Portuguesa no sentido de «lustre ou lampadario», e às vezes por «candeeiro de vidro ou de louça».

1918. — «Lote n.º 2. **Luzeiros** e seus aprestos». — «40 pés de **luzeiros**». — *Heraldo*, de 18 de Junho.

FIM DO VOLUME I

## ÚLTIMAS PUBLICAÇÕES

DA

# ACADEMIA DAS SCIÊNCIAS DE LISBOA

| Publicação | Preço |
|---|---|
| Memórias da Primeira Classe, tom. VII, parte II | 1$20 |
| Memórias da Segunda Classe, tom. XIII | 1$20 |
| Actas das Assembleias Geraes, vol. III | $20 |
| Actas da Primeira Classe, vol. II | $20 |
| Boletim da Segunda Classe, vol. XI, n.º 2 | $55 |
| Jornal de Sciências Matemáticas, 3.ª série, n.º 4 | $50 |
| Boletim Bibliográfico, 2.ª série, vol. II, n.º 2 | $40 |
| Portugaliae Monumenta Historica «Inquisitiones», vol. I, parte II, fasc. VI | 1$80 |
| Cartas de Afonso de Albuquerque, vol. VI | 1$00 |
| **Roma du Bocage** — Relações exteriores de Portugal, vol. I | $80 |
| **Vítor Ribeiro** — Privilegios de estrangeiros em Portugal | $25 |
| **Melo Breyner** — Arsenicaes e sifilis | $40 |
| **Franco Barreto** — Relação da Embaixada a França em 1641 | 1$50 |
| **Joaquim Nunes** — Crónica da Ordem dos Frades Menores, vol. II | 1$00 |
| **Matos Sequeira** — Depois do Terremoto, tom. II | 1$50 |
| **Sá Chaves** — Subsidios para a historia militar das lutas civis, t. II | 1$20 |
| **G. Dalgado** — Lord Byron's | $60 |

### MONUMENTOS DE LITERATURA DRAMATICA PORTUGUEZA

| Publicação | Preço |
|---|---|
| I. — **Jorge Ferreira de Vasconcelos** — Eufrosina (em publicação). | |
| II. — **Aires Vitória** — A Vingança de Agamenom | $40 |
| III. — **Jeronimo Ribeiro** — Auto do fisico | $30 |

### COMISSÃO DOS CENTENÁRIOS DE CEUTA E ALBUQUERQUE

| Publicação | Preço |
|---|---|
| **Gomes E. Zurara** — Crónica da Tomada de Ceuta | 1$50 |
| **Bernardo Rodrigues** — Anais de Arzila, tom. I | 2$00 |
| **Mateus de Pisano** — Livro da Guerra de Ceuta | $30 |
| **Antonio Baião** — Alguns ascendentes de Albuquerque | 1$20 |
| **Pedro de Azevedo** — Documentos das Chancelarias Reais, tom. I | 1$50 |
| **V. Guimarães** — Marrocos e os tres mestres da Ordem de Cristo | 1$20 |
| Sessão dos Centenários | $15 |
| **D. Jerónimo de Mascarenhas** — História da Ciudad de Ceuta | 1$30 |

**Á VENDA NO ARMAZEM DA ACADEMIA**

**Rua do Arco a Jesus, 113 — Lisboa**

# GLOSSARIO
# LUSO-ASIATICO

# GLOSSARIO

# LUSO-ASIATICO

SEBASTIAO RODOLFO DALGADO

VOLUME II
M — Z

*Published by*

Facsimile Publisher
12 Pragati Market
Ashok Vihar, Ph-2
Delhi-110052
facsimilepublisher.com

*Distribution Network*
gyanbooks.com
India, USA, Canada, UK, Australia, France



ISBN : 978-93-5324-401-9 (Set)
ISBN : 978-93-5324-403-3 Vol. 2 (HB)
First Published, 1919

2nd Impression 2020

*Printed at:* Gyan Press, Delhi.



**Glossario Luso-Asiatico**
Author: Sebastiao Rodolfo Dalgado

# PREÂMBULO

Há dois anos que se publicou uma parte desta obra, e agora sai à luz a outra, as quais, ambas juntas, conviria formassem um só volume, para maior facilidade e vantagem de consulta.

Na Introdução do primeiro tômo está largamente expendida toda a matéria atinente à elaboração do *Glossário*. Aqui tratarei sòmente do que é privativo dêste tômo.

**Suplemento.** — A sua razão de ser está já indicada (pág. LXVI). Abrange êle: *a*) novos vocábulos, posteriormente colhïdos, ou os que não tinham na ocasião, para os justificar, autoridade nacional ou estrangeira ou suscitavam dúvidas para sua inserção, e os que foram reservados para ulterior investigação; *b*) novas abonações, que não puderam entrar no corpo da obra e que se acharam importantes; *c*) várias correcções etimológicas e sematológicas, e alguns esclarecimentos interessantes, ministrados, na maioria, por sábios estrangeiros ou colhidos nos seus livros.

**Índice.** — Parecerá, à primeira vista, supérfluo relacionar os vocábulos numa obra desta natureza, mas não o é no caso presente, por diversos motivos. Muitos vocábulos ficaram deslocados, na sua inscrição, da ordem alfabética. Algumas das variantes dum mesmo vocábulo foram agrupadas numa única inscrição, sem se reproduzirem no seu lugar próprio. Numerosas palavras figuram, nos livros nacionais e estrangeiros, com diversos cambiantes ortográficos, e o leitor teria amiúde dificuldade em procurá-los no *Glossário* [1]. Há termos que se repetem incidentemente em citações diferentes ou sòmente ocorrem em outras inscrições. Finalmente, era conveniente indicar se o vocábulo se encontrava no corpo ou no Suplemento ou em uma e outra parte.

---

[1] Esta dificuldade é bem sensível na primeira edição do *Glossário* de Yule-Burnell; mas remediou-a Crooke na segunda.

Do que fica exposto segue-se que o Índice tinha de ser necessáriamente extenso, para se alcançar toda a sua utilidade. Elaborou-o com diligente paciência e longos meses o Dr. Daniel Gelásio Dalgado, poupando-me, por benevolência fraternal, um trabalho moroso e enfadonho.

**Apêndice.** — Orientalistas estrangeiros tomaram tal interêsse no primeiro volume do *Glossário*, que alguns dêles — os Srs. António Cabaton, Gabriel Ferrand, Longworth Dames e Paulo Pelliot — tiveram a cativante amabilidade de me fazer sugestões valiosas e de me ministrar informações importantes, como se verá particularmente no *Suplemento*, e até se prontificaram a rever as provas do segundo. O abalizado sinólogo e professor do Colégio de França, Sr. Pelliot, em especial, com tanta solicitude perlustrou a obra inteira, que, em repetidas comunicações, não sómente rectificou muitas etimologias de vocábulos do Extremo Oriente e da Indo-China e emendou alguns significados, mas até notou vários erros de cópia e de impressão.

Não podendo utilizar-me integralmente dos seus eruditos esclarecimentos e das minuciosas correcções nem no Suplemento nem nas Erratas, tive de os transcrever resumidamente num Apêndice, no que havia de mais interessante, para se não baldar tão valiosa contribuïção. E aproveitei-me da oportunidade para aí introduzir vocábulos e locuções colhidos à última hora [1].

**Erratas.** — Não obstante todo o cuidado que se empregou na revisão, escapou grande quantidade de erros de diversas espécies, devidos, na maioria, à reiteração de cópia e à falta de todos os livros consultados, para a contraprova. Tantas línguas e tantas ortografias e a minha pouco clara escrita concorreram muito para isso. Vão corrigidos os mais graves que se notaram, mormente no que diziam respeito à forma dos vocábulos e à etimologia, a fim de que se não reproduzam nos dicionários. O leitor emendará sem dificuldade os outros.

---

[1] Os vocábulos que entraram no **Apêndice** são os seguintes: *abedale, adigaria, areatane, bata, bogar, bolca, cama* e *camão, camapuli, canvo, carista, chame, champana, chândeu, chapaz, charão, chau, chau-chau, chávena, chicu, chifanga, chin, chujem, chumbim, chunambo, colapore, colau, conchuim, conquão, curo, dó, fanqui, fão, guigavo, hang-chien, harda, lacha, lanteá, libango, lumichien, marca, massancrache, maz, meiji, metere, mitir, mobed, monguiloto, monteu, nacsendeche, ôlho-de-gato, panchão, paradis, patari, patola, pilanga, pio, pitau, poei-chien, pu, quinchai, sai, sapatião, saze, socrutão, sumbaia, suncun, tael, taifó, talisman, tauli, taurinel, tien, tirva, topaz, tuien, tuengia, tutão, utié, ufu, upo, xaieiro, xu-tagin.*

O *Glossário Luso-asiático*, sem embargo de conter centenas de vocábulos novos, não registados pelos lexicógrafos, está muito longe de ser completo, como fácilmente se compreende. Outros muitíssimos devem existir nos manuscritos e impressos da nossa opulenta literatura luso-oriental, os quais, por diversos motivos não estiveram ao alcance do autor, e nos que percorreu terão provávelmente passado alguns despercebidos ao seu estudo.

Também não é isento de imperfeições, nem outra cousa era de esperar, atento o seu imenso âmbito. Não quis, em geral, tomar a liberdade de alterar na inscrição vocabular a forma comummente dada nas abonações, que são a base da obra, em harmonia com a etimologia ou em obediência à fonologia genuinamente portuguesa e à ortografia moderna, senão onde não havia nenhum inconveniente [1]. Algumas definições e descrições não puderam ser assaz claras e precisas, por falta de elementos elucidativos. A etimologia é em muitos casos hipotética, como de ordinário se insinua, e a sua transcrição não é sempre conforme o sistema moderno, por ter sido procurada em dicionários antigos.

Do primeiro volume (e doutras publicações filológicas do autor) fizeram apreciações encomiásticas os Srs. A. Meillet (*Bulletin de la Société de Linguistique*, t. XXI, fasc. 2), J. Bloch (*Journal Asiatique*, fasc. de Novembro–Dezembro de 1919), Hugo Schuchardt (*Literaturblatt für germanische und romanische Philologie*, 1920), Cláudio Basto (*Lusa*, II, n.º 46); e na Índia: os Srs. Amâncio Gracias, António Soares, Cristóvão Pinto, José Maria da Costa Álvares, e alguns periódicos.

Aos colaboradores anteriormente mencionados, cumpre-me acrescentar: Padre Casimiro de Nazaré, antigo vigário geral de Cochim; Carlos Beretta, funcionário da Índia Holandesa; Dr. Mariano Saldanha, professor do liceu de Nova Goa. Não devo também olvidar o nome do finado Dr. Vicente Filipe de Sá, que me prestou valioso auxílio.

A todos estes e aos que continuaram com o seu concurso para se levar a cabo a obra consigno aqui o meu entranhado reconhecimento.

Lisboa, Fevereiro de 1921.

S. R. DALGADO.

---

[1] Como *y* por *i*, *ph* por *f*, *ç* inicial por *s*, letras dobradas sem valor fonético.

# BIBLIOGRAFIA SUPLEMENTAR


Barros (João de). *Quarta Decada, reformada, accrescentada e illustrada com notas, por João Baptista Lavanha.* Lisboa, 1615.

Campos (J. J. A.). *History of the Portuguese in Bengal.* Calcutta, 1919.

Courtois (P. Vítor José). *Terras de Macanga.* In *Bol. S. G. L.*, x.

—— *Diccionario Cafre-tetense-portuguez.* Coimbra, 1900.

—— *Diccionario Portuguez-cafre-tetense.* Coimbra, 1900.

Dames (Mansel Longworth). *The Book of Duarte Barbosa,* vol. i. London, 1918.

Erédia (Manuel Godinho de). *Informação verdadeira da Aurea Chersoneso, feita pelo antigo Cosmografo Indiano.* Lisboa, 1807.

Ferrand (Gabriel). *Malaka, le Malayu et Malayen.* Paris, 1918.

*Fleurs de l'Inde.* Paris, 1837.

Frias (P. António João). *Aureola dos Indios & Nobiliarchia Bracmana.* 2.ª edição. Bombaim, 1892.

Laufer (Berthold). *Sino-Iranica. Chinese Contributions to the History in Ancient Iran.* Chicago, 1919.

Leal (Fernando). *Glossario Portuguez Oriental.* In *O Heraldo,* desde 15 de Janeiro até 17 de Junho de 1905. Chega até o vocábulo *Misericordia de Goa.*

Manucci (Niccolao). *Storia do Mogor* or *Mogol History, translated* by William Irvine, 4 vol. London, 1906–1908.

Modi (Jivanji Jamshedji). *The Naojota Ceremony of the Parsees.* Bombay, 1912.

Moniz (António Francisco). *Historia de Damão,* vol. iv. Bastorá, 1917.

Mookerji (Radhakumud). *Indian Shipping. A History of the sea-borne trade and maritime a ity of the Indians from the earliest times.* London, 1912.

Moura (Joã lerculano de). *Inscripções Indianas em Cintra. Notulas de Archeologia Historic Bibliographica de Somnath e Elephanta.* Nova Goa, 1906.

Nazaré (P. asimiro Cristóvão de). *Mitras Lusitanas no Oriente,* vol. i. Lisboa, 1897.

Pais (P. Le ardo Pais). *Promptuario das Diffinições Indicas.* 2.ª edição. Bombaim, 1892.

Pieris (P. I *Ceylon and the Hollanders.* Tellippalay (Ceilão), 1918.

—— *The Kingdom of Jafanapatam 1645. Being an Account of its administrative organisation as derived from the Portuguese Archives.* Colombo, 1920.

Pereira (Alberto F. Marques). *Os Lusiadas de Luiz de Camões. Edição annotada para uso das escolas.* Cantos i, ii. Lisboa, 1915.

Quadros (Jerónimo). *Cartas de Diu.* Primeira serie (1902–1905). Nova Goa, 1907.

Sarkar (Jadunath). *Studies in Mughal India.* Calcutta, 1919.

Semedo (António Francisco Moniz). *Um Perfil de Damão Agonisante.* Bombaim, 1908.

Silva (José Maria António da). *Repositorio de Noções de Botanica Applicada* e *Productos Vegetaes mais conhecidos e usados na China*. Hong-Kong, 1904.

Soledade (Fr. Fernando da). *Historia Serafica Cronologica da Ordem de S. Francisco na Provincia de Portugal*. 3.° vol. Lisboa, 1735.

Zinadín. *Historia dos Portugueses no Malabar por —, Manuscrito arabe do seculo XVI, publicado e tradusido por David Lopes*. Lisboa, 1908.

# GLOSSÁRIO
# LUSO-ASIÁTICO

## M

***MABADA** (ant.). Povoação de *chaliás*, obrigada ao trabalho de preparar a canela ou areca. Do sing. *mahabadda*, que literalmente quere dizer «grande imposto».

1687. — «Dispuzerão que o *bar* fosse de seis pardaos, e cada fardo de 110 arrateis, fora sete, que tomaua o *Vidana* da **Mabada**». — P. Fernão de Queiroz, *Conquista de Ceylão*, p. 49.

«Os Vidânas da **Mabada**, que são os capitães dos Chaliaz, introduzirão de nouo darem lhe 40 *amanões* de areca». — *Id.*, p. 850.

***MABALUCA** (mal. *mevek-luka*). Carpideira mercenária, em Celebes, Malásia.

1701. — «Chorão os defuntos desordenamente por muito tempo, e para isto tem mulheres pagas, a que chamão **Mabalûcas**». — P. Francisco de Sousa, *Oriente Conquistado*, II, III, 1.

***MÁBURI** (s. f.). Escrito que os japoneses colam às portas de suas casas, para se livrarem de malefícios; relíquia religiosa. Tais são os significados que os nossos missionários atribuem ao vocábulo; mas o jap. *maburi* quere dizer simplesmente «aspersão, untura», e *nagori* é o nome de «relíquia». Mas é mais provável que o étimo seja *mamori*, «amuleto».

1563. — «Disserão que os Bonzos auião de ir tirar as cruzes, em pago que lhes tirarão as suas **Máburis**, que são hũs papeis escritos, que os gentios tem grudados ás suas portas, pera que os seus pagodes os liurem de muitos males». — *Cartas de Japão*, I, fl. 123 *v*.

1566. — «Costumão estes gentios em sua vida comprar muitas reliquias, e muitos perdões pera a outra vida, e ha muitos que por se saluarem gastão nisto quanto tem, e depois que se fazem Christãos, queimão todas suas **máburis**, que assi se chamão». — *Ibid.*, fl. 220 *v*.

1576. — «Mandoulhe que fosse a hum mosteiro de Bonzos buscar hũas certas reliquias de seus idolos, a que chamão **mamborîs**». — *Ibid*, fl. 358.

**MAÇA** (ant.; *mace* em inglês). É o que modernamente se chama *macis*, isto é, arilo da noz moscada (q. v). Vid. Conde de Ficalho, in Col. XXXII. O étimo é o grego *máker*, que, na opinião de muitos sábios, indica outra substância. Rúnfio deriva *maça* e *macis* do jav. *massa*, e Yule supõe que tenha provindo do ár. *básbasa*. O grego *máker*, o lat. *macer* ou *macir* de Plínio, pode prender-se ao sânsc. *makura*, «botão de flor», ou *makaranda*, «néctar de flor». Vid. Skeat, *An Etymol. Dictionary*.

1500. — «... sandalo, laca, noz moscada e **massa**». — *Navegação de P. A. Cabral*, cap. 15.

1508. — «... cravo, gengivre, noz moscada, **maças**, beijoim, prata, ouro». — *Alguns Doc. da Torre do Tombo*, p. 1508.

1516. — «Em tres delas [ilhas de Banda] nace muyta nós moscada e **maças**, em hũas aruores como loureiro, cuja fruyta he a nóz, e sobre ela estaom has **maças** ha maneira de frol, e em cima delas está outra casca grosa; val aquy tanto hũu quintal de **maça** como sete de nóz. — Duarte Barbosa, *Livro* (2.ª ed.), p. 370.

1552. — «... assi como crauo das ilhas de Maluco, noz e **maça** de Banda, sandalo de Timor, camphora de Borneo, ouro e prata de Léquio». — João de Barros, *Déc.* I, VIII, 1.

1563 (1500). — «Elle era muyto contente se lhe désse pimenta, canella, crauo, noz, **maça**, que erão cousas que hauião mister pera suas cargas». — Gaspar Correia, *Lendas*, I, p. 155.

1563. — «A pelle pequena que cerca este bagulho [noz], que já falei, he a **maça**, e da outra casca grande nam fezemos aqui menção». — Garcia da Orta, Col. XXXII.

1572:

«Olha de Banda as ilhas, que se esmaltam
Da varia cor que pinta o *roxo fruto*».
Camões, *Os Lusiadas*, X, 133.

1602. — «Não dão estas aruores flor algũa porque logo sae fruito branco, e como amadurece fica amarelo, e depois de maduro incha, e rompe a primeira casca, que he da grossura de tres tostões, e como se abre toda, fica aparecendo a noz por dentro, que he hum bagulho cuberto todo de hũa delgada casca preta, rodeada de fermosa **massa** e assi como vai o fruito crescendo e abrindo, o vai tambem fazendo ésta **maça** em partes». — Diogo do Couto, Déc. IV, VIII, 12.

1616. — «Banda dá a **massa** e a noz moscada. Maluco o cravo. Bornéo a camphora e o benjoim». — Pyrard de Laval, *Viagem*, II, p. 147.

70. — «Et **macir** ex India advehitur, cortex rubeus radiis magnae nomine arboris suae». — Plinius, *Historia Naturalis*, XII, 16.

1510. — «Dell' isola di Banda doue nasce le noci moscate e **macis**». — Barthema, I, fl. 167.

1578. — «De esta **Macis** se haze en Banda un azeyte muy precioso, para passiones de neruios, y para enfermidades frias: y vale ordinariamente la **Macis** tres y quatro vezes mas que la Nuez». — Cristóvão da Costa, *Tractado*, p. 37.

1658. — «Questo fiore si chiama **Macis**, aromato pretioso, confortatiuo, e calidissimo». — Fr. Vincenzo Maria, *Viaggio*, p. 367.

1836. — «Quant au **macis**, espèce de filet rouge, qui recouvre la muscade, les naturels de ces contrées l'estiment si peu qu'ils le négligent; mais les Européens en font beaucoup de cas». — Rienzi, *Océanie*, I, p. 110.

* **MAÇÃ, maceira.** O mesmo que *jujube* e *jujubeira*. V. *ber*.

1563. — «Parecem tão boas estas **maçãas** pequenas que comemos agora á mesa, que queria muito saber se são *maçãas de anáfega*». — Garcia da Orta, Col. I.

1782. — «Vê-se no paiz nascer uma arvore pelos mattos a que dão o nome de **maceira**, a qual posto que de mui inferior condição comtudo não deve ser totalmente desprezada, pois produz um pequeno fructo acido menos mão, e que se emprega em conserva n'esta terra» (Goa). — Fr. Clemente da Ressurreição, *Tratado*, II, p. 336.

1846. — «*Peras* (goiabas), *Borans* (**maçãs**), Cajú». — F. N. Xavier, *O Gabinete Litterario*, I, p. 248.

1902. — «Chamam-se em Macau **maçãs** os fructos da Jujubeira (*Ziziphus Jujuba*) que se dá principalmente nas regiões da China central». — In *Ta-ssi-yang-kuó*, II, III, 3.

1658. — «La **Massiera** non è grande, ma di molti rami spinosi». — Fr. Vincenzo Maria, *Viaggio*, p. 383.

* **MAÇALATA** (ant.). Trama, traça, ardil. Do ár. *masalhat*, usado na Índia.

1577. — «Por muito que hum Christão saiba, se os tiuerem com elles, ha de ficar enganado, porque tem o engano, a que os mais delles chamão **Maçalata**, por virtude, e o que mais enganos sabe he melhor cortezão». — *Primor e Honra*, fl. 10.

**MACAMBA.** Fruto de **MACAMBEIRA**, espécie de palmeira — *Hyphaene thebaica*, indígena do Egipto, onde é muito estimada e tem vários usos. Na Índia, existe sòmente em Dio, onde também é conhecida pelo nome de «palmeira dos rumes», pois deve a sua introdução aos rumes ou turcos [1]. Os ingleses chamam-lhe *doom-palm*. Não sei a que língua pertence a palavra; se o fruto, que não vi, é pentagonal, pode ligar-se ao ár. *makhammas*, que quere dizer o mesmo.

1879. — «As plantas uteis são o coqueiro, palmeira brava, **macambeiro**, mangueira, tamarindeiro...». — João Stuart Torrie, *Estatistica da India Portugueza*, p. 347.

1905. — «A **macambeira** de Diu, mui diversa das outras palmeiras, que teem hastes (spiques) simples, tem ramos dichotomos, isto é, cada um terminado por outros dois... A **macambeira** não se encontra aclimada em parte alguma da India, a não ser na nossa ilha de Diu, onde existem perto de 2 mil pés d'aquellas arvores, que podem produzir alguns milhões de **macambas** por anno... Estes turcos trouxeram nas bagagens algumas **macambas**, de que eram gulosos, comeram o seu mesocarpo, que tem um sabor, misturado de gengibre e jagra, espalhando ao acaso suas nozes». — *O Oriente Portuguez*, II, p. 195.

1906. — «A ilha de Diu... é dominada pela palmeira ramificada dos *Rumes*, ou **macambeira**, a *palmeira de Thebas*, tão estranha na sua fructificação, alaranjada e purpurea, de **macambas**». — Alberto O. de Castro, *A Cinza dos Myrtos*, p. 189.

---

[1] Morais regista **macameira**.

**MACANA** (ár. *mukhannath*). Hermafrodita, efeminado, em Ormuz. Na abonação dá-se ao vocábulo o significado de «toucado de mulher», que tem outros nomes. Devo haver confusão: punha-se a touca de mulher na cabeça do *mucana*, como se na Europa fôsse um militar cobarde vestido de saia.

1563. — «Foise á praya e mandou pôr duas mesas hũa chea de moedas douro e prata, e outra de toucados de mulheres, a que elles chamão **macana**: e quando se poem na cabeça de hum homem, he por algũa grande fraqueza que fez, e fica inhabil pera toda a sua vida, cousa entre os Parsios mui usada». — João de Barros, Déc. III, VII, 3.

1881. — «Mandou pôr na praia, como incentivo, duas mesas, uma coberta d'ouro e prata, e outra de toucados de mulher, a que chamam **macana**, que só eram postos na cabeça dum homem, quando este commettia algum acto de grande fraqueza, ficando então considerado como inhabil para sempre». — Eduardo Balsemão, *Os Portuguezes no Oriente*, I, p. 70.

* **MAÇAR**. É na Índia o mesmo que *amaçar* (q. v.) ou «fazer maçagem ao corpo». V. *chamotim*.

1886. — «Quando um rico hindu pretende repousar, faz-se friccionar ou **maçar** brandamente com a mão secca por um dos seus domesticos, que desempenham este mister com muita delicadeza e dexteridade. Este uso é tambem adoptado não só pelos nativos christãos, mas pela maioria dos portuguezes nascidos na India». — Lopes Mendes, *A India Portugueza*, I, p. 114.

**MACARÉU**. É rápida e impetuosa enchente e vasante de certos mares e rios. A origem do vocábulo não é bem clara. Supõe-se geralmente que o étimo seja o sânsc. *makara*, nome mitológico de um monstro marinho, o qual também se aplica ao signo Capricórnio. A denominação não seria descabida, considerando-se o monstro como autor do fenómeno.

Mas nenhuma língua indiana emprega actualmente o termo para designar o referido fenómeno. Há porêm outros nomes semelhantes, como «cavalo» em guzarate, e «carneiro» em hindustani; e não é improvável que outrora em alguma parte da Índia tivesse sido empregada neste sentido a palavra *makara*, que se presume significar originàriamente «jacaré ou crocodilo» [1].

Yule põe em dúvida esta derivação, porque o francês tem *mascaret* e *macrée*, alêm de *barre*, idêntico com o inglês *bore*. Mas não consta que os mencionados vocábulos tenham existido antes dos nossos descobrimentos, pois não se aponta nenhuma autoridade anterior ao século XVI. Não se sabe a sua etimologia; Littré não sugere nenhuma plausível. Não se dá a razão da diversidade de formas e da sua existência ao lado de *barre*, suposto mais antigo. Nem se explica como é que as expressões francesas passaram para a Índia, se, pelo modo como se exprimem os nossos escritores, o fenómeno e o seu nome eram desconhecidos em Portugal.

Gonçalves Viana demonstrou com toda a clareza (nas *Palestras Filológicas*) que, fonética e morfològicamente, nem *macrée* nem *mascaret* poderiam converter-se em *o macaréu*, e concluíu que «os três vocábulos, *mascaret*, *macrée* e *macaréu* são independentes entre si, e que as suas coincidências de formas e fonação podemos considerá-las como fortuitas».

Eu porêm estou quási convencido de que os franceses mudaram o nosso *macaréu*, primeiro, na forma mais aproximada *macrée*, e, depois, na mais culta *mascaret*, do mesmo modo que de *patecá* («melão») fizeram *pastèque*; de *mordexim*, *mort-de-chien*; de *bicho-de-mar*, *biche-de-mer*; e do *pau de águila*, *bois d'aigle*. Jancigny (vid. abaixo) não escreveria em 1854 *maquerie*, se as outras formas estivessem vulgarizadas no seu tempo.

Se atentarmos bem nos termos de Gaspar Correia e Castanheda, veremos que êles não chamam precisa-

[1] «The *magar* or blunt-snouted crocodile infests all the rivers». — Hunter, *The Imperial Gazetteer*, V, p. 229.

mente *macaréu* ao fenómeno, mas tão sómente lho relacionam. A explicação que eu daria disto é que a gente de Cambaia teria dito aos portugueses, curiosos do saber a sua origem, que a ocorrência era devida ao *makaró* (forma vulgar em guzarate), que vinha devorar barcos e homens, pois nos contos populares se lhe atribuem factos análogos. V. *Contribuições*.

1445. — «He tão grande o impeto da corrente da dita maré, quando principia a encher que he quasi incrivel; porque com tres ancoras na proa, apenas e com trabalho nos podiamos segurar» (nos mares da África). — Luís de Cadamosto, *Navegação Segunda,* cap. 7.

1516. — «Ha nauegaçam destes lugares he muyto perigosa pera naos de quilha, porque estando sobre amara, dece aquy nesta enseada a agoa tanto que em muyto pouquo espaço descobre ho maar quatro ou sinco legoas, em huũs logares mais em outros menos; e quando enche a maree, enche tam rijo que dizem que hum homem a todo corer nom pode fugir». — Duarte Barbosa, *Livro,* p. 277.

1535. — «... por amor da enchente da maré quando tornasse, que era com grande corrente e **macareo,** que se achasse as fustas carregadas as sessobraria». — Gaspar Correia, *Lendas,* III, p. 674.

1552. — «Foy auisado pola gente da terra que despejasse os nauios, que ficassem leues quando tornasse o montante dagoa, porque se perderião se estiuessem carregadas por trazer grande força, que enchia com **macareo**». — Castanheda, *Historia,* VIII, cap. 107.

1553. — «Cá por ella estar fóra dos **Macareus** da enseada de Cambaya, com os quaes se perdem muitas naos, por ser tão grandes que as ceçobrão, tanto que esta cidade Dio foi pouoada». — João de Barros, Déc. II, II, 9.

c. 1560. — «E loguo em espaço de seis horas, com grande impeto e **macareu** nunqua alli visto, cresceo a maré, e vasou de dezasete até vinte e cinco vezes». — Gabriel Rebêlo, *Informação de Maluco,* p. 190.

1566. — «A costa do mar em algumas partes deste regno (de Cambaia) espraia duas e tres legoas, e com a enchente vem vento tão de subito que hum homem a todo correr se não pode salvar do **macareo**». —Damião de Góis, *Chronica de D. Manuel,* III, cap. 64.

1597. — «Quando a maré torna a encher vem com tanta soberba fazendo hum **macareo** tão medonho, que parece que se encapella toda a Cidade... Querendo eu por curiosidade experimentar a ligeireza deste **macareo** me puz na praya em hum bom ligeiro cavallo Arabio (em parte que só aquella pequena onda se resaca podia chegar). E em vendo vir o **macareo** com grande terremoto huma grande distancia, lhe puz as pernas, mas de hum tiro de pedra passou por mim como hum rayo, deixando-me bem molhado. E quem bem notar Plinio e Ariano Autor Grego falando da Cidade de Barigaza (que sem duvida he a de Cambayete) verá que claramente falão deste **macareo**». — Diogo do Couto, Déc. VI, IV, 3.

1603. — «Com a conquista deste Reyno [de Tangu], se podião tomar todos os outros, que ficam por aquela costa, e enseada do **Machareo,** que corre como oitenta legoas». — P. Fernão Guerreiro, *Relaçam Annual,* fl. 49.

1613. — «O **macareo** de ondas he huma inquietação do mar, com agoa de fervura com que o mar deita aquellas ondas em frol. Por termo e espaço de huma milha italiana, e nesta distancia somentes mostra aquella fervura do mar em frol, e o mais do mar todo raso... E este **macareo** anda de hua parte pera outra». — Manuel Godinho de Erédia, *Declaraçam de Malaca,* fl. 41.

1630. — «Se veyo a perder, com tudo o que trazia para seu convento, defronte da mesma Fortaleza de Sirião, no **Macareo**. Chama-se **Macareo** aquelle impeto, com que por esta costa enchem, e vazão as agoas do mar». — Fr. Luís de Sousa, *Hist. de S. Domingos,* III, p. 353.

1634. — «Aqui nesta barra [de Damão] alcança ainda a corrente dos **macareos** de Cambaya, cresce e abáixa muito, porque chega a ter mais de tres braças de preamar, e assi tambem de baixa diminue a menos de dois palmos... Com os impetos das correntes, que chamão **macareos,** de cuja furia se dizem cousas estranhas, porque huma lança de arremeço, ou huma pedra despedida da mão com força não vay mais ligeira do que corre esta agoa». — António Bocarro, *Livro,* III, p. 101.

1701. — «Na costa de Cambaya espraia o mar duas, e tres legoas com certa enchente, a que chamão **macareo,** e vem com tanta pressa, que escassamente lhe pode fugir hum cavalleyro a todo correr; mas não he cousa ordinaria, nem os naturaes sabem quando o **macareo** ha de dar sobre elles». — P. Francisco de Sousa, *Oriente Conquistado,* II, I, 1.

1884. — «Em certas rotações do anno o primeiro movimento ascendente da maré produz uma ondulação, o *mascaret* dos francezes, o *bore* dos inglezes, o *pororoca* do Amazonas, guardadas as devidas proporções. Esta onda, que assume na foz 4 metros de altura, e 2 metros em Calcuttá, é muito perigosa». — Adolfo Loureiro, *No Oriente,* II, p. 255. — Esqueceu-se o autor do nome português!

1901. — «N'este rio [Geba, da Guiné] dá-se um phenomeno singular conhecido pelo nome de **macaréo,** que como diz o Sr. Ernesto de Vasconcellos, corresponde ao *mascaret* francês, ao *bore* inglês e ao *pororoca* brazileiro e deriva, na opinião deste professor da palavra *makara* que designa um monstro mythologico, pois tal facto se observa, se bem que por causa differente, em algumas terras orientaes». — José de Macedo, in *Bol. S. G. L.*, XVIII, p. 441.

1906:

«Negro areal do Golpho, macaréos de lôdo,
Minha infancia alada, meu passado todo!».
Alberto O. de Castro, *A Cinza dos Myrtos*, p. 159.

1582. — «Ci trouammo uicini al **Macareo,** che è la più marauigliosa cosa, che mai sia veduta di crescimenti, & calamenti, che fanno l'acque, & certo che à chi non l'ha uisto questo parra dura cosa à crederlo». — G. Balbi, *Viaggio*, fl. 91 *v*.

1854. — «À son embouchure [de Setang, na Birmânia] elle est obstruée par des bancs de sable, et la **maquerle** (*bore*) y est terrible, en sorte que la navigation de cette rivière est, au total, impossible pour de grands bâtiments et difficile pour de petits». — Jancigny, *Indo-Chine*, p. 295.

**MACHILA.** É o nome do transporte que modernamente está em voga na Índia Portuguesa e na África Oriental: leito portátil, feito de madeira com o fundo e as testeiras de «rota» ou rotim, suspenso por meio de cadeias de ferro em um varal (que se chama «cana», por ser feito de bambu espinhoso), coberto com uma «tenda» para abrigo da chuva, ou encimado dum «tendilhão» para resguardo do sol, e conduzido por quatro homens aos ombros ou à cabeça, no qual vai de ordinário um só indivíduo, deitado ou sentado com as pernas estendidas. Por *machila* também se entende, genéricamente, a «cadeirinha» (q. v.), que é seu aperfeiçoamento. O vocábulo ocorre, com relação à Índia, desde o século passado; os antigos transportes análogos eram conhecidos pelos nomes de *andor* e *palanquim*. V. *dolim* e *maca*.

Quanto à etimologia, o concani tem *māchīl* ou *mā̃chīl*, que passou para túlu (língua dravídica no Canará) na forma de *mā̃chilu*; mas não é vernáculo. Yule & Burnell tiram o indo-inglês *muncheel* ou *manjeel* do malaiala *mañjīl*, que prendem ao sânsc. *mañcha*, «leito, estrado», e que se não encontra em todos os dicionários, que todavia registam *mañcham* e *mañchakam*. Nem Wilson o insere no seu *Glossary of Indian Terms*, ao lado de *doli* e *palki*. Das autoridades alegadas uma só se refere ao Malabar, em 1819. Também se não compreende como é que o sânsc. *mañcha*, que passou para quási todos os idiomas neo-áricos *ipsis literis*, tomou tão sómente em malaiala a forma de *mañjīl* e um significado peculiar, sinónimo de «andor» e «palanquim», que existem na mesma língua, e a mais *dayaman*.

Se consultarmos a nossa história colonial, veremos que *machira*, como nome duma fazenda e duma espécie de litoira ou andas, é antiquíssimo na África Oriental, onde existe nos idiomas vernáculos em ambos os sentidos. É, portanto, lógico concluir que é daí que o termo foi para a Índia, onde se aplicou a um andor modificado. V. *machira*, e *Contribuïções*.

1798. — «Fugiram alguns cafres no caminho, e fizeram-me muito favor em deixar as cargas, nellas pegaram outros, que nos vem carregando nas **maxilas**» (na África). —*Apud* Júlio Biker, *Collecção de Tratados*, x, p. 37.

1808. — «A Inquisição distá um quarto de milha do convento; e fomos alli nas nossas **machillas**». — C. Buchanan, *Christian Researches in Asia* — «A **machilla** é uma especie de palanquim usado em Goa. He meramente um panno de lona suspenso de um bambú, que é levado á cabeça de quatro homens. Algumas vezes um peão corre adiante, levando um bordão na mão, no qual vão presos alguns guisos que tocam com o movimento da carreira do peão acompanhando os portadores». Nota do autor. — «Hoje as **machilas** são feitas em fórma de cadeirinha, e já não usam o panno de lona nem as acompanha o peão de guisos». Nota do tradutor (M. V. Abreu, em Dellon, p. 258).

1829. — «A unica especie de transportes aos ricos são os palanquins, ou antes **machilas** cobertas». — Cottineau de Kloguen, *Bosquejo Historico de Goa*, p. 163.

1840. — «*Boiazes*, que são conductores de **machilas**, *cadeirinhas*, *dolys*». — *Annaes Maritimos*, p. 112.

1852. — «Usam-se outros transportes da mesma especie chamados **Machilla,** de variados feitios, para uma e duas pessoas». — Cunha Rivara, em Pyrard, I, p. 63.

1866. — «Os boiás, carregadores de **machilas,** (catres, cadeirinhas) servem-se delle solto no inverno para cobrir o enchimento que levão na cabeça para nivelar a altura dos companheiros». — F. N. Xavier, *Descripção do Coqueiro*, p. 33.

1871. — «Os habitantes tinham espontaneamente offerecido as suas carruagens e **machilas** para os illustres viajantes». — Pedro G. Mesnier, *Viagem de... Visconde de Sam Januario*, p. 4.

1874. — «Minutos depois desembarcavamos sobre um tapete de relva, aonde nos esperavam **machilas** e boiás». — Tomás Ribeiro, *Jornadas*, II, p. 34.

1880. — «Voltando-se para os officiaes, e tomando a posição servil de negro carregador de **maxila,** pedindo-lhes...». — Nuno Queriol, in *Bol. S. G. L.*, II, p. 25.

1858. — «A viatura ordinaria das senhoras e dos homens opulentos é a **maxila,** especie de catre que os escravos põem em movimento». — Francisco M. Bordalo, *Ensaios sobre a Estatistica*, IV, p. 54.

1885. — «O sr. Governador levava uma **machila** (cadeirinha) feita de lona forte, e andou socegado; mas eu, infelizmente, não tinha senão uma **machila** em fórma de rede». — P. José Vítor Courtois, *ibid.*, V, p. 25.

1886. — «A **machila** é uma especie de palanquim, que se usa em Goa para transporte de pessoas». — Lopes Mendes, *A India Portugueza*, I, p. 59.

1896. — «A noiva veio á festa de **machila,** e vestido novo, côr de espavento». — Gip, *Jacob e Dulce*, p. 43.

**MACHILEIRO.** Carregador ou portador de *machila*. É corrente na África Oriental, pouco usado na Índia, onde se servem do termo *boiá*, forma moderna do antigo *boi*, q. v.

1799. — «E quando por mandado de Pedro Nolasco, de quem dependiam os meus **maxileiros,** pegaram da *maxila*, logo a bem poucos passos largaram-me com a *maxila*» (na Africa). — *Apud* Júlio Biker, *Collecção de Tratados*, X, p. 179.

1885. — «Mais de cincoenta **machileiros** e portadores estavam ás nossas ordens». — P. José Vitor Courtois, *loc. cit.*, p. 503.

1904. — «**Machileiros** ou carregadores de *machila*, especie de rede ou maca, em que os brancos se fazem transportar em viagem ou passeio». — João Coutinho, *A Campanha do Barué*, p. 190.

1911. — «Seguiu depois em *machila* até Diu percorrendo n'uma viagem de 17 horas um tracto de 75 kilometros, o que só se pode conseguir empregando dois turnos de bons **machileiros**». — José E. Castel Branco, in *Bol. S. G. L.*, XXIX.

1912. — «O administrador do Prazo Angonia manda ao nosso encontro os seus possantes **machileiros,** ficando na margem esquerda esperando a nossa chegada». — *Ibid.*, XXXIV, p. 300.

1917. — «Para chegar ao templo é preciso subir uma escada de mais de cem degraus, que os **machileiros** galgaram comigo aos solavancos». — *Heraldo*, de 8 de Maio.

* **MACHIM** (*machana*, f.). Indivíduo duma casta inferior de Damão, a qual se ocupa principalmente em pesca. Do guz. *māchchī*.

1850. — Todavia ainda existem [abunhados] naquella Praça [de Damão], os moradores de Hortas e Palmares, e Aldêas, sob a denominação de **Machins,** que tem a seu cargo diversas obrigações e impostos ou contribuições a favor dos senhorios ou foreiros». — F. N. Xavier, *O Gabinete Litterario*, V, p. 28.

1887. — «As pescarias occupam uma grande quantidade de **machins,** que salgam o peixe e o exportam para Paroly, Balsar e Surrate». — João de Andrade Corvo, *Estudos sobre as Provincias Ultramarinas*, IV, p. 100.

1901. — «... por não ser permittido ás **machanas** (mulheres dos pescadores) fazerem as suas transacções de peixe». — José Pinheiro, in *Bol. S. G. L.*, XX, p. 26.

1904. — «... destes **machins** que todos são forasteiros das terras dos Marathas». — António Francisco Moniz, *Hist. de Damão*, II, p. 31.

«Foi corrido d'aquella aldea pelas **machanas** revoltadas». — *Id.*, p. 226.

1910. — «Trabalharam na conducção dos retabulos e outros materiaes 340 **machins,** os quaes eram pagos a dois *annas* de Surrate por dia». — *Id.*, III, p. 156.

**MACHIRA.** Em duas acepções se emprega o termo na África Oriental: na de *machila* (q. v.), e na de «lençol grosso de algodão, de fabrico indígena». A última é a primordial, de que se derivou a outra, consistindo originàriamente o transporte em uma peça de lona, atada pelas pontas a um varal; o qual, depois de sucessivos melhoramentos, chegou ao seu estado actual, mais cómodo e elegante.

A língua falada no distrito de Tete e no Zambeze inferior tem o vocábulo com ambos os sentidos, e mais *tsamachira* por «liteireiros ou *machileiros*». *Machira* é o plural de *chira*, «lona», assim como *mafuta*, «azoite», o é do *futa* [1].

1569. — «Andão todos comummente vestidos com huns panos de algodão mal tapados.... os quaes eu vi tecer perto da Sena, e chamão-se **machiras**». — P. Monclaio, in *Bol. S. G. L.*, ɪɪ, p. 543.

1609. — «O vestido do rei [Quiteve] e dos mais senhores é um pano fino de algodão ou de seda... e outro muito maior do mesmo algodão que os cafres tecem, a que chamam **machiras**».—Fr. João dos Santos, *Ethiopia Oriental*, ɪ, p. 82. — «Tecelões que fazem alguns panos grossos de algodão, do tamanho de um lençol meão, a que chamam **machiras**». — *Id.*, p. 83.

1629. — «E os mais Portuguezes que falarem com elle [rei de Manamotapa] será na forma do embaixador, e lhe dará uma **machira** para se assentarem». — *Apud* Júlio Biker, *Collecção de Tratados*, ɪ, p. 294.

1635. — «Com obrigação de pagar do foro d'ellas [terras] cem **machiras**, e duas mil *pingas* [cargas] de milho, para os gastos da conquista». — António Bocarro, Déc. xɪɪɪ, p. 576. — «O Muzura mandou tambem a este Cafre cem manilhas, e uma **machira**, e uma negrinha».—*Id.*, p. 601.

1667.— «Muita escravaria e **machiras** que são huns lenções grossos de algodão e de muita serventia para o mocranga» — P. Manuel Barreto, in *Bol. S. G. L.*, p. 45.

1687. — «Há muyto algodão, de que os Cafres por sua rudeza, somente fazem **machiras**, que são huns lenções grossos».— P. Fernão de Queiroz, *Conquista de Ceylão*, p. 920.

1696. — «Tem tambem muito algodão, de que os Cafres sabem fazer huns panos, a que chamam **machiras**». — P. António da Conceição, in *O Chronista de Tissuary*, ɪɪ, p. 43.

1727. — «E com todas estas grandezas, os ornamentos de seu corpo consistem sómente em hum panno de seda singido pelo peito, e outro pendurado dos hombros, a armação do Paço são **machiras**, que são como redes do Brazil». — D. Manuel de Meneses, *Chronica de D. Sebastião*, p. 121.

1750.— «O maior lucro que d'elles tiram os seus possuidores, é **machillas**, que são uns pannos de algodão grosseiramente urdidos, ordinariamente de comprimento os maiores oito mãos, e de largura duas e meia até tres». — In *Annaes do Conselho Ultramarino*, ɪɪ, p. 107.

1609. — «E sabendo dos mouros espias, que os portuguezes vinham diante do arraial dos cafres em **machiras** e andores, e sem ordem alguma de peleja, sahiram de noite da sua fortaleza secretamente». — Fr. João dos Santos, *Ethiopia Oriental*, ɪ, p. 233.

1611. — «As quaes traziam os escravos do capitão mór em *cochos*, concertados ao modo de redes do Brazil, que em Cuama chamam **machiras**». — João Baptista Lavanha, *Hist. Tragico-maritima*, v, p. 30.

1635. — «E ficava por lhe fugirem os cafres [de Manamotapa] que o levavam em andor, a que chamam **machira**». — António Bocarro, Déc. xɪɪɪ, p. 554.

1651. — «Obrigaram tambem aos mouros, que haviam trazido ao padre no *cocho* [barco], que o levassem por terra em uma **machina** (*sic*), cousa que responde ás redes do Brazil». — P. António F. Cardim, *Hist. Tragico-maritima*, x, p. 182.

1718. — «E armou hum andor pequeno para si, e **Machiras** para P. Fr. Angelo, e Capitão da Fortaleza da Barra de Macao, e Capitão de Mar, e guerra Alexandre Pinto de Souza» (no Canara). — João Tavares Guerreiro, *Jornada*, p. 56.

**MACOBUME** (própriamente *mancubume*, do mal. *mangku-bûmi*). Regente ou vice-rei, na Índia insular.

1553. — «ElRey de Campar seruia seu officio, não com nome de *Bendára*, mas com de **Macobumi**, que acerca delles he como entre nós Viso Rey, e isto por honra de dignidade real que tinha». — João de Barros, Déc. II, ɪx, 6.

**MAÇOI** (mal. *masui*). É uma árvore da Índia insular, cuja casca é aromática como a canela e tem usos medicinais.

1560. — «Em Amboino ha muitos Christãos do nosso tempo, e muito **maçoi**, que parece canala braua». — Gabriel Rebêlo, *Informação de Maluco*, p. 190.

**MACUAS**, **macuás** (s. m. pl.). Classe de pescadores, no Malabar, reputada originária de Ceilão. O seu chefe chamava-se *Arel* (q. v.), que era também piloto da barra de Cochim e outras partes. Grande parte de *macuas* ou, própriamente, *mucuas*, professa a religião católica. Do malaiala *mukkuvan*, pl. *mukkuvar*, lit. «mergulhador».

O Sr. José Joaquim Fragoso encontrou em Dio uma tribu ou *gotra* (q. v.) de *coles*, denominada *Macuanian*, cujo nome identifica com o de *Macuana* da tribu ou povo de Moçambique. Mas se é admissível que

[1] A edição de 1858 do dicionário de Morais regista o termo com o seguinte significado: «Pano de seda que os Cafres deitam pelos hombros a modo de capa».

os *macuas* africanos são oriundos da Índia — e a esta hipótese propendo António Ennes — é mais racional identificá-los com os pescadores *macuas* do Malabar.

1509. — «Mando que dees ao arell dos **macuaas** oyto quintaes e huma arroba de cobre». — Afonso de Albuquerque, *Cartas*, IV. p. 270.

1514. — «Todos esses **macuas**, pescadores e marinheiros e barqueiros, tudo he debaixo de sua jurdiçam e mamdo». — *Id.*, I, p. 276.

1516. — «Ha tambem outra ley de Gentios mais baixa ha que chamaom **Monquer**, sam pescadores que nom tem outro oficio senam pescar, algũus nauegaom em náos dos Mouros, e dos outros Gentios, e saom muyto naturaes do mar: estes viuem em pouoações apartadas sobre sy, honde fazem suas pescarias; he hũa gente muy ciuel, saom grandes ladros sem uergonha. — Duarte Barbosa, *Livro*, p. 337.

1552. — «E andando vigiando hũa noyte, topou quatro **macuas**, que são pescadores, pescando sem sua licença». — Castanheda, *Historia*, I, cap. 66.

1554. — «Que todolos **maquas** que ffossem neçessaryos a esta ffortaleza [de Coulão] se lhe dem, e que se lhe pague seu trabalho». — Simão Botelho, *Tombo da Índia*, p. 35.

1567. — «E visto o sitio, e a disposição do mar, assentaram que [o desembarque] fosse defronte das casas dos **Macuas**, porque andava ali o mar mais brando». — *Commentarios*, I, p. 15.

1563 (1517). — «... inda que fosse **Machuha** ou *poleá*, que são baixas gentes, que nom andão senão pelos matos, e nom podem andar pelos caminhos, porque por ysso os matarão». — Gaspar Correia, *Lendas*, I, p. 745.

1603. — «... tornar a edificar a Igreja de Christãos **Macuas**, que estaua na praya que era do Bispado de Cochim». — Fr. António de Gouveia, *Jornada do Arcebispo*, fl. 103.

1613. — «E amanhecendo chegou a hũas casinhas de **Macuaas**, que são pescadores». — Francisco de Andrada, *Chronica de D. João III*, I, fl. 82 *v*.

1615. — «A terceira sorte de habitantes de Calecut e Malabar são os do povo commum, que em todas estas regiões são mui desprezados, vis, e abjectos, como escravos. Chamam-lhes **Macuás** ou *Poliás*... Alguns que habitam à beira-mar, e não ousam habitar mais dentro, a estes cabe propriamente o nome de **Macuás**. São todos pescadores, fabricam sal, e em toda a costa do Malabar não se emprega outra gente para remar, e andar no mar». — Pyrard de Laval, *Viagem*, I, p. 326.

1663. — «Desta fortaleza [de Coulão] até o Cabo de Comorim são tudo praias daquelle reino, sujeito a hum rei gentio, povoado de certa casta de gente chamada **macuá**, toda ella christã». — P. Manuel Godinho, *Relação*, p. 218.

1667. — «... e era Freguezia dos **Machuas**, gente que vive de pescaria». — Fr. Jacinto de Deus, *Vergel*, p. 160.

1687. — «... o quarto [estado] são **Macuaz**, *Bedas* e mais castas bayxas». — P. Fernão de Queiroz, *Conquista de Ceylão*, p. 34.

1698. — «Para evitar ao diante as affrontas, que os Mouros, os **Macuas**, e outras castas lhes costumam fazer, era necessario que a igreja pagasse sempre dous ou tres Naires». — In *O Chronista de Tissuary*, II, p. 83.

1510. — «La quarta [classe] si chiamano **Mechor**, e questi sono piscatori». — Barthema, *apud* Ramúsio, I, fl. 160.

1544. — «Antequam illuc appellerem baptisaveram omnes quos adire potui **Machuas**, piscatores qui vivunt in Regno Travancoris». — S. Francisco Xavier, *Epistolae*, Lib. I, 41.

1658. — «Nel Regno di Samorino li **Macuas** ò piscatori li [chapéus] usan di paglia accuminati». — Fr. Vincenzo Maria, *Viaggio*, p. 256.

1673. — «... et sur le bord de la mer deux villages de **Moucouas**, ou Pescheurs Gentils». — Dellon, *Relation d'un Voyage*, p. 260.

1715. — «Ce qui la rend odieuse cette loy sainte, c'est qu'elle est regardée comme la loy des Européens, des Parias, des Paravas, des **Macuas**, et d'autres castes qui passent pour infames aux Indes». — *Lettres Édifiantes*, XIV, p. 459.

1736. — «Essa [barca] andarebbe in pezzi, se li **Mucoa**, che sono i piscatori rematori, non se buttassero in mare per sustenerla». — Fra Paolino, *Viaggio*, p. 3.

**MACUARIA.** Bairro ou quarteirão dos **macuas**. É uma derivação portuguesa, como tantas outras. Cf. *bonzaria*, *empolear*, *desempolear*.

1553. — «.. e o Marichal com toda a sua gente em outro corpo mais acima do *Cerame* á mão esquerda contra a pouoação dos pescadores chamada **Macuaria**». — João de Barros, Déc. II, IV, 1.

1577. — «As molheres leuarão fora a hũa **macuaria** de Parchis, e os homens meterão todos em certas casas». — *Primor e Honra*, fl. 93 *v*.

1663 (1502). — «Disse ao moço que se fosse como fogido, e désse dinheiro a algum pescador que o leuasse fóra de Calecut em Panane, e que saisse de noite d'almadia em alguma **macuaria** onde désse dinheiro que o leuassem além e o posessem em outra **macuaria**, indo sempre polo mar até chegar a terra de Cochym». — Gaspar Correia, *Lendas*, I, p. 326.

1712 — «**Macuaria**. Palavra da India. Acha-se em varios lugares das Decadas de João de Barros. Val o mesmo que habitação de pescadores». — Bluteau.

**MAÇULE.** É uma barcaça sem coberta da costa de Choramandel, própria para ressaca. É feita de tábuas cosidas com fio de *cairo*, sendo as junturas calafetadas. A etimologia é obscura; Yule aponta meia dúzia de étimos possíveis. O mais provável é o tel. *māsāla*, hindust. *machhlī*, mar.-conc. *māsḷī* ou *māsoḷī*, «peixe». V. *manchua*, e *Glossary*, s. v. *mussoola*.

1577. — «Esta pouoação [de Negapatão] he sogeita aos Reys de Bisnaga, a qual como o Estado lhe não tem obrigação pollas razões que dissemos, e estar em costa braua, onde não pode desembarcar nenhuma cousa senão nos **Maçules** da mesma terra, que são embarcações feitas pera aquilo». — *Primor e Honra*, fl. 93.

1884. — «Logo que fundeamos foi o vapor cercado por muitos barcos pequenos, notando-se os indigenas, chamados **másulahs**, grandes barcaças sem coberta, formados de tábuas de mangueiras cosidas com fio de cairo, e offerecendo uma certa elasticidade para resistirem á acção das vagas». — Adolfo Loureiro, *No Oriente*, I, p. 224.

1673. — «It was unanimously consented to fight our way through the Flemish East--Indians, had we not seen a **Mussoole** sailing our Admiral, which came off with advice from the Agent». — Fryer, *East India*, I, p. 75.

1826.—«The **masuli** boats (which first word is merely a corruption of *muchli*, fish) have often been described, and, except that they are sewed together with coco--nut twine, instead of being fastened with nails, they much resemble the high deep charcoal-boats which are frequently seen on the Ganges». — Heber, *Narrative*, II, p. 201.

1860. — «Another peculiarity of the native craft in the west coast of Ceylon is their construction with a prow at each extremity, a characteristic which belongs also to the **Massoola** boats of Madras, as well as to the others of the north of India». — Emerson Tennent, *Ceylon*, I, p. 444.

1866. — «There are numbers of poor native Christians at Madras now. Most of the men who man the **masúla** or surf--boats are such».—Yule, *Cathay*, III, p. 253.

1885. — «Passengers and cargo were formerly landed or embarked by the indigenous **masula** boats, built of mango wood, caulked with straw, and sewn together with cocoa-nut fibre». — Hunter, *The Imperial Gazetteer*, II, p. 112.

1908. — «Canoes and **masúla** boats are also made of it [*mangueira*] and in Dehra Dun and some other tea districts it is in large demand for tea-boxes». —Watt, *The Commercial Products*, p. 665.

* **MADALÊM.** Instrumento músico da Índia, de forma cilíndrica, feito de barro e coberto de pele em ambas as extremidades. Toca-se com os dedos de uma e outra mão. Do conc. *mādḷem* < sânsc. *maṇḍala*.

1874. — «Á falta mesmo de *sarangi*, sempre ha de haver um **madlem** e um *doll*». — Tomás Ribeiro, *Jornadas*, II, p. 77.

**MADEIRA DE CHEIRO.** V. *agara*.

**MADIM.** Moeda turca do valor de dez réis. Do turco *ma'den*, «metal».

1593. — «Davão quarenta ovos por hum **madim**, que são doze reis». — Fr. Pantaleão de Aveiro, *Itinerario*, p. 88.

1604. — «... paying for head or parcel one **maydin**, a silver coin worth eleven maravedis». — «The silver coins are *xays*, ten to one real of eight, and **madines** of five to one xay». — Pedro Teixeira, *The Travels*, pp. 16 e 115.

**MADRAÇAL.** Estalagem, hospício; colégio. Do ár. *madrasa*, «colégio, academia», o qual vem de *daras*, ensinar». Os nossos escritores empregam o vocábulo no primeiro sentido com relação a Ormuz.

1552.—«Concertarão ambos que se visse com elrey no **madraçal** onde pousaua Simão Dandrade que era perto da fortaleza (e estes **madraçais** sam como entre nos os estaos)». — Castanheda, *Historia*, III, cap. 150.

1553. — «Aposentouse em hũas grandes casas, que lhe despejarão, que seruião de hospital, a que elles chamão **madraçal**». — João de Barros, Déc. II, x, 3.

1566. — «Destes recados se tomou a conclusão que a visita fosse no **Madraçal**, que he huma casa grande como estaos». — Damião de Gois, *Chronica de D. Manuel*, III, cap. 68.

1632. — «Huns, em uma casaria grande, que os da terra chamavão **Madrassal**». —Fr. Luís de Sousa, *Annaes de D. João III*, p. 70.

1898:

> «Talvez o madraçal dos reis cegos?».
>
> Lopes de Mendonça, *A. de Albuquerque*, p. 171.

1902. — «Os proprios mouros tiveram e

teem na India annexos a cada mesquita os seus **madrassas,** para o ensino do Koran». — *Ta-ssi-yong-kuó,* II, III, 5.

1604. — «There are visible in Bagdad ruins of fine buildings of the Persian times such as... a **madrasa** which was a hospital». — Pedro de Teixeira, *The Travels,* p. 64.

1676. — Je viens aux communautez des Colleges que les Persans appellent **Madresé,** où, il y a un grand nombre d'Ecoliers qui sont entretenus à fort petite dépense du bien legué aux Colleges». — Tavernier, *Voyages,* II, p. 319.

1880. — «In a large open space at the end of the bazar are two large **Madrassis** or colleges well built of burnt bricks». — Howorth, *History of the Mongols,* II, p. 873.

1898. — «360 mezquitas, 160 escuelas ó **medrissas,** numerosas casas de baños, *khanes* ó albergues para los viajeros, bazares... hacen de Bukkhara una ciudad importantissima». — Alfredo Opisso, *El Asia Musulmana,* p. 38.

**MADRAFAXÃO.** Antiga moeda de Cambaia ou Guzarate, de ouro e de prata, a qual pesava cêrca de 200 grãos, e valia, sendo de ouro, 112 *fédeas,* e 7, sendo de prata. Havia *madrafaxão velho* e *madrafaxão novo,* que diferiam no valor. O seu nome deriva de *Madrafaxa* (em persa *Muzaffar-xáh*), avó do sultão Bahádur, morto em Dio pelos portugueses. A sua forma vernácula é *muzaffar-xāhī.* V. *xaim.*

1525. — «Valem quada huum **madrafaxão** [de ouro] 112 fedeas... **Madrafaxões** de prata e mêos **madrafaxões** vall cada huum cymquo fedeas e seis *droquoas*». — *Lembranças das Cousas da India,* p. 38.

1536. — «O Gouernador pôs a primeira pedra, e meteo debaixo d'ella **madrafaxos** d'ouro e portugueses, que foy em huma esquina que alli auia de fazer a fortaleza». — Gaspar Correia, *Lendas,* III, p. 689.

1552. — «Trazia hum bacio grande cheo de moedas de prata mouriscas, que se chamão **madrafaxões**». — Castanheda, *Historia,* III, cap. 132.

«Daria hum **madrafaxão,** que pola nossa moeda val tres cruzados». — *Id.,* VIII, cap. 94.

1554. — «E asy vem a esta çidade **madrafaxaos,** que he moeda de Cambaya, que tem muitos preços». — António Nunes, *Lyvro dos Pesos,* p. 32.

1566. — «Mandou el Rey por Meliquiqua dragi hum bacio grande cheo de **Madrafaxaos,** que he moeda de prata da terra». — Damião de Góis, *Chron. de D. Manuel,* III, cap. 65.

1569. — «O **madrafaxão** nouo de peso de tres oitauas vinte e quatro grãos vinte e tres tangas e meia, o **madrafaxão** velho de peso de tres oitauas vinte e hũa tangas». — *Carta Régia,* in *Archivo,* II, p. 185.

1570. — «Lavrou huma moeda d'ouro, que ora corre, chamada do seu nome **Madrafaxão,** que da nossa de Portugal val 1270 reaes». — João de Barros, Déc. IV, V, p. 283.

1613. — «Lançou alguns **madrafaxaos** douro e alguns Portuguaeses». — Francisco de Andrada, *Chronica de D. João III,* III, fl. 25 *v.*

1614. — «... o mandou cometer em segredo com mil **Madrafaxas,** que cada hum tem dous *larins* de prata que vinhão a montar cincoenta mil patacões». — Diogo do Couto, Déc. VII, II, 3.

1616. — «**Madrafaxão** he hũa moeda douro de Cambaya, que val mil e quatrocentos reis». — António Pinto Pereira, *Hist. da India,* p. 21.

1880. — «**Madrafaxões** de ouro, pesando 18 peças treze onças, e cada uma 197 $^{2}/_{38}$ grãos, valendo 112 fedeas. **Madrafaxões** de prata, com o mesmo peso dos de ouro e o valor de 7 $^{1}/_{2}$ fedeas». — Teixeira de Aragão, *Descripção das Moedas,* III, p. 93.

* **MAESSE.** O vocábulo sânsc. *maheça* é composto de *mahat,* «grande» (cf. lat. *magnus*), e de *īça,* «senhor» (da raiz *īç,* «reger, ordenar»; cf. gótico *aigen*), e quere dizer literalmente «grande senhor ou deus»; mas designa por antonomásia «Xiva», terceiro componente da tríade hindu, em alusão ao seu carácter de destruidor.

1607. — «Antre os pagodes que ha dos muros fora, estam dous muy venerados, e de grande romagem, onde cada anno se gasta muito dinheiro: hum delles se chama **Maesse,** o qual he hũa das tres pessoas, a quem este pouo gentilico atribue a diuindade de Deos, e dizem deste que he o que da o poder e fortaleza aos Capitães, e faz os homens poderosos». — P. Fernão Guerreiro, *Relaçam Annual,* fl. 171 *v.*

XVIII. — «Tres são as Pessoas distinctas, a saber Visnú, Bramá, e **Mahés**... E o terceiro tambem he invocado com mil nomes, sendo vulgares **Mahés,** Mahedué (*Mahādeva*), Issuar (*Isvara*), Hambú (*Çambu*), Rudra». — *Noticia do Gentilismo,* in *Noticias,* I, p. 64.

* **MAFU** (chin. *ma-fu*). Nome chinês do moço de cavalariça.

1895. — «É um **mafu**, criado de cavallariça, quem desempenha essas funcções». —Conde de Arnoso, *Jornadas pelo Mundo*, p. 169.
1422. — «The lads who have charge of the horses are called *Bá-fú* (**Má fú**); those who look after the donkeys are called *Lú-fú;* and those attached to the vehicles are called *Chí fú*». — *Apud* Yule, *Cathay*, I, p. 276.
1898. — «Tantas fueron las reclamaciones del nobre coruñés que el carrero ó **ma-fú** dejo el seguir por la carretera». — Alfredo Opisso, *La Razza Amarilla*, p. 40.

* **MAHAL, malo.** Subdivisão de *taluca* (q. v.), grupo de aldeias, concelho, no sistema administrativo dos maometanos, na Índia. Conc.-mar. *mahāl* < ár. *maḥall*, «lugar, estação». O termo é ainda hoje corrente nas Novas Conquistas de Goa.

1852. — «**Mahal** — provincia, subdivisão de taluca; Ilhas de Goa, Salsete e Bardez, constituiram cada qual um **mahal**». —F. N. Xavier, *Bosquejo Historico* (2.ª ed.), III, p. 84.
1885. — «Consta apenas que dando ao paiz o nome — *Gopacpur* — o dividira em provincias (**malos**) e creara uma magistratura administrativa e judicial». — Teixeira Guimarães, *As Communidades Indianas*, p. 13.
1886. — «Depois dividiram o territorio em **málos** ou provincias, *gãos* ou aldeias». — Lopes Mendes, *A India Portugueza*, I, p. 142.
1890. — «As Aldeias de Bally constituiam um grupo, **mahal**». — António de Almeida Azevedo, *As Communidades de Goa*, p. 80.
1909. — «Cada districto tinha suas subdivisões que se conheciam geralmente sob os nomes persas de *pargana, karyat, samat,* **mahal** e *lahika*». — Amâncio Gracias, *Subsidios*, p. 9.
1916. — «Cadamba, o primeiro rei hindú que se instalou em Goa creou os *tanadares* em cada provincia (**mahal**). — *Heraldo*, de 4 de Abril.
1631. — «... quibus et quintum gynaeceum accedit, in quo peregrinae faeminae aluntur ad Regis libidinem explendam, id Bengaly **mahal** dicitur». — *De Imperio Magni Mogolis*, p. 44.
1885. — «... all [montes] in the Satári **mahal** or District». — Hunter, *The Imperial Gazetteer*, v, p. 88.

* **MAHAMARTABA.** O vocábulo é híbrido, composto do sânsc. *mahā*, «grande», e do ár. *martaba*, «grau, dignidade», e quere dizer «grande dignidade»; restritamente, porêm, designa na Índia uma das insígnias riais ou de pagodes, a qual vem a ser uma maça com remate de cabeça de leão ou de tigre». V. *mortaba*.

1738. — «... e conductor da insignia **malo martaba** (sello)». — In *O Oriente Portuguez*, II, p. 273.
1813.—«... insignias reaes **Mal Martab**, *Suria Pana, Morchelans* e tochas accesas». — *Apud* Júlio Biker, *Collecção de Tratados*, XI, p. 295. — Nota: «**Mahámartab**». — Busto de leão de prata firmado tambem sobre uma vara».
1874. — «... as **mal emertobas**, que rematam com cabeças de tigres e leões» (num pagode das Novas Conquistas). — Tomás Ribeiro, *Jornadas*, II, p. 103.

* **MAHARAJA, marraja.** Soberano, imperador; às vezes é mero título honorífico, conferido pelo govêrno britânico da Índia. Do sânsc. *mahārājā*, lit. «grande rei», *magnus rex*.

1629. — «Tinha por general desta armada *Lassemene* (q. v.), que era o mais antigo capitão, e de mais valor que tinha o Rey de Achem, e por seu adjunto hum collaço do Rey de Achem, que se chamava o **Marraja**». — In *O Chronista de Tissuary*, I, p. 9.
1724. — «A fazenda que pertencer ao *Sarcar*, que for a contratos nos portos do Estado, como tambem o retorno della, não pagará direitos, e na mesma forma toda a fazenda real, que se mandar beneficiar, nos portos do **Maharaza** Xatrapoty». — *Apud* Júlio Biker, *Collecção de Tratados*, VI, p. 11.
1825. — «A segunda casta é de rájpoutes (militares), ou classes dos reis; não porque elles sejam de estirpe real, mas é porque d'essa casta escolhe o **Maha-Raja** os seus delegados». — José Inácio de Andrade, *Cartas*, I, p. 28.
1906. — «O **Maharajah** gosta que as antiguidades encerradas na fortaleza sejam conhecidas, por isso, proporciona aos viajantes todas as commodidades». — Hipácio de Brion, *Duas mil leguas*, p. 162.
1915. — «Sua Alteza o **Maharaja** Bikanir chegou a Bombaim no dia 3 do corrente». — *O Ultramar*, de 10 de Setembro.
1675.—«Cavallerosa y cortesmente desprecia el **Marraja** la propuesta, con que vá proseguida la llama de nuestra artelleria, y de la contraria disapidadamente». — Faria e Sousa, *Asia Portuguesa*, III, p. 438.
1750. — «Il prit le titre de **Marrajah** ou Arch-Rajah». — Grose, *Voyage*, p. 111.
1786. — «Aveva sempre il titolo di *Valia Tamburan* o *Maharàgia*, cioè, d'Imperatore o di gran Re». — Fra Paolino, *Viaggio*, p. 56.
1824. — «He was exceedingly pleased

by my calling him **Maha-rajah,** or Great King, as if he were still a sovereign like his ancestors». — Heber, *Narrative*, I, p. 110.

1883. — «The young **Mahárájá** was subsequently married to the grand-daughter of Daulat Rao and Bavia Bái».—Hunter, *The Imperial Gazetteer*, v, p. 252.

1898. — «El **Maharaja** se conduce paternalmente con seos administrados, regiendose por las antiquíssimas leyes de Manú». — Alfredo Opisso, *La India*, p. 42.

1900. — «J'avais à recevoir, dans l'île de Ceylan, une réponse de certain gracieux **Maharajah,** dont je dois être l'hôte». — Pierre Loti, *L'Inde*, p. 14.

*** MAHARANI** (neo-árico *mahārāṇī*, «grande rainha»). Mulher de *maharaja*; imperadora soberana, na Índia.

1918. — «Á iniciativa da **Maharani** de Bhavnagar, há pouco falecida de gripe, se criou um fundo, subscrito por numerosas **maharanis,** *ranis* [rainhas] e *begums* da Presidencia de Bombaim». — *Heraldo*, de 18 de Dezembro.

*** MAIÁ** (s. f.; sânsc. *māyā*). Conforme a filosofia Vedanta (a mais ortodoxa), ha só uma realidade, que é *Ātman* ou Ente Supremo; tudo o mais é sem existência real. *Maiá* é uma ilusão, uma espécie de prestidigitação — *karakela* — que nos induz a considerar como real o universo aparente. Segundo a filosofia Sânquia (*Sāṅkhya*), é a matéria prima, de que se formou o mundo material.

1906:

«Quem se desprenda, ó **Maiá**, dos teus laços».
Alberto Osório de Castro, *A Cinza dos Myrtos*, p. 134.

«Máya ou mayá. A apparencia illusoria do Universo». *Id.*, p. 186.

1918. — «Os fenómenos materiais são meras ilusões (**maia**) da ignorância. Para o *vedantista*, o Universo é uma miragem que a verdade dissipa». — *Heraldo*, de 1[?] de Junho.

1885. — «Truth is the great principle of conduct, because all the ills of life and ignorance of God are due to original falsehood (**máyá**)». — Hunter, *The Imperial Gazetteer*, VI, p. 201.

1879. — «**Mahamaya**. A grande *mayá* ou illusão». — João Stuart Torrie, *Estatistiça da India Portugueza*, p. 324.

*** MAIDÃO** (persa *maidan*). Praça, grande largo.

1608. — «Nam ha mais que ver nestas cidades [da Pérsia] que **Maidão,** e Bazar, que são os lugares publicos como as nossas praças, onde se vende tudo o que hum homem pode desejar». — Fr. António de Gouveia, *Relação da Persia*, fl. 55 v.

«Junto a esta praça ou **Maidam,** como os Persas lhe chamão, estam as officinas do Xá». — *Id.*, fl. 62.

1525. — «I Piloti Persiani lo chiamano **Meidan,** cioè piazza». — Pietro della Valle, *Viaggi*, III, p. 368.

1660.—«... del **Maidan,** tanto famoso, che è Campo circondato di Logge, et di Botteghe ben ordinarie». — Mgr. Sebastiani, *Seconda Spedizione*, p. 122.

1675. — «We were directed to the **Midan** [leia-se *Maidan*], or Hypodrome, or oblong Square Court, where the Horses are Exercised before the King's Palace». — Fryer, *East India*, II, p. 241.

1676. — «Le **Meidan** ou la place de marché est grande, plus longue que large, et un beau Carvansera que le Kan a fait bâtir répond sur un des côtez de cette place». — Tavernier, *Voyages*, I, p. 79.

1881. — «On the Calcutta **maidan** opposite Aipur Bridge, stood two trees under which duels were fought». — Hunter, *The Imperial Gazetteer*, I, c. 180.

**MAINATARIA.** Grupo ou multidão de *mainatos*, q. v.

1918. — «Não é só a greve mansa da **mainataria** que nos deve preocupar». — — *O Ultramar*, de 16 de Setembro.

**MAINATO** (*mainata*, f.). «Dá-se êste nome na Índia Portuguesa ao indivíduo que lava a roupa». Gonçalves Viana, *Apostilas*. Dizem alguns *mainata* no género masculino, sem motivo plausível. Do malaiala *maṇṇaṭṭan*, *maṇṇaṭṭi* f. O termo é corrente na Ásia Portuguesa e na África Oriental, e foi introduzido pelos portugueses em várias línguas da família malaia. V. *Influência*. Os *mainatos* formam na Índia, como acontece com outros mesteres e ofícios, uma casta especial e das mais baixas, e todos os membros da família trabalham na lavagem e na engomagem, mas é de ordinário o chefe que transporta a roupa. Foi provávelmente por êste motivo que o termo foi adoptado pelos portugueses, visto que na Europa tal ofício é exercido por mulheres. O nome que os Portugueses deram outrora à casta dos lavadeiros de Ceilão é por ela ainda hoje usado como título de honra.

1516. — «Ha asy [no Malabar] outra ley de Gentios ha que chamaom **Mainatos** [*manatamar* na edição castelhana, *Manantomar* na de Ramúsio], que tem por oficio lauarem roupa». — Duarte Barbosa, *Livro*, p. 334.

1525. — «*Maynatos* que são homẽs que lavão roupa». — *Chronica de Bisnaga*, p. 69.

1535. — «Não fallo aquy nos **maynatos**, que são aqui sem conto, estes lavão roupa». — *Ibid.*, p. 28

1542. — «Vivem tambem nesta cerca todos os **mainatos** que lavão roupa a toda a cidade» (de Pequim). — Fernão Pinto, *Peregrinação*, cap. 105.

1554. — «É a Renda de **mainatos**, a qual Renda he que ninguem pode lauar a roupa, que he ser **mainato**, se não a pessoa que se concertar com o Rendeiro». — Simão Botelho, *Tombo da India*, p. 55.

1563. — «Todos os nomes que virdes que não sam portuguezes, sam malavares, assi *betre*, *chuna*, que he cal, **maynato**, que he lavador de roupa». — Garcia da Orta, Col. de *betre*.

1563. — «A recouagem deste exercito, não se podia nomear: porque sômente de molheres publicas passauão de vinte mil, e homens que lauão roupa, a que elles chamão **Mainatos**». — João de Barros, Déc. III, IV, 4.

1614. — «Mandou o Rajú lançar alguns *Araches* com mil homens em Mapane em cilada, para saltearem os nossos **Mainatos**, que são os que lauão roupa para fazerem a presa nelles». — Diogo do Couto, Déc. X, X, 5.

1615. — «Ha grandes reservatorios [em Goa], onde a maior parte de homens e mulheres vão lavar a roupa. Chamam a esta gente que lava a roupa **Mainatos**». — Pyrard de Laval, *Viagem*, II, p. 58.

1616.—«Tomou certos **Mainatas**, que sam os lauadeiros, que eram de Rumecão e outros capitães... Mandoulhes Lançarote Picardo a roupa e os **mainatos**, respondendo ao recado com muitos cumprimentos». — António Pinto Pereira, *Hist. da India*, fl. 33.

1678. — «... per prohibir a huns **mainatos** que não lavassem roupa em dia santo». — *Apud* Júlio Biker, *Collecção de Tratados*, III, p. 154.

1685. — «Oleiros e **mainatos**, estes lavão a roupa, e aquelles dão a louça a toda a aldea sem paga». — João Ribeiro, *Fatalidade Historica*, I, cap. 10.

1687. — «Chegou a Tanjaor, entre a roupa de hum Lauandeyro, que chamão **maynato**». — P. Fernão de Queiroz, *Conquista de Ceylão*, p. 310.

1728. — «**Maynato**. He o homem, que na India tem o officio de lavar a roupa, e assim o **Maynato** ou Lavador da Aldea tem *Namassim*, ou retalho de varjea, que he assim como o officio hereditario na sua familia». — Bluteau, *Supplemento*.

1884. — «O pobre **mainato** cumpriu o que promettêra, trazendo-me uma grande trouxa de roupa branca, que lhe havia dado a lavar na minha chegada». — Adolfo Loureiro, *No Oriente*, II, p. 197.

1898. — «Banhada por extensos lagos, onde o **maynato** se entrega ás lides de lavadeiro». — Oliveira Mascarenhas, *Atravez dos Mares*, p. 32.

1911. — «Segundo este plano ficaria a fonte dos **Mainatus** alimentando a nova lagôa». — José E. Castel Branco, in *Bol. S. G. L.*, XXIX, p. 328.

1916. — «Em Chandornagore, um **mainato** e sua mulher morreram esmagados pela casa em que dormiam». — *Heraldo*, de 9 de Outubro [1].

1589. — «Il y a entre ceux qui ne font autre mestier que laver les linges. Ceux-ci sont appellez **Maynates**». — Linschoten, *Histoire*, p. 77.

1610. — «En oriente los hombres hazen este officio y los llaman **maynatos**». — Pedro Teixeira, *Relaciones*, p. 77.

1670. — «Les **Mainates** ou Blanchisseurs composent une autre lignée, aussi bien que les *Chet*, c'est à dire les tisserans». — Dellon, *Relation d'une Voyage*, I, p. 27.

1782. — «Les femmes de Blanchisseurs, qu'on appelle **Mainates** dans l'Inde ont beaucoup de réputation pour des avortemens». — Sonnerat, *Voyages*, I, p. 110.

1913. — «The word **Mainato** is used among the Washer caste even in remote villages of the Seven Korales, as a proper name». — P. E. Pieris, *Celyon*, I, p. 513.

* **MAINATO.** É tambêm em indo-português o nome de um pássaro canoro, que em concani se chama *madhvan*, lit. «lavadeira», e que se encontra freqüentemente ao pé de fontes e ribeiros para se banhar. É conhecido igualmente por *dominico*, q. v. É possível que o vocábulo *mainato* se ligue ao hindust. *maina* (indo-ingl. *myna* ou *mina*), que designa diversos pássaros da família de estorninhos.

1908. — «Não examinei de perto este passaro [cacôa], mas será talvez antes um **mainato**, a *Gracula javanensis* ou intermedia». — Alberto O. de Castro, *Flores de Coral*, p. 133.

1666. — «Il y a dans ces Iles, et quelques autres lieux du Bengale, une espece d'oiseau appellé **Meina**, qu'on estime beaucoup... On lui apprend à parler comme au Sansonnet, et a le ton et la voix du même». — Thevenot, *Voyages*, III, p. 205.

[1] Não merece, portanto, *mainato* o epíteto de *antigo*, que um dicionarista lhe dá

1813. — «Le **myneh** is a very entertaining bird, hopping about the house, and articulating several words in the manner of starling». — Forbes, in *Glossary*.

«Sous les noms de **Mainates** ou **Minates**, on désigne des sortes d'Etourneaux de l'Asie méridionale et insulaire qui sont de taille plus forte que les Etourneaux de nos pays... Les **Mainates** forment le genre *Gracula* de Linné ou **Mainatus** de Lesson, genre dont l'espèce la plus connue est la *Mina* ou **Mainate** religieux (*Gracula religiosa*)». —*La Grande Encyclopédie.*

*** MAIORAL.** Cabeça ou chefe de aldeia, em Ceilão. O termo entrou no inglês da ilha. O número de maiorais variava de quatro a dez, conforme a extensão da aldeia. As suas obrigações vão descritas abaixo pelo Padre Queiroz.

1685. — «Constão as aldeas de **maioraes**, que são como entre nós Cidadões. Estes a sua penção he darem de comer a qualquer pessoa de guerra, que for à sua aldea o tempo, que nella se detiver». — João Ribeiro, *Fatalidade Historica,* I, cap. 10.

1667. — «As *Corlas* se diuidem em aldeas; e cada hũa delas, conforme a sua grandeza, tem quatro, seys, dez, ou mays **mayoraes**, a quem os outros moradores obedecem; eles ao *Vidâna*, e todos ao *Dissaua*». —P. Fernão de Queiroz, *Conquista de Ceylão*, p. 25.

«Era Francisca da aldea Cathacuranda, casada com um **mayoral**, que dela tinha hũa filha». — *Id.*, p. 588.

«Funções dos **mayoraes**... Em tempo dos nossos Reys, o nosso oficio era grangear as aldeas, e fazer cultivar a cada hum os chãos de suas *parauenias*, reformar as presas, plantar e semear; e no tempo da guerra uigiar e guardar as corlas com a gente delas». — *Id.*, p. 838.

1913. — «The affairs of individual villages were attended to by a body of headmen or **Mayorals**, varying in number from four to ten, in accordance with the extent of each». — P. E. Pieris, *Ceylon,* I, p. 213.

1914. — «Over each village were placed certain *Karya-keranna,* who were called **Mayorals** or headmen by the Portuguese». — *Id.*, II, p. 43.

*** MAJU.** Figura a palavra no *Lyvro dos Pesos,* de António Nunes, com referência ao comércio de Ormuz. O editor, Rodrigo Felner, não pôde descobrir o seu significado. É «noz de galha», do persa *māju*.

1554. — «O *baar* de **majuu** de Borneo he como o de beijoim; somente no preço tem diferença». — A Nunes, p. 8.

*** MAJUM.** Garcia da Orta transcreve por *maju* a palavra ár. *ma'jūn,* que designa, em geral, qualquer electuário, e em particular, na Índia, o electuário de *bangue* com vários ingredientes, como areca verde, noz moscada, macis, cânfora, âmbar, almíscar. É uma confeição intoxicante, que se vende nos bazares [1].

1563. — «Não fazia mais que comer hum pouco de bangue; e este fazem elles em lectuario, com açucare e com as cousas acima ditas, a que chamão **maju**». — Col. VIII. — «Mais propriamente *madjun*». — Conde de Ficalho.

1912. — «... as folhas seccas e os fructos constituindo o *bhang*... empregado na preparação d'uma conserva ou confeição narcotica chamada **Majun**». — Caetano Gracias, *Flora Sagrada*, p. 109.

1519. — «Next morning I halted... and indulging myself with a **maajûn**, made them throw into the water the liquor used for intoxicating fishes, and caught a few fish». — Baber, in *Glossary.*

**MALABAR.** Os nossos indianistas antigos designam geralmente pelo nome de uma região o seu povo e a sua língua. Assim por *Malabar* entendem, alêm do país, os seus naturais e o seu idioma, isto é, «malaiala», (q. v.). V. *língua malabar.*

*** MALABARISMO.** É neologismo, relacionado com *jogos malabares,* empregado como sinónimo de «prestidigitação ou pantominice».

1918. — «... a respeito do sr. Brito Camacho, que apareça o primeiro capaz de perceber o seu **malabarismo** politico». — *Diario de Noticias,* de 18 de Fevereiro.

*** MALABATRO.** V. *fólio indo.*

---

[1] «**Mâjum,** more correctly, **Mâjûn**... A confection, an electuary, but commonly applied to a sort of sweatmeat prepared from the larger leaves and capsules of hemp plant, with water, ghee, sugar, and milk, boiled together: when of a sufficient consistence the mixture is poured on a slab, where it concretes into a thin cake, which is divided into small lozenge-shaped pieces: the effects of any of the preparations to the extent of one drachm, are intoxicating». — Wilson, *Glossary.*

* **MALAGA** (ant.). O mal. *malong,* que parece ser o étimo, é o nome dum grande peixe — *mitraenesox talabon,* que também se come salgado. Gaspar Correia, porêm, atribui o termo aos antigos pescadores de Malaca, no que creio haver equívoco da sua parte, e daí deriva o nome de *Malaca,* que tem outra proveniência, da árvore *phyllanthus pectinatus,* da família das euforbeáceas, cujo nome se profere idênticamente [1].

1511. — «Mas como o sogro pôde mais o desbaratou em modo que lhe fogio polo mar, e se veo a esta pouoação d'estes pescadores, que por caso de pescados salgados chamauão **malagas**». — *Lendas,* I, p. 221.

* **MALAI** (mar. *malaī* ou *malayī*). Tumulto, motim, em Damão.

1783. — «Na mesma Praganã Nagar-Avely persistem muitos Coles, Varlis, que são Dublás, os quaes em qualquer parte fazendo **Malay,** que he alevantamento, se fará socegar, mandando obstar, para não prejudicarem». — *Apud* Júlio Biker, *Collecção de Tratados,* VIII, p. 104.

**MALAIALA, malaiálam, malaialim.** Língua do Malabar, denominada pelos nossos escritores *língua malabar,* da família dravídica, muito aparentada com o tamul (q. v.), a que alguns deram o mesmo nome. Vernàculamente se diz *malayāḷam, malayāḷa,* que é igualmente o nome do país. V. *Influência,* p. XLIX.

1516. — «Nesta tera de Malabar todos se seruem de hũa lingoa que chamaom **Mallama**». — Duarte Barbosa, *Livro,* p. 310.

1687. — «E em **Malaialm** se chama o rey, *Tambarâne,* que quer dizer: Deus». — P. Fernão de Queiroz, *Conquista de Ceylão,* p. 124.

1880. — «Pertencem ao primeiro grupo [de cinco línguas dravídicas] o tamul, o **malayâla,** o telinga, o kanara, ou kanarim, o tulu, o kudagu». — Martins Velho, *Estudos sobre o Oriente,* p. 61.

1891. — «Por outro lado, o numeral quatro escreve-se em tamil moderno *nalu,* e em **maláyalam** moderno — a que Orta chama *lingua malabar* — *nala*». — Conde de Ficalho, col. III.

1888. — «The term **Malayalam** properly applies to territory, not language, and might be rendered «Mountain region». — *Glossary.*

**MALAIO** (s. m. e adj.). Emprega-se o termo em várias acepções: habitante da Malásia, relativo à Malásia, grupo de línguas da família malaio-polinésia, um ramo dessa família, falado em Malaca, Singapura e diversas outras partes da Índia insular. V. *Influência,* p. LVII. Neste último idioma *maláyu* é adjectivo, que se aplica, com o respectivo substantivo, ao homem, ao país e à língua. Supõe-se que o vocábulo provêm do verbo jav. *maláyu,* que significa «fugir», e a tradição, mencionada por nossos historiadores, diz que foram os fugitivos javaneses que fundaram Malaca. Mas Yule acha possível que a palavra seja de origem indiana e se relacione com o dravídico *malai,* «monte», sanscritizado em *Malaya* e aplicado à parte meridional dos Gates Ocidentais.

1516. — «Ha nesta cidade muytos estrangeiros de diuersas partes que nela uiuem, naturaes da tera, saom como diguo Mouros, têm lingoa separada chamada **Malaios,** saom homeins bem dispostos». — Duarte Barbosa, *Livro* (2.ª ed.), p. 366.

1538. — «Deu a carta (a qual foi logo transladada da lingua **Malaya,** em que vinha escrita, em Português)». — Fernão Pinto, *Peregrinação,* cap. 13.

1553. — «Veyo fazer pouoação de Malaca: a que elle deu este nome em memoria do desterro de seu pae, porque em sua propria lingua quer dizer homem desterrado, donde os pouos se chamão **Malayos**». — João de Barros, *Déc. II,* v, 1.

c. 1560. — «Vendem seus mantimentos e cousas em praça a que chamão *buto* e o **Malaio** *paçara* e nós *bazar*». — Gabriel Rebêlo, *Informação de Maluco,* p. 155.

1602. — «A lingoa mais comum, e de que todos usão, he a **Malaya,** que por ser mais doce, e de melhor pronunciação, se lhe affeiçoão todos». — Diogo do Couto, *Déc. IV,* VII, 9.

1589. — «Malacca est habitée des Portugais et des naturels du pays appelez **Malayos**». — Linschoten, *Histoire,* p. 33.

1676. — «... et **Maleye** qui est la langue de doctes depuis le fleuve Indus jusqu'à la Chine et au Japon, et dans la plus grande partie des Indes d'Orient comme le Latin dans notre Europe». — Tavernier,

[1] «*Malaco* significa Mirabolanos, fructa de hũa arvore plantada ao longo de hum ribeiro chamado Aerlele». — Manuel G. de Erédia, *Declaraçam de Malaca,* fl. 4.

*Voyages*, I, p. 252. — Há aqui exageração, ou confusão com o sânscrito.

1854.—«Les **Malais** forment une race distincte que l'on suppose procéder originairement de l'archipel indien, et leur langue primitive se mélange aujourd'hui de polynésien, de sanscrit et d'arabe».—Jancigny, *Indo-Chine*, p. 235.

**MALAQUÊS.** Moeda de prata do valor de mil réis, mandada cunhar por Afonso de Albuquerque em Malaca, da qual tirou o nome.

1553.— «De prata de lei de onze dinheiros fez somente hũa moeda per nome **malaqueses**». — João de Barros, *Déc.* II, VI, 6.

1557. — «Assentaram que a moeda de prata se chamasse **Malaqueses**, e que tivessse o mesmo preço da quarta parte de *tundia*». — *Commentarios*, III, cap. 32.

1566. — «Fez [Albuquerque] moeda de prata de valor de mil reaes, a que chamavão **Malaqueses**». — Damião de Góis, *Chronica de D. Manuel*, III, cap. 19.

1898. — «O pobre plantador seria feliz se desenterrasse, em vez de *bazarucos, espheras* e *catholicos* de ouro, **malaqueses** e *leaes* de prata, *cepayquas* de cobre, *bastardos* e *dinheiros* de *calaim*». — Manuel de Campos, *Numismatica Indo-portugueza*, in *Bol. S. G. L.*, XVIII, p. 146.

1890. — «. . . e em Malaca os **malaquezes**, moeda local de prata, cunhada na cidade de Malaca». — José Maria de Nazaré, *Numismatica*, p. 7.

* **MALCORCHO.** A palavra provêm do conc.-mar. *mahālkharch*, derivado do ár. *mahall*, «província», e do persa *kharch*, «despesa»; quere dizer literalmente «despesa da província», e no sentido figurado «contribuição para a despesa extraordinária da província».

1847. — «**Malcorcho**, que he derrama para as despezas extraordinarias da camara geral da provincia». — *Apud* Cunha Rivara, *Brados a favor das Communidades*, p. 68. — «Com melhor ortographia — **Mahal-corcho**». — *Id.*

* **MALDAR** (ant.). Do árabe *māl*, «riqueza», derivaram os persas *māldār*, «homem rico, capitalista», e neste sentido o termo é corrente na India. Parece, porêm, que nas abonações tem a palavra acepção restrita, «ministro ou superintendente da fazenda».

1791. — «Espero por horas que me venha fallar um **Maldar**, que chegou hontem a Bandorá, e que os Ministros do Sunda. . . affirmaram ser muito instruido e de capacidade». — *Apud* Júlio Biker, *Collecção de Tratados*, IX, p. 131.

«Sem embargo da declaração, que remetti a V. S.ª, feita pelo mouro Mirás, **Maldar** de Sunda». — *Ibid.*, p. 138.

* **MAL DE LOANDA.** É o nome que os portugueses davam outrora, e é ainda corrente na Índia Portuguesa, ao escorbuto ou estomatite. Diz-se, por vezes, «mal da Holanda», por confusão de nomes [1].

1738. — «As naos chegarão a este porto por conta do indispensavel **mal da Holanda** que ainda se deixou conhecer». — «Glosa do editor. Escorbuto. Em Goa dão geralmente este nome, corrompido já no vulgo em *mal doland*, á estomatite. . . Dr. J. A. Monteiro. . . nos informou que o escorbuto era conhecido dos antigos portuguezes pelo nome de **mal de Loanda**». — *O Oriente Portuguez*, III, p. 89.

* **MALEÁ** (malaiala *malayan*). Montanhês do Malabar.

1599. — «Não percão nunca occasião de os trazer ao conhecimento da verdade, assi aos *Naires*, como os *chegos*, e mais castas baixas, em especial aos **Malleás**, que vivem nas serras». — Sínodo de Diamper, in *Archivo Port.-Oriental*, IV, p. 284.

1603. — «Erão mais estimados, que as outras castas baixas, e se podião tocar com elles por entenderem so em suas lauouras, e serem gente limpa, a que chamão **Malleás** e muytos delles tinhão sua morada em cima das aruores, pondo traues, e paos grossos de hũas aruores às outras, e fazendo sobre ellas agazalhados, em que tinhão suas molheres, e filhos, por rezam dos Tygres, e Elefantes brauos». — Fr. António de Gouveia, *Jornada do Arcebispo*, fl. 80.

1699. — «O que obrou na conversão dos Indios **Maleás**, povos Gentios, situados no alto das serras do Malavar, vence todo o encarecimento». — Fr. Agostinho de Santa Maria, *Historia*, p. 23.

1786. — «I **Maler** che abitano le montagne de Ghattes sono huomini silvestri, che non communicano cogli Malavari, se non una volta l'anno, quando vengono a comprare le provisioni». — Fra Paolino, *Viaggio*, p. 182.

**MALEMO** (p. us.). Piloto de embarcação indígena, no Oriente, da

---

[1] «*Mal de Holanda*» dizia-se, conforme Morais, «doença que vem aos cavallos; são landoas internas, e superficiaes».

influência arábica. O pôsto é superior ao de *mocadão* e inferior ao de *nacodá*. Era o termo antigamente muito usado pelos nossos indianistas. Do ár. *mu'allim*, *mālīm* em marata.

1515. — «Vos mando que dees pera os **malemos** mouros hũa uaca». — Afonso de Albuquerque, *Cartas*, VI, p. 58.

1552. — «Entre os quaes vinha hum Mouro Guzarate de nação chamado **Malemo** Cana, o qual... acceptou querer ir com elles». — João de Barros, Déc. I, IV, 6.

1563. — «Vinte cruzados em ouro e vinte tostões em prata, para os **malemos**, que erão pilotos». — Gaspar Correia, *Lendas*, I, p. 12.

1609. — «Ao piloto d'estas embarcações chamam **Malemo**, e ao mestre Mocadão». — Fr. João dos Santos, *Ethiopia Oriental*, I, p. 332.

«Mandou o capitão ao que governava (a que elles chamavam **Malemo**) que fosse ao longo da terra». — *Id.*, p. 227.

1609. — «Foy nelle o Senhor servido cumprir nossos desejos, deparandonos hũa embarcação de Mouros, na qual hia por **Malemo** ou Piloto hum velho chamado Macumely». — Fr. Gaspar de S. Bernardino, *Itinerario*, p. 42.

1622. — «Queriam os Mouros hir por diante, e como eu conhecia a terra por haver pouco que por ella tinha passado, disse, que nos ficava atraz». — Francisco Vaz de Almada, in *Hist. Tragico-maritima*, IX, p. 93.

1858. — «A barra [de Quelimane] não tem conhecença nenhuma, por ser terra rasa, que engana os proprios **malemos** ou praticos da costa». — Francisco M. Bordalo, *Ensaios sobre a Estatistica*, IV, p. 217.

1885. — «Carrega o batel e deixa-te pilotar per esse **malemo** de saia». — Lopes de Mendonça, *Os Orphãos de Calecut*, p. 22.

1886. — «The **mualins** (pilots) are noted throughout Cutch». — Hunter, *The Imperial Gazetteer*, IV, p. 217.

* **MALI** (s. m.; ant.). Florista, jardineiro. Sânsc. e neo-árico *mālī*.

1563. — «Os que nós chamamos ortelãos, que são os que cultivam as ortas e pomares, chamam elles **malis**». — Garcia da Orta, Col. LIV.

* **MALIARI** (mar. *mallarī*). *Sipai* encarregado de cobrança de renda, nas Novas Conquistas. Actualmente não existe empregado com tal nome.

1765. — «Partido de Sipaes chamados **Malearis** que são os que servem com o *Parpotecar* na cobrança e Administração das Aldeas, e Provincias». — *Apud* Joaquim Soares, *Doc. Comprobativos*, p. 134.

* **MALUCO** (ant.). Segundo elemento do epíteto de alguns reis muçulmanos da Índia. Do ár. *mulk*, «estado, reino, país». *Nizam-maluco* «regulador do estado»; *Cotal-maluco* «estrêla polar do estado». Os portugueses chamaram também *Maluco*, como é sabido, às ilhas **Molucas**. V. *grão-maluco*.

1535. — «Achou no caminho hũ mouro, que se chamava **Mador-meluquo**, que era capitão d elrey Daquem». — *Chronica de Bisnaga*, p. 24.

1563. — «**Maluco** quer dizer reino... e alguns não chamavam a estes *malucos* senão *meliques* (q. v.), que quer dizer reizinhos... E **maluco** quer dizer reyno propriamente? Não; senão regiam ou provincia». — Garcia da Orta, Col. X.

1570. — «Os Capitães do Reyno de Decan acrescentam a seus nomes proprios outros de honra, de que se mais prezão, chamando-se *Inize* **Malmulco**, que quer dizer lança da terra, *Cota* **Malmulco**, fortaleza na terra, *Adilchan*, da justiça senhor, e nós corrompendo estes nomes, lhes chamamos **Nizam-maluco**, **Cota-Maluco**, *Hidalchan*». — João de Barros, Déc. IV, IV, 16.

1614. — «Ficaram assim as cousas até acudir **Madre-Maluco**, senhor de Baroche». — Diogo do Couto, *Vida de D. Paulo*, p. 59.

* **MALVAZAR** (ant.). Licença dada pelo senhorio ao arrendatário de prédio rústico para proceder à colheita, em Damão. Para a inteligência dos textos convêm saber que havia no território português aldeias cujo domínio directo pertencia aos régulos vizinhos. Suponho que o vocábulo é composto do ár. *māl*, «bens, propriedade», e do persa *ijāzah*, «licença».

1635. — «E para o [*chito*] receber terá elle Rey nesta cidade seu recebedor, o qual terá comprido poder e *chapa* para fazer **malvazar**, e arrecadar, e dão quitação... Se ao fazer do *chouto* e **malvazar** do pagamento delle, ouver algum foreiro, ou outra pessoa dos que pagão *chouto* a elle dito Rey, que lhe negue a verdade do que delle diz conforme a este contracto...». — *Apud* Júlio Biker, *Collecção de Tratados*, II, p. 64.

1753. — «He muito conveniente que se ponha em execução o mandar-se a recolher-se as novidades della para dentro da Praça examinando-se primeiro o rendimento de cada huma por meyo dos seus

**malvazares** para que não fação o mesmo que fizerão a novidade passada». — *Apud* António F. Moniz, *Hist. de Damão*, II, p. 73.

1892. — «E indaguei d'elles com quantos *arados* agricultavam e quanto pagavam aos antigos arrematantes, e em face das respostas, assim foram inscriptos na relação (**malvazar**) os nomes e terrenos e indicado o preço á razão de 20 rupias por arado». — Augusto de Macedo, *Breves Estudos*, p. 9.

**Mambu.** V. *bambu.*

1578. — «Algunas destas, principalmente en el Malabar, se hallan tan gruessas, que hazen embarcaciones dellas... assentado cada vno dellos en su punta de **Mambu** (que assi se llama) con dos paletos... Llamanse estas cañas donde se cria el Spodio **Mambu,** de toda aquella gente: y el Spodio *Saccar* **Mambu,** que quiere dezir açucar de **Mambu**». — Cristóvão da Costa, *Tractado*, pp. 296–299.

**MAMOCO.** Diz-nos Bluteau, no *Supplemento,* que é «termo do curso da Lua, entre os Mouros». Fernão Mendes Pinto emprega-o no sentido de «dia do mês lunar». *Māh* ou *mah* é efectivamente o nome da «lua» em persa, e *māmak,* diminutivo de *māmā*, quere dizer «mãezinha». A «data» expressa-se em árabe e persa por *tārīkh*.

1539. — «Datado De Panájú, aos cinco **mamocos** da oitava lua». — *Peregrinação,* cap. 13.

1541. — «De Bintor, ás tres *chavecas* do primeiro **mamoco** da lua». — *Ibid.*, cap. 142.

**MAMUDE** (s. m.; ant.). Moeda persiana de prata, que corria antigamente em Guzarate e algumas partes da Pérsia e valia um xerafim e meio de Goa ou 450 réis. Os *mamudes* denominados *chaparis* valiam mais do que os *mamudes chalanis* ou ordinários. Do persa *mahomūdi,* «louvado». Conforme Yanguas, «de Moahmūd, rey de Guzerate, 1.º de este nombre». «According to a common story the *Mahmūdī* tooks its name from Mohumud, King of Ahmadnagar», Crooke, em Fryer, III, p. 200. *Mamudi* é também o nome dum tecido procedente de Bengala, como se vê na abonação de 1786, e neste sentido figura o termo *mammoodies* numa lista da Índia Inglesa. Suponho que *mamona,* mencionado por Castanheda, está por *mamude* [1].

1614. — «E elle lhe deu cem mil **Mamudes** de prata, cinco cavallos Arabios, e hum Elefante». — Diogo do Couto, Déc. VII, IX, 9.

1617. — «Que os *choutos* das terras de Damão mande V. S. que paguem conforme o rendimento que ha nas aldeas, e os foreiros arrecadão dos lavradores e povo dellas por moeda de **mamudes** *chaparis*». — In *O Chronista de Tissuary,* IV, 9. 22.

«Os Portuguezes foreiros das aldeas arrecadão dos *cúrumbins* o rendimento por **mamudes** *chaparis,* e pagão o foro del-Rey por **mamudes** *chalanis,* e da mesma maneira o *chouto*». — *Ibid.*, p. 23.

1634. — «Trinta e hum pardaos de **mamudes** que val cada pardao hum xerafim e meio de Goa, que são quatrocentos cincoenta reis, e alem disso o tempo que andam embarcados se dá a cada hum na mão dos seus capitães dezoito **mamudes** que cada **mamude** tem noventa reis (?)». — António Bocarro, *ibid.*, III, p. 75.

1707. — «Os Vigarios da Vara lhes não consentem senão dando-lhes cem pardáos de **Mamudes**». — *Archivo Port.-Oriental,* Supplemento II, p. 180.

1786. — «Offereço a V. Ex.ª pelo honrado Naraena Rao Vital as peças seguintes. 2 xales, 2 **mamudes,** 1 peça de *atalá*». — *Apud* Júlio Biker, *Collecção de Tratados,* VIII, p. 234.

1866. — «As moedas que vinhão ao governo Portuguez era moeda Persa, que vinhão da Feitoria Portugueza do Congo; assim como os *larins* de Ormuz». — F. N. Xavier, *Descripção do Coqueiro,* p. 66.

1880. — «O conselho da fazenda, em attenção á despeza que resultava de se fundirem e recunharem em moeda portugueza d'aquelle estado os **mahmudes** vindos da feitoria do Congo, da pensão que o Rei da Persia pagava áquella alfandega...». — Teixeira de Aragão, *Descripção das Moedas,* III, 264.

1616. — «Il en sont encore vne autre espece à Gusarate, qui ne vaut que quinze sols, et qu'ils appellent **Mamoudis**». — Terry, *Voyage,* p. 14.

1630. — «The *Abassee* is in our money sixteene pence; *Larree* ten pence; **Mamoodee** eight pence». — Herbert, in *Glossary, s. v. Gosbeck.*

1631. — «Sunt autem **mamudei** nummi argentei Guzaratensis provinciae ex argento minus absoluto cusi, qui valent

---

[1] «De Bengala, *sinabafos,* beatilhas, *chautares,* **mamonas,** e *rembotins,* que são generos de panos finos de algodão que são entre elles muyto estimados» (em Ormuz). — *Historia,* II, cap. 58.

30 picos aureos».—*De Imperio Magni Mogolis*, p. 141.

1666. — «Il y a encore une monoie d'argent Mongole appellée **Mallmoudi**, qui vaut environ onze sols et demi». — Thevenot, *Voyages*, III, p. 55.

1674. — «**Mamodies** are current only in Surat, and Parts adjacent; they are worth somewhat less than an English Shilling». — Fryer, *East India*, II, p. 125.

1576. — «Deux *chavets* font un **Mamoudi**. Deux **Mamoudi** font un Abassi». — Tavernier, *Voyages*, I, p. 167.

1689. — «Some Coins however are current among them, viz. Dollars, Abassis, and **Mamodies**». — Ovington, *A Voyage to Suratt*, p. 455.

1885. — «The only manufacture of any note carried on is in the weaving of a peculiar description of muslin known as **mahmudi**».— Hunter, *The Imperial Gazetteer*, v, p. 327.

**MANCHUA**. Embarcação malabárica de um mastro e vela quadrada; galeota. Havia também manchua de luxo, como a do vice-rei e outros fidalgos. Os portugueses levaram o termo para outras partes da Asia, e aplicaram a barcos de outras descrições. Do tamul-malaiala *mañji*, *machvā* em marata, *matçvó* em concani. «*Manchu*, Mal. A single masted vessel employed in the coasting trade of Malabar of from 10 to 40 tons». H. H. Wilson.

1054. — «Todas as embarcações assim *Parangues* como **Manchuas** que entrarem por caminho do mar nos rios encorporados ao rio nascente, da Villa de Gopacpur ou Gôa, pagarão pela declaração seguinte». — Lâmina de cobre, de que sómente existe uma tradução portuguesa, pouco correcta.

1539. — «Se embarcou logo com trinta soldados no batel, e em **manchuas** em que os inimigos vierão». — Fernão Pinto, *Peregrinação*, cap. 40.

1552. — «Hũa muyto grande armada de *juncos, lancharas, balões*, **manchuas**, que sam nauios de remos, grandes e pequenos». — Castanheda, *Historia*, II, cap. 114.

1563. — «Mandou hũa **manchua**, que he hum pequeno barco».—João de Barros, Déc. III, VIII, 6.

1563. — «Hião embarcados na **manchua** que muytos homens lhe deitarão ao mar». — Gaspar Correia, *Lendas*, IV, p. 150.

1566.— «Muitos nauios ligeiros da terra [Malaca] a que chamão **manchuas**, lancharas, calaluzes, e balões». — Damião de Góis, *Chronica de D. Manuel*, III, cap. 2.

1589.— «Huma **manchua** ligeira, bem esquipada com quatro homens». — *Provisão* do governador, in *Archivo*, v, 1169.

1603. — «O mesmo Arcebispo pera dar mais calor a este negocio, concertou huma **manchua** grande, que consigo trazia». — Fr. António de Gouveia, *Jornada*, fl. 26 *v*.

1603. — «O qual armou algũas **machuas**, e embarcações que andassem pelos rios, e empedissem os mantimentos».— P. Fernão Guerreiro, *Relaçam Annual*, fl. 860.

1613. — «Tendo o vice-rei d'isso aviso, despedio a sua **manchua**, bem governada com vinte homens nobres». — P. Mariano, in *Bol. S. G. L.*, VII, p. 354.

1615. — «Tem o Veador uma pequena galeota, das que chamam **manchuas**, muito bem coberta, e que El-Rey lhe paga para ir e vir aos navios, ou a outra qualquer parte por mar». — Pyrard de Laval, *Viagem*, II, p. 36.

«Ha ainda outras embarcações mais pequenas, a que chamam **Manchuas**, aonde cabem quinze ou vinte homens». — *Id.*, p. 102.

1616. — «... me haver mandado pedir por seo procurador *cartaz* para o seu **Mochua** de pregadura, denominado *Laddqui*». — *Apud* Júlio Biker, *Collecção de Tratados*, IV, p. 188.

1685. — «O Vice-Rey D. Filippe, logo mandou buscar os ossos de seu irmão D. Antonio Mascarenhas, que os Hollandezes sepultarão com o devido respeito, e os mandou trazer por mar em huma **manchua**, cuberta de luto». — João Ribeiro, *Fatalidade Historica*, II, cap. 16.

1727.—«**Manchûa**. Embarcação usada na India Portugueza, he quasi da mesma fórma que a Galeota, arma-se em guerra com duas ou quatro peças de pequeno calibre, e servem de dar comboy a embarcações pequenas, que se não amarrão muito. O Vice-Rey da India anda ordinariamente pelo Rio em huma **manchua** a que chamão do Estado, com 20 remos».—Bluteau, *Supplemento*.

1588. — «Armò subitamente quattro galeotte, e vna **Manchua** (questa è vna sorte di legno spedito)». — P. Maffei, *Le Istorie*, p. 626.

1623. — «... imbarcato con tutti noi altri in vna di quelle barche, che si chiamano **Manciue**, e hanno pur venti ò ventiquattro remi, ma sono in questo solo differenti dalle Almadie, che le **Manciue** hanno poppa con tendola separata da i banchi de' remi, grande e coperta e sono più larghe dall' Almadie, che non hanno tendola alcuna». — Pietro della Valle, *Viaggi*, III, p. 152.

1660. — «**Manciùa**. Barca piccola, mà in forma di Galera». — Mgr. Sebastiani, *Seconda Spedizione*, p. 149.

1702. — «Nous nous embarquasmes en une petite **Manchuë** (c'est une espece de Felouque), qui nous porta à Tanor». — *Lettres Édifiantes*, III, p. 190.

1885. — «Boat (**machwás**) hire per day, from 10 s. to 15 s.» (em Bombaim). — Hunter, *The Imperial Gazetteer*, VIII, p. 268.

**MANDACAR** (tam. *maṇḍakku* ou *maṇḍakkan*). Assistente do mergulhador na pesca de pérolas em Tucorim e Manar.

1701. — «**Mandacares** são os homens que jogão com as cordas, com que des- em e sobem atados os mergulhadores... No nosso tempo cada mergulhador Christão pagava setenta *fanones* (fanoes), e cada **mandacar** trinta». — P. Francisco de Sousa, *Oriente Conquistado*, II, II, 2.

1610. — «One third of them are *karvas*, that is, divers, and the rest are called **mandecas**, and attend them, two to each diver». — Pedro Teixeira, *The Travels*, p. 178.

***MANDALI** (tamul-malaiala *maṇḍali*). Cobra muito venenosa do Malabar, geralmente conhecida por «cobra manila» (q. v.).

1516. — «Ha outra sorte de cobras muyto mais peçonhentas, ha que hos Indios chamaom **Madalis**; que saom tam uenenosas, que em mordendo mataom, sem ha pesoa ha que mordem em lhes chegando poder mais falar, nem fazer geito de morrer» — Duarte Barbosa, *Livro*, p. 344.

1864. — «Ficou cá a **rata mandoli** [conc. *rakta-maṇḍaḷi*] que irá na seguinte remessa». — *Archivo de Pharmacia*, I, p. 10.

***MANDANS** (f. pl.). Talhadas torradas de bolbo de *Dioscorea sativa*, Linn. A sua farinha chama-se *mendão*. Do conc. *māndām*, *mendānv*.

1832. — «Por carga de **mandans**: 0:0:50». — *Collecção de Bandos*, I, p. 133.

1840. — «(**Mandans**). Talhadas preparadas da raiz da planta de que se faz *mendão*». — *Ibid.*

1898. — «**Mândâms**, rodas torradas dos bolbos de *kārâmdo*» — D. G. Dalgado, *Flora*, p. XVIII.

***MANDARÉS** (s. m. pl.); conc. *māṇḍārê*). «São uns canudilhos de farinha e azeite de côco, lembrando os nossos coscorões». — Alberto O. de Castro, *A Cinza dos Myrtos*, p. 136.

***MANDAPA** (ant.). Tenda pavilhão; barraca de *olas* ou panos por ocasião festiva, conhecida em indo-português pelo nome de *ramada* (q. v.). Do sânsc. e neo-árico *maṇḍapa*, *māṇṭav* em concani.

1614. — «E acima destas [tendas] no mais alto foi armada outra mais rica que todas sobre duas colunas de páo sem cordoalha, nem paredes, aberta por todas as partes, que não tem mais [que] o telhado de duas aguas muito rica por extremo, a qual tenda se chamava **Mundapà**, que quer dizer tenda de determinação; porque quando se arma he sinal de conclusão; porque não se arma senão pera chegar ao cabo com a guerra, a qual he só pera ser temida da parte contraria». — Diogo do Couto, *Déc.* VIII, cap. 32.

1616. — «Armaram-se para o Hidalcão duas tendas... E acima destas foi armada outra muito rica de differente feiçam, chamada **Mandapa**, que soe ser muito temida da parte contraria, por a ter por tenda de determinação». — António Pinto Pereira, *Hist. da India*, II, fl. 21 *v.*

1907. — «Os pagodes dravidas, com o seu *vimana*, o sanctuario quadrangular, o seu **mandapam** ou vestibulo com columnatas... são das proximidades do millenio christão». — *O Oriente Portuguez*, IX, p. 21.

1836. — «Au centre de cette place est construite une vaste galerie ouverte, élevée sur une double rang de piliers et richement décorée de peintures et de dorures, à laquelle on donne le nom de **mendap** ou *bangsal*». — Rienzi, *Océanie*, I, p. 91.

1881. — «On the west side, the temple has a double **mandap** or portico, and on the other three sides single ones, each supported on 8 columns». — Hunter, *The Imperial Gazetteer*, I, p. 8.

1904. — «It is important to note that all these ceremonies connected with the marriage take place as a rule in an open *pandal* or **mantap** at the bride's house». — J. A. Saldanha, *The Indian Caste*, p. 66.

**MANDARIM**. Magistrado, alto funcionário do extremo Oriente, especialmente na China. O vocábulo passou do português para outras línguas da Europa. Não é de origem chinesa, nem se relaciona etimológicamente, como presumem alguns orientalistas, com o verbo português *mandar;* é corrução do sânsc. e neo-árico *mantrī*, «conselheiro, ministro de estado» [1], *māntāri* em malaio, que é o étimo. A mudança de *t* em *d* pode ser devida à influência de *mandar*. Os nossos escritores não empregam

[1] Bento Pereira reputa *mandarim* sinónimo de «mandador».

o termo com referência aos ministros da Índia, mas sim aos dignitários da Malásia, China e Aname.

1514. — «ElRey Mafamede que foy de Malaca, está em Bintam cheo dagonia e sem gente, somente com alguns **mandarins**». — Rui de Brito, in *Cartas* de A. de Albuquerque, III, p. 227.

1522. — «Enviou [o rei de Sunda] hum seu **mandarjm** principall por nome **mandarym** Pudam *Tumungo*, e com elle outros dous **mandaryns** honrrados». —*Alguns Doc. da Torre do Tombo*, p. 461.

1534. — «Forão trazidas tres cartas contra os portuguezes hũa de dous **mandaryns** em Pequim outra dos **mandaryns** de Cantão outra dos Melayos». — Cristóvão Vieira, *apud* Donald Ferguson, *Letters*, p. 58.

1540. — «Pedio ao **Mandarim**, que era Capitão do lugar, que por nosso dinheiro nos desse o que houvessemos mister».—Fernão Pinto, *Peregrinação*, cap. 58.

1552. — «E isto que os nossos sabião os fez muy aluoraçados pera ao outro dia cometerem a povoação onde virão el-rey e ho principe com seus **mandarins** que sam fidalgos». — Castanheda, *Historia*, III, cap. 60.

«O que poz grande espanto nos mouros, especialmente nos **mandarins**, que daquella terra [Maluco] não morrem por justiça: e quando cometem crime por que merecão morte degradãonos». — *Id.*, VIII, cap. 20.

1557. — «Polo serviço, que lhe [ao primeiro rei de Malaca] os pescadores fizeram em o trazerem a ella, os fez Fidalgos e **Mandarins** de sua casa». — *Commentarios*, III, cap. 7.

c. 1560. — «Contou-nos hum **Mandarim** de Geilolo, que hum Rey seu mandára matar cento e trinta pessoas de hũa geração, sem ficar casta, por serem *cuangues*». — Gabriel Rebêlo, *Informação de Maluco*, p. 160.

1562. — «Como se houue licença do **Mandarim**, ou Capitão daquelle porto, veo logo a nos com muitos mantimentos». — *Cartas de Japão*, I, fl. 96 *v*.

1563. — «Quem apresentava sete cabeças dos inimigos o fazião cavalleiro, e o chamavão **Manderym**, que he nome de caualleiro». — Gaspar Correia, *Lendas*, II, p. 808.

1585. — «E elle se bautizou, e foi á corte a tomar o grao de **Mandarim** com intenção de passar por sua terra».—P. Alexandre Valigniano, *Cartas de Japão*, II, fl. 170 *v*.

1582. — «Quando vio [o Tutão] o presente virou a folha disendo que era amigo delles que estivessem como primeiro no dito lugar de Macao guardando porem as ordens dos **Mandarins**». —P. Sabatino de Ursis, *P. Matheus Ricci*, p. 14.

1600.—«Os **mandarins** sómente gouernam, e meneam tudo com tam grande autoridade, que mais os tratam os outros Chijs como a idolos, que como a homens de sua mesma nação, e natureza».—P. João Lucena, *Historia*, x, cap. 21.

1608. — «Bautisamse nouenta, e seis pessoas, entre elles hum menino, filho de hum **Mandarin** grande e que tem por officio auisar elRey das desordens de todos os outros **Mandarins** desta corte». — P. Fernão Guerreiro, *Relaçam Annual*, fl. 217.

1614. — «Encontrara [em Siame] com vn **Mandarim** (que assi chamão a seus regedores, o que tomaram dos Chins)». — Diogo do Couto, Déc. V, VI, 1.

«Estando na China per Embaixador, açoutou vm **Mandarim** (que são os que gouernão justiça, que antre aquelles Gentios he muito venerada)». — *Id.*, VIII, 12.

1616. — «Os principaes officiaes são alli [na China] chamados **Mandarins**». — Pyrard de Laval, *Viagem*, II, p. 339.

1635. — «Os chinas fizeram aviso de tudo ao **mandarim**, que são as suas justiças e gouernadores, que estava em uma cidade d'alli huma legua». — António Bocarro, Déc. XIII, p. 168.

1650. — «Passam de vinte os titulos grandes de **mandarins** abaixo do rei [de Aname] que vem a ser como os grandes do reino». — P. António Francisco Cardim, *Batalhas*, p. 70.

1679. — «Forão levados aos **Mandarins**, que são os Governadores, e Ministros da justiça». — Fr. Jacinto de Deus, *Vergel*, p. 116.

1707. — «Captivaram os animos dos imperadores, e dos **mandarins** (este nome dão commumente os Portuguezes a todos os que na China tem algum genero de governo)». — In *O Chronista de Tissuary*, I, p. 22.

1729. — «Já o suppunha sabedor por via dos **Mandarins** de Macau (são estes huns alfandigueiros, que alli assistiam para cobrar os direitos pertencentes ao seu Imperador)». — *Apud* Júlio Biker, *Collecção de Tratados*, VI, p. 75.

1753. — «Chegou [o embaixador português] a Cantão a 25, onde foi recebido com todas as honras de **Mandarins** Europeos».—P. Newielhe, *Relação da Jornada*.

1825.—«O imperador Chin-Tsoung tambem approvou a fórma de governo macaense, e deu ao procurador da cidade o grão de **mandarim**, com alçada sobre os Chinezes». — José Inácio de Andrade, *Cartas*, I, p. 115.

1838. — «Os europeos deram o nome de **mandarim** a todas as auctoridades chinezas quer civis, quer militares, da palavra portugueza *mandar;* porém o seu titulo no seu paiz é *konan*». — *O Panorama*, de 21 de Maio.

1898. — «Demos este nome indiano aos

funccionarios chinezes a quem hoje correntemente se chama **mandarins**. A origem remota é o sanskrito *mantrin*, que significa «conselheiro». — Joaquim C. Crespo, *Cousas da China*, p. 81.

1915. — «**Mandarim** tem em Lisboa a accepção especial de «ajudante de condutor-de-automóveis».— Oscar de Pratt, *Revista Lusitana*, xviii, p. 127.

1586. — «Et opportune tunc factum, ut **Mandarinus** ille (nomen est publici Magistratus) per quem prior impetratus ingressus, iam Namquinus, dignitate aucta, in aliam prouinciam mitteretur». — *Litterae S. J.*, p. 590.

1589. — «Les nobles ou **Mandarins** s'entrerencontrans ferment incontent les mains et les ioignant ensemble font un cercle tenants leurs bras en forme de croissants». — Linschoten, *Histoire*, p. 45.

1610. — «E por excelencia lo [vinho de *lechia*] dizen vino de **Mandarin**, que ansi se llaman por nombre comun los que gouiernan la China». — Pedro Teixeira, *Relaciones*, p. 17.

1676. — «Tous ces Capitaines et autres officiers du Roi [de Tonquim], et les seigneurs de la Cour, qui d'un nom général on appelle **Mandarins**, n'ont que quatre jours à chaque Lune pour se divertir». — Tavernier, *Voyages*, i, p. 234.

1782. — Les **Mandarins** sont distingués par le bouton d'or, de perle ou de corail, qu'ils portent au bonnet suivant leur grade». — Sonnerat, *Voyages*, ii, p. 22.

**MANDARIM.** É também o nome do idioma dos mandarins, isto é, do dialecto oficial e literário, mais conhecido pela designação de «língua mandarina», em chinês *kuan-kua*. Os principais dialectos vulgares diferem fonéticamente tanto entre si, que os indivíduos pouco instruidos de diversas províncias tem de se servir da sua escrita idiográfica, mais inteligível, para se fazer entender.

1729. — «Cada huma das Provincias deste Imperio tem huma lingua, a que chamam da terra, e em todas ha huma universal, a que os nossos chamam **Mandarina**, porque della usam e muito principalmente todos os *mandarins do Imperio*». —*Apud* Júlio Biker, *Collecção de Tratados*, vi, p. 163.

1740. — «Qualquer *chapa*, carta, supplica, ou representação, que se fassa pellas Naçõens Estrangeiras ao Imperador ou seus Ministros, não se acceita sem ser copiada na Letra sinica; e como este se escreve da parte direita para esquerda, não em regras direitas como a grega, mas de cima para baixo, e a formalidade e os caratheres ou geroglificos com que se expressa tem varios significados, e a **Lingoa Mandarina** tem distinção da vulgar a entendem como querem, e socede dar-lhe inteligencia totalmente alheia do que se lhe representa, o que parece arguhir desconveniencia grande de bom governo». — In *Ta-ssi-yang--kuó*, II, iv, 5.

1588. — «Oltre al parlare proprio di ciascheduna nazione e provincia v'è di più vna lingua particolare, e commune de' docti, che corrisponde appresso di noi alla lingua Latina, e la chiamano volgarmente **Mandarim**; questa vsan i corteggiani, i segretari, i dottori, i giudici, e tutti i magistrati, e à questa danno opera con grandissima cura».—P. Maffei, *Le Istorie*, p. 221.

1754. — «On ne connoit à la Chine que deux Langues, la **Mandarine**, qui est très douce, et celle du Peuple, qui est assez rude». — P. de Charlevoix, *Hist. du Japon*, i, p. 75.

1898. — «Cada región tiene un dialecto, dandose la particularidad de que la lengua oficial ó **mandarina** es decir Kuan-koa hablada en Pekin es la mas pobre». —Alfredo Opisso, *La Raza Amarilla*, p. 29.

**MANDARINA.** Denominam assim os europeus a mulher do mandarim.

1650. — «Nenhuma [dúvida] tenho, respondeu a **mandarina**». — P. António Francisco Cardim, *Batalhas*, p. 155.

**MANDARINADO, MANDARINATO.** Qualidade ou cargo de mandarim.

1668. — Veyo a Macao o *mandarym* de Anão (não o de que nos mezes deste e dos annos passados se fez menção acima o 2.ª Cadeira [o da 2.ª classe] que o da 1.ª era o acima referido, e perdeo o **mandarinado**». — In *Ta-ssi-yang-kuó*, I, ii, 13.

1694. — «Era Thomé Fin homem de letras, ás que se aplicou desde menino, e com tanto desvelo, que sahiu eminente, e digno de **Mandarinado**». — *Noticias da Cochinchina*, p. 327.

1729. — «... instrumentos e insignias varias de que uzam, como distintivos dos **Mandarinados**». — *Apud* Júlio Biker, *Collecção de Tratados*, vi, p. 81.

1740. — «No governo ou **mandarinado** para que vão, logo se entrão a ressarcir para se refazer o gasto feito». — In *Ta-ssi-yang-kuó*, II, iv, 5.

1753. — «O Imperador nomeou ao Padre Feliz da Rocha *Kien Tu*, ou ajudante do tribunal da Mathematica, que he Titulo do **Mandarinado** da Sexta Classe». — P. Newielhe, *Relação da Jornada*.

1897. — «O governo chinez .. vende por altos preços a auctorisação para certos negociantes ricos retirados do commercio usarem as insignias de algumas das classes dos **mandarinatos**». — Joaquim C. Crespo, *Cousas da China*, p. 85.

1917. — «Mostra-se furioso e implacável com os *battcares*, ociosos e parasitas de Goa, que diz pretenderem reter sob o seu **mandarinato** a mulher ou rapariga proletária». — *Heraldo*, de 1 de Agosto.

1640. — «Tambien despues de su morte despacha a algun hijo o nieto suyo con **Mandarinado** de merced».—P. Semedo, *Imperio de la China*, p. 129.

1853.—«Engagé par sa mère à prendre un état, il accepta un **mandarinat** subalterne, qui lui donnait inspection sur la vente et la distribution des Grains». — Pauthier, *Chine*, p. 123.

1876. — «To get at this it was proposed to offer to them, not money, but **mandarinates** in exchange for it». — Howorth, *History of the Mongols*, I, p. 303.

1898. — «Lo mas gracioso, ahora, es que la institución del **mandarinato** (palabra de origen portugués, que viene de *mandar;* en chino se llaman los mandarines *Kuan*) no es peculiar á China, sino que rige también, desde hace muchos años en Francia, y, por efecto reflejo, en España». — Alfredo Opisso, *La Raza Amarilla*, p. 34.

**MANDARINESCO, MANDARÍNICO, MANDARINO** (adj.). Relativo aos mandarins : língua *mandarina*.

1897. — «Para se ascender á dignidade **mandarina** é preciso entrar n'um meio, em que, segundo se diz, só a corrupção e o dinheiro imperam. — Joaquim C. Crespo, *op. cit.*, p. 85.

1604. — «Tambem offerecia a sua embarcação **Mandarinica**». — P. Fernão Guerreiro, *Relaçam Annual*, fl. 91.

1904. — «Escusado será justificar os progressos realisados no paiz que venho descrevendo, depois das referencias já feitas sobre antigos aquedutos, estradas **mandarinescas** e obras da metalurgia». — Ladislau Batalha, *O Japão por dentro*, p. 260.

**MANDARINETE** (deminut.). Pequeno mandarim, funcionário inferior.

1650. — «O **mandarinete** que alli vinha, indignado contra André, o ameaçou com uma *canga* bem pesada». — P. António Cardim, *Batalhas*, p. 187.

1667. — «Aos 2 de Abril mandou à Cidade o *Mandarym* da Caza branca por hũ **mandarinete** seu hũa *chapa*, que lhe veiu de Cantão para a mandar a intimar a Cidade». — In *Ta-ssi-yang-kuó*, I, p. 183.

1694. — «Pois o **Mandarinete** não sòmente prendeo aos dous, mas tambem aos quantos Christãos pode alcançar». — *Noticias da Cochinchina*, p. 104.

1883. — «O vice-rei e cada *mandarim* e **mandarinete**, segundo a ordem jerarchica, prevarica e converte em proveito proprio o que pertence ao estado». — Adolfo Loureiro, *No Oriente*, I, p. 354.

1897. — «A penna do corvo a que chamam a «penna azul» é destinada a galardoar os serviços dos **mandarinetes** ou dos soldados da guarda imperial». — Joaquim C. Crespo, *Cousas da China*, p. 88.

**MANDÓ**. O termo é de origem africana, *mandoa*, «espécie de dança», na língua de Tete. Na Índia Portuguesa é o nome duma dança popular, entre os cristãos, ao toque de *gumata* ou *batuque*, e canto apropriado, que também se denomina *mandó* (*mānḍó* em concani). Assim se diz : «dançar *mandó*, cantar *mandó*». V. *mundā*. Os hindus de classes superiores não dançam, a não ser por motivo religioso, visto reputarem tal divertimento indigno da sua condição. Mas há dançarinas de profissão, conhecidas em português por *bailadeiras*, q. v. Nos tempos védicos, porêm, a dança era um dos principais passatempos sociais dos árias.

1696. — «Os grandes do Imperio [de Manomatopa] pouco cortejo fazem ao seu Rei, porque cada hum diariamente assiste na sua terra, e só pela lua de S. João o vem buscar todos assim grandes como pequenos, para celebrar hum rito e cerimonia gentilica, a que chamão **Mandó**, aonde se fazem mil immundicias». — Fr. António da Conceição, in *O Chronista de Tissuary*, II, p. 67.

1846. — «*Batuque* ou **mandó** é huma dança de duas pessoas e toque de hum instrumento de barro, que se chama gumate ou batuque, forrado de hum lado de pelle de Talagoia, e acompanhado de pandeiro, ou cousa que o valha, e correspondentes cantigas». — F. N. Xavier, *O Gabinete Litterario*, I, p. 126.

1874. — «A falta mesmo do *sarangui*, sempre ha de haver um *maddlem* e um *doll;* improvisar-se-ha o mais requintado **mandó** que nunca se viu no oriente, e que alguns *boiás*, os mais feios hão de dançar vestidos de mulheres, cousa muito do seu gosto e curiosissima para se ver». — Tomás Ribeiro, *Jornadas*, II, p. 77.

«O **mandó** dançado por deusa; o hymno do governador geral cantado por fadas». — *Id.*, p. 135.

1879. — «Entre outros [descendentes] porém o baile é substituido por um divertimento proprio ao paiz, denominado *batuque* ou **mandó**, mas tudo debaixo de certa ordem e regularidade». — João Stuart Torrie, *Estatistica da India Portugueza* p. 314.

1896. — «Há muitos que dão casca, com esses **mandós**, outros não». — Gip, *Jacob e Dulce*, p. 96.

1898. — «... as poucas gentias que não haviam enjoado, as quaes deixando ver os seus dentes avermelhados, pintados com *gulala* (!), esganiçavam-se no canto d'uns **mandós** pesados». — Oliveira Mascarenhas, *Atravez dos Mares*, p. 62.

1915. — «*Indiana*. É um impresso com **mandó**, acompanhado de versão portugueza, composto e harmonizado pelo sr. Lusitano Rodrigues, para duas vozes e piano forte». — *O Ultramar*, de 7 de Janeiro.

1915. — «... e á música e á dança (**mandó** em Goa, *fado* em Portugal)». — *Heraldo*, de 17 de Dezembro.

1917. — «Para as nossas queridas leitoras fazerem uma ideia do que é a formosa **Mandó** (dança goanesa) publicamos aqui...». — *Jornal da Mulher*.

1917. — «Cantou com voz ligeira e sonora, com expressão e alma, um lindo **mandó**». — *O Ultramar*, de 4 de Junho.

**MANDOVIM**. Alfândega, no Concão e em Cambaia. É corrente neste sentido em guzarate, marata e concani o termo *māṇḍvī*, derivado do mar. *maṇḍvī* < *maṇḍav*, conc. *māṇṭav* < sânsc. *maṇḍapa* (vid. *mandapa*), «barracão, ramada» < *maṇḍ-*, «armar, enfeitar» > *māṇḍ-*, «armar, ordenar, dispor», nos referidos idiomas.

Vê-se daqui, e do facto de haver *mandovins* em diversas partes, que não há nenhum fundamento para se associar, como geralmente se faz, o nome da alfândega com o do rio que banha a cidade de Pangim e que em português se pronuncia idênticamente, devido à aproximação fonética [1]. O nome do rio em concani é, em rigor, *mhādevī* ou *mhādvī* (ou *mhādeī*, como dizem em Sanquelim), corrução do sânsc. *mahādevī*, «grande deusa», nome dum dos ídolos, que, segundo a lenda do *Sahyādri-khaṇḍa* (p. 310 da edição de Gerson da Cunha) os imigrantes de Tirhut levaram consigo para Goa» [2].

1518. — «Hão de vir ao **mandovym**, e ahi hão de pagar seus direitos» — *Archivo Port.-Oriental*, v, p. 17.

1531. — «Regimento do Governador Nuno da Cunha sobre os precalços e *lagimas* dos officiaes desta Alfandega do **Mandovim**». — *Ibid.*, v, p. 1558.

1539. — «E tambem nesta perda... se arrisca perder-se a alfandega do **Mandovim** da cidade de Goa, que he a milhor cousa que temos na India». — Fernão Pinto, *Peregrinação*, cap. 26.

1552. — «Em hũa casa grande que ali está, a que elles chamão **Mandovj**, ao modo das nossas alfandegas». — João de Barros, Déc. I, v, 9.

1554. — «Do *casabé* e **mandovim** do Caranjá». — Simão Botelho, *Tombo da India*, p. 137.

1556. — «Junto de um caes que está onde chamam o **Mandovim**, que fica defronte do baluarte do mar». — Lopo de Sousa Coutinho, *Hist. do Cerco de Diu*, p. 112.

1563. — «Trazião mercadorias que rendião direitos nos passos, e **Mandovim**, que era casa d'alfandega». — Gaspar Correia, *Lendas*, I, p. 335.

1588. — «Mandeis ver como estão dadas estas Aldeas, terras, e **mandouins**, e outras quaesquer propriedades». — *Carta Régia*, in *Archivo*, III, p. 135.

1593. — «De cada nauio que sae deste porto despachado da alfandega ou **mandovim** tem hum *caxi*». — Francisco Pais, *Regimento de precalços*.

1594. — «Achastes serem estes **mandovins** propriamente da natureza dos direitos de minhas alfandegas». — *Carta Régia*, in *Archivo*, v, p. 1373.

1595. — «Sou enformado que he em grande dano de minha fazenda aforarense os **mandovins** desse estado que propriamente são alfandegas em que se recolhem os direitos riaes». — *Carta Régia, ibid.*, III, p. 510.

1634. — «O dito **mandovy** he como alfandega, onde se pagão direitos a Sua Magestade de tudo que vem da outra banda da terra dos mouros». — António Bocarro, *Livro*, p. 258.

1651. — «Do que resultou mandar enforcar o mestre do galeão S. Lourenço no **mandovim**, que é o lugar em que fazem

---

[1] «Do *Mandovi* na margem reclinado
Chorei debalde minha negra Sina».
Bocage, *Obras Poeticas*, I, p. 74.

[2] Há outras etimologias semelhantes, especialmente com relação à toponímia, como, por exemplo, o nome de Margão uns derivam de *Mahārgānv*, «aldeia de farazes»; outros, de *Mhārūgānv*, «aldeia de espectros»; outros de *Māzgānv*, «aldeia central»; e ainda outros, de *Mālgānv*, «aldeia principal» (vid. P. Francisco de Sousa, *Oriente Conquistado*, II, I, 1); quando na realidade *Margão* é transcrição portuguesa do conc. *Mathgānv* ou *Madhgānv*, que é corrupção ou *tadhhāva* do sânsc. *mathagrāma*, «aldeia de mosteiro», registado no citado livro sânscrito.

as justiças em Goa». — António F. Cardim, *Hist. Tragico-maritima*, I, p. 188.

1849. — «Assentando-se a cidade na margem esquerda do mais profundo [rio], o *Mandovim*, que tem uma barra á similhança da do Tejo». — Joaquim C. Soares, *Bosquejo das Possessões Portuguezas*, I, p. 145.

1856. — «He allusão ao Rio que chamamos impropriamente Rio *Mandovy*, competindo-lhe aliás o nome de *Rio de Pangim* ou *de Nova Goa*. Dizemos impropriamente, porque a palavra **Mandovy** significa Alfandega... Em documentos antigos se encontram as palavras *Rio de Mandovy*, e *terras de mandovy*, com respeito á parte do Rio em que esteve situada a antiga Alfandega, e as suas terras visinhas, o que não era só especial á Alfandega de Goa, mas partilhavam tambem as do Norte». — F. N. Xavier, *Instrucção*, p. 58.

1866. — «A Cidade de Goa... fora mudada pelos mouros, seus fundadores, das margens do Zuary, para as do rio, que depois se chamou e chama hoje **Mandovy**, que tanto significa como rio *da alfandega*». — Cunha Rivara, *O Chronista de Tissuary*, I, p. 122.

1886. — «O **Mandovy** ou casa onde se recebiam os direitos na épocha da conquista de Goa, estava situado no angulo que forma o rio ao norte da ilha. Por este motivo os terrenos circumvizinhos á alfandega, ou **mandovy** em linguagem do paiz, se designam tambem **mandovis**; nome que o tempo tornou exclusivo ao rio, e pelo qual é conhecido e marcado nas cartas geograficas». — Lopes Mendes, *A India Portugueza*, I, p. 98.

1898. — «Não é facil avaliar a etimologia da palavra **Mandovy**, que se encontra em diversos documentos antigos, e pelo qual eram conhecidas as alfandegas do norte, e de outras possessões de além mar; parece porém que este nome deriva do rio a cuja ribanceira estava situada... Felippe Nery Xavier, distinto escritor e profundo investigador das antiguidades indianas, quer suppor que não foi a alfandega que recebeu o nome do rio, mas que este adoptou a denominação d'aquelle estabelecimento». — Ernesto Fernandes, *Memoria*, in *Bol. S. G. L.*, XVI, p. 585.

**MANDRECARO.** Homem que na Índia tem o dom de operar curas maravilhosas por meio de *mantras* ou fórmulas mágicas ou mesmo sem elas; homem de *virtude*. Crê-se que tal virtude é propriedade inexplicável de certas famílias. Do conc. *māndrekār*, corrução de *mantrakār* < *mantruṅk*, «encantar».

1690. — «O mais efficaz remedio contra a mordedura destas cobras, e de qualquer outro animal peçonhento, he a graça de hũa familia de idolatras chamados **Mandrecaros**, cujos descendentes com hũa pouca da agua tirada com sua mão de qualquer poço, ou fonte, que dão a beber, e lanção sobre a cabeça do mordido, lhe restituem a saude infallivelmente. Gozão esta prerogativa todos os filhos daquella prosapia, e tambem as filhas em quanto são donzellas. Não podem levar nada pela cura, e se porventura tomão algum dinheiro, não tem efficacia o remedio. Quando algum destes não pode ir em pessoa, basta que mande a agua, que elle tirou por suas mãos. Não he necessario que a toque, senão que a tire com algum vaso». — P. Francisco de Sousa, *Oriente Conquistado*, I, pp. 228-229.

1727. — «**Mandrecaros**. He o nome de huns Idolatras da India Oriental, cujos descendentes tem a virtude de sarar infallivelmente as mordeduras de cobras venenosas, ou de qualquer outro animal peçonhento... Diz o P. Francisco de Sousa da Companhia de Jesus, que se convertera em Margão hum homem desta descendencia, o qual depois de baptizado conservara a mesma virtude». — Bluteau, *Supplemento*.

* **MANDUA** (ant.). É o mesmo que *mandapa* ou *ramada*: tenda, barraca, em Ceilão. Do sing. *maduva*.

1687. — «Postos na ramada ou **Mandûa**, toma a mais chegada parenta do uarão, ambas as mãos direytas, dos Noyuos». — P. Fernão de Queiroz, *Conquista de Ceylão*, p. 70.

«Obrigauão as aldeas, onde se agazalhauão, fazerem lhe honras, com as armações de panos brancos, que chamão **mandûas**». — *Id.*, p. 859.

**MANDUCA** (conc. *māṇḍak*). Portal de uma comporta, na Índia Portugueza.

1727. — «**Manduca**. Na India Portugueza he o portal da vargea, que se faz para entrar, e sahir agoa, e se communica com o rio». — Bluteau, *Supplemento*.

**MANDUCAR**; **mundcar** (moderno). Indivíduo que em Goa mora de graça no prédio rústico alheio, sob certas condições. É termo usado na Índia portuguesa, quási equivalente a *abunhado*, q. v. Chamam-lhe também *rendeiro* (q. v.). Provêm o vocábulo do conc. *mundkār*, por corrução *muṇkār* < *mund*, «fundo, capital», isto é, «certa quantidade que dá o palmareiro ao novo morador do palmar para nelle habitar com a família». — F. N. Xavier [1].

1592. — «O qual remedio lhes tirauão os **Manducares** e pessoas que vivem nos palmares dos fidalgos e Portugueses poderosos que tem palmares na dita aldea». — *Carta Régia*, in *Archivo*, III, p. 361.

1782. — «Outra qualidade de plantamento, e de grande utilidade, não só pelo rendimento que dá, mas tambem necessario para o beneficio de um palmar, e casas dos seus **manducares** é o de bambús». —Fr. Clemente da Ressurreição, *Tratado*, II, p. 312.

1846. — «Ainda a pouco seguiam as Communidades a barbara pratica de obrigar os Colonos seus e **Manducares** a trabalhar nas Estradas sem retribuição alguma do seu trabalho». — *Collecção de Bandos*, II, p. 107.

1850. — «Em Goa os referidos colonos [abunhados] tem a denominação de **Mundocares**, com limitada excepção».—F. N. Xavier, *O Gabinete Litterario*, IV, p. 28.

1852. — «**Manducar**. — Uma especie de servo ascresticio, caseiro do palmareiro». — Id., *Bosquejo Historico*, IV, p. 12.

1856. — «Assim como *Mundocar* (hoje **Manducar**) que se compõe de *munda*, dinheiro recebido, e *car* serviço ou trabalho, significa *colono assalariado ou pago do palmar*». — Id., *Defensa dos Direitos*, p. 9.

1869. — «Conta 1 pagode, 9 habitações (sendo 6 dos *botos* e 3 dos seus **manducares**)». — *Relatorio da Provincia de Satary*, III, p. 20.

1872. — «Levou os palmareiros a espalharem pelos palmares as habitações dos **manducares**, contribuindo-lhes casas, pagando-lhes a *munda* (preço da habitação) e uma infinidade de pequenas contribuições periodicas, além dos serviços de protecção, curativos, etc.». — Bernardo da Costa, *Manual do Agricultor*, I, p. 170.

1886. — «Disposta a palmeirinha no lugar, em que deve desenvolver-se e fructificar, como os palmares são geralmente passagem publica e vivenda dos **manducares**...». — Lopes Mendes, *A India Portugueza*, I, p. 178.

1890. — «São os mais fortes, e ao mesmo tempo os mais doceis **manducares** — uns colonos cuja situação dista pouco da dos servos da gleba».— António de Almeida Azevedo, *As Communidades de Goa*, p. 19.

1902. — «A palavra *mundcar* ou *mundacar*, que em Goa é guarda rural (de *munda*, raiz d'arvore) vieram os portuguezes escrevendo **manducar**». — Cristóvão Pinto, in *Ta-ssi-yang-kuó*, II, p. 96.

1909.—«Nos arrendamentos de propriedade particular desapparecem o *alcista*, o *saucar* e o colono, para dar lugar ao *batcará* e **mandcar**». — Manuel F. Viegas, in *Bol. S. G. L.*, XXVII, p. 427.

1910. — «Nas occasiões das eleições não terá arrebanhado os seus *eruditos* **manducares** para automaticamente lançarem, quaes carneiros ou selvagens, o voto do seu generoso battcar». — António F. Moniz, *Hist. de Damão*, III, p. 301.

1915. — «Os **mundcares** seguirão os exemplos dos batcarás». — *O Ultramar*, de 21 de Outubro.

1917. — «Seguia-se-lhes um casal de **mundcares**, com os seus filhos, como os mais importantes auxiliares do battcar». — *Heraldo*, de 5 de Janeiro.

1906. — «Il existe des règles particulières pour assurer l'exécution des obligations prises par les **mundcars** (gardes des propriétés rurales) envers les propriétaires». — Cristóvão Pinto, *Les Indigènes de l'Inde Portugaise*, p. 16.

***MANDUCARADA**. Multidão de manducares.

1917.—«Armavam-se, então, latrinas em volta em numero suficiente para a **manducarada** respectiva». — *O Ultramar*, de 26 de Março.

***MANDUCARADO**. Estado ou ofício de manducar.

1906.—«O problema do **mundcarado** tinha tambem uma solução na arbitragem aldeana, sob os auspicios do municipio local». — *O Ullramar*, de 24 de Agosto.

1918. — Soube muito bem compreender e apreender a gravissima questão social que o **mundcarado** envolve, e que vai cada vez produzindo mais abrolhos para a paz social deste país». — *O Ultramar*, de 16 de Maio.

***MANDUCARISMO**. Sistema de manducarado.

1916. — «Resultando tornar-se agora ao indo-português mais difícil, do que no tempo do **munducarismo** e da arrematação limitada aos *gancares* nas comunidades». — *Heraldo*, de 4 de Abril.

1918. — «Tratando-se do **mundcarismo**, entende o sr. Correia Afonso que há necessidade de nova legislação sobre o **mundcarismo**». — *Heraldo*, de 7 de Fevereiro.

**MANDUCO**. Rã grande de água doce. Comem-na os chineses e alguns

---

[1] Actualmente a imprensa local emprega a forma *mundcar*, por ser mais consentânea à etimologia. Mas a fonologia portuguesa requere que se intercale alguma vogal depois de *d*: *mundacar*, como na origem, *mundacar*, por ressonância da vogal antecedente, ou *mundecar*, como vogal fraca ou neutra. Cf. *manducar*.

europeus, mas sómente as pernas; dizem que sabe à carne de galinha. Em Goa também a comem alguns tísicos. O termo é corrente em ásio-português. Do conc. *māṇḍūk* < sânsc. *maṇḍuka*.

1687. — «Chegando neste aperto a comer cães, gatos, morcegos, ratos, camaleões, **manducos** e *cabrojoias*».—P. Fernão de Queiroz, *Conquista de Ceylão*, p. 484.

1843. — «A [carne] de rãs a que chamam **manducos**». — *Annaes Maritimos*, (parte official), p. 218.

1843. — «Bernardo J. de Almeida, morador na praia de **Manduco**, tendo um mastro do seu navio a concertar, em frente de sua casa, teve a imprudencia de espancar um dos carpinteiros chinezes». — José Inácio de Andrade, *Cartas*, II, p. 106.

1900:

> «Mosquito dá caçada, Cathrina,
> Manduco limpá cambrám,
> Grilho tocà guitarra, Cathrina,
> Cabra sandê lampiam».

Dialecto macaista, in *Ta-ssi-yang-kuó*, de Janeiro. — «Os crioulos de Macau comem a rã (que é de maiores dimensões que a de Portugal) guisando-a como se fosse gallinha, com que se assemelha no gosto da sua carne, segundo dizem os *gourmets* da localidade». Nota do editor.

1900.—«**Manduco**. É o nome macaista da rã (e não sapo, como diz o sr. Crespo) cuja carne, depois de guizada, se parece muito com a de gallinha». — *Ta-ssi-yang-kuó*, I, p. 459.

***MANECA.** Diz-nos Duarte Barbosa que é «rubi», mas o seu étimo, sing. *meṇika*, do sânsc. *maṇika*, quere dizer simplesmente «pedra preciosa».

1516. — «Na ilha de Ceilão que jaz na segunda India, se achão muitos Rubis, a que os Indios chamão **Maneca**».—*Livro*, p. 385.

1894. — «A's **manecas**, rubis desmaiados de Ceylão». — Lopes de Mondonça, *Os Orphãos de Calecut*, p. 88.

***MANECAR, manana.** Medidor profissional de cereais, nas aldeias de Ceilão. Do sing. *meṇekārayā*, *maninā*.

1635. — «Filho de uma *pateni*, que é como beata que serve aos seus pagodes, e de um **manecar**, que quer dizer medidor, natural de Mandegama do mesmo Reigão Corla». — António Bocarro, *Déc.* XIII, p. 497.

1687. — «O mesmo farão de todos os costumes, sem deixarem em cada aldea mais comedias, que pera hum só *mayoral*... e se for aldea grande se deixará tambem para o **Manâna** e *canacapules*».—P. Fernão de Queiroz, *Conquista de Ceylão*, p. 881.

1914. — «The **Mannana** of a Nindagama measured the grain which fell to the Lord's share». — P. E. Pieris, *Ceylon*, II, p. 467.

***MANEL** (p. us.). Trabalhador, jornaleiro; o mesmo que *begarim*. Do conc. *māṇāy*.

1856. — «Em linguagem vulgar os Cultivadores dos Campos, e outros que não tem officio certo se chamam **Manai**». — F. N. Xavier, *Instrucção*, p. 39.

1869. — «É principalmente formada [a população] pelos marathas—*gãocares*, **maneis**, ou trabalhadores, e pelos *goulys*, ou pastores nomadas». — *Relação Final da Provincia de Satary*, p. 33.

1886. — «Estabelecidas as esperas, entram na parte densa da floresta os *begarins*, **maneis** ou *roytes*, destinados a montear a caça dando gritos e fazendo grande vozearia». — Lopes Mendes, *A India Portugueza*, II, p. 51.

«**Manês**, m. (gir.). Homem. (Or. indᵉ)». Cândido de Figueiredo. De facto, o sânscrito tem *mānuṣa* e *manuṣya*, «homem, ser humano», que passaram, com leves variantes, às línguas vulgares. Se o vocábulo veio de Goa, depois das nossas conquistas, o seu étimo deve ser o conc. *manīs* ou *manūs*; se proveio do caló, deve ligar-se ao mar. *māṇūs* ou ao hindust. *mānux*. O malaio tambêm possui *manūsia*, mas não é popular.

**MANGA.** Fruto de **MANGUEIRA** — *Mangifera indica*, Linn. Indo-franc. *mangue*, *manguier*, indo-ingl. *mango*, *mango-treee*. Do malaiala *maṅga* < tam. *mānkāy*, que é própriamente o nome do fruto verde, sendo *mampaḷam* o do maduro. O malaio *manga* é de origem indiana, introduzido pelos portugueses, sendo o fruto usualmente conhecido por *mĕmpĕlam*. **MANGADA** é doce de manga em indo-português; o **MANGOADA**, xarope de manga; **MANGUEIRAL**, mata de mangueiras. As mangas distinguem-se em *chupadeiras*, se provêm de árvore brava, e em *cortadeiras* ou do nome peculiar, se são de mangueira de enxêrto, como *afonsa*, *fernandina*, *colaça*. As melhores são, na opinião geral, as de Goa. Orta trata das mangas no Col. XXXIV, onde expõe «de quantas maneiras se costumam a comer: em conserva de açucare; em conserva de vinagre; em azeite e sal; recheadas dentro com gengivre verde e alhos; salgadas, cozidas». E também em caril, verdes e sêcas. V. *afonsa*.

1525. — «Ha muytos pomares e ortas com muytas arvores de fruyto, e as mais são **mangueyras,** e arequeyras, e jaqueyras». — *Chronica de Bisnaga*, p. 96.

1554. — «Betel, arequa, jaquas, gengivre verde, laranjas, limões, figuos, cairo, **manguas,** cidrões». — Simão Botelho, *Tombo da India*, p. 48.

1598.— «Assi se vay continuando com o outro muro e baluarte da banda do **Manguelral,** para se ficar fechando hua obra com a outra». — *Archivo Port.-Oriental*, I, p. 121.

1612. — «Bosques serrados de arecais, betrais, jaqueirais, **mangueirais**». — Diogo do Couto, *Déc.* V, VI, 4.

1613. — «Entre os **Mangueiraes** cavando ao fundo quasi 2 braças, descobrirão huma ✝ floreada de cobre». — Manuel G. de Erédia, *Declaraçam de Malaca*, fl. 15.

1616. — «As **Mangas** produzem-se em arvores que são da altura das nogueiras de cá». — Pyrard de Laval, *Viagem*, II, p. 368.

1635. — «Pagava aos cortadores de cada **mangueira** que cortavam uma pataca». — António Bocarro, *Déc.* XIII, p. 249.

1701.—«As **mangas,** fructos das **mangueiras,** são absolutamente o melhor pomo da terra, e com muita especialidade na Ilha de Goa, Salcete, e Bardez, pelo beneficio da enxertia, porque as **mangas** da enxertia excedem muito às outras». — P. Francisco de Sousa, *Oriente Conquistado*, II, I, 2.

1716. — «**Manga**. Fructo da India, que quasi se parece com os nossos pecegos durazios, ou maracotões. Tem o caroço muito pegado à carne, mas esta he molle, e tem a casca muito liza. Quando são maduras, humas são vermelhas e outras brancas, e algumas sahem verdes. Durão desde Março até Setembro. Antes de madurecerem fazem dellas excellentes doces. Conservam-se em vinagre, e delles fazem os Indios huma expecie de salada». — Bluteau.

1866. — «Colheu da **mangueira** uma **manga** para offerecer ao seu amigo... A melhor fructa da India, e uma das primeiras do mundo». — Francisco Luís Gomes, *Os Brahamenes*, p. 235.

1842. — «As **mangas** de Gôa são reputadas as melhores do mundo, devido ao cuidado com que os Jesuitas as enxertaram, pois que a melhor **mangueira** sem isso dará **manga** ruim e ordinaria». — *Annaes Maritimos* p. 270.

1869. — «... jaqueiras, cajueiros, **mangueiras** chamadas *chupadeiras*, e um pequeno numero de coqueiros e de bananeiras». — *Relatorio Final da Provincia de Satary*, p. 63.

1872. — «Não conheço fructa que seja superior á **manga** nos attractivos da sua côr, aroma e sabor». — Bernardo da Costa, *Manual do Agricultor*, II, p. 112.

1878. — «**Mangueiral** — Arvores que produzem a **manga** (*mangifera indica*), saboroso fructo sem rival na Europa, mas que tem o que quer que de pecego e de damasco, como muito bem observa um viajante illustre». — Cristóvão Aires, *Indianas e Portuguezas*, p. V.

1911. — «A cultura de **mangueiras,** mesmo sem regra, chega a dar o rendimento liquido de 375 rupias por hectare». — José E. Castel Branco, in *Bol. S. G. L.*, XXIX, p. 200.

1917. — «... donde são originarias as variedades mais famosas, como a *afonsa*, a *fernandina*, a *xavier*, a *malcorada* e tantas outras». — *O Ultramar*, de 22 de Janeiro.

1917. — «Mas pela descrição que faz se vê que o *mango* [de Cuba] é a nossa *chupadeira*: arvores altas, **mangas** de muita fibra e com bico... Deixem-me lembrar que ha duas [bebidas refrigerantes] que podem ser succedaneas de limonada... a **mangoada** e a *tamarinada*...». — *O Ultramar*, de 13 de Abril.

1918. — «Das **mangas** da Índia, as melhores são das qualidades conhecidas pelos nomes de *manga mal curada*, *fernandina* e *afonsina*. No território de Goa, os frutos de **mangueira** são mais saborosos que em Praganã-Nagar-Aveli». — Fortunato de Almeida, *Portugal e Colonias Portuguesas*, p. 262.

1510. — «È quiui vn frutto che se chiama *Amba*; il piede suo se chiama **manga:** questo arboro è come vn pero». — Barthema, *apud* Ramúsio, I, fl. 162.

1578. — Es esto arbol grande, y de mucha rama: y su fructo (al qual llaman **Mangas**) es comunmente poco mayor que vn huevo de anser». — Cristóvão da Costa, *Tractado*, p. 317.

1585. — «Le **manghe,** che nella grossezza contendono, e nella figura e colore gareggiano con le pesche Cotogne, e nell' odore e nel sapore, quando sono ben maturi e di buona razza, le traspassano di gran lunga». — F. Sassetti, *apud* Gubernatis, *Storia*, p. 199.

1589. — «Autres sont sanpoudrez de sel et de gengimbre, et remplis d'ail. Et tels **Mangas** appellez *Recheadas* sont en grand usage». — Linschoten, *Histoire*, p. 95.

1631. — «Fructus etiam illi, quos **Mangas** vocamus, qui conditi, propter astringentiam, et aciditatem, summum utiles sunt. Immaturi quoque coquuntur cum ovis, ut apud nos uvas crispas».—Bontius, *Historia Naturalis*, p. 20.

1658. — «In Goa perfettissima è la **Manga,** perciò i Portuguesi iui l'esaltan sopra ogn' altro frutto del Mondo, pagandone tal volta un solo più d'vn Testone... In Goa si trouano famiglie che nobilmente si sustentano, solo per l'utilità, che annualmente da poche di queste piante raccolgono». — Fr. Vincenzo Maria, *Viaggio*, pp. 375-376.

1663. — «Il y a encore un certain fruit qu'on appelle *amba* ou **mangue**... celui de Bengale, de Golkonda et de Goa est merveilleux; c'est une certaine douceur si particulière, que je ne sais s'il y a confiture au monde plus agréable». — Bernier, *Voyages*, II, p. 18.

1670. — «La **Manga** est d'une autre excellence, et ressemble à nos Pavies, on en voit de rouges, de blanches, et de verts quand elles sont mures». — Dellon, *Relation d'un Voyage*, I, p. 126.

1673. — «... the **Mango** (which they have improved to the utmost Perfection)... they are the best and largest in India» (em Goa). — Fryer, *East India*, II, p. 84.

1676. — «Hors de la Ville le long du grand chemin il y a quantité de gros arbres qu'on appelle **Mangues**» — Tavernier, *Voyages*, III, p. 48.

1727. — «The Goa **mango** is reckoned the largest and most delicious to taste of any in the world, and I may add, the wholesomest and best tasted of any fruit in the World». — A. Hamilton, in *Glossary*.

1830. — «Les **mangos** et les mangoustans n'ont rien de commun que la première syllabe de leur nom. Le **mango** s'accommode à peu près de tous les pays, entre les tropiques, tandis que le mangoustan n'a pu guère être cultivé hors de Moluques, d'Ava et de la Cochinchine». — Jacquemont, *Correspondence*, I, p. 268.

1836. — «Le fruit appellé **mangue**... paraît originaire de l'Inde, où il est cultivé surtout dans le midi de la presqu'île. Il en a cinq variétés principales; et on en connaît deux variétés sauvages, outre celle qu'on nomme *mangue* fétide». — Rienzi, *Océanie*, I, p. 107.

**MANGA BRAVA.** Em três sentidos figura a palavra nos nossos escritores: manga que não é cultivada ou enxertada (vid. Orta); *amballó* ou *ambaró*, q. v.; e (provávelmente) *cazeró* ou noz vómica (vid. Queiroz e Costa). Os ingleses por *wild mango* entendem *ambaró*.

1563.—«E o mesmo fazem [deitam leite] huma especie de **mangas bravas**». — Garcia da Orta, Col. LIV.

1687. — «Mandou botar peçonha nos poços, de que bebião, e forão hũas frutas a que chamão **Manga braua**». — P. Fernão de Queiroz, *Conquista de Ceylão*, p. 158.

1578.— «Otra especie siluestre ay deste fructo llamado **Mangas brauas,** el qual es tan venenoso, que se sirven en aquellas partes los Negros del, para matarse, porque en comiendo vn poco del, luego mueren. Es este fructo del tamaño de vn membrillo». — Cristóvão da Costa, *Tractado*, p. 319.

**MANGAS-DE-VELUDO.** Nome duma ave marítima, que tem as asas pretas e o resto do corpo branco. É o mesmo que *alcatraz*=*Diomedia exulans*.

1615. — «Igualmente se vê [no Cabo de Boa Esperança] grande multidão de passaros brancos com pintas pretas, a que os portuguezes chamam **Mangas de velludo**». — Pyrard de Laval, *Viagem*, I, p. 17. — Observa o tradutor, Cunha Rivara, que «a este passaro chamam os navegantes portuguezes *Feijão frade*», e que «o passaro chamado **Manga de velludo** é todo branco, com asas pretas».

1630. — «Nas bahias em que entramos era muito para ver o modo de pescar de **mangas de velludo,** que são passaros muito alvos e fermosos, com as pontas de azas pretas, os quaes se levantavam em bandos, e do alto se deixavam cahir no mar, penetrando as ondas como setas, e assim tomavam o peixe». — *Hist. Tragico-maritima*, IX, p. 118.

1867. — «São de varias especies, todas ellas palmipedes, e conhecidas pelos nomes de *feijões frades*, **mangas de velludo,** *albatrozes*, *mongadeães*, *brigadeiros*, *almas do mestre*, etc.». — *Archivo Pittoresco*, X, p. 262.

1589. — «Ce mesme jour apparut l'eau verde, et vismes les oiseaux appellez **Mangues de Velludo,** signe que le Cap est pres». — Linschoten, *Histoire*, p. 106.

1673. — «We met with those feathered Harbingers of the Cape, as *Pinta* Birds, **Mangofaleudos,** Albatrosses».—Fryer, *East India*, I, p. 51. — Nota: «The cape pigeon or *Pintado* (Port. *pintado*), «painted», Petrel *Daption capensis*. — Port. **Mangas de velludo,** «velvet-sleeves». Mandelslo (E. T. 248) speaks of «**Mangas de valeudo,** a kind of sea-mews, being white all over the bodies and having black wings».

**MANGELIM** (indo-franc. e indo-ingl. *mangelin*). Pequeno pêso de joalheiro, equivalente mais ou menos a um quilate, usado na Índia meridional e em Ceilão, particularmente com relação a diamantes. Do telúgu *mañjāḷi*, *mañjāḍi* em tamul. *Mangelim* é também em português o nome da semente de mimósea *Adenanthera pavonina*, Linn., por ser empregada para o referido pêso.

1516. — «Oito Diamantes que pezão hum **Manglar**, que são dous terços do quilate valem. . .». — Duarte Barbosa, *Livro* (2.ª ed.), p. 579.

1535. — «Com a condição que os diamães que passarem de vinte **mangales** (*sic*) pera riba serem mandados a elrey para o seu thesouro». — *Chronica de Bisnaga*, p. 75.

1552. — «Dera hum diamão por lavrar, ho qual pesava duzentos **mangelins**, que entre eles serue como antre nós os quilates, senão que hũ **mangelim** he mais a metade que hũ quilate». — Castanheda, *Historia*, II, cap. 16.

1554. — «Hũa *calanja* tem [em Ceilão] 20 **mangelins**, cada **mangelim** 8 grãos d'arroz». — António Nunes, *Livro dos Pesos*, p. 35.

1563. — «Na India por **mangelis**, que sam 5 grãos».—Garcia da Orta, Col. XLIII.

1566. — «Tem el Rey (de Narsinga) diamantes que pesão duzentos, e trezentos **mangelins**, dos quaes **mangelins** faz hum, dous quilates dos nossos». — Damião de Góis, *Chronica de D. Manuel*, II, cap. 6.

1611. — «Quem não sabe a grandeza das minas dos finissimos diamantes do Reyno de Bisnaga, donde cada dia, e cada hora se tiram peças do tamanho de hum ovo, e muitas de sessenta, e oitenta **mangelins**?».—Diogo do Couto, *Dialogo do Soldado Pratico*, p. 154.

1716. — «**Mangelim**. . . He quilate, e quarto de Portugal, ou cinco grãos de peso, fallando em diamantes, que em Goa se pesão por **Mangelins**, como em Portugal per quilates, com esta differença, que na costa de Choramandel hum **mangelim** são seis grãos, e nas minas sete, e meyo». — Bluteau.

1862. — «O **mangelim** equivale a 5 1/7 grãos, e serve para pesar diamantes». — Francisco M. Bordalo, *Ensaios sobre a Estatistica*, V, p. 85.

1582. — «Vi è vn altra sorte di peso, il quale si chiama **Manglelino**, il quale al conto di Venetia sono cinque grani, col quale si pesano i diamanti». — G. Balbi, *Viaggio*, fl. 69.

1666. — «La *tole* est de quarente **mangelis**, qui sont cinquante-six de nos carats, ou trente-deux *valcs*, ou bien quatre-vingt séze *Gougy*». — Thevenot, *Voyages*, III, p. 58.

1676. — «À la mine de Reolconda on pèse par **Mangelins** et le **Mangelin** est 1 3/4 de carat, c'est-à-dire sept grains... Mais le **Mangelin** en ces lieux-là n'est qu'un carat et 3/8 de carat. Les Portugais se servent du même nom de poids en Goa, mais qui n'est que cinq grains». — Tavernier, *Voyages*, IV, p. 29.

1786. — «**Manciàdi** è un pezzo di mezzo panam di Coccino. — Fra Paolino, *Viaggio*, p. 59.

* **MANGERICÃO DO PAGODE.** É, conforme Fra Paolino, o nome que os portugueses davam, com muita propriedade, ao *tulosse*, q. v., no Malabar.

1786. — «Il *Tularsi*, l'Amaracus o la Maggiorana secondo gl'Inglesi di Calcutta, **Magericão do Pagode** secondo li Portoghesi, è dedicato ai Penati .. In tutti i manuscritti dei Missionarij che tengo davanti i miei occhij, dicesi che il Tularsi tanto venerato dagli Indiani, è l'*ocimum exiguum* dei Latini una specie di Basilico». — *Viaggio*, p. 339.

**MANGOSTÃO** (f. ant., m.). Fruto de *Garcinia mangostana*, Linn. Do mal. *mangistan*, *mangista*, *mangis*. É uma das frutas da Malásia mais estimada, senão a mais estimada, dos europeus, devido ao seu sabor agridoce. Erédia e Loureiro descrevem-na minuciosamente.

1613. — «O que tenho sabido das **mangostães**, he que he huma das saborosas frutas que ha na terra». — Garcia da Orta, Col. XXXVIII.

«E vedes aqui o **mangostam**; tambem he verde escuro; e do tamanho como huma laranja». — *Id.*, LVIII.

1613. — «Outras muy excelentes como **mangostans**, tampoes, rambés». — Manuel G. de Erédia, *Declaraçam de Malaca*, fl. 10.

«E a **Mangostam**, arvore de menos altura tem a fruta como laranja redonda, e tem a casca grossa e amarella no verde, e depois de madura se torna roxa e no interior e concavo estão seus bagos doces agoados como dentes de alhos com caroço, e por esta fructa ter calor temperado com humidade serve aos doentes». — *Id.*, fl. 16.

1825. — «Produz **magostães** especiaes. Não ha na Europa fructo, com que se comparem». — José Inácio de Andrade, *Cartas*, I, p. 110.

1888. — «Chamam-lhe os inglezes *mangusteen*, e os portuguezes **mangustães**. Para exprimirem a sua delicadeza dizem «quem não provou nunca o **mangustão** não sabe o que ha de bom no mundo»! São como uma pequena maçã, ou uma grossa ameixa, de côr arroxada, e com uma casca muito espessa, que contém uma especie de geléa esbranquiçada, adocicada e agradavel, mas não é comparavel a nenhuma das nossas aromaticas e saborosas fructas». — Adolfo Loureiro, *No Oriente*, I, p. 289.

1895. — «Á sobremeza serviu-nos os mais saborosos fructos da ilha, e entre elles o **mangustão,** que é fóra de duvida o melhor de todos». — Conde de Arnoso, *Jornadas pelo Mundo*, p. 78.

1620. — «Le païs est assez fertile de ris, bestail, poules, canards, et quantité de bons fruicts, comme Durions, Ananas, **Mangostans,** Rambotans, bananes, patates, Mangues». — Général Beaulieu, *Mémoires*, p. 44.

1631. — Fructus porro **Mangustans** dicti, tam excellentis sunt saporis, ut mea quidem sententia omnes caeteros in his regionibus fructus anteeat». — Bontius, *Historia Naturalis*, p. 12.

1644. — «Vi [em Siame] sono di più certi frutti proprij di Malacca, chiamati **Mangustans,** che sono grossi come vn granato, hanno la corteccia di colore paunazzo, e tolta quella, si ritrouano molti granelli al modo delli granati, ma sono più grossi, e bianchi, e assai utili alla salute». — António F. Cardim, *Relatione*, p. 142.

1676. — «Tout le pays de Siam est très-fertile en riz et en fruits; dont les principaux sont appellez Mangues, Durions et **Mangoustans**». — Tavernier, *Voyages*, IV, p. 197.

1690. — «**Mangostana**... Ejus fructus ex testimoniis omnium Indorum, apud quos reperitur, optimus ac saluberrimus habetur omnium reliquorum fructuum». — Rumphius, *Herbarium Amboinense*, I, cap. 38.

1836. — «Le fruit le plus exquis de l'Orient, et peut-être du monde, est le **mangoustan**. Il est légèrement acide, d'un saveur extrêmement délicat et très sain; il a l'aspect d'une grenade mûre». — Rienzi, *Océanie*, I, p. 106.

1845. — «Le poète indien décrit les profondeurs d'un bosquet où le noir tamâla mêle ses branches au pâle feuillage du *nimba*, où le **mangoustan** protège de ses branches antiques les frémissantes feuilles du pîppala; la vigne sauvage y grimpe autour de *djambu*». — Xavier Raymond, *Inde*, p. 228.

1860. — «... the peerless **Mangosteen** of Malacca, the delicacy of which we can imagine to resemble that of perfumed snow». — Tennent, *Ceylon*, I, p. 120.

1908. — «As an article of food, the fruit is highly esteemed both by Europeans and Natives, and is considered by many persons the most delicious of Eastern fruits». — Watt, *The Commercial Products*, p. 554.

**MANGUÇO, mongus.** É icneumon indiano — *Herpestes Mungos*, Blandford. Do conc.-mar. *mungūs* ou *mungas*, sânsc. *angusa*. Yule dá por étimo o telugu *mangīsu*. É notória a antipatia que o animal tem às cobras, com que briga e que de ordinário mata, sem morrer da sua peçonha. Domestica-se com muita facilidade. O termo penetrou em quimbundo com o significado de «furão», talvez imprópriamente dado. V. *quirpal*.

1685. — «Ha huns bichos a que chamão **mongús,** em cousa alguma se differenção dos furões». — João Ribeiro, *Fatalidade Historica*, I, cap. 20.

1716. — «**Mangus.** Animal da Ilha de Ceilão, do tamanho de hum furão. Com todo o genero de cobras, e serpentes tem grande antipathia, que em sabendo aonde estão, não descança, até as não matar. Nem com isto perdoa a galinhas nem perus. Mordido das serpentes, na dita Ilha venenosissimas, se cura com huma herva, que para elle he contraveneno certo». — Bluteau.

1886. — «O seu nome telugu é *mangisu*, donde vem **mongús** (como escreve João Ribeiro) o *mangoose* dos inglezes, o *mangouste* dos francezes e outras fórmas». — Conde de Ficalho, Col. XLII.

1674. — «A **Mangoose** is akin to a Furet». — Fryer, *East India*, I, p. 291.

1786. — «Il *Kirri*, detto **Mangus,** è securamente il Ichneumon de li Egizj e Greci, animale frequentissimo nel Malabar, ed inimicissimo dei Serpenti». — Fra Paolino, *Viaggio*, p. 154.

1829. — «Il **Mongùse** animale simile ad una donnola». —Papi, *apud* Gubernatis, *Storia*, p. 279.

1860. — «Of the **Mongoos** or Ichneumon five species have been described». — Tennent, *Ceylon*, I, p. 145.

**MANGUERIM.** Embarcação indiana de carga, usada na costa ocidental. Do mar. *mahāgiri*, lit. «grande monte».

1782. — «Vindo hum **mangueri** de Rajapur, foi represada pelas galeotas do Bounsuló... sendo o valor do dito **mangueri** 1:000 xerafins». — *Apud* Júlio Biker, *Collecção de Tratados*, VIII, p. 167.

1842. — «São patamarins, galeotas, palas, batelões, almadias, **manguerins,** barcas, saudós e sibares». — *Annaes Maritimos*, p. 368.

1861. — «... patamarins, batelões Mochuas, **Manguerins** e tonas de cangalha». — F. N. Xavier, *Resumo Historico*, p. 368.

1862. — «Sabendo que os Patamarins, Sibares, **Manguerins,** Pallas, Almadias, Paráos, Terradas, e mais embarcações da costa do Malabar, de Coromandel e das ilhas asiaticas...». — Joaquim C. Soares, *Marinha*, in *Os Fastos*, de Castilho, p. 403.

*** MANICA** (ant.). Pedra preciosa, em Malaca. Do mal. *manikam* < sânsc. *maṇika*. V. *maneca*.

1554. — «O peso por onde se pesa o ouro, allmiscre, aljofar, coral, calambuco, **manicas**, se pesa por catte». — António Nunes, *Livro dos Pesos*, p. 39.

*** MANIAGAR**. Chefe de aldeia, uma espécie de regedor, na zona dravídica. Corresponde ao *patel* (q. v.) do Decão. Do tam. *manyḱkāran*.

1603. — «Nesta coniunção me veyo fallar o **Mandiagar** das terras do *Naique*, que estão perto do cabo [de Camorim]: dizendo que soubera da contradição que os de Simentirão pozerão, para se fazer a igreja, e que elle mesmo se vinha offerecer, para me leuar pellas terras da sua juridição». — P. Fernão Guerreiro, *Relaçam Annal*, fl. 78 *v*.

1678. — «Na dita feitoria poderemos ter igreja para os christãos fazerem nella sua obrigação, e havendo alguns rebeldes, os poderão os nossos Padres castigar, e sendo para isso necessario o favor dos *Tanadares* e **Maniagares**, o dito Rey [do Canará] lhe ordenará lhe dêem o dito favor». — *Apud* Júlio Biker, *Collecção de Tratados*, IV, p. 208.

1707. — «Ego Petrus **Manicaren**, id est, Villarum Inspector ..». — In *Glossary*.

1711. — «Le Pradani envoya ordre sur le champ au **Maniagaren** (gouverneur particulier) de la Peuplade, d'arrester le Missionaire». — *Lettres Édifiantes*, IX, p. 213.

1825. — «C'est surtout de cette classe que sont tirés la plupart des soudras chefs de village, connus sous le nom de **Mania-caras**, *gahondas*, *peddakus*, etc., et qui sont les principaux fermiers du gouvernement dans l'étendue de leur jurisdiction, où ils exercent aussi les fonctions des collecteurs de revenue public, d'arbitres de différens, et de juges de paix». — P. Dubois, *Mœurs*, I, p. 108.

**MANTAZ** (ant.). Um tecido de Cambaia, provávelmente de algodão, muito comum outrora. Havia montazes grandes e pequenos. Não me foi possível saber de que língua proveio o vocábulo. É difícil a investigação etimológica dos nomes antigos de tecidos e embarcações. Parece que é mesmo que *musters*, que figura numa lista da Índia Inglesa, publicada no *Glossário Anglo-indiano*.

1512. — «Lancees em despessa ao feitor cinquenta panos de cambaya nove teadas e quatro caçutos e quatro tafeciras dalgodão duas çarqueiras quatro **mãtazes**». — In *Cartas* de A. de Albuquerque, V, p. 267.

1563. — «Daua muita quantidade de ouro a troco de hũs pannos da Cambaya da sorte que elle ali trouxera: que erão vespicias, **mantazes**, e bertangijs azues, e vermelhos». — João de Barros, *Déc.* III, III, 3.

1569. — «Afóra este [trato] ha outro de roupa preta, Bentangil, **matares** (*sic*), tafeciras que tambem com as contas de mistura fazem grosso resgate». — P. Monclaio, in *Bol. S. G. L.*, IV, p. 548.

1615. — «E as ditas roupas serão da laia seguinte, a saber: dotins bons, **mantazes** grandes e pequenos». — *Carta Regia*, in *Doc. da India*, III, p. 355.

1617. — «Doctins bons, **mantazes** grandes, bames... **mantazes** pequenos, poucos desta sorte». — *Carta Regia*, *ibid.*, IV, p. 11.

*** MANTRA** (s. m. ou f.; sânsc.). Texto védico; fórmula mágica, extraída ordináriamente do *Atharva-veda*. A palavra é mais corrente entre o povo no segundo sentido. Há mantras para diversos fins, bons e maus. O homem versado no formulário mágico é conhecido por **MANTRI**.

1612. — «Trata da causa primaria, segundo os livros que tem, chamados Terum, **Mandra-mole** (= *mantra-mūla*)». — Diogo do Couto, *Déc.* V, VI, 3.

1878. — «O **mantra** não é meio de communicação entre os homens e os deuses, é o instrumento de ataque, é a expressão da confiança no poder mágico e salutar que elle encerra». — Vasconcelos Abreu, *Investigações*, p. 27.

1880. — «Os **mantras**, isto é, *ritches*, ou versos dos hymnos, os hymnos adequados a tal ou tal pretenção». — *Id.*, in *Bol. S. G. L.*, II, p. 210.

1890. — «Servem de meio outros brahmanes, a quem palavras mysteriosas, **mantras**, fazem cahir em convulsões; e então apregoam a resposta do deus». — António de Almeida Azevedo, *As Communidades de Goa*, p. 33.

«Todas as outras castas são excluidas dos sacrificios brahmanicos, e os seus ritos considerados imperfeitos, porque lhes faltam as **mantras** ou palavras sagradas que os *bhotos* não podem pronunciar senão diante dos iniciados». — *Id.*, p. 64.

1898. — «**Mantras** são preces ou orações religiosas contidas nos Vedas». — Oliveira Mascarenhas, *Atravez dos Mares*, p. 135.

1902. — «A maioria dos *Tantras* são simples manuaes de magia e feitiçaria, e collecção de **mantras** (rezas) para produzir e conjurar males».—Cristóvão Pinto, in *Ta-ssi-yang-kuó*, II, IV, 5.

1903. — «Não lhes bastava a privação da liberdade, a ponto de lhe ser interdito ainda recitar os **mantras** ou textos sagrados». — *O Instituto*, L, p. 636.

1913. — «Proferem as formulas mysticas sacramentaes, ou **mantras**, ou psalmos, ou hymnos, etc.».—*Heraldo*, de 7 de Maio.

1916. — «Dizia-se também que em Satará vive um **mantri**, que, espargindo pouco de agua sobre o corpo do individuo mordido pela cobra entrava logo pela boca do mordido e dava as razões porque o mordera e declarava o que queria». — *Heraldo*, de 14 de Julho.

1658. — «Molti raconti sciocchi tengono per articolo di fede. Vno è di certe Donzelle, che senza lesione di propria integrità conçepirono diuersi figli, solo con recitare certe orationi secrete, quali chiamano **Mantrù**». — «Fr. Vincenzo Maria, *Viaggio*, p. 347.

1712. — «Un Prince pria une Déesse dont le Temple estoit a l'écart, de lui enseigner le **Mandiram**, c'est-à-dire, une priere qui a la force de détacher l'ame du corps, et d'y faire revenir quand elle le souhaitte»—*Lettres Édifiantes*, XIII, p. 116.

1740. — «Tout est assoujetti, et les Dieux mêmes sont soumis à la force intrinséque des Sacrifices et les **Mantrans**, ce sont des formules sacrées dont ils se servent pour consacrer, offrir, invoquer, etc». — P. Pons, *ibid.*, XXVI, 234.

1774. — «Quando ricevono li novizzi alla religione, gli mettono um poco di acqua nella mano e gli fanno recitare alcune parole misteriose chiamate **mantra**, cioè *Tibi soli* per vertu delle quali sperano salvarsi». — P. Tomba, *apud* Gubernatis, p. 98.

1786. — «Quelli che insegnano le preci e orazioni segrete chiamate **mandra**, sono Achiàrya». — Fra Paolino, *Viaggio*, p. 230.

1825. — «Ces **mantrams** si fameux dans l'Inde ne sont autre chose que les prières ou formules consacrées, qui ont tant de vertu, qu'ils peuvent, disent les Indiens, enchainer le pouvoir des dieux. Les *mantrans* servent ou à invoquer, ou à évoquer, ou à conjurer, ils sont conservateurs ou destructeurs, utiles ou nuisables, salutaires ou malfaisans». — P. Dubois, *Mœurs*, I, p. 186.

1885. — Le **mantra** ou prière est généralement un texte emprunté aux Védas ou autres livres sacrés, et auxquels on attribue un pouvoir magique». — Mgr. Laouenan, *Du Brahmanisme*, II, p. 310.

1885. — «Marriage ceremonies are performed without the intervention of Bráhmans, and without the recitation of **mantras** or sacred formulae». — Hunter, *The Imperial Gazetteer*, IX, p. 238.

1886. — «The Hindus believe that the leaves over which the **mantras** are recited, are worth gold, or transformed into gold». — José Camilo Lisboa, *Useful Plants*, p. 281.

**MANUCODIATA.** É o mesmo que «pássaro do paraíso» ou «pássaro do sol». (qq. v.). Buffon dá-lhe o nome de *manucode*. O étimo é o malaio-jav. *manuq-devata*, «ave dos deuses», e não o lat. *manus* + *cauda*, que aponta um dicionarista.

1720. — «Ave, ou Passaro do Paraiso, por outro nome, **Manucodiata**, que em lingua da Patria deste passaro vale tanto como Ave de Deos». — Bluteau.

1838. — «O genero das **manucodiatas** abrange varias especies: a da nossa gravura... representa a que chamam *Paradisea apoda*, a nosso ver sem razão, porque este nome deriva da crença popular da falta dos pés; Shaw a denominou *Paradisea maior*». — *O Panorama*, II, p. 100.

1843.—«A historia das bellissimas **manucodiatas**, mais geralmente denominadas = aves do Paraiso = foi por muito tempo, desde que na Europa as conheceram, um contexto de fabulas e absurdos». — *Ibid.* (n.º 70), 129.

1786. — L'angello di Paradiso, la **Manuca**, *avis paradisiaca*, è picciolo, con due sole lunghissime penne nella coda». — Fra Paolino, *Viaggio*, p. 158.

1836. — «Ce roi prétendu ne fut même plus un oiseau de paradis, malgré plusieurs traits de ressemblance, mais l'oiseau appelé **manucode**, appartenant à la famille très-inférieure». — Rienzi, *Océanie*, III, p. 306.

**MANUEL.** Antiga moeda de ouro, do valor de 340 réis, por Afonso de Albuquerque mandada cunhar em Goa, e assim denominada em honra de D. Manuel. Também se chamava «cruzado».

1515. — «E cinco **manoes** d oiro dà moeda de Guoa de trezentos e quarenta réis, e cinco tostões». — Afonso de Albuquerque, *Cartas*, I, p. 392.

1552. — «A de prata se chamasse *esperas*... e a de ouro, **Manueis**, por ho nome ser Manuel». — Castanheda, *Historia*, cap. 47.

1653. — «Mandou lavrar moeda de ouro, prata e cobre: á primeira chamou **Manueis**, á segunda Esperas e meas Esperas, á terceira de cobre *Ledes*». — João de Barros, Déc. II, v, 9.

1568. — «E se fez cruzados d'ouro de sua justa valia de trezentos e vinte reis, em que pôs de huma banda a cruz de Christus, e da outra huma espera, que era a diuisa d'ElRey Dom Manuel, e mandou que este cruzado cambado valesse na terra quatrocentos e oitenta reis, porque nom corressem para fóra. — Gaspar Correia, *Lendas*, II, p. 76.

1890. — «Pois em Portugal, tivemos os *portuguezes* de oiro, lavrados nos seculos passados; em Goa os **manueis** moeda provincial de oiro, lavrada no reinado de D. Manuel». — José Maria de Nazaré, *Numismatica*, p. 7.

1880. — «As regards the value, each gold **manoel** was worth 420 reis Portuguese, while the *pagode* or *pardao d'ouro* was equivalent to 370 reis. — Gerson da Cunha, *Contributions to the numismatics*, I, p. 11.

**MANXORIM** (ant.). Parece que o vocábulo quere dizer, na abonação, «direitos aduaneiros, taxa»; neste sentido proviria do ár. *maḥṣūl*, corrente também em persa. O termo é usado com relação a Ormuz.

1546. — «Sou informado que por respeito das *terradas* dos portuguezes que vão buscar lenha, cevada, e gesso, e outras cousas que são forras de **manxoryns**, por serem dos portuguezes somente. . . ». — *Regimento* de D. João de Castro, in *Archivo*, V, p. 192.

**MANZARI**. Cacho de cocos. É sinónimo de *selim*, mas não é usado actualmente no português de Goa, nem em concani, que tem outros termos, *xelém*, *xevak*, *xim'ṭém*. Do malaiala *mañjarī*. A mesma palavra quere dizer em sânscrito «corimbo ou pedicelo»; e neste sentido o vocábulo não é desconhecido em Goa.

1727. — «**Manzari**. Termo da India Portugueza. He o cacho de cocos; e tambem se chama *Simatem*». — Bluteau, *Supplemento*.

1866. — **Manzari** — é o cacho com côcos». — F. N. Xavier, *Descripção do Coqueiro*, p. 17.

«**Manzari** he a denominação que os indigenas dão aos cachos com areca, assim como *xevoca* aos cachos sem ella». — *Id.*, p. 34.

* **MANZEL** (ár. *manzil*). Paragem durante a jornada, pousada; residência de família dum dignitário.

1718. — «. . . até á porta do jardim, que juntamente servia de pateo ao **Manjales**. . . o levou ao lado direito até entrar no **Manjales**. . . onde se sentarão ambos em iguaes coxins». — João Tavares Guerreiro, *Jornada*, p. 139.

1604. «The Arabs call the halting place of a cafila or company **manzel**». — Pedro de Teixeira, *The Travels*, p. 76.

«We came to a **manzel**, where caravans used to halt». — *Id.*, p. 91.

1685. — We were not able to reach Obdeen-deen (ye usual **Menzill**) but lay at a sorry *Caravan Sarai*». — Hedges, in *Glossary*.

I. **MÃO** (*mane* em Moçambique, *maund* em indo-ingl.). Pêso indiano para sólidos e líquidos, variando de 1 a 75 quilogramas, conforme a localidade e a espécie do objecto. A origem da dição portuguesa é neo-árica: hindust.-bengali *man*, que Shakespear tira do ár. *mann*; marata-conc. *maṇ*, que Molesworth deriva do sânsc. *māna*, radical *mā*, «medir», ou do árabe. V. *Influência*.

1327. — «Erão ao todo treze **menas** de Dahli [Delhi], cada huma dellas do pezo de vinte e quatro arrateis do Egypto». — Ben-Batuta, *Viagens*, I, p. 287.

1513. — «Quatro fardos d arroz huma **mão** de mantega». — Afonso de Albuquerque, *Cartas*, II, p. 108.

1515. — «Mamdo que dees a ferram caldeira meu veador hũa **mão** daçucar pera despesa de minha casa». — Id., *Cartas*, VI, p. 252.

1516. — «. . . outros pesos mais pequenos que chamaom **Mãos** que saom vinte no candil, ho qual como diguo pesa hum *bahar*, que he quatro quintaes». — Duarte Barbosa, *Livro*, p. 282.

1525. — Corenta *Ceres* hũa **mão**, vymte **mãos** huum bahar». — *Lembrança das Cousas da India*, p. 39.

1538. — «E lhe mandou de presente mil vaqas, e mil carneiros e cabras, e quinhentas **mãos** de manteiga, que são seis mil canadas». — Gaspar Correia, *Lendas*, IV, p. 25.

1546. — «De paus de sandalo 17 **mãos** grandes de peso». — *Espolio de Balthazar Jorge*, in *Bol. S. G. L.*, IV, p. 288.

1554. — «A **mão** de azeite tem 12 canadas» (em Goa). — António Nunes, *Lyvro dos Pesos*, p. 31.

«Pesa o dito *mane* 2 arrateis, 1 onça, 2 oitavas, 16 grãos». — *Id.*, p. 27.

1554. — «E desaseys **mãos** de cera laurada pera as endoenças. E duas **mãos** d'azeyte por mês para as alampadas». — Simão Botelho, *Tombo*, p. 22.

1563. — «Vendendo por **mãos** (que sam em Cambaya onde as ha, 26 arrateis). — Garcia da Orta, Col. XLIII.

1577. — «Leua quatro **mãos** de pimenta, dũas lanças, espadas, ou rodellas». — *Primor e Honra*, fl. 80.

1608. — «. . . mas somente mil, e seiscentas **mãos,** pello peso da India, das quaes tem cada huma vinte e cinco arrateis». — Fr. António de Gouveia, *Relaçam da Persia*, fl. 185 *v*.

1616. — «Dando-lhe busca, acharam cinco, ou seis **mãos** de arroz, e algumas ovas de peixe seccas». — Diogo do Couto, Déc. X, III, 13.

1634. — «Cada candil de vinte **mãos,** que são alqueires de Portugal». — António Bocarro, *Livro*, III, p. 75.

1862. — «**Mão,** de 25 arrateis, 9 $^3/_5$ onças». — Francisco M. Bordalo, *Ensaios sôbre a Estatistica*, v, p. 84.

1866. — «O candil de **mão** se devide em 20 **mãos,** e a **mão** em 3 curós. Esta medida é especial para arroz com casca, grão de bico, e trigo». — F. N. Xavier, *Descripção do Coqueiro*, p. 41.

1887. — «O *cumbo*, como convem notar, tem 20 candins e o candil 20 **mãos**». — A. F. Nogueira, *A India Portugueza*, p. 54.

1893. — «Está averiguado que antes do convenio 280:000 **mãos** indianas de sal se prestavam ao contrabando... **Mão** indiana quer dizer 80 libras inglezas». — Cristóvão Pinto, *Estudos*, p. 97.

1917. — «Tem de notar-se aqui a diferença da **mão** de mel que regulam a 40 quartilhos (20 garrafas) da **mão** de vinagre que tem 28 quartilhos». — *O Ultramar*, de 26 de Março.

1589. — «Ils ont encore un autre poids appellé **Mão,** c'est-à-dire, *Main*, qui est de douze livres, et sert à peser le Beurre, le miel, le sucre, et autres matieres». — Linschoten, *Histoire*, p. 72.

1610. — «Al peso que generalmente dezimos en Portuguez en la India **Mão:** llama el Persio *Man*, o *Men*, que es lo mismo que *Mina*, cuyo valor y quantidad se varya conforme a las tierras... en la tierra de Melinde la dizen *Mayna*». — Pedro Teixeira, *Relaciones*, p. 114.

«... fue siete milliones de dragmas de oro, siete sientas **manos** de oro en barra, que son 2800 marcos». — *Id.*, p. 302.

1631. — «**Mannae** autem singulae pendent LV libras». — *De Imperio Magni Mogolis*, p. 149.

1666. — «Le poids le plus fort de ceux dont on se sert en commerçant, est la **main,** qui est de quarente *serres* ou liures, et la liure est à Surat, de quatorze onces». — Thevenot, *Voyages*, III, p. 53.

1676. — «Pour ce qui est des poids, le **Men** ordinaire est de 69 livres, et la livre de 16 onces; mais la **Men** dont on se sert por peser l'indigo n'est que de 53 livres». — Tavernier, *Voyages*, III, p. 31.

1786. — «Questo aratel o libra moltiplicato venti quattre volte, fà un *Manna*, che li mercanti chiamano **Mão**». — Fra Paolino, *Viaggio*.

1845. — «Quatre-vingt-sept mille *bigahs* de terre (environ vingt-deux mille hectares) étaient consacrés à cette culture, et fournissaient à l'exportation environ huit mille **mands,** ou quatre mille caisses d'opium». — Jancigny, *Inde*, p. 123.

II. * **MÃO.** O vocábulo, pôsto que homófono, não tem nada que ver, sematológica e etimologicamente, com o anterior. Quanto ao sentido, é uma medida linear, representada pelo espaço que vai da protuberância interior do cotovêlo à ponta do dedo médio dum adulto de regular desenvolvimento físico; o que equivale a 2 palmos e 2 polegadas. V. *Goa*. Mas geralmente por *mão* se entende em Goa meia vara ou dois palmos. Pelo que toca à origem, é tradução do conc. *hāt* < sânsc. *hasta*, «mão, braço». O sistema métrico ainda não entrou em uso comum na Índia.

XVIII. — «Dizem que deve ter da distancia o comprimento de um bambú, isto é, nove **mãos** em quadro». — *Arte Palmarica*, I, p. 151.

1808. — «Setecentos e trinta aguieiros de teca do comprimento de 18 **mãos** cada». — *Apud* Joaquim C. Soares, *Doc. Comprobativos*, p. 187.

1868. — «**Mão** .. Equivale a dous palmos». — Cunha Rivara, em Pyrard de Laval, *Viagem*, II, 76.

1872. — «O bambú da medição dos palmares (ou *cova*) é de 18 **mãos**». — Bernardo da Costa, *Manual do Agricultor*, II, p. 11.

1872. — «Sendo o orçamento de caminhos vicinaes, se terá em vista de os traçar de largura de 10 a 12 **mãos,** conforme a sua situação e conveniencia». — F. N. Xavier (filho), *Collecção de Leis*, p. 166.

1885. — «Generally speaking, the *bighá* contains 100 *háths*, each *háth* (from the elbow to the finger tips) being reckoned at 20 inches». — Hunter, *The Imperial Gazetteer*, IX, p. 270.

**MAONA.** O árabe *mā'on*, «vaso, vasilha», passou ao turco com o sentido de «galera, galeaça». V. *Dozy*.

1538. — «Fizeram a armada de setenta e seis velas e primeiramente **maonas,** seis bastardas». — *Viaggio*, in *Bol. S. G. L.*, v, p. 530.

1552. — «Quatro albetaças, a que elles chamão **Maonas** com sua apelação». — Castanheda, *Historia*, VIII, cap. 191.

1612. — «Mandou o Baxá desembarcer a artelharia que estava nas coatro **Maonas** (a que nós chamamos Galeaças)». — Diogo do Couto, Déc. V, III, 7.

1657. — «Muyto deshumano Poeta, em que se não acha verso algum donde se não descalavre hũa Não da India de Portugal, ou huma **Maõna** de Florença, se chocarem com elles». — D. Francisco de Melo, *Apologos Dialogaes*, p. 215.

**MAPALI.** Grande aldeia ou povoação, na costa da Pescaria. Do tam. *mahāpaḍḍi*.

1548. — «Praeficite igitur in omni vico aut **mapali** magistros idoneos ac *Canacopulas*, prout statutum est». — S. Francisco Xavier, *Epistolae*, Lib. II, cap. 22.

**MAPULA.** Mouro indígena do Malabar. Do malaiala *māppiḷḷa*, de *mahā*, «grande», e *piḷḷa*, «filho». Pelo mesmo título honorífico são também tratados os cristãos de S. Tomé. Outros etimologistas dão derivações diferentes. Wilson decompõe o vocábulo em *mā*, «mãe» e *piḷḷa*, «filho», no sentido de «filho de sua mãe, por ter nascido da união de colonos estrangeiros, que eram pessoas desconhecidas, com mulheres do Malabar». Seria, por conseguinte, um epíteto injurioso. Nelson interpreta-o por «noivo», que é com efeito um dos seus significados; e Yule observa que deve antes ser «genro». Mas o *noivo* é «genro» para os pais da noiva. Bunger sugere que provêm do verbo árabe *falaha* e significa «cultivador», como o *felá* do Egipto. Mas os *mapulas* maometanos não eram agricultores, mas comerciantes. Brown reputa-o corrupção do ár. *mu'abbar*, «de sôbre a água». V. *Glossary*.

1516. — «Ha tambem neste regiam de Malabar grande soma de Mouros da propria lingoa dos gentios da tera... Asy foy no Malabar multiplicando esta geraçam, ha que os de tera chamaom **Mapulures** [1]». — Duarte Barbosa, *Livro* (2.ª ed.), p. 339.

1603. — «A hum chamauão Itimate **Mapula**, e a outro Itimane **Mapula** [cristãos de S. Tomé], que por fauorecerem tanto as cousas da Igreja Romana merecem saberem se lhe seus nomes para sempre». — Fr. António de Gouveia, *Jornada do Arcebispo*, fl. 43 *v*.

1894. — «Cobria-lhe a cabeça uma carapuça redonda e pequena, como a dos **mapulures** ou mouros indigenas do Malabar». — Lopes Mendes, *Os Orphãos de Calecut*, p. 96.

1903. — «**Moplás** ou **Moplés** é o nome dos indigenas mahometanos do Malabar, e é-o tambem de christãos syriacos de Cochim e Travancor». — Cristóvão Pinto, in *Ta-ssi-yang-kuó*, II, IV, 2.

1915. — «O Samorim de Calecut, como se sabe, era o mais irreconciliavel inimigo dos portugueses, influenciado pelos negociantes arabes denominados **Moplés**, installados desde velha data nos seus dominios, e que viam nos portugueses seus mais temiveis rivais no commercio». — Benedito Gomes, *Afonso de Albuquerque*, p. 33.

1660. — «Vi sopravennero il Vicario, e molti **Mapoli** di Diamper con importantissimi auisi». — Mgr. Sebastiani, *Seconda Spedizione*, p. 44.

1770. — «On les distingue encore aujourd'hui sous le nom de **Mapoulés**, dans le Malabar, et sous celui de *Choulias*, à Coromandel». — Raynal, *Histoire*, I, p. 43.

1782. — «Ce sont les Choulias qui cardent le coton; ils sont Mahométans, et comme les **Maplets** de la Côte de Malabar, ils descendent des Arabes dont ils ont conservé la physionomie, mais non pas la religion». — «Sonnerat, *Voyages*, II, p. 109.

1786. — «... i **Mapule**, altri Arabi mercadanti, che si stabilirono nel secolo VIII sulla costa di Malabar e di Coromandel, prendendo donne naturali Indiane per loro moglie». — Fra Paolino, *Viaggio*, p. 130.

1875. — «Hindustâni was never the ancestral language of the class of Southern Muhammedans generally called by the English «Lubbies», by the natives of eastern coast Sônagas (Yavanas) and by those of the western coast **Mâpillas**». — Caldwell, *Comparative Grammar*, p. 2.

1883. — «Across the bay lies the **Mopla** (Mappilla) quarter of Cannanore, where the descendants of the old Arab sea-kings of Cannanore reside». — Hunter, *The Imperial Gazetteer*, III, p. 275.

1915. — «The term **Mapilla** is a compound Malayalam word, *Maha* (great) and *pilla* (son), signifying «prince» or «royal son», which were honorary titles granted to Thomas Cana and his followers by Cheruman Perumal, the old renowned Emperor of Kerala. It is said that they enjoyed the privilege of being called by no other name than that of «sons of kings». — *The Modern Review*, de Julho.

* **MAQUIÉ** (jap. *makie*). Verniz de ouro ou prata, no Japão.

1684. — «O Ouro de novo descoberto, Prata, *Tambaca*, Cobre, **Machié**, Porcelana, e Ambar do Japão». — P. Fernão de Queiroz, *Vida de Pedro de Basto*, p. II *v*.

1904. — «O seculo VII viu descobrir o chamado verniz vermelho. Ao mesmo pe-

[1] Parece que representa o plural do vocábulo em malaiala *māpiḷḷamār*.

riodo se atribue a descoberta do **makiê**, pintura feita com oiro em pó sobre verniz». — Ladislau Batalha, *O Japão por dentro*, p. 248.

«No genero **makié** faz-se a representação das flores, animaes, passagens, retratos, etc., em que dá mais realce e relevo o colorido fantástico do ouro e de verniz». —*Id.*, p. 249.

**MAR.** Senhor, santo. É título do prelado entre os cristãos do rito siríaco, ou de S. Tomé, como os denominavam os nossos escritores. O termo é de origem siríaca, *mār*, adoptado em persa-árabe e em malaiala.

1516. — «Ho Apostolo, a que eles chamaom **Martoma**, mandou chamar muytos carpinteiros». — Duarte Barbosa, *Livro*, p. 341.

1554. — «Com todos *pulas*, **mares** e Regedores da dita terra». — Simão Botelho, *Tombo da India*, p. 37.

1603. — «Socedeo vir hum Armenio por nome Tomé Cana, ou **Marthoma**, que em sua lingua quer dizer Senhor Thomé». — Fr. António de Gouveia, *Jornada do Arcebispo*, fl. 4.

1616. — «Entrando o **Mar** Abrahão na serra, e achando seu competidor ausente, foi logo recebido de todos por seu Prelado». — Diogo do Couto, *Déc.* XII, II, 7.

1701. — «... chamado **Mar** Johanan (**Mar** significa Senhor)». — P. Francisco de Sousa, *Oriente Conquistado*, II, I, 1.

1724. — «Ce mot **Mar** est Syriaque, et signifie la même chose que *Don* des Espagnols». — La Crose, *Histoire du Christianisme*, p. 45.

1866. — «**Mar** Thomas is Syriac for St. Thomas; this word must have been introduced by the Nestorians or Armenians, as they are called here, though St. Thomas may have carried the word there himself in speaking of others, as of Mar Elias». — Stanley, em Barbosa, p. 161.

1898. — «Es el monasterio griego de San Sabas, el **Mar** Saba, en ruso, obra asombrosa». — Alfredo Opisso, *Tierra Santa*, p. 85.

* **MARALA** (sing. *marāḷa*). Bens do defunto, haveres do falecido, em Ceilão. Os nossos escritores entendem por *marala* o direito que o Estado tinha a uma parte ou à totalidade dêsses bens, ou os direitos de transmissão.

1611. — «As penas e **marallas** poderão montar em cada hum anno cinco ou seis mil pardaos». — *Doc. da India*, II, p. 82.

1614. — «Pela dita carta vos escrevi sobre o costume a que chamam **maralla**, por que os reis gentios costumavam levar toda a herança dos que faleciam sem lhe ficar filho macho». — *Carta Régia, ibid.*, III, p. 223.

1685. — «Da correição que se fazia cada anno, a que chamavão **Marallas**». — João Ribeiro, *Fatalidade Historica*, I, cap. 18.

1687. — «Em vida enterrão seus tesouros, pelos liurarem das **Marallas**, com confiscação na morte». — P. Fernão de Queiroz, *Conquista de Ceylão*, p. 41.

«Se forem [os bens] da Coroa, deue auer licença do Principe e fazer **Marâla**, ou diuisão da ametade para El Rey, se lhe fizer a mercê. — *Id.*, p. 41.

1678. — «Y al pié de tres mil las **Maralas**, y penas de camara que se cobravan todos los años per los Ministros destinados para esso». — João de Sá e Meneses, *Rebelion de Ceylon*, p. 109.

1894. — «Revenue was also obtained from the **marallas**, a very ancient royal tax, claimed by Kings on the death of anyone. It consisted of one-third of the personal property of the deceased». — Danvers, *The Portuguese in India*, II, p. 158.

**MARALEIRO.** Funcionário que tratava das *maralas*.

1685. — «Todos os anos se elegião quatro Portuguezes, a que chamavão **Marelleiros**, que entre nós respondem a Corregedores... A cada hum dos **Marilleiros**, se davão dous interpretes das mesmas leis; assim como meirinho e escrivão, huns e outros naturaes; querendo partir expedião aviso aos daquella provincia aonde era costume fazerem-se as *Marallas* para estarem de acordo». — J. Ribeiro, *loc. cit.*

1687. — «Os Reys antigos não querião que ouuesse **Maraleyros**, e isto em tempo que tudo era fartura, porque não auexassem os pobres, e sô se fazião as *Maralas* em tres lugares assinalados». — Queiroz, *op. cit.*, p. 842.

**MARATA** (s. m.). Nome duma raça militar ou de um povo da Índia meridional, e da sua língua, pertencente ao ramo indo-árico. Os indígenas dão-se o nome de *marāṭhā* e à sua fala o de *marāṭhī*. Em hindustani são denominados *marhaṭṭa*, derivado do sansc. *mahārāṣṭra*, «grande região». Como adjectivo, *marata* refere-se ao povo, ao seu país e à sua língua.

Os nossos indianistas do século XVI não fazem menção dos maratas e da sua língua. O seu país era então conhecido por *Decão*, ou *Daquêm*, dominado por vários reis muçulmanos, e por *decani*, o hindustani que estes falavam. Só pelo meado do século XVII começaram a tornar-se preeminentes como potência, sob a chefia do célebre Sivagi.

A língua marata, muito aparentada com o concani, teve grande influência na portuguesa, sendo falada na maior parte das nossas praças do norte, como Baçaim, Bombaim, Chaul. É também a língua literária dos hindus de Goa. Em certos casos não se pode destrinçar se o vocábulo foi recebido directamente do concani ou do marata, sendo comum a ambos os idiomas. V. *Influência*, p. XXXVIII.

XVII. — «Ha grande diferença entre os Bramenes, e outros gentios no modo de queimar: porque os **Maratás** fazem huma grande cova, e nella fogo de bastante lenha, e a mulher, depois de lançado o cadaver do marido, se lança, havendo dado primeiro alguns rodêos ao fogo, e feito o sacrificio de frutos e principalmente de cocos. Os Bramenes fazem huma casinha de lenha, e mete-se dentro a mulher com o cadaver nos braços, e botão-lhe fogo». — *Breve Relação*, in *Collecção de Noticias*, I, p. 20.

«Os póvos moradores deste Concão são Bramenes, **Maratás**, e Mouros com a mais gente do serviço». — *Ibid.*, p. 58.

1687. — «Quem for missionario no Mogol deue aprender a lingoa do Industan, e a Persiana que se fala na Corte. Nas terras do Norte, a **Marastta**». — P. Fernão de Queiroz, *Conquista de Ceylão*, p. 91.

«Sendo jâ muytos os homẽs doutos, e curiosos, que souberão perfeitamente a lingoa **Marasta**, e a *Guirindão*, em que promulgarão seus escritos, nhũ achou gosto, nem delle lhe naceo curiosidade para uerter em latim, ou em vulgar algũa obra sua». — *Id.*, p. 128.

1750. — «A familia reinante dos **Marattás** se acha dividida em dous ramos: o primeiro he o de Xaú Raja, Principe Supremo dos **Marattas**, que tem a sua Côrte em Satará; e outro he o de Sambagy Raja, primo com-irmão do primeiro, que tem a sua Côrte em Caiapur». — Marquez da Alorna, *Instrucção*, p. 29.

1764. — «Tem bastante conhecimento dos costumes e genios asiaticos, falla a lingua moura e **marata**». — *Apud* Eduardo Balsemão, *Os Portuguezes no Oriente*, III, p. 235.

c. 1788:

«Diz-me esta Republica de Loucos,
Que o cofre do Maratá he ninharia,
Que do Grão Turco os réditos são poucos».

Bocage, *Obras Poeticas*, I, p. 86.

«**Marar** v. t. (gir.). Matar; esfaquear. (Or. ind.)». Cândido de Figueiredo. O verbo é com efeito de origem indiana, o qual se encontra em todos os idiomas neo-áricos na sua parte radical, *mār-*, que é a raiz causativa de *mar-*, atenuada em *mṛ* em sânscrito. É na sua voz transitiva e intransitiva, conforme Max Müller (*Science of Language*), a mais fecunda das raizes proto-áricas.

Mas como é que entrou a palavra na gíria portuguesa? Provávelmente por via dos ciganos, cujo vocabulário contêm numerosos termos do hindustani, que tem *mār-nā* e *mar-nā*.

* **MARCAR**, **mercar** (malaiala *marakkān*). Piloto, timoneiro; (fig.) chefe, comandante. É uma dignidade entre os pescadores e os maometanos comerciantes do Malabar.

1504. — «El rey estaua em hum tabernacollo, a que chamam *çerambi*, no cabo da dita praça, em casa d hum mercador, por nome Içimale **merquar**». — Álvaro Vaz, in *Cartas* de A. de Albuquerque, III, p. 263.

1512. — «Entreguey a Cherina **mercar** e Mamale **mercar** e a todos outros mercadores perante el rey de Cochim». — A. de Albuquerque, *Cartas*, I, p. 58.

1537. — «Destes dizião que era o Pate **marcar** (vid. *pate*) com as cem fustas do Çamorim Rey de Calecut». — Fernão Pinto, *Peregrinação*, cap. 7.

1553. — «Vinha o Mouro Maymane **Marcar** que fora nelle com embaixada ao Sultão». — João de Barros, Déc. II, II, 7.

1615. — «Para este porto nomeara o Rei de Calecut um chamado Cunhale, com o titulo de tenente-general, e teve o sobrenome de Cunhale **Marcáre**, porque **Marcáre** quer dizer lugar-tenente ou vice-rei». — Pyrard de Laval, *Viagem*, I, p. 295.

«Os *Mucuás* ordinariamente lhe dão o titulo de **Marcáre**, isto é, tenente del-rey, mas é por favor, pois semelhante titulo dão a todos os officiaes del-rey.». — *Id.*, p. 308.

1657. — «Sua tenção não era esta, senão estoruar-lhe esta ida de Malaca, por conselho de **Chirinamercar**, e **Mamalemercar**, dous mercadores Mouros». — *Commentarios*, III, cap. 13.

1687. — «. . . sendo o **Marcá** do parecer que tudo se leuasse a ferro». —

P. Fernão de Queiroz, *Conquista de Ceylão*, p. 166.

1697. — «Quiz vingar esta affronta da Mourama Paqui **Marcá**, ou, como dizem, Patè **Marcar**, poderoso Mouro, de Calecut». — P. Francisco de Sousa, *Oriente Conquistado*, I, I, 1.

1620. — «Vn Capitaine More dudit Negapatam nommé Cognali **Marca** ayant Commission de les achepter». — Général Beaulieu, *Memoires*, p. 60.

**MARETA**. Árvore indiana de madeira — *Terminalia arjuna*, Bedd. A madeira é muito apreciada pela sua rijeza e durabilidade, e a rama fornece pasto muito suculento ao gado bovino. A casca é adstringente e usa-se para lavar as feridas. *Mareta branca* é o mesmo que *assane* ou *assono*.

1782. — «Da mesma qualidade e serventia são as plantas chamadas **marêta** e *benteca*». — Fr. Clemente da Ressurreição, *Tratado*, II, p. 320.

1846. — Sandalo, **Mareta** (*Sadrá* em Damão), Benteca». — F. N. Xavier, *O Gabinete Litterario*, I, p. 250.

1862. — «As arvores de fructo e de construção que se acham nos seus campos e florestas são: aldave, cajuris, cajueiro, figueira, jaqueira, aguieiro, jambuleiro, mangueira, palmeira de coco, palmeira brava, quer, tamarindeiro, teca, rajalum, hedu, honvoleiro, bocódio, cumbyo, honty, sadrá, siçó, **maretta** corchongo, quinzlo, nanom, assono, congue, miryo, dambono, zambó, etc.». — Francisco M. Bordalo, *Ensaios sobre a Estatistica*, V, p. 67.

1866. — «As arvores dominantes, são; nanó, *mareta* (em concani marthe), quinzól, jambó ou zambo, e assono ou *mareta branca*». — *Relatorio da Provincia de Satary*, p. 16.

1886. — «A flora dominante, que a povoa, é a **mareta** (*terminalia glabra*) e o quinzol (*pentaptera paniculata*)». — Lopes Mendes, *A India Portugueza*, I, p. 223.

1898. — «Produzem pau rosa, teca, **maretta**, sissó, calicanti e outras madeiras preciosas». — Oliveira Mascarenhas, *Atravez dos Mares*, p. 59.

1904. — «Flora damanense: mangueira, **mareta**, maurá». — António F. Moniz, *Hist. de Damão*, II, p. 177.

1906. — «*Sadrá* é o nome guzerathi da *Terminalia Arjuna*, chamada no português de Goa **mareta**». — Alberto O. de Castro, *A Cinza dos Myrtos*, p. 200.

1911. — «A téca, a **marêta**, o jamboleiro». — José E. Castel Branco, in *Bol. S. G. L.*, XXIX, p. 389.

1917. — «A árvore de **marêta**, cuja madeira é summamente apreciada para tectos, etc., encontra-se nas matas da India muito densa e exuberante». — *A Terra* (periodico de Goa), de 4 de Abril.

* **MARGOSO** (s. m.). É em Macau o mesmo que *balsamina*. Subentende-se *fruto*.

1902. — «Entre as cucurbitaceas, o **Margoso** (*Mormordica balsamina* ou *Momordica chirantia*)». — In *Ta-ssi-yang-kuó*, II, p. 164.

**MARIADA**. É uma pena pecuniária imposta a um *gancar* pelas comunidades ou associações agrícolas, e pelas câmaras agrarias de Goa. Do conc. *maryād* < sânsc. *maryādā*, «limite, praxe». Não estão actualmente em vigor tais penas.

1727. — «**Mariada**. He huma outra pena, que paga o Gancar, ou *Cubacharim*, quando se arremata nelle algum lanço, e o não acceita, mandando-o renovar, para se tornar a arrematar, segundo o estylo da Aldea, he quantia da pena que está taxada». — Bluteau, *Supplemento*.

1852. — «**Mariad, mariada** — especie de multa que se impunha nas communidades e camaras geraes contra os membros que faltassem á reunião e contra os devedores que não pagassem no devido praso; o seu producto revertia a favor dos vogaes, escrivão e sacador, presentes, e regulava-se @ ½ tanga pela primeira vez, 1 tanga pela segunda, e assim para diante augmentando ½ tanga por cada dia successivo». — F. N. Xavier, *Bosquejo Historico*, (2.ª ed.), III, p. 87.

1885. — «Tendo, por esse tempo, as bases de uma incipiente organisação politica, formulou-se um codigo de penas e premios (**mariadas**) e investiu-se o conselho dos gãocares em uma magistratura administrativa e judicial, suprema e decisiva». — Teixeira Guimarães, *As Communidades Indianas*, p. 13.

**MARMELEIRO DA ÍNDIA, marmelo de Bengala**. É o mesmo que *cirifole* ou *bêl* — *Aegle marmelos*, Correia. Em Timor chamam-lhe *marmeleiro selvagem*. Foi Garcia da Orta que inventou o segundo nome, que os ingleses traduziram em *Bengal quince*, e de que se formou depois o primeiro. O fruto, parecido com o marmelo, prepara-se em *achar* e em conserva de açúcar; e a sua polpa aproveita muito contra a diarreia e a disenteria. A arvore presta-se a vários usos industriais. V. Watt.

1563. — «Não ouvistes dizer **marme-**

**los de Bengaula?**... Os Guzarates usam deste fruto, sendo elles novos e tenros, em conserva de vinagre (a que elles chamam achar) e em conserva de açucare, como nós usamos; e sempre aquelle sabor estitico lhe dura por mais maduro que seja... A esta fruta lhe foy chamado o nome de **marmelo de Bengala,** porque em hum navio meu se trouxe esta conserva, e veo de mistura com outras, que me de la vieram». — Col. LVIII.

1918. — «Poderia incluir ainda o **marmeleiro selvagem,** ou *Aegle marmelos* (*ánur-áitái*) de frutos aproveitaveis e sementes susceptiveis de aplicações medicinais». — In *Bol. S. G. L.*, XXXVI, p. 58.

**MARQUESOTA.** Pela descrição que Bluteau nos dá da planta, vê-se que se trata de *Dioscorea alata*, Linn. (*chiném* em concani). Não descortino o motivo da denominação; o seu nome actual na Índia é *inhame*. A trepadeira é indígena e cultivada; além da túbara da raiz, dá pequenas túbaras na rama.

1716. — «**Marquesota**. Fruto como Tubara da terra. He huma raiz, que tem sabor de cardo; lança huns talos muito altos, e direitos, vestidos de folhas largas. Coze-se esta raiz, e come-se com pimenta, azeite e vinagre».

* **MARROIO ROZEDO; PAU FERRO DA INDIA.** É gutífera *Mesua ferrea*, Linn. A flor imita um ôvo estrelado, e é muito apreciada; as fôlhas são grossas e verde-escuras. V. *nagchampo* e *pau-ferro*.

1914. — «A arvore *champó gema de ovo*, ou como se chama neste paiz *champim branco*, nasce e cresce nos matos». — *O Oriente Portuguez*, XI, p. 144.

**MARRUAZ.** Embarcação pequena da Arábia. Presumo que provém do ár. *murauaj*, «usual, comum».

1552. — «Erão oyto naos grossas e dez terradas, e **marruazes,** que sam mais pequenos que naos». — Castanheda, *Historia*, VII, cap. 38.

1563. — «Os quaes nauios, quando elle chegou, tinhão tomado tres velas, a que chamão **marruazes**». — João de Barros, Déc. III, I, 2.

1613. — «Teue por nouas que nos portos dentro do estreyto se fazião prestes mais de cento e cincoenta vasos entre galés fustas galeotas, naos e **marruazes**». — Francisco de Andrada, *Chronica de D. João III*, IV, fl. 63.

1816. — «**Marruás** — Certa embarcação da Asia, mais pequena que náo, segundo Barros. No uso da plebe chama-se **marruás** o rustico teimoso, capitado, amarrado á sua opinião, incivil, que não cede urbanamente ao que se lhe propõe». — Cardeal Saraiva, *Glossario*.

* **MARSUNGO** (ant.; ár. *marsūm*). Paga, gratificação, percentagem, em Ormuz.

1545. — «Os ditos meus capitães lhe tomauão a casa de *urracas*, e levavão **marsungos** das pessoas a que elle dava *guozilados*, e arrendava suas rendas». — *Carta Régia*, in *Archivo*, V, p. 186.

1546. — «Os officiaes da dita cidade portuguezes se antremetião nisso, e levavão dos tais goazis e rendeiros **murçungos** e outras dadivas». — *Regimento* de D. João de Castro, *ibid.*, p. 190.

1614. — «Houve por bem que Farracoxá rey de Ormuz não tirasse ao dito guazil cousa algũa dos **marsungos** que tem nas rendas d'aquelle reino». — *Carta de lei*, in *Doc. da India*, III, p. 141.

* **MARTINHO.** Dá-se êste nome em ásio-português à *Graculà religiosa*, Linn. Mas não se sabe donde se originou, se de alguma língua asiática ou do nome próprio de homem. Em concani chama-se *sānvarī* < sânsc. *sāri* ou *sārī*, em singalês *sārika* (também em sânscrito), em hindustani *maina*, adoptado pelos ingleses. Littré regista *martin* como termo inédito e define-o «genre d'oiseaux qui se rapprochent des merles». O passaro doméstica-se com muita facilidade, e é notável por imitar a fala humana melhor que o papagaio, pôsto que não seja tão grande nem tão belo. Há também *martinhos* em Macau[1]. V. *sairo*.

1685. — «Ha quantidade de papagaios e periquitos [em Ceilão], e outros passaros a que chamam *sayros*, que huns e outros fallão bem, e sobre todos o fazem melhor, e mais claro, huns a que chamão **martinhos**». — João Ribeiro, *Fatalidade Historica*, I, cap. 20.

1842. — «Passaros de canto. — Apenas

---

[1] «Arto, artura
metido na prisán
sen sã batisado,
têm nome de christan.
Sã: **martinho**».

Adivinha do dialecto macaista, in *Ta-ssi-yang-kuó*, I, p. 56.

vi os *dominicos*; mas os **martinhos** e *bulebules* são mui domesticos: e em grande numero» (em Goa). — *Annaes Maritimos*, p. 271.

1846.—«*Salery* (**Martinho**), *Quir* (Papagaio)». — F. N. Xavier, *O Gabinete Litterario*, I, p. 252.

1862. — «... papagaios, dominicos, **martinhos**, papafigos e outros passarinhos de canto e vista». — Francisco M. Bordalo, *Ensaios sobre a Estatistica*, V, p. 66.

1864. — «*Acridotheres tristis*, (Nome vulgar *sanlori* e *saleri*. Chamam-lhe os portuguezes **martinhos**, e *martin* é o nome porque o conhecem os colonos da ilha da Reunião».—*Archivo de Pharmacia*, I, p. 10.

1874. — «Os **martinhos** e *muruonis* conversam nas ramarias». — Tomás Ribeiro, *Jornadas*, II, p. 143.

1900. — «**Martinho**. — É um pequeno passaro preto, muito apreciado, porque falla como os papagaios e domestica-se facilmente». — *Ta-ssi-yang-kuó*, de Fevereiro.

1510. — «Viddi ancor qui vn altra sorte di vccelli quali si chiamano *Saru* & cantano meglio, che non fanno i papagalli, ma sono più piccoli». — Barthema, in Ramúsio, I, fl. 162.

1658. — «Il **Martigno**, Vccello mediocre, ma più grande d'vn Tordo di gamba sottile, gialla mediocremente alta, è communissimo nell'India; nelli Malauari è più multiplicato. Niun Papagallo riesce tanto perfetto, come quest'vccello nell'imparare o proferire le parole. Di lui ben potè dire il Poeta, *Si me non videas, esse negabis Anem*». — Fr. Vincenzo Maria, *Viaggio*, p. 432.

1782. — «Cet oiseau se trouve aux côtes de Malabar et Coromandel, où on l'appelle **Martin-Brame**, parce qu'il habite les tours des Pagodes». — Sonnerat, *Voyages*, II, p. 190.

«Les **Martins** (*Pastor* Temminck Man. d'Ornith.) appartiennent à la grande famille de Sturnidés. Chez le **Martin** rose ou **Martin** roselin (*Pastor roseus* Scop) qui constitue l'unique espèce de ce genre, le corps est, en effet, chez l'adulte, au printemps, d'un rose delicat».—*La Grande Encyclopédie*.

**MASCARENHAS** (ant.). Assim se denominava na Índia uma espécie de sombréiros, mais modestos e menos pesados, que não precisavam do auxílio do *boi* ou portador. A razão do nome vai indicada abaixo.

1614. — «Huma dellas [leis] era, defender os sombreiros altos de tomar a chuua, e Sol, por escusar aos homens os gastos dos que lhos trazião, e elle tambem os não trouxe, e vsou de huns sombreiros de laã com seus cordões, a que se chamarão muito tempo delle os **Masçarenhas**. Depois vendo que o sol era intolerauel, e as chuuas descompassadas, tornou a largar os sombreiros altos, com condição que os trouxessem escrauos proprios, catiuos, por forrarem as despezas dos que os trazem, que são Gentios, a que communmente chamão *boys de sombreiros*. — Diogo do Couto, Déc. VII, I, 12.

1727.—«**Mascarenhas**. Casta de sombreiro. Na India costumavão os Portuguezes trazer huns sombreiros altos, para tomar a chuva, e o Sol; e o Viso Rey D. Pedro Mascarenhas... mas de huns sombreiros de lãa, com seus cordões, que por muito tempo se chamarão delle os **Mascarenhas**». — Bluteau, *Supplemento*.

«**MASSA** (jap. *masa*). Espécie de madeira branca, que tem fibras direitas e é muito estimada no Japão.

1571. — «Tem o forro de seus templos, e camaras de hũ taboado, chamado **Masa**, o qual he tam aluo como papel, laurado por tal arte, que não se lhe enxerga risca nem junta de hũa tavoa com outra». — *Cartas de Japão*.

1701. — «O forro he de hũa madeyra alvissima, chamada **Maça**, e tão ajustado, que se não descobre risca, nem junta entre hũa tavua e outra». — P. Francisco de Sousa, *Oriente Conquistado*, II, IV, 1.

* **MASSALÓ** (ant.). Multa imposta por revelia, no Concão. Do conc. *masālō*, mar. *masālā*, neste sentido. Em árabe e hindustani *masālah* quere dizer «especiarias».

1766. — «Haja outro [livro] com as mesmas formalidades, aonde impreterivelmente se escrevam, por especificos termos todas as condemnações, ou **massalós** que se fizerem». — *Apud* Joaquim C. Soares, *Doc. Comprobativos*, p. 382.

1771. — «Manda Sua Magestade abolir inteiramente... as barbaras condemnações chamadas — **Massalós** — que se impunham, duplicavam, e triplicavam contra todas as pessoas, que sendo chamadas, não compareciam no termo ordenado, ou não executavam o que despoticamente se lhes tinha prescripto». — Marquês de Pombal, in *Collecção de Bandos*, I, p. 11.

1844. — «Como eram as condemnações com o nome de **Massalós**, que se impunham, duplicavam e triplicavam áquelles que sendo chamados não compareciam no tempo ordenado, ou não cumpriam o que se lhes mandava». — *Annaes Maritimos*, p. 272.

* **MASSANCHRACHE**, **messancrache**. Religioso budista de suprema categoria, em Camboja. Do camb. *mā-sāng-crêach* «missionário-chefe». V. *mitir* e *nacsandeche*.

1569. — «Põem divisam nos seus religiosos, que a hũs chamam **Massancraches,** que sam como supremos: os quaes se assentam acima del Rey». — Fr. Gaspar da Cruz, *Tractado da China,* cap. 1.

1630 — «Entre estes ha cinco gráos, com que entre si são distintos em nome, authoridade, e lugar diante d'elRey, e do povo. Os primeiros de maior dignidade, que se chamão **Messancraches,** em toda occásião tem assento assima d'elRey». — Fr. Luís de Sousa, *Hist. de S. Domingos,* III, p. 329.

«E tudo, o que os **Massancraches,** e *Naczanderecches* prégavão, era falsidade, e desatino». — *Id.,* p. 330.

* **MASSUL** (ant.). Receita pública; fôro. Do ár. *mahsūl,* admitido em marata e outras línguas da Índia.

1740. — «Tambem se a dita gente quizer lavrar algumas terras nas aldeias do governo Maratha pagando o *massul,* não serão impedidos». — *Apud* Júlio Biker, *Collecção de Tratados,* VI, p. 213.

1764. — «Nos rendimentos de algumas aldeias inteiras, e nos de parte de outras, cujos foros a que chamão **Massul** — se desmembrou da Fazenda Real, e se aplicou aos ditos mercenarios». — *Collecção de Bandos,* I, p. 248.

1766.— «He a monção de cobrar o **massul** do anno inteiro, que são a cobrança das rendas que paga o Povo em mantimento». — *Apud* António Francisco Moniz, *Hist. de Damão,* II, p. 94.

* **MASSULIPATÃO.** Roupa de algodão, procedente da terra do mesmo nome, na costa de Choramândel, outrora grande centro produtor de tecidos.

1552.—«Estas duas cidades Guadeuary e **Masulipatão,** em que se faz muyta roupa d'algodão que ora vem de lá que tem o mesmo nome». — João de Barros, Déc. I, IX, 1.

c. 1790. — «... clothes of great value... from the countries of Bengal, Bunaras, China, Kashmeer, Boorhanpoor, **Muchliputtum,** &c.». — In *Glossary.*

* **MASSUR** (conc. *masūr*). É lentilha da Índia — *Ervum lens,* Linn., oriunda da Síria, muito cultivada no Decão, donde é importada em Goa.

1810. — «**Massur,** *langa, culita,* trigo, milho, de cujas cargas de dez reputadas a cinco se devem cobrar os *Pagodes* de moeda *Nixani*». — *Tarifa* de Pondá, Novas Conquistas.

1908. — «In India it is eaten as *dal* flavoured with various aromatics and condiments, also as a component part of the dish called *kicheri* (vid. *cachari*) and is considered the most nutritious of the pulses». — Watt, *The Commercial Products,* p. 709.

* **MASTEDIM.** Chefe supremo dos maometanos da Pérsia. Parece que provêm do ár. *mustad'ī,* que significa «suplicante».

1663. — «Assim mesmo puzeram o governo ecclesiastico em um só sacerdote, a que chamam **Mastedim,** que tira e poem como lhe parece os sacerdotes das suas mesquitas, chamados por elles *molás*». — P. Manuel Godinho, *Relação,* p. 92.

I. * **MATE.** Terra, barro, argila, na Índia. O termo é corrente em ásio-português. Do conc.-mar. *mātī* < sânsc. *mṛttikā.* O motivo da sua introdução em português conjecturo que foi o duplo sentido da palavra *terra,* que nos idiomas indianos tem vocábulos diferentes.

1616. — «E ao diante se deu principio aos muros de *mâtti,* da povoação de Malaca ao redor do monte... E daly da ponta para sueste se estende por distancia de 100 braças de cortina de **mâtte**... Em toda aquella distancia do muro de **matti** aedifficarão novos muros de pedra e cal». — Manuel G. de Erédia, *Declaraçam de Malaca,* fl. 5.

«O ouro se acha em grano e em pó nas minas de **matte,** e daquelles mettaes de **matte** com lavaderos de agoa do ryo, despedem o **matte** e recolhem o ouro». — *Id.,* fl. 40.

XVIII. — «Então se abrem alengas (*caldeiras*) de sufficiente altura, em que os taes côcos se semeiam de sorte que fique só o **mate** (*terra*) um ou dois dedos sobre os olhos dos côcos, porque com a regadura que deve ser quotidiana... se irá o **mate** abatendo». — *Arte Palmarica,* I, p. 146.

1782. — «Acabado o tempo de rega das ditas palmeirinhas, para que tomem mais força, se lhes botará entulho no pé de **mate**». — Fr. Clemente da Ressurreição, *Tratado,* II, p. 285.

1843. — «**Mate** (terra) de cova dos Santos». — F. N. Xavier, *O Gabinete Litterario,* I, p. 172.

1884. — «Depois ligam os garfos por meio de solidas ligaduras feitas das cascas de *combió,* etc., e abrigam-n'os do contacto do ar, da luz e da chuva, servindo-se do **mate** (terra) do *cariá,* ou da terra argilosa e fina». — Lopes Mendes, *A India Portugueza,* in *Annaes do Conselho Ultramarino,* VI, p. 89.

1885. — «A local speciality is the manufacture of the earthen vessels, **mati,** which are used by the *pala* fishermen to buoy themselves up on the water while fishing».—Hunter, *The Imperial Gazetteer*, v, p. 288.

II. **MATE** (ant.; em indo-ingl. *matt*). Espécie de quilate, usado na Índia e na Indo-China. Do tam. *marru* (= *mattu*), que Yule presume derivado do sânsc. *mātrā*, «medida». O malaio tem *mutu* neste sentido, o qual deve ser de procedência indiana.

1554.—«Ouro que he de 10 **mates**, que he mais fino e he de lley de 24 quilates, val 10 *biças de gança*, huum tical... e segundo os **mates** tem valia». — António Nunes, *Lyvro dos Pesos*, p. 38.
1693. — «Gold, purified from all other metals... by us is reckoned as of four-and-twenty Carats, but by the black is here divided and reckoned as of ten **mats**». — Havart, in *Glossary*.

**MATICAL** (mais us.); **metical** ou **mitical** (mais correcto). Antiga moeda e pêso de ouro, na África e no Oriente. A actual moeda *mitical* de Marrocos vale 880 réis. Do ár. *misqāl* ou *mithqāl*, que originàriamente pesava um áureo romano ou *dinar* de ouro, cêrca de 75 grãos.

1350. — «Deo trinta e tres **meticaes**; e ao proseguir a minha viagem me beneficiou com outros cem de ouro». — Ben-Batuta, *Viagens*, II, p. 423.
1445. — «Logo que chega o dito sal, se expede todo em outo dias, a preço de duzentos até trezentos **mitigaes** a carga, segundo a quantidade, que ha; e hum **mitical** val hum ducado ou pouco mais ou menos». — Luís de Cadamosto, *Navegação Primeira*, cap. 12.
1487. — «O capitam mor lhe deu trinta **meticaes** douro e duas marlotas».—*Roteiro de Vasco da Gama*, p. 27.
1502.— «Havendo podem-se extrahir da mina dous milhões de **mitigaes**, valendo cada **mitigal** hum ducado, e hum terço». — Tomé Lopes, *Navegação* (2.ª ed.), p. 169.
1507. — «Mil **maticaes** d ouro hos quaees mandey entregar ao feitor da minha naoo».—Afonso de Albuquerque, *Cartas*, I, p. 5.
1516.—«Seus [do Guzarate[ pesos douro, prata, e pedraria, saom **maticaes**, que dous e meio pesaom hũa onça». — Duarte Barbosa, *Livro*, p. 282.
1552. — «Deu a cada hum trinta **meticais**, que he hum peso douro que na terra serue por moeda, e pesa vinte e hum vintens». — Castanheda, *Historia*, I, cap. 6.
1554.— «Os **maticaes** de Moçambique cada 32 fazem hum marco». — António Nunes, *Lyvrò dos Pesos*, p. 27.
1557. — «E não importou tão pouco, que não valesse oitenta **miticaes** de ouro».— *Commentarios*, III, cap. 32.
1563. — «Cada **mitical** vale quinhentos reis». — Gaspar Correia». — *Lendas*, I, p. 274.
1566. — «Se concertou por quinhentos **meticaes** douro, peso da terra [Moçambique], que val cada hum quatrocentos e vinte reaes da nossa moeda». — Damião de Góis, *Chron. de D. Manuel*, I, cap. 37.
1569. — «Estas [montanas] vendidas aos negros da outra banda do loeste do Rio, que se chama Botangas dão por cada huma hum **matical** que pesa pelo peso d'alli hum cruzado e hum tostão».—P. Monclaio, in *Bol. S. G. L.*, IV, p. 547.
1570. — «Val cada **metical** d'ouro trezentos e sessenta reaes». — João de Barros, Déc. IV, III, 7.
1585. — «Se vendia huma canada de vinho por cinco **meticaes**, que são cinco cruzados de ouro». — Manuel Cardoso, in *Hist. Tragico-maritima*, IV, p. 81.
1609. — «A menor moeda que ha n'estas terras é um peso a que chamam *tanga*, que vale tres vintens, e a maior é **matical**, que vale quatrocentos e oitenta reis». — Fr. João dos Santos, *Ethiopia Oriental*, I, p. 192.
1611. — «Todos os annos sahem para a India duzentos mil **maticaes** de ouro, que são mais de quinhentos mil xerafins, afóra mais de duzentos *barês* de marfim». — Diogo do Couto, *Dialogo do Soldàdo Pratico*, p. 155.
1655. — «De todas as lingoas havia alli dinheyro ocioso: as pistollas francezas: os Jacobos ao revez de Inglaterra: os **Maticaes** Berberescos». — D. Francisco de Melo, *Apologos Dialogaes*, p. 80.
1750.—«Sendo o commum preço por que se vende [o açúcar em Quelimane] cada *faraçola*... quatro **meticais** de *butonga*, que tem cada hum o valor de dez pardaus». — In *Annaes do Conselho Ultramarino*, II, p. 104.
1856. — «Hum **matical** equivale a huma oitava e trinta e sete grãos de ouro». — F. N. Xavier, *Instrucção*, p. 125.
1878. — O **mitkal**, o *pike* e o *feddam*, representantes do sistema monetario egypcio, talvez déssem origem ao *tikal* e *pi* de Sião».—Teixeira de Aragão, *apud* A. Marques Pereira, *Moedas de Siam*, p. VI.
1902. — «O **matical** de Melinde valia o mesmo que 6 tangas antigas ou pardáo de ouro na India, ou 360 réis fracos de Goa = um cruzado do reino. O **matical** de Çofala e Coama valia 8 tangas. Convém não confundir o pardáo com o xerafim». — Cristóvão Pinto, in *Ta-ssi-yang-kuó*, II, p. 507.
851. — «Mille de ces pièces équivalent à un **mitical** d'or». — Abu-Zeyd, *apud* Reinaud, *Relation*, I, o. 74.
1442. — «One called *varahah* weighs

about one **mithkal,** equivalent to two *dinars,* kopeki». — Abd-el-Razza, in *India in the fifteenth century,* p. 26.

1455. — «L'oro che vendono lo danno al peso di **Mitigal** secondo si costuma nelle Barbarie, il quale **Mitigal** é di valuta d'vno ducato, over circa». — Cadamosto, *apud* Ramúsio, I, fl. 101.

1610. — «In the sale and weighing of pearls, they use *querates,* or *quilates, abas,* which three make a quirate, and **maticals,** each of twenty-four quilates». — Pedro Teixeira, *The Travels,* p. 477.

1611. — «**Mitical,** vocabulo antiguo Arabigo; que se halla en las Cronicas de España, era cierto genero de moneda, que valia treinta marauedis de los nuestros». — Covarrúvias, *Tesoro de la Lengua Castellana.*

1695.—«**Methikal** ou **Mithical**. C'est proprement la drachme Arabique; car il faut 12 pour faire une once». — Herbelot, *Bibliothèque Orientale.*

1845. — «Sur une autre idole il trouva un saphir du poids de quatre cent **miskals**». — Xavier Raymond, *Inde,* p. 273.

* **MATOMBA** (*mutumbira* na língua do Zamboze inferior). Árvore africana da família das rosáceas — *Parinarium excelsum,* G. Don., importada na Índia pelos portugueses, mas pouco cultivada. Come-se o fruto, que teḿ o mesmo nome.

1782. —«Vê-se [em Goa] outra que produz uns fructos similhantes ás batatas pequenas inglezas [batatas de cozinha], porém de exquisitissimo sabor e melhor cheiro; muito procurado por se não achar mais que alguns pés na aldeia Quelossim e Sancoale, da provincia de Salsete, em fazenda dos mesmos acima ditos Jesuitas, os quaes se diz terem-n'a trazido para o paiz com summo custo da Africa; dão-lhe o nome de **matomos**». — Fr. Clemente da Ressurreição, *Tratado,* I, p. 139.

1846. — «**Matomba,** pela tradição, he oriunda d'Africa, e o nome assim o denuncia. ... o fructo (**matomba**) assemelha-se a hum ovo de pato, da côr da terra, pouco carnuda e muito odorifera». — F. N. Xavier, *O Gabinete Litterario,* VI, p. 225.

1862. — «Ata ou fructa do conde, fructa de Adão, **Matomba,** toranja». — Francisco M. Bordalo, *Ensaios sobre a Estatistica,* V, p. 3.

1901. — «Attribue-se aos antigos portuguezes a introducção na India de muitos vegetaes, taes como: ... torangeira, **matombeiro,** papaciro». — José Pihneiro, in *Bol. S. G. L.,* XX, p. 84.

1909. — «**matomba**... cultivada em Goa, sobretudo no concelho das Ilhas». — *O Oriente Portuguez,* VI, p. 225.

* **MATORFÓ**. Contribuição industrial dos logistas e artífices, nas Novas Conquistas. Do conc. *mahtarphó,* mar. *mahatarphā* < hindust.-ár. *muḥtarafa.*

1852.— «**Matorfò** — Foros que pagam os *bazareiros* de Bicholim e Naroá». — F. N. Xavier, *Bosquejo Historico,* IV, p. II.

1865. — «Por este exclusivo pagaram— e ainda hoje pagam á fazenda publica — a renda do bazar denominada — **Mortofó**». — *Relatorio Final da Provincia de Satary,* p. 8.

* **MATSURI** (jap.). Festa ou procissão religiosa, festividade, no Japão.

1874. — «Infelizmente não nos foi dado, emquanto estivemos em Yeddo, o presenciar essas magnificas procissões populares, os celebrados **matsuris** que são tão caracteristicos do Japão». — Pedro G. Mesnier, *O Japão,* p. 317.

1904.— «Durante mil e duzentos annos, pois, constou este [culto] do **matsuri** ou grandes festas, do *harai* ou exorcismos e do *inori* ou súplicas». —Ladislau Batalha, *O Japão por dentro,* p. 301.

1916. — «Aqui não é [o culto dos antepassados] rigorosamente uma religião, mas um poderoso sentimento nacional de que tudo se encontra imbuido, a começar pelo govêrno, cuja denominação em japonês **matsuri-goto** não significa na sua tradução literal, mais do que negócios do culto». — In *O Instituto,* LXV, p. 394.

c. 1908. — «Des Européens, qui ont habité le Japon avant la Restauration de 1868, ont vu, pendant des **matsuri** ou processions religieuses, des jeunes filles porter solennellement sur leur dos emblèmes qui n'étaient que des reproductions trop réalistes de certaines parties du corps humain». — Naudeau, *Le Japon Moderne,* p. 308.

* **Maturance**. Chefe supremo dos budistas de Ceilão, residente em Arracão, perto de Barmá. Do sing. *mahā-thera-unnānse,* páli *mahā-thero,* sânsc. *mahā-sthavira,* «grande + ancião + senhor».

1687. — «Os *Turunances* não sobem a esta dignidade, senão depois de 25 anos de *Ganez;* pera a qual são apresentados pelo Rey, e confirmados pelo **Maturance** de Arracão, que he seu sumo Pontifice, ou pelo menos Patriarcha e Primaz; porque alguns dizem, ser a cabeça de todos o mayor Lamaz de Tartaria». — P. Fernão de Queiroz, *Conquista de Ceylão,* p. 89.

«... como administradores do **Maturance** de Arracão, a quem os de Ceylão estão subordinados». — *Id.,* p. 187.

«Não deu o **Maturance** lugar a proseguir; mandou o apedrejar... Escolhendo entre os Ganêzes hum Bragmane, mandado pera isto de Arracão pelo **Maturance**». — *Id.*, p. 204.

1913. — «... one eminent divine being arrested as a heretic, and despatched to Arrakan for trial before the **Maha Terunnance** there».—P. E. Pieris, *Ceylon*, I, p. 94.

**MAURÁ** (s. m.). Sapotácea *Bassia latifolia*, Roxb. A árvore é comum em Damão. Destila-se espírito de suas flores; servem também de alimento. Do hindust. *mahūā* ou *mahvā*.

1833. — «... os rendeiros ou distiladeiros da palmeira brava, **maurá**, etc., que distillam em differentes aldeias desta jurisdição». — In *O Oriente Portuguez*, XII, p. 37.

1862. — «Uma [garrafa] de alcool de **maurá**, a 22° de Cartier». — *Annaes do Conselho Ultramarino*, III, p. 36.

1879. — «Fazem uzo de bebidas espirituosas de *cajuri*, e **maurá** e *sura* de cajuri, e alguns bebem excessivamente» (em Damão). — João Torrie, *Estatistica da India Portugueza*, p. 344.

1886. — «A arvore de **maurá** (Cassia latifolia) que abunda nas florestas da *praganã*, attingindo dimensões muitas vezes colossaes, produz uma flor branca e carnosa do tamanho e fórma do bago de uva, da qual se extrahe grande quantidade de espirito». — Lopes Mendes, *A India Portugueza*, II, p. 235.

1904. — «Flora damanense: mangueira, marêta, **maurá**». — António Francisco Moniz, *Hist. de Damão*, II, p. 177.

1905. — «Espirito da flor de **maurá** exportado do estrangeiro». —Ernesto Fernandes, in *Bol. S. G. L.*, XXIII, p. 222.

1909. — «Renda da taxa de distillação sobre os espiritos de **maurá** e outras substancias». — Amâncio Gracias, *Subsidios*, p. 218.

1909. — «Na distillação d'estes espiritos empregam-se algumas substancias aromaticas, sendo a mais usada em Damão a da flor de **maurá**». — Manuel Ferreira Viegas, in *Bol. S. G. L.*, XXVII, p. 432.

1911. — «Para fornecer bebidas alcoolicas que produzem effeitos menos perniciosos sobre o organismo do que a extrahida das flores de **maurá**». — José E. Castel Branco, *ibid.*, XXIX, p. 389.

1825. — «There were a very great many **mohwah** trees, not yet in blossom... Its flower, besides the intoxicating liquor obtained from it by fermentation, when dried, nearly resembles a small raisin both in appearence and flavour».—Heber, *Narrative*, II, p. 72.

1883. — «The **mahuá** flowers are an important article of food, and a spirit is also distilled from them». — Hunter, *The Imperial Gazetteer*, III, p. 45.

* **MAUZU** (chin. *máu-tsze*). É o nome chinês de barrete ou carapuça.

1729. — «... E em premio mandou vir um seu **mauzu** ou barrete de Zebelina, que na sua presença o mesmo Padre Magalhães poz logo na cabeça».— *Apud* Júlio Biker, *Collecção de Tratados*, VI, p. 114.

«... e na cabeça **mauzes** ou barretes, tambem encarnados, com plumages da mesma côr». — *Ibid.*, p. 132.

* **MAXILAR** (ant.; ár. *manṭeqah*). Cinta, faixa, na Índia.

1516. — «Hos Mouros honrados desta Cidade [em Bengala] andaom uestidos com hũas camisas branquas de pano dalgodam, muyto delguados, que lhe daom polo artelho, e debaixo delas hũs panos cingidos, e em cima hũus **maxilares** de seda, suas adaguas na cinta guarnecidas de prata e ouro, segundo quem has tras». — Duarte Barbosa, *Livro*, p. 363.

**MAZ.** Ouro; pêso de joalheiro, 16.ª parte de *tael*, na Índia insular e no extremo Oriente. O vocábulo é pouco usado pelos europeus na primeira acepção. Do malaio-jav. *mas*; sânsc. *māṣa*, «pêso de 1gr,166» [1].

1533. — «Sete **mazes** de ouro, que da nossa moeda fazem quantia de mil, e quatro centos reis, a meyo cruzado por **maz**». —Fernão Pinto, *Peregrinação*, cap. 25.

1554.— «O peso por onde se pesa o ouro, allmiscar, aljofar, *calambuco*, *manicas*, se pesa por *cates* que tem 20 taes, cada tael 16 **mazes**, huum **maz** 20 *cunduryns*». — António Nunes, *Lyvro dos Pesos*, p. 39.

1569. — «Ho mayor tributo que tem, he cada pessoa casada, ou que tem casa sobre si, cada hum anno paga de cada cabeça de sua casa dous **mazes**, que sam sessenta rs.». — Fr. Gaspar da Cruz, *Tractado da China*, cap. 10.

1614. — «Quinhentos cinquenta taeis, sete **mazes**, e dous condorins». —*Alvará* do visorei, in *Archivo*, VI, p. 1052.

1842. — «As medidas virtuaes da China são o *taél*, o **más**, e o *condorim*: o taél tem 10 **mases**, o **más** 10 condorins, o condorim 10 *cachas*». — José Inácio de Andrade, *Cartas*, II, p. 10.

1846. — «Os que vivem contra-muros pagam annualmente dous **mazes** de prata,

---

[1] Em malaio, *mas* é também título de inferior dignidade: *rātu-mas*, «segunda rainha»; *rāden-mas*, «qualquer príncipe, infante».

ou a quinta parte do tael, por geira quadrada». — In *Ta-ssi-yang-kuó*, I, p. 156.

1895. — «O tael... tem dez **mazes,** cada **maz** dez condorins e cada condorim dez cachas».—Conde de Arnoso, *Jornadas pelo Mundo*, p. 339.

1898.—«Para pesar o ouro e prata cada **maz** vale dez condorins». — Joaquim C. Calado, *Cousas da China*, p. 159.

1903. — «A medida monetaria chineza é o tael (em chinez *liang*) equivalente á onça chineza ou 37 gr.,793 de prata pura... Tanto o tael, como o **maz** e o condorim são palavras tiradas do malaio (respectivamente *tahil, mās* e *candūrī*), sendo os dois primeiros de origem indiana (*tola* e *māsha*)». — In *Ta-ssi-yang-kuó*, II, IV, 5.

1589. — «Le taeye (tael) de Malaca est de seise **Mases,** et dix **Mases** et trois drachmes font une once de Portugal». — Linschoten, *Histoire*, p. 47.

1610. — «Tiene cada **maz** vna ochaua y media de onça, alguno grano mas ò menos». — Pedrō Teixeira, *Relationes*, p. 162.

c. 1620. — «... et pour les droits des Officiers de l'Alfandegue, qu'ils appellent Droit du pezeur vn **mas** pour chaque *bahar*». — Général Beaulieu, *Mémoires*, p. 70.

c. 1640. — «qui pese depuis vne **mais** ou schilling jusques à dix **mais**». — *Relation du Japon*, p. 28.

1726. — «Un **mas** est la dixième partie de l'once». — *Lettres Édifiantes*, XX, p. 331.

1735. — «Le liang se divise en dix parties nommées *Tien*, que les Portugais appellent **Maz**». — P. Halde, *Description de la Chine*, II, p. 167.

1782. — «La **masse** vaut dix condorins, le condorin dix caches, et la cache dix hardes». — Sonnerat, *Voyages*, II, p. 36.

1836.—Vingt-quatre pois escarlate avec une pointe noir, appelés *rakot*, font un **mas ;** seize **mas** font un tahel».—Rienzi, *Océanie*, I, p. 67.

1881. — «Ainsi la première femme du Sulthan s'appelle Ratu (roi, reine); la seconde Ratu **Mas:** les deux mots signifient *or*, mais le premier est sanscrit». — Winckel, in *Bol. S. G. L.*, II, p. 687.

* **MAZAGAIM.** Tecido fabricado em Mazagão, bairro de Bombaim.

1559. — «Cinquenta *corjas* de roupa **mazaguayns**».—In *Archivo Port.-Oriental*, V, p. 401.

**MAZANE,** Pessoa principal, representante duma colectividade, na India. Em Goa emprega-se o termo, em particular, com respeito ao vogal da confraria dum pagode. Do conc. *mhāzaṇ* < sânsc. *mahājana*, «grande homem».

1694. — «Os Bramanes de Dio, representados por seus cabeças, ou **mazanes** haviam feito contrato em tempo do V. Rei Conde de Alvor de tomarem a si o commercio daquella praça para Moçambique». — *O Chronista de Tissuary*, II, p. 130.

1715. — «Quando os Senhores Viso-Reis mandavão alistar esta gente, erão chamados os **Mazanes** ou cabeças». — *Archivo Port.-Oriental, Supplemento* II, p. 44.

1718. — «O *Divan* mandou dous Deputados a pedir o perdão em seu nome, e dos **mazanes,** e do mais povo». — D. José Barbosa, *Epitome da Vida*, p. 17

1732. — «Em concelho de fazenda [de Goa] foi proposto e examinado um requerimento que fizeram ao mesmo concelho os **mazanes** do povo gentio».—In *O Oriente Portuguez*, I, p. 106.

1734. — «Os seus **mazanes** são entre elles [gentios] ou principaes homens bons do povo». — *Carta* do Conde de Sandomil.

1744. — «Abraçou o arbitrio que nelle propuzerão os **mazanes,** moradores da mesma Praça». — *Apud* António F. Moniz, *Hist. de Damão*, I, p. 146.

1787. — «O Estado não nega aos **mazanes** os seus direitos». — *Apud* Júlio Biker, *Collecção de Tratados*, VIII, p. 275.

1850. — «Ellas [bailadeiras] podem tomar adoptivos de um e outro sexo, não obstante terem filhos proprios, com intervenção da Communidade d'aldêa, e **mazanes**». — F. N. Xavier, *O Gabinete Litterario*, IV, p. 219.

1871.—«Apparece então aquella ave de rapina, que é o **mahajun** em Bengala, e que na India assume todas as formas». — Pedro G. Mesnier, *Viagem de... Visconde de Sam Januario*, p. 13.

1874. — «Os **mazanes** do pagode esperavam alli, com todas as suas ricas insignias, o governador geral». — Tomás Ribeiro, *Jornadas*, II, p. 113.

1886. — «**Mazanes** são os instituidores dos pagodes ou os seus descendentes». — Lopes Mendes, *A India Portugueza*, I, p. 230.

1886.—«Art. 12.º São **mazanes** aquelles individuos que, segundo o preceituado no respectivo compromisso, gosam d'esta preeminencia em cada pagode, no qual succedem seus descendentes». — *Regulamento para o Governo... das Mazanias dos Pagodes*, p. 9.

1918. — «Convêm que algum dos membros do **majane** enquanto não seja nomeado um chefe em substituição do seu marido tome esse encargo de administrar os fundos de caridade de Dio». — *Heraldo*, de 20 de Abril.

1824. — «He followed me shortly after, and begged to introduce the principal **mohajun,** or merchant of the place, who wanted to see me». — Heber, *Narrative*, I, p. 352.

1881. — «These temples are now under the management of the Committee of the

Jain **mahájans** of Sindhi, who collect the revenue, which they devote to the current expenses and repairs of the temples». — Hunter, *The Imperial Gazetteer*, I, p. 8.

**MAZANIA.** Mesa de administração dos bens dum pagode.

1824. — «As decisões de objectos graves, ou seja a respeito das castas, sobre os Pagodes, sobre a sua **Mazania**, e outras matèrias de maior ponderação, a Camara Geral é que deve decidir». — *Apud* António de Almeida Azevedo, *As Communidades de Goa*, p. 134.

1886. — «Art. 11.º **Mazania** é a associação dos *mazanes* de cada pagode». — *Regulamento para o Governo... das Mazanias dos Pagodes*, p. 1.

1901. — «Os administradores dos concelhos das Velhas Conquistas accumulam as funcções de administradores das **mazanias** dos pagodes». — José Pinheiro, in *Bol. S. G. L.*, XX, p. 60.

«Quasi todas as igrejas das freguezias e suas capellas filiaes teem associações denominadas *Confrarias*, cujos componentes são os confrades; e os pagodes (templos de Deuses hindus) as chamadas **Mazanias**, cujos componentes são os *mazanes*». — *Id.*, p. 82.

1905. — «No archivo do pagode de Maliá, existe uma deliberação ou acta da respectiva **mazania**». — *O Oriente Portuguez*, II, p. 271.

1915. — «Foi aprovado o compromisso da **Mazania** do Pagode de Xri Santeri e suas filiaes em Pondá, Estado da India». — *Diario de Noticias*, de 13 de Maio.

1915. — «É convocada a **mazania** do acima referido pagode no dia 31 do corrente». — *Boletim Official de Goa*, de 1 de Junho.

1917. — «... consentindo privilegios de castas nas confrarias, **mazanias** e communidades agricolas». — *Heraldo*, de 8 de Agosto.

1906. — «... ainsi que dans celle [administração] des **mazanies**, c'est-à-dire, les corporations qui gèrent les affaires des temples hindous». — *Les Indigènes de l'Inde Portugaise*, p. 14.

* **MAZUR** (ant.). Aprovação, voto favorável, na Índia. Do ár. *manzur*, «aprovado», corrente nas línguas vernáculas.

1766. — «Praticado e referido, e pelos Arbitros o devido exame, se prosiga logo ao assento da deliberação, que os Arbitros prestarão na presença do *Parpotecar*, e a que vulgarmente chamão — **Mazur** — ». — *Collecção de Bandos*, I, p. 6.

1787. — «A camara Geral fazendo justiça do *Divão* e **Mazur** da decisão passando-se-lhe *Sonodo*, em conformidade do dito Sonodo se executava na forma delle». — *Ibid.*, p. 34.

1852. — «**Mazur** — Votação dos Louvados nas Novas Conquistas». — F. N. Xavier, *Bosquejo Historico*, IV, p. 11.

* **MEDIDA.** É designação específica de certa medida de capacidade para secos, equivalente aproximadamente a um litro, ou a um oitavo de *curó* (q. v.). O termo é ainda hoje corrente em Goa. Diz-se *paḍ* em concani.

1054. — «Sendo embarcação pequena dará duas **medidas** ou oitavas da dita medição [curó]». — Placa de Goa.

1515. — Vos mando que deis arroz... a cada pessoa a rezam de duas **medidas** por dia». — Afonso de Albuquerque, *Cartas*, I, p. 153.

1526. — «Dar-lhe-hão cada dia... duas **medidas** de arroz para seu comer e hum real para betel». — *Foral de D. João III*, in *Archivo*, V, p. 130.

1554. — «E o *candil* de triguo e arroz tambem he de 20 *mãos*, cada mão 24 **medidas**». — António Nunes, *Lyvro dos Pesos*, p. 31.

1554. — «E para tres obreiros seus, a razão de duas **medidas** d'arroz cada hum por dia». — Simão Botelho, *Tombo da India*, p. 235.

1616. — «Todos os dias em amanhecendo o [arroz] achavam, e recolhêram de redor de cinco **medidas** delle». — Diogo do Couto, Déc. X, VIII, 11.

1634. — «Duas *seiras* de arroz cada dia para mantimento, que tem huma **medida** e huma quarta de Goa, e cada huma das ditas mãos vinte e quatro **medidas**». — António Bocarro, *Livro*, III, p. 75.

1685. — «Para o sustento a cada soldado, ou de qualquer posto, dava S. Magestade cada mez hum pardao para conducto, e **medida** e meia de arroz por dia». — João Ribeiro, *Fatalidade Historica*, I, cap. 13.

1687. — «Tinhão mais todos os dias, da tulha del Rey (ca dizem *pataya*) duas *paraz* de arroz pera suas casas, que fazião 50 **medidas** cada dia, e montarião por ano 50 candis». — P. Fernão de Queiroz, *Conquista de Ceylão*, p. 855.

1789. — «... dando-se-lhes então de mais uma **medida** e um quarto de arroz, e 12 réis por dia». — *Apud* Júlio Biker, *Collecção de Tratados*, VIII, p. 331.

1842. — «*Cumbo:* 20 candis; candil: 20 curós; curó: 8 **medidas; medida** ou quatro quartas». — *Annaes Maritimos*, p. 380.

1852. — «*Podd, poddy* — medida de capacidade de $\frac{1}{8}$ de curó e chama-se **medida** em portuguez». — F. N. Xavier, *Bosquejo Historico* (2.ª edição), p. 95.

1886. — «O arroz indispensavel para a alimentação diaria de uma familia composta de quatro pessoas é calculado, pelo menos, em 3 **medidas** ou *pôris*».—Lopes Mendes, *A India Portugueza*, I, p. 47.

1589. — «Ils ont aussi une mesure appellée **Medidan** environ de la hauteur d'une mesure de neuf onces longue et large d'un demi doigt; dont les vingt quatre font un *Mão*». — Linschoten, *Histoire*, p. 72.

* **MEIJI**. A palavra quere dizer em japonês «palavra, decreto, ordem»; emprega-se porêm antonomásticamente para designar o início do novo regime político, proclamado em 1868, com a extinção do *xogunado*, q. v.

1904. — «1868 tornou-se na historia da civilisação humana uma epoca memoravel. Os japonesces contam 1868 como o ponto de partida do seu engrandecimento. Chamam-lhe **Meidji**,». — Ladislau Batalha, *O Japão por dentro*, p. 20.

c. 1909.—«Depuis **Meiji**, grace à l'égalité des classes, à la diffusion de l'instruction, au service universel, tous les Japonais aiment également leur pays». — Naudeau, *Le Japon Moderne*, p. 386.

**MELÃO DE ÍNDIA**. É o mesmo que *pateca* (q. v.) ou melancia.

* **MELAGA, melga**. É uma espécie de acção das comunidades agrícolas em certas aldeias de Goa. Do conc. *malāg*.

1850. — «Acções das Communidades das Aldêas. São as unidades, pelas quaes se divide a renda liquida, ou o deficit. Mas tem diversas denominações accomodadas ás circunstancias locaes, taes como *Jono* (pessoaes e fateosins), *Cuntos*, *Tangas*, **Melagas**, *Arequeiras*, etc.». — F. N. Xavier, *O Gabinete Litterario*, IV, p. 35.

1852. — «He a quarta parte do *Qhuntto*, nas varzeas, ou divisão de huma varzea, segundo a accepção de cada Aldêa. *Item*. Huma divisão da acção de Qhuntto».—Id., *Bosquejo Historico*, IV, p. 12.

1880.—«. . . são transmissiveis a outros possuidores, e do mesmo modo as tangas, arequeiras, **melagas** e semelhantes». — Eduardo Balsemão, *Os Portuguezes no Oriente*, II, p. 206.

1886. — «O interesse alienavel das communidades. . . sob diversas denominações taes como tangas, vangores, **melagas**, jonos, fateusins, &c, será convertido tudo em acções». — *Regulamento das Communidades*, p. 44.

1886. — «Os mesmos *gãocares* crearam jonos e fateosins, tangas, arequeiras e **melgas**, que são especies de acções, cujo numero é inalteravel». — Lopes Mendes, *A India Portugueza*, I, p. 153.

1916. — «Devia pagar o interesse do capital representado pelas tangas, **melgas**, arequeiras, *catins*, etc.». — *Heraldo*, de 4 de Abril.

* **MELECAR** (mais correcto), **melcar**. E, em geral, «componente de qualquer agremiação», e em particular, «indivíduo do corpo de tropa irregular», nas Novas Conquistas. O termo não está actualmente em uso. Do conc. *melekār*, mar. *melekarī*, derivado do sânsc. *melā*, «assembleia, comício».

1703. — «Visto elle estar de posse de aldeias Advor, e Galuli de *Inama*, e de *Vatono*, pertencente aos **Melecares**, em razão de estas estarem em seu poder, pede-se mande observar a mesma posse». — *Apud* Júlio Biker, *Collecção de Tratados*, XII, p. 148.

1726. — «. . . fossem huns governar os fortes de Corjuem, e Panalem, e passos seccos de Sevolim, e Colvalle, onde está só guarnição de **Melcares** (que he a gente de ordenança)». — André Ribeiro Coutinho, *Relação*, p. 2.

«Os muros de Tivim se guarnecerão com os **Melcares**». — *Ibid.*, p. 5.

* **MELIQUE** (ant.). Governador ou régulo muçulmano, na Índia. Do ár. *malik* «rei».

1513. — «Por este vos mando que des a **melique** canar, hũua touca de que lhe faço mercê». — Afonso de Albuquerque, *Cartas*, V, p. 430.

1535. — «Partindo-se el rey pera seu reyno per respeito da nova que lhe era vinda, deixando o reyno de Bisnaga em poder de **Melique** Nili». — *Chronica de Bisnaga*, p. 5.

1553.—«Pouco e pouco subio ante elRey a grão de hum dos principaes capitães que tinha, dando-lhe por dignidade este pronome **Malique**, que he denotação de honra acerca delles». — João de Barros, *Déc.* II, II, 9.

1556. — «Foi sabido este grande apparato por **Melique** Tocam, que ao presente era senhor de Diu». — Lopo de Sousa Coutinho, *Hist. do Cerco de Diu*, p. 24.

1557. — «Lhe dizia que o Çabaio era morto, e que em Goa estaua hum Capitão, que se chamava **Melique** Çufergugi». — *Commentarios*, II, cap. 19.

1563. — «E alguns não chamavam a estes *malucos* senão **meliques**, que quer dizer reizinhos». — Garcia Orta, col. X.

1589:

«Ficarão deste Tartaro animoso
Dous filhos, quando a morte o senhoreya,
Hum Melique Tocam, muy voleroso,
Outro Melique Salla se nomeya».

Francisco de Andrada, *O Primeiro Cerco de Diu*, v, 83.

1609. — «Foram mortos por mandado de **Melique** governador da cidade». — João dos Santos, *Ethiopia Oriental*, II, p. 79.

1615. — «O rei é mahometano, mui poderoso e temido, e chama-se o **Melique** de Chaul. É vassallo do Grão Mogor, como os outros seus visinhos». — Pyrard de Laval, *Viagem*, II, p. 127.

1634. — «He o Rey **Melique**, que por outro nome chamão Niza Maluco». — António Bocarro, *Livro*, II, p. 212.

1891. — «Finalmente, sob os kiljis de Debli, empregou-se com frequencia a designação de **Melique**, *melik*, muito usada entre afgans. Significava primitivamente rei; mas distribuiu-se com tanta prodigalidade, que Orta tem toda a razão em lhes chamar reisinhos». — Conde de Ficalho, Col. x.

1610. — «Los Arabes dizen a Rey, *Sultan*, o **Malik**, y aquesto segundo quiere tambien dezir, *Angel*» (= *malak*). — Pedro de Teixeira, *Relaciones*, p. 192.

1623. — «**Melek**, o *Maluk*, come alcuni corrotamente leggono, in Arabico Rè significa, e cosi *Chan* in Turco, come *Sciàh* in Persiano». — Pietro della Valle, *Viaggi*, III, p. 113.

c. 1460. — «**Melik** Tuckar moved from Beder with his army, fifty thousand strong, against the Indians». — Nikitin, in *India in the fifteenth century*, p. 27.

1845. — «Les termes **Mallik** et *monshir*, d'origine arabe, désignent, le premier un roi ou chef suprême, le second un conseiller». — Jancigny, *Inde*, p. 89.

1885. — «But where once a council has decided, implicit compliance is incumbent on the tribe, under heavy penalties, which the **maliks**, or chiefs of tribes, have the power of enforcing» (no Afganistão). — Hunter, *The Imperial Gazetteer*, I, p. 46.

**MELLÓ.** Bluteau regista o vocábulo no *Supplemento*, e dá-nos a seguinte informação: «Termo da India Portugueza. He quando hum *Gancar* não consegue o seu intento, contra a razão, e justiça, e impede outros actos justos sem fundamento».

Não me consta que êste e vários outros vocábulos, referidos às communidades agrícolas de Goa, tenham estado jamais em voga no português local, pôsto que correntes em concani; pois não os vejo em nenhum outro escritor. *Meló* quere dizer em língua vernácula «morto, sediço, sem préstimo»; *meló* significa «sujo, imundo». O primeiro é mais usado como termo injurioso.

*** MENDÃO.** Farinha do bolbo de *Dioscorea sativa*, Linn., a qual se come como a mandioca, a que também se dá o mesmo nome. V. *mandans*.

1840. — «(*Mandans*). Talhadas preparadas da raiz da planta de que se faz **mendão**». — F. N. Xavier, *Collecção de Bandos*, I, p. 133.

1879. — «**Mendão** 10 arrobas». — João Stuart Torrie, *Estatistica da India Portugueza*, p. 151.

*** MENEQUI** (conc. *men'kī*). Rutácea *Glycosmis pentaphylla*, Correia. «É um dos remedios populares contra a mordedura de cobras; crê-se que o pau tem a propriedade de afugentar as cobras». D. G. Dalgado, *Flora*.

1864. — «**Meniqui** ou **menqui**... Passa como um dos melhores contravenenos para as mordeduras de cobra de capello, e d'outras». — *Archivo de Pharmacia*, I, p. 118.

**MENIGREPO.** *Grepo* (religioso budista) de vida austera, inferior em dignidade ao *talagrepo*, na Indo-China. Há também mulheres da mesma denominação. O vocábulo, sómente empregado por Fernão Mendes Pinto, é, evidentemente, composto de *meni* e *grepo*. Mas se não é fácil descortinar a origem de *grepo*, ainda mais difícil é identificar *meni*. Pode ligar-se ao siamês *mo'hinn*, «grande, poderoso», ou *mo'n*, «desviar a cabeça, não se importar (com o mundo)». V. *grepo*.

1542. — «Trezentos e sessenta talagrepos somente, hum em cada Ermida, e quarenta **menigrepos**, que os servião de fóra, e os provião de mantimento, e de cura de alguns doentes» (na China). — *Peregrinação*, cap. 77.

«E perá que se isto melhor entenda, he de saber, que como esta relação, e outras semelhantes que ha polo Reyno [da China] nas Cidades notaveis, tinhão do Rey alçada suprema no civel, e crime, sem appellação, nem aggravo, ordenárão outra sobre esta do Rey, para a qual se appella em alguns casos graves, e muyto importantes, que se chama a Meuza do Criador de todas as cousas, na qual assistem, vinte e quatro

**Menigrepos** que tem por nome os da austera vida, que he huma certa Religião, como dos Capuchos, dos quaes, se forão Christãos, pela aspereza com que vivem, e penitencia que fazem, se pudera esperar muyto». — Cap. 85.

1546. — «O recebeo huma procissão de Rolins do ermo, que elles chamão **Menigrepos** (que são como entre nós Capuchos)» (em Pegu). — Cap. 169.

1544. — «Até a *Vaganarau*, com todas as **Menigrepas** da religião, não havia cousa que as pudesse meter na austeridade, com que primeiro estavão».—Cap. 127.

* **MERCAR** (s. m.; tam. *marakkāl*). António Nunes menciona êste termo com relação a Negapatão, na costa de Choramândel, como nome de medida de secos e líquidos. O *mercar* grande para secos tem 2 1/2 litros, o pequeno quási dois litros. O de azeite ou manteiga é de 2 1/2 canadas. Conforme Yule, a medida é usada actualmente só para os cereais.

1554.—«Cada *cota* tem 24 **mercares**, medidas da terra; e d'outros **mercares**, mais pequenos, 32 fazem hũa cota. E manteiga e azeyte huum **mercar** tem 2 1/4 canadas». — *Lyvro dos Pesos*, p. 36.

«Manteiga e azeite huum **marcaa** tem 3 canadas» (em Ceilão). — *Ibidem*.

1712. — «Pour un *Fanon*, on aura jusqu'à huit **Markals**, ou grandes mesures de très-bon riz pillé».—*Lettres Édifiantes*, xiv, p. 3.

1803.— «Take care to put in each bullock full six **mercalls** or 72 *seers*». — In *Glossary*.

«**Merió**, m. Árvore da Índia portuguêsa». Cândido de Figueiredo. Própriamente é *mirió* (q. v.), do conc. *miryó*, — *Polyalthia fragrans*, Benth. & Hook, da família das anonáceas. A sua madeira é rija e durável.

1857. — «**Meriò** (trepadeira): Emprega-se nas gonorrheas e disenterias o cosimento feito das folhas». — *Archivo de Pharmacia*, i, p. 177. — Deve haver aqui equívoco nos nomes.

**MERU, merum** (ant.). Espécie de veado, — *Rusa Aristotelis*, Jerdon, na Ásia e na África Oriental. «Na India, os Portuguezes chamão ao veado *Merû*». Bluteau. Do conc. *merūm* < sânsc. *mrga*. O motivo da adopção do vocábulo em português seria a maior grandeza do veado oriental que a do europeu. Actualmente dá-se-lhe o nome geral de «veado».

1569. — «E **merus**, que são como boas mullas». — Fr. Gaspar da Cruz, *Tractado da China*, cap. 3.

1569. — «O modo de caça de que estes lagartos [crocodilos] usão he esperarem no remanso dos rios os Veados e Gazellas, **Merus** e Bufaras bravas que de noite vem beber». — P. Monclaio, in *Bol. S. G. L.*, iv, p. 506.

1585.—«Caçam algumas vezes, e tomam bufaras, **merus**, gazellas; e se alcançam bugios e tigres, tambem os comem».—Manuel G. Cardoso, *Hist. Tragico-maritima*, iv, p. 50.

1600. — «Veados, gasellas, **merús**, lebres, coelhos». — P. João Lucena, *Historia*, x, cap. 18.

1609. — «Ha [em Sofala] muitos **merús**, que são como asnos, mas tem cornos, e unha fendida, como veados, cuja carne é muito boa para comer: teem uma lista branca que lhe cinge as ancas, e desce pelas coxas abaixo até aos joelhos: teem o mais cabello do corpo cinzento e aspero». — Fr. João dos Santos, *Ethiopia Oriental*, i, p. 123.

1614. — «E por todo aquelle caminho [da Abissínia] forão comendo muitas gallinhas do Perú, perdizes, vacas brauas, **merús**, pombos, rolas».—Diogo do Couto, Déc. VII, iv, 6.

1685. — «Muita caça, javalis, veados, **merús**, gazellas, corças».—João Ribeiro, *Fatalidade Historica*, i, cap. 19.

1750. — «Os matos são muito bem providos de bufaros, vaccas do mato, veados, **meruns**, corças» (em Quelimane). —*Annaes do Conselho Ultramarino*, ii, p. 104.

1886. — «**Merum** (veado), *chitol* (chitella), *bocris* (cabras)». — Lopes Mendes, *A India Portugueza*, i, p. 118.

1905. — «Couro de **merum** (veado) 45 réis» (de direitos). — Ernesto Fernandes, in *Bol. S. G. L.*, xxiii, p. 184.

1610. — «Hay por sus campos [de Bengala] mas manadas de Venados, **Merus**, Vacas, Bufalos, Puercos, y otros semejantes animales, que de carneros y ouejas acà en España. — Pedro Teixeira, *Relationes*, p. 134.

1658. — «Il **Merù**, così chiamato dagl'Indiani, è vna specie di Ceruo di corpatura maggiore, cioè quanto quella d'vn Cavallo, ma più differentemente nel corpo, nella coda, e nelle gambe, le quali sono alte, sottili ed agili, con li piedi, ed vnghia diuisa và armato di corni più grossi, lunghi del Ceruo, ramosi, con la superficie meno rugosa, soglia, ed escura».—Fr. Vincenzo Maria, *Viagio*, p. 403.

1666. — Ils ne font cette cours que pour y aller prendre certaines Vaches sauvages qu'ils appellent **Merous**... et comme ces Vaches sont ordinairement fort belles, ils en tirent un grand profit». — Thevenot, *Voyages*, III, p. 115.

**MESTIÇO** (s. e adj.). Descendente de pais de raças diferentes. Na Índia por «mestiço» se entende indivíduo que tem por progenitores, próximos ou remotos, um europeu e uma índia ou vice-versa. Considera-se actualmente injurioso o termo, preferindo-se-lhe o genérico «descendente». A origem é clara: *misto* > *mistiço* > *mestiço*. Em indo-inglês diz-se *half-caste* ou *Eurasian*, sendo obsoleto o *mustees*. V. *castiço* e *topaz*.

1547. — «Hauida esta victoria mandey que todolos **mestiços** que se nella acharão fossem assentados em soldo e mantimento». — *Carta* de D. João de Castro, *apud* Gaspar Correia, *Lendas*, IV, p. 574.

c. 1560. — «Queimou a [casa] do arraial com grande prazer geral hum Tristão Lopes **mestiço** criado do Capitão com hum *calabaa* daremeso, na ponta do qual pos poluora com hum morrão aceso». — Gabriel Rebêlo, *Informação de Maluco*, p. 363.

1609. — «Mais de 600 almas de confissão, em que entravam portuguezes, **mestiços**, e gente da terra» (em Sofala). — Fr. João dos Santos, *Ethiopia Oriental*, I, p. 45.

1615. — «E mesmo entre os indios christãos são elles [os brâmanes] os que tem o primeiro logar apoz os Portuguezes e **mestiços** da India; e ainda os **mestiços**, cuja mãe é de casta baixa, não são estimados como os que procedem de mãe bramane; porque neste caso hão-se por iguaes aos mesmos Portuguezes». — Pyrard de Laval, *Viagem*, p. 315.

1632. — «Desforçando as *gancarias* de todos os contratos que tivessem feito com Portuguezes e **Mestiços**». — *Carta Régia*, in *Archivo*, V, p. 1398.

1654. — «Ou se se apalavrou lá com alguma **Mestiça**, filha de Bracmane?». — D. Manuel de Melo, *Apologos Dialogaes*, p. 24.

1707. — «Esta casta de pescadores não é como à de nossas terras, senão he a mais principal de Columbo; e muitos aparentam com gente branca, e a maior parte dos **mestiços** são delles procedidos». — P. Manuel de Miranda, in *O Chronista de Tissuary*, III, p. 161.

c. 1788:

> «Cala a boca, satirico Poeta,
> Não te metas no rol de maldizentes,
> Não tragas os **Mestiços** entre os dentes,
> Restitue ao cartaz a hervada setta».
>
> Bocage, *Obras Poeticas*, I, p. 85.

1829. — «A segunda classe é a dos chamados **mestiços**, muito semilhantes á que entre os inglezes chamão indo-bretões». — Cottineau de Kloguen, *Bosquejo Historico de Goa*, p. 145.

1842. — «Os de pais Portuguezes e mães Indianas appellidam-se **mestiços**». — *Annaes Maritimos*, p. 111.

1862. — «Os [filhos] de paes portuguezes e mães indianas, **mestiços**; os christãos de pae e mãe indianos, *canarins*; e os gentios, *conkanós*». — Francisco M. Bordalo, *Ensaios sobre a Estatistica*, V, p. 45.

1897. — «Assim se comprehende um resto de sangue japonez ainda reconhecivel no typo phisionomico de alguns dos **mestiços** macaistas». — Venceslau de Morais, *Dai-Nippon*, p. 34.

1901. — «Observa-se tambem assás rivalidade entre os *descendentes* e os nativos, chamando-se commummente, com intenção deprimente, *canarins* e **mestiços**». — José Pinheiro, in *Bol. S. G. L.*, XX, p. 56.

1595. — «I Portoghesi di qua sono di due maniere, perche o ci sono venuti da Portogallo o nati in queste parti; che si sono nati qua di donne indiane, gli domandano **Mestizi**, i quali nel viso si conoscono, participando del volto di queste parti». — F. Sassetti, *Lettere*, p. 236.

1620. — «. . . aussi j'en ay fait descendre 43 et loüé deux **Mestis** de Bengala pour faire leur cuisine». — Général Beaulieu, *Mémoires*, p. 40.

1653. — «Les **Mestissos** sont de plusieurs sortes, mais fort méprisés des *reynols* et des *castissos*, parce qu'il y a eu un peu de sang noir dans la génération de leurs ancêtres». — Le Gouz de la Boullaye, *Voyages*.

1658. — «La Christianità, che, viue nell' India sogetta ali Portughesi, si compongono de trè sorti di Gente. La prima de soldati venuti da Portugallo, quali chimano Regnicoli. La seconda de **Mesticij** nati dalli primi. La terza de schiaui conuertiti alla fede». — Fr. Vincenzo Maria, *Viaggio*, p. 202.

1673. — «Beyond the Outworks live a few Portugals, **Mustezoes** or *Misteradoes*». — Fryer, *East India*, I, p. 148.

«A Portuguez **Mestezo**, chief Gunner of the Castle, was very officious». — *Id.*, p. 337.

1673. — «On peut distinguer les habitans de Goa en véritables Portugais qu'ils appellent Reinols en **Mesticos**, nez de Portugais et de femmes Indiennes, ou Noires; ceux-là sont en plus grand nombre que les autres». — Dellon, *Relation d'un Voyage*, p. 56.

1735. — «On a commencé à faire des *Sommes* [embarcações] que les Portugais nomment **Mestissas** ou *Mestisses*, parce que sans rien changer à la construction Chinoise, on lui donne le gouvernail à la Européenne». — P. Halde, *Description de la Chine*, II, p. 162.

1834. — «Les **métis** portugais sont en

assez grand nombre dans le Tanasserim, où ils jouent le même rôle secondaire que dans les autres parties de l'Indo-Chine et jouissent aussi peu de considération». — Jancigny, *Indo-Chine*, p. 542.

1898. — «En cambio, los *burghers*, quiero dezir, los **mestizos** de holandeses ó ingleses y cingaleses lo llenan todo» (em Columbo). — Alfredo Opisso, *La India*, p. 12.

**MESTIÇAGEM.** Cruzamento de raças ou castas; multidão de mestiços.

1915. — «O que teremos conseguido arranjar senão novos nucleos *castistas*, por **mestiçagem?**». — *O Ultramar*, de 2 de Agosto.

1917. — «Os próprios indus, e portanto os goezes indígenas, são, para mim, na série dos tempos... um produto de larga **mestiçagem**, na acepção scientífica da palavra». — *Heraldo*, de 8 de Setembro.

**MESTRE.** Por *mestre* também se entendia antigamente em português «médico», como hoje se diz «doutor». Na acepção de «curandeiro» emprega-se o termo em vários crioulos ário-portugueses, como no de Ceilão, de Macau.

1687. — «Deputaua hum **Mestre** para cada terra, em que ouuesse christandade, a quem os ricos pagauão algũa couza, que sempre seria a vigessima parte menos, do que dauão aos feyticeyros, curando os pobres de graça». — P. Fernão de Queiroz, *Conquista de Ceylão*, p. 897.

1865. — «Dôtôr falá sam doença d'idade, mas eu nunca senti assim, choma **mêstre** Ahoi, qui todo gente falá sam capaz, elle já curá. Agora senti um poco forte, mas **mêstre** ninquêro que eu fazê mutu força, e mandá tomá ninho di pastro» (pássaro). — Dialecto de Macau, in *Bol. S. G. L.*, II, p. 168.

1900. — «**Mestres**. — Curandeiros chinezes, a miudo consultados pelos habitantes da colonia, de preferencia aos medicos europeus». — *Ta-ssi-yang-kuó*, de Fevereiro.

* **META.** Pôsto de guarda, na Índia. É pouco usado. Do concani-mar. *met*.

1720. — «Não edificará fortaleza, só deixará **metta**». — *Apud* Júlio Biker, *Collecção de Tratados*, VI, p. 198.

1761. — «Promete o Grandioso *Sar Dessay*, a não fazer **mestas** (*sic*) nas margens dos Rios, nem a consentir que outrem as faça sem o beneplacito do Magestozo Estado». — *Apud* Joaquim C. Soares, *Doc. Comprobutivos*, p. 68.

1782. — «... e melhor os defenderem nas **metas** e passagens, por onde o inimigo podesse fazer invasão». — *Ibid.*, VIII, p. 174.

1886. — «D'esta guarnição destacavam para as **mêtas** de Nuvem e Saleri 1 cabo, 2 soldados e 2 sipays para cada uma». — Lopes Mendes, *A India Portugueza*, II, p. 205.

1886. — «Na campina que se estende em frente da **méta** velha, desde os fins de maio, ameijoam, termo medio, por dia 212 cabeças de gado grosso». — *Relatorio da Provincia de Satary*, p. 6.

* **METERANE.** Bispo dos cristãos de S. Tomé, no Malabar. Do malaiala *metran*.

1603. — Vós nom me mandastes recado, quando veyo o vosso **Meterane**, que assim chamão no Malavar aos Bispos Christãos de S. Thomé». — Fr. António de Gouveia, *Jornada do Arcebispo*, fl. 76 *v.*

«Souberão que aly estaua o **Meterane** dos Christãos, que assim chamão no Malavar aos Bispos dos Christãos de S. Thomé, ou Bramane mór dos Christãos». — *Ibid.*, fl. 102.

* **MEXELIM.** Tecido indiano de sêda e algodão e com listras undulosas. Do conc.-mar. *maxrū*, que Molesworth tira do ár. *mashrū'*, «legal, ordenado pela lei». *Mushrue* em indo-inglês.

1601. — «*Turfulins* e **Mexelins**, hão de ter tres covados e huma terça de comprido, e covado e terça de larguo». *Carta de Lei*, in *Archivo*, VI, p. 744.

* **MIÁ** (jap. *miya*). Templo dos deuses *camis* (q. v.), no Japão V. *miau*.

1582. — «Auia naquella terra hũa **Mia** mui fermosa, que he templo em que se adorão os Camís, aos quaes pedem somente as cousas desta vida, convem a saber, saude, riquezas, honras prosperidade: e aos *Fotoquis* se pedem as cousas da saluação. Auia ali mais outras tres ou quatro **Mias** mais pequenas nomeadas daquelle reino». — P. Luís Fróis, *Cartas de Japão*, II, fl. 58 *v.*

1904. — «O genio das grandes obras architetónicas desenvolveu-se na construção dos **Miía** (templos do *Shinto*) e nos *Tera* (templos de Buda)». — Ladislau Batalha, *O Japão por dentro*, p. 232.

1754. — «Les temples, qui sont érigés en leur [dos camis] honneur, sont appellez **Miaz**, c'est-à-dire, les demeures des Ames vivantes». — P. Charlevoix, *Histoire du Japon*, I, p. 171.

1854. — «Les uns sont des temples bouddhistes, les autres appartiennent à la religion *sintoo* ou *shyanin*. Ceux-ci sont désignés par le nom de **miya**, les temples bouddhistes par celui de *tera*». — Jancigny, *Japon*, p. 44.

1909. — «Elle se célèbre dans un petit **mia** *shintoïste* qui est attenant au Yoshiwara». — Naudeau, *Le Japon Moderne*, p. 364.

*** MIAU** (chin. *miao*). Pagode ou templo chinês.

1551. — «Determinarão para isso de se valerem de hum grande bonzo que elles tinhão... o qual estava por mayoral de hum templo daly doze legoas, por nome **Miay** *gimaa*». — Fernão Pinto, *Peregrinação*, cap. 211.

1729.—«Passamos junto de hum **Miau**, ou templo de Pagodes, de que se não divisava mais que huma pequena porta, cuja entrada confinava com o rio, porque o mais era hum grande rochedo em cujo vão estava metido o mesmo templo». —*Apud* Júlio Biker, *Collecção de Tratados*, VI, p. 110.

1843. — «A riqueza deste **Miao**, templo, descripto por Fernão Mendes Pinto, parecerá exagerada a quem não tiver noticias de outros mais sumptuosos, que ainda existem na China e na Tartaria». — José Inácio de Andrade, *Cartas*, II, p. 61.

1716. — «A peine eurent-ils reçu le baptême qu'ils coururent en foule vers leur **Miao** pour le détruire».—*Lettres Édifiantes*, XIV, p. 428.

1735. — «Viennent en leur rang les Bonzes et leurs **Miao** ou Pagodes». — P. Halde, *Description de la Chine*, II, p. 252.

1853. — «Comme il n'est pas possible que tous fassent annuellement le voyage de Ku-fu-kien, où est le tombeau du grand philosophe, on a élevé dans chaque ville un temple (**miao**)». — Pauthier, *Chine*, p. 182.

1876. — «In the province of Kiangnan alone more than 500.000 people were ejected from the **miaos**, and once more became mere laymen».—Howorth, *History of the Mongols*, I, p. 248.

**MICADO** (jap. *mikado*). Título do imperador do Japão. Não figura o vocábulo nos escritos dos nossos missionários antigos, que designam o soberano espiritual por *dairi* (q. v.), e o temporal por *cubó* (q. v.). Com a abolição do *xogunado* (q. v.) no século passado, ambos os poderes estão reùnidos em uma só entidade.

1854. — «Isto explica esta phrase que se encontra nos annaes do Japão, ao anno 611: Hoje o **micado** (soberano) fez com toda a corte uma caçada ás hervas».—*Annaes do Conselho Ultramarino*, III, p. 100.

1858.— «Durante vinte e cinco seculos, a velha dynastia dos **Micados** reinou alli por successão legitima e constante; mas lá tambem, mordomos energicos, turbulentos, os Sioguns, chefes militares, supplantaram os preguiçosos imperadores».— *Archivo Pittoresco*, II, p. 12.

1874.—«A historia do Japão desde essa epocha até hoje é a historia da concentração progressiva primeiro nas mãos de um *daimio* mais poderoso, o *tai-cun*, e ultimamente nas mãos d'um descendente dos **micados**, de todo o poder politico». — Pedro G. Mesnier, *O Japão*, p. 10.

«O **micado**, posto que nunca se lhe alheasse a veneração e a adoração dos seus subditos, chegou a ser o mais pobre de todos os japonezes, não possuindo territorio algum, e vivendo unicamente da mesquinha dotação que lhe fazia o tai-cun». — *Id.*, p. 17.

1897. — «O **mikado**, o imperador, descende assim directamente do sol, é seu parente, e como tal merece a obediencia e a adoração de todos os subditos». — Venceslau de Morais, *Dai-Nippon*, p. 23.

1900.—«Mal imaginavam esses conquistadores que seis seculos mais tarde, viriam os subditos do **Micado**, com menor numero de navios e guerreiros».—In *Ta-ssi-yang-kuó*, I, II, 12.

1904. — «Não se conhecia a propriedade particular. A terra era do **Mikado** ou do seu representante administrativo — o Shogun». — Ladislau Batalha, *O Japão por dentro*, p. 18.

1905. — «Miaco ou Kioto é das principaes e mais insignes cidades da grande ilha de Nippon, residencia do supremo sacerdocio e do **mikado**».—Jordão de Freitas, in *O Instituto*, LII, p. 311.

1912. — «Ha sete seculos, o **mikado** era apenas uma especie de rei decorativo e pueril, um joguete de algumas familias aristocraticas, e sobretudo do shogun, a personalidade poderosissima de então». — *A Nação*, de 17 de Setembro.

1916.—«O **Micado** encarna no Japão a divindade e é alvo do mais intenso culto nos templos». — *A Ordem*, de 14 de Março.

1916. — «Existiam nesta ocasião, lado a lado, o **Micado** (nome por que então tambem era designado o Imperador) e o Shogun (generalissimo)».—In *O Instituto*, LXV, p. 390.

1754. — «Les principaux [titulos], sont ... **Mikado**, *Dao*, ou *Dairy*». —P. Charlevoix, *Histoire du Japon*, I, p. 139.

1854. — «Que le titre le plus ordinaire de ce haut dignitaire est celui de ziogoun (ou siogoun), et qu'il n'est légalement que le lieutenant du véritable empereur, ou **mikado**, dont la cour ou résidence est désigné par le mot daire».—Jancigny, *Japon*, p. 29.

«**Mikado** signifie littéralement: Fils du ciel, etc.». — *Id.*, p. 112.

1894. — «On the one hand, was the **Mikado,** supposed to trace a lineage ou unbroken descent from the gods, and accorded a veneration semi-divine, but living in seclusion at the city of Kioto with such powers of administration as he still retained confined to matters of religion and education». — G. Cabbold, *Religion in Japon*, p. 15.

1898. — «... con la particularidad de haber dos emperadores: el **Mikado,** como jefe espiritual, y el Taikún ó Cubo como jefe temporal; pues desde el año susodicho quedaron fusionados ambos cargos, y el **Mikado** les resume». — Alfredo Opisso, *La Raza Amarilla*, p. 90.

1915. — «... has not succeeded in replacing altogether in the minds of Western people the glamour which in past times surrounded the kingdom of the **Mikado,** and seemed to be a part of the very life of its people». — *The Times of India Illustrated Weekly*, de 2 de Junho.

* **MIÇOXE** (jap. *mikoshi*). Carro sagrado, em que se leva nas procissões o espelho, o papel ou o ídolo que representa o *cami*, no Japão.

1874. — «Os dourados luzentes, as estatuas dos deuses, os **micoshis** resplendentes, as opulentas vestimentas de tecidos preciosos em que os idolos principaes estão enroupados, mal podem apparecer em todo o seu esplendor». — Pedro G. Mesnier, *O Japão*, p. 251.

**MINHAMUNDI.** Óleo perfumado, na Malásia. Do mal. *minyaq-mundi*, «óleo da árvore *Garcinia dulcis*», cujo fruto saboroso, diz Favre, se assemelha à maçã. Os *amoucos* untam-se com êste óleo em sinal da sua resolução.

1546. — «Ficarão todos tão animados, que sem esperarem mais, se untarão os mais delles co **minhamundi,** que he huma certa confeyção de azeyte cheiroso, com que esta gente em taes casos como estes se costuma untar para remate de toda a determinação que levão para morrerem, e a estes que se untão desta maneyra chama o vulgar da Gente Amoucos». — Fernão Pinto, *Peregrinação*, cap. 174.

«Por voto solemne se untarão co **minhamundi** para Amoucos». — *Id.*, cap. 178.

**MIR.** É o mesmo que *amir* ou *emir*, na zona da influência pérsica: nobre, chefe. Do persa *mīr* < ár. *amīr*.

1515. — «Dae cinquẽta peças de beatilhas ao mesejeiro que **mira** buçaca Senhor de Rexer e capitã do xeqismaell mandou». — In *Cartas* de Afonso de Albuquerque, VI, p. 353.

1523. — «Mandamos a todos os **mires** [de Ormuz] e pessoas ourradas que cargos tyverem». — *Carta Régia*, in *Alguns Doc. da Torre do Tombo*, p. 481.

1553. — «**Mir** acerca dos Persas serue de pronome e denotação de honra, a que se dá aos homens que são feitos capitães de gente, ou tem ja nobreza do sangue destes». — João de Barros, *Déc.* II, II, 6.

«Com seus gouernadores e **mires,** que são os nobres do Reyno». — *Id.*, *Déc.* II, x, 4.

1554. — «E sendo todas as capitulações acima espritas e decraradas por hum lingua ao dito Reey e xaroffo... e todos os **mires** pera fazer este contrato em nome do dito Rey de Ormuz...». — Simão Botelho, *Tombo da India*, p. 83.

1597. — «Havia muitos **Mires,** e Capitaens do Reino de Ormuz». — Diogo do Couto, *Déc.* VI, IV, 14.

1632. — «Fez sahir de novo cencoenta *terradas*, e embarcar nellas á sua vista a maior parte dos **mires** que o acompanhavão (são **mires** os seus fidalgos illustres)».—Fr. Luís de Sousa, *Hist. de S. Domingos*, III, p. 74.

1780. — «O exercito de **Mir** Faizar Aly Kan penetrou pela sua superioridade a provincia de Canácona». — *Apud* Júlio Biker, *Collecção de Tratados*, VIII, p. 58.

1588.—«Generale di questa espedizione fù Hocem Persiano, il quale in lor linguaggio, per cagione d'honore, era chiamato **Mir,** cioè Capitano, ò Gouernatore». — P. Maffei, *Le Istorie*, p. 138.

1650. — «... disant pour ses raisons, qu'il estoit vn **Mir** de la race de Mahomet, et que ce qu'il disoit deuoit plustost estre crû, que la parole d'vn Chrestien».— Floris, in *Relations*, I, p. 18.

1695. — «**Mir.** C'est l'Abrégé du mot d'*Emir*, qui signifie en Arabe, Chef, Prince, et Commandant. Les Persans et les Turcs se servent souvent de cette abréviation, soit dans les noms propres, soit dans les appellatifs». — Herbelot, *Bibliothèque Orientale*.

1880. — «This figure, who was the **Mir** Chob or Prince of the Night (i. e., the chief of police), promised to communicate his wishes to the Amir». — Howorth, *History of the Mongols*, II, p. 797.

1885. — «In 1843, the Muhammadan rulers of Sind, known as the **Mirs** or Amirs, whose chief fault was that they would not surrender their independence, were crushed by Sir Charles Napier». — Hunter, *The Imperial Gazetteer*, VI, p. 409.

* **MIRABA, mirabar** (ant.). «Alcaide do mar», ou chefe do porto,

na Indià. O primeiro vocábulo é o persa *mīr-āb,* «chefe das águas»; o segundo compõe-se de *mīr* e do ár. *bahr,* «mar», e ambos dizem pràticamente o mesmo. No decurso do tempo, *miraba* passou a designar um empregado inferior de alfândega marítima.

1539. — «E o **mirabar** seraã do *divão* e dos portugueses e yram ambos de dous juntamente acima da nao e ambos de dous assentarám em cadeira». — *Apud* Júlio Biker, *Collecção de Tratados,* I, p. 87.

1554. — «E ao **miraba** [de Baçaim], que he o alcaide do maar, 30000 reis». — Simão Botelho, *Tombo da India,* p. 238.

1604. — «O nauio do Alcaide do mar (a que os Mouros chamão **Miraba**) quis chegar a bordo». — Diogo do Couto, Déc. V, II, 9.

1856. — «Ainda actualmente ha [na Pérsia] o mesmo cargo com o titulo de **myr-ab,** principe das aguas, e é occupado pelo setimo ministro na monarchiã». — *O Panorama,* XIII, p. 260.

1804. — «*Lagimas* do sub-director, escrivão, pesador, guarda-mor e **miraba**». — Ernesto Fernandes, *Regimen do Sal,* in *Bol. S. G. L.,* XXII, p. 381.

1674. — «There is another hangs up at the daily Waiters, or **Meerbar's** Choultry, by the Landing-place, as a terror to make them pay *Caesar* his due». — Fryer, *East India,* I, p. 247.

1676. — «Le **Mir-abe,** c'est-à-dire le Prince de l'eau, est le Surintendant des eaux, et c'est pour le profit la plus belle charge du Royaume».—Tavernier, *Voyages,* II, p. 305.

**MIRABARI** (ant.). Significa pròpriamente, conforme o étimo, persa *mīr-bahrī,* «direitos de ancoragem ou de passagem dum rio»; mas em Goa designava o direito exclusivo que certa communidade de pescadores possuía e a contribuição que por êle pagava. O conceito implicado era «o senhorio do mar».

1554. —«E a Renda das *Orraquas,* **mirabary,** que Rende quatro centos pardaos». — Simão Botelho, *Tombo da India,* p. 56.

1843. — «. . . exclusivo da pesca sobre a costa, que de tempo immemorial possuia esta communidade de pescadores, ou **mirabari**». — *Annaes Maritimos,* p. 132.

**MIRABÓLANO, mirobálano** (mais correcto), **mirabulano** (ant.). O nome abrange, segundo Tomé Pires e Garcia da Orta, cinco espécies de glandes, que na Idade Média eram transportadas da Índia, sêcas ou em conserva, e empregadas para usos farmacêuticos, como ainda o são na medicina indígena. Tais são:

*a*) **Êmblico,** *Phyllanthus emblica,* Linn. V. *êmblico* e *anvalló.*

*b*) **Índio** (*roz-ānvāḷó* em concani), *Phyllanthus distichus,* Muell. Faz-se conserva de vinagre e de calda, em Goa.

*c*) **Belérico,** *Terminalia belerica,* Roxb. V. *belérico* e *gotingo.*

*d*) **Québulo,** *Terminalia chebula,* Retz. V. *québulo* e *ardá.*

*e*) **Citrino,** *Terminalia citrina,* Roxb. Indígena de Bengala [1].

O vocábulo é de origem grega, *myrobálanos,* empregado por muitos escritores antigos, mas designava então outra espécie de fruto. «Os *mirabolanos* dos Gregos antigos nam sam estes, diz Orta; nem Dioscorides, nem Galeno, nem Plinio conhecerão estes nossos *mirabolanos;* senam chamaram *mirabolanos* outra mésinha, de que faziam azeyte [*Moringaptera,* Decaisne]; e *mirabolanos* quer tanto dizer em grego, como noz ou bolota cheirosa ou unguentaria». (Col. XXXVII). V. *Glossary.*

1500.—«. . . alem de gengibre, pimenta, tamarinhos, **mirabolanos,** e cassiafistula, que nascem mesmo em Calecut». — *Navegação de P. A. Cabral,* cap. 15.

1514. — «E hũa panela de **myrabulanos** hũ pouquo mais pequena». — In *Cartas* de A. de Albuquerque, VI, p. 172.

1516. — «**Mirabulanos** são cinquo sortes: as quatro nacem no Malabar em Bacanor e Baçalor, Mangalor. . . os *quebulos* nacem em Bengala, em Malaca, em Burney». — Tomé Pires, *apud* Cardeal Saraiva, VI, p. 422.

1516. — «Ha neste lugar muytos e bõs **miramulanos,** e fazem algũs deles em conserva, para venderem ha hos Mouros Darabia e Persya, que hos compraom muyto bem». — Duarte Barbosa, *Livro,* p. 292.

1521. — «Foram surgir as náos á par da ilha de **mirabolanos** com o dito *junco*

[1] As duas primeiras espécies pertencem à família das euforbeáceas, e as outras três à das combretáceas.

amarrado por popa da capitayna». —*Relação da Viagem de Fernão de Magalhães*, *apud* Saraiva, vi, p. 135.

1551. — «Tem [Cananor] pimenta em abastança, muyto gengibre, grande multidão de tamarindos, **mirabolanos,** canafistola e cardamomo que sam mercadorias que se gastão bem». — Castanheda, *Historia*, cap. 41.

1554. — «O *baar* dos **mirabulanos** em conserva tambem he como o de beijoim, asy no baar como *picota*». — António Nunes, *Lyvro dos Pesos*, p. 8.

1554. — «Canfora, aguila, **mirabulanos** sequos». — Simão Botelho, *Tombo da India*, p. 49.

1609. — «Carambolas, iambos, **marabulanos,** grandes cidras e limões». — Fr. João dos Santos, *Ethiopia Oriental*, ii, p. 270.

1613. — «É ilha Pullo Malaca diferente daquela arvore chamada *Malaca*» (*Phyllanthus pectinatus*). — Manuel G. de Erédia, *Declaraçam de Malaca*, fl. 10.

1615. — «Na India chamam-se **Mirabolanos,** que são arvores como ameixeiras, de que ha grandes quantidades em Cochim». — Pyrard de Laval, *Viagem*, ii, p. 365.

1663. — «Das drogas medicinaes todas as que da India se trazem para as boticas da Europa, **miramulanos,** assafetida, spicanardo, opio e outros». — P. Manuel Godinho, *Relação*, p. 55.

1894. — «O **myrabolano,** alto, de vasta copa, com vagens longas, como as de alfarroba». — Lopes de Mendonça, *Os Orphãos de Calecut*, p. 136.

1895. — «Os **myrabolanos** passaram, pois, da materia medica hindu para a arabica, e d'esta para a européa, que durante muitos seculos foi regida pelas prescripções dos arabes». — Conde de Ficalho, *Col.* xxxvii.

1444. — «Quiui [Cambaia] nasce spicconardo, lacca, **mirabolani,** endego, e seta in grande abbondanza». — Nicolo de Conti, *apud* Ramúsio, i, fl. 432.

1510. — «Pepe, zenzero, cardamomo, e **mirabolani**». — Barthema, *ibid.*, i, fl. 158.

1578. — «Los **Mirabolanos** por ser medicina Benedicta y sancta se ponen entre las medicinas sagradas. Destos **Mirabolanos** ay cinco especies differentes, nascidos en differentes arboles y en tierras differentes. Estas cinco especies son, *Citrinos, Chebulos, Indos, Emblicos* e *Belericos*». — Cristóvão da Costa, *Tractado*, p. 273.

1658. — «La pianta del **marabalano** chiamata da naturali Aunda è boscareggia... La maggior parte [dos frutos] vienne confittata nel zuccaro, ne qual modo è molto salutifero, rinfrescatiuo, purifica il sangue, & espelle gli umori biliosi... oltre di questa specie di **marabolano** ve n'é vn altra, qual chiamano **marabolani** *kebuli*». — Fr. Vincenzo Maria, *Viaggio*, p. 322.

1666. — «Les **mirabolanes** croissent dans ses montagnes, et c'est la cause pourquoi les Orientaux les appellent *Cabuly*». — Thevenot, *Voyages*, iii, p. 172.

1786. — «Questo è un'albero grande che porta i **Marabolani** *Emblici* d'India, ben conosciuti della Medicina. Li Malabari si servono di questi **Marabolani** per purgare». — Fra Paolino, *Viaggio*, p. 359.

*** MIRALEXI.** Figura o vocábulo no *Livro* do Duarte Barbosa, e designa o fruto antidotal de certa árvore venenosa, que êle denomina *braechagua* (q. v.). Mas parece que está o vocábulo deturpado; pois tal palavra não existe em nenhuma língua indiana nem tem nenhum significado. A tradução castelhana da referida obra tem *Nirabixy* e *Baxarague*, que na tradução italiana de Ramúsio estão representados por *Nirabixi* e *Baxana*. *Nirviṣa* (*nir*, «sem», *viṣa*, «veneno») em sânscrito quere dizer «destituído de veneno», e *nirvixi* ou *nirbixi* nos prácritos modernos significa «antidotal». V. *bissa*. *Nirabixi* ou, antes, *nirbixi*, deve ser, portanto, a forma correcta.

1516. — «Ha fruyta desta propria árvore a que chamaom **Miralexy** tem tal virtude que mata toda peçonha». — *Livro* (2.ª ed.), p. 311.

1554. — Ha raiz se chama *Baçaragua*, e ha fructa **mirabexi**». — Garcia de Resende, *Miscellanea*, fl. 150.

1908. — «In the more eastern section of its area it receives the name *nirbisi* — a name more correctly indicative of *Aconitum palmatum*». — Watt, *The Commercial Products*, p. 19.

*** MIRÁS** (s. m.). Prédio concedido sem fôro por uma comunidade agrícola de Goa aos seus servidores. Em outras partes o vocábulo tem sentido mais amplo, o de «direito hereditário a um prédio, ofício ou indústria». Do ár. *mīrās* (lit. «herança»), introduzido nas línguas da Índia. MIRASDAR, aquele que possui *mirás*. Do persa *mīrāsdār*.

1703. — «Deve-se mandar expedir Sonodo a Bascará Caci, *Carcuno* delle Dessay a pensão de **mirás** de Nivisi dangui». — *Apud* Júlio Biker, *Collecção de Tratados*, xii, p. 147.

1840. — «**Miras** ou *Namoxins* (Predios

rusticos dados aos Serventes das Aldêas em retribuição de serviços, que prestaram e deviam prestar; aos Pagodes, *Botos, Gurovos, Bavinas*, Bailadeiras, etc., para aceio, e luzes daquellés, sustento destes)». — *Collecção de Bandos*, I, p. 97.

1845. — «**Mirass** ou Namoxins. — Bens de raiz dados antigamente aos servidores das aldêas, em pagamento do serviço, que nellas deviam prestar». — *Annaes Maritimos*, p. 249.

1852. — «**Mirás** — cargo hereditario, com predio adjuncto; predio concedido sem foro pela communidade aos seus servidores». — F. N. Xavier, *Bosquejo Historico* (2.ª ed.), III, p. 86.

1870. — «E com quanto um arranjo para a cobrança das rendas pelo *Patel* ou **Mirassidares** (especie de *gancares*) da aldea os possa investir de alguns poderes addicionaes». — *Apud* Cunha Rivara, *Brados a favor das Communidades*, p. 19.

1918. — «E uma collecção dos testemunhos vindos dos **Mirasdares** do Sul da India». — *O Ultramar*, de 21 de Janeiro.

**MIRIÓ** (conc. *miryó*). É árvore indiana de madeira — *Polyalthia fragrans*, Benth. & Hook., da família das amonáceas. V. *merió*.

1864. — «**Mirió**; serve para adufas e ripas. O sumo das folhas d'esta arvore é applicado nas diarrheas». — *Archivo de Pharmacia*, I, p. 147.

**MIRZÁ.** O persa *mīrzā* quere dizer literalmente «nascido de *mir* (ou *emir*), isto é, «nobre, fidalgo». Anteposto ao nome próprio, corresponde a «senhor» em português; posposto significa «príncipe, infante». Não figura muito o termo nos nossos indianistas.

1680. — «Concertos que fez o Capitão geral D. Rodrigo da Costa, com **Miriza** Rase, Provedor Mór das Contas do Reino da Persia». — *Apud* Júlio Biker, *Collecção de Tratados*, VI, p. 216.

1604. — «Entró Mahomet pacificamente a tomar la possession del reyno de Persia, en compañia de su hijo mayor Emirhamze **Mirza**». — D. Juan de Persia, *Relaciones*, fl. 64.

1765. — «... creeps with a dejected countenance to the feet of the Cadi, calling him **Mirza** (a Title for the most noble Courtier)». — Fryer, *East India*, III, p. 104.

1880. — «The **mirzas** were of two classes, those descended from the ancient conquerors of Krim and the Kapikulis who became noble by their ancestors having filled some important office in the state». — Howorth, *History of the Mongols*, II, p. 606.

* **MISTIGUIDADE.** É termo corrente na Índia Portuguesa, derivado de *místico*, «mixto», e empregado no sentido de «comunhão, promiscuïdade». *Bens de mistiguidade* são bens comuns e indivisos, usufruídos conjuntamente por muitos. *Viver em mistiguidade* é viver em sociedade doméstica da massa comum. Morais regista: «*Viver mistico com alguem*; i. é, em sociedade domestica, ou da mesma Cidade». Não se usa muito do adjectivo *místigo* ou *místico* nesta acepção.

* **MITIR.** Religioso budista de terceira categoria, em Camboja. Os nossos escritores consideram-no como sacerdote comum. Do camb. *mī-thêr*, «chefe superintendente». V. *massancrache* e *nacsendeche*.

1569. — «Outros chamam **Mitires**, que são no grao comum dos Sacerdotes, que se assentam abaixo del Rey». — Fr. Gaspar da Cruz, *Tractado da China*, cap. I.

1630. — «A terceira differença he dos **Mityres**, que são do grão comum dos Sacerdotes, e tem lugar abaixo d'elRey. A estes seguem duas distinçoens, que chamão *Chapazes* e *Sazes*. Todos procurão viver separados do povo em vida e trato». — Fr. Luís de Sousa, *Hist. de S. Domingos*, III, p. 329.

«Entretanto disputavão os Frades com os Chapazes, Sazes e **Mitens** (*sic*)». — *Id.*, p. 332.

* **MITMAPRI** (ant.). Renda que se pagava à fazenda pública em Sanquelim das Novas Conquistas pela medidagem do sal importado na província. Do marata-conc. *mīṭhmāprī*.

1865. — «Pagaram — e ainda hoje pagam á fazenda publica — a renda do bazar... a *Busmapri*, e **Mitmapri**, pela medidagem do sal e dos legumes importados». — *Relatorio Final da Provincia de Satary*, p. 8.

* **MIXO** (jap. *miso*). Conforme Hepburn, é «môlho feito de vagens, trigo e sal»; mas abaixo descreve-se doutro modo. É provável que se preparasse de diversas maneiras.

1568. — «Hum pouco de *siro* [vid. *xiro*] (que he hum caldo que se tempera com o

**mixo,** que se faz de arroz podre, grãos cozidos e sal: e comemno quando já está muito podre com cinco dedos de mofo)».— P. Alexandre Vallarreggio, *Cartas de Japão,* I, fl. 255.

«**Mobed,** s. m. Nome dos sacerdotes nos tempos posteriores da religião de Zoroastro». Domingos Vieira. É nome arábico dos sacerdotes zoroastreus.

**MOÇAFO** (ár. *muṣḥaf,* «volume, livro»). Os nossos escritores antigos empregam freqùentemente o termo para designar o «alcorão», e servem-se dêste vocábulo especialmente para designar a «tôrre donde os muçulmanos chamam os fieis à oração». V. *alcorão.*

1546. — «Elle tinha feito voto solenne, e jurado num **moçafo** de Mafamede, que he o livro da sua ley, de não deixar aquelle cerco até não pôr a cidade por terra». — Fernão Pinto, *Peregrinação,* cap. 175.

1552. — «E assi ho jurarão todos quantos sobre um **moçafo,** que he o livro da sua seyta». — Castanheda, *Historia,* VIII, cap. 112.

1553. — «O qual foi logo jurado por el-Rey [de Ormuz] em o **moçafo** da sua seita». — João de Barros, *Déc.* II, II, 4.

1555. — «E logo puzerão a mão sobre o **moçafo** segundo o costume da sua ley, prometendo cada hum por sy de mui inteiramente guardarem e fazerem guardar todo o sobredito». — In *Archivo Port.-Oriental,* V, p. 275.

1563. — «ElRey os recebeo á porta da sala, e assim todos em huma varanda, Gaspar Rodrigues, lingoa, leo as cartas d'ElRey, perguntando-lhe se era contente, e tudo fazia de sua vontade, e de seus Regedores; e todos disserão que assy o cumpririão pera sempre; o que o lingoa disse que assy o jurassem, como logo jurarão no seu **moçafo,** segundo seus costumes». — Gaspar Correia, *Lendas,* I, p. 837.

1566 — «El Rey, e estes seus dois gouernadores juraram nò **moçafo** da sua ley, de manterem as pazes».—Damião de Góis, *Chronica de D. Manuel,* II, cap. 34.

1567. — «Os estrangeiros não terão reliquias de veniaga, nem **moçafos,** somente poderão tellas em particular para seu uso». — *Carta de lei* de Antão de Noronha, in *Archivo,* IV, p. 70.

1603. — «Folgão de ouvir fallar em livros, porque de nenhum tem noticia mais que do seu **moçafo**». — Fr. António de Gouveia, *Jornada do Arcebispo,* fl. 147.

1304. — «Fez o Embaixador logo o mesmo juramento, que lhe foi dado no seu **moçafo** pello lingua». —Diogo do Couto, V, I, 12.

1609. — «Deante de todos fez o principe de Ampaza um solemne juramento em seu **moçafo,** de guardar inteiramente o concerto das pazes». — Fr. João dos Santos, *Ethiopia Oriental,* I, p. 424.

1611. — «O Mouro que no seu **moçafo** jurou falso, que seja prezo e que pague para obras de justiça». — Diogo do Couto, *Dialogo do Soldado Pratico,* p. 35.

1616. — Tambem elle juraria no seu **moçafo,** escritura principal da sua ley, que logo mandou vir». — António Pinto Pereira, *Hist. da India,* I, 107.

1663.— «Nas mesquitas não ha imagem nem figura alguma, mais que uma cadeira pequena, e nella o **moçafo,** que é o livro da sua lei, como se disessemos biblia». — P. Manuel Godinho, *Relação,* p. 101.

1695. — «Pois quanto nos deixou no *Angil,* **moçafo,** e *Alcoram* he falso». — Cosme da Guarda, *Vida de Sevagy,* p. 146.

1697. — «Jurarão sobre hum **moçafo,** que he livro do seu alcorão, de fazerem guerra aos Portuguezes até os despejarem da fortaleza, e das vidas». — P. Francisco de Sousa, *Oriente Conquistado,* I, III, 1.

1610. — «Obligan los con rigor à que ningun pueda vender pesce mujer sin prima parescer delante con el, y lleuado en su [do cacis] presencia, le dan en el **Musaph** (que es el libro de su setta) solenne juramiento pera que declare se uzò del pesce torpemente». — Pedro Teixeira, *Relaciones,* p. 138.

**MOCADÃO.** Arrais ou patrão, chefe da tripulação; capataz; mordomo; caseiro, administrador de palmar. No primeiro sentido, o termo é mais empregado pelos nossos escritores antigos; o último está agora mais generalizado em Goa. Ainda hojo o arrais do bergantim do governador geral é conhecido por «mocadão». Do ár. *muqaddam,* «anterior, precedente», *mukdam'* em concani.

1511. — «Por este vos mando que deis ao **mocadam** dos carpinteiros duas cotonias brancas de que lhe faço merce pera ele e ho **mocadam** dos ferreiros para cada hum sua». —Afonso de Albuquerque, *Cartas,* V, p. 9.

1511. — «Vos mãdo que des a durpeja **mocadam** dos pedreiros hum *beirame*». — *Ibid.,* VI, p. 425.

1513. — «Hya a casa destes quatro capitães sobredictos, os quaes chamam elles **mocapdames**». — Francisco de Albuquerque, *ibid.,* III, p. 361.

1537. — «O **mocadão** da mazmorra, que era o carcereyro daquella prisão, tanto que os vio mertos logo deu rebate disso». — Fernão Pinto, *Peregrinação*, cap. 6.

1552. — «Os principaes forão duzentos piães canarins que yão com Malo **mocadão** dos remeiros». — Castanheda, *Historia*, VII, cap. 97.

1554. — «Mandar aos **mocadões** dos ourives que se vistão todos muito bem e leuem aquelle ouro e lancem sobolo Visorrey e anlho [hão de lho] deitar aa porta do lanceiro». — In *Archivo*, II, p. 221.

1554. — «Hum *naique* com seus piães e hum **mocadão**».—Simão Botelho, *Tombo da India*, p. 239.

1559. — «Sem certidão de Joam de Santa Maria, **mocadão** dos ditos marinheiros». — In *Archivo Port.-Oriental*, V, p. 407.

1563. — «Hauia hum barqueiro que tinha cuidado do mar, que chamão **mocadão**, que tinha cuidado de mandar pelo rio almadias e barcos pelos rios buscar canas, e paos, e *ola* sequa, pera cobrir as naos; que tambem se chamaua *xabandar*». — Gaspar Correia, *Lendas*, II, p. 80.

1566. — «O *Panical* de Cochim, e Mulo **mocadam** dos Canarins de Goa, que se fizeram depois ambos Christãos». — Damião de Góis, *Chronica de D. Manuel*, IV, cap. 60.

1567.—«Manda que nenhum official seu, assi de justiça, como da fazenda, nem rendeiro em suas rendas se sirva de infiel algum, nem haja **mocadões** infieis». — Primeiro Concílio de Goa, in *Archivo*, IV, p. 24.

1569. — «E elle por **mocadão** principal com sua enxada, e o mais do tempo com hũa cana na mão, dando ordem ao que se fazia». — P. Luís Fróis, *Cartas de Japão*, I, fl. 238.

1577. — «E o mesmo faça aos **Mocadães**, *Socães*, e Vogas».—*Primor e Honra*, fl. 68 *v*.

1585. — «Na proa vai sempre o **mocadão**, que é o arrais da embarcação, com uma vara nas mãos, assim para endireitar e botar o *luzio* [barco africano], como para espantar cavallos marinhos, que lhe não cheguem». — Manuel G. Cardoso, in *Hist. Tragico-maritima*, IV, p. 76.

1589. — «A esta *manchua* mandará o Vedor da fazenda ordenar os marinheiros e **mocadão** que pode ter». — *Provisão* do governador, in *Archivo*, V, p. 1169.

1604. — «Tornaua a despedir os nauios entregues a seus **mocadoens**, porque não vissem os inimigos pela manham o pequeno socorro que lhes viera». — Diogo do Couto, Déc. V, IV, 11.

1609. — «Ao piloto destas embarcações chamam *Malemos*, e ao Mestre **Mocadão**». — Fr. João dos Santos, *Ethiopia Oriental*, I, p. 332.

1616. — «Chamão-lhes *Lascarins*, e ao seu patrão **Mocadão**, e á galeota portugueza Navio, e ás dos Malabares *Paráos* ou Parós». — Pyrard de Laval, *Viagem*, II, p. 101.

1627. — «Resolvi o que della [carta] entendereis sobre o cargo de **Mocadão** mór dos marinheiros, que o Conde de Vidigueira, sendo V. Rey deste Estado proveio em Bárnabé Ribeiro». — *Carta Régia*, in *Archivo*, V, 1241.

1634.— «O numero dos ditos navios são onze, os quaes traz cada um quarenta marinheiros, que remão, e dous **mocadões**». —António Bocarro, *Livro*, III, p. 75.

1687. — «Farão quantas embarcações quizerem, conservando as uaradas e prontas com seus **mocadões** pagos, pera terem cuydado dellas», — P. Fernão de Queiroz, *Conquista de Ceylão*, p. 958.

1697. — «Tem alguns officios na India seus **mocadões**, que sam as cabeças, e os principaes dos que professão taes officios: e como os officios entre os gentios passão por geração de pais a filhos, de sorte que se meu pay foy pintor, eu não posso ser alfayate, he o **mocadão** ordinariamente o chefe daquelle sangue». — P. Francisco de Sousa, *Oriente Conquistado*, I, I, 2.

1706. — «Mandava a todos os **mocadões** dos *Chales* desta cidade e as mais pessoas». — *Provisão* do Santo Ofício, in *Archivo*, II, p. 2.

1729.— «Perguntou o dito Arcebispo se o Doutor Paulo Joseph Correa, de cujo *ballão* he elle testemunha **mocadão**, tinha em casa alguma bayladeira». — *Ibid.*, Supplemento, II, p 333.

1727. — «**Mocadão** He na India o mesmo que Patrão nas lanchas, setias, etc. em Europa, ordinariamente são Christãos, Mouros, ou Gentios da terra, nas Galvetas, Manchuas, e Balloens». — Bluteau, *Supplemento*.

XVIII. — «E perguntando em certa occasião aos **mocadães** responderam que as [palmeirinhas] faziam frescas e defendidas do gado».—*Arte Palmarica*, I, p. 148.

1782. — «E o grande cuidado que deve ter o **mocadão** ou a cujo cargo estiver o cuidado do palmar». — Fr. Clemente da Ressurreição, *Tratado*, II, p. 289.

1852. — «**Mocadão**... O encarregado dos palmares, e de outros serviços». — F. N. Xavier, *Bosquejo Historico*, IV, p. 12.

1872. — «Se do mesmo modo as pessoas instruidas do paiz, que são proprietarios, não abandonarem a direcção das suas culturas aos **mocadões** (caseiros) rotineiros...». — Bernardo da Costa, *Agricultor Indiano*, I, p 168.

1874. — «Estava-nos esperando a galeota do governador, com seus doze remeiros vestidos de branco, e o seu **mocadão** de farda azul». — Tomás Ribeiro, *Jornadas*, II, p. 27.

1880. — «O pessoal [do governador geral] acha-se actualmente limitado a dois ajudantes de campo, um **mocadão** (patrão) com doze marinheiros para governarem o bergantim (antiga manchua), dez mouros como guardas do palacio e alguns criados». — Teixeira de Aragão, *Descripção das Moedas*, III, 72.

1912. — «E a dama sem buscar averiguar se o offerente do bilhete era algum sacristão, se filho do **mocadão** do dono da casa...». — *O Ultramar*, de 8 de Agosto.

1589. — «Il y a d'ordinaire d'entre eux un Portugais que porte le titre de Capitaine et gouverneur, qui a pour adioinct un Arabe qui sert de maistre pilote qu'ils appellent **Mocadon**». —Linschoten, *Histoire*, p. 78.

1658. — «Non finiua il **Mucadamo** (cosi chiamano il Padrone) di salpare, quando nell punto d'uscire dal Porto, vedemmo passare due Galeotte de' Corsari». — Fr. Vincenzo Maria, *Viaggio*, p. 128.

1878. — «Being generally unable to engage the services of a inspector or **mukadam**, to superintend the agricultural operations in the fields...». — José Nicolau da Fonseca, *Sketch of Goa*, p. 17.

1913. — «**Mucadom**, under the Dutch, were those who supervised the Company's slaves». — Pieres, *Ceylon*, I, p. 538.

**MOCAMO**. Diz-nos Fr. Gaspar de S. Bernardino que é o nome que os árabes dão à «igreja»; mas *muqām* ou *maqām* é em árabe «sítio», estação», sendo *masjid*, «mesquita», a designação do seu templo. Parece, porêm, que o termo se empregou metafóricamente nesta acepção em Socotorá, como atesta Fr. António de Gouveia.

1603. — «Tem por toda a Ilha muitas Igrejas, ou Mesquitas, a que elles chamão **Moquamos**, são muito pequenas, e tão baixas, que quando entrão quasi tocão com a cabeça no tecto». — Fr. A. de Gouveia, *Jornada do Arcebispo*, fl. 135 *v*.

1609. — «He de saber que ao que nós dizemos Igreja, diz o Turco e Mouro Mesquita, os Arabes **Mochamos**, os Judeus Asnoga, e o Gentio Pagode». — Fr. Gaspar, *Itinerario*, p. 129.

1658. — «Fanno chiese, quali chiamano **Moquamo**, oscure, basse, sporche, delle quali ogni giorno vngono le pareti con butiro». — Fr. Vincenzo Maria, *Viaggio*, p. 140.

**MOCARRARIA** (ár. *muqarrarī*, «taxa fixa»). Quantia determinada por lei ou uso, que se paga, na Pérsia e na Arábia, a um rei estranho, especialmente para a liberdade de trânsito das cáfilas. Os nossos escritores empregam o termo com relação a Ormuz.

1588. — «Para se pagarem a elRey de Lara os tres mil pardáos que antigamente se lhes davão por deixar passar livremente por seu reyno as cafillas que vem a Ormuz, o que ora empedia por de alguns annos a esta parte se lhe não darem estes tres mil pardaos a que chamão — **mocararias**». — *Carta Régia*, in *Archivo*, III, p. 137.

1608. — «Começara logo a tentar novidades contra Ormuz, pedindo se lhe désse a elle certa porção, que na alfandega se dava aos reys de Lara por franquearem a cafilas, a que chamam **mocarrarias**, e que cessaram ha pouco com a morte do ultimo rey de Lara, que o Xá matou». — *Carta Régia*, in *Doc. da India*, I, p. 218.

1610. — «Todos os annos mandasse pagar as **mocarrarias** costumadas sem detença nem duvida». — Fr. António de Gouveia, *Relaçam da Persia*, fl. 210 *v*.

1612. — «Elle não tinha outra cousa de que pagar as **mocarraias** aos Reys seus visinhos, nem tenças, e moradias a fidalgos e criados de sua casa, senão daquelle rendimento da Alfandega... Duzentos e cincoenta *laques*, que são nove mil e trinta e seis pardaos d'ouro, para pagar as **mocarrarias**». — Diogo do Couto, Déc. V, IX, 5.

1610. — «For these territories the Kings of Harmuz pay to the King of Persia a certain tribute, called **mocarrarias**, because they are not let run into arrear, as sometimes happens with tributes». — Pedro Teixeira, *The Travels*, p. 190.

**MOCASSÓ**. Terra doada pelo soberano em recompensa dos serviços militares, na Índia. Do conc. *mokāsó* (mar. *mokāsā*) < hindust. *mukhāṣa*, derivado do ár. *khaṣṣ*, «próprio».

1840. — «**Mocassó** (Aldêas ou consideraveis terras doadas sem pensão, em remuneração de serviços)». — F. N. Xavier, *Collecção de Bandos*, I, p. 97.

1845. — «**Mocassós** — Terras ou aldêas doadas, em remuneração de serviços feitos ao dominante». —*Annaes Maritimos*, p. 249.

1856. — «Confirma aos Ranes e Dessays acima nomeados a posse das *Accas* e **Mocaços** e *Inamas*». — *Apud* Júlio Biker, *Collecção de Tratados*, XIII, p. 90.

1869. — «... as copias dos termos d'entrega aos Ranes da provincia, com a denominação de — **Mocassôs** — e outros documentos». — *Relatorio da Provincia de Satary*, III, p. 1.

1886. — «Os **mocassós** ou dessayados nas Novas Conquistas tiveram a sua origem nas doações regias, que os imperantes faziam em terras e honras aos seus melhores capitães». — Lopes Mendes, *A India Portugueza*, II, 14.

1892. — «Estas aldeias são conhecidas pelo nome de **mocassós**. O **mocassó** consistia apenas em tres quartas partes do *chauth* (vid. *chouto*)». — António de Almeida Azevedo, *As Communidades de Goa*, p. 87.

1907. — «Conseguiu, com grande empenho, do seu patrão que fossem concedidos em mercê o **mocassó** da aldêa Queulá ao templo Xri Xantadurga, o do bairro Manguexa ao de que se trata». — *Luz do Oriente*, de Outubro.

1909. — «Por varias vezes foram concedidas aos Sardessaes ranes os **mocassós**, inamas e outras pensões». — Amâncio Gracias, *Subsidios*, p. 239.

1918. — «Os **mocassós** e inamas são predios rusticos que os dessaiados possuem sem fôro algum». — *Heraldo*, de 23 de Julho.

*** MOCASDAR.** Indivíduo que tem *mocassó*. Concani-mar. *mokāsdār* < de *mokasó* e persa *dār*.

1824. — «Quando se haja de constituir adoptivos entre Dessais, Otonadares, e **Mocasdares**, se deve intervir a Authoridade, e permissão do *Sarcar* que deve preceder a adopção». — *Collecção de Bandos*, I, p. 92.

*** MOCHE** (jap. *mochi* ou *mochii*). Bôlo de arroz, no Japão.

1568. — «Huns trazião hum pouco de arroz cozido que chamão **moches** outros vinho que mais parece polme que vinho». — P. Alexandre Vallarregio, *Cartas de Japão*, I, fl. 255 *v*.

1588. — «Mandou leuar cento e cincoenta carros carregados de huns bolos que chamão **Moches** e de outras cousas de comer». — P. Gaspar Coelho, *ibid.*, II, fl. 260.

*** MODELIAR, mudeliar** (mais correcto, mas menos usado). Chefe, capitão indígena; título honorário. Do tam. *mudaliyār*, pl. honorífico de *mudali*, «chefe». O termo era antigamente usado na Índia meridional e em Malaca, mas actualmente subsiste só em Ceilão. O traje de gala dos modeliares é muito rico e vistoso, parte indígena, parte português, dos fidalgos do século XVI.

1543. — «Aqui jas Trannocam **Mudeliar** tio del-Rey de Malaca, a morte levou antes que Deus o vingasse do Capitão Albuquerque leão dos roubos do mar». — Fernão Pinto, *Peregrinação*, cap. 90.

1552. — «E que os direitos da igreja de S. Thome que o **modeliar** dos mouros tinha tomados depois da guerra lhe fossem logo tornados». — Castanheda, *Historia*, V, cap. 44.

1557. — «Quis que fosse a este negocio hum seu tio, que se chamava Tuão Nacem **Mudeliar**, em quem muito confiava». — *Commentarios*, III, cap. 30.

1595. — «Atalhando os desenhos de Dom João **Modeliar**, que se tem alevantado com o Reyno de Candea». — *Carta Régia*, in *Archivo*, III, p. 479.

1604. — «Elle queria mandar alguns capitães a que elles chamão **Modeliares**, a dar nos Malayares». — Diogo do Couto, Déc. V, I, 6.

1613. — «Meteo a tormento alguns **modeliares**, que são capitães de gente de guerra». — Francisco de Andrada, *Chronica de D. João III*, IV, fl. 101.

1635. — «Tiveram uns recontros com o inimigo em Matalé, onde cortaram trinta e cinco cabeças e tomaram uns *araches* e **modiliares**, que são os cabeças entre elles». — António Bocarro, Déc. XIII, p. 495.

1678. — «Tambem por industria sua, o lume da ley da Graça, desterrou das trevas em que vivia, a mulher do **Mudiliar**, que he Regedor do Rey do Ceitavaca». — Fr. Jacinto de Deus, *Vergel*, p. 14.

1685. — «... e o titulo de **Modeliar**, que entre nós exercita o posto como de Mestre de Campo». — João Ribeiro, *Fatalidade Historica*, I, cap. 5.

1687. — «Os *Dissâuas* respondem aos Adelantados de Hespanha, e Fronteyros de Portugal; os **Modeliares** aos Mestres de Campo; os *Araches* aos Capitães de companhias». — P. Fernão de Queiroz, *Conquista de Ceylão*, p. 80.

1707. — «Tendo escrito a **modeliar**, e outras pessoas, me avisarão que o **modeliar** ficava nas mattas, cortando paos para a Companhia» (holandeza). — P. Manuel de Miranda, in *O Chronista de Tissuary*, III, p. 158.

XIV. — «Cum etiam essem in Columbo, cum principibus illis Christianis, qui **Modelial** vocantur Domini Piperis...» — Marignolli, *apud* Gubernatis, *Storia*, p. 157.

1544. — «... et alia è Religionis usu administratum apud *Careas* Beadalae, et apud Praefectum locis illis, quem **Mudaliarem** vulgò nuncupant». — S. Francisco Xavier, *Epistolae*, I, 32.

1602. — «Piperis et cinamomi satis ibi haberi dicebat, Praefectumque Regium, qui **Modeliar** ipsis vocatur, vehementer expectare ut Generalis in terram descendens ad se veniret». — *India Orientalis*, VII, p. 17.

1675. — «... con todas las mugeres de los Araches, Lascarins, y con el Canxea **Modeliar** que avia quedado en guarda de la tierra». — Faria e Sousa, *Asia Portuguesa*, III, p. 300.

1678. — «Si bien elegia **Modeliares** (son Oidores) que assistian por consijeros con voto consultivo, y los *Motiares* (son los Secretarios) para el despacho ordinario».— João de Sá e Meneses, *Rebellion de Ceylon*, p. 25.

1825. — «The **Moodeliers,** or native magistrates, head-men as they are generally called, wear a strange mixture of the Portuguese and native dress, but handsome, from the gold with which it is covered». — Heber, *Narrative*, II, 170.

1854. — «Sous l'administration anglaise les **Modéliars** sont les agents supérieurs, à la fois civiles et militaires de l'autorité». — Jancigny, *Ceylon*, p. 170.

1860. — «A dinner at which my family were invited by the *Maha* **Modliar** de Sorun, the chief of highest rank in the maritime provinces, was one of the most refined entertainments at which it was our good fortune to be present in Ceylon». — Tennent, *Ceylon*, II, p. 161.

**MOGARIM, mogorim.** Flor da MOGAREIRA — *Jasminum sambac*, Ait. É branca, muito aromática e de pétalas singelas ou dobradas. No Brasil chamam-lhe *bogarim* [1]. «As flores applicadas localmente são lactifugas». D. G. Dalgado, *Flora*. «As mulheres indias engrinaldam as cabeças com estas flores, parecidas com as gardenias, principalmente na variedade de flor dobrada que tem o nome de *coçtá mogró*. Alberto de Castro, *A Cinza dos Myrtos*. Do conc.-mar. *mogrī*, «planta» ; *mogrém*, «flor», < sânsc. *mudgara* > hindust. *mogrā*, *mogrī*.

1563.—«Para cheirar não servem tanto, porque aquellas flores que estão naquelle alegrete chamadas **mogory** cheirão melhor que flor de laranja». — Garcia da Orta, *Col.* VI.

1716.— «**Mogarim**, ou **Mogarim** *do coração*. He uma flor, a modo de cravo branco, que exhala suavissimas fragrancias, cria-se nos jardins da India. Dizem que tambem se dá no Brazil...». — Bluteau.

1727.—«**Mogary.** A quem vulgarmente se chama **Mogarim** he huma planta, ou arbusto, cujas astes são da grossura de hum dedo, a sua cor he branca, e mais cheirosa que o jasmim, e na figura semelhante ao narciso. — Id., *Supplemento*.

1784. — «Cada mil *Jaios* e **Mogarins**, hum real e meio». — *Collecção de Bandos*, I, p. 46.

1802. — «A **mogareira** nunca cresce mais de um pequeno arbusto de que sahem muitas astias, e ao pé de suas folhas he que lança as suas *fulas* de cor de jasmim denominadas **mogarins** e chamadas *coração*, as quaes são do tamanho de uma rosa pequena, são dobradas, muito fechadas e tem um cheiro muito suave». — In *O Oriente Portuguez*, XI, p. 145.

1846. — «**Mogorins**, *Doddmogorins*, *Xiuntins*». — F. N. Xavier, *O Gabinete Litterario*, I, p. 249.

1878. — «**Mogarim** (*Jasminum grandiflora*) — Jasmim branco de grandes pétalas e aroma delicioso. Muito apreciadas pelas mulheres hindús para enfeite dos cabellos. É tambem usado na decoração dos templos brahmanicos e altares christãos». — Cristóvão Aires, *Indianas e Portuguezas*, p. V.

1882. — «Como as essencias de **mogarinhos,** champak, canduanga, laranja, rosa, cravo e outras». —Henrique Prostes, in *Bol. S. G. L.*, IV, p. 392.

1891. — «O «**Mogory**» de Orta é... chamado na India *mogra* ou *mogri*, cujas flores são muito empregadas como perfume, e nos ornatos e corôas que as mulheres hindus collocam sobre a cabeça em dias e occasiões de festividade». — Conde de Ficalho, Col. VI.

1900. —«**Mogarim**. — Em indiano *mográ* ou *mogri*... As mulheres chinesas, principalmente as prostitutas, tambem se enfeitam com esta perfumada flor». — *Ta-ssi-yang-kuó*, I, II, 11.

1900. — «Flor de **mogarim** fiado na «linha». — *Dialecto damanense, apud* António F. Moniz, *Hist. de Damão*, I, p. 263.

1906. — «Lançaram sobre os animaes grandes festões de flores, de **mogarim** e de *champi*, enfeitando-se tambem as bailadeiras da mesma forma». — Hipácio de Brion, *Duas mil leguas*, p. 46.

1908. — «**Magarim**. Nome indo-portuguez do *Jasminum sambac*, o jasmim da Arabia». — Alberto O. de Castro, *Flores de Coral*, p. 143.

1915.—«Os nossos dicionarios dão **mogarim** como adjectivo (rosa mogarim), mas na India Portuguesa **mògrim** é substantivo (nome de uma flor)».—J. Leite de Vasconcelos, *De Campolide a Melrose*, p. 171.

1658. — «Il **Mogri** è fiore il più soaue, e stimato dell' India, similissimo alle rose damaschine doppie». — Fr. Vincenzo Maria, *Viaggio*, p. 395.

1668. — «L'on y voit quantité de fleurs extraordinaires, celle qu'ils appellent **Mougrin,** et qui ressemble à nos Jasmins, l'emporte sur toutes autres». —Dellon, *Relation d'un Voyage*, I, p. 80.

1686.—«Indostane et Portugallice *Fula* **Magori** et *Mogolli*... Per nomen *Fula Magori* denotatur Flos Magorensis, acsi Magorensis populus, qui feroces sunt Tartari, quique vulgo Mogulli vocatur, pri-

[1] «Diz-se que vierão do Mogul ou Mogór, donde tomárão o nome, que o vulgo altera em *bogarí*». Morais.

mum hosce flores in usum et aestimationem adduxerit». — Rumphius, *Herbarium Amboinense,* I, cap. 29.

1750. — «C'est colliers de fleurs à plusieurs rangs, qu'ils appellent **Mogri,** qui ressemble au double Jasmin d'Espagne, quoique d'une odeur beaucoup plus forte et beaucoup plus agréable». — Grose, *Voyage,* p. 231.

1791. — «Elles avaient pour colliers des cordons de fleurs de **mogris,** et pour ceintures des guirlandes de fleurs frangipanier». — Bernardin de Saint-Pierre, *La Chaumière Indienne.*

* **MOGERES** (s. m. pl.). Diz-nos Duarte Barbosa que são uma casta baixa, pouco numerosa, do Malabar, semelhante a dos *tuias* (q. v.), e descreve-a largamente. Mas não é fácil identificar bem o vocábulo. Em malaiala, *mugar* significa «homens mudos», e *mūggaṛayar,* «homens sem nariz» ; qualquer dêles poderia dar *muguer,* que deve ser a ortografia exacta. *Homem sem nariz* quere dizer, no sentido figurado, por toda a Índia «homem desavergonhado» ; e tal denominação podia bem caber à casta que não tinha, como diz o nosso escritor, «ley de casamento». Vincenzo Maria atribui a *muggiaci* o significado de «segantini», que podem ser «serradores ou segadores»; e *mūruka* quere dizer «cortar, ceifar», do qual se deriva o substantivo *mūruṇavān* (pl. *mūruṇavar*), «segador, ceifeiro».

1516. — «Ha nesta terra outra ley de gente mais baixa que chamaom **Mogeres,** saom quasi como hos Tuias, mas nom se tocaom hũus com outros ; estes servem de caretar todalas cousas do estado delRey quando ele se muda dalgũu lugar para outro, mas ha muyto poucos destes na terra; tem ley sobre sy e nom tem ley de casamento, pela maior parte ganhaom de comer pelo maar, saom marinheiros, e alguns pescadores, adoraom idolos sobre sy, saom tambem escrauos dos Nayres : ha hy deles muyto riquos que tem nauios com que nauegaom, e trataom com hos Mouros». — *Livro,* p. 336.

1658. — «A questi succedono li Barbieri, detti Ambutere, li Segantini, detti **Muggiaci ;** li Ferrari, detti Collani». — *Viaggio,* p. 265.

**MOGÓ.** Décimo asterisco lunar, que recai em Agosto. A chuva dêste período é considerada na Índia muito benéfica às plantas. Do conc. *maghô* < sânsc. *maghā.*

XVIII. — «Esperam que as palmeirinhas tenham um anno ou mais, e então as transplantam, ou no fim de maio, ou no de agosto, na estrella de **mogó».** — *Arte Palmarica,* I, p. 147.

1782. — «Nos palmares em que não ha providencia de lodo salgado, como são as de areal, costuma-se cinzar duas vezes no anno, uma no tempo da chuva **mogó,** em agosto, e outra no verão». — Fr. Clemente da Ressurreição, *Tratado,* II, p. 285.

1852. — «**Mogá:** De 14 a 28 de Agosto». — F. N. Xavier, *Bosquejo Historico,* IV, p. 8.

1886. — «Pertencem ás chuvas do mez de agosto, as quaes têem na India o nome de *Magá* ou, vulgarmente, **Mogó».** — Lopes Mendes, *A India Portugueza,* I, p. 35.

1901. — «Ás chuvas do mês de agosto dão o nome de **mogó** a que atribuiem algumas qualidades favoraveis, por isso são muito desejadas». — José Pinheiro, in *Bol. S. G. L.,* XX, p. 46.

1914. — «Durante a presente estrella do inverno tem chovido constantemente, fazendo muita agua que, visto ser de **mogó,** é geralmente apreciada pelos palmareiros como benefica ás arvores e particularmente recolhida por varios curiosos em *carbás* (grandes vasilhas de vidro) para usarem no decurso do anno, por quanto não fica inquinada de qualquer microbio». — *O Ultramar,* de 27 de Agosto.

**MOGOR** (persa *mughal*). Em três sentidos encontramos o termo empregado pelos nossos escritores antigos : indivíduo do povo da raça mongólica (em rigor, turca), que se estabeleceu no Indostão ; rei dêste povo, da dinastia de Timur ; e reino de Deli ou Industão. Os portugueses tiveram muitas relações políticas com os reis mogores, particularmente com o célebre Acbar, e foram os primeiros que lhes deram o título de *Grão Mogol,* à semelhança de *Grão Turco,* o qual foi depois adoptado por outros europeus. A forma *mogor* por *mongol* explica-se pela ausência da nasal no étimo e pela índole da língua portuguesa, que prefere *r* a *l* final. Cf. *andor.*

1548. — «Era Capitão hum **Mogor** por nome Coge Tarão». — Fernão Pinto, *Peregrinação,* cap. 185.

1552. — «Antes disto entrou na India hum rey de huns pouos a que vulgarmente chamão **Mogores,** cujo senhorio confina com o do *Çofi*». — Castanheda, *Historia*, VIII, cap. 83.

1563. — «Os **Mogores,** a que chamâmos Tartaros, a tomáram ha mais de 30 annos... depois foi tomado este reino Dely aos **Mogoros** por hum cavalleiro de huma lança». —Garcia da Orta, Col. x.

1613. — «Neste tempo andaua o *Badur* em cruel guerra cos **Mogores** (que são naturaes de hum reyno que se chama Dely, o mayor que dizem que ha por aquellas partes .. e não falta quem diga que estes são os que na historia se chamão Tartaros)». — Francisco de Andrada, *Chronica de D. João III*, III, fl. 3 *v*.

1616. — «Entraram-lhe os **Mogores** as terras, e lhes tomáram muitas Cidades, e Villas». — Diogo do Couto, Déc. X, VI, 15.

1624. — «Grandes difficuldades tivemos destas saidas das terras delRey *Mogor*, e entrando nas terras de Siranagar, desta Banda nos tinhão por **Mogores** fugidos». — António de Andrade, *Novo Descobrimento do Grão Cathayo*, fl. 2.

1701. — «.... e por seu respeito se chamou *Mongalia* toda aquella Provincia, e os povoadores se chamárão *Mongalos*, que he o seu verdadeyro nome, e não *Mongoles*, como nós dizemos, e muyto menos **Mogores,** como diz o vulgo Portuguez». — P. Francisco de Sousa, *Oriente Conquistado*, II, I, 2.

1741. — «Ao mesmo tempo que a paz se ajustou entre os referidos generaes **Mogor** e Marata... *Apud* Joaquim C. Soares, *Doc. Comprobativos*, p. 21.

1589. — «Après la conqueste de ce pays par le Roi de Deli, surviudrent les Tartares que les Indiens appellent **Mogores,** lesquels s'emparent de la grande part du Royaume de Deli». — Linschoten, *Histoire*, p. 50.

1534 — «E sendo dito ao *Badur* deste messigeiro do **Mogor,** que lhe vinha, o mandou receber honradamente». — Gaspar Correia, *Lendas*, III, p. 577.

1572. :

> «A este, rey Cambayco soberbissimo
> Fortaleza dará na rica Dio;
> Porque contra o Mogor poderosissimo
> Lhe ajude a defender o senhorio».
>
> Camões, *Os Lusiadas*, x, 64.

1603. — «Deu aos padres da companhia de Jesu, que viuem na corte de Equebar, ou **Grão Mogor,** nos Reynos de Agra, e Lahor... ». — Fr. António de Gouveia, *Jornada do Arcebispo*, fl. 2 *v*.

1612. — «O **mogor** despedio hum seu capitão com grande exercito pera Bengala». — Diogo do Couto, *Vida de D. Paulo*, p. 63.

1616. — «Fazia a saber como Capitão velho, e experimentado, que se havia o **Mogor** de fazer senhor de todos aquelles Reinos, por que era um senhor muito poderoso e ambicioso». — *Id.*, Déc. X, VI, 15.

1616. — «Este **Grão Mogor,** que elles chamam Akebar *Pachá*, isto é, o grande rei soberano, é o mais poderoso rei de toda a India». — Pyrard de Laval, *Viagem*, II, p. 210.

1619. — «Na India Oriental sabemos que o Rei **Mogor** andou muitos annos fabricando huma casa de esmeraldas». — Francisco Rodrigues Lôbo, *Corte na Aldea*, Dialogo I.

1620. — «... favorecendo os ditos ministros da igreja como amigo que he deste estado, e o fazem outros Reys, e em particular o **Mogor,** o *Xá*, El-Rei de Cochim, e outros». — *Apud* Júlio Biker, *Collecção de Tratados*, I, p. 233.

1631. — «O embaixador do **Mogor** que aqui assiste, com comitiva corre comigo bem, e com amizade». — In *O Chronista de Tissuary*, I, p. 93.

1663. — «Vinte *umbráos* no **mogol,** que tem a doze mil cavallos cada um». — P. Manuel Godinho, *Relação*, p. 55.

1563. — «Ma già dodeci anni el **gran Mogol** Re Moro d'Agra & del Deli... se è impatronito di tutto il Regno di Cambaia». — Cesare Federici, *Viaggio*, *apud* Ramúsio, III.

1610. — «El Rey **Mogol,** a que dezimos **gran Mogor,** se llama por nombre proprio Gelaladin, y por appelation Akbar». — Pedro Teixeira, *Relaciones*, p. 193.

1675. — «Hallavase el **Mogor** grandemente estimado de casi todos los Principes Orientales». — Faria e Sousa, *Asia Portuguesa*, III, p. 362.

1616. — «... pela necessidade que havia de sua presença pelas cousas que estavam movidas no **Grão Mogor** sobre as conquistas dos reynos de Decan que pretende fazer». — Diogo do Couto, Déc. X, IV, 3.

1687. — «Os Principes Mouros no **Mogul,** e na Persia tem melhores edificios... Parte disto se uê em Agra, Corte dos Reys *Mogôlos*». — P. Fernão de Queiroz, *Conquista de Ceylão*, p. 65.

1684. — «Os dous braços mais poderosos do Oriente são os dous Imperios do **Mogor,** e China». — Cosme da Guarda, *Vida de Sevagy*.

«**Mohur,** m. Moéda pérsica de ouro, correspondente, conforme os títulos, a 14, 15 e 16 rupias, e usada na Índia inglesa». Cândido de Figueiredo. Do hindust. *mohur* < persa *muhr*. Os ingleses chamam-lhe *gold mohur*, e os portugueses, *golmor* (q. v.). O govêrno da Índia Britânica começou a cunhar desde 1918 idêntica moeda, com o mesmo nome *mohur*, mas com outra efígie e inscrição.

1918. — «O govêrno da India inglesa publicando em nota oficiosa os detalhes da lei que autoriza a cunhagem de **mohurs** (moedas de ouro), chama a atenção do publico. . .». — *Heraldo*, de 5 de Julho.

* **MOIRANA.** Emprega-so o termo em Goa para designar o fato de dormir ou *paijama*, ou tão sómente as ceroilas moiriscas. De *moiro*.

1915. — «. . . calça também larga sem braguilha nem botões e a que aqui chamam **moirana**, chamando também **moirana** ao *pijama* inteiro». — *Heraldo*, de 9 de Junho.

«**Moli**, *m.* (t. da Ind. port.). Vestidura leve, com que as bailadeiras encobrem o seio». Cândido de Figueiredo. Não conheço nenhum termo concani ou marata com semelhante significado. A vestidura que cobre o seio das bailadeiras e outras mulheres indianas é conhecido pelo nome de *chole*, q. v.

* **MOLLOI.** Arrozal situado em lugar alto, de ordinário na encosta dum monte, em Goa. Do conc. *maḷoy*.

1825. — «Ha varzeas, cujo terreno he de arêa, as das bordas dos rios, que se chamam *Cazanas*, e as das abas das alturas que se chamam **Molloy**». — *Apud* F. N. Xavier, *Defensa dos direitos* (*Capa*), p. 12.

1837. — «Os proprietarios das Varzeas, Palmares, Hortas, Arecaes, **molloy,** *borodas*, e mais plantas, farão cercar os quadros dos seus predios». — *Collecção de Bandos*, I, p. 160.

1866. — «**Mollois :** são varzeas altas, ou lugares altos. . . são em sucalcos nas fraldas do monte, que recebem subsidios das aguas das chuvas». — F. N. Xavier, *Descripção do Coqueiro*, p. 46.

1911. — «Veem-se grandes e frequentes **mollas**, nome dado aos tractos de terra de superficie regular, quasi horisontal, que se prestam com pouco trabalho ao preparo para a cultura de arroz, e são frequentemente aproveitados para a colheita de *nachinim, coolita* [culita], *pacol, oroi* e outros cereaes». —José E. Castel Branco, in *Bol. S. G. L.*, XXIX, p. 359.

I. **MONÇÃO** (s. f.); **moução** (mais correcto, mas pouco usado; indo--ingl. *monsoon*, indo-fr. *mousson*). A acepção em que os nossos escritores empregam geralmente o termo é «estação própria para navegar no Oriente, determinada pelo curso do ventos periódicos». O étimo arábico *mausam*, porêm, significa própriamente «estação do anno», ou «certa época do ano em que occorre determinado facto, como uma festividade ou um produto». Neste último sentido aparece a palavra usada por Orta, e no de «ensejo, oportunidade», por Jacinto Freire e D. Francisco de Melo. Mas Yule não duvida que os pilotos árabes a tenham transmitido aos portugueses no significado técnico; o que se confirma pelo testemunho de Abd-el-Razzak, em 1444 (vid. abaixo).

Actualmente, em indo-português e indo-inglês, por *monção* se entende a «estação de chuva», que dura de ordinário quatro (ou cinco) meses e durante a qual não navegam as embarcações de vela, isto é, «o período desfavorável à navegação». Assim se diz: já se declarou a *monção* em Ceilão em tal dia e deve chegar a Goa em tal data. V. abaixo a penúltima abonação portuguesa. Distinguem-se, portanto, duas *monções: seca*, a do verão e da quadra de navegação; *pluviosa*, a do inverno, em que as embarcações não podem navegar.

Havia em certas regiões duas épocas de navegação: uma longa e outra curta. A primeira era conhecida dos nossos por *monção grande* e a segunda por *monção pequena*. V. *Livros das monções*.

1500. — «Elle lhe fizesse dar melhor despacho, pois a **monção** estava proxima». —*Navegação de P. A. Cabral*, cap. 16.

1503. — «. . . por estar já muito adiantada a **monção** para atravessar o golfo (pois quem não se acha em o mez de Setembro nas Indias, não o pode atravessar, sendo os ventos seis mezes de Levante e outros seis mezes de Poente)». —João Empoli, *Viagem*, cap. 2.

1508. — «Daquy a Maluco he **monção** apartada, e tempos limitados, adversos huns dos outros». — D. Francisco de Almeida, in *Lendas*, I, p. 907.

1512. — «A **monçam** destas duas nauegações case case toda he em hum tempo, e o temporall os tomou juntamente naquella paragem do golpham de Çacotorá». — Afonso de Albuquerque, *Cartas*, I, p. 50.

1616. — «Partiam desta cidade cada **monção** des e quinze náos destas para o mar roxo». — Duarte Barbosa, *Livro*, p. 341.

1532. — «... esperando a **moução** para partirem para a dicta cidade de malaqua com as dictas drogas». — *Apud* Júlio Biker, *Collecção de Tratados*, I, p. 59.

1546. — «Pois a **moução** da China era já chegada, e era tempo de fazermos nossa viagem». — Fernão Pinto, *Peregrinação*, cap. 179.

1552. — «Tambem falamos por **monções**, que são os tempos em que la nauegão». — João de Barros, Déc. I.

1554:

> «Dous ventos, duas mouções
> vam sempre a popa e vem
> grande segurança tem
> de virem a saluamento».
>
> Garcia de Resende, *Miscellanea*, fl. 57.

1561. — «Daquy nos correrão sempre tão más **monsões**, té vingarmos o cabo das Agulhas, que hum dia nos vimos em termos de alijar tudo».—Jorge F. de Vasconcelos, *Eufrosina*, p. 16.

1557. — «Disse-lhe que a **monção** daquellas partes era já quasi gastada». — *Commentarios*, I, cap. 15.

1563. — «A **monçam** dellas [mangas] he nas terras temporans em abril, e nas outras terras serodeas maio e junho». — Garcia da Orta, Col. XXXIV. — «A significação dada aqui á palavra é em extremo interessante; **monçam** ou **monção** designava geralmente o vento dominante em periodos determinados, mas a palavra arabe *mausim*, da qual se derivou, significava propriamente estação». — Conde de Ficalho.

1563. — «ElRey lhe respondeo que nam tinha tempo pera partir senão dali a tres luas, que havia de ser no mez d'Agosto, que era o tempo da **moução** pera nauegar». — Gaspar Correia, *Lendas*, I, p. 58. — «Parece era passada a **monção** das tempestades». — *Id.*, p. 662.

1563. — «Estes taes tempos, por serem geraes pera nauegarem a certas partes e não a outras, comummente os mareantes nossos conformandose com os daquelle Oriente, chamãolhe **monçãc**: que quer dizer tempo para nauegar pera aquella parte. Dizem tambem **monção** *grande*, **monção** *pequena*: a grande he tempo que cursa a mayor parte dos seis meses do Verão seu, e a pequena a menor». — João de Barros, Déc. III, IV, 7.

1569. — «O P. Gaspar Vilela invernou em Nagaçáqui, que he hũa fortaleza de dom Bertolameu, onde fez Christãos naquella **monção** passante de 300 pessoas». — *Cartas de Japão*, I, fl. 283.

1585. — «Mandando ao feitor que servir naquella fortaleza que nas duas **monções** que se della nauegão para a India, vos mande todo o rendimento daquella alfandega» (de Ormuz). — *Carta Régia*, in *Archivo*, III, p. 138.

1600. — «Estas sam na India as que tantas vezes chamamos **monçoens**... termo proprio da terra, e que igualmente anda ja na boca dos nossos Portuguezes, pelo qual entendemos o' vento geral, com que em certas partes se nauega a certos portos, e nam a outros». —P. João Lucena, *Historia*, VI, cap. 5.

1603. — «Era tempo de responder, por se hir chegando a **moução**, em que as naos que nauegão para o estreyto do mar roxo as auião de buscar aos portos de Dalaca». — Fr. António de Gouveia, *Jornada do Arcebispo*, fl. 17.

1604. — «Ali se deixarão estar muito tempo por falta de **moução**». —Diogo do Couto, Déc. V, X, 6.

1609. — «Em toda esta costa dá Ethiopia se navega sómente com dois ventos que duram seis mezes da banda do Levante, e outros seis mezes do Poente, a que chamam **monções**». — Fr. João dos Santos, *Ethiopia Oriental*, I, p. 205.

1611. — «E porque segundo a relação dos negros, era já **monção**, e tempo da partida, e nelle pretendia embarcar-se Nuno Velho... escreveo por todas as vias ditas a Manuel Malheiro».—João Baptista Lavanha, in *Hist. Tragico-maritima*, V, p. 93.

1614. — «Partirão de Moçambique na **monção** *pequena*; chamão *pequena*, por razão das muitas calmarias que notão laa ... Para se hir nella para Goa na **monção** grande».—Diogo do Couto, Déc. VII, VIII, 13.

1615. — Os que vão de Goa a Japão podem fazer conta de gastar na viagem tres annos inteiros, e não pode ser menos por razão dos ventos, que elles chamão **monção**, e reinam por seis mezes». — Pyrard de Laval, *Viagem*, II, p. 152. — «Em regra as **monções** eram estas. Chegavam as náos á India em Setembro, e saiam para a Europa em Janeiro». —Rivara, *ibid.*, p. 78.

1616. — «... por razão das **monções**, que são conjuncções, forçadas, que se hão de esperar em partes da derrota, por causa das correntes das aguas, e ventos que cursão n'aquelles mares a tempos, com impeto natural de tanta força, que o trabalho, e industria dos homens por nenhũa via pode vencer». — António Pinto Pereira, *Hist. da India*, I, p. 97.

1651. — «Esperando que o tempo lhes mostrasse **monção** mais opportuna, para com as forças de alguns Reys offendidos cometer o estado juntamente». — Jacinto Freire de Andrada, *Vida*, p. 30.

1654. — «Com os Requerentes nos não hia tão bem, porque os mais vendo-se dezacomodados da **monção**, e para tudo faltas de hora, me amaldiçoavão pela boca pequena». — D. Francisco de Melo, *Apologos Dialogaes*, p. 19.

1687. — «... alem do comodo para a nauegação; por ficar no meio destes mares, sujeita a duas **monções** que neles reynão». — P. Fernão de Queiroz, *Conquista de Ceylão*, p. 137.

1699. — «Havendo-se embarcado nosso Arcebispo em a **moução** do mesmo anno de 1595, elegeo para isso a nào Luz». — Fr. Agostinho de Santa Maria, *Historia*, p. 12.

1716. — «**Monção**. É termo proprio da costa da India, e hoje naturalizado em Portugal; e por elle se entende o vento geral, com que em certos tempos se navega a certas partes, e não a outras». — Bluteau.

1750. — «Supposto que a **monção** era opportuna para o Estreito de Ormuz, lhe não foi possivel chegar mais, que até Angediva». — D. Luís de Menezes, *Hist. de Portugal Restaurado*, IV, p. 399.

1756. — «Experimentamos agora que assegurar as **monções** é o melhor roteiro das viagens do oriente». — *Apud* Júlio Biker, *Collecção de Tratados*, VII, p. 97.

1766. — «He a **monção** [estação] de cobrar o *massul* do anno inteiro que são as cobranças das rendas que paga o povo em mantimentos». — *Apud* António F. Moniz, *Hist. de Damão*, II, p. 94.

1827. — «**Moução**, ou como hoje vulgarmente se diz **Monção** ou **Monsão** — Tempo proprio para navegar; ventos que soprão constantes na mesma estação, e em certas paragens, e se aguardão para fazer viagem por mar. Vem do oriental *mousim*, estação propria, tempo opportuno... Os nossos escriptores dizem a cada passo **monção**, e assim se lê muitas vezes nas primeiras edições. A verdadeira orthographia em portuguez devêra ser **monsão**». — Cardeal Saraiva, *Glossario*.

1838. — «O governo inglez continua a vender em hasta publica o privilegio de pescaria: mas estas vendas são feitas só por uma **monção**» (estação). — *O Panorama*, de 24 de Março.

1891. — «Os «levantes» e «poentes» de que Orta falla, sopram alternadamente, constituindo as **monções** do oceano Indico, as quaes se fazem sentir com certa regularidade nas ilhas do Comoro, e na costa africana até Moçambique, e ainda ao sul». — Conde de Ficalho, Col. III.

1906. — «A **monção** do sudoeste accentua-se em maio na costa de Goa e traz chuvas, que vão de junho a outubro. A **monção** secca ou de ventos da terra, ou *terraes*, ou como se dizia outrora, os terrenhos, vae de novembro a maio». — Alberto O. de Castro, *A Cinza dos Myrtos*, p. 187.

1911. — «Uma della, a de arroz de serodio... obtida por meio das chuvas da **monção**». — José E. Castel Branco, in *Bol. S. G. L.*, XXIX, p. 298.

1914. — «Em Ceilão declarou-se a **monção** aos 10 do corrente. Nesse dia, desde uma hora da madrugada, chovia copiosamente, soprando tambem ventania desabrida, que causava em terra e mar importantes estragos». — *O Ultramar*, de 21 de Maio.

1918. — «Chama-se **monsão** *sêca* á que sopra da terra para o mar; **monção** *pluviosa* á que sopra do mar, saturada de humidade, e que espalha chuvas torrenciais nas costas e nas cadeias de montanhas que encontra no seu percurso». — Fortunato de Almeida, *Portugal e as Colónias Portuguesas*, p. 260.

1444. — «The favourable time for departing by sea, that is to say the beginning or the middle of the **monsoon**, was allowed to pass, and we came to the end of the **monsoon**, which is the season when tempests and attacks from pirates are to be dreaded». — Abd-el-Razzak, in *India in the fiftheenth century*, p. 7.

1549. — «... cogeretque rursùm expectari usque ad annum vertentem, quam vocant **motionem** [1], hoc est auram et tempus totum accommodatum ad eum trajectum, stato dumtaxat illo tempore recursuram». — S. Francisco Xavier, *Epistolae*, lib. III, p. 22.

1582. — «... quando si partono le naui al tempo delle mude, qui si chiamano **monsonni**». — G. Balbi, *Viaggio*, fl. 70.

1582. — «Questi venti, in tal modo regolati, sono da costoro addomandati **Monzoni**: vocabulo che dovette uscire d'India, dove e' sono osservati». — F. Sassetti, *Lettere*, p. 167.

1589. — «La multitude des marchands y [em Malaca] est grande attendants les saisons et temps qu'ils appellent **Monsoyns**, c'est assavoir l'opportunité de certains vents propres pour les porter en tels endroits de Levant qu'ils pretendent aller». — Linschoten, *Histoire*, p. 33.

1601. — «Deprehenderunt tandem **Monsones**, seu commoditatem Zephyrorum iam elapsam». — *India Orientalis*, VIII, p. 18.

1616. — «On les appelle **Monsons**, et ils durent ordinairement six mois du costé du Nord, et six mois du costé du Midy, sans changer presque jamais». — Terry, *Voyage*, p. 14.

1666. — «... et s'il lui ferait la grâce quand la **moisson** ou saison du vent serait venue, de lui fournir un navire pour Moka». — Bernier, *Voyage*, I, p. 150.

1666. — «On appelle **Mousson** ou **Monson** par corruption de *Moussun*, la saison qui est propre à naviger sur la Mer des Indes». — Thevenot, *Voyages*, III, p. 2.

1666. — «La **monçon** suivante les vaisseaux qui vinrent de Surate à Gomron ré-

---

[1] É de presumir que no original estaria *montionem* (se a carta foi escrita em latim), que os editores julgaram corrigir em *motionem*.

pendirent en ces quartiers-là la nouvelle». —Tavernier, *Voyages*, IV, p. 98.

1671. — «The Northern **Monsoons** (if I may so say, being the Name imposed by the first Observers, i. e. *Motiones*) lasting hither». — Fryer, *East India*, I, p. 46.

1678. — «Goza de muchas **monciones** (es un termino por el qual comunmente se intiende el viento general, con que en ciertos tiempos se navega a unos portos, y no a otros)». — João de Sá e Meneses, *Rebelion de Ceylon*, p. 170.

1689. — «It was just the season of the **Mussouns** when we fell upon the Coast of India, which is generally extreme dangerous, because they break out for the most part in such Thunder and Rains, and impetuous Winds, that if the Ships are not laid up and in a Harbour before that time, they incur the hazard of being lost». — Ovington, *A Voyage to Suratt*, p. 131.

1770.—«La diversité des saisons ou des **mouçons** est plus remarquable encore sur les deux mers» (do Malabar e de Choramândel)». — Raynal, *Histoire*, I, p. 28.

1860. — «Enfin les cataractes du ciel se déchaînent et la pluie tombe. C'est la **mousson**». —Enault, *L'Inde Pittoresque*, p. 271.

II. ***MONÇÃO** (m.; ant.). Almogávar de Malaca. Do mal. *músang*.

1552. — «Foram-se a Malaca, e postos em cilada mandarão correr certos **monções** (que assi chamão aos almogaveres) e estes forão matar certas vacas que andavão pacendo». — Castanheda, *Historia*, VI, cap. 101.

**MONDOLIM (mandolim, mundolim).** O conc. *manḍaḷī* (sansc. *manḍalī*) é o nome dum bicho, que se encolhe em um círculo, quando se lhe toca; mas quanto aos coqueiros, designa uma moléstia endémica e mortífera, que se atribui à pletora do subsolo, e que o povo suporia produzida pelo referido bicho. Há duas espécies: *mondolim de goma* e *mondolīm de pó*. V. *bonvoro* e *ronṭṭó*.

1729. — «E a razão da sua reclamação consiste de que estando este povo em tão lamentavel e lastimoso estado com as contribuições antigas e novas, e pelo que a terra não rende, e está totalmente arruinada com universal mal que se chama **manddoly**». — In *Archivo Port.-Oriental*, Supplemento II, p. 331.

«Visto não haver rendimento nas fazendas por estarem quasi todas destruidas com o contagioso mal do dito **manddolym**». — *Ibid.*, p. 339.

XVIII. — «. . . e se lhes não acudirem acabarão totalmente, e por muita especialidade as que estão plantadas em chãos viciados, com uma doença a que chamam **manddoly**, cuja qualidade até agora se não sabe, porque uns dizem que procede de muita frialdade; e outros de muito calor da terra». — *Arte Palmarica*, I, p. 142.

1852. — «**Mundolli** ou **Mundolim** — Defeito de certos terrenos, a onde pela qualidade do seu suco a palmeira vegeta bem, mas morre em poucos annos».—F. N. Xavier, *Bosquejo Historico*, IV, p. 12.

1866. — «He tambem subjeita a doenças, e taes são: o **munddoly**, o rontó, o bonvoro. A 1.ª é a pletora ou excesso de nutrição». — Id., *Descripção do Coqueiro*, p. 107.

1872. — «**Mondolim**. O **mondolim** é uma doença, que ataca as palmeiras e as mata rapidamente. Todos os dados provam, que ella não fere a planta em razão de algum vicio na sua compleição, ou da falta de tratamento, mas que é uma doença endemica, que, como flagello, devasta em determinados sitios uma população inteira de palmeiras. Toma posse de uma porção de solo e ali permanece, sem que até hoje se tenha conhecido o meio de extirpal-a». — Bernardo da Costa, *Manual do Agricultor*, I, p. 193.

1886. — «O subsolo impermeavel ou excessivamente rico produz a doença chamada viço ou plethora, a que muitos palmareiros chamam **mandolim** ou **mondolli**». — Lopes Mendes, *A India Portugueza*, I, p. 183.

1913. — «No **mundolim** as condições hygienicas do solo são da primeira importancia, e a agglomeração prejudica a sanitação do solo». — *O Ultramar*, de 20 de Outubro.

1919.—«Coqueiros e arequeiras morrem sempre aos centos; o **mundolim,** a *suvél* e outros insectos, emfim doenças e inimigos continuam a atacar aquelas palmeiras». — *Heraldo*, de 27 de Fevereiro.

***MONGAVES.** Diz-nos Jancigny que os portugueses dão este nome à variação dos movimentos atmosféricos nos mares da Indo-China, e parece querer derivá-lo do lat. *motiones aeris*. Não encontrei o termo em nenhum escritor nacional, nem os dicionários o registam. A existir na realidade, deve ser relativamente moderno e circunscrito a Siame, a que se refere o autor. De facto, o siamês tem *lŏm-von*, no sentido de «turbilhão de vento», que podia bem corromper-se em *mongave*.

1854. — «Ainsi, dans l'hiver, quand le soleil est au sud de l'équateur il règne des vents de nord (*mousson de nord-est*) qui purifient l'atmosphère et donnent la fraîcheur au pays; dans l'été, ao contraire, ce sont les vents du sud (*mousson de sud-oest*) qui prédominent, et alors c'est le temps de pluie; c'est cette variation des mouvements atmosphériques que les Portugais dans ces mers de l'Inde ont nommée **Mongaves** (*motiones aeris*), nom qui leur est resté et qui a passé dans l'usage général». — *Indo-Chine,* p. 398.

* **MONGUILOTO** (chin. *mun-wei-li-tó*). Procurador judicial, na China. Parece que se deve ler *monguiloto* na abonação.

1541.— «Ha tambem [nas feiras] outros homens mais graves, a que chamão **Mongilotos**, que comprão demandas de causas civis e crimes, e comprão tambem escrituras antigas, e conhecimentos de cousas subnegados por aquillo em que se concertão com as partes». —Fernão Pinto, *Peregrinação,* cap. 99.

**MONTEU.** Autoridade chinesa, que, conforme Fernão Mendes Pinto, exerce funções militares e judiciais. *Man-sz',* que parece ser o étimo chinês, quere dizer «conselheiro».

1541. — «Mando ao *Chumbim,* e aos *Conchalaas,* e **Monteus,** e todos os mais ministros do seu governo, a que esta minha sentença for apresentada...». — *Peregrinação,* cap. 103.

«Irião falar a hum homem honrado, que estava despachado por Capitão, e **Monteo** de Quansi, que era o lugar do nosso degredo... Para que nessa Cidade para onde agora vás por Capitão, e **Monteo** da Justiça». — *Ibid.,* cap. 104.

1539.—«... tratar com ella a liberdade de sinco Portuguezes, que no Reyno de Sião estavão cativos do **Monteo** de Bancha seu cunhado». — *Ibid.,* cap. 33.

«**Moplas** *m. pl.* Islamitas do Malabar, de raça malaia». Cândido de Figueiredo. *Moplas* é notação inglesa, adoptada por algum escritor moderno (*moplás* ou *moplés*), do malaiala *mappilla.* Os nossos indianistas escreveram, com mais propriedade, *mapula* ou *mapuler,* q. v. A raça malaiala não tem nada commum com os *moplas.*

* **MORCHAL.** Flabelo ou ventarola de penas de pavão, que serve de enxota-moscas na Índia. Do concani-mar. *morchal* < hindust. *morch'hal.*

1790. — «... entregando o *Bounsulo* ao *Sarcar* de Pernem os penachos, ou **Morchais,** que foram em parte motivo das dissensões passadas». —*Apud* Júlio Biker, *Collecção de Tratados,* VIII, p. 363.

1813. — «... insignias reaes *Mai Martab, Suria Pana,* **Morchelans,** e Tochas accesas».—*Ibid.,* XI, p. 295. Nota: «**Mortchell.** — Espanejador de pennas de pavão, com cabo de prata, de ouro, ou de pau, forrado de galão».

1874. — «Em volta do pallio ostentavam-se os *chouris* e **mortcheis,** especies de penachos ou espanadores, com cabos de prata». — Tomás Ribeiro, *Jornadas,* II, p. 113.

1673.—«... a **Mirchall** (a Fan of Ostriches Feathers) to keep off the Sun, as the *Ombrahs* or Great Men have».—Fryer, *East India,* I, p. 218.

1689. — «... and makes us employ our Peons in Fanning of us with **Murchals** made of Peacock Feathers, four or five Foot long, in the time of our Entertainment, and when we take our Repose». — Ovington, *A Voyage to Suratt,* p. 130.

1908. — «They [penas de pavão] are largely employed in ornamental work, such as the manufacture of fans, **morchals,** *chauris,* braids, etc.». — Watt, *The Commercial Products,* p. 141.

* **Morcegueiro.** Uma espécie de figueira da India — *Ficus Tsiela,* Roxb. (*kêl* em concani), muito freqùentada de morcegos grandes (*Pteropus Edwardsi,* Geoff.) dos quais lhe proveio o nome vulgar [1]. Vid. D. G. Dalgado, *Flora,* p. 117.

* **MORÇÓ.** Casa forte, lugar fortificado, nas Novas Conquistas de Goa. Do conc. *mortçó,* mar. e hindust. *morchā* < persa *mūrchā.*

1863. — «O **morço** (casa-forte gentilica) ainda se conserva, assim como alguns restos das antigas muralhas». — Lopes Mendes, *apud* Oliveira Mascarenhas, *Atravez dos Mares,* p. 190.

«... bem como os pagodes, fortalezas e **morçós**». — *Id.,* p. 194.

**MORDEXIM, morexim.** Nome que

---

[1] «E ha [em Cananor] morcegos tamanhos como minhotos que tem focinho como raposa, e sabem tão bem que os gentios dão galinhas por eles».—Castanheda, *Historia,* I, cap. 41.

«Há muitos e grandes morcegos, e em algũas partes andão em bandos, como se põe o sol. Vi hum que de hũa ponta d'aza à outra tinha grandes sete palmos».—Gabriel Rebêlo, *Informação de Maluco,* p. 166.

os nossos indianistas davam à cólera-morbo, e que os franceses converteram em *mort-de-chien*. O étimo é o concani-mar. *moḍxī* (literalmente «quebrantamento», de *moḍoṅk* ou *mōḍṇem*, «quebrar-se»), que actualmente é o nome de indigestão com cólicas, especialmente de crianças [1]. Mas é muito provável que fôsse antigamente a dição empregada, por eufemismo, para designar a cólera, sendo nefasto na Índia expressá-la por seu nome próprio. O termo é ainda hoje usado em alguns crioulos ásio-portugueses.

¿ Qual é a forma mais correcta de entre tantas que figuram nos nossos escritores? Garcia da Orta e Diogo do Couto, que ouviram a expressão da bôca dos naturais de Goa, afirmam que a transcrição exacta é *morxi*, sendo *mordexi* ou *mordexim* sua corruptela. O Conde de Ficalho, com ares de os corregir, desenvolve, pelos recursos de Yule & Burnell, muita erudição e conclui que «os portuguezes ouviram de certo os dois nomes (o guzarate *mōrchi* ou *mōrachi* e o marata e concani *moḍachī*, *moḍshī*, ou *moḍwashī*), e fizeram uma certa combinação de que sahiu o nome constantemente usado *mordexim*».

Os portugueses tinham então mais que fazer do que entreter-se em combinações vocabulares. O guzarate não tem *r*, e o *morchi*, que registam os citados autores, não passa de *moḍxī*. Não tendo a língua portuguesa *ḍ* cacuminal, o fonema que mais se parece com êle é *r*, como se exemplifica em *areca* de *aḍekka*. Mas os portugueses de então, que tinham os ouvidos muito apurados, notaram que a exacta transcrição *morxi* não representava cabalmente a genuína prolação de *moḍxī*, que é trissílabo, sendo o *a* da segunda sílaba (*ḍa*) muito surdo ou quási mudo, e acrescentaram com muita justeza *de* a *r*, e assim produziram a verdadeira transcrição *mordexi*, que, com o uso prolongado, se tornou *mordexim*, ao lado da correcta transcrição *morxi*.

1543. — «Neste inuerno ouue em Goa huma dor mortal, que os da terra chamão **moryxy**». — Gaspar Correia, *Lendas*, IV, p. 288. O autor dá larga descrição da epidemia.

1563. — «Acerqua de nós he *colera passio*; e os Indianos lhe chamão **morxi**; e nós corruptamente lhe chamamos **mordexi** ... E porque se causa de comer lhe chamam os Indios **morxi**, que quer dizer, segundo elles, enfermidade causada de muito comer». —Garcia da Orta, Col. XVII. — «No nosso seculo os antigos nomes de **mordexim** e *mort-de-chien* cairam em desuso, sendo geralmente substituidos pelo de cholera». — Conde de Ficalho.

1569. — «Huma noite sete dias depois de se achar mal lhe deu hum **mordexim** de arrebeçar mortal; mas os seus dizião ser dor de colica que lhe vinha muytas vezes em Portugal».—P. Monclaio, in *Bol. S. G.L.*, IV, p. 559.

1602. — «No mesmo instante lhes deu hũas desinterias, a que na India chamão corruptamente **mordexim**, auendose de chamar **morxis**». — Diogo do Couto, IV, IV, 10.

1615. — «Reina alli outra doença, que vem subitamente, e lhe chamam **Mordechi**, a qual vem acompanhada de grande dor de cabeça, e vomitos; os doentes gritam muito, e a maior parte das vezes morrem».—Pyrard de Laval, *Viagem*, II, p. 14.

1663. — «São nesta cidade [de Damão] mui ordinarias as colicas, a que chamam **mordexim**, tão mortaes, que em poucas horas concluem. O remedio mais provado é queimar os calcanhares com um ferro em braza». — P. Manuel Godinho, *Relação*, p. 12.

1679. — «Com outro semelhante [pedaço da sua túnica] sarou de hum **mordexim**, que he o mesmo que colica, huma escrava já havida por morta». — Fr. Jacinto de Deus, *Vergel*, p. 340.

1798. — «Repetidas vezes adoeciam de indigestões ou **mordexim**, por causa da sua esplendida. e profusa mesa». — *Apud* Júlio Biker, *Collecção de Tratados*, X, p. 77.

1915. — «Registe-se, em todo caso, que Camilo chamou **mordexinado** ao atacado de **mordexim** ou cólera». — *Heraldo*, de 25 de Agosto

1578.—«Otra [pimenta] ay que es vana, llamada entre ellos *Canarim*, de la qual vsan ordinariamente los Bragmanes medicos, y los medicos Canarines, para la colera passio, enfermidad llamada **Morxi**: la qual enfermidad es tan aguda, que mata en catroze horas, y menos». — Cristóvão da Costa, *Tractado*, p. 27.

1589. — «Entre lesquelles [maladies] a la vogue celle qu'ils appellent **Mordexyn**

1 Bento Pereira interpreta o vocábulo por *cholica*.

qui survient en un instant et à l'improuiste avec souslevement d'estomach et vomissement continuel jusques à tomber en defaillance». — Linschoten, *Histoire*, p. 70.

1610. — «Era el mal Colerica passio, a que los Indios llaman **Morxy**, y los Portuguezes dizen **Mordexim**». — Pedro Teixeira, *Relaciones*, p. 161.

c. 1606. — «Queste pietre [de bezoar] sono di maravigliosa bontà contro veleni d'ogni sorta, ed in particolare contro il male che nell' India propriamente si chiama **mordicim**. E questo male è un specie di colica che viene in que' paesi con tanta forza e veemenza che amazza in poche ore, chè o per secesso o per vomito fà scopiare di dolore. Ma si trova quivi un erba propria per il remedio di esso, chiamata, coll' istesso nome **mordescim**». — Carletti, *apud* Gubernatis, *Storia*, p. 358.

1631. — »Pulvis hujus [de *calambuco*] ad scrup. unius pondus sumptus Cholerae prodest, quam **Mordexi** incolae vocant». — Bontius, *Historia Naturalis*, p. 43.

1666. —«Les Portugais appellent **Mordechim** les quatre sortes de coliques qu'on souffre dans les Indes, où elles sont fréquentes».—Thevenot, *Voyages*, III, p. 324.

1673. — «La maladie que les Orientaux appellent **Mordechi**, n'est proprement qu'une indigestion, elle est fréquente dans les Indes, où les chaleurs et les sueur continuelles rendent les estomaches débiles, elle n'est pas pour cela moins dangereuse, et l'on en voit très-souvent mourir des personnes, en peu d'heures, si elles ne sont promptement secouruës».— Dellon, *Traité des Maladies*, in *Relation*, p. 32.

1674. — «They apply Cauteries most unmercifully in a **Mordisheen**, called so by the Portugals, being a Vomiting with a Lossness». — Fryer, *East India*, I, p. 286.

1690. — «Alius enim mutatur in biliosum ac pituitosum humorem, ex quo plerunque oritur Passio Cholerica, Portugallis **Mordexi** dicta». — Rumphius, *Herbarium Amboinense*, I, cap. 25.

1711. — «Dés le moment où il se trouva attaqué de cette grande indigestion qu'on appelle aux Indes **Mordechim**, et que quelques de nos Français ont appellée *Mort de chien*, s'imaginant qu'elle se nomme ainsi, parce qu'elle cause une mort violente et cruelle». — *Lettres Édifiantes*, IX, p. 248.

1782.— «Les indigestions appellées dans l'Inde *Mort de Chien*, sont fréquentes. Les Castes qui mangent de la viande, nourriture trop pesante pour un climat si chaud, en sont souvent attaquées». — Sonnerat, *Voyages*, I, p. 115.

1786. — «Volgarmente **Mordexim**, e non *morte de Chien*, come inettamente scrive Sonnerat, colica intestinale proveniente da' venti freddi di Ghattes, o dal freddo preso nell' acqua mentre si fà la lustrazione mattutina». — Fra Paolino, *Viaggio*, p. 350.

1836. — «Le choléra-morbus, ou plutôt le **mordechi** (c'est là son véritable nom), a exercé ravages dans les différentes parties de la Malaisie». — Rienzi, *Océanie*, I, p. 112.

1883 — «The name arose, apparently, from a fanciful French or Latin etymology for the **Mordexim** or *mort-de-chien*, the old west-coast name for Cholera. Garcia d'Orta (1568) distinctly states that it was an Indian word, **Morxi**. It is, in fact, a corruption of the Maráthí and Konkání words *modachi* or *modshi*, meaning cholera». — Hunter, *The Imperial Gazetteer*, III, p. 175.

«Dans les Indes, au contraire, la description que fait un médecin portugais du XVIe siècle, Garcia de Horte, du **Mordechi** est conforme à ce que nous savons du choléra indien». — *La Grande Encyclopédie.*

**MORDIXIM.** Peixe de mar, na Índia e na África Oriental, parecido com a pescadinha, e que em indo-português se chama «peixe madama». Na primeira abonação se diz que se parece com a boga; pode ser assim em África. Do conc. *murdoxī.*

1609. — «Ha tambem [no mar de Qirimba] outros peixes que chamam **mordixim**, que se parecem muito com bogas ou picões do rio». — Fr. João dos Santos, *Ethiopia Oriental*, II, p. 329.

1716. — «**Mordixim**. He o nome de hum peixe, que se acha no mar das Ilhas de Quirimba na Costa de Moçambique. Tem muita semelhança com bogas ou picões do rio. He o melhor, e mais sadio peixe, que ha naquellas partes». — Bluteau.

1589. — «Le meilleur de tous est celuy qu'ils appellent **Mordexim**, le *Pampan*, et le *Tatingo* (?)». — Linschoten, *Histoire*, p. 90.

*** MORI** (jap.). Guarda, vigiador, no Japão.

1569. — «Fez com o mesmo **Mori** de Yamanguchi que lhe desse carta para o mesmo Dojandono que logo o viria favorecer com gente». — P. Luís Fróis, *Cartas do Japão*, I, fl. 263.

**MORINGUEIRO ; MOXINGO.** É nome de duas espécies de *moringa* — *Moringa pterogosperma*, Gaertn., e *M. Concanensis*, Nimmo. As fôlhas, as flores e os frutos servem de hortaliça. As fôlhas são muito miúdas; as flores são pequeninas e brancas ou amareladas; os frutos são compridos e cilíndricos. A casca é vesicante. A pele, fustigada com um raminho verde, deixa cair os ouções; e os homens de *virtude* batem com um molho dêles no corpo do mordido por cobra, a fim de neutralizar o veneno. V. Cristóvão da Costa, abaixo. Do malaiala *muriṅṅa* (= *muriṅga*); conc. *maxiṅg*. O *morangue* de Timor é o mesmo que *moringueiro*.

1613. — «Uma é aquella a que na sua lingua chamam *Moranguegasta*. É uma arvore mui grande, com ramos mui abertos, folhas redondas e mui pequenas, e o fructo é á maneira de longas vagens de favas».— Pyrard de Laval, *Viagem*, II, p. 369. — «Este nome anda visivelmente aportuguezado em Goa onde se diz **Marangueiro**. Tambem chamam a esta arvore **Muxingo**». — Cunha Rivara.

1782. — «Não haja pelo meio do palmar arvore alguma, principalmente tamarinheiros, mangueiras e **moringueiros**». — Fr. Clemente da Ressurreição, *Tratado*, II, p. 289.

1846. — «*Teró* ou *Terem*, **Moringueiro**, *Taiquiló*». —F. N. Xavier, *O Gabinete Litterario*, I, p. 250.

1864. —«Para matar os ouções (bichos). Untam as partes affectadas com o sumo das folhas de **moringueiro**, fritas em azeite de coco». — *Archivo de Pharmacia*, I, p. 55.

1873. —«O **moringueiro** (*Anona moringa*) ou **moxingo**, e em malabar *muringo*, e, segundo Guibonet, da mesma extensa familia das leguminosas como o tamarinheiro».—Bernardo da Costa, *Manual do Agricultor*, II, p. 268.

1884. — «Empregam a casca verde de **morangue** e depois de bem triturada ajuntam-lhe um pouco de vinagre, e na falta deste, agua quente, sendo assim applicada ao doente como sinapismo, produzindo o mesmo effeito que a mostarda». — José Vaquinha, *Timor, Bol. S. G. L.*, IV, p. 482.

1893. — «Côa-se o liquido e se repõe nos mesmos vasos, infundindo-se n'elle, na India britannica, algumas vagens ou cascas de **moringueiro**». — José Maria de Sá, *Productos do Coqueiro*, p. 12.

1908. — «Na ingreme ladeira do promontorio de Tíbar reconheço com alegria, floridos de cachos brancos de flores, os **moringueiros** indianos». — Alberto O. de Castro, *Flores de Coral*, p. 217.

1678. — «La **Moringa** es de altura de vn Lentisco, con el qual se parescen las hojas mucho... La raiz de esto arbol es... la verdadera triaca dela gente ordinaria contra todo genero de Pençoña, e mordeduras de las pestilentes culebras de capillo, y de todo genero de serpentes, y animales venenosos». — Cristóvão da Costa, *Tractado*, p. 344.

1786. — «**Moringa**, funioso albero del Malàbar». — Fra Paolino, *Viaggio*, p. 360.

1829. — «Il Manghièro, il Cagiuèro, il **Moringo**, il Giacchièro, l'Attièro, il Guiavèro e tanti alberi o fruttiferi o utilissimi per la costruzione». — Lazzaro Papi, *apud* Gubernatis, *Storia*, p. 276.

**MORODA** (p. us.). Campo extenso e alto, descampado. Do conc. *maraḍ*, pl. *marḍām*, relacionado com *borodo*, q. v.

1856. — «A da 2.ª sorte, apropriada para as **Mordans** ou *Molois* (Varzeas altas ou nos altos). — F. N. Xavier, *Defensa dos Direitos*, p. 8.

1905. — «... e os [terrenos] arados pelos processos de **morodos** das Velhas Conquistas, *sorodio*, folhas de terra tão maltratadas que a seara cresce n'ellas simultaneamente com o mato ou relva». — Ernesto Fernandes, *India Portugueza*, p. 103.

1919.—«**Maradda** é o nome de alguns bairros que assim se chamaram por terem sido descampados ou campinas, antes de povoados». — *Heraldo*, de 9 de Fevereiro.

* **MORTABA**. O ár. *martaba* quere dizer «categoria, dignidade»; mas na Índia emprega-se às vezes para designar o «sêlo ordinário ou pequeno» de um dignitário ou nobre. V. *mahamartaba*.

1818. — «O meu *Xicó* e **Mortab** (sêllo e pequeno sêllo) se perderam com todo o meu precioso, fato, e *atar* por occasião do saque acontecido no anno passado». — *Apud* Júlio Biker, *Collecção de Tratados*, XII, p. 2.

1822. — «Todo o referido assim o executareis — **Mortal** (*sic*), ou sello pequeno». — *Ibid.*, p. 44.

* **MORUONI** (s. m.). Pássaro canoro da Índia; o mesmo que *dominico* (q. v.). Do conc. *maḍhvaṇ*.

1846. —«**Modvony** (Dominico), Pitoly ou Buchundy». — F. N. Xavier, *O Gabinete Litterario*, I, p. 252.

1873:

«E como as garças alvo, e meigo como um can-[tico
do terno **murnóni**; nos sons tão feiticeiros!...».

Tomás Ribeiro, *A Indiana*, p. 31.

1873. — «Em quanto o *bulbulo* e o dominico (**moddvoni**) trinam seus chilros agudos e graciosos». — Bernardo da Costa, *Manual do Agricultor*, II, p. 191.

1874. — «Os *martinhos* e **moruonis** conversavam nas ramarias». — Tomás Ribeiro, *Jornadas*, II, p. 143.

1906 :

«Saudades da-te o sol da India
e o canto dos moruonis,
saudades diz-te o perfume
das *zaiôs* e *mogarins*».

*Heraldo*, de 20 de Janeiro.

1906. — «**Moruôni** — *Mulluoni* ou *Môruôllim*, outras formas propostas da palavra difficil de transcrever nos seus sons verdadeiros. Pequeno passaro da India... Em concani o nome é diverso, transliterado — *Madhvan* no *Diccionario Portuguez-Konkani*, de Monsenhor Dalgado. Fernando Leal adopta a forma *Mulluáni*». — Alberto O. de Castro, *A Cinza dos Myrtos*, p. 188.

1907 :

«Tal o caçador que a um **muruoni**
levanta a sua flecha e o seu arco esguio».

Paulino Dias, in *Luz de Oriente*, de Outubro».

**MOSSONDI** (s. m.). Crematório ou cemitério dos hindus, em Goa. Os cristãos empregam a palavra portugueza para o seu cemitério. Do conc. *masaṇtī*, mar. *masaṇvatī*, forma deminutiva de *masaṇa* < sânsc. *çmaçāna*.

1856. — «*Mosson* ou *Mondi* [*mossondi*] lugar para a queima ou enterramento dos cadaveres). — F. N. Xavier, *Defensa dos Direitos*, p. 8.

1886. — «**Mossondy**. — Na margem direita da costa que da *cassabé* de Bicholim se dirige a Sanquelim, á entrada do bairro de Vitholapur, acha-se um **mossondy** — cemiterio ou logar onde são queimados os cadaveres dos gentios». — Lopes Mendes, *A India Portugueza*, I, p. 263.

«As pessoas da familia, e mesmo os visinhos que moram na rua por onde deve passar o *pret* ou cadaver, para o **mossondy**, não podem tomar alimento algum em quanto elle não entrar na sua ultima jazida». — *Id.*, p. 264.

* **MOTETO, muteto** (mais correcto). Campo que os *maiorais* (q. v.) ou moradores duma aldeia de Ceilão cultivam em benefício do rei ou do senhorio. Do sing. *muttettu*.

1685. — «Em cada aldea ha huma *paravenia*, que sempre he a maior, e situada na melhor parte, a que chama **Motteto**, na qual está huma casa bem feita, e nella reside o senhorio, quando esta na aldea: tudo, quanto este **Motteto** dá he seu. Os Maioraes são obrigados a lavrar, semear, recolher a varge deste **Motteto**; como tambem recolher a areca, pimenta, e mais frutos, sem alguma paga». — João Ribeiro, *Fatalidade Historica*, I, cap. 11.

1687. — «Limitão o preço da pimenta dos **mutetos** a cinco medidas por *larim*». — P. Fernão de Queiroz, *Conquista de Ceylão*, p. 882.

1914. — «It generally contains a **Muttetu** field which the inhabitants in consideration of their lands cultivate gratuitously for the benefit of the grantee». — P. E. Pieris, *Ceylon*, II, p. 482.

* **MOTIAR** (sing. *mohoṭṭiyār*). Funcionário inferior ao *modeliar* (q. v.), em Ceilão, uma espécie de escrivão ou secretário.

1635. — «Deu de supito com Pero de Azevedo e outro seu parente portuguez, que lá andavam com os **motiares** arrecadando os *decus*». — António Bocarro, Déc. XIII, p. 714.

1687. — «... assistindo lhe somente Mudeliares com voto consultiuo, nas cousas de mayor importancia, e dous **mutiares**, ou Secretarios para o despacho ordinario». — P. Fernão de Queiroz, *Conquista de Ceylão*, p 79.

«O mesmo ao *Banaca* do Geral, bastando lhe hum, com dous **Motiares**, ou escrivães». — *Id.*, p. 888.

1676. — «Un très-habile homme de Ceylan et bien Philosophe naturel, nommé Alegamma **Motiar**, comme qui dirait le maître des Philosophes». — Tavernier, *Voyages*, IV, p. 112.

**MOTIM**. Em concani *motīm* é própriamente «pérola»; mas sendo o *note* (q. v.) de ordinário adornado com uma ou mais pérolas, dá-se-lhe também o nome de *motim*.

1644.—«Nenhuma mulher christã traga **motim** (joia, no nariz, signal por onde se distinguem as gentias das christãs». — *Decreto*, in *Mitras Lusitanas* (P. Casimiro de Nazaré), in *Bol. S. G. L.*, XII, 526.

1728. — «**Moti**, ou **Motim**, he huma pequena joya composta de hum rubi com hum pinjente de pérola, a qual trazem todas as Gentias Asiaticas no nariz, que furão na venta esquerda ao mesmo tempo que as orelhas». — Bluteau, *Supplemento*.

* **MOTO** (*motho*). Convento, seminário dos hindus, estabelecimento religioso. Do conc. *maṭh* < sânsc. *maṭha*.

1806. — «O **matto** ou Convento de Canapur». — *Apud* Joaquim C. Soares, *Doc. Comprobativos*, p. 449.

1886.—«... se é [o pagode] fundado por uma corporação ou communidade agricola, chama-se vulgarmente **matha** ou *devalem*».—Lopes Mendes, *A India Portugueza*, I, p. 190.

1890. — «Depois é preciso pagar os *formás* aos *Dessais* de Verém, *hacca* ao **motho** de Sanquelim, *hacca* ao deus da aldeia». — António de Almeida Azevedo, *As Communidades de Goa*, p. 94.

«Nas Novas Conquistas, encontra-se um grande numero de aldeias oneradas com haccas ou pensões para differentes **mothos,** cujos religiosos estão sob a direcção dos dois prelados (*suamys*) de *Smarts* e *Vaishnavas*». — *Id.*, p. 148.

1900. — «Foi prelado hindu dos bramanes *smarttis* ou *gauddés sarasvoty* dos **môthos** de Queulá, Sanqualim, e outros». — *O Oriente Portuguez*, III, p. 241.

1902. — «... chegando a dar testemunho do derramamento da sua doctrina 700 **Mâthas** ou mosteiros».—Cristóvão Pinto, in *Ta-ssi-yang-kuó*, II, p. 313.

1907. — «... construindo em muitas aldêas **mottos,** quarteis para esses soldados que viviam da esmola, como seu commandante Ramadássa». — *Luz do Oriente*, de Dezembro.

1917. — «Acaba de publicar em Madrasta as inscripções em cobre, existentes nos archivos do **matha** ou mosteiro do Kumaconam». — *O Oriente Portuguez*, XIV, p. 217.

1720. — «Vous voulez que je bâtisse ici un **Matam** (c'est le nom qu'on donne à nos Eglises) j'y consens, et j'espere que Dieu en tenra sa gloire». — *Lettres Edifiantes*, XVI, p. 230.

1825. — Quelques-uns [pénitens] vivent retirés dans les **mattas,** ou espèces de couvens, auxquels sont ordinairement attachées quelques terres».—P. Dubois, *Mœurs*, I, p. 155.

1883.— «Another disciple Narsingh has erected **math** or temple to his memory at Bankí». — Hunter, *The Imperial Gazetteer*, III, p. 315.

1904. — «The *Swami*, convened in the year 1901 a *sabha* [assemblea] of Gauds Sarasvats and Bardeshkars in his **Math,** and both classes were declared to be on a footing of equality». — J. A. Saldanha, *The Indian Caste*, p. 60.

**Moução**. V. *monção*.

**MOURO**. «Mouros chamamos nós os Portuguezes indistinctamente a todos os Mahometanos». Cunha Rivara, em Pyrard, I, p. 37. Ainda hoje assim se diz por toda a Ásia, onde se fala português. Às vezes chamam *mouro* a quem não professa o maometismo, mas se veste a modo de muçulmanos, e faz o ofício de peão ou contínuo de autoridade graúda, como arcebispo, governador, administrador, juiz. A denominação introduziu-se em indo-inglês e indo-francês. V. *Influência*.

1513.—«Mando vos tambem hum **mouro** d Adem, que sabe laurar afyam e a maneira de que se colhe».—Afonso de Albuquerque, *Cartas*, I, p. 974.

1516. — «Nestes lugares [do Malabar] uiuem muytos **Mouros,** Xpãos [cristãos], e Gentios Indios». — Duarte Barbosa, *Livro*, p. 345.

1526. — «Se algum destes irmãos se tornar **mouro;** ou *jogue*, que he semelhante a cigano em nosso reino...». — *Foral* de D. João III, in *Archivo*, V, p. 128.

1539. — «Tinha em sua companhia seiscentos **Mouros** Guzarates, e Malavares». —Fernão Pinto, *Peregrinação*, cap. 27.

1552. — «He **mouro** [o mogor], e assi ho são todos os seus vassallos». — Castanheda, *Historia*, VIII, cap. 83.

1570.—«Por vituperio chamão aos Christãos destas partes *Frangues*, como nós a elles impropriamente chamamos **Mouros**». — João de Barros, Déc. IV, IV, 16.

1613. —«Haveraa em summa seiscentos Portuguezes casados, e moradores de juro, e mais dois mil Vassallos, entre Christãos, Idolatras, e Maumethistas, ou **Moros**» (em Malaca). — Manuel G. de Erédia, *Informação da Aurea Chersoneso*, p. 73.

1687. — «Os Portuguezes geralmente [chamam] **Mouros;** porque os primeiros que conhecerão forão de Mauritania». — P. Fernão de Queiroz, *Conquista de Ceylão*, p. 17.

1886. — Tomo esta palavra **mouro** na accepção que lhe davam os portuguezes de então, como synonimo de mahometano, como significando crença e não raça». — Conde de Ficalho, *Garcia da Orta e o seu tempo*, p. 112.

1582. — «... essendoui [em Ormuz] molti seriuani, cosi Portoghesi come **Mori**». — G. Balbi, *Viaggio*, fl. 49.

1584. — «Le vacche si macellano [em Cochim] per li Christiani, **Mori** e Giudei, e per qualque de' Gentili». — F. Sassetti, *Lettere*, p. 231.

1585. — «E un se llama Lugor, y el otro Patane, son ambos de vn Rey **moro** de Casta Malaya».—Fr. Joan G. de Mendoça, *Hist. de la China*, p. 360.

1588. — «Fra l'altre cose lo demondò, perche i Portoghesi fossero tanto crudeli, e acerbi nimici de' **Mori** (cosi chiamano volgarmente i Mahometani)». — P. Maffei, *Le Istorie*, p. 471.

1589. — «Entre les Malabares il y a beaucoup de **Mores,** de couleur quelque peu blanchastre, qui vivent à la Mahometique». — Linschoten, *Histoire*, p. 22.

1666. — «Il n'y a que les Mahometans

appellez **Mores** par les Portugais». — Thevenot, *Voyages*, III, p. 107.

1673. — «Their Crew were all **Mores** (by which word hereafter must be meant those of the Mahometan Faith)». — Fryer, *East India*, I, p. 74.

1703. — «Je vis, les yeux bagnez, de tristes restes d'une cérémonie diabolique, que les **Maures** (c'est le nom qu'on donne aux Mahometans dans les Indes Orientales) s'efforcent d'abolir». — *Lettres Édifiantes*, VI, p. 20.

1770. — «Ce sont des **Maures** venus de la côte de Coromandel, qui, en payant un modique droit, les attachent» (as pedras preciosas). — Raynal, *Histoire*, I, p. 166.

1774. — «**Mori**. Si chiamano li Maometani dell' India, detti Musulmani». — P. Tomba, *apud* Gubernatis, p. 295.

1783. — «Les Européens appellent même **Maures** tous les habitans qui ne sont pas Gentiles». — Sonnerat, *Voyages*, I, p. 36.

1836. — «Les **Maures**, ou musulmans indiens, les Bougis, les Malais, les anciens descendants des Portugais et les Anglais forment la liste des étrangers qui habitent Java». — Rienzi, *Océanie*, I, p. 149.

* **MOUROS.** Com êste vocábulo designa António Tenreiro a festa que os muçulmanos celebram no primeiro dia do seu ano lunar, e que em árabe se denomina *muḥarram*, lit. «sagrado».

1529. — «A este convite chamão-lhe em sua linguagem **Mouros**, que quer dizer dia primeiro do anno, para o qual tinha o *Sofi* muitas provisões e mantimentos, e vinhos muyto finos». — *Itinerario*, cap. 17.

**MOXAMA.** Os dicionários espanhóis e portugueses dão-lhe o significado genérico de «peixe sêco e salgado», e específico de «tira sêca de lombo de atum». Os indianistas nacionais aplicam-no em particular ao «peixe bonito sêco» das ilhas Maldivas; e tem-no alguns dêles por vocábulo novo. Os nossos lexicógrafos, a começar por Bluteau, dizem que é palavra castelhana (*mojama*); mas o seu étimo é o ar. *mochamma*, «peixe sêco ou salgado». V. Dozy. Se o termo existiu em português no século XVI, não deveria estar muito vulgarizado.

1345. — «A comida dos habitantes della he hum peixe, semelhante ao Albirun... a que elles chamão Calbo-Almoce, cuja carne he vermelha, e não tem gordura... Quando se pesca, cortão cada hum delles em quatro postas; poem-nos depois em ceiras de folhas de palma, e os dependurão ao fumeiro; e quando está bem secco, o comem; e delle se transporta para a India, e China». — Ben-Batuta, *Viagens*, II, p. 365.

1516. — «Ha nestas ilhas [Maldivas] muyta **moxama**». — Duarte Barbosa, *Livro*, p. 352.

1552. — «Ha nestas ilhas muyto pescado que seco lhe chamão **moxama** que leuão por mercadorias a muytas partes». — Castanheda, *Historia*, IV, cap. 35.

1563. — «Carregam o peixe seco que chamão **moxama**, que he lombos de peixes bonitos, que os seccão ao sol, porque nas Ilhas não ha sal». — Gaspar Correia, *Lendas*, I, p 341.

1563. — «Em nenhũa cousa lhe podia fazer mayor danno, que em lhe defender a pescaria, e assi as naos que vão áquelles portos, grande parte das quaes leuão das ilhas de Maldiva muita **moxama**, que se faz do pescado, e he entre elles muito estimado». — João de Barros, Déc. III, III, 5.

«**Möy** ou **moi**, m. Árvore da Índia portuguesa». Cândido de Figueiredo. É o nome concani (*mŏĩ*) do *baĩnheiro* (q. v.).

**MUCALINA** (sing. *mūkalāna*). Floresta virgem de Ceilão.

1613. — «Ainda que entrei algumas legoas pela ilha, não me quero meter na frescura da terra, na variedade dos rios e riquezas delles, nas immensidades dos matos, nas suas **mucalinas**, que são as nossas devezas, na diversidade das arvores, na bondade dos fruitos». — P. Manuel Barradas, in *Hist. Tragico-maritima*, II, p. 87.

1687. — «Escalarão tranqueyras inexpugnaveis, e atraussarão passos, em **mucalinas** inaccessiveis». — P. Fernão de Queiroz, *Conquista de Ceylão*, p. 404.

«Em hũa ponta tem hũa eminencia, pouco relevada da terra, chea de aruores fructiferas, junto da qual vem sahir a estrada por hũa azinhaga ou **mucalâna** na lingua dos Naturaes». — *Id.*, p. 716.

* **MUCARO.** Almocreve. Do ár. *mukārī*, que, com o artigo *al*, é também o étimo de *almocreve*.

1593. — «Os nossos **mucaros** (que assim chamão naquelas partes aos almocreves, e não será muyto haver ficado deste nome em Portugal, quando foi possuido dos Mouros) ainda que Mouriscos, erão sobre maneyra bem criados, e cortezes». — Fr. Pantaleão de Aveiro, *Itinerario*, p. 480.

1600. — «Io mandai vn de' **Muccari** à scoprire, che gente fosse». — Mgr. Sebastiani, *Seconda Spedizione*, p. 126. «**Muc-**

**caro**. Mulatiere, Cameliere, ò Vetturino».—*Id.*, p. 149.

**MUÇULMANO.** Maometano. Do ár. *muslim*, «resignado, salvo», aplicado aos sectários de Mafamede, se formou em persa o plural *muslimān* ou *musalmān*, que passou a ser usado como singular. Os nossos escritores antigos diziam *moslem*, tomado directamente do árabe.

1540. — «Disse por tres vezes *Lah, hılah, hilah, lah Muhamed roçal halah*, ó **Massoleymoens** homes justos da santa lei de Mafamede». — Fernão Pinto, *Peregrinação*, cap. LIX.

1563. — «E aos homens desta terra os da Arabia e Persia se lhes querem perguntar se são Mouros ou Gentios, perguntamlhes por estas palavras: tu es **Moçalman** ou *Indu?* E se elle he gentio diz que Indu, e se he Mouro diz *Alhandulila*, que quer dizer graças a Deos, porque **moçalmans** quer dizer salvo». — Garcia da Orta, Col. XXXIV.

1442.—«It contains a considerable number of **Mussulmauns**, who are constant residents and have built two mosques». — Abd-el-Razzak, in *India in the Fifteenth century*, p. 13.

1619. — «... esagerando molto questo sparger sangue frà di loro i **Mossulmani**, cioè i Saluati; che così pazzamente si chiamano frà di loro i Mahomettani». — Pietro della Valle, *Viaggi*, I, p. 407.

1653. — «... son infanterie d'Indistannis **Mousulmans**, ou Indiens de la Secte de *Sonnis*». — Le Gouz de la Boullaye, *Voyages*.

1672. — «Here are a sort of bold, lusty, and most an end, drunken Beggars, of the **Muslemen** Cast». — Fryer, *East India*, I, p. 229.

1774. — «Mori. Si chiamano li Maomettani dell' India, detti **Musulmani**». — P. Tomba, *apud* Gubernatis, p. 295.

**MUEZINE** (ár. *mu'azzin* ou *mu'aḍḍin*, conforme as regiões, «pregoeiro»). «É o indivíduo incumbido de chamar, do alto do *alcorão* da mesquita, os fiéis ás rezas diárias». Gonçalves Viana, (*Apostilas*) [1]. A forma portuguesa do vocábulo é *almuadem*.

1663. — «A estes alcorões, que corespondem ás nossas torres sobe quatro vezes no dia o *telismam* ou **muezin**, que é o thesoureiro da mesquita... começa a gritar com voz alta, sentida e vagarosa». — P. Manuel Godinho, *Relação*, p. 100.

[1] «A forma francesa *muezzin*, que tem de ser pronunciada *muezine*, e não *muezẽ*, porque a nona letra do alfabeto arábico é proferida por muitos barbarescos defeituosamente como *z*, em vez de lhe darem o seu verdadeiro valor, o do nosso *d* entre vogais, diferente do *d* inicial, a que corresponde a oitava». — Gonçalves Viana, *ibidem*, s. v. *almuadem*.

**MUFTI, mofti** (ár. *muftī*). É o intérprete qualificado do Alcorão ou o supremo expositor da lei, que por meio de *fatvā* resolve um ponto doutrinário, cuja execução compete ao *cadi*. Sobem-lhe as causas judiciais em última instância [1].

1540. — «Disse, andar **muyti** (*sic*) *eramá* para esse inferno, onde a vossa enfuscada alma agora estará gozando dos deleites de Mafamede, como hontem com grandes brados prègaveis a essoutros cães como vós». — Fernão Pinto, *Peregrinação*, cap. 60.

1610. — «Estando com o seu **mofti**, que é como cabeça de todos os Cacizes, mandou o Xá vir algum vinho de que nos fez merce». — Fr. António de Gouveia, *Relaçam da Persia*, fl. 206 *v*.

1663. — «Por estas náus escreveu o **mofti** (cabeça e como supremo pontifice dos mahometanos) aos *cacizes* de todas mesquitas principaes do Oriente, que na primeira sexta feira depois de receberem sua carta, chamassem o povo todo ás mesquitas, e solemnemente dessem graças a Deus pelas victorias que tinham alcançado os senhores e principes mahometanos». — P. Manuel Godinho, *Relação*, p. 48.

«Junto a mesquita maior mora o summo califa, que corresponde a um nosso patriarcha, e não ao papa, como escreve certo autor, porque este é entre os turcos, o seu **mufti**». — *Id.*, p. 161.

1728. — «**Muphti**. O Pontifice dos Ottomanos, e cabeça de sua falsa Religião». — Bluteau, *Supplemento*.

1604. — «The spiritual administration is in the hands of one whom they call **mofty** answering to a bishop amongst us, which office is of great esteem and authority». — Pedro Teixeira, *The Travels*, p. 116.

1658. — «... doue sono le stanze del **Mofti** che frà loro tiene l'officio del Vescouo». — Fr. Vincenzo Maria, *Viaggio*, p. 32.

1666. — «Il y a à Surat un **Moufty** qui prend garde à toutes les choses qui concernent la Religion Mahometane». — Thevenot, *Voyages*, III, 56.

[1] «A magistrate; one who gives a *fatwá* (a judicial sentence, especially on a point of religious jurisprudence)». Palmer.

1675. — «The **Mufty** is the Head of the Law in Turkey... But in Persia there is one in Title only, without any authority of the Keys». — Fryer, *East India*, III, p. 77.

1676. — «Le **Mouphti** est le chef honoraire de la Loi dans tout l'Empire, et tenu pour l'interprete de l'Alcoran». — Tavernier, *Voyages*, VI, p. 39.

1770. — «Le grand **Mouphti** désésperé de voir les mosquées abandonnées, décida que cette boisson [de café] étoit comprise dans la loi de Mahomet qui interdit les liqueurs fortes». — Raynal, *Histoire*, I, p. 281.

1770. — «Tout ce qui passe lors de l'inauguration du Grand Seigneur par le **Mufti**, prenez ce que j'avance». — Anquetil Duperron, *Législation Orientale*, p. 46.

1824. — «But the news now was that the *Sirdar Padre*, or **Mufti**, of all *Sahib log* was coming to visit the different Churches». — Heber, *Narrative*, I, p. 257.

1881. — «Justice is administered in the town, more or less effectually, according to the Muhammedan law, by a *Kházi* and **muftís**» (no Afganistão). — Hunter, *The Imperial Gazetteer*, I, p. 46.

* **MUI** (chin. *múe*). Nome que se dá em Macau às ameixas e aos abrunhos.

1745. — «Ha Sidras e Jamboas, **Muis** que arremedão a Ameixas». — In *Ta-ssi-yang-kuó*. — «**Mui** é termo cantonense com que são designadas diversas especies de ameixas, e abrunhos, etc., pelos macaistas». O editor.

**MULA, moulana** (s. m.). Mestre, doutor da lei maometana. Do hindust.-persa *mullā* < ár. *maulā* (lit. «senhor»; ár. *maulānā* (lit. «nosso senhor»). Empregam-se ambos os termos indifferentemente, mas *mulá* é mais comum.

1327. — «Os habitantes de Xiraz não lhe chamão *Cady*, mas sim **Mulana**-*Adamo* (nosso amo o maior), e assim nas suas escripturas publicas». — Ben-Batuta, *Viagens*, I, p. 250.

1537. — «Tinha consigo hum *Caciz* seu **Moulana**, que elles tinhão por santo, por aver poucos dias que viera da casa do seu Mafoma». — Fernão Pinto, *Peregrinação*, cap. 5.

«E o seu Casis **Moulana** dignidade suprema na seyta Mafometica». — *Id.*, cap. 178.

1557. — «Mandou chamar os seus **Mulás**, que foram, e vieram duas vezes sem tomar nenhuma conclusão». — *Commentarios*, IV, p. 36.

«O Rey [de Ormuz] lhe respondeo, que elle mandaria logo lá os seus **Mulás**, que são homens religiosos». — *Ibid.*, cap. 38.

1563. — «Do qual moço, que seria de até doze annos, lançou mão hum Mouro por nome **Moulana**, que naquellas partes era para os Mouros como o supremo Califa da sua seita». — João de Barros, Déc. III, v, 1.

1603. — «Começaram a vir os **Moulas** que sam os letrados, e os fidalgos senhores que antes tinham por deshonra chegar á igreja». — P. Fernão Guerreiro, *Relaçam Annual*, fl. 53 *v.*

1603. — «Os **Mulas** ou Cacises que tem cuidado dellas [mesquitas], tanto que anoitece accendem muytos candieiros por todas ellas». — Fr. António de Gouveia, *Jornada do Arcebispo*, fl. 26 *v.*

1607. — «O irmão [jesuita] se foy, e lho contou como os **mulás**, que sam os Cacizes, o nam deixauam uiuer, e lhe pediam dinheiro». — P. Fernão Guerreiro, *Relaçam Annal*, fl. 165.

1613. — «E raramente se occupão nos escrittos dos Alcoroés, salvo algum **Mula** ou Cadis de Arabia». — Manuel G. de Erédia, *Declaraçam de Malaca*, fl. 39.

1663. — «... as quaes [tôrres] mandou derrubar Sajan, grão mogol, indusido por **molá** (quer dizer o mesmo que caciz) o qual não podia soffrer que as torres da nossa igreja fossem mais altas que os alcorões de suas mesquitas». — P. Manuel Godinho, *Relação*, p. 76.

1701. — «Disputárão logo com os **Molás**, del-Rey, isto he, Letrados sobre as authoridades dos livros... Empenhe-se hoje V. Magestade, lhe dizião elles, com todos os Grandes da sua Corte, como todos os seus **Molás**. e Caeizes, a querer depravar o Alcorão». — P. Francisco de Sousa, *Oriente Conquistado*, II, I, 2.

1588. — Venne fin lá vn principale Califa, o vno Sacerdote della superstizione Mahometana nomato **Molana**». — P. Maffei, *Le Istorie*, p. 278.

1610. — «Suelen tambien los Parsios llamar à los medicos, con otro nombre por mas honroso, que es **Mulah**, que quiere dezir maestre, o de su religion, o de alguna sciencia speculativa». — Pedro Teixeira, *Relaciones*, p. 179.

1616. — «Il y a des tourelles aux coins de leurs plus grands Temples. Leurs **Molas** ou Docteurs de leur loy, y montent à certaines heures du soir, et crient à haute voix en langue arabe, *La alla illa alla Mahomet Rasul alla*». — Thomas Row, *Relation.*

1631. — «Plerique Mahometani, exceptis sacerdotibus quos vocant **Molaas** omnes capillos radunt». — *De Imperio Magni Mogolis*, p. 108.

1660. — «Col farmi io pouero, e col fauore de' Gianizzeri amici, d'vn **Mullà**, ò Sacerdote de' Mori, e di Scander Armenio, si ridusse la cosa a solo cinque» (piastras). — Mgr. Sebastiani, *Seconda Spedizione*, p. 17.

1666. — «Selon la décision de ses **mullas** ou docteurs de la loi, il serait bien permis à un homme de manger de fruit d'un arbre qu'il avait planté». — Bernier, *Voyages*, I, p. 13.

1676. — «Les **Mollah**, ou *Moula-Cadis* sont les Juges de grandes Villes». — Tavernier, *Voyages*, VI, p. 40.

1689. — «And to add to the Sanctity of this Celebrated and solemn Feast [de *Ramedão*], their **Mullahs**, acted with a sacred Zeal, and lively concern for the Souls of the People, will at this time spend whole Nights in the Musseets in chanting aloud their Divine Hymns».— Ovington, *A Voyage to Suratt*, p. 243.

1685. — «C'est un nom Arabe corrompu de celui de *Meula*, que nous prononçons **Moula**, et qui signifie particulièrement en Afrique, un Prince ou Docteur de la Loi Musulmane». — Herbelot, *Bibliothèque Orientale*.

1791. — «Plus loin, les voix perçantes, qui annonçaient du haut des airs les heures de la nuit, m'apprirent que je étais au pied des minarets d'une mosquée». —Bernardin de Saint-Pierre, *La Chaumière Indienne*.

1824.—«. . . and a college of Musulman law and divinity, the **Moulavies** of which are widely renowned».—Heber, *Narrative*, I, p. 213.

1831. — «Le peuple voulait faire célébrer de rogations par les **moullahs** des mosquées, afin d'avoir de la pluie ; mais le ciel en promettait si peu, que les **moullahs**, espérant peu de succès de leurs prières, se firent longtemps défendre par le gouverneur syke de les réciter». — Jacquemont, *Correspondence*, II, p. 127.

1845.—«Ils lui demandèrent aussi d'être mis, dans une conférence publique, en présence des **mollahs**, ou docteurs mahométans». — Xavier Raymond, *Inde*, p. 314.

1881. — «The staff of village servants includes, as a rule, . . . the Musulmán priest (**mullá**); the temple keeper (*guru*)». —Hunter, *The Imperial Gazetteer*, I, p. 100.

1898. — «Habiendo trabado amistad con un ilustrado **mollah** ó sacerdote tuvo noticia de muchas cosas que ignoraba». — Alfredo Opisso, *El Asia Musulmana*, p. 92.

1904. — «The *Navayats* are *Sunnis* of the Shafi sect. They are staunch Mussulmans and have a well equipped organization of Kazis, **Mullahs** and other officers».— J. A. Saldanha, *The Indian Caste*, p. 98.

**MULATO** (*mulata*). Descendente de pai europeu e mãe preta, ou vice-versa. O vocábulo é, portanto, análogo a *mestiço*, q. v. *Mulato*, derivado de *mulo*, significava originàriamente, segundo Viterbo, «macho asnoiro, filho de cavallo e burra». Neste sentido emprega-o Cristóvão Vieira na sua carta da China: «Em hum dia se passa este caminho em *mulatos* e asnos». (*Apud* Donald Ferguson, p. 69). Vid. Gonçalves Viana, *Apostilas*.

1557. — «Sem delles ficar em cima no cobelo mais que Garcia de Sousa, e mais hum seu **mulato**». — *Commentarios*, IV, cap. 4.

1612. — «Falecendo em Bengala hum **mulato** que se chamava João Leite. . .». — Diogo do Couto, *Déc.* VI, VII, 3.

1615. — «Os que descendem de Portuguez e Cafre ou Negro de Africa, chamamlhe **Mulatos**, e são havidos por iguaes aos mestiços».— Pyrard de Laval, *Viagem*, II, p. 32.

1622. — «Aqui mandou o capitão um **mulato** seu, que nadava muito bem, a ver se podia passar o rio». — Francisco Vaz de Almada, in *Hist. Tragico-maritima*, IX, p. 39.

1584. — «Questo re [de Calecut], modern'huomo di 30 anni o cosi, è di colore di **mulatto**». — F. Sassetti, *apud* Gubernatis, *Storia*, p. 368.

* **MULI** (ant.). Maioral duma corporação ou povoação, pessoa principal, em Goa. Do conc.-mar. *mūḷī*, que própriamente significa, «raiz, princípio».

1736.—«Nem antes, nem depois de seus casamentos, com respeito a elles, dêem cousa alguma a pessoa, que tivesse servido o officio de **Muly** de qualquer aldeia, bairro ou districto. Que qualquer pessoa masculina, ou feminina, que exercitasse o officio de **Muly** em qualquer districto, ou fizesse as suas vezes, não assista a nenhuma funcção de casamento, excepto sómente nos dos seus filhos e filhas... Nenhum exercite o officio de **Muly**, nem por tal haja havido e reconhecido. . . Em nenhuma occasião, nem com qualquer pretexto, dêem cousa alguma a pessoa que exercitasse o de **Moly**, ou suas vezes fizesse em attenção ao dito officio. . . Não tratem com respeito de honra e preeminencia a pessoa alguma que exercitasse o officio de **Muly**». — *Edital* da Inquisição de Goa, *apud* Lopes Mendes, *A India Portugueza*, I, pp. 255 a 259.

* **MUMANA** (ant.). Tecido do Balagate, na Índia, fabricado pelos tecelões maometanos, chamados *momins*. Do mar. *momanāū* < ár. *momīn*.

1601. — «**Mumana** hão (*sic*) de ter a mesma largura e comprimento». — *Carta Régia*, in *Archivo Port.-Oriental*, VI, p. 744.

* **MUNDĀ**. O hermafrodita, sendo privado do convívio social na Índia, não pode aproximar-se das casas dos hindus, para mendigar. Emprega para êsse fim um indivíduo chamado *mundā* ou *mundhā* em marata, o qual pede por êle e apregoa cantando a anomalia sexual. V. Molesworth. É possível que em concani se aplicasse o vocábulo *mundām* (pl. de *mundā*) às suas cantilenas e outras análogas, e houvesse em Goa pretos que as cantassem para esmolar ou por prazer, sendo por isso denominadas «cafrino». A autoridade eclesiástica, que as proíbiu, deve tê-las julgado obscenas. Não me parece que o vocábulo seja outra forma de *mandó* (q. v.), dança de origem africana.

1606. — «Nenhuma pessoa daquy por diante seja ousada a bailar ou cantar a sarabanda, nem as cantigas, que chamão **mundā**, ou *cafrinho*». — Quinto Concilio de Goa, in *Archivo*, p. IV, p. 266.

**Mundaçó**. Trunfa ou turbante do hindu. Faz-se duma comprida peça fina de algodão, ordináriamente branca, enrolada e com muitas voltas. Há também *mundaçós* mais ricos e custosos. Tem a vantagem de resguardar a cabeça do sol tropical melhor que o chapéu, de que os hindus não usam, ou o barrete. Do conc. *mundāsó*, marata-hindust. *mundāsā*. Não figura o termo nos escritores antigos.

1856. — «*Touca* he o mesmo que Trunfa, Turbante, e em lingoa do Paiz **Mundassó** e *Pagddi*». — F. N. Xavier, *Instrucção*, p. 48.

1874. — «Outros hão de vestir-se de generaes, com um mólho de penachos em cima do **mundaçó**». —Tomás Ribeiro, *Jornadas*, II, 77.

1886. — «Um **mundassó** ou *pagddy*, especie de trunfa, ou turbante». — Lopes Mendes, *A India Portugueza*, II, p. 138.

1913. — «Contra a grandississima ex-vergonha projectada contra os meus conterraneos de *pudvém* e **mundassó**». — *Heraldo*, de 7 de Maio.

**MUNGE** (s. m.). Cerimónia de investidura da *linha* (q. v.); cordão de *Saccharum munja*, de que se cinge o investido; qualquer cordão ou cinto de prata ou de ouro, de que pende o *langotim*, ou que se traz por adôrno. Do concani-mar. *mūñz* < sânsc. *mūñja* [1].

1511. — «Por estes vos mando que deis a pero lopez II pardaos de hũ **mongi** que dei ao alguazill de cananor». — In *Cartas* de A. de Albuquerque, VI, p. 463.

1729. — «Celebrando-se na Ilha de Cumbarjua, da jurdição desta freguezia, hum cazamento e **mungi** em casa de Rama Sinay com bailadeiras...». — In *Archivo Port.-Oriental*, Supplemento II, p. 321.

1886. — «Tem na cabeça uma especie de tiara, na cintura um **munge**, e nos braços, joelhos e pés *valés* (braceletes)». — Lopes Mendes, *A India Portugueza*, II, p. 70.

1913. — «Nas cerimonias religiosas do casamento, do *upanaiana* (ceremonia da linha, **munj**), da adopção, dos sufrágios fúnebres (*shraddha*), da *tiâg* ou divorcio por adulterio da mulher». — *Heraldo*, de 7 de Maio.

1795. — «From the **munj** or culm, of the *sara* was made *maunji*, or holy thread, ordained by Manu to form the sacred girdle, in preference even to the cusa-grass». — William Jones, *Asiatic Researches*, IV, p. 248.

1885. — «... covered with lofty **múnj** grass, whose large waving white plumes form a graceful feature in the landscape». —Hunter, *The Imperial Gazetteer*, V, p. 321.

**MUNGO**, **mugo** [2]. Legume *Phaseolus mungo*, Linn. Do hindust. *mūng*, concani-mar. *mūg* < sânsc. *mudga*. As vagens são pequenas e finas; a semente é miuda e considerada muito sadia; come-se sêca, e entra em várias preparações culinárias; dá-se também aos cavalos. Na China tem

---

[1] O dicionário de Cândido de Figueiredo regista *muge* com os seguintes significados: «Corrente de metal, usada ao pescôço como adôrno, na Índia e na África; cinto de metal ou missanga, usado por alguns negros da África Oriental».

[2] O *mungo* ou *mokambo* de Angola (*Mytragine macrophylla*, Karth.) é uma espécie diferente.

«É uma arvore de grandeza notavel, tendo folha de dimensões consideraveis. Habita nas florestas de Golungo alto. A sua madeira é de boa qualidade e muito empregada pelos habitantes». — Conde de Ficalho, in *Bol. S. G. L.*, p. 712.

outros usos, abaixo mencionados. A planta existe em quási toda a Ásia meridional e na África Oriental. Há outra variedade, conhecida por *orido,* q. v.

1312.—«Trouxerão-me pão de **mungo,** que são hervilhas de que eu comi».—Ben-Batuta, *Viagens,* II, p. 205.

1510. — «. . . cynquo *cãdis* de grãos e bũn quãdill he meyo de **mungo** tudo para mãtymento dos cavalos». — In *Cartas* de A. de Albuquerque, VI, p. 408.

1522. — «Não pagarão de nenhum mantimento, a saber, de arroz, carne, pescado, jagra, **mungo**». — *Regimento* do governador, in *Archivo,* v, p. 1552.

1525. — «Feijões, **mungus,** *macharny* (? provávelmente *nachanim*) e outras sementes». — *Chronica de Bisnaga,* p. 96.

c. 1531. — «De cada candil de mercadoria de comer, seja trigo, grãos e arroz e **mungo,** levará o *Tanadar* hum *leal*». — Afonso Mexia, *Precalços dos Officiaes de Mandoim.*

1554. — «O **mungo** he em tudo como arroz» (quanto ao pêso). —António Nunes, *Lyvro dos Pesos,* p. 24.

1557. — «E o povo era obrigado a trazer feno, grãos, e **mungo,** que he huma semente». — *Commentarios,* II, cap. 26.

1563. — «Aquella moça que trouxestes de Decanim, pede-me **mungo,** e diz que em sua terra lhe davam a comer, tirada a casca, e cozida. . . Comem della os cavallos, e a gente ás vezes; e os Guzarates e Decanins usam della em as febres, e todo o homem que tem febres, não come 10 dias e ás vezes 15, e ao cabo dellas lhe dam a beber agoa do cozimento de **mungo,** onde vai alguma substancia delle».— Garcia da Orta, Col. XXXVI.

1600.—«Do Orido, Nachanim, **Mungó,** e outros particulares da India». —P. João Lucena, *Historia,* I, cap. 18.

1614. — «Dá nos seus campos [de Madagáscar] muito arroz, milho, **Mungo,** que he hum legume que não ha no nosso Portugal». — Diogo do Couto, Déc. VII, IV, 5.

1622. — «Ameichueira, jugos, que são como graos, **mungo,** gergelim, mel». — Francisco Vaz de Almada, in *Hist. Tragico-maritima,* IX, p. 88.

1745. — «Ao mais Hortaliças, *Cancom,* **Mungo,** Mostardas, Rabãos, Nabos podem passar, como outras diversas de diversos nomes». — In *Ta-ssi-yang-kuó,* II, p. 148.

1844. — «Feijão, culita, urida, **mungo,** e nachinim, que se semeiam pelos montes e pelos outeiros». — *Annaes Maritimos,* p. 269.

1869. — «. . . para no principio das seguintes chuvas semear de culita, pacol, orió, **mungo** etc.». — *Relatorio Final da Provincia de Satary,* p. 29.

1882. — «O **mungo,** o gergelim, o cacau, a cera de abelhas silvestres, que abundam nesta ilha» (Timor). — José Vaquinhas, in *Bol. S. G. L.,* p. 41[?].

1902. — Os macaistas empregam principalmente o **mungo,** cozendo-o em agua, e bebendo esse cozimento, temperado com *jagra* (assucar de palmeira, fabricado na India)». — *Ta-ssi-yang-kuó,* p. 156.

«**Mungo** é uma especie de feijãosinho. . . Os chins cozem o **mungo** com jagra (melaço) fezes de assucar mascavado . . . e vende-se em pães e se serve quente em chavenas como refregirante. . . Quasi todos os navegantes que fazem viagens longas nas embarcações, costumam prover-se de **mungo**». — *Ibid.,* p. 396.

**MUNI** (sânsc.). Hindu notável por sua sciência e santidade. Vive geralmente segregado do mundo e pratica grandes austeridades. *Çakya-muni,* epíteto de Buda, quere dizer «asceta da família dos sáquias».

1608. — «A fama que ha de mim agora neste Madurê, e por estas terras, he que veo de nouo hum **Mori** [1], que quer dizer hum hermitão espiritual, mestre, a destruir os pagodes». — P. Fernão Guerreiro, *Relaçam Annual,* fl. 91.

«Determinou fazer queixume ao *Naique* daquelle nouo **Mori** (que era o padre) por condenar as salutiferas cinzas da sua religião». — *Id.,* fl. 93 *v.*

1740. — «Les Vedam. . . ne sont qu'un Recueil de différentes pratiques superstitieuses, et souvent diaboliques des anciens *Richi* Pénitens ou **Muni,** Anachorètes».— P. Pons, *Lettres Édifiantes,* XXVI, p. 332.

1786.—«Questi sono i **Muni** o *Mauni* (!) cioé Silenziarj, perchè non parlano, e vivono di radici, frutta, erbaggi». — Fra Paolino, *Viaggio,* p. 230.

1825. — «All people called her a **Moonee,** or inspired person, and treated her, if not with respect, at least with forbearence». — Heber, *Narrative,* II, p. 46.

1825. — «Comme ils connaissent tous le *gotram* ou la souche de laquelle ils dérivent, c'est-à-dire, quel est l'ancien **mouny** ou pénitent dont tirent leur origine».—P. Dubois, *Mœurs,* I, p. 11.

1860. — «Valmiki, l'auteur du poëme, le pénitent dévoué à la méditation, la fleur des maîtres de parole, le **mouni** (nous disons **moine** et c'est le même sens et presque le même mot dans les deux langues»).—Énault, *L'Inde Pittoresque* ,p. 125.

1883. — «The village takes its name from a Hindu sage (**muni**) named Kapila». — Hunter, *The Imperial Gazetteer,* VII, p. 441.

---

[1] Deve estar por *moni* do original.

**MURA**, **murá** (mais correcto; s. m.). *Muḍā* em marata, *muḍó* em concani, é um «fardo esférico, feito de palha», quo se emprega para a conservação ou para o transporte de cereais, especialmente de arroz. Tais fardos, sendo destinados à venda, tem uma determinada quantidade, conforme as regiões, e por isso servem de medida em várias partes da Índia.

Os *murás* actuais contêm ordináriamente meio *candil* ou dez *curós*; mas António Nunes diz: «O *mura* de *batee* tem tres candis». O dicionário de Cândido de Figueiredo dá 735 litros como correspondentes a um *mura*. O vocábulo é desusado ao presente, sendo em seu lugar empregada a palavra «fardo».

1504. — «E mays pera mantimentos de toda esta gente cem **moras** d arroz». — Afonso de Albuquerque, *Cartas*, II, p. 49.

1554. — «E em bate 200 corenta e tres **muras**». — Simão Botelho, *Tombo da India*, p. 163.

1615. — «Pagavão em segredo huma pensão, que erão de cada **mura** de bate dous *larins*, que vinha a ser muito pela grossidão daquellas terras». — Diogo do Couto, Déc. X, III, 10.

1634. — «O deposito que tem de mantimentos, são vinte e seis **muras** de bate, cada **mura** tem tres candis de Goa». — António Bocarro, *Livro*, in *O Chronista de Tissuary*, III, 264.

1662. — «Dando hum ou dous xerafins mais por cada **Murá** de Batte, o colherão todo, vendendo no-lo depois a pezo d'ouro». — *Apud* Júlio Biker, *Collecção de Tratados*, III, p. 21.

1727. — «A Aldea Mazagão... tem de terras 184 **murás** de batte, pouco mais ou menos, e 250 palmeiras bravas». — *Archivo Port.-Oriental*, Supplemento II, p. 288.

18**. — «... as quaes [aldeias] rendiam 208 **murás** de batte». — *Apud* Júlio Biker, *Collecção de Tratados*, XIII, p. 221.

1700. — «Vi abitano cinque Religiosi a' quali il Re di Portogallo dà 200 **murais** di riso». — Gemelli Carrari, *Apud* Gubernatis, *Storia*, p. 251.

* **MURAÇAQUI** (jap. *murasaki*). Significa o mesmo que *jenxu*, isto é, frade budista japonês, que se entrega à meditação e traz vestidos côr de púrpura.

1560. — «Vierão cinco Bonzos dos que chamão **Muraçaqui**, que fazem meditações, e fizerão hũas perguntas ao padre». — *Cartas de Japão*, I, fl. 70 *v*.

1562. — «Ha mais duas seitas que chamão Iẽxu e **Muraçaqui**. Estes são dados a meditações». — *Ibid.*, fl. 89 *v*.

* **MURCUTO**. É o nome que se dá na Índia Portuguesa ao «mosquito», como se fôra termo português. Provêm do mar. *murkūṭ*, não usado, pelo menos actualmente, em concani, que designa o insecto por *zaḷār*. É bem possível que os portugueses tivessem ouvido o vocábulo nas praças do Norte e aplicado, em lugar do nacional, ao insecto, que na Índia é mais impertinente, como o achou Tomás Ribeiro, em Bombaim [1]. Os ingleses apropriaram-se, para o mesmo fim, do termo hispânico *mosquito*, diversamente escrito, e do seu derivado *mosquiteiro*. Diz porêm Yule que um seu amigo lhe nota que «os mosquitos árticos são os piores de todos, e os de Norfolk levam de vencida os de Calcutá».

1616. — «Les **moschitots** y sont aussi fort incommodes». — Terry, *Voyage*, p. 14.

1673. — «But the greatest Pest is the **Mosquito**, who not only wheals, but domineers by its continual Hums». — Fryer, *East India*, II, p. 99.

**MURDANGA**, **murdango**. Tamboril indiano, tangido com os dedos de ambos os lados. É o instrumento que de ordinário acompanha o canto das bailadeiras. Do conc. *murdaṅg* < sânsc. *mṛdaṅga*. **MURDANGUEIRO**. Tocador de *murdanga*, filho de bailadeira.

1842. — «Acompanhavam o seu [de bailadeiras] canto e dança nos pagodes com uma especie de tamboril, a que dão o nome de **murdango**, donde lhes vem o de **Murdangueiros**». — *Annaes Maritimos*, p. 112.

1862. — «Ha ainda entre os gentios mais uma casta especial: é a das bailadeiras e **mordangueiros**. O nome de **mordangueiros** vem-lhes de um tamboril, a que

[1] «Uma das maiores pragas dos paizes quentes é a dos mosquitos: falla-se dos tigres e das cobras, e não se falla destas feras pequeninas, harmoniosas, aladas e venenosas do Oriente». — *Jornadas*, I, p. 266.

chamam **mordango**, e que elles tangem nas festividades gentilicas». — Francisco M. Bordalo, *Ensaios sobre a Estatistica*, v, p. 46.

1874. — «Tocam nas festividades religiosas e profanas o **mordangui** [como em concani, *murdāṅgī*] e o *sarangui*, acompanhando a dança e o canto de suas irmãs, filhas ou mãe». — Tomás Ribeiro, *Jornadas*, II, p. 102.

1878. — **Mordanga** — Instrumento de pancada de forma oblonga, tocado com as mãos. Acompanha o canto das bailadeiras». — Cristóvão Aires, *Indianas e Portuguezas*, p. v.

1886. — «A certa hora entram na sala as bailadeiras seguidas dos **murdangueiros** (tocadores de **murdanga** ou pequenos tambores com o duplo do comprimento com relação á circumferencia), que sempre as acompanham». — Lopes Mendes, — *A India Portugueza*, I, p. 45.

1898.— «Nos pagodes dançam e cantam ao som d'instrumentos tangidos pelos paes ou irmãos **mordangueiros** nas festas gentilicas». — Oliveira Mascarenhas, *Atravez dos Mares*, p. 113.

1901. — «Acompanhadas pelos **mordangueiros**, musicos, cantam e dançam nas festividades dos pagodes». — José Pinheiro, in *Bol. S. G. L.*, xx, p. 56.

1905. — «Aquellas prostitutas ficaram muito assustadas e mandaram para ali uma deputação dos seus **mordangueiros**». — *O Oriente Portuguez*, II, p. 125.

1906. — «**Murdanga** — uma especie de tambor tangido com os dedos, e com que se acompanham as músicas indianas». —Alberto O. de Castro, *A Cinza dos Myrtos*, p. 197.

1906.—«Apparecem primeiro dois **mordangueiros** ou tocadores de *serangui*... Os **mordangueiros** são os musicos dos pagodes, filhos das bailadeiras, a quem não é permetida outra profissão». —Hipácio do Brion, *Duas mil leguas*, p. 114.

1907. — «Tocar a **Murdanga**, acompanhado de bailadeiras». —*O Oriente Portuguez*, IV, p. 96.

1907:

«E ella dança, morde-a o trilo da murdanga,
Pula, vibra, provoca... o pano cae do seio,
Do colo e o braço molle... é quasi semi-nua...».
Paulino Dias, in *Luz do Oriente*, de Novembro».

1908.—«A musica é composta de **mordanga**, especie de tambor, tocado com os dedos, e o *serengui* do feitio de uma rebeca». — Hipácio de Brion, *A India Portugueza*, p. 27.

*** MURINDO.** Em dois sentidos se emprega o termo em indo-português: «palmito (q. v.) ou miolo de coqueiro», e «embrião ou gémula que se forma no côco sêco», e que é muito saboroso e sadio. A palavra provêm do conc. *murīnd* ou *marāndó*, que é mais usado na segunda acepção. Em Salcete é que se diz *maḍātçó murīnd*, «murindo de coqueiro», em distinção de *nārlātçó murīnd*, «murindo de côco».

1563. — «E quando quer nascer, todo este concauo em que esta aguoa está, se faz hũa massa espessa á maneira de nata, cousa mui suaue saborosa e melhor substancia que as amendoas, quando na aruore querem coalhar». — João de Barros, Déc. III, III, 7.

1866. — «Quando a gemula ou gomo se desenvolve, desseca-se a agua, e ella occupa todo o vacuo do amago e se chama **murindo** ou **morando** de coco... A figura de gemula ou gomo (**murindo**) é espherica, ou espheroidal: a sua pelle exterior é amarellada, e arrugada, pelo feitio das fazendas da China, *chumungo* e *tunquim*». — F. N. Xavier, *Descripção do Coqueiro*, pp. 22 e 23.

1886. — «Na summidade do coqueiro acha-se um grosso palmito, chamado **murindo** pelos indigenas, que offerece um bom alimento». — Lopes Mendes, *A India Portugueza*, I, p. 176.

1913. — ...«e no saborosissimo **murindo** ou palmito a que nada parece egual em delicia de sabor, quer comido fresco, quer em *atchar*». — *O Ultramar*, de 20 de Outubro.

*** MURTAMONIM.** Colar composto de duas contas ou peças de ouro, que o *bôto* (sacerdote) deita ao pescoço da noiva hindu no momento auspicioso da cerimónia do casamento, e que ela deve trazer durante a vida do marido. Corresponde na significação ao *tali* (q. v.) dos drávidas. Do sânsc. *muhurtamaṇi*, lit. «jóia de auspício».

1906. — «Sitá, soltando um grito, quebra umas contra as outras, erguendo ao alto os braços, as manilhas de esposa. Algumas gôtas de sangue escorrem nos pulsos. Por fim arremessa do pescoço o **mourtámônim** de casada». — Alberto O. de Castro, *A Cinza dos Myrtos*, p. 149.

«**Mourtamonim** — ou mais correctamente—**Murtamânim**, enfiada de contas. — Contas de missanga e ouro que no dia do casamento são postas no pescoço das noivas, e que se devem tirar na viuvez». — *Id.*, p. 187.

1917. — «Pois o *pôdd* tinha aproximações com o **murth monni** dos hindus, que sendo oferecido pela familia do noivo, é pôsto ao pescoço da noiva na ocasião da cerimónia religiosa do casamento». — *Heraldo,* de 6 de Setembro.

* **MUSSA** (conc. *mūs*). Comporta, em Goa. É pouco usado.

1873. — «Em regra são varzeas, terrenos de legumes, marinhas, palmares e cajuaes (onde os ha), **mussas** ou comportas, riachos para pesca».—F. N. Xavier (filho), *Collecção de Leis,* p. 171.

* **MUSSALÓ** (ant.). Pena pecuniária, multa, na Índia Portuguesa. Do conc. *masāló* < ár. *maṣālih,* pl. de *maṣlah.*

1817. — «Escrevam por especificos termos todas as condemnações, ou **musallós,** que se fizerem, e aquellas a que os habitantes se sujeitam».— *Apud* Júlio Biker, *Collecção de Tratados,* xII, p. 140.

* **MUSSUMÉ** (jap. *musume*). Rapariga, mulher moça, no Japão. A palavra figura nos modernos escritores acêrca do império do Sol Nascente.

1874. — «Os visitantes foram recebidos com a mais attenciosa civilidade por muitas bonitas **musmés** (*) que se apressaram em trazer o famoso chá, nas pequenas chavenas de delicadissima porcelana. (*) **Musmés** meninas do povo. *Onna* quer dizer senhora». — Pedro G. Mesnier, *O Japão,* p. 241.

1897. — «As **musumés** véem tenras de todas as provincias do imperio, escolhidas d'entre as mais formosas; são educadas nos segredos da graça, na musica, na poesia, nos jogos, fallando uma linguagem propria, mystica, de poesia e galanteios». — Venceslau de Morais, *Dai-Nippon,* p. 258.

1904. — «Não era o Japão o paiz das creanças, das **musmés** e dos malabares?». — Ladislau Batalha, *O Japão por dentro,* p. 45.

1905. — «A intenção seria pelo menos irrisoria, se eu pretendesse expor aqui cousa que visasse a um estudo esthetico, profundo, da **musumé,** isto é, da mulher japoneza». — Venceslau de Morais, *Cartas do Japão,* III, p. 31.

1910. — «Reproduzirei aqui mui resumidamente o que êle tam ao natural nos conta, quási ao cabo da sua interessantíssima *Peregrinação,* a respeito da graça de **mussumé** japoneza, tam decantada modernamente, com certo exagêro, valha a verdade». — Gonçalves Viana, *Palestras Filolójicas,* p. 188.

«A não ser que algum me escape da memória, ou esteja ainda por identificar, são êles os seguintes: *Banzé* (?), *biombo, bonzo, catana, dáimio* ou *daimió, dójico,* **mussumé,** *micado, samurai, xógum,* e algum outro antigo, e o modernissimo *jujútsu».* — *Id.,* p. 192.

1915. — «Nas escolas a **musumé** estuda desde a pedagogia, desenho, musica, sciencias naturaes, etc., até as artes de talhar, bordar, tecer, engomar, esterilizar o leite, converter este em manteiga e queijo». — *O Ultramar,* de 30 de Dezembro.

1908. — «Todo este imprime un sello de movimiento y alegria a la muchadumbre de graves nipones, envueltos, como los antigos romanos, en sus trajes talares, y de sonrientes **musmés** de *kimonos* de seda, *obis* custosos e peinados lucientes».—Baldomero Sagastume, *En el Extremo Oriente,* p. 19.

1909. — «On a fait du mot **mussumé,** qui signifie simplemente «jeune fille», un vocable presque inconvenant, évocateur de je ne sais quels vices qu'on suppose être habituels aux marins en bordée». — Naudeau, *Le Japon Moderne,* p. 296.

1915. — «... and the picturesque light-hearted **musumes,** should be the tenders of the flowers which play so important a role in the national life, and are so beloved by the race».—*The Times of India Illustrated Weekly,* de 2 de Junho.

***MUTIAR** (sing. *mohoṭṭiyār*). Dignitário de Ceilão, inferior ao *modeliar* (q. v.).

1612. — «Fui informado que muitas das aldeias da dita ilha estão dadas ás pessoas, com declaração que se pagará o foro d'ellas que lhe for arbitrado; e que outras possuem os **Mutiares,** *Canacapoles* e outra gente, sem pensão nem minha fazenda receber d'ellas proveito algum». — *Carta Régia,* in *Doc. da India,* II, p. 133.

1614. — «Tambem a V. S. que será necessario mandar passar provisão que os **muteares** e canacapoles e todas as cabeças das *corlas* e aldeias acudam ao vedor da fazenda, quando forem chamados». — *Ibid.,* III, p. 56.

1687. — «Mas o **Motiar,** que a declarou, de tal maneira soube desmentir o que nela se continha, que fez menos caso da advertencia». — P. Fernão de Queiroz, *Conquista de Ceylão,* p. 629.

* **MUTISSALA** (teto). Contas. «Missangas de côr vermelha, de que os indigenas fazem muito uso, e que servem de moeda para as permutas». Rafael das Dores.

1884. — «O pae da noiva e seus parentes retribuem dando em troca tres collares de **muti-sala** (contas de muito merecimento e valor entre os timores)». — José Vasquinhas, in *Bol. S. G. L.,* IV, p. 485.

1916. — «No dia destinado á solemnidade o noivo dá ao sogro um presente que vem a ser um ou mais cordões de **mutissala,** e cinco pataxas [talvez patacas] por cada cordão». — *Diario de Noticias*, de 13 de Fevereiro.

**MUTRA.** Sêlo, sinete, firma, na Índia. Do sânsc. e neo-árico *mudrā*. Alguns dos nossos indianistas lhe dão o significado de «saquinho de moedas ou de pedras preciosas»; não percebo bem o motivo; será talvez porque tais saquinhos eram de ordinário *mutrados*.

1545.—«Puzerão em todas as peças uns cordões de retrós encarnado com tres **mutras** de laços, que foi o remate para a embayxada poder ser recebida em Calaminhãa». — Fernão Pinto, *Peregrinação*, cap. 162.

1622. — «Cobrando de cada um um conhecimento, em que confessassem levar em seu poder o dito bisalho com tantas **mutras** de lacre, e com tantas armas». — Francisco Vaz de Almada, in *Hist. Tragico-maritima*, IX, p. 78.

1650. —«Dahi mais a diante os mesmos cafres tomáram a D. Barbara os alforges, que trazia ás costas com o seu resgate de cobre, e mantimentos, que lhe coube, e uma **mutra** de diamantes, que escapou». — Bento Feio, *ibid.*, x, p. 94.

1687. — «Mandou que *Nacodaz* ou Capitães das naos de Meca, não recolhessem a liberdade de hũa pequena **mutra** de uenezianos, que somente por costumes não mostrão aos oficiaes da Alfandega, sem dela pagarem direytos». — P. Fernão de Queiroz, *Conquista de Ceylão*, p. 364.

1904. — «Além da moeda de ouro de que tratamos, cunhou-se também *S. Thomés* de 2 **mutras** de ouro que pesavam 186 *maticaes*». — Ernesto Fernandes, *Regimen do sal*, etc., in *Bol. S. G. L.*, XXII, p. 288.

**MUTRADO.** O que tem *mutra*: selado, lacrado [1].

1542. — «Mandaram a carta que lhe tinhamos pedido **mutrada** com tres sinetes de lacre verde». —Fernão Pinto, *Peregrinação*, cap. 87.

1585.—«Estava o chapiteo alastrado de moedas de oito reales em grande quantidade, afóra muitos sacos que se botáram **mutrados** ao mar». — *Hist. Tragico-maritima*, IV, p. 30.

1611. — «Mandem as devassas **mutradas,** e no mór segredo que poder ser». — Diogo do Couto, *Dialogo do Soldado Pratico*, p. 6.

1613. — «Gastará na dita diligencia quarenta dias e acabada, a mandará á dita mesa, cerrada e **mutrada,** por pessoa fiel». — *Alvará* do vice-rei, in *Archivo*, VI, p. 983.

1617. — «. . . advertindo que será de importancia, para melhor arrecadação da dita pedraria, que se envie ella de Ceilão **mutrada** a essa cidade». — *Carta Régia*, in *Doc. da India*, IV, p. 38.

1622. — «E que a pedraria toda que na nao vinha, se metesse em uma borçoleta nos proprios bisalhos, em que os homens, a quem se entregavam as traziam **mutradas**». — Francisco Vaz de Almeida, in *Hist. Tragico-maritima*, IX, p. 16.

1635. — «Fechados os boiões, e os bisalhos **mutrados,** com suas marcas, sem haver falta em cousa alguma». — José de Cabreira, *ibid.*, X, p. 62.

1687.—«E juntos todos entregou André Furtado o regimento, bem **mutrado** com o selo Real ao guardião, para que o abrisse». — P. Fernão de Queiroz, *Conquista de Ceylão*, p. 364.

1637. — «Y luego que el viere entre la gente, le llame en vozes altas, y le entregue el cofrechillo assi **mutrado** como está, para que en su poder se salve seguramente deste riesgo». — P. Semedo, *Imperio de la China*, p. 30.

**MUXARA** (ant.). Salário, ordenado. Do ár. *muxāra*, usado pelos idiomas neo-áricos.

1554. — «E com a condição que os duzentos pardaos que se pagavão de **maxara** aos *lascarins* das duas fortalezas . . . se paguem ás contas das rendas de Baçaim». — Simão Botelho, *Tombo da India*, p. 137.

«Titulo das aldeas que come Tongogy em desconto da sua **moxara,** que he tença». — *Id.*, p. 189.

1589. — «. . . e entregarlhes aos mezes suas **muxaras** e mantimentos ordinarios». — *Provisão* do governador, in *Archivo*, V, p. 1169.

1613. — «Mando e defendo em nome do dito senhor, que todo o *mocadão* de navio, ou marinheiro, moradores nas terras de Sua Magestade, que pedirem dobrada **muxara,** da que lhes he devida aos capitães, ou ao mocadão mór, serão pelo mesmo caso presos».—*Alvará* do vice-rei, in *Archivo*, VI. p. 959.

1615. — «Nem seus Capitães os recolheriam, nem lhes dariam lugar, nem **muxara,** antes os lançariam fóra, pera que se tornassem pera nossas fortalezas».—Diogo do Couto, Déc. IX, cap. IV.

1634.—«A cada marinheiro se dão cinco

[1] Não encontrei nos nossos escritores o verbo *mutrar*, que é pressuposto por alguns lexicógrafos pelo adjectivo *mutrado*; temos porêm *foteado*, sem *fotear*, derivado directamente do substantivo *fota*.

*mamudes* e meio cada mez de **muxara**, que é o mesmo que soldo». — António Bocarro, *Livro*, in *O Chronista de Tissuary*, III, p. 75.

1693. —«Erão estes cathequistas os que tinhamos por melhores, e por se mostrarem muito fervorosos em hir ensinar pelas aldeas os misterios da nossa santa fé, tinhamos posto os olhos nelles para lhes fazermos alguma **muxara** para o seu sustento». — *Ibid.*, II, p. 8.

* **MUZUMUDAR.** Guarda-livros, contador, nas Novas Conquistas de Goa. Do conc.-mar. *muzum'dār* < persa *majmu'dār* < ár. *majmu'* «colecção, o total». **MUZUMUDARIA** (persa *majmu'dārī*). Ofício ou repartição de contador.

1780. — «Os partidos de Rogú Saunto, e do **Muzumdar**, e alguma tropa dos *Sonodos*, que se acharam na campanha, se retiraram». — *Apud* Júlio Biker, *Collecção de Tratados*, VIII, p. 58.

1814.—«. . . segundo affirmou o **Muzamodar** Escrivão actual da dita Alfandega. . . Não se encontra aresto algum antigo na **Muzumodoria** da mesma Alfandega».—*Apud* Joaquim C. Soares, *Doc. Comprobativos*, pp. 450-451.

1840. — «A referida Alfandega alem do rendeiro tem hum **Muzumudar** (Escrivão) o qual nas Alfandegas de Bicholim, e Sanquelim, tem a denominação de *Potagui*».—F. N. Xavier, *Collecção de Bandos*, I, p. XVIII.

# N

**NABABO** (indo-fr. *nabab*, indo-ingl. *nabob*). Vice-rei ou governador geral do Grão Mogol. A dignidade subsiste ainda hoje, às vezes como mera honorificência, como as dos *rajás* e *maharajás*. Figuradamente, *nababo* é um «ricaço faustoso». Do hindust. *navāb*, plural do ár. *nāyīb*, «deputado». O plural de vários nomes árabes é empregado no singular em hindustani. Cf. *umbrau*. Palmer regista, no seu dicionário persa, o vocábulo da seguinte forma. «Ar. *navváb*. A viceroy, governor. In Persia this title is given to princes of the blood». **NABABIA.** Região governada por um nababo.

1600. —«Persuadiram os pays, e parentes e huns gentios honrados que assistem diante do **Nababo,** que he justiça mór, e servem como desembargadores». — P. Fernão Guerreiro, *Relação Annual*, p. 28.

1613. — «. . . e vos mandeis queixar muito ao Mogor do gasalhado que seus vassallos fizeram em Surrate aos inimigos desse Estado, contra as capitulações das pazes antigas e modernas, que seu embaixador **Nababo** fez». — *Carta Régia*, in *Doc. da India*, II, p. 350.

1613. — «Todos os reynos e senhores são ao presente governados por **Nababos** governadores do Patxa Rey Mogor».—Manuel G. de Erédia, *Declaraçam de Malaca*, fl. 74.

1635. — «Estava por **nababo** em Surrate um mouro parsio».—António Bocarro, *Déc.* XIII, p. 354.

1663. — «O presidio consta de duzentos soldados, e um capitão mogol, o qual é independente do **nababo** ou governador da terra». — P. Manuel Godinho, *Relação*, p. 31.

1701. — «E hum **Nababo**, isto he, Governador de Pondá fortaleza pouco distante de Salcete trouxe consigo alguns destes». — P. Francisco de Sousa, *Oriente Conquistado*, II, I, 2.

1716. — «**Nababo**. . . Trata-se com grande fausto, nunca sahe fora de casa sem hum luzido acompanhamento dos nobres a cavallo, e dos soldados a pé: na dianteira leva elefantes, e camellos armados, com muitos cavallos à dextra».— Bluteau.

1718. — «Parte ao posto [porto] de Surrate parà que conhecesse o **Nababo** daquella terra como era o desejo que tinhamos de nos encontrar com o dito Inimigo e tanto que chegámos mandou o **Nababo** seu enviado». — In *O Instituto*, LXII, p. 546.

1741. — «. . . não havião chegado a incorporar-se com elle e outros **Nababos,** ou governadores». — *Apud* Joaquim C. Soares, *Doc. Comprobativos*, p. 20.

1745. — «O mesmo fizeram alguns **Nababos,** ou Governadores de Provincias do Imperio do Grão Mogor, e outros regulos inferiores». —Montarroio Mascarenhas *Epanaphora Indica*, II, p. 58.

1756. — «Antes procuro adiantar os interesses da aliança dos **Nababos,** pelos quaes se embaraçam os progressos das armas do Naná». — *Apud* Júlio Biker, *Collecção de Tratados*, VII, p. 46.

1769. — «Por virtude da doação feita pelo principe Mogol Idail Moindikan, confirmada pelo **Nababo** de Arcota». — In *O Chronista de Tissuary*, I, p. 324.

1769. — «Supplicando a entrega do dito parcio para com ella se livrarem do citio que o **Nababo** tinha posto á nossa Fortaleza». — *Apud* António F. Moniz, *Hist. de Damão*, III, p. 24.

1785. — «Da qual ordem resultou descerem, por ordem do Imperador, 18 **Nababos,** cada hum com numeroso exercito».

— *Apud* Júlio Biker, *Collecção de Tratados*, XII, p. 18.
c. 1788:

«Tanto fosco Rajá, tanto Nababo,
E as vossas ordens trémulo respeito».
Bocage, *Obras Poeticas*, I, p. 115.

1825. — «A opulencia do Indostão, no tempo dos mogoles, provinha não só da riqueza do solo... mas tambem, de não os empobrecerem as contribuições dos **nababos**, pois se muito exigiam, muito despendiam». — José Inácio de Andrade, *Cartas*, I, p. 61.
1866. — «Verdadeiros templos onde o **nababo**, o rajá, o *saheb*, reclinados em riquissimas ottomanas, e n'uma somnulencia voluptuosa recebem as adorações das turbas».—Francisco Luís Gomes, *Os Brahamanes*, p. 16.
1874. — «A ceia que nos esperava era um banquete de **nababo**... banquete em que ficou bem demonstrado que Vicente João entendera perfeitamente as figuras do nobre conde». — Tomás Ribeiro, *Jornadas*, II, p. 35.
1880. — «Muito tempo rolei assim pela cidade, bestialisado n'um gozo de **Nababo**». — Eça de Queiroz, *O Mandarim*, p. 45.
1898. — «Os **nababos** são os principes mouros ou musulmanos do Hindustão». — Oliveira Mascarenhas, *Atravez dos Mares*, p. 109.
1902. — «**Nababia**, de **nababo**, governador ou vice-rei, do hindustani *Nauab* e do arabe *Nayab*. Era tambem um titulo correspondente ao pariato».— *Ta-ssi-yang-kuó*, II, III, 6.
1904. — «Concedido por um *formão* do Grão-Mogol, imperador de Delhi, e reconhecido pelo **nababo**, residente em Surrate, sobre quem o imperador exercia suzerania». — Ernesto Fernandes, *Regimen do sal*, etc., in *Bol. S. G. L.*, XXII, p. 323.
1917. — «D. Frederico vivia em Goa com extraordinaria ostentação e fausto, um verdadeiro **nababo** luso-indiano». — Ismael Gracias, *Bocage na India*, p. 51.
1676. — «On les menoit à Mirageinola qui étoit le **Nabab** ou Grand Vizir». — Tavernier, *Voyages*, II, p. 225.
1689. — «And as he bestows Titles proper to his Generals of *Invencible* or *Victorious;* so to his **Nabobs**, or Governors, he bethinks himself of Names suitable to their Stations, or his opinions of their Excellences and Endowments». — Ovington. *A Voyage to Suratt*, p. 180.
1700. — «Ond' è, che gli *Ombrah* e **Nabab**, destinati al governo delle provincie, opprimono cosi crudelmente i popoli, che peggio non può dirsi». — Gemelli Carrari, *apud* Gubernatis, *Storia*, p. 266.
1711. — «Le **Nabab** (général d'armée et Gouverneur dans une Province) du Carnate conquis par le grand Mogol songeoit à se faire payer par la force le tribut que refusoit le Chilianékan». — *Lettres Édifiantes*, IX, p. 273.
1770. — «Ces **Nababs** étoient chargés du gouvernement d'une province communément considérable, qui renfermoit plusieures principautés Indiennes».—Raynal, *Histoire*, II, p. 70.
1778. — «Soudjah khan étoit mort, son fils Sarferas khan, reconnu par le Mogol, avoit des droits légitimes à la **Nababie**». — Anquetil Duperron, *Législation Orientale*, p. 150.
1782. — «C'est ainsi que nous avons vu, il n'y a pas longtems, le Gouverneur français maître d'une partie de l'Indostan prendre le titre de **Nabab** et s'en faire rendre les honneurs». — Sonnerat, *Voyages*, I, p. 22.
1791. — «Elle était couverte de tentes de rajahs ou **nababs** de sa garde». — Bernardin de Saint-Pierre, *La Chaumière Indienne*.
1894. — «This successful resistence on the part of the English encouraged le **Nabob** to refuse an overture of peace made by the Portuguese». — Danvers, *The Portuguese in India*, II, p. 171.
1900. — «Elle était d'abord la favorite d'un **nabab**, qui en mourant la laissa ruissilante de pierreries comme une idole». — Pierre Loti, *L'Inde*, p. 184.

* **NABANGA** (s. f.) **nabangue** (s. m.). Canoa, bote, na Malásia. Do mal. *nibang*, espécie de palmeira, de que se faz o referido barco.

1613. — «E para o serviço de pescharia e tratto de ryos usão de *balões* e **nambangas**, com remos pequenos de mão a força de braço». — Manuel G. de Erédia, *Declaraçam de Malaca*, fl. 25.
1635. — «Vem um soldado chamar Manuel Rodrigues, dos que iam no galeão, da terra para elle com um **nabangue** muito ligeiro... e n'isto se lançou do chapiteo ao mar, onde o foi tomar logo o **nabangue**, e o levou com toda a pressa para Malaca». — António Bocarro, *Déc.* XIII, p. 361.

* **NABI** (ár. *nabī*). É «profeta» em árabe e, por excelência, «Maometo».

1537. — «Não era razão, nem tão pouco honra do mesmo Capitão, mandar visitar o corpo do Profeta **Noby** com as mãos vazias». — Fernão Pinto, *Peregrinação*, cap. 6.
«Certa temos a promessa do livro das flores, em que o Profeta **Noby** abastou de deleytes aos *Daroezes* da casa de Meca». — *Id.*, cap. 59.
1697. — «Não lhe chamavão senão **Nabi**, que na sua lingua quer dizer santo, e

na Hebrayca profeta». — P. Francisco de Sousa, *Oriente Conquistado*, I, III, 2.
1898:

«Eis o archanjo da morte, Azrul, que sorri! Deu-lhe prêzas Allah! foi vingado o Nabi!».

Lopes de Mendonça, *A. de Albuquerque*, p. 12.

1610. — «Ansi dizen ellos, e los Arabes **Naby,** à lo que nos Propheta». — Pedro Teixeira, *Relaciones*, p. 195.
1658. — «E nelli si gloriano d'vna particulare connessione con il **Nabi,** che vuol dire Profeta».—Fr. Vincenzo Maria, *Viaggio*, p. 57.

**NACÁ**. Palavra invariável, empregada nas comunidades agrícolas de Goa, para designar dissenso ou veto. Deriva do conc. *nākā*, e significa literalmente «não se quere».

1852. — «**Nacá** — (Não quero). Termo usado em outro tempo nas *Gancarias*, quando hum *Gancar* accordado não consentia que se approvasse o objecto apregoado; hoje o seu uso está prohibido». — F. N. Xavier, *Bosquejo Historico*, IV, p. 13.
1885. — «Esta vida serena, na qual o accôrdo das vontades tão perfeito fôra, que se julgara inconveniente proseguir com qualquer plano, sempre que no conselho communal uma só voz proferisse o *não quero* (**nacá**) devia encontrar o seu termo quando a força das circumstancias fez travar relações com o mundo exterior». — Teixeira Guimarães, *As Communidades Indianas*, p. 12.

* **NACHE** (*nautch* em indo-ingl.). Dança, particularmente a das bailadeiras. Do conc. *nāṭç*, *nāch* em hindustani.

1874. — «Cantava com inflexões barbaras de falsete que parecem privativas de toda a musica vocal do oriente, desde as bailadeiras em seus **natces** na India até a estas remotas paragens». — Pedro G. Mesnier, *O Japão*, p. 52.
«Estas danças eram exactamente no genero dos **natses** indianos, isto é, compostos de movimentos mui demorados e passos curtos, com diversas mudanças de attitudes e de posições». — *Id.*, p. 144.
1831. — «Cet insipide intermède de chants et de danses, que les Orientaux regardent avec plaisir du matin au soir s'appelle **nautche**. Il n'est gracieux qu'à Delhi». — Jacquemont, *Correspondence*, II, p. 53.

**NACHENIM**. É um cereal miúdo — *Eleusine coracana*, Gaert., indígena da Índia e da África Oriental. Do conc. *nāṭçṇó* ou *nāṭṇó*, pl. *nāṭçṇé*. É muito nutritivo; come-se em *apas* ou em papas; faz parte da alimentação dos pobres na Índia. Os africanos também fazem vinho. V. *ambil*.

1554. — «E sendo já perto da noita appareceram de outra banda certos cafres, e nos mostraram um bolo feito de **nacharre** (*sic*) que é uma semente como mostarda».—Manuel Perestrelo, *Hist. Tragico-maritima*, I, p. 84.
1560. — «Muytos bolos de milho, e de **nachenym,** que outra cousa ally nom auia».—Gaspar Correia, *Lendas*, IV, p. 348.
1563. — «Com farinha de **nachani,** pue he huma semente preta e meuda de que fazem pam, que sabe como centeo».— Garcia da Orta, Col. XXXI.
1569. — «Outro mantimento ha a que chamão **nachenim** e os negros *Murumê* que he da feição da mostarda e disto fazem seu vinho e móem em huas pedras que usão roçando hua por outra e feito em farinha fazem hua massa que comem, e deste fazem o seu vinho e a maior copia he deste» (em África). — P. Monclaio, in *Bol. S. G. L.*, p. 507.
1600. — «*Orido*, **Nachanim,** *Mungo*, e outros particulares da India». — P. João Lucena, *Historia*, X, cap 18.
1611. — «O que sabido pelos negros circumvizinhos trouxeram a resgatar uma semente como alpista, chamada delles **nechinim** de que fazem farinha». — João Baptista Lavanha, *Hist. Tragico-maritima*, V, p. 51.
1696.—E outra [novidade] de *meixueira*, **naxarim** (*sic*), e outros mantimentos de Cafres». — Fr. António da Conceição, in *O Chronista de Tissuary*, II, p. 41.
1727. — «Compoem o seu vinho de milho, e de hum genero de legume, como mostarda, que chamão **Nachenim,** amassados com agua, e faz effeitos semelhantes ao nosso» (em Manamotapa). — D. Manuel de Meneses, *Chron. de D. Sebastião*, p. 116.
1750. — «Entre os generos que alli [em Quelimane] se criam em grande abundancia se contam: trigo arroz, milho miudo e grosso, meixueira, zerzelim, **nachinim,** mostarda». — In *Annaes do Conselho Ultramarino*, II, p. 104.
1782. — «Outro se vê com o nome de **naxinim,** semelhante ao nosso milho miudo, ou melhor á mostarda, que suppre a falta de arroz principalmente aos *curumbins* lavradores». — Fr. Clemente da Ressurreição, *Tratado*, II, p. 356.
1864. — «**Nachinim,** legume... . As pessoas pobres (geralmente os Curumbins) cozem esta semente até se desfazer, e produzir um caldo espesso, a qual dão o nome de *amelim*, o qual lhe serve de almoço; quando ha falta de arrôs alimentam-se só de **nachinim**. Tambem destes legumes

fazem uns bolos, a que dão o nome de *apas*, depois de o reduzirem a farinha». — *Archivo de Pharmacia*, I, p. 122.

1900. — «Tory, val, urida, gergelim, **nachanim**». — António Francisco Moniz, *Hist. de Damão*, I, p. 161.

1911. — «Cultivam-se outros cereaes como o **nanchenim**, pacol coolita [culita], gergelim». — José E. Castel Branco, in *Bol. S. G. L.*, XXIX, p. 342.

**NACIBO** (ant.). Fortuna, fado, destino, na Ásia e na África. Do ár. *nasīb*, introduzido nos idiomas indianos. Não se sabe bem o motivo por que os portugueses adoptaram o vocábulo; seria provávelmente porque o ouviam a cada passo aos maometanos e aos hindus, propensos ao fatalismo. V. *satti*.

1552. — «Disselhes ele que não se agastaua porque aquilo era ventura (a que os mouros chamão **nacibo**) e que quando partira de sua casa partira para ser seu feytor e seu catiuo, por isso que não se auia dagastar». — Castanheda, *Historia*, IV, cap. 16.

1561. — «Assim andando ás rodas (e ao **nacibo**, como cá dizem) dando-se já todos como perdidos não havendo já quem entendesse em nada...». — Henrique Dias, *Hist. Tragico-maritima*, III, p. 163.

1563. — «Estas palavras de **nacibo** dizem os Mouros como nos dizemos perneta: foi grande perneta». — Gaspar Correia, *Lendas*, I, p. 163.

«**Nacibo** he huma fala que os homens falão, como quem diz, tem grande estrella». — *Id.*, p. 287.

1569. — «Tem para si que tudo o que lhe dais por força lhe auia de vir á mão e que já era sua. Chamão a isto **Nacibo**; costume quasi geral assim naquellas partes como nas da India». — P. Monclaio, in *Bol. S. G. L.*, IV, p. 544.

1577. — «... attribuindo todo o bem, ou o mal que lhe succeda a **nacibo**, dizendo que estava escrito em sua cabeça, e não podia deixar de ser... antes dizem que se for seu **nacibo** saluarem-se, sem trabalharem se saluarão, e se for seu **nacibo** perderemse, que lhe não aproueita trabalhar». — *Primor e Honra*, fl. 11.

1727. — «**Nassib**. Nome, que derão os Turcos ao Fado, ou destino, que (segundo sua falsa doutrina) se acha em hum livro escrito no Ceo, e no qual se contem a boa, ou má fortuna de todos os homens, da qual por nenhum modo se podem livrar». — Bluteau, *Supplemento*.

1728. — «Só reverencião muito a fortuna, a que chamão *Mozibo*, e alguns **Nacibo**, quando lhes succedem bem suas cousas, dizem que Mozibo lhes foi fauoravel» (em Manamotapa). — D. Manuel de Meneses, *Chron. de D. Sebastião*, p. 125.

1827. — «**Nacibo**, que outras vezes se acha escripto *Nacivo* ou *Nassivo*. — He vocabulo turquesco, segundo Bluteau. Significa o fado ou destino, que aquelles povos julgam escripto nos astros para governar as acções dos homens». — Cardeal Saraiva, *Glossario*.

**NACODÁ, necodá** (s. m.; ant.). Capitão de embarcação de comércio, no Oriente. Do persa *nā-khudā*, «senhor do navio». O termo é muito usado pelos nossos indianistas, assim por estar aí muito vulgarizado, como porque o *nacodá* era também, de ordinário, dono da embarcação e da fazenda [1].

1515. — «... a **nacoda** homar hũa camisa de cotonya e hũu cingidoyro e hũa touca». — Afonso de Albuquerque, *Cartas*, VI, p. 281.

1539. — «... nos pedio que satisfazendo os tres **Necodas** senhorios dos *juncos* o que em Pão se tomara ao Capitão de Malaca, lhes largassem livremente as suas embarcações». — Fernão Pinto, *Peregrinação*, cap. 35.

«Não direi mais senão que o **Necodá** da *lorcha*, que nos alli trouxe de Huzdugué, espantado do nosso barbarismo, se partio muyto enfadado». — *Id.*, cap. 132.

1552. — «E sabendo que se estaua carregando hum jungo dum mercador chamado **Nacoda** catiuo pera o leuar á ilha de Iaoa...». — Castanheda, *Historia*, VIII, cap. 24.

1553. — «Ordenarão hum junco seu com algũa mercadoria, de que era capitão hum Mouro per nome **Necadá** Ismael». — João de Barros, *Déc.* II, VI, 7.

1563. — «Chamar todos os **nacodás**, que são os mestres das naos dos Mouros». — Gaspar Correia, *Lendas*, I, p. 510.

1611. — «O fato do Mouro **Necoda** ou Capitão da sua Náo, que está para ir por Ormuz». — Diogo do Couto, *Dialogo do Soldado Pratico*, p. 35.

1614. — «Alem disso se usa de algumas extorsões e forças com os **Nacodás** das náos, que vão para o Estreito». — *Alvará* do vice-rei, in *Archivo*, VI, p. 1022.

1635. — «Esperou os juncos que ião para os reinos de Pão e Jor, que encontrou muitos, e tomando-lhes os **necodás**, que

[1] *Nakhoda*. A Persian term adopted by the Malays, denoting a person who is at the same time navigator and owner of a trading vessel, a condition of much respectability amongst these commercial people». — Marsden, *Memoirs*, p. 4.

são como capitães por refens mandou a Malaca». — António Bocarro, Déc. XIII, p. 95.

1663. — «A nau por que eu esperava, não acabava de partir, por dividas que cada hora sahião ao **necodá** (val o mesmo que capitão) das quaes se queriam pagar os acredores, antes de elle se ir da terra». — P. Manuel Godinho, *Relação*, p. 58.

1687. — «Mandou que os **Nacodaz,** ou Capitães de naos de Meca, não recolhessem a liberdade de huma pequena *mutra* de venezianos». — P. Fernão de Queiroz, *Conquista de Ceylão*, p. 850.

1582. — «Si dà ancora al **Nachoda,** che cosi chiamano il padrone della *terrata*, o uascello di essa». — G. Balbi, *Viaggio*, fl. 36.

1667. — «Il **Nacodà,** ò Capitano, & i Marinari, copertisi come poteuano, inuocano il falso Profeta». — Mgr. Sebastiani, *Seconda Spedizione*, p. 18.

1764. — «The Captain is called **Nucquedah,** the boatswain *Tindal*».—Fryer, *East India*, I, p. 269.

1823. — «That of a wealthy Arab **Nacoda,** or Captain, is pretty much what may be seen in Niebzer's Travels, as that of an emir of Yemen». — Heber, *Narrative*, I, p. 59.

* **NACSENDECHE.** Religioso budista de segunda categoria, em Camboja. Os nossos escritores comparam-no aos nossos bispos. Suponho que se liga ao camb. *neăc-svĭng-creách*, «missionário laborioso». V. *massancrache* e *mitir*.

1569. — «Pŏem diuisam nos seus religiosos, que a huns chamam Massancraches, que sam como superiores: os quaes se assentam acima del-Rey, outros chamam **Nacsendeches,** que sam como os Bispos. Estes assentamse yguaes com el Rey». — Fr. Gaspar da Cruz, *Tractado da China*, cap. 1.

1630.—«Succedem os **Nacsindeches,** que se assentão igualmente com elRey».— Fr. Luís de Sousa, *Hist. de S. Domingos*, III, p. 329.

«Entre os que mais continuarão com Frey Silvestre, era hum **Naczendeche,** acreditado no povo, e valido d'elRey». — *Id.*, p. 320.

«E a terra cheya de seus Massancraches e **Naczendeches,** que não só se fazião reverenciar, mas adorar por Santos». — *Id.*, p. 336.

* **NADEM** ou **nadim** (ant.; conc. *nādem*, pl. *nādīm*). O termo figura amiúde em pautas aduaneiras das Novas Conquistas de Goa, no sentido de *goni* (q. v.), ou costal de boi ou de búfalo, que na Índia servem de azêmolas (vid. *boiada*).

1810. — «Generos chamados *Sarca* de cujos **Nadins** isto he, Cargas de Boys sendo reduzidos dez a cinco se deve cobrar [direitos] pelo dinheiro dos *Pagodes* da Moeda *Nixany*». — *Tarifa* de Pondá.

«Das cargas desses generos dez reputadas como cinco se devem cobrar os pagodes da moeda Nixany a cada **Nadêm** que he Gune, carga de hum boi hum pagode». — *Ibidem.*

* **NAFAR** (ant.). Servente, na Índia. Do ár. *nafar*.

1554. — «E ao *naique* do capitão [de Chaúl] seys centos reis por mês, e dous **naffares** seus e quinze piães». — Simão Botelho, *Tombo da India*, p. 127.

«E a hum naique seu com quatro **nafares**». — *Id.*, p. 211.

«O ffeytor tem tres naiques, com tres **nafares** e vinte e cinquo piães». — *Id.*, p. 215.

1558. — «Ey por bem que daqui em diante lhe [aos naiques] sejão pagos seus soldos e mantimentos a **nafares** em boa moeda». — Francisco Barreto, in *Archivo*, v, p. 365.

**NAFTA.** «Betume líquido, incolor, muito inflammável, volátil, de cheiro vivo e penetrante». Cândido de Figueiredo. Do ár. *nafṭ*, persa *nift*. Os dicionaristas portugueses derivam-no do lat. *naphtas*.

1529. — «... trazem de humas certas minas que ha naquellas partes, em que nace hum oleo que se chama **natafe** (*sic*), de que se lá aproveitam para muytas mezinhas». — António Tenreiro, *Itinerario*, cap. 16.

1563. — «Ao qual oleo os Mouros chamão **Napta** cousa acerca dos medicos mui notavel, por ser excellente pera algumas enfermidades, de que nós ouuemos algum, e temos experiencia ser muito apropriado para cousas de frialdade, e compressão de neruos». — João de Barros, Déc. II, IV, 2.

c. 70. — «Similis est natura **naphtae:** ita appellatur circa Babylonem et in Astacenis Parthiae, profluens, betuminis liquidi modo». — Plinius, *Historia Naturalis*, II, 109.

1631. — «Cum et Sumatra **Nahptam** fert, quae in mediis fluctibus flammam alat, quod cum maximo suo damno, nostris inspicientibus, Lusitani duabus navibus, Galeonibus dictis, combusti sensere». — Bontius, *Historia Naturalis*, p. 83.

1908. — «Petroleum, otherwise known

as mineral or rock-oil or **naphta,** is essentially a mixture of hydrocarbons of the parafin and olefine series». — Watt, *The Commercial Products,* p. 873.

**NAGARÁ** (s. m.; ant.). Atabale oriental. Do mar. *nagārā* (ár. *naqqāra.*

1747. — «Tocaram exasperados o seu **Nagará** que he huma especie de tambor, acudiu ao rebate hum grande numero de gente, que distribuiu por varias partes internas do mato». — Montarroio Mascarenhas, *Epanaphora Indica,* IV, p. 90.
1825. — «The only mark of state, and this is Abyssinian also, was that the **nagari,** or great kettle-drum, was carried at their head, and beat with single dubs, from time to time». — Heber, *Narrative,* II, p. 85.

«**Nagão**, *m.* Árvore do Malabar». Cândido de Figueiredo. É esterculiácea *Heritiera littoralis,* Dryand., «fruta gundra» em português, «*nagam*» em malaiala, segundo Rheede». «Foliorum succus cum nucis Indici oleo ventri illitus, lunaticam ejus intumescentiam dispellit». *Idem.*

**Nágari**. V. *devanágari*.

**NAG-CHAMPÓ**. É o nome concani (*nāg-chāmpó,* «champó de cobra de capelo»), algumas vezes usado no português local, do «marroio rosa-«do ou «pau de ferro da Índia», *Mesua ferrea,* Linn. «A madeira é duravel na agua; as flores são muito apreciadas» (assemelham-se a um ôvo estrelado) — D. G. Dalgado, *Flora.*

1874. — «Tantos **nagchampós** de flores de ouro, cujo cheiro estonteia e desvaira». — Tomás Ribeiro, *Jornadas,* II, p. 107.
1906. — «Propriamente o **Nag-champó,** a linda flor estrelada, petalas brancas, e grande gyneceu amarello». — Alberto O. de Castro, *A Cinza dos Myrtos,* p. 174.
1883. — «The uplands gardens also contain pepper, cardamoms, ginger, plaintains; and sometimes pomelo, orange, lime, and iron-wood trees **nágchampo** (Mesua ferrea) are found in the higher tracts». — Hunter, *The Imperial Gazetteer,* VII, p. 372.

«**Nagi**, m. Árvore japonesa de fruto similhante á cereja». Cândido de Figueiredo. É *Podocorpus nageia.* O jap. *nagi* lê-se *nagui.*

* **NAGÓ**. «He acção, como as *tangas,* e divide-se em 100 *arequeiras*». Filipe Néri Xavier (*Bosquejo Historico,* IV, p. 13). É termo de certas comunidades agrícolas de Goa. Do concani-marata *nag,* «artigo, peça, traste».

«**Naguim**, *m.* Arvoreta indiana». Cândido de Figueiredo. Se o vocábulo representa o conc. *nāgīṇ,* é o mesmo que «puna bastarda ou satirão», *Sterculia foetida,* Linn.; e neste caso, não é arvoreta, mas árvore de grandes dimensões.

* **NAGUINE**. É o nome concani (*nāgīṇ*) da *cobra cuspideira* (q. v.), empregado algumas vezes em português.

1864. — «**Naguine**; em portuguez *Cobra de Capelo.* A femea é denominada pelos naturaes do paiz **Naguine**, e o macho *Panrô*». —*Archivo de Pharmacia,* I, p. 114.
1906. — «**Nagaína** — Em concanim — *naghine* ou *nag,* a cobra de Capêllo. O macho tem em concanim o nome de *parró*» (*pāndhró*).—Alberto O. de Castro, *A Cinza dos Myrtos,* p. 188.

«**Nagul**, m. Arvorêta da India». Cândido de Figueiredo. Se está pelo conc. *nagīl-kudó,* é *Tabernamontana Heyneana,* Wall. «Radicis cortex tritus et epotus in aqua callida fluxum ventris sistit, ac prodest in dysenteria in lacte datus. Idem tritus cum aqua et apostematis appositus ea resolvit». Rheede.

«**NAIBE**, m. Superintendente das leis e da religião, nas Maldivas». Cândido de Figueiredo. O termo não é privativo das Maldivas nem tem significação tão restrita. O hindust. *naib* é do ár. *nāyīb,* cujo plural é *nauāb,* que nós convertemos em *nababo,* q. v.; significa «deputado, delegado». A missão portuguesa de Bengala tem tais funcionários para a administração das suas propriedades; chamam-se com mais propriedade *naibos,* à imitação de *nababos.*

1615. — «Ha igualmente treze provincias, em cada huma das quaes ha hum Cabo ou Regedor a que chamam **Naiba** [nas Maldivas]. Estes **Naibas** ou Cabos das provincias são sacerdotes e doutores da sua lei, superintendem tudo o que toca á religião, e instrucção religiosa do povo, á distribuição da justiça, e governam os sacerdotes, que lhe são inferiores». — Pyrard de Laval, *Viagens*, I, p. 171.

1839. — «... ou hum Collegio de instrucção civil e religiosa, em que pelo menos, se formam os *Cadys* e **Naibe** para a magistratura, e os *Imans* e *Muezzins* para o culto». — Lagranjo de Barbuda, *Uma Viagem*, p. 52.

1765. — «... this person was appointed **Niab**, or deputy governor of Orissa». — Holwell, in *Glossary*.

1778. — «**Naëb**, second d'un *Nabob*, ou d'un Gouverneur quelconque». — Anquetil Duperron, *Législation Orientale*, índice.

1883. — «Subordinate to the *Súbhás* are 10 **Naibs** or deputy Súbhás, corresponding to deputy or assistant collectors». — Hunter, *The Imperial Gazetteer*, I, p. 167.

* **NAICURI** (ant.). Cobrador de renda; guarda rural, em Goa. De mar. *naikvaḍī*.

1788. — «Soldo dos cabos e **naicuris**». — *Apud* Júlio Biker, *Collecção de Tratados*, VIII, p. 339.

**NAIQUADO.** Dignidade ou jurisdição dum *naique*, q. v.

1639. — «O primeiro senhor do **naiquado** do Maduré, e o segundo que agora governa Tumullinpa Naique Ayer, manda a Rampa, seu capitão geral... Isto juro pelo meu **naiquado** real cumprir em toda a eternidade». — *Apud* Júlio Biker, *Collecção de Tratados*, II, p. 103.

**NAIQUE** (indo-ingl. *naique*, *naik*; indo-fr. *naïque*). O termo é geralmente empregado pelos nossos escritores para designar o «capitão ou chefe dos soldados indígenas de infantaria», e, às vezes, «cabo ou capitão» em geral. O étimo é o neo-árico *nāyak* ou *nāyk*, do sânsc. *nāyaka*, «conductor, director, chefe»; exactamente equivalente ao lat. *dux*. *Naique* era também, especialmente na costa de Choromândel, o título de alguns reis subordinados, e é ainda hoje o tratamento honorífico de certas castas ou famílias principais, posposto ao nome. Em concani por *nāyk* se entende ao presente «o oficial de diligências», e neste sentido, é igualmente por vezes usado no português de Goa.

1511. — «Por este vos mando que des [deis] a tonu **naique** homẽ de medyo rrao meo fardo d açucar preto». — Afonso de Albuquerque, *Cartas*, V, p. 21.

«Mando que des a nage **naique** indio capitão de Rabandar seis panos de cambaia». — *Id.*, p. 98.

1535. — «Partio da cidade de Bisnaga com toda a sua gente, aquoall hia d esta maneira, convem a saber, o porteiro mor, que se chamava **Camanayque**, levava a dianteira com trinta mill homeẽs de pee... tras este hia **Timapanayque**, levava sesenta mil homeẽs de pee». — *Chronica de Bisnaga*, p. 27.

1537. — «Mandou tambem hum **Nayque** com vinte Abexins que nos veio guardando dos ladrões, e provendo-nos de mantimentos». — Fernão Pinto, *Peregrinação* cap. 4.

1552. — «Treze **Nayques** que sam como cabos desquoadra dos piães». — Castanheda, *Historia*, III, cap. 63.

1553. — «Para guarda dos quaes ordenou algũa gente da mesma ilha do gentio Canarij com seus **naiques**, que são os capitães delles a pé e a cavallo». — João de Barros, Déc. II, v, 3.

1554. — «Ao **naique** do capitão seys centos reis por mês.—Simão Botelho, *Tombo da India*, p. 127

1557.—«Mandou-lhe dizer por hum **Naique** seu capitão que elle sempre desejara servir a ElRey de Portugal». — *Commentarios*, II, cap. 23.

1558. — «Vinte capitães e sessenta e seis **naiques**, e quatrocentos setenta e quatro piães». — In *Archivo Port.-Oriental*, V, p. 24.

1563. — «Avia hum grande terreiro aonde estavão os **naiques**, capitães da gente da terra, cada hum com duzentos piães». — Gaspar Correia, *Lendas*, II, p. 363.

1563. — «Ácerca dos gentios *rao* quer dizer rey, e **naique** quer dizer capitão; quando estes reys tomam algum gentio que os sirva, se o não querem muito honrar, accrescentãolhe ao nome proprio **naique**, como Salva **Naique**, Acem **Naique**». — Garcia da Orta, Col. X.

1567. — «E outrosi defendo que nenhum infiel sirva officio publico, assim de escrivão, como **naique**, peão, *mocadão*, recebedor». — *Decreto* do vice-rei, *apud* Cunha Rivara, *Brados a favor das Communidades*, p. 83.

1570. — «O qual sobre seguro vindolhe fallar vintecinco **Naiques** das aldeas de Bailin [em Goa], os mandou enforcar cada hum em sua arvore». — Barros, Déc. IV, VII, 12.

1589. — «Mandame dizer o Bispo de Cochim hum vigario do porto de Tenenapatão onde está feita hũa ygreja foram ahi alguns Religiosos Capuchos da Ordem de Sam Francisco e usurparam a yurdição daquelle vigario, e escandalizaram o **Nai-**

**que** senhor daquella terra». — *Carta Régia*, in *Archivo*, III, p. 213.

1597. — «Este não quiz tomar o titulo de *Rào*, que he de Emperador, nem o de *Rayo*, que he o do Rey (como alguns dos Reys passados se intitularão) mas tomou o de **Naique**». — Diogo do Couto, Déc. VI, v, 5.

1607. — «Ha no Reyno de Narsinga, ou Bisnaga tres senhores muy poderosos ainda sojeitos ao proprio Rey... com o titulo de **Naiques**, que he o mesmo que capitães, são estes os **Naiques** de Madure, Tangeor e Gingi, sam todos senhores absolutos em suas terras». — P. Fernão Guerreiro, *Relaçam Annual*, fl. 112.

1607. — «... os sobejos dos rendimentos da ilha de Manar e de outras feitorias, e pareas que pagam á minha fazenda os **Naiques** da costa da terra firme, que poderão ser dez ou doze mil cruzados». — *Carta Régia*, in *Doc. da India*, I, p. 59.

1613. — «Chegamos a Tangeor côrte do **Naique**, que é juntamente a sua fortaleza». — P. Manuel Barradas, *Hist. Tragico-maritima*, II, p. 108.

1615.—«Estes homens que fazem guarda são indios ou christãos, e são chamados **Naiques**... como entre nós os *sergens* ou *bedeaux*». — Pyrard de Laval, *Viagem*, II, p. 36.

1634. — «Aos seus **Naiques**, que são os capitães, a oito *larins* por mez». — António Bocarro, *Livro*, III, p. 222.

1652. — «Tentão de a haver dos **Naiques**, que são os Reys daquelle Imperio» (do Maduré). — P. António Vieira, *Arte de Furtar*, p. 39.

1663. — «Paga Sua Magestade dois capitães ou **Naiques** da gente da terra com dez piães».—P. Manuel Godinho, *Relação*, p. 16.

1697. — «Só os Capitães de Bembar, e Vaypar, lugares sugeytos ao **Nayque**, ou Regulo de Maduré, defenderão os *Paravás*, do seu distrito». — P. Francisco de Sousa, *Oriente Conquistado*, I, II, 1.

1699.—«Criando-se nella hum novo officio de **Nayque** de cobrar feitos, e provendo-se outros de lingoa do mesmo juizo em dous naturaes da terra...». — *Carta Régia*, in *Archivo*, VI, p. 1301.

1724. — «Só em Salcete havia cincoenta e dous **Naiques** do Santo Officio».—*Ibid.*, II, p. 264.

1728. — «Na India Portugueza todos os tribunaes, e Juizes tem certo numero de **Naiques**, ou Continuos».—Bluteau, *Supplemento*.

1765.—«As duas Aldêas Daddy e Guery incluidas no arrendamento e depois feita mercê dellas ao *Sardessay* Dublá **Nayque** *mór* em Baçaim». — Joaquim C. Soares, *Doc. Comprobativos*, p. 132.

1780. — «Havémos por bem de o promover no lugar de **naique** do numero do Santo Officio da Commissaria da dita provincia». — In *O Oriente Portuguez*, X, p. 246.

1786. — «Alem da referida diligencia fez outra de chamar os quatro **Naiques** da Praganã, e a maior parte dos *Pateis* das Aldeias». — *Apud* Júlio Biker, *Collecção de Tratados*, VIII, p. 135.

1812.—«Prohibe aos clerigos... assistirem ás *gancarias*, arrematação dos campos, ainda que não lancem nella; manda ao **naique** ou meirinho os prenda se lá se acharem». — P. Casimiro de Nazaré, *Mitras Lusitanas*, in *Bol. S. G. L.*, XV, p. 582.

1842. — «A ceremonia religiosa se fazia dentro da casa, dando-se parte á inquisição, para mandar um **naique** (quadrilheiro) impedir a entrada e assistencia dos christãos». — *Annaes Maritimos*, p. 451.

1898 — «Fidalgos, officiaes, capitães de naus, todos europeus, **naiques**, que são capitães indigenas».—Lopes de Mendonça, *Afonso de Albuquerque*, p. 130.

1582 — «E [Negapatão] sottoposta grandemente a i tratamentl che spesse uolte ordisce **Naich** Signor di paese».—G. Balbi, *Viaggio*, fl. 82.

1589. — Les Roys de Decan aussi voulans honorer quelque personne remarquable pour ses merites, lui donnent le nom **Nayque**, c'est à dire chef ou conducteur». — Linschoten, *Histoire*, p. 54.

c. 1620. — «Il [Bisnaguer] est divisé en plusieurs Provinces ou Gouvernemens, dont les **Naickes** ou capitaines du pays sont rendus les Maistres». — Methold, in *Relations*, I, p. 1.

1623. — «Venk-topa **Naicka** come anche molti altri **Naeki**, ch'erano prima suoi vassalli, e ministri, restò Principe assoluto». — Pietro della Valle, *Viaggi*, III, p. 135.

1658. — «Lo chiamano il **Naich** di Canara, e con altri titoli, rè di Bisnaga, ò di Narsinga».—Fr. Vincenzo Maria, *Viaggio*, p. 236.

1666. — «Il y a plusieurs **Naïque** au Sud de Saint-Thomé, qui sont Souverains... **Naïque** veut dire proprement Capitaine».—Thevenot, *Voyages*, III, p. 316.

1770. — «Ceux [governadores] de Maduré, de Tanjour, de Maisour, de Gingi et quelques autres usurperent aussi l'autorité souveraine, mais sans quitter leurs anciens titres de **Naick**». — Raynal, *Histoire*, I, p. 320.

1673. — «The true Possessors of it are the English instated therein by one of their **Naiks** on Prince of the Gentius [gentios], 90 years ago». — Fryer, *East India*, I, p. 105.

1675.—«Anhelava el Risbey dexar caer la mano del Idalcan, que levantado con una Fortaleza a la margen del rio del esse nombre, se hazia amparo de ladrones, en detrimento de nuestros navios mercantiles». — Faria e Sousa, *Asia Portuguesa*, III, p. 18.

1786. — «I Principi tributarj dipendenti da questo regno [de Maduré] si chiamano **Nàyaga,** cioè Signori, e non ràgia, o regi». — Fra Paolino, *Viaggio*, p. 34.
1824. — «A havildar and a **naick,** two officers answering to our serjeant and corporal, very readily came forward». — Heber, *Narrative*, I, p. 388.

**NAIRA.** Mulher da casta dos *naires*. Camões emprega o termo como adjectivo.

1516. — «Has mulheres **Nayras** da sua linhagem, saom muyto isentas, e fazem de sy o que querem com Bramenes e *Nayres*». — Duarte Barbosa, *Livro*, p. 236.
1552. — «Hum *Nayre* Christão morador em Cochim, e casado com hũa **Nayra** Christãa». — Castanheda, *Historia*, II, cap. 28.
1557. — «Tem todos mancèbas **Nairas** de geração, porque se dormem com mulher que não seja da casta de *Naires*, por lei os outros *Naires* has matão ás cutiladas». — Damião de Góis, *Chron. de D. Manuel*, I, cap. 42.
1572:

> «Ambos partem da praia, a que seguia
> A Naira geraçam, que o mar coalhava».
> Camões, *Os Lusiadas*, VII, 73.

1602. — «Na banda do Norte tinha hũa escraua **Naira** feita Christam, de que tambem teue filhos». — Fr. António de Gouveia, *Jornadas do Arcebispo*, fl. 4 *v*.
1602. — «As mulheres **Nayras** são formosas, e bem dispostas». — Diogo do Couto, IV, VII, 14.

**NAIRE.** Indivíduo da classe nobre e militar do Malabar. Os nossos indianistas também empregam o termo para designar o «cornaca», porque alguns *naires* exerciam tal ofício. Do malaiala *nāyar*, derivado do sânsc. *nāyaka*, «chefe, director». V. *naique*.

Sendo o Malabar a primeira região da Índia onde os portugueses se estabeleceram, mais guerras tiveram e maior influência exerceram, não é de admirar que, pelo contínuo e íntimo contacto com os *naires*, ficassem muito impressionados das suas diversas peculiaridades, e descrevessem largamente o seu cavalheirismo, a sua lialdade, a sua gratidão, a sua bravura, o seu *amouquismo*, o seu orgulho, a sua poliandria, a simplicidade dos seus costumes e trajos.

1503. — «... depois os **Naires,** que são como entre nós os Senhores de representação». — João Empoli, *Viagem*, cap. 3.
1504. — «A vista d el rrey e de todo llos mouros e **naires,** ençarrej todos dentro em Rrepely, as bombardadas». — Álvaro Vaz, in *Cartas* de A. de Albuquerque, III, p. 263.
1505. — «Estes tem tres mil homens de peleja, os mais delles são **naires** que são como aqui fidalgos e todos gentios». — In *Bol. S. G. L.*, XVII, p. 366.
1512. — «Mando que pages [pagueis] a estes **naires** cristãos abayxo escrytos — a saber — a pero **naire,** e a francisco **naire,** e a Joane **naire,** e a belchior **naire,** e a baltazar **naire** e outro pero **naire** dinheiro ẽ *fanões* per que cada hũ deles posa comprar hũa adargua e hũa espada da terra pera irẽ cõ minha pessoa servir el Rey noso senhor». — A. de Albuquerque, *Cartas*, V, p. 499.
1514. — «Quanto aos **nayres** serem christãos, como V. A. deseja, he hũa jente tanto por si, que de gram maravilha se querem fazer». — *Ibid.*, IV, p. 16.
1514. — «Algũs **nayres** se fizeram aqy cristãos em tempos em que dauam a cada huũ cruzado e huũ pano quando o vinham fazer... E nõ tem outro oficio se nam juguar despada e adarguas e em exercitaremse nas armas segundo seu huso». — *Ibid.*, VI, p. 179.
1516. — «Nesta terra de Malabar ha outra ley de gente que chamaom **Nayres,** e antre eles saom fidalguos, nem tem outro oficio senam seruirem na guerra... Estes não se chamaom **Nayres** senam des ho tempo que saom pera pelejar». — Duarte Barbosa, *Livro*, pp. 235 e 327.
1551. — «A gente de peleja que tem el rey de Calecut, e assi os reys do Malabar sam **Naires,** que sam todos fidalgos, e não tem outro officio se não pelejar quando he necessario, e sam gentios». — Castanheda, *Historia*, I, cap. 14.
1552. — «E o **Naire** que he o maes nobre em sangue de toda esta gente... Este nome **Naire,** ainda que seja do sangue deles, não o pode algum ter senão depois que he armado caualleiro, e porem goza dos privilegios da sua nobreza». — João de Barros, Déc. I, IX, 3.
1554:

> «Ha de Naires caualeiros
> Como homens dordenança
> que pellejam por dinheiros
> muy leaes, muy verdadeiros».
> G. de Resende, *Miscellanea*, fl. 159.

1557. — «Os **Naires** desta terra são homens de guerra, e avidos por cavaleiros, e mais honrada gente de toda a terra». — *Commentarios*, II, p. 17.
1563. — «Nesta região do Malavar a casta dos fidalgos chamão **Naires** que he a gente de guerra». — Gaspar Correia, *Lendas*, I, p. 75.

1563. — «Os **Naires** (que são cavaleiros)». — Garcia da Orta, *Col.* xxii.

1566. — «Onde o *Catual* o estaua esperando na praia, com muitos fidalgos da casa del Rey, a que chamão **Naires**». — Damião de Góis, *Chronica de D. Manuel*, i, cap. 39.

1572:

«Os Naires sós sam dados ao perigo
Das armas; sós defendem da contraria
Banda o seu Rei, trazendo sempre vsada
Na ezquerda a adarga e na direita espada».
Camões, *Os Lusíadas*, vii, 39.

1599. — «Alguns Ecclesiasticos... aceitão soldo dos mesmos Reys ao modo de **Nayres** como soldados, ficando por isso obrigados a hirem a guerras». — Sínodo de Diamper, in *Archivo*, iv, p. 431.

1600. — «A grande soberba dos **Naires**, que no gentio do Malabár tem nobreza e milicia». — P. João Lucena, *Historia*, i, cap. 14.

1602. — «Esta prouincia Malauar he toda pouoada de Gentios idolatras, muyto supersticiosos, e differentes em castas e ritos. Uns delles chamados **Naires** (que são os principaes de todos, e muy dados aos exercicios das armas em que todos são muy destros». — Diogo do Couto, Déc. IV, vii, 14.

1603. — «São bem vistos estes Christãos [de S. Tomé] dos Reys gentios, e tidos por da melhor e mais antiga nobreza do Malauar, dando lhe ainda o primeyro lugar nella, e mais nobre que os **Nayres**, que são fidalgos, e nobres de seus Reynos». — Fr. António de Gouveia, *Jornada do Arcebispo*, fl. 4.

1615. — «Quanto aos **Naires**, todos se tratam á lei da nobreza; não se dão a mister algum, nem á mercancia, ou a outro exercicio, senão ao das armas, que sempre trazem». — Pyrard de Laval, *Viagem*, i, p. 321.

1634:

«Rompendo os bravos Naires, que na terra
E mar não tinhão feito injusta guerra».
F. de Meneses, *Malaca Conquistada*, v, 7.

**XVII.** — «No Reino do Samory, ha huma nação chamada **Naires**, da qual a maior parte tem Senhorios nas terras, por razão de seus primeiros pais tiverão qualidades de Principes». — *Breve Relação*, in *Noticias*, i, p. 53.

1883. — «O desprezo, o odio que os **nayres** — raça nobre — votavam aos miseros malabares, levaram estes a acolher-se á sombra dos mussulmanos, professando a sua religião, resgatando-se assim da prepotencia e do ferro dos **naires**». — Bulhão Pato, *Portuguezes na India*, p. 11.

1510. — «La prima sorte di gentili che sono in Calicut si chiama Bramini... la seconda **Naeri**, liquali sono come appresso di noi li gentiluomini». — Barthema, *apud* Ramúsio, i, fl. 160.

1571. — «Magna turba nobilium hominum, quos illi **Naires** appellant, eos undique sepiebant». — Jerónimo Osório, *De Rebus*, i, p. 117.

1584. — «Di questa casta de' **Naire** sono i re, de' quali ce ne sono in grande abbondanza, chè ogni quatro palme hanno un re». — F. Sassetti, *Lettere*, p. 221.

1588. — «I **Nairi**, i quali hanno tutta la cura dell' arte militare, sono maestri peritissimi». — P. Maffei, *Le Istorie*, p. 49.

1589. — «Ces trois nations vivent selon leurs coustumes, sans trouble ni discord, et sont sans distinction avancez au Conseil du Roy [de Cochim], avec les **Nairs** c'est à dire les Nobles qui tiennent les fiefs». — Linschoten, *Histoire*, p. 23.

1658. — «Il secondo ordine di Caste è di quelli de' soldati, frà i Malauari detti **Nairi**, li quali parimente si diuidono ni quindeci altre specie». — Fr. Vincenzo Maria, *Viaggio*, p. 264.

1666. — «Ces **Naïres** ou Gentils-hommes... ont une grande opinion de leur noblesse, parce qu'ils se croient descendus du Soleil». — Thevenot, *Voyages*, iii, p. 263.

1673. — «The second Form is that of the Nobiles, who are called bred Soldiers, and therefore called **Nairo's**». — Fryer, *East India*, i, p. 137.

1676. — «Ce Royaume a été quelque temps en trouble par la révolte de **Nairs** Seva-gi (!), qui étoit auprès du Roi de Visapour ce que nous appellons en France Capitaine de Gardes». — Tavernier, *Voyages*, iii, p. 154.

1689. — «The **Naires** Women hold Matrimony in such singular esteem, that they think it sacred, and so necessary in this Life, that if they chance to die Virgins, they are debarred from entering into Paradise». — Ovington, *A Voyage to Suratt*, p. 327.

1690. — «Les **Nahers** sont les Nobles et les plus honnêtes gens du pays, qu'on distingue pas moins par leur addresse et leur civilité que par leur naissance». — Dellon, *Relation d'une Voyage*, i, p. 206.

1702. — «... les **Naïres**, qui sont les Gentils-hommes et les meilleurs Soldats du Pays». — *Lettres Édifiantes*, iii, p. 187.

1724. — «En vertu des privilêges et des constitutions de Ceram Perumal, ancien Empereur du Malabar, les Chrétiens ont le pas avant les **Naires** que sont les Nobles du païs, et ils ne cédent qu'aux Bramines, pour qui les Rois mêmes ont une défference extraordinaire». — La Crose, *Histoire du Christianisme*, p. 95.

1782. — «Les **Nairs** sont les militaires; ils ont aussi le droit de jouir de toutes les femmes de leur Caste. Leurs armes, qu'ils portent toujours, les distinguent des autres tribus. — Sonnerat, *Voyages*, i, p. 47.

1791. — «Il ne nous est pas permis

d'approcher des villes, et tout **naïre** ou *reispoute* peut nous tuer, se nous l'approchons seulement à la portée de notre haleine». — Bernardin de Saint-Pierre, *La Chaumière Indienne.*

1825. — «Je ne sache pas qu'on connaisse ailleurs qu'au Travancor la caste, au reste très-célèbre, des *naimars* ou **nairs** dans laquelle les femmes jouissent du privilège d'avoir plusieurs maris». — P. Dubois, *Mœurs,* I, p. 4.

1884. — «Les **Naires** forment la classe propriétaire et militaire du Malabar. Ils appartiennent à la grande tribu de *Nayakars* ou *Naïks* du Deccan». — Laouenan, *Du Brahmanisme,* I, p. 163.

1885. — «The **Nairs**, or aborigenes of South-western India, still practice polyandry, according to which one woman is the wife of several husbands, and a man's property descends not to his own but to his sister's children». — Hunter, *The Imperial Gazetteer,* VI, p. 55.

**Naire** = cornaca.

1510.—«Dous alifantes que enviaram... el rey de Cochy deu, pera virem com elles, dous **naires**». — In *Cartas* de A. de Albuquerque, III, p. 317.

1514. — «E detrás os alifantes todos em fio hum após outro, todos cobertos com alcatifas, e em cyma seus **naires**». — Gaspar Correia, *Lendas,* II, p. 377.

1563. — «Não tendo que comer lhe [ao elefante] disse o seu mestre (a que chamam no Malavar **naire**, e os Decanins *piluane*) que não tinha a caldeira boa para lhe cozer o arroz». — Garcia da Orta, Col. XXI.

1609. — «Alguns elefantes de ElRey andam na ribeira da cidade de Goa, occupados no serviço d'ella, o qual fazem por mando dos **Nayres**, que os governam, a que obedecem». — Fr. João dos Santos, *Ethiopia Oriental,* I, p. 214.

1609. — «Os marinheyros, porque, o Pangayo andava pouco, o assoytavão com cabos de cordas, deshonrando-o com palavras injuriosas e mal-compostas, como fazem os **Nayres** na India aos Elefantes». —Fr. Gaspar de S. Bernardino, *Itinerario,* p. 102.

1616. — «Depois passam os alifantes ensinados dos seus Cornacas, que são os **Naires**, que tem cuidado delles».—Diogo do Couto, Déc. XII, IV, 4.

1616. — «Cada pessoa, que ali está, dá um coco, que o **Naire**, que conduz o elephante, toma para si». —Pyrard de Laval, *Viagem,* I, p. 332.

1616. — «Em toda a região do Malabar, e mesmo no reino de Dealcão ou Decan, notei que só os **Nayres** domam e ensinam este animal; e vi em Calecut rapazinhos **Nayres** estar sempre juntos dos elephantes pequenos, anima-los, leva-los de uma banda para a outra, e de algum modo costumam-se com elles; e só os **Nayres** os governam». — *Id.,* II, p. 355.

1634 :

> «Tres, a que chamão Naires domadores
> Adestradas feras lhe região».
>
> Francisco de Meneses, *Malaca Conquistada,* IX, 119.

1694. — «São levados os Elefantes com seus **naires,** a cavallo no pescoço para um campo» (na Conchinchina). — *Noticias da Cochinchina,* p. 120.

1898. — «... montados nos seus soberbos elephantes, e acompanhados pelos **naires** e cornacas».— Oliveira Mascarenhas, *Atravez dos Mares,* p. 38.

1578. — «Son los Elephantes muy temerosos de noche... por lo qual sus maestros (que se llaman **Nayres**) duermen sobre ellos y estanles hablando, y impediendo el sueño». — Cristóvão da Costa, *Tractado,* p. 436.

«Un maestro destos que los ensiñauan (llamados en el Malabar **Nayres,** y en Decanim *Piluane*).. ». — *Id.,* p. 446.

1584 — «Questi [elefanti] che sono qui, sono tanto alti, che il **Naire** che vi va sopra, pare piccolino». — F. Sassetti, *Lettere,* p. 219.

1644. — «Quando il **Nayre** li diceua, che non deueua andare à Portogallo, egli [elefante] strillaua e piangeua». — P. António Cardim, *Relatione,* p. 144.

1674. — «**Naire** de algũa fera, *Ferae custos, rector, magister*». — P. Bento Pereira, *Prosodia.*

**NAÏTEA, naitiá** (s. m.). Maometano de raça misturada, residente no Concão e no Canará. Os árabes e os persas, que se estabeleceram na Índia meridional e casaram com mulheres indígenas, constituiram uma communidade ou casta étnico-religiosa à parte, e foram designados por diversos nomes, como *navaitas,* de que os nossos historiadores fizeram *naitiás,* no Concão, *mapulas* ou *moplás* no Malabar, *lubes* na costa do Choramândel. Yule sugere que o primeiro vocábulo deve ser de origem concani, relacionado com o sânsc. *nava,* «novo». Mas no concani de Goa não existe actualmente, que eu saiba, nenhuma palavra especial com tal significado, sendo os referidos maometanos vulgarmente conhecidos por *moyr,* do port. *moiro.* É porém muito provável que antigamente fôssem denominados *nava-yāta* ou *navāyt,* «vindos modernamente», em distinção dos habitantes antigos.

1515. — «Vos mando que pagues a estes **naytras** (*sic*) da terra firme onze pardaos». — Afonso de Albuquerque, *Cartas*, VI, p. 59.

1552. — «E doutros filhos de mouros e gentios que se chamão **neitiás**». — Castanheda, *Historia*, III, cap. 8.

1552. — «Habitão naquella terra Malabar dous generos de Mouros, hũs naturaes da terra a que elles chamão **Naiteas** que são mestiços: quanto aos padres de geração dos Arabes que no principio começarão a habitar, e por parte das madres das Gentias». — João de Barros, Déc. I, IX, 3.

«Outros Mouros [do Guzarate] chamados **Luteas** (*sic*), e são naturaes da terra convertidos novamente á seita de Mafamede». — *Id.*, IV, v, 1.

1563. — «Chamados **naytias**, como se dixesemos mestiços, e feitos primeiramente Mouros, que vieram de fóra, e se misturam com os Gentios desta terra». — Garcia da Orta, Col. LIV.

1600. — «O Canará, e Malabar, posto que sejam de principes gentios, tinham porem já tantos sequazes da má seita [maometana], assim naturaes, a que elles chamam **Naiteas**, como estrangeiros...». — P. João Lucena, *Historia*, I, cap. 15.

1602. — «Era pouoado de mouros **Naiteas**, grandes ladrões e cossarios, que he a mais baixa gente dos que seguem a ley de Mafamede». —Diogo do Couto, Déc. IV, VI, 9.

«Os mouros que são forasteiros... são todos Arabes, ou seguem sua seita, de hũa casta chamada **Naiteas**. Estes vindo ter aquella provincia, misturarão-se em casamento com os naturaes, tirando Naires». — *Id.*, IV, VII, 14.

1613. — «Havendo eu respeito aos muitos mouros **naiteás**, que se tem hido a viver á ilha de Salcete de Baçaim se terem rebellado e levantado nas guerras passadas...». — *Alvará* do vice-rei, in *Archivo*, VI, 927.

1635. — «Veio por *tanadar* a Chaul de cima um mouro casta **nathia**, chamado Abdala Carrino». — António Bocarro, Década XIII, p. 17.

1588. — «Andò a Ciaul, e quindi passò a Rainello luogo di Cambaia: nel quele habitano Mahomettani di quel genero, che chiamano **Naitei**».—P. Maffei, *Le Istorie*, p. 372.

1631. — «Ad sinistram ripam paulo infra oppidum [de Surrate], Raneli jacet omnium municipium, cujus incolae appellantur **Naites**, qui diverso à caeteris idiomate utuntur, per maximam partem nauticae rei addicti». — *De Imperio Magni Mogolis* p. 18.

1904. — «There are also about 10,000 Mussulmans in Kanara and Ratnageri, who speak Konkani viz. the **Navayats**, the descendants of the Mussulmans who are said to have fled from Cuffa in the eighth century». — J. A. Saldanha, *The Indian Caste*, p. 21.

« **Nalagu**, *m.* árvore do Malabar». Cândido de Figueiredo. É ampolídea *Leea sambucina*, Willd.; *dinó* ou *jinó* em concani, «ratanhia do país» em português, «**nalugu**» em malaiala, conforme Rheed. «Radix dococto data dolores stomachi compescit uti et dolores colicos et intestinorum tormina». *Id.*

**NALE.** (ant.). Medida de capacidade das Maldivas, correspondente a pouco mais de meio litro. Do tam. *nāḻi.*

1554. — «E o candil d'arroz he de 14 *paraas*, como ho de cochym, e 24 **nales** he hum paraa». — António Nunes, *Lyvro dos Pesos*, p. 35.

**NAMACIM** (ant.), **namocim** (mod.). Terra de lavoura, pertencente a uma comunidade agrícola, cujo produto é destinado ao culto ou à sustentação dos servidores da aldeia, na Índia Portuguesa. Do conc. *namas*, pl. *namaxī*. V. *mirás.*

As aldeias de Goa eram antigamente uma espécie de comunas ou municípios pequenos, agora muito deturpados pelo prurido de modernização europeia. Possuíam em comum muitas terras de cultura, que eram arrematadas trienalmente, reservando-se uma parte para o culto do deus da aldeia e seus ministros, e outra para os officiais e servidores comunais, hereditários, como escrivão, barbeiro, alparqueiro, ferreiro, lavadeiro, pregoeiro. Tais prédios eram conhecidos pelo nome de *namas*, que em sânscrito quere dizer, «vénia, adoração».

1697. — «Foy S. Alteza servido fazer nova doação por suas Reaes Provizões ao Seminario, e rendas delle, que erão **namacis** applicados aos Pagodes da Ilha de Goa, e outras circumvizinhas». — P. Francisco de Sousa, *Oriente Conquistado*, I, I, 1.

1708. — «Por estarem deputados para ella [côngrua dos párocos] as rendas dos **namassins**, que a fazenda de V. Magestade cobra para este effeito».—In *Archivo Port.-Oriental,* Supplemento II, p. 203.

1728. — «**Namassins**. Na India Portuguesa são os bens, que deram com obrigação de serviço os *Gancares* em suas Aldeas aos Escrivães, Carpinteiros, Ferreiros, Barbeiros, e outros officios mechanicos, que são retalhos de vargeas, e terras de propriedades... **Namassins** dos Pagodes, e seus servidores, tambem são vargeas, e terras de propriedades, que os Gancares haviam dado aos Pagodes, Deoses, e seus servidores, sendo Gentios, que sua Magestade ao depois puxou para a Fazenda Real». — Bluteau, *Supplemento*.

1732. — «Ficando fora os **Namasins**, que leva a fazenda real, particulares e Religiosos».—*Archivo,* Supplemento II, p. 388.

1735. — «E o Escrivão será castigado com a pena de perdimento do Officio e seu **Nomoxim**». — F. N. Xavier (filho), *Collecção de Leis,* p. XVI.

1745. — «Rendem os **Namexins** bens que forão dos Pagodes doze mil quatrocentos secenta e quatro xerafins». — *Apud* Joaquim C. Soares, *Doc. Comprobativos*.

1771. — «Em beneficio dos Lavradores, e Agricultores dos **Namoxins,** e Varzeas, e mais terras, das quaes se costumavam pagar os sobreditos foros, se proceda de sorte que se conservem aquelles que já estão reduzidos a pensões certas». — Marquês de Pombal, in *Collecção de Bandos,* I, p. 12.

1842. — «**Namoxins** dizem-se os bens que pertenciam aos pagodes extinctos. Estes **Namoxins** foram dados aos Jesuitas por Carta Regia de 10 de Março de 1554, para seu sustento e propagação da fé». — *Annaes Maritimos,* p. 510.

1852. — «**Namaxins,** ou *Mirás* — São as terras concedidas sem fôro pelas Communidades aos seus servidores, ou dos Pagodes. Nas Novas Conquistas usa-se o segundo nome». — F. N. Xavier, *Bosquejo Historico,* IV, p. 13.

1856. — «Esses bens applicados para o Culto e seus empregados eram denominados **Namoxins,** sendo chamados *Nellis* arrosaes, e *Tican, Culagór, Gorbat,* e *Gorbatulem,* palmares, e arecaes; mas os tempos fizeram confundir estas distincções e applicar commulativamente os nomes de *Nelli,* e **Namoxim** às terras dadas aos Pagodes, e seus empregados, as quaes depois da extincção dos Pagodes passaram à Fazenda Publica, e hoje humas tem a antiga denominação, e as outras de *Confisco,* por terem sido confiscadas aos Jesuitas não obstante pertencerem à classe das antecedentes». — Id., *Defensa dos Direitos,* p. 8.

1885. — «Do segundo lote — as terras de inferior qualidade — separou-se uma parte cujo usufructo (**namoxins**) pertencia aos pagodes, seus servidores e servidoras da communidade (*vantellos, vantellis, parpotis*)». —Teixeira Guimarães, *As Communidades Indianas,* p. 12.

1886. — «A terceira [parte de terrenos] com a designação de *nelles* e **namoxins** foi destinada para a sustentação dos servidores das communidades».—Lopes Mendes, *A India Portugueza,* I, p. 143.

1887. — «Aos servidores da communidade, concedeu-se o usofructo de predios e campos que se chamavam **namoxins**». — João de Andrade Corvo, *Estudos sobre as Provincias Ultramarinas,* IV, p. 14.

1890. — «Dentro de cada aldeia adjudicavam-se, livres de fôro, ás familias de ferreiros, *mainatos,* barbeiros, e outros artifices indispensaveis, certas terras designadas pelo nome geral de *inam;* nas Velhas Conquistas chama-se-lhes **namoxins,** do mesmo modo que ás terras adjudicadas aos pagodes». — António de Almeida Azevedo, *As Communidades de Goa,* p. 95.

1901. — «Os misteres de barbeiro, lavadeiro, alparqueiro, ferreiro e outros ficaram providos em familias de servidores, ás quaes foi concedido, em troca do serviço, o usufructo de certos predios ou campos». — José Pinheiro, in *Bol. S. G. L.,* XX, p. 86.

1909. — «**Namoxins**... Palmares, varzeas e seus retalhos concedidos primitivamente aos servidores das communidades das aldeias, taes como, escrivães, sapateiros, barbeiros, ferreiros, mainatos, etc., e bem assim aos pagodes e seus servidores». — Amâncio Gracias, *Subsidios,* p. 127.

1912. — «Tendo as referidas communidades em sua instituição separado terço das melhores das suas terras sob a denominação de *Neris* e **Namoxins** para culto divino, foram as mesmas terras depois da extincção dos pagodes applicadas para as despesas das Egrejas». — *O Ultramar,* de 7 de Novembro.

1916. — «... e os **namoxins** que foram dos pagodes e seus servidores». — *Heraldo,* de 8 de Setembro.

1918. — «Dos **namoxins,** isto é, da fixação dos misteres e ofícios na aldeia por êste meio, assim dos seus pagodes e *bottos,* não era o *gauncar* que tirava o único proveito». — *Heraldo,* de 6 de Fevereiro.

**NÁMAM ; NAMO ; trinamo.** O primeiro vocábulo quere dizer em sânscrito (*naman*) «homenagem, veneração». O segundo, do sânsc. *nāma,* lit. «nome», designa também o sinal perpendicular que alguns hindus fazem na testa, depois do banho diário, para denotar a seita religiosa a que pertencem. O terceiro significa «trinómine», ou três linhas perpendiculares». Tais sinais diferem quanto à materia e formação, conforme as seitas, e são simbólicos. Em sânscrito, *namah* ou *namo* (mais usado nos prácritos) é assim palavra de saudação, como designação de vénia ou inclinação. *Ave Maria* é vertido em concani por *namó Maryê.*

1681. — «Os Religiosos penitentes, letrados, e Bragmanes, antes de comerem, lauão o corpo; e depois o untão com cinza, desfeita em agua, ou terra branca, a qual chamão **Namam**». — P. Fernão de Queiroz, *Conquista de Ceylão,* p. 65.

«Os que adorão Vixnu, poem nela [na testa] hum barro alvissimo, que chamão **Namo,** ou **Trinamo,** tirado de hũa serra de Mayssur». — *Id.*, p. 120.

**NAMAZ.** Oração dos maometanos, na Pérsia. Do persa *namāz.* O muçulmano ortodoxo tem de orar cinco ou, pelo menos, três vezes por dia, à determinada hora, e em certas atitudes.

1607. — «Porque o irmão [jesuita] nem hia a estas **namazas,** que assi lhe chamam elles, os *cacizes* entenderam com elle». — P. Fernão Guerreiro, *Relaçam Annal,* fl. 165.

1608. — «Concorre grande multidão de gente a fazer o seu **Namaz,** ou oração, que elles fazem assentados sobre os pés, beijando muytas vezes hũa pequena pedra que os mais delles trazem consigo». — Fr. Antônio de Gouveia, *Relaçam da Persia,* fl. 26 *v.*

1615. — «Todavia quem não quer não vai ao templo nos dias ordinarios da semana, e podem-se fazer as orações, e cerimonias, a que chamam **Namande,** em casa, ou em outro qualquer lugar» (nas Maldivas). — Pyrard de Laval, *Viagem,* I, p. 114.

1663. — «Não são [os alarves] tão observantes da sua lei que façam as orações ou **namasés,** que ella manda». — P. Manuel Godinho, *Relação,* p. 136.

1728. — «**Namâz**. He o nome, que dão os Turcos á oração, que elles fazem cinco vezes no dia». — Bluteau, *Supplemento.*

1610. — «Yendo à la mesquita, haziendo la *Salà* y **namaz** (que es la oracion) . . .» — Pedro Teixeira, *Relaciones,* p. 194.

1666. — «De tous mes frères, je n'apréhende que ce **namazi,** comme qui dirait ce bigot, ce grand faiseur d'oraisons. . .» — Bernier, *Voyages,* I, p. 12.

1888. — «D'Ohsson explains this. He says the five **namaz** or daily prayer consists of from five to eight rek'ats or attitudes, but travellers or soldiers on the march need only say a **namaz** of two rek'ats». — Howorth, *History of the Mongols,* III, p. 412.

* **NAMBÃO.** É o nome que antigamente davão os japoneses aos portugueses, holandeses e outros europeus. Do jap. *namban,* lit. «bárbaro do sul».

1582. — «Corria a fama que o maioral dos Padres do **Nambão,** que assi nos chamão no Japão passaua com muitas riquezas». — Gaspar Coelho, *Cartas de Japão,* II, fl. 45 *v.*

1584. — «Não sei se sabeis quando por aqui passou o Ocucacâ do **Nambam,** que quer dizer Visitador da India, que vinha do Miâco o que lhe fizemos». — P. Luís Fróis, *ibid.,* fl. 102.

* **NAMBIADARIM.** Título de príncipe, no Malabar. Do malaiala *nambiyādiri.*

1503. — «Depois fomos apresentados ao Rey chamado **Nambiadorá,** o qual nos recebeo com muita alegria e amor». — João Empoli, *Viagem,* cap. 2.

1504. — «Foy junto **nambeadarj,** seu jrmão, e o **nambeadarj,** senhor de Rrepely». — Álvaro Vaz, in *Cartas* de A. de Albuquerque, III, p. 262.

1513. — «Ho **nombiadery,** principe de Calecut, me mandou falar e me espreveo, e eu lhe respondy». — A. de Albuquerque, *ibid.,* I, p. 127.

«E eu ey por certo que ho **nambiadery** matou ho çamorim com peçonha». — *Id.,* p. 131.

1552. — «E vendo o Principe **Nambeadary** que era herdeiro de Calecut que todos indinauão o Çamorij mais por lhes comprazer que por bem aconselhar. . .». — João de Barros, Déc. I, VII, 1.

1552. — «E tambem ho **Nambiâ** de Páran que se ficaua embarcado pera ir visitar el rey de Cochim, por ser grande seu amigo». — Castanheda, *Historia,* III, cap. 38.

«E andando dom Garcia nesta ocupação, lhe foi dada hũa carta de **Nambeadorim,** principe de Calecut». — *Id.*, cap. 99.

1557. — «Em breve tempo chegou a Coulão, onde foi muito bem recebido dos Governadores da terra, e do **Nambeadarim,** que he o principal Governador». — *Commentarios,* I, cap. 3.

1563. — «Todos os do conselho de Çamorym, que estauão presentes otorgarão em todo o que dizia **Nambeamarim,** que era o irmão d'ElRey». — Gaspar Correia, *Lendas,* I, p. 450.

XVI. — Pelo contrário seu irmão **Nambeadar,** que depois lhe succedeu no throno como Samorim, era valente, audaz, e de preoccupações muito outras que as velhas prescripções tredicionaes do reino».

— Zenadim, *Hist. dos Portugueses no Malabar*, p. 58.
1634:

«Nambeoderá, seu Rei, que de amizade
Procura dar mostras verdadeiras,
Logo refrescos manda á Lusa gente,
E ao Capitão magnifico presente».
F. de Meneses, *Malaca Conquistada*, I, 43.

**NAMBURIM**. Brâmane de primeira categoria, no Malabar. Do malaiala *nambūdiri*, vulgarmente *nambūri*.

1612. — «Ouue [na costa do Malabar]... vinte e cinco senhores isentos, a fora outros somenos, com titulos de *Caimais, Naoborins*, e *Panicais*, tambem isentos em jurdição». — Diogo do Couto, Déc. VII, x, 10.
1908. — «... a casta formada pela migração, como os brahmanes **nambudris** do Malabar». — *O Oriente Portuguez*, v, p. 174.
1916. — «... e nela se vê o *pariah* sentado ao lado do **nambudiri** (brahmane superior) em *fauteuil* igual. — *Heraldo*, de 8 de Setembro.
1658. — «La prima è de' Sacerdoti, qualli chiamano Brahamani, ò altro nome da Malauari **Namburi**». — Fr. Vincenzo Maria, *Viaggio*, p. 264.
1670. — «La premiere est celle des Princes; les **Nambouris** ou grands Prêtres composent la seconde, les Bramenes sont la troisiéme, et les *Naher* ou Nobles la quatriéme». — Dellon, *Relation d'un Voyage*, I, p. 200.
1674. — «La Princeza, ya encaminada a engendrar, elige a su gosto entre los proprios **Naburijs** otros de que usa asta concibir». — Faria e Sousa, *Asia Portuguesa*, I, p. 399.
1825. — «Chez ce même peuple il existe une autre caste distincte, connue sous le nom de **namboury**». — P. Dubois, *Mœurs*, I, p. 4.
1884. — «Parmi les diverses populations qui habitent cette contrée [Malabar], nous citerons les Brahmes **Nambouris**». — Mgr. Laouenan, *Du Brahmanisme*, I, p. 165.
1917. — «Tradition has it that Sri Parasurama, one of the incarnations of Vishnu reclaimed from the waters the land which now lies between Arabian sea and the Western Ghats and made a gift of it to the **Nambhudri** Brahmins». — *The Hindustan Review*, de Fevereiro.

«**Nanai**, adv. (gir.) nada. (Or. ind.)». Cândido de Figueiredo. Se com efeito é de origem indiana o vocábulo, o seu étimo deve ser o sânsc. *na* (= lat. *ne*), «não», que nos idiomas neo-áricos se repete por ênfase, *na-na*, às vezes *nām-nām*.

«**Nanal**, m. espécie de roseira indiana». — Cândido de Figueiredo. Se está pelo conc. *nanat*, é *Gardenia lucida*, Roxb. A flor é inteiramente branca. «Dos botões, das folhas e da casca, depois de incisões mana uma resina conhecida por *dikmālī*, que é usada pelos cirurgiões veterinários como antiseptico contra as feridas e molestias cutaneas». — D. G. Dalgado, *Flora*, p. 96.

* **NANGUINATA** (jap. *naginata*). Lança japonesa, alabarda.

1562. — «Neste anno de sessenta e dous mandou ao visorei da India hũas armas, conuem a saber... e duas **nanguinatas**, que são como montantes, que são huns terçados postos em hũas hastes de comprimento mais de hũa lança, guarnecidas as hastes, e chapadas de prata, com que muito folgou o Conde Visorei». — P. Baltasar Gago, *Cartas de Japão*, I, fl. 98 *v*.
1585. — «E logo duas mil **nanguinatas**, que são meas lanças com mea espada de Japão por ferro, e respondem ás nossas alabardas». — P. Luís Fróis, *ibid.*, II, fl. 164.
1607. — «Bugendim Belchior ouuindo o estrondo lança mão de hũa **Nanguinata** (que he hũa arma como alabarda) e sae com ella a hũa varanda... Largando loguo a **Nanguinata** da mão a deu a hum seu criado Christão». — P. Fernão Guerreiro, *Relaçam Annual*, fl. 48.
1650. — «...afora as espingardas, lanças, *fatamonos*, **laguinotas** (sic), catanas, rodelas e outras armas pequenas sem conta». — P. António F. Cardim, *Batalhas*, p. 217.
1694. — «huns catanas, outros lanças, e alguns outro genero de armas chamada no Oriente, **languinada**; he hũa catana fixa em hũa haste de pao comprida mais de hũa braça». — *Noticias da Cochinchina*, p. 67.
«Desejando provar o fio de hũa **Nanghinata** (he o alfange, que tem por punho hũa haste comprida sette palmos mais, ou menos)». — *Ibid.* p. 345.
1701. — «Levou da **Nanguinata**, isto é, espada para lhe tirar a vida». — P. Francisco de Sousa, *Oriente Conquistado*, II, IV, 1.
1718. — «...além da Cavallaria e Infantaria desfilada, dos Archeiros do Governador Mouro, que todos erão de **Nanguinatas**». — João Tavares Guerreiro, *Jornada*, fl. 136.

**NANÓ**. (conc. *nānó*). Árvore indiana — *Lagerstroemia parviflora*, Roxb. Chama-se tambêm *benteca*, q. v. A sua madeira é rija e durável. Abunda muito nas Novas Conquistas.

1862. — «As arvores de fructo e de construcção que se acham nos seus campos e florestas são: *aldave*.... quinzol, **nanom**, assonó». — Francisco M. Bordalo, *Ensaios sobre a Estatistica*, v, p. 67.

1864. — «**Nanom** branco; serve para todas as obras». — *Archivo de Pharmacia*, I, p. 117.

1866. — «As arvores dominantes, são, **nanó**, mareta (em concani *marthi*), quizol, jambó». — *Relatorio da Provincia de Satary*, p. 16.

1879. — «A flora dominante é o *nanon* (*Laguerstroemia-microcarpia*) e o *asson*». — João Stuart Torrie, *Estatistica da India Portugueza*, p. 122.

1886. — «As essencias florestaes dominantes são: **nanon** Laguerstroemia microcarpia), *asson* (Baidelia-spinosa), *marêta* (Terminalia. glaba), *quinzôl* (Pentaptera-paniculata) e o *jambó* (Inga xylocarpa)». — Lopes Mendes, *A India Portugueza*, II, p. 30.

«**Nanquim**, m. Tecido de algodão ou ganga amarela, que vinha antigamente da China; tinta prêta, procedente da China e que se usa em desenhos e aguarelas». Candido de Figueiredo. Eu não encontrei o termo empregado na literatura luso-oriental em nenhuma das duas acepções. No primeiro sentido, figura amiúde *canga* ou *ganga*, ainda hoje usado na Índia Portuguesa. É na literatura estrangeira que se lê *Nankeen* ou *nankin* com o referido significado. Quanto ao segundo, Bluteau insere *dolanquim* (q. v.), que parece ser corrução de «de Nanquim».

1906. — «Nunca se chamou simplesmente **nanquim** à tinta preta da China, mas sim, *tinta de Nanquim*. O mesmo se pode dizer com relação à fazenda do algodão, côr de grão, mas de matiz vivo, que se usou muito aí por 1840 a 1850, principalmente para calças; os franceses chamaram-lhe *nankin;* mas em português denominava-se *ganga açucarada*». — Gonçalves Viana, *Apostilas*, II, p. 179.

1793. — «The land in this neighbourhood produces the cloth usually called **Nankeens** in Europa». — In *Glossary*.

* **NAQUEÇAR.** Figura o termo nas pautas aduaneiras de Goa, na secção de «drogas de tinturaria do reino vegetal». *Nākesar* (própriamente *nāgkesar*, como *nāgakesara* em sânscrito) é em concani, e marata o nome de «botões de flores de *Acacia Farnesiana*, Willd. («esponjeira» em português). Extrai-se das flores por destilação um delicioso perfume. Os botões são objecto de comércio. Entende-se também por *nāgkesar* as flores não desabrochadas do *marroio rosado*, q. v.

1879. — «**Naqueçar**» (livre de direitos). — João Stuart Torrie, *Estatistica da India Portugueza*, pp. 214 e 226.

* **NARACA** (s. m.) É o nome sânscrito, *naraka*, do inferno.

1904. — «O Bramane tinha o seu inferno, o **naraku** de muitos andares, ao lado das mansões deliciosas de recompensas, o *svarna* [= svarga] e o *nirvana*». — Ladislau Batalha, *O Japão por dentro*, p. 217.

**NARCARNIM.** «Escrivão da Camara Geral» (das communidades agrícolas). Filipe Néri Xavier (*Bosquejo Historico*, IV, 13). O termo é sómente usado nas Novas Conquistas de Goa. Provêm do marata-conc. *nāḍkarṇī*, passando o *ḍ* cacuminal para *r* fonema mais aproximado.

1746. — «Tucû *Sinay*, Ambú Sinay, e Ramachandra Sinay, **Narcarnis**, que são escrivães geraes, da dita provincia de Sanquelim». — *Apud* Júlio Biker, *Collecção de Tratados*, p. 263.

1845. — «Hei por bem Nomear o dito Sadassivá Sinay **Narcorny**, para o Lugar que interinamente se acha exercendo». — *Collecção de Bandos*, II, p. 98.

1845. — «Os **Narcarnis** (Escrivães) das Camaras agrarias». — *Annaes Maritimos*, p. 254.

1865. — «**Narcarnim** significa escrivão da camara geral, assim como *culcornim* significa escrivão da aldêa. Se em Satary não ha camarà, para que são precisos **narcarnins?** São homens prejudiciaes, porque combinados com os *bottos, ranes* e *dessaes*, só tratam de roubar a fazenda, e de calcar o miseravel povo». — *Relatorio Final da Provincia de Satary*, p. 30.

1886. — «Art. 59.º Nos pagodes onde a escrivania é a propriedade ou propria de certas e determinadas familias ou tribus (**nadcornins**), a eleição recahirá sempre nos membros das ditas familias». — *Regulamento... das Mazanias dos Pagodes*, p. 6.

1886. — Segue-se o **narcarnim** ou escrivão administrativo, que recebe um *curó*». — Lopes Mendes, *A India Portugueza*, I, p. 53.

1898. — «Pretendem uns que a insurreição dos ranes se tivesse filiado nos excessos contra elles infligidos pelos **narcornins** (regedores gentios, com certas e determinadas attribuições, de que muitas vezes abusam)». — Oliveira Mascarenhas, *Atravez dos Mares*, p. 68.

1901. — «O **narcarnim** (escrivão) o chama para seu *begarim* (cultivador), e, já se vê, sem lhe pagar, porque é mercê do *senodo*». — José Pinheiro, in *Bol. S. G. L.*, xx, p. 14.

1905. — «Particularmente nas Novas Conquistas, cujos habitantes boçalmente sertanejos desconheciam até o systema de arrecadação do sal, que os **narcarnins** e culcarnins logravam em seu proveito». — Ernesto Fernandes, *Regimen do sal*, etc., *ibid.*, xxIII, p. 257.

1905. — «As queixas partiam do colono agricultor — *gãocar* e *royto* — espesinhado e espoliado pelos influentes — **Narcornins** e Dessays». — Id., *India Portugueza*, p. 102.

1917. — «Ele me perguntava pelo secretario geral e pelo **Narcornim**, negociante de Pangim». — *Heraldo*, de 8 de Maio.

**NARDO.** Rizoma da planta *Nardostachys Jatamansi*, D. C., indígena dos Himálaias. Do persa *nard* (com que se relaciona o sânsc. *nalada*), lat. *nardus*, gr. *nárdos*. Parece que o nome primitivo é o sânsc. *naḍa*, «cana». V. *Glossary*.

1516. — «... cotonias de sedas, alaquequas, oleo de gergelim, erva lombrigueira, **espiquenardo**, tutia, tinqual» (no Guzarate). — Duarte Barbosa, *Livro* (2.ª ed.), p. 289.

1563. — «O **espiquenardo** foi de muyto preço, e muyto louvado antigamente; que diz no envangelho que aquelle inguento podia ser vendido por mais de trezentos dinheiros». — Garcia da Orta, Col. v. — «Uma pequena planta da familia das *Valerianeae*, muito conhecida e usada na India desde os tempos mais remotos como medicamento e principalmente com perfume, e designada pelo nome sanskrito *jatamamsi*. Orta identifica esta planta com o celebre nardo dos antigos, *spica nardus* dos velhos escritores de materia medica». — Conde de Ficalho.

1663. — «... miramulano, assafetida, **spicanardi**, opio e outras» (drogas). — P. Manuel Godinho, *Relação*, p. 55.

c. 70. — «De *folio nardi* plura dici par est, ut principali in unguentis. Fructex est gravi ac crassa radice, sed brevi scinga, fragilique». — Plinius, *Historia Naturalis*, xII, 26.

1578. — «Mas en todas aquellas partes no se conosce otra **spicanardo**, sino la que nasce en las tierras que confinan con el Deli, y con Bengala, y con el Decan». — Cristóvão da Costa, *Tractado*, p. 176.

1610. — «Vienen tambien la **Spicanardi** dicha in Pársio y Arabe, *Sembul tib*, espiga olorosa, de *sembul* que es espiga». — Pedro Teixeira, *Relaciones*, p. 12.

1786. — «Il **Nardo** Indico e Tibetano servivano nel tempio di Gerusalemme fabbricato dal Salomone». — Fra Paolino, *Viaggio*, p. 202.

«La **Spica nardi**, descritta da Jones, chiamasi *Jatamansi*, ella cresce nel Tibet et nell' India». — *Id.*, p. 365.

1908. — «The perfume being chiefly resident in the root, not in the stems and leaves, justifies the association of the Nard ... with the story of the Phinicians followers of the army of Alexander the Great in Las and in the confusion that long existed regarding the **spikenard** of the ancients. This, doubtless, is the plant spoken of by Pliny and in more recent times by Garcia de Orta as found on the banks of the Ganges». — Watt, *The Commercial Products*, p. 462.

«**NARGUILÉ**, m. Cachimbo turco, índio ou persa, compôsto de um forníclo com tubo longo e um vaso cheio de agua perfumada, que o fumo atravessa antes de chegar á bôca. (Pers. *narguileh*, de *narguil*, «noz de côco)». Cândido de Figueiredo. O termo é originàriamente nome do côco em sâncrito, — *nārikela* ou *nārikera*; com muitas variantes, *nārel*, *nārl*, *nāriyal*, etc., nos neo-áricos; *nargīl* em persa. Em hindustani *nāriyal* também significa o «endocarpo de côco», que se usa para *ucá*, q. v.

1895. — «Á porta dos pequenos cafés, gordos turcos de turbante fumam como **pachás** nos seus **narguillés** complicados». — Conde Arnoso, *Jornadas pelo Mundo*, p. 25.

1919. — «Os quaes permittem no harem não só a perfumada cigarrilha oriental, mas o estonteador aroma de **narghilé**». — *Diario Nacional*, de 4 de Janeiro.

1860. — «Le *houka*, dont j'ai plus d'une fois parlé, est le **narghileh** de l'Inde». — Énault. *L'Inde Pittoresque*, p. 364.

«**Naru**; m. (ind.) O mesmo que *filária*». Cândido de Figueiredo. Efectivamente o termo é neo-árico — *nārū*, em concani, marata, hindustani; mas o significado não é *filária* no sentido de «verme intestinal», mas *filaria Medinensis* ou *Dracunculus Medinen-*

*sis* (Cabbold), «que habita no tecido celular subcutâneo do homem, freqùentemente na perna, variando de 6 polegadas a 10 pés de comprimento, e que é comum no Gôlfo Pérsico, no Egipto Superior, na Guiné, etc.». *Glossário Anglo-Indiano*. Em português diz-se *verme da Guiné*, como *Guinea-worm* em inglês. Na Índia é rara a doença.

1879. — «A outra doença não menos perseguidora do povo meudo é o *bicho de Ormús* como aqui [em Dio] denominão, ou o verme da Guiné — comquanto não arrisca a vida, incommoda deveras os affectados pelo aperto dos simptomas congestivos e inflamatorios com vehementes dores, em quanto o verme não faça erupção e se apresente ao exterior». — João Stuart Torrie, *Estatistica da India Portugueza*, p. 351.

* **NATOCA** (p. us.). É nome sânscrito (*nāṭaka*) e neo-árico do drama.

1869. — «...ordenar em um diploma as differentes disposições que se acham dispersas sobre a concessão de licenças para espectaculos, *brincos, sigmós*, **natocás** e outros divertimentos, assim como para tiros de *recamaras* e fogos de artificio». — *Boletim Official*, de 20 de Dezembro (Portaria do governo provincial).

* **NASTIGUEL**. *Nāstik* quere dizer em sânscrito «ateu», isto é, aquele que não admite a autoridade dos Vedas, a vida futura e a existência do ente supremo ou criador. Havia na Índia uma seita que professava tal doutrina e levava vida licenciosa. Não é porêm claro se na abonação o termo está empregado neste sentido. É natural que os sectários comessem cousas proibidas pela religião e não quisessem ser vistos.

1687. — «Os da Seyta, a que chamão **Nastiguel**, não deuem ser vistos em quanto comem, nem ouvir voz humana... Estes arrancão o cabelo de hum, em hum, com tenaz; e se fica immovel, sem gritar, nem chorar, ou sem se confranger, he admitido na Seyta; mas se pelo contrario, rejeytado por mimozo, e delicado». — P. Fernão de Queiroz, *Conquista de Ceylão*, p. 66.

**NAUGANDE** (ant.). Contribuição que certas aldeias das Novas Conquistas de Goa pagavam antigamente e cuja natureza se não conhece. Se o vocábulo provêm, como presumo, do mar. *navghad*, recentemente forjado ou constituído», devia ser então uma imposição moderna.

1703. — «... e a pensão **Naogonde** nas aldeias da provincia». — Apud Júlio Biker, *Collecção de Tratados*, XII, p. 148.

**NAUGATOR**. Parece-me que é variante fonética de *nauticor* (q. v.), assim por não ser explicado pelo autor, como por ter análogo sentido: capitão ou chefe duma cidade, na Indo-China.

1544. «O Naugator desta Cidade [Cantamas] agasalhou bem este embayxador com muytos refrescos para todos os seus». — Fernão Pinto, *Peregrinação*, cap. 158.

**NAURÔS** (persa *nau-roz*). Primeiro dia do ano, celebrado com muitas festas, na Pérsia. Na abonação há evidentemente êrro de imprensa.

1529. — «Os quaes eu vi, e assim outros muytos grandes senhores Mouros que trazião grande estado. A este convite chamão elles em sua linguagem **Mouros**, que quer dizer dia primeiro do anno, para o qual tinha o Sufi muytas provisões, e mantimentos, e vinhos muyto finos». — António Tenreiro, *Itinerario*, cap. 17.

«**NAUSSERIM**. He huma aldeia pertencente ao Mogol, que fica nas vizinhanças da Cidade de Damão, he muito nomeada pelos pannos de algodão finos que alli se tecem, e se conhecem pelo nome de Teadas de Nausserim». Bluteau, *Supplemento*.

Efectivamente, até no século passado, e creio que ainda hoje, eram em Goa importados e muito estimados tais «panos finos», de côr amarela desmaiada (como a de *ganga*), denominados em concani *navsarī*, e empregados em *lençóis de manto* do traje de cristãs indígenas. Os ingleses chamam-lhes *nunsarees* [1]. O vocabulo figura na pauta vigente da alfândega de Goa.

[1] «There is a place called Naussari in the Bhandāra District (*Central Provinces Gazeteer*, 346)». *Glossary* (2.ª ed.).

* **NAUTAQUIM.** Fernão Mendes emprega muitas vezes o termo com relação ao Japão, e dá-lhe o significado de «príncipe». Presumo que o étimo é o jap. *teitoku*, que quere dizer «almirante», sentido que mais quadra ao texto. Parece que na primeira sílaba de *nautaquim* houve influência de outra palavra homófona, «piratas do Gôlfo Pérsico».

1545. — «O **Nautaquim,** Principe desta Ilha de Tanixumaa, se veio ao nosso *junco*, acompanhado de muytos mercadores e de gente nobre, com grande soma de caixões cheios de prata para fazer fazenda». — *Peregrinação*, cap. 133.

«Fomos ao outro dia surgir no meyo da angra, que he o surgidouro da Cidade Guanxiró, aonde o **Nautaquim,** Principe della, por sua curiosidade, e por ver cousa nova que nunca ali vira, se veyo logo a nosso bordo». — *Ibid.*, cap. 200.

1674. — «**Nautaquim** era entonces Principe de aquella Isla». — Faria e Sousa, *Asia Portuguesa*, II, p. 116.

* **NAUTAREL.** Director de alfândega, em Aname. Parece que o vocábulo provêm do siam. *nai-dān*, que tem o mesmo sentido.

1540. — «O que vendo os estrangeiros, que tinhão vindo nas cafilas, e que por contumacia do **nautarel** se lhes ia a fazenda que tinhão no porto...». — Fernão Pinto, *Peregrinação*, cap. 39.

«O **Nautarel** com todos os *Capisendos* da alfandega, temendo serem por isso castigados e suspensos de seus officios, concederão em seu requerimento». — *Ibidem*.

«E lhe resumirão de novo tudo o que tinhão passado com o **nautarel** da cidade, queixando-se-lhe muyto da sua má condição». — *Ibidem*.

1674. — «El **Nautarel,** ó Governador de la ciudad, embaraçó algo la venta». — Faria e Sousa, *Asia Portuguesa*, II, p. 57.

**NAUTICOR.** Diz-nos Fernão Mendes Pinto que é título de general tártaro; mas daí não se segue que seja tártaro o termo. Se o tomou do siamês, conjecturo que o seu étimo seria *nai-tō-roi-ĕk*, «capitão grande».

1544. — «Agora no pinhal de Manicatarão, que era dali huma legua e mea, estava alojado um **Nauticor** do Tartaro, com setenta mil de cavallo» (na China). — *Peregrinação*, cap. 117.

«Dous dias depois de serem partidos, chegarão a hum castello que se dizia Nixiamcó, no qual o **Nauticor** do Lançame, general desta barbara gente assentou seu campo». — *Ibid.*

«Os quaes depois de terem ceado, vierão a praticar no mao sucesso do dia de antes, e de como o Mitaquer (que assim se chamava o **Nauticor**) andava por isso assaz agastado». — Cap. 118.

«**NAVEM.** Na India Portugueza he o titulo, que se faz no tombo da Aldea dos bens da compra, ou herdade». Bluteau (*Supplemento*). «**Navem,** f. (t. da Índia port.) Título de compra, feito por notário»., Cândido de Figueiredo. O termo não é actualmente usado em Goa; nem eu o encontrei em algum escritor. *Nānvêm* em marata (*nānvīm* em concani) quere dizer literalmente «em nome de», de *nānv*, «nome», sânsc. *nāman* = lat. *nomen*. Em livros comerciais *nānvêm* é o mesmo que «deve».

«**Nazir,** m. Superintendente das mesquitas, entre os orientaes; tribunal supremo na Pérsia». Cândido de Figueiredo. O vocábulo é árabe, *nāzir*, de *nazr*, «vista»; quere dizer «inspector».

* **NEGATA** (s. m.), **nangatá** (incorrecto). É o nome duma casta de Ceilão, cujos membros são astrólogos e também atabaleiros. *Nekat* (sansc. *nakṣatra*) quere dizer em singalês «estrêlas», e *nekat-kāriyā* ou *nekatiyā*, «astrólogo». A profissão dos astrólogos é muito lucrativa, por serem constantemente recorridos pelo povo. V. *jocim*.

1685. — «Ha entre elles Astrologos, a que chamão **Nangatás**, estes não duvido serem maiores feiticeiros que os outros, por terem esta parte, antes estão habilitados para huma e outra cousa... Estes **Nangatâs** são casta baixa, que respondem a nossos atambores». — João Ribeiro, *Fatalidade Historica*, I, cap. 15.

1687. — «Na mesma forma, e com o mesmo rigor se deuem desterrar os **Negâtas,** ou divinhadores, a quem dão [os agricultores] mays de uinte por cento». — P. Fernão de Queiroz, *Conquista de Ceylão*, p. 897.

**NEGUNDO.** É uma árvore da Índia, da família das verbenáceas — *Vitex Negundo*, Linn. Fazem fomentações das fôlhas para o reumatismo;

Fra Paolino indica outras propriedades. Do conc. *niṅgūḍ*, ou *liṅgūḍ*. V. *langude*.

1563. — «Pondo-lhe o **negundo** cozido ou torrado, ou frito em azeite». — Garcia da Orta, *Col.* xxxix.

1865. — «**Linguro**: tem propriedades amargas: usa-se nas febres intermittentes na dóse de 2 a 4 oitavas de folhas para 1 libra de decocto». — *Archivo de Pharmacia*, p. 48.

1578. — «Destos vno es *Macho*, llamado dellos Canarins *Varolo* (*vadhló*) *nigunda*... El otro llamado **Negundo** hembra, o *Narchila* delos Portugueses, se llama del comun Canarin *Niyergundi*». — Cristóvão da Costa, *Tractado*, p. 280.

1786. — «*Noci* Malab., Salvia Silvistris, **Negunda** dei Canarini, è un arbusto, le di cui foglie sono eccellenti per provocare i mesi, per amazzare i vermi, per confortare la testa, per nettare le ulcere». — Fra Paolino, *Viagio*, p. 364.

**NEIQUEBARI**, **neiquebar** (ant.) Antigo arrecadador da receita de aldeia, em Goa; principal da aldeia. Do concani-mar. *nāyakavāḍī*, derivado de *nāyaka*. «naique».

1511. — «Mando que des [dois] a ese **neiquebary** capitão Indio que se lançou dos mouros com nosco...». — Afonso de Albuquerque, *Cartas*, ɪɪ, p. 89.

1512. — «Alguns bramanes e **neiquebarys** sam tornados cristãos e seruiram vosa alteza neste corpo de Goa bem e fielmente». — *Id.*, ɪ, p. 63

1552. — «Ele mandou ajuntar todos os **neiquibares**, que sam capitães gentios, e erão naturaes dela, que os mouros tinhão lançado fora do senhorio, e depois da tomada de Goa ho gouernador os recolheo e agasalhou». — Castanheda, *Historia*, ɪɪɪ, cap. 47.

1553. — «E o modo entre si de se partir este foro, he que os **Neiqueibáres** cabeceiras de aldea que vem da linhagem dos mais principaes daquella pouoação, fazem cada anno lançamento per todolos moradores» — João de Barros, Déc. II, v, 1.

1557. — «Vendo os **Nequibaires**, que estavam da banda da terra firme, que o grande Afonso Dalboquerque fazia seu assento em Goa, mandáram-lhe pedir seguro para se virem viver a ella com toda a sua gente. Estes **Nequibaires** eram homens principaes, e Capitães da gente». — *Commentarios*, ɪɪɪ, cap. 5.

1866. — «**Neiquebares**: Corresponde a *Gancares* accordados ou administradores das Aldêas». — F. N. Xavier, *Defensa dos Direitos*, p. 4.

**NÉLE** (s. m.) Arroz em casca ou em planta. É o mesmo que *bate* da zona árica. Do dravídico *nel*, *nellu*. O termo é usado em Macau e Timor e nos crioulos da Malásia.

1554. — «Que os *zambucos* que tratarem no seu porto, em arroz e **nele** e algodões e outras fazendas, lhe paguarão seus direitos acustumados». — Simão Botelho, *Tombo da India*, p. 37.

1599. — «E assi quando vendem o **Néle** depois de o terem medido ao comprador, tornar o que veudeo a tomar dous grãos pera sy como superstição». — Sínodo de Diamper, in *Archivo*, ɪv, p. 489.

1632. — «...e aos trezentos *amanões* de **nélle**, que antigamente pagauão os *Vannas* de Baticalou aos capitães de Manar». — *Apud* Júlio Biker, *Collecção de Tratados*, ɪɪ, p. 44.

1687. — «...crendo que quem lhe fizer sacrificio de casca de **nêle** *marî* (**nele** he arroz com casca), e de azeyte de coco, fará logo acordar». — P. Fernão de Queiroz, *Conquista de Ceylão*, p. 7.

1745. — «...pondo-lhe por baixo espalhado hum fogo lento em palhinha de **néle**, que he casca de arroz que guardão quando o pelão». — In *Ta-ssi-yang-kuó*, II, ɪɪɪ, 3.

1843. — «O grosseiro methodo de converter o **nelly** em arroz neste paiz [Timor] é como se segue». — *Annaes Maritimos* (parte official), p. 124.

1866. — «O Batte chama-se **nelly** em Timor; e neste Estado as varzeas dos pagodes, e dos seus servidores, doadas aos Jesuitas com a denominação de *namoxins* e bens dos pagodes, tambem se chamavão **nellys**». — F. N. Xavier, *Descripção do Coqueiro*, p. 20.

1868. — «A cultura mais geral da ilha de Timor é a do milho e a que se chama *jangão*; e a do arroz, que antes de descascado se chama *nelli*». — In *Annaes do Conselho Ultramarino*, ɪv, p. 35.

1695. — «*Pady* est Malaice, Javanice, et Baleyice, Malabarice **Neli**». — Rumphius, *Herbarium Amboinense*, vɪɪɪ, cap. 30.

1713. — «Le ris en cette estat se nomme icy [Maduré] **Nellou**». — *Lettres Édifiantes*, xɪɪ, p. 78.

1786. — «Un martojo grande di legno in cui si pista el **nelli**, cioè il riso in scorza». — Fra Paolino, *Viaggio*, p. 112.

* **NELI**, **neri**. Várzea comunal destinada ao culto ou sustentação dos servidores do pagode ou da aldeia, em Goa. O termo, que raras vezes se emprega actualmente, significa o mesmo que *namoxim*, q. v. Tira a sua origem do dravídico *nel* ou *nellu*, «arroz em casca». Vê se daqui que o vocábulo era corrente em Goa, no

sentido de «bate», antes da influência árica, sendo depois substituído por outro no uso comum.

1818. — «Ordem regia resolveu de que os bens de **nellys,** namoxins, prasos de coroa e outros de eguál natureza que até então possuiam as confrarias, lhe pertençam perpetuamente, com augmento de mais hum quarto de fôro». — P. Casimiro de Nazaré, *Mitras Lusitanas*, in *Bol. S. G. L.*, XI, p. 576.

1852. — «**Nellis** — Na primitiva assim se denominavam os Namoxins de varzeas; assim como os dos palmares *Gorbata, Tican*, etc. hoje porém estas distinções estão em desuso, e a palavra **Nelli** reduzida a synonimo de Namoxins». — F. N. Xavier, *Bosquejo Historico*, IV, p. 13.

1836. — «A terceira [parte dos terrenos] com a designação de **nellis** e namoxins foi destinada para sustentação dos servidores da communidade». — Lopes Mendes, *A India Portugueza*, I, p. 143.

1912. — «Tendo as referidas communidades na sua instituição separado o terço das melhores das suas terras sob a denominação de **Neris** e Namoxins para culto divino...». — O *Ultramar*, de 7 de Novembro.

1916. — «Á primeira pertencem os chamados Bens de **Nelly,** que principalmente consistem em palmares». — *Heraldo*, de 8 de Setembro.

**NELUMBO** (sing. *nelumbu*). É uma planta da família de ninfeáceas — *Nelumbium speciosum*, Willd. «Comem-se os fructos e as raizes; o fructo é symbolo de fertilidade entre os hindús; é «a fava de Pythagoras» dos antigos». D. G. Dalgado. É conhecido também por *loto sagrado*.

1902. — «O objecto de veneração, que serve de molde ao throno de Buddha e é tambem o symbolo hindú de fertilidade é o **nelumbo** (do cingalez *nelombo*), o *Nelumbium speciosum*, primitivamente originario do Nilo, onde já se não encontra hoje, mas que é agora natural do sul da Índia». — Cristóvão Pinto, in *Ta-ssi-yang-kuó*, II, p. 310.

* **NEMBUT** (jap. *nimbutsu*). É nome dum dos livros dos budistas japoneses, o qual quere dizer «oração a Buda».

1701. — «Não querem estar os *Jodoxôs* por estes principios, e seguem outro livro de *Xaca*, chamado **Nembut**». — F. Francisco de Sousa, *Oriente Conquistado*, II, IV, 2.

**NEMO.** Deliberação ou assento de uma corporação, especialmente das comunidades aldeanas de Goa. Do conc. *nem'* < sânsc. *nyama*.

1525. — «Em poder de Miguel do Vale he hum **Nemo** e obrigação dos *Gancares* desta Ilha de Tiçoare, em letra canarim». — *Archivo Port. Oriental*, V, p. 75.

1526. — «O Escrivão da Camara hade estar presente a todos os concertos, e acordos, que entre si chamam **Nemos,** que forem feitos pelos *Gancares*». — *Foral de D. João III, ibid.*, III, p. 123.

1604. — «Ei por bem e me praz de confirmar o **nemo** juncto que apresentarão os ditos gancares, por que se assentam que nenhum gancar da ilha de Goa possa alienar em perpetuum as gancarias e foros». — *Provisão do vice-rei, ibid.*, p. 1370.

1775. — «Não se tomará **Nemo** nem assento algum em papel de fora, nem se fará arrematação, senão nos Livros rubricados». — F. N. Xavier (filho), *Collecção de Leis*, p. XX.

1852. — «**Nemo** — He deliberação sobre algum objecto, a qual se apregoa aos circunstantes (os acordados) reunidos em Communidade pela voz do Escrivão ou Gancar nomeado, e não havendo impedimento dos presentes, fica a proposição tendo caracter de deliberação, de que se faz o competente Assento, o qual tambem se chama **nemo**». — F. N. Xavier, *Bosquejo Historico*. IV, p. 13.

1870. — «Indica as formalidades, que o acordo ou **nemo** da camara gancarial deve ter para ser valido». — Cunha Rivara, *Brados a favor das Communidades*, p. 14.

1885. — «O Vice-Rei fez saber que lhe cabe a confirmação das deliberações (**nemos**) das communidades». — Teixeira Guimarães, *As Communidades Indianas*, p. 28.

1890. — «Por um **nemo** ou accordão de 16 de Fevereiro de 1869, confirmado pelo Vice-Rei, a communidade de Telaulim offerece a cultura de *vangana* de uma das suas varzeas a um proprietario». — António de Almeida Azevedo, *As Communidades de Goa*, p. 113.

1904. — «Desde 1621, porém, em virtude de um **nemo** (deliberação) dos gancares da aldea Margão, a arrecadação do imposto aduaneiro se faz nas casas de gancaria da mesma». — Ernesto Fernandes, *Regimen do sal, etc.*, in *Bol. S. G. L.*, XXII, p. 320.

1906. — «Em Goa, escreviam-se antigamente nas *olas* os **nemos** ou assentos das communidades». — Amâncio Gracias, *Subsidios*, p. 254.

1916. — «A lei organica definiria quaes as faculdades e poderes que ficavam reservados para a grande assembléa do **nemo** aldeano». — O *Ultramar*, de 31 de Junho.

**NÊNGORO.** Bonzo da ordem militar, no Japão. Do jap. *nengoro*, lit. «afável, cortês».

1562. — Em sua companhia trazia huns Bonzos, de huns mosteiros, com que se confederou, os quaes se chamão **Nengoros**. Arremedão estes em algum modo os commendadores de Rhodes. Habitão em hũa serra em muitos mosteiros, serão por todos passante de vinte mil homens». — P. Gaspar Vilela, *Cartas de Japão*, I, fl. 113.

1571. — «Ha outros deste modo de religião... que chamão **Néngoros**, trazem o cabelo crescido de quatro dedos, não o deixão crescer mais nem rapão, o que os mais Bonzos do Japão não fazem que todos andão rapados de cabeça... somente estes que digo chamados **Néngoros**, não se rapão». — *Id.*, fl. 326 *v.*

1577. — «Tinha sugeitos asi todos os **Néngoros**, e tomadas muitas fortalezas». — P. João Francisco, *ibid.*, fl. 394 *v.*

1584. — «Queria dar nos grandes templos, e congregações de Bonzos, que se chamão **Néngoros**». — P. Luís Fróis, *ibid.*, II, fl. 120 *v.*

1634. — «No mesmo reyno estava o Convento dos **nengoros** e dos que chamão *Yamabuxi* que nobunanga destruhio». — *Hist. do Japão, apud* Cristóvão Aires, *F. M. Pinto e o Japão*, p. 151.

1754. — «La quatrième n'est pas tant une Secte particulière, qu'une Congrégation Militaire. On a nommé **Negores**, les Bonzes qui la composent, et l'Orient n'a point des Soldats mieux disciplinés, ni plus aguerris». — P. Charlevoix, *Histoire du Japon*, I, p. 253.

**NENS.** Figura o vocábulo no *Supplemento* do *Vocabulario* de Bluteau: «As casas, ou mosteyros destes Religiosos Siames são os seminarios, ou collegios, em que se crião os moços nobres da terra (a que elles chamão *Nens*)». Em siamês *neng* quere dizer «quieto, imóvel», e *nengg*, «claro, límpido». Qualquer dêles pode ser o étimo de *nêm*, no singular.

***NEO-BRAMANISMO.** Bramanismo moderno, comummente conhecido por *hinduísmo*, q. v.

1885. — «Abrange os tres periodos da evolução religiosa — o *védico*, o *brahmánico* e em parte o búdico, e modernamente ainda o periodo religioso do **neo-brahmanismo**, em virtude da preponderancia que teve na literatura, por ser o sânscrito a linguajem da casta predominante». — Vasconcelos Abreu, *A Literatura e a Religião*, p. 54.

1908. — «Budha foi absorvido no brahmanismo e da alteração que lhe foram successivamente introduzindo, resultou o **neo-brahmanismo**». — Hipácio de Brion, *A India Portugueza*, p. 29.

***NERCHA.** Oblata de comestíveis, entre os cristãos de S. Tomé, que são do rito siríaco. Do malaiala *nerchcha*, «voto, oblata».

1599. — Nem lhe dirijão oração em commum, nem em particular, devoções, votos, promessas, offertas, ou **nerchas** algumas... As duas festas que se lhe fazem... se não celebrem, nem outra dedicada a elle, nem se dê nellas **nerchas**». — Sínodo de Diamper, in *Archivo*, IV, pp. 324 e 325.

«Os christãos se costumam nestes dias ajuntar nas Igrejas, e comer as **nerchas** que se dão». — *Ibid.*, p. 465.

1603. — «Ajuntam-se todos em certos dias nos alpendres das Igrejas, e jantão commummente, fazendo o jantar, ou a fabrica da Igreja, ou alguns ricos, que fazem votos à Igreja de dar este jantar, no qual, ricos, e pobres, comem igualmente, e chamão a este **Narcha**». — Fr. António de Gouveia, *Jornada do Arcebispo*, fl. 63

1724. — «Les Chrétiens, qui ont conservé diverses coûtumes de l'Antiquité, retiennent entre autres les anciens Agapes, qu'ils appellent **Nerka**. C'est un repas fort sobre qui se fait avec beaucoup de modestie sous le porche de l'Eglise». — La Crose, *Histoire du Christianisme*, p. 148.

1786. — «I Cristiani di S. Tommaso conservano l'antica usanza delle Agape. Essi la chiamano **nercia**, cioè, *voti publici*, contribuendo molte canne di zucchero, riso, fichi banani, mele, farina di riso per fare certe foccacie di riso, che si chiamano *appam*». — Fra Paolino, *Viaggio*, p. 135.

***NHAI** (s. m. e f.). Título honorífico na Indo-China, correspondente a «senhor, senhora». Do siamês *nai*.

1545. — «Que he isto **Nhay** Meytamur, como vos deixastes esquecer cá esta noyte». — Fernão Pinto, *Peregrinação*, cap. 142.

«Mandei ao **Nhay** *Peretenda* que da minha parte te notificasse que em termo de quatro dias pusesse em effeito a execução deste castigo». — *Ibid.*

«Vinha a **Nhay** Canató filha que fora do Rey de Pegu passado, a quem este Bramá tomara o Reyno, e a mulher do *Chaubainhá*». — *Id.*, cap. 150.

**NHANI** (s. m.). Sabedor; o indivíduo que sabe a sciência espiritual. Do tam. *nāni* < sânsc. *jñānī*.

1608. — «Quem sois vós, por ventura?

**Nhani?** que quer dizer homem espiritual, e desprezador do mundo». — P. Fernão Guerreiro, *Relaçam Annual*, fl. 89 v.

**NHOM; língua nhonha.** São os nomes vulgares do crioulo português de Macau. *Nhom* quere dizer pròpriamente «senhor», e *nhonha*, «senhora ou dama».

1883. — «Ás vezes apparecia-nos um verdadeiro bando de jovens macaistas... saltando, correndo, fallando n'aquella linguagem **nhom** inintelligivel para mim, mas que tinha uns accentos maviosos e uma intonação natural, que não deixava de agradar». — Adolfo Loureiro, *No Oriente*, II, p. 23.

«Peior do que aquelle idioma [chinês] só conheço o **nhom**, ou dialecto de Macau, o português viciado de Malaca, com a introducção de muitos vocábulos chinezes». — *Id.*, p. 92.

1906. — «**Nhonha.** Este adjectivo feminino acrescenta-se ao substantivo *lingua*, **língua nhonha**, para denotar o dialecto crioulo português falado em Macau». — Gonçalves Viana, *Apostilas*.

* **NIBOÉ** (mal. *nibong*). É uma espécie de palmeira do Arquipélago Malaio — *Oncosperma tigillaria*.

1613. — «Outra especie de madeira de palmas **Nyboés** durissimos, e fortes, para deffensão, e são quasi da forma de palmas datiles de Arabia». — Manuel G. de Erédia, *Declaraçam de Malaca*, fl. 22.

«**Nibu**, m. Moéda japonêsa, de prata». Cândido de Figueiredo. Hepburn regista o jap. *nibū* com o significado de «peça de moeda de ouro do valor de meio *rio*», q. v.

**NILGÓ.** Uma espécie de grande antílope da Índia. — *Partax pictus*, Jordan. Não encontrei o termo nos escritores nacionais, mas vem registado nos dicionários modernos. O seu étimo imediato deve ser o fr. *nīlgau*, ou o ingl. *neelgaw*, hindust.-persa *nīlgau*, hindust. *nīlgāī*, conc. e mar. *nīlgāy*, «vaca azul».

1666. — «... tantôt aux **nilgaus** ou bœufs gris, comme ils appellent cette espèce d'élans». — Bernier, *Voyage*, I, p. 300.

1824. — «... as well as to show off its deer and **neelghaus** to advantage». — Heber, *Narritive*, I, p. 321.

1881. — «Among the mammalia are the **nílgái**, wolf, bear, wild-cat, jackal, fox and common rodents». — Hunter, *The Imperial Gazetteer*, I, p. 393.

1908. — «The *Boselaphus trago-camelus*, or **nilgai** or Blue Bull». — Watt, *The Commercial Products*, p. 644.

* **NIMBO.** É nome duma árvore medicinal da India — *Melia azadirachta*, Linn., mais conhecida por *amargoseira*, q. v. Do conc. *nimb* < sânsc. *nimba*. A casca e as fôlhas são amargas, tónicas e febrífugas, também preservam da traça os livros e a roupa; extrai-se dos frutos um óleo medicamentoso.

1563. — «He hum certo arvore muito proveitoso e medicinal ácerca das gentes que conheço, e em todas se chama **nimbo**... O qual [fruto] he como azeitonas muito pequenas, das quaes fazem azeite muyto medicinal para os nervos, com que se muyta gente acha bem, untando-se com elle quente». — Garcia da Orta, Col. XL.

1886. — Nas febres intermittentes empregam o polme da casca da **niumbó** (*sic*) roçada com finim (vid. *fenim*), na dóse de 30 a 45 grammas». — Lopes Mendes, *A India Portugueza*, I, p. 113.

1518. — «Ay otro arbol muy medicinal y estimado... los quales arboles nascen en pocas tierras, y en las mas que lo conocen se llama **Nimbo**». — Cristóvão da Costa, *Tractado*, p. 284.

1786. — «Questo nome Samserdamico *Nimba* fu corroto dagl' imperiti scritori, che le chiamano **Nimbo**, *Nimbu*». — Fra Paolino, *Viaggio*, p. 367.

1825. — «Autre arbre [margosier] sacré dédié à Siva. C'est le **nimbe**, ou arbousier à feuilles de frêne des Européens». — P. Dubois, *Mœurs*, II, p. 453.

1825. — «One was the **neem**, a tree not very unlike the acacia, the leaves of which are used to keep moths from books and clothes». — Heber, *Narrative*, I, p. 50.

1885. — «The *babúl* (Acacia Arabica) and the **ním** (Azadirachta indica) may be considered as the commonest trees of the country». — Hunter, *The Imperial Gazetteer*, VII, p. 551.

1908. — «It is of considerable economic importance. From the bark there exudes a bright amber-coloured gum, which is collected in small tears of fragments. It is considerably esteemed medicinally as a stumulant. From the seeds a fixed acrid, bitter oil is extracted, of a deep yellow colour and desagreeable flavour. As an anthelmintic and antiseptic it is in much demand, and largely used by the poorer classes for burning, but said to smoke badly. The barks of the trees are often painted with it to protect them from insect pests». — Watt, *The Commercial Products*, p. 790.

**∗ NINHO DE PÁSSARO.** Designa-se por esta locução, no Oriente, especificadamente o ninho comestível, constante do muco de *Colocalia nidifera* e de *C. linchi*. Principalmente para os chineses é um manjar de primeira ordem, como são as rãs grandes e certa espécie de cães. Fazem dêle sopa e reputam-na muito tónica. «Tem aspecto gelatinoso e é muito empregado nas sopas, para dar força aos anemicos». *Ta-ssi-yang-kuó*, de Fevereiro de 1900. V. *salangana*.

1684. — «Pau preto, Pimenta, e *Ninhos de Can Kin Kina* (Cochinchina)». — P. Fernão de Queiroz, *Hist. de Pedro de Basto*, p. 11.

1694. — «Não se descuidou a Natureza muy liberal para com os Cochinchinas de os animar tambem no sentido do gosto, dando-lhes iguarias não menos singulares que regaladas: que são os *ninhos* de certos passaros, e as barbatanas, ou *azas*, como as chamão no Oriente, de alguns peixes». — *Noticias da Cochinchina*, p. 13.

1718. — «Abunda [Jor, na Malásia] de pimenta, ouro, estanho, pao de Aguila, canfora, tartaruga, **ninho de passaro**, pao preto, *rotas*». — João Tavares Guerreiro, *Jornada*, p. 197.

1843. — «775 *cates* de **ninho de passaro** branco; 6.797 de **ninho** *de dito cabelo*». — *Annaes Maritimos* (parte official), p. 37.

1864. — «**Ninhos** *de Baba*... A raridade destes ninhos consiste na difficuldade de os colher; são de grande apreço na China». — *Archivo de Pharmacia*, I, p. 129.

1881. — «Os *paraus*, saidos, de Macassar, e que se empregam n'esta pesca, tambem se ocupam a pescar nos rochedos o ninho da Andorinha maritima, que é ainda de maior valor na China que o *bicho de mar*; tambem pescam á linha, dessecando o peixe que levam para Macassar, d'onde se exporta annualmente para a China milhares de *picos* de bicho do mar e **ninho de passaro**». — José Vaquinhas, *Timor*, in *Bol. S. G. L.*, II, p. 740.

1883. — «Possue... bicho do mar e **ninho de passaro**, comidas especiaes para os chinas». — Id., *ibid.*, IV, p. 312.

1884. — «Entrei primeiro em um estabelecimento de preparação de **ninhos de passaro** [em Macau]. De uma baba ou secreção com que as andorinhas do mar (dizem) barram os seus ninhos, prepara-se uma especie de colla, que é como a colla de peixe, e serve para fazer uma sopa, que é muito apreciada, e que dizem ser muito peitoral». — Adolfo Loureiro, *No Oriente*, II, p. 115.

1885. — «Os ninhos de andorinhas... são feitos de uma substancia leve, amarellada e transparente, que uns suppõem ser forrada de ovos de peixe, e outros de pequenos moluscos de que tambem se alimentam, e outros, finalmente, da secreção salivar d'aquellas aves de arribação». — Lopes Mendes, *A India Portugueza*, II, p. 216.

1900. — «Uma pequena andorinha (a salangana ou a *Collocalia brevirostris*, tambem chamada *Herundo esculenta*) constroe os seus ninhos nos intersticios dos rochedos, batidos pelo mar, das ilhas de Java, Borneo, etc., d'onde os malaios os vão tirar com perigo de vida por serem uns rochedos quasi inaccessiveis. Esses ninhos teem uma apparencia gelatinosa, como calda de peixe em filamentos, ou fibras, de côr branca, tendendo para vermelho. São diversas as opiniões sobre a materia prima d'esses curiosos ninhos. Até ha pouco julgava-se que era fabricada por esses passaros por meio de substancias gelatinosas que trazem no papo, depois de comerem umas plantas, maritimas ou *fucus* muito abundantes n'esses mares. Depois da analyse feita recentemente, reconheceu-se que esses ninhos continham 90 % de materia animal ou antes uma especie de mucilagem que costumam envolver as ovas dos peixes, e que em certas epochas fluctua em grandes camadas nos mares extremo-orientais». — *Ta-ssi-yang-kuó*, de Abril.

1676. — «Ce sont les nids d'oiseau qui ne se trouvent qu'en quatre Isles qui sont vers la côte de Cochinchine... Ces Oiseaux sont environ de la grosseur d'une irondelle, et composent leurs nids d'une manière qui n'est tout-à-fait opaque ni entièrement trasparente. Lui et tous ceux qui en ont mangé, conviennent avec moi, que toutes les épiceries ensemble ne font pas l'effet que fait un de ces nids, pour l'assaisonnement des mets, où l'on les employe». — Tavernier, *Voyages*, v, p. 220.

1750. — «Des nids, de figure ovale, d'un pouce de profondeur, et du poids d'environ une demi-once, sont l'ouvrage d'une especc d'hirondelle, qui a la tête, la poitrine, les ailes d'un beau bleu, et le corps d'un blanc de lait. Elle les compose de fray de poisson, ou d'une écume gluante que l'agitation de la mer forme autour des rochers». — Raynal, *Histoire*, I, p. 197.

1898. — Aparte del indispensable y rico plato de **nidos de golondrinas** lo demás consistía en unas salsas y guisados que hubieron de parecerle ultra-exóticos, y aun algo sospechosos tocante à la familia y orden de las reses». — Alfredo Opisso, *La Raza Amarilla*, p. 59.

1908. — «The cleanest and best are almost as white as writing paper and as transparent as isinglass. They should be perfectly dry; if so crisp as to break, it is the better». — Milburn, *apud* Watt, *The Commercial Products*, p. 138.

**NIPA (nimpa), nipeira.** É uma espécie de palmeira da Malásia — *Nipa fructicosa*. *Nipa* ou *nimpa* também se emprega por «bebida fermentada obtida da mesma árvore», a qual igualmente se designa pelo nome de *tuaca*, q. v. Vários escritores antigos estendem o significado da palavra à aguardente de qualquer palmeira da Ásia. Do mal. *nīpah*, macaç. e búgui *nipa*.

c. 1560. — «O vinho a que chamão *Tuaque* e *Sado*, sempre á ilharga, o qual he tirado do olho do *Çagueiro*, e da **Nipeira**». — Gabriel Rebêlo, *Informação de Maluco*, p. 152.

«O geral das casas ... cubertas d'ola das **nipeiras,** cujas folhas durão muito e ardem mal». — *Id.*, p. 161.

«A outra casta se chama **nipa** ou **nipeira,** a qual nasce em vaso, e çagueiro em terra». — Id., p. 169.

1563. — «Tem outra duas especies de aruores, hũa chamada **Nipa** e outra Tuaca; ambas lhe dão pão e vinho e vinagre como o Sagum, e porem entre elles mais estimado o hão desta, que das outras». — João de Barros, Déc. III, v, 5.

1563. — «Não bebem [os Baneanes] vinho, nem vinagre, nem **nimpa,** nem *orraca*, nem vinho de pasa». — Garcia da Orta, Col. XXXIV.

1603. — «E ainda deste [vinho, orraca] com outro cozimento mais apertado se fez, outro mais forte que responde a agoa ardente, a que chamão **nimpa**». — Fr. António de Gouveia, *Jornada do Arcebispo*, fl. 62.

1609. — «Dos troncos velhos e duros d'estas palmeiras fazem taboado, e d'elle embarcações, particularmente nas ilhas de Maldiva, onde ha muitas, todas de palmeira, assim o casco do navio, mastro, vellas e cordas, como as mercadorias que n'ellas se embarcam, como são *copra*, cordas de cairo, azeite de coco, vinho estillado a que chamão **nipa,** assucar a que chamam *iagra* e tambem muitos cocos frescos». — Fr. João dos Santos, *Ethiopia Oriental*, I p. 300.

1613. — «Habitão no alagadiço de **Nypeiras** ou Palmas bravas, para o beneficio de Vinhos de **Nypa** estilado». — Manuel G. de Erédia, *Declaraçam de Malaca*, fl. 6.

«O vinho de Malaca propriamente he aquelle chamado **Nypa.** beneficiado de **Nypeiras** ou palmas agrestes do alagadiço». — *Id.*, fl. 19.

1613. — «Ha em Ceilão toda a sorte de palmeiras .. as cajuris, **nipeiras** ou tamareiras, mas estas bravas». — P. Manuel Barradas, in *Hist. Tragico-Maritima*, II, p. 84.

1615. — «... a segurar as embarcações, que de ordinario vem de Muar, de Chegar, e de outras partes com as **nipas,** que são os vinhos daquelas partes». — Diogo do Couto, Déc. X, VII, 12.

1650. — «Uma canada de vinho de Portugal doze cruzados, outra de **nipa** quatro». — Bernardo Feio, in *Hist. Tragico-Maritima*, x, p. 154.

1750. — «Entre os generos, que alli [em Quelimane] se criam em grande abundancia se contam trigo ... vinho de palmeira, a que chamam **nipa**». — *Annaes do Concelho Ultramarino*, II, p. 104.

1578. — «... le dan a comer de este Pan, con vn trago de **Nimpa** (que es como agua ardente)» — Cristóvão da Costa, *Tractado*, p. 61.

1582. — « .. una certa acqua lambiccata da vn albero detto **Annipa** ch'è alla bocca assai gustevole; ma al corpo gioua, e nuoce, secondo le complessoni degli huomini». — G. Balbi, *Viaggio*, fl. 127.

1610. — «Otro vino de otra especie de palma que se dize **Nipa,** que nasce en lugares aquosos tambien sacado por destillacion, este es mas blando y suave y claro como agua pura, y dizen que es saludable». — Pedro Teixeira, *Relaciones*, p. 17.

1620 ... puis des arbres, qu'ils appellent **Nippier,** dans un païs si fangeux, que les sangliers ont peine à s'en retirer». — Général Beaulieu, *Mémoires*, p. 104.

1623. — «... e ubbricarsi alcune di loro con certo vino d'vne passe, ouero spetie d'acquauite, con altre misture, che in Indiano chiamano **Nippa**». — Pietro della Valle, *Viaggi*, III, p. 200.

1658. — «Vsano ancora molte sorti d'acque ardenti, più volte distillate del sugo della Palma, qual chiamano **Nippa**». — Fr. Vincenzo Maria, *Viaggio*, p. 263.

* **NIPUTRICA** (adj.). O mar. *niputrīk* < sânsc. *nisputraka*, quere dizer «o que não tem filho ou successão masculina»; mas como substantivo e em sentido técnico designa, nas Novas Conquistas de Goa, «bens devolvidos à Fazenda por falta de sucessão masculina».

1824. — «O Possuidor de certos bens sendo falto de filhos — **Neputrica** — em sua vida, á sua satisfação, pode gozar daquelles bens despendendo como lhe parecer». — *Collecção de Bandos*, I, p. 81.

1840. — «As [rendas] de *Bagaitas*, *Giraitas*, de **Nepotrica**». — *Ibid.*, p. XV.

1852. — «Bens de **Neportica:** São os que nas Novas-Conquistas devolvem á Fazenda por falta de Succession masculina».

— F. N. Xavier, *O Gabinete Litterario*, IV, p. 238.

*** NIRÓ.** *Sura* (seiva de palmeira) fina e pura, sem mistura de cal. É um delicioso refrigerante. Do conc. *niró*, marata *nirā*, hindust. *nira*.

1866. — «O **niró** é sura depurada e ella conserva todo o principio saccarino de que se compõe, o que a torna mais dôce do que a de outras duas qualidades». — F. N. Xavier, *Descripção dos Coqueiros*, p. 15.

1872. — «Do succo destinado á producção de *jagra*, aquelle que é recolhido pela manhã antes do orto do sol, elaborado durante a frescura da noite, é uma bebida deliciosa, que leva o nome de **niró.** Muitos o bebem pela manhã, e até se lhe attribuiem propriedades medicinaes». — Bernardo da Costa, *Manual do Agricultor*, I, p. 192.

1886. — «Ha duas especies de sura: uma, sura commum ou de jagra, que é a seiva do coqueiro coagulada e similhante ao assucar mascavado; e outra, mais fina e depurada, que se denomina **niró.** O *zamnó*, em que se recebe esta ultima sura, não é caiado interiormente». — Lopes Mendes, *A India Portugueza*, I, p. 188.

1889. — «Em seguida damos a tabella da sura empregada em varios usos, taes como no levedamento do pão, simplesmente em beber no estado doce (**niró**), ou no estado acido, etc., etc.». — *Relatorio do Imposto do Abkari*, p. 9.

1893. — «Quando o summo é colhido d'uma maneira especial para se beber ou converter em assucar tem o nome de **niró,** que é o mesmo licor que a sura, provindo a differença sómente do processo que se emprega para o obter. O **niró** todavia é sempre mais dôce, e pode ser bebido tanto antes como depois da fermentação». — José Maria de Sá, *Productos do Coqueiro*, p. 1.

*** NIRUPO.** (ant.). Carta, ofício, mensagem, no Canará. Do can. *nirūpa* < sânsc. *nirūpaṇa*, *nirop* em concani e marata.

1697. — «A Senhora Rainha me ordenou por seu **Nerupo** que do arroz, que nesta occasião vai dos mercadores desta terra, eu satisfaça ao Estado os trinta mil xerafins do concerto das pazes». — «Treslado do **Nirupo** da letra canará feito pela Rainha do dito Canará, para o General Malliapa, sobre os mil e quinhentos fardos de arroz, que nas pazes se obrigou a dar de mais em cada hum anno ao Estado». — *Apud* Júlio Biker, *Collecção de Tractados*, IV, pp. 214 e 215.

*** NIRVANA** (s. m.) A palavra sânscrita *nirvāṇa* emprega-se em vários sontidos: como adjectivo, significa «apagado» (luz, fogo); como substantivo, toma-se: por «apagamento, extinção, morte»; por «isenção da metempsicose pela absorpção da alma no espírito supremo», conforme a teologia bramânica; por «completa aniquilação do indivíduo pela dissolução dos elementos constitutivos (*skandas*)», conforme o budismo primitivo; por «livramento da transmigração pela beatitude passiva», segundo o budismo moderno; por «perpétua quietitude». — V. Childers, *A Dictionary of Pali Language*. **NIRVANICO.** Relativo ao *nirvana*; (fig.) apático, inerte. **NIRVANISMO.** Doutrina ou sistema do *nirvana*.

1874. — «N'uma das seitas, o *o-cho* [abade] dirige-se para o morto e diz-lhe: vae sem receio para **Nirvana**» (absorpção na divindade, paraiso) «pois eu para lá te mando como meu discipulo». — Pedro G. Mesnier, *O Japão*, p. 277.

1879. — «A terceira é a buddhista, ou da aspiração ao **nirvana**». — João Stuart Torrie, *Estatistica da India Portugueza*, p. 322.

1880. — «Este ser em que vão terminar, aniquilar-se, desapparecer todas as manifestações materiaes e da consciencia individual, não está longe da concepção buddhica do **nirvána**». — Vasconcelos Abreu, in *Bol. S. G. L.*, II, p. 212.

1880. — «Avistamos buddhistas decrepitos, sêccos como pergaminhos e nodosos como raizes... contemplando incessantemente o umbigo, á espera da perfeição do **Nirvana**». — Eça de Queiroz, *O Mandarim*, p. I, 28.

1887. — «**Nyrvana** querendo dizer «extincção», parece significar no presente caso um estado de paz absoluta, por ventura semelhante ao que desejamos aos nóssos mortos, quando dizemos: «Deus tenha em paz a sua alma». — A. F. Nogueira, *A India Portugueza*, p. 32.

1897. — «Despertado do seu placido **nirvana,** o bom emperador differentemente se influenceia, approvando hoje o que condemna amanhã, sem intuição nitida dos acontecimentos». — Venceslau de Morais, *Dai-Nippon*, p. 38.

1904. — «Antes da célula? perguntariamos a um Haeckeliano, como a um Mosaista ou a um Budista pediriamos nos esplicasse o que havia antes de chaos ou do **nirvana.** Porque este e aquelle correspondem-se». — Ladislau Batalha, *O Japão por dentro*, p. 301.

1906. — «Levava palavras de conforto, doces preceitos de consolação e a esperança das delicias do **Nirvâna** a uma sociedade vergada a um regimen de ferro». — Hipácio de Brion, *Duas mil leguas*, p. 93.
1916. — **Nirvana.** O anniquilamento pela contemplação, pelo ascetismo. A essencia e a conclusão do systhema budhico». — *O Instituto*, LXIV, p. 323.
1917. — «É o **Nirvana** a quietação o sossêgo sem par, para nós, europeus, imcompreendido». — *Heraldo*, de 8 de Maio.
1919. — «... deixando-o imerso numa estagnação **nirvânica,** como almas dum outro mundo». — *Heraldo*, de 14 de Janeiro.
1919. — «Nem nos é dado saber neste rumo da vida aldeana onde, na falta de qualquer trica das communidades ou de eleições, ela é sempre a mesma: pacata, sensaborona, madorrenta e **nirvanica**». — *O Progresso* (da Índia), de 12 de abril.
1844. — «Or comme les Buddhistes sont, depuis bien de siècles, divisés en sectes ou en écoles, l'explication du terme de **Nirvâna** varie selon les points de vue des sectaires... Le **Nirvâna** est pour les théistes l'absorption de la vie individuelle en Dieu, et pour les athées, l'absorption de cette vue individuelle dans le néant». — Burnouf, *Introduction au Budhisme*, p. 18.
1866. — «They are absorbed into **Nirvana,** that state of blissful unconsciousness akin to annihilation which is regarded by Buddhists as the consummation of eternal felicity». — Emerson Tennent, *Ceylon*, I, p. 325.
1884. — «Pour attendre cette absorption (de l'âme dans la divinité), que les Buddhistes appellent **Nirvâna,** il faut donc absolument travailler à éteindre en nous le désir d'exister». — Mgr. Laouenan, *Du Brahmanisme*, I, p. 418.
1885. — «Some Buddhists explain **Nirvâna** as absolute annihilation, when the soul is blown out like the flame of a lamp. Others hold that it is merely the extinction of the sins, sorrows, and selfishness of individual life». — Hunter, *The Imperial Gazetteer*, VI, p. 142.
«**Nirvâna** (en pali *Nibbâna*). Mot sanscrit, peut-être emprunté à la terminologie brahmanique, et qui désigne le but idéal de la doctrine buddhique... La question de savoir si le **Nirvâna** était originairement conçu comme l'anéantissement total ou, au contraire, comme un mode supérieur et bienheureux d'existence de l'âme humaine après la mort, a été longuement et vivement discutée». — *La Grand Encyclopédie.*
1916. — «**Nirvanism** or Cessation-of-Misery-ism, or the Doctrine of Renunciation of Self-existence, or Philosophy and Social Service, or Ascetism and Monasticism, is still practised by the Hindus, who do not call themselves Buddhists, as much as by the professed Henayanists of Ceylon, Burma, and Siam». — *The Modern Review*, de Junho.

* **NITA.** Árvore de madeira de Timor. Os dicionários do teto não registam o vocábulo. O malaio tem *nyatoh* (*Payena constata*), que dá madeira muito apreciada.

1914. — «Tambem se encontra em grande quantidade em diversos pontos da colonia a **Nita,** madeira branca bastante setinosa, especialmente aproveitada para delicadas obras de marcenaria». — *Diario de Noticias.*

* **NITIXASTRA** (s. m.; sânsc. *nītiçāstra*). É a sciência ou o tratado da vida prática do homem em todas as suas variadas relações, abrangendo a ética e a política. O *Panchantantra* e o *Hitopadexa* (fabulários sânscritos) são obras primas neste género. Na abonação está a palavra empregada no sentido de *darmaxastra*, q. v.

1824. — «Nos os Camaristas *Dessays*, e *Narcornis* da Provincia de Perném, compondo a Camara Geral da Provincia de Perném, convimos em tudo, e por tudo no Codigo dos Direitos Civis vulgo **Niti Xastratas,** redigidos, e firmados...» — *Collecção de Bandos*, I, p. 92.
1883. — «Os **Nîti-xástras**... são obras cujo objecto directo é o ensino da moral prática (*nîti*), tanto na vida domestica, como na social ou politica». — Vasconcelos Abreu, *Chrestomathia*, p. 209.
1907. — «A sua moral ou **Nita** é um tesouro de incomparavel valor que o glorioso, celebre e immortal *Mahabharata* nos deixou conservado até hoje». — *Luz do Oriente*, de Dezembro.

«**Niumbó,** m. Planta indiana, cujas folhas produzem effeito análogo ao da quina. (Do conc.)». Cândido de Figueiredo. Não existe tal vocábulo; é *nimbo*, (q. v.), que figura, assim deturpado, na obra de Lopes Mendes.

* **NIVA** (ant.; jap. *niva*). Jardim, parque, quintal, no Japão.

1580. — «As suas **niuas,** que são como quintaes, estão sempre limpas, e varridas á vassoira, não tem erua, nem pedra... Todas as *varelas* tem suas **niuas,** que são á maneira de jardins, mui limpas, frescas, e curiosas de ver com muitos peixes nos tanques, aruoredos sombrios, fontes, etc.». — P. Lourenço Mexia, *Cartas de Japão*, II, fl. 124.

1585. — «Em hum pateo desta noua fortaleza, ha hi hũa **niua,** que entre nós corresponde a jardim de excellente inuenção». — P. Luís Fróis, *ibid.*, fl. 160 *v.*

1586. — «Os paços, torres, muros, *zaxîques*, **niuas,** e grandezas que tem ali feitas, confessado por todos quantos o vem, excede muitas vezes a toda a fabrica de Nobunanga». — *Id.*, fl. 174 *v.*

* **NIVARO** (ant.). Papel de quitação, em Damão. Do mar.-sânsc. *nivaraṇa* (*patra*).

1635. — «Terá comprido poder e *chapa* para fazer *malvazar*, e arrecadar, dar quitações por **nivaras** a cada um dos *Pateis* e foreiros da quantia que delles receberem, assignado pelo dito recebedor, e juizes de *chouto*, e chapado com a chapa real do dito Rey». — *Apud* Júlio Biker, *Collecção de Tratados*, II, p. 64.

* **NIVATOR.** Bluteau regista o vocábulo com referência à *Peregrinação*, e Fernão Mendes Pinto emprega-o com relação à China, e diz-nos que é o nome duma espécie de faisão. Mas não é certamente palavra chinesa: o faisão ordinário chama-se *yán-ki*, e os outros tem *-ki*, no fim. Em Goa há uma ave, denominada *niphātar* em concani, que não passa por faisão, mas podia ter emprestado o seu nome ao autor. Tê-la-ia talvez visto em Chorão ou em outra parte.

1542. — «Vimos hum moço, que poderia ser de dezasete até dezoito annos, em cima de hum bom cavallo, acompanhado de quatro homens de pé, um dos quais trazia duas lebres, e outros cinco **nivatores,** que são a modo de faysaens, e hum açor na mão». — *Peregrinação*, cap. 83.

* **NINXIT.** S. Francisco Xavier diz-nós que é palavra japonesa, e interpreta-a por «veritatis cor». Nenhuma palavra japonesa, porêm, termina em *t*. *Ninxite* significa «cumpridor do dever»; *ninxin* quere dizer «coração de confiança», e *ninxitó* equivale a «homem-apóstolo».

1549. — «... eumque sua lingua, **Ninxit** appellant, quod vocabulum, *veritatis cor*, si interpretores, significat. Is inter Bonzios est velut Episcopus». — *Epistolae*, Lib. III 21.

**NORE.** Espécie de papagaio da Indonésia. *Nóri* ou *núri* em línguas malaio-polinésias. Também se chama *loiro*, *lory* em inglês. O *nore* de Maluco, em particular, é muito apreciado pela sua bela plumagem. O autor do *Roteiro de Vasco da Gama* diz-nos, falando de Malaca: «Aqui há muitos papagaios grandes todos vermelhos como arcem».

1516. — «Aquy [em Maluco] ha papagaios vermelhos, de muy fina cor, e muy mansos, a que chamaom **noires** [*nure* na tradução castelhana]; saom antre elles muy estimados». — Duarte Barbosa, *Livro*, p. 380.

1550. — «Ha muitas [galinhas] de carne preta, e porcos com cornos (vid. *babirussa*), e papagaios muy chocarreiros a que chamão **Noris**». — António Galvão, *Tratado dos descobrimentos*, p. 46.

1560. — «Destes papagaios, a que chamão **nores**, ha alguns que ensinados falão bem, entre os quaes ouui hum que estando são disse morro, morro, e morreo logo». — Gabriel Rebêlo, *Informação de Maluco*, p. 166.

1602. — «Ha hũa sorte de papagaios a que chamão **Nores** de cores muito fermosas, e ainda que gritão muito, falão algumas cousas bem». — Diogo do Couto, *Déc.* IV, VII, 10.

1687. — «Tem-se porem obseruado, que passando os **Noris** de Maluco a balrauento de Ceylão, uiuē em Goa, e por toda esta Costa: se porem passão a Gilauento, para a costa de Choramandel, e Bengala, logo morrē; e como este passaro se cria com a flor de crauo, e cheyra a crauo, he couza bem notauel, pareçer, que o mata o cheyro de canela». — P. Fernão de Queiroz, *Conquista de Ceylão*, p. 58.

1728. — **Noira,** ou *Noyra*. Passaro notavel das Ilhas Malucas, ou Molucas. He quasi do feitio de Papagaio, mas tem mais pennas vermelhas. Tem esta singularidade, que aos que os crião, ou com que se domesticão brandamente esfregão com a lingua a cabeça, a barba, e alimpão as orelhas, e os dentes, e fazem outras galantarias, que para os que os trazem não são de pouco emolumento». — Bluteau, *Supplemento*.

1881. — «... mandando-lhe de presente uma rica alcatifa com um coxim de velludo e dois **nores** de Banda (peças que se costumavam dar ás mulheres)». — Eduardo Balsemão, *Os Portuguezes no Oriente*, I, p. 190.

1444. — «Bandam nutrisca tre sorti di papagalli, cioè vna di rossi col becco giallo, l'altra di varij colori, i quali chiamano **Nori,** che vuol inferir lucido». — Nicolo de Conti, *Viaggio,* I, fl. 341.

* **NORIMANO.** Palanquim, andor japonês. Do jap. *norimono,* lit. «máquina de transporte». V. *arimono.*

1569. — «Veo logo do Méáco de cima Vatadono a esta casa... dizer-me que me fizesse prestes pera com elle visitar Nobunanga, e tornou a pé, indo eu em hũ palanquim que elles chamão **Norimono** ate chegar la». — P. Luís Fróis, *Cartas do Japão,* I, fl. 260.

1605. — «Estauam aparelhados tres **norimonos,** que assi se chamam em Japam que sam hũas como andas pequenas ou cadeiras, que se leuam em hombros de homens, e em que costuma andar a gente nobre, especialmente mulheres». — P. Fernão Guerreiro, *Relaçam Annual,* fl. 29.

1860. — «O **noriman,** ou carruagem do Japão, muito similhante ao *dolim* de Bombaim, tem a forma de um grande caixão, aberto pelos lados por meio de corrediças feitas de grades ou rotulas delicadamente trabalhadas». — In *Annaes do Conselho Ultramarino,* VII, p. 21.

1874. — «O unico systema de transporte era o palanquim **norimon,** de incommoda memoria». — «Os **morimons** dos grandes senhores eram trastes mui luxuosamente adornados, e tinham o feitio d'uma gaiola, onde mal podia caber um homem de mediana estatura de pernas cruzadas, suspensa a uma trave quadrada recurvada em arco. Dois portadores, um a cada extremidade d'esta trave, transportavam o systema». — Pedro G. Mesnier, *O Japão,* pp. 285 e 293.

1854. — «Ces litieres sont de deux sortes: celles des Personnes de Qualité s'appellent **Norimono,** les autres se nomment *Cangos*». — P. de Charlevoix, *Histoire du Japon,* p. 56.

1854. — «Le **norimon,** ou palanquin du gouverneur, porté par deux hommes, avec six autres porteurs courant au côté du **norimon**». — Janciguy, *Japon,* p. 52.

* **NORTE.** Empregaram os nossos indianistas êste termo na significação de «praças e estabelecimentos portugueses ao norte de Goa», como análogamente usavam da palavra *Sul,* q. v. Actualmente, «praças do norte», em linguagem oficial, são Damão e Dio. Do *Norte,* neste sentido peculiar, se derivou *norteiro,* «do Norte». *Português norteiro* quere direita; «o crioulo português que falam os norteiros». V. o meu *Dialecto Indo-português do Norte.*

1602. — «Andauá o Arcebispo de Goa Dom Frei Aleixo visitando a sua Diocese, e correndo os lugares, e fortalezas do **Norte.** — Fr. António de Gouveia, *Jornada,* fl. 12.

1608. — «Tem a companhia nas partes do Oriente tres provincias, a de Goa cabeça do Estado, a que chamão do **Norte.** A de Cochim, ou a que chamão do Sul». — P. Fernão Guerreiro, *Relaçam Annual,* fl. 1.

1609. — «Sustentou guerra crudelissima contra os portuguezes de Chaul, e muita parte do **Norte** por espaço de tres Annos». — F. João dos Santos, *Ethiopia Oriental,* I, p. 443.

1615. — «E assi auiou o Conde ao Arcebispo dom Gaspar para visitar as fortalezas do **Norte**». — Diogo do Couto, Déc. VII, X, 17.

«E posto que no **Norte** andaua Jorge de Moura com a armada que disse...». — *Id.,* Déc. VIII, I, 19.

1630. — «Assim chamamos terras do **Norte** as que lhe [a Goa] ficão na mão direita; porque estão ao Norte della: E as que correm pera a esquerda, chamamos do Sul; porque seu assento he della» — Fr. Luís de Sousa, *Hist. de S. Domingos,* III, p. 360.

1635. — «...O tornou a mandar o mesmo visorey Ruy Lourenço, para a costa do **Norte,** com doze navios *sanguiceis,* para chegar até Chaul». — António Bocarro, Déc. XIII, p. 28.

1679. — «Mandava a obediencia a Fr. Gregorio para o convento de Chaul, que por ficar nas terras que foram de Cambaya lhe chamamos partes do **Norte**». — Fr. Jacinto de Deus, *Vergel.*

1699. — «Impedirão-lhe muitas vezes o virem as madeiras das terras do **Norte;** lá para que se não cortassem, e em Goa para que depois de cortadas se não conduzissem». — Fr. Agostinho de Santa Maria, *Historia,* p. 176.

1782. — «Vê-se outra [árvore], a que no **norte** dão o nome de *cajuri*». — Fr. Clemente da Ressurreição, *Tratado,* II, p. 340.

1879. — «Os que professam a religião catholica [em Damão] são poucos, não tem verdadeiramente casta, são denominados **norteiros**». — João Stuart Torrie, *Estatistica da India Portuguesa,* p. 343.

1880. — «Mas Baçaim, que era denominada Côrte do **Norte** n'aquelles tempos de gloriosas tradições». — In *Bol. S. G. L.,* III, p. 445.

1898. — «A indole dos **norteiros** — como elles se intitulam, com o fim de não serem confundidos com a gente do Concão — é pacifica, ordeira, laboriosa e boa». — Oliveira Mascarenhas, *Atravez dos Mares,* p. 58.

1905. — «É agora difficil, se não impossivel, marcar a linha verdadeira, a que se circunscrevia o antigo dialecto de Diu, vulgarmente conhecido por *lingua norteira,* tanto devido á escassez do material recolhido e classificado, como pelo progressivo aportuguezamento a que o mesmo dialecto se foi subordinando nestes ultimos 20 annos». — Jerónimo Quadros, *Cartas de Diu*, p. 193.

1906. — «*Lingua mosteira* [= *norteira*] é a denominação vulgar do antigo dialecto crioulo-português de Dio, no qual influía portanto a lingua guzarate». — Gonçalves Viana, *Apostilas*, s. v. *mosteiro*.

1910. — «Sómente as duas praças do **Norte** se conservaram fieis e submissas á sua autoridade». — António Francisco Moniz, *Hist. de Damão*, III, p. 331.

1911. — «A precedente conclusão applica-se não só ao território de Goa mas tambem aos Districtos do **Norte**». — José E. Castel Branco, in *Bol. S. G. L.*, XXIX, p. 374.

1916. — «Entre os chamados **norteiros**, há familias oriundas de Goa limpas de prejuizos de castas». — *Heraldo*, de 5 de Novembro.

1589. — «L'estendue qui est depuis l'Isle de Goa jusques au Golphe de Cambaia est par les habitants de Goa appellée la terre du **Nord**». — Linschoten, *Histoire*, p. 20.

**NOTE** (s. m.). Argola que a mulher hindu, não viúva, traz pendente da narina esquerda, com uma ou mais pérolas ou pedras preciosas. O costume também voga na Pérsia. Do neo-árico *nath*, do sânsc. *nastā*, «furo em que se mete a argola». V. *motim*.

1343. — «As mulheres desta cidade [de Honor], e todas as deste paiz da costa, não vestem roupas cosidas, mas sim sem serem cosidas, algumas das quaes se cingem com hum dos estremos do vestido, e collocão o restante sobre a cabeça, e sobre o seu peito; e são dotadas de formosura, e de modestia; e algumas dellas põem arrecadas de ouro no nariz». — Ben-Batuta, *Viagens*, II, 237.

1516. — «Trazem em hũas uentãas dos narizes hũu pequeno buraquo, e por ele metido hũu fio douro, com hum pendente de hũa perola, çafira, ou ruby». — Duarte Barbosa, *Livro*, p. 298.

1663. — «As mulheres são alvas e de boas feições, sobre tudo muito castas: vestem á persiana e turquesca: trazem por galantaria furado o nariz por entre venta e venta, e dependurada delle uma grande argola de ouro a uso da terra». — P. Manuel Godinho, *Relação*, p. 122.

1844. — «E no nariz uma grande argola com uma perola, a que chamam **note**». — *Annaes Maritimos*, p. 439.

1846. — «No nariz **Note** (uma especie de argola, ou meio circulo ou simplesmente uma peça) de aljofres, rubins, etc.». — F. N. Xavier, *O Gabinete Litterario*, I, p. 199.

1866. — «No nariz brilhava o **not** (arco de ouro, engastado de brilhantes)». — Francisco Luís Gomes, *Os Brahamanes*, p. 185.

1874. — «Do nariz pende-lhe (e custa-nos perdoar-lh'o) o **nothi** ou *valli*, annel rodeado de aljofares ou diamantes». — Tomás Ribeiro, *Jornadas*, II, p. 104.

1878. — «**Nôt** — Joia que as indianas trazem pendente da narina». — Cristóvão Aires, *Indianas e Portuguezas*, p. V.

1898. — «Usam grande número de manilhas nos braços e pernas, argolas nas orelhas, e no nariz o **noth**». — Oliveira Mascarenhas, *Atravez dos Mares*, p. 62.

1906. — «Através da narina passam o *mudi*, argola de ouro em forma de brinco com uma ou mais perolas». — Hipacio de Brion, *Duas mil leguas*, p. 22.

1676. — «Ce qui est le plus dégoutant est de leur voir à toutes la narine gauche percée, d'où leur pend un anneau d'or, avec une perle, ou un rubi, ou une émeraude, qui y est passée». — Tavernier, *Voyages*, II, p. 192.

1770. — «Les bijoux mêmes attachés à leurs narines, cette parure qui choque au premier coup d'œil, est d'un agrément qui plaît et releve tous les autres ornemens par le charme de la simétrie et d'un effet inexplicable, mais sensible avec le tems». — Raynal, *Histoire*, 99, p. 20.

* **NOVIDADE.** No sentido restrito, é na Índia Portuguesa o mesmo que *festa da espiga*, q. v.

1915. — «Durante o mês de Agosto, festeja-se em todas as aldêas das Ilhas, de Salcete e Bardez, a expensas das *gancarias* ou comunidades, a **novidade**, ou seja o córte, benzimento e distribuição de arroz novo». — Ismael Gracias, *A India*, p. 168.

**NOZ.** Era, por excelência, para os nossos indianistas a *noz moscada*, «amêndoa do fruto de *Myristica fragans*», Houtt. A vivenda da árvore é a ilha de Banda, na Malásia. Na Índia era conhecida por «noz de Malaca».

1552. — «... assi como canella, crauo, maça, **noz** e outra sorte de cousas aromaticas». — João de Barros, Déc. I, IX, 3.

«Tem hũa fralda chaã chea de aruoredo que dá aquellas **nozes**: as aruores no parecer querem imitar hũa pereira». — *Id.*, Déc. III, V, 5.

1552. — «Ho fruito que dão estas aruores he a **noz** que chamamos *moscada* que nasce como hum pessego, e no tamanho e na cor se parece com ele; e depois de ser de vez a colhem e a deitão a secar ao sol, e asy como vay secando se vay abrindo e lança hũas folhinhas que sam a maça. E tiradas todas estas folhinhas fica o carouço deste pomo que hé a **noz**». — Castanheda, *Historia*, VI, cap. 5.

1554:

«Ha nella toda anondança
de maças, crano, canella,
noz, gengibre em abastança».
Garcia de Resende. *Miscellanea*, fl. 156.

1563. — «O arvore da **noz** he do tamanho de pereira, e as folhas são redondas á maneira de algumas de pereira: vem esta **noz** de Banda, de ilhas sogeitas a elrey nosso senhor». — Garcia da Orta, Col. XXXII.

1572:

«A seca flor de Banda não ficou,
A noz, e o negro cravo, que faz clara
A nova ilha Maluco co'a canella,
Com que Ceilão é rica, illustre, e bella».
Camões, *Os Lusiadas*, X, 14

1602. — «Mais antigo foi o conhecimento da **noz** e massa. Na sua propria terra lhe chamão a **noz** *pala*, e a massa *buna* [=buva] *pala*. Os Decanis chamão a **noz** *Japatri* e a massa *jaifol*: os Arabios lhe chamão *Geanbanda*, que quer dizer noz de Banda, e a massa *bisbarse*... E o meolo de dentro he a **noz**». — Diogo do Couto, IV, VIII, 12. V. *maça*.

1690. — «Reduzimos tambem a esta Provincia as Ilhas de Banda, delicioso jardim da **noz**, e da maça». — P. Francisco de Sousa, *Oriente Conquistado*, I, III, p. 1.

1578. — «Es la **Nuez** como vna Pera, algo mas redonda: la corteza de fuera es carnosa, y algun tanto dura: de la qual no hazen en Banda mucho caudal aun que los de la tierra la comen verde con sal y vinagre... Los Portugueses la hazen en conserua de açucar toda entera, y cogida antes de madura». — Cristóvão da Costa, *Tractado*, p. 36.

1586. — «I gherofani vengono dalle Molucche, come voi sapete; le **noci** é'l macis di Banda». — F. Sassetti, *Lettere*, p. 286.

1836. — «On connaît deux espèces de *noix-muscade* dans le commerce; la meilleur qualité, que l'on cueille est envoyée en Europe; la qualité inférieure, qu'on ramasse au pied de l'arbre, est vendue dans les Indes». — Rienzi, *Océanie*, I, p. 110.

1810. — «**Noz de Malaca**, *maifal* [noz de galha] ..» — *Tarifa* de Pondá nas Novas Conquistas.

**NOZ DA ÍNDIA**. V. *côco*. Erédia emprega a locução por «areca».

1587. — «Dagli Indiani é nomato *Tenga*, ouero *Narle*, e da' Portoghese *Coco*, ó **noce indiana**». — P. Maffei, *Le Istorie*, p. 270.

1613. — «E grande quantidade do aromatico Betre, e Areca, ou **Noz Indiana**, e algum Páo do Brazil, ou Sapan, muita copia de Zenzibar, Tamarinos, Açafrão, Lancoas, Casumbas». — Manuel de Erédia, *Informação da Aurea Chersoneso*, p. 89.

«**Nudá**, m. Árvore indiana, muito applicada em construcções (*calophylum-inophylum*)». Cândido de Figueiredo. Aqui há evidentemente êrro de alguêm: o vocábulo é tirado da obra de Lopes Mendes, que teria, naturalmente, escrito *undá*; mas os compositores tê-lo-iam transformado em *nudá*. O termo vernáculo correspondente é o concani-maratà *uṇḍ*[*a*] (também *uṇḍī* ou *uṇḍīṇ*), que na transcrição portuguesa tem de ser *unda*; o autor, porêm, acentua do ordinário, não se sabe por que motivo, o *a* final quási mudo. O nome português da árvore é *ponaca* e *undeira*.

1886. — «Realçam pelas suas dimensões, pela utilidade que se tira da sua applicação em grandes peças para mastros de navios, vigas mestras, varas de lagar, prumos, columnas, pranchões, etc., os troncos grossos de **nudá** (*calophylum-inophylum*)». — *A India Portugueza*, II, p. 129.

* **NUMPUCLO**. Diz-nos Duarte Barbosa que é o nome que os malabares dão ao rubi. Mas o vocábulo deve ter sido mal copiado na primeira letra; pois o rubi denomina-se em malaiala *chuvappukallu*, «pedra (*kallu*) rubi (*chuvappu*)». Leia-se, portanto, *chumpuclo*.

1516. — «Os Rubis nascem em o paiz da India, e achão-se principalmente em hum rio [leia-se *reino*], chamado Pegu, e estes são os melhores e mais finos, a que os Malabares chamão **Numpuclo**». — *Livro*, (2.ª ed.), p. 376.

1894. — «No braço bronzeado e luzente, acima do cotovello, realçavam tres grossas manilhas de ouro, onde se engastavam os **numpuclos**, que são os mais preciosos rubis de Pegu». — Lopes Mendes, *Os Orphãos de Calecut*, p. 88.

* **NUNO** (jap.). Tecido de linho, algodão ou palha, no Japão. Mas na abonação o vocábulo designa um estôfo especial estrangeiro.

1577. — «Tambem para o de riba algũas *cangas* (vid. *ganga*) da China brancas, e pretas, e **nunos**, e damasquilhos». — P. Luís Fróis, *Cartas do Japão*, I, fl. 397 *v*.

## O

«**OBAN**, m. Pequena barra de oiro, que serve de moeda entre os japoneses». Cândido de Figueiredo. Do jap. *ōban*, antiga moeda de oiro, larga e oblonga, como o *coban*, a qual tinha 5 a 6 polegadas de comprimento, 3 a 4 de largura, pesava 2:564 grãos e valia dez vezes mais que *coban*. V. *Glossário Anglo-indiano*.

c. 1620. — «... si c'est qu'il n'y en avoit pas vne [pièce] que ne valut plus de mille **Oebans** d'or, qui valent quarente sept mille *thayls*». — *Relation du Japon*, p. 11.

1854. — «Anciennement le propriétaire de ces fabriques offrait à l'embassadeur une grosse pièce de monnaie (**óhoban**) et quelques petites *kobans* à ses deux compagnons». — Jancigny, *Japon*, p. 96.

*** OBI** (jap.). Faixa de seda, no Japão; corresponde ao *camarabando* da Índia.

1898. — «Não ha sedas mais lindas no mundo do que as dos seus *kimonos*, do que as dos seus **obis**, d'estes sobretudo, que a moda requer de preciosos setins adamascados, em finos brocadilhos de matizes deslumbrantes, de pratas e de oiros resplendentes». — Venceslau de Morais, *Dai-Nippon*, p. 91.

1904. — «Ao debaterem-se tambem na praça publica, lutando o vestido e a sobrecasaca com o *kimono* e com o **obi**». — Ladislau Batalha, *O Japão por dentro*, p. 383.

c. 1909. — «Et plus tard la jeune femme n'éprouvera que rarement le besoin de renouveler ses *kimonos* et ses **obis**». — Naudeau, *Le Japon Moderne*, p. 340.

*** OCUCACÁ**. Visitador eclesiástico, no Japão. Julgo que provêm do jap. *uke-kyaku*, «recepção do visitador». V. *nambão*.

1584. — «Não sei se sabeis quando por aqui passou o **Ocucacâ** de Nambam, que quer dizer Visitador da India, que vinha de Meâco o que lhe fizemos». — P. Luís Fróis, *Cartas do Japão*, II, fl. 102.

**Odiá**. V. *adiá*.

**ODDO, odo**. Outro nome da *árvore de gralha* (q. v.), tirado do conc. *vaḍ* < sânsc. *vaṭa*, mas menos usado.

1728. — «**Odo** ou **Oddo**. He em Canarim huma arvore, a que os Portuguezes chamão Arvore de Gralha, pelo muito que estas aves as frequentão: he sagrada entre os Gentios, cresce muito, e se engrossa com as muitas raizes, que cada tronco lança». — Bluteau, *Supplemento*.

1850. — «Deitado sobre huma folha de **Voddo** (arvore de gralha)». — F. N. Xavier, *O Gabinete Litterario*, I, p. 15.

1872. — «Algumas plantas, como a canna de assucar, a arvore de gralha (**óllo**) deitam raizes aereas». — Bernardo da Costa, *Manual do Agricultor*, I, p. 31.

1890. — «O culto de Sautéry anda ligado com o das arvores, especialmente do *pimpol* (ficus religiosa) e *vadd* (ficus indica), geral nas terras de Goa, além de serem a habitação de *mharús*, que as animam e lhes dão a vida, a cobra encontra-se muitas vezes nas raizes que lhes formam peanha, á flor da terra». — António de Almeida Azevedo, *As Communidades de Goa*, p. 100 [1].

1908. — Tambem é muito venerado o **Veddo** ou *Ficus Religiosa*, porque os seus ramos esconderam a deus Chrisna, quando menino, aos olhos dos seus perseguidores». — Hipácio de Brion, *A India Portugueza*, p. 29.

1912:

> «Densos babuaes, coqueiros»,
> «ôdos e tamarindeiros».
>
> *O Instituto*, LIX, p. 328.

1791. — «Elle était bâtie sous un arbre de **wor** ou figuier des-banians, dont les branches, qui poussent des paquets de racines à leurs extrémités, forment autant d'arcades qui appuient le tronc principal». — Bernardin de Saint-Pierre, *La Chaumière Indienne*.

*** OGÚA**. Cobrança de dívida, arrecadação da renda pública, em Damão. Do mar. *ugavaṇ*. V. *grasso*.

1617. — «E assim a **ogua** de seis Praganãs, Puari, Calana, Naer, Loassa, e Danú, esta **ogua** de seis Praganãs, e assi costumes e *lagimas* damos a V. m.». — In *O Chronista de Tissuary*, IV, p. 24.

*** OIÁ**. Chefe, capitão; título de nobreza em Siame, equivalente ao de duque, conforme os nossos escritores. Do siam. *húa*.

1546. — «Fazendolhe hũa grossa mercê o fez General da costa deste mar com provisões de Rey absoluto sobre os **Oyaas**, que são como Duques». — Fernão Pinto, *Peregrinação*, cap. 146.

«E depois de ser jurado por todos os **Oyaas**, e *Conchales* e *Monteos*, que são dignidades supremas sobre todas as outras do Reyno, o mostrarão de hũa janela á multidão». — *Id.*, cap. 182.

1563. — «Em cadahũa das quaes está hum seu gouernador, a que elles chamão **Oyá**, dignidade como Duque acerca de nos, e alguns delles se tem intitulado por Reys

---

[1] O autor deriva erradamente a palavra conc. *vaddil* (= *vhaḍil*), «máioral e representante de uma familia», de *vodd* ou *vadd* (= *vaḍ*). *Vhaḍil* vêm de *vhaḍ* < sânsc. *vṛddha*, «velho, ancião».

por terem pelo sertão muita terra». — João de Barros, Déc. III, II, 5.

1635. — «Chama-se entre os Portuguezes Christovam Rebello capitão mór, entre os siões **Oya** *som som granso,* que quer dizer capitão que alcança victoria no mar». — António Bocarro, Déc. XIII, p. 526.

* **OIDO.** Médico indígena, na Índia. Os nossos indianistas antigos chamam-lhe *pandito,* q. v. Do conc. *vaid* ou *vaiz* < sânsc. *vaidya.*

1864. — «Os que se intitulam medicos (*oixôs,* **oidôs**) pertencem á casta de sudras; são ignorantes, e exercem simultaneamente as profissões de cirurgia e pharmacia». — Lopes Mendes, In *Annaes do Conselho Ultramarino,* VI, p. 68.

1886. — «O gentio que se intitula **vaixá** (medico) ou o *vaqhatyá* (aquelle que dá medicamentos, seja ou não medico de profissão) pertence á classe dos sudras». — Id., *A India Portugueza,* I, p. 107.

1919. — «Dadá **Oidya**, medico *ayurvedico,* continua a estar nesta cidade». — *Heraldo,* de 25 de Março.

1909.—«The **Vaidu** or medicine-hawkers, are wandering Telugu beggars». — Crooke, em Fryer, *East India,* II, p. 3.

1917. — «Many of the empirical methods of treatment adopted by the **Vaidyas** and *Hakims* are of the greatest value». — *The Hindustan Review,* de Fevereiro.

* **OIXO, voixo.** *Vaiçya* é em sânscrito a denominação da terceira casta, que abrange a inteira massa do povo árico, exceptuados os sacerdotes e os militares (*brāhmaṇa, kṣatrya*). *Vaixu* ou *vaixó* é forma concani; em português escreve-se diversamente. Sendo genérico o significado, que abrange muitas subcastas, são os nomes peculiares destas que ocorrem mais nos nossos autores. V. *castas.*

XVII. — «**Vaissá,** porque foi gerado da barriga, o fez mercador, lançando-lhe a linha ao collo com documentos de não fazer usuras na mercancia, sob pena de perder a casta». — *Breve Relação,* in *Collecção de Noticias,* I, p. 31.

1687. — «A **Vayssus** deu o trato de mercancia, e de vender, e cambar». — P. Fernão de Queiroz, *Conquista de Ceylão,* p. 125.

1697. — «Os **Oyxes,** e por outro nome *Comatis,* que tambem he boa casta, attendem aos contratos, e mercancia». — P. Francisco de Sousa, *Oriente Conquistado,* I, I, 1.

XVIII. — «. . . a saber: do rosto, que he o espelho mais puro, os Bramenes, pelos seus braços os Quetris, e das pernas os **Vaisslás,** e dos pés os Sudrós».—*Noticias do Gentilismo,* I, p. 66.

1824. — «Os Sudros, **Oixos,** e mais individuos. . . quando queiram podem fazer adoptivos d'entre os parentes sanguinios mais proximos. . . Estas adopções devem ser celebradas com Recitação — *Puranocta* — [recitação conforme os *Puranas*] e não *Vedocta* — [recitação conforme os Vedas] necessitando sempre os consentimentos das Communidades Aldêanas, e mais pessoas competentes». — *Collecção de Bandos,* I, p. 84.

1856. — «E se dividem em 4 classes ou Castas principaes. . . 3. dos **Oixos** ou *Bixés,* procedentes do ventre». — F. N. Xavier, *Instrucção,* p. 32.

1880. — Os **Oixos,** *rixes* [*vixes*] ou *chatins,* que tiveram origem do ventre, symbolisando o sustento, têem o encargo da agricultura e do commercio». — Teixeira de Aragão, *Collecção de Moedas,* III, p. 22.

1884. — «As primeiras são escolhidas entre as creanças, ainda nubis, dos **vaicias** ou sudras». — Adolfo Loureiro, *No Oriente,* II, p. 228.

1886. — «Os **vaixás** ou **véslas** tiram a sua origem do ventre, symbolo de alimentação». — Lopes Mendes, *A India Portugueza,* I, p. 36.

1887. — «. . . e a dos **vaixas,** *vesyas* ou *vaicyas* que exercia a industria». — A. F. Nogueira, *A India Portugueza,* p. 28.

1895. — «Alguns mercadores podiam ser brahmanes, não lhes sendo absolutamente vedado o commercio, ainda que esta occupação era mais propria da casta **vaixia,** á qual devia pertencer a maioria dos Baneanes». — Conde de Ficalho, Col. XXXIV.

1898. — «Os **vasyas, oixos,** ou *bixes,* que formam a classe industrial». — Oliveira Mascarenhas, *Atravez dos Mares,* p. 103.

1912. — «É d'esta arvore que se faz a vara ou bordão symbolico de **Vayslas** ou terceira casta dos indús». — Caetano Gracias, *Flora Sagrada,* p. 24.

1915. — «. . . **veixias** (commerciante e agricultores), sudros (servos)». — *Heraldo,* de 14 de Novembro.

1918. — «O facto fundamental da sociedade indiana é o regimen das castas, que exercem profunda influencia. As castas são quatro: *brâmanes, chatriás* ou *charodós,* **vaixás** e *sudras*».—Fortunato de Almeida, *Portugal e as Colonias Portuguesas,* p. 276.

**OLA.** A palavra é dravídica, malaiala *ola,* tam. *olei;* e tem diversos significados: primordial, «fôlha de palmeira»; secundário, «lascínia ou tira da fôlha preparada para nela se escrever»; metafórico, «lâmina de ouro ou cobre, que imita a referida lascínia»; sinedóquico, «documento inscrito com ponteiro na dita lascínia».

Os nossos indianistas empregam largamente o vocábulo em todas as acepções. As fôlhas de palmeiras sôltas, ou entretecidas, tem diversas serventias na Índia. Ainda hoje, no sul e em Ceilão, prefere-se a tira da fôlha ao papel para escrita de certa importância, atenta a sua durabilidade o indelebilidade. O material precioso é sinal de alta consideração pessoal e de valor do assunto.

I. — *Fôlha de palmeira:*

1511. — «Por este vos mando que des [deis] a estes quatorze negros que trazem a **olla** por seu trabalho a cada hũu hũu pano de cambaia». — In *Cartas* de A. de Albuquerque, III, p. 59.

1523. — «Outro tanto se uzará no cubrir das casas cada anno de **olas**, que he folhas de palmeiras, cubrirá sua casa o *Gancar* principal da Aldêa, e depois toda a outra gente della».—*Foral* de D. João III, in *Archivo*, v, p. 132.

1552. — «Toda a mais povoação [de Calecut] era de madeira cuberta de hum genero de folha de palma a que elles chamão **ola**». — João de Barros, Déc. I, IV, 7.

1561. — «A necessidade nos ensinou a buscar de outra parte **Ola**, que achámos muito boa, e que é uma folha como de espadana, com que nestas partes [Samatra] costumam cobrir as casas». — Henrique Dias, in *Hist. Tragico-maritima*, III, p. 86.

1563. — «Dos ramos (a que chamamos **olla** em Malabar) cobrem as casas e navios». — Garcia da Orta, Col. XVI.

1603. — «No meyo da rua principal estaua hua Cruz grande de pao, a qual tinha muitas cruzes feitas **dollas** de palmeiras pequenas penduradas dos braços da Cruz». — Fr. António de Gouveia, *Jornada do Arcebispo*, fl. 89 *v.*

1613.—«... fardos de biscouto, e outros de arroz encourado por amor da chama, e por cima **olas** tecidas por irem ainda mais seguras della». — Francisco de Andrade, *Chron. de D. João III*, I, fl. 94 *v.*

1630. — «Faz telhado, e cuberta a folha das Palmas, que chamam **Ola**». — Fr. Luís de Sousa, *Hist. de S. Domingos*, III, p. 283.

1663.— «Os edificios são pela maior parte humildes e cobertos de **ollas** (assim chamam ás folhas de palma, tecidas umas com as outras». — P. Manuel Godinho, *Relação*, p. 29.

XVIII. — «Com a sua madeira e folhas, a que chamam **olas**, se cobrem as casas». — *Arte Palmarica*, I, p. 142

1886. — «As **ólas** ou palmas tecidas, alem de outros muitos usos, servem para recobrir as mesmas casas ou *garás*». — Lopes Mendes, *A India Portugueza*, I, p. 176.

1904. — «Os portuguezes extenderam o nome de **olas** tambem ás folhas de arequeira. O numero de **olas** importava em 26.234, sendo 5.734 de palmeira e 20.500 de arequeira». — *O Oriente Portuguez*, I, p. 97.

1909. — «**Olas** são folhas de differentes especies de palmeiras. No caso, de **tadd-madd** (*borassus flabelliformis*) em que antigamente se escrevia na India». — Amâncio Gracias, *Subsidios*, p. 354.

1568. — «... y de las ramas (a que ellos llaman **Ola**) las cobrijan, en lugar de tejas, y vedan mucho el agua». — Cristóvão da Costa, *Tractado*, p. 100.

1673. — «The Houses are low, and Thatched with **Oleas** of the Cocoe». — Fryer, *East India*, I, p. 162.

1786. — «Esse sono coperte di panà, che è una palma selvatica, o di cannuccia, o di **òle**, che sono foglie di palme domestiche, dagli Europei chiamate l'albero di *coco*».— Fra Paolino, *Viaggio*, p. 112.

II. — *Lascinia para escrever:*

1346. — «As ordens erão transmitidas em nome de Gadija, as quaes elles escrevem em folhas de palmeira com hum ferro curvo semelhante ao terçado» (nas Maldivas). — Ben-Batuta, *Viagens*, II, p. 277.

1498. — «Mandou hũa carta ao capitão a qual dese a el Rey de Portugal a qual era escrita por mão de Diogo Diaz em *hũa folha de palma* porque todas as cousas que se em esta terra escrepvem sam em as ditas folhas e a pena com que se escrepvem he de ferro». — *Roteiro de Vasco da Gama*, p. 84.

1500.— «Escrevem em huma *folha de palmeira*, com huma pena de ferro sem tinta». — *Navegação de P. A. Cabral*, cap. XIV.

1551. — «Sobre isto lhe dera hũa carta para el Rey de Portugal assinada por elle e escrita por Diogo dias em hũa **ola** que he folha de palmeira, em que costumão de escrever as cousas que hão de durar muyto». — Castanheda, *Historia*, I, cap. 24.

1552. — «As cousas que elles querem commendar á memoria por escriptura he em hũa folhas de palma a que elles chamão **Olla**, da largura de dous dedos... e o comprimento segundo a cousa de que querem tractar». — João de Barros, Déc. I, IX, 3.

c. 1560. — «O geral das casas será pouco mais que duas braças em comprido, e hũa e quasi meia de largo, baixas a feição de moimentos, e de duas aguas cubertas d'**ola** de Nipeiras, cujas folhas durão muito, e ardem mal». — Gabriel Rebêlo, *Informação de Maluco*, p. 161.

1563. — «Costumão fazer suas **olas**, que são folhas de palmeira, que he seu papel em que escrevem com hum ponção de ferro». — Gaspar Correia, *Lendas*, I, p. 212.

1613. — «Bastião Rodrigues .. lhe dava **olas** *escritas*, com que elle de noite metendose polo rolo do mar, se vinha ao logar que lhe fora mostrado». — Francisco de Andrada, *Chron. de D. João III*, I, fl. 91 *v.*

1616. — «Alli esteve tres dias em quanto lhe fizeram os Alvarás em **Olas**, os quaes lhe foram entregues assinados pelo Camorim». — Diogo do Couto, Déc. X, vii, 9.

1687. — «. . . não he isto uaticinio de *Jogue*, mas mais antigo dos seus liuros; que por serem escritos em **olas**, ou folhas de palmeyra, com estilo, e não com penna, comûmente lhe chamão as suas **olas**». — P. Fernão de Queiroz, *Conquista de Ceylão*, p. 609.

1698. — «Mas o Samorim se escusou dizendo que não sabia nem podia escrever com a nossa penna e tinta, e que nunca fizera o seu sinal em papel; que bastaria jurar e assignar as capitulações escritas em **óla** conforme o costume». — In *O Chronista de Tissuary*, ii, p. 82. — «Na **ola** que he, como todos sabem, a folha de certa palmeira, escreve-se com um estilete de ferro, e sem tinta, ou sobre o joelho, ou servindo apenas de apoio a mão esquerda, que segura a **ola**». — Cunha Rivara.

1584. — «. . . si screvevano nelle foglie chiamate **olle**, che forse è corroto dell' antico *foglia*». — F. Sassetti, *Lettere*, p. 225.

1860. — «The books of Singhalese are formed to-day, as they have been for ages past, of **olas** or strips taken from the young leaves of the *Talipot* or the Palmyra palm, cut before they have acquired the dark shade and texture which belong to the full-grown frond». — Emerson Tennent, *Ceylon*, i, p. 512.

III. — *Lascinia escrita; documento:*

1554. — «E esta dita **ola** he ffeyta pelos escrivães do Rey grande e assynada por ele». — Simão Botelho, *Tombo da India*, p. 38.

1559. — «Foram passadas **olas** pelo Rey que então era em favor dos christãos que se fazião em suas terras para poderem possuir as honrras e liberdades e fazendas como se fossem gentios». — *Carta Régia*, in *Archivo*, iii, p. 321.

1563. — «Mandou sua **ola** de agradecimento aos moradores de São Thome». — Gaspar Correia, *Lendas*, iv, p. 132.

1599. — «E se escrevia em **ollas** que ficavão nas Igrejas, e se elegião quatro mordomos, a quem o Metropolitano entregava as mesmas **Ollas**». — Sínodo de Diamper, in *Archivo*, iv, p. 518.

1607. — «O mesmo Samorim me escreve tambem por sua **ola** que sempre procurou se conservassem as pazes e amizades que entre nós estão feitas». — *Carta Régia*, in *Doc. da India*, i, p. 64.

1613. — «Vendo que tinhamos **ollas** muito honradas do *Naique* grande, e ainda uma para elle mesmo, para que nos désse gente de guarda até Maduré, houve de me despedir com honra». — P. Manuel Barradas, in *Hist. Tragico-maritima*, ii, p. 113.

1614. — «Esta ida deste Emperador succedeo nos annos que já disse de trezentos e quarenta e sete ou no de quinhentos oitenta e oito polas **Olas** (annaes) de Cochim». — Diogo do Couto, Déc. VII, x, 10.

1617. — «Os **Talopoes** (que assim se chamão os Sacerdotes em Pegu) dão illustre testemunho, affirmando que em seus livros (os quaes se chamão **Olas**) tinhão muytos annos antes escrito que aquelle Reyno seria assolado». — *Conquista de Pegu*, cap. xiii.

1619. — «Fizeram uma **ola**, que é o mesmo que carta». — António Bocarro, Déc. xiii, p. 156.

1687. — «Excepto os dous ultimos, consta de suas **olas**, serem os mais da geração Real». — P. Fernão de Queiroz, *Conquista de Ceylão*, p. 11.

«Mas tambem alcançou dele **olas**; (Diriamos provisões) e o titulo de Rey da Jafanapatão». — *Id.*, p. 38.

1697. — «. . . não achando huma só **ola**, isto he folha de palma, nem dos seus escritos, nem dos alheios, esteve para perder o juizo de dor, e sentimento». — P. Francisco de Sousa, *Oriente Conquistado*, I, i, 2.

1883. — «. . . todos vestidos de amarello, distinctivo que deram para serem conhecidos, no momento de enviar a **ola** (carta) de desafio. — Bulhão Pato, *Portuguezes na India*, p. 32.

1582. — «Gli mando un' altro mandato, che non facesse niente, fin tanto, che non hauesse hauuto un' **olla**, ò lettera di sua mano scritta a lettere d'oro. — G. Balbi, *Viaggio*, fl. 112.

1658. — «Sapendolo per altra parte c'assicurono d'hauere gettato l'**olla** (così chamano queste lettere, per essere scritte in foglie di palme) nel fuoco». — Fr. Vincenzo Mattia, *Viaggio*, p 175.

1678. — «Y essi de contino derramavan cartas (llaman le **olas**) falsificadas». — João de Sá e Meneses, *Rebelion de Ceylan*, p. 77.

1690. — «Papyrus haec aeque ac hae litterae ex hisce foliis confectae in India **Ola** dicuntur». — Rumphius, *Herbarium Amboinense*, i, cap. 3.

1776. — «Codex regularum quae a *Taloponis* observantur, *Padimot* (il *Pratimoksha*) ab ipsis appellatur, qui palmis, quibus nomen **Ole** conscriptis et Barbarorum lingua expressis servatur nunc in laudata collegii Urbani Bibliotheca». — Amaduzzi, *apud* Gubernatis, *Storia*, p. 11.

1782. — «Les Indiens écrivent avec un pinçon sur les **Olles**, et non pas comme on l'a cru avec un stylet sur des écorces de certains arbres enduites de cire ou de mastic. Les **olles** sont tirées de la feuille d'une espèce de palmier». — Sonnerat, *Voyages*, i, p. 136.

IV. — *Lâmina de ouro* ou *de cobre com letras gravadas:*

1602. — «O que tudo mandou escrever em **ollas** *de cobre*». — «Forão escritas em

**ollas** *de cobre*, como as de Cranganor de diversas letras e caracteres Malauares, Canarins, e do Tamul, e letras de Bisnaga». —Fr. António de Gouveia, *Jornada do Arcebispo*, fls. 4 e 5.

1617. — «Mandou hum Veador da fazenda, principal pessoa no seu Reyno, com quinhentos cavallos, e a **Ola** *de ouro*, que he huma folha ao modo de lamina de ouro». — *Conquista de Pegu*, cap. 13.

1687. — «Entregou o transumpto Portuguez aos do Conselho do Rey, e reseruou pera sy, o Chingalá em hũa **ola** *de ouro*, batida para este efeyto». — «Esta licença, e doação, se deu em hũa **ola** *de cobre*, que se guardava no convento de Cochim». — P. Fernão de Queiroz, *Conquista de Ceylão*, pp. 142 e 341.

1724. — « A **Olla** *de cobre* fica para dar depois de acabada a obra, e dado comprimento das cousas prometidas para escrever na **Olla**». — *Apud.* Júlio Biker, *Collecção de Tratados*, VI, p. 19.

*** OLHADOR.** Emprega-se o termo na Índia no sentido peculiar de «indivíduo que examina os cachos de côcos, a fim de saber se faltam frutos e quantos». É sinónimo de *julgador*, mais usado.

1852. — «**Olhador** — Julgador das palmeiras». — F. N. Xavier, *Bosquejo Historico*, IV, p. 14.

*** ÔLHO DE GATO.** É o nome que, conforme Yule, os portugueses deram a uma pedra preciosa de Ceilão, por se assemelhar ao ôlho do gato na côr e na reflexão, e de que os ingleses fizeram *cat's eye*. Mas Conti já lhe chamara *occhio di gata* em 1444. É um variedade de crisoberil ou, como quere Cunha Rivara, uma espécie de ágata. A gente de Ceilão dá muito valor a tais pedras, que usa para anéis e botões de camisas.

1516. — «Ha em Ceylão os **olhos de gato**, qá muito presados». — Tomé Pires, *apud* Saraiva, p. 426.

1516. — «Achão-se igualmente outras pedras, como **Olho de gato**, Chrysolitos e Amethystas». — Duarte Barbosa, *Livro* (2.ª ed.), p. 382.

1552. — «Amatistas, crisolitas, e **olhos de gato**, que os Indios estimão muyto». — Castanheda, *Historia*, II, cap. 22.

1563. — «Por segurança de quem lá fosse lhe mandaua [o rei de Columbo] seu anel que era o sinal da sua verdade; que era de hum **olho de gato**, pedra de muyto preço». — Gaspar Correia, *Lendas*, I, p. 648.

1563. — «Posto em cima delle hum panno apertado de modo que chegue ao **olho de gato**, não se queima com fogo algum, e eu o experimentei com huma candea e achei que lhe muyto verdade». — Garcia da Orta, Col. de *betre*.

1563. — «E assi dos rubijs, **olhos de gato**, çafiras, e outros generos de pedraria, que nella ha». — João de Barros, Déc. III, II, 1.

1566. — «Ha muita pedraria s. rubins, balais, jacintos, çafiras, topazios, jagonças, ametistas, crisolitas, e **olhos de gato**». — Damião de Góis, *Chron. de D. Manuel*, II, cap. 11.

1611. — «Quem vos poderá encarecer a riqueza dos minerios de pedraria da Ilha de Ceilão, rubins, **olhos de gato**, safiras, jacintos, *robas* (?), ametistas, e todas as mais sortes d'ella?». — Diogo do Couto, *Dialogo do Soldado Pratico*, p. 154.

1685. — «A mais subida e estimada pedra que ha em Ceilão por seu grande valor são **olhos de gato**, de que muitas pessoas não tem conhecimento nem virão estas pedras, por não serem usadas entre nós; porêm os Mouros e os Gentios as estimão sobre todas... A distancia se vê atravessada toda a pedra com hum fio direito, propriamente como alguma hora o gato mostra no meio do olho; a este fio chamão *beta*, e por esta semelhança lhe chamão **olho de gato**». — João Ribeiro, *Fatalidade Historica*, I, cap. 21.

1885. — «A diversas pedras se deu o nome de **olho de gato**, por exemplo, a algumas variedades de quartzo; mas o verdadeiro **olho de gato** de Ceylão, parece ser — segundo Streeter — uma variedade de crysoberyl». — Conde de Ficalho, Col. de *betre*.

1444. — «Zaffiri, granate, & quelle pietre, che si domandano **occhi di gata**». — Nicolo de Conti, *apud* Ramúsio, I. fl. 339.

1499. — «Here [em Ceilão] grow many precious stones, such as garnets, jacinths, **cat's eye**, and other gems, but not of very good quality, for the fine ones grow in the mountains». — Hieronimo di Santo Stefano, in *India in the fifteenth century*, p. 5.

1515. — «Et cosi si trovano in esse pietre preciose cioè Rubini: Iacinti: **Ochi di Gata** (agata)». — *Apud* Gubernatis, *Storia*, p. 391.

1589. — «Ils ont semblablement [em Cambaia] diverses pierreries, comme Amethystes, Chrysolites, Hyacinthes, Espinelles, **Olhos de Gato**, comme qui diroit yeux de chat, Agathes, et diverses especes de Iaspe de couleur de sang et de laict». — Linschoten, *Histoire*, p. 20.

1631. — «Quibus accedunt adamantes, et quos vocant **oyos de gato**». — *De Imperio Magni Mogolis*, p. 107.

*** OLHO DE VIDRO.** É o mesmo que *carepo* da Índia.

1593. — «Estes **olhos de vidro** são

como hũas conchas grandes, e redondas, das quaes costumão em Veneza, e em todo o Levante fazer as vidraças das casas, porque são menos custosas, e mais maneaveis para se poderem levar a toda a parte com menos perigo». — Fr. Pantalião de Aveiro, *Itinerario*, p. 204.

c. 1788:

«Teus filhos, antes Cães de muitas raças,
Quem não mordem com dentes, mas com tretas,
E que impigir-nos vem, como a patetas,
Gatos por lebres, *ostras* por vidraças»[1].

Bocage, *Obras Poéticas*.

***OLLI**. É o mesmo que *festa de arequeira* (q. v.): festividade hindu, que se celebra no equixónio vernal em honra de Crixna. Do conc.-mar. *holī* < sânsc. *holākā*. V. *sigmó*.

1784. — «Condemna o modo de celebrar com folias o acto chamado pelos christãos *fama*, pelos gentios **olly**... lastima-se de que procurem por este meio attrahir gente á egreja». — P. Casimiro de Nazaré, *Mitras Lusitanas*, in *Bol. S. G. L.*, XV, p. 446.

1866. — «Os Prelados Diocésanos prohibirão por repetidas pastorais o uso do dito *maddy* (arequeira) pelo facto de ser uma imitação de **Olly** dos gentios, mas ainda hoje se conserva». — F. N. Xavier, *Descripção do Coqueiro*, p. 32.

1907. — «Acceitar o Holadunem, fazendo dança perante **Holly**». — *O Oriente Portuguez*, IV, p. 97.

1825. — «I had seen very few drunken men in India before, but the time of **Hoolee** is now coming on, which is the Hindoo carnaval, and in which the people of central India more particularly indulge in all kinds of riot and festivity». — Heber, *Narrative*, II, p. 31.

1845. — «La pricipale peut-être est le **hôlî**, qui se célèbre en l'honneur du printemps. Les gens du peuple, surtout les enfants, dansent le soir autour de grands feux de joie, chantant les chansons licencieux et se livrent à tous les mauvais tours qu'ils peuvent inventer contre leurs supérieurs, qui ne s'en fâchent jamais». — Xavier Raymond, *Inde*, p. 247.

1895. — «It [sapão] is said, in Western India, to furnish the red powder of the **Húli**». — Yule, *Marco Polo*, II, p. 369.

1919. — «**Holy** was celebrated throughout Hindu India a few days ago. No decent man can approve of or wink at the coarseness, the drunkenness and the obscenities which have come to be associated with it». — *The Modern Review*, de Abril.

**ONA** (malaiala *ōṇam*). Nome duma festividade hindu, que se celebra no Malabar com a maior solenidade e regozijo no 22.º asterismo lunar, que recai no mês de Agosto, em honra do deus Vixnu. Há nesta ocasião arraiais e jogos de esgrima.

1510. — «... a cada huũ sua peça de beatilha, para esta festa que hora tẽ que se chama **ona** *puravuá* (= festa de *ona*)». — In *Cartas* de Afonso de Albuquerque, VI, p. 393.

1599. — «Na festa dos gentios, a que chamão **Ona**, que elles costumão celebrar em agosto com sair huns contra os outros com arcos, e frechas, e outras armas a modo de festa, em que morrem alguns, e se ferem outros». — Sínodo de Diamper, in *Archivo*, IV, p. 491.

1618. — «Transforma-se Vishnú em... bramane e da festa de **Ona**». — P. Manuel Barradas, in *O Oriente Portuguez*, II, p. 229.

1658. — «Il sexto [festa] lo solennizzano nel mese d'Agosto circa la festa di S. Bortalomeo, chiamato **Ona**, giorno d'ogn'altro festiuo, nel quale credono che il Dio Visnù descenda à visitare il Mondo, à fine d'esplorare da vicino tutto ciò che gli manca». — Fr. Vincenzo Maria, *Viaggio*, p. 328.

**OPALA**. É bem sabido que o étimo do vocábulo é o lat. *opalus* (gr. *opállios*), que se liga ao sânsc. *upala*, que significa simplesmente «pedra». Na origem primitiva, viria acompanhado doutro termo específico. Fenómenos dêstes não são raros. A palavra latina *basilica* está por *basilica* domus, «casa rial», do gr. *basilikós*, «rial», < *basileus*, «rei». Yule julga que Plínio é o primeiro escritor europeu que emprega o vocábulo. Os nomes sânscritos ordinários de *opala* são *pulaka*, *vimalaka*.

1720. — «Diz S. Isidoro, que as **opalas** se chamão assim da terra do mesmo nome na India, onde nascem. Os antigos chamarão a **opala**, *Paederos*, que no Grego quer dizer, Menino, e amor, porque a esta pedra, como a hum menino bonito, todos tem amor». — Bluteau.

1786 — «...l'**Opala**, che è la sola pietra, che l'arte difficilmente può imitare». — Fra Paolino, *Viaggio*, p. 345.

«**Ombo**, m. Árvore indiana. O mesmo que *ombu*?» — «**Ombu**, m. Árvore colossal da América do Sul».

---

[1] «Na India usa-se de *ostras* nas janellas em vez de vidros». — Nota: 1673. — «Il n'y a que de belles maisons à Goa, mais un peu obscures, parce que les vêtres sont d'écailles d'huitre bien coupée». — Dellon, *Relation d'un Voyage*, I, p. 49.

Cândido de Figueiredo. O vocábulo *ombo* é do concani *vumb;* designa a sapindâcea *Nephelium longana*, Camb. V. *longana*.

*** ORÁ** (s. m.). É o mesmo que *pagode* ou *pardau de ouro* (qq. v.). Do conc. *varā*, sânsc. *varāha*, «javali», um dos *avatares* de Vixnu, cuja efígie figura em várias emissões.

1511. — «Rȩçebeo trjstã de goa tesoureiro de francisco curujnell [Curvinel] feitor em goa corenta e seis **oras** *d ouro*». —In *Cartas* de A. de Albuquerque, v, p. 16.

«Por este vòs mando que entregues a tristam de gaa tesoureiro desta duzentos e dous **oras**». — A. de Albuquerque, *ibid.*, p. 60.

«Recebeu... duzentos e dous **oras** *d ouro*... a rezam de trezentos e quorenta e cynquo reaes ho **ora**». — *Ibidem.*

1512. — «Por este vos mando que dees amrrique de nostradama bombardeiro casado e morador em goa dez **oras** *d ouro*». — A. de Albuquerque, *ibid.*, II, p. 101.

1515. — «Todavia nos dará as terras de goa, ou ao menos cem mill **oras** *d ouro* nas milhores terras que goa tem». — *Id.*, I, p. 383.

1516. — «Tudo isto se compra e vende por pardaos que neste regno se fazem em algũus lugares dele, principalmente em hũa cidade que chamaom Hora, donde eles lhe chamam **horaos**» (forma dravídica). — Duarte Barbosa, *Livro*, p 297.

1848. — «Fixar definitivamento o valor de Pagodes ou **Oras** a 6 xerafins, sendo bens de particulares». — *Collecção de Bandos*, II, p. 191.

1442. — «In this country they have three kinds of money, made of gold with alloy: one called **vorahah** weighs about one *mithkal;* equivalent to two dinars, kopeki». — Abd-el-Razzak, in *India in the fifteenth century*, p. 26.

**ORABALÃO, urubalão** (mais correcto, mas menos usado). Chefe militar; guerreiro de primeira classe, na Malásia. Do mal. *hulubālang*, de *hulu*, «cabeça», e *bālang*, «arma de arremêsso». Fernão Mendes lê *ourobalão*, talvez em alusão à manilha de ouro, que era a insígnia dêstes guerreiros. Diogo do Couto é mais exacto.

1539. — «Com morte de tres filhos do Balá, e setecentos **Ouroballões**, que he a milhor gente, e a mais fidalga de todo o reyno». — Fernão Pinto, *Peregrinação*, cap. 13.

1546. — «Mandando diante para espiarem o campo seis **ourobalões** dos mais esforçados *ambarrajas*, que ElRey alli tinha consigo, a quem déu nouos titulos de nomes honrosos». — *Id.*, cap. 174.

«Quinhentos delles erão **Orabalões** de manilha de ouro que são fidalgos». — Id. *ibidem.*

1600. — «... cinco mil homens de peleja, toda gente escolhida, e criados do Rey, quinhentos dos quaes eram os que chamam **Orobaloens** de manilha d'ouro, que entre elles he insignia de principal nobreza». — P. João Lucena, *Historia*, v, cap. 7.

1614. — «..todos os seus cavalleiros, a que chamão **Hurabaloens,** e logo deu [o Achêm] a vella para Malaca». — Diogo do Couto, Déc. VIII, I, 22.

«Morrêram nesta dianteira muitos **Ulabalões,** que he huma certa casta daquellas gentes grandes cavalleiros». — *Id.*, X, VIII, 15.

1653. — «Entre ellos avia quinientos **Orabalones,** que llaman de manillas de oro; porque las traen desto metal en los pulsos, y son singulares cavalleros». — Faria e Sousa, *Asia Portuguesa*, II, p. 197.

1878. — «Dimang Liber Daouu, les ministres, les gardes du corps, les hirauts, les **Houloubalongs** (chefs militaires) avaient chacun leur embarcation». — Marcel Devic, *Légendes de l'Archipel Indien*, p. 45.

*** ORANCAIA**. Nobre malaio. Do mal. *orang-kaya;* lit. «homem de riqueza ou poder».

1613. — «O exercicio dos Malayos de ordinario os mais nobres **Orancayas** se occúpão em passatempos e recreações e jogo de gâllos passatempo real, em que aventurão muyto dinheiro». — Manuel G. de Erédia, *Declaraçam de Malaca*, fl. 31.

1718. — «Despachou a hum **Horamcai,** titulo grande entre aquelles Malayos, pedindo ao Capitão Tavares se socegasse». — João Tavares Guerreiro, *Jornada*, p. 315.

1620. — «Il estoit venu tel pescheur à qui j'avois fait autant d'honneur, qu'vn **Orancaye** (ou gentil homme signalé) et tel **Orancaye** que j'avois fait rétiré pendant que ce fut quelque importun». — Général Beaulieu, *Mémoires*, p. 41.

1650. — «Nous fusmes aussi traitez chez vn autre officier nommé **Orancaya** Sirmona». — Floris, in *Relations*, I, p. 19.

1699. — «Quatre ou cinq des principaux **Orançois** (ce sont les plus grands Seigneurs du païs) partagent entre eux le pouvoir, qui n'est certainement grande chose». — *Lettres Édifiantes*, II, p. 73.

1836. — «Une petite partie de la nation, composée de nobles (sous le nom d'**Orang-kaya**), vit dans la plus grande indépendence; tout le reste de la nation ne se compose plus que de serfs, vivant dans l'ignorance et la soumission à ses chefs». — Rienzi, *Océanie*, I, p. 86.

1878. — «La princesse descendit aussi avec les épouses des Grands, de **Orang-Kaya** (riches), pour s'amuser sur la sable». — Marcel Devic, *Légendes de l'Archipel Indien*, p. 57.

**ORANGOTANGO.** Grande macaco antropomorfo de Samatra e Bornéu — *Simia Satyrus*, Linn. Do mal. *órang*, «homem», e *útan* ou *hútan*, «bosque». É o nome que no Arquipélago Malaio se dá às tribus selvagens. No sentido técnico, o termo foi primeiro empregado por Bóncio. V. Bluteau, *Supplemento*. Em concani também se diz *van-manũs*, do sânsc. *vanamānuṣa*, «homem silvestre».

1861. — «Chamam os naturalistas ao macaco grande, sem cauda, **orangotango,** que na linguagem dos indios quer dizer *homem selvagem*, e os pretos chamam-lhe *pongo*. Tambem se lhe dá o nome de *mono grande*, para o distinguir de outras tres variedades, que são o *mono sylvano*, o *mono triglodita* e o *mono longimano*, que nenhum tem cauda, andam em pé, e tem muitas parecenças externas e anatomicas com a raça humana, principalmente com os hottentotes». — *Archivo Pittoresco*, IV, p. 324.

1906. — «**Orango-tango**. A palavra é malaia, *órangután*, «homem (das) selvas; para cá veio imediatamente do francês *orang-outang*, já errado». — Gonçalves Viana, *Apostilas*.

1750. — «Les jointures de leurs genuils ne rentroient pas comme celles de Singes, elles étoient saillantes comme celles des hommes, circunstance qui leur est commun avec les **Oranoutangs,** qu'on voit dans les parties Orientales des Indes à Sumatra, à Java». — Grose, *Voyage*, p. 332.

1824. — «They belong to the same class of animals with the baboon and **orang-outung**». — Heber, *Narrative*, I, p. 408.

1834. — «Nous avons cru devoir donner la description et l'histoire de l'**orang-houtan,** et non pas **orang-outang,** ainsi que l'écrivent les Européens. Le mot *orang* est malayan, il signifie homme, et *houtan* forêt, tandis que le mot *outang* signifie dette. Ainsi **orang-houtan** se traduit littéralment par homme de la forêt, bimane qui tient le milieu entre l'homme et le singe». — Rienzi, *Océanie*, I, p. 27.

1898. — «Abundan los monos en Siam de un manera extraordinaria, desde el menudissimo *tibí* hasta el corpulento **orangután**». — Alfredo Opisso, *La India*, p. 100.

**ORELHEIRA.** Além do significado — «orelhas de um animal, especialmente de porco», dado por outros dicionários, o de Cândido de Figueiredo consigna como antigo e inédito o de «cabeçal, travesseiro», citando o *Tombo da India*. Mas não é bem claro do texto que Simão Botelho o empregue no referido sentido, que aliás é explicável. É certo porêm que em outros lugares por *orelheira* entende o mesmo autor «brinco das orelhas», significado que Morais (2.ª ed.) abona com dois passos de Couto.

1551. — «De **orilheiras** grandes e pequenas mill peças, de pedraria baixa cheas de lacre». — *O Inventario do Thesouro do Rey de Ceylão*, p. 27.

«De **orilheiras** mais doze peças, que podião valer quinze pardaos douro que forão dadas ao principe de Porqua». — *Ibid.*, p. 33.

1554. — «E a Renda da *catualya*, á qual pertencem estes ramos seguintes — a saber — o dos caçadores de talauly [Talaulim], e a dos pescadores de talauly, e a dos leyteiros, e a das **orylheiras** *de palha*, e do *potracane*, e do *caroucar*». — *Tombo da India*, p. 52. — O editor, Rodrigo Felner, glosa no índice: «Cabeçaes ou travesseiros (?)».

O termo não corre actualmente na Índia. Mas ainda hoje há mulheres de castas baixas, hindus e cristãs, que trazem no furo do lobo da orelha um rôlo de palha, que não vale nada; mas é possível que houvesse antigamente algum adôrno de orelha, feito de palha especial ou sagrada, como *cuxa* ou *darbha*. Qualquer que seja o sentido intentado pelo autor, por mim, não posso admitir o de «travesseiro», por vários motivos.

1560. — «As honradas que podem trazem **orelheiras,** manilhas, collarinhos com pedras de vidro, e alguns botões». — Gabriel Rebêlo, *Informação de Maluco*, p. 158.

1614. — «Sabendo as mulheres dos Cidadãos aquella necessidade, levadas de hum honroso zelo, tirárão as manilhas de ouro dos seus braços, e os ricos colares esmaltados de seus pescoços, e os cintos de rica pedraria, com que se costumavam arraiar nos dias de suas móres festas; e as que menos podiam, as cadeias, **orelheiras,** e anneis». — Diogo do Couto, Déc. IV, IV, 4.

**ORIDA, urida** (mais correcto). Outra espécie de *Phaseolus mungo*. V. *mungo*. Do conc. *uḍīd*, hindust. *uṛad*.

1600. — «Do **Orido,** Nachanim, Mungo, e outros particulares da India». — P. João Lucena, *Historia*, x, cap. 18.

XVII. — «Ou em lugar de carne consomem huns grãos, que se chamão **Uridás,** que tem o nome equivoco de carne; porque os Bramenes não podem matar animal algum, e por isso fazem sacrificio dos ditos **Uridás**». — *Breve Relação*, In *Noticias*, I, p. 46.

1780. — «Tori, culita, **urida**, pacolo, e gergelins». — *Collecção de Bandos*, I, p. 273.

1782. — «Outros dois legumes com os nomes de **urida** e collita vemos no paiz, similhantes ao nosso joio, ou ervelhaca, sustento dos animaes». — Fr. Clemente da Ressurreição, *Tratado*, II, p. 357.

1842. — «Grão, feijão, culita, **urida,** mungo, e nachinim, que se semeiam pelas encostas e pelos outeiros». — *Annaes Maritimos*, p. 269.

1852. — «Nachinim, **urida,** pacolo, feijão». — F. N. Xavier, *Bosquejo Historico*, II, p. 25.

1865. — «O arroz de *serodio* e de *vangana*, o nachinim, pacol, **urida** e tory são os sereaes e legumes cultivados». — *Relatorio da Provincia de Satary*, II, p. 6.

1900. — «Tory, val, **urida,** gergelim». — António Francisco Moniz, *Hist. de Damão*, II, p. 161.

1792. — «The stalks of the **oorid** are hispid in a lesser degree than those of *moong*.» — In *Glossary*.

**ORI, oró.** Bluteau regista estes vocábulos no *Supplemento* com o significado de «ganho ou proveito», com referência às comunidades agrícolas de Goa. Não me consta que tais dições tenham sido jamais usadas em português, como não são tantas outras que vogam na terminologia vernácula das mesmas associações. *Urī* quere dizer em concani e marata «resto, sobra», do verbo *uruṅk*, «restar, sobrar». *Uró* é variante concani com o sentido aumentativo.

1727. — «**Orî.** Na India Portugueza se chamão os ganhos das *Tangas*, ou dos Jonos».

«**Orô.** Na Índia Portugueza, se chama o proveito».

**ORIENTALISMO.** Conjunto dos estudos concernentes ao Oriente e extremo Oriente. Tais estudos abrangem a sanscritologia, sinologia, o iranismo e o que diz respeito à Malásia, Indo-China, Japão e Arábia. Por *orientalismo* também se entende «locução hiperbólica ou simbólica ao modo dos orientais». **ORIENTALISTA.** Homem que estuda e sabe o *orientalismo*.

1874. — «E não se julgue que isto seja um **orientalismo,** deve-se tomar á letra, porque já tem acontecido n'estas regiões». — Pedro G. Mesnier, *O Japão*, p. 20.

1891. — «O leitor, versado n'aquellas linguas, desculpará as faltas de quem não é, nem pretende ser um **orientalista**». — Conde de Ficalho, in *Coloquios*, I, p. XXI.

1898. — «O **orientalismo,** isto é, a revelação assombrosa das velhas civilisações extinctas, que outr'ora encheram com a sua fama o mundo asiatico, só pôde surgir á voz dos William Jones, dos Colebrooke, dos Rawlison e de tantos outros eruditos, depois que pela audacia dos nossos marinheiros se lhes tornarão accessiveis as terras onde jaziam os vestigios dos imperios evocados por elles à vida historica». — Z. Consiglieri Pedroso, *Influencia dos Descobrimentos Portuguezes*, p. 25.

1903. — «Tive larga conversa... acêrca do **orientalismo** e muito particularmente da sanscritologia». — Vasconcelos Abreu, *Curso Integral*, p. 5.

1916. — «Entre nós Vasconcelos Abreu foi brilhante cultor do **orientalismo**». — *O Instituto*, LXIV, p. 212.

**ORIÔ, oroi.** Milho miúdo, painço: *Panicum miliaceum*, Linn. Do conc. *varyô*, pl. de *varay*.

1780. — «Legumes de nachinim, **orio,** tori, culita». — *Collecção de Bandos*, I, p. 273.

1810. — «Batte, nachinim, **orio,** pacol». — *Apud* Joaquim C. Soares, *Doc. Comprobativos*, p. 438.

1845. — «Café de Salcete — Cangó — Sânvó — **Oriô** — Pacôr — Nachinim». — In *Archivo de Pharmacia*, VI, p. 14.

1862. — «**Orió** com cascas e descascado» (mandado para a exposição de Londres do mesmo ano). — *Annaes do Conselho Ultramarino*, III, p. 35.

1869. — «... estrumar as terras que se alqueivam para no principio das seguintes chuvas semear de culita, pacol, **orio,** mungo, etc.». — *Relatorio Final da Provincia de Satary*, p. 29.

1874. — «Produz tambem mugo, urida, nachinim, culita, feijão, pacol, sanson, girgelim, **oriô,** areca». — Tomás Ribeiro, *Jornadas*, II, p. 68.

1806. — «Culita, pacôl, tory, **orió,** mugo e outros cereaes». — Lopes Mendes, *A India Portugueza*, II, p. 26.

1911. — «São frequentemente aproveitados para a colheita do nachinim, culita, pacol, **oroi** e outros cereaes». — José E. Castel Branco, in *Bol. S. G. L.*, XXXIX, p. 358.

**Orraca.** V. *araca.*

∗ **OTANA, vatana.** Mercê ou cargo hereditário, direito hereditário a um cargo ou a uma terra, na Índia. Do concani-mar. *vatan* < ár. *vaṭan.*

1740. — «E só serão entregues a elles seus moradores, que são possuidores de **Vatanam** [pl. concani], e assim os Portuguezes entregarão os moradores possuidores dos bens chamados **Vatanym**». — *Collecção de Bandos*, p. 217.
1787. — «Privou pelo anno de 1771 da posse da sua aldeia, e mercês chamadas **Votan**». — *Apud* Júlio Biker, *Collecção de Tratados*, VIII, p. 235. — Nota: *Ottona*, he mais conforme a pronuncia».
1840. — «**Otona,** *vaton* consignação certa e inalteravel, que percebem em dinheiro, os *Dessais, Gancares*, e Escrivães das Aldêas, pelos rendimentos destas». — F. N. Xavier, *Collecção de Bandos*, I, p. 97.
1845. — «**Otona**. — Consignação certa e inalteravel em dinheiro, que os Dessaes, ou os Gancares da aldêa gozavam pelos rendimentos della, para sua sustentação, e das suas familias». — *Annaes Maritimos*, p. 249.
1847.—«**Vortona,** que he derrama para os vencimentos dos pensionistas». — *Apud* Cunha Rivara, *Brados a favor das Communidades*, p. 68.
«Tambem se escreve **Votona**, e segundo a pronuncia, ordinariamente, **Otona**». — *Id.*
1890. — «Estas *inamas* em algumas communidades são substituidas por pensões certas — **votonś,** hereditarias como a terra». — António de Azevedo Almeida, *As Communidades de Goa*, p. 96.

∗ **OTANADAR, vatandar.** Indivíduo que possui *vatana* ou tem a ela direito. Conc.-mar. *vatandār* < persa *vaṭandār*.

1740. — «Todos os pensionarios chamados em lingua **Vatandares,** que se ausentarem das suas terras para as nossas...». — *Apud* Júlio Biker, *Collecção de Tratados*, VI, p. 104.
1822. — «Elles se obrigavam a ter, manter, e conservar todos os usos, costumes, estylos, e estabelecimentos dos seus antepassados concernentes aos Deoses, Botos e Pagodes, **Otanadares,** Inamdars». — *Ibid.*, XII, p. 28.
1824 — «Quando se haja de constituir adoptivos entre Dessais, **Otonadares,** e *Mocasdares*, se deve intervir a Authoridade, e permissão do *Saucar*, que deve proceder a adopção». — *Collecção de Bandos*, I, p. 92.

∗ **OTE** (s. m.). Nome geral de embarcação em Maluco. Os dicionários malaios não registam o vocábulo, que parece ser do dialecto vernáculo.

1560. — «Chamão a todos **Otes,** como nós nauios, e em particular as grandes *Joangas*». — Gabriel Rebêlo, *Informação de Maluco*, p. 176.

∗ **OTOMBA.** Fruto de *Artocarpus Lacoocha*, Roxb. Sêco em talhadas, é um dos ingredientes do caril. «Fazem-se *solans* do fructo verde, que se usam para o caril; come-se maduro, se bem que seja acido». D. G. Dalgado, *Flora*. Do conc. *voṇṭ*, pl. *voṇṭā̃*.

1897. — «Solam (cascas) de **ottomba** 14 cumbos, 3 candis, 14 curós». — *Apud* João de Andrade Corvo, *Estudos*, IV, p. 26.
1897. — «Solans de **otombas** o candil ordinario 16 xerafins». — João Stuart Torrie, *Estatistica da India Portugueza*, p. 211.

∗ **OTO** (sing. *otu*). Em geral, é «imposto, dízimos»; em particular, é «fôro em espécie», que o colono paga ao senhorio conforme a natureza do campo e a quantidade do produto, em Ceilão». V. *anda.*

1687. — «Dauamos **oto,** e anda das nossas vargens; punhamos estes **otos,** e andas nos *moletos*; e dali ou os uendia seu dono, ou os leuaua em boys, ou *aleaz*». — P. Fernão de Queiroz, *Conquista de Ceylão*, p. 838.
«A cerca do **oto,** quando semeauamos hum *amanão*, e a nouidade não era bôa, tomauão nos o mesmo amanão de costume; e se a varge tinha boã nouidade, tomauão dous amanões, que era a semente dobrada». — *Id.*, p. 841.
«All lands granted in Paraveni and many held in Accommodessan pay to the Government the tythe of their produce, under the denomination of **Otto**». — *Apud* P. A. Pieris, *Ceylon*, II, p. 541.
1914. — «**Otu** is of three kinds...». — Id., *ibidem*.

∗ **OTONÁS** (jap. *otonashii*). Homem manso, varão prudente, no Japão.

1635. — Os **Otonazes,** que assim se chamavam os christãos que o rei tinha eleito como desembargadores para julgar suas causas em Nangaçaque». — António Bocarro, *Déc.* XIII, p. 751.
1749. — «Se algum he convencido de ter errado nesta materia, he excluso para sempre de ser **Otone,** isto he, Governador». — P. Crasset, *Hist. da Igreja do Japão*, I, p. 75.

∗ **OURO DE PÃO,** V. *pães de ouro.*

# P

* **PACAPIO** (chin. *pák-koh-piu*). Lotaria chinesa, descrita abaixo; uma espécie de lôto. O termo é corrente em Macau.

1893. — «As casas de loteria de *vae-sang*, do **pacapio**, e de outros jogos eram tambem muito frequentadas». — Adolfo Loureiro, *No Oriente*, I, p. 318.

«... o **pacapio** ou loteria chineza, que se faz diariamente, e em que se compra um bilhete, que tem escritas um certo numero de letras, ou caracteres chinezes, dos quaes se marcam ao acaso cinco, fazendo-lhes um borrão com pincel. Se todas aquellas letras, ou o maior numero d'ellas se encontra em uma sentença, ou maxima, que diariamente se tira ao acaso, assim se ganha ou perde». — *Id.*, p. 320.

* **PACARI, pacaria** (s. f.; ant.). Subúrbio duma cidade ou povoação importante, habitado em casebres por classes baixas, no Concão. Do marata-conc. *pākhāḍī*, que significa própriamente «adjacência», derivado de *pākh* < sânsc. *pakṣa*, «asa».

Actualmente, *pacari*, quere dizer no português de Goa «construção de bambus e *olas*, anualmente renovada, para resguardo do limiar de portas e das janelas, especialmente na estação pluviosa». — «Segundo informação pessoal e fidedigna, dá-se na Índia êste nome ao que no reino se chama «alpendre, alpendrada». Gonçalves Viana, *Apostilas*.

1554. — «E do ramo de *cascariate*, que he foro de hũas terras e ortas alem das **pacaris**... Com mais 83:829 *fedeas* das **pacaris** do dito *cassabé*». — Simão Botelho, *Tombo da India*, p. 141.

1606. — «E a orta Sujana e Rauallete da **pacaria** Sander... e mandamos a todos os moradores das ortas e **pacarias** acima indicadas...». — In *O Chronista de Tissuary*, I, p. 62.

1606. — «Nenhum senhorio de aldea, palmar, horta, ou **pacaria** seja ousado a impedir por sy, nem por seus escravos, nem familiares a entrada dos ministros da Igreja.» — Quinto Concílio de Goa, in *Archivo*, IV, p. 312.

1721. — «As terras de *batte* que pôssue no mesmo Cassabé Mahim, e nas **Pacarias** do seu districto, rendem noventa e cinco *muras*». — *Apud* Júlio Biker, *Collecção de Tratados*, III, p. 232.

1727. — «A Aldea Parella com suas **Pacarias** Boyvary, Pomalla, Salgado». — In *Archivo*, Supplemento II, p. 289.

1728. — «Desde a aldea Soparà athé a **pacaria** Bolinge tem este esteiro o mayor passo de todas». — In *O Chronista*, I, p. 31.

1786. — «Pois se disser que he huma **Pacaria** de huma das suas doze Aldeias; na Praganã estão bastantes **Pacarias** com nome de Aldeias». — *Apud* Biker, VIII, p. 135.

18xx. — «.. huma aldeia (Daspar) e duas **Pacarias** de dotação, que rendem 6:000 xeralins». — *Ibid.*, XII, p. 222.

1876. — «The ancient city of Chaul was divided into sixteen equal parts, called **pâkhâdyas**, or rows of buildings separated by paved allays». — Gerson da Cunha, in *The Journal*, *B. B. A. S.* XII, p. 155.

**PACHA.** Os nossos escritores dizem-nos que é uma casta baixa de Ceilão, e atribuem-lhe vários ofícios ou modos de vida: montanhês, que vive de caça; soldado inferior e cruel; preparador de canela. Quanto a etimologia, P. E. Pieris parece ligar o vocábulo ao sing. *paduvā* (pl. *paduvô*) ou *paddu*, «alimentador de elefantes, portador de palanquim, homem de limpezas»; mas não se explica a mudança fonética da segunda sílaba. Donald Ferguson identifica-o com *paja* (lit. «nascido do pé», isto é, *sudra*), «indivíduo de casta abjecta e degradada». (Clough). Há uma locução singalesa erudita, *pāxa-nibandha-jīvah*, que é também sânscrita, e quere dizer «homem que vive de caça ou de apanhar animais bravos»; mas seria antes definição que designação vulgar duma casta, a não ser que se usasse elípticamente sómente uma parte, *paxa*, «laço». Outra palavra, *pāxu*, significa, «sujidade, monturo», que se poderia empregar depreciativamente no sentido de «homem sujo ou vil». Afigura-se-me, porêm, que os portugueses reüniram sob uma só forma, proveniente de *paja*, os significados de diversos vocábulos. João Ribeiro menciona mais de uma vez os *pachas*, mas não indica com clareza a sua ocupação distintiva, talvez porque não seria uma determinada.

1602. — «Por ordem do Madune estauão embrenhados muytos **Pachas** (que são hũa casta de Chingalas cruelissimos, que tanto que derribão vm inimigo, logo lhe cortão narizes e beiços)». — Diogo do Couto, Déc. V, v, 8.

«Mandou dous **Pachos**, homens dos montes, para que fossem descobrir os inimigos». — *Id.*, VIII, I, 8.

1635. — «Aldeia dos falsos **pachas**, onde colheu todos os que pôde, que não forão poucos, e com diversos generos de castigo não perdoou a pequeno nem a grande». — António Bocarro, *Déc. XIII*, p. 685.

1685. — «Alparqueiros, **páchas**, barbeiros, são todos casta muito baixa, tem tambem as mesmas pensões, cada qual em seu officio». — João Ribeiro, *Fatalidade Historica*, I, cap. 10.

«Entre a gente de guerra tambem ha castas baixas: os *cariás* são pescadores, *mainatos* são lavandeiros, *pachás*, alparqueiros». — *Id.*, cap. 16.

1687. — «O mesmo ofiçio [de preparar a canela] tem os **Pachas**, cujo mayor numero viue nas quatro, e sete *Corlas*... Nem os **Pachas** podem comer em suas casas» (dos barbeiros). — P. Fernão de Queiroz, *Conquista de Ceylão*, p. 15.

1610. — «Llamanse estes barbaros **Pachas**, habitan en las espessuras y seluas desnudas, viuiendo de los frutos dellas: pero su principal mantimiento, es carne de venado de que tiene la Isla gran numero, y matando muchos al arco y flecha los hazen en pieças, y en los troncos de los arboles mas viejos y carcomidos, que para ella tienen mas capacidad hinchiendolos de la miel, de que por ali se halla abundancia, echan tanta de aquella carne que llenos y la dexan quedar ansi para el tiempo de necessidad, en el qual uzan della». — «Pedro Teixeira, *Relaciones*, p. 187.

1678. — «Y a quien está sobordinada toda la gente de guerra, que ay en ella, a la natural llaman *Lascarini*, y a la otra mas plebeya **Pachas**: esta se gobierna por *Modeliares*, *Araches*, y *Dissavos*, que son primeros, como Maestros de Campo, y los otros Capitanes de Infantaria». — João de Sá e Meneses, *Rebelion de Ceylan*, p. 37.

1902. — «The name [**pacha**] seems to be from Sinh. *Paja* = low-caste, degraded». — Ferguson, em P. Teixeira, *The Travels*, p. 236.

1913. — «They were two hundred **Paduwo**, who were bringing in the heads of the offending Malabars». — P. E. Pieiris, *Ceylon*, I, p. 82.

«**Pachan**, m. Espécie de granito pardo da costa do Malabar». Cândido de Figueiredo. A exacta ortografia é *paxana*, do sânsc. *pāṣāṇa*, «pedra em geral», adoptado pelos idiomas neo-áricos e dravídicos. Em concani usa-se mais a forma dialectal *pākhaṇ*, e designa o granito mencionado, que, todavia, não é peculiar da costa do Malabar.

1866. — «**Pachan** (pedra aggregada escura), rochas feldspathicas, granito pardo». — Lopes Mendes, *A India Portugueza*, I, p. 153.

* **PACHARI, pachori, passori** (mais correcto). Chale branco ou de côr, na Índia do sul. Costuma-se presentear como prova de benevolência ou de estima do superior. Parece que em algumas das abonações o vocábulo tem sentido diverso. Do conc-mar. *pāsoḍī*. O termo não voga ao presente.

1515. — «Des [deis] a estes cinqo homẽs tanjedores destromẽtos da terra que tanjem sempre e acompanham bem seu capitam a cada hũ sseu **pachory** de teadas que custam meyo pardao. — Afonso de Albuquerque, *Cartas*, VI, p. 66.

1526. — «E se os *Gancares* lançarem pedidos pelas Aldêas para cabaya, ou **pachoris**, ou quaesquer benesses para si...». — *Foral* de D. João III, in *Archivo*, V, p. 130.

«O nosso Feitor terá quatro pardaos empregados em *pachoris*, e os lançará aos pescoços dos Gancares ordenados entre elles para receber esta honra». — *Ibid.*, p. 132.

1535. — «Quando quer contentar os capitães, ou pessoas de quem têm recebidos, ou quer receber serviço, dalhe **pachari** pera suas pessoas, que he muita honra». — *Chronica de Bisnaga*, p. 66.

«Leva a fogaça, que he huũ **pacharim**, que elrey daa a estes tratadores». — *Ibid.*, p. 67.

«Os seus vestidos são **pachorils** (?) muyto finos dourados, que val cada huũ dez pardaos». — *Ibid.*, p. 71.

1557. — «E manda-lhes dar dous **pacharins** a cada hum, que era costume antigo da terra darem-se a estes Gentios». — *Commentarios*, II, cap. 45.

1601. — «**Pacherizes** de toda a laya, hade ter cada panno inteiro desasete covados de páo, e os meyos ametade, e de largno covado e terça». — *Carta de Lei*, in *Archivo*, VI, p. 744.

1810. — «*Chapação* de panos de Salcete, que sendo de **Passadys** se deve cobrar por cada um». — *Tarifa* de Pondá nas Novas Conquistas.

1842. — «Estas roupetas são ordinariamente de panno de algodão branco, e sobre ellas pöem uma manta do mesmo estofo ou de lã de camello (os mais ricos), a que dão o nome de **Passori**». — *Annaes Maritimos*, p. 438.

**Pacharil**. V. *arroz*.

**PACHAVELÃO** (ant.). Pano de ramagem, em Choramândel. Do tam.

*pachaivaḍam*. O seu oferecimento tinha a mesma significação que o de *pachari*[1].

1605. — «.. dando-lhe pera o caminho seiscentos *pardaos*, e hũa joya que valia vinte, com muitos **pachauelhões**, que sam certos vestidos». — P. Fernão Guerreiro, *Relaçam Annual*, fl. 107.

1613. — «Mandou logo dar ao padre Provincial cinco **pachavelões**, que são seus panos pintados, um carapução a modo de mitra, semelhante ao que tinha na cabeça, e uma cabaya de veludo da terra». — P. Manuel Barradas, in *Hist. Tragico-Maritima*, II, p. 118.

* **PACLÓ** (pl. *paclés*). Emprega-se o termo em Goa para designar o «português», especialmente sendo militar. Do conc. *pākló, pāklé*, talvez derivado de *pākh*, «pena, pluma», que teriam os militares nos seus chapéus ou bonés. Neste caso, a sua prolação correcta é *pākhló*.

1886. — «Quando entra algum europeu (**pacló**) o dono da casa vem recebel-o, e encaminhar para lugar reservado, onde se acham dispostas algumas cadeiras». — Lopes Mendes, *A India Portugueza*, I, p. 44.

«Era por estas e outras cousas de intolerancia religiosa, que os gentios das Novas Conquistas fugiam do **pacló** (europeu) como o diabo da cruz». — *Id.*, II, p. 63.

1901. — «Egualmente davam-lhes o nome de reinoes, isto é, do reino e de **paclés**, como tambem os chamam, mas não consta a origem deste nome». — Viriato de Albuquerque, in *O Instituto*, XLVIII, p. 293.

1912:

> «Voltou-se para mim a rir,
> agradecendo o pacló».
>
> *Ibid.*, LIX, p. 330.

«**Pacó**, m. Espécie de grande morcego do oriente». Cândido de Figueiredo. É *Pteropus Edwardsi*, Geoff. A sua carne é muito saborosa. Os caçadores preferem a noite de luar para os matar em certas árvores de fructo, nos lugares onde há raros; mas em certas partes centenas dêles pousam durante o dia nas árvores de gralhas. Os ingleses chamam-lhes *flyng-fox*, «raposa-voadora». Do conc. *pākhó* < *pākh*, «pena, asa». Não se usa porêm o termo no português de Goa.

1864. — «Nome vulgar **pacó** .. Aqui, não só comem a carne do **pacó** (morcego), mas até lhe fazem caçadas nas noites claras, para êsse fim». — *Archivo de Pharmacia*, I, p. 8.

1886. — «... o **chanim** [vid. *bicho de palmeira*], o morcego ou **pacó**». — *A India Portugueza*, I, p. 185.

**PACOL, pacor, pacolo.** *Paspalum scrobiculatum*, Linn. É cereal comido pela gente pobre da Índia. Do conc-mar. *pākaḍ*.

1780. — «Tori, culita, urida, **pacolo**, e gergelim». — *Collecção de Bandos*, I, p. 273.

1810. — «Batte, nachinim, orio, **pacol**». — *Apud*, Joaquim C. Soares, *Doc. Comprovativos*, p. 234.

1852. — «Nachinim, urida, **pacolo**, feijão grosso e miudo». — F. N. Xavier, *Bosquejo Historico*, II, p. 25.

1862. — «**Pacor** com casca, e descascado, da provincia de Satary». — *Annaes do Conselho Ultramarino*, II, p. 35.

1866. — «O nachinim, collita, e **pacol**, são os sereaes e legumes cultivados». — *Relatorio da Provincia de Satary*, II, p. 16.

1886. — «**Pacol** (*panicum italicum*). tory (*cajanus indicus*), culita (*dolichos uniflorus*)». — Lopes Mendes, *A India Portugueza*, I, p. 143.

1909. — «.. mas tambem de outras culturas subsidiarias, como o nachinim, o **pacol**, o mugo, o trigo, etc.». — Amâncio Gracias, *Subsidios*, p. 265.

1911. — «Alem de arroz, cultivam-se outros cereaes como o nachinim, **pacol**, coolita, gergelim». — J. C. Castel Branco, in *Bol. S. G. L.*, XXIX, p. 342.

1916. — «Mas o arroz produzido em Goa, incluindo o de qualidades inferiores cultivado e consumido pela gente pobre das Novas Conquistas como o **pacoddo**, mal chega para o consumo interno». — *O Ultramar*, de 31 de Julho.

1919. — «É o mesmo que obrigar o sr. inspector a alimentar-se de *ambolim* e **pacôlo**». — *Heraldo*, de 22 de Março.

* **PAÇUM** (chin. *pa-tsung*). É o nome de sargento na China.

1729. — «Alem das ditas barcas hia huma com seis soldados para guarda do Embaixador, e outra em que hia hum **Paçum**, que he como Capitão de infantaria, que acompanhou até á corte». — *Apud* Júlio Biker, *Collecção de Tratados*, VI, p. 107.

* **PADA.** O Glossário oficial de Ceilão regista o vocábulo *padda-boat*, define-o «barco grande e de fundo chato», e deriva-o do verbo sing. *padinavā*, «remar». Mas não diz quem é que o formou; vê se das abo-

[1] Domingos Vieira regista o vocábulo com anotação de «significação incerta».

nações que já o usavam os portugueses.

1615. — Pera isto mandou fabricar dous Castellos de madeira em cima de algumas embarcações, que andão naquelles rios, que se chamão **Padas**, e meteo nelles alguns soldados com muytas panellas de polvora». — Diogo do Couto, Déc. VII, IX, 6.

«Pelos vallos mandou metter muitas vigas pregadas com taboões, e atravessadas de longo a longo com humas embarcações pequenas, a que chamão **Padas**, que ficavão servindo de parapeito aos nossos». — *Id.*, Déc. X, VIII, 12.

1687. — «Mandou armar dous castelos de madeyra sobre duas embarcações, a que chamão **padas**; metendo nelas 40 soldados com muytas panellas de polvora, bombas de fogo, e outros arteficios, para subirem pelo Rio». — P. Fernão de Queiroz, *Conquista de Ceylão*, p. 277.

«Tinhão tambem de obrigação, que injustamente lhe puserão, pagarem os donos das **padas** (embarcações de pesca) 3, ou 4 *amanões* de areca per cada **pada** que vinha da terra dentro fezer comutação dela por peixe». — *Id.*, p. 847.

**PADAMINI** (s. f.). «Termo da Ásia. Mulheres, que perfumão os seus vestidos com a propria transpiração natural». Morais. «Ásia» é demais lata para a pátria do vocábulo, que é privativo da Índia. *Padminī* (derivado de *padma*, «lódão»), é em sânscrito a designação da mulher da primeira das quatro classes em que os autores eróticos dividem o sexo feminino. *Ratimañjarī* assim a define: «*Padminī* é a mulher que tem olhos de gólfão, nariz de ventas pequenas, seios pingues, cabelos lindos, membros delicados, fala afável como a de Suxilá (uma das mulheres favoritas de Crixna), que é amiga de música vocal e instrumental, bem arreada em todo o corpo e que cheira a lódão».

Não encontrei o termo senão na obra de João de Barros, que bem denota aqui, como em inúmeros outros passos, o seu empenho de investigação e espírito de curiosidade.

1570. — «O maior delles [capitães do rei do Guzarate] que chamavão Madanà tinha hũa das mais fermosas molheres do Reino, a qual era da linhagem d'aquellas que elles chamão **Padaminij**, que segundo affirmão, alem de serem molheres mui perfeitos em seus feitos, e fermosas em suas pessoas, por natureza lhes cheira mui suavemente toda a roupa que vestem, como que da compreissão, e boa proporção de humores proceda este cheiro à sua carne, e della às vestiduras que trazem, como contão que fazia a Alexandre Magno. E por isso erão aquellas molheres mais estimadas entre aquelle Gentio: das quaes dizem elles agora, que com difficuldade se acha algũa naquelle Reino, mas que no Orixà ha muitas». — Déc. IV, v, 2.

* **PADROADISTA.** É um termo formado na Índia para se designar o indivíduo que pertence ou defende o Padroado Português na Índia Inglesa, em oposição a *propagandista*, q. v. Diz-se também *padroadist* em indo-inglês.

* **PADUÁ; paruá** (s. m.). Figura o termo nas pautas aduaneiras da Índia Portuguesa, entre as «drogas de tinturaria do reino vegetal», sem nenhuma outra explicação. O seu étimo deve ser *padavā*, que em marata designa, conforme Molesworth, «certo fruto sêco, usado como droga»; o que pouco adianta quanto à individualização. Rheede menciona *padava-kani* como o nome concani de *Hugonia mystax*, Linn., que é uma espécie de linho e tem, segundo o mesmo botânico, muitas propriedades terapêuticas.

1879. — «**Paruas** ou **paduvás**, livres» (de direitos). — João Stuart Torrie, *Estatistica da India Portugueza*, p. 214.

* **PAGADDI, pagari** (conc.-hindust. *pagḍī*). É o mesmo que *mundaçó*, q. v.

1856. — «Touca he o mesmo que Trunfa, Turbante, e em lingoa do Paiz Mundassó ou **Pagadi**». — F. N. Xavier, *Instrucção*, p. 48.

1886. — «Um mundassó ou **pagddy**, especie de trunfa ou turbante». — Lopes Mendes, *A India Portugueza*, II, p. 138.

1908. — «Concebeu o plano de vingar, dizendo solemnemente que não usaria o seu **pagaddi** em quanto não tivesse cortado a cabeça de Dhondgy Vagha». — *Luz do Oriente*, de Janeiro.

1689. — «...with a **Puggaree** or Turbant upon their Heads. — Ovington, *A Voyage to Suratt*.

**PAGODE.** Os nossos indianistas assinam à palavra três sentidos diferentes, com relação à Índia, Indo-

China e Extremo Oriente, sendo a India o ponto de partida. «Pagode entre os Portuguezes da Índia significa o idolo, e o templo, e tambem huma certa moeda de ouro». — P. Francisco de Sousa (*Oriente Conquistado,* II, IV, 2)[1]. V. *varela.* Há controvérsia acêrca da prioridade relativa entre os dois primeiros. Regista-os conforme a evolução semântica que se me afigura mais consentânea à razão, contra a opinião geralmente seguida.

I. **Pagode** é «idolo indiano, imagem de deuses ou santos asiaticos». Actualmente é pouco usado nesta acepção. Em Macau, porém, ainda hoje se emprega neste sentido. Os Vedas não mencionam imagens nem templos. Parece que a sua introdução e propagação se devem ao budismo e jainismo.

1525. — Trazem hũs carros triunfaes que andam sobre suas rodas, onde andam bailhadeyras e outras mulheres com tangeres ao **pagode,** o ydolo». — «Tem elrey hũa casa feyta de pano com a sua porta cerrada, onde tem hum **pagode** o ydolo». — «As mulheres solteiras e bailhadeyras ficão bailhando diante do **pagode** o ydolo grande pedaço». — *Chronica de Bisnaga,* pp. 100, 102 e 104.

1635. — Disserão a elrey que era tempo que os **pagodes** lhe tinhão dado o synall de vencimento». — «Disserão que os seus **pagodes** não erão contentes com aquella obra, por ser grande sem lhe darem algũa cousa». — *Ibid.,* pp. 29 e 56.

1538. — «Que lhe jurava [a rainha de Onor, no Canará] pelas alparcas douradas do seu **pagode,** que tanto folgaria com a victoria que Deos lhe desse contra elles, como que o Rey de Narsinga cuja escrava ella era, a assentasse á menza com sua molher». — Fernão Pinto, *Peregrinação,* cap. 9.

1551. — «Metese o diabo neles muytas vezes, e dizem que he hum dos seus deuses, ou **pagodes,** que assi lhe chamão». — Castanheda, *Historia,* I, cap. 14.

1552. — «Dizendo tódos ter ofendido aos seus **pagodes** em não lhe fazer sacrificios e offertas que lhe tenha prometido». — João de Barros, Déc. I, IV, 18.

1557. — «E que a seu primo não lhe avia de valer o Rey de Calecut, nem seus **pagodes**». — *Commentarios,* II, cap. 51.

1559. — «Tendo-se suspeitado que em alguma casa ou casas dos ditos gentios ha os ditos **pagodes** e idolos, as pessoas a cuja noticia vier o denunciarão». — *Carta Régia,* in *Archivo,* V, p. 389.

c. 1560. — «Os Papuas, Maugs, Vedas, trazem **pagodes** de popa e proa, os quaes amergulhão na agua, quando são cançados pera que o nauio ande mais». — Gabriel Rebêlo, *Informação de Maluco,* p. 179.

1563. — Jurando [o rei de Cananor em 1498] mais por seus **pagodes,** que são sêos idolos que adorão por Deoses, que tudo cumpriria até morrer». — Gaspar Correia, *Lendas,* I, p. 119.

1563. — «E tambem se gasta [o sândalo] vermelho em **pagodes** ou idolos». — Garcia da Orta, Col. XLIX.

1567. — Acender candeas deante dos **pagodes,** ou em lugares a elles destinados, untalos com azeite, sandalo, e mais cousas». — Primeiro Concílio de Goa, in *Archivo,* IV, p. 13.

1603. — «Taparão todos os olhos dizendo que tirasse aquella sugidade, que erão Christãos, e não adorauão idolos, nem **pagodes,** quaes cuidavão que erão todas as imagens». — Fr. António de Gouveia, *Jornada do Arcebispo,* fl. 48 *v.*

1603. — «Perguntei-lhes se Thodares tinhão **pagodes,** responderão que tinhão huma bufara por **pagode**». — In *O Chronista de Tissuary,* III, p. 138.

1608. — «Faço deixar as cinzas, e as mais ceremonias, e sinal de **pagode,** e persuado a esta gente que o não tragão na testa (como costumão fazer todos a honra dos **pagodes**) e que não adorem o **pagode** de Chocanadá». — P. Fernão Guerreiro, *Relaçam Annual,* fl. 92.

1611. — «Particularmente como os Bonzos, os quaes tinhão chea a casa de imagens de **pagodes**» (na China). — P. Sabatini de Urcis, *P. Matheus Ricci,* p. 21[1].

1613. — «Iam diante quatro ou cinco andores com alguns **Pagodinhos**». — P. Manuel Barradas, in *Hist. Tragico-Maritima,* II, p. 107.

1615. — «Os povos gentios deste paiz de Bengala tem por seu **pagode** ou idolo um elephante branco, que é mui raro de encontrar». — Pyrard de Laval, *Viagem,* I, p. 297.

1624. — «Vão dando grandes vivas e euges a seu **pagode** de contino com estas palavras (ye Badrynate ye ye)». — P. António de Andrada, *Novo Descobrimento do Gram Catayo,* fl. 3.

1650. — «Nem se pode dizer serem os

---

[1] «*Pagode.* Idolo, Tempio d'Idoli, e moneta d'oro di circa un Zecchino». Sebastiani (1660), *Seconda Spedizione,* p. 149.

[1] Este autor, todas as vezes — e são muitas — que emprega a palavra **pagode,** dá-lhe o sentido de «ídolo», designando por *varela* o templo: — «Uma *Varela* velha que é templo dos idolos, por haver muitas nesta cidade» (Pequim). Pág. 62.

**pagodes** auctores do universo, quando é certo que qualquer **pagode** (ainda o primeiro que se assigne) teve pae e mãe». — P. António F. Cardim, *Batalhas*, p. 138.

1663. — «E ao passar de cada conta não dizia mais que Rama, Rama, Rama, que he o nome do seu mais prezado **pagode**». — P. Manuel Godinho, *Relação*, p. 24.

1687. — «... levantando em agradecimento templos a seus **pagodes**, e noua cidade aos nouos habitadores». — P. Fernão de Queiroz, *Conquista de Ceylão*, p. 4.

1697. — «Hum bramane gentio de larga idade era tão devoto dos seus idolos, que por onde quer que fosse, levava sempre grande somma de **pagodinhos**». — P. Francisco de Sousa, *Oriente Conquistado*, II, I, 12.

1885. — «Os *pagodes templos* estavam já a este tempo derrubados, como se vê por muitos documentos. Aqui porem falla dos **pagodes** *idolos;* porque a uma e outra cousa se applica o vocábulo». — Cunha Rivara, in *Archivo*, v, p. 229.

1883. — «Logo que o bonzo, o padre chinez tem declarado o lugar em que o finado deve ser enterrado, faz-se o saimento como descrevi, e os **pagodes,** os bonecos, as figuras de papel e de papelão... são queimados junto do tumulo». — Adolfo Loureiro, *No Oriente*, I, p. 342.

1544. — «Delectaret me si nunciares neminem jam ex illis *Orracam* bibere, neminem **pagodes** sculpere». — «... patrios Deos (**pagodes** vocant) in contemptu indigenarum esse venturos». — S. Francisco Xavier, *Epistolae*, I, 79; III, 24.

1582. — «Nella cui summità è una statua di rame dorata assai grande, che da loro è chiamata **Pagodo**». — «Furono fatti fare alcuni **Pagodini** ò statuette». — G. Balbi, *Viaggio*, fl. 82 e fl. 114 *v*.

1584. — «Hanno certi loro **Pagodi,** i quali venerano come santi, e sono i loro idoli, referendo a Dio principalmente ogni cosa si delle naturali come dele volontarie». — F. Sassetti, *Lettere*, p. 220.

1589. — «Les Bramenes aussi que les Prestres des Malabares et Indiens y servent à leurs Idoles qu'ils appellent **Pagodes** et ont temples dediez à icelles». — Linschoten, *Histoire*, p. 23.

1610. — «Nam et illi idola pro Diis (**Pagodes** vocant) et feras alunt, et tot commenta proponunt, ut virtutis radium, si quem habent, extinguant, et virtutum speciem, quam praeseferunt, deturpent». — Trigault, *Vita Gasparis Barzaei*, p. 195.

1620. — Sur la minuit on porte le **pagode** au son de trompettes, et on tire quantité de feu d'artifice, que ces peuples preparent fort bien». — Methold, in *Relations*, I, p. 6.

1630. — «The Bramenes under each green tree erect temples to **pagodes**». — Lord, in *Glossary*.

1735. — «A trente ans il [Buda] fut tout-à-coup pénétré de la divinité, et devint *Fo* ou **Pagode,** comme l'appellent les Indiens». — P. Halde, *Description de la Chine*, III, p. 19.

«Le païen craignait de commettre un crime, de peur d'être puni par ses faux dieux, le Malabare craint d'être puni par la **pagode**». — Voltaire, *Traité de la Tolérance, apud* P. Dubois, I, p. 349.

1900. — «In those days [do bispo D. João de Albuquerque] the word **pagoda** was used by the Portuguese to denote both the Hindu temple and the idol, and it was in more recent times that the word was confined to the temple alone». — Gerson da Cunha, *The Origin of Bombay*, p. 137.

II. **Pagode** é «*templo hindu* e, por extensão, *mesquita* dos mouros e *varela* dos budistas» [1].

Nesta acepção é mais usado hoje em dia assim pelos escritores nacionaes, como pelos estrangeiros; ingl. *pagoda*, fr. *pagode, pagodin* [2].

1516. — «Ha nesta terra [Malabar] outra ley [casta] de gente a que chamaom *Cuiavem* que nom tinhaom diferença dos Nayres, somente por hũu ero que fizeraom ficaraom em ley sobre sy; seu oficio he fazerem louças e tijolo pera cobrirem has casas dos Reys e dos Idolos... tem idolatria sobre sy, e seus Idolos apartados. Nas suas casas de oração a que chamaom **Pagodes** fazem muytas feitiçarias e nigromancias». — Duarte Barbosa, *Livro*, p. 333.

1525. — «Estes **pagodes** são casas em que fazem suas orações, e tem seus idolos, os quaes são de muytas maneiras». — *Chronica de Bisnaga*, p. 84.

1535. — «Nesta cidade fez muitas obras, e as esmollas aos pagodes, e nella fez hũu **pagode** muito honrado, ao qual deu muitas rendas». — *Ibid.*, p. 22.

1542. — «Destes **pagodes** que digo ha

---

[1] Duarte Barbosa chama em um lugar *mesquita* ao oratório hindu: «Estaom os noiuos [brâmanes] ambos assentados em hũu estrado muyto cubertos douro e pedrarias e joias, diante de si tem hũa *mesquita* com hũ Idolo cuberto de flores». *Livro*, (2.ª ed.), p. 279.

«In the 17th century we find the word sometimes misapplied to places of Mahommedan worship, as by Farya y Sousa, who speaks of the **Pagode** of Mecca». *Glossary*.

[2] «**Pagode**. Monument religieux de l'Inde et de l'extreme Orient... consistant à l'origine en une sorte de chapelle, soit taillée dans le roc, soit construite à ciel ouvert, mais dans laquelle la statue de la divinité est dressée au centre de piliers, supportant une pyramide polygonale». — *La Grande Encyclopédie*.

muytos com edificios muyto sumptuosos, principalmente os das religiões em que vivem os menigrepos, conquiaes, e talagrepos que são os sacerdotes das quatro seytas». — Fernão Pinto, *Peregrinação,* cap. 107.

«Fomos logo metidos dentro de hum **pagode,** que era hum templo da sua adoração, cercado em roda de parede muyto alta» (no Japão). — *Id.*, cap. 138.

1551. — «... em hum **pagode** que he casa de oração dos seus idolos que tem deputado para isso». — «E fazemlhe casas dedicadas aos diabos, a que chamão **pagódes**». — Castanheda, *Historia,* I, cap. 14; II, cap. 16.

1552. — «Do rio Zanguizar á outras vinte e cinquo legoas onde está o **pagode** se contem Ceitapor, Carapatão, Tamaga». — João de Barros, Déc. I, IX, 1.

1554. — «E pera o mosteiro de santa fee oyto çentos e corenta e cinquo mil reis em cada hum ano, afora a Renda dos **Pagodes,** que sua alteza deu para a dita casa, que Rende seyscentos mill reis». — Simão Botelho, *Tombo da India,* p. 70.

1558. — «Os christãos se espalharão por diversas partes, e a nossa casa foi dada a **pagode,** ou casa de idolos». — P. Gaspar Vilela, *Cartas de Japão,* I, fl. 59.

1563. — «E todas as casas [de Calecut] cubertas *d'ola,* que he a folha de palmeiras, que por seu costume e ley, ninguem tem casas cubertas de telha senão as casas de seos **pagodes,** que são suas igrejas, e casas dos Reys». — Gaspar Correia, *Lendas,* I, p. 183.

1563. — «Tem outro **pagode** em huma parte da ilha que chamam Maljaz: a qual he huma casa muyto grande, tambem feita dentro na pedra; e tem dentro muytos pagodes [ídolos], e muyto mal assombrados». — Garcia da Orta, Col. LIV.

1566. — São estes gentios Canaris de Malabar mui ceremoniaticos, tem templos a que chamam **pagodes,** mui grandes, e bem ornados, com muitas imagens». — Damião de Góis, *Chron. de D. Manuel,* I, cap. 22.

1568. — «Eu sou informado que à ilha de Guoa vem *Jogues* que trazem bullas dos **paguodes** dos idolos de jentios». — *Regimento Jeral,* in *Archivo,* III, p. 20.

1603. — «Souberão os Gentios e Bramanes dos **Pagodes** destas festas e intentos do pouo, e como auião de leuar o Arcebispo na procissão». — Fr. António de Gouveia, *Jornada,* fl. 57.

1609. — «Poseram esta imagem entre os seus santos no seu **Pagode,** que é a sua Egreja». — Fr. João dos Santos, *Ethiopia Oriental,* II, p. 82.

1614. — «Tem o mais soberbo e sumptuoso **pagode** que ha em toda aquela ilha». — Diogo do Couto, Déc. VI, IV, 7.

1615. — «O grande **pagode,** ou templo real, que é o maior do reino [de Calecut], onde ha grande numero delles. A imagem do idolo que alli se adora, a que tambem chamam *Pagode,* está collocada na parte mais interior do templo». — Pyrard de Laval, *Viagem,* I, p. 352.

1630. — «**Pagode** chamamos a casa que tem por templo». — Fr. Luís de Sousa, *Hist. de S. Domingos,* III, p. 245.

1635. — «...se ia fazendo e fortificando pelos mouros vassallos do Idalcão um **pagode** [mesquita] à maneira de fortaleza». — António Bocarro, Déc. XIII, p. 87.

1668. — «E nos fomos prolongando da costa com vento em popa, e ganhamos o barlavento das Ilhas té passarmos o **Pagodinho**». — Fr. Jacinto de Deus, *Vergel,* p. 162.

1685. — «Para o outro lado [do Pico de Adão em Ceilão] está o **Pagode** [varela], que he a sua Igreja». — João Ribeiro, *Fatalidade Historica,* I, cap. 23.

1697. — Usamos indistintamente na India desta palavra, **Pagodes,** para significarmos ou idolos, ou templos gentilicos». — P. Francisco de Sousa, *Oriente Conquistado,* I, I, 2.

1825. — «Tem alguns **pagodes,** asylos de superstição, adornados com idolos de feia catadura». — José Inácio de Andrade, *Cartas,* I, p. 18.

1883. «Cheguei a um templo budhista, o principal da cidade [de Columbo]. Em uma das mais bellas estradas do paiz abre-se um portão que dá accesso a um recinto, onde se encontram quatro templos ou **pagodes**». — Adolfo Loureiro, *No Oriente,* I, p. 225.

1886. «Os **pagodes**... são templos gentilicos, em que os idolos estão expostos á adoração dos devotos. São ordinariamente de fórma quadrada ou quadrilonga; os maiores são divididos em tres naves e de construcção perfeitamente oriental». — Lopes Mendes, *A India Portugueza,* p. 55.

1898. — «**Pagodes,** a que os hindus chamam *deiola* ou *devalem,* são os templos em que os idolos estão expostos á veneração dos fieis». — Oliveira Mascarenhas, *Atravez dos Mares,* p. 173.

1515. — «In questa terra di Goa, e di tutta l'India vi sono infiniti edificii antichi de' Gentili e in una isoletta qui vicina detta *Dinari* [= Divari], hanno i Portoghesi per edificare la terra di Goa destrutto un tempio detto **Pagode** (pigliava per nome proprio ciò ch'é nell' India commune...[1]) ch'era con maraviglioso artificio fabricato». — André Corsali, *apud* Gubernatis, *Storia,* p. 116.

1544. — «Ego Christianorum vicos circumiens, Brachmanorum aedes (**Pagodes** vocant) transire soleo». — S. Francisco Xavier, *Epistolae,* I, 14.

[1] É observação do editor, pouco correcta com relação ao tempo do autor. A generalização do nome foi incontestávelmente devida aos portugueses.

1582.—«Faceuano di questi **pagodi**, che vuol dire appresso di noi Tempio, ò Chiesa». — G. Balbi, *Viaggio*, fl. 81.

1584. — «Hanno certe loro chiese, che chiamano **Pagodi**, dove vanno a farsi schiavi del nabisso (= abisso)». — F. Sassetti, *Lettere*, p. 231.

1585. — «Setenta leguas desta ciudad [Bisnaga] esta vn **Pagode**, o templo de Idolos donde se haze vna feria riquissima todos los años». — Fr. Juan G. de Mendoça, *Hist. de la China*, p. 369.

1616. — «Ils appellent leurs petits temples des **Pagodes**, ils sont bastis en rond; il y a des Idoles, quoy qu'ils representent des Monstres». — Thierry, in *Relations*, I, p. 94.

1640. — «Leurs temples ou **pagodes** sont de bois» (no Japão)». — *Relation du Japon*, p. 32.

1638. — There they met us in a great **pagodo** or *pagod*, wich is a famous and sumptuous Temple (or church)». — Lord, in *Glossary*.

1653. — «Ils peuvent seulement faire profession de païens ou musulmans, sans avoir aucune **pagode** marquée ou statue». — Le Gouz de la Boullaye, *Voyages*.

1658 — «Li Tempij de' Gentili dell' India quali chiamano *Pagoddi*, sono di due sorti». — Fr. Vincenzo Maria, *Viaggio*, p. 323.

1666. — «Il y a des Mosquées et des **pagodes**, c'est-à-dire des Temples des Gentils en cette Ville». — Thevenot, *Voyages*, III, p. 18.

1670. — «Leurs **Pagodes** sont magnifiques, ou en couvre de cuivre, et même d'argent et il y a toujours auprès des bassins proportionnez à la grandeur du temple pour se purifier. — Dellon, *Relation d'une Voyage*, I, p. 233.

1676. — «Pour moi que je vu aux Indes plusieurs **pagodes** ou Temples d'Idolâtres, et des edifices plus beaux que ne pouvait être le Temple d'Ephese, je croit que ce bassin servoit plutôt à mettre les offrendes du peuple, comme il y a de semblables aux **pagodes** des Indes». — Tavernier, *Voyages*, I, p. 111.

1782. — «Ces énormes machines qui couronnent les portes, les décorations intérieures, et les milliers de colonnes qui entourent les **pagodes**, imposent le respect, et annoncent la demeure de la divinité». — Sonnerat, *Voyages*, I, p. 101.

1786. — «Alcune **Pagodi** o Tempj de' Gentili portano sul frontispicio una, o due vacche colossale». — Fra Paolino, *Viaggio*, p. 15.

1884. — «Les temples de l'Indoustan et du Bengale sont en général ce qu'on appelle dans le Sud des **pagodins**, c'est-á-dire de petits sanctuaires surmontés de pyramides assez élancées)». — Mgr. Laouenan, *Du Brahmanisme*, I, p. 40.

1898. — «Pero le costó contener en parte la admiración al asomarse á la balustrada que forma uno de los lados de la **pagoda**, viendo el paisaje maravilloso que ante sus ojos se ofrecia». — Alfredo Opisso, *La India*, p. 18.

1900. — «Passe une region habitée; des villages, des **pagodes**, de vieilles églises, en ce style un peu hindou qu'ont adopté ici les chrétiens syriaques». — Pierre Loti, *L'Inde*, p. 106.

III. Pagode, «antiga moeda de ouro, que corria na India meridional. de valor variável desde 360 até 3:600 réis». Dizia-se por vezes «pagode de ouro», para se distinguir das outras acepções do vocábulo [1]. A denominação portuguesa de *pagode* é posterior, como declara o *Tombo Geral*, à de *pardau*, q. v. Deveu a sua origem à efígie do ídolo, ou «figura do *pagode* desta gentilidade», como diz Diogo do Couto. V. Linschoten e Bluteau, *infra*.

O *pagode*, alêm de se sujeitar às flutuações do mercado, tinha diversa valia conforme as suas espécies ou procedências. A tarifa denominada de Sivá Poy avalia o do Balagate em pouco mais de 8 *xerafins*, o do coche em 9 ½ xerafins, e o de Patavar em 12.

Os nomes indígenas da moeda são: *varāha*, *varā*, do sânsc. *varāha*, «javali», uma das encarnações (*avatares*) de Vixnu, cuja efígie aparece em várias emissões; e *hona* ou *hūn*, do sânsc. *suvarṇa*, «ouro».

1595. — «A qual moeda de **pagodes** se chamava antigamente «pardáo d'ouro», e tinhão de valia trezentos e sessenta réis». — Francisco Pais, *Tombo Geral*, fl. 84.

1603. — «Como são mil **Pagodes** cada anno, que fazem perto de mil, e quinhentos cruzados». — P. Fernão Guerreiro, *Relaçam Annual*, fl. 65 v.

1611. — «Havia muitos *Chatins*, que são mercadores que falavão por *candiz* de **Pagodes** de ouro, que he huma moeda como tremoços, que tem a figura do *pagode* desta gentilidade, e vale cada hum mais de quatrocentos reis». — Diogo do Couto, *Dialogo do Soldado Pratico*, p. 156.

---

[1] Yule atesta que também havia moeda de prata, com idêntico nome, talvez dado por ingleses. Mas os nossos escritores não o mencionam, provàvelmente porque não corria nos nossos domínios, pelo menos com tal designação.

«Os **pagodes** de ouro, de que todos os annos tinhão mais de quinhentos mil a empregar em naos do Reyno, valião então a sete tangas, e meia, e hoje valem a onze, e meia, e assim a esta conta todas as mais moedas». — *Id.*, Déc. VIII, I, 25.

1615. — «São moedas de ouro, que de um lado tem a effigie d'el-rei e do outro um **Pagode** ou idolo». — Pyrard de Laval, *Viagem*, I, p. 350.

1618. — «Outras moedas correm lá a que chamão **Pagode**; vale cada uma dellas nove tangas, e meia até dez que importam 570 réis até seis tostões». — Manuel Barbosa, in *Archivo*, V, p. 328.

1619. — «Pagará por cada cem **pagodes** de avaliação dous **pagodes** e meyo». — *Regimento* do Vedor Nuno Vaz.

1631. — «Pagará de pena qualquer das partes, que não cumprir estes capitulos em todo, ou em parte, dez mil **pagodes**, que fazem da moeda de Goa trinta e cinco mil xerafins». — *Apud* Júlio Biker, *Collecção de Tratados*, I, p. 274.

1695. — «São **pagodes** moedas de ouro, que valem cinco rupiàs, cada rupià com pouca differença hum cruzado». — Cosme da Guarda, *Vida de Sevagy*, p. 37.

1720. — «**Pagode**. Tambem he moeda de ouro de duas, ou tres castas, que o gentio da India fabrica, e por cunhada com a effigie do diabo, foy chamada **Pagode**». — Bluteau.

1747. — «Dá-se o nome de **Pagodes** na India a certas moedas de ouro, que cada huma tem valia de cinco rupias, que he o mesmo que cinco Cruzados». — Montarroio Mascarenhas, *Epanaphora Indica*, IV, p. 39.

1810. — «Cobra-se em moeda de **pagodes** denominada *Nixanny*». — *Apud* Joaquim C. Soares, *Doc. Comprobativos*, p. 234.

1814. — «Explanação do dinheiro dos pagodes da moeda nixanny que é distribuida em 8 partes, a saber: *Hona* ou *vara* chamado em portuguez **pagode**, 2 dharanes, 3 doules, 4 belans, 5 vis, 6 arvis, 7 rucós, 8 paurucós». — *Ibid.*, p. 449.

1825. — «A companhia dá-lhe armas, fardamento, e 2 1/2 **pagodes** por mez; equivalente a 16$800». — José Inácio de Andrade, *Cartas*, II, p. 191.

1866. — «**Pagode**: Segundo presumimos, he nome generico dado pelos Portuguezes ás moedas que vierão aqui achar, em curso, ao tempo da sua conquista, pera não se ocuparem com os nomes especiaes delles que lhes devia embaraçar para proferir, e esse nome se vulgarisou por toda a India, como a sua lingoa». — F. N. Xavier, *Descripção do Coqueiro*, p. 66.

1879. — «Nas provincias das Novas Conquistas contam nas transacções particulares por umas moedas imaginarias denominadas **pagode** *saunoy*, que equivale a 6 xerâfins e 2 1/2 tangas, e **pagade** *nixany*, ou 6 xerafins». — João Stuart Torrie, *Estatistica da India Portugueza*, p. 195.

1880. — «Os portuguezes chamavam ás moedas de oiro **pagodes**». — Teixeira de Aragão, *Descripção das Moedas*, III, p. 96.

1904. — «Esteve arrendada por 1:150 **pagodes** equivalentes a 2:887 xerafins, duas tangas e trinta réis». — Ernesto Fernandes, *Regimen do sal*, etc., in *Bol. S. G. L.*, XXII, 321.

1566. — «Nell' uscir poi li caualli Arabi di Goa, si paga di datio quarenta due **pagodi** per cauallo, e ogni **pagode** val otto lire alla nostra moneta; e sono moneta d'oro». — Cesar Frederici, *apud* Ramúsio, III, fl. 388.

1582: — «Vi sono alcuni ori, i quali si chiamano **pagodi**, i quali sono ori de' Gentili, i quali sono rotondi e piccoli; ma grossi, con alcuni idoli sopra scolpiti». — G. Balbi, *Viaggio*, fl. 70.

1586. — «Li cavalli pagano di nolo la metà, e ad uscire di qui 40 **Pagodi** d'oro coniato, che sono tanti scudi d'oro in oro». — F. Sassetti, *Lettere*, p. 289.

1589. — «Il y a aussi des **Pagodes** de deux ou trois sortes, qui sont pieces d'or qui valent tousiours plus de huict Tangas. Ils sont batus par les Indiens Payens qui y mettent l'effigie d'un Idole ayant la forme d'un diable, où aussi ils prennent le nom». — Linschoten, *Histoire*, p. 72.

1623. — «**Pagod** è vna moneta d'oro, che vale quasi quanto vn Zecchino venetiano». — Pietro de la Valle, *Viaggi*, III, p. 150.

1666. — «Les **Pagodes** sont des pieces d'or, dont il y a de vieilles et de neuves; lorsque j'étois à Pagnagar, les vieilles valoint cinq roupies et demi, c'est-à-dire environ huit livres, parce qu'elles y étoient rares et les neuves ne valoient que quatre roupies». — Thevenot, *Voyages*, III, p. 269.

1673. — «About this time the Rajah .. was weighed in Gold, and poised about 16,000 **pagodes**». — Fryer, *East India*, I, p. 144.

1675. — «El despojo fue tal, que uvo moço, a quien cayeron en las manos cinco talegas de **Pagodes**, moneda del oro tamaño de medio real de plata peró mas gruessa, y de valor de un escudo. — Faria e Sousa, *Asia Portuguesa*, III, p. 78.

1676. — «Ces **Pagodes** sont des especes d'or qui valent tantôt plus tantôt moins, depuis six francs jusqu'à sept francs et demi de notre monnoye». — Tavernier, *Voyages*, III, p. 136.

1689. — «... and had allowed him twelve or fifteen new **Pagotha's** which is about four Pounds sixteen shillings or six Pounds». — Ovington, *A Voyage to Suratt*, p. 517.

1782. — **La pagode** est une monnoie d'or plate d'un côté et convexe de l'autre; sur le côté plate, il a pour l'ordinaire quelques figures de Dieux indiens... Il y a un grand nombre d'espèces de **Pagodes**». — Sonnerat, *Voyages*, I, p. 144.

1791. — «Le docteur aurait été obligé d'aller se purifier dans le Ganges, s'il n'eût abrégé toute difficulté en présentant quelques **Pagodes** ou pièces d'or à son introducteur». — Bernardin de Saint-Pierre, *La Chaumière Indienne.*

1825. — «La première classe est celle des individus dont toute la propriété est au-dessous de la valeur de douze **pagodes** (5 liv. sterling ou 120 fr.)». — P. Dubois, *Mœurs,* I, p. 28.

1885. — «The dynasty, however, took its name from Ikkeri, and its currency were known as Ikkeri **Pagodas** and *phanams,* even after the mint was removed». — Hunter, *The Imperial Gazetteer,* V, p. 508.

IV. **Pagode** é «festa ruidosa ou licenciosa; folia, pândega, bambochata; despesa louca». Usado em Portugal.

O Dr. Adolfo Coelho consigna a acepção de «divertimento» como figurada. O *Diccionario Contemporaneo* acoima-o de «plebeia», e o de Cândido de Figueiredo, de «chula». Gonçalves Viana reputa-a «termo do calão» e «de uso muito moderno».

Muito moderno não se pode certamente considerar o termo que vogava, no mesmo sentido, em Portugal no século XVI, e que Jorge Ferreira de Vasconcelos e D. Francisco de Melo empregam como muito conhecido.

Quanto à pecha de *chulo* e *plebeu,* parece que *pagode* não merece actualmente tal tratamento, sendo usado freqùentemente pela imprensa periódica e gente polida, ao menos com referência aos governos e aos parlamentos.

¿Qual é a explicação dêste sentido específico, tão discordante dos originários? É de conjecturar que se teria originado do carácter das festas dos *pagodes* indianos, em que tomam parte as bailadeiras, e que são de ordinário espalhafatosas, e às vezes extravagantes, particularmente aos olhos do espectador estranho. «É natural que esta acepção, diz Gonçalves Viana, provenha das funções que se realizam nos pagodes, e que indivíduos portugueses que tivessem estado na Índia houvessem trazido para cá o termo, já no sentido de «folgança» [1].

1560. — «Nessas meijoadas sempre ha pagodes, e vinho». — Jorge Ferreira de Vasconcelos, *Ulysippo,* I, 4. — «Gostem de devassas, fação **pagodes**». *Id.,* II, 6. Florença tem esta noite **pagode** com o seu caixeiro». III, 5.

1620. — «Outras que jurareis que andam homisiadas, por que não sahem nunca debaixo da cuberta, e lá no invez da garganta fazem suas festas e **pagodes,** e tudo o mais deixam despovoado». — Fernão Rodrigues Lôbo (citado por Domingos Vieira).

1655 — «Pelo amor, que tomárão á estalagem nova do Roçio na minha vizinhança vão lá fazer seus **pagodes**». — D. Francisco de Melo, *Apologos Dialogaes,* p. 226.

1866. — «Os rapazes riam ao contar o **pagode,** feito na vespera á noite em casa de uma mestiça solteira». — Conde de Ficalho, *Garcia da Orta e o seu tempo,* p. 177.

1900. — «Já não ha «cabarets», com «bocks» a 50 centimos, com canção e **pagode**». — *O Seculo,* de 30 de Abril, citado nas *Apostilas.*

1902. — «Com o regimen de **pagode,** que tem sido o programa até hoje». — *O Seculo,* de 15 de Abril, *ibidem.*

A intrincada e debatida questão da etimologia de *pagode* está largamente expendida nas *Contribuições para a Lexicologia.* Aqui direi, resumidamente, o indispensável, indicando os étimos apontados e as razões de minha preferência.

1. As locuções chinesas *pao-t'ha,* «montão precioso», ou *poh-kuh-t'ah,* «montão de ossos brancos». Escritores há também que dizem que a sua origem é puramente chinesa, sendo aquella palavra a transcripção phonetica dos caracteres «*Pe-Kou-tah*», «rima ou pilha de ossos brancos». Joaquim C. Crespo, *Cousas da China,* p. 27. E Yule observa judiciosamente que dos monossílabos chineses se pode extrair a etimologia de qualquer palavra. Pode-se também acrescentar que, se a história tem voz no assunto, a derivação chinesa é impossível, visto que em princípios do século XVI os portugueses não tinham

[1] Alguns dicionaristas atribuem, sem abonação, à palavra *pagode* o sentido de «reùnião de idólatras religiosos».

travado relações com a China e o termo era então corrente entre êles na Índia.

2. O português *pagão*, que foi adoptado pelo etimologista Wedgwood e que Yule julga ter facilitado a adopção de *pagode* pelos portugueses. Mas seria caso singular a deformação da voz *pagão* em *pagode*, para designar objectos tão diferentes. Além disto, a palavra *pagão* raro ocorre nos nossos indianistas, que empregam neste sentido a dição *gentio* (e os seus derivados *gentilidade* e *gentilismo*), que foi apropriada pelos ingleses sob a forma de *gentoo*.

3. O sing. *dágaba*, «santuário búdico», pela transposição das sílabas, o que deveria dar *bágada* e não *pagode*. Mas o étimo não era corrente na Índia no tempo de Duarte Barbosa, nem os portugueses tinhão então trato intenso com Ceilão. Foi na Indo-China e no Extremo Oriente que primeiro conheceram os templos e mosteiros dos budistas.

4. O persa *but-kadah* «templo de ídolos», proposto por Ovington, Reinaud, Littré, Devic, Burnell [1]. Mas fonéticamente, *but-kadah* ou *but-kedah* difere muitíssimo de *pagode*, e semânticamente, não dá razão de todos os significados. Também é preciso supor que os portugueses receberam o vocábulo dos *mouros* ou muçulmanos.

5. O sânsc. *bhagavat*, «adorável, deus», propugnado por Yule contra Burnell, e admitido por alguns outros orientalistas.

Parece-me que êste étimo é o mais verosímil, na sua forma feminina *bhagavatī*, «deusa», atribuída, por excelência, a Durgá ou Cali (mulher de Xiva), que é, de ordinário, a divindade tutelar de aldeia na Índia meridional, e que também se chama simplesmente *devī*, «deusa».

O vocábulo *bhagavatī*, na sua transição para as línguas dravídicas, devia, em obediência às leis fonéticas gerais, transformar-se vulgarmente em *pagavadi* ou *pagôdi*. Pois o tamul não tem consoantes aspiradas, não emprega brandas iniciais nem duras mediais. E a forma *pagodi* existe em algumas regiões dravídicas. Em Curg o povo dá a Cali, segundo Kittel, o tratamento de *pagŏdi* ou *pavodi*. Gundert regista no seu dicionário o malaiala *pagôdi* (mas escreve *pakôti*, consoante à índole da língua) como sinónimo de *bhagavatī Durgá*, do qual deriva o português *pagode*. Burnell, porêm, sustenta o contrário, considerando a palavra portuguesa como étimo da malaiala, sem explicar o motivo da restrição do sentido.

Objecta-se que *bhagavat* ou *bhagavatī* não é nome de «templo» em nenhum idioma indiano. Históricamente, não há nada que justifique a prioridade da significação «templo» da dição portuguesa *pagode*. As referências neste sentido de Duarte Barbosa e Corsali em 1516 não autorizam a ilação *ex silentio* de que não era então ou antes empregada a expressão para designar «ídolo». A vulgarização e a prevalência da primeira acepção, em detrimento da segunda, tem outra razão de ser. Emquanto havia em português o termo *ídolo* para denotar as «imagens do culto pagão», muito usado na época, seria profanação, perante o fervor religioso do século XVI, denominar *templos* ou *igrejas* as «casas dos falsos deuses».

---

[1] 1340.—«Introduzirão para a *Badgana*, que he o quarto dos idolos, que estava edificado junto da praia do mar» (nas Maldivas). — Ben-Batuta, *Viagens*, II, p. 274.

c. 1470. — «I agreed with some Hindoos to go to Pervata, which is their Jerusalem; its Mahommedan name is Ghat Deikh **Bootkana**». — Nikitin, in *India in the fifteenth century*, p. 16.

1698. — «A **Pagode** is the Heathen Temple, or the place Dedicated to the Worship of their False Gods, and burrowed its (Name) from the Persian Word *Pout*, wich signifies Idol; thence *Pout Ghada*, a Temple of False Gods, and from thence, **Pagode**». — Ovington, *A Voyage to Suratt*, p. 159.

«**Pagoda**. (Del persa *butcude*, templo de ídolos en algunos pueblos de Oriente. Cualquiera de los ídolos que en ellos se adoran». — Dic. da Academia Espanhola.

Mas temos indícios históricos em contrário. A parte mais antiga da *Chronica de Bisnaga* (1525) emprega *pagode* no sentido de «ídolo» em três lugares, declarando para evitar a ambigüidade, em cada um o seu significado, não como novo, mas como relativamente pouco usado e já quási suplantado pelo outro. O Padre Francisco de Sousa (1697), muito competente no assunto, enumerando mais de uma vez os significados de *pagode*, põe, em primeiro lugar, «ídolo», em segundo, «templo», e em terceiro, «moeda», indicando dêste modo a sua concatenação cronológica, que é ao mesmo tempo a mais coerente. Não seria, aliás, possível explicar a ampliação do nome do templo ao ídolo, a não se admitir uma anomalia singular. E tem muita razão Gonçalves Viana para dizer: «Quanto a mim, toda a investigação ulterior deve partir da acepção «ídolo», e não, da de «templo».

Com efeito, o nome da divindade — *bhagavatī* — ampliar-se-ia fácilmente, sem mesmo ser preciso recorrer à influência de *but-kadah*, se não na bôca dos indígenas, ao menos na dos estrangeiros, árabes ou portugueses. Temos para exemplo a palavra portuguesa *milagre*, que os maratas do Concão e os muçulmanos do *Sul* tomam ora por uma imagem da Virgem Maria, ora por uma igreja católica, porque há na região muitos templos dedicados a Nossa Senhora dos Milagres. Também em Portugal, como nos outros países da fala românica, as igrejas se denominam elípticamente pelo nome do orago.

Afigura-se-me, porém, que os portugueses nada mais fizeram que generalizar a dupla acepção em que os naturais empregavam o vocábulo restritamente. Duarte Barbosa, de quem diz Gaspar Correia que falava a língua do Malabar melhor que os indígenas, declara que se chamavam *pagodes* tão sómente as casas de oração duma casta especial (*cuiavens*) dêsse país. A razão não pode ser outra senão que tais casas eram dedicadas a *Bhagavatī*, vulgarmente conhecida por *Pagôdi*. E é precisamente êste o sentido que, conforme Gundert, a última dição tem em malaiala.

Assim se aclara também o motivo por que Corsali alude ao *Pagode* da ilha de Divari (freguesia de Nossa Senhora da Piedade) como se fôra nome próprio. Vernáculamente, nomear-se-ia *Bhagavati*, da invocação do orago; mas o autor preferiu a forma aportuguesada, que já vogava no Malabar.

Os portugueses, que se não podiam prender por esta tecnologia religiosa, e não notavam conspícua diferença entre uns edifícios e outros, entre umas estátuas e outras, estenderam gradualmente a denominação de *pagodes* aos templos e ídolos da Índia em particular e aos do Oriente em geral.

1806. — «**Pagode**. Um templo hindu. Esta palavra foi naturalmente formada no Malabar pelos portugueses da palavra sanskrita *bhagavant*, santo, divino, ou *bhagavati*, qualificação de um deus ou deusa, como *Kali-Bhagavati*. Alguma forma malayala serviu de intermediária». — Alberto O. de Castro, *A Cinza dos Myrtos*, p. 188[1].

1786. — La **Bhagavadi**, moneta d'oro, che ha l'immagine della dea *Bhagavadi*, nome corrotto in *Pagodi* o **Pagode** dagli Europei, è moneta rotonda, convessa in una parte. Quella dei Madraspatana chiamata **Pagode** a *stella* con un idolo dall' altra parte, vale 16 paoli e 8 baj. Romani». — Fra Paolino, *Viaggio*, p. 57.

**PAGODEIRA.** O mesmo que *pagode*, no sentido metafórico: bambochata.

1915. — «Pimenta de Castro não cedia e, para meter tambem riso na **pagodeira**, invocava para os seus desmandos e crimes a autorisação parlamentar de 7 de agosto». — *O Povo* (de Lisboa), de 2 de Setembro.

***PAGODENTO.** Amigo ou devoto dos pagodes; pagão.

1650. — «Ella era senhora do reino e do mesmo rei, e como fosse grande **pagodenta** e capital inimiga dos christãos...». — Pe António F. Cardim, *Batalhas*, p. 219.

«E pode ser tambem que a divina semente brote um dia na terra esteril destes **pagodentos**». — *Id.*, p. 227.

[1] Não citei esta autoridade nas *Contribuições* por não ter então conhecimento dela.

* **PAGODISMO.** Religião de pagodes; idolatria.

1687. — «... lizongeando o, com cheyros e perfumes, por confirmado no **pagodismo,** e por vencedor». — P. Fernão de Queiroz, *Conquista de Ceylão,* p. 100.

* **PAGODICE.** Magia, feitiço.

XVIII. — «Em todos estes templos não se pode usar de qualidade alguma de *Bagatá,* **pagodice,** ou chamado feitiço, porque nesses não consentem semelhantes parvoices». — *Notícia do Gentilismo,* in *Notícias,* I, p. 116[1].

**PAGOTÊM.** Turbante, na Índia. Do concani-hindust. *pāgoṭem.* V. *mundaçó.*

1874. — «Mais alem um jardim de turbantes ou **pagotens**». — Tomás Ribeiro, *Jornadas,* II, p. 100.

**PAGUEL, pajer** (ant.). Antiga embarcação de carga, na Índia meridional. Os dicionários do malaiala e os glossários não registam nenhum vocábulo correspondente; é porêm muito verosímil que estivesse em voga no Malabar, ao tempo dos nossos descobrimentos, *pagala,* equivalente ao mar. *bagalā* (conc. *bagló*), que quere dizer «uma embarcação arábica de especial feitio», e representa o ár. *baqalā,* usado no Mar Vermelho, conforme Yule, para designar uma grande embarcação, construída de teca da Índia. É possível que *baqalā* seja corrupção do *hispânico bajel, baxil* ou *baixel.* Convêm notar que o marata tem *pagār,* que podia corromper-se em *paguel;* mas o seu significado de «canoa ou *tona* pequena» não se coaduna com o das abonações.

A forma *pajar,* que figura nas *Lendas,* se não é mera variante fonética de *paguel,* pode provir de *bajrā,* usado em marata, bengali e hindustani, para designar outra espécie de embarcação, o qual se pronunciaria *pajara* ou *pachara* na zona dravídica.

[1] O Dicionário de Cândido de Figueiredo regista outros derivados de *pagode,* usados no continente.

1512. — «Ouueram se os capitães nisto fronxamente, em tal maneira que muy desavergonhadamente fojiam os que queriam desse lugar a outro em **pagueres** e *paraos* dos mouros». — Afonso de Albuquerque, *Cartas,* I, p. 20.

1539. — «Seguiu sua viagem na volta do porto de Dabul, aonde chegou ao outro dia ás nove horas, e tomando nelle hum **paguel** de Malavares, que no meyo da angra estava surto, carregado de algodão, e de pimenta...». — Fernão Pinto, *Peregrinação,* cap. 8.

1552. — «Muytos **pagueres** de Cananor, e paraos de Cochim». — Castanheda, *Historia,* III, cap. 10.

1563. — «Ao longo da terra corrião as *atalayas* d'Onor, que tornarão ao que d'antes fazião, roubando os *zambucos,* e **pajares** que achavão». — Gaspar Correia, *Lendas,* I, p. 619.

«Acharão doze **pajeres,** que sayão de Mangalor, carregadas d'arrôs, e hião para Calecut». — *Id.* p. 623.

1591. — «Sou informado que os **pagueis** que vem do Malabar ao porto de Chaul trazem pimmenta e husam muita artilharia». — *Alvará* do vicerei, in *Archivo,* III, p. 314.

1602. — «Estaua uma frota de Çamorim de cento e trinta velas, sessenta paraos bem artilhados, e as mais náos **Pagueis** de carga, que hião pera Meca, carregadas de drogas, e que os Paraos lhe hião dando guarda». — Diogo do Couto, Déc. IV, v, 3.

«Erão **Pagueis** do reino de Tanor, que yão carregadas de *copra,* areca, cardamono, cocos, e outras fazendas». — *Id.,* Déc. VII, VIII, 10.

«Antes de chegarem a Cochim encontráram hum Paráo de Malavares, que levava hum **Pangale** de christãos tomado... e apertáram tanto, que lhes foi necessario largar o **Pangale,** para poder escapar». — *Id.,* Déc. X, II, 9.

1613. — «**Pagueis** grandes, que chegarem a trezentos *candis* e daly pera cima [pagam] hum pardáo de ouro cada hua». — In *O Oriente Portuguez,* XII, p. 14.

1613. — «Foy dar hũa antê manhã com doze paraos e oito **pajeres** de remo, que hião buscar arroz». — Francisco de Andrada, *Chron. de D. João III,* I, fl. 87.

1614. — «... se não faça nenhum navio de alto bordo, sem expressa licença dos viso-reys, quero dizer, naus, galeotas de carga, **pagueis** grandes». — In *Doc. da India,* III, p. 61.

1635. — «Quando por almadia se não entendia senão embarcações que traziam carga aos **pagueis,** do tamanho das de Pangim». — António Bocarro, Déc. XIII, p. 473.

1586. — «Sette o otto naviletti, che si domandano **Pagheis,** che portano opera di 400 salme». — F. Sassetti, *Lettere,* p. 287.

1660. — «**Paghel.** · Barca Mercantile,

come Galeotta». — Mgr. Sebastiani, *Seconda Spedizione*, p. 149.

1675. — «Venia recogiendo la Cafila con tal animo, que osó el mismo Cossario embestirla, y coger un **Panguel,** sin que se le defendesse». — Faria e Sousa, *Asia Portuguesa*, III, p. 336.

**PÁHLAVI, péhlvi.** Persa medieval, anterior à influência do árabe e derivado do iraniano ocidental ou persa antigo. Era a língua oficial da dinastia sassaniana. V. *Influência* (p. LXIX). É em *páhlavi* que estão escritos os comentários do Avesta. V. *Zend-Avesta*. O termo foi adoptado pelos guebros ou parses. Quanto à sua origem, vid. Haug e *Glossário Anglo-indiano*. Os escritores árabes e persas entendem por *páhlavi* «o persa antigo».

1878. — «Á sua nova patria deram o nome de *airjanem vaego* «habitação, residencia dos airyas», donde por intremedio da lingua **pahlavi** se deriva a palavra de *Iran* ou *Eran*, e o ethnico *iranianos* ou *eranianos*». — Vasconcelos Abreu, *Investigações*, p. 44.

«De todas a que parece ter sido a primeira e verdadeiramente versão [do *Panchatantra*], foi a **pahlavi,** feita no tempo de Nushírván, em 570 P. C. — *Id.*, p. 55.

1880. — «É é conhecido pelo nome de *Zertochtro* na lingua *zend*, *Zerdust* em persa, e *Zarbdut* em **pehlvi**». — Martins Velho, *Estudos sobre o Oriente*, p. 137.

1902. — «Na India, os antigos persas, na sua velha lingua iraniana **Pehlvi** ou **Pahlavi,** e não Zend, ou *Zendavesta*, como impropriamente lhe chamam». — Cristóvão Pinto, in *Ta-ssi-yang-kuó*, II, p. 94.

1906. — «A sua mais numerosa litteratura antiga, hoje conhecida, está escrita em **pehlvi,** dialecto muito em voga na epocha sassaniana, e agora bastante versado na India». — Jerónimo Quadros, *Cartas de Diu*, p. 180.

1870. — «The **Pahlavi** language is one of the most enigmatical languages known to have existed. Its nature is difficult to determine, sinceit exhibits itself, at first sight, as a very curious mixture of Semitic and Iranian elements; its origin and especially the age which gave rise to it, are enshroudedin darkness». — M. Haug, *Essay on the Pahlavi*, p. 9.

1898. — «Pero ha desaparecido [o zend] enteramente del uso cediendo el puesto al persa moderno, mescla de parsi y de árabe, al Kurdi, mescla de caldeo y de **pehlevi,** y este ultimo, llamado tambien *pelwan*, lengua de los antiguos guerreros». — Alfredo Opisso, *El Asia Musulmana*, p. 92.

**Pehlevi.** Langue de la Perse à l'époche des Sassonides et origine du persan moderne. Le nom de **pehlevi** n'a été appliqué à cette langue qu'après la conquête arabe: il dérive du nom *pahlav*, auquel les dictionnaires indigènes donnent le sens de «homme brave» et qu'il n'est pas autre chose que la transformation régulière du mot perse *parthava*, le nom des Parthes». — *La Grande Encyclopédie*.

**PAIÁ** (s. f.). Medida de capacidade para secos, em Damão, equivalente a quatro *ceiras*. Do guz. *pāyā* ou *pāyo*, telúgu-can. *pāvu*.

1740. — «... reduzindo-se este *batte* a razão de 26 **payas** e meia, cada **paya** de 4 ceiras». — *Apud* Júlio Biker, *Collecção de Tratados*, VI, p. 612.

1886. — «*Para* tem 8 ½ **paiás**. **Paiá** tem 4 ceiras. Diz-se que corresponde a 8 *poris* ou *medidas* das ilhas de Goa e Bardez». — Lopes Mendes, *A India Portugueza*, II, p. 255.

1960. — «1 **paia** = 4 ceiras». — António Francisco Moniz, *Hist. de Damão*, I, p. 245.

* **PAICA** (mar. *paikā*). Antiga moeda de cobre, de Dio, equivalente a 48.ª da tanga actual.

1880. — «A contagem fazia-se de ordinario por **payquas,** e cada 8 **payquas** a 1 *droqva*; 1 payqua a 3 *bodes*». — Teixeira de Aragão, *Descripção das Moedas*, III, p. 94.

* **PAIDAR.** Conjecturo que o vocábulo designa «cortesão, pessoa do séquito rial», e que o seu étimo é o persa *pāy-dār*.

1614. — «O Capitão manda logo alguns *baloens* carregados de conservas, e frutos doces, e outras curiosidades, e mimos pera elle, e pera os seus **Paidares**» (em Malaca). — Diogo do Couto, Déc. VIII, I, 28.

* **PAI DOS CRISTÃOS** (ant.). Era o padre especialmente deputado, com carácter oficial e com ordenado, para cuidar dos catecúmenos e dos neófitos, na Índia e no Extremo Oriente. O cargo era considerado de grande importância e interêsse, e tinha anexos vários privilégios e funções, nem sempre uniformes. Os *pais* podiam julgar causas cíveis até a quantia de cinqüenta xerafins, e causas crimes de espancamento que não fizesse sangue, entre os novos cristãos. Tais lugares eram muito procurados, e às vezes disputados, pelas ordens reli-

giosas. Em Goa era apanágio dos jesuítas. O Padre Alexandre Valignano, como visitador da província da Índia, da Companhia, escreveu em 1595 uma extensa *Instrução* acêrca do ofício do *pai de cristãos,* na qual também se refere ao *pai dos catecúmenos,* e ao *pai dos cristãos* secular. Ainda hoje existe o *Livro do Pai dos Christãos,* donde Cunha Rivara extractou numerosas peças para o seu *Archivo.* Em Portugal também havia magistrados que se chamavam «pai dos meninos», «pai dos velhacos». V. Viterbo.

1554. — «E ao **pay dos christãos** sesenta mil reis d'ordenado cad'ano que lhe ordenou o visorei dom afonso». — Simão Botelho, *Tombo da India,* p. 22.

1555. — «Hey por bem e me praz por confiar de António Mendes, que serve de **Pay dos christãos** nesta ilha de Goa... que elle em quanto servir o dito cargo possa ser juiz entre os ditos christãos em suas demandas que tiverem uns com os outros». — *Alvará* do governador, in *Archivo,* v, p. 281.

1567. — «As pessoas que servem de **Pays dos Christãos** novamente convertidos, sejão apresentados pelos Prelados aos Viso Reys». — Primeiro Concílio de Goa, *ibid.,* IV, p. 46.

1582. — «... ficando o Padre Matteus em Macao na casa de S. Martinho com o cuidado dos catecumenos, e confraria de Jesu e juntamente **pae dos christãos».** — P. Sabatini de Ursis, *P. Matheus Ricci,* p. 15.

1583. — «Morrendo algum gentio sem filhos, o juiz dos orfãos faça inventario do que por sua morte ficar, estando presente o **Pay dos Christãos».** — *Alvará* do governador, in *Archivo,* v, p. 995.

1585. — «Nas casas da Christandade, que os Padres da Ordem de S. Francisco tem a seu cargo nas terras de Baçaim, o Collegio de Manapacer, Maim, Bombaym, Caranjá, Monte Calvario, e Agaçaim, em cada huma destas casas haja hum **Pay dos Christãos,** qual o Padre Custodio da dita Ordem nomear, e lhe pareçer que he apto e sufficiente pera isso, ao qual **Pay dos Christãos** se pagará... seus quarteis do seu soldo e vencimento na feitoria de Baçaim... E assy ouue por bem que o dito **Pay dos Christãos** podesse julgar, verbalmente entre os Christãos dos ditos lugares thé conthia de cincoenta xerafins sem haver apellação nem agravo, e assy tambem conhecerá das injurias verbaes e pancadas como não cheguem a tirar sangue». — *Previsão* do vice-rei, *ibid.,* p. 1084.

1616. — «O **Pai dos christãos,** que é um Padre Jesuita vem a vesitar os presos: e dar-lhe esmola, mas não é todos os dias... A Companhia de Jesus tem encarregado este Padre de sollicitar o livramento e liberdade dos presos christãos: e para esse fim vem visitar muitas vezes os presos, para saber se ha ahi alguns christãos, ou que se queiram fazer christãos, e sollicitar logo do vice-rei, da justiça, ou das partes o que cumpre para o seu levramento». — Pyrard de Laval, *Viagem,* II, p. 20.

1630. — «Levou tambem huma Provisão do Arcebispo Governador, na qual declarando, que os frades de S. Domingos foram os primeiros Prégadores do Evangelho nas terras de Pegú, pela mesma razão dizia, que em quanto elles residissem, tivesse o Presidente da Casa o cargo, e titulo de **Pay dos Christãos** e ouvesse com elle certo ordenado, que Sua Magestade costuma mandar dar na India para a sustentação dos Cathecumenos... Pela sua antiguidade goza o Presidente della o titulo de **Pay dos Christãos,** que se convertem». — Fr. Luís de Sousa, *Hist. de S. Domingos,* III, pp. 352 e 369.

1663. — «... dos quaes um é o viso-rei António de Mello de Castro, que em Taná assistiu ao baptismo solemne de muitos cathecumenos, que eu fiz como **pai dos christãos** que era daquella fortaleza». — P. Manuel Godinho, *Relação,* p. 223.

1697. — «Fallo com esta certeza, porque tambem fuy **pai dos Christãos,** e sey muyto bem a praxe, que sempre se observou nesta materia». — P. Francisco de Sousa, *Oriente Conquistado,* I, I, 2.

1699. — «Mandou chamar ao Padre Mestre Luis Laivão da Companhia, que servia de **Pay dos Christãos** (titulo que dão aos Religiosos, que assistem ás Christandades)». — Fr. Agostinho de Santa Maria, *Historia,* p. 15.

1767. — «Ha tambem aqui Religioso da Ordem, a que chamam **Pay dos Christãos,** como em Chaul, Tanna, Baçaim, Trapur, Damão». — Fr. Lucas de Santa Catarina, *Hist. de S. Domingos,* IV, p. 643.

1769. — «Que o muito Rev.do P.e Prior da Sé como **pay dos christãos**... mandasse não para o entregar, mas sim para procurar todos os mais para desfazer o engano». — *Apud* António F. Moniz, *Hist. de Damão,* III, p. 26.

* **PAILI** (conc.-mar.-guz. *pāylī*). Medida de capacidade para cereais e legumes, correspondente a meio *curó* ou quatro *medidas* ou litros, no Concão. Os nossos indianistas antigos não fazem menção dêste vocábulo.

1740. — «São contados 64 *fares* a cada *murá,* e a cada faré se tem feyto 1 **payly** de 4 *ceras*». — *Apud* Júlio Biker, *Collecção de Tratados*, VI, p. 216.

1582. — «**Paily** ou chovoto — Medida de capacidade para solidos, e contem 4 *Poddis*». — F. N. Xavier, *Bosquejo Historico*, IV, p. 15.

1864. — «A primeira [entidade] é o *nacornim*, ou escrivão administrativo, que recebe um curó, depois *tassildar* ou cabo de policia, que recebe um **paili**; é seguidamente o *botto*, que leva um curó, e a *bacina*, que tambem recebe um **paili**». — Lopes Mendes, in *Annaes do Concelho Ultramarino*, VI, p. 84.

1918. — «Uma saca de 16 libras tem 31 *maplis* ou 30 **pailis**». — *Heraldo*, de 7 de Abril.

* **PAILÓ** (chin. *pái-lo*). Arco triunfal, na China, erigido em honra dum defunto de conspícua virtude. A sua construção proveio da Índia com o budismo.

1895. — «Á entrada do valle, quasi plano, levanta-se isolado um soberbo arco de marmore branco, *paï-lo*, com cinco aberturas rectangulares e deseguaes... Tem assim o **pai-lo** uma linha recortada do mais surprehendente effeito». — Conde de Arnoso, *Jornadas pelo Mundo*, p. 351.

**PAINIM.** Empregado dum *bouço* (q. v.), que tem por ofício distribuir a água pelos campos no verão, e vigiar os valados, as comportas, e as várzeas. Do conc. *pāyn̄ī*, propriamente *pāhan̄ī*.

1728. — «**Painins.** Na India Portugueza são os Porteiros das Vargeas, que vigião nas agoas vivas os vallados, e avisão os mais avençaes, que he o Bouço, para as irem avalladar, e assistirem á repartição da terra». — Bluteau, *Supplemento*.

1856. — «**Painis** e *Camotins*, são empregados do *Bouço* (communhão dos cultivadores de huma varzea grande) que tem a seu cargo a vigia dos vallados, e diversos outros arranjos concernentes á respectiva varzea». — F. N. Xavier, *Defensa dos Direitos* (capa), p. 5.

1886. — «Compete ao bouço... Nomear... **painins** distribuidores e vigias de comportas». — *Regulamento das Communidades*, p. 15.

* **PAIQUE.** O termo é empregado por António Bocarro na acepção de «marinheiro»; mas o étimo neo-árico *pāīk* ou *pāyik*, do sânsc. *padika* < *pad*, «pé», corresponde exactamente ao português antigo *peão* que tanto figura nos nossos indianistas, ao lado de *lascarim*. Mas também o vocábulo *lascar* se usa por «marinheiro».

1635. — «Não tractou Diogo de Medonça a Sebastião Gonçalves em mais que lhe dar algumas *jalias* com que passar a Malaca, e assi lhe pôde tirar dez mui bem equipadas de **paiques**, que são os seus marinheiros». — Déc. XIII, p. 164.

«Coustava de muitos navios de esporão, todos mui bem esquipados de marinheiros os que chamão **paiques**». — *Ibid.*, p. 452.

**PALA.** Embarcação de guerra, usada às vezes para mercadoria; fragata, no Concão. Do marata-conc. *pāl*.

1054. — «*Parangue* ou **Palla** que fizer viagem cada hum pagará cinco *dramos*, que tambem é moeda». — *Lâmina* de cobre, de Goa.

1708. — «Mandasse queimar as **Palas** do dito Agria, por haver tomado uma **Pala** nossa de guerra». — *Apud* Eduardo Balsemão, *Os Portuguezes no Oriente*, III, p. 33.

1722. — «Necessitando de outros 450 para a guarnição de seis **Pallas**, e duas *manchuas*». — *Archivo Port.-Oriental*, Supplemento II, p 267.

1718. — «Teve o Conde Viso-Rey outro motivo de gloria no combate, que tiverão duas **Pallas** nossas, de que erão Capitães de mar, e guerra D. Thomás Manuel de Tavora, e Xavier Leite de Sousa». — D. José Barbosa, *Epitome da Vida*, p. 17.

1726. — «Tirou mascara, e armando duas **pallas**, e onze galeotas, em que embarcou seiscentos homens, começou a infestar toda esta costa». — André Ribeiro Coutinho, *Relação*, p. 1.

1727. — «**Palla**. Embarcação de guerra, de que usão na India Portuguezes e Inglezes, levão 90 ou 100 homens, e 18 até vinte officiaes competentes; humas de dous mastros, outras de tres; tem um esporão muito semelhante ao de huma galé». — Bluteau, *Supplemento*.

1728. — «Essa **pala** com reboques poderá o que a não não fará com espias». — In *O Chronista de Tissuary*, III, p. 37.

1744. — «Unido com os Melondins, e tambem com os mesmos Marathas e Bounsulós, que uns e outros já tem bastante numero de galeotas e algumas **pallas**, infestar continuamente toda aquella costa». — *Ibid.*, II, p. 1; 4.

1745. — «Podem surgir nella **Pallas** grandes, que são humas embarcações correspondentes ás nossas fragatas; e ha algumas de 40 peças». — Montarroio Mascarenhas, *Epanaphora Indica*, II, p. 6.

1761. — «Compunha-se a armada do Maratá de quatro **Pallas** grandes e sete Galeotas». — *Apud* Joaquim C. Soares, *Doc. Comprobativos*, p. 128.

1766. — «Coatro Manchuas, hũa **Palla**

da guerra do Rio, passou a boca do rio de Salcete». — *Apud* António F. Moniz, *Hist. de Damão*, II, p. 91.

1842. — «Em 1774 Gôa tinha 7 fragatas, muitas **palas**, manchuas e outros vasos de guerra». — *Annaes Maritimos*, p. 219.

1849. — «Ha sitios onde o lodo o torna intransitavel para embarcações maiores que **Pallas** de dois mastros até 200 toneladas de porte». — Joaquim Soares, *Bosquejo*, I, p. 187.

1882. — «... se encontraram com 9 fragatas (a que dantes aqui chamavam **pallas**, segundo diz a parte de que estamos extractando esta noticia)». — Eduardo Balsemão, *op. cit.*, III, p. 72.

1918. — «The Marathi chronicles speak of Shivaji's fleet as consisting of four hundred vessels of various sizes and classes, such as *ghurabs* (gunboats), *tārandis, tārambes, gallivats, shibars, pagars, manchwas, bablors, tirkatis*, **pals**, and *dubares*». — *The Modern Review*, de Dezembro.

«**Palace** ou **palasse**, m. Árvore de Damão (*butea frondosa*)». Cândido de Figueiredo. Do conc. *palas* < sânsc. *palāça*. «O pé das flores entra na composição dos pós conhecidos por *gulab* (q. v.). A casca dá gomma, que tem as propriedades de kino. A madeira é molle». D. G. Dalgado, *Flora*. O nome português é *favas de engenho*. Não posso atinar no motivo da denominação.

1886. — **Palasse** (*butea frondosa*) é arvore de grandes dimensões e frondosa; a sua madeira é de sufficiente duração, e as folhas são de um grande uso não só para cobertura das casas, mas para cosidas umas ás outras formando circulos de dois palmos de diametro, servirem de *potrocolis* ou pratos a toda a população hindú». — Lopes Mendes, *A India Portugueza*, II, p. 245.

1912. — «A casca de **Palas** fornece uma importante exsudação chamada *Palasghand* ou kino de Bengala». — Caetano Gracias, *Flora Sagrada*, p. 39.

1908. — «*Butea frondosa*... This well-known tree is, when in flower, a conspicuous feature of open country and grass land, owing to its brilliant flowers which appear at the beginning of the hot season». — Watt, *The Commercial Products*, p. 189.

* **PALADANA**. Antigo imposto de Goa, que se pagava de bois de carga. Parece que o vocábulo se deriva do mar. *pāḷā*, «gado», e *dāna*, «acto de dar».

1904. — «Esta tarifa comprehendia uma variedade de impostos.. o de **Paladana**, que consistia no pagamento annual á fazenda publica de 4 tangas e 16 réis de cada boi». — Ernesto Fernandes, *Regimen do sal*, etc., in *Bol. S. G. L.*, XXII, p. 293.

«...sendo abolidos todos os demais impostos e o de **paladana**, que incidia sobre bois de carga». — *Id*, p. 354.

**PALANGPUS** (*palampore* em inglês). A locução é híbrida, composta do neo-árico *palaṅg* < sânsc. *paryaṅka*, «cama, leito», e persa *pūs*, «cobertura» (cf. *papus*), e quere dizer literalmente «cobertura de cama», isto é, «coberta». Mas designava, em particular, uma espécie de cobertas finas de algodão de côres muito vistosas.

1727. — «*Chandeis*, ou *Chandeos*. São huns panos grandes, que servem para cobrir camas e outras cousas. São pintados de cores muy vistosas, alguns mais finos, a que chamão **palangpuzes**. Fabricão e (*sic*, talvez «de seda e») de algodão em Bengala e Choramandel». — Bluteau, *Supplemento*.

1673. — «Staple Commodities are Calicuts, white and painted **Palampores**, Carpets, Tea». — Fryer, *East India*, I, p. 96.

1862. — «Bala posh, or **Palang posh**, quilt or coverlet, 300 to 1000 rupees». — In *Glossary*.

**PALANQUIM** (indo-ingl. *palanquin* ou *palankeen*, indo-fr. *palanquin*). Na acepção moderna, é «grande caixa oblonga ou quadrada, com um varal para a frente e outro para trás e com portinholas de ambos os lados ou de um só, a qual é conduzida por quatro ou seis homens e na qual se faz transportar no Oriente uma pessoa, sentada ou deitada»; na acepção antiga, é na Índia o mesmo que *andor* ou *machila*, mas «com o fundo fixo e a cana ordináriamente arcual, para maior comodidade»; na acepção extensiva, é «qualquer transporte oriental, ou análogo, acarretado por homens». Do neo-árico *pālakī* (páli *pallaṅko*) < sânsc. *palyaṅka* ou *paryaṅk*. V. *Contribuições*.

É possível que tenha havido na primeira nasal influência de *palanca* ou *palanque*, como opinam Yule e Gonçalves Viana. Acho porém mais provável que a nasal se tivesse desenvolvido independentemente, como em tantas outras palavras orientais (cf. *biombo*, *lenço*) ou houvesse no étimo em algum idioma. Com efeito, o malaio-javanês tem *palángki* ou *palangking*; mas parece ter visos de importação portuguesa. O malaiala tem *pallaṅkī*, ao lado de *pallakku* ou *pallakki*; mas não é certo se existia no século XVI.

O *palanquim*, na primeira acepção, era o veiculo de que se serviam, de preferência, os europeus na Índia desde os princípios do século XIX, e que actualmente vai caindo em desuso nas principais cidades, e que em Goa é circunscrito ao serviço religioso com a denominação de «coche» ou «dolim». «Ele [arcebispo de Goa] bem como o Governador tem duas sortes de transportes, *palanquim* à moda dos de Bombaim e um escaler, bem pintado e aceado». Cottineau de Kloguen (1829), p. 106 [1].

1535. — «Leva [o rei] vinte e cinco ou trinta molheres das suas mais pryvadas, as quoaes vão em cada hũu seu **pallamque**, que são como amdas, e o **pallamque** da molher prymcipal he todo cuberto de paunos de grão borllado d'alljofar gramde e grosso e de por ellas gournecido d ouro somente a cana, os **palãques** das outras molheres são gournecidos somente de prata, e outro **palanque** de sua pessoa que vay a destro com hũa amda do mesmo teor goarnecido d ouro». — *Chronica de Bisnaga*, p. 61.

1545. — «Logo atrás delle em tres **palanquins** vinha *Nhay* Canoto, filha que fora do Rey de Pegu passádo, a quem este Brama tomara o Reyno, e mulher de *Chaubainhá* com quatro filhinhos seus». — Fernão Pinto, *Peregrinação*, cap. 50.

1552. — «Quando ya a terra por mostrar que se não podia ter, leuauão no em hum **Palanquim**, que sam como Esquifes, e leuauão no homens e ya cercado de fidalgos». — Castanheda, *Historia*, VIII, cap. 164.

1563. — «O rey de Bisnagá tambem vem a esta festa, e vem com o mor aparato que póde, que trará até dez mil de cavallo, e duzentos mil de pé, e cento, e duzentas molheres de sua pessoa, as quaes vem em **palanquins** e andores fechados de chave, que as não póde ver ninguem, e ellas podem ver tudo por huma rede de prata muyto miuda per quem tem a vista, tudo dourado e rico por dentro, onde podem fazer seus feytos e dormir, e estar sentadas». — Gaspar Correia, *Lendas*, IV, p. 302.

1575. — «Declara o Concilio que debaixo da honra, que o Decreto 27 do 1.º Concilio veda aos infieis, se entende andar a cavallo, e em **palanquins**, e trazer sombreiro de pano». — Segundo Concílio de Goa, in *Archivo*, IV, p. 97.

1591. — «Nehũa pessoa de qualquer calidade é condição que seja ande em **palanquim** sem minha expressa licença salvo aquelles que passarem de sessenta annos». — *Alvará* do vice-rei Matias de Albuquerque.

1563. — «Tem os ramos direitos pella maior parte, senão algum delles, que vem de boa feiçam, que atortam e acorcovam para fazer as canas dos **palanquins** e andores que na India se usam». — Garcia da Orta, *Col.* XLI.

1602. — «Defendeo [o vice-rei D. Pedro Mascarenhas] que nenhũa molher publica andasse em **Palanquim**, senão descoberta». — Diogo do Couto, *Déc.* V, 10.

1615. — «Todas as ruas estão cheias destes homens [*bois*] promptos para todo o serviço, ou seja para levar sombreiros e **palanquins**, ou outra qualquer cousa». — Pyrard de Laval, *Viagem*, II, p. 38.

1635. — «Mandaram tirar duas espingardas d'entre o mato, das quaes uma lhe acertou na cana do seu **palanquim** pela banda da cabeça». — António Bocarro, *Déc.* XIII, p. 46.

1673. — «Em Goa só existe o 1.º inquisidor que tem ou se arroga o direito de andar em **palanquim**». — Dellon, *Narração da Inquisição de Goa*, p. 119. — «O **palanquim** ou andor era levado por 4 homens, a que chamavam *bois*, por cima tinha tenda, e para assento alguma alcatifa, como de Scinde, e almofadas de tela, veludo, ou damasco, e em roda delle corriam 2 ou mais cafres com sombreiros grandes de peão para fazer sombra e resguardar do sol». Nota do editor.

1679. — «Sua mulher, e as mais das principais fidalgas, nos proprios **palanquins**, (que sam as cadeiras, em que andam) lho [o sustento] levavam pessoalmente com muita abundancia». — Fr. Jacinto de Deus, *Vergel*, p. 361.

1699. — «Entregando com grande desapego das cousas da terra as chaves de tudo aos Padres Carmelitas, se meteo em hum **Palanquim**, e se mandou levar por dous escravos ao Convento». — Fr. Agostinho de Santa Maria, *Historia*, p. 228.

1764. — Concedeu tambem o vencimento de 90 rupias em cada anno para paga de

[1] De ha muito que se não usam em Goa as *rêdes*, nem os *andores*, de que fala o viajante. *Palanquins* vêem-se de raro em raro nos prestitos nupciais dos indús bramanes, os quais logram a posse e gôzo exclusivo em tais occasiões, dêsse transporte e de certas insignias». Ismael Gracias, *A India*, p. 44.

um **palanquim,** que he carruagem da terra». — *Apud* Júlio Biker, *Collecção de Tratados,* VIII, p. 9.

1838. — «A mesma hora entra a menina n'um **palanquim,** ataviada com pompa, e seguida do seu dote. Um domestico de confiança guarda a chave do **palanquim,** a qual não deve entregar senão ao marido, que espera a esposa em meio caminho da casa. Logo que se encontram recebe do domestico a chave, apressa-se a abrir o **palanquim,** e avalia então a sua boa ou má fortuna; alguns ha que, descontentes da sua sorte, fecham muito depressa o **palanquim,** e recambiam a donzella com toda a comitiva» (na China). — *O Panorama,* de 10 de Fevereiro.

1882. — «**Palanquins** do serviço dos principes, notando-se entre elles um primoroso **palanquim** de marfim para dorso de elephante» (em Siame). — Henrique Prostes, in *Bol. S. G. L.,* IV, p. 388.

1900. — «... não escapando á sua observação o **palanquim** agaloado de ouro d'um frade que n'aquelle momento por elle passava».—António Francisco Moniz, *Hist. de Damão,* I, p. 5.

1906. — «Tambem vi os **palanquins,** todos de madeira lavrada e rendilhada, em que os *botos* se fazem transportar, quando fazem as visitas pastoraes». —Hipácio de Brion, *Duas mil leguas,* p. 59.

1917. — «Era faustosa a côrte de Chandragupta: um **palanquim** de oiro adornado com borlas de pérolas, transportava, em occasiões solenes, o monarca vestido de púrpura». — *Heraldo,* de 19 de Agosto.

1589. — «Puis vient l'Epouse entre deux Commeres portées en leurs **Palanquins** ou litieres fort richement ornées». — Linschoten, *Histoire,* p. 61.

1623.—«L'andare in **Palanchino** nelle terre Portughesi in India si prohibisce à gli huomini, perche in vero è cosa troppo poltronesca».—Pietro della Valle, *Viaggi,* III, p. 134.

1653. — «Lorsqu'un gentilhomme portugais va faire une visite, il sort en **palanquin** ou à pied». — Le Gouz de la Boullaye, *Voyages.*

1658. — «Li Principi hanno qualche Elefanti, poco però se ne servono. Il modo loro, più commodo di viaggiare è in **palanchino,** ò lettega portatile, quale lasciano nel tempo della zuffa». — Fr. Vincenzo Maria, *Viaggio,* p. 273.

1666. — «Il sortit de l'assemblée fort joyeux et fort content, et en son **paleky**». — Bernier, *Voyages,* I, p. 16.

1668. — «... ou bien dans un **Palanquin,** qui est une maniere de lit couvert de quelque riche étoffe porté par quatre hommes, c'est la voiture ordinaire de personnes opulentes, elle est plus douce que nos chaises».—Dellon, *Relation d'un Voyage,* I, p. 83.

1673. — «Four of them [bois] two at each end of a bambo which is a long hollow Cane, thick, light, and strong, arched in the middle (which is done in Cases when it is growing) where hangs the **Palankeen,** as big as an ordinary Couch, broad enough to tumble in».—Fryer, *East India,* I, p. 97.

1676. — «Ceux qui ont le plus de moyen de prendre leurs aises se servent d'un **Pallanquin,** dans lequel on voyage fort commodément». — Tavernier, *Voyages,* III, p. 37.

1689. — «Those whose Wealth is able to support it, are pompously carried upon Men's Shoulders in **Palanquins,** whose carriage is as easie and pleasant as that of our Chairs in the Streets of London, but far surpasseth them in point of State and quick despatches of a Journey. Four or six servants support the **Palanquin**». —Ovington, *A Voyage to Suratt,* p. 255.

1700. — «Alcuni ponendosi in **Palanchino,** ed altri sopra superbi destrieri». — Gemelli Careri, *Apud* Gubernatis, *Storia,* p. 265.

1750. — «Quelques-uns de nos Anglais desapprouvant cette attitude indolente, ont inventé à Bengale des **Palanquins** où, au lieu de lit, c'est un fauteuil. L'on y est assis beaucoup plus decemment; d'autres en conservant la forme du bambou en ont fait une espece de chaise à porteur qui se porte sur les épaules à Bombay et à Surate». — Grose, *Voyage,* p. 251.

1782. — «Le **palanquin** est une voiture assez commode et très-douce, c'est une espèce de petit lit recouvert d'un tandelet, et garnis d'un matelas et de coussins plus ou moins précieux; il est traversé par un bambou arqué dans le milieu, qui tient au **palanquin,** et sur les bouts duquel se mettent cinq ou six porteurs, qu'on appelle *boués*».—Sonnerat, *Voyages,* I, p. 33.

1786. — «È sorprenante la loro agilità e destrezza in porlare il *duli* ò il **Palanquino**». — Fra Paolino, *Viaggio,* p. 43.

1831.—«Les Gazettes de Calcutta viennent de m'apprendre la mort d'un voyageur piémontais appelé le comte de Vidua qui avait couru pendant deux ans par toute l'Inde en **palanquin** et qui de là était allé en Chine». — Jacquemont, *Correspondence,* II, p. 168.

1854. — La façade des principales habitations japonaises est occupée par un grand portique, où sont déposés les **palanquins,** les parasols, les sandales des visiteurs, et où se tiennent les domestiques, les personnes qui ont affaire au maître de la maison, etc.». — Janciguy, *Japon,* p. 43.

1898. — «El viaje fué assaz original, pues se realizó por mitad en **palanquin** y la otra mitad á lomo de elefante».—Alfredo Opisso, *La India,* p. 46.

1900.—«Éclérés par la flamme des torches, passent une vingtaine de tout jeunes hommes, le torse nu, portant à l'épaule, dans un **palanquin** très enguirlandé et fleuri, un de leurs qui est vêtu comme un marajah ou comme un dieu : longue robe toute dorée et couronne d'or». — Pierre Loti, *L'Inde*, p. 52.

**Palanquin**. (De *palanca*, lat. *phalanga*) *m.* Ganapán o mozo de cordel... (Del ital. *palanco*, rodillo) *m.* Mar. Cada uno de los cabos que sirven para carga, etc. — **Palanquin** (Del pali *palangka*; del sánsc. *paryanka*) *m.* Especie de andas que se usan en Oriente, para llevar á los personajes». — *Dicionário da Academia Espanhola.*

* **PALAPA.** Fronde ou pecíolo de certas palmeiras, que serve de ripa em Timor. Do mal. *palapah*. **PALAPEIRA.** Palmeira que fornece *palapas* — *Corypha umbraculifera*, Linn. V. *árvore dos sombreiros*.

1843. — «Seguram depois transversalmente sobre estes *larazes* ripas de **palapas**, isto é **palapas** inteiras». — *Annaes Maritimos* (parte official), p. 136.

1908. — «**Palapa**, pecíolo de folhas de certas palmeiras, de [malaio] *Palupah*, esteira para fazer paredes (conf. **Palapeira**, a palmeira que fornece **Palapas**, especialmente)». — Alberto O. de Castro, *Flores de Coral*, p. 139.

«Vadeada a ribeira, alinha-se a formosissima Estrada das **Palapeiras**, cortada atravez a impenetravel floresta de sagueiros». — *Id.*, p. 216.

1918. — «Viviam os povos em plena selvageria; quási nus sob o pano estreito de fibras de **palapeira**». — In *Bol. S. G. L.*, xxxvi, p. 53.

1918. — «Os edificios particulares, tanto dos europeus, como dos indígenas civilizados, são, á semelhança dos *chalés* javaneses, cada qual com seu quintal, de maior ou menor extensão, resguardado por tapumes de **palapa**, palmeira que abunda no litoral da ilha, a que se dá o nome de *pagares*». — *Apud* Fortunato de Almeida, *Portugal e as Colónias Portuguesas*, p. 309.

* **PALARÁ** (s. m.). Nome duma casta baixa do Ceilão, descrita abaixo. Do sing. *pallaru*.

1687. — «Neste aperto se valeo Tribule da atrevida, e vil casta dos **Palaraz** da sua aldea Guelagama... He esta gente inclinada a minar a terra; por condição perdida de seus mayores, acostumados a uiuer em couas, e lapas, como brutos; a quem ainda imitão em suas acções». — P. Fernão de Queiroz, *Conquista de Ceylão*, p. 251.

1913. — «She now had recourse to the **Pallaru** of one of her husband's villages, who ranked among the most degraded castes in Ceylon, but were expert miners». — P. E. Pieris, *Ceylon*, i, p. 128.

* **PALAVÃO.** Árvore de madeira de Timor; eucalipto, conforme algumas abonações. Distingue-se em branco e preto. Se o vocábulo deriva do mal. *palávas*, o que é incerto, designa, segundo Wilkinson, a planta *Calicopteris floribunda.*

1843. — «Tambem podem servir para o mesmo fim [de mastros e vergas] os troncos de umas arvores que chamão **palavão** *preto*, para as distinguir das outras que denominam *branco* por ter côr mais clara». — *Annaes Maritimos* (parte official), p. 88.

1883. — «Nas montanhas proximas a Dilly ha boas madeiras para construcções, e entre ellas citaremos o pau-rosa, **palavão** *branco* e o *preto*, parapa, canaria». — José Vaquinhas, *Timor*, in *Bol. S. G. L.*, iv, p. 308.

1908. — «**Palavão**, eucalypto (de uma forma *palwan?* ou palavra só de Okússi, onde é o nome da arvore, com a forma *palávam?*)». — Alberto O. de Castro, *Flores de Coral*, p. 139.

1914. — «O eucalypto branco e preto, encontrando-se este ultimo sómente nas grandes altitudes pode calcular-se a arvore mais vulgar de Timor. A sua madeira é muito boa para construcções, principalmente a de eucalypto preto, que muito se assemelha á teca. Os naturaes chamam a estas arvores **palavão** *preto* e *branco*». — *Diario de Noticias*.

1914. — «A Inspecção de Agricultura recebeu da provincia de Timor alguns caixotes com sementes de Café, Eucalyptus (**Palavão** *branco* e *preto*) e de Pau rosa». — *O Ultramar*, de 21 de Dezembro.

1918. — «... parecendo-me não existir o **palavão** *preto* que cumeia ás montanhas de Timor». — In *Bol. S. G. L.*, xxxvi, p. 58.

**PALEGA.** Almadia, canoa, no Malabar. Do malaiala *palega*, «tábua».

1614. — «Trabalhou todo o possivel por meter alguns mantimentos na fortaleza [de Chale], assim nas fustas como em huma **Palega**, que para isso leuaua». — Diogo do Couto, Déc. VIII, i, 41.

1589. — «On y acourt de la ville en des barquettes qu'ils appellent *Tunes* et **Pallenges** chargées des personnes qui doivent faire le voyage» (em Cochim). — Linschoten, *Histoire*, p. 153.

**PÁLI** (s. m.). Língua sagrada do

budismo meridional, isto é, do de Ceilão e da Indo-China. Algumas línguas do Oriente dizem *bāli* por *pāli*. **PÁLICO** (adj.). Relativo à língua *páli* ou à escritura em *páli*: «livros pálicos», «textos pálicos». Neste sentido também se usa *páli*.

O vocábulo, em sânscrito, significa «linha, série», e em tecnologia búdica emprega-se por «cánon dos livros sagrados». Por *pāli-bhāṣā* se entende «a língua do páli ou cánon»; mas os singaleses chamam-lhe elípticamente *pālī*. João Ribeiro escreve, referindo-se aos budistas de Ceilão: «Entre elles ha huma lingua que não é vulgar, como entre nós o latim».

Com respeito à origem do páli, há várias opiniões (vid. Barth, p. 108, e Childers, prefácio); mas geralmente se admite que é substancialmente o mágadhi, idioma de Mágadha (a moderna Behar), pátria de Buda, que costumava prègar na língua vulgar, para ser por todos percebido. O mágadhi é um dos antigos prácritos, o qual há dois mil anos que não é falado. Costuma-se comparar o páli ao italiano com relação ao latim.

1880. — «D'entre os idiomas prakritos contemporaneos do sanskrito, o mais notavel é o **páli**, que parece ser o antigo dialecto popular usado no paiz de Magadha, e que mais tarde foi adoptado pela propaganda buddica». — Martins Velho, *Estudos sobre o Oriente*, p. 61.

1885. — «Axoca fez que se escrevesse no dialecto de Mágada a doutrina búdica em conformidade com os preceitos da série — **páli** — dos discípulos e apóstolos do grande prègador do século v. É esse dialecto árico preservado nos textos em *língua de Mágada*, que hoje denominamos **páli**». — Vasconcelos Abreu, *A Litteratura e a Religião*, p. 53.

1903. — «Trouxe muita luz tanto pelo que Burnouf nos deixou no estudo do **páli** — a lingua sagrada do budismo, então desconhecida — como pelo que o mesmo desbravou de textos para elucidação da doutrina búdica». — Id., *Curso Integral*, p. 23.

1906. — «Quando os portugueses foram à India, de onde, segundo todas as probabilidades, trousseram talvez êste termo [*palanquim*], equivalente a *andor*, já o **páli** estava morto, extinto como língua vernácula, havia muitos séculos, e portanto não podiam êles ir lá buscar a palavra, porque da literatura **páli** nada, ou quási nada conheceram». — Gonçalves Viana, *Apostilas*.

1904. — «É assim que o Mazdasismo emprega como lingua sagrada o *zend*. Para o Judaismo a lingua do culto é o hebraico, para o Christianismo o latim e para o Budismo o **pali** no Thibet [?] e Birmania, sãoscrito na China, é o **pali** nepalense no Japão». — Ladislau Batalha, *O Japão por dentro*, p. 344.

1916. — «Passado no mesmo dialecto se formou depois o **pali**, a linguagem sagrada dos canones budhistas». — *Heraldo*, de 1 de Setembro.

1786. — «Molte, anzi quase tutte le parole **Pali** sono miste, o composte, od intere Samskrda. — Fra Paolino, *Viaggio*, p. 259.

1825. — «... et le *paly*, qui dérive évidemment du premier [sânscrito] pour les sectateurs de Bouddha dans les pays au-delà du Gange». — P. Dubois, *Mœurs*, I, p. 140.

1844. — «Et comme ils ont pu traduire bien des livres sur des originaux **pâlis**, et que **pâli** est aussi bien une langue indienne que le sanscrit...». — Burnouf, *Introduction à l'Histoire du Buddhisme*, p. 13.

1854. — «La langue et la littérature **pali** est pour Siam et Ava ce que la langue chinoise est pour Annam». — Jancigny, *Indo-Chine*, p. 244.

1860. — «Works in **Pali** are written, like those of Burmah and Siam, not in Nagary or any peculiar character, but in the vernacular alphabet. Of these, as might naturally be expected, the vast majority are on subjects connected with Buddhism, and next to them in print of numbers of grammars and grammatical commentaries». — Tennent, *Ceylon*, I, p. 514.

1874. — «Like Italian, **Pali** is at once flowing and sonorous; and it is the characteristic of both languages that nearly every word ends in a vowel, and all harsh conjunctions are softened down by assimilation, elision, or crasis, while on the other hand both lend themselves easily to the expression of sublime and vigorous thought». — Childers, *Dictionary of the Pali Language*, p. XIII.

«**Pali** est pour les savants européens le nom de la langue et littérature des bouddhistes de Ceylan, de Birmanie, du Siam et du Cambodge; pour ces derniers, il désigne proprement leurs livres sacrés. Si l'on croit la tradition, le **pali** serait l'ancienne mâgadhî ou dialecte parlé en Magadha (Bihar) au temps du Bouddha». — *La Grande Encyclopédie*.

**PALMAR**; **PALMEIRAL** (p. us.) [1].

---

[1] *Palmar* é derivado de *palma*, e *palmeiral* de *palmeira*.

Plantação ou bosque de palmeiras (q. v.).

1498. — «Huũ **palmeiral** muito grande e toda a terra derrodor sam lavoyras de mylho e outros legumes». — *Roteiro de Vasco da Gama*, p. 48.

1502. — «Entrando dentro delle, até hum remanso que faz junto a huma Ilhota, vimos grandes **palmeiraes** e outros arvoredos». — Tomé Lopes, *Navegação* (2.ª ed.), p. 170.

1504. — «E os andou engodando por huũa veiga açima tee os trazer apos sy, dentro ao **palmar**». — Álvaro Vaz, in *Cartas* de A. de Albuquerque, III, p. 262.

1516. — «Estes Nayres uiuem sobre sy, fora de pouoaçam, apartados de outras gentes, cerquados de muy altos ualos, aly tem seus **palmares**, é tanques». — Duarte Barbosa, *Livro* (2.ª ed.), p. 329.

1518. — «De todas as nossas terras e erdades, asi de **palmares**, como outras de quaesqeer calidades que sejão». — In *Archivo Port.-Oriental*, V, p. 13.

1536. — «He cousa rica de grandes rendas, e de **palmares**, e arequas». — Vasco Calvo, *apud* Ferguson, *Letters*, p. 36.

1552. — «Grandes **palmares** que dão muyto vinho, azeite, vinagre e *jagra*». — Castanheda, *Historia*, III, cap. 8.

1552. — «Pela qual causa tambem el-Rey estaua fora da cidade em hũs paços que serião della quasi meia legoá entre **palmares**». — João de Barros, Déc I, IV, 7.

1597. — «... que os Mouros matárão porque o acharão no **palmarinho** subido em huma *palmeira* para tirar os cocos». — Diogo do Couto, Déc. VI, V, 6.

1603. — «Muy poucos tem fazendas e os que tem algũa, são **palmares**, que neste Oriente he a mais grossa fazenda de todas, porque della se tira quasi toda a sustentação da vida humana». — Fr. António de Gouveia, *Jornada do Arcebispo*, fl. 62.

1609. — «Ha muitos grandes **palmares**, que dão infinitos cocos» (em Sofala). — Fr. João dos Santos, *Ethiopia Oriental*, I, p. 50.

1615. — Ha grande numero de **palmares**, ou hortas de coqueiros». — Pyrard de Laval, *Viagem*, II, p. 26.

XVIII. — «As principaes, mais communs e rendosas [arvores], porque mais fructiferas são os **palmares**, cujas arvores (o que em nenhumas outras se acha) dão fructo doze vezes no anno». — *Arte Palmarica*, I, p. 141.

1872. — «**Palmar**. Imaginae uma planicie vasta, cortada de linhas parallelas entre si em angulos rectos, e formando um grande taboleiro de infinitos quadrados de 18 palmos de cada face. Figurae que de cada canto d'esses quadrados se alça uma columna enorme tendo por capitel um penacho de folhas compridas dois até quatro metros, airosamente recurvadas... E tereis um **palmar** da India». — Bernardo da Costa, *Manual do Agricultor*, I, p. 138.

1873:

> «Pae! pae! o orvalho recresce,
> já goteja o palmeiral».
>
> Tomás Ribeiro, *A Indiana*.

1886. — «**Palmar** é, pois, uma extensão de terreno, cortado de linhas parallelas equidistantes, formando muitos quadrados de 7 a 10 metros de lado, tendo em cada angulo d'esse quadrado uma palmeira ou coqueiro». — Lopes Mendes, *A India Portugueza*, I, p. 176.

1892. — «Pela falta do qual [sal] tanto estão a padecer os **palmeiraes** e os arrozaes d'aquella provincia». — Cristóvão Pinto, *Estudos*, p. 40.

1578. — «Tiene mas esta isla [de Ceilão] muchos **palmares**». — Cristóvão da Costa, *Tractado*. p. 16.

1583. — «Egli il più del tempo si stà fuori o alla guerra o in qualche **palmare** ritirato» (o rei de Calecut). — F. Sassetti, *Lettere*, p, 224.

***PALMAREIRO.** Dono ou cultivador de palmar ou coqueiral.

1687. — «Os Afazendados e **Palmareiros**, assim do foro corrente, como limitado, requerem-nos». — *Apud* F. N. Xavier, *Bosquejo Historico*, II, p. 6.

XVIII. — «Segundo o trato que os **palmareiros** lhes fazem, a qualidade do chão em que estão plantadas...». — *Arte palmarica*, I, p. 141.

1872. — «O solo plantado de coqueiros recebe o nome de *palmar* (*batt*) e o cultivador ou dono, o de **palmareiro** (*battcar*)». — Bernardo da Costa, *Manual do Agricultor*, I, p. 140.

1914. — «Tem chovido constantemente, fazendo muita agua que visto ser de *mogó*, é geralmente apreciada pelos **palmareiros** como benefica ás arvores». — *O Ultramar*, de 27 de Agosto.

1917. — «As lições do cacau, da chinchona, da borracha e do chá, aos **palmareiros** de Goa». — *O Ultramar*, de 11 de Junho.

**PALMATORIA DO INFERNO.** É o mesmo que *figueira da Índia*.

**PALMEIRA.** Por êste nome genérico se designa na Índia o *coqueiro* (q. v.). «A palavra portugueza *palmeira*, diz o Conde de Ficalho, designou sempre diversas especies da familia das Palmae; deu-se em Portugal ao *Phenix dactitifera*, como na India se dava ao *Cocos nucifera*, chamando-se **palmar** a reunião d'aquellas arvores». In Garcia da Orta, Col. xv [1].

1505. — «**Palmeiras** são arvores de muitos frutos, sem receberem nenhum beneficio dão vinho, vinagre, agua, azeite, mel e lenha». — In *Bol. S. G. L.*, XVII, p. 366.

1519. — «Nom furte nhũa fruyta das arvores e **palmeiras** delRey, e dos *gaumcares* que arrenda huũ a outro». — In *Archivo Port-Oriental*, v, p. 36.

1554.

«Tem infinitas **palmeiras**
por suas terras, herdades
de infinitas novidades
fructos, pomos de maneiras
e de muitas qualidades:
dam vestir: calçar, comer,
agua, vinho que beber,
azeyte, açucar, mel,
casas, cordas e papel
e camas em que jazer».

Garcia de Resende, *Miscellanea*, fl. 136.

1563. — «São tão estreitos [os canais das Maldivas] que em partes vão dando com a entena das velas nos **palmares**: não que deem tamaras, como dão as de Babilonia e toda Africa, mas hum pomo do tamanho da cabeça de hum homem». — João de Barros, Déc. III, III, 7.

1566. — «Cordoalha, a que chamão cairo feito das cascas dos cocos, fructo que dão as **palmeiras**». — Damião de Góis, *Chronica de D. Manuel*, IV, cap. 27.

1603. — «E assim acontece fazer-se hũa nao toda de **palmeiras**, sem entrar outra cousa em seu feytio, e carregam-se della, sem entrarem nella outras mercadorias senam de **palmeyras**, conuem a saber, uinhos, azeytes, vinagres, assucar, *copra*, cayro, e tudo o mais que dissemos». — Fr. António de Gouveia, *Jornada do Arcebispo*, fl. 163.

1609. — «O fructo natural que d'estas **palmeiras** se colhe são cocos; os quaes nascem no alto da **palmeira** em cachos, e ha cachos que tem sessenta cocos e mais, e muitas **palmeiras** que tem dez e doze cachos». — Fr. João dos Santos, *Ethiopia Oriental*, I, p. 293.

XVIII. — «A **Palmeira** he a arvore mais util, e de mais serventia que nenhuma outra... Com o que sahe das **palmeiras** se pode pôr no mar huma embarcação á vella com todo o necessario de casco, mastros, vergas, cordas, amarras, agoa, vinho, azeite, vinagre, mantimentos e doce». — *Arte Palmarica*, em F. N. Xavier, *Descripção do Coqueiro*, p. 3.

1842. — «A plantação das **palmeiras** (assim denominam em Gôa os coqueiros, e por isso uso do mesmo vocabulo)...». — *Annaes Maritimos*, p. 266.

1872. — Na India, o coqueiro é designado pelo nome da familia, **palmeira**, e não desmerece ser assim chamado por antonomasia, pelo que em utilidade sobrepuja a todos os membros d'essa familia». — Bernardo da Costa, *Manual do Agricultor*, I, p. 140.

1886. — «O coqueiro é designado vulgarmente pelo nome de **palmeira**. D'aqui deriva o solo plantado de coqueiros o seu nome de **palmar** ou *batt*». — Lopes Mendes, *A India Portugueza*, I, p. 176.

1906. — «Em português de Goa **palmeiras** quer dizer coqueiros, a *Cocos nucifera*. O *palmar* de coqueiros dá a tonalidade caracteristica das regiões littoraes de Goa e das Velhas Conquistas». — Alberto O. de Castro, *A Cinza dos Myrtos*, p. 189.

1582. — «Il suo [de Cananor] territorio è tutto bello, e piantato di alcuni alberi detti **palmeri**, il quale è il più utile albero di quanti mai la terra ne ebbi prodotti». — G. Balbi, *Viaggio*, fl. 98.

1631. — «In ipsa autem India vinum conficiunt ex substantia arboris, qui cocos nuces fert, quam vulgo ob similitudinem vocant **palmam**». — *De Imperio Magni Mogolis*, p. 98.

1653. — «Il y a de très-belles maisons de plaisance, d'un côté et d'autre avec quantité de beaux arbres, appelés **palmier de Koq**». — Le Gouz de la Boullaye, *Voyages*.

1974. — «The Poorer are made of Boughs of *Oleas* [olas] of the **Palmeroes**, or Leafs of Teks [teca], and thatched both Sides and Coverings». — Fryer, *East India*, II, p. 118.

**PALMEIRINHA.** Emprega-se o termo na Índia para designar coqueiro pequeno, que ainda não tem tronco ou não dá fruto. Mas nas abonações parece que se entende outra espécie de palmeiras, de menor altura que os coqueiros.

1612. — «E uma legoa antes, d'onde chamamos **Palmeirinha**, houveram vista as armadas uma da outra». — Diogo do Couto, *Vida de D. Paulo*, p. 25.

«E chegando... no lugar donde chamão a **Palmeirinha**, ouverão vista daquella armada». — *Id.*, Déc. VII, VII, 2.

1685. — «O seu dominio [do capitão geral de Ceilão] alcançava até ás **palmeirinhas** de Bengualla». — João Ribeiro, *Fatalidade Historica*, I, cap. 10.

**PALMEIRA BRAVA.** *Borassus flabel-*

[1] «Arvore de frutos como em Espanha, e *palmeiras* de tamaras». — António Tenreiro, *Itinerario*, cap. 3.

«Tinha [Mascate] pomares, ortas, *palmeiras* (tamareiras) com poços para regar, que se tira agoa delles com engenho de bois». — *Commentarios*, I, cap. 24.

*lifer*, Linn. Os ingleses chamam-lhe *brab* (do port. *bravo*) *tree*. Dá sura como o coqueiro, e come-se o fruto, que é pequeno. É das fôlhas desta palmeira que se fazem as *olas* (q. v), para nelas escrever.

Também se dá em Goa êste nome de «palmeira brava» à *Caryota urens*, Linn., *birló mād* em concani. As fôlhas desta espécie são ornamentais em ocasiões festivas; e os fios do peciolo servem de linha para anzóis, por serem mais consistentes e duráveis.

1569. — «Ha muitas **palmeiras bravas**, mas não se aproveitão dellas como na India» (na Africa Oriental). — P. Monclaio, in *Bol. S. G. L.*, IV, p. 346.

1687. — «Tem este Reyno [de Jafanapatão] poucas terras de arros, mas grandes matas de **palmeyras bravas**, muyto mais asperas na casca, e mais direytas, sam menos altas, que os nossos pinheiros manços. Em lugar de cocos, fruto de palmeyras mansas, dão *trafuliz*, que são hũs pomos como grandes zamboas, e tirada a casca, aparece hũa massa uermelha, a que chamão *punâto*, muyta parte do sustento daquela gente». — P. Fernão de Queiroz, *Conquista de Ceylão*, p. 40.

1697. — «Quando estes gentios querem ordenar hum livro, buscam folhas da **palmeira brava**, das mais largas, e grossas, e nestas cortadas em pedaços do tamanho de hum palmo abrem os caracteres com pena de ferro». — P. Francisco de Sousa, *Oriente Conquistado*, I, I, 2.

1701. — «As **palmeyras bravas** não dão coco; mas do suco que lanção se faz vinho». — *Id.*, II, I, 2.

1727. — «A Aldea Mazagão .. tem de torrão 184 *murás*, e 280 **palmeiras bravas**... A Aldea Nagão... algumas **palmeiras bravas** de pouca utilidade». — In *Archivo Port.-Oriental*, Supplemento II, pp. 288-289.

1782. — «Vê-se outra arvore na terra, que nasce pelos matos, na verdade de estimavel utilidade, e que merecia mais estimação, menos máo trato, apesar de infructifera; é ella a **palmeira brava**». — Fr. Clemente da Ressurreição, *Tratado*, II, p. 338.

1846. — «A esta classe pertence tambem a **Palmeira** ordinaria (Coqueiro) e a **brava** (*Bel-mar* ou *Billa-maddo*)». — F. N. Xavier, *O Gabinete Litterario*, I, p. 251.

1901. — «*Jagra* de canna saccharina, *lavra* de sura de cajuri e tad-mad (**palmeira brava**)». — José Pinheiro, in *Bol. S. G. L.*, XX, p. 36.

1905. — «Debaixo d'esse regimen de liberdade a cultura do cajuri floresceu em larga escala ao ponto de ser cotado o seu numero em 1878-79 a 137:900, além de **palmeiras bravas** e tad-mad». — Ernesto Fernandes, *ibid.*, XXIII, p. 220.

1909. — «Taxa de palmeiras (coqueiros), tadd-madd, **palmeiras bravas** e cajuris». — Amâncio Gracias, *Subsidios*, p. 219.

1906. — «Em volta de Bombaim domina a *palmeira* de leques, a *palmeyra* ou tahrmahr, a **palmeira brava** dos nossos chronistas». — Alberto O. de Castro, *A Cinza dos Myrtos*, p. 190.

1670. — «L'autre est le **palmier Brabo** ou Sauvage, il porte un méchant fruit que l'on appelle *Trafouli*, le suc n'en est pas moins bon que celuy du cocos, l'arbre est plus grand, et jette des feuilles unies, si prodigieuses qu'une seule peut couvrir un lit de cinq pieds». — Dellon, *Relation d'un Voyage*, I, p. 143.

1750. — «On trouve dans l'Isle non petit nombre de *palmiers* sauvages, nommés **Brab** en Portugais... ils portent un fruit insipide, de la grosseur d'une poire commune». — Grose, *Voyage*, p. 67.

* **PALMEIRA DA IGREJA**. V. *armatória das igrejas*.

* **PALMEIRA DAS VASSOURAS**. É o mesmo que *árvore dos sombreiros*.

**PALMITO** (em holandês *palmyt*). As acepções especiais em que o termo se emprega na Índia são: «ôlho ou âmago de palmeira», principalmente de coqueiro, que se come cru ou em *achar*: e «palmeira brava ou *Borassus flabellifer*». V. *murindo*.

1500. — «Ao longo desta [ribeira] ha mujtas palmas, nam mujto altas, em que ha muito boos **palmitos**. Colhemos e comemos deles muitos» (no Brasil). — *Alguns Doc. da Torre do Tombo*, p. 115.

1563. — «E os seus **palmitos** quando são nouos, não lhes chegão os da Berberia». — João de Barros, *Déc.* III, III, 7.

1563. — «He o olho da palmeira ou amago, e folhas ajuntadas as mais delgadas (a que chamamos **palmitos**) e sabe milhor que os nossos *palmitos*, e algum tanto sabe a castanhas das brancas e muyto tenras, ante que caiam de ouriço: e todavia sabe milhor que isto, o **palmito**. E porém quem come hum **palmito** come huma palmeira, porque loguo sequa: e quanto a palmeira he mais velha, tanto he milhor o **palmito**». — Garcia da Orta, *Col.* XVI.

1603. — «Dão **palmitos**, que sam muyto gostosos, e no sabor a modo de cardos da nossa terra». — Fr. António de Gouveia, *Jornada do Arcebispo*, fl. 62 v.

1609. — «O olho d'estas palmeiras se come tambem e é muito excellente e saboroso, ao qual chamam **palmito**. Quando querem comer estes **palmitos** cortam as palmeiras pelo pé». — F. João dos Santos, *Ethiopia Oriental*, I, p. 299.

1616. — «O tempo que alli estiveram se sustentáram de marisco todos, e de **palmitos** de sessenta palmeiras que na Ilha havia». — Diogo de Couto, Déc. X, III, 3.

1687. — «Outra *Alea* em Panaturâ, em menos de hum mes derribou passante 300 palmeiras, porque o **palmito** (o mais tenro do olho) he o seu regalo». — P. Fernão de Queiroz, *Conquista de Ceylão*, p. 57.

1701. — «Abstinhão-se por mezes, é annos, de certos manjares, e comião **palmitos** em lugar de arroz, e sagû. — P. Francisco de Sousa, *Oriente Conquistado*, II, III, 1.

1843. — «No meio d'este feixe encontra-se hum gomo, ou grelo direito, quasi cylindrico, pontudo, tenro, bom para comer, e a que chamam *repolho de coqueiro*». — *O Panorama*, n.º 97, p. 312.

1866. — «O **Palmito** (*maddachô murindo*) é o olho terminal do coqueiro... He elle dôce, e come-se de diversas maneiras, crú, cosido, preparado, e tambem em conserva de vinagre ou de mel». — F. N. Xavier, *Descripção do Coqueiro*, p. 26.

1893. — «**Palmito** — O gomo terminal, não expandido, é dôce e bastante apreciado como artigo alimenticio, mas sómente se obtem da palmeira abatida pela tempestade, e nunca se arranca da arvore saã, que então morreria». — José Maria de Sá, *Productos do Coqueiro*, p. 60.

1913. — «É no saborosissimo *morindo* ou **palmito** a que nada parece egual em delicia de sabor, quer comido de fresco, quer em *atchar*». — *O Ultramar*, de 20 de Outubro.

1578. — «Tiene este arbol en el estremo encerrado vn cogollo, semejante a los *palmitos* del Africa, o del Algarve, e comese con sal o sin ella, como los mismos *palmitos*, y los mejores, mas soborosos, y estimados son los de las palmeras viejas». — Cristóvão da Costa, *Tractado*, p. 104.

1589. — «La moelle de l'arbre ou du tronc est appellée **Palmito**, de laquelle on fait presens aux riches, et aux grands seigneurs, et est en grand estime». — Linschoten, *Histoire*, p. 114.

1658. — «La parte, che li sustiene non è materia legnosa, mà più tenera, bianchissima, quale chiamano **Palmito**, molto gostoso, nel sapore simile alli nostri d'Europa, alquanto più dolce». — Fr. Vincenzo Maria, *Viaggio*, p. 358.

1609. — «Outra casta de palmeiras bravas ha pelos matos de Sofala, pequenas e delgadas, a que os cafres chamam *ŋinchindas*, e os portuguezes **palmitos**». — Fr. João dos Santos, *Ethiopia Oriental*, I, p. 300.

1782. — «Vê-se outra, ainda que rara, a que dão o nome de **palmito**. Desta julgo, se tirava o antigo papel do paiz em que com agudo ferro se escrevia». — Fr. Clemente da Ressurreição, *Tractado*, II, p. 340.

1615. — «Le vin de **Palmites** et le suc du Cocos est leur boisson». — Thomas Row, in *Relations*, p. 4.

Não se sabe a que espécie de *palmito* se refere Castanheda no seguinte passo:

«Chegarão a hũa praia [de Bengala] onde virão muitos **palmitos**... e com o biscoito ajuntarão os **palmitos** e refrescarão». — *Historia*, VII, cap. 78.

* **PALNIDAMA** (ant.). Era uma contribuição que se pagava em Goa, mas cuja natureza não se conhece bem. O mar. *pālṇīdām'*, que deve ser o étimo, quere dizer «preço de criação ou manutenção».

1774. — «O direito de *Caruca* **Palnidama**». — *Apud* Joaquim C. Soares, *Doc. Comprobativos*, p. 400.

* **PALUGUINDÃO** (ant.). Atabales tártaros de guerra, conforme Fernão Mendes Pinto, empregados na guerra com a China. Mas o vocábulo é malaio, *pālu-kidong*, «instrumento que se tange com vaquetas».

1544. — «Ao som dos seus instrumentos de guerra, a que elles chamão **palguindões**, a mayor parte da gente, repartida em quatorze batalhas começou a marchar». — *Peregrinação*, cap. 118.

«Duas horas ante manham ao som dos **polosguindões**, que são os seus atabales, e de outros instrumentos de guerra, que elles usão, toda a gente do campo foi posta em ordenança». — *Ibid.*, cap. 112.

**PÂMPANO.** Género de peixe dos mares da Índia e da China, de várias espécies: *Stromateus sinensis*, *S. cinereus*, *S. niger*. Indo-fr. *pample*; indo-ingl. *pamplee* (ant.), *pamplet* (ant.), *pomfret*; hol. *pampel*. O peixe assemelha-se à fôlha de videira, donde provêm o seu nome. É muito estimado pelos europeus. V. *Influência*.

1511. — «... sesẽta pexes seras e oyto centos e cynquoẽta **pãpanos**». — In *Cartas* de A. de Albuquerque, VI, p. 417.

1613. — «E os peixes daquelle Mediterraneo são saveis muy gostosos, dourados, rubios [ruivos], tayinhas e serras e **pampanos**». — Manuel G. de Erédia, *Declaraçam de Malaca*, fl. 33.

1687. — «... boas serras, **pampanos**,

bicudas, sardinhas, caualas». — P. Fernão de Queiroz, *Conquista de Ceylão*, p. 60.

1850. — «Os mares adjacentes [abundam] de Tubarão, Serras, **Pampanos**, Esmargaes, Douràdos etc.». — F. N. Xavier, *O Gabinete Litterario*, I, p. 32.

1589. — «Le meilleur de tous est celuy qu'ils appellent *Mordexim*, le **Pampan**, et le *Tateigo* (?)». — Linschoten, *Histoire*, p. 90.

1883. — «Sea-fishing for **pomphlet** and other large fish is the occupation of the bulk of the people». — Hunter, *The Imperial Gazetteer*, VII, p. 139.

∗ **PAÑA** (ant.). Figura o vocábulo, sem explicação, no *Archivo Portuguez-Oriental* entre diversos tributos miúdos, que antigamente se pagavam em Goa. Suponho que designa fôlhas amplas (*pān* em concani < sânsc. *parṇa*) de alguma árvore, como *palace* (q. v.), que juntamente com olas, se contribuiriam, no comêço do inverno, para se cobrirem as embarcações e os barracões do Estado.

1729. — «Tributos de andor, tributos de cavallos, tributos de *paypussy*, tributos de **panna**, tributos de ollas». — *Archivo Port.-Oriental*, Supplemento II, p. 332.

∗ **PANAGAIO** (sing. *pan-gaha*). É uma espécie de junco de Ceilão. Na abonação confundem-se as raízes desta planta com as da palmeira brava. V. *calango*.

1687. — «E ao pé das mesmas aruores [palmeiras bravas] semeão os caroços a que chamão **panagayos**, e depois que crião raizes, que nomeão por esta palavra, *Calango*, ou as comem verdes, ou secas, fazendo dellas farinha de que se sustentão». — P. Fernão de Queiroz, *Conquista de Ceylão*, p. 40.

**PANÃO**. É o mesmo que *fanão*.

∗ **PANAVIRA** (s. m.) Mensageiro, correio, em Ceilão. Do sing. *panividạ* (*-kārayā*).

1687. — «Os **panauiras** nos entrão em casa poem nossas mulheres e filhos a tormento, se faltamos com o que pedem, e que não temos, nem deuemos». — P. Fernão de Queiroz, *Conquista de Ceylão*, p. 838.

«... sem lhes darem o necessario pera comer, nem outra paga mais que averem de sustentar os **Panavîras** ou Correios, sob pena de o pagarem». — *Id.*, p. 849.

**PANCÁ** (s. m.). Grande ventarola portátil; também ventarola suspensa do tecto, que se agita por meio duma corda. Os da última espécie são muito usados, particularmente pelos europeus, nas casas, nas repartições e até nas igrejas em várias partes da Índia, na estação quente e calmosa. Há homens destinados a êste serviço, que até o fazem durante a noite. Do neo-árico *pankhā* < sânsc. *pakṣa*, «asa».

1866. — «O jardim, as cascatas, e os **pankás** conservavam nas diversas salas deste vasto edificio uma frescura eterna». — Francisco Luís Gomes, *Os Brahamanes*, p. 15.

«Na parede opposta á das janelas, via-se um riquissimo **panká** de seda com grandes frocos fluctuantes. Dois robustos criados o agitavam sem descançar». — *Id.*, p. 30.

1873. — «Por cima o **Panká** que uma negra indiana de cabello amarello agita». — Tomás Ribeiro, *A Indiana*, p. 9.

1874. — «Defrontando com a entrada, os coxins flacidos onde o rei passa, fumando, conversando e dormitando, as horas consagradas á sua indolencia, refrescado pelos impreteriveis **pancás** ou ventarolas». — Id. *Jornadas*, II, p. 141.

1886. — «O *ravulla* [palácio] tem dois andares: no centro está a *vassary* ou galeria gentilica com columnatas e os indispensaveis **pancás**, ou grandes leques, aondê a familia masculina costuma passar as horas de recreio». — Lopes Mendes, *A India Portugueza*, II, p. 54.

1895. — «Ao almoço, afagados pelo movimento cadenciado dos **Pankahs**, falla-se rindo da incendiada Diana do deserto». — Conde de Arnoso, *Jornadas pelo Mundo*, p. 34.

1906. — «No tecto suspendem-se enormes **pankás**, que, postos em constante movimento, amenizam a elevada temperatura». — Hipácio de Brion, *Duas mil leguas*, p. 68.

1631. — «...et duos flabellatores, quos vocant **Punkavaas** ut ipsi ventum faciant, et muscas pellant». — *De Imperio Magni Mogolis*, p. 133.

1823. — «**Punkas**, large frame of light wood covered with white cotton, and not unlike enormous fire-boards hung from the ceilings of the principal apartments, to which cords were fastened, which were drawn backwards and forwards by one or more servants, so as to agitate and cool the air very agreeably». — Heber, *Narrative*, I, p. 53.

1860. — «Au plafond, un écrin gigantesque — c'est le **panku** (sic) — oscille comme un balancier, et, déplaçant incessamment les coudes de l'air, renouvelle autour de vous atmosphère ambiante». — Énault, *L'Inde Pittoresque*, p. 164.

1885. — «Wild products include elephant grass (*Tapsa elephantum*), from which **pan-**

**khahs** or hand-fans are made». — Hunter, *The Imperial Gazetteer*, XIII, p. 269.

1898. — «Pero lo que llamó más que nada atención del vallisoletano fueron los inmensos **punkas** ó abanicos de rojo color, que un criado hacia mover acompasadamente yendo de una parte á otra, cómo gigantesco péndulo, produciendo una continua y suave renovación de aire muy agradable á tales horas y en semejante ocasión». — Alfredo Opisso, *La India*, p. 10.

1900. — «Pour chasser les moustiques et les phalènes, toute la nuit, des serviteurs de bronze ont agité l'air avec de grands éventails». — Pierre Loti, *L'Inde*, p. 41.

* **PANCENS.** Conforme Duarte Barbosa, é o nome duma das castas baixas do Malabar, a qual se ocupa em feitiçaria e tem pacto com o demónio. A edição castelhana tem *panen* e a de Ramúsio *paneru*. O termo mais aproximado que encontro na língua vernácula é *paixācham* (sânsc. *paiçācha*, «diabólico, demoníaco».

1516. — «Ha nesta terra outra ley de Gentios que chamaom **Pancens** que saom muy grandes feiticeiros, nom ganham de comer por outra cousa, falaom com hos demonios visiuelmente, hos quaes entraom em algũus fazendo-lhe dizer cousas espantosas». — *Livro*, p. 337.

* **PANCHAL** (s. m.). O concâni-mar. *pañchāḷ* (sânsc. *pāñchāla* é o nome do indivíduo de uma das cinco castas profissionais de inferior classe, as quais também se designam pela mesma expressão. As referidas castas são diversamente enumeradas: ourives, carpinteiros, ferreiros, caldeireiros e cavouqueiros; carpinteiros, tecelões, barbeiros, lavadeiros (vid. *mainatos*) e alparqueiros, etc.

1834. — «Os Ourives, Caldeireiros, Manilheiros, Ferreiros, cuja classe é denominada **panchal,** querendo podem constituir para si os adoptivos com a celebração pelas recitações de *Puranocta*, porque todas ceremonias Religiosas não se podem entre elles, senão pelos ritos de *Puranocta*». — *Collecção de Bandos*, I, p. 85.

* **PANÇHAGÃO.** Almanaque astronómico da Índia, dividido em cinco secções; donde lhe vem o seu nome sânsc. *pañchāṅga*, *pañchāgam* nas línguas dravídicas.

1604. — «Fazem todos os annos repertorios nouos pera os Eclipses do sol e da lua, e tem hum perpetuo a que chamão **Panchagão,** que lhes serue de declarar seus agouros». — Diogo do Couto, Déc. V, VI, 4.

1652. — The Bramins, in order to know the good and bad days, have made certain writings after the fashion of our Almanacks, and these they call **Panjangam**». — In *Glossary*.

1782. — «C'est d'après les *Chrestoras* [Xastras] que les Brames astronomes calculent le cours de la lune et des planets, et qu'ils fabriquent les **Pandjagans** ou almanachs». — Sonnerat, *Voyages*, I, p. 211.

* **PANCHAIATO.** (conc. *pañchāyt* < hindust. *panchāīt*). Tribunal de árbitros, ordináriamente composto de cinco vogais, o qual decidia, outrora, e ainda decide em algumas partes da Índia, muitos dos litígios dos moradores da sua aldeia. O govêrno da Índia Britânica, que não reconhecia o *panchaito* para efeitos legais, pretende atribuir-lhes na nova reforma jurisdição para julgar de pleitos de pouca importância.

1890. — «O julgamento por arbitros, ou jurados, na linguagem moderna, era o estylo geral do paiz. Nas Novas Conquistas, e nos distritos estrangeiros em roda de Goa ainda algumas vezes se congrega o **panchayato**, originariamente um tribunal de cinco *gancares*, quando é licito recorrer a arbitros para a decisão dos pleitos». — António de Almeida Azevedo, *As Communidades de Goa*, p. 140.

1908. — «Aquelles que têm seguido o andamento, ou tomado parte no recente processo contra os depositarios de um conhecido **panchayat,** hão de talvez admitir...». — *O Oriente Portuguez*, V, p. 175.

1916. — «Mas quando amanhã todos perceberem que da escolha do seu **panchayet,** depende ter cada um a sua estrada bem feita, o seu banco bem montado, a sua escola bem equipada, os seus palmares limpos de gatunos». — *Heraldo*, de 11 de Abril.

1916. — «... e elegeram o **panchayet** aldeano, uma corporação de 5 ou 7 homens». — *O Ultramar*, de 31 de Julho.

1824. — «These tribes have a regular administration of justice among themselves, by the ancient Hindoo institution of a **Panchayet,** or jury of five old men in every village» — Heber, *Narrative*, I, p. 193.

1825. — «Dans les cas urgens ils tâchent toujours de terminer le litige à l'amiable; et s'ils ne peuvent y réussir, ils en renvoient la décision à un **pantchayattay,** tribunal des cinq arbitres, où l'on peut en admettre un plus grand nombre, mais jamais moins». — P. Dubois, *Mœurs*, II, p. 456.

1845. — «Les tribunaux sont en partie

remplacés par des commissions d'arbitres, nommées **Pentchayets,** qui tiennent quelquesfois leurs pouvoirs du gouvernement, et terminent ordinairement les discussions par un accord amiable entre les parties». — Xavier Raymond, *Inde*, p. 189.

1894. — «On questions affecting the interest of a whole village, a sort of **panchayat,** or council is held, composed of one or more members of each clan (*vangor*) and the decisions are determined by the majority of votes» (em Goa). — Danvers, *The Portuguese in India*, I, p. XLIV.

1904. — «For the purpose of settling local petty disputes the caste **panchayats** are perhaps the best means of administrating justice, without the artificial form of evidence produced in our Law Courts». — J. A. Saldanha, *The Indian Caste*, p. 12.

1917. — «He [o *patel*] was a Government servant, and not the chosen head of the **Panchayat** (village community) as in days of yore». — The *The Modern Review*, de Setembro.

* **PANCHALÃO**. Embarcação grande do Arquipélago Malaio. Do mal. *panchálang*. «A sea-going type of ship, used by Bugis traders». Wilkinson.

1635. — «E muitos **panchalões** e juncos (onde traziam até elephantes de guerra) que de todo faziam somma de mais de quinhentas embarcações de guerra». — António Bocarro, *Déc.* XIII, p. 412.

**PANCHÃO**. É o nome que em ásio-português se dá a um pacote de pequenas bombas da China, que no português oriental se nomeiam *foguetes* e em inglês *fire-crackers*. Do chin. *pau-cheong*, «embrulho de pólvora».

1842. — «**Panchões,** 15:000 massos». — *Annaes Maritimos*, p. 359.

1843. — «**Pao-chom** (foguete), sombreiro, papel, de 100 *picos*, devem ficar pelo regulamento estabelecido». — In *Bol. S. G. L.*, XI, p. 756.

1882. — «Bem como amostras de **panchões,** foguetes, etc.». — *Ibid.*, IV, p. 397.

1883. — «Muitos homens e mulheres formavam um grupo engraçado e faziam grande algazarra, emquanto uma detestavel musica china atroava os ares, e milhares de bombas, e **panxões** estoiravam de um e de outro lado da *lorcha*». — Adolfo Loureiro, *No Oriente*, I, p. 355.

1895. — «No caes os **panchões** — compridas bichas vermelhas suspensas de um bambú levantado a grande altura na extremidade de dois mastros — ardiam, estalando alegremente». — Conde de Arnoso, *Jornadas pelo Mundo*, p. 146.

1898. — «Estas pequenas bombas estão ligadas umas ás outras, aos centos e aos milhares; com essa especie de restea envolve-se um mastro erguido do chão, ou suspende-se a restea do ramo de uma arvore; é a isto que se chama **panchão**». — Joaquim C. Crespo, *Cousas da China*, p. 244.

1902. — «... sahindo das suas mãos o perfeito **paucheong,** nome proprio destes fogos, chamados em Lisboa, estalos da India, e em Macau, **pan-Chões**». — In *Ta-ssi-ang-kuó*, II, III, 1.

1915. — «Só resta em Pangim o costume de se queimarem os **panchões** e foguetes a rôdo». — Ismael Gracias, *A India*, p. 167.

1916. — «Quasi todas as casas das ruas de transito iluminaram as suas fachadas e queimaram numerosos **panchões**». — *Heraldo*, de 30 de Janeiro.

1917. — «Seja prohibida a queima de *recamaras*, *granadas*, **panchões** ou quaesquer outros fogos». — *O Ultramar*, de 10 de Abril.

**PANCHARATRI** (s. m.). Pregão de arrematação das várzeas de Salcete, lançado com antecedência de cinco dias. Do conc. *pañcharātrī* < sânsc. *pañcharātram*, que significa literalmente «prazo de cinco noites». Preferiu-se a designação do prazo por noites, por ser mais fácil a sua verificação.

1828. — «**Pancharati**... He o prazo de cinco dias, que se deixa em Salcete, para começarem com arrematações, e se fazem sem assistencia do juiz, para todos os interessados terem noticia, e concorrerem a ella». — Bluteau, *Supplemento*.

1765. — «E como nas Aldeas de Salcete as Repartições, e arrematações, assim de *sorodio*, como de *vangana* se fizeram sempre sem intervenção do Capitão, se guardarã o mesmo estilo; observando-se porém a fórma nellas praticada do prazo de cinco dias chamado **panchoratri,** por pregão lançado, para todos os Interessados terem noticia». — F. N. Xavier (filho), *Collecção de Leis*, p. XXXI. — «Em Salcete está ainda [1878] em pratica o **Panchoratri**». — Nota do editor.

1852. — «**Ponchoratry,** ou **Pancharatry** — O termo ou prazo de cinco noites, que cumpre espassar em Salcete, para principiar a arrematação, depois de arrematar, como em termo de lembrança, todas as avenças da *Communidade*». — F. N. Xavier, *Bosquejo Historico*, IV, p. 15.

* **PANCO**. Visco de jaca e do seu pedúnculo, grosso e muito pegajoso. Quando é sêco, emprega-se em tapar furos e rachas de bilhas e de outros vasos de barro. Do conc.

*pãṅk; paṅka* em sânscrito, com o sentido de «lama».

1890. — «Parece-me opportuno dizer aqui duas palavras sobre o nosso **panco,** visco de jaqueira, *artocarpus integrifolia,* o qual corre da fructa na occasião da colheita, e é complétamente desprezado e perdido». — Bernardo da Costa, *Memoria sobre a Gutta-percha,* p. 27.

**PÂNDANO, pandão** (mal. *pãndan*). É o *pandanus fascicularis,* Lamk. A forma *pandão* é usada em Timor. «As espathas são fragrantes; trazem-nas as mulheres na cabeça; noutras partes da Índia extrae-se d'ellas oleo perfumado». D. G. Dalgado, *Flora.* O Sr. Cândido de Figueiredo acentua *pandano.* Melhor prosódia seria *pãndano.*

1895 — «Sebes de cactos em flôr e de **pandanos** gigantescos dividem os terrenos». — Conde de Arnoso, *Jornadas pelo Mundo,* p. 95.

1906. — «Os **pàndanos** brotam até á linha da agua nas praias e promontorios da Costa de Goa, ou á beira das lagoas, ou tanques». — Alberto O. de Castro, *A Cinza dos Myrtos,* p. 190.

1908. — «**Pandão,** de *pàndan,* o Pandanus». — Id., *Flores de Coral,* p. 139.

1690. — «Alias equidem conscendit arbores, uti in horto una in arbore **Pandanga** eum inveni». —Rumphius, *Herbarium Amboinense,* I, cap. 2.

1908. — «The women wear the fresh flowers in their hair and use them as offerings at the temples. From them is also prepared *keura,* perhaps the most characteristic and most widely used perfume of India. — Watt, *The Commercial Products,* p. 777.

*** PANDAR.** É o mesmo que *bandar* (q. v.); príncipe, filho de nobre, em Ceilão. O título é freqùentemente posposto ao nome próprio da pessoa.

1570. — «O qual pelos seus portos de mar lhe fazia muito danno, em odio dos nossos, e em favor de Madune **Pandar,** irmão do mesmo Rey da Cota». — João de Barros, Déc. IV, II, 7.

1616. — «Havendo os irmãos ás mãos, os matou, em que entrava o herdeiro do Reino, chamado Pale **Pandar**... Começou a usar o officio de todos os tyrannos, que he matar todos, de que se podia temer, e entre elles hum filho de Tribule **Pandar,** que era meio irmão de ElRey D. João da Cota». — Diogo do Couto, Déc. X, VII, 13.

1685. — «Casou com hum mancebo seu parente, por nome Tribuly **Pandar,** do qual houve hum neto, por nome Parca **Pandar**». — João Ribeiro, *Fatalidade Historica,* I, cop. 5.

1643. — «... chamado **Pareapandar** (que he o mesmo, que dizer Emperador) reinava em Candea». — *Apud* Júlio Biker, *Collecção de Tratados,* I, p. 225.

1687. — «Ficou Boneca Bau, ou, como outros lhe chamão, Bonegabago **Pandar,** o mais velho com o titulo de Emperador, e Rey de Cota. O segundo Reygam *Bandar,* com as terras de Reygam». —P. Fernão de Queiroz, *Conquista de Ceylão,* p. 150.

«Tão uaidoso ficou da uitoria, que os Portuguezes alcançarão, que deyxando o apelido paterno, **Pandar,** se chamou dali por diante, Raja Cinga Adacêm». — *Id.,* p. 259.

1697. — «Fôy caminhando ao interior da Ilha a ver se podia avassallar ao Imperio de Christo a Javira **Pandar** Rey de Candia». — P. Francisco de Sousa, *Oriente Conquistado,* I, II, 1.

1674. — «Se dividió aquel Imperio en tres Reynos repartidos por tres Hermanos. A Boenegabago **Pandar** tocó el de Cota; a Reigan **Pandar,** el de Reygam; a Madune **Pandar** el de Ceitavaca». — Faria e Sousa, *Asia Portuguesa,* II, p. 861.

*** PANDARA.** Asceta mendicante hindu de castas inferiores, na Índia meridional e em Ceilão. Do tam. *paṇḍaram,* que uns derivam do sânsc. *pāṇḍu-raṅga,* «de côr amarelada», com referência às vestes; e outros do sânsc. *bhāṇḍagāra,* «casa do tesouro», em alusão ao templo, que o asceta guardava.

1603. — «Os primeiros que receberão a agoa do santo bautismo, forão oyto cabeças principaes com suas familias, tres a que chamão **Pandaras,** que são como Regedores dos pouos». — Fr. António de Gouveia, *Jornada do Arcebispo,* fl. 82 *v.*

1607. — «Fôra Alberto antes de ser Christão discipulo de outro mestre muy autorizado, a que chamão **Pandara**... Eis que o mesmo **Pandara** se foy a casa do padre mouido de curiosidade». —P. Fernão Guerreiro, *Relaçam Annual,* fl. 115.

1608. — «Com toda a liberdade abomina diante dos **pandaras** a cinza, e os pagodes, que he cousa de muita consolação... Eu não sou o Chitinadá que era primeiro, mas outro de outra ley, e porisso esse pó nam me serue, de que o **Pandará,** marauilhandose, disse quem sois vós, por ventura?». — *Id.,* fl. 89 *v.*

1663. — «A missão de Maduré é uma das gloriosas que hoje tem a Companhia: occupam-se nella oito obreiros religiosos de virtude e letras, vestidos de *jogues* e

**pandarás,** que são entre aquelles gentios homens desprezadores do mundo, penitentes e mestres da lei». — P. Manuel Godinho, *Relação*, p. 216.

1721. — «... segundo o costume, e forma exterior dos **Pandarás,** que, como Mestres, são estimados dos Indios por causa da austeridade, com que vivem». — Fernão de Brito, *Hist. do Ven. João de Brito*, p. 212.

1900. — «O p.e João Freire, jesuita, conhecido pelo nome **Pandaram** *Souamy*, foi o 1.º missionario que a esse tempo começou a usar da loba côr d'açafrão, o que foi adoptado depois por outros missionarios na costa da Pescaria». — P. Casimiro C. de Nazaré, *Mitras Lusitanas*, in *Ta-ssi-yang-kuó*, I, p. 605.

1711. — «Il prit la résolution de parcourir le païs en habit de **Pandaran** (pénitent des Indes) et de s'attirer par l'austérité de sa vie des aumônes abondantes. — *Lettres Édifiantes*, XI, p. 21.

1782. — «Les **Pandarans** ne sont pas moins révérés que les *Saniassis*. Ils sont de la secte de *Chiven* [Xiva], se barbouillent toute la figure, la poitrine et les bras avec des cendres de bouse de vache». — Sonnerat, *Voyages*, I, p. 256.

1786. — «Nell' India vivono ancora li *phallophoros* o *linganisti* chiamati **Pandara**». — Fra Paolino, *Viaggio*, p. 231.

**PANDARANE.** É bem conhecida a frase familiar — dar em *pantana* — no sentido de «arruinar-se, ou dissipar alguma cousa». Pois *pantana* é aqui corrução, provávelmente por influência de *pântano*, de *pandarana*, como nota o dicionário de Cândido de Figueiredo. *Pandarana* está por *Pandarane*, que tanto figura nos nossos cronistas orientais como nome dum pôrto da costa do Malabar, pouco distante de Calecut, e então muito importante. E neste pôrto que o Samorim mandou dizer a Vasco da Gama, como narra o *Roteiro*, que se abrigasse durante a estação pluviosa, «e que era costume que os navios que vinham a esta terra pousassem alli por estarem seguros». A segurança aludida é atribuída por uma autoridade competente (citada no *Glossário Anglo-indiano*) aos bancos de lodo, que ali se formam nesta quadra de uma a seis braças debaixo da água.

A frase «dar em Pandarane» (actualmente *Pantalānī*) estaria outrora muito em voga entre os portugueses da Índia; pois era na barra de Pandarane que as frotas de Samorim eram amiúde derrotadas por nossos capitães, ou naufragavam no ardor de refrega, ou no seu pôrto interior se recolhiam os destroços para escapar ao furor do inimigo lusitano. *Dar em Pandarane* denotava, portanto, «perder-se, confessar-se arruinado»; e *dar com algum navio em Pandarane* seria o mesmo que «levá-lo à perdição».

A repetição de factos análogos tornaria a frase freqùente na bôca dos nossos soldados e marinheiros, repercutiria no reino por narrações bélicas, e passaria depois a ser aplicada popularmente no sentido figurado, primeiro na Índia, onde os vaivens da fortuna eram constantes, e seguidamente em Portugal. Informam-me que a frase está ainda hoje em uso nos Açôres.

1552. — «E como aparecerão os imigos de supito, os nossos que andavão desejosos de pelejar coeles... *derão coeles antre os ilheos de Panderane* tirandolhe muytas bombardadas e espingardadas». — Castanheda, *Historia*, VIII, cap. 146.

1570. — «E *derão com elles entre os Ilheos de Pandarane*, tirandolhes muitas bombardadas».—João de Barros, *Déc.* IV, VII, 21.

1813.—«*Dar com tudo em Pandarane*, i. é., estragar tudo, desbaratar tudo; de *Pandarane*, paragem suja de Ilhéos, aonde os nossos fizerão acolher-se desbaratados os navios del-Rey de Calicut». — Morais da Silva, *Diccionario*.

**PANDARA-PULO.** É nome duma casta nobre da zona tamúlica, tambêm existente em Ceilão. Do tam. *pandara-pillei*, que literalmente quere dizer «filho de *pandara*», e que equivale na sua composição ao persa *mirzá* (q. v.).

1687. — «Tomarão por catiuos os **Pandari-pûlos,** ou gente nobre, e soldados, que de suas armas escaparão». — P. Fernão de Queiroz, *Conquista de Ceylão*, p. 15.

1914. — «When there was any difficulty about recovering Crown dues, **Pandara pulles** accompanied the village headmen to distrain property». — P. E. Pieris, *Ceylon*, II, p. 162.

**PANDITO.** Mestre, professor; letrado, sábio, na Índia. Os nossos escritores antigos, porêm, empregam o vocábulo mais no sentido de «médico indígena», como se empregava antigamente a palavra *mestre* (q. v.). Bluteau escreve *pandete* [1], à francesa. Como título, pospõe-se ao nome próprio.

1574. — «Mando a todos os **panditos** e phisicos gentios que não andem por esta cidade e arrabaldes della a cavallo nem em andores e palanquins». — *Alvará* do governador da Índia, de 15 de Dezembro.

1597. — «ElRey da Cota vendo como o Visorey se apartàra delle desgostoso, despediu nas suas costas hum Bragmane **Pandito** com quinze mil pardaos, que lhe mandava de presente». —Diogo do Couto, Déc. VI, IX, 1.

1600. — «Era de 20 annos de idade, e ja casado, de nação Bràmane, de officio **Pandito**, è filho de hum dos principaes da cidade». — P. Fernão Guerreiro, *Relaçam Annual*, fl. 24.

1628. — «Por minha ordem se consultou pelos desembargadores atraz assignados sobre o remedio que se pode dar para os soldados que tem verbas em seus titulos por faltarem nas armadas, se não purgarem com certidões de **Panditos**, e testemunhas falsas». — *Alvará* do vice-rei, in *Archivo*, VI, p. 1242.

XVII. — «E examinão ante o fysico mór, que he homem da Europa, a quem muitas vezes ouvi fallar que os ditos Bramenes chamados **Panditás** fazião melhor cura, do que os nossos fysicos Europeus, que na India exercitão o officio». — *Breve Relação*, p. 52.

1663. — «Ha na India alguns Bramenes medicos, e são chamados **panditos**». — P. Manuel Godinho, *Relação*, p. 25.

1673. — «Fingi pois estar doente com febre, trouxeram-me logo um **pandito** ou medico gentio, que sem custo achou o meu pulso alterado, e tomando como verdadeira a febre que eu fingira, me mandou sangrar». — Dellon, *Narração da Inquisição de Goa*, p. 129.

1684.—«... resignando no querer, e no parecer dos Medicos, a que estes naturaes chamão **Panditos**, que são às vezes taes na India, particularmente fora de Goa».— P. Fernão de Queiroz, *Hist. de Pedro de Basto*, p. 489.

1687.—«Ainda ha muytos a que chamão **Panditos**, que entendem bem do pulso, e são bons herbolarios». — Id., *Conquista de Ceylão*, p. 85.

1695. — «Concorrerão os Medicos a que no Oriente chamão **panditos**, applicando-lhe o remedio. Todos são Bracmenes e tem todos grandes conhecimentos de ervas». — Cosme da Guarda, *Vida de Sevagy*, p. 156.

1697.—«Os mesmos idolatras lhe vinhão offerecer na nossa Igreja os filhos mortalmente enfermos, e já desesperados dos seus **Panditos**, isto he, Medicos». — P. Francisco de Sousa, *Oriente Conquistado*, II, I, 1.

1878. — «E bem revela como antes de Pánini os **panditos** tinham estudado a grammatica, não como meio para os estudos philologicos, mas fim, como sciéncia ella mesma». — Vasconcellos Abreu, *Investigação sobre a Civilisação*, p. 4.

1891. — «Do sanskr. **pandita**, um homem instruido, versado nas sciencias e nas leis; a palavra é hoje muito usada pelos inglezes nas formas *pundit* e *pandit*». — Conde de Ficalho, Col. XXXV.

1892. — «Faz um conceito avantajado da educação dos **Panditos**». — Cristóvão Pinto, *Estudos*, p. 87.

1902. — «... chamando para si as populações sem distincção desde os **panditas** (lettrados) e *sastrapravìnas* (doutores) do brahmanismo...».—In *Ta-ssi-yang-kuó*, II, III, 5.

1906. — «Historia, biografias de eminentes estadistas, grandes heroes, santos (*sadhús*), sabios e philosophos (**panditas**), sublimes poetas e outros grandes que fulguraram varias vezes no Oriente». — *Luz do Oriente*, de Agosto.

1913. — «Mais vale o titulo de **pândit** do que usar, impudentemente, o titulo de doutor». — *Heraldo*, de 7 de Maio.

1916. — «Os mestres bramanes e os **panditas** não limitavam a instrucção que davam nas familias aos rapazes unicamente». — *Heraldo*, de 9 de Abril.

1610. — «En la India hay medicos, de los quales los llamados **Pandytos**, son letrados y buenos filosofos, vide muchas vezes dosputar con Theologos e medicos nuestros dello natural y dar buena cuenta de si: esto quiere dezir la palabra **Pandyto**».—Pedro Teixeira, *Relaciones*, p. 172.

1620. — Ce **Pandita** ou *Xerifo* neantmoins est aumosnier, et i'ai entendu des Portugais que souvent il les a assisté». — Général Beaulieu, *Mémoires*, p. 71.

1623.—«Alcuni Brahmani, come i **Panditi** è i *Boti*, che son tenuti frà di loro in molta estima, non mangeranno...». — Pietro della Valle, *Viaggi*, III, p. 167.

1674. — Into places of Trust and Authority he puts only Brachmins, or their Substitutes, viz. **Pundits** (a mean caste) for Physicians». — Fryer, *East India*, II, p. 3.

1666. — «Il avait toujours auprès de lui

---

[1] Os «*Pandetes* mal entendem os seus primeiros Doutores, e mal se deixão entender dos seus discipulos... Os «*Pandetes* desta Seyta seguem a doutrina dos antigos Filosofos, que admitião hum espirito universal, e huma alma estendida por todo este mundo». — *Supplemento*, s. v. *Benares*.

de ces **pendects** ou docteurs gentils, a qui il donnait des pensions très considérables». — Bernier, *Voyages*, I, p. 8.

1778. — «Bernier parle d'un des **Pandets** ou Docteurs Indous, qui avoit été aux gages du Prince Dara». — Anquetil Duperron, *Législation Orientale*, p. 21.

1791. — «C'était le plus fameux **pandect** ou docteur dont on eût jamais parlé». — Bernardin de Saint-Pierre, *La Chaumière Indienne.*

1825. — «The **Pundit** also smiled and bowed, and with the air of a man who is giving instruction to a willing and promising pupil...». — Heber, *Narrative*, II, p. 114.

1829.—«Un **pundit** de Bénarès venait chaque jour à la ville passer une heure à m'enseigner l'hindoustani».—Jacquemont, *Correspondence*, I, p. 85.

1875. — «La studio invece il Papi, ma in modo empirico e superficiale da un **pandit** mediocremente istruito».—Gubernatis, *Storia*, p. 332.

1883. — «The Population consists about entirely of Brahmans and formerly the decisions of its **pandits** were held in high esteem». — Hunter, *The Imperial Gazetteer*, III, p. 325.

1900. — «L'homme qui me parle ainsi est un vieillard, un brahmine; il porte le titre de **Pandit,** c'est-à-dire de savant en langue et en philosophie sanscrite». — Pierre Loti, *L'Inde*, p. 423.

«**Pandit.** Nom des savants ou plutôt des «lettrés» indigènes de l'Inde. Au Cachemire, ce titre a été usurpé par toute la population brahmanique sans distinction. Mais dans le reste du pays il est toujours réservé aux seuls érudits et spécialement à ceux qui, restés fidèles à la tradition, sont surtout versés dans la connaissance du sanscrit et de son immense littérature». — *La Grande Encyclopédie.*

* **PANDOURO** (ant.). Salteador, bandido, no Decão e no Concão. Havia associações militarmente organizadas de *pandouros*, que passavam por crueis e destemidos. Do conc. *peṇḍhārö* < mar. *peṇḍhārī*.

1750. — «São finalmente estas tropas [maratas] huma especie de **Pandouros,** com menos ferocidade, e menos valor, mas summamente astutos para se aproveitarem de qualquer desordem, ou vantagem». — Marquês de Alorna, *Instrução*, p. 522.

* **PANEROQUE** (conc. *pāṇḍrākh*). É uma árvore da família das esterculiáceas — *Sterculia urens*, Roxb. «Produz uma grande quantidade de gomma, que tem semelhança com a gomma *adragantha*». D. G. Dalgado, *Flora*. É também árvore de madeira.

1788. — «Cada dita [junta] de Madeira de **paneroque,** trinta reis e meio». — *Collecção de Bandos*, I, p. 52.

I. **PANGAIO.** «Embarcação de dois mastros com velas latinas, commum na África Oriental e na Índia, com que se faz commercio nestas duas regiões». Cunha Rivara.

Se bem que o vocábulo é usado em alguns idiomas indianos, como concani, malaiala, canarês, túlu (vid. *Influência*), a sua procedência é africana, como sugerem quasi todos os escritores antigos. O Padre Courtois regista *pangayo* como termo tetense no seu dicionário. O vocábulo também existe na língua macua.

1555. — «... sair fóra do rio muitas *lancharas* e **pangaios,** que são navios de remo». — João de Barros, *Déc.* II, VI, 3.

1569. — «Francisco Barreto se partio para a Costa com a mais da força de gente em sua fusta e **pangayos** e veo ter á cidade de Quiloa». — P. Monclaio, in *Bol. S. G. L.*, IV, p. 497.

«Partimo-nos d'aqui em **Pangayos** por a nao não servir e a costa ter muitos baixos». — *Id.*, p. 298.

1572:

> «Arrombão as meudas bombardadas
> Os **Pangaios** sotis da bruta gente».
> Camões, *Os Lusíadas*, I, 92.

1585. — «Esperassem em Calimane os **pangayos** de Moçambique, por Sena estar então muito doente, e que se esperassem os **pangayos** os proveria de fato para se vestirem». —Manuel Godinho Cardoso, in *Hist. Tragico-maritima*, IV, p. 73

1604. — «Levam as mercadorias pelo rio acima, as quaes vem alli de Moçambique em umas embarcações grandes, chamadas **pangaios**». — Fr. João dos Santos, *Ethiopia Oriental*, I, p. 167.

1615. — «Ligaram-se pois umas ás outras [antenas] em forma de uma grande grade e por cima prégaram-se muitas taboas tiradas do interior do navio; e chama-se esta especie de jangada **pangaio**». — Pyrard de Laval, *Viagem*, I, p. 45.

1635. — «É capaz cada qual das barras de Quilimane, Cuama e Luabo, para entrarem por ellas embarcações de cem toneladas, que são galeotas e **pangaios**». — António Bocarro, Déc. XIII, p. 534.

1728. — «Aos 12 de Fevereiro se meteo em hum **pangaio** com seus dous companheiros, e dous Seculares Portuguezes, e deu à vella para o porto de Inhambane».

— D. Manuel de Meneses, *Chronica de D. Sebastião*, p. 130.

1908. — «As tranquillas aguas do Mandovi eram cortadas em todas as direcções por dezennas de *tones*, galeotas e **pangaios**». — Hipácio de Brion, *A India Portugueza*, p. 7.

1912. — «**Pangai** — do marata *pagar*, espécie de canoa». — Samuel Miley, *The Mangalore Magazine*, de Junho.

1626. — «Leurs Navires des Arabes qu'ils appellent **Pangayes** sont bastis d'vne estrange façon; les planches n'estans cloüées ne calfadées comme celles de nos navires, mais cousues vnes aux autres avec du fil d'escorce de *cocos*, et gondrannées ou poissées par dessus la cousture». — Général Beaulieu, *Mémoires*, p. 27.

1750. — «Leurs grands batteaux, appellés **Pangais**, sont relévés de deux côtés avec de branches d'arbres bien liés avec de la ficelle». — Grose, *Voyage*, p. 21.

II. * **PANGAIO.** É uma espécie de remo curto e de pá, usado no Arquipélago Malaio. Diz-se também *remo de pangaio*. *Remar de pangaio* é meter o remo na água perpendicularmente, como se pratica com o referido remo. Do mal. *pinggang*, no qual houve influência fonética do vocábulo antecedente.

1552. — Trazia vinte e quatro *calaluzes*, dũs que tem duas ordens de remos huns de **pangaios** outros de galé, e são tamanhos que traz cada hum cem homens de peleja». — Castanheda. *Historia*, VIII, cap. 89.

c. 1560. — «Usão **pangaios** de tres palmos, às pás redondas e sotis e os cabos delgados, quanto possão apertar com a mão, que anda junto da pá». — Gabriel Rebêlo, *Informação de Maluco*, p. 179.

1570. — «O qual trazia vinte calaluzes, que remavão com duas ordens de remos, hũs de galé, e outros de **pangaio**, com muita gente de guerra». — João de Barros, Déc. IV, IX, 15.

**PANGAJAVA.** Antiga embarcação de guerra, comprida e rasteira, veleira e remeira, na Malásia. Do mal. *pĕnjajap*.

1514. — «De la veo agora huma **pangajaua** grande carregada de pimenta». — In *Cartas* de Afonso de Albuquerque, III, p. 95.

1514. — «De Jaua vierão ja aqui duas **pangajauas** com arros». — Rui de Brito, *ibid.*, p. 225.

1515. — «Chegou aqui a Malaca huma **pangajada** de Queda carregada darros». — Pedro de Faria, *ibid.*, p. 124.

1552. — «Apareceu hũa **panguejaoa**, que sam huns nauios daquela terra compridos e rasteiros, veleiros e remeyros em extremo». — Castanheda, *Historia*, III, cap. 47.

1553. — «Foi Aires Pereira Barredo capitão de hũa Taforea pequena dar com hũa **pangajóa**, que se ia furtando ao longo da terra com temor das naos: na qual ia Nehodá Bugnea; o qual não somente defendeo a entrada da sua **pangajóa**, mas ainda como homem de pessoa entrou á força da espada no batel de Aires Pereira». — João de Barros, Déc. II, VI, 2.

1557. — «Ouveram visto de huma **pangajaoa** (que são hũns nauios compridos e muito veleiros daquela terra)» (Pacêm). — *Commentarios*, III, p. 15.

«E neste tempo chegáram tres **pangajaoas** do Reino de Menamcabo, que he na ponta da Ilha de Çamatra». — *Ibid.*, cap. 37.

1566. — «Estando assi surto hum navio da terra, a que chamam **Panguelahoa**, que navegam a remos e a vela, e são muito ligeiros». — Damião de Góis, *Chronica de D. Manuel*, III, cap. 7.

1894. — «The Portuguese fleet then left for Malaca, and, on the way, caught sight of a **pangajaoa** (a kind of rowing boat used in India), to which they gave chase and captured». — Danvers, *The Portuguese in India*, I, p. 222.

* **PANGAU.** Estrado, palanque, na Malásia. Do mal. *panggau*.

1613. — «E Fernão Pegado foi seguindo a galé té se meter debaixo de umas grandes casas que elles tem armadas sobre o mar, a que chamam **pangóes**; e de terra lhes atiraram muitas bombardadas de que quasi o destroçaram». — Diogo do Couto, *Vida de D. Paulo*, p. 95.

* **PANGO** (sing. *pangu*). Esquadra; trôço de tropa, em Ceilão.

1687. — «Constava de poucas fustas, e sanguiçeis, manchuas, e tones; repartidos todos, como cá dizem, em varios **pangos**, ou esquadras». — P. Fernão de Queiroz, *Conquista de Ceylão*, p. 820.

1914. — «This was followed by the report that a **pango** of Carvalho's men had been cut to pieces by Barretto». — P. E. Pieris, *Ceylon*, II, p. 18.

**PANGOLIM.** *Manis pentedactyla*, Linn., animal mamífero da Ásia meridional e da África, muito freqüente na Malásia, o qual tem escamas duras, come formigas, e se enrola em uma bola, quando é atacado. Do mal. *pangūlang*, «animal que se rola ou gira». V. *linta*, e *Glossary*, 2.ª edição.

Fr. António de Gouveia dá uma

larga descrição do *pangolim*, encontrado no Malabar, sem o nomear: «Era do tamanho de hum leytão grande, o focinho como o de oriço cacheiro, o rabo largo, e do tamanho do corpo, a modo na feyção do rabo de lagarto, e desde o principio do focinho até a ponta do rabo e por todo o corpo era cuberto com hũas laminas ou conchas... E posto que estas alimarias erão muy delgadas, erão com tudo tão fortes quando se enrodilhauão a modo de oriço, que nenhũm forte, e agudo punhal, nem ainda que lhe tirassem com hũa espingarda o passavão». *Jornada do Arcebispo*, fl. 57 *v*.

1866. — «Uma concha de **Pangolim** conhecido aqui [em Goa] pelo nome de *Telió* ou *Tirió*, e tambem pelo nome de *bixo vergonhoso*. São raros estes animaes na India portugueza... O **pangolim** é manso e inoffensivo; tem grande força; excava e mina como poucos animaes o poderião fazer; e por isso facilmente se escapa de captiveiro, quando não é convenientemente retido... Um facto curioso é que este animal, quando vai descer por um oiteiro ou declive, enrosca-se e se deixa rolar por elle abaixo: e assim tambem se livra muitas vezes do homem que o persegue». — *Archivo de Pharmacia*, III, p. 103.

1860. — «Of the Edenta the only exemple in Ceylon is the scaly ant-eater, called by the Sinhalese, Caballaya, but usually known by its Malay name of **Pengolin**, a word indicative of its faculty of «rolling itself up» into a compact ball, by bending its head towards its stomach arching its back into a circle, and securing all by a powerful fold of its mail covered tail». —Emerson Tennent, *Ceylon*, I, p. 152.

«Les **Pangolins** ou Fourmilliers écailleux sont propres à l'ancien continent (Asie méridionale, Malaisie, Afrique) et vivent dans les régions intertropicales».— *La Grande Encyclopédie*.

1903. — «The word **pangolin**, to judge from its form, should be derived from *guling*, which means to «roll over and over». — The word *pangguling* or *pengguling* in the required sense of Manis does not exist in the standard Malay. The word was either from some out-of-the-way dialect, or was due to some misunderstanding on the part of the Europeans who first adopted it». — Crooke, in *Glossary*.

* **PANGUEIRÂO.** Chefe indígena na Malásia. Às vezes é sinónimo de «nobre ou fidalgo». Do mal. *pangéran*.

1546.— «Neste mesmo dia se tratou logo de fazerem **Pangueyrão**, que como já algumas vezes tenho dito, he dignidade imperial sobre todos os *Pates* e Reis daquelle grande Archipelago, e que os escritores Chins, Tartaros, Japões e Lequios nomeão por *Rate na quem dau*, que quer dizer. Pestana do mundo».—Fernão Pinto, *Peregrinação*, cap. 178.

«Foy logo coroado com todas as ceremonias costumadas por **Pangueyrão** de toda a Java, Bale, e Maduré, que he huma muyto grande Monarchia de gente, poder, e requiza». — *Id.*, cap. 179.

1620. — «Et ainsi les estrangers ont plus affaire du gouverneur que du Roy; mesme le peuple redoute plus davantage le Gouverneur, qu'ils nomment **Pangaran** *Lima*». — Général Beaulieu, *Mémoires*, p. 44.

1836. — «Beaucoup d'autres ont aussi le titre de **Panguerans**, mais ils ne sont appelés au conseil que dans des cas particuliers». — Rienzi, *Océanie*, I, p. 256.

1877. — «Seuls les fils et petits-fils aînés du Sulthan, *radhèn-mas* par droit de naissance, sont élévés aussitôt au rang de **pengéran** (prince)». — Winckel, in *Bol. S. G. L.*, II, p. 687.

**PANHA** (também *paina*). Algodão de **PANHEIRA**, *Bombax malabaricum*, D. C. Também se diz *sumaúma*. Mas não é, como diz um dicionarista, nem «planta», nem «aromática». Em Cabo Verde também lhe chamam *bombardeira*. O algodão, que é assetinado, não presta para fiar, mas sómente para estofar. As flores são grandes e de pétalas compridas e muito vermelhas. A árvore produz uma espécie de goma, que tem usos medicinais. A madeira é muito mole e tem várias serventias. O vocábulo provêm do malaiala *paññi*, tam. *pañchu*, nome do algodão. Em concani a árvore é conhecida por *sãnvorī*.

1545. — «Os que sentião culpados na sensualidade, se pesavão a algodão e frouxel, e **panha**, e roupa, e vinho, e cheyros». — Fernão Pinto, *Peregrinação*, cap. 162.

1560. — «... algodão, **panha**, feijão, *grãos de cavallo*, inhames de muitos modos».—Gabriel Rebêlo, *Informação de Maluco*, p. 172.

1613. — «E tem mais aquellas mattas algũas arvores de pão [pau] do Brasil e arvores de goma de muitas especies, e muys [*sic*] arvores de **panha**». — Manuel Godinho de Erédia, *Declaraçam de Malaca*, fl. 16.

1720. — «**Paina**. He hum cabellinho,

que se cria em huma arvore do Brasil, chamada (se me não enganárão) *Samamoeira*. Deste cabellinho se fazem colchões muito commodos». — Bluteau.

1782. — «Planta-se [a pimenteira] no pé das arvores para por ellas treparem as suas tanas, as melhores são as **panheiras**, *ambareiras*, e outras d'esta qualidade».—Fr. Clemente da Resurreição, *Tratado*, II, p. 314.

1842. — «O tabaco, o anil, a **panha**, ou sumauma alli dão espontaneas». — *Annaes Maritimos*, p. 269.

1846. — «A fructa desta arvore [*Sanvory*] produz huma especie de algodão, que se denomina — **Panha** — e serve para *Godrins*, almofadas, etc.». — F. N. Xavier, *O Gabinete Litterario*, I, p. 251.

1862. — «... anil, sumaúma ou **panha**, culita, betele...».—Francisco M. Bordalo, *Ensaios sobre a Estatística*, V, p. 57.

1862. — «7 onças de suma-huma ou algodão de *bombardeira*». — *Annaes do Conselho Ultramarino*, III, p. 10.

1863. — «As essencias que ahi se encontram são... *santono, sanvory* ou **panheira**». — *Apud* Oliveira Mascarenhas, *Atravez dos Mares*, p. 181.

1879. —«*Bombax heptaphyllum*, **panheira**. As sementes estão envolvidas n'uma especie de filamentos semelhantes ao algodão, denominado **panha** ou sumaúma». — João Stuart Torrie, *Estatistica da India Portugueza*, p. 37.

1873. — «A **panheira** (bombax malabarica), *sanvori*, em malabar mul-elavu, produz a sumauma».— Bernardo da Costa, *Manual do Agricultor*, II, p. 251.

1901. — «*Samor* ou *Sanvor*, **Panheira** ou **Paina**». — José Pinheiro, in *Bol. S. G. L.*, XX, p. 33.

1908. — «Em Timor é frequente um outro *Eriodondron*, da mesma architectura vegetal, mas todo eriçado de picos, como a **Panheira** de Goa». — Alberto O. de Castro, *Flores de Coral*, p. 247.

1912. — «O seu producto de maior valor industrial e commercial é a **panha** (filaça das capsulas), para colchões, almofadas e outros usos semelhantes». — Caetano Gracias, *Flora Sagrada*, p. 16.

1916. — «O comando militar recebeu, em um dêstes dias, tres enormes sacos de sementes de mafuaneira (**panheira** *branca*) enviados pela Inspecção de Agricultura». — *Heraldo*, de 15 de Agosto.

1918. — «Na flora economica sobresaem em importancia os coqueiros (*nó*), as arequeiras (*póva*) às **panheiras**» (em uma ilha de Timor). — In *Bol. S. G. L.*, XXXVI, p. 58.

1568. — «La pianta **Pagniera** è di mediocre grandezza, con il tronco, e rami spinosi... Il frutto è simile ad vna grande fava, piena rodunda, il quale peruenendo alla maturità, s'apre da se medesimo per lungo, e sparge vna lanugine bianca più pastosa, e morbida del bombagio, che si chiama **Pagna**, con la quale, in luogo di lana formano gl'Indiani loro guanciali, che oltre di conservar molto asciuto il capo notabilmente lo rinfresca, e concilia il sonno». — Fr. Vincenzo Maria, *Viaggio*, p. 385.

1786. — «Il cotone si chiama *algodão* in Portoghese, *gossipium* o bombacium in Latino, e *cerupagagni* in Malabarico, e quando questo cotone è più grosso, che nasce sull' albero, in lingua Malabarica chiamato *Ilava*, allora chiamasi **Pagni**».—Fra Paolino, *Viaggio*, p. 246.

1908. — The Kapok Supply Company of London announce that they are now using it [*panha*] very largely in the construction of life-boats, life-buoys, etc., and that it is regarded as superior to cork or hair since much more buoyant, softer and cheaper». — Watt, *The Commercial Products*, p. 522.

* **PÁNIA** (mal. *bányak*). Povoação, colectividade de pessoas, em Timor.

1864. — «As **Panias** são governadas por *Tumugões*, ou *Datós* mais poderosos». — Afonso de Castro, *As Possessões Portuguezas*, p. 18.

* **PANIÁ** (singalês *panikkiya*). Apanhador e cuidador de elefantes, em Ceilão. Pertence a uma das castas profissionais. Também ocorre *pareá* (talvez por êrro tipográfico). V. *Doc. da India*, III, 281, e nota do índice.

1612. — «Fui informado que os **Paneas**, naturaes da ilha de Ceilão, que tem obrigação de dar erva aos elefantes, e poderão ser tres mil, pagam cada anno quatro pardaos em logar dos cinco que antigamente costumavam pagar aos reys d'ella, como de vassallagem». — *Carta Régia*, in *Doc. cit.*, II, p. 136.

1614. — «Dado que a gente do serviço d'estes elefantes tenham algũas terras que comam, sempre he costume darem-lhe de comer, e de vestir, e só aos **panéas** que dão herva se não dá nada». — *Ibid.*, III, p. 56.

1687. — «As *Vidanias* dos Carpinteyros, Ferreyros, Torneyros, Orives, Oleyros, Boeyros, e **Paneaz**, se distribuão por pessoas graves naturaes, por ser este seu costume». — P. Fernão de Queiroz, *Conquista de Ceylão*, p. 900.

1860. — «These professional elephant catchers, or, as they are called, **Paneckeas** who inhabit the Moorish villages north and north east of the island, from time immemorial have been engaged in taking elephants». — Tennent, *Ceylon*, I, p. 336.

**PANICAL.** Mestre de esgrima e

gimnástica militar, e de instrução primária, no Malabar. Do malaiala *panikkal*, que agora é mais usado no sentido de «astrólogo». Eram muito considerados tais mestres, até pelos próprios reis. Em Ceilão o termo é empregado pelos nossos escritores na forma de *panica*.

1504. — «E, no alcanço, derribaram 250 ou 300 d'elles, os majs principaes **panjçapes** da goarda d'el rey de Calecut». — Álvaro Vaz, in *Cartas de A. de Albuquerque*, III, p. 262.

1512. — «E em poucos dias se tomaram bem seiscentos homens e pessoas christãas, em que entraram **panicaees** e homens homrrados». — Afonso de Albuquerque, *ibid.*, I, p. 44.

1514. — «Algũus **panyquaes**, que sam mestres densynar despada he adargua que sam homẽs homrados antre elles se fizeram aquy cristãos por alguas dadyuas que lhe deu ho capitam mor. — *Ibid.*, VI, p. 179.

1516. — «Nesta esgrima se exercitam sempre; estes mestres que hos ensinaom chamamse **Paniquaes**, que antre eles saom muy estimados e acatados, principalmente de seus discipulos que grandes e pequenos adoraom neles». — Duarte Barbosa, *Livro*, p. 326.

1551. — «Os mestres que os ensinam sam graduados naquele jogo darmas em que ensinão, e chamanse **panicaes** na sua lingoa». — Castanheda, *Historia*, I, cap. 14.

1552. — «Como chega a idade de sete annos he logo obrigado a ir á escola de esgrima: ao mestre da qual (a que elles chamão **Panical**) tem em lugar de pae pela doctrina que recebem delle... E tirando as pessoas muito nobres que el Rey faz por suas mãos, as mais vezes comete este armar de cavalleiro ao proprio **Panical** mestre de esgrima». — João de Barros, Déc. I, IX, 3.

1554. — «E ao **panicall** trezentos reis por mês». — Simão Botelho, *Tombo da India*, p. 24.

1566. — «Aos mestres que hos ensinão, a que chamão **Panicães**, são tão obedientes em moços, e depois de homens, que em qualquer parte que os achão se lanção de bruços diante delles, e os adorão quomo se fossem idolos: aho Rei arma cavalleiro o **Panica** que o ensinou». — Damião de Góis, *Chron. de D. Manuel*, I, cap. 42.

1569. — «Verdade he que ha homens no Malavar de casta nobre que chamão **Panicaes**, que alguns tem hũa perna muy grossa em demasia». — Fr. Gaspar da Cruz, *Tractado da China*, cap. 4.

1599. — «Manda o Synodo e declara que nas escolas assi de ler como desgrimir, em que os mestres os **Panicais** tem pagodes a que obrigão os moços a fazer-lhe *sumbaya* em entrando como costumão...». — Sinodo de Diamper, in *Archivo*, IV, p. 326.

1600. — «Aconteceu nesta pouoaçam que hum Christam homem do nosso Vigayro matou hum **Panical** Naire, e mestre muy principal del Rey de Angamalê». — P. Fernão Guerreiro, *Relaçam Annual*, p. 37.

1603. — «**Panicais** chamão os mesmos Malauares aos mestres de esgrima, aos quaes he tão grande a obediencia, sogeição, e reconhecimento, que toda a vida lhé tem seus discipulos, que com elles podem, e fazem muitas vezes guerra a outros, e ainda a seus proprios Reys, e tem os discipulos por mor lealdade, e honra pelejarem, e morrerem por seus mestres, que por seus Reys». — Fr. António Gouveia, *Jornada do Arcebispo*, fl. 28.

1614. — «Veio o Çamorim com todos os seus Regedores, Bramanes, e **Panicaes**, e ambos a seu modo juraram as pazes com grande solemnidade». — Diogo do Couto, Déc. X, VI, 4.

«Entram os **Panicaes** esgrimidores de ElRey e jogão das armas com muita destreza». — *Id.*, VII, IV, 4.

1686. — «Conforme seus merecimentos, e calidades, acrescentou-os com os cargos de *Modeliares, Araches, Tandârez, Durias*, **Panichiaz,** *Duuaz, Vngiaz*». — P. Fernão de Queiroz, *Conquista de Ceylão*, p. 415.

«Passou a Maturê, em Agosto de 1546 contra o **Panica**, que senhoreaua parte das terras de Sofregão, sendo senhor das mais Antonio Barreto». — *Id.*, p. 493.

1660. — «Molti della Corte della Regina, & alcuni **Panicali** principalissimi l'haurebbero aiutato e defeso». — Mgr. Sebastiani, *Seconda Spedizione*, p. 45.

1724. — L'Archediacre pour assurer sa personne fit appeller quelques-uns des principaux Maitres d'Armes de sa Nation. On appelle ces gens-là **Panicale** dans la langue du Païs». — La Crose, *Histoire du Christianisme*, p. 101.

**PANICALE.** Elefantíase, no Malabar. «Doença da India. O P. Bento Pereira no Thesouro da lingua Portugueza, lhe chama em latim, *Morbus Indicus, quo tumescunt pedes*». Bluteau. Yule supõe que *cale* está pelo tamul *kāl*, «perna»; e Crooke observa que *āndikkāl* é o nome tamul do que comummente se denomina *Cochin Leg*. Mas o verdadeiro étimo é o malaiala *perikkāl*, «perna grande» = elefantíase; o qual os portugueses confundiram com *panical*, assim porque já estavam familiarizados com êste vocábulo, como porque os *panicais* do Malabar tem, conforme o testemunho de Fr. Gaspar da Cruz, «hũa perna muy grossa em demasia».

Domingos Vieira regista *perical* como vocábulo inédito e com a seguinte inscrição: «Termo de medicina. Nome que dão em Cochim, e na Costa do Malabar, a uma enfermidade que ataca um dos membros inferiores, raras vezes os dous, e sempre na parte mais inferior».

Linschoten retrata na sua obra dois panicais, que ambos apresentam a perna direita muito volumosa, com a seguinte legenda: «Panequais familiae, a Divo Thoma execratae, in totam (ut Indi referunt) progeniem». V. *pejo de S. Tomé*.

1563. — «Então os homens com o trabalho e mao comer, e se desmandarem com as mulheres, bebião muyta agoa, que lhe fazia inchar as barrigas, e amarellos, e opadaços (*sic*), e lhe inchavão as pernas, e nunqua erão sãos até que morrião; e destes doentes hauia muytos em Cochym, que o viso-rey por conselho de fisicos mandaua trazer a Cananor, que nom consentião sair fora da fortaleza, e tornauão á sua perfeita saude em pouco tempo». — Gaspar Correia, *Lendas*, I, p. 729.

1584. — L'acqua non ci è buona, donde procede che quasi la terza parte di questi Malabari hanno le gambe monstruose, e granelli grossi come la testa». — F. Sassetti, *Lettere*, p. 222.

1666. — Il y a en ce païs des gens qui ont les jambes comme celles de l'Elephant, et j'ai vû un homme de Cochin avec une semblable jambe». — Thevenot, *Voyages*, III, p. 262.

* **PANIELA** (tam. *paṇiyāram*). Bôlo de arroz e *jagra*, na Índia dravídica.

1687. — «Só depois do Sol posto, comem dous figos da India, com dous bolos de arroz, e jagra (assucar das palmeyras) a que chamão **Paniellas**». — P. Fernão de Queiroz, *Conquista de Ceylão*, p. 89.

* **PANIDAMO**; * **Panidando**. É um imposto que se paga numa das províncias das Novas Conquistas pelo fornecimento de água para irrigação de campos. Do conc.-mar. *pāṇīdām'*, *pāṇīdanḍ*, «preço de água», «imposto de água».

1852. — **Panidamo**, ou **Panidandó**, Imposto de agua em Canácona». — F. N. Xavier, *Bosquejo Historico*, IV, p. 15.

* **PANIRACÃO**. Capitão, na Malásia. Do mal. *panjirakan*, literalmente «capitão colega».

1545. — «El Rey para o mais animar quis ir por seu Capitão, ainda que o peso todo neste negocio se governava pelos quatro **Paniracões** da sahida primeyra». — Fernão Pinto, *Peregrinação*, cap. 175.

* **PANJAQUE** (pers. *banchāq*). Escritura, documento público, na Índia.

1820. — «Consta com toda a certeza, que o 1.º *Firmão* ou **Panjak**, que concedeu no anno de 1633 o Imperador Sujan Mahomed Sujikam aos Padres, e christãos de Bandel... foi destruido». — In *O Chronista de Tissuary*, I, p. 61.

* **PANO-BAJU**: Espécie de traje das mulheres cristãs nobres da Índia Portuguesa, com muita verosimilhança importado de Malaca pelos portugueses, para uso das suas mulheres indígenas e servas. Assim se distinguiam das gentias, e se julgavam mais elegantes. Parece que primitivamente se designava o traje sómente por *baju*. V. *baju* e *pano-paló*.

1846. — **Pano-baju** — *toropo-bajú* ou *saraça e quimão*, que tudo vem a dizer o mesmo». — F. N. Xavier, *O Gabinete Litterario*, I, p. 101.

1874. «Fazia as honras da casa a formosa esposa do nosso hospedeiro, senhora brahmane, cristã, vestida á moda do paiz, com um riquissimo *panno-bajú* bordado a oiro». — Tomás Ribeiro, *Jornadas*, II, p. 35.

1879. — «... 3.ª o modoficado de **pano-bajú** — toropo-bajú — ou saraça e quimão, que tudo vem a dizer o mesmo, e da 4.ª o próprio do paiz — de *pano-puló* (*sic*).» — João Torrie, *Estatistica da India Portugueza*, p. 310.

1896. — «Em dias successivos fizeram vestir a noiva de gentia, de mulher christã de *pano-palló*, de **pano-bajú**». — Gip, *Jacob e Dulce*, p. 74.

1905. — «Se todo o sexo feminino não preferiu deixar o atavismo oriental, uma boa parte, especialmente da classe brahmane de Salcete o renegou para adoptar o uso de **pano-bajú**, que aos poucos como o *pano-palló* n'outras classes se transformou em *toilette* europeia». — Ernesto Fernandes, *India Portugueza*, p. 19.

1908. «Nos trajos das mulheres christãs de Damão e Diu se encontra a palavra, designando, salvo erro, o **pano-baju** das bráhmanes salcetanas christãs». — Alberto O. de Castro, *Flores de Coral*, p. 172.

1915. — «Trazia chapeu armado, *quimão*

e *pano-torôpo* de setim com chaile de morá». — *O Heraldo,* de 2 de Dezembro.

* **PANO-PALÓ.** Espécie de traje das cristãs de Goa, adoptada das gentias, descrito abaixo por Duarte Barbosa. Composto híbrido do port. *pano* e do conc. *pālanv,* «ponta de pano que cobre a parte superior do corpo». Também se diz neste sentido simplesmente *pano,* como se diz *kāpaḍ* em concani.

1516. — «Has mulheres [de Narsinga] trazem hũs panos branquos dalgodam muyto delguado, ou de seda de boas cores, e de cinco uaras em comprido, e parte dele cinge da cinta pera baixo, e ha outra volta lançam-na por cima de hum ombro, e pelos peitos; de maneira que hũ braço e ombro lhe fiqua de fora, ha maneira de reguacho». — Duarte Barbosa, *Livro* (2.ª ed.), p. 303.

1846. — «E he tambem **pano-paló,** mas de seda com barra larga. . . As que usam de **pano-paló,** em caso unicamente de viuvez se vestem de **pano-paló** inteiramente branco». — F. N. Xavier, *O Gabinete Litterario,* I, p. 102.

1874. — «Assisti na India a muitas *soirées,* onde as senhoras que mais brilhavam eram quasi sempre as que usavam os seus adornos indianos, sendo ainda mais elegante o **palo** que o *bajú,* comquanto este pareça mais considerado». — Tomás Ribeiro, *Jornadas,* p. 36.

«De noite sonhou com aquella morena formosura, involta no seu **panno** amarello de seda de Nacpur». — *Id.,* p. 259.

1886. — «Entre os parentes e os convidados está a noiva vestida com o seu rico **pano-paló,** afogador e outros adornos». — Lopes Mendes, *A India Portugueza,* I, p. 42.

1896. — «Estes nuncios de **pano-paló** regressaram com grão na aza, como é de lei». — Gip, *Jacob e Dulce,* p. 44.

1915. — «O único indumento peculiar de Goa é o *pano-baju,* sendo o de **pano-paló** comum à mulher indú casada ou viuva — de toda a Industânia — subordinada ao regimen das castas». — *Heraldo,* de 24 de Dezembro.

1878. — «A great majority of the families still adhere to the primitive *sari* known as *ôll* or **panpaló».** — José Nicolau da Fonseca, *Sketch of Goa,* p. 13.

**PANOURA.** Em duas acepções emprega Fernão Mendes Pinto o vocábulo, que não encontrei em nenhum outro escritor nacional ou estrangeiro: «embarcação chinesa semelhante à galeota ou fusta»; «espada de elefante de guerra», na Indo-China [1]. Foram baldados os meus esforços em identificar o termo em qualquer dos sentidos; é difícil localizar a maior parte das palavras vernáculas que figuram no seu livro e, por conseqüência, investigar a sua etimologia. Em malaio *prahu-bĕrangai* quere dizer «embarcação corsária»; (*tambak*) *bĕndĕrang,* «lança de gala».

1542. — «Embarcado em duas **panouras** que são como galeotas, ainda hum pouco alterosas». — *Peregrinação,* cap. 71.

«Grande soma de embarcações como fustas, a que chamão **panouras».** — *Ibid.,* cap. 97.

1545. — «Trazia consigo cento e vinte homens de guarda de frechas e **panouras** tauxiadas douro e prata». — *Ibid.,* cap. 124.

«Hião oytenta Elefantes muyto bem concertados, com cadeyras e castellos guarnecidos de prata; e nos dentes suas **panouras** de guerra, e campainhas ao pescoço de bom tamanho». — *Ibid.,* cap. 130.

«Forão duzentos elefantes armados com castellos, e **panouras** de guerra, que são as espadas que levão nos dentes quando pelejão». — *Ibid.,* cap. 131.

I. * **PANRI.** É uma planta da Índia, da família das rutáceas — *Murraya exotica,* Linn. «Julga-se que o pau deste arbusto tem a propriedade de afugentar a cobra de capello». D. G. Dalgado, *Flora.* Do conc. *pāṇḍhrī* <*pāṇḍhró,* «cobra de capelo».

1864. — «**Panri.** Outro contraveneno e dos mais empregados». — *Archivo de Pharmacia,* I, 119.

---

[1] «Traz este alifanté em cada dente cinquo espadas armadas, asy que em ambos os dentes traz dez espadas, de maneira que andam tam temerosos que nenhum nom os aguarda se lhes pode fugir». — *Roteiro de Vasco da Gama,* (2.ª ed.), p. 113.

«Os alyfantes vão emcobertados, e nos dentes suas navalhas muy talhaveis e agudas, com que fazem grande dapno». — *Chronica de Bisnaga,* p. 28.

«. . . e nos dentes duas espadas largas e agudas de cada parte hũa, pera que rompendo pelos ĩmigos os matem». — Castanheda, *Historia,* II, cap. 16.

c. 1470. — «Large scythes are attached to the trunks and tusks of the elephants, and the animals are clad in ornamented plates of steel. They carry a citadel, and in the citadel twelve men armoured with gems and gold. — Nitikin, in *India in the fifteenth century,* p. 12.

II. * **PANRI** (conc. *pāṇḍhrī*). É também o nome duma árvore — *Bauhinia alba* — cuja madeira tem côr de marfim, sendo, por isso, igualmente conhecida por *pau marfim* ou *ébano branco*.

1687. — «Ha pao preto, e outro que chamão **marfim**». — P. Fernão de Queiroz, *Conquista de Ceylão*, p. 59.

1865. — «Encontra-se tambem o **Panri**, ou *ébano branco*». — *Relatorio da Provincia de Satary*, p. 133.

1886. — «... e no terço superior das montanhas mais elevadas o **panri** ou *ebano branco*, tambem nomeado **pau marfim**». — Lopes Mendes, *A India Portugueza*, II, p. 128.

1898. — «Tivemos occasião de admirar em Bicholim e Nova Gôa alguns trabalhos executados em sissó, mareta, arequeira, pau rosa e **parry**, que podiam figurar com vantagem nos maiores certamens industriaes da Europa». — Oliveira Mascarenhas, *Atravez dos Mares*, p. 44.

* **PANOTRI**. Antigo imposto, que as embarcações de certa lotação pagavam em Goa, a título de reparação das pontes do campo. Do conc. *pāṇvaṭhī* < *pāṇvaṭhó* (mar. *pāṇvaṭhā*), «sítio à borda dum rio ou duma lagoa, destinado a algum fim».

1909. — «**Panotri** ou imposto sobre as embarcações saidas, cujo lote excedesse 15 *candis* 5 $1^1/_{10}$ toneladas). Era applicado para concerto das pontes das portas do campo, a razão de 8 tangas por cada embarcação». — Amâncio Gracias, *Subsidios*, p. 154.

* **PAN-SUPARI** (conc.-mar. *pān-supārī*). É o mesmo que «areca e bétele em mastigatório». O termo figura na imprensa da Índia. A primeira voz quere dizer «fôlha» e a segunda «areca» (q. v.) Os ingleses dizem *paun*.

1915. — «Aos 26 visitou o pagode dos hindús Sri Vitol Mandir situado no bairro Comba, tendo sido acolhido com grandes manifestações de regosijo, e tendo-lhe sido offerecidas flores e **pan supari** (betel)». — *O Ultramar*, de 27 de Dezembro.

1915. — «A todos agradeceu no fim o sr. Sauchande e houve serviços de chá e distribuição de **pan-supari**». — *Heraldo*, de 2 de Dezembro.

1918. — «Terminados os trabalhos da sessão foram distribuidas flores e **pan-supari**». — *Heraldo*, de 28 de Maio.

1886. — «This is more fully termed **pawn-supari** (*supārī* is Hind for areca)». — *Glossary*.

1918. — «The usual name in India is **pān-supārī**, of which the first refers to the leaf and the second to the nut». — Longworth Dames, *The Book of Duarte Barbosa*, I, p. 168.

* **PANTIM**. Lamparina de barro ou de bronze, na Índia Portuguesa. Do conc. *pan'ṭī*.

1792. — «Não mixturem nos casamentos acções gentilicas, como são banhos na vespera dos recebimentos com ceremonias, com *calão* no meio da casa, **pantins** accesos, rações de arroz, inclinações ao calão pedindo perdão ao diabo do pouco que se lhe offerece». — P. Casimiro C. de Nazaré, *Mitras Lusitanas*, in *Bol. S. G. L.*, XV, p. 467.

1886. — «... algumas folhas de betele, areca e um **pantim** (candeia de bronze preto) acceso». — Lopes Mendes, *A India Portugueza*, I, p. 248.

«Em seguida o *gâocar* faz um rolo de betle e areca, introduzindo-lh'o no pavilhão da orelha, para logo a cortar e ir solemnemente deposita-la aos pés do idolo, onde está um **pantim** acceso». — *Id.*, II, p. 51.

1917. — «...mas raios fulminantes da eterna luz celeste, muito mais brilhante que a duvidosa electricidade paisana, muito mais estavel que os tremulos **pantins** municipaes». — *Heraldo*, de 21 de Abril.

* **PANTO** (ant.). Era um imposto que se pagava na província de Pernêm (Novas Conquistas), e cuja natureza não se depreende da abonação. Se o étimo é o mar. *pānt*, quere dizer «linha, renque»; se é *pant*, é tratamento honorífico, posposto ao nome de certas autoridades.

1691. — «Essa Junta deliberou, se suspendesse, em quanto dava conta, a cobrança da imposição, chamada de **Panto** na Provincia de Pernêm, pelos inconvenientes, que lhe representou o commandante da mesma Provincia». — In *O Oriente Portuguez*, XIV, p. 127.

* **PANTOMERA**. Uma espécie de aranha peçonhenta e de côr vermelha, em Timor. O vocábulo não figura nos dicionários da ilha, que são muito dificientes. Os nomes vernáculos de aranha em geral são *abukina* e *labadáin*. Em malaio, *pantas* significa «ligeiro, rápido», e *merah* (teto *méan*), «encarnado, vermelho»; não sei se tem alguma relação com *pantomera*.

1848. — «O unico insecto verdadeiramente peçonhento que aqui se conhece, é uma especie de aranha pequena de côr vermelha, chamada pelos indigenas **pantoméra**». — *Annaes Maritimos* (parte official), p. 220.

*** PÃO DE OURO; PÃO DE PRATA.** São barras de ouro ou prata que antigamente entravam em transacções comerciais da China. As de prata correm ainda hoje. Tem forma de barca ou de sapato chinês. V. *barca de ouro*. Dizia-se, inversamente, *ouro de pão*, para denotar a superior qualidade do metal.

1545. — «Elle vira por cinco vezes por seus olhos hũa grande casa do tamanho de hũa igreja meam cheya de **pães** de barras douro até o telhado». — Fernão Pinto, *Peregrinação*, cap. 148.

1552. «E hum *catle* laurado de pedraria falsa, porem muyto rica e galante, com hũas cortinas de seda branca da China lauradas com **ouro de pão**». — Castanheda, *Historia*, III, cap. 95.

1552. — «Hum pano de algodão bornido com hũas rosas de **ouro de pão** semeadas por elle, a que chamão *puraua* (trajo dos Brammanes) cobria seus couros entre braços e peitos». — João de Barros, Déc. I, v, 5.

1563. — «E era tanta a copia de seda, que assi gastão elles o ouro batido em **pão**, e a seda nestas bandeiras, como nós gastamos as tintas de pouco preço, e o lenço de linho grosso». — *Id.*, Déc. III, II, 8.

1611. — «Pois da China vos digo eu poder-se-ham carregar Náos de **pães de ouro** de feição de batéis, que tem cada hum ao redor de dous marcos, e assim valerá cada **pão** duzentos e oitenta pardáos». — Diogo do Couto, *Dialogo do Soldado Pratico*, p. 155.

1616. — «Entre outros ha ouro em barras, a que os Portuguezes chamam **pão de ouro**, e tambem vem em folhas, e em pó». — Pyrard de Laval, *Viagem*, II, p. 153.

1680. — «O ouro, e a prata não batem em moéda, mas fundidas em forma representão a figura de hum batel, a que os Portuguezes chamam **paens de ouro** e **paens de prata**. Huns e outros são de varia quantidade. Os de ouro de 1. 2. 10. e 20 cruzados, os de prata, de meyo, de hum, de 10. de 20. de 50. de 100. e de 500. cruzados». — Fr. Jacinto de Deus, *Vergel*, p. 205.

1684. — «Hũa coroa de ouro, de pezo de menos de hum **pão de ouro** de Kina, com suas pedras falsas». — P. Fernão de Queiroz, *Hist. de Pedro de Basto*, p. 328.

1745. — «... mas sobretudo e em especialidade em **paens de ouro** com bom comodo, deixando muitos caixões de prata, pella qual, como em muito a estimão, querem tão sómente os seus pagamentos». — In *Ta-ssi-yang-kuó*, III, III, 3.

*** PAÔ** (chin. *páu*). Gazeta, jornal. *King-páu* («jornal da côrte») é o mais antigo periódico do mundo, pois conta cêrca de mil annos de existência.

1668. — «No principio de Agosto chegou **paô** da Corte, (cujas novas nos chegarão a Macao aos 22 do mesmo Agosto) que dizia serem mortos em Pekî por ordem do Emperador 24 Mandarîs grandes da Corte». — In *Ta-ssi-yang-kuó*, I, II, 12.

**PAPAFIGO.** É o nome que se dá na Índia a duas variedades de *Oriolus* — *O. galbula* e *O. motanocephalus*, Linn. Diz-se *halduvó* em concani, «o amarelo».

1846. — «*Olduvo* (**Papa-figo**), *Padecar*». — F. N. Xavier, *O Gabinete Literario*, I, p. 252.

1864. — «*Oriolus galbula*, L. Nome vulgar *olduó*. E o nosso **papa-figo**, sem a menor differença. *Oriolus motanocephalus*, L. Nome vulgar *olduó*. E outro **papa-figo**, muito diverso do nosso». — *Archivo de Pharmacia*, I, p. 9.

1873. — «Emquanto o *bulbulo* e o *dominico* (*moddvoni*) trinam seus chilros agudos e graciosos, e o **papafigo** (*odduvó*) garganteia gorgeios». — Bernardo da Costa, *Manual do Agricultor*, II, p. 191.

1658. — «Il **Papafico** è il doppio più grande d'vn nostro passaro di beco anco in proportione più lungo. Si veste di piume tanto vaghe, e colorite, che in bellezza è de' più singulari dell' India». — Fr. Vincenzo Maria, *Viaggio*, p. 433.

**PAPAIA.** Fruto de **papaeira**, *Carica papaya*, Linn. O termo é americano, usado em Cuba, provàvelmente introduzido na Índia pelos portugueses juntamente com a planta, como parece indicar o nome canarês, *parangi-hannu*, «fruta portuguesa». Linschoten (1589) julga que foi das Filipinas por Malaca. No Brasil a planta tem outro nome — *mamoeiro*, derivado de *mama*, pela semelhança do fruto. A planta está perfeitamente naturalizada no Oriente. Além de se comer o fruto maduro, que se considera péptico, serve o verde para *achar*, para conserva de açúcar, para hortaliça, e também para extracto, conhecido por *papaína*, que tem usos medicinais.

1596. — «Outra [fruta] **papayas** [em S. Domingos] a que no Brasil chamamos *mamões,* e se pudéram muito bem chamar melões na feição». — P. Gaspar Afonso, in *Historia Tragico-maritima,* VI, p. 49.

1745. — «...Figos a que lá chamão Bananas, **Papayas** que lá [no Brasil] se dizem Mamoens». — In *Ta-ssi-yang-kuó,* II, III, 3.

1782. — «Vê-se outra com o nome de **papaeira,** a qual produz frutos a que na America chamam mamões, e aqui **papaia;** nasce benignamente e quasi por si em lugares baixos... D'elle [do fruto] se servem colhido verde para conserva ou mui bom achar do paiz». — Fr. Clemente da Ressurreição, *Tratado,* II, p. 339.

1839. — «Muitos Europeos fazem subida estimação da laranja, atta, banana, laranja, lima, uvas, **papaia,** melão, melancia, e romans». — Lagrange de Barbuda, *Uma Viagem,* p. 87.

1846. — «Abobora do telhado: **Papaia** (mamão)». — F. N. Xavier, *O Gabinete Litterario,* I, p. 249.

1873. — «A **papaeira**... é uma arvore elegante, figurando uma collecção de chapeus de sol, a abrigar a enfiada de fructos que lhe ornam o tronco na parte mais elevada... Os fructos verdes servem como hortaliça para a panela, ou são aproveitados para conservas azedas, e salgadas; os maduros para a sobremesa». — Bernardo da Costa, *Manual do Agricultor,* II, p. 219.

1901. — «Attribue-se aos antigos portuguezes a introducção na India de muitos vegetaes, taes como: ananazeiro, goiabeira, anoneira, ateira, sarsupeira, cajueiro (de grande produção actual), jangueмeiro, torangeira, matombeiro, **papaeiro,** jambeiro de Malaca, mendobi, pimentão, tomateiro, milho e cafeeiro». — José Pinheiro, in *Bol. S. G. L.,* XX, p. 84.

1905. — «O succo da **papaya** ataca e amollece, a 140°, a carne e a fibrina, a clara do ovo e o gluten, em virtude da *papayina* — principio activo que tem servido de base a um grande numero de preparações digestivas». — Cardoso Junior, *Subsidios,* II, p. 27.

1908. — «O succo leitoso de *C. Papaya* contem um principio activo (*Papaina*), considerado *pepsina vegetal,* o qual tem como a pepsina animal a propriedade de digerir a carne e de coagular o leite». — *O Oriente Portuguez,* V, 311.

1911. — «A exploração industrial de muitas arvores e plantas fructiferas tais como as de goiaba, manga, **papaia**...». — José E. Castel Branco, in *Bol. S. G. L.,* XXIX, p. 300.

1917. — «E mais a podia levar por tubagem para todos os quintaes, pátios e saguões da casa, para as regas, bananeiras, **papaeiras,** arvores do pão, flores e hortaliças». — *O Ultramar,* de 14 de Maio.

1589. — Il y a aussi un fruict apporté des Indes Occidentales par les Isles Philippines à Malacca et delà es Indes, appellé **Papaios,** ayant presque la forme d'un Melon, et est de la grosseur d'un poing». — Linschoten, *Histoire,* p. 98.

1652. — «Les fruicts de l'arbre que les Indiens appellent **Papaya,** est appellé *Fan yay çu* dans la Chine». — *Relation de la Chine,* p. 19.

1658. — «Frà le piante domestiche cultiuate nelli giardini con industria, curiosa è la **Papaia**». — Fr. Vincenzo Maria, *Viaggio,* p. 369.

1710. — «Les principaux fruits de ce Païs sont la Mangue... les **Papayes,** qui ont la mesme couleur que celle de nos Melons ordinaires; mais dont la chair n'est pas si firme» — *Lettres Édifiantes,* X, p. 399.

1860. — «The latter contained abundance of fruit-trees, oranges, limons, **pappoyas,** bread-fruits, and plantains». — Emerson Tennent, *Ceylon,* p. 111.

1883. — «The most commonest fruits in Burma are the orange, the tamarind, the guava... the **papoya,** and the plantain». — Hunter, *The Imperial Gazetteer,* III, p. 210.

1908.— «Most of the vernacular names... are obviously derived from the Carib *ababai,* which is still further corrupted into the English **Papaw**... It was figured and described admirably by Boyon in 1656 as an Indian plant introduced into China, so that it must be regarded as another instance of the rapid dispersion of new plants after the discovery of America». — Watt, *The Commercial Products,* p 269.

1909. — «Span. and Port. **papaya,** *papaye,* from a Carib dialect. The Portuguese probably brought the word to the Malay Peninsula». — Crooke, in Fryer, *East India,* I, p. 64.

1914. — «After a long interval the **papiya** once more calls out from the groves on the opposite bank». — *The Modern Review,* de Maio.

**PAPARIM.** Pasta circular, delgada e sêca, feita de farinha de certos legumes, amassada com especiarias picantes, e usada na Índia, frita ou assada, por acepipe com arroz. Do conc. *pāpḍī, pāpḍó* < sânsc. *parpaṭa.*

1886 — «Com caril usa-se de **paparim** ou *ápa* mui delgada feita de farinha de *nachinim,* amassada com especiarias, e frita numa frigideira de barro». — Lopes Mendes, *A India Portugueza,* I, p. 54.

1900. — «Tomai, comi este **paparim**». — António Francisco Moniz, *Hist. de Damão,* I, p. 267.

1905. — «**Papary** é uma folha circular fabricada de pimenta, *urida* (legume) e potassa». — Ernesto Fernandes, *Regimen do sal,* in *Bol. S. G. L.,* XXIII, p. 284.

1908. — «... acompanhado de **papari,**

que é farinha de nanchenim amassada tambem com especiarias e frita em fatias muito delgadas». — Hipacio de Brion, *A. India Portugueza*, p. 19.

1917. — «José Bento quere saber se os *bombilis* e **paparis** com que se acompanha o arroz e caril se devem comer á mão ou com garfo?». — *Heraldo*, de 27 de Julho.

* **PAPARRÃO.** É, pelo testemunho de Fra Paolino, o nome que os portugueses davam no Malabar á perdiz grega — *Perdix rufa*, não se sabe bem o motivo, talvez por *papar* cobras, se é verdade. Crê-se na Índia que esta ave se alimenta do luar.

1786. — «L'Aspide o il *Nallapamba* è mangiato dal Cervo, dal Cinghiale, dall ucello Veschambel, dal ucello *Cumbótta*, in lingua Sanscrit chimato *Ciagora* (*chakora*), e **Paparrão** in Portoghese». — *Viaggio*, p. 178.

* **PAPEDA.** Como portuguesa, emprega Rúnfio muitas vezes esta palavra, sem correspondência em holandês, e diz-nos que denota ũmas papas de farinha de sagu, cujo processo descreve minuciosamente. Parece que é derivada da *papa* e usada na Índia insular. Neste caso, a sua ortografia tem de ser *papada*.

1690. — «Accipe recentis farinae *Sagu-mantae* manipulum, per partes infunde aquae calidae, continuo agita, statim tum acquiris tenacem pellucidam pultem, coctum amylum referentem, quae Portugallico vocabulo **Papeda** dicitur, Amboinensibus *Zappia* vocatur... dein **Papeda** tenuibus lacillis tam diu agitatus, donec grumulus adhereat, qui praedicto infunditur condimento, quantum velimus, grumuli enim condimento abducti non sibi agglutinantur, iique tum sine masticatione sorbiendo, quam calide fieri potest, ingeruntur». — *Herbarium Amboinense*, I, cap. 18.

* **PAPO.** É o nome que os nossos indianistas davam ao saco de pele que encerrava almíscar, que assim se conservava melhor e era mais apreciado. V. *almíscar*.

1498. — «Em a qual ilha andam humas alimarias asy como çervas, as quaes trazem huus **papos** nos imbigos em que anda este almisquere, e em certo tempo do ano esfreganse a huumas arvores e quaem-lhe os **papos**, e os de terra vam em este tempo apanhállo». — *Roteiro de Vasco da Gama* (2.ª ed.), p. 111.

1516. — «E aly lhe cortaom derodor aquelas postemas com a pele, e leyxandoas secar fica ho verdadeiro **papo** dalmisquere». — Duarte Barbosa, *Livro* (2.ª ed.), p. 362.

1563. — «E mais três arrobas de almiscar em pó, e tres mil e tantos **papos** delle». — João de Barros, *Déc.* III, VI, 2.

1563. — «Tambem o corretor compraua porcelanas, e beijoim, e **papos** d'almisquere». — Gaspar Correia, *Lendas*, I, p. 86.

1652. — «**Papos** de almiscar em Macáo, bocetas de bazares em Malaca». — P. António Vieira, *Arte de Furtar*, p. 207.

1585. — «Las cortan con el proprio pellejo, y hazen unos atadillos, a quien los Portugueses, que ho compran llaman **papos**». — Fr. Joan G. de Mendoça, *Hist. de la China*, p. 8.

1666. — «Tres arrobas de almizcle suelto, e más de tres mil bolsillos d'el, que antes de la malicia se llamaron **papos**». — Faria e Sousa, *Asia Portuguesa*, I, p. 212.

1770. — «Le musc est une production particuliere du Thibet. Il se forme dans un petit sac de la grosseur d'un œuf de poule, qui croît en forme de vessie sous le ventre d'une espece de chevreuil, entre le nombril et les parties naturelles. Ce n'est dans son origine qu'un sang putride qui se coagule dans le sac de l'animal. La plus grande vessie ne produit qu'une demie once de musc». — Raynal, *Histoire*, I, p. 339.

* **PAPOXI** (ant.), Tributo de chapim para o chefe do estado. Do conc.-mar. *pāypoxī* < persa *pā-pūsh*, «papus». Dizia-se tambêm *coxi-papoxi*, com o sentido de «contribuição voluntária». V. *Coxi-varado*.

1585. — «*Coxivarado* ou **coxipapoxi**, que he o mesmo, he outro direito de que os *Gancares* de todas estas terras por suas livres vontades fizerão serviço antigamente ao senhor dellas». — *Tombo Geral*, in *Archivo*, v, p. 175.

1729. — «Tributos de andor, tributos de cavallos, tributos de **paypussy**, tributos de *panna*, tributos de *ollas*». — In *Archivo Port.-Oriental*, Supplemento II, p. 332.

1843. — «Taes eram o *goddovarado*, o coxivarado ou **coxipapoxi**, e o *culcarna* **papoxi** que se pagavam a Idalcão». — *Annaes Maritimos*, p. 134.

1852. — «**Papoxi** ou *culcarna* **papoxi** — Contribuição que os Escrivães das Camaras e das Communidades fazião no tempo dos Mouros; e ficou encorporada nos foros». — F. N. Xavier, *Bosquejo Historico*, p. 15.

**PAPUSES** (s. m. pl.); **babuches** (s. f. pl.). Chinelas orientais. Bluteau define-os (no Supplemento): «Calçado de que usão os Orientaes de hum, e outro sexo; os homens trazem *papuses* de couro negro, ou vermelho, e as mulheres de veludo ou brocado, nem uns nem outros tem saltos, tem todos hum beiço agudo que revira para cima, e a parte da sola que volta costuma ser dourada, não tem palla, correa, nem fivella, como todos os Asiaticos». Emprega-se o termo em alguns dialectos indo-portugueses no sentido de «calçado, sapatos», Do persa *pā-pūr* ou *pāpux*, «cobertura do pé». *Bābūx* é sua forma árabica, que por via do francês *babouches* passou modernamente ao português.

1810. — «Coiros è **papuzes** de cada carga de dez reputada por cinco se deve cobrar de proprios direitos. . .». — *Apud* Joaquim C. Soares, *Doc. Comprobativos*, p. 442.

1812. — «Prohibe aos clerigos . . . dizerem missa de botas ou **papuzes**, assistirem aos banquetes dos seculares. . .». — P. Casimiro de Nazaré, *Mitras Lusitanas*, in *Bol. S. G. L.*, xv, p. 582.

1880. — «As calças de setim côr de avellã descobriam ricas **babouches** amarellas pespontadas a perolas». — «Eça de Queiroz, *O Mandarim*, p. 95.

1906. — «Vê-se que a forma portuguesa antigo [*papuses*] era a mais correcta, e procedeu directamente da Pérsia, ou da India. Bom fôra que revivesse, o que seria facílimo, pois a forma francesa *bab(o)uches* ainda não logrou divulgar-se». — Gonçalves Viana, *Apostilas*, II, 226.

1658. — «Oltre la scarpa già detta, ne portano altre ferrate, quali chiamano *Babus*, aperte nel calcagno come pianelle». — Fr. Vincenzo Maria, *Viaggio*, p. 49.

***PAPOTCAR** (conc.-mar. *pāpadkhār*). Carbonato impuro de soda, em Goa. O termo figura nas antigas pautas aduaneiras.

1788. — «Cada dito [candil] de Pedra hume, Sagú, Rosalgar, e **Papotcar**, hum xerafim». — *Collecção de Bandos*, I, p. 51.

1810. — **Papodqhar**, *abrac* (talco), semente de linhaça». — *Apud* Joaquim C. Soares, *Doc. Comprobativos*, p. 434.

**I. PARÁ** (s. m. ou f.). Medida de capacidade para secos, de quantidade variável, na Índia; mais ou menos 20 litros. Do malaiala *para*, neo-árico *paḍa*.

1509 — «Compres ao filho da moura de Cananor o trigo que para lá trouxer por mandado de Rodrigo Rebelo a nove fs. [*fanões*] o **para**». — Afonso de Albuquerque, *Cartas*, II, p. 58.

1509. — «Ouuessem em cada hum dya, de seu mantimento, dezasete reis, e meyo **pará** d'arroz por mes». — «*Alvará* do vice-rei, in *Alguns Doc. da Torre do Tombo*, p. 206.

1519. — «Acho que sete **parás** de triguo moido em pedrás malavares me respondem dez *faraçolas* de biscouto muyto bõo». — In *Archivo Port.-Oriental*, v, p. 37.

1554. — «Asy que tem este candil 15 **parás**, 30 medidas das 42 em **pará**». — António Nunes, *Lyvro dos Pesos*, p. 31.

XVI. — «E pagam seu tributo, logo quando lançam ancora, de arroz pagam x **paraas**». — In *Bol. S. G. L.*, XVII, p. 352.

1612. — «Esta ilha he tão prospera, que mandando o Rey de Cotta semear duas **parás** de trigo, respondeo com sessenta». — Diogo do Couto, *Déc.* V, VI, 2.

1687. — «Em casa de Jauîra se acharão 14 **paraz** de ouro em *chocarões* (medida mayor que a de hũ alqueire) que o Geral mandou arrecadar». — P. Fernão de Queiroz, *Conquista de Ceylão*, p. 395.

1630. — «(Responde hum candil a quasi trinta alqueires da medida de Portugal) porque o alqueire da India, que lá chamão **Pará**, tem quasi alqueire e meyo, dos nossos». — Fr. Luís de Sousa, *Hist. de S. Domingos*, III, p. 369.

1727. — «A *Pacaria* Bamanavaly e Coltem, tem de torrão 15 *murás*, 4 **parás**, e 11 *adolins* de *batte*». — In *Archivo*, Supplemento II, p. 289.

1886. — «**Pará** tem 8 1/2 *paiás*. *Paiá* tem 4 *seiras*» (em Damão). — Lopes Mendes, *A India Portugueza*, II, p. 255.

1892. — «Um *ará* contém 32 **parás**. Um **pará** equivale a 20 litros». — Augusto de Macedo Pinto, *Breves Estudos*, p. 10.

**II. * PARÁ.** (s. m.). Combate, luta; torneio, no Malabar. Do malaiala *paḍa*.

1513. — «Mas que ainda suas gentilidades e seus costumes ou seus **paras** e de sua guerra ajaes de guardar com outros Rex e senhores, que querem ter paz e amizade comvosco». — Afonso de Albuquerque, *Cartas*, I, p. 153.

1519. — «Tudo fica em modo de folgar como torneos, e elles chamão a ysto **pará**, e acabado todo mal huns com outros ficão amigos como d'antes erão. E durão estes **parás** doze dias, sempre á tarde, até o dia da festa principal, que a bespera he o mór **pará**, em que se ajuntão todos, que fazem batalha ordenada ás cutiladas e lançadas, em que muytos ficão mortos». — Gaspar Correia. *Lendas*, II, p. 511.

1552. — «E este **pará** quer dizer na sua lingua batalha de desafio; em que ha danerigoar a verdade, e assi como hum rey ou senhor faz a outros qualquer offensa ho offendido desafia o que offendeo pera se dar batalha campal, e ajuntam pera isso toda sua valia damigos e vassalos». — Castanheda, *Historia*, v, cap. 8.

III. * **PARÁ** (s. m.). É uma sorte de escabeche, muito apetitoso, preparado na Índia de certas espécies de peixe (como serra, esmargal, dourado, carlim, cavala), salgado, sécado ao sol e conservado em môlho de malaguetas, açafrão, alho, tamarindo, aguardente, vinagre, etc., por um ano e ainda mais. Do conc. *pārā*, que não parece ser vernáculo. V. *peixe tamarindo*.

1915. — «A conserva em vinagre denominada **pará** é das mais apetitosas e apreciadas. Há tambem uma outra identica e por igual apreciada que é o *môl*. No primeiro emprega-se peixe *verde*, na segunda peixe já frito». — *Heraldo*, 24 de Setembro.

* **PARABRAMA**. É o nome que a teologia bramânica dá ao Supremo Espírito. Do sânsc. *parabrahma*.

XVII. — «Admitem que a maquina do mundo se compõe de cinco elementos, a saber, Terra, Água, Ar, Vento, Fogo, e ser ab eterno; e que Deos Summo chamado **Parabramâ** tem propriedades de crear, conservar, e destruir». — *Breve Relação*, p. 1.

1880. — **Parabrahma**, ou ser Supremo, é representado emblematicamente por um triangulo contendo um circulo, e em linguagem pela syllaba mysteriosa — *Aum* [*Om*]. — (*Ego sum*), por onde começa e termina a leitura de qualquer escriptura sagrada, e que o indio pronuncia com a maxima veneração». — Teixeira de Aragão, *Descripção das Moedas*, III, p. 20.

* **PARAMIÇURA** (s. m.). *Paramêçvara* quere dizer em sânscrito «supremo senhor» em geral; mas os vixnuístas personificam-no em Vixnu, os xivaístas, em Xiva. Os cristãos maratas empregam o termo comummente para designar «Deus» como ente supremo, e proferem-no *parmeçor*. Diogo do Couto, que o colheu no *Norte*, reproduz por *paramisura* = *parameçara*.

1597. — «Nesta parte tem o mais soberbo e sumptuoso Pagode que ha em toda aquella Ilha, que he dedicado a hum idolo seu, que se chama *Paramisura*». — Déc. VI, VIII, 7.

* **PARAMIÇURI** (s. f.). Suprema senhora ou deusa, que pode ser *Calí* (q. v.) ou outra. Do sânsc. *parameçvarī*, V. *paramiçura*. Em malaio e javanês *paramesvari* designa «rainha».

1597. — «Tem o Templo quarenta e tres passos de comprido e treze de largo, e a huma parte tem huma camarinha muito bem laurada. Nella adorão a sua Deosa **Paramisori**» (na Ilha do Elefante, perto de Bombaim). — Diogo do Couto, Déc. VIII, III, 11.

**PARANGUE**. Etimològicamente, é o mesmo que *parau*; quanto ao significado, é mais pequeno e sómente usado para comércio na Índia meridional. O dravídico *paḍavu* deu *parau* pela mudança normal de *ḍ* cacuminal em *r*, e a sua variante tamul *paḍagu* transmudou-se em *parangue* pela nasalização da segunda sílaba, fenómeno muito freqùente na transição de vocábulos orientais para português. Cf. *palanquim*, *bonzo*, *biombo*. Bluteau dá-nos a seguinte descrição do *parangue*: «Nome de uma embarcação, que serve de conduzir mantimentos na Costa da Índia, ordinariamente não tem pregadura, e he cosida com cairo, e do lume da agoa para cima he de esteiras de palma, tem uma vela quadrada, e os mayores hum Pendão, ou Vela Latina, carregão mais de mil fardos de arroz de mais de tres alqueires cada hum de Goa para Canará». É curioso que não apareça nenhuma menção do barco no século XVI. **PARANGUEIRO** é «dono de *parangue*».

1504. — «Pagará cada hum **Parangue** a cada viagem, huma moeda de Guadiana». — Lâmina de cobre, gravada com letras sânscritas e encontrada em Goa. Na tradução empregam-se termos então vigentes. O original perdeu-se em Lisboa no terremoto, para onde tinha sido enviado.

1613. — «Assy para fustas de remos, como para parós e **parangues** de Pangim e Bardez». — *Alvará* do vice-rei, in *Archivo*, VI, p. 960.

1662. — «Na ilha de Anjuane achámos quarenta e tantos, que alli tinhão ficado de huns **Parangues** portugueses de Moçambique, que na mesma ilha tomarão os hollandezes; e no porto estava surto outro **Parangue** de Arabios, carregado de negros de Macelagem». — *Apud* Júlio Biker, *Collecção de Tratados*, III, p. 8.

1695. — «Chegou aos portos de Canará, que são Onor, Barcelor, Cambolim, Mangalor, etc., em que se acharão muitas embarcações das que chamão **Parangues**. Todos sogeitou a Armada, e se recolheu com cento e vinte a seus portos, porque não trazem armas, nem gente que as jogue estes **Parangues**». — Cosme da Guarda, *Vída de Sevagy*, p. 139.

1716. — «Consta-me que os **Paranqueiros** não tinhão duvida a satisfazer a V. M. a importancia dos passaportes, porque *Cartazes* no mar da India de nação que não seja da Europa só este Governo passa». — *Apud* Biker, *op. cit.*, III, p. 1716.

1726. — «Passando da pirataria de alguns **parangues** e galeotas dos mercadores de Sunda, e Canara a mayores empregos, fez preza em hum navio». — André Ribeiro Coutinho, *Relação*, p. 1.

1728. — «Que os mesmos não possão ter **parangues** em seus nomes, nem em outros suppostos». — «*Archivo*, Suplemento II, p. 357.

1738. — «Seria necessario que os nossos **parangues** e embarcações pequenas que comerceão para o norte e para o sul, andassem sempre comboyados de embarcações de guerra». — In *O Chronista de Tissuary*, IV, p. 93.

1741. — «E se obrigam os grandiosos *Sar-Dessaes* a restituirem todos os *sibares*, *manchuas*, **parangues**, *saudós*, e outras quaesquer embarcações que hajam tomado». — *Apud* Biker, VI, p. 227.

1741. — «. . . trazendo as suas fazendas, assim em **Parangues**, Parós, Almadias, e quaesquer outras embarcações». — José Barbosa, *Epitome da Vida*, p. 88.

1747. — «Sahiram em sua companhia hum grande numero de **Parangues**, que hiam ao Sul carregar de arros, para a subsistencia daquelle Estado». — Montarroio Mascarenhas, *Epanaphora Indica*, VI, p. 227.

1750. — «E represaram os **Parangues**, que vinham com mantimentos para Goa». — Marquês de Alorna, *Instrucção*, p. 310.

1774. — «Apenas permittia o limitado, e insignificante trafico, que cabia nas suas pequenas embarcações, a que chamão **Parangues**». — *Apud* Joaquim C. Soares, *Doc. Comprobativos*, p. 420.

1779. — «As embarcações, **parangues** e batelões mercantes, que dos dominios portuguezes entrarem nas de *Sarcar*, com generos para commerciarem o podem fazer». — *Apud* António F. Moniz, *Hist. de Damão*, I, p. 208.

1843. — **Parangues** chamam-se na India outras embarcações costeiras cosidas com cairo, e de esteiras de palma, do lume da agua para cima». — *Annaes Maritimos*, p. 106.

1882. — «. . . com o fim de comboyarem 21 **parangues** com mantimentos para Goa, devendo elles depois seguir com provimentos para as praças de Damão e Diu». — Eduardo Balsemão, *Os Portuguezes no Oriente*, III, p. 72.

1904. — «Direitos do terço de **Parangue**, contribuição paga pelas embarcações que se empregam em commercio». — Ernesto Fernandes, *Regimen do sal*, in *Bol. S. G. L.*, XXXII, p. 351.

1906. — «*Collecta e terço* de **parangues**. Constava de duas addições, uma denominada «collecta» ou imposto sobre a importancia dos cereaes ou legumes, e outra chamada «terço de **parangues**» ou contribuição que pagavam as embarcações empregadas no commercio de mantimentos». — Amâncio Gracias, *Subsidios*, p. 146.

1786. — «**Pàran**, barca quasi quadrilatera, molto stretta di sopra, che appena arriva ad avere una apertura d'un palmo commoda e necessaria per transportare il *Nellà*, o riso in scorza, ed altra roba. che non deve bagnarsi coll' acqua insalata». Fra Paolino, *Viaggio*, p. 171.

**PARÃO** (mal. *párang*). Facalhão, catana, no Arquipélago Malaio.

1843. — Separando do tronco a dita parte mais grossa, com os seus **parões**, lhe tiram a casca delgada». — *Annaes Maritimos* (parte official), p. 128.

1854. — «Até 1844 o commercio europeu ignorava as utilidades da *gutta-percha*, que só servia para se fazerem cabos de uma especie de machado a que chamam *parang*». — *Annaes do Conselho Ultramarino*, IX, p. 99.

1883. — «1 **parang** de Singapura equivale a um pardau; 1 dito de Macassar (que é de aço) a 5 pardaus». — José Vaquinhas, *Timor*, in *Bol. S. G. L.*, III, p. 749.

1884. — «As suas transacções commerciaes e dotes de casamentos são feitos por troca de gado, armas, pannos, facas, **parões** e algum dinheiro em libras esterlinas ou patacas hollandezas». — *Id.* IV, p. 480.

1898. — «Mostrando dois **parões** (facas) um grande e outro pequeno, bem afiados». — Alberto O. de Castro, *Flores de Coral*, p. 176.

1695. — «Malaice *Cacara Parrang*, a lata siliquarum forma, quae ingentem refert cultrum Amboinice **Parrang** dictum». — Rumphius, *Herbarium Amboinense*, IX, cap. 27.

* **PARAPA**. Árvore de madeira de Timor. Do mal. *parapat*, que Willinson diz não estar identificado, mas que se assemelha à *Sonneratia acida*.

1843. — «Nas montanhas proximas de Delly ha boas madeiras para construcção, e entre ellas citaremos o pau-rosa, palavam branco e preto, **parapa** e canaria». — José Vaquinhas, *Timor*, in *Bol. S. G. L.*, IV, p. 308.

**Parassanga**. V. *farsanga*.

I. **PARAU paró**. Pequena embarcação de guerra e de mercadoria, comparada por escritores europeus à galeota ou fusta. Há *paraus* de diversas espécies conforme as regiões. Do dravíd. *paḍavu*, que passou para as línguas da Malásia sob a forma de *parahu* ou *parāu*. Yule & Burnell atribuem dupla origem ao vocábulo: o malaiala *paṟu*, «pequeno barco»; e o mal. *prāū* ou *prāhū*. Mas *paṟu* não podia dar *parau* ou *paró*, e o termo era conhecido dos portugueses antes da conquista de Malaca. De *paḍavu* podiam provir ambas as formas. Devic liga *piroga* ao mal. *prahu*.

1504. — «**Paró** pagará dois *dramos* e sendo *Parangue* pequeno pagará um dramo». — *Lâmina* de cobre de Goa.

1504. — «Trazia consiguo muita gente e LXX ou LXXX **paraaos** com II bombardas cada huuma». — Álvaro Vaz, in *Cartas* de A. de Albuquerque, III, p. 259.

1508. — «Fez-lhe hũa noite represarea nos **paraos** de acarretar agua (vid. *terrada*) e em mais de trezentos homens». — Afonso de Albuquerque, *ibid.*, I, p. 18.

1508. — «Trago á carga **paráos** grandes com gente da terra». — D. Francisco de Almeida, in *Lendas*, I, p. 901.

1510. — ... çinco cruzados que lhe mando dar pera trazer qatorze ou quinze **paraos**». — A. de Albuquerque, *Cartas*, VI, p. 411.

1512. — «El rrey de Calicut depois que vio que com hu armada de grosas naos nos nam pode fazer rojo, prouou nos com armada de **paraos**». — *Id.*, I, p. 44.

1521. — «Viram vir 40, ou 50 **parós**, que vinhão para as naos da mesma terra, e trouxeram muito refresco». — *Relução da Viagem de Fernão de Magalhães*, *apud* Cardeal Saraiva, VI, p. 125.

1524. — «Eu armey todos hos **paraos** grandes e pequenos, que pude achar» (em Malaca). — In *Cartas*, IV, p. 37.

1531. — «De cada despacho de **Paró** de Malvar e *coteá* [= cotia] que for para fora da barra levará o escrivão hum *barganym*». — Afonso Mexia, *Precalços dos Officiaes de Mandovim*.

1534. — «Assi na fustalha que portuguezes trouxerem como na que aqui se fizer de seus paraos a nossa guisa». — Cristóvão Vieira, *apud* Ferguson, *Letters*, p. 83.

1536. — «E tomarão **paraos** bõos e se tiverem iũcos [juncos] queimõnos não queimando os **paraos** que são sufficiẽtes para correrem rios cõ elles». — Vasco Calvo, *ibid.*, p. 93.

1539. — «Chegado este **paraó** [forma malaia] do junco de Antonio de Faria, elle fez recolher dentro estes oyto Portuguezes». — Fernão Pinto, *Peregrinação*, cap. 58.

1553. — «... como os **paraos** d'elrey de Calecut que esperaua. Os quaes por serem nauios de remo, sutijs que nós não tinhamos, de hũa chegada sua encrauauão muita gente com o enxame de frechas que lançauão dentro». — João de Barros, *Déc.* II, III, 5.

1557. — «Neste tempo andava Coge Atar em hum **parao** muito esquipado, com suas arrombadas feitas de colchas vermelhas». — *Commentarios*, I, cap. 31.

1561. — «Não foi necessario dizerlhes que trouxessem **paraó**, porque quando veo sabbado a horas de jantar o **paraó** estaua esquipado, esperando por nos». — *Cartas do Japão*, I, fl. 87 *v.*

1563 (1498). — «Logo ElRey mandou a ellas hum grande barco a que chamão **paráo**». — Gaspar Correia, *Lendas*, I, p. 18.

«Diante da capitania dos Mouros vinhão muytos **paraos**, que são como fustas». — *Id.*, p. 330.

1566. — «O que vendo o senhor de Repelim [no Malabar], elle em pessoa acodio com huma grossa frota de **paraos**, *caturres*, e *tonas*». — Damião de Góis, *Chron. de D. Manuel*, I, cap. 86.

1568. — «Que a náo ou navio ou **parao** em que fosse achada [pimenta] de meio quintal para cima fosse queimada». — *Regimento Jeral*, in *Archivo*, III, p. 7.

1577. — «Os capitães se não hão de fiar em nao ser nauio pequeno, Champana, Cutia, **Paráo** de bico revolto». — *Primor e Honra*, fl. 72 *v.*

1613. — «... e os fizesse a todos embarcar em hum **parau** que ahi tinha com que fazia arribar ao porto as naos que passavão de largo». — Francisco de Andrada, *Chron. de D. João III*, I, fl. 21.

1614. — «A primeira cousa em que puzeram fogo foi em quatro **paráos** de esporão, que estavam varados». — Diogo do Couto, *Déc.* X, II, 2.

1615. — «Chamam [os Malabares] a suas galeotas **Pàráos**». — Pyrard de Laval, *Viagem*, I, p. 287.

1634:

> «Tal elle num parau ligeiro aos ventos
> As vélas dando pelo mar se lança».
>
> F. de Meneses, *Malaca Conquistada*, I, 109.

1635. — «Viam que qualquer patacho nosso com quatro falcões atravessava seguramente toda esta costa da India contra grande esquadra de **parós**, acommettem com toda a deliberação e esforço». — António Bocarro, *Déc.* XIII, p. 27.

1697. — «Supprião a falta do ferro com espinhas de peixe, com os quaes cortavão, e serravão a madeyra necessaria á fabrica de grandas **parós**, de que usavão». — P. Francisco de Sousa, *Oriente Conquistado*, I, III, 1.

1862. — «Sabendo que os *Patamarins*, *Sibares*, *Manguerins*, *Pallas*, Almadias, **Paráos**, Terradas, e mais embarcações da costa do Malabar, de Coromandel e das ilhas asiaticas se espalmam em terra quando vem as chuvas, e as cobrem de bambus e folhas de palmeira?». — Joaquim C. Soares, *Marinha*, in *Os Fastos*, de Castilho, p. 408.

1894.—«**Paraus**, pequenos barcos, feitos de um só madeiro, distinguindo-se pelos mastros e remos de bambús». — «Lopes de Mendonça, *Os Orphãos de Calecut*, p. 103.

1915. — «... recomendando *Sir* F. Nicholson, para este fim, na costa de Madrasta, o escaler ou **paddam** de Ratnagueri». — *Heraldo*, de 24 de Setembro.

1510. — «Alcuni altri piccoli si chiamano **Parao**, & sono legni di 10 passa l'vno, tutti sono d'vn pezzo». — Barthema, *apud* Ramúsio, I, fl. 161.

1571. — «In eo cursu **parones** aliquot Calicutienses cepit, in quibus ad quinquaginta ex Calicutiensibus civibus, quibus omnibus catenas iniecit». — Jerónimo Osório, *De Rebus*, I, p. 242.

1585. — «Escono i **paró**, che sono cotali fuste de 18 e 20 banchi senza coperta, nelle quali vanno 120 o 130 uomini con i rematori, e tutti ad un bisogno adoperano l'armi, che sono che hanno destrutto in certo modo questo stato, e fatto molta vergogna all' armate portughesi». — F. Sasseti, *Lettere*, p. 251.

1620. — «Sçachant qu'vn **Paraw** alloit à Achem, et partoit ce soir, ay obligé le maistre d'iceluy par quelques presens». — Général Beaulieu, *Mémoires*, p. 40.

1623. — «Scuoprimmo vicino à terra quatro Vascelli (**Paró** gli chiamano, e sono da remi, come galeotte, ò fuste) di Malauari ladroni». — Pietro della Valle, *Viaggi*, III, p. 145.

1658. — «Vna lancia viene a riconoscere il nostro **Parò** (cosi chiamano l'vna e l'altra sorte di barche)». — Fr. Vincenzo Maria, *Viaggio*, p. 131.

1660. — «**Parò**. Barca de' Corsari Malavari come galeotte grandi». — Mgr. Sebastiani, *Seconda Spedizione*, p. 149.

1666. — «Embiaron a fuudo cinco vasos grossos; y nueve **paraòs** (baxeles menores). — Faria e Sousa, *Asia Portuguesa*, I, p. 50.

1672. — «Leurs Barques sont faites comme nos Galeres, elles portent presque à cinq ou six cent hommes, par toute la côté de l'Inde, et vont même à la Mer Rouge; ils les appellent **Paro**». — Dellon, *Relation d'un Voyage*, I, p. 247.

1687. — «Ils étoient venus sur deux petits Vaisseaux, qu'on appelle ici **Paraos**» (em Manila). — *Lettres Édifiantes*, I, p. 114.

1786. — «Kappel e *Padavo* in lingua Malabarica, *Nau*, *Páda*, *Ianapatra* in Samscrit, è la nave grande con due o tre alberi; vele, ancore, e cordaggj».—Fra Paolino, *Viaggio*, p. 170.

1854. — «Leurs [dos *celetes*] sont de misérables canots (petits **prós**) couverts de feuilles de palmier, à l'abri desquelles vit toute la famille, femmes et enfants». — Jancigny, *Indo-Chine*, p. 523.

II. * **PARAU**. Parece que o vocábulo quere dizer «chefe duma guarnição militar»; neste caso, deve provir do mar.-hindust. *paḍav*, «acampamento».

1720. — «Por uma carta que escreveu o **Parau** da dita aldea Mazagão [em Bombaim] a Fernão da Silveira tenho bastantes premicias para alcançar a consequencia de elle estar ja em alguma parte arrependido». — *Apud* Júlio Biker, *Collecção de Tratados*, III, p. 216.

**PARAVÁS** (s. m. pl.). Pescadores da costa da Pescaria, desde o cabo Comorim até a ilha de Manar. Formam uma das castas baixas, por matarem e comerem peixe. Do malaiala *pauravar*, «casta que veio por mar ao Malabar», conforme Gundert. Os portugueses deram a esta parte de Choramândel o nome de *costa da Pescaria* em alusão à pesca de pérolas, que ali se fazia. O qual os ingleses traduziram em *Fishery Coast*. S. Francisco Xavier trabalhou muito na referida costa e fez numerosas conversões, cinqùenta mil conforme Orta, quarenta mil segundo Lucena.

1607. — «Mas desprezavão a ley, que pregaua hauendo-a como ley de gente baixa, pois a tinham os **Parauás**, e os Portugueses». — P. Fernão Guerreiro, *Relaçam Annual*, fl. 112.

1608. — «... se os pescadores **paravás** quererão ir viver nellas, com se lhes fazerem commodidades». — *Carta Régia*, in *Doc. da India*, I, p. 247.

1612. — «Os **Paravaz** (que são pescadores de aljofar d'aquelle logar)». — Diogo do Couto, Déc. VI, x, 9.

1613.—«Antigamente se alojava o exercito dos **Paravás**, quando vinham fazer pescarias das perolas e aljofres». — P. Manuel Barradas, in *Hist. Tragico-maritima*, II, p. 94.

1613. — «Os **parauas** daquelle lugar, que são os pescadores do aljofre, vendo quão desbaratado ficara o capitão Manoel Rodriguez lhe derão de seruiço hum dia de pescaria que forão fazer por sua conta». — Francisco de Andrada, *Chronica de D. João III*, VI, fl. 116.

1635. — «Chegando a Tutucorim lhe fizeram tambem os **pàuravás** o recebimento e festas que puderam». — António Bocarro, Déc. XIII, p. 13.

1663. — «A maior de todas é a que se faz em Manar pelos Christãos de S. Francisco Xavier, chamados **Paravás**, que povoam a costa da Pescaria». — P. Manuel Godinho, *Relação*, p. 111.

1688. — «Destes mesmos passárão alguns aos **Paravás** de Tutucorim, onde alumiárão a mais dous mil cegos da Idolatria». — Fr. Jacinto de Deus, *Vergel*, p. 11.

1694. — «Os **Paravaz** são huma Gente da Costa da Pescaria, em que o Santo empregou hũs dos primeiros lanços das suas redes». — P. António Vieira, *Xavier Dormindo*, p. 187.

1697. — «Debaixo deste jugo vivião tam opprimidos os **Paravás** gentios pescadores destas ostras, que sendo antes senhores, agora só podião pescar como jornaleiros, ficando os Mouros com todo o comercio, e rendimento do aljofar». — P. Francisco de Sousa, *Oriente Conquistado*, I, II, 1.

1707. — «Os **Paravás** tambem concordarão para fazer a sua petição». — P. Manuel de Miranda, *in O Chronista de Tissuary*, III, p. 161.

1544. — «Mitte statim ad me Manaparem, Antonium **Paravam**, qui nobis ministret in quotidiano victu. — S. Francisco Xavier, *Epistolae*, lib I, 38.

1588. — «Intorno al Capo Comorin, ò di Corȩ sono i popoli **Paraui** mansueti e poco atti all' arme, e dediti principalmente à pescare le perle». — P. Maffei, *Le Istorie*, p. 454.

1655. — «El incansable Xavier entre os **Paravás** (costa de la pesqueria del aljofar) levantó muchos templos». — Faria e Sousa, *Asia Portuguesa*, II, p. 116.

1700. — «Quand les Portugais parurent dans les Indes, les peuples, qui sont les peuples de la coste de la Pécherie, gemissoient sous la domination des Mores, que s'étoient en partie rendus maitres du Royaume de Maduré». — *Lettres Édifiantes*, v, p. 81.

*** PARAVENIA** (sing. *paraveniya*). Propriedade, bens hereditários, em Ceilão. Emprega-se amiúde no sentido de *namacim*, isto é, bens concedidos pela autoridade pública com obrigação de prestar certos serviços.

1614. — «. . . obrigações que os officiaes mechanicos teem a seu serviço por razão das terras e **paravencias** (*sic*) que comem».—*Documentos da India*, III, p. 54.

1635. — «Para cada hum viver tem huma vargea que semêa, e hum grande districto de arvores de fruto, de que tirão muito proveito, e huma horta onde tem sua casa. A esta porção chamão **paravenia**, e todos os moradores nobres, ou plebeus tem occupação, e cada hum por seu modo serve ao Rei, ou ao Senhorio da aldêa. De sorte que havendo soldados, nobres, officiaes, e de differentes estados, e qualidades (que são muitas) cada hum tem sua obrigação, e assim desfrutão livremente as **paravenias**». — João Ribeiro, *Fatalidade Historica*, I, cap. 10.

1687. — «Mas faltando o zelo, forão-se dando as **parauenias** (que tem lugar de quarteys, e consistem na repartição das terras) a quem contribuia, ou a quem querião». — P. Fernão de Queiroz, *Conquista de Ceylão*, p. 26.

«O nosso oficio era grangear as aldeas, e fazer cultivar a cada hum os chãos de suas **parauenias**, reformar as prezas, plantar e semear». — *Id.*, p. 838.

1914. — «**Praveny** land is that which is the private property of an individual». — P. E. Pieris, *Ceylon*, II, p. 482.

*** PARAXACTI** (s. f.). Em sânscrito, *paraçakti* é têrmo abstracto, e quere dizer «suprema potência ou primeira fôrça criadora». A teologia bramânica tem-na por atributo de Prajápati, «senhor da criação»; mas a mitologia *purânica* personifica *paraçakti* em mulher.

1687. — «Dizẽ em seus *Veduos*, que ouue hũa mulher chamada **Paracxatî** (*sic*) que val excelentissima, e superior Potencia) a qual teue tres filhos . . . Aqui se dividem, dizendo hũs, que a Mãe **Paracxati**, he a primeira causa, e Deus verdadeyro; Outros que só Brumâ; os mays que só Vixnu; outros, que só Rutren [Rudra]». — P. Fernão de Queiroz, *Conquista de Ceylão*, p. 61.

«A mulher de Bruma, a quem chamã Saraspâti, os Mestres da sua seyta chamão **Paracxati**». — *Id.*, p. 150.

**PARBU (parvu) porobo.** Nome de uma das castas superiores da Índia árica meridional, cujos membros se empregam em trabalhos de pena, como amanuenses, escriturários, contadores. Do marata-guz. *parabhū*, que em sânscrito quere dizer «nascido em outra parte ou doutra pessoa estranha»; o que implicaria origem estrangeira ou ilegítima. Há outro vocábulo em sânscrito, *prabhu*, que significa «senhor, amo»; algumas das abonações parece terem êsse sentido. Actualmente, *porobo* (=*prabhu*) é em Goa título de honra de certas famílias hindus.

1554. — «E ao **parvu** de *tenedar moor* [tanadar mor] dez mil e oytocentos reis por ano». — Simão Botelho, *Tombo da India*, p. 211.

«E Bopagy, **parvu** moor d'estas terras [de Baçaim], 27000 reis por ano». — *Id.*, p. 218.

1563. — «Ha outros escrivães e contadores (a que elles chamam **parús** (*sic*) que recadam as rendas de elrey e de homens, e das fazendas, e sam grandes negociadores». —Garcia de Orta, Col. LIV.

1567. — «Os bramanes, e **parbus**, os quais professão sustentar a seita gentilica, e são como cabeças della. —Primeiro Concilio de Goa, in *Archivo*, IV, p. 11.

1606. — «Manda este sagrado Concilio que da gente da terra se não ordenem, nem admitão aos ministerios da Igreja castas baixas, senão os filhos dos Bragmanes, ou **Parabus**, ou outras castas reputadas por nobres». — Quinto Concílio de Goa, *ibid.*, p. 241.

1687. — «O Concilio Goano, que alega, quando, com os **Parabus** do *Norte*, os habilitou para o Sacerdocio, não tirou que os mais pudessem ser admitidos».—P. Fernão de Queiroz, *Conquista de Ceylão*, p. 136.

1715. — «No Norte todos os **Parabús**, que he casta que sabem ler e escrever em portuguez, e lêm pelos nossos livros.—*Archivo Port.-Oriental*, Supplemento II, p. 66.

1741.—«O mesmo Governador da Praça Anagy **Prabû** lhe veyo entregar as chaves da Praça em hum Pagode». — D. José Barbosa, *Epitome da Vida*, p. 104.

1883. — «As outras dividem-se em muitas sub-castas ou corporações. Assim immediatamente aos brahmanes, seguem-se os **parvous** [*parvus*], que geralmente em Bombaim são empregados de escriptorio e muito habeis». — Adolfo Loureiro, *No Oriente*, I, p. 152.

1906. — «... de *tongás* de expectadores parses, banianes, **parbus**, mussulmanos, vindos de todos os arredores» (em Damão). — Alberto O. de Castro, *A Cinza dos Myrtos*, p. 202.

1907. — «Este nosso emprehendimento devemos em maior parte á iniciativa do sr. Atmarama Vassudeva **Prabhu** *Desprabhu*, illustre Visconde de Pernémo». — *Luz do Oriente*, de Agosto.

1773.—«*Conucopola* (vid. *canacopola*)... At Bombay he is styled **Purvoo,** and is of the Gentoo religion». — Ives, in *Glossary*.

* **PARCALÁ.** Tecido de algodão fino e lustroso; percal (moderno). Não encontrei o termo nos nossos escritores antigos; mas figura nas pautas inglesas de Madrasta e de Bengala sob a forma de *percaulos*. Do hindust.-persa *parkala*.

1917. — «Nos portos do norte fabricavam os seguintes tecidos muito apreciados em Goa: **parcalos**, *Teadas de Baboy*, *Nauxerins*...». — António Francisco Moniz, *Hist. de Damão*, IV, p. 236.

* **PARDANE, pradane** (mais correcto). Primeiro ministro dum rei na Índia árica. Corresponde a *guazil*. Não está actualmente em voga o termo no referido sentido. Do sânsc. *pradhāna*, «ministro, chefe».

1635. — «Chegado o tempo das arrecadações do dito *chouto* elle dito Rey mandará a esta dita cidade [de Damão] o seu **Pardane** e recebedor pera as fazer, e receber o dinheiro dellas». — *Apud* Júlio Biker, *Collecção de Tatados*, II, p. 64.

1722. — «Tratado de paz que se ajustou entre o Ex.^mo^ Senhor Francisco José de Sampaio e Castro, Vice Rey e Capitão Geral da India, com Bagy *Rão Pandito* **Pardana,** pelos poderes que tinha de Sau Razá».— *Ibid.*, VI, p. 11.

1769. — «Chegando esta negociação ao ultimo, e perfeito termo de dar o referido **Pardan** ao Noronha as indicações de sua parte para o tratado de alienação». — In *O Chronista de Tissuary*, II, p. 18.

1814. — «Sahiu o Rajá com os seus dois Infantes, com o seu **Pradhan**, e mais gente de seu fausto». — *Apud* Júlio Biker, *Collecção de Tratados*, XI, p. 298.

1850. — «E depois deste o dito Pessoá, ou Naná, com o titulo de **Pradan** (Ministro) pela doação do Xahú, com a entrega de *Siccó*, confirmada por Mogul...». — F. N. Xavier, *Collecção de Bandos*, II, p. 68.

1885. — «Todos os estudiosos da historia da India sabem que no seculo passado os **Pardanes** ou Secretarios do Rajá de Sattará, chefe dos Marathas, arrogaram a si o supremo poder; e se estabeleceram em Punem, donde governaram soberanamente o estado maratha em seu proprio nome com o titulo de **Pardanne** e *Peishuá*, conservando apenas no sêllo do estado o nome do Rajá». — *Apud* Biker, VII, p. 43.

1906. — «No seculo XVII os Secretarios do Rajá de Satará, chefe dos marathas, arrogaram a si o supremo poder, estabelecendo-se em Punem governaram d'ahi soberanamente os estados dos marathas em seu proprio nome, com titulo de **Pradane** ou *Peshva*». — In *O Oriente Portuguez*, III, p. 376.

1711. — «Le **Pradane,** ou premier Ministre du Pandaratar, c'est ainsi que s'appelle le Prince qui...». —*Lettres Édifiantes*, IX, p. 212.

1878.—«Beaucoup de titres de fonctionnaires royaux cités dans cet ouvrage sont d'origine hindou. — **Perdana-mantri** est le sanscrit *pradâna-mantri* «principal conseiller, premier ministre». — Marcel Devic, *Légendes de l'Archipel Indien*, p. 141.

1885. — «The head-man of every village is called the **pradhán,** whose office is often hereditary, but essentially elective». — Hunter, *The Imperial Gazetteer*, VIII, p. 355.

**PARDAU; pardáo** (ant.). A duas espécies de moedas se aplicava antigamente êste nome na Índia: a uma de ouro, do valor de 6 tangas ou 360 réis; e a uma de prata, equivalente a 5 tangas ou 300 réis. O *pardau de ouro* era de procedência indígena, da Índia ocidental, corrente ao tempo de Afonso de Albuquerque, e conhecido vernàculamente, de ordinário, pelo nome de *varāha* ou *varā* (vid. *orā*), «javali», em sânscrito, por ter, em geral, a efígie de javali, um dos *avatàres* de Vixnu. Por esta razão os nossos escritores também o denominam *pagode* (q. v.), que quere dizer «ídolo indiano». A legenda sânscrita *pratāpa* («majestade, esplendor»), que figura em algumas moedas como epíteto do rei que os mandou cunhar, corromper-se-ia vulgarmente em *partāp* ou *pardāp*, e na bôca dos portugueses se converteria naturalmente em *pardáo* ou *pardao*. Os pardaus indígenas que por mais tempo e em maior quantidade correram em Goa eram de Bisnagá ou Narsinga.

O *Tombo Geral* refere que o vice-rei D. Afonso bateu «patacões com nome de *pardáo d'ouro*, em que poz de valia os ditos trezentos e sessenta reis, igualando-os na valia com o dito *pardáo d'ouro pagode*»; mas que no comércio valia muito menos «o *pardáo d'ouro patacão*, por ser moeda de prata e ligada». Esta moeda era comummente conhecida por «S. Tomé» ou simplesmente por «patacão».

O *pardau de prata* começou-se a cunhar em Goa pelos meados do século XVI, e distinguia-se do outro pelos nomes de *pardau de tangas* ou *pardau de larins*, ou de *xerafim*. Posteriormente, quando já não girava no comércio o pardau de ouro, por *pardau de prata* se entendia geralmente «meia rupia ou 6 tangas», e *pardau de cobre* ou *xerafim* pròpriamente, «5 tangas ou 300 réis». Presentemente voga na Índia Portuguesa o sistema monetário da Índia Britânica, sob as denominações de *rupias, tangas* e *réis* (qq. v.). V. *Subsidios para a Hist. da India Portugueza*; Teixeira Aragão, *Descripção das Moedas*, III; Gerson da Cunha, *Contributions to the Study of Indo-Chinese Numismatics*; *Glossary*, no suplemento.

1514. — «Ou mill **pardaos,** ou serafins, ou tangas, per como a moeda estivesse na vosa feitoria». — Afonso de Albuquerque, *Cartas*, I, p. 273.

1516. — «Tambem core aquy (no Guzarate] ha moeda delRey de Narsyngua que saom hos **pardaos,** e ualem trezentos rs. pouco mais ou menos». — Duarte Barbosa, *Livro*, p. 282.

1525. — «E se algũu não souber que como he **pardao** *d ouro*, a qual moeda não se bate em toda India, salvo neste reyno... he moeda que corre por toda a India, val cada **pardao,** como tenho dito, trezentos e sessenta reis». — *Chronica de Bisnaga*, p. 117.

1545. — «Importavão passente de cem mil **pardaos** *douro*, que são noventa mil cruzados da nossa moeda». — Fernão Pinto, *Peregrinação*, cap. 161.

1552. — «Até quantia de vinte mil **pardaos** moeda da terra [Calecut] que da nossa moeda são de trezentos e sessenta reaes quada hum». — João de Barros, *Déc.* I, VI, 7.

1552. — «Ha [em Narsinga] muyto ouro amoedado em hũa moeda que se chama **pardau** *de ouro* que val cada hũ trezentos e sessenta reis e assi em meios **pardaos**». — Castanheda, *Historia*, II, cap. 16.

1554. — «Nesta cidade de goa de que se mais husa e pratica são **pardaos** *de ouro* que tem vallia comummente de 360 reis». — António Nunes, *Lyvro*, p. 31.

1557. — «Achey que quando se ella [fortaleza de Dio] se edificou a principal moeda que na terra corria erão tangas de prata, as quaes naquelle tempo valiam ha razão de cinquo por hum **pardáo** de trezentos reis, e seis por **pardáo** *douro*, depois vierão a levantar as ditas tangas como mercadoria, que ficarão com sua *çarrafagem* em cinquo tangas de prata por hum **pardáo** *douro*... Ey por bem .. que todos os pagamentos que se fizerem na dita fortaleza da notificação deste em diante da dita moeda de **pardáo** *douro*, sejam feitos ha razom de trezentos sessenta reis cada hum delles como vallem, e os xerafins ou *pardáos de tangas* ha trezentos reis o dito **pardáo**». — In *Archivo Port.-Oriental*, V, p. 324.

1559. — «Todo o cobre que este anno veio do Reino... se bata a razão de corenta e dous **pardáos** de tangas de sessenta reis a tanga por quintal». — *Alvará* de D. Constantino, in *Archivo*, V, p. 419.

1563. — «Havia na terra **pardaos** *d'ou-*

*ro,* de valor do ouro de trezentos e sessenta réis, e huma moeda de prata boa, a que chamão *barganym,* de valor de dous vintens, e huma moeda de cobre, a que chamão *bazarucos,* de valor de dous réis». — Gaspar Correia, *Lendas,* II, p. 76.

1566. — «Passava de duzentos mil **pardaos,** moeda que val da nossa trezentos e sessenta reaes cada hum». — Damião de Góis, *Chronica de D. Manuel,* I, cap. 74.

1569. — «Vallia hum **pardao** redondo seis tangas larins, e hũ xerafim dormuz cinquo, e hũ venezeano sete».—*Carta Régia,* in *Archivo,* II, p. 175.

1589:

«De renda vinte mil **pardáos** cada anno
Lhe tinha dado el Rey pera que esteja
Rico, grande, abastado, alegre, oufano».
Francisco de Andrada, *O Primeiro Cerco de Diu,* II, 86.

1595. — «A qual moeda de Pagodes se chamava antigamente **pardáo** *d'ouro,* e tinha de valia trezentos e sessenta reis». —Francisco Pais, *Tombo Geral,* fl. 84.

1603. — «Não aceitamos mais que trezentos **pardaos** *de larins,* de que nos himos remediando».—Fr. António de Gouveia, *Jornada do Arcebispo,* fl. 146 *v.*

1616. — «A moeda de prata em Goa é pois a de **Pardáos,** meios **pardáos,** Larins e Tangas, as quaes valem sete soldos e seis dinheiros cada uma». — Pyrard de Laval, *Viagem,* II, p. 56.

1618. — «**Pardáos** *de ouro* de 18 quilates, valerão a desaseis e desasete vintens (320 e 340 reis)». — Manuel Barbosa, *ibid.,* v, p. 327.

1630. — «Valem os **Pardáos** trezentos reis cada hum».—Fr. Luís de Sousa, *Hist. de S. Domingos,* III, p. 258.

1634. — «Aos cinco Religiosos da Companhia que residem na Ethiopia quinhentos **pardaos** *de larins».* — António Bocarro, *Livro,* III, p. 98.

1635.—«Cento e trinta e cinco mil **pardaos** de cinco larins ao **pardao**». — *Id.,* Déc. XIII, p. 174. V. *larim.*

1687. — «Por equivalencia de moeda, hum xerafim, ou **pardao,** como já tenho aduertido, são tres tostões». — P. Fernão de Queiroz, *Conquista de Ceylão,* p. 642.

1842. — «Consta que havia **pardáo** *de ouro,* no valor de 360 reis Portuguezes, e **pardáo** de 5 tangas, de tres vintens a tanga (**pardáo** é a denominação usada em todos os documentos antigos, da moeda, que agora tambem se chama *xerafim)».* — *Annaes Maritimos,* p. 517.

1853. — «Tanga. — Moeda de 60 réis, e he a 5.ª parte de 1 xerafim ou **pardáo** *de cobre».* — F. N. Xavier, *Bosquejo Historico,* IV, p. 19.

1880. — «Moedas de conta. . **Pardau** de 5 tangas brancas ou 20 barganins ou 480 leaes ou bazarucos, ou 600 reaes. Moedas effectivas: **Pardau** *de oiro,* no valor de 6 tangas de prata ou 300 leaes ou 360 reaes». — Teixeira de Aragão, *Descripção das Moedas,* III, p. 97.

1883. —«Suppõe-se, segundo a tradição, que a origem ou introducção do **pardáo** em Timor é devido aos missionarios dominicanos, que o trouxeram comsigo para este districto vindo de Goa». — José Vaquinhas, *Timor,* in *Bol. S. G. L.,* III, p. 749.

1887.—«Havia tambem... o xerafim de cobre que valia metade de rupia de cobre ou 300 réis fracos, o *xerafim de prata,* que valia metade da rupia de prata ou 360 réis fracos, e, emfim, o **pardáo** com o mesmo valor de xerafim. Amoedada porém só existia a rupia de prata e seus multiplos». — António F. Nogueira, *A India Portugueza,* p. 74.

1442 — «In this country [Bisnegá] they have three kinds of money, made of gold mixed with alloy: one called *varahah...* the second, which is called **pertap,** is the half of the first». — Abd-el-Razzak, in *India in the fifteenth century,* p. 26.

1510. — «Rende al Re Decan (*sic*) ogni anno dieci mila ducati d'oro liquali loro chiamano **pardai,** e sono questi **pardai** piu stretti, che non sono li saraphi del Cairo, ma piu grossi, e hanno per stampa duoi diavoli, cioè da vna banda, e dall'altra hanno certe lettere». — Barthema, *apud* Ramúsio, I, fl. 153.

1544. — «Dices Joani de Artiaga: significasse mihi per litteras Præfectum, se ipsi numerasse decem **Pardaos** imputandos rationibus meis». — S. Francisco Xavier, *Epistolae,* I, 15.

1589. — «Les moindres dépens de nourriture durant ce voyage montent à deux ou trois cents **pardauves**». — Linschoten, *Histoire,* p. 162.

1610. — «Decem **Pardaos** (Indici numismatis genus duorum fere Flandricae monetae florinorum) mutuos dabat vnus aliquis». — Trigault, *Vita Gasparis Barzaei,* p. 118.

1653. — «La solde d'un soldat est de dix **pardaux** par voyage, qui revient à quatre reals et demi d'Espagne, le voyage est de six mois». — Le Gouz de la Boullaye, *Voyages.*

1666. — «Le **Pardos** (*sic*) vaut vingt-sept sols de nôtre monnoye». — Tavernier, *Voyages* 1, I, p. 162.

1894. — The **pardao** is supposed to have been worth about 4 s. 2 d. to 4 s. 6 d.» — Danvers, *The Portuguese in India,* II, p. 157.

*** PARDEXI.** O vocábulo *paradeçi* (derivado de *para,* «alheio», e *deça,* «país») quere dizer, em sânscrito e nos prácritos, «estrangeiro, forasteiro». Era natural que assim fôssem tratados no Malabar os que não eram naturais do país; mas o termo não se introduziu na literatura luso-oriental.

1516. — «Ha tambem na cidade de Calecut muyto Mouro estrangeiro, a que chamaom **Pardetis** (**Pardesy** na tradução castelhana), naturaes de diversas partes, Arabios, Persios, Guzarates, Curxanes, e Daquanis».—Duarte Barbosa, *Livro*, p. 341.

1687. — «Deu lhes estas tres aldeas... com titulo de estrangeiros a que chamão **Paradezes**, aparentando os com os Belâlas naturaes... Ou seja Belâla ou **Paradezi**». — P. Fernão de Queiroz, *Conquista de Ceylão*, p. 41.

1898. — «A população muçulmana de Calecute era de duas cathegorias. A primeira a dos naturaes da terra, convertidos ou descendentes dos primeiros conversos, conhecidos pelo nome de *Moplás;* a segunda era dos estrangeiros, Arabes, Persas, etc., que lá se tinham vindo estabelecer, chamados **Pardetís;** e era na mão d'estes que esteve quasi todo o commercio da cidade». — David Lopes, in *Hist. dos Port. no Malabar*, p. XIII.

**PARGANÁ** (mais correcto), **praganá** (mais us.), **praganã** (incorrecto; s. f. ou m.), Comarca, parte dum distrito. Do marata-hindust. *parganā*. *Praganá-Nagar-Aveli*, que faz parte de Damão, quere dizer, literalmente, «distrito de série de cidades». Diz-se porêm, por abreviação, simplesmente *Praganá*.

1554. — «Titulo das aldeas que come Tonqagy em desconto da sua *muxára*, que he tença, que estão na dita **praguana**». — Simão Botelho, *Tombo da India*, p. 189.

1612. — «Acodirão os do Cais das **Parganas**, que são das comarcas (que isso quer dizer **Pargana**)».—Diogo do Couto, Déc. VII, VI, 6.

«Duas **Parganas** ou comarcas de Damão». — Id., *Ibidem*.

1613. — «Os mesmos officiaes da camara de Damão me enviaram tambem dizer que n'aquella tera ha hũa **praganá**, que he a modo de hũa comarca». — *Carta Régia*, in *Doc. da India*, II, p. 342.

1635. — «E como este rei quizesse fazer seus os *choutos* que algumas aldeias da **pragana** Pusry pagavam a uma mulher gentia...». — *Id., Déc.* XIII, p. 70.

1634. — «Temos duas **praganás**, que são como provincias dos portuguezes». — António Bocarro, *Livro*, in *O Chronista de Tissuary*.

1741. — «. . nos largou unicamente a **Praganã** Naer composta de vinte Aldeas, e algumas hortas, que tudo junto fica arrendado em dez mil x.ˢ» (xerafins).—*Apud* Joaquim C. Soares, *Doc. Comprobativos*, p. 18.



1772. — «Mas tambem fica fóra da sua defensa metade das aldeias desta **Praganá**».—In *O Chronista de Tissuary*, I, p. 31.

1874. — «Lembrem-se das mattas de teca de **Praganã**, aproveitem-nas antes que as roubem de todo».—Tomás Ribeiro, *Jornadas*, II, p. 23.

1785. — «Espero que nos annos futuros seja maior o rendimento do dito **Praganã**... Quanto ao ser o dito **Praganã** arrendado ao menos por tres annos... me parece justo este arbitrio, e permitto que se arrende o dito **Praganã** por tempo de tres annos». — *Apud* Júlio Biker, *Collecção de Tratados*, VIII, pp. 193-194.

1852. — «**Praganã** (corrupção de *Pergan*, termo persa, usado no norte) — districto composto directamente de muitas aldeas... sem divisão intermedia nas provincias, como teria o districto *taluk*». — F. N. Xavier, *Bosquejo Historico*, (2.ª ed.), III, p. 96.

1886.—«Com estes titulos se concediam provincias, districtos ou **praganás**, ilhas, *gãos*, ou aldeias». — Lopes Mendes, *A India Portugueza*, II, p. 94.

1898. — «Sob o reinado d'Abkar, neto de Beber, foi o primeiro dividido em soubahs (governos), èstes em *sircars* (provincias), e os sircars em **pargannahs** (districtos)». – Oliveira Mascarenhas, *Atravez dos Mares*, p. 84.

1666. — «**Pragna**, c'est la principale ville, bourg ou village, qui en a d'autres de sa dépendence, où on païe les rentes du Roi». — Bernier, *Voyages*, II, p. 333.

1778.—«Dans chaque district, ou **Parganah**, il y a une *Cacheri* ou cour de justice». — Anquetil Duperron, *Législation Orientale*, p. 87.

1824. — «Mad persons may be sent hither by their friends, on payment of a small sum, or, if poor, by the *Daroga* of each **Pergunnah** (the superintendent of a district)». — Heber, *Narrative*, I, p. 151.

1885. — «He who would study the history of Oudh must search it in the **Parganá** or parish». — Hunter, *The Imperial Gazetteer*, I, p. XVIII.

**PARIÁ**, Designa o vocábulo, na Índia, «o indivíduo duma das castas ínfimas (mas não a mais ínfima) da costa de Choromândel, considerada pelo Arcebispo Laouenan oriunda da raça cuxita, e a mais numerosa da presidência de Madrasta». Corresponde na escala social à casta dos *poleás* (q. v.) do Malabar. Na Europa emprega-se o termo no sentido de «homem expulso da sua casta ou classe». O étimo é o tam. *paṟeiyan*, pl. *paṟeiyar*, que se interpreta comummente por «tangedor de bombo», sendo que talé um dos mesteres principais dos *pariás*.

Quanto à prosódia, o vocábulo acentua-se ordinária mas erradamente *pária*. A etimologia, a literatura antiga, a analogia (*poleá, maleá, chaleá*) e a prática da Índia Portuguesa evidenciam que é oxítono. Errónеos são igualmente os significados próprios que registam os lexicógrafos: «homem expulso da sua casta, homem da última casta dos índios». Os *pariás* são, como diz o Bispo Caldwell, «casta antiga, perfeitamente definida, diferente das outras», e que não é a última nem das últimas. O expulso da casta ou o indivíduo da última casta do regime bramânico chama-se *chandala* (q. v.). Os *pariás* não se reputam miseráveis e abjectos nem são refugo da sociedade; entretêm o mesmo pundonor da sua classe — ou o «castismo», como se diz na Índia — que os brâmanes e xátrias, e tratam as camadas que consideram mais baixas, como a de sapateiros e lavadeiros, com o puritanismo e desdêm análogos aos das castas superiores. Mantêm com aferrado zêlo as suas tradicionais prerrogativas, especialmente em certas festividades religiosas, celebradas em nome da communidade inteira dos hindus; tem seu próprio sacerdócio e culto de Xiva e Vixnu e subdivisões de classes. São êles qae tangem os bombos nas solenidades, em particular nos funerais, e também cultivam os campos, exercem diversos mesteres da aldeia e formam o maior contingente para a criadagem dos europeus, aos quais se equiparam em casta, visto que uns e outros comem e bebem as mesmas cousas.

Os *pariás* também se orgulham com justo título de ter produzido nos tempos antigos poetas e poetisas de altíssimo merecimento, ainda hoje muito venerados na área tamúlica. «Um livro tem elles de hum homem auido antre elles por mũy douto, Valuuer, natural da cidade de Meliapor, que concorreo no mesmo tempo do Apostolo são Thome, que contem mil trezentos e trinta versos, em que trata do conhecimento de vm só Criador, da reuerencia que se lhe deue, e do desprezo dos idolos: e por estas cousas, e por outras que ali escreueo, se presume que foi doutrinado pelo mesmo Apostolo são Thome». Diogo do Couto, Déc. V, VI, 4 [1]. — «Certas composições poéticas de popularidade e uso universal são atribuidas a uma irmã de Tiruvalluvar, mulher *pareiya!* O verdadeiro nome de Anveiyâr, como o de seu irmão, é desconhecido — significando *Anvei* ou Anveiyâr «mãe», «venerável dama». Caldwell, *Grammar* [2], p. 120. — V. *Contribuições*, Gonçalves Viana, Yule & Burnell e Caldwell [3].

1516. — «Ha outra ley de gente mais baixa e ciuel [4] a que chamam *Parcens* (*sic*), que uiuem nos mais desabitados lugares, apartados de outras gentes; nem conuersaom com ninguem, nem ninguem com elles, hamnos por peiores que diabos danados; porque somente de hos uerem se haom por çujos e escomungados; comèm inhames e outras raizes de fruitas brauas, cobrem as vergonhas com folhas, comem tambem carnes mortas». — Duarte Barbosa, *Livro*, p. 339. — Ramúsio tem *Pareas;* a tradução castelhana, *parens*.

1607. — «Mas porque bebem [os portugueses] vinho, comem vaqua, e sofrem que sejam leuados em andores aos ombros de

---

[1] «The Kural of Tiruvalluvar, that admirable collection of stanzas in the Tamil language, which is instinct with the purest and most elevated religious emotions... is the work of a **Pareiya**». — Barth, *The Religions of India*, p. 157.

[2] Marco Polo parece que alude a *pariás*, quando fala de *govi*. Caldwell observa que o nome «*pareiyar*, que significa «drummers», não parece ser antigo». «There is another class of the people who are called *govi*, and these are very glad to eat beef, though they dare not to kill the animal. However if one dies, naturally or otherwise, then they eat him». — Tradução de Yule, II, p. 325.

[3] Os ingleses formaram na Índia vários compostos de *pariá*, com sentido pejorativo, como *pariah-arrack*, *pariah-dog*, *pariah-kite*.

[4] Os dicionários modernos não registam o significado antigo desta palavra, o qual, aliás, vem registado no de Morais.

**Pareás** gente entre elles abjectissima, formam este conceito». — P. Fernão Guerreiro, *Relaçam Annual*, fl. 112.

1608. — «Com este seu argumento posso comprouar que elle he hum vilissimo **Parea**, pois antre nós assi os nobilissimos Bragmanes, como os **Pareas** vilissimos todos são de côr preta». — *Id.*, fl. 96.

1613. — «Todos aqui [em uma aldeia de Ceilão] são **pareás**, que é o mesmo que pescadores... As insignias que levam [nos seus casamentos] são as rodéllas brancas, e candeas acezas de dia, e uñs buzios com que vão tangendo em lugar de charamelas. Todas estas são insignias reaes, que os reis passados concederam a esta sorte de gente... E certo que faz espanto nesta e noutra gente desta sorte, que sendo tão mesquinha, coitada, e pobre; tem tantos pontos de honra, que antes morreria que ir contra ella». — P. Manuel Barradas, in *Hist. Tragico-maritima*, II, p. 86.

1615. — «Os **pareás** e *chaleás* da Ilha de Ceilão andão divididos por aldeas de particulares, que se servem delles em lhe fazer canella». —*Alvará Régio*, in *Archivo*, VI, p. 1078.

1687. — «Só os **Pariaz**, e outras castas inferiores, podem comer uaca». — P. Fernão de Queiroz, *Conquista de Ceylão*, p. 66.

«Qualquer **Pareâ** nos entra em casa, e pede honras de Rey, e a el Rey sô devidas». — *Id.*, p. 838.

1741. — «... certos naturaes da India chamados **Pariás**, ou Niger, os quaes entre aquellas gentes são tão vís e impuros, que nenhum genero de communicação tem com elles... Confirmão-se nessa sua opinião; porque vem que os Européos comem carne de vacca, bebem vinho de palmeyra, e outras semelhantes cousas, como fazem **Pariás**». — Fernão de Brito, *Hist. do Ven. João de Brito*, p. 41.

1825. — «Qualquer violação da pragmatica estabelecida, custa o perdimento da casta: ficam excommungados no acto de cometter o peccado. Entram na classe de *mallachores* (**parias**), refugo de todas as castas: a sua condição leva-os aos serviços mais vis da sociedade». — José Inácio de Andrade, *Cartas*, I, p. 29.

1827. — «Estes se assemelham aos **Pariás** no sul da India, aos *Coles* e outras castas baixas do norte». — Cottineau de Kloguen, *Bosquejo Historico de Goa*, p. 146.

1837. — «Suppõe que elles [ciganos] eram da classe mais inferior dos indios, a saber — os **parias** — ou como por lá chamam — os *sudros*». — *O Panorama*, de 4 de Novembro.

1846. — «Um **pariá** da Europa passou na terra, e nunca soube quaes as duras condições da existencia que a sociedade impõe aos da sua casta». — Alexandre Herculano, na *Illustração*, I, p. 157.

1859. — «... distinguindo-se porém os christãos, gentios, mouros, parses, banianes, gugires batias, macuás, **pariás**, farazes, chingalás, malavares, negros, e outras diversas castas». — F. N. Xavier, *Resumo Historico*, p. 333.

1866. — «Não é dado ao sudro nem ao **paria** tocar no brahamane, como não é dado ás raizes tocar nas flores, nem á planta do pé tocar na bocca... As mãos do **paria** que tocarem no brahamane imprimem nelle o sello indelevel do inferno». — Francisco Luís Gomes, *Os Brahamanes*, p. 25.

1869. — «Ninguem se envergonha da sua casta, o **paria** sente-se tão orgulhoso como o brahmane. Os *turas*, divisão dos sudros, julgam-se polluidos quando um brahmane os visita e por isso quebram todos os utensilios da cozinha». — João Stuart Torrie, *Estatistica da India Portugueza*, p. 329.

1873:

> «Festejada Cassi, do tempo que já lá vai,
> ninguem te viu nem disse:
> ó pobre solitaria,
> vem presenciar a festa atribulada **pária**!».
>
> Tomás Ribeiro, *A Indiana*, p. 22.

1874. — «Tratados como os *rajahs* do Industão, como os *nababos*, e como os **parias** tambem, da India ingleza, dobravamo-nos, submissos, obedientes, como colonia britannica, á fé punica, á avidez implacavel, á inexoravel politica do nosso fiel alliado». — Visconde de Ouguela, *apud* C. Castelo Branco, *Noites de Insomnia*, VII, p. 9.

1883. — «Ha, finalmente, outros que não têem casta. São os **parias** do sul da India, ou os *culis*, do norte». — Adolfo Loureiro, *No Oriente*, p. 135.

«Inferiores a todas estas [castas] despreziveis, malditos, vem depois os **parias** ou *pharazes*, que nasceram do cruzamento condemnado e monstruoso das diversas castas». — *Id.*, I, p. 152.

1887. — «Fóra e abaixo d'estas castas, no infimo grau da escala social, ou a bem dizer fóra d'ella, pois são considerados e tratados com mais despreso do que muitos animaes, ficaram os **pariahs** ou farazes, elemento que, entre outras origens, tem a de ser o producto maldito da união de duas castas differentes». — António F. Nogueira, *A India Portugueza*, p. 30.

1898. — «O **pária**, tambem conhecido pelo nome de *chandela*, é ainda mais desprezivel do que o proprio sudra, até ao ponto das outras castas o evitarem, como se evita o leproso». — Oliveira Mascarenhas, *Atravez dos Mares*, p. 112.

1906. — «Se o hindú deixa a India, tornou-se **pária**, isto é, menos do que qualquer animal». — Hipácio de Brion, *Duas mil leguas*, p. 110.

1907. — «Não obstante, aos **Pariás** restam ainda alguns vestigios da sua antiga posição. Reclamam a posse de 18 titulos com as correspondentes insignias». — In *O Oriente Portuguez*, IV, p. 324.

1912. — «Não lhes [aos escriturarios da fazenda] pode caber outro lugar senão o de **pariás,** na actual hierarquia fazendaria». — *O Debate* (de Goa), de 11 de Novembro.

1915. — «Nós, os **parias,** os feelahs, os ilotas, os servos da actual gleba forense, voltaremos a ter o nosso S. Martinho». — *A Nação,* de 12 de Dezembro.

1918. — «Além das quatro castas referidas há ainda a de **párias** ou farazes, producto do commercio illegitimo entre pessoas de diferentes. Antigamente o **pária** não tinha sequer direito á vida, pois qualquer *naire* (militar) o podia matar». —Fortunato de Almeida, *Portugal e as Colónias Portuguesas*, p. 277.

1727. — «The **Pareas** are of worse esteem». — Methold, in *Glossary*.

1658. — «Li vltimi, *Faras,* ò **Pareas,** gente sempre nascosta, abbominata e detestata da tutti, perchè mangiano le vacche, che muoiono alla campagna, ed ogn'altra immundezza». — Fr. Vincenzo Maria, *Viaggio*, p. 266.

1700. — «Quoiqu'il n'y aie que la Caste de **Parias** qui passent pour infâmes, et dont ceux qui la composent ne peuvent presque entrer dans aucun commerce de la vie civile . . .». —*Lettres Édifiantes,* v, p. 19.

1760. — «Outre ces tribus, il y en a une cinquième, qui est le rebut de toutes les autres. Ceux qui la composent ont les emplois les plus vils de la société; ils enterrent, ils transportent les immondices. Ils sont dans telle horreur, qui si l'un d'eux osoit toucher un homme d'une autre classe, celui-ci a le droit de le tuer sur le champ». — Raynal, *Histoire,* I, p. 34.

1780. — «If you should ask a common cooly or porter what cast he is of, he will answer, «the same as master **pariar-cast**». — Munro, in *Glossary*.

1782. — «Les **Parias** forment la dernière Caste, ils sont regardés par les autres Indiens comme des gens infâmes, suillés, abominables et reprouvés: dans les actes publics et dans le vie civile, on ne daigne pas les mettre en rang de Castes. Proscrits par ce avilissement, ils ont leurs habitations dans des quartiers separés». — Sonnerat, *Voyages,* I, p. 55.

1786. — «Tra queste sono i piscatori; alcuni *Ciana,* o giornalieri che portano l'acqua alle nuove piante di palme; i **Parea** o scorticatori». — Fra Paolino, *Viaggio,* p. 248.

1791. — «N'approchez pas d'ici, il y a un **Paria!** Aussitôt la troupe effrayée crie: Un **Paria!**». —Bernardin de Saint-Pierre, *La Chaumière Indienne.*

1825. — «La plus commune et plus nombreuse de ces tribus, est celle de *pareyers,* comme ils sont nommés dans la langue tamoule et d'où vient le nom de **pariahs,** que leur est donné par les Européens». — Dubois, *Mœurs,* I, p. 50.

1831. — «Au plus grand nombre il semble qu'un *English gentleman* qui boirait de l'eau perderait sa caste, divendrait **paria,** comme l'Hindou qui boirait un ver de vin, ou il musulman qui mangerait une tranche de jambon». —Jacquemont, *Correspondence,* II, p. 119.

1837. — «On nous appellent maintenant à entendre de la poésie de moralistes *pareyars* — ou **parias,** comme nous les appellons en France». — *Fleurs de l'Inde,* p. 154.

1845. — «Les gens de cette race s'appelle à Bâgalpour *Pahârias,* d'où nous avons fait **Parias:** ce mot veut dire montagnards». —Xavier Raymond, *Inde,* p. 256. — Há aqui confusão de nomes diferentes.

1884. — «Le mot **Paria** vient du Tamoul *Parey-an,* qui, selon nous, signifie l'homme de tambour (*parei,* tambour, *an,* individu, homme). . . À chaque instant, en un mot, le **Paria** et son tambour sont mis en requisition. D'autre part, on peut dire que le **Paria** s'est identifié avec son tambour». — Mgr. Laouenan, *Du Brahmanisme,* I, p. 93.

1875. — «On the *kuraḷ* of *Tiruvaḷḷuvar* (supposed to have been a **Pariar** (*Pareya*) yet the acknowleged and deified prince of Tamil authors)». — Caldwell, *Comparative Grammar,* p. 51.

1875 — «Sir Walter Eliot thinks it possible that the **Paraya** which appears on the oldest of Indian inscriptions as the name of a nation, coupled with Chola and Kerala (Coromandel and Malabar) is that of the modern dispised tribe». — Yule, *Marco Polo,* II, p. 335.

1898. — «Está ocupada por muy diversas poblaciones aun que todas de estirpe dravidiana, y entre ellas los llamados **parias,** que algunos suponen ser la raza de que proceden los gitanos». — Alfredo Opisso, *La India,* p. 74.

**PARICHI.** Indivíduo duma casta ínfima da costa de Choramândel. Não posso identificar o vocábulo; parece que está por *pariá* (q. v.). Em sânscrito, *parichāra,* quere dizer «servo, fâmulo», e *pāricisya* «resto, refugo».

1577. — Os mais baixos são os *Chaquiuilis* (q. v.), que fazem alparcas, e comem todas as cousas imundas, e os acima destes são **Parichis,** que comem tambem o mesmo; mas com tudo com algũa preeminencia mais que os Chaquiuilis... Nós comemos carnes como comem Chaquiuilis, e **Parichis,** e além disto tocamolos, e conuersamolos, pella qual razão somos tidos em conta de Chaquiuilis, e **Parichis**». — *Primor e Honra,* fl. 95.

**PARIZÁTACO.** É o mesmo que *ár-*

*vore triste*. Do conc. *pārizātak* < sânsc. *pārijātaka*.

1563. — «Nós usamos destas flores somente para tingir os comeres, como açafram, scilicet, dos péz delles, que são amarellos e tingem muito, o seu nome he, em lingua de Goa **parizataco,** em malayo *Xingadi*».— Garcia da Orta, *Col.* VI.

1720. — «**Parizataco**. He na India a planta, a que os Portuguezes chamão mais commummente *arvore triste*». — Bluteau.

1886 — «3.º **Parizatoc,** arvore cujas flores têem as petalas côr de perola e os pedúnculos encarnados, igualmente distribuidos a Vishnú», — Lopes Mendes, *A India Portugueza*, II, p. 70.

1906:

«Pobre Sitá, coitadinha!
A flor do **porisathi**
Abre e cai triste á noitinha.
Quem terá pena de ti!».
Alberto Osório de Castro, *A Cinza dos Myrtos*, p. 134.

1578. — «Llamase este arbol en Canarin **Parizataco:** em Malayo, Singady: y los Portugueses, *Arbol Triste*».— Cristóvão da Costa, *Tractado*, p. 220.

1589. — «Ceux de Malacca le nomment Singady, les Decanins **Parisatico**». — Linschoten, *Histoire*, p. 108.

**PARISMÃO**. Descreve-se abaixo a significação especial do vocábulo; mas o étimo malaiala *parixamanam* (sânsc. *pariçamana*) quere dizer simplesmente «remédio que acalma, alivia ou mitiga inteiramente».

1599. — «Item o livro que chamão **Parisman,** ou Medicina Persina, o qual he todo de feitiços e ensina certas palavras para fazer mal aos inimigos e pera auer molheres, e pera outros muytos effeitos torpes».—Sínodo de Diamper, *apud* Fr. António de Gouveia, *Jornada do Arcebispo*, fl. 14.

1603. — «Tambem estes Christãos [de S. Tomé] uzarão muyto de hũ livro de sortes, e feitiços, e que chamauão **Parismão,** que quer dizer mézinha persica, o qual andaua entre os livros da Igreja, e não auia *Caçanar* que o não tivesse, e ainda com elle ganhauão muytos de comer». — *Ibid.*, fl. 61.

**PARPATIM, parpoti** (mais us.). Pregoeiro da comunidade aldeana, em Goa. Do sânsc. *pravṛtti*, «ofício, ocupação, emprêgo», proveio o tel. *pārapatti* ou *pārapatyagāḍu*, «administrador, gerente»; e o can. *pārupatya*, «administração, gerência» (*parupatyagār* «director, fiscalizador»); e, mediatamente, os conc. *pārpatī* e *pārpatikār*, que tem significados peculiares e são os étimos dos vocábulos portugueses *parpatim* e *parpotecar*. Também em telúgu e em canarês se empregam os termos em várias acepções conforme as localidades. V. *Glossary*, s. v. *parbutty*.

1567. — «Nenhum infiel sirva de escrivão, *xarrafo, mocadão, naique*, pião, **parpatim,** sacador, corretor». — Primeiro Concílio de Goa, in *Archivo*, IV, p. 24.

1671. — «Os *Tanadares* e **Parpatins** não mandarão seus officiaes fazer força e violencias nas feitorias e seus districtos» (no Canará).—*Apud* Júlio Biker, *Collecção de Tratados*, IV, p. 190.

1728. — «**Parpotim**. Na India Portugueza, he a pessoa do Capitão, que tem em cada Aldea, para se lhe dar conta do succedido nella, e cobrar os seus percalços». — Bluteau, *Supplemento*.

1852. — «**Parpoty** — porteiro, servidor d'Aldêa». — F. N. Xavier, *Bosquejo Historico*, IV, p. 15.

1870. — «Sendo ametade de penà para o meirinho da igreja, e **parpotim** ou naique da aldea, que fariam a diligencia, e outra metade para a propria *gancaria*». — Cunha Rivara, *Brados a favor das Communidades*, p. 14.

1885. — «Separou-se uma parte, cujo usufructo, (*namoxins*) pertencia aos seus pagodes, seus servidores e servidores das communidades (*vantellos, vantelis* e **parpotis**)». — Teixeira Guimarães, *As Communidades Indianas*, p. 12.

1878. — «The staff of village officials and servants... comprise the following members... the crier (**parpoti**), and the Mahár (*faraz*)». — José Nicolau da Fonseca, *Sketch of Goa*, p. 29.

**PARPOTECAR**. Sacador, recebedor, exactor, em Goa. Do conc. *pārpatikār* < can. *pārupatyagār*. V. *parpatim*.

1764. — «Com o mesmo designio praticam os Saccadores Aldeanos, vulgo **Propotecares**...». — *Apud* F. N. Xavier (filho), *Collecção de Leis*, p. XXXVII.

1771. — «Substancialmente o dito **Parpotecar** não he mais que um Feitor e Administrador Geral». — Marquês de Pombal, *Collecção de Bandos*, I, p. 8.

1771. — «Manda Sua Magestade abolir inteiramente... o nome e todo o exercicio dos **Parpotecares,** ou Feitores geraes com os seus Bragmanes, Cabos, e Sipais». — Id., *ibid.*, p. 11.

1780. — «I' todas as varzeas em cada triennio se fazia a vistoria, hindo para essa diligencia o *Parpadar* [1], que destinava o **Parpotecar**, ajuntando para o mesmo fim os Aldeanos». — *Ibid.*, p. 273.

1780. — «No tempo do dominio da dita Potencia exercitei o officio de **Parpotecar** das ditas Provincias de Zambaulim». — *Ibid.*, p. 274.

1817.—«Poderá mandar averbar o **Parpotecar** por verba á margem, por elle rubricada». — *Apud* Júlio Biker, *Collecção de Tratados*, XII, p. 140.

1845. — «Os arrendamentos continuaram, ficando a arrecadação a cargo de uma autoridade fiscal, que existia em Pondá com o nome de **Parpotecar**, sugeita ao tribunal das contas de Goa». — *Annaes Maritimos*, p. 6.

1850. —«**Parpotecar** (Exactor Geral ou Thesoureiro)».—F. N. Xavier, *Collecção de Bandos*, Appêndice II, p. 79.

1890. — «Mas o **Parpotecar**, unico representante do Estado, não queria saber senão das Rendas». — António de Almeida Azevedo, *As Communidades de Goa*, p. 81.

**PARPOTECARIA.** Ofício ou repartição de *parpotecar*.

1766. — «Tornâmos a promover na referida **Parpotecaria** o antigo uzo de nella serem deferidos, por arbitros, os discidios dos individuos, que compõem os continentes de Pondà e Zambaulim, e mais Provincias». — *Collecção de Bandos*, I, p. 4.

1781. — «As Boticas, ou avenças de Tabaco costumavam serem arrendadas hindo pessoa do *Divão*, das quaes se fazia a cobrança, trazendo as suas importancias á **Parpotecaria**». — *Ibid.*, p. 273.

1817. — «Tenham tambem tres livros... e o terceiro o registo das ordens, portarias, e mais disposições attinentes á **Parpotecaria**». — *Apud* Júlio Biker, *Collecção de Tratados*, XII, p. 140.

1843. — «Em consequencia procedeu-se ao exame, pelos livros da **Parpotecaria**». — *Annaes Maritimos*, p. 6.

**PARREIRA BRAVA.** É o nome que se dá na Índia e no Brasil a uma trepadeira da família das menispermáceas — *Cissampelos parreira*, Linn. É também conhecida por *bútua* ou *abútua*. A sua raiz é um tónico amargo e diurético.

1799. — «A **Parreira brava** própriamente chamada ha de duas qualidades, uma branca, e outra vermelha. Tem a mesma configuração na planta como na Parreira domestica, e se distinguem pellos seus inhames, e são mais mucilaginosas que a *Butua*. A sua virtude he expectorante, resolutiva, incidente, e vulneraria». — In *Archivo de Pharmacia*, I, p. 154.

1918. — «Emprego nas pneumonias ou congestões pulmonares... *abútua, bútua* (**parreira brava**)... A *abútua* é considerada como febrifuga e diuretica; é expectorante e, quando recente, vomitiva». — *Heraldo*, de 16 de Outubro.

1786. — «Ulatumara radice dell' albero Ulam che è *Abutua* ò la **Parreira brava**». — Fra Paolino, *Viaggio*, p. 358.

**PARSE, parsi** (s. m. e adj.; **parsina, parsona**, f.). É nome que se dá na Índia aos sectários do zoroastrismo, que no século VIII emigraram da Pérsia, para se livrar da perseguição dos maometanos, e se estabeleceram na Índia Ocidental. Na Pérsia são conhecidos por *guebros*, q. v. O vocábulo é própriamente étnico, no sentido de «persa», sânsc. *pārasīka*, neo-árico *pārsī*, *fārsī* em árabe. Os nossos escritores antigos dizem *pársios* ou *pérsios*. V. Wilson e *Glossary*.

**PARSISMO.** «On entend par *parsisme* l'ensemble des dogmes, des croyances religieuses, des mœurs, et des coutumes des sectateurs de Zoroastre, adorateurs du feu». *La Grande Encyclopédie*.

1553. — «... depois que estes de Malaca induzidos por os Mouros **Parseos** e Guzarates (que ali vierão por causa do commercio) de Gentios os converterão á seita de Mahamed». — João de Barros, Déc. II, VI, 1.

1563. — «Ha outros mercadores de bóticas, que por nome sam chamados *coaris* (vid. *gaur* em *guebro*) e no reino de Cambaiete lhe chamaom **esparcis**, e nós os Portuguezes lhe chamamos Judeus, mas não sam, senão Gentios que vieram da Persia, e tem propria letra sua, e tem muytas superstições, vãas, que quando morrem os tiram por outra porta, e nam polla que se servem; tem jazigos onde se deitam quando morrem, e nelles estam assentados ate que se desfazem». — Garcia da Orta, Col. L.

1572:

> «Esta luz he de fogo e das luzentes
> Armas com que Albuquerque yrá amansando
> De Ormuz os Parseos, por seu mal valentes,
> Que refusão o jugo honroso e brando».
>
> Camões, *Os Lusiadas*, X, 40.

1663. — «...» sómente *cajuris* de que fazem vinho certos homens de côres brancas, a que chamam **Parsios**, por traze-

[1] Não se sabe a verdade da forma nem o significado desta palavra.

rem sua origem da Persia, donde fugiram em tempo que ella tomou a lei de Mafoma: estes são gentios que adorão o sol, lua e fogo, o qual tem sempre acceso».— P. Manuel Godinho, *Relação*, p. 32.

1835. — «Os **parsios** são quasi exclusivamente os constructores navaes e tem fama neste ramo». — *O Panorama*, de 21 de Junho.

1837. — «Os modernos **Parsios** conservam ainda muitas praticas, e opiniões dos antigos magos. Em Bombaim, de manhã e á tarde, se apinham nas esplanadas para saudarem o Sol, em seu nascimento, e occaso». — *O Panorama*, de 18 de Novembro, p. 237.

1871. — «Alem passa a esplendida carruagem do **parse** millionario, que pode com sua palavra fazer subir ou baixar o preço do algodão». — Pedro G. Mesnier, *Viagem do Visconde de Sam Januario*, p. 2.

1873.—«Vimos pela primeira vez, entre turcos, arabes, armenios, abyssinios e inglezes, os **parses** desgraciosamente vestidos e mais desgraciosamente cobertos». — Tomás Ribeiro, *Jornadas*, I, p. 358.

1883. — «Os **parsis** são sectarios de Zoroastro, descendentes de antigos guebros, ou adoradores do fogo, que habitavam a Persia». — Adolfo Loureiro, *No Oriente*, I, p. 154.

1886. — «Os **parses** tambem não têem templos em Nagar-Avely; o seu culto resume-se na adoração do sol, e do fogo, na oração e na palavra». — Lopes Mendes, *A India Portugueza*, II, p. 238.

1898.—«A colonia **parsona** é das menos importantes em numero no Hindustão... Bem parecidos e de maneiras captivantes, os **parses** são os individuos que, na India, mais sympathias conquistam aos Occidentaes, — mas especialmente as **parsinas**». — Oliveira Mascarenhas, *Atravez dos Mares*, p. 52.

«A official é a catholica, mas tambem se professa na India portugueza o brahmanismo, o mohammedismo, o **parsismo**». —*Id.*, p. 97.

1905. — «Os **parses** são uma raça estrangeira, que se mantem inconfundivel n'este paiz». — Jerónimo Quadros, *Cartas de Diu*, p. 174.

1906. — «Destaca-se pela sua côr branca, no meio dos typos hindús, um ou outro **parse**, de calça branca, sapato ou bota preta». — Hipácio de Brion, *Duas mil leguas*, p. 20.

1918. — «Entre os gentios estão compreendidos cêrca de 500 **parses**, que seguem o mazdeismo ou zoroastrismo: prestam culto ao sol, e ao fogo». — Fortunato de Almeida, *Portugal e as Colonias Portuguesas*, p. 274.

1918. — «Houve em Bombaim uma reunião dos sacerdotes **parses** afim de estigmatizar os casamentos de **parsinas** com cristãos, hindus, maometanos e outros não **parses**». — *O Ultramar*, de 6 de Junho.

1668. — «On trouve à une lieuë de la Ville [de Surrate] un village qui n'est habité que par des **Parses** ou **Parsis** adorateurs du Soleil et du feu». —Dellon, *Relation d'un Voyage*, I, p. 86.

1695. — «Ces Mages sont aux Indes... sous le nom de **Parsis**, à cause de leur origine qui est Persienne». — Herbelot, *Bibliothèque Orientale*.

1701. — «Il y a encore dans ces mêmes Montagnes des Peuplades entieres de ces anciens **Perses**, qu'on nomme Gaores en Perse, et qu'on appelle **Parsis** à Surate, et aux environs, où ils sont établis en grand nombre». — *Lettres Édifiantes*, I, p. 64.

1701. — «Il pensa qu'après avoir conféré avec les rabbis juifs, les ministres protestants, les surintendents des églises luthériennes, les docteurs catholiques, les papas grecs, les mollahs turcs, les verbiestes arméniens... les anciens **parses**, les *pandects* indous, loin d'avoir éclairci...». — Bernardin de Saint-Pierre, *La Chaumière Indienne*.

1819. — «It is equally unknown among the Gabers and **Parsis**, the Fire-worshippers of Persia and India». — W. Onsely, in *The Journal B. B. R. A. S.*, XIV, p. 12.

1841. — «Les cérémonies funèbres sont encore actuellement à peu près semblables à ceux qu'elles étaient dans l'antiquité. A Surate et à Bombay, les **Parsis** exposent les corps morts sur la plateforme des tours rondes, d'environ onze pieds d'autour». — Dubeux, *Perse*, p. 268.

1883. — «The **Parsis** exercise an influence much greater than is implied by their number». — Hunter, *The Imperial Gazetteer*, III, p. 80.

**PARVANA** (mais correcto), **parvaná** (s. m.). Alvará, na Índia árica. Do persa *parvāna*, corrente nos idiomas neo-áricos.

1684. — «E tirando a copia, o proprio **Parvaná** revertereis ao dito *Sar Dessay* para a sua posse». — *Apud* Júlio Biker, *Collecção de Tratados*, XII, p. 43.

1784. — «... privilegios e differentes **Parvanás**, tambem concedidos pelo Mogor, como eram alguns d'elles os de tabaco, areca e sal». — In *O Chronista de Tissuary*, III, p. 130.

1844. — «... insertas nos seus respectivos *Formões* e **Parvanás** (Cartas e Alvarás)». — *Collecção de Bandos*, II, p. 58.

1845. — «A existencia das *Accas* consta dos Formões ou **Parvanás** (diplomas), que as conferiram no antigo dominio do Mogol, do Idalxa, e do *Bounsuló*». — *Annaes Maritimos*, p. 248.

1850. — «Como se conhece de todos os

formões e **Parvanas,** que estão no Processo, e outros registados nos Livros da Secretaria». — F. N. Xavier, *Collecção de Bandos,* II, p. 69.

1918. — «Formans e **Parvanas** passados pelo Grão-Mogol a favor dos portugueses e seu comércio em Surrate». — António Francisco Moniz, in *O Oriente Português,* XV, p. 8.

1768. — Dans les **Paravanas** pour les grandes concessions (Zemindaries en terres faites pour les Princes du pays) on voit paraître le Nabab, son Naib, le Secretaire de la Court, qui certifie que l'acte est couché sur le Registre de l'Empire... et le Divan ou Controlleur Général qui l'inscrit de même dans le Registre du Divan». — Anquetil Duperron, *Législation Orientale,* p. 167.

1824. — «... which the Zamindars are expected to fournish gratis to the Company's troops, and all persons travelling with public **Purvannas,** or Government orders». — Heber, *Narrative,* I, p. 299.

1831. — «Il s'est trouvé que des **pervanahs** ou firmans, adressés à mon nom par moi-même aux chefs sur les territoires desquels je devais passer m'ont fait trouver près d'eux tout l'accueil désirable». — Jacquemont, *Correspondence,* II, p. 155.

***PASSARO DE DOIS BICOS.** É o nome que os portugueses davam a uma espécie de ave grande, que não pude identificar. O nome malaiala, indicado por Fra Paolino, não o vejo nos dicionários, mas, decomposto, também parece significar o mesmo.

1786. — «Il *Veshambel* è augello grande quanto un Struzzo, mangia le serpi, ha due becchi, perchè resta sempre sulle montagne ove non si trovano acque. Quindi in un becco conserva l'acqua, che lui vien a prendere da lontano sulle pianure. Il P. Hanxleden e Biscoping le chiamano in lingua Portoghese, **Passaro de dous bicos**». — *Viaggio,* p. 158.

«L'Aspide o il Nallapamba è mangiato dal Cervo, dal Cinghiale, dall' ucello *Veshambel,* dall' ucello Cumbotta». — *Id.,* p. 178.

**PÁSSARO DO PARAÍSO; PÁSSARO DO SOL.** É o mesmo que *manucodiata* (q. v.); nome de várias espécies de belas aves da família *paradiseida,* originárias da Nova Guiné, a principal das quais é denominada por Lineu *Paradisiaca ápoda.* Chamou-se *ápoda* porque se cria que a ave não tinha pés, visto a sua pele sêca, levada para as Molucas, os não trazer. Rienzi descreve as espécies existentes na Nova Guiné (III, p. 310). O primeiro nome foi provávelmente dado pelos islamitas; o segundo foi recebido pelos portugueses em Maluco. Vid. Rienzi, abaixo. Os malaios chamam-lhe comummente *burung devota.* V. *Glossary,* s. v. *Bird of Paradise.*

1570. — «Na cabeça tinha hum carapução dos da diuisa do Xiah Ismael, com hum penacho de pennas dos *passaros de Maluco*». — João de Barros, Déc. IV, III, 10.

1572:

«Olha cá pelos mares do Oriente
As infinitas ilhas espalhadas.
. . . . . . . . . . . . . . . .
Aqui ha as aureas aues que não decem
Nunca a terra, e so mortas aparecem».
Camões, *Os Lusiadas,* I, 132.

1679. — «Dizem que o **passaro do sol,** quando desçe á terra, sobre esta arvore somente poem seus pés, e descansa». — Fr. Jacinto de Deus, *Vergel,* p. 262.

1720. — «**Passaro do sol.** He o nome de hum passaro, assim chamado, porque sempre voa para o Sol. Na India derãolhe os Portuguezes este nome. Dizem que só nas Ilhas Maluco se acha». — Bluteau.

1589. — «Il n'y a autre bien que ces Isles où se trouvent ces oiseaux que les Portugais appellent **Passaros do Sol,** les Italiens *Manucodiatas,* les Latins et François, *oiseaux de Paradis* à raison de la beauté de leurs plumes surpassantes en lustre et neauté celles des autres oiseaux. Il n'y a nul qui puisse dire en avoir veu de vivants, car on ne les trouve en terre sinon morts. Ils volent (à ce qu'on dit) en l'air continuellement contre le Soleil, sans iamais toucher terre pendant qu'ils sont en vie, n'ayants ni pieds ni ailes, mais seulement la teste et le corps avec une fort longue queue». — Linschoten, *Histoire,* p. 37.

1731. — «Pavones silvestres et domestici, ut et **Aves Paradisi** (quos apodes olim arbitrati sunt multi) in magna copia apparent: tam horum, quam illorum, caudis se indigenae exornant, iisdem in galeis pro cristis utuntur». — Bontius, *Historia Naturalis,* p. 55.

1824. — «Abdullah had more than once told us strange things of the **Birds of Paradise,** which we were to see as we approached the Great Ganges». — Heber, *Narrative,* I, p. 129.

1836. — «... et ces ravissants **oiseaux de paradis,** qui ornent la tête de noirs Papouas et de belles Européennes... Il est impossible de rien voir de plus élégant que la plumage de celui qu'on nomme le *paradisier Grand* émeraud, et que les habitants des îles Arou nomment l'**oiseau du soleil**». — Rienzi, *Océanie,* I, p. 5.

**PASSEIVÃO** (mal. *paseban*). Varanda em volta da sala de audiência, na Malásia [1].

1539. — Como de todo estivemos satisfeytos dos devedores para nos podermos ir, me fui ao **passeyvão** das casas delRey, e lhe dei conta de como estava já de todo aviado, e prestes para me partir». — Fernão Pinto, *Peregrinação*, cap. 18.

1545. — «Antes do tempo que el Rey lhes limitara se ajuntarão no **passeyvão** das casas reais que he hum grande terreiro onde os naturais da terra costumão fazer suas feiras, e suas festas notaveis nos dias insignes das invocações dos seus pagodes». — *Id.*, cap. 174.

* **PASSO.** Figura a palavra na literatura luso-oriental, particularmente com relação a Goa, no sentido de «passagem do rio onde se pagam direitos aduaneiros; barreira fluvial».

1687. — «... se convinha arriscar tão pouco poder na campanha, ou se era mais acertado assegurar com elle as praças, e as entradas de Columbo, a que os Portuguezes chamavão os **Passos**». — P. Fernão de Queiroz, *Conquista de Ceylão*, p. 674.

1607. — «São estes **passos** como hũas aduanas, onde as mercadorias pagão direytos das fazendas, que conduzem de hũa parte para outra... Sabio a encontrarse com ella no rio o Capitão Mouro com alguns soldados do seu **passo**, e pediolhe direytos». — P. Francisco de Sousa, *Oriente Conquistado*, II, I, 2.

1841. — «... mas só sim os **passos** (ou Portagens) e as muitas alcavalas, ou direitos meudos a que corresponde o nome de *Bagibabo*». — *Collecção de Bandos*, I, p. 208.

1880. — «*Catualia*, termo asiatico; especie de portagem onde se cobravam os direitos de generos que entravam na cidade pelos chamados **passos** (barreiras)». — Teixeira de Aragão. *Descripção das Moedas*, III, p. 207.

1589. — «Les Indiens, Decanins, et autres Mores payens qui demeurent à Goa, ayants à passer en terre firme pour y negocier des vivres, reçoivent à ces portes qu'ils appellent **Passos** une marque en leur bras nud». — Linschoten, *Histoire*, p. 56.

* **PASSO SÊCO** (ant.). É na Índia o mesmo que «vau».

1553. — «... foi por guardarem a cidade que se não passe per gente de pé em alguns **passos** que ao baixamar dão vão, principalmente de Gondalij, a que os nossos ora por esta causa chamão o **Passo seco**». — João de Barros, *Déc.* II, v, 1.

1563. — «Já tomáram a negra no **Passo-Seco** e acharam lhe a metade das joyas». — Garcia da Orta, *Col.* xx.

1750. — «Os Váos, e **Passos seccos**, se defendem facilmente com Baterias razas sobre elles, e com *Manchuas* postas de hum, e outro lado dos mesmos váos para os cruzarem com Artilheria». — Marquês de Alorna, *Instrucção*, p. 72.

**PASSORI** (ant.). *Pāsoḍī* quere dizer, em marata e concani, «chale branco ou de côr», que trazem os hindus traçado pelos ombros; figuradamente, designa «contribuição ou tença», que se paga ao Estado ou a um indivíduo, em homenagem ou em recompensa.

1703. — «... e vinte e quatro pagodes *nixanis* de **Passori**, que elle percebe na alfandega de Sanquelim». — *Apud* Júlio Biker, *Collecção de Tratados*, XII, p. 147.

1746. — «De todas as terras dos *Dessaes* e *Ranes* se pagarão ao Estado os fóros, pensões, direitos da alfandega, rendas do tabaco, **passoris**, direitos das *boiadas* do Ballagate». — *Ibid.*, XI, p. 269.

1782. — «As tenças particulares chamadas *Potti* e **Passori**, distribuidas nas aldeias de toda a provincia [de Pernêm] 325 pagodes chamados Nissanim». — *Ibid.*, VIII, p. 163.

1824. — «Está possuindo de posse estabelecida desde o tempo de Adilxaha, *Haca, Otona, Poti* **passodi**, *Inamo* Dehata da aldeia Porim». — *Ibid.*, XII, p. 43.

1854. — «Pagaram ao Estado foros, pensões, direitos da alfandega, rendas do tabaco, **passori**, direitos das *boiadas* do Ballagate». — *Ibid.*, XII, p. 144.

**PATAIA.** Grande caixa de madeira para guardar cereais e legumes, principalmente arroz; tulha, celeiro, na Índia. Do malaiala *paṭṭāyam*.

1554. — «E hũas **pataias**, em que se recolhe *bate*, que tambem são de sua alteza». — Simão Botelho, *Tombo da India*, p. 216.

1611. — «Passado o tempo ajuntou-se a armada e foram entrando o estreyto de Sincapura, e posto que estava entupido com as **patayas** [1], todavia estavam de feição que bem podiam por elle passar as

---

[1] Domingos Vieira diz-nos que é uma «especie de feitor».

[1] É bem possível que **pataia** tenha neste passo outro significado, o de «fragmentos de madeira», e então o seu étimo deve ser o mal. *patahan*, que quere dizer o mesmo no sentido genérico.

náos se não fossem muito carregadas». — Diogo do Couto, *Vida de D. Paulo*, p. 94.

1614. — «Esta casa, em que estavam prezos, tinha a uma ilharga hum celleiro, a que elles chamam **Pataia**». — *Id.*, Déc. X, VIII, 11

1634. — «O *bate* é arroz dentro na casca, em que nasce, que o faz durar muito, e está numa **pataia** de pedra cuberta de telha». — António Bocarro, *Livro*, III, p. 224.

1635.—«Trazer todo o restante do mantimento que tinha, e pô-lo no ultimo sobrado de uma tulha de tábuas, que chamam **pataia**». — *Id.*, Déc. XIII, p. 146.

1687.— «Com a mesma ordem se retirou o arrayal de Sofregão, deixando prouidas as **patayas** (tulhas) e o fato dos soldados». — P. Fernão de Queiroz, *Conquista de Ceylão*, p. 737.

1845. — «Fiscalisar as Lojas, e **Patalas** da vendagem de bebidas espirituosas a meudo e tabaco de folhas a retalho». — *Collecção de Bandos*, II, p. 95.

1866. — «Depois de medido e recolhido em celeiros, que sendo de madeira tem o nome de **pataia**, e sendo de verga de bambú *coddó*». —F. N. Xavier, *Descripção do Coqueiro*, p. 50.

1786. — «Quando fu nettato [o arroz] conservasi nelli **Patája**, che sono i magazzini fatti di legno di *Teka*».—Fra Paolino, *Viaggio*, p. 115.

**PATACA**, **pateca**. Faixa de sêda, da largura de um palmo, com que se cingem vários índios. Do hindust. *paṭṭakā* < sânsc. *paṭṭika*, deminutivo de *paṭṭa*, em malaiala *paṭṭa*, «faixa», *paṭṭu*, «veste de seda». Da mesma fonte procede *pateca*, definida por Bluteau: «vestidura comprida, usada na India, particularmente no reyno de Calecut». Mas tal não é o sentido do vocábulo em todos os textos, sendo porêm o conceito principal o de «peça de vestuário, de sêda, ornamentada», como é usada pelos rajás e altos dignitários.

1525. — «E com hũa **pateca** (== chale ou gravata) de diamães ao pescoço de muyto grande valor». — *Chronica de Bisnaga*, p. 92.

1551. — «De **patecas** pequenas e outras mayores oito peças com pedraria falsa». — Simão Botelho, *O Inventario do Thesouro do Rey de Ceylão*, p. 27. — Aqui o sentido é muito obscuro.

1552. — «A pedraria das orelhas, barrete da cabeça, **pataca** [talvez = *patola* ou *puduvêm*], cingida, e bracelletes dos braços, e pernas [do *samorim*], erão estas cousas de tão grande estima que não avião inueja as joyas dos nossos». — João de Barros, Déc. I, v, 5.

1634. — «Ha nas terras e reinos do Mogor... lacre de formiga, e de pasta, cotonias de seda, e **patacas** de seda, que servem para o sul». — António Bocarro, *Livro*, III, p. 102.

**PATAMAR** (indo-ingl. *pattamar*, *patimar*, indo-fr. *patemar, patmar*). Como termo luso-indiano, emprega-se em dois sentidos: «correio e embarcação ligeira». Conforme Yule & Burnell, o vocábulo é, em ambos os sentidos, do conc. *pathmār*, «devora-caminho» = papa-léguas; não é porêm usado neste sentido actualmente, e não consta que o fôsse antes, mas sim *vāṭmār*, que também diz o mesmo, e podia dar *patamar*, com a mudança de *v* em *p*, de que há exemplos em concani, e mais pela atracção do outro vocábulo homófono. O termo é ao presente desusado na primeira acepção, e na segunda, que é secundária e pouco usada pelos escritores antigos, toma a forma de *patamarim*, *pātmārī* em concani, «embarcação de dois ou três mastros e vela latina, ligeira e costeira, na costa ocidental da Índia».

Garcia da Orta atribui ao vocábulo origem malabárica, que Carlos Brown admite para a significação de «barco». Molesworth deriva o mar. *pātemārī* «embarcação», do hindust. *pātīmārī* «correio»; mas os dicionários dessa língua não registam tal vocábulo. Gundert deriva com probabilidade o malaiala *pattamārī*, «embarcação», do concani. A principal dificuldade consiste em saber onde é que os portugueses receberam primitivamente a palavra. O hindustani e o marata tem *patta*, «notícia, informação», o qual com o suffixo *vār* ou *mār*, poderia dar *patamar* «portador de informações». Cumpre também observar que Duarte Barbosa, falando do Guzarate, diz que entre os brâmanes «ha outros somenos que servem de mesageiros, uaom seguros por todas as partes sem ninguem lhe fazer nojo, ainda que haja guera ou ladrões, ha que chamaom *Patelas*». Ora, *patel* (q. v.), além de designar uma autoridade aldeana, é no Guzarate apelido de algumas subcastas, e título das castas inferiores de Ahires e Bhayares. O Sr. Dames observa (p. 117): «É provável que alguns homens destas castas fizéssem o ofício de mensageiros para os brâmanes no tempo de Barbosa». *Patel*, com algum sufixo, *vār*, por exemplo, ou malaiala *ar*, poderia transformar-se em *patamar*.

1. — *Patamar*, «correio.. mensageiro».

1542. — «Porque o tempo era forte pera nauegar, o encaminhou por terra com **patamares**, com um filho seu». — Gaspar Correia, *Lendas*, IV, p. 250.

1552. — Do qual estrago logo por **patamares**, que são grandes caminheiros da terra, tinha já sabido». — João de Barros, Déc. I, VIII, 9.

1552. — «O negocio chegava já a virem alguns capitães delRey descubertamente com gente a lhe correr té as portas por **Patamares**, que são homens que andão muito por terra por razão do inuerno». — *Id.*, II, I, 5.

1552. — «Foy surgir no porto de Anjadiva... onde achou hum **patamar** que antre os Indios, sam como antre nós os correos». — Castanheda, *Historia*, II, cap. 9.

1557. — «E se acham Bramenes **Patamares**, que são do Reyno de Cambaya (avidos naquellas partes por gente mais fidalga que todos) dam-lhes as irmans, que as leuem da virgindade». —*Commentarios*, II, cap. 17.

1563. — «Todos os nomes que vìrdes que não sam portugueses sam malavares, assi como **patamar**, que he caminheiro, e outros muytos». — Garcia da Orta, *Coloquio de Betre*.

1570. — «Acertarão de vir de Cochij por terra alguns **patamares** que são correos de pé, que em seu modo andão tanto como cá os nossos correos a cauallo». — João de Barros, Déc. IV, II, 8.

1589. — «E assy lhe fizesse mercê de lhe confirmar o cargo de lingua do capitão de Negapatão e *mocadão* dos **patamares**». — *Carta Régia*, in *Archivo Port.-Oriental*, III, p. 187.

1603. — «Ao outro dia que o Arcebispo entrou em Cranganor lhe chegou hum **Patamar**, que assim chamão aos correos da terra». —Fr. António de Gouveia, *Jornada do Arcebispo*, fl. 52 *v*.

1612. — «Logo despedio **Patamares** (que são correos) por terra a são Thomé». — Diogo do Couto, Déc. V, v, 6.

1684. — «Por Santa Izabel chegou Correyo (na India dizemos **Patamar**) com novas de ter chegado embarcação». — P. Fernão de Queiroz, *Hist. de Pedro de Basto*, p. 139.

1697. — «Enviou com muyta pressa hum **patamar**, isto he correo, ao Padre Provincial». — P. Francisco de Sousa, *Oriente Conquistado*, I, II, 2.

1720. — «Pelo **Patamar**, que chegou a 10 ou 11 deste mez recebi as duas cartas de V. M.cê de 19 de Junho». — *Apud* Júlio Biker, *Collecção de Tratados*, III, p. 207.

1739. — «... por ter havido naquelle tempo perto de 300 **patamares** (ou Correyos) mortos pelos inimigos». — *Noticias de Thomas Kouli Khan*, p. 3.

«Hiam e vinham os Correyos a que elles chamão **Patamares**, ao Campo do Emperador, sem ajustar nada». — *Ibid.*, p. 9.

1769. — «Repetirão a mesma diligencia no dia seguinte propondo nas cartas que remeterão pelo **patamario**». —*Apud* Júlio Biker, *Collecção de Tratados*, III, p. 25.

1799. — «Estavam a chegar **patamares** de Tete com ordem para fazer recolher a tropa». — *Ibid.*, x, p. 137.

1589. — «Autres [em Goa] sont **Patamares** messagers par terre en temps d'hyver lors que la navigation de mer est trop hazardeuse». — Linschoten, *Histoire*, p. 76.

1660. — «... spedendo sempre **Patamari**, ò corrieri de vn luogo all' altro».— Mgr. Sebastiani, *Seconda Spedizione*, p. 15.

1673.—«After a Month's Stay here a **Patamar** (A Foot-Post) from Fort St. George, made us sensible of the Dutch being gone from thence to Ceylon». — *East India*, I, p. 102.

1750. — «... mais encore par des messagers à pied, qu'ils appellent **Pattamares**, qui portent les lettres à un prix fort raisonnable». — Grose, *Voyage*, p. 187.

1913. — «A swift **patamar** started with this message simultaneously with the advance of Raja Singa to the gates of the capital». — P. E. Pieris, *Ceylon*, I, p. 181.

2. — *Patamar*, «embarcação ligeira e costeira da Índia ocidental».

1600. — «Escrevia [S. Francisco Xavier ao M. Diogo e ao P. Paulo de Camarino] que num barco pequeno, dos que chamam **patamares**, se meteria, e atravessaria a enseada e golfam de Bengala».—P. João Lucena, *Historia*, III, cap. 7.

1829. — «... em embarcações chamadas **patamares** tão conhecidas naquella provincia». — Cotineau de Kloguen, *Bosquejo Historico de Goa*, p. 157.

1842. — «Apenas alguns **patamarins** e outros barcos costeiros, e esses mesmos pela maior parte dos estrangeiros, faziam o commercio de cabotagem».—*Annaes Maritimos*, p. 355.

1873. — «O oleo [de castanha de caju] é principalmente empregado como alcatrão para vedar as costuras de pequenos barcos chamados *tonas*, **patamarins,** etc.». — Bernardo da Costa, *Manual do Agricultor*, II, p. 137.

1874. — «Poucos **patamares** maiores vão aos nossos portos buscar o côco, o azeite de palma, e cairo».—Tomás Ribeiro, *Jornadas*, II, p. 12.

1880. — «De Goa vem muitas barcas de cabotagem (**patamarins**), assim como de Damão (batelões) e Diu (galeotas)». — In *Bol. S. G. L.*, III, p. 443.

1886. — «Chegando ali a maré, torna-se navegavel por grandes tonas até Tiracol, onde dá entrada a **patamarins,** e outras embarcações costeiras de maior lote». — Lopes Mendes, *A India Portugueza*, I, p. 28.

1887. — «. . . com um desenvolvimento de area de 300 kilometros navegaveis por **patamarins,** embarcações de 5 a 12 toneladas, e no resto de quasi todo o seu curso por tones e outras embarcações menores». — António F. Nogueira, *A India Portugueza*, p. 16.

1898. — «Partimos em pequenos grupos para a terra, á bordo de algumas lanchas e **patamarins** que nos appareceram».— Oliveira Mascarenhas, *Atravez dos Mares*, p. 32.

1912. — «**Patimar** — palavra marata e guzarate, que significa um pequeno barco de viagem». —Samuel Miley, in *The Mangalore Magazine*, de Junho.

1915. —«Cêrca de 50 **patamarins** entraram o Mandovy, com carga, de arroz em maioria». — *O Ultramar*, de 29 de Novembro.

1545. — «Aunque desta costa no fosse este año nauio neguno y partesse vn **Patamar** (quiere dezir vn barco pequeño) iria confidenter con el toda mia esperança puesta en dios». — S. Francisco Xavier, *apud* Jerónimo da Câmara Manuel, *Missões de Jesuitas no Oriente*, p. 40.

1836. — «Le capitaine d'un **pattimar** m'a assuré qu'ils [os andamões] étaient antropophages». — Rienzi, *Océanie*, I, p. 115.

**PATANA.** É o mesmo que *atol* (q. v.). «Nome, que na Índia se dava a cada um dos grupos das ilhas de Maldiva, subordinado a uma ilha principal». Cândido de Figueiredo. Não estou bem seguro com respeito à sua origem, visto não possuir nenhum vocabulário dos dialectos da ilha; presumo que se pode ligar ao malaiala-sing. *pattana*, que quere dizer «cidade de mar, lugar principal».

1520. — «Nestas ilhas ha XIII **patanas** e chamaão ca **patanas** como em Portugall comarquas do regno, e assy sãao repartidas, e dizem **patana** de Candical, porque Candical he a cabeça». — *Alguns Doc. da Torre do Tombo*.

1563. — «As quaes ilhas as mais pequenas estão encabeçadas em as mayores, de maneira que hũa gouerna trinta quarenta, segundo estão situadas, & a este numero assim encabeçado em hũa, chamão elles **patana**». — João de Barros, Déc. III, III, 7.

1852. — «João de Barros e os Documentos portuguezes do seculo XVI chamam **Patana** ao que Pyrard chama *Atollon*». — Cunha Rivara, I, 85.

**PATANES.** Nome que se dá na Índia aos afgãos e em particular ao povo indiano que dêles descendeu. São tidos ainda hoje por soldados aguerridos e por temíveis salteadores. Aparecem algumas vezes em Goa para roubar. O étimo imediato é o hindust. *paṭhān*, cuja derivação é convertida. V. *Glossary*.

1563. — «Era este rey primeiro **Patane** de humas serras que partem com Bengala». — Garcia da Orta, Col. X.

1570. — «Este Estado era de hũa gente chamada **Patane,** que senhoreava estas montanhas, e como os que habitão nos confins dos montes Pyreneos, d'aquem e d'alem delles, são senhores dos passos porque passamos de Espanha á França, e de lá para cá, assi estes povos **Patanes** são senhores de duas entradas que a India tem, para aquelles que por terra querem ir a ella». — João de Barros, Déc. IV, VI, 1.

1572:

> «Mas agora de nome, e de usança
> Novos e varios são os habitantes,
> Os Delys, os Patanes, que em possança
> de terra, e gente são mais abundantes».
>
> Camões, *Os Lusiadas*, VII, 20.

1836. — «. . . dinheiro adiantado ao *ressaldar* dos **patanes** e instrumentos musicos aos mesmos para virem cá» (em Damão). — *Apud* António Francisco Moniz, *Hist. de Damão*, IV, p. 125.

1907. — «. . . dos quaes se fabricou uma linda imagem, que foi raptada pelos **pathanes** na ocasião da ultima revolta dos ranes» (em Goa). — *Luz do Oriente*, de Outubro.

**PATANGATIM.** Regedor duma aldeia dos *paravás*, na costa da Pescaria. Do tam. *paṭṭankaṭṭi*. **PATANGATIM-MOR.** Chefe dum grupo de *patangatins*. V. Pieris, abaixo.

1548. — «. . . e se não vierem á concerto, e as demandas não forem de muita importancia, fareis que se despachem pelos **Patangatins** do lugar ao Domingo depois de acabadas as orações». — *Instrucção* de S. Francisco Xavier, in *Oriente Conquistado*, II, I, 2.

1557. — «Nosso Snr. foi servido alumiar

por meyo dos Religiozos de nossa ordem aquela nação dos *Cacas*, que dizeis, uiuem nos portos do mar de Ceylão; e se diz ser passante de 70,000 almas, cujo capitão chamado **Patangatim** os aconpauhou». — *Carta* do Rei, *apud* F. Fernão de Queiroz, *Conquista de Ceylão*, p. 264.

1607. — «Fizeram antre si hum modo de republica, cujo gouerno está nas mãos dos **Patagatins**, que sam como cabeças, ou capitães dos lugares, e a estes pertence, fazer julgar, e executar a justiça assi em causas ciueis como crimes, e em tudo mais que conuem ao bem e conservação de sua republica e policia, em o gouerno ecclesiastico se sugeitão em tudo aos padres». — P. Fernão Guerreiro, *Relaçam Annual*, fl. 108 *v*.

1610. — «Os **patangatins** usarão do que lhes pertencer e poderão eleger, conforme a seus costumes, seus juizes da vara em cada lugar, na forma da sua sentença que dizem ter». — *Carta Régia*, in *Doc. da India*, I, p. 386.

1611. — «Responderam os **Patangatins** que são os que os governam, que não podia ser passarem toda sua gente para Ceilão». — *Carta Régia, ibid.*, II, p. 131.

1613. — «Mando que nenhuma pessoa de qualquer qualidade ou condição que seja não bula na dita pedra... e mando ao **Patangatyno** Dom João da Cruz, que sob pena de dous mil patacões cumpra inteiramente esta defesa, e em sua ausencia a pessoa que servir o dito cargo, e que sob a mesma pena os **Patangatins** e mais justiças de S. Magestade a cumpram». — *Alvará* do vice-rei, in *Archivo*, VI, p. 916.

1635. — «Com o que começaram os christãos da terra [de Tutucarim] chamados **patangatins**, que são como maioraes entre elles...». — António Bocarro, *Déc.* XIII, p. 43.

1694. — «Demandárão dous Paravaz, chamados Thomé da Cruz, e Matheus Correa, queyxandose de João da Cruz, **Patangantim** *Mór* (cada povoação tem o seu por cabeça, e este o era de todos)...». — P. Fernão de Queiroz, *Hist. de Pedro de Basto*, p. 61.

«Dizemos nós os **Patangantins** *Mòres* dos Christãos da Costa da Pescaria... e os mais **Patangantins**, e pessoas principaes dos sete lugares desta Costa». — *Id.*, p. 89.

1687. — «A ultima [ilha] se chama duas Irmãs, pera a parte de Manâr; e pera tratar de seu beneficio, se aforou em penção, a Thome Vaz, **Patangati** *Mor* de Manâr». — *Id.*, *Conquista de Ceylão*, p. 43.

1697. — «D. João acompanhou os Embayxadores, que erão quinze **Patanlagatis**, isto é, Regedores da nação, e os apresentou ao Capitão de Cochim». — P. Francisco de Sousa, *Oriente Conquistado*, p. I, II, 1.

1544. — «**Patangatibus** quoque, sive Magistratibus vicorum diserte demonstrabis, si ex hoc deinceps temporis Punicali Orracha potetur, ipsos id mihi suo gravi damno luituros». — S. Francisco Xavier, *Epistolae*, I, 16.

1588. — «Que i Paraui non sapendo, che partito prendere alle cose loro, per consiglio di lui mandarono i loro magistrati e officiali (che in loro fauella sono chiamati **Patangatim**) a Cochin a domandare soccorro». — P. Maffei, *Le Istorie*, p. 454.

1586. — «Tuticorini insuper nostrorum consilio et auxilio **Patagatinorum** (ij sunt capita regionis) inceptum Seminarium indigenarum adolescentium... magnos progressus habet». — *Litterae S. J.*, p. 587.

1913. — «**Patangatim** represents Tamil **Patankatti,** the Tamil form of the Sinhalese *Patabenda* the designation of *Karawa* headman». — P. E. Pieris, *Ceylon*, I, p. 501.

*** PATÃO** (sing. *pẹtụma*). Petição feita ao soberano para reconhecer a transmissão dum cargo mediante o pagamento de certa quantia, em Ceilão.

1687. — «Os *Taliares*, ou *Mayoraes* das aldeas, que seruem de adjuntos, aos Recebedores del Rey; tendo filhos, que no officio lhes succedão, ou em vida, ou por morte, compunhão este **Patão** (assim falão) com El Rey, em contia de 60 *chacarões*». — P. Fernão de Queiroz, *Conquista de Ceylão*, p. 41.

«**Patavar**, adj. (des.). Relativo á Hollanda; ou procedente da Hollanda?»... finos, como lenços *patavares*». Filinto, V, p. 182. (Talvêz por *batavar*, de Batávia = Hollanda)». Cândido de Figueiredo. O vocábulo não tem nenhuma relação com Batávia ou com a Holanda; porquê é o conc. **pātāvar**, «espécie de tecido de sêda». *Pātāvarāchem kāpaḍ*, «pano de sêda mixta», é frase muito vulgar em Goa. O nome provêm duma região da presidência de Madrasta, onde se fabrica a fazenda.

«**Patchouli**, m. Planta aromática procedente da China: perfume extrahido desta planta. (Fr. *patchouli*, corr. do ingl. *patchey-elley*». Cândido de Figueiredo (na 1.ª ed., suprimido na 2.ª). «**Patchouli**, m. Parece que o fr. *patchouli* veio do tamul *pacha*, verde, e *ela*, fôlha)». (No *Supplemento*, também eliminado).

Littré deriva *patchouli* de *patchey-*

*elley* «feuille de patchey», sem indicar a língua, e Yule supõe que seja do támul *pachcha*, «verde», e *êlâ*, *êlam*, «perfume aromático para os cabelos». Eu não sei se o tamul tem *êlam*, no sentido apontado; os seus significados, registados nos dicionários, são «cardamomo, amomo», e «leilão», corrução do vocábulo português. Há outra palavra composta, *pachchilai*, que quere dizer «fôlha verde». Mas ¿ teria a dição provindo da zona dravídica? Duvido muito. A planta é indígena do Decão e do Arquipélago; a sua menção mais antiga encontra-se em Fryer, com relação a Achêm, na Malásia, e sob a forma de *patch leaf* = «fôlha de *patch*». O bengali tem *pāchapāt*, que significa o mesmo; o marata, *pāch* (mais usado) e *pāt* lit. «fôlha»; o concani, *pāt* = *Pogostemon patchouly*, Pelletier, ou *P. Heyneanus*, Bentham, da família das labiadas. As fôlhas sêcas e as espigas florais vendem-se em todos os *bazares* da Índia, e tem muitas aplicações. Conclui-se, portanto, que o fr. *patchouli* (em português *pachuli*, como se diz na nossa Índia) provêm imediatamente do ingl. *patch-leaf*, que se pronuncia *pach-lif*. V. *Glossary*.

1898. — «As folhas pulverizadas e introduzidas em saquinhos preservam a roupa dos bichos. É d'esta planta que se extrae o perfume conhecido por **patchouli**. Vendem-se as espigas floraes no mercado para adorno de cabeça das mulheres». — D. G. Dalgado, *Flora*, p. 148.

1886. — «In a fluid from **patchouli** was introduced into England in 1844, and soon became very fashionable as a perfume». — *Glossary*.

«Le **patchouly** renferme dans ses différentes parties une essence odorante d'un parfum fort et pénétrant qui l'a fait employer dans l'industrie de la perfumérie». — *La Grande Encyclopédie*.

1908. — «The plant which affords the greater part of the **patchouli** perfume of European commerce is, however, *P. suave*, *Tenore* (considered by Hooker a variety of *P. Patchouly*), which does not appear to be met with in India at all, but to be a cultivated form of *P. Cablin*, Benth., a native of Philippines». — Watt, *The Commercial Products*, p. 904.

**I. PATE.** Príncipe, duque, na Malásia; título honorífico. Do mal.-jav. *pátih* < sánsc. *pati*, «senhor». **Pate-çarangue** (mal. *páti-sĕrang*) é título mais elevado, equivalente a vice-rei, regente».

1514. — «He terra do **Pate** Radim, que he o mor senhor mouro que ha na Java; he cunhado do **pate** Onoz». — Rui de Brito, in *Cartas* de A. de Albuquerque, III, p. 224.

1533. — «O que tudo foy contado a El-Rey, que logo mandou seus capitães contra **Pateçarangue**, que cada dia lhe matauão gente.... Ao que o Capitão mandou ajuda ao **Pate** de sessenta portuguezes espingardeiros». — Gaspar Correia, *Lendas*, III, p. 491.

1546. — «Forão cativos tres Reis, e oyto **Pates** que são como Duques». — Fernão Pinto, *Peregrinação*, cap. 174.

«Mandou chamar a concelho todos os Reis, *Sanguis de* **Pates**, e Capitães assim do mar como de terra». — *Id.*, cap. 175.

1552. — «Entrauão nesta consulta sua māy, e seu marido **Pateçarangue** regedor do reino». — Castanheda, *Historia*, VIII, cap. 92.

1553. — «A execução das quaes cousas fazia **Pate** Quetir como official que já era daquelle parte de Vpi». — João de Barros, Déc. II, VI, 7.

1563. — «Com o qual ficou sua mãem e hum **Pate Serangue**, e outros homẽs nobres Mouros seus vassallos, que o acompanharão». — *Id.*, Déc. III, V, 6.

1570. — «Forão grandes as perseguições que **Pate sarangue**, e Vicente da Fonseca fazião a el Rei, os falsos testemunhos, que lhe levantavão». — *Id.*, Déc. IV, VI, 22.

1607. — «E hum *Cate* [*sic*] *Sarangue*, que entre elles he dignidade como de Duque, e outros mouros nobres seus vassallos». — P. Fernão Guerreiro, *Relaçam Annual*, fl. 85 *v*.

1697. — «Era Regedor do Reyno **Pate Sarangue** homem velho, e de muyta authoridade no povo». — P. Francisco de Sousa, *Oriente Conquistado*, I, III, 1.

1836. — «Le **pati** (ce mot signifie assistant de *l'adipati* ou ministre)...». — Rienzi, *Océanie*, I, p. 180.

* **II. PATE** (ant.). Tecido de sêda, às vezes com mistura de algodão. Do conc.-mar. *pāṭṭ* < sânsc. *paṭṭa*.

1611. — «Para se comprar a roupa de **Pate** que he a de seda, e algodão, de que os Reys, e os senhores se vestem, que vale muito no Reyno de Monometapa». — Diogo do Couto, *Dialogo do Soldado Pratico*, p. 148.

1622. — «Mandei um presente a este Rei Quevendy, que foi o que depois de roubados nos trouxe a Inhambane, dandonos de comer, o qual era dous panos de **pate** e meia corja de *bertangis*». — Francisco Vaz de Almada, in *Hist. Tragico-Maritima,* IX, p. 94.

I. **PATECA.** É o nome que os nossos indianistas davam à melancia ou «melão da Índia», como lhe chama Orta, e que em nada difere da de Europa — *Citrullus vulgaris,* Schard. Do ár *baṭṭikh,* usada provávelmente pelos mouros do Malabar. O francês *pastèque* é corrução do port. *pateca.* O termo é corrente em ásio-português. **PATECAL,** «melancial».

A despeito da opinião em contrário do Conde de Ficalho, depreende-se de António Tenreiro, de Garcia da Orta e outros escritores antigos que a melancia era pouco conhecida em Portugal no século XVI. Frei João dos Santos, porêm, fala da melancia como fruta vulgarizada no seu tempo, não sendo improvável que os portugueses, que a saborearam na Índia, a introduzissem ou generalizassem em Portugal, e que o popular *balancia* seja corrução do culto *melancia,* e não vice-versa, como supõe Gonçalves Viana. Não obsta que os espanhóis tenham *sandia,* recebido, segundo Dozy, do ar. *sindīya,* derivado de *Sinde,* região da Índia; pois não nos tendo passado o nome, não se pode asseverar que nos deram a fruta. V. Gonçalves Viana, *Apostilas,* s. v. *melão.*

1527. — «E de frutas não he tão abastada [a cidade do Cairo], sómente de **patecas,** que são como melão, e não de tanto gosto como elles». — António Tenreiro, *Itinerario,* cap. 42.

1560. — «Melão, aboboras de Portugal e da Guiné, **patecas,** *combalengas,* beringelas». — Gabriel Rebêlo, *Informação de Maluco,* p. 172.

1563. — «Darvoshei a comer **pateca** ou melões da India... Segundo querem os Arabios e Persios este fruto foy levado ás suas terras de qua da India, e por isso lhe chamam *batiec indi,* que quer dizer, melam da India». — Garcia da Orta, Col. XXXVI. *Melões da India* ou **patecas,** os quaes devem ser o que chamamos melancia». — Conde de Ficalho.

«Dimas. Lendo das **patecas** achei escrito, que não eram ellas as balancias de Africa, e pareceme que muito vos enganaes, porque aqui me dixeram homens criados e nacidos em Azamor, e outros em Tanger e Arzila, que sam as mesmas as balancias de Africa, como as **patecas** da India». — *Id.,* Col. LVIII.

1565. — «Excepto os meloens, que erão todos brancos e muito ruins, avia tembem outra especie delles a que chamão *batechas,* e *carpuzes*[1], com hũas pevides grandes como de aboboras, pretas outras brancas e que se desfazião todas em agoa na boca, que eu nunca pude comer». — *Itinerario* do Mestre Afonso, in *Annaes Maritimos,* 1844, p. 231.

1585. — «Comiam neste tempo cascas de **patecas,** e farellos de milho». — Manuel Cardoso, *Hist. Tragico-maritima,* IV, p. 45.

1608. — «Não comiam mais que farellos de milho e cascas de **patecas,** que são como as nossas melancias». — F. João dos Santos, *Ethiopia Oriental,* II, p. 182.

1613. — «E finalmente se acha nesta Peninsula os melhores fructaes, e mays saborosas do mundo, como são... Jambos, Mangas, Jacas, Melões, **Patecas,** Ananazes, Laranjas, Limões, Lymas». — Manuel G. de Erédia, *Informação da Aurea Chersoneso,* p. 90.

1614. — «Tem romans, limas, laranjas, aboboras, melões, **patecas**». — Diogo do Couto, Déc. X, VI, 14.

1615. — «Quantidade de melões, e de **patecas,** que são uma especie de aboboras de prodigioza grossura, e que se comem cruas como os melões». — Pyrard de Laval, *Viagem,* I, p. 338.

1720. — «**Pateca.** He o nome que os Portuguezes dão na India às melancias». — Bluteau.

1721. — «A ilha das **Patecas** pertencente à Aldea Mazagão, do que poderá dar razão o nome». — *Apud* Júlio Biker, *Collecção de Bandos,* III, p. 231.

1745. — «As **Patecas,** ou Melancias são sofriveis» (na China). — In *Ta-ssi-yang-kuó,* II, III, 3.

1782. — «Egualmente deveis enriquecer a vossa horta semeando n'ella batatas, melões, **patecas** da terra... E o mesmo se deveria fazer relativamente ás **patecas** de summa grandeza». — Fr. Clemente da Resurreição, *Tratado,* II, p. 354.

1858. — «**Patecas** exactamente as nossas melancias». — Cunha Rivara, *apud* Pyrard.

1900. — «**Pateca.** É o nome por que em Macau são conhecidas as melancias» — *Ta-ssi-yang-kuó,* de Fevereiro.

1589. — «Mais il y en a d'une autre espece qu'ils appellent **Patecas** ou Anguria, autrement *Melons d'Inde,* de couleur verde, blancs par dedans, avec pepins noirs, pleins de ius, fort doux, refraischissants, et pourtant desirez apres le dinner». — Linschoten, *Histoire,* p. 94.

1668. — «On y trouve d'excellens melons

[1] Em persa *kharbuz* quere dizer «melão», e *tarbuz,* «melancia».

d'eaux, que les Indiens appellent **patoques**, et les Portugais *Balancias*, ils sont plus gros que ceux d'Europe, ont l'écorce plus verte, et la chair plus molle, rien en mer désaltere mieux, le goût est plus délicieux, et quelque excez que l'ou fasse, il n'en reste aucune incommodité». — Dellon, *Relation d'un Voyage*, I, p. 17.

1664. — «**Pateca**, es lo que el Latino llamò pepon o anguria; el Italiano, melon de aqua: el Castelleno, badec; el Portugues, balancia, y el Arabe *bateca*, que es proprio nombre que se usa por casi toda la Asia». — Faria e Sousa, *Asia Portuguesa*, II, p. 864.

1676. — «Le Roi nous envoye quelques **Pateches**, qui sont des melons d'eau fort sucrez, et par dedans rouges comme de l'escarlate». — Tavernier, *Voyages*, IV, p. 226.

1908. — «**Pateca**, Portuguese, and *batiek indi* (*battich*) Persian. It apears to be the Anguria of many ancient herbalists and travellers... It is the *abattichim* (melons) sighed for by the Israelites after the exodus». — Watt, *The Commercial Products*, p. 317.

II. **Pateca**. V. *pataca*.

* **PATECAR**. Literalmente, *pattekari* quere dizer em marata «homem destro no manejo de *patta*, espada comprida, pesada e de dois gumes; mas também designa «cabo dum trôço de soldados. V. *potó*.

1721. — «A metade da Serra de Guirgão, que ElRey nosso Senhor tinha dado ao Possagi **Patecar** para palha de seus cavallos, quando os Portuguezes tomarão ametade da dita Serra...». — *Apud* Júlio Biker, *Collecção de Tratados*, III, p. 235.

**PATEL**. Chefe da aldeia, regedor, no Guzarate e no Maharastra. Do guz. *paṭel*, mar. *pāṭīl*. **PATELADO**. Ofício ou repartição de *patel*. Os termos são ainda hoje usados nas nossas praças do Norte.

1516. — «Antre eles ha outros somenos que seruem de mesageiros e uaõm seguros por todalas partes sem ninguem lhe fazer nojo, ainda que haja guerra, ou ladrões, ha que chamaom **Pateles**». — Duarte Barbosa, *Livro*, p. 270.

1602. — «Os *Tanadares* começarão a correr a darem obediencia, leuando comsigo os **Pateis**, e rendeiros». — Diogo do Couto, Dec. IV, IX, 3.

«... lhe sayo ao caminho um **patel** (que he como juiz, e cabaça das aldeias)». — *Id.*, VII, VIII, 7.

1617. — «Do mesmo modo he que os **Pateis** dellas [aldeias] me paguem, sem os *Vasadares*, cidade, e o capitão se entremeterem nisso». — In *O Chronista de Tissuary*, IV, p. 23.

1635. — «E os ditos juizes mandarão lançar pregão que todos os **Pateis**, *curumbins*, e em falta delles os foreiros, venham em termo de vinte dias fazer e pagar seus *choutos*... O qual terá comprido poder e *chapa* para fazer *malvazar*, e arrecadar, e dar quitação por *nivaros* a cada hum dos **Pateis** e foreiros». — *Apud* Júlio Biker, *Collecção de Tratados*, II, p. 64.

1701. — «E às vezes basta por culpa o serem casta Bragmane, ou terem em alguma aldeia o officio de **Patel**, que he inexcusavel em todos». — In *Archivo Port.-Oriental*, Suplemento II, p. 166.

1786. — «Alem da referida diligencia fez outra de chamar os quatro *Naiques* da Praganã, e a maior parte dos **Pateis** das Aldeias, e inquirindo destes sobre a dita Aldeia de Curidiá, disseram todos a uma voz que o Maratha a não possuia». — *Apud* Júlio Biker, *Collecção de Tratados*, VIII, p. 135.

1852. — «**Patel** — Antigo cabeça ou maioral da Aldeia». — F. N. Xavier, *Bosquejo Historico* (2.ª ed.), III, p. 94.

1856. — «**Patel** pode-se comparar com o cargo de *Tanadar*, e Juiz das Communidades ou Administrador de Concelho, segundo as funcções referidas». — Id., *Defensa dos Direitos*, p. 86.

1886. — «Os **pateis** de Nagar-Avely ou são *rajahputros*, como o **patel** de Naroly, senhor do grande **patelado**, ou miseraveis *varlys* que pouco se differençam do mais infimo dos colonos da provincia... O **patel**, no territorio inglez e dos rajahs, é o chefe da policia e da administração da justiça na sua aldeia; porém, em Nagar-Avely, o **patel** é considerado apenas como empregado de cobrança». — Lopes Mendes, *A India Portugueza*, II, p. 231-232.

1890. — «Esses quinhoeiros, de uma parte do rendimento commum, eram, na maioria dos casos, o **patel**, responsavel pelos impostos e chefe da policia .. Nas communidades mais ricas de Goa só o pessoal dos pagodes comprehendia muitos outros servidores; do que não ha vestigio algum é da entidade **patél**». — António de Almeida Azevedo, *As Communidades de Goa*, p. 143.

1892. — «O então indigitado administrador fez comparecer os colonos das diversas aldeias e respectivos **pateis** e indagou delles com quantos arados agricultavam e quanto pagavam aos antigos arrematantes». — Augusto de Macedo Pinto, *Breves Estudos*, p. 9.

1910. — «Certificado passado a Vicaji Varà Parsi, **Patel** da Aldeia Jaim». — António Francisco Moniz, *Hist. de Damão*, III, p. 3.

«Votado breve, talvez, para um commando militar ou a um ignobil **patelado**». — *Id.*, p. 207.

1816. — «António Nepomuceno da Costa

— nomeado **patel-regedor,** interino, de Saili» (em Nagar-Avely). — *Heraldo,* de 15 de Janeiro.

1919. — «A administração enviará aos respectivos **Patelados-regedorias** cópia dos lotes referentes aos terrenos situados nas aldeias do seu **Patelado».** — *Organização Agrária de Nagar-Aveli,* p. 146. (Acta do Conselho do Govêrno).

1825. — «The Kamdar, together with the **Potail,** or *Zemindar* of the neighbouring district (who is here an officer strictly hereditary, answering to the Lord of a Manor in England) called on me». — Heber, *Narrative,* II, p. 39.

1845. — «L'Empereur tombe, mais ce n'est pas lui qui a donné au village son **potail** ou maire, administrateur général des intérêts de la communauté». — Xavier Raymond, *Inde,* p. 473.

1860. — «On trouve à la tête de ce gouvernement le **patel,** qui est comme le bourgmestre du village; ses fonctions, généralement héréditaires, consistent dans la direction générale des affaires, dans le mantien de l'ordre, dans la perception et la repartition du revenue». — Enault, *L'Inde Pittoresque,* p. 489.

1881. — «Each Maráthá village, according to custom, has a **patél** and a *patwári* at its head: the **patéls** are usually *Kúnbis,* but a few are Brahmans». — Hunter, *The Imperial Gazetteer,* I, p. 247.

1917. — «The village **Patel** was master of all he surveyed, and few rustics knew that they had any other ranks besides him». — *The Modern Review,* de Setembro.

* **PATENI.** Servidora dum pagode, em Ceilão, conforme António Bocarro. **Pattini** é em singalês deusa-virgem muito celebrada, a qual é invocada especialmente na varíola. Para que o vocábulo tenha o sentido que o nosso escritor lhe atribui é preciso subentender outra palavra, como se indica na segunda abonação, a exemplo de *devadāsī* (q. v.), «escrava de Deus».

1635. — «Era natural de Reigão Corla, filho de uma **pateni,** que é como beata que serve aos seus pagodes». — Déc. XIII, p. 497.

1914. — «**Pateni** represents **Pattini** *Hami,* who is strictly a female priest of the goddess Pattini . . . The female priests had correctly to be virgins, but married women also acted as such in later times». — P. E. Pieris, *Ceylon,* II, p. 466.

* **PATIA** (ant. mar. *paṭṭī*). Tira ou nesga de terra, no Concão.

1721. — «A Aldea Sião, que foi de Miguel Murzelo Coutinho, na qual tinha tambem o convento de S. Barbara de Chaul algumas **Patias».** — *Apud* Júlio Biker, *Collecção de Tratados,* III, p. 234.

**PATIAGUER** (ant.). Diz-nos Simão Botelho que é um imposto que se pagava antigamente em Baçaim e Agacim, mas não declara a sua natureza, nem indica claramente se tinha relação com o bétele. Parece-me que um dos termos (*cácer,* q. v.) se refere à areca e outro (*patiaguer*) ao bétele, sendo ambos algumas vezes vendidos juntamente. O mar.-sânsc. *paṭhyakar*[*a*], que conjecturo ser o étimo, quere dizer «saùdável» dietético»; e ambos os objectos gozam dessa reputação na Índia.

1554. — «E o **patiager** e cacer, que he a renda e betel que vay para fora de Baçaim e Aguacim, que sempre anda junto por seyscentos pardaos». — *Tombo da India,* p. 158.

* **PATINGA** (concani-mar. *pāṭī*). Aguieiro, toro, trave roliça, não serrada. É sinónimo de *donaz.* A carta régia de 9 de Fevereiro de 1611 chama-lhe «forquilha».

1728. — «Em quanto se não leuantão as suas muralhas, tirão os Capitães cada anno huma finta dos moradores para se goarnecer de **patingas,** cujo tributo se faz insuportavel ao conhecimento de que sem as mesmas **patingas,** se pagão todos os annos». — In *O Chronista de Tissuary,* I, p. 33.

1785. — « . . onde se cobram direitos das carretas, que vem dos mattos com cargas de páos, **patingas,** bambús, etc., a razão de um tanto por carga». — *Apud* Júlio Biker, *Collecção de Tratados,* VIII, p. 141.

1832. — «De 1000 **patingas** ou donazes de mato, 2 xerafins». — *Collecção de Bandos,* I, p. 138.

1842 — «**Patingas** 10 ditas» (corjas). — *Annaes Maritimos,* p. 374.

1910. — «No anno de 1826 a Camara tinha as seguintes rendas . . . De carretos de madeira, **patingas,** bambus = 2 *rodas* por carro». — António Francisco Moniz, *Hist. de Damão,* III, p. 256.

**PATÓ** (conc. *pāṭó*). Ponte fixa de alvenaria. O termo é registado pelos lexicógrafos portugueses, mas não é usado, pelo menos actualmente, em indo-português.

**I. PATOLA** (desus.). Estôfo de **sêda**, às vezes com lavores ou mistura de algodão, na Índia. Do malaiala *paṭṭuda* < sânsc. *paṭṭa*. Serve de *chale*, de *dotim* ou de *pano* para mulheres.

1509. — «Mando a vos contadores d el Rey noso senhor que levem em conta a diogo pereira feytor de cochim duas **patolas** de seda e doze *beirames*». — Afonso de Albuquerque, *Cartas*, II, p. 53.

1514. — «Hasi lhe dera majs hum collar d ouro pera a dita sua mulher Antonio d alboquerque, e hum sartall d aljoufar, e quatro **patollas** de çeda». — In *Cartas* de A. de Albuquerque, IV, 15.

1516. — «Muytos panos de Cambaya pintados, dalgodam e seda, ha que chamam **patolas**, que são pintados com muytos lauores». — Duarte Barbosa, *Livro*, p. 366.

1535. — «Vem todolos cavallos d elrey cubertos com suas **patollas** com muito ouro e pedraria pella cabeça». — *Chronica de Bisnaga*, p. 67.

1545. — «Dés homens envoltos em muytos cheiros, e encachados com **patolas** de sedá». — Fernão Pinto, *Peregrinação*, cap. 160.

1552. — «Andão nuus da cinta para cima, e pera baixo se cobrem com panos de seda e algodão que chamão **patolas**». — Castanheda, *Historia*, II, cap. 22.

1563. — «Cada hum segundo se atrevia assi tomaua ás costas o fardo de seda, de beirames, de **patolas** até irem dar com a prata e ouro». — João de Barros, Déc. II, IV, 1.

1563. — «Deu presente de **patolas** de seda, que são panos que se fazem em Cambaya, que muyto presão em Maluco». — Gaspar Corrêia, *Lendas*, II, p. 714.

1613. — «Com este recado lhe deu de presente panos de seda, e **patolas**, e hum pano de Portugal». — Francisco de Andrada, *Chrnica de D. João III*, fl. 45 *v.*

1520. — «**Patole** sono drappi d'oro, & di seta, che si fanno nel paese di China, & sono molto apprezzati fra questi popoli». — Pigafetta, *apud* Ramúsio, I, p. 1367.

1610. — «Es vna suerte de cinturas que en la India en Cambaya se hazen y se lleuan à Maluco, y de alli à la Iaua, hechas de seda con ciertos labores, llamadas **Patòlas**, harto conocidas en la India de los mercadores». — Pedro Teixeira, *Relaciones*, p. 28.

1676. — «En troisième lieu il se fait des **Patoles**, qui sont des étoffes de soie fort molle teintes en fleurs de diverses couleurs, et la fabrique en est à Amed-abat». — Tavernier, *Voyages*, III, p. 358.

**II. PATOLA**. É uma trepadeira cuburbitácea — *Trichosantes anguina*, Linn., comum na Índia e na Malásia. O seu fruto é comprido como uma cobra e serve para hortaliça, preparado de diversos modos, especialmente com recheio de camarão. O termo é corrente em ásio-português. Do mal. *patōla*, que é nome genérico de certa classe das cucurbitáceas, sendo *patóla úlar* o específico.

1782. — «Bringelas, pepinos, carambólas, bredos, **pátólas**, *dum*, rabanos». — Fr. Clemente da Ressurreição, *Tratado*, II, p. 349.

1845. — «Pepinos grandes de Balagate — *Gonçalins* — **Patólas** — Raiz de Gengibre». — In *Archivo de Pharmacia*, VI, p. 14.

1846. — «Pepinos (varios), *Poddolins* (**Patolas**), Bringelas diversas». — F. N. Xavier, *O Gabinete Litterario*, I, p. 249.

1695. — «Portugallace vocatur **Patola**». — Rumphius, *Herbarium Amboinense*, IX, cap. 44.

* **PATRACANE** (ant.). Diz-nos Simão Botelho que é um objecto de que se pagavam direitos na cidade de Goa, mas não o especifica, por ser desnecessário no seu tempo. Presumo quo deve ser o mesmo que *potravolim* (q. v.), derivado do conc. *patraval*, cuja transcrição portuguesa seria *patravare*. Tais pratos de fôlhas pagariam outrora direitos de barreira.

1554. — «E a renda da *catualya*, á qual pertencem estes Ramos seguintes... a das *orelheyras* de palha, e do **patracane**, e do *caroucar*». — *Tombo da India*, p. 52.

* **PÁTU** (**pato**). Quarta parte de *corla* (q. v.), em Ceilão. Do sing. *pattuva*.

1635. — «Tomando tambem *vidana* aquelle **patu** de Apitigão-Corla». — António Bocarro, Déc. XIII, p. 687. — Rodrigo Felner comenta: «**Patu**, em hollandez *patto* e em inglez *patoo*, é termo que .. precede ou segue varios nomes topographicos. As *dissavas* subdividem-se em *korlas* ou districtos... e em **patus**, os quaes nos quer parecer corresponderiam a comarcas ou grupos de aldeias.

1687. — «Dividem-se estas terras em **Pâtus**, e o primeyro, junto ao rio da Cruz, Tenamauaraddi, belissima terra». — P. Fernão de Queiroz, *Conquista de Ceilão*, p. 39.

«Pera as couzas mays auerâ em cada

Corla, ou **pato,** hũ Christão nobre, que as julgue e inquira das mays graues». — *Id.*, p. 902.

**PATULEIA.** «Êste substantivo, que antes do meado do século findo designou o partido democrático em Portugal, bem como qualquer dos seus partidários, parece ser alcunha depreciativa desdenhosamente imposta pelos conservadores, e alusiva à pobreza e grossaria dêsses partidários. Em tal hipótese seria o caló *patulé* «rústico», o qual, ouvido aos ciganos, fosse aproveitado como termo de desprêzo, que depois se tornou glorioso». — Gonçalves Viana, *Apostilas.*

Já tratei do vocábulo na *Influência,* e sugeri, como étimo primordial, o mal. *patuley,* «raça, tribu, provávelmente trazido da Ásia pelos ciganos espanhóis e transmittido ao castelhano, que o emprega no sentido de «tropa irregular».

**PATXÁ, paxa.** *Pādshāh* (de *pad,* «trono», e *shāh,* «possuidor») é em persa «monarca»; a sua abreviatura *pāshā* ou *bāshā* quere dizer em turco e árabe «governador ou rei subordinado». Os nossos escritores preferem a abreviação. V. *baxá,* e Gonçalves Viana, *Apostilas,* II, p. 206.

1563 (1507). — «Senhor, **Paixa,** Rey d'Ormuz, me manda pera que me digas o que queres». — Gaspar Correia, *Lendas,* I, p. 817.

1563. — «O Xatamaz se chamava *xá,* que quer dizer *rey por excellencia,* e todos os outros se chamam **paxa,** que quer dizer pé do rei: assi como o rey de Ormuz e o rey de Lara». —Garcia da Orta, Col. XXXIII.

1565.—Logo o carauão **paxá** (que quer dizer capitão da cafila) que era hum *coja,* Hidar mouro persiano...». — *Itinerario* do Mestre Affonso, in *Annaes Maritimos,* 1844, p. 222.

1570. —«Omaun **Patxiah** [rei de Deli], assim por a entrega que lhe fazia Mir Zaman seu cunhado...». — João de Barros, Déc. IV, v, 16.

XVI. — «No fim d'este anno de 1534, veio elrey Humaium **Padixá,** filho de Baber **Padixá** — queira Deus illuminar a camara de ambos! — já rei de Deli, sobre o Guzerate, destruiu algumas das suas cidades, e desbaratou *Bahadurxá».* — Zinadim, *Hist. dos Port. no Malabar,* p. 61.

1612.—«Socedeo naquelle estado Badur **Paxá,** por parente mais chegado que era pay de Hamdu **Paxá».** —Diogo do Couto, Déc. v, p. 13.

1613. — «Todos estes reynos e senhorios são ao presente governados por Nababos, governadores do **Patxa** Rey Mogol». — Manuel G. de Erédia, *Declaraçam de Malaca,* fl. 74.

1663. — «... esta [conquista] de Delhi justificava Baber **Patxiah,** rei dos mogoles, com dizer, que a elle vinha por direito aquelle reino». — P. Manuel Godinho, *Relação,* p. 51.

1687. — «Isto se faz no bazar do **Patxá».** — P. Fernão de Queiroz, *Conquista de Ceylão,* p. 75.

1793. — «Ao muito Alto, muito Poderoso e Magnifico **Padxá,** Xá Alama Ali Gour». — *Apud* F. N. Xavier, *Uma Viagem,* p. 87.

1848. — «**Pachá:** Titulo que se dá na Turquia aos Chefes Supremos do Exercito e aos Governadores das Provincias». ... Os signaes distinctivos dos **Pachás** são caudas de cavallos, que lhes servem d'estandarte. Ha **Pachás** de 2 e 3 caudas». —*Id.*, p. 100.

c. 1470. — «I was very much annoyed at Trebizend by the **pasha** Shubasha».— Nikitin, in *India in the fifteenth century,* p. 31.

1610. — «À lo que nós dezimos *Rey* dize el Parsio *Xá,* o, **Patxa** en lengua propia». — Pedro Teixeira, *Relaciones,* p. 131.

1616. — «Il y a tousiours beaucoup de monde qui assemble pour lui donner le *salam,* et pour crier **Padcha** *Salament.* C'est à dire Viue le Roy». — Terry, *Voyage,* p. 27.

1631. — «*Scachi* appellatio, quae saepius per *Xa* effertur vel Regum vel saltem Magnorum Principum esse, praesertim apud Persas: ex illo fit **Padishach** quod summum Principem vel Scachum notat».—*De Imperio Magni Mogolis,* p. 170.

1666. — «Uniose con Omedum **Patxiah** Rey de los Mogores». — Faria e Sousa, *Asia Portuguesa,* I, p. 295.

1674. — «They took upon them without Control the Regal Dignity and Title of **Padeshaws,** and exercised their Functions very Amicably some Years» — Fryer, *East India,* II, p. 49.

1711. — «On faisoit bien peu de cas de la permission que le grand **Pasha** (ils appellent ainsi le Grand Mogol) nous avoit donné d'en faire une profession ouverte dans ces Etats». — *Lettres Edifiantes,* x, p. 13.

1770. — «... si le **Pacha** [de Bagdad] de la province qui a établi des péages en différens endroits de son gouvernement, ne prénoit des précautions extrêmes pour l'empêcher». — Reynal, *Histoire,* p. 265.

1732. — «Il portait au *maharajah* des présens du **Padchah** de London comme on appelle ici le roi d'Angleterre». — Jacquemont, *Correspondence,* II, p. 320.

1866. — «. . . and provided with carriage and money for their journey to Lahore, where the **Padshah** then held his court». —Yule, *Cathay*, IV, p. 173.

1915. — «**Pasha** is the only Turkish title conferred personally by the Sultan, and the only which carries any precise rank. Originally conferred to the princes of the Blood, it is now conferred on military men, governors, etc., whose rank and merit are sufficiently high». — *Tit-Hits*, de 10 de Abril.

* **PAU**. Emprega-se esta palavra em Macau na acepção peculiar de «côvado chinês».

1903. — «Medidas de extensão: Em Macau chamam **pau** ao covado chinez (*tchih*) que tem 0m,36667 e é subdividido em 10 *tsun* ou 100 *fun* ou *lih*». — *Ta-ssi-yang-kuó*, II, p. 722.

* **PAU CHEIROSO; PAU DE SIAME**. É o mesmo que *águila*, q. v.

**Pau de águila**. V. *águila*.

1916. — «It is probable that the first Portughese who had to do with eagle-wood called it by its Arabic name *aghāluhy*, or malayalam *agila*; whence **páo d'aguila**, «aguila wood». It was translated into Latin as *lignum aquilae*, after into modern languages as *bois d'aigle*, *eagle-wood*, *adlerholz*, etc.». — Henri Cordier, em Yule, *Cathay*, IV, p. 101.

* **PAU DA CHINA; raiz da China**. «A raiz ou *pao* da China são as tubaras formadas nas raizes fibrosas de *Smilax China*, Linn., Liliacea arbustiva, indigena da China. Estas rhizomas são officinaes na Pharmacopêa portugueza sob o nome Squina. A droga, conhecida em maratha como *chopchinī*, foi primeiro introduzida em Gôa em 1535, e os portuguezes a levaram para a Europa, onde ganhou grande reputação nos fins do século XVI. Attribuem-se-lhe effeitos sudoríficos e depurantes, eguaes aos da salsaparrilha». — D. G. Dalgado, *Classificação Botanica*, p. 27.

1555. — «E se vende a troco de seda, porcelana, canfora, cobre, pedra hume, e **pao da China**». — P. Belchior, *Cartas de Japão*, I, fl. 34 v.

1561. — «Podia **eu** tambem senhor, como Alexandre para curar Tolonno, e achar hũa erua mais necessária, que o **pao da China**». — Jorge Ferreira de Vasconcelos, *Eufrosina*, p. 252.

1563. — «Este **pao** ou **raiz** nace na China, terra muito grande». — Garcia da Orta, Col. XLVII.

1600. — «Aquelle excellente medicamento, que nomeamos por **pao da Chinã**». — P. João Lucena, *Historia*, X, cap. 18.

1609. — «Um quartilho de vinho branco de úvas, e pouco mais de uma quarta de **páo da China**, desfeito em migalhas». — Fr. João dos Santos, *Ethiopia Oriental*, I, p. 276.

1620. — «. . . e não menor quantidade de pezo de pao d'Aguila, Calambá, muyto **pao da China**, tão estimado nas boticas». — Fr. Nicolau de Oliveira, *Grandezas de Lisboa*, fl. 13.

1634. — «E tambem as [drogas] da China, como **páo**, louça, tutinaga». — António Bocarro, *Livro*, I, p. 276.

1684. — «Ruybarbo, **Pao da Kina**, Assucar, *Ginsão*, Chá, Azougue, e Porsolana da Kina». — P. Fernão de Queiroz, *Hist. de Pedro de Basto*, p. II, v.

1578. — «Esta excelente y medicinal planta (llamada en Canarin *Bonti*: y en la China: *Lam patan*: en Portugues, **Pau da China**: y en Latin *Radix Cinae*, vel *Chinae*. . . nasce en la China abundantissimamente. . . Esta rayz en todas aquellas partes Orientales es en mucho vso». — Cristóvão da Costa, *Tratado*, p. 80.

1582. — «**Legno di China** si pesa à *ganta*». — G. Balbi, *Viaggio*, fl. 54 v.

1585. — «Ay assi mismo muchas yeruas medicinales, Ruibarbo finissimo, en especial, en mucha quantidad, **Palo** llamado **de China**». — Joan G. de Mendoça, *Hist. de la China*, p. 9.

1696. — «Aromata autem haec fere sunt: . . . Calamus aromaticus, **Chinae radix**, Rhabarbum, Galanga». — *India Orientalis*, III, p. 99.

1610. — «A que nós dezimos **Palo de la China**, dize el Parsio *Chub Chiny*, que es raiz de la China: aun que ya oy á imitacion de los Portuguezes, lo dizen mas comunmente *China Pao*». — Pedro Teixeira, *Relaciones*, p. 186.

1652. — Les Portugais appellent la *Racine de la Chine* **Pao de China**. . . les chinois l'appellent *Pe-fo-lim*». — *Relation de la Chine*.

1637. — «Sin esto el aljofar, el açucar, las porcelanas, el **palo de la China**, el reobarbaro, las curiosidades doradas, y otras muchas cosas de menos parte». — Faria e Sousa, *Asia Portuguesa*, I, p. 10.

**PAU DE CHANCA**. É o nome que os portugueses deram na Índia a uma planta da família das esterculiáceas — *Helicteres isora*, Linn. «A raiz é emolliente, e serve em vez de althea». D. G. Dalgado, *Flora*.

**PAU DE COBRA**. Aplica-se êste nome a diversas plantas, como:

*Rauwolfia serpentina*, Benth. (*rannetul* em singalês)[1]: *Strichnos colubrina*, Linn. (*pāndhrī* em concani): *Aristolochia indica*, Linn. (*sāpūs* em concani).

1563. — «Ha este **pao** de tres maneiras em Ceilam, e chama-se este de raiz mais estimada que vos contei, em Ceilam (terra dos Chingalas) *rannetul*».—Garcia da Orta, Col. XLII.

1613. — «E o **pao de cobra** contra veneno de tanta virtude que constrange obedecer as cobras a baixar a cabeça com a vista daquella rays do ditto pão».—Manuel G. de Erédia, *Declaraçam de Malaca*, fl. 16.

1578. — «Dos yervas se hallan en el Malabar muy differentes en figura y nascimiento, y ambas llamadas **Palo de Culebra,** por ser cada vna dellas remedio singular contra toda mordedura de Culebras». — Cristóvão da Costa, *Tractado*, p. 338.

1586. — «Pensano di guarire le terzane senza altra evacuazione o alterazione di scioloppi, dando certo legno macinato che domandano qua **Pao de Cobra,** che vuol dire legno contrö alle serpi, il quale è amaro valentissimamente».—F. Sassetti, *Lettere*, p. 282.

1678. — «La naturaleza madre en todo de los bivientes en Ceylan mostrò con igual providencia una yerva que mascandose reserva, y sana de las heridas mas mortales, llamase **Raiz de Culebra;** y es gran antidoto para todos los males». — João de Sá e Meneses, *Rebellion de Ceylan*, p. 48.

1695. — «Latinae *Radix Mustelae*, juxta Lusitanicum **Raiz de Mongo.** Videntur homines didicisse vires hujus plantae a dicto *Mongo*, seu Mustela, quod animalculum si pugnam suscipere vult cum serpente, vel prius sese armat masticatione horum foliorum, vel si a serpente sauciatur hanc petit herbam, ejusque masticat folia». — Rumphius, *Auctarium*, p. 51. — Eu não encontrei tal nome em nenhum escritor nacional; mas é possivel que estivesse em voga em Amboino ou em alguma outra parte da Índia insular. V. *mongus*.

«**Pao** (Nomenclature botanique). Nom portugais du bois, *P. d'arco.* La Bigonia pentaphylla, L. **P. de cobra**. Le bois de couleuvre». — *La Grande Encyclopédie.*

∗ **Pau de contra-peçonha**: *Aristolochia indica*, Linn. V. *pau de cobra.*

[1] Rheed dá-lhe o nome português *talona*, e D. G. Dalgado observa que «merecem ser estudadas as propriedades de Rauwolfia, cujo nome em portuguez deve ser fixado em *talona*, em konkani, *āṭikī*». *Classificação Botanica*, p. 24.

1585. — «Quando o vice-rei D. Constantino foi a Jafanapatão, que é uma ilha que parte com Ceilão, trouxeram-lhe de presente uns feixes dum pau com suas raizes, por ser couza muito estimada **contra a peçonha;** e destas raizes e pao dizem que ha muito nestas terras firmes de Goa». — Garcia da Orta, Col. XLII.

1585. — «Algum incenso para a capella, e algum **páo de contra peçonha** para as febres». — *Archivo Port.-Oriental*, v, p. 1021.

«**PAU-DE-FARINHA,** m. Nome que na Índia portuguêsa se dá à mandioca e à tapioca». Cândido de Figueiredo. Dá-se tal nome á planta *Manihot utilissima*, Pohl. V. *farinha de pau.*

**PAU DE LACRE** ou **pau lacre.** V. *laca.*

**PAU DE MERDA; PAU SUJO.** Urticária *Celtis Wightii*, Planch; *Devil's incense* em inglês, *kajrī* em concani. «Dizem que esta arvore produz uma especie de **pau de merda.** O **pau de merda** ou **pau sujo** é, segundo uns, o producto de *C. cinnamomea*, Lindl., de Ceylão e outras partes da Índia; e, segundo outros, do *Gironniera reticulata*, Thwaites, de varias partes da Índia». D. G. Dalgado, *Flora.*

1614. — «Estavão muitos inimigos embrenhados junto de huma arvore que *fede à çugidade* da gente, e tão medicinal para o ar, que em breve espaço faz grandes effeitos, moida e untada em partes lezas, e em minha casa se experimentou muitas vezes: e posto que tambem ha estas arvores nas terras vizinhas de Goa, essa de Ceilão tem mais virtude».—Diogo do Couto, Déc. VIII, I, 3.

1786. — «Il *Bhudiunarti* Malab., **pao de merda,** o **pao sujo** in Portoghese, è un legno rosso oscuro che puzza come l'escremento umano». —Fra Paolino, *Viaggio*, p. 365.

**Pau de sapão**. V. *sapão.*

∗ **PAU DE S. TOMÉ.** Assim se denominava na Índia a madeira da casa, que o Apóstolo, segundo a tradição, tinha construído em Meliapur, dum enorme tronco milagrosamente para ali transportado. Quando os portugueses demoliram a casa, que estava muito velha, e edificaram no sítio uma igreja, a sua madeira foi empregada para usos pios, como cruzes e contas, por se reputar objecto de grande veneração. Também se aplicou a locução ao sândalo vermelho, pela razão indicada abaixo por Pedro Teixeira.

1531. — «E que este santo homem, elle só, tirou fora do mar hum páo tamanho que os elefantes o não poderam tirar... E trouxe o páo até onde agora está, a esta casa, que huma casa de huma cerqua grande, em que viuia como *jogue* em que a gente da terra muyto cria... O santo fez a casa com a madeira do páo». — Gaspar Correia, *Lendas*, III, p. 421.

1566. — «Com grande instancia nos pedisse contas bentas, reliquias, hũa conta **de pao de S. Thomé,** varonicas, imagens e outras cousas semelhantes». — P. Luís Fróis, *Cartas de Japão*, I, fl. 212.

1577. — «Contas de *Santo Thome* estimão em muito, *id est* do **pao de são Thomé**». — *Id.*, fl. 397 *v.*

1584. — «Hum Japão deu a hum gentio hum pequeno de **pao de são Thomé** pera que raspandoo bebesse, e se lhe fosse a febre como de feito ficou são». — *Id.*, fl. 106 *v.*

1697. — «Estava hum Crucifixo lavrado no **pao da casa de S. Thomé** cuberto com hum véo». — P. Francisco de Sousa, *Oriente Conquistado*, I, III, 1.

1610. — «Hay tambien sandalo vermejo... en la India en la Costa de Choromandel en la ciudad de Santo Thomé. Vno y otro se lleua en quantidad para la China, Bengala, Cambaya, Pegu, Arabia, Persia». — Pedro Teixeira, *Relaciones*, p. 114.

* **PAU DE SOLOR** (ant.). Davam na Índia Portuguesa êste nome a uma espécie das longaniáceas — *Strychnos Rheedii*, Clarke, que parece ser uma variedade de *S. colubrina*, Linn., a que Garcia da Orta chama *segunda espécie de pau de cobra*. Abunda na ilha da Solor. «Folia cum zenzibera et lacte ad consistentiam unguenti cocta arthridem, Valvada Malabaribus appellata, abigit: balneum ex illis praeparatum idem praestat». Rheede.

1610. — «Y en Solor Isla alli cerca hay otro que llamamos en Portuguez **Pao de Solor** de no menor virtud que ellos» (paus de Timor). — Pedro Teixeira, *Relaciones*, p. 113. — «The **pao de Solor** (Solor wood) was, I believe, the same as the *pao de cobra* (snake-wood) of which Garcia da Orta treats in his Colloquio XLII». — Donald Ferguson, *The Travels*, p. 216.

1786. — «*Còdagapala* Malab., **pau di Solor** in Portoghese, grand' albèro, leva la dissenteria e il Tenesmo, uccide i vermi, purifica il fegato, discaccia la lepra». — Fra Paolino, *Viaggio*, p. 364.

**PAU-FERRO.** *Acacia suma*, Kurz. V. *cato*. Parece que a denominação portuguesa se originou em Malaca, sendo mera tradução do vocábulo malaio *kāyu-bēsi*. O seu nome chinês também significa o mesmo. A madeira, por sua côr e rijeza, merece bem o nome. V. *pau-preto*.

1520. — «... e polo esteiro muy fortes estacadas de grossos *páos*, a que chamão **ferro**, porque nunqua apodrece n'agua» (em Malaca). — Gaspar Correia, *Lendas*, II, p. 396.

1552. — «Paos tão grossos como mastros de nauios que naquella terra [Malaca] se chamão **paos ferros**». — Castanheda, *Historia*, VII, cap. 20.

1563. — «Fazem hũa estacada de paos tão fortes e duraueis, que lhe chamão os nossos **pao ferro**». — João de Barros, Déc. III, III, 5.

1600. — «Todo o cham em róda plantaram de estrepes, que sam hũas estacas de *pao* que chamam **ferro**». — P. João Lucena, *História*, IV, cap. 10.

1602. — «Como o vemos nestas aruores, e nas de *pao preto* e **pao ferro,** e em outras em que se nunca achou». — Diogo do Couto, Déc. IV, VII, 9.

1613. — «... estacada muyto forte de hum *pao* que chamão **ferro,** que nunca apodrece, e he muyto duro de cortar». — Francisco de Andrada, *Chron. de D. João III*, III, fl. 8.

1630. — «Mandou ao Prior duas grandes cruzes de **Páo ferro,** que erão como mastros». — Fr. Luís de Sousa, *Hist. de S. Domingos*, III, p. 337.

1782. — «Finalmente a planta chamada **pau ferro**, por outro nome *queire*» (*khair* em concani). — Fr. Clemente da Ressurreição, *Tratado*, II, p. 320.

1886. — «*Ker* (*acacia catechu*) ou **pau ferro** é considerada uma das primeiras madeiras em relação ás suas qualidades, porque não é atacada pelos insectos, e tem uma extrema resistencia e duração... Extrahem-se do **pau-ferro** tres qualidades de *catto:* branco-rosado pelo preço de prata com applicação na medicina, o vermelho escuro de um quarto de valor do primeiro e de grande uso na mastigação e na pintura, e o roxo quasi negro e de baixo preço, usado como mordente na tinturaria, nos cortumes e como presa com a cal nos trabalhos de alvenaria». — Lopes Mendes, *A India Portugueza*, II, p. 247.

1735. — «Si on a égard à la force et à la dureté, il n'y a peut-être nulle par aucun bois, qui soit comparable à celui que le Portugais pour s'accommoder à l'expression Chinoise, *tié ly moy*, appellent **Pao de ferro**, c'est-à-dire Bois de fer». — P. Halde, *Description de la Chine*, I, 19.

1836. — «Le Mélanésien présentera le **bois de fer**, l'ébène, la chair délicieuse du *wombat* et le solitaire *manura*, admirable oiseau dont la queue prend la forme d'une lyre». — Rienzi, *Océanie*, I, p. 5.

**Pau-ferro da Índia**. É o mesmo que *marroio rosado* ou *nag-champó*.

**PAULISTA**. É o nome que vulgarmente se dava na Asia, e ainda hoje se dá em Goa e em Macau, ao padre jesuíta, derivado do seu primeiro e principal colégio na cidade de Goa, dedicado a S. Paulo. Tiveram depois igrejas da mesma invocação em várias outras partes.

1682. — «As novas que tenho he D. António vai para Xagardy com sua casa, e os RR. PP **Paulistas** o buscarão com todo o empenho entendendo que era certo hirmos nós com elle». — In *O Chronista de Tissuary*, I, p. 318.

1684. — «. . . em quanto durão os vestigios de S. Paulo Velho, primeira habitação nossa na India, e deposito de muytos Santos Varões, tão celebres pelo nome, que bastou para nós outros diverso, do que nos grangearão nossos primeyros Padres em Portugal, sendo na India tão conhecidos pela denominação de **Paulistas**, como em Portugal pela de Apostolos». — P. Fernão de Queiroz, *Hist de Pedro de Basto*, p. 28.

1697. — «Todas as mais Provincias do Oriente com suas residencias, e Collegios, se podem chamar com muyta razão Colmeias do Collegio de S. Paulo de Goa: e delle nos veio a todos sermos nomeados, e conhecidos em toda a India por Padres de S. Paulo, contrahindo-se o nome especifico de Apostolos dado em Portugal ao particular de **Paulistas**, que por ser mais singular, não deve ser menos glorioso». — P. Francisco de Sousa, *Oriente Conquistado*, I, I, 1.

1712.—«Clamão outros que os **Paulistas** os querem deitar perder, e porque não vão á terra de mouros buscar Catheeumenos, e por que não vão aos seus palmares?». — *Archivo Port.-Oriental*, Supplemento II, p. 143.

1720. — «**Paulistas**. Do Collegio de S. Paulo de Goa, veyo aos Padres da Companhia da India o serem chamados **Paulistas**». — Bluteau.

1798. — «. . . definindo povos e nações inteiras com os caracteres que não têem, nem jámais tiveram, como acontece, do que dizem a respeito dos **Paulistas**, a quem Portugal não sabe o quanto lhes deve, e se o não ignora, não reconhece». — *Apud* Júlio Biker, *Collecção de Tratados*, X, p. 86.

1846. — «Era possuida pelos jesuitas (vulgarmente chamados **Paulistas**, em allusão ao Collegio de S. Paulo)». — F. N. Xavier, *O Gabinete Litterario*, I.

1623. — «Andai poi al Collegio da' Padri Gesuiti, la cui chiesa come anche in Damân, in Bassaîm e in quasi tutte le altre città de' Portoghese in India, si chiama San Paolo: ond'é che nell' India i detti Padri più col nome di **Paolisti** che di Gesuiti sono conosciuti». — Pietro della Valle, *Viaggi*, III, p. 108.

1673. — «Near our Landing-place stood a College, not inferior to the Building, nor much unlike those of our Universities, belonging to the Jesuits here, more commonly called **Paulistines** (whose Visitor was now my Patient) who live here sumptuously, the greatest part of the Island being theirs». — Fryer, *East India*, I, p. 183.

1676. — «Les Pères Jesuites sont connus à Goa sous le nom de **Paulistes**, à cause de leur grande Eglise dediée à saint Paul». — Tavernier, *Voyages*, p. 167.

* **PAULÓ**. Pequena moeda indiana de prata, equivalente a um quarto de rupia ou a quatro tangas actuais. Do conc. *pāvló*. É pouco usado em português.

1787. — «. . . em virtude da imposição chamada de **Pauló**, que os habitantes de Perném pagavão ao Bounsuló (rei de Savantvadi) ao tempo, que o Estado fez acquisição da mencionada Provincia». — *Assento da Junta da Fazenda de Goa*, *apud* Júlio Biker, *Collecção de Tratados*, VIII, p. 345.

**PAU-MARFIM**. Ébano branco — *Bauhinia alba*. V. *panri*.

**PAU-PRETO**. Os nossos escritores designam por êste nome genérico várias árvores, como ébano, *sissó*, *pau-ferro*.

1527. — «Estavão os chies [chins] desejosos de nos outros de pimenta e **pau preto** e *pucho* e encenso machò». — *Carta* de Diogo Calvo, na Tôrre do Tombo.

1541. — «Armados sobre esteyos de **pau preto**, a que elles chamão *Caubesi*, que quer dizer *pao ferro*». — Fernão Pinto, *Peregrinação*, cap. 95.

1560. — «Tem [a ilha do Moro] muita madeira pera nauios, e *rota* delgada, e **páo preto** e vermelho como *Brasil*». — Gabriel Rebêlo, *Informação de Maluco*, p. 196.

1609. — «Em muitas partes d'esta costa se cria e colhe muito e fino **pao preto**, que se leva para a India, e vem para este reino». — Fr. João dos Santos, *Ethiopia Oriental*, I, p. 207.

1613. — «Nas matas [de Ceilão] além de toda a fruta de espinho, ha muita canella, areca, **pao preto** [ébano], mais que o de Moçambique, não porém tão fino nem lustroso, mas melhor que todo o outro da India». — P. Manuel Barradas, in *Hist. Tragico-maritima*, II, p. 95.

1615. — «Dão aquellas matas **pao preto** tão prezado na Europa para obras que delle se fazem, porque em sua espécie são tão lisos, polidos, e fermosos, como os de marfim na sua». —Diogo do Couto, Déc. X, VI, 14.

1650. — «Ha na ilha [de Hainão] **pau preto**, *Japão*, que é o brazil...». — P. António F. Cardim, *Batalhas*, p. 228.

1728. — «Nos ditos passos, ou fendas se tem feito muros de pedra preta, ligadas por dentro só com gatos de **pao preto**, obra antiquissima e admiravel em todo o tempo». — In *O Chronista de Tissuary*, I, p. 33.

1846. — «*Sissó* (Páo santo), **Pao preto** (Ebano)». —F. N. Xavier, *O Gabinete Litterario*, I, p. 250.

1911. — «A teca, a mareta, o jamboleiro, o **pau preto**, o sissó». — José E. Castel Branco, in *Bol. S. G. L.*, XXIX, p. 388.

1786. — «Il legno nero, una specie di Acacia senza spine portata dal Malabar». —Fra Paolino, *Viaggio*, p. 380.

**PAU-ROSA** (tambêm **pau de rosa**). Árvore da Ásia meridional, da família das malváceas — *Thespesia populnea*, Correia, cuja madeira é muito apreciada pela sua côr tirante à rosa, donde lhe proveio a denominação. «Indigena; cultivada como arvore de sombra. A madeira é rija e duravel; o succo amarello dos fructos usa-se contra as sarnas». D. G. Dalgado, *Flora*.

1745. — «Tem muita seda, **pau Rosa**, pau Aguila e outros paos cheirosos». — In *Ta-ssi-yang-kuó*, II, III, 3.

1782. — «Outra arvore de que se deveria cuidar é a chamada *bendim* [q. v.] unicámente pelo estimavel da sua madeira, que se a semelha ao rosa de Macau e serve para roldanas e toda a obra de marcenaria». — Fr. Clemente da Ressurreição, *Tratado*, II, p. 337.

1840. — «Dos seus mattos finalmente se tira em grande quantidade o **páo rosa**, e o *pao preto*, que tem boa extracção na China». — *Annaes Maritimos*, p. 41.

1846. — «Bendy (**Páo de Rosa**), Corchonguy». — F. N. Xavier, *O Gabinete Litterario*, I, p. 250.

1879. — «*Hibiscus populneus*, *bendieira*. A madeira denominada **pao rosa** é desta arvore». — João Torrie, *Estatistica da India Portugueza*, p. 55.

1883. — «Nas montanhas proximas de Dilly ha boas madeiras para construcção, e entre ellas citaremos o **pau rosa**». — José Vaquinhas, in *Bol. S. G. L.*, IV, p. 308.

1886. — «*Bendi* ou **pau de rosa** (*thespesia populnea*)». — Lopes Mendes, *A India Portugueza*, II, p. 130.

1901. — «A caju, o *pau ferro*, o imbondeiro, o **pau rosa**, a teca». — José de Macedo, *Estudos Coloniaes* in *Bol. S. G. L.*, XVIII, p. 539.

1904. — «Flora damanense: *pau ferro*, **pau rosa**». — António F. Moniz, *Hist. de Damão*, II, p. 177.

1908. — «Noto a abundancia das *Thespesia populnea* (o *bendieiro* ou **pau-rosa** de Goa), que dão na India boa madeira e uma côr á tinturaria indiana». — Alberto O. de Castro, *Flores de Coral*, p. 217.

1904. — «A seguir ao sandalo, tambem em Timor ha grande quantidade de **pau rosa**. É esta a madeira que se emprega ali nas principaes construcções, por ser de extraordinaria resistencia ás intemperies e inatacavel pela formiga branca». — *Diario de Noticias*.

1918. — «.... o sissó e o **pau rosa** que dão belas madeiras para marcenaria». — Fortunato de Almeida, *Portugal e as Colonias Portuguesas*, p. 264.

1637. — «Y aquel oloroso palo a que los Portugueses llaman **de rosa**, e los naturales *hoaleino*». — P. Semedo, *Imperio de la China*, p. 10.

1854. — «Un autre bois rouge, le *svaideng* des Siamois, est connu des chrétiens portugais du Siam sous le nom de **pau-rosa** ou bois de rose». — Jancigny, *Indi-Chine*, p. 404.

**PAU-SANTO**. É o mesmo que *sissó*. Não se sabe a razão da denominação.

1846. — «Sissó (**Páo santo**), Páo preto (Ebano)». — F. N. Xavier, *O Gabinete Litterario*, I, p. 250.

**PAVA**. Diz-nos António Nunes que era um cêsto que servia de medida para arroz em Bengala. O vocábulo que fonéticamente lhe corresponde é o hindust. *pāuva*, que quere dizer «quarto de qualquer pêso ou medida». É bem possível que *pava* representasse um quarto duma medida maior, e o meio de o medir fôsse um cêsto.

1554. — «A medida do arros soya ser que medião por huns cestos que chamão **pauas**, que tinham 38 medidas, e 40, dás de 42 em **paua**: e agora se usa que os portugueses comprão por *paraas* de cochim de 42 medidas em *paraa*» (q. v.) — *Lyvro dos Pesos*, p. 37.

**PAVOL.** Pêso de Malaca, equivalente quási a três oitavas. Parece que provêm do mal., *pauh,* quarta parte de *chupa,* q. v.

1554. — «Huum **pauol** 4 mazes, hum maz 4 cupões, huum cupão 5 cumdoryns». — António Nunes, *Lyvro dos Pesos*, p. 339.

**PAZÃO.** É o nome persa, *pāzan,* do bode em cujos «buchos se cria», como diz Orta, a *pedra bazar* (q. v.), conhecido scientìficamente por *Capra œgagrus.*

1516. — «Tambem trazem estes *Jones* [jogues] hũa pedra, que chamaom *pazo,* e se acha no bucho de hũa alimaria, que eles chamaom **pagem**, e he tamanha como hũa amendoa, e parda». — Duarte Barbosa, *Livro,* p. 309.

1609. — «Na Cidade Coraçone onde se vendem as melhores lhe chamão pedra Pazar do animal **Pazão,** e dizem os Persianos que este he seu verdadeyro nome, que na sua lingoa significa Raynha contra veneno». — Fr. Gaspar de S. Bernardino, *Itinerario da India,* p. 166.

1563. — «Chamase o carneiro (ou mais verdadeiramente bode) **pazam** em lingua da Persia; e ha este carneiro no Coraçone e na mesma Persia». — Garcia da Orta, Col. XIV. — V. Conde de Ficalho, *ibid.*

1918. — It may be noted also that the Balochi *pāshen* is the etymological equivalent of *pāzan,* but not of *pā-sang*». — Longworth Dames, *The Book of Duarte Barbosa,* I, p. 236.

**Pedra bazar.** V. *bazar.*

1610. — «O à las que vulgarmente llamamos **Bezares,** de que las mas perfettas y excelentes produze la Persia... à la **piedra bezar,** llama el Parsio por excelencia *Pazahar,* que quiere dezir tanto como antidoto... y como el Arabigo non conosca de la letra *P,* y pone por ella *B* o *F,* por dezir *Pazahar,* diz *Bahazar,* e nós con vn poco vicio mas, **Bezar**». — Pedro Teixeira, *Relaciones,* p. 156.

***PEDRA CORDIAL, PEDRA DE GOA, PEDRA DE GASPAR ANTÓNIO** (ant.). São os nomes duma pedra artificial que se manipulava no convento de S. Paulo dos jesuitas, em Goa; á qual se atribuiam propriedades medicinais. O seu inventor foi um itáliano chamado Gaspar António. *Goa-stone* em indo-inglês.

1691. — «Nenhum boticario, excepto o do collegio de S. Paulo de Goa, obrasse as **pedras cordiaes** chamadas de *Gaspar António,* primeiro autor dellas, attendendo a que os mais boticarios as fazião sem os mencionados materiaes e sem os ingredientes necessarios» — *Carta Régia,* in *Archivo de Pharmacia,* I, p. 22.

1691. — «Ordenámos não despachasse **pedras cordiaes** de Goa por António sem lhe constar serem obradas pelo boticario de S. Paulo». — *Resposta* dos Governadores, *ibidem.*

1864. — «A **Pedra Cordeal,** chamada de Goa por Antonio, he huma artificiosa pedra, manipulada de diversos e electos simplices, todos cardiacos, e bezoarticos, cuja receita ocultamente se conserva na Botica do Collegio de S. Paulo da Cidade de Goa... Humas, e outras pedras, são admiraveis nas febres malignas, e ardentes, quando o doente está com grandes ancias; he boa nas melancolias e palpitações do coração». — *Pharmacopea Tubalense,* in *Archivo de Pharmacia,* I, p. 47.

1673. — «The *Paulistines* enjoy the biggest of all the Monasteries at St. Roch: in it is a Library, an Hospital, and an Apothecary's Shop well furnished with Medicines, where Gaspar Antonio, a Florentine, a Lay Brother of the Order, the Author of the **Goa Stone,** brings them in 50000 Xerephins, by that intention Annually; he is an Old Man and almost Blind, being of great Esteem for his long practice in Physick, and therefore applied to by the most Eminent of all Ranks and Orders in the City. it is built like a Cross, and shews like a Seraglio on the Water». — Fryer, *East India,* II, p. 11.

1711. — «**Goa Stones** or **Pedra de Gaspar Antonio,** are made by the Jesuits here: They are from ¼ to 8 Ounces each: but the Size makes no difference in the Price: We bought 11 Ounces for 20 Rupees». — Lockyer, in *Glossary.*

***PEDRA DE COBRA.** É uma pedra porosa de forma oval, feita de certa substância, a qual tem a propriedade de absorver o veneno sendo aplicada á mordedura de cobras. O vulgo crê que se encontra na cabeça de certas cobras. O termo português foi traduzido em *snake-stone* pelos ingleses e em *pierre de cobra* pelos franceses. V. *Glossary.*

1663. — «Elles [*jogues*] fazem as **pedras** que chamamos **de cobra,** que é o melhor contraveneno para mordeduras de qualquer bicho peçonhento: milagres obram cada dia na India, onde as cobras são peçonhentissimas e matam em poucas horas: mas quem tem uma pedra daquellas escapa; pondo-a sobre a mordedura, pega logo a pedra e não cahe sem primeiro chupar toda a peçonha, da qual se limpa a pedra lançando-a em leite. Outras pedras verdes trazem os jogues que dizem ter o mesmo effeito que as outras mettidas na boca, mas não sei que as acredite a experiencia». — P. Manuel Godinho, *Relação*, p. 38.

1687. — «Nas Costas de Melinde **pedras de cabra** (sic), contra a peçonha de grande calor». — P. Fernão de Queiroz, *Conquista de Ceylão*, p. 921.

1720. — «**Pedra de Cobra.** Acha-se em varias partes de Cambaya, sem se saber certamente se sahe de cobra ou serpente. São chatas de pardo escuro, ovadas lisas, com hũa mancha alvadia no meyo». — Bluteau.

1666. — «C'est dans cette Ville de Diu que se font les **Pierres de Cobra** si renommées. Elles sont composées de racines qu'on brûle, et dont on amasse les cendres pour les metire avec une sorte de terre qu'ils ont, et les brûlent encore une fois avec cette terre: et après cela on en fait la pâte dont ces pierres sont formées». — Thevenot, *Voyages*, III, p. 97.

1663. — «L'on se sert dans l'Inde d'une pierre que l'on dit se trouver dans la tête de quelques Couleuvres, et que par cette raison on apelle en Portugais **Pedra de Cobre** (*sic*), ou pierre de Couleuvre». — Dellon, *Traité des Maladies*, in *Relation*, p. 48.

1776. — «Je ferai enfin mention de la **pierre de Serpent** qui est à peu près de la grandeur d'un double, et quelques-unes tirent sur l'ovale, étant épaisse au milieu et devenant mince sur les bords. Les Indiens dizent qu'elles se forment sur la tête de certains serpents; mais je croirais plûtôt que ce sont les Prêtres des Idolâtres que le leur font accroire: et que cette pierre est une composition qu'ils font de quelques drogues». — Tavernier, *Voyages*, IV, p. 83.

1689. — «The thing which he carries about him, and which instantly applied, is a Specifick against the Poison of Snakes, cured him, and therefore obtains the Name of **Snake-stone.** It is a small artificial Stone, almost flat, only a little protuberance in the middle, and is of a gray Colour». — Ovington, *A Voyage to Suratt*, p. 260.

1712. — «**Pedra de Cobra:** ita dictus lapis, vocabulo a Lusitanis imposito, adversus viperarum morsus praestat auxilium externè applicatus. In serpente, quod vulgò credunt non invenitur, sed arte secreta fabricatur a Brahmanis». — Kaempfer, in *Glossary*.

*** PEDRA DE MALACA; PEDRA DE PORCO** ou **pedra de porco espinho.** «Era um calculo intestinal, como o bezoar, mas de um animal diverso». Conde de Ficalho. D. G. Dalgado diz que a pedra é o *bezoar histricis* dos modernos, e que se lhe atribuem propriedades alexifármacas. (*Classificação Botanica*, p. 31).

1563. — «Eu não me lembro aver lido **desta pedra do fel de porco**... Ora pois nesta mesma terra se acha esta pedra no fel do porco espinho, a gente da terra conhece a virtude della... Eu a dei a duas pessoas, ás quaes aviam dado peçonha; e estando muito mal della, e dando-lhe eu a aguoa desta pedra se acharam muito bem». — Garcia da Orta, Col. LVIII.

1613. — «Causa tambem não pequeno espanto... gerar a natureza pedras no figado de animaes, como a **pedra de Porco espinho,** pedra de Vaca, pedra de lebre». — Manúel G. de Erédia» — *Informação da Aurea Chersoneso*, p. 93.

1620. — «... quasi infinitas *pedras de banzar* (*sic*), e **porco espinho,** que são de muyto preço». — Fr. Nicolau de Oliveira, *Grandezas de Lisboa*, fl. 13.

1589 — «Là pareillement on trouve une autre pierre dans le fiel de porc qui est encore de plus grande vertu contre les venins que la *pierre de Bezar*. Les Portugais appellent ceste ci **Pedra de Porco,** c'est à dire Pierre de Porc, laquelle est fort estimée en Malaca» — Linschoten, *Histoire*, p. 140.

1610. — «Y sobre todas, la **piedra de Puerco espin** en cuyo bucho se cria: cuya virtud y excelencia es tal y tanta, que solo aquellos que la experimentaron, la pueden crer sin escrupulo». — Pedro Teixeira, *Relaciones*, p. 161.

1631. — «... lapidem quemdem genitum in felle Porcorum, aut etiam in vesiculis Hystricum, oblongis pennis praeditorum, quem Lusitani propterea, **Piedra de Puerco** vocant, mollis et pinguis est attractu». — Bontius, *Historia Naturalis*, p. 48.

1690. — «Memorandum porro est, nequis decipiatur, nucleos veteris ac durae *Pynangae* [arecae] in rotundam poliri formam, ac postquam per noctem in aqua, cui infusum fuit *Lignum Colubrinum*, maceraverunt, tales vendere imperitis pro vero Hystricide, seu **Pedra de Porco,** quae si tales nuclei Pinangae habeant magnitudinem, viginti et quinquaginta imperialibus imo pluris venduntur». — Rumphius, *Herbarium Amboinense*, I, cap. 6.

**PEDRA DE SANGUE**: É o mesmo que *alaqueca* (q. v.) ou cornalina. A denominação proveio da sua côr e da propriedade de estancar o sangue, que se lhe atribuia. «Esta pedra, diz Orta, he mais cara que todallas outras, porque estanca o sangue mui de supito». (Col. XLIV).

1609. — «Aqui [em Chaul] se acham peças muito ricas, infinidades de brincos muito curiosos de cristal, marfim, tartaruga, madre-perolas, **pedras de sangue** e de leite, algumas das quaes são mui approvadas». — Fr. João dos Santos, *Ethiopia Oriental*, II, p. 319.

1611. — «Elle nos apresentou umas contas de cristal, uma **pedra de sangue**, e um pouco de balsamo». — João Baptista Lavanha, in *Hist. Tragico-maritima*, v, p. 60.

1727. — «A **pedra** de estancar **sangue**, pendurada ao pescoço, que chegue á carne etc. tem por sinaes ser muito verde, escura e salpicada toda de pingos tam vermelhos como o sangue (Sanguineo)». — Curvo Semedo (*Polyanthea Medicinal*), citada na *Revista Lusitana*, VIII, p. 295.

**Péhlvi.** V. *pāhlavi.*

**PEITACA** (mal.-jav. *petaq*). Secção ou divisão quadrada; câmara no porão duma embarcação, em Malaca.

1552. — «Outros ficarão escondidos por essas **peitacas** do *junco*, que são como camaras». — Castanheda, *Historia*, II, cap. 116.

1553. — «Os Jáos são homens que vsão muito deste ardil, fazem logo os navios todos repartidos em camaras, a que elles chamão **peitacas**, pera este vso que pode alagar a nao de agoa sem lhe entrarem na mercadoria». — João de Barros, Déc. III, IV, I.

1563. — «Tem [o durião] dentro de quatro camaras pera cima (a que elles chamam **peitacas**)». — Garcia da Orta, Col. LVIII.

1616. — «Huns e outros [navios] sam feytos de liação, em lugar da qual lhe fazem pello vão huns repartimentos chamados delles **Peytacas**, que occupão o vão todo da quilha, e costado até a cuberta, com seis palmos de vão, entre hum repartimento e outro, e cada hum tem por cima dous camarotes, hum de bombordo, e outro destibordo, entre os quaes a cuberta fica despejada com coxis por onde correm as escotilhas de todas as **Peytacas**, porque cada **Peytaca** tem sua escotilha, que vem a fechar todas de popa a proa com hũa so cadea». — António Pinto Pereira, *Hist. da India*, I, p. 144.

1610. — «The boats are well divided into certain compartments called **peitacas**, wherein every diver throws his catch of oysters separately». — Pedro Teixeira, *The Travels*, p. 178.

* **PEIXE-BIGODEIRO.** Nome dum peixe de água doce, e sem escamas, na Índia, o qual só se apanha no inverno. É muito gostoso; tem tentáculos compridos, donde lhe proveio o nome.

* **PEIXE CARLIM** (conc. e mar. *karlī*). Pertence ao género das clúpeas — *Clupea longiceps;* pesca-se nos mares da Índia meridional no fim da estação pluviosa; vende-se já obliquamente golpeado de ambos os lados, conforme a linha das espinhas e desentranhado, a fim de se extrair dos fígados óleo para queimar. É um dos peixes de que se faz *pará* (q. v.).

* **PEIXE ESMARGAL.** É um dos mais volumosos peixes da Índia meridional, e do comprimento de metro e meio, de pele escura, muito gorduento e saboroso e de ossos moles. Pesca-se em Setembro e Outubro; conserva-se geralmente em môlho picante (*pará*) por um ano e mais. Não se sabe donde lhe proveio o nome português, sendo em concani conhecido por *madsó*. Vid. F. N. Xavier em *peixe serra*.

* **PEIXE-MADAMA.** É o nome que se dá na Índia a um peixe pequeno e branco do rio, parecido com a pescadinha. É tido por delicado e inocente, e talvez por êste motivo tenha sido denominado *madama*. Também é possível que seja corrução do termo concani *mordixī*, q. v.

* **PEIXE-NAIRE.** É um grande peixe, que se pesca em certos mares da Índia e da China, e que é muito estimado. Chama-se *gūr* em concani. Não sei a razão da denominação portuguesa; talvez por sua excelência seja comparado ao naire do Malabar. Diz-se *nairo* no dialecto de Macau.

1899. — «**Nairo.** Peixe muito vulgar nos mares da China meridional». — *Ta-ssi-yang-kuó*, de Outubro.

1786. — «Il Guarimin, pesce Naire, è grande e delicato. In certa maniera pare essere la nostra regina». — Fra Paolino, *Viaggio*, p. 169.

* **PEIXE-PEDRA.** Peixe da Índia e da África Oriental, parecido com a choupa, *Callicrous binaculatus*, Day; *C. malabaricus*, Day. O nome provêm de se encontrar o peixe entre pedras ou rochas. Em concani diz-se

muitas vezes *khadpāntló pālū*, «*pālū* de entre os penedos» [1].

1609. — «Como são tainhas, cações, **peixe pedra**, similhantes a grandes choupas». — Fr. João dos Santos, *Ethiopia Oriental*, I, p. 177.

1798. — «Apparecendo entre o peixe sêco, que os Cafres do paiz trazem para vender, Garôpos, Bagre, e **peixe Pedra**, que se habitam em agua salgada». — *Apud* Júlio Biker, *Collecção de Tratados*, v, p. 115.

1786. — «Il Karimin, **peixe pedra**, sembra essere il nontro Scauro». — Fra Paolino, *Viaggio*, p. 169.

**PEIXE-PORCO.** Nome dum peixe de Malaca, descrito por Rúnfio.

1695. — «Hi pisces palmam circiter longi sunt, immo breviores, rotundi, crassi, et pingues, parvis squamulis obducti, suntque species Porcellorum, qui Portugallice **Pexe Porco**, Malaice, et Maccassarence *Pula Palam* vocantur, quamdiu sunt pusilli, majores enim Canjeh dicuntur». — Rumphius, *Herbarium Amboinense*, VIII, cap. 30.

* **PEIXE-SERRA** (indo-ingl. *seer-fish*). É o nome por que se designa na Índia e na África Oriental uma espécie de peixe do género *cybium*, que é diferente do que tem o mesmo nome em Portugal, como notam João de Sousa e Bluteau. A denominação funda-se nas barbatanas dorsais e anais, que se parecem com a serra. Sendo salgado, dura por muito tempo e é muito apreciado. Nas armadas portuguesas da Índia costumava-se dar à tripulação dêste peixe como conduto para arroz.

1511. — «... tres mill e setecentos e setẽta cavallas e çento e sesẽta **pexes seras**». In *Cartas* de A. de Albuquerque, VI, p. 417.

1512. — «... trinta e quatro mãos e mea de bisquouto oytenta he cinquo **peixes serras** que comprastes a bastião diaaz pera despeza da minha messa». — *Id.*, v, p. 290.

1554. — «E meo **peixe serra** para cada hum por mês». — Simão Botelho, *Tombo da India*, p. 236.

1585. — «Desoito *candis* e cinquo *mãos* daroz preto, 50 **peixes serras**, hum candil de manteiga». — *Carta Régia*, in *Archivo*, III, p. 516.

1609. — «Ha outro peixe [em Quirimba], a que chamam **peixe serra**, como grandes corvinas, mas é muito melhor, e guarda-se em conserva, e curado parece lacão». — Fr. João dos Santos, *Ethiopia Oriental*, I, p. 329.

1613. — «Boas taynhas e **serras** e *pampanos* e arrayas». — Manuel G. de Erédia, *Declaraçam de Malaca*, fl. 33.

1687. — «... curvinas, bonitas, dourados, xarcos, boas **serras**, pampanos». — P. Fernão de Queiroz, *Conquista de Ceylão*, p. 60.

1843. — «Por uma **serra**, ou qualquer outro peixe grande querem geralmente dezoito das ditas facas [flamengas], ou tres rupias» (em Timor). — *Annaes Maritimos* (parte official), p. 219.

1850. — «E os mares adjacentes [abundam] de Tubarões, **Serras**, Pampanos, **Esmargaes**, Dourados». — F. N. Xavier, *O Gabinete Litterario*, I, p. 32.

1589. — «Il y a aussi un poisson appellé **Peixe serra**, qu'ils coupent par trenches comme le Salmon, puis le salent. Il est fort excellent et peut durer un fort long voyage». — Linschoten, *Histoire*, p. 90.

1796. — «Il *Neymin*, cioè, pesce di olio, in Portughese, **Serra**, è lungo tre e quattro palmi, molto saporito, ma un poco indigesto». — Fra Paolino, *Viaggio*, p. 60.

1886. — «**Seer-fish**... When of the right size, neither too small nor too big, these are reckoned among the most delicate of Indian sea-fish». — Yule, in *Glossary*.

1908. — «The tamarind-fish of Cochin is chiefly made from the **seir**, and the fish-oil — so much extolled over India — is made mainly from the sardine». — Watt, *The Commercial Products*, p. 541 [1].

* **PEIXE-TAMARINDO.** É o nome que os portugueses dão ao que commummente se diz na Índia *pará* (q. v.), por ser o tamarindo um dos seus ingredientes. Com mais razão se devia denominar «peixe de tamarindo»; mas parece que a frase é mera tradução do indo-inglês *tamarind-fish*.

1886. — «**Tamarind-fish**. This is an excellent zest, consisting, according to Dr. Balfour, of white pomfret, cut in transverse slices, and preserved in tamarinds». — *Glossary*.

1908. — «**Tamarind-fish**. — Fish pickled in a preparation of tamarind is known

---

[1] O Dicionário de Cândido de Figueiredo regista **peixe-pedra** como nome dum «peixe do Amazonas, de cabeça venenosa», o qual deve ser diferente do da Índia.

[1] Por motivos indicados na *Introdução*, omitem-se os nomes doutros peixes, tomados das línguas vernáculas pelo português local.

in Indian trade by this name». — Watt, *The Commercial Products*, p. 547.

* **PEJO DE S. TOMÉ.** Diz-nos Yule, e repete Crooke, que é o nome que os Portugueses davam na Índia ao *panicale* (q. v.) ou elefantíase. Eu não o li em nenhum escritor nacional; mas é natural que vogasse em Meliapor, visto ser a doença tradicionalmente relacionada com os perseguidores do Apóstolo, como referem vários autores. Mas ¿seria com efeito *pejo* ou, antes, *pêso?*

1589. «Panequais familiae, a Divo Toma execratae, in totam (ut Indi referunt) progeniem». — Linschoten, *Histoire*, (legenda duma estampa).

1673. — «About this Mount live a Cast of People, one of whose Legs is as big as an Elephant's; which gives occasion for the divulging it to be a Judgment on them, as the generation of the Assassins and Murderers of the Blessed Apostle St. Thomas, one of whom I saw at Fort George». — Fryer, *East India*, I, p. 116.

1875. — «Later travellers describe the descendants of St. Thomas' murderers as marked by having one leg of immense size: i. e. by elephantiasis. The desease was therefore called by the Portuguese **Pejo de Santo Thoma**». — Yule, *Marco Polo*, II, p. 335.

1909. — «The traditional account of its origin in connection with St. Thomas is shown in the Portuguese name, **Pejo de Santo Thoma**». — Crooke, in Fryer, *loc. cit.*

* **PELAN.** Embarcação de remos e de guerra, pequena e muito ligeira, em Celebes. **Pilão.** Barco de Solor. Do mal. *pelang*, que Fabre define: «un canot dont se servent les princes».

1612. — «Tem nauios de muitas feições, vns a que chamão **Pelan**, que são muito ligeiros de remo, com que fazem guerra. Ha outros chamados Lopi, que são de carga: e outros mayores a que chamão *Iojogas*». — Diogo do Couto, *Déc.* V, VIII, 2.

1630. — «Deu sobre elles Fernão Pereyra com as suas *Coracoras*, e com alguns **Piloens** dos Endes, e os pôs em desbarato, tomando-lhes dous *Paraos*, e outras duas embarcações». — Fr. Luís de Sousa, *Hist. de S. Domingos*, III, p. 302.

«Tiverão logo noticia em Solor, como tudo he perto, os Mouros renegados de Lamaqueira da chegada do barco: E havendo que tinhão presa certa, armarão á pressa quatorze **Piloens**». — *Id.*, p. 317.

**PENCA.** Dá-se este nome na Índia Portuguesa e no Brasil à escádea ou série de bananas. O cacho inteiro chama-se *ramo de figos* (q. v.). V. *figo*.

1860. — «Nasce este fruto em fórma de cacho, formado de nove até dez divisões, verticiladas ao redor do pé commum; cada divisão consta de curtissimos esgalhos, e é composta, segundo o vigor da planta de seis, oito e dez bananas, muito unidas. A estes esgalhos chama-se **pencas**: e ao aggregado de **pencas** espádice». — Brotero, in *Archivo Pittoresco*, III, p. 386.

1873. — «Os fructos, bananas (*quellim*) nascem da mesma maneira como as flores em series ou grupos a que se dá o nome de (**penca**) *fennom*, e que constituem o regime ou cacho». — Bernardo da Costa, *Manual do Agricultor*, II, p. 211.

* **PENTA** (p. m.). Praça; mercado, empório, na Índia Portuguesa. Do conc.-mar.-hindust. *penth*.

1824. — «Vendagem meuda do sal, e lenha de **Pentha**, botiqueiros, *Talvota*, *Chobinó* e mais artigos». — *Apud* Júlio Biker, *Collecção de Tratados*, XII, p. 42.

* **PEQUENINO** (s. m.). Pequena moeda de cobre, que corria antigamente em Goa. Era também conhecida por *cepaica* ou *sapeca*, q. v.

1517. — «Cinquo partes em *leaes*, e hũa em **pequeninos**. Assemtey per concerto nom averem levar mais por cada quintal de cobre lavrado em leaes e **pequeninos** que hoyto arrateis de cobre». — In *Archivo Port.-Oriental*, V, p. 8.

1518. — «Da *chapa* assim em papel como no braço se nom levará mais que dous **pequeninos** por cada pessoa». — *Ibid.*, p. 18.

1890. — «Cepaiqua ou **pequenino** — moeda de cobre». — José Maria de Nazaré, *Numismatica*, p. 7.

**PERA**; **PEREIRA.** São os nomes que os portugueses deram, por analogia, à *goiaba* e à *goiabeira* (q. v.), indígenas da América, quando as introduziram na Índia. As denominações entraram em ásio-português e em muitas das línguas indianas. **PERADA** é doce de goiabas, em Goa.

1615. — «Laranjas, romãs, mirabolanos, **peras** *da India*, que se não assemelham ás nossas». — Pyrard de Laval, *Viagem*, I, p. 338.

1696. — «Das fruitas da India tem muitas **peras**, *figos*, *jangomas*, ananazes, tudo em abundancia, especialmente Luabo». — Fr. António da Conceição, in *O Chronista de Tissuary*, II, p. 42.

1726. — «Goyaba. No Brasil; na India

**pera**. Ha duas castas, vermelhas por dentro, como os nossos murtinhos: as brancas são mais sadias, e assadas se dão aos doentes. A primeira vez que se comem, sabem a persevejos, a continuação as faz agradaveis ao gosto». — Bluteau, *Supplemento.*

1750. — «Abunda de fructas de espinho, figos de differentes qualidades, mangas, cajús, ananazes, atas, batatas, **peras,** e outras frutas de menos conta» (em Quelimane). — In *Annaes do Concelho Ultramarino,* II, p. 104.

1782. — «Vê-se outra na Ilha com o nome de **pereira,** a qual produz fructo como a goiaba da America, mas com o interior de côr encarnada, outra branca, e estes são os melhores». — Fr. Clemente da Ressureição, *Tratado,* II, p. 338.

1886. — «Faz-se d'elle um excellente doce, a que os indigenas goanezes dão o nome de **perada,** e os portuguezes recebem do Brazil com o de *doce de tijolo*». — Lopes Mendes, *A India Portugueza,* II, p. 146.

1905. — «Fructas cristalisadas, *anchões* de **perada,** doce de gengibre, *chow-chow* (vid. *chau-chau*) e **peras**». — *O Heraldo,* de 25 de Janeiro.

1652. — «Les Indiens appellent Goyaua le fruit qui est connu des Chinois sous le nom de *Cicu-ko*... les Portugais l'appellent **Pera** à cause qu'ils ont la figure d'une poire». — *Relation de la Chine,* p. 22.

1658. — «La Pianta del **Pero,** dell' India molto si differentia nella foglia, nel fiore, nelle qualitá, ed apparenza dal nostro». — Fr. Paolino, *Viaggio,* p. 371.

* **PEREÁ** (sing. *perehẹra*). Procissão festiva, préstito de regozijo, com música e dança, em Ceilão.

1687. — «Isto significauão os Reys antigos da Cota em hũas celebres procissões, que chamavão **Pereás,** e durauão 16 dias, fazendo-se hũas de dia, outras de noyte». — P. Fernão de Queiroz, *Conquista de Ceylão,* p. 25.

1918. — «**Perahera,** the chief religious festival of the Sinhalese, so called from the processions which were an essential portion of the celebration». — P. C. Pieris, *Ceylon and the Hollanders,* p. XVI.

* **PERETANDA** (s. m.). Corregedor, algoz, no extremo Oriente. Do mal. *pĕrtanda,* «algoz, carrasco». Na primeira abonação parece que a palavra está mal empregada.

1541. — «Este *Chaem,* por ser mais honrado do que todos os outros, traz um estado tão grandiozo como qualquer *Tutão*... E vão doze homens a cavallo, que se chamão **Peretandas,** com sombreyros de setim carmesim nas mãos a modo de esparaveis postos em asteas muyto comprydas». — Fernão Pinto, *Peregrinação,* cap. 106.

1545. — «Vierão dous **Peretandas,** que são como Corregedores, com muita gente da cidade, em que entravão vinte de cavallo, e entregando-se de nós, com grandes assentos que se fizerão sobre isso por escrivães publicos, se partirão logo». *Id.,* cap. 139.

«O *Broquem* mandou vir diante de sy quatro escrivoens, e os dous **peretandas** da corte, que são como corregedores». — *Id.,* cap. 140.

«Dada esta cruel sentença contra nós, mandou El Rey hum **Peretanda** que a levasse logo, e a entregasse ao Broquem da Cidade». — *Id.,* cap. 141.

**Perical.** V. *panicale.*

* **PERICHE, piriche** (s. m.). Antigo barco pequeno, como canoa ou almadia, na costa do Canará e do Malabar. Foram infrutíferos os meus esforços para identificar o vocábulo, que não vejo em nenhum glossário. O malaio tem *pĕrchit,* que significa «esguichadela, repuxo».

1607. — «Nesta conjunção aparecem, que vinham de Goa, dez **periches** que são embarcações de remo pequenas». — P. Fernão Guerreiro, *Relaçam Annual,* fl. 118 *v.*

1616. — «... e hum navio pera Belchior Ferreira de Cananor, e seis **Piriches** mais de Malavares». — Diogo do Couto, Déc. XII, I, 18.

«Este foi mandar de noite a Pero Luiz com os **Periches,** e duas fustas mais que se affastasse ao mar». — *Id.,* XII, II, 9.

«Levou mais oito **Periches** pera o mesmo effeito». — *Id.,* XII, III, 10.

1635. — «Deixando no Canará a dom Hieronymo da Silveira com uma galé e quatro navios, e um **periche** dos d'esta companhia». — António Bocarro, Déc. XIII, p. 236.

1671. — «Será obrigado logo o dito Rey a mandar entregar, se o não tiver feito, setenta *candins* de pimenta em recompensa dos **periches** que se tomarão em hum dos portos do Canará». — *Apud* Júlio Biker, *Collecção de Tratados,* IV, p. 191.

1687. — «Avistou hum *paró,* que seguido de dous **periches** ligeyros, que de mais trazia.. uelejando com todo o pano, o renderão». — P. Fernão de Queiroz, *Conquista de Ceylão,* p. 168.

* **PERLI** (s. m.). Revolta, rebelião, motim, em Ceilão. Do sing. *perali*[*yā*].

1679. — «Mas pelas continuas guerras e rebellioens dos Chingalás, a que chamavão **Perlis,** se entendeu que não convinha estar o Convento fóra das nossas fortificações». — Fr. Jacinto de Deus, *Vergel*, p. 428.

1687. — «E bastou esta pequena desgraça para as Quatro-Corlas, sempre inquietas, se comoverẽ de nouo... E por mais que o Capitão Mor, e Simão Pinhão se apressarão, não poderão impedir este **perlí**». — P. Fernão de Queiroz, *Conquista de Ceylão*, p. 432.

«... podendo se sô imputar as disposições do Estado a malicia com que se tratou neste tempo da conquista de Ceylão; em que he certo ouve outras acções gloriosas em hũ **perlî** geral». — *Id.*, p. 305.

«E como foram tantos os **perlis,** ou leuantamentos geraes, forão tambem grandes as mudanças, e os impedimentos da conversão». — *Id.*, p. 570.

1914. — «**Perlí,** i. e. Sing. *peraliya*, the turmoil after de Sa's overthrow». — P. C. Pieris, *Ceylon*, II, p. 540.

* **Pernim**, m. T. da Índia port. Homem, que mascando certas folhas, e atirando-se a uma cobra-capello, a entorpece, podendo agarrá-la, tirar-lhe os dentes venenosos e torná-la inoffensiva; encantador de cobras. Cf. *Seculo*, de 25-VI-903». Cândido de Figueiredo. Não ouvi tal palavra; o termo geralmente usado, em indo-português, com o referido significado é *garopeiro*, q. v. Deve provir do conc. *pedn̄ī*, pouco usado; mas diz-se comummente *nādeped*, «funambulismo, peloticas». Os pelotiqueiros são também encantadores de cobras.

**PERILO.** Remate piramidal do telhado, muito agudo e dourado, na China. Não sei de que língua provêm o termo. Não é certamente da chinesa, que não possui a letra *r*, e designa o referido remate por *tsien* ou *teng*. Em malaio *pĕrlang* quere dizer «resplandecente, brilhante», e é possível que seja o étimo.

1688. — «De hũa, e outra banda desta sala para o Sul por espaço de hum tiro de mosquete se estendem os muros em fórma de corredores, ou galerias, cujas pontas ao Norte, e Sul rematão torres, ou salas, se na grandeza menores, na obra como a que está no meyo: cujos telhados são cestuados, com remates de **perilos** de bronze dourado». — Fr. Jacinto de Deus, *Vergel*, p. 247.

1728. — «**Perilo.** He o nome, que os Portuguezes dão a hum remate dos telhados da China, que são de fórma Pyramidal, dourados, e tão agudos, que nelles não podem pousar os passaros». — Bluteau, *Supplemento*.

**PEROGI.** Antiga moeda de Dio, do valor de 8 réis. Pareco-me que o vocábulo se liga ao persa *pīrūzī*, «vitória».

1546. — «Declara dever a um certo Bartholomeu Dias 120 sultanys... hão de pagar-lhos a 400 **perogins,** tanto valem agora os pardaos de ouro». — *Espolio de Balthazar Jorge*, in *Bol. S. G. L.*, IV, p. 289.

1554. — «E 12 **perogis** vallem hũm axery; e 421/2 **perogis** val huum pardao d'ouro, ou 5 tangas de prata, que tem de vallia 360 réis». — António Nunes, *Lyvro dos Pesos*, p. 28.

1880. — «No meado do seculo XVI recebiam-se na alfandega (de Dio) o axery, moeda de prata corrente, por 60 *fedeas* ou **perogis... perogis** por 5 fedeas». — Teixeira de Aragão, *Descripção das Moedas*, III, p. 91.

1880. — «Fedea was a nominal coin of the value of nearly two reis, and a **perogi** was equal to 8 reis». — Gerson da Cunha, *Contributions to the Numismatics*, p. 32.

* **PEROSE** (s. f.). Turquesa. Do persa, *peroza* ou *pīrūza*. O termo não é actualmente usado na Índia.

1516. — «As verdadeiras Turquezas achão-se em Exeraquirimane, lugar de Xeque Ismael... os Indios chamão-lhe **Perose,** e he pedra molle de pouco peso, e não muito fria». — Duarte Barbosa, *Livro* (2.ª ed.), p. 381.

1894. — «As **peroses,** que são turquezas de Exaquerimane na Persia». — Lopes de Mendonça, *Os Orfãos de Calecut*, p. 88.

1831. — «**Férose** en persan signifie sublime, excellent. — C'est le nom de la jolie pierre que nous appelons turquoise». — *Correspondence*, II, p. 250.

**Peru.** Há etimologistas que põem em dúvida que o nome da ave provenha do idêntico nome geográfico americano, e lhe attribuem procedência indiana. Gonçalves Viana diz-nos (*Apostilas*) que «por emquanto é um enigma a origem da ave e do seu nome português». — Mas os nossos escritores antigos, como Diogo do Couto e Fr. João dos Santos, escrevem «galinhas do Perú, gallo do Perú» [1]. V. *Influência*. A ave não é originária das Índias Orientais, como o seu nome em algumas línguas parece indicar, mas das Índias Ocidentais; os portugueses é que a levaram para a Índia e transmittiram o seu nome a vários idiomas vernáculos. V. *La Grande Encyclopédie.*

**PIAMBRE.** Em dois sentidos emprega Fernão Mendes Pinto o vocábulo: veículo à maneira de andas, e tribuna ou estrado alto. Não se sabendo a que língua ou terra pertence o termo, é quási impossível identificá-lo com certeza. Pode ser que se relacione com *pirangue,* q. v.

1544. — «Ao outro dia, ás horas que nos disse, nos mandou á tenda nove cavallos... e elle [o general tártaro] se pôs num **piambre,** que he como andas entre nós, o qual levavão dous cavallos com bons jaezes»— «E chegando ás primeiras tranqueiras do *dopo* del-rey, que se chamava Xuxuiapom, se desceu do **piambre,** e todos os mais com elle... E subindo Mitaquer outra vez no **piambre,** entrou com o mesmo fausto... alli, descendo-se outra vez do **piambre,** nos disse que alli o esperassemos». — *Peregrinação,* cap. 121.

«A pessoa do Rey estava em cima no **piambre,** que era tribuna, cercado de doze meninos, que ao redor delle estavão em joelhos com suas maças de ouro pequenas a modo de cetros». — Cap. 122.

«**Piar,** *v. t.* e *i.* No sentido de beber, é caló ou gíria de ciganos da Hespanha». Cândido de Figueiredo. A palavra é de origem indiana: hindust. *pī-nā* < sânsc. *pib* = lat. *bib-*, com assimilação da primeira consoante.

* **PIAU** (chin. *piau*). Licença, autorização, na China.

1729. — «Vinte e quatro Padres Jesuitas tiveram **Piau,** ou patente para estarem na China sem embargo de hum decreto do Cardeal Tournon». — *Apud* Júlio Biker, *Collecção de Tratados,* VI, p. 123.

* **PICA-PAU.** É uma ave indiana— *Picus Bengalensis,* de côr verde, a qual abre com o bico buracos circulares em certas árvores. Diz-se *kuṭuró* em concani, *kaṣṭhakuṭa* em sânscrito. Também se dá o mesmo nome a uma outra ave, de côr de café e com poupa comprida, denominada *pāḍāvī* ou *pāḍekār* em concani.

1848. — «Relação dos exemplares zoologicos: **Pica-pao** (*Parecar*), Grou das Novas Conquistas (*Groupokcó*)...». — In *Archivo de Pharmacia,* VIII, p. 96.

1786. — «Il *Marancotti* o il **Pica-páo,** che batte l'albero col becco». — Fra Paolino, *Viaggio,* p. 159.

**PICO, picul.** Pêso do Extremo Oriente, equivalente a 100 *cates* ou 60 kilogramas. Do mal.-jav. *pikul,* que própriamente quere dizer «carga dum homem». O termo chinês correspondente a *pico* é *tán.*

1536. — «Dãolhe cada mês hũ **piquo** daroz para comer em sua casa». — Vasco Calvo, *apud* Ferguson, *Letters,* p. 90.

1542. — «... lhe derão des mil **picos** de prata, que por nossa conta são quinze contos de ouro, a razão de mil e quinhentos cruzados cada **pico**». — Fernão Mendes, *Peregrinação,* cap. 95.

1569. — «Cada tres **picos** fazem hũ *Baar,* cada Baar tem quatro quintaes, cada quintal quatro arrobas». — Fr. Gaspar da Cruz, *Tractado da China,* cap. 11. — Uma nota à margem, de letra antiga, no exemplar da Academia, diz: «Hũ **pico** hé hũ quital».

1607. — «Não ande [hão de] aver licença que pretendião para meterem em Machão [Macau] **picos** de seda, nem outra mercadoria». — *Alvará Régio,* in *Archivo,* VI, p. 796.

1650. — «Os direitos são grossos [em Hainão]; só de arroz paga 70:000 **picos;** tem hum **pico** da China cem arrateis, e cada arratel vinte onças». — P. António F. Cardim, *Batalhas,* p. 228.

1729. — «Dois **picos,** cada hum de 120 arrateis de arroz». — *Apud* Júlio Biker, *Collecção de Tratados,* VI, p. 119.

1842. — «O restante consistia em 4:680 **piculs** (o **picul** vale 69 kilogramas)». — *Annaes Maritimos,* p. 274.

1843. — «E quanto á porção que deve ser transportada, como está estabelecido que as sedas e outras fazendas não pódem exceder de 30 **picos;** chá, *gangas,* de 70 **picos;** *pao-chom* [foguete], sombreiro, papel, de 100 **picos;** devem ficar pelo regulamento estabelecido». — In *Bol. S. G. L.,* XI, p. 756.

1864. — «O **pico** tem 100 cates ou 133 arrateis». — Afonso de Castro, *As Possessões Portuguezas,* p. 340.

1878. — «E como os siamezes fazem de cincoenta *chango* [*xāng*], ou cates, um *hab* (hāb), que os portuguezes chamam **pico**... segue-se que o **pico** de prata vale em Siam duas mil e qeatrocentas patacas». — A. Marques Pereira, *Moedas de Siam,* p. 24.

1881. — «A rupia vale 330 réis; o **pico** tem 100 cates, e o cate 630 grammas». —

[1] «Chama-se *Perú,* por virem do Perú, e a principio se chamárão *Gallinhas do Perú*». Morais.

José Vaquinhas, *Timor*, in *Bol. S. G. L.*, II, p. 734.

1898. — «Para as medidas de peso tem [a China] o **Pico,** que vale 100 cates; o cate 16 taeis; o tael 10 mazes (12 taeis valem 1 libra ingleza).—Joaquim C. Crespo, *Cousas da China*, p. 158.

1890. — «Tomando a medida de 10 catties, esta mesma quantidade custará para produzir cem **picul (picul** vale 100 catties ou 50 kilos) a destruição de 10 arvores». — *Apud* Bernardo da Costa, *Memoria sobre a gutta percha*, p. 8.

1900. — «O **pico,** que é uma medida de peso, equivale a 60 kilog. e 400 grammas, e divide-se em 10 cates, o cate em 10 taeis».— In *Ta-ssi-yang-kuó*, de Fevereiro.

1908. — «Cada **pico** ou **picul** vale em Timor 62 kilos». — Alberto O. de Castro, *Flores de Coral*, p. 158.

1552. — «Tansegi cum eo ut istam mihi operam praestaret, promissis mercedis nomine viginti **picos,** ut hic loqui solent, hoc est mensuris piperis, quarum unaquaeque libras pendet centum viginti Lusitanas» — S. Francisco Xavier, *Epistolae*, IV, 36.

1610. — «... por vn bahar de seda que el señor del esclauo le prometiò, que son tres **picos,** o quintales portugueses». — Pedro Teixeira, *Relaciones*, p. 27.

1620. — «Les estrangers y portent tous les ans quatre ou cinq **picols** de soye». — *Relation du Japon*, p. 26.

1640. — «Un **pico** de qualquiera destes granos (son ciento y viente y cinco libras nuestras) vale comunmente cinco reales». — P. Semedo, *Imperio de la China*, p. 5.

«De trigo, arroz, legumbres, la mayor novidad es un *Tan* (llamanle **Pico** los Portugueses) a que dán principio de quanto puede llevar una mano». — *Id.*, p. 53.

1754. — «Il faut cent cattes pour faire un **pic,** qui est cent vingt livres de Paris». — P. de Charlevoix, *Histoire du Japon*, I, p. 27.

1770. — «Chaque **picle** qui pese cent vingt-cinq livres, se vend de six à vingt florins». — Raynal, *Histoire*, I, p. 196.

1836. — «Cent katis font un **pikle,** ou 125 livres ¾ de France». — Rienzi, *Océanie*, I, p. 67.

1854. — «On sait seulement que de quinze mille **picuis** (deux millions de livres) qu'on introduit annuellement à Pulo Penang, une grande partie, c'est-à-dire près de quatre mille **picuis** (un **picul** à 133 ⅓ lbs. [de *calaim*] est importée de Pérak». — Janciguy, *Indo-Chine*, p. 527.

«**Piçó** (adj.). O mesmo que bêbedo. «Aquella alma de mestre, mal que me apanhou *piçó*...». Canção marítima». Cândido de Figueiredo. «Em concani *piço* (*pisō*) quere dizer «doido»; é possível que os marujos troussessem da Índia a palavra com a significação «fora do seu juízo». Gonçalves Viana, *Apostilas*. De facto, o vocábulo concani, derivado do sânsc. *pisācha*, quere dizer «o que está fora do seu juízo ou siso»: o que pode ser efeito, não sómente do vinho, mas de qualquer paixão, como ira, alegria, amor.

**PICOTÁ** (s. m.). «Vantagem no peso fruída pelos mercadôres, nas praças commerciaes do Oriente». Cândido de Figueiredo». — «É uso oriental, que o tempo converteu em lei pelo mutuo consenso dos mercadores indios e europeus levar o comprador uma vantagem, ou *corrente*, com poucas excepções, no peso de todas as mercadorias. A esta vantagem maior, ou menor conforme era maior ou menor o valor da droga, ou fazenda que ia á balança chamaram os negociantes asiaticos **picotá**». Rodrigo Felner, in *Subsídios*, p. VI.

O termo figura freqùentemente no *Lyvro dos Pesos*, mas não está actualmente em uso. O malaiala tem *pakatam* com o sentido de «por causa de», «em lugar de», o qual com outra palavra, clara ou subentendida, podia ter-se empregado para expressar que a percentagem ou o excedente era por causa de qualquer diferença no pêso ou na medida, presente ou futura, devida principalmente à secagem ou à limpadura. Algumas vezes o acto abonaria a generosidade ou a benevolência do vendedor. Ainda hoje vigora na Índia a usança de «deitar por cima» do que se comprou um punhado ou algumas unidades de objectos miúdos, como peixe, hortaliça, frutas, legumes.

1554. — «O *baar* de crauo em Ormuz tem 20 *faraçolas*, e alem d'estas 20 faraçolas tem mais 3 *mãos*, que se chama **picotaa,** a qual **picotá** he costume muy antiguo dar-se em todas as mercadorias que se vendem ou compram». — António Nunes, *Lyvro dos Pesos*, p. 5.

1890:

> «Roubas na picotá,
> Judeu maldito!».
>
> Lopes de Mendonça, *A. de Albuquerque*, p. 176.

1895. — «E não só variava no preço, mas ainda no modo de pesagem, no numero de farazolas, que entram no baar, na importancia de **picotas**, e em outras complicações do commercio oriental».— Conde de Ficalho, Col. xxx.

**PIJAMA** (própriamente *paijama*; s. m.). «Vestuário caseiro, geralmente amplo e ligeiro, composto de calças e de um casaco curto, que se abotôa ao pescoço» (Cândido de Figueiredo), usado por europeus na Índia, particularmente para dormir, e introduzido pelos ingleses na Europa, onde também se faz de lã para o inverno. Do ingl. *pyjama* (leia-se *paijama*) < hindust. *pāe-jāma* < persa *pā-jāma*, lit. «cobertura de pernas». Cf. *papús*. Como se vê da etimologia oriental, o termo designa ordinàriamente as ceroilas ou calças largas que pessoas de um e outro sexo de certas raças e religiões trazem na Índia, às quais juntaram os europeus, sob a mesma designação, o casaco curto da mesma fazenda. Yule nota que é «provável que os ingleses tenham recebido dos portugueses êste uso como tantos outros bons». E cita Pyrard, que diz, falando do hospital de Goa: «Ils ont force calsons sans quoy ne couchent jamais les Portugais des Indes».

1915.—«Quanto a **pyjama** ou **pijama**, ignoro a origem do termo, que Cândido de Figueiredo já inscreveu no seu dicionário e que se chama também fato-de-cama, ou fato de dormir (casaco bem curto e largo e calça também larga sem braguinha nem botões, e a que aqui chamam *moirama* chamando também *moirama* ao **pyjama** inteiro, termo porventura preferivel a **pijama**)».— *Heraldo*, de 9 de Junho.

1919. — «Com duzentos de ontem, dos **pinjamas** para o Nunes, e mais vinte e cinco do meu *kimonho*, faz... ai! quanto fará?».— *Diario de Noticias*, de 10 de Agosto.

1885. — «The universal dress is white cotton of a course description, with an occasional blue turban and waistband, loose white trowsers (**paijámas**) and leather shoes» — Hunter, *The Imperial Gazetteer*, xii, p. 28.

1917. — «On a few occasions I haven't had time to put my clothes on at all, and I've gone up in my **pyjamas**».—*Tit-Bits*, de 14 de Abril.

**PILANGA** (chin. *ping-liu*). Tribunal militar, na China.

1541. — «E como o Chifu, que era Alcayde, a que hiamos entregues, apresentou na **Pilanga** do *Aytão*, que he a sua Relação, o processo da nossa sentença, assim fechada com doze sinetes de lacre como no Nanquim lha entregarão, os doze *Conchalis* da Menza do crime, a quem por distribuição foy cometido o conhecimento da causa». — Fernão Pinto, *Peregrinação*, cap. 100.

**PILAU**, **pulau**. Guisado de carne com arroz e especiarias, na Índia e na Pérsia. É o mesmo que *bringe*, q. v. O termo também é usado entre os maometanos da África Oriental. Do persa *pilāu*, *palāu* ou *pulāu*; hindust. *pulāu*, forma mais comum na Índia[1].

1666. — «Ils ne songeaient qu'a ênfonner du **pilau** à plaines mains». — Bernier, *Voyages*, i, p. 166.

1674. — «**Pullow**, a Stew of Rice and Butter with Fish, Foel, or Fish».— Fryer, *East India*, i, p. 234.

1676. — «Tous les jours sur les quatre heures après midi on donne du pain et le **pilau** à tous les pauvres qui se présentent» (em Golconda). — Tavernier, *Voyages*, iii, p. 130.

1689. — «Cloves and Amber-Grese, Cinamon and other fragrant Oriental Spices, do often help to compound their dishes of **Palau**, and other Meats that are in use among them».—Ovington, *A Voyage to Suratt*, p. 235.

1750. — «On a tant donné la description du **Pilau**, que je la crois superfluë ici. Tout ce que j'observerai, c'est que les Européens y ont ajouté du lard qui lui donne un très-bon goût, les Maures y suppléent par des fortes épices, et les grands dans leurs fêtes en font un régal spendide et très-dispendieux, on y ajoutant de l'ambergris». — Grose, *Voyage*, p. 243.

1786. — «Questi [árabes] mangiano il loro **Pilau** o riso cotto con galline e carne di capretti». — Fra Paolino, *Viaggio*, p. 84.

1824. — «There was a **pillaw**, which the king recommended to me, and which, therefore, I was bound to taste».— Heber, *Narrative*, i, p. 326.

1898. — «El plato nacional — que era el que saboreaba, dós vezes al dia — consiste en el **Pilau**, ó sea arroz con carnero». — Alfredo Opisso, *El Asia Musulmana*, p. 93.

[1] Cândido de Figueiredo diz-nos que é termo de Moçambique e que foi usado por Garrett. Os nossos indianistas não o conheceram.

* **PILOURO DE LINHA**. «Novêllos, nó indo-português. Ainda é vulgar ouvir-se ás senhoras portuguesas de Goa, netas dos Soldados, esta linda designação dos seus novêllos, que lembra os pelouros dos cêrcos, as muralhas de Diu, o morticínio de crianças e mulheres portuguesas em Mombaça, toda a graça feminina das nossas companheiras nas fomes, nos naufragios, nos rios de sangue derramado, no incendio e nos saques da tragedia luso-oriental».—Alberto O. de Castro (1906), *A Cinza dos Myrtos*, p. 192.

* **PILUÁNE**. Orta menciona o vocábulo como usado pelos decanis, isto é, pelos muçulmanos do Decão, para designarem «cornaca ou naire». Com efeito em hindustani e persa *pīl-bān* quere dizer «guarda-elefante»; mas os nossos indianistas não o empregam.

1563. — «Não tendo que comer lhe [ao elefante] disse o seu mestre (a que chamam no Malavar naire e os Dacanins **piluane**) que não tinha a caldeira para lhe cozer o arroz». — Col. XXI.

* **PILÓ** (ant.). Grande embarcação chinesa para carga. O termo é malaio, *pilau*; observa Wilkinson que o tipo do navio designado é agora obsoleto.

1616. — «Ha duas sortes delles conforme ao que sam entre nós as náos e galleões, dos quaes os mayores se chamão **Pellós**... Porem as que chamão **Pillos**, nunca decem de quatro mil quintaes». — António Pinto Pereira, *Hist. da India*, I, p. 144.

**PIMENTA**. Fruto de **PIMENTEIRA**, *Piper Negrum*, Linn. A que aparece no mercado é a baga ou drupa sêca colhida antes de amadurecer. Há três processos de a preparar. Também é conhecida por «pimenta negra ou preta» e por «pimenta da Índia». Na Índia Portuguesa chamam-lhe comummente «pimenta redonda», entendendo-se por «pimenta» ou «pimenta longa» o pimento ou a malagueta. A região que produz mais pimenta é o Malabar. O vocábulo português proveio do lat. *piper* + *menta*, derivado do sânsc. *pippali*, *Piper longum*, Linn., «pimenta longa» dos nossos escritores.

A *pimenta branca* é «a baga madura desprovida do pericarpo por maceração». E a *pimenta canarim*, de que fala o nosso Orta, é «a baga da variedade silvestre do *Piper nigrum*, conhecido algumas vezes como *P. trioicum*, Roxb.». D. G. Dalgado, *Classificação Botanica*, p. 16. Vid. *Glossário*, s. v. *pepper*.

A pimenta foi o principal artigo de comércio português na Índia, e a sua exportação em navios estrangeiros era severamente punida, por se considerar monopólio do Estado.

1508. — «Vossa Alteza me manda que a **pimenta** vá limpa e sequa». — D. Francisco de Almeida, in *Lendas*, I, p. 901.

1512. — «E abaley logo com tod armada caminho de Cananor, deixando os cofres e feitores das naos em Cochim recebendo suas **pimentas** em casas, e fazendo suas cargas». — Afonso de Albuquerque, *Cartas*, I, p. 81.

«Quanto á **pimenta** e drogas que vão a Levante, saiba Vossa Alteza que nom vão d'esta costa, senão de Malaca, e Çamatra, e Pedir, onde nace muyta **pimenta** *longa* e *redonda*». — Id., *ibid.*, p. 907.

1516.—«Ha mercadoria que hos Malabares aquy trazem saom muytos quoquos... **pimenta**, gengiure, crauo, canela, maça, nos moscada, sandalo, brasil, **pimenta**». — Duarte Barbosa, *Livro* (2.ª ed.), p. 283.

1522. —«E n'esta terra de Pacem ha muyta **pimenta** que nace por toda a terra, e a trazem aquy a Pacem, que he a mór escala da ilha de Çamatra; a qual **pimenta** he mais grossa que a do Malauar, e porém não tão quente, e dentro tem hum vão». — Gaspar Correia, *Lendas*, II, p. 718.

1552. — «Nace muyta **pimenta** *longa* e *redonda*, e tão farta como a de Malabar». — Castanheda, *Historia*, II, cap. III.

1552. — «Em retorno das quaes os seus Capitães tiverão outros que auia na terra, que era marfim, ouro, malagueta, **pimenta**: dous generos despeciaria de tanto proueito e tão estimada nas partes da Christandade, como a **pimenta** daquelle Reyno de Calecut». — João de Barros, Déc. I, IV, 9.

*1554. — «O Ruper e a terra de Beni foi primeiramente descuberta neste anno por hum João Affonso Daveiro que la faleceu, e dahi veyo a Portugal a primeira **pimenta** que se vio de Guine». — Garcia de Resende, *Chron. de D. João II*, fl. 43 v.

1561. — «E tem [Samatra] muita **pi-**

**menta**, e melhor que a India». — Henrique Dias, in *Hist. Tragico-maritima*, III, p. 85.

1563. — «E se me não quereis crer, crede a estas tres sementes, que ahi vam, huma he de **pimenta** *longa*, e outra *branca*, e outra *preta*». — Garcia da Orta, Col. XLVI.

1572:

«Tenasserí, Quedá, que he só cobiça
Das que **pimenta** [longa] alli tem produzido».
Camões, *Os Lusiadas*, X, 123.

1563. — «Das especiarias tem [Samatra] **pimenta** *commum*, **pimenta** *longa*, gengivre, canella». — Barros, Déc. III, v, 1.

1608. — «Como a **pimenta** seja a cousa mais importante que d'essas partes vem para minha fazenda, convem muito que no apresto d'ella haja cuidado e vigilancia». — *Carta Régia*, in *Doc. da India*, I, p. 191.

1615. — «Os Portuguezes alem do trafico do Congo tem tambem o da Guiné, donde extrahem marfim, que alli ha em grande abundancia, com algodões e **pimenta longa**, a que chamam *Malagueta*». — Pyrard de Laval, *Viagem*, II, p. 194.

1619. — «De cada *candil* de **pimenta** *canary* se pagará de direitos 3 barganis de leaes». — *Regimento* do Vedor Nuno Vaz.

1687. — «A **Pimenta** cresce mays como escadeas de Vuas, que como cachos, em quanto não seca, e amadureçe he uerde. Colhe se the o meyo de Janeiro, e sô os Naturaes pelo uzo conhecem, a diferença, entre a planta, que dâ **Pimenta** *preta*, ou *branca*, de que ha menor uzo». — P. Fernão de Queiroz, *Conquista de Ceylão*, p. 59.

1782. — «Quer a **pimenta** *redonda* a terra gorda, fresca e humida; planta-se no pé nas arvores para ellas treparem as suas ramas». — Fr. Clemente da Ressurreição, *Tratado*, II, p. 314.

1824. — «Com condição de pagarem mensalmente ao meu *Sarcar* certos direitos de importação e exportação de **pimenta** *redonda* e mais generos». — *Apud* Júlio Biker, *Collecção de Tratados*, VII, p. 47.

1842. — «A **pimenta** *redonda* da Costa do Malabar, a melhor das Indias e affamada desde muito antigo tempo, acha em Goa terreno mui proprio e adequado». — *Annaes Maritimos*, p. 269.

1843. — «O mesmo acontece com uma especie de malaguetas ou **pimentas** *longas*». — *Ibid.* (parte official), p. 84.

1846. — «**Pimenta** *redonda*, dita *longa*, cebolas». — F. N. Xavier, *O Gabinete Litterario*, I, p. 247.

1886. — «Sendo a parte radical a **pimenta** *longa* — *piper longum*, de Linneu — e a malagueta». — Lopes Mendes, *A India Portugueza*, I, p. 54.

c. 70. — «Semina a iunipero distant parvulis siliquis: quales in phaseolis videmus. Hae priusquam dehiscant: decerptae tostaeque sole faciunt quod vocant **piper** *longum*. Paulatim vero dehiscentes per maturitatem: ostendunt *candidum* **piper** quod deinde tostum solibur, colore rugisque mutatur». — Plinius, *Naturalis Historia*, XII, cap. 7.

1444. — «In questa isola [Samatra] nasce il **pepe** molto maggior dell' altro, & cas lungo». — Nicolo de Conti, *apud* Ramúsio, I, fl. 339.

1510. — «In questo paese di Pedir nasce grandissima quantità di **pepe**, che è *lungo* che chiamano Molaga». — Barthemá, *ibid.*, fl. 167.

1578. — «La planta dela **Pimenta** *negra*, blanca, y luenga, no es toda vna: que lo mas cerca que nasce la **Pimenta** *luenga*, del Malabar (a donde se halla la *negra* y la *blanca*) son quinientas leguas, que es en Bengala, y en la Java». — Cristóvão da Costa, *Tratado*, p. 23.

1585. — «La stanza mia (dacchè voi me ne domandate) è parte in Goa, e parte in Coccino, e parte in mare; chè bisogna andare di su e di giù visitando questi luoghi dove la **pimenta** se raguna». — F. Sassetti, *Lettere*, p. 264.

1658. — «Aliud est **Piperis** genus, sed ignobile **Piper**, *Canari* appellant lingua Malabarica, à Canara loco natali». — G. Piso, *Mantissa Aromatica*, p. 182.

«Bengalenses *Pimpilim* nuncupant, quod nos, auctoritate Graecorum, **Piper** *longum*, Hujus in culina nullus est usus: Frequens in medicamentis, praesertim theriacis aliisque confectionis antidotis; et merito; virtutes enim non contemnendas obtinet». — Id., *ibid.*

1836. — «Le **poivre** *blanc* n'est que la même graine très-mûre, qu'on a laissée séjourner dans l'eau courante pendant une dizaine de jours». — Rienzi, *Océanie*, I, p. 108.

* **PIMENTEIRO.** Negociante de pimenta.

1624. — «As outras Provisões sobre a defesa dos bacamartes, e sobre os arteficios de fogo... e sobre nenhuma pessoa andar nos navios dos **pimenteiros** por soldado ou passageiro». — *Carta de Lei*, in *Archivo*, VI, p. 1237.

1625. — «... potendo suspettare che fossimo **Pimentieri**, come essi dicono, cioè mercanti di pepe, e d'altre cose prohibite, che sono obbligati à prendergli». — Pietro della Valle, *Viaggi*, III, p. 357.

**PIMPÔLO.** É o mesmo que *árvore de pagode* ou *figueira do pagode* — *Ficus religiosa*, Linn. De conc. *pimpal* < sânsc. *pippala*. Yule identifica êste nome com o lat. *populus*, «choupo», e acha semelhança no contínuo movimento das fôlhas de uma e outra árvore. Os indo-europeus ou proto-

-árias, quando se dispersaram do núcleo primitivo, deram, por analogia, os nomes antes conhecidos à fauna e à flora das suas novas sedes.

XVII.—«Os mesmos Gentios casão esta arvore [*de gralha*] com outra chamada **pimpolló,** por outro conto fabuloso». — *Breve Relação*, I, p. 18.

1825. — «Admira-se no jardim da companhia o bellissimo **pipal,** arvore sagrada, na crença dos banianes». — José Inácio de Andrade, *Cartas*, I, p. 108.

1842. — Junto aos pagodes têm certas arvores, que veneram como habitação dos Deuses; e assim adoram o **Pimpol,** que reputam o rei das arvores, e ser tambem figura de Bramá». — *Annaes Maritimos*, p. 453.

1843.—«*Arvore de gralha*, e **Pimpollo** — São estas duas arvores, que tambem merecem veneração dos Gentios». — F. N. Xavier, *O Gabinete Litterario*, I, p. 179.

1867. — «O **pipal** encerra em si, por tanto, muitos titulos que lhe dão jus ao enlevo, respeito e veneração do povo». — *Archivo Pittoresco*, X, p. 60.

1873. — «Ao genero *ficus* pertencem os nossos *rumbôllo, ôlli,* **pimpollo** e *ôllo,* arvores que adornam os palmares para sombra». — Bernardo da Costa, *Manual do Agricultor*, II, p. 222.

1874. — «Os indús tanto brahmanicos como budhistas veneram o **pimpollo**». — Pedro G. Mesnier, *O Japão*, p. 236.

1886. — «**Pimpôl**. — Os hindus teem grande veneração por esta arvore que Linneu denominou *Ficus Indica*, por supporem que n'ella se convertêra Sarasvaty, e que na raiz habita Brahmá, no tronco Vishnú e nos ramos Shiva». — Lopes Mendes, *A India Portugueza*, II, p. 90.

1890.— «O culto de Santéry está ligado com o das arvores, especialmente de **pimpol** (ficus religiosa) e *vodd* (ficus indica)». António de Almeida Azevedo, *As Communidades de Goa*, p. 40.

1905. — «Foi essa politica de nimia tolerancia que sem grandes esforços conseguiu substituir deante dos templos christãos o **pimpolo** (ficus religiosa) pela arvore de *puna* (*esterculea fetida*)». — Ernesto Fernandes, *A India Portugueza*, p. 14.

1912. — «**Pipol** é o *Budhidrú* ou arvore de sabedoria dos Jains e budhistas». — Caetano Gracias, *Flora Sagrada*, p. 111.

1786.—«Questo se chiama Aram, in lingua Tamulica, Arayal o Arashu in lingua Malabarica e **Pimpolu** in corrotta lingua Portoghese». — Fra Paolino, *Viaggio*, p. 65.

1824. — «At last we emerged on a somewhat higher and drier ground, where were some of the largest **peepul-trees** I ever saw». — Heber, *Narrative*, I, p. 382.

1884. — «Assis les jambes croisées au pied d'un **Pipala** (en tamoul *Aram-Maram*, l'arbre royal, ficus religiosa)». — Mgr. Laouenan, *Du Brahumanisme*, I, p. XXIX.

* **PINACA** (conc. *pinãk* < sânsc. *pinyãka*). Resíduo de côco e de gergelim depois da extracção do óleo; bôlo de farinha torrada de arroz e de jagra. Usado em ásio-português.

1942. — «Os residuos do côço pilados têm o nome de **pinaca;** e é excellente para sustento de porcos e de gado».—*Annaes Maritimos*, p. 267.

1852. — «**Pinaca** — Bagaço de coco de azeite». — F. N. Xavier, *Bosquejo Historico*, IV, p. 15.

1886. — «E o *penddi* ou **pináca,** que são os residuos da extracção do oleo, e serve para arraçoar os animais de trabalho».—Lopes Mendes, *A India Portugueza*, I, p. 189.

1893. — «Depois da operação os saccos ficam completamente chatos, e difficilmente são separados da dura **pinaca,** que se forma dentro, e parece como **pinaca** de linhaça, salvo na côr que é mais clara».— José Maria de Sá, *Productos do Coqueiro*, p. 29.

1913.— «E o residuo, a **pinaca,** o *penddi*, igual ao qual, como alimento para a cria domestica, gado e aves, não appareceu outro, nos mercados do mundo». — *O Ultramar*, de 13 de Novembro.

1915. — «Aquella outra presta para manteigas, e oleos de meza, sabonetes de toilette e **pinaca** para alimento de gado». — *Id.*, de 13 de Dezembro.

1786. — «Il capo morto, che resta dopo che fu cavato l'olio dal coco è la **Pináca,** che serve per ingrassare i porci, le anatre, le galline». —Fra Paolino, *Viaggio*, p. 116.

1908. — «Cocoanut oil cake or **Poonac**. — .... This is by-product of *Copra*, after the expression of the oil». — Watt, *The Commercial Products*, p. 360.

* **PINATE** (ant.). Provedor ou viador do rei, em Maluco. Do mal. *pĕnat*, que literalmente quere dizer «labor, fadiga».

c. 1560. — Fintão muitas vezes o pouo, e cada hum tem certas aldeias obrigadas a fazer-lhe, e cobrir-lhe suas casas, e darlhe vinho, e fruita, porque a demasia dá o Rei, o que se entrega a hum como Veador chamado **Pinate,** pessoa principal e de grande preeminencia, o qual he obrigado a mante-lo dali e pôr de sua casa o que falta, e como empobrece fazem outro». — Gabriel Rebêlo, *Informação de Maluco*, p. 152.

* **PINGA.** «É um aparelho que se parece muito com o dos nossos cabazeiros ou vendedores ambulantes

de peixe. Nas *pingas* feitas comummente de uma vara de areca [aliás arequeira] carregam os chingalas em cêstos pendentes das duas extremidades os fretes equilibrados». Rodrigo Felner, em nota a Bocarro. É como a «recoveira» dos peixeiros de Portugal. Também se entende o presente levado em tais cêstos. Vê-se das abonações que o vocábulo é empregado pelos nossos escritores particularmente em relação com Ceilão, como ainda o fazem os ingleses. Mas não é vernáculo; o seu correspondente em singalês é *at'* ou *ad*. Acho muito provável que o étimo seja o mal. *pungah*, «transporte de objectos». O termo é corrente em Macau, onde também designa o «varal de cadeirinha».

1613. — «E acodindo alguns Mocancabos, o [crocodilo] matarão com pancadas, e o trouxerão a fortaléza, a **pinga** 35 marinheiros anno 1560». — Manuel G. de Erédia, *Declaraçam de Malaca*, fl. 35.

1619. — «Os *topetins* dos portos [de Ceilão], e outros costumes e **pingas**, que por serem direitos reaes tinha o vedor da fazenda daquella Ilha Antão Vaz Freire feito carregar em receita por lembrança ao feitor della». — *Alvará* do vice-rei, in *Archivo*, VI, p. 1188.

1614. — «Os quaes levarão muitos Cafres, a que chamão **Pingos**, que são como mariollas». — Diogo do Couto, Déc. VIII, cap. 35.

1635.— «Como os portuguezes não tinhão paragem segura, onde podessem passar aquella noite naquelles mattos, se deram a caminhar com toda a pressa, para chegarem antes dela ás nossas terras, vindo por toda a força do sol, que era notavel, de maneira que alguns negros, que levavam **pingas** morreram só de pura calma e quentura». — António Bocarro, Déc. XIII, p. 250.

«Veiu com toda a Malvana a dar a obediencia ao geral com **pingas**». — *Ibid.*, p. 709.

1651. — «Offerecendo-se os Marinheiros de acarretar ás costas os caixões de cabedal, que eram quatorze fazendo **pengas** (*sic*) quatro homens a cada caixão». —António F. Cardim, in *Hist. Tragico-maritima*, X, p. 175.

1687. — «Pagauamos a **pinga** do ano (uem a ser hũa carga) a el Rey, ou à quem comia a aldea, em que estauamos». — P. Fernão de Queiroz, *Conquista de Ceylão*, p. 838.

1707. — «Como qualquer cúlle que careta a **pinga**». — P. Manuel de Miranda, *O Chronista de Tissuary*, III, p. 164.

1858. — «Vê-se um chim vendedor de ceias ou comidas feitas e quentes, que traz em dois cestos, que se separam em repartimentos, pendentes d'uma vara de bambú (a que, para tal modo de carregar, chamam **pinga**), e equilibrados sobre o hombro do conductor». — *Archivo Pittoresco*, I, p. 278.

1869. — «Querê cadera que tem quatro **pinga** para oito cule; mas como vosso tio gostá muto de figurá, já lembrá de pedí pra convidá oito comandador pra cartá aquelle bem aventurado principe, para vosso tio tambem pôde entrá no meo». — *Dialecto de Macau*, in *Bol. S. G. L.*, II, p. 170.

1884. — «... andores com pagodes de papelão, muitas **pingas** comestiveis, charolas com idolos». — Adolfo Loureiro, *No Oriente*, II, p. 82.

1895. — «... por onde passam os varaes, que aqui teem o nome de **pingas**. As **pingas** são ligadas, quasi na extremidade, por uma travessa que os culis apoiam sobre o pescoço como canga». — Conde de Arnoso, *Jornadas*, p. 107.

1899. — As cadeiras são levadas por dois culis, ou chins carregadores, que appoiam as extremidades dos varaes ou **pingas** aos hombros e não á maneira usada em Lisboa pelos que transportam doentes nas cadeirinhas». — *Ta-ssi-yang-kuó*, de Outubro.

1900. — «Hade encontrar o bambú dominando a vida e os costumes dos chinezes, desde o berço feito de bambú, até as varas ou **pingas** que transportam os palanquins dos grandes poderosos aos *yamens*, ou os caixões dos defunctos aos cemiterios». — *Id.*, de Abril.

1860. — «The **pingo** formed of a lath cut from the stem of the *areca* or of the coco-nut palm, and still used as a yoke in carrying burdens, existed an a earlier period, in the same form in which it is borne at the present day. It is identical with the *asella*, an instrument for the same purpose depicted in works of Grecian art and on monuments of Egypt». — Emerson Tennent, *Ceylon*, I, p. 497.

* **PINGO**. Grão ou conta de ouro, na Índia e na África Oriental. Parece que o vocábulo é de origem africana. A língua de Tete tem *pingu* com o sentido de «corrente, cadeia».

1563 (1502). — «Deu [o rei de Sofala] logo presente pera o Capitão mór hum maço de ramaes de continhas d'ouro enfiadas, a que elles chamão **pingo**, que pesava mil *maticaes*, que cada matical val quinhentos reis». — Gaspar Correia, *Lendas*, I, p. 274.

1831.—«Tem apanhado pedaços de ferro de gargalheira muito ferrugento, alguns

**pingos** de ouro, etc.». — *Apud* Júlio Biker, *Collecção de Tratados*, xii, p. 89.

1846. — «Bentinho, e relicario, com os competentes cordões; rozario de **pingo**, etc.». — F. N. Xavier, *O Gabinete Litterario*, i, p. 104.

**PINTADA** (s. f.). Galinha da Índia ou da Guiné, *Meleagris numida*. Indo-ingl. *pintado;* indo-fr. *pintade*. O nome provêm de pintas de côr variegada da sua plumagem.

1609. — «Ha nestas terras [do Preste João] perdizes de tres castas, lebres, gallinhas de matto, **pintadas**, grandes e formosas». — Fr. João dos Santos, *Ethiopia Oriental*, i, p. 377.

«Em toda esta Ilha [de Santa Hélena] ha muitas cabras silvestres, muitas gallinhas bravas, **pintadas**, mui fermosas e grandes». — *Id.*, ii. p. 379.

«O interior da ilha [do Fogo, em Cabo Verde] abunda em caça; **pintadas** (a que chamam *gallinha-Guiné*), codornizes, e cabras montezes». — In *Bol. S. G. L.*, v, p. 385.

**Pintado** (pano-). É o nome por que designaram os nossos antigos indianistas o que actualmente nomeamos *chita*. *Pintado* é também o nome que os portugueses davam a uma espécie de pombos. Vid. Fryer, em *mangas-de-veludo*.

1513. — «Cinquoenta e sete cruzados de duas patacas e hum **pano pintado** de Begynaga» (Bisnaga). — Afonso de Albuquerque, *Cartas*, ii, p. 110.

1516. — «E asy ha [no Guzarate] outros **panos pintados** muytos e de muytas sortes». — Duarte Barbosa, *Livro*, p. 282.

1552. — «E grande soma dalgodão de que se fazem muytas sortes de panos muyto delgados hũs brancos e outros **pintados**». — Castanheda, *Historia*, iv, cap. 37.

1563. — «Carregado de roupas finas de cores, tecidas e **pintadas**, roupas de vestir as principaes pessoas». — Gaspar Correia, *Lendas*, ii, p. 216.

1577. — «Alli vay ter, e se entrega aos Gentios a troco de **panos pintados**». — *Primor e Honra*, fl. 93.

1579. — «With cloth of diverse colours, not much unlike our usual **pentadoes**». — Drake, in *Glossary*.

**PINTANE**. É uma embarcação chinesa de comércio, maior que a *lorcha*. Do chin. *ping-tá*, «vaso grande».

1845. — «É livre aos negociantes de todas as nações embarcar, e desembarcar fazendas em qualquer embarcação que elles alugarem, quer seja em **Pintans**, quer em quaesquer outras lorchas». — *Annaes Maritimos*, p. 339.

* **PIO**, **piu**. Funcionário militar, na China; capitão. Donald Ferguson sugere a procedência do chin. *ping*, «tropa», e *yü* ou *yew*, talvez, «oficial». Eu porêm conjecturo que o étimo é *pí*, «capitão».

1534. — «Dizem que peitarão ao **pio** de Nante ao *pachaini* darmada que trabalhassem por tomar algum nauio». — Christóvão Vieira, *apud* Ferguson, *Letters*, p. 81.

1552. — «Ha outros officiaes menores que estes, que se chamão... *ilaos*, **pios**, que são almirantes e *ticos*». — Castanheda, *Historia*, iv, pag. cap. 27.

1563. — «Qualquer cousa que ouuesse mister, mandasse pedir ao **Pio** da villa de Nantó, que veria estar diante, o qual era seu superior... O **Pio** a que este capitão encaminhava Fernão Perez, era hum homem que seruia hum cargo, como entre nós o officio de almirante do mar e era nome do officio, e não da pessoa». — João de Barros, Déc. III, ii, 8.

1516. — «O Governador de Nanto, huma villa junto da barra do rio que vem de Cantam... o qual governador (a que chamam **piu**) o mandou visitar». — Damião de Góis, *Chronica de D. Manuel*, iv, cap. 24.

* **PIPE** (ant.). Nome que o povo de Maluco dava à *caixa* ou *caxa* (q. v.). *Pipeh* quere dizer em malaio «chato»; mas parece que *pipe* está por *pites*, mal. *pitis*, «denominação duma moeda mui pequena, como a caxa chinesa». Wilkinson.

1560. — «Não tem moeda — salvo hũa a que chamão **pipe** e o Malaio *cazre*, nós dizemos *caxas*, que são de metal fundidas do tamanho de grandes ceitis, com letras de hũa banda, e nada da outra». — Gabriel Rebêlo, *Informação de Maluco*.

* **PIRANGE**. Diz-nos Fernão Mendes Pinto que é o nome dum veículo oriental que êle viu na China e em que ia o embaixador do imperador Carão, provávelmente *csar*. Parece-me que, etimológicamente, *pirange*, ou antes *pirangue*, se pode relacionar com o sânsc. *paryaṅka* ou *palyaṅka*, «palanquim», por intermédio da forma malaio-jav. *pĕlánki* ou *plánki*, ou de alguma outra língua. V. *fiambra*.

1554. — «Elle vinha num carro de tres rodas por banda, todo guarnecido de prata, com huma cadeyra do mesmo em que hia assentado, e em roda deste **pirange** (porque assim se chamava) vinhão quarenta homens de estribeira, muyto bem vestidos, com couros e calças de pano verde e roxo em enxadrez, com rendas de seda vermelha e çapatos abrochados á portugueza antiga». — *Peregrinação*, cap. 124.

**PIRES.** Pequeno prato, em que se coloca a chávena. Êste termo, como os outros que dizem respeito ao chá, é certamente oriental; mas não é bem claro o seu étimo. Atenta a sua forma, parece que lhe conviria melhor o hindust. *pirich*. Afigura-se-me porêm que *pirich*, e igualmente o beng. *pirij*, o sing. *pirissiya* são adaptações do port. *pires*. Os termos vernáculos do hindustani, bem como do hindi, são *toxtarī*, *hāli*; e Shakespear, no seu grande dicionário de 1817, não regista *pirich*. *Piring* existe em malaio, achinês, sundanês, javanês, balinês, daiaque, macaçarês, búgui, e significa «pratinho». É, portanto, da Malásia que os portugueses devem ter introduzido o vocábulo na Índia e importado para a Europa. Mas a terminação *-es* ou *-is* oferece certa dificuldade; pois *piring* devia dar normalmente *pirim*. É possível que *pires* seja o plural de *pirim* e esteja por *pirins*. V. Gonçalves Viana, *Apostilas*, s. v. *chá*.

O Sr. Cândido de Figueiredo regista *pires* como termo de gíria, e dá-lhe o significado de «prato». O vocábulo com esta forma, modificada pela influência portuguesa, teria sido importado pelos ciganos do mal. *piring*. V. *Influência*.

1613. — «Huma duzia de **pires** da India dos ordinarios avalliados a oytenta reys cada hum».—Tomás Pires, *Materiaes*, etc., in *Bol. S. G. L.*, XVI, p. 745.

1634. — «Hum **pires** de prata sobredoirado». — *Id.*, p. 784.

1649. — «Mandou tres bandejas grandes charoadas e douradas, redondas, dois palmos de alto, cheias de muitos pratos, cada um acabava com muitos **pires**, fazendo um monte, onde estavam todas as cousas de comer». — António F. Cardim, *Batalhas*, p. 80.

1687. — «Logo lhe [aos reis] punhão diante hum grande prato de ouro e esmaltado, com outro **pires** do mesmo, que não hão de tocar, no pano em que assenta». — P. Fernão de Queiroz, *Conquista de Ceylão*, p. 65.

1756. — «Quatorze **pires** de varias côres e pinturas» (presente do Imperador da China). — *Apud* Júlio Biker, *Collecção de Tratados*, VII, p. 101.

1883. — «É verdade que de cada prato se serve uma diminutissima quantidade em pequenos **pires** de porcellana, que eu tomei por alfineteiras ou cinzeiros». — Adolfo Loureiro, *No Oriente*, I, 358.

**PISTU.** Figura a palavra no *Itinerario* do Mestre Affonso (publicado nos *Annaes Maritimos* (1844, p. 231), provávelmente por êrro de cópia, devendo ler-se *pistá*, do persa *pista* > ar. *fustuk* e turco *fistik*, ital. *pistacchio*; fruto de *Pistacia vera*, Linn., espontânea e cultivada em várias regiões do Oriente, como Afganistão, Síria, Palestina, Pérsia.

1565. — «Aquy vy hũa fruita como pequenas amendoas, de muy delgada casca e miolo de mui excellente sabor, verde em cor e da efigie e feição dos nossos pinhoens a que os parsios chamão **pistú** ... haa tambem em Roma val muito e he muito estimada dos Senhores Cardeaes, e chamam-lhe *pistáche*».

1908. — «The fruit, known as the **pistachio**, is oval-shaped and varies in size with the amount of cultivation the tree has received. They are exported in large quantities from Afganistan to India, Persia and Turkestan».—Watt, *The Commercial Products*, p. 902.

**PISU** (talvez **pissu**). Fernão Mendes Pinto, falando das madeiras das ilhas Léquias (Formosa), menciona quatro nomes peregrinos: *angelim*, *jatemar*, *poitão*, *pisu*. O primeiro é certamente do malaiala; o segundo, com muita probabilidade, do malaio; o terceiro e o quarto não se pode saber a que língua pertencem.

1545. — Tem muyta madeyra de angelim, jatemar, poytão, **pisu**, pinheiro manso». — *Peregrinação*, cap. 143.

* **PITALEU.** Saltimbanco chinês. Talvez do chin. *kin-tan-vang*, que significa o mesmo.

1540. — «Ha outros que chamão **Pitaleus**, que trazem em barcaças muyto grandes, muytas invenções de animaes bravos muyto para ver e temer».—Fernão Pinto, *Peregrinação*, cap. 99.

**PITAMBOR** (em rigor, *pitâmbar*). Tecido de sêda, de cor amarela, na

Índia. Do conc.-mar. *'pītāmbar* < sânsc. *pīta*, «côr de fel, amarelo», e *ambar*, «veste». Mulheres hindus vestem-se, em ocasiões festivas, de *pitambores*, sendo a côr amarela preferida no Oriente a todas as outras.

1874. — «Vestem pannos riquissimos, **pitambores** de seda de Chapur, Belgão, Nacpur». — Tomás Ribeiro, *Jornadas*, II, p. 103.

1898. — «A bailadeira traja quasi sempre com muito gosto e elegancia. Os seus pannos (**pitambores**) de custosas sedas, fazem realçar-lhes as sympathicas phisionomias». — Oliveira Mascarenhas, *Atravez dos Mares*, p. 114.

1907:

«... Adivinham-se ignotos
recessos de frescura sob a nevoa ligeira.
de **pitambor** que agita...».

Paulino Dias, in *Luz de Oriente*, de Novembro.

1915. — «... **Pitambor** (tecido amarelo) hoje em dia denominação aplicada em Goa ao pano de seda com borda e *paló* (q. v.) de galão, usado por mulheres da classe hindu». — *Heraldo*, de 10 de Junho.

1786. — «Questo vestito è recoperto dal **Pidambara**, che è un drappo giallo e fino di seta d'oro che rimonta sopra la testa, e passando sotto il braccio vien à fare una specie di manto intorno alla cintura, d'onde scadendo giù copre le gambe di destro». — Fra Paolino, *Viaggio*, p. 205.

*** PITAU**. Tribunal do *anchaci*, juiz provincial na China. Parece que o étimo é o chin. *pu-tau*, «meio feito», no sentido de «segunda instância. *Pú-ting* quere dizer «juiz duma aldeia».

1541. — «Daqui nos levarão hum dia pela manhaã ao **Pitau** *Calidão* [1] da justiça, que era o tribunal aonde o Anchecy estava assentado». — Fernão Pinto, *Peregrinação*, cap. 115.

**PLÁTANO**. É o nome que os espanhóis erróneamente deram à bananeira, e ao seu fruto, quando a transportaram (em 1516, conforme Oviedo) para a América, e pelo qual, *plantain*, são designados pelos ingleses na Índia. Nos princípios da guerra europeia um telegrama das Canárias, publicado na imprensa de Lisboa, informava que estava aí a apodrecer grande quantidade de *platanos* por falta de transportes. Bluteau regista o vocábulo como espanhol. V. *figo* e *banana*.

[1] Não pude identificar êste vocábulo, por não atinar no seu significado.

1613. — «E finalmente se acha nesta Peninsula os melhores fructaes e mays saborosos do mundo, como são os gostosos *Duriões*... muita quantidade de **Platanos**, ou Figos da India, muitas Uvas». — Manuel G. de Erédia [1], *Informação da Aurea Chersoneso*, p. 90.

1886. — «That author is careful to explain that the plant was improperly so called, as it was quite another thing from the *plantain* described by Pliny». — Yule, in *Glossary*.

*** PÓ DE GOA** (indo-ingl. *Goa powder*). A locução originou-se fora de Goa; designava uma substância que se extraía da leguminosa *Andira Araroba*, indígena da América meridional, e que tinha benéficos efeitos em eczemas e outras doenças de pele. Era importada do Brasil em Goa. V. *Glossary*.

1909. — «Esta substancia antigamente tão usada na medicina, não é de Goa, mas sim do Brazil, donde provavelmente foi introduzida pelos jesuitas na India na segunda metade do seculo XVII, sendo depois levada para a Europa». — *O Oriente Portuguez*, VI, p. 226.

«**Podoli**, m. Árvore indiana». Cândido de Figueiredo. Se é o mesmo que o conc. *padavlī*, diz-se *patola* em indo-português (q. v.).

*** POEI-CHIM**. Conforme a abonação, quere dizer em chinês «vassalo de vassalo». Não sei qual seja o seu étimo. No sentido de «humilde servo», costuma-se dizer na linguagem oficial *pi-chik*; *pu-chi* significa «servo de».

1766. — «Como pretendiam [os padres católicos] fundar um imperio para Deus na humildade, lançaram o mais seguro alicerce a este edificio, tanto assim que antigamente chegaram a usar nos seus memoriaes das palavras — **Poel Chyn** — vassallo de vassallo». — *Apud* Júlio Biker, *Collecção de Tratados*, VIII, p. 95.

*** POIÁ** (ant.). Vice-rei siamês. Do siam. *pù-phra*.

[1] Êste autor emprega nas suas obras muitos castelhanismos.

1540. — «Ordenou que daly por diante ouvesse nesta cidade de Lugor hum Visorrey, a que em sua lingua chamão **Poyho**». — Fernão Mendes, *Peregrinação*, cap. 36.
1553. — «Mandou [o rei de Siame] fazer hũa armada de até duzentas vellas, quasi tódas *lancharas* e *calaluzes*, que são navios de remo... da qual armada era capitão mór o **Poyá** da cidade de Lugor, que he como Viso-Rey no modo do officio e gouerno. Ao qual **Poyá** este Rey de Malaca e os gouernadores...».—João de Barros, Déc. II, vi, 1.

* **POIÇÁ**. Pequena moeda indiana de cobre, do valor de três réis da convenção indo-portuguesa. Uma tanga tem 4 *poiçás*, e uma rupia, 64. O termo é de uso moderno na Índia Portuguesa. Do mar.-hindust. *paisā*; *paisó* em concani.

1890. — «Quarto de tanga, pesando 100 grãos troy e correspondente ao **paissó** da India britannica».—José Maria de Nazaré, *Numismatica*, p. 28.
1896. — «Peixe de dois **poiçás** para jantar, carne de meia tanga para almoço». — Gip, *Jacob e Dulce*, p. 16.
1904. — «474 Xes [xerafins] e trinta **paiças**».—António Francisco Moniz, *Hist. de Damão*, ii, p. 23.
1912.—«D'ahi temos dinheiro para comprar sombrinhas e fazendas carissimas, nem um **poiçá** para a compra de um livro de recreio ou de instrucção». — *O Ultramar*, de 12 de Agosto.
1915. — «Não recuam em descer á torpeza de, acobertando-se com o *pence*, attribuir o procedimento de outrem ao rendimento de **poiçás**». — *Id.*, de 29 de Abril.
1917. — «... sem que nenhum lhe compre sequer uma **poiçá**». — *Heraldo*, de 17 de Agosto.
1616. — «L'on en fait encore d'autres qui sont de cuiure, et sont appellez **Pices** [leia-se paices], les trois sont un sol ou environ». — Therry, *Voyage*, p. 14.
1631. — «Numismata his distinguuntur; aenea quidam per *Pices* sive **Peysa**, quae singula valent 12 dram. tria autem aequiparantur denario Anglicano». — *De Imperio Magni Mogolis*, p. 141.
1658. —«... e certi altri di puro rame, chiamati **Paisa** che vagliono quatro vn baiocco romano». — Fr. Vincenzo Maria, *Viaggio*, p. 121.
1663. — «... et leur fait donner sur l'heure un sac de **payssas**, ce qui vient à être environ cinquente francs». — Bernier, *Voyages*, ii, p. 56.

«**Poim**. Na India Portugueza he o esteiro, que fica na varzea». Bluteau, *Supplemento*. Do conc. *pöy*, «riacho». Não se usa em indo-português.

**POITÃO**. Uma espécie de madeira da ilha Formosa. Não sei a que língua pertence o vocábulo; em malaio *po'ta* quere dizer «incomparável, excelente». V. *pisu*.

1545. — «Tem tambêm muyta madeyra, de angelim, jatemar, pisu, **poytão**, pinho manso». — Fernão Pinto, *Peregrinação*, cap. 143.

**POLEÁ**; **polear**. Indivíduo da casta de escravos, considerada ínfima e impura no Malabar. Do malaiala *pulayan* (tambêm usado em tamul e canarês), pl. *pulayar*, derivado de *pula*, «poluição», porque o contacto desta gente polui as castas superiores. Os portugueses formaram do vocábulo os verbos *empolear*, «contaminar com o contacto do *poleá*», e *desempolear*, «purificar da poluição»[1].

1504. — «E, ao outro dia, andavam os **poleares**, que sam os lauradores do arroz, em busqua deles com *paraos*... (que he a mais çivill jente que qua ha, que nunqua chega a pouorado)». — Álvaro Vaz, in *Cartas* de A. de Albuquerque, iii, p. 262.
1516. — «Ha nesta terra [Malabar] outra lei de Gente mais baixa a que chamaom **Poleas**, estes se tem antre eles por malditos, e escomungados». —Duarte Barbosa, *Livro*, p. 338. — A tradução castelhana e a de Ramúsio tem *puler*.
1551.—«Forão dar com muitos **poleás**, que são trabalhadores, gente muito civil antre os Malabares... E vendo Duarte Pacheco, que não podia ser, contentou-se que el rey desse priuilegio a estes **poleas** e aos seus descendentes, que podessem passar pelos caminhos, posto que passassem os Naires, sem terem por isso pena, e que podessem trazer armas, e que fossem liures de todo o tributo». — Castanheda, *Historia*, i, cap. 79.
1563. — «E os apartou por outras casas de lauradores seus, que uiuem nos campos ou nos matos, onde por sua ley toda a

[1] Manuel de Melo confunde *pariás* com *poleás*, termos de diferentes línguas e de diversos significados: «Os escriptores hodiernos, acceitando desta ultima lingua [francesa] a palavra *pariá*, esqueciam o termo classico *poleá*, já de seculos a uso dos historiadores das cousas da India». *Notas Lexicologicas*, p. 35.

gente foge delles, de modo que nunqua forão vistos, nem os **poleas** sabião o que erão». — Gaspar Correia, *Lendas*, I, p. 325.
1572 :

> «Dous modos ha de gente, porque a nobre
> Naires chamados sam, e a menos dina
> Poleás tem por nome, a quem obriga
> A lei não misturar a casta antiga».
>
> Camões, *Os Lusiadas*, VII, 37.

1602. — «Outros chamados **Poleas,** que he a mais infima [casta] de todas, e tão aborrecidos dos outros mais, que não podem viuer entre os outros, nem communicalos, nem tratalos». — Diogo do Couto, Déc. IV, VII, 14.
1603. — «Disse por afronta que auia de mandar tocar um **Poleaa,** que he hũa das castas mais baixas do Malauar na Igreja dos Christãos». — Fr. António de Gouveia, *Jornada do Arcebispo*, fl. 78.
1720. — «Os Nayres, que são os nobres da dita gente, são tão ufanos, que se acaso algum delles se roçar por algum **Poleá,** logo se lava por mil supersticiosas impertinencias». — Bluteau, *Supplemento*.
1805 :

> «Abjectos Poleás, altivos Naires
> Com cego enthusiasmo aqui proclamão
> O forte conductor dos Nautas Lusos!».
>
> Bocage, *Obras Poeticas*, VII, p. 193.

> «Um poleá, que a viu, espantado e tristonho,
> Um poleá lhe perguntou :
> Mosca, esse refulgir que mais parece um sonho,
> Mosca, quem foi que t'o ensinou?...».
>
> Machado de Assis, *apud* Manuel de Melo, *Notas Lexicologicas*, p. 44.

1510. — «Quinta [sorte] si chiamano **Pollar,** li quali raccolgono il pepe, il vino, & le noci». — Barthema, *apud* Ramúsio, I, fl. 160.
1585. — «Ve n'è una casta bassa, che domandano **pollas,** che sono come dire infami : da questi si monta al pescatore, poi si vienne agli artefici, e finalmente al gentiluomo, che si addomanda Naire, la vita del quale sono l'arme. — F. Sassetti, *Letters*, p. 249.
1589. — «Quant à ceux du menu peuple qu'ils appellent **Poleas,** ils sont miserables et meprisez des Nayres, et cheminent le veue en terre baissant les épaules». — Linschoten, *Histoire*, p. 82.
1623. — «E partij, non conducendo meco altri, che vn Vetturino, e vn **Puliá,** che portaua le mie robbe senz' altro seruitore». — Pietro della Valle, *Viaggi*, III, p. 215.
1658. — «Alli **Pulaias,** lauratori di terra, ed altre Caste basse, sono interdette le preci, li digiuni, le penitenze, multo più li sacrificij ; viuono da bestia, senz' esercicio di opera virtuosa... Li **Pulias,** lauratori delle terre, de' boschi, ò delle salme, sono trattati come li schiaui». — Fr. Vincenzo Maria, *Viaggio*, pp. 165–178.
1666. — «La gente se reduce a dos calidades, plebea que llaman **Poleàs;** nobile que son Nayres». — Faria e Sousa, *Asia Portuguesa*.
1666. — «Ils [naires] ont une grande aversion pour une Caste de Gentils qu'on appelle **Poleas**. Si un Naire avoit approché d'un **Poleas** d'aussi près qu'il pût sentir son haleine, il se croiroit pollu, et il seroit obligé de se tuer (!)». — Thevenot, *Voyages*, III, p. 264.
1670. — «Les **Pouliars** sont les derniers et les plus vils de tous, ils demeurent vagabonds, parce que tout le monde les rebute». — Dellon, *Relation d'un Voyage*, I, p. 202.
1786. — «I **Pelleya** in Malabar, che sono veri schiavi, miserabili ma utili ; perchè guardano la campagna, arano, custodiscono le bufale colle quale si ara». — Fra Paolino, *Viaggio*, p. 246.
1825. — «Dans les forêts de la côte de Malabar, on rencontre une tribu qui, chose difficile à croire, surpasse encore en abjection les deux dont on vient de parler [*pariás* e *palares*] : c'est celle de **poullahs,** que l'on regarde comme bien au-dessous des bêtes qui partagent avec eux la domaine de ces lieux sauvages». — P. Dubois, *Mœurs*, I, p. 66.
1860. — «The condition of the Pariahs, the Niadis, **Poleahs** and other debased races in India, presents nothing more dreadful than the unresisting degradation of this abhorred community». — Tennent, *Ceylon*, II, p 187.
1860. — «J'ai nommé les plus infortunés des hommes, les **Poullahs**, auxquels la loi qui régit la caste interdit l'approche des villes, l'entrée des villages, et défend même de se construire des huttes au fond de leurs bois». — Énault, *L'Inde Pittoresque*, p. 414.
1884. — «Les races serviles de la côte malabare portent le nom générique de *Chemeurs ou Chemers*... on les appelle, selon leurs subdivisions, **Polyars,** *Pellars, Polars*».—Mgr. Laouenan, *Du Brahmanisme*, I, p. 165.

* **POLUGO** (turco *bùluk*). Almotacé, na Ásia Menor.

1663. — «Perto d'aqui mora o **polugò** do bachá, que é um juiz que põe preço ao que se compra e vende, como se dissessemos almotacés». — P. Manuel Godinho, *Relação*, p. 162.

**PÓMAL.** Feitiço ou ídolo, em Timor. Do teto *bômal*. «Este termo foi transformado pelos portugueses em *pómal* em que falam constantemente, e talvez por isso mesmo os indigenas o tem abandonado, usando quasi sempre do termo *lúlik* para indicar as cerimonias usadas na casa onde guardam os seus feitiços. Os que sabem pronunciar o *p* dizem *pomal* principalmente em Dilly». — Rafael das Dores.

O sacerdote de **pomal** é designado por **rei-pomal** ou *datulúli;* o seu ministério consiste em dirigir preces ao feitiço, oferecer areca e bétele, e consultar as entranhas dos frangos e cachorros que se sacrificam em ocasiões festivas.

1864. — «A generalidade da população de Timor pratica o fetichismo, e em quasi todos os reinos ha uma especie de rei sacerdote chamado *railuli* ou *datululi,* cuja missão é curar da **pomáli** (barraca onde estão guardados os idolos) invocar a divindade e fazer-lhes as rogativas para que seja proficua». — Afonso Castro, *As Possessões Portuguezas,* p. 317.

1868. — «A barraca em que estão os idolos chama-se casa do **pomále,** e todos os objectos que servem de idolos tambem se chamam **pomále.** Estes idolos são ordinariamente uma espada, uma zagaia, um lenço com diferentes raizes, ouro, etc. — In *Annaes do Conselho Ultramarino,* IV, p. 30.

* **POMO DO ELEFANTE** (fr. *pommier d'éléphant,* ingl. *Elephant apple*). Rutácea *Feronia elephantum,* Correia. «O fructo verde é adstringente; do maduro faz-se geléa». D. G. Dalgado, *Flora.*

* **Pomparrão.** Parece que se depreende do contexto da abonação que é o mesmo que *paparrão* (q. v.) ou perdiz grega.

1613. — «E tambem está prouida de muytas, e fermosas Aues, como pauões, **Ponparrões,** Perdizes, Rolas, Galinhas do matto, e outras infinitas Aues de varias cores». — Manuel G. de Erédia, *Informação da Aurea Chersoneso,* p. 91.

**PONCHACI; puchanci** (mais correcto). Mandarim tesoureiro geral de uma província, na China. Do chin. *pu-cheng-sze.* Cristóvão Vieira ortografa *pochancy, pochency, pochacy, pochecy,* etc.

1534. — «Têm Cantão mandaris depois destes ho *cheuhi* e o **pochacy** e *amchacy tocy* que chamão *camcy* que estão de contino nesta cidade». — C. Vieira, *apud* Ferguson, *Letters,* p. 80.

1541. — «Cada rua destas nobres [de Pequim] tem seu Capitão, e quadrilheyros que rondão a quartos, e a cada dés dias são obrigados a ir dar relação á camara do que passa nellas, para os **Ponchacis,** ou *Chaens* do governo proverem no que suceдеu, conforme a justiça». — Fernão Pinto, *Peregrinação,* cap. 197.

1552. — «Ha outros officios menores que estes, que se chamão **puchancis,** amechacis, tocis, *itaos, pios*». — Castanheda, *Historia,* IV, cap. 27.

«Não ha outra fortaleza senão as casas do **Puchanci,** que he o que a governa em ausencia do *Tutão*». — *Id.,* cap. 28.

1555. — «Outro chamão **Poncabi** [*sic*], que he como tisoureiro, ou veador da fazenda, que arrecada todos os tributos de toda a provincia». — P. Belchior Nunes, in *Cartas de Japão,* I, p. 35.

1563. — «Não erão na cidade os tres gouernadores, que dissemos auer nella, que erão o Tutam, Concam, Chumpim, e estaua hum chamado **Puchancy,** que seruia em lugar de Tutam». — João de Barros, Déc. III, II, 8.

1569. — «Ha segunda dignidade da provincia, he dos veadores da fazenda, que na sua lingua chamam **Poncassi:** este tem cuydado de mandar recadar por toda a prouincia os rendimentos della».—F. Gaspar da Cruz, *Tratado da China,* cap. 16.

1611.—«Como fez com o **Pu-Chen-Si** e Ngan-Cha Si de Cantão, Mandarins dos grandes na provincia de Cantão, os quaes vierão ambos para visitar o Padre e falar-lhe das cousas de Macao». — P. Sabatini de Urcis, *P. Matheus Ricci,* p. 57.

1729. — «Era à dita resposta do **Pu-chim-çu,** que he o Thesoureiro da fazenda imperial». — *Apud* Júlio Biker, *Collecção de Tratados,* VI, p. 77.

1585.—«Il tercero en dignidad se llama **Ponchasi:** este es como Presidente de consejo de hazienda, y tiene sus Oydores y su consejo en forma». — Fr. Joan G. de Mendoça, *Historia de la China,* p. 75.

1588. — «Il secondo luogo dopo costui [*tutão*] tiene il **Pencasio,** il quale ha la cura dell' entrate publiche, e del fisco Regio; questi con vn gran numero di scriuani e di guardiani tien la cura della Tesoreria, riuede le ragioni, i libri, e distribuisce gli stipendi, che si pagano d'anno in anno, li salari, e le mercedi». — P. Maffei, *Le Istorie,* p. 230.

1702. —«Ils sont obligez d'en faire leur rapport aux Mandarins supérieurs, c'est-à-dire au **Pon-Tchim-ssée,** que nos Européens appellent le Trésorier général de la Province, et aux *Fou-yven,* à qui nous donnons le nom de Vice-Roy». — *Lettres Édifiantes,* v, p. 135.

1736. — «S'il s'agit de Finances et de matieres civiles, l'affaire est portée au Trésorier Général, ou **Pou tching se**». — P. Halde, *Description de la Chine.*

* **PONDAQUIM** (desus.). Pilhagem,

saque, no Concão. Do conc.-mar. *puṇḍāykī* < *puṇḍa*, q. v.

1815. —«Vem roubar dentro do Estado, o que na India se chama fazer **pondaquins**». — In *Annaes do Conselho Ultramarino*, I, p. 38.

**Ponche** (s. m.). Mistura de cinco ingredientes: aguardente, sumo de limão, açúcar, especiaria e água. Bebe-se, de ordinário, quente, e considera-se confortativo. Os nossos indianistas desconheceram tal bebida. O vocábulo provêm imediatamente do ingl. *punch,* que, por seu turno, deriva do persa *panj* ou antes do neo-árico *pañch,* «cinco».

1728. — «Os naturaes usão de *Urraca* sem mistura, porém os Inglezes fazem della a sua **Pomche,** e levão todos os annos huma grande quantidade».—Bluteau, *Supplemento.*

1753. — «Acharão-se tambem dentro na praça, gallinhas assadas e cosidas, varias tigelas com **ponzhe** (*sic*), e 300 botelhas de vinho». — *Apud* Eduardo Balsemão, *Os Portuguezes no Oriente,* III, p. 187.

1880. — «Errava um cheiro de pó de arroz, de fêmea e de **punch**». — Eça de Queiroz, *O Mandarim,* p. 47.

1673. — «At Nerule is made the best *Arach* or *Nepa* [*nipa*] *de Goa,* with which the English on the Coast make that enervating Liquor called **Paunch** (which is Indostan for five) from five ingredients». —Fryer, *East India,* II, p. 28.

1831. — «Je viens de changer de vêtements, et je bois à votre santé un verre de **punch,** qui ne nuira point à la mienne». — Jacquemont, *Correspondence,* II, p. 11.

1908. — «But there would seem little doubt that the special use of **Punch** originated with the Europeans resident in India. The word is accepted as derived from the Persian *panj,* and the Hindustani *panch,* and means five. It denotes the ingredients of a special concoction in favour with the Europeans, viz. arak, sugar, lime-juice, spice and water».—Watt, *The Commercial Products,* p. 44.

**PONE** (s. m.). É o nome que se dava antigamente em Bengala à quantia de 80 *caurins.* Conforme H. H. Wilson, o *pone* actual equivale a 1 rupia, 8 tangas e 10 réis indianos. Do beng. *paṇ* sânsc. *paṇa,* também usado em hindi.

1552. — «Não tinha pera comer cada dia mays que hum **Pone,** que pola moeda Portuguesa são tres reis». — Castanheda, *Historia,* VIII, cap. 69.

1554. — «E tambem asy se usa de cau ryns de 80 cauryns hum **pone;** e destes **pones** de 40 thé 48 se dão por hũa tangua larym». — António Nunes, *Lyvro dos Pesos,* p. 37.

* **PONGUERÓ, ponguiró.** É uma árvore indiana, da família das leguminosas —*Erythrina indica,* Lamk., também conhecida pelo nome de *fôlhas da trindade,* q. v. As flores são muito vermelhas e de pétalas compridas. A madeira é muito leve e branca. Do conc. *poṅgeró, poṅgiró.*

1864. — «Dizem que o corpo mordido por esta cobra [*alcatifa*], lança sangue por todos os póros; para fazer parar o sangue, aconselham untar todo o corpo com a casca de **Ponguiró** moida em canja, bem concentrada, de arroz sem sal» — *Archivo de Pharmacia,* I, p. 72.

1893. — «. . . em um pedaço de purgueira (êrond) ou erythrina indica (**ponguiró**) com agua ou sem ella». — José Maria de Sá, *Productos do Coqueiro,* p. 2.

1917. — «Ora nos palmares do interior as arvores de sombra de exito mais comprovado são a seguinte triade: *ôdd, ambaló* e **ponguiró**». — *O Ultramar,* de 11 de Junho.

1885. — «In the lower ground are found forests of teak... *kinjal* (Terminalia paniculata), **pángárá** (Erythrina indica), simul (Bombax malabaricum)». — Hunter, *The Imperial Gazetteer,* VIII, p. 191.

* **PONGUI.** É o nome por que são conhecidos em Bramá ou Birmânia os religiosos budistas. Os nossos indianistas não fazem menção do vocábulo, pôsto que falem muito dos budistas da Indo-China, mas parece que entra na composição da palavra *talapõi,* q. v. Do birm. *pun-gye,* lit. «grande gloria».

1782. — «Cette magnificence qu'ils mettent dans les obséques de leurs Prêtres, annonce combien ils les révèrent. Ils sont moins instruits que les Brames, et portent le nom de **Ponguis**». — Sonnerat, *Voyages,* II, p. 47.

1795. —«From the many convents in the neighbourhood of Rangoon, the number of *Rhahans* and **Phonghis** must be very considerable; I was told it exceeds 1500». — Symes, in *Glossary.*

* **PONOSPATI** (conc. *paṇaspaṭṭi*). Imposto concernente às jaqueiras do Estado, o qual se pagava antigamente nas Novas Conquistas de Goa.

1909. — «**Ponospaty,** *salabady,* **po-**

**nospati** *columbana*. É um unico imposto com diversas denominações sobre as jaqueiras existentes nos terrenos do Estado... as jaqueiras, porém, continuam a pertencer-lhe, tendo só a pagar ao estado um foro chamado **ponospotty** (*ponos*—jaqueira e *potty*, caderno e, por figura, imposto ou derrama)». — Amâncio Gracias, *Subsidios*, p. 242.

* **PONTEANA** (mal. *puntiang*). «Nome dum espírito maligno, que ataca as crianças e as mulheres grávidas e causa abortos». P. Fauvre.

1613. — «E ha outro genero de feiticeiras ou bruxas, chamadas **ponteànas**, que de ordinario se achão dependuradas em arvores altas e alemos». — Manuel G. de Erédia, *Declaraçam de Malaca*, fl. 38.

* **PÓS DE EMPIGEM.** «Encontram-se nas pharmacias da India portugueza debaixo do nome de **pós de empigem**, duas qualidades de pós differentes; uns, a que alguns dão o nome de *pós de Goa*, e que são as sementes da planta que abunda n'este paiz, conhecida pelo nome de — *Alfulis* (conc. *ālphulī*, *Cassia sophera*, Linn,) — e outros, que nos são importados do Brazil... Applicam-se com sumo de limão; os do Brazil são mais energicos». — *Archivo de Pharmacia*, VII, p. 39. V. *pó de Goa*.

* **POSQUI** (ant.). Contribuição que os vendedores de certos bazares ou mercados de Goa pagavam, e que consistia em um *posqui* (mar. *pachkī*) ou *damari* (q. v.), equivalente a meio rial da convenção.

1703. — «*Lagimas* da estrada de Borondum, ditas de Veluz, **Posque** do Bazar, distribuição do *passodi* das aldeias». — *Apud* Júlio Biker, *Collecção de Tratados*, XII, p. 147.

* **POSSOI.** Antigo nome dos emolumentos dos empregados de alfândega, pagos em géneros, em Salcete de Goa. Do conc. *posoy* < sânsc. *poṣya*, «o alimentando».

1619. — «Ao escrivão doze *leaes* e hũa mão cheia de *arequa* do seu **possoy** e ao *Danguy* outros doze leaes e **possoy**... A *copra* pagará de direitos de cada *candil* meyo pagode e ao Escrivão dez leaes e seo **possoy** que é copra de dous cocos a cada *candil*». — *Regimento* do Vedor Nuno Vaz.

1898. — «Esta tarifa comprehendia uma variedade de impostos: os aduaneiros arrecadados em genero ou em moeda, pagos á fazenda e aos empregados da alfandega — escrivão e o referido Danguy — sob a denominação de **possoy**». — Ernesto Fernandes, *Memoria*, in *Bol. S. G. L.*, XVI, p. 615.

* **POSTVÉDICO** (adj.). O que é posterior à época védica; linguagem, literatura, religião, civilização, etc. V. *védico*.

1883. — «Ao Xivaísmo, ao Krisnaísmo, e ao Vixnuísmo, phases **post-vedicas** na civilização árica da India, prende-se a melhor parte da literatura classica desta civilização». — Vasconcelos Abreu, *Chrestomathia*, p. 338.

1915. — «O bramanismo de Manu é um credo religioso avariado pelos sacerdotes da epoca **postvedica**». — Benedito Gomes, *Afonso d'Albuquerque*, p. 56.

**POTA** (p. us.). Depósito; foros; recebedoria, na Índia Portuguesa. Do conc. *pat* ou *path*.

1728. — «**Pota**. Na India Portugueza se chama a Sacadoria».—Bluteau, *Supplemento*.

1872. — «A renda das *tangas* e mais acções que esteverem em litigio, fique em deposito ou **potá**, quando os litigantes não acordem entre si por meio de escriptura». — F. N. Xavier, (filho), *Collecção de Leis*, p. 155.

* **POTÃO, puntão** (mais correcto). Barco chinês. Do mal. *puntonq*.

1842. — «E isto para evitar enormes prejuizos que soffrem, os carregadores com a demora dos barcos denominados **potões**, e outras contrariedades». — In *Bol. S. G. L.*, XI, p. 776.

1858. — «Similhantes na forma a estes barcos são os chamados **pótões** ou *barcos de flores*, segundo a expressão chineza, que aos centenares formam no rio longas ruas de verdadeiros lupanares, onde as mulheres, o jogo e as bebidas attrahem, com todas as seducções do luar e explendor d'aquellas casas flutuantes, aos naturaes e forasteiros d'aquelle imperio commercial». —*Archivo Pittoresco*, I, p. 197.

1896. — «... duas mil embarcações pequenas, denominadas *sommas*, *tammões*, *tus*, *taitós*, *chantós*, *barcas de agua*, **puntões**». Adolfo Loureiro, in *Bol. S. G. L.*, XV, p. 41.

**POTECAR** (p. us.). «Na India Portugueza he o Sacador de Aldea, que he o mesmo que Recebedor». Bluteau (*Supplemento*). Do conc. *pathkār*, derivado de *path*.

1852. — «**Pottecar**, *pottakar*, *pottadar* — exactor, sacador». — F. N. Xavier, *Bosquejo Historico* (2.ª ed.), III, p. 96.

1856. — «Parece que são as *Sacadorias*, termo adoptado depois da Conquista, pois o primitivo he *Pota* e **Potecar**, que corresponde a Exactor». — Id., *Defensa dos Direitos*, p. 5.

1885. — «Não se variava o systema de cobrança das rendas ao cargo dos recebedores (**potecares**) a que mais tarde se deu o nome de saccadores». — Teixeira Guimarães, *As Communidades Indianas*, p. 20.

**POTI.** — «Em mar. e conc. *potem* (em guz. *potūm*). é «saco grande ou *goni*», q. v.; *potim* é seu plural. Na abonação *poty* e *potys*, estão por *potim* e *potins*; pois *potī* é deminutivo em concani e quere dizer «saquinho, saquete». O termo figura num documento da alfândega de Damão.

1831. — «Por cada carreta entrando carregada de *batte*, trigo, *mungo*, *urida* e de quaesquer outros legumes, pagão hum quarto de rupia: Os mesmos artigos entrando carregados em **potys** pagão por cada hum **poty** hum *aná*». — *Apud* António Francisco Moniz, *Hist. de Damão*, IV, p. 128.

* **POTÓ.** Espada comprida de dois gumes, de que usam os indígenas da Índia em certas partes ou em certas festividades. Do conc. *paṭṭó*, mar.-hindust. *paṭṭá*. POTOCAR. Manejador de *potó* conc. *paṭṭekār*.

1856. — «... se chamam **Pottòs**. São como diz o texto compridas e largas e de dois gumes com o respectivo braçal. Estas são pezadas, mas de grande elasterio, manejaveis unicamente pelos que estão habituados ao seu uso desde pequenos, e se chamam por isso **Potocares**... Já essas Espadas estão em desuso, e apenas apparecem, para representação, nos brincos populares do Paiz, que acompanham a espiga de arroz novo d'Aldea Taleigão». — F. N. Xavier, *Instrucção*, p. 51.

1886. — «As espadas ou **potós**, de que se servem... são compridas e largas, e de dois gumes, e com respectivo braçal. São bastante pesadas, mas de grande elasterio, e manejaveis unicamente pelos que estão habituados ao seu uso desde pequenos, e que por isso se chamam **potocares**». — Lopes Mendes, *A India Portugueza*, I, p. 46.

* **POTQUI** (conc.-mar. *paṭkī*). Antigo empregado indígena das alfândegas de Goa. Não se sabe quais eram as suas funções. O lugar era hereditário.

1794. — «Cento e vinte e cinco rupias de ordenados, que percebe o proprietario do Officio de **Pottqui**». — *Collecção de Bandos*, I, p. 57.

1814. — «Declara-se que dos mencionados officios, não existem prezentemente mais do que *Cupenis*, **Patqui**, *Zettio*, *Dangui*». — *Apud* Joaquim C. Soares, *Doc. Comprobativos*, p. 450.

* **POTRI** (p. us.). É o nome de *macis* ou *maça* (q. v.), em Goa. Do sânsc. *patrī*, corrente nos idiomas vernáculos, em concani *jāy-patrī*.

1905. — «Noz de Malaca, cravos, cardamomo **potry** (flôr de noz moscada) na forma da avaliação». — Ernesto Fernandes, *Regimen do Sal*, in *Bol. S. G. L.*, XXIII, p. 284.

* **POTTI** (des.). Contribuição, finta, na Índia Portuguesa. Do conc. *paṭṭī*.

1782. — «As tenças particulares chamadas **Potti** e *Passori*, distribuidas nas aldeias de toda a provincia [de Pernem] 325 pagodes chamados *Nissanim*». — *Apud* Júlio Biker, *Collecção de Tratados*, VIII, p. 163.

1847. — «**Potti**, que he derrama para as despezas da guerra e outras extraordinarias do Estado». — *Apud* Cunha Rivara, *Brado a favor das Communidades*, p. 68.

**POTTÓ.** Diploma, escritura, documento, na Índia Portuguesa. Do conc. *paṭṭó* < sânsc. *paṭṭa*.

1728. — «**Potô**. Na India Portugueza se chama a obrigação que faz o Escrivão da venda, ou arrendamento, e he o mesmo que conhecimento». — Bluteau, *Supplemento*.

1766. — «E porque sabemos, que de não haver em cada Aldea Livro, que sirva para se lançarem as contas das suas respectivas receitas e despesas: os *Nemos* e **Pottós**; os titulos de foreiros, e Cultivadores...». — *Apud* Joaquim C. Soares, *Doc. Comprobativos*, p. 384.

1780. — «As cobranças dos foros das palmeiras, arequeiras, e jaqueiras se fazia segundo a certeza da estipulação de *cottubana*, que constava dos **Pottós**, e não por *Xiristó*, que he contando as arvores». — *Collecção de Bandos*, I, p. 273.

1806. — «O rendeiro José Vicente provendo o antigo documento deu feito o **Pottó**». — *Apud* Joaquim Soares, *loc. cit.*, p. 449.

1845. — «Mas dos *Formões* ou **Pottós** (diplomas, ou titulos) que estes apresentaram, expedidos pelo Mogol, se conheceu o que lhes competia». — *Annaes Maritimos*, p. 248.

1852. — «**Pottó** — Papel de contrato, titulo autographo de qualquer possuição», — F. N. Xavier, *Bosquejo Historico*, IV, p. 16.

1858. — «A narrativa de Ferishta he nesta parte confirmada pelo testemunho d'uma carta de doação [**Pottó**] passada em 1392». — Miguel Vicente de Abreu, *Bosquejo Historico de Goa*, p. 13.

1866. — «Arecal-paicul: pertenceu outr'ora a Vithol Ramo Botto; como reza o seu **potó**». — *Regulamento da Provincia de Satary*, II, p. 17.

1885. — «The neat number of **pattas** or holdings under *ráyatwári* tenure in that year was 2,543,036». — Hunter, *The Imperial Gazetteer*, IV, p. 16.

* **POTRAVALIM.** Prato circular, feito de fôlhas juntas de certas árvores, do qual se servem os hindus em cada refeição, por não poderem comer no prato em que antes comeram, a não serem cousas sêcas. Um pedaço de fôlha de bananeira supre o *potravalim*, mas não é fácil tê-lo sempre. Do conc. *patravaḷī*, pl. de *patravaḷ*.

1852. — «**Potrovoly** — Folhas ligadas e unidas que servem de pratos aos Gentios». — F. N. Xavier, *Bosquejo Historico*, IV, p. 16.

1862. — «... telhas, foguetes, *pratos de folha de bananeira*, casca de *mareta*». — Francisco Maria Bordalo, *Ensaios sobre a Estatistica*, V, p. 74.

1886. — «Assentam-se junto dos seus **potravolys**, pratos feitos de folhas de bananeira, ou de *pimpôl*, artisticamente ligados». — Lopes Mendes, *A India Portugueza*, I, p. 43.

1912. — «Encontraram-se alguns pratos (**potralins**) carregados de arroz». — *O Heraldo*, de Agosto.

1915. «Não é em folhas de palmeira que os hindús comem, mas nuns pratos (concedamos este termo) de forma circular, feitos de folhas tecidas de diferentes arvores, como a jaqueira, figueira da India, cajueiro, etc., e denominados **potravolis**, os quaes se renovam por cada vez». — Ismael Gracias, *A India*, p. 113.

1916. — «E uns pratos dos ricos hindus eram os seus **pôtrevollis** (pratos de folhas da arvore de gralhas)». — *Heraldo*, de 20 de Abril.

1916. — «... inclusive os pratos de folhas (**potravallys**) de que os hindús fazem uso». — *O Ultramar*, de 15 de Maio.

1782. — «Des feuilles d'arbres artistement cousus avec des brins d'herbes, leur servent de plats et d'assiettes». — Sonnerat, *Voyages*, I, p. 28.

**PRÁCRITO** (s. m. e adj.). Em sânscrito, *prakṛti* é «natureza», e o seu derivado *prākṛta* quere dizer, como adjectivo, «natural, vulgar», e como substantivo, «dialecto inculto, vernáculo». *Prácrito* é, portanto, a língua popular dos indo-árias, a qual se formou por evolução espontânea, ao contrário do sânscrito, linguagem elaborada por gramáticos e empregada pelos literatos. V. *gáurio* e *sânscrito*.

Os árias, que entraram na Índia em diversas migrações, não falavam uma língua uniforme, mas vários dialectos, oriundos do primitivo idioma proto-árico, com muitas peculiaridades de vocábulos, flexões e significações, de que temos prova e espécimes literários nos hinos rigvédicos.

No decurso do tempo, quando as diversas tríbus áricas se estabeleceram na Índia própria, resultou, em consequência do convívio e da organização de grandes communidades, bem como do estudo da gramática para a interpretação dos textos antigos, uma linguagem comum, denominada pelos gramáticos da época simplesmente *bhāṣā*, «fala, linguagem», em distinção da védica. É nesta que está exarada a porção posterior da literatura arcaica, isto é, os *brāhmaṇas* e os *sūtras*.

Progredindo com vigor e afinco os estudos gramaticais, muito mais do que em qualquer outro país, e sendo fixadas regras rigorosas e complicadas, a língua foi depurando-se e eliminou-se tudo que não era estritamente regular e normal. Assim, surgiram, em terceira fase, duas formas, uma culta e esmerada, *sânscrita*, usada pelas classes ilustradas, e quási exclusivamente empregada nas composições literárias; outra natural, vernácula, *prácrita*, falada pelo povo. Do primitivo prácrito temos espécimes nas inscrições de Axoca e em páli.

Entre o começo da nossa era e mil anos o prácrito medieval divide-se em quatro dialectos principais: ao oeste: *apabhranxa* («decadente»), falado no vale do Indo; e *xauraseni*, no Doab; ao este: *māgadhī*, em Behar, e *ardha-māgadhī*, em Benares. E é dêstes que derivam os prácritos modernos ou idiomas neo-áricos V. Macdonell, *A History of Sanskrit Literature*, pp. 20-28.

1880. — «**Prákrito** não é o nome de certa e determinada lingua, mas sim um nome generico com que se designava o grupo das linguas vulgares falladas nas diversas regiões do Hindustão, em opposição á lingua sabia ou sanskrita». — Martins Velho, *Estudos sobre o Oriente*, p. 52.

1883. — «Tem valor natural para corroborar o que fica resumidamente assentado, o uso da linguagem **prakritica** no theatro; e convém agora que digamos o que significa **prákrito**... Designam-se pelo termo generico de *prácrito*, «vernaculo, lingua vulgar, provincial», certos dialectos derivados do sãoskrito falado e não do classico». — Vasconcelos Abreu, *Chrestomathia*, p. 340.

1897. — «**Prácritos:** litteraes; linguas vernaculas populares da India antiga». — Gonçalves Viana, *Classificação das linguas*, p. 9.

1902. — «É o javanez que tem a sua antiga litteratura, e constitue não uma lingua, mas duas, como o sámscritó e o **prácrito** da India». — Cristóvão Pinto, in *Ta-ssi-yang-kuó*, II, III, 5.

1903. — «A literatura em sámscrito clássico foi precedida de outra, espontanea, filha legitima da evolução natural, *prākrta*, e em **prácrito,** i. e., em vernáculo, redigida antes». — Vasconcelos Abreu, *Curso Integral*, p. 14.

1905. — «Parece que de facto o **prácrito** era o idioma usado pelo povo, nos tempos em que o sanscrito era a lingua das castas privilegiadas. A palavra *prácrito* significa até, além de outras cousas, inferior, imperfeito». — Fernando Leal, *Gloss. Port.-Oriental*, in *O Heraldo*, de 24 de Maio.

1844. — «C'est que les portions poétiques sont largement mêlées de formes populaires, quelquesfois analogues à celles des dialectos **prâcrits,** dérivés de sanscrit». — Burnouf, *Introduction à l'Histoire du Buddhisme*, p. 14.

**PRACRITISMO.** Vocábulo ou modismo prácrito.

1905. — «Sanskrit prevails exclusively (except among the Jains) in inscriptions, though **Prakritism** often occurs in them». — Macdonell, *op. cit.*, p. 26.

**Praganá.** V. *parganá.*

* **PRASSADA** (s. m.). O termo *prasāda* significa primáriamente, em sânscrito e nos idiomas neo-áricos, «favor ou graça; oferenda de propiciação ou de honra»; mas no sentido técnico quere dizer «aruspício ou consulta sôbre o futuro, feita ao ídolo por meio de flores, arroz ou areca».

1864. — «O bramane vae ao pagode consultar o idolo; isto é, vai alli tomar o **prôssado**. Diversos são os modos de fazer o **prôssado**». — Lopes Mendes, in *Annaes do Conselho Ultramarino*, VI, p. 68.

1866. — «Consultam no pagode o seu idolo, e chamam a isto tirar **porsado**». — Miguel Vicente de Abreu, *Narração*, p. 107.

1874. — «Quantos christãos não vão consultar ao pagode as flores do **prassád**, que explicam o futuro!». — Tomás Ribeiro, *Jornadas*, II, p. 104.

1886. — «**Prossad.** — O brahmane ou, á falta d'este, o chefe da familia, colloca em frente da divindade gentilica um vaso de cobre, mettendo-lhe dentro uma varinha com outra atravessada na parte superior, em cuja extremidade prendem mal seguras duas flores ou raminhos de *tulossy*, tendo em cada uma os nomes dos facultativos. Imprime depois um movimento de rotação á varinha horisontal, esperando que uma das flores cáia primeiro do que a outra: será esta a que indicará o facultativo, que deve tratar o doente». — Lopes Mendes, *A India Portugueza*, I, p. 110.

1907. — «Purificados que sejam desta sorte, correm com pasmosa rapidez para o sitio do fogo munidos cada um d'umas flores (**prassad**) com que enfeitam a imagem daquella divindade». — *Luz do Oriente*, de Setembro.

1908. — «... sendo uma Astorecantha o verdadeiro *abolim* (q. v.) das grinaldas indianas e dos **Parsad**». — Alberto O. de Castro, *Flores de Coral*, p. 253.

1915. — «Um dia sentindo-se fatigado com fome, pediu a um dos sacerdotes o **prasad,** mas como o padre não voltasse, saiu do templo desesperado. Antes que chegasse a uns dez metros do templo, compareceu lá um bramane com o **prasad** num jarro de prata e entregando-o ao rapaz desappareceu». — *O Ultramar*, de 23 de Agosto.

1918. — «Terminou a festa com a distribuição de **prassada** [presente?], etc.». — *O Ultramar*, de 11 de Março.

1825. — «L'officiant paraît dans la nef, et distribue au peuple qui y est rassemblé, des fragmens des offrandes faites à l'idole. Ce **prassadam** (don sacré) est accueilli avec empressement». — P. Dubois, *Mœurs*, II, p. 353.

**PRÉ-ÁRICO.** V. *ária.*

1885. — «Of the **pre-Aryan** kingdoms, as of the **pre-Aryan** races themselves our knowledge is limited to what can be gleaned, as to their extent and the degree of civilisation attained by them, from the few monuments that survive». — Hunter, *The Imperial Gazetteer*, x, p. 362.

* **PRECHEU**. Título do monarca de Siame. Do siam. *pra-chão*, «rei», e também «Deus».

1540. — «Estava cercado na Cidade Quoansi pelo **Precheu** Muão Emperador dos Cauchins». — Fernão Pinto, *Peregrinação*, cap. 67.

1546. — «Eu o **Precheu** Guimião, senhor das vinte e sete coroas dos montes da terra» (em Calaminhão). — *Id.*, cap. 165.

1548. — «O rei se chamou por titulo supremo **Precheu** *Saleu*, que em nossa linguagem quer dizer membro santo de Deos». — *Id.*, cap. 189.

**PREGUIÇOSA** (s. f.). Chama-se assim na Índia uma cadeira de descanso, descrita abaixo, a qual é comummente conhecida por «cadeira à Voltaire» ou simplesmente «Voltaire». O motivo da primeira denominação percebe-se fácilmente, mas não se pode descortinar a razão da segunda.

1906. — «Sentámo-nos n'uma **preguiçosa** — assim se chamam as longas cadeiras que se usam na India e cujos braços se prolongam tanto que permittem que sobre elles se estendam as pernas». — Hipácio de Brion, *Duas mil leguas*, p. 182.

1919. — «E em quanto estirados em duas *cadeiras à voltaire*, discreteavamos sôbre o nosso assunto, fomos interrompidos». — *O Progresso*, de 22 de Fevereiro.

* **PRESIDENTE**. É o nome que se dá na Índia ao juiz ou mordomo da festividade duma freguesia ou duma capela. O termo entrou em algumas línguas vernáculas. V. *Influência*.

1879. — «As funcções por occasião da festividade — capela — cruzes — e representações dos santos passos, quando são dadas pelos que figuram como **presidentes** ou mordomos de grande tom, são estrondosas». — João Stuart Torrie, *Estatistica da India Portugueza*, p. 318.

* **PREZA** (ant.). Povo, súbditos, em Ceilão. Do sing.-sânsc. *prājā*.

1685. — «Os que escapárão como puderão deixando a praça livre, e em nosso poder sete mil **prezas**, que são naturaes das nossas terras, dos que obedecem, ou assistem, e por vassallos desta Coroa, não podião ser cativos; porêm se repartirão pelos cabos, e soldados, e se libertavão por limitado preço, costume introduzido, pois nesta guerra não tinhão outro despojo». — João Ribeiro, *Fatalidade Historica*, II, cap. 1.

* **PRODUM** (siam. *phrăe-dŏn*). Povoação, freguesia, em Siame.

1542. — «Tem na jurisdição dos senhorios duas mil e seiscentas povoações, a que elles chamão **Produm**, que são como entre nós Cidades e Villas, não tratando de aldeas pequenas». — Fernão Pinto, *Peregrinação*, cap. 189.

* **PROPAGANDISTA** (s. e adj.). O que pertence à Congregação da *Propaganda Fidei*. O termo é de ordinário usado na Índia em oposição a *padroadista*, «pertencente ao Padroado Português». Assim se diz: bíspo, padre, missão *propagandista*.

1802. — «Francezes e Italianos, todos os **Propagandistas** se poseram em campo contra o Real Padroado». — *Apud* Júlio Biker, *Collecção de Tratados*, x, p. 295.

«. . . que os livre das vexações que lhes estão fazendo os **Propagandistas**, intrusos com offensa do Real Padroado». — *Ibid.*, p. 295.

* **PROTO-ÁRICO**. V. *ária*.

1885. — «As doutrinas relativas ao poder curativo e rejuvenescente das águas e à bebida do não-morrer (*Sôma* dos Bráhmanes, *Haoma* dos Zoroastreus) são de ensinamento dado por *Anárias* aos **proto-Árias**, que não só aos Erânios e Árias da India, pois é crença indo-céltica darem as aguas e as plantas a saude e o não-morrer». — Vasconcellos Abreu, *A Literatura e a Religião*, p. 7.

* **PSA**. Figura êste singular vocábulo no *Livro* de Duarte Barbosa como nome da língua que falam os persas de Ormuz, a qual não se sabe se é persiana ou, antes, *pazand*, que é o nome persa de *pahlavi* (q. v.), escrito em caracteres avésticos ou em alfabeto pérsico moderno, e não no antigo semítico [1].

1516. — «Os Persios [de Ormuz] falão

[1] «When the language is transcribed, either in the Avesta characters, or in those of the modern Persian alphabet, and freed from the singular system indicated above, it is called *Pazand;* a term supposed to be derived from the language of the Avesta, *paitizanti*, with the meaning «reexplanation». — Yule, *Glossary*.

Arabio e outra lingoa que chamão **Psa**». — *Livro*, p. 260.

*I. **PU** (chin. *pu*). É o nome genérico do ministério de estado na China, que, com designação específica, se distingue em: *li-pu*, o do interior; *piń-pu* (*ping-pu*), o da guerra; *li-pu* (denotado por idiógrafo diferente), o dos ritos e cerimónias; *hu-pu*, o das finanças; *com-pu* (*kong-pu*), o das obras públicas; *chim-pu* (*ching-pu*), o da justiça; *vai-ou-pu*, o dos negócios estrángeiros. Estes ministérios são largamente descritos pelo Padre Semedo no seu *Imperio de la China*, cap. XVI. V. também J. Dautremer, pp. 66-67.

1640. — «El Principal Gobierno que se estende a toda la Monarquia, está dividido em seis Consejos, a que llaman **Pu**... Tiene cada uno un *Chamxu* (= chang-chu) que es Presidente». — P. Semedo, *op. cit.*, p. 114.

II. **PU** (chin. *pú*). É igualmente o nome duma medida itinerária chinesa, equivalente a dez *lis* ou uma légua.

1563. — «Dez dos quais *lijs* fazem hum **Pú**, que responde pouco mais de hua legua das nossas Hespanhoes, porque dez delles fazem jornada de hum homem, a qual elles chamão Ychan». — João de Barros, Déc. III, II, 7.

1600. — «Dez dos quaes lijs fazem hum **Pu**, que devem vir a ser duas milhas, e meia, dando a cada lij como dous estadios ou duzentos, e cincoenta passos». — P. João Lucena, *Historia*, X, cap. 17.

1588. — «Dieci li fanno un **Pu**, che risponde quasi alla lega di Spagna, perche dieci **Pu** fanno vna giornata di camino che chiamano *Ychan*». — P. Maffei, *Le Istorie*, p. 227.

1588. — «Diez destos Lijs hazen vn **Pu**, que es vna legua española grande». — Fr. Joan G. de Mendoça, *Historia de la China*, p. 12.

1753. — «Nous ajouterons seulement que, selon les Statuts, cinq pieds (*tchehě*) font un **poú**; 360 **poú** font un li». — Bazin, *Chine Moderne*, p. 171.

**PUCHO.** É outro nome de *côsto*, muito usado pelos nossos escritores. Do mal. *pũchuq*.

1516. — «... e asy outras muytas drogoarias que nós nom conhecemos, e em Maluco e China saom muito estimadas, e tem grande valia, scilicet, *cacho*, **pucho**, e muyto ensenso que vem de Xaer». — Duarte Barbosa, *Livro*, p. 289.

1520. — «Defendemos aguora o **pucho**, o ensenço, que se nam leve dessas partes da India para a China». — In *Archivo Port.-Oriental*, I, p. 49.

1525. — O **pucho** de Cambaya, a *mão* vall 35 tangas». — *Lembranças das Cousas da India*, p. 50.

1527. — «Estauão os chies [chins] desejosos de nos outros de pimenta e pao preto e **pucho**, ensenso macho e marfim e çafram». — *Carta* de Diogo Calvo, na Tôrre do Tombo.

1534. — «... e todos os vestidos peças de preço assi portugueses como da China o **pucho** de Jorge botelho incenso Roçamolha». — Cristóvão Vieira, *apud* Ferguson, *Letters*, p. 60.

1545. — «Azevre, pastel, incenso, **pucho**, cochonilha». — Fernão Pinto, *Peregrinação*, cap. 165.

1552. — «Droga de Cambaya, que chamão cacho e **pucho**» (em Malaca). — Castanheda, *Historia*, II, cap. 192.

1554. — «*Anjuão*, **pucho**, mirra, enenso». — Simão Botelho, *Tombo da India*, p. 49.

1563. — «Diguo que costo em arabio se chama *cost* ou *cast*; e em guzarate se chama *uplot*, e em malaio, para onde he grande mercadoria e se guasta muito, se chama **pucho**». — Garcia da Orta, Col. XVII. — «O dr. Royle, comparando o costo do norte da India, com uma raiz conhecida nos mercados de Calcuttá pelo nome de *puchuk*, reconheceu serem cousas identicas... Dymock tambem cita o mesmo nome na fórma *patchak*, como usado em Bengala». — Conde de Ficalho.

1634. — «Incenso, **pucho**, que he um páo que vem de Cambaya e serve para muitas cousas». — António Bocarro, *Livro*, IV, p. 35.

1779. — «Vendidas as ditas fazendas na costa do Malabar, empregará o seu producto em algodão, **puchu**, azas de tubarão». — «D. Francisco de Sousa Coutinho, *Breve e util idêa*, in *Panorama*, X, p. 39.

1631. — «Costus vulgato vocabulo inter mercatores Indos **Pucho**, Chinensibus *Potsiock*, vocatur». — Bontius, *Historia Naturalis*, p. 46.

**PUDRICARAJA.** Vice-rei, na Malásia. Do mal. *padukaraja*, lit. «sapato do rei».

1557. — «Havia em Malaca cinco dignidades principaes: a primeira he **Pudricaraja**, que quer dizer Visorei, e depois do rei este he o maior». — *Commentarios*, III, cap. 18.

**PUDVÊM** (*puduvêm*) **purvêm.** (*puruvêm*). Pano branco de algodão, que os hindus enrolam em volta da cintura. Do conc. *pudvem*.

1736. — «Não usem, nem em publico, nem em particular, os homens de **provens,** que costumam usar os gentios». — Inquisição de Goa, *apud* Lopes Mendes, *A India Portugueza,* I, p. 258.

1842. — «Os mais cingem da cintura um pano branco em fórma de tanga, que chamam **Peruem,** e vestem uma roupeta curta denominada *chogó,* outros comprido até aos pés». — *Annaes Maritimos,* p. 438.

1862. — «. . . *alejas, sussins,* louças, **peduvens,** mangas».—Francisco Maria Bordalo, *Ensaios sobre a Estatistica,* V, p. 74.

1866. — «Lá se lhes ministrou o vestuario, que consiste d'hum *Rumal* e hum **Puruem** (certo pano que enrolam na cintura), e se lhes fez entrega de uma vara lacreada imitando huma espada». — *Archivo de Pharmacia,* III, p. 51.

1874. — «. . . por cima do alvejar das cabaias, *angracás* ou *chogós* e dos **pudivães,** de barras vermelhas e roxas». — Tomás Ribeiro, *Jornadas,* II, p. 101.

1886. — «Os homens podem casar com diversas mulheres, e a cerimonia do casamento consiste em fazer assentar os noivos a par um do outro, ligados por um nó dado com o **puruvem** do homem no panno da mulher, e em collocar, ao mesmo tempo que repetem orações, alguns grãos de arroz na testa dos nubentes». — Lopes Mendes, *op. cit.,* II, p. 88.

1905. — «O *chogó* e **pudvém,** que foi habito tradicional para homens, como *pano palló* fôra para mulheres, mais tarde passou a jaleco e calção». — Ernesto Fernandes, *India Portugueza,* p. 19.

1913. — «Contra a grandissíssima ex-vergonha projectada contra os nossos conterraneos de **pudvém** e *mundassó*». — *Heraldo,* de 7 de Maio.

1915. — «O **puddvêm** (ou o pano orlado que, no vestuario do indu, cobre a cintura, as coxas e em parte as pernas, correspondendo ás calças) foi tambem suprimido». — *Heraldo,* de 23 de Dezembro.

1916. — «Revistaram os meliantes e verificaram que uma parte do dinheiro havia sido habilmente occultada nas pregas do **pudvém,** na persuasão talvez que seria respeitado o seu. . . pudor». — *O Ultramar,* de 21 de Janeiro.

1917. — «E o **pudvém** e o *tçogó* valem mais que a calça e a rabona». — *O Ultramar,* de 15 de Outubro.

* **PULA.** (s. m.). Título duma classe superior de *sudras,* no Malabar, especialmente em Coulão. Corresponde á dos *naires* de Cochim. Do malaiala *pilla,* tam. *pillai.*

1552. — «E a tudo isto se obrigou por hua escriptura a raynha [de Coulão] e assi os regedores e **pullás».** — Castanheda, *Historia,* IV, 1.

1554. — «Ysto concertou o senhor governador com os **pullas** e regedores de Coulão». — Simão Botelho, *Tombo da India,* p. 36.

«Com o *adiguaar* Corymale, Catenenbear e com todos **pullas,** *mares* e Regedores da dita terra». — Id., *ibid.*

1603. «Porem os **Pulas,** que sam os que ficarão sentidos». — P. Fernão Guerreiro, *Relaçam Annual,* fl. 78.

1701. — «Deceo a Mampolim hum **Pula,** isto he, Duque, mandado por elRey, com gente armada». — P. Francisco de Sousa, *Oriente Conquistado,* II, I, 1.

1786. — «Molti **pulla** o scrivani». — Fra Paolino, *Viaggio,* p. 237.

1913. — «**Pula,** Tamil *pillai,* in Cochin and Travancore it corresponds to *Nayar.* The title is granted by the Sovereign, and carries exemption of the manual labour». — P. E. Pieris, *Ceylon,* I, p. 532.

* **PULO** (mal. *pūlō*). É o nome geral de «ilha» na Malásia. A palavra antecede, de ordinário, outra, que determina o seu significado.

1539. — «Tambem o informey da pescaria de aljofar, que está entre **Pullo** Tiquos, e Pullo Quenin». — Fernão Pinto, *Peregrinação,* cap. 20.

1563. — «**Pullo** em lingua Malaya de Malaca quer dizer ilha». — João de Barros, Déc. III, II, 6.

1613. — «Dizião ser das suas Ilhas, que estavão á vista da dita contra-costa de Samatra, chamada **Pulo** *mas,* que he tanto como dizer Ilha de oro». — Manuel Godinho de Eredia, *Informação da Aurea Chersoneso,* p. 104.

1616. — «Atravessando o grande golfo de Cambaya (?) da Ilha de **Pulo** Condor pera Pulotimão, teve hum tempo tão rijo que lhe levou o batel». — Diogo do Couto, Déc. X, III, 14.

1684. — «Chegou Diogo de Mendonça Furtado a **Pulu-timão».** — P. Fernão de Queiroz, *Hist. de Pedro de Basto,* p. 358.

1718. — «Desta sorte livre o barco de perigo, o avisinhou a **Pulolaor,** Ilha engraçadamente vistosa e fertil». — João Tavares Guerreiro, *Jornada,* p. 399.

1851. «Eu . . . que viajava na mente com Diogo do Couto, Barros, Faria, Camões, e o sublime Diniz pelas praias do Mandovim, pelo Guzarath, pelo Estreito de Malaca, rastejando com a quilha quantos **Pullos** Fernão Mendes avistou até surgir no porto de Liampó». — Joaquim C. Soares, *Doc. Comprobativos,* p. 3.

1883. — «Amanhã, o nosso undecimo dia de viagem depois da partida de Bombaim, chegamos á ilha de Pinang, ou **Puló** Pinang». — Adolfo Loureiro, *No Oriente,* I, p. 246.

1918. — «Em lingua malaia **pulo** significa ilha». — Fortunato de Almeida, *Portugal e as Colónias,* p. 298.

**PUNA** (malaiala *punna*, sânsc. *punnāga*). É uma árvore indiana da família das gutíferas — *Calophyllum inophylum*, Linn. Extrai-se óleo da semente que serve para queimar. Em Goa é comummente conhecida por *undeira*. *Punna* é, em rigor, *Calophyllum tomentosum*, Wight, indígena do Canará, também denominado *pau de mastro*, porque serve para mastros o seu tronco direito, comprido e grosso. Em Goa dá-se vulgarmente o nome de *puna* à «puna bastarda ou satirão», *viroy* em concani, que é uma esterculiácea, *Sterculia fœtida*, Linn., cuja madeira se emprega igualmente para mastros e embarcações. Assim como os pagodes dos gentios tem junto de si *pimpolos*, muitas igrejas dos cristãos ostentam nos seus adros punas bastardas, não se sabe bem o motivo.

1614. — «Mandasse muito breve cem tinas, e vergas para galez, e galeoens, porque as ha lá excellentes de **puna** grandes, leves, e fortes».—Diogo do Couto, Déc. VIII, I, 28.

1687. — «Afirmão que em alguns matos, ha *teguas* [tecas], **punas**, angelis».— P. Fernão de Queiroz, *Conquista de Ceilão*, p. 59.

1782. — «A 7.ª é a planta chamada *virey*, cuja madeira é uma especie de faia. Serve para mastros de embarcações grandes pelo seu comprimento, e direitura e qualidade para isso; nasce da sua semente e quer a terra humida». — Fr. Clemente da Ressurreição, *Tratado*, II, p. 319.

1842. — «Encontram-se por alli árvores de extraordinaria grandeza, e outras a que chamam **Puna**, proprias para mastros e vergas de navios». — *Annaes Maritimos*, p. 271.

1866. — «Esta aldêa possue uma notavel floresta de magnificas **punas** de outeiro denominado *Viriachó-tembó*, a respeito das quaes deve haver todo o cuidado por causa do fogo dos *cumerins*». — *Relatorio da Provincia de Satary*, I, p. 19.

1905. — «Foi essa politica de nimia tolerancia que, sem grandes esforços conseguiu substituir deante dos templos christãos o *pimpolo* (ficus religiosa) pela arvore de **puna**». — Ernesto Fernandes, *India Portugueza*, •

1906. — «**Puna**. Nome indo-português de *Stercula foetida*. É uma alta arvore que se encontra geralmente em frente das igrejas de Salcete. Florida ou em fructificação é de um dôce colorido vermelho. Nas ruinas de Goa ha muitas de estas arvores». — Alberto O. de Castro, *A Cinza dos Myrtos*, p. 192.

1912. — «O que parece menos acertado é que, em substituição de *Pipal* tivessem escolhido uma arvore de **Puna**, que no tempo da sua floração, é devéras desagradavel». — Caetano Gracias, *Flora Sagrada*, p. 22.

1917. — «Do mesmo modo que alfarrobeira, a arvore de **Puna** cresce na India sob a protecção de quasi todos os templos cristãos». — *A Terra*, de 31 de Março.

1589. — «Ici [Cananor] aussi se trouve des masts de Navires singulièrement beaux et grands, tels qu'on ne peuve trouver de meilleurs en Norvege, et si grand nombre que les pays voisins en peuvent estre abondement fournis». — Linschoten, *Histoire*, p. 22.

1883. — «Other valuable descriptions of timber are *peon* or **pún** of which excellent masts are made, and blackwood, *angely*, *jack*, *ben-teak*, and bastard cedar». — Hunter, *The Imperial Gazetteer*, IV, p. 2.

* **PUNATO** (ant.). Polpa dos fructos de palmeira brava, em Jafanapatão (Ceilão). Geográficamente, o termo devia ser de origem dravídica, mas não o vejo senão em malaio, no sentido de «matéria purulenta». É possível que os portugueses o tivessem transportado de Malaca. V. *trafuliz*.

1687. — «Dão [as palmeiras bravas] *trafuliz*, que são hũs pomos, como grandes zamboas, e tirada a casca, aparece hũa massa vermelha, a que chamão **punato**». — P. Fernão de Queiroz, *Conquista de Ceylão*, p. 40.

* **PUNDA** (desus.; s. m.). Bandido, salteador, no Concão. Do conc.-mar. *pund*.

1818. — «Evitará quanto lhe for possivel que pelo territorio da sua jurisdição passem **Pundas** a roubar as Aldeias do Magestoso Estado... ficando na intelligencia de que todos os aprehendidos neste Estado desprovidos de taes attestados serão reputados e punidos como **pundas**». — *Apud* Júlio Biker, *Collecção de Tratados*, XII, p. 31.

* **PURANA** (s. m. ou f.). Do sânsc. *purāṇa*, «antigo, lendário». Livro lendário da mitologia hindu [1]. Enu-

[1] «**Pourana**. Ce mot sanscrit, qui signifie proprement «ancien», est appliqué dans l'Inde à des recueils de légendes et de mythes du temps passé». — *La Grande Encyclopédie*.

meram-se dezóito *Puranas* primários (*Ādi-purāṇa*) e dezóito *Puranas* secundários (*Upa-purāṇa*). A história sagrada, composta pelo Padre Tomás Estêvão em marata (ou concani literário, como se pretende) e em estilo *purânico*, é geralmente conhecida entre os católicos do Concão e do Canará como *Purana cristão*, e assim se denomina nas edições posteriores. V. *Veda*. **PURÁNICO**. Relativo aos *puranas*.

1612. — «Seis a que chamão *xastrá*, que são os corpos: dezoito a que chamão **purana**, que são os membros». — Diogo do Couto, *Déc.* V, vi, 3.

1687. — «Mas não [é] criuel a energia, que os Asiaticos achão em seus versos, em quê repetem os seus *veddos*, e suas **Purãnas**, que vem a ser as suas Escrituras, e os Dogmas de suas crenças». — P. Fernão de Queiroz, *Conquista de Ceylão*, p. 91.

XVII. — «Argumento em que se trata de outros XVIII Livros que se chamão **Puraná**, quer dizer, Livros muito antigos, emanados das historias da dita escritura Vedakastra».— *Breve Relação*, in *Collecção de Noticias*, i, p. 44.

1727. — «Chegados a saber este seu Hanscrit [sanscrit], entregão-se à lição do **Purano**, que he o compendio dos *Beths* [Vedas], ou livros da ley».— Bluteau, *Supplemento*, s. v. *Benares*.

1880. — «Quanto aos **purânas**, esses occupam-se de cosmogonia, genealogia dos deuzes e heroes e historia». —Martins Velho, *Estudos sobre o Oriente*, p. 108.

1883. — «Os **Purânas**, i. e., tradições antigas, de caracter pseudo-historico e prophetico, que segundo a crença foram compilados por Vyássa e são o corpo de doutrina lendaria e mythologica moderna». — Vasconcelos Abreu, *Chrestomathia*, p. 202.

1884. — «Todas as sublimes obras, que comprehendem as religiões mais seguidas, foram beber áquella fonte... Todos foram inspirar-se nos Vedas e nos **Puranas** da India». — Adolfo Loureiro, *No Oriente*, ii, p. 236.

1886. — «Os **puranas** contêem as regras concernentes á maneira de se alimentarem, e o tempo em que devem tomar os alimentos».—Lopes Mendes, *A India Portugueza*, i, p. 121.

1890. — «Na collecção dos **Puranas** publicada pelos jesuitas no seculo xvii, e que o Conselheiro denomina de Biblioteca por lhe não conhecer o auctor, um livro inteiro é dedicado á refutação de *Vetal* e de *Bhuts*». — António de Almeida Azevedo, *As Communidades de Goa*, p. 30.

1895. — «... escrevendo, imprimindo e vulgarisando: excellentes grammaticas, dicionarios, vocabularios, cathecismos, **puranas** e livros de toda a casta».—P. Casimiro C. da Nazaré, *Mitras Lusitanas*, in *Bol. S. G. L.*, xiv, p. 487.

1906. — «Nem mesmo os mais lidos nos Védas e **Puranas** as sabem discernir». — Hipácio de Brion, *Duas mil leguas*, p. 22.

1910. — «**Pouranas** [à franceza] (de *purana* = velho). Collecção de poemas epicos, mythologicos e historicos derivados das historias e fabulas (*Itihasas*) cantados pelos poetas e mais tarde recolhidos graficamente... Os seus deuses são mais numerosos do que os dos Vedas». — *O Instituto*, lxiv, p. 323.

1916. — «É tambem conhecido pelo nome de época **puranica** ou dos **Puranas**». — *Heraldo*, de 14 de Setembro.

1918. — «Posteriores ao *Mahabarata* e ao *Ramaina* são os **Puranas**, romances historico-religiosos, compostos provávelmente nos primeiros séculos da nossa era e alguns dêles nos séculos 14 e 15 e destinados á propaganda do hinduismo». —*Heraldo*.

1712. — «Ils ont diz-huit livres par anciens qu'ils appellent **Pouranam**. Quoique ces livres soient remplis de fables plus grossières les unes que les autres, ils ne contiennent pourtant selon eux que des véritez incrustables». —*Lettres Édifiantes*, xiii, p. 110.

1640.—«Les Vedam renferment la Théologie des Brahmanes; et les anciens **Pouranam** ou Poëmes la Théologie Populaire». — *Ibid.*, xxiv, p. 238.

1782.—«Les dix-huits **Puranons** sont encore des commentaires des Vedams: ils comprennent toute l'histoire des Dieux du pays à peu-près comme celle des divinités grecques est contenue dans les Métamorphoses d'Ovide». — Sonnerat, *Voyages*, i, p. 212.

1786. — «Tutto quello che si contiene nei libri Indiani si reduce al Vèda, Shastra, e **Purana**. Veda vuol dire legge, Shastra scienza, **Purana** istoria». — Fra Paolino, *Viaggio*, p. 214.

1824. — «And asked if I was as well informed in the Vedas, **Puranas**, and other sacred books of the Hindoos». —Heber, *Narrative*, i, p. 410.

1825. — «On attribue aussi au pénitent Viassa les dix-huit **pouranas** des indiens. Ce sont dix-huit poèmes plus insensés les uns que les autres, qui renferment, dans le plus minutieux détail, la mythologie du pays, et l'histoire merveilleuse des dieux et des héros indiens» — P. Dubois, *Mœurs*, i, p. 142.

1883.—«A **Purana** or legendary chronicle concerning the origin of the neighbouring temple of Someswar makes no mention of Dárwar». — Hunter, *The Imperial Gazetteer*, iv, p. 266.

1906. — «Les **Puranas** rappellent les dynasties de rois soudres, et Manou les mentionne encore». —Cristóvão Pinto, *Les Indigènes de l'Inde Portugaise*, p. 21.

* **PURANOCTA** (s. m.). A locução sânscrita *purāṇokta* quere dizer literalmente «o que é dito pelos *puranas*» (q. v.), ou livros lendários e mitológicos; mas no sentido técnico significa «recitação de textos *purânicos* em algumas cerimónias religiosas», como, por exemplo, a adopção de filho, concernentes a castas reputadas indignas da recitação de textos védicos, *vedokta* (q. v.), considerados mais sagrados. A leitura e a audição dos Vedas são o apanágio das castas superiores. Segundo o Código de Manu, a pena para o indigno, se os recita, é a amputação da língua, se os ouve, é a infusão de azeite fervente nos ouvidos.

1824. — «Podem [os *panchalas*, q. v.] constituir para si os adoptivos com a celebração pelas recitações de **Puranocta**, porque todas ceremonias Religiosas não se podem entre elles senão pelos ritos de **Puranocta**». — *Collecção de Bandos*, I, p. 85.
1840. — «**Puranocta** — Historia das dez differentes methamorphoses de Visnú, e apotheoses dos heroes da sua religião». — F. N. Xavier, *ibid.*, p. 77.

* I. **PURAVÁ** (ant.). Festividade hindu. Do malaiala *paravam* < sânsc. *parva*. V. *ona*.

1510. — «... a cada huũ sua peça de beatilha, para esta festa que hora tẽ que se chama *Ona* **puravaa**». —In *Cartas* de A. de Albuquerque, VI, p. 293.

II. **PURAVA, puravá** (s. m.). É o mesmo que *pudvêm*. Do malaiala *puḍava*.

1510. — «Vos mando que dees aos dous nayres que amdã cõ o allifante duas peças de abetilha para fazerem cada hũu seu **puravaa**». — In *Cartas* de A. de Albuquerque, VI, p. 393.
1513. — «Mandailhes dar mantimentos darroz e manteiga e cadano averam seu **puraua**». —Afonso de Albuquerqoe, *ibid.*, p. 466.
1552. — «Acharão neles as insignias do principe, que erão ho seu sombreyro de pé, suas trombetas de marfim, e seus atabales: e assi hũs panos que se chamão **purauás** que sam dalgodão muyto fino com lauores douro». —Castanheda, *Historia*, III, cap. 20.
1552. — «Sobre si não trazia mais que hum pano de algodão mui fino encachado, a que elles chamão **Puraua**, com que se cobria de cinta té meias pernas». — João de Barros, *Déc.* I, IX, 5.
1786. — «Esse tengono uno **pudava** come gli uomini interno alle reni». — Fra Paolino, *Viaggio*, p. 144.

**PURGUEIRA**. *Jatropha curcas*, Linn. V. *grão-maluco*. O óleo da sua semente sérve de purga no Oriente.

1882. — «Na Europa o azeite de **purgueira** é empregado em diversos usos industriaes, geralmente conhecidos». — Conde de Ficalho, in *Bol. S. G. L.*, III, p. 617.
1901. — «O gergelim, a colla, o anil, a urzella, as gommas de acacia, os oleos de côco, a palma, o gergelim, a **purgueira**, o amendoim». — José de Macedo, *Estudos Coloniaes, ibid.*, XVIII, p. 514.

* **PUROITO**. Sacerdote oficiante hindu, capelão de família. Do sânsc. *purohita*, corrente nos vernáculos.

1738. — «O **Puroito** *kirvonto* (sacerdote brahamane) do pagode deverá formar n'esse logar cinco linhas circulares com farinha de arroz». — In *O Oriente Português*, II, p. 272.
1848. — «Huma relação nominal e classificada dos servidores em geral, desde o **Puroito**, ou *Boto* principal, até o do mais infimo mister, cóm declaração dos vencimentos respectivos». — *Collecção de Bandos*, II, p. 197.
1890. — «Elle é o portador do fogo do lar domestico, e assistido por um ministro, **purôhito**, faz as ceremonias de *mantragni* ou consagração e communica-o á pyra».— António de Almeida Azevedo, *As Communidades de Goa*, p. 34.
«O **porôhito**, no seu encargo de cura de almas, não exclue nenhuma casta; abre o registo dos nascimentos e obitos, intervem nos casamentos e funeraes, e recebe esmolas de todos, egualmente».—*Id.*, p. 46.
1906. — «**Puroita**. Conselheiro espiritual dos reis». — *O Instituto*, LXIV, p. 324.
1825. — «Des **pourohita** ou prêtres officians dans les cérémonies publiques et particulières».—P. Dubois, *Mœurs*, I, p. 180.
«**Pourohita** (proprement le Préposé). Nom donné par les Hindous à une sorte de chapelain chargé de diriger toutes les cérémonies rituelles intéressant la famille». — *La Grande Encyclopédie*.
1916. — «**Purohit** means any *Gor* (i. e, priest) who in consideration of his costumary due or charitable Dakhina officiates at any of the sixteen *Sanskaras* and other religious ceremonies or rites».—*The Modern Review*, de Abril.

* **PUSTACA** (conc. e mar. *pustak*

< sânsc. *pustaka*). Livro. O termo figura em documentos das Novas Conquistas de Goa, no sentido de «livro sagrado, sôbre o qual os brâmanes juram no tribunal».

1824. — «Dos Bracmanes se devem tomar os juramentos sobre o Livro ou **Pustaca** de *Xri Bhagavat Guitá*».— *Collecção de Bandos*, I, p. 87.

1840. — «**Pustoca** de Bagavot Guita — Livro de dogmas da Religião Pagam, dictados por Xri Chrisna (Visnú) Divindade representada na 8.ª metamorphose, e he tradição que o perjuro torna-se desgraçado e sujeito a muitos padecimentos». — F. N. Xavier, *ibid.*, p. 96.

* **PUTABENA**. Indivíduo duma subdivisão de *chaliás* (q. v.) considerada superior, em Ceilão. Do sing. *patabanda*, relacionado com *patangatim* (q. v.).

1687. — «Os **Putabênas**, ainda erão da casta dos **Chaleaz**, sô erão obrigados a enfeyxar a canela, e fazer bangaçaes, em que se recolhia». — P. Fernão de Queiroz, *Conquista de Ceylão*, p. 851.

* **PUZÁ** (s. m.). Culto, cerimónia religiosa, na Índia. Do conc. *puzā* < sânsc. *pūjā*.

XVII. — «**Purá** (*sic*) he [sacrificio] de cheiros, ou de flores, que offerecem». — *Breve Relação*, in *Collecção de Noticias*, I, p. 47.

1886. — «Os hindús dirigem quotidianamente ao Ganês os **puzás** ou orações». — Lopes Mendes, *A India Portugueza*, I, p. 58.

1890. — «Tambem nunca faltaram brahmanes que mediante uma dotação idonea se encarregassem das cerimonias do culto (**pujá**)». — António de Almeida Azevedo, *As Communidades de Goa*, p. 46.

1901. — «São as suas [de *tulosse*, q. v.] flores preferidas para se pôr aos Deuses depois do **puza** (lavagem da sua imagem) e d'ellas se servem tambem, e das folhas, nas ceremonias de casamento». — José Pinheiro, in *Bol. S. G. L.*, xx, p. 59.

1907. — «... levando comsigo uma tabua de escrever, pouco de pó de terra, flores, doce e dinheiro miudo e outros objectos indispensaveis para o acto de **puzá** da dita Divindade». — *Luz do Oriente*, de Novembro.

1918. — «Em Midnapore está sendo julgado o caso duma mãe que sacrificou seu filho á deusa Kali. Foi o caso que a 16 de Dezembro ultimo, a acusada fechando a porta por dentro iniciou o seu **pujá** num quarto onde a criança dormia». —*Heraldo*, de 4 de Julho.

1782. — «On comprend sous le nom de **Poutché** toutes les cérémonies qu'exige journellement le culte des différentes divinités». — Sonnerat, *Voyages*, I, p. 49.

1825. — «De toutes les pratiques des Indiens, le **Poudja** est celle qui a lieu le plus souvent dans leurs cérémonies publiques et privées, dans les temples et ailleurs». — P. Dubois, *Mœurs*, I, p. 199.

1883. — «... for a period of 20 days, which it takes to perform the complete ceremonial tour at the different shrines in the temple, where daily **puja** or offerings are made». — Hunter, *The Imperial Gazetteer*, III, p. 413.

## Q

* **QUAMBACO** (jap. *kuambaku*). Primeiro ministro ou regente do micado no antigo regime. É o mesmo que *taicozama*. *Quambacudono* quere dizer «senhor primeiro ministro».

1585. — «Fáxiba Chicugondono foi do Miaco receber de *Vô* rei universal de Japão a mais sublime dignidade, e alto grau de honra, de quantos lhe podia dar, que foi fazelo **Quambacudono**, que he logo segunda pessoa immediata na honra depois de Vô». — P. Luís Fróis, *Cartas de Japão*, fl. 150.

1586. — «O capitão do mais poderoso rei de Japão, se aleuantou, e fez senhor de quasi todo elle, o qual chamão agora **Quambacodono**, senhor de *Tenca*, que he o apelido do supremo Rei de Japão». — *Id.*, fl. 173.

1589. — «Tinha novas que era morto o **Quambaco**, senhor do Japão, que fazia guerra na Corêa e pretendia passar á China». — P. Sabbatini de Ursis, *P. Matheus Ricci*, p. 36.

1609. — «O qual [Taicozama] sendo de baixa sorte, teve tanta ventura que veio a senhorear o Japão... de modo que se intitulava **Quabacundono**, que é nome de imperador». — Fr. João dos Santos, *Ethiopia Oriental*, II, p. 327.

1634. — «E Taico por outro nome **Quambacu**, em seu tempo mandou fazer hũa descripção de cada estado e Reyno». — *Hist. da Igreja do Japão*, apud Cristóvão Aires, *F. M. Pinto e o Japão*, p. 138.

1874. — «E obteve o posto de **Cambacadono**. Assim escrevem os jesuitas o termo japonês «*Cuan-baku*» *a cortina do governo*. Este posto equivalia a primeiro ministro do mikado, e a pessoa que o occupava era considerada a segunda do imperio, e inferior sómente ao mikado». — Pedro G. Mesnier, *O Japão*.

1897. — «Na corte que rodeia o mikado destaca-se em primeiro logar o vulto de **kuambaku**, o primeiro ministro, falando como amo a todas as auctoridades do paiz, por mais altamente collocadas».—Venceslau de Morais, *Dai-Nippon*, p. 24.

«Não ousa, pela humildade da sua origem, tomar o titulo de *shogun*; mas faz mais, faz-se **kuambaku**, vice-imperador». — *Id.*, p. 89.

1674. — «No avo en todo el Imperio... más de un Rey que se llamava *Huo*, o *Dayri*. Tenia dos *Cucabos* (esto es Capitanes) para gobernar las armas». — Faria e Sousa, *Asia Portuguesa*, III, p. 760.

1754. — «Il paroit que de tems immémorial, le premier Officier de l'Empire se nommoit **Cambacundono** ou le **Cambacu**. Celui qui étoit revêtu de ce titre étoit comme le Vicaire de l'Empire et le premier Ministre de l'Empereur». — P. de Charlevoix, *Histoire du Japon*, I, p. 143.

1854. — «Ce seraient: le *daï-siodai-sin* (archi-saint), ou président du conseil du Mikado, ou le **kwambak'**, régent de l'Empire, dans le cas d'un mikado enfant, et le *sa-daï-sin*, ou «premier serviteur de la main gauche». — Jancigny, *Japon*, p. 87.

**QUEQUI** (ant.). Tratamento que os portugueses davão aos reis e às rainhas de Maluco. Do mal. *kekang*, jav. *kang*. V. *cachil*.

1560. — «O dom dellas *é nachili* e o delles *chichili*, e nós dizemos a todos **quequi**». — Gabriel Rebêlo, *Informação de Maluco*, p. 154.

* **QUÉBULO.** Fruto de *Terminalia chebula*. Designa-se também pelo nome genérico de «mirabólano» (q. v.), ou especificadamente, «mirabólano quebúlico». «O myrabolano tem muita procura no commercio; é usado na tinturaria. Faz-se d'elle tinta preta em Goa».. D. G. Dalgado. O étimo é o adjectivo árabe-persa *kābulī*, «de Cabul ou cabulense».

1516.—«Os **quebulos** nacem em Bengala, em Malaca, em Burney». — Tomé Pires, *apud* Cardeal Saraiva, VI, p. 422.

1610.—«Y assi dizen... *Alilah Kabuli*, mirabulani que vienen de Kabul, que son los que nuestros medicos llamam **Kebulos**».—Pedro Teixeira, *Relaciones*, p. 76.

1665. — «De la Provincia de Caboul... les Myrabolans croissent dans les Montagnes et c'est pourquoi les Orientaux les appelent **Cabuly**». —Thevenot, *Voyages*, II, p. 172.

* **QUEGADA.** É o nome indiano de *Pandanus odoratissimus*, Roxb. Do conc. *kegad*; *kegdī*, «planta»; em sânscrito *ketaga*. V. *pândano*.

1616. — «... sam ramos de certas cardeiras que quando espigão deitão huma maçaroca, como a do Milho Zaburro, que vem sahindo d'entre algumas folhas finas, e amarellas, e a semente de dentro he miuda, e almeicegada e tem algum cheiro, por que as Gentias da India as estimam muito e as mettem entre os cabellos para lhes cheirarem, e destas ha muitas nesta Ilha de Goa, a que os Canarins chamam **Chegada** (leia-se *quegada*)». — Diogo do Couto, Déc. XII, v, 5.

1879. — «Umas em lugar de prego de flor se servem de uma outra joia denominada **quegot** ou *quedak* sobre o laço ou fecho final de cabellos». — João Stuart Torrie, *Estatistica da India Portugueza*, p. 311.

1906.—«*Pandanus odoratissimus*—**Quégote,** *kedôki*, ou *covássó*, em dialectos concanis de Goa. Com as flores amarello-pallidas, em forma de grande espiga de milho, d'este arbusto, enfeitam o cabello as mulheres de Goa... Em Damão diz-se *quédim*». —Alberto O. de Castro, *A Cinza dos Myrtos*, p. 190.

1902. — «N'um impeto de desespero elle desappareceu e estava perdido para os seus amigos, que os descobriram afinal retirado n'uma floresta de **Ketaka,** onde tornou-se um «asceta». — Caetano Gracias, *Flora Sagrada*, p. 144.

1919. — «Por causa dos **Kegadis** ou *Ketakis* (*Pandanus odoratissimus*) de que abunda a praia (*vell*), originou o nome *Kegdavêll* (Quegdovelim)». — *Heraldo*, de 9 de Fevereiro.

* **QUEITOR.** Fernão Mendes Pinto emprega várias vezes o termo, com referência à Indo-China, no sentido de «governador do reino ou supremo magistrado». Parece que *queitor* representa o birm. *o ke* (*só*) *thau* (*onin'*), «dirigir o leme».

1545. — «Neste mesmo dia chegou um recado de cima da cidade do **Queytor,** que era o Governador do Reyno, em que mandava vesitar o Embayxador com presentes de muito refresco». —*Peregrinação*, cap. 162.

«Da qual gente era Capitão o **Queytor**, da justiça, que he o supremo Governador dela sobre todos os ministros do civel e crime que he jurisdição separada por si, com mero e misto imperio, de que não ha apelação nem agravo». — *Ibid.*, cap. 163.

* **QUEIZU** (jap. *keizu*). Árvore genealógica, pergaminhos de família, no Japão.

1585.—«Em Japão ha hum costume que quando se entrega ao morgado a posse da casa, e estado de seu pay, lhe entregão tambem hũas escrituras que chamão **Quei-**

**zu,** em que se contem titolos de honra daquella casa, as dignidades, liberdades, e preeminencias que tiverão seus antepassados». — P. Luís Fróis, *Cartas de Japão*, II, fl. 143 *v*.

*** QUELA** (ant.). Figura o vocábulo na abonação como «medida de Lara para cereais». Do persa-ár. *kail*. Os dicionários não indicam a sua equivalência.

1525. — «Sete **quelas** fazem hum alqueire noso». — *Lembranças das Cousas da India*, p. 53.

*** QUELINS.** É o nome que os nossos escritores dão, á imitação dos malaios, aos naturais da Costa de Choramândel que comerciavam ou residiam no Arquipélago. Do mal. *Kĕling* ou *Kling*, que tanto é o nome do país como do seu habitador; sânsc. *Kaliṅga*. Em rigor, a denominação pertence aos telúgus.

1513. — «Outro tanto fiz em Malaca, e os jaos afastaram de virem mais a fazer nenhũa samdice a povoações dos *chatins* e **quelins**». — «Afonso de Albuquerque, *Cartas*, I, p. 163.

1552. — «E na cidade dos **Quelins** não pos Jorge de Albuquerque estancias, assim por não ter gente pera isso, como por ser cercada de muros». — Castanheda, *Historia*, VI, cap. 60.

1553. — «E com estes taes tempos nauegão de toda a India, e de **Quelij**, e isto da fim de Agosto té a fim de Outubro». — João de Barros, Déc. II, VI, 1.

1557. — «Não podia soffrer que os **Quilins** e Chitins, que eram Gentios, fossem fora da sua jurdição». — *Commentarios*, III, cap. 33.

1563. — «Dos **quelins**, dos mercadores do Cabo de Comarym». — Gaspar Correia, *Lendas*, II, p. 253.

1563. — «.. querer entrar a cidade pela parte onde habitavão os **Quelins** (que são os mercadores) por terem bairro apartado». — João de Barros, Déc. III, x, 3.

1610. — «Deve sua magestade mandar que todos os mercadores portuguezes e **quelins** de São Thomé... paguem direitos de saida». — *Doc. da India*, I, p. 318.

1613. — «... e o *Bendara* o [governador] he de todos os **Quelis**, que são da costa de Choromandel». — Francisco de Andrada, *Chronica de D. João III*, IV, fl. 88.

1613. — «... em casa de Ninaborneo **chelim**, grandissimo contratante, e mercador». — Manuel G. de Erédia, *Informação da Aurea Chersoneso*, p. 82.

1614. — «E assi neste tempo auia **Chelis** (que são mercadores malayos) que tinhão doze e quinze *bares* de ouro». — Diogo do Couto, IX, 16.

1610. — «El Parseo le [chatim] dize *Saudagar*, el Malayo **Quelim**». — Pedro Teixeira, *Relaciones*, p. 99.

*** QUENE.** Figura a palavra em um manuscrito de Macau, publicado na revista *Ta-ssi-yang-kuó* (Fevereiro de 1900), como sinónimo de negociante. O editor nota: «Parece-me ser o mesmo que negociantes, mas não sei a etymologia d'esta palavra». É o chin. *ke-háng*, que significa o mesmo. V. *hão*.

1667. — «Estes quinze mil, com outros quinze mil, que lá em Cantão se tirarião dos **quenes**, que comprassem o fato na mesma conformidade, que os vendedores de Macau... do que resultaria extraordinaria perda aos **quenes** de Cantão e muito maior aos mercadores de Macau».

«Só o Lỹ-siam-cum e os **quenes** solicitão o que podem». — *Ibid.*

**QUEIRE, quêr** (s. m.). É o mesmo que *pau-ferro* ou *árvore de cato*, e melhor ortografado que *keir* ou *ker*. Do conc. *khair* < sânsc. *khadira*.

1782. — «Finalmente a planta chamada pau ferro, por outro nome **queire**». — Fr. Clemente da Ressurreição, *Tratado*, II, p. 321.

1918. — «Das especies florestais, as mais abundantes e de mais valor são as seguintes: a *teca*, a *sadra* ou *mareta*, o **quer** ou *pau ferro*, as quaes fornecem todas as madeiras de grande resistencia e duração». — Fortunato de Almeida, *Portugal e as Colonias Portuguesas*, p. 264.

1919. — «O produto líquido da venda das especies teca, **ker**, *sissó*, sadrá e *tanasse* será sempre receitado ao fundo da viação publica». — *Organização Agrária de Nagar-Aveli*, p. 155 (*Acta do Conselho do Govêrno*).

*** QUERA.** Diz-nos Fernão de Queiroz que é um animal dos montes de Uva em Ceilão, e descreve-o minuciosamente e, parece-me, com certa exageração. Presumo que o autor se refere ao *gauro* ou *bisão da India* (qq. v.), que é parecido com búfalo, *valmīva*, «búfalo silvestre», em singalês; *kätterumai* em tamul. *Kera* significa em singalês qualquer «fêmea de animal que coxeia», e podia designar figuradamente o «gauro».

1687. —«Há outros animaes nos montes de Vua, que não sabemos se achem em outra parte do mundo, a que chamão **Queras**. Tem a grandeza de dous bufaros, e a mesma cor, com grandes pontas e retrocidas sobre o pescosso; e os cascos da mão, e pés redondos, como de cavalo. São mansos de natureza; se porem chegarem a ser acossados e lhes importa defenderem-se; desembaynhão fora da boca mais de hũ couado de lingua, em que se vẽ espinhos tão grandes da mesma carne, como meyo dedo; com que ofendem de tal modo, que matão como se fora hum pertigo de mangoal ferrado». —*Conquista de Ceylão*, p. 58.

1806. — «They are far larger than common buffaloes. There is an account of a similar kind called the *Gore*; one distinction between it and the buffalo is the length of the hoof».— Elphinstone, in *Glossary*.

* **QUESRI.** Planta da família das bixíneas — *Bixa orellana*, Linn., introduzida na Índia do Brasil, onde é conhecida por *urucu* e *anato*. A polpa que cobre a semente dá uma tinta amarela, que tem usos industriais, sendo, por isso, a planta modernamente cultivada em larga escala em diversas partes. Do conc. *kesrī*.

1916. — «Levou optima impressão das vastas plantações de **quesri** e outras feitas neste concelho». —*Heraldo*, de 15 de Agosto.

1919. — «Serão vendidas em hasta publica no Comando Militar de Satari, mais ou menos 300 arrobas da semente de anato (**quesri**)». — *O Ultramar*, de 3 de Abril.

**QUESSA** (jap. *kesa*). Faixa que os sacerdotes budistas trazem a tiracolo, no Japão.

1518. — «E logo como ficou no conceito lhe tomarão as **quessas,** dispindoos, e açoutandoos, prenderão especialmente aos Bonzos, e freguezes ricos».— P. Organtino, in *Cartas de Japão*, I, fl. 451.

* **QUETE** (sing. *keṭi*). Punhado, rôlo, pequena porção, em Ceilão.

1687. — «Tornando aos *Chaleaz* seus filhos, em quanto não tinhão idade para laurarem canela, dauão somente certos **quetes** por dada, depois lhe acrescentarão os *Vidânas* de 6 *bazarucos* pera cima, conforme a idade, que não podem menos estes regulos». — P. Fernão de Queiroz, *Conquista de Ceylão*, p. 850.

**QUETRI.** O termo sânsc. *kṣatrya*, «nome da casta militar», tomou a forma de *khatrī* ou *khetrī* em concani e outros idiomas neo-áricos, o qual em português se representa por *quetri* e *qhatri*. V. *charodó* e *castas*.

1600. — «Vendo os clamores que os gentios cada dia faziam, remeteo o caso aos **Caterés**, que he genero de gentios graues». — P. Fernão Guerreiro, *Relaçam Annual*, p. 30.

XVII. — «Ramá depois de ser grande, se exercitava nas armas por ser da familia e Casta de **Qhatri** (quer dizer *Armiger*) para se adestrar nellas». —*Breve Relação*, I, p. 4.

«Bramá instituiu estas Sectas para bem da conservação da Republica, deo a cada huma certas regras... e por mêo dellas se introduzirão as principaes quatro castas a saber de *Bramá* (*sic*), **Dhatris** (*sic*), *Vaissá*, *Sudra*, fundadas todas sobre huma historia fabulosa». — *Ibid.*

1687. — «... repartindo os em Bramenes, Rajûs, que o Anonimo chama **Qhetris;** assim como aos Vayssus chama Camotis, e aos Sudros Xutris». — P. Fernão de Queiroz, *Conquista de Ceylão*, p. 131.

1697. — «A obrigação dos **Ketris,** e por outro nome Rajas ou Rajaputros segundos em nobreza, he dar esmola, e não pedilla, aprender a lei, mas não ensinalla, assistir ao sacrificio, mas não fazello, governar e defender a Republica».—P. Francisco de Sousa, *Oriente Conquistado*, I, I, 1.

XVIII. — «... a saber: do rosto que he o espelho mais puro, os Bramenes, pelos seus braços os **Quetris,** das pernas os Vaissiás, e dos pés os Sudrós». — *Noticia do Gentilismo*, I, p. 66.

1824.—«Bracmanes, **Quetris,** Sudros, e outros Indús tem direito para constituirem adoptivos». — *Collecção de Bandos*, p. 83.

1856. — «E se dividem em 4 Classes ou Castas principaes: 1. dos Bramanes, que dimanam da Cabeça do Bramá: 2. dos **Quetris,** sahidos dos braços». — F. N. Xavier, *Instrucção*.

1886. — «Os **quetris** ou *charodós*, produzidos dos braços indicativos da força, nasceram para guerrear e combater». — Lopes Mendes, *A India Portugueza*, II, p. 36.

1887. — «Já a sociedade aryo-hindu se achava dividida em tres classes principaes — a dos *chatrias*,— *kxatrias*, *kexatrias*, *shattryas* ou **quetris,** que de todos estes modos tenho visto escrito este nome». — António Francisco Nogueira, *A India Portugueza*, p. 28.

1896. — «A população sataryense é de 20:000 individuos, na quasi totalidade marathas da casta dos **Khastris** — caçadores e guerreiros — que em epochas remotas, dirigidos pelos ranes, nobres ...». — Fonseca Cardoso, *O Indigena de Satary*, p. 7.

1917. — «No assento de baptismo duma mulher *ranes* (marata) declarou-se que era da casta **quetri**, outra variante comparável á evolução de *pater* em *pai*». — *Heraldo*, de 2 de Agosto.

1630. — «And because **Cuttry** was of a martial temper God gave him power to sway kingdoms with the sceptre». —Lord, in *Glossary*.

1659.—«Il Rè si chiama **Quetris**, che vuol dire Caualiere o Heroe». — Fr. Vincenzo Maria, *Viaggio*, p. 238.

1666. — «La seconde Tribu est celle de **Catry** ou Raspoutes, qui font profession des Armes».—Thevenot, *Voyages*, III, p. 188.

1668. — «... la seconde de **quettrys**, qui sont les gens de guerre». — Bernier, *Voyages*, II, p. 122.

1674. — «The **Quetories**, Rashpoots, or Soldiers».—Fryer, *East India*, II, p. 100.

1750. — «Il y en a d'autres dont la profession héréditaire est celle de **Kettreris** et des Rachpouts». — Grose, *Voyage*, p. 272.

1782. — «Les **Chatriers**, *Xatriers* ou *Setréas*, qui sont les Rajas, c'est-à-dire, ceux qui descendent des familles royales, composent la seconde» (caste). — Sonnerat, *Voyages*, p. 42.

**QUIABO.** É uma planta hortense — *Hibiscus esculentus*, Linn., indígena da Índia e da África. Do quimbundo *kin gombo*. V. *bendó*.

1839. — «As hortaliças mais communs são: — bringélas, bendés ou **quiabos**, rabanos, cebolas». — Lagrange de Barbuda, *Uma Viagem*, p 87.

1846.—«Abobora da terra, Bendés (**quiabos**), Mostarda». — F. N. Xavier, *O Gabinete Litterario*, I, p. 249.

1862.—«... abobora, inhames, cenoura, **quiabo**, areca, cairo...».—Francisco Maria Bordalo, *Ensaios sobre a Estatistica*, V, p. 87.

1865. — «Em conclusão os **quiabos** prestam-se a grande numero de applicações, internamente servem para combater as inflammações dos orgãos pulmonares, dos orgãos sexuaes, do tubo gastro-intestinal; são mui adoptados para clysteres e banhos... por ultimo alimento saudavel». — *Archivo de Pharmacia*, II, p. 138.

1880. — «*Quingombo* .. Em Angola, encontra-se cultivada e tambem sub-espontanea nas regiões de Lunda e de Golungo. Dão-lhe igualmente o nome de **quiabo**, muito usado no Brazil». — Conde de Ficalho, in *Bol. S. G. L.*, II, p. 608.

1917. — «Nós só precisamos de trocar por bananeiras e papaeiras, pelos **quiabos** e pelos feijões os cardos, as ervas ruins de que andam pejados os nossos passaes». — *O Ultramar*, de 19 de Abril.

* **QUIAI, quiar.** Venerável: tratamento de respeito na Indo-China e China. *Quiai* também se antepõe ao nome das divindades, como: *Quiai Figran*, «deus dos átomos do sol», *Quiai Nirandel*, «deus da batalha». (V. Fernão Pinto, cap. 110). Do mal.-jav. *kiai*. Em birmanês [*tha-ban-sin*] *kyai* significa «santo», e é possível que seja o étimo de algumas das abonações.

1540. — «Quando era Gentio, lhe falavão todos co barrete na mão, chamandolhe **Quiai** Necodá, que era nomeallo senhor capitão». —F. Pinto, *Peregrinação*, cap. 51.

«Este santo Grepo talapoy maior da casa dourada do santo **Quiai**». — *Id.*, cap. 149.

1577.—«... dizendo em voz alta, **Quiai** *dinnan*, que são palavras Pegúas, e nas nossas querem dizer, Tu es Deos, viuo, grande, ou verdadeiro, porque qualquer destas tres significações lhe cabe». — *Primor e Honra*, fl. 97 *v*.

1614. — «De como El-Rey Dom João [de Ceilão] tinha o verdadeiro dente do Bogio, ou do seu **Quiar** [Buda], que o que levara D. Constantino era falso». — Diogo do Couto, Déc. VIII, I, 12.

1617. — «Chamavão a Salvador Ribeiro **Quiai** *Massinga*, que significa Deos da terra». — *Conquista de Pegu*, cap. último.

1635. — «Salvose el **Quiay** y la mas de su gente por nuestra diligencia». — Faria e Sousa, *Asia Portuguesa*, II, p. 68.

1860. — «De Couto, who originally describes it as the tooth of Buddha, calls it in this passage, «Dente do seu idolo **Quijay**»; and in another place «do **Quiay**», probably a corrupt spelling of the Burmese word for a Buddha «*Phra*», or possibly a modification of the Chinese name for Gotama, *Hin-tan*». — Emerson Tennent, *Ceylon*, II, p. 217.

**QUIAZ.** Pêso de Ormuz, equivalente a uma onça. Do persa *ūqīya*.

1554.—«A mão tem 24 **quiaes** no peso da terra, os quaes 24 quiazes tem 251 ½ *maticaes* dos d'ormuz... tem o **quiaz** 11 maticaes escaços». — António Nunes, *Lyvro dos Pesos*, p. 5.

1898:

«Ambar pardo
Do melhor um **quiaz**, e mais espiquinardo».

Lopes de Mendonça, *Afonso de Albuquerque*, p. 172.

I. **QUIL.** Espécie de breu da Índia e da Persia. Do conç. *kīl* < persa *kīr*.

1554.— «O **quil** he o peso como o arroz em tudo».—António Nunes, *Lyvro dos Pesos*, p. 25.

1563. — «... e breados com hum betume a que chamão **quil**, que he como breu, que cozem com azeite de coco e de peixe... Nem breão as naos como nós, somente nas costuras lhe poem o betume do **quil**, e enceuados com azeite de peixe que fica como ceuo, o que assim fazem por dentro e por fora com que são muy estanques». — Gaspar Correia, *Lendas*, I, pp. 122 e 123.

1604. — «They (*dainacas*) are very staunch and water-tight, being covered with a betumen that they call **quir**... in place of pitch». — Pedro Teixeira, *The Travels*, p. 29.

II. **QUIL**, **quirpele**. São nomes tamúlicos de *mangus*, *kīri*, *kīripiḷḷai*.

1563. — «Ha nesta ilha [de Ceylão] huns bichos, como furões, a que chamão **quil** (e outros lhe chamão **quirpele**) e pelejam com estas serpentes muitas vezes». — Garcia da Orta, *Col.* XLI.

1720. — « **Quil** ou **Quirpala**, segundo João Hugo Linshotans... he na India hum bicho quadrupede, da feição de forão, a que alguns Indios crião em casa, para matar, e exterminar ratos». — Bluteau».

1589. — «La virtu de ce bois a esté premièrement montrez aux Indiens par une petite beste nommé **Quil**, ou **Quirpele**, semblable à un furet». — Linschoten, *Histoire*, p. 123.

1601. — «... bestiola quaedam **Quil** seu **Quirpele** vocata, quae aspectu primo viverrae...». — De Bry, in *Glossary*.

1786. — «Il Kirri, detto Mongus, è securamente il Ichneumon». — Fra Paolino, *Viaggio*, p. 154.

* **QUILADAR**. Governador dum castelo, castelão, na Índia. Do persa *qilā'dār* do ár. *qilā'*, «castelos», pl. de *qal'ah*.

1714. — «Serão advertidos todos os **Quiladares** das fortalezas, para que não obrem cousa alguma que possa perturbar a amizade, como o fez o **Quiladar** do Cabo da Rama». — *Apud* Júlio Biker, *Collecção de Tratados*, v, p. 255.

1752. — «Quando aqui cheguei tinha já tido audiencia de despedida o **quiladar**, ou general de Pondá, Custa Ráu, que tinha vindo por embaixador a tratar varios negocios com o meu antecessor». — *Apud* Eduardo de Balsemão, *Os Portuguezes no Oriente*, III, p. 168.

«Recebendo-se por elle e por seu filho Usaia, **quiladar** do Gouro de Pondá, a noticia desta posição, expedio o rei por embaixador a Carur Badrabader». — *Ibid.*, p. 173.

1780. — «Algumas tropas do Sunda, que se acharam na campanha, se retiraram para a praça ás ordens do **Quiladar**, ou Gouernador d'ella». — *Apud* Biker, *op. cit.*, VIII, p. 58.

1845. — «Dans sa premiére entrevue avec Sir John Malcolm, le **killedar**, ou gouverneur, exprima naïvement la crainte où il était que Scindia ne fût pas content de la défense qu'il avait faite». — Xavier Raymond, *Inde*, p. 570.

1831. — «Il y a bien, à peu de distance du passage une fortresse du roi, à Ouri; mais elle est trop voisine d'un grand centre d'autorité, Cachemyr, pour que le **killadar** (gouverneur) se permitte les libertés que Niál-Sing a prises sur moi». — Jacquemont, *Correspondence*, II, p. 51.

1885. — «The **kiládár** or governor was also charmed by the representations of the Bhopal party». — Hunter, *The Imperial Gazetteer*, v, p. 443.

1918. — «He had discovered that the seemingly treacherous **qiladar's** promise to sell the fort to him was only a trap laid for him». — *The Modern Review*, de Dezembro.

**QUIMÃO** (também **queimão**). «É própriamente o roupão que trazem usualmente os japoneses, amplo, talar, sem abotoadura, unido ao corpo por um cinto, de mangas larguíssimas na entrada e canhão revirado, assim como a gola e as bandas». Gonçalves Viana, *Apostilas*. A definição quadra perfeitamente ao roupão que, com o nome de **quimão** em português e em concani, alguns homens e muitos rapazes traziam em Goa como trajo ordinário, e que agora vai rareando. Mas o termo continua a aplicar-se ao casaco curto e largo, sem abotoadura, de raparigas pobres e inuptas, feitos de chita ou de *chela*. No dialecto de Macau *quimão* é casaco assim de homens como de mulheres. O étimo é o jap. *kimono*, que agora está em voga em português como uma grande novidade.

1544. — «Aquella a quem a boca do meu rosto beyja continuamente o rico **queymão** do seu vestido». — Fernão Pinto, *Peregrinação*, cap. 120.

«Vestido em hum **quimão** roxo a modo de opa recamado de perolas». — *Id*, cap. 122.

1559. — «Acudio logo, e trazia sobre si quatro vestidos, tanto que chegou a nos, começou com grande furia apartar, e tirar dos **quimões** (que são hũs vestidos de pelles de veados muito grandes e finos) e tirou-nos das mãos dos que nos tinham». — P. Baltazar Gago, *Cartas de Japão*, I, fl. 36.

1582. — «Apanharão hum sombreiro, e

hum **quimão,** que trazia vestido em riba do corpo». —P. Luís Fróis, *Ibid.*; II, fl. 66 *v.*

1600. — «Para repousarem com pouca mais roupa que as dos proprios **quimões** que vestem». — P. João Lucena, *Historia*, VII, cap. 5.

1614. — «D'aquellas pelles fazem [os japões] muitos trajos, **quimões,** e outras cousas muito lauradas, como cada dia vemos trazer á India». — Diogo do Couto, Déc. VI, VII, 9.

1701. — «Até matronas nobilissimas vinhão de noyte com *catanas* debayxo dos **quimões,** isto he, casacas japonezas». — P. Francisco de Sousa, *Oriente Conquistado*, II, IV, 2.

1842. — «Na puberdade até que casam usam de pannos proprios tecidos e pintados que cingem á cintura, ficando em pregas pela parte anterior, e vestem um **baju** e **quimão»** (em Goa). — *Annaes Maritimos*, p. 433.

1858. — «Em casa e nos passeios usam [as cristãs da Africa Oriental] de **quimão,** especie de jaqueta sem gola, branca ou de varias côres, justa ao corpo e de mangas curtas... As mouras usam tambem de pannos, mas substituem o **quimão** pelo *choly*, como as gentias da India». — Francisco Maria Bordalo, *Ensaios sobre a Estatistica*, V, p. 54.

1896. — «Os lenços de seda, as *photas* e **quimões,** as peças de panno crú ainda não aproveitadas». — Gip, *Jacob e Dulce*, p. X.

1897. — «... envolta n'um **kimono** de ramagens, nús os pés nas sandalias». — Venceslau de Morais, *Dai-Nipon*, p. 16.

1904. — «É assim que por entre os fraques e sobrecasacas d'alguns deputados, se veem os **kimonos** (fatos indigenas), as grandes mangas que no Japão acumulam as funções de algibeira, bem como os grandes laçarotes de seda que ali constituem moda». — Ladislau Batalha, *O Japão por Dentro*, p. 38.

1908. — «... o *Queimão*, e que, mudada em **Quimão**, perdura ainda em Goa, sobre tudo em Damão, na nomenclatura de trajos femininos das castas christãs». — Alberto O. de Castro, *Flores de Coral*, p. 146.

1589.—«Sopra questa portano vn manto più breue (che chiamano **Quimone**) con le maniche, che non passano il gomito».— P. Maffei, *Le Istorie*, p. 485.

* **QUINCHAI.** Comissário imperial, enviado extraordinariamente para alguma província da China, a fim de tratar de negócios importantes. Do chin. *kin-cháng*, lit. «sêlo de ouro».

1569. — «Ha outras dignidades sobre todas estas, à que chamam **Quinchais,** que quer dizer Chapa ou sello de ouro: os quaes nam sam mandados se nam a negocios muy graves e mui singulares que importam muyto ao reyno, ou al Rey». — Fr. Gaspar da Cruz, *Tractado da China*, cap. 16.

1756.—«... se adiantou o **Quin-Chay** tartaro a dar parte á Côrte do logar em que me deixava, que assim se entendeu por ocioso pelas noticias que vinham de que o Imperador me esperava com impaciencia». — *Apud* Júlio Biker, *Collecção de Tratados*, VII, p. 64.

«Em seguida os dois **Guinchaes** (*sic*) meus conductores, tambem a cavallo». — *Ibid.*, p. 98.

1858.—«... ficando, pela morte de Sen, Commissario imperial (**kintchal**), encarregado de extinguir a insurreição nas provincias do sul». — *Archivo Pittoresco*, I, p. 400.

1585. — «Sobre todas estas dignidades y officios ay vno que se llama **Quinchay,** que quiere dizer en su lengua sello de oro: esto non sale de la corte sino en caso gravissimo, y de muchissima importancia». — Fr. Joan G. de Mendoça, *Hist. della China*, p. 78.

1735. — «C'est surtout lors qu'un **Kintchai** ou Envoyé de la Cour rend visite aux grands Mandarins des lieux par où il passe, qu'on observe religieusement toutes les formalités prescrites».—P. Halde, *Description de la Chine*, II, p. 108.

* **QUINIGUILÃO.** Safira escura, de inferior qualidade, que se encontra em Ceilão. O termo não figura no texto português da obra de Duarte Barbosa, mas vem na edição italiana de Ramúsio e na tradução castelhana. O seu étimo parece ser o malaiala *karin-kallu-nīlam*, lit. «pedra saffira escura».

1616. — «Achase igualmente em Ceilão outra especie de Safiras não tão grandes, a que chamão **Queniguilam** [*quirin guenilam*]; são de côr escura, e por boas que sejam valem muito menos, equivalendo 13 destas a huma das sobreditas. Acha-se igualmente no reino de Narsinga, em huma montanha sobre Baconor e Mangalor, outra especie de Safiras mais brandas e menos finas de côr, a que chamão *Cinganolam* [*cringanilam*]; estas são algum tanto esbranquiçadas, e valem muito pouco».—*Livro*, p. 388.

**QUINZOL.** Árvore indiana de madeira— *Terminalia paniculata*, Roth., e a *Pentaptera paniculata*, Roxb. Do conc. *kiñzol* ou *kāndaḷ*.

1537. — «*Orraca* e *paráa* (?) de *sura* — seja sem mistura, sem confeição alguma, nem lhe lancem cardos nem outras nenhumas ervas; somente lhe lançarão casca de

**quinzol**». — *Posturas* da câmara de Goa, in *Archivo de Pharmacia*, VII, p. 65.

1863. — «A primeira é representada principalmente pelo **quinsolo,** *gotingo*». — Lopes Mendes, *apud* Oliveira Mascarenhas, *Atravez dos Mares*, p. 184.

1886. — «Nas primeiras sete aldeias as essencias florestaes dominantes são: . . . **quinzol** (*Pentaptera-paniculata*), e *ójambó*». — Id., *A India Portugueza*, II, p. 30.

1866. — «As arvores dominantes são: nanó, mareta (em concani marthe), **quinzol,** jambó ou zambó, e assono ou mareta branca». — *Relatorio da Provincia de Satary*, p. 16.

1885. — «In the lower ground are found forests of teak (Tectonia grandis), ain (Terminalia tomentosa), **kinjal** (Terminalia paniculata), *pángará* (Erythrina indica), and simul (Bombax malabaricum). — Hunter, *The Imperial Gazetteer*, VIII, p. 201.

* **QUIOGUEM** (jap. *kiōgen*). Baile representação scénica, no Japão.

1569.—«Jantarão aqui auendo seus custumados bailes, a que elles chamão **Quiogen,** musicas, iguarias, e demais necessario pera semelhantes festas». — P. Luís Fróis, *Cartas de Japão*, I, fl. 260.

* **QUIONIM** (jap. *kyūnin*). Dignitário da côrte dum rei ou príncipe, fidalgo, no Japão.

1584. — «Auia nas terras de Azáy huim **Quionim** gentio, chamado Gomanzurze, que por ser o mais rico de todos embaraçado com os bens da terra não se lembrava dos do ceo. . . Sabia auer alli noue **Quionis** gentios (que são como em Europa Escudeiros fidalgos)».—P. Luís Fróis, *Cartas de Japão*, II, fl. 136.

«Mandou persuadir por huns criados seus aos **Quionis** daquelles lugares». — *Id.*, fl. 138.

1586. — «Em Facâta, onde cuido que auia cincoenta, e tres **Chionis,** pareceme que são Christãos perto de quarenta com seus criados». — P. Pero Gomes, *ibid.*, fl. 186 *v*.

* **QUIRAITA** (conc. *kirāytem*, mar. *kirāītā*, hindust. *chīrāītā*). Planta amargosa da Índia — *Gentiana chirayta*, Roxb., usada terapêuticamente em infusão, como tónica e febrífuga.

1871.—«A tintura composta prepara-se macerando em um quartilho de alcool retificado duas onças e meia de **Chiretta,** dez oitavas de casca de laranja e cinco de cardamomo». — *Archivo de Pharmacia*, VIII, p. 110.

1909. — «*Andrographis paniculata*, **chiraita**, *ollem chiraitem*». — *O Oriente Portuguez*, VI, p. 375.

1615. — «Vengono di una città dell' India, chiamata Dio, dove adoperano per medicina nelle febri e la chiamano, si bene mi ricordo, **Criata**». —Pietro della Valle, *Viaggi*, I, p. 548.

1658. — «Il **Criatu,** herba, che sol nasce nel Regno di Cambaia, molto vsitata, e di grande stima in tutta l'India, non cresce à maggior altezza di due, à tre cubiti». — Fr. Vincenzo Maria, *Viaggio*, p. 389.

1666. —«Ils font büillir une racine nommée **Criata**, qui croît vers Cambaye et qui est bonne pour plusieurs maladies». — Thevenot, *Voyages*, III, p. 146.

1874. — «**Chirette** has long been held in esteem by the Hindus». — Hanbury and Flückiger, in *Glossary*.

1885. — «*Dhúp* (Dolomiora macrocephala), used as incense in India and in China, and *karreif* and **chiretta,** kinds of gentians, used in medicine, are the principal articles so sold». — Hunter, *The Imperial Gazetteer*, VIII, p. 343.

* **QUISSIMISSAS.** Passas de uvas, miúdas, muito doces, menos escuras e sem grainhas, que vão da Pérsia para a Índia. Do persa *kixmix*, admitido nas linguas indianas, derivado de *Kixm*, nome da maior ilha do Gôlfo Pérsico. Os nossos escritores falam muitas vezes das passas da ilha Queixome.

1897. — «Passas **Quissimissas** a arroba 20 xerafins». — João Stuart Torrie, *Estatistica da India Portugueza*, p. 211.

1905. — «**Kishmish.** — Pequenas uvas sem grainhas, da Persia, talvez chamadas assim da ilha Kishm». — Fernando Leal, *Gloss. Port.-Oriental*, in *O Heraldo*, de 23 de Maio.

1711. — «I could never meet with any of the **Kishmishes** before they were turned. These are Raisins, a size less than our Malagas, of the same Colour, and without Stones». — Lockyoer, in *Glossary*.

* **QUISTE** (persa (*kixtī*). Embarcação. O termo é usado nas Maldivas e outras partes da Índia muçulmana.

1519.—«Esquiparão seu barco pequeno, a que chamão **qyste**, que muyto correm á vela, e o mandarão a Calecut em busca de Balecem, que nom acharão. . . O mouro se armou com doze *paraos* com boa gente bem armada e artelharia, leuando o **quyste** que os encaminhou». — Gaspar Correia, *Lendas*, II, p. 569.

* **QUOILACA.** Fernão de Queiroz menciona o termo entre as merca-

dorias exportadas de Camboja e discrimina-o de *caiulaque* (q. v.). Se o vocábulo provêm do mal. *koloh* (talvez acompanhado de *laca*), «espécie de tinta para tecidos», a sua ortografia deve ser *coloca* ou *colaca*.

1684. — «O Nacar, Sapão, **Quoylaca,** Castúr, Aguila, Calambá, Marfim, *Cayolac,* Tafuci, Beyjoim, e Chumbo de Camboja». — *Hist. de Pedro de Basto,* p. II, *v.*

## R

**RABANA.** Tamboril. O termo é corrente em ásio-português. Do mal. *rabāna*. Actualmente, por *rabana* se entende às vezes na Índia o conjunto dos instrumentos que formam uma música hindu ordinária.

1603. — «Hião muytos instrumentos de musica, de charambelas e trombetas, dos que vzão os Maluares, e muytas **rabanas,** que são a modo de atabales, mas de outra feyção, que trazem dependuradas ao pescoço». — Fr. António de Gouveia, *Jornada do Arcebispo,* fl. 39.

1609. — «Nos folgares e festas, as cousas a que são mais inclinados, he tangerem hum modo de adufes, a que chamão **rabanas** e a ellas cantam, e baylam, cousa em que tem muyta graça». — Fr. Gaspar de S. Bernardino, *Itinerario,* p. 144.

1613. — «E as donzellas chamadas *vajanas* são bailadeiras e cantoras de canto brando e suave que bailão e cantão com armonia ao som de attambores ou **rabanas,** com que são muy apraziveis aos Malayos nobres». — Manuel G. de Erédia, *Declaraçam de Malaca,* fl. 31.

1726. — «A este sinal tocarão os inimigos as suas **rabanas** e tamboris». — André Ribeiro Coutinho, *Relação,* p. 23.

1750. — «Ainda que estejam tão seguros como no Castelo de Milão, ao ouvir huma **Rabana** do inimigo, ou o boato de que apparece, ainda em larga distancia, isto basta para fugirem cem legoas». — Marquês da Alorna, *Instrucção,* p. 72.

1762. — «Dellas não recebe cousa alguma pelas não haver na dita praça, como são 26 espingardas, 36 largas, 2 lanças de ferro, 2 rodellas, 1 sino, 1 **rabana,** e cartuxeiras». — *Apud* Júlio Biker, *Collecção de Tratados,* VIII, p. 7.

1856. — «**Rabana:** He o toque da Orchestra Gentilica, toque infernal e commum para as marchas da tropa, como para os actos das suas funcções domesticas, e dos Pagodes; e consta de tambores ordinarios, timbales, clarins, hum comprido trombão, chamado *Carnó,* e *Singa,* que se assemelha á Trompa, instrumento curvo e o mais saliente que os outros, e que chamam tambem **Rabana,** por parecer, talvez, como rabo». — F. N. Xavier, *ibidem.*

1886. — «Para as procissões, que quasi sempre têem logar de noite, e para outras praticas religiosas que se effectuam fóra do pagode, têem as *calavontes* [bailadeiras] e os *bazanterys* [tocadores], cabendo a estes a obrigação de tocar a **rabana** tres vezes por dia, a primeira ao romper d'alva, a segunda ao meio dia, e a terceira ao pôr do sol». — Lopes Mendes, *A India Portugueza,* 88, p. 34.

1860. — «All day long the women of a family will sit round of a species of timbrel, called **rabani,** and produce from it the most monotonous, but to their ear, the most agreeable noises, by drumming with the fingers». — Emerson Tennent, *Ceylon,* I, p. 472.

***RABANADA.** Toque de rabana ou rabanas; em Goa também «o conjunto de instrumentos indígenas de percussão ou musica instrumental».

1874. — «Os gritos stridulos da *chinga* [vid. *xinga*] e do *Cornom,* precursora da **rabanada** da Vádia inteira, denunciaram que a festa principiava». — Tomás Ribeiro, *Jornadas,* II, p. 101.

1915. — «**Rabanada** é português?... Com o significado que aqui lhe ligam, do rufar de tambores ou atabales, ou musica infernal dos hindus pelas suas festas domesticas ou religiosas, é português asiático, derivado, talvez, de *rabana* ou *rambana* (termo malaio), espécie de atabales». — *Heraldo,* de 13 de Abril.

1915. — «Mas tanta vez a **rabanada** infernal de gentios ou de mouros não deixa». — *Heraldo,* de 30 de Novembro.

1916. — «Ora nas ultimas noites, sr. Redactor, tem sido uma verdadeira *sua* com o que costumam aqui chamar **rabanadas** e *xingas* (musicas dos hindus)... Sendo este vitima de igual martirio por parte duns terriveis **rabanadores** na vizinhança». — *Heraldo,* de 16 de Maio.

***RABO-DE-BOI** (*cow-tail* em indo-inglês). Enxota-moscas indiano, feito de rabo de boi tibetano, *Bos gruniens,* Linn. Era, e ainda hoje é nos estados indígenas, uma das insígnias da realeza. V. *chauri.*

1512. — «Andaua muyto soberbo com o seu sombreyro, e mandando se abanar com hũ **rabo de boy**». — Castanheda, *Historia,* III, cap. 30.

***RABO-DE-PORCO.** «Assim chamam os macaístas e os reinóis aos chins por causa do rabicho, que estes trazem». *Ta-ssi-yang-kuó.* Os ingleses chamam *pig-tail* ao dito rabicho.

1869. — «Este um pôco desabroguuhado **rabo de porco** cada vez tá mas atrevido». — Dialecto de Macau, in *Bol. S. G. L.*, II, p. 170.
1899. — «Cada **rabo de porco** matado, de pê solto». — Dialecto de Macau, in *Ta-ssi-yang-kuó*, de Novembro.

* **RÁCXASSA** (s. m.). Demónio, espírito maligno; (fig.), monstro, na Índia. Do sânsc. *rākṣasa.*

1618. — «Dos espiritos celestes, chamados Devagol, e dos demonios, chamados **Racxades**». — P. Manuel Barradas, Ms., in *O Oriente Portuguez*, II, p. 228.
1687. — «Ali se exercitarão de tal modo na Negromancia. que forão reputados por Demonios, e por esta causa chamão aquela terra **Rocosabumi**, que quer dizer terra habitada dos Demonios». — P. Fernão de Queiroz, *Conquista de Ceylão*, p. 6.
«Fingirão que ouue antigamente divisão entre os Deozes, e grande parte deles ficarão amaldiçoados; e com a felicidade do lugar, perderão tãobem o nome, e lhe chamão **Raxader**; nome tão afrontozo, como o de Demonio». — *Id.*, p. 122.
1866. — «Um **racxá** (demonio) branco como a neve devorava duas crianças; tres parias mais negros que a noite contemplavam aquella scena». — Francisco Luís Gomes, *Os Brahamanes*, p. 54.
1874. — «Já o povo das ilhas do Sol Nascente não corre a acclamar os andores do Elephante branco, do Leão da Côrea, e da cabeça decepada do mau Akumo, especie de **rackchass** ou gigante infernal. — Pedro G. Mesnier, *O Japão*, p. 317.
1898. — «Encontramos o vocábulo, *Lankā* designando a capital dos ferozes **Ráxasas**, cujo rei é, segundo Ramáiana, o terrivel Rávana». — Vasconcelos Abreu, *Passos dos Lusiadas*, p. 12.
1898. — «... dos **rakchasas** (gigantes), e dos *pisâchas* (vampiros), que é de todos o mais vil e execravel». — Oliveira Mascarenhas, *Atravez dos Mares*, p. 131.
1916. — «**Rakchassas**. Gigantes da India». — *O Instituto*, LXIV, p. 324.
1836. — «Je pense que les **Râkchasas** représentés dans ces bas reliefs étaient des peuples sauvages et voleurs, comme les *Badas* de Ceylon, car le mot sanskrit **Râkchasa** a quelquesfois ce sens; néanmoins se traduit généralement par mauvais génie». — Rienzi, *Océanie*, I, p. 162.
«**Râkchasa.** Démons ou esprits malfaisants de la mythologie indienne. D'un aspect le plus souvent horrible, ils errent surtout la nuit, hantent les cimetières, troublent les sacrifices, dévorent les cadavres et tourmentent de toutes manières les vivants». — *La Grande Encyclopédie.*

* **RADAR.** Direitos de barreira, nas terras da Pérsia. Do persa *rāh-dārī*; *rāh-dār*, «cobrador dos ditos direitos».

1680. — «Os barcos portuguezes que vierem a este porto do Congo com fazendas . . . não pagarão direitos na alfandega, nem **Radares** no caminho». — *Apud* Júlio Biker, *Collecção de Tratados*, IV, p. 216.

* **RAIS.** Governador, regedor; capitão. O termo é usado pelos nossos escritores com relação a Ormuz, de ordinário anteposto ao nome duma pessoa de alta categoria. Do ár. *ra'īs*, «chefe, cabeça, director». O port. *arrais* é da mesma origem, com o artigo *al* a mais.

1529. — «Com a noua da prisão de **Rexarofo** correo que o soube **Resbarbadym** que estava por capitão da fortaleza». — Gaspar Correia, *Lendas*, III, p. 325.
1546. — «Tambem veio neste nauio o filho de **Raes** Xarofo, que deuia de hir estar no Reyno em quanto o pay estivesse por *gozil* d'Ormuz». — *Id.*, IV, p. 525.
1566. — «Mandou o grande Afonso Dalboquerque dizer ao **Reys** Nardim por Alexandre de Ataide lingua, que elle tinha sabido, que **Reys** Hamed seu sobrinho esteve empossado da casa do Rey». — *Commentarios*, IV, cap. 33.
1570. — «**Raez**, denota em Arabigo Principe, e Capitão que manda navio, pelo que vsão della os Governadores dos Reinos». — João de Barros, *Déc.* IV, IV, 16.
«Requereo mais el Rey à Nuno da Cunha que lhe mandasse entregar a Ilha de Baharem, na qual estava avia já seis, ou sette annos, hum **Raex** Barbadim, sobrinho de **Raex** Xarofo». — *Id.*, IV, III, 12.
1610. — «And a certain **Rex** Xarcar, his wasir, assumed the kingdom». — Pedro Teixeira, *The Travels.* — «For **Rais**, a captain or commander, in civil life a ruler, or one who takes presidence amongst men of practically equal rank, as in the abolished «**Raisships**» of Sind, mere matter of seniority amongst the Amirs». — O tradutor.
1876. — «And the *Cadi* and **Reis**, the two chiefs officials of Ispahan, were ordered to hold a review of the armed citizens». — Howorth, *History of the Mongols*, I, p. 127.
1885. — «In that year Mir Fateh Ali Khán Talpar established himself as **Rais** or ruler of Sind. — Hunter, *The Imperial Gazetter*, VII, VIII, p. 134.

* **RAIXA.** Acervo, montão de sal, de determinada quantidade, que se

forma ao pé das salinas, no «Norte». Do mar. *rāx* < sânsc. *rāçi*.

1727. — «Ha na dita Ilha algumas marinhas de sal, a saber, Rauly na aldeia Matuguem, que produz 36 **raixas** de sal, por anno... As marinhas Siury e Vadalay... produzirão 84 **raixas** de sal». — In *Archivo Port.-Oriental*, Supplemento, II, p. 270.

**RAIZ-DA-MADRE-DE-DEUS.** Diz-nos Rúnfio que os portugueses davam êste nome à raiz dum arbusto que os malaios denominam *bulangan*, que, conforme Wilkinson, é «denominação genérica de várias plantas espinhosas, especialmente de *canthium*». E atribuí-lhe muitas propriedades medicinais, e indica o motivo do nome, como também o faz Bluteau.

1728. — «**Raiz da Madre de Deus**, de Malaca. O Engenheiro Pedro Macay de Frias descobrio esta raiz, e pelas suas Divinas virtudes lhe deu este nome. Moida, quantidade de doze, ou quinze grãos de arroz com esta raiz em çumo de limão Gallego, ou cucanja, quantidade de tres, ou quatro colheres de prata, dada a beber, e deitando duas gottinhas em cada olho, he contrapeçonha fina para qualquer peçonha, assim artificial, como natural, e do mesmo modo he boa para mordeduras de cobras... Outras muitas notaveis virtudes se atribuem a esta raiz em receitas, que vem da India». — Bluteau, *Supplemento*.

1690. — «Latine *Vidara Agrestis*, juxta Portugallicum *Macana* [leia-se *Maçã*] *de Monte* h. e. silvestris Vidara. Ac medicinalis radix ad borealem sese extendens plagam peculiari nomine Portugallis dicitur **Rais Madre de Deos** h. e. Latine *Radix Deiparae*, quod nomen ipsi inditum est ob excellentes ejus virtutes, vel quia quotannis a Portugallis die Mariae sacrato h. e. secundo Februarii radices hae emebantur... Haec **Rais Madre de Deos** Portugallis magno est in pretio, ac quotannis magna quantitate hinc in Goam transfertur». — Rumphius, *Herbarium Amboinense*, II, cap. 47.

**RAIZ-DE-CAMARAS.** Trepadeira indiana, da família das menispermáceas — *Cyclea peltata*, Hook. f. & Thomp., *pāḍāvêl* em concani. A raiz tem propriedades medicinais. «Radix com lacte ebutyrato et semina cumini disenteriae et haemorrhoidibus inservit». Rheede.

**RAIZ-DE-CHEIRO.** É uma planta gramínea da India — *Andropagon squarrosus*, Linn., *vāḷerūm* em concani. As suas raízes são bastas, finas, compridas e dum aroma suave e persistente, sendo por isso empregadas em vários artefactos, como ventarolas, anteparos, guarda-ventos. É mais conhecida em português pelo nome de *vetiver*, q. v.

1879. — «**Raiz de cheiro** (valerum)». — João Stuart Torrie, *Estatistica da India Portugueza*, p. 155.

**RAIZ-DE-LOPES.** É o mesmo que *espinho do ladrão; Lopez root tree* em inglês.

1799. — «**Raiz de João Lopes** Pinheiro. Esta raiz vem d'Africa e em Goa ha abundancia della. He huma arvore alta, e cheia de espinhos». — In *Archivo de Pharmacia*, I, p. 155.

1879. — «*Paulinia asiatica*... A raiz desta arvore é a celebre **raiz de João Lopes**; poderoso tonico amargo». — João S. Torrie, *Estatistica da India Portugueza*.

**RAIZ-DE-SURANGUE.** É raiz duma árvore indiana, da família das gutíferas — *Ochrocarpus longifolius*, Dalz. & Gibs. É uma droga de tinturaria. Do conc. *suraṅg* ou *suraṅgi*. V. *sorongue*.

1879. — «**Raiz de súrangul**, livre» (de direito). — João Stuart Torrie, *Estatistica da India Portugueza*, p. 214.

I. **RAJA, rajá.** Rei, régulo, na Índia árica e dravídica e na Indonésia; às vezes é simples título honorífico. Do sansc. *rājā*, da raiz *rāj* (como o lat. *rex* de *regere*) derivam os idiomas neo-áricos *rājā* ou *rāzā*, *rājū*, *rāyā* ou *rāv*, *rāṇā* ou *rāṇó*, os quais figuram em português com as formas de *raja* ou *rajá*, *raju*, *rayá*, *rao* ou *rau*, *rana* ou *rane*. A acentuação *rája* tem justificação nas línguas dravídicas e malaias, e a de *rajá* nas neo-áricas. V. *maharaja*.

1540. — «**Raja** Benão, e o Anchesa cotay, e outros Reys mais». — «Fernão Pinto, *Peregrinação*, cap. 122.

1553. — «Onde entra esta palavra — **Raja** — que he derivada do nome real, fica na pessoa a quem o Rey dá, como acerca de nós o titulo de conde» (na Malásia). — João de Barros, Déc. II, VI, 3.

1570. — «Os Mouros Malaios tem hum termo que he **Raja,** que quer dizer d'el Rei, o qual acrescentão a seus proprios nomes, com que ficão, significando cavalleiro d'el Rei, braço d'el Rei». — *Id.*, Déc. IV, IV, 16.

1602. — «Repartirão todas aquellas Provincias entre si, tomando as cabeças os titulos de **Raiás,** que he o mesmo que governadores». — Diogo do Couto, Déc. IV, I, 7.

«A primeira casta he a dos **Rayas,** que he hũa nação nobilissima, de que todos os reis do Canara, procedem, que se tem por tão antigos e famosos nas armas nestas partes, como nas da Europa os Godos». — Id., V, VI, 4.

1605. — «*Olla* de Trimala **Raju,** filho de Rama **Raju,** Principe muy grande, **rayo** entre os **rayos** escrita aos padres de Chandegri». — *Apud* P. Fernão Guerreiro, *Relaçam Annual*, fl. 108.

1608. — «Diz este mao homem, acrescenton o Bragmane, que os **Rayûs,** quer dizer os Principes, sam mais nobres que os Bragmanes». — *Id.*, fl. 95 *v*.

1613. — «Alêm de outras governações de **Rajus** ou **Rajas,** e todos estes reynos e senhorios são ao presente governados por Nababos». — Manuel G. de Erédia, *Declaraçam de Malaca*, fl. 74.

1613. — «E fez outra noua Corte, e Cidade pelo Rio de Ujantana, em hum tezo alto chamado o Battusauar, onde ao presente gouerna seu filho chamado **Raja** Rade». — Id., *Informação da Aurea Chersoneso*, p. 70.

1616. — «O Ramariada **Rana** (que assim se chama o rei de Sarzetá) ficou muito alcançado do pouco que fizera na pretenção da defensão da sua Cidade». — Diogo do Couto, Déc. X, II, 15.

1617. — «Chamamse os Principes de Bisnagà **Rayos** por proprio, e antigo apellido». — António Pinto Pereira, *Hist. da India*, p. 2.

1624. — «Assim chegamos à Cidade de Siranagar, onde reside o **Rajá** e não tem outra, porem grandissimo numero de aldeas como villas pequenas». — P. António de Andrade, *Novo Descobrimento do Gram Cathayo* fl. 4.

1635. — «Obrigando alguns dos **rajos** senhores da terra ao ajudarem, cem alguma peça». — António Bocarro, Déc. XXIII, p. 620.

1683. — «O que cá e lá se disse como o **Rajá** de Tipará pedia Padres he falso». — In *O Chronista de Tissuary*, I, p. 12.

1687. — «**Rajâ** entre estas nações ual tanto como Rey». — P. Fernão de Queiroz, *Conquista de Ceylão*, p. 9.

1695. — «De sorte que dos filhos do Grão Mogol, o que tem por si os **Rayos** (são os Reys) esse tem certa a successão da Coroa». — Cosme da Guarda, *Vida de Sevagy*, p. 73.

XVIII. — «... que os mesmos Reis antigamente derão aos descendentes de sua raça, com qualidade de Principes, que chamão **Razés,** porém sempre tributarios ao dito Rei». — *Noticia do Gentilismo*, I, p. 57.

1772. — «Ouvindo eu [vice-rei] o que tinha proposto Baji **Rao** em nome de Sahu **Raza,** tornei a mandar representar ao dito General Roberto Cowen». — *Apud* Júlio Biker, *Collecção de Tratados*, III, p. 311.

c. 1788:

> «De favor ante vós no chão se deite
> Tanto fusco **Rajá**, tanto Nababo
> E as vossas ordens tremente respeite».
>
> Bocage, *Obras Poeticas*, I, p. 116.

1883. — «As gentes dos **rahjas** do Malabar, alliados ao grande poder de Calecut, preparavam-se para cahir sobre o braço do temerario». — Bulhão Pato, *Portuguezes na India*, p. 25.

1898. — «Os **rajahs** ... são os principes hindús, assim como os nababos são principes mouros ou musulmanos do Hindustão. Os **rajahs** distinguem-se pela sua generosidade, pelo luxo das suas mulheres, dos seus criados, elephantes, camêllos e cavallos». — Oliveira Mascarenhas, *Atravez dos Mares*, p. 109.

c. 70. — «Et hoc maxime solicitatus ad amicitiam legatos quatuor misit [o rei de Ceilão], principe eorum **Rechia**». — Plinius, *Naturalis Historia*, VI, 24.

1442. — «One might seek in vain throughout the whole of Hindoostan to find a more absolute **Raï** (king); for the monarchs of this country bear the title of **raï**, (em Bisnagar)». — Abd-el-Razzek, in *India in the fifteenth century*, p. 23.

1666. — «Il y a des **Rajas** ou petits princes vassaux qui troublent le négoce, chacun prétendant que les marchandises doivent passer sur ses terres et lui en payer les droits». — Tavernier, *Voyages*, III, p. 30.

1770. — «La classe des hommes de guerre est formée par les **Rajas** à la côte de Coromandel, par les *nairs* à celle de Malabar». — Raynal, *Histoire*, I, p. 33.

1701. — «Ces peuples ont pour la plûpart leurs **Rajas,** qui reconnaissent le Mogor pour Souverain, et qui sont à peu près dans l'Indoustan ce que les Ducs de Guienne en France». — *Lettres Édifiantes*, I, p. 62.

1778. — «Le mot **Raja** signifie *Roi* en Samskretam (de là viennent les mots *Rex*, *regere*, etc.). C'est le nom que portent les Princes gentils de l'Inde, dépendens ou indépendens du Mogol». — Anquetil Duperron, *Législation Orientale*, p. 133.

1781. — «Les **Rajas** avant la conquête des Mogols, étoient maîtres du Gouvernement; ils conservent encore quelques petites Souverainetés dans les montagnes». — Sonnerat, *Voyages*, I, p. 54.

1791. — «Elle était couverte de tentes

de **rajas** ou nababs de sa garde». — Bernardin de Saint-Pierre, *La Chaumière Indienne.*

«**Radja** ou **Radjah**. Mot senscrit signifiant roi (orth. exacte *râja*). Ce simple titre parut de bonne heure insuffisant aux petits potentats de l'Inde, qui prennent sur les inscriptions anciennes ceux plus roufiants de *mahârâja* (grand roi) ou *d'adhirâja* (mot à mot «sur roi», ou empereur). — *La Grande Encyclopédie.*

* II. **RAJA** (s. m. e f.). Nome duma antiga moeda de Coulão, na costa do Malabar, a qual era de ouro baixo (ou de prata) e valia 40 réis. A denominação proveio do vocábulo *rāja*, «rial», em malaiala.

1552. — «Deu comissam pera que por hum aluará prometesse á raynha tres mil **rajas** que sam moedas da terra que val cada hũa trinta e tres rs. e hum terço».— Castanheda, *Historia*, v, cap. 5.

1554. — «E nestá fortaleza ha hua moeda da terra que chamão **Rajas** que são d'ouro baixo, que vallem a 40 reis cada hua». — António Nunes, *Lyvro dos Pesos*, p. 35.

1554. — «. . . lhe paguar as sobreditas duas mil **Rajas**, como sobredito he, em prata». — Simão Botelho, *Tombo da India*, p. 34.

1880. — «Em Coulão havia **rajahs** de ouro baixo que regulavam por 40 reaes cada um». — Teixeira de Aragão, *Descripção das Moedas*, III, p. 24.

1880. — «**Raja** of base cold, current in Coulão = 40 reis». — Gerson da Cunha, *Contributions to the Numismatics*, II, p. 31.

* **RAJABAHO** (ant.). Justiça mor em Maluco. Do mal. *rája*, «rei», e *báhu*, «braco»: «braço do rei».

1552. — «Entrauão nesta consulta sua mãy, e seu marido *Pateçarangue*, regedor do reino e **Ragabaho** justiça mór». — Castanheda, *Historia*, VIII, cap. 92.

— «E estando todos praticando chegou a raynha mãy del rey, e Pateçarangue seu marido, e **Ragabaho** que Tristão datayde tinha mandado chamar». — *Ibid.*

* **RAJADO**. Território ou reinado dum *rajá*.

1906. — «Foi a annexação d'este **rajado** uma das causas da grande revolta em 1857, e para os inglezes Lucknow merece quasi veneração». — Hipácio de Brion, *Duas mil leguas*, p. 139.

1908. — «Um a um, todos os **rajados** e sultanados lhe foram cahindo nas mãos . . . Ao norte confina com o **rajado** de Sawante Vadi, sob a protecção ingleza». — Id., *A India Portugueza*, pp. 13 e 14.

1917. — «Foi, ha pouco, instituida uma Associação no **Rajado** de Barodá». — *O Ultramar*, de 11 de Janeiro.

**RAJAPUTRO, RAJPUTO, rasbuto, reisbuto, resbuto**. Do neo-árico *rājpūt* < sânsc. *rājāputra*, «filho do rei, príncipe». Aplica-se o termo presentemente, na forma plural, à casta militar do Guzarate, a qual se presume descender dos antigos *chátrias*, e corresponde, quanto à profissão e à nobreza, à dos *naires* de Cochim, que, aliás, pertencem a outra casta.

Os nossos escritores alteraram levemente a forma do vocábulo, por ser malsoante aos ouvidos dos portugueses o seu segundo componente. Os árabes ou «mouros» de Dio também deveriam proferir *rasbuto*, por não ter *p* o seu alfabeto. Na primeira sílaba de *reisbutos* ou *resbutos* houve evidentemente influência da dição portuguesa *reis*.

1516. — «Antes que este regno de Guzarate fose dos Mouros, auia nele hũus Géntios ha que os Mouros chamaom **Reesbutos**, que naquele tempo eraom hos caualeiros e defensores da terra, e faziaom a guerra honde era necessario». — Duarte Barbosa, *Livro* (2.ª ed.), p. 276.

1516. — «Os **Resputos** são gentios, parte dos de Diull e Naitaques. — «Tomé Pires, *Carta* ao Rei, *apud* Cardeal Saraiva, VI, p. 421.

1552. — «Comprehende parte do Reyno Guzarate, com a terra montuosa dos pouos **Rezbutos**». — João de Barros, *Déc.* **I**, IX, 1.

1552. — «Tinha quinhentos soldados, os mais deles **Rezbutos**, que são os gentios que erão senhores de Cambaya antes que a os mouros ganhassem». — Castanheda, *Historia*, VIII, cap. 82.

1554. — «Duas fortalezas que estão antre as terras de Baçaim e os **Reysbuutos**». — Simão Botelho, *Tombo da India*, p. 137.

1556. — «De umas gentes, a que chamam **Resbutos**, seus vassallos que vivem em maneira de alarves, em logar de se lhe virem offerecer e o consolar da sua perda foi duas ou tres vezes d'elles assaltado». — Lopo de Sousa Coutinho, *Historia do Cerco de Diu*, p. 42.

1557. — «Foi-se para os **Reis Butos**, que confinam com o seu Reyno, e elles lhe deram ajuda». — *Commentarios*, IV, cap. 18.

«Casado com huma **Reybuta**, mulher de grande preço, e estima, que se chamava Belirrane». — *Ibid.*, cap. 33.

1563. — «Em este tempo foy Cambaya

tomada tiranniquamente por os Mouros aos **Reisbutos,** que eram gentios que a senhoreavam». — Garcia da Orta, Col. x.

1566. — «Os lugares da costa [de Cambaia] deste regno sam molestados de mouros, e o sertão pela maior parte Gentios, entre os quaes ha huma geraçam que chamam **Resbutos** que sam homens de guerra». — Damião de Góis, *Chron. de D. Manuel*, III, cap. 64.

1570. — «E de todos elles os homens valentes na guerra, são os **Resbutos**, que habitão as Serranias que dissemos, os quaes já forão senhores deste Reino do Guzarate, e com a vinda dos Mouros, se forão recolhendo ao alto das Serras.... E como estes **Resbutos** erão da mais nobre gente que senhoreava aquella terra do Guzarate, e são homens grandes e forçosos e não tem Religião dos Baneanes, armados, e em bõos cavallos, descem das montanhas, e vêm abaixo às povoações onde fazem grandes presas». —João de Barros, Déc. IV, v, 1.

1589:

> «Hũs pouos que por nome tem **Resbutos**,
> E qualquer do sertão era vassallo
> Que são na vida quaes alarves brutos,
> Em vez de o consolar, e d'ajudalo,
> Seguindo de ladrões os institutos
> Vão duas ou tres vezes saltealo».
>
> F. de Andrada, *O Primeiro Cerco de Diu*.

1602. — «Depois foi este reino Guzarate senhoreado de **Resbutos,** homẽs muito dados as armas, mas grandes ladrões e tyrannos». — Diogo do Couto, Déc. IV, I, 7.

1635. — «Sendo os mais delles **ragibutos**, mouros valentes de suas pessoas». — António Bocarro, Déc. XIII, p. 210.

1684. — «Opozerãoselhe quatro mil **Resbutos,** a mais alentada gente do Industan». — F. Fernão de Queiroz, *Vida de Pedro de Basto*, p. 268.

1687. — «Dele afirmão que nacerão os **Raja Putros,** que carregão de Cambaya para dentro, para o Sinde, ou rio Indo; e esta casta reconhecem pela melhor da India, assim no ualor, como na nobreza». — Id., *Conquista de Ceylão*, p. 118.

1695. — «Chama-se esta nação **Rayaputos,** e ha entre elles Reys tão poderosos, que poem duzentos, e trezentos mil cavallos em campo, e sobre isto são valerosissimos, mas todos tão soberbos, que por se não renderem huns aos outros, são todos sugeitos ao Mogol, e o servem, e tomão seu *Jaguir*». — Cosme da Guarda, *Vida de Sevagy*, p. 73.

1701. — «Entre os gentios ha huns chamados **Resbutos,** que antes dos Mouros senhoreavão a terra, e vivem nas montanhas, donde descem a fazer assaltos». — P. Francisco de Sousa, *Oriente Conquistado*, II, I, 2.

1728. — «**Rajaputru** ou **Rajaputros,** he huma casta, que na India se inclina à guerra. Todos os Reys Gentios della são desta casta... Os *Charodós* se dizem **Rajaputrús,** mas estes exercitão artes mecanicas, o que não succede aos Bragmanes» — Bluteau, *Supplemento*.

1825. — «A segunda casta forma-se de **rajapouts** (militares), ou classe de reis; não porque elles sejam de estirpe real, mas é porque d'essa casta escolhe o *Maha-Raja* os seus delegados». — José Inácio de Andrade, *Cartas*, I, p. 28.

1866. — «Para elle não havia classe nem condição, escravos nem senhores, parias, nem **rajaputras;** todos eram filhos do mesmo Deus». — Francisco Luís Gomes, *Os Brahamanes*, p. 100.

1883. — «A invasão grega não chegou a radicar-se, e só no seculo IV da nossa era é que os guerreiros **Rajpouts** [à francesa], tambem aryanos, invadiram a India sem, comtudo, poderem expulsar dos Ghates os maharatas, raça guerreira oriunda dos turanianos». — Adolfo Loureiro, *No Oriente*, I, p. 152.

1885. — «O tipo árico foi modificado pelos cruzamentos com Drávidas que ficaram na região gangetica, mas é ainda hoje existente em Brahmanes de Caxmira e de Panjab setentrional, nos **Rajputos** dos distritos montanhosos da India Central». — Vasconcelos Abreu, *A Literatura e a Religião*, p. 43.

1901. — «O infimo dos **Rajputs,** diz Elphinstone, conserva ainda um ar de dignidade; o primeiro dos marathas revela mesquinhez». — José Pinheiro, in *Bol. S. G. L.*, xx, p. 50.

1904. — «Os primeiros habitantes de Damão dividiam-se em quatro classes — Banianes, Vertias, **Resbutos** e Mouros». — António Francisco Moniz, *Hist. de Damão*, II, p. 128.

1905. — «Os **rajputras** tidos como representantes da cavalaria imperial, apezar de se orgulharem de não darem a filha em casamento a principes reinantes que não fossem da sua herarquia, tem tido fusões com bramenes». — Benedito Gomes, *Afonso d'Albuquerque*, p. 65.

1571. — «Est quaedem gens acris, quae montes incolit: quae postquam Reges Mahumetis disciplinis imbui coeperunt, ab illis desciuit. Homines **Resbuti** nominantur, et cum Regibus saepe bella gerunt». — Jerónimo Osório, *De Rebus*, III, p. 191.

1616. — «... la demeure ordinaire du Prince Raix ou **Rasbut** auant qu'Ecbarsha eust conquise». — Thomas Row, in *Relations*, I, p. 41.

1616. — «Il eut aussi d'autres soldats qu'ils appellent **Rasboutes;** ceux-ci ne uiuent que de brigandage et de volerie; ils se mettent plusieurs de compagnie, et attaquent les Caravannes les plus nombreuses». — Terry, *Voyage*, p. 20.

1631. — «**Reysbuth, Rasbootes** vel **Raspoothes** (nam in nomine variant Authores) qui a multis seculis oras Indi et regionem adjacentem accoluerunt, sunt gentiles». — *De Imperio Magni Mogolis*, p. 119.

1666. — «Ces **ragipous,** qui tirent ce nom des *rajas*, comme qui dirait fils de rajâs, sont de père en fils des gens qui ne se mêlent que de porter l'épée». — Bernier, *Voyages*, I, p. 52.

1673. — «Next in esteem were the *Rashwaws*, **Rashpoots,** or Soldiers». — Fryer, *East India*, I, p. 82.

1676. — «La deuxième Caste est celle des **Raspoutes** ou *Kétris*, c'est-à-dire des guerriers et belliqueux». — Tavernier, *Voyages*, IV, p. 107.

1770. — «Les **Rageputes,** descendens de ces anciens Indiens qui combatirent Alexandre, chassés de leurs possessions par les Mogols, se sont réfugiés dans les montagnes situées au centre de l'Indostan». — Raynal, *Histoire*, II, p. 90.

1778. — «L'histoire nous apprend que le Mogol Omayoum n'était pas un Musulman rigide, que même pour gagner les **Rajepoutes** (une des premieres Castes d'Indous), il assistoit quelques fois dans leurs temples à leurs cérémonies». — Anquetil Duperron, *Législation Orientale*, p. 20.

1786. — «La seconde tribu nobile sono o Kshatria o **ràgiaputra,** cioè, figiouli de' Re; *ràgia*, Re, *putra*, figlioulo, figliouli Reali». — Fra Paolino, *Viaggio*, p. 236.

1791. — «Quatre *cipayes* **reispoutes** sur des chevaux persans, pour l'escorter». — Bernardin de Saint-Pierre, *La Chaumière Indienne*.

1886. — «The Portuguese again frequently call them **Reys Butos,** a form in which the true etymology, at least partially, emerges». — Yule, *Glossary*.

1918. — «The statement that the **Rajputs** have «no longer lord over them» must be taken as meaning that they had no central organized government. They were in fact under a number of petty chiefs». — Longworth Dames, *The Book of Duarte Barbosa*, I, p. 116.

* **RÁJAVA.** Bailadeira de Malaca, que evoca espíritos maus. Do mal. *ráchau*, «delírio». V. *vajana*.

1613. — «E he de notar que algũas **rajavas** donzellas bayladeiras, com certos cantos invocão e chamão espiritos maos, com que ficão endemoninhadas e mortaes». — Manuel G. de Erédia, *Declaraçam de Malaca*, fl. 32.

«E communente são os Malaios engenhosos, e folgazões, e muy inclinados a Musicas, Danças, Bailes de certas Donzellas chamadas **Ralauas,** e pollo conseguinte muy entregues a luxurias e delicias». — Id., *Informação da Aurea Chersoneso*, p. 78.

* **RALA** (s. m.). Diz-se na abonação que o vocábulo designa «o supremo na guerra», em Ceilão. Mas o sing. *rāla* quere dizer sómente «senhor, amo»; anteposto aos nomes e títulos, denota tratamento de respeito.

1687. — «Sobem primeiro ao grao de *Tandarīs*, e por esta ordem, ao de *Araches*, *Modeliares*, e **Ralas,** que he o supremo na guerra». — P. Fernão de Queiroz, *Conquista de Ceylão*, p. 766.

* **RAMADA.** Tem esta palavra na Índia o significado peculiar de «barraca de *olas* ou de panos», que se erige ordináriamente defronte da casa e se ornamenta profusamente por ocasiões festivas, assim dos cristãos como dos hindus. Nesta acepção, o vocábulo é sinónimo de *mandapa*, que não está actualmente em voga. Por extensão, designa qualquer barraca de abrigo.

1498. — «E estes fidalgos [africanos] mandaram fazer em terra ao longo do rio a par dos navios huumas **ramadas** em que estiveram obra de sete dias». — *Roteiro de Vasco da Gama* (2.ª ed.), p. 21.

1552. — «Foise [o vice-rei] com elle [rei de Cochim] a hũa grande **ramada** que pera este acto era feita diante da Igreja dos nossos com hum estrado alcatifado e paramentada de panos e bandeiras de seda, onde elle e el Rey se auião de assentar». — João de Barros, Déc. II, IX, 5.

1614. — «Ficarão os navios, artilharia, e espingardas, tudo inhabilitado para laborar, o que não era na dos inimigos que estaua tudo debaixo de **ramadas** enxutas». — Diogo do Couto, Déc. VIII, cap. 18.

1687. — «Depois dos parentes entre si celebrarem o contrato, e assentarem no dia do casamento que se faz em hũa **ramada** noua á porta de casa, para cada hum dos casamentos, ainda que seja do Rey». — P. Fernão de Queiroz, *Conquista de Ceylão*, p. 68.

«Sem consentir em fazer-se pelo menos hũa **ramada,** e menos Igreja para dizer Missa, como era costume». — *Id.*, p. 902.

1736. — «Não façam **ramadas** ás portas das casas do noivo e da noiva». — *Edital* da Inquisição, de Goa, in *O Oriente Português*. — Glosa: «**Ramadas** são barracas ou pavilhões construidos para abrigar os populares que ocorrem á festa como simples curiosos e aos quaes alguns ricos dão nessa ocasião lauto bodo».

1912. — «Simplesmente se esqueceu de mandar fazer tambem huma **ramada** para os carregadores se abrigarem da chuva e frio». — In *Bol. S. G. L.*, XXXI, p. 386.

**RAMADÃO.** Jejum que os maometanos guardam no seu nono mês lunar. Do ár. *ramaẓān* ou *ramaḍān*.

1539. — «Depois que el Rey fez este juramento nas mãos do seu Caciz mayor, por nome *Raja Moulana,* em hum dia de festa do seu **Ramadão,** se passou á ilha Campaa». — Fernão Pinto, *Peregrinação,* cap. 31.
1553. — «Em duas paschoas que faz o **Rabadão,** em que se dá de comer a certas pessoas, quatro *leques*». — João de Barros, Déc. II, x, 7.
1569. — «Em cabo do **Remedão** e outras festas dos mouros infieis disparão nossa artilharia». — Primeiro Concilio de Goa, in *Archivo Port.-Oriental,* iv, p. 13.
1609. — «O segundo costume que tinham estes mouros, era no tempo da sua quaresma, a que chamão **Ramedão,** a qual dura toda uma lua inteira». — Fr. João dos Santos, *Ethiopia Oriental,* ii, p. 245.
1610. — «Os seus Mulás, ou Cacizes arrebentauam de paixam de ver quam publicamente se violaua sua ley em tempo que elles tem por mais sagrado, por ser o do seu **Ramadão,** ou jejum». — Fr. António de Gouveia, *Relaçam da Persia,* fl. 208.
1614. — «Todo o dia não tinhão comido ambos, por ser a festa do seu **Ramedão** (que era como a nossa quaresma)». — Diogo do Couto, VII, ix, 8.
1615. — «No mez de dezembro, ou proximamente, quando cae a lua nova, guardam um jejum chamado em arabigo **Ramedam**». — Pyrard de Laval, *Viagem,* i, p. 120.
1701. — «... na qual se recolhião as mais devotas de Mafamede para fazer o jejum, o seu **ramedão** (corresponde a nossa Quaresma) com tanto rigor, que não comião senão hum pouco de leyte hũa vez ao dia». — P. Francisco de Sousa, *Oriente Conquistado,* II, i, 2.
1904. — «Nas epochas de **Ramezân** jejuam por 30 dias e de Mohurâm por 10 dias». — António Francisco Moniz, *Hist. de Damão,* ii, p. 129.
1831. — «Comme c'est le **ramazan,** mon hôte, qui est musulman, ne pouvait avec moi donner l'exemple à table; mais il me fit les honneurs avec une grace parfaite». — Jacquemont, *Correspondence,* ii, p. 250.

*** RAMBÉ.** Nome dum fruto de Malaca, *Baccaurea motleyana.* Do mal. *rambai.*

1613. — «... como mangostans, tampoes, **rambês,** rambotans». — Manuel G. de Erédia, *Declaraçam de Malaca,* fl. 10.
«E finalmente se acha nesta Peninsula os melhores fructaes, e mays saborosos do mundo, como são os gostosos Duriões, Mangostos, Tampões, **Rambes,** Rambotões, Bachoes, Champadas, Lanhas ou Cocos de Palmeiras». — Id., *Informação da Aurea Chersoneso,* p. 90.

**RAMBOTIM** (ant.). Tecido de lã, procedente do Oriente. Do mal. *rambuti,* de *rambut,* «cabelo, pêlo». Mas Castanheda diz-nos que é fazenda de algodão, manufacturada em Bengala. A antiga pauta inglesa não menciona nenhum tecido de Bengala com semelhante nome. É possível que tenha havido confusão com *rengo,* q. v.

1552. — «De Bengala, sinabafos, beatilhas, chauteres, mamonas, e **rambotins,** que são generos de panos finos dalgodão que são entre elles muyto estimados». — Castanheda, *Historia,* ii, cap. 58.
1554 :

> «Sinabafos **rambotijs**
> delgadissimos e fortes».
> Garcia de Resende, *Miscellanea,* fl. 156.

1614. — «... presente de *Carlás,* finissimas, beatilhas, **Rambotins,** e outras peças ricas». — Diogo do Couto, Déc. VI, i, 2.

*** RAMBUTÃO.** Fruto de **Rambuteira** — *Nephelium lappaceum,* na Malásia, descrito abaixo por Pyrard.

1552. — «Meterão-se todos debaixo de hũas aruores que chamão **rambusteiras** que se parecem com larangeiras assim sam çarradas». — Castanheda, *Historia,* cap. 101.
1613. — «... como mangostans, tampoes, rambés, **rambotans**». — Manuel G. de Erédia, *Declaraçam de Malaca,* fl. 10.
1615. — «Os **Rambutões** são fructos cobertos de uma casca espinhosa como a castanha, tem a côr vermelha, o fructo interior é do tamanho de uma noz, provido de um nucleo semelhante a uma amendoa e de igual gosto». — Pyrard de Laval, *Viagem,* ii, p. 368.
1882. — «A lechia, a anona, o **rambotão**». — Henrique Prostes, in *Bol. S. G. L.,* iv, p. 392.
1894. — «E estendiam-lhes **rambutões** e mangas e grossas talhadas de jaca». — Lopes de Mendonça, *Os Orphãos,* p. 119.
1620. — «... et quantité de bons fruicts, comme Durions, Ananas, Mangostans, **Ramboutans,** Bananes, Patates, Mangues». — Général Beaulieu, *Mémoires,* p. 44.
1631. — «Huic consimilis est fructus, Javanis *Boa* **Rampout** vocatus, quod crinem significat, quod cortex externe fructum ambiens multis capillamentis sit praeditus, nucleus plene similis est praedicto *Lancium,* ac qualitate frigida conveniunt». — Bontius, *Historia Naturalis,* p. 11.
1830. — «C'est le **ramboutan,** fruit d'un rouge brillant, couvert de poils épais

(*nephelium lappaceum*); sa pulpe est d'une saveur acide et rafraîchissante».—Ernest Fuircet, *apud* Michel, *Poésies Orientales*, p. 44.

1836.— «Le **ramboutan**... de la même grosseur que le *doukouh*, est recouvert d'une enveloppe dure et épineuse; l'intérieur renferme une pulpe légèrement acide et agréable à manger». — Rienzi, *Océanie*, I, p. 108.

1860. — «... oranges, pineapples, the luscious mango and the indescribable **rambutan**». — Emerson Tennent, *Ceylon*, I, p. 77.

* **RAME** (mal. *rámi*). É um arbusto da Oceânia — *Boehmeria nivea*, de cujas fibras se fazem cabos. O termo voga no português de Timor.

1862. — «**Rame** — filamento de **rame** e cabos feitos dos mesmos. Estes filamentos são extrahidos de um arbusto, que nasce em abundancia na ilha [de Timor]. Os indigenas os extrahem da casca e fazem d'elles cabos». —*Annaes do Conselho Ultramarino*, III, p. 43.

1882. — «É espontanea a producção do *abacá*, e assim denominado pelos indigenas de Dilly, e **Rame**, que é um arbusto da familia da malva». — In *Bol. S. G. L.*, II, p. 733.

* **Ramo-de-côcos**. Cacho de côcos, na Malásia. V. *manzari* e *selim*.

1690. — «Haec arbor *Calappus* quinque aut sex tales gerit *Majangs*, seu racemos... Quisque talis racemus communi vocabulo Portugallico vocatur **Ramo**».—Rumphius, *Herbarium Amboinense*.

**Ramo-de-figos**. V. *figo*.

**RAM' RAM'** ou **Ramo-Ramo**. É a locução que os hindus commummente proferem quando se encontram ou quando se despedem, e que representa a invocação do herói divinizado da epopeia *Ramayana*. Como saüdação, corresponde ao *salema* ou *salamo* dos muçulmanos. Também se lhe atribui em indo-português o significado de «cortesia bramânica», visto que em documentos públicos e cartas oficiais se invoca muitas vezes Rama, que nas línguas neo-áricas se enuncia *Rām'* < sânsc. *Rāma*.

Gonçalves Viana derivou, nas *Apostilas*, o português *ramerrão* de *Ram' Ram'*: «Dêste modo, na bôca de um índio *Ráma-Ráma* sôa como *ramrã*, de que se fez em português *ramerrão*. Nas *Palestras*, porêm, o eminente filólogo vacila acêrca da sua etimologia: «Confesso que a etimologia que atribuí ao vocábulo não tem por emquanto fundamento histórico, que seja firme e evidente». Também me pareceu assim [1]; mas vê-se das abonações, que figuram na obra de Biker, que *ramerrão*, no sentido de «repetição fastidiosa» ou de «costumeira», podia bem provir de *Ramoramo*.

1687. — «Ao *Quitri* mandou professar armas; e deu lhe por divisa a insignia da linha, o *Sandiá*, com algũa diferença com a cortezia **Ramâ, Ramâ**; que uem a dizer, Deos nos livre do perigo das armas». — P. Fernão de Queiroz, *Conquista de Ceylão*, p. 125.

1740. —«Depois da cortezia **Ramo ramo**, etc.». — *Apud* Júlio Biker, *Collecção de Tratados*, VI, p. 200.

1758. — «Depois da cortezia de **Ramoramo** declaro no anno Mourisco de 1158...». — *Ibid.*, XII, p. 144.

1666. — «Quand ils veulent salüer leurs amis, ils repetent son nom, et dizent **Ram Ram**». — Thevenot, *Voyages*, III, p. 195.

1673.—«And the rest run almost naked and shaved, crying after him, **Ram, Ram**, making all the haste they can to Pulparra, to Burn him». — Fryer, *East India*, I, p. 256.

1666. — «Une femme qui alloit prendre du grain dans les sacs fut morduë au bras par ce serpent; et se sentant piquée, sortit du magasin en criant **Ram Ram**, c'est-à-dire ô Dieu! ô Dieu!». — Tavernier, *Voyages*, III, p. 50.

«Puis ils vont vers l'Idole en les branlant et repetant plusieurs fois, **Ram Ram**, c'est-à-dire, *Dieu, Dieu*». — *Id.*, p. 217.

1689. — «... attended by Friends and Relations, who as they pass along the Road, are incessantly repeating **Ram! Ram!** that is, in their Language, God! God!». — Ovington, *A Voyage to Suratt*, p. 343.

1824.—«The continued hum of «**Ram! Ram! Ram! Ram!**» in enough to make a stranger giddy». —Heber, *Narrative*, I, p. 251.

1860. — «... le monossyllabe sacré: **Ram, Ram**, qui est un de centinoms de la divinité». — Enault, *L'Inde Pittoresque*, p. 310.

* **RAMPONIM** (conc. *rāmpaṇī*). Rede de arrasto, em Goa.

---

[1] V. *Gonçalves Viana e a lexicologia portuguesa de origem asiático-africana*, p. 131.

1915. — «Mesmo ao longo da costa, onde entre nós se emprega o **ramponim,** há a recomendar uma rede identica que se emprega em Portugal e Espanha e que da nossa se distingue pelas suas dimensões que são colossais e porque termina por uma bolsa que tem disposições peculiares que permitem dar saida ao peixe quando a messe seja abundante!». — *Heraldo,* de 24 de Setembro.

1918. — «Consta-nos que nas praias de Dandó um **rampanim** auxiliado por mais dois **rampanins** pescou dentro de poucas horas raias do valor de 6 a 7 mil rupias». — *O Ultramar,* de 30 de Dezembro.

**RANES** (sing. e pl.). Indivíduos dumá casta nobre das Novas Conquistas de Goa, com tendências guerreiras. Do hindust. *rāṇā;* mar. *rāṇā,* conc. *rāṇó,* pl. *rāṇé.* Vê-se, portanto, que *ranes* é plural do plural mar.-conc. Parece que *rāṇā* é derivado imediatamente de *rāṇī,* «rainha», sânsc. *rājñī.* V. *raja.*

1617. — «Ao grande Rey Jaide **Rana,** a quem damos este escrito. . .». — In *O Chronista de Tissuary,* IV, p. 24.

1709. — «E por estar vago este posto, o proveo meu antecessor Caetano de Mello de Castro em Dom Lourenço de Lisboa, **Ranne**. . . attendendo ao seu valor e merecimentos». — *Carta* do vice-rei, in *Archivo,* Supplemento, II, p. 212.

1748. — «Vendo o Bounsuló que não conseguia a paz. . . procurou cathequizar e trazer a seu partido os **Ranes** que tinham jurado fidelidade». — *Apud* Eduardo Balsemão, *Os Portuguezes no Oriente,* III, p. 137.

1782. — «Teve ordem de ficar de emboscada pela parte de Sumanus, os *Dessays* **Ranes** pela de Sanquelim com 400 Sipaes». — *Apud* Júlio Biker, *Collecção de Tratados,* VIII, p. 173.

1838. — «Um partido de Sypaes para ser commandado por Satrogi **Ranes** Sar Dessay, da provincia de Sanquelim». — *Apud* Joaquim C. Soares, *Bosquejo das Possessões Portuguezas,* I, p. 81.

1843. — «Não aconteceu assim pela pertinacia e continuas revoltas da familia **Ranes,** dessais poderosos, que se arrogam o direito de fruir os prós e rendas dellas». — *Annaes Maritimos,* p. 125.

1844. — «Aggravado foi o aggravante Rauji **Ranes,** Sar-Dessai da Provincia de Satari, pelo Juiz a quo». — F. N. Xavier, *Collecção de Bandos,* Appendice II, p. 58.

1874. — «Eram os **Ranes** senhores donatarios d'essa provincia, hoje da coroa portugueza». — Tomás Ribeiro, *Jornadas,* II, p. 20.

1886. — «Os **ranes** de Satary são todos da classe maratha. Em geral os descendentes dos *quetrys* ou *kexatriás* marathís ou marathas, que foram sempre um povo guerreiro». — Lopes Mendes, *A India Portugueza,* II, p. 2.

1896. — «. . . que [maratas] em epochas remotas, dirigidos pelos **ranes,** nobres, descendentes dos senhores de Guipur, Udepur, Rabampur e mais provincias do noroeste do Indostão, se assenhorearam das regiões situadas entre os Gattes e o Oceano Indico. Actualmente, cerceados de suas prerogativas senhoreaes, os **ranes** dirigem as culturas das suas aldeias, rebellando-se, porém, de quando em quando, contra as nossas authoridades». — Fonseca Cardoso, *O Indigena de Satary,* p. 7.

1898. — «Vêem de longe as rebelliões de **ranes:** Gentios aguerridos e sempre inquietos, conteçaram a revoltar-se contra as extorsões dos proprios chefes». — Oliveira Mascarenhas, *Atravez dos Mares,* p. 67.

«Os **ranes**. . . vêem da casta dos *rajahs,* e são nobres por origem». — *Id.,* p. 111.

1901. — «Mas é certo que algumas tribus são insubmissas, como os **ranes,** ou *goulys,* mas isso mostra mesmo uma superior necessidade de vida independente». — José de Macedo, *Estudos Coloniaes,* in *Bol. S. G. L.,* XVIII, p. 508.

1901. — «Poder-se-há acrescentar com referencia á familia conhecida pela designação de **ranes:** vingativos e ferozmente crueis». — José Pinheiro, in *Bol. S. G. L.,* XX, p. 50.

1902. — «. . . como succedia com os Dessaes das nossas Novas Conquistas, e designadamente com os **Ranes** de Satary por virtude do Tratado. . . pelo qual lhes fôra garantida a administração feudal do territorio». — Cristóvão Pinto, in *Ta-ssi-yang-kuó,* II, p. 314.

1915. — «Tratava o governador, sr. Machado, de sarar a ferida que mais funda se cavara com a agregação dos **ranes,** e outros aos insurgidos ou descontentes soldados maratas». — Benedito Gomes, *Afonso d'Albuquerque,* p. 47.

1918. — «Os **ranes** dizem-se pertencentes á casta *rajaputra* ou guerreira; são valentes e belicosos». — Fortunato de Almeida, *Portugal e as Colonias Portuguesas,* p. 17.

1616. — «Cette est dans les Etats du Prince **Ranna,** qui est nouvellement soumis au Mogol. . . **Ranna**-vient en ligne directe de Porus, ce fameux Indien, qui fut vaincu par Alexandre». — Thomas Row, *Relàtions,* p. 9.

**RANES** (f.). Mulher de casta dos *ranes.* Devia ser *rane* no singular.

1886. — «Vestem um panno branco cobrindo com elle a cabeça como os mouros, as **ranes** e as *dessaynas*». — Lopes Mendes, *A India Portugueza,* I, p. 268.

1917. — «No assento de baptismo duma *ranes* (marata) declarou-se que era *quetri*». — *Heraldo*, de 2 de Agosto.

***RANISMO.** Modo de vida ou bandidismo dos *ranes*.

1918. —«As incursões dos maratas, que, no século 18, estimularam a nossa actividade marcial, passaram á historia. O **ranismo**... foi um ar que lhe deu». — *Heraldo*, de 17 de Dezembro.

***RATI** (s. m.). Semente de *Abrus precatorius*, Linn., que desde os tempos imemoriais serve na Índia de pêso de joalheiro, equivalente a 3 grãos. Do neo-árico *rattī* < sânsc. *raktikā*, de *rakta*, «vermelho», por ser tal a côr da semente, com uma pinta preta na base. A especificação botânica originou do seu uso para contas de orações. V. *gungi* e *fruta de conta*.

1563. — As esmeraldas se vendem por **ratis**, que são peso de tres grãos de trigo». — Garcia de Orta, Col. XLIII. — O **ratti** era o peso indio de semente de *Abrus precatorius*». — Conde de Ficalho.

1666. — «A la mine de Soumelpour, en Bengale on pése par **ratis**, et le **ratis** est $\frac{7}{8}$ de carat ou 3 grains $\frac{1}{2}$. On se sert du même poids dans tout l'Empire du Grand Mogol». — Tavernier, *Voyages*, IV, p. 30.

1689.—«Their [dos rubis] value, as that of the Diamonds increase proportionately to their Weight, being weighed by **Rati**, whereof one is reckon'd three Grains and a half, or seven eights of a Carat». — Ovington, *A Voyage to Suratt*, p. 386.

1836. — «Le mot [malais] *rakat* est évidemment le *raktikā* ou **retti** des Hindous; le *mas* est leur *mascha*; le *tahel* est leur *tola* or *tolaka*» — Rienzi, *Océanie*, I, p. 67.

**RATO-DA-ÍNDIA.** E o mesmo que *manguço*. Sómente em Rúnfio encontrei a menção do nome.

1695. — «Sic etiam apud alios legi auctores uti et in itineribus, apud ipsos Egyptios, et nostros Europaeos ibi habitantes vocari **Rato de India**, seu *Glirem Indicum*, verum autem Egyptium nomen non indicant». — *Herbarium Amboinense*.

***RATO-DE-PALMEIRA.** É o mesmo que *bicho de palmeira*, q. v.

1864. — «*Sciurus palmarum*, Boiss. Nome vulgar *chany*. Os portuguezes chamam-lhe **rato de palmeira**». — *Archivo de Pharmacia*, I, p. 9.

1866. — A areca em quanto é tenra, é cortada sem piedade pelo *bicho* ou **rato de palmeira** (chanim)». —F. N. Xavier, *Descripção do Coqueiro*, p. 34.

1905. — «Invocam dois singulares patronos, grandes amadores da fructa: o rato, *undir*, e o *tsánim*, especie de esquilo (do sansc. *tsáng*), de cauda em penacho, lindissimo e domesticavel, em portuguez chamado «**rato de palmeira**». — Fernando Leal, in *O Heraldo*, de 17 de Fevereiro.

**RAU** (*rao* ou *ráo*, na ortografia antiga). Régulo; título honorífico; apelido de certas famílias hindus. *Rau* ou *ráyu* era também o tratamento dos reis de Bisnagar, às vezes posposto ao nome, como *Rama Ráyu*, *Vengata Ráyu*, *Busbalrau*, *Crisnarau*, *Tetarau*. Do mar. *rāv* < sânsc. *rājā*. Na graduação, *rau* é inferior a *rajá*.

1513. — «Veyo Mel **Rao** a Goa, como já tenho esprito a vos alteza».— Afonso de Albuquerque, *Cartas*, I, p. 175.

1535.—«Com sua artelharya queria desbaratar o **rao** de Narsinga». — *Chronica de Bisnaga*, p. 34.

1536. — «Manuel de Sousa se mandava queixar ao **Rao** Medim, que estaua por capitão da cidade, que ficara em guarda da mãy e molheres d'ElRey e de muyto tisouro que hy tinha; o qual **Rao** respondia». — Gaspar Correia, *Lendas*, III, p. 744.

1552. — «Trazem [os reis de Narsinga] muyto grande corte de muytos fidalgos, e de muyto grandes senhores que tem mais terras que alguns reys na Europa; e tem por sobre nome **raos** que antre eles he como dõ em Espanha». —Castanheda, *Historia*, II, cap. 17.

1563. — «Acerca dos gentios **rao** quer dizer rey...; e quando o querem muito honrar, chamamlhe **rao**, assim como Chita **ráo**, que eu conheço... E **Rao** somente, sem nenhum nome, por excellencia, quer dizer elrey de Bisnaguer». — Garcia da Orta, Col. X.

1566. — «E outros que são senhores hereditarios, que tem por sobrenome **Raos**, que entre elles [em Narsinga] he como dom».—Damião de Góis, *Chron. de D. Manuel*, II, cap. 6.

1589:

> «Em Diu lhe manda que se parta
> Onde o despacharão com brevidade.
> Dálhe hua para o Rao funesta carta
> (Este tinha o governo da cidade)».
>
> Francisco de Andrada, *O Primeiro Cerco de Diu*, VI, 7.

1597. — «E vendo-se tão grande senhor se intitulou Bocà **Ráo**, que quere dizer Emperador». — Diogo do Couto, *Déc.* VI, V, 5.

1613. — «Da corte de *Raju*, que é sobre todos estes *Naiques*, ao qual elles pagam grandes tributos, veio o principal Bramane, que é como entre nós o Papa». — P. Manuel Barradas, in *Hist. Tragico-maritima*, II, p. 110.

1613. — «Começando apaziguar os nossos, dando com a cana aos que não obedecião, o que tambem fez o **Rao**, que aly viera então para o mesmo effeito».—Francisco de Andrada, *Chron.de D. João III*, I, fl. 44 *v*.

1741. — «. . . pera o que tem ordem de Sau-Rajá, a que se opõem o seu General, e Prardane **Balagi-Bagi-Rau**». — *Apud* Joaquim C. Soares, *Doc. Comprobativos*, p. 18.

1769. — «Vendo D. Antonio Joseph de Noronha que a nação inglesa insistia, não desanimou, antes com mais vigor repetia os esforços, se lhe oppoz, entrando em negociação por carta desta Coroa com o *Pardan* Madeo **Ráo**». — In *O Chronista de Tissuary*, 8, p. 18.

1905. — «Distinguem-se [os puros maratas] pelo affixo **Rau** aos seus nomes». — Fernando Leal, *Gloss. Port.-Oriental*, in *O Heraldo*, de 3 de Junho.

1589. — «Mais le souverain titre d'honneur est celui de **Rau**, comme *Chita* **Rau**, c'est-à-dire Roy fort». — Linschoten, *Histoire*, p. 54.

1610. — «Los Gentiles Orientales, se dizen por nombre comun de Rey, **Rao**, o **Rau**».— Pedro Teixeira, *Relaciones*, p. 192.

1620. — «Pour satisfaire à la coustume du Pays [Golconda], nous allâmes voir le Gouverneur; c'estoit un Bramene nommé **Ray Raw**». — Methold, in *Relations*, I, p. 189.

**RÂUDIVA** (talvez *rândiva*). Estôfo de sêda chinês ou siamês. Do mal. *randi*. Fernão Mendes Pinto emprega o termo no sentido de «vestido de cetim».

1545. — «Estavão [no palácio de Calaminhã] muytos homens velhos com mitras de ouro nas cabeças, e vestidos de *queymões*, e **raudivas** de setins, e damascos com guarnições largas com fio de ouro».— *Peregrinação*, cap. 163.

**RAULIM, rolim** (mais us.). Religioso budista de Pegu e de Bramá. Presumo que provêm de birm. *ra-han*, que quere dizer «perfeito», emquanto *pongui* significa «grande glória». Os nossos indianistas deviam ter encontrado dificuldade em reproduzir os vocábulos das línguas da Indo-China, fonética e morfològicamente tão diferentes da portuguesa, màs sempre os representaram melhor que os estrangeiros. Vê-se do sentido originário de *raulim* que o tratamento era mais honroso, sendo por isso dado aos religiosos de superior categoria.

1544. — «Apos estes Principes, e outros muytos, a que não soube os nomes vinha em distancia de oyto, ou dez passos o **Rolim** de Mounay *Talapoy* dignidade suprema sobre todos os outros sacerdotes do Reyno [de Martabão], e tido del Rey em reputação de homem santo». — Fernão Pinto, *Peregrinação*, cap. 150.

«E desenganado o **Roolim** que trouxera a carta das falsas promessas deste tyranno. . .». — *Id.*, cap. 154.

«Os sacerdotes communs de todas as vinte e quatro seytas, de que neste Inferno [de Calaminhã] ha muyto grande quantidade, andão vestidos de amarello, como os **Rolins** de Pegu, com suas *altirnas* sobraçadas a modo de estolas». — *Id.*, cap. 165.

«Era seu supremo **Rólim**, sobre todos os *Grepos*, como o Papa he entre nós os Christãos». — *Id.*, cap. 168.

1552 — «Tem esta tambem outros templos como mosteiros em que morão os seus sacerdotes a que chamão **Rolis** homens caridosos especialmente aos estrangeiros». — Castanheda, *Historia*, v, cap. 11.

«E chegados todos a Martabão veiu Antonio Correa em hũa mesquita com *çamibeligão* e com o **Roliz** *mór*».—*Id.*, v, cap. 12.

1563. — «Hum secular, e outro religioso, que era o seu **Raulim** mayor, a que todos os outros do Reyno de Pêgú obedecem».— João de Barros, Déc. III, III, 4.

1635. — «Fazendo juramento solemnissimo, com todos os grandes de seu reino, em que tambem entrassem os seus principes grandes, que chamam **rolins**, de nunca mais fazer guerra á fortaleza de Sirião». — António Bocarro, Déc. XIII, p. 144.

1720. — «**Rolim**. Palavra de Pegu. He o summo *Talagrepo*, ou supremo Pontifice de todos os Grepos, que são os Sacerdotes da Gentilidade daquelle Reyno». — Bluteau.

1731. — «Os **Rolins**, que são os seus Sacerdotes, convencidos por elle [franciscano] em disputas, lhe tinhão tanto respeito, que encontrando-o na rua, descião dos seus andores, e lhe fazião huma grande reverencia». — Fr. Fernando da Soledade, *Hist. Serafica*, III, p. 855.

1720. — «Their **Rauloni**, or Priests, are divided into three orders, distinguished by the names of *Pungrini*, *Pangiani*, and *Xoxoin*, something resembling the Distinctions of Bishops, Priests and Deacons». — Ovington, *A Voyage to Suratt*, p. 576. — O autor copiou os nomes de algum livro italiano.

1795. — «From the many convents in the neighbourhood of Rangoon, the number of **Rahans** and *Phonghis* must be very considerable». — Symes, in *Glossary*.

1834. — «The *Talapoins* are called by the Burmese *Phonghis*, which term means great glory, or **Rahans,** which means perfect. — Bigandet, *ibid.*

**REBÔLO.** Tem na Índia o significado especial de «pedra bruta de laterite, que se usa nos alicerces de casas e nos muros de hortas». O termo entrou em concani na forma de *rabar*.

1856. — «... devendo a calçada ser feita de pedra roliça, que se chama **rébolo**». — F. N. Xavier, *Defensa dos Direitos*, p. 63.

1915. — «Se quizermos drenar os campos subsolarmente podemos utilizar-nos de pedra bruta de laterite (**rebolo**) onde seja facil obtel-a». — *O Ultramar*, de 13 de Dezembro.

* **RECÂMARA.** Entende-se por êste vocábulo na Índia Portuguesa «morteiro pequeno que se dispara por ocasião de festividades». Faz-se aí muito uso de fogo de artifício e as recâmaras são um dos seus componentes.

1879. — «A que [ao recebimento] segue o Láudate — repiques, tiros de **recamaras** etc. entre os de grande tom». — João Stuart Torrie, *Estatistica da India Portugueza*, p. 315.

1917. — «Os administradores dos concelhos receberam circulares determinando que seja proibida a queima de **recamaras**, *granadas, panchões*, ou quaisquer outros fogos de artificio». — *O Ultramar*, de 10 de Abril.

1917. — «Preferem pagar o imposto indevido para tiros de **recamaras** de dia». — *O Ultramar*, de 19 de Abril.

**REGATAS** (ant.; s. f. pl.). O vocábulo, omisso nos dicionários modernos, diz-nos Morais que designa «chitas da India». Não devia, porêm, ser qualquer espécie de chita, mas uma especialidade, em que predominasse a côr encarnada, pois nas línguas da Índia árica *rakta*, de que *ragat* é corrupção dialectal, quere dizer «sangue, côr de sangue», como, por exemplo, *rakta-chandana*, «sândalo vermelho», *raktalu*, «batata encarnada». O sânsc. *raktaka* significa «pano encarnado». Afigura-se-me, portanto, que *regatas* é uma expressão elíptica, devendo-se subentender alguma palavra que denote o género da fazenda.

1720. — «**Regatas**, ou Rechatas [leia-se *recatas*]. Panos de algodão de varias cores, e figuras, com que na India os Portuguezes, e outros Christãos, fazem calças, ou bragas. Na *Hist. da India Oriental*, part. 8, cap. 15, pag. 18 diz seu Author: Hic pulcherrime Gossippena fiunt, diversi coloris, variis item figuris, ac flosculis exornata, tenui facturâ, aestimatione in India super byssum. **Regatas** et *Cheylas* vocant. Em outro lugar diz, Tela ea *Rechatas* et Cheylas vocatur». — Bluteau.

* **REI-DA-LUA** (própriamente *raça* ou *dinastia lunar*). Houve antigamente na Índia duas célebres dinastias, que derivavam a sua origem do sol e da lua: *sūryavaṁça* e *chandravaṁça*. A dinastia lunar divide-se em três ramos: *yādava, paurava* e a dos reis de Caxi ou Benares. O semideus Crixna pertence à primeira linha; os Curus e os Pândavas, heróis do *Mahabhárata* à segunda. Ainda hoje há alguns rajás que se crêem descendentes destas dinastias antigas. V. *suriavança*.

1767. — «Finalmente destruidas as Igrejas, e Christandades de Bengala, e Pegu pelo Mogor, e pelo **Rey da Lua**...». — Fr. Luís de Santa Catarina, *Hist. de S. Domingos*, IV, p. 664.

1898. — «Tira o seu nome do d'um principe sahido da **raça lunar**». — Oliveira Mascarenhas, *Atravez dos Mares*, p. 83.

**REIMÃO.** Tigre de Malaca; pantera negra. Do mal. *rimau* ou *harimau*.

1552. — «E pos noue dias no caminho com medo dos **Reymões**, e doutras muytas feras alimarias que ha pela terra». — Castanheda, *Historia*, VI, cap. 52.

1554. — «Tanto que desembarquey com a jente que trazia fyz hum entulho muy grande pera assentar hum espalhafato e em huma parte hum **reimão** [peça], e n'outra huma serpe e hum baluarte». — Simão Botelho, *Cartas*, p. 23.

1563. — «Por causa dos tigres de que o mato he muyto cheo, que são chamados **reimões**». — Garcia da Orta, *Col.* XXX.

1609. — «Foi amaldiçoar os **reymões** (que é uma especie de feras muito mais crueis, e de muito mais medonha e espantosa catadura que os tigres) os quaes eram tantos n'aquelles matos de Malaca, que ninguem ousava sahir da cidade a buscar lenha». — Fr. João dos Santos, *Ethiopia Oriental*, II, p. 146.

1616. — «E os mattos produzem grossa madeira, onde se crião elephantes, badas, tigres **arymos**, antas». — Manuel G. de Erédia, *Declaraçam de Malaca*, fl. 10.

1908. — «Noto a palavra malaia aportuguesada de pag. [28 da *Peregrinação*], **reimão,** evidentemente *riman,* a panthera negra». — Alberto O. de Castro, *Flores de Coral,* p. 145.

**REINOL** (s. m. e adj.). Usava-se êste termo na Índia para denotar o «português europeu», e em particular, o chegado recentemente e, portanto, ignorante dos usos e costumes locais. Como adjectivo, significava «relativo ao reino ou ao reinol». Agora vai caindo em desuso.

1585. — «Forão embarcados todos os Fidalgos **Reynóes** (que assim chamão na India aos que aquelle anno vem do Reyno)». — Diogo do Couto, Déc. V, III, 9.

1600. — «E era notada muy particular devoção dos **Reynoes,** que só conheciam por fama ao padre Francisco». — P. João Lucena, *Historia,* VIII, cap. 18.

1616. — «Os que chegam novamente á India são chamados **Reinoes**, isto he, homens do Reino, e os mais antigos mofam delles até fazerem uma ou duas outras viagens, e terem aprendido os costumes e manhas de India». — Pyrard de Laval, *Viagem,* II, p. 106.

1651. — «Róta batida foi demandar Dio, antepondo o serviço Real aos interesses da viagem, cujo exemplo seguirão muitos fidalgos **Reinoes**». — Jacinto Freire de Andrade, *Vida de D. João de Castro.*

1684. — «Alguns **Reynoes** bisonhos se descompozerão por falta de experiencia do modo de brigar com estas torres de óssos e de carne». — P. Fernão de Queiroz, *Historia de Pedro de Basto,* p. 335.

1687. — «Partio de Goa com quatro galeotas, e com 200 **Reynoes** chegados naquella monção». — Id., *Conquista de Ceylão,* p. 704.

1694. — «. . . chamando com huma campainha a vozes altas os escravos, e fallando-lhe com huma linguagem meyo **Reynol,** e meyo Indiana, verdadeiramente ridicula». — P. António Vieira, *Xavier Dormindo,* p. 298.

1694. — «Devia Vossa Magestade conceder que todo o **Reynol** que vier á India acabados os outo annos de serviço, possa sem mais licença voltar para o Reino». — *O Chronista de Tissuary,* III, p. 51.

1766. — «A Fortaleza de Tannã 300 homens, 200 naturaes e 100 **reinois**». — *Apud* António F. Moniz, *Hist. de Damão,* II, p. 91.

1842. — «Em Goa, os Portuguezes chegados da Europa ou d'America são indistinctamente denominados *Frinques* ou *Franguins* e **reinoes**». — *Annaes Maritimos,* p. 111.

1898. — «Andou divorciado do bom e caritativo *terral,* que, para os **reinoes,** é uma especie de sorvete no meio d'aquelle inferno de calor interminavel». — Oliveira Mascarenhas, *Atravez dos Mares,* p. 209.

1899. — «Era macaense, se bem que de origem **reinol**». — *Ta-ssi-yang-kuó,* I, p. 20.

1908. — Nós verdadeiramente só na India tivemos um cruzamento superior, bello e intelligente (pelo menos em quanto foi continuo o renovamento do sangue **reinol**) mas tão instavel». — Alberto O. de Castro, *Flores de Coral,* p. 232.

1917. — «. . . prestar ouvidos benévolos aos doloridos queixumes das victimas da prepotencia **reinol**». — *Heraldo,* de 9 de Março.

1918. — «Os indo-portugueses — refiro-me sobretudo aos cristianizados — pois foram os que verdadeiramente se ocidentalizaram, assimilando os usos e costumes **reinois,** até lhes herdarem o mau gôsto de apreciar quanto é extrangeiro». — *Heraldo,* de 22 de Novembro.

1589. — «Les nouveaux venus, qui n'entendent encores gueres bien leurs coustumes, et qui ne tiennent point de gravité en marchant ne vont point par les rues sans estre mocquez, et sont par sobricquet appellez **Reynoles**». — Linschoten, *Histoire,* p. 63.

1653. — «Les **Reinols** sont les Portugais du Royaume de Portugal; ils ont seuls les premiers charges dans les Indes». — Le Gouz de la Boullaye, *Voyages.*

1760. — «With respect to the military, the common men are chiefly such as the Company sends in their ships, or deserters from the several nations settled in India, Dutch, French, or Portuguese, which last are commonly known by the name of **Reynols**». — Grose, in *Glossary.*

* **REIXICA** (ant.). Aferição, em Baçaim. Do neo-árico e sânsc. *parīkṣā.*

1554. — «E o Ramo de **Reixiqua** 600 pardaos». — Simão Botelho, *Tombo da India,* p. 140.

«E a Renda de **Reixiqua,** que he como almotaçarya por lhe verem as medidas e pesos pagaram de cada botiqua dous *bazarucos* por mês». — *Id.,* p. 156.

* **RENDEIRO.** Tem esta palavra na Índia Portuguesa o significado peculiar de «arrendatário de palmeiras para «lavrar à sura». Estende-se o termo em certas partes à classe inteira dos que vivem nos palmares alheios e tratam da sua cultura e indústria. Neste sentido é sinónimo de *manducar.* Os rendeiros cristãos são em geral da casta **sudra.** V. *bandarim* e *lavrador.*

1712. — «Filippe de Sousa, *sudro* viuvo de Officio **Rendeiro** morador na Aldea de Siolim». — *Apud* F. N. Xavier, *O Gabinete Litterario*, v, parte II, p. 32.

1728. — «*Sindos*, na India Portugueza, se chamão os **rendeiros** que sobem as palmeiras para tirar a Sura, e no Norte se chamão *Bandarins*». — Bluteau, *Supplemento*.

1782. — «É preciso tambem recommendar aos *derrubadores* e **rendeiros** da sura que em vendo este sinal façam logo aviso». — Fr. Clemente da Ressurreição, *Tratado*, II, p. 290.

1905. — «Foram éstas circumstancias que determinaram a sua importancia ao ponto de constituir-se no paiz uma classe à parte, conhecida desde tempos immemoriaes pelo nome de **rendeiros** que exclusivamente se destinou a esse mister com situação bem definida pelos lucros que a industria deixava». — Ernesto Fernandes, *India Portugueza*, p. 164.

1878. — «The *toddy* drawers (**rendeiros**), fishermen, and other people of this description lead a comparatively easy life». — José Nicolau da Fonseca, *Sketch of Goa*, p. 19.

«**RENGO**, m. Tecido transparente, applicado principalmente em bordados. (Cast. *renqué*)». Cândido de Figueiredo. A definição está certa, mas não sei se a etimologia é segura. Houve um tecido indiano — e talvez ainda haja — a que os nossos escritores chamaram **rengo**, e de que os ingleses fizeram *raing* ou *rang*[1]. Na 2.ª edição do Glossário Anglo-indiano aparece a seguinte descrição da fazenda: «É uma musselina que se assemelha à *jhuna* no seu tecido transparente a modo de gaze ou de rêde. Fabrica-se passando uma linha singela do urdume por cada divisão do pente». A existência de *renque*, ou *rengue* (como declara o *Diccionario Contemporaneo*) em castelhano não é critério de ser étimo da palavra portuguesa, nem de ser de origem europeia. Pois sabemos que os espanhóis receberam numerosos termos asiáticos por via de Portugal depois das nossas conquistas, como *saraça, bambu, côco, palanquim*.

Não encontro nas línguas indianas nenhum vocábulo com que possa identificar *rengo* no sentido indicado. *Rang* em persa e nos prácritos modernos (sânsc. *ranga*) quere dizer «côr, tinta»; *regh* (sânsc. *rekhā*) significa «linha, listra» em concani e marata.

1620. — «... e infinidade de caixões cheos de roupa de toda a sorte; a saber... Balagates, Balagatinhos, **rengos**, e scumilhas». — Fr. Nicolau de Oliveira, *Grandezas de Lisboa*, fl. 13.

1663. — «E para as demais partes do mundo se trazem as finas beatilhas, **rengos**, bofetás, enrolados, cachas, beirames, guingões, canequis e muitas outras sortes de pannos». — P. Manuel Godinho, *Relação*, p. 56.

1728. — «**Rengos** finos, e **Rengos** grossos. He hum certo fiado, de que se faz a caça fina, e a caça grossa». — Bluteau, *Supplemento*.

* **REÔCHI** (jap. *ryōchi*). Terras, propriedades pertencentes a um nobre ou a um templo, no Japão.

1586. — «Estes dous *Tonos* ambos com manifesta instancia me pediram cada hum seu padre, assi pera elles se conseruarem, como pera se fazerem seus **Reochis** Christãos, e a cada hum delles dei hum padre com hum irmão: o **Reòchi** de elrei velho que se chama Cucumi todo he Christão... E fizerão todo o seu **Reôchim** Christão». — P. Pero Gomes, *Cartas de Japão*, II, fl. 186 *v*.

* **RESSALDAR**. Comandante dum corpo de cavalaria da Índia muçulmana. O termo é corrente no exército indígena da Índia Britânica. Do hindust.-persa *risāldār* < ár. *risāla*.

1836.— «... dinheiro adiantado ao **ressaldar** dos *patanes* e instrumentos musicos aos mesmos pera cá virem» (em Damão). Doc. *apud* António F. Moniz, *Hist. de Damão*, IV, p. 125.

1763. — «The nawaub now gave orders to the **Risaldárs** of the regular and irregular infantary, to encircle the fort».— In *Glossary*.

1631. — «Le lieutenant de ma troupe a bonne chance d'être fait Capitaine (**resseidar**)». — Jacquemont, *Correspondence*, II, p. 8.

* **REVOLÊM**. É como figura na edição, da Academia, da obra de Duarte Barbosa o vocábulo, que na tradução castelhana tem a forma de *renolem* e na italiana, de Ramúsio, a de

[1] «1 Piece of Raings». — *Glossary*.

*revoler*. O seu étimo é o malaiala *veḍḍuṇavan*, «cortador, lenhador».

1516. — «Ha outra ley de gente mais baixa e ciuel que chamaom **Revoleens** muy proves, uiuem e mantem-se de cortar lenha e erua pera has cidades; nom se tocaom com ninguem, nem ninguem com eles sob pena de morte». — *Livro* (2.ª ed.), p. 338.

1894. — «Enormes troncos de palmeiras cahiam arrazados pelos machados dos **revolens**, casta baixa onde se encontram os lenhadores». — Lopes de Mendonça, *Os Orphãos de Calecut*, p. 117.

* **RI** (jap.). Medida itinerária, a modo de milha, equivalente a quási 4 kilómetros, conforme a abonação, a cerca de 2 ½ milhas inglesas, conforme Hepburn.

1904. — «... é cousa velha no Extremo Oriente, onde, por aqui e por ali, se encontram no interior marcos em pedra, mandados afixar pelo reformador Ieijas, com a indicação dos percursos marcada em **ri**, medida itinerária japonesa equivalente a 3 kilometros e 9275 decimetros lineares». — Ladislau Batalha, *O Japão por dentro*, p. 233.

**RIAL** (moeda). Os réis da Índia eram denominados «fracos», com relação aos réis da metrópole, conhecidos por «fortes». Uma rupia, que tinha 720 réis provinciais, valia 400 réis continentais. A tanga antiga tinha 60 réis fracos. Com a unificação monetária da nossa Índia e da Britânica (com a diferença dos cunhos), actualmente em vigor, um rial é 12.ª parte de tanga ou 1 aná, e a tanga é 16.ª parte de rupia.

**Rial branco** (ant.). Moeda portuguesa de prata, que corria na Índia e valia 720 réis.

1563. — «E fez moeda de prata de setecentos e vinte reaes.., que chamam **reaes brancos**, e meios reaes». — Gaspar Correia, *Lendas*, II, p. 956.

**RIG-VEDA** (sânsc. *ṛgveda*). Um dos quatro Vedas (q. v.), o mais importante e o mais antigo de todos, e o primeiro monumento literário da família linguística indo-europeia. É colecção (*saṁhitā*) de versos (de *ṛch*, «estrofe laudatória»), puramente líricos, a qual contêm os cânticos ou hinos, mormente religiosos, que os árias tinham composto, em grande parte, na sua primeira sede nas margens do Indo, e que tinham empregado, como se exprime Roth, para «invocar prosperidade sôbre si mesmos e sôbre o seu gado, na sua adoração da aurora, em celebração da luta entre o deus que brande o raio e o poder das terras, e em dar graças aos seres celestes pela incolumidade nas batalhas».

Os hinos são classificados conforme às divindades a que são endereçados, e abrangem um longo período — seis a oito séculos. A sua compilação final foi feita na Índia própria. Não se pode precisar a sua época; algumas porções do texto já pressupõem o sistema de castas. Os hinos são principalmente dirigidos a *Agni* («fogo»), a *Súrya* («sol»), a *Indra* (deus do raio e da chuva, o Marte nacional), a *Soma* («libação sacrificial»).

1916. — «**Rig-Veda**. O 1.º monumento da familia aryana e o mais antigo dos Vedas que tornou possivel o conhecimento da civilisação e da historia primitiva dos indús. Deve-se notar a grande analogia dos seus deuses com os da Grecia; assim como é notavel a identidade dos dogmas da transmigração e das castas com o principio da hereditariedade das profissões do Egypto antigo». — *O Instituto*, LXIV, p. 324.

«**Rinto**, m. Árvore da Índia portuguesa». Cândido de Figueiredo. É o mesmo que *sabão vegetal* ou *sabão dos canarins*. *Rinṭhó* é em concani o nome do fruto, e *rinṭhi* o de árvore.

* **Rió** (jap. *ryō*). Nome japonês do *tael*, que vale quatro *ichibus* ou cem *icus*, e equivale a um escudo português ou dólar americano.

1862. — «Assim é que se servem das palavras *kobangs* e **rios** para designar um valor de 4 itchi-bus». — *Annaes do Conselho Ultramarino*, III, p. 30.

1874. — «Depois de ter gasto alguns **rios** pelos caminhos, o peregrino sobe a escadaria que o conduz ao sanctum da deusa». — Pedro G. Mesnier, *O Japão*, p. 253.

«Este [momento feliz], sem duvida, é de summa importancia quando se trata de contrahir casamento, e os bonzos têem então occasião de apanharem alguns **rios** dos noivos». — *Id.*, p. 277.

*** RÍXI**, **rúxi** (sânsc. *ṛṣi*). Sábio ou poeta inspirado, santo illuminado. O título aplica-se em particular aos sete vates (*saptarṣi*), a que foram revelados os Vedas. *Maharṣi* é «grande *rixi*»; especialmente os dez *prajāpatis* ou patriarcas do género humano.

XVII. — «Andou fazendo o maior damno que pôde aos Bramenes por outro nome **Ruxis**». — *Breve Relação*, I, p. 14.

1880. — «**Rxi** significa — cantor sagrado, santo. Dava-se este nome a alguns santos personagens na epoca vêdica. Havia-os de 7 classes». — Martins Velho, *Estudos sobre o Oriente*, p. 78.

1885. — «Poeta, sábio, vate que sabe e conhece e conta o passado misterioso, e prevê porque dirige e é o intermédio entre o homem e Deus, é nos tempos primitivos um só — na India, é **Rixi**». — Vasconcelos Abreu, *A Literatura e a Religião*, p. 52.

1886. — «Das folhas e flores do *tulôssy* fazem collares que põem ao pescoço dos moribundos, e instigam-nos a invocar os **ruxis** e *maharxis* (santos) Ramã e Rocuminy». — Lopes Mendes, *A India Portugueza*, I, p. 271.

1890. — «Se os Vedas foram vistos pelos **rishis**, que nós podemos chamar com grande propriedade videntes, as regras para os sacrificios, os ritos e systemas de deveres, que constituem os *dharmashastras*, passaram da memoria dos **rishis** para a tradição» (porque não era então conhecida a escrita). — António E. de Almeida Azevedo, *As Communidades de Goa*, p. 58.

1898. — «Estava o legislador hindú meditando, certo dia sobre um rochedo, quando se lhe apresentaram seis **maharchis**, ou grandes **richis** (personagens santas d'uma ordem superior)». — Oliveira Mascarenhas, *Atravez dos Mares*, p. 132

1907. — «A sua base fundamental são os livros sagrados d'onde consta a experiencia sagrada dos seus auctores (**Ruxis**) que, como outros instituidores d'outras religiões, tinham tido visão de Deus». — *Luz do Oriente*, de Agosto.

1912. — «A palavra *Aghastá* deriva-se do nome Aghasti, um dos 7 **rixis**, que foram os primitivos ascendentes dos indios». — Caetano Gracias, *Flora Sagrada*, p. 53.

1916. — «Qual é o indio que se não enche de entusiasmo ao recordar-se daquellas mulheres singellas que nas assembleias dos **rixis** prendiam pelo fio doirado das suas vozes aqueles sábios encalvecidos pela meditação?». — *Heraldo*, de 9 de Abril.

1916. — «**Richis**. Os santos que cada *manou* [ortografia francesa] cria no começo de cada periodo. Em parte são mythologicos e em parte historicos. Alguns se apontam como authores dos Vedas; de certo representam familias sacerdotaes». — In *O Instituto*, LXIV, p. 324.

1919. — «Os **rishis** ao porem nas *slokas* geniais transcendencias da sua ideologia, arrotaram». — *O Debate*, de Junho.

1658. — «Li **Ruxis**, già detti Helioboli, habitañ sempre li Deserti, nudi lontani dal tratto, e conuersatione con li huomini, sol pascendosi di foglie ó frutti seluaggi, e questo sólo quanto li basta per nutrirsi». — Fr. Vincenzo Maria, *Viaggio*, p. 271.

1740. — «Après bien de siècles elle [sânscrito védico] s'est insensiblement corrompue dans l'usage commun, de sorte que le langage des *Anciens* **Richis** ou Pénitens dans les Vedam ou livres sacrés, est assez souvent inintelligible aux plus habiles, qui ne sçavent que le Sanskrit fixé par les grammaires». — P. Pons, in *Lettres Edifiantes*, XXVI, p. 222.

1682. — «A onze cent mille au-dessous de Saturne est le ciel de sept **Richys** (ce sont de grands Patriarches; ils forment la constellation que nous appellons la grande Ourse)». — Sonnerat, *Voyages*, p. 121.

1825. — «Ces sept pénitents ou **ruchis** ou *mounys*... sont les plus célèbres personnages que les peuples de l'Inde reconnaissent». — P. Dubois, *Mœurs*, I, p. 125.

1844. — «On en voit qui, parvenus au rang de **Ruchis** ou de sages, vivent au milieu des forêts, ou dans les cavernes des montagnes». — Burnouf, *Introduction*, p. 138.

1885. — «The peculiar sacredness of Godavari is said to have been revealed by Rama himself to the **rishi**, or sage, Gautama». — Hunter, *The Imperial Gazetteer*, V, p. 132.

*** ROBAZ** (ant.). João Ribeiro limita-se a dizer-nos que é uma pedra preciosa de Ceilão. O singalês (lingua da ilha) tem *risbhās*, «auriful-gente», e *ruvan*, «gema» em geral.

1685. — «... **robazes**, *verlis*, zacinthos, *taripos*, e outras varias pedras». — *Fatalidade Historica*, I, p. 5.

*** ROCA-VELHA.** É o nome que os portugueses davam na Índia a uma mina de diamantes de Golconda, no reino de Bisnaguer, em distinção doutra mina, modernamente descoberta, a qual não produzia tão boas pedras.

1552. — «E na provincia de Canarâ ha hũa grande pedreira de diamães de muyto preço, na qual se achão muytos ja laurados, e são pequenos, e chamãse de **roca velha**». — Castanheda, *Historia*, II, cap. 16.

1563. — Estes [diamantes] são chamados de **roca velha**, e vamse a vender a huma feira... e ali os compram os Guzarates, que nellas vem a vender aqui a Goa e os levam a vender a Bisnaguer, onde tem muyto preço estes diamães de **roca velha**, em especial os que chamam *naifes*». — Garcia da Orta, Col. XLIII.

**ROÇAMALHA.** Estoraque liquido. Do mal. *rasamāla* (macaçarês e búgui *rasamālan*) < sânsc. *rasamālā*, «grinalda de perfume». O Conde de Ficalho, em uma erudita anotação aos *Coloquios*, trata da etimologia da palavra, e estribado na autoridade do célebre botânico oriental Dymock, admite a derivação «do nome de maná doce, *drosómeli* dos gregos, *ros meleus* dos escriptores da idade media». Mas Orta e Gaspar Correia interpretam o termo; o primeiro declara duas vezes que é palavra oriental, e o segundo afirma que é a maior mercadoria de Malaca. E se mais de uma língua da família malaia possui o vocábulo *rosamala*, não é preciso deslocar o nome do maná doce.

1534. — «**Roçamolla**, caseas de tartaruga». —Cristóvão Vieira, *apud* Ferguson, *Letters*, p. 60.

1545. — «Cochenilha, **roçamalha**, açafrão, *cacho*, myrra». —Fernão Pinto, *Peregrinação*, cap. 165.

1554. — «O baar da **Roçamalha** tem em tudo como ho de llinho». —António Nunes, *Lyvro dos Pesos*, p. 20.

1563. — «Nestas naos se achou **roçamalha**, que ualeo mais de cem mil pardaos, estoraque liqido, e os Mouros lhe chamão **roçamalha**, que he a mayor mercadoria que tratão pera as partes de Malaca». — Gaspar Correia, *Lendas*, I, p. 520.

1563. — «Ha grande quantidade deste [estoraque líquido] chamado delles **roçamalha**... He que este *benjuy de boninas* era misturado com estoraque liquido, a que chamão **roçamalha**». — Garcia da Orta, Col. IX.

1684. — «*Pucho, Cato, Cacho,* **Rassamalha** de Cambaya». — P. Fernão de Queiroz, *Hist. de Pedro de Basto*, p. III.

1589. — «La Verdetta, la **Rossamallia**, le Benioin, la Camphre et autres choses». — Linschoten, *Histoire*, p. 47.

1875. — «It exceeds the **Rasamala**, the loftiest tree of Java, and probably of the Archipelago». — Yule, *Marco Polo*, II, p. 287.

1908. — «The Burmese article to all intents and purposes is identical with the **rasamala** of Java and is little if at all inferior to the resin of Asia Minor». — Watt, *The Commercial Products*, p. 61.

* **ROCÓ.** Mandado de autoridade pública para o pagamento duma contribuição ou dívida. Do conc. *rokhó*, mar. *rokhā*, ár. *ruq'ah*, «bilhete».

1727. — «Approvado, tudo por *Sonodos*, **rocós**, ou ordem de *Bounsuló*». — *Apud* Júlio Biker, *Collecção de Tratados*, VIII, p. 285.

* I. **RODA** (p. us.). Pequena moeda antiga de *tutenaga* ou de *calaim*, a qual corria outrora na Índia Portuguesa, e se chamava também *arco*, q. v. (*dam'dī* em concani). Valia rial e meio antigamente em Goa. Tinha numa face a roda de Santa Catarina, padroeira de Goa, da qual lhe proveio o nome vulgar.

1844. — «A **roda** é da mesma mistura, e vale 2 ½ bazarucos; as antigas tinham d'uma parte a róda de Santa Catharina, e da outra as armas reaes; as módernas, a cruz de Christo, e as armas. Estas moedas já se não fabricam em Goa, mas ainda apparecem nos trocos miudos». — *Annaes Marítimos*, p. 63.

1862. — «Ainda hoje existe, mas conhecida pelo nome de **Roda**». — Cunha Rivara, em Pyrard, *Viagem*, II, p. 56.

1866. — «**Roda**: he referencia á roda de Santa Catharina, Padroeira da Cidade de Goa, e era o padrão das armas do senado, com que tem sido cunhada a moeda de calaim fabricada pelo dito senado, com a roda de hum lado, e huma cruz do outro». — F. N. Xavier, *Descripção do Coqueiro*, p. 68.

1880. — Antigamente fazia-se a contagem por bazarucos e **rodas**, moedas que deixaram de ser effectivas, mas que ainda se empregam como subdivisões nominaes: assim á moeda de 3 réis chamam 2 **rodas** ou 5 bazarucos». — Teixeira de Aragão, *Descripção das Moedas*, III, p. 100.

1898. — «Duas **rodas**, ou 3 réis de Goa. Roda de Santa Catharina, padroeira de Goa, com seis raios contendo um ponto em cada intervallo... Uma **roda** ou real e meio de Goa». — Manuel de Campos, in *Bol. S. G. L.*, XVIII, p. 195.

1910. — «No anno 1826 a camara tinha as seguintes rendas: *Sura* de fóra por *calão* 1 **roda**». — António Francisco Moniz, *Hist. de Damão*, III, p. 256.

«No seculo XIX uma rupia era equivalente de 128 táes **rodas**. A moeda de 3 **rodas** 1 ½ real». — *Id.*, p. 318.

1917. — «Entendeu o senado que a cunhagem de *janvadis* e **rodas** era da sua exclusiva competencia». — *Id.*, p. IV, 48.

* II. **RODA.** É também o nome duma espécie de juramento dos hin-

dus, explicada abaixo. Melhor se chamaria «círculo».

1824. — «Os juramentos que se ajam de tomar das testemunhas, que tiverem de depor em juizo são de betele, arroz, e olhos... Quando for necessario tomar juramento das partes para pequenas causas são de **roda**, betele, arroz». — *Collecção de Bandos*, I, p. 86.

1845. — «É dar o testemunho ficando no centro d'hum circulo traçado sobre a terra, tendo na mão algum arroz, folhas de betele, e arecas; vindo a significar que no caso de não dizer a verdade não tenha, ou lhe faltem aquelles tres artigos, para os Gentios, de primeira necessidade».—F. N. Xavier, *ibid.*, p. 95.

**ROIO** (ant.). Fôro ou renda, na Índia. Mar.-hindust.-persa *kirāya*.

1635.—«Tomando por achaque um certo foro chamado **roio**, que os nossos costumavam pagar ao Melique, dos palmares que tinham nas suas terras» (em Chaul).— António Bocarro, Déc. XIII, p. 17.

* **ROITO**. Colono, foreiro. O termo está mais em uso nas Novas Conquistas de Goa. Do conc.-mar. *rayt* < ár. *ra'īyat*, «povo; camponês, lavrador».

1870. — «**Ryot** [forma inglesa] he o nome especifico de quem lavra a terra, e sob este systema [*ryotwari*]. Este individuo faz o seu pagamento directamente a um official do governo». — *Apud* Cunha Rivara, *Brados a favor das Communidades*, p. 25.

1886. — «É principalmente formada pelos *gãocares* da raça maratha, *maneis*, **roytos** ou trabalhadores, e pelos *goulys*». — Lopes Mendes, *A India Portugueza*, II, p. 19.

1890. — «As familias dos marathas e brahmanes estabelecidas nas aldeias, foram reduzindo os antigos gancares, curumbins e sudras á condição de **roytos**, sem direitos sobre a terra, e acabaram pela dividir entre si». — António de Almeida Azevedo, *As Communidades de Goa*, p. 81.

1901. — «**Rôita**, como nós dizemos, *ryot*, segundo a terminologia ingleza, ou mais exactamente *râyot*, é palavra arabe que significa *protegido* ou *subdito*». —Cristóvão Pinto, in *Bol. S. G. L.*, xx, p 556.

1905. — «Extorquiam ao pobre colono — gãocar ou **royto** — meio *curó* a titulo de *sonodo*, pensão que se dizia instituida pelo anterior dominante».—Ernesto Fernandes, *India Portugueza*, p. 86.

1909. — «Entre os **roitos** ou camponezes satarienses, ainda em estado selvagem e com accentuada propensão para uma vida nomada...».—Amâncio Gracias, *Subsidios*, p. 242.

1911. — «Na exploração do miseravel **roito** (cultivador proletario ou colono)». — José E. Castel Branco, in *Bol. S. G. L.*, XXXIX, p. 361.

1915. — «Alvitrava que o melhor caminho seria atrair o *rane* e o **roito** descontentes para a civilisação concedendo-lhes escopo...».—Benedito Gomes, *Afonso d'Albuquerque*, p. 40.

1916. — «**Roito** e *varli* são os cultivadores ou analfabetos das Novas Conquistas e de Nagar Avely». — *O Heraldo*, de 30 de Março.

1916. — «... tambem os gancares e *xenoins* (escrivães) que oprimem os curumbins, povos de formação mais antiga e simples, estratificada em Goa e os sudras que constituem o mais extenso conglomerado posterior». — *Heraldo*, de 4 de Abril.

1916. — São pretextos para o regedor arrancar ao pobre gancar, *velipo* e **roito** bons pares de rupias». — *O Ultramar*, de 26 de Abril.

1824. — «A wealthy **rayot**, or peasant, in one of the large *Zemindaries*, often holds as much as two hundred English acres».— Heber, *Narrative*, I, p. 205.

1845. — «La terre est affermée par le gouvernement au cultivateur, **rayot**, soit directement, soit par l'intermédiaire du *zemindar*». — Jancigny, *Inde*, p. 25.

1845. — «Les fermiers sont ordinairement désignés sous le nom de **Rayots**, et se partagent en deux classes: ceux qui ont des titres perpétuels et ceux qui ont des baux à temps». — Xavier Raymond, *Inde*, p. 183.

1854. — «Ils se donnent le nom de mahámétans, et s'appellent aussi ceux-mêmes **rayots**, c'est-à-dire sujets du roi de Djohor». — Jancigny, *Indo-Chine*, p. 523.

1883.—«There are **râyats** with a right of occupancy whose rents, where rents are liable to enhancement, only under certain conditions, are therefore variable».—Hunter, *The Imperial Gazetteer*, II, p. 106.

**Rolim**. V. *raulim*

* **ROMANIA**. Fruto e árvore — *Bouea macrophylla*, conforme Wilkinson, na Malásia. Do mal. *rumĕnya*.

1613. — «E outros frutos naturaes como bachóes rambotans, rambes, chintês, champadas, buas-ducas e **romanyas**». — Manuel G. de Erédia, *Declaraçam de Malaca*, fl. 16.

* **Rónim** (jap. *rōnin*). *Samurai* demitido do serviço por culpa.

1874. — «Quando o samourai abandonava o serviço dos *daimios*, e ficava vivendo sobre si, desligado da obrigação, tomava o nome de samurai **rônim**. Fazião-se **rô-**

**nins** em geral quando queriam emprehender uma acção arriscada sem comprometterem o seu senhor». — Pedro G. Mesnier, *O Japão*, p. 12.

1897. — «Falta ainda nomear os **ronins**; é a chusma dos desclassificados, primeiramente samorais, expulsos do serviço por qualquer motivo, caidos na vagabundagem, na rapina». — Venceslau de Morais, *Dai-Nippon*, p. 26.

c. 1907. — «À Tokio dans le faubourg de Takanawa, au petit cimetière où reposent les 47 **ronins**, viennent chaque année par centaines de mille s'émouvoir les dévots de ces traditions qui vibrent comme un éternel cliquetis de sabres dans le cœur de tous les Nippons». — Naudeau, *Le Japon Moderne*, p. 87.

* **RÓNJU** (ant.; jap. **rōjū**). Conselheiro de estado, no antigo regime do Japão. V. *gorógio*.

1584. — «Era exeitnar quatro generos de pessoas, convem a saber os **Rônjus**, que são do seu conselho; os *grinixus*, que são como governadores do reino, *Daimeos*, que são os fidalgos principaes». — P. Luís Fróis, *Cartas de Japão*, II, fl. 107 *v*.

1586. — «E assim matarão Cutamidono com seus filhos, que era **Ronjù** e *Cunixû*... aquirio para si grandes terras e rendas, que erão dos **Ronjus** e Cunixús alevantados, os quaes comião o melhor do reino, e tinhão a seu rei mui oprimido e sogeito». — *Id.*, fl. 194 *v*.

1587. — «Mandou logo o homem com o mesmo recado aos **Rônjus**, que ficarão governando Búngo». — P. Gaspar Coelho, *ibid.*, fl. 235 *v*.

* **RONTÓ** (conc. *ronṭó*). Coleóptero indiano — geralmente *Boticero rubus* — que corrói certas árvores frutíferas, como coqueiros, jaqueiras e mangueiras.

1866. — «He tambem subjeita a doenças, taes como: o *munddoly*, o **rontó**, o *bonvoro*... A 2.ª é uma larva como a carcoma». — F. N. Xavier, *Descripção do Coqueiro*, p. 10.

1872. — «**Rontó.** Esta molestia se manifesta... pelo murchar das folhas centraes, ou pelo escorrer de um liquido logo abaixo da copa da arvore. Provêm da creação de uns bichos, de apparencia da larva de besouro, que róem a medula da palmeira até lhe causarem a morte». — Bernardo da Costa, *Manual do Agricultor*, I, p. 193.

1886. — «Além d'essas doenças que acommettem as palmeiras pela raiz, estão ellas ainda sujeitas a outras produzidas no stipe, são os ferimentos, as contusões e a perfuração longitudinal feita pela larva denominada pelos indigenas **rontó**, e pelo insecto chamado *bomôro*, que fere tanto o stipe da palmeira, como as suas spadices». — Lopes Mendes, *A India Portugueza*, I, p. 184.

1918. — «Não é raro em Goa morrerem árvores frutíferas, mangueiras especialmente, pela acção de um insecto, vulgarmente conhecido como **rontó**. Nas mangueiras e nas jaqueiras é geralmente o colleóptero *Boticero Rubus* que abre galerias no lenho, prejudicando as funções fisiológicas, enquanto viva, e depois de morta, inutilisando-a para madeira». — *O Ultramar*, de 14 de Novembro.

* **ROQUEÁ.** Uma espécie de macaco pequeno de Ceilão. Parece que é o mesmo que *rilavā* em singalês; mas o vocábulo provêm com mais probabilidade do sing. *rūkaḍayā*, «boneca, bonifrate», figuradamente aplicado como epíteto de mimo.

1685. — «Os bogios não tem numero, de cinco sortes, e alguns galantes sanguins, e outros a que chamão **roqueás**; por estes endoudecem as mulheres dos Portuguezes, por suas cores e galanteios são para se estimarem». — João Ribeiro, *Fatalidade Historica*, I, cap. 20.

* **RORI** (sing. *roḍiyā*). Indivíduo expulso da sua casta, em Ceilão. Tais homens formam uma classe e andam errantes à maneira dos ciganos.

1687. — «Os **Roriz** são como ciganos, porque não tem casa propria. Viuém de cantar e baylar; e he a gente mais baixa de Ceylão... Ainda os animaes que trazem consigo, como bufaros, e cães de cassa incorrem nesta infamia». — P. Fernão de Queiroz, *Conquista de Ceylão*, p. 16.

**ROSA-DA-CHINA.** É o mesmo que *flor de sapato*, q. v. Os chineses fabricam papel da casca desta planta.

* **ROSA-DA-ÍNDIA**; **rosa-de-ouro.** São os nomes que os portugueses deram ao «cravo dos defuntos» — *Tagetes erecta*, Linn. O primeiro indica a vivenda e o segundo a sua côr; mas a planta, pôsto que muito abundante agora em Goa, não é indígena, pois não tem nome vernáculo, sendo conhecida em concani pela palavra portuguesa *róz*. As mulheres da Índia engrinaldam a cabeça com estas rosas.

•1909. — «O nome de **rosa** foi-lhe dado talvez pelos portuguezes, por se assemelhar á *rosa de ouro* que o papa costuma benzer na quaresma». — *O Oriente Portuguez,* VI, p. 227.

**ROTA** (mal. *rótan*). Como termo de origem asiática, designa uma planta da família das pálmeas — *Calamus rotang,* Linn., muito comum no Arquipélago Malaio, mas que também se acha em várias partes da Índia; conhecida igualmente em Portugal pelo nome de *junco da Índia.* Faz-se dela cá palhinha para cadeiras, e na Ásia se fabricam, além disso, cordas, esteiras, velas de embarcação, e diversos outros artefactos. Os nossos indianistas, que desconhecem a dição *rotim,* empregam *rota* nos sentidos de «cana índica fina e grossa» e de «corda da cana». V. *Contribuições.*

Na Índia Portuguesa o vocábulo tem mais acepções: bastão ou bengala de rota; bengala de qualquer matéria, não sendo a palavra *bengala* ali usada neste sentido. E vogam muitos derivados: *enrotar,* empalhar ou empalheirar; *rotear* empalhar ou espancar com rota; *roteiro,* empalhador ou palheiro; *roteação,* empalhamento; *rotada,* pancada de rota. V. *enrotar.*

1539. — «Atarão ambos ao pé do masto, e com duas **rotas** dobradas nos sangrarão muyto sem piedade».—Fernão Pinto, *Peregrinação,* cap. 24.

1552. — «E hũa vela de **rota** de Bengala, que são caninhas delgadas». — Castanheda, *Historia,* II, cap. 112.

«Tinhão cortadas muytas arvores sobre o rio e atadas com **rota** de Bengala» (na Malásia). — *Id.,* VIII, cap. 85.

1560. — «Com manilhas de **rota,** tecidas como botão, por os braços e pernas». — Gabriel Rebêlo, *Informação de Maluco,* p. 180.

1563. — «Cubertas para guerra feitas de caninhas de **rota** cubertas de fio coseito muito forte».— «Ha amarra de rotas, que são canas delgadas e moeiças, que torcem e fazem d'ellas fortes amarras». — Gaspar Correia, *Lendas,* II, pp. 60, 269.

1563. — «Cordas grossas de **rotas** (que são feitas de hũas varas que se muyto brandam)». — Garcia da Orta, Col. XXI.

1563. — «Hua grande moita de **rotas:** que são hũas canas moeiças chamadas **rotas**». — João de Barros, Déc. III, v, 5.

1602. — «Dão nestas ilhas [de Amboino] hũas vergas compridas a que chamão **rotas,** que affirmão alguns homens verem algũas de cincoenta braças de comprido, e a mais grossa he como hum dedo meiminho delgado». — Diogo do Couto, Déc. IV, VII, 8.

1613. — «E estas **rotas** são plantas compridas, delgadas, e as há na terra mais grossas como câna de açucar. e todo macisso e espinioso, de que fazem as cordoalhas e amarras de embarcações».—Manuel G. de Erédia, *Declaraçam de Malaca,* fl. 26.

1613. — «É costume nesta ilha [de Ceilão] por causa das sementeiras trazerem os bois e bufalos mansos prezos com **rotas,** que são como silvas, dous a dous, como em canga». — P. Manuel Barradas, in *Hist. Tragico-maritima,* II, p. 91.

1615. — «... bater-lhe nas costas com um bastão ou especie de cana, que lachamam **Rota** e vem de Bengala». — Pyrard de Laval, *Viagem,* I, p. 117.

1616. — «Não tem [os *juncos*] mais de dous mastros... com pequeno velame, mas de muyta substancia, porque são duas vellas sós não de pano, se não de verga de **rota** e folha de cana, ficando a folha entalhada entre a caniçada que a estende a modo de abano recramado, e entre largura e largura das peças desta tea, vay hũa cana». — António Pinto Pereira, *Historia da India,* p. 145.

1635. — «... se metteu por entre eles com uma **rota** na mão, sem outra arma alguma». — António Bocarro, Déc. XIII, p. 499. — Aqui parece que a **rota** está por «bengala».

1650.—«Dão-lhe muitas pancadas, amarram-n'o com **rotas,** arremessam-n'o ao altar». — P. António F. Cardim, *Batalhas,* p. 186.

1687. — «Mandou-o despir, e assoutar com **rotas,** athe ficar banhado em sangue». — P. Fernão de Queiroz, *Conquista de Ceylão,* p. 301.

1694. — «Nestes buracos de hua, e outra taboa vão enfiando muytos fios grossos, que tirão da casca de *bengala,* que no Oriente chamão **rota»,** — *Noticias da Cochinchina,* p. 7.

1697. — «Abundão de laranjas, limões, cocos, canas de assucar, e de muyta **rota,** cujas varas sobem ao comprimento de cincoenta palmos». — P. Francisco de Sousa, *Oriente Conquistado,* I, III, 1.

1718. — «Abunda [Jor, na Malásia] de pimenta... pao preto, **rotas,** assim de bastoens, como finas, marfim». — João Tavares Guerreiro, *Jornada,* p. 197

1720. — «**Rotas** são humas cannas mociças, das quaes quando são delgadas, a gente da terra faz cortar, para atar qualquer cousa». — Bluteau.

1806. — «Huma **róta** de mão de S. Roque com castão e ponteira de prata dourada». — Doc. *apud* António F. Moniz, *Hist. de Damão*, IV, p. 52.

1831. — «Leva V. mcê outra **rota** com castão de prata; podendo elle [Quitevo] fazer uso della, se lhe deve dar». — *Apud* Júlio Biker, *Collecção de Tratados*, XII, p. 63.

«Deu-se huma *cabaia*, e barrete de panno encarnado, huma **rota** de canna da India com castão de prata lavrada de encarnado para as suas deprecações». — *Ibid.*, p. 85.

1880. — «Na capella de S. Francisco Xavier tem lugar a troca da **róta**, que é uma bengala com castão de oiro cravejado de pequenas pedras preciosas, a qual se acha encostada á imagem do Santo». — Teixeira de Aragão, *Descripção das Moedas*, III, p. 72.

1897. — «Ás suas paredes revestidas de esteiras, e feitas de bambus atados uns aos outros com fibras de **róta**, não falta a solidez precisa». — Joaquim C. Crespo, *Cousas da China*, p. 180.

1902. — «O chapeo de verão [dos chineses] é de fino miolo de **rota** com a aba voltada em velludo ou em feltro». — In *Ta-ssi-yang-kuó*, II, III, 1.

1903. — «A solla de **rota** ou de papel batido que tem um dedo de altura». — *Ibid.*, II, IV, 5.

1578. — «Las quales **Rotas** son vnas muy longas varas, y delgadas, y tienen el parescer de Cañaheja, y son tan fuertes, y de tanta blandura, que hazen dellas sogas como quieren». — Cristóvão da Costa, *Tractado*, p. 445.

1589. — «Il s'y [em Bengala] trouve un autre sorte de roseau qu'ils appellent **Rota** qui est menue et deslié ne plus ne moins que les verges dont on fait des corbeilles et paniers qui est aussi ce à quoi on s'en sert par delà». — Linschoten, *Histoire*, p. 80.

1710 — «... en cuyos bosques se cria la fina **Rota** que son ciertas cañas, como sarmientos de mucha estima, que communente tienen de à cien brassas de diez palmos cada vna de longo». — Pedro Teixeira, *Relaciones*, p. 162.

1620. — «La femme l'ayant apperceu s'en pleignit à son mary, qui le fit venir en Justice, où il fut condemné à trente coups de **Rotton** sur les épaules». — Général Beaulieu, *Mémoires*, p. 101.

1631. — «Vidi enim Maurum quoddam Arundineti genus caedentem, quod **Rottang** Indi vocant, et eo omnia ligant, ut apud nos funibus fit, quarum vicem supplet». — Bontius, *Historia Naturalis*, p. 47.

1658. — «... lingua vernacula Indorum **Rotang** dicta, quae licet hue ex Indiis venalis afferatur, ut pro baculo vel scipione inserviat, et currupte à Nostratibus **Ratting** appelletur...». — Piso, *Mantissa Aromatica*, p. 186.

1658. — «La **Rotta** è vn sorte di canna non vuota, ma piena molto sottile, pieghevole come li nerui, la quale benche s'inuecchi, mai perde la pastosità e fortezza, ne è possible senza il taglio spezzarla». — Fr. Vincenzo Maria, *Viaggio*, p. 385.

1615. — «Malaice ac per totam Indiam **Rotang** vocatur (uti et cuncti baculi hoc nomine indigitantur, qui manibus tenentur, licet ex hac arundine non sint formati; qualis est Japonicus **Rotang** bacalus)». — Rumphius, *Herbarium Amboinense*, VII, cap. 53.

1836. — «Les Européens l'appellent **rotang**; son véritable nom malais est **rotan**». — Rienzi, *Océanie*, I, p. 101.

**Rotim.** Os dicionários portugueses modernos registam *rota* e *rotim* como se fôssem termos diferentes, quanto à significação e origem. O vocábulo mal. *rótan*, que abrange várias espécies de cálamos, deu *rota*[1] em português e *rotin* em francês, que modernamente passou, conforme alguns dicionaristas, para português, e se modificou em *roten*[2] em castelhano. Os ingleses tem *rattan*.

Os nossos indianistas não conhecem senão a forma **rota**. E Cunha Rivara comete dois erros quando diz, em referência a Pyrard: «A 3.ª especie mais delgada... é a que chamamos na Europa *junco da India* e na India se chama *Rotim*, diminutivo de *Rota*». Neste sentido, nem *rotim* é diminutivo de *rota*, que daria *rotinha*, nem tal forma é usada na Índia se não com a significação restrita de «junco para palhinha» ou «a mesma palhinha», e isto mesmo, parece-me, modernamente; pois ainda hoje se diz «cadeira de *rotas*», «sofá de *rotas*».

O conc. *rót* não é, como supõe um lexicógrafo, o étimo de *rota*; é, pelo contrário, a adopção do termo português, sendo o vernáculo *vét* ou *bét*, do sânsc. *vetra*, que, por exten-

---

[1] A queda da nasal do vocábulo malaio, na sua passagem para português, explica-se por sua pouca perceptibilidade e pela atracção da outra voz portuguesa preexistente, *rota*.

[2] Nesta forma, um dos significados que o Dicionário da Academia atribui ao vocábulo é «*baston* hecho del tallo de la troa».

são, também designa qualquer bastão. É claro que *rotã*, plural de *rot* (no sentido de «palhinhas»), que se aproxima fonéticamente do mal. *rótan,* devia representar-se por *rotão* no português local; mas discordando do significado a forma aparentemente aumentativa, *rotã* modificou-se em *rotim,* e assim transitou para Portugal com a sua acepção circunscrita.

1615. — «Ha ainda outra qualidade de cana, cuja grossura nunca excede a do dedo minimo, mas é da mesma forma e feitio que a antecedente [cana de Bengala] e dobra se como vime. Chamam-lhe **Rotim**». — Pyrard de Laval, *Viagem*, I, p. 277.

1866. — «... deixando esta de remolho em agua corrente por uma noite dentro de cestos de **rotins**». — F. N. Xavier, *Descripção do Coqueiro,* p. 6.

1918. — «A cana que dá aqui e a que chamam **rotim** ou palhinha, e se importa de Malaca e de Burma e que nas nossas florestas se deve dar». —*Heraldo,* de 30 de Janeiro.

1791. — «Des **rotins,** qui se serpentaient à son orée, couvraient le pied de ces arbres». — Bernardin de Saint-Pierre, *La Chaumière Indienne.*

1900. — «avec des canapés en **rotins** pour y dormir». — Pierre Loti, *L'Inde,* p. 50.

*** ROUPEIRO.** Êste termo é na Índia Portuguesa sinónimo de «fanqueiro»; designa porêm particularmente o «vendedor ambulante de fazendas». A palavra entrou em concani com a forma de *rôpêr*.

1707. — «... botiqueiros de Cassabé, e outros **roupeiros,** mercadores de sal». —*Apud* Júlio Biker, *Collecção de Tratados,* XII, p. 147.

1897. — «**Roupeiros** gentios 10» (em Bardês). — João Stuart Torrie, *Estatistica da India Portugueza,* p. 251.

*** ROVÓ** (conc. *ravó*). Peça circular de ferro em brasa, com a qual o hindu réu prova a sua innocência, tomando-a na palma da mão sôbre uma fôlha de bétele, untada de manteiga. Tal ferro usaram também antigamente em Portugal, e era conhecido por *ferro caldo*. V. *O Panorama,* V, p. 139.

1603. — «Permitira Deos vsarem de tres juramentos... ou tomar huma *pasta de ferro* ardendo nas mãos». — Fr. António de Gouveia, *Jornada do Arcebispo,* fl. 88 v.

1605. — «Apareceo a molher do reo diante delle [regedor], o qual fez logo por hum ferro no fogo, o qual depois de estar todo vermelho, e abrazado, chega a molher do reo, e protestando innocencia sua, e de seu marido, e inuocando em testemunho o autor da verdade Deus verdadeiro, estende ambas as mãos pera que lho pusessem nellas, como logo puseram tirando-o do fogo em hũas tenazes, não tendo ella nas mãos que hũas folhinas (*sic*) verdes. Ella o tomou com muita confiança, tendoo até que dizendo o regedor que bastava, o deixou cair, e concorrendo Deos por parte da verdade, ainda que fosse em fauor dos mouros, e infieis, a moura nam somente se nam queimou, mas nem as folinhas (*sic*) verdes que tinha na mam se auerderam». — P. Fernão Guerreiro, *Relaçam Annual,* fl. 120.

1824. — «Quaes são os juramentos, que estão em uso, ou seja para a inquirição das testemunhas, ou para a decisão dos negocios forenses, e com que formalidades, quando, aonde, e perante quem se deve prestar especialmente o juramento na cabeça da mulher, filhas, vacca, lavagem no Pagode de Mhalia, ferro em braza, vulgarmente chamado **Rovó** no Pagode de Poriem, em que casos, e entre que pessoas». — *Collecção de Bandos,* I, p. 76.

1840 — «Estes [*botos*] fazendo ajuntar ao paciente as duas palmas da mão, orisontalmente, deixam sobre elas duas folhas de betele untadas de manteiga crua, e collocam o pedaço de ferro (**rovó**) em braza». — F. N. Xavier, *ibid.,* I, p. 16.

1886. — «Este pagode é uma fortaleza gentilica, celebre entre os gentios por causa do juramento do ferro em braza, que outr'ora n'elle se fazia, e ainda se usa em occasiões solemnes. Este juramento consiste em applicar um ferro candente sobre a palma da mão direita da pessoa ajuramentada, tendo por intermedio uma folha de bétle. O *botto* faz previamente uma oração á deusa, para que o ferro queime o individuo, se elle for effectivamente o culpado, ou jurar falso, ou que o ferro se esfrie, caso esteja innocente. Este juramento é denominado **Rovó**». — Lopes Mendes, *A India Portugueza,* II, p. 34.

1905. — «Juramento de **rovó** (barra de ferro) no pagode de Bunca em Poriem de Satary. — Ajuntavam-se ao individuo as duas palmas horisontalmente e os bottos (sacerdotes) deixavam sobre ellas duas folhas de betle, untadas de manteiga crúa (*lonim*), e por cima um pedaço de ferro em braza (**rovó**)». — *O Oriente Portuguez,* II, p. 271.

*** RUBÃO** (ant.; pl. *rubãos, rubães, rubões*). *Rubbān* quere dizer em árabe «pilôto», mas os nossos escritores entendem em particular «o pilôto do estreito do Mar Roxo, muito perito na sua navegação».

1328. — «E então dão fundo, e desembarcão para terra; e ao amanhecer sobem para a embarçação, a cujo arraes chamão **Arroban**, o qual jamais deixa de estar á proa da embarcação advertindo o homem do leme a respeito de escolhos, a que elles chamão *Albanat*». — Ben-Batuta, *Viagens*, I, p. 305.

1513. — «... que lhe tomarya, demtro do estreyto, **rrobau** que ho leuase te juda, porque aquelle estreito nem se pode nauegar em nenhũa maneira, sem se tomar **rrobaues** da porta do estreyto». — In *Cartas de A. de Albuquerque*, III, p. 366.

1513. — «O Gouernador foy sorgir da mão direita em hum bom porto onde estão humas casinhas de palha, em que estão pilotos que tomão os mouros quando entrão, que os leuão polo estreito dentro aos portos que querem... e mandou ao bargantym que ficasse e assy o disse a todos os nauios, que o mesmo fizerão até sorgir no porto dos pilotos a que chamão **robães**». — Gaspar Correia, *Lendas*, II, p. 345.

1514. — «Mamdo que dees pera os *malimos* e **rubões** pilotos del Rey noso senhor que eu trouxe do mar roxo...». — Afonso de Albuquerque, *Cartas*, II, p. 119.

1538. — «Estes taes vem chamados **rubones**, os quaes são grandes nadadores, e em bastantes logares onde se não pode dar fundo, vão elles nadando de baixo da agua e arrumam as galés entre aquelles baixos». — *Viaggio*, in *Bol. S. G. L.*, V, p. 546.

1541. — «Está huum ilheo, que se chama o Ilheo dos **Roboeens**: porque **Roboão** no Arabigo quer dizer Piloto, os quaes uiuendo aqui metião as naos que vinhão de fora, de dentro do Porto, e dahi as encaminháuão para os lugares, as quaes de suas terras vinhão endereçadas». — D. João de Castro, *Roteiro do Mar Roxo*, p. 35.

1545. — «O **Robão**, que era o nosso piloto fez seu caminho, por se desviar da terra do Siammon, como levava por regimento del Rey» (de Bramá). — Fernão Pinto, *Peregrinação*, p. 158.

1552. — «Mareão os pilotos que levão as naos que vão a Judá que os mouros chamão **rubães**, e sam grandes sabedores daquelle mar». — Castanheda, *Historia*, III, cap. 108.

1553. — «... lhe ouuesse tomar quatro daquelles pilotos, a que elles chamão **robães**». — João de Barros, *Déc.* II, VII, 2.

1557. — «Estes Pilotos chamam-se **Rubães**, vivem nos portos do estreito na Ilha que acima disse: navegam dali para dentro, e tem muita experiencia». — *Commentarios*, IV, cap. 6.

1611. — «Avendo eu respeito ao grande prejuizo que se segue... de aver na fortaleza de Ormuz o cargo de **Roubão** pelas muitas desordens que commettem as pessoas que o servem... mando em nome de Sua Alteza que na dita fortaleza de Ormuz não aja mais o dito cargo de **Robão**. — *Alvará* do vice-rei, in *Archivo Port.-Oriental*, VI, p. 1038.

1614. — «Que se fosse pôr na enceada dos **Rabãos**, e que como aquella nao apparecesse a fizesse arribar a Diu». — Diogo do Couto, *Déc.* VII, II, 3.

* **RUDRAXA, rutraxão**. É uma árvore indiana, da família das tiliáceas — *Elaeocarpus ganitrus*, Roxb., dedicada ao deus Xiva, de cujas bagas, que também tem o mesmo nome, fazem os *jogues*, especialmente os *xivaitas*, os seus rosários. Do sânsc. *rudrakṣa*, *rudrakh* em concani. *Rutraxão* é forma dravídica.

1687. — «Tambem atribuem indulgencias âs contas por que rezão, e as mais celebres, são hũs caroços da fruta **Rutraxão**, por que somente rezão os da Seyta de Xiuan. O **Rutraxão** que for de hum sô rosto (isto he, que não tiver risco, ou repartição algũa) he de tanta excelençia que quem o trouxer ficarâ igual ao Deus Xiua». — P. Fernão de Queiroz, *Conquista de Ceylão*, p. 121.

* **RUI** (conc. *ruī*). É uma planta indiana, da família das asclepiádeas — *Calatropis gigantea*, Br. — «E um poderoso alterante contra as doenças da pelle, especialmente lepra. Usa-se o succo leitoso externamente contra o rheumatismo». D. G. Dalgado, *Flora*.

1879. — «A gente do povo serve-se das folhas de uma planta conhecida aqui [em Dio] com o nome de *ancrá* — em Goa chamam-na **rue**, tem propriedades narcoticas». — João S. Torrie, *Estatistica da India Portugueza*, p. 351.

**RUIVA INDIANA**. Nome duma rubiácea — *Oldelandia umbellata*, Linn., cuja raiz dá tinta vermelha, muito apreciada pelos tintureiros. É mais conhecida no comércio pelo nome dravídico *xaia*, q. v.

* **RŪMAL**. Lenço branco ou de côr, que muitas vezes serve de touca e de *langotim*, na Índia. Do persa *rūmāl*, lit. «alimpador do rosto», adop-

tado por muitas línguas indianas, como hindustani, marata, concani.

1687. — «Em falta de barrete, usão do seu **rumal**, que he hum pano branco, e fino atado por cima dos ouvidos, com as pontas sobre as espaldas, por galantaria». —P. Fernão de Queiroz, *Conquista de Ceylão*, p. 17.

1810. — «De cada carga de cabeça de **rumaļes** que de Balagates vierem». — *Apud* Joaquim C. Soares, *Doc. Comprobativos*, p. 447.

1828. — «Os officiaes de patente das cinco ultimas Partidas usarão de Touca ou **Rumal** de voltas azues entrelaçadas com escarlate, adòrnadas com uma palma, ou penacho encarnado com o respectivo laço militar». — *Apud* Joaquim C. Soares, *Bosquejo das Possessões Portuguezas*, I, p. 80.

1866.— «Lá se lhes ministrou o vestuario, que constava d'hum **Rumal** (lenço branco de tecido espesso, e algum tanto grande) e hum *Puruem*».—*Archivo de Pharmacia*, III, p. 51.

1879. — «Permanecem ainda na uzança de encobrir apenas o que a decencia natural exige que se não exponha á vista, como o **rumalo** — *casty* [do concani] ou langotim simples lenço preso, anterior e posteriormente, a um cordão que cinge os rins». — João Stuart Torrie, *Estatistica da India Portugueza*, p. 310.

1886. — «A cabeça trazem envolvida n'uma trunfa, feita d'uma tira de panno de algodão branco ou azul, a que chamam **rumal**». — Lopes Mendes, *A India Portugueza*, II, p 239.

1905. — «**Rumais** na fórma de avaliação, a pardau 17 réis». — Ernesto Fernandes, *Regimen do Sal*, in *Bol. S. G. L.*, p. XXIII, p. 284.

1660. — «Quella medesima notte se n'erano vsciti dalla Chiesa nudi, col solo mundo, spada e rotella alle mani, e **romale** in testa, come Soldati Gentili». — *Seconda Spedizione*, p. 19.

*** RÚMBIA.** É o nome malaio de *sagüeiro*, q. v.

1843. — «Além das palmeiras de côco e areca, ha mais cinco especies differentes silvestres, das quaes se tira alguma utilidade, e poderá tirar-se muita: estas são reconhecidas pelos seguintes nomes: 1.º gaboeira; 2.º toaqueira; 3.º palmeira de gamute; 3.º palmeira brava; 5.º finalmente **romby**». — *Annaes Maritimos* (parte official), p. 82.

1881. — «Abundam na ilha cinco qualidades de palmeiras silvestres, conhecidas com os nomes de Gaboeira Toaqueira, Gamuti, Valuiú e **Rumbia**. Da Gaboeira e da **Rumbia** obtem o bom sagú, e, alem do sagú, uma especie de licor branco, a que chamam toaca e que bebem». — José Vaquinhas, *Timor*, in *Bol. S. G. L.*, II, p. 738.

**RUMBOR** (conc. *rumbaḍ*). É uma espécie de figueira da Índia — *Ficus glomerata*, Roxb. Chama-se também *rumbodo*. «A madeira é durável debaixo de agua; come-se o fruto... Toma-se como alterante o succo que resuma da raiz golpeada». — D. G. Dalgado, *Flora*.

1873. — «Ao genero *ficus* pertencem os nossos **rumbôllo**, ôlli, *pimpallo*, *ôllo*, arvores que adornam os palmares para sombra». — Bernardo da Costa, *Manual do Agricultor*, II, p. 223.

1908. — «Cortar uma raiz da arvore de **rumbôd** abrindo a terra, e collocar ahi um vaso de barro. A agua que daquella raiz se distilar no vaso, é muito efficaz na febre de que se trata». — *Luz do Oriente*. de Janeiro.

1905. — «A minha vacca malhada é rija para lavra. Eu vou lavrar a terra ahi ao vallado da **Rumbod** (*Ficus glomerata*)». —In *O Heraldo*, de 10 de Junho.

1912. — «Lê-se no *Grya-sutra* que uma mulher casada deve no 4.º mez de gravidez esfregar o ventre com o fruto de **Rumbôd** para tonificar o feto».—Caetano Gracias, *Flora Sagrada*, p. 113.

1917. — «... para abertura do caminho de acesso áo bairro dos barbeiros junto ao poço do **Rumbór** das Fontainhas». —*Heraldo*, de 7 de Agosto.

1658. — «La **Rumbara** pianta boscareggia, e siluestre, è chiamata da' Portoghesi *pero de Matta*... Crudo [o fruto] è alimento molto delle Cornacche. Preparato serue ancora per gl'huomini, stagimandosi con lasciarla in iufusione di sale, ed aceto». — Fr. Vincenzo Maria, *Viaggio*, p. 386.

**RUME.** Turco, em geral no Oriente. Do hindust.-persa-árabe *rūmī* < *Rūm*, «Turquia» (incluindo a Grécia e a Ásia Menor). Nos antigos livros orientais emprega-se o termo, conforme Yule, por «europeu», sendo posteriormente suplantado por *faranguí* ou *firangí*, «franco». Pela queda do império romano, continuou-se a aplicar à parte que caiu no poder dos turcos.

1508. — «Se s'aly meterem **Rumis**, que nom façam muito dano as nossas naos». — Afonso de Albuquerque, *Cartas*, I, p. 21.

1508. — «Tenho nouas de Lourenço de Brito, que lhe mandara dizer Timoja de muytas naos d'armada que vem da costa de Além, destas gentes que chamão **Rumes**». — D. Francisco de Almeida, in *Lendas*, I, p. 898.

1552. — «Muyto desconfiados de poderem os **Rumes** resistir a nossa armada. E estes erão os do Soldão que estavão em Diu, que assi lhe chamão na India». — Castanheda, *Historia*, II, cap. 76.

1554. — «Das cousas d'Ormuz e Baçora e de como tomaram os **Rumes**, nom screpvo a vossa alteza».—Simão Botelho, *Cartas*, p. 3.

1554:

«Com os mouros africanos
e gentios, asianos
Turcos, Rumes e pagãos».

Garcia de Resende, *Miscellanea*, fl. 160.

1563 (1502). — «... nom tratando pimenta, nom trazendo **Rumes**, nem hindo ao porto de Calecut porque por qualquer destas causas em que esto se achar, serão queimados». — Gaspar Correia, *Lendas*, I, p. 290.

1563. —«Os Turcos são da provincia de Natolia (que antes se dizia Asia menor) e os **Rumes** erão os de Constantinopla e do seu emperio». —Garcia da Orta, Col. II.— «Este nome [*Rumes*] teve um destino singular. Os primeiros mussulmanos deram em geral o nome de **Rúmi** aos christãos, por isso que estavam principalmente em contacto com os subditos do imperio romano do Oriente, e, quando mais tarde distinguiram com o nome de *Frangi* os christãos do Occidente, conservaram o de **Rúmi** aos gregos e outros bysantinos. Vindo os turcos a occupar as provincias orientaes d'aquelle imperio, passou para elles o nome de **Rúmi**». — Conde de Ficalho.

1570. — «O **Rume** lhe chamou por ser natural Grego: porque os Mouros da India como não sabião fazer divisão destas Provincias de Europa á toda a Tracia, Grecia, Esclavonia, e ilhas circunvezinhas chamão *Rum*, e ao homem dellas **Rumij**».—João de Barros, Déc. IV, v, 16.

1572:

«Traz este vem Noronha, cujo auspicio
De Dio os Rumes feros afugenta».

«Persas feroces Abassis, e Rumes,
Que trazido de Roma o nome tem».

Camões, *Os Lusiadas*, x, 62, 68.

1576. — «Vindo os **rumes** a ella [India] poderemos receber detrimento grande». — Lopo de Sousa Coutinho, *Hist. do Cerco de Diu*, p. 22.

1589:

«Entrando nella o Rume forte, e duro
Podia ao Portugues dar detrimento,
Como já noutro tempo se vio, quando
O nobre Almeida teue da India o mando».

Francisco de Andrada, *O Primeiro Cerco de Diu*, I, 38.

1602. — «Os **Rumes** são todos aquelles naturaes da provincia de Tracia, e daquella parte de Constantinopla que se chamou Romania». — Diogo do Couto, Déc. IV, VIII, 9.

1616. — «As novas dos **Rumes** (que assim chamam em toda a India os Turcos) foram correndo por toda a costa». — *Id.*, x, VII, 8.

1634:

«Mas já, senhor, sabem como imitando
A Cesar, e Alexandre na presteza,
A tornou a ganhar, della deitando
Dos Canarins, e Rumes a braveza».

F. de Meneses, *Malaca Conquistada*, v, 90.

1697. — «**Rumes** se chamão na India os Turcos, que por via de Suez entrão no mar Roxo».—P. Francisco de Sousa, *Oriente Conquistado*, I, II, 2.

1720. — «**Rumes**. He o nome geral, que os povos de Levante dão aos Turcos, como de *Franques*, que os Mouros dão aos Europeos». — Bluteau.

1905. — «Á nossa moderna Gogolá — a antiga e formosa villa dos **Rumes** — está reservado um futuro prospero». — Jerónimo Quadros, *Cartas de Diu*, p. 136.

1906.—«**Rume** — Os turcos do imperio ottomano. *Rúmi*, de *Rume*, Roma, o imperio romano do Oriente. Mercenarios turcos, renegados levantinos e italianos, eram mandados contra nós das partes do Soldão do Egypto, e com elles combatemos nos muros de Diu». — Alberto O. de Castro, *A Cinza dos Myrtos*, p. 193.

1510. — «Diceuano anchora questi che alle confini de **Rumi**, cioè del gran Turcho, vi sono grandissimi Re christiani». — Barthema, *apud* Ramúsio, I, fl. 165.

1571. — Hos Indi, **Rumes**, hoc est, Romanos vocabant. Nam cum ex antiquis monimentis accepissent, quantum Romanorum imperium reliquis gentibus militari gloria praestitisset, cum primùm in Indiam hi Sultani milites invecti sunt... Romanos esse iudicaverunt. — Jerónimo Osório, *De Rebus*, II, p. 297.

1578. — «Appresso gl'Indiani praticano Turchi di due generazioni condotti a prezzo per cagione della milizia, Asiatici, e Europei: quegli dagli Indiani, e da Portoghesi parimenti sono chiamati col proprio nome Turchi; questi perche per l'ordinario vengono da Constantinopoli, doue già da Roma fù transportato l'Imperio, sono nominati, con voce greca corrotta, **Rume**, quasi Romei». — P. Maffei, *Le Istorie*, p. 139.

1610. — «**Rume** dizen Pársios y Arabes y todas naciones Orientales, por todos aquelles que militan de baxo de las banderas del Turco; que no venieron de Turquestan, ni descienden de los que de allá venieron, y es tanto como dezir Romanos». — Pedro Teixeira, *Relaciones*, p. 34.

1623. — «Io non Pertoghese, ma Romàno, specificando, che non era de' Turchi di Costantinopli, i quali in tutto l'Oriente sono chiamati, e conosciuti per **Rumi**». — Pietro della Valle, *Viaggio*, III, p. 228.

1666. — «El titulo de **Rume** por ser natural Griego; porque los Moros Indicõs, como non sabian dividir las Provincias de Europa llamavan **Rume** a toda la Tracia,

Esclaovnia, y las Islas adjacentes al Mediterraneo». — Faria e Sousa, *Asia Portuguesa*, I, p. 189.

1841.—«*Roum* désigne, chez les auteurs musulmans, l'Asie Mineure soumise aux empereurs de Constantinople». — Dubeux, *Perse*, p. 262.

**RUPIA** ; **rupiá** (ant., s. m.). Moeda indiana de prata, do valor legal de 400 réis, que é ao presente muito inferior ao do mercado. O govêrno inglês fixou o valor da rupia em 16 dinheiros, isto é, 15 rupias por libra. Ao tempo da conquista não corria da Índia meridional esta moeda, não sendo por isso mencionada pelos nossos cronistas. Era moeda corrente no Grão-Mogol. A primeira cunhagem de rupias em Goa data de 1726, e a de Dio, de 1729. O étimo é o hindust. *rūpīya* < sânsc. *rūpya*, primáriamente «prata». V. *Glossary*.

*Rupia chirina* (vid. *chirina*) era a rupia da Índia Inglesa, que tinha algum ágio sôbre a portuguesa, que era tôsca, mas de prata superior e sem liga [1]. Actualmente, porêm, uma e outra são idênticas na forma, no pêso e no valor, com a única diferença do cunho. Conforme o presente sistema monetário, a rupia tem 16 tangas e a tanga 12 réis; e pesa 180 grãos troi. *Rupia de ouro* é o mesmo que *golmor* (q. v.); valia 16 de prata, mas há muito tempo que desapareceu da praça.

1600. — «Acrescentando que lhe ajuntaria dos gentios 2000 **Rupias** (que são certas moedas)» (no Mogor). — P. Fernão Guerreiro, *Relaçam Annual*, p. 31.

1607. — «... iam cada mês quasi 50 **Rupias**, auendo outra ocasiam lhe falaram os padres na esmola que pera os Christãos prometera, e mandou dar cada mês, outros cincoenta». — *Id.*, fl. 159.

1630. — «... sem embargo delles rebeldes darem a este respeito 200$000 **rupias**, que fazem 100$000 patacas, a ElRey seu senhor» (em Surrate). — *Apud* Júlio Biker, *Collecção de Tratados*, I, p. 238.

1663. — «Diz que está feito o negocio por quinhentos **rupias**, que são cruzados do mogol». —P. Manuel Godinho, *Relação*, p. 76.

1682. — «O empenho devia de ser grande, porque estes religiosos chegarão a fintar-se, e a dar humas seiscentas **rupias** a D. Antonio» (em Bengala). —In *O Chronista de Tissuary*, I, p. 317.

1695. — «Forão duzentos mil **rupias**, que naquele tempo erão duzentos mil cruzados, e hoje são trezentos mil cruzados, porque cada **rupia** val dous pardaos, e cada pardao trezentos réis». — Cosme da Guarda, *Vida de Sevagy*, p. 26.

«Foi Asefia visitar a ElRey da Persia, levando-lhe vinte carros carregados de **rupias** de ouro». — *Ibid.*, p. 7.

1708. — «**Rupiâs** he moeda sem liga, de tres oytavas de pezo e correm entre nós segundo o valor intrinsico».—P. Francisco de Sousa, *Oriente Conquistado*, II, I, 2.

1718. — «... que todo obsequioso recebeo o Governador, apremiando ao portador com dous **Rupiàs**».—João Tavares Guerreiro, *Jornada*, p. 35.

1722. — «Os *santhomés* que trouxerem não valerão menos que treze *larins*, e as **rupias** de prata feitas em Bombaim cinco, os venezianos sete xerafins e um larim, as **rupias** *de ouro* feitas em Surrate vinte e dois xerafins, e as fabricadas em Bombaim segundo o toque de ouro». — *Apud* Júlio Biker, *Collecção de Tratados*, III, p. 255.

1739. — «A medida de trigo, e arroz, que custava a decima parte de hum **rupiâ**, se vendia a dez **rupiâs**, ou cem soldos». — *Noticias de Thomas Kuli Khan*, p. 4.

1746. — «Tocou nella aos *Dessays* a somma de quarenta mil **Rupiâs**, moeda do Gram Mogor, que corre por todas as terras que são do seu dominio». — Montarroio Mascarenhas, *Epanaphora Indica*, II, p. 62.

1879. — «**Rupia** *chirina* de Bombaim 720 réis de Goa». — João Stuart Torrie, *Estatistica da India Portugueza*, p. 195.

1880. — «Os *xerafins dobrados* chamaram-se pouco depois **rupias**, como ainda hoje se usa, tendo soffrido reducção progressiva no peso». — Teixeira de Aragão, *Descripção das Moedas*, III, p. 264.

1882.—«A **rupia** vale 320 [em Timor]; o *pico* tem 100 *cates* e o cate 630 grammas João Vaquinhas, *Timor*, in *Bol. S. G. L.*, II, p. 734.

«A **rupia** é chamada florim». — *Id.*, p. 748.

1896.—«No seu regresso trouxe dinheiro que dava a juro sobre penhores, em nome da cunhada, á razão de uma tanga a **rupia** *chirina*». —Gip, *Jacob e Dulce*, p. 1.

1898. — «A lei de 13 de Março de 1726 deu a esta moeda o nome de dois pardaos ou **rupia**». — Manuel de Campos, *Numismática Indo-Portuguesa*, in *Bol. S. G. L.* XVIII, p. 194.

1616. — «Leurs pieces de monnoie les

---

[1] 1886. — «Besides there was the *Chalāni* or «current» rupee of account, in which the Company's accounts are kept». — Yule, *Glossary*.

plus courentes s'appellent **Rouplas,** qui y en a de diverse valeur, la moindre vaut 30 sols, et la plus haute 42». — Terry, *Voyage*, p. 44.

1616. — «Le Prince lui donna aussi tost 150 **Rupies**». — Thomas Row, in *Relations*, I, p. 16.

1666. — «Une **roupie** vaut environ trente sous». — Bernier, *Voyages*, I, p. 316.

1666. — «Et l'on paye à la barque une demie **roupie**, c'est-à-dire environ quinze sols pour le passage» (em Surrate).— Thevenot, *Voyages*, III, p. 3.

1676. — «Il me donna le choix des espeçes, et il ne tenoit qu'à moi de prendre des **Roupies** *d'or* ou des **Roupies** *d'argent*». — Tavernier, *Voyages*, III, p. 266.

1778 — «La **roupie** *d'or* varie selon les endroits. Celles de Dehli, l'an 13 du regne de Mahammud Schah, étoit cinquante grains plus forte que notre Louis d'Or».— Anquetil Duperron, *Législation Orientale*, p. 143.

1782.—«La **roupie** d'argent vaut deux livres huit sols». — Sonnerat, *Voyages*, I, p. 144.

1786.—«**Rùpyá** è un vocabulo Samscrdamico e significa argento in genere, senza determinare la specie di moneta d'argento; lo che mi dà motivo a congetturare che la **rupia** Indica, che corre, e che vale un fiorino di Austria, e 5 paoli Romani, non sia stata una moneta originale Indica». — Fra Paolino, *Viaggio*, p. 55.

**RUTRIZ.** Pão, *apa*, na Índia. Do mar.-hindust. *roṭī* [1].

1687. — «Algumas apas ou **rutriz** de trigo quasi tostado, ou *auela* sua de arros». —P. Fernão de Queiroz, *Conquista de Ceylão*, p. 74.

* **RUZU.** Recibo de pagamento, no Concão. Do conc. e mar. *ruzū* < ár. *rajū'*.

1913. — «... e fazer as competentes cobranças em seu proprio nome, seu proprio **Ruzu,** tudo na forma como de sempre».— *Apud* Júlio Biker, *Collecção de Tratados*, XI, p. 296.

1914. — «... e fazer as competentes cobranças em seu nome proprio, e competente **rozú,** tudo na forma como se administrou, e regeu aquelle *Sardessaiado*». — *Ibid.*, XI, p. 290.

## S

* **SABANIS.** Principal escrivão de uma repartição de fazenda distrital, entre os maratas. Do mar. *sabanīs* < persa *subāh-nūsī*.

1787. — «A declaração que o antecessor de V. Ex.ª fez ao **Sabanis** e *Chitnis* do Bounsuló...». — *Apud* Júlio Biker, *Collecção de Tratados*, VIII, p. 287.

**SABÃO VEGETAL.** Fruto de SABOEIRA, *Sapindus trifoliatus*, Linn. Também se denomina *sabão dos canarins*. Usa-se a baga em lugar de sabão para lavagem de roupa, na Índia e no Arquipélago Malaio.

1658. — «La natura prouida del necessario, doue negl' Indiani manca, par loro torpore, l'industria di formare il sapone, col quale possono lauare li panni, acciò non fosse incolpata d'hauere parte in questo difetto, con la ferocità d'vna pianta, pare compensare volesse questa mancanza; chiamasi perciò **sapone de' Canarini,** supplendo il frutto per sapone».—Fr. Vincenzo Maria, *Viaggio*, p. 378.

1786. — «*Orumbulicicà*, Malab., **Sabão Canarin** Port. è un frutto a Sapone naturale d'un albero che netta il corpo e le tele, come il nostro Sapone». — Fra Paolino, *Viaggio*, p. 362.

1836. — «Le *rarak* [em malaio] (*sapindas saponifera*) contient une grande abundance d'alcali pur; on l'emploie au lieu de savon». — Rienzi, *Océanie*, I, p. 102.

* **SABÉ.** Não se sabe com clareza o que quere dizer o vocábulo. Se significa «proprietário», o seu étimo deve ser o ár. *ṣāḥib*. V. *saibo*.

1611. — «... e se os **sabés** houverem de fugir para ella, como hum que serve Bombareca quiz dar a entender aos ditos religiosos, tambem o poderão fazer quando esta fortaleza se fizer, por minha ordem» (em Ormuz). — *Carta Régia*, in *Doc. da India*, II, p. 97.

**SABINA.** Planta cucurbitácea da Índia — *Trichosantes cucumerina*, Linn. «O decocto da planta é considerado como especifico contra as febres biliosas; pode-se comer o fruto cozido». D. G. Dalgado, *Flora*. É diferente da planta registada pelo mesmo nome nos dicionários.

* **SACABUTO** ou **sacaputo** (ant.). Conforme a abonação, era uma espécie de panos pintados, que da costa de Choramandel eram exportados para Laos, Indo-China. Parece-me que o vocábulo se relaciona

[1] O *ṭ* cacuminal do étimo justifica o grupo consonantal *tr*.

com *chacabut,* que Bluteau regista, fundado na autoridade de Tavernier, como «nome de huma seita de Religião dos Povos de Tunquim». *Chacabut* é o mesmo que *Çakya Buddha* em sânscrito, que na Indo-China e no Japão se corrompem em *Xaca* e *But*.

1650. — «O vestido da gente é cabaia e panno: são estes pannos da costa de Choramandel, que chamam **sacaputos** *pintados*, os quaes vestem a modo de calções». — P. António F. Cardim, *Batalhas*, p. 259.

**SACADOR.** Na Índia Portugueza «é o exactor annual da communidade e o responsavel pela receita integral d'ella». (*Regulamento das Communidades*, p. 11).

1727. — «**Sacador**. Na India Portugueza val o mesmo que Recebedor da Aldea». — Bluteau, *Supplemento*.

1852. — «**Sacador** — exactor da communidade e responsavel pela sua receita; as suas attribuições eram marcadas no codigo». — F. N. Xavier, *Bosquejo Historico* (2.ª ed.), III, p. 101.

1830. — «O **sacador** é o exactor annual da communidade e responsavel pela receita integral della... O **sacador** que quinze dias depois de findo o seu quartel não apresentar conhecimento de pagamento de fóros á fazenda, será removido da *sacadoria*». — Decreto, *apud* Eduardo Balsemão, *Os Portuguezes no Oriente*, II, pp. 202 e 203.

1885. — «Não se variava o sistema de cobrança das rendas ao cargo dos recebedores (*potecares*) a que mais tarde se deu o nome de **sacadores**». — Teixeira de Guimarães, *As Communidades de Goa*, p. 20.

***SACADORIA.** Cargo e repartição do *sacador*.

1852. — «**Sacadoria** — cargo do sacador, adjudicado em praça publica a quem se propuzer a desempenhal-o por um premio menor». — F. N. Xavier, *Bosquejo Historico* (2.ª ed.), III, p. 11.

1856.—«Almoxarifados: Parece que são as **Sacadorias,** termo adoptado depois da Conquista, pois o termo primitivo he *Pota* e *Potecar*, que corresponde a Exactor». — Id., *Defensa dos Direitos*, p. 5.

1886.— «A camara agraria tem um *sacador* ou exactor das suas rendas... O serviço da **sacadoria** será adjudicado por arrematação em lanço publico». — *Regulamento das Communidades*, p. 6.

1917. — «A **sacadoria** como forma de cobrança suave e pontual já fez tambem a sua prova de séculos». — *O Ultramar*.

***SACAQUI** (jap. *sakaki*). Uma das árvores sagradas do *xintoismo*, religião nacional do Japão.

1904. — «Teem arvores sagradas como outras religiões as teem. Uma destas é o **sakaki** (*Oleyra japonica*), recinto e abrigo dos deuses». — Ladislau Batalha, *O Japão por dentro*, p. 323.

***SÁCANA** (jap. *sakana*). Refeição japonesa, em que se bebe *saqué* (q. v.); manjar, iguaria.

1569. — «Tinhão preparado muitas **Sácanas** com que abundantemente convidarão toda a gente». — P. Luís Fróis, *Cartas de Japão*, I, fl. 257.

1569. — «Trouxe Xacumandono de dentro hum *Iequixò* (que he hũa boceta grande dourada) com muitas **sacanás,** que são cousas de comer, e teue muitos comprimentos com Vatadono sobre qual delles me daria». — *Id.*, fl. 259.

1586. —«Trazendolhe diante a **sacana** que se da com o *sacazuquì* por fruita, tomou os *faxis*, e com sua propria mão a deu aos padres, e irmãos». — *Id.*, fl. 177 *v.*

1749. — «E depois pessoalmente lhes deu huma conserva chamada **zacana,** que he muito estimada no Japão». — P. Crasset, *Hist. da Igreja do Japão*, I, p. 491.

***SACAZUQUI** (jap. *sakazuki*). Copo de vinho.

1560. — «Deume o *Cubòcama* o seu **sacôzuquy** e Vatadono o tomou depois de mi, e sendo como vossa Reverencia sabe, o Cubòcama a estatua do Japão, he cousa rarissima falar nem hũa palaura a quem o visita duas vezes persuadio a Vatadono que me fizesse beber». — P. Luís Fróis, *Cartas de Japão*, I, fl. 261.

1571. — «Fazendome tomar primeiramente o **Sacomzuqui,** sendo já quasi dez ou onze horas da noite, pedio a Lourenço que quizesse pregar àquelles senhores». — *Id.*, fl. 312.

1586. — «Mandou trazer o **sacuzuquée,** e depois de o tomar o deu de sua propria mão ao padre, e pedindo outros dous **sacuzuquis,** tomando hum pouquechinho de vinho por cada hum delles, o que lhe sobejou fez tornar a deitar dentro dos vasos, dizendo que era o mesmo que dar o **sacazuqué** a cada hum em particular». —*Id.*, II, fl. 177 *v.*

***SACO** (ant.). É, conforme a abonação, moeda de pequeno valor, que corria em Bisnaguer. Mas *saco* deve estar por *chaco* = *chāk*, corrução vulgar do sânsc. *chakra,* representado em telúgu por *chakramu*. V. *chocrão* e *chakra*.

1525. — «E lhes leixão as cabeças [de carneiros], e dão de cada cabeça um **saco,** que he uma moeda como hũa *cartilha* (?)». — *Chronica de Bisnaga*, p. 95.

**SADI** (*çadi*), **sandi, sandil, sandim.** Do persa *sad*, «cem». Era em Ormuz o nome de «cem dinares», como *azar* era o de «mil *dinares*». A omissão de cedilha em algumas edições antigas dos nossos indianistas ocasionou o equívoco de vários lexicógrafos com *candil*, q. v.

1515. — «E de todolos fardos ensacados em sacos de anill e açucar para o Rendeiro dous **çadis,** que são dous vintees». — Afonso de Albuquerque, *Cartas*, I, p. 377.

1516. — «Ha hy [no Guzarate] outro conto por honde fazem todos suas mercadorias que chamaom **sedeo,** e nom he mais que ho nome, que val 18 rs., e quatorze e doze, segundo hos lugares». — Duarte Barbosa, *Livro*, p. 282.

1553. — «Hum *xarfij* val da nossa moeda trezentos reaes, e dez *azares* val hum xerafij, e dez **çandijs** meyo xerafij, e cem dinares hum **çandil**». — João de Barros, Déc. II, x, 7.

1554. — «Cada azar 10 **çadis,** cada **çadim** 100 dinares». — Antônio Nunes, *Lyvro dos Pesos*, p. 25.

1554. — «518, 537 xerafins, 20 **çadis** 95 dinares». — Simão Botelho, *Tombo da India*, p. 86.

1612. — «Trezentos e setenta e sete mil, e cincoenta e dous xerafins; sete **çandis,** e courenta e sete dinares». — Diogo do Couto, Déc. V, IX, 1.

1880. — «As estivas de 21 de novembro de 1668 para se amoedarem em xerafins as patacas velhas, os *abacis*, os **sadis**...». — Teixeira de Aragão, *Descripção das Moedas*, III, p. 253.

1898. — «Quatorze xerafins, nove **çadis**». — Lopes de Mendonça, *Affonso de Albuquerque*, p. 178.

1517. — «E u ui [em Ormuz] vn' altra qualità di moneta d'argento, che loro chiamano **Sadi,** dei quali vale xx. vn saraffo, et x. vno azar». — Corsali, *apud* Ramúsio, I, fl. 8.

1582. — «Azar uno poi fà **sadini** dieci, & ogni **sadino** a danari cento». — G. Balbi, *Viaggio*, fl. 51 *v.*

1610. — «Hay tanto [ruibarbo] adò se coge que vale de ordinario una *mano*, que es vn peso de quasi treynta y seys onças, vn **Sady,** que es al justo medio real». — Pedro Teixeira, *Relaciones*, p. 109.

* **SADO.** É o nome de vinho em Maluco, sinónimo de *tuaca*. O vocábulo não vem nos dicionários malaios; parece que é do dialecto local.

1560. — «O vinho a que chamão **Tuaca** e **Sado,** sempre á ilharga, o qual he tirado do olho de *Çagueiro*, e da *Nipeira*, e algum das palmeiras parece todo soro». — Gabriel Rebêlo, *Informação de Maluco*, p. 152.

I. **SADRÁ.** É o nome que se dá em Damão á *marêta* (q. v.) — *Terminalia tomentosa*, Bedd. Do guz. *sadrā*.

1886. — «**Sadrá** (*pentaptera glabra* e *pentaptera arjuna*) denominada tambem *marty* e *aynno* no Guzarathe e marêta no territorio de Goa é, depois da téca, a arvore que mais predomina em Nagar-Avely. Os pescadores utilisam a casca de **sadrá** para tingir as suas redes, e a cinza do tronco, que tem a apparencia da cal de branquear é empregada no curtimento das pelles». — Lopes Mendes, *A India Portugueza*, II, p. 246.

1901. — «As essencias florestaes que predominam... são teca, **sadrá** ou mareta, *kér* ou *pau rosa*». — José Pinheiro, in *Bol. S. G. L.*, XX, p. 32.

1908. — «As florestas de tamareiras bravas de uma tão ardente melancolia, e a espessura candente das florestas de *tecas* e de **Sadrás** do Guzerate, purpureadas de Pálass floridas». — Alberto O. de Castro, *Flores de Coral*, p. 228.

1918. — «Das espécies florestais, as mais abundantes e de maior valor são as seguintes: a teca, a **sadra** ou mareta, o quer o pau ferro as quais fornecem todas as madeiras de grande resistencia e duração». — Fortunato de Almeida, *Portugal e as Colónias Portuguezas*, p. 264.

1883. — «The following are the principal timber-trees in the hills... *ain* or **sâdara** (Terminalia tomentosa)». — Hunter, *The Imperial Gazetteer*, III, p. 45.

II. **SADRÁ** (s. m.). Veste sagrada que o persa de um e outro sexo recebe na sua iniciação religiosa e que deve trazer durante toda a vida. Consta de duas peças de musselina branca, cosidas de ambos os lados, em forma de camisola sem mangas, com uma pequena bôlsa sôbre o peito. O vocábulo é própriamente *sudrah* ou *sadreh*, que é diversamente derivado (do zende, do persa ou do árabe), e interpretado por «vestido útil» ou «caminho vantajoso». Parece que a prolação inglesa influiu na forma portuguesa.

1898. — «Seguidamente o *dastur* retirou o lençol em que estava envolvido o corpo da creança, e collocou em lugar d'elle o **sadrá,** cuja extremidade tinha na mão». —Oliveira Mascarenhas, *Atravez dos Mares*, p. 117.

1905. — «Os homens vestem camisa de muselina (**sadrá**), cordão de lã ao cinto (*kasti*)... As mulheres vestem bragas de seda, **sadrá,** o sacro *kasti, chole*...». — Jerónimo Quadros, *Cartas de Diu*, p. 178.

* **SAGI.** Se o vocábulo significa, como parece depreender-se do texto, «parceiro de companhia comercial ou mercador de grosso», o seu étimo deve ser o hindust. *sajhī*, «perceiro, associado».

1670. — «E as cartas que Vossa Paternidade nos deu dos *Tanadares*, **Sagis,** e outras pessoas de credito de Chaul de cima, Galiana e Beunidim, nas quaes nos manifestão estaria milhoria (*sic*) de tres mil pessoas, e duas náos, tudo emperado com o favor dos Senhores Portuguezes...». — *Apud* Júlio Biker, *Collecção de Tratados*, IV, p. 176.

**SAGU** (**sagum**, ant.). Fécula do estipe de certo género de palmeiras, em especial de *Metroxylon sagu*, Rottb., provávelmente originária da Nova Guiné, mas muito comum em todo o Arquipélago Indiano, particularmente em Maluco e outras partes orientais. Em certas regiões o sagu é o único alimento dos indígenas, em outras o principal ou o de classes pobres. É também um dos mais importantes artigos de exportação. Alguns autores chamam-lhe *farinha de pau*.

1552. — Ha tambem outras aruores [em Maluco] que se chamão **çagus** de cujo miolo se faz pão». — Castanheda, *Historia*, VI, cap. 11.

1561. — «Iam carregar de farinha de **Sagú** que é o seo mantimento». — Henrique Dias, in *Hist. Tragico-maritima*, III, p. 101.

1563. — «Chegou hy hum junco carregado de **çagu,** com elle se tornou á fortaleza». — Gaspar Correia, *Lendas*, III, p. 740.

1563. — «Toda a gente destas ilhas de Maluco comem de hũ mantimento, a que chamão **Sagum:** que he o miolo de hũa aruore á semelhança de palmeira». — João de Barros, Déc. III, v, 5.

1613. — «E finalmente se acha nesta Peninsula os melhores fructaes, e mays saborosos do mundo, como são... Inhames, e granos de toda a sorte, **Sagu,** ou Farinha de páo, que serue de pam e mantimento». — Manuel G. de Erédia, *Informação da Aurea Chersoneso*, p. 90.

1614. — «E deixarão os navios, que os nossos acharão carregados de farinha de **saguum** (que he o principal mantimento de todas aquellas ilhas)». — Diogo do Couto, Déc. VII, IX, 16.

«Muito **sagu** [em Amboino], que he o mantimento ordinário como a nossa farinha de trigo, muy sadio, e que farta, e não enfastia». — *Id.*, VIII, I, 25.

1615. — «Fazem farinha de pao de uma arvore, a que chamam **sagú,** da qual farinha todos aquelles povos fazem bolos e *apas*, que são mui bons e delicados sendo frescos». — Pyrard de Laval, *Viagem*, II, p. 144.

1697. — «Carregavão de fouces, e de muyta farinha de **Sagum,** mantimento ordinario das Molucas, semelhante á farinha da mandioca Brasilica». — P. Francisco de Sousa, *Oriente Conquistado*, I, I, 2.

1825. — «Cultivam, além de arroz, e legumes, palmeiras, d'onde extrahem optimo **sagu**». — José Inácio de Andrade, *Cartas*, I, p. 110.

1520. — «Pigliano vna quantità di questo legno molle, e cavanno fuori certe come spine, poi lo pestano, & à questo modo ne fanno pane, il quale per la maggior parte vsano, quando mangiano, & se chiama **Sagu**». — Pigafetta, *apud* Ramúsio, I, fl. 366.

1588. — «Viuono del midollo d'alcuni alberi, che chiamano **Sago:** questo purgato con diligenza; et cotto con alcune forme di terre seruono non solamente per pane ordinario; ma ancora è buono per nauiganti in vece di biscotto», — P. Maffei, *Le Istorie*, p. 200.

1770. — «Indépendemment de ce cocotier repandu dans toutes les contrées de l'Inde, les Moluques en avoient un particulier, qu'on nommoient **Sagu**. Cet arbre nourit les hommes, non de ses fruits, qui ne sont que la superfluité de la reproduction, mais de son tronc et de la substance même de sa vie». — Raynal, *Histoire*, I, p. 76.

* **SAGUAL.** Mata de *sagüeiros*.

1908. — «A força da vegetação do **sagoal** é paradisiaca, d'um jacto, subindo das charcas negras n'uma obscuridade verde e silenciosa». — Alberto O. de Castro, *Flores de Coral*, p. 217.

**SAGUEIRO** (indo-ingl. *sagwire*, indo-fr. *sagoutier*). Árvore que dá *sagu*.

1552. — «Podião seguramente yr buscar mantimentos hũa legoa da fortaleza, em que não achauão nehũ, por serem todos os **çagueiros** cortados, e assi palmeiras». — Castanheda, *Historia*, VIII, cap. 131.

1560. — «O **Çagueiro** tem o pao e as folhas verdes mui escuras, destas tomou nome **çagu**». — Gabriel Rebêlo, *Informação de Maluco*, p. 169.

1616. — «Produz hũas aruores, que chamão **Çagueiros** da feiçam da palma, que dão muyto de hum licor chamado *tuaca*, beberragem muyto costumada naquellas partes». — António Pinto Pereira, *Historia da India*, I, p. 116.

1843. — «**Sagueiro**, ou palmeira do *sagú*, é outra especie de palmeira, cuja medulla dá um excellente alimento». — *O Panorama*, p. 240.

1861. — «O **sagueiro** é a palmeira de cuja medulla se extrahe o *sagú*, excellente farinha bem conhecida... As folhas d'esta palmeira tem a propriedade de se cobrirem de uma pennugem de que se faz panno. Tambem serve para telhar casas; e as suas nervuras são optimas para cordoalha. O tronco ferido por incisão dá uma bebida agradavel». — *Archivo Pitoresco*, IV, p. 208.

1908. — «Vadeada a ribeira, alinha-se a formosissima Estrada das *Palapeiras*, cortada atravez a impenetravel floresta de **sagoeiros** *Rhopis flabelliformis*». — Alberto O. de Castro, *Flores de Coral*, p. 216.

1631. — «Itaque potu ex his arboribus parcius est utendum: nam constat, frequenti illorum usu, praesertim liquoris **saguër** dicti, non solum diarrhoeas diuturnas ortas: sed et paralysim, *Beriberi* dictam, hinc natam esse». — Bontius, *Historia Naturalis*, p. 9.

1836. — «Mais l'arbre la plus précieux de la Malaisie est un palmier, admirable par sa production et qui supplée en partie au défaut du travail de ses peuples. Cet arbre, est le **sagoutier**». — Rienzi, *Océanie*, I, p. 105.

**SAGUATE, saugate** (ant. e mais correcto). Presente, dádiva, mimo, especialmente o que se dá em occasiões festivas ou em sinal de homenagem. O vocábulo é corrente em ásio-português e na África Oriental, e foi muito empregado pelos nossos escritores antigos. O étimo é o hindust.-persa *saughāt*, «raridade, curiosidade, dádiva»; usado também em concani.

1538. — «A Rainha [de Onor] mandou visitar o Capitão mór com hũ grande **çauguate** de muitas galinhas, frangãos, e ovos». — Fernão Pinto, *Peregrinação*, cap. 11.

1603. — «E ouue delle muytas *ollas* de fauor pera as Igrejas, que estavão em seu Reyno, dandolhe primeiro hũ bom **saugate**, que he porque estes Reys Malauares fazem as cousas com mais gosto». — Fr. António de Gouveia, *Jornada do Arcebispo*, fl. 76.

1613. — «Mandou o *Naique* desta força visitar ao padre com hum presente de algumas galinhas, um carneiro, e um cesto de arrôs; em retorno do qual o foi o padre Provincial visitar com outro **saguate** bem differente». — P. Manuel Barradas, in *Hist. Tragico-maritima*, II, p. 113.

1622. — «Ao outro dia nos veio visitar o Manamuze daquellas partes, e trouxe um touro muito grande de **saguate**, o qual me mandou o capitão matasse á espingarda». — Francisco Vaz de Almada, *ibid.*, IX, p. 55.

1631. — «E por me mandar visitar este embaixador por hum enviado seu com hum **sagoate**, lhe mandei outro». — In *O Chronista de Tissuary*, I, p. 93.

1651. — «Ao convite acrescentou Fernão de Sousa o seu **çaguate** a uso da India, dando algumas joyas ao Capitão». — Jacinto Freire de Andrade, *Vida*, p. 111.

1652. — «Outros com hum **saguate** de nonada, com hum açafate de figos disfarção fidelidade». — P. António Vieira, *Arte de Furtar*, p. 219.

1667. — «Foi a Cidade [de Macau] lá com **saguates** aos Capitães, mas elles os não aceitarão». — In *Ta-ssi-yang-kuó*, de Outubro de 1899.

1667. — «Muitas vezes lhe manda **motumos** (assy chamão os enviados) e **saugates**». — P. Manuel Barreto, in *Bol. S. G. L.*, IV, p. 42.

1697. — «**Saguate** entre os Portuguezes nestas partes, he o mesmo que presente, e bem se podia introduzir esta palavra em Europa, porque além de não equivocar podia substituir nos seculos vindouros a falta dos presentes da India». — P. Francisco de Sousa, *Oriente Conquistado*, I, II, 1.

1729. — «O Reverendo Antonio de Magalhães foi mandado a Portugal pelo Imperador aos 60 annos do seu reinado, com hum **çaguate** (he o mesmo que nós chamamos mimo) a Sua Magestade Portugueza». — *Apud* Júlio Biker, *Collecção de Tratados*, VI, p. 72.

1845. — «Mas de que qualidade for o **saguate**, não sendo acompanhado com aguardente é sempre mal recebido, e esta é distribuida conforme o tamanho de senzellas ou libatas». — A. J. de Castro, in *Bol. S. G. L.*, I, p. 67.

1846. — «Consiste o **sagoate** [de casamento] em dinheiro — vacas — cabras — porcos — viveres — frutas, etc.». — F. N. Xavier, *O Gabinete Litterario*, I, p. 147.

1885. — «Juntas ainda deviam ir umas trinta peças de algodão, lenços, chitas, missangas e garrafões de bebidas destinadas a **saguate** a sua magestade macarangueza. Muito mal recebido seria quem com **saguate** sua visita não pagasse». — P. José Courtois, in *Bol. S. G. L.*, V, p. 503.

1900. — O **saguate** consistia em dez ginetes arabes e duas duzias de coelhos»,

— António Francisco Moniz, *Hist. de Damão*, I, p. 19.

1908. — «O povo paga [em Timor]... os *sauhate* (aqui veio parar esta feia palavra de Goa, **saguate**) para o tabaco e *masca* do regulo». — Alberto O. de Castro, *Flores de Coral*, p. 170.

1620. — «Ie fus voir le Roy qui nous fit entrer en sa chambre, n'y ayant que les Capitaines de Dabul et Suratte qui lui avoient presenté Ladeas ou **Sagoada**, c'est-à-dire la bien-venuë, qui consiste en diverses marchandises et raretez de leur païs».— Général Beaulieu, *Mémoires*, p. 75.

1658. — «Rispondendo noi d'hauerlo riceuuto in dono, soggiunse essere **Shiagauti**, dono che per essere di Brahamane, ò huomo santo, richiedeua centuplicata la corrispondenza». — Fr. Vincenzo Maria, *Viaggio*, p. 459.

*** SAGUATEAR.** Presentear, mimosear.

1810. — «O seu amigo Mueneputo lhe tinha mandado **saguatear** com hum bom pano berne e boas pedras» (em Africa).— *Apud* Júlio Biker, *Collecção de Tratados*, X, p. 243.

**SAGÚIM.** Dizem os dicionaristas que é «macaco muito pequeno de cauda comprida e felpuda», mas não apontam o étimo ou a pátria do vocábulo. Se é indiano, o que duvido, só posso ligá-lo ao sânsc. *xākhāmrga*, lit. «animal de ramos de árvores», macaco em geral, usado nas línguas modernas como termo erudito.

1685. — «Os bogios não tem numero, de cinco sortes, e alguns galantes **saguins**, e outros a que chamão *roqueás*» (em Ceilão). — João Ribeiro, *Fatalidade Historica*, I, cap. 29.

1894. — «Os guinchos estridentes dos **sagüins** furavam por vezes o silencio». — Lopes de Mendonça, *Os Orphãos de Calecut*, p. 195.

*** SAI, saze.** Chamam os nossos escritores por êste nome ao «bonzo da Cochinchina, especialmente da classe ilustrada». Em anamita *săi* é «guarda, porteiro», e *săi nhà thò*, «guardião duma igreja». *Thày cá* em anamita, *thày su'* em tonquinês, é a designação de «bonzo». O Padre Cardim emprega também **thay** (q. v.).

1569. — «Abaixo dos quaes ha ainda dous degraos, que chamam *Chapuses* e **Sazes**». — Fr. Gaspar da Cruz, *Tractado da China*, cap. 1.

1630. — «Entretanto disputavão os Frades com os Chapazes, **Sazes**, e *Mitens*». — Fr. Luís de Sousa, *Hist. de S. Domingos*, III, p. 333.

1650. — «Disputou com hum **say** (é o mesmo que bonzo)». — P. António F. Cardim, *Batalhas*, p. 74.

«Baptisaram-se tambem tres **says** ou bonzos letrados». — *Id.*, p. 75.

«Têem n'aquella casa por superior o Francisco Duc, o primeiro **say** ou bonzo que se fez christão». — *Id.*, p. 92.

1694. — «Dos Bonzos ha duas ordens hũa he dos **Sai**. Estes tem cuidado dos templos, e fazem officio de Capellães, se lhes consigna sua congrua, e sustentação, ou em dinheiro, ou em terras, e vivem em suas casas, e casados, trazem barba, e cabello, e vestem da cor que querem. A outra ordem é dos Penitentes chamados *Thay tu* não trazem barba, nem cabello, vestem de amarello, não comem carne, nem peyxe, nem cousa, que teve sangue, nem matão cousa viva vivendo de esmolas, não são casados, e morão em casas chegadas ao templo do idolo». — *Noticias da Cochinchina*, p. 26.

1644. — «Essendo ben instruiti se battezzarono prendendo il vecchio (ch'era Bonzo chiamato in quel Regno **Sai**) il nome di Gioachino, e la vecchia il nomo d'Anna». — P. Cardim, *Relatione*, p. 58.

1676. — «Le *Choua* ou Connétable ennemi de tous ces vagabonds, fit venir auprès de lui la plus grande partie de ces Bonzes et de ces **Says** ou faineans».—Tavernier, *Voyages*, V, p. 222.

*** SAIBO.** Senhor; amo; europeu. Do ár. *ṣāḥib*, propagado na Índia pela dominação muçulmana.

1563. — «Soube que na verdade que **saibo** em arabio e persio quer dizer senhor». — Garcia da Orta, *Col.* X.

1631. — «Contra dous Capitães por nome Babá **Saibo** e Xabá **Saibo**, que se lhe levantarão com tudo o que tem nos limites do reyno». — In *O Chronista de Tissuary*, I, p. 95.

1695. — «Governava esta praça hum Abexim, assim chamão aos Ethiopes do Preste João, e são tidos por valerosos e fieis muito estimados, e lhes chamão Sedy **Saibo** que quer dizer, Senhor Abexim». — Cosme da Guarda, *Vida de Sevagy*, p. 110.

1842. — «Cumprimentam, dobrando-se, levando a mão direita á testa, com ella fazem cortezia, repetindo a palavra **Sáiba**, que quer dizer, Senhor». — *Annaes Maritimos*, p. 439.

1866. — «Abomino todos os inglezes, todos os **sahebs** (europeus) menos dois».—

Francisco Luís Gomes, *Os Brahamanes*, p. 61.

1883. — «*Salam*, **Saib**, exclamou elle com ar satisfeito e reconhecido, levando a mão á fronte, e partiu». — Adolfo Loureiro, *No Oriente*, I, p 205.

1917. — «**Sahib!** Se queres entreadivinhar o segredo das cousas vem comigo». — *Heraldo*, de 8 de Maio.

1917. — «... influência de preceptor jesuita nos primeiros estudos e do servilismo imposto pelo orgulho de **saib** bretão». — *Heraldo*, de 7 de Agosto.

1610. — «À lo que nós dezimos *Rey*, dize el Parsio *Xá*, o, *Patxá* en lengua propia, en la qual lo llaman tambien **Sahayb**, que como ya toqué, quiere dezir Dominador». — Pedro Teixeira, *Relaciones*, p. 191.

1695. — «... a encore la signification de *maître*, d'*auteur*, de *possesseur* (de quelque chose)». — Herbelot, *Bibliothèque Orientale*.

1715. — «Il alla aussitost remercier M. Saint Hilaire et les Seigneurs. Mahometans qui s'estoient interessez par sa délivrance, sur tout Baber **saibu**». — *Lettres Édifiantes*, XIV, p. 462.

1830. — «Du reste je fut fait **sâheb** *Bâhâdur*, ou seigneur victorieux à la guerre, ce que j'estime autant que baron». — Jacquemont, *Correspondence*, I, p. 173.

* **SAICI** (chin. *shan-shi*). Barrinha de prata pura, que no comércio chinês se usa por moeda. Yule deriva o vocábulo do chin. *sai-sz*, «seda fina», e alega Giles, que afirma que assim se denominou porque, se é pura, pode tirar-se pela fieira em fios finos.

1665. — «Quando foi para pagar os 14 sacos com prata lavrada, o vendedor reparou nella e dava-lhe quebras para a fazer **saissy**». — In *Ta-ssi-yang-kuó*, I, p. 184.

1846. — «Entregue ao escrivão os quinhentos e quinze *taeis* do fôro do corrente anno, que devem ser em boa prata **Salcy**, e completamente pezados com os pezos da dita Balança». — *Ibid.*, I, p. 184.

1895. — «É necessario carregar com a *sapeca* de cobre unica moeda que existe na China além da prata **sai-si** que, em fórma de sapatinho, tem differentes pesos, variando o seu valor entre cinco e vinte taeis». — Conde de Arnoso, *Jornadas pelo Mundo*, p. 339.

1899. — «Para fazer de qualquer dinheiro em prata *laurada* ou *cunhada* (patacas hespanholas, mexicanas, etc.) **saissy** ou **saicy** (prata pura em barras ou barrinhas) é necessario fundil-o ou tirar-lhe o cobre, ou dar a differença do valor entre a prata ligada e a prata pura». — In *Ta-ssi-yang-kuó*, p. 188.

1711. — «Formerly they used to sell for **Sisee**, or Silver full fine; but of late the Method is altered». — Lockier, in *Glossary*.

* **SAIRO**. É o nome que se dá em Ceilão ao *martinho*, q. v. Do sing.-sânsc. *sāri* [1].

1685. — «Ha quantidade de papagaios, periquitos, e outros passaros a que chamão **sayros**, que huns e outros fallão bem». — João Ribeiro, *Fatalidade Historica*, I, cap. 20.

1687. — «Perdizes, codornizes, galinhas, papagayos, **sayros**, e outras diversissimas especies de passaros musicos, e de rapina». — P. Fernão de Queiroz, *Conquista de Ceylão*, p. 58.

1658. — «Vna terza specie [de martinho] quale si chiama **Sauo**, tutto pintato di bianco, e negro, con due ciglia, come due criste gialle sopra gl'occhi, è il più perfetto». — Fr. Vincenzo Maria, *Viaggio*, p. 432.

* **SAJÁ** (s. m.; mar. *sajjā*). Grupo de aldeias em Nagar-Aveli, Damão.

1900. — «Rehavendo esta verba pela renda d'alguns **sajas** ou grupos de aldêas de Praganã Nagar». — António Francisco Moniz, *Hist. de Damão*, I, p. 13.

**SALÁ** (s. m.). Oração pública dos muçulmanos. Do ár. *ṣalāt*.

1538. — «Tinha consigo hum *Caciz seu Mulana*... o qual em hum carro toldado de seda com grandes bençãos e **çalás** provocava os ouvintes a darem muytos louvores a Mafamede pela vitoria que dera contra nós áquelle Turco». — Fernão Pinto, *Peregrinação*, cap. 5.

1553. — «E foi esta sua morte estando per popa da nao de Mir Hocen em a galé em que foi fazendo a sua oração, que elles chamão **Çallá**». — João de Barros, Déc. II, II, 8.

1567. — «Não invoquem a Mafamede, nem fação seus **çalas** ou outra qualquer cerimonia de sua perfida seita». — Primeiro Concilio de Goa, in *Archivo*, IV, p. 13.

1593. — «Aonde os Mouros fazem seus **salás**, e suas ceremonias». — Fr. Pantaleão de Aveiro, *Itinerario*, p. 198.

1663. — «... por me ver vestido de mouro, e por outra parte ver que não fazia **salás**, com o outro nosso companheiro». — P. Manuel Godinho, *Relação*, p. 20.

1678. — «... por prohibir a huns mainatas que não lavassem roupa em dia santo e a hum Mouro que não fizesse **salla** que he a sua oração junto da Igreja». — *Apud*

[1] Calidaça refere-se no *Meghadūta* (85) ao doce canto da meiga *sārikā*, encerrada numa gaiola.

Júlio Biker, *Collecção de Tratados*, III, p. 154.

1701. — «ElRey não consentia que se nomeasse Mafamede nas **zalâs**, isto he, oração». — P. Francisco de Sousa, *Oriente Conquistado*, II, I, 2.

1588. — «Era morto facendo orazione, che essi chiamano **Zala**». — P. Maffei, *Le Istorie*, p. 145.

1611. — «**Çala**, cierta ceremonia que hazen los Moros que vale como hazer reverencia, venerar, y adorar». — Covarrúvias, *Tesoro de la Lengua Castilana*.

**SALAMO** (mod.), **salema** ou *çalema* (ant.). *Salām* quere dizer «paz» em árabe, e é a expressão de que se servem os maometanos nas suas saùdações, do mesmo modo que os hindus, de *Ram' Ram'* = Rama Rama, mas exclusivamente entre si. Entende-se contudo por *salām*, extensivamente, qualquer acto de saùdação, como sinónimo de «cumprimentos»; neste sentido a expressão é corrente em toda a Índia Inglesa. Alguns dos nossos indianistas empregam *çalema*, por mais conhecido, em lugar de *çumbaia*, q. v.

No português do continente usa-se *samaleque* (ár. *essalām 'aleik*), talvez pela influência francesa, por *salema*. V. *Contribuïções*.

1345. — «A saudação dos Mosselemanos he a **Salema**». — Ben-Batuta, *Viagens*, II, p. 295.

1514. — «O embaixador [de Bisnaga] entrando a porta da camara, o Gouernador s'aleuantou da cadeira em que estaua assentado, e esteue em pé, fazendo-lhe o embaixador grande **çalema**, e chegando mais perto tornou a fazer outra... Chegando ElRey [de Ormuz] o Gouernador o recebeu com grande cortezia, que tambem lhe fizerão os capitães, e se apartou ElRey, e chegou Resnordim e outros, cada hum por sy a fazer suas **çalemas**. O mesmo com desacordo tornou outra vez a fazer **çalema** ao Gouernador». — Gaspar Correia, *Lendas*, II, pp. 377 e 431.

1525. — «A **çalema** he a mayor cortezya que antre elles ha, porque põem as mãos juntas em cima da cabeça, o mays alto que podem, e cada dia vem fazer a **çalema** a elrey». — *Chronica de Bisnaga*, p. 92.

1535. — «A maneira da sua **salema**, que os capitães fazem a elrey cada dia he esta... vem cada hũu per sy, e abaixa a cabeça, e alevanta as mãos, ysto chamão **salema**». — *Ibid.*, p. 63.

1552. — «Tomou [o rei de Cambaia] a carta do gouernador, que elle leo logo, e lido disse como ho gouernador lhe mandaua sua **çalema**, e estaua a seu seruiço com toda a armada». — Castanheda, *Historia*, III, cap. 132.

1553. — «Todolos dias auião ao paço dar hũa vista a elrey fazendolhe hũa reuerencia, a que os Mouros chamão **çalema**, e alguns *çumbaya*, principalmente no Malayo». — João de Barros, Déc. II, IV, 2.

1556. — «Fossemos fazer-lhe **celemá** á sua galé». — Lopo de Sousa Coutinho, *Hist. do Cerco de Diu*, p. 160.

1557. — «Disse-lhe Diogo Fernandez, que Afonso Dalboquerque, Capitão Geral da India lhe mandava sua **Çalema**». — *Commentarios*, IV, cap. 22.

1563. — «Se **çalema** quer dizer paz em arabio, falsa paz lhe chamo eu a essa». — Garcia da Orta, Col. x.

1589:

> «De nós a artilharia quis somente,
> E as armas com que tanto o maltratamos,
> E por ser da vitoria mais contente
> Que fazer-lhe á galé çalema vamos».
>
> F. de Andrada, *O Primeiro Cerco de Diu*, IV.

1600. — «Beijandolhe huns as mãos, outros a roupeta com todas as **çalemas**, e mostras de maior reuerencia». — P. João Lucena, *Historia*, x, cap. 8.

1608. — «Ao qual o Mouro hũa vez chamou e o começou a persuadir que se fizesse Mouro, e que fizesse o **Salemà** a Mafamede». — P. Fernão Guerreiro, *Relaçam Annual*, p. 60.

1613. — «Todos aly tinhão por costume irem todas as manhãs ver o Xarofo, e fazer-lhe **çalemá**». — Francisco de Andrada, *Chron. de D. João III*, I, fl. 25.

1695. — «Fazendo **Salama** ao Governador jà ao modo de Mouro, lhe disse, tinha em segredo com elle huma palavra». — Cosme da Guarda, *Vida de Sevagy*, p. 110.

1707. — «Os mouros tem tambem na cidade duas mesquitas onde fazem suas **salemas**, e cerimonias». — *Archivo Port.-Oriental*, Supplemento II, p. 184.

1731. — «Caminharão [soldados gentios e mouros] até a Capella mór, aonde com muitas **salemas** e cortezias agradecião á Mãy de Deos o livrallos dos infortunios que se padecem na guerra». — Fr. Fernando da Soledade, *Hist. Serafica*, III p. 792.

1740. — «Depois de repetidos **salamos**, etc.». — *Apud* Júlio Biker, *Collecção de Tratados*, VI, p. 200.

1791. — «Com cortezia de **salame** enviamos esta, ficando de saúde até hoje». — *Ibid.*, p. 145.

1873 — «Agora ajoelhas para fazer **salame** ao deus Brahma». — Tomás Ribeiro, *Jornadas*, I, p. 368.

1874. — «Estas caras cobreadas, com os bigodes argolados; estas attitudes academicas, apesar dos muitos **salames**». — *Id.*, II, p. 101.

1883. — «Aquelles policias fazem continencia aos europeus que encontram, sendo com estes igualmente respeitosos muitos arabes e industanis, que cumprimentam levando a mão á testa e dizendo **salam**». —Adolfo Loureiro, *No Oriente,* I, p. 187.

1906. — «N'esse momento todos os presentes gritavam **salam salam**».— Hipácio de Brion, *Duas mil leguas,* p. 46.

1917. — «Supunham que um indio era uma criatura desprezivel que se devia derreter em **salamos** e outras mesuras diante do filho da Albion». — *A Terra* (periódico), de 14 de Fevereiro.

1919. — «. . . uma India com fidalgos de *langotim,* muito parcos em **salames** e resistentes à sucção fiscal».—*Heraldo,* de 18 de Março.

1616. — «Il y a tousiours beaucoup de monde qui s'assemble pour lui donner le **salam** et pour crier, *Padcha salament*».— Terry, *Voyage,* p. 27.

1631. — «Salutatio (**Selam** vocant) humili corporis inclinatione, et dextra supra caput sublata, ab inferioribus; à paribus tantum corporis inclinatione». — *De Imperio Magni Mogolis,* p. 116.

1666. — «Ils firent de fort loin le **salam,** ou salut à l'indienne, mettant trois fois la main sur la tête, et l'abbaissant autant de fois jusques en terre». — Bernier, *Voyages,* I, p. 162.

1813.

> «Ho! who art thou?» — «This low **salam**
> Replies, of Moslem faith I am».
>
> Byron, *The Giaour.*

1825. — «It ended by my taking leave with three times **salams** making up, I think, the number of about threescore». — Heber, *Narrative,* I, p. 452.

1835. — «Ils [indios] ont aissi emprunté le **salam** des Maures, ils n'en font guère usage qu'envers les étrangers. Le **salam** consiste à porter la main droite en front, en rinclinant en même temps plus ou moins profondément, selon la dignité de la personne qu'on salue». —P. Dubois, *Mœurs,* I, p. 460.

1829. — «. . . et qui m'a fait depuis prendre par la canaille de Calcutta, laquelle est assidue aux assises, pour une espèce de juge moi même, et me vaut partout de **salam** sur mon passage». — Jacquemont, *Correspondence,* I, p. 102.

1854. — «Crawfurd ôta son chapeau, et salua ou plutôt fit son **salam** à la manière hindo-européenne, avec la main droite portée au front et ramenée en suite vers la terre». — Jancigny, *Indo-Chine,* p. 276.

1559. — «Nesta terra estando tomando o sol, nos salvaram á mourisca dizendo: **Salemleque**».—*Hist. Tragico-maritima,* II, p. 158.

1609.—«Veo a correr, e nos atravessou diante, e pondo a mão no peyto, e abayxando a cabeça, disse **Salá Malech**».— Fr. Gaspar de S. Bernardino, *Itinerario,* p. 148.

1615. — «O Senhor da ilha [nas Maldivas] é o primeiro que entra offerecendo o presente, e sauda o recemchegado dizendo **Sallam Alecon,** que é a saudação commum». — Pyrard de Laval, *Viagem,* I, p. 62.

1663. — «O seu [dos alarves] tirar do chapéu é pôr a mão direita sobre o coração, e dizer: **Salemalé** *con zabalker.* Quer dizer: Deus vos salve e dê saude». — P. Manuel Godinho, *Relação,* p. 134.

1866. — «Abriu-se uma porta e entrou um *sipai,* que, depois de fazer tres profundos **salamaleks,** entregou a Roberto um papel». — Francisco Luís Gomes, *Os Brahamanes,* p. 31.

1871. — «Perante o qual o mahometano se inclinou dizendo: **salaam aleikum**». — Pedro G. Mesnier, *Viagem do Visconde de S. Januario,* p. 2.

1894. — «O supposto mouro, muito prazenteiro, despediu-se com muitos **salamaleques**». — Lopes de Mendonça, *Os Orphãos de Calecut,* p. 210.

1902.— «Os enviados da companhia hollandeza das Indias sujeitaram-se a todos os **salamaleks** da pragmatica chineza». — In *Ta-ssi-yang-kuó,* II, III, 4.

**SALAMEAR** (ou *çalamear*). Fazer *salema,* saùdar, cumprimentar; (ant.) inclinarem-se muitos indivíduos ao mesmo tempo para fazer uma manobra comum, como puxar por um calabre.

Não se conhece bem dos nossos autores se *çalamear* deriva de *çalema* no sentido de «inclinação profunda», ou de *çalema,* corrução de *celeuma,* como entende Bluteau.

1552. — «Logo os nossos capitães começaram de mandar leuar ancora, e aparelhar-se para a partida, sem as naos apitarem nem **çalamearem** por não serem sentidos dos *Rumes*». — Castanheda, *Historia,* cap. 79.

1560.— «Passarão todo o dia até a noyte, que foy a revolta mayor, e rogir carretas, e çalhar, e **çallamear,** e muyto rumor, e assouiar de apitos como que as galês todas querião entrar no rio».— Gaspar Correia, *Lendas,* III, p. 62.

1563. — «A hum tempo como se homẽs de mar que **çalameão** para hum tempo poerem toda a força assi o pozerão elles em lanço de escada de madeira, com que a inclinarão para dentro». — João de Barros, Déc. III, VIII, 4.

* **SALAMIM.** Presente que se oferece ao senhorio ou ao superior. Mas, conforme António Nunes, era

antigamente um direito que se pagava em Dio de corretagem».

1554. — «O qual **Salamim** he hum direito, que se pagão de corretagens».—*Lyvro dos Pesos*, p. 28.

1778. — «**Salami**, présent qu'on fait aux Grands en les abordant». — Anquetil Duperron, *Législation Orientale*, índice.

**SALANGANA.** É o nome oriental, proveniente das línguas vernáculas das Filipinas, da andorinha *Colocalia nidifera,* que produz ninhos comestíveis. V. *ninho-de-pássaro.*

1844. — «**Salangana**. Tal é o nome dado nas Indias orientaes aos ninhos proprios para se comerem, e de que os chinas principalmente são mui gulosos; ninhos fabricados por uma especie de andorinha ainda mais pequena que o fuinho que vem adejar pelos quintaes das habitações na estação invernosa». — *O Panorama*, p. 372.

1852 — «São destinadas especialmente á pesca, que vão fazer á costa do norte da Australia, ao estreito de Torres, e tambem a apanhar perolas e ninhos de **salangana**». — *O Panorama*, p. 96.

1867. — «A **salangana** faz os ninhos pegados aos rochedos. A fórma delles é a de uma concha. Um que possuimos ha tempos, tem apenas nove centimetros de comprimento e cinco de largura». — *Archivo Pittoresco*, x, p. 57.

1876.— «Ninhos de Andorinhas **salanganas,** da Ilha de Angediva, conhecidos em Goa pelo nome de *Ninhos de baba, Ninhos silvestres* e *Ninhos de Angedeva*».— *Archivo de Pharmacia*, VII, p. 61.

* **SALAR.** Antiga moeda persiana, do valor de 90 réis. *Salar* quere dizer em persa-árabe «chefe, director, general».

1618. — «**Salares** são humas moedas feitas na Persia e outras partes, e vem ter a Ormuz, tem de valor cada huma dellas 90 reis, e ás vezes mais» — Manuel Barbosa, in *Archivo Port.-Oriental*, v, p. 328.

1866. — «**Salares,** são humas moedas feitas na Persia, e outras partes... (não temos encontrado este nome nos documentos)». — F. N. Xavier, *Descripção do Coqueiro*, p. 78.

**SALEIRO.** E o nome que se dá em Goa ao indivíduo duma casta, que se ocupa ou se ocupava no fabrico de sal, e que em concani se chama *gāvḍó* ou *mīṭhgāvḍó*. O termo equivalo a «salineiro».

1588.— «Fomos ter a hum logar de **saleiros,** os quaes auia alguns dias que lhe sahião muito mal seus fornos, em que elles fazem o sal, e porque auia outros **saleiros** Christãos, que saião melhor com esta mercadoria...».—P. Gaspar Coelho, *Cartas de Japão*, II, fl. 249 *v*.

XVII. — «Na terceira entrão os **saleiros** que fazem sal, teceloens, pastores, borteloens, pintores, e olleiros». — *Breve Relação*, p. 34.

1712.— «Lucas de Mello, **Saleiro,** casado, João Pinto, casado, e Ventura Pinto, **Saleiro** casado». — *Apud* F. N. Xavier, *O Gabinete Litterario*, II, p. 31.

1714. — «Por seu foral tem iguaes preheminencias, assim os Bragmanes como Charodós, Sudras ou **Saleiros**».— *Alvará* do vice-rei, in *Archivo*, Supplemento, III, p. 230.

1745. — «Pretendendo os Sudras e os **Saleiros** que a eleição do Cabo da Ordenança da mesma Aldea se faça por alternativa com os Charodós». — *Alvará* do governador, in *Archivo*, Supplemento II, 123.

**SALEIRO.** Relativo ao sal: o que fabrica ou transporta sal.

1731.—«Foram represadas algumas embarcações **saleiras** e outras, e do Estado Portuguez duas manchuas». —*Apud* Júlio Biker, *Collecção de Tratados*, VI, p. 176.

1906. — «Como adjectivo, aparece num requerimento feito pelos negociantes **saleiros,** enviado ao Conde de Casal Ribeiro». — Gonçalves Viana, *Apostilas*.

* **SALENDA** (mal. *sĕlendang*). É uma espécie de chale com que as mulheres malaias agasalham a cabeça e os ombros, e que em Timor trazem também os homens.

1868. — «Permite-se-lhes [aos oficiais indígenas] usarem sobre este vestuario as suas *lipas* (especie de saia até ao joelho arrastando uma ponta pelo chão), e a sua **salenda** (uma especie de manta de algodão) deitada ao hombro». — In *Annaes do Conselho Ultramarino*, IV, p. 38.

1908. — «... e nos *sarões*, nas **salendas,** ou pannos de hombros dos homens». — Alberto O. de Castro, *Flores de Coral*, p. 192.

* **SALESCARIM.** Chefe do exército, general, na Índia Mogólica. Do persa *sālār-i-lashkar: sālār,* «chefe», *lashkar,* «exército».

1695. — «Nomeou logo por *Sardar* ou **Salescarim,** que he o mesmo que General, a seu tio Seataghens». — Cosme da Guarda, *Vida de Sevagy*, p. 40.

**SALETE.** V. *celete.*

1613. — «... e nunca habitada de gentes de corte e policia, saluo de alguns Pescadores chamados **Saletes**, ou Piratas, e maritimos Ladrões». — Manuel G. de Erédia, *Informação da Aurea Chersonèso*, p. 68.

**SALIGUE** (mal.-jav. *salígi*). Lança de pau, pau ponteagudo, na Malásia.

1539.—«Des, ou doze milheyros de paos tostados, que elles chamão **saligues**, hervados com peçonha». — Fernão Pinto, *Peregrinação*, cap. 22.

«Tratarão tão mal com pedradas e arremeços de **saligues**, e paos tostados». — *Id.*, cap 128.

1613. — «Estes pescadores pescavam com dardos de remesso chamado **saligues**, com que atravessavão o peixe nadando no fundo do mar». — Manuel G. de Erédia, *Declaraçam de Malaca*, fl. 4 [1].

1720. — «**Saligues**, ou **saligas**. Até agora não achey o significado desta palavra ao certo». — Bluteau.

1600. — But the commonest are **salikhes**, which are charred stakes, so hard as to pierce like iron; and easily broken, whereupon they have the wound full of a thousand splinters that make it almost incurable». — Pedro Teixeira, *The Travels*, p. 6.

* **SAL ÍNDICO** (ant.). Conforme António Tenreiro, é o nome que os portugueses davam ao «sal de pedreira».

1529. — «Esta Cidade de Ormuz... tira de roda tres ou quatro leguas, ha nella huma pequena cerra, que em huma parte tem huma pedreyra de sal, que se chama o **sal Indico**, e da outra he de vieyros de enxofre». — *Itinerario*, cap. 1.

* **SALUNGA** (siam. *sălŭng*). Moeda de prata de Siame, equivalente a ¼ de *bat* ou *tical* (q. v.), isto é, 125 réis.

1878. — «O tical divide-se, quanto á moeda de prata, em quatro **salungs**, o **salung** em dois *peangs*» (*fevãng*). —A. Marques Pereira, *Moedas de Siam*, p. 19

«Assim veremos entre os **salungs** da collecção, afóra os que mencionei, os seguintes». — *Id.*, p. 21.

**SALGUEIRA.** Planta da família das mirsíneas — *Aegiceras malus*, Gaertn., muito comum nas margens dos rios de água salgada, no Concão, *kandlī* em concani. «As flores são fragrantes e usadas pelas mulheres para enfeitar a cabeça». D. G. Dalgado, *Flora*.

* **SALVE** (s. f.). Entende-se em Goa por esta palavra a função vespertina da novena da festa mais solene da Virgem Maria em cada freguesia, cuja parte principal, na maior parte do ano, é a antífona *Salve Regina*, que se canta com muito aparato, com acompanhamento de música instrumental e com meninos vestidos de anjos. Daqui proveio o nome.

1792.—«Relativamente ao acto de **Salve**, diz que depois de se cantar o terço e a ladainha, e algumas mais devoções segundo o costume de cada egreja, sairá a irmandade formada da sacristia, e a clerezia de dous em dous, e fazendo inclinação profunda ao altar-mór, se formarão no corpo da egreja: sairá o preste com 2 acolytos (permite só 2 assistentes ao preste) e ciriaes indo diante de todos o thuriferario; entoada a **Salve** irá o preste incensar o altar-mór ficando a irmandade na mesma situação; prohibe o *asperges* que se costuma fazer, por ser incompativel com o acto da **salve**; acabada a incensação irá o preste para o seu lugar, dirão os assistentes o versiculo, e dita a oração competente com o mais que se segue, dá-se o acto por acabado, e se tornarão á sacristia pela mesma ordem com que sairam». — P. Casimiro C. da Nazaré, *Mitras Lusitanas*, in *Bol. S. G. L.*, xv, p. 460.

1879. — «Nas novenas tem lugar missas cantadas e prédicas de manhã; e de tarde **salves** e prédicas». — João Stuart Torrie, *Estatistica da India Portugueza*, p. 318.

1903. — «Nas festas em honra da Virgem celebram-se, de tarde e á noitinha, canticos religiosos, ou **salves** — assim chamados porque predomina a *Salve Rainha*». — *O Heraldo*, de 18 de Janeiro.

* **SAMATAGUEL** (jap. *samatage*). Obstáculo, estôrvo, no Japão.

1575. — «Ha tanto desejamos poder meter hum pé no estado de Iquēda, porem o diabo ha de acodir com seus **Samataqueis**». — P. Luís Fróis, *Cartas do Japão*, I, fl. 349 *v*.

* **SAMATRA.** Os portugueses designaram por êste vocábulo, primeiro, a rajada, freqùente e perigosa, no mar entre a península malaia e a ilha de Samatra; e depois o esten-

[1] Gabriel Ferrand, referindo-se a êste passo, nota: «*Solegues*, avec le sens de «fouine» ou de «parpon», ne rappelle rien de connu. Le nom usuel pour cet engin de pêche est *serampan*». — *Malaka*, p. 62.

deram a qualquer borrasca, e neste sentido é ainda hoje empregado na Índia Portuguesa. Na África Oriental *samatra* quere dizer «tenda ou capa de *machila* para o inverno, feita de *ola* ou fôlha de palmeira tecida»[1].

1539. — «Nos deu hũa trovoada de Noroeste (que são os temporaes que commumente a mór parte do anno cursão nesta Ilha **Çamatra** que de todo nos teve çoçobrados». — Fernão Pinto, *Peregrinação*, cap. 23.

1635. — «Não pode [pôde] deixar de se perder a galeota de Miguel de Macedo na grande ilha de Malaca, onde se chegou a surgir e lhe deu uma **samatra**, que a fez ir dar na ilha». — António Bocarro, Déc. XIII, p. 626.

1684. — «... inconveniente que mays se descobria nas continuas **samatras** de Malaca». — P. Fernão de Queiroz, *Vida de Pedro de Basto*, p. 286.

1687. — «... molhando-se quasi todos os dias com as continuas **Samâtras**; chuvas que em breve passão». — Id., *Conquista de Ceylão*, p. 934.

1727. — «Nesta forma andando pouco a pouco, servindo-nos algumas trovoadas, que chamão **çamâtras**, por causa das ilhas assim chamadas, junto das quaes passamos».—*Apud* Júlio Biker, *Collecção de Tratados*, VI, p. 62.

1732. — «Esta mesma Estrella do mar lhe seremos e enchendo de confiança o coração quando, considerando o tempo incomodo por causa das continuas tempestades e **samatras**». — In *Ta-ssi-yang-kuó*, I, I, 11.

c. 1787:

> «Tu, que, se queres, furacão violento,
> Samatra fria, tempestade escura
> Desatas, e subjugas n'um momento».
> Bocage, *Obras Poeticas*, I, p. 52.

1899.— «Este systema de enterrarem os cadaveres, é causa de se verem, em muitas sepulturas, depois das grandes chuvadas ou **samatras**, desenterrados os craneos dos defuntos cujos caixões apodreceram». — In *Ta-ssi-yang-kuó*, I, I, 1.

1900. — «**Samatra**. — Assim chamam os macaistas aos fortes aguaceiros acompanhados de procella, quando a chuva faz enormes regatos nos caminhos e ruas». — *Ibid.*, I, I, 11.

1902. — «É d'aqui que se originou a palavra **samatra** com que os portuguezes designam grandes borrascas, temporaes e tufões, como ainda hoje a usamos na India, e os inglezes e os hollandezes tambem».— Cristóvão Pinto, *ibid.*, II, p. 97.

**Sambuco**. V. *zambuco*.

* **SAMISSÉ, samissêm** (jap. *samisen*). Viola ou guitarra japonesa de três cordas.

1874. — «E cada uma trazia, com bem escolhida posição, o seu **samsim**, viola japoneza». — Pedro G. Mesnier, *O Japão*, p. 142.

«Estavam compostos os enfeites, afinados os **samosés**, e a um signal da *musmé* que fazia de chefe da orchestra, un acorde subito, estridulo, e descordante, deu principio ao concerto». — *Id.*, p. 243.

1904. — «Só se escutam os acordes da musica tirados dos seus instrumentos nacionaes, alaúdes, laterres, rabecas indigenas, o **samsen** de tres cordas, o *koto*, que é una especie de lira e outros». — Ladislau Batalha, *O Japão por dentro*, p. 140.

* **SAMIBELEGÃO**. Regente, vice-rei, no Pegu. Do birm. *shin-ba-yin-hkan-min*.

1563. — «Tanto que todos forão juntos, não ouue mae» que fazer, que tirar o **Samibelegam** hũa folha de ouro batida, onde (segundo o vso dos Reys daquelle Oriente) vinhão escritas estas capitulações .. Quando veio ao juramento que o **Samibelegam** auia de fazer, o seu *Raulim* começou a ler por hum liuro da sua religião». — João de Barros, Déc. III, III, 4.

**SAMORIM** (**çamorim**). Título do antigo rei hindu de Calecut, o qual significa literalmente «rei do mar». Do malaiala *tāmūdri*, vulgarmente *tāmūri*, corr. do sânsc. *sāmudrī*[1], que os estrangeiros e muitos dos naturais profeririam *sāmūdi* ou *sāmūri*. Barbosa escreve *Çamudi*.

1498. — «Se elRey **Çamolim** aquillo nom quisesse que elle o tomaria pera os navios». — *Roteiro de Vasco da Gama*, p. 64.

1500. — «Manda los ei que vão com os ditos yndios ao **Çamorym** rei de Calecut». — *Alguns Doc. da Torre do Tombo*, p. 97.

1513. — «Ganhado goa, me mandou o **çamory** falar nas pazes, e eu mandey symam rramjell, em hũua fusta de goa a calecut».— Afonso de Albuquerque, *Cartas*, IV, p. 177.

---

[1] O dicionário de Cândido de Figueiredo regista o vocábulo como termo de gíria, e atribui-lhe os significados de «pénis, bebedeira».

[1] Crooke julga que o vocábulo sânscrito é tradução do malaiala *kumalakkan*, «senhor dos montes e dos mares». (Em Fryer, I, p. 133.

1516. — «E lhe pozeram nome **Camide** [*sic*; *Zomodri*, na tradução castelhana], que he hũu ponto donra sobre hos outros que nam saom mais de tres, silicet, este **Camide**. . . ». — Duarte Barbosa, *Livro*, p. 310.

1520. — «Nós, o **çamorrym**, rrey de callecute ffazemos a vossa alteza, como fyzemos paz com ho vosso capitam mor». — In *Cartas* de Afonso de Albuquerque, IV, p. 31.

1551. — «Crescerão as rendas do seu reyno em tanta maneyra que veo a ser o mais rico rey do Malabar de dinheiro; e mais poderoso de gente: porque com hum dia ajuntaria trinta mil homens de peleja, em tres cem mil, e chamauase **çamorim** que em sua lingoa quer dizer emperador». — Castanheda, *Historia*, I, cap. 14.

1552. — «E o mais poderoso principe daquelle Malabar era elRey de Calecut, o qual por excellencia se chamava **Çamorij** que acerca delles he como entre nos o titulo de Emperador». — João de Barros, Déc. I, IV, 7.

1560. — «Ao qual sendo dado o recado do **Çamorim**, que he nome como de Emperador sobre os outros Reys. . . ». — Gaspar Correia, *Lendas*, I, p. 177.

1563. — «Quando elrey de Calecut (que tem por titulo **Çamorim** ou Emperador) cercou a Cochim. . . ». — Garcia da Orta, Col. XV.

1566. — «Dizer alguma cousa da provincia, crença, e costumes do gentio e Reys do Malabar, do qual este de Calecut he homem poderoso chamado **Çamori**, dignidade, quomo entre nos Demperador». — Damião de Góis, *Chronica de D. Manuel*, I, cap. 42.

1572:

«Aqui de outras cidades sem debate,
Calecut tem a illustre dignidade
De cabeça de Imperio, rica e bella:
**Samorim** se intitula o senhor della».

Camões, *Os Lusiadas*, VII, 22.

1608. — «O que sabendo o **Camori** Emperador do Malabar, ainda que gentio entendeo, e disse publicamente que fora manifesto castigo da sua perversa obstinaçam». — P. Fernão Guerreiro, *Relaçam Annual*, fl. 66.

1612. — «Fazendo em Malauar duas cabeças; hũa com todo o poder sobre o temporal, com este titulo de **Camorim**, que quer dizer imperador sobre todos: e outro com toda a jurdição spiritual, com titulo de Bramane mór». — Diogo do Couto, Déc. V, I, 1.

1615. — «Mas o maior e mais poderoso rei é o de Calecut, que se chama **Samorim**, titúlo que mostra a sua grandeza sobre os outros, porque vale tanto como entre nós o Imperador». — Pyrard de Laval, *Viagem*, I, p. 312.

1442. — «The sovereign of this city bears the title of **Sameri**». — Abd-el-Razzak, in *India in the fifteenth century*, p. 17.

1510. — «Egli è il più degno Re di tutti questi sopra detti, e chiamasi **Samoryn** che viene à dire in lingua gentile Dio in terra». — Barthema, *apud* Ramúsio, I, fl. 159.

1585. — «Col re di Calicut detto **Zamorino**, che è titolo di principe, sono stati quasi sempre i Portoghesi in guerra fino all' anno passato». — F. Sassetti, *Lettere*, p. 263.

1589. — «La Ville de Calecut anciennement a esté la plus celebre de toute l'Inde, et la capitale du pays de Malabar, et le siege Imperial du **Samorim** c'est-à-dire de l'Empereur». — Linschoten, *Histoire*, p. 22.

1666. — «El Principe más poderoso deste Imperio era el de Calecut, que por soberania se llamava **Zamori**, lo mismo que Emperador». — Faria e Sousa, *Asia Portuguesa*, I, p. 34.

1666. — «Le plus puissant de ces Princes étoit celui de Calecut, qui prenoit la qualité de **Samorim** ou Empereur». — Thevenot, *Voyages*, III, p. 260.

1673. — «. . . is divided into several Petit Signories, or Arch-Rebels against the **Zamerhin** of Calicut only paying some slight Acknowledgment of his Supremacy, as their Chief Bishop, and joining with him against the Great Mogul». — Fryer, *East India*, I, p. 133.

*1770. — «Le dernier de ces monarques, plus connu sous le nom de **Zamorin** qui répond à celui d'Empereur». — Raynal, *Histoire*, I, p. 48.

1782. — «Ville indienne, résidence de **Samorim**, ou Empereur de Malabar». — Sonnerat, *Voyages*, I, p. 12.

1786. — «I Portoghesi vi facero molte guerre col **Samuri** Re de Còlicòtta in Calicut, Principe molto celebre nelle Storie delle conquiste Portoghesi». — Fra Paolino, *Viaggio*, p. 71.

1845. — «Parmi ceux-ci, sur la côte du Malabar, de Calecut, revêtu du titre de **Zamorin**, ou roi des rois». — Xavier Raymond, *Inde*, p. 355.

1916. — «Its ruler bore the title of **Zamorim**, literally the Sea-Raja, the European form of the Tamil **samuri** which is a colloquial rendering of the Sanskrit *Samudri*, patronymic meaning «Son of the Sea». — *The Hindustan Review*, de Maio-Junho.

**SAMURAI** (ant.) Nome genérico de todos os japoneses que tinham o privilégio de trazer duas espadas à cinta desde o *Xogum* e *daimió* até o ínfimo grau; a classe militar, como a dos *naires* no Malabar e dos *rajaputos* na India árica. O vocábulo jap.

*samurai* quere dizer, literalmente, «servidor do imperador».

1552. — «Deu-se um pregão na **caracore** do **çamural** que em sua lingua quer dizer almirante» (em Maluco).—Castanheda, *Historia*, VI, cap. 66.

1874. — «Estavam todos estes [nobres] comprehendidos sob a denominação de **samourais,** formavam a classe militar e usavam das duas espadas». — Pedro G. Mesnier, *O Japão*, p 12.

1897. — «São os daimios, os senhores feudaes dos innumeros retalhos em que se subdivide o estado, e sob suas ordens os **samurais,** os guerreiros assalariados de todos os graus, possuindo o privilegio de usarem de duas espadas á cinta». — Venceslau de Morais, *Dai-Nippon*, p. 25.

1904. —«Pertence a uma familia de **samurai,** isto é, da classe votada ao serviço militar nos tempos do feudalismo». — Id, *Cartas do Japão*, II, p. 246.

1904 — «Aos **samurai** representantes da classe guerreira, conservaram-se os rendimentos durante a vida, mas perderam todos os outros privilegios, inclusivè o de usarem duas espadas em signal de nobreza» —Ladislau Batalha, *O Japão por dentro*, p. 27.

1919. — «Cristãos e pagãos da provincia onde êle [o missionário francês] exerceu o seu ministerio apostolico, com as altas autoridades civis á testa, lhe ofereceram uma valiosa espada de honra. É uma antiga espada de guerreiro **Samurai,** fabricada pelo ferreiro Kanesada em 1504». —*O Ultramar*, de 11 de Agosto.

1854. —«La quatrième classe comprend tous les **samorai** ou militaires; ce sont les vassaux des nobles». — Jancigny, *Japon*, p. 118.

1898. — «Era una monarquia feudal en la que formaban cortejo à los Daimios ó principales feudatarios del Mikado doscientos mil **samurais,** ó caballeros, distinguidos del resto de la gente por llevar dos sables cada uno». — Alfredo Opisso, *La Razza Amarilla*, p. 106.

1907.—«Des **Samourai** farouches, indignés par le fait que des étrangers fussent suiller la terre natale et que par surcroît, l'influence de ces intrus prévalût souvent auprès des autorités, dégaînaient à l'improviste, du fourreau de la leque rouge, leur lame redoutable». — Naudeau, *Le Japon Moderne*, p. 73.

* **SANCHU**. Aguardente de arroz, muito forte, fabricada na China. Do chin. *sán-shâu*, «três vezes queimado».

1902. — «Com o primeiro [milho] fabrica-se uma especie de vinho chamado vinho amarello; com segundo um alcool, muito forte, chamado vinho queimado ou **sam-shu** (*sem-chú* ou *sam-sû*), de que se faz um grande consumo em todas provincias do Imperio».—In *Ta-ssi-yang-kuó*, II, p. 153.

1752. — «The people who make the Chinese brandy called **Samsu,** live likewise in the suburbs». — Osbeck, in *Glossary*.

1830. — «Les Chinois emploient ce grain à faire la liqueur **chao-tsiau**, espèce d'eau-de-vie semblable à celle des Européens».—Michel, *Poésies Orientales*, p. 102.

**Sanco** (mal. *sāngku*). Escarradeira. O vocábulo é usado em Macau, conforme um apontamento de Gonçalves Viana. A influência da língua malaia no português de Macau é muito considerável.

**SANDALO**. *Santalum album*, Linn. Do sânsc. *chandana*, prácrito *chandan*, fizeram os persas e os árabes *sandal*, do qual proveio o *santalum* do baixo latim e o *santalon* grego. O sândalo branco do comércio é o alburno, e o amarelo ou citrino é o cerne. O sândalo vermelho (sânsc. *raktachandana*) é o pau de *Pterocarpus santolinus*, Linn., f. O nome malaio é também *chandana*.

1500. — «... canela, páo Brazil, **sandalo,** laca, noz moscada, e massa». — *Navegação de P. A. Cabral*. cap. 15.

1516.—«Donde [de Timor] todolo **sandalo** branquo, que antre hos Mouros he muy estimado e val muyto» — Duarte Barbosa, *Livro*, p. 372.

1518. — «Não em especiarias, droguarias, nem tintas, **sândalo,** nem outras cousas que doutras partes podem aqui vir». — In *Archivo Port.-Oriental*, v, p. 18.

1554. — «O *baar* de **sandallo vermelho** outrosy he como ho de beijoim». — António Nunes, *Lyvro dos Pesos*, p. 7.

1560. — «... e os corpos [dos naires] mui **sandolados** com **sandalo** moido com cheiros». — Gaspar Correia, *Lendas*, I, p. 35.

1563. — «O **sândalo** nasce acerqua de Timor onde ha a maior cantidade; e he chamado *chandam*». — Garcia da Orta, Col. XLIX.

«Em Timor não nasce este **sandalo vermelho,** senão em Tanassarim e na costa de Choramandel... sei certo que vem dali todo o **sandalo vermelho,** o qual se guasta muito pouco qua nesta terra, porque não o gasta a gente mais que pera febres. E tambem se gasta cá o *vermelho* em pagodes ou em idolos». — *Idem*.

1572:

> «Alli tambem Timor, que o lenho manda
> Sandalo salutifero, e cheiroso».
>
> Camões, *Os Lusiadas*, x, 134.

1608. — «... e lhe mandasse **sandalo** bento pera vntar na testa como trazem os Christãos em Maduré encontraposiçam, e desprezo das cinzas dos pagodes». — P. Fernão Guerreiro, *Relaçam Annual*, fl. 106 *v*.

1609. — No meyo da casa tinhão outro altar, e nelle hua Tourinha pintada de ouro, e **sandalo**, que he hũa tinta vermelha que põem nos Pagodes, cuberta com hum pano de damasco». — Fr. Gaspar de S. Bernardino, *Itinerario*, p. 132.

1615. — «O **Sandalo** *branco* é arvore que se cria na India e ha-o em grande quantidade na ilha de São Lourenço e tambem o **Sandalo** *vermelho*. Os Indios servem-se delle para esfregar o corpo, e lhe dar bom cheiro, e refrescar a pelle quando tem calor». — Pyrard de Laval, *Viagem*, II, p. 364.

1630. — «O **Sandalo** he hum genero de arvore que crião os montes daquella Ilha [de Timor] em não menos abundancia, que o mato ordinario das nossas terras». — Fr. Luís de Sousa, *Hist. de S. Domingos*, III, p. 281.

1697. — «... partindo a carregar do **Sandalo**, pao odorifero, e medicinal, de que abunda aquella Ilha». — P. Francisco de Sousa, *Oriente Conquistado*, I, III, 1.

1882. — «Alguns pedaços de **sandalo** *vermelho, branco e preto*». — Henrique Prostes, in *Bol. S. G. L.*, IV, p. 308.

1908. — «.. havendo [em Timor] creio egualmente o *Pterocarpus santolinus*, ou **sandalo vermelho**, que dá o acaju avermelhado do commercio das Filippinas». — Alberto O. de Castro, *Flores de Coral*, p. 202.

1578. — «Quanto al **Sandalo** blanco y amarillo que nasce en todas las partes de las Islas y puertos de Timor, dize, que el del puerto Mena es el mejor de todos». — Cristóvão da Costa, *Tractado*, p. 163.

1585. — «Queman el cuerpo con leña de **Sandalo** (palo de maravilloso olor) del qual hazen vna grande hoguera». — Fr. Joan G. de Mendoça, *Hist. de la China*, p. 369.

1610. — «Dire sin mucho error del **Sandalo** dotado de no minor virtud, el blanco, que el citrino, no lo ay que sea especie distincta, saluo que el mismo blanco con alguna causa o accidente es algun tanto amarillo. Cogese in Thimór Isla distante quinientas leguas de Malaca, llamase en la propia lengua de Thimor *Chandana* de donde los Parsios y Arabes con alguna corrupcion lo dizen *sandal* y de ahi **sandalo** los latinos». — Pedro Teixeira, *Relaciones*. p. 111.

1836. — «La meilleur qualité de **sandale** existe depuis la partie orientale de Java jusqu'à Timor». — Rienzi, *Océanie*, I, p. 110.

* **SANDANÁ, sarná** (s. f.). Bôlo de farinha de arroz levedada com *sura* ou com farinha de *urida*, o qual se coze ao vapor de água fervente e se come em ocasiões festivas, na Índia Portuguesa. Do conc. *sāndṇāṁ*, pl. de *sāndaṇ*. Há *sadanás* doces, feitos com outros ingredientes, como jaca, côco ralado, jagra.

1684. — «Em recompensa deste boa obra lhe derão os Irmãos huas **sandanás** (iguaria desta India, feyta de arroz, e outros ingredientes) que lhes tinhão dado de esmola». — P. Fernão de Queiroz, *Hist. de Pedro de Basto*, p. 43.

1864. — «Entra [o orido] na composição das **sarnans** (*apas*). Estes bolos são muito usados em occasiões de festividades. Servem para conductar as carnes, molhos, fazer sopa, etc.». — *Archivo de Pharmacia*, I, p. 124.

1919. — «Esta gente, sr. Barbuda, de cristãos só o nome, um casamento, porco e **sadannas** pela festa do orago». — *O Progresso*, de 22 de Fevereiro.

* **SANDI.** É o nome que se dá nas Novas Conquistas aos cultivadores das Velhas Conquistas que lá vão cultivar temporáriamente os campos. É vocábulo usado particularmente em Satari e Embarbacem. Do mar. *sandhī* «juntura, articulação», empregado figuradamente.

1909. — «... permittindo aos **sandis** (cultivadores das Velhas Conquistas) a cultura de *cumerins* nas Novas Conquistas pagando ás respectivas camaras quatro xerafins por *goddó* ou casal de cultivadores». — Amâncio Gracias, *Subsidios*, p. 251.

* **SANDIÁ** (s. f.). A palavra sânscrita *sandhyā*, que primáriamente significa «união, crepúsculo matutino e vespertino», emprega-se para designar as «preces que os hindus ortodoxos recitam diáriamente de manhã, ao meio-dia e á tarde». O Conde de Gubernatis deriva de *sandhya* o termo *sumbaia*, q. v.

XVII. — «Desde aquelle tempo os Bramenes semeárão a superstição da adoração da vacca; que quando fazem seus lavatorios rezão **sandeá** (que quer dizer a oração da vacca); e na hora da morte tomão o rabo na mão». — *Breve Relação*, p. 12.

1687. — «... dando lhe por insignia, e diuiza as linhas, e **Sandiaz**, de que usão os Bramanes gentios». — P. Fernão de Queiroz, *Conquista de Ceylão*, p. 124.

1860. — «A **sandia**, ou oração da manhã, que todo o brahmane deve resar devotamente, é concebida nestes termos». — *Archivo Pittoresco*, III, p. 294.

1886. — «Comprindo religiosamente os preceitos de Crishná, os hindus, antes de tomarem banho para jantar, dirigem diariamente as saudações prescriptas pela tradição a este arbusto [*tulossi*], e volitando em torno d'elle, terminam a sua **sandeá**, oração, fazendo uma profunda reverencia, com as mãos cruzadas sobre a cabeça». — Lopes Mendes, *A India Portugueza*, I, p. 211.

«Aonde os gentios tomam banho, e os *bottos* sentados ou de pé nos ultimos degraos fazem as suas rezas, designadas **sandhiá**». — *Id.*, II, p. 57.

1908. — «É verdade que, para agradar aos paes, aos parentes velhos ou ao publico, um ou outro se limita a tomar umas gotas de agua fingindo-se recitar o **Sandhyá**». — *Luz do Oriente*, de Janeiro.

1782. — «Les Brames sont tenus de réciter tous les jours les Vedam, de faire exactement le **Sandivané,** matin et soir, quand le soleil se lève et lorsqu'il se couche». — Sonnerat, *Voyages*, I, p. 44.

1786. — «Chiamano **Sandivanna**, cioè l'adorazione vespertina, diretta a Shiva, a Vishnu, a Bhagavada, a Bhavàni. — Fra Paolino, *Viaggio*, p. 114.

1825. «Le mot **sandia** est l'équivalent de ce que nous exprimons par crépuscle; il marque de plus l'instant du jour où le soleil est parvenu à son apogée. Ainsi le **sandia** doit se faire trois fois par jour, le matin, à midi et le soir». — P. Dubois, *Mœurs*, I, p. 336.

**SANEDEVÃO** (ant.). Contribuição que se pagava em Baçaim, e cuja natureza só se pode conjecturar pela etimologia: *divão* = persa-árabe *dīuān*, «govêrno, estado», e *sana*, que, se está pelo mar. *sāṇī*, quere dizer «seis réis ou meia tanga actual»; se por *saṇ*, significa «festa ou *saguate* que se dá por esta ocasião».

1554. — «E do Ramo de **Sanedivão,** que he hum percalço, 2000 *fedeas*». — Simão Botelho, *Tombo da India*, p. 141.

* **SANEIS** (ant.). Figura o termo na *Chronica de Bisnaga* no sentido de «ensinadores de cavalos». Parece-me que deve ler-se *sāeis* ou, antes, *sāis*, e prender-se ao hindust.-ár. *sāīs*, «moço de cavalariça», equivalente ao ingl. *groom*; indo-ingl. *syce*. A palavra *faraz*, que ocorre no mesmo lugar, também é de procedência hindust.-arábica.

1535. — «Trazem mill e setecentos farazes que curão os cavallos, e tem mais trezentos **saneis** que ensynão os cavallos». — Pág. 69.

1810. — «The **Syce**, or groom, attends but one horse». — Williamson, in *Glossary*.

* **SANGA** (ant.; s. m.). Diz-nos João de Barros que entre os *Resbutos* corresponde a «emperador». Mas o sânsc. *saṅga*, usado nos prácritos modernos, o qual parece ser o étimo, quere dizer «inteiro, completo, perfeito».

1570. — «Mas esta determinação lhe foi impedida por lhe sahir ao caminho elRey de Chitor, que he dos tres mais poderosos Principes d'aquellas partes: à este por excellencia os Resbutos chamão **Sanga**, que entre elles quer dizer Emperador». — Déc. IV, V, 8.

* **SANGAGE.** Rei, príncipe; título honorífico, na Malásia. Os nossos escritores comparam os *sangages*, particularmente de Maluco, a governadores, duques e condes. Do mal. *sangáji*, «rei»: de *sang*, «prefixo honorífico aos títulos de reis», e de *aji* (jav.), «rial».

1552. — «E a mesma maneyra tem os senhores seus vassalos, que se chamão **Sangages**» (em Malaca). — Castanheda, *Historia*, VI, cap. 11.

1560. — «... cuberto para o sol e chuva de hũas lindas folhas que não pode trazer senão Rei ou **Çangale,** e os mais uzão de outras folhas das *Nipeiras*». — Gabriel Rebêlo, *Informação de Maluco*, p. 177.

1602. — «Escapando o senhor d'ella [cidade de Mamoia no Moro), que era hum **Sangage** gentio homem moralmente virtuoso e honrado». — Diogo do Couto, Déc. IV, VIII, 13.

«Deixaria o titulo de Rey, e tomaria o de **Sangage,** que he como Governador». — *Id.*, Déc. VI, IX, 12.

1602. — «O **sangage** da ilha e Christandade de Labua, que he senhor de vassallos, e responde, entre nós à Conde ou Duque, auia muitos annos, que vivia em mao estado». — P. Fernão Guerreiro, *Relaçam Annual*, fl. 32.

1607. — «Com o qual se veyo apresentar ao governador assi da parte sua, como do **Sangaagi** de Mofachiem, e outros **Sangajis,** que sam como entre nós Duques, e outros grandes, que ficauam em Lacôme». — *Id.*, fl. 95.

1613. — «Cataburno deixaria o titulo de Rey, e tomaria o de **Sangage,** que he como gouernador, e ficaria vassalo del Rey de Portugal». — Francisco de Andrada, *Chron. de D. João III*, IV, fl. 96.

1630. — «Reconhecerão os Panigaras [de

Solor] por Chefe e Capitão, que elles chamão **Sangage**, a hum descendente por linha direita do primeiro Pagim, que no Bautismo se fez chamar Dom Diogo». — Fr. Luís de Sousa, *Hist. de S. Domingos*, III, p. 292.

1616. — «E fizerão chamamento de todos os regedores, e cabeças de lugares, mandando juntar os **Sangajis** que sam os senhores de fora de Ternate, porque, *Sangaji*, he o mais alto titulo de todos, tirando a dignidade real, e assim se chamam os principes, e senhores subditos, e tambem alguns soberanos, cujos estados não são intitulados em reynos». — António Pinto Pereira, *Hist. da India*, I, p. 110.

1697. — «Restava compor os **Sangages**, e Mandarins de Ternate, que não querião jurar fidelidade a Cachil Aeyro, por ser bastardo». — P. Francisco de Sousa, *Oriente Conquistado*, I, III, 1.

«Mandou D. Duarte, significar ao **Sangage**, filho do tyranno Catabruno, que levantava o tributo imposto a seu pay, e lhe restituia o titulo de Rey». — *Id.*, I, III, 2.

**Sangatar**. V. *changatar*.

* **SANGOTIM**, **singotim** (mais correcto). Direito ou imposto que se pagava antigamente em Goa de gado vacum e de búfalos. — Do conc. e mar. *xingoṭī* < *xing*, «chifre».

1788. — «Por cada Boy novo, por titulo de **Sigotim**, huma tanga e quarenta reis». — *Collecção de Bandos*, I, p. 42.

1827. — «Então os Direitos de 2 ramos chamados *Caruca* e **Singotim**... e os da segunda pagão os senhorios dos gados de algumas Aldeas desta Provincia». — *Apud* Joaquim C. Soares, *Doc. Comprobativos*, p. 270.

1843. — «Renda de **sangotim** é tambem dos direitos pagos pelos donos dos gados de algumas comarcas». — *Annaes Maritimos*, p. 122.

1906. — «Foram extinctos... *lagimas* do capitão da cidade, terços dos concelhos, caruca e **sengotim**». — Amâncio Gracias, *Subsidios*, p. 147.

* **SANGRIA**. Emprega-se na nossa Índia o vocábulo na significação especial de «vala, sargeta». A expressão passou ao concani, *saṅgrī*.

1782. — «Tambem em agosto se devem concertar os reparos de pedra á roda do palmar e **sangrias** que tiverem caido com a força do inverno». — Fr. Clemente da Ressurreição, *Tratado*, II, p. 288.

«Fazendo-lhes de espaço a espaço cortaduras, a que vulgarmente chamam **sangrias**». — *Id.*, p. 300.

1853. — «No Oriente com o caminho publico; no Sul com o muro... e no Norte com a **sangria** que verte as aguas de inverno». — *Apud* F. N. Xavier, *Descripção do Coqueiro*, p. 58.

1871. — «O aforamento de *coliós*, **sangrias**, ou riachos estreitos, que são conservados para a serventia das varzeas». — F. N. Xavier (filho), *Collecção de Leis*, p. 132.

1872. — «Muitos proprietarios usam abrir vallas (**sangrias**) em diversos sentidos». — Bernardo da Costa, *Manual do Agricultor*, I, p. 194.

1886. — «Os pantanos, vallas e **sangrias** denominadas *colliôs*». — *Regulamento das Communidades*, p. 29.

1914. — «Para as rigueiras, vallas ou **sangrias**, como lhes chamam tem por effeito o dissecarem o solo». — *O Ultramar*, de 8 de Janeiro.

1917. — «O que tem são êsses interstícios que dão pelo nome pomposo de travessas, e tem mais essas **sangrias**, que, não obedecendo a um declive determinado, tendo seu leito semeado de altos e baixos e não possuindo os mais requisitos de canalisação, está visto que nada podem escoar». — *O Progresso*, de 14 de Abril.

**SANGUE-DE-DRAGÃO** ou **drago**. Resina do *dragoeiro* — *Calamus drago*, Walld., indígena do Arquipélago Malaio e de Socotorá. Era crença que a substância provinha do sangue de serpente.

1445. — «Acha-se tambem nella **sangue de Drago**, que se cria em algumas arvores, e he huma gomma que ellas estilão em certo tempo do anno». — Luís de Cadamosto, *Navegação Primeira*, cap. 3.

1516. — «Nesta ilha [Socotorá] ha muyto **sangue de draguo**, e muyto aloes çacatorino». — Duarte Barbosa, *Livro* (2.ª ed.), p. 264.

1541. — «A terra [de Socotorá] naturalmente he prove, e nella nam achão outras mercadorias que Azeure, e **sangue de dragão**». — D. João de Castro, *Roteiro do Mar Roxo*, p. 18.

1552. — «A buscar **sangue de dragão**, de que ha muito na ilha» (de Socotorá). — Castanheda, *Historia*, II, cap. 39.

1554. — «O *baar* de **sangue draguão** he como o de beijoim, sem ter nhũa diferença». — António Nunes, *Lyvro dos Pesos*, p. 8.

1557. — «Com hum presente de oito fardos de lenhanoe muito fino, e dous de huma maça, que se faz de **sangue de dragão**, que serve de verniz para cousas pintadas». — *Commentarios*, III, cap. 37.

1563. — «E outra cousa diz Avicena dina de reprensam, que faltando o lacre se ponha em seu lugar **sangue de drago**, que tambem he mézinha estitica». — Garcia da Orta, Col. xxix.

1566. — «E assim morrem ambos [o elefante e a serpente], e do sangue que sae da cobra que sespalha pelo cham se colhe o Cinnabaro, que alguns escritores dizem he o **sangue da Dragam**, a cor do qual he a mais semelhante a cor do sangue humano de quantos ha». — Damião de Góis». — *Chronica de D. Manuel*, iv, cap. 18.

1606. — «Na ilha se acha hũa rezina vermelha, que amassada se diz **sangue de Dragão**, por nascer em huas aruores chamadas *Dragoeyros* da feição do Pinheyro, mas as folhas como Lyrios, as quaes dão hũas maçãs como de Gil Barreira, cuja virtude he rara, e excelente». — Fr. Gaspar de S. Bernardino, *Itinerario da India*, p. 100.

1609. — «Colhe-se tambem nesta ilha muito **sangue de dragão**, que a terra dá em grande abundancia». — Fr. João dos Santos, *Ethiopia Oriental*, i, p. 450.

1613. — «Espesso arvoredo de aguila, calamba, beijoim, caminham, canfora, **sangue dragam**». — Manuel G. de Erédia, *Declaraçam de Malaca*, fl. 10.

1901. — «O pau incenso e o **dragoeiro** são tambem muito frequentes nesta provincia» (da Guiné). — José de Macedo, *Estudos Coloniaes*, in *Bol. S. G. L.*, xviii, p. 523.

1517. — «Qui è molto **sangue di drago** ch'è gomma d'un' albore ilquale se genera in aperture di questi monti». — Corsali, *apud* Ramúsio, i, fl. 181.

1601. — «Truncus per quem scaber multis rimis dehiscit, humoremque pendit per Caniculae aestus, qui in rubram lacrymam densatus **sanguis Draconis** appellatur, ob quam sanè causam hanc arborem *Draconem* nuncupavi». — Clusius, *Rariorum Plantarum Historia*, p. 1.

1690. — «In India tres obvenire res, quae pro **Sanguine Draconis** habentur, et omnes speciem sicci sanguinis, in dúram compacti massam referunt». — Rumphius, *Herbarium Amboinense*, iii, cap. 42.

*** SANGUE-DE-PATE.** *Sang* é em malaio-jav. prenome das divindades e dos príncipes; *adipáti*, «príncipe, rei», é forma malaia do sânsc. *adhipati*. *Sangue de pate* representa, portanto, o mal. *sangadipáti*, que se pode interpretar por «o senhor soberano ou príncipe». Vê-se da etimologia que a correcta ortografia portuguesa deveria ser *sangadipate;* mas os nossos escritores imaginaram que se tratava de descendente do *sangue dos pates*. V. *pate*.

1522. — «Enviou [o rei de Sunda]... dous mandarjns honrrados, saber, hum d eles por nome **Seangydepaty**, e outro Bengor». — *Alguns Doc. da Torre do Tombo*, p. 461.

1546. — «Mandou chamar a conselho todos os Reys **Sanguys de Pates**, e Capitães assim do mar como da terra». — «Fernão Pinto, *Peregrinação*, cap. 175.

1563. — «... governada por hum senhor a que elles chamão **Sangue de Pate**, dignidade entre elles como acerca de nós o Duque». — João de Barros, Déc. III, v, 6.

1609. — «Mandou o seu meirinho que levava comsigo, que fosse a ella [povoação de Solor] e chamasse o **Sanguedepate**, que é como capitão». — Fr. João dos Santos, *Ethiopia Oriental*, ii, p. 108.

1614. — «O **Sangue de Pate** capitão da Raynha da Iapura». — Diogo do Couto, Déc. VI, ix, 6.

1630. — «Cada lugar tem seu Senhor, ou Capitão, que acertou a ser o mais poderoso de gente, e familia. A este chamão em Solor **Sangue de Pate**, que he o mesmo, que Senhor de hum destricto limitado». — Fr. Luís de Sousa, *Hist. de S. Domingos*, iii, p 280.

«Seguio a victoria hum grande amor, e conformidade do **Sangue de Pate** do porto, e dos Nobres da terra com os Religiosos». — *Id.*, p. 284.

*** SANGUIRAVE.** Prateleira com repartimentos, em Calaminhã. Parece-me que o vocábulo provém do mal. **sagi-ravang**.

1545. — «As mais caveyras que aly viramos naquelles **sagiraves** que erão prateleyros, forão tambem de capitães que na restituyção daquelle imperio fazendo feitos heroicos acabarão as vidas honradamente». — Fernão Pinto, *Peregrinação*, cap. 163.

**SANGUICEL.** Pequena e ligeira embarcação de guerra, usada antigamente na costa ocidental da Índia, assim pelos indígenas, como pelas armadas portuguesas. A designação proveio do idêntico nome dum antigo pôrto do Canará, vernáculamente *Sangamexvar* [1].

1592. — «Nenhum navio ligeiro asy d'esporão como calámutes, e cotacoullões,

---

[1] «Hy era nuno vaz na nao sam Joham, que se fez em *çamguiçar;* la vay ele. preguntelhe vos alteza por ese feito». — Afonso de Albuquerque, *Cartas*, i, p. 92.

«Nesta conjuncção foi visto na nossa armada um navio de mouros do *Sanguicel*, ladrões, que andam roubando pelo mar». — Fr. João dos Santos, *Ethiopia*, ii, p. 334.

e **sanguiceres** naueguem nem possão nauegar do norte para o sul. nem do sul para o norte sem expressa licença do meu Viso Rey que ora he na India». — *Carta Régia*, in *Archivo*, III, p. 364.

1598. — «E assim mesmo lhe deo por regimento que de passagem castigasse o Naique de *Sanguicer*. Era este Naique vassallo do Idalxá... e não só vivia aqui em desserviço do seu Rey, mas ainda do Estado da India, porque começou a recolher alguns ladrões, e armar em seu porto alguns navios ligeiros, que do nome daquelle rio se chamavam **Sanguiceis**, os quaes trazem vinte homens de peleja com que sahem por toda a costa do Norte a roubar». —Diogo do Couto, Déc. X, v, 7.

1605. — «Os inimigos usam de **sanguiceis**, aos quaes com navios e galés se não pode dar caça». — *Carta Régia*, in *Doc. da India*, I, p. 26.

1608. — «Porque o numero dos nossos nauios nam era mais que de 8 galeotas, 4 **sanguices**, que são embarcações mais pequenas mas mui ligeiras». — P. Fernão Guerreiro, *Relaçam Annual*, fl. 73 *v*.

1613. — «Não faço despeza alguma do dinheiro da sua receita senão no pagamento, e os provimentos necessarios para a gente de guerra, que reside para a guarda e defensão da dita cidade e as mais fortalezas e fortes, navios, **sanguiceis**, manchuas». — *Alvará* do vice-rei, in *Archivo*, VI, p. 933.

1613. — «Calamutes, **sanguiçeis** de qualquer parte que sejão [pagam] hum *larim* cada hum». — In *O Oriente Portuguez*, XII, p. 14.

1635. — «... o tornou a mandar o mesmo visorei Ruy Lourenço para a mesma costa do Norte, com doze navios e **sanguiceis**, para chegar até Chaul». — António Bocarro, *Déc.* XIII, p. 48.

«Ordenando logo tambem manchuas que andassem nos rios por onde os **sanguiceis** não pudessem». — *Id.*, p. 67.

1684. — «Não avia na Cidade mais que oyto **sanguiceys**, que forão de Goa com 160 Soldados, entre os brancos, e pretos». — P. Fernão de Queiroz, *Vida de Pedro de Basto*, p. 392.

1685.—«Tanto que o inimigo, com a sua armada, chegou, veio-se aos navios e **sanguiceis**, que com repetidas cargas de artilharia os foi desfazendo». — João Ribeiro, *Fatalidade Historica*, II, cap. 27.

1687. — «André Furtado se meteo em hũ pequeno **Sanguiçel** cõ 30 homens de sua casa». — P. Fernão de Queiroz, *Conquista de Ceylão*, p. 369.

1751. — «Constava de 28 embarcaçoens chamadas **Sanguiceis**, e governava-a, D. Manuel de Menezes».—D. Luís de Meneses, *Hist. de Portugal Restaurado*, I, p. 340.

1624. — «E per più sicurezza mandò ad accompagnarci fin' in Onnòr doue douamo sbarcare, cinque fregate ò galeotte, sottile d'armata, di quelle che i Portoghesi chiamano **Sanguecis**». — Pietro della Valle, *Viaggi*, III, p. 142.

* **SANGUIUTEHO** (jap. *sangyō-tehon*). Simulacro de manobra militar num incêndio.

1581. — «Os dias passados fez hũa [festa] na Auzucôyama, que se chama **sanguteho**, e foi esta. Pos onze canas muito compridas em hum terreiro, e nellas pendurou muitos vestidos ricos, e muitas peças douradas da China, e outras de damasco, e pondo-lhe o fogo sahia elle com muita gente de cavallo, vestidos ricamente, e andauão correndo entre o fumo e fogo das couzas com muita ligeireza». — P. Luís Fróis, *Cartas do Japão*, II, fl. 4.

* **SANIASSI.** Asceta hindu; brâmane do quarto estádio da vida. Do sânsc. *sannyāsī*, que literalmente quere dizer «o que renunciou ao mundo e ás paixões».

1607. — «Mudou [Roberto de' Nobili] os vestidos, e tomou os dos letrados e **Saneasse** (idestratos) (*sic; id est* santos)». — P. Fernão Guerreiro, *Relaçam Annual*, fl. 112 *v*.

1608. — «Na outra casa mora o padre Roberto Nobili .. o procedimento seu he (quanto no exterior se pode compadecer com nossa santa Religiam) ao modo dos Sacerdotes daquella gente, que elles tem por santos, e a que chamam *Gorús*, que he o mesmo que mestres e **Saniassas**, que he o mesmo que homens santos e recolhidos». — *Id.*, fl. 84.

XVII. — «Argumento em que se trata da Seita de **Saneassy**. Esta Seita he dos Bramanes, que para similhantes sucessos se dão a peregrinação, e não reparão de comer em casa de outros Gentios».—*Breve Relação*, p. 40.

1687. — «Fazem cortezia aos seus mêstres espirituaes, e aos seus **saniazos**, que neste Industan são seus Religiozos». — P. Fernão de Queiroz, *Conquista de Ceylão*, p. 62.

1695. — «He grande o respeito com que em toda a Gentilidade são tratados [os brâmanes], com o nome de **Senasy**, que quer dizer Sacerdote de Deos». — Cosme da Guarda, *Vida de Sevagy*, p. 133.

1697. — «**Sanèaxi** he o titulo dos penitentes, solitarios, e contemplativos, aos quaes os nossos Authores indifferentemente chamão *Jogues*, por não advertir em que os Jogues he outra casta muito diversa de gente pobre... Os **Sanèaxis** observão seis cousas, a saber, castidade, mansidão, abstinencia, paciencia, humildade, e desprezo do mundo».—P. Francisco de Sousa, *Oriente Conquistado*, I, I, 2.

1721.—«... se vestio no trage de Bracmane **Saniás** (que he o mesmo que Religiozo letrado) negando ser *Prangue*, e affirmando ser **Saniás** Romano». — Fernão de Brito, *Hist. do Ven. João de Brito*, p. 42.

1880. — «Porem, esta faculdade sobrenatural, que os indios atribuem e reconhecem nos ditos anachoretas (*vanaprastas* e **sanyasis**) póde ser de tres categorias ou graus de perfeição». — Martins Velho, *Estudos sobre o Oriente*, p. 112.

1886. — «Viviam antigamente nestas grutas os joguys ou **sannyassis**, penitentes seus, que presentemente se encontram nos pagodes». — Lopes Mendes, *A India Portugueza*, I, p. 262.

1893. — Entrara no reino de Maduré disfarçado com o traje de brahmane ou **saneaxi**, e praticava como estes certos ritos». — Casimiro C. de Nazaré, *Mitras Lusitanas*, in *Bol. S. G. L.*, XII, p. 468.

1900. — «Vestia-se como **saneassy** (devoto mendicante hindú), com turbante branco, arrecadas com rubis ou perolas, annel de ouro no index e sandalias». —Ismael Gracias, no *Instituto*, LXVII, p. 265.

1901. — «Investiu Gangador Ananta Vaga... na ordem de **Saniaça**, apresentando-o como discipulo ou successor na prelazia». — In *O Oriente Portuguez*, III, p. 443.

1906. — «O **Sanyasi** desliga-se da casta, da familia, de toda a affeição humana». — Alberto O. de Castro, *A Cinza dos Myrtos*, p. 195.

1916. — Votara-se ultimamente ao ascetismo, abandonando todos os prazeres da vida e consagrando-se unicamente ás praticas religiosas e a contemplações misticas, em suma, convertendo-se em um **saniassi**». — *Diario de Noticias*, de 29 de Janeiro.

1674. — «*Saniade*, o **Saniassi** es dignidad mayor que de Reys. Conseguenla solamente los Bramanes. Dála otro **Saniassi** deste modo...». — Faria e Sousa, *Asia Portuguesa*, II, p. 711.

1700. — «Nous primes la résolution de l'envoyer dans le Maduré se faire baptiser par quelqu'un de ceux qui y vivent sous l'habit de **Sanias** (c'est le nom qu'on donne aux Religieux des Indes)». — *Lettres Édifiantes*, V, p. 63.

1872. — «Je crois qu'il n'y a que les **Saniassis**, espèce de Religieux indiens, qui soient les vrais descendans des Brachmanes». — Sonnerat, *Voyages*, I, p. 194.

1786. — «**Saniàsi** i quali abbondonano tutto, anche la propria moglie, e parimente vivono nudi».—Fra Paolino, *Viaggio*, p. 231.

1825. — «La quatrième est la condition du **sannyassy**, ou du brahme qui prend le parti d'aller vivre entièrement dans la solitude, sans femme».—P. Dubois, *Mœurs*, I, p. 218.

1830. — «Le **sanyasisme** et le *yogisisme* sont deux états religieux, ou deux espèces d'ordres religieux de l'Inde. Le premier est le renoncement complet aux œuvres et à toute espèce d'actions humaines». — Pauthier, *apud* Michel, *Poésies Orientales*, p. 12.

**SANJACO** (mais correcto), **sanjiaco**. Capitão ou governador turco. O turco *sánjaq* quere dizer, em rigor, «provincia, distrito; bandeira, estandarte».

1538. — «E encontraram um **sanjaco** com vinte e sete cavallos, que vinha guarnecer Suez». — *Viaggio*, in *Bol. S. G. L.*, V, p. 530.

1565. — «Reside sempre um **samjáque**, posto por elle que he como capitão». — *Itinerario* do Mestre Afonso, in *Annaes Maritimos* (1844), p. 352.

1570. — «**Sangiac**, he o mesmo que capitão de bandeira».— João de Barros, Déc. IV, V, 16.

1593. — «A outros faz [o Grão Turco] **Sanjacos**, que são Governadores das Cidades, e seus termos». — Fr. Pantaleão de Aveiro, *Itinerario*, p. 13.

1612. — «A fora muitos **Sanjiacos**, e patroens das Galés, homens escolhidos antre todos os Janiçaros do Turco». —Diogo do Couto, Déc. V, III, 5.

«E logo mandou o Baxá ou **Santiaco**, com quinhentos Janiçaros para ficarem em guarda d'aquella praça». — Id., *ibid*.

1651. — «Mandando chamar hum **Sangiaco** de cem Turcos, e prevenir escadas, começaram a subir por aquella parte». — Jacinto Freire de Andrade, *Vida*, p. 16.

1590.— «Andammo à presentar il **Sangiacco** di detto luogo di Albir». — G. Balbi, *Viaggio*, fl. 3.

1676. — «J'ajouterai seulement que ces grands Bachas ont sous eux de **Sangiacsbeys**, qui sont des Gouverneurs de **Sangiacs** ou Provinces particulières». — Tavernier, *Voyages*, VI, p. 20.

1658.— «Si diuidono questi Stati in settocento vinti **Sangiaccati**; à ciascuno de' quali è assegnato il proprio Commandante... A questi **Sangiaccati** presiedono diecinoue Bassà, ò Beglierbei». — Fr. Vincenzo Maria, *Viaggio*, p. 39.

1695. — «**Sangiak**. Ce mot qui signifie en Turc l'Étandard, ou une Banniere, est appellé ordinairement par les Grecs modernes, *Flambaron*... **Sangiak beg**: Seigneur de Banniere. C'est chez les Turcs ce que nous appellions anciennement en France, un Chevalier Banneret». — Herbelot, *Bibliothèque Orientale*.

* **SÂNQUIA** (s. m.). Um dos cinco principais sistemas filosóficos da Índia, e talvez o mais importante, atribuído ao sábio Cápila. O seu nome — *sankhya* — que quere dizer literal-

mente «enumeração, cálculo», originou-se da sua doutrina de enumerar vinte e cinco *tattvas* ou princípios verdadeiros, cujo conhecimento cabal é indispensável a fim de que o *puruxa*, «a alma», alcance a emancipação final. Admite a eternidade da matéria activa, *prakṛti*, de que se evolveu o universo, sendo a alma passiva e simples espectadora; e nega a existência de Deus criador e regulador. Os hindus ortodoxos são contrários a esta filosofia, que reputam herética, e preferem a *vedanta*, q. v. O budismo, na sua parte doutrinária, baseia-se principalmente no *sânquia*.

1891.— «Parece-me claro que elle [Orta] não havia penetrado nem tentado penetrar nos mysterios da philosophia **sánkhya** ou da vedanta, ou de qualquer outro systema hindu». — Conde de Ficalho, Col. XXXIV.

**SÂNSCRITO** (s. m. e adj.). Morfològicamente, *sânscrito* é particípio passado de *kṛ* (cf. lat. *creo*), com o prefixo *sam*, «com», e *-s-* epentético; quere dizer, entre outras acepções, «purificado, apurado, esmerado». Como substantivo, significa «língua polida, língua sagrada, língua em que estão exarados os monumentos literários dos indo-árias». Êste sentido genérico abrange a linguagem arcaica ou os dialectos védicos e a linguagem moderna ou clássica, a que, na acepção rigorosa, se aplica o termo [1]. Os nossos escritores antigos chamam-lhe geralmente *latim dos índios* ou *gueredão*, q. v. V. *Influência*, Introdução.

Tem-se ventilado a questão de ortografia e de prosódia do vocábulo em português. A transliteração scientífica dos orientalistas é *saṁskṛta*, que em português se deveria ler normalmente *sáunscrŭta*, acentuando a primeira sílaba, que, única, é longa. Mas *sánscrito*, *sanskrit* ou *sanscrit* fica bem em outras línguas europeias, e não há razão para que assim não seja na nossa. Nós não pronunciamos na linguagem comum como os gregos e os latinos pronunciavam as suas palavras [1].

Da dição *sânscrita* se formam vários derivados, tais como:

**SANSCRÍTICO.** Derivado da língua sânscrita: «línguas sanscríticas», *Sanskritic languages* em inglês. No sentido de «relativo à língua sânscrita», como figura por vezes na literatura portuguesa, é escusado, sendo em outras línguas o mesmo vocábulo *sânscrito* geralmente empregado nesta significação.

**SANSCRITISMO.** «Étude du sanscrit, ensemble des doctrines philologiques et historiques dérivées de cette étude» Littré. Também: locução ou modismo sânscrito. V. *Pracritismo*.

**SANSCRITISTA** (s. m. e f.). Pessoa versada na língua e literatura sânscritas.

**SANSCRITIZAR.** Adoptar em sânscrito (algum vocábulo) ou dar a forma de sânscrito (a uma dição ou a um idioma), sujeitar à influência do sânscrito.

**SANSCRITÓIDE** (adj.). «Diz-se, talvez com pouca propriedade, das línguas procedentes do sânscrito». Cândido de Figueiredo.

Na primeira metade do século passado foi proposto o termo por Erskine Perry e outros indianistas para se designarem os idiomas actualmente falados na Índia e derivados, não directamente do sânscrito, mas dos prácritos antigos. Não teve porém voga, sendo preferidos outros, como *gáurico*, *neo-árico*, *prácrito moderno*, qq. v.

**SANSCRITOLOGIA.** Estudo da lín-

[1] O termo *sânscrito* figura pela primeira vez na mais antiga epopeia, o *Ramáyana*, mas não no sentido glotológico. Nesta acepção, como oposto ao prácrito, vem mencionado no *Kāvyadarça* («Espelho de poesia»), obra do VI século.

[1] Vasconcelos Abreu ortografou *sãoskrito* e *sámscrito*. Os autores antigos reproduziriam a palavra por diversas formas.

gua, filologia, literatura sânscritas, das religiões indianas, da etimologia indo-europeia, em suma, da civilização indo-árica em todos os seus aspectos. Tal é o conjunto das disciplinas leccionadas na cadeira de sânscrito na Faculdade de Letras de Lisboa.

**SANSCRITÓLOGO.** Pessoa versada na sânscritologia.

XVII. — «Este quarto livro he da arte de apprender a lingua **Samsuorutá**, que a respeito dos bramenes tem comparação como entre nós a Latina, e tambem por ella compoem artes de linguas estrangeiras, e por ellas apprendem». — *Breve Relação*, p. 50.

1727. — «A sua primeira occupação he aprender o *Hanscrit*, que he hum idioma antigo, totalmente diverso da linguagem da India, e sabido só dos *Pandetes*, e sabios do Paiz. Chamão-lhe **Hanscrit**, isto quer dizer Lingua pura, ou Santa, ou Divina». — Bluteau, *Supplemento.*

XVIII. — «A primeira he a que se segue em proprias palavras da lingua **Savanscrutá**, que entre os Gentios he como Latim». — *Noticia do Gentilismo*, p. 63.

1843. — «A cidade tem bons estabelecimentos publicos... um collegio **sânscrito**». — José Inácio de Andrade, *Cartas*, I, p. 17.

1874. — «Em geral uma phrase extrahida de um dos antigos classicos **sanscrito** (*sic*) do budhismo, como por exemplo do Lalitavansara, estropeada pela má pronuncia japoneza e repetida incessantemente durante horas, e a sua efficacia calcula-se pelo tempo que se gasta na sua repetição. A oração especial da seita *Monto*, uma das oito principaes do Japão, consiste na constante repetição das tres palavras seguintes: *Namu amida butso*» (saudação a Amida Buda). —Pedro G. Mesnier, *O Japão*, p. 255.

1880. — «O **sanskrito**, lingua admiravel a que não é possivel assignar uma epocha de formação por isso que ella nos apparece já formada nas epochas mais remotas do periodo historico, é a creação admiravel que a intelligencia humana produziu no campo da linguistica».—Martins Velho, *Estudos sobre o Oriente*, p. 52.

1881. — «Confesso, porém, que estimo em mais do que previ, a obra do distincto **sãoskritologo**». — «Uma chrestomathia de textos selectos d'entre as obras dos melhores autores hindus em lingua **sãoskritica**». — Vasconcelos Abreu, *Manual para o estudo do Sãoskrito Classico*, p. x.

1885. — «O termo **sámscrito** — cabe restritamente só ao dialecto árico regulado e assente pelos trabalhos dos gramáticos Hindus, de emprêgo artificial ha mais de vinte e tres séculos». — Id., *A Literatura e a Religião*, p. 55.

1891. —«Encontram-se ali nomes arabicos, nomes indianos, tanto das linguas **sanskriticas** do norte, como das dravidicas do sul».— Conde de Ficalho, Col. XX.

1897. — «**Sámscrito** *védico:* em que estão escritos os Vedas. **Sámscrito** *classico:* lingua sagrada e literaria da India, ainda escrita e fallada por eruditos em toda a India árica. Os dois **sámscritos** são os mais bem conservados dos idiomas áricos». — Gonçalves Viana, *Classificação das Linguas*, p. 2.

1902. — «A architectura norte-indiana das raças aryanas ou **samscritoides**...». — Cristóvão Pinto, in *Ta-ssi-yang-kuó*, II, p. 313.

1903.—«**Samscritologia** é a filologia das letras **samscriticas;** é o conjunto sistematizado de conhecimentos pelo estudo dos textos em **samscrito** e línguas **samscriticas**». — Vasconcelos Abreu, *Curso Integral*, p. 7.

1318.— «But there is another language, more select then the other, which all the Brahmans use. Its name from of old is **Sahaskrit**, and the common people know nothing of it». — Amir Khusru, in *Glossary*.

1544. — «Habent Brachmanes quaedem veluti sacrarum monumenta litterarum, quibus divinas leges contineri ferunt. Linguâ in docendo magistri utuntur recondita, cujusmodi est apud nos Latina».—S. Francisco Xavier, *Epistolae*, I, 14.

1587. — «Sono scritte le loro scienze in una lingua, che dimandano **Sanscruta**, che vuol dire bene articulata: della quale non se ha memoria, quando fusse parlata, con avere (com'io dico) memorie antichissime».— F. Sassetti, *Lettere*, p. 238.

1658. — «La prima la Malabarica, communmente usual. La seconda detta **Sampschardam**». — Fr. Vincenzo Maria, *Viaggio*, p. 280.

1666. — «Elle s'appelle **hanscrit,** qui vient à dire langue pure, et parce qu'ils tiennent que ce fut dans cette langue que Dieu, par le moyen de Brahma, leur publia les quatre *bettes* [Vedas], qu'ils estiment livres sacrés, ils l'appellent langue sainte et divine». — Bernier, *Voyages*, II, p. 153.

1689. — «It is the Learned Language among them, called the **Sanscreet**, and it is the same with them as the Latin with us». — Ovington, *A Voyage to Suratt*, p. 248.

1740. — «La Grammaire des Brahmanes peut être mise en rang des plus belles sciences; jamais l'Analyse et la Synthèse ne furent plus heureusement employées, que dans leurs ouvrages grammaticaux de la langue **Samskret** ou **Samskroutan**. Il me paroit que cette langue si admirable par son harmonie, son abondance, et son énergie, étoit autrefois la langue vivante dans les pays habités par les premiers Brahmanes». — P. Pons, in *Lettres Édifiantes*, xxvi, p. 222.

1776.—«C'est le *Shastra-bad*, le plus ancien livre de l'Indostan, et du monde entier, écrit dans la langue sacrée du **Hanscrit**, il y a près de cinq mille ans». — *Lettres Chinoises*, p. 44.

1678. — «J'ai sous les yeux le *Mahabarat*, ouvrage considérable traduit du **Samskretam** en Persan, par l'ordre d'Akbar». — Anquetil Duperron, *Législation Orientale*, p. 20.

1782. — La langue **Samscroutam**, *Saamskret*, *Hanscrit* ou *Grandon*, est la plus entendue : ses caractères multipliés donnent beaucoup de facilité pour exprimer les pensées, ce qui l'a fait nommer langue divine par le P. Pons». — Sonnerat, *Voyages*, i, p. 126.

1786. — «La madre di tutte le lingue Indiane è la **Samskrda**, cioè, lingua perfetta, piena, ben digerita». — «La lingua **Samscrit** è troppo ricca, troppo filosofica, troppo poetica e troppo elaborata per essere una lingua vulgare e generale d'un popolo». — Fra Paolino, *Viaggio*, pp. 258 e 267.

1825. — «La conformité des idiomes dont les prêtres font l'usage dans l'exercice de leurs fonctions religieuses, c'est-à-dire, le **samscrutam**, pour les brahmes et les djainas en deçà du Gange, et le *paly*, qui dérive évidemment du premier, pour les sectateurs de Bouddháh, dans les pays au-delà du Gange...». — P. Dubois, *Mœurs*, i. p. 139.

1845. — «Le **sanscrit** est devenu, depuis un demi siècle, un object d'étude intéressante pour l'Europe, depuis qu'on a découvert et constaté son affinité, qui va quelquefois jusqu'à l'identité, avec le grec et le latin». — Xavier Raymond, *Inde*, p. 224.

1905. — «After that **Sanskritisms** became more and more frequent, till at last simple **Sanskrit** is written». — A. Macdonell, *A History of Sanskrit Literature*, p. 26.

1917. — «I am neither a **Sanskritist** nor a missionary nor a convert to some Oriental cult». — *The Hindustan Review*, de Abril.

«**Santom**, m. Árvore da Índia portuguesa». — «**Santono**, m. Planta aromática da Índia, talvez o mesmo que *santom*». Cândido de Figueiredo. O primeiro vocábulo não tem razão de ser; o segundo é do conc. *sātvaṇ* ou *sānton* (sânsc. *saptaparṇa*) — *Alstonia scholaris*, Brown. Mas não é «planta aromática». «A casca é amarga, tonica e febrifuga; tem tambem propriedades adstringentes, que a tornam util contra a diarrhéa e disenteria chronica. A madeira é molle, mas serve para forro». — D. G. Dalgado, *Flora*.

Os rapazes de escola servem-se da tábua desta árvore em lugar de pedra de escrever, o que explica a sua denominação botânica.

1898. — «As essencias que ali se encontra são... *combió*, **santono**, *sanvory*». — Oliveira Mascarenhas, *Atravez dos Mares*, p. 181.

**SAN-TOMÉ** ou **pardau San-Tomé** (ant.). Moeda de ouro, que se lavrava em Goa, e que ainda hoje existe em mãos particulares; valia nove a dez tangas. Distinguem-se *San-Tomé antigo* e *San-Tomé novo*, quanto ao quilate. A última cunhagem de *San-Tomés* foi em 1841. Havia também *San-Tomés* de prata. A denominação proveio da efígie do Apóstolo San-Tomé numa das faces. Idêntica moeda se cunhou em Portugal em memória do descobrimento da Índia.

Dava-se igualmente o nome de *San-Tomé* a um tecido fabricado em São Tomé de Meliapor, conhecida dos japoneses por *santomejina*.

1554. — «E tem mais elRey noso senhor na dita cidade de Guoa os direitos de moeda d'ouro, que se lavra em **san'tomés** ás partes que o mandão laurar». — Simão Botelho, *Tombo da India*, p. 55.

1560. — «A qual moeda erão os mesmos pardaos batidos como cruzados de valia de mil réis, com as quinas de hum cabo, e da outra banda a figura de São Thomé com letras derrador, que dizião — *India tibi cessit*». — Gaspar Correia, *Lendas*, iv, p. 434.

1583. — «Serão venezianos, pardaos, pagodes, **santomés** de ouro, larins, xerafins de prata, e basarucos de calaim». — *Alvará* do vice-rei, in *Archivo*, i, p. 712.

1507. — «Ficarão-se chamando **são Thomés**, moeda que ainda dura na India, e corre por toda ella». — Diogo do Couto, *Déc.* VI, vii, 1.

1609. — «De ouro se batem umas moedas, a que chamam **S. Thomés**, porque tem de uma parte a imagem do apostolo S. Thomé, padroeiro da India Oriental; vale cada uma destas moedas nove tangas de tres vintens cada tanga». — Fr. João dos Santos, *Ethiopia Oriental*, ii, p. 275.

1615. — «As peças de ouro [em Goa] são Xerafins, que valem vinte e cinco soldos cada um; Venezianos, e **São Thomés**, que valem cincoenta soldos, e outras especies».—Pyrard de Laval, *Viagem*, II, p. 57.

1618. — «Moeda de ouro que tem a imagem de **São Thomé** he de ouro de 18 quilates, peza 1250 reis. Na India tambem os ha com a mesma imagem de São Thomé, lá batidos por mandado dos Vicereys; val cada uma dellas dez tangas, que são 60 reis». — Manuel Barbosa, in *Archivo Port.-Oriental*, V, p. 327.

1635. —«Uma quantia de **santhomés** de ouro, que por ordem da justiça se tem depositado em Goa». — António Bocarro, Déc. XIII, p. 199.

1655. — «Passavão pela mão como os nossos **S. Thomés**, e S. Vicentes, como se todos fossem huns». — D. Francisco de Melo, *Apologos Dialogaes*, p. 80.

1685. — «E a todos, conforme a qualidade, posto ou meritos de cada hum, lhe metia entre o travesseiro hum papel, e nelle a doze, a quinze, e a vinte **San-Thomés**». — João Ribeiro, *Fatalidade Historica*, II, cap. 13.

1722. — «Os **santhomés** que trouxerem não valerão mais que treze larins, e as rupias sete xerafins e meio larim». — *Apud* Júlio Biker, *Collecção de Tratados*, III, p. 255.

1866. — «Mandou [em 1550] cunhar **santomés** ou patacões de prata, da lei de 11 dinheiros, e de cada marco oito patacões, e 4 tangas». — F. N. Xavier, *Descripção do Coqueiro*, p. 74.

1880. — «O typo de **S. Thomé** que é descripto por Manuel Severim de Faria como mandado lavrar por este governador pertence aos que de Lisboa levou D. João de Castro». — Teixeira de Aragão, *Descripção das Moedas*, III, p. 140.

1890. — «A segunda vez que se ordenou a cunhagem da moeda colonial, em ouro, foi no reinado de D. João 3.º e a especie que então se lavrou é a chamada *pardau* **samthomé** tendo em uma das faces a imagem de S. Thomé e n'outra as armas reaes de Portugal». — José Maria da Nazaré, *Numismatica*, p. 11.

1898. — «O fabrico chegou até á lei de 9 de setembro de 1713, que os mandou substituir pelos **S. Thomés** chamados *novos*». — In *Bol. S. G. L.*, XVIII, p. 18 *v.*

1676. — «Ils appellent cette pièce **Saint-Thomé**. Autrefois lors que les Portugais avoient le négoce du Japon, de Macassar, de Sumatra, de la Chine, avec celui de Mosambique, qu'ils ont encore, et qui est le lieu où les Négres apportent l'or des Abyssins et celui de Saba: c'étoit une chose étonnante de voir la quantité de cette Monnoye d'or que les Portugais faisoient battre, et des ouvrages d'or qu'on fabriquoit dans toutes leurs Villes». —Tavernier, *Voyages*, IV, p. 365.

**SANVÓ** (mais correcto) **sanvom** (por ressonância da nasal antecedente). Cereal da Índia — *Panicum crus-galli*, Linn. Do conc. *sãnvó*.

1810. — Bate, Nachinim, Orió, Pacol, **Sanvó** e Chounlós». — *Tarifa* de Pondá, nas Novas Conquistas.

1845. — «Café de Salcete — Cangó — **Sanvó** — Oriô — Pacor — Nachinim». — In *Archivo de Pharmacia*, VI, p. 14.

1862. — «**Savon**, em casca e descascado» (enviado para a exposição de Londres). — *Annaes do Conselho Ultramarino*, III, p. 36.

1864. — «O nachinim, pacolo, orio, culita, tory, **sanvom**, mugo, etc. são plantas herbaceas». — Lopes Mendes, *ibid.*, VI, p. 85.

1874. — «Alem d'isto produz tambem mugo, urida, nachinim, culita, feijão, tori, pacol, **sanvon**, gergelim...». — Tomás Ribeiro, *Jornadas*, II, p. 68.

«**Sanvori**, m. Planta aromática da Índia». Cândido de Figueiredo. É o nome concani (*sãnvarī*) da *panheira* (q. v.), que não tem nada aromático.

1898. — «As essencias que áhi se encontram são... santono, **sanvory** ou panheira, gotingo». — Oliveira Mascarenhas, *Atravez dos Mares*, p. 181.

1873. — «A panheira (bombax malabarica), **sanvori**, em malabar *mul-elavu*, produz a sumauma». —Bernardo da Costa, *Manual do Agricultor*, II, p. 257.

**SAPÃO**; **sapanga** (p. us.). É o mesmo que *brasil* (q. v.). Alguns dos nossos escritores corromperam *sapão* em *japão*. O étimo imediato é o mal. *sópang*, que Yule & Burnell prendem ao malaiala *chappaññam* (tam. *chappu*), «pau vermelho», do verbo *chava*, «ser vermelho», e supõem que passou da Índia continental para o Arquipélago.

c. 1570:

> «O rico Sião ja dado ao Bremem
> O Cochim de Calemba que deu mana
> De sapão, chumbo, salitre e vitualhas
> Lhe apercebem celleiros e muralhas».
>
> A. de Abreu, *Desc. de Malaca*.

1613. — «Nos matos [de Ceilão] além de toda a fruta de espinho, ha muita canella, areca, **sapão**, pao preto». — P. Manuel Barradas, in *Hist. Tragico-maritima*, II, p. 95.

1635. — «O tracto que tem uns e outros é de courama de veados, pelles de lixa, **sapão**, e muita seda que alli vem de Chincheo e Cochinchina». — António Bocarro, Déc. XIII, p. 530.

1684. — «O Calambá, Aguila, **Sapão**,

Canela, pau preto, Pimenta, Ninhos de Cau-Ken-Kina» (Cochinchina).—P. Fernão de Queiroz, *Vida de Pedro de Basto*, p. 88 *v*.

1685. — «Todo o **sapão** he do senhorio e só elle o pode tirar em o districto da aldea».—João Ribeiro, *Fatalidade Historica*, I, cap. 88.

1687. — «Acha-se nestas terras areca, **sapão**, pedraria e elefantes». — P. Fernão de Queiroz, *Conquista de Ceylão*, p. 49.

1788. — «Cada dito [candil] de Passas, **Sapanga**, *Gulgulo*, Incenso, e *Cobona*, hum xerafim». — *Collecção de Bandos*, I, p. 51.

1895. — «Designado pelo nome asiatico de *sappan* ou **sapang** no arquipelago Malayo, o qual parece prender-se ao sanskrito *patanga*, ou ao malayálam *shappan*, que significa vermelho». — Conde de Ficalho, in Col. XLIX.

1589.—«Il y a aussi... du bois du **Sapan** qui se trouve aussi en Sian à peu pres semblable à celui de Bresil». — Linschoten, *Histoire*, p. 38.

1610.—«Assucar, Calayn, o estaño, Sandalo y **Sapan** que es palo de Brazil». — Pedro Teixeira, *Relaciones*, p. 382.

c. 1640. — «... du poivre, du musc, du bois de **sappan** ou bresil, du sucre». — *Relation du Japon*, p. 26.

1690. — «Vox **Sappan** derivari potest ab Arabico Navarcha Naupegus, quia illi opus habent hoc ligno ad extruendum navium genus, unde et Malaicum *Sampan* deducitur, quod significat cymbam exornatoriam».—Rumphius, *Herbarium Amboinense*, VI, cap. 25.

1735. — «Leurs marchandises consistent en pierreries... en thé, en laque, en **sapan** ou bois de Brasil».—P. Halde, *Description de la Chine*, I, p. 107.

1770. — «On peut assurer qu'ils tiennent uniquement à cette liaison par le bois de **sapan** qu'ils obtiennent à deux florins». — Raynal, *Histoire*, I, p. 162.

1786. — «Il **Sapan**, o *Sapanga* nel Malabar è il legno rosso che rende la tintura rossa». — Fra Paolino, *Viaggio*, p. 365.

1836.—On fait un grand usage du **sappan** ou bois de Brésil (*cesalpinia sappan*); le meilleur se trouve à Soumbawa et dans les Philippines, où il porte le nom de *subicai*. Cet arbre croit sans culture».—Rienzi, *Océanie*, I, p. 103.

1854. — «Le bois de **sappan** à matière colorante rouge était le seul qu'on vit dans nos marchés; ce n'est que dans ces derniers temps qu'on y a introduit le bois de **sapan** jaune». — Jancigny, *Indo-Chine*, p. 403.

1875. — «The Eastern word is now known in commerce by its Malay name of **Sappan** (properly *Sapang*), which again is identical with the Tamil name *Sappangi*. This word properly means *Japon*, and seems to have been given to the wood as a supposed product of that origin».—Yule (firmado na autoridade de Caldwell), *Marco Polo*, II, p. 369.

**SAPATIÃO** (chin. *siău-ting*). Barco pequeno e ligeiro da China.

1900. — «Hade ser o mesmo que **sapatiões**, barcos a remos, muito ligeiros, ainda actualmente empregados no rio de Macau quando ha regatas e outras festas maritimas a que os chins são tão dados». — *Ta-ssi-yang-kuó*, I, II, 12.

**SAPECA** (franc. *sapèque*). Dá-se êste nome em Macau à moeda ínfima da China, feita de cobre ligado com estanho ou chumbo, correspondente à *caixa* da India. Tem um orifício quadrado no meio, pelo qual se passa um cordel e se faz um ramal de cem. A palavra é malaia, composta de *sa*, «um», e *păku*, «enfiada de cem moedas *pichis*». Favre escreve *peqũ* e deriva-o do chin. *pé-ko*, «centésimo ou centavo». A transição dum significado para o outro era muito fácil.

Mas aparece o nome *sapeca* ou, antes, *cepaica*, usado pelos portugueses antes da conquista de Malaca. Afonso de Albuquerque manda de Cochim, em 17 de Novembro de 1509, aos contadores de el-rei que levem «em conta a Yoham froles almoxarife dos mantimentos em cochim per o asento de seu escripuam todolos cruzados que cambar a dezoyto *fanões* menos quatro *cepaycas* por quanto se nom acha mais por elles». *Cartas*, IV, 199. Também Gaspar Correia atesta que Afonso de Albuquerque fez em 1510, isto é, um ano antes de ir para Malaca, «de cada bazaruco quatro moedas, a que chamauão **cipayqua** e aos bazarucos pôs nome *leaes*». *Lendas*, II, p. 77. Infere-se daqui que o termo malaio seria então conhecido na Índia, como sinónimo de *caixa*, por comunicações comerciais, visto que não se pode atribuir à palavra derivação indiana.

1516. — «... e hũa moeda de cobre de China como ceitil, furada pelo meio». — Duarte Barbosa, *Livro* (2.ª ed.), p. 372.

1745. — «No Imperio da China nenhuma moeda corre, nem he cunhada alguma em moeda batida d'esta Monarchia, mais que tão sómente hum pequeno dinheiro de cobre da grandeza de um real e meio de Por-

**tugal**, a que cá chamam **Sapéca**, e vale menos de hum real, porque sete ou oito fazem hum *condorim* que são dez réis conforme os chinezes querem». — In *Ta-ssi-yang-kuó*, II, IV, 5.

1868.—«Abro aqui um parentheses para te dizer o que são **sapécas**. São pequenas moedas chinezas, do tamanho, mais ou menos, das nossas moedas de 5 réis, com caracteres chinezes em relevo, e no centro um furo quadrado». — *Archivo Pittoresco*, X, p. 206.

1869.—«E immediatamente espalha por aquelle recinto algumas **sapecas** (moeda chineza de infimo valor), como para significar a paga da agua que tomou á fonte». — *Archivo de Pharmacia*, VI, p. 54.

1880.—«O n.º 3 parece pelo peso e typo ser dinheiro ou **cepayqua** como o designavam os naturaes [de Goa], talvez pela sua analogia no valor com a **çapeca**». — Teixeira de Aragão, *Descripção das Moedas*, III, p. 107.

1883. — «Os cambistas e os relojoeiros eram os mais numerosos; os primeiros ostentando montões de **sapecas** enfiadas em fios de bambú». — Adolfo Loureiro, *No Oriente*, I, p. 291.

1898. — «Não tinha a [China] tido durante tantos seculos como moeda corrente senão a **sapeca**, pequena moeda de cobre a que os chinezes chamam «Tsien»... Mais pequena que a nossa moeda de 10 réis, tem ao centro um buraco quadrado, podendo por isso fazerem-se enfiadas de 800 ou 1:000... as **sapecas** tem pesos diversos, se bem que todas com o mesmo valor que é 0,64 de real portuguez, ou 1:000 por cada pataca de 640 réis».— Joaquim Calado Crespo, *Cousas da China*, p. 154.

1898. — «Na algarvia das chronicas antigas não ha referencia ao meio leal... e comtudo, o **cepaiqua**, representativo de metade do seu valor, ainda mais humilde, é lembrado na historia e conhecido nos medalheiros». — Manuel de Campos, *Numismatica Indo-portuguesa*, in *Bol. S. G. L.*, XVIII, p. 345.

1895.—«Cada *cacha* devia corresponder a uma **sapeca**, mas não corresponde exactamente... A **sapeca**, que corresponde a dez **sapecas** pequenas, é uma moeda redonda van rectangularmente no centro. N'uma das faces tem o nome do imperador e a palavra *moeda*, na outra as palavras *vale dez* escriptas nas linguas china e tartara. É uma liga de cobre 50, zinco 41,5, chumbo 6,5 e estanho 5; outras ha que são apenas uma liga de cobre e zinco em partes eguaes». — Conde de Arnoso, *Jornadas pelo Mundo*, p. 339.

1902. — «De resto a opinião do B., que tem um filho empregado nas alfandegas chinezas, não vale uma **sapéca**». — *Ta-ssi-yang-kuó*, II, p. 551.

1836. — «On se sert d'une petite monnaie d'étain, dont la forme est une petite lame irregulière creusée au milieu, connue sous le nom de *pichis*: 560 pichis équivant à une piastre d'Espagne». — Rienzi, *Océanie*, I, p. 67.

1880.—«They agreed to call the dinheiros **cepayquas**, a word still in vogue in the Portuguese settlement of Macao in the form of **sapeca**». — Gerson da Cunha, *Contributions to the Numismatics*, I, p. 11.

**SAPUCHE** (conc. *sāpūs*). Planta *Aristolochia Indica*, Linn. Chama-se tambêm *raiz de cobra* ou *pau de cobra*. «Usa-se a raiz externamente contra o inchaço e a inflamação da pelle; é tambem um remedio contra as lombrigas de creanças, sendo roçada em agua e applicada ao nariz... É preciso investigar as propriedades d'esta (*Aristolochia Roxburghiana*) e d'outras plantas d'esta familia, porque é nesta ou na de Apocynaceas ou Leguminosas que se pode provavelmente encontrar um verdadeiro antídoto contra a mordedura de cobras venenosas». D. G. Dalgado, *Flora*.

1728. — «**Sapuche**. Planta da India, ou de Angola. Contra o veneno das cobras, a raiz de **Sapuche** he o mais fino contraveneno, que até agora se tem descuberto. Quando cresce esta planta, as cobras lhe costumão tirar a folha, quasi por instincto natural, para que se não conheça; mas por isso mesmo he conhecida; atada ao braço, chegada à carne, está livre quem a trouxer (ainda que durma na charneca) de lhe tocar bicho peçonhento. Preparada em agua, e bebida pela manhã, em jejum, desfaz todas as obstrucçoens, e ajuda a circulação do sangue». — Bluteau, *Supplemento*.

**SAQUÉ** (jap. *sake*). Licor japonês, feito de arroz fermentado.

1869. — «Cada um dos cinco membros de que ella [deputação] ordinariamente se compõe recebe em seguida um copo de **sakki** (vinho) que despeja fazendo libações aos deoses e aos soberanos temporaes do Japão». — *Archivo de Pharmacia*, VI, p. 113.

1874. — «Possuem uma bebida inebriante, o **saki**, aguardente extrahida de arroz, identica ao chamado *vinho china* ou *li-pun*. No Japão o tabaco fuma-se em pequenissimos cachimbos, e o **saki** bebe-se por taças microscopicas». — Pedro G. Mesnier, *O Japão*, p. 100.

1898. — «O **saké**, o vinho de arroz, da transparencia do *champagne*, perfumado, appetecivel, capitoso, acompanha o jantar, em garrafinhas de porcellana emergindo d'uma tigela com agua quente».—Venceslau de Morais, *Dai-Nippon*, p. 286.

1904. — «O **saké** é uma bebida que só se obtem no inverno, por um processo complicadissimo, aplicado ao arroz em fermentação. Contem doze a quinze por cento de alcool». — Ladislau Batalha, *O Japão por dentro*, p. 207.

1906. — «O **saké**, vinho indigena, produzido pela fermentação do arroz, vende-se a 30 reis por cada *gó*, sendo o *gó* equivalente a dous decilitros». — Venceslau de Morais, *Cartas do Japão*, III, p. 415.

1549 — «Vinum potant ex oryza expressum, nam his locis vinum praeterea nullum est». — S. Francisco Xavier, *Epistolae*, lib. III, 18.

1666. — «Leur boisson ordinaire est une maniere de biere qu'ils appellent **Saqué**, qu'ils font avec du ris, ils y mêlent du sucre, et cette boisson ennivre».—Thevenot, *Voyages*, III, p. 37.

1854.— «Mais au nombre desquelles doit toujours figurer une coupe ou tasse de **saki**». — Jancigny, *Japon*, p. 40.

1898. — «Y entraron en una *casa de the* para beber una copa de aguardiente de arroz (**saki**), seguido de una taza del aromatico *chai* [the) y de una infusión de agua de cerezas». — Alfredo Opisso, *La Raza Amarilla*, p. 101.

1909. — «... les paquets de poisson salé, les couffes de denrées, les tonneaux de **sakké** et les matériaux de construction». — Naudeau, *Le Japon Moderne*, p. 352.

**Sarabanda**. Etimològicamente, é o mesmo que *giribanda* (q. v.); mais usado figuradamente por «descompostura, repreensão».

**Sarabatana**. V. *zaravatana*.

**SARAÇA**. Tecido de côr, geralmente de algodão, com que se enrolam da cintura para baixo as malaias e algumas índias cristãs. Do mal. *sarásah*, que o Padre Favre deriva do persa *sārash*; mas o sânscrito tem *sārasa* com o significado de «faixa de mulheres». Em Macau e nos Açôres *saraça* designa «uma espécie de mantilha ou bioco». V. Gonçalves Viana, *Apostilas*, I, p. 347.

1539. — «Com huma *corja* de **çaraças**, e pannos Malayos para sua mulher, e filhas que he o commum trajo daquella terra».—Fernão Pinto, *Peregrinação*, cap. 21

1601.— «**Saraças** e pannos [de S. Thomé], hão de ter de comprido cinco covados de páo, e de largura hum covado e tres quartas». — *Carta de Lei*, in *Archivo*, VI, p. 744.

1622. — «E lhe deu duas **sarasas**, panos, que as mulheres na India vestem, e são de estima». — Francisco Vaz de Almada, in *Hist. Tragico-maritima*, IX, p. 71.

1635. — «**Sarassas** e camisas, e o mais fato que traziam, tudo entregaram». — António Bocarro, *Déc.* XIII, p. 170.

1720. — «**Sarassa** ou *sarasso* he hum panno de algodão de varias cores, que se fabrica na India, e he muyto vistoso». — Bluteau.

1728. — **Saraça**. He hum genero de pannos, que vem de Cabo Verde, e de Maranhão, pintados como chitas, e serve de cubrir bofetes, camas, etc. Ordinariamente são pintados de vermelho. Os da India são pintados de negro com bordas de vermelho, vem de S. Thomé e servem às Portuguezas em lugar de mantos; ha **saraça**, que custa trinta mil reis». — Id., *Supplemento*.

1846. — «*Pano-bajú — toropo-bajú* — ou **saraça** e *quimão*, que tudo vem a ser o mesmo». —F. N. Xavier, *O Gabinete Litterario*, I, p. 101.

1858. — «Mais adiante vão duas mulheres macaenses, envolvidas nas **saraças**, singular mantilha ou cobertura, sómente usada em Macau». — *Archivo Pittoresco*, I, p. 278.

1883. — «Os chingallezes trajam uma **saraia**, que é um panno branco ou em xadrez, apertado na cintura, e que lhes faz o effeito de uma saia cingida ao corpo, descendo-lhes até os pés». — Adolfo Loureiro, *No Oriente*, I, p. 220.

1884. — «... uma igreja toda pintada de azul e branco, uma igreja muito patriota e nacional [em Macau]. Poucas damas ali estavam, mas todas trajando os *dós* pretos da China mas **saraças** da India». — *Id.*, II, p. 105.

1899. — «**Saraças** — Uma especie de bioco ou mantilha usada ainda ha vinte annos pelas macaistas de classe inferior». — *Ta-ssi-yang-kuó*, de outubro.

1908. — «Nos Açores é até hoje usado um manteo de mulher chamado **saraça**, diz o Sr. Brito da Fonseca... Quer-me antes parecer só oriental esta palavra **saraça**».—Alberto O. de Castro, *Flores de Coral*, p 172.

1916. — «Para a filha basta a canja, para matar a fome, uma **saraça** velha para cobrir a nudez». —*Heraldo*, de 25 de Novembro.

1589. — «Celles qu'ils nomment toiles de **Sarasso** sont les meilleures, aucunes desquelles sont fort artistement entretissues de fil d'or et d'argent».—Linschoten, *Histoire*, p. 29.

**SARAMBURA, sarampura**. É o mesmo que *serampuri*, q. v.[1].

[1] *Madras Glossary* deriva *salempuri* do tel. *sāle*, «tecelão», e do sânsc. *pura*, «cidade».

1720. — «**Sarambura**. Panno branco de algodão, que vem de Bengala». — **Sarampura**. Certo panno da India».—Bluteau.

1718. — «On en fait les Mousselins, les **Salempouris** (espece de Toile de Coton), et généralement toutes les Toiles qu'on voit aux Indes». — *Lettres Édifiantes*, xv, p. 401.

**SARANGUE.** Arrais, pilôto, na Índia. Pouco usado pelos nossos cronistas. Do persa *sarhang*, «comandante, fiscalizador». V. *carrane*.

1697. — Subio o Santo do batel á nao, e mandou a hum **Sarangue**, isto he, mareante Mouro, que preparasse quanta louça havia na nao». — P. Francisco de Sousa, *Oriente Conquistado*, I, IV, 1.

1699.—«Mandaram tambem vir do norte quatro *manchuas*, **sarangues**, e **tandeis** praticos da barra de Mombaça». — In *O Chronista de Tissuary*, III.

1720. — «**Sarangue**. No Thesouro da Lingua Portugueza traz o P. Bento Pereira esta palavra, e lhe chama em Latim *Proreta*, que quer dizer Piloto, e guarda da proa». — Bluteau.

1690. — «Indus quem de hoc Ludo consului fuit scriba satis peritus ab officio in nave suâ dictus *le* **saràng**, Anglicè *Boatswain* seu *Boson*». — Hyde, *Glossary*.

1918. — «They were formed into two squadrons. . . commanded by two admirals who bore the titles of Daria **Sarang** (Sea Captain) and May Nayak (Water Leader)».—*The Modern Review*, de Dezembro.

* **SARANGUI.** Rabeca indiana. Do conc. *sāraṅgī*; diz-se porêm vulgarmente *sāraṅgém*.

1866. — «A orchestra compunha-se dos **sarangs** (especie de rebeca) e de alguns instrumentos de pancada». — Francisco Luís Gomes, *Os Brahamanes*, p. 186.

1874. — « . . se para tal e tanto houvesse lyra, ou mesmo **sarangué**, que não parece difficil de tanger, attendendo á sobriedade de cordas e á dieta de pontos, do que resulta um grande jejum de harmonias».—Tomás Ribeiro, *Jornadas*, II, p. 77.

1878. — «**Sarangui** — Especie de rebeca, de muitas cordas, tocada com um arco. Acompanha o canto das bailadeiras». —Cristóvão Aires, *Indianas e Portuguezas*, p. VI.

1886. — «Em certas occasiões o canto e a dansa das bailadeiras são acompanhados pelos sons de uma especie de rebeca denominada — **serungui**». — Lopes Mendes, *A India Portugueza*, I, p. 104.

1898. — «Bailadeira tocando o **sarangué**» (legenda duma pintura). — Oliveira Mascarenhas, *Atravez dos Mares*, p. 62.

1906.—«**Saranghi**—Instrumento musico de cordas, usado pelas bailadeiras. É tocado com um arco».—Alberto O. de Castro, *A Cinza dos Myrtos*, p. 195.

1906. — «Appareceram primeiro dois *mordangueiros* ou tocadores de **serengui**, especie de rebéca, com cordas de metal e de tripa». — Hipácio de Brion, *Duas mil leguas*, p. 114.

1907.—«O tocador de **Saranghy** deve tocal-o por bom modo em todas as segundas feiras». — In *O Oriente Portuguez*, IV, p. 96.

**SARÃO** (us. em Timor). Pano de côr, de sêda ou de algodão, com que se cingem os malaios, homens e mulheres, os singaleses e algumas classes dos índios. Os nossos escritores antigos chamam-lhe *saraça*, q. v. Do mal. *sárang*, que, por seu turno, procede do sânsc. *saranga*, «estôfo variegado».

1843. — «Os ditos pannos tecidos em Timor quando tem a indicada fórma propria para vestidos de mulheres, se chamam os maiores, o melhores **sarões** *marôbos* (nome geográfico) e os outros **sarões** *de ração*». — *Annaes Maritimos*, p. 122.

1848. — «A industria do Paiz consiste em varios tecidos, denominados, Cubertas. . . **Sarões,** *Lopas*, etc.».—F. N. Xavier, *Uma Viagem*, p. 128.

1883. — «É especial este reino em manufacturas de pannos **sarões** e esteiras». — José Vaquinhas, in *Bol. S. G. L.*, IV, p. 813.

1908. — «*Sarong*, palavra malaia, que quer dizer estojo, bainha, saco, panno de mulher. — Conf. a palavra *sarang*, em javanês *sarung*, com a palavra *sari*, panno de mulher indiana. No português de Timor ha a forma **sarão,** por *sarong*, chamando-se *cambátiques*, especialmente (outrora *saraças*) os *sarongs* importados de Java ou de Macassar». — Alberto O. de Castro, *Flores de Coral*, p. 145.

1836. — «Les parties principales du vêtement d'un Javanais des classes inférieures sont le **sarong**, pièce d'étoffe semblable à un sac sans fond et qu'on porte comme le *pleid* des montagnards écossais». — Rienzi, *Océanie*, I, p. 92.

1854. — «Leur robe **sarong** ou robe de dessous coûte quatre dollards, mais dure quatre ans».—Jaucigny, *Indo-Chine*, p. 521.

1878. — «Ici ce mot pourrait désigner spécialement «habit-fourreau», qui est le vêtement ordinaire des Malais, consistant en un large sac ouvert au deux bouts, qu'on met autour du corps comme un jupon, en les serrant à la ceinture».—Marcel Devic, *Légendes de l'Archipel Indien*, p. 148.

**SARCA** (ant.). Figura o termo nas pautas antigas das alfândegas das

Novas Conquistas como designação geral de certos géneros, como copra, cato, peixe, tâmara, areca, *jagrá*, papel, etc. Não posso descortinar a que língua pertence o vocábulo. Se é do marata *sarkhū*, quere dizer «semelhante, análogo»; se de *saḍkā*, vem a ser «corruto, podre».

1810. — «Generos chamados **Sarca**». — Tarifa de Pondá.

1886. — «A corretagem, que os artigos denominados **sarca,** importados de Goa e dos Gattes ou vice-versa, tinham de satisfazer aos mesmos *bazareiros*» (de Sanquelim). — Lopes Mendes, *A India Portugueza*, II, p. 15.

* **SARCAR.** Govêrno, estado; autoridade superior dum estado. Do persa *sarkār*, corrente na Índia árica.

1636. — «3.º que os bens dos maratas o Padre dará aos seus herdeiros, e acredores, e o sobejo para os pobres, e o **Sarcar** não se entremeterá com isso». — In *O Chronista de Tissuary*, I, p. 60.

1741. — «. . . e aos dous barcos do **Sarcar,** por serem pertencentes aos grandiosos *Sardessays*, que tambem se obrigão ambos a tomar cartazes». — D. José Barbosa, *Epitome da Vida*, p. 96.

1779. — «Tratado de ajuste feito pelo **Sarcar** do honrado Madou Rau Pandito Pradan, no anno da era moura 1180 (1779)». — *Apud* António Francisco Moniz, *Hist. de Damão*, I. p. 207.

1785. — «A companhia Ingleza ficaria sendo o seu **cercar** (isto he, sugeito que cobra as rendas reaes, e faz os pagamentos de seu amo)». — *Apud* Júlio Biker, *Collecção de Tratados*, XII, p. 22.

1786. — «O dito procurador como ficou por muito tempo neste Estado ou **Sarcar** agora com as soluções que este lhe deu, vai a presença de V. Ex.ª». — *Ibid.*, VIII, p. 235.

1789. — «A imposição de *Pauló* não era Direito proprio do **Sarcar** de *Bounsuló*». — *Assento* da Junta da Fazenda de Goa.

«Os Portuguezes quando tomaram a posse destas terras chamarão foro á contribuição fixa que cada Aldea pagava ao Dominante ou **Sarcar**». — *Archivo Port.-Oriental*, Supplemento II, p. 275.

1844. — «Recebia os foros e mais rendas destas provincias, e as despendia, segundo as ordens do **Sarcar** (Dominante)». — *Annaes Maritimos*, p. 271.

1844. — «Aquelles bens na falta de successão legitima (*Nepotrica*) devolvem ao **Sarcar** (Fisco) donde haviam sahido, como acontece com as dos Barões, Condes, etc.». — F. N. Xavier, *Collecção de Bandos*, Apêndice II, p. 37.

1852. — «**Sarcar** — Governo, estado, soberano, ou dominante». — Id., *Bosquejo Historico*, IV, p. 18.

1878. — «**Sarcár** ou *Ṣaracár* — Auctoridade superior d'um estado: rei, governador, magistrado, etc.». — Cristóvão Aires, *Indianas e Portuguezas*, p. VI.

1909. — «A terra era, como depois mais regularmente sob o dominio dos mogoes, dividida em districtos ou **sarkars**». — Amâncio Gracias, *Subsidios*, p. 9.

1668. — «**Serkars,** c'est le bureau des trésors du Roi». — Bernier, *Voyages*, II, p. 333.

1676. — «Pour ce qui est de l'argent, qui sont du **Sarquet** (*sic*) ou tresor du Roi, il ne s'y trouve jamais rien de faux». — Tavernier, *Voyages*, I, p. 24.

* **SARDAR** (persa *sardār*). Chefe; comandante, na Índia muçulmana.

1695. — «Nomeou logo por **Sardar,** ou *Salescarim*, que he o mesmo que General, a seu tio Seataghau». — Cosme da Guarda, *Vida de Sevagy*, p. 40.

1718. — «O **Sardar,** ou Grão General . . . roubava a ElRey, e aos Vassallos». — D. José Barbosa, *Epitome da Vida*, p. 33.

1791 — «Os quatro Cabos ou **Sardares** . . . que commandam a guarnição do Piro . . .». — *Apud* Júlio Biker, *Collecção de Tratados*, IX, p. 160.

1908. — «O que elle executou com tal promptidão, patenteando a sua valentia, que os mais distinctos **sardars** officiaes ficaram pasmados». — *Luz do Oriente*, de Janeiro.

1824. — «The eighth had only his stick, but was, according to the strange usage in Bengal, where nobody can do anything without a leader, the **sardar**». — Heber, *Narrative*.

1832. — «Mon **sirdar** ou intendent, qui de la même évite que le malade . . .». — Jacquemont, *Correspondence*, II, p. 326.

1883. — «The tribes all exercise thé right of selecting their own **sardár,** or head». — Hunter, *The Imperial Gazetteer*, II, p. 39.

**SARI.** É o trajo geral da mulher hindu, e da maior parte das cristãs indígenas, o qual consiste em um pano de algodão, e às vezes de sêda, que se enrola em tôrno da cintura, passando-se uma ponta sôbre a cabeça ou sôbre o ombro esquerdo. As mulheres novas vestem o *sari* de côres vivas; as viúvas trazem-no branco. Do neo-árico *sāḍī* < sânsc. *çāṭī*. Em concani e marata aplica-se particularmente o termo a pano ver-

**melho vestido por mulheres moças. O rei de Sanjaro, quando admitiu os primeiros parses no seu país, impôs-lhes, entre outras condições, que suas mulheres adoptassem o trajo das índias**[1]**. V.** ***pano-paló***[2].

1898. — «E as parsinas que, nos seus **sarys** e *sudhrás* de fina tela ostentam a sua beleza peregrina em ricas equipagens». — Oliveira Mascarenhas, *Atravez dos Mares*, p. 53.

1905.—«As mulheres [parsinas] vestem bragas de seda, *sadrá*, o sacro *kasti*, *chole* ou kanchi (espécie de corpete) sobre o sadrá e por cima de tudo, da cabeça aos pés, o indispensavel e graciosíssimo **sari** (especie de manto), que ordinariamente é de seda».— Jeronimo Quadros, *Cartas de Diu*, p. 178.

1906. — Côro das mulheres, trazendo todas as joias de Sitá, o seu **sari** de noivado. Vestem-na e enjoiam-na lentamente. Sitá, como num sonho. arranca e espalha uma a uma as suas flores da manhã». — Alberto O. de Castro, *A Cinza dos Myrtos*, p. 137.

«**Sari** — O pano com que se vestem as mulheres da India, enrolando-o em torno do corpo». — *Id.*, p. 195.

1912. — Quando se compra um novo **Sari** (panno de vestir) sacca-se-lhe uns dois fios de linha». — Caetano Gracias, *Flora Sagrada*, p. 131.

1915. — «Ella lá estava, formosa, envolta num **sari** bordado a oiro, *shal* de lhama de prata». — *O Ultramar*, de 20 de Maio.

1785. — «Her clothes were taken off, and a red silk covering (a **saurry**) put upon her». — In *Glossary*.

1883. — «The best **sárís** or women's upper robes are printed at Ahmedábád and Surat». - Hunter, *The Imperial Gazetteer*, III, p. 53.

1908. — «The **sari** or woman's upper garment varies greatly according to the wealth, position, caste, etc., of the wearer as regards the material, quality or degree and nature of ornamentation... The **sari** is, from an art point of view, perhaps the most picturesque of all Indian garments». — Watt, *The Commercial Products*, p. 618.

1918. — «The account here given of the women's garment is an excellent and accurate description of the **sārī** as still universally worn by Hundus in most parts of India». — Longwoth Dames, *The Book of Duarte Barbosa*, I, p. 206.

**SARRAFAGEM** (= *çarrafagem*). Câmbio, ágio, na Índia. Derivado de *sarrafo*. *Botica de sarrafagem*, estabelecimento de cambista. Quando circulavam na Índia moedas de diversas procedências e períodos, era natural que houvesse muitas destas boticas e fizessem grande negócio.

1554. — «São pardaos d'ouro, que tem valia communmente 360 reis e alguns tem algũa pequena de **çarrafagem**, quando os ha mester ter para os lugares onde tem mais valia». — António Nunes, *Lyvro dos Pesos*, p. 31.

«E allem disto tem *batão*, que he como **çarrafagem** ou caibo, que não he certo». — *Id.*, p. 38.

1554. — «A renda de **çarrafagem** de goa, que rende de mil e quinhentos até dous mil pardaos, tirou agora o viso rei a seu requerimento». —Simão Botelho, *Cartas*, p. 35.

«E a renda de cainbo, que he a **çarrafagem**, a qual he que ninguem posa cambar nhũa moeda senão o Rendeiro d'ela». — Id., *Tombo da India*, p. 51.

1557 — «E depois vierão a levantar as ditas tangas como mercadoria, que ficarão com sua **çarrafagem** em cinco tangas de prata por hum pardáo douro». — Francisco Barreto, in *Archivo*, v, p. 324.

1569. — «Quanto ao agravo que dizeis que recebeis em mandar que os corenta e dous pardaos douro que se pagavão de direitos de cada cavallo, fossem douro redondos de **sarrafagem**...». — *Carta Régia*, *ibid.*, I, p. 69.

1591. — «Por causa de **sarrafagem** que ha nos Realles que com ella se alterão os preços das cousas especialmente nos xerafins de prata que correm». — *Carta de Lei*, *ibid.*, III, p. 338.

1595. — «Nunca teve certa valia, por alevantar e abaixar a **sarrafagem** dos ditos *pagodes*, segundo a muita ou pouca liga que se lançava nos patacões».—Francisco Pais, *Tombo Geral*, fl. 84.

1634. — «A renda da **sarrafagem** em quatro centos cincoenta patacões». — António Bocarro, *Livro*, in *O Chronista de Tissuary*, IV, p. 33.

1860. — «**Sarrafagem** ou *xarrafagem*, era o nome que se dava na India ao cambio da moeda, industria usada no oriente antes da conquista pelos portuguezes, e que ainda hoje se encontra em muitos dos seus mercados». — Teixeira de Aragão, *Descripção das Moedas*, III, p. 103.

---

[1] «They were permitted to settle down provided that they adopted the language of the country and the Hindoo dress for women, and the men should no longer carry weapons and that they should perform the marriage ceremonies at night according to the Hindoo custom». — *The Modern Review*, de Setembro de 1919.

[2] O dicionário de Cândido de Figueiredo atribui ao vocábulo o significado de «espécie de chaile, usado pelas persianas».

1582. — «Volendosi cambiare in *Basarucchi;* non se ne trovano più di *tanghe* 5, & Basarucchi 16, quali si domandono **Serafaglio**». — G. Balbi, *Viaggio,* fl. 70.

1586 — «Si son venduti con 12 per 100 di **Xarafaggio;** che cosi domandano quest' aggio, dal nome *Xaraffo,* che è il banchiere». — F. Sassetti, *Lettere,* p. 286.

**SARRAFO, xarrafo.** Cambista; perito em moedas. Do ár. *ṣarrāf,* «cambista», adoptado por línguas indianas.

1529.—«Ha na Cidade [de Ormuz] muytos, e muy ricos mercadores e **çarrafos,** que cambão a moeda».—António Teixeira, *Itinerario,* cap. 1.

1554. — «E ao **xarrafo,** que tem cuidado de ver as moedas». — Simão Botelho, *Tombo da India,* p. 238.

1567. — «Nenhum infiel sirva de escrivão, **xarrafo,** *mocadão, naique,* peão». — Primeiro Concilio de Goa, in *Archivo,* IV, p. 24

1567. — «E outrosi defendo que nenhum infiel sirva officio publico assi de escrivão, como de naique peão... corretor, **xarofo,** nem de outro officio, em qual tenha dominio sobre christão». — *Decreto* do vice-rei, *apud* Cunha Rivara, *Brados a favor das Communidades,* p. 83.

1589. —«He forçado auer **Xarafo,** que saiba a bondade e valia dellas [moedas], como sempre ouve». — *Provisão* do governador, in *Archivo,* V, p. 1169.

1616. — «Ha tambem alli cambistas, a que chamam **Xarafos**». —Pyrard de Laval, *Viagem,* II, p. 35.

1644. — «Pagarão-se mais dos gastos e **xerrafos** 434 xerafins e hum quarto, que fazem patacas, a razão de onze tangas, 197 patacas e mea». — *Apud* Júlio Biker, *Collecção de Tratados,* II, p. 167.

1703. — «... venda meuda de sal, **Serafos,** botiqueiros de *Cassabé*». — *Ibid.,* XII, p. 127.

1880. — «Em Suez, vimos nas ruas de maior trafico o **sarrafo** sentado atraz da sua mesa-caixa envidraçada ou coberta de rede de arame, onde tinha com certa ordem varias moedas de oiro, prata e cobre, que trocava mediante pequeno agio». — Teixeira de Aragão, *Descripção das Moedas,* III, p. 104.

1589. — «En la mesme Ville [Goa] aux quarrefours des rues se tiennent les changeurs Indians Chrestiens appellez **Xaraffos**». — Linschoten, *Histoire,* p. 39.

1668. — «... et les **serrafs** ou changeurs, banquiers, joaillers, et autres grands marchands».— Bernier, *Voyages,* 99, p. 89.

1673 —«Amongst whom were **Shroffs,** or Money-changers».— Fryer, *East India,* I, p. 136.

1675. — «Dans les Indes il faut qu'un village soit bien petit s'il n'y a un Changeur que l'on appelle **Cherof,** et qui sert de banquier pour faire de remises de l'argent et les Lettres de Change». — Tavernier, *Voyages,* III, p. 22.

1689. — «Immediately some **Xeruffs** (or Money Merchants) are sent for».— Ovington, *A Voyage to Suratt,* p. 534.

1786. — «Accade sovente, da questo si faccia per qualche briga d'un Governatore unito insieme colli **Sarafi** o cambiatori del Publico».—Fra Paolino, *Viaggio,* p. 57.

**SARSALA** (ant.). Figura o vocábulo numa antiga lista de tecidos que eram exportados de Goa para a metrópole (vid. *argaris*), sem nenhuma explicação. Se provém (o que é muito duvidoso) do mar. *sarsāl* (persa *sar* e *sāl*), «inteiro ano», ou *sarsālī,* «relativo a um ano inteiro», designaria uma fazenda que podia durar ou se podia usar um ano inteiro.

**SATAGANA** (conc. *sātāgan*). Geralmente os botânicos consideravam a planta ser *Casearia esculenta,* Roxb., da família das Samidáceas; mas o Dr. D. G. Dalgado identificou-a com *Salacia prinoides,* D. C., da família das Celastríneas. Eis a descrição que êle nos dá das suas propriedades: «Emprega-se a raiz em Goa contra a glycosuria, as obstrucções do figado e as hemorrhoidas. Na diabetes, para prevenir a acção purgativa, combina-se com o fructo de marmeleiro de Bengala». *Flora.*

I. * **SATI** (s. m. e f.; indo-ingl. *suttee*). Mulher hindu que se imola voluntàriamente sôbre a pira do marido ou pouco tempo depois; a cerimónia dessa imolação [1]. Do sânsc. *satī,* «mulher fiel, dedicada»; é também um dos epítetos da deusa Cali, mulher de Xiva. A maior prova de fidelidade e de dedicação crê-se ser acompanhar o marido para o outro mundo, e ainda hoje se pratica, se bem que raramente o bárbaro rito [2].

Afonso de Albuquerque, aliás

---

[1] Na primeira significação o nome é masculino, na segunda é feminino.

[2] Por uma recente estatística do govêrno inglês se sabe que há na India Britânica 302,425 meninas de menos de cinco anos casadas, e 17,703 crianças viúvas.

muito tolerante com os usos e costumes dos índios, proíbiu o *sati* logo que conquistou Goa. D. Constantino de Bragança renovou a proíbição e estendeu-a às províncias de Salcete e de Bardês. Na Índia Inglesa Lord William Bentinck declarou-o ilegal em 1829. O P. Francisco de Sousa (*Oriente Conquistado*, II, I, 1, afirma que o «fundamento dêste costume foy hũa refinada politica para conservar a vida dos maridos contra as traições das mulheres, que a cada passo os matavão com peçonha». Os nossos escritores antigos descrevem largamente a cerimónia, mas não lhe dão o nome técnico, talvez por não estar então vulgarizado [1].

1333. — «A queima da mulher depois de seu marido he entre elles cousa celebrada como elogio para ele sem razão; porêm a que se queima a si mesma depois do seu marido, lucra a familia da sua casa nobreza com isso; e aquella que não se queima a si mesma, veste roupas asperas, e permanece junto do seu povo miseravel e servente». —Ben-Batuta, *Viagens*, II, p. 28.

1500. — «Tem elle [o rei de Bisnagá] duzentas ou trezentas mulheres, e no dia em que morre qneimão o seu corpo, e todas estas mulheres juntamente. Por igual todas as pessoas casadas, quando morrem fazem-lhe huma grande cova, em que as queimão; as suas viuvas vestem-se o mais ricamente que podem, e acompanhadas de todos os seus parentes, e com muitos instrumentos e folias vão á cova, e bailando á roda della como carangueijo, se deixão cahir dentro estando a cova chea de fogo. Os parentes estão com muita attenção, e aparelhados com panellas de azeite e manteiga, e tão depressa cahem dentro como lhas deitão em cima para se abrasárem com mais brevidade». — *Navegação de P. A. Cabral*, cap. 16.

1516. — «Has mulheres [de Bisnagá] saom obrigadas por muy antigo costume, quando os maridos morrem queimarem-se uiuas com os seus corpos deles que tambem queimaom, e isto por lhe fazerem honra». — Duarte Barbosa, *Livro* (2.ª ed.), p. 305.

1535. — «Tem as mulheres por costume [em Bisnagá] de se queimarem quando seus marydos morrem, e tem ho por graça de honra». — *Chronica de Bisnaga*, p. 76.

1557. — «E a que isto não fazia, era lançada dentre as outras, e ficava ganhando por seu corpo pera as obras do pagode, de que era freguez; e como Afonso de Albuquerque tomou o Reyno de Goa, não consentio que dali por diante se queimasse mais nenhuma mulher». — *Commentarios*, II, cap. 20.

1560. — «Nenhuma mulher gentia moradora das terras de Salcete e Bardez se queime viva por morrer seu marido, nem por qualquer outro caso, nem desta ilha de Goa nem doutras ilhas a ella annexadas». — *Provisão* de Dom Constantino, in *Archivo*, p. 458.

1577. — «Na lealdade e amor aos maridos (perdoem-nos algũas das nossas) as suas as mais dellas se queimão vivas com os maridos mortos, e as que o não fazem por algum impedimento nunca mais casam». — *Primor e Honra*, fl. 95.

1585. — «He costume entre os Bragmanes não deixar casar as viuvas antes as obrigão a se queimarem quando lhes morrem seus maridos, ou ao menos a raparem a cabeça». — Terceiro Concílio de Goa, in *Archivo*, IV, p. 128.

1609. — «Quando algum bramane morre, sua mulher é obrigada em lei de mulher honrada, morrer tambem com elle». — Fr. João dos Santos, *Ethiopia Oriental*, p. 312. Vid. *ibid.*, a descrição.

1615. — Quando um Bramane morre, a sua mulher é teúda, para mostrar a affeição que tem a seu marido, de se queimar viva lançando-se no fogo onde arde o corpo do defuncto; o que se faz com muitas solemnidades em presença dos parentes, e ao som dos instrumentos... Se porem ellas não querem queimar-se podem-no fazer, mas ficam infames». — Pyrard de Laval, *Viagem*, II, p. 333.

1858. — «As mulheres queimam-se com os cadaveres dos maridos. De 1825 para cá prohibiram os inglezes estes sacrificios chamados **seuttis** (*sic*); mas asseguram que o suicidio das viuvas se perpetua no interior das casas... Ainda que o **seutti** não seja dogma da crença brahmanica, pois não é senão pia usança, com razão temiam a tocar os prejuizos religiosos». — *Archivo Pittoresco*, I, p. 295.

1873:

«Disseram do meu Deus os sacrosantos labios:
«Na pira marital morrei, paixões fataes!»
Mas veio lei da Europa, o monge, e os seus sabios
dizer de espada em punho á minha lei: — «Não mais!
não algemeis á morte uma alma que se expande!
O Deus que lhe deu vida ha de marcar-lhe o fim!».

Tomás Ribeiro, *A Indiana*, p. 25.

1874. — «Mogarem ergueu-se, exclamando: — Um **Satti!** Começava a comprehender. Via-a despojar-se das suas joias em favor das suas mais proximas amigas, e começar, com passo firme, as voltas em

[1] Linschoten dá uma pintura tétrica, mas muito minuciosa, da cerimónia do *sati*, a qual mostra que o autor a teria presenciado, se porventura a não copiou de alguma estampa vernácula.

roda da fogueira». — Id., *Jornadas*, II, p. 313.

1878. — «A cerimonia do *satti* consistia em lançar-se a viuva, em vida, á fogueira onde se incinerava o cadaver do marido... Parece que o sacrificio do **satti** teve origem nos codigos posteriores ao de Manu». — Cristóvão Aires, *Indianas e Portuguezas*, p. VI.

1879. — «No qual [Rig-veda] se não aconselha o casamento de crianças, nem se prohibe o casamento ás viuvas e mui menos se sanciona o **Satti**». — João Stuart Torrie, *Estatistica da India Portugueza*, p. 322.

1880. — «Para o **Satty** ou queima das viuvas gentias, armava-se a pyra de lenha onde se deitava o morto, collocando por cima em cordas uma porção de lenha a que se lançava fogo, e, estando bem ateado, estendiam a mulher sobre o cadaver, e cortando as cordas envolviam a victima no brazeiro». — Teixeira de Aragão, *Descripção das Moedas*, III, p. 203.

1884». — O **sutti**, a imolação a que os costumes brahmanicos obrigam a viuva, na fogueira funeraria do marido; não custou pouco a abolir». — Adolfo Loureiro, *No Oriente*, II, p. 259.

1886. — «Apesar dos esforços humanitarios do governo inglez ainda hoje se observa em algumas partes do Industão o infame rito da **Satty**... Existem actualmente no Industão, segundo os dados officiaes de 1883, 21 milhões de viuvas, que não existiriam se o nosso governo e o inglez permitissem a **Satty**». — Lopes Mendes, *A India Portugueza*, I, pp. 269-270.

1898. — «Antigamente as viuvas faziam o sacrificio á deusa **Satti** deitando-se na fogueira que consumia o cadaver do marido». — Oliveira Mascarenhas, *Atrazez dos Mares*, p. 131.

1890. — «Perto de algumas aldeias ha lugares ainda hoje conhecidos pelo nome de **sati**-*malló*, outeiro de viuvas queimadas com o cadaver dos maridos». — António de Almeida Azevedo, *As Communidades de Goa*, p. 62.

1901. — «A unica e determinada instituição que Albuquerque não respeitou foi o horroroso sacrificio **sâtti** do suicidio, por cremação, das viuvas hinduas na pyra do cadaver do marido, que elle aboliu de vez em Goa». — In *Bol. S. G. L.*, XX, p. 257.

1902. — «A pratica do sacrificio da viuva lançando-se na pyra do cadaver do marido, conhecida pelo nome de *sutty*, é **satty**, «verdadeira mulher». — Cristóvão Pinto, in *Ta-ssi-yang-kuó*, II, p. 95.

1903. — «São as noticias relativas ao preceito legal hindú do barbaro e horroroso sacrificio chamado **sâtti**, da cremação da mulher junto do cadaver do marido na pyra em que este é queimado». — *Ibid.*, II, IV, 5.

1903. — «As viuvas hindús, se, ao presente, não são obrigadas ao barbaro **saty**, isto é, a queimarem-se vivas, em holocausto supremo á fidelidade conjugal, nas pyras funereas de seus maridos não podem absolutamente contrahir as segundas nupcias». — Ismael Gracias, in *Instituto*, L, p. 636.

1906. — «**Sâti** — Do sanskrito *Sâti*, boa mulher, boa viuva. O rito brahmanico da cremação da viuva na fogueira em que arde o cadaver do marido». — Alberto O. de Castro, *A Cinza dos Myrtos*, p. 195.

1914. — «Mais um caso de **sati** se acaba de praticar em Calcuttá, ha poucos dias... Sua viuva Devi Gani Dassi, de 26 annos, um ou dois minutos depois levantou-se de ao pé do cadaver e foi para uma pequena alcova, onde se saturou de petroleo e deu-lhe fogo, deixando queimar sem um ai se quer». — *O Ultramar*, de 4 de Maio.

1915. — «O **sati** é um rito social indiano, provavelmente derivado ou inspirado pela indissolubilidade do vinculo conjugal e sancionado pela relativa inferioridade da mulher, sugerindo uma dedicação até o sacrificio e a morte». — Benedito Gomes, *Afonso d'Albuquerque*, p. 68.

1917. — Estava eu na India, terra de misterios e sortilegios, dos **suttis**, dos pagodes e das bailadeiras». — *Heraldo*, de 8 de Maio.

1919. — «Preside ao horroroso **sati** (o sacrificio da viúva hindua se deixar arder na mesma pira em que se queima o cadaver do marido) com o nome de Cali». — *Heraldo*, de 6 de Maio.

1623. — «Mi dissero esser cosi costume in segno dell' allegrezza della *Masti* (Masti chiamano la Donna che si vuol brugiare per la morte del Merito)». — Pietro della Valle, *Viaggi*, III, p. 203.

1676. — «Un idolâtre étant mort, et le feu étant prêt dans la fosse pour brûler le corps selon leur coûtume, sa femme qui n'avoit point d'enfans, ayant obtenu la permission du Gouverneur, fut à la fosse avec les Prêtres et sa parenté, pour s'y être brûlée avec le corps de feu son mari». — Tavernier, *Voyages*, III, p. 188.

1824. — «Returning one day from Calcutta, I passed by two funeral piles, the one preparing for a single person, the other nearly consumed, on which a **Suttae** had just taken place». — Heber, *Narrative*, I, p. 79.

1836. — «La cérémonie de ce sacrifice s'appelle **sutty** dans l'Hindoustan». — Rienzi, *Océanie*, I, p. 197.

1845. — «**Satti**, veuve hindoue que se brûle sur le bûcher avec le corps de son mari. On donne le même nom à la cérémonie religieuse dont cet acte fanatique est le complément indispensable». — Jancigny, *Inde*.

1845. — «**Sattis**. — On sait que les veuves indous se brûlent sur le tombeau de leurs maris, et que ces victimes s'appellent des **Sattis**. On ne sait à quelle époque remonte ce barbare coûtume». — Xavier Raymond, *Inde*, p. 252.

1860. — «On appelle **sutty** le sacrifice volontaire des veuves qui se brûlent sur le tombeau de leurs maris. Les **suttys** ont été, sont encore et seront longtemps l'object de bien de déclamations.-Les philanthropes avaient beau jeu et des flots d'éloquence ont coulé, l'Ingleterre, qui... est humaine, quand elle n'a pas d'intérêt à ne l'être point, l'Angleterre s'est vainement efforcée d'abolir les **suttys**». — Énault, *L'Inde Pittoresque*, p. 382.

1866. — «Though **Suttee** has been so often described, the account of it in these pages possesses much interest and novelty» (no *Livro* de Duarte Barbosa).—Stanley, *A Description*, p. x.

1883. — «... with numerous slabs of stone set up on end in honour of widows who have performed **sati**».—Hunter, *The Imperial Gazetteer*, II, p. 265.

«The latest distinguished **sati** in Bickaneer was an Udaipur princess named Dép Kunvar». — *Id.*, p. 443

1884.— «On recontre chez les Rajputes la pratique du **Satti** dans ses formes les plus atroces; le terrible holocauste devient plus épouvantable lorsque le rang et la richesse du defunct exigent plus nombreuses victimes». — Mgr. Laouenen, *Du Brahmanisme*, I, p. 197.

1912. — «What is the origin of **Sati?** This is a question which has puzzled many scholars. Some try to ascribe it to the fire ordeal which **Sita-Sati,** the wife of Rama is supposed to have undergone after she returned from the house of Ravana, while others attribute it to the **Sati** of Sulochona the wife of Indrajit who burnt herself on the funeral pyre of her husband, and some others consider that the custom if not the name was burrowed by the Aryans from the original inhabitants of India. I am inclined to believe that the true origin of the name and practice of **Sati** is to be found in the self-immolation of **Sati,** the wife of Shiva in the sacrificial fire of Daksha». — *The Times of India*, de 4 de Dezembro.

1919. — «... upon the bridegroom and the bride, the spiritual preceptor and the disciple, the pilgrim and the **sati** or the widow who immolates herself upon the funeral pyre of her deceased husband, and so forth. — *The Hindustan Review*, de Abril.

II. * **SATI, satti** (s. m.). Cerimónia que se observa entre os hindus na noite do sexto dia do nascimento duma criança, a fim de afugentar os espíritos malignos e de propiciar a deusa Durgá, que então lhe escreve na testa o seu destino. Diz-se, por isso, em concani, quando acontece alguma desgraça: «Quem poderá remover o que *satti* escreveu?».

Durante a noite não deixam dormir a parturiente, trazem a criança ao colo sem a pousar no leito, e fazem grande algazarra. Alguns cristãos praticam ainda hoje em parte esta cerimónia, não obstante as proibições civis e eclesiásticas.

Do conc. e mar. *saṭhī* (também *saṭvī*), que significa própriamente «sexta», sânsc. *ṣaṣṭhī* (lat. *sexta*), relacionando-se a deusa com o dia, e estendendo-se-lhe o nome.

1567.—«Como a festa de arequeira, nem a do **Sati,** em que poem o nome aos filhos, e quaesquer outras festas». — Primeiro Concilio de Goa, in *Archivo*, IV, p. 13.

1567. — «Não se fação festas aos pagodes, como a da arequeira, nem a do **sati**». — *Carta de Lei*, de D. Antão de Noronha, *ibid.*, p. 70.

1874. — «Reprova e prohibe sob pena de interdicto pessoal, ritos gentilicos e folgares usados no 6.º dia do nascimento da criança velando toda a noite, banqueteando-se, disparando tiros, defumando a casa com polvora, enfaixando a criança com preto, removendo da casa os enfermos e os sexagenarios, persuadidos que do 5.º para o 6.º dia entra o demo em casa». — P. Casimiro de Nazaré, *Mitras Lusitanas*, in *Bol. S. G. L.*, XV, p. 448.

1886. — «Entre os gentios da nossa India costuma celebrar-se, no sexto dia depois de parto, em honra da deusa **Satty,** que preside ao nascimento e morte dos individuos, e que segundo elles pensam, fixa os destinos dos recemnascidos. Ha comtudo familias que não celebram estas cerimonias». —Lopes Mendes, *A India Portuguesa*, I, p. 248.

1890. — «E uma das attribuições mais curiosas do vigario brahmane (*purôhito*) consistia em interpretar a sina escripta por Brahma na testa de cada um e promulgada por **Sasti,** deusa da concepção e dos partos, no sexto dia depois do nascimento». — António de Almeida Azevedo, *As Communidades de Goa*, p. 48.

1908. — «Em algumas localidades faz-se ao sexto dia, a festa á deusa **Satty,** pondo-se ao pé da mãe uma porção de arroz, dez ou doze litros, rodeada de côcos e uma candeia acesa». —Hipácio de Brion, *A India Portuguesa*, p. 38.

1912. — «Os indús da costa occidental da India no 6.º dia do nascimento d'uma criança adornam o seu berço com as flores d'esta trepadeira para propiciar a deusa **Shattvi,** que se suppõe ser destruidora das crianças recem-nascidas». — Caetano Gracias, *Flora Sagrada*, p. 87.

1917. — «Ainda se liam obrigadamente no seio das famílias, em occasiões do **Sotti** (o sexto dia do nascimento de alguma criança) desde o anoitecer dêsse dia até ao amanhecer do imediato». — *Heraldo*, de 18 de Setembro.

1918. — «Por causa do **sotti**, sexto dia do nascimento, o sr. Xencora Naique, avô do recem-nascido, ofereceu um lauto jantar aos seus amigos». — *O Ultramar*. de 22 de Abril.

1916. — «The goddess **Shashthi** who presides over child-birth and is the protecting deity of children is, first of all, worshipped». — *The Modern Review*, de Fevereiro.

**SATIRÃO**. É o mesmo que *puna bastarda* — *Sterculia foetida*, Linn. A madeira serve para mastros e para construção de barcos; a semente é oleosa. Não conheço a origem do vocábulo.

**SAUCAR**. Comerciante em grosso; capitalista; banqueiro. Do mar.-guz. *sāvkār*, hindust. *sāhūkār* < sânsc. *sādhu*. O termo é modernamente usado em português.

1852. — «**Saucar** — Homem rico, e prosperado». — F. N. Xavier, *Bosquejo Historico*, IV, p. 18.

1856. — «*Cabaia* he huma especie de roupão, ou vestido talar, de que antigamente usavam os Gentios principaes (**Saucares**) sob a denominação de *Angui*, *Angracá*, ou Cabaia, que lhes descia até aos artelhos; e os de mais de igoal vestimenta mas que não passava de joelhos, e se chamava *chogó* ou *choló*, que hoje está igualmente adoptada». — Id., *Instrucção*, p. 48.

1871. — «Na Praganã o *mahajun* é representado pelo taberneiro parse ou pelo **saucar**, que fornece ao colono os primeiros alimentos, os necessarios instrumentos de trabalho e exige o que lhe parece por cento de colheita». — Pedro G. Mesnier, *Viagem do Visconde de S. Januario*, p. 13.

1886. — «O vestuario dos **saucares** ou gentios mais opulentos, consiste n'um angui, angracá ou cabaia que lhes desce até aos artelhos». — Lopes Mendes, *A India Portugueza*, II, p. 138.

1892. — «Nos primeiros [exploradores] encontram-se os genuinos **saucares** (agiotas) bando de rapinantes, sordidos e vorazes, destituidos de moral e consciencia, que tem feito do colono, um ente indeciso, covarde, sem pundonor e até sem identidade, pela cultura aprimorada da sua ignorancia e da escravisação». — Cristóvão Pinto, *Estudos da Politica Portugueza*, p. 48.

1905. — «... acabando as exigencias dos **Saucares** e dos patricios indigenas conhecidos por *pateis*». — Ernesto Fernandes, *India Portugueza*, p. 239.

1909. — «Ha tambem *alcistas* e colonos, só com a differença que os alcistas da Praganã tomam o nome de **Saucares**, e são ainda mais agiotas, se isso é possivel». — Manuel Ferreira Viegas, in *Bol. S. G. L.*, XXVII, p. 427.

1910. — «Aqui sob a denominação de **saucares**, que segundo os documentos officiaes desappareceram da scena das suas depredações». — António Francisco Mòniz, *Hist. de Damão*, III, p. 301.

1911. — «Convem proporcionar aos lavradores os recursos para cultivar a terra, e que elles não possuem porque em geral são victimas do (**saucar**) usureiro». — José C. Castel Branco, in *Bol. S. G. L.*, XXIX, p. 378.

1916. — «**Saucar** quer dizer pequeno capitalista estabelecido nas povoações analfabetas e é o prestamista de largos e fabulosos lucros». — *O Heraldo*, de 30 de Março.

1918. — «... obriga o cultivador a deixar-se explorar pelo agiota (**saucar**)... Tudo é absorvido pelo **saucar**; é como êste é indivíduo de casta superior, torna-se temido». — Fortunato de Almeida, *Portugal e as Colónias Portuguesas*, p. 264.

1919. — «Tendo subido tambem queixas ao Governo contra a exploração a que estão sujeitos, em varios dos concelhos do distrito de Goa, os colonos e pequenos agricultores por parte dos **saucares** e capitalistas...». — *Heraldo*, de 9 de Fevereiro.

1778. — «Vous trouverez **Saukars** ou Banquiers qui vous donnerons de lettres de Change pour toutes les parties de l'Indoustan». — Anquetil Duperron, *Législation Orientale*, p. 30.

1883. — «The influential Brahmans are generally public officers, *vakils* (advocates), *zamindars* (landowners) and **saukars** (bankers and moneylenders)». — Hunter, *The Imperial Gazetteer*, IV, p. 267.

**SAUCARIA**. Ofício de *saucar*, agiotagem.

1901. — «O agiota é conhecido aqui [em Damão] pelo nome de saucar, a agiotagem pelo de **saucaria**». — In *Bol. S. G. L.*, XX, p. 34.

**SAUCARISMO**. Ofício ou condição de *saucar*, sistema de agiotagem de saucares.

1915. — «O **Saucarismo**, que é o flagelo do pequeno agricultor, do *roito* e do *varli*... aí medra e explora». — *O Heraldo*, de 30 de Março.

1918. — «... sugados, a despeito da sua reduzida situação material, pelo terrivel **saucarismo** que tem sido um verdadeiro pôlvo que os tem apanhado com todos os seus ferozes tentaculos». — *O Ultramar*, de 28 de Fevereiro.

* **SAUDAGAR**; por corrução **sodagar** (persa *saudāgar*). Comercianto, mercador, na Pérsia e na Índia. V. *saudó*.

1565. — «Tambem eu hauia hũa [carga] de crauo para passar por **sodagar,** que assi chamão naquellas partes [da Pérsia] aos mercadores». — *Itinerario* do Mestre Affonso, in *Annaes Maritimos* (1844), p. 218.
1608. — «Vão de continuo a ella os ladrões da terra firme, roubar e matar os **Sodagares** mercadores, e destruir fazendas que ha n'aquella ilha». — *Carta Régia*, in *Doc. da India*, I, p. 183.
1687. — «Hindo a Candea tres **Sodagares** comprar pedraria, mandou por elles dizer ao Geral».—P. Fernão de Queiroz, *Conquista de Ceylão*, p. 613.
1610. — «El Mercador en la India se dize *chatin*... el Parcio le dize **Saudagar,** el Malayo *Quelin*».—Pedro Teixeira, *Relaciones*, p. 99.

* **SAUDÓ.** Espécie de embarcação da Índia. Do conc. *savdó*, que vem do persa *saudā*, «tráfico».

1726. — «Sahindo hum grosso de *Lascarins* pela outra parte do rio se derramou pelos nossos *baloens*, almadias, barcas, e **soudos,** e sobre todos derão grande descarga de *caytocas*». — André Ribeiro Coutinho, *Relação*, p. 20.
1741. — «E se obrigão a restituir todos os Sibares, Manchuas, Parangues, **Saudós,** e outras quaesquer embarcaçõens».— D. José Barbosa, *Epitome da Vida*, p. 94.
1741. — «... para passarem á ilha de Carjuvem, em hum Rio tão estreito, como o braço do Tejo, que passa em Sacavem, o fizerão em dous **Saudós**, ou canoas, quasi duas Companhias de granadeiros inteiras». — *Apud* Eduardo Balsemão, *Os Portuguezes no Oriente*, III, p. 140.
c. 1788:

«Proseguiria o Triste em vãos clamores,
Mas para alli vinhão remando
Nos lúbricos sadós os Pescadores,
E ficou mudo, para o mar olhando».
Bocage, *Obras Poeticas*, I, p. 215.

1842. — «São patamarins, galeotas, pallas, batelões, almadias, barcas, **saudós** e sibares». — *Annaes Maritimos*, p. 365.

* **Savitri.** V. *gaiatri*.

* **SÊDA DE CABEÇA ; sêda de barriga.** Sêda superior; sêda inferior. A mesma distiução se nota nos nossos escritores com referência à cânfora e alguns outros objectos orientais. Com respeito, porêm, à sêda, tenho sómente a autoridade de Tavernier; mas bem se vê que os termos estavam vulgarizados.

1676. — «Il y a deux sortes de soyes, que les Portugais distinguent dans les Indes par les mots de **Cabeça** e **Barillo,** c'est-à-dire, Tête et Ventre. La première est plus fine, l'autre est moins de quinze à vingt pour cent». — *Voyage*, V, p. 183.

**SEIBÃO** (persa *sāyabān*). Tôldo, dossel, na Pérsia.

1529. — «Junto do qual morto mandou armar hum **Saibão** de seda muyto rico, que he como alpendre». — António Tenreiro, *Itinerario*, cap. 17.

**SELIM.** Cacho de cocos; eixo do cacho com pecíolos. O termo é usado em Goa, mas tem diversas acepções conforme as províncias, como se vê das abonações. Do conc. *xelém*, pl. *xelīm*.

1727. — «**Celim**. Na India Portugueza são os troncos dos cocos». - Bluteau, *Supplemento*.
1866 — «Os cachos tem as seguintes denominações, com relação as suas circunstancias: *xivor* ou *secor* — *xeroc* ou **xelem** — *manzari* ou *penddy*... *Xeroc* — é o cacho com a flor enfezada ou cacho esteril». — F. N. Xavier, *Descripção do Coqueiro*, p. 17.
1872. — «Todo o côco deixa no pedunculo o vestigio da sua existencia; a este vestigio dá-se o nome de **selim** (dêntto)». — Bernardo da Costa, *Manual do Agricultor*, I, p. 188.
1886. — «As espigas teem diversas denominações.. *chovoc* ou *chelem*, as espigas cujas flores abortam ou nascem enfezadas». — Lopes Mendes, *A India Portugueza*, I, p. 187.
1893.— «No colhimento de cocos as faltas que se encontram nos **xelins** são apontadas n'uma *churta*». — José Maria de Sá, *Productos do Coqueiro*, p. 58.

**SEMANEIRO** (s, m.). Servente que está de semana nas igrejas de Goa, onde há de ordinário quatro serventes, que servem revezadamente por semanas, com assistência permanente.

**SENDI, xenddi** (mais etimológico), **xendim** (mais correcto e usado). Carrapicho ou rabicho que trazem os hindus de muitas classes. Em Goa havia um imposto de capitação, denominado *renda do sendi*, que foi abolido em 1842. V. *Rabo-de-porco*.

1687. — «Mas crião hũa pequena guedelha no meyo da cabeça, a que chamão **Xendy**». — P. Fernão de Queiroz, *Conquista de Ceylão*, p. 64.

«Com boas palavras, e largas promessas, lhes quis persuadir, que se fizessem gentios, furando as orelhas e criando **xendy**». — *Id.*, p. 399.

1702. — «Onde os nossos Sacerdotes trazem a coroa, lhe nascia hũa fermosa e compriña madeixa de cabellos soltos, e cahidos sobre as costas, a que os paysanos chamão **xendi**». — P. Francisco de Sousa, *Oriente Conquistado*, II, I, 1.

1717. — «Ficando tambem por esta via quebradas as rendas, a que dão consumo, quaes são, as de tabaco de fumo, passos, **Xenddy**, mantimentos, especiarias, e outras cousas». — In *Archivo Port.-Oriental*, Supplemento II, p. 91.

1719. — «Os que morão nas aldeas de Curca e Siridão pagão o **Sendy** ás outras». — *Ibid.*, p. 100.

1728. — «**Sendî**. He na Asia huma pequena porção de cabellos, que os Gentios deixão crescer no alto da cabeça, a qual excepto alli anda rapada à navalha. He a mayor affronta, que se pode fazer a hum Gentio cortar-lhe o **sendi**. Em Goa, Bardez, e Salcete ha huma capitação. que pagão os Gentios alli nascidos, a qual se arrenda com o nome de tributo do **Sendi**». —Bluteau, *Supplemento*.

1732. — «Que todos os gentios não só naturaes mas tambem estrangeiros que tivessem seus domicilios nas terras do Estado com animo de permanecerem nella, quando não constar deste animo tiverem nelle sua morada por tempo de quatro annos completos serão obrigados a esta condição de **Sendy**». — *Assento* do Conselho da Fazenda de Goa.

2732. — «Concorrem para os donativos, e outras necessidades e occasiões do dito Estado, principalmente com o de **Xenddym**». — In *Archivo*, Suppl. II, p. 100.

1734. — «O motivo principal desta imposição só foi pela razão de infieis de que lhe procedia o nome de *renda do* **Sendy**, por ser este entre os gentios a distincção principal da sua profissão.— *Carta* do vice-rei Conde de Sandomil.

XVIII.—«Entrárão a cortar os cabellos, deixando sómente o **Xendi**, que são huns poucos de cabellos, compridos no meio da cabeça». — *Noticia do Gentilismo*, p. 120.

1796. — «A maior parte dos christãos vivem como idolatras, offerecendo muitos delles sacrificios aos demonios de gallos, outros trezando **sendim**, argolas nas orelhas e outros signaes do rito gentilico». — P. Casimiro C. de Nazaré, *Mitras Lusitanas*, in *Bol. S. G. L.*, XV, p. 471.

1827. — «Este **Xendim** foi estabelecido por Alvará de 14 de Julho de 1705, e consiste na porção que os gentios pagão pella madeixa que conservão na cabeça desde a idade de 15 annos para diante, a qual penção se regula á proporção dos officios de cada hum que estão taixados». — Joaquim C. Soares, *Doc. Comprobativos*, p. 267.

1840. — «Hei por conveniente tendo ouvido a Junta da Fazenda, declarar abolido em todo o Estado da India o referido imposto denominado — de **Xendim** — do 1.º de Janeiro de 1841, em diante». — *Collecção de Bandos*, I, p. 206.

1842. — «No alto da cabeça, que em roda é rapada á navalha, conservam uma porção de cabello atado, chamado **xendim**, pelo qual pagavam um tributo, que de pouco tempo está abolido». — *Annaes Maritimos*, p. 438.

1852. — «**Xendim** — Guedelha de cabelos que os Gentios costumam fazer crescer no alto da cabeça. *Item.* Imposto que os gentios pagavam sob aquella denominação». — F. N. Xavier, *Bosquejo Historico*, IV, p. 21.

1886. — «O luto dura dez dias... e consiste em os homens cortarem os bigodes e os cabellos, excepto o **chindim**, madeixa de cabello, que todos os gentios deixam crescer no alto da cabeça». — Lopes Mendes, *A India Portugueza*, I, p. 267.

1904. — «**Xendy** não é outra cousa senão uma porção de cabellos, que os gentios costumam fazer crescer no alto da cabeça, como distinctivo da classe e foi materia collectavel n'esses tempos». — *O Oriente Portuguez*, I, p. 104.

1913. — «Lembrara-se alguem de restabelecer o antigo imposto de **xendi**, dos tempos ominosos, ao lado das leis de Pombal». — *Heraldo*, de 7 de Maio.

1915. — «Foi o que teria feito começando por mandar que os catecúmenos deixassem de rapar o coiro cabeludo e eliminassem o **xenddi** ou rabicho». — *Heraldo*, de 23 de Dezembro.

**SENDUR.** É o mesmo que mínio ou vermelhão, na Índia. Do conc. *xendūr* < sânsc. *sindūra*.

1663. — «Depois de cantarem, tangerem e bailarem ante o idolo, se empolvarisaram de certo pó vermelho e cheiroso chamado **sendur**». — P. Manuel Godinho, *Relação*, p. 63.

* **SEN** ou **sene** (jap. *sen*). Moeda japonesa de cobre, equivalente a um centésimo de *iene* ou de dólar ou a um centavo português.

1904. — «Os cunhos de oiro são de 20,10 e 5 *yen*. Os de prata são de 50 **sen**. Ha moeda de nikel de 5 **sen**, e moedas de cobre para valores menores». — Ladislau Batalha, *O Japão por dentro*, p. 84.

1905. — «A classe operaria tambem melhorou muitissimo: um carpinteiro por exemplo, que em 1893 só ganhava 27 **sens** (o **sen** equivale a 2 ½ centimos de franco) já faz agora os seus 59 **sens**; o simples jornaleiro elevou o seu salario de 18 a 39 **sens**». — *O Heraldo*, de 27 de Janeiro.

c. 1909. — «1 yen = 2 fr. 50. Le **sen** est la centième partie d'un yen et vaut par conséquent 2 centime ½. Deux **sens** font donc un sous français». — Naudeau, *Le Japon Moderne*, p. 241.

**SENECUGO.** Não é claro do contexto o sentido em que Diogo do Couto emprega o termo com relação a Malaca. Se provém do mal. *sanaq*, quere dizer «parentes, familiares».

1611. — «... e o alojamento de ser no campo, o qual por toda a parte he alagadiço, que só os **senecugos** delle bastavão para guerrear os homens». — *Dialogo do Soldado Pratico*, p. 64.

**SEPUCU** (jap. *seppuku*). É outro nome de *hara-quiri*, q. v.

1919. — «Nos tempos do feudalismo japonez, o *harakiri* ou *suppuku*, isto é, o suicidio em que o *samurai* se rasga o ventre com o proprio sabre, suicidio muitas vezes imposto, como punição de uma falta, por um superior hierarchico, e tambem muitas vezes infligido por deliberação expontanea, é coisa comesinha». — Venceslau de Morais, in *Luso*, III, p. 6.

* **SERADE.** Cerimónia fúnebre pelos manes, observada pelos hindus». Do sânsc. *çrāddha*.

1683. — «He entre elles inviolavel o **serad**, que he hum modo de suffragio pelos parentes defunctos, pelo qual devem convidar ao Bragmane, e com mais gentios da mesma casta hão de comer o que o Bragmane cozinha». — In *O Chronista de Tissuary*, II, p. 79.

**Serafim.** V. *xerafim*.

* **SERAMPURI.** Tecido procedente de Serampur, que fica próximo de Calcutá e era antigamente um centro manufactureiro muito importante. V. *sarambura*.

1559.—«Cinquenta *corjas* de roupa **serampuri**». — In *Archivo Port.-Oriental*, V, p. 401.

1589. — «Il y a diverses sortes qu'ils nomment **Sarampuras**, Cassas, Comsas, Biatilhas, Sataposas, et mille autres noms». — Linschoten, *Histoire*, p. 30.

**SERÓ.** Fernão Mendes emprega esta palavra para designar um barco pequeno de Pegu e de Barmá. Se o termo é malaio, como me parece, o seu étimo pode ser ou *seroh*, «encolhido, reduzido», ou *seroq*, no sentido de «pequeno (barco)». O malaio tem também *sĕrĕmpu*, «almadia, canoa».

1542. — «Ajuntou até novecentos mil homens, com os quaes partio de Cidade de Bagou, a que o vulgar chama Pegú, embarcados em doze mil embarcações de remo, das quaes as duas mil erão **serôs**, laulês, catures, e fustas». — *Peregrinação*, cap. 153.

«Acompanhado de oytenta **serôs**, e laulés bem concertados de esquipação». — *Ibid.*, cap. 153.

* **SERPINÃO** é o presente que os reis timores oferecem ao governador português em sinal de vassalagem. Do teto *serabinan*. «Este termo vem do malaio e como os portuguezes o pronunciam *Serapinan*, há já bastantes indigenas, principalmente em Dilly e vizinhanças que o pronunciam da mesma forma». Rafael das Dores.

1868. — «Á hora designada para a ceremonia, vem o rei timor acompanhado de todos os seus *dattós* e grande multidão de povo, conduzindo dois ou tres bufalos, muito enfeitados de flores, alguns carneiros, um ou dois porcos amarrados n'uma especie de andor, ás costas de dois homens, algumas gallinhas, e um outro andor enfeitado de folhas e flores com alguns arrateis de cera em bruto. Ha alguns reinos que tambem trazem alguns *picos* de sandalo. A isto chamam **serpinão**, e é mais ou menos valioso segundo as posses do reino. O povo, que conduz o **serpinão**, vem cantando e dando altos gritos até approximar da residencia». — In *Annaes do Conselho Ultramarino*, IV, p. 34.

* **SERQUEIXA.** Provávelmente está na abonação por *serqueira* e é o mesmo que *cerquer*, q. v.

1634. — «Com roupas de Cambaya das que servem pera os cafres, que são *canequins* pretos, que chamão **serqueixa**, e muito contario que lhe vem do Balagate, que são humas continhas de vidro que costumão trazer os cafres». — António Bocarro, in *O Chronista de Tissuary*, IV, p. 34.

**SIBALA.** **sivala.** Palmeira brava (*Borassus flabellifer*) de Solor. Do jav. *siválan*.

1613. — «A troco de **sivalias**, fructa de palmas bravas, davão o ouro que pedião por la muyta fertilidade destes mettaes».

— Manuel G. de Erédia, *Declaraçam de Malaca*, fl. 55.
1632. — «Mandou vir do monte grande copia de palmeiras bravas que ali chamão **Sibalas,** com que foy lançando huma forte tranqueira em roda do Mosteirinho». — Fr. Luís de Sousa, *Hist. de S. Domingos,* III, p. 283.

**SIBAR** (mar. *xibāḍ*). Embarcação indiana, descrita por Bluteau: «Embarcação da India, usada na Costa do Norte de Goa até Patane, he mayor, e mais forte que o *Parangue*, serve para carga, e às vezes serve para hum desembarque de tropas no Paiz inimigo» (*Supplemento*). É do género dos *patamarins*.

1716. — «Do que toca ao naufragio do **Sibar** no rio de Mahim, bem sabe V. S.ª qual he a natureza dos *Colles*». — *Apud* Júlio Biker, *Collecção de Tratados,* III, p. 183.
1726. — «Tomou hum **cibar** com boa carga de hum mercador de Goa». — André Ribeiro Coutinho, *Relação*, p. 1.
1735. — «Os donos do **Sibar** que foi injùstamente represado em Carnar serão restituidos de tudo». — *Apud* Júlio Biker, *Collecção de Tratados*, VI, p. 185.
1741. — «E se obrigão a restituir todos os **Sibaes,** Manchuas, Parangues, Saudõs e outras quaesquer embarcayões». — D. José Barbosa, *Epitome da Vida*, p. 94.
1748. — «6 lanchas, 11 **sibares** e 25 barcas». — *Apud* Eduardo Balsemão, *Os Portuguezes no Oriente*, IV, p. 140.
1862. — «Sabendo que os Patamarins, **Sibares,** Manguerins, Pallas, Almadias, Paraos, Terradas e mais embarcações da costa do Malabar...». — Joaquim C. Soares, *Marinha*, in *Os Fastos,* de Castilho, p. 403.
1673. — «The Ambassador having received Instructions, and got all things ready for his journey, embark'd in a Bombay **Shibar**». — Fryer, *East India*, I, p. 198.
1918. — «**Shibars** are trading boats, *manchuas* being a stranger kind of trading vessel than **Shibars**». — In *The Moderne Review*, de Dezembro.

* **SICA** (ant.), **sicó** (p. us.). Cunho da moeda; sêlo. Do ár. *sikka*; *xikkó* em concani. Dozy regista o peninsular *cica* com os significados de «moeda, casa de moeda».

1544. — «Sua senhoria auia d'auer por bem que as **siquas** das moedas corressem em seu nome por todo o Reino de Guzerate». — Simão Botelho, *Tombo da India,* p. 225.



«Quanto à moeda ser chapada de sua **sita** [sica], pois já lhe concedia que todo o proueito serya delRey de Portugal». — *Id.*, p. 226.
1815. — «E não pelos **Sicós** (Sellos) da Casa que tinha Laximinagi, mas por seus bilhetes particulares». — *Collecção de Bandos*, II, p. 30.
1856. — «A investidura do Rajá Bahadar consistia em conceder, por hum *Farmão* Imperial, sendo da 1.ª ordem, além do **Sicó** (sello) o uzo do Estandarte do Pião». — F. N. Xavier, *ibid.*, *Apêndice*, II, p. 64.
1814. — «... tendo nas suas mãos os **Xicós**, e usando delles na fórma dita». — *Apud* Júlio Biker, *Collecção de Tratados*, XI, p. 290.

**SIGMÓ**; **sigamó** (p. us.). Licenciosa festividade gentílica do Concão, semelhante ao nosso carnaval. Do conc. *xigmó* ou *xim'gó*, *xim'gã* em marata. É conhecida também por *olli* e *festa de arequeira* (qq. v.).

1729. — «Pretendendo o Dessay Ramogy Rao celebrar o seu **sigmó** publicamente com bailadeiras nesta Ilha...». — *Arvhivo Port.-Oriental*, Supplemento II, p. 321.
1729. — «Tinha hido assistir ao **sigmó**, que he huma festa de entrudo dos Gentios». — *Ibid.*, p. 323.
1731. — «O torpe e detestavel festejo do seu entrudo, a que chamão **Sigmó**». — *Ibid.*, p. 368.
1794. — «... e quarenta e dous xerafins, que se hão de despender com o **Sigmó,** ou entrudo». — *Collecção de Bandos*, I, p. 57.
1842. — «Ha a do **sigmó** (carnaval), a do *ganessa*, e sobre todas a da *Linha*, muito celebradas». — *Annaes Maritimos*, p. 441.
1869. — «Nas festividades gentilicas do *Caló*, em Vellûs, e do **Sigmó,** em Arvalem, fazem-se mercados que duram tres dias». — *Relatorio Final da Provincia de Satary*, p. 10.
1886. — ««**Sigmó** — É o carnaval dos gentios, como o *alahaç* é o carnaval dos mouros, e tem lugar antes da quaresma dos hindús». — Lopes Mendes, *A India Portugueza*, I, p. 43.
1905. — «Não se parece [o *mandó*] nada com a antiga música, religiosa ou profana, dos Indús, que se canta ainda hoje nos templos brahmanicos de Goa pelos *zatras*, **shigmós** e *tacardumos*, bem como nas festividades domesticas e nas publicas». — Fernando Leal, *Gloss. Port.-Oriental*, in *O Heraldo*, de 10 de Junho.
1916. — «Cremos que não ha razão para prohibirem procissões em freguezias que não a de Margão, como succede com a festividade gentilica de **xigmó**». — *O Ultramar*, de 22 de Março.

«**Simão**, m. (gir.). Macaco. Infl. de *símio*». Cândido de Figueiredo. O termo é usado na Índia Portuguesa. O seu étimo é o mal. *siamung*, que Devic diz ser «singe anthropomorphe, connu dans les forêts de Sumatra». É possível que fôsse introduzido na Europa pelos ciganos.

1836. — «On'y rencontre quelquefois le **simiang** (*hylobates syndactylus*), qu'Alfred Devàncel, ce martyr de la science... a reconnu à Soumatra, et a fort bien décrit». — Rienzi, *Océanie*, I, p. 245.

**SIMATEM.** Cacho de cocos ou de arecas, *manzari*. Do conc. *ximpṭém*, vulgarmente *xim'tém*.

1728. — «*Manzari*. Termo da India Portugueza. He o cacho de cocos; e tambem se chama **Simatem**». —Bluteau, *Supplemento*.

**SINABAFO** (ant.). Tecido branco e fino de algodão, fabricado em Bengala. Do pers. *xinnbāft*.

1508. — «Os **sinabafos**, porcellanas, e cousas d'este jaez, são mais longe».—*Carta* de D. Francisco de Almeida, in *Lendas*, I, p. 909.

1513. — «Na Indya hos homens que o contrairo fazem, sam homes frogieadores, e farám mill emganos e mill emvirilhados por roby, e quebrarám mill vezes minha pallaura por aver hum **synabafo**». — Afonso de Albuquerque, *Cartas*, I, p. 173.

1516. — «De Bengala lhe trazem muytos **synabafos**, que saom sortes de panos muyto delguados dalgodam que antre elles valem muyto». — Duarte Barbosa, *Livro*, p. 261.

1538. — «A terceira é o Dio, terra muito mercantèsca; tem gengibre e pannos sem fim, isto é bombaginas finissimas, sedas boceacinas, **sinabufos**». — *Viaggio*, in *Bol. S. G. L.*, V, p. 547.

1552. — «De Bengala, **sinabafos**, beatilhas, chauteres». —Castanheda, *Historia*, II, cap. 58.

1554:

> «Porcelanas, *beijois*
> **sinabafos** *rambotijs*
> delgadissimos e fortes».
>
> Garcia de Resende, *Miscellanea*, fl. 166.

1560. — «... e outros vinte panos brancos grandes, muito finos em estremo, a que chamão **sinabafos**».— Gaspar Correia, *Lendas*, I, p. 100.

1894. — «Oh! que riqueza! acrescentou o velho n'outro tom, de olhos esgazeados para uma vistosissima peça de **sinabafo**, coberta de caprichosos desenhos indianos sobre fundo amarello». — Lopes de Mendonça, *Os Orphãos de Calecut*, p. 40.

1510. — «Bairami, Namone, Lizari, Ciantari, Doazar, & **Sinbaffi**». — Barthema, *apud* Ramúsio, I, fl. 165.

* **SINAI.** É o tratamento que se dá ao brâmane ilustrado da subcasta sarasvati. É tambêm apelido de muitas famílias hindus. Do conc. e mar. *xeṇ'vī*. V. *xenoi*.

1554. — «Foy aforada a Çaputo **sinay** por setenta e cinquo pardaos». — Simão Botelho, *Tombo da India*, p. 187.

1635. — «Pelo dito Rey foi praticado ao senhor capitão por meio do interprete e lingoa Mangogy **Sinay**, bramàne».—*Apud* Júlio Biker, *Collecção de Tratados*, II, p. 62.

1663. — «... e de hum bracmane gentio por nome Ramogi **Sinay**». — P. Manuel Godinho, *Relação*, p. 20.

1728. — «Bramanes Curtalos, são os que se prezão, por serem os que de ordinario assistem aos Reys, e Regulos, e se chamão **Sinays**, que he o mesmo que Sciente... São *Gancares*, e as primeiras Aldeas das Camaras geraes são suas, a saber, nas Ilhas de Goa Neura o grande, em Salcete, Margão; em Bardês, Sirola». — Bluteau, *Supplemento*.

1738. — «Escriptura do a Rendimento da renda da nova Inposição da parte de Umbargão sua pertença e jurisdição a rematada em Crisna Camotim da Casta **Sinay**». — *Apud* António Moniz, *Hist. de Damão*, II, p. 21.

1758. — «Administrão o *dessayado* Cudal, pertencente a Quema Saunto Bonsaló menino de dez para honze annos, dous Secretarios; chamam-se estes Deubá **Sinay**, Quebá **Sinay**, ambos Irmãos, e Bramenes». — *Apud* Joaquim C. Soares, *Doc. Comprobativos*, p. 71.

1907.—«O professor das escolas hindus costuma-se chamar em Goa *Shenoi-mama*, que quer dizer na phrase vulgar chefe ou conselheiro, parecendo derivar aquella palavra de alcunha **Sinay**, pois que era e é ainda, ás mais das vezes, ministrado este ensino preliminar pelos individuos da classo dos **Sinays** (smartas) que se dedicavam a este officio». — *Luz do Oriente*, de Novembro.

1623. — «Alcuni Brahmani, come i *Panditi*, ò i *Boti*, che son tenuti fra loro in molta stima, non mangiano in compagnia, nè pur in casa d'vn Brahmane, **Sinay**, ò *Naieke* e altri Nobili, che son di quelli che mangiano pesce, detti dal loro con nome generale *Mazari*» (= gatos).—Pietro della Valle, *Viaggi*, III, p. 164.

1674. — «The **Sinais** are more biass'd by secular Offices, out which are made their fighting Bishops, *Desies* [dessais], or Farmer's of the King's Rents, *Pundits* (Governor's of Towns and Provinces], Physicians, Accountants, Scrivans [= escrivães] and Interpreters». —Fryer, *East India*, II, p. 101.

1884. — «Les **Shenevis** (Brahmes) dans le pays marathe». — Mgr. Laouenan, *Du Brahmanisme*, I, p. 189.

* **SINDI.** Palmeira «lavrada à sura», em Damão. *Sindī*, *sindhī* ou *xindī* quer dizer em marata «tamareira brava e a sua *sura*».

1740 — «Os **Sindys** se entende palmeiras de lavradura, de que se tira vinho que estão nas aldeias do *Sarcar*, são contados, como tambem os **Sindys** das aldeias que por banda de Damão se tem dado pela troca».—*Apud* Júlio Biker, *Collecção de Tratados*, VI, p. 219.

**SINDO** (ant.). «Lavrador» de palmeiras ou o indivíduo que extrai *sura*, na Índia Portuguesa. Não estou seguro da etimologia; o termo não é usado em concani, nem sei se foi antes usado com o referido significado. *Sindā* ou *xindā* é em marata o nome duma casta, originada de descendentes de escravas, a qual não consta que se ocupe em tirar sura. É possível que o vocábulo português se derive de *sindi*, q. v., e se deva acentuar *sindó*.

1687. — «São os que tirão o licor, ou sura das palmeiras (a que chamão os Canaris **Xindos**, os do Norte *Bandaris*). — P. Fernão de Queiroz, *Conquista de Ceylão*, p. 16.

1728 — «**Sindos**, na India Portugueza se chamão os *rendeiros* que sobem as palmeiras para tirar a Sura, e no Norte se chamão Bandarins». — Bluteau, *Supplemento*.

**Sintó.** V. *xintó*.

**SIPAI** (também **cipai**). Soldado indígena disciplinado e fardado quási à europeia, na Índia e África Portuguesa; fâmulo fardado, que acompanha ou faz recados. Do persa *sipāhī*, de *aspa* (sânsc. *açva*), «cavalo». Os nossos escritores antigos desconhecem o termo; empregam *lascarim* e *pião* neste sentido. Indo-ingl. *sepoy*, *seapoy*.

1609. — Alem desta charidade nos fez outra que foy darnos doze homẽs de guarda (a que elles chamão **Hispains** que he o mesmo que soldados)». — Fr. Gaspar de S. Bernardino, *Itinerario*, p. 135.

1728. — «... se ordenou que se formassem outras companhias, porem que estas fossem de **sipaes**». — In *O Cronista de Tissuary*, I, p. 30.

1740. — «Os **sipaes** do governo de Damão, nem os **sipaes** do governo Maratha poderão passar de huma jurisdição para outra». — *Apud* Júlio Biker, *Collecção de Tratados*, VI, p. 214.

1741. — «Estes **Sipaes** ou Lascarins, são huma casta de Tropas precisas nas guerras da Asia».—*Apud* Joaquim C. Soares, *Doc. Comprobativos*, p. 16.

1741. — «... e quasi setecentos **Sipàes**, que correspondem na Asia aos Suizzos na Europa». — D. José Barbosa, *Epitome da Vida*, p. 76.

1750. — «Nas invasões do Maratto, os Gates por onde costumam passar, estão no seu dominio, e nós os vamos occupar com os seus, e nossos **Sipaes**». — Marquês de Alorna, *Instrucção*, p. 19.

1766. — «Ficando no campo um corpo de **sipaes**». — *Apud* António Francisco Moniz, *Hist. de Damão*, II, p. 89.

1771. — «Manda sua Magestade abolir inteiramente.... o nome e todo o exercicio dos *Parpotecares*, ou Feitores geraes com os seus Bragmanes, Cabos, e **Sipaes**». — Marquês de Pombal, in *Collecção de Bandos*, I, p. 11.

1825. — Os **cipaes** são maratas, e *patanes*, todos musulmanos asoldadados pela companhia» (inglesa). — José Inácio de Andrade, *Cartas*, I, p. 59.

1842. — «Os **sipais** são da casta marata, Mouros, e alguns tambem christianisados na aldêa de Tiracol. São bons atiradores, e aptos para a guerra, que fazem traiçoeiramente e a coberto, sem ordem ou regularidade alguma». — *Annaes Maritimos*, p. 198.

1849. — «Os **Sypaes** são os Suissos da India, e servem fielmente a quem lhes paga, não só no campo de batalha, se não tambem como guardadores de fazendas, e n'outros misteres». — Joaquim Soares, *Bosquejo das Possessões Portuguezas*, I, p. 84.

1866. — «Abriu-se uma porta e entrou um **sipai**, que, depois de fazer tres profundos *salamaleks*, entregou a Roberto um papel fechado que trazia na mão».—Francisco Luís Gomes, *Os Brahamanes*, p. 31.

1877. — «Alem da leva em massa, em tempo de guerra, todos os regulos prestam ao governo um certo numero de individuos, que voluntariamente se promptificam a fazer o serviço de **cypaes**, chamados em Inhambane «caçadores da terra»; estes caçadores recebem uma arma do governo, da qual podem fazer uso particular, ficando desobrigados do serviço de carregadores». — Caldas Xavier, in *Bol. S. G. L.*, II, p. 486.

1880. — «Os **cypais** [de Zanzibar] é a tropa mais extravagante que é possivel imaginar-se. Composta de arabes, como a primeira linha e *élite*, não tem fardamento especial, como não tem armamento». — *Ibid.*, II, p. 258.

1883. — «Os **cypaes** são homens escolhidos, boas figuras e perfeitamente fardados, assim como os *policemen*». — Adolfo Loureiro, *No Oriente*, I, p. 115.

1886. — «Os militares, denominados **sipays** (dizia o nobre Marquez de Alorna), se tivessem ordem e valor á proporção de outras circunstancias, seriam invenciveis». —Lopes Mendes, *A India Portugueza*, II, p. 138.

1898. — «Á casta militar pertencem os **cypaes**, soldados hindús de todas as nações que possuem territorios na India». — Oliveira Mascarenhas, *Atravez dos Mares*, p. 111.

1886. — «§ 1.º A Administração das confrarias e pagodes do concelho de Pondá terá mais um **sypae**». — *Regulamento das Mazanias dos Pagodes*, p. 7.

1895. — «Os quarteis são bons, tanto o das tropas europeias, como os das tropas indias, **cipaios**; bellos soldados, altos, fortes, arrogantes, com os pannos vermelhos tão caracteristicos atados em volta da cabeça». — Conde de Arnoso, *Jornadas pelo Mundo*, p. 109.

1909. — «Suppõe-se ter sido estabelecido por provisão do governo de 1753, que organisou as tres companhias de **sipaes**, para cuja manutenção era destinada». — Amâncio Gracias, *Subsidios*, p. 138.

c. 1300. — «Pride has inflated his brain with wind, which extinguished the light of his intellect, and a few **sipāhīs** from Hindustan, without any religion, had supported the credit of his authority». —Amir Khusru, in *Glossary*.

1750. — «On prend aussi quelques soldats parmi les natifs de l'Isle [de Bombaim], on les appelle **Sepay**». — Grose, *Voyage*, p. 55.

1770. — «Une garnison de cent Européens et de trois ou quatre cens **Cipays**, forment sa défense». — Reynal, *Histoire*, I, p. 331.

1774. — «Spedirono subito un'armata di 3000 **Sipai** europiani per l'artiglieria». — P. Tomba, *apud* Gubernatis, p. 23.

1786. — «La porta del Ponente della città si custodiva dalli **Sipais**, soldati Indiani radunati di tutte le tribù, e religioni». — Fra Paolino, *Viaggio*, p. 4.

1845. — «Le **cypahi** est bien payé; il reçoit sept roupies par mois (environ dix-sept francs) en garnison, et en marche une augmentation ou *batta* d'une roupie huits *annas*». — Jancigny, *Inde*, p. 38.

1860. — «Les indigènes, sous le nom de **cipayes**, remplissaient presque tous les cadres, et, pour les recruter, il n'y avait pas besoin ni de presse, ni de conscription. Il suffisait de battre la caisse dans un carfour pour trouver des soldats, pauvres diables sans ressources, ne sachant comment vivre et qui acceptaient avec empressement une solde et un uniforme». —Enault, *L'Inde Pittoresque*, p. 492.

**SIPATÃO.** Funcionário chinês. Não se sabe bem o seu ofício. *Xi-pin* quere dizer «secretario».

1540. — «Acompanhado de muitos ministros, e officiaes, a que elles chamão Chumbins, Upos, Lauteás, e **Sipatoens**». — Fernão Pinto, *Peregrinação*, cap. 115.

*** SIPUTE.** O vocábulo é malaio, *siput*; significa «concha ou marisco» em geral; mas não se sabe em que sentido específico é empregado na primeira abonação; talvez no de búzio, como é entendido em Macau. V. *chipe*.

1843. — «87 [picos] de sabão; 2 de **siput**». — *Annaes Maritimos*, (parte official), p. 38.

1907. — «*Subute*, s. buzio. Introduzido do creoulo de Macau «**sipute**». — Rafael das Dores, *Dicc. Teto-português*.

1878. — «Elles recueillent les unes des **siput** (bivalves), les autres des *kouping* (univalves). — Marcel Devic, *Légendes de l'Archipel Indien*, p. 57.

*** SIQUÁ** (chin. *si-kvá*). Espécie de abóbora chinesa, descrita abaixo.

1902. — «Entre as *Cucurbitaceas* convem notar o **si-quá** (*Cucumis longa*), cujo fructo é comestivel quando não está ainda muito maduro, é muito comprido e tem na casca arestas longitudinaes. Depois de maduro, o tecido interior torna-se fibroso e é empregado como esponja». — *Ta-ssi-yang-kuó*, II, p. 157.

*** SIRCAR.** É o mesmo que *sarcar* (q. v.), mas escrito à inglesa e empregado no sentido de «grande divisão administrativa de território, no império do Grão Mogor; província».

1898. — «Sob o reinado d'Abkar, neto de Baber, foi o imperio dividido em *soubhs* (governos), estes em **sircars** (provincias), e os **sircars** em *pargannahs*». — Oliveira Mascarenhas, *Atravez dos Mares*, p. 84.

1590. — «His dominions consisted of 105 **Sircars**, subdivided into 2737 *kusbahs*» (vid. *cassabé*). — Gladwin, in *Glossary*.

**SIRICAIA.** Manjar malaio, composto de leite, ovos e açúcar; leite creme. Do mal. *srikáya*, que é também o nome de *ata* ou *fruta do conde*. Conforme os nossos dicionários, o termo é conhecido na cozinha portuguesa. Vid. Morais [1].

1609. — «Fez hum manjar de leite o assucar, a que na India chamam **Syricaya** (que he hum comer muito excellente)». — Fr. João dos Santos, *Ethiopia Oriental*, II, p. 147.

1720. — «**Siricaya**. Leite em **Siricaya**. He leite, que se faz com ovos, açucar e farinha, e às vezes sem ella, e toma no lume certa consistencia». — Bluteau.

1690. — «. . . dicta **Siricaya**, quae certae sunt deliciae ex ovis et lactis cremore confectae, quales placentas ovarias vocamus». — Rumphius, *Herbarium Amboinense*, I, cap. 39.

1836. — «Les deux variétés *nona* (*anona squamosa* et *reticulata*) sont fort répandues Elles sont originaires de l'Amérique espagnole. On donne à ce fruit le nom de **srikaya**, parce que son goût a quelque chose d'un mets fait avec du lait et des œufs». — Rienzi, *Océanie*, I, p. 107.

* **SIRIXA** (sânsc. *çirisa*, *siras* em concani). *Mimosa sirisa*, Roxb., ou *Albizzia Lebbek*, Benth. A sua flor é tida por tipo de delicadeza. «A madeira é forte e duravel; os hindus teem um preconceito contra o uso d'ella para construcção de casas». D. G. Dalgado, *Flora*.

1906. — «**Sirissa** — Uma flor sagrada. No primeiro acto de *Sakuntálá* uma pequena e leve canção se refere a esta flor delicada». — Alberto O. de Castro, *A Cinza dos Myrtos*, p. 199.

**SISSÓ**; **sinsó** (incorrecto). Nome de duas árvores indianas da família das leguminosas — *Dalbergia sisso*, e *D. latifolia*, Roxb. A sua madeira é conhecida pelos nomes de *pau santo* e *pau preto*, e muito estimada. Do conc. *xisó*.

1634. — «Rondão todas as noites com tochas de páo, que chamão **sinxó**, que ardem e alumião como se forão de cera, e quanto mais molhado de agoa arde mais». — António Bocarro, *Livro*, III, p. 224.

1782. — «A 2.ª [planta] é o **sissó**. . . a sua madeira serve para obra de marcenaria e carpentagem, e muito estimada pela sua bondade, côr, dureza, semelhante ao nosso pau santo». — Fr. Clemente da Ressurreição, *Tratado*, II, p. 318.

1843. — «A segunda especie de madeira que merece attenção, é preta quasi como o **cissó** da India, é o ebano» (em Timor). — *Annaes Maritimos* (parte official), p. 88.

1846. — «**Sissó** (Páo santo), Páo preto (Ebano)». — F. N. Xavier, *O Gabinete Litterario*, I, p. 250.

1865. — «As arvores dominantes são o **sissó**, a moreta e o nanô». — *Relatorio Final da Provincia de Satary*, p. 131.

1874. — «Os *boiás* com o suor que os inundava, pareciam de **cissó** envernizado». — Tomás Ribeiro, *Jornadas*, II, p. 106.

1879. — «Os inglezes consideram a teca e o **sissó** como madeiras reaes e por isso não concedem licença a particular algum para cortar estas arvores nas matas do estado». — João Stuart Torrie, *Estatistica da India Portugueza*, p. 134.

1886. — «**Sissó** (*dalbergia latifolia*) é a arvore de madeira preta, muito conhecida na India pela grande procura para a mobilia lavrada de que tanto uso se faz, e a que na Europa se dá grande apreço. Corre, como proverbio entre os hindús, que a prata, o ouro e o **sissó** nunca perdem o valor». — Lopes Mendes, *A India Portugueza*, II, p. 216.

1892. — «Quasi desappareceu o **sissó** (páu preto), mareta e outras especialidades de grande valor». — Augusto de Macedo Pinto, *Breves Estudos*, p. 8.

1911. — «A téca, a marêta, o jamboleiro, o pau ferro, o **sissó**». — José C. Castel Branco, in *Bol. S. G. L.*, XXIX, p. 389.

1912. — «Trajava um vestido de veludo côr de rosa, que ficava muito bem á sua côr trigueira de **sissó**». — *O Ultramar*, de 28 de Julho.

1918. — «. . . o **sissó** e o pau rosa que dão belas madeiras para marcenaria». — Fortunato de Almeida, *Portugal e as Colónias Portuguesas*, p. 254.

1825. — «His business is to superintend a plantation of **sissoo-trees** made by Dr. Wallich». — Heber, *Narrative*, I, p. 473.

1908. — «Owing to the fact that the **sissu** very rarely grows straight, the timber is not of much use for beams though it is in much demand for knees of boats... The wood is said to yield an empyreumatic oil, and the raspings of the wood are officinal, being regarded as alterative». — Watt, *The Commercial Products*, p. 486.

* **SIURAI** (ant.). Moeda de cobre, do valor de seis réis de Portugal, mandada cunhar pelo rajá Sivaji. Do mar. *xivrāī*.

1879. — «**Siuray** (meio *dabu*) 9 réis de Goa. — João Stuart Torrie, *Estatistica da India Portugueza*, p. 196.

1880 — «Com o cunho marata gira [em Damão] o dabú que vale 3 [deve ser 2] **siuray** ou 18 réis de Goa, o **siuray** ou ½ dabú que tem 4 *aricás* ou 9 réis de

---

[1] Domingos Vieira régista *sericaia* e *siricaia* como vocábulos de significados diferentes. Cândido de Figueiredo reputa brasileiro o vocábulo.

Goa». — Teixeira de Aragão, *Descripção das Moedas*, III, p. 102.

1900. — «Foi mais ou menos nessa occasião [1845] que appareceu no mercado a moeda **siuray**». — António Francisco Moniz, *Hist. de Damão*, I, p. 242.

1914. — «Os damauenses acharam de mais facil circulação as moedas marathas dâbû e **sivrai**... **Sivrai** — moeda circular, irregular e tôsca, da grossura de 4mm e dimensão de um quarto de rupia... Valor, um quarto de tanga». — *O Oriente Portuguez*, X, pp. 76 e 78.

* **SISSU** (mais correcto), **suçu**. É o nome chinês de *Diospyrus kaki*, conhecido em Macau por *figo káki*. Do chin. *xitsze*, lit. «xi-fruto».

1638. — «E as [frutas] que faltão a Hespanha e a Italia, são tres generos: o primeiro que os Chinas chamão **Sie-su** e os Portuguezes lhe chamam *figos*, não porque tenhão a mesma semelhança, mas porque incita o sabor ao gosto de figos: destes, os mayores, e melhores são da grandeza de hum marcotão: a cor he amarella, tam alegre, e tam viva, que parecem pomos de ouro». — Fr. Jacinto de Deus, *Vergel*, p. 209.

1902. — «Ha tambem o *figo-kaki* que não é senão o fructo de *Diospyrus kaki*... É ao figo-káki (chamado pelos chinezes *sz'tsz'*) que se refere Semedo». — *Ta-ssi-yang-kuó*, II, III, 3.

1637. — «Ay aquellas dos galantes frutas: una el **suçu**, pomos roxos, y que llegan a ser de la grandeza de naranjas, de sabor varios, y algunos excelentes». — P. Semedo, *Imperio de la China*, p. 7.

**SIVANA**, **sivane** (conc. *xivan*). Árvore indiana da família das acantáceas — *Gmelina arborea*, Linn. A sua madeira é branca, leve, rija e fácilmente afeiçoável [1].

1782. — «A 5.ª planta é a arvore chamada **sivana** .. da sua madeira se fabricam imagens e outras obras de lavor e esculptura, por sua brandura e liaura». — Fr. Clemente da Ressurreição, *Tratado*, II, p. 319.

1846. — «*Sirosso, Sirsy*, **Sivan**, *Dutin*». — F. N. Xavier, *O Gabinete Litterario*, I, p. 250.

1886. — «**Sivane** (*gmelina arborea*): é arvore de grandes dimensões, e a madeira tem grande valor por seu pouco peso e muita resistencia, para estatuetas, coronhas de armas, caixas de carruagens e outros trabalhos de marcenaria». — Lopes Mendes, *A India Portugueza*, II, p. 348.

[1] *Sivom*, registado no dicionário de Cândido de Figueiredo, deve ser corrução de *sivane*.

**SMRITI**. A palavra sânscrita *smṛti* (de *smar*, «lembrar»; cf. lat. *memor*, gr. *mémeros*), significa «lembrança, recordação: tradição de memória»; e em particular, «tradição legal, direito consuetudinário». As leis religiosas e civis, transmitidas oralmente, foram depois redigidas em códigos, *dharmaxastras*, q. v. Manu diz (II, 10): «Por *Çruti* se entende o Veda, e por *Smṛti* as ordenações da sagrada lei».

1883. — «É o Codigo de Manu conhecido na India sãoskritica pelo nome de **Manu-smriti** (*Manusmṛti*) tradição devida a Manu». — Vasconcelos Abreu, *Chrestomathia*, p. 116.

1907. — «E como manifestaremos a conveniencia e necessidade dos *mantras, tantras, shrutis*, **smurtis** e *purannas?*». — *Luz do Oriente*, de Outubro.

1888. — «**Smriti**. «What is remembered». Inspiration, as distinguished from *Sruti*, or direct revelation. What has been remembered and handed down by tradition». — Dowson, *Hindu Mythology*.

**SOCÃO**. Temoneiro, pilôto, na Índia. Do persa *sukkānī* < ár. *sukkān*, «leme».

1577. — «E o mesmo faça aos *Mocadões*, **Socões**, e Vogas; porque sendo o trabalho dos marinheiros grande, o interesse pequeno, se a isto se ajuntar desfauor, quem terá gosto de servir?». — *Primor e Honra*, fl. 68 *v*.

**SOFI** (mais us.), **sufi** (mais correcto). Nome pelo qual foi por longo tempo conhecido na Europa o rei da Pérsia muçulmana. «Êste titulo, diz Yule, representa *Sūfī*, *Safawī* ou *Safī*, nome da dinastia que reinou na Pérsia por mais de dois séculos (1499-1722, nominalmente até 1736)». Presume-se que Ismail, primeiro rei desta família, muito mencionado por nossos cronistas, tomou o apelido do seu célebre ascendente *Safī-ud-dīn*, que pertencia à seita filosófica de *sufis*, q. v.

1529. — «Pagão os Reys de Ormuz parias ao Xeque Ismael ou **Sufi**, como lhe agora chamão». — António Tenreiro, *Itinerario*, cap. 1.

1540. — «Por ser defesa com pena de morte vender a nenhum estrangeiro, salvo aos Persas de Xatamas, a que chamão **Sofio,** os quaes com licença que tem para isso comprão algumas peças [de porcelana] por muyto grande preço». — Fernão Pinto, *Peregrinação*, cap. 88.

1552. — «Pagaua elRey Dormuz tributo ao Xeque Ismael, ou **Sofio,** como lhe ca chamão: que era muy grande senhor de terras em Persia e na Arabia, e na India primeira, e em outros reynos». — Castanheda, *Historia*, II, cap. 58.

«Antes disto entrou na India hum rey de hũs poucos a que vulgarmente chamão *Mogores*, cujo senhorio confina com o de **çofio**». — *Id.*, VIII, cap. 83.

1554:

> «Veinos tambem leuantar,
> sem ninguem se non por si
> o Xeque Ismael **Sophi**
> e por amor ajuntar
> gente que mais nunca ouui».

Garcia de Resende, *Miscellanea*, fl. 153.

1565. — «Honde era o apresento de **Sofi** e seus antepassados». — *Itinerario* de Mestre Afonso, in *Annaes Maritimos* (1844), p. 316.

1600. — «. . . e logo sem mais effeito as do medo de rebelliam, e armas dos proprios seus, com as ameaças da ira, e furor do gram **Sophi** da Persia». — P. João Lucena, *Historia*, x, cap. 10.

1608. — «Mas sua Alteza, que era descendente de Mafamede, e de Ali seu genro, bisneto do Gram **Sofi** Ismael, reformador, e defensor da seita Mahometana. . .». — Fr. António de Gouveia, *Relaçam da Persia*, fl. 62 *v*.

1609. — «Ale Husçaim, que foi pay de doze filhos, que entre os persianos tiverão todos nome de sanctos, e destes procedem os **Sophis** da Persia. . . Então se chamou **Sophi** (que quer dizer sabio, ou interprete de Deos)». — Fr. Gaspar de S. Bernardino, *Itinerario da India*, pp. 229 e 233.

1663. — «A côrte da Persia puzeram de primeiro os **sophis** della na cidade de Taurizio». — P. Manuel Godinho, *Relação*, p. 89.

1687. — «Mas em breve desistirão desta impreza, tratando-os o **Sufi** como piratas levantados, sem querer receber sua embayxada». — P. Fernão de Queiroz, *Conquista de Ceylão*, p. 967.

c. 1788:

> «Do nectar sentindo
> Nas fauces travo,
> Miserrimo Escravo
> Desdenha o **Sofi**».

Bocage, *Obras Poeticas*, I, p. 307.

1891. — «A designação de **Sophi, Sofi,** ou **Sufi** vinha-lhe da seita mystico-pantheistica, a que pertenciam os seus ascendentes». — Conde de Ficalho, Col. x.

1898:

> «Porque o xeque Ismael que hoje é **sophi** da Persia,
> Tem seu embaixador de olhos á espreita».

Lopes de Mendonça, *Affonso de Albuquerque*, p. 168.

1902. — «**Suffi** era o titulo do rei da Persia, como *Grão-Turco* o do sultão da Turquia, e *Grão-Mogol* o do imperador de Delhi». — *Ta-ssi-yang-kuó*, II, III, 6.

1558. — «The King of Persia (whom here we call the *great* **Sophy**) is not there so called, but is called the *Shaugh* [= Xá]. It were dangerous to call him by the name of **Sophy,** because that **Sophy** in the Persian tongue is a beggar, and it were as much as to call him The great beggar». — Ducket, in *Glossary*.

1572. — Erat Ismael is, quem **Sophum** cognominabant, Princeps inter Sarecenos omnibus artibus illo loco dignis excellens». — Jerónimo Osório, *De Rebus*, II, p. 361.

1589. — «Il est notoire qu'au pays de Corason iadis a eu la vogue un certain de basse condition nommé Xa Ismael, et par de **Sophy,** qui mit en avant une nouvelle interpretation de l'Alcoran». — Linschoten, *Histoire*, p. 53.

1604. — «. . . llamandose *gran* **Sophi** de ella [Ásia]: y no *Sophi* por sabio, como algunos mal intendieron, pensando que venia de *Sòpos*, vocabulo Griego, sino de *Sophi*, que es vocabulo Persiano, y quiere dezir lana, ò algodon». — D. Juan de Persia, *Relaciones*, fl. 50.

1610. — «**Sufy** no es nombre proprio, ni comun de Rey, mas adiectivo, que quiere dezir religioso, o quitado del mondo y que solo trata del sirvicio de dios». — Pedro Teixeira, *Relaciones*, p. 55.

1615. — «Ce Prince a connaissance du Preste-Ian, il nous dit que c'est le plus grand et le plus puissant du monde le mettánt au dessus du Grand Seigneur, et du **Sophy** de Perse». — Thomas Row, in *Relations*, „ p. 7.

**SOJA.** Planta leguminosa da Índia e do Extremo Oriente — *Glycine soja*, Sieb & Zucc. Do jap. *shōyū*. Prepara-se das suas vagens um condimento, muito apreciado em certas partes. Os ingleses chamam-lhe *soy*. V. *Glossário Ánglo-indiano*.

1852. — «. . . e dous pires um cheio de **soya** (liquido tirado d'uma fava), e outro contendo, á maneira de acepipe, peixe salgado». — *O Panorama*, IX, p. 87.

1919. — Anúncio do ministério dos abastecimentos: «69 kilos de **sója**». — *A Epoca*, de 20 de Setembro.

1669. — «Mango and **Saio,** two sorts of sauces brought from the East Indies». — In *Glossary*.

1854. — «L'un [plat] contient du ris,

l'autre du poisson et des légumes confits dans du **soy,** un troisième du poisson builli, un autre encore de *achars*, etc.».— Jancigny, *Japon*, p. 129.

«Des domestiques de deux sexes, toujours attentifs, leur présentent les épices et assaisonnements, parmi lesquels le **soy,** le gingembre salé et le poisson salé jouent un très grand rôle». — *Id.*, p. 130.

*** SÓLANS** (s. f. pl.). Talhadas de certos frutos verdes (como mangas, brindões), secadas ao sol e salgadas, as quaes servem na Índia para condimentar caril e outras iguarias. Do conc. *solām*, pl. de *sól*[1].

1563. — «... e a casca [de brindão] se guarda seca, e se leva por mar pera fazer vinagre; e já alguns a levarão para Portugal, e acharam-se bem com ella».—Garcia da Orta, Col. x.

1782. — «E no mingoante colher *cajus* para vinho, *caroços* para guardar, o brindão para **solans**». — Fr. Clemente da Ressurreição, *Tratado*, II, p. 283.

«Das cascas [de brindão] se faz **solâm** secco ao sol para tempero». — *Id.*, p. 317.

1842.— «**Solam** de brindão, 160 ditos» (*candis*). — *Annaes Maritimos*, p. 364.

1846. — Brindão serve como hum acido, e he objecto de exportação, sob a denominação de — **Solans** *de Brindão;* assim como o azeite das suas sementes».— F. N. Xavier, *O Gabinete Litterario*, I, p. 249.

1862. — «... adubos ou temperos, bambús, manteiga da terra, **solam** de brindão, batte, nachenim, tory...». — Francisco Maria Bordalo, *Ensaios sobre a Estatistica*, v, p. 73.

1869. — «Produzem mais, termo medio, 6 *curós* de pimenta redonda, 1 candil e 10 curós de **solã** de brindão...».—*Relatorio da Provincia de Satary*, III, p. 5.

1879. — «**Solam** (cascas) de *ottomba* 14 *cumbos*, 3 candis, 14 curós».—*Apud* João de Andrade Corvo, *Estudos*, p. 26.

1898. — «**Solâms**, talhadas de certos fructos, seccados e salpicados, que se usam para caril».—D. G. Dalgado, *Flora*, p. XVIII.

1905.— «**Solans** de brindão ou outras, a curó 1/2 vintē velho». — Ernesto Fernandes, *Regimen do sal*, in *Bol. S. G. L.*, XXIII, p. 283.

1916. — «Vimos já que as principaes mercadorias que remetemos para o estrangeiro são: côco, sal, mangas, bambus, lenha, castanhas de caju, **solans** de brindão, areca e peixe salgado e sêco». — *O Ultramar*, de 6 de Novembro.

*** SOLAVACO.** É uma espécie de escudo das Malucas, em forma de telha, descrito abaixo. O termo é corrente em Ternate, Amboino, Manado sob a forma de *salavāku*.

1560. — «As rodelas a que chamão **solavacos** são de feição de telha, e chegão do chão á boca; e de hum palmo e meio de largura até dous, e delgadas e fortificadas com algũa *rota* bem lavrada, e hũa asa, ou castanha que lhe fica do mesmo páo com hum buraco por que mettem dous, tres dedos, e os mais andão por cima». — Gabriel Rebêlo, *Informação de Maluco*, p. 162.

1613. — «E a gente natural desta Ilha [Ternate], e das outras Malucas, tem parecer de Jaos denegridos, e uzão as mesmas armas, salvo na rodella, que a trazem de altura de hum homem, e propriamente se chama **Solauaco**».— Manuel G. de Erédia, *Informação da Aurea Chersoneso*, p. 135.

**SOLDÃO.** É o mesmo que *sultão*, mas os nossos escritores applicam-no em particular ao rei muçulmano do Egipto — «grão *soldão* do Cairo» — porque assim era tambem conhecido doutras nações: baixo lat. *soldanus*, ital. *soldano*, cast. *soldan*, fr. *soudan* e *souldan*.

1445. — «O seu Estado não he permanente, e firme como he o do **Soldão** do Cairo». — Luís de Cadamosto, *Navegação Primeira*, cap. 17.

1498. — «E alij descarregam e pagam ao Gram **Soldão** um direito». — *Roteiro de Vasco da Gama*, p. 88.

1505. — «... nos deu huma breve carta de Vossa Santidade, e com ella o trelado de huma carta que o gram **soldam** de Babilonya por elle a Vossa Santidade mandou». — *Alguns Doc. da Torre do Tombo*, p. 135.

1508.— «Matarãono Venezianos, e Mouros, como poderá saber por este homem que aly foy tomado». — *Carta* de D. Francisco de Almeida, in *Lendas*, I, p. 898.

1516. — «Ho gram **Soldam** do Cayro que nisto mais pode, mandou fazer nesta parte de Çues hua grande armada». — Duarte Barbosa, *Livro* (2.ª ed.), p. 258.

1552. — «Ordenarão de enuiar hũa embaixada ao grão **Soldão** do Cairo, como a pessoa que podia resistir a este commum damno». — João de Barros, *Déc.* I, VIII, 1.

1554:

> «E vimos por eleição
> como Papa se eleger
> por vezes o gram Soldam
> de Renegado Christam
> se auia de fazer».

Garcia de Resende, *Miscellanea*, fl. 153.

1557. — «O Xeque Ismael tinha sempre

[1] Em algumas abonações o termo está empregado na forma em que se acha em concani.

guerra com o Turco, e com o grão **Soldão** do Cairo». — *Commentarios*, II, cap. 23.

1563. — «O qual entre os Mouros por excellencia se chamaua o Rey, por este vocabulo *Soltão* que nós corrompemos em **Soldão,** chamado pelo proprio nome Cansor Alguari, em quem acabou o nome de **Soldão** do Cairo cabeça de todo o Reyno do Egypto, o qual estado ficou metido na coroa da casa otthomana de Turcos». — Barros, Déc. III, I, 3.

1563.—«E disso se ria o gram **soldam** Bahadur, rey de Cabaia». — Garcia da Orta, Col. de *betre*.

1566.— «Soube que a frota do **soldam** estaua no porto da cidade de Judá e que Solimam a mandaua concertar com tenção de outra vez vir sobre Adem». — Damião de Góis, *Chronica de D. Manuel*, IV, cap. 12.

1572:

> «Gidá se chama o porto, aonde o trato
> De todo o Roxo mar mais florecia,
> De que tinha grande proveito, e grato
> O **Soldão** que esse reino possuia».
>
> Camões, *Os Lusiadas*, IX, 3.

1593. — «Os muros que agora são muy inteyros e bem acabados, dizem que os mandou fazer o Grão Turco Solimão, depois que tomou a terra ao **Soldão** do Egypto». — Fr. Pantaleão de Aveiro, *Itinerario*, p. 100.

1616. — «Os gentios e Mouros usarão sempre outros nomes e apellidos peculiares a elles, e a seus estados, chamandosse **Soldões**, *Sofis*, *Xarifes*, *Xeques*, e outros semelhantes». — António Pinto Pereira, *Hist. da India*, I, p. 48.

1886. — «Vendo baldado o trabalho da viagem, escreveu Nuno da Cunha ao rei dos Mogoles, offerecendo-lhe a sua amizade e auxilio contra o **Soldão** Badur». — Lopes Mendes, *A India Portugueza*, II, p. 262.

1906.— «Mercenarios turcos, renegados levantinos e italianos, eram mandados contra nós dos portos do **Soldão** do Egypto, e com elles combatemos nos muros de Diu». —Alberto O. de Castro, *A Cinza dos Myrtos*, p. 193.

1588. — «Domandasse soccorro contro il nemico commune a Compione Rè del'Egitto e dell' Arabia, e della Siria, che chiamano **Soldano**». — P. Maffei, *Le Istorie*, p. 96.

**SÔLDO.** Antiga moeda portuguesa de Malaca, feita de estanho, do valor de 2 *caixas* ou 10 *dinheiros* ou 5 réis.

1552. — «De dez dinheiros outra [moeda], a que pos nome **soldo**». — Castanheda, *Historia*, III, cap. 61.

1557. — «E outra mais grossa, que tinha dez dinheiros, puzeram nome **soldo**». — *Commentarios*, III, cap. 32.

1566. — «Fez [Afonso de Albuquerque] moeda de dez dinheiros, a que pos o nome **soldos**». — Damião de Góis, *Chronica de D. Manuel*, III, cap. 19.

* **SOLONE** (s. m.). Forno alto de fundição de ferro, em Goa. Do conc. *tçulon* (mar. *tçulvãn*).

1886. — «**Solóne** (forno alto de fundição) — Entre as densas florestas das Novas Conquistas acham-se muitas minas de ferro, e **solónes** ali estabelecidos desde remotissimos tempos». — «Os **solónes,** como mostra o desenho, têem muita similhança, e quasi identidade em miniatura com os *fornos altos* da Europa». — Lopes Mendes, *A India Portugueza*, II, pp. 131 e 134.

I. **SOMA** (mal. *som*). Antiga embarcação de comércio e de guerra, na China, e na Malásia, semelhante ao *junco*.

1552. — «E ainda que com o escuro os da taforea não enxergassem o junco, enxergauão hũa **soma** que presumião ser o junco que desamarraya». — Castanheda, *Historia*, II, cap. 116.

1613. — «Usão de juncos e **sômas**, embarcações altas como navios de carga, com dous lemes e mastros, com vellas de palmas tecidas, e esteyras, com bambus attravessados em ordem apartados». —Manuel G. de Erédia, *Declaraçam de Malaca*, fl. 26.

1614. — «Galeões, galés, e galeotas, lancharas, bantins e balões, **somas** e juncos dos jáos que alli estavam de soccorro». — Diogo do Couto, *Vida de D. Paulo*, p. 134.

1635. — «Como na **soma** havia setenta jaos, que já estavam como *amoucos* e desesperados, brigaram valentemente... Rendida a **soma,** sem ficar nella jao com vida...». — António Bocarro, *Déc.* XIII, p. 94

1650. — «... de gente de duas **somas** de chincheus, que d'alli a dois mezes aportaram naquelle anno». — P. António F. Cardim, *Batalhas*, p. 67.

1667. — «Chegou mais a Macau em Agosto de 666 a **soma,** que em Abril tinha partido de Macau para Cochinchina». —In *Ta-ssi-yang-kuó*, de Outubro de 1892.

1669. — «Aos 15 de Abril chegou uma **sominha** de Cochinchina». — *Ibid.*, I, II, 11.

1687. — «E o lançou fora da ilha fermosa, que ele com mais 20.000 **somas,** naus grandes de guerra, tinha tomado aos Olandezes». — P. Fernão de Queiroz, *Conquista de Ceylão*.

1701. — «Mandou apresentar cincoenta **somas** das mayores, que fornecidas de quanta soldadesca podião levar, e de muita nobreza, largarão o panno, e sahirão do porto». — P. Francisco de Sousa, *Oriente Conquistado*, II, IV, 1.

1718.—«Mandava todos os annos a Cantam muitas **Somas,** que são embarcações de comercio conduzidas pelos Chinas moradores em Batavia». — D. João Barbosa, *Epitome da Vida,* p. 19.

1858.— «Os juncos de commercio, a que tambem chamam **sórmos** (*sic*) são bem construidos e quasi todos de excellente madeira de teca, e ás vezes tem o cavername de camphora. Alguns são de grande capacidade e medem centos de toneladas... As velas são geralmente d'esteira, e servem-lhes de rizes longas varas de bambú que lhes adaptam». —*Archivo Pittoresco,* I, p. 206.

1886. — «Estacionam sempre nas aguas de Macau mil e oitocentas e duas mil embarcações pequenas, denominadas **sommas,** tamões, tus, taitós (lailós?), chintós, tanxós, champões». — Adolfo Loureiro, in *Bol. S. G. L.,* xv, p. 41.

1596. — «Vix ante quinque dies, **Somas** totidem (naues Chinenses sunt) in Chinam amandarunt». — *India Orientalis,* III, p. 80.

1644. — «Fu additata loro vna naue ch'essi chiamano **Soma,** perche in quella douessero far ritorno».— P. Cardim, *Relatione,* p. 36.

1700. — «Le vingtième de May arriverent les **Sommes** Chinoises, qui apportaient à Messieurs les Ecclesiastiques et à nous nos petites pensions, qu'on nous envoyoit de Canton». — *Lettres Édifiantes,* I, p. 100.

1735.—«Leurs vaisseaux qu'ils nomment *Tchouen,* d'un nom commun aux Bateaux et aux Barques, sont appellez **Soma** ou *Sommes* par les Portugais, sans qu'on sache la raison que les a portez à les nommer de la sorte... On a commencé à faire des **Sommes** que les Portugais nomment *Mistisas,* ou Mestisses, parce que, sans rien changer à la construction Chinoise, on leur donne le gouvernail à l'Européenne». — P. Halde, *Description de la Chine,* II, pp. 150 e 162.

1770. — «Leurs jonques et leurs **sommes** ne peuvent se comparer à nos bâtimens. Les plus grosses ne sont pas de cinq cens tonneaux. Elles ne sont proprement que des barques plattes à deux mâts. Leurs voiles sont faites de nattes de Bambou, espece de canne fort commun à la Chine».— Raynal, *Histoire,* II, p. 24.

1782. — «Leurs vaisseaux ou **sommes** sont des machines énormes. Il y en a qui portent jusqu'à mille tonneaux. Les deux extrémités sont prodigieusement élevées, et présentent au vant une surface considérable... Leurs ancres sont de bois, leurs voiles de nattes, et leurs cables de rotins». — Sonnerat, *Voyages,* II, p. 27.

II. **SOMA** (s. m.; sânsc.). Sumo fermentado da trepadeira sub-himalaica *Asclepias acida,* enebriante e hilariante, empregado nos tempos védicos em libações aos dèuses e bebido pelos sacerdotes. Atribuiam-se-lhe propriedades miríficas, e reputava-se rei das plantas, dador da imortalidade, *amṛta,* «ambrósia». Um livro inteiro (*maṇḍala*) do *Rig-veda* é dedicado ao *soma,* onde se descreve minuciosamente o processo de o extrair para usos sacrificiais, se contam as suas virtudes, e se lhe tributam honras divinas.

Quando os indo-árias emigraram das margens do Indo para o sul, tornou-se-lhes muito difícil a aquisição da planta, e por êste motivo caíu em desuso o soma.

1885. — «As doutrinas relativas ao poder curativo e rejuvenescente das águas e à bebida do não-morrer (**Sôma** dos Bráhmanes, *Haoma* dos Zoroastreus), são de ensinamento dado por *Avárias* aos *proto-Árias,* que não só aos Eránios e Árias da Índia, pois é crença indo-celtica darem as águas e as plantas a saude e o não-morrer». — Vasconcelos Abreu, *A Litteratura e a Religião,* p. 7.

I. **SOMBREIRO.** Com os significados de «guarda-sol e guarda-chuva» o termo é corrente na Índia e na África Oriental e em ásio-português. Os nossos escritores antigos empregaram-no especialmente para designar o guarda-sol de fazenda rica, franjado, de roda ampla, pau grosso e comprido, levado por um *boí* ou *culé,* e que no Oriente é insígnia de realeza e de nobreza, ou se usa sòmente em ocasiões festivas, como casamento, baptizado, funeral de crianças. Os fidalgos portugueses e outros europeus de categoria também se serviam de semelhantes sombreiros, como se vê das estampas que Linschoten intercala na sua interessante obra. O uso de sombreiro vogava também em outras partes do mundo, como Assíria, Grécia, Roma.

Gonçalves Viana julga que o vocábulo era usado neste sentido em Portugal [*Apostilas*] mas a abonação que aduz é luso-oriental, do livro do Padre Cardim. O dicionário de Cândido de Figueiredo nota que é provincianismo beirão; deve provávelmente ter provindo da Índia em tempos modernos. *Sombreiro* significava antigamente no continente «chapéu», particularmente o de abas largas. É por isso que os indianistas chamam ao guarda-sol «sombreiro de pé», e Duarte Barbosa acrescenta que «se abre e cerra».

1498. — «Estas som as cousas que ho rrey [de Melinde] trazia... e hum toldo de çatim crimisym, o qual toldo era rredondo e andava posto em hum pao». —*Roteiro de Vasco da Gama*, p. 45.

1500. — «Somente deu lhe huum barete vermelho e hũua carapuça de linho que leuaua na cabeça e um **sombreiro** preto [chapéu]; e hum d elles lhe deu um *sombreiro* de penas d ave compridas» (no Brasil). — *Alguns Doc. da Torre do Tombo*, p. 109.

1504. — «Foy tomado pelos ditos *poleares* o **sombreiro** e huum tambor do irmão d el rrey de Calecut; e o **sombreiro** feitos (*sic*) em pedaços aos couçes que foy a maior deshomrra do mundo, porque aquella he a sua bandeira». —Álvaro Vaz, in *Cartas de Afonso de Albuquerque*, III, p. 263.

1516. — «Alem do page que diguo que trazem com hũa espada, trazem outro com hum **sombreiro** de pee que lhe faz sombra, e lhe tolhe a chuua e destes saom alg͠us de panos de seda muy bem lavrados de muytos pendentes douro, com muyta pedraria e aljofar, saom feitos de tal maneira que se abrem e ceram [cerram], muytos delles fazem de custo trezentos e quatrocentos cruzados». — Duarte Barbosa, *Livro*, p. 298.

1525. — «Diante d estes cavallos vay hũu cavallo com dous **sombreyros** d estado d elrey, e com mais louçainhas que os outros». — *Chronica de Bisnaga*, p. 108.

1552. — «ElRey vinha em hum andor dos que elles uzão, às costas de certos homens mui bem vestidos a seu modo com panos de seda: e por cima o cobrião tres ou quatro **sombreiros** não somente á pessoa d'ElRey, mas ainda aos homens que o trazião aos hombros». — João de Barros, Déc. I, VI, 4.

1552. — «O mais honrado **sombreiro** [na China] he o de seda amarela de tres rodas, e o mais baixo de tafetá preto». — Castanheda, *Historia*, IV, cap. 24.

1560 (1503). — «E no *tone* d'ElRey [de Calecute] hião seus **sombreiros**, que são, de palha, da redondeza de quatro palmos, posto em humas canas muy altas de tres quatro braças. Estes usão por estado de sua pessoa, que mostrão ali ir a pessoa d'ElRey, assi como um guião ou bandeira real, que nenhum outro senhor em seu reyno nom os pode trazer». — Gaspar Correia, *Lendas*, I, p. 378.

«(1538). — E ally fiqou o **sombreiro** d'ElRey [de Repelim], que he sua bandeira real». — *Id.*, III, p. 769.

1563. — «A Martim Afonso ficou [o rei de Cochim] em muitas obrigações por isso, e por duas vezes deitar a elrey de Calecut fóra de suas terras, e por lhe mandar o **sombreiro** que tomou com os *parós* em Beadalla». — Garcia da Orta, Col. XV.

1569. — «Arrebentou hum berço em pedaços, e hum d'elles tocou no **sombreiro** de Francisco de Barreto». — P. Monclaio, in *Bol. S. G. L.*, IV, p 494.

1572:

> «Com hum redondo emparo alto de seda,
> Nũa alta e dourada hastea enxerido,
> Hum ministro á solar quentura veda,
> Que não offenda, e queime o Rei subido».
>
> Camões, *Os Lusiadas*, II, p. 96.

1603. — «Dellas [*olas*] tessidas fazem tambem **sombreyros**, com que se defendem do Sol, e da Chuva». — Fr. António de Gouveia, *Jornada do Arcebispo*, fl. 62 *v*.

«Tornou ao Tone pello mesmo caminho e areal com maior ardor do Sol, que não foy menos perigo de saude, e ainda da vida, que o dos Naires, porque nem auia **sombreyro**, nem quem o trouxesse». — *Id.*, fl. 101 *v*.

1609. — «Das folhas, a que chamão *olas*... fazem velas e chapeos de sol grandes e pequenos, a que na India chamão **sombreiro**». — Fr. Gaspar de S. Bernardino, *Itinerario*, p 35.

1616. — «O Arcebispo [de Goa] quando sáe fóra faz levar comsigo um grande **sombreiro**, e é para notar que assim o d'elle, como o do Vice-Rei e dos outros grandes senhores são mui magnificos e cobertos de velludo, ou outro panno de seda; e no inverno de algum bom oleado, e o cabo dos **sombreiros** é de bonito feitio pintado de azul e dourado». — Pyrard de Laval, *Viagem*, II, p. 80.

1630.—«E ultimamente lhe dava licença para trazer **sombreiro** alto, que he insignia, que ninguem, senão ElRey, pode usar».—Fr. Luís de Sousa, *Hist. de S. Domingos*, III, p. 327.

1687. — «Hum rico **Sombreyro**, que o Samorim mandaua a Madûne, que Martim Afonso fez presente ao Rey de Cochim». — P. Fernão de Queiroz, *Conquista de Ceylão*, p. 171.

1679. — «No meyo vay o Emperador [da China] magestosamente em hum formoso ginete, com hum **sombreiro** *de Sol* feito com tal arte, e primor, que leva os olhos de todos, e de tal grandeza, que cobre ao Emperador, e ao seu cavallo». — Fr. Jacinto de Deus, *Vergel*, p. 263.

1715. — «Nenhuns *Boys* christãos acarretem os andores e **sombreiros** dos gentios, ainda que sejão rendeiros das dividas reaes». — *Carta Régia*, in *Archivo*, Supplemento, II, p. 8.

1718. — «O *Sibandar* conheceu o **sombreiro,** nobre insignia dos seus mais honrados Malayos». — João Tavares Guerreiro, *Jornada*, p 401.

1728. — «**Sombreiro.** He o nome que na India os Portuguezes dão aos chapeus de Sol, sempre levados por hum escravo, ou Boi, que he hum Indio da mesma baixa casta, que os que servem a trazer os Palanquins». — Bluteau, *Supplemento*.

1729. — «E depois hia hum Chim com hum grande **sombreiro** de setim amarello». — *Apud* Júlio Biker, *Collecção de Tratados*, VI, p. 81.

1846. — «Os **sombreiros** (chapeos de sol) são nesta occasião [de casamento] mais para ostentação, do que para reparar os ardores do sol». — F. N. Xavier, *O Gabinete Litterario*, I, p. 149.

1879. — «E o convidante [para o casamento], que é um parente proximo vai debaixo de um **sombreiro** (chapeo de sol) de etiqueta». — João Stuart Torrie, *Estatistica da India Portugueza*, p. 315.

1904. — «. . . e gozar de todos os privilegios, como de poderem usar **sombreiros** de palha e outros inherentes ao cargo de rendeiro». — Ernesto Fernandes, *Regimen do sal*, in *Bol. S. G. L.*, XXII, p. 320.

1916. — «A enorme multidão moveu-se então a custo para os Paços do Concelho, sendo resguardado o ilustre viajante e a sua comitiva dos raios do sol por numerosos **sombreiros** de damasco de variegadas côres, que produziam um efeito deslumbrante». — *Heraldo*, de 30 de Janeiro.

«Aurea pellebant rapidos umbracula soles,
Quae tamen Herculeae sustinuere manus».
Ovidius, *Fasti*, I, 31.

1582. — «Sogliono [os *tabapões*] per il cocente Sole portar vn **Sombrer** coperto di bombace ronuna chiara». — G. Balbi, *Viaggio*, fl. 124.

1599.—« . . a great broad **sombrero** or shadow in their hands to defend them in the Summer from the Sunne, and in the Winter from the Raine».— In *Glossary*.

1653. —«Si il va à pied le palanquin suit toujours par grandeur et un esclave porte le parasol ou **sombrero** comme l'appellent les Portugais». — Le Gouz de la Boullaye, *Voyages*.

1670. — «On s'en sert à faire des Parasols, ou **Sombreiro**, en langue Portugaise, qui sont aussi utiles pour la pluie que pour le Soleil».—Dellon, *Relation d'un Voyage*, I, p. 143.

1673. — «We saw two **Sombrero's** (a Mark for some of Quality) held up the Boat-stern».—Fryer, *East India*, I, p. 134.

1690. — «Ex iisdem quoque foliis ampli nectuntur pilei, atque umbella, quae ad solem avertendura capiti imponuntur, variis angulis ac coloribus tum splendide ornatae, ut etiam pompae inserviant. Portugalli has nominant **Sombreiro**». — Rumphius. *Herbarium Amboinense*, I, cap. 3.

1875. — «Arrian speaks of the *skiádia*, or umbrellas as used by all Indians of any consideration; but the thing of which he spoke was familiar to the use of Greek and Roman ladies, and many exemples of it, borne by slaves behind their mistresses, are found on ancient vase paintings».— Yule, *Marco Polo*, I, p. 345.

1900. — «Une vingtaine de parasols rouges, immenses, de cette forme asiatique, presque sans age, qui étaient déjà de mode aux défilés de Babylone ou de Ninive». — Pierre Loti, *L'Inde*, p. 195.

1913. — «. . . leaving in the hands of the conquerors, amongst other booty, a superb **sombreiro** or umbrella of state which was being taken as a present from the Samorin to Mayadunne».—P. E. Pieris, *Ceylon*, I, p. 74.

II. **SOMBREIRO.** Era também o nome que os mareantes portugueses davam a um enorme peixe do mar das Índias, o que vem minuciosamente descrito na Década III.

1563.— «Segundo dizião alguns mareantes, era peixe **Sombreiro,** chamado assim por elles, por auer hum no mar mui grande, que sobre a testa tem hũa cubertura a este modo». — João de Barros, Déc. III, IV, 7.

* **SONODO.** Alvará, patento, diploma, em Goa com relação a Novas Conquistas. Do ár. *sanad*, introduzido nas línguas neo-áricas.

1785. — «. . . determinando que se executasse o **Sonodo** da dita decisão e se desse posse á Supplicante do Salgueiral». —*Collecção de Bandos*, I, p. 33.

1785. — «He preciso que V. M. pela armada me remeta os proprios **Sonodos,** *Formões*, ordens do Felicissimo Madu Rao». —*Apud* Júlio Biker, *Collecção de Tratados*, VIII, p. 134.

1788. — Devem accrescer 13:723 xerafins, que dos fóros das aldeias se paga á gente da ordenança da nossa provincia, chamada do **Sonodo:** por quanto esta provincia he limitrophe do Estado, tinha creado nella o *Bounsuló* um corpo de Ordenanças». — *Ibid.*, p. 330.

1840.— «Á excepção dos *Sypaes* chamados do **Sonodo,** das Companhias dos Veteranos de Diu e de Damão, e presidios do Estado». — *Apud* Joaquim C. Soares. *Bosquejo das Provincias Portuguezas*, I, p. 14.

1842. — «Ha ainda alli a gente denominada do **Sonodo** de Pernem e Satary, que são uma especie de ordenanças (sipaes) que recebe uma limitada paga annual, a qual se lhe augmenta em tempo de guerra, se entram em serviço effectivo».— *Annaes Maritimos*, p. 201.

1846. — «Procedesse á rezenha dos Cabos, que obtiveram **Senodo** em 1801, para conforme ella serem pagos». — *Collecção de Bandos,* II, p. 117.

1849. — «Esta gente do **Senodo** é uma especie de Ordenança que recebe pequenissimo soldo em tempo de paz, que lhe foi garantido por Portaria de 26 de Janeiro de 1801, logo depois da retomada da provincia em que ella combateo, e que se lhe augmenta quando é chamada a serviço activo». — Joaquim Soares, *op. cit.*, p. 85.

«**Sonodó** é uma especie de titulo copiado da formula antiga do tempo dos Mouros, pelo qual se reconheceu direito a certa paga por serviços militares debaixo de certas condições, e por isso se diz: gente de **Sonodó**, que vale o mesmo que dizer: Mercenario do titulo de **Sonodó**». — *Id.*, p. 107.

1869.—«Possue em virtude do **sonodo** de aforamento concedido por Zoiagy Ranes». — *Relatorio da Provincia de Satary,* III, p. 17.

1890. — «Todos por meio de **senodos** ou concessões iam cerceando as communidades e minando a sua existencia». — António de Almeida Azevedo, *As Communidades de Goa,* p. 85.

1778. — «**Sanad,** Acte émané du *Divan,* dans l'Indoutan». — Auquetil Duperron, *Législation Orientale,* índice.

1880. — «The British Government remitted all such collections for the future, and granted **sanads** to the various *istimrárdárs,* declaring their existing assessments to be fixed in perpetuity.—Hunter, *The Imperial Gazetteer,* I, p. 126.

* **SOPEIRA.** Na Índia Portuguesa quere dizer «prato sopeiro ou prato de sopas».

1918. — «8 **sopeiras** de diferentes especies e qualidades». — *Heraldo,* de 15 de Janeiro.

**SÓRI** (teto). Dança marcial dos *assuais* (q. v.), em Timor. A palavra significa própriamente «protecção, reparação».

1868. — «... uns dançantes a que se chama assuai, que quer dizer valentões, brandindo espada ou zagaia, dando geitos, fazendo momices, requebros, gesticulando, accionando como se preparassem para combater, e saltando por entre as mulheres, que parecem insensiveis aos taes assuais e á sua dança que se chama **sóré**». — In *Annaes do Conselho Ultramarino,* IV, p. 34.

**SOTILICÁRIO.** Ave marítima da África — *Aptenodyta demersa,* Linn., *pingouin* em francês. Também é conhecido pela designação de *mangote* e *cotete.* Não se sabe donde tiraram o nome os companheiros de Vasco da Gama; é provável que esteja por *solitário* [1].

1487.—«Ha [na angra de S. Brás] huũas aues que sam tamanhas como patos e nam voam e chamam-lhe **sotylicayros,** e matamos delles quantos quisemos, as quaes aues azurram como asnos».—*Roteiro,* p. 14.

1551. — «Ha tambem hũas aues a que chamão **sotilicayros,** que sam tamanhas como patos e não voão porque não tem penas nas azas e azurrão como asnos». — Castanheda, *Historia,* I, cap. 3.

1560 (1503). — «Na Ilha fizerão carnagem de muytos passaros, que chamão **sutilicarios,** e lobos marinhos, e tartarugas, que havia muytas em estremo». — Gaspar Correia, *Lendas,* I, p. 413.

«(1506) Acharão muytos ovos de tartarugas, e muytas que tamarão, e passaros de muytas feições, que nom fogião, e mórmente muytos passaros a que chamão **sotilicarios** e baixos das pernas, muyto gordos e gostosos no comer». — *Id.,* p. 664.

1566. — «Ha ahi umas aues a que chamão **Sotilicairos,** tamanhos como patos braũos, que não voão por não terem asas, sómente has tem cobertas de couro, da côr e pello de morcego». — Damião de Góis, *Chronica de D. Manuel,* I, cap. 25.

1869.— «O *mangote,* ou *cotete,* como tambem lhe chamam, é antes semiave do que uma ave completa». — *Archivo Pittoresco,* III, p. 308.

1899. — «**Sotilicário**. Ave marítima cujas asas sem pennas têem o aspecto de côtos, donde veio á mesma ave o nome de *cotete*». — Cândido de Figueiredo, *Diccionário.*

1571. — «Aues etiam eo in loco visae sunt, quas incolae appellant **Sotilicarios,** pares anseribus magnitudine: plumis minime vestiuntur: alas habent similes alis vesvertilionum: volare nequiunt, sed explicatis alarum membranis, cursum celeritate summa conficiunt». — Jerónimo Osório, *De rebus,* I, p. 88.

* **SORÓDIO** (também *seródio*). *Çarad* é «outono» em sânscrito e concani e *xardāchem bhāt* é em concani «arroz do outono», isto é, arroz produzido em outono pelas águas da chuva. *Bate de soródio* é tradução da frase concani. O arroz que se produz na primavera por meio de irrigação distingue-se pelo nome de *vangana,* q. v.

---

[1] 1560.— «... alueolas, andorinhas, *solitarios,* e outras como zorzeus». — Gabriel Rebêlo, *Informação de Maluco,* p. 166.

1725. — «Nas Aldeias de Salcete as Repartições, e arrematações, assim do **sorodio,** como de vangana se fizeram sempre sem intervenção do Capitão». — F. N. Xavier (filho), *Collecção de Leis,* p. xxxi.

1746. — «... e cultivar as suas terras assim a vangana presente, como o **sorodio**». — *Apud* Júlio Biker, *Collecção de Tratados,* vi, p. 269.

1842. — «Muitos terrenos produzem duas novidades: a do **sorodio,** que se semeia nos principios da estação das chuvas e se recolhe no fim della». — *Annaes Maritimos,* p. 266.

1886. — «Dispostos assim os taboleiros, procede-se á sementeira, que tem logar pera o **serodio** em fins de maio». — Lopes Mendes, *A India Portugueza,* i, p. 50.

1909. — «Fóros de **sorodio**. Incidem sobre os cereaes e legumes da colheita invernal». — Amâncio Gracias, *Subsidios,* p. 240.

1911. — «Uma dellas, a do arroz de **serodio** (talvez corrupção, da palavra *serodio*) obtida por meio das chuvas da monção». — José E. Castel Branco, in *Bol. S. G. L.*, p. 298.

«As operações preparatorias da cultura do **serodio**». — *Id.*, p. 310.

1915. — «... distribuição da espiga do arroz novo, da cultura de **serodio,** que é a principal e de mais importancia». — Ismael Gracias, *A India,* p. 168.

**SOTTÁ** (s. m.; pl. **sóttás** ou **sottés**). Pau comprido, grosso, roliço e direito; barrote, na Índia Portuguesa. Do mar. *soṭā* (conc. *soṭó*), pl. *soṭé*.

1740. — «Só os mercadores da dita cidade e suas aldeias, que mandarem buscar madeira grossa, e **solás** (*sic*) para venderem, pagarão na fórma que sempre foi costume». — *Apud* Júlio Biker, *Collecção de Tratados,* vi, p. 213.

1740. — «Madeira chamada **Sottés,** que a nação Portugueza, e os moradores das aldeias da jurisdicção de Damão conduzirem das terras de Ramanagão para suas casas, e para outras obras, deixarão passar sem cobrar seus direitos». — *Ibid.*, p. 219.

1886. — «Os aguieiros ou arvores de desbaste são lotes de 20 peças — *corja* — tendo cada peça differente designação com respeito ás dimensões; assim uma corja de **sottás,** *dandós* ou *patingas,* designa uma collecção de 20 aguieiros, tendo cada um respectivamente 15, 12, 9 *vassás,* 1/10 de covado de circumferencia medida a um covado acima do solo, no acto de cortar cada aguieiro». — Lopes Mendes, *A India Portugueza,* ii, p. 251.

1892. — «Arrematou-se o corte de 20 mil!! **sottás** de teca das mattas (**sottá** são as arvores que meçam proximo da base 20 pollegadas de circumferencia depois de tirada a casca) sendo o arrematante quem indicaria os paus a abater!! e isto pelo preço de 2 rupias ou 900 reis cada sottá!!». — Augusto de Macedo Pinto, *Breves Estudos,* p. 5.

* **SUAMI.** Emprega-se o termo no português de Goa para se designar o «prelado hindu» [1]. Mas *svāmī* em concani-sânscrito significa primáriamente o mesmo que *dominus* em latim, «senhor, amo», lit. «o que tem de seu ou como seu, proprietário»; do radical *sva-*, lat. *suus*.

1516. — «andaom nuus e descalsos, nom trazem nenhũa cousa na cabeça... hos corpos e rostos trazem untados de cinza... estes chamaom *Jones* (= jogues) e *Coamerques* (= **çoames,** que) quer dizer tanto como servidores de Deus». — Duarte Barbosa, *Livro,* p. 310.

1687. — «É por isto lhe chamão **Suami,** que importa, Vossa divina Magestade». — P. Fernão de Queiroz, *Conquista de Ceylão,* p. 94.

1886. — «Os *bottos* ou sacerdotes adoradores da *lingá,* chamados *zagamás,* são geralmente solteiros, e os poucos, que casam, só o podem fazer com consentimento do seu respectivo **suamy**». — Lopes Mendes, *A India Portugueza,* ii, p. 88.

«Significa *terra do grande pagode,* em que residia o **suamy** ou prelado gentio». — *Id.*, p. 110.

1890. — «Nem uma nem outra podia ser imposta sem previa justificação nos tribunaes, e sem que interviesse a assembleia da casta (*warga*) e o prelado (**suamy**)». — António de Almeida Azevedo, *As Communidades de Goa,* p. 139.

1901. — «Declaro, para os effeitos legaes, o justificante Xri Puruananda Sarasvoty, legitimo successor e representante do falecido **Suamy** de Queulá... e dos outros **Suamys** desde a creação da prelazia Smartha de Queulá». — In *O Oriente Portuguez,* iii, p. 414.

1906. — «Um **suamim** ou prelado do hinduismo é, primeiro que tudo, um *Sannyassi*. O Sanniassi desliga-se da casta, da familia, de toda a affeição humana». — Alberto O. de Castro, *A Cinza dos Myrtos,* p. 195.

1915. — «Mudou-se ante-hontem para Zambaulim depois de percorrer varias partes da sua jurisdição o **suamim** de Portugale». — *O Ultramar,* de 22 de Março.

1623. — Di coloro rosso, frà questi Indiani, oltre le donne, vestono anche i **Sa-**

[1] «It is applied especially as a title to the head of a religious order or establishment». — Wilson, *Glossary.*

**mi**, che sono frà di loro vna spetie di Religiosi». — Pietro della Valle, *Viaggi*, III, p. 37.

1711. — «Ils n'ont qu'à déclarer qu'ils vont faire leurs prières à l'Eglise au vrai Dieu, et rendre visite aux **Souamis** (c'est ainsi qu'ils appellent les Missionnaires)». —*Lettres Édifiantes*, IX, p. 150.

1825. — «*Pundit* **Swames** Narain sends his *salam*». — Heber, *Narrative*, II, p. 109.

1904. — «The **Swami** of Partgal is recognized as their *Guru* by the Bardeshkars of Goa and Kanara». — J. A. Saldanha, *The Indian Caste*, p. 60.

∗ **SUARI** (ant.; s. m.). Companhia de cavalaria. Do persa *suārī* < ár. *suar*, «cavaleiro», **svārī** em marata e concani.

1728. — «E não assombrará o numero de tres mil destes cavallos de que o Maratá forma os seus **suaris** ou destacamentos». — In *O Chronista de Tissuary*.

**SUANGUE** (s. m. e f.). Feiticeiro, bruxo; diabo, em Timor e na Malásia. Do teto *suank*; também *buank*. O mal. *savan* quere dizer «violentas convulsões, acompanhadas de espuma», como as tem os possessos.

1552. — «Mandou a Antonio de Brito doze homens em hum *pardo*, a que naquella terra [Maluco] chamão *Ourão* [*orang*] **soango**, que quer dizer homem diabo. E isto porque por arte diabolica se fazem inuisiueis, e entrão por onde querem e fazem muito mal». — Castanheda, *Historia*, V, cap. 58.

1560. — «Tem grande fé em aues, bruxos, que chamão **çuangues**, a que tem grande odio, porque imaginão que matão secretamente, comendo todo o debulho do homem». — Gabriel Rebêlo, *Informação de Maluco*, p. 160.

1701. — «Plantou-se a Cruz, e nunca mais os **Soangues**, que assim se chamão a diabos em Amboyno, infestão aquelle valle». — P. Francisco de Sousa, *Oriente Conquistado*, II, III, 1.

1843. — «Perseguem sob o titulo de feiteceiras que denominam **suangues**». — *Annaes Maritimos* (parte official), p. 215.

1884. — «É tal a superstição que acreditam até que os **suangues** se podem transformar em diversos animaes, tendo assim pacto com o diabo e praticarem factos que julgam sobrenaturaes». — José Vaquinhas, *Timor*, in *Bol. S. G. L.*, IV, p. 487.

1908. — «Se alguem deve dinheiro a um homem que é **suangue**, e não lho restitue, diz o feitceiro: Não pagas? O teu dinheiro te matará. O feiticeiro está adormecido em casa, mas a alma saiu-lhe do corpo para se ir vingar». — Alberto O. de Castro, *Flores de Coral*, p. 166.

1690. — ... tum vehementer incipiunt vociferari, tumultuare, atque a magis (quos **Suangos** vocant) projectam ibi fuisse dicunt ut tali familiae noxam adferrent vel aliquod infortunium». — Rumphius, *Herbarium Amboinense*, I, cap. 6.

∗ **SUANGUICE**. Feitiçaria, em Timor.

1864. — «O suspeito de **suanguice** (feitiçaria) é irremediavelmente empalado ou morto ás pauladas, toda a sua familia reduzida á escravidão, e os seus haveres confiscados em proveito do rei e do accusador». — Afonso de Castro, *As Possessões Portuguezas*, p. XV.

1868. — «**Soang** quer dizer feiticeiro e a **soanguice** dá origem ás maiores barbaridades que se praticam em Timor». — In *Annaes do Conselho Ultramarino*, IV, p. 32.

∗ **SUARABÁCTI** (s. m.). «É um termo da gramática sanscrítica, que quere dizer o mesmo que anapticse, isto é, vogal intercalar a desunir consoantes como *porão* por *prão*». Gonçalves Viana (*Apostilas*). Do sânsc. *svarabhakti*, «separação por meio de vogal»,

**SUÁSTICA** (s. m. ou f.). O sânscrito *svastika* (de *svasti*, «salve! viva!») quere dizer «bom agouro, boa sorte», e designa em especial o símbolo místico em forma de cruz grega com as extremidades das hastes recurvadas, a qual se põe em pessoas ou cousas. É uma espécie de amuleto, que se encontra igualmente entre outros povos do Oriente.

1904. — «Vem [a cruz] dos cultos anteriores, assim o admittem mesmo os archeologos mais orthodoxos, e até na sua forma de cruz latina, já não só de cruz ansada, de cruz grega, serapidia ou bacchica, de cruz em *tau*, de cruz gammada ou **swástica**, a qual se encontra desde a China até a India (é aqui um symbolo de Xiva) aos dolmens de Portugal ou da Europa septentrional». — *O Oriente Portuguez*, I, p. 21.

1908. — «Distingue-se claramente como motivo ornamental dominante uma cercadura de **swásticas** ou cruzes gammadas, os braços irradiantes em cedilha, como que tentaculares, no mesmo sentido a curva, e partindo um pequeno circulo central, com os pontos entre braços; enquadradas as **swásticas** em arabescos triangulares, com pequenas curvas cercando os lados dos triangulos» (num vaso de Timor). — Alberto O. de Castro, *Flores de Coral*, p. 101.

1915. — «Na religião grega do periodo mycenino apparece como symbolo do Deus Supremo o *machado duplo* e o **swastica**, como imagem do Sol divino». — *A Ordem*, de 12 de Abril.

1875. — «The *Taossé* are, therefore, the same as the **Swâstikas**, or worshippers of the mystic cross *Swasti*, who are also *Tirthakaras*, or Pure-doers».—Yule, *Marco Polo*, I, p. 318.

1888. — «**Swastika**. A mystical religious mark placed upon persons or things. It is in the form of a Greek cross with the ends bent round». — Dowson, *A Classical Dictionary*.

«**Swastica**... Nom indien d'un symbole de bon angure en forme de croix grecque à branches coudées. Mais si le nom est indien, le symbole est loin d'être particulier à l'Inde et se rencontre partout». — *La Grande Encyclopédie*.

«Elle [croix] a eu tout d'abord le motif d'un symbole religieux. Sa forme primitive parait être de la croix gammée ou **swastika**. Le (ou la) **swastika** sacré dans l'Inde, est très ancien et très répandu dans tout l'Orient. Et l'on admet assez généralement que, fugurant l'appareil qui servait jadis à allumer le feu, il était le simbole du feu lui-même, de la flamme vivante du soleil». — *Ibid.*, s. v. *croix*.

1916. — «Let us also note that the **swastik** symbol occurs in the oldest form of the Chinese coinage; would it, therefore, be legitimate to conclude that the **swastika** was originally a Chinese symbol». — *The Modern Review*, de Junho.

1917. — «They worship the Ying-Drung Bon (the emblem of which was the **Swastika** cross) and believe in Spirits, whitches and seers» (em Tibete). — *The Hindustan Review*, de Abril.

* **SUBÁ** (s. m.). Província, distrito; cabeça dum distrito; na Índia muçulmana e marata. Do persa-ár. *ṣūba*; *subhā* em marata.

1822. — «Memoria de receita e despeza do *Sar Dessaiado* de Satary declarada no **Subhá** de Bicholim».—*Apud* Júlio Biker, *Collecção de Tratados*, XII, p. 33.

1898. — «Sob o reinado d'Akbar, neto de Baber, foi o imperio dividido em **soubahs** (governos), estes em *sircars* (provincias), e os *sircars* em *pargannahs*». — Oliveira Mascarenhas, *Atravez dos Mares*, p. 64.

1909.—«Acima do collector estava o governador provincial ou **subha**». —Amâncio Gracias, *Subsidios*, p. 10.

1883. — «General supervision in revenue in collected matters is entrusted to an officer called the *Sur* **Súbhá**, or Revenue Commissioner... Under him are four officers styled **Súbhás**, answering to the collector of a British District». — Hunter, *The Imperial Gazetteer*, II, p. 167.

1917. — «The Revenue Minister, in his turn, received from the **Subahs** (Heads of Divisions) papers dealing with petty matters». — *The Modern Review*, de Setembro.

* **SUBEDAR**. Governador duma província ou dum distrito; capitão. Do persa *ṣūbadār* < *ṣūba*, q. v.; *subhedar* em marata. *Subassi* é forma turca. No exército indígena da Índia Britânica o pôsto de *subedar* corresponde ao de «capitão».

1593. — «Não podiamos entrar na cidade, sem que viesse o **Subbassi**, que he hum official de justiça, como meyrinho entre nós». — Fr. Pantaleão de Aveiro, *Itinerario*, p. 95.

«Sou **Subbasi** mayor de toda a Palestina, que he hum officio, e não pequeno proveyto, e nas causas de justiça, o que eu mando he feyto». — *Ibid.*, p. 483.

1670.—«... para que tenhão boa correspondencia com os **Subedares** de Sivagi, e obrem os ditos capitães na forma das ordens do governo». — *Apud* Júlio Biker, *Collecção de Tratados*, IV, p. 174.

1695. — «He **Subedar** o que podemos dizer era o Vigayro do Imperio no tempo referido em Italia». — Cosme da Guarda, *Vida de Sevagy*, p. 28.

1727. — «Guarnecido com 50 sipaes, e hum **sobedar**, e terá 8 ou 10 peças». — *Archivo Port.-Oriental*, Supplemento II, p. 292.

1728. — «Acrescentavam-se as despezas na dependencia dos **Subedares** e *Dessais*, que lhes davam licença». — *Ibid.*, p. 300.

1741. — «O **Subedar** de Phonda, vive em boa intelligencia com o Estado, porque deseja conservar-se naquelle governo». — *Apud* Joaquim C. Soares, *Doc. Comprobativos*, p. 19.

1824.—«Os criminosos de outros crimes obtinham os seguros, que lhes passavam os Juizes por provisão do **Subedar** ou Governador». — *Collecção de Bandos*, I, p. 87.

1900. — «Traducção da ordem que passou o **Subedar** de Baçaim a Naro Madeo rendeiro dos direitos da jurisdicção de Baçaim». — António Francisco Moniz, *Hist. de Damão*, I, p. 206.

1904. — «**Subadar** é governador, vice-rei ou chefe superior de *Subâh* (provincia ou Estado). E palavra originariamente persa». — Cristóvão Pinto, in *Ta-ssi-yang-kuó*, II, p. 246.

1786. — «Tutto l'artifizio delle operazioni, trattati e guerre tra gl' Indiani, e li **Subedari** o Governatori Mogolesi di Bengala».— Fra Paolino, *Viaggio*, p. 29.

**SAR-SUBEDAR.** *Subedar* principal; chefe dum *subá* importante. Mar. *sar-subhedār* < persa *sarṣūbadār*.

1728. — «*Subedar*. He entre os Gentios o mesmo que Governador de huma pequena Provincia, e quando he mayor, se distingue com o nome de **Sar-Subedar,** tal he o de Limbanlin *vaesio (sic)* del Rey de Sunda, e outros». — Bluteau, *Supplemento*.
1850.—«*Subedar* (Administrador). **Sar--Subedar** (governador de Provincia)». —F. N. Xavier, *Collecção de Bandos*, Apêndice II, p. 79.
1919. — «He was appointed **subadar** (viceroy) of Afghanistan, and filled the post with undimmed brilliancy», — J. Sarkar, *Studies in Mughal India*, p. 111.

∗ **SUBEDARIA** (persa *ṣūbadārī*). Ofício, jurisdição ou comando do *subedar*.

1614. — «No fim de Novembro começarão apparecer oito mil de cavallo e vinte mil de pé de **Sevaderia** de Fraticão, Abexi, que vinha por Geral daquella guerra». — Diogo do Couto, Déc. VIII, cap. 31.

I. ∗ **SUCÃO** (mal. *súkun*). Árvore da fruta de pão, *Artocarpus incisa*, no Arquipélago Malaio.

1560. — «E pera bem peguar untão promeiro a taboa de leite de hũas aruores grandes a que chamão **Cuquão** [leia-se *Çucão*], que tem as folhas maiores que de papel; e fruita quasi semelhante (*sic*), e adubada a tauoa apertão com macetes».— Gabriel Rebêlo, *Informação de Maluco*, p. 177.

II. ∗ **SUCÃO.** Conforme Fernão Mendes Pinto, era o título do régulo duma ilha do mar da China. Parece-me que o vocábulo se compõe do mal. *súku* (vid. *suco*) e de *hang*, que Wilkinson nos diz ser título obsoleto.

1540. — «Era ida ás ilhas do Goto em soccorro do **Sucão** de Pontir, a quem se dizia que hum seu cunhado tyrannicamente tinha tomado o reyno, e porque este **Sucão** se fizera novamente subdito do Rey da China, com tributo de cem mil *taeis* cada anno, lhe dera aquella armada de quatrocentos juncos».— *Peregrinação*, cap. 57.

∗ **SUCIM** (ou *sussim*). Tecido listrado de sêda, fabricado originàriamente na Pérsia. Era outrora usado por mulheres cristãs em forma de chaile traçado. Do conc. *susī* < pers. *sūsīd*.

1611. — «... hum *godorim* de seda, e huns bofetás e **sucisses**».— *Carta Régia*, in *Doc. da India*, II, p. 39.
1634. — «Não deixa de haver nesta cidade de Damão alguns *canequins, tafeciras,* **sucins** e *teadas*». —António Bocarro, *Livro*, in *O Chronista de Tissuary*.
1842. — «**Sussins,** 2 peças». —*Annaes Maritimos*, p. 377.
1685. — «It is renow'nd for Traffick thorugh all Asia, both for rich silks, such as Atlasses, Cuttanees, **Soossys,** Culgars, Allejas, Velvets, Taffatees, and Satins». — Ovington, *A Voyage to Surath*, p. 21.
1784. — «Four cassimeers of different colours; Patna dimity, and striped **soosies**». — In *Glossary*.
1885. — «Special feature of the local industry are striped and brilliant cloths known as **súsí** and *khés*, and also glazed pottary». — Hunter, *The Imperial Gazetteer*, v, p. 282.
1908. — «The artistic cottons produced in India are referable to two main heads — long-cloths or damasks and muslins, plain and figured. The patterns are usually woven, not painted. When checked they are in North India commonly termed *kheses*, to the South *gabrúns*: when striped they are **susís**». —Watt, *The Commercial Products*, p. 618.

I. **SUCO.** Divisão dos reinos, em Timor; principado. Do teto *súkun* < mal. *súku*, «pequeno estado». V. *dató*.

1843. — «Os diferentes reinos se subdividem em pequenas povoações, a que chamam **sucos** com seus Chefes particulares». — *Annaes Maritimos*, p. 68.
1864. — «O reino compunha-se, como ainda hoje, de muitas aldeias, algumas das quaes têem entre si certas relações, constituindo taes grupos o que se chama **Suco,** á testa do qual existe um *Dató* que se diz senhor da terra». — Afonso de Castro, *As Possessões Portuguezas*, p. 18.
1868. —«Os reinos dividem-se em **sucos,** compostos de uma ou mais povoações, o que determina a sua importancia... Os **sucos** são governados por um dattó (fidalgo). O coronel-rei tem em cada **suco** um official da sua nomeação, que recebe as ordens do rei e as communica ao **suco**». — In *Annaes do Conselho Ultramarino*, IV, p. 29.
1884. — «Os reinos de Timor dividem-se em dez, quinze e vinte **sucos,** e os **sucos** em aldeias; todavia ha povoações grandes que reunem tres ou quatro **sucos,** assim como ha **sucos** que tem tres e quatro aldeias». — José Vaquinhas, *Timor*, in *Bol. S. G. L.*, IV, p. 479.
1908. — «O **Suco** (*Súkun* em tétum; e cf. *Súcu* em malaio, que quer dizer tribu) ou aldeia, com seus terrenos de bal-

dios e campos de cultura, com seu chefe hereditario ou *Dató* (na contracosta *Dàtó*; e cf. a palavra *Datuh*, em malaio, avô)».— Alberto O. de Castro, *Flores de Coral*, p. 162.

«As antigas guerras e fossadas de seus reinos, mesmo de uns **sucos** contra outros **sucos** ou reinos, dava sufficiente derivação á criminalidade por cobiça». — *Id.*, p. 176.

II. * **SUCO** (ár. *sūq*). É o mesmo que *bazar* ou mercado. Pedro Teixeira emprega amiúde o termo.

1604. — «There are many **succos** or marts, all inclosed, built of cut stone and vaulted, strong and fair, full of shops and workshops of various trades». — *The Travels*, p. 194.

**SUDRA** (s. m. e f.), **sudro** (m.; mais usado). Indivíduo da quarta casta do regime social indo-árico. Os aborígenes subjugados pelos árias entraram na sua organização política como classe servil, a que se atribuíu posteriormente a procedência dos pés de Brahmá. Eram denominados nos tempos rigvédicos *dasyu* ou *dāsa* — denominação que abrangia também as tríbus anáricas independentes, que viviam nas serras de caça e de pesca, o qual nome foi substituído por *çūdra*, *sūdr* (vulgarmente *sudīr*) em concani[1].

Na Índia dravídica, porêm, os sudros constituem a classe nobre, a que pertencem os reis e os *naires*. Em Goa a classe dos sudros forma a maioria da população, e alguns dêles são *gancares*.

XVII. — «O **Sudrá** que foi ultimo filho, e gerado dos pés de Bramá, lhe fez professar a agricultura, e por sinal da casta ou Secta lhe lançou a linha ao collo differente da dos outros». — *Breve Relação*, p. 31.

1687. — «Ao **Sudra** a canga pera a cultura da terra, a que chamão *Junua* [*jūnv*, modernamente *zūm*], que importa: Estou prestes a uosso seruiço».— P. Fernão de Queiroz, *Conquista de Ceylão*, p. 125.

1697. — «Os **Sudros** jà faltos de nobreza, e reputados gente bayxa, exercitão todas as artes mecanicas da Republica, e a esta classe se reduz huma grande multidão de castas muito diversas, e oppostas entre si».—P. Francisco de Sousa, *Oriente Conquistado*, I, I, 1.

1704. — «... e vos ser preciso por esta causa valer-vos dos naturaes formando algumas companhias de Bramanes, charodós, e **Sudros**». — *Carta Régia*, in *Archivo*, Supplemento II, p. 154.

1712. — «Domingos Pinto, **sudro**, casado, *Gancar* da dita Aldêa de Mapuça». —*Apud* F. N. Xavier, *O Gabinete Litterario*, II, parte II, p. 31.

1714. — «A mesma ordem se observará nas Aldeas, que juntamente tiverem charodós, **Sudros**, ou Saleiros». — *Alvará do vice-rei*, in *Archivo*, Supplemento II, p. 231.

1728. — «**Sudro**. Na India Portugueza, he huma casta de gente, que se aparentão com os Charodos, e professão tambem officios mecanicos, e são Governadores [talvez = Servidores] de Aldeas». — Bluteau, *Supplemento*.

1829. — «A quinta he a dos **Sudros**, que, como nas outras partes da India, forma a maioria da população». — Cottineau de Kloguen, *Bosquejo Historico*, p. 146.

1866. — «Não é dado ao **sudro** nem ao paria tocar no brahamane». — Francisco Luís Gomes, *Os Brahamanes*, p. 23.

1874. — «Não te espantes, bom rapaz; elle era **sudra** e ella brahmane». — Tomás Ribeiro, *Jornadas*, II, p. 284.

1877:

> «Chame-te Sudra quem servil te nota,
> Deixem-te as castas com horror sagrado».
>
> Teófilo Braga, *Parnaso Port. moderno*, p. 103.

1880. — «Os **sudros**, tirados dos pés, representando a escravidão, são destinados ao trabalho servil».—Teixeira de Aragão, *Descripção das Moedas*, III, p. 22.

1886. — «Os **sudros** finalmente, nascidos dos pés do Brahma, emblema da escravidão e dependencia, são destinados a servir as outras castas, e a desempenhar os mais rudes trabalhos». — Lopes Mendes, *A India Portugueza*, I, p. 36.

1887. — «Abaixo d'estas classes havia a dos Indios, que era dos hindus propriamente ditos, os vencidos, condemnados á servidão, e dos que se formou mais tarde a dos **sudros** ou **xudras**». — António F. Nogueira, *A India Portugueza*, p. 28.

1890. — «Em Goa só as antigas raças de **sudras** e *curumbins* se acham ethnologicamente ligadas com o paiz além dos Ghates». — António de Almeida Azevedo, *As Communidades de Goa*, p. 71.

1985. — «Mas, em geral, só teve relações com os que exerciam a clinica em Goa, **sudras** pela maior parte, bastante ignorantes da litteratura sagrada, e — como diz elle — curando apenas «por expe-

[1] É obscura a origem da palavra; seria provávelmente o nome de alguma tríbu numerosa, que tivesse defrontado com a invasão dos árias, talvez, como opina Zimmer (*Altindisches Leben*), os *Sūdroi*, mencionados por Ptolomeu.

riencia e por costume». — Conde de Ficalho, Col. XXXIV.
1898. — «O **sudro,** apesar de lhe registar a historia um ou mais casos d'ascensão aos thronos hindostanicos, a casta mais humilde, mais infima e desgraçada».—Oliveira Mascarenhas, *Atravez dos Mares,* p. 112.
1912. — «Mas a madrinha, de casta **sudra,** nunca conseguiu ver a sua afilhada». — *O Ultramar,* de 8 de Agosto.
1915. — «*Brâmanes* (chamando-se a mulher, em português, *brâmine*), *chardós* (*chardina,* a mulher), *gauddôs* (*gauddina*), **sudros** (**sudra**)». — *Heraldo,* de 14 de Novembro.
1666. — «La troisième Tribu est des **Soudr,** ou *Courmy* (= *curumbim*), ce sont des Laboureurs qui travaillent à la terre». —Thevenot, *Voyages,* III, p. 188.
1825. — «La plus nombreuse de quatre grandes tribus est celle des **soudras;** elle forme, en quelque sorte, la masse de la population».—P. Dubois, *Mœurs,* I, p. 3.
1845. — «Le devoir d'un **Sudra,** c'est, dit brièvement le code, de servir les autres castes, et particulièrement les Brahmanes». — Xavier Raymond, *Inde,* p. 165.
1860. — «Les **Soudras** donnèrent à l'Inde quatre dynasties successives, dont la dernière qui fut ainsi la plus nombreuse, portait le nom de dynastie d'Audra». — Énault, *L'Inde Pittoresque,* p. 31.
1906. — «Quand Manou avait fait du peuple conquis une classe à part sous le nom de **soudras,** il l'avait destinée, entre autres choses, à fournir les gens pour le service domestique ou personnel». — Cristóvão Pinto, *Les Indigènes de l'Inde Portugaise,* p. 21.

**SUFI.** Maometano que professa o monismo, especialmente na Pérsia. O SUFISMO é, em geral, menos perfeito do que a filosofia *vedanta* da Índia, que admite a absoluta identidade da alma individual e da alma universal, *Brahma.* R. A. Nicholson (*Journal of The Royal Asiatic Society,* Abril de 1906) reconhece que o *sufismo* é, na parte ascética, produto maometano, na parte teosófica, produto da filosofia grega, e na última fase panteística, produto do pensamento persiano ou indiano.

Aponta-se geralmente por étimo o ár. *sūfī,* «vestido de lã (*sūf*), com referência à faixa de lã que trazem os sectários. Mas é bem possível que o vocábulo se relacione, como aventa Herbelot, com o gr. *sophos,* «sábio». V. *sofi.*

1347. — «Tem elles huma *Zauia* [ermida, convento]... a qual possue muitos legados pios, e nella ha huma turba de **Sophos**». — Ben-Batuta, *Viagens,* II, p. 371.
1712. — «... e se fez chamar, Ismael **Sophî,** como cabeça da seyta dos **Sophîs,** assim chamados de palavra Arabica *Sauf,* ou *Sof,* que quer dizer Lãa... Querem outros que **Sophi** se deriva do Grego *Sophos,* que val o mesmo que Sabio, e entre os Musulmanos se toma por Filosofo, separado do commercio do mundo e professor da vida religiosa». — Bluteau».
1442. — «... threw out upon the waves riches of great value, and, after the manner of the **Sofis,** voluntarily stripped themselves of their worldly goods».—Abd-el-Razzak, in *India in the fifteenth century,* p. 46.
1695. — «**Sofi**. Ce mot signifie proprement en Arabe un homme vêtu de laine, et qui ne porte point de soie sur lui, selon l'origine que quelques-uns donnent de *Sof* ou *Souf,* qui signifie de la laine. Mais il y a plus d'apparence que ce mot vient du Grec *Sophos;* car il se prend chez les Musulmans pour un Sage ou Philosophe qui vit separé et retiré des choses du monde, par une espece de profession religieuse». — Herbelot, *Bibliothèque Orientale.*
1770. — «Il y a lieu de croire que les **Sophis** de Persia, ainsi nommés à cause de leur habillement blanc, ne sont que les successeurs des anciens Mages, quoi qu'ils se conforment extérieurement à la religion Mahométane pour avoir la paix». — Grose, *Voyage,* p. 320.
1841.—«Il est difficil de parler de *schiites* sans dire un mot des **sofis**. Ces enthousiastes parmi lesquels y eut sans doute aussi des imposteurs, ne sont guère moins anciens que le mahométisme. Leur secte, dit-on, a été utile à l'établissement de la doctrine de Mahomet. Mais aujourd'hui on les regarde comme les plus dangereux ennemis de l'islamisme. Leurs opinions libres sur le dogme, le mépris qu'ils professent pour les formes extérieures du culte, et la prétension qu'ils affichent d'être en communication directe avec Dieu, tendent au renversement de la croyence pour laquelle ils montrent un grand respect extérieur. Il est peu de pays musulmans dans lesquels les **sofis** aient compté, à toutes les époches, autant d'adeptes qu'en Perse».—Dubeux, *Perse,* p. 396.

«**Soufisme**. Doctrine mystique qui prit naissance à côté de l'Islam et réussit à s'y implanter au point de faire échec à la philosophie orthodoxe. L'étymologie de ce mot est difficile à donner. D'après les uns, il viendrait du mot *soûf* (laine, vêtement de laine), parce que les premiers adeptes de cette doctrine se revêtaient de laine. On peut aussi faire venir ce mot de l'arabe *safou* (pureté) ou du grec *sophiá* (sagesse). Enfin, quelques auteurs arabes appellent

*Soûfa* un arabe qui se sépara du monde à l'époche antéislamique pour se vouer à l'entretien du temple de la Mecque». — *La Grande Encyclopédie.*

1919. — «**Sufism** played a very important part in the history of Indian culture in the Mughul period. **Sufism** as known in the western lands of Islam such as Syria and Egypt was different in character, principle and origin from the **Sufism** of the middle East. The former was influenced by the Greek philosophers especially Plato and the Neo-platonists; the latter, though originating in Islam, was completely transformed by the pantheism of the *Vedanta*». — J. Sarkar, *Studies in Mughal India*, p. 303.

1919. — «Once **Sufism** is accepted the division between the Hindu and the Mussulman theologically becomes a division without a difference». — *The Hindustan Review*, de Abril.

**SUÍÇA.** Guarda de espingardeiros, criada por Afonso de Albuquerque em Goa. V. *Influência*. A companhia dos *suiços* denominava-se *suiça* ou *suicia*.

1512. — «Os capitães da **soyça** chegaram per defradeiro na nao Conceiçam, e asy alguns homeens de cabos d esquadra». — Afonso de Albuquerque, *Cartas*, I, p. 83.

1560 (1510). — «De toda outra gente mais baixa mandou fazer rol com seus nomes, como vinhão assentados do Reyno, e os ordenou que fossem **çoyços**, e andassem em ordenança... E porque esta **çoyça** e ordenança foi nouidade, com assentar teue muyto trabalho, porque se hauião os homens por deshonrados pelos fazerem **çoyços**». — Gaspar Correia, *Lendas*, II, p. 44.

1558. — «E os Portuguezes confessados e comungados, cada hum com aquillo mais podia festejar a Resurreição de Christo nosso Sñor, indo bandeira Real diante, e grande **suyça** de espingardeiros». — P. Belchior, in *Cartas de Japão*, I, fl. 47 *v*.

1898:

«E traz-me aqui, n'um prompto, em baixo
A gente da suissa. E vós, Cartaxo,
Olhae por tudo!».

Lopes de Mendonça, *A. de Albuquerque*, p. 53.

1735. — «Não poderá escusar pessoa alguma de quinze annos para cima e de setenta para baixo, e das **Suiclas** de S. João e de Santiago». — F. N. Xavier (filho), *Collecção de Leis*, p. 8.

1917. — «No dia 23 haverá a repetição da popular guerra dos **suiços**, a diversão do mastro de Cocagne, etc.». — *O Progresso*, de 21 de Abril.

**SUL.** Emprega-se muitas vezes este termo, com relação à Índia, na acepção restrita de «região ao sul de Goa», abrangendo não sómente o Canará e o Malabar, mas também Choramândel e Malásia, para onde se ia pelo sul. V. *Norte*.

1591. — «O mayor rendimento que minhas alfandegas dessas partes tem he das fazendas que vem da China e do **Sul**». — *Carta Régia*, in *Archivo*, III, p. 312.

1603. — «Tornou a recolher a Cranganor assim pera dar por diante as cartas do **Sul**, por ser chegada a monção de partirem as naos, e em especial aos negocios da China». — Fr. António de Gouveia, *Jornada do Arcebispo*, fl. 57.

1605. — «O Collegio de Cochim he a cabeça da Provincia que a Companhia tem nos portos do **Sul**, que comprende todos os Collegios, e casas que estam no Reyno de Malauar, Bisnaga, Pegú, Malaca, Maluco». — P. Fernão Guerreiro, *Relaçam Annual*, fl. 115.

1615. — «Sendo caso que todas as naos que vem da banda da China, Malaca, Maluco, e mais partes que chamam do **Sul**, em que vinham fazendas de Cochim». — Diogo do Couto, Déc. X, VI, 2.

1630. — «E como a Ilha, e Cidade de Goa, e Metropole de todo o Estado, que os Portuguezes possuem, nella jaz na mesma Costa; a respeito da mesma Cidade, e Ilha contamos o sitio de todas as mais terras, e Fortalezas do Estado... E as que correm para a esquerda, chamamos do **Sul**, porque tem assento della». — Fr. Luís de Sousa, *Hist. de S. Domingos*, III, p. 360.

1687. — «E tendo junto muyto *bate* (assim chamão em Goa ao arros com casca, e no **Sul** se chama *nêle*)...». — P. Fernão de Queiroz, *Conquista de Ceylão*, p. 396.

«... nos pôde dar tão grandes perdas, como apressadamente se foy dispondo a total ruina das praças do **Sul**». — *Id.*, p. 759.

1698. — «Ordenou pois no verão de 1674 ao capitão mór do **Sul** Francisco Pereira da Silva passasse com as suas galeotas aos portos do Samorim... Persistio o capitão mór surto no porto oito dias... e foi para Mangalor a conduzir a sua cafila, fim principal para que se aprestava a armada do **Sul**». — In *O Chronista de Tissuary*, II, p. 78.

1878. — «To guard the western coast of India against pirates, the Portuguese stationed a fleet called *Armada do Norte* to the north of Goa, and another called *Armada do* **Sul**, to the south of it which cruised along the Malabar Coast down to Cape Comorin». — José Nicolau da Fonseca, *Sketch of Goa*, p. 38.

**SULIA.** Figura a palavra no *Livro* de Duarte Barbosa, com relação a Malaca e sem nenhuma explicação do significado. O editor português e o tradutor italiano interpretam-na por «casulos de sêda ou sêda bruta». Mas não vejo em malaio ou em chinês nenhum vocábulo com que se possa relacionar. Parece-me que *sulia* está ou por *sutra*, que em malaio quere dizer «linha de sêda», e em sânscrito simplesmente «linha», ou por *gulia*, mal. *guling*, «novelo» [1].

1516. — «Uem muy fermosos juncos de quatro mastos, e trazem muyta seda, **sulla** *muy fina*, muytas porcelanas». — *Livro* (2.ª ed.), p. 365. — «Pela palavra *sulia*, entende Duarte Barbosa os casulos de sêda antes de dobados: O traductor italiano assim mesmo o interpreta, usando na sua versão das palavras «setta in matasse». — O editor.

«Uaom da ilha de Çamátra donde trazem muyta pimenta, seda, **sulia** *crua*, muyto beijoim, e ouro». — *Id.*, (1.ª ed.), p. 372.

**SULTANI** (ant.). Moeda de ouro turca, que corria antigamente na Índia e valia 420 réis. Derivado de *sulṭān*.

1546. — «Declara dever a um certo Bartholomeu Dias 120 **sultanys**». — *Espolio de Balthazar Jorge*, in *Bol. S. G. L.*, IV, p. 289.

1553. — «Concertou-se com este Xeque que lhe queria dar cada anno doze mil **soltanis**, moeda de ouro do seu cunho, que serão da nossa moeda doze mil cruzados». — João de Barros, Déc. II, III, 6.

1554. — «Venezeanos, **soltanis** e abraemos valem 7 tangas, que são 420 réis» — António Nunes, *Lyvro dos Pesos*, p. 32.

1720. — «**Sultanîm**. Moeda de ouro Turquesca; no peso e valor he o mesmo, que o Ducado, ou Zequim Veneziano». — Bluteau.

1620. — «... mais surtout des **Sultanis**, et des pièces de cinquente huit sols». — Methold, in *Relations*, I, p. 12.

1695. — «*Sothanioun*. C'est ce que nous appellons **Sultanins** ou *Soldans* monnoie d'or qui est la même que les *Schérafins* d'Egypte». — Herbelót, *Bibliothèque Orientale*.

**SULTÃO**. Príncipe, monarca maometano. Do ár. *sulṭān*, que no alcorão e no árabe antigo tem o sentido abstracto de «domínio, poder». Os nossos indianistas mencionam em particular o título com referência aos reis de Cambaia. V. *soldão*.

1498. — «Em este lugar e ilha a que chamão Monçabique estava hum senhor a que elles chamavam **Colyytam** que era como visorrey». — *Roteiro de Vasco da Gama*, p. 26 [1].

1500. — «Da outra banda do Estreito está o mar da Persia, na qual ha grandissimas Provincias e Reinos sugeitos ao Grão **Sultão** de Babilonia». — *Navegação de P. A. Cabral*, cap. 6.

1516. — «Ha este Rey de Cambaya chamamos **Soltam** Mordafaa, ha muyto pouco tempo que he Rey, ha seu pay chamamos **Soltam** Mahamud». — Duarte Barbosa, *Livro*, p. 272.

1539. — «Sendo antes (como já se disse) sómente Governador, e *Bandara* do Reyno de Bàrrós, lhe deu este titulo de Rey, e se chamou dalli por diante **Sultão** de Bàrrós, que he o proprio nome de Rey entre os Mouros». — Fernão Pinto, *Peregrinação*, cap. 28.

1556. — «Vivia em esta cidade de Dio, tinha um lugar na enseada de Cambaya, que o **Sultão** lhe deu por nome Surrate que rendia bem». — Lopo de Sousa Coutinho, *Hist. do Cerco de Diu*, p. 84.

1563. — «O qual entre os mouros por excellencia se chamava o Rey, por este vocabulo **Sultão**, que nós corrompemos em *Soldão*». — João de Barros, Déc. III, I, 2.

«Os Arabios no tempo da sua potencia chamavam **Soltam** ao Rey do Cairo, o qual nome os Turcos tomaram delles». — *Id.*, IV, IV, 16.

1589.

«Logo co Soltão temitam estreita
Amizade, que a todos fez vantagem,
Tal o seu saber e habilidade,
Que bastava a ganhar qualquer vontade».

Francisco de Andrada, *O Primeiro Cerco de Diu*, I, 83.

1600. — «... mas possuidos de Mouros intitulados **Soltões**, que val em Arabe o mesmo que Reys entre nós». — P. João Lucena, *Historia*, III, cap. 15.

1602. — «Teue muitos filhos, e o primogenito se chamou **Soltam** *Bador*, e não *Badur*, como os Historiadores da India lhe chamão. — Diogo do Couto, Déc. IV, I, 7.

1608. — «Se elle [Xá] não fizera detença naquella cidade, como alguns dos seus **Soltões** lhe aconselhauão, sem duuida entrara a Balca e vencera ao Rey della».

---

[1] O dicionário de Cândido de Figueiredo regista *solia*, como inédito e com os significados: «antigo tecido de lan; vestuário feito dêsse tecido». Stanley traduz *sulia* por *skein*, «novelo».

[1] «*Sultão*, ou Soltão como se escrevia no seculo XVI. Provavelmente o copista omittiu a cedilha do *C Çolitão*». Nota dos editores.

— Fr. António de Gouveia, *Relaçam da Persia*, fl. 39.

1615. — «Quando se assignam accrescentam sempre o appellido de **Soltão**, como fazem todos os reis mahometanos. Dizem alli que só ha cinco reis de sua religião que tenham esta prerogativa de se appellidarem **Soltão**, que quer dizer Soberano, a saber, o Turco, o Persa, o Mogor, o rei das ilhas de Maldiva, e o rei de Achem ou Sumatra». — Pyrard de Laval, *Viagem*, I, p. 200.

1651. — «Auisou ao **Soltão**, que estaua em Champanel, que se viesse ao campo para lhe entregar a fortaleza». — Jacinto Freire de Andrade, *Vida*, p. 141.

1604. — «No quedò *Can*, **Sultan**, ni *Bec*, que no desemparasse el palacio donde estaua el rey viejo, y se fuesse y passasse a la casa donde se auia aposentado el Principe». — D. Joan de Persia, *Relaciones*; fl. 106 *v*.

1610. — «Los Arabes dizen al Rey, **Sultan**, o *Malik*». — Pedro Teixeira, *Relaciones*, p. 192.

1695. — «C'est ainsi de ce mot [*solthan*] qu'est venu par corruption celui de **Soldan** et de *Soudan* que nos Historiens donnent aux Princes Masnekus, qui ont régné en Egypte». — Herbelot, *Bibliothèque Orientale*.

**SUMAÚMA**. O termo é americano, mas emprega-se às vezes para designar a *panha* (q. v.) da Índia, que é da mesma família.

1842. — «O tabaco, o anil, a panha ou **sumauma** alli dão espontaneamente». — *Annaes Maritimos*, p. 269.

1878. — «As sementes são envolvidas n'uma especie de filamentos semelhantes ao algodão, denominado panha **sumaúma**». — João Stuart Torrie, *Estatistica da India Portugueza*, p. 36.

1905. — «Meios a empregar para incitar a exportação de **sumauma**, de pimenta redonda e de agave». — Ernesto Fernandes, *India Portugueza*, p. 16.

1916. — «Dizem que as ditas árvores produzem **sumauma** de superior qualidade empregada nos tecidos finos e sedosos». — *Heraldo*, de 15 de Agosto.

**SUMBAIA, zumbaia**. Os dicionários portugueses não indicam a etimologia de *zumbaia*, e muitos nem registam a forma antiga e legítima, *sumbaia*. Mas João de Barros já sabia a sua procedência, visto que diz que «os Mouros chamão *çalema*, e alguns **çumbaya**, principalmente no Malayo». — Déc. II, IV, 2.

E de facto, *sĕmbah* em malaio é «saùdação sugestiva de profundo respeito ou homenagem» (Wilkinson), e *sĕmbahyang*, «culto de Deus, oração, ritual» (*idem*); *yang* é «divindade». O étimo do vocábulo português é, portanto, incontestávelmente o mal. *sembahyang*, empregado no sentido de «saùdação reverencial, feita a um rei ou homem eminente».

Quanto à justificação fonética, a nasal final não se reproduz, como não se reproduziu o *m* do malaiala e do tamul. V. *jangada* e cf. *rota* do mal. *rótan*. A vogal da primeira sílaba oscila entre *ă* surdo e *ĕ* surdo; não admira, por isso, que os estrangeiros a representassem por *o* surdo ou por *u*. Cf. o ant. *sumana* por *semana*. Na evolução de *s* em *z*, e talvez na mudança de *e* em *u*, houve influência do verbo *zumbar*, devida à aproximação dos sentidos; pois o referido cronista diz (Déc. II, VI, 3): «O mouro fez sua cortezia a que elles chamão **çumbaya**, *zumbando* todo o corpo té poerem o rosto nos geolhos e se tornão a endireitar».

Com respeito aos significados, se bem que *sĕmbayang* signifique, em rigor, «culto de divindade», não é de estranhar que se empregue o mesmo termo para denotar «homenagem venerabunda» em geral, como se empregam promìscuamente em sânscrito e nos prácritos as palavras *pūjā* e *namaskār*. Ainda mesmo que os malaios reservassem a locução *sĕmbahyang*, sómente à latria, era natural que os portugueses confundissem com ela a voz *sĕmbah* e lhe atribuíssem os seus significados, achando tão extraordinário o seu modo de prestar homenagem ou de cumprimentar, que lhes pareceria equivaler à adoração. E é certamente êste o motivo — e mais a atracção de *zumbar* — por que a adoptaram e aplicaram a factos similares doutras regiões.

Mas o Conde de Gubernatis, que, à imitação dos antigos etimologistas, que entroncavam todos os vocábulos do mundo na *língua-mãe* hebraica, prende todos os termos da Índia e da Malásia ao sânscrito, sugere por étimo de *sambaia* a voz *sandhyā* dessa língua. V. *sândia.* Nenhum idioma indiano, porêm, usa a palavra no sentido que geralmente lhe atribuem os nossos escritores. Nem *sandhyā* podia evolver-se em *sumbaia* ou *sambaia*, mas sim em *sanj* ou *sanz*, como o tem alguns prácritos.

1540. — «Avia segurança para todos, com liberdade e franquia por todo aquelle mes de Setembro, conforme ao estatuto do Rey de Sião, por ser mês das **Çumbayas** dos Reys... Pagão pareas cada anno catorze Reys pequenos, os quaes por costume antigo erão obrigados a irem pessoalmente... fazerem-lhe a **çumbaya,** que era beijarem-lhe o treçado que trazia na cinta». —Fernão Pinto, *Peregrinação*, cap. 36.

1545. — «... fazendo estes por algumas vezes **çumbayas** ao idolo».—*Id.*, cap. 150.

1547. — «Depois que com muytas cerimonias fizerão grandes **çumbayas** ao defunto, esgrimirão uns treçados nús que trazião nas mãos por derredor da essa». — *Id.*, cap. 166.

1560. — «E assi se vão chegando perto do Rei, aonde põe as armas no chão e lhe fazem grande **çumbaya** com as mãos juntas altas ao Ceo». — Gabriel Rebêlo, *Informação de Maluco*, p. 152.

1599. — «Nas escolas assim de ler como desgrimir, em que os Mestres ou *Panicais*, tem *pagodes*, a que obrigão os moços a fazer-lhe **sumbaya** em entrando como costumão, não podem os moços Christãos hir a ditas escolas». — Sínodo de Diamper, in *Archivo*, IV, p. 326.

1600. — «A menagem porem, que costumam dar ao seu Emperador, e as **çumbayas** que lhe fazem, nem pela propria vida as fariam a quem não tivesse opinião daquella fabulosa geraçam solar».—P. João Lucena, *Historia*, II, cap. 23.

1602. — «Emparelhandose com a varanda em que elRey está fazem sua **sumbaya,** que he hir com a mão direita ao chão, e depois sobre suas cabeças em sinal que tomão a terra de baixo dos pés d'elRey». — Diogo do Couto, Déc. IV, VIII, 6.

1603. — «Quanto ás escolas os Christãos primeyro fazem oração ao Ceo, e a hũa Cruz que pera isso está em certo lugar da escola, e depois logo **Sumbaya** ao mestre, ao qual onde quer que o encontrão em toda a vida fazem a mesma cortezia que alRey; e os moços Gentios entrando tambem fazem **Sumbaya** a hum pagode que pera isso tem em certa casa junto da escola, e logo á sepultura dos Panicaes daquella escola». — Fr. António de Gouveia, *Jornada do Arcebispo*, fl. 28 *v.*

1608. — «Os que entrão ainda que sejão os mais nobres e principaes da corte lhe [ao P. Roberto de Nobili] fazem **zumbaya** aleuantando as mãos postas sobre a sua cabeça, abaixandoas com huma profunda inclinação, e os que querem professar seus discipulos, fazem tres vezes aquella ceremonia reuerencial, e depois se prostram por terra, e se tornam a aleuantar». — P. Fernão Guerreiro, *Relaçam*, fl 84 *v.*

1610. — «Pouco antes de nos chegarmos a elle [ao Xá] perguntou o porteiro mór se queriamos chegar perto a beijar-lhe o pé ou fazer-lhe sua **sombaya** de longe, respondemos que queriamos chegar perto, e que lhe fariamos a cortezia, e reuerencia que a nossos Reys costumauamos fazer». — Fr. António de Gouveia, *Relaçam da Persia*, fl. 46 *v.*

1617. — «Todos os grandes lhe fizerão a cortezia, e reuerencia, chamada entre elles **zumbaya**». — *Conquista de Pegu*, cap. 13.

1635. — «E muitas cortezias cada momento, a que elles chamam **zumbayas,** se acabou a falla sem o embaixador ver o rei». — António Bocarro, Déc. XIII, p. 695.

1650. — «Fez **zumbaya** á imagem de Nossa Senhora que consigo trazia». — P. António Cardim, *Batalhas*, p. 27.

«As **zumbayas** costumam fazer os discipulos aos mestres, pondo-se de joelhos e *batendo á cabeça*». — *Id.*, p. 94.

«Sem fazer as **zumbayas** que são as pareas que se pagam a estes reis». — *Id.*, p. 263.

1668. — «E os mandarīs vendo o P. V. Provincial sairão logo a recebelo, com grande cortezia fazendo-lhe suas **zumbayas**». — In *Ta-ssi-yang-kuó*, I, II, 12.

1679. — «Foy sem detença aos Paços fazer a ElRey a **sombaya,** que são humas adorações a seu uso, e ao nosso chamamos beijar a mão ao Principe, em gratificaçam da mercê de beneficios». — Fr. Jacinto de Deus, *Vergel*, p. 274.

1687. — «Fazião lhe os naturaes as mesmas cortezias, ou **zumbayas,** falauão lhe por Alteza, e usauão de todas as insignias, e ceremonias Reays na paz, e na guerra». —P. Fernão de Queiroz, *Conquista de Ceylão*, p. 79.

1691. — «Depois de lhe fazer a **zumbaya,** ou profunda reuerencia com as mãos cruzadas sobre a terra como a Prégador e Sacerdote do mesmo Deus». — P. Antonio Vieira, *Xavier Dormindo*, p. 27.

1767. — «Mandoulhe logo que fizesse a **Zumbaya** (que he no estylo da Cafraria a maior reverencia)».—Fr. Lucas de Santa Catarina, *Hist. de S. Domingos*, IV, p. 706.

1908. — «**Zumbaia,** de *Sembah*, homenagem, gestos cerimoniosos».— Alberto O. de Castro, *Flores de Coral*, p. 139.

1915. — «Sabe expor sem as **zumbayas** humildes, que acompanham as petições mais justas da India Portugueza». —*O Ultramar*, de 25 de Janeiro.

1915. — «Mas no meio das palmas e dos

vivas, das **zumbaias** e das lisonjas, das caricias e dos incursos, resistindo e reagindo, o senhor é, sem duvida alguma, — Heroe».—*Jornal da Noite,* de 8 de Setembro.

1582. — «E però gli compari innanzi a fargli riuerenza e **zomba**». — G. Balbi, *Viaggio,* fl. 118 *v.*

1585. —«Così senza intrare là, sotto uno portico facendo sue orazioni (che chiamano fare **Sombaya**) e era posto in cotal modo». — P. Sassetti, *Lettere,* p. 341.

1610. — «Llegan cada qual à su puerta à hazelle la **sumbaya,** que es la reverencia e acatamento». — Pedro Teixeira, *Relaciones,* p. 175.

1614. — «**Sombay** or presents».—Foster, in *Glossary* (2.ª ed.).

1620. — «Puis ayant fait la **Sombaye** (qui est le salut, mettant les mains jointes sur la teste) commencerent à danser». — Général Beaulieu, *Mémoires,* p. 54.

1623. — «À gli huomini, e fin à i Rè, la medesima salutatione, che essi in lingua Persiana chiamano *Teslìm,* e nella loro Indiana **Sumbaia,** con l'istesso atto, la fanno tuttavia con la sola mano destra».— Pietro della Valle, *Viaggi,* III, p. 30.

1675. — «Celebrado el intiero, el mayor de los tres, que dificilmente avia cobrado de la Reyna el Sello Real, le fue a poner con profunda reverencia (**Zumbaia,** dizen ellos) en las manos al Tio». — Faria e Sousa, *Asia Portuguesa,* III, p. 501.

1678. — «Introduziron la **Çambaya** que es un modo más de adoración que cortezia; porque se prostravan por tierra quando le hablavan». — João de Sá e Meneses, *Rebelion de Ceylon,* p. 22.

1881. — «Le petit homme s'accroupit après avoir fait, comme tout le monde du reste, le **sembah,** salut respecteux». — Vinckel, in *Bol. S. G. L.,* II, p. 689.

1913. — «The obeisance to a king was similar to the Chinese *Kow-tow* and was known to the Portuguese as the **zumbaya,** from the Malay *sambah,* obeisance». — Pieris, *Ceylon,* p. 526.

* **SUNCUN.** O vocábulo vai explicado abaixo. Parece que provêm do chin. *sún-tsáng,* «superintendente do pagamento de impostos».

1722. — «. . . aonde se achava o **Çumcun,** que he hum Mandarim grande, que cuida das barcas que levam o tributo de arroz para a côrte». — *Apud* Júlio Biker, *Collecção de Tratados,* VI, p. 125.

**SUNDAR.** Capitão de embarcação, em Arracão. Talvez do birm. *hmah-htah.*

1602.— «Requeria Manoel de Matos aos **sundares** (que são capitães da armada) e aos mais Moguos, que assi se chamam os naturaes do Reyno de Arracam, que não quisessem pelejar contra os Portugueses». — P. Fernão Guerreiro, *Relaçam Annual,* fl. 44.

**SUNI, sunita.** Indivíduo duma das principais seitas do islamismo, a qual se reputa a mais ortodoxa e a que pertencem geralmente os árabes, e é oposta à dos *xias* (q. v.). Do ár. *sunnī,* que quere dizer «seguidor de *sunnat*», isto é, «da lei tradicional fundada nos preceitos de Mahomete» [1].

1529 — «Os moradores desta Cidade erão contrarios da ley do *Sufi,* que se chamão **Suni,** que he a ley que tem o grão Turco». — António Tenreiro, *Itinerario,* cap. 8.

1553. — «Entre os Mouros sempre houue contendas, não sómente por armas, mas por letras, qual destes quatro Califas primeiros foi mais legitimamente successor no Califado. Os Arabes favorecem a Bubal, Homar, e Othoman, os Parseos a Alle, e tem que os outros o possuíram tyrannicamente . . . de maneira que em vida delles sempre houve cisma, e depois da morte, que as pessoas podiam fallar ousadamente, muito maior, e por derradeiro ficou esta cisma entre os Arabios, e os Parseos. Estes tomaram por appellido *Xiá,* que quer dizer união de hum corpo, e os Arabios chamam-lhes por vituperio *Raffadij,* que quer dizer gente fóra do caminho, e a si mesmos chamam **Çunij,** que he o contrario». — João de Barros, Déc. II, x, 6.

1614.—«Os Arabios pelo contrario affirmão, que elle [Ali] não foi Califa . . . e que os Persas são os que vivem errados na sua opinião, e contra elles tomàrão aquelle appellido de **Sonijs,** de que se tanto prezão, que quer dizer seguidores ou sustentadores da verdade. E quando nomeão os Persas lhes chamão *Rafasis,* que he o mesmo que chamar-lhes homens errados e desencaminhados». — Diogo do Couto, Déc. VII, IV, 8.

1663. — Pelo contrario, os Persas dizem que só elles são os verdadeiros **sonijs,** que quer dizer, sustentadores, e seguidores da verdade». — P. Manuel Godinho, *Relação,* p. 97.

1879. — «. . . e os moiros ou mahometanos, de que ha duas distincções, pela maior parte são **sunis**». — João Stuart Torrie, *Estatistica da India Portugueza,* p. 347.

1891. — «Era naturalissimo que os arabes, em relações directas com a costa da India, introduzissem nas suas culturas uma planta [arequeira], da qual usavam com

[1] Domingos Vieira regista *sonil,* por indução do plural *sonis!*

tanta frequencia quasi como os hindús, tanto os orthodoxos **sunnitas,** como os *shiitas,* a que Orta chama *Moalis*».—Conde de Ficalho, Col. XXII.

1902. — «Estes, os *Shi'tas*, conforme as suas tradições, descendem provavelmente de origem estrangeira, e os **Sunnitas,** indubitavelmente de origem hindú, podem ter sido convertidos pelos primeiros, mas forçados depois a seguir o **sunnismo** pelos sultões do Guzarate».—Cristóvão Pinto, in *Ta-ssi-yang-kuó*, II, p. 497.

1610. — «Todas las sectas de los Moros que fueron y son muchas, se reduzen a dos principales: **Sony,** que es que tienen los Arabes y Turcos, y todos aquellos que seguen el Alcoran de Mahamed sin mas comientos ni exposiciones, y como dixe se dizen **Sunys**». — Pedro Teixeira, *Relaciones*, p. 55.

1841. — «La différence entre la doctrine des **sonnites** et celle des sciites consiste principalement en ce que les premiers reconnaissent pour légitimes successeurs de Mahomet les trois premiers califes Abubècre, Omar et Oman, considérés par les Persans comme des usurpateurs des droits imprescriptibles d'Ali. Suivant les schiites, la puissance spirituelle réside dans la famille de Mohomet, et ils rejettent la partie de la *Sonna* ou Recueil de traditions arabes, qui reposent sur l'autorité des premiers califes». — Dubeux, *Perse*, p. 388.

1845. — «Les Persans sont, pour les Afgans, des hérétiques: shias; les Afgans sont **sounis** ou mahométans orthodoxes». — Jancigny, *Inde*, p. 87.

1898. — «Viajaba por los paises musulmanos de la secta **sunnite** (como se dijéramos ortodoxa por contraposicion à los *chiitas*, protestantes) tan preponderante en el Turquestán, el porque tan combatida en Persia». — Alfredo Opisso, *El Asia Musulmana*, p. 52.

1918. — «The **Sunni** Turks on the other hand were the allies of the powerful Gujrat kingdom, as were the Sultans of Egypt before them, and this combination provided the most powerful enemy the Portuguese had to contend with».—Longworth Dames, *The Book of Duarte Barbosa*, p. LXIII.

1919.—«The Musulmans form one-third of our population, more than 90 per cent of whom are of the **Sunni** persuasion».—*The Hindustan Review*, de Abril.

* **SUNTÓ.** Vice-rei ou governador geral, na China. Do chin. *tsung-tu.*

1667. — «Voltou de Cantão o mandarym de Ansão com o Lym Siam Cum com outro pé de cantiga por parte do **Çûntô** e mais mandaryns do governo». —In *Ta-ssi-yang-kuó*, de Outubro de 1899.

«De Cantão forão a Çauqui a ver-se com o **Çuntô**; (que he o V. Rey de ambas as provincias de Cantão e Quansy)». — *Ibid.*, de Fevereiro de 1900.

1679. — «Às vezes succede a hum Vice-Rey de tres, ou quatro Provincias; este se chama **Te Sum To,** id est, Leam, ou Vice-Rey de muitas Provincias. Estas ordinariamente sam da Provincia do Sul, a que nós chamamos Cantam».—Fr. Jacinto de Deus, *Vergel*, p. 237.

1729. — «Nesta cidade de Nankin existe o **Çuntó,** que governa toda a provincia, e juntamente a provincia de Kiansi». — *Apud* Júlio Biker, *Collecção de Tratados*, VI, p. 121.

1756. — «Vendo proposto o Chikien de Hianxan, expedido pelo **Suntó** e Vice-Rei, a praticar estas duvidas com o Senado». — *Ibid.*, VII, p. 55.

1824. — «Em cada uma provincia ha um **Suntó** (delegado imperial) com tres mandarins letrados debaixo das suas ordens». — José Inácio de Andrade, *Memoria*, p. 9.

1825. — «Em 1582, vindo novo **Suntó,** ou vice-rei governar a provincia de Cantão, mandou perguntar aos nossos: com que auctoridade introduziram leis portuguezas nas terras do imperio». — Id., *Cartas*, I, p. 114.

1841. — «O Alto Commissario Imperial Lin, o **Suntó** (Vice-Rei) de Cantão, e outros Mandarins, incumbidos de acabarem com aquelle trafico, deixaram de reclamar a entrega do Opio, que diziam existir em Macáo». — *Annaes Maritimos*, p. 300.

1843. — «Ki, alto commissario imperial, segundo tutor do principe, presidente do conselho de guerra e **Suntó** dos dois Kiam, despacha o seguinte». — In *Bol. S. G. L.*, XI, p. 748.

1898. — «A administração d'estas provincias está confiada aos governadores geraes ou vice-reis (**tsung-tu** ou *tang-doc* dos Anamitas)».— *Ta-ssi-yang-kuó*, p. 574.

1897 — «É usado pelos vice-preceptores do principe herdeiro .. governadores de provincia (**thsung-tou**), e sub-secretarios dos seis grandes ministerios». — Joaquim C. Crespo, *Cousas da China*, p. 83.

1585. — «El segundo en dignidad es el Governador de toda la Provincia y le llaman **Insuanto,** que tiene poco menos magestad que el Visorey». — Fr. Juan G. de Mendoça, *Hist. de la China*, p. 75.

1699. — «Quand ils sortent, leur train est majesteux, le **Tsun-tou** par exemple, c'est un Mandarin qui a l'Intendence de deux Provinces, le **Tsung-tou,** dis-je, ne marche jamais sans avoir avec lui cent hommes pour le moins».— *Lettres Edifiantes*, II, p. 101.

1703. — «Le **Tsunto** de la Province de Canton ayant appris que nous étions arrivez, nous fit l'honneur de nous envoyer un de ses officiers». — *Ibid.*, VII, p. 213.

1735. — «Outre les grands Mandarins de chaque Province que j'ai nommez, il y en a encore un plus considérable, appellé **Tsong-tou**. Sa jurisdiction s'étend sur deux Provinces». — Halde, *Description de la Chine*, I, p. 6.

1682. — «La province est gouvernée par un Viceroi qu'on appelle **Somp-tok**: il ne peut rien entreprendre sans aveu de son Conseil, composé de deux Mandarins nommés par l'Empereur».—Sonnerat, *Voyages*, I, p. 12.

1853. — «Li-sse-yao, de lieutenent général dans le service militaire, ayant passé à la dignité de *Tsuong-Tou* (gouverneur général de province), se distingua d'abord par son exactitude, sa vigilance et son attention extrême à remplir tous ses devoirs». — Pauthier, *Chine*, p. 160.

**SUPO** (conc.-hindust. *sūp* < sânsc. *çūrpa*). Joeira feita de bambu na Índia e de fôlha de *gaboeira* em Timor, onde se formou o verbo *supar*, «joeirar». O termo é usado em ásio-português.

1736.—«Nas funcções de seus casamentos, assim em casa do noivo como da noiva, não ponham em algum *daly*, **supo**, panella ou outro qualquer logar, arroz, legumes, cocos, betle, areca, ou qualquer outra cousa comestivel, que fique reservada em logar determinado para se cozinhar, e comer em dia certo». — *Edital* da Inquisição de Goa, *apud* Lopes Mendes, *A India Portugueza*, I, p. 255.

1843. — «Logo que assim está preparada uma conveniente porção, ou toda a que se sujeitar a esta operação, a que chamam pilar o *nelly*, o ajuntam e sujeitam a outra que denominam **supar**, correspondente a que em Portugal se diz joeirar. Esta operação se faz com uns pequenos balaios, ou cestos de folha de gaboeira, ou outras semelhantes que se chamam **suppos** de figura quasi rectangular com dois palmos de largo, e dois e meio de comprido, tendo sua borda de duas pollegadas por tres lados comprehendendo um mais curto». — *Annaes Maritimos* (parte official), p. 124.

1866. — «Para alimpal-o [o arroz] da pelicula, depois disto é ventilado por **supa** e joeirado por *chalne*». — F. N. Xavier, *Descripção do Coqueiro*, p. 51.

**SURA.** Suco extraído da espata de várias palmeiras indianas, e em especíal de coqueiro. A extracção da *sura* envolve necessáriamente a destruição dos frutos. Usa-se fresca e crua como bebida refrigerante e para levedar, e converte-se em vinagre, em aguardente fraca e forte, e em *jagra*. Do conc. *sūr* < sânsc. *surā*. V. *niró, urraca, fenim, jagra.*

1537. — «Orraca e *parão* (?) de **sura** —seja sem mistura nem confeição alguma». —*Postura* da câmara de Goa, in *Archivo de Pharmacia*, VII, p. 65.

1554. — «Renda das orraquas que se faz das palmeiras, da qual ha hi tres sortes — a saber **çura**, que he asy como se tira». — Simão Botelho, *Tombo da India*, p. 50.

1563. — «Fazem duas maneiras de palmeiras. humas para fruta, e outras para darem **çura**, que he vinho mosto».—Garcia da Orta, Col. XVI.

1603. — «Primeiramente dão fazendo do alto della hum furo, e pondo-lhe nelle hũas cabaças, que tirão a certas horas cheas de sumo, ao qual chamão **sura**, he muy saudauel, e proueitosa, engorda, e alimpa».— Fr. António de Gouveia, *Jornada do Arcebispo*, fl. 62.

1609. — «É este primeiro vinho de palmeira, a que chamam **sura** doce. Ha muitas palmeiras que tem quatro, cinco e seis *tombos* d'estes, que estão sempre estillando **sura**. . D'esta **sura** se fazem tres vinhos e vinagre e mel e assucar».— Fr. João dos Santos, *Ethiopia Oriental*, pp. 295 e 196.

1615. — «Os que tiram o succo das palmeiras, a que chamam **sura**, ou se occupam em outras cousas baixas». — Pyrard de Laval, *Viagem*, I, p. 31.

1618. — «Ixová cria a palmeira, bebe **sura**, fica fóra de si, e de como e porque crestou a Guanapati». — P. Manuel Barradas, in *O Oriente Portuguez*, I, p. 229.

1635. — «Costumados a subir ás palmeiras e lhe tirar a **sura** e colher os cocos, que são a novidade que dão». — António Bocarro, Déc. XIII, p. 219.

1667. — «Estando eu assistente neste Convento, costumava vir a elle todas as manhãs hum gentio tirar o summo, a que chamão **Sura**, das palmeiras da nossa horta». — Fr. Jacinto de Deus, *Vergel*, p. 73.

1687. — «Encontrou dous Ternatezes, e hum Olandez, que desuiados do seu campo, andauão â **sura** (assim chamão o licor que destilão as palmeiras)». — P. Fernão de Queiroz, *Conquista de Ceylão*, p. 674.

1842. — «A **sura** é um liquido que se tira da bainha do cacho de palmeira». — *Annaes Maritimos*.

1872. — «A seiva que devia nutrir os coquinhos, convertida em **sura**, tem se vertido lentamente no *damnem*, d'onde é recolhida na cabaça».—Bernardo da Costa, *Manual do Agricultor*, I, p. 189.

1886. — «O coqueiro é cultivado para dar côcos, ou um succo fermentado, a que se dá o nome de **sura**». — Lopes Mendes, *A India Portugueza*, I, p. 186.

1893. — «O succo extrahido da espadice do coqueiro, e que é a seiva que devia nutrir o coco tem o nome de **sura**». — José Maria de Sá, *Productos do Coqueiro*, p. 1.

1898. — «**Sura**, sumo extrahido da espatha das palmeiras». — D. G. Dalgado, *Flora*, p. XVIII.

1904. — «Estabeleceu o imposto de duas *tangas* sobre a palmeira á **sura**». — Ernesto Fernandes, *Regimen do Sal*, in *Bol. S. G. L.*, XXII, p. 351.

1918. — «A **sura** é um suco que diariamente se extrai do coqueiro e fornece os seguintes produtos ..». — Fortunato de Almeida, *Portugal e as Colonias Portuguesas*, p. 262.

545. — «C'est le vin des Indiens, et leur principale buisson ; ils l'appelent en leur langue *Roncho* **Soura**».—Cosmas Indicopleustes, in *Relations*, I, p. 19.

851. — «Si on le boit au moment où elle vienne d'être extraite du cocotier, elle est douce comme le miel, mais, si on la conserve, elle devient comme le vin ; elle se convertit en vinaigre». — Soleimão, *apud* Reinaud, *Relations*, I, p. 16.

1578. — «. . . amassado con leche de Coco, y algunas vezes con **Sura,** y con Yagra». — Cristóvão da Costa, *Tractado*, p. 60.

1589. — «Peu de iours apres la bouteille se remplit d'un ius [= jus] qu'ils appellent **Sura,** fort delectable et doux à boire».— Linschoten, *Histoire*, p. 103.

1631. — Id vinum duplicis generis est ; **Sura,** liquor, qui sponte emanat in vasa trunco applicata, crudus». — *De Imperio Magni Mogolis*, p. 98.

1658.—Oltre l'accenate utilità di questa pianta, maggiore è l'emolumento, che si coglie dal sugo, che della medesima quotidianamente si tira, quale chiamasi **Sura** ò *Tari*». — Fr. Vincenzo Maria, *Viaggio*, p. 360.

1660. — «**Sura**. Liquore, che si caua dalle Palme, simile al Mosto».—Sebastiani, *Seconda Spedizione*, p. 149.

1670. — «C'est le vin du pays, que l'on appelle **Sury,** ou Tary, il enyvre comme le nôtre, devient piquant quand on l'a gardé quelques heures, s'aigrit tout-à-fait dans l'espace de 24 heures et l'on se sert point de l'autre vinaigre dans toutes les Indes». — Dellon, *Relation d'un Voyage*, I, p. 138.

1690. — «Liquor hic Latinis *Vinum Palmarum*, Portugallis *Vinho de Palma*, in India veteri Malabaris **Sura** vel melius *Syra*, quod originem a Persico vocabulo *Schir* ducit»! — Rumphius, *Herbarium Amboinense*, I, cap. 1.

1786. — «Il liquore che esce dal ramo dell' albero è la **Sura** dolce ed amabile». — Fra Paolino, *Viaggio*, p. 115.

* **SURANA** (conc. *suran*). Aróidea. *Amorphophallus bulbifer*, Blume. «As raizes bolbosas conteem fecula». D. G. Dalgado, *Flora*. «A flor, de côr escura, exhala o cheiro d'um animal em decomposição. O tubérculo é aproveitado na cozinha hindu». A. de Castro, *A Cinza*.

1906:

«A mulher só é grande se acompanha
Na morte o seu amor.
Se não morres, Sitá ! teu coração
É a flor de **surâne**, amarga e estranha,
Que é como luto e podridão.
Morre, Sitá ! só te faz grande a dor».

Alberto Osório de Castro, *A Cinza dos Myrtos*, p. 136.

* **SURANGA** (conc. *surang*, flor, n.; árvore, f.). Flor de SURANGUEIRA — *Ochrocarpus longifolius*, Benth. & Hook. As flores são miúdas, branco-amarelas, e muito odoríferas, mesmo quando sêcas. «Os botões seccos da flor, conhecidos no mercado por «*tāmbdī nāgkesar*» [em concani], são usados para tingir a seda». D. G. Dalgado, *Flora*.

1802. — «A arvore de **suranqueira** nasce e cresce nos oiteiros e em qualquer parte sem cultura, cresce á altura de uma oliveira maior das mais grossas, bota suas flores miudas amarellas e brancas muito cheirosas... e ainda depois de secar se conserva parte do seu cheiro». — In *O Oriente Portuguez*, XI, p. 144.

1906:

«Ó *mogarins*, dourada **surungâ**
Dôces *zaiôs*, que os mortos perfumaes !».

Alberto O. de Castro, *A Cinza dos Myrtos*, p. 131.

**SURIAPANO.** Espécie de flabelo feito de penas de pavão e ornado dum lado e doutro com as imagens do sol e da lua, o qual se leva nas procissões hindus ao pé do andor do ídolo, e é também usado como insígnia rial, e como honorificência por certas castas no préstito nupcial. Se os ourives de Goa gozam do privilégio de *suriapano* por ocasião dos seus casamentos é uma questão muito debatida, que tem dado aso a numerosos distúrbios e sôbre que tem havido decisões do govêrno contraditórias. O termo é concani e marata, composto de *sūrya*, (sânsc.), «sol», e *pān* (sânsc. *parṇa*), «fôlha». Alguns autores confundem *suriapano* com sombreiro de luxo, julgando que o vocábulo denota «abrigo contra o sol».

1737. — «. . . deixando armas, trombetas, e huma especie de bandeira a que chamão **suriapan**». Glosa do editor : «Palavra maratha que significa litteralmente *folha do sol.* Tem a forma de az de copas. Uma das insignias a que desde os remotos tempos, reclamam exclusivo direito em Goa os brahmanes gentios, e que lhes é contestado pelos ourives».—In *O Oriente Portuguez*, III, p. 83.

1741. — «E perdeo o General inimigo o seu palanquim, e Sombreyro, a que chamão **Suriápano,** de que fazem particular estimação». — D. José Barbosa, *Epitome da Vida*, p. 103.

1813. — «... insignias reaes *Mai Mortab,* **Suria Pana,** *Morchelans,* e Tochas acesas». — «*Apud* Júlio Biker, *Collecção de Tratados*, XI, p. 295. — Nota: **Suria-pan** — Chamado tambem *Abdaguir* ou *Aftaguir* — Uma especie de pendão em forma de coração, com a figura do Sol e Lua de ambos os lados, e firmado n'uma comprida vara de perto de 3 covados».

1842. — «Nestas funcções usam os bramanes o **suriapano,** especie de parasol, privativo do uso dos bramanes; a casta dos ourives pretendeo ter o uso delle nos seus casamentos, cuja questão foi professa e finalmente decidida pelo Vice-Rei D. Manuel de Portugal e Castro a favor dos bramanes». — *Annaes Maritimos,* p. 441.

1874. — «.. o pendão, aftaguir ou **suriapana**». — Tomás Ribeiro, *Jornadas,* II, p. 113.

1880. — «Em Goa os *sonares* (ourives) deligenciam ha mais de um seculo o uso nas suas festividades do **suriapan** (umbrella ou chapéu de sol grande)». — Teixeira de Aragão, *Descripção das Moedas,* III, p. 23.

1906. — «Chego até a imaginar que tão dedicado amor por tal objecto [chapéu de chuva] lhe provem da semilhança que n'elle encontram com o **suriapan** ou umbella, distinctivo que só podem usar os individuos da primeira casta». — Hipácio de Brion, *Duas mil leguas,* p. 22.

* **SURIAVANSA** (sânsc. *sūryavaṁça*). Estirpe ou casta solar, provinda de Ikxvaku, neto do sol. Dividia-se em duas dinastias: a de Ayodhyá (a moderna Aude, Oud em inglês), à qual pertenceu o semideus Rama, e a de Mithilá. Muitos dos rajaputos actuais se presumem descendentes da raça solar ou da raça lunar. V. *rei da lua.*

1600. — «Andou aquella grande Monarchia de Tanaçarij (que nos campos d'esta provincia apparecêra o filho do sol) em seus legitimos descendentes, aos quaes em sua lingua chamauam **Surianas,** que quer dizer da casta do sol». — P. João Lucena, *Historia,* I, cap. 18.

1633. — «Seus sobremaiores, ou cabeça era o *filho do Sol,* a quem os Chingalás então adoravão». — *Apud* Júlio Biker, *Collecção de Tratados,* I, p. 218.

1687. — «Por esta causa se intitulão os Reys desta Ilha, **Suriauança,** que ual tanto como, geração do Sol; e he tão familiar este encomio no Chingalaz, e seus vizinhos, que se em algum obseruão algua acção generosa, logo lhe chamão filho do Sol» — P. Fernão de Queiroz, *Conquista de Ceylão,* p. 5.

1678.—«Porque se prostravan por tierra quando le [ao rei] hablavan, admitida antes de los **Curimavas** (*sic*) (assi llamavan aquellos Idolatras a los descendentes de la casta del Sol) tan supersticiosos fueron siempre los hombres en honrar, e diferenciar de los otros aquellos a quien se sugetan, y toman por Principes».— João de Sá e Meneses, *Rebelion de Ceylon,* p. 22.

* **SURIM** (persa *surīn*). Vento sueste, quente e sufocante, que sopra no verão nas praias do Gôlfo Pérsico.

1608. — O sol foy aquentando agoa de maneira, que nos lançou fora a inclemencia do ar, que sem exaggeração parecia labareda de fogo mouido por hum vento a que chamão **Sori**».—Fr. António de Gouveia, *Relaçam,* fl. 19.

1610. — «Reyna en ella el verano por la parte que mira hazia la Persia un viento de estrema propriedad, llamanle los naturales **Surim,** y viene à ser el sudoeste con poca diferencia, el quale es tan calliente y seco, que abrasa todo a que llega». — Pedro Teixeira, *Relaciones,* p. 147.

* **SURQUI.** Tejolo moído, que se mistura com cal e areia para se formar cimento hidráulico, na Índia. Do hindust.-persa *surkhī.*

1911. — «... conveniencia de empregar na nossa India argamassas hidraulicas compostas de areia, cal gorda e **surki** (tijolo moido)». — José E. Castel Branco, in *Bol. S. G. L.,* XXIX, p. 316.

1784. — «One lack of 9-inch bricks and about 1400 maunds of **soorky**». — In *Glossary.*

* **SUTRA** (s. m. e f.). A palavra sânscrita *sūtra* quere dizer, no sentido próprio, «linha, fio», e no figurado, «regra, aforismo», de ordinário em verso e em linguagem concisa e técnica. Os **sutras** tratam em geral de qualquer assunto: litúrgico, jurídico, filosófico, gramatical; mas em particular designam uma parte da literatura védica, que floresceu entre o quinto e o segundo século

antes de Cristo, e teve principalmente em mira condensar em fórmulas gerais e lacónicas a imensa mole de doutrina difusamente expendida nos *Bráhmanas* (q. v.).

1883. — »Em sânscrito archaico, tambem chamado *vedico*, estão escriptos os monumentos lyrico-epicos e religiosos por excellencia, os Vedas... e a litteratura critica d'estes Vedas (os *Bráhmanas*, os *Upanixadas*, os **Sútras**)». — «Os estudos de gramática começaram cedo na India e antes das escolas em que se originaram os **Sutras** chamados *Prátixákhyas*». —Vasconcelos Abreu, *Chrestomathia*, pp. 12 e 18.

1904. — «Antes dos portuguezes ali chegarem, predominava indiscutido o Budismo, cujos esforços educativos se limitavam a mandar o povo decorar as **Sutras** Budistas». — Ladislau Batalha, *O Japão por dentro*, p. 64.

1915. — «Os *Védas* são considerados como os mais antigos monumentos da litteratura universal; d'elles tomou origem toda a enorme litteratura brahamanica. Os *Puranas*, os **Sutras**, são commentarios d'aquelles livros». — Alberto Marques Pereira, *Os Lusiadas*, I, p. 165.

* **SUVEL** (s. f.). É um insecto, em forma de agulha, que perfura os coqueiros e ocasiona a sua morto, na Índia. Do conc. *suyel*, aumentativo de *sui*, «agulha».

1919.—«Coqueiros e arequeiras morrem sempre aos centos; o *mandolim*; a **suvel**, o besouro e outros insectos, enfim, doenças e inimigos continuam a atacar aquelas palmeiras e a **suvel** pode dum momento para o outro tornar-se devastadora como em Tranvancor e outras partes da India». — *Heraldo*, de 27 de Fevereiro.

## T

* **TABANCA.** Portagem em Siame ao longo do rio. Parece que o étimo é o mal. *tabing*, «margem do rio». Mas na Guiné *tabanca* é «povoação».

1614.—«Ha por este rio acima algumas **tabancas**, que são como portagens em que se registão os que vão para a cidade, e pagão alguns direitos, e costumes». — Diogo do Couto, Déc. VI, VII, 9.

1883.—«Chegado á **tabanca** do regulo Umbucú, apresentou-se-lhe completamente uniformisado, dizendo... quem era e qual o seu destino». —In *Bol. S. G. L.*, III, p. 691.

* **TABAQUI, tavassi** (mais correcto). Asceta, penitente, em Ceilão. Do sing. (forma *elu*) *tavassī* < páli *tapassī* < sânsc. *tapasvī*.

1687. — «Tãobem o he [descortezia] falar com a cabeça descoberta, excepto os *Saniazes*, e os penitentes, a que chamão **Tauazis**». — P. Fernão de Queiroz, *Conquista de Ceylão*, p. 53.

«Não vejo como possa fazer, pois não ha quem me resista mais que aquelle pobre **Tabaqui**, que quer dizer *Jogue*». — *Id.*, p. 539.

**TÁBAROS** (s. m. pl.). Uma raça bárbara de Geilolo, em Maluco, descrita abaixo. Conjecturo que o vocábulo se liga ao mal. *tambul*, «feiticeiro».

1614. — «Duzentos **Tabaros** (são estes hũa nação de gente d'aquella ilha mũy temida de todos: que como andão sempre pelos matos, e são mũy ligeiros, e no saltear os caminhos, oje se vem aqui, e d'ahi, a dous ou tres dias d'ahi a vinte legoas, tem feito crer aos daquellas ilhas que se fazem inuisiueis, e que se escondem e aparecem quando querem, que só de os ouvirem nomear fogem muitos)». — Diogo do Couto, VI, IX, 10.

1548. — «Gens est in his locis ab Evengelio aliena, **Javaros** (em outra edição **Tabaros**), vocant, qui homines quoscunque nacti sunt interficere, immortalitatis instar putant. Ac saepe usu venit, ut cùm alienorum copia desit ad caedem, uxores ac liberos caedunt suos». — S. Francisco Xavier, *Epistolae*, II, 21.

**TABAXIR.** Açúcar de bambu ou espódio vegetal. É «concreção silicosa depositada nas cavidades dos entrenós dos bambus, *Bambusa arundinacea*, Retz». Conde de Ficalho. Do persa *tabāxīr* < sânsc. *tvak-kṣīra*.

1563. — «O que os Arabios chamam **tabaxir** he nome tirado da lingua da Persia... E **tabaxir** quer dizer leite, ou, çumo, que invernou ou demorou em alguma parte». — Garcia da Orta, Col. LI.

1912. — «O **tabaxir** preto ou cinzento é a cinza de bambú, posto que Garcia d'Orta o attribue «á muita humidade que corre a elle». — Caetano Gracias, *Florá Sagrada*, p. 165.

1578. — «El Spodio, seú **Tabaxir** de los Parsios (de quien tomaron el nombre los Arabios)... porque **Tabaxir** tanto quiere dezir en lengua Persia como humidad, que dentro de alguma cosa se cuaja». —Cristóvão da Costa, *Tractado*, p. 295.

1589. — «Les Indiens nomment *Saccar Mambu*, c'est à dire Sucre de Mambu laquelle est fort propre à l'usage de la medicine, et est fort recherchée des Arabes, Perses, et Mores qui l'appellent **Tabaxir**». — Linschoten, *Histoire*, p. 10.

1658. — «In India vero Orientalis, ex Mambu arbore arundinacea... *Sacar Mambú*, quem **Tabaxir** appellent, viscosum albicantemque liquorem promanare constat, ut Avicena, Rhasis, et Serapio testantur». — G. Piso, *Indiae Utriusque*, p. 108.

1690. — «**Tabaxir**... substantia est alba et sicca instar formae amyli, vel sacchari tenuis albi, quae in quibusdem veteris Indiae provinciis, uti Bisnagara, Baticalá, et Malabara, sed rarissime in hujus arundinis fistulis reperitur, atque ibidem *Saccar Mambu* vocatur».—Rumphius, *Herbarium Amboinense*, VI, cap. 4.

1829. — «Negli intervalli di questa pianta trovase un liquore denso e dolce che coll' andar del tempo indurisce, diventa simile all' ansido in pezzi e chiamase **Tabaxir**». — Lazzaro Papi, *apud* Gubernatis, *Storia*, p. 274.

**TABEDÁE.** Dança timorense. Do teto *tabedá*.

1864. — «A dansa, em que tomam parte velhas e moças, e que em nada se parece com o divertimento a que na Europa damos este nome, nem tão pouco com a dança das bailadeiras da India ou de Java, chama-se **tabedae**». — Afonso de Castro, *As Possessões Portuguezas*, p. 324.

1868. — «Findo o luto, ordenam os *dattós* as festas do estylo, que consistem em jantares e dança chamada **tabedae**. Todas as mulheres timores, velhas, moças ou crianças tomam parte no **tabedae**». —In *Annaes do Conselho Ultramarino*, IV, p. 33.

1884. — «Esta festa dura hum, dois ou mais dias, acompanhada de grandes danças a que no paiz se chamam **tabedaes** e *batendas*». — José Vaquinhas, *Timor*, in *Bol. S. G. L.*, IV, p. 479.

1908.—«A horta de Luriimata o **Tabedae** sauda a passagem da autoridade superior do Districto». — Alberto O. de Castro, *Flores de Coral*, p. 216.

«**Tabedae**. — Nome de batuque timorês, em lingua Tétum». — *Id.*, p. 151.

**TABO.** Embarcação dum mastro e vela latina dos mares da Índia ocidental, da Arábia e da África Oriental. Dá-se por étimo do vocábulo o ár. *dāo*, que os arabistas não reputam vernáculo; o marata tem *ḍāv*. Pronunciar-se-ia também *tav* ou *tab* no Malabar. V. *daura*.

1614. — «Pedrafonso rendeo tambem hum **Tabo**, que vinha de Ormuz, com muita fazenda».—Diogo do Couto, *Déc.* VI, III, 8. — Outra edição tem *tabò*.

1470. — «I shipped my horses in a **Tavo**, and sailed across the Indian Sea in ten days to Maskhat». — Nikitin, in *India in the fifteenth century*, p. 8.

1786. — «We want 10 shipwrights acquainted with the construction of **Dows**». — In *Glossary*.

*** TACARDUMA** (s. m. f.). Festividade gentilica, que se celebra com muito aparato, arruido e folia, no Concão. Do mar. *ṭhākūrdhumā*, «manifestação espectaculosa a um ídolo».

1864. — «Gastam muitas vezes toda a sua fortuna nos seus casamentos, funeraes e differentes festividades, taes como as do *dossoró*, *sigmó*, **tacarduma**». — Lopes Mendes, in *Annaes do Conselho Ultramarino*, VI, p. 62.

1886. — «**Tacarduma**... Pernoitamos no pagode de Dargaly ou Dargalim, aldeia de 2:857 habitantes, onde encontrámos os srs... os quaes, a convite dos srs. Collopos de Mapuçá, tinhão vindo assistir á **Tacarduma** ou representação dramatica gentilica». — Id., *A India Portugueza*, I, p. 229.

1905. — «Não se parece [o *mandó*] nada com a antiga música, religiosa ou profana, dos Indús, que se canta ainda hoje nos templos brahmanicos de Goa pelos *zátrás*, *shigmós* e **tacardumes**». — Fernando Leal, *Gloss. Port.-Oriental*, in *O Heraldo*, de 10 de Junho.

*** TAC (taque).** Sôro de leite, maçal, na Índia. É muito usado pelos hindus com arroz. Do conc. *tāk* < sânsc. *takra*.

1919. — «E este cereal com manteiga ou com leite, **tac** e *doim* (leite condensado e nata) é usado pelo indo-britânico, cristão e não-cristão e pelo indo-português». — *Heraldo*, de 22 de Abril.

*** TACHE, tage** (mais correcto). Coroa, diadema, na Pérsia. Do persa *tāj*.

1529. — «Quando o *Sufi* lhe mandou o carapução vermelho, que elles em sua linguagem chamão **Tache**, que quer dizer coroa, o não quis o Rey da terra aceytar». — António Tenreiro, *Itinerario*, cap. 8.

1620. — «Y poniendole, por diuisa Real, en su cabeça, vn modo de carepuça, llamado en aquella lengua **Tage**, que es tanto como entre nos Corona, y con el mismo nombre se llaman aun oy los carepuzones que los Reys de Persia trayen». — Pedro Teixeira, *Relaciones*, p. 3.

*** TACÓ** (própriamente **taucó**). Feijão da China. Do chin. *tau-kóh*.

1760. — «Tem outra planta que arremeda a Ervilhas e **tacôs** que arremeda a feijoens». — In *Ta-ssi-yang-kuó*, II, p. 148. — «Segundo Chalmers *taú-koh* (em cantonense). Nota do editor.

* **TACOÁ.** Estrada rial, onde se aposentam os mandarins em serviço, na China. Do chin. *táu[lú]kvang*, «estrada do imperador».

1554. — «Em todas estas cidades costumão ter hũa rua de casas, que elrey manda fazer muyto riquas, em que aposentão os capitães, que andão em seu serviço visitando todas as cidades, e estes vem com os poderes del Rey sobre os presidentes que governão as cidades, que em sua lingoa chamão **Tacoás**». — Fernão Pinto, *Peregrinação*, cap. 114.

* **TADD-MADDO** (= *tar-maro*). É o nome concani, *tād-mād*, da palmeira brava (q. v.) — *Borassus flabellifer*, Linn.

1889. — «Taxa das palmeiras (coqueiros, **tadd-maddes,** palmeiras bravas e cajuris)». — *Relatorio do Imposto de Abkari*, p. 2.

«Figura um **tadd-madd** lavrado em Bardez n'aquelle anno (unico **tadd-madd** lavrado em Goa desde a execução do tratado)». — *Ibid.*, p. 3.

1905. — «... além das palmeiras bravas e **tadd-madd**». — Ernesto Fernandes, in *Bol. S. G. L.*, XXIII, p. 220.

1906. — «Em volta de Bombay domina a palmeira de leques, a palmyra ou **tahr-mahr,** a *palmeira brava* dos nossos chronistas». — Alberto O. de Castro, *A Cinza dos Myrtos*, p. 190.

1909. — «Taxa de palmeiras (coqueiros), **tadd-madd,** palmeiras bravas e cajuris». — Amâncio Gracias, *Subsidios*, p. 219.

**TAEL.** Pêso e moeda de conta no Extremo Oriente, equivalente à 16.ª parte do *cati* ou a uma onça. «O *tael* não tem existencia real. Representa um certo peso de prata pura que varia conforme as localidades». (Marques Pereira, *Ta-ssi-yang-kuó*, de Outubro de 1899). O termo é do mal. *tahil*, que Crawfurd liga ao indiano *tolá*, q. v. O seu nome chinês é *liáng*.

1525. — «Huum **tael** vall huum crusado, tem cem *quayxas*» (caixas). — *Lembranças das Cousas da India*, p. 56.

1534. — «Val aqui hum destes cavalos de tres até dez **taes** de prata». — Cristóvão Vieira, *apud* Ferguson, *Letters*, p. 79.

1536. — «O qual aroz se se posserem (*sic*) a vender a gente da terra farse ão mais de quarenta mill **tāees**». — Vasco Calvo, *ibid.*, p, 88.

1540. — «Só em prata trazião duzentos mill **taeis**, que são da nossa moeda trezentos mil cruzados». — Fernão Pinto, *Peregrinação*, cap. 35.

1554. — «Asy pesa o dito cate 28 onças, e o **tael** 1 onça 3 $^1/_2$ oitavas». — António Nunes, *Lyvro dos Pesos*, p. 39.

1563. — «... e de ouro oitenta **taes**, cadahum dos quaes reduzidos aos **taes** de Malaca, val hũa onça tres oitauas e meya das nossas». — João de Barros, Déc. III, VI, 2.

1569. — «Pelo nome de sua terra [China] ho menor peso he *condorim*, grande he de hũ **Tael,** hũ **tael** sam seys *Mazes*, hum maz he ho mesmo que *Tanga*». — Fr. Gaspar da Cruz, *Tratado da China*, cap. 11.

1582. — «... leuando por parte da communidade [de Macau] mais de mil **taeis** de cousas de Europa». — P. Sabatini de Ursis, *P. Matheus Ricci*, p. 14.

1600. — «... perdendo dous mil **tayais** de renda, que sam da nossa moeda tres mil cruzados». — P. João Lucena, *Historia*, IX, cap. 4.

1635. — «Não fazem mingua ao reino da China, de duas cortes e treze provincias, vinte mil **taeis**». — António Bocarro, Déc. XIII, p. 726.

1694. — «Nesta casa estavão trinta mil **taeis** (valem mais que cruzados)». — P. António Vieira, *Xavier Dormindo*, p. 292.

1729. — «E para o mesmo deu tambem 1:000 **tayes** (que são 2:500 cruzados)». — *Apud* Júlio Biker, *Collecção de Tratados*, VI, p. 73.

1843. — «As moedas virtuaes da China são o **taél**, o más e o condorim. O *taél* tem dez mases, o más dez condorins, o condurim dez cachas». — José Inácio de Andrade, *Cartas*, II, p. 10.

1843. — «A nossa dynastia actual, acolhendo benignamente os que vem de longe, tem sómente recebido 500 **taeis,** que comparado com o que se pagava antes, não chega nem a duas centesimas partes». — In *Bol. S. G. L.*, XI, p. 754.

1861. — «**Tael:** moeda imaginaria da China, e se divide em 1000 caixas, e equivale a 6:1:15 de Goa, ou 1000 réis fortes». — F. N. Xavier, *Resumo Historico*, p. 201.

1895. — «O **tael,** a que tudo se refere e que é tambem uma medida de peso do valor de mil reis da nossa moeda, tem dez mazes». — Conde de Arnoso, *Jornadas pelo Mundo*, p. 339.

1898. — «**Tael** ou «Liang» que corresponde a 37,5 grammas do nosso systema decimal». — Joaquim Crespo, *Cousas da China*, p. 155.

1585. — «... **Taes,** que cada vno vale diez reales, y veynte marauedis Castellanos». — Fr. Joan G. de Mendoça, *Hist. de la China*, p. 61.

1810. — «Y se lleuan [ninhos] per mercadoria à la China, àdó los Chinos los compran por cinquenta **taheis**, y por mas cada quintal». — Pedro Teixeira, *Relaciones*, p. 142.

1620. — «Mais trois cents **taels** valans plus de 1200 reales lui ont rachepté la vie pour cette fois avec quelques presens faits à l'*Orancaye Laxemane*, qui l'a grandement assisté en ce besoin». — Général Beaulieu, *Mémoires*, p. 57.

c. 1650. — «On sçait en general que les tresors de sa Majesté consiste en or et en argent enfermés dans les quaisses qui peuuent peser chacune mille **tayls**, c'est à dire à peu près quatre vingt liures, poids de Hollande». — *Relation du Japon*, p. 11.

1700. — «Le **Tael** de Pekin vaut à peu près cinq livres monnoie de France». — *Lettres Édifiantes*, I, p. 75.

1735. — «Il faut savoir que la livre Chinoise est de seize onces, que les Chinois appellent *Liang*, et les Portugais **Taels**». — P. Halde, *Description de la Chine*, II, p. 167.

1754. — «Une **tael** fait une once et deux gros en France». — P. de Charlevoix, *Histoire du Japon*, I, p. 27.

1782. — «Ils ont une autre monnoie idéal qu'on nomme la **Taël**; elle vaut dix masses, et 7 liv. dix f. argent de France». — Sonnerat, *Voyages*, II, p. 36.

1836. — «Les Chinois qui habitent la Malaisie font usage d'une mesure de pesanteur appellée **tahil**, qui varie beaucoup. Dix **tahils** équivalent à un *kati;* ou environ 20 onces, mesure comparative d'Europe». — Rienzi, *Océanie*, I, p. 67.

1853. — «Nous assimilons le *liàng* ou **tàil** chinois à 8 fr. au lieu de 7 fr. 50 c. que nous avions admis jusqu'ici; le premier chiffre, en regard au titre de l'argent chinois, qui est généralement fin sans alliage, étant plus près de la vérité». — Bazin, *Chine Moderne*, p. 39.

**TAFECIRA** (ant.). Tecido oriental de diversas espécies. Havia *tafeciras* de sêda, de algodão, de Damão, de Cambaia, de Sinde, da Pérsia. Eram listradas e de ramagens, e algumas semelhantes às *chitas*, que é palavra mais moderna. Do ár. *tafṣilah*, «estôfo de Meca».

1510. — «. . . oyto **tafeciras** listradas de seda e oyto camisas de **tafeciras** e onze camisas brancas de *beirame*». — In *Cartas* de A. de Albuquerque, VI, 412.

1511. — «Duzentos e trinta e seis pannos de Cambaya e duas **tafeciras** d algodam». — *Id.*, I, p. 90.

1513. — «Panos azuees de lynho com bamdas, outros pannos de seda que chamam **tafeciras**, e panos de laam azuees e vermelhos». — *Id.*, p. 222.

1525. — «**Tafecyras** lystradas de seda». — *Lembranças das Cousas da India*, p. 50.

1546. — «Vestem setins, e damascos e **tafeciras**». — Fernão Pinto, *Peregrinação*, cap. 165.

1551. — «. . . e todo o genero de pannos de seda e douro, e brocados, brocadilhos, chamelotes, grãas, escarlates, alcatifas, **tafeciras**, cobre». — Castanheda, *Historia*, I, cap. 13.

1560. — «**Tafeciras** de seda, e beatilhas, e outras sortes de roupas». — Gaspar Correia, *Lendas*, II, p. 344.

«Dous fardos pequenos de **tafeciras** de Cambaya, e outros pannos finos». — *Id.*, III, p. 23.

1565. — «Muitas sedas, setins, **tafeciras**, *fotas* e brocadilhos». — *Itinerario* do Mestre Affonso, in *Annaes Maritimos* (1844), p. 256.

1601. — «**Tafeciras** prateadas de seda, hãode ter dez covados de comprido, e covado e terça de largo». — *Carta de Lei*, in *Archivo*, VI, p. 744.

1613. — «Hum gibão de **trefersia** (*sic*) encarnada com moleninhos de prata». — A. Tomás Pires, *Materiaes*, etc., in *Bol. S. G. L.*, XVI, p. 747.

1620. — «*Canequins*, **tafeciras** de seda, **tafeciras** de linho». — Fr. Nicolau de Oliveira, *Grandesas de Lisboa*, fl. 13.

1622. — «Trazendo o seu rei no meio, o qual vinha vestido á portugueza galantemente com um gibão de **tafecira** de linho, com o forro para fóra». — Francisco Vaz de Almada, in *Hist. Tragico-maritima*, IX, p. 80.

1634. — «*Guingões*, e **tafeciras** de linho e de seda, tudo muito perfeito». — António Bocarro. *Livro*, III, p. 258.

1634. — «Tem esta Ilha alguma seda de que tecem hũas peças listradas a modo de **tafeciras**, que trazem a vender a Japão». — *Hist. da Igreja do Japão*, apud Cristóvão Aires, *F. M. Pinto e o Japão*, p. 139.

1728. — «**Tafacira** de Chaul. Pano da India pintado de cores em listras, e ramos semelhantes às Chitas, vem de Chaul. Outros dizem *Tafaceira*. Vid. *Taficira*». — Bluteau, *Supplemento*.

**TAFETÁ**. Estôfo lustroso de seda. Do persa *tāfta*, «tecido» < *tāftan*, «tecer, lustrar». Supõe um autor estrangeiro que os franceses receberam o termo, juntamente com a fazenda, dos portugueses. Mas parece que a fazenda com a sua designação era conhecida na Europa antes das nossas conquistas, visto que os escritores nacionais empregam a palavra como já conhecida, sem nenhuma explicação.

1522. — «Vinte covados de **tafetá,** e huma fota, sem disso pagarem direitos nhũs».—In *Archivo Port.-Oriental,* v, p. 60.

1676. — «**Tafetas,** la piece 15 Cobits de long, coute, *mamoudis* 14».—Tavernier, *Voyages,* v, p. 202.

1845. — «Le mot **taffetas** est persan. Il y a tout lieu à croire que nous le tenons, comme *baffetas* et quelques autres, des Portugais qui apportèrent ces étoffes de l'Inde et des îles du golfe Persique en Europe». — Dubeux, *Perse,* p. 21.

**TAFUCI.** É obscuro o sentido da palavra. Se é de origem cambojana, como se diz na abonação ser o objecto designado, só posso explicá-lo por *têm-phú-chhú,* «gôta extraída de pau», isto é, uma espécie de verniz. Em malaio *tapis* quere dizer «marroio rosado».

1684.—«Marfim, Cayolac, **Tafuci,** Beyjoim, e Chumbo de Camboja». — P. Fernão de Queiroz, *Hist. de Pedro de Basto,* p. II.

* **TAGADI** (ant.). Antigo tecido da Índia, provávelmente de cânhamo, se o vocábulo é derivado do mar. *tāg,* «cânhamo da Índia» — *Crotolaria juncea.* Molesworth não regista no seu dicionário *tāgadī,* mas é verosímil que tivesse existido no marata comercial, no sentido de «feito de *tagā*».

1512. — «Ouverão todos panos de *caçutos,* de *cerqueres* de **tagadis**».—In *Cartas de A. de Albuquerque,* v, p. 252.

* **TAGIN.** Literalmente, *tá-jin* quere dizer em chinês «grande homem»; é o tratamento que se dá aos mandarins de elevada categoria, aos visitadores imperiais e aos embaixadores.

1667. — «... em razão de terem chegado de Pekim a Cantão 15 **Tagĩs** que são o mesmo que visitadores, ou exploradores por parte do Emperador vigiarem o mar, e os portos, e verem se havia n'elles barcos algũs». — In *Ta-ssi-yang-kuó,* de 4 de Outubro de 1899. — «*Ta-jin, Ta-yin, Tai-yoh,* conforme a pronuncia ou os dialectos. É um titulo que significa *excellencia,* ou, litteralmente, *grande homem.* Os mandarins de elevada graduação pospõem ao seu nome esse titulo». Nota do editor.

1668. — «Tudo traça do mesmo Regulo, porque o cidadão, sendo perguntado pelos **Tagĩs,** que tinhão vindo da Corte, a tirar devaça do *Çuntô* que acabava o seu tirocinio de governo...». —*Ibid.,* I, II, 12.

1729. — «O Emperador mandava dois **Tagins,** ou Conductores, para conduzirem o Embaixador, dos quaes hum era o muito Reverendo Antonio de Magalhães, e o outro Tartaro». — *Apud* Júlio Biker, *Collecção de Tratados,* VI, p. 112.

1729. — «Respondeu que tinha hido a Cantão, em primeiro logar, perguntar ao **Tagin** ou ministro de Commissão do Imperador, pela saude deste». — *Ibid.,* VI, p. 84.

1756.— «Esperava-me o mesmo **Tagin** com hum dos *Coláos* do Imperio». — *Ibid.,* VII, p. 72.

1898. — «Lo que só sorprendió sobre manera á nuestro viajero fué la serenata con que le obsequiaron en su calidad de **Ta-jem** (grande hombre), según voces que habia fecho correr el bachiller». — Alfredo Opisso, *La Raza Amarilla,* p. 80.

* **TAGOLE.** Espada larga e de um fio, usada em Maluco. Do mal. *tugal.*

1613. — «... com hũa espada larga de cinco dedos de hum corte, que se diz **Tagole**». — Manuel G. de Erédia, *Informação da Aurea Chersoneso,* p. 135.

I. * **TAI** (chin. *tói*). Castelo chinês.

1668. — «Tem dentro e fóra daquelles grandes muros que cercam a China, mais de 3000 torres e Castellos, a que chamam **Tay,** cada hum destes tem seu nome proprio, nelle estão todo o anno vigias, e atalayas, que quando o inimigo aparece dão rebate, e fazem sinal». — Fr. Jacinto de Deus, *Vergel,* p. 168.

1735. — «On compte outre cela plus de trois mille Tours ou Chateaux, qu'ils appellent **Tai,** où il y a en tout tems des Sentinelles et des Soldats en faction». — P. Halde, *Description de la Chine,* II, p. 46.

II. * **TAI** (anam. *thày*). Mestre de religião, bonzo professo, em Aname. V. *sai.*

1650. — «Deram-lhe o titulo de **thay,** que quer dizer mestre e prégador da lei». — P. António F. Cardim, *Batalhas,* p. 77.

1694. — «Dos bonzos ha duas ordens: hũa he dos *Sai*... A outra ordem é dos Penitentes chamados **thaytu,** não trazem barba nem cabello, vestem de amarello, não comem carne, nem peyxe...».—*Noticias da Cochinchina,* p. 26.

* **TAICO, taicozama** (s. m.; jap. *taikō, taikōsama*). Primeiro ministro ou regente do Micado. Própriamente *taikō* (composto de *tai,* «grande», e *kūn,* «príncipe») é o «*quambaco* que

largou o lugar», e *sama* é posnome de reverência, equivalente a «senhor». V. *cubó-sama*.

1608. — «... prima com irmãa da may do Principe Fidigori, filho do **Taico,** a quem direitamente pertencia o imperio do Japam». — P. Fernão Guerreiro, *Relaçam Annual*, fl. 109.

1611.—«Estava neste tempo muito mal o **Taicozama,** Emperador de todas aquellas Ilhas, e quasi no cabo... E o [titulo] que os tyranos tomáram de **Taicozama** he mais humilde por encobrirem sua tyrannia, que tanto quer dizer como do Imperio (*sic*)». —Diogo do Couto, Déc. XII, I, 19.

1634. — «... como tambem por esta cidade depois Corte de Quambacu, ou **Tayco,** que no anno de 1587 desterrou os padres do Japão por ter intento de se fazer adorar por sua morte cômo o fez». — *Hist. da Egreja do Japão, apud* Cristóvão Aires, *F. M. Pinto e o Japão*, p. 144.

1668. — «... e crucificados depois de varios tormentos, do mandado do Emperador **Thaicosama** a cinco de Fevereiro, de 1597.

1701. — «Renunciou em hum seu neto o titulo de Cumbaca, e tomou para si o de **Taicozama,** que quer dizer, supremo Senhor, e com este o nomearemos daqui por diante, por ser entre nós o mais vulgar, e conhecido».—P. Francisco de Sousa, *Oriente Conquistado*, II, IV, 2.

1749. — «Depois desta declaração mudou o nome, tomando para si o de **Taicosama,** que significa Altissimo, e Soberano Senhor». — P. Crasset, *Hist. da Igreja do Japão*, II, p. 466.

1874.— «Mas desconhecia totalmente os mosquetes que foram trazidos pela primeira vez ao Japão por Fernão Mendes Pinto e que depois tanto contribuiram para as victorias do **Taicosama** na Corea». — Pedro G. Mesnier, *O Japão*, p. 10.

«**Taicosama** equivalente a *o grande senhor*». — *Id.*, p. 64.

c. 1640. — «Vn homme de conduite et de courage nommé **Taico,** qui de simple Capitaine d'une troupe de cinquante hommes, eut vne si bonne fortune, qu'il mist en trois ans de temps tout le pays sous son obeyssance». — *Relation du Japon*, p. 13.

1854. — «Le mikado approuva ce qu'il n'avait pu empêcher, et confirma Hide-Yosi dans sa dignité de *siogoun*, sous le nouveau nom de **Taiko** ou de **Taiko-Sama**, c'est-à-dire *le seigneur Taiko*».— Jancigny, *Japon*, p. 103.

* **TAIFÓ.** Espada chinesa, curta, e muito afiada. Do chin. *tai-to*, «faca grande». **TAIFOADA**, golpe de *taifó*.

1844. — «As espadas duplas, metidas em uma só bainha, e que elles jogam com as duas mãos e com muita rapidez e agilidade, são chamadas **tai-phós,** e são curtas, reforçadas e muito afiadas». — *Id.*, II, p. 88.

1849. — «Com a espada curta (**taifó**) que trazia escondida, lhe cortou a cabeça e a mão, e levou-a a sacrificar aos manes dos seus antepassados». — In *Ta-ssi-yang-kuó*, I, p. 361.

1883. — «Sahiram da embuscada huns poucos de chins armados de **taiphós,** espadas curtas que usam aos pares e uma em cada mão; e feriram-no traiçoeiramente». — Adolfo Loureiro, *No Oriente*, I, p. 317.

1900. — «Os barcos de flores, feericamente illuminados, convidam ao prazer os chins barrigudos, expostos a entregarem ventres aos **taifós** dos piratas». — In *Ta-ssi-yang-kuó*, I, p. 473.

1870. — «Em vez de ramilhete luziu o ferro homicida .. e uma **taifoada** decepou-lhe a mão». — *Ibid.*, I, p. 22.

* **TAINATA**. Cargo militar; mercê pelo serviço que se deve prestar, na Índia Portuguesa. Do mar. *taināt* < ár. *taʿināt*.

1703. — «Da pratica de **Tainata** trezentos e dezeseis *pagodes*». — *Apud* Júlio Biker, *Collecção de Tratados*, XII, p. 146.

1824. — «**Tainata** de Bonheba Ráz, *Dessay* da provincia de Bicholim... **Tainata** de *Narcornins* da provincia de Satary». — *Ibid.*, XII, p. 40.

1840.— «... taes como *Haccas* ou **Tainatas** (mercês em dinheiro, ou em terra, concedidas por serviços, que devem prestar, sem foro ou contribuição alguma)». — *Collecção de Bandos*, I, p. 97.

1856.—«... se acha garantido o direito á percepção de *Acca*, ou pensão denominada de **Tainata,** e *Passodi*». — *Apud* Biker, XIII, p. 97.

* **TAIQUILÓ.** É o nome concani, *tāykiḷó*, de *fedegoso*, q. v.

1864.—«Se se ajuntar algum leite, fructos, betel, areca, e as leguminosas a que chamam *taicló* ou **taiquiló,** teremos a nomenclatura de todos os comestiveis consumidos pela maioria da população de Satary». — Lopes Mendes, in *Annaes do Conselho Ultramarino*, VI, p. 64.

1846. — «*Teró* ou *Terem*, *Moringueiro*, **Taiquiló**». — F. N. Xavier, *O Gabinete Litterario*, I, p. 250.

1919. — «As sementes de **Tayquiló,** que se encontram numas vagens, assadas e reduzidas a pó, tem sido usadas como um substituto do café. Assadas, perdem outras propriedades medicinaes. As folhas, as raizes e as sementes desta *Fedegosa* [maior] são purgativas». — *O Ultramar*, de 13 de Novembro.

*** TAIRA.** *Tair* em malaiala, *tayir* em tamul, quere dizer o mesmo que *daim* (de que parece corrução) isto é «leite coalhado e azedado»; mas, conforme as abonações, seria o vocábulo empregado, por analogia, em Goa, para designar «a *sura* coalhada».

1619. — «Quem vender a sura chamada **Taira** paga de direitos em cada hũ anno hum *barganim* e 4 *leaes*». — *Regimento* do vedor Nuno Vaz.

1904. — «Esta tarifa comprehende uma variedade de impostos... os quaes recahiam sobre a sura da palmeira, conhecida por **Taira**». — Ernesto Fernandes, *Regimen do Sal*, in *Bol. S. G. L.*, XXII, p. 293.

1626. — «Many reasoned with the Iesuits, and some held vaine Discourses of the Creation, as that there were seven seas; one of Salt water, the second of Fresh, the third of Honey, the fourth of Milk, the Fifth of **Tair** (which is Cream beginning to sowre)». — Purchas, in *Glossary*.

1782. — «Le **Taïr** est le lait caillé». — Sonnerat, *Voyages*, I, p. 114.

1913. — «**Tahir,** curdled milk, is called *dahi* in Upper India, and the *daim* of de Couto is no doubt this word». — P. E. Pieris, *Ceylon*, I, p. 532.

*** TAIRO.** Não se percebe bem o sentido em que Fernão de Queiroz emprega o termo; se no de «contribuição ou direitos em objectos», parece que o seu étimo é o sing, *tīruva*, que significa o mesmo.

1687. — «Galinhas, uacas, manteyga, pimenta e mais adubos, com a fruta da terra, lhes vinha das aldeas; e porque quiserão mais **tayro,** obrigarão outra (*sic*) de hũ cego Portuguez a esta pensão, e com este titulo lhe tomarão seu incheyo (*sic*); e por mais que o cego requereo, que tomassem o **tayro,** e lhe largassem as mais frutas, foi deligencia baldada». — P. Fernão de Queiroz, *Conquista de Ceylão*, p. 855.

**TAIS** (teto). Pano de algodão com que se cobrem os timores da cintura aos joelhos. *Tais-fétò*, saia.

1862. — «O vestuario do timor é simples... os chefes usam **taes,** pano de algodão fabricado no paiz que lhes cobre o corpo desde a cinta até ao joelho». — Afonso de Castro, *As Possessões Portuguezas*, p. 333.

1908. — «Uma donzella do povoado vestiu-se com o seu melhor **táls-fétò,** arraiou-se, sem pensar bem o que fazia, com todas as suas *muti-salas* e manilhas, e foi ao poço buscar agua». — Alberto O. de Castro, *Flores de Coral*, p. 162.

*** TAISSU** (*tai-sse*). Director de cárcere, na China.

1569. — «Tirando estes assistentes e os cinco principaes, ha entre os menores hũ de mayor dignidade, que he tronqueiro mor, a que chamam **Taissu**». — Fr. Gaspar da Cruz, *Tractado*, cap. 16.

*** TALA.** Palmeira brava ou *Borassus flabelliformis*, de que se fazem *olas* de escrever na Índia meridional, *sombreiros* e ventarolas. Os religiosos budistas de Ceilão e da Indo-China trazem tais ventarolas para se resguardarem das vistas das mulheres. Não vejo o vocábulo usado pelos nossos indianistas senão como primeiro elemento de compostos, assim como *talapate, talapoi, talagrepo, talapicor*. Chamam à arvore genéricamente «palmeira». Do sing.-sânsc. *tāla* [1].

1444. — «Eui anchora vn arbore, che si demanda **Tal,** che ha le foglie grandi sulle quali scrivono, perche in tutta l'Índia nõ s'usa carta». — Nicolo de Conti, *apud* Ramúsio, I, fl. 340.

«**Talaca**, s. f. Termo da India. Repudio ou libello de repudio». Domingos Vieira. Do malaiala *taḷḷal*; *taḷḷuka*, verbo.

*** TALAGÓIA.** Réptil sáurio da família dos monitores, que vive na Índia, na Indo-China e particularmente em Ceilão, e a que os europeus dão comummente o nome americano dum lagarto análogo, *guana* ou *iguana*. Medo tres a quatro palmos, e tem a figura de crocodilo pequeno. Come-se a carne, que é muito apreciada, e usa-se a pele para cobrir certos instrumentos músicos de percussão. Habita mais nas palmeiras, sendo por isso chamado em singalês *talagoya*, «sáurio de palmeira brava», < sânsc. *godhā*, *gār* em concani [2].

---

[1] *Talaga*, que vem em alguns dicionários com o significado de «grande palmeira asiática», é do sing. *tālgaha*, «árvore *tala*».

[2] Morais regista *lagoya* como termo vasconço e dá-lhe o significado de serpente»

1685. — «Tambem cria o mato huns bichos do feitio de lagartos de côr parda e comprimento de tres palmos, a que chamão **talagoias**». — João Ribeiro, *Fatalidade Historica*, I, cap. 19.

1846. — «Ao toque de hum instrumento de barro, que se chama *gumate* ou *batuque* forrado de hum lado de pelle de **Talagoia**». — F. N. Xavier, *O Gabinete Litterario*, I, p. 128.

1865. — «**Talagoia** (*Varanus bengalensis*) chamada no paiz *Ghar* ou *Ghara*. Viveu mais d'um ano, presa na botica. Comia arroz cozido». — *Archivo de Pharmacia*, II, p. 117.

1886. — «Na abertura larga [de gumate] estende-se uma pelle de **talagoia**, ficando a abertura estreita inteiramente livre». — Lopes Mendes, *A India Portugueza*, I, p. 42.

1905. — «Couro de **Talagoia**, 3 réis». — Ernesto Fernandes, *Regimen do sal*, in *Bol. S. G. L.*, XXII, p. 284.

1906. — «**Talagoia** — A *Lacerta iguana*, saurio. Chega a ter dois palmos do comprimento. Em Damão ouvi chamar-lhe *cavallo do diabo*. A sua pelle serve para tambores de varias formas». — Alberto O. de Castro, *A Cinza dos Myrtos*, p. 200.

1681. — «Knox, in his *Ceylon*, speaks of two creatures resembling the Alligator — one called *Kobbera guion*, 5 or 6 feet long, and not eatable; the other, called **tallaguion**, very like the former, but «which is eaten, and reckoned excellent meat». — In *Glossary*, s. v. *guana*.

1786. — «Il *Nerudumba*, che è una Salamandra acquatica, dai Portoghesi nell' India chiamata **Talagola** de agua». — Fra Paolino, *Viaggio*, p. 16.

1825. — «In a valley, near the road-side, I saw a *Cobra Guana*; it is an animal of lizard kind, with a very long tail; so closely resembling an alligator, that I at first mistook it for one». — Em Heber, *Narrative*, II, p. 186.

1854. — «Après le crocodile, le plus grand de saurians est la **talagoia**; les Birmans sont persuadés qu'avec le temps il se transforme en crocodile; sa chair et ses œufs sont d'une excellente saveur». — Jancigny, *Indo-Chine*, p. 365.

1860. — «... is a long lizard of from four to five feet in lenght, the **Tallagoya**, of the Singhalese, and *Iguana* of the Europeans». — Emerson Tennent, *Ceylon*, I, p. 182.

**TALAGREPO.** Religioso budista de categoria superior e de vida mais austera, na Indo-China. A palavra é, evidentemente, composta de *tala* e *grepo*. V. *tala*, *grepo* e *menigrepo*. É Fernão Mendes Pinto quem emprega amiúde tais termos.

1540. — «Estas todas [mulheres] vinhão cercadas em roda de hum fio de **Talagrepos**, que entre elles são como Capuchos, homens todos já de dias, os quaes descalços, e com as cabeças descobertas hião resando por contas». — *Peregrinação*, cap. 50.

«Levaram com brevidade a esta Menza [tribunal], em que assistem vinte e quatro **Talagrepos** [em outro lugar diz *menigrepos*], que são huns religiosos, como entre nós Frades Capuchos, e de grande credito, e autoridade, assim co povo, como co Rey». — Cap. 86.

Em todo o mais corpo da embarcação hião obra de duzentos **Talagrepos** de dignidades honrosas, como os Arcebispos entre nós». — Cap. 169.

1681. — «... e como Religiosos, nomeados *Talapois*; e em differença delles tocante ao estado, Grepos, Manigrepos, **Talagrepos**, e outros taes sevandijas». — Fr. Fernando da Soledade. *Hist. Serafica*, III, p. 858.

1675. — «Ceñianlas muchos **Talagrepos** (religiosos que en habito se parecen a nuestros Capuchinos) que ivan rezando y animandolas». — Faria e Sousa, *Asia Portuguesa*, III, p. 414.

**TALANO**, **talinho**. É um meio supersticioso, que se empregava em Pegu, como remédio derradeiro, para cura de enfermidades, e que vai minuciosamente descrito abaixo. Parece-me que o vocábulo se liga ao birm. *ka-tha-mah'*, «dançador, bailarino».

1554. — «Tem [os de Pegu] hũas festas que se chamão **Talanos** que he quando alguma pessoa enferma manda logo chamar hum *Rolim* que assi se chamão seus sacerdotes. E o primeiro remedio que lhes dá he balhar dous ou tres dias com suas noutes». — *Carta* de Fernão Pinto, *apud* Cristóvão Aires, *F. N. Pinto*, p. 63.

1577. — «Pello que todo o soldado deve arredar-se de as ver, mormente os **talinhos** de Pegú, que he festa em que o demonio he mais sobejamente honrado. E porque alguns não saberão que cousa he, fazem-se desta maneira. Quando algũa pessoa está enferma ordena hũa festa ao demonio, porque a doença, dizem elles, que a causa o diabo por estar agravado da pessoa enferma, e pera o agradarem, ajuntam-se em casa do doente copia de molheres fermosas e honradas da terra; depois de juntas tomão algũas cousas boas de comer, e offerecemnas a parte ao demonio: feito isto leuantase hũa das mais fermosas... e começa de bailar no meio dellas ao seu modo em louuor do demonio; e não larga a obra até elle não dar sinal que está satisfeito... Antes que se faça **talinho**, corre a noua pela terra... Os mais dos Portugueses o vão ver...». — *Primor e Honra,* fl. 29.

1689. — «But if all this does not avail to the driving away the Destemper, then must the Wife or nearest Relation of the inferm Person, make a solemn Vow to perform, if he recovers, another Ceremony, which they call a **Talagno**» (à italiana). — Ovington, *A Voyage to Suratt,* p. 573.

**TALAPATE** (indo-ingl. *talipot*). Fôlha de *tala,* q. v. Do hindust. *tāl-pāt* < sânsc. *tālapatra,* também em singalês. Emprega-se às vezes o vocábulo para designar a árvore, e também por outra espécie, *Corypha umbraculifera* (vid. *árvore dos sombreiros*). A acepção em que Simão Botelho usa a palavra pode-se talvez explicar por «cousas miúdas», como são as fôlhas de *tala,* igualmente sujeitas à contribuição.

1554. — «E a renda de **talapate,** que he Ramos miudos das buticas e ourives e outras miudezas» (em Baçaim). — S. Botelho, *Tombo da India,* p. 140.

1613. — «Ha as [palmeiras] de **Talapetes,** que dão folha tamanha e unida a modo de aza, que de uma se faz um sombreiro que pode amparar do sol e da chuva a tres e quatro pessoas juntas» (em Ceilão). — P. Manuel Barradas, in *Hist. Tragico-maritima,* II, p. 84.

1618. — «... acerca da sentença que se deu na Relação dessa cidade, em favor dos foreiros de **Talapate**». — *Carta Régia,* in *Doc. da India,* IV, p. 334.

1750. — «... recebendoos com as ceremonias de longo tempo inveteradas, que erão trazerem os Emperadores... debaixo de hũa forma de pallio coberto de pannos brancos, a que chamão **Talapate,** com doze tochas deante». — D. Luís de Meneses, *Hist. de Portugal Restaurado,* II, p. 501.

1864. — «A mais bella especie d'este genero de palmeiras é a Corypha do Malabar, ou **Talipot** de Ceilão». — Lopes Mendes, in *Annaes do Conselho Ultramarino,* VI, p. 66.

1825. — «Instead of the chattah used with us, these men carry large fans, made of the **talipot-palm,** which is peculiar to Ceylon, from six to nine feet in length, over the heads of Europeans and rich natives, to guard them from the sun». — Em Heber, *Narrative,* I, p. 109.

1860. — «The most majestic and wonderful palm tribe is the **talpat** or **talipot,** the stem of which sometimes attains the height of 100 feet, and each of its enormous fan-like leaves, when laid upon the ground, will cover an area of nearly 200 superficial feet». — Emerson Tennent, *Ceylon,* I, p. 109.

1913. — «A **Talpot** of the year 1588 A. D contains a memorandum of the restoration of certain land». — P. A. Pieris, *Ceylon,* I, p. 527.

* **TALAPETE** (sing. *talapata*). Peixe de Ceilão, semelhante ao atum.

1687. — «... sardinhas, caualas, estimados **talapates,** semelhantes ao atum. — P. Fernão de Queiroz, *Conquista de Ceylão,* p. 60.

**TALAPICOR.** Pontífice dos budistas da Tartária, conforme Fernão Mendes Pinto. A palavra é composta de *tala,* q. v., e de *picor,* que não sei a que língua pertence. É bem possível que *talapicor* esteja por *talapoimor,* como escreve Fr. Fernando da Soledade.

1544. — «Vendo humas festas, que se fazião á entrada do **Talapicor** de Lechune, que he entre elles como Papa, o qual hia visitar o ElRey, e consollalo pelo mau successo, que tivera na China, este **Talapicor** entre algumas honras, e merces que fez aos moradores desta Cidade ...». — *Peregrinação,* cap. 127.

1731. — «... e superior a todos hum **Talapoimor,** que entre elles corresponde ao nosso Papa». — *Hist. Serafica,* III, p. 858.

**TALAPOI** (mais usado), **talapõi** (mais correcto), **talapão** (p. usado; indo-franc. e indo-ingl. *talapoin*). Chamam por êste nome os nossos escritores ao religioso budista da Indo-China. O vocábulo provém, conforme etimologistas estrangeiros (Pallegoix, Koeppen, Bigandet) do páli *tālapaṇṇam* (sânsc. *tālaparṇam*) «grande ventarola de *tala*», com que andam os religiosos budistas, em conformidade com a sua liturgia. É difícil porêm dar razão da transição dum significado para outro. O termo foi primeiramente atribuído aos budistas de Pegu; e o nome por que os pegus eram conhecidos dos seus vizinhos, particularmente dos barmeses (ou birmaneses) é *Talaing* ou Talaimon. Sendo *pongy* a denominação do religioso budista em birmanês, *talaing-pongy,* «sacerdote dos talains», seria a designação empregada pela gente de Barma, em distinção dos seus próprios religiosos, e é ali que Fernão Mendes e outros portugueses teriam conhecido o vocábulo, que naturalmente se representou por *talapõi* [1].

1544. — Mandou huma carta por hum seu Grepo **Talapoy** religioso da idade já de oitenta annos». — Fernão Pinto, *Peregrinação*, cap. 149.

1563. — «Trazem mais por religião andarem rapados e descalços, e na mão hum abano de papel grande, da figura de hũa adarga, com que cobrem a cabeça do sol, e emparão o rosto da gente, quando passão por elles». — João de Barros, Déc. III, II, 5.

1577. — «Em todas estas *Varelas* uiuem religiosos a que chamão *Changatás* e **Talapois,** que são grandes pregadores de seus ritos e costumes, todos se mantem de esmolas que pedem pellas ruas sem fallarem palaura, nem chegarem a nenhuma parte» — *Primor e Honra*, fl. 98.

1606. — «Trauaua pratica com seus **Talapayos,** que assi chamam aos sacerdotes». — P. Fernão Guerreiro, *Relaçam Annual*, fl. 80 *v*.

1607. — «Ficarão assombrados os seus **Talapoyos,** que sam os Sacerdotes, que o auisarão olhasse por sy, porque aquillo era sinal que se auia de perder». — *Id.*, fl. 103 *v*.

1612.—«Ha por todos estes reinos muitos religiosos de differentes regras: vns a que em Pegu chamão **Talapois,** e em Sião *Bicos*: e em Camboja *Chicus*... Seus vestidos são capas e tunicas de hũa cor amarella escura, tinta que fazem com casca de jaqueira; trazem na cabeça sombreiros de papel azeitados». — Diogo do Couto, Déc. V, VI, 2.

«Praticando hum dia com os Embaixadores de Bramá, e os **Talapoens** que vierão em sua companhia que são seus Bispos, e Religiosos...». — *Id.*, VIII, I, 2.

1617. — «Instigados com as prophecias dos **Talapois,** pareceu-lhes que se o tivessem por seu Rey, e senhor, ficarião amparados, e seguros». — *Conquista de Pegu*, cap. 13.

1635. — «E vindo-lhes dizer como os pegús diziam que tinham por suas prophecias que um **talapõi,** que são os padres da sua nação...». — António Bocarro, Déc. XIII, p. 121.

1650. — «Os seus **talapois** (que são ministros dos pagodes) fazem a vida que querem e não deviam fazer». — P. António F. Cardim, *Batalhas*, p. 257.

1687. — «E como se tem observado, que os *Ganezes* de Ceylão, os **Talapoys** de Arracão, Pegu, Sião, e outros Reynos vizinhos, com os *Lamazes* da Tartaria, concordão com os Bonzos da Kina, e de Japão, no essencial da sua Seyta, e profissão; bem se deyxa entender. que o *Budhum* de Ceylão, e *Fô* da Kina, o *Xaca* de Japão, he o *Xekia* da India». — P. Fernão de Queiroz, *Conquista de Ceylão*, p. 110.

1721. — «Ha **Talapoens** que vivem nos matos, e outros que habitão nas Cidades, e que estes todos os dias sahem pela manhãa a pedir esmola, sem entrar nas casas». — Bluteau.

1732. — «Muito se empenhou o demonio em remedar nestes paizes os estilos da Religião Catholica, para enganar estes miseraveis, na riqueza dos Templos, aos quaes chamão Varelas; na multidão dos ministros do seu culto infernal, Sacerdotes e como Religiosos, nomeados **Talapois**». — Fr. Fernando da Soledade, *Hist. Serafica*, III, p. 858.

1825. — «Aos bonzos de Boudha chamam **Talapões**». — José Inácio de Andrade, *Cartas*, I, p. 37.

1882. — Estojos para guarda de livros religiosos de **Talapões**» (em Siame). — Henriques Prestes, in *Bol. S. G. L.*, IV, p. 388.

1887. — «D'ahi uma conspiração que o obrigou [o rei] a fazer-se **talapão**». — Frederico Pereira, *ibid.*, VIII, p. 399.

1902. — «**Talapoin** ou **Talapoi** é o nome que os portuguezes e francezes davam aos monges buddhistas de Ceylão e paizes indo-chinezes. A palavra tira a sua origem da ventarola ou leque, chamado *talapat*, significando folha de palmeira, que esses sacerdotes trazem na mão». — Cristóvão Pinto, *Ta-ssi-yang-kuó*, II, p. 246.

1582. — «Ecco che videmmo vn luogo tutto bello alborato con vna Chiesa doue stanno i **Talapoi,** che iui sono come appresso di noi i Frati».—G. Balbi, *Viaggio*, fl. 92 *v*.

1650. — «Ils voulurent auoir en leur possession quelques-vns de ses principaux **Palapos** (*sic*) ou Prestres pour ostages, et pour assurance de l'execution de sa parole». — Flores, in *Relations*, I, p. 21.

1675. — «**Talaypor,** suprema dignidad de aquel Sacerdocio Gentilico: Tio del Martayan, y entre aquel Barbarismo con opinion de Santo». — Faria e Sousa, *Asia Portuguesa*, III, p. 415.

1686. — «They [em Pegu] have an Order of Religious among them held in much esteem, who do frequently oppose this diabolical Worship... These Religious they call them **Talapoi,** who are not unlike Mendicant Fryers living upon the alms of the People». — Ovington, *A Voyage to Suratt*, p. 593.

---

[1] Le nom véritable des Pégouans, celui par lequel les Birmans les désignent, est *Ta-lien* ou *Talâin*, ce qui coincide avec la dénomination donnée à la grande rivière de Martaban, le *Caypoumo* des anciens voyageurs». — Jancigny, *Indo-Chine*, p. 236.

1700. — «In this kingdom the priestly class, like that of Siam, call themselves **Talapoes**, who make profession of three vertues that is to say chastity, humility and poverty».—Manucci, *Storia do Mogor.*

1711. — «Je me souviens qu'estant à Siam dans un Monastere des **Talapoins**, où apprenois la langue, le *Sancrâ* (superieur des **Talapoins**) qui me l'enseignoit, et qui estoit fort entesté de la Metempsychose...». — *Lettres Édifiantes*, XII, p. 216.

1735. — «Tout ce qu'on pourrait objecter, c'est que les **Talapoins** sont rigides et reguliers observateurs de leurs Loix, au lieu que les Lames sont fort libres et déréglés». —P. Halde, *Description de la Chine*, I, p. 116.

«Les Chinois les appellent *Ho chang; les* Tartares *Lamas;* les Siamois **Talapoins;** les Japonois, ou plutôt les Européens *Bonzes*». —*Id.*, III, p. 19.

1754. — «Les **Talapoins** de Siam, les Lamas de Tartarie, et ce que les Européens appellent Bonzes, à la Chine et au Japon, sont les successeurs des Disciples de Xaca». — P. de Charlevoix, *Histoire du Japon*, I. p. 219.

1770. — «On fonda des maisons religieuses, et on révolta ainsi le peuple et les **Talapoins**. Ce sont des moines, les uns solitaires, les autres intriguans. Ils prêchent au peuple les dogmes et la morale de Sommonacodam». — Reynal, *Histoire*, II, p. 33.

1776. — «Codex regularum quae a **Talaponis** observantur».— Amaduzzi, *apud* Gubernatis, *Storia*, p. 68.

1782. — «Ainsi que nous devons regarder les Lames, les Bonzes de *Foé*... les **Talapoins** de Pégou et d'Ava, les prêtres de Ceylon, ceux de l'Egypte et de la Grece comme les successeurs des Anciens Brames ou de leurs disciples».—Sonnerat, *Voyages*, I, p. 193.

**I. TALE.** (tamul-malaiala *tālī*). Jóia de ouro que o noivo hindu ata ao pescoço da noiva na celebração do casamento, e que ela deve trazer durante o estado conjugal, na Índia dravídica. Nas línguas neo-áricas emprega-se a locução sânscrita *mañgalasūtra*, «linha auspiciosa», para designar objecto análogo. Equivale ao anel nupcial de certos povos cristãos.

1516. — «Entam ele ata ha ho pescoço hua joia douro pequena, que ela tras toda a sua vida em sinal de lhes hauerem feito aquela ceremonia».— Duarte Barbosa, *Livro* (2.ª ed.). p. 315.

1551. — «E depois de corromper atalhe hũa joya ao pescoço, que ela traz toda a sua vida em muita estima por sinal de liberdade que lhe foi dada pera fazer de si o que quizer» (entre os naires). — Castanheda, *Historia*, I, cap. 14.

1687. — «Em quasi todas as castas e familias deste Industan gentilico, consiste a essencia de contrato do matrimonio na entrega de hũa joya de ouro chamada **Tale** que o Noyuo ata ao pescoço da Noyua com hum fio de algodão, tinto em açafrão». — P. Fernão de Queiroz, *Conquista de Ceylão*, p. 68.

1792.—«Reprova os seguintes abusos... benzer aos matrimonios a prenda dos noivos chamada **taly**, por oração não approvada pela Egreja... A benedicção de rêdes, *valés*, e **taly**, diz que deve ser sem oração, lançando-se apenas agoa benta e dizendo estas palavras *In Dno benedicaris*». — P. Casimiro de Nazaré, *Mitras Lusitanas*, in *Ta-ssi-yang-kuó*, I, p. 609.

1898. — «Segue-se a abertura dum côco em duas partes, e a entrega ao noivo, pelo padre, d'uma pequena imagem d'ouro (**tali**), a qual, depois de tocada pelos assistentes, é collocada ao pescoço da nubente, ficando pendente d'uma fita». — Oliveira Mascarenhas, *Atravez dos Mares*, p. 131.

1912. — «Entre os hindús a mais importante funcção do côco é nas suas ceremonias nupciaes quando se põe o **tali** ao pescoço da noiva que os presentes devem ver e tocar, em sinal da sua approvação do casamento, n'uma metade do côco quebrado. Aqui o **tali** e o côco representam a união ou o jogo dos esposos».—Caetano Gracias, *Flora Sagrada*, p. 135.

1651. — «So the Bridegroom takes this **Tali** and ties it round the neck of his bride». — Rogerius, in *Glossary*.

1655. — «El Nobio ata al cuelo de la Nobia une linea de que penden tres pedacitos de oro en honor de los tres Dioses; a que llaman **Tale;** y es señal de ser casada». — Faria e Sousa, *Asia Portuguesa*, II, p. 707.

1700. — «Having arrived at the arbour and performed the sacrifice of worshipping fire, a Brahman appears, who begins by blessing the piece of gold called **tally**, which the bridegroom has to tie to the bride's neck». — Manucci, *Storia do Mogor*, III, p. 63.

1709. — «Le jeune mari attache au col de celle qui lui est destinée, un petit bijou qu'on appelle **tali**, qui distingue les femmes mariées de celles qui ne le sont pas: et dès lors le marriage est conclu». — *Lettres Édifiantes*, p. X, 24.

1786. — «La sua imagine [de Ganês] se porta infilata al un cordoncino al collo delle donne maritate, segno della felicità e d'onestà maritale».— Fra Paolino, *Viaggio*, p. 46.

1825.—«Alors une des plus proches parents, ayant fait auparavant quelques momeries religieuses, lui [à viúva] rompt le petit cordon auquel est attaché le **tahly** ou bijou d'or que toutes les femmes mariées, dans l'Inde, portent au cou en témoignage de leur qualité». — P. Dubois, *Mœurs*, II, p. 15.

1884. — «C'est un Paria qui attache le **taly** (bijou nupcial) au cou de l'idole au nom de toute la communauté». — Mgr. Laouenan, *Du Brahmanisme*, I, p. 97.

II. * **TALE** (p. us.). Prato de metal para tanger, na Índia. Do neo-árico *tāl* ou *tāḷ* < sânsc. *tāla*.

1864. — «... medidos e marcados pelos *murdangos*, pequenos tambores cylindricos, e pelos **tales** ou pratos de metal». — In *Annaes do Conselho Ultramarino*, VI, p. 61.

1907. — «Tocar o **Tal** na occasião de Quirtona que faz o Haridás ao Pagode». — In *Oriente Portuguez*, IV, p. 96.

* **TALI** (chin. *tá-li*). Grande cerimónia, na China.

1729. — «Só em mão propria se lhe entregavam os memoriaes de menos conta, e de pessoas ordinarias, com que se não praticava a solemnidade, e aparato da sua **Taly**, ou grande ceremonia». — *Apud* Júlio Biker, *Collecção de Tratados*, VI, p. 134.

* **TALIAR** (tam. *talaiyāri*). Maioral ou chefe duma aldeia; guarda de aldeia, na Índia meridional e Ceilão.

1687. — Os **Taliares**, ou Mayoraes das aldeas, que seruem de adjuntos, aos Recebedores del Rey...». — P. Fernão de Queiroz, *Conquista de Ceylão*, p. 41.

«... com *olas* para os **Taliares** darem ajuda, a se tirar a galeota». — *Id.*, p. 522.

«E os **Taliares** dessem favor e ajuda para se fazerem Igrêjas». — *Id.*, p. 566.

1731. — «Entrarão na mesma conta [de baptizados]... muitos Senhores Real (*sic*) Mudiliares, Araches, **Taliares**, Vanças, e Adiviras, que pela ordem com que os escrevemos, correspondem aos nossos Governadores do Reyno, Capitães, cabeças dos lugares, e aldeas, Duques, Marquezes, com seus filhos, e familias, e quasi todos os Nobres». — F. Fernando da Soledade, *Hist. Serafica*, III, p. 842.

1914. — «This [*taliares*] represents the Tamil **Talaiyari** or headmen and appears in the Dutch writers as *Teljares*». — P. C. Pieris, *Ceylon*, II, p. 521.

* **TALISMANO** (ant.). É o mesmo que *mulá* ou *muezine* (q. v.). O termo *talismane* foi usado por muitos escritores europeus estrangeiros da Idade Média, mas não se sabe o seu étimo; parece que provêm do ar. *talāmiẓah*, «discipulos, alunos».

1663. — «A estes *alcorões*, que correspondem ás nossas torres sobe quatro vezes no dia o **talismano** ou muezin, que é o thesoureiro da mesquita... começa a gritar com voz alta, sentida e vagarosa...». — P. Manuel Godinho, *Relação*, p. 100.

1471. — «In questa città è vna fossa d'acqua nel modo di vna fontana, la quale è guardata da quelli suoi **Thalassimani**, cioè preti». — Giosofa Barbaro, *apud* Ramúsio, II, fl. 107.

1554. — «**Talismánnos** habent hominum genus templorum ministerium dicatum». — Busbequim, in *Glossary*.

* **TALIXE** (ant.). Governador de Calecut. Não estou certo se o vocábulo provêm do malaiala *vāḷi-īxan*, «senhor vali ou *bale*» (q. v., governador da mesma cidade, conforme o *Roteiro*); ou de *tala-yāḷe*, «chefe, cabeça»; de *tala* e *īxan*, «cabêça» e «senhor».

1516. — «ElRey de Calecut tem posto na propria cidade hũu governador ho qual chamam **Talixe** (*Taluxe* na tradução castelhana), Nayre que tem cinco Nayres de jurisdiçam, a que pagua seus assentamentos de sua renda que tem grosa; este tem alçada na justiça, mas nem tanto que de tudo nom dee conta, ha elRey». — Duarte Barbosa, *Livro*, p. 320.

* **TALUCA**. Subdivisão de distrito, concelho, na Índia. Do ár. *ta'alluq* (da raiz *'allaq*, «depender; pender»), corrente nas línguas vernáculas. **TALUCDAR** (persa *ta'alluqdār*), chefe de *taluca*. Os termos são usados com relação à Índia Britânica.

1898. — «Por motivo de conveniencia pratica, as **talucas** ou comarcas de Vingorlá e Malvane do collectorado de Ratnagueri...». — D. G. Dalgado, *Flora*, p. VI.

1901. — «Não eram simples relações juridicas de arrendamento e contrato de cultura ou de serviços, como os inglezes já viram desde muito tempo que o não são entre os *zamindores* e **talukdares** do seu territorio indiano». — Cristóvão Pinto, in *Bol. S. G. L.*, XX, p. 256.

1909. — «O nosso Estado da India não seria mais do que um pequeno collectorado, dividido, quando muito, em tres **Talukas**, tendo cada uma um chefe». — Manuel F. Viegas, *ibid.*, XXVII, p. 451.

1916. — «A percentagem do alfabetismo já atingiu cem por cento em varias **talukas** (concelhos daquelle estado)». — *Heraldo*, de 18 de Agosto.

1898. — «Comunmente la provincia se compone de varios *tahsit*, subdivididos en **taluks**». — Alfredo Opisso, *La India*, p. 72.

* **TALVOTA** (conc.-mar. *ṭalvaṭ*). Imposto que se pagava antigamente nas Novas Conquistas de Goa pela pastagem na planície ou charneca.

1824. — «Vendagem meuda do sal e lenha de *Penthá*, botiqueiros, **Talvota,** *Chobinó* e mais artigos». —*Apud* Júlio Biker, *Collecção de Tratados,* XI, p. 42.

* **TAMÃO** (mal. *tambang*). Barco de passagem, no Extremo Oriente.

1896. — «Estacionam sempre nas aguas de Macau oitocentas a duas mil embarcações pequenas, denominadas sumas, **tammões,** tus...». — Adolfo Loureiro, in *Bol. S. G. L.*, XV, p. 41.

* **TAMALA**. É o nome sânscrito (*tamāla*), também corrente nos idiomas modernos, da caneleira brava — *Cinnamomum iners*, Reinw. *Tamalpatar* (sânsc. *tamālapatra*, «fôlha de tamala») é o mesmo que *fólio indo*, q. v.

1563. — «E asi o ha em Cambaia e os buticarios (a que chamam *gandis*) que vendem mézinhas, como lhe perguntardes por **tamala,** logo vos entenderam». — Garcia da Orta, Col. XXIII.

1879. — «**Tumolpatar,** livre» (de direitos). — João Stuart Torrie, *Estatistica da India Portugueza*, p. 214.

**TAMARINDO** (mais correcto), **tamarinho**. Fruto de **TAMARINDEIRO** ou **tamarinheiro**, *Tamarindus indica*, Linn. O fruto é laxativo e muito usado na culinária oriental. A árvore foi introduzida pelos portugueses em Cabo Verde. «A polpa dos *tamarindos*, diz o Conde de Ficalho, é extremamente apreciada nas regiões quentes para preparar conservas e tambem bebidas refrigerantes. Tem, alem d'isso, todos os empregos medicinaes mencionados pelo nosso medico, sendo considerada digestiva e laxante». O étimo é o ar. *tamar-u'l-Hind*, na sua forma persiana *tamar-i-hindī*, «tâmara da Índia». Yule admite a possibilidade de que o termo fôsse originàriamente *thamar*, «fruto», e não *tamar*, «tâmara». O vocábulo era conhecido nas farmácias da Europa antes dos nossos descobrimentos.

1346. — «Inspirou-me Deos excelso os **tamarindos,** de que ali ha muitos; e tendo tomado cousa de hum arratel delles, e posto-os em agua, da qual bebi depois, e relaxando-se-me o ventre por espaço de tres dias, me salvou Deos da molestia». — Ben-Batuta, *Viagem*, II, p. 322.

1516. — «**Tamarindos** ha muitos em a terra do Malabar». — Tomé Pinheiro, *apud* Cardeal Saraiva, VI, p. 421.

1516. — «... sandalo, brazyl, miramulanos, **tamarinhos,** açafram indyo». — Duarte Barbosa, *Livro* (2.ª ed.), p. 271.

1525. — «Tambem tem arvoredos, convem a saber, mangas, e jacas, e **tamarinhos,** e outras arvores». — *Chronica de Bisnaga*, p. 81.

1540.—«Canela, pimenta, **tamarinho,** cardamomo». — Fernão Pinto, *Peregrinação*, cap. 107.

1554. — «O *baar* dos **tamarinhos** he como ho de beijoim». — António Nunes, *Lyvro dos Pesos*, p. 7.

15[illegible]. — «Ha muito **tamarinho,** droga tão estimada nas boticas». — P. Monclaio, in *Bol. S. G. L.*, IV, p. 499.

1563. — «O Arabio lhe chama **tamarindi,** porque *tamar*, como vós milhor sabeis, he tamara (a que os Castelhanos chamam *datil*) assi que *tamarindi* são tamaras da India». — Garcia da Orta, Col. LIII.

1609. — «Os **tamarinneiros** tem tal propriedade, que em se pondo o sol, logo fecham as folhas, e assim estão toda a noite, até que torna a sahir, e em nascendo logo se lhe abrem». — Fr. João dos Santos, *Ethiopia Oriental*, I, p. 184.

1615. — «Ha por toda a India grande quantidade de **tamarindos,** cujas arvores são do tamanho de pereiras, e tem fructo semelhante á vagem de fava». — Pyrard de Laval, *Viagem*, II, p. 365.

1635. — «Não comiam outra cousa mais que **tamarinho** maduro envolto em cinza». — António Bocarro, *Déc.* XIII, p. 604.

1687. — «As palmeyras brauas e **tamarynheyros,** aruores fortissimas, já inteyros, já em pedaços, juncarão todo o Reyno». — P. Fernão de Queiroz, *Conquista de Ceylão*, p. 529.

1782. — «Não haja no meio do palmar arvore alguma, principalmente **tamarinheyros,** mangueiras e moringueiros». — Fr. Clemente da Ressurreição, *Tratado*, II, p. 289.

1842.— «Os **tamarindos** servem tambem para preparar peixe e carne, misturando-se-lhe sal, pimenta e vinho de palmeira, que se exporta, para Moçambique, e outras partes». — *Annaes Maritimos*, p. 270.

1873. — «O **tamarindo** é de uso quotidiano na India; não se prepara comida alguma, salvo rara excepção, que não leve este condimento». — Bernardo da Costa, *Manual do Agricultor*, II, p. 267.

1900. — «Todo o colono cultivador de terras tem quatro arvores sendo duas mangueiras, e dois **tamarindeiros**». — António Francisco Moniz, *Hist. de Damão*, I, p. 160.

1298. — «Vi sono in questo reame li maggiori corsari, che si possono imaginare, perche uanno fuori con i suoi nauilij, e come prendono alcuno mercante, subito li fanno bere un poco di acqua di Mare mescolata con **tamarindi**, che le muoue il corpo, & fa andare da basso». — Marco Polo, *apud* Ramúsio, II, fl. 56.

1578. — «Es el **Tamarindo** fructo de vn hermoso y apazible arbol a la vista, grande como un Castano, o vna Algarrovera: muy poblado de ramas, y de muchas hojas: y de grande sombra: y la madera muy solida. El fructo que es el proprio **Tamarindo** se paresce infinito a las Algarrovas: vendose por de fuera». — Cristóvão da Costa, *Tractado*, p. 66.

1586. — «... i **Tamarindi**, l'Ambale, e mille altri frutti». — F. Sassetti, *Lettere*, p. 270.

1623. — «... sotto all' ombra di certi grandi alberi di **Tamarindi**, che gl'Indiani chiamano *Hambelè*». — Pietro della Valle, *Viaggi*, III, p. 70.

1631. — «... uti **Tamarindae** quae assidue fructum ferunt, qui egregie refrigerat et purgat sanguinem». — *De Imperio Magni Mogolis*, p. 96.

1658. — «Oltre l'accenata specie di **Tamarindo**, vn' altra piu commune, & uenale produce l'India, il cui frutto mistura no li naturali d'ordinario nel condimento de' loro cibi. Gran copia di questo viene transportata nella Persia, et Arabia, doue è stimatissima». — Fr. Vincenzo Maria, *Viaggio*, p. 387.

1836. — «Le mot *tamarkindi* (*tamar hindi*) est d'origine arabe, et formé de deux mots, *tamar hindi*, qui signifient *tamarier de l'Inde*. Ce n'est pas que cet arbre ait aucune ressemblance avec le palmier; mais c'est que d'abord les Arabes n'en connurent que la pulpe, qu'ils assimilaient à certaines conserves faites réellement avec le fruit du Dattier. Le premier écrivain qui ait donné une description satisfaisante du **tamarin**, est un médecin portugais, Garcia de la Huerta». — Rienzi, *Océanie*, p. 288.

**TAMARINADA.** Xarope de tamarindo.

1917. — «Deixe-me lembrar que ha duas [bebidas refrigerantes] que podem ser sucedaneas da limonada: a *mangoada* e a **tamarinada**. Não passam de xarope da polpa de manga bem sazonada ou da polpa de **tamarindo**, pelo mesmo processo que se faz do limão e do brindão». — *O Ultramar*, de 13 de Abril.

**TAMBACA, tambaque.** Liga de cobre e zinco, preparada na Indo-China. Do mal. *tambága* < sânsc. *tāmmraka*. Emprega-se o termo também por «cobre ou bronze».

1611. — «Aquietaram-se dando Nuno Velho ao principal dos quatro [cafres] que se encontráram, um annel de **Tambaca**, que tirou do dedo a Gonçalo Mendes de Vasconcellos». — João Baptista Lavanha, in *Hist. Tragico-maritima*, V, p. 50.

1603. — «Tambem se descobrirão grandes minas de cobre, e Arames, em altos Piçarros, e nos campos muyta **Tambaga**, e por cima de tudo muyto enxofre, salitre, e outros mineraes». — Manuel G. de Erédia, *Informação da Aurea Chersoneso*, p. 134.

1650. — «Dispondo do mais, se despojou até de uma cruz de **tambaca** com reliquias, que trazia ao pescoço». — Bernardo Feio, in *Hist. Tragico-maritima*, X, p. 99.

1684. — «O Ouro, **Tambaca**, Canela, e Sandalo de Solor». — P. Fernão de Queiroz, *Vida de Pedro de Basto*, p. II v.

1840. — «Recolhem com sandalo, cera, canella, tartaruga, ouro, **tambaque**, e outros generos». — *Annaes Maritimos*, p. 72.

1675. — «Por una [peça de artilharia] de **Tambaca**, metal virtuoso, y estimable si ofrecieran siete mil ducados». — Faria e Sousa, *Asia Portuguesa*, III, p. 443.

1878. — «*Tambaga* «cuivre» est notre mot **Tambac**». — Marcel Devic, *Légendes de l'Archipel Indien*, p. 1.

1854 — «... finit pour exploiter un misérable mine de cuivre, dont le minerai, de peu valeur, mélangé avec peu d'or, produit d'alliage, qu'on nommé **tombac**». — Jancigny, *Indo-Chine*, p. 399.

* **TAMBAGA SUAÇA** (mal. *tambága-suasa*). Tambaga com mistura ou liga do ouro.

1613. — «Ha tambem por excellencia muitas minas de Oro, **tambaga suasa**». — Manuel G. de Erédia, *Informação da Aurea Chersoneso*, p. 146.

«Adem he hum Porto da costa Septentrional, onde se descobrirão algumas minas de **tambaga suaça**». — *Id.*, p. 147.

**TAMBARÃO, tambarane.** Deus, no Malabar. Do malaiala *tamburān*, «senhor: Deus ou rei».

1498. — «Eles começaram a dizer — **Tambaram** — dizendo que erão cristãos, porque os cristãos desta terra de India chamam a Deus — **Tambaram**». — *Roteiro de Vasco da Gama*, p. 96.

1502. — «O Deos em que crem, tem a imagem de hum boi ou novilho, e he chamado **Tambaram**». — Tomé Lopes, *Navegação ás Indias Orientaes*, cap. 18.

1516. — «Ha neste proprio regno [de Narsinga] outra ley de gente quasi como

Bramanes, trazem ha ho pescoço hũs cordões de retros branquo, em que trazem dependurado hũ pano com hũa pedra tamanha como hũ ouo, que eles dizem ser ho seu Deos; tambem estes sam antreles muy acatados e honrados, nem lhes fazem nenhũ mal por cousa que façam por reuerencia daquella pedra ha que eles chamaom **Tambarane**» (*Tambarene* em Ramúsio, *tabaryne* na tradução castelhana).—Duarte Barbosa, *Livro*, p. 303.

1551. — «E a gente começou de bradar, **Tambaram, Tambaram,** porque assi chamão a Deos, e dizião que erão Christãos». — Castanheda, *Historia*, I, cap 26.

«Estes de todos acatados por reuerencia da pedra [vid. *linga*] que trazem, a que chamão **tambarane**». — *Id.*, II, cap. 16.

1566. — «A hi [em Narsinga] homens que tem por santos, a que chamam Bramanes. Estes trazem ao pescoço huma pedra tamanha, como hum ovo. . . a que chamam **Tambarane**». — Damião de Góis, *Chronica de D. Manuel*, II, cap. 6.

1615. — «Estes Macuás são uma casta de gente como escravos, como adiante direi, e chamam ao rei em sua lingua **Tambiranê**, que quer dizer Deos». — Pyrard de Laval, *Viagem*, I, p. 301.

1687. — «E no Malaiame se chama o Rey, **Tambarâm,** que quer dizer: Deos». P. Fernão de Queiroz, *Conquista de Ceylão*, p. 124.

1510. — «E Dio lo chiamano **Temerane**».—«Barthema, *apud* Ramúsio, I, fl. 140.

1571. — «Lapis tanta religione cultus, **Tambarane** nominatur». — Jerónimo Osório, *De Rebus*, II, p. 192.

1786. — «È descendente del famoso Monarca Malabarese Ceramperumal che aveva sempre il titolo de *Valia* **Tamburan** o *Maha râgia*, cioè, d'Imperatore». — Fra Paolino, *Viaggio*, p. 76.

**TAMBIÓ.** Cântara de cobre para agua, na Índia. Do conc. *tāmbyó* (mar. *tāmbyā*) < *tāmbem*, «cobre».

1874. — «Lavei o **tambio** depois, descança». — Tomás Ribeiro, *Jornadas*, II, p. 273.

«A entrada da aldeia uma indiana, ainda moça, tirava d'um poço agua com o seu **tambió**». — *Id.*, p. 284.

1905. — «É certo que tão luzida como é a fidalguia hindu, não tem o mesmo aspecto quando, nas suas abluções matutinas, se prepara de **tambió** em punho para os serviços da côrte». — Hipácio de Brion, *Duas mil leguas*.

«Desciam numerosas hindús com os seus **tambiós** — vasos de metal — que enchiam de agua para beber». — *Id.*, p. 23.

1906. — «. . . e na mão esquerda uma pequena amphora (**tambió**)». — *O Oriente Portuguez*, II, p. 31.

1912. — No topo deste colloca-se um outro de cobre ou prata chamado **tambió,** cheio de agua». — Caetano Gracias, *Flora Sagrada*, p. 68.

1680. — «They added two small yellow copper pots, called in the Indian tongue **tambias**, or *calsia*, each of them encircled several times with a thread». — Manucci, *Storia do Mogor*, III, p. 340.

* **TAMBODCAR** (p. us.). Caldeireiro, em Goa. Do conc. e mar. *tāmbaṭkār*, de *tāmbem*, «cobre».

1703. — «**Tambodcares** de Morlem, Chorguem da estrada de Querim».—*Apud* Júlio Biker, *Collecção de Tratados*, XII, p. 147.

«**Tambono**, m. Planta indiana». Cândido de Figueiredo. Deve ser o mesmo que *tamom*, q. v.

* **TAMBOR-POTTO.** Escritura gravada em lâmina de cobre, na Índia. Do conc. *tāmbarpaṭ* < sânsc. *tāmrapaṭa*.

1866. — «O original deste *formão* (**tambrópato,** formam gravado em cobre) está em poder. . .». —F. N. Xavier, *Descripção do Coqueiro*, p. 60.

1880 — «Estas laminas denominadas **trambrompoté** (formão em cobre ou sobre cobre) vierão para a metropole». — Teixeira de Aragão, *Descripção das Moedas*, III, p. 27.

1898. — «Existem, porém duas laminas de cobre em um Formão denominado **Tamborpotto,** de letra antiga». — Ernesto Fernandes, *Bol. S. G. L.*, XVI, p. 591.

«**Tambul**, m. Nome que os árabes dão ao bétel». Cândido de Figueiredo. Do sânsc. *tāmbūla* > persa *tambūl* > ár. (com artigo) *al-tambūl* ou *al-tembūl*. V. *atambor*. É escusada a inclusão do vocábulo em dicionários portugueses.

1516. — «Hos Mouros, Arabios, e Persyos chamaom a este betele, **tambul**». — Duarte Barbosa, *Livro* (2.ª ed.), p. 293.

1563. — «Somente sabei, que Avecina chama ao betre *tembul*, e parece ser vocabulo hum pouco corrupto, porque todos lhe chamão **tambul** e não *tembul*». — Garcia da Orta, *Coloquio de betre*.

1578. — «El Arabio propriamente le llama **Tambul,** y dizen que *Tembul* es corrupto». — Cristóvão da Costa, *Tratado*, p. 139.

* **TAMELUNG** (siam. *tām-lūng*). Moeda de Siam, equivalente a quatro *ticais* ou 2$000 réis.

1878. — «A moeda de dois ticaes não tem nome especial, a de quatro denomina-se **tam-lung**. Uma e outra, ainda mesmo das modernas, apparecem no giro rarissimas vezes». — A. Marques Pereira, *Moedas de Siam*, p. 19.

«**Tamom**, m. Árvore da Índia portuguesa». Cândido de Figueiredo. Creio que é o mesmo que o conc. *taman* — *Lagerstroemia flos-regina*, Retz. Diz-se em português *catapinaca das serras*. «Quando em flor, no inverno, é uma das arvores mais vistosas da floresta». D. G. Dalgado, *Flora*.

1863. — «A segunda é conhecida por *menecombió* (especie de carvalho), **tambono**, medronheiro». — Lopes Mendes, *apud* Oliveira Mascarenhas, *Atravez dos Mares*, p. 196.

* **TAMPOI**. Nome duma fruta e árvore de Malaca — *Artocarpus Gomeziana*. Do mal. *tâmpang*. Faz-se da fruta um licor muito doce.

1552. — «Leuão canfora, diamães, aguila, e mantimentos, em que entra hum vinho que chamão **tampoi**, hó melhor que ha antre os vinhos contrafeytos». — Castanheda, *Historia*, VIII, cap. 21.

1613. — «Como mangostans, **tampoes**, rambês, rambotans». — Manuel G. de Erédia, *Declaraçam de Malaca*, fl. 10.

«E o **Tampôe** he outra arvore da mesma altura e tem a fructa de casca grossa de cor de canella, e no interior e concavo estão bagos doces como dentes de cabeça de alhos com caroço, e por ser doce e mais saboroso delle estilão vinho como Moscatel». — *Id.*, fl. 16.

«**Tam-tam**, m. Instrumento de percussão, formado de um grande disco, e de bordas ligeiramente voltadas. É termo onomatopaico, corrente, mas mal escrito, porque, pronunciando-se *tan-tan*, melhor se escreveria *tan-tan* ou *tantan*». Cândido de Figueiredo. «É o que indevidamente chamamos *tantã*, que na Índia significa «tambor...». «É êste [bátega] que deveria substituir o errôneo *tàntã*». Gonçalves Viana, *Apostilas*, I, p. 116.

O termo é efectivamente onomatopaico, mas não formado em Portugal; foi importado do francês assim na escrita como no significado. Os franceses trouxeram-no do Oriente e empregaram-no errôneamente, como nota Littré no suplemento, por *gong*: *bacia* ou *bátega* dos nossos escritores antigos. É indianismo, que significa «tambor ou atabale»: conc.-mar. *tam'tam'*, beng. *ṭanṭan*, sing. *tamaṭṭama*, mal. *tongtong*. O ingl. *tomtom* emprega-se neste sentido.

1883. — «... distinguindo-se no meio de um ruido de ensurdecer uns clarinetes fanhosos, uns pratos, os **tam-tam** vibrantes, e o batuque de uns tambores com um som agudo e secco». — Adolfo Loureiro, *No Oriente*, I, p. 341.

1895. — «O nobre chefe da policia quando de noite sae á rua vae sempre precedido por um guarda que, de instante a instante, faz vibrar fortemente um **tan-tan**, annunciando assim aos malfeitores que sua exc.ª vae passar...». — Conde de Arnoso, *Jornada pelo Mundo*, p. 223.

1898. — «Quando ao toque do **tan-tan**, como nas magicas, entravam no refeitorio os 12 creados hindustanicos, nos seus alvos e compridos *duglas*». — Oliveira Mascarenhas, *Atravez dos Mares*, p. 16.

1907:

«Mas cala o canto, toca o **tam-tam** e a charanga.
Zaiú inclina o collo em um pudico meneio,
e, o pé descalço, vai pela poeira da rua».

Paulino Dias, in *Luz do Oriente*, de Novembro».

1637. — «Mais si l'on veut un *tcho*, vulgairement appelé *tambour de cuivre* (un **tam-tam**), ou des *ting-ting* (cymbales) on fond d'abord le métal sous forme de plaque arrondie, puis on le bat du marteau». — *Apud* Bazin, *Chine Moderne*, p. 628.

1782. — «Le *Dole* ou **Tamtam** est un tambour long et on bât de deux côtés avec des baguettes». — Sonnerat, *Voyages*, I, p. 191.

1825. — «From within these walls... the sounds of the **tom-tom** and gongs beat in honour of the idol, are perpetually heard» (em Ceilão). — Em Heber, *Narrative*, II, p. 193.

1830. — «Reverberating instruments were their earliest inventions for musical purposes, and those more frequently alluded to in their chronicles are drums, resembling the **tom-toms** used in the temples to the present day». — Emerson Tennent, *Ceylon*, I, p. 470.

1860. — «Leurs instruments favoris sont le **tam-tam** et une espèce de guitarre, dont elles [bailadeiras] pincent ou râclent les cordes» — Énault, *L'Inde Pittoresque*, p. 375.

1898. — «... ejecutar largos y siniestros redobles en sus **tamtans** para hazer saber que vigilan y alejar á los malluchares. En caso de incendio tambien son ellos que dan la siñal de alarma con el estrondo de sus gongs de cobre». — Alfredo Opisso, *La Raza Amarilla*, p. 9.

«**Tam-tam** (Music). Le **tam-tam** ou gong est un instrument à percussion, originaire de l'extrême Orient, formé d'une plaque de bronze circulaire».—*La Grande Encyclopédie*.

1818. — «This priest was fond of food, and would often visit the temples and share with the **tom-tom** beaters and weavers the food which was there offered». — P. E. Pieris, *Ceylon and the Hollanders*, p. 28.

**TAMUL** (pl. *tamuis*, e não *támules*); **tamúlico; tamulense.** *Tamul* toma-se por substantivo e por adjectivo. Lingüísticamente, *tamul* é uma das línguas, o a principal, da família dravídica, falada na Índia meridional. Empregava-se antigamente o vocábulo para designar a família inteira. Chamava-se também, incorrectamente, *língua do Malabar*, por ter muita afinidade com o malaiala [1]. Étnicamente, denota o povo que a fala e que vive na presidência de Madrasta. Como adjectivo, bem assim *tamúlico*, quere dizer «relativo à língua ou à gente tamul. *Tamulense* designa, de ordinário, o indivíduo de fala tamúlica. Do tam. *tamil*, própriamente *tamir* («melodiosidade»), conforme Caldwell, que o presume corrução do sânsc. *dravida*. V. *Influência*, p. XLVIII.

Os ingleses dizem modernamente *tamil*, e alguns dos nossos escritores os imitam; mas os antigos autores nacionais e estrangeiros ortografaram *tamul* e *tamúlico*, e assim dizem os portugueses da Índia. Não tem razão Caldwell para supor que a forma *tamul* foi introduzida pelos franceses; já muito antes dos franceses a usavam os portugueses.

1516. — «E ho regno de Choramandel, cuja lyngua he **Tamul**». — Duarte Barbosa, *Livro*, p. 29.

[1] «The name given to the language by the Portuguese, and by which it was generally known amongst the earlier Europeans was neither *Tamul* nor *Tamil*, but «the Malabar» — a name founded on misapprehension».—Caldwell, *Grammar*, p. 19.

1697. — «Vocabulario **Tamulico** com a significação Portugueza, composto pello Padre Antonio de Proença da Companhia de Jesus, Miss. de Maduré».

1687. — «Ensinão a lingua Malauar, a que chamão **Tamul**; estimada entre as nações que carregão para o Cabo Comoy (*sic*), e costa de Choramandel». — P. Fernão de Queiroz, *Conquista de Ceylão*, p. 90.

1741. — «Como era eminente na lingua **Tamul**, que he a universal, que naquelles reynos se falla, todos os Padres da companhia, que havião de cultivar as Christandades da Pescaria; e Travancor, ião para aquella Costa aprender a lingoa com o Padre».—Fernão de Brito, *Hist. do Ven. João de Brito*, p. 40.

1865. — «Os praticos **Tamulenses** dão o decocto nas inflamações». — *Archivo de Pharmacia*, II, p. 140.

1879. — «Os **tamilianos** da raça turaniana foram os primeiros invasores, depois vieram os aryas e subjugaram os turanianos completamente até ao Nerbuda». — João Stuart Torrie, *Estatistica da India Portugueza*, p. 322.

1880. — «... e as linguas ainda hoje falladas por quarenta e cinco milhões de habitantes do sul do Hindustão — as dravidianas ou **tamulicas**». — Martins Velho, *Estudos sobre o Oriente*, p. 52.

«Destas linguas mais importantes é a **tamul** que tem entre as linguas dravidianas a mesma importancia que o sanskrito entre as linguas *indo-aryanas*».—*Id.*, p. 62.

1887. — «Da sua linguagem subsistem ainda alguns dialectos, dos quaes o kole e o kond, ou gond ao norte, e o **tamul** ou *tamil*, ao sul, são considerados como os mais puros e os que foram mais geralmente fallados». — António F. Nogueira, *A India Portugueza*, p. 26.

1907. — «Contém tres inscrições em caracteres canareses (ou **tamues**) ainda indecifrados». — *O Oriente Português*, p. 45.

«A parte da litteratura e das sciencias que os indios em geral e os **tamulenses** em particular têem melhor cultivado é, sem duvida, a poesia». — *Ibid.*, v, p. 141.

1916. — «**Tamouls** (forma francesa). Povo da lingua turaniana habitando a Oriente da India e dominada pela invasão arya». — *O Instituto*, LXIV, p. 326.

1600. — Je m'appliquai de toutes mes forces à apprendre la langue **Tamul** ou Malabare». — *Lettres Édifiantes*, v, p. 36.

1782. — «Les habitans de la Côte de Coromandel sont appellés **Tamouls**; les Européens les nomment improprement Malabars». — Sonnerat, *Voyages*, I, p. 26.

1686. — «Tutto l'interno del paese ha la sua propria lingua Malabarica, distinta dal. «**Tamulica**, benchè ambedue siano dialetti della lingua litterale Samscrdamica». — Fra Paolino, *Viaggio*, p. 91.

1825. — «La poésie **tamoul** ou aravam

paraît avoir être été principalement cultiuée par des soudras; il n'est pas fort rare de rencontrer même des pariahs auteurs de divers poèmes en cette langue. Cependant les poètes **tamouls,** en conservant le goût et le style de la poésie sanscroutam, ont tellement multiplié les règles de la leur, qu'il n'es pas aisé d'y exceller».— P. Dubois, *Mœurs*, II, p. 57.

1825. — «Books are scarce in Cingalese and **Tamul**». — . . . «and would not admit the young **Tamulians,** whom they had prepared, for the confirmation». — Heber, *Narrative*, II, pp. 171 e 207.

1845 — «Le tâmoul doit s'être formé et perfectionné avant l'introduction du sanscrit, et quoique le fait d'une langue déjà ne soit pas concluant, cependant, s'il est vrai, comme il y a lieu à croire, qu'il existe une littérature, aussi bien qu'une langue **tâmoul,** il est impossible de supposer que le peuple qui l'a produite vécut dans l'état sauvage». —Xavier Raymond, *Inde*, p. 265.

1860.— «Cependant ils avaient une langue, le **tamoul,** et une littérature fille de cette langue». — Énault, *L'Inde Pittoresque*, p. 34.

1875. — «This family was at one time styled by Européans writers **Tamulian** ou **Tamulic** . . . It is desirable to reserve terms *Tamil* and *Tamilian* (or as they used sometimes to be erroneously written **Tamul** and **Tamulian**) to denote the *Tamil* language itself and the people by whom it is spoken». — Caldwell, *Comparative Grammar*, p. 4.

1883.—«The identification of the words *Dravida* and *Tamil* (or **Tamul**) has been ingeniously proposed by a modern scholar».— Hunter, *The Imperial Gazetteer*, IV, p. 316.

**TAMUNGO, tamengo, timungão, tumungão** (mais correcto). Nome dum alto dignitário da Malásia. O P. Favre considera o mal. *tamongung* ou *temonggon* equivalente a «almirante ou comandante chefe». Os nossos escritores atribuem ao funcionário outras funções. Também há *tumungões* em Timor, mas as suas atribuições são muito modestas.

1514. — «Finalmente partiram contentes; armou o *bemdara* para Sião dois juncos em que mandou o seu filho mais velho, e o **tomungo** armou huum». — Rui de Brito, in *Cartas* de A. de Albuquerque, III, p. 217.

1522. — «Enuiou [o rei de Sunda]». hum seu mandarjm principall por nome mandarym Padam **Tumungo**». — *Alguns Doc. da Torre do Tombo*, p. 461.

1552. — «E o **timugão** de Malaca, que he o que arrecada as ancoragens das naos estrangeiras, e este hia por guia que sabia a terra». — Castanheda, *Historia*, III, cap. 84.

1553. — «O terceiro se chamaua **Tamungo,** a quem pertencia o negocio da fazenda». — João de Barros, Déc. II, IV, 1.

« . . . assi como hũ [junco], em que vinha hum Iao muito poderoso senhor da cidade Palimbane que era a segunda pessoa desta armada, ao qual chamão **Timunga**». — *Id.*, Déc. II, IX, 4.

1557. — «Havia em Malaca cinco dignidades principaes . . . a quarta he **Tamungo,** e este tem carrego da justiça de gente estrangeira». — *Commentarios*, III, cap. 18.

1613. — «O *sangue de sangue* capitão da Rainha de Japara polla [banda] do norte, que he a pouoação dos naturaes, de que he gouernador o **Tumungão,** e o Bendara o he de todos os Quelins, que são mercadores de toda aquela costa de Choramandel». — Francisco de Andrade, *Chron. de D. João III*, IV, fl. 87 *v*.

1614. — «Os naturaes sentirão os inimigos, e tomando as armas se poserão em defensão, pelejando muito valerosamente gouvernadoos o **Tumugão** e Bendara». — Diogo do Couto, Déc. VI, IX, 6.

1848. — «Todos estes Reinos [de Timor] são governados pelos respectivos Reis» — Datos — **Tumagões**. — F. N. Xavier, *Uma Viagem*, p. 127.

1864. — «As *Panias* são governadas por **Tumungões,** ou Datós poderosos». — Afonso de Castro, *As Possessões Portuguezas*, p. 18.

1908.—«Chamavam-se os Datós outrora **Toumungó,** não *Tumungão*, como escreve Afonso de Castro, adoptando talvez uma graphia portuguesa de antigos documentos». — Alberto O. de Castro, *Flores de Coral*, p. 178.

1918. — «Dividem-se os indígenas em quatro grupos ou classes: datos, **tumungões,** povo e escravos. As duas primeiras classes pertencem os conselheiros do régulo e os funcionários da administração». — Fortunato de Almeida, *Portugal e as Colónias Portuguesas*, p. 308.

1836. — « . . . le **tomongong** ou général en chef des armées». — Rienzi, *Océanie*, I, p. 257.

1878. — «Le **témongoong** est un officier de haute rang: à une certaine époque, c'était le commandant en chef d'armée, ou de flotte, le grand admiral». — Marcel Devic, *Légendes de l'Archipel Indien*, p. 149.

1881. — «Le directeur de l'empire et les **toumonggoung** (régents)». — Winckel, in *Bol. S. G. L.*, II, p. 697.

* **TANA.** O sing. *tana* (sânsc. *tṛṇa*) quere dizer, como o conc. *tan*, «erva» em geral, de que há em Ceilão, conforme, Clough, 93 espécies e variedades; mas na abonação o termo

designa claramente algum cereal, inferior ao arroz, o qual deve ter agora outro nome mais próprio.

1687. — «He contudo abundante de arrôs, **tana,** *varâgo,* e *nachiny».* — P. Fernão de Queiroz, *Conquista de Ceylão,* p. 48.

1913. — «A certain amount of rice was grown with **tana** and kurukkan, and the province paid a tribute of 500 *larins».* — P. E. Pieris, *Ceylon,* I, p. 344.

I. **TANÁ** (s. f.). Tecido de algodão grosso, de diversos padrões, que serve para casacos e calças, e é principalmente fabricado em Taná (perto de Bombaim), de que tira o nome. É de fabrico moderno e muito usado em Goa pelo vulgo, por ser barato e durável.

1902. — «Veste casaco de **taná,** *pudvém* branco e trunfa preta». — *O Seculo,* de 1 de Abril.

1916. — «O sr. Jaganata Porobo Chinbulcar, de Nerul, de parceria com mais socios, montou, na sua casa dessa localidade, uma tecelania, onde se manufacturam excellentes tecidos, taes como panos de vestir dos hindus, cobertores, toalhas, **tanás,** etc.». — *O Ultramar,* de 19 de Abril.

II. ***TANÁ** (p. us. na Índia Portuguesa; s. m.). Pôsto militar (ant.); estação de polícia (moderno). Do hindust. *thāna* ou *thānā* < sânsc. *sthāna,* «lugar, estação».

1900. — «Em epochas anteriores já existia ali um **tâná** (aquartelamento ou posto militar)». — In *Ta-ssi-yang-kuó,* I, p. 554.

1640. — «*Thánah* means a corps of cavalry, matchlockmen, and others, stationed within an enclosure. Their duty is to guard the roads to hold the places surrounding the **Thánah,** and to despatch provisions to the next *Thánah».* — In *Glossary.*

1881. — «It includes the Suburbs of Calcutta, and is divided into the six **thanas,** of police circles». — Hunter, *The Imperial Gazetteer,* I, p. 172.

**TANADAR.** No hindustani actual o vocábulo *thānadār* designa o «chefe da esquadra de polícia». Mas os nossos escritores empregam o termo em diversas acepções, como «capitão dum pôsto militar, juiz duma povoação, e especialmente cobrador de rendas duma aldeia ou tesoureiro duma alfândega». E todos estes sentidos cabem na palavra, que, decomposta, quere dizer: *thāna* ou *thānā,* «estação ou estância em geral», do sânsc. *sthāna* < *sthā,* lat. *sto,* «estar», e *dār,* «chefe». Sob a dominação dos mouros, o chefe do presídio militar teria sido muitas vezes chefe de polícia e cobrador dos impostos. Os actuais administradores das communidades de Goa representam, em parte, os antigos *tanadares.*

1513. — «Vos alteza era emformado dos quadrylheiros e **tanadares** e escrivães das presas, e como não eram cometidos a pessoas dinas do dito cargo». — Afonso de Albuquerque, *Cartas,* I, p. 141.

1515. — «E queremos, e nos praz que elle seja o principal oficial disto [da arrecadação de tributos], o qual oficio segundo somos informados, se chamava na lingua da terra **Tanadar».** — *Carta Régia,* in *Archivo,* V, p. 2.

1523. — «E **tanadares** sobre **tanadares** ou almoxerifes». — In *Cartas,* IV, p. 34.

c. 1531. — «De mercadoria de 100 pardaus levará o **Tanadar** duas tangas». — Afonso Mexia, *Percalços dos officiaes do Mandoim.*

1553. — «... lhe pedião que mandasse **Tanadares** ás *tanadarias,* assi pera arrecadar esta renda, como a os defender do mal, e damno que recebião dos Mouros». — João de Barros, *Déc.* II, V, 4.

1557. — «E elles pediram-lhe que lhe nomeasse **Tanadares** (que são como almoxarifes) para arrecadarem as rendas». — *Commentarios,* II, cap. 25.

1560. — «Deu o cargo de **tanadar,** que he justiça mór sobre o pouo». — Gaspar Correia, *Lendas,* II, p. 62.

1566. — «Filho de outro gentio, do mesmo nome, que fora rendeiro das alfandegas, de Goa, a que chamam **tanadar».** — Damião de Góis, *Chronica de D. Manuel,* III, cap. 4.

1602. — «Acodirão alguns **Tanadares** d'ella [ilha de Salcete] e offerecerão ao gouernador pareas... e pela mesma maneira as mandarão offerecer aos **Tanadares** de Tana, Bandará, Mayim, Bombaim». — Diogo do Couto, *Déc.* IV, VIII, 5.

«Os **tanadares** e os *gancares* são como almoxarifes que arrecadão as rendas». — *Id.,* p. 75.

1607. — «Os **tanadares** de **Banda** e Pondá, vassalos de Idalcão, em cujas terras vivem os ditos marinheiros, quando he tempo d'elles acudirem ás armadas, os represam e lhe impedem a passagem». — *Carta Régia,* in *Doc. da India,* I, p. 96.

1635. — «Ha na dita povoação hum **ta-**

**nadar,** que é como capitão». — António Bocarro, *Déc.* XIII, p. 258.

1885. — «Consta apenas que dando ao paiz o nome — Gopaepur — o dividira em provincias (*malos*) e criara uma magistratura administrativa e judicial servida por funccionarios com o titulo de **tanadares**; os quaes assumiram as attribuições que, n'aquelles espheras de direito, as *gãocarias* tinham exercido». — Teixeira Guimarães, *As Communidades Indianas*, p. 13.

1887. — «Um soberano, cobrando das gancarias um tributo dado por livre vontade, tomou a protecção dos interesses politicos d'aquelle territorio, nomeou os **tanadares** ou magistrados administrativos com funcções judiciaes e as camaras geraes, nas diversas provincias, que taxavam os seus interesses e julgavam certas causas crimes». — João de Andrade Corvo, *Estudos sobre as Provincias Ultramarinas*, IV, p. 15.

1901. — «A *camara geral* era como aqui a junta geral da provincia superintendendo as municipalidades, que eram as communidades de aldeia, ficando todas ao cargo de **Tanadar,** magistrado que as governava, e que, como juiz, julgava tambem as suas causas». — Cristóvão Pinto, in *Bol. S. G. L.*, XX, p. 252.

1909. — «Cada grupo dos agentes ou *amildares* tinha por chefe um collector ou **tanadar**. Esse officio de collector era a principio sómente temporario, mas ordinariamente o desempenhavam por um longo periodo de annos, passando-o até a filhos». — Amâncio Gracias, *Subsidios*, p. 10.

1909. — «Creou-se depois o lugar de feitor e mais tarde o de capitão da cidade de Goa, e que se chamou tambem **tanadar** para se não mudar o titulo, a que estava habituado o povo». — *Id.*, p. 34.

1916. — «Cadamba, o primeiro rei indú que se instalou em Goa, creou os **tanadares** em cada provincia (*mahal*) investindo-os na magistratura administrativa com acumulação de poderes policiaes e de repartição de impostos». — *Heraldo*, de 4 de Abril.

1588. — «Il nuouo gouernatore del luogo, che gl'Indiani chiamano **Tanadar,** gli vienne in contra supplicheuolmente con vn sol nauiglio». — P. Maffei, *Le Istorie*, p. 340.

1894. — «A **Thanadar** is the chief of a police station. The word was often adopted by the Portuguese in a more military sense at an earlier date». — Danvers, *The Portuguese in India*, I, p. 392.

1906. — «**Tanadar** ou *Thanadar* est un mot hindousteni qui signifie — chef de post policier. *Thana* est une station policière. Les Portugais avaient employé premièrement ce mot dans le sens militaire, et, puis, dans le sens civile». — Cristóvão Pinto, *Les Indigènes de l'Inde Portugaise*, p. 1.

**TANADARIA.** Oficio, repartição ou jurisdição de *tanadar*.

1512. — «Teve cargo de **tanadaria** e recebimento da ilha de Divary e de Choram, e se foy com o dinheiro». — Afonso de Albuquerque, *Cartas*, I, p. 30.

1552. — «Proueo os passos da ilha, que se chamão **tanadarias,** que em nossa lingoa quer dizer almoxarifados, que assi o sam, porque os *tanadares* que estão neles arrecadão os direytos das mercadorias que entrão por eles». — Castanheda, *Historia*, III, cap. 11.

1553. — «As quaes aldeas repartidas por comarcas respondem a hũa cabeça, a que chamão **Tanadaria,** ao modo que vemos neste Reyno, cujas rendas se encabeção em almoxarifados, vocabulo Mourisco maes que natural Português». — João de Barros, *Déc.* II, V, 8.

1554. — «Ha tambem nestas terras cinqo **tanadarias,** das quaes parece que não são necessarias que duas». — Simão Botelho, *Cartas* (no *Tombo*), p. 8.

1557. — «Levando comsigo cinco mil piões, e cincoenta de cavallo e começou logo a grangear suas **tanadarias**». — *Commentarios*, III, cap. 6.

1560. — «Nas **tanadarias** das terras que arrendaua Melrao fez *tanadarias portuguezas*». — Gaspar Correia, *Lendas*, II, p. 176.

1566. — «... se tornou pera Goa, deixando por capitam daquella **Tanadaria,** ou alfandega [de Salcete] Rui Jusarte». — Damião de Góis, *Chronica de D. Manuel*, IV, cap. 61.

1602 — «Mandasse chamar o Gouernador da India, e lhe concedesse a cidade de Baçaim com suas **tanadarias**, e jurisdição, que era cousa de mais importancia no rendimento que Dyo». — Diogo do Couto, *Déc.* IV, VIII, 8.

1613. — «Titulo da Fortaleza de Damão e suas partes a elle anexas e suas **tanadarias**». — In *O Oriente Portuguez*, XII, p. 20.

1616. — «As terras de Salcete e Bardes são duas **tanadarias** nossas na terra firme dos mouros, de longo da ilha de Goa». — António Pinto Pereira, *Hist. da India*, fl. 91 *v*.

1630. — «Repartidas as terras em comarcas, que chamavão **tanadarias,** avia como cabeça de todas». — F. Luís de Sousa, *Annaes de D. João III*, p. 97.

1634. — «Ha no dito districto quatro **Tanadarias** ou capitanias fortes e povoações». — António Bocarro, *Livro das Plantas das Fortalezas*.

1635. — «As recadações dos *choutos*, estas e outras se hão de fazer nesta cidade e em suas **Tanadarias,** não pelas aldeas». — *Apud* Júlio Biker, *Collecção de Tratados*, II, p. 63.

1697. — «Em cada **Tanadaria,** ou comarca ha huma camera, ou *gancaria* geral, que governa todas as mais gancarias particulares».— P. Francisco de Sousa, *Oriente Conquistado*, I, I, 2.

1852. — «A Conquista da Cidade de Goa, e Ilhas adjacentes se seguio a posse das então **Tanadarias** e hoje Provincias, de Salcete e Bardez».— F. N. Xavier, *Bosquejo Historico*, p. 4.

1862. — «Em cada **tanadaria** ou comarca ha uma camara ou gancaria geral, que governa todas as gancarias parciaes, e que consta de vinte e quatro eleitos pelas doze principaes aldeias».— Francisco Maria Bordalo, *Ensaios sobre a Estatistica*, V, p. 45.

**TANADAR-MOR.** Do mesmo modo que **tanadar**, também se emprega êste termo em vários sentidos: «comandante militar, administrador das comunidades agrícolas duma província, inspector geral da fazenda». Bluteau descreve largamente as suas atribuições. **TANADARIA-MOR.** Ofício ou repartição de *tanadar-mor*.

1514. — «Deu ordens como o mandou aposentar no arrabalde, nas casas de Crisna, hum gentio que era **tanadar-mor,** justiça dos gentios, que tinha grandes casas».— Gaspar Correia, *Lendas*, II, p. 377.

1532. — «Então fez homens portuguezes *tanadares*, com escriuães, pera arrecadarem assentados polas aldeas, e fez Christovão de Figueiredo, casado de Goa, **tanadar-mór,** que arrecadauão as rendas pacificamente».— *Id.*, III, p. 463.

1552. — «Mandou alguma da sua gente cercar Cristovão de figueiredo **Tanadar-mor** que estava aposentado em hum pagode de freyras» *(devadassis)*.— Castanheda, *Historia*, VIII, cap. 104.

1553. — «E a Timoja deu a capitania de todo o gentio da terra por saber os seus costumes, com o officio de **Tanadar-môr** de toda a ilha».—João de Barros, Déc. II, V, 4.

1554. — «Nesta fortaleza de Baçaim ha muitos officiaes com ordenados e despesas sobejas; a saber: o **tanadar-mor,** que faz de gasto com seu ordenado e oficiaes e servidores o que vosa alteza verá por uma folha que vai com esta».— Simão Botelho, *Cartas* (in *Tombo*), p. 7.

1604. — «Mandando com elle o **tanadar-mor** com todos os Capitães e gente de seruiço d'esta armada, das *tanadarias*, em muitas embarcações pelo rio acima».— Diogo do Couto, Déc. IV, x, 5.

1604. — «Sendo ratificados pelo *naique* Simão Garcia dante o senhor **Tanadar-mor,** que deu sua fee serem os ditos *gancares* notificados por mandado do dito *Tanadar*».—*Archivo Port.-Oriental*, V, p. 1370.

1632. — «... e hum Capitão que com sua gente as [comarcas] guardava, e polla mesma razão tinha o titulo de **Tanadar-mor**».— Fr. Luís de Sousa, *Annaes de D. João III*, p. 97.

1697. — «E por remate da festa deo o Governador ao Bramane o oficio de **Tanadar-mór,** hum dos principaes de Goa na estimação, e na renda».— P. Francisco de Sousa, *Oriente Conquistado*, I, I, 1.

1728. — «Na Ilha de Goa, e suas adjacentes ha hum **Tanadar-mór,** que sempre he hum dos principaes Fidalgos, este he juiz de todas as Aldeas, Communidades ou Gancarias; perante elle se fazem as repartições annuaes dos rendimentos das vargeas, se tirão os foros para ElRey».— Bluteau, *Supplemento*.

1735. — Sem especial commissão do Governador em nenhum outro juizo que não seja o de **Tanadaria-mór** poderá o *Sacador* dar contas».— *Regimento*, in *Collecção de Leis*, de F. N. Xavier (filho), p. XVI.

«Ao **Tanadar-mor** como Capitão-mor das Ordenanças das aldeas da sua jurisdicção incumbe tambem o governo da gente dellas, e o deve executar fazendo alardo, passando mostras huma dominga cada mez».— *Ibid.*, p. XXIX.

1773. — «Sou Servido de criar e nomear para Mestre de Campo o Commandante geral de todas as referidas Ordenanças de Goa, e Ilhas adjacentes, a Caetano de Lemos, que athé agora se chamou **Tanadar-mór,** ficando esta denominação extincta e abolida».— *Alvará Régio*, in *Archivo*, Supplemento II, p. 510.

1858. — «O Juiz das Communidades de Goa se chamava **Tanadar-mór**».— Miguel Vicente de Abreu, in *Bosquejo Historico*, p. 150.

1856.— «*Tanadaria*: Pode-se dizer Recebedoria, e o **Tanadar-mór,** Recebedor, com jurisdicção de Juiz para decidir das questões».— F. N. Xavier, *Defensa dos Direitos*, p. 4.

1869. — «Tinham [as comunidades] suas leis, foros, usos e costumes proprios, sua representação commum na camara geral, e seu magistrado privativo no **tanadar-mór,** cuja jurisdicção sobre elles era analoga ás dos provedores das comarcas, e em parte á dos corregedores sobre os municipios portuguezes».— Cunha Rivara, *Brados a favor das Communidades*, p. 4.

1610.— «Multis honoribus et immunitatibus affectum reddidit libertati; et **Tanadar maiorem,** quae dignitas erat suprema, nominavit».— Trigault, *Vita Gasparis Barzaei*, p. 62.

**TANASSE** (bot.). É uma espécie de dalbérgias, frequente em Damão. O Diccionário de Cândido de Figueireda atribui-lhe procedência do concani. Mas o concani não tem tal vocábulo nem parecido; e D. G. Dalgado não menciona a árvore na sua *Flora de Goa*.

1886. — «**Tanasse** (*dalbergia vogenensis*): é a arvore, cuja madeira amarellada como pau buxo tem, pela sua leveza, grande procura para peças de pequenas dimensões da armação dos carros, satisfazendo á grande resistencia que ahi se requere». — Lopes Mendes, *A Índia Portugueza*, II, p. 148.

1919. — «As árvores de terrenos agrícolas das espécies *teca*, *kér*, **tanasse**, *sissó*, *sândalo* e *maurá* pertencem exclusivamente ao Estado».—*Organização Agrária de Nagar-Aveli*, p. 120. (*Acta do Conselho do Govêrno*).

**TANCÁ, tancar.** Lancha chinesa, tripulada por mulheres, que por isso se chamam TANCAREIRAS. Do chin. *tán-kiá*, que literalmente quere dizer «ôvo-casa», isto é, casa a modo de ôvo, «devido certamente á configuração do barco, que, com a sua cobertura, parece, no mar, um ovo boiando». *Tá-ssi-yang-kuó*, I, II, 11.

1858. — «O **tancar**... corresponde no tamanho ao bote dos caes de Lisboa, mas é muito melhor aproveitado, porque constitue a habitação permanente de uma familia, mas onde só as mulheres fazem todo o serviço do mar. Naquelle pequeno espaço vivem, tem filhos, criam-nos, e accommodam seus utensilios domesticos... O rude officio que exercem as **tancareiras** desde crianças lhes desenvolve amplamente os musculos, e das suas largas calças de *ganga* azul sáem ás vezes bellas pernas nuas, que o proprio pincel de Rubens não esboçaria melhor». — *Archivo Pittoresco*, I, p. 296.

1868. — «As **tancareiras** são mulheres que tripulam os pequenos barcos chamados **tancás**, os quaes correspondem aos botes das nossas práias. São mulheres da infima classe, de formas robustas e feições grosseiras». — *Ibid.*, X, p. 248.

1870. — «O falso mandarinete, arrematante do mesmo posto, não querendo perder os interesses e o tempo, entretinha-se em extorquir aos pescadores, **tan-cás** e embarcações de passagem». — In *Ta-ssi-yang-kuó*, I, p. 26.

1883. — «Algumas das habitações consistem em velhas lanchas ou **tankás**, já incapazes de navegar, e que ainda alojam numerosas familias, animaes, flores, etc.». — Adolfo Loureiro, *No Oriente*, I, p. 363.

1884.—«Logo de manhã cedo transportei-me a bordo do *Taipa*, utilisando-me de um **tancá** de uma **tancareira**, velha, hedionda, mas muito alegre e risonha, tanto pelo *lipurna* que já havia bebido, como pela esperança de que poderia ainda beber com generosa paga». —*Id.*, II, p. 40.

1895.—«... passar por entre os pequenos **tancás** com os caracteristicos dois toldos muito parecidos com os dos botes em que as crianças transformam os chapeus de bicos feitos de papel».—Conde de Arnoso, *Jornadas pelo Mundo*, p. 143.

1897. — «Exceptuando a população maritima «**tan-ka**» que tributa respeito á memoria das creanças, os enterros das mulheres e das crianças do sexo feminino custam pouco». — Joaquim C. Crespo, *Cousas da China*, p. 150.

1900. — «**Tankareira** vem de **tankar**, nome das barcas tripuladas por mulheres chinas, que, quando são formosas, se amancebam com estrangeiros. Das ligações das **tankareiras** com inglezes resultam esses bellos exemplares que tanto abundam em Hong-Kong». — *Ta-ssi-yang-kuó, loc. cit.*

∗ **TANCAR.** Aligeirar, aliviar o pêso duma embarcação, a fim de falitar o seu curso. O verbo é empregado com relação aos baixos de Chilau entre a Índia e Ceilão. Do tam. *tanigira* [*thu*], malaiala *taniyuka*.

1687. — «Pera embarcações de remo passarem de hũ a outro mar, he necessario descarregar, ou como elles dizem, **tancar**». — P. Fernão de Queiroz, *Conquista de Ceylão*, p. 44.

«Outro (canal) junto da ilha, do Pagode de Ramdecoir, do mesmo fundo, em que he necessario **tancar**, que quer dizer aliviar os naüios de remo da carga, e passalos da outra banda». — *Id.*, p. 76.

∗ **TANDARIM.** Pôsto militar, inferior ao de *arache* no exército indígena de Ceilão. Do sing. *tantiri*, «perito em uma sciência».

1687. — «Sobem primeyro ao grao de **Tandariz**, e por esta ordem, ao de Araches, Modeliares, e Raias, que he o supremo na guerra». — P. Fernão de Queiroz, *Conquista de Ceylão*, p. 76.

**TANDEL.** Pilôto, arrais, na Índia. Do conc.-e mar. *tāṇḍel*; *taṇḍal* em malaiala, *taṇḍelu* em telúgu. Indo-ingl. *tindal*.

1699.—«Mandaram tambem vir do norte quatro *manchuas*, *sangues*, e **tandeis** praticos da barra de Mombaça».—«In *O Chronista de Tissuary*, III, p. 30.

1814. — «Uma *tona* tinha entrado o rio dentro e encontrava-se á praia; cantava o **tandel** e respondiam-lhe em côro os remadores». — Tomás Ribeiro, *Jornadas*, II, p. 206.

1910. — «Estava eu com seis companheiros meus na barca de pesca que me pertence e de que sou **tandêl** (piloto)». — António Francisco Moniz, *Hist. de Damão*, III, p. 221.

1674. — «The Captain is called *Nucquedah*, the boatswain **Tindel**». — Fryer, *East India*, I, p. 269.

**TANGA.** O vocábulo tem duas procedências, asiática e africana, com significados diferentes, registados nos dicionários sob uma inscrição.

Primeiramente, *tanga* é nome de uma moeda asiática de diverso metal e de variável valor, usado actualmente na Índia Portuguesa, na Pérsia e no Turquestão. A *tanga* antiga de Goa era de prata e a posterior de cobre, e ambas valiam 60 réis. Um *pardau* de ouro ou de prata tinha 6 tangas, um *xerafim*, 5 tangas, e uma rupia 12 tangas, A *tanga* moderna é a 16 ª parte de rupia, como o *anna* (aná) da Índia Britânica e equivale a 25 réis de Portugal. Dava-se às vezes o nome de «tanga» a *larim* (q. v.) ou juntava-se com êle (*tanga larim*), e, neste caso, valia de 60 a 100 réis,

O étimo primordial é o sânscrito *ṭaṅka* ou *ṭaṅkaka*, «moeda com cunho», especialmente de prata. O marata tem *ṭāṅk*, e o concani também o devia ter tido, mas, provávelmente por influência portuguesa, diz-se ao presente *ṭāṅg;* usa porêm o verbo *ṭāṅkuṅk*, «cunhar». Em persa *tanga* é «uma pequena moeda».

Ha outra espécie de tanga, que se denomina *tanga branca*. É uma moeda imaginária, que entra na contabilidade das comunidades agrícolas de Goa. «Moeda imaginária, que em Salcete e em Bardez, tem o valor de meio xerafim, ou 152 ½ réis, e nas Ilhas 96 réis; ella tem uso, apenas, na liquidação de foros, mas raras vezes, e se divide em 4 *bargarins*, e o bargarim em 24 *leaes*». — Filipe Néri Xavier, *Bosquejo Histórico*, IV, p. 19.

Não se sabe bem porque é que os portugueses lhe chamaram «branca»: ou fôsse porque originàriamente era de prata, ou por ser de maior valor do que a tanga ordinária, ou fôsse simples tradução de frase vernácula que então vulgarmente se empregasse. O seu nome em concani é *ṭakó*, hindust. *ṭakā*, beng. *ṭākā*, do sânsc. *ṭaṅka*, já mencionado. Em outras línguas designa «dinheiro em geral» ou alguma moeda específica, como rupia, quarto de rupia, etc.

*Tanga* era igualmente um pêso de Cambaia. «A hy huum peso que se chama *vali* (q. v.)... e outro, que chamam **tangua**, tem onze vall e mêo». *Lembranças das Cousas da India*, p. 39.

Com êste sentido de pêso, a *tanga* passou para a África Oriental, e ainda deve estar em uso. «Eram duas *tangas* de ouro em pó, offerecidas como annel de dedo ou alliança... Remete um *quiçafo* de trigo para o amigo senhor, como também uma **tanga** de oiro, como annel de dedo». P. Courtois (1885), in *Bol. S. G. L.*, V, pp. 506 e 520.

Alêm disto, há **tangas de recamo**. «São huma espécie de acções sobre si e hoje não ligadas ou annexas álguma propriedade (salvo as excepções), pelas quaes se distribue o producto liquido dos bens das Communidades, assim como o deficit; ellas são perpetuas e inalteraveis, e fixo o seu numero, podem ser vendidas, doadas, etc.». F. N. Xavier, *op. cit.*, IV, p. 19.

Ha finalmente, **tangas de cunto**, com referência às comunidades. Vid. *cunto*.

Na África austral, *tanga* «designa o pano com que se tapam, mais ou menos, no regaço, entre a cintura e os joelhos». Gonçalves Viana, *Apostilas*. Corresponde quási ao *langotim* da Índia. O vocábulo é do quimbundo *tanga* ou *ntanga*, «pano, capa» [1].

---

[1] 1845. — «Fardado com farda de panno fino encarnado, bordado de oiro, com dragonas de coronel de milicias, **tanga** de damasco encarnado, e calçado de sapatos mas sem meias». — In *Bol. S. G. L.*, II, 56.

1882. — «Em seguida tirou o *majovo*, ou **tanga** de tiras de pelles de animaes, e ficou nu». — *Ibid.*, III, p. 341.

1333. — «E tendo-se o Vizir dirigido a elle, lhe offereceo o donativo de duas mil **tangas** *de ouro*». — Ben-Batuta, *Viagens*, II, p. 105.

1513. — «Entregou as mill **tangas** ao voso feitor». — Afonso de Albuquerque, *Cartas*, I, p. 150.

1516. — «Ual tres vinteins a que eles [em Ormuz] chamaom **tangas**, ha prata da qual he muyto fina». — Duarte Barbosa, *Livro*, p. 263.

1541. — «As ditas 2:000 **tangas** *brancas* se carregão em receita cada anno sobre thesoureiro qualquer que fôr por o escrivão de seu cargo, pera elle arrecadar aos terços do anno». — Fernão Rodrigues de Castelo Branco, in *Archivo*, v, p. 166.

1552. — «A de prata [chama-se] **tanga** e val tres vintens, posto que os mouros lhe chamem larim». — Castanheda, *Historia*, II, cap. 58.

1553. — «Assi naquellas partes da India, geralmente pae e mãe vendem os filhos, e ás vezes he por tão pouco, como he huma **tanga**, que ual da nossa moeda tres vintẽes». — João de Barros, Déc. III, VIII, 1.

1554. — «E as **tamgas de prata** soyam do valor [em Ormuz] 5 tangas que he huum pardao». — António Nunes, *Lyvro dos Pesos*, p. 25.

«E as **tamgas bramcas**, que se recebem dos foros, são de quatro barganis a **tanga**, e de 24 leaes o bargany; tambem destas **tamgas** se concertam de 50 leaes **a tamga**, de 5 **tangas** um pardao de 300 reis». — *Id.*, p. 31.

1557. — «As Ilhas de tiçoary, E divar, E a de chorão, e a de Johão, paguão todas de foro, por costume antiguo, trinta e seys mill qutroçentas setenta e coatro **tanguas branquas**, tres barguanis e vinte e hum leaes, a Razão de quatro barguanis a **tangua**». — Simão Botelho, *Tombo da India*, p. 46 [1].

1557. — «Achey que quando se ela [fortaleza de Dio] edificou a principal moeda que na terra corria erão **tangas de prata**, as quaes naquelle tempo valião ha razão de cinquo por hum pardao de trezentos reis». — Francisco Barreto, in *Archivo*, v, p. 324.

1560 (1507). — «Com o qual contrato feito logo se forão á terra, e troûxerão o dinheiro, em xerafins e **tangas de prata** que o Capitão mór mandou entregar aos Capitães». — Gaspar Correia, *Lendas*, I, p. 840.

1563 — «E, como eu sabia que os nossos o compravam, lhe comprei eu, scilicet, cada *mão* por huma **tanga**, que são 60 reaes, e huma mão 27 arrateis». — Garcia da Orta, Col. 54.

[1] «Por esta conta vê-se que a *tanga branca* é contada por 115 réis, o que tambem se deduz de outros lugares d'este livro» (*Tombo*)». — Rodrigo Felner, p. 52.

1569. — «Somente os que tem [os chins] são de dez cruzados, até hum cruzado, e de dez **Tangas** até hua **tanga**, hũa **tanga** são tres vintens». — Fr. Gaspar da Cruz, *Tractado da China*, cap. 11.

1595. — «Os *Gancares* e moradores das terras de Salcete são obrigados a pagarem seus foros e direitos por **tangas brancas** de quatro barganis a **tanga**, e de treze barganis o pagode d'ouro, como pagavão ao Idalcão». — Francisco Pais, *Tombo Geral*, fl. 84.

1609. — «A menor moeda que ha nestas terras [de Sena e Tete] e um peso de ouro, a que chamam **tanga** que vale tres vintens». — Fr. João dos Santos, *Ethiopia Oriental*, I, p. 192.

«Batem-se de prata xerafins, meios xerafins, **tangas** e meias tangas (em Goa)... As **tangas** valem tres vintens». — *Id.*, II, p. 275.

1611. — «E o compadre, ou lhe faz emprestimo, que perjurou no Juizo nos Santos Evangelhos, que não pagou huma **tanga** do que devia a quem o mandou». — Diogo do Couto, *Dial. do Soldado Pratico*, p. 35.

1615. — «Mas o que dá mais consolação é a Misericordia, que todos os dias distribue a cada portuguez ou mestiço meia **tanga**, que vale cinco soldos da nossa moeda». — Pyrard de Laval, *Viagem*, I, p. 368.

1630. — «Quatrocentos Cruzados de seis **Tangas** o Cruzado». — Fr. Luís de Sousa, *Hist. de S. Domingos*, III, p. 361.

1635. — «Dando-lhe o rei de Arracão duzentas mil **tangas**, que cada uma vale duzentos e cincoenta reis». — António Bocarro, Déc. XIII, p. 144.

1561. — «... se ajuntárão 20146 pardaos, e hũa **tanga** de cinco **tangas** o pardao». — Jacinto Freire de Andrada, *Vida*, p. 313.

1697. — «De sorte que vem a ser as **tangas de cunto** hum numero introduzido ao arbitrio das *gancarias* pelo qual se rateão as perdas, e os ganhos das Aldeas». — P. Francisco de Sousa, *Oriente Conquistado*, I, I, 2.

1728. — «**Tangas de Cunto de recamo**, he hum certo numero, em que se reparte o que subeja das vargeas da Aldea, tirados os foros, e contribuições e não abangendo, se ratea a falta no mesmo numero, e se paga pelos que as possuem, e são perpetuas; mas entrão a ganhos e perdas». — Bluteau, *Supplemento*.

«**Tangas de vanti** *do foro corrente*, são as propriedades de Palmeiras e Arequeiras, e tambem certo numero, em que se reparte o proveito das vargeas, por lhe andarem annexas». — *Id.*

«**Tangas brancas**, he moeda. Em Salcete e Bardez tem cada **Tanga** meyo Xerafim que são cento e cincoenta réis, e na Ilha de Goa, e suas adjacentes, oito vintens que são noventa e seis réis por cada **tanga**». — *Id.*

1842. — «O dominio ou usufructo dos bens de qualquer aldêa computa-se por **Tangas**, *Leaes*, e *Bargamins*. A primeira é a maior; a segunda metade della; e a terceira o quarto». — *Annaes Maritimos*, p. 304.

1866. — As **tangas** apontadas deve-se entender que são as chamadas **brancas** (moeda imaginaria ou de conta) creadas na occupação deste Concão, pelas quaes são arrecadados os foros das aldeas, ainda muitos annos depois da conquista Portugueza, e na contabilidade aldeana ainda são notadas nos foros primitivos». — F. N. Xavier, *Descripção do Coqueiro*, p. 42.

1870. — «. . . entrar na investigação da origem das **tangas de cunto**, e da sua alienação em mãos estranhas ao corpo gancarial . . . He só nos principios do século XVII que apparece a primeira menção de **tangas de cunto**, e essas possuidas por portuguezes». — Cunha Rivara, *Brados a favor das Communidades*, pp. 77 e 78.

«. . . a menor menção ou allusão a **tangas de cunto**, isto he, ás parcellas, aos quinhões da renda commum como cousa alienavel». — *Id.*, p. 86.

1874. — «Tiveram algumas vezes de recorrer ao credito e levantaram emprestimos por meio de **tangas**, como se levantam na Europa por meio de acções». — Tomás Ribeiro, *Jornadas*, II, p. 15.

1880. — «No antigo tombo geral da fazenda de Goa apparece mencionada uma moeda *tancó* ou *tamqué*, que se supõe alteração da moeda do Canará *tocó toqué*, e que os portuguezes depois mudaram em **tanga**». — Teixeira de Aragão, *Descripção das Moedas*, III, p. 95.

«Moedas de conta: **tanga branca**, no valor de 4 barganins ou 96 leaes ou bazarucos ou 120 reaes . . . Moedas effectivas: **tangas de prata**, no valor de 50 leaes ou bazarucos ou 60 reaes». — *Id.*, p. 97.

1885. — «Fixo a origem das acções das communidades (**tangas**) na epocha mais critica na existencia destas associações. A meu parecer, em troca dos recursos prestados á camara pelos foreiros e rendeiros, emittiu esta, por esse tempo, titulos, que garantiam aos adquerentes o direito á participação nos interesses sociaes, sujeitando-os, comtudo, á responsabilidade pelos prejuizos . . . Tinham garantia no rendimento das varzeas (**tangas de cunto de recamo**) ou nos dos palmares, arecaes, etc. (**tangas de vanti**, *arequeiras, melagas, catins*, etc.)». — Teixeira Guimarães, *As Communidades Indianas*, p. 15.

«O alvião demolidor lançou por terra em 1540 os pagodes existentes nas Ilhas, cujos *namoxins* continuaram pertencendo ás communas, sujeitando-se estas ao pagamento de 2:000 **tangas brancas** (moeda)». — *Id.*, p. 24.

c. 1470. — «Shabait in the Indian sea is a very large place; a tribute of one *tanka* is paid to each Korassain [soldado], big or small». — Nikitin, in *India in the fifteenth century*, p. 20. — «The **tankha** appears to be the coin represented by the modern rupee, and, perhaps, when in its proper standard, was about of the same value». — Editor.

1589. — «Le **Tanga** est estimé valoir 60 Reyses, ou six sols». — Linschoten, *Histoire*, p. 160.

1650. — «. . . et lui fit payer vne rançom d'onze mill **Tangans**, et de diz Galeres chargées de Rys». — Floris, in *Relations*, I, p. 21.

1880. — «The other half is compelled to pay tax of two **tangas** (11 d.) a day for each man during his work». — Howorth, *History of the Mongols*, II, p. 838.

1885. — «The chief receives a **tankha** (or pecuniary allowance) in lieu of right over the land». — Hunter, *The Imperial Gazetteer*, x, p. 214.

1918. — «The name tanga is a general name at this period [de Duarte Barbosa] for silver coinage with varyng value. On one of these of the ʿĀdilshāhis is the legend, «Zarb lāri dangah sikka, as to which Dr. da Cunha observes, «here the word *dāngah* is evidently *tanga*». It is clear, therefore, that in calling the *lorins* **tangas** Barbosa was following a usual practice». — Longworth Dames, *The Book of Duarte Barbosa*, I, p. 100.

* **TANGÃO** (mal. *tanggong*). Embarcação de carga da Malásia, semelhante à fragata.

1613. — «Todos os annos chegão ao Porto de Malaca mais de duzentas embarcações, que se chamão *Juncos*, e **Tangões**, como Alfragatas, carregadas de arros commum, e arros *pulot*». — Manuel G. de Erédia, *Informação da Aurea Chersoneso*, p. 112.

«. . . das cascaras ou escamas [de tartarugas] se fez a carga dos **Tangões** de Jaos do tratto de Malaca». — *Id.*, p. 123.

**TANGUEIRO**. Duarte Barbosa emprega, como conhecido, o termo com referência aos *jogues* da Índia, talvez derivado da palavra africana *tanga*; mas admira que tão cedo estivesse esta vulgarizada entre os portugueses.

1516. — «Andaom nus e descalços, não trazèm nenhũa cousa na cabeça, somente cobrem suas vergonhas com hũs **tangueiros** de latam mourisquo» (na tradução castelhana: *bragueros de laton*). — *Livro* (2.ª ed.), p. 310.

**TANQUE**. Os nossos escritores antigos dão êste nome às grandes cisternas ou lagoas indianas. Não se sabe bem se os portugueses levaram o termo para a Índia, como parece mais provável, ou o receberam do guz.-mar. *ṭānkī*. Figura geralmente como conhecido.

1498. — «Estaua hũ grande **tanque** daltura, de quatro braças». — *Roteiro de Vasco da Gama*, p. 95.
1513. — «Jaz [Goa] sobre campos e terras de sementeiras, tem muitos **tanques** d agoa em sy e muitos arvoredos». — Afonso de Albuquerque, *Cartas*, I, p. 136.
1516. — «Muytos **tanques** dagoa em que se lauam cada dia duas vezes, assy homeins como mulheres». — Duarte Barbosa, *Livro*, p. 268.
1535. — «Afora esta fonte tem algũs **tanques** d agua e poços». — *Chronica de Bisnaga*, p. 30.
1552. — «Ha por toda ela muytos e grandes **tanques** feytos de ladrilho (em que podem nadar navios) para se lauarem os mouros e gentios». — Castanheda, *Historia*, III, cap. 8.
1560. — «E se forão meter em Angediua, onde muito folgarão, em que uacia muito boa agoa, e estaua, em cima da Ilha hum **tanque** de pedra lavrada». — Gaspar Correia, *Lendas*, I, p. 122.
1570. — Para recolhimento das agoas do Inverno fazem estes **tanques** (a que propriamente podiam chamar lagoas), todos empedrados». — João de Barros, Déc. IV, V, 5.
1634. — «Em tanto que estes **tanques**, que são lagoas encharcadas, se não corrompem com o sol». — António Bocarro, *Livro das Plantas das Fortalezas*.
1905. — O **Tanque** é uma obra rudimentar de repreza das aguas fluviaes, destinadas á lavagem de roupa e exposta á evaporação solar». — Jerónimo Quadros, *Cartas de Diu*, p. 137.
1911. — «Havia uns 16 **tanques** distribuidos pela baixa onde se acha a várzea». — José E. Castel Branco, in *Bol. S. G. L.*, XXIX, p. 319.
1510. — «La mattina a buona hora questi gentili se vanno à lavare ad vno **tancho**, il quale **tancho** è come una fossa d'acqua morta». — Barthema, *apud* Ramúsio, I, fl. 161.
1666. — «Nous trouvâmos en nôtre route deux grands **Tanquiés**... Ces **Tanquiés** sont des reservoirs d'eau de pluie». — Thevenot, *Voyages*, III, p. 20.

* **TANSU** (chin. *túng-sz'*). Intérprete, na China.

1540. — «Acabando o interprete (que la se chama **tansuu**) de ler a carta e declarar o que ella dizia, todos os que a ouviram ficarão corridos». — Fernão Mendes, *Peregrinação*, cap. 64.

**TANTRA** (s. m.). A palavra *tantra* tem em sânscrito numerosos significados; Apte enumera no seu dicionário vinte e oito, sendo os originários «linha, trama, tear». No sentido literário é «doutrina, sciência, tratado», como, por exemplo, o título do celebrado fabulário *Pañcha-tantra* = cinco tratados. No sentido religioso é «ritual, formulário mágico e místico». Os *tantras* tem mais relação com o *xivaísmo*. Também o budismo tem seus tantras, no género dos bramânicos.

1898. — «**Tantras** são obras de theologia magica, e formulas mysticas proprias do culto de certas divindades. Têem caracter phallico. Referem-se á criação do mundo, destruição do mundo, culto dos deuses, obtenção de faculdades sobrenaturaes, estado de graça e união com o espirito supremo por meio da meditação». — Vasconcelos Abreu, *Investigações*, p. 23.
1903. — «**Tantras** considerados um desenvolvimento dos *Puranas*, são a escriptura sagrada dos *Saktas*, adoradores da energia feminina (*sakti*) de alguma divindade, especialmente da mulher de Sivá em alguma das suas formas varias, Pârvati, Devi, Kali, Bhavani, Dúrgá, etc.». — In *Ta-ssi-yang-kuó*, II, IV, 5.
1904. — «Entre outros, recordemos os Puranas, os **Tantras** e *Itihasas* onde se contém o Ramaiana e o Mahabarata». — Ladislau Batalha, *O Japão por dentro*, p. 299.
1907. — «E como manifestaremos a conveniencia e necessidade dos *mantras*, **tantras**, *shrutis*, *smrutis* e *purannas?*». — *Luz do Oriente*, de Outubro.
1918. — «Os **Tantras** mais modernos que os Puranas e dedicados ao culto das *sactis*, espôsas dos deuses, sobre tudo á espôsa de Siva». — *Heraldo*, de 17 de Setembro.
1844. — «Les **Tantras**, en effet, sont des traités d'un caracter tout spécial, où le culte de Dieux et de Déesses bizarres ou terribles s'allie au système monothéistique et aux developpements du Buddhisme septentrional, c'est-à-dire la théorie d'un Buddha suprême à celle des Buddhas et des Bôdhisattvas surhumains». — Burnouf, *Introduction*, p. 522.
1885. — «Their **Tantras** [dos *xactas*] or religious works take the form of a dialogue between Siva and his lovely Aryan bride, in which the god teaches her the true forms of prayer and ceremonial». — Hunter, *The Imperial Gazetteer*, VI, p. 244.
1916. — «The name Buddha... has not

been much in vogue among the followers of what is called *Neo-Hinduism*, i. e., those who accept as their bibles the Puranas and **Tantras**». — *The Modern Review*, de Julho.

1917. — «It was during this age that the doctrine of **Tantrism** finally swallowed up in a common philosophy the divergent channels of Mahayana Buddhism». — *The Hindustan Review*, de Julho.

* **TAPI, topi.** Barrete ou carapuça, na Índia Portuguesa. Do neo-árico *ṭopī* ou *ṭopī*. O *Roteiro de Vasco da Gama* regista *tupy*, como significado de barrete na «linguagem de Calecut».

1842. — «E o [*xendi*, q. v.] cobrem com um barrete de velludo preto, verde ou encarnado, que denominam **topi**». — *Annaes Maritimos*, p. 438.

1905. — «Os homens [parses] vestem camisa de muselina (*sadrá*), cordão de lã ao cinto (*kasti*), calças de algodão branco, collete de mangas, **topi** de veludo ou de seda e chinellos; quando saem á rua, o **topi** é substituido pelo turbante côr de chocolate escuro». — Jerónimo Quadros, *Cartas de Diu*, p. 178.

1906. — «Uma grande parte usa o **tapi**, pequeno barrete de velludo vermelho em forma de fez». — Hipácio de Brion, *Duas mil leguas*, p. 21.

1906. — «Na Índia Portugueza **tape** é «barrete. A palavra é concani». — Gonçalves Viana, *Apostilas*.

1915. — «... mando para tapar ou cobrir a cabeça, os que quisessem e podessem, barrete, *tápisso* (**tapi** em português de Goa) ou **topi** (em concani)». — *Heraldo*, de 23 de Dezembro.

1916. — «Deixando sobre a minha mesa de trabalho o seu **tapi** de velludo preto, com ramagem». — *Heraldo*, de 5 de Novembro.

1917. — «Trazemo-lo em toda a parte, como os antigos *battcares* os seus **tapís** de croché de lã». — *O Ultramar*, de 30 de Junho.

1678. — Las cabeças cubren con unos cofios, a que llaman **Topis**, que les tapan tambien las maxillas». — João de Sá e Meneses, *Rebelion de Ceylan*, p. 45.

1786. — «In Coccino essi [*topazes*] chiamansi *gente de chapeu*, cioè, gente di capello, perche portano il **Topi** o capello». — Fra Paolino, *Viaggio*, p. 154.

**TAQUER.** É o mesmo que *tabaxir*: maná de bambu. Do conc.-mar. *tavkīr* < sânsc. *tvakkṣīra*.

1788. — «Cada dito [candil] de *Gopichandan*, Canfora, **Taquer**, e Breu, hum xerafim». — *Collecção de Bandos*, I, p. 51.

I. * **TARA.** Antiga moeda de prata, corrente na Índia meridional e equivalente a meio *poiçá* ou a um têrço de *fanão*. Do dravíd. *tāra* < sânsc. *tārā*, «estrêla».

1506. — «E porque a gente era muyta se fez a pouoação grande [em Cochim], de muytas casas sobradadas de madeira, e ruas em que tambem a gente da terra fazião boticas, em que vendião cousas de comer muy abastadamente, e de bom barato, porque por hum vintem de prata davão vinte moedas de prata a que chamauão **taras** que é como huma escama de peixe ou de sardinha, e por huma destas moedas davão doze, é quinze figos [bananas], e quatro, e cinco ouos, e por hum vintem tres, coatro galinhas, e por huma **tara** pexe que fartaua dous homêns, e arrôs pera hum dia comer, jantar e cear». — Gaspar Correia, *Lendas*, I, p. 624.

1616. — «Quando andaom na guerra, pagam hos Reys ha todos hos Nayres que nela seruem, inda sejam doutros Senhores, suas moradias cada dia, que he quatro **taras** e cada hũa tem sinco reis». — Duarte Barbosa, *Livro* (2.ª ed.), p. 330.

«Vendem-se [os diamantes] por hum peso que se chama *Mangiar*, o qual vale duas **Taras** e dous terços; e duas **Taras** fazem hum quilate de bom peso, e quatro **Taras** pesão hum *Fanão*». — *Id.*, p. 379.

1442. — «They cast in pure silver a coin which is the sixth of the fanom, which they call **tar**... A copper coin worth the third of a **tar**, is called *djetel*». — Abd-el-Razzak, in *India in the fifteenth century*, p. 26.

1658. — «Per vna **tara** (moneta, che vale vn baiocco) ne [de cavalas, q. v.] compranno vna cesta piena». — Fr. Vincenzo Maria, *Viaggio*, p. 137.

1670. — «On paye à ces *Nahers* (vid. *jangada*, II) chacun huit **Tares** par jour, qui mont à un demi Fanom, le Fanom est une petite piece valant seize **Tares** et le **Tare** une petite monnoye d'argent qui vaut six deniers». — Dellon, *Relation d'un Voyage*, I, p. 207.

1673. — «Their Coin admits no Copper; Silver **Tarrs**, 28 of which make a Fanam». — Fryer, *East India*, I, p. 14.

II. * **TARA** é também um pêso de prata em Siame.

1878. — «E como os siameses fazem de cincoenta *chongs*, ou *cates*, um *hab*, que os portuguezes chamam *pico*, e de cem *habs*, ou picos, um *parah*, que em portuguez se diz **tara**, segue-se que o peso de prata vale em Siam duas mil e quatrocentas patacas, e a **tara** duzentas e quarenta mil ou quatrocentos mil *ticaes*, ou pelo nosso cambio official duzentos e quarenta contos de réis». — A. Marques Pereira, *Moedas de Siam*, p. 24.

III. * **TARA.** É igualmente o nome japonês, *táru*, de barril pequeno.

1578. — «Quando se diz que mandou hum senhor quinze ou vinte pipas de vinho á Igreja, hase tambem de entender, que o que em Europa se chama *pipa*, os Japões lhe chamão **tara,** e huma pipa, que la tem 25 almudes, ca não tem ainda hum, porque os maiores são, que hum cauallo leua dous em carga». — P. Luís Fróis, *apud* Cristóvão Aires, *F. M. Pinto e o Japão*, p. 110.

* **TARÃO** (mal. **tarum**). Assim se chama em Timor a anileira.

1843. — «Ha immenso anil pelos mattos, e tambem o semeiam espalhando as sementes sobre a terra em proximidades de habitações, e é aqui conhecida esta planta com o nome de **tarão**». — *Annaes Maritimos* (parte official), p. 84.

* **TAREGA** (s. m.). Agente, corretor, almoxarife, no Malabar e em Pegu, análogo ao *hong* da China. Do malaiala *taragan*, tam. *taragu*.

1603. — «De tudo foy o Arcebispo auisado por hum Christão de Sam Thome muyto valido delRey [de Cochim] e seu **Tarega** de Cantiuri, que he como Almoxarife de suas rendas». — Fr. António de Gouveia, *Jornada do Arcebispo*, fl. 86 *v*.

1583. — «Sono in Pegu otto sensari del Re che si chiamano **Tarege** li quali sono obligati di far vendere tutte le mercantie . . per il prezzo corrente». — Cesare Federici, in *Glossary*.

«**Tari**, m. Licor alcoólico, resultante do suco fermentado de várias palmeiras». Cândido de Figueiredo. O próprio suco fermentado é que se chama *tāḍī* em hindustani, do qual os franceses fizeram *tary*, os ingleses *toddy*, e empregam por *sura* dos nossos indianistas.

1616. — «Mais ie ne trouue rien de meilleur qu'vne liqueur que les habitans du pays appellent **Taddy**. Elle sort de l'incision de la tige d'vn arbre qui croist fort haut. C'est au haut de cette tige qu'on incise l'arbre, et qu'on lie de petits pots de terre pour recevoir la liqueur qui en decoule». — Terry, in *Relations*, I, p. 11.

1611. — «Palmiti Wine, which they call **Taddy**». — N. Dounton, in *Glossary*.

1666 — «Le **Tarry** est une liqueur dont on boit avec plaisir dans les Indes. On la tire de deux sortes de palmiers, à savoir de celui qu'on appelle *Cadgiour* (vid. *cajuri*), et de celui qui porte le cocos. Celui du Cadgiour est la meilleur». — Thevenot, *Voyages*, III, p. 50.

1670. — «Les *Tives* sont ceux qui cultivent la terre et recueillent le **Tary**; on leur souffre des armes, mais ce n'est que par grace». — Dellon, *Relation d'un Voyage*, I, p. 201.

1689. — «Some of those Trees will yield each Night a Quart of **Tary** or **Toddy,** tho it be at eight Months distance from the falling of the Rains». — Ovington, *A Voyage to Suratt*, p. 138.

1836. — «Le **toddi,** le *calou* et l'arak sont trois boissons différentes». — Rienzi, *Océanie*, I, p. 165.

**TARIPO** (sing. *taruppu*). Diz-nos Clough no seu dicionário que é «uma espécie de goma, *rubal*»; mas não explica o que seja *rubal*, e *rūbara*, que insere, significa «muito belo». É bem possível que *rubal*, não dado por outros dicionaristas, seja o étimo de *robaz* (q. v.). Parece-me que *toríbios* «nome commum de contas de cristal que vem da Índia», registado por Bluteau, é o mesmo que *taripe*, sendo, nesta suposição, claro o sentido.

1685. — «. . . robazes, verlis, zacinthos, **taripos,** e outras varias pedras». — João Ribeiro, *Fatalidade Histórica*, I, cap. 5.

**TARPÁ** (mar. *tharpā*). Instrumento músico de Damão, descrito abaixo. **TARPACAR** (mar. *tharpākār*). Tocador de *tarpa*.

1886. — «Nos seus folguedos, dansam e cantam ao som da **tarpa,** cujo tocador denominam **tarpacar** . . . A **tarpa** é formada pelo conjuncto de 3 peças: a 1.ª e superior denomina-se *tamarum* e é feita de abobora branca; a 2.ª, chamada *dandy*, é de bambus; e a 3.ª, que tem a designação de *caytum*, é composta de folhas de palmeira brava». — Lopes Mendes, *A India Portugueza*, II, p. 243.

1906. — «. . . aclamando, quebrando a leve e azelada noite do Guzarathe com os rugidos roufonhos das suas **tarpás,** e os rufos nervosos dos seus *dôlls*». — Alberto O. de Castro, *A Cinza dos Myrtos*, p. 202.

* **TARRANA.** Espécie de arma de arremêsso, usada em Maluco. Do mal. *torana*, segundo Rúnfio, pois não encontro o termo nos dicionários. É provável que o étimo seja o mal. *torang*, que significa «nó de malha».

1524. — Estes moradores são guerreiros

de muitas armas, mórmente de humas fisgas d'arremesso, de que são muyto certeiros, e fisgando hum homem o alão por hum cordel que lhe fica atado no braço e chegando ao homem o matão». — Gaspar Correia, *Lendas*, II, p. 809.

1552. — «E com hũs arpões de ferro, a que chamão **tarranos,** que trazem atados em muytas braças de cordel, que enrolão no braço direito pera que lhes fique sempre o cordel na mão, e se acertão puxão pelo cordel até chegarem ho homem a si, e cortarlhe a cabeça». — Castanheda, *Historia*, VI, cap. 67.

1613. — «... principalmente huas como fisgas, ou farpões, com que tirão darremesso, presas por hum cordel, de que lhe fica a ponta atada no braço, com que ferrando num homem, o tirão para si e o matão». — Francisco de Andrada, *Chron. de D. João III*, I, fl. 62.

1690. — «Externum ob corneam ac duram ejus substantiam Malaicensibus et Javanis adhibetur pro manubriis telorum missilium, quae *tragulae* dicuntur, conficiendis... Manubria **Toranorum** etiam inde fiunt, uti antea dictum est de *Saribo,* cum qua hoc lignum multum convenit». — Rumphius, *Herbarium Amboinense*, I, capp. 8 e 9.

**TARRANQUIM**, **terranquim** (provàvelmente mais correcto; *trankey* em inglês). Pequena e ligeira embarcação do Gôlfo Pérsico, semelhante a um caíque, descrita abaixo por Manuel Godinho. Não se conhece a origem do vocábulo; as hipóteses que formula Crooke são claramente inadmissíveis. É bem possível que se relacione, como aumentativo ou deminutivo, com *tarrada* (q. v.), outra embarcação do mesmo mar. Mas ¿quem o teria formado? Talvez os portugueses designassem a terrada pequena por *terradim* (cf. *varandim* de *varanda*), que depois se corromperia em *tarranquim,* quiçá por influência de *terráqueo*.

1563. — «E porque suas molheres lhe pedirão, se meteo em hum **terranquim,** que são barquinhos que muyto correm á vela e remo e se foy a Mascate». — Gaspar Correia, *Lendas*, II, p. 749.

1597. — «Com cincoenta Fartaquins que mandou embarcar em vn **tarranquim,** que ali estaua, de que fez Capitão a Christouão das Neues». — Diogo do Couto, Déc. VI, VI, 4

«... passasse apressadamente pera Ormuz, e levasse comsigo dous **Taranquis,** muito ligeiros pera mandar diante». — *Id.*, Déc. X, I, 11.

1613. — «Com desejo de saber a causa da sua tardança se embarcou em hum **terranquim** que he um certo genero de barquinhos ligeiros e ha remos e vela se foy a Mascate». — Francisco de Andrada, *Chronica de D. João III*, fl. 41.

1916. — «A barra [de Queixome] se podia defender com duas fustas e dous **terraquins** contra todo o poderio do Xá». — *Carta Régia*, in *Doc. da India*, III, 361.

1635. — «Levando mais uma barcaça que fizeram em um batel... e alguns **tarraquins** á toa para serviço dos navios». — António Bocarro, Déc. XIII, p. 634.

1663. — «Valeu porêm com o *xábandar* a intercessão do consul hollandez para consentir que de um **tarranquim** percarejo fosse dar uma vista á fortaleza que fica baixa». — P. Manuel Godinho, *Relação*, p. 83.

«Ê pois de saber que em todo o sino persico não navegam os que povoam seus portos e praias mais que em terradas e **terranquins,** que são uma certa casta de barcos, como muletas, mas mais largos sem quilha; a proa tem baixa, e a poppa demasiadamente alta: sobre ella po[illegible] huma charola em que cab[illegible] — *Id.*, p. 107.

1718. — «... com ordem, que na Persia se armassem em guerra as *Terradas*, e **Terranquins,** que fossem necessarios para a passagem á Arabia». — D. José Barbosa, *Epitome da Vida*, p. 34.

1610. — «He fled to Hamsara, and thence in a **tarranquy,** or light bark, to Lupht» — Pedro Teixeira, *Travels*, p. 159. — «I cannot trace the origin of the name». — Donald Ferguson, *ibid.*

1625. — «E anco vna piccola barca armata, di quelle che nel seno Persico chiamano **Terranquin,** che sono quasi, come nostri Caichi». — Pietro della Valle, *Viaggi*, III, p. 360.

1903. — «**Trankey,** s. A kind of boat used in the Persian Gulf and adjoining seas. All attempts to connect it with any Indian or Persian word have been unsuccessful. It has been supposed to be connected with the Portuguese *trincador*, a sort of flat-bottomed coasting vessel with a light stern, and with *trinquart*, a herring-boat used in the English Channel». — Crooke, na 2.ª ed. de *Glossary*.

«**Tartada**, f. Barco indiano (Cf. *tartana*)». — Cândido de Figueiredo. *Tartana* diz o mesmo lexicógrafo que é «barco alongado do Mediterrâneo». *Tartada* parece que está por *tarrada* ou *terrada*, q. v.

* **TARTASPATI** (ant.). Jóia de pescoço com que as gentias de Goa se adornavam (não sei se ainda hoje o fazem) e que se considerava como

amuleto ou traste auspicioso, a regular pelo seu nome, que julgo ser o conc.-mar. *tārtā-pāṭi*, «jóia preservativa».

1583. — «E indo algumas mulheres gentias e infieis para terra firme, que vivão nesta cidade, e ajão de tornar para ella, e levarem algumas joias de ouro, que são **tartaspatis,** *orelheiras*, e outras que costumão trazer. . .». — *Alvará* do vice-rei, in *Archivo Port.-Oriental*, I, p. 717.

∗ **TARVOLCATEM** (conc. *taṟāḷkhā-tem*). Condenação do mariola a transportar cargas, nas Novas Conquistas.

1776.—«A condemnação chamada **Tarvolcattem**». — *Collecção de Bandos*, I, p. 20.

1852. — «**Tarvolcattem** — Certa especie de multa ou condemnação nas Novas Conquistas».—F. N. Xavier, *Bosquejo Historico*, IV, p. 19.

«**Tàtá,** m. (outra forma de *papá*)». Cândido de Figueiredo. Note-se que também o sânscrito tem *tāta* no mesmo sentido, empregado igualmente como tratamento de respeito e honra.

∗ **TÁTAMI** (jap.). Colchão de palha de arroz, com que os japoneses cobrem o chão de suas casas. Tem seis pés de comprido, dois de largo e duas polegadas de grossura. Serve também o vocábulo para designar a medida de extensão.

1569. — «Tinha já por rol ás portas colchões de palha que cá chamão **Tátami,** e alfaias da casa que estauão depositadas por casas dos Christãos para as tomar»:— P. Luís Fróis, *Cartas de Japão*, I, fl. 259 *v.*

1577. — «Derão cem **tàtamis** pera a igreja, que são hũa maneira de colchões de esteiras muito finas de que sempre as casas todas estão esteiradas».—*Id.*, fl. 389.

1586. — «Estas cauas são de quarenta **tatames** de largura, e desasete de altura». — *Id.*, II, fl. 175.

1634. — «Fazem-se neste Reyno as melhores esteyras de junco, de que fazem, os que chamão **tatamy,** e daqui vão para todo o Japão». — *Hist. da Igreja do Japão*, *apud* Cristóvão Aires, *F. M. Pinto e o Japão*, p. 150.

1898. — «Todo o sobrado é coberto de esteiras, o espesso e fôfo **tatamy,** onde só pousam pés nús.» — Venceslau de Morais, *Dai-Nippon*, p. 127.

I. ∗ **TAU.** Navio de guerra chinês. Do chin. *tau* (*chuen*).

1835. — «Vendo u forte Barreto, que a artilharia inimiga era de maior calibre, resolveu abordar o **Táo** (navio de 20 bombardas com 300 homens). . . Assim parecia o brigue junto do **Táo**, e apenas tinha um quinto da equipagem do navio inimigo».— José Inácio de Andrade, *Memória*, p. 29.

II. **TAU** (**tao**). A palavra chinesa *táu* significa primáriamente «caminho», a qual depois adquiriu os sentidos simbólicos do «recto curso de procedimento, razão primária e palavra ou *logos*».

**TAUÍSMO.** Uma das três religiões da China, fundada no século VI antes de Cristo por Lau-sze, pouco anterior a Confúcio, e que professa o idealismo e o animismo. O seu nome chinês é *táu-kian* = religião de *táu*.

**TAUÍSTA,** sectário da religião *táu*. Em chinês são conhecidos por *táu-sze*. Como adjectivo, *tauísta* quero dizer «relativo ao *tauísmo*».

1605. — «A segunda he dos que chamam **Tauxem,** nascida tã bẽ na China a dois mil e oito annos, pouco mais ou menos de hum Laoxu, que quer dizer filho velho, porque dizem que antes de nascer, andou oitenta anos no ventre da mãy, e como veio tam bẽ criado, promete sua seita dar com certa mezinha vida comprida, e conservar os homens sem morrer, subidos ao ceo, em corpo, e em alma: fazer prata de qualquer metal, chover, serenar o tempo, e ainda resuscitar mortos». — P. Fernão Guerreiro, *Relaçam Annual*, fl. 82.

1679. — «Tem [o *lipu*] ultimamente cuidado das tres leis que se seguem n'este imperio. Primeira dos letrados. Segunda dos **tao-shi,** a que podemos chamar bonzos, porque são casados. Terceira dos bonzos que não são casados». — Fr. Jacinto de Deus, *Vergel* (2.ª ed.), p. 163.

«Outro Rey da Casa Tane, estando em pratica com hum checarreiro de nome daquelles, a que chamão **Tausu,** que professão enganar, o povo, mais aos principaes, com chimericas invenções. . .».—*Id.*, p. 194.

1865. — «Os chins [de Macau], que não têem religião alguma, se tomarmos na sua verdadeira accepção, seguem o culto de Confucio ou dos lettrados. . . o de **Táotseo** ou da razão, e o de *Fo-tho*, ou *Fo*, que é o culto de Bouddha». — In *Archivo de Pharmacia*, II, p. 163.

1889.— «Os seus sectários, os **tao-sse,** proclamam, segundo a doutrina do filósofo, o seu principio do **Tao**. Disto lhes provém o serem chamados *taouitas* ou melhor **taoístas**. Admitem, porém, este principio sem compreender na verdade outra cousa que não seja a pratica supersticiosa da evocação dos espiritos e de bruxarías». — Vasconcelos Abreu, *O Animismo*, p. 40.

«Além dêste feiticismo acentuado teem mais as raças mongoloides a magia desde os tempos mais remotos, elevada entre os Chineses ao **taoismo,** e de certo modo aceita ainda na religião oficial, e entre os Mogoes, elevada ao *xamanismo*». — *Id.*, p. 55.

1895. — «Surgiu depois o **taoismo,** filosofia transformada em religião, a religião de superstições.. Não é raro ver n'um mesmo templo budhistas e mandarins e **taoistas** praticando as suas religiões, como tambem n'um mesmo altar imagens **tauistas** ao lado das divindades budhas». —Conde de Arnoso, *Jornadas pelo Mundo*, pp. 415 e 416.

1897. — «A religião **Tao-ssé** ou dos «doutores da razão», que teve por fundador «Lao-tsé» contemporaneo de Confucio, é a religião menos conhecida dos europeus na China. Os seus sacerdotes, votados ao celibato, praticam a magia, a astrologia e outras superstições ridiculas». — Joaquim C. Crespo, *Cousas da China*, p. 120.

1900. — «O inferno **Taoista,** segundo a obra chineza *Yu--Li*, o divino Panorama... comprehende dez reinos ou tribunaes situados no fundo do grande oceano que é nas profundezas do inferno». — In *Ta-ssi-yang-kuó*, I, p. 598.

1903. — «Alem da enorme expansão do budhismo e do **taoismo** ou religião de Lao-Tzé, com as respectivas superstições, que dominam em quasi toda a China... Ha na China as tres religiões verdadeiramente nacionais que são o confucianismo, o **taoismo** e o buddhismo». — *Ta-ssi-yang-kuó*, II, IV, 5.

1904. — «O inferno do actual **taoismo** chinez divide-se em nove áleas, a ultima das quaes vae dar a dezesseis compartimentos».—Ladislau Batalha, *O Japão por dentro*, p. 317.

1745. — «Ce furent ces **Tao-sslë** qui introduisirent dans l'Empire cette multitude d'esprits, jusqu'alors inconnus, qu'ils honorent comme des divinités indépendentes de l'Etre Suprême». — P. Halde, *Description de la Chine*, III, p. 18.

1853. — «Le dieu invoqué et décrit par Lao-tseu est la Grande voie du monde, la Raison suprême universelle (**Tao**), matériellement identique avec le mot à désigner *Dieu* dans les langues grecques (*Théos*), latine (*Deus*) et leurs dérivées modernes». — Pauthier, *Chine*, p. 114.

1876. — «The *Hochang* and **Tao se**... The latter has been shown to connote the curious sect otherwise called Bompo, and seems to be a kind of reformed *Shamanism*... It is a curious mixture of ascetism and fetichism». — Howorth, *History of the Mongols*, I, p. 269.

1816. — «**Taoism** is defined by Prof. de Groot as the system whose «starting is the **Tao** which means the Road or Way, that is to say, the Road or way in which the Universe moves, its methods and processes, its conduct and operation, the complex of phenomena, regularly occurring in it, in short, the order of the World, Nature or Natural order» — «The Cult of World Forces common to Vedists (*Rita-ists*), pre-confucian Chinese (**Tao-ists**) and the worship of Kami (*Shintoists*)». — *The Modern Review*, de Junho e Julho.

**TAUINAREL.** Conforme Fernão Mendes Pinto, é casa de misericórdia que os *tauistas* tinham na China junto das cadeias principais. Presumo que corresponde em chinês a *táu-hien-lien*, «casa de misericórdia de *táu*».

1541. — «Nós os somenos servos desta santa casa de **Tauhinarel,** situada no favor da quinta prisão do Nanquim...». — *Peregrinação*, cap. 87.

«E por honra de sua morte se dedicára nas mesmas casas este templo á invocação de **Tauhinarel,** que he huma seyta gentilica das principaes deste Reyno da China». — *Ibid.*, cap. 89.

**TAURIM.** Barco de passagem, no Concão. Do guz. *tarī* (*tār* em concani) < sânsc. *tara*.

1585. — «Aforara em fatiota para sempre a Antonio Luiz o **taurym** da passagem de Taná para Calná e do dito Calná para Taná com 30 pardaos de foro». — *Carta* do vice-rei, in *Archivo*, v, p. 1104.

1592. — «Ordena, e manda que nenhum christão da terra tres dias antes da sua festa, e em quanto ella durar, passe pelos passos de Daugim e Naroá... e aos barqueiros, e quaesquer outros encarrega sob pena de excommunhão».—Quarto Concilio de Goa, in *Archivo*, IV, p. 189.

1602. — «Galeotas, Fustas, Bargantins, **Taurins,** e outras embarcações da terra». — Diogo do Couto, Déc. IV, VII, 2.

«Chegarão ao rio [de Damão] onde acharão o **Taurim,** que he barca de passagem». — *Id.*, VII, x, 9.

1613. — «Donde em alfragatas, gelues ou **taurins** se embarcavão por o Mar roxo, para Adem de Arabia». — Manuel G. de Erédia, *Declaraçam de Malaca*, fl. 23.

1613. — «**Taurins** grandes que chegarem a trezentos *candis* e daly pera cima [pagam] hum pardáo de ouro cada hua». — In *O Oriente Portuguez*, XII, p. 14.

1615. — «Ha-as maiores feitas de muitas peças a que chamam **Taury,** e são todas direitas e chatas no fundo, e marcham bem». — Pyrard de Laval, *Viagem*, I, p. 328.

***TAULI.** Parece que designa a mesma dignidade que *tautai*, com o sufixo honorífico *li*, q. v.

1604. — «O **Tauli** corre bem com o Padre, este anno no principio do seu nouo lhe mandou doze soldados vestidos de vermelhos carregados de hum grosso presente, o mesmo fez o gouernador da cidade». — *Apud* P. Fernão de Queiroz, *Conquista de Ceylão*, p. 91.

***TAUTAI** (chin. *táu-tái*). Intendente ou administrador dum distrito chinês; director de alfândega.

1727.—«Mandou hum **Tau** que era Governador do Cantão, quando eu passei para a côrte, e todos aqui vierão, e assistirão alguns dias». — *Apud* Júlio Biker, *Collecção de Tratados*, VI, p. 53.

1895. — «O **tautai** da cidade, governador, conserva religiosamente as velhas casas e até a velha esterqueira».— Conde de Arnoso, *Jornadas pelo Mundo*, p. 156.

«O proprio Li-Hung-Chang quando, por exemplo, dá um jantar no seu palacio, é o **tau-tai** da alfandega quem o paga». — *Id.*, p. 168.

***TAVANGRÁ** (s. m.). Estância ao longo de um rio, na Indo-China. Do birm. *ta-ghá-va*. Vid. *tabanca*.

1545. — «Chegou quasi á vespera ás **tavangrás** do Reyno, que erão dous castellos muyto fortes» (em Timpelão).—Fernão Pinto, *Peregrinação*, cap. 162.

«Depois que o despacharão nesta mesa do primeyro **tavangraa**, nos fomos á outra que estava mais adiante». — *Ibid.*

«Tornando-nos daqui para o **Tavangraa**, onde deixáramos o Embayxador, fomos de caminho ver as cabildas dos *Jogues* que aqui vinhão em romaria». — *Ibid.*

***TAXILDAR.** Arrecadador de rendas públicas. O termo é usado nas Novas Conquistas de Goa. Do mar. *tāxīldār* ou *tahxīldār* < persa *tahṣīldār* < ár. *tahṣīl*.

1837. — «O Escrivão da letra gentilica espeça as ordens necessarias, a fim de em cada huma das Aldêas respectivas em concurso da Communidade, seu Escrivão, e **Taxildar**...». — *Collecção de Bandos*, I, p. 156.

1886. — «Depois o **Taxildar**, que recebe um *paili*». — Lopes Mendes, *A India Portugueza*, I, p. 53.

***TEADA.** Esta palavra figura nos nossos indianistas no sentido restrito de «pano branco de algodão, pano patente ou cru». «*Teadas*, na India, são o mesmo que peças, ou teas de pannos brancos». Bluteau, *Suplemento*.

1511. — «Item: huma **teada** dalgodam muito roym». — In *Cartas* de Afonso de Albuquerque, III, p. 25.

1511. — «Por este vos mando que deis ao *tenadar* dez **teadas** pera dar aos *naiques* e capitães que pelegarão com os mouros e foram feridos». — *Ibid.*, VI, p. 467.

1513. — «Pagos em algodões e **theadas**, que nom lhe saem a quatro *xarfys* cada fardo». — *Ibid.*, III, p. 372.

1552. — «Deulhes Lourenço de Soure algũas **teadas** e outros panos baixos». — Castanheda, *Historia*, VI, cap. 37.

1563. — «Acharão os nossos pannos de algodão, a que chamão **teadas**, e são trazidas pelos Mouros da India áquella Ilha, porque os seus mercadores as resgatão por ouro com Abessijs». — João de Barros, Déc. III, x, 1.

1601. — «**Teadas** de Cambaya, desaseis covados de comprido, e covado e terça de larguo». — *Carta Régia*, in *Archivo*, VI, p. 744.

1634. — «He esta ilha muito fertil de arros, e todas as fruitas, e fazem se nella huns pannos, que chamão **teadas**, muito bons para vestir». —António Bocarro, *Livro*, III, p. 261.

1788. — «Por cada duas **teadas**, quatro reis e meio». — *Collecção de Bandos*, I, p. 46.

1917.—«Nos portos do *norte* fabricavam os seguintes tecidos de algodão muito apreciados em Goa: *Parcalos*, **Teadas** de Baboy, *Nauxerins* (tecidos do porto de Nausery), *Luzartes* e *Cachas*».—António Francisco Moniz, *Hist. de Damão*, IV, p. 236.

**TECA.** Árvore da Índia e da Indo-China, da família das verbenáceas — *Tectonia grandis*, Linn. «A madeira é forte e mais duravel do que qualquer outra; é muitissimo apreciada para diversos usos; as folhas dão uma tinta vermelha; e as flores são diureticas». D. G. Dalgado, *Flora*. A madeira tem igualmente a propriedade de não apodrecer na água e de não ser roida por formiga branca. O govêrno da Índia apropriava-se, em uma época, de *tecas* dos particulares para o bem do Estado, especialmente para construção de navios. O vocábulo tira a sua origem do malaiala-tam. *tēkku*.

1614. — «Deu aquellas terras do Sertão de Damão, que são montanhosas, secas e escaldadas, de muitas matas de bambus asperissimos; e da mais e melhor madeira que no mundo ha, que he a **teca**».—Diogo do Couto, Déc. VII, vi, 6.

1634. — «Da madeira tambem ha muita copia de **teca**, por onde se fazem aqui todos os navios de remo, de que se servem na armada de Goa». — António Bocarro, *Livro*, iii, p. 248.

1651. — «Mas o ser o galeão da madeira de **teca**, que parecia uma rocha...». — António F. Cardim, in *Hist. Tragico-maritima*, x, p. 170.

1782. — «A 3.ª [planta] é a **teca**, bem conhecida e estimada pela qualidade da sua madeira para toda a obra». — Fr. Clemente da Ressurreição, *Tratado*, ii, p. 318.

1886. — «São conhecidas pelos indigenas do Guzarathe quatro variedades de **teca**, a saber: *aguiá* ou de fogo, porque a sua serradura produz erupção na pelle; *tellia* ou de azeite, por ter uma apparencia oleosa; *chicatiá* ou rija, por ser mais difficil de trabalhar; finalmente *govarió* ou ordinaria, porque é mais facil de trabalhar e de menos duração». — Lopes Mendes, *A India Portugueza*, ii, p. 246.

1892. — «E relativamente á **teca**, producto principal e de primeira ordem para construcção de qualquer especie e sobre todas para as navaes, que rivalisa com grande preferencia sobre a dos mattos visinhos estrangeiros» (em Nagar-Aveli, Damão) — Augusto de Macedo, *Breves Estudos*, p. 7.

1673. — «**Teke** by the Portuguese; *Sagwan* by the Moors, is the finest Wood they have for Building, and on the account it resists Worms and Putrefaction, the best for that purpose in the World». — Fryer, *East India*, ii, p. 75.

1770. — «Ils [navios] étoient construits d'un bois très-dur qu'on appelle **tecke**». — Raynal, *Histoire*, i, p. 14.

1782. — «On tire des Gates un bois de **tek** préférable, pour la construtiom, à celui de Pégû et de Yanaon». — Sonnerat, *Voyages*, i, p. 42.

1786. — «Un *Candi* di legno di **Tèka** per la fabrica, che è più eccellente di l'Ásia, costava al mio tempio in Coccino otto rupie». — Fra Paolino, *Viaggio*, p. 52.

1791. — «De palmiers arecs, de **tecques**, de cocotiers».—Bernardin de Saint-Pierre, *La Chaumière Indienne*.

1825. — «Elles allaitent leur enfant nouveau-né, creusent un trou dans la terre et le garnissent d'une couche de feuilles de l'arbre **tek**, qui sont, comme on sait, tellement couvertes d'aspérités, qu'on s'en frottant légèrement le peau, elles enlèvent l'épiderme et font couler le sang».—P. Dubois, *Mœurs*, i, 81.

1854. — «Le Pégou possède une grande richesse dans ses forêts de **teck** (*teek, taik, tectonia grandis*), qui est du bois de constrution qu'on ne trouve nulle part de qualité aussi durable et aussi parfaite».— Jancigny, *Indo-Chine*, p. 241.

* **TEFLÃ, teflãs, tefolãs** (s. f. pl.). É o mesmo que *limão pimentoso*, q. v. Do conc. *tephḷām*, pl. de *tephaḷ*, lit. «fruto acre».

1799. — «Contem em si a sua semente como hum grão de pimenta redonda muito mais preto, que no idioma deste paiz chamam vulgarmente **Tefoláns**: o seu gosto he picante; seu cheiro acre, e aromatico. A sua virtude he antifebril, carminativa, odontalgica, resolutiva de tumores frios, encarecidos nas dores nephriticas, e contra veneno de cobras». — In *Archivo de Pharmacia*, i, p. 155.

1862. — «Especiarias: Açafroa, da comarca de Bardez. **Teflan**, *idem*». — *Annaes do Conselho Ultramarino*, iii, p. 26.

1862. — «Cocos; areca; **teflam**; *coitam* (drupa); *solam* de brindão». — Francisco M. Bordalo, *Ensaios sobre a Estatistica*, v, p. 79.

1869. — «Gengibre, pimenta redonda, **tefolâns**, raiz de *addqui*». — *Archivo de Pharmacia*, vi, p. 99.

* **TELHA-DE-MANGALOR.** É o nome que se dá em Goa ao que se chama em Portugal *telha de Marselha* ou *de gancho*, indicando-se assim a sua primeira procedência.

1901. — «A importação consta de... madeira, **telha de mangalor**, alguns metaes, marfim e tartaruga».—José Pinheiro, in *Bol. S. G. L.*, xx, p. 22.

* **TEMPÓ** (jap. *tempo*). Moeda oblonga de cobre, no Japão, equivalente a cem *caixas*.

1874. — «O artifice simplorio, depois do seu trabalho incessante de alguns mezes, tendo economisado alguns **tempós**, resolve-se a ir passar alguns dias a Osaka». — Pedro G. Mesnier, *O Japão*, p. 250.

1904. — «Os **tempo** são moedas oblongas de metal furadas no meio para se enfiar e valem 8 *ria* ou seja 4 réis». —Ladislau Batalha, *O Japão por dentro*, p. 84.

* **TENCA** (ant.; jap. *tenka*). Império do Japão, monarquia japonesa.

1582. —«Nabumanga he senhor do Miaco, e de **Tenca** (que assim chamão os Japões á Monarchia de Japão)».—P.^e^ Gaspar Coelho, *Cartas de Japão*, ii, fl. 35 *v*.

1582. — «Começou a conquistar os reinos confins que se chamão a **Tenca**, que quer dizer a Monarquia de Japão». — P. Luís Fróis, *ibid.*, fl. 61 *v*.

1586. — «Nesta [ilha] como na principal

estão os cinco Reinos de Goquinày em que consiste a Monarchia do Japão, porque aqui está o Miáco, que he a cabeça de todo o Japão, e quem se faz Senhor de Goquinài, óe chama senhor da **Tenca**, que quer dizer Monarchia de Japão». — *Id.*, fl. 188 *v.*

1608. — «Finalmente de como era muito proveitosa para a **Tenca** sua estada em Nangazaqui». — P. Fernão Guerreiro, *Relaçam*, fl. 116 *v.*

1611. — «Entre quarenta e sete da Ilha principal ha cinco, que se chamão **Tecão** por hum nome só; e quem for senhor delles, he Emperador de toda a Ilha». — Diogo do Couto, Déc. XII, I, 9.

1679. — «**Tenca** he hum Estado composto de cinco Reynos, pertencentes à coroa Imperial do Meaco». — P. Francisco de Sousa, *Oriente Conquistado*, I, IV, 2.

1874. — «O termo chinez que serve para designar propriamente o imperador é: *huangti*, que corresponde ao japonez *ten-to*, e que tem a significação de senhor supremo e divino». — Pedro G. Mesnier, *O Japão*, p. 17.

1754. — «**Tenka** est encore fort en usage dans les livres Japonois, est moins un nom propre du Japon, qu'un terme générique, que ces Insulaires avaient approprié à leur pays par vanité». — P. de Charlevoix, *Histoire du Japon*, I, p. 5.

* **TÈNCOCUXI.** Nome que os japoneses davam aos missionários cristãos. Do jap. *tenkokuxi*, lit. «mestre do reino do céu».

1563. — «Os **Tenquicusis**, que assi nos chamão, por pregarem a lei de Deus no Meáco, erão desterrados, e a igreja tomada». — P. Gaspar Vilela, *Cartas de Japão*, I, fl. 190 *v.*

«Dias ha que ordenarão hũa lei em seus mosteiros, que nenhum Bonzo seu, nem pessoa da sua seita, entendesse com os **Tenquicusis** que somos nós, nem disputasse com elles». — P. Luís Fróis, *ibid.*, fl. 191.

* **TENDA.** O sentido especial em que se emprega o termo na Índia Portuguesa é «cobertura de *machila*, feita de oleado, para a resguardar da chuva.

1866. — «As palmas sim da 3.ª especie [*táddmádd*, são empregadas] em **tendas** (cobertores) de machilas (hoje quasi em desuso)». — F. N. Xavier, *Descripção do Coqueiro*, p. 6.

1874. — «Alguem vimos nós abraçado com a maxima resignação á **tenda** deslocada da sua machila, como martyr á sua cruz». — Tomás Ribeiro, *Jornadas*, II, p. 37.

* **TENDAI** (jap.). Nome de uma seita dos budistas japoneses.

1578. — «Fez de repente humas certas ceremonias, que os bonzos somente das leis dos **Tendaes** fazem ao diabo». — P. Luís Fróis, *Cartas de Japão*, I, fl. 406 *v.*

1701. — «O supremo sacerdote das leis dos **Tendayxus**, e religioso Xinguem». — P. Francisco de Sousa, *Oriente Conquistado*, II, IV, 1.

1904. — «As seitas que de fora vieram ou no interior do paiz se formaram com elementos estrangeiros, foram a de **Tendai** e *Xingon* que ainda existem...». — Ladislau Batalha, *O Japão por dentro*, p. 334.

1854. — «Les principales paraissant être les sectes *singon-sion*, *ikko-sion*, *kakke-sion*, **tendaï**, et celles des *Yamabôxi*». — Jancigny, *Japon*, p. 149. — «La secte **tendaï** est ainsi nommée d'après une montagne et un temple en Chine (ou peut-être dans l'Hindoustan)». — Nota, p. 152.

* **TENDAVÁ.** Superintendente da dança frenética em honra do deus Xiva, no Malabar. Do malaiala *tāṇḍavan*, do sânsc. *tāṇḍava*, «dança».

1585. — «Na mesma Cidade de Cochim, e em outras partes do Malavar, e desta Provincia, alguns christãos naturaes alcanção dos Reys infieis officios e dignidades, que em algumas couzas tem superintendencia sobre os feiticeiros, adivinhadores, e outros ministros da idolatria, e ceremonias gentilicas, como he o oficio de **Tendavá**, e outros semelhantes». — Terceiro Concilio de Goa, in *Archivo Port.-Oriental*, IV, p. 132.

* **TENDELIM** (conc. *tendlém*, pl. *tendlīm*). Fruto da trepadeira *Cephalandra Indica*, Nand. O fruto é muito apreciado como hortaliça; faz-se também dêle conserva de vinagre. A sua produção é contínua.

1908. — «... a flor branca e o pipinosinho côr de granadas das *babassa*, ou **tendelins** de Goa». — Alberto O. de Castro, *Flores de Coral*, p. 216.

* **TENDILHÃO.** Dá-se êste nome na Índia ao dossel que se usa na *machila* para servir de reparo contra o sol durante o verão. V. *tenda*.

1874. — «E as machilas passar e repassar em vertigem febricitante, travando-se por cima das nossas cabeças a guerra dos **tendilhões**, que se rasgavam e furavam reciprocamente». — Tomás Ribeiro, *Jornadas*, II, p. 37.

«Ainda bem que as nossas machilas tinham trocado por tendas de inverno os seus iriados **tendilhões** de folhos».—*Id.*, p. 51.

∗ **TENGA** (ant.; malaiala *tengu*). Nome malabárico do côco. A palavra figura muitas vezes nas *Cartas* de Afonso de Albuquerque, com relação ao seu óleo.

1511. — «Dares [dareis]... duas *mãos* d azeite de **tenga** pera lampada e despesa da dita galé». — *Cartas*, v, p. 29.

«Dees a diogo gonçaluez marinheiro uma jara d azeite de **tenga** que lhe mando leuar aos capitaes que estão em pangy». — *Ibid.*, p. 32.

1512. — «Recebi do dito almoxarife [de Cochim] vinte e dous *chodones* dazeyte de **tẽga**». — *Ibid.*, v, p. 197.

1563. — «... sendo o seu proprio nome, como lhe os Malabares chamão **tenga,** e os Canarijs *narle*». — João de Barros, Déc. III, III, 7.

∗ **TENÓ** (jap. *tennō*). Imperador, no Japão. V. *tenca*.

1916. — «Estes núcleos, associando-se por seu turno, formavam a nação, cujos negócios eram dirigidos efectiva e absolutamente por um chefe supremo, **tenó**». — In *O Instituto*, LXV, p. 289.

∗ **TENTÓ.** Deus, no Japão. Do jap. *tentō*, «regedor do universo, Deus».

1608.— «... até lhe chegar a dizer Couzuquedono, que como elle desejava de se saluar vendo agora a sua senhoria, assi o via como se vira o **Tento** (que he o mesmo que dizer como se vira a Deos)». — P. Fernão Guerreiro, *Relaçam*, fl. 113

1749. — «O **Tento** (assim lhe que nomeão o verdadeiro Deos) teve razão de irar-se contra mim».—P. Crasset, *Hist. da Igreja do Japão*, III, p. 19.

I. ∗ **TERA** (jap.). Templo ou mosteiro búdico, no Japão.

1584. — «Na Cidade de Nára, quasi não se vê outra cousa se não *varelas*, e **Teras,** que são como mosteiros e igrejas: aqui concorrem todos os peregrinos de Japão a fazer suas romarias, como nós a Roma».— P. Lourenço Mexia, *Cartas de Japão*, II, fl. 124 *v.*

1904. — «O genero das grandes obras architetónicas desenvolve-se na construção dos *Miia* (templos do Shinto) e nas **Tera** (templos de Buda)». — Ladislau Batalha, *O Japão por dentro*, p. 232.

1754. — «Les temples de *Fotoques* sont ordinairement beaucoup plus grands, plus élévez, plus riches, et mieux ornés, que ceux des *Camis*. On les appelle **Teras,** et il y en a dans toutes les provinces». — P. de Charlevoix, *Histoire du Japon*, I, p. 258.

II. ∗ **TERA.** Feira que se faz no Concão por ocasião de certas festividades gentílicas. Do conc. *ter* < can. *tēru*.

1886. — «Denomina-se *Santa*, em concany, o mercado ou feira semanal, que se faz em muitos logares, e **terá** ou *zatrá* a feira, ou mercado grande, que se faz em alguns logares uma vez cada anno». —Lopes Mendes, *A India Portugueza*, II, p. 176.

∗ **TERIVÓ.** O termo relaciona-se com o budismo da Indo-China, e parece que designa «festividade ou romaria solene», em que há grande ajuntamento de *theras* ou religiosos anciãos. *Theriyo* em páli, do sânsc. *sthaviraya*, é adjectivo, com o sentido de «relativo aos *theras*». A dição seria, portanto, elíptica.

1546. — «Seguem estes povos [de Calaminhã] vinte e quatro seitas de differentes opiniões, nas quaes ha tanta variedade e confusão de erronias e preceitos diabolicos, principalmente nos sacrificios de sangue de que usão, que he espanto ouvillos, quanto mais velos, como nós algũas vezes vimos nos dias solemnes dos seus **terivoos**». — Fernão Pinto, *Peregrinação*, cap. 165.

∗ **TERLO.** Vigia das várzeas e dos palmares das comunidades agrícolas e dos particulares, em Goa. No concani actual também se diz *terl*, que deve ser corrução de algum substantivo, derivado (talvez *teḷi*) de *teḷunk*, «olhar, vigiar».

1728.— «**Terlos.** Na India Portugueza se chamão os vigiadores das vargeas, ou palmares». — Bluteau, *Supplemento*.

1852 — «**Terlo** — Arrematador da vigia de varzeas e palmares». — F. N. Xavier, *Bosquejo Historico*, IV, p. 19.

1858. — «Permitto que v. s.ª possa mandar prender em qualquer domingo ou dia santo o **terlo** e seus fiadores da communidade de Goa-Velha». — *Apud* F. N. Xavier (filho), *Collecção de Leis*, p. 37.

1866. — «O olhador tem por officio vigiar que os derrubadores combinados com os **terlos** (vigias do palmar) occultem os cachos». — F. N. Xavier, *Descripção do Coqueiro*, p. 25.

1872.—«Creou uns guardas pagos pelas communidades agricolas chamados **terlos**, que tem por obrigação vigiar os côcos e pagar ao proprietario todos os que faltam». — Bernardo da Costa, *Manual do Agricultor*, I, p. 185.

1880. — «. . . contra os sacadores, devedores e seus fiadores e **terlos** (vigiadores das searas)». —*Decreto, apud* Eduardo Balsemão, *Os Portuguezes no Oriente*, II, p. 202.

1896. — «Sabia elle que era livre ao **terlo,** ao bouço, ao *guirmarik* e ao coimeiro versejar-se e apaixonar-se». — Gip, *Jacob e Dulce*, p. 53.

1908. — «**Terlo** (de *telari* ou *telnar*)— vigia, pessoa que, mediante certo premio, toma sobre si o encargo de guardar os predios rusticos, que constituem a respectiva avença, segundo as condições de cada communidade, pagando o damno e as faltas que houver nos mesmos predios».—2.ª edição do *Bosquejo Historico*, III, p. 107.

1917. — O *julgador* assenta a receita e a conta corrente do **terlo**». — *Heraldo*, de 1 de Janeiro.

1918. — «Tambem caia aos golpes da gripe este profissional perito e honesto, que como *julgador* de palmeiras era temido dos **terlos** e *derrubadores*». — *O Ultramar*, de 17 de Outubro.

* **TERLUCA.** Cargo ou ofício de *terlo*. Do conc. *terlūk*, provávelmente corrução de *teḷūk*. V. *terlo*.

1720. — «O dito sobro aplicarão a despesas necessarias para vigia, vulgo **terluca,** das fazendas que particularmente possuem». —In *Arvhivo Port.-Oriental*, Supplemento II, p. 252.

1728. — **Terluca,** he a vigiadoria».— Bluteau, *Supplemento*.

1872. — «Ordene as communidades por meio d'uma circular para que ellas tomem aos lançadores das **terlucas** fiança segura». —F. N. Xavier (filho), *Collecção de Leis*, p. 151.

1890. — «Os serviços de saccador, que tem a seu cargo a cobrança dos fóros e rendas, os serviços de **telucas** ou vigias, que dantes pertencia aos *mhars*, são do mesmo modo licitados». — António de Almeida Azevedo, *As Communidades de Goa*, p. 97.

1893. — «E porque não quando elle não tenha saccadorías e **terlucas** a que attender?».—Cristóvão Pinto, *Estudos*, fl. IX.

1916. — «. . . onde não haja nem possa haver **terluca** (de *terlo*, vigia da communidade) e *munddcares*». — *Heraldo*, de 1 de Abril.

1917. — «Mas êsses campos de lavoura ou essa propriedade particular carece de vigia e segurança, que, se, em parte, é provida. . . pela **terluca** ou vigias das communidades agricolas». —*Heraldo*, de 7 de Dezembro.

**TERRADA** (ár. *ṭarrād*). Pequena e ligeira embarcação asiática, sem pregadura, diversamente descrita pelos nossos escritores, que, em particular, se lhe referem com relação a Ormuz.

1333. — «Tinha no numero das suas embarcações huma, conhecida pelo nome de Ahaurah, que he entre nós uma espécie de **Tarida** (galiota ou galera) sómente com a differença de ser mais larga e mais curta». — Ben-Batuta, *Viagens*, II, p. 11.

«Estavão junto de nós dous **terrades** abertos das popas, em que estavão os cavallos». — *Id.*, p. 262.

1516. — «Ate agoa lhe [a Ormuz] uem de fora da terra fyrme, e doutras ilhas do redor pera eles beberem, em hus barcos pequenos que chamam **terradas**» — Duarte Barbosa, *Livro*, p. 262.

1552. — «Coge Atar tinha alguns nauios a que chamão **terradas** que são tamanhos como galeões». — Castanheda, *Historia*, II, cap. 59.

1553. — «As outras velas são nauios pequenos que nauegão aquelle estreito, e as maes dellas são hũas a que elles chamão **Terradas,** cujo serviço era da terra firme trazer á cidade o necessario». — João de Barros, Déc. II, II, 2.

«Era com mais de cento e vinte tantas **terradas,** barcos de remos ligeiros (os quaes estauão encubertos com as naos)». — *Id.*, Déc. II, II, 3.

1557. — «Avia tambem muitas **terradas** (que são como barcas de Alconchete) cheias de artelharia miuda, e gente armada de laudeis». — *Commentarios*, I, cap. 29.

1560. —«Aquy tem o Rey d'Ormuz sempre huma grande armada, de huns barcos a que elles chamão **terradas,** que são grandes nauios de vela e remo, que andão muy esquipados». — Gaspar Correia, *Lendas*, p. 792.

1566. — «E correndo a costa dez legoas contra Melinde lhe sairam de huma villa de Mouros chamada Páte oito **terradas,** que são nauios pequenos de guerra». — Damião de Góis, *Chronica de D. Manuel*, I, cap. 44.

«Havia muitos nauios da terra a que chamam **terradas,** que servem de carretar mantimentos, e agoa do sertan». — *Id.*

1604. — «Tomando hũa **Terrada** embarcou-se nella com alguns de que se confiou». — Diogo do Couto, Déc. IV, VI, 3.

1609. — «Sou informado que nas **terradas,** em que em Ormuz se vai buscar agua, lenha, e outras cousas, se desencaminha aos direitos muitas fazendas que nellas se trazem». — *Alvará Régio*, in *Archivo*, VI, p. 831.

1635. — «Puzeram em sitio apertado ao porto de Comorão, assim por terra como por mar, com cento e cincoenta **terra-**

**das**, e quatro nauios grandes de esporão». — António Bocarro, Déc. XIII, p. 346.

1663. — «... fóra **terradas**, que são as embarcações daquelle estreito, a modo de muletas do Tejo».

1582. — «Si da ancora al *Nachoda*, che cosi chiamono il padrone della **terrata**; o uascello di essa». — G. Balbi, *Viaggio*, fl. 36.

1625. — «Venuti appressò, conoscemmo esser di quei Vascelli Persiani, che chiamano **Terrate**, che sono come barche grandi, e caricate di dattili, e vittouaglie». — Pietro della Valle, *Viaggi*, III, p. 365.

1660. — «**Terrata**. Barca leggiera del seno Persico, senza chiodi». — Mgr. Sebastiani, *Seconda Spedizione*, p. 150.

1895. — «... whence he embarked in a **terrada** (a small Indian man-of-war) for Ormuz». — Danvers, *The Portuguese in India*, p. 272.

**TERRA-JAPÓNICA** (bot.). O que os nossos indianistas conheceram por *cato* ou *cacho* (q. v.) denominou-se na Europa desde o século XVII *terra japónica*, por ser importada do Japão e por parecer barro. Yule cita uma Farmacopeia de 1654, que define *Terra Japonica*: «genus terrae exoticae».

1842. — «As embarcações francezas, que traficam em pimenta na costa O. de Sumatra, vêm muitas vezes a Penang, onde recebem estanho e **terra japonica**». — *Annaes Maritimos*, p. 273.

«Catto ou **terra japonica**». — *Ibid.*, p. 364.

1895. — «Ainda no anno de 1671, Wedel de Iena, discutia a diversidade de opiniões que vogavam ácerca da natureza vegetal ou animal de *Catechu* ou **Terra japonica**». — Conde de Ficalho, *Col.* XXXI.

1890. — «É a substancia designada na industria europeia pelo nome de *ona-catechu, cachou* ou *katechu*, emparelhada com o *cato*, **terra japonica** das pharmacias». — Bernardo da Costa, *Memoria sobre a gutta-percha*, p. 30

1754. — «Il parle ensuite de Catchou, qu'il appelle Catechou parfumé et **Terra-Japonica**». — P. de Charlevoix, *Histoire du Japon*, I, p. 293.

1908. — «It was supposed to be a natural earth, and as it reached Europe by way of Japon it received the name on **Terra Japonica**» — Watt, *The Commercial Products*, p. 10.

**TERRAL** (s. m.). Vento fresco de nordeste, que sopra em Goa durante a noite, da banda da terra nos meses de Novembro a Fevereiro. Usa-se também o termo no plural — *terrais*.

1874. — «Falla-se no **terral** em Goa, e diz-se que é frio: — coitado! não passa d'uma mesquinha brisa que se levanta muito cedo para soprar ás escondidas do sol». — Tomás Ribeiro, *Jornadas*, II, p. 204.

1878. — «**Terral** — Vento fresco de nordeste, que se faz sintir em Goa, principalmente no mez de dezembro». — Cristóvão Aires, *Indianas e Portuguezas*, p. VI.

1879. — «A quadra dos **terraes**, que começa quasi sempre em principios de novembro, e se consolida em dezembro, chega ao seu maior auge nos primeiros dias de Janeiro e vai terminar proximamente nos fins de fevereiro». — João Stuart Torrie, *Estatistica da India Portugueza*, p. 30.

1890. — «As casas de terra e cabanas apenas servem para as abrigar e aquecer durante as chuvas e nas noites do **terral**». — António de Almeida Azevedo, *As Communidades de Goa*, p. 65.

1906. — O **terral**, brisa fresca do quadrante de NE., manifesta-se de ordinario depois de extincto o crepusculo vespertino e continua sem cessar até a manhã do dia seguinte». — José Pinheiro, in *Bol. S. G. L.*, XX, p. 46.

1906. — «A monção secca, ou de ventos da terra, os **terraes**, ou, como se dizia outrora, os *terrenhos*, vão de novembro a maio». — Alberto O. de Castro, *A Cinza dos Myrtos*, p. 187.

1915. — «Ha dois dias, que declarou-se a estação dos **terraes**. As manhãs são intimamente frescas». — *O Ultramar*, de 2 de Dezembro.

1916. — «**Terral** — termo criado nesta nossa India, sendo a ella particularmente, se não exclusivamente, aplicável — é vento nordeste que aqui costuma soprar da terra entre Novembro e Fevereiro, sêco e não húmido, como o que nos traz as chuvas, com a monção do sudoeste — e fresco, chegando ás vezes a ser frio e cortante». — *Heraldo*, de 3 de Maio.

* **TERUNANSE**. Superior dos religiosos budistas, em Ceilão. Do sing. *terunnānsē*, composto de *tera* (páli *thero* < sânsc. *sthavira*, «ancião»), «budista que tem vinte annos de profissão religiosa», e *unnānsē*, «reverendo, venerável». V. *Childers*.

1687. — «No exterior professão [os *changatares*] castidade; e se os colhem em culpa, os seus **Turunances**, que são os seus Bispos, e os Superiores dos Conventos, os despedem... Os **Turunances** não sobem á esta dignidade, senão depois de 25 anos de *Ganez*». — P. Fernão de Queiroz, *Conquista de Ceylão*.

1697. — «Dividiu a sua religião em quatro seytas diversas, caha huma das quaes sugeita a hum prelado semelhante aos nossos Bispos, e todas estas dignidades a hum **Terunnance,** isto he, summo sacerdote, que antigamente residia no Reyno de Cotas».—P. Francisco de Sousa, *Oriente Conquistado,* I, I, 2.

1681. — «The first and highest order of priests are the **Tirunanxes,** who are the priests of the Buddou God». — Knox, in *Glossary*.

**THAG, thog.** Membro duma associação religiosa de estranguladores, na Índia. Não consta que actualmente existam tais associações, à vista das enérgicas medidas de repressão que as autoridades britânicas tomaram contra elas. Do hindust. *ṭhag* (mar. *ṭhak*), «embusteiro, velhaco», que os ingleses representam por *thug*. A melhor forma portuguesa da palavra seria *tague* ou *togue*.

1866. —«Da desorganisação do bracmanismo originou-se um monstro que mata sem ser carrasco, que mata sem ter odio, que mata sem ser por interesse, que mata com os olhos abertos, com o coração puro, com o nome de Deus na bocca. *Bovami* é a deusa da morte; **thog** o seu sacerdote». — Francisco Luís Gomes, *Os Brahamanes,* p. 48.

1868. — «Houve na India uma seita diabolica, conhecida pelo nome de **tug.** Os associados, ligados entre si pelo segredo, adoravam uma divindade infernal. O seu fim era commeter o maior numero possivel d'assassinatos e despojar as victimas. Tinham ramificação, e communicavam-se em todas e de todas as partes da India». — *Archivo Pittoresco,* I, p. 267.

1878. — «**Thog** — Estrangulador da India. Servimo-nos no modo de escrever esta palavra da auctoridade de um patricio illustre, Francisco Luiz Gomes». — Cristóvão Aires, *Indianas e Portuguezas,* p. VII.

1891. — «Nos nossos dias a *Datura* foi ainda empregada regularmente por uma classe de **Thugs,** e um dos auctores do *Glossary*, A. Coke Burnell, recorda o facto de ter julgado e condemnado muitos d'aquelles criminosos». — Conde de Ficalho, Col. xx.

1906. — «Recommendou-me muito, que se passasse em Jabalpor, não deixasse de ir visitar ás prisões os ultimos **thugs,** que ali se acham encarcerados». — Hipácio de Brion, *Duas mil leguas,* p. 80.

1916. — «A transcrição correcta em português, do inglês **thug** é *togue* com o *o* fechado ou aberto, parecendo-nos, em rigor, mais exacto o som fechado *tôgue*».—*Heraldo,* de 21 de Maio.

1919.—«... com o nome de *Cali* e nesta forma é a deusa querida dos **thugs** (bandidos que assassinam as victimas ganhando primeiro sua confiança)». —*Heraldo,* de 6 de Maio.

1666.—«Les voleurs de ce païs-là [Dehly] sont les plus adroits du monde; ils ont l'usage d'un certain lasset à nœud coulant, qu'ils sayent jetter si subtilement au col d'un homme, quand ils sont à sa portée, qu'ils ne le manquent jamais». —Thevenot, *Voyages,* III, p. 123.

1845. — «Les efforts dans ces derniers années ont été surtout dirigés vers la suppression du **t'hugguisme,** cette association monstrueuse qui couvre l'Inde entière de ses réseaux, et qui depuis les siècles fait du meurtre et du vol une profession placée sous la protection de certaines pratiques superstitieuses». — Jancigny, *Inde,* p. 27. — «**T'hugs** (prononcez *theuggs*) dans l'Hindoustan proprement, et *p'hansigars* dans le Dekkan, voleurs et assassins, surtout étrangleurs par profession. Les **T'hugs** admettent les hommes de toute caste, moins des Brahmanes». Nota.

1860. — «Plus qu'aucune autre partie de l'Inde, le Royaume d'Oude est désolé par cette secte mystérieuse et terrible qui, sus le nom de **thugs,** a causé depuis le commencement de ce siècle de si terribles ravages dans tout l'empire». — Énault, *L'Inde Pittoresque,* p. 297.

1884. — «L'association des **Thugs,** assassins et étrangleurs, n'était également qu'une société religieuse, composée d'hommes, des femmes et d'enfants, et particulièrement dévouée au culte sanguinaire de Kali».—Mgr. Laouenan, *Du Brahmanisme,* I, p. 208.

1883. — «The murderous practice of **thaggi** (*thuggee*) had been common before the cession, but was firmly repressed by the new power». — Hunter, *The Imperial Gazetteer,* IV, p. 371.

«**Thags** were hereditary assassins, who made strangling their profession. They travelled in bands, disguised as merchants or pilgrims, and were sworn together by an oath based on the rites of the bloody goddess Kali». — *Id.* VI, p. 405.

«**Thug** (de l'hindou *thag*, bandit). Association hindoue de malfaiteurs qui avaient érigé en profession le meurtre secret par étranglement n'employant nul autre procédé». — *La Grande Encyclopédie.*

1917. — «The **Thugs** were a secret society which thrived in India during the last century... The **Thug** did not consider his terrible crimes a contravention to the laws of humanity. He was sportman .. It was then that the British Government took firm steps to destroy the **Thugs,** and by the end of the last century this terrible secret society completely disappeared». — *Tit-Bits,* de 24 de Março.

* **THAN**. Em anamita, *thân* é «espírito divino ou humano», e *thien thâng* é «anjo».

1640. —«Su (dos Laos) adorar un Idolo, llamado *Ticca*, con las ceremonias que los de Annam al suyo **Than**». — P. Semedo, *Imperio de la China*, p. 229. — *Ticca* suponho que é o mesmo que o anam. *thích*, «Budá».

**THAO**. Medida itinerária de Pegu, equivalente, conforme Couto, a uma légua portuguesa. Não pude identificar o vocábulo.

1604. — «Suas medidas das jornadas como nós as nossas legoas, se chamão **thao**, e cada vm destes tem duas mil vezes tres varas de cinco palmos a vara, que fazem seis mil varas, que são trinta mil passos, e a tres palmos por passo, vem a ser tres milhas e meya Italianas, que he hũa legoa nossa». — Diogo do Couto, Déc. V, vi, 1.

***TIÃO** (chin. *ting*). Pequena embarcação chinesa. *V. sapatião*.

1669.—«Foi na sua barca grande acompanhado de sete **tiões** ligeiros para Caza branca com galhofa de trombetas, buzinas, gaitas e *bategas*». — In *Ta-ssi-yang-kuó*, I, ii, 11.

* **TIAU**. Enfiada de *caixas*, na China. O termo é corrente em Macau. Do chin. *tiáu: yi-tiáu-tsien*, «uma enfiada de moedas».

1895. — «Nos mercados os ajustes fazem-se por **tiaos**, palavra que significa enfiada. Cada **tiao** representa mil *sapecas* pequenas e contém portanto cincoenta [cem] grandes, segura por um cordel que as enfia». — Conde de Arnoso, *Jornadas*, p. 339.

* **TIBA, tiva**. Indivíduo da terceira casta do Malabar, que se ocupa principalmente na indústria de coqueiros. Do malaiala *tīvan* ou *tīyan*, «lavrador de palmeiras», o qual se deriva de *tivu* < sânsc. *dvīpa*, «ilha», por se supor ter vindo esta gente da ilha de Ceilão.

1511. — «. . . todo que vos vistes que deo e despendeo cõ os cynquenta e seis **tibas** que vierám do cananor a fazer a cava» (em Goa). — Afonso de Albuquerque, *Cartas*, v, p. 150.

1516. — «Hos mais limpos de toda esta baixa e ciuel gente chamaom **Tuias** [provávelmente *tiuas*] que saom grandes trabalhadores, seu oficio principal he adubarem has palmeiras e colherem os fruitos delas e acaretarem por dinheiro has costas tudo, que na tera nom ha bestas de careto». — Duarte Barbosa, *Livro*, p. 335. — Na tradução castelhana *tiveri*, na italina *tiberi*.

1602. — «Outros chamados **Tibas**, que são lauradores, pescadores, e que vsão toda a mercancia». — Diogo do Couto, Déc. IV, vii, 14.

1615. — «Ha na terra outra gente de igual condição, mas de officio e profissão separada, a saber, uns a que chamam **Tivá**, e são os que aproveitam á producção dos Coqueiros». — Pyrard de Laval, *Viagem*, i, p. 327.

1894. — «E os lavradores **Tibás**, habituados a tratar d'estas arvores, as mais productivas do mundo, choravam de longe ao ver os cocos derramados e os ramos partidos». — Lopes de Mendonça, *Os Orphãos de Calecut*, p. 116.

«Pequenas aldeias de **tuias** ou lavradores se erguiam cercadas de bananeiras e coqueiros». — *Id.*, p. 195.

1660. — «**Tibà**. Persona, che raccoglie la *Sura*». — Mgr. Sebastiani, *Seconda Spedizione*, p. 150.

1673. — «Et dans le village il ne demeure que des **Tives**». — Dellon, *Relation d'un Voyage*, i, p. 2.

1750. — «Il y a quelques années, que près de Pénny, la résidence du Samorin de Calicut, un Nayre eut quelque démêlé avec un **Theyvi**, espèce de laboureur». —Grose, *Voyage*, p. 265.

1875. — «The **Tiyars** (properly *Tivârs*, islanders)... are certainly immigrants from Ceylon». — Caldwell, *Comparative Grammar*, p. 119.

**TICAL**. Pêso de Pegu, Siame e Martabão, equivalente a pouco mais de três oitavas. A etimologia não é clara: uns derivam o vocábulo do birm. *ta-kyat*, «um *kyat*» ou centésimo de *biçá*; outros o identificam com o indiano *ṭakā*. Mas o birmanês tem *din gu*, «moeda», que poderia fácilmente corromper-se em *tical*.

1554. — «Peza o **tical** 3 1/5 oitauas... tem o **tical** 3 oitauas 55 4/5 grãos». —António Nunes, *Livro dos Pesos*, p. 38.

1878. — «O *mithkal* ou *mitkal*, o *pik* e o *feddam*, representantes do systema monetario egypcio, talvez déssem origem ao **tikal** e *pi* de Sião». — Teixeira de Aragão, *apud* A. Marques Pereira, *Moedas de Siam*, p. vi.

1898.— «O **tical** é chamado em siamez *bat*, tem de peso quinze grammas e onze centigrammas e divide-se, quanto á moeda de prata, em quatro *salungs*». — Marques Pereira, *op. cit.*, p. 19.

1582.—«Ogni biza pesa **ticcali** cento». — G. Balbi, *Viaggio*, fl. 128.

1786. — «I pesi del Pegu sono il **Tical**, che pesa quattordeci danari Romani, dei quali ventiquattro costituiscono un'oncia». — Fra Paolino, *Viaggio*, p. 53.

1854. — «Le jour qui suivoit son arrivée, le roi, conformément à l'usage de Siamois, lui fit présent de huit **tical** (environ vingt-cinq francs) pour ses frais de table». — Jancigny, *Indo-Chine*, p. 429.

*** TICO.** Oficial superior do exército chinês. Donald Ferguson declara que não pôde identificar o termo. Parece que representa o chin. *ti-tu*, «comandante de tropas».

1534. — «Mandàrão laa o **tiquo** que tem carrego destrangeiros debaixo do *aytão*». — Cristóvão Vieira, *apud* Ferguson, *Letters*, p. 51.

1552. — «*Itaos*, *pios* que sam almirantes, e **ticos** que não soube de que seruião». — Castanheda, *Historia*, IV, cap. 27.

***TIÊ, tiezu** (chin. *tie*, *tie-tsz'*). Cartão de visita, na China.

1729. — «Pretenderam agradecer por meio de hum **Tiezu** ou papel de visita, que se lhe não aceitou por ser em papel azul, signal de grande humildade de quem offerecia; não fez assim o Patriarcha Mezzabarba, que até dos maiores Mandarins da villa pretendeu **Tiezu**, ou papel de visita de similhante papel». — *Apud* Júlio Biker, *Collecção de Tratados*, VI, p. 97.

«He que para se visitarem, ou mandarem perguntar pela saude dos outros, usam de hum **Tiezu**, ou papel de visitas, que não consta mais que dè huma tira de papel comprida, algum tanto larga, em que escrevem alguns caracteres». — *Ibid.*, p. 164.

1674 — «Es medio entre estas cortesias, visitando en las casas, el **Thie**. *Thie* es una carta o papel largo, que se tiende y recoge a manera de sus biombos, o bien de nuestros avanicos: plegando, vien a tener de anchura la de una mano; de alto màs de un palmo; lo largo es secondo las calidades: el de mayor seys pliegues: el de la mediana tres: el de la ultima uno». — Faria e Sousa, *Asia Portuguesa*, II, p. 813. — O P. Semedo, diz, substancialmente, o mesmo.

**TIEN** (chin. *'tien*), *tienchu* (chin. *tien-chú*). Senhor, Deus, em chinês.

Assim como houve na Índia uma renhida questão entre os missionários de diversas ordens religiosas acêrca da introdução de ritos malabáricos na religião católica, do mesmo modo houve um grande e prolongado debate na China com respeito à admissão de certos vocábulos e ritos chineses. Uma memória contemporânea, publicada por Cunha Rivara, fornece interessantes esclarecimentos sôbre o curioso assento [1].

O fundador da missão da China, sob a jurisdição do bispo de Macau, foi o jesuita Mateus Ricci, que prègou a fé em muitas províncias, compôs alguns livros e morreu em Pequim em 1610. Os outros que se lhe seguiram, «depois de se aplicarem por muitos anos ao estudo dos livros sinicos, e depois de muitas conferencias convierão e assentarão: 1.° que se devia estar pelo costume do mesmo Padre Riccio acerca da doutrina dos letrados da China: 2.° que os Chinas antigamente conhecerão a Deos vivo, e verdadeiro, e o significarão pelas vozes **Tien** e *Xonti*: 3.° que o mesmo Deos se chamava vulgarmente *Tienchú*, que quer dizer Senhor do Ceo, e desde então até agora por este nome é conhecido, e chamado communmente na China o Deos dos Christãos: 4.° que a veneração, e o culto que os Chinas costumão dar a Confucio, seu grande Mestre, significado pela voz, e letra *Ci* não era supersticioso, mas só politico, e se podia permitir aos chinas cristãos: 5.° que da mesma sorte se permitisse o culto, que os chinas costumão dar aos seus progenitores defunctos: 6.° que se lhes permitisse tambem suas tabelas ou tabicas, em que costumão escrever os nomes dos seus progenitores defunctos, para sua memoria, e veneração politica». (*Memoria*).

«Tendo-se já passado meio seculo depois da fundação da missão da China, vierão das Ilhas Philipinas, e entrarão nella outros missionarios hespanhoes das sagradas familias de

[1] «Relação sincera e verdadeira do que fez, pretendeo, e occasionou na missão da China, e em Macau o Patriarcha de Antiochia, Carlos Thomas Maillard de Tournon, commissario e visitador apostolico, com poderes de delegado *a latere*, desde o principio de abril de 1705 até o fim do anno de 1707». — In *O Chronista de Tissuary*, vols. I e II.

S. Domingos, e S. Francisco, aos quaes não parecerão bem as resoluções dos Padres da Companhia sobre os ritos sinicos, já reduzidos a praxe por espaço de tão longo tempo, e as começarão a impugnar fortemente. Sendo porem propostos á Santa Sé os fundamentos destas controversias, forão as resoluções e praxes dos Jesuitas aprovadas pelo Summo Pontifice Alexandre VII no anno de 1656». (*Ibid.*).

Não obstante esta aprovação, renovaram-se as anteriores controversias, especialmente acêrca do *Tien* e *Ci*, entre os missionários de diversas ordens e procedências. Para lhes pôr termo, o Papa Clemente XI mandou à China Carlos Tomás Maillard de Tournon, que desde o princípio se mostrou adverso aos jesuítas, favorecidos pelo imperador, e ao padroado português.

A dificuldade principal versava sôbre a palavra *Tien*, que uns tomavam por «céu material», e outros por «senhor do céu», equivalente a *Tienchu;* e sôbre a palavra *Ci*, que uns tinham por verdadeiro sacrifício oferecido a Confúcio e aos progenitores, e outros por mera comemoração honrosa.

O imperador, vendo a resistência do legado e dos seus partidários, determinou que todos os prelados que não admitissem *Tien* e *Ci* saíssem do país, e os outros fossem receber individualmente o alvará imperial, denominado *pião*, com as competentes declarações. E o legado, caído no desagrado da côrte, expediu um decreto reprovando, como heterodoxos, *Ci* e *Tien* ou *Xanti* e, por consequência, as praxes do Padre Ricci e os alvarás.

Presentemente, *Tienchu*, «Senhor do Céu», é o nome do Deus dos cristãos, e o culto de Confúcio e dos antepassados é proibido aos fiéis [1].

1679. — «O rei da China se intitula com nomes tão grandiosos que mais servem á loucura que á vaidade. Chama-se **Tien-tzu**, id est, filho do céu; *Chong-t'ien-tzu*, santo do ceu...» — Fr. Jacinto de Deus, *Vergel* (2.ª ed.), p. 192.

1728. — «**Tiensu**. Idolo dos povos de Tunquim na India. Adorão-no como patrono das Artes, e lhe offerecem sacrificios, para que dê aos seus filhos engenho, juizo, e memoria». — Bluteau, *Supplemento*. — A moderna transcrição, no sentido de «Deus», é *thiên-chúa*.

1729. — «Naquelle Imperio ha mouros que têem suas mesquitas aonde sacrificam ao verdadeiro Deos do Ceo, a quem dão o nome de *Kam Ti*, como os primeiros chinas christãos lhe chamavam antes dos decretos pontificios, que novamente houve sobre esta materia nos quaes se não permitte os nomes *Kam Ti*, e **Tyen**, mas sim o nome **Tienchu**». — *Apud* Júlio Biker, *Collecção de Tratados*, VI, p. 130.

1838. — «Apeada a donzella, colloca-se o esposo ao seu lado, e entram ambos na sala da assembléa, onde fazem quatro cortezias ao **Tien;** ella sauda com outras quatro os parentes do seu marido». — *O Panorama*, II, p. 47.

1843. — «O **Tien**, Deus, deu ao homem sentidos, e memoria, por consequencia razão». — José Inácio de Andrade, *Cartas*, II, p. 33.

1874.—«Dentro dos precinctos do *dairi*, os *kugés* effeminados, os bonzos e os letrados, entretinham-se na discussão do **tien**, do *jin* e nas insulsas metaphisicas do celeste imperio». — Pedro G. Mesnier, *O Japão*, p. 128.

1901.—«*Techem-Cu* não sei o que significa; mas sim **Tien-Chú**, que é o nome com que os primeiros missionarios designaram a religião christã — *religião verdadeira* ou do *Senhor do Céu* (*Tien*, Céu; *Chú*, Senhor). Heide occupar-me em occasião opportuna das contestações que houve entre os jesuitas e as outras ordens religiosas... sobre se as palavras **Tien-Chú** podem ser admittidas como significando Deus na accepção que os europeus dão a esta palavra». — *Ta-ssi-yang-kuó*, p. 740.

1640. — «Avia un Christiano, que allà en un retiro tenia la Imagen del Salvador, con letras grandes què dezian **Tienchu**». — P. Semedo, *Imperio de la China*, p. 234.

1663. — «La seconde [chose] est une idole qu'ils appellent **Tiensu**, laquelle est comme la Patrone des arts, de l'orfèverie, de la sculpture, de la peinture, etc.» (em Tonquim). — Tavernier, *Voyages*, v, p. 292.

1675. — «Aparecia eminente a ella, en vez de retabolo, o imagen, una tabla con dos grandes letras que dezian **tien chu**, y valen, al Señor del cielo». — Faria e Sousa, *Asia Portuguesa*, III, p. 88.

1704. — «Nous y apprimes que les Juifs Chinois adorent Dièu sous le nom de

[1] V. Joaquim Calado Crespo, *Cousas da China*, p. 118.

**Tien,** c'est-a-dire, sous le nom du Ciel». — *Lettres Édifiantes,* VII, p. 33

1735. — «Leur culte avoit pour premier objet un Etre suprême, Seigneur et souverain principe de toutes choses, qu'ils honorent sous le nom de *Chang ti,* c'est-à-dire, Suprême Empereur, ou de **Tien,** qui selon les Chinois signifie la même chose». — P. Halde, *Description de la Chine,* III, p. 2.

1750. — «Gengiskan lui-même étoit de la religion des grands et des sçavants de la Chine, qui n'adorent que le **Thien,** c'est-à-dire, le souverain Etre». — Grose, *Voyage,* p. 203.

1776. — «Je présume seulement, que le mot **Tien** ou *Changti* ne comporte pas precisement la même idée que le mot *al* donnoit en arabe, *Jéhova* en phénicien, *Kouf* en Egyptien, *Zeus* en grec, *Deus* en latin, *Gott* en ancien allemand». — *Lettres Édifiantes,* IV, p. 13.

1782. — «Lorsque les Jésuites et les autres Missionnaires disputèrent pour savoir si le mot **Tien** signifie Ciel ou Dieu, les Chinois regardant ces Étrangers comme une race turbulente...».—Sonnerat, *Voyages,* II, p. 26.

1853. — «Il s'agissait de savoir 1.º si, par les mots **Thian** et *Chang-ti,* les Chinois n'entendent que le ciel matériel, ou s'ils entendent le Seigneur du ciel. 2º si les cérémonies faites par les Chinois en honneur de leurs ancêtres ou de leur philosophe national Khvung-tsen, sont des observances religieuses ou des pratiques civiles et politiques». — Pauthier, *Chine,* p. 446.

*** TIENZU** (chin. *tsien-só*). 'Tamborete de oficiais da côrte, ou «assento tártaro», como se diz na abonação.

1729. — «Hum levava o **Tienzu** ou assento Tartaro de que o Embaixador usava na côrte, e outro levava hum chapeu de sol, que já tinha leuado quando estivemos no Brazil... Hia hum ajudante da Camara, tambem montado a cavallo, com hum **Tiézu** ou assento Tartaro». —*Apud* Júlio Biker, *Collecção de Tratados,* VI, pp. 133-137.

*** TIFADOR ; tifar.** Não encontrei estes vocábulos senão na obra de Rúnfio, que os emprega como muito conhecidos na Índia insular. É bem possível que os portugueses ali os empregassem nos sentidos de «lavrador de palmeira e lavrar a palma à *sura*», como se diz na Índia, e os derivassem de *tiva* (malaiala *tīvan*), nome duma casta do Malabar, que se ocupa na indústria do coqueiro. V. *tiba.* O aludido autor parece considerar *tifar* como substantivo. O verbo *tifar* é ainda hoje corrente nas Malucas (Ternate, Amboino, Menado) com relação ao sagueiro. Os holandeses usam *tijferen* e *tifadoor.* V. *Clercq.*

1690. — «Homines autem, qui eas [potiones] colligunt ac praeparent, dicuntur Portugallico nomine **Tiffadores,** atque opus ipsum **Tiffar** ; nostratis Belgis *Tifferen*... **Tiffadores,** qui quotide die hanc adscendunt arborem, ac per aliquod tempus ibi morantur ad liquorem inde colligendum, majori fulcimento pedibus indigent». — *Herbarium Amboinense,* I, cap. 1.

«Opus ipsum atque ars, qua liquorem ex arbore norunt elicere, Portugallico vocabulo **Tifar** vocatur». — *Ibid.,* cap. 12.

*** TIFIN.** É palavra do inglês indiano, *tiffin,* que significa «lanche» e se usa na Índia e em Macau. Diz-se também *tifinar,* como verbo, *to tiff* em inglês.

1883. — «Eram horas do *lunch* ou do **tiffin,** como se lhe chama no Oriente... **Tiffinhamos** rasoavelmente, e na minha sahida entrei em algumas lojas da cidade». —Adolfo Loureiro, *No Oriente,* I, p. 267.

1900.—«**Tifin**.—É o mesmo que *lunch*». — *Ta-ssi-yang-kuo,* de Abril.

1906. — «Voltamos ao hotel para **tiffinar** e pela 1 hora da tarde sahimos para Cownpor». — Hipácio de Brion, *Duas mil leguas,* p. 134.

1917. — «Depois do **tiffin** s. ex.as os Governadores, Lady Wellingdon e Madame Couceiro assistiram á corrida de cavallos, aonde houve grande animação». — *O Ultramar,* de o de Março.

1824. — «I believe my complaint... a little aggravated, perhaps, by my journey in the sun after **tiffin** on Monday afternoon». — Heber, *Narrative,* I, p. 344.

1829. — «Il a fallu rester au **tiffin** (gouter) dont c'était l'heure, et c'est qui me laisse peu de temps pour vous écrire». —Jacquemont, *Correspondence,* I, p. 95.

**TIGRE RIAL.** Na Índia há diversas espécies de tigres ; a mais feroz e volumosa é a que predomina em Bengala, sendo, por isso, denominada pelos ingleses *Bengal tiger.* No português indiano dá-se-lhe o nome de *tigre rial.* V. *bibió.*

1701. — «Em pouco tempo podião os Padres tirar oyto mil, se o [cafre] fossem mostrando de casa em casa, como eu vi fazer no Recife de Pernambuco a hum **tigre real,** que levou da India Luis de Mendoça Furtado. Hum tostão custou a cada familia a vista do animal». — P. Francisco de Sousa, *Oriente Conquistado*, II, IV, 2.

1668. — «Aos 10 de Janeiro ás 10 da noite cahiu hum **tigre real** na armadilha». — In *Ta-ssi-yang-kuó*, I, II, 2.

1750.— «Os matos são bem povoados de bufros... **tigres reaes,** tigres *vibiós* [*bibiós*], abadas, elephantes» (em Quelimane). —In *Annaes do Conselho Ultramarino*, II, p. 104.

1874. — «Talvez o **tigre real** nos entrevia somnulento ou nos espreitava faminto». — Tomás Ribeiro, *Jornadas*, II, p. 107.

1884.— «Tive occasião de admirar uma collecção de magnificos *tigres de Bengala*, que na sua magestade e olhar frio e sereno davam tentação de passar-se-lhes a mão pela pelle raiada e lustrosa». — Adolfo Loureiro, *No Oriente*, II, p. 269.

1906. — «Em fortes gaiolas, cinco magnificos **tigres reaes** de cabeça baixa e olhar scintillante atravez as palpebras meio cerradas, percorriam as prisões de um ao outro lado em continuo passeio». — Hipácio de Brion, *Duas mil leguas*, p. 198.

1908. — « .. os bambuaes profundos do Dekkan, onde na chamejante ardencia do dia dormita o **tigre real**». — Alberto O. de Castro, *Flores de Coral*, p. 228.

1914.—«Mais um **tigre real** acaba de ser morto pelo sr. José Arez». — *Heraldo*, de 11 de Dezembro.

1870. — «Diuus Augustus... *tigrin* primus omnium Romae ostendit in cauea mansuefactum. Diuus vero Claudius simul quattuor... **Tigrin** hyrcani et indi ferunt animal velocitatis tremendae : et maxime cognitae dum capiuntur». — Plinius, *Naturalis Historia*, VIII, 17-18.

1670.—«Le *Tigre* de la derniere espece est grand comme un cheval, et les Portugais l'appellent **Tigre Royal**».—Dellon, *Relation d'un Voyage*, I, p. 164.

1673. — «Going in quest whereof, one of our Soldiers, a Youth, Killed a **Tiger-Royal**; it was brought home by Thirty or Forty *Combries* [curumbins], the Body tied to a long Bamboo, the Tail extended». — Fryer, *East India*, II, p. 69.

1825.— «The **royal tiger** is not found in the island [de Ceilão], but bear, leopards, hyaenas, jackhalls, and tiger-cats, are numerous».— Em Heber, *Narrative*, II, p. 189.

1854. — «Le **tigre-royal,** le léopard moucheté et une grande variété des chats sauvages infestent ses forêts, surtout dans les provinces méridionales». — Jancigny, *Indo-Chine*, p. 238.

*** TIMA** (ant.). Estanho, chumbo; moeda de estanho, em Malaca. Do mal.-jav. *timah*.

1514. — «Pagua duas mill **timas** por este primeiro ano... Estas naos que agora vem, a principal mercadoria que leuam he estanho, e, quando nom levam **timas,** levam *bastardos* amoedados». — Afonso de Albuquerque, *Cartas*, I.

**TIMBRI.** Árvore de madeira semelhante ao ébano. que se encontra em Damão e várias outras partes da Índia, da família das ebenáceas —*Diospyrus montana*, Roxb. Du guz. *timbrum*.

1886. — «**Timbri** (*diospyrus montana*); é a arvore de medianas dimensões. A sua madeira, posto que preta como o ebano, e de grande resistencia, não soffre, contudo, muita acção do tempo. É frequentemente empregada nos pequenos instrumentos da lavoura».—Lopes Mendes, *A India Portugueza*, II, p. 248.

**TINCAL, tincar** (mais correcto). Borato de soda natural. Do persa *tinkār*, provávelmente do sânsc. *ṭankaṇa*.

1525. — «O **tymquall** meudo, a *mão* vall sessenta tamgas». — *Lembranças das Cousas da India*, p. 50.

1540. — «Linho, algodão, pedra hume, **tincal,** anil». — Fernão Pinto, *Peregrinação*, cap. 165.

1554 — «Pedra vme, **tincall,** solymão, beijoim». — Simão Botelho, *Tombo da India*, p. 49.

1554 :

> «Ambar, almizcre, **tincal**
> lenhe loes cordial
> licorne, ruy barbo tem».
>
> Garcia de Resende. *Miscellanea*, fl. 156.

1563. — «Chamase borax e crisocola, e **tincal** em arabio, e os Guzarates asi o chamam». — Garcia da Orta, Col. XVII. — «Os nossos portuguezes não suppunham que o *uplot* viesse de tão longe, das alturas do Himalaya, e o **tincar** ainda de mais longe, dos planaltos do Thibet». — Conde de Ficalho.

1684. — «O Ouro, Calamo, **Tincal,** Chumbo, Tutunaga, Almiscar, Seda». — P. Fernão de Queiroz, *Vida de Pedro de Basto*, p. II v.

1604. —«This and all its neighbourhood were of white rock, brittle, scaly, and very shiny, like **attincar**».—Pedro Teixeira, *The Travels*, p. 76.

1611. — «**Atincar**, cierta goma de vn arbol Indico, dicha por otro nombre Borax». — Covarrúvias, *Tesoro de la Lengua Castellana*.

*** TIN-TIN.** Ferro-velho da China, conforme o Conde de Arnoso. Parece que se liga ao chin. *ting-ting*.

«címbalos», que os feirantes tangem para avocar fregueses.

1895.—«Os ferros-velhos, **tin-tim,** lembram as instalações da nossa feira da Ladra». — Conde de Arnoso, *Jornadas pelo Mundo*, p. 130.

*** TIQUE** (adj.), Picante, acre, como o caril, a aguardente. A palavra é muito usada em indo-português. Do conc. *tīk*, sânsc. *tikṣṇa*.

1874. — «Seu avô tinha preparada, por lambedor, uma açorda de alhos **tiques** do Bearn». — Tomás Ribeiro, *Jornadas*, II, p. 247.

*** TIRTA.** Lugar sagrado, geralmente ao pé de algum rio de água santificante, freqùentado em certas festividades por numerosos romeiros hindus. Do sânsc. *tīrtha,* corrente nas línguas modernas.

1890. — «. . . e dando o nome de Madhova **Tirtha** — a uma fonte que nasce no oiteiro ao lado Nordeste, applicou a sua agoa para regar arequeiras de nova producção». — *Placa de Goa, apud* F. N. Xavier, *Descripção do Coqueiro*, p. 58.

1842. — «Por causa destes rios são as terras que elles banham tidas em grande estima, e lhe dão o nome de **Tirta,** isto é, terra que tem agoa santa e propria para estas abluções».—*Annaes Maritimos*, p. 453.

1874. — «Mogarem banhou-se nas aguas sanctas da **tirte,** enxugou-se e compoz os cabellos». — Tomás Ribeiro, *Jornadas*, II, p. 303.

1886. — «Ao sudoeste do pagode de Peligão. . . na margem direita do Mandovy, fronteiro á ilha de Juva, tem lugar no mez de agôsto a feira e festividade annual gentilica chamada **Tirta**». — Lopes Mendes, *A India Portugueza*, I, p. 273.

1890. — «Em Goa a **tirtha** de Naroá, tinha uma grande celebridade, e era concorrida por mais de 20:000 pessoas, no dia do nascimento de Krishna». — António de Almeida Azévedo, *As Communidades de Goa*, p. 36.

1898.— «Em agosto de 1896 n'uma **tirta** (feira) que antecede e succede a certa festa gentilica d'aquelle mez. . .». — Oliveira Mascarenhas, *Atravez dos Mares*, p. 44.

«Todas as aguas santas (**tirthas**) tem a sua origem no oceano». — *Id.*, p. 106.

1904. — «Entre as ruinas de Goa existe ainda e é venerada no mez de Xravana (agosto), por centenas de pessoas. . . a **thirta** celebre do Brahmapuri, consagrada a Xiva». — *O Oriente Portuguez*, I, p. 35.

1907.— «A palavra **tirtha,** tomada em accepção lata, significa toda a agua sagrada e especialmente a dos rios existentes nas terras santas». — *Luz do Oriente*, de Dezembro.

1915. — «Trata-se da popularissima festividade annual de **thirta,** que os indús celebram annualmente em Naroá de Bicholim». — Ismael Gracias. *A India*, p. 46.

1915. — «Para a festividadê de **tirtha** que é hoje, foi muita gente destas aldêas, a Naroá das Ilhas, onde se reune uma feira concorridissima por esta occasião». — *O Ultramar*, de 9 de Setembro.

1918.— «Passou no domingo e segunda-feira a **tirta** dos hindus, reunindo-se por este motivo nas praias de Colvá mais de 500 pessoas. . . para fazer as suas abluções do costume nessa occasião». — *O Ultramar*, de 15 de Fevereiro.

1658. — «All' istesso effetto seruono ancora i fiumi, mà più il Gange, ed alcuni altri chiamati da loro **Trite,** tenuti quasi in quel conto, che frà noi el Battesimo».— Fr. Vincenzo Maria, *Viaggio*, p. 336.

1825. — Les brahmes officians prononcèrent alors à haute voix plusieurs *mantrams,* aspergèrent le bücher avec leur **tirtam,** ou eau bénite». — P. Dubois, *Mœurs*, II, p. 31.

1881. — «Although Abu is not of the greater Jain **tirthas,** or holy places, it can boast at least two of the most beautiful Jain temples».— Hunter, *The Imperial Gazetteer*, I, p. 8.

*** TITULEIRO.** «O que tem verba ou figura na conta corrente aldeana». Filipe Néri Xavier (*Bosquejo Historico*, 2.ª ed., III, p. 108). É um derivado formado na Índia ; pois *titulciro* designa no português antigo, conforme o dicionário de Cândido de Figueiredo, «letreiro, epitáfio», e não «indivíduo que tem título no livro de conta corrente de alguma associação».

1919. — «No corrente ano, devido á carestia e á falta de arroz, os sub-arrendatários consumiram a semente e na ocasião do amanho foram pedir mais adiantamentos aos **tituleiros** ou *alcistas*, como os queriam chamar, e estes deram-nos pelo menos alguns». — *A Terra* (de Goa), de 9 de Agosto.

*** TOCA-BÔCA** (s. m.). Por esta locução se entende em indo-português o acepipe que se come em pequenas porções junto com arroz e canja para despertar o apetite, como peixe, *achar, paparim,* visto que o arroz e a canja são cozidos em simples água. É formada de *tocar* e *bôca,* no sentido de «tocar à bôca», e não própriamente comer como parte da refeição; e representa a frase concani *toṇḍāk lāvunk*.

1778. — «Condemna o uso de canja com **toca-boca** nos dias de jejum». — P. Casimiro de Nazaré, *Mitras Lusitanas*, in *Bol. S. G. L.*, xv, p. 424.

1842. — «O sustento usual dos nativos é, logo pela manhã, Canja (agoa de arroz cozido sem sal) com peixe meudo, e manga salgada, a que chamam **tóca-bôca**». — *Annaes Maritimos*, p. 435.

1917.—«A receita é para quando abrandada a invernia tivermos peixe fresco um pouco mais de que para o caril e o **toca-boca**». —*O Ultramar*, de 18 de Junho.

* **TOCI.** Certo funcionário chinês. Talvez do chin. *tu-che*, «secretário adjunto».

1534. — «A casa do **Toçi** tem seis ou sete mandarīs e muitos escrivães».— Cristóvão Vieira, *apud* Ferguson, *Letters*, p. 75.

1552. — «Ha outros officios menores que estes, que se chamão puchances, amechacis, **tocis,** itaos, pios». — Castanheda, *Historia*, iv, cap. 27.

* **TOCÓ** (jap. *toko*). Nicho dos templos, no Japão.

1904. — «Data desta epoca o habito de fixar no **toko** ou nicho dos templos os *kakemonos* que são grandes quadros emmoldurados com tecidos de fio de ouro». — Ladislau Batalha, *O Japão por dentro*, p. 242.

* **TOCRI** (mar. *ṭokrī*). Cêsto de bambú, que se usa como medida em Praganā Nagar-Aveli (Damão).

1900.— «4 **tocrys** = 1 para; 1 **tocry** = 5 *ceiras*». — António Francisco Moniz, *Hist. de Damão*, i, p. 245.

* **TOLÁ** (s. m. ou f.). «É computado hoje officialmente na India ingleza em 180 grãos (de troy)». — Conde de Ficalho (Col. xl). Do hindust. *tolā* < sânsc. *tulā*, «balança» < *tul*, «pesar».

1525. — «Dous *matiquaees* e tres quartas pesam hũua **tollá**, e vymte cymquo **tolás** hum *cer*». —*Lembranças das Cousas da India*, p. 39.

1563. — «Eu conheci hum secretario de Nizamoxa, coraçone de naçam, que comia cada dia tres **tollás** [de anfião], que he peso de 10 cruzados e meio». — Garcia da Orta, Col. xli.

1886. — «*Seira*, que é = a $^2/_3$ de um arratel ou 27 **tollas,** e se divide em 2 meias, 4 quartas e 8 oitavas de seira». — Lopes Mendes, *A India Portugueza*, ii, p. 256.

1900. — «Os ourives gentios usam os seguintes pesos = 1 *tola* = 32 *vales*; 1 vale = 3 *gungy*». — António Francisco Moniz, *Hist. de Damão*, i, p. 245.

1908. — «E deixa-se ferver ao lume em 40 **tollás** de agua, para obter 10 ditos de cozimento que deve-se tomar com mistura de 1 **tollá** de mel». — *Luz do Oriente*, de Janeiro.

1912. — «Um **tola** é egual a 9 grammas». — Caetano Gracias, *Flora Sagrada*, p. 11.

1631. — «Decem autem **Toll** argenti efficiunt unum **Tolum** auri». — *De Imperio Magni Mogolis*, p. 141.

1666. — «Tout l'or et l'argent se pese à la **tole**, et la **tole** est de quarente *mangelis*, qui sont cinquente six de nos carats. La **tol** pese autant qu'une roupie».—Thevenot, *Voyages*, iii, p. 53.

1676. — «Dans tout l'Empire du Grand Mogol tout l'or et l'argent se pese à un poids appellé **Tolla,** qui revient à 9 deniers 8 grains de nôtre poids». — Tavernier, *Voyages*, iii, p. 11.

1786. — «Il **Tula** o *Tulao* è un peso di cento Palam». — Fra Paolino, *Viaggio*, p. 51.

1835. — «Le **tolleh** est leur [dos hindus] **tola** or *tolaka*». — Rienzi, *Océanie*, i, p. 67.

1885. — «Nagar has been tributary to Kashmir, to which it makes an annual payment of 20 **tolas** (a **tola** nearly $^1/_2$ ounce) of gold, and baskets of apricots». — Hunter, *The Imperial Gazetteer*, l, p. 80.

* **TOMÃO, timão** (persa *tūmān*). Moeda persiana de ouro, que valia antes vinte cruzados e que ao presente equivale, conforme Yule, a sete xelins e meio. O vocábulo é primordialmente de origem mongólica, com o sentido de «10:000».

1616. — «Peitaram para que o matasse, dando-lhe logo mil **tamões** de Lares, e cada **tomão** tem vinte cruzados».—Diogo do Couto, Déc. X, viii, 1.

1680.— Dará ao feitor... mil **tumões** cada anno do dia deste concerto a hum anno». — *Apud* Júlio Biker, *Collecção de Tratados*, iv, p. 216.

1708.— «Consta estarem cobrados cinco mil e quinhentos **Timões** que, a razão de quarenta xerafins o **Timão**, faz a importancia de duzentos e vinte mil xerafins». — *Apud* Eduardo Balsemão, *Os Portuguezes no Oriente*, iii, p. 14.

1718. — «... a quantia de mil e quinhentos **Timoens,** a razão de quarenta xerafins ou doze mil e oitocentos reis cada **Timão**». — D. João Barbosa, *Epitome da Vida*, p. 29.

1723. — «Não só consegui cobrar dous mil trezentos **timõins** do Rey da Perçia, que por nosso dinheiro importão noventa e dous mil x.ᵉˢ [xerafins]. . .». — António de Figueiredo e Utra, in *O Instituto*, de Agosto de 1915.

1747. — «. . . advertindo que se os cavallos não agradarem pagará por cada hum 12 **Timoens** (moeda da Persia que vale cada huma 15 patacas)». — Montarroio Mascarenhas, *Epanaphora Indica*, IV, p. 50.

18**. — «E o Rey tendo offerecido 400 **timões** (do valor de 40 xerafins cada hum) para dote, não foram aceitos». — *Apud* Júlio Biker, *Collecção de Tratados*, XII, p. 223.

1298. — For it [salt] produces every year, in round numbers, four scores **tomans** of gold; and the **toman** is worth 70,000 saggi of gold.» — *Marco Polo*, apud *Yule*, II, p. 189.

c. 1325. — «Un **tuman** vault Xᴹ [dez mil] feux».—Beato Odorico, *Voyages*, p. 301.

1610.—Escroz Mirkand, que en dadiuas y mercedes extraordinarias despendio mientras viuio 660 *bolsas*, modo de hablar Parsio o Parsiano de mil **tomanes** de oro cada vna, y vale cada **toman** 16 ducados». — Pedro Teixeira, *Relaciones*, p. 337.

1675.—«He pays the King yearly Twenty two thousand **Thomands**, every **Tomand** making Three pound and a Noble in our Account». — Fryer, *East India*, II, p. 160.

1695. — «**Touman**. — Les Parsans et les Arabes ont emprunté ce mot de la langue des Mogols et des Khouarizouens, dans laquelle il signifie le nombre de diz mille». — Herbelot, *Bibliothèque Orientale*.

1876. — He despatched Chepé Noyan and Sulitai Bahadur, two well-tried chiefs, each, with a **timan**, i. e., 10,000 men, in pursuit of Muhammed». — Howorth, *History of the Mongols*, I, p. 80.

1915.—«Mr. W. Foster writes: «For the period I have been working over, the **tūmān** always equalled £ 3 6 s. 8 d. the value given by Fryer». — Crooke, em Fryer.

**TONA, tone.** Pequeno barco fluvial ou costeiro de um mastro e de remo, na Índia meridional. É de ordinário monóxilo, pelo menos na parte inferior. Vogou por algum tempo em Goa a forma *tona*, mas agora vai caindo em desuso, restabelecendo-se a antiga, mais correcta, *tone*. Do tam.-malaiala *tōṇi* (*ḍoṇi* em canarês e concani). Parece que S. Francisco Xavier faz distinção entre *tones* e *tonas*, considerando estas mais pequenas.

1504. — «Sairam todolos *paraaos* e *catures*, e mujtos outros barquos pequenos, a que chamam **tones**, ajnda que d eles ha que carregam 400 quintaes de pimenta». — Álvaro Vaz, in *Cartas* de Afonso de Albuquerque, III, p. 261.

1550. — «Foi ter a Lubru Cidade Dalemanha huma nao com certos Indios em huma canoa, que são navios de remo, parecem-se aos **tones** de Cochim». — António Galvão, *Tratado dos Descobrimentos*, p. 18.

1552. — «E estando ali Nuno Vaz vio vir contrele hũ **tòne** grande com hũ sombreyro aleuantado». — Castanheda, *Historia*, III, cap. 18.

1552. — «Vierão a elle obra de sessenta **tones**, que são barcos pequenos». — João de Barros, Déc. I, IV, 11.

1554. — «Paguarão seus direitos, ainda que venhão em **tones** de portugues». — Simão Botelho, *Tombo da India*, p. 37.

1560. — «Toda a gente se embarcou em bateis; e ElRey em seus barcos, a que chamão **tones**, que são muyto laurados». — Gaspar Correia, *Lendas*, I, p. 378.

«Estes **tones** em que vem esta pimenta da serra, são os barcos feitos da feição de huma lançadeira de tecelão, muyto compridos de cinquo seis braças, lados e largos por baixo, e redondos dos costados, e muyto voltados para cima, que não tem abertura mais que tres palmos; por dentro tem repartimentos que os fazem fortes».— *Id.*, I, p. 405.

1566. — «Huma legoa abaixo de Calecut, has [naus] mandou commeter com settenta barcos, a que chamam **tónes**, em que hia muita gente de guerra».—Damião de Góis, *Chronica de D. Manuel*, I, cap. 43.

1603. — «Meteo a gente que consigo leuaua, assim de criados como de sacerdotes em sete **Tones**, embarcações differentes das que usão em Europa, porque se remão na popa e na proa, sendo ambas nas feyções iguaes, e no meyo tem hum *bàleo* cuberto a modo de camara, em que vão as pessoas muy acomodadas pera nauegarem pelos rios, que no Mar alto não seruem». — Fr. António de Gouveia, *Jornada do Arcebispo*, fl. 29.

1613. — «Vou-me embarcando em um pequeno **toné** para nelle passar o Golfo até Negapatão». — P. Manuel Barradas, *Hist. Tragico-maritima*, II, p. 96.

1614. — «Despedio com muita pressa hum **Tone** muito ligeiro com cartas a Ambrosio Leitão». — Diogo do Couto, Déc. X, V, 9.

1615. — «Só pescam com redes [no Malabar]; e a maior parte das suas embarcações são feitas de uma só peça, e chamam-lhe **Tonne**, e os Portuguezes *Almadia*». — Pyrard de Laval, *Viagem*, I, p. 328.

1635. — «Embarcaram-se os Portuguezes nos **tones**, concertando-se André Coelho para lhes pagar o dinheiro assentado». —António Bocarro, Déc. XIII, p. 44.

1701—«Os **Tones**, embarcações muito

semelhantes aos navios a que na India chamam da armada, são huns mayores, outros mais pequenos». — P. Francisco de Sousa, *Oriente Conquistado*, II, I, 2.

1842. — «Em embarcações de differentes tamanhos a que chamam **Tones**, que com as marés vão as mais pequenas destas embarcações a toda a parte onde a agoa chega». — *Annaes Maritimos*, p. 115.

1858. — «Desta palavra (*Donny*) fizemos nós os Portuguezes a que vulgarmente usamos na India de **Tone** ou **Tona**, com a mesma significação, isto é, certo batel para a navegação fluvial». — Cunha Rivara, em Pyrard de Laval, I, p. 78.

1862. — «A navegação destes rios e das suas mil ramificações faz-se em pequenas embarcações, chamadas **tônas**, que, com as marés, vão a toda a parte, estabelecendo communicações faceis de povoação para povoação». — Francisco M. Bordalo, *Ensaios sobre a Estatistica*, v, p. 44.

1868. — «O Madey é navegavel desde Sanaulim até Gangém para canôas pequenas a que chamam **tónas**, e que não são mais que troncos de grossas arvores escavados, á feição de um barco. De Gangém, onde chega a maré, até Nova Gôa, navegam n'elles grandes **tónas**, que são canôas cosidas com cairo, em vez de serem pregadas». — *Archivo Pittoresco*, IX, p. 50.

1873. — «O oleo [de castanhas de caju] é principalmente empregado como alcatrão para vedar as costuras de pequenas barcas chamadas **tonas**, *patmarins*, etc.». —Bernardo da Costa, *Manual do Agricultor*, II, p. 137.

1886. — «É navegavel para pequenas **tonas** ou canoas desde Uguem até Naibaga». — Lopes Mendes, *A India Portugueza*, I, p. 28.

1894. — «**Tones**, compridos e arredondados como lançadeiras de tecelão que trazem pimenta do interior». — Lopes de Mendonça, *Os Orphãos de Calecut*, p. 103.

1898 — «Abeiraram-se do ronceiro vapor da *British India* em esguios **tones** ou almadias, construidas de grossos troncos de arvores, cavados da popa á proa». — Oliveira Mascarenhas, *Atravez dos Mares*, p. 31.

1544.—«... me hîc Manapare conscensurum naviculam ex iis quas **tonos** vocant, qualium adest copia».—S. Francisco Xavier, *Epistolae*, I, 18.

«Nullâ interpositâ morâ quidquid minutarum cymbarum, quas **Tonas** dicunt, tecum illuc rape, missò ad Combuturenses mandato, vos continuò sequndi cum omnibus suis **Tonis**». — *Id.*, 35.

1598. — «On fait certains bateaux tous d'une piece qu'on appelle **Tones**, aucuns desquels peuvent porter vingt ou trente pippes d'eau». — Linschoten, *Histoire*, p. 106.

1658. — «Il tronco [de *angelim*] s'ingrossa sino à sette & otto palmi di diametro, scauandone li Malabari, i Piscatori [falta uma palavra no texto] certe barche d'vn pezzo chiamate **Thones**, le quali oltre l'essere capacissime, sono sempre più sicure delle conuosse, e difficilmente s'afondano». — Fr. Vincenzo Maria, *Viaggio*, p. 381.

1660.— «**Toni**. Barche assai commode, per lo più d'vn sol legno». — Mgr. Sebastiani, *Seconda Spedizione*, p. 150.

1786. — «Qvesti chifi fatti d'un albero chiamansi in lingua Malabarica **Toni**, *Mangu*, o *Vallara*, e si trovano alla sola costa del Malabar.—Fra Paolino, *Viaggio*, p. 156.

***TONCOR** (mar. *toṅkar*). Bambu comprido e grosso, da raiz do qual rebentam outros, em Damão.

1892. — «Internei-me e sei que sem exaggero se pode calcular um prejuizo certo de oito bambus por cada **toncor** (bambu mais grosso) que tem sido tirado d'aquelle local em consequencia das arrematações». — Augusto de Macedo, *Breves Estudos*, p. 6.

**TONDO, tundo.** Bispo budista, no Japão. O étimo não pode ser outro senão *hondō*, que normalmente devia dar em português *fondo*: cf. *fotoqué*. É bem possível que *tondo* tivesse sido dialectal ou houvesse equívoco, tradicionalmente transmitido, entre o *F* maiúsculo e *T*.

1551. — «Desejoso ó Bonzo de se lhe não ir das mãos a presa, que tinha por muyto certa, confiado no seu saber, porque tinha grao de **Tundò** nos collegios do Fiancima, aonde se dizia que elle estivera trinta annos por Lente de Prima em hũa faculdade, que entre elles se tem por suprema, como entre nós a sagrada theologia». — Fernão Pinto, *Peregrinação*, cap. 211.

«Logo ao outro dia veyo o Fucarandono **tundo** de Miaigimaa». — *Id*, cap. 212.

1560. — «Ao mesmo *Zaco* (q. v.) pertence ordenar os **Tundos**, que sam como superiores aos outros que sacrificão aos idolos... e elles presidem nas cousas particulares das seitas e Bonzos dellas». — *Cartas de Japão*, I, fl. 74.

1578. — «Outro era **Tondo**, que he quasi hũa dignidade como de Bispo». — *Ibid.*, fl. 40 *v*.

1600. — «Nas cidades ha **Tundos**, que respondem aos Bispos e Arcebispos, e a quem obedecem os Bonzos, assi conuentuais, como ôs de *varelas*, e recorrem nas duuidas, e casos, que succedem sobre o culto dos idolos, e observancia das seitas». — P. João Lucena, *Historia*, VIII, cap. 9.

1674. — «Las Ciudades tienen **Tundos** (corresponden estos a Arcebispos e Obispos) a que obedece toda Bonzeria». — Faria e Sousa, *Asia Portuguesa*, II, p. 770

1754. — «Enfin, lui seul peut consacrer les **Tundos,** qui sont comme les Evêques de cette Religion». — P. de Charlevoix, *Histoire du Japon*, I, p. 251.

* **TONGÁ** (s. f.). Pequena e pouco pesada carruagem de duas rodas e sem tejadilho, usada na Índia Britânica, especialmente em estradas acidentadas e lugares montanhosos. Do ing. *tonga* < hindust. *ṭāngā*.

1906. — O espectaculo resplandecentemente desolado, estranhamente silencioso da ineffavel floresta de *tecas* e de *sadras*, atravessada aos solavancos de uma **tongá** de Sua Alteza o Rajah de Dharampur, levada por cima de toda a folhada por pequenos bois *zebus* de corcova, fica para sempre nos olhos deslumbrados». — Alberto O. de Castro, *A Cinza dos Myrtos*, p. 201.

1917. — «Consta serem não raras as reclamações do arrematante da condução das malas em **tongas,** que muitas vezes tinha de as conduzir a pé por o veiculo não poder transitar pela mesma» (estrada). — *Heraldo*, de 30 de Março.

1874. — «The custom too, which is common, of driving light **Tongas** drawn by ponies or oxen points to the same conclusion». — In *Glossary*.

* **TONO** (jap.). Senhor feudal; grande proprietário, no Japão. Os nossos missionários interpretam *tono* por «duque». V. *dono*. Ocorre às vezes nos escritos antigos *tonocama* por *tonoçama* = jap. *tono-sama*, «senhor tono». V. *cubó-samá*.

1558. — «Todos estes são **Tonos,** id est fidalgos particulares, dos quaes ha muito em hum mesmo Reyno, como entre nós... e a seus vassalos nobres, capitães de fortaleza senhores de algumas terras chamamos **Tonos**». — P. Luís Fróis, *apud* Cristóvão Aires, *F. M. Pinto*, p. 111.

1563. — «Estaua o **Tono,** que he o senhor, e irmão del Rey de Arama, e assim a primeira oitaua chegou a noua, e os Christãos acudirão todos os da obrigação do **Tono**». — *Cartas de Japão*, I, fl. 121.

1579. — «Alguns dos seus **Tònos** (que assi se chamão os senhores dos lugares) com os Bonzos contradizião». — *Ibid.*, fl. 434 *v.*

1582. — «Elle fez muito caso de Saxichindono, até cuidarem os do pouo, que o hade aleuantar por **Tonocáma** em lugar do seu pai». — *Ibid.*, II, 79 *v.*

1582. — «Ainda não está de todo assentado quem seja o **Tonocáma,** e senhor da *Tenca*». — *Ibid.*, fl. 81 *v.*

1608. — «E chegando perto do paço saio o **Tono** ao receber fora da porta da fortaleza». — P. Fernão Guerreiro, *Relaçam Annual*, fl. 135.

1634. — «Que fosse fazer-se soldado, pondo-se com algum **tono** que são os reis que possuem os reinos do Japão, porém só com este titulo de **tono,** que quer dizer senhor de terras». — António Bocarro, *Déc.* XIII, p. 738.

«São os **tonos** em Japão adorados como deuses, ainda de gente mais aleuantada do que era o *Cambuco*». — *Id.*, p. 738.

1638. — «Tudo a fim de acrescentar as rendas do **Tono,** á custa do sangue, e suor de seus pobres lavradores». — Duarte Correia, *Relação do alevantamento de Ximbará*.

1650. — «(Persiguïções) particulares levantadas pelos **Tonos,** senhores de Japão, e *Yacatas*, reis gentios, que como senhores absolutos em suas terras e reinos, podem castigar com pena de morte». — António F. Cardim, *Batalhas*, p. 10.

«Tirando os padres, os quaes por expressa ordem sua que mandou ao **tono** de Nangasaqui, foram levados á corte». — *Id.*, p. 64.

1668. — «Postos ante os **Tonos** (os Regedores da Republica) confessárão a Christo Deos, e Homem». — Fr. Jacinto de Deus, *Vergel*, p. 189.

1697. — «... sugeita a hum **Tono,** isto he, senhor de terras, vassallo delRey, de Saxuma». — P. Francisco de Sousa, *Oriente Conquistado*, I, IV, 1.

1749. — «Os **Tonos,** ou o **Tono,** he hum nome, que commumente comprehende os Reys, Duques, Condes, e Marquezes» — P. Crasset, *Hist. do Japão*, I, p. 40.

1588. — «Il primo è di quelli che commandano, e gouernano, come padroni e questi chiamano con vna voce commune **Toni,** si bene fra gli stessi **Toni** sono dipoi altri gradi di dignità». — P. Maffei, *Le Istorie*, p. 487.

1589. — «Les *Cunixes* ont autres vassaux au dessous d'eux qu'ils appellent **Tonos.** Ceux-ci sont comme Barons gentilshommes». — Linschoten, *Histoire*, p. 50.

1625. — «Primus est eorum qui cum aliquo imperio sunt: hos omnes communi nomine **Tonos** nuncupant, quamquam inter ipsos quoque certi dignitatis gradus sint, vt apud nos Ducum, Marchionum, Comitum». — *India Orientalis*, XII, p. 120.

1644. — «... osseruando le regole di suo padre *Seiogun*, e di suo Auo Daifu, che sono di tenere i **Toni** (questi sono li grandi del Regno) sempre nella Corte». — P. Cardim, *Relatione*, p. 15.

1754. — «Ces *Conikus* (vid *cunixu*) se reservoient aussi une partie de leurs terres pour l'entretien de leurs Maisons, et pour leurs autres dépenses, et ils distribuoient l'autre à des Seigneurs d'un ordre inférieur, qui relevoient... on les nommoit **Tonos**». — P. de Charlevoix, *Histoire du Japon,* I, pp. 153 e 154.

**TOPAZ** (ant.; em indo-ingl. *topaz, topass,* em indo-fr. *topas*). Empregou-se a palavra na Índia e na Malásia nos séculos XVII e XVIII como sinónimo de *mestiço,* para designar os que pretendiam ser descendentes de portugueses, falavam português, trajavam à portuguesa, professavam a religião católica e serviam de ordinário como soldados. Designava também o cristão indígena que sabia português, bem como o língua ou intérprete, que falava, além do português, um ou mais idiomas vernáculos. Originou-se o termo no sul da Índia; e tem por étimo o dravid. *tuppāsi,* neo-árico *dubhāṣī* ou *dobāṣī* < sânsc. *dvibhāṣya,* «bilingue, intérprete». V. *Influência,* onde está largamente expendida a questão de etimologia e de várias acepções do vocábulo. Há quem o derive da pedra preciosa topázio. V. Crooke, em Fryer, I, p. 170.

I. *Topaz,* «mestiço».

1611.—«Alli vieram dés negros da terra com dous marinheiros do navio, e um natural de Moçambique (que lá chamam **topás**)». — João Baptista Lavanha, in *Hist. Tragico-maritima,* V, p. 82.

1619. — «Passei provisão para não haver nunca n'ella nenhuns japões, jaos, nem malaios nem outra nenhuma nação dos naturaes d'aquellas partes, e só servissem na dita guarda portuguezes, e em falta d'elles **topazes**». — *Doc. da India,* IV, p. 298.

1635.—«Septecentos portuguezes, afóra alguns **topazes** tambem espingardeiros». — António Bocarro, *Déc.* XIII, p. 244.

1639. — «... e cincoenta soldados portuguezes, e cem *lascarins* **topazes**». — *Apud* Júlio Biker, *Collecção de Tratados,* II, p. 103.

1661. — «No caminho achou um **Topaz,** que ferido pedio confissam, chegou-se o P. a confessalo, e levantandose cahio com hũa pelourada pelos peitos, animoso se alienantou, e em companhia de alguns **Topazes** se foi pera o Collegio». — Inácio Sarmento de Carvalho, *Relação dos Successos das Armas,* p. 14.

1662. — «... lhe mandarão trezentos soldados portuguezes e mil e quinhentos **topazes,** que já estão na mesma ilha». — *Apud* Júlio Biker, *Collecção de Tratados,* III, p. 12.

1667. — «Hum clerigo. **topaz** tão rico como António Roiz e não menos escandaloso». — P. Manuel Barreto, in *Bol. S. G. L.,* IV, p. 47.

1684. — «... com 40 **Topazes** (assim chamão aos Christãos da terra, que tem mistura de diversas castas, e nações) desse hum assalto no inimigo». — P. Fernão de Queiroz, *Hist. de Pedro de Basto,* p. 333.

1685. — «Achava-se Gaspar Figueira com oito companhias, e nellas duzentos quarenta soldados Portuguezes, e huma de **topazes,** que tinha trinta e sete». — João Ribeiro, *Fatalidade Historica,* II, cap. 20.

1699. — «Nos rios de Cuama nos matàrão os Cafres sessenta Portuguezes, e duzentos **Topazes,** e alguns Padres da Companhia». — Fr. Agostinho de Santa Maria, *Historia,* p. 375.

1902. — «**Topazes** foi o nome primitivo dos bombeiros portuguezes, que depois se extendeu naquellas regiões aos soldados oriundos do cruzamento de portuguez e indigena, e aos indigenas conversos. Ainda hoje é conhecida como de **Topazes** em Malaca a população dos christãos indigenas e dos mestiços de sangue portuguez e malaio». — Cristóvão Pinto, in *Ta-ssi-yang-kuó,* II, p. 172.

1673. — «To the Fort then belonged 300 English and 400 **Topazes,** or Portugal Firemen». — Fryer, *East India,* I, p. 171.

1680. — «They were accompanied by some sons of the soil and some **topazes**». — Manucci, *Storia do Mogor,* IV, p. 66.

1753. — «Ils ont encore [em Bombaim] des **topases** demi noirs, qui sont d'une race mêlée du sang des Portugais». — Grose, *Voyage,* p. 55.

1770. — «Environ quatre mil étoient Européens, Metis ou **Topasses**». — Raynal, *Histoire,* II, p. 55.

1860. — «Siz cents sont ce que l'on appelle aux Indes des **Topas,** ou gens à chapeaux». — Énault, *L'Inde Pittoresque,* p. 279.

1814. — «The Portuguese forces which were available consisted of eighteen companies of from 20 to 25 men each, including 120 **Topazes,** who were Christians and born in the country». — P. E. Pieris, *Ceylon,* II, p. 404.

1918. — «Most of the officials resided within the walls though the finest street was curiously enough occupied mainly by **Tupasses** and Sinhalese». — Id., *Ceylon and the Hollanders,* p. 34.

II. *Topaz,* «cristão indígena».

1617.—«Não tinha naquelle tempo mais que só cinco Portuguezes, sete filhos da India, que são os filhos dos Portuguezes, que nella nascem, e seis **Topazes,** nome porque se conhecem os Christãos daquellas partes, que não tem sangue portuguez». —*Conquista de Pegu,* cap. VII.

1683. — «Por muito que nós resistimos,

acodem a estas mattas familias de **Topazes,** por não poderem concorrer ao sustento dos vigarios, e soffrer as injustiças dos Mouros, porque cá dão se melhor». — In *O Chronista de Tissuary,* II, p. 12.

1685. — «Tinha duas companhias de **topazes** que são christãos filhos de Columbo, ainda que pretos, bons soldados, e alguns lascarins daquellas terras». — João Ribeiro, *Fatalidade Historica,* II, cap. 17.

1707. — «Em Columbo os dias atraz se publicou hum placato que todo o forasteiro, mestiço, **topaz,** se fosse logo ter com huma pessoa».—In *O Chronista de Tissuary,* III, p. 239.

1908. — «Muitas meninas descendentes e **topazes** de todo o Extremo Oriente vinham professar a Santa Monica de Goa». — Alberto O. de Castro, *Flores de Coral,* p. 173.

1687. — «E era seu irmão D. Diogo com 500 **Topazes** Christãos de Columbo, tão destros em seus mesteres, como nas armas». — P. Fernão de Queiroz, *Conquista de Ceylão,* p. 412.

1919. — «These *Feringhis* and the native Christians afterwards began to be known as **Topasses** (from *Topi,* a hat) especially in Eastern Bengal». — J. Campos, *History of the Portuguese,* p. 182.

III. *Topaz,* «intérprete».

1549. — «Fazei que os Padres que hão de vir ao Japão, venhão providos do necessario para elles [japonezes], como para os Padres, pois tem necessidade delles para **topazes**». — S. Francisco Xavier, in *Oriente Conquistado,* I, I. 1.

1558 — «Tendo já tomado por experiencia que por **topazes,** ou linguas chins não poderiamos fazer nenhum fruto na China...». — P. Belchior Nunes, *apud* Cristóvão Aires, *F. M. Pinto,* p. 99.

1558.—«La he o padre Cosme de Torre, e o irmão João Fernandez, que he marauilhoso **topaz,** e tem mui especial graça de pregar aos Japões». — Id., *Cartas de Japão,* I, fl. 50 *v.*

1571. — «Hum alvará de Sua Alteza, de 25 de Janeiro de 1571, em que se manda que os officios de Linguas... se dêm aos novamente convertidos».—In *Archivo Port.-Oriental, Supplemento* II, p. 79.

1600. — «Os que as [necessidades] padecem as mostram, e representam tam bem sem **topaz,** nem interprete... Estimando muyto a ocasiam de se achar sem **topaz».** — P. João Lucena, *Historia,* II, cap. 16.

1605. — «... assim ao P. Provincial, como ao P. Reitor, e aos dous companheiros, e **topazes,** ou interpretes que com elle iam».—P. Fernão Guerreiro, *Relaçam Annual,* fl. 107.

1608. — «Rogava muito que o quisesse fazer fallar com o meu **topaz** pera fallar comigo, e poder ser meu discipulo». — Id., *Relaçam,* fl. 87.

1684. — «Assinárão nesta petição, proposta, e protesto, 22 *Patangatins* de toda a casta, hum **Topaz** Môr dos sete lugares, hum *Canapuli* Môr». —P. Fernão de Queiroz, *Hist. de Pedro de Basto,* p. 91. — Não sei em que sentido toma aqui o autor o termo.

1698.— «Propunha mais que era necessario á igreja de Calecut um **Topaz,** ou lingua dos christãos da terra, que alem de entendido fosse homem de respeito, que pudesse tratar com o Samorim, e com os seus ministros os negocios da igreja, e dos christãos». — In *O Chronista de Tissuary,* II, p. 83.

1724. — «Primeiramente tem dado o Samorim os quarteis vencidos ao Feitor, Escrivão, Padre Vigário, **Topaz,** e ao *Jangáda* Naire». — *Apud* Júlio Biker, *Collecção de Tratados,* V, p. 18.

1786. — «Questi ultimi [christiani] sono una razza corrotta de' Portoghesi Indiani, di faccia oscura tralucente d'un poco di bianco. Essi chiamansi Mestici, cioè, nati d'un padre Europeo e madre Indiana, o **Topazi,** cioè, *Duibhàshi;* od interpreti, perchè sano due lingue, l'Indiana e la Portughese corrotta». —Fra Paolino, *Viaggio,* p. 50.

* **TOPEGI** (persa-turco *tope-chī,* de que alguns derivam *topaz,* q. v.), artilheiro, bombardeiro.

1663. — «Respondemos que *francos* da India que iamos chamados do **topegi** *baxi* de Damasco, para servirmos de bombardeiros ao grão senhor. **Topegi** val o mesmo que condestavel, e o de Damasco é um christão grego».—P. Manuel Godinho, *Relação,* p. 144.

* **TOPETIM.** Não é bem claro o sentido em que a palavra se emprega no texto; julgo porém que, vocabularmente, é simples variante de *tupetim,* q. v. Pagavam-se em Ceilão *tupetins* como contribuições industriais.

1619. — «Os **topetins** dos portos do mar, e outros costumes e *pingas* que por serem direitos reaes tinha o vedor da fazenda daquella ilha Antão Vaz Freire feito carregar em receita». — *Alvará* do vice-rei, in *Archivo,* VI, p. 1188.

* **TOQUÉ.** «Lagarto especial do país, que dá uns sons que parecem dizer *to ké,* os quaes repete por vezes, dizendo alguns indigenas que o numero dessas vozes indica as horas que são; o que é certo é que esse numero é muito variavel, succedendo que em quanto de uma vez

repete o som por duas ou três vezes, de outras chega a sete e mais», — Rafael das Dores. Do teto *toké*.

1843.—«E todas [carnes] lhes agradam, sem excluir de uma especie de sapos, a que chamam **toquls,** de rãs, a que chamam *manducos*».—*Annaes Maritimos* (parte official), p. 218.

1908. — «Os **tokés** chamam-se na penumbra, violeta como uma flor de cólues». — Alberto O. de Castro, *Flores de Coral,* p. 194.

**TORANJA, toronja.** Fruto de **TARANJEIRA** ou *toronjeiro, Citrus decumana,* Linn. É muito maior que a laranja e de casca mais grossa, mas não tão saborosa. A planta é originária da Malásia, provàvelmente introduzida na Índia pelos portugueses. Do ár. *turunj,* persa *turanj.* Palmer regista *turunj* no seu dicionário como vocábulo próprio do persa, e parece ter razão.

1782.—«Primeiramente devem plantar-se nas hortas **toranjeiras,** laranjeiras, tanto doces como azedas... A **toranja** planta-se da sua semente, e melhor de mergulhão... além da estimação que tem sua grandeza, e proveito para doce, assim da casca como do miôlo, tem virtude de ser refrigerante, e cordial para febres de calor, e tambem contra peste». — Fr. Clemente da Ressurreição, *Tratado,* II, p. 324.

1842. — «Assim como as **toranjas** de que se faz excellente doce, até da sua casca». — *Annaes Maritimos,* p. 270.

1856. — «Os mesmos proprietarios não estão seguros dos seus côcos, das suas mangas, tamarindos, laranjas, **toranjas** e outros artigos semelhantes». —F. N. Xavier, *Defensa dos Direitos,* p. 46.

1866. — «As principaes arvores fructiferas que se encontram em Malpona são: arequeiras, jaqueiras, coqueiros, cajueiros, bananeiras, **torangeiras** e larangeiras». — *Relatorio da Provincia de Satary,* II, p. 6.

1873.— «A **toranja** (*Citrus decumana*) não é mais do que a laranja grande; todas as suas partes são mais desenvolvidas, vigorosas e grosseiras, até mesmo o aroma». — Bernardo da Costa, *Manual do Agricultor,* II, p. 183.

1886. — «Conjuntamente com as arequeiras costumam os *bottos* cultivar... **torangeira,** romãzeira, videira, bananeira...». — Lopes Mendes, *A India Portugueza,* I, p. 237.

1901. — «Alhos, cebolas, limão, **toranja,** couves, etc.». — José Pinheiro, in *Bol. S. G. L.,* XX, p. 84.

1902. — «A **toranja** e o jambo, o jambolão e a propria papaya, com todo o seu ephemero prestigio de estomachica, devem riscar-se da lista dos fructos comestiveis». — In *Ta-ssi-yang-kuó,* II, III, 3.

«Chamam-se *Jamboas* em Macau as **Toranjas** ou *Toronjas*... denominadas pelos francezes *Pamplemousses de l'Inde*». — *Ibid*

1906. — «**Toranjeira** — A *Citrus decumana.* Os fructos chamam-se **toranjas** ou *toronjas.* Arvore commum em todos os jardins e hortas de Goa». — Alberto O. de Castro, *A Cinza dos Myrtos,* p. 203.

1918. — «... especialmente os *citrus* — laranjeiras, tangerineiras, **toranjeiros** — os ananazes, as bananas e as ateiras». — In *Bol. S. G. L.,* XXXVI, p. 165.

1908. — «The *pomelo* is presumed to be a native of the Malay Archipelago... The best quality is the thin skinned Bombay pomelo, hence the South Indian name of *bombalinas*» (que tem forma de palavra portuguesa).—Watt, *The Commercial Products,* p. 324.

* **TÔRI.** Legume indiano, *Cajanus indicus,* Spreng. Do conc. *torī.*

1602. — «Muitas embarcações carregadas de arroz, de trigo, de graens, de **tori,** de nachani, e de outros legumes».—Diogo do Couto, *Déc.* VIII, I, 34.

1780. — «Os legumes de nachinis, orio, **tori,** culita, urida».— *Collecção de Bandos,* I, p. 273.

1846 — «Urida, culita, **tory,** pacolo». — F. N. Xávier, *O Gabinete Litterario,* I, p. 246.

1886. — «**Tory** (*cajanus indicus*), culita (*dolichos uniflorus*)». — Lopes Mendes, *A India Portugueza,* I, p. 143.

1900.— «**Tory,** val, urida, gergelim, nachanim, linho canhamo». — António Francisco Vaz, *Hist. de Damão,* I, p. 161.

* **TÚRI** (jap. *tōri*). Entrada, pórtico, especialmente o dos templos, à semelhança do *gopura* dos pagodes indianos.

1874. — «Primeiro, o sagrado **tori,** especie de portico destacado, que precede sempre os lugares do culto do *shintuismo.* O **tori** consiste em duas columnas a distancia variavel... inclinadas uma para a outra, e ligados superiormente com duas traves atravessadas; a inferior, recta, e com os extremos inseridos em duas aberturas das columnas, e n'ellas seguras com duas extensas cunhas lateraes; e a superior, de curvatura pronunciada e extremidades levemente retorcidas para cima, apoia-se sobre o alto das columnas... O **tori** é essencialmente japonez, a sua fórma parece indicar, que primitivamente foi construida sómente de madeira». — Pedro G. Mesnier, p. 46.

1904. — «Os recintos de qualquer templo *shintoista* impõem-se ao respeito de todos, mesmo d'estranhos e leigos na materia de religiões orientaes. Aquelles arcos toscos, os **torii**, dispostos como vestibulo a um pequeno edificio semeado entre macissos de verdura curta mas luxuriosa, bem como o respeito com que os devotos ali penetram... tudo impõe respeito aos leigos e scepticos».—Ladislau Batalha, *O Japão por dentro*, p. 88.

**TORIQUE.** É uma planta indiana da família das asclepiádeas — *Cosmostigma racemosum*, Wight. Não sei de que língua provêm o vocábulo; em concani dizem *sūtkāṇṭī*.

1898. — «É um remedio muito popular contra as erysipelas. «Cortex com sandalo et muliebri lacte in formam noduli *adhibitus*, praestantissimum *Causonis* remedium est. Rheede». Por *causonis* se deve entender, conforme Dymock, dyspepsia com defeituosa funcção biliaria, acompanhada de ligeira febre». — D. G. Dalgado, *Flora*, p. 123.

1909. — «*Cosmotigma racemosum*, **torique**, *sutcanti* é estimulante hepatico, em certas condições superior a quantos existem». — In *O Oriente Portuguez*, VI, p. 374.

**TORNA** (s. f.). Arco festivo, pórtico ornamentado, na Índia, mas na abonação o termo tem o sentido de «pálio». Do neo-árico e sânsc. *toraṇa*.

1874. — «A primeira autoridade debaixo d'um pallio ou **torna**, de varas de prata lavrada, foi demandando o pagode». —Tomás Ribeiro, *Jornadas*, II, p. 113.

1825. — «The arch formed by the two streets between each pair of columns is known as **toráná**». — Hunter, *The Imperial Gazetteer*, I, p. 11.

* **TORNABÔDA.** Designa o termo em Goa a ida solene dos noivos, pela primeira vez depois das núpcias, de casa dos pais dum para a dos doutro. O recebimento é de ordinário na freguesia do noivo, em cuja casa se celebram lautas bodas por dois ou três dias, passando ambos com grande acompanhamento para a da noiva, onde se faz outro tanto. Não se percebe o motivo da proïbição de tornabôda pelo Santo Ofício, a qual, como tantas outras, não surtiu nenhum efeito.

1736. — «Não haja as **tornabodas** dentro dum mez; fiquem os noivos aonde estão».—*Edital* da Inquisição, in *O Oriente Portuguez*, IV, p. 236.

1917. — «Não se fazem hoje varias das festas que fizeram o encanto da minha infancia, como essa, por exemplo, das *bençãos* no segundo ou terceiro dia do casamento, ou depois da **tornaboda**». —*O Ultramar*, de 7 de Junho.

1917. — «**Tornaboda**. Festejando a volta de sua filha... tiveram em sua casa a 8 do corrente mez *soirée*». — *Heraldo*, de 11 de Setembro.

1918. — «. . festejando a **tornaboda** da sua dilecta filha... casada ha pouco... teve na sua casa das Mercês uma reunião, muito intima das suas relações». — *Heraldo*, de 19 de Fevereiro.

* **TOROFO.** Subdivisão de *parganá* (ou *praganá*); conjunto de algumas aldeias na Índia árica para o govêrno administrativo e económico, nas Novas Conquistas. Do conc.-hindust. *taraf*.

1842. — «Os terrenos de outeiros que já se acham arroteados do tempo anterior, poderão continuar a ser cultivados tão somente pelos habitantes do seu respectivo **toroffo**». — *Collecção de Bandos*, I, p. 232.

1848. — «Tinham, recenseado huma mulher em hum dos **Torofos**, e trez n'outro, e que em cada hum desses **Torofos**, se não tinha apurado mais de sessenta Votantes e trinta Eleitores».—*Ibid.*, II, p. 137.

1852.— «**Torofo** — reunião de mais de uma communidade, debaixo d'uma unica gerencia, ou reunião de mais d'uma aldea constituindo uuma unica communidade nas Novas Conquistas». — F. N. Xavier, *Bosquejo Historico* (2.ª ed.), III, p. 110.

1879. — A provincia de Embarbacem tem 37 aldeias distribuidas em 9 **torofos**». — João Stuart Torrie, *Estatistica da India Portugueza*, p. 3.

1886. — «Tem 347 kilometros de superficie, 2 freguezias, 6 **torofos** (ou grupos de aldeias).—Lopes Mendes, *A India Portugueza*, II, p. 207.

1886. — «**Torofo** é a reunião de diversas communidades debaixo de uma unica administração, ou a reunião de diversas aldeas constituindo uma unica communidade».—*Regulamento das Communidades*, p. 2.

1898. —«Facultou, por tanto, o ex-commissario régio, ás camaras agrarias, **torofos**, e communidades agricolas, o poderem promover a desamortisação da respectiva propriedade immovel». — Oliveira Mascarenhas, *Atravez dos Mares*, p. 78.

1909. — «... correspondente a 9 **tarofos** de que se compunha a provincia do mesmo nome». — Amâncio Gracias, *Subsidios*, p. 246.

1919. — «O rico mas insalubre **torofo** de Cotigão tem merecido particular interêsse ao sr. cap. Veloso». —*Heraldo*, de 25 de Julho.

* **TORÔPO.** É outro nome de *saraça* (q. v.), usado em Goa. Do conc. *todap*.

1846. — «*Pano-bajú* — **toropo**-*bajú* — ou saraça e *quimão*, que tudo vem a ser o mesmo». —F. N. Xavier, *O Gabinete Litterario*, I, p. 101.

1919. — «Na administração do concelho de Salcete ha um pano de vestir das mulheres christãs que em lingua da terra se chama **torop**, o qual foi encontrado em poder dum estrangeiro que foi posto fora da fronteira». — *A Terra*, de 12 de Julho.

* **TORQUIM** (ant.; própriamente *turqui*). Cavalo de Turquestão, muito apreciado na Índia. Do hindust.-persa *turkī*, «turco, cavalo turco».

1534. — «Então lhe mandou dar, que leuasse ao Bobor, hum **torquym** de grande valor, com hum *chabuquo*, que he hum azorrague com que fazem andar os caualos, e hum açor, dizendo que folgaria que o Bobor azinha viesse andando com aquelle **torquym**, e como aquella aue voaua». — Gaspar Correia, *Lendas*, III, p. 591.

1298. — «Excellent horses, known as **Turquans** are reared in their country» (dos turcomães). — Marco Polo, in *Glossary*.

1782.—«. . . a pair of uncommonly beautiful spotted **Toorkays**». — *Ibid*.

**TÔRRE-DE-SILÊNCIO** (*Tower of silence*, em inglês). É o mesmo que *dacma*.

1873. — «O parse, sobre a **torre de silencio**, num amplo taboleiro circular, de bronze, ou lageado de marmore ou granito».—Tomás Ribeiro, *Jornadas*, I, p. 365.

1805. — «Não sepultam os seus mortos, mas recolhem-n'os á chamada **Torre de Silencio**, ou *dokhmas*, que é o cemiterio, onde as aves de rapina devoram os cadaveres».—Jerónimo Quadros, *Cartas de Diu*, p. 179.

1898. —«Pues ni siquiera son admitidos alli los riquissimos comerciantes persas llamados *Guebros* ó *Parsis*, mientras viven, pero só sus cadáveres, expuestos en las famosas **Torres del Silencio**, coronamiento de la colina de que hablamos». — Alfredo Opisso, *La India*, p. 22.

* **TOTA** (sing. *toṭa*). Passagem de rio, cais, em Ceilão.

1687. — «Forma hũa planicie alta mais de seys braças, que a corrente dos Rios, com duas quebradas, por onde se deçe a eles, a que os Chingalaz chamão **totas**». —P. Fernão de Queiroz, *Conquista de Ceylão*, p. 668.

* **TOTIA** (s. m.). Indivíduo duma casta de Maduré na costa de Choramândel. Em tamul *tōṭṭi* é «servente da aldeia; criado de limpeza». Mas parece que não é o étimo do vocábulo da abonação.

1608. — «O nosso Pedro Naique. . . que tinha grande feruor, e por ser pessoa principal da casta dos **Totias** que he casta muy honrrada entre esta gente se podia esperar muyto, me contou os dias passados, fallar com o seu parente Tumixi Rayen, senhor de todos os **Totias** que sam quasi infinitos». — P. Fernão Guerreiro, *Relaçam*, fl. 90 *v*.

* **TRAFOLIM.** Fruto da palmeira brava (q. v.), que faz parte da alimentação do povo de Ceilão e de algumas regiões da Índia meridional. Não vejo o vocábulo em nenhum dicionário vernáculo; suponho porêm que está por *tiruphalam*, que no tamul quere dizer «fruta divina, santa», *divyaphala* em sânscrito.

1603. — «E as palmeyras agrestes dão outra fruita a que chamão **trafolins**, que come a gente commum da terra».— Fr. António de Gouveia, *Jornada do Arcebispo*, fl. 62 *v*.

1613. — «Ha em Ceilão toda a sorte de palmeiras. . . as brancas de **trefolins**, as *cajurins*, *nipeiras*». — P. Manuel Barradas, in *Hist. Tragico-maritima*, II, p. 84.

1687. — «Em lugar de cocos, fruto das palmeyras mansas, dão [as palmeiras bravas] **trafulîs**, que são hũs pomos como grandes zamboas, e tirada a casca, aparece hũa massa vermelha, a que chamão *punato*, muyta parte do sustento daquela gente». — P. Fernão de Queiroz, *Conquista de Ceylão*, p. 40.

1908. — «. . . a *Borassus flabellifermis*. . . dá vinho de palma e *gabão*, e um fructo agradavel, que na India, em Damão, é chamada **torfulli**». — Alberto O. de Castro, *Flores de Coral*, p. 136.

1670. — «L'autre est le Palmier *Bravo* ou Sauvage, il porte un méchant fruit qu'ils appellent **Trefouli**, le suc n'est pas moins bon que celui du cocos, l'arbre est plus grand, et jette des feuilles unies, si prodigieuses qu'une seule peut couvrir un lit de cinq pieds». — Dellon, *Relation d'un Voyage*, I, p. 143

* **TRANGANA** (própriamente *tarangana*). Galeria, balcão, palanque, na Índia. Do sânsc. *tārāngaṇa*, «observatório, lugar donde se podem

ver as estrêlas», corrente nos prácritos.

1813. — «Ambos se sentaram, a saber, S. Ex.ª se meteu na cadeira, que ficava na parte da parede da **trangana**, e o filho do Rajá na cadeira, que ficava na parte da porta da entrada» (em Goa). — *Apud* Júlio Biker, *Collecção de Tratados*, XI, p. 296.

«E se sentaram todos nas cadeiras postas circularmente a huma mesa com coberta de damasco no quarto de gabinete junto á **trangana**, sentando-se o Rajá á direita de S. Ex.ª». — *Ibid.*, p. 298.

* **TRAQUETIÁ.** Espécie de tecido do Malabar. Do malaiala *tarkatyā̆*.

1559. — «Cinquoenta *corjas* de roupa **traquetiás**». — In *Cartas* de Afonso de Albuquerque, V, p. 401.

* **TRATE** (mal. *tĕratai*). É o nome que se dá em Macau ao *nelumbo* (q. v.), que os chineses comem diversamente preparado.

1902. — «O **trate** é uma planta aquatica muito apreciada no Oriente. Os chinezes aproveitam toda esta planta, desde a flor até a raiz». — *Ta-ssi-yang-kuó*, II, p. 397.

«**Trate**. — É o nome dado pelos macaistas ás sementes da bella planta *nympheacea* designada vulgarmente por *lirio d'agua*. Aos rhizomas da mesma planta dão os macaistes o nome *raiz-trate*». — *Ibid.*, p. 520.

* **TREPADEIRA-DA-COBRA.** *Bauhinia macrostachia*, Wall.. É tradução do vocábulo conc. *nagvêl* ou *sarapvêl*, o qual se originou da sua forma. Tem muitas propriedades terapêuticas, mencionadas por Rheede. V. *abecedária*.

* **TREPADEIRA-DO-CÉU.** Menispermácea *Tinospora Malabarica*, Miers. «Balneum ex hac planta et Nela Panna-Seelengu (*Wrightia tomentosa*) praeparatum abscessos inveteratos curat». Rheede.

* **TRIFÓLIO.** É o mesmo que *ipecacuanha do país*. Os ingleses chamam-lhe *Goan ipecacuanha*.

**TRIMURTI** (s. m. ou f.). O vocábulo sânsc. *trimūrti* quere dizer, literalmente, triforme ou tríplice-forma, e técnicamente, três deuses, Bramá, Vixnu e Xiva, reùnidos em um todo, que representa as três potências de criação, conservação e destruïção do universo. Tal é a trindade do hinduísmo, figurada pela arte com três bustos ou cabeças em um corpo. A tríade do vedismo consistia em três elementos principais da natureza — *Agni* (fogo), *Váyu* (vento) e *Súrya* (sol) — que representavam individualmente outras divindades da sua esfera. O culto da *Trimurti* é quási nenhum. As religiões sectárias atribuem à sua divindade principal — Xiva ou Vixnu — todos os attributos divinos. *Mahamurti*, que figura em algumas abonações como sinónimo de *Trimurti*, significa «grande forma ou imagem».

1516. — «Estes Bramenes honraom muyto o conto de tres, tem ho Deos em tres pesoas, que non he mais de hũa; toda sua oração he cerimonia, e honraom a Trindade, querendoa quasi figurar: ho nome que lhe põe he Berenabesma Maceru [na tradução cast.: Berma Besnu Maiceani], que saom tres pesoas hũu soo Deos». — Duarte Barbosa, *Livro*, p. 325.

1552. — «Atê os seus Brammenes na religião que tinhão da Trindade de tres pessoas, e hum só Deos, que acerca dos Christãos era o fundamento de toda sua fê se conformauão com elles (perô que por modo differente)». — João de Barros, Déc. I, IV, 9.

1608. — «Introduziu hũa fingida Trindade que consta de tres monstros cujos nomes sam Bramã, Vesmu [leia-se *Vesnu*], *Rubren* [leia-se *Rudram*, forma dravídica de *Rudra*, outro nome de Xiva]». — P. Fernão Guerreiro, *Relaçam*, fl. 34.

1612. — «A estes tres chamão por vm só nome *Maha Murti*, que quer dizer os tres supremos, e affirmão serem gerados do mesmo Deos, e assi os pintão juntos vm corpo com tres rostos». — Diogo do Couto, Déc. V, VI, 4.

XVII. — «Destas tres Pessoas, que se chamão Bramá, Visná, e Mayessá [= Maexa, grande senhor», epíteto de Xiva], se compõe huma trindade, atribuindo-se a criação a Bramá, a conservação a Visná, a destruição a Mayessá, tudo isto por filosofia natural». — *Breve Relação*, p. 1.

1687. — «Tinhão noticia do misterio da Santissima Trindade, e dizem que são tres Pessoas e hum sô Deos, e segundo diuersas Seytas lhe dão diuersos nomes, e com diuersa ordem... Os deste Concão de Goa, dizem Bramã, Vixnu, e Macssu». — P. Fernão de Queiroz, *Conquista de Ceylão*, p. 117.

«E por esta rezão lhe damos hum sô nome, como he, *Maha Murti*, que val tanto como dizer, Tres Supremos nascidos da primeyra causa». — *Id.*, p. 189.

1697. — «Confundem miseravelmente o seu **Trimurti**, ou terno de naturezas realmente distintas dos tres diabos, Bremà, Vixtnú, e Messu, com a verdadeyra Trindade das tres Divinas Pessoas em um só Deos». — P. Francisco de Sousa, *Oriente Conquistado*, I, IV, 2.

XVIII. — «Tres são as pessoas distinctas, a saber Visnú, Bramá, e Mahes». — *Noticia do Gentilismo*, p. 64.

1745. — «Ajuntarão tres pessoas ou seus idolos em arremedo da Divinissima Trindade: Brackma, Bexno, Mahe: dizião que o primeiro hera natureza ou essencia do Ente Supremo: o Segundo dizião ser o seu concupiscivel, e o terceiro seu apetite irascivel». — In *Ta-ssi-yang-kuó*, I, p. 272.

1825. — «Brama, Bishnou e Chiva formam a sua trindade, á que é inherente o attributo de crear, conservar, e destruir». —José Inácio de Andrade, *Cartas*, I, p. 31.

1880. — «A **trimurti** indiana Brahmá —Visnu — Siva, correspondem na Persia Ormuz — Mithra — Ahriman». — Martins Velho, *Estudos sobre o Oriente*, p. 138.

1880. — «As principaes são: Trindade ou **trimurti** indiana». — Teixeira de Aragão, *Descripção das Moedas*, III, p. 20.

1883. — «São estas duas divindades com o grande Brehma, que formam a trindade hindú, ou **Trimurti**». — Adolfo Loureiro, *No Oriente*, I, p. 151.

1886. — «Brahmá, primeira pessoa da **trimurty**, a quem Narayana deu o poder de crear». — Lopes Mendes, *A India Portugueza*, II, p. 67.

1887. — «Abaixo de um Deus, ou «supremo espirito», — que se não revela... o brahmanismo colloca a conhecida trindade, ou **trimurti**... Estas divindades desdobram-se em numerosas encarnações ou *avatares*, conforme os fins que cada huma d'ellas se propõe realisar». — António Francisco Nogueira, *A India Portugueza*, p. 29.

1895. — «Todo o interior estava ornado de figuras, ficando ao centro o colossal **Trimurti**». — Conde de Ficalho, Col. LIV.

1898.— «**Trimurti** é o equivalente da nossa palavra *trindade*. A **trimurti** indiana compõe-se de Brahma, Vishnú e Sivah». — Oliveira Mascarenhas, *Atravez dos Mares*, p. 132.

1905. — «Vão depois todos, cada qual com uma lamparina, aos pagodes de Brahmã, Vishnum e Shiva (a **trimurty** indiana), illuminam de noite as suas residencias, interior e exteriormente». — Jerónimo Quadros, *Cartas de Diu*, p. 189.

1908. — «A **trimurty** ou trindade, compõe-se de Brahma, que cria, Vichnu, que conserva, e Siva, que destroe». — Hipácio de Brion, *A India Portugueza*, p. 29.

1912. — «Suas folhas trifoliadas são usadas na adoração de Siva, e representam a **trimurti** indiana — Brahmá, Vishnu e Mahesh ou Siva». — Caetano Gracias, *Flora Sagrada*, p. 24.

1815. — «O Deus da Allemanha não é o do Golgotha, não é o nosso, é outro, *Kolossal*, se quizerem, mas disforme, guardando de trindade ou **trimurti** indiana apenas a face que aniquila e destroe». — *A Nação*, de 14 de Março.

1916. — «**Trimourti** [forma francesa]. A trindade divina indú: Brahma, Vichnou [forma francesa] e Siva». — *O Instituto*, LXIV, p. 326.

1782. — Les Gentils en ont trois principales, Brouma, Chiven et Vichnou, qui ne font q'une... alors cette espèce de Trinité s'appelle **Trimourti** ou *Trivan*, ce qui signifie réunion de trois puissances». — Sonnerat, *Voyages*, I, p. 150

1786. — «... che Brahma, Vishnu, Shiva, era la nostra SS. Trinità». — Fra Paolino, *Viaggio*, p. 8.

1825. — «Les Indiens entendent par **Trimourty** les trois principales divinités qu'ils reconnaissent, et qui sont, Brahma, Vichnou et Siva: ce mot signifie proprement les trois puissances, c'est-à-dire, la création, attribut spécial de Brahma, la conservation, attribut de Vichnou, et la destruction, attribut de Siva». — P. Dubois, *Mœurs*, II, p. 137.

1825. — «It has been generally supposed a representation of the **Trimurty**, or Hindu Trinity, Brahma, Vishnu, and Siva». — Heber, *Narrative*, II, p. 137.

1836. — «Dans leur **Trimourty** (ou triple forme, espèce de trinité) quelques Balinais remplacent Vichnou par Souara, qui paraît répondre à Varouna, le dieu des eaux dans l'Hindoustan». — Rienzi, *Océanie*, I, p. 197.

1883. — «The most striking of the sculptures is the famous colossal three faced bust, or **trimurti**, at the back of the cave, facing the entrance. This is a representation of Siva in his threefold character of Creator, Preserver and Destoyer» [em Elefanta]. — Hunter, *The Imperial Gazetteer*, IV, p. 342.

1918. — «The principal of these [analogias] was the Hindu **Trimurtti** or three-fold image of Brahma, Vishnu and Siva... This does not form part of the early Hinduism, and is one of the forms which were developed under Tantric influences in the Middle Ages. This the Portuguese took for a representation of the Trinity». — Longworth Dames, *The Book of Duarte Barbosa*, I, p. 115.

**TRIPANGO** (ou, melhor, *tripão*). Nome malaio, *tĕripang*, do *bicho-do-mar* (q. v.), introduzido modernamente, à imitação dos escritores estrangeiros. Conforme a transcrição dos nossos indianistas antigos, o vocábulo teria em português a forma *tripão*.

1852. — «O ganho da pesca de peixe **tripang**, que vai para fóra, é muito lucrativo em Celebes: os negociantes hollandezes entram activamente n'esta especulação». — *O Panorama*, IX, p. 96.
1908. — «. . . os translucidos, tremulos, fugidios matizes de myriades de zoóphitos e molluscos, Asterias de purpura e anil, Holuthurias negras (**tripang**), todo o muro da restinga longitudinal de coralliarios». — Alberto O. de Castro, *Flores de Coral*, p. 193.
1770. — «On en tire un peu d'or, beaucoup de ris, de la cire, des esclaves et des **tripams**». — Raynal, *Histoire*, I, p. 158.
«Le **tripam** est une espece de champignon qui a la forme de cevelet. Sa rondeur et sa noirceur décident de sa perfection». — *Id.*, p. 196.
1834. — «. . . et ces **tripans** qui ornent la table des sybarites du céleste empire». — Rienzi, *Océanie*, I, p. 5.
1854. — «Et ils font un article de commerce de biches de mer, qu'on appelle **tripan**, et qui appartient aux genres holuturia et actinia». — *Apud* Jancigny, *Indo-Chine*, p. 506.
1908. — «The **Tripang** is highly esteemed as an article of food by the Chinese and Javanese epicures. Minced down it is made into a thick gelatinous soup. It is seldom used by the Europeans in India, but it is reported to be a favourite article of diet with the colonists of Manilla». — Watt, *The Commercial Products*, p. 123.

* **TU** (chin. *tú*). Bote chinês.

1896. — «Estacionam sempre nas aguas de Macau mil e oitocentas a duas mil embarcações pequenas, denominadas *sommas, tammões*, **tus**, *taitós*». — Adolfo Loureiro, in *Bol. S. G. L.*, xv, p. 41.

**TUACA**. Vinho extraído de várias palmeiras da Malásia. Do mal. *tuāq* ou *tuvāq*. O termo é corrente em toda a família malaia, incluindo o malgache (língua de Madagáscar). **TUAQUEIRA** é uma das palmeiras que dão *tuaca*.

c. 1560. — «O vinho a que chamão **Tuacaa** e *Sado*, sempre á ilharga, o qual é tirado do olho de *Çagueira* e de *Nipeira*, e algum das palmeiras parece todo soro». — Gabriel Rebêlo, *Informação de Maluco*, p. 152.
1563. — «Ao qual licor elles chamão **Tuáça**: e bebido em fresco, segundo dizem os nossos que vsão delle, hé sadio e engorda muito, e o sabor he doce e gostoso». — João de Barros, Déc. III, v, 5.
1613. — «Do lycor da palma [nipeira], ou gôttas da flor cortada, a que chamão **Tûaca** recolhida em vaso de barro bem coberto no bocal, se muda em outro vaso mayor de barro, onde com lambique se estila com fogo lento, até se converter a **tuaca** em vinho branco de Nypa, que he ho mais prezado entre Malayos». — Manuel G. de Erédia, *Declaraçam de Malaca*, fl. 19.
1701. — «Bebem **tûaca**, vinho ordinario daquelle Archipelago, que he o suco das palmeiras bravas, e vem a ser o mesmo que nipa da India, distillada das palmeyras mansas». — P. Francisco de Sousa, *Oriente Conquistado*, II, II, 1.
1843. — «1.ª gabueira; 2.ª **tuaqueira**; 3.ª palmeira de gamute». — *Annaes Maritimos* (parte official), p. 82.
1868. — «. . . e muita aguardente de canna, a que chamam *cannissa* ou **tuaca**, bebida extrahida de uma arvore que se chama **tuaqueira**». — *Annaes do Conselho Ultramarino*, IV, p. 34.
1881. — «Abundam na ilha cinco qualidades de palmeiras silvestres, conhecidas com o nome de Gaboeira, **Toaqueira**, Gamuto, Valuiú e Rumbia. . . Os indigenas tiram destas cinco palmeiras uma especie de licor branco, a que chamam **toaca**, e que bebem». — José Vaquinhas, *Timor*, in *Bol. S. G. L.*, II, p. 738.
1908. — «**Tuaca**, vinho de seiva de palmeira, de *Tuaca*». — Alberto O. de Castro, *Flores de Coral*, p. 189.
1588. — «E da rami della medesima pianta sminuzzati per mano d'intendenti artefici esce fuori vn liquore candido, che chiamano volgarmente **Tuaca**, buono a tor via la sete, e ha molto grato sapore, e gioua alla sanità». — P. Maffei, *Le Istorie*, p. 200.
1690. — «Malaicensibus **Toacca**, ac nostratis *Touwak*, Amboinensibus et Timorensibus *Tua*». — Rumphius, *Herbarium Amboinense*, I, cap. 9.

* **TUÃO**. Senhor, senhora; amo, ama, na Malásia. Do mal. *tuan*. É também *pronomen reverentiae*.

1511. — «Faz regedores e governadores da cidade, sob o mando do capitão. . . e **Tuão** Colascor dos estrangeiros». — Gaspar Correia, *Lendas*, II, p. 267.
1540. — «Affirmava que se não avia por segura naquella terra, por lhe dizerem que hum **Tuão** Xerrafão, homem muyto principal nella, tinha jurado de lhe pôr o fogo á casa». — Fernão Pinto, *Peregrinação*, cap. 34.
1552. — «Ya por seu capitão mór hũ valente mouro chamado **Tuão** Barcalão» (em Maluco). — Castanheda, *Historia*, VIII, cap. 66.
1553. — «Esta denotação — **Tuam** — he como cá dizemos *Dom*, e este se poem ante do nome proprio da pessoa». — João de Barros, Déc. II, VI, 3.

1602. — «Mandou chamar Sinaya de Raya, que logo foi com hum enteado sêu chamado **Tuão** Mafamede». — Diogo do Couto, Déc. IV, v, p. 9.

1613. — «Hia por capitão **Tuão** Mafamede homem principal de Malaca de muito esforço e experiencia, e muyto nosso amigo». — Francisco de Andrada, *Chron. de D. João III*, I, fl. 8.

1613. — «O Imperio dos Malaios começou em Pattam por **Tuão** Malaio, Primeiro Emperador». — Manuel G. de Erédia, *Informação da Aurea Chersoneso*, p. 76.

1634 :

«... E, declarada a guerra
Os mais despede, e com **Tuão** se encerra».
F. de Meneses, *Malaca Conquistada*, VI, 85.

* **TUASSABO** (teto *tua-sabo*). Nome da aguardente de *tuaca*, em Timor.

1916.—«O luto dá-se por acabado quando todos os membros da familia se reunirem com bufalos, porcos, arroz e vinho de **Tuassab,** o que tudo poderá levar a adquirir tres ou quatro meses, conforme os haveres de cada hum, sendo tudo comido nessa ocasião e que pode durar uma semana». —*Diario de Noticias*, de 13 de Fevereiro.

**TUCÃO** (mal. *túkam*). Artífice, oficial, na Malásia.

1540. — «Adorasse hum idolo, que o seu **Tucão,** mestre do junco levava numa arca». —Fernão Pinto, *Peregrinação*, cap. 46.

**TUDUM.** «Dá-se êste nome em Macau, e também o de *dó*, a uma capucha preta, que é usada pelas senhoras. O primeiro é de origem chinesa, ao que parece». Gonçalves Viana (*Apostilas*). Não é de origem chinesa, mas malaia, *tudung*, «véu, bioco».

**TUFÃO.** Ciclone, furação, borrasca, nos mares do Oriente, em especial nos da China. Tratei desenvolvidamente do assunto na *Influência*. Os portugueses não derivaram o vocábulo do grego *typhōn*, que normalmente deveria dar *typhão* ou *tifão*, nem, com muita probabilidade, do chin. *ta-fung* ou *t'ai-fung*, «grande vento» (*tai-fū* em japonês), mas do árabe *tufān*, de que é transcrição exacta. Yule presume que Vasco da Gama e os seus companheiros receberam a palavra *tufão*, bem como *monção*, dos pilotos árabes. V. *Glossário Anglo-indiano*.

1500. — «Veio hum **tufão** de vento tão forte [na África] e tão de subito por diante, que o não percebemos senão quando as velas ficarão cruzadas nos mastros».—*Navegação de P. A. Cabral*, cap. 3.

1540. — «A qual tormenta os Chins chamão **tufão**». — Fernão Pinto, *Peregrinação*, cap. 50.

«Nos deu hum vento do sul a que os chins chamão **tufão**». — *Id.*, cap. 79.

1565.—«As tormentas dos **Tufões** que sam hũs ventos, nunca taes se virão». — *Cartas de Japão*, I, fl. 172.

1569. — «De maneira que este vento chamam na China **Tufão,** e venta muitos annos hũa soo vez no anno». — Fr. Gaspar da Cruz, *Tractado da China*, cap. 29.

1607. — «Ouue em algũas partes e Reinos por duas vezes em estes dias as mais brauas e horrendas tempestades ou **tufoens,** como lhe chamam». — P. Fernão Guerreiro, *Relaçam*, fl. 3.

1608. — «Leuantandose hum **Tufão,** dos que neste mar costuma auer, no dia do nosso Beato Padre Ignacio, foi crescendo de sorte, principalmente de noite, e com tão brauas e horrendas ondas, encapeladas, e cruzadas hũas com outras, e tão altas, que pareciam serras, que nom dauam lugar aos officiaes para marear, e se poderem ajudar de velas». — *Id.*, fl. 107 *v.*

1612. — «Deu-lhe hum tempo muito grosso, a que os naturaes [de Chincheu] chamão **Tufão,** que he tão soberbo e feroz, e faz tantas brauezas e tormentos...». —Diogo do Couto, Déc. V, VIII, 12.

1613. — «Sebreueo temporal e fortuna de ventos **Tuphon,** que impede a Entrada do Sabbo».—Manuel G. de Erédia, *Declaraçam de Malaca*, fl 55.

1634. — «Saltou hum grande temporal que he temporal que chamão corruptamente **Tufão** de nome sinico *Tayfum*, e Japonez *Tayfu*, idest grande vento». — *Hist. da Egreja do Japão, apud* Cristóvão Aires, *F. M. Pinto e o Japão*, p. 135.

1679. — «Todos os espaços, e salas, portas, e portaes, e mais casas de que até agora falamos, estão cubertas de telhas grandes, e grossas, pregadas com pregos para resistirem á furia do **tufão,** que he grande o vento nesta Corte [de Pequim], todas vidradas de amarello, verde, e azul». — Fr. Jacinto de Deus, *Vergel*, p. 259.

1694. — «De todos os mares até agora navegados se tem achado, ser mais tempestuoso, o que corre entre Japão, e Cochinchina pelos crueis **Tufõens** que nelle frequentemente se encontrão. Gira-se este furiosissimo vento; segundo a opinião mais provavel, de fluxo, e refluxo das agoas, que correm entre as quase innumeraveis ilhas lançadas por todas as costas da China: e começando ordinariamente a assoprar pela parte do Noroeste, vay sempre crescendo com mayor, e mayor impeto, com o qual corre todos os rumos na agulha no espaço de vinte e quatro, ou de quarenta, e oito horas». — *Noticias da Cochinchina,* p. 138.

1697. — «Em vinte e quatro horas corre o **Tufão** os rumos, e quartas da agulha, começando do Noroeste, e confundindo ao mesmo tempo muitas tempestades, encadea as correntes com hum intrincado labyrinto de mares, que faz perigosissima a navegação». — P. Francisco de Sousa, *Oriente Conquistado,* I, I, 1.

1883. — «Soube depois que tinha havido um pequeno **tufão,** que fizera muito poucos estragos, mas sob cuja influencia nos achamos». — Adolfo Loureiro, *No Oriente,* I, p. 280.

1896. — «Os estudos dos **tufões,** ou dos *tai-fung,* como lhes chamam os chins, era-me duplamente interessante». — *Id.,* in *Bol. S. G. L.,* XV, p. 52.

1898. — «**Tufão**. Dá-se este nome aos cyclones ou furacões de pequeno diametro e grande violencia que apparecem nos mares do S. E. da Asia, na epocha em que a monção de NE. passa bruscamente para SO.». — Joaquim C. Crespo, *Cousas da China,* p. 163.

1904. — Em japonez chamam-lhe [ao **tufão**] *tai-fun.* Não será esta a verdadeira origem da palavra?». — Ladislau Batalha, *O Japão por dentro,* p. 6.

1912. — «Um **tufão** destroe [na China] cidades e mata 50:000 pessoas». — *Diario de Noticias,* de 22 de Setembro.

1917. — «Devido ao **tufão** e chuva estiveram ancorados no porto de Mormugão, no dia 20 do mês findo, quasi 30 *patamarins* estrangeiros». — *O Ultramar,* de 18 Outubro.

1918 — «Causam por vezes estragos consideráveis em Macau os violentos **tufões** do mar da China, que vem do SE. São mais frequentes nos meses de agosto, setembro, e outubro». — Fortunato de Almeida, *Portugal e as Colónias Portuguesas,* p. 290.

1582. — «**Tifoni** chiamano un'altra affezione molto più periculosa, al parere loro. Questo è un vento furiosissimo, il quale in molto poche hore gira tutto l'orizzonte, e guai a quelle navi che è trova con le vele alzate, perchè le sommerge senza remedio». — F. Sassetti, *Lettere,* p. 173.

1635. — «Narrant Lusitani, circa idem tempus in via, qua a Malacca ad Iaponiam nauigätur, inauditas seviisse tepestates, furentibus ventis quos **Tuffones** vocant, qui aliquot diebus continuis mare inquietauerunt, ab aquilone in subsolanum grassantes, non sine pernicie plurimorum nauium». — *India Orientalis,* XII, p. 133.

1640. — «Una tormenta de viento, que llaman **Tufan,** a cuyo furor cayeron casas, y bolaron arboles; perdieronse baxeles, y ahogaronse Poblaciones com mas de dozientas personas». — P. Semedo, *Imperio de la China,* p. 290.

1836. — «Les **typhons** n'existent que dans cette partie de la Malaisie, et, ainsi qu'en Chine, ils occasionnent les plus graves ravages; mais ils purifient l'air, chassent les bruillards et les vapeurs qui s'élèvent des forêts et des marais durant la saison de pluies». — Rienzi, *Océanie,* I, p. 285.

1898. — «Pues con frecuencia se experimentan en ella los más violentos **tufones** que destruyen casas y causan innumerables naufragios». — Alfredo Opisso, *La Raza Amarilla,* p. 6.

1898. — «The word **Typhoon,** as at present used, is really Chinese... But it has been confused with *typhon,* a word of different origin, but with almost identically the same sense». — Skeat, *An Etymological Dictionary.*

1919. — «The frequent final guttural nasal *ṅ* of Chinese has always been reproduced by the Portuguese by a nasalized vowel of diphthong; for instance **tufão,** given by Fernão Pinto as a Chinese term, where *fão* corresponds to Chinese *fuṅ* («wind»), *tutão* reproducing Chinese *tu-t'uṅ* («Lieutenant-General)». — Berthold Laufer, *Sino-Iranica,* p. 557.

* **TUIEN** (chin. *tu-hien*). Governador, na China.

1729. — «Logo o Senado fez aviso por meio dos tribunaes, e Ministros inferiores, como he costume na China, ao **Tu yuen** de Cantão, a quem nós os europeus chamamos Vice-Rey». — *Apud* Júlio Biker, *Collecção de Tratados,* VI, p. 73.

* **TUIENGIA.** Embarcação pequena de Tonquim. Do tonq. *thuyĕn chiéc.*

1650. — «41 **thuyengias** (são suas embarcações mais capazes que as nossas galés)». — António F. Cardim, *Batalhas,* p. 217.

* **TUYXIVAN.** Reitor dum templo budista, na Indo-China. Do birm. *thin'-oke-hsa-yah.*

1545. — «Fomos aquelle dia, quasi noite, dormir a huns estudos, que chamavão Guatipamor, em hum pagode por nome Naypatim, nos quaes os Embayxadores ambos forão bem agasalhados pelo **Tuyxivan** da casa, que era Reitor delle». — Fernão Pinto, *Peregrinacão,* cap. 126.

**TULÔSSE.** É um arbusto indiano, da família das labiadas — *Ocimum sanctum,* Linn., muito parecido com o mangericão. Os hindus veneram-no e plantam-no defronte de suas casas ou nos saguões em um pequeno canteiro quadrangular. «As folhas são expectorantes, e a semente é mucilaginosa e demulcente». D. G. Dalgado, *Flora*. Do conc. *tulas* < sânsc. *tulasī*.

XVII. — «Argumento da adoração de huma moita chamada **Tulassi**, que dizem se converteo nelle a mulher de Cusná chamada Ruquminny, e a tem por Deosa». — *Breve Relação*, p. 17.

1701. — «Adorão estes gentios o mangericão, porque não faltàrão no Indostan Ovidios, que souberão fingir mil transformações, e entre ellas, que as cinzas do deos Vixnû, e da deosa Urzuda sua concubina, cujos corpos foram juntamente queimados, se convertèrão em mangericão, e resuscitando Vixnû se casou com o mangericão, repudiando sua primeyra mulher chamada Lacxime».—P. Francisco de Sousa, *Oriente Conquistado*, II, I, 1.

1736. — «Mandamos aos ditos naturaes da India... que não tenham nos quintaes das suas casas, nem nos *anganans*, nem em seus palmares e fazendas, a planta chamada **Tulossi**». — A Inquisição de Goa, *apud* Lopes Mendes, *A India Portugueza*, I, p. 258.

1738. — «... se dirigirá ao tanque do pagode, dando a direita á peanha de **tulôssi**».—In *O Oriente Portuguez*, II, p. 262.

1842. — «Veneram a planta chamada **Tulosse**, por dizerem que é do pateo dos Deoses, e por isso é commum no pateo de suas casas, e todas as manhãs lhes vão tributar veneração». — *Annaes Maritimos*, p. 453.

1864. — «**Tulossy** é uma planta da familia das labiadas que todos os gentios têem em frente da porta principal, ou no centro dos pateos no interior das casas, e a qual adoram, por supporem que Vishnum reside constantemente na sua raiz». —Lopes Mendes, in *Annaes do Conselho Ultramarino*, VI, p. 69.

1873. — «Em toda a casa do gentio se encontra o **Tolossi**, arbusto sagrado que recebe as maiores attenções e os maiores cuidados da familia». — Tomás Ribeiro, *A Indiana*, p. 77.

1878. — «**Tulôs**... — Especie de mangericão. Arbusto venerado pelos hindus, que o plantam geralmente junto das suas habitações. Em varias localidades acredita-se que é a metamorphose duma mulher». —Cristóvão Aires, *Indianas e Portuguezas*, p. VII.

1890. — «O filho mais velho introduz na bôcca do moribundo um pouco de ouro, agua lustral, e uma folha de **tulussi**». — António de Almeida Azevedo, *As communidades de Goa*, p. 33.

1901. — «Os casamentos dos hindus realizam-se depois da cerimonia de casamento do arbusto **Tullosse**, que tem lugar no mês de novembro». — José Pinheiro, in *Bol. S. G. L.*, XX, p. 58.

1906. — «**Tulâsse**... O mangerico santo — *Ocimum sanctum*, plantado sobre um altar quadrangular em forma de ara romana, á porta dos templos e moradas de hindus, ou nos *tchoukis*» (pátio interior).— Alberto O. de Castro, *A Cinza dos Myrtos*, p. 203.

1908. — É uso entre os gentios a incineração, por isso não ha mausoleus, limitando-se a plantar no logar da queima a arvore **Tulossi**, pela qual tem grande veneração». — Hipácio de Brion, *A India Portugueza*, p. 29.

1912. — «O mysterio de **tulsi** é o mysterio do Creador». — Caetano Gracias, *Flora Sagrada*, p. 90.

1674. — «... having a little place or two built up a Foot Square of Mud, where they plant Calaminth, or (by them called) **Tulce**, which they worship every Morning, and tend with diligence».—Fryer, *East India*, II, p. 129.

1825. — «Le **touloçhy**. Cette plante se trouve partout dans les lieux sablonneux et incultes; elle est une des espèces de basilic cultivées en Europe; les brahmes la regardent comme la femme de Vichnou et l'honorent en cette qualité». — P. Dubois, *Mœurs*, II, p. 448.

1885. — «The *sáligram* (often an ammonite or curved stone) and the **tulasi** plant are the insignia of Vishnuism, as universally as the *linga* is of Sivaism». — Hunter, *The Imperial Gazetteer*, VI, p. 206.

* **TUMBÓ** (conc.). Duas plantas indianas da família das labiadas — *Leucas linifolia*, *L. aspera*, Sprang. «As folhas de ambas as especies são usadas em fomentações contra as contusões, etc.; internamente, são consideradas expectorantes e diaphoreticas».—D. G. Dalgado, *Flora*.

* **TUMECIEN.** Moeda chinesa de cobre, do valor de pouco mais de meio rial; o mesmo que *sapeca*. Do chin. *tung-tsian*, «moeda de cobre».

1729. — «Não tem os Chinas nem os Tartaros mais moeda que huma de cobre, a que chamam **Tumcien**, e corresponde a hum nosso real e nem sempre, em todas as Provincias tem o mesmo valor a moeda dos Chinas».—*Apud* Júlio Biker, *Collecção de Tratados*, VI, p. 165.

1898. — «Não tinha tido durante tantos seculos como moeda corrente senão a sapeca, pequena moeda de cobre a que os chinezes chamam **Tsien**». — Joaquim C. Crespo, *Cousas da China*, p. 154.

**Tumungão.** V. *tamungo*.

**TUNDIÁ.** Figura o termo nos *Commentarios de Afonso de Albuquerque* no sentido de «peso ou moeda de

Malaca»; mas não sei se está correcto. Se está pelo mal. *hundia*, equivaleria à décima parte de *maz*, q. v.[1].

1557. — «Pareceo a todos bem que a moeda douro pezasse hum quarto de **tundiá**, que tem de valor mil reis antre nos... Assentáram, que a moeda de prata se chamasse Malaqueses, e que tivesse o mesmo pezo de quarto de **tundia**». — III, cap. 32.

**Tundo.** V. *tondo*.

***TUNES** (teto *túnis*). É uma espécie de ervilha de Timor. «Este termo designa principalmente uma planta indigena que produz bagens parecidas com a ervilha da Europa». Rafael das Dores.

1862. — «**Tunis** — Legume muito nutritivo». — *Annaes do Conselho Ultramarino*, III, p. 43.

1883. — «A principal cultura é o milho, feijão, batata doce, amendoim, **túnes** e abobora». — José Vaquinhas, *Timor*, in *Bol. S. G. L.*, IV, p. 310.

***TUŊGAVALE** (ant.). Festividade hindu, no Malabar: o mesmo que *divali*, q. v. Do malaiala *tūngāvali*, «alâmpada pendurada».

1605. — «Os Bramanes de hum Pagode que ahi está feito, dauam hum grande banquete a todos os passageiros, e faziam certas cerimonias e superstições a que chamauam **Tongaválle**». — P. Fernão Guerreiro, *Relaçam*, fl. 113.

***TUNQUIM.** Diz-nos Filipe Néri Xavier que é um tecido chinês, «amarello e arrugado», que se importava em Goa no seu tempo. Creio que é uma variedade de *ganga*, e que o seu nome indica a terra da sua procedência.

1866. — «A sua (do *murindo*, q. v.) casca exterior é amarella e arrugada, pelo feitio das fazendas da China, *chumungo* e **tunquim**». — *Descripção do Coqueiro*, p. 23.

***TUPACATI** (conc. *tupkāṭī*). É uma planta malvácea — *Sida Mysorensis*, W. & A. É muito mucilaginosa e um dos melhores emolientes.

1866. — «Temos o **Tupcaty**, que já hoje é empregado pelos nossos medicos, nas pneumonias, como expectorante, e dizem que com vantagem». — *Archivo de Pharmacia*, III, p. 6.

***TUPETI.** Pano grosso de algodão, que se tece em Ceilão, e de que se veste a gente pobre da cintura para baixo. Do sing. *ṭupaṭṭi*, tam. *duppaṭṭi*.

1687. — «... acudindo ele somente com hũa beatilha, e hum **tupetî**, em reconhecimento que he outro pano groço, e de menos couados, com que se vestem; e sô esta penção tributão hoje ao de Candia». — P. Fernão de Queiroz, *Conquista de Ceylão*, p. 15.

«Como o nosso oficio era tecer panos, pagauamos hum **tupotim** cada ano». — *Id.*, p. 841.

«... os **Tupetis** (panos com que se cobrem), enxadas, cocos, azeyte, galinhas, manteiga, e o mais». — *Id*, p. 850.

1914. — «Our profession was the weaving of cloth and therefore we paid a **tuppotti** a year». — P. E. Pieris, *Ceylon*, II, p. 226.

***TUQUÃO; TUSSU** (chin. *tu-vâng*, *tu-sz'*). Régulo quási independente de tríbus aborígenes, não assimiladas, na China.

1668. — «A estes Senhores absolutos chamão os Chinas **Tusu** ou **Tuquam**, que quere dizer Mandarim da terra, porque como elles tem para si, que não ha no mundo outro Rey, outro Emperador senam seu, não lhes dão os taes titulos, só por distinção; mas somente os de officiaes, e Mandarins». — Fr. Jacinto de Deus, *Vergel*, p. 164.

**TURBITO** (bot.). O *turbito* vegetal branco é a raiz purgativa de *Ipomoea turpethum*, Br. O étimo é o ár. *turbedh* (persa *turbud*), latinizado em *turpethum*, o qual se prende ao sânsc. *tripuṭa*; em conc. *trivrīt*. «O *turbith* preto suppõe-se ser a raiz de *Lettsomia artopurpurea*, Clarke». D. G. Dalgado (*Classificação Botanica*, p. 29). «O *turbith* é considerado pelos medicos indianos, tanto pelos *hakims* mussulmanos, como pelos *vidyas* [leia-se *vaidyas*] gentios como sendo um dos seus mais poderosos catharticos ou drasticos, purgando sobretudo a bilis e o humor phleugmatico». Conde de Fica-

---

[1] O Sr. Carlos Beretta (de Macaçar) informa-me simplesmente que é «um pêso de Malaca».

lho. Garcia da Orta trata de *turbit* no Col. LIV.

1516. — «**Terbit** vem de Mandeo, e dahi vem ter a Cambaya: nom he muito bom ho de qá; milhor he o de Torquia». — Tomé Pires, *apud* Cardeal Saralva, VI, p. 421.

1565. — «Quis se metesse a bolsa da pedreria e perolas da madre que galeaço leuaua, no fundo de hũa caixa sua de **turbit**». — *Itinerario* de Mestre Afonso, in *Annaes Maritimos* (1845), p. 31.

1843. — «Os medicos boudhistas debicam com a *ginseng* como La Roy debicou com a raiz de **turbith**». —José Inácio de Andrade, *Cartas*, II, p. 51.

1510. — «**Turbetti**, galanga, spico nardo, assa fetida, & lacca». — Barthema, *apud* Ramúsio, fl. 157.

1513. — «Scamonee: **Turbit:** cubebe: e conducono in la persia e di li eran conduti in Alexandria». — *Apud* Gubernatis, *Storia*.

1578. — «**Turbit** assi llamado de nosotros por cuya falta algunas vezes boticarios curiosos y de buena consciencia dexan de hazer Diafenicon ... es llamado de los Arabes, Parsios y Turcos por el mismo nombre». — Cristóvão da Costa, *Tractado*, p. 302.

1610. — «... quales son, el vero Amomo Rabarbaro, spica, sene, costo, Castoreo, **Turbit,** y otros mil». — Pedro Teixeira, *Relaciones*, p. 179.

**TURCOL.** Templo, pagode, no Malabar. Do malaiala *tiru-kōvil* ou *tiru-koyil* do tam. *tiru* < sânsc. *çri*, «santo», e *koyil*, «templo».

1552. — «Per emenda de meus pecados quero acabar meus dias em hũ **turcol** .. e foyse meter em hũ **turcol** com algũs Bramenes que leuaua cõsigo». — Castanheda, *Historia*, I, cap. 86.

1566. — «Se logo mandasse fazer hum **Turcol** no lugar que elles lhe dissessem, que sam casas doração, em que vivem homens religiosos, como entre nós frades ...». —Damião de Góis, *Chronica de D. Manuel*, I, cap. 89.

1721.—«**Turcol**... São hũas casas de oração, em que vivem homens religiosos como entre nós Frades». — Bluteau.

* **TURFULIM** (ant.). É um tecido indiano, não se sabe de que espécie; mas se o étimo é o persa-ár. *ṭarafain*, seria idêntico em côr de ambos os lados.

1601. — «**Turfulins** e *Mexelins*, hão de ter tres covados e huma terça de comprido, covado e terça de largno». — *Carta de Lei*, in *Archivo*, VI, p. 744.

**TURGIMÃO.** Intérprete, língua. Do ár. *tarjumān*, que se prende ao aramaico *targĕmān*, *metargĕmān*. O vocábulo *dragomano* também tem a mesma origem, por intermédio do baixo látim *dragomanus*.

1565. — «O que mais enfadaua era buscar **trusimão** que lhe declarasse os remedios que lhe ensinaua que nunca os acabauão de declarar». – *Itinerario* de Mestre Affonso, in *Annaes Maritimos* (1844), p. 227.

1593. — «Mandarão recado a Jerusalem ao Vigario do Convento de S. Salvador; para que viesse com o **Turcimão** e guardas, que comnosco havião de ir».—Fr. Pantaleão de Aveiro, *Itinerario*, p. 77.

1663. — «O **turgimão** (que é o lingua em turco e arabigo) levava duas pistolas e uma clavina».—P. Manuel Godinho, *Relação*, p. 142.

1739. — «Em S. Salvador está determinado hum Religioso, e alguns **Troiximães** para administrar constantemente a todos os Turcos, que a elle vem em grande numero». — Fr. António do Sacramento, *Viagem Santa*, I, p. 148.

1894. — «O **turgimão** e a bailadeira fugiam de comunicar com elles». — Lopes de Mendonça, *Os Orphãos de Calecut*, p. 191.

1604. — «Each has his **turgimen,** or interpreter, paid from common funds». — Pedro Teixeira, *The Travels*, p. 118.

* **TURMA.** Antiga moeda siamesa de prata, equivalente a 12 cruzados no tempo de Fernão Mendes Pinto. Se o étimo é, como suponho, o siam. *tăm-lŭng*, *turma* representaria 4 *ticais*, mas o seu valor seria ao presente muito inferior ao dado pelo autor, pouco mais de 20:000 réis.

1548. — «Sinco mil **turmas** de prata, cada anno, que fazem da nossa moeda sessenta mil cruzados». — *Peregrinação*, cap. 182.

«... lhes mandou dar mil **turmas** de prata, que são doze mil cruzados da nossa moeda». — Cap. 183.

1879. — «A moeda de dois ticais não tem nome especial, a de quatro denomina-se **tam-lung**. Uma e outra, ainda mesmo das modernas, apparecem no giro rarissimas vezes». — A. Marques Pereira, *Moedas de Siam*, p. 19.

* **TURUNANCE.** Chefe dum convento búdico, em Ceilão. Do sing. *thera-unnance*, páli *thero* < sânsc. *sthavira*. Cf. *maturance*.

1687. —«No exterior professão castidade; se os colhem em culpa, os seus **Tu-**

**runances,** que são os seus Bispos, e os Superiores dos Conventos os despedem... Os **Turunances** não sobem a esta dignidade, senão depois de 25 annos de *Ganez*, para a qual são apresentados pelo Rey, confirmados pelo Maturance de Arração». —P. Fernão de Queiroz, *Conquista de Ceylão*, p. 89.

«Nesta Roma gentilica entrou o S. Xavier; e logo procurou ver se com o **Turúnanse;** e posto que o diabo interpôs alguns impedimentos, breuemente se ueio com este seu ministro, homem de 40 anos, penitente de boa indole, e capaz de boa doutrina... O Santo... inclinando tanto o animo de **Turunanse** ás verdades que propunha, com o dobrado espirito, que o acompanhaua». — *Id.*, p. 187.

* **TURUBO** (mal. *tĕrubo*). Ovas do peixe *Clupea kanagurta*.

1613. — «Bencales he hum pequeno Porto de fermosos Saueis, que brotam as ovas chamadas **Turubos** de Bencales». — Manuel G. de Erédia, *Informação da Aurea Chersoneso*, p. 106.

1616. — «Acharam cinco ou seis *mãos* de arroz, e algumas ovas de peixe seccas, a que os Malaios chamam **trubos,** que era mantimento dos marinheiros que iam no batel».—Diogo do Couto, Déc. X, III, 13.

**TUTANAGA** (mais correcto), **tutinagā**, **tutunaga** (indo-ingl. *tutenag*, *tootnague*, indo-fr. *toutenague*). Cobre da China; ou *cobre branco*, q. v. (*pai-tung* em chinês); zinco. Parece que o étimo imediato do vocábulo é o tam. *tattānagam*, «zinco», do persa *tūtiā-nāk*, «óxido de zinco».

1613. — Tambem traziam muita somma de manilhas de *calaim* ou **tutunaga** e de latão mui fermoso». — P. Luís Mariano, *Relação*, in *Bol. S. G. L.*, VII, p. 336.

1619. —«Não corrã nesta cidade mais *bazarucos* de calaym ou **tutunaga** que aquelles que notoriamente se conhecerem que são feitos na moeda de S. Magestade». — *Alvará* do vice-rei, in *Archivo Port.-Oriental*, VI, p. 1176.

1634. — «E todas as mais drogas do sul, cravo, noz, massa, e tambem as da China, como páo, louça, **tutinaga»**. — António Bocarro, *Livro*, IV, p. 34.

1721. — «**Tutunaga**. He hum Estanho da China, mais subido, que Calaim. Assemelha-se muito á prata». — Bluteau.

1724. — «Ha tambem todo o genero de metaes, como cobre, ferro, aço, **tutonaga**, salitre, e azougue». — *O Chronista de Tissuary*, IV, 25.

1850. — «Tinha-se mandado cunhar [o bazaruco] de calaim, **tutanaga,** cobre, bronze, e prata». — F. N. Xavier, *O Gabinete Litterario*, IV, p. 229.

1880. — «As moedas de calaim e **tutenaga** deixaram de ter curso na India portugueza, com excepção de Diu».—Teixeira de Aragão, *Descripção das Moedas*, III, p. 100.

1900. — «**Tutunaga, Tutenaga** ou **Tutnaga**. Esta palavra de origem asiatica, mas cuja etymologia exacta desconheço, foi primeiramente applicada pelos portuguezes ao metal ou liga natural de metaes oriunda das minas de Honan, conhecida tambem por *zinco chinez*, mas em que não entra zinco, como affirma De Guignes, mas sim ferro, chumbo e bismutho. Depois tornou-se extensiva pelos estrangeiros a ligas de cobre chinezas». — Cristóvão Pinto, in *Ta-ssi-yang-kuó*, I, II, p. 11.

1905. — «Cobre, latão, calaim (estanho), **tutanaga** que vem de Goa haveado despacho da alfandega onde paga...». — Ernesto Fernandes, *Regimen do Sal*, in *Bol. S. G. L.*, XXIII, p. 285.

1910. — «A **tutunaga** em Surrate custava 9 1/2 rupias á *mão*». — António Francisco Moniz, *Hist. de Damão*, III, p. 312.

1637. — «Porcelana, azogue, cobre y estaño; **totunaga,** bermejon, salitre, açufre». — P. Semedo, *Imperio de la China*. p. 8.

1666. — «On voit dans cette Ville, un certain métal appellé **Tutanac,** qui approche de l'étain, mais qui est beaucoup plus beau et plus fin; et souvent on le prend pour de l'argent».—Thevenot, *Voyages*, III, p. 140.

1673. — «.. Quicksilver, **Tuthinag** and Copper».—Fryer, *East India*, I, p. 219.

1735. — «De la **toutanaque** (c'est un métal qui tient de la nature du fer et de l'étain) qui produit aux Marchands cent, et quelquesfois cent et cinquante pour cent». —P. Halde, *Description de la Chine*, I, p. 172.

1782. — «On a cru aussi qu'il [calaim] était le **toutenague** des Chinois; mais ce dernier métal n'est pas naturel, et est formé par un mélange de calain et de cuivre». — Sonnerat, *Voyage*, I, p. 102.

1854. — «.. et fournit un étain pur et riche (le *calin* do Portugais), très-estimé, selon lui, dans le commerce. Il parle aussi de l'alliage dont cet étain est la base et qui est connu sous le nom de **tutenague**». — Jancigny, *Indo-Chine*, p. 399.

1918. — «*Tutia*, here used, is the older form of the word from the Persian *tūtiya*. The later form **tutanaga** is the origin of the English *tutenag*. The Portuguese used it for coins at Goa, a practice followed by the East India Company in the early eighteenth century, in certain coins struck at Bombay». — Longworth Dames, *The Book of Duarte Barbosa*, I, p. 154.

1919. — «The Chinese have a peculiar alloy of copper consisting of copper 40.4, zinc 25.4, nickel 21.6, iron 2.6, and occasionally some silver and arsenic. It seems white or silver-like in the finish, and is hence called *pai-t'uṅ* («white copper» [vid. *cobre branco*]). In Anglo-Indian it is *tout-uague* (Tamil *tutunagam*, Portuguese **tutanaga**». — Berthold Laufer, *Sino-Iranica*, p. 555.

* **TUTANQUI.** Moeda de prata que corria antigamente em Dio e cujo valor vai declarado abaixo. Parece que seria vulgarmente conhecida em guzarate por *tutanaṅkī* ou *tutaṅkī*, derivado de *tutanaga*, por se parecer com moedas dêste metal.

1880. — «De prata ainda ali corria outra moeda denominada **tutanqys**, em preço de quatro *fedeas* e dois *drogueas*». — Teixeira de Aragão, *Descripção das Moedas*, III, p. 95.

**TUTÃO.** Vice-rei ou governador militar, na China. Do chin. *tu-tung*, «comandante general» [1].

1534. — «O **Tutão** Compim comquõ são tres p.ᵃˢ [pessoas] que teem carrego desta governança de Cantão e Cancy estes são os mayores». — Cristóvão Vieira, *apud* Ferguson, *Letters*, p. 79.

1540 — «Por regimento do **Tutão** de Cambay, que era o supremo Governador de toda aquella Cauchinchina». — Fernão Pinto, *Peregrinação*, cap. 44.

«**Tutão** da corte, que he o supremo em todas as cousas que tocão á casa do Rey». — *Id.*, cap. 105.

«Trata do banquete dos **Tutões**, que são as dés dignidades supremas no mando sobre todos os quarenta Chaens do governo, que são Vice Reys, e aos **Tutoons** chamão resplandores do Sol». — *Ibid.*

1552. — «Ha outros officiaes que chamão **tutões**, e conquões e compins e estes todos tres se chamão conselho e gouernão cidades, e ho principal delles he ho **tutão**: ha de ser homem letrado, velho e bom homem». — Castanheda, *Historia*, IV, cap. 27.

1555. — «Ha outro que se chama **Tutão** que he como Viso Rey, e he maior que todos estes, tem cuidado do gouerno universal de toda a provincia». — P. Belchior Nunes, *Cartas de Japão*, I, fl. 35.

1563. — «O primeiro e o principal a que elles chamão **Tutom**: este he gouernador das cousas que pertencem ao estado e administração da justiça». — João de Barros, *Déc.* III, II, 7.

1566. — «E sem mais recado do gouernador daquella cidade [Cantão] a que chamam **Tutam**, foi lançar ancora diante da porta principal della». — Damião de Góis, *Chronica de D. Manuel*, IX, cap. 24.

1569. — Ho principal dos cinco he ho gouernador a que na sua lingoa chamam **Tutom**, a este recorrem todos os negocios grandes e pequenos de toda a provincia». — Fr. Gaspar da Cruz, *Tractado da China*, cap. 16.

1595. — «Tiverão tambem entrada com o **Tutan** que he entre elles o supremo Mandarim, e Visorei da provincia de Cantão, e doutra provincia». — P. Alexandre Valignano, *Cartas do Japão*, II, fl. 170 v.

1589. — «Não deixou o Padre de ter algum receio, mas confiado na divina misericórdia foi logo á audiencia, que é a mais grave de todas, assim por ser o **Tutão** o principal Mandarim da provincia, como por assistirem nella muitos Mandarins e muita gente principal da cidade». — P. Sabatini de Ursis, *P. Matheus Ricci*, p. 31.

1600. — «Ha em cada provincia seu proprio Visorey com titulo de **Tutam**, e autoridade e jurdiçam vniuersal sobre tudo». — P. João Lucena, *Historia*, v, cap. 20.

1602. — «O qual deu auiso ao **Tutam** da provincia, que he hum dos grandes da China, cujo cargo entre nós responde ao de Visorey». — P. Fernão Guerreiro, *Relação Annual*, fl. 4.

1607. — «Sabendo os nossos da prisão do irmão apellarão logo para o **Tutão**, que he o supremo Mandarim de toda a prouincia, donde logo os outros Mandarins contrarios começarão a entender a innocencia dos padres». — *Ibid.*, fl. 85 v.

1613. — «Agora a China está dividida em duas provincias. . . e ambas as provincias por hum senhor **Tutau** Monarcha». — Manuel G. de Erédia, *Declaraçam de Malaca*, fl. 63.

1635. — «Tenho escripto ao **Tutão** e Chaem, e tem concedido e mandado aos da armada que não recolham mais moços nas armadas». — António Bocarro, *Déc.* XIII, p. 726.

1701. — «Mandou o Viso-Rey, ou **Tutão**, como elles dizem, hum dos seus ministros a Macao». — P. Francisco de Sousa, *Oriente Conquistado*, II, IV, 2.

1729. — «Já o **Tito** ou Mandarim da parte do Cerco estava advertido que não usasse semelhantes palavras». — *Apud* Júlio Biker, *Collecção de Tratados*, VI, p. 96.

1898. — Mandou o vice-rei ou **Tutão**, como elles dizem, um dos seus ministros a Macau». — Joaquim C. Crespo, *Cousas da China*, p. 37.

1898. — «O **tu-tom** ou general da divisão é assistido d'um adjuncto (*fu-se-tom*) e de alguns outros officiaes». — *Ta-ssi-yang-kuó*, I, p. 573.

1595. — «Al corregidor que reside en cada ciudad, donde ni ay Virey, ni Gouer-

---

[1] «*Te-tuh*, *Tai-tô*, *Tu-tu*, conforme o modo de pronuncia, é equivalente aos nossos generaes, quer de mar, quer de terra». — *Ta-ssi-yang-kuó*, de Outubro, de 1899.

nador llaman **Tutuan**». — Fr. Juan G. de Mendoça, *Hist. de la China*, p. 75.

1588. — «Fra questi di consenso di tutti il primo luogo di dignità, e d'imperio retiene il **Tutan**. Questo quasi come Vicario del Re è preposto a tutte le prouincie, e per maggior dignità vn luogo proprio, e separato dagli altri gouernatori».—P. Maffei, *Le Istorie*, p. 229.

1637. — El primero destos dos es el Virrey de la Provincia, a que llaman **Tuthan**, o *Quiun muen*: es sobre todos los magistrados, y Pueblo della». — P. Semedo, *Imperio de la China*, p. 117.

1644. — «Dimora nella Metropoli [de Hainão] vn Mandarino col nome, e titolo di **Tutam**, che corrisponde al Vicerè, e sotto la sua jurisdittione hà altri Mandarini». — P. Cardim, *Relatione*, p. 104.

**TUTIA**. Óxido de zinco. Do persa *tūtiyā*.

1509.—«. . . e tres *fes* de **totia** he hum *para* de quomjnhos». — Afonso de Albuquerque, *Cartas*, IV, p. 198.

1516.—«. . . **tutia**, tinqual, anfiam, anil fino de taboleta, e outro mais baixo». — Duarte Barbosa, *Livro* (2.ª ed.), p. 289.

1525. — «A **tutia** d'Ormuz, a *mão* 200 *fedeas*». — *Lembranças das Cousas da India*, p. 45.

1563. —«Nas partes que sabemos indianas não ha **tutia** nem espodio, como dizem os Gregos, nem cobre nem outros metaes de que se faz esta **tutia**». — Garcia da Orta, Col. LVI.

1663. — «É terra muito criadora de cavallos bons e ligeiros, de sedas, algodões, ruibarbo, **tutiá**, manná».—P. Manuel Godinho, *Relação*, p. 101.

1610. — «Produze mas Kermon la **Tutia**, a que los Parsios en lengua propia llaman *Tutiah*, laqual solo en esta Prouincia se halla y en vna sola sierra».—Pedro Teixeira, *Relacione*, p. 121.

1831. — «In Persiae autem Provincia, Kirmon dicta, hujus terrae argillaceae, ex qua **Tutia** coquitur, à Persis, et Armeniis mercatoribus, qui negotiandi causa huc advehuntur, magnam copiam reperiri non semel audivi, qui etiam ut lucrum ex **Tutia**, quam Persica lingua *Tutiah* vocant». — Bontius, *Historia Naturalis*, p. 43.

1875. — «The accurate Garcia da Orta is wrong for once, in saying that the **tutia** of Kerman is no mineral, but the ash of a certain tree called Goan*d*. — Yule, *Marco Polo*, I, p. 130.

* **TUTIÉ**. Tribunal chinês que superintende nos bonzos. Do chin. *tu-tie*, «tribunal dos crentes».

1678. — «Ha nesta Corte [de Pequim] hum Tribunal, de Ritus, que he superior a todos os Bonzos, e nenhum o pode ser, senão por patente daquelle Tribunal, a que chamão **Tutié**». — Fr. Jacinto de Deus, *Vergel*, p. 170.

* **TUXI** (mar. *ṭhuxī*). Jóia de ouro em forma triangular, que as mulheres hindus trazem ao pescoço.

1874. — «Ao pescoço, umas ostentam os seus riquissimos **Tuxis** ou *Chinchpotas*, cravejados de rubis, diamantes e esmeraldas». — Tomás Ribeiro, *Jornadas*, II, p. 104.

## U

**UCÁ** (s. m.). Grande cachimbo indiano, que tem um depósito de água por onde passa o fumo, e dois tubos, um dos quais serve de fornilho e outro de boquilha. Do hindust. *hukā* < ár. *ḥuqqah*. V. *gorgoli* e *narguilhé* [1].

1846. — «Fumam tabaco preparado com *jagra* de cana, por meio de Gurguly, huma especie de **Ucá**». — F. N. Xavier, *O Gabinete Litterario*, I, p. 202.

1866. — «Os conductores de *palanquim*, o preparador do **uká**, os criados do *panká*, o porta-chapeo, o *botler*, o moço do *divan*, o *amassador*, eram para o austero Roberto outras tantas sinecuras». —Francisco Luís Gomes, *Os Brahamanes*, p. 21.

1866. — «Assenta-se n'uma esteira o professor, segurando com a mão esquerda o cachimbo ou o **uka**, ao passo que afaga a longa madeixa que lhe desce pelo hombro até aos joelhos». — *Archivo Pittoresco*, IX, p. 284.

1893. — «A *chereta* é a parte principal do **huká**: — meio cheia de agua, com dois tubos de bambu ôco, justapostos em buracos n'ella abertos, e no topo d'um dos tubos um pequeno vaso de barro para tabaco, forma o indispensavel aparelho fumatorio dos hindús ricos e mussulmanos na India». — José Maria de Sá, *Productos do Coqueiro*, p. 54.

1898. — «Fumando no seu **houkah** (cachimbo), ou mascando o bétel».— Oliveira Mascarenhas, *Atravez dos Mares*, p. 111.

1906. — «Sentam-se pelas plataformas, n'um silencio profundo e fumando nos seus **hukas** (grandes cachimbos com deposito de agua)». — Hipácio de Brion, *Duas mil leguas*, p. 23.

1823. — «In the midst of which, smoking a sort of rude **hookah**, made of a short pipe and a coco-nut shell, the tra-

---

[1] «O *xenoy* [mestre-escola] está, como mostra o desenho, com o seu *gorguly* (especie de cachimbo) em punho». — Lopes Mendes, *A India Portugueza*, I, p. 106.

der was squatted on the ground». — Heber, *Narrative*, I, p. 52.

1830. — «Je viens, d'accepter un petit présent de Kennedy avant de quitter, c'est un **houkha**. Tu me parles de cigarres? le **houkha** n'est pas portatif, c'est un appareil assez compliqué qui pèse trois ou quatre livres; mais la fumée qu'on aspire est si douce, si fraîche, si parfumée». — Jacquemont, *Correspondence*, I, p. 314.

1836. — «Le *gouraku* est une pâte odoriférante qu'on fume dans le **houka**». — Rienzi, *Océanie*, I, p. 265.

1860. — «A la fin du dîner, on apporte les **houkas**. Le **houka**, dont j'ai plus d'une fois parlé, est le *narghileh* de l'Inde». — Énault, *L'Inde Pittoresque*, p 364.

1885. — «There is some trade in bangles, **hukas** or pipes, inlaid wooodwork, and similar fancy articles». —Hunter, *The Imperial Gazetteer*, IX, p. 210.

*** UDEMOPOTI** (ant.). Contribuïção que os vendilhões ambulantes pagavam em Sanquelim, Novas Conquistas. Do conc. *udemapaṭī* < sânsc. *udyamapaṭṭī*.

1869. — «... a renda chamada **Udemopoty,** que pagam os vendilhões ambulantes, que concorrem ao mercado de Sanquelim». — *Relatorio Final da Provincia de Satary*, p. 8.

1886. — «Pagavam á fazenda publica... e finalmente a renda **udemopoty,** que pagavam os vendilhões ambulantes, que concorriam ao mercado de Sanquelim». — Lopes Mendes, *A India Portugueza*, II, p. 15.

*** UFU**. Personagem da casa imperial, na China. O chin. *yü-fu* quere dizer «casa imperial».

1756. — «Quiz o Thesoureiro satisfazer-me, e logo respondeu que semelhante obrigação era supposta; porém que o Padre lhe assegurou, que eu sem duvida não acceitaria segunda vez, com o parecer do Vice-Rei se entregou a prata ao **Ul-fu** que me acompanhava». — *Apud* Júlio Biker, *Collecção de Tratados*, VII, p. 63.

«Esperava-me o mesmo *Tagin* com um dos *Colaos* do Imperio, o *Tartanta*, Presidente do Tribunal dos Mandarins, e o **U-fu,** primo do Imperador». —*Ibid.*, p. 72.

*** ÚLIA** (tam. *ūliyam*). Serviço, ministério, na Índia dravídica. A abonação restringe o significado.

1687. — «Os Belâlas, por se inzentarem do seruiço del Rey, que chamão **Ulea;** do foro do tributo capital de hum *chacarão;* pagauão de *Marâla* 60 chacarões». — P. Fernão de Queiroz, *Conquista de Ceylão*, p. 41.

1918. — «With them there went a body of Moors who had been attracted by heavy pay and the promise of exemption from half the **Uliyam** or menial service which they had to render to the Company».— P. E. Pieris, *Ceylon and the Hollanders*, p. 112.

*** UMAVARIXU**. Cavaleiro fidalgo, no Japão. Do jap. *uma-vari-xū*, lit. «comandante dum troço de cavalaria».

1585.—«Os segundos se chamão **Umavarixus** que são os que acompanhão ao Senhor da *Tenca* (q. v.), a cauallo todas as vezes que vai fora, assim em a guerra, como em a paz... Anda lá outro fidalgo que he cabeça dos **Umauarixus,** o qual o anno passado por persuasão de Justo se fez Christão». — P. Luís Fróis, *Cartas de Japão*, II, fl. 153.

1585.—«Outro que he cabeça dos **Vmauarixus,** e mui priuado, terá de renda em Vomi vinte e cinco mil fardos de arroz». —P. Gregório de Céspedes, *ibid.*, fl. 166 *v.*

*** UMBRÁ** (s. m.). É o mesmo que *rumboro* (q. v.), em Damão. Do mar. *umbar* (talvez *umbrā*, dialectal), guz. *umarḍo*.

1919 — «Quando se tratar de árvores de *mavrá*, **umbrá,** *cajuris*, *tad-mads* e coqueiros indicar-se-há sòmente a espécie sem necessidade de avaliação». — *Organização de Nagar-Aveli*, p. 132 (*Acta do Conselho Governativo*).

**UMBRAU**. É o mesmo que *emir*, mas a forma é do pl. árabe *umarā* de *amīr*. O termo aplicava-se principalmente aos dignitários da côrte do Grão Mogol.

1663. — «O governo politico de toda a comarca e cidade de Surrate, está em uma só cabeça, a que chamam *nababo*, o qual é sempre algum dos **umbráos,** que sohem a ser senhores titulares daquelle imperio mahometano». — P. Manuel Godinho, *Relação*, p. 34.

1695.—«Era este *Abaldar* de hum grande **Umbrao** (assim se chamão aos Grandes), Cubatghan era o seu nome».—Cosme da Guarda, *Vida de Sevagy*, p. 38.

1728. — «**Omras**. Cavalleiros da Corte do Mogor. Quasi todos são aventureiros, e estrangeiros de todas as nações, principalmente da Persia, porquanto nas terras deste Imperio não ha Duques, nem Condes, nem Marquezes, e o Mogor he o Senhor proprietario de todas as terras: nem os filhos dos **Omras** são herdeiros dos bens de seus pais». — Bluteau, *Supplemento*.

1739. —«Nella morrêram 10 mil homens,

e entre elles Canedoram, hum dos Vizires, e seu irmam, e os **Ombràs** (ou officiaes Generaes) que estavam neste destacamento do exercito». — *Noticia de Thomas Kouli Khan*, p. 3.

1749. — «Nomeou para generalissimo dellas [armas], ou Gram Vizir a Mansuralican, o unico **Kumbras** (*sic*) de capa da cidade de sua corte» — *Apud* Eduardo Balsemão, *Os Portuguezes no Oriente*, III, p. 156.

1616.—«*Can* est le premier titre d'honneur. *Mirza* suit apres; puis **Umbra** et Hadec». — Terry, *Voyage*, p. 26.

1666. — «. . . qui était un des plus puissans et des plus considérables **amérahs** ou seigneurs de la cour». —Bernier, *Voyages*, I, p. 5.

1666. — «C'est où réside le Gouverneur de la Province, qui est ordinairement un Fils du Grand Mogol ; mais présentement c'est un grand **Omra**, appellé Muhabbat-Can». — Thevenot, *Voyages*, III, p. 22.

1674. — «Who governs by this maxim, To Create as many **Ombrahs**, or Nobles, out of the Moguls or Persian Foreigners, as may be fairly entrusted».—Fryer, *East India*, II, p. 110.

1676. -- «Ce long passage mène à une grande cour où les **Omrhas**, c'est à dire les grands Seigneurs du Royaume, comme les *Bachas* en Turquie et les *Kans* en Perse, font la garde en personne». — Tavernier, *Voyages*, III, p. 82.

1703. — «L'empereur pour recompenser les services de ses **Omeraux**, qui sont les Grands de l'Empire leur donne en souveraineté pendant leur vie, des Provinces particulieres, à condition d'entretenir dans ses armées un certain nombre de Cavaliers, quand il en a besoin».—*Lettres Édifiantes*, VI, p. 239.

1770.— «C'est de ce corps dont se tiroit les **Omrahs**, espece de nobles qui formeient les conseils de l'empereur, qui avoient de grands privileges, et à qui on donnoit des terres amovibles». — Raynal, *Histoire*, I, p. 70

1791. — «Son introducteur le retint à neuf nattes de là en lui disant que les **Omrahs**, ou grands seigneurs indiens, n'allaient plus loin».— Bernardin de Saint-Pierre, *La Chaumière Indienne*.

**UNDEIRA.** É uma árvore indiana da família das gutíferas — *Calophyllum inophyllum*. Extrai-se óleo do fruto. Também é conhecida pelo nome de *ponaca*, q. v.

1879.— «*Calophyllum inophyllum*, loureiro alexandrino. É arvore de ornato com flores fragrantes : dos fructos extrae-se o oleo de *Punay*» — João Stuart Torrie, *Estatistica da India Portugueza*.

1872. — «Blindoeiros, cajueiros, jambuleiros, **undeiras**, tamarinheiros, etc.».— Bernardo da Costa, *Manual do Agricultor*, I, p. 173.

1917. — «Nós temos outras sementes oleaginosas não comestiveis como **undeira**...». — *O Ultramar*, de 23 de Junho.

1919. — «Temos alêm disso a possibilidade de encontrar em várias partes o bagaço de **undi** e de *fochetans*». — *Heraldo*, de 25 de Abril.

* **UNDDÓ.** Terreno arrendado, em Damão. Do guz. *hunḍo*, mar. *hunḍā*.

1886. — «Entenda-se . . por **undó** uma porção de terreno maior ou menor, segundo as posses do colono». — Lopes Mendes, *A India Portugueza*, II, p. 244.

1900. — «O Colono, possuidor de **unddó** (uma porção indeterminada de terras altas e baixas com cajueiros) paga annualmente a titulo de *chot* vinte e cinco *janavadíns*». — António Francisco Moniz, *Hist. de Damão*, I, p. 164.

1892. — «E relativamente aos **undós**, as concessões primitivas, feitas com o fim de angariar colonos para as aldeias portuguezas deram em resultado maiores e mais accentuados abusos pelas usurpações que lenta e constantemente teem sido feitas» — Augusto de Macedo Pinto, *Breves Estudos*, p. 10.

**UPAS.** A palavra jav. *upas* significa «veneno» em geral, e em particular «o veneno extraído da árvore *Antiaris toxicaria*», Leschen.; e é neste último sentido que os europeus a empregam. Os indígenas ervam as suas setas com o referido veneno. Yule dedica-lhe um longo e erudito artigo. «A semente é muito amarga, e usa-se contra a cólica e a dyspepsia ; fazem-se saccos da casca interna. A substancia resinosa que sae da casca com incisão emprega-se para preparar frechas envenenadas». D. G. Dalgado, *Flora*.

1613. — «**Ipo** he hũa mortal aruore, e venenosa, porque o leite della por qualquer maneira tocado em algũa ferida, ainda que pequena sanguenta, causa repentina morte, e o mesmo causa com bebida, e se por ventura succede cahir algũa gotta de leite no corpo, causa gravissimos tormentos e finalmente he irremediavel Veneno, e por isso he bom que seja conhecida de todos pera cada hum se afastar della». — Manuel G. de Erédia, *Informação da Aurea Chersoneso*, p. 92.

1825. — «A companhia ingleza é similhante á **Bohupas**, quanto mais extende seus ramos, mais veneno lança na terra que a nutre». — José Inácio de Andrade, *Cartas*, I, p. 61.

1837. — «Unicamente **alvejavam**, dispersas pela terra escalvada, as ossadas dos criminosos condemnados á morte, que tinham podido obter a graça de tentarem a absolvição da pena, procurando ir colher a gomma venenosa do **upàs** para o imperador». — *O Panorama*, de 16 de Dezembro.

1898. — «**Upas**... a milky juice extracted from certain vegetables, operating, when mixed with the blood, as a most deadly poison, concerning the effects of which many exaggerated stories have been related». — Skeat, *An Etymological Dictionary*.

1903. — «Mr. Skeet writes: «The Malay word **upas**, means simply «poison». It is Javanese hupas, Sundanese *upas*, Balanese **hupas**, «poison». It commonly refers vegetable poison, because such are more common». — Crooke, in *Glossary* (2.ª ed.).

**UPLOT.** Nome guzarate, *uplet*, do *pucho* (q. v.).

1565. — «Diguo que *costo* em arabio se chama *cost* ou *cast;* e em guzarate se chama **uplot**... e day vem muitas carretas carregadas d'este **uplot** e de espique e de *tincar*». — Garcia da Orta, Col. xvii.

1891. — «O **uplot**, mais geralmente chamado *pucho*, era então uma mercadoria importante, principalmente no commercio com a China». —Conde de Ficalho, *ibidem*.

**UPO.** Beleguim chinês. Do chin. *tú-po*, «repartição de polícia», ou, com mais probabilidade, de *tsáu-páu;* «litor». O P. Semedo, que também dá o derivado *upada*, parece que não toma o vocábulo por chinês.

1541. — «Com quatro **upos** de albardas, que são como beleguins». — Fernão Pinto, *Peregrinação*, cap. 89.

«**Upo** de açoute, que são como algozes, ou beleguins entre nós». — *Id.*, cap. 98.

1600. — «Para se fazerem temer leuam diante a guarda d'homens d'armas, e os algozes ordinarios, a que chamam **Vpos**». — P. João Lucena, *Historia*, x, cap. 20.

«Trazem os **Vpos**... huns molhos de bambús ou canas maciças». — *Id.*, cap. 21.

1604. — «Tambem offerecia a sua embarcação Mandarinica com **uppos**, que sam beleguins e soldados até Macao». — *Apud* Fernão Guerreiro, *Relação Annual*, fl. 91.

1678. — «**Tu pu**. Este se pode chamar Tribunal do Meirinho da Corte; duas suas obrigações. A primeira obrigação he prender os ladrões. A segunda he prender os escravos fugitivos». —Fr. Jacinto de Deus, *Vergel*, p. 236.

1640. — «... con diez **Upadas** en los muslos. **Upadas** llaman los Portugueses a los açotes que se dan con aquellas insufribles tablas [vid. *bambu*]; y **upos** a los cruelissimos verdugos que los pegan». — P. Semedo, *Imperio de la China*, p. 126.

1731. — «De petits Mandarins de deux Hien entrerent dans nos Missions suivis... de **Yafu**, ou gens du Tribunal». —*Lettres Édifiantes*, xx, p. 258.

«**Uró**, m. Árvore da Índia portuguêsa». Cândido de Figueiredo. É nome concani do arbusto euforbeáceo *Sapium insigne*, Benth. «A planta tem visco acre, que é vesicante». D. G. Dalgado, *Flora*.

1919. — «Afim de satisfazer o seu desejo relativo á planta **uró**, direi que esta planta é conhecida em português com a denominação de «Guarda-olhos». — *Herald*o, de 23 de Novembro.

**Urraca.** V. *uraca* e *vinho de passa*.

1613. — «... e vinhos brancos, que os Naturaes chamão *Arat* (*sic*) ou *Vraca*, assi de Palmeiras de Cocos, como de Palmas brauas, que se chamão Nipeiras ou Nipas». — Manuel G. de Erédia, *Informação da Aurea Chersoneso*, p. 90.

1687. — «Geralmente era tanta a falta de mantimentos, e do mais que nem **Vrraca** auia pera curar hũa ferida». — P. Fernão de Queiroz, *Conquista de Ceylão*, p. 824.

1866. — «Pela distilação da sura obtem-se o *fenim*, a **urraca**, o *sircó* ou vinagre». —Lopes Mendes, *A India Portugueza, Apontamentos sobre a Provincia de Satary*, p. 4.

1866. — «O producto da 1.ª distilação chama-se em Portuguez **urraca**, nome que está communmente adoptado». — F. N. Xavier, *Descripção do Coqueiro*, p. 16.

1893. — «**Urraca**... O producto da primeira distilação da sura chama-se **urraca** e é uma especie de agua-pé». — José Maria de Sá, *Productos do Coqueiro*, p. 59.

*** URUTA** (s. m. ou f.). Meios de vida ou subsistência; emprêgo, profissão, nas Novas Conquistas. Do sânsc. *vṛtta*, subsistente nos idiomas vernáculos.

1824. — «As Fazendas, e **Urutas** possuidas por alguem podem ser demandadas pelos que estiverem presentes dentro do prazo de dez annos». — *Collecção de Bandos*, i, p. 79.

«O maior da casa, e Administrador tem por obrigação a conservação do **Uruta**, bens moveis, de raiz, e de dinheiro manente». — *Ibid.*, p. 81.

«Todo o adoptivo constituido vem a ser capaz de herdar, e possuir todo o **Urita**, e mais bens do adoptante». — *Ibid.*, p. 84.

1840. — «**Urita** — Qualquer cargo ou emprego, d'Escrivão de Aldea, Alfandega, etc. ou Mercês, tais como *Haccas* ou *Tainatas* (mercês em dinheiro, ou em terras, concedidas por serviço, que deve continuar a prestar sem foro, ou contribuição alguma)». — F. N. Xavier, *Ibid.*, p. 97.

# V

* **Vacar**. É o mesmo que *bacar* (q. v.). Do mar. *vakhār*.

1910. — «No anno de 1826 a camara tinha as seguintes rendas... Todos **vacares** 36 *jan.* [*avadins*]». — António Francisco Moniz, *Hist. de Damão*, p. 256.

* **VÁDIA** (s. f.). Música instrumental, banda de música, entre os hindus. Do mar.-sânsc. *vādya*. No português de Goa chamam-lhe comummente *rabanada*, ou *brinco*, se é acompanhada de canto e dança.

1894. — «O gritos estridentes da *chinga* e do *Cornom*, precursores da rabanada da **Vádia** inteira, denunciavam que a festa principiava». — Tomás Ribeiro, *Jornadas*, II, p. 101 *et passim*.

* **VAGANARAU**, **vanguenarau**. Diz-nos Fernão Mendes Pinto que é o título de prioresa budista, na Indo-China. Parece-me que se liga ao páli *vagganariyo*, «mulheres de congregação».

1544. — «De outra parte estava a **Vanguenarau**, que era a Prioresa, com todas as *Menigrepas* do pagode, que erão mais de trezentas». — «Até a **Vaganarau** com todas as Menigrepas da religião, não havia cousa que as tornasse a meter na autoridade, com que primeiro estavão». — *Peregrinação*, cap. 127.

* **VAGANA** (desus.). Arrecadação das rendas do Estado, receita pública. Do mar. *ugavaṇ*.

1822. — «As **vaganas** de Satary 1:000 rupias». — *Apud* Júlio Biker, *Collecção de Tratados*, XII, p. 33.

1834. — «Nas **vaganas** do Halduly, Nanodem, e Devassua da aldeia de Morlem 50 rupias». — *Ibid.*, p. 39.

* **VAGUIÁ** (ant.). Salteador aquadrilhado de Ceilão, pertencente, conforme P. E. Pieris, a uma tribu baixa, *Vaga*, de origem tamúlica. Os dicionários singaleses não registam o vocábulo, mas deve ter provindo do sing. *vāgiyā*, derivado normal de *vaga*. *Bagueá* (q. v.), tem evidentemente a mesma procedência.

1687. — «Os que chamão **Vagueaz**, não he casta propria, mas nome generico deste Industan, de Ladrões dos matos e aquadrilhados». — P. Fernão de Queiroz, *Conquista de Ceylão*, p. 17.

«... chegando muitas vezes a cativar, e matar gente nas nossas terras com **Vagueaz**». — *Id.*, p. 169.

1914. — «One day some of the chief men of the village came running up to the camp shouting out that their houses were being plundered by the **Waglas**». — V. E. Pieris, *Ceylon*, II, p. 348.

* **VAI**. Freira da Cochinchina. Do anam. *vay*, lit. «aprovada».

1694. — «Ha tambem Freyras chamadas **Vai**. Algũas vivem em suas casas com seus maridos como as nossas Terceyras. Outras largando tudo, morão em casinhas dentro da cerca do Templo do idolo; porèm sem clausura, e sem regra, e por isso com menos decoro de sua honestidade». — «Só escaparão huns livros pelos rogos das Beatas, ou **vai**». — *Noticias da Cochinchina*, p. 126.

* **VAICUNTA** (s. m.). Na mitologia hindu, é o céu de Vixnu. Os cristãos do Concão empregam o termo no sentido de «paraíso». Do sânsc. *vaikuṇṭha*.

1886. — «Vishnu, ouvindo as preces do propheta, chama para junto de si *Câmadhênú*, que, á vista do rei e de toda a sua comitiva, sóbe para o **Vaikuntá**». — Lopes Mendes, *A India Portugueza*, II, p. 86.

1680. — «The second place is styled **Vaicondam** [forma dravídica]. They say that Vishnu dwells here with his two wives and a bird used by him to ride upon» (vid. *garuda*). — Manucci, *Storia do Mogor*, III, p. 23.

* **VAI-SENG** (chinês). Loteria chinesa, muito praticada em Macau, onde é monopólio do govêrno, a qual tem por base do prémio o número de estudantes aprovados ou os apelidos de laureados em Cantão e em Pequim.

1883. — «A loteria do **vae-seng** dá logar a lucros fabulosos, e é muito estimada pelos chins. É regulado o premio grande pelo numero de estudantes de medicina que terminaram os seus exames nas escolas da provincia de Cantão, e de tres em tres annos em Pequim». — Adolfo Loureiro, *No Oriente*, I, p. 319.

1895. — «A loteria de **Vae-Seng** é tambem outro vicio da China. Esta loteria é estabelecida sobre o resultado dos exames feitos pelos estudantes da provincia de Cantão e no exame geral que... O arrematante de **Vae-Seng** em Macau paga apenas trinta e seis mil patacas annuaes». —Conde de Arnoso, *Jornadas pelo Mundo*, p. 142.

**Vaixo.** V. *oixo*.

* **VAJANA** (ant.). Bailadeira de Malaca. Parece que se prende ao mal. *bajañ*, que Wilkinson define «espírito mau, espírito familiar» no sentido de mulher que tem comunicação com os espíritos, espiritista». V. *rajava*.

1613. — «E as donzelas chamadas **vajanas** são bailadeiras e cantoras de canto brando e suave que bailão e cantão com armonia ao som de attambores ou *rabanas*, com que são muy apraziveis aos Malayos nobres». — Manuel G. de Erédia, *Declaraçam de Malaca*, fl. 131.

* **VAL.** Pêso de Cambaia, equivalente a 32.ª parte de *tolá* (q. v.). Do guz. *vāl* < sânsc. *valla*.

1525. — «A hy huum peso que se chama **vall**: hum *malyqual* tem doze **vall**... Hũa tolá tem trynta e dous **vall**». — *Lembranças das Cousas da India*, p. 39.

1900. — «1 tola = 32 **vales**; 1 **vale** = 3 *gungys*». — António Francisco Moniz, *Hist. de Damão*, I, p. 245.

1666. — «La **vale** est de trois Gougy, et deux toles un tiers et demi valent une once de Paris». — Thevenot, *Voyages*, III, p. 54.

* **VALE** (malaiala *vaḷḷam*). Barco de pesca, no Malabar.

1792.—«Reprova os seguintes abusos... benzer rêdes e **valês** por uma oração, que não vem no ritual... A benedicção de rêdes, **vales** e *taly*, diz que deve ser sem oração, lançando-se apenas agoa benta e dizendo estas palavras *In Dno benedicaris*». — P. Casimiro C. da Nazaré, *Mitras Lusitanas*, in *Ta-ssi-yang-kuó*, I, p. 609.

1786. — «Questi chifi fatti d'un albero incavato chiamansi in lingua Malabarica *Tòni*, Mangi, o **Vallam**, e si trovano alla sola costa de Malabar». — Fra Paolino, *Viaggio*, p. 156.

* **VALERUM** (conc. *vāḷerūm*). É o mesmo que *vetiver*.

1788.— «Por carga de **Valerum**, duas tangas e cinco reis». — *Collecção de Bandos*, I, p. 43.



1832.— «De dita **valerum** (herva)».— *Ibid.*, p. 134.

1908. — «E pode nisto haver duvida se com elle entrar no cozimento sandalo vermelho, **vallerum** e gengibre secco?». — *Luz do Oriente*, de Janeiro.

1919. — «Emquanto aos seus usos medicinais, o pó da raiz de **Vâlerum** é um excelente refrigerante, diurético, estimulante tonico». — *O Ultramar*, de 2 de Setembro.

**Vali.** É o mesmo que *bale* (q. v.), e mais correcto.

1915. — «Quando a Turquia entrou na guerra, os **valis** turcos lançaram a mão a nada menos a 255 religiosos francezes das missões do Oriente». — *A Nação*, de 10 de Abril.

* **VALIUM.** É assim que se chama em Damão o espírito, de *cajuri* mais forte do que a *urraca* e mais fraco do que o *dobrado*. Do guj. *vāḷanvum* (verbo), «reforçar».

«Paga uma rupia por um *daçarum* (dez ceiras) de dobrado ou espirito forte distilado de meia *mão* de urraca e meia mão de *çura*; uma rupia por meia mão de **Vallum**, e meia por meia mão de urraca». — Doc. na *Hist. de Damão* (A. F. Moniz).

1901. — «Da sura desta arvore distillam-se quatro qualidades de espiritos denominados rassi, **vallum**, dobrado e be-rassi, conforme o grau que se lhe dá». — José Pinheiro, in *Bol. S. G. L.*, XX, p. 32.

1905. — «Obrigando-se a vender os vinhos nativos da cajury (urraca, **vallum** e dobrado) unicas especies de distillação então conhecidas». — Ernesto Fernandes, *Ibid.*, XXIII, p. 220.

«**Válli**; o mesmo que *mótti*». Cândido de Figueiredo. É *valli* ou *vali*, conforme o conc. *vāḷī*, deminutivo de *vāḷó*, «argola». — V. *note*.

1874. — «Do nariz (e custa-nos perdoar-lhes!) o *mothi* ou **valli**, annel rodeado de aljofares ou diamantes». — Tomás Ribeiro, *Jornadas*, II, p. 114.

**VALÓ** (pl. *valé*). Aro ou bracelete de ouro ou de prata que gentios e cristãos trazem nos braços, e nos tornozelos, na Índia. Do conc. *vāḷó* (pl. *vāḷé*), sânsc. *vālaka*.

1886. — «Tem na cabeça uma especie de tiara, na cintura um *munge*, e nos braços, joelhos e pés **valés** (braceletes)». — Lopes Mendes, *A India Portugueza*, II, p. 70.

* **VALUM.** Escritura de posse, de-

claração escrita de ser adscritício um indivíduo, em Damão. Do guz. *vāḷum*, prefixo que denota «posse».

1719. — «Mas tambem será obrigado a pagar todos os *curumbins* que lhes constar vão fugidos das nossas terras para as dos Mouros, e nos fará aviso para por meio de **valum** se restituirem aos seus naturaes». —*Apud* Júlio Biker, *Collecção de Tratados*, II, p. 78.

* **VANAQUI** (mar. *vanakī*). Imposto que se pagava antigamente nas Novas Conquistas pela pastagem do gado nos outeiros.

1822. — «As pensões *Chorguem*, **Vanaqui**, *Lasmó*, de azeite, e de côcos de almadia». — *Apud* Júlio Biker, *Collecção de Tratados*, XII, p. 33.

**VANCÃO, bancão.** Embarcação chinesa, menor que o *junco*. Do mal. *vaṅkaṅ*.

1540. — «Quarenta juncos grandes e vinte e cinco **vancões** de remo em que vinhão mil homens». — Fernão Pinto, *Peregrinação*, cap. 44.

«Escrevendo hum homem, que por sua honra não nomeyo, hũa carta a D. Alvaro, em hum **vancão,** que partio da China para Malaca. . .». — *Id.*, cap. 226.

1569. — «Ha outras embarcações menores que os juncos sobre o comprido que chamam **Bancões**: trazem tres remos por banda e remam-se muito bem, e carregam fazenda». — Fr. Gaspar da Cruz, *Tractado da China*, cap. 9.

1600. — «. . . considerada a infinita multidam de **Bancães,** Juncos, e outras sortes de nauios, de que os rios, esteiros, portos, e o mar por toda a costa andam coalhados» (na China). — P. João Lucena, *Historia*, X, cap. 21.

1616. — «Ha duas sortes delles... dos quaes os mayores se chamão, *Pillos*, feitos para carga, e outros mais sotis que são para serviços mais ligeiros, chamão elles **Bancões**». — António Pinto Pereira, *Hist. da India*, I, p. 144.

1635. — «Arriscando nossa vida, sem medo dos mesmos ladrões por serem muitos, os cometemos por vezes, matamos e destruimos, tomando nove **bancões**, que com tudo que n'elle se achou entregamos aos mandarins». — António Bocarro, *Déc. XIII*, p. 729.

1585. — «Son muy buenos para entrar o salir por las barras, y por donde quiera que ay poco fundo: llaman se en su lengua **Bancoens**» — Fr. Joan G. de Mendoça, *Hist. de la China*, p. 113.

1588. — «V'ha delle altre che chiamano *Lanteea*, e **Banconi,** quelle hanno sei remi, e queste tre soli, e dall' vna, e dall' altra banda hanno quattro, ò sei galeotti per banco». — P. Maffei, *Le Istorie*, p. 226.

1836. — «Un grand **wang-kong** (grand navire de commerce) chinois avait été jeté sur la côte nord-est de l'île». — Rienzi, *Océanie*, I, p. 178.

* **VANCOLE.** É uma ave de Maluco, descrita abaixo. Do mal. *uṅgal*, «solitário».

1560. — «E hum a que chamão **vancoles,** que crião e andão pelos quintaes, e por cima das casas, que da meia noite por diante fazem mui resonante musica, respondendo o macho á femea, nos quaes se conhece melhor a meia noite, que nos gallos». —Gabriel Rebêlo, *Informação de Maluco*, p. 166.

* **VANE** (chin. *van*). Barra de prata *saici* (q. v.), que se usa na China por moeda.

1729. — «Elle sabia que de Macau para Cantão tinhão hido 30 **vanes** de prata, que são 30:000$000 reis portuguezes para se empregarem em fazendas». — *Apud* Júlio Biker, *Collecção de Tratados*, VI, p. 82.

**VANGANA ; bate de vangana.** Arroz de estiagem ou de regadio, em Goa. Há em muitos campos duas producções de arroz: uma de inverno, chamada *serôdio* (q. v.), e outra no verão, *vangana*. Do conc. *vāṁygaṇ*.

1569. — «Lembro que se não arrendarão as vargeas de **vanganas** das aldeas conteudas neste tombo deste anno presente de 69 por respeito de a terra andar toda alevantada e os *gancares* fugidos, e não haver quem as quizesse, arrendar». — *Apud* Cunha Rivara, *Brados a favor das Communidades*, p. 81.

1773. — «Colher côcos e **batte de vangana,** cavar terra para bate de inverno». — Fr. Clemente da Ressurreição, *Tratado*, II, p. 283.

1842. — «Muitos terrenos produzem duas novidades: a do sorodio. . . e a **vangana,** que se semeia em Dezembro e se colhe em Março». — *Annaes Maritimos*, p. 266.

1852. — «**Vangana**. Epocha de semear varzeas no verão. — *Item* varzea que se semea no verão». —F. N. Xavier, *Bosquejo Historico*, IV, p. 20.

1866. — «Dispostos assim os taboleiros, procede-se á sementeira, que tem lugar... para a **vangana** em principios do mez hindú *cartico* ou novembro», —Lopes Mendes, *A India Portugueza*, I, p. 50.

1911. — «A outra, de arroz de **vangana,** realizada no periodo de estiagem por effeito da rega artificial». — José E. Castel Branco, in *Bol. S. G. L.*, XXIX, p. 298.

«A agua fornecida pela cascata era quasi na totalidade aproveitada para irrigação do arecal e **vangana**». — *Id.*, p. 338.

1919. — «É certo que para o péssimo ano agricola que correu e ainda subsiste para a produção rizifera de **vangana**, tais esforços seriam em parte vãos». — *Heraldo*, de 28 de Fevereiro.

**VANGOR.** Na tecnologia das *comunidades* de Goa, é «grupo ou classe de *gancares* das referidas associações». Essas classes se formaram na época da organização das mesmas associações, tendo por base a estirpe comum, e não sendo por isso em todas igual o seu número. É indispensável a presença de pelo menos um membro de cada vangor na *gancaria*, a fim de se tomar um *nemo* ou assento de interêsse geral. Do conc. *vāṅgaḍ*, que literalmente significa «companhia, camaradagem».

1679. — «**Vangores** são as familias vogaes, que tem voto na gancaria: e são tantos estes **vangores**, quantos forão antigamente os primeyros Fundadores de cada huma das Aldeas». —P. Francisco de Sousa, *Oriente Conquistado*, I, I, 2.

1728. — «Na India Portugueza **Vangores** se chamão aquellas primeiras familias, que tomarão afforada a Aldea, e de cada familia o mais velho se acorda, e assina no assunto da Ganearia, segundo sua preferencia, e extinguindo se alguma delas, se declara na Gancaria, que a voz de tal **Vangor** ficou na Gancaria, e não pode entrar outro em seu lugar». — Bluteau, *Supplemento*.

1832. — «Os referidos contratos sejam celebrados na presença de testemunhas, huma por cada **Vangor**, de que a Communidade for composta». — *Collecção de Bandos*, I, p. 115.

1862. — «**Vangares** são as familias que têem voto na gancaria, e são tantos estes **vangores**, quantos foram antigamente os primeiros fundadores de cada uma das aldeias».—Francisco M. Bordalo, *Ensaios sobre a Estatistica*, v, p. 45.

1878. — «1.º Nos pagodes, cujas *Mazanias* se compõem de **Vangores** ou tribus, deverão estar presentes ao menos tres Mazanes de cada **vangor**». — *Relatorio das Mazanias dos Pagodes*, p. 2.

1886. — «Os primeiros povoadores de Goa, ou pelo menos aquelles de quem temos memoria, se dividiram em familias chamadas **vangores**». — Lopes Mendes, *A India Portugueza*, I, p. 142.

1890. — «... satisfazem-se outras despezas da aldeia, e o resto divide-se em quinhões eguaes pelos **vangores**, a que João de Barros chama parentellas».—António de Almeida Azevedo, *As Communidades de Goa*, p. 88.

«O **vangôr** compõe-se, como tenho dito, de um grupo de familias que são, ou se consideram descendentes de um tronco commum». — *Id.*, p. 101.

1901. — «... formando uma nova sociedade cantonal sob a regencia dos chefes de familia (chefes de **vangor**) que na linguagem do país, foram chamados *gãocares*, isto é, senhores da aldeia, titulo este que a gratidão e dependencia fizeram equivalente a bemfeitor e protector». — In *Bol. S. G. L.*, xx, p. 85.

«Em outras comunas resolveu-se que esta quota de receita fosse distribuida ao grupo dos gãocares, descendentes de cada familia (**vangor**)». — *Ibid.*, p. 86.

1901. — «Um **vangor** é o grupo parcial de *communidade* de familia, representando o tronco ancestral commum».—Cristóvão Pinto, *ibid.*, p. 250.

* **VANIÁ** (tam. *vānniyar*). Rico-homem ou duque, em Ceilão. Actualmente é «o principal funcionário indígena duma divisão da Província Oriental».

1632. — «... tendo respeito á outorga que fazia dos portuguezes, que tem cativos, aos trezentos *amenões* de *nélle* de pareas, que antigamente pagavão os **vaneas** de Baticalou aos capitães de Manar». — *Apud* Júlio Biker, *Collecção de Tratados*, II, p. 44.

1687. — «Receberão mais o Sacramento de Bautismo dous **Vaneas** e dous *Adiuiras*, que são os Duques, e Marquezes». — P. Fernão de Queiroz, *Conquista de Ceilão*, p. 537.

«Aquele Estado parte era dos *Ganezes*, e o mais proximo do Pagode; parte de hũ **Vaneâ**, ou Duque; que por receber nossa Santa Fé, foy apedrejado pelos seus, instigado dos Ganezes». — *Id.*, p. 601.

1731. — «... Mudiliares, Araches, Taliares, **Vanças**, (*sic*), e Adiviras, que pela ordem com que os escrevemos, correspondem aos nossos Governadores, Capitães, cabeças dos lugares, e Aldeas, Duques, Marquezes». — Fr. Fernando da Soledade, *Hist. Serafica*, III, p. 842.

1678. — «Quedaron solamente con nombre de Reys los de Candia, Uva y Jafanapatan; y con el de **Vanias**, *Dissavas* (que son como entre nosotros los Condes) parte de Baticalou, Paçardiva, y Balani».—João de Sá e Meneses, *Rebelion de Ceylon*, p. 15.

1918. — «*Vanni*, the wild region lying approximately between Ameradhapura and the Jaffna Peninsula. It was in charge of semi-independent chiefs called **Wanniyas**». — P. E. Pieris, *Ceylon and the Hollanders*, p. XVI.

«**VANIOS**. Na India Portugueza, he huma casta de Gente, que se aparenta com os *Charodos*, e Gentios, usão do officio de corretores e mercadores». Bluteau O vocábulo é de origem conc.-mar. *vāṇī* < sânsc. *vaṇik*, a que se liga *baniane*, q. v. Designa em particular o «negociante de fazendas».

1698. — «E supposto que alguns gentios, que nam sam Bracmanes a [linha] levão, como são os **Vanios**, Mercadores e Corretores; isto he somente na Cidade de Goa, e terras adjacentes, aonde todos são forasteiros». — P. António José Frias, *Aureola dos Indios*, p. 30.

1713. — «A terceira nação de gente da India é a dos *Chatins* que em lingua da terra se chamam os **Vanis**».—P. Leonardo Pais, *Definições Indicas*.

1916. — «Não voltaram para as suas casas os hindús da casta **vanins**, tendo regressado a maioria das outras».—*O Ultramar*, de 12 de Junho.

* **VANNA**. Nome duma casta agrícola de Ceilão. Do tam. *vaṇṇār* ou *vāṇiyār*. V. *Ceylon Glossary*.

1632. — «. . . e aos trezentos *amanões* de *nêle*, que antigamente pagavão os **Vannas** de Baticalou aos capitães do Manar». —*Apud* Júlio Biker, *Collecção de Tratados*, II, p. 44.

**VANTI** (conc. *vānti*). Rédito anual duma comunidade agrícola; acção. «He a cousa que entra a ganhos, e perdas, e são as fazendas de foro corrente». Bluteau, *Supplemento*.

1720. — «E outros particulares, como são, araquaes, hortas, vargias, e palmares, huns dos quaes são de foro corrente, vulgo **vanti** que quer dizer, certo numero de tangas, *vulgo* brancas, *id est, jus percipiendi*, que em cada hum d'elles na mesma antiguidade foi imposto».—In *Archivo Port.-Oriental*, Supplemento II, p. 257.

1852. — «**Vantty** — reddito annual da communidade, acção». — F. N. Xavier, *Bosquejo Historico* (2.ª ed.), III, p. 111.

* **VAQUIL** (ant.). Procurador, representante, advogado. Do ár. *vakīl*.

1529. — «E como as [tendas] tivemos armadas, e se recolheo o Embaixador dentro lhe mandou o mestre Sala do *Sufi* que em sua linguagem se chama **Vacill** (leia-se *vaquil*) hum presente de cousa guisada pera comer, que era hum cordeiro feito em manteyga sobre arros muyto bem guisado». —António Tenreiro, *Itinerario*, cap. 16.

1552. — «Chegou hum recado a Baltazar Pessoa do mórdomo da casa do Xeque Ismael que em lingoa persiana chamão **Vaquil**, que se deixasse ali estar até lhe mandar recado». — Castanheda, *Historia*, VI, cap. 46.

1811. — «The Raja has sent two **Vakeels** or ambassadores to meet me here». —Lord Minto, in *Glossary*.

**VARA**. Tufão, furacão, que ocorre na costa de Choramândel em Setembro ou Outubro, e cursa até a costa da África Oriental. Do mar. *vārā* (conc. *vāró*), sânsc. *vāyu*. V. *cachão*.

1557. — «Este he o tempo, em que aqui cursa a **vara** de Choramandel». — *Commentários*, I, cap. 13.

1563. — «No tempo que os Chijs conquistarão aquellas partes por causa de especiarias entre o transito desta ilha [de Ceylão] e a terra firme com hum tempo, a que elles chamão **vara**, que he o que faz as marauilhas do seu Scylla e Charybdes: em hum perderão oitenta velas». — João de Barros, Déc. III, II, 1.

«Antes tanto que ali chegou, por ser no tempo em que naquellas paragens cursão os ventos, à que elles chamão **Vara** de Choromandel, que são contrarios, e mui forçosos à quem quer ir adiante, foi-lhe necessario deixar as suas galês, e ir nas fustas, e *catúres*». — *Id.*, IV, VIII, 12.

1566. — «Dilatando o tempo com sperança que sobriviesse hum temporal, a que elles chamão a **vára** de Choramandel, que venta bravo, e tam de subito, que faz çoçobrar quantas naus acha naquella costa». —Damião de Góis, *Chronica de D. Manuel*, II, cap. 22.

1602. — «Indo para a Costa de Calecut, deulhes hũa tormenta, a que chamão a **vara** de Choramandel». — Diogo do Couto, Déc. IV, V, 3.

«Era necessario passar os baixes de Chiláo primeiro que a **vara** dè Choramandel descarregasse, que de ordinario costuma a dar na lũa de Setembro, ainda outras vezes na de Outubro». — *Id.*, Déc. V, IX, 7.

1613. — «Foi forçado determo-nos alguns dias emquanto passava uma **vara** de poente tormentoso, concertando entretanto a caravella, gaveas, e mastros». — P. Luis Mariano, *Relação*, in *Bol. S. G. L.*, VII, p. 318.

1635. — «. . . lhe carregou uma noite o temporal de sorte que parecendo-lhe ser **vara**, como n'aquella costa não tem nenhum abrigo, se levou e veio arribando outra vez caminho do caes. . . E no quarto da prima lhe deu a **vara** *de Cachão*, que é noroeste». — António Bocarro, Déc. XIII, p. 42.

1685. — «Os ventos geraes, que todo o anno cursão [em Ceilão], he o Norte, e o

Sul, e chamão áquelle **vara**, e a este *cachão*, e ambos formão na Ilha dous invernos, e dous verões». — João Ribeiro, *Fatalidade Historica*, III, cap. 8.

1687. — «Passando o cabo de Comorym, em ocasião de Lua, deu a **vara** de Choramandel, com tanto impeto, que todos estiverão em risco de se perder, alagandose alguns nauios, e Galés». — P. Fernão de Queiroz, *Conquista de Ceylão*, p. 198.

«Cursaua a **Vara**, monção daqueles mares, e com ela ficão abrigadas e quietas as calhetas do sitio de Galboca, e S. Cruz athe Mapane». — *Id.*, p. 780.

1660. — «In quel tempo sempre doppo vespro pioueua, participando di quel poco dell' Inuerno dell' altra Costa dell' India, il che chiamano **Varà**». — Mgr. P. Sebastiani, *Seconda Spedizione*, p. 17.

1678. — «... cursando tambien por esta causa solo dós en ella, que son el Sur, a que los naturales nombran *Cachão;* y el Norte **Vara**, perpetuamente goza de imbierno, y verano». — João de Meneses e Sá, *Rebelion de Ceylan.*

1894. — «At that sesson of the year a wind arises off Braboa which they call «**Vara** *de Coromandel*», which comes so suddenly and so fiercely as to destroy any vessel riding in those roads». — Danvers, *The Portuguese in India*, I, p. 154.

1913. — «As he rounded Cape Comorin the **Vara** of Choromandel blew with such terrific force that all were in imminent peril and several of the vessels began to ship water». — P. E. Pieris, *Ceylon*, I, p. 12.

* **VARAGO** (tam. *varagu*). É um cereal da Índia meridional e de Ceilão — *Panicum frumentaceum*, *P. crus-galli*, Linn., *sonvā* em concani.

1687. — «Não pagauão estas terras, mais que o dizimo, ou *aratane* do *nele*, e **uarâgo**». — P. Fernão de Queiroz, *Conquista de Ceylão*, p. 40.

«He contudo abundante de arrôs, *tana*, **varago**, e *nachiny*». — *Id.*, p. 48.

**Varanda.** Não trato aqui dêste termo, por ter já demonstrado na *Influência* que foi pelos portugueses levado da Europa para a Índia, onde o conheceram os ingleses e os franceses.

**VARELA.** Pagode e mosteiro dos budistas, na Indo-China, na China e no Japão; ídolo. Do mal. *barhala* (jav. *brahala*), «ídolo», subentendendo-se *rumah* «casa de»: Também *pagoda* significa «ídolo e templo». Fernão Pinto, escreve *varela* e *bralla* (q. v.).

1546 — «As **varelas**, os pagodes, e *brallas* que são seus templos, amanhecião todos armados de insignias de alegria». — Fernão Pinto, *Peregrinação*, cap. 184.

1552. — «Tem [os chineses] tambem diversas imagens que adorão e todos em sumptuosos templos, a que elles chamão **varelas** e sam de feição que contão os historiodores que foram as piramides do Egipto... Nestas **varellas** moram frades que servem a Deus e celebram ao pouo os officios divinos... E assi como ha **varelas** de frades as ha tambem de freyras». — Castanheda, *Historia*, IV, cap. 27.

1553. — «Morão os de cá obra de quarenta leguas de Malaca junto de hũa ilha, a que os nossos chamão a Polvoreira, e os da terra **Barala**, que quer dizer casa de Deos, por razão de hum antigo templo que ali esteve». — João de Barros, Déc. II, VI, 1.

1554. — «Ho modo de suas mesquitas ou pagodes são hũus idificios muy grandes laurados muy ricamente, e muy custosos, a que chamão **varellas**». — Fernão Pinto, *apud* Cristóvão Aires, *F. M. Pinto*, p. 118.

1555. — «Tem **varelas**, ou idolos, e cada hum morador os tem em sua casa [na China] sem ter mais oração que perfumalos com cheiros». — P. Belchior Nunes, in *Cartas de Japão*, I, fl. 36.

1561. — «Estes lugares escolhem elles logo para suas **varellas**, que sam as casas dos seus idolos». — *Ibid.*, fl. 85 *v.*

1566. — «Tem muitos, e mais sumptuosos templos, a que chamam **Varellas**, e mosteiros de frades e freiras edificados ao modo de cá». — Damião de Góis, *Chronica de D. Manuel*, IV, cap. 24.

1571. — «Fomos agasalhados em hũa **varella** que são os mosteiros dos Bonzos, e pera nos agasalhar tinhão tirado os pagodes ou idolos da casa principal». — *Cartas de Japão*, I, fl. 309 *v.*

1577. — «Os templos desta terra [Pegu] he cousa só no mundo, e como taes se pode escreuer delles: he hũa maquina moeiça a que chamão **Varellas**, de forma redonda, ouada, e piramidal, as quaes posto que sejão muy altas com seu pé e acento em igual proporção, do chão até cima são cubertas de folhas de ouro». — *Primor e Honra*, fl. 37 *v.*

1578. — «A casa, e chão que tinhamos foi tomado para huma **varela** de hum Pagode». — P. Luís Fróis, *apud* Cristóvão Aires, *F. M. Pinto e o Japão*, p. 119.

XVI. — São estas casas [do Japão] daltura dum couado do chão tem repartimento de camaras e antecamaras e camara onde tem suas **varelas** [= ídolos?], na qual ninguem dorme». — Ms., publicado no *Instituto*, LIV, p. 56.

1600. — «O serviço das **varelas**, ou templos dos Idolos». — P. João Lucena, *Historia*, VII, cap. 8.

«A qual os mandou recolher secretamente a huma **varella** de Bonzos». — *Id.*, IX, cap. 11.

1605. — «Dá esta seita [budismo no chinês] imortalidade da alma, dá transmigração como Pythagoras até seis vezes em diversos animaes, dá paraiso, e inferno, de que ha em suas **varellas** ou templos muitos retratos de vulto, e grandes representações». — P. Fernão Guerreiro, *Relaçam*, fl. 82.

1611. — «Finalmente tendo as casas como **Varellas** dos Bonzos, nas quaes podem entrar todos á vontade, e por ordinario vão os Mandarins a folgar e comer, fazião o mesmo nas casas dos Padres». — P. Sabatini. de Ursis, *P. Matheus Ricci*, p. 20.

1612. — Ha muitas **varéllas**, que são mosteiros, em que viuem seos religiosos, e alguns delles muy sumptuosos e dourados pelos tectos e curucheos». — Diogo do Couto, Déc. VI, VII, 9.

«A obra de seus Templos, que sam **Varellas**, sem dúvida foi dos Chins». — *Id.*, Déc. XII, x, 3.

1617. — «Com ordem que se pusessem detrás de hũas **varelas** derribadas, templos dos gentios». — *Conquista de Pegu*, cap. 8.

1635. — «De um seu templo, ou pagode mui afamado, que chamam a **varela** de Digão». — António Bocarro, Déc. XIII, p. 167.

1687. — «Trezentos e secenta **Varelas** de estranha grandeza, com monstruosos Pagodes». — P. Fernão de Queiroz, *Conquista de Ceylão*, p. 9.

1694. — «Como ficaria muda a soberba Romana, se soubesse, como sabemos, que em hum Templo, ou **varela** da India, chamado de Bugio (por ser dedicado a tão ridiculo deos) só o claustro que serve de recolher as rezes que se hão de sacrificar, tem setecentas columnas lauradas de marmore tambem de huma só peça, e egual grandeza». — P. António Vieira, *Xavier Dormindo*, p. 439.

1697. — «Sahião de noyte das **varelas**, que assim se chamão os templos dos idolos». — P. Francisco de Sousa, *Oriente Conquistado*, I, IV, 2.

1721. — «Muito se empenhou o demonio em remedar nestes paizes os estilos da Religião Catholica, para enganar estes povos miseraveis, na riqueza dos Templos, aos que chamão **Varelas**...» — Fr. Fernando da Soledade, *Hist. Serafica*, III, p. 858.

1569. — «Gran quantità se ne consoma ancora in quel Regno nelle lor **Varelle**, che sono gli suoi pagodi, de' quali ve n'è gran quantità di grandi e di piccoli». — Cesare Federici, *in* Ramúsio, III, fl. 395.

1582. — «Stanno al gouerno del Pagodo, ouer **Varella** di Digon». — G. Balbi, *Viaggio*, fl. 96.

1640. — «Puestos en le carcel, los embiaron ultimamente a uma **Varela**, o Templo de Bonzos». — P. Semedo, *Imperio de la China*, p. 194.

1674. — «Unos habitan las Poblaciones, teniendo al su cargo las **Varelas**, o Templos de los Idolos: otros en amplissimos monasterios». — Faria e Sousa, *Asia Portuguesa*, II, p. 767.

1678. — «Ocupava un famoso Pagode, ò **varella** (son cinonimos), puesto en una punta, que la tierra mete en el Oceano». — João de Sá e Meneses, *Rebelion de Ceylan*, p. 119.

*** Vargeiro, Varzeiro.** Não vem nos dicionários portugueses êste termo, muito usado na Índia, no sentido de «dono ou cultivador de várgea ou várzea». *Várzea* quere ali dizer, «campo de cultura de arroz, arrozal».

1729. — «Bastará para que todos os ditos mercadores, fabriqueiros e **vargeiros** se recolham aos dominios de Vossa Magestade». — *Apud* Júlio Biker, *Collecção de Tratados*, VI, p. 174.

1732. — «E os *curumbins* **varzeiros** [pagão] 1 xerafim». — In *O Oriente Portuguez* (1904), I, p. 109.

1746. — «Devem ser escolhidos, e capazes de fazerem guerra, e não **vargeiros**, nem *begarins*». — *Apud* Biker, p. 267.

1764. — «Chegam os sobreditos a vexar o Povo, e executar os campos das novidades de *batte*, com notavel prejuizo dos pobres **Vargeiros**». — F. N. Xavier (filho), *Collecção de Leis*, p. XXXVII.

1914. — «Quem desconhece as afflições por que de repente o céu faz passar os **varzeiros**, fechando os seus reservatorios, depois de vasados abundantemente nos preludios do inverno?». — *O Ultramar*, de 19 de Novembro.

*** VARICHA** (sing. *varichchi*). Pau fino e roliço, de que se fazem tranqueiras e paredes de casebres, em Ceilão e Damão.

1634. — «Está tambem junto aos muros hum fosso grande, onde quando ha guerra, se vem meter toda a gente das terras em caninhas de **varicha**, que ficam defendidas da artilharia dos mouros» (em Damão). — António Bocarro, *Livro*, in *O Chronista de Tissuary*.

1635. — «Vieram marchando para um pagode que está d'alli cinco leguas, chamado Tanagale, onde chegando se fortificaram com uma tranqueira de **varichas**» (em Ceilão). — *Id.*, Déc. XIII, p. 504.

1687. — «Mas foy obrigado a os recolher, ficando muitos mortos, de mays dos feridos, em troco de hũ pão, e dous feixes de **varicha** que leuaüão». — P. Fernão de Queiroz, *Conquista de Ceylão*, p. 486.

1914. — «They proceeded to strengthen by a stockade of **varichchi**».— P. E. Pieris, *Ceylon*, II, p. 5.

* **VARISDAR**. Indivíduo que tem direito hereditário a um prédio ou a uma pensão, nas Novas Conquistas. Do mar. *vārisdār*, do ár. *vārith* (pron. *vāris* em persa e hindustani), «herdeiro».

1822. — «Elles se obrigam a ter, manter, e conservar todos os usos, costumes dos seus antepassados concernentes aos Deozes... *Acdares*, **Varisdares**, ou Parentes». — *Apud* Júlio Biker, *Collecção de Tratados*, XII, p. 28.

**VARLI** (mar. *vārlī*). Indivíduo duma casta pastoril do Damão.

1740. — «Os *Sindys* acima ditos em parte estão devolutos nas aldeias dos **Varlis**, que he gente do mato... Para gente de nação chamada **Varly**, não darão os Portuguezes logar para morar nas suas terras». — *Apud* Júlio Biker, *Collecção de Tratados*, VI, p. 219.

1783. — «Na mesma Praganã Nagar Avely persistem muitos *Coles*, **Varlis**, que são *Dublás*». — *Ibid.*, VIII, p. 104.

1886. — «A quasi totalidade da população divide-se em quatro *jates* ou castas, conhecidas pelos nomes de *Rajahputros*, *Daryás*, *Dublás*, **Varlys**. Esta ultima constitue a grande tribu dos *govlys*, e é predominante». — Lopes Mendes, *A India Portugueza*, II, p. 239.

1898. — «... resultando deste desgraçado systema a fuga de muitos colonos (**varlis**), que não podiam supportar as violencias dos arrematantes». — Oliveira Mascarenhas, *Atravez dos Mares*, p. 59.

1904. — «Castas gentilicas e suas subdivisões que habitam o districto de Damão... *Doriá*, *Dublá*, **Varly**». — António Francisco Moniz, *Hist. de Damão*, II, p. 128.

1906. — «... multidão innumeravel, armada de arco e de lança, e semi-nua, dos **varlis** e concanás, vozeando, aclamando». — Alberto O. de Castro, *A Cinza dos Myrtos*, p. 202.

**VASSÁ** (s. m.). Medida agrária, equivalente a vigésima parte de *biga*, q. v., em Damão. Do guz. *vaso*, com a terminação marata, *vasā*.

1886. — «O terreno que abrange um *caró* quadrado denomina-se *vivassi*, 20 dos quaes fazem 1 **vassá**, e 20 **vassás** 1 *viga*, que equivale a 20 *bambus* quadrados de 4 covados, cada bambu». — Lopes Mendes, *A India Portugueza*, II, p. 256.

* **VAT** (siam. *văt*). Pagode siamês. Ie atesta que o Padre Sangermano emprega a palavra *bao* para designar o «mosteiro búdico» de Bramá ou Birmânia, e declara ser usado pelos portugueses na Índia. Eu não a li em nenhum autor nosso, mas deve provávelmente ligar-se a *vat*.

1878. — «O passaro Kout é citado em varias lendas e vê-se esculpido, ou pintado, em muitos dos antigos **vats**, ou pagodes». — A Marques Pereira, *Moedas de Siam*, p. 18.

* **VAZADAR** (ant.). Proprietário, no «Norte», Índia. Do mar. *varsedār* < ár. *varsā*.

1617. — «Da mesma maneira he justo que os *Pateis* dellas me paguem sem os **Vazadares**, cidade e o capitão se entremeteram nisso». — In *O Chronista de Tissuary*, IV, p. 23.

1634. — «Ficão as casas do **Vazadar** ou senhorio do *Cassabé*, que he o mesmo que povoação ou aldea de Mombaim». — António Bocarro, *Livro*, *ibid.*, III, p. 259.

1705. — «Pelo máo trato que lhe dão as **Vazadares**, e senhores das aldeas». — In *Archivo Port.-Oriental*, Supplemento II, p. 188.

**VEDA** (s. m.; sânsc. *veda*; *ved* ou *bed* em alguns idiomas néo-áricos; *vēdam* nos dravídicos). Livro sagrado dos hindus e base primária da sua religião. Distinguem-se quatro *Vedas*, todos tidos por revelados: *Rigveda* (*Rgveda*), *Samaveda*, *Yajurveda* e *Atharvaveda*. O primeiro é a fonte principal dos outros e, na sua maioria, o mais antigo monumento literário da família lingùística indo-europeia, visto que alguns dos seus hinos datam de mais de 1500 anos antes de Cristo. *Veda-xastra* quere dizer «livro ou tratado Veda» [1] V. *xastra*.

A linguagem dos Vedas difere no seu conjunto, conforme obsèrva Macdonell, do sânscrito clássico como o grego de Homero do clássico ou o latim dos hinos sálicos do de Varrão. V. Vasconcelos Abreu, abaixo.

1612. — «Estes livros são repartidos por corpos, membros, e articulos, cujos origi-

[1] Diz-se também colectivamente. *Veda*, abrangendo todos os *Vedas*.

naes são vns que elles chamão **vedáos** (forma dravídica), que são repartidos em coatro partes, e estas em outras cincoenta e duas por esta maneira. Seis a que chamão *xastrá*, que são os corpos; dezoito a que chamão *puraná*, que são os membros; vinte e oito chamados *Agaman*, que são os articulos».—Diogo do Couto, Déc. V, vi, 3.

XVII.—«A principal e I se chama **Vedakastra** (*sic*) e se divide em quatro partes». — *Breve Relação*, p. 43.

1687. — «Aqui seremos mais breues; em especial no que toca á Seyta dos **Veddáos**, que he a dos Bragmanes, em tudo mais mentiroza». — P. Fernão de Queiroz, *Conquista de Ceylão*, p. 61.

«Dos Bragmanes tomarão [os chingalás] Idolatria declarada em seus **Veddos**, e continuada em seus *Puranas*».—*Id.*, p. 570.

XVIII. —«Visnú lhe [Bramá], como seu filho, ensina quatro orações divinatorias, distribuindo cada huma, a cada rosto do dito Bramá, ellas são denominadas 1.ª *Rugvedá*, 2.ª *Ejurvedá*, 3.ª *Sumavedá*, 4.ª *Atarvanvedá*». —*Noticia do Gentilismo*, p. 65.

1727. — «Chamão-lhes Hanscrit, isto quer dizer Lingua pura, ou Santa, ou Divina, porque tem para si, que Deus nesta lingua deu os **Betbs**, ou livros sagrados a Bramá, seu Profeta». — Bluteau, *Supplemento*, s. v. *Benares*.

1825. — «O monumento mais antigo e solemne, é o Sanscrit; linguagem em que Brama ditou os **Vedas**».—José Inácio de Andrade, *Cartas*, I, p. 20.

1837. — «Das suas [de Brama] quatro bôccas sahiram os quatro **Vedas**, principaes livros sagrados daquelles gentios, colligidos e coordenados 1400 annos antes de Christo». — *O Panorama*, de 14 de Outubro.

1846. — «**Vedaxastras** ou **Vedão** em quatro livros, todos em linguagem Sanscrita». — F. N. Xavier, *O Gabinete Litterario*, I, p. 255.

1866. — «Magnod era brahamane como o queriam as superstições e não como o definiam os **vedas**». — Francisco Luís Gomes, *Os Brahamanes*, p. 95.

1874. — «... e ainda as creações grandiosas, que remontam aos tempos pre-historicos dos **védas**, do Maha-Bharata, do Ramayana, de Kalidassa, e de Boudha Sakya-Mouni [à francesa], todos esses mythos, todas estas epopêas, todas estas lendas...». — Visconde de Ouguela, *apud* C. Castello Branco, *Noites de Insomnia*, VIII, p. 7.

1880. — Os **Vêdas**, sendo incontestavelmente o mais antigo documento escripto de que faz menção a historia da humanidade, são por isso mesmo dignos de fixar por um pouco a nossa attenção. Existem nos innumeros pagodes (templos) do Hindustão mais de mil textos manuscriptos dos **Vedas**, todos identicos na doutrina, embora com ligeiras variantes na forma». — Martins Velho, *Estudos sobre o Oriente*, p. 77.

1883. — «A linguagem arica foi seguindo evolução propria na bocca do povo por um lado, e por outro se conservou até muito tarde em estado de notavel archaismo na redacção de certas composições poeticas lyrico-epicas, transmittidas de familia em familia, e colligidas depois com o nome de **Vedas** — *veda*, «sciencia, o saber por excellencia». — sob forma escripta caracteristicamente artificial, por theosophos e iniciados». — Vasconcelos Abreu, *Chrestomathia*, p. 199.

1883. — «O **Vedam**, o livro que só os brahmanes têem auctorisação para ler, é o livro santo por excellencia, e só pode ser ensinado por elles á casta immediatamente inferior». — Adolfo Loureiro, *No Oriente*, II, p. 237.

1886. — «... symbolisam os quatro livros sagrados dos **Vedas**: *Rig-Veda*, *Jagur-Veda*, *Sama-Veda* e *Atarva-Veda*». — Lopes Mendes, *A India Portugueza*, II, p. 67.

1898.— «Este systhema [de castas] que, segundo os hindús doutos, não é conhecido dos **Vedas** (nome de 4 livros sagrados dos brahamanes), dizem ter sido obra de Brahma». — Oliveira Mascarenhas, *Atravez dos Mares*, p. 104.

1903. — «O **Veda**, a literatura *védica*, é toda absolutamente religiosa e é, como disse, tesôuro sagrado de famílias, património aristocrático». — Vasconcellos Abreu, *Curso Integral*, p. 13.

1915. — «Os **Védas** são considerados como os mais antigos monumentos da litteratura universal; d'elles tomou origem toda a enorme litteratura brahmanica».— Alberto Marques Pereira, *Os Lusiadas*, I, p. 165.

1919. — «Os **Vedas** apresentam-nos sobretudo os phenomenos naturaes personalisados em multiplas divindades». — *A Ordem*, de 14 de Março.

1544. — «Habent Brachmanes quaedam veluti sacrarum monumenta litterarum, quibus divinas leges contineri ferunt». — S. Francisco Xavier, *Epistolae*, I, 14.

1658. — Questa si chiama **Veda**, che vuol dire parola nascosta, la quale sotto apparenza de qualche moralità, tutta è ordinata per soggettare le altre Caste al dominio, e gouerno de' Sacerdoti, che la composero à loro sodisfatione».—Fr. Vincenzo Maria, *Viaggio*, p. 269.

1662.— «Bragmanorum dogma (**Vedam** vocant), nulli, praeter ipsos, legere permissum sub piaculo». — In *O Oriente Portuguez*, II, p. 34.

1666. — «Ce sont eux [os brâmanes] à qui Dieu a envoié les quatre **Bets**, qui sont les livres de leur Religion». — Thevenot, *Voyages*, III, p. 192.

1668. — «Nous avons, disent-ils, nos quatre **beths** c'est-à-dire nos quatre livres de loi, livres sacrés et divins que Dieu nous a donné par moyen de Brama». — Bernier. *Voyages*, II, p. 91.

1740. — «Les **Vedam** renferment la Theologie de Brahmanes... Les **Vedam,** autant que j'en puis juger par le peu que j'en ai vû, ne sont qu'un recueil de differentes practiques superstitieuses, et souvent diaboliques des anciens *Richi*, Pénitans ou *Mouni*, Anachorétes». — P. Pons, *Lettres Édifiantes*, XXVI, p. 233.

1770. — «Depuis d'Indus jusqu'au Gange, tous les peuples reconnaissent le **Vedam,** pour le livre qui contient les principes de leur religion, et cependant fort peu ont la même». — Raynal, *Histoire*, I, p. 31.

1776. — «L'**Ezourveïdam** [do Padre Roberto de' Nobili] est toute autre chose. C'est ouvrage d'un vrai sage, qui s'éleve avec force contre toutes les sottises des Bracmanes de son temps. Cet **Ezourveïdam** fut écrit quelque temps avant l'invasion d'Alexandre; mais je paris que l'**Ezourveïdam** n'a aucun crédit dans son pays, et qui le **Veïdam** y passe pour un livre céleste». — *Lettres Chinoises*, p. 54.

1778. — «Envoye-t-il [Acbar] à grands frais à Benarès des particuliers chargés d'y traduire les **Védas**». — Anquetil Duperron, *Législation Oriental*, p. 21.

1778. — «Les **Vedams** sont des livres sacrés, les plus anciens, et les plus révérés des Indiens; ils les adorent comme la Divinité même, dont ils les croient une émanation et une partie tout ensemble. Ils crainderoient d'en profaner le nom, s'ils le prononçoient autrement que dans leurs prières». — Sonnerat, *Voyages*, I, p. 209.

1825. — «On les [brâmanes] partage encore en quatre castes, dont chacune est attachée à l'un de quatre **védams**. Il y a des brames de l' *ézour-védam*, du *sama-védam*, du *rig-védam* et de l'*adarvana-védam*». — P. Dubois, *Mœurs*, I, p. 142.

1900. — «Ce recueil des **Védas,** qui est l'œuvre, non pas d'un homme, mais de toute une race; qui, à côté de choses transcendantes et merveilleuses, contient aussi tant d'obscurités, de contradictions, de naïvetés enfentines; ce recueil, touffu comme la *jungle* et insondable comme le gouffre éternel, les Sages de Bénarès, qui l'étudient dans le recueillement jamais troublé, sont peut-être les seules capables de nous le rendre un peu accessible». — Pierre Loti, *L'Inde*, p. 455.

**VEDANGA.** A locução sânsc. *vedāṅga* quere dizer literalmente «membro (do corpo) dos Vedas», e tècnicamente «sciências auxiliares dos Vedas», isto é, as que ensinam a lê-los, entendê-los e aplicá-los devidamente para sacrifícios. Enumeram-se seis: fonética, métrica, gramática, etimologia ou glossário, astronomia e cerimonial.

1878. — «A litteratura vedica, *Mantras*, *Bráhmanas*, **Védangas,** comprehende de per si materia para centos de volumes in folio». — Vasconcelos Abreu, *Investigações*, p. 23.

1880. — «Assim, por exemplo, em **vedangas** trata-se das sciencias sagradas consideradas como accessorias dos Vedas, e em numero de seis». — Martins Velho, *Estudos sobre o Oriente*, p. 108.

1898 — «*Angas* ou **Vedangas** são sciencias sagradas consideradas pelos hindus como accessorias dos Vedas». — Oliveira Mascarenhas, *Atravez dos Mares*, p. 136.

**VEDANTA** (s. m.). Nome de um dos seis principais sistemas filosóficos da Índia, reputado mais ortodoxo, e como tal seguido pela generalidade dos hindus ilustrados, visto que se considera que ensina o objectivo dos Vedas, tal qual se acha expendido nas *Upanixadas*, tratados teosóficos do período védico. O *Vedanta* professa o monismo e o panteísmo espiritual. A locução compõe-se de *veda* e *anta*, «parte final da literatura védica e fim último do Veda». V. *maiá*. **VEDANTINO, vedantista** (adj.), relativo ao *Vedanta*; (s. m.), sectário do *Vedanta*. **VEDANTISMO,** doutrina do *Vedanta*.

1880. — «O buddhismo é uma evolução da philosophia hindú conhecida pelo nome de philosophia sânkhya e, de certo modo, devida tambem á philosophia **vedânta**». — Vasconcelos Abreu, in *Bol. S. G. L.*, II, p. 209.

1918. — O sistema **vedanta** hoje dominante entre os hindus baseia-se no principio de identidade da almà humana e da alma universal (Bramá)». — *Heraldo*, de 15 de Junho.

1919. — «No panteismo **vedantista** que identifica a alma individual com a alma universal: *Bramá*, encontrou Sancarachária uma plataforma para integrar no neo-bramanismo as crenças mais heterogéneas e dar uma base doutrinal ao suave espirito de tolerância, herdado ao budismo e jainismo». — *Heraldo*, de 13 de Agosto.

1740. — «L'Ecole de **Vedântam,** fin de la Loi, dont Senkrâchârya fut autrefois le Fondateur, a pris le dessus sur toutes les autres Ecoles pour la Métaphysique». — P. Pons, *Lettres Édifiantes*, XXVI, p. 247.

1825. — «L'école **védanta,** dont le fameux Sancara-Atcharia fut le fondateur, se fait distinguer par sa métaphysique; et, on peut ajouter aussi, par l'obscurité de ses dogmes».—P. Dubois, *Mœurs*, II, p. 82.

«**Vedanta**. Nom du système de philosophie orthodoxe le plus répandu dans l'Inde. Le mot signifie «fin du Veda» et a peut-être aussi d'autres sens. Cette philosophie se présente en tout ces s'appuyant essentiellement sur l'autorité du Veda, et comme étant l'exclusive systématisation des doctrines éxotériques, souvent vagues et contradictoires des *Oupanichads*». — *La Grande Encyclopédie*.

**VÉDICO**. Relativo aos Vedas: religião *vedica*, linguagem *védica*, literatura *védica*, costumes *védicos*, tempos *védicos*.

1881. — «A grammatica de sãoskrito **védico** não estava ainda compendiada». — Vasconcelos Abreu, *Manual para o estudo do sãoskrito classico*, p. x.

1885. — A literatura anterior ao III século é toda **védica**, isto é, compreende os *livros dos hinos*, própriamente *Vedas*, e os livros que estudam os Vedas». — Id., *A Literatura e a Religião*, p. 56.

1879. — «A religião hindú divide-se em 5 epocas: A primeira é a **vedica**, ou a adoração de divindades elementares, taes como Agni e Indra».—João Stuart Torrie, *Estatistica da India Portugueza*, p. 322.

***VEDISMO**. Doutrina ou modismo dos Vedas.

1918. — «Se o **Vedismo** teve a sua expressão nos *Vedas*, o bramanismo nos *Bramanas*, nos *Upanichads* e nos *Sutras*...». — *Heraldo*, de 30 de Agosto.

1879. — «The members of Ârya-Samaj, who profess to revive **Vedism** among the votaries of Brahmanism...». — Gerson da Cunha, *The Journal B. B. A. S.*, XIV, p. 10.

***VEDOCTA** (s. m.). *Vedokta* quere dizer em sânscrito «o que é dito ou ensinado pelos Vedas»; mas no sentido restrito designa «recitação de textos védicos em alguma cerimónia religiosa» (como, por exemplo, adopção) concernente às castas superiores[1]. Quanto às outras castas, os textos são *purânicos* ou *puranocta*, q. v.

1820. — **Vedocta** — Livro das Revelações, e da theologia Pagam, explicada pelo Brama por suas quatro bocas».— *Collecção de Bandos*, I, p. 97.

1825.— «Os Sacerdotes, Ministros Bracmanes *Vupadeos* [*upadeva* = Deus inferior] ja mais podem celebrar ceremonias em favor delles, ou por elles pelas recitações de **Vedocta**». — *Ibid.*, I, p. 85[1].

* **VELIPARA**. É uma planta indiana da família das malváceas — *Hibiscus tiliaceus*, Linn., que cresce nas margens dos rios e lagoas, e de cujas cascas se fazem cordas em Ceilão. Em Goa faz-se árvore, mas é rara. Do sing. *belipaṭṭa*.

1687. — «Aproveytou muyto para estas obras o serviço de alagoa, por onde conduzião palmeyras, arvoredo, e faxina, e certa casca de hũa aruore, que chamão **Velipâra**, que supria a falta de murrão». — P. Fernão de Queiroz, *Conquista de Ceylão*, p. 781.

1914. — «... and above all the **Belipatta**, the tough bark of the *hibiscus tiliaceus* which grows in abundance by the edge of any sheet of water, and which was invaluable in place of rope and match cord». — P. E. Pieris, *Ceylon*, II, p. 409.

* **VELIPO**. Indivíduo duma casta dravídica, que habita nas Novas Conquistas do sul, faz parte das comunidades agrícolas e se ocupa em agricultura. Não estou seguro da etimologia do vocábulo: pode ser o can.-sânsc. *vallabha*, «olheiro, vigia», ou o telúgu *vellamu*, «um dos ramos da casta sudra».

1886. — «A concessão dos terrenos aos *gãocares*, **vellipos** e outros de igual natureza, e aos *rayotes* foi regulada pelo decreto de 15 de setembro de 1880. — Lopes Mendes, *A India Portugueza*, II, p. 22.

1917. — «Garantiram-nos que havia regedores nas Novas Conquistas que eram odiados pela tirania e opressão exercidas nos pobres aldeões — gancares, **velipos** e roitos». — *O Ultramar*, de 30 de Abril.

* **Velu**. Bambu espinhoso — *Bambusa arundinacea*, Willd. É grosso, comprido, muito direito e cheio de grandes espinhos nos nós. Do conc. *velū* < sânsc. *veṇu*.

1918. — «**Vellús**. Quem quizer fale a Piedade X. Menezes no Mercado Velho». — *O Ultramar*, de 30 de Maio.

1919. — «Informa-se que providencial-

[1] «If His Majesty [o rei de Inglaterra] deign to grant your prayer, you may crown him with your sacred texts, which allow the election of a foreigner, crown him with Vedic texts». — *The Modern Review*, de Março de 1919.

[1] A tradução do original marata está pouco correcta.

mente os bambús silvestres (**velús**) floresceram abundantemente este ano, o que se dá de 60 em 60 anos, segundo afirmação do povo, produzindo uma semente muito semelhante á do trigo com a qual fazem *apas*, sendo a sua farinha tida por todos como inofensiva e bastante alimentar». — *Heraldo*, de 15 de Abril.

* **VENEZARAS** (s. m. pl.). Comerciantes nómadas, de raça especial, que abundam no Decão. Do mar. *vañjārā*, hindust. *banjārā* < sânsc. *baṇij*, «comércio». Supõe-se que grande parte dos ciganos da Europa procedem desta gente. V. *bagançarins*.

1563. — «E este rey Dely tomou o Balagate a huns gentios muito poderosos, cuja geração são estes que agora chamão **Venezaras**, e outros que na terra habitão, chamados *Colles*, e assi estes Colles, como os **Venezaras**, como os *Reisbutos*, vivem de roubos e furtos o dia de hoje».— Garcia da Orta, Col. x.

1695. — «Chamão a estes **Vanayares**, que quer dizer: homens sem patria, porque nos caminhos os parem, e os crião. Quando succede caminhar por terra de inimigos, se ajuntão dez, e doze mil, e com elles quatro, cinco, e seis milhões de Boys. São todos muito destros no Arco, e Frecha, e tambem nas Espingardas de morrão».— Cosme da Guarda, *Vida de Sevagy*, p. 99.

1917. — «Os principaes consumidores [do sal em Damão] eram os **Vanejares** ou Balgateiros, os quaes pagavam aos rendeiros 3 por cento». — António Francisco Moniz, *Hist. de Damão*, iv, p. 239.

1589. — «... desquels restent encore auiourd'hui ceux qu'on appelle **Vanezeres** et autres qui habitent au mesme pays». — Linschoten, *Histoire*, p. 52.

1825. — «De toutes les castes nomades qui errent dans le pays, la plus connue, la plus répandue, et la plus odieuse est celle des *lambadys*, ou *soukelers*, ou **bendjarys**». — P. Dubois, *Mœurs*, i, p. 78.

1845. — «Les esclaves sont ou nés dans la maison, ou des enfants vendus par leurs parents en temps de famine, ou enfin des enfants enlévés par les **Bandjâras**, tribu des pasteurs errants, qui font aussi le métier de transporter du grain et des marchandises avec leurs troupeaux».—Xavier de Raymond, *Inde*, p. 249.

**VENEZIANO**. Antiga moeda veneziana de ouro, que corria na Índia e valia 420 réis no século XVI e mais em tempos posteriores, quando representava o sequim.

1554.—«E **venezianos**, soltanis, abraemos valem 7 tangas, que são 420 réis». — António Nunes, *Lyvro dos Pesos*, p. 32.

1560.—«... na qual nao se achou muyto dinheiro em xerafins d'Adem, e **Venezianos** d'ouro, que tudo se pôs em bom recado». — Gaspar Correia, *Lendas*, i, p. 520.

1569. — «Vallia hũ pardáo redondo seis tangas larins, e hũ xerafim dormuz cinquo, e hũ **veneziano** sete». — *Carta Régia*, in *Archivo Port.-Oriental*, ii, p. 175.

1583. — «Serão **venezianos**, pardaos, paguodes, santomés de ouro, larins, xerafins de prata, e bazarucos de calaim». — *Alvará* do vice-rei, in *Archivo*, Supplemento i, p. 717.

1594. — «... vos parecer meu serviço bater-se moeda de **Venezianos** e Larins com as minhas armas na fortaleza de Diu, onde vem ter quantidade d'ouro e prata». — *Carta* do Rei, *ibid.*, v, p. 1374.

1613. — «E el Rey me fez merce da alguas mãos cheas de moedas de ouro de forma de **Venezianos** de ouro de Veneza». — Manuel G. de Erédia, *Declaraçam de Malaca*, fl. 53.

1616. — «Tanto trabalharam nisto todos, que se abrandáram os soldados, e se concertáram que dessem a cada hum dezeseis **Venezianos**, que he o mais que se achou por Juizes louvados».— Diogo do Couto, Déc. X, iii, 4.

1618 — «**Venezianos** são humas moedas que correm na India, assim chamados, porque vem de Veneza a Ormuz, e a outras partes orientaes, vale cada huma dellas onze tangas e meia até doze, que são 690 reis até 720». — Manuel Barbosa, in *Archivo*, v, p. 327.

1634. — «As fazendas que trazem, a principal, e de mais porte he ouro feito em moedas, que chamão **Venezianos**, que valem mil duzentos reis cada hum».—António Bocarro, iii, p. 122.

1655. — «Os Maticaes Berberescos: os Zanquins de Turquia: os **Venezianos** de Levante».—D. Francisco de Melo, *Apologos Dialogaes*, p. 80.

1663. — «... moedas de ouro de Veneza, Ungria, Alemanha e Turquia, as quaes tem todas o mesmo peso, e são chamadas na India **venezianos**». — P. Manuel Godinho, *Relação*, p. 214.

1886. — «A pyramide que remata a cupula do zimborio, denominada Guz, é de ouro. Foi construida por um ourives de Pangim, e levou noventa e cinco moedas de ouro **venezianas**, de cinco rupias cada uma». — Lopes Mendes, *A India Portugueza*, ii, p. 208.

1582. — «Mà ne anco detti **Venetiani** sono stabili, perche quando le naui vanno di Goa a Cuci [Cochim] gli pagano à tanghe 9 e tre quarte e 10 per esser la miglior valuta, che corria in Coci».—G. Balbi, *Viaggio*, fl. 71.

**VENIAGA**, **Beniaga** (mais correcto,

mas menos usado). Os sentidos em que o termo é empregado pelos nossos indianistas são «trato de mercadoria», negócio, tráfico, comércio; «mercadoria», fazenda, géneros; «ganho, lucro comercial». A acepção figurada de «tranquibérnia ou traficância» produziu-se modernamente em Portugal, do mesmo modo que a pejorativa de *chatim*, bem como o verbo *veniagar*. A ilha do Taman ou Tamão, que constituia o empório dc comércio chinês, era denominada pelos portugueses, à imitação dos malaios, «ilha de Veniaga». V. *Contribuições*.

Alguns dos nóssos dicionaristas modernos, que não conhecem o berço do vocábulo, derivam-no de *veniagar*, e êste do lat. *venum agere*. Mas Bluteau sabia em 1712 que era «*beniaga* palavra da India». E de facto, *veníaga* provêm do mal. *běrnyága*, «mercadejar, comerciar» (*pěrnyagaan*, «comércio, mercadoria») < sânsc. *vāṇijaka* ou *vāṇijyaka* (de *vaṇij* ou *baṇij*, «mercador»; *vāṇijya*, «tráfico)». David Haex (1631) regista, no seu *Dictionarium Malaio-Latinum*, *vinyága*, que denuncia a influência da forma portuguesa, com os significados «negotiari, mercaturam exercere». V. *baneane* e *vani*.

1517. — «Ao outro dia foy á vela seu caminho pera a Ilha de **Veniaga** que está dezoito legoas de Cantão. Todolos tratantes n'esta ilha vendem e comprām e daqui nom passão se não com licença dos regedores da cidade». — Gaspar Correia, *Lendas*, II, p. 524.

1525. — «Dysseram-lhe que hao outro dia vyriam fazer com elle **benyaguaa**, e vyerão ao outro dya seguynte até cinquoenta homens, os quaes, como foram dentro na nao, matarão toda a gente d'ella, e ha tomaram e haa meterão dentro no Ryo hondee agoura estaa» (em Pão de Malaca). — *Lembranças das Cousas da India*, p. 6.

1539. — «Até que nos despedio com boas palavras, e promessa de boa **veniaga** á fazenda que o Mouro trazia do capitão».—Fernão Pinto, *Peregrinação*, cap. 15.

«Disse elle, que era do Reyno de Siam do bairro dos estrangeiros de Tanauçarim, e que hia de **veniaga** como mercador que era para a Ilha dos Lequios a fazer sua fazenda». — *Id.*, cap. 41.

1552. — «E esta ilha está tres legoas da costa, e os Chins lhe chamão *Tamão* e nós outros de **veniaga**: porque naquellas partes chamão ao trato da mercadoria **veniaga**: e nesta ilha se fez o trato da mercadoria dos mercadores estrangeiros que vão tratar a China». — Castanheda, *Historia*, IV, cap. 28.

1562. — «Não tinhamos já monção pera ir pera a banda do norte a buscar o porto de **veniaga** da China». — *Cartas de Japão*, fl. 96 *v*.

1563. — «A quinze de Agosto chegou á ilha Tamão a que os nossos chamão de **Beniaga** que quer dizer mercadoria, vocabulo daquellas partes já tão recebido entre elles [portugueses] que o tem feito proprio». — João de Barros, Déc. III, II, 6.

1569. — «Vay de Bengala ao Simide [Sinde] em embarcações açucare, que do Simide vay de **Veniaga** a Ormuz». — Fr. Gaspar da Cruz, *Tractado da China*, cap. 4.

1577. — «... como poucos annos há mandou fazer a tres soldados, que vierão do Pegú com **veniagas** a suas terras, os quaes mandou prender e levar a Golecondas». — *Primor e Honra*, fl. 25.

1600.—«Assaz melhor **beniaga** ficara fazendo com o presente do que se faz com a seda da China». — P. João Lucena, *Historia*, VII, cap. 24.

1612. — «Não fez outros empregos, nem **veniagas**, nem quis nunca comprar infinito arroz que é **veniaga** de muitos mercadores». — Fr. João dos Santos, *Ethiopia Oriental*, I, p. 87.

1632. — «Navegou para Timor a fazer sua **veniaga** do Sandalo e mandou aperceber quatro *Caracoras*». — Fr. Luís de Sousa, *Hist. de S. Domingos*, III, p. 315.

1635. — «E assim mandava a seda mais por **veniaga** que por presente». — António Bocarro, Déc. XIII, p. 34.

1650. — «Hervas medicinaes de que se faz boa **veniaga**». — P. António F. Cardim, *Batalhas*, p. 228.

1664. — Tinha Tomás Ratão, Cidadão de Cochim, embarcado suas **veniagas** com intento de fazer viagem pera o Sul». —P. Fernão de Queiroz, *Hist. de Pedro de Basto*, p. 183.

1687. — «Lançou mão juntamente, de todos os Portuguezes, e Christãos, que nelles [portos] auia, e das **veniagas**, que leuaulão». —Id., *Conquista de Ceylão*, p. 348.

1652. — «Saltarão em terra os passageiros a fazer **veniagas**». — P. António Vieira, *Arte de furtar*, p. 462.

* **VENTOS XAIMAIS**. Ventos do noroeste, que cursam em certa quadra no estreito do Mar Vermelho, e são mui tormentosos. O persa-ár. *shamāl* quere dizer «norte».

1610. — «Era isto no mês de fevereyro

em que cursão os **ventos xaimais**, que são os noroestes, e dentro daquelle estreyto são muyto tormentosos». — Francisco de Andrade, *Chronica de D. João III*, fl. 117.

1614. — «Era isto no mês de Fevereiro em que cursão os **ventos Xaimais**, que são os Noroestes, que dentro naquelle Estreyto são muy tormentosos». — Diogo do Couto, Déc. VI, x, 10.

1885. — «During the remainder of the year, hot sandy winds, known as **shamál**, or north, indicating the direction from which they come, prevail within the creek (em Adem)». — Hunter, *The Imperial Gazetteer*, I, p. 29.

* **VERLI** (ant. É o nome do lápis-lazuli, em Ceilão. Do sing. *verali*.

1695. — «... *robâzes*, **verlis**, zacinthos, *taripos*, e outras varias pedras». — João Ribeiro, *Fatalidade Historica*, I, p. 5.

* **VÉRTIA** ou **vertiá** (s. m.). *Vrātya* é em sânscrito o hindu expulso da sua casta, por não ter observado os *saṁskaras* (sacramentos), especialmente o da investidura de sagrada linha. Tais indivíduos formam grupos à parte e andam a mendigar. João de Barros, chama-lhes *bagançarins*, q. v.

1607. — «Tem tambem certo modo de religiosos, a que chamam **Vertiás**, os quaes andam cubertos com hum pano branco, e nam o podem lauar nem tirar do corpo, sem primeiro se fazer em pedaços: não se assentam senam no chão, ou sobre os panos com que se cobrem, vivem de esmolas, e nam podem guardar de hum dia para o outro». — P. Fernão Guerreiro, *Relaçam Annual*, fl. 175 v.

1613. — «E os *Jogues* e **Vertheas**, como peregrinos não habitavão em lugar certo, mas era sua residencia naquella romagem do Ganges, onde todo mundo procura na vida fazer hua peregrinação e romaria, e estes jogues devem ser aquelles Gymnosophistas». — Manuel G. de Erédia, *Declaraçam de Malaca*, fl. 75.

XVII. — «Os ministros que se chamão **Verteas** tem entre si hum prelado supremo por successão, e debaixo delle são muitos, e sem comparação, que correm as terras de dous em dous como missionarios, andão descalços, e descobertos da cabeça rapada e barba; vivem de esmolas, que lhes dão de arroz, ou *Cachari* cozido, não fazem cozinha com suas mãos por mais fome que padeção». — *Breve Relação*, p. 37.

1707. — «Tem na mesma povoação algumas casas de **Vertias**, que são como Religiosos penitentes, que pedem esmola por fora; e tambem tem outro convento de Religiosos, que tambem pedem esmola por fora». — In *Archivo Port.-Oriental*, Supplemento II, p. 180.

1666. — Il y a un Couvent de Gentils qu'on appelle **Vartias**, qui ont leur Général, leur Provincial, et autres Supérieurs». — Thevenot, *Voyages*, III, p. 182.

**VETIVER**. Graminea aromática — *Andropagon squarrosus*, Linn. Tem raizes finas, compridas e emaranhadas, de que se fazem ventarolas, anteparos, reparos de janelas, etc., por causa da suavidade e durabilidade do seu cheiro. A palavra é do tamul, *viṭṭiveru*, que por via do francês *vetiver* (ou *vettyver*) parece ter passado ao português. V. *valerum*.

1919. — «Em concani chamam-lhe *Vâlerum* e tambem *Khaskhas*; **Vetiver** em português». — *O Ultramar*, de 2 de Setembro.

1886. — «**Vetiver**, s. This is the name generally used by the French for the fragrant grass which we call *cuscus*». — *Glossary*.

«**Vétiver**... Nom commercial de la racine fibreuse très odorante, fournie par l'*Andropagon muricatus*, Rot., originaire des Indes Orientales; c'est le *Chien-dent des Indes*, le *Vetevaria odorata* des formulaires latins, le *Khus-Khus* des Hindous». — *La Grande Encyclopédie*.

* **VETTE** (mar. *veṭh*). Trabalho compulsório a bem do Estado ou duma autoridade, no Concão. V. *begarim*.

1724. — «As embarcações, que foram de Galiana e Biundyn para as terras Portuguezas, as quaes não deve [o maratá] permitir a molestia dos **Vettes**». — *Apud* Júlio Biker, *Collecção de Tratados*, VI, p. 13.

* **VIDANA**, **vidaná** (s. m.). Regedor de aldeia, em Ceilão; chefe, capataz. Do sing. *vidāna*. Havia tambêm *vidanas* de distritos, conhecidos por *vidanas das corlas*. Em singalês o termo é susceptível de diversos significados conforme os qualificativos.

1603. — «Não pagarão mais que o que ategora costumavão pagar ao **Vidana**, os quaes **Vidanas** se proverão em Portuguezes homens de serviço». — *Regimento do rei*, in *Archivo Port.-Oriental*, VI, p. 806.

1615. — «Os **vidanás** das *alias* com que os [elefantes] caçam, serão postos pelo capitão geral, visto serem necessarios para o serviço dos arraiaes; e o capitão geral dará ordem ao **vidaná**, para acudir com as aliás de caça necessarias para a dos elefantes e para os amanssar». — *Doc. da India*, III, p. 55.

1635. — «O que fazem não só os soldados, mas tambem os casados senhores das aldeias, **vidanas** e *dissavas*». — António Bocarro, Déc. XIII, p. 275.

«E lhes mandasse fazer a mór quantidade de armas que pudesse, e a todos désse **vidanas**, que são como seus maiores, dos criados da sua casa» — *Id.*, p. 277.

«Depois que dom Hieronimo veiu por viso-rei serviu o dito Nicapety de *ganara* e **vidana**, que é quasi como vedor». — *Id.*, p. 497.

1685. — «Da pedraria se não valião, e assim se achão somente vinte e cinco *paravenias* em Sofragão dos que tem o officio, de a tirarem, e o fazião quinze dias no anno, tendo hum capataz, a quem chamão **Vidana** *das agras*... Tanto que S. Magestade foi Senhor de Ceilão, não faltou Portuguez, que quiz ser **Vidana** das agras». — João Ribeiro, *Fatalidade Historica*, I, cap. 10.

«Estas aldeias tinhão **Vidanas**, que cobravão os frutos, e o seu procedido se entregava ao feitor». — *Id*, cap. 11.

1687. — «... e os que gouernão as aldeias [chamam] **Vidânas**; ou *atacorlas*... Os Portuguezes, depois que forão senhores destas terras, admitião em cada Dissaua, hum Chingalá, com titulo de **Vidâna**, a quem cometião alguns negocios tocantes ao gouerno da Prouincia». — P. Fernão de Queiroz, *Conquista de Ceylão*, p. 25.

«Os Dissavas, os Foreyros, os **Vidânas** *das Corlas*, os **Vidânas** *das Aldeas*, *Atacorlas*, *Canganes*, *Mayoraes*». — *Id.*, p. 839.

1896. — «*Vidahn*. Magistrado que exercia as funcções analogas ás de coroneis inglezes. Quando possuiamos esta ilha dava-se o nome de **vidana** *das agras* ao capataz dos homens que extrahiam a pedraria em Sofregão». — Rodrigo Felner, em Bocarro, p. 687.

1894. — «It was only permitted to be carried on in the presence of a **Viduna** (or overseer) and an assistant». — Danvers, *The Portuguese in India*, II, p. 158.

∗ **Vidana** (s. f.), **VIDANIA**. Os portugueses atribuiram à palavra *vidana*, do mesmo modo que à *dissava*, mandando-lhe o género, o sentido de «ofício ou jurisdição de *vidana*», bem como o de «contribuições que as aldeias de Ceilão pagavam ao Estado». O Padre Queiroz prefere o derivado *vidania*.

1603. — «E com os ditos portos, e aldeas se não aforarão juntamente as **Vidanas**, posto que costumassem andar com ellas, porque estas por terem administração de justiça, hey por bem se provejão por menos tempo, e sejão escolhidos pera isso Portuguezes, pessoas aptas e sufficientes». — *Regimento*, do rei, in *Archivo*, p. 805.

1611. — «Demais de ter ordenado pelo regimento do vedor da fazenda da dita ilha de Ceilão, que com os portos e aldeias que se aforarem se não aforem juntamente **vidanás**, posto que costumassem a andar com ellas; e que estas, por terem administração de justiça se provejam por menos tempo, e sejam escolhidos para isso portuguezes, pessoas aptas, e sufficientes, bem informado que, estando estes officios de **vidanás** nas pessoas que ora os servem, recebe minha fazenda perda». — *Carta Régia*, in *Doc. da India*, II, p. 133.

1614. — «A **vidana** dos *paneás* que lhe [aos elefantes] dão herva, vai d'aqui provida por despacho, que he conforme ao regimento». — *Ibid.*, III, p. 55.

1687. — «... anulando-se todas as datas, e merces, assim dos portos, em que não auia fortalezas, como das aldeas, e **Vidanas**, que por qualquer uia fossem feytas». — P. Fernão de Queiroz, *Conquista de Ceylão*, p. 882.

«Esta **Vidania** se arrendará por tres annos, a quem se obrigar a tratar melhor a gente della». — *Id*, p. 883.

∗ **VIDARA**. É na Malásia o mesmo que *ber* ou *bor* (q. v.) — *Ziziphus jujuba*, Lamk. Do mal. *bidara* ou *bĕdara* < sânsc. *vidara*.

1532. — «O qual padram foi metido pelo dicto senhor em presença de mim tabaliam a primeira volta do rio do dicto lugar de panaruque ao pé duma **vidara** que tem tres pes [pernas] em os quaes o dicto lopalvarez fez tres cruzes e assi fez mais hũa crux em outra **vidara** que está a borda do rio da banda do norte». — *Apud* Júlio Biker, *Collecção de Tratados*, I, p. 60.

∗ **VIDDI** (p. us.). É o mesmo que *canudo* (q. v.), na Índia Portuguesa. Do conc. *vidī*.

1916. — «Puxando com força uma fumaça do seu enorme **viddi**...». — *Heraldo*, de 5 de Novembro.

∗ **VIDDÓ** (conc. *vidó*). Involucro de bétele com areca e outros ingredientes. Oferece-se aos visitantes e hóspedes. A forma antiga do vocábulo é *biró*, q. v.

1842. — «Repartir-se o **vidó** a uns primeiro que a outros, é prerogativa pela qual muitas vezes se tem contendido, e buscado até a decisão da metropole». — *Annaes Maritimos*, p. 441.

1906. — «Tambem contratou com um Mhér o fornecimento diario para estes pagodes, de 50 folhas boas de bettle para

**vidós**».— *Apud* Herculano de Moura, *Inscripções Indianas*, p. 180.

1912. — «Os amigos da parturiente tomam um **viddó** de areca e betle e uma moeda qualquer e vão buscar a planta de *Rhui*». —Caetano Gracias, *Flora Sagrada*, p. 24.

1915. — «. . . masticatorio indiano a que geralmente se dá o nome de *betle*, e que se compõe de areca, cal ou *chuname*, e varias especiarias conforme a grandeza e categoria de pessoas, tudo envolvido numa folha de betle e chamado em concani **vidó**». — Ismael Gracias, *A India*, p. 74.

**Viga.** V. *biga*.

* **VIHARA** (s. m.). Templo ou mosteiro dos budistas e jainas. Sânsc. *vihāra*, páli *vihāro*. Os nossos indianistas designam-no por *varela*, q. v.

1902. — «Não eram bem templos ou pagodes dedicados aos deuses, mas **viháras** (mosteiros) para as suas ordens religiosas, ou *stúpas* (tumulos), *dagobas* ou *dhátugopas* (guarda-reliquias) e *chaityas* (monumentos), relicarios commemorativos dos seus santos». —Cristóvão Pinto, in *Ta-ssi-yang-kuó*, II, p. 313.

1906. — «Ao lado dos templos brahmanicos erguem-se os **viháras** jainas». — Herculano de Moura, *Inscripções Indianas*, p. 19.

1907. — «Ainda os templos hypogeos (*chaityás*), e os conventos excavados nos montes (**viharas**), datam do III seculo antes de J. C. ao VIII da nossa era. Conheço dois **viharas** subterraneos em Goa». —In *O Oriente Portuguez*, IV, p. 21.

1877. — «If it be slight, some slight penance is laid upon him, to sweep the court-yard of the **vihara**, sprinkle the dust round the sacred bo-tree». — Rhys David. *Budhism*, p. 169.

**VILEN** (chin. *kien-lau*?). Cárcere, masmorra chinesa. *Bileq* quere dizer em malaio «quarto, câmara».

1545. — «Este homem entrou ham dia pela manhã bem acompanhado no **vilen**, que era a masmorra aonde nos tinhão presos» (em Léquios). — Fernão Pinto, *Peregrinação*, cap. 140.

«**Villó**, m. Pequena foice, com que os índios ceifam o arroz» Cândido de Figueiredo. Do conc. *viḷó* (mar. *iḷā*), «foice roçadeira». O termo não é usado no português de Goa.

1886. — «Para ceifar o arroz usam os cultivadores **villó** ou *coity*, especie de foicinha, e cortam o colmo com grande cuidado e destreza». — Lopes Mendes, *A India Portugueza*, I, p. 52.

* **VIMANA** (s. m.). Edifício quadrangular, alto e espaçoso; salão grandioso, na Índia. Do neo-árico e sânsc. *vimâna*.

1907. — «Mesmo os *dagabás* ou *dagops* do sul da India, os pagodes dravidicos, com o seu **vimana,** o sanctuario quadrangular, o seu *mandapam* ou vestibulo com columnatas. . .».— In *O Oriente Portuguez*, IV, p. 21.

1883. — «The **vimana** in the centre of court-yard is a very conspicuus building and strikes the eye from a great distance». —Hunter, *The Imperial Gazetteer*, IV, p. 465.

* **Viná** (s. m.). Lira ou guitarra indiana. Do sânsc. *vīṇā*, *viṇó* em concani.

1878.— «**Viná** — Cythara indiana; tem ordinariamente sete cordas, e creem que foi inventado por Narada, filho de Brahma». — Cristóvão Aires, *Indianas e Portuguezas*, p. VII.

1893. — «O **vina** instrumento musical de cordas, especie de guitarra, muito estimado pelos singalezes, é em parte construido de duas secções de *chereta*, cada qual coberta de pelle de lagarto». — José Maria de Sá, *Productos do Coqueiro*, p. 54.

1919. — «. . . um diadema de pérolas e ouro sôbre a cabeça, um **Vinah** (instrumento musical) nas mãos». — *Heraldo*, de 21 de Março.

1919. — «The musicians form a picturesque group as they spread themselves on a carpet at the bandstand, the **Vina,** the Violin, the Sitar, the Tamboor or the *Mridang* in hand begin to entertain visitors that gather to listen».—*The Hindustan Review*, de Julho.

* **VINAGRE CANARIM** (ant.). É o nome que, conforme Cristóvão da Costa, se dava antigamente ao caldo azedo de arroz.

1578. — «Y si la euacuacion es muy immoderada, comen de una *Carambola* verde, o buen vn trago de **vinagre Canarin,** el qual es agua en que se cozio Arroz, dexada vn dia o dos, hasta se bolver agria. Esta agua sirve a los Canarins de vinagre, y tienen la por medicinal». — *Tractado*, p. 322.

**VINHO DE PASSAS.** «Infusão de passas de uvas, que ordinariamente vem de Mascate, feita em espirito de palmeira». Cunha Rivara.

1609. — «O terceiro vinho se fez d'esta mesma *urraca* deitando-lhe dentro passa de uvas pretas em quantidade que tinja o vinho, e nas pipas está fervendo com esta passa vinte ou trinta dias, até que se assenta a balsa no fundo da pipa. A este chamam **vinho da passa,** que é o vinho ordinario que bebem os portuguezes na India». — Fr. João dos Santos, *Ethiopia Oriental,* I, p. 296.

1611. — «Sobejam dezeseis mil cruzados, que se mandarão todos os annos a India a empregar em **vinhos de passas,** conservas, ameixas passadas, amendoas». — Diogo do Couto, *Dialogo do Soldado Pratico,* p. 148.

1616. — «Mas os que tem meios bebem só **vinho de passas**». — Pyrard de Laval, *Viagem,* II, p. 60.

1663. — «É necessario bebe-la com vinho, que alli fazem de **passas** de uva e tamara». — P. Manuel Godinho, *Relação,* p. 120.

1721. — «Com a dita Uraca misturada com as passas que vem de Ormuz, fazem os Portuguezes outro vinho, que elles chamão **vinho de passas,** que fica vermelho, e tem tão bom sabor, que a quem entende de vinhos, parece vinho de Portugal». — Bluteau.

1589. — «Les Portugais en usent en cette maniere. Ils mettent en une pipe de Vraca, trois mesures de raisins de passe qu'on apporte d'Ormuz es Indes. Chaque mesure est du poids de 12 Livres. Ils remuent tous les iours cette liqueur l'espace de deux semaines, au but duquel temps cette Vraca devient rouge comme vin de Portugal duquel ne differe guere en saveur sinon qu'il est doux et chaud. On l'appelle **vin de Passe** ou de raisins». — Linschoten, *Histoire,* p. 103.

1610. — «Lo que de aquesta *sura,* se saca, por estilacion al fuego, que dizen Orraca, que tambien es bien fuerte, en esta suelen echar vuas passas, que le quita mucho del aspero, et la buelue mas suave, y quanto mas aneia mejor, lo que no es assy en la de agua y passa». — Pedro Teixeira, *Relaciones,* p. 16.

* **VINHO-SABO** (teto *tua-sábu*). Aguardente de *tuaca,* em Timor. V. *sado.*

1843. — «Da dita tuaca depois de azeda, extrahem alguns indigenas do paiz uma especie de aguardente a que chamam **vinho-sabo,** servindo-se nesta operação de panellas de barro em logar de alambiques». — *Annaes Maritimos* (parte official), p. 131.

* **VINHO-CHINA.** É o mesmo que *saqué* (q. v.), ou licor de arroz fermentado.

1874. — «Possuem uma bebida inebriante, o **saki,** aguardente de arroz, identica ao chamado **vinho china** ou *li-pun*». — Pedro G. Mesnier, *O Japão,* p. 100.

**VISVASSI** (guz. *visvasī*). Medida agrária, equivalente à vigésima parte de *vassá* (q. v.) em Damão.

1886. — «O terreno que abrange o *caró* quadrado denomina-se **visvassi,** 20 dos quaes fazem 1 vassá». — Lopes Mendes, *A India Portugueza,* II, p. 256.

* **VIXNU** (sânsc. *viṣṇu*). O segundo deus da tríade hindu, o poder conservador. Na mitologia védica, Vixnu é personificação do sol, sómente celebrado pelos três grandes passos com que conquistou outros tantos mundos, sem ocupar posição importante. Mas no hinduísmo, é a suprema divindade cultual duma seita, rival de Xiva e autor dos *avatares* (encarnações), os principais representantes dos quais são Rama e Crisna. V. *trimurti.*

* **VIXNUÍSMO.** Seita do hinduísmo, que tem Vixnu por sua divindade suprema. **VIXNUÍSTA** ou **VIXNUÍTA.** Sectário do vixnuísmo. Também se diz *vaixnava,* como em sânscrito, *vaiṣṇava.* **VIXNUÍTA.** Relativo a Vixnu ou visnuísmo. Vid. Dowson e Barth.

1612. — «O coarto que rege o elemento de agoa, **Bisnu,** e sua mulher, Lacami». — Diogo do Couto, Déc. V, III, 4.

1837. — «**Visnú,** a segunda pessoa, ou o poder conservador, o mais reverenciado de todos os tres deuses, porque só a sua suave influencia o manifesta á humanidade...». — *O Panorama,* de 14 de Outubro.

1874. — «**Vischenú,** tu és o deus da conservação e do amor». — Tomás Ribeiro, *Jornadas,* II, p. 305.

1883. — «Ao *Xivaismo,* ao *Krisnaismo,* e ao **Visnuísmo,** phases religiosas postvedicas na civilização arica, prende-se a melhor parte da litteratura classica desta civilização». — Vasconcelos Abreu, *Chrestomathia,* p. 338.

1886. — «Os sectarios de **Vishnu** pintam, a maior parte das vezes, uma risca vertical vermelha e amarella sobre a fronte; e os de Shiva traçam-na, horisontalmente». — Lopes Mendes, *A India Portugueza,* I, p. 41.

«**Vishnu,** segunda pessoa da *trimurty,* a quem foi dado o poder de conservar, está em forma de menino deitado sobre uma folha de arvore de *veddo*» (vid. *oddo*). — *Id.,* II, p. 69.

1898. — «Alem do sivaismo e **vishnatismo,** as suas seitas principaes são...». — Oliveira Mascarenhas, *Atravez dos Mares,* p. 170.

1902. — «Além d'isto, o **visnuismo**

ainda não era nascido». — Cristóvão Pinto, In *Ta-ssi-yang-kuó*.

1906. — «D'esta evolução, que caracterisa o terceiro periodo da religião hindú, nascem as seitas dos sivaitas e dos **vishnuitas**». — Herculano de Moura, *Inscripções Indianas*, p. 117.

1912. — «O culto da planta [*tulosse*] é muito recommendado aos **Vishnuitas** na ultima parte da *Padmapurana*». — Caetano Gracias, *Flora Sagrada*, p. 90.

1918. — ... cuja doutrina se acha exposta no *Bagavad-gitá* (episódio do *Mahabaratá*) e é seguida pelos **visnuitas**». — *Heraldo*, de 15 de Junho.

1709. — «Mais pour ceux qui estoient envoyez de la part des *Gouroux* **Visnouvistes**, ils élevent la voix». — *Lettres Édifiantes*, x, p. 253.

1786. — «La setta dei **Vishnuviti**, che è quella che adora Vishnu come Presidente dell' acque, e come che creò il mondo, vi fà i suoi pelleriuaggi». — Fra Paolino, *Viaggio*, p. 32.

1825. — «Le costume des dévots de Siva diffère peu de celui des **vichnouvistes**; les uns et les autres son vêtus d'une façon également bizarre». — P. Dubois, *Mœurs*, I, p. 155.

1845. — «Il y a trois sectes principales: les *Sivaïtes* ou adorateur de Siva, les **Vishnouvites** ou adorateurs de Vishnou, les *Sactites*...». — Xavier Raymond, *Inde*, p. 198.

1885. — «The *sáligram* (often an ammonite or curved stone) and the *tulasi* plant are the insignia of **Vishnuism**, as universally as the *lingam* is of Sivaism». — Hunter, *The Imperial Gazetteer*, VI, p. 106.

1917. — «I cannot call to mind any literature befitting these surroundings except, perhaps, the songs of the **Vaishnava** poets». — *The Modern Review*, de Maio.

1919. — «It was he [Ramananda] who disseminated the tenets of **Vaishnavism** among all classes of the people». — *The Hindustan Review*, de Abril.

**Vlão.** Figura o vocábulo numa carta de Fernão Mendes Pinto, publicada pelo Sr. Cristóvão Aires (p. 118), o qual nota: «Na traducção hespanhola, publicada em 1555 vem escripto *Ulao*... Deve ler-se *vlao*, porque n'esse tempo escrevia-se *v* por *u* e *u* por *v*». Gonçalves Viana (*Apostilas*, s. v. *faclis*) observa: «Informação errada: o que se escrevia era *v* inicial por *u* e *v*, e *u* medial por *v* e *u*. A emenda, portanto, é temerária. *Ulao* ou *Ulau* deve ser a forma certa, mesmo porque *vl* seria grupo de letras impossível em chim».

Quere-me parecer que nem uma nem outra cousa; o que Fernão Mendes teria escrito é *clãos*, por *coláos*, de chin. *koh-láo*, «ministro de estado», que não ocorre na *Peregrinação* do referido autor, mas figura freqùentemente em outros escritores. As funções de *coláos* e *vlãos* são as mesmas. V. *coláo*.

1554. — «Tem mais elRey [da China] oyto fidalgos de seu conselho muyto letrados e de grandes prudencias, com os quaes despacha todos os negocios do Reino, tambem estes nunqua saẽ da terceyra cerca por nhũm caso até morte, a estes chamão **vlãos**».

**VÓ.** Rei do Japão, no antigo regime; o mesmo que *daire*, q. v. Do jap. *ō*. O nosso Couto escreve *V. O.* e Faria e Sousa *Huo*.

XVI. — «Ho Rey prymçypal q̃ se chama ẽ sua lymgouagẽ | **Vô** | e esta he a mayor casta que ha antre eles | e os desta casta não casão com outra casta | e este | **Vo** | parece que he antre eles asy como antre nos o papa | e tem jurdição asy sobre os seculares como sobre os clerygous». — Ms., publicado no *Instituto*, LIII, p. 758.

1561. — «O secular está dividido em duas cabeças, ou senhores principaes, hum dos quaes he de honra, e outro de poder, e governo, e justiça: e estes dous senhores tambem residem no Miáco. Ao de honra chamão **Vó**, e socede por geração, o qual é tido em tanta veneração, como hum dos seus idolos, e como a tal o adorão». — *Cartas de Japão*.

«O Senhor universal, Rey, e Monarca de todos estes 66 Reynos não he mais q̃ hum, q̃ se chama **Vo** Vel *trivó* ou Dairi». — Ms. da Biblioteca da Ajuda, citado por Jordão de Freitas, no *Instituto*, LII, p. 122.

1604. — «Vn delles vendosse tão grande senhor, tomou vm titulo soberbissimo, que he **V. O.** quer dizer Emperador». — Diogo do Couto, Déc. V, VIII, 12.

«Governando o *Cubo* absolutamente, dando tudo o necessario ao **V. O.** que nunca perdeo a authoridade asi no espiritual, como no temporal». — *Id.*, *ibid.*

«Estes seus herdeiros, que assim lhe succediam por linha direita, não perderam nunca o titulo de Daires, ou **Voo**, que he o mesmo que o de Emperador». — *Id.*, XII, I, 19.

1701. — «Passados poucos dias, o **Vô**, que he Summo Pontifice de todo Japão, publicou um decreto». — P. Francisco de Sousa, *Oriente Conquistado*, II, IV, 1.

1588. — «Tutto il nome de' Giaponesi era già sotto vn solo Imperatore, il cui titolo era **Vo** ouero Dair». — P. Maffei, *Le Istorie*, p. 493.

1672. — «Asta los años de mil, nó uvo en todo el Iapan (al contrario della China) mas de un Rey que se llamava **Huo**, o Dayri». — Faria e Sousa, *Asia Portuguesa*, II, p. 760.

1754. — «Les principaux [títulos] sont **Vo**, ou **Oo** *Dai*, qui signifie la Race élévée». — Nota: «Les noms propres des Japonnois qui commencent par la *O*, se prononcent presque comme s'il y avoit *Vo*». — P. de Charlevoix, *Histoire du Japon*, I, p. 139.

1854. — «**Voü** est l'un des titres du *mikado*, et ne peut s'appliquer qu'au souverain légitime ou empereur». — Jancigny, *Japon*, p. 112.

**Voixo.** V. *oixo*.

* **VONVLANS** (s. f. pl.). Flores de **VONVOLEIRO** — *Mimusops elengi*, Linn. São muito miúdas, branco-amarelas, de aroma suave, que conservam ainda depois de sêcas, muito apreciadas por mulheres indianas, que enfeitam a cabeça com seus ramais. «A madeira é forte e duravel a casca é adstringente; no Kanará distilla-se das flores uma agua perfumada; o fructo é comestivel e a semente dá oleo». D. G. Dalgado, *Flora*. Do conc. *ônvḷām*, pl. de *onvàḷ*, n., flor; *onvāḷ*, f., árvore.

1812. — «A arvore de **vonvoleiro** tambem nasce e cresce nos oiteiros e em todos os lugares sem cultura alguma . . . e bota suas flores da cor assucarada, miudas muito cheirosas, que ainda depois de secas, e passar tempo, não perde o cheiro». — In *O Oriente Portuguez*, XI, p. 145.

1874. — «Tantos **vonvoleiros**, cujas estrellas brancas nem seccas perdem o aroma». — Tomás Ribeiro, *Jornadas*, II, p. 107.

1906:

«Engrinaldada de *champins*, e *onis*,
Vai já tomar o banho da manhã
Na verde fonte do arecal tremente
A dôce Sitá Bay».

Alberto O. de Castro, *A Cinza dos Myrtos*, p. 130.

* **VOXO** (jap. *uso*). Ave parecida com adem. Hepburn dá-lhe o significado de «bull finch, *Pyrrhula*».

1571. — «Andão nesta alagoa alguns passaros, chamados **Vòxu** que são tamanhos como adês que nesta terra ha, nos quaes a natureza quis mostrar seus brincos, na diversidade de cores com que os pintou». — P. Gaspar Vilela, *Cartas de Japão*, I, fl. 321.

* **VUPADEUS** (mais correcto (*upadeus*). *Upadeva* quere dizer em sânscrito «deus inferior»; mas os sacerdotes brâmanes arrogam para si o título, por serem representantes visíveis de Deus na terra.

1824. — «Os Sacerdotes, Ministros Bracmanes **Vupadeos** ja mais podem celebrar as ceremonias em casa delles [*panchalas*, q. v.] ou por elles pelas recitações de *Vedocta*». — *Collecção de Bandos*, I, p. 85.

## X

**XÁ.** Rei maometano; por excelência, soberano da Pérsia. Do persa *shāh* (*xá*) (do persa ant. *kṣāyathiya*, cf. sânsc. *kṣatra* «domínio, poder»), levado para a Índia, onde era posposto ao nome próprio, emquanto na Pérsia é anteposto. V. *patxá*.

1523. — «Obedeçaom ao dito Mahumede **Xaa**, como sseu rey naturall, que he, e por nos em nosso nome, e por tal o recebão». — *Carta Régia*, in *Alguns Doc. da Torre do Tombo*, p. 481.

1552. — «Este grande principe chamado Xequismael, a que commummente chamamos *çufio*, e em lingua persiana Xatamax, e **Xá**, veo a ser tamanho senhor, e tão poderoso por esta maneyra». — Castanheda, *Historia*, III, cap. 144.

1563. — «**Xá** em persio quer dizer rey, e **Xá** Ismael quer dizer elrey Ismael». — Garcia da Orta, Col. X.

1570. — «Este nome **Xiah**, que em lingoa Arabiga significa Governador, ou Capitão, junto à qualquer nome proprio, dão os persas à seus Reis, e acerca delles denota Emperador, donde vem chamarem-lhe **Xiah** Ismael, **Xiah** Tamas». — João de Barros, Déc. IV, IV, 16.

1577. — «Os outros forão Niza Maluco, Cota Maluco, e o Verido; os quaes se vierão a fazer tam poderosos, que se intitulão ja agora Reys, chamandose Niza **Moxa**, **Idalxaa**, etc. por que o nome de **Xá** na lingua Persea, quer dizer Rey». — *Primor e Honra*, fl. 103 *v*.

1587. — «E asi tiue contentamento da armada que ordenastes para o estreyto... e os intuitos com que mandastes e escreuestes ao **Xa** Rey da Persia, e ao Preste João». — *Carta Régia*, in *Archivo Port.-Oriental*, III, p. 22.

1602. — «Por este nome não he conhecido entre os naturaes, nem este titulo de **Xá**, que propriamente quer dizer Rey, nem se usou entre estes Gentios, senão depois que receberão a ley de Mafamede». — Diogo do Couto, Déc. IV, II, 1.

«Para mais os obrigar, lhes mandou a todos [os reis de Decão] o titulo de **Xas**, de que lhes passou suas patentes, e *formões*». — *Id.*, Déc. VII, IV, 8.

1603. — «... com cartas de Sua Magestade ao grande Rey da Persia, a que nestas partes, segundo o costume dos moradores della, por excellencia, e grandeza chamamos o **Xaa**, que tanto monta como Rey». —Fr. António de Gouveia, *Jornada do Arcebispo*, prólogo.

1607. — «Por vossa carta soube ser chegado a Ormuz Luiz Pereira de Lacerda, que enviei por meu embaixador ao **Xá**, Rey da Persia». — *Carta Régia*, in *Doc. da India*, I, p. 108.

1609.—«E muito mais que agora trouxe o **Xá** para a Persia de dentro da terra dos turcos». — Fr. João dos Santos, *Ethiopia Oriental*, II, p. 21.

1620. — «E o fazem outros Reys, e em particular o Mogor, o **Xá**, El-Rey de Cochim, e outros, que em suas terras deixão fazer igrejas». — *Apud* Júlio Biker, *Collecção de Tratados*, I, p. 233.

1635. — «Pagavam na alfandega de Ormuz os armenios vassallos do **Xá** [da Persia] uns direitos além dos reaes ordinarios, a que chamam *curujos*». — António Bocarro, Déc. XIII, p 82.

1874. — «*Idal* é o nome da dynastia; *kan* é titulo ou signal de nobreza, que depois se mudou em **xá**, mais nobre e só dado aos principes». — Tomás Ribeiro, *Jornadas*, II, p. 54.

1902. — «A poderosa dynastia dos **Xás** da Persia pertencia á seita musulmana dos *Xiás*».—In *Ta-ssi-yang-kuó*, II, III, 6.

1585. — «Chiamano il detto re di Persia il **Sciá** Tamas, donde dicono venire scacco matto». — Sassetti, *Lettere*, p. 264.

1588. — «De' nemici morirono molti, e fra questi Amis principale fra la gioventu (che con titolo d'honore era chiamato in quella lingua **Xa**)». — P. Maffei, *Le Istorie*, p. 133.

1604. — «Luego el Principe Abbas se llamò **Xa** Bas, porque **Xa** quiere dezir Magestad». — D. Juan de Persia, *Relaciones*, fl. 107.

1658.—«Il Rè si chiama **Xa**, ouero *Xaha*, che vuol dire, Dominatore, Rè de' Regni, Signore de' Signori, usurpandosi molti altri titoli più propri di Dio, che d'huomo mortale». — Fr. Vincenzo Maria, *Viaggio*, p. 119.

1666. — «... et s'en retournèrent dans lèurs gouvernemens, prenant là chacun le titre de **chah** ou roi». — Bernier, *Voyages*, I, p. 252.

**XABANDAR** (persa *shāh-bândar*, «rei do pôrto»). Capitão do pôrto, patrão da ribeira; chefe da alfândega. Nos grandes empórios comerciais do Oriente havia bairros separados, habitados por negociantes de cada nacionalidade ou religião, e cada um dêsses bairros tinha um chefe, por vezes da mesma nacionalidade, nomeado pelo rei do país. Assim, em Malaca havia *xabandares* dos guzarates, dos quelins, dos chineses. Os *xabandares* de alguns pequenos reinos da Malásia eram mais governadores ou regentes do estado que simples capitães do pôrto; o que fàcilmente se explica por sua posição geográfica e restrita área. V. *bandel*. — *Xabândar*, conforme G. Viana.

1343. — «O Amir dos mercadores na mesma [cidade de Calecut] he Ebrahmi **Xah-Bandar**, natural de Baharain».— Ben-Batuta, *Viagens*, II, p. 251.

1521. — «Foram levadas ao **Xabandar** de Borneo e perguntou que gente heram, e a que vinham nas náos, e foram apresentados ao rey de Borneo por um cristão». — *Roteiro* da viagem de Fernão de Magalhães, *Apud* Saraiva, VI, p. 33.

1532. — «Contratou no porto dagacim com ho **sabandar** da terra e asi com *quiai talapo* e com o capitam abedala». — *Apud* Júlio Biker, *Collecção de Tratados*, I, p. 59.

1539. — «... me mandou receber pelo **Xabandar**, que he o que governa com mando supremo todas as cousas tocantes ao meneyo das Armadas».—Fernão Pinto, *Peregrinação*, cap. 15.

1552. — «**Xabandar** he officio antre os gentios e mouros, como antre nós patrão da ribeira». — Castanheda, *Historia*, III, cap. 17.

1553. — «Hum que seruia entre elles de **Xabandar**, officio como entre nós os consules da nação».—João de Barros, Déc. II, VI, 3.

«O officio de **Xabandar**, que he o mais honrado e proueitoso que elle [Samorim] tem pera dar, que he ser o supremo na justiça entre os Mouros». — *Id.*, Déc. III, IX, 10.

1554. —«Ao **xadandar**, pera as *terradas* que descarregão as ffazendas...». — Simão Botelho, *Tombo da India*, p. 103.

1557. — «E pera isso tinha o Çabaio hum **Xabandar** (que he como Almoxarife da ribeira), que tinha cuidado de mandar curar estes cavallos». — *Commentarios*, II, cap. 26.

«Havia em Malaca cinco dignidades principaes... a quinta he **Xabandar**, e destes havia quatro, cada hum de sua nação... e o *Tamungo* era juiz da alfandega sobre todos estes». —*Ibid*, III, cap. 18.

1560. — «Havia hum barqueiro que tinha cuidado do mar, que chamão *mocadão* ... que tambem se chama **xabandar**».— Gaspar Correia, *Lendas*, p. II, 80.

1561.—«Veió á capitania o **Xabandar** da terra [Samatra] que é o seu governador». — Henrique Dias, *Hist. Tragico-maritima*, III, p. 107.

1567. — «Os autores principaes desta informação [em Malaca] foram hum **Xabandar** dos Guzarates, que he como capitão...». — Damião de Góis, *Chronica de D. Manuel*, III, cap. 2.

1570. — «Era este Rei de Borneo na seita Mouro, como tambem erão os seus... tinha hum Governador, que por elle regia o Reino, à quem em sua lingoa chamão **Xabandar**». — Déc. IV, VI, 19.

1613. — «Cheguei ao porto Lucamtora, onde desembarquei em terra, e o **Xabandar** me recebeu com mostras de alegria». — Manuel G. de Erédia, *Declaraçam de Malaca*, fl. 53.

1615. — «Era antigo costume naquella Ilha todo o estrangeiro que vinha de fóra entregar as armas aos **Xabandares** Portuguezes, que as guardavam em huma casa que tinham á borda d'agoa». — Diogo do Couto, Déc. X, VI, 10.

1650.—«... não fallando de **xabandares** nas barras e rios». — P. António F. Cardim, *Batalhas*, p. 70.

1663. — «Alcáncei por grande favor do **xábandar** da terra que me deixasse ir ver a ilha e fortaleza de Ormuz, que defronte estava». — P. Manuel Godinho, *Relação*, p. 83.

1680. — «O **Xibandar** [assim muitas vezes no documento] que assistir neste porto do Congo dará ao feitor do Serenissimo Principe de Portugal mil *tumões*», — *Apud* Júlio Biker, *Collecção de Tratados*, IV, p. 216.

1718.—«**Sibandar** he cargo de Ministro principal do Reino [em Jor], que tem à sua conta despachar navios, registar fazendas, ajustar contratos, receber o que a estes pertence, conduzir os Capitães dos navios ao Rey, e cuidar de tudo, que he proprio dos Mercadores». — João Tavares Guerreiro, *Jornada*, p. 211.

1728. — «... juntamente para o Rey da Perçia e seu **Xibandar** (que hé o juiz de Suas Alfandegas e Seu pagador)». — António de Figueiredo Utra, in *O Instituto*, de Agosto de 1915.

1903. — «Elle encontrou mesmo, entre outros, quatro funcionarios ali [em Malaca] com o titulo de **Xabandar** (*shah-i-bandar*, rei da bahia) ou chefe do porto, que tinham sido governadores de differentes districtos, e que tendo pertencido a quatro nacionalidades differentes, eram chefes das communidades ou classes chineza, javaneza, guzerate e bengalense, respectivamente». — Cristóvão Pinto, in *Ta-ssi-yang-kuó*.

1588. — «Il capitano dell' armata Regia, che chiamano **Xebandara**, con otto *ter-rade* circondò chetamente due nauili de' Portoghesi». — P. Maffei, *Le Istorie*, p. 307.

1596. — «Sed et deinceps Regiorum vectigalium Iudex, **Sabander** dictus, cum Lusitanis quibusdem ad nos appulit». — *India Orientalis*, III, p. 81.

1620. — «Je fis present au **Sabandar** de deux harquebuzes, vne piece de camelot ondé, vn miroir et deux bouteilles d'eau de rose». — Général Beaulieu, *Mémoires*, p. 48.

c. 1620. — «Le **Sabandar** vint au devant de nous, et touché de compassion de nostre naufrage, nous fit marquer vn logis». — W. Floris, in *Relations*, I, p. 17.

1675. — «The **Shawbander** has his grandeur too, as well as receipt of Custom». — Fryer, *East India*, II, 160.

1676. — «Dans toute Sourath il n'y a que neuf ou dix maisons qui sont assez bien bâties, et le **Cha-Bandar**, ou Chef de Marchands en a deux ou trois». — Tavernier, *Voyages*, III, p. 5.

1824. — «It was very soon discovered that the «**Shah-I-bander**» (King of the Port) had despatched sundry *parãos* up the river, which it was suspected were in communication with the enemy». — Danvers, *The Portuguese in India*, I, p. 194.

1918. — «Exactement **Sah-bandar**, litt. «le roi du port». Cette expression persanne est passée en arabe et dans presque toutes les langues maritimes». — Gabriel Ferrand, *Malaka*, p. 42.

**XABANDARIA.** Oficio ou repartição de *xabandar*.

1552. — «E outras duas [estâncias de bombardas] da parte do mar, e hũa delas estava na **xabandaria**, que teriua ao longo da praya». — Castanheda, *Historia*, V, cap. 85.

1601. — «Mando em nome de Sua Magestade que na dita ilha não aja mais o dito cargo de *Xabandar*... e todo aquelle que á dita **Xabandaria**, aceitar, seja logo preso». — *Alvará* do vice-rei, in *Archivo Port.-Oriental*, VI, p. 1037.

1613. — «E permaneceu sempre a descendencia desta casa, e familia atee Rajagoro, que agora gouerna, ainda que não tão poderoso, como o seu Governador ou *Xabandar*, que enriqueceu na sua **Xabandaria** de Sunetral, com o tratto do oro». — Manuel G. de Erédia, *Informação da Aurea Chersoneso*, p. 99.

1614. — «Não desembarquem madeira alguma em outro lugar no dito Ormuz, senão na **Xabandaria**, e alli paguem os direitos della». — *Alvará* do vice-rei, in *Archivo*, VI, p. 1033.

1615. — «Não tinham qu chegar á porta da **Xabandaria**, e quebrarem-na». — Diogo do Couto, Déc. X, VI, 10.

1684. — «Acudio logo o Capitão Môr com as embarcações ligeyras, e achou o inimigo na **Xavandaria**». — P. Fernão de Queiroz, *Hist. de Pedro de Basto*, p. 356.

1571. — «Ninachetuensem incolis, qui nunc essent Mahumetana secta imbuti, ius dicere iussit». — Jerónimo Osório, *De Rebus*, III, p. 27.

1560. — «Vn' Vfficiale della **Sciambanderia**, ò Dogana, fù bastonato e lapidato da' Gianizzari della nostra Carauana». — Mgr. Sebastiani, *Seconda Spedizione*, p. 130.

*** XABAS.** Interjeição oriental de alegria e aplauso, correspondente a «bravo! muito bem!». Do persa *shāh-bāsh* (*xàbás*), literalmente «sejas rei!» ou *shād-bāsh*, «sejas jubiloso!».

1578. — «Os Judeos logo dizem assi vollo digo eu; e os Mouros **xabas**, acotuelandose e dizendo, olhai lá o que dizem da nossa ley». — *Primor e Honra*, fl. 9.

1615. — «Le Roy fit rencontre de moi... me disant vn mot qui est commun en toute l'Inde à savoir **sabatz**, qui veut dire grand mercy, et sert aussi à louer vn homme pour quelque chose qu'il a bien fait». — Pyrard de Laval, in *Glossary*.

*** XABEPE** (ant., s. f.). Trombeta persiana de bronze. Do persa *xaipūr*.

1565. — «Tanjem ate a noite com huns atabales como os das nossas canas, e com hũas **xabepes**, que são como charamelas». — *Itinerario* do Mestre Afonso, in *Annaes Maritimos* (1844), p. 257.

**XACA** (s. m.). É o nome que no Japão se dá a Buda, mas que na realidade designa a tríbu a que pertenceu o fundador do budismo. Do jap. *xaka*, páli *sakīyo, sakyo, sakko*, sânsc. *çākya*. *Çākya-muni* quer dizer «asceta da família dos xáquias». V. *Amida*.

1549. — «Assim o tinham já determinado todos os quatro *fatoquins* (que quer dizer deoses da crença) **Xaca**, Amida, Gizon, Canom». — Fernão Pinto, *Peregrinação*, cap. 211.

XVI. — «Comtou tão bem este homem hũa estorya de hũu que antres eles tem por santo ao qual chamão **xaça** (*sic*)... que aparecerão duas cobras grandes com asas». — Ms. publicado no *Instituto*, LIII, p. 761.

1551. — «Alguns ha que adorão hum idolo, que se chama **Xâca**, dizem que este naçeo oitocentas vezes antes que nacesse de molher». — P. Cosme de Tôrre, *Cartas de Japão*, I, fl. 17 *v.*

1561. — «Entre os que adorão a homens sabios, ha huns que adorão a hum homem por nome **Xaca**, o qual dizem que foi douto, e filho de Rey». — *Id.*, fl. 75.

1582. — «Imitou na penitencia e nas obras a **Xáca**, que he dos principaes Deuses, que adorão os Japões». — *Id.*, II, fl. 86 *v.*

1608. — «Arrancou das paredes e de outros lugares de sua casa muitos papeis, em que estavam escritas certas sentenças dos liuros de **Xaqua**, que os Bonzos costumam venerar». — P. Fernão Guerreiro, *Relaçam Annual*, fl. 180 *v.*

1687. — «Daqui vem que nesta Kina se chamão os Bonzos em comum **Xekiā**, como entre nós dizemos os Dominicos, os Franciscanos». — P. Fernão de Queiroz, *Conquista de Ceylão*, p. 96.

1697. — «Este Budu do Pegú he o mesmo que o **Xaca** do Japão». — P. Francisco de Sousa, *Oriente Conquistado*, I, I, 2.

1745. — Esse impio Brachman a que os Chinas chamão **Xeçian**, e os Japões **Xaca**, e atrevidamente de si proprio afirmou que nem na terra nem no Ceo havia outro Santo que elle, teve tão numeroso sequito de discipulos, que chegarão a oitenta mil». — In *Ta-ssi-yang-kuó*, I, p. 272.

1887. — «D'esta sociedade nasceu o buddhismo, seita que na sua origem remonta aos tempos vedicos, mas de que **Xakhya** Muni o *Buddha* foi o verdadeiro autor». — António Francisco Nogueira, *A India Portugueza*, p. 33.

1549. — «Principes sectaram auctores... **Xaca** et Amida numerantur: Bonzii et Bonziae cineracei coloris, et maxama populi pars Amidam; reliqui tametsi Amidam non aspernantur, tamen **Xacam** praecipuè colunt». — S. Francisco Xavier, *Epistolae*, IV, 2.

1649. — «La tercera seta se llama **Xaca**; nombre de su Autor que fingen hijo de Maya, y de un sueño, por aver ella soñado, que concebia al tempo de estar viendo un Elefante blanco. Tomó el nombre de Maestre *Xekia*, o **Xaca**». — P. Semedo, *Imperio de la China*, p. 83.

1644. — «... non eccettuando ne meno l'istesso **Xaca** Principe di tutti gl'Idoli del Giappone». — P. Cardim, *Relatione*, p. 35.

1735. — «Il fut d'abord nommé *Xe-kia*, ou **Cha-ka**, comme les Japonois l'appellent». — P. Halde, *Description de la Chine*, III, p. 18.

1754. — «C'est le célèbre **Xaca**, dont l'Histoire est écrite si diversement par tous ceux, qui en ont parlé, qu'on croiroit à peine, que c'est du même Homme, ou du même Dieu qu'il s'agit». — P. Charlevoix, *Histoire du Japon*, I, p. 207.

1782. — Ce qui désigne assez que Rama ou Vichenou est le même que *Foï*, *Sommenacodon*, le **Xaca** des Japonois, et le Budda de Chingulois». — Sonnerat, *Voyages*, I, p. 204.

*** XACTI** (s. f.). O vocábulo sânsc. *çakti* quere dizer, em geral, «potência, capacidade», e em particular, «poder activo duma divindade, considerado como sua mulher. Enumeram-se diversamente: 8, 9 e até 50; mas por *xacti* se entende especialmente a energia ou mulher de Xiva, e os seus cultores são *xactas*. V. *tantra*.

1618.—«De **Chatti**, mulher de Ixová». —P. Manuel Barradas, in *O Oriente Portuguez*, II, p. 228.

1904. — «E na sua ignorancia religiosa, diz Oliveira Martins ao descrever a chegada dos Portuguezes á India, viam por toda a parte os christãos do Preste. Os indigenas adoravam a Virgem Maria; e os nossos prostravam-se diante de Nossa Senhora na presença de Gauri, a deusa branca, **Sakti** de Shiva o destruidor». — *Ibid.*, I, p. 21.

1906. — Se o paganismo hindú representava a divindade como insexual... cae depois na adoração naturalista do *Linga*, como a figuração divina do *Phallus*, a potencia creadora activa ou masculina, e do **Sakti**, a potencia passiva ou feminina».— Herculano de Moura, *Inscripções Indianas*, p. 33.

1918.—«Os *Tantras* são mais modernos que os *Puranas*, dedicados ao culto das **xactis**, espôsas dos deuses, sobretudo á espôsa de Siva». — *Heraldo*, de 17 de Setembro.

1919. — «A mulher é a **shakti**, e a India precisa do seu auxilio». — *Heraldo*, de 23 de Janeiro.

1825. — «**Sakty** signifie force ou puissance. Tantôt c'est la femme de Siva qu'on a en vue en offrant le sacrifice; tantôt on prétend honorer dans son objet une certaine force invisible. La cérémonie a lieu la nuit, avec plus ou moins de secret». — P. Dubois, *Mœurs*, I, p. 402.

1645. — «Il y a trois sectes principales ... les **Saktistes** ou adorateurs d'une des **Saktis**, les associées femelles ou les puissances actives de membres de la Trinité». — Xavier Reymond, *Inde*, p. 198.

1885. — «Phallic worship harmonized with their tendency to supply each god with a correlative goddess, and furnished an easily-understood symbolism for the **Sakta** sects, or worshippers of the divine creative power, so numerous among the Hindus». — Hunter, *The Imperial Gazetteer*, VI, p. 205.

1910. — «For women is the **Shakti**, the Divine Power, and without her Man cannot reach the fulness of Life». — *The Modern Review*, de Março.

**XADREZ.** Jôgo bem conhecido, trazido do Oriente para a Europa e já vulgarizado na Idade Média. «Da India passou para a Persia, onde os arabes o encontraram e adoptaram» Conde de Ficalho, Col. X. V. Garcia da Orta, *ibid.* Do persa *shatranj* < sânsc. *chaturaṅga*, isto é «quatro membros» ou componentes do antigo exército indiano: elefantes, cavalos, carros e peões. Muitos dos termos do referido jôgo são também de origem pérsica ou traduzidos.

1516. — «Nesta cidade [de Cambaia] se gasta grande soma de marfim, em obras que nela se fazem muyto sotis e marchetadas, e outras obras de torno, como saom manilhas e cabos dadaguas, e em tresados, joguos **demxandres**, e tauolas». — Duarte Barbosa, *Livro* (2.ª ed.), p. 286.

1614. — «E de *xaque* em *xaque*, como o Rei de **Xadrés**, andava o pobre moço ora nas mãos de hum, ora nas mãos de outro dos tutores». — Diogo do Couto, Déc. IX, cap. XIII.

1866. — «Deve merecer as sympathias da Europa o paiz, que formulou a democracia no jogo de **xadrez**». — Francisco Luís Gomes, *Os Brahamanes*, p. 303.

1827.—«Personne ne conteste plus aujourd'hui aux Indiens l'invention du jeu des échecs. Il est évident que ce furent la composition et les manœuvres des anciennes armées asiatiques qui en firent naître l'idée. Los Indiens donnent à ce jeu le nom de **tchatour-angam**».—P. Dubois, *Mœurs*, II, p. 478.

1919. — «It has been known immemorially in India by the name of **chaturanga**, that is, four *angas* or members of an army». — *The Hindustan Review*, de Setembro-Outubro.

**Xai** (ant.). Pequena moeda de prata, cujo valor tem variado, com os tempos e os lugares, desde 10 até 100 réis. Do persa *xāhī* «rial».

1529. — «Somente lenha e carvão he caro porque uem de muyto longe, val huma carga de camelo naquella Cidade [Tabriz] seis ou sete **xays**, que he huma moeda de prata, que val cada huma hum tostão». — António Tenreiro, *Itinerario*, cap. 15.

1565. — «Não queria estar pelo concêrto que avião feito no *bandel* que era de LVI **xains** por carga até Caixão (que val cada huũ dous vintens e os da turquia valem dobrado)». — *Itinerario* do Mestre Afonso, in *Annaes Maritimos* (1844), p. 218.

1663. — «Por fim de contas e porfias veio a custar quinze **xaés**, moeda da terra que fazem cinco patacos, e se foi». — P. Manuel Godinho, *Relação*, p. 169.

1604. — «... round coins called **xays**, of the shape and valour of our *real sexillo*». — Pedro Teixeira, *The Travels*, p. 30. — «**Sháhis**, worth at this time about four pence English». Editor.

1675. — «A **Shahee** is Four Pence or

equal to our Groat». — Fryer, *East India*, III, p. 152.

«**Chahi** et **Shâhi**. Petite monnaie persane d'argent, de la valeur de 3 à 5 centimes». — *La Grande Encyclopédie*.

***XAIA**. É côr vermelha, extraída na Índia dravídica da raiz de *Oldelandia umbellata*; Linn., da família das rubiáceas, e muito usada na tinturaria. O seu nome português é «ruiva indiana». Do tam. *chāya* (sânsc. *chhāyā*), «côr, tinta»; *chayāvēr*, «raiz de ruiva». V. *mangista*.

1616. — «Para dentro [da ilha Caipeti ou Cardina] ha certa herva, chamada **xaja** [leia-se *xaya*] que serve de tinta como nas ilhas o pastel». — P. Manuel Barradas, in *Hist. Tragico-maritima*, II, p. 93.

1664. — «**Xaya**, Pimenta, Sapão, Aguila, Pao preto, Marfim, e a celebre Canela de Ceylão». — P. Fernão de Queiroz, *Hist. de Pedro de Basto*, p. III.

1697. — «. . . e quatro legoas de circuito de Gâle, muyto boa **xaya**, que responde nos efeitos ao pastel de nossas Ilhas; e pera tintas, se compra por bom preço». — Id, *Conquista de Ceylão*, p. 27.

1583. — «Ne vien anchora di detta **saia** da vn altro luogo detto Petopoli, e se ne tingono parimenti in S. Thomè». — G. Balbi, *Viaggio*, fl. 107.

1672. — «Here groweth very good **Zaye**». — Baldaeus, in *Glossary*.

1860 — «. . . and **choya-roots**, a substitute for Madder, collected at Manar. . . for transmission to Surat». — Emerson Tennent, *Ceylon*, II, p. 55.

1908. — «**Chay-root** or Indian Madder. . , Only the bark of the root contains the dye. The Natives consider the roots of the wild plant best, and prefer to make their collections at the end of the second years' growth». — Watt, *The Commercial Products*, p. 821.

**XÂMANE**. Indivíduo que professa a arte de tratar com os espíritos malignos, esconjurando-os e evocando-os mediante cerimónias fantásticas e danças frenéticas e convulsivas, a fim de conhecer os motivos de doenças e doutras calamidades, por êles produzidas, e os meios de os remover. **XAMANISMO** é o conjunto destas práticas, como se observam em diversas partes do mundo, e particularmente na Sibéria. O xamanismo relaciona-se com o antigo *atharvanismo* (*mantras* do Atharvaveda) da Índia. O vocábulo provêm imediatamente da língua dos tungues, *xaman*, «esconjurador, exorcista», *saman* em manchu. A suposta conexão do xamanismo como o budismo originou-se da similaridade da palavra sânsc. *çramaṇa*, *samaṇo* em páli, «asceta», *xa-man* ou *xi-man* em chinês. Mas não há nenhuma prova de relação histórica entre um e o outro termo, nem os *xamanistas* professam alguma espécie de budismo, pôsto que o não desconheçam totalmente.

1346. — «. . . que são huns montes conjunctos á China, e igualmente pegados com o paiz de Athabato [Tibete], onde estão as gazellas do Almiscar, cujos habitantes . . . são conhecidos por se valerem dos maleficios, de que fazem sua occupação principal». — Ben-Batuta, *Viagens*, II, p. 328.

1889. — «O **xamanismo** ou majia dos **xamães**, os májicos mongois, é um conjuncto de praticas para evocação dos espiritos por meio dum tambor májico, e de convulsões sacras, ou extases. Delirio semelhante provocado por cerimonias adecuadas, danças misteriosas e bebidas excitantes, ou jejuns calculados existem noutras raças tambem». — Vasconcelos Abreu, *O Animismo*, p. 55.

1903. — «Embora algumas auctoridades literarias pretendessem identificar o Bomismo como *Taoismo* chinez, está averiguado que as semelhanças genuinas entre os dois cultos são devidas ao facto de ambos derivarem de origens similares, do rude **Shamanismo** indigena de ambos os paizes, das doutrinas *tantricas* e esotericas da India e das ideias budhistas». — In *Ta-ssi-yang-kuó*, II, IV, p. 5.

1724. — «Les Prêtres des Samojedes s'appellent **Schamans**. . Ceux des Tungusiens et d'autres Nations de Tartarie portent le même nom». — La Croze, *Histoire du Christianisme*, p. 493.

1829. — «*Kami* is the Mongol name of the spirit-conjurer or sorcerer, who before the introduction of Budddism exercised among the Mongols the office of Sacrificer and Priest, as he still does among the Tunguzes, Manjus and other Asiatic tribes. . . In Europe they are known by the Tunguz name **schaman**; among the Manjus as **saman**, and among the Tibetans as Hlaba». — I. Schmidt, in *Glossary*.

1872. — «The Religion of the Mundas possess a **Shamanistic** rather than a Fetish character». — *Apud* Hunter, *The Imperial Gazetteer*, VIII, p. 256.

1875. — «The olden form of Lamaism seems to be a kind of compromise between Indian Buddhism and the old indigenous **Shamanism**». — Yule, *Marco Polo*, I, p. 106.

«Their fantastic equipments, their frantic bearing, and their cries and howls seem to identify them with the grossest **Shamaist** devil-daucers». — *Id.*, p. 307.

1876. — «A **Shaman** named Guenkdju . . . now came forward and declared solemnly that having conquered so many Gur-Khans, i. e., «chief Khans», he could not adopt that humble title, and that heavens decreed to him the title oh Jinjis-Khan, or the «Very Mighty Khan». — Howorth, *History of the Mongols*, I, p. 64.

1906. — «They have in their common character the adoration of divinities connected with the elementary powers of the world, mostly female and malignant, the worship of ghosts and other mischivous spirits, which they seek to appease by bodily sacrifices and orgiastic ceremonies, which recall the **Shamanism** of the tribes of Northern Asia».— Barth, *The Religions of India*, p. 287.

1919.—«The Atharvan of ancient India is related to the **Shamana** of Northern Asia, and to a certain extent, to the Magus of Medes».—*The Times of India*, de 8 de Agosto.

**XAMATA**. Capa ou manto persiano, feito de seda com lavores de ouro, e fabricado originàriamente em Damasco. Do persa *shām-māhūt* (ár. *shām*, «Damasco» e pers. *māhūt*, «estôfo«), «tecido de Damasco».

1597. — «Entrou em casa de ElRey [de Adem] que o recebeo deitandolhe aos hombros hũa fermosa **Xamata,** que são huns pannos de seda e algodão lavrados de ouro, que aquelles Reys costumão a trazer por capas, e be a mór honra que podem fazer a hũa pessoa grande quando a querem muito festejar, e honrar». — Diogo do Couto, Déc. VI, VI, 1.

**XAMATE**. Termo do jôgo de xadrez. Do persa *shāh-māt* (*xàmát*).

«**Xambúgi**, m. Religioso japonês, que serve de guia aos estrangeiros que visitam os templos». Cândido de Figueiredo. A palavra é composta de *shamu*, «ministro de *mia* ou *varela* de *camis*», e de *bugyō*, «superintendente». O *g* é gutural; por isso a escrita portuguesa é *xambugui*. A falta de observância rigorosa desta regra pelos nossos orientalistas ocasiona muitas ambiguidades fonéticas. Se o termo figura em alguma obra nacional que eu haja lido, passou-mo despercebido.

* **XANXU** (chin. *shān-chū*). Presidente de um dos sete ministérios chineses. V. *lipu*.

1605. — «Nem os **Xanxus,** que são as cabeças e Presidentes de seis tribunais, que ha de todo o governo deste reyno, que sam o da justiça, da fazenda, das obras, del Rey, dos exames dos letrados, dos negocios Estrangeiros, das cousas tocantes a pessoa do Rey . . .». — P. Fernão Guerreiro, *Relaçam Annual*, fl. 69.

1679. — O que até agora dissemos se entende da nobreza que neste reino se adquire por armas; que a que por letras se alcança nenhuma duração tem, porque sendo o avô **Xanxu,** que he a mayor dignidade dos supremos Tribunaes desta Corte, e de todo o Imperio . . .». — Fr. Jacinto de Deus, *Vergel*, p. 210.

**XARA** (sânsc. *çara*). Seta, frecha, na Índia. O vocábulo vem nos dicionários, e Bluteau reputa-o castelhano. Eu não o encontrei em nenhum indianista antigo; mas emprega-o algumas vezes Vasconcelos Abreu nas suas traduções de sânscrito.

1721. — «**Xara**. He mais Castelhano, que Portuguez. Porem alguns usão desta palavra, neste sentido, como hũa **xara,** isto, he, como hua setta». — Bluteau.

1813. — «**Xara.** Seta, ou páo tostado de fazer tiro: vai como huma **xara;** i. e., muito rapidamente. Eneida, XII, 82: da batalha se lança como **xara**». — Morais.

1883. — «Nesse instante os guardas do campo reconheceram que era apenas um burro coberto com a pelle d'um tigre e mataram-no a pau, e a tiros de **xara**». — «Vocabulo trazido do maratha, onde é **s'ara** como em sãoskrito». — Vasconcelos Abreu, *Chrestomathia*, p. 49.

* **XARABANDO** (persa *shahr-band*). Barbacã, contramuro, na Pérsia.

1614. —«Pera defensão desta porta correram com hum muito forte **Xarbando,** que he o que nós chamamos barbacã, affastada hum pouco da porta . . . Pera passarem a artilharia havia dè ser por hum caminho muito estreito, que ficava por baixo do **Xarabando,** que não podia ser sem risco».—Diogo do Couto, Déc. X, II, p. 12.

**XARAFIM** (mais correcto, mas menos usado), **xerafim**. Antiga moeda da Índia Portuguesa e de vários portos orientais. O *xerafim* português era ao princípio de ouro e depois de prata, e valia 5 tangas ou 300 réis: o árabe-persiano era de ouro e tinha igualmente o mesmo valor. O étimo é o persa-ár. *ashrafī* (ou *sharīfī*, «nobre»; cf. *xarife*), (*asurpī* ou *usurpī* em concani), o qual nome se aplicava originàriamente ao *dīnār* de ouro, que valia cêrca de 3:000 réis [1]. V. *pardau*.

Quando não entravam na Índia Portuguesa xerafins e pardaus estrangeiros e, no decurso do tempo, ambos os nomes se empregavam, de ordinário, promìscuamente para se designar uma e outra moeda, foi necessário distingui-las com o qualificativo «de prata» ou «de cobre». E assim, o *pardau* ou *xerafim de prata* equivalia a 6 tangas ou 360 réis, e o *pardau* ou *xerafim de cobre* a 5 tangas ou 300 réis. V. Bordalo, abaixo.

1498. — «E disse que disesem ao capitam que pois se queria hir que lhe dese sejscentos **xarafis**». — *Roteiro de Vasco da Gama*, p. 79.

1508. — «Pedraluares leua mill **serafins** pera com ho dinheiro que tem recebido e com este ser feito pagamento d oito mezes».—Afonso de Albuquerque, *Cartas*, I, p. 16.

1511. — «Por este vos mando que des... nove **serafis** hem dinheiro». — *Id.*, VI, p. 428.

1516. — «Nesta cidade [de Ormuz] se faz moeda douro, que chamaom **serafins** ual trezentos rs.». — Duarte Barbosa, *Livro*, p. 263.

1529. — «A moeda que se aqui [em Ormuz] gasta he mourisca, douro, e prata fina, e de cobre, a douro se chama **Serafim**, e val trazentos reaes». — António Tenreiro, *Itinerario*, cap. 1.

1541. — «Valeo hum fardo d'arroz corenta **xarafis**, que tem valia de cruzado». — Gaspar Correia, *Lendas*, IV, p. 132.

1552. — «A [moeda] douro se chama **xerafim**, e val ccc. rs.». — Castanheda, *Historia*, II, cap. 58.

1553. — «Mandou cinco ou seis homẽs com algũas linguas com **xarafijs** de ouro, que he hũa moeda que val trezentos reaes». — João de Barros, Déc. II, II, 4.

1554. — «Assentou como o dito Rey turuxá, que pelas amizades que el Rey noso senhor tinha com ele, e pelas muytas despesas das grandes armadas que o dito senhor ffazya e trazia n'estas partes, devia ele dito Rey turuxaa daar mais a el Rey nosso senhor dez mil **xarafins** em cada ano, alem dos quinze mil que d'antes dava». — Simão Botelho, *Tombo da India*, p. 79.

1557. — «Dando-lhe sómente cem **xerafins** cada anno, e tudo o mais gastava como queria». — *Commentarios*, IV, cap. 38.

1557. — «Ey por bem que todo o mantimento que os omens da guarda, e oficiaes de terra, *naiques*, e piães, e outros servidores que vencião na dita fortaleza [de Diu] por pardáos douro, se lhes pagarão a **xarafis** a rasão de trezentos reaes cada hum nas moedas que valerem». — Francisco Barreto, in *Archivo Port.-Oriental*, V, p. 325.

1566. — Mandasse pagar seis centos **xerafins**, que val cada hum trezentos reaes». — Damião de Góis, *Chronica de D. Manuel*, I, cap. 43.

1588. — «Os **xarafins** de prata que os Visorreys passados mandarão lavrar na moeda da mesma cidade [de Gôa], e correm nella por cinquo tangas cada hum não tendo mais de prata que tres e meia, e hũa e mea de liga». — *Carta Régia*, in *Archivo*, III, p. 121.

1609. — «Batem-se de prata **xerafins**, tangas e meias tangas. Os **xerafins** são do tamanho de um tostão, e de grossura de dois tostões, vale cada hum tres tostões». — Fr. João dos Santos, *Ethiopia Oriental*, II, p. 274.

1611. — «Vallendo trezentos reis hum **xerafim**, pedem trezentos e sessenta». — Diogo do Couto, *Dialogo do Soldado Pratico*, p. 138.

1616. — «As peças de ouro são **xerafins**, que valem cento e cincoenta soldos» —Pyrard de Laval, *Viagem*, II, p. 57

1618. — «**Xarafins**, a que por outro nome chamão *Bastiões*, são humas moedas batidas na India per mandado de Vicereys, tem de valia cada huma dellas 200 reis». — Manuel Barbosa, in *Archivo*, V, p. 328.

1630. — «Val cada **Xarafim** da moeda de Portugal trezentos réis».— Fr. Luís de Sousa, *Hist. de S. Domingos*, III, p. 360.

1687. — «O **xerafim** responde a tres tostões, e tem tres *larins*». —P. Fernão de Queiroz, *Conquista de Ceylão*, p. 53.

1699. — «Passavão de dous mil **xerafins**, que fazem seiscentos mil reis da nossa moeda». — Fr. Agostinho de Santa Maria, *Historia*, p. 140.

1862. — «Quando se mencionam **xerafins** ou *pardaus* deve acrescentar-se se são de prata ou de cobre».— Francisco M. Bordalo, *Ensaios sobre a Estatistica*, V, p. 83.

1879. — As contas do Estado, e em geral as dos particulares tambem são feitas na India por **xerafins**, tangas e réis fracos». — João Stuart Torrie, *Estatistica da India Portugueza*, p. 195.

[1] Herbelot deriva *ashrafī* do nome dum soldão do Egipto. Fr. João dos Santos também aponta a mesma etimologia: «Tomou esta moeda o nome de *Xarafim* de Xarif em cujo Reinado foi feita, e sobre ella traz seu nome gravado».

1880. — «As antigas moedas de prata *rupias*, **xerafins** ou *pardaus*, meios **xerafins** ou meios pardaos, e as de cobre actualmente em circulação com o cunho portuguez, deviam ser recolhidas». —Teixeira de Aragão, *Descripção das Moedas*, III, p. 101.

1510 — «Ci si troua tal persona che a fatto bottino per tre et quattro milla **seraffi**». — Pietro de Strozi, *apud* Gubernatis, *Storia*, p. 381.

1586. — «.. facendosi menzione non so si nel Boccacio o nel Novellino di tanti **saraffi** che furono datti, credo da Saladino, a non so chi, che per questo nome veniva anticamente a chiamarsi la moneta, si come oggi se chiama ancora certa molto trista che battono qui i Portoghesi in Goa, detti **xerafini**, che la pigliar ebbero da' Gentili». — Sassetti, *Lettere*, p. 297.

1615. — Seicento milla **Sceriffi** (che son d'oro, e vagliono vn poco più de' zecchini Venetiani) tutti in moneta nuoua flammante» (no Egipto)». — Pietro della Valle, *Viaggio*, p. 239.

1695. — «**Scharafi**. Un Ducat d'or d'Egypte. Ce fut Al-malek-Al-Aschraf qui fit battre le premier cette monnoye, et qui donna son nom... Les Persans appellent **Scherafi** une monuoye d'or qui vaut huits *Larins*». — Herbelot, *Bibliothèque Orientale*.

**XARAU** (ant.). Aguardente, na Índia. Do ár. *xarāb*, «vinho, licor», que é também o étimo de *xarope*. Convém notar que o sânsc. tem *saraka*, no mesmo sentido, do qual precede o conc. *saró*, «vinho, aguardente»:

1554. — «*Orraqua* que he *çura* cozida hũa vez, **xarao** que é cozida duas e tres vezes e he mais forte que orraqua, por ser confeytada». — Simão Botelho, *Tombo da India*, p. 50.

1572.— «O ramo do **porao** (*sic*) ficaraa como está pera o rendeiro o mandar fazer e vender como ora faz».—In *Archivo Port.-Oriental*, II, p. 200.

1891. — «A palavra **xaráo** vinha sem duvida do arabico *scharâb*, que significava primitivamente qualquer bebida; e da mesma palavra arabica procederam na peninsula, o hespanhol *xarave*, e o portuguez *xarope*». — Conde de Ficalho, *Col.* XVI.

1906. — «..sob o nome de *renda de urraças*, que comprehendia os espiritos chamados **xaráo**, urraca e fenin». — Amâncio Gracias, *Subsidios*, p. 215.

1610.—En la Persia, hay mucho y excelente vino de vuas que en la lengua natural se dize **Xarâb**, de que los Persios se aprovechan desordenadamente». — Pedro Teixeira, *Relaciones*, p. 16.

16 — «**Scharab**. Ce mot signifie généralement en Arabe toutes sortes de breuvages, et in particulier le Vin, qui est le plus excellent entre toutes les breuvages». — Herbelot, *Bibliothèque Orientale*.

**XARIFE, xerife**. Descendente de Mafamede por sua filha Fátima, mulher de Áli, o qual goza por êsse motivo de autoridade e preeminência especial entre os muçulmanos. Do ár. *xarīf*, «nobre».

1327. — «Xiraz he o paiz de mais **Xarifes**, paiz que eu ouvi a pessoas dignas de confiança que os que nella percebião ordenados, erão entre pequenos, e grandes mais de mil e quatrocentos **Xarifes**». — Ben-Batuta, *Viagens*, I, p. 259.

1498. — «Desta paz foy embaxador huũ Mouro branco que era **Xarife** que quer dizer Creligo o quall era huũ grande bebado». — *Roteiro de Vasco da Gama*, p. 30.

1503. — «Ho **Xarife** que hora he rey d Acomane com toda sua gente ha fazer os camijnhos pera ha fortaleza e leyxar vyr os mercadores». — *Alguns Doc. da Torre do Tombo*, p. 133.

1513. — «Somente hũua ilha chegada mais a Judá dous dias de Comoram ha hy agua e alguns mercadores: he a senhoria do **xerife** Jyzem». — Afonso de Albuquerque, *Cartas*, I, p 222.

1516. — «Antre hos Mouros desta ilha e de Moçambique hauia hum **Xarife** que os gouernaua e tinha o direito». — Duarte Barbosa, *Livro* (2.ª ed.), p. 250.

1520. — «... antre os Mouros avido por **Xarife**, e pessoa de gram valia e de muyta honra antre os Mouros». — Rui de Pina, *Chron. de D. João II*, p. 78.

1541.— «Os **Xarifes** de Judaa, e prellados grandes deram Indulgencia, e perdoens a toda a pessoa, que visitasse esta casa». — D. João de Castro, *Roteiro do Mar Roxo*, p. 233.

1541. — «Tambem disserão que os rumes que estavão em Adem erão muy apertados e guerreados do **xarife** e da gente da terra» — Gaspar Correia, *Lendas*, IV, p. 168.

1552. — «O qual embaixador era **Xarife** daquelles que dizem vir da linhagem de Mafamede, porque por via de religioso podia prouocar mais o Soldão pera acodir a estes damnos como defensor da casa de Mocha, segundo se elle intitulaua».—João de Barros, *Déc.* I, VIII, 1.

1557. — «Judá foi de **Xerife** Porcati, e naquelle tempo que Afonso Dalboquerque ali chegou era sugeito ao Grão Soldão do Cairo». — *Commentarios*, IV, cap. 7.

1600. — «Entre os quais foy huma sobrinha do **Xarife** de Moca intitulado Rey da Arabia, e parente de Mafamede». — P. João Lucena, *Historia*, X, cap. 10.

1608. — «Dali se fiserão á vella pera Moca, onde o **Xarife** daquelle porto não consentia que desembarcassem, dizendo que eram ladrões e corsarios». — P. Fernão Guerreiro, *Relaçam Annual*, p. 21.

1609. — «Vieram mais com este câpitão trinta turcos honrados, entre os quaes vinha um capitão das suas galés, homem de muita feição,, e um **xarife,** que era procurador da sua armada». — Fr. João dos Santos, *Ethiopia Oriental*, I, p. 415.

1685. — «Com o **Xarife** Melique, capitão de Pondá» — António Bocarro, Déc. XIII, p. 179.

1652. — «Huns são Godos, outros chamão-se Cabos, e **Xarifes** outros».—P. António Vieira, *Arte de Furtar*, p. 8.

1663. — «Mora um **xarife** (assim chamam os mouros aos parentes do seu Mafoma) o qual é respeitado e venerado de todos». — P. Manuel Godinho, *Relação*, p. 80.

1604. — Nor of them may any wear green, except the **xarifes**. Those are of the kin of Mahamud, and that badge is restricted to them». — Pedro Teixeira, *The Travels*, p. 125.

1615. — «Il est **Xerife** et Sultan tout ensemble». —Thomas Row, in *Relations*, I, p. 4.

1658.—«Il bianco è proprio de **Schieriffi**, che sono i loro Dottori». —Fr. Vincenzo Maria, *Viaggio*, p. 49.

* **XASTRA** (s. f. ou m.). A palavra *çāstra* tem diversos significados em sânscrito: sciência em geral, tratado scientífico; livro religioso; sciência que se considera membro dos Vedas (*vedānga*, q. v.), por ser necessária ou útil para a sua inteligência. É neste último sentido que empregam o termo Couto e Tomba. Mais commummente por *xastra* se entendem «livros que regulam a vida religiosa da sociodade hindu», como são os códigos de leis.

1612. — «Seis a que chamão **xastrá**, que são os corpos». — Diogo do Couto, Déc. V, VI, 3. V. *Veda*.

XVII. — «Argumento em que se trata de outros livros, chamados **Zastra** (*sic*, por êrro do copista), que quer dizer, doutrina». — *Breve Relação*, p. 46.

1821. — «As Viuvas tambem podem constituir adoptivos, cingindo-se ao direito, e conforme o voto, como assim dicta o **Xastra**, e ha exemplos». — *Collecção de Bandos*, I. p. 92.

1884. — «Diz um outro **Shastra** que Puru [*puruxa*], o primeiro homem teve quatro filhos, que Vichnu designou para chefes das quatro tribus, que elle mesmo instituiu». — Adolfo Loureiro, *No Oriente*, II, p. 237.

1898. — «Segundo Manú, o brahmane nasceu o mais nobre de todos os hindús, é o senhor absoluto (*ishvor*) de todo o vivente e não vivente, e veio ao mundo para manter as **Xastras**». — Oliveira Mascarenhas, *Atravez dos Mares*, p. 105.

1901. — «Os hindus possuem sob o nome de **Sastras** um grande numero de livros religiosos». — José Pinheiro, in *Bol. S. G. L.*, XX, p. 53.

1913. — «Não conhecia bem as **shastras** e outras fontes do direito hindu».— *Heraldo*, 7 de Maio.

1918. — «Na litteratura hindu figuram também as **xastras** — tratados de moral e direito, atribuidos a Manu...». — *Heraldo*, de 17 de Setembro.

1630. — «The Banians deliver that this book, by them called the **Shaster,** or the Book of their written word, consisted of these three tracts». — Lord, in *Glossary*.

1740. — «La Philosophie qu'on nomme simplement et par excellence **Châstram,** science, est bien plus mystérieuse». — *Lettres Édifiantes*, XXVI, p. 238.

1770. — «Le **Shaster** qui quelques-uns regardent comme un commentaire du *Vedam*, d'autres comme un livre original, et dont on vient publier un extrait en Angleterre, a jetté un peu de jour sur cette matiere» (religiosa). — Raynal, *Histoire*, I, p. 35.

1774. — «Si crede poi come infallibile che dai quattro suddetti *Bed*, che in Malabar chiaman *Vedam*, Barmah medesimo ne ritrasse sei **Shastrah**, cioè sei scienze, o sei scuole di scienze differenti». — P. Tomba, *apud* Gubernatis, p. 102.

1786. — «Tutto quello che si contiene nei libri Indiani si reduce al Vèda, **Shastra,** e *Purana*. Veda vuol dire legge. **Shastra** scienza, Purana istoria». —Fra Paolino, *Viaggio*, p. 214.

1831. — «Mais il trouva que la Bible n'en devait pas à ses **chasters;** soutint que, sans être excellents, ses védas valaient mieux que la Bible, et que ses védas mêmes n'étaient pas assez bons pour lui». — Jacquemont, *Correspondence*, II, p. 254.

**XASTRI** (sânsc. *çāstrī*). Homem destro nos *xastras;* teólogo, moralista.

1878. — «**Shástris**... são os que ensinam um ramo de sciencia hindu. O desprezo que os **Shástris** têem pelas linguas vernaculas não permite que estas sirvam de meio de communicação com elles». — Vasconcelos Abreu, *Investigação*, p. 10.

1890. — «Conhece-se porém de todo o contexto dos artigos que para a sua elaboração, assim para o Foral de 1526, foram consultados **shastris,** brahmanes entendidos nos *dharma-shastras*». — António de Almeida Azevedo, *As Communidades de Goa*, p 60.

«Quasi todos os **shastris** e invariavelmente os tribunaes estrangeiros seguem que só pode ser adaptado por brahmanes aquelle que podia nascer do casamento da mãe natural com o pae adoptante». — *Id.*, p. 70.

1903. — «... uma energica reacção a favor do casament das viuvas, apoiada por alguns **shastris** (homens doutos em letras sagradas)». — Ismael Gracias, in *O Instituto*, 4, p. 637.

1915. — «O afamado **xastri** K. V. Lelê, de [Vain India Britânica]... deu uma prelecção na capital, versando, proficientemente, um assumpto religioso». — *O Ultramar*, de 26 de Abril.

1903. — «**Shastree**... A man of learning, one who teaches any branch of Hindu learning, such as law». — Crooke, in *Glossary* (2.ª ed.).

1915. — «There is no doubt that our *Pandits* and **Shastris** are remarkably learned and elever, but they an generally unsympathetic towards any mode of thought which is not theirs». — *The Bombay Chronicle*, de 5 de Março.

**Xátria.** O mesmo que *quetri*, e mais correcto.

1919. — «Efectivamente, os *ranes* das N. Conquistas, que pertencem á casta **Xátria**, usam-no em sufixo». — *Heraldo*, de 13 de Março.

**XÁUTER.** Guia dos viandantes nos desertos da Arábia. Do árabe *xāṭir* «perito, hábil», usado tambêm pelos persas. *Xāṭir* designa em turco o «pagem fardado que vai adiante dos pachás e dos comandantes dos *capigis*», q. v.

1663. — «Comprados os cavallos necessarios para mim, para o portuguêz que alli tomei, e para o lingua; que o piloto ou **xauter**, que val o mesmo em lingoa arabiga, tinha uma egua persiana, em que ia». — P. Manuel Godinho, *Relação*, p. 141.

1696. — «Se o Superintendente não tiver impedido o **chauter**, o fareis logo partir com as prevenções do capitulo acima... Chegando os **chauteres** assim da côrte, como das praças a que forem remettidos, e vos trouxerem resposta da boa recepção da vossa pessoa» ...». — *Apud* Júlio Biker, *Collecção de Tratados*, IV, pp. 248-249.

1658. — «Prouiste di nuouo **Schiater**, ò guida, il quale fu veramente huomo fidele, e circonspetto... ci preparamo di nuouo al viaggio». — Fr. Vincenzo Maria, *Viaggio*, p. 501.

1841. — «Chardim l'appelle *Mil* **shatér**, ou la tour du Coureur». — Dubeux, *Perse*, p. 23.

* **XEMIN**, **ximin** (mais correcto). Governador, capitão, em Bramá e Pegu. Do birm. *shin-min*.

1545. — «O triste de *Chaubainhá* foi entregue a hum capitão Bramá por nome **Xemin** Coumidau, e sua mulher e filhos com todas as mais mulheres ao **Xemin** Ansedá». — Fernão Pinto, *Peregrinação*, cap. 150.

«**Xemin** Brum General do campo morto, com mais de quinze mil homens». — *Id.*, cap. 155.

«Mandou chamar o **Xemin** de Çatão, que então estava na Cidade, de que era Capitão». — *Id.*, cap. 190.

1614. — «Logo El-Rey [de Bramá] despedio todos os **Ximes** que são Duques». — Diogo do Couto, Déc. VIII, I, 12.

1617. — «Chamavalhe **Ximin**, que quer dizer: Capitão». — *Conquista de Pegu*, cap. 1.

«Quasi duzentos **Ximins**, ou Capitães». — *Ibid.*, cap. 12.

1582. — «... E i **Semini**, che sono Capitani, e Baroni». — G. Balbi, *Viaggio*, fl. 119.

1654. — «**Ximi** vale Duque, y de Zaton lo era este». — Faria e Sousa, *Asia Portuguesa*, II, 221.

* **Xemindó** ou **ximindó**. Chefe dos *ximins*, às vezes rei de Pegu. Do birm. *shi-min-do*, «govêrno».

1545. — «Fez tanta impressão no povo, que todo assim junto como estava, o jurou alli logo por seu Rey natural, e o nomeou por nome supremo sobre todos os mais por **Xemindó**, chamando-se elle antes Xoripansay». — Fernão Pinto, *Peregrinação*, cap. 190.

1614. — «... se alevantou em Pegú hum grande Capitão chamado **Ximindo**, e começou em segredo a convocar gente». — Diogo do Couto, Déc. VII, II, 5.

1635. — «E o principe se acolheu pera terra com alguns negros e bramás, que ao todo foram tres mil, com novecentas espingardas, e os principes do **Xemindo** com o desenho de se irem para Tangu». — António Bocarro, Déc. XIII, p. 138.

1655. — «**Ximindoo** levantòse contra el Bramá, que para esta pieza se valiò de Diogo Suarez con dozientos Portugueses». — Faria e Sousa, *Asia Portuguesa*, II, p. 220.

**Xendim.** V. *sendim*.

* **XENOI** (mais us.), **xenem**. Mestre, professor; escrivão, especialmente de comunidade agrícola. Outrora ambos os cargos eram exercidos por

uma só pessoa. Do conc. *xeṇay* < sânsc. *çarman-ārya* [1]. V. *sinai*.

1697. — «Todos tem o titulo de **Xenens;** isto he, Mestres; porque nas terras do Concão, elles mesmos são os que ensinão aos mais Bramanes à ler, escrever, e contar. Ha outras familias de Bramanes em Salcete, que não são Cortalôs e contudo prezão-se de **Xenens;** e nunca pude descobrir a origem deste applido nas outras prosapias, porque são muy varias neste ponto as suas informações». — P. Francisco de Sousa, *Oriente Conquistado*, II, I, 1.

1852. — **Xenoy** ou *Senoy* — Escrivão do *Bouço* de huma varzea». — F. N. Xavier, *Bosquejo Historico*, IV, p. 21.

1864. — «As escholas publicas gentilicas são sempre ao longo das ruas debaixo e ao longo do alpendre da habitação de **xenoy** (mestre) como se observa nas Novas Conquistas». — Lopes Mendes, in *Annaes do Conselho Ultramarino*, VI, p. 67.

1916. — «... tambem os *gancares* e **xenoins** (escrivães) que oprimem os *curumbins*, povos de formação mais antiga e simples, estratificada em Goa e os sudras que constituem o mais extenso conglomerado posterior». — *Heraldo*, de 4 de Maio.

1918. — «Risley incluiu no grupo scito-drávida as seguintes castas hindus de Goa: brâmanes (**xenavis,** dessastas, chitpavans), *maratas* e *vanis*». — *Heraldo*, de 17 de Dezembro.

**XEQUE.** Régulo, governador, chefe duma tribu ou povoação muçulmana. Do ár. *xeikh*, «velho, senhor». O termo era conhecido antes do descobrimento da Índia.

1327. — «Veio o **Xeque** dos **Xeques** ... o qual subio para o estradinho, e saudou o dito homem». — Ben-Batuta, *Viagens*, I, p. 236.

1504. — «Carta de El-Rey D. Manuel aos **Xeques** Velhos cabeceiras e principaes da cidade de Azamor». — *Alguns Doc. da Torre do Tombo*, p. 134.

1513. — «Mando a vos [vossa] altiza hum sobrinho do **xeque** e senhor de Maçuá e senhor de Dalaca». — Afonso de Albuquerque, *Cartas*, I, p. 173.

1520. — «A este tempo elle era inimigo de Malle **Xeque** Rey que entam era de Fez, com que tinha guerra». — Rui de Pina, *Chronica de D. João II*, p. 79.

1529. — «Pagão os Reys de Ormuz parias a **Xeque** Ismael ou *Sufi*, como lhe agora chamão». — António Tenreiro, *Itinerario*, cap. 1.

1541. — «Nam somente auorrecem [os beduins] leis, e ordenações; nem os preitos e deferenças, que se mouem, querem que se julguem por algum costume, e sam contentes que o seu **xeque** os determine como quizer». — D. João de Castro, *Roteiro do Mar Roxo*, p. 235.

«He senhoreado por hum **Xeque** de Alarves, que se chama Miteleche... e tem aqui da sua mão outro **Xeque,** que he Governador da dita Villa». — *Id.*, cap. 61.

1552. — «Tem [Adem] senhor sobre si, que se chama **Xeque**, grão senhor de terras e de tesouros». — Castanheda, *Historia*, III, cap. 194.

1553. — «Finalmente como criauão posse, logo se intitulauão por **Xeques** ou Reys da tal povoação e cidade: posto que muitas dellas em casas e nobreza do povo serão hũa pobre aldea das nossas: porque taes Reys, taes cidades». — João de Barros, Déc. II, I, 2.

1554. — «Dom Vasquo da Gama ffeez paaz com o **xeque**, que lhe tornou loguo a quebrar». — Simão Botelho, *Tombo da India*, p. 7.

1557. — «E este Benjabar tem seu senhorio sobre Fatoque, Dofar, Calayate e Mascate, e vai confinar com a terra do **Xeque** de Adem». — *Commentarios*, I, cap. 24.

1563. — «O Mouro foy cercado de muyta gente com que se foy a casa do **Xeque,** que he capitão da terra da mão do Rey de Quiloa, que reside neste lugar como rendeiro, arrecadando os direitos das naos de mercadores». — Gaspar Correia, *Lendas*, I, p. 35.

1563. — «**Xeque** he dignidade que quer dizer velho, e destes sam os **Xeques** da Arabia». — Garcia da Orta, Col. X.

1566. — «Onde o **Xeque,** ou capitão que alli estava por el Rey de Ormuz...». — Damião de Góis, *Chronica de D. Manuel*, II, cap. 31.

1570. — «**Xech** em Arabigo, e *Cogia* em Turquesco, significão homem velho d'autoridade». — João de Barros, Dec. IV, IV, 16.

1572:

> «No gesto natural se converteo
> D'um Mouro em Moçambique conhecido
> Velho, sabio, e c'o Xeque mui valido».
> Camões, *Os Lusiadas*, I, 77.

1603. — «Bem sabes, **Xeque**, que es nosso Principe, e nós teus criados, e vassalos de teu pay». — Fr. António de Gouveia, *Jornada*, fl. 132.

1604. — Foi forrar o porto de Calayate, cujo **Xeque** estaua alevantado». — Diogo do Couto, Déc. IV, I, 4.

1612. — «Mandei se tratasse com os **Xeques** e particulares, que tem parte na Alfandega de Mascate que m'a largas-

[1] No seguinte passo sugere-se outra etimologia: It is quite possible that these *çreni* community of Saraswats came and resided as traders in Goa and at the present day their whole community is known by the term **xenay,** which is a corrupt form of *xrenaya*». *The all-India Saraswat Quarterly Magazine*, de Julho de 1919.

sem». — *Carta Régia*, in *Doc. da India*, II, p. 148.

1622. — «E assim fomos caminhando pelas terras do Zavala um **Xeque** ou regulo nosso amigo». — Francisco Vaz de Almada, in *Hist. Tragico-maritima*, IX, p. 86.

1633. — «Os dous **xeques** que havia para baixo, não levem mais do primeiro coshume [direitos de alfândega] aos *Franguis*». — In *O Chronista de Tissuary*, I, p. 61.

1635. — «Queria o **xeque** Amer se tomasse assento de não se captivar nenhuma pessoa dos mouros da fortaleza e povoação». — António Bocarro, Déc. XIII, p. 643.

1663. — «Os arabios que vinham eram só quatro, e um delles o **xeque** ou cabeça das tropas que tinhamos visto ao longe». —P. Manuel Godinho, *Relação*, p. 175.

1610. — «Los Arabes dizen al Rey Sultan, o Malik... algunas vezes lo dizen **Xeque** (Aunque es mas comun con ser nombre de viejo anciano)». — Pedro Teixeira, *Relaciones*, p. 182.

1610. — «Disputatum quoque ab iis seriò ac saepe cum Saraceno quodam nobiliore, ex iis, qui **Xeque** vocant». — Trigault, *Vita Gasparis Barzaei*, p. 36.

1616. — «Trouamo trà loro vn Capo, che le chiamano **Sceich**; parola, che propriamente... significa Vecchio; ma per costume introdotta». — Pietro della Valle, *Viaggi*, I, p. 521.

1658. — «Viuono ne' Monesterij à guisa de' Religiosi, rendendo obedienza ad vn superiore quale chiamano **Cech**, che vuol dire vecchio. — Fr. Vincenzo Maria, *Viaggio*, p. 58.

1666. — «Cada ciudad, y aun aldea, tiene Rey, que entre ellos es **Xeque**». — Faria e Sousa, *Asia Portuguesa*, I, p. 16.

1676. — «Les **Scheiks** leur tiennent lieu de Prédicateurs, et leur font des exhortations publiques». — Tavernier, *Voyages*, II, p. 40.

1695. — «**Scheikh**. Ce mot signifie pas seulement en Arabe un Vieillard; mais encore Prince et un *Docteur célebre*, et Chef de quelque College ou Communauté». — Herbelot, *Bibliothèque Orientale*.

**Xeri**. V. *axeri*.

*** XERISTÓ**. A palavra persiana *sarrista* (conc. *xiristó*, que é o étimo) significa «costume, usança». Em Goa, porêm, emprega-se técnicamente por «aumento periódico do fôro de prédios rústicos».

1840. — «**Xeristó** (Foros sujeitos á trienual enumeração de arvores fructiferas, para arbitramento de foro, com relação ao numero, e qualidade das arvores). — F. N. Xavier, *Collecção de Bandos*, I, p. 97.

1842. — «Cessou a enumeração das palmeiras e arvores fructiferas, que já mais fizemos, e o **Xeristó** (augmento periodico dos fóros). — *Annaes Maritimos*, p. 14.

1845. — «*Cotubana* — Terras com fôro certo e inalteravel: outras chamadas de **Xeristó** ou *Seristó* com fôro alteravel, e regulado pela maior ou menor producção de propriedade, segundo os estilos de aldeia ou provincia». — *Ibid.*, p. 242.

1856. — «Deve pagar aos *gancares*, e *Dessaes* de foro, que sendo pequeno, e modico no antigo **Xiristö** ou taixa, ainda quando não havia, como hoje ha, tantos povos de Agricultores». — F. N. Xavier, *Defensa dos Direitos*, p. 43.

1869. — «Paga á fazenda publica, de foros de **siristó**, 194 xerafins». — *Relatorio da Provincia de Satary*, III, p. 17.

1886. — «As pensões incertas, com a denominação de **Xeristó**, que se pagam ás communidades, *torofos* ou camaras pelos predios das arvores fructiferas, ficando por este regulamento convertidas em pensões certas e perpetuas». — *Regulamento das Communidades*, p. 4.

1909. — «**Xeristó** significa uso, costume, pratica, tendo-se applicado o termo á contribuição mixta de fôro e renda, marcada, segundo o costume, para os predios de arvores fructiferas das Novas Conquistas». — Amâncio Gracias, *Subsidios*, p. 148.

1916. — «Sejam convertidos em pensão certa tambem remivel o foro variavel de **xeristó** que nas Novas Conquistas se paga á fazenda pelos predios de arvores fructiferas». — *O Ultramar*, de 30 de Junho.

1918. — «Cotubanas e **xeristós** figuram, por outras palavras, no Foral». — *Heraldo*, de 23 de Novembro.

**Xette**. V. *chatim*.

**XIÁ** (s. m.). Maometano que segue a seita que considera Áli e os seus descendentes como os legítimos sucessores do califado, e é oposta à dos *sunis* (q. v.). Os persas, desde a dinastia dos *sofis*, e muitos muçulmanos da Índia pertencem a esta seita. Do ár. *xī'ah*.

1529. — «Tem a ley do Sufi, que se chama Rafavi, que he darem mais honra a Ali que a Mafamede». — António Tenreiro, *Itinerario*, cap. 4.

1553. — «Estes [persas dissidentes] tomáram por appellido **Xiá**, que quer dizer união de hum corpo, e os Arabios chamam-lhes por vituperio Raffadij, que quer dizer gente de fóra do caminho». — João de Barros, Déc. II, x, 6.

1614. — «Os Persas sustentavão, e ainda hoje o fazem, que só o Ali o [califa] foy ligitimamente, e que os mais forão cismaticos, tyrannos, e alevantados, e por isso tomarão aquelle appellido de **Xiay**, que quer dizer união de hum corpo, porque estavão com as armas nas mãos para sustentarem sua opinião». — Diogo do Couto, Déc. VII, iv, 8.

1610. — «Los otros **Xyahys** que son los Parsios, y todos aquellos que siguen a Morts Ali. Esta segunda tenia *Xaque* Aydar, padre de Xeque Ismael». — Pedro Teixeira, *Relaciones*, p. 55.

1876. — «Then, the tomb of the Kaliph Harun el Raschid, and that of Ali el Razi, a descendent of the Kaliph Ali, for whom the Persian Mahometans or **Shias** had an especial veneration». — Howorth, *History of the Mongols*, i, p. 88.

1918. — «But it [a informação de Barbosa] is valuable as the earliest account written by a European of the rise of **Shi'a** creed, and its attainment of power in Persia under Isma' il Shah». — Longworth Dames, *The Book of Duarte Barbosa*, p. lxii.

1919. — «To him the **Shiah** was a heretic (*ráfizi*); in one of his letters he quotes with admiration the story of a *Sunni* who escaped to Turkey after murdering a **Shiah** at Isfahan». — J. Sarkar, *Studies in Mughal India*, p. 48.

**XINGA**. O sânsc. *çṛiga*, «chifre», evolveu-se em *xinga* nos prácritos modernos, e emprega-se, por extensão, para designar uma grande trombeta semicircular, feita de metal, parecida com o chifre de búfalo, da qual um homem possante tira, de espaço a espaço, sons estridentes e monótonos. Usa-se nos cortejos festivos dos hindus, e também para convocar gente para algum feito ou para atemorizar uma povoação. A verdadeira ponta de búfalo toca-se nas cerimónias religiosas da mesma forma que o búzio ou o *chanco*.

1513.—«Cada domingo vinhão dar vista ao Governador, e estauão assy postos em ordem derrador do terreiro, com seus tangeres e trombetinhas, que são muyto guerreiros, e antre elles hum que tangia huma trombeta de cobre de duas braças, direita, que era ouvida sobre todos, que fazia hum som de guerra espantoso, que este tangia de quando em quando».— Gaspar Correia, *Lendas*, ii, p. 363.

1866. — «... o estrepitoso e aborrecivel ribombo dos *Arab, Dôll, Sômor*, **Chinga**, *Carnom*, e outros instrumentos gentilicos». — *Archivo de Pharmacia*, iii, p. 51.

1874. — «Um dia, mas bem de dia e a toque de **xinga**... entraram em casa do *bôtto*, acutilaram só o bastante para o inutilisar, o sargento... partiram o botto em muitos bocados e retiraram a toque de **xinga**, entre as benções da povoação». — Tomás Ribeiro, *Jornadas*, ii, p. 22.

1880. — «Quando tencionam assaltar alguma aldeia, mandam como avançada tres ou quatro exploradores, os quaes não a achando prevenida tocam a **chinga**, correndo então os que ficaram escondidos nos matos sobre as casas previamente escolhidas, que saqueiam com admiravel presteza». —Teixeira de Aragão, *Descripção das Moedas*, iii, p. 18.

1898. — «*Ranes* e *Maharattas*, ensarilhando armas nos pincaros dos Ghates, e abandonando as **xingas** (trombetas gentilicas, de guerra), que tanto hão despertado os échos das montanhas». — Oliveira Mascarenhas, *Atravez dos Mares*, p. 67.

* **Xinju**. «Morte simultânea, como a de dois amantes, que cometem suicídio a fim de viver em companhia no outro mundo». Hepburn. Do jap. *xijū*, que literalmente quere dizer «morte dupla». No mesmo sentido se usa também *joxi* (*jōshi*) «morte de paixão».

1919. — «Occorem repetidas vezes no Japão uns suicidios de caracter muito especial, suicidios duplos de hum homem e de uma mulher, suicidios de amor, para os quaes os japoneses crearam, com justiça, denominações particulares. Chamam-lhes **shinju** ou *jôshi*; qualquer d'estas duas palavras é uma palavra composta de duas outras, que querem dizer «morte» e «coração». — Venceslau de Morais, in *Lusa*, iii, p. 7.

* **XINGOJU** (jap. *xingōjū*). Japonês que professa o culto dos *camis* (q. v.) ou de *xin* (vid. *xintó*).

1560. — «Mas já agora os da seita **Xingojú** dizem que o que nos pregamos he o *Dainichi* (lit. «grande dia») que elles pregão». — *Cartas de Japão*, i, fl. 71.

* **XINRUINXU** (jap. *xinruixu*). Parente, relacionado, no Japão.

1587. — «... fazendo a huns **Xinruinxus** que tem lugar de parentela e são de seu conselho... e alguns dos **Xinriunxus** de Veondono, os acolheo todos por seus **Xinriunxus**: estão agora mais ricos, e accomodados do que nunca forão». — P. Gaspar Coelho, in *Cartas de Japão*, ii, fl. 242.

* **XINTÓ**; **xintoismo**. A palavra jap. *shintō* ou *xintō* quere dizer literalmente «caminho dos deuses» e denota o culto dos *camis* (antigos heróis), o qual constitui a religião

nacional e a mais antiga do império. Os europeus dão-lhe o nome de *xintoismo*. A dição *xintó* entrou em uso no século VII, a fim de se distinguir do budismo. Os nossos escritores antigos falam freqùentemente dos *camis* (q. v.), mas raras vezes mencionam *xintó*. **XINTOÍSTA** (s. m. e f.), sectário do *xintoismo;* (adj.) relativo ao *xintoismo*.

1560. — «Os da seita de **Xintó** dizem, que he *Coquio* que elles tem: assim que todos dizem ja que o que nos pregamos he o em que elles se fundão». — *Cartas de Japão*, I, 71 *v*.

1612. — «Mas sobre todos estes idolos adorão VIII, **Seutó** (*sic*) que dizem que he hũa substancia, e principio de tudo, e que suas moradas são os ceus». — Diogo do Couto, Déc. V, VIII, 12.

1874. — «Mas depois da ultima revolução o mikado reverteu ao **shintoismo** ou culto dos kamis, que foi proclamado religião official. A palavra **shintu,** com que se designa hoje o culto modificado dos kamis é de origem chineza, e quer dizer coração puro».—Pedro G. Mesnier, *O Japão*, p. 12.

1897. — «O deus e o imperador são contemporaneos; constituem mesmo como que uma noção unica, que é essencia de **shintoismo,** a divindade do Soberano». — Venceslau de Morais, *Dai-Nippon*, p. 23.

1904.— «A religião do japonez, o **Shintôismo,** antes um culto — culto da patria e de si mesmo — em todo o caso uma religião de orgulho, de iniciativa, e de esperança terreal, differe como um antipoda de todos os systemas religiosos das sociedades civilisadas».—Id., *Cartas do Japão*, II, p. 3.

1904.—Entretanto faziam-se preces fervorosas no templo de Izé e outros tabernaculos **shintoistas»**. — Ladislau Batalha, *O Japão por dentro*, p. 12.

«O **shintoismo** não tem dogmas mas codigo moral. Não conta nas suas tradições um fundador, nem possue livro sagrado propriamente dito, onde se contenham as origens reveladas a um vidente privilegiado». — *Id.*, p. 299.

1916. — «Denomina-se esta forma cultual, de tradição antiquissima, o **Shinto»**. — *A Ordem*, de 14 de Março.

1916. — «Muitos outros exemplos poderiamos ainda citar, todos demonstrativos de que o **Shintoismo** continua profundamente arraigado no espirito japonês... Pelo contrario, o espirito **shintoista** tende a desenvolver-se ou melhor intensificar-se». — In *O Instituto*, LXV, p. 295.

1674. — «Sobre todos los Idolos adoran uno llamado **Seutó**, en que confessan una sustancia, y principio de las cosas universales, cuya habitacion es le cielo».—Faria e Sousa, *Asia Portuguesa*, II, p. 115.

1754. — «Les Docteurs **Shintoïstes** ne passent pas pour être fort Sçavants; on prétend même qu'ils auraient assez de peine à rendre compte de la Religion qu'ils professent». — P. Charlevoix, *Histoire du Japon*, I, p. 177.

«Koempfer nomme cette Secte [de moralistas] **Siuto**, qui, selon lui, signifie la *voye*, ou la *Méthode des Philosophes*. Ce qui est certain, c'est que cette Secte reconnoît pour son auteur le célèbre Confucius». — *Id.*, II, p. 260.

1770. — «Celle des **Sintos** est la religion du pays, l'ancienne religion. Elle reconnoît un être supréme, l'immortalité de l'ame, et elle rend culte à une multitude de dieux, de saints ou de camis». — Raynal, *Histoire*, I, p. 102.

1854. — «La religion primitive et nationale du Japon est nommée *sinsyou*, des mots *sin*, dieux, esprits célestes, et *syou*, foi. Ceux qui la pratiquent sont appellés **sin-tou»**. — Jancigny, *Japon*, p. 144.

1894. — «The term thus adopted was **Shinto**, or *Kami-no-michi;* the former being a Chinese word, and the other its Japanese equivalent. The meaning of either, in English, is the «Way of the Genii, or Spirits». — G. Cabbold, *Religion in Japon*, p. 18.

1907. — «Si vous parlez de la masse de la nation, je réponds qu'elle est profondément imbue de toutes les superstitions du bouddhisme et qu'elle a une vénération profonde pour les innombrables déités du **shintoïsme»**.—Naudeau, *Le Japon Moderne*, p. 129.

1916.—«The Chinese and **Shinto**-conceptions of the king being «a son of Heaven» are counterparts of the Hindu traditions».—*The Hindustan Review*, de Maio-Junho.

**XIPATOM.** Fornecedor de jantares, na China. Do chin. *xi-fan-táu*.

1540. — «E está isto já tão taxado, e com tanta ordem, que quando uma pessoa quer fazer algum grande gasto, se vay a **Xipatom** da casa, que he o principal della, e dando-lhe conta do que determina, elle lhe mostra hum livro todo repartido em capitulos do regimento, e modo dos banquetes, no qual se lhe declara o que se dá em cada um d'elles, e como e de que maneyra se serve para ele dalli escolher á sua vontade; o qual livro eu algumas vezes vi, e ouvi ler, e se chama *Pinatorem*». — Fernão Pinto, *Peregrinação*, cap. 165.

* **XIQUIMIACO.** É o mesmo que *chuchimiaco*, q. v. Do jap. *xiki*, «ordem», e *myakuan*, (funcionário do inferno».

*** XIQUIRÉ** (jap. *xikire*). Chinela de palha, no Japão.

1569. — «Em quanto o trabalho durou toda a gente que queria ir ver homens, e mulheres passauão por diante delle com chinelas de palha, a que elles chamão **Xequirès**, e barretes na cabeça». — P. Luís Fróis, *Cartas de Japão*, I, fl. 258.

*** XIRO** (jap. *xiru*). Caldo, sopa [1].

1568. — «Não havia mais que hum pouco de arroz muito preto, e hum pequeno de peixe muito salgado, e hum pouco de **siro** (que he hum caldo que se tempera com o *mixo*)». — P. Alexandre Vallarreggio, *Cartas de Japão*, I, fl. 255.

1288. — «Sempre procura de seu trazer algũas eruas ou rabaes, que tira de sua ortazinha, ou algũa outra cousinha, para fazer o nosso **Xiro**». — P. Gaspar Coelho, *Ibid.*, II, fl. 252.

1702. — «**Xirô** he hum caldo feito de arroz, grãos, e sal». — P. Francisco de Sousa, *Oriente Conquistado*. II, IV, 1.

1622. — Praeterea paropsis una **xiri** (sorbitionis genus est), herbis ingratis mixtae». — Fabius Spinola, *Vita Caroli Spinolae*, p. 116.

*** XIVA** (erróneamente escrito *Sivá*). Terceiro deus da tríade hindu, destruidor, mas também reprodutor, como indica o seu símbolo, *linga*. O nome da divindade que, como adjectivo (*çiva*), significa, em sânscrito, «auspicioso», não ocorre nos Vedas, mas o seu carácter é representado embrionáriamente por *Rudra*, deus da tempestade. Actualmente é a divindade que tem mais cultores na Índia, juntamente com sua *xacti* ou mulher, Parvati, Durgá, ou Cali (q. v.).

**XIVAÍSMO.** Seita hindu que tem Xiva por sua divindade principal. **XIVAÍSTA** ou **XIVAITA** (s. m. e f. e adj.). Sectário de Xiva. Diz se às vezes *xaiva*, como em sânscrito. V. Dowson, *A Classical Dictionary*.

1612. — «O segundo que gouerna a região do fogo, Rudra, e sua mulher Paruadi» (forma dravídica). — Diogo do Couto, Déc. V, VI, 4.

1837. — «**Siva** ou Rudra, como lhe chama Diogo do Couto, é terceira pessoa da trindade, a quem o mesmo auctor dá o nome de *Maha-Murte*, é dotado de dois predicados de destruidor e conservador». — *O Panorama*, de 14 de Outubro.

1874. — «Olha-nos tu, **Siva**, que feres como o raio e destroes como o tufão que revolve os mares e arranca as florestas e os rochedos». — Tomás Ribeiro, *Jornadas*, II, p. 305.

1883. — «Ora é ao **Xivaismo** e ao Krixnaismo que se prendem as origens mais populares e o maior desenvolvimento do theatro indiano». — Vasconcelos Abreu, *Chrestomathia*, p. 338.

1886. — «Os brahmanes capciosos... substituiram a religião pelo fanatismo fazendo com que *Anant* [o Infinito] apparecesse espalhado por toda a natureza... sob as diversas designações de *Brahmá*, *Vishnu* e *Shiva* ou *Mahés*» (lit. «supremo senhor»). — Lopes Mendes, *A India Portugueza*, II, p. 67.

1898. — «Os **vishnuitas** adoram *Lakchmi*, mulher de *Vishnú*; mas se forem *sivaitas*, adoram *Parvati* (ou *Parwati*), *Dévi*, *Bhavani* ou *Durgá*, esposa de **Sivah**». — Oliveira Mascarenhas, *Atravez dos Mares*, p. 171.

1902. — «A terceira, a mistura de buddhismo com o **sivaismo**». — Cristóvão Pinto, in *Ta-ssi-yang-kuó*, II, III, 5.

1906. — «Tanto o pagode de Somnath-Patane como a gruta de Elephanta são templos hindús da seita dos **sivaitas**». — Herculano de Moura, *Inscripções Indianas*, p. 115.

1915. — «É um **Shiva** *made in Germany* com todos os attributos da sciencia, por isso mesmo, infinitamente mais atroz do que o outro». — *A Nação* de 14 de Março.

1844. — «Les deux savants qui ont étudié ce sujet avec la connaissance la plus aprofondie de documents orientaux, MM. Schmidt et G. de Humboldt, se sont demandé pourquoi le Buddhisme s'était plutôt allié au **Civaïsme** qu'au *Vichnuïsme*». — Burnouf, *Introduction à l'Histoire*, p. 546.

1680. — «Following the custom of the **Sajuas** (Sawas) they make for the dead man a throne, called in Malabar tongue a *paré* (*pādai*)». — Manucci, *Storia do Mogor*, III, p. 351.

*** XIVALEM** (jap. *xihai-nin*). Governador duma provincia, no Japão.

1545. — «Passadas as tres horas depois do meio dia chegou correndo a grande pressa um correio de cavallo, que deu uma carta ao **Xivalem** de lugar, que era Capitão daquella gente» (nas ilhas Léquias). — Fernão Mendes, *Peregrinação*, cap. 139.

*** XÓGUM.** Antigo condestável do micado; imperador temporal no antigo regime. Os nossos escritores dos séculos XVI e XVII designam-no, de preferência, por *cubó* (q. v.). Do

[1] *Xiró* designa «caldo de arroz no Brasil, conforme Cândido de Figueiredo».

jap. *xōgun*, «general, comandante-chefe». **XOGUNADO**, ofício do *xógum*. **XOGUNAL**, relativo ao *xógum*.

1607. — «O **Xogum**, ou Cubo Daifezama In absoluto senhor de todos aquelles Reinos». — P. Fernão Guerreiro, *Relaçam Annual*, fl. 1.

1608. — «... na qual carta lhe encommendaua muito favorecesse o padre de modo, que sua visita teuesse o mesmo successo, e ainda melhor se fosse possivel do **Xogúm**, que tiuera diante do Cubo seu pay». — *Id.*, fl. 119 *v.*

1634. — «Agora que os senhores de ordem militar usurpam o governo Real, e aquelle que senhorea aquella parte se diz governar a Tença [*Tenca*,] e tér o mando e Senhorio chamão Senhor de Tença ou **Xôgun**, ou Cubôo, que he capitão do Reyno». — *Hist. da Egreja do Japão*, *apud* Cristóvão Aires, *F. M. Pinto e o Japão*, p. 137.

1697. — «**Xougun** General das armas se levantou contra o *Dayre*, isto he, Emperador, e á sua imitação os mais *Jacatas*, e dividirão o Imperio em tantos Principados, quantos erão os levantados». — P. Francisco de Sousa, *Oriente Conquistado*, I, IV, 4.

1749. — «Podia ir a Jédo visitar seu filho o Principe **Xogun**, que lhe havia de succeder no Imperio». — P. Crasset, *Hist. da Igreja do Japão*, III, p. 300.

1858. — «... e em Yedo, capital politica, o **Siogoun**, ou imperador politico, pois que no Japão, por uma singular anomalia, a soberania é dividida por dois monarchas». — *Archivo Portuguez*, II, p. 124.

1874. — «O titulo verdadeiro do senhor do executivo era o **Dai-i-Shogun**, que tem a significação de general nomeado para rechaçar os barbaros». — Pedro G. Mesnier, *O Japão*, p. 18.

«Não se póde calcular o que teria acontecido se o Shitotshuboshi fosse homem de tempera mais rija, e se tivesse genio á altura das difficilimas condições em que lhe havia sido entregue o posto do **Shogunato**». — *Id.*, p. 226.

1897. — «Destaca se de entre toda esta gente o vulto dominante de **shogun**, o condestavel do mikado, superintendendo em nome do soberano nas questões das armas, no que respeita á integridade do territorio, á repressão das luctas intestinas». —Venceslau de Morais, *Dai-Nippon*, p. 25.

«Restabelecido o **shogunato**, a sua obra se resume em tirar á côrte e ao mikado a acção deliberativa nas questões do estado». — *Id.*, p. 32.

«Rodeado de grande cortejo, se approximou da residencia **shogunal**». — *Id.*, p. 38.

1904. — «Mais do que tudo, dominando os partidos e facções, pairava a rivalidade de vida ou de morte, entre o **Shogunato** e o Mikado». — Ladislau Batalha, *O Japão por dentro*, p. 22.

1912. — «O **shogun** dispunha de toda a força publica, açambarcava o poder nas garras do seu orgulho desmedido, dominava em fim, com prepotente autoridade, não só o paiz, mas até o proprio imperador». — *A Nação*, de 27 de Setembro.

1916. — «Existia nesta ocasião, lado a lado o Mikado (nome por que era designado o Imperador) e o **Shogum** (generalíssimo) êste dirigindo com poderes ilimitados todos os negócios do Estado, aquele vivendo em verdadeira reclusão no seu palacio de Quiôto, quási sem os meios necessários para occorrer ás suas necessidadés». — In *O Instituto*, LX, p. 390.

«E é interessante notar que o proprio Iyeyasu, que completou e consolidou o regimen **shogunal**, é o autor de um documento... O regimen dualista em que o **shogunado** se traduzia era, entretanto, uma verdadeira aberração politica». — *Ibid.*, p. 391.

1628. — «Apud **Xongum** Regem suum inuiarum agebant». — Fábio Spinola, *Vita Caroli Spinolae*, p. 75.

1644. — «Ha preso il nome di *Tò*, che vuol dire, *Grande*, aggiungendo a **Sciogun**, che vuol dire, il *grande Imperatore*». — P. António Cardim, *Relatione*, p. 16.

1894. — «On the other hand, was the **Shogun** or Tycoon, the acknowledged head of a federation, which, nominally recognizing the Mikado's authority, had usurped the sovereign power, and really governed the country». — G. Cobbold, *Religion in Japan*, p. 15.

c. 1907. — «Il fut le premier de ces **Shogun** Takugawa qui surent accomplir un grand prodige pendant deux siècles et demi, et malgré maintes tentatives, ils empêchèrent qu'aucune nation européenne parvint à intervenir dans les affaires intérieures du Japon». — Naudeau, *Le Japon Moderne*, p. 106.

* **XOIA**. Tribunal da justiça, no Japão, ou governador de Nagassaqui, conforme os nossos escritores. Não estou seguro se o étimo é *xōya*, «chefe duma freguesia», ou *chōya*, «o govêrno e o povo».

1668. — «Acuzada Beatriz à **Xoya**, que he o Tribunal da Justiça, que dava favor, e ainda recolhia em sua casa os Ministros do Evangelho...». —Fr. Jacinto de Deus, *Vergel*, p. 139.

1644. — «Si diede subito parte allo **Xoya** (cosi si chiama il Gouernatore di Nangasachi) del nuouo vascello iui approdato». — P. Cardim, *Relatione*, p. 23.

* **XONIM**. «Val o mesmo que Mestre, ou Licenciado, ou cousa se-

melhante». P. Francisco de Sousa (*Oriente Conquistado*). «Cousa semelhante» vem a ser que o jap. *xonin* é título honorífico, posposto ao nome de sacerdote, correspondente a «reverendo, venerável». V. Hepburn.

*** XOPA** (chin. *shau-pá* [*sze*]). Lenço de sêda, na China.

1534. — «A fazenda que nos tomarão erão vinte quintaes de Ruybarbo mil e quinhentas e seis çentas de seda riquas obra de quatro mil lenços de seda que os chis chamão **xopas** de nanquim e muitos avanos». — Cristóvão Vieira, *apud* Ferguson, *Letters*, p. 60.

1563. — «... e mais de quatro mil lenços de seda, a que elles chamão **Xópas**». — João de Barros, Déc. III, vi, 2.

**XRADA** (s. m.; sânsc. *çrāddha*). Ceremónia ou oblação fúnebre que os hindus fazem por seus manes. É um dever dos mais graves, e é especialmentr para êsse fim que os hindus desejam um filho, e, se o não teem, adoptam, sendo as filhas desqualificadas para tal função. V. *serade*.

1920. — «A planta *kusha*, de que no rito hindu se usa para a cerimonia dos **shradas**, deu o nome a seguintes aldeias». — *Heraldo*, de 9 de Abril.

**XRÁMANA, xrámane.** Asceta mendicante hindu, mas particularmente asceta budista. Do sânsc. *çramaṇa* (páli *samaṇo*) < *çrama*. «trabalho, labor» (em reprimir os sentidos e as paixões). V. *xrámane*. Não é fácil discernir se é a *xrámane* ou a *xámane* que se referem algumas das abonações.

1697. — «Dentro no templo sobre o altar está hum homem nu, e immodesto; a esta adorão os **Samas**, que sam os Bonzos; e os Tartaros do Oeste são seus devotos» (em Pequim). — Fr. Jacinto de Deus, *Vergel*, p. 259.

1885. — «Era permetido oficialmente aos Chineses que fizessem votos de **Xamen**, isto é, *Sámanes* ou **Xramanas**, discipulos de Buda». — Vasconcellas Abreu, *A Literatura e a Religião*, p. 83.

1916. — «**Çramana**. Domador dos sentidos, designação dos discipulos de Buda». — In *O Instituto*, LXIV, p. 319.

c. 320. — «Diz [Megástenes] que os mais honrados dos **Sarmánas** são os que se chamam *Hylóbios*, por isso que moram nas florestas, vivendo de fôlhas e frutos silvestres, tendo por vestido cascas de árvores, sem vinho e prazeres sensuais». — Strabo, XV.

c. 200. — «Os Índios que se chamam **Semnoi**, isto é, *homitas* e *venerandos*, passam toda a vida nus. Êstes praticam a verdade e predizem o futuro, veneram certa pirámide, debaixo da qual julgam colocados os ossos de algum Deus». — Clemente de Alexandria, *Stromat.*, lib. 3.

c. 400. — Os **Samaneus** são escolhidos e compõem-se de quaisquer que queiram dedicar-se à sabedoria divina». — Porphirius, *De Abstinentia*, lib. 4.

1786. — «L'antico loro nome [dos *jogues*] Samserdamico è **Samanà** o *Shamanà*, cioè, miti, perchè non uccidono giammai animale, non tagliano le erbe, non manggiano neppur carne, pesce, ma riso, radici silvestri, frutti, erbaggi. — Fra Paolino, *Viaggio*, p. 71.

«Sono [os budistas] una spica degl' antichi **Samanoi**, molto bene descritti da Strabone, Profirio, Arriano, Clemente Alessandrino, non prendono moglie, e vivono mendicando». — *Id.*, p. 377.

1844. — «La vie de privation à laquelle se condemnaient les Religieux leur faisait donner encore le nom de **Çramanas**, «ascetes qui domptent leurs sens». — Burnouf, *Introduction*, p. 275.

1875. — «The institutes of ancient Buddhism set apart the days of new and full moon to be observed by the **Sramanas** or monks, by fasting, confession, and listening to the reading of the law». — Yule, *Marco Polo*, I, p. 223.

*** XRUTI**. O vocábulo sânscrito *çruti* (de *çru*, «ouvir») quere dizer em geral «audição», e na linguagem teológica «revelação divina», que é representada pelos Vedas e seus comentários litúrgicos — *Bráhmaṇas*, e filosóficos — *Upaniṣadas*. O termo significa, portanto, mais do que a *inspiração* no sentido católico: os *ríxis* transmitiram o que ouviram a Deus.

1907. — «E como manifestaremos a conveniencia e necessidade dos *mantras*, *tantras*, **shrutis**, *smurtis epurannas?*». — *Luz do Oriente*, de Outubro.

1907. — «The *Brahmaṇas* in course of time themselves acquired a sacred character, and in the following period to be classed along with the hymns as **çruti** or «hearing», that which was directly heard by or as we should say, revelealed to, the holy sages of old». — Macdonell, *A History of Sanscrit Literature*, p. 84.

*** XUIM** (jap. *xuin*, lit. «sêlo vermelho»). Alvará, provisão, no Japão.

1588. — «Quambacudono logo deu hũa provisão que elles chamão **Xuim**; na qual dizia que o embaixador que era mandado pelo Visorei fosse embora a Japão a tratar com elle... mas no dito **Xuim** não mencionava o padre Visitador, nem fazia menção de nenhum padre». — P. Gaspar Coelho, *Cartas de Japão*, II, fl. 244.

«Trazia o recado de Quambanodono que ao principio dissemos com hũa patente que chamão **Xuin**... encommendaua que logo executasse o que Quambacudono ordenasse no dito **Xuim**». — *Id.*, fl. 255 *v.*

* **XU-TAGIM.** Governador de Pequim, conforme a abonação. Mas o seu título ordinário é *fu-yin*, sendo *chien-yin* o do vice-governador e *fu-cheng* o de sub-governador. *Tá-jin* quere dizer literalmente «grande homem», e é o tratamento honorífico de chefes de grandes repartições; e *xu* significa «senhor» (*lord*). *Xu-tagin* seria, portanto, «senhor chefe».

1756. — «Fui pernoitar a uma casa que se tinha preparado por minha ordem, a uma pequena legua de Pequim, onde achei um Official das Ordens de **Xu-Tagin**, Governador da cidade, que vinha visitar-me da sua parte». — *Apud* Júlio Biker, *Collecção de Tratados*, VII, p. 65.

«Pouco depois de entrar em casa tive recado do **Xu-Tagin**, que vinha visitar-me». — *Ibid.*, p. 66.

«Já o **Xu-Tagin** me havia convidado para ver a quinta e casa de recreação, que está contigua ao Paço de Pekim». — *Ibid.*, p. 72.

## Z

**ZACO.** Sumo sacerdote dos budistas japoneses. Do jap. *jaku*, própriamente «*nirvana*».

1561. —«Ha nesta terra tres cabeças ou senhores principaes. A primeira e principal a que chamão, **Zaco**, he chefe das suas seitas, e como digamos principal dos que elles chamão sacerdotes dos seus idolos, porque a este pertence aprouar ou confirmar as seitas que se levantão... Pertence tambem a este **Zaco** a despensação das causas graues da sua seita». — P. Cosme de Tôrre, *Cartas de Japão*, I, fl. 74.

1600. — Mas como diziamos do Dayri, que he o supremo senhor secular de todo Japam, assi o he em particular dos Bonzos, e geralmente de todos os Iapoens, Reys, Senhores, nobreza, e pouo no que toca a superstiçam, e falso gouerno espiritual o summo Bonzo intitulado **Zaco**, cuja he em solido toda esta parte de poder e juridiçam». — P. João Lucena, *Historia*, VII, cap. 9.

1697. — «Tem jerarquia ecclesiastica tam uniformemente conforme com a nossa, que causa espanto. No Meaco Metropoli do Imperio reside o **Zaco**, dignidade correspondente a do Summo Pontifice no Christianismo. Este canonisa os Emperadores que quer, approva as seytas, consagra, e ordena patriarcas, e bispos, os quaes depois crião sacerdotes, e lhes dão jurisdição». — P. Francisco de Sousa, *Oriente Conquistado*, I, IV, 1.

1749. — «Quanto ao governo Ecclesiastico do Japão, tem alguma semelhança com o da Igreja Romana; porque elegem um Bonzo Soberano com o nome de *yaco* ou **Zaco**, que tem autoridade sobre todos os outros». — P. Crasset, *Hist. da Igreja do Japão*, I, p. 63.

1625. — «Primus qui **Zazo** dicitur, Pontificis Maximi instar praeest sacris». — *India Orientalis*, XII, p. 120.

1674. — «Tienen essas Religiones todas un Summo Bonzo, que se intitula **Zaco**; y como nuestro Pontifice Summo provee las Dignidades». — Faria e Sousa, *Asia Portuguesa*, II, p. 770.

1754. — «A la vérité le **Xaco** qui a la même authorité dans le Budso, peut faire dresser des Autels, ériger des Temples, et decerner un culte aux Saints et aux Martyrs des Sectes qui dépendent de lui». — P. de Charlevoix, *Histoire du Japon*, I, p. 251.

**Zagaia.** V. *azagaia*.

* **ZAGARI** (ant.). Antigo tecido indiano de algodão. Parece que havia de várias espécies, todas de côr fôsca ou undulosa, como se depreende do étimo mar. *zhagarī*, «nebuloso», de *zhagar*, «nebulosidade». Na lista da alfândega de Goa de 1630 (vid. *argaris*) ocorre *sagari*.

1728. — «**Zagary**. Lençaria. Ha **Zagari** grosso, **Zagari** limitar, **Zagari** de obra de cassa fino, etc. Pauta dos portos seccos, e molhados, no fim». — Bluteau, *Supplemento*.

* **ZAGOR.** Representação cómica em concani por amadores analfabetos; teatro grosseiro, em Goa. O *zagor* está actualmente proïbido pela autoridade eclesiástica, sob penas graves, pôsto que não fôsse mais imoral do que muitos teatros europeus». Do conc. *zāgar* < sânsc. *jagara*, «vigília».

1784. — «Condemna o modo de celebrar com folias o acto chamado pelos christãos *fama* (q. v.), e pelos gentios *olly*, e tambem o divertimento chamado **zagor**, e renova a pena de excommunhão cominada no decreto archiepiscopal de 14 de novembro de 1777, contra os que assistem á fama e ao **zagor**». — P. Casimiro de Nazaré, *Mitras Lusitanas*, in *Bol. S. G. L.*, xv, p. 446. — Todavia o **zagor** continuou até o século passado.

1842. — «As noites se passam no **zagor** que é um divertimento inapreciavel do povo rude de todas as seitas. O **zagor** é uma especie de representação comica, para a qual todo o preparo consiste (?) feito em qualquer parte de um palmar, em róda do qual se apinham os expectadores». — *Annaes Maritimos*, p. 436.

1853. — «Muitas por seus vestuarios pareciam fantasmas [as mulheres do Sul e de Baçaim] e outros (os *mainatos* — lavadeiros — de Baçaim) com as suas carochas, representantes dos **Zagores**». — F. N. Xavier, *Resumo Historico*, p. 406

1874. — «... ou emfim, em linguagem de **zagor**, fallar mal de visinhança, para se não dizer que fugimos da caracteristica poesia popular da India». — Tomás Ribeiro, *Jornadas*, II, p. 77.

1905. — «E ha *mandós* de mera maledicencia, que são uma derivação de **zágôr** (theatro grosseiro e mordaz de Goa) passando do tablado para a sala... Quanto ao **zágor**, é entre-mez de Goa, e pode-se dizer que é uma derivação do *mandó*, dialogada e representada num tablado ao ar livre». — Fernando Leal, *Gloss. Port.-Oriental*, in *O Heraldo*, de 10 de Junho.

1907. — Nos principios de Junho, mais ou menos, é o **zagor**, com todas as praticas supersticiosas que o acompanham». — *O Oriente Portuguez*, IV, p. 88.

1914. — «... prohibiu na capella de Cobravaddó de Calangute a exposição do Divinissimo... como tambem a celebração da missa dominical e o uso das regalias confrariaes, por ter havido ahi um **zagor**». — *O Ultramar*, de 9 de Novembro.

1918. — «É no que deu tambem a campanha eclesiastica contra o **zagor** — tornar em **zagores** ambulantes ao sol e chuva, de dia e de noite, os **zagores** fixos nocturnos que havia pelas festas». — *O Ultramar*, de 2 de Julho.

«**Zagu**, m. Árvore indiana». Cândido de Figueiredo. Parece que está por *sagu*, q. v.

**ZAGUNCHO** (provávelmente mais correcto), **zarguncho**. «Arma de arremeço, a modo de dardo, ou zagaya». Bluteau. **ZAGUNCHADA**. Golpe de zaguncho. Foram infrutíferas as minhas pesquisas acêrca desta palavra, freqüentemente usada, de ordinário sem explicação, pelos nossos escritores antigos, particularmente com relação à África Oriental é à Indonésia. João de Barros parece attribuir-lhe procedência malaia. Mas o vocábulo mais aproximado que encontro em malaio é *sĕrang-ganchang*, «assalto ágil», o qual não tem grandes visos de étimo do termo, empregado por Afonso de Albuquerque em 1513 com referência a Adem. Os arabistas que consultei não me puderam dar nenhuma indicação. É possível que provenha de *zagaia* (vid. *azagaia*), como sugere Cândido de Figueiredo; resta porêm saber quem é que o derivou e por que motivo. Talvez a corrução seja devida a algum povo africano, que pronunciasse *zagach* ou *zagúchu*.

1513. — «... e por alguns dos nossos não terem lanças, por escalarem com espadas e adargas, e receberem assaz de dano de pedradas e de frechadas, e com alguns **zagunchos** se achegavam ousadamente os mouros». — A. de Albuquerque, *Cartas*, I, p. 211.

1525. — «E os que em cima vão armados de lavodes [laudeis] e *cofes* [cotos] e **zagunchos**». — *Chronica de Bisnaga*, p. 104.

1529. — «Muitas lanças, que tem os ferros como **zagunchos** de astes pintadas». — António Tenreiro, *Itinerario*, cap. XVII.

1535. — «Archeiros e espingardeyros, e adargueiros, e d **azaguncho**». — *Chronica de Bisnaga*, p. 34.

1539. — «Quatro mil **zargunchos** com pontas de ferro, que ao abalroar seruem de arremeço». — Fernão Pinto, *Peregrinação*, cap. 58.

«Os nossos acabarão de alli matar a todos ás **zarguncha das**». — *Id.*, cap. 59.

1552. — «Tirandolhe como aluo com **zagunchos**, com frechas, com pedras». — Castanheda, *Historia*, II, cap. 31.

1553. — «As armas que usão, são hũs *crisis*... e com elles arcos de frechas, azagayas de arremesso, a que chamão **zargunchos**». — João de Barros, *Déc.* II, VI, 1.

1556. — «E com seus compridos piques, partasanas e **zargunchos** acommetteram aos que ao presente ali estavam». — Lopo de Sousa Coutinho, *Historia do Cerco de Diu*, p. 169.

1561. — «Tinhão bombardas de ferro roqueiras que deitarão ao mar, e as armas **zagunchos** e espadas compridas». — Gaspar Correia, *Lendas*, I, p. 128.

1567. — «Recebiam grande damno de

pedras, **zagunchos**, e lanças darremesso».—Damião de Góis, *Chronica de D. Manuel*, II, cap. 3.

E a elle deram huma **zargunchada** no ombro do braço esquerdo». — *Id.*, II, cap. 43.

1577. — «Veloemos [vê-lo hemos] castigado pello Ceo muito no cabo de Boa Esperança ás pedradas e **zagunchadas**, por cafres nús e desarmados». — *Primor e Honra*, fl. 109.

1589:

> «O zarguncho, a zagaia, a bisarma.
> E tudo o que o soberbo cauallo arma».
> Francisco de Andrada, *O Primeiro Cerco de Diu*, VIII, 55.

1614. — « . . quatro feridos, em que entrou Pedro da Cunha Carneiro de huma **zagunchada** no braço direito», — Diogo do Couto, Déc. X, VIII, 14.

«Chegada a sua hora, lhe deram com dois **zargunchos** de arremeço, e um por baixo da barriga, de que logo ficou mortal». — Id., *Vida de D. Paulo*, p. 124.

1687. — «Usão **zarguncho** de arremesso, ou *briches*, lanças curtas, mays faceys de menear naquelles matos».—P. Fernão de Queiroz, *Conquista de Ceylão*, p. 47.

1894. — «Os *naires*, esquecidos da sua gravidade tradicional, riam desmedidamente fazendo tintinabular as argolinhas de **zagunchos**». — Lopes de Mendonça, *Os Orphãos de Calecut*, p. 81.

«Seguiam os lanceiros brandindo os compridos **zagunchos**, laqueados de cores vivas em cujo cabo traquinavam argolinhas de metal». — *Id.*, p. 87.

**Zaiôs**. V. *jaiôs*.

1920. — «As suas folhas tem a figura de *zaiô* ou *zuiô* pequeno (*nenti* **zaiô**)». — *O Ultramar*, de 26 de Março.

**Zambó**. É o mesmo que *jambó*.

**ZAMBUCO**, **sambuco** (mais correcto). Pequeno barco oriental, de fundo chato e sem coberta, que se usava antigamente na Índia Ocidental, na África Oriental e ainda hoje se usa na costa da Arábia. Do ár. *sanbaq* ou *sunbūq* No *Roteiro de Vasco da Gama* figura *cambuco* (= *çambuco*) como correspondente a *barcas*, «na «linguajem do Calecut».

1328. — «He costume dos habitantes da dita cidade [Magadoxo], quanda chega alguma embarcação ao porto, embarcarem em **sambucos**, que são pequenas lanchas, pera seu bordo, cada hum dos quaes traz huma bandeja coberta com comida». — Ben-Batuta. *Viagens*, I, p. 316.

1500.—«Aires Corrêa subiu a hum **zambuco**, e tanto fez que entrarão nelle». — *Navegação de P. A. Cabral*, cap. 8.

1502.—«Virão hum **zambuco** de Mouros, que foi aprisionado pela caravela com toda a tripulação». — Tomé Lopes, *Navegação*, cap. 6.

1505. — «Aqui [em Quíloa] ha **sambucos**, muitos tão grandes como uma caravella de 50 toneis, e outras menores». — In *Bol. S. G. L.*, XVII, p. 358.

1504. — «Os Mouros a [pimenta] compram e tem çarrada pera seus **çambuquos**, tanto que as naos partem». — Alvaro Vaz, in *Cartas de A. de Albuquerque*, III, p. 248.

1507. — «Os **Zambuquos** todos se perderam com toda a gente e todas as almadias alaguadas». — A. de Albuquerque, *Cartas*, I, p. 3.

1510.—«Não sayra **sambuco** que nom lebe sua parte de mercadoria fyada, ho pagar em pymentaó. — Lourenço Moreno, *ibid.*, p. 308.

1516. — «Ha maneira do seu trato era que a elles vinham em pequenos nauios, que chamaom **zambuquos** do regno de Quiloa». —Duarte Barbosa, *Livro*, p. 24 *v*.

«Por onde passaom caminho de Choramandel todolos **zambucos** do Malabar». — *Id.*, p. 352.

1518.—«Toda a pessoa que fretar **zambuquo**, ou, *parão*, ou qualquer outro nauio a homens portuguezes, perderão os ditos nauios com todo o que nelle for».—In *Archivo Port.-Oriental*, V, p. 22.

1551. — «Aparecerão dous **zambuços** (que sam nauios pequenos)». — Castanheda, *Historia*, I, cap. 10.

1552. —«Vierão ver tres ou quatro barcos a que os da terra chamão **zambucos**, com suas velas de palma e a remo» (em Moçambique). — João de Barros, Déc. I, IV, 3.

«E como os Mouros desta costa Zanguebar nauegão em naos e **zambucos** coseitos com cairo, sem ser empregadiças ao modo das nossas, por poder sofrer o impeto dos mares frios da terra do cabo de Boa Esperança. . .». — *Id.*, I, VIII, 4.

1554 — «Que os **zambuquos** que tratarem no seu porto em arroz e *nele* e algodões e outras ffazendas, lhe pagarão seos direitos acostumados». — Simão Botelho, *Tombo da India*, p. 37.

1560. —«Vasco da Gama em o vendo poz a nao á corda, e prestesmente mandou entrar gente no batel, e a remo e vela forão apoz huma almadia que sahio do **zambuco** e hia fugindo pera a terra».— Gaspar Correia, *Lendas*, I, p. 32.

1566. — «Has naos ou **zambucos**, em que navegavam estes mouros, nem tinham cuberta nem pregadura, eram liados com cavilhas de pao, e cordas do fio de palma, a que chamam *cairo*, as velas são da folha da mesma palma, tecidas quomo esteiras muito tapadas». — Damião de Góis, *Chronica de D. Manuel*, I, cap. 36.

1894. — «**Zambucos** de fundo chato, oriundos da Arabia».— Lopes de Mendonça, *Os Orphãos de Calecut*, p. 103.

1915. — Estas embarcações se chamam *almadias, pangayos* e **zambucos**... Os pangayos e **zambucos** são maiores que almadias».— Alberto Marques Pereira, *Os Lusiadas*, I, p. 129.

1510. — «Il nome delli suoi nauilii, alcuni si chiamano **Zambuchi**, & questi sono piani di sotto». — Barthema, *apud* Ramúsio, I, fl. 161.

1898. — «Ne tardó en comparescer el requerido, à bordo de un **sambuck** ó lancha de vela». — Alfredo Opisso, *El Asia Musulmanà*, p. 104.

1915. — «H. M. S.' *The Empress of Russia* sank several native **sumbooks** laden with dates and other goods and due to Turkish ports». — *The Times of India Illustrated Weekly*, de 3 de Fevereiro.

*** ZAMENÓ** (conc. *zām'ṇó*). Receptáculo de *sura*, vaso de barro que se coloca na extremidade aparada da espata duma palmeira, a fim de receber a sua seiva, que o lavrador recolhe duas vezes por dia, em Goa. Denomina-se em certas localidades *damenem* (conc. *dhām'ṇem*). Há coqueiros que tem dois ou três *zamenós*. V. *duduquêm*.

1886. — «O **zamenó**, em que se recebe esta ultima sura, não é caiado interiormente». — Lopes Mendes, *A India Portugueza*, I, p. 188.

1872. — «Corta-lhe a cabeça rente á ligadura mais alta e lhe põe por cima um vaso de barro (**damnem**) como um chapeu. A seiva que devia nutrir os coquinhos, convertida em sura, tem-se vertido lentamente no **damnem**, donde é recebida na cabaça e levada á casa da destillação».— Bernardo da Costa, *Manual do Agricultor*, I, 189.

1919. — «... suspensão que a fiscalização deverá fazer efectiva fazendo apear o recipiente (**jamnom**) e inutilizar para lavra a espata em exploração». — *Acta do Conselho do Governo*, p. 271.

*** ZANGAMA.** É outro nome do *lingaito* (q. v.), que anda sempre peregrinando. Do conc. *zaṅgam'* < sânsc. *jaṅgama*, «ambulante, semovente».

1886. — «Os *bottos* ou sacerdotes adoradores da *lingá*, chamados **zagamás**, são geralmente solteiros». — Lopes Mendes, *A India Portugueza*, II, p. 88.

*** Zamindar** (mais correcto), **zemindar.** Grande proprietário na Índia setentrional, que paga suas contribuições directamente ao govêrno e não por intermédio dum superior. Do hindust.-persa- *zamīndār*. V. *jamedar*.

1784. — «E os Rajahs, ou **Zemindares** da Costa do Malabar são incluidos neste Tratado; os Inglezes não assistirão directa, ou indirectamente os inimigos do Nababo». — *Apud* Júlio Biker, *Collecção de Tratados*, VIII, p. 120.

1862. — «Os productores eram os **Zemindares**, e a sociedade agricola supermencionada». —*Annaes do Conselho Ultramarino*, III, p. 8.

1866. — «A casa do **Zemindar** era terrea; tinha no centro saguão cercado de varanda». — Francisco Luís Gomes, *Os Brahamanes*, p. 185.

1870. —«Os modos de arrecadação e administração deste rendimento são varios. Um delles distingue-se pelo nome de systema de **Zemindary**, ou de **Zemindares**. Sob este systema se podem classificar todos casos, em que alguma porção de terra, maior que a de uma aldea, é avaliada numa certa somma em globo, e o pagamento dessa somma tomado por um individuo, usualmente chamado **Zemindar**». — *Apud* Cunha Rivara, *Brados à favor das Communidades*, p. 25.

1890. — «Quando os inglezes se estabeleceram em Bengala encontraram encarregados da cobrança dos impostos os **zamindares**, tomaram-nos por proprietarios (*land-lords*) e ajustaram com elles o pagamento de determinada contribuição». — António de Almeida Azevedo, *As Communidades de Goa*, p. 121.

1901. — «Os inglezes já viram desde muito tempo que o não eram entre estes e os **zamindares** e *talukdares*». — Cristóvão Pinto, in *Bol. S. G. L.*, XX. p. 256.

1903. — «... os quaes lhe pediram que os protegesse da oppressão do **zemindar** d'aquelle territorio».—In *Ta-ssi-yang-kuó*, II, p. 805.

1905. — «*Nababo, Sarque, Amirez*, **Zamindar**, *Saper*, etc., outorgados no dominio mouro». — Ernesto Fernandes, *India Portugueza*, p. 157.

1680. — «There are also in the empire other lords who call themselves **zamindars** — that is, lords of land. Among them are many powerful men who could place in the field, more or less, forty thousand soldiers, matchlockmen, archers, spearmen». — Manucci, *Storia do Mogor*, II, p. 444.

1774. — «**Gimindar**. Piccolo Governatore de qualche provincia Gentile». — P. Tomba, *apud* Gubernatis, p. 204.

1824 — «The **Zemindars**, or landholders, let their lands sometimes in large divisions, to tenants corresponding to the

**Scotch** *tachsmen*». — Heber, *Narrative*, I, p. 88.

1845. — «La terre est affermée par le gouvernement au cultivateur, rayot, soit directement, soit par l'intermédiaire du **Zamindar** (propriétaire foncier, soit par droit héréditaire, soit par cession à perpétuité, soit enfin par délégation)». — Jancigny, *Inde*, p. 25.

1845. — «S'étant distingué au service d'un raja du Candeish, il en obtint une **zemindary** dans le voisinage de Pounah, qui n'était alors qu'un village». — Xavier Raymond, *Inde*, p. 336.

1885. — «In other parts of India, the historical **zemindary** or estate is the historical unity». — Hunter, *The Imperial Gazetteer*, I, p. XVIII.

«**Zanvó**. Na India Portugueza he o lanço nas arrematações». Bluteau, *Supplemento*. Do conc. *zānvó*. O que porêm não sei é que o termo tenha jámais estado em uso no português de Goa.

**ZARAVATANA**, **zervatana** (ant.). Tubo de que se servem algumas tribus asiáticas e americanas para arremessar setas pequenas, de ordinário com um êmbolo. Os nossos escritores empregam o termo particularmente com relação a Malaca. Do ár. *zabaṭāna*.

1510. — «As armas d estes que podem pelejar, sam lamças e algũas espadas, que vem dos gores, e outras que se fazem na terra, e arcos e **zerauetanas**». — «*Alguns Doc. da Torre do Tombo*, p. 220.

1515. — «... vos mando que pagues a xpovã [Cristóvão] dalmeida provedor dos defuntos huũ cruzado por **çerbetana**». — Afonso de Albuquerque, *Cartas*, VI, p. 304.

1538.—«Usam por arma uma **ciarbottana** com uma frecha dentro envenenada, de modo que, quando fere um immediatamente mata». — *Viaggio*, in *Bol. S. G. L.*, V, p. 548.

1552. — «E outros com **zarauatanas** curtas e delgadas inheruadas com tanta força que logo trancauão» (em Malaca). — Castanheda, *Historia*, III, cap. 56.

1553. — «As armas que usão são hũs *crisis*... e com elles arcos de frechas, azagayas de arremesso, a que chamão *zarguncho*s: **zeruatanas**, que lanção hũa frecha mui pequena iscada com herua tão fina, que como venta sangue logo derreda». — João de Barros, Déc. II, VI, 1.

1563. — «Os jáos tirauão com **zarauatanas** per buracos com humas frechinhas emheruadas de peçonha, que como tocauão sangue logo matauão». — Gaspar Correia, *Lendas*, II, p. 38.

1613. — «E as armas que usão de ordinario nesta praça, são espada, rodella, lança, arco e frechas e **zarauatanas** com dardos ervados». — Manuel G. de Erédia, *Declaraçam de Malaca*, fl. 20.

1513. — Amazarono 15. ho 20. huomini di nostri con **ciarbotane** che lanciavono freccie delle quali nelle punte erano intacchate et piene di veleno». — *Apud* Gubernatis, *Storia*, p. 376.

1676. — «Ce sont de petites fléches empoisonnées qu'on tire avec une **sarbatane**». — Tavernier, *Voyages*, IV, p. 206.

1610. — «Next after this weapon, amongst the folk, are the darts of the **zeruetana**, which are very slander, made of a certain rush, tipped with the tooth of a venemous fish, which, if they draw blood, are deadly». — Pedro Teixeira, *The Travels*, p. 6.

1680. — «They told me that in that country [Bornéu] was an island where there were many baboons. The natives inflict wounds on them with a small poisoned arrow shot from a **zarvatana**». — Manucci, *Storia do Mogor*, III, p. 191.

1836. — «Le suc vénéneux de ces deux plantes sert à empoisonner des flèches très-mince de bambou, qu'on lance avec des **sarbacanes**». — Rienzi, *Océanie*, I, p. 148.

**ZARZAGANIA** (ant.). Um antigo tecido indiano, cuja natureza se ignora. Parece que é o mesmo que o indo-ingl. *sassergate*, que tambêm não vem explicado nos glossários. Se o seu étimo é o neo-árico *sarsargatī*, que é nome onomatopaico, o termo designaria uma fazenda encorpada e roçagante.

1511. — «Por este vos mando que des [deis] ao *tanadar* cynquoenta *tafeciras* dalguodam, hũa taça de prata de hũ marco e hũa aljubeta de **zarzaganya** que se comprou a francisco pantoja». — In *Cartas* de A. de Albuquerque, VI, p. 442.

* **ZATRÁ** (s. m.). Romaria numerosa a um santuário célebre ou a um rio sagrado em determinada ocasião; arraial religioso, entre os hindus. Do conc. *zātrā* < sânsc. *yātrā*.

1774. — «As cousas, que vierem, e a roupa para feira, e **Zatrá** de Portagaly, pelo caminho do Guddy, não pagassem direito ao *Torofo* de Virnoy». — *Collecção de Bandos*, I, p. 21.

1866. — «**Zatrá**, uma das festas mudaveis dos Gentios sectarios do Bramanismo, que nem em todos os Pagodes he ao mesmo tempo». — *Archivo de Pharmacia*, II, p. 50.

1880. — «A festa que os gentios intitulam **Zatra**, ainda se pratica no Decan e Concão acompanhada de uma espectaculosa penitencia chamada dos *engachados*». — Teixeira de Aragão, *Descripção das Moedas*, III, p. 21.

1886. — «**Zátrá**. — Assistimos a esta festividade em dezembro de 1863 em Amoná. Consistia ella nos *sandhiás* ou orações feitas ao idolo no interior do pagode e na conducção daquelle em procissão até ao ponto em que se acha uma ara, onde lhe sacrificam cabritos e gallos». — Lopes Mendes, *A India Portugueza*, II, p. 91.

1905. — «E tanto assim é, que o *mandó*, todo melodia, todo tristeza elegiaca, não se parece nada com a antiga musica, religiosa e profana, dos Indús, que se canta ainda hoje nos templos brahmanicos de Goa pelos **zátrás**, *shigmós* e *tacardumes*, bem como nas festividades domesticas e nas publicas». — Fernando Leal, *Glossario Port.-Oriental*, in *O Heraldo*, de 10 de Junho.

1907. — «**Zatrá** *de fogo*. Esta celebre festividade hindú costuma-se solemnizar todos os annos, desde tempos antiguissimos, na aldeia Sirigão do cencelho de Sanquelim». — *Luz do Oriente*, de Setembro.

1915. — «Epocha esta é das festividades hindus «*callós*» e «**zatras**», que na maior parte foram realizadas, não se effectuando as mais importantes deste concelho, como as de Marcella, Queulá e Mardol, sendo a ultima que dura um mez e sobresáe a todas as outras pelo seu aspecto brilhante e grande concorrencia de gente». — *O Ultramar*, de 4 de Janeiro.

1915. — «Na segunda feira passada realizou-se em Sirgão a festividade annual conhecida pelo nome de **zatrá** *de fogo*». — *O Ultramar*, de 26 de Abril.

1915. — «No territorio de Goa foi o **zatrá** dos engachados (*chakrapujá*) proibido pelo governador José Ferreira Pestana». — Ismael Gracias, *A India*, p. 93.

1883. — «The Karigháta **zátra** or festival held in February or March is annually attended by 20.000 persons». — Hunter, *The Imperial Gazetteer*, v, p. 9.

**ZAVRA** (ant.). Embarcação arábica de carga, a qual navegava nos mares da Índia e da África Oriental. Do ár. *zauraq*[1]. Yule, fundado na autoridade de Bluteau, deriva incidentemente *zavra* ou *zarra* do basco, com o sentido de «bote». O autor do *Roteiro* emprega por vezes o termo como conhecido. É possivel que *davra* (q. v.), de que fala António Bocarro, esteja por *zaura*.

1498. — «Fomos passar defronte da dita cidade de Mõbaça, e nam entramos em o porto, e em nos chegando veo a nos hũa **zavra** carregada de Mouros e davante a cidade estauam muytas naoos todas embandeiradas». — *Roteiro de Vasco da Gama*, p. 37.

«Aquella noute seguinte a mea noute vieram em hũa **zavra** obra de cem homens todos com terçados». — *Ibid*, p. 38.

1566. — «Tiverão tempo treze Castelhanos, que estavam captivos em Çafim, de se acolherem, em huma **Zavra** ao castello Real». — Damião de Góis, *Chronica de D. Manuel*, II, cap. XVIII.

1598. — Entre as embarcações que pagavam ancoragem em Goa figura: «**Zavra**, hum pardao douro». — In *Archivo*, v, p. 1522.

1613. — «Navetas, galiotas, **jauras**, caravellas que chegarem a trezentos *candis*, e daly pera cima [pagam] hum *pardáo* de ouro cada hum». — In *O Oriente Portuguez*, XII, p. 15.

1616. — «Chegou a Goa uma **Zavra**, que vinha de Ormuz sem trazer dinheiro que o Conde esperava nella». — «Diogo do Couto, Déc. XII, I, 8.

1883. — «The boats of the Indus are the *dhúnde* and **zaurak**, both cargo-boats, the *kauntal*, or ferry-boats, and the *dúndo*, or fishing-boats». — Hunter, *The Imperial Gazetteer*, VII, p. 17.

* **ZÁZIO**. Pequena embarcação na África Oriental. Do ár. *jahāz*.

1613. — «**Zazios** e almadias pequenas cincoenta reis cada hua». — In *O Oriente Portuguez*, XII, p. 17.

**ZEBU**. Boi doméstico indiano, que se distingue do da Europa pela sua pequenez, agilidade e grande corcova. O vocábulo é usado em Damão, bem como pelos zoólogos franceses e ingleses. Parece que procede do tibetano *dzomo* ou *dsomo*. V. *Glossário Anglo-indiano*.

1874. — «... bois que se não conhecem no occidente, excepto nos jardins de acclimatação; bois pequenos, que tem as pontas inclinadas como as cabras, puxam o jugo com a corcova que lhe sobe das espaduas e por cujos narizes furados passa a corda que serve de rédea». — Tomás Ribeiro, *Jornadas*, II, p. 28.

1904. — «Cabra malabarica, gazella indiana **zebu** (boi indiano)». — António Francisco Moniz, *Hist. de Damão*, II, p. 180.

1906. — «... atravessando aos solavancos de uma *tongá* de Sua Alteza o Rajah de Dharampur, levada por cima de toda a

[1] Fr. José de Moura dá por étimo o ár. *zabra*, «espécie de embarcação que se usa em África, e são semelhantes aos nossos barcos».

folhada por pequenos bois **zebus** de corcova, fica para sempre nos olhos deslumbrados». — Alberto O. de Castro, *A Cinza dos Myrtos*, p. 201.

1836. — «C'est encore à Borneo, à Célèbes et même à Bourou qu'on trouve *babi-roussa* (cochon-cerf), le **zebou**, ou bœuf à bosse, ou plutôt à loupe graisseuse, et de bisarre phalange». — Rienzi, *Océanie*, I, p. 48.

1875. — «The whimsical name given to the humped or Indian ox in the books of Zoology, was taken by Buffon from the exhibitors of such a beast at a French fair, who probably invented it». —Yule, *Marco Polo*, I, p. 101.

1900. — «Un troisième sonnait de la trompette, pour écarter de notre passage les chariots lents traînés par des **zébus**». — Pierre Loti, *L'Inde*, p. 15.

**ZEDOÁRIA.** É uma planta da família das scitamíneas — *Curcuma Zedoaria*, Roxb. A sua raiz aromática é objecto de comércio e esteve muito em voga na Europa na Idade Média. Do baixo lat. *zedoaria* < ár. *jaduār* ou *ziduār*.

1516 — «**Zedoaria**, calamo aromatico, casia linia no Malabar muito em Mangalor, e em outras partes». — Tomé Pires, *apud* Cardeal Saraiva, VI, p. 426.

1563. — «... dos quaes ham os reis e grandes pessoas este *geiduar*, a que nós corruptamente chamamos **zedoaria**». — —Garcia da Orta, Col. LVII.

1895. — «Esta **zedoaria** vinha desde tempos antigos para a Europa, onde foram conhecidas as suas variedades longa e redonda».— Conde de Ficalho, *ibid.*

c. 1340. — «Round pepper; ginger; barked brazil-wood; lac; **zedoary**; incense».—Pergoletti, *apud* Yule, *Cattay*, III, p. 167. — «This is a drug now almost desused; the root of a plant which used to be exported from Malabar, Ceylon, Cochin-China, etc.».— Nota.

1444. — «Lacca, gengeuo, canella grossa, chebuli, **zedoaria**».—Nicolo de Conti, *apud* Ramúsio, I, fl. 342. — Felipe Sassetti repete o mesmo.

1680. — «The first of these consisted of nine boxes of lapis-lazuli, a mervellous thing, all full of musk, and of a kind of tuber of violet colour, which Arabs and Persians call **zeduar**. It is a rare article and most medicinal».—Manucci, *Storia do Mogor*, II, p. 37.

«**Zédoaire**... Ces rhizosnes sou doués d'une odeur aromatique et d'une saveur camphorée, un peu amère, et possèdent des propriétés stimulantes qui les font entrer dans le baume Fioravanti. Les **Zédoaires** sont aussi utilisées comme condiments». — *La Grande Encyclopédie.*

* **ZENANA** (s. m. ou f.). Gineceu muçulmano, na Pérsia e na Índia, adoptado tambêm por hindús; é o mesmo que *harão* dos arabes. Do persa *zanāna*, de *zan*, «mulher».

1865. — «A pratica de vender raparigas para as **zenanas** (serralhos) dos homens poderosos de Hydrabad, e rapazes para escravos, ainda continua naquella provincia». — *Archivo de Pharmacia*, II, p. 36.

1884. — «Das salas reservadas ás mulheres, **Zenana**, gosa-se uma vista esplendida». — Adolfo Loureiro, *No Oriente*, p. 309.

1903. — «A hindu — não lhe bastava a reclusão ou seclusão a que é sujeita, traço do dominio mahometano, durante o qual se adoptou aos novos senhores o systema de **zenana**». — Ismael Grácias, in *O Instituto*, L, p. 636.

1906. — «Entraram nas **zenanas**, aposentos reservados das mulheres». — Hipácio de Brion, *Duas mil leguas*, p. 145.

1905. — Passaram-se annos, Sitá estava transformada numa deliciosa agarena que ofuscaria, pela sua belleza, as estrellas que fulguravam nos aristocraticos **zenanas** de Stambul». — *Heraldo*, de 14 de Março.

1780. — «It was an object with the *Omrahs*, or great Lords of the Court, to hold captive in their **Zenanahs**, even hundreds of females». — Hodges, in *Glossary.*

1824. — «... furnishing glass, cutlery, &c. to the mountaineers of Deyra Doon, and the **Zennanas** of Rengeet Singh and Scindia». — Heber, *Narrative*, I, 223.

1845. — «Les intrigues du **Zénana**, appuyées de linfluence de la tribu des Borekzaïs, placèrent d'abord sur le trône l'un des plus jeunes fils de Timour». — Jancigny, *Inde*, p. 38.

1860. — «On sait que les reines et les sultanes, depuis ce que ce barbare et stupide islamisme a passé sur l'Orient, vivaient caché au fond des harems, du **Zénana**, comme on dit dans l'Inde». — Énault, *L'Inde Pittorespue*, p. 348.

1881. — «In 1640 he [o médico inglês] successfully treated one of the Bengal Viceroy's **zanáná**». — Hunter, *The Imperial Gazetteer*, II, p. 5.

1906. — «Des dames anglaises s'étaient consacrées à l'enseignement dans les **zenanas**». — Cristóvão Pinto, *Les Indigènes de l'Inde Portugaise*, p. 28.

1919. — «Western political ideas must effect social transformation in the **zenana**». — *The Modern Review*, de Dezembro.

**ZEND, zenda, zende** (s. m.). Entende-se erróneamente por êste vocábulo o dialecto irâneo ou persa antigo em que está escrito o Avesta. A palavra *zand* deriva-se de *zan*, «conhecimento» (sânsc. *jñā*, gr. *gnō*, lat. *gno* em [*g*]*nosco*, *a-gno-sco*); significa, na literatura dos parses, «comentário, glossa», e aplica-se particularmente aos textos elucidativos ou interpretativos do Avesta em páhlavi ou pehlavi (q. v.). O nome *zende*, se houvesse de se empregar como designativo de língua, caberia, portanto, melhor, como observa Yule, ao páhlavi. O nome verdadeiro do idioma do Avesta, que alguns denominam báctrio, é, conforme *La Grande Encyclopédie*, médico, de Média. Mas os escolares, na falta de nome próprio nos livros dos persas, preferiram o de «língua avéstica».

1874.— «... emquanto Burnouf adivinha e restaura os sigillos dos liuros **Zend**, escriptos na lingua sagrada de Zoroastro».— Thomás Ribeiro, *Jornadas*, II, p. 133.
1880. — «É n'este idioma [sânscrito védico] imperfeito ainda, e bastante analogo ao **zend**, que foram escriptos os livros mais antigos que a historia conhece — os Vedas». — Martins Velho, *Estudos sobre o Oriente*, p. 59.
1878. — «Deram nascimento... á antiga lingua persa e áquella em que foi escripto o Avesta e se denomina antigo baktrio, ou mais vulgarmente **zenda**». — Vasconcelos Abreu, *Investigações*, p. 25.
1897. — «Bactrio ou **Zenda**: o idioma em que está escrito o Zend-Avesta, livro religioso ou Bíblia dos Zoroastreus». — Gonçalves Viana, *Classificação das Linguas*, p. 9.
1903. — Por via do sanscrito... reconstituiu o grande Eugénio Burnouf a língua **zende**, a língua dos livros sagrados dos zoroastreus». — Vasconcelos Abreu, *Curso Integral*, p. 18.
1841. — «Les mauvais génies et les magiciens instruits de son retour [de Zoroastro], firent tous leurs efforts pour le séduire, et l'engagèrent à renoncer à l'Avesta, livre précieux écrit en langue **zende**, et que lui avait donné Ormuzd lui-même».— Dubleux, *Perse*, p. 265.
1786. — «Non è cosi dell' antica lingua **Zendica** Persiana. Ella è certamente un dialetto del Samscrda». — Fra Paolino, *Viaggio*.
1870. — «**Zend** denotes the Pahlavi language; for the expression «Avesta and **Zend**» means only the original text with its commentary in the Pahlavi language». —Haug, *Essay on the Pahlavi Language*, p. 147.
1898. — «Aquella religión primitiva era la de Zoroastro ó sea Masdeismo y el idioma primordial el **Zend**. Pocos persas continuan professando el Masdeismo, y los que hacen, llamados Parsis ó Güebros, adoradores del Fuego son tratados de infideles». — Alfredo Opisso, *El Asia Musulmana*, p. 91.

**ZEND-AVESTA** (s. m.). Nome que os europeus dão commummente aos livros sagrados dos parses ou guebros os quais devem denominar-se simplesmente *Avesta* (q. v.). *Avistaka va Zand* em páhlavi quere dizer «lei e comentário»; e *Zend-avesta* significa literalmente «interpretação e texto». O termo *Zend-avesta* foi propagado na Europa por Anquètil Duperron. Os fragmentos do Avesta que subsistem estão escritos em dois dialectos do irâneo oriental, sendo o mais antigo o de *Gāthas* ou hinos, muito aproximado do sânscrito védico. A palavra *abastā* figura nas antigas inscrições pérsicas, empregada no sentido de «lei», e tal deve ser o significado originário do *Avesta*. V. *zende*.

As analogias da religião avéstica com a védica tem sido demonstradas por muitos orientalistas, como Burnouf, Spiegel, Westergaard, Haug.

1837. — «O livro sagrado dos parsios ou guebros, chama-se **Zendavesta**, e attribue-se a Zoroastro». — *O Panorama*, de 28 de Novembro.
1858. — «Zoroastro escreveu o **Zend-avesta** (a palavra viva), livro em que se contém os preceitos de que foi o fundador». — *Archivo Pittoresco*, I, p. 40.
1880. — O **Zend-Avesta**, livro sagrado da Persia, é uma imitação e variante dos Vêdas». — Martins Velho, *Estudos sobre o Oriente*, p. 139.
1884. — «O **Zend-Avesta** de Zoroastro foi escrito em sanscrito (!) depois do *Bhagavat-Ghita* (!)». — Adolfo Loureiro, *No Oriente*, I, p. 236.
1898.—São chamados os padres superiores e inferiores (*dasturs*, *mobids*, *indiarús*) os quaes recitam textos do **Zend-Avesta** (livro religioso)». — Oliveira Mascarenhas, *Atravez dos Mares*, p. 120.
1904.—«O Masdeismo fez-se com o livro inspirado de **Zend-Avesta**, o Mahometismo com o Alcorão». — Ladislau Batalha, *O Japão por dentro*, p. 239.
1915. — «Assim: para o Islamismo o *Corão* ou *Alcorão*; o *Evangelho* ou antes os *Evangelhos* para a Religião Christã; o **Zend-Avesta**, codigo e manual liturgico da Religião Mazdeana ou Mazdeismo, os

*Vedas* para a religião Hindu». — Alberto Marques Pereira, *Os Lusiadas*, I, p. 164.

1771. — «Les seconds écrits en *Zend*, ancienne Langue du Nord de la Perse, c'est le **Zend-Avesta,** qui passe pour avoir été la Loi des contrées bornées par l'Euphrate, le Caucase, l'Oxus, et la mer des Indes». — Anquetil Duperron, *Zend-Avesta, Doc. Préliminaires*, p. III.

**ZERUMBA, zerumbete** (mais correcto; bot.). *Zingiber zerumbet*, Smith. A sua raiz, como a de *zedoária*, com que muitas vezes se confunde no comércio, é aromática, mas sabe mais a gengibre, emquanto a outra se aproxima mais da *curcuma* ou açafrão, como diz Orta. Do pérsa *zarambād*.

1516. — «Ha muyto gengibre, cardamono, miramulanos, canafistula, **zerumba,** e *zedoaria*». — Duarte Barbosa, *Livro*, p. 344.

1563. — «E diguo que o **zerumbet** se chama dos Arabios e Persas e Turcos **zerumba,** e dos Guzarates e Canarins *cachorá*, e dos Malavares *qua* (leia-se *cua*). A maior cantidade della he no Malabar... Chamam-lhe muytos *gengivre do mato*, e tem rezam». — Garcia da Orta, Col. LVII.

1596. — «Aromata haec fere sunt... Zinziber aridum, *Zedoaria*, **Zerumbeth,** piper longum». — *India Orientalis*, III, p. 99.

**Zevre.** V. *aezvre*.

* **ZINAJO.** Barrote sôbre que assenta o castelo do navio ou a estância dos remos, em Maluco. Não posso descortinar a etimologia.

1616. — «Tem hũa maneira de castéllos rasos a que chamão *bayleos*, em que vay a gente de peleja, que são armados sobre os **zinajos** em tres ordens de remos por banda». — António Pinto Pereira, *Hist. da India*, I, p. 113.

A estancia dos remos hé fora dos bordos do navio, em hũas cauiçadas, que se armão sobre huns paos chamados **zinajos**, que tem outros no cabo quasi de igual grossura, para ter mão no navio, e por cima vay a armação». — *Id.*, p. 114.

* **ZOCUDÓ** (ant.). Junta de bois, em Goa. O Sr. Ernesto Fernandes informa-me que se lavrava termo nas alfândegas de Goa por cada junta que entrava. Do mar. *jokād*, que própriamente significa «canga, jugo».

1788. — «Por cada termo de **Zocudó,** vinte e cinco reis». — *Collecção de Bandos*, I, p. 43.

* **ZOJAR.** Não se indica no texto o sentido da palavra; depreende-se porêm do contexto e dos lugares paralelos que significa «chicote», que outros indianistas designam por *chabuco* (q. v.). Quanto à origem, Longworth Dames sugere o ár. *as-sa'ā*, pl. do *as-sa'ī*, e relaciona com *azorrague*, que João de Sousa não tem por árabe e os lexicógrafos derivam do castelhano *zurriaga*. É provável que *zojares* esteja por *zoragues*, como conjectura o mesmo comentador. V. *The Book of Duarte Barbosa*, I, p. 180.

1516. — «Caualgaom [os mouros de Goa] ha bastarda, seruemse de **zojares,** pelejam atados na sela, com hũus piques compridos e muito leues. — Duarte Barbosa, *Livro*, p. 289.

* **ZONDOXU** (jap. *jōdoxu*). Japonês que adora *Amida*, q. v.

1560. — «Os da seita de **Zōdoxus** dizem, que he Amida; assi que todos dizem já que o que nos pregamos he o em que elles se fundão». — *Cartas de Japão*, I, p. 71 *v*.

1560. — «Vierão mais dous letrados da seita chamada **Zōdoxù,** e disputauão muito sobre sua seita e nossa ley». — Lourenço Japão, *ibid.*, fl. 70 *v*.

**ZONTRÓ** (desus.). Alambique indiano. Do conc. *zantró* < hindust. *zantra* < sânsc. *yantra*, «máquina, aparelho».

1886. — «A sura é distillada n'um apparelho muito simples e da mais remota antiguidade, denominado **zontró**... Este apparelho é composto de duas grandes peças de barro, que se communicam entre si por meio de um tubo de bambú». — Lopes Mendes, *A India Portugueza*, I, p. 188.

**ZOROASTRISMO.** Religião fundada por Zoroastro (*Zarathuastra*), a qual vogou na Pérsia na época dos sassonidas e que ao presente é professada pelos parses ou guebros. Tem por característica principal o dualismo e o culto do fogo. Chama-se também *mazdeismo*, do seu Deus supremo Ahura Mazda, e *magismo* do nome dos seus sacerdotes magos. V. *La Grande Encyclopédie*.

**Zoroastreu** ou **zoroastrino**. Cultor do zoroastrismo. **Zoroástrico** ou **zoroastriano**. Relativo ao zoroastrismo.

1570. — «Passa pela Provincia Bactriana, nomeada da sua metropoli Bactria, que ora se chama Bahàra, Estado mui celebre, e antigo, como reliquias do grande **Zoroastrú**, à que os Persas chamão Zoae». — João de Barros, Déc. IV, vi, 1.

1608. —«Reynou nella [Báctria] antigamente **Zoroastres**, primeiro inventor da arte Magica». — Fr. António de Gouveia, *Relaçam da Persia*, fl. 37.

1858. — «Mithra é um dos vinte e oito Izeds da mithologia **zoroastrica**». — *Archivo Pittoresco*, I, p. 324.

1879. — «A religião dominante é catholica, as toleradas são, maomethanismo, paganismo, **Zoroastrismo** (seita dos parses)». — João Stuart Torrie, *Estatistica da India Portugueza*, p. 343.

1880. — «O nome deste reformador [Zoroastro] do brahmanismo deriva directamente do sanskrito *Suryastara* (aquelle que retoma o culto do sol) e é conhecido pelo nome de *Zertochtes* na lingua *zend*, *Zerdust* em persa e *Zaradet* em pehlvi».— Martins Velho, *Estudos*, p. 137.

1885. — «*Sôma* dos Bráhmanes, *Haoma* dos **Zoroastreus**». —V. Abreu, *A Literatura e a Religião*, p. 8.

1886. — «Estes habitantes, quasi todos gentios e parses, observam as doutrinas de paganismo e de **zoroastrismo**».—Lopes Mendes, *A India Portugueza*, II, p. 238.

1916. — «O **Zoroastrismo** decaira, n'um intenso trabalho de regressão polytheisma, quando a invasão musulmana, ao penetrar na Persia quasi de todo a extinguiu. Hoje, só algumas dezenas de milhares de fieis conservam a tradição *mazdeista* de Zoroastro, constituindo verdadeiras reliquias de uma religião extincta e morta». — *A Ordem*, de 14 de Março.

853.—«Tous. ou presque tous, partaient du principe «qu'il faut dégager l'âme des entraves et des influences de la matière»; principe appelé **zoroastrien** par les écrivains des premiers siècles de notre ère, parce que ce furent les écrits de Zoroastre que les transmirent de l'Asie Orientale et centrale dans l'Asie Occidentale». —Pauthier, *Chine*, p. 114.

1870. — «It [Christianity] gained no influence over **Zoroastrianism**, which was very hostile to the new religion, for at the instigation of the Magi, the Christians were persecuted by the kings and put to death». — Haug, *Essay on the Pahlavi Language*.

1917. — «**Zoroastrianism** is much too sane for this sort of thing. It despises ascetism, nor has it any place for mysticism». — *The Hindustan Review*, de Abril.

* **ZOTI**. Loa, cantiga laudatória, em Goa. Do conc. *zot* (pl. *zotī*) < sânsc. *yati*.

1879. — «Não falta occupação [antes do casamento], em apromptar joias, vestuario e mais objectos domesticos, e muitos d'estes de praxe, e acompanhados de versos e **zotis**; taes como cozer — pilar — lavar e seccar arroz etc.». — João Stuart Torrie, *Estatistica da India Portugueza*, p. 313.

**ZUARTE**. Pano de algodão, ordináriamente azul, encorpado e tôsco, que se exportava, e ainda hoje se exporta em menor escala, da Índia para a África Oriental. Conforme o *Diccionário Contemporaneo*, é «muito usado em saias e outros artigos de vestuario da gente de provincia». Morais não regista o vocábulo. Do mar. *sutāḍā* ou *sutāḍem*, «tecido grosseiro de algodão», também conhecido por *zhoryā*.

1799. — «Cada hum levou hum **zuarte** de copia de 300 pannos destinados para as despezas da Expedição». — *Apud* Júlio Biker, *Collecção de Tratados*, X, p. 161.

1831. — «Tambem se lhe deve dar hum **Zuarte** e tudo seu especificado no dito Auto». — *Ibid.*, XII, p. 63.

«Mandou Maromo pedir ao dito Tenente Coronel huma peça de **Zuarte**, e obrigou Murivane que o recebesse». — *Ibid.*, p. 83.

1879.—«A exportação é quasi nenhuma, a não ser uma pouca de fazenda de manufactura que se exporta para Goa, **Zuartes** para Moçambique, pouca madeira, sal e peixe salgado» (em Damão). — João Stuarte Torrie, *Estatistica da India Portugueza*, p 344.

1917. — «Nos portos do *norte* fabricavam os seguintes tecidos de algodão muito apreciados em Goa: *Parcalos*, *teadas* de Baboy, *Nauxerins* (tecidos do porto de Nausery), **Luzartes** (*sic*) e *Cachas*». — António Francisco Moniz. *Hist. de Damão*, IV, p. 236.

**Zumbaia**. V. *sumbaia*.

* **ZUNACO**. Magnate, optimate. O Padre Francisco Cardim emprega o termo com relação ao Aname; mas o anamita não tem os fonemas *z* ou *j*. O seu étimo deve ser o jap. *zunaxi*, que significa o mesmo.

1650. — «Em presença de suas mulheres e de seus letrados e de muitos mandarins e **zunacos** da sua côrte». — *Batalhas*, p. 135.

* **ZURANTI** (s. m.). Espingarda comprida, pesada e de longo alcance, de fabrico indígena, usada nas Novas Conquistas de Goa, a qual vai agora rareando. Do conc. *zurāṇṭī*, mar. *duhrāṭī*.

1856. — «Ha outras [espingardas] mais compridas, do mesmo, ou de differente feitio, ainda com coronhas communs e que se denominam **Zuranty,** as quaes cursam muito mais que as precedentes [*caitocas*, q. v.], mas o uso destas he dependente de algum ponto de apoio, quando não sejam acompanhadas de forquilhas. As Catocas hoje são muito raras, e mesmo as denominadas **Zurantys**, destas se usa com o fecho ordinario, e com menos dimensões. As outras armas do uso geral tem a denominação de *Tuboca*, *Bonduc*».—F. N. Xavier, *Instrucção*, p. 51.

1886. — «As armas de que fazem uso são a *tarvar* ou espada, o **zuranty,** *caitoca*, *tubaca* e *bonduc*, armas de fogo fabricadas no paiz».—Lopes Mendes, *A India Portugueza*, II, p. 138.

# SUPLEMENTO

## A

I. **ABA** (ár. *'abā*). Capote de lã, às vezes doutra fazenda, usado pelos árabes e persas. Os nossos escritores antigos abrangiam-no sob a designação de *cabaia*.

1739. — «Em chegando aos portos dos Turcos, procure comprar huma **aba**, que he hum vestido por modo de roupão, de que se usa em todos aquelles paizes em lugar de capa». — «Fr. António do Sacramento, *Viagem Santa*, I, p. 10.

1625.—«. . . con dar lorò in cambio due **Abe**, ò sopraueste Arabiche, che da non so chi della nostra compagnia comprai per sette piastre».—Pietro della Valle, *Viaggi*, III, p. 409.

1661. — «Il *Muccaro* pure, che m'aueua condotto da Bagdad, fece impertinentissime instanze, che gli donasse un' **Abba** di panno, dicendo che gli l'aueua promessa». — Mgr. Sebastiani, *Seconda Spedizione*, p. 134.

1666. — «. . . en écarlate d'Angleterre verte et rouge pour faire aussi deux **Abba** ou vestes arabes pour leur roi».—Bernier, *Voyages*, I, p. 190.

1886. — «**Aba**, denominacion de una estofa y de un vestido de lana de pelo de camillo, de listas anchas, blancas, pardas ó negras, abierto por delante, sin cuello y con un rudimento de mangas para pasar los brazos». — Eguilaz y Yanguas, *Glossario Etimológico*.

1912. — «Muhammadans in Persia now-a-days will not permit the Parsi men to wear the' **abā** or flowing cloak, and restrict them to dingy yellow and brown».— Crooke, em Fryer, II, p. 253.

II. **ABA** (s. m.). Tratamento que em algumas igrejas orientais se dá aos eclesiásticos e que corresponde ao nosso *padre*. Do siríaco *abba*, ár. *ab* (pl. *ābā*), «pai». O termo figura no Novo testamento (*Marc.* XIV, 36; *Rom.* VIII. 15; *Galat.* IV, 6), seguido do seu significado, *pater*.

1563. — «Quando elles o virão e conhecerão, lançarão-se a elle beijandolhe a mão com grande reuerencia, chamandolhe **Abba** Matheus, que quer dizer padre Matheus, em denotação da honra, que naquella terra por suas cañs e dignidade lhe era dada». — João de Barros, Déc. III, III, 10.

**Abacá**. Acrescente-se:

1860. — «. . . e a bananeira textil (*musa textilis*), que se não deixa fructificar, nem sequer florir, porque se deve cortar em verde, para se lhe extrahir a fibra que no commercio se chama **abaca**, e que serve principalmente para velame dos navios». — *Archivo Pittoresco*, III, p. 386.

1908. — «Disseram-me que em outros pontos da ilha existia o **abacá** ou *canhamo de Manila* (*Musa textilis* de Blanco), de que se vendeu em Londres a tonelada de 1000 kilos, em 1898, a 468 francos». — Alberto O. de Castro, *Flores de Coral*, p. 202.

1836. — «A Mindanao et dans les forêts des îles Philippines, on trouve encore en abondance une entre espècie de banane sauvage (*musa textilis*), dont l'épiderme fibreux est employé à la fabrication des étoffes, et que les Anglais appellent *manila rope*, parce qu'on en peut faire des cordages». — Rienzi, *Océanie*, I, p. 106.

**Abada**:

1678. — «As outras feras, ou matão os homens por se defenderem delles; ou pera se sustentarem de suas carnes como o **Leão**, o Tigre, e o Urso; mas o Elefante e **Abada**, só por ira brutal; a **Abada** com tanta pertinaçia, que se hũ homẽ fugindo sobe a hũa arvore, e a não pode derrubar; deyxasse estar ao pê delle, athé o consumir». — P. Fernão de Queiroz, *Conquista de Ceylão*, p. 56.

1727. — «Ha grande numero de Lobos, Tigres, Ursos, Leões, **Abadas**, com duas pontas na cabeça, huma no cachaço, e outra na testa, que a algumas cresce até sete palmos, e com ella brigão, e matão, e revolvem a agua antes que bebão, como o Unicornio, animal da Ethiopia».— D. Manuel de Meneses, *Chronica de D. Sebastião*, p. 217.

1886. — «Entendió la Academia en la

primera edicion de su Dic. que **Abada** era la hembra del rinoceronte, fundada acaso en la interpretation de un de los versos de un soneto de Gongora, error en que incurrioron el P. Terroros y Dominguez». — Eguilaz y Yanguas, *Glossario Etimológico.*

**Abariari.** É possível que o étimo seja o persa *āb-i-ravān*, «agua corrente»; «a very fine kind of Dacca muslin». Crooke, in *Glossary;* onde vem mencionado o ingl. *abrooan.*

**Abolim:**

1736. — «... unturas de açafrão moido, leite, azeite de côco, farinha de arroz, pôr de folhas de **abolim**, etc.». — Decreto da Inquisição, in *O Oriente Portuguez,* IV, p. IV, p. 285.

**Abas:**

1610. — «In the sale and weighing of pearls they use *quirates* ou *quilates,* **abas,** of which three make a quirate». — Pedro Teixeira, *The Travels,* p. 177.

**Abunhado:**

1665. — «Os *Curumbins, Bandarins,* e mais pessoas **abunhados,** ou moradores nas aldeas da nossa jurisdicção não poderão ser admitidas em Bombaim, antes passando-se áquella Ilha serão logo entregues aos seus donos». — *Apud* Júlio Biker, *Collecção de Tratados,* III, p. 45.

1687. — «Tiranizão os cultivadores, e se são **abunhados,** a que o Direyto chama seruos adscripticios, fogem; se são liures, ausentão-se».—P. Fernão de Queiroz, *Conquista de Ceylão,* p. 602.

1717. — «Sendo continua a deserção dos **abunhados** e Curumbins (que são os que no Norte cultivão as terras de seus senhores) e isto seja para as dos inglezes, reciprocamente se deviam restituir todos aquelles que não desertassem por crimes». — Biker, *op. cit.,* p. 195.

1885. — «When it became necessary to distinguish such men from cultivators of inferior title the former were called **buinhárs,** brokers of the soil» (entre os Kols e Mundas). —Hunter, *The Imperial Gazetteer,* VIII, p. 255.

* **ACADIRO** (teto *akadirun*). «Palmeira de cujas folhas fazem os indigenas charuteiras e cigarreiras, bem como sacos para conducção de café». Rafael das Dores. V. *palmeira brava.*

1908. — «Alem dos *sagoeiros* ou *gaboeiras,* encontro na ribeira de Lahane ou na planura de Dilli, a *Borassus flabelliformis,* de que um poema tamul enumera setecentas applicações, aqui chamado **Acadiro** ou *Hacadirun* (a *Tahr-mahr* de Goa)».—Alberto O. de Castro, *Flores de Coral,* p. 136.

1918. — «...: alimentando-se da seiva do **akadiro** (*Borassus flabelliformis*)». — In *Bol. S. G. L.,* XXXVI, p. 53.

**Achar:**

1904. — «A origem do nome **Achar** vem da palavra persa *achar,* que é uma conserva de fructas, renovos, bulbos ou risomas de plantas, feita em sal e vinagre; que o Dr. Garcia da Orta... tambem chamava **achar,** nome que ficou na nossa lingua». — José Maria da Silva, *Repositorio,* p. 6.

**Açúcar-de-pedra,** ou **açúcar-pedra.** É como se denomina na Índia e em Macau e Timor o açúçar cândi (q. v.), *khaḍī sākar* em concani. No crioulo macaísta diz-se *sucre-pedra.*

**Adar:**

1919. — «Entende-se por *candó* o corte anual dos ramos das árvores e por **adar** a queima desses ramos». — *Organização Agrária de Nagar-Aveli,* p. 150 (*Acta do Conselho do Govêrno*).

**Adau:**

1866. — Na aldea Curtorim se conhece a differença destas e doutras *tangas* porque o computo (**adau**) de sua renda, e divisão (*foidó*) é feita de cada especie em separado, e os seus possuidores recebem tambem em separado a quota que lhes toca, de cada especie das terras para cuja cultura concorrerão em commum». —F. N. Xavier, *Descripção do Coqueiro,* p. 57.

**Adigar:**

1687. — «As *Dissâvas* se diuidem em *Corlas,* ou Comarcas, e cada hũa tem seu Corregedor, que a gouerna, a que chamão **Adigar**». — P. Fernão de Queiroz, *Conquista de Ceylão,* p. 25.

1825. — We were met by a very extraordinary personage, the second **Adigar** of Candy... There are two **Adigars,** or ministers, the first of whom is entitled to have nine, and the second seven, of these whips cracked before him whenever he goes out». — Em Heber, *Narrative,* II, p. 186.

1918. — «**Adigar,** originally a judicial officer, but later applied to the chief ministers of the King». — P. Pieris, *Ceylon and the Hollanders,* p. XIV.

* **ADIRAJÁ.** *Adhirāja* quer dizer em sânscrito «o supremo chefe, soberano, imperador»; mas no Malabar designava às vezes «governador

militar duma cidade». — V. *mahará*.

XVI.—«Para se vingarem d'elles, nesse tempo os malditos *franquês* — queira Deus puní-los! — em galés foram sobre as ilhas do Malabar, pertencentes a **Aderajá**, por direito de conquista, e desembarcaram na ilha de Amine». — Zinadím, *Hist. dos Port. no Malabar*, p. 84. — «As ilhas de que aqui se falla, como de **Adirajá**, são as Laquedivas. Os nossos chronistas não as distinguem das Maldivas, e chamam-lhes tambem ilhas do Mamale (ou **Aderajá**) por pertencerem a esta familia». — O editor.

1711. — «Carta do **AdRajáo** de Cananor... Eu **AdRajáo**, escrevo esta carta que chegando a nao Santa-Anna a este porto, donde sou Principe...». — *Apud* Júlio Biker, *Collecção de Tratados*, VI, p. 4.

1731. — «Contra esta fraqueza desceo neste anno a valentia da India, que constava ao menos de cem mil Nayres, e Mouros conduzidos pelo **Ada Rajao**, Governador da Cidade, que vizinha a nossa Fortaleza» (em Cananor). — Fr. Fernando da Soledade, *Hist. Serafica*, III, p. 801.

*** ADIVIRA** (s. m.). Título de nobreza em Ceilão. O singalês-sânsc. *adhivīra* quere dizer literalmente «varão-chefe, homem superior».

1687. — «Receberão mais o Sacramento do Bautismo dous *Vaneas*, e dous **Adiuiras** de Panãgamo, que são os seus Duques, e Marquezes». — P. Fernão de Queiroz, *Conquista de Ceylão*, p. 537.

1731. — «Entra na mesma conta [dos baptizados]... Mudiliares, Araches Taliares, Vaneas, **adiviras**, que pela ordem com que os escrevemos, correspondem aos nossos Governadores do Reyno, Capitães, Cabeças de lugares, e Aldeas, Duques, Marquezes, com seus filhos, e familias». — Fr. Fernando da Soledade, *Hist. Serafica*, III, p. 842.

*** ADQUI** (conc. *ādkī* ou *ātkī*). É o nome concani de *talona* ou *Rauwolfia serpentina*, Benth. Usa-se a raiz para as cólicas e para a cólera-morbo.

1689. — «... gengibre, pimenta redonda, *tefolans*, raiz de **addqui**». — *Archivo de Pharmacia*, VI, p. 99.

1920. — «**Atqui** (arbusto). Pessoa mordida por cobra venenosa não sente o amargor natural da sua raiz, a qual se conserva na bôca do molestado emquanto não sinta esse gôsto; o que preserva tambem a absorção do veneno». — *Heraldo*, de 22 de Junho.

*** ADRAS** (ant.). Direitos aduaneiros que se pagavam em algumas partes das Novas Conquistas, por certos objectos, como bambus, lenha. Creio que o vocábulo é composto do conc. e mar. *ād'* e *rās*, «monte ou fundo eventual», que seria destinado a um fim determinado.

1788. — «Direito de Bambus, huma tanga e quinze reis. Chamado **Adras**, huma tanga e quinze reis». — *Collecção de Bandos*, I, p. 52.

«Direito de lenha, meio xerafim e trinta seis. Chamado **Adras**, hum xerafim». — *Ibid.*, p. 53.

**Adufa:**

c. 1695. — «Por duas vezes mandou reformar os paços pontificios que ficam contiguos a sé, e tambem reformar todas as **adufas** que se fizeram de novo, para as janellas do grande edificio da mesma sé». — P. Casimiro da Nazaré, *Mitras Lusitanas*, I, p. 196.

**Advipatel:**

1869. — «Os rendeiros e seus agentes, encarregados da cobrança das rendas denominadas **Adripatel** (*sic*), ou do pasto consumido pelo gado dos *balagateiros*, e outras, tambem faziam afugentar os negociantes». — *Relatorio Final da Prov. de Satary*, p. 8.

**Aga:**

1625. — «Pero Ali **Agà**, che in Bassorà è **Agà**, ò Capitan supremo delle militie». — Pietro della Valle, *Viaggi*, III, p. 388.

**Ágar-ágar:**

1904. — «**Agar-agar**... Este nome deram-no os malaios a esta planta maritima. De Singapura é importada em grande quantidade para a China, onde a usam como hortaliça. Fazem tambem com *Agar-agar* uma geléa que é nutriente». — João Maria da Silva, *Repositorio*, p. 8.

1836. — «La mer fournit l'**agar-agar**, espèce de fucres qui est soluble dans l'eau et qui y forme une matière gélatineuse dont les chinois se servent au lieu du sucre à cause de son bon marché». — Rienzi, *Océanie*, I, p. 46.

*** AGARBATE.** Pivete de águila, cânfora e outras substâncias resinosas e fragrantes, usado por hindus nas suas festividades. Do mar. *agarbatti*, de *agar*, «águila» e *battī*, «vela».

1879. — «**Agarbate** 34 arrobas 2 arrateis». — João Stuart Torrie, *Estatistica da India Portugueza*, p. 141.

* **AGARÇAL**, **agraçala** (s. m.). O sânsc. *agraçālā* quere dizer «sala ou edifício principal, ou fronteiro». Mas nas Novas Conquistas designa o edifício nobre que fica ao pé dum pagode, e onde se hospedam personagens eminentes ou se fazem reuniões públicas.

1886. — «**Agursal**. Este edificio gentilico, situado na margem esquerda do Talapôna, foi construido haverá duzentos annos; e o pagode, do qual apenas se vê no desenho o zimborio... Quando estivemos hospedados no **Agursal**... residiam no mesmo edificio com a sua comitiva de *bottos* dois *suamis*». —Lopes Mendes, *A India Portugueza*, II, p. 208.

1918. — «Consta que no **Agareçala** de Queulá houve, a 3 do corrente, uma reunião dos habitantes do concelho de Pondá». — *O Ultramar*, de 14 de Março.

1918.—«Vai haver no dia 7 do corrente uma [reunião] no **agraçala** de Capalesvar, de Pondá, dos habitantes daquelle concelho, para se definir a lista camarária e dos vogais efectivos e suplementares das Novas Conquistas, para o Conselho do Govêrno». — *Heraldo*, de 3 de Abril.

**Agra:**

1687.—«... uendo a fermosura da terra, a benignidade dos âres, a fertilidade dos frutos, a excelencia das agoas, a fragancia dos matos, a opulencia dos montes, as riquezas das **agras**, e a variedade dos animaes». — P. Fernão de Queiroz, *Conquista de Ceylão*, p. 3.

«Quatro leguas do sitio de Hebaregâma, estão as **agras** ou campos, donde se tira a pedraria». — *Id.*, p. 33.

1914.—«The **Agara** or **Agras** as the Portuguese call them, consisted of two villages in the Kuruwitti Korale and two in the Navadean Korale, besides the various other centres where the mining was carried for the King». — P. C. Pieris, *Ceylon*, II, p. 77.

**Aguador:**

1904. — «O receptaculo das fructas parece-se com o bico do **aguador**, dentro d'este se encontram os fructos». — João Maria da Silva, *Repositorio*, p. 286.

1918. — «23 **aguadeiras** de louça e vidros sortidos».—*Heraldo*, de 15 de Junho.

**Águila:**

1854. — «Ce qu'il y a de singulier est la transformation du nom; en sanscrit il se prononce *aguru* ou *agara*, que les Malais ont changé en **aguila** (!), en mettant *l* pour *r*; et c'est de là, probablement que les Portugais ont formé *aquila* et *aguillaria* (en allemand *adler-holtz*, et, par traduction, en français *bois d'aigle*, et en anglais *eagle-wood*)». — Jancigny, *Indo-Chine*, p. 403.

**Aier:**

1689. — «O **Ayan** de Maduré, e Capitão de Tutucorim fizerão tantas instancias sobre esta armada hir...». — «Ahi mando a v. s.ª a copia do contrato, que o Naique de Maduré fez pelo seu capitão geral **Ayan**». —*Apud* Júlio Biker, *Collecção de Tratados*, II, pp. 106 e 107.

* **AIURVÉDICO** (*ayurvedic* em inglês). É adjectivo, formado na Índia, para designar o que é relativo ao *aiurveda* < sânsc. *āyurveda*, «sciência de vida ou medicina», tal qual é ensinada nos livros antigos dos sábios indígenas. Influência da medicina da Índia na da Grécia e Arábia é geralmente admitida pelos orientalistas.

1919. — «Vai ser aberto em Hardwar um colegio de medicina **ayurvédica**, com o fim de avivar e trazer em voga mais uma vez êste antigo sistema de tratamento». — *Heraldo*, de 14 de Novembro.

1919. — «Notwithstanding the introduction of the western system of medicine, the ancient indigenous system continues to exercise considerable influence over the people at large, and large masses of the population have recourse to what is known as the **Ayurvedic** system among the Hindus and *Ebnani* system among the Musalmans». — *The Modern Review*, de Dezembro.

* **AJAVADO**. Javanizado, procedente dos javaneses.

1604. — «He certo navegarem estes [jaos] já até o cabo da Boa Esperança, e terem comunicação na Ilha de S. Lourenço [Madagáscar] da banda de fora, aonde ha naturaes Bassos e **Ajauados**, que dizem proceder delles». — Diogo do Couto, Déc. IV, III, p. 1.

**Ajuão**. V. *anjuão*.

1864. — «**Ajoão** ou *Vonvom* [conc. *onvó*] é a semente da Alexandria». — *Archivo de Pharmacia*, I, p. 21.

«**Ajoão** ou *ovom*; chamada erradamente em portuguez *semente de Alexandria*, pois que é uma droga muito differente... É empregada como vermifugo e carminativo». — *Ibid.*, p. 123.

* **ALA** (s. m.; ant). Jornaleiro, homem obrigado ao serviço, em Damão. Do can. *āḻu* (tam. *āl*), «servo».

1635. — «Mais se obriga elle dito Rey a entregar todos os *curumbins* e seus servidores, e **alas,** que das aldeas destas terras de Damão e sua jurisdição fugirem, sendo dellas naturaes e obrigatorios». — *Apud* Júlio Biker, *Collecção de Tratados,* II, p. 66.

* **ALAVANTINA.** A alma da mulher que morreu de parto, à qual os hindus atribuem diversas superstições. Do conc.-mar. *alvant*.

1879. — Todas estas curas, de 30 annos para cá, estão em total esquecimento [entre os cristãos], se se exceptuar a classe inteiramente boçal, na qual ainda se conservam passageiras superstições, assim como vento ruim (duende) **alvantiny** (*alvantoy*) alma do sogro — sogra — cunhada — diligencia para descobrir achados, furtos etc. etc.». — João Stuart Torrie, *Estatistica da India Portugueza,* p. 319.

1886. — «Succedendo finar-se alguma gentia na occasião do parto, ou até ao decimo dia depois d'elle, isto é, antes de se ter purificado com a *pancha-gávia,* é interrada com repugnantes e selvagens ceremonias, a fim de que se não transforme em *Xetan* [demónio], e venha perturbar o repouso da familia. Estas ceremonias que se praticam entre o vulgo gentio, consistem em cortarem as articulações dos membros superiores e inferiores da finada, em cravarem no alto da cabeça um prego de medeira de *cazeró* (*strichnos nux vomica*), e em lhe taparem todas as aberturas naturaes do corpo com batoques da mesma madeira. Feito isto, é aberto um buraco na parede da casa, e por ali se tira o cadaver mutilado». — Lopes Mendes, *A India Portugueza,* I, p. 267.

1890. — «O *bhoto* molhou as flores, collocou-as em linha, e revelou que se cahisse primeira e segunda flor de terceira columna a **alevantina** era a mulher de Vichnu». — António de Almeida Azevedo, *As Communidades de Goa,* p. 33.

1906:

«Ah! não encontrás a tua porta.
Alevantina!
Ninguem quer ver entrar a morte,
E cahir logo a casa em ruina,
Já te muraram essa porta,
Alevantina!

Alberto O. de Castro, *A Cinza dos Myrtos,* p. 143.

* **ALAVÓ.** Fogo que os muçulmanos acendem numa cova e em volta do qual dançam por ocasião da festa de *muharram,* que se realiza no primeiro mês do seu ano. Do can. *ālāvó* (mar. *alāvā*) < ár. *alāuā*.

1886. — «O **alahão** é o carnaval dos mouros... Abrem uma cova, que terá 1m,50 de diametro. Em seguida enchem a cova de combustivel, e lançam-lhe fogo, que é alimentado com lenha aromatica durante os tres dias do **alahão**». — Lopes Mendes, *A India Portugueza,* II, p. 35.

**ALCÁ** (ant.). Figura o termo na obra de Fernão Mendes Pinto, com relação à Indo-China e com o sentido de «peça de ouro, do valor de 12 cruzados». Parece-me que se relaciona com o mal. *lāku,* «corrente (moeda)». O malaio transpõe o *l* da primeira sílaba; cf. *lamāri* = *almāri,* «almário, armário».

1544. — «Rende esta Cidade [de Gumbim]... para o rei de Jangomá, sessenta mil **alcás** de ouro, que são da nossa moeda settecentos e vinte mil Cruzados». — *Peregrinação,* cap. 158.

* **ALCOCO.** Informam-me que se usa em Salcete, de Goa, no sentido de «alvá de côco e jagra», que em outras partes se diz simplesmente *alvá,* q. v.

**Alcorão:**

1604. — «At sunrise we saw that part of Bagdad which is in Mesopotamia, first of all the **alcorans,** which being very lofty and the land pretty level, are visible at four leagues' distance... And for that their Book is called *Koran* or *Alcoran,* and the same name is given to the places whence it is set forth». — Pedro Teixeira, *The Travels,* pp. 58 e 59. — «We saw two high *minaras or alcorans*». — *Id.,* p. 64.

1610 — «Sed hoc adirabilius et insolitus planè honoris genus Gaspari ab his exhibitum. Nocte intempesta, multis facibus tenebras vincentibus, in templum suum (**Coranum** vocant) magno comitatu induxerunt, inspectante tota civitate, quae jure solemnitatem pompae ex accensis facibus aestimabat, et facilè mirabatur». — Trigault, *Vita Gasparis Barzaei,* p. 158.

**Aleja:**

1898. — «Vansele los ojos á Lopes Gil tras de los hermosos tecidos de algodón llamados **aladja,** en los cuales alternan dos colores en lineas estrechisimas». — Alfredo Opisso, *El Asia Musulmana,* p. 47.

* **ALFULI.** É uma planta cesalpínia — *Cassia sophera,* Linn., muito comum na Índia. «O succo das folhas é util contra a empigem; a semente é considersda como um bom substituto de café». D. G. Dalgado, *Flora.* Do conc. *alphulī* ou *arpulī*.

1862. — «Sementes de *Taiquiló* (Fedegôso) e **Alfulé** da comarca de Bardez» (enviadas para a exposição de Londres do mesmo anno). — *Annaes do Conselho Ultramarino* (parte não official), III, p. 35

1864. — «A semente de **Alfuli** torrada, e reduzida a pó subtil e cozida em agua, usa-se como succedaneo do café. Toma-se com leite e assucar. Pertence á familia das leguminosas. A raiz cozida tem propriedades differentes. Parece ser a labaça aguda. Esta planta abunda no paiz». — *Archivo de Pharmacia*, I, p. 24.

**Aliá**:

1687. — «As femeas não tem dentes, que propendão fora da boca, e chamãe lhe **Aleaz**». — P. Fernão de Queiroz, *Conquista de Ceilão*, p. 56.

1678. — «Ningun [dano] llega al que hazen los Osos, y los **Aléas**, que son los Elephantes que no tienen dientes». — João de Sá e Meneses, *Rebelion de Ceylan*, p. 48.

* **ALMA-DO-MESTRE**. Era o nome que os nossos marinheiros davam, na sua carreira para a Índia, a uma ave palmípede da África, e que denuncia a embirração que tinham ao mestre do navio.

1867. — «São de varias especies, todas ellas palmipedes, e conhecidas pelos nomes de feijões frades, mangas de velludo, albatrozes, mangadeães, brigadeiros, **almas do mestre**, etc.». — *Archivo Pittoresco*, X, p. 262.

**Altirna**. Fernão Mendes Pinto também emprega o termo com relação aos áulicos dum rei do Japão no seguinte passo (cap. 210): «Passada esta varanda, chegamos a hũa grande casa em que havia muyta gente nobre com **altirnas** de setins, e de damascos de muytas cores, com seus traçados de chaparia de ouro».

**Aluá**:

1866. — «Desta *sura* faz-se a *jagra* (especie de assucar mascavado). *Item* — o dôce chamado **aluá** *de coco*. Assim a jagra, como o doce faz-se por meio de evaporação a fogo brando, e reduzida a sura a mel grosso infunde-se nelle côco ralado, ou lanha, para fazer o doce notado. Este composto sendo posto no casco de espiga ou espatha conserva-se mais tempo sem ranço». — F. N. Xavier, *Descripção do Coqueiro*, p. 15.

1906. — «**Aluá** — Doce de farinha de arroz, de manteiga fervida ou *ghi*, amendoas, cardamomo, e de leite. Tem apparencia de manjar branco de Portugal. O **aluá** *de rosas* é perfumado com botões seccos de esta flor». — Alberto O. de Castro, *A Cinza dos Myrtos*, p. 168.

**ALUM** (conc. *ālūm*). Planta hortense de fôlhas grandes, como as de ninfeia — *Colocosia antiquorum*, Schott, muito comum na Índia meridional. «Indígena e cultivada. Há duas formas da variedade cultivada: uma com folhas verdes e a outra com verde-escuras. Come-se como hortaliça». D. G. Dalgado, *Flora*.

178.. — «Brinjelas, pepinos, carambólas, bredos, patólas, **alum**, rabanos». — Fr. Clemente da Ressurreição, *Tratado*, II, p. 349.

**Amanão**:

1687. — «Semeauão naquelles tempos em cada hũa delas [várzeas] 10,000 **amanães** de *nele*, que respondem a 4,000 moyos, e isto dúas vezes ao anno». — P. Fernão de Queiroz, *Conquista de Ceylão*, p. 53.

1918. — «**Amunam**, as a dry measure, equals between 4 1/2 and 6 bushels. The extent required to sow an **amunam** of seed was the chief unit of superficial measurement; while usually 24:000 nuts formed an **amunam** of areca». — P. E. Pieris, *Ceylon and the Hollanders*, p. XIV.

* **Amargoseira macha**. É uma árvore da família das rutáceas — *Bergera Koenigii*, Spreng., *kaḍū-nimb* em concani. «A madeira é curta mas forte, as folhas usam-se em caril como condimento estimulante». — João Stuart Torrie, *Estatistica da India Portugueza*, p. 56.

* **AMBALÃO** (sing. *ambalama*). É o mesmo que *caravançará* ou *darmaçálá*: pousada pública e gratuita para os viandantes, em Ceilão.

1687. — «E por ser costume em toda a gentilidade Asiatica fazer **Ambolões** pera cômodo dos passageiros; conuem fazerem em Ceylão, assistindo sempre neles algũa pessoa com sua comedia, que tenha a louça necessaria, ao menos pera cozer arroz; aonde poderão todos vender suas veniagas». — P. Fernão de Queiroz, *Conquista de Ceylão*, p. 901.

1786. — «Si trovano magnifici *Madam*, **Ambolam**, cioè alberghi dagli Europei chiamati *Chandaries*, che sono peristili di elegante construzione per ricevere ed allogiare i viandanti». — Fra Paolino, *Viaggio*, p. 43.

1854. — «Dans le temps du chômage les

Singhalais forment des réunions aux **ambulams** ou maisons de halte pour les voyageurs, pour discuter les actes du gouvernement ou des sujets d'intérêt général se rattachant à l'agriculture». — Jancigny, *Ceylon*. 641.

1914. — «The villagers were responsible for the maintenance of the roads leading through their village as well as for the upkeep of the *edandu* and **Ambalam**». — P. C. Pieris, *Ceylon*, II, p. 83.

**Amballó:**

1610. — «En toda la India un solo [arbol] hay, que con las aguas pierde la hoja, llamanse ello y su fruto **ambara** —Pedro Teixeira, *Relaciones*, p. 168.

* **AMBAREIRO.** É o mesmo que *ambaró*, árvore, q. v.

1866. — «Na India temos... a *gomma de cajueiro* (*anacardium occidentale*) e a goma de **ambareiro** (*spondias mangifera*) desconhecidas em Portugal, e que são já usadas e consideradas pelos inglezes como superiores á gomma arabica». — *Archivo de Pharmacia*, III, p. 6.

1869. — «Hoje trataremos da gomma de **ambareiro,** na parte que diz respeito á sua cultura e colheita». — *Id.*, VI, p. 49.

**Ambil:**

1864. — «*Nachinim*, legume... As pessoas pobres (geralmente os Curumbins) cozem esta semente até se desfazer, e produzir um caldo espesso, ao qual dão o nome de **amelim,** o que lhes serve de almoço; quando ha falta de arrôs alimentam-se só de nachinim». — *Archivo de Pharmacia*, I, p. 122.

**Amida:**

1735. — «Ce même *Fo* parle dans un de ses livres d'un Maître encore plus ancien que lui, que les Chinois nomment *O ni to*, et que les Japonais par corruption de langage ont nommé **Amida**». — P. Halde, *Description de la Chine*, III, p. 20.

* **AMIL** (hindust.-ár. *'āmil*). Agente fiscal do govêrno, na Índia muçulmana e marata.

1909. — «Acima dos repartidores e cobradores estava o agente ou **amil,** que os fiscalisava e arrecadava tudo, superintendia a policia e resolvia questões civis». — Amâncio Gracias, *Subsidios*, p. 10.

* **ANANTA.** Como adjectivo, quere dizer em sânscrito e prácrito «infinito, ilimitado», e como substantivo, «Supremo Ser», ou alguma das divindades, como Vixnu, Xiva, Crixna. XVIII. — «Hum só Deus verdadeiro, e Eterno denomina o Gentilismo por dous nomes, a saber **Ananta** (Omnipotente) e *Adi Purussa* (Eterno Homem)». — *Noticia do Gentilismo*, p. 68.

1879. — «Nomes das principaes divindades: **Ananta:** O eterno». — João Stuart Torrie, — *Estatistica da India Portugueza*, p. 323.

1886. — «Os gentios goanezes dão ao Todo Poderoso diversas denominações, mas principalmente a de **Anant,** Zeus ou Omnipotente». — Lopes Mendes, *A India Portugueza*, II, p. 65.

* **ANÁRIA** (s. m. e f.). Aquele que não é ária. Diz-se particularmente dos povos que não pertencem à raça indo-persa. Do sánsc. *anārya*.

1885. — «É o país dos Drávidas, dos refugiados, o país dos **Anárias,** dos que não são *Árias*, dos *ignóbeis*, como lhes chamam os livros sanscríticos opondo este epíteto de Árias (*ārya*) *nobres, leais* (aos seus deuses)». — Vasconcelos Abreu, *A Literatura e a Religião*, p. 7.

**Anárico:**

1885. — «Eram da mesma raça dos Elamitas os Medos **anáricos** (não Árias) que entram como elemento preponderante nas civilizações dos dois ramos áricos da Asia Central». — Vasconcelos Abreu, *A Litteratura e a Religião*, p. 7.

**Anchaci:**

1735. — «Si c'est une cause criminelle elle est envoyée au Lieutenant Criminel, **Ngantcha se**». — P. Halde, *Description de la Chine*, I, p. 3.

**Anchão:**

1905. — «Fructos cristalisados, **anchões**, de *perada*, doce de gengibre, *chow-chow* [vid. *chau-chau*], e peras». — *O Heraldo*, de 25 de Janeiro.

1918. — «50 **anchões** sortidos». — *Heraldo*, de 15 de Junho.

* **ANDA** (sing. *andaya*). Metade da colheita que o cultivador paga ao senhorio, em Ceilão. V. *oto*.

1687. — «Serviço dos Nilaz e Careaz. Pagauamos a *pingà* do ano (uem a ser hua carga) a el Rey... dauamos oto e **anda** das nossas varzeas, punhamos estes otos, e **andas** nos *motelos*... Hoje nos tomão peyor que **anda;** e tomaramos que fora tudo **anda**». — P. Fernão de Queiroz, *Conquista de Ceylão*, p. 838.

1914. — «**Anda** land is that which is delivered by the proprietor to another to cultivate on condition of delivering to him half the crop as rent. This is the usual condition on which fertile fields are annually let».—P. E. Pieris, *Ceylon*, II, p. 541.

**Andone:**

1897.—«Os devotos compram-n'as [plantas] collocando as primeiras junto dos seus antepassados, e ligando-as ultimas ao **andon**, movel destinado a cobrir a alampada e feito de quatro caixilhos de madeira guarnecidos de papel». — Venceslau de Morais, *Dai-Nippon*, p. 208.

**Andor:**

1687. — «No tempo dos nossos Reys só eles, e os *Bicanasingás*, por privilegio, andauão em **andores**. De presente não ha Pareâ que não acarretemos». — P. Fernão de Queiroz, *Conquista de Ceylão*, p. 839.

**ANGARILHA.** Os dicionários portugueses dão-lhe o significado de «capa de vime ou de palha, com que se envolvem frascos e vasos», e derivam-no do cast. *angarilla*. Mas na abonação o vocábulo tem o sentido do persa *kajáva*. V. *carbagé*.

1565. — «Hia dentro em hua **Angarilha**, que são huas casinhas feitas de pao cobertas por cima com seus arcos e fato por amor do sol, em que cabe hũa pessoa que vai de hua banda do camelo, e da outra hum fardo, ou outra **angarilha** quando vão duas pessoas, a que os Mouros chamão *casavas*». — *Itinerario* do Mestre Affonso, in *Annaes Maritimos* (1844), p. 223.

**Angracá:**

1905. —«Por exemplo, essé **angrakhá** (especie de casaco) que vestem os homens (parses) e o *sari* (panno) das mulheres são a copia textual dos trajos hindús do Guzarathe». — Jerónimo Quadros, *Cartas de Diu*, p. 178.

1885. — «Among men, the favorite colour of the **angarkha** or long coat is yellow, with a green shade from the *mahura dye*». — Hunter, *The Imperial Gazetteer*, x, p. 220.

**Anvalló:**

1563. — «E a estes que elles chamam **arevale** (leia-se *anvalé*, que é conc. pl. de *ãnvãló*), e nós chamamos *emblicos*, usam em cortimento de pelles, como çumagre, e em tinta, afóra comerem os verdes por apetite». — Garcia da Orta, *Col.* XXXVII.

* **ANZOLAR**. Quere dizer em indo-português «pescar a anzol e linha» (*goravunk* em concani). Na abonação está o termo empregado figuradamente.

1919. — «... para dar o seu voto mediante carneiro com batatas e para **anzolar** um talher á mesa do Orçamento». — *Heraldo*, de 1 de Agosto.

**Apraça.** Figura o vocábulo, assim ortografado, numa das Décadas de João de Barros, entre as diversas verbas de contribuições que se pagavam em Goa no tempo do Sabaio. Conjecturo que a primeira sílaba, *a*-, é um artigo que o autor ou os tipógrafos juntaram à palavra seguinte, *praça*, como o fizeram, análogamente, em *Omandouij* = *o mandouij*. «A praça» seria o que cada vendedor pagava pelo lugar que ocupava na praça ou mercado.

1563.—«O que se chama Omandouij, *catualia*, **apraça**, panos, betle, especiaria, *canybo*, boticas». — Déc. II, v, 2.

**Apteira:**

1885. — «The bark of the **ápta** (*Bahunia racemosa*) is made into ropes». —Hunter, *The Imperial Gazetteer*, XII, p. 416.

**Apuami:**

1687.—«Estes não podem ser mais, que **Apuamis**, ou Fidalgos entre eles». — P. Fernão de Queiroz, *Conquista de Ceylão*, p. 89.

1918. — «**Apuhami**, high born man of the position of the sons of *Mudalyars*». — P. E. Pieris, *Ceylon and the Hollanders*, p. XIV.

**Ará:**

1765. — «... fazendo-se-lhes o partido comum de se lhe dar por anno hum **ará** de *batte*, foram de sentimento que se tomaçe o dito Fisico fazendo-se-lhe o sobredito partido».—Doc. *apud* António F. Moniz, *Hist. de Damão*, IV, p. 97.

1892. — «Um **ará** contém 32 *parás*. Um pará equivale a 20 litros». — Augusto de Macedo Pinto, *Breves Estudos*, p. 10.

**Arache:**

1687. — «Não são obrigados a residir nela, mais que os seus Capitães que chamão **Araches**, e *Modeliares*». — P. Fernão de Queiroz, *Conquista de Ceylão*, p. 46.

1750. — «O primeiro successo do governo de Antonio de Sousa foi receber aviso de huns Capitães da gente preta de Negombo, a quem chamão **Araches**, de que estavão conjurados com Officiaes e Soldados para haverem de passar a Colombo». — D. Luis de Meneses, *Hist. de Portugal Restaurado*, II, p. 426.

**Arado:**

1892. — «Nos terrenos ao presente só se encontram *undés* e ao nascente apenas **arados** e suas subdivisões». — Augusto de Macedo Pinto, *Breves Estudos*, p. 10.

* **ARAMANÉ** (ant.; f.). Govêrno, côrte, no Canará. Do can. *aramane*.

1671. — «Os officiaes da **Aramané**, querendo ir fallar com os feitores, mandarão primeiro pedir licença». — *Apud* Júlio Biker, *Collecção de Tratados*, IV, p. 190.

* **ARAMO** (desus.). Jardim, horta, em Damão. Do mar.-sânsc. *arama*.

1740. — «Poderão hir ás aldeas do governo Marata ou *Choutiá* buscar e trazer sem impedimento.... bambús e madeira para seus **aramos** e casas, nos matos donde de antes o costumavam fazer». — *Apud* Júlio Biker, *Collecção de Tratados*, VI, p. 243.

* **ARARE** (ant.). Comandante, capitão, no Malabar. Do malaiala *adari*.

1631. — «Promete o Samorim, Rey de Calecut, de não ter no reino de Cranganor de riba mais que hum **Arare** que houver mister para o seu acampamento». — *Apud* Júlio Biker, *Collecção de Tratados*, I, p. 286.

* **ARAPATÃO**. Ervilha da Índia — *Pisum sativum*, Linn., *harbharé* em marata *vāṭoṇé tçoṇé* em concani. Do mal. *aḍapayaṟu*, literalmente «feijão de *foguéos*», sendo o nome verdadeiro *cheṟupayaṟu*, «pequeno feijão».

1516. — «... honde entram *çambuquos* pequenos de Malabar ha caregar de muyto aros roim que neles ha, e outros alegumes ha hos quais ha hũ chamaom **Arapatam**, ha ho outro *Muruary*». — Duarte Barbosa, *Livro*, p. 286.

**Arelhana:**

1551. — «De çintos d**arelhana** douro hũa peça de ley de IX *mates*, que pesou trezentos e quatro *calanjas* e mea». — *O Inventario do Thesouro do Rey de Ceylão*, p. 21.

1687. — «Os Bedas de Vilaçem tem em seu poder o thesouro daquele Rey, pera o que escolhe doze destes homẽs, e por distinção, lhes dá doze **arelhanas** de prata, e canas com engastes de prata». — P. Fernão de Queiroz, *Conquista de Ceylão*, p. 14.

**ARIANISMO**. Estado ou condição de ariano; doutrina ou estudo relativo aos indo-árias; sistema que da comunhão glotológica deriva a comunhão étnica.

1918. — «É este o aspecto antropológico da doutrina etnológica do **Arianismo** primitivo, como primeiro foi concebido e pôsto em execução». — *Heraldo*, de 14 de Dezembro.

* **ARIANISTA**. Partidário da doutrina do arianismo étnico.

1918. — «Certo é que Max Muller distinguiu linguisticamente os tipos *munda* e *drávida*, mas inferir das diferenças linguisticas a diversidade étnica dos povos é cair no êrro dos **arianistas**». — *Heraldo*, de 17 de Dezembro.

* **ARICÁ** (s. m.; mar. *aḍkā*). Antiga moeda marata, que ainda no século passado corria em Damão; era de cobre e valia $1\,^1/_2$ réis provinciais.

1880. — «Com o cunho maratha gira o *dabú* que vale 3 *siuray* ou 18 réis de Goa, o siuray ou $^1/_2$ dabú que tem 6 **aricás** ou 9 réis de Goa, e o **aricá** $1\,^1/_2$ réis». — Teixeira de Aragão, *Descripção das Moedas*, III, p. 102.

1917. — «... denominando a moeda real e meio — *tán-ari-cá* (actualmente)». — António Francisco Moniz, *Hist. de Damão*, IV, p. 117.

**Aripo:**

1918. — «Batticaloa was said to be in revolt, and **Aripo**, the possession of which was of such importance for the protection of the Pearl Fishery, was in danger from the restlessness of Kayla Wanairra». — P. E. Pieris, *Ceylon and the Hollanders*, p. 22.

«The right to winnow the sand at the site of the Fishary was also sold». — *Id.*, p. 82.

II. * **ARIPO** (tam. *arápu*). Bagaço de semente oleaginosa de *Bassia longifolia*, Linn. (*iluppai* em tamul), o qual se aplica à cabeça, conforme me informa o Sr. P. E. Pieris, quando se toma banho. «Estrahe-se oleo da semente da segunda, o qual se aproveita para fabrico de sabão e de velas». D. G. Dalgado, *Flora*, p. 111.

1687. — «Hũ menino filho de Antemonio gentio, estando já são de sarampo, lauou lhe o pay a cabeça com hũa casta de azeyte, que chamão **aripo**; e por pouca advertencia, cahio algum nos olhos, de que fiearão tão agravados, e lhe nacerão nas meninas taes burbulhas...». — P. Fernão de Queiroz, *Conquista de Ceylão*, p. 547.

**Arroz pulot:**

1904. — «**Arroz pulu**... Este arroz é

mais glutinoso do que o arroz ordinario por conter mais dextrina, e os grãos são mais redondos. É preferivel para fazer canja, eatupa e vinho, mas não é digestivo como o ordinario». —José Maria da Silva, *Repositorio*, p 36.

* **ARTI.** Cerimónia de agitar luzes diante dum ídolo, entre os hindus. Do mar. *ārtī* < sânsc. *ārati*.

1906. — «**Arthi** — Offerenda ao Idolo, da luz, de incenso, de fumo aromatico. Tres vezes, pelo menos, durante o dia, o *bhôto* passa diante da imagem, no edificio interior do pagode, um candelabro de cobre cheio de luzes». — Alberto O, de Castro, *A Cinza dos Myrtos*, p. 168.

* **ARUCO** (sing. *adúkku*). Cousas de comer, já preparadas, que tinham de fornecer aos reis de Ceilão ou aos seus funcionários as aldeias onde se aposentavam.

1867 — «Quando chegamos [os lavradores], a partilhas já os *Canganes* e os **aruqus** tem comido metade das nossas meyas; porque não comem á custa do Senhorio, mas do laurador».—P. Fernão de Queiroz, *Conquista de Ceylão*, p. 841.

«Assim como a seus Reys, quando hião pelas terras obrigauão as aldeas, em que se agazalhauão... prestarem lhes cousas de comer, que chamão **arûqus**». — *Id.*, p. 859.

1914. — «**Adukkus**. This is the *Rajakariya* of supplying cooked provisions». — P. E. Pieris, *Ceylon*, II, p. 542.

* **ARUTO.** *Aduttu* quere dizer em singalês «o que pertence a alguma pessoa ou faz parte dalguma cousa», isto é, dependente, sujeito; no sentido restrito, denota «indivíduo ou terra sôbre que alguêm exerce certos direitos, sem ter domínio completo», isto é, colono, adscriptício ou terreno vinculado. Cf. *abunhado* e *manducar*.

1687. — «Os *Chaleaz* porem que não forem da *Bada*, ficarão **arutos**, ou adictos, âs aldeas, em que tiuerem morado 10 anos, seruindo do *cules*».— P. Fernão de Queiroz, *Conquista de Ceylão*, p. 883.

**Arvore-da-fruta-do-pão:**

1908.—«Nas ruinas do claustro de S. Domingos, em Goa, deve ainda hoje existir uma **arvore-do-pão** (*Artocarpus incisa*), levada por certo para a India da missão de Lorentuka, onde hoje ainda as orações catholicas são rezadas em portuguê»:—Alberto O. de Castro, *Flores de Coral*, p. 147.

**Arvore de pagode.** Êste nome designa em Macau, não o *pimpolo* mas a *árvore de raízes menor* — *Ficus retusa*.

1904. — «Os chinas veneram as arvores frondosas e antigas, e costumam erigir pequenos altares ao abrigo d'ellas, em honra dos espiritos tutelares. Quasi sempre escolhem esta arvore de preferencia. Eis a razão de ser ella chamada **arvore de pagode**». — João Maria da Silva, *Repositorio*, p. 222.

* **ÁRVORE DE SANT'ANA.** Conforme o Dr. Alberto Osório de Castro, é o nome que se dá em Goa ao *santono*, q. v. Se não houve etimologia popular, pela analogia do nome concani com o português, a denominação pode explicar-se pela representação, muito comum, de Sant'Ana a ensinar a Virgem Maria a ler.

1908. — «... a *Alstonia Scholaris*, linda arvore chamada em Goa **Arvore de Sant'Anna**, e que n'este outomno de Timor (setembro) está toda florida de cymos brancos perfumados». — *Flores de Coral*, p. 192.

* **ASSÁGAU** (jap. *asagao*). Uma trepadeira de flor, especie de ipomeia.

1906. — «Representa uma latada da commum trepadeira nipponica, conhecida por **asagao.** Floresce em junho e julho; dura cada flor uma manhã apenas. É impossivel enumerar-lhe as mil variedades, pela grandeza, pela forma, pela côr. Os japonezes téem por esta planta particular estima... Veremos em cada lojinha, como adorno um vaso com **asagao**». — Venceslau de Morais, *Cartas do Japão*, III, p. 276.

**Assidar** (ant.). Inidentificável.

1513. —«Por estes vos mando que des [deis] a ese mesegeiro de mirale tres *tafeciras* de mea seda hũua beatilha e dous **asydares**». — Afonso de Albuquerque, *Cartas*, V, p. 478.

**ATACORLA** (sing. *atukōrāla*). Funcionário fiscal de *corla* (distrito), subordinado ao *vidana*, em Ceilão.

1687. — «Os *dissauas*, os Foreyros, os Vidâuas das Corlas, os Vidanas das aldeas, **Atacorlas**, *Cangânes, Mayoraes*». — P. Fernão de Queiroz, *Conquista de Ceylão*, p. 839.

«Em cada corla, auia seu Vidâna, e quatro **Atacorlas**». — *Id.*, p. 849.

1913. — «Groups of villages were placed in charge of Vidánés and **Atakórálas**». — P. E. Pieris, *Ceylon*, I, p. 313.

**Atalá**:

1759. — «1 peça de **atalá** de China» (presente do vice-rei). — *Apud* Júlio Biker, *Collecção de Tratados*, VII, p. 165.

1917. — «**Atlá** é um tecido, misto de algodão e sêda, de grande consistencia. Esta fazenda vinha antes de Diu, mas hoje trazem os negociantes de Damão da proxima cidade de Surrate». — António F. Moniz, *Hist. de Damão*, IV, p. 63.

**Atalaque**:

1880. — «Originally the duties of the **Atalik** consisted in superintending the education of the heir to the throne and after his household. Afterwards the *Atalik* became one of the chief dignitaries of the court, almost equal to those of Devan *begi* and Grand Vizier». — Howorth, *History of the Mongols*, II, p. 869.

**Atapato**:

1687. — «... cometendo a Parea Cota com a gente de sua **Atapata**, que são os de sua guarda, gente luzida». — P. Fernão de Queiroz, *Conquista de Ceylão*, p. 339.

«Mas tal foy a resolução de hũ *Arache* **Atapata** do Rajû, que com mil homẽs acometeu os Portuguezes». — *Id.*, p. 346.

* **ATAR** (indo-ingl. *attar* ou *otter*). Óleo de pétalas de flores, especialmente rosas, na Índia. É reputado o melhor perfume, e aplicá-lo à mão ou ao lenço duma pessoa é sinal de grande consideração. Do mar. *attar*, hindust. *'aṭr* < ár. *'iṭr*, «perfume em geral».

1918. — «O meu *Xicó* e *Mortab* (sêllo e pequeno sêllo) se perderam com o meu precioso fato, e *atar* por occasião do saque acontecido no anno passado». — *Apud* Júlio Biker, *Collecção de Tratados*, XII, p. 2.

1573. — «Issuing thence to the Cayzeric by a gate which faces the north there is a handsome street which is called of the **Atarin**, which is the Spicery». — In *Glossary*.

1824. — «The **attar** is obtained after the rose water is made by setting it out during the night and till sunrise in the morning in large open vessels exposed to the air, and than skimming off the essential oil which floats at the top». — Herber, *Narrative*, I.

1920. — «Though ten pounds of roses will impregnate a gallon of water by distillation, a hundred pounds will produce barely half an ounce of **attar**». — *Tit-Bits*, de 29 de Maio.

**Atol**:

1908. — «Parece mesmo que a agua com alluviões é a causa unica da formação dos canaes nos **Atolls**, nos recifes ou abrolhos de coral». — Alberto O. de Castro, *Flores de Coral*, p. 182.

* **ATOLA**. Uma espécie de *jagrada* (q. v.) de arroz e algum legume. Do conc. e mar. *āṭval*.

1760. — «E aos almoços huma vez se lhe [aos soldados] dará **atolla**, e outras *cacharil* com salgado e *achares*». — *Apud* Júlio Biker, *Collecção de Tratados*, VIII, p. 185.

1864. — «A gelea do *mungo* (**atola**) refresca; cura todos os venenos corrosivos, quebrando as suas partes salinas com sua mucilagem». — *Archivo de Pharmacia*, I, p. 124.

1920. — «... como se ao público interessasse o nome dele, verificando se consistia numa pomposa cozinha palaciana ou na burguesa **attola**». — *A Terra*, de 9 de Junho.

**Attuso**. Inindentificável.

«**Attuso**, s. m. Bluteau, *Suppl.* Serpente da India muito venenosa, a qual aborrece muito qualquer arvore de suave e doce fructo; e por isso inficiona a sua raiz com o bafo, e assim damnifica as flores e fructos della». — *Dicc. da Academia.*

**Avania**:

1639. — «**Avania** significa pena pecuniaria pela transgressão de alguma Lei, Bando, Mandado, ou Decreto do Grão Turco, do Baxá, do Governador, do Cadi, ou dos seus Tenentes. Tudo o que se paga, segundo a taboa precedente, não chega a ser metade da importancia, a que chegão as **avanias**». — Fr. António do Sacramento, *Viagem Santa*, I, p. 143.

**Avatar**:

XVIII. — «Da primeira encarnação a que chamão *Mattsa* **Autar**, como demonstra a Estampa». — *Noticias do Gentilismo*, p. 85.

1906. — «Materialisa-se o Deus das anteriores abstracções brahmanicas; a cada encarnação primaria correspondem os **avatáres**, novas encarnações divinas». — Herculano de Moura, *Inscripções Indianas*, p. 119.

**Ave** (ant.). Espécie de bombarda, em Achêm. Não sei se o vocábulo tem alguma relação com o mal. *avan*, «nuvem», pelo seu grande alcance.

1701. — «Fez carregar hũa bombarda, chamada entre elles **Avê**, que he tão longa como um grande sino, e bate o poluoro para cima». — P. Francisco de Sousa, *Oriente Conquistado*, III, II, 2.

I. **Avel**. A palavra é pronunciada na Índia Portuguesa paroxítona —

*ável*. *Avela* não está em voga; pode ser que se deva acentuar *ávela*, por analogia com *ávila*.

1866. — «Faz-se também **ável** (arroz pisado no gral de páo)». — F. N. Xavier, *Descripção do Coqueiro*, p. 52.

II. **Avel:**

1866. — «Rala-se o seu amago, delle se estrahe oleo (**anvel**) amassando-o de mistura com a casca de semente de tamarindo (*bagulhos*. . .) e espremindo depois por meio de filamento grosso de côco (*cattó*). O oleo sahe gordurento, com elle friccionão-se os pés para fortificar os nervos. — Usa-se tambem nas paralysias de membros — e bebido fresco é um bom laxante». — F. N. Xavier, *Descripção do Coqueiro*, p. 23.

**Avelã da Índia:**

1655. — «They chew it along *arrecas*, which physicians call **Avelans Indicas**, and a little *catto*, which is the dried juice of a certain plant that grows in India». — Manucci, *Storia do Mogor*, I, p. 63.

* **AVELI** (s. f.). Palácio, paço, casa nobre. Do conc.-mar. *havelī* < ár. *ḥavīlī*.

1886. — «**Avely**. — Fronteira a Sanquelim, na margem direita do Torlinoy-volvota, sobre uma eminencia, está a **avely**, ou casa grande. É n'esta **avely** que reside Raugy Ranes, Sar-dessay de Sanquelim». — Lopes Mendes, *A India Portugueza*, II, p. 31.

**Avildar:**

1718. — «Chegados á Fortaleza Grenupem, quiz o **Avildar**, ou Alfandagueiro se revistasse o fato; mas o Governador lhe mandou dizer que tudo o que alli levava, era do seu uso». — João Tavares Guerreiro, *Jornada*, p. 100.

1735. — «O **avildar** da mesma fortaleza do Piro, assim na referida alteração dos *juncões*, como em outras cousas, tem offendido gravemente o Estado». — *Apud* Júlio Biker, *Collecção de Tratados*, VI, p. 186.

1781. — «Deve hir hum destacamento ao basar segurar o **Avaldar** e conter os mercadores delle para que nem aquelle possa fugir, nem estes passar algum aviso á praça». — «O **Avaldar**, ou Governador, e aquelles que V. S.ª observar que devem ter, ou tem repugnancia na sujeição ao Estado. . .». — *Ibid.*, VIII, pp. 197 e 180.

**AVO.** Designa em Macau um centavo da moeda chinesa *yang yiü*, conhecida pelo nome de *pataca*, e de *dollar* entre os ingleses. Há 1 avo chinês de cobre e 5 avos de prata. Em Timor *avo* é a centésima parte de rupia ou florim.

1895. — «Na manhã seguinte quando quiz fazer o seu passeio favorito, encontrou a prohibição, que ainda hoje dura, mas que felizmente se vence a troco d'alguns **avos**». — Conde de Arnoso, *Jornadas pelo Mundo*, p. 193.

1908. — «. . . tão falso como o valor official do florim a 360 reis, quando é certo que esta moeda é recebida pelos negociantes de Dílli a 90 ou 95 **avos**, vendida sempre por 95 **avos**». — Alberto O. de Castro, *Flores de Coral*, p. 265.

1919. — «O mesmo governador [de Macau] pediu telegraficamente, ao sr. ministro das colonias, autorização para sobretaxar, em 2 **avos**, 440.000 estampilhas de 6 **avos** e em 1/2 **avo** 8.000 de 5 **avos**, para remediar a grande falta de estampilhas que se faz sentir naquella provincia». — *Diario de Noticias*, de 30 de Outubro.

**Azeite-de-pau.** «Não é azeite de mandobi, como se deduzia da Memoria do Sr. Henrique de Carvalho. . . mas sim o oleo extrahido das sementes da arvore *Tong-tchú*. . . Segundo Natalis Rondot, o *Tong-chú* é a *Vernicia montana* de Linneu». — *Ta-ssi-yang-kuó*, II, p. 169.

1718. — «Abunda (Jor, na Indonésia) de pimenta . . de marfim, **azeite de pao**, bom e muyto barato, madeira». — João Tavares Guerreiro, *Jornada*, p. 197.

1904. — «**Azeite páu da China**. — *Elæcocca verugosa* (*Euphorbiacea*). Ha duas qualidades, uma extrahida das sementes frias, e outra das sementes aquecidas ao fogo». — João Maria da Silva, *Repositorio*, p. 44.

* **AZEITONA-DO-MALABAR.** Fruto duma taliácea indiana — *Elaeocarpus oblongus*, Gaertn., o qual se assemelha à azeitona e se come.

## B

**BÁ** (ant.). *Bá* quere dizer em anamita «avó»; mas emprega-se como tratamento respeitoso, por «senhora, dama». Anteposto ao nome próprio, equivale a «dona».

1634. — «**Bá** Maria foy muy illustre em sangue, porém muyto mais lustrou ella com a sua Fé e piedade». — *Noticias de Cochinchina*.

«Foi bautizada com o nome de Maria, e

dos Christãos chamada **Bà** Maria, que quer dizer; Senhora Maria».—*Ibid.*, p. 360.

«Entre as quaes [havia] **Bà** Maria Irmã da Rainha (alem de outra **Bà** Maria, tia do Avô deste Rei com seus filhos cinco machos, e hũa femea, todos Christãos)».—*Ibid.*, p. 417.

**Baba**:

1864. — «Os *tabedaes* aturdem os ares com seus cantares desafinados acompanhando-se do monotono som do **baba** (pequeno tambor de forma conica)».— Afonso de Castro, *As Possessões Portuguezas*, p. 323.

1868. — «Só não dança quem não tem um *batuque*, a que se chama **boba.** O batuque (**boba**) é uma especie de cóne truncado feito de madeira, mais ou menos bem trabalhado, ôco e tendo na base uma pelle de carneiro bem esticada, sobre a qual se bate com os dedos, tirando sons como os dos pandeiros». — *Annaes do Conselho Ultramarino*, IV, p. 33.

1908. — Instrumentos propriamente timorenses só conheço o tamboril dos batuques, ou **Baba**». — Alberto O. de Castro, *Flores de Coral*, p. 152.

**Babagore**:

1918. — «These white stones are called **Babaghore** after the name of a local godling worshipped by the miners. This shrine appears to have been erected in honour of a Sīdī or Abyssinian named *Bābā* Ghor who is stated to have been the introducer or agate mining at Limadura». —Longworth Dames, *The Book of Duarte Barbosa*, I, p. 144.

* **BABASINHO.** Deminutivo de *babá* (q. v.). Termo de mimo, usado às vezes pejorativamente.

1919. — «... precisamente como desencanta uma criança encerrada numa sala com diversos espelhos em diferentes direcções, através dos quais, maravilhada, chega a ver outros tantos **babasinhos**». — *A Terra*, de 5 de Julho.

* **BABASSÁ** (teto *babasu*). É o nome de *tendelim* ou *Cephalandra Indica*, Nand., em Timor.

1908. — «Por vezes, como fructos de sangue vivo, ao lado das flores alvissimas, das tenras folhas de hera e das finas gavinhas, rutilam docemente os pipinosinhos das **Babassas**, ou *tendellins* de Goa». — Alberto O. de Castro, *Flores de Coral*, p. 253.

**Babirussa**:

1560.— «Na Ilha do Buro, quinze legoas daqui, ha huns porcos silvestres, a que chamão **Ruças**, que tem mais comprido os pés e focinho, e menor orelha que os nossos, aos quaes nacem as prezas pera cima ao longo da queixada, e crecem tanto que dão muitas uoltas, á feição de cornadura de carneiros». — Gabriel Rebêlo, *Informação de Maluco*, p. 190.

1836. — «... mais beaucoup de cerfs et de sangliers ou *babihoutan*, et le **babi-roussa** (cochon-cerf), qui a la couleur cendrée roussâtre, le poil court et laineux des cornes recourbées en arrière, et dont la chaire a le goût de celle de cochons».— Rienzi, *Océanie*, I, p. 227.

* **BÁBU** (malaio). É na Malásia o mesmo que *daia* (q. v.).

1610. — «En Malaca, Pau, Pera, Patana, Samatra, Sunda, Iava, Borneo, y todas aquellas tierras y Islas del Sur, Mugers son las que curam, dichas por nombre comun **Babu**, que vale medico». — Pedro Teixeira, *Relaciones*, p. 180.

**Babul**:

1879.—«As melhores arvores de **babul** não se vendem, por se applicarem para as necessidades do estado» (na India Inglesa). — João Stuart Torrie, *Estatistica da India Portugueza*, p. 135.

* **Bacaleiro.** É a forma moderna de *bacal*, com o mesmo significado.

1850. — «**Bacaleiro:** O que faz a *copra* por negocio: fazer copra he o mesmo que secar o amago de côco». — F. N. Xavier, *O Gabinete Litterario*, IV, p. 218.

1866. — «Para extrahir azeite de côco (*narlel*) o **bacaleiro** (o que faz copra por negocio) secca as sobreditas metades de côco ao sol».— Id., *Descripção do Coqueiro*, p. 24.

**Bacaréu**:

1862. — «Uma pelle de Merú... Duas ditas de chitella e *Hencrem* (*sic*)» (enviada para a exposição de Londres, do mesmo anno). —*Annaes do Conselho Ultramarino*, III, p. 36.

1886. — «Nas florestas das Novas Conquistas habitam... os seguintes animais... **merum** (veado), *chitoll* (*chitela*, q. v.), *bocrls* (cabras), **bencrem** (camursa)».— Lopes Mendes, *A India Portugueza*, II, p. 118.

II. * **BADA** (sing. *badda*): Contribuição, imposto, em Ceilão. *Aldeia de bada* era a aldeia obrigada a pagar ao Estado certa contribuição especial, como a de canela, areca, etc.

1687. — «As mesmas ordens se guardarão nas aldeas da **Báda**, pera a distribuição do sal, e para se saber melhor que canela hâ del Rey, e os costumes de *Vidana*, restituindo a cada aldea seus *Chaleaz*, ainda ausentes mais de 10 anos; os Chaleaz porem que não forem da **Bâda** ficarão *arutos*». — P. Fernão de Queiroz, *Conquista de Ceylão*, p. 883.

1894. — «Potters had to pay a tax called «**bada**», and were compelled to make tiles for State works». — Danvers, *The Portuguese in India*, II, p. 158.

III. * **BADA** (s. m.). Tesoureiro ou arrecadador das rendas públicas duma aldeia ou comarca, em Ceilão; uma espécie de «sacador» de Goa. Do sing. *bhādā* [*agarikā*], «guarda-tesoureiro».

1687. — «Em cinco de Agosto deste Ano o **Bada** do Morro, lançado por morto em hum andor...». — P. Fernão de Queiroz, *Conquista de Ceylão*, p. 590.

«O **Bada** Branco de Boemedechanda, que auia 12 anos estaua muyto inchado, e oplado, hindo á Igreja em hum andor, a pedir saude a Snr.ª, ficou logo são». — *Id.*, p. 591.

* **BAFALI** (ant.). Sabe-se que é termo de ourivesaria, corrente antes em Damão, mas não se sabe precisamente o seu significado, nem se é nome apelativo ou geográfico. Em marata *baphī* é, segundo Molesworth, o nome duma planta silvestre, que serve de hortaliça. É possível que designasse «ouro cinzelado ou brunido».

1806. — «Hum afogador com tres rosinhas e hum Menino *obra de* **Bafaly**». — Doc. *apud* António Francisco Moniz, *Hist. de Damão*, IV, p. 52

1917. — «Ficamos conhecendo o que fosse a palavra **bafaly**, pois no citado testamento de Phelipa de Brito Cassão fl. 186 se diz entre outras cousas «e assim mais huma afoga (afogador?) tambem de ouro de *obra de* **bafaly** com aljofres grandes». — *Id.*, p. 63.

* **BAFAN** (talvez por *bafare*). Pirataria, no Japão. *Bahare*, a que deve ligar-se, quere dizer «ser público ou aberto», subentendendo-se, portanto, alguma palavra que designe «pirata ou ladrão». O *h* japonês corresponde na transcrição a *f*. Cf. *fotoque*.

1478 — «Ha muitos annos que frequenta [Paulo da Fé, o primeiro japonês convertido] o officio, a que chamão de **bafan**, que he hir fazer prezas, e roubar os lugares, e Povoações maritimas da China, armando para isso muitas embarcações segundo a sua possibilidade, ainda que não grandes». — P. Luís Fróis, *apud* Cristóvão Aires, *F. M. Pinto e o Japão*, p. 113.

**Bagançarim:**

1610. — «... and many heathens, **Baneanes**, **Bangasalys**, and Cambayatys» (em Ormuz). — Pedro Teixeira, *The Travels*, p. 178.

**Bagata:**

c. 1788:

> «Oh que feliz, e esplendida serias,
> Se algum fusco Merlim, que faz **bagata**,
> Te alborcasse a pardaos as senhorias!».
> Bocage, *Obras Poeticas*, I, p. 128.

1791. — «Condemna os abusos e attentados havidos naquellas missões, procedentes da fé tibia ou morta dos chamados christãos: taes como serem estes christãos continuos em **bagatas** e superstições, tributando ao demonio o culto devido unicamente ao verdadeiro Deus». — P. Casimiro de Nazaré, *Mitras Lusitanas*, I, p. 347.

1859. — «Acerca da 2.ª Imagem ainda existe a tradição — que os **bagateiros** (feiteceiros) e outros criminosos da Inquisiçam apenas collocados em frente della, huns cahiam em terra sem sentidos, e outros ficavam a tremer espantosamente, sem poderem fitar a vista na Imagem». — F. N. Xavier, *Resumo Historico*, p. 382.

1874. — «Prohibe sob preceito grave de obediencia aos parochos do *Norte*, admittirem aos sacramentos ou conceder sepultura ecclesiastica a qualquer individuo, que se saiba ter sido feiticeiro ou **bhagat**». — C. Nazaré, *op. cit.*, I, p. 563.

* **BAGAVAD-GUITÁ** (sânsc. *bhagavadgītā*, «canto do Bem-aventurado»). Nome do mais importante episódio do *Mahābhārata*, e talvez o produto mais sublime do espírito humano, «provávelmente o mais belo livro que saíu da mão dos homens» (Emílio Burnouf). Os brâmanes costumam jurar no livro que o contêm, conhecido também por *pustoca*, q. v.

1886. — «Estes [brâmanes] devem sempre jurar sobre o **Bhagavat-Guitá**, que é um dos livros da sua sagrada escritura, e de que se usa nos tribunais de justiça». — Lopes Mendes, *A India Portugueza*, II, p. 64.

**Bageri:**

1905. — «O **bagery**, que constitue a base da alimentação d'este povo [de Dio], como o arroz em toda a costa do Malabar, pertence á classe dos fructos apocarpicos seccos indehiscentes... Em vernaculo chamam-n'o *bajró*, *bajrá*, *bajry* ou *bagery*... É usado largamente, depois de reduzido a farinha sob a forma de pastas ou *apas*, amassadas em agua, *sura* de palmeira, ou leite, e assadas em «telhas de barro». — Jerónimo Quadros, *Cartas de Diu*, p. 183.

**Baguia**. O étimo da palavra não é *bagiya*; mas o sing. *vayiya*. V. *vaguiá*.

**BAGULHO**. Designa na Índia Portuguesa, por antonomásia, o caroço de tamarindo. Cf. *castanha, caroço* e *bago*.

1886. — «Rala-se o seu amago, delle se extrahe óleo (*anvel*) amassando-o de mistura com a casca da semente de tamarindo (**bagulhos**)». — F. N. Xavier, *Descripção do Coqueiro*, p. 33.

**Bahadur**:

1876. — «Agonista is derived from a well known Greek word, signifying athlete or hero and is a mere translation of **Behadur**». — Howorth, *History of the Mongols*, II, p. 99.

**Bai**:

1905. — «Foi modificada [a dança dos pretos] pela languida *sinhá* brazileira, depois pela *madama* lisboeta, e finalmente pela **bahi** de Goa». — Fernando Leal, *Gloss. Port.-Oriental*, in *O Heraldo*, de 10 de Junho.

1906:

«Dizei a dor das brancas **bahisinhas**,
Pedras de Ormuz, de Beçaim ou Diu».
Alberto O. de Castro, *A Cinza dos Myrtos*, p. 61.

**Bay. Bahi. Bahisinha** — *Bahi*, Senhora, em concani. É a forma mais respeitosa. *Bahisinha* corresponde a menina. É um diminuitivo sabido do português. *Bay* é um tratamento mais familiar em Goa. Nas altas castas hindus a palavra *Bay* appõe-se ao nome». — *Id.*, p. 168.

1670. — «**Bae**, in the Hindu language means madam or lady». — Manucci, *Storia do Mogor*, II, p. 336.

1919. — «. . . calls her **Bai**, a title which was applied to Hindu woman only». — J. Sarkar, *Studies in Mughal India*, p. 58.

II. * **BAILADEIRA**. Dá-se êste nome em algumas partes da Índia Portuguesa a uma ave, descrita abaixo, e que é também conhecida por *pica-pau* (q. v.), nomeada *pāḍekār* em concani. A denominação provêm do facto de mexer a cabeça, quando bate com o bico em alguma árvore, especialmente coqueiro.

1866. — «Ave conhecida no paiz pelo nome de — *Parecar* — e em portuguez pelo nome de — **Bailadeira**. É uma das mais bonitas aves, que aqui temos encontrado, tanto pela linda poupa de pennas encarnadas, que lhe adornam a cabeça, como pela bonita plumagem do corpo de côres, encarnada, amarella e parda. Não se domestica, nem temos noticia de que se faça uzo algum d'ella. Vive ordinariamente fóra das povoações». — *Archivo de Pharmacia*, III, p. 101.

**BAILÉU**. Os lexicógrafos reputam o termo europeu, e derivam-no, com certeza ou com probabilidade, do verbo *bailar*; e um deles não hesita em o ligar directamente ao «grego *ballô*, eu danço»! Sematològicamente, *bailéu* não tem nenhuma relação com *bailar*. Entre vários significados que se lhe atribuem não figura nenhum que se refira de algum modo ao baile ou à dança. E morfològicamente, *-éu* não é sufixo português de substantivos verbais.

O vocábulo, que é privativo da língua portuguesa, não consta que fôsse conhecido antes do século XV. As autoridades mais antigas, com que se abonam suas acepções, são todas posteriores às nossas conquistas asiáticas e atinentes à literatura luso-oriental. E os nossos indianistas reputam peregrina a dição, empregam-na mais com referência à Malásia, e interpretam-na por «tribuna, alpendre, varanda, eirado de vista, sala de banquetes públicos, castelo raso ou estrado alto de navio».

**Balai** significa no malaio hodierno e usual «sala de audiência, tribunal dum magistrado»; e *balairong*, aumentativo, quere dizer «sala grande, salão», destinado a diversos usos. Em Penão ou Penang *balai* designa a «estação de polícia». Em Amboino o vocábulo tem, conforme Clercq, a forma *bailéu*, que bem pode ser o étimo imediato da palavra portuguesa, se posteriormente não foi modificada por influência da nossa língua, que ali foi muito grande.

Fernão Mendes Pinto, enviado em 1539 por Pedro de Faria, capitão de Malaca, para o rei dos Batas, narra o efeito que produziu no soberano a sua mensagem: «O que o pobre Rey, por quão conforme isto era ao seu desejo, creo muito de verdade, e erguendo-se do **baileu** que era a tribuna em que estava sentado, se poz de joelhos diante de huma caveira de vaca, que numa cousa como prataleiro ou cantareira estava posta». — *Peregrinação*, cap. XV.

O mesmo autor descreve a armada do rei de Achêm nos seguintes termos: «Fez logo aparelhar outra de cento e oitenta velas, fustas, lancharas, e galeotas, e quinze galés de vinte e cinco bancos, na qual fez embarcar quinze mil homens, os doze mil de peleja, a que elles chamão de **Baileu**, e os mais chusma de remo». — *Ibid.*, cap. XXXII.

Fernão Lopes de Castanheda, referindo-se ao palácio dum rei de Bengala, diz: «No cabo deste pateo está hum alpendre, a que chamão **bayleu**, em que el Rey de Bengala ouue os embaixadores, e então está o pateo cheo de gente darmas». — *Historia*, VIII, cap. 67.

O mesmo historiador, falando dum combate naval na Índia insular, conta: «Estando assi com a lanchara rendida, acodio outro que trazia muyto mais gente, ꝑ entrou de roldão onde estaua dom Paulo, e forão tantos os que carregarão sobre o **Bayleu** que quebrou coelles». — *Ibid.*, VIII, cap. 78.

João de Barros escreve da conquista de Malaca: «Assentou Affonso d'Albuquerque com elles [capitães] que primeiro que sahissem em terra irem ao seguinte dia, quando a aguoa estiuesse estofa, dez batéis a queimar alguns **baileus**, que são como *varandas* sobre o mar, de algũas casas nobres que estauão sobre elle». — Déc. II, VI, 3.

E em outro lugar diz o mesmo cronista: «Fizerão estes de Ruçotello [pôrto de Amboino] hum **baileu** de madeira, que naquellas partes serve o que a nós de *varanda* ou *eirado* de *vista*». — Déc. III, V, 6.

Gabriel Rebêlo, tratando dos costumes de Maluco, refere: «Para os banquetes geraes acodem todos os lugares com seu quinhão e peça de preço, se casa [o rei] ou algum filho; nelles são seruidos dos principaes correndo e saltando, sem nenhum silencio; comem assentados como mulheres nos **Baileos** publicos, que são como *tabernaculos de varandas*». — *Informação de Maluco*, p. 125.

E em outro lugar fala das casas dos habitadores: «Os sobrados são de canas atadas bem lauradas, e assim o dos **baileos** publicos, que tem em terreiros». — *Ibid.*, p. 161.

Fr. António de Gouveia descreve os *tones* do Malabar: «Meteo a gente que consigo leuaua, assim de criados como de sacerdotes em sete Tones, embarcações differentes das que se usão em Europa, porque se remão na popa e na proa, sendo ambas nas feyções iguaes, e no meyo tem hum **bãleo** cuberto a modo de camara, em que vão as pessoas muy acomodadas para nauegarem pelos rios». — *Jornada do Arcebispo*, fl. 29.

O *bailéu*, a que se refere Gaspar Correia, deve ser um estrado ou essa: «Estaua [a rainha morta de Cochim] lauada e *ensandolada* com seus perfumes, e pannos finos vestidos com suas joyas, e assentada em hum **baileu** sobre hum *cambolym* preto, segundo o costume de seu estado». — *Lendas*, III, p. 714.

António Pereira Pinto, indicando as particularidades das embarcações de Maluco, diz: «Tem hũa maneyra de *castellos rasos*, a que chamão **bayleos**, em que vay a gente de peleja, os quaes são armados sobre os *Zinajos* com tres ordens de remos por banda». — *Hist. da India*, I, p. 113.

Conclui-se desta documentação histórica que *bailéu* vem do mal. *balai*, e que o estrado alto, donde se combatia nos navios antigos (Cândido de Figueiredo), é uma imitação dos povos do Arquipélago indiano. Pois escreve Barros (Déc. III, I, 8): «E foi elle [Fernão Peres] o primeiro homem, que por ver este bom vso aos Chijs lançou *lapes* (q. v.) ás naos, e nauios que leuou, o que se ora costuma entre nós: e assi as varandas sobre o leme fóra do corpo da nao». E Gabriel Rebêlo: «... ao som de huns atabaquinhos e sinos pequenos, que os do **baileo** [da embarcação] sempre uão tangendo».— *Op. cit.*, p. 179.

Na Índia Portuguesa a dição *bailéu* é ao presente usada sómente como sinónima de *balcão*, e ambas designam «alpendre ou pórtico quadrado com bancadas aos lados, onde a gente espairece ou palestra».

O conceito primário da palavra é, portanto, «obra sacada ou ressaltada num edifício ou numa embarcação». Os outros significados são secundários e fácilmente explicáveis por analogia ou por evolução.

Havia, e ainda hoje há, na Índia, e especialmente no Arquipélago Malaio, *bailéus* particulares, riais e comunais.

Os primeiros, de ordinário abertos de três lados, tem muitas serventias num clima tropical e em casas pequenas e de escassa luz: tomar o fresco, palrar, receber visitas familiares ou de pouca consideração, evitar o devassamento do lar.

Os riais são mais amplos e vistosos, e destinam-se à audiência pública, à recepção de embaixadores e por vezes, na Malásia, a jantares para os súbditos principais. Os ingleses chamam-lhes *durbar-halls*, da palavra persiana *darbār*, «recepção rial».

Os comunais ou públicos são construções no centro duma povoação com um vasto salão e dependências, uma espécie de *town-hall* ou *hôtel de ville*, onde se celebram reùniões e jantares comuns em ocasiões festivas. Também servem para aposentação de forasteiros, como os *caravansarais* da Pérsia ou os *dharmaxalás* da Índia. É a estes que alude Rienzi: «Os banquetes realizam-se nos **Bailleys**, ou casas públicas: são vastos edifícios ordináriamente situados no centro da povoação, dispostos para estas reùniões, e destinados igualmente ao alojamento de estrangeiros». — *Océanie*, I, p. 134.

**Bainhá**:

1603.— «Esteue neste mesmo tempo em Pegu hum **Banhá**, que quer dizer, duque, natural do mesmo Reyno». — P. Fernão Guerreiro, *Relaçam Annual*, fl. 460.

**Baju**:

1916. — «Derão ao visorey hũa arcabuzada no braço esquerdo, que trazia desarmado, a qual passando lhe hua roupeta de cotonia, que lá se chama **báju**, e o gibão e a camisa, lhe ficou o pelouro na manga». — António Pinto Pereira, *Hist. da India*, II, fl. 55.

**Balagateiro**:

1746.— «Todos os mercadores deste Estado, como **Balagateiros**, que vierem para elle com as suas mercancias, não poderão entrar senão pelo passo de Naroá». —*Apud* Júlio Biker, *Collecção de Tratados*, V, p. 271.

**Balala**:

1603. — «E lá a [cruz] aruoraram com beneplacito de **Balalas** principaes da terra, que tambem mandaram sua gente que ajudasse nesta obra». — P. Fernão Guerreiro, *Relaçam Annual*, fl. 179 *v*.

* **BALANGA** (tam. *vaḷḷikkuḷaṅgu*). Batata doce, em Ceilão, na zona dravídica.

1687. — «Como achardes hũa casca de **balanga** (he hũa especie de fruta) que he o sinal que lhe puserão, leuantaya, e achareis as uossas joyas». — P. Fernão de Queiroz, *Conquista de Ceylão*, p. 548.

**Balão**:

1854. — «Les **balons** [dos bramás], ou pirogues de guerre, ont jusqu'à quarente rameurs; celles-lá ne sont pas d'une seule pièce. Au milieu est placé un pavillon qui sert de cabine au chef qui se trouve au bord, et qui est surmonté d'un parasol doré, si la dignité dont le chef est revêtu lui permet d'établir cet insigne. Si la proue est basse, fondante et pointu, la poupe est large et très-élévé». — Jancigny, *Indo-Chine*, p. 363.

**Balcão**. Designa na Índia «alpendre quadrado em frente da casa de habitação, aberto de três lados e com bancadas de volta, onde a gente espairece ou palestra». Diz-se também *bailéu*, q. v.

1858. — «**Balcão** se chama em Goa os alpendres de entrada das casas no pavimento terreo, e ás vezes acima do nivel da rua com alguns degráos». — Miguel Vicente de Abreu, em Cottineau, p. 96.

1915.— «Dizer em artigos de jornaes ou em palestras de **balcões** que as castas são um cancro, que são um flagelo, não importa trabalhar com segurança pela sua extinção». — Benedito Gomes, *Afonso de Albuquerque*, p. 66.

**Balchão:**

1904. — «Os medicos chinas aconselham tomar meia colherinha de **balachão** frito, que fará immediatamente dissolver a carne do fructo [*longana*] que estiver no estomago». — José Maria da Silva, *Repositorio*, p. 186.

**Bale:**

1881. — «... levando alem d'isso, de menos, para cima de 200 homens mortos, incluindo nó numero d'elles o seu chefe, que era o **Bally** Matará, e os principaes capitães que tinha a bordo». — Eduardo Balsemão, *Os Portuguezes no Oriente*, II, p. 170.

* **Bambuar**. Espancar com um bambu.

1728.– «E dando-lhe pescoções e empurrões à vista de todo o povo, o foi seguindo pelo corpo da egreja abaixo, gritando aos moços seus que acudissem com bambus e **bambuassem** ao cura». — *Apud* Casimiro de Nazaré, *Mitras Lusitanas*, I, p. 241.

**Banaca**. O étimo é, conforme o Dr. Pires, o sing. *basnāyaka*, «chefe dos intérpretes, língua principal, o primeiro secretário», composto de *bas*, «palavras, falas», e de *nāyaka*, «chefe».

* **BANCI** (ant.). Flauta malaia. Do mal. *bángsi*.

1613. — «... tangendo certos meios Atambares que se chamão *Rabanas*, e frautas chamadas **Banci**». — Manuel G. de Erédia, *Informação da Aurea Chersoneso*, p. 78.

**Badana:**

1799. — «**Bandanas**, chapa bomali, musulins, sanas, *sussins*» (tecidos de Bengala). — «D. Francisco de Sousa Coutinho, *Breve e util idea*, no *Panorama*, x, p. 38.

**Bandel:**

1906. — «Os portuguezes corromperam *bandar* para **bandel** e d'ahi, por exemplo, o **bandel** dos Malemos (pilotos) de Gaspar Corrêa, o **bandel** de Comorão, de Bocarro, e o **bandel** de Elephante». — Herculano de Moura, *Inscripções Indianas*, p. 62.

1610. — «... with the promise of good luck on the Persian shores, where he was minded to find a **bandel**, that is, a port which should have more fame and trade than Soar».—Pedro Teixeira, *The Travels*, p. 134.

1919. — «He sacked their houses which they owned in many **Bandels** (*bunders*) on the river and imprisoned men, women and children in his fortress».—J. Campos, *History of the Portuguese*, p. 70.

**Bandigarrala**. P. E. Pieris lê *Bandigé rala*, que parece ser o verdadeiro étimo.

**Bandrastal:**

1848. — «**Bendastares:** Duas povoações dos destiladores da sura de palmeiras bravas». — F. N. Xavier, *Uma Viagem*, p. 19.

**Baneanes:**

1610. — «Todos los naturales de aquel Reyno Guzarate se llaman por nombre comum *Vanean*, y los Portugueses viciosamente **Baneanes**». — Pedro Teixeira, *Relaciones*, p. 97.

1660. — «The **baniani** are a certain class of Hindus who eat neither flesh nor fish, and consume grain, vegetables, milk and a great deal of butter... If the talk is of business, they give a ready answer, and are such strong arithmeticians that in the shortest time they can make any sort of calculation, never making a mistake of a single figure. They hold it as a great sin to kill any animal». — Manucci, *Storia do Mogor*, I, pp. 155-156.

**Bangaló:**

1869. — «Os **bengalós** e officinas ruraes das plantações de Vellus, e de Massordem foram construidos em 1863». — *Relatorio Final da Provincia de Satary*, p. 23.

**Bangue:**

1670. – «So accustomed are the Mahomedans to intoxication that the poor people who have not enough funds to procure spirits, invented another beverage, called in the language of the country **bang**. It is nothing else than leaves of dried hemp ground down, which intoxicate as soon as taken». — Manucci, *Storia do Mogor*, II, p. 7.

**Banguear:**

1799. — «... e para fazerem uso da sua infusão misturada com vinho e outras bebidas, com que costumão alegrar-se e vivificar-se, para incitarem a potencia, as forças, e para se disporem a commetter acções de valor, e a isto se chama **banguear**, o que praticam mais communmente os guerreiros».—In *Archivo de Pharmacia*, I, p. 189.

**Banzé**. O jap. *banzai* provêm do chin. *ven-sui*, que quere dizer o mesmo.

1858. — «On entendait de trois côtés ses cris de joie: Diz mille années, diz mille années (*wen soui, wen soui*)! qui veulent dire: Qu'il vive diz mille ans (le nouvel em pereur)». — Pauthier, *China*, I, p. 420.

* **BARAJO** (ant.). Representante do rei de Bisnáguer, provávelmente vice-rei, em S. Tomé de Meliapur. Presumo que o seu étimo é o sânsc. *uparājā*, «vice-rei».

1687.— «O **Barajo** de S. Thome tinha dado outras [terras] para a Igreja do Santo Apostolo; em que ninguem entraua, senão os que arrecadavão as rendas». — P. Fernão de Queiroz, *Conquista de Ceylão*, p. 874.

**Bárico:**

1866. — «Côco **barico** ou doce, já maduro e perfeito, mas destituido absolutamente de oleo, serve por isso até para os doentes comer... He de saber, o côco **barico** custa mais do que o commum, porque não produz muito, e o seu quasi exclusivo consumo é entre os gentios». — F. N. Xavier, *Descripção do Coqueiro*, p. 18.

* **BARU** (mal.). É o nome que dão na Índia insular à malvácea *Hibiscus tiliaceus*, Roxb., a qual nasce nas praias e produz uma espécie de algodão.

1560. — «Antre humas e outras (tabuas de embarcação) poem pera vedar a agoa hũ algodão tirado dos ramos de hũas aruores a que chamão **Bàru Baru**, e na India, aonde as ha, *Beru*». — Gabriel Rebêlo, *Informação de Maluco*, p. 177.

* **BARUTO** (mal. *barut*). Camisão acolchoado de algodão, que usão os soldados de Maluco e outras partes da Malásia.

1560. — «Geralmente pelejão em panetes, ou em Cachados [leia-se *encachados*], e os honrados com carapuções de feltro vermelho, e huns camisões acolchoados de algodão, a que chamão **Barutos**». —Gabriel Rebêlo, *Informação de Maluco*, p. 162.

* **BASTÁ**. Tecido grosseiro de algodão de várias côres, que serve na Índia para empacotar. Do hindust. *basta*, que é o participio do presente do verbo pérsico *bastan*, «atar, embrulhar».

1779. — «Salitre, tincal, huniums *cassas*, **bastas**, *dorias*, mulmuls [1]». — D. Francisco de Sousa Coutinho, *Breve e util idea*, no *Panorama*, X, p. 38.

1676. — «Les **Bastos** [guz. *bāsto*] ou toiles teintes en rouge, en bleu, ou en noir se portent toutes blanches à Agra et à Amad-abat, car ces deux villes sont proche des lieux où se fait l'*Indigo* de quoi l'on se sert pour la teinture».—Tavernier, *Voyages*, III, p. 360.

* **BATATINHA**. É o nome por que é conhecido na Índia um produto vegetal da África Oriental, usado na medicina caseira. Diz-se *boṭāṭīn* em concani.

1799. — «**Batatinha**, vulgó chamada de Mesanga, nasce em abundancia nos rios de Senna, Quilimane, e outras partes da Africa... As raizes desta planta se chamão **Batatinhas**, cujo pé se não profunda mais de hum palmo, e tem tres ou quatro raizes á maneira de inhames. A sua virtude é antifebril e estomacal».—In *Archivo de Pharmacia*, I, p. 156.

* **BARSÓ**. Designação da cerimónia de adopção de filho por uma bailadeira da Índia. Do conc. *balsó*, que provávelmente vem do can. *balasu*, «apropriar-se».

1824. — «As bailadeiras e bavinas alem de terem seus filhos proprios e filhas, tem direito para constituirem adoptivos machos ou femeas. A ceremonia de adopção que he denominada **Barsó**, tendo sido solemnisada por intervenção das Communidades Aldeanas, e dos *Mazanes*, são os adoptivos reputados por legitimados». —*Collecção de Bandos*, I, p. 85.

* **BATCARADO**. Condição de *batcar*; classe de batcares.

1919. — «Respondo ao insulto grosseiro que o sr. ... lançou ás faces do **batcarado** indiano». — *O Ultramar*, de 20 de Março.

* **BATCARINA**. Mulher do *batcar*, dona do palmar; conc. *bhāṭkārṇ*.

1919. — O *Boletim de Agricultura*, como repositorio de preceitos de boa cultura intensiva e extensiva tanto nova como velha,

[1] Muitos dos termos são dados pelo autor na sua forma inglesa, copiados de algum livro.

é indispensavel que seja o prato favorito de todos, desde o *batcar* até o *mundcar*, desde a **batcarina** até a *mundcarina*».— *O Progresso*, de 12 de Abril.

**Bática:**

1676. — «Aqueles tres Reys o [rei de Ternate] seruiram de ceremonia que os seus lhes soem leuar, dos quaes o de Tidor lhe leuou a espada, e o de Bacham o Abano, e o Geilolo hũa **Batega** de prata, vaso de feiçam de bacia, que leuão chea de Betele». — António Pinto Pereira, *Hist. da India*, I, p. 112.

1694.— «No meyo desta triste procissão vay hum sino, os Portuguezes o chamão **Bàtica**; cuja figura he redonda, e de hũa grande tapadora de boceta com huma teta levantada no meyo, e tudo de cobre fundido. Em lugar de badalo se servem de hum maço de pao envolto em pannos, com o qual dando na teta, sahe hum som mais, ou menos agudo, conforme a mayor, ou menor grossura de metal. Vay esta **bàtica** pendurada de huma tranca levada aos hombros de dous homens». — *Noticias da Cochinchina*, p. 67.

1731. — «Espantouse o Rey barbaro de ver nelles tanto despreso do mundo, que engeitavão duas **Báticas** de ouro (erão huns vasos pequenos) que lhes dava em demonstração do gosto de os ver na sua Corte».—Fr. Fernando da Soledade, *Hist. Serafica*, III, p. 855.

1873. — «Succede a ceremonia de lavar os pes ao noivo (real ou apparentemente) que lança na **batica** (bacia) algumas rupias, que são as gages do criado da casa». — João Stuart Torrie, *Estatistica da India Portugueza*, p. 317.

* **BAVÁ** (s. m.; conc. e mar. *bāvā*). Penitente hindu, segregado da família, ordinàriamente da casta de sudros. Também é conhecido por *gosāy*.

1859. — «Parece-me que este homem seja algum **Bavá** (penitente) Indú dos Gattes que são acostumados a escolher certos generos de penitencia taes como não fallar, estar em certa posição penosa ao sol ou em lugar ermo, não comer por muitos dias, etc.». — F. N. Xavier, *Resumo Historico*, p. 414.

**Bazar:**

1610. — «Locum illum **Bazar** vocant: quod nomen quidam putant ad lapillos *Bazares*, quibus adversus venena utimur, quód eorum eo emporio frequens esset commercium, transisse; eisdem nihilominus alij nomen ab Hebraeis duabus vocibus malunt deduxisse: *Baal*, quod est dominus, et *Sor*, venenum, quasi veneni dominus». — Trigault, *Vita Gasparis Barzaei*, p. 110.

**Beduim:**

1552. — «Estes são aquelles a que os Mouros que viuem ao longo do mar chamão **Baduijs**: nome comũ como ca entre nos chamamos *Alarves* a gente campestre». —João de Barros, *Déc.* I, VIII, 4.

**Begume:**

1845. — «**Bégom** ou **Bógam**, princesse ou femme d'un haut rang chez les musulmans. Femme de *Bég*, chef ou seigneur, en moghol».—Jancigny, *Inde*, p. 44.

* **BEBICA** ou **bibica; bebinca.** Designa na Índia Portuguesa êste vocábulo (cuja etimologia não pude até hoje descobrir, por lhe ignorar o berço) duas sortes de doces, comum e especial. O primeiro, conhecido em concani pelo nome de *mānḍas*, é uma massa enorme, de dez ou quinze quilos, composta de farinha de arroz, sumo ou leite de côco e *jagra*, e cozida num forno por muitas horas. O segundo, mais rico mas muito menos volumoso, vai descrito na abonação, devendo-se acrescentar a manteiga como uns dos ingredientes; consta de algumas fôlhas circulares. Parece que foi importado de fora, visto que o concani lhe dá o mesmo nome.

1906. — «**Bebinca** — Dôce de Goa, feito de farinha triga, ovos, amendoas e leite de côco. **Bebinca** *de sete folhas*». — Alberto O. de Castro, *A Cinza dos Myrtos*, p. 170.

**Beiro:**

1864. — «Com este fim reuniu Francisco Ornay um grande numero de **beiros** em um porto proximo a Lifão, e espreitando a passagem das pequenas embarcações, que por ahi se dirigiam abordava-as e aprisionava-as». — Afonso de Castro, *As Possessões Portuguezas*, p. 84.

1919. — «Poria em movimento os seus 321 **beiros** de pescar para extrair do mar o peixe que, depois de sêco, constitue factor apreciavel de riqueza». — In *Bol. S. G. L.*, XXXVI, p. 165.

**Belagarça** ou **Belagarta.** Inindentificável.

1727. — «**Bellagarça** ou **Bellagarta**. Passaro pernalto da India. Vi hum no jardim daqui, que foi do Conde de Aveiras; come todo o bicho, que topa». — Bluteau, *Supplemento*.

**Bendara**:

1916. — «**Bandára**. D'après le code de Malaka... «le *bendahára* est celui qui gouverne les paysans, l'armée et ceux qui dépendent de l'État. Son pouvoir s'étend sur toutes les îles, et c'est lui qui promulgue les lois au nom du roi». — G. Ferrand, *Malaka*, p. 41.

**Bendó**:

1917. — «É por falta da previa preparação que no inverno uma grande parte dos *vir-vir* e dos **benddés** ficam sujeitos ao *murmuri* (fungo) e aos bichos». — *O Ultramar*, de 26 de Março.

**Bengala**:

1694.—«Nestes buracos de hũa, e outra taboa vão enfiando muitos fios grossos que tirão da casca da **bengala**, que no Oriente chamão *rota*. As enxarcias, cabos, e amarras são de **bengalas** inteiras, e as ha muyto grossas, e as ancoras de pesadissimo pao com as unhas de ferro». —*Noticias da Cochinchina*, pp. 7 e 8.

**Bengali**. «Dialecto de Bengala: espécie de tentilhão de Bengala». Cândido de Figueiredo. Não encontrei nenhuma abonação portuguesa ou inglesa da palavra do segundo sentido.

1791. — «On y voyait voltiger des colibris étincelants comme des rubis et des topazes, tandis que des **bengalis** et des sensasoulés, ou cinq cents voix, cadrés sur l'humide feuillée, faisaient entendre sur leurs nids leurs concerts». — Bernardin de Saint-Pierre, *La Chaumière Indienne*.

1836. — «Comun il y a beaucoup d'arbisseaux, dans lesquels les petits oiseaux paraissent se plaire, on y trouve le pouddа, ou calfat, quelques sonimanges, diverses espèces de **bengalis**» (em Timor). — Rienzi, *Océanie*, I, p. 207.

«**Bengali**, s. m. Oiseau gramivore, du genre amadine, qui a de très-riches couleurs, mais ne chante pas, quoi qu'en disent les poëtes». — Littré.

**Bengalina**. Conforme informações mais correctas, é o nome de *Poinsettia pulcherrima*, Dalz & Gibs., *flor de Páscoa* em espanhol. «Do Mexico; muito commum nos jardins; as brácteas da flor são de côr escarlate. O succo leitoso pode ser, conforme o Dr. Watt, convertido em uma especie de gutta-percha». D. G. Dalgado, *Flora*. Há também *Poinsettia alba*, que tem brácteas brancas.

* **BENINTAU**. Caixão mortuário, em forma de barca, com o cadáver, em Celebes. Do mal. *benian-tanam*, «caixão de enterrar» [1].

1701.—«Enterrauão os mortos com suas joyas de ouro, e se erão pessoas illustres, as metião em certas embarcações, chamadas **benintao**, e se deixavão estar em sua casa». — P. Francisco de Sousa, *Oriente Conquistado*, II, III, p. 1.

* **Berá**. Diz-nos João de Barros que é apelido duma linhagem antiga e nobre das vizinhanças de Goa, assim como uma outra, que denomina *gij*, isto é, *jī*, mar.-hindust., «senhor». V. *gim*. Não conheço nenhuma palavra marata com que se possa relacionar. Em canarês *beda* é «casta ínfima que vive de caça»; mas *bedaga* é «um homem pomposo ou pretensioso». É possível que êste último seja o étimo.

1563. — «Entre a gente que habita aquellas comarcas e terras vizinhas a Goa, ha duas linhagens antigas e nobres, que são as cabeceiras, de baixo de cujo governo estavão todas aquellas *Tanadarias* ... Hũa linhagem destas tinha por appelido **Berás**, que era a mais principal».— Déc. III, IV, 5.

**Béri-béri**:

1918. — «O **béri-béri** não é infeccioso nem contagioso, mas é doença de origem alimentar, principalmente devida ao uso de arroz descascado e branco, desprovido da sua pelicula vermelha». — *Heraldo*, de 27 de Junho.

1680. —«He alleged that he was unable to travel owing to an attack of **beri-beri**».—Manucci, *Storia do Mogor*, IV, p. 126. —«A kind of paralysis, prevalent chiefly in Ceylon». — O editor.

**Berilo**. O Sr. Paulo Pelliot nega que seja de origem arábica, como julgava Max Müller, o persa *billaur*, e relaciona-o com o prácrito *velũriya*.

1912. — «The most highly prized [pelos

[1] Informa-me o sr. Carlos Beretta que em macaçarês *bohe* quere dizer «encher ou conteúdo», e *tao*, «homem», isto é, um objecto cheio dum homem.

romanos] of those stones was the **beryl,** found in India in only one place, namely Padiyur in the Coimbatore district; and these *beryls* were believed to be the best and purest of the world». — R. Mookerji, *Indian Shipping*, p. 124.

* **BERVAIÁ** (sing. *beravāyā*). Indivíduo duma das castas baixas de Ceilão, cujo ofício é tanger bombo ou tame-tame (*bera*), e que entende também de astrologia e de meteorologia.

1687. — «Nos tempos presentes os Mestres desta sciencia naquella Ilha são os **Beruayas,** gente baixa... Com grande cuidado a ensinou aos **Beruayas,** que honrandose dela, nunca mais a largarão, ensinando a os pays a filhos». — P. Fernão de Queiroz, *Conquista de Ceylão*, p. 35.

**Betal:**

1850. — «**Betalo** (Semi-deos). Deu o nome a Aldêa Bétal batim, isto he, Vasa de Betalo, e foi deos tutelar desta Aldêa no Gentilismo, cuja estatua ainda existe, servindo de pedra de arrimo em hum poço na vizinhança da Igreja». — F. N. Xavier, *O Gabinete Litterario*, IV, p. 240.

* **BETELEIRA.** Emprega-se em dois sentidos: terreno plantado de *bétele;* caixa ou vaso para bétele.

1638. — «Quinhentos vinte e oito xerafins, tres tangas e quarenta e quatro reis, que custou huma **beteleira** de prata laurada com hum pelicano em cima, e sete filhos pequenos em baixo ao redor». — *Apud* Júlio Biker, *Collecção de Tratados*, II, p. 18.

1669. — «O arecal comprehende 5000 arequeiras... 6 limoeiros, 2 **beteleiras,** 50 figueiras». — *Relatorio da Provincia de Satary*, III, p. 17.

«... 1 limoeiro, 2 torangeiras, 2 larangeiras, 7 **beteleiras,** 200 figueiras». — *Ibid.*, p. 23.

**Bibas:**

1904. — «Os chinas chamam aos fructos *lo-quat* emquanto chamam á folha *pi-pa-ip* por causa da apparencia d'ella com a da sua guitarra, que elles chamam *pi-pá*, e d'ahi o nome **Biba**, que é uma commutação de *pi-pa*». — João Maria da Silva; *Repositorio*, p. 57.

**Bibi:**

1610. — «The title **Bibi** which I have mentioned several times, is Persian for «Lady». — Pedro Teixeira, *The Travels*, p. 69.

**Bicho:**

1668. — «Indo hum **bicho** criado do *Çuntô* a ver porque tardava tanto seu amo ... achou a hũa porta deus homens». — *In Ta-ssi-yang-kuó*. — «É designado no dialecto macaista pelo nome de **bicho,** os creados de pouca edade ou as creadas raparigas. Assim, ainda se diz hoje **Anna-bicha,** para significar — a moça ou creada Anna». Anotador.

1724. — «Se obrigou mais a mandar dous rapazes da idade de quatorze annos pouco mais ou menos pelo **bicho** captivo, que tiraram ao Feitor Felicio dos Santos» (em Calecut). — *Apud* Júlio Biker, *Collecção de Tratados*; VI, p. 16.

1798. — Foram livres os pequenos negros (chamam-nos **bichos**) do captiveiro cafreal». — *Ibid.*, X, p. 48.

1908. — «Valem uns cinco bufalos os escravos creanças, os **bichos,** como dizem; um ou dois bufalos apenas os escravos adultos» (em Timor). — Alberto O. de Castro, *Flores de Coral*, p. 180.

* **BICHO-DE-ORMUZ.** É o mesmo que *naru* (q. v.), ou verme-da-Guiné.

1879. — «A outra doença não menos perseguidora do povo meudo é o **bicho de Ormuz,** como aqui [em Dio] denominam, ou o verme de Guiné». — João Stuart Torrie, *Estatistica da India Portugueza*, p. 351.

**Bicho-do-mar:**

1836. — «Voici les objects que ces jonques prennent en retour: nids d'oiseaux, camphre de Borneo, **vichos do mar** ou trepan. Je suppose que ce sont trois mots portugais qui signifient *vers de la mer:* les Anglais écrivent *beech de mer*, ce qui ne signifie rien. Ce sont des holothuries». — Rienzi, *Océanie*, I, p. 142.

* **BICHO-VERGONHOSO.** É o nome que se dá na Índia Portuguesa ao *pangolim* (q. v.). O motivo da denominação está na característica exposta no referido vocábulo.

1866. — «Uma concha de Pangolim, conhecida aqui [em Goa] pelo nome de *Telió* ou *Tirió* e tamem pelo nome de **bixo vergonhoso**». — *Archivo de Pharmacia*, III, p. 103.

1886. — «Nas florestas das Novas Conquistas habitam... os seguintes animaes ... tirio (**bicho vergonhoso**)». — Lopes Mendes, *A India Portugueza*, II, p. 449.

**BIL.** (ant.). É uma fracção de *pagode nixani* ou de *orá*.

1708. — «De *Possoi* se contribuia da dita provincia, segundo o numero geral que importasse de pagodes nixanis da mesma, hum *chovolo,* hum *duvol,* e hum **bill** a elle Sar Dessay, e hum **bill** a Bascaró Caci, com que se faz hum Chavolo». — *Apud* Júlio Biker, *Collecção de Tratados,* XII, p. 148.

1706. — « Da pratica de *Tainata,* trezentos e dezeseis pagodes, huma quarta, tres davalós e hum **bill**». — *Ibid.*, p. 146.

1814.—«... 3 doulés, 4 **belans,** 5 vis». —*Apud* Joaquim C. Soares, *Doc. Comprobativos,* p. 449.

***BILES** (s. m. pl. ; hindust. *bhīl* < sânsc. *bhilla*). É uma das raças anáricas, semelhante à dos *Coles,* que vive nos montes de Víndia e em certas partes do Decão, e que se filia no ramo Colárico dos aborígenes da Índia.

1635. — «Ficava obrigado... a ajudar o dito senhor capitão e governador com toda a gente de armas de suas terras, de pé e de cavallo, ao menos quinhentos homens de espingardas, e sessenta de cavallo, e mil **Biles** contra o inimigo Colle».— *Apud* Júlio Biker, *Collecção de Tratados,* II, p. 59.

«E tendo alguma desinquietação o dito Rey dos ladrões formigueiros **Billes,** se lhe dará toda a ajuda e favor, como amigo desta fortaleza e com terras». — *Ibid.*, p. 72.

1695. — «E os seus naturaes são muito valentes, e em especial huma casta, que chamão **Billos**». — «Cosme da Guarda, *Vida de Sevagy.*

1871.— «Os nossos espiritos tranquillos já não são perturbados pela idea de ver os fructos dos nossos trabalhos destruidos e roubados pelos bandidos de Sivagi ou pelos **Bils** do Guzarat». — *Apud* Pedro Mesnier, *Viagem do Visconde de Sam Januario,* p. 50.

1845. — «Dans la partie voisine des Vindhya ; et dans le centre et le sud de la grande forêt, on les appelle Gonds ; plus à l'ouest, **Bhils,** et tout à fait à l'ouest, Coles». — Xavier Raymond, *Inde,* p. 256.

1860. — «On admet généralement que les **Bhills** sont originaires des pays situés au nord-ouest du Malve. Leur nom paraît pour la première fois dans les ouvrages hindous relativement modernes; cependant Ptolomée leur accorde l'honneur d'une mention».—Enault, *L'Inde Pittoresque,* p. 427.

1883. — «The **Bhills** were apparently the chiefs of the large group of tribes that at one time held most of the country now distributed among the Provinces of Mewár, Málva, Khandesh, and Gujarat». — Hunter, *The Imperial Gazetteer,* II, p. 387.

1898. — «Los invasores fueron sucessivamente los mongoles, amarillos, cuyo cruzamento [com os negritos] deo origen á las poblaciones llamadas *dravidianas,* tronco de los **Bhils** y demás pueblos semi-selvajes existentes todavia». — Alfredo Opisso, *Viages á Oriente,* I, p. 73.

**Bilva :**

1906. — «Os differentes nomes de Siva são repetidos em frente do *linga* e a cada uma d'essas invocações colloca-se uma palha de **bilva** (margosa) [vid. *amargoseira*] sobre elle».—Herculano de Moura, *Inscripções Indianas,* p. 135.

**Bimo :**

1850.—«**Bimo :** Aposta em Diu em especial á chegada das Embarcações de Moçambique : Tem Lugar, Empregados, fiscalisação, e Livro pera os seus termos, e se paga certo direito á Fazenda. Incorrem nas penas marcadas os transgressores do seu Regulamento, que se chama *Lei de Bimos*». — F. N. Xavier, *O Gabinete Litterário,* IV, p. 243.

1883. — «A pedra de **Bimão,** situada no bairro dos cabouqueiros a' L. do baluarte de S. Paulo, era uma eminencia sobre a qual se construiu a torre... a que se deu a denominação de *torre de apostas,* porque do alto d'ella uma immensidade de gente vigiava o apparecimento das embarcações, e que de noite e de dia, com os olhos fitos no horisonte apostava sobre o dia em que se havia de avistar o barco, dias de viagem, carga e passageiros que trazia, hora em que havia de entrar na barra e a em que surgiria no porto». — Lopes Mendes, *A India Portugueza,* II, p. 277.

**Biombo :**

1694. — «Não se cerrão estas velas, mas se fechão a modo de **biombos :** e quanto mais furioso he o vento, tanto mais vão arriando, e fechando a vela, para mayor segurança do mastro, e do casco». — *Noticias da Cochinchina,* p. 7.

**Bisão :**

1885.—«Leopards, bears sámbhar deer, and occasionally **bison,** are still to be found among the western hills».—Hunter, *The Imperial Gazetteer,* x, p. 262.

**Biva :**

1854. — «La guitare proprement dite est le **biwa,** qui se fait entendre très-fréquemment aussi». — Jancigny, *Japon,* p. 131.

**Bocassim.** Eguilaz y Yanguas deriva o cast. *bocaci* («cierta suerte de fustan») do ár. *boghāzī.*

1612. — «These are clothed in camlots and **bocassi**». —Apêndice ao manuscrito castelhano de Duarte Barbosa, na tradução inglesa, p. 225. — «Surat glazed cotton stuff». —Nota do tradutor.

**Bodiame**. É palavra composta do sing. *bōdhi*, «figueira religiosa», e *hāmi* (por *sāmi* < sânsc. *svāmī*) «senhor».

**Boiada**:

1855. — «Commerciam com o Balagate, terras que ficam além dos Gates com as suas **boiadas** (bois com cargas de generos, e fazendas). — F. N. Xavier, *Instrucção*, p. 42.

1869. — «... estradas, caminhos vicinaes, caminhos ruraes, rios, ribeiras, *penens*, ou terrenos onde descançam as **boiádas** nas proximidades dos postos fiscaes e registos d'alfandega». — *Relatorio Final da Provincia de Satary*, p. 21.

**BOIMI**. Certos direitos alfandegários que se pagavam antigamente nas praças do *Norte*. Não sei bem qual seja o étimo do vocábulo: se o mar.-sânsc. *bahiḥ*, «para fora», isto é, direitos de saída; ou do mar. *vahaṇim*, «cargas, transportes».

1731. — «Alegão os ditos mercadores que os direitos dos *Mandovins* se não deviam praticar com a fazenda que de Mahim Bombaim se exporta para as vias e passos de Caranjá, valendo-se para a sua prova do primeiro capitulo do titulo dos direitos dos **Boimis**... Os direitos destes **Boimis** se não entenderá (*sic*) nos navios Fustas e *Cutias* e quaesquer outras vasilhas que vierem de Baçaim, Tannà, Salcete, Sabajo, Talloya nem dos que sahirem de Mahim Bombaim pelo mar para fóra». — *Apud* Júlio Biker, *Collecção de Tratados*, III, p. 351.

**Bombilim**:

1879. — «Nos mezes de novembro até fevereiro immediato reunem-se ali cerca de dous mil individuos de ambos os sexos por occasião de pesca de peixe **bombolins** que os pescadores de Damão e os seus arredores vem fazer neste districto» (de Dio). — João Stuart Torrie, *Estatistica da India Portugueza*, p. 345.

1902. — «Em toda esta costa encontra-se muito peixe, especialmente o **bombolim**, que, depois de secco, se vende por preços altos nos mercados estrangeiros; é «Bombay-duck» dos mercados da India britannica e da China». — Jerónimo Quadros, *Cartas de Diu*, p. 11.

**Bonchorone**:

1703. — «... fardos de carvão, pasto de gado, **Bôr** (*sic*), venda miuda de sal». — *Apud* Júlio Biker, *Collecção de Tratados*, XII, p. 147.

1824. — «A renda de **Bona** e *goulis*, ou pasto de gado e pastores, 400 rupias». — *Ibid*, p. 35.

***BONDVALÉS** (s. m. pl.). Salteadores, bandidos, na Índia árica. Do conc.-mar. *baṇḍvāle*. Se o singular é *bondavaló*, segue o conc. *baṇḍvāló*; se *bandvalá*, o mar.-hindust. *baṇḍvālā* < persa *band*, «trama, trica».

1886. — «Mas não eram só as difficuldades topographicas, o que obstava á permutação com os satarienses. O receio dos **bondvalés**; a prohibição imposta aos negociantes de grosso trato». — Lopes Mendes, *A India Portugueza*, II, p. 15.

**Bonvoro**:

1886. — «He tambem subjeito a doenças, e taes são: o *munddoly*, o *rontó*, o **bonvoro**... e a 3.ª é produzida por uma especie de bezouro, que fere a palmeira e as espigas pela parte superior; e as duas primeiras a atacão pela raiz». — F. N. Xavier, *Descripção do Coqueiro*, p. 10.

1917. — «E como era um pó já curtido em agua salgada, já vinha premunido contra o besouro (**bonvôr**) que aliás poderia ter nele facil meio de cultura». — *O Ultramar*, de 13 de Abril.

**Bonzo**:

1853. — «On rendit compte à l'empereur du nombre de **bonzes**, **bonzeries**, et des temples de *Fo*, qui existaient dans l'empire. — Pauthier, *Chine*, p. 326.

**Borá**:

1742. — «Assim mais o espoliou das palmeiras e vargeas, em que tem cinco **borás** de *Cumbulem* de *bate* e arroz, e mais pensões do *Dessayado*». — *Apud* Júlio Biker, *Collecção de Tratados*, VIII, p. 162.

**Borodo**:

1919. — «Permitindo, provisoriamente, em todos os terrenos que não sejam matas reservadas, a cultura de **borada** e por meio de *cumerins*, a todos os naturaes da provincia». — *Portaria*, do governador de Goa, de 12 de Março.

**Bostear**:

1886. — «Colloca o defuncto no *dorôbo*, que é, como mostra o desenho, um terreno **bosteado** de fresco, em frente do *Tullôs-*

*sy*». — Lopes Mendes, *A India Portugueza*, I, p. 265.

***BOTINA.** Mulher do *bôto*, q. v.

«As vermelhas *Ixora coccinea*, que são a alegria dos vallados indianos, encarnadas como a graciosa bocca de uma **Bôthina** nova, mascando *betle*». — Alberto O. de Castro, *Flores de Coral*, p. 202.

**Bôto**:

1718. — «... cujas Almadias estavão tomadas para nellas se embarcar hum grande **Botho**, cuja dignidade entre aqueles idolatras corresponde á dos nossos Bispos». — «João Tavares Guerreiro, *Jornada*, p. 47.

***BOTTLER.** É palavra inglesa, usada pelos portugueses na India Britânica, e às vezes na Portuguesa, no sentido de «copeiro, criado de mesa». Diz-se também *botleiro*.

1866. — «Os conductores de palanquim, o preparador do uká, os creadós do panká, o porta-chapeo, o **bottler**, o moço do divan, o *amassador*, eram para o austero Roberto outras tantas sinecuras». — Francisco Luís Gomes, *Os Brahamanes*, p. 21.

**Bouço**:

1886. — «**Bouços** são associações forçadas dos arrendatários de *casanas*... Compete ao **bouço**: 1.° Conservar, arrotear e vigiar os vallados da respectiva casana; 2.° Nomear *camotins* .. *painins*... e outros serventes que forem necessarios; 3.° Partilhar a receita do arrendamento dos retalhos de casana e da arrematação de outras avenças d'ella». — *Regulamento das Communidades*, p. 15.

**Bracalão**:

1918. — «Foi depois da visita ao rei e ao elefante branco, que o embaixador, M. de Chaumont, visitou o **barkalon** primeiro ministro do reino de Sião». — *Boletim* da Segunda Classe da Academia, XII, p. 74[1].

**Braechaga**. Garcia da Orta refere-se à *Miscellanea* de Garcia de Resende, mas não fornece nenhum esclarecimento, contentando-se com não dar crédito às propriedades contrárias da raiz e do fruto. E o Conde de Ficalho também não acrescenta nada.

[1] A embaixada foi enviada por Luís XIV em 1685.

1918. — «For the word **Braechagua** or **Baçaraga**, I would suggest as a possible origin *bazāri-bang*, a name used in the Panjab for the seed of henbane, *Hyoscyamus niger*, which is found (like *Ac. Ferox*) in the Sutlej valley, and is in use as a narcotic medicine. It is probable that the order of the words has been reversed, the first-named being in reality the seed, and the second the root». — Longworth Dames, *The Book of Duarte Barbosa*, I, p. 234.

**Brala**:

1553. — Mas morão os de cá obra de quarenta leguoas de Malaca junto de hũa ilha, a que os nossos chamão Poleconira, e os da terra **Barala**, que quer dizer casa de Deos, por razão de hum antigo templo que ali esteue». — João de Barros, Déc. I, VI, 1.

**Bramanismo**. Collectividade de brâmanes, nos seguintes passos.

999. — «O **Bramanismo** invoca o Bramá, antepondo-o a todas as deidades por artifice». — «... razão porque se pratica até hoje com geral applauso esta festividade do **Bramanismo**, e mais Castas». — *Noticia do Gentilismo*, pp. 69 e 75.

**Brande**:

1879. — «A classe mais abastada faz uso de vinhos e espiritos como genebra, **brande**, etc.». — João Stuart Torrie, *Estatistica da India Portugueza*, p. 344.

1862. — «100 Duzias de garrafas de **Brandy**». — Afonso de Castro, *As Possessões Port. da Oceania*, p. 338.

***BRAS.** Ostra volumosa de Maluco. Parece que o termo é dos dialectos locais, pois não o vejo nos dicionários malaios.

1550. — «Ha umas ostras a que chamão **Bras**, que tem tamanhas conchas, que bautizão nellas». — António Galvão, *Tratado dos Descobrimentos*, p. 46.

***BREDO-FANÃO** (ant.). Diz-nos Fra Paolino que é o nome que os portugueses davam a uma planta do Malabar, a qual não pude identificar. O termo malaiala, se é *nilampayaṛu*, quere dizer «legume da terra». Rheede não o menciona. *Fanão* é uma moeda dravídica, com que o legume teria alguma analogia.

1786. — «*Nilaparanda* Malab., **Bredo-fanão** in Portoghese». — *Viaggio*, p. 364.

***BRIGADEIRO.** É o nome que os navegantes portugueses deram, por alguma analogia, a uma ave palmípede dos mares de África, com que topavam na sua carreira da Índia.

1867. — «São de varias especies, todas ellas palmipedes, e conhecidas pelo nome de feijões frades, mangas de velludo, albatrozes, mangadeães (?), **brigadeiros**, almas do mestre, etc.». — *Archivo Pittoresco*, x, p. 262.

**Brinco:**

1791. — «E estende estas penas contra os que concorrem a toda a casta de **brincos**, bailes, folias em qualquer dia de novena ou festa». — P. Casimiro de Nazaré, *Mitras Lusitanas*, I, p. 347.

*** BRUAN**. Animal da Malásia caracterizado abaixo hiperbólicamente. Do mal. *burun*, «the serow of the Malay Peninsula (*nemorrhoedus swethenhami*». Wilkinson.

1613. — «E por cima de tudo haver na Peninsula, o animal chamado **Bruan**, tão poderoso, e resistente, que não pode ser ferido seu corpo, ainda que lhe dem muytas lançadas, ou cutiladas». — Manuel G. de Erédia, *Informação da Aurea Chersoneso*, p. 91.

**Bua:**

1694. — «Matando ao viso-Rey, e a quantos ministros chinas podèrão alcançar, aclamàrão por Rey hum seu natural, a quem chamàrão **Bua**, o que quer dizer Supremo Governador». — *Noticia da Cochinchina*, p. 1.

**Buda:**

1694. — «As figuras dos seus deoses, a que chamão **But**, são de barro, e de pao doirado, e tambem de bronze, mas todas de vulto e inteiras». — *Noticias da Cochinchina*, p. 27.

«Antes de levarem o corpo para a sepultura, vem os Bonzos, e fazem sua reza dos finados; pedindo ao **But** leve aquella alma para as terras da India; onde elle nasceu, e Reynou; porque só aquellas são as mais deliciosas». — *Ibid.*, p. 31.

**Buguldaf**. Inindentificável.

1551. — «Deu para el Rey D. Manoel... hũa pedra tamanha como hũa auelãa, muyto proueitosa contra a peçonha que se acha na cabeça de hũa alimaria a que na India chamão **buguldaf**». — Castanheda, *Historia*, I, cap. 46.

1566. — «Huma pedra do tamanho de huma avelãa, que se acha na cabeça de huma alimaria, de que ha muito poucas, a que os Indios chamam **Bugoldaf**, a qual pedra tem grande virtude contra todo genero de peçonha». — Damião do Góis, *Chronica de D. Manuel*, I, cap. 69.

*** BUI** (adj.). Gostoso, saboroso, agradável, na Cochinchina. Do anam. *bùi*.

1694. — «Esteve ElRey ouvindo com muyta applicação, e no cabo disse aos Padres: Essa vossa ley he muyto boa, e santa, porém não he **Buy**, que quer dizer folgada». — *Noticias da Cochinchina*.

**Bulbulo:**

1865. — «**Bule-bule**, passaro conhecido no paiz pelo nome de *Capri-bussundi*». — *Archivo de Pharmacia*, II, p. 118.

1906. — «**Bulbul** — Nome persa do rouxinol, ou do passaro que no lyrismo do Iran substitue o rouxinol dos lyricos europeus. Nome dado por extensão, provavelmente pelos mussulmanos de cultura iranica a aves cantoras da India, mas pertencentes a varias especies, e differentes dos rouxinoes da Eurapa». — Alberto O. de Castro, *A Cinza dos Myrtos*, p. 172.

**Búnguio:**

1854. — «Une députation japonaise, ayant en tête un officier de police d'un haut grade, nommé *gôbányosi*... se rend à bord pour constater définitivement que le navire en rade est bien l'un de deux bâtiments de commerce qui peuvent légalement visiter le Japon tous les ans». — Jancigny, *Japon*, p. 22. — «Kaemfer écrit **buggiosu**; Charlevoix, **bugio**». Nota.

**Burro**. Inindentificável.

1614. — «Como era tarde e o inverno vinha ameaçando, descarregarão as primeiras trovoadas (que he hum temporal a que chamão **burro**, que venta de Sudoeste)» (em Ceilão). — Diogo do Couto, *Déc.* V, v, 8.

*** BUSMAPRI**. Imposto que se pagava nas Novas Conquistas de Goa pela medidagem de cereais e legumes importados do estrangeiro. Do conc. *bhusmāprī*.

1869. — «Pagaram — e ainda hoje pagam á fazenda — a renda do bazar... a **Busmapri** e *Mitmapri*, pela medidagem do sal e legumes importados». — *Relatorio final da Provincia de Satary*, p. 8.

1886. — «... á fazenda publica a renda do bazar... a **busmapri**, e *mitmapri*, que se pagava pela medidagem dos legumes e do sal importados». — Lopes Mendes, *A India Portugueza*, II, p. 15.

**Butica**. O Sr. Cabaton duvida que o vocábulo, no sentido de pérola, venha do ár. *bāṭin*, e sugere-me como etimologia verdadeira o páli *mut-*

*tika* (sânsc. *mauttika*). Mas a abonação refere-se à zona arábica, e não parece que o termo páli tivesse passado para ela.

I. ***BUTO**. Espírito maligno, demónio. Do sânsc. *bhūta*, que, como particípio passado de *bhū*, significa «sido, existente», e, como substantivo, «ser, vivente», e secundáriamente, «trasgo, diabo».

1890. — «Em Goa o espirito levantado de uma mulher morta chama-se **bhut**, e o de um homem *mharu*. Elles abanam e fazem mover as arvores quando não ha vento; frequentam as encruzilhadas, dançam nas ruinas, e nos ermos, e logo que podem entram nas povoações para atravessar negocios, ou metter-se no corpo de alguem». — António de Almeida Azevedo, *As Communidades de Goa*.

1906. — «**Bhut** — Do sanskrito *bhûta*, formado, existente. Termo generico da immensidade de Espiritos e Demonios que apavoram a imaginação do indio». — Alberto O. de Castro, *A Cinza dos Myrtos*, p. 22.

II. ***BUTO**. É o nome que se dá nos dialectos de Maluco ao que em outras partes se chama *bazar* (q. v.).

1560. — «Vendem seus mantimentos e cousas em praça a que chamão **buto**, e o Malaio *paçara*, e nós *bazar*». — Gabriel Rebêlo, *Informação de Maluco*, p. 155.

## C

**Cabaia:**

1960. — «He orders the poison to be applied on the hood and the cuffs of the **cabaya** (*qabā*, Persian, «a long gown») which are given at his audiences to those present at court». — Manucci, *Storia do Mogor*, I, p. 149.

**Cabisondo**. O Sr. Cabaton acha frágil a explicação dêste vocábulo pelo anamita, e prefere derivá-lo de *cabezan*, forma tagala de *cabeza*, «cabeça, chefe» e da partícula honorífica malaia *nda*: «chefe religioso ou administrativo». Não é provável que no tempo de Fernão Mendes Pinto o termo *cabezan* ou *cabeza* estivesse vulgarizado no Extremo Oriente a ponto de ser aplicado a um funcionário indígena. Parece-me que o autor teria empregado alguma locução corrente em malaio, que conhecia melhor e usava em qualquer parte: talvez *kĕbahi*, «chefe de aldeia» + *sandañ*, «faixa ou insígnia de autoridade».

**Caçanar:**

1680. — «From Cochin another Christian diocese begins, that of the **Cassanarios**, who call themselves Christians of St. Thomas». — Manucci, *Storia do Mogor*, III, p. 237.

***CÁCAPO** (mal. *kákap*). Barco fluvial, de popa e proa muito alta, na Malásia.

1718. — «Constava de mais de cem Galés de porte, não fallando no genero de embarcações, a que chamão **Cacapos**, *Paraos*, que tambem se armão de guerra». — João Tavares Guerreiro, *Jornada*, p. 203.

«O Principe com esta noticia despachou o seu lingua no **Cacapo** de Estado para conduzir ao Capitão João Tavares a Palacio». — *Id.*, p. 342.

«Mandava o lingua, e **Cacapo** de Estado (Embarcação Real, de que usa o Rey) no qual o Governador podesse commoda e honradamente desembarcar». — *Id.*, p. 330.

**Cacatu:**

1630. — «Elle só para sy tomou hum passaro de nome **Cacatua**». — In *O Oriente Português*, XIV, p. 13.

1861. — «Chamam-lhe **cacatuás**, *cacatus* ou *kakatoes*, talvez que da similhança que a sua voz tem com as articulações d'esta palavra. São os **cacatuás** todos brancos, com uma linda poupa de pennas compridas, que lhe corôa a cabeça, e que elles erguem e abaixam à sua vontade». — *Archivo Pittoresco*, IV, p. 222.

1908:

> «Cem mil dragões do Deus *Fó*!
> Não me convencem que o *Dó*
> Deixe airosa a macaista.
> Mais airosa é a cacatúa
> Quando toda a poupa enrista.
> E faz um ar de perúa».
>
> Alberto O. de Castro *Flores de Coral*, p. 86.

**Cacebi**. Vê-se da seguinte abonação que o seu étimo é sem dúvida *kasbī*.

1885. — «Considerable manufacture of *khrúa* and **kasbi** cloth, dyed red with the root of the *ál* (Morinda atrofolia)». — Hunter, *The Imperial Gazetteer*, XI, p. 509.

**Cachari:**

1442. — «The elephants of the palace [de Bisnaguer] are fed upon **kitchiri**. This substance is cooked; and it is taken out of the copper in the elephant's presence; salt is thrown on it, and fresh sugar is sprinkled over it, and the whole is then mixed well together». — Abd-el-Razzak, in *India in the fifteenth century*, p. 27.

1470. — «Horses are fed on peas; also on **kichiris,** boiled with sugar and oil». — Nikitin, *Ibid.*, p. 10.

1880. — «Thus Aurangzeb, as well as his army, had to content himself with a little **kichri** — that is, rice and lentils cooked with a little butter». — Manucci, *Storia do Mogor*, II, p. 241.

**Cachunde:**

1799. — «Entra tambem huma porção desta espiga e semente (bangue) na composição de **cachundé,** que preparão com particular segredo as Religiosas de Santa Monica no mosteiro desta cidade». — In *Archivo de Pharmacia*, I, p. 189.

1836. — «On fait bouillir les feuilles [de gambeiro] dans des pots de terre; il en sort un suc qui acquiert la consistence de sirop. On en fait des gâteaux carrés ou ronds... On exporte le gambir pour la Chine: il y sert pour tanner le cuir: On l'emploie aux Indes pour mâcher avec le bétel et l'arek».—Rienzi, *Océanie*, I, p. 104.

**CACOETE.** Os dicionários modernos não registam o vocábulo, naturalmente por não estar em uso, mas vem nos antigos, no sentido de «máo habito corporal, como v. g. o de quem torce o rosto, ou faz outros táes gestos, e ademães feyos». Morais. O Cardeal Saraiva observa que não obstante a sua origem grega e feição erudita, era popular o termo no seu tempo no Minho. Na Índia é corrente, onde, alêm do significado geral, tem o especial da «gagueira», por ser uma deformidade física particularmente notável.

1896. — «Não sei porque a menina moderna contraiu o **cacoete** de desprezar este genero de canto».—Gip, *Jacob e Dulce*, p. 101.

1917. — «Treine-se o consulente no hábito de «pensar alto», de dizer a sós consigo e em conversa com os amigos o que pensa, mas vagarosa, alinhavada, clara e coordenadamente—e não com aqueles **cocoètes** e assim se verá exercitado na expressão escrita»—*Heraldo*, de 5 de Agosto.

**Cadi:**

1919. — «He had appointed wise, experienced and God-fearing men to act as judges of Canon law (**qazis**) judges of common law (*adils*) and superintendent of law-courts». — J. Sarcar, *Studies in Mughal India*, p. 14.

**Cafarro:**

1730. — «... nos sahirão ao encontro mais de cincoenta Arabes armados com lanças, e gancharras, pedindo-nos em um confuso motim o **cafarro,** que he pagarem huma certa quantia de dinheiro pela passagem de cada hum de nós por aquella parte, e logo lançarão as mãos às redeas dos cavallos, e se hião dispondo para nos roubarem, despirem, e maltratarem». — Fr. António do Sacramento, *Viagem Santa*, I, p. 114.

**Cafatar.** O Sr. Cabaton conjectura que o vocábulo podia provir, como um epíteto de Satan, de *khaṭṭāf*, por metátese *khafṭṭā*, «o arrebatador».

**Cafraria:**

1727.— «Nesta Africa Austral jás a Região a que os Portuguezes chamão **Cafraria,** por ser habitada de Cafres, que no Arabigo val o mesmo, que homens sem ley». —D. Manuel de Meneses, *Chron. de D. Sebastião*, p. 112.

**Cafre:**

1498. — «Nós nom entrámos dentro em esta capella [pagode de Calecut], porque seu costume he nom entrar nella senam homens certos que servem as igrejas, aos quaes elles chamam **quafees.** Estes **quafees** trazem humas linhas por cima do onbro lançadas (o onbro he ho esquerdo) e por debaixo do onbro do braço direito». — *Roteiro de Vasco da Gama*.—Teria o autor ouvido Monçaide ou outro muçulmano tratar por *kafar* os sacerdotes hindus.

**Cafrinho.** Parece que é o mesmo que *mandó*, praticado originàriamente pelos cafres. A dança devia estar muito generalizada no Oriente no século XVI, visto que é conhecida nas Molucas com o nome de *kafrinu*, e em Timor, *kafrinia*.

* **CAIALI** (ant.; s. f.). É obscuro o significado. Se o vocábulo se liga ao mar. *khayarī*, designaria a «industria do *cato*», que se faz de *queire*, q. v.

1554. — «E o Ramo da **Cayali** [em Baçaim], 5931 *fedeas*». — Simão Botelho, *Tombo da India*, p. 140.

**Cairo:**

1840.— «O **cairo** estrangeiro em rama, ou em simples filamento chamado na lingua do paiz — *cabló* — pagará trinta reis de Direitos de entrada por quintal. O **cairo** vulgarmente chamado — *sumb* — isto he fio ligeiramente torcido, os mesmos Direitos actuaes do consumo do Regimento da Alfandega de Goa. O **cairo** torcido em cordas, qualquer que seja o seu diametro, dez por cento». — *Collecção de Bandos*, I, p. 183.

**Caitoca:**

1750. — «Os Sipaes, que he a sua Infantaria, são armados com **Caitocas,** que he huma especie de esmerilhões, que cursam muito mais que as nossas Armas». — Marquês de Alorna, *Instrucção*, p. 51.

1856. — «**Caitocas**. São espingardas construidas no paiz, ou nos Gates, do tamanho ordinario, mas firmadas em coronhas de feitio particular, trazendo em lugar de pederneira huma especie de mordente para segurar o morrão, em substituição da pederneira.... As **Caitocas** são hoje muito raras.... O desuso de **Caitocas** tem feito applicar esse nome ás espadas curtas, com alguma curvatura, e com punho e guarnição do mesmo metal, que tambem se chama *Gurddo*». — F. N. Xavier, *ibid.*

**Cajepute:**

1836. — «Le **kayoupouti** (bois blanc) a été ainsi nommé, à cause de la blancheur de son écorce. Cette huile prise en friction, est d'un grand effet contre les douleurs rheumatismales».— Rienzi, *Océanie*, I, p. 111.

**Cajuló:**

1866. — «Uma parte de *urraca* e duas de *sura* entra para a segunda destilação, e dá o **casuló,** *fechado* ou *dobrado*... *Casuló* chama-se tambem o espirito de Cajú». — F. N. Xavier, *Descripção do Coqueiro*, p. 16.

**Calaba:**

1560. — «Usão tambem arremessos de ferro, páo e cana antre os quaes tem farpões com que prendem os homens como a peixe alando por elles, e antre os de cana tem huns a que chamão **calabas,** delgàdos, e de comprimento de hũa braça, em cuja ponta põem hum ferrão de páo tostado, com farpas, e na outra põem hũa cana do comprimento quasi de hum covado que trazem na mão, com que despedem a **calaba** mui longe, e certo». — Gabriel Rebêlo, *Informação de Maluco*, p. 162.

**Calachurro:**

1678. — «... unos terçados pequeños, a que llamãn **Calachurria**». — João de Sá e Meneses, *Rebelion de Ceylan*, p. 190.

1917. —«**Calachurro,** a short sword. It is strange that this identical word cannot be traced in the Sinhalese. Yet from its repetition by various Portuguese writers it is clear the word was in common use. It will be in S. *kalá-kura*. *Kúra* is used for a pointed hairpin. *Kalábonda,* is a swordstick; *Kalákirichchi,* is a knukleduster». — P. E. Pieris (em informação particular).

**Caladari:**

1779. — «Salitre, tincal, humums, casses, bastas, dorias... **caladaris,** dongris». — D. Francisco de Sousa Coutinho, *Breve e util idea*, no *Panorama*, X, p. 38.

* **CALADE** (teto *kaládi*). É o nome que se dá em Díli à gente das cercanias que lá vai vender géneros no bazar, que se realiza todos os domingos. A palavra significa primáriamente «planta silvestre de que os indígenas fazem uso para comer como hortaliça». Rafael das Dores. Em malaio *kĕládi* é o nome da aroidea *Colocaria antiquorum*. V. *alum* (Supl.).

1868. — «Todos os auxiliares dos reinos que vem para o serviço da praça, quer sejam *firacol*, quer sejam **calades,** aprendem dentro de alguns mezes o teto, emquanto que passados annos, ainda não aprendem o portuguez». — In *Annaes do Conselho Ultramarino*, IV, p. 37.

**Calaim:**

1613. — «*Cala* ou *Calen*, he outro porto de tratto de estanho, ou **calayn** de pães pequenos chamados *pães de fechadura*» (250 dos quais fazem um *bar*, conforme o mesmo autor). —Manuel G. de Erédia, *Informação da Aurea Chersoneso*, p. 84.

1918. — «**Calaim**. C'est l'arabe *kala'ī* augmenté de la final nasal portugaise. Un **calain** est une pièce de monnaie en étain». — G. Ferrand, *Malaka*, p. 35.

* **CALANO.** Nome por que se designa em Maluco e outras certas ilhas o «rei». Do mal. *kĕlana*.

1560. — «A estes Reis em todas as linguas chamão **Calanos**, que são de todos mui venerados». — Gabriel Rebêlo, *Informação de Maluco*, p. 151.

**CALAVONTE.** Nome concani, *kalavant*, de *bailadeira*, mas não usado em português.

1886. — «As **calavontes** são muito conhecidas pelo nome de *bailadeiras*, que lhe deram os primeiros portuguezes, que vieram á India».—Lopes Mendes, *A India Portugueza*, II, p. 34.

«É junto d'elle que existe o grande viveiro de **calavontes** ou bailadeiras, que fornece o Estado da India e Bombay de mulheres de facil amor». — *Id.*, p. 91.

**Calêm**. O Sr. Pelliot não crê que o *calêm* de Fernão Mendes derive do chin. *chai-long,* que eu apontei duvidosamente.

* **CALEPOTTI**. Contribuição para a festa de *caló,* q. v. Do conc. *kālepaṭṭi.*

1847.—«Que igualmente seja reposto no mesmo prazo e sob a mesma cominação o **Callepotti,** isto he, as quantias havidas para as festas do Calló, por ser huma derrama arbitrariamente estabelecida depois de 1817». — *Apud* Cunha Rivara, *Brados a favor das Communidades,* p. 70.

**Caliana**:

1654. — «There are many seats where the Persians imbibe tobacco from crystal *guriguris,* called by them **caliāo** (*qaliyān*) which are long and narrow-necked circular flasks filled with water, having a vessel of tinned copper or of silver in the shape of an open flower of the water-lily stuck into its mouth, and filled with tobacco». — Manucci, *Storia do Mogor,* I, p. 36.

1841. — Le **callun** est pour un Persan l'objet d'un grand luxe et d'une grande dépense. Son entretien exige un homme uniquement destiné à le porter, le nettoyer et le charger». — *Apud* Dubeux, *Parse,* p. 466.

**Calicó**:

1885. — «The Greek name for cotton fabrics, *sindon,* is etymologically the same as that of India, or Sind; while in later days, Calicut on the Malabar coast has given us «**calico**». — Hunter, *The Imperial Gazetteer,* VI, p. 599.

**Caluete**:

1552. — «Mandou perante todos meter no chão hũ pao muito alto, e agudo, que antre os Malabares se chama **caluete,** em que matão por justiça a mais ciuel gente da terra e espetãnos nele. E porque matão assi nele a gente ciuel, se dizem a hũ Naire: Naire **caluete** têno porla mayor injuria que se lhe pode fazer». — Castanheda, *Historia,* I, cap. 82.

1603. — «Algumas molheres Bramanes quando viram aleuantar a Cruz, com grande marauilha perguntaram, que era aquilo, que se parecia com o seu **Caloete** (instrumento de padecentes)». — P. Fernão Guerreiro, *Relaçam Annual,* fl. 79 *v.*

**Camadenu**:

XVII. — «Visvá Carmi Bramene e profeta criava huma vacca chamada **Camodeau** (*sic*), e para imbuir os animos dos Gentios, andou dizendo a todos, que Deos lh'a havia dado, e enviado do Ceo para remedio de sua pobreza, porque à vacca lhe dava quanto podia... escreveo em poesia muitas excellencias da dita vacca, e lhe deo o nome de **Camodeau,** que quer dizer, vacca que dá tudo». — *Breve Relação dos Gentios,* p. 11.

XVIII. — «Atreveo-se a matar a Sacerdote Jamadagni, a sua mulher Renucá, e toda a sua familia, e juntamente a Vacca **Camadenu**». — *Noticia do Gentilismo,* p. 118.

1886. — «**Câmadhênû,** vacca que dá tudo, representada com rosto humano e corpo alado de quadrupede».—Lopes Mendes, *A India Portugueza,* II, p. 70.

1886. — «**Câmadhênù**. — É a deusa gentilica do amor e uma das quatorze *rotnás* [sânsc. *ratna,* «preciosidade»]. Tem, como mostra o desenho, a fórma de vacca alada com geba e rosto de mulher». — Lopes Mendes, *A India Portugueza,* II, p. 86.

**Camariz.** Gonçalves Viana regista a palavra no seu *Vocabulário Ortográfico e Remissivo.* Figura efectivamente na obra de Garcia da Orta como nome concani e decani de *bilimbim* e de *carambola* (qq. vv.). Em concani não se usa actualmente, mas em hindustani é *kamarakh* ou *khamarak* < sânsc. *kamaraka* ou *karmaranga.* É possível que o autor tivesse escrito *camaric.*

1563. — «Chama-se em canarim e em decanim **camariz,** e, em malaio, *balimba*». — Col. XII.

**Cambolim**:

1731. — «Hia descalço, vestido de hum habito de **Cambolim,** que he hum genero de burel muito aspero, com uma Cruz de desmarcada grandeza às costas». — Fr. Fernando da Soledade, *Hist. Serafica,* III, p. 838.

**Camotim**:

1886. — «Compete ao *bouço*... Nomear **Camotins** (guardas de vallados), *painins* (distribuidores das aguas e vigias de comportas)». — *Regimento das Communidades,* p. 15.

**Campilão**:

1836. — «**Kampilon**... espèce de sabre droite dont la pointe est plus large que la partie supérieure».—Rienzi, *Océanie,* I, p. 230.

**Canária**:

1616. — Entre as quaes ha hũas aruores grandes chamadas **Canaxas** (*sic*) que sempre dam fructo do mesmo nome da maneira e feição, e tamanho da amendoa, e de propriedade da noz no sabor, e quentura». — António Pinto Pereira, *Hist. da India*, p. 116.

1908. — «Arvores chamadas **Canari** em malaio, que cheiram a beijoim, e dão amendoas de um *gosto* de pinhões». — Alberto O. de Castro, *Flores de Coral*, p. 202.

**Cancanã:**

1736. — «Nenhuma mulher casada quebre **cancanás** sobre o cadaver do marido, ou para o prantear vista com luxo ou se adorne com joias». — *Apud* Casimiro de Nazaré, *Mitras Lusitanas*, I, p. 246.

* **CANCHEUFU** (chin. *kvân-chân-fu*). Sala de audiência da perfeitura, na China.

1434. — «E o leuarão a elle no descalço sem barrete com apupadas de rapazes a cadea de **cancheufu**».—Cristóvão Vieira, *apud* Ferguson, *Letters*, p. 60.

«Atentas as casas de justiça que ha nesta cidade de Cantão a primeira he o **cancheufu** que he casa de cidade esta tem doze ou treze mandarîs e çem escrivães». — *Id.*, p. 75.

* **CANCOM.** É o nome por quê em Macau e Timor é conhecida a convolvulácea *Ipomaea aquatica*, Forsk. Serve para esparregado. Do mal. *kangkong*.

1745.—«As mais Hortaliças, **Cancom**, *Mungo*, *Mostardas*, Rabãos, e Nabos podem passar, como outras diversas de diversos nomes».— In *Ta-ssi-yang-kuó*, II, p. 148.

1882. — «O mungo e o gergilim, o **cacon** (*sic*), a cera de abelhas silvestres, que abundam n'esta ilha» (Timor). — José Vaquinhas, in *Bol. S. G. L.*, III, p. 41.

1900:

«Cancom já dá fula, Catterina,
Lombriga já irguî em pê,
Formiga cô porçobezo, Catterina,
Corê rua pidi comê.

Dialecto de Macau, in *Ta-ssi-yang-kuó*, I, p. 240.

«**Cancom**. — Especie de grêlos, com mais flores do que folhas, muito apreciado na cozinha chineza e macaista». — *Ibid.*, p. 261.

* **CANDEL.** Cobra indiana, preta e muito venenosa. Do conc. *kāṇḍel*, mar. *kāṇḍār*.

1919. — «É um remedio preconizado para cura de mordeduras peçonhentas, incluindo as dos animais domesticos, mas com excepção da mordedura do **candel**». — *Heraldo*, de 2 de Março.

**Candó:**

1919.—«Entende-se por **candó** o corte anual dos ramos das árvores». — *Acta do Conselho do Governo* (Goa), p. 150.

**Candum:**

1852.— «**Qhandum** — Rotura nos vallados das varzeas». — F. N. Xavier, *Bosquejo Historico*, IV, p. 16.

**Cane:**

1735. — «Les préparatifs consistent en quelques feutres, quelques nattes, deux ou trois chaises, une table, et un bois de lit couvert d'une natte, quand il n'y a point de **Can**». — P. Halde, *Description de la Chine*, I, p. 53.

**Canga.** O seu nome chinês é *kia*; *kang-kia*, que é o étimo do nosso vocábulo, quere dizer «trazer a canga». *Hyang-kiai*, dado por Yule como forma mandarina actual, é, conforme Pelliot, inexacto.

1731. — «Cativos, e afrontados os [frades] trouxe por algum tempo pelo mesmo estilo, que andavão os ladrões naquellas terras, antes de lhes darem a morte; e vem a ser huma **canga** metida pelo pescoço, com soldados de vigia». — Fr. Fernando da Soledade, *Historia Serafica*, III, p. 866.

1735.—«Un autre châtiment moins douloureux, mais plus infamant, est une espèce de Cancan auquel on attache le coupable, et les Portugais ont appellé la **Cangue**. Cette **Cangue** est composée de deux morceaux de bois échancrez au milieu, pour y insérir le col du coupable». — P. Halde, *Description de la Chine*, II, p. 133.

1853. —«Une description des instuments ordinaires de punitions, de gêne, qui sont: le bambou lisse et sans branches, le *kia* nommé **cangue**, pièce de bois que l'on place au cou du patient». — Bazin, *Chine Moderne*, p. 255.

1868. — «These are varieties of the portable pillory called by our travellers, after the Portuguese, **Cangue** (and by the Chinese *Kiā*)». — Yule, *Cathay*, I, p. 179.

**Cangalha:**

1861. — «Barcas, Brigues, Escunas, — as costeiras, *Patamarins*, Batelões, *Mochuós*, *Manguerins*, e *tonas de* **cangalha**». —F. N. Xavier, *Resumo Historico*, p. 368.

* **CANGÚ** (conc. *kāṅg*). É o mesmo que milho painço, em Goa — *Setaria italica*, Beauv. Por outro nome se chama *orió* (q. v.). Foi enviada uma amostra para a exposição de Lon-

dres de 1862. V. *Annaes do Conselho Ultramarino*, III, p. 35.

**CANIBO.** Os dicionários portugueses não registam o termo, mas inserem-no Moura e Dozy como forma portuguesa do ár. *kinnab* (do gr.-lat. *kánnabis*), «cânhamo». Moura observa que se encontra «assim repetidas vezes nas Déc. de Barros». Eu não o notei muitas vezes.

1553.—«Especiarias, **canybo,** boticas, ortaliça, *apas, foguecos*». — João de Barros, Déc. II, v, 2.

* **CANISSA.** Aguardente de cana. É termo usado em Timor.

1868. — «... e muita aguardente de canna, a que chamam **cannissa** ou *tuaca* bebida extrahida de uma arvore que se chama *tuaqueira*». — *Annaes do Conselho Ultramarino*, IV, p. 34.

**Canja** :

1673. — «Le **Canjé** ne sert pas moins à desalterer les malades qu'à les nourir, il ne fit pas tant de corruption comme nos boüillons et nos consommez, il me semble que ce regime a bien plus de rapport à celui des Anciens, qu'à celuy qui est en usage parmi nous, plustost par la complaisance des Medecins que par leurs ordres». — Dellon, *Traïté des Maladies*, in *Relation d'un Voyage*, p. 24.

**Canudo** :

1804. — «**Canudos** (cigarros embrulhados em folha de bananeira) 10:000 (exportados de Timor). — Afonso de Castro, *As Possessões Portuguezas*, p. 352.

* **CANUZAPTÓ.** Tarifa, tabela, nas Novas Conquistas. Do conc. *kānūzābtó*, mar. *kānūzābtā* < ár. *qānūn-zābṭa*.

1856. — «A Junta da Fazenda não teve dados certos para avaliar a sua importancia, visto que os direitos eram arrecadados pelos **Canuzaptós** (Tarifas) do *Bounsuló*». — F. N. Xavier, *Instrucção*, p. 44.

**Cão** (em *cambelão*) :

1839. — «Chamam-se *okeis* no Egypto os edificios conhecidos na Turquia pela denominação de **khans**, e n'outras partes do Oriente — *caravansarai*». — Lagrange de Barbuda, *Uma Viagem*, p. 40.

**Canvo.** O seu étimo provável é, conforme Pelliot, o chin. *tchao-heu.*

1687. — «Il fallut attendre le Viceroy qui voulut nous visiter, et nous remettre le **Cang ho** ou l'ordre du **Ping pou,** c'est-à-dire, du Tribunal souverain pour la milice. Cet ordre portoit, que soit que nous fassions notre voyage par eau ou par terre, on nous fourniroit tout ce qui seroit nécessaire pour être conduits à la Cour». — *Apud* P. Halde, *Descripton de la Chine*, I, p. 64.

1693. — «Cette Patente du **Pin pou,** qu'on nomme **Cang-ho**, consiste en une grande feüille de papier imprimée en caractères Tartares et Chinois, et munie d'un sceau du Tribunal». — *Ibid.*, p. 95.

* **CAQUETA.** É, conforme a abonação, o nome de duas espécies de frutos, de que se extrai óleo em Maluco. Não me foi possível identificar o vocábulo pelo malaio; parece que pertence ao dialecto local.

1560. — «Fazem azeite de coco, de peixe, e duas fruitas a que chamão **caquetas,** que não comem, e nacem em grandes aruores, e he tão bom como os de peixe pera nauios». — Gabriel Rebêlo, *Informação de Maluco*, p. 171.

**Caqui** :

1905. — «**Kaki**. — Hind. *Kháki* «poerento ou de côr de poeira», do Persiano *khák*, «terra», ou «poeira»; nome de um pano escuro ou côr de chocolate, usado pelos militares na India, desde a insurreição dos sipaes em 1857. Bom para se não ser alvejado pelo inimigo». — Fernando Leal, *Gloss. Port.-Oriental*, in *O Heraldo*, de 23 de Maio.

* **CARAHATONILAM.** Figura o vocábulo na *Lista de pedras preciosas* na tradução italiana de *Livro* de Duarte Barbosa, como nome indiano duma espécie de safira preta e azul. O seu étimo é o malaiala *karuttanīlam*, «safira preta». Melhor ortografia seria *carutanilão*. V. *cinganilão*, infra.

1516. — «Encontra-se tambem outra especie de Safiras sobre a praia do mar no Reino de Calicut, em hum lugar por nome Capucar, que entre os Indianos se chama **Carahatonilam;** são muito escuras e azues, e não brilhão senão ao ar, são brandos e frageis». — *Livro*, p. 388.

* **CARAN** (melhor, *carão*). É na Indonésia o mesmo que *chipe* (q. v.) na Índia meridional: ostra perolífera. Do mal *kărang*. V. *bras*.

1613. — «Nos parceles do Mar desta Ilha

se achão muytos Aljofres, e Perolas, como ouo de passaro, que são geradas no interior das Conchas chamadas **Caran,** que são da grandeza de hũa Adarga» (!).—Manuel G. de Erédia, *Informação da Aurea Chersoneso*, p. 124.

***Carbagé:**

1565. — «Hia dentro em hua *Angarilha*, que são huas casinhas feitas de pao... a que os Mouros chamão *casavás* (*kajāva* em persa)». — *Itinerario* do Mestre Affonso, in *Annaes Maritimos* (1844), p. 223.

**Carepo:**

1679. — «**Carepos** para cal». — João Stuart Torrie, *Estatistica da India Portugueza*, p. 226.

**Cária:**

1600. — «... e encaminhandoos na justiça de seus tratos, negocios, e **careas,** castigando tambem de quando em quando a alguns». — P. Fernão Guerreiro, *Relaçam Annual*, p. 44.

**Carla:**

1858.—«**Carlangui**. Panno de algodão listrado. Cada peça tem 4 ½ braças de comprimento». — Francisco M. Bordalo, *Ensaios sôbre a Estatistica*, IV, p. 84.

II. **CARÓ**. É o mesmo que *caseró*. Parece que em algumas partes se diz em concani *kāró*. V. Rheede em *caró* (nota).

1919. — «Faz-se tambem um preparado contra o Colera do seguinte modo: —Raiz de *Atki* [vid. *talona*] branco 4 oitavas, Raiz de **caró** ou *Cajró* meia oitava, cravos 4 oitavas, cardamomo 4 oitavas». — *O Ultramar*, de 11 de Agosto.

III. * **CARÓ** (guz. *karó*). Medida agrária, em Damão, equivalente a 28 punhos, um dos quais é a primeira unidade.

1886. — «Ha tambem o **caró** que se divide em 28 punhos de comprimento na medição de terras. O terreno que abrange um **caró** quadrado denomina-se *visvassi*». — Lopes Mendes, *A India Portugueza*, II, p. 256.

1917. — «**Carò** é a medição para as terras altas em Damão (*Caroda*)».—António F. Moniz, *Hist. de Damão*, IV, *mapa*.

**Carrane:**

1912. — «... the **Keranee**, or ship's clerk, who kept the accounts and also served out water to the people». — R. Mookerji, *Indian Shipping*, p. 207.

**Carruagem:**

1879. — «No dia aprasado, por convenção, se manda aos noivos **carruagens** (*machilas*), e um Convidante, a quem acompanham, com um ou mais hospedes, alem do *deddó* e *deddi* (criado e criada dos noivos)». — João Stuart Torrie, *Estatistica da India Portugueza*, p. 317.

**Cartaz:**

1616. — «São **cartazes** hũs seguros, que dão os Visoreys, e algũs Capitães que tem pera isso poder aos mercadores Mouros e gentios, com que nauegão seguros das armadas Portuguesas, se não leuão cousas prohibidas que logo nelle são resaluadas, com outras declarações de derrota que hão de leuar, e penas de se perderem, com que lhe atalhão leuarem cousas prejudiciaes, e a passarem com as que leuão sem ir pagar direitos nas alfandegas, e fortalezas del Rey». —António Pereira Pinto, *Hist. da India*, I, p. 22.

**Casana:**

1674. — «Estas fazendas, sr., são uns retalhos de chão, a que chamão **cazanis,** e alguns hortas de pouco rendimento». — *Apud* Eduardo Balsemão, *Os Portuguezes no Oriente*, II, p. 100.

1886. — «Chamam-se **casanas** certas varzeas sujeitas a inundações dos rios que lhes ficam proximos, e das quaes são defendidas por meio de vallados». — *Regulamento das Communidades*, p. 15.

**Cassabé:**

1856.— «Bicholim. Verdadeiramente he o nome da Aldêa, que hoje se chama **Cassabé,** significando aliás este termo Villa ou Capital, pois o nome primitivo da mesma Provincia he Batagrama». —F. N. Xavier, *Instrucção*, p. 44.

1906. — «**Cassabé,** do arabe *kasba* ou hind. *kasaba*, significa o logar principal de uma *paraganā* (do sanskrito *pragan*; litteralmente — «considerado acima de»—)».—Herculano de Moura, *Inscripções Indianas*, p. 39.

**Cassumba:**

1836. — «Le **kassoumba** (*carthamus tinctorius*), qui donne une matière couleur de safran, est originaire de ces îles». — Rienzi, *Océanie*, I, p. 102.

**Casta:**

1879. — «Tres são as principaes origens das **castas,** a ethnologica, a politica e a profissional». — João Stuart Torrie, *Estatistica da India Portugueza*, p. 328.

1668.— «Tous les Gentils respectent les Singes, et ont une veneration particulière pour le bœuf, ils sont divisez en plusieurs races, lignées ou sectes, que les Portugais expriment par le mot de **Casta**». — Dellon, *Relation d'un Voyage*, I, p. 97.

1680. — «Now these people are distinguished from each other by tribes, something like those of the Hebrews, and these divisions they call **castes**». — Manucci, *Storia do Mogor*, III, p. 330.

**Castanha de água:**

1879. — «*Trapa bispinosa* (Roxburgh), noz de Singhara ou **castanha d'agua**. As sementes comem-se». — João Stuart Torrie, *Estatistica da India Portugueza*, p. 41.

* **CASTANHA DE MOÇAMBIQUE**. É o nome por que é conhecido na Índia Portuguesa o amendoim, por ir para lá daquela província.

1918. — «O governo de Bombaim acaba de exaltar em uma nota oficiosa o valor do amendoim, aqui muito conhecido por **castanha de Moçambique** e na costa ocidental por *mancarra*, como alimento valioso, e que até aqui valia unicamente como semente oleaginosa». — *Heraldo*, de 5 de Junho.

* **CASTANHEIRA**. Denomina-se assim em Timor a *árvore de fruta de pão*.

1908. — «E as formosissimas arvores de fructa-pão (*Artocarpus incisa*), chamadas **castanheiras** no portuguès de Timor, de duas variedades, o *Culo tuno*, que dá sementes ou castanhas, muito açucaradas, e o *Culo uhi*» — Alberto O. de Castro, *Flores de Coral*, p. 202.

* **CASTI** (s. m.). Cordão sagrado, feito de lã de ovelha, que os parses de um e outro sexo trazem em volta da cintura desde a sua iniciação religiosa (*neojotê*), e que na sua significação corresponde à *linha* (q. v.) dos hindus. A palavra é do páhlavi, *kusti*, derivado provàvelmente de *kost*, «limite», isto é, «dever moral». O nome avéstico é *aivyionghana*. Na forma da palavra portuguesa parece que houve influência da enunciação inglesa. V. *sadrá*.

1905. — «Os homens vestem camisa de muselina (*sadrá*), cordão de lã ao cinto (**kasti**)...». — «As mulheres vestem bragas de seda, *sadrá*, o sacro **kastì**, *chole*...». — Jerónimo Quadros, *Cartas de Diu*, p. 178.

**Castiço:**

1862. — «Os filhos d'elles [portuguezes], où os nascidos na India mas de puro sangue portuguez, são chamados **castiços**, denominação correspondente á de creoulos na America meridional». — Francisco M. Bordalo, *Ensaios sobre a Estatistica*, v, p. 45.

**Castismo:**

1887. — «O **castismo**, como aqui se diz, paralyza tudo. Apezar dos esforços que se tem empregado para o debellar, elle a tudo tem resistido, vivendo e medrando mesmo na sociedade christã». — António F. Nogneira, *A India Portugueza*, p. 40.

**Casturi**. Informa-me o Sr. Cabaton que num dicionário turco-francês vem registada a frase *sadāqat kusteri*, «testemunho de amizade». Mas é provável que o vocábulo seja primordialmente de origem siríaca, como o é o rito de que se servem os cristãos de S. Tomé.

**Catana:**

1670. — «If by mischance the spear is broken, they draw the **cattane**, and blindly cut and stab at all they meet and never retreat, so that they either conquer or lose their lives» (os rajputos). — Manucci, *Storia do Mogor*, II, p. 438.

**Catanduro:**

1862. — Nas povoações ha o **catanduro**, especie de rato bravo, mui damninho, habitante dos foros das casas». — Francisco M. Bordalo, *Ensaios sobre a estatistica*, v, p. 66.

1864. — «Nome vulgar **Catandur**. Vive nos matos, no tronco das arvores velhas, e no foro das casas, onde dá caça aos ratos, produz grandes estragos nas palmeiras bebendo-lhes a sura, e quebrando o vaso que os *rendeiros* ali collocam para a receber». — *Archivo de Parmacia*, I, p. 40.

* **CATÃO** (mal. *ketam*). Nome genérico de caranguejo no Arquipélago Malaio.

1560. — «A toda a sorte de caranguejo chamão **Catão**». — Gabriel Rebêlo, *Informação de Maluco*, p. 65.

**Catona**. O governador da Índia, no seu relatório de 1879, menciona *catonas* entre os produtos agrícolas do país, e atribui-lhes o número de 6:900 por um ano. Não consta quem foi que contou o número de frutos pouco apreciados, o qual os próprios proprietários não se importam de saber.

1905.—«*Ambaddó* (pl. *ambádde,*) Sanscr. *âmrât*. Fructo e arvore, *Spondias mangifera*, Willdenon, «**catona, catoneira**». — Fernando Leal, *Gloss. Port.-Oriental*, in *O Heraldo*, de 6 de Fevereiro.

**Catopa :**

1560. — «Vi em hũa formosa aruore que está á porta da nossa fortaleza chamada **Catopa,** e na India *Amendoeiro*, cahir hũa folha mais pequena que as outras geraes, cujo pé era cabeça de bicho, e o talo o corpo, e as veias que procedem delle, os pés e as mãos com que andaua, sendo perfeito bicho e folha». — Gabriel Rebêlo, *Informação de Maluco*, p. 185.

1687.—«Há naqueles matos grande cantidade de aguila braua, e pao preto, e hũa aruore, cujas folhas em cahindo no chão, depois de secas, se conuertem em borboletas; o que sô no inuerno sucede». — P. Fernão de Queiroz, *Conquista de Ceylão*, p. 53.

**Catre :**

1853.—«Poz-se immediatamente a gente em marcha para o poço, em carros, **catres,** cavallos, e a pé». — F. N. Xavier, *Resumo Historico*, p. 412.

*** CAVALO DO DIABO.** Em duas acepções se toma o vocábulo na Índia. Em Goa designa uma espécie de locusta, que aparece no inverno isoladamente e tem pernas compridas. A denominação portuguesa é tradução da locução concani, *devtçārachem ghoḍkem.*

1864.— «**Cavallo do diabo**. É um insecto. Dão-lhe o nome de *Deucharascem Gorquem*». — *Archivo de Pharmacia*, I, p. 117.

Em Damão é o mesmo que *talagoia*, q. v.

1906. — «**Talagoia** — A Lacerta iguana, saurio... Em Damão chamam-lhe **cavallo do diabo**».—Alberto O. de Castro, *A Cinza dos Myrtos*, p. 200.

**Celetes :**

1854.—«En effet ce nom de *Orang-Laôt* ne sert qu'à désigner les Malais maritimes, dont le domicile est la mer; depuis trois siècles que les Portugais les ont fait connaître, et qu'ils les nommèrent **Cellati**, ou *Salât, Sallati*». — Jancigny, *Indo-Chine*, p. 523.

1918. — «**Celletes** est un néologisme portugais formé avec le mot malais *sĕlát* «détroit». — Il a le sens de «gens de détroit», «population maritime vivant dans le détroit». Cette expression serait rendue en malais par *Oran sĕlát*, «gens du détroit», qui a peut-être été en usage». — Gabriel Ferrand, *Malaka*, p. 48.

**Cem.** O Sr. Pelliot acha que a palavra *senes* do Padre Halde é diferente do *cem* do nosso Barros.

*** CEREIRA DO JAPÃO.** É uma árvore da família das anacordiáceas, *Rhus succedanea*, indígena do Japão, a qual tira o nome do seu produto.

1904.— «Esta cera vegetal obtém-se esmagando as sementes maduras, e separando a cera pelo calor. Esta cera é inferior á cera d'abelhas, e de menor valôr do que o cebo da China». — João Maria da Silva, *Repositorio*, p. 88.

**Cevi, cháem.** Observa-me o Sr. Pelliot que as minhas citações confundem, como eu suspeitava, duas locuções chinesas: *tchái-yuan*, «delegado, relator» e *tche-hi'en* subprefeito. A primeira seria o étimo de *cevi* e a segunda, de *cháem.*

**Chá :**

1858. — «As folhas grandes e já duras, juntas com ramos delgados, são comprimidas e coaguladas em moldes, que tomam fórma, exactamente como a de tejolos, que de ordinario se empregam nas construcções d'alvenaria. Assim preparado chamam-lhe **Chá** *tartaro*, porque é consumido por estes povos, e pelos russos, que tambem compram em grandes quantidades, importando-o pelas fronteiras da Siberia. Os tejolos de **chá** servem de dinheiro para as transacções d'estes povos, e mesmo entre chins e os russos».—*Archivo Pittoresco*, I, p. 403.

1904. — «Pergunto porque não será o uso da palavra **chá** entre nós uma importação do termo japonez vindo do Oriente por influencia dos nossos viajantes, commerciantes e missionarios?». — Ladislau Batalha, *O Japão por dentro*, p. 40.

1919. — «In Mongol, Turkish, Persian, Indian, Portuguese, Neo-Greek, and Russian, we equally find the word *cai*, based on North-Chinese *č'a*». — Berthold Laufer, *Sino-Iranica*, p. 553.

*** CHACHA.** Em certas partes de Goa (Ilhas, Salcete) designa o que em outras se chama *jagrada*, em sentido restrito, isto é, «papas de arroz, trigo, sagu ou tapioca, feitas com leite de côco e jagra». O termo têm visos de cafreal ou de onomatopeia infantil.

«Mesté trezé sagu
Para nós chacha fazê».

Cantiga no crioulo de Goa, in *O Oriente Português*, xv, p. 143». — Nota do editor: «Abreu traduziu *merenda de jagra e sagu*». Pode ser tambem de trigo em vez de sagu».

**Chader.** Tambêm Crooke diz: «*Chowters*. — This is almost certainly not identical with *Chudder*. In a list of cotton cloths in *Āīn* (I, 94) we have *chautār*, which may mean «made with four threads of wires». Pag. 706.

É bem possivel que *chauter* provenha do neo-árico *chānd-tārā*, «lua e estrêlas», isto é, desenhos que as representam.

1885. — «Their gorgeous hues and texture may be inferred from the following names» — Shikar-gah, «hunting-ground»; «mazcher», «ripples of silver»; «murgale», «peacock's neck». — Hunter, *The Imperial Gazetteer*, VI, p. 603.

**Chaia:**

1854. — «On trouve souvent des **chaya** ou maison à thé (qui sont au Japon ce que les cafés sont chez nous), non dans l'enceinte des temples, mais dans leur voisinage immédiat». — Jancigny, *Japon*, p. 45.

c. 1909. — C'est dans une **tcha-ya** (maison de thé ou dans une *ryoria* (restaurant) qu'il [o japonês] offrira un savoureux repas au cours duquel, soucieux de les distraire, il aura soin de faire apparaître d'habiles profissionelles, de savantes spécialistes du plaisir, quelques-unes de plus reputées de ces *geishas* qui sont des musiciennes consommées, de fines chanteuses». — Naudeau, *Le Japon Moderne*, p. 318.

**Chamaz:**

1874. — «Carta circular do presidente da junta dirigida aos *cassanares* e **chamazes** e fieis pertencentes ás igrejas do rito syro-chaldaico no Malabar». — P. Casimiro da Nazaré, *Mitras Lusitanas*, I, p. 565.

**Champada:**

1836. — «Le *jack*... se divise en deux variétés, savoir: Le jack proprement dit, et le **champadak**... Le second, moins gros que le jack, d'une forme plus oblongue et plus mince, produit des fruits d'un goût plus agréable, renfermant en petite quantité une matière farineuse... Le **champadak** est évidement originaire de ces îles, car on ne le retrouve en aucune autre contrée». — Rienzi, *Océanie*, I, p. 106.

*** CHAMPÓ DE SANTO ANTÓNIO.** É outro nome da *flor de Santo António*, na primeira acepção (*Plumeria acutifolia*), usado em Goa, por influência do concani *khair chāmpó*. Em malaio é conhecida a planta pelo nome de *Kamboja*; o que insinua que daquelas partes teria sido introduzida pelos portugueses na Índia, onde a consideram de pátria desconhecida.

1898. — «Faz-se cêrca d'esta arvore aos palmares infectados dos insectos conhecidos em konkani por *bhomvar* — *Butocera rubus* e *Calandra palmarum*». — D. G. Dalgado, *Flora*, p. 118.

1908. — «Em português de Goa e em português de Timor são as Plumieras chamadas *Flores de Santo Antonio*, em português de Macau *Flores de S. João*. Ainda tem em Goa o nome de **Champó dos Firinghis**». — Alberto O. de Castro, *Flores de Coral*, p. 137.

**Chanco:**

1880. — «Leão á esquerda segurando o **xenco** (busio), por cima o sol e a lua». — Teixeira de Aragão, *Descripção das Moedas*, III, p. 95.

1680. — There is also another fishery of a shell-fish they call **chancos**, which is a business carried on by the Dutch only; they carry them to Bengal and earn large profits». — Manucci, *Storia do Mogor*, III, p. 108.

**Chandala:**

1670. — «To these kinds or classes they add one more, which is not counted along with the above, but is held by them to be separated from the general body of men. These people are called in their language **Chandalon**, or blacks». — Manucci, *Storia do Mogor*, III, p. 35.

**Chanden.** O Sr. Pelliot não admite que esta palavra provenha do chin. *chin-hú*, mas não indica outra etimologia.

**Chanfacau:**

1858. — «É chamada *Wan-li-tchang-tching*, isto é, o grande muro de dez mil *lis*. O li é medida chineza que corresponde proximamente á decima parte d'uma legua. Segundo aquella denominação teria aquella muralha quasi mil leguas de extensão; mas suppõe-se não exceder a seiscentas leguas europêas». — *Archivo Pittoresco*, I, p. 256.

*** CHANG** (*changue*; chin. *chàng*). Medida de extensão chinesa, equivalente a dez *pus* ou *chis* (q. v.).

1903. — «Medidas de extensão. Em Macau chamam *pau* ou covado chinez (*tchih*) ... Os seus multiplos são: 1 ying = 10 **tchang** = 100 tchih ou covados». — *Ta-ssi-yang-kuó*, II, IV, 5.

1853. — «La muraille d'enceinte a de chacun de deux côtés, sud et nord, 236 **tchang** et 2 pieds chinois de longueur (707 mètres environ). — Bazin, *Chine Moderne*, p. 11.

«60 **tcháng** chinois; le **tcháng** étant de 10 pieds chinois, et ce dernier équivalant à 315mm». — *Id.*, p. 48.

* **CHANGAIA.** Assim se denomina na Índia Portuguesa uma fazenda de seda grossa, forte e amarela, procedente de Xangai, na China, da qual se fazem fatos para o verão, e sendo tinta, também sotainas.

1920. — «Acaba de despachar variadas fazendas de seda pura, mixta, de linho, **changai** crú para fatos». — *Heraldo*, de 25 de Abril.

### Changatar:

1678. — «Tienen Religiosos que llaman **Changatares**, guardan clausura, resan en Coro, hazen procissiones, y andan con las cabeças rayadas, vestidos de amarillo de ordinario, y con bocas hablando consigo mismos». — João de Sá e Meneses, *Rebelion de Ceylan*, p. 38.

* **CHANIM.** É o nome concani (*tçānī*, sânsc. *chūnga*) do *rato-de-palmeira*.

1886. — «... o **chanim**, o morcego ou *pacó*, o *sindó* (ave que fura o côco) ... são outros tantos animaes damninhos, que prejudicam muito a palmeira». — Lopes Mendes, *A India Portugueza*, I, p. 185.

1905. — «... o rato, *undir*, e o **tsánim**, especie de esquilo (do sansc. *tsáng*)». — Fernando Lial, in *O Heraldo*, de 17 de Fevereiro.

### Charão:

1853. — «La laque (en kouan-hoa, *tsi*; en dialecte de Conton, *tsat*) est un vernis qui prend à l'air une couleur noire brillante comme celle du jais, et que s'applique le plus habituellement sur les boîtes à thé, les guéridons, les échéquiers, les paravents, les consoles, etc.». — *Apud* Bazin, *Chine Moderne*, p. 631.

### Charas:

1885. — The *jia* is a species of hamp, from the leaves of which is expressed a juice called **chiras**, which is a patent narcotic, and possesses very valuable qualities, burning with a flame as bright as that of the purest resin». — **Hunter**, *The Imperial Gazetteer*, x, p. 177.

### Chareta:

1866. — «Os mendigos servem-se dellas [**cheretas**] como gamella, assim para receber o arroz de esmola, como para comer o pão de caridade». — F. N. Xavier, *Descripção do Coqueiro*, p. 20.

1680. — «When the nuts have become ripe, the rind hardens outside and the water inside changes into a pulp called *coco*, which lies inside a hard shell that is called **chareta**, and is like a nut». — Manucci, *Storia do Mogor*, III, p. 186.

### Charodó:

1853. — «Era singular a usança de não serem admittidos nesta Ordem senão os **Charodós** ou *Rajaputros*, classe a que pertenceram os fundadores». — F. N. Xavier, *Resumo Historico*, p. 400.

1918. — «The leading castes among the Goans are the Brahmans and **Chardós**. The latter do not correspond exactly to any Hindu caste known by the name **Chardós**. The word however is probably a corruption of the word *Kshatryas*, *Chatri* or *Chetri*». — J. A. Saldanha, *The Indian Caste*, p. 92.

### Chatim:

1670. — «Les *Nahers* se marient à des femmes de leur lignée ou de celle qui leur est immediatement inferieure comme les *Mainats* ou **Cheti**». — Dellon, *Relation d'un Voyage*, I, p. 226.

**Chau.** Acrescente-se à abonação de Fr. Jacinto: «A estes papeis se chama **chau**, donde nasceu chamarem depois as rendas do Rey *chau-fang*».

1919. — «The Chinese were the originators of paper bank-notes. The Mongol rulers introduced them in Persia first in 1294... the Chinese word **č'au** being employed». — Berthold Laufer, *Sino-Iranica*, p. 559.

### Chau-chau:

1919. — «Ouçamos as patranhas confucicas, doces como **chao-chao**, aromáticas como o chá». — *Heraldo*, de 19 de Março.

### Chaudarim:

1596. — «O parocho não consinta morarem na freguezia rendeiros alguns de palmares ou **chaudarins**, sem primeiro logo em vindo lhe mostrarem escrito do parocho da sua naturalidade». — *Apud* Casimiro da Nazaré, *Mitras Lusitanas*, I, p. 109.

**Chaurim:**

1689. — «Within less than half a Mile from the Sea are three **Choultries** or Convindant Lodgings made of Timber for the English, French, and Dutch Factors». — Ovington, *A Voyage to Suratt*, p. 164.

1885. — «Besides houses for the use of District officers when on tour, village offices, **chaudis,** and temples, there are 243 *dharmsálas* or rest-houses for the accommodation of travellers». — Hunter, *The Imperial Gazetteer*, XII, p. 283.

**Chetni:**

1904. — «Da manga verde faz-se varias especies de conservas *achares*, etc. Da sazonada ou semi-madura molhos, **chetnis** e *solans*». — João Maria da Silva, *Repositorio*, p. 194.

**Chin:**

1853. — «Les circonscriptions militaires sont les villes fortifiées (**tching**) et les autres places fortes». — Bazin, *Chine Moderne*, p. 165.

**Chingalá:**

1687. — «Esta breue capitulação, escrita em Portuguez, e **Chingalâ;** foi lida em publico, assinada pelo Rey, e pelo Embaixador». — P. Fernão de Queiroz, *Conquista de Ceylão*, p. 142.

* **CHIRCÁ** (s. m.). Segundo Fernão Pinto, é supremo juiz em Pegu. Mas o birm. *sit-kai*, que deve ser o étimo, quere dizer «lugar-tenente».

1548. — «Despedindo logo o **Chircá** de justiça que era o supremo nella sobre todos os outros, lhe disse que de sua parte fosse chamar Diogo Soares, e o entregasse atado áquelle povo, para que fizesse justiça delle á sua vontade, porque muito temia que se não fizesse justiça, o faria deus delle». — *Peregrinação*, cap. 191.

**Chita:**

1841. — «En français nous disons *chite*, c'est de forme portugaise **chita**». — Dubeux, *Perse*, p. 22.

**CHOCA.** É bem sabido que o vocábulo designa actualmente «o pau de que os rapazes se servem no jôgo de bola, ou a mesma bola». Mas era primitivamente um jôgo oriental, persa *changān*, de homem a cavalo, introduzido no império bizantino e novamente pelos ingleses sob o nome de *polo*. O *changān* transformou-se em *chuca* no latim medieval, e deu origem à palavra *chicana*. V. *Glossário Anglo-indiano*, sob esta dição.

1516. — «Saom [os muçulmanos] tam ligeiros e manhosos na sela, que a canalo jogaom a **choqua,** o qual jogno eles tem antre sy na conta em que nos temos ho das canas». — Duarte Barbosa, *Livro*, p. 271.

1416. — «Bernardus de Castro novo et nonnulli alii in studio Tholosano studentes, ad ludum lignobolini sive **Chucarum** luderunt pro vino et volema, qui ludus est quasi ludus billardi». — In *Glossary*.

* **CHOCONADA**. É forma dravídica do sânsc. *jagannātha*, «senhor do universo», epíteto de ordinário dado a Vixnu.

1607. — «Veyo a confessar que o seu **Choconada,** que he o Deos que adoram em Maduré, e a cinza, que poem na testa era tudo mentira» — F. Fernão Guerreiro, *Relaçam Annual*, fl. 115 v.

**Choramândel.** Pergunta-me um filólogo, que muito considero: «Não sei porque V. escreve *Choromandel*, se os Ingleses, os Franceses e os Portugueses só tem escrito, creio eu, *Coromandel*. Acaso V. *pronuncia Xoromándel?*». Tal dúvida terá talvez ocorrido a mais alguêm. Respondo, por isso aqui, que escrevo e pronuncio *Choramândel* (*Ch* palatal, como no ingl. *church*) em obediência à etimologia, à tradição literária dos quinhentistas e seiscentistas e á autoridade de Gonçalves Viana (*Apostilas*) e de Henrique Yule (*Glossary*). Se os holandeses, os ingleses e os franceses erraram, nós não temos obrigação de os seguir, se não somos carneiros de Panurgo. Por idênticas razões acentúo *pariá*, a despeito de nossos escritores modernos. Consoante os indianistas nacionais ortografo também *tamul*, *Columbo*, *Samatra*, *Maluco*, *Adem*, etc. V. **costa**.

**Chujin:**

1679. — «Os letrados de todo o imperio (aos quaes os chinas chamam **chü-jin,** id est, homens por letras grandes e levantados) cada tres annos se ajuntam na côrte de Peking, e n'elle são examinados por espaço de tres dias». — Fr. Jacinto de Deus, *Vergel* (2.ª ed.), p. 172.

**Chumpim**:

1679— «Em cada provincia tem um que se chama **tsung-ping,** id est, general de guerra: é da primeira jerarchia».—Fr. Jacinto de Deus, *Vergel* (2.ª ed.), p. 188.

**Chunambo**:

1680.—«And this **chunambo** did great damage, blinding some and stifling others». —Manucci, *Storia do Mogor*, III, p. 126.

**Churta**:

1893.— «Para alcançar a espatha decota primeiro os foliolos ou **shurtas** das bases dos peciolos». — José Maria de Sá, *Productos do Coqueiro*, p. 3.

*** CINGANOLÃO.** É, conforme Duarte Barbosa, uma safira indiana, mole, esbranquiçada e de inferior qualidade. A locução compõe-se de três palavras malabáricas: *nolão* = malaiala-sânsc. *nīlam*, «safira»; *ga* = *kallu* (*k* intervocálico soa *g*), «pedra»; e *cin* = provávelmente *cheri*-[*ya*], «pequeno», no sentido de «ordinário, inferior». O significado literal seria «pedra safira de pouco valor». Na tradução castelhana vem *cringanilan*. Parece que o autor teria escrito *ciriganilão*.

1516. — «Acha-se igualmente no Reino de Narsinga, em huma montanha sobre Bacanor e Mangalor, outra especie de Safiras mais brancas e menos finas de côr, a que chamão **Cinganolão;** estas são algum tanto esbranquiçadas, e valem muito pouco, de modo que a mais perfeita dellas do peso de 20 quilates, não chega a valer hum ducado, a sua côr he hum pouco aloirada». — *Livro*, p. 388.

**Coameques.** V. *suami*, onde está corrigida a sua forma.

**Cobang**:

1862 —«Os **kobangs,** que valiam antigamente 4 *itchibus*, e cujo valor foi consideravelmente elevado...». — *Annaes do Conselho Ultramarino*, III, p. 29.

1854. — «Attention hospitalière qu'on reconnaît, à ce qu'il paraît, par le don d'un **kobang** d'or, monnaie japonais (équivalant à 25 ou 26 francs)». — Jancigny, *Japon*, p. 68.

*** COBRA-DE-ÁGUA.** Denomina-se assim na Índia Portuguesa uma cobra não venenosa, que habita em água doce (poços, lagoas, rios), conhecida em concani por *einvāḷem*.

1886. — «... *fureem* (vibora), *envalem* (**cobra de agua**), *malund* (cobra de ratos)» (o que não é verdade).—Lopes Mendes, *A India Portugueza*, I, p. 118.

**Cobra-de-capelo**:

1731.— «Estava edificando na Aldea de Siuli huma Igreja de seu [de Santo António, em Bardês] nome o Padre Fr. Braz dos Anjos, mas andava inquieto com huma cobra das que chamão de **Capello,** a qual se lhe metia em casa, e muitas vezes foy vista no telhado sobre a sua cabeça. Pelo que já resoluto a desemparar a obra, foy despedir-se do Santo ao seu altar; (caso prodigioso, e milagre verdadeiramente de Santo Antonio!) achouse que a santa Imagem tinha enroscada comsigo a mesma cobra, para entregalla a quem lhe tirasse a vida. Assim o fizerão, e o Padre continuou a fabrica». — Fr. Fernando da Soledade, *Hist. Serafica*, III, p. 784.

**Cobra-madeira**:

1865. — «**Cobra madeira,** conhecida no paiz pelo nome de *Are* [har]. Tem 14 palmos de comprimento». — *Archivo de Pharmacia*, II, p. 117.

**Cobra-manala**:

1658. — «L'Isola di Maniglia, delle Filippine la principale, abbunda di certo serpente da Portughesi nominato del medesimo suolo. Trà Malavari ancora si trova, benchè più raro, chiamato in loro lingua Beluni». — Fr. Vincenzo Maria, *Viaggio*, p. 419.

*** COBRA-VERDE.** Dá-se êste nome na Índia Portuguesa a uma cobra verde que vive geralmente nas árvores e não é peçonhenta; *haryāḷi* em concani. Em Timor o mesmo nome designa outra espécie que é venenosa, e se chama vernáculamente *samodo* ou *né-mórò*.

1886. — «... malund (cobra de rato), *oreali* (**cobra verde**), e *aró* (cobra madeira)». — Lopes Mendes, *A India Portugueza*, II, p. 118.

1918.—«As únicas venenosas me dizem ser a **cobra-verde** (né-mórò) e a *duria*, serpente fina e sarapintada, cujas mordeduras, porêm, sendo extremamente dolorosas, não são mortais». — *Bol. S. G. L.*, XXXVI, p. 57.

*** COBRETIM.** Diz-nos João de Barros que era o título do rei de Coulão e que tinha o sentido de sumo pontífice do bramanismo. Não posso desencantar nenhum vocábulo sâns-

**crito ou malaiala que se lhe asseme-lhe. Suspeito que falta cedilha no** *C* **inicial, como em vários outros** vocábulos análogos (*Camorim, Candil*), e que *Çobretim* representa o sânsc. *Sabhāpati*, «chefe de assemblea, presidente da congregação».

1552. — «Quis [Sarama Perumal] que elle [Samorim] e os outros nas cousas de sua religião se submettessem a elRey de Coulão, como a cabeça de todolos Bramanes: ao qual leixou este nome **Cobretim**, que denota aquella dignidade que acerca de nós he a de summo Pontifice». — *Déc.* I, IX, 13.

«O [rei] de Cochij he o que tem a dignidade de **Cobretim**, por os antigos de Coulão em que ella ficou se passarem ali por razão da vizinhança e ser sua propria terra, e outras razões de compridos ambages que elles contão». — *Ibidem*.

**Cocelbaxa:**

1885. — «The **Kisilbáshis** or «Red Heads» may be regarded as modern Persians, but more strickly they are Persianized Turks, like the present royal race and predominant class in Persia». — Hunter, *The Imperial Gazetteer*, I, p. 42.

**Côco:**

1680. — «On the branch of the flower you see its fruit stuck on like buttons, and these, swelling until they are like nuts, are then called **coquinhos**; they are used for many infantile complaints, such as diarrhæa and mouth-sores». — Manucci, *Storia do Mogor*, III, p. 185.

II. * **CÔCO.** É em Timor o nome dum peixe, chamado vernáculamente *krútu*, em malaio *kĕrútu*, que quere dizer literalmente «encrespado, áspero».

1918. — «... o rodovalho (*pàpá*), o **côco** (*krútu*), as arraias (*ári*)». — In *Bol. S. G. L.*, XXXVI, p. 57.

**Cóco:**

1904. — «A existencia de petroleo foi revelada em 1886, anno em que se extrahiram 30,303 **koku** ou fossem uns cinco milhões e meio de litros». — Ladislau Batalha, *O Japão por dentro*, p. 217.

**Codrá:**

1879. — «*Nachinim, mugo*, **codrá**, e differentes outros legumes uzão os gentios» (em Damão). — João Stuart Torrie, *Estatistica da India Portugueza*, p. 344.

* **COCUTERA** (teto *kokotérak*). «Especie de instrumento feito pelos indigenas, de bambu e com uma *chareta* de côco em a extremidade, o que lhe dá apparencia de um clarinete». Rafael das Dores.

1908. — «Instrumentos propriamente timoreses só conheço... a **Cocutera**, charamela de bambú, de palheta de folha de palmeira. — Alberto O. de Castro, *Flores de Coral*, p. 152.

**Coilão:**

1881. — «Á custa do seu cabedal montou uma fabrica de aguardente *canipa*, a 50 metros do sul do **coilão**, Oebo, isto é, onde este **coilão** tem a sua origem e proximo aos cannaviaes que plantou». — José Vaquinhas, in *Bol. S. G. L.*, II, p. 738.

**Coita:**

1879. — «São guardadas por alguns hospedes armados de espadas desembainhadas, zagaias, **coitas**, etc.». — João Stuart Torrie, *Estatistica da India Portugueza*, p. 318.

1670. — «He has a basket hung across his shoulder, and holds in his hand a **coita** which he uses to detach any shells which may be stuck to stones». — Manucci, *Storia do Mogor*, III, p. 107.

**Colio:**

1560. — «1856. — Por falta de terrenos incultos os emprehendedores não peçam em aforamento os Riachos, **Collios** e *Cholans*, e outras servidões, dos campos». — F. N. Xavier, *Defensa dos Direitos*, p. 29.

1886. — «Os pantanos, vallas e *sangrias* denominadas **colliôs**, cuja conservação não seja necessaria ou util aos campos da communidade, e que forem susceptiveis da cultura de arroz». — *Regulamento das Communidades*, p. 28.

**Coltois.** *Coltois* está na abonação por *Çoltõis*, como bem nota Gabriel Ferrand: «*Coltois* ne rappelle rien de connu. Il faut sans doute lire *Çoltois* pour *Çoltões*». *Malaka*, p. 26. Nas *Cartas* de Afonso de Albuquerque (II, p. 247) figuram Amer *soltão*, Chorca *coltão* e Cula *çoltão*.

**CONAON.** Diz-nos Fernão Guerreiro que era um dignitário chinês, imediato ao imperador, e que vivia nos paços riais de Nanquim no século XVI. A dignidade imediatamente inferior à do rei é *kong*, que geralmente se interpreta por «duque». É possível que o resto da palavra esteja por *vang*, no sentido de «duque-principe» ou «duque rial». O Professor Paul Pelliot, abalizado sinólogo, não me pôde esclarecer mais.

1603. — «E para conservar esta memoria, viue ainda nos paços reais, em lugar del Rey huma dignidade à maior que ha na China, e a segunda pessoa depois do Rey, que se chama **Conaon**, o qual vem por successão de hum gram senhor, que estando a China quasi toda perdida, e senhoreada dos Tartaros, foi grande parte com seu valor, e esforço, para se tornar a restaurar». — *Relação Annual*, fl. 15 *v*.

* **COQUINHO**. Emprega-se em Macau êste termo para designar uma espécie de *caçara*. (q. v.) chinesa, por ter a forma de côco pequeno. «Planta que se encontra nos terrenos alagadiços em toda a China. E cultivada por causa das suas raizes redondas, tuberosas, succulentas e doces, que os chinas comparam ao embigo». — João Maria da Silva, *Repositorio*, p. 105.

**Coranganim**:

1665. — «Every year the Rajah of Arracan sends to Chatgaon a hundred ships full of soldiers and artillery munitions, with a new **Karamkari** (commandant, superintendent), when then the former **Karamkari**, with the ships of last year, returns to Arrakan». — Ms. pers., *apud* J. Sarkar, *Studies in Mughal India*, p. 122.

**Corchim**:

1654. — «. . . the third **Corchi-Bassi** (*Qūrchī-bāshī*), the general of infantery». — Manucci, *Storia do Mogor*, I, p. 23.

**Corja**:

1918.—«**Corja** became, as there [*Glossary*] shown, a regular trade-word at a later period. Badger. . . says that *Koraja* is in use in the same sense among the Arabs of the Red Sea and Persian Gulf, but he did not consider it of Arabic origin. It is no doubt purely Indian, and must have been introduced into the Red Sea and Persian Gulf by the Portuguese and by Indian trades». — Longworth Dames, *The Book of Duarte Barbosa*, I, p. 162.

* **CORMAS**. Figura o termo na carta de Cristóvão Vieira, no sentido de «algema», na China. Creio que o étimo é o chin. *kióh-krán*.

1634. — «Lançou o *pochaçi* a Tome pis [Pires] **cormas** nas mãos aos da companhia **cormas** e ferros, nos pees as **cormas** aseladas nos pulços e nos tomarão toda a fazenda que tinhámos assi com cadeas (vid. *canga*) nos pescoços». — *Apud* Ferguson, *Letters*, p. 60.

**Cossa**:

1666. — «. . . and last the *jalbas* and **kosas** side by side». — *Apud* J. Sarkar, *Studies in Mughal India*, p. 139.

1919.—«**Cosses** were light boats suitable for fighting on the river and not at sea». — J. Campos, *History of the Portuguese*, p. 69.

**Costa**. Dizia-se às vezes, em princípios do século XVI, *costa de além*, com relação à costa do Malabar.

1508.—«Mandara dizer Timoja de muytas naos d'armada que vem da **costa de Além** destas gentes que chamão *Rumes*». — D. Francisco de Almeida, *Lendas*, I, p. 898.

**Cotari**:

1680. — «The daggers are also made in the same fashion, and they are of three kinds, called *canjar* (*khanjar*), *banc* (*bānk*), and **cataris** (*katārah*)». — Manucci, *Storia do Mogor*, p. 339.

**Co-tau**. *Quo tham* da citação do Padre Semedo não reproduz, conforme Pelliot, o chin. *kó-t'ou*, mas *kuo-t'ang*, que quere dizer «passar a sala».

**Cotete**. V. *sotilicário*.

**Cotia**:

1818. — «Um **cotió**, que entrou no porto de Mormugão, procedente de Karachi, trouxe 360 saccas de arroz descascado». — *Heraldo*, de 26 de Maio.

* **CÔTO** (teto *koto*). Feijão branco de Timor, conforme Rafael das Dores.

1862. — «**Cotto** — é um legume muito venenoso que nasce pelos mattos em grande abundancia. Só os habitantes da montanha o sabem preparar para comer, empregando para esse fim um processo que não é conhecido de toda a gente; por isso muitos escravos, ou por fome ou por appetite, quando o encontram, o comem e não duram muitas horas. Não consta que tivesse escapado um só dos que têem provado aquelle terrivel legume».—*Annaes do Conselho Ultramarino*, III, p. 43.

1864.—«Quando lhe falta o milho, substitue-o por feijão; mas uma qualidade deste legume, **côto**, tem sido fatal a muitos timores, por ser venenoso que mata em poucas horas, quando não é bem preparado». — Afonso de Castro, *As Possessões Portuguezas*, p. 322.

**Cotouco**. Indecifrável.

1612. — «Antão de Noronha [vice-rei] mandou algumas fustas de partes com estes provimentos... duzentos quintaes de biscouto, muitas munições, **cotoucos**, e outras cousas destas» (para Ceilão). — Diogo do Couto, Déc. VIII, I, 7.

**Coulo**:

1668. — «Exert yourself to bring all arable lands under tillage, by giving correct agreement (**qaul**)».—J. Sarkar, *Studies in Mughal India*, p. 190.

**Crioulo**:

1919. — «Desapareceu da casa do abaixo assinado uma **creoula** da idade de 19 anos, de côr morena, pelo nome Amalia Pereira». — *O Ultramar*, de 20 de Janeiro.

**Cris**:

1630.—«Manoel Coelho was courageous, and seized his shield with his left hand and his **cris** with his right. The latter is a poignard made in the shape of a serpent, the wound from which is usually incurable, they being tempered in poison. This is the usual weapon of the Malays». — Manucci, *Storia do Mogor*, II, p. 88.

**Cuço**. Conforme Cabaton, *kusu* é palavra de Celebes e das Malucas, adoptada em malaio, que também o designa por *kurkus*; não é o nome de gato-de-algália, mas doutro mamífero, *Phalanger ursinus* ou *Ph. orientalis*.

1560. — «Ha muitos bichos, a que chamão **Cuços**, que habitão as aruores, de cujo fruito se mantem, do tamanho de coelhos, tem o pello espesso, crespo e aspero, e os olhos redondos, e mui viuos, e pequenas orelhas, e pés e mãos, c'o rabo comprido, e sem pello, pelo qual se pendurão pera melhor alcançarem a fruita, e caem muitas vezes de mui alto sem receber dano, e fedem muito a raposinhos». — Gabriel Rebêlo, *Informação de Maluco*, p. 68.

**Cucume**:

1886. — «Usam tambem de tinta amarella de açafrão, e de tinta vermelha que se obtem da planta chamada **cucumb**». — Lopes Mendes, *A India Portugueza*, II, p. 41.

* **CULCORNISMO**. Ofício, qualidade ou manha de *culcorni*.

1918. — «E ao poder secular o que devem? O burocratismo parasitante, manhoso e explorador, consolidando-se nele a preexistente propensão ao **culcornismo** e ao chicanismo demandista».—*O Ultramar*, de 11 de Novembro.

1919. — «... e ao emprego público, designadamente da burocracia ou do *alpaquismo*, nesta terra sucessor directo do antigo **culcornismo** hindu das vetustas comunidades agrícolas». — *Heraldo*, de 1 Agosto.

**Cuntocar**:

1586.— «**Cuntocar** se compõe de duas palavras *cunto*, fundo, renda, e deficit, e *car*, possuidor, por conseguinte ellas juntas significam *possuidor da renda ou deficit*, isto é da quota relativa ao numero das tangas possuidas». — F. N. Xavier, *Defensa dos Direitos*, p. 22.

# D

**Dabu**:

1892. — «Um colono teve necessidade de um ovo e pediu-o a qualquer dos exploradores, que lh'o cedeu ao preço exhorbitante de um **dabú** (12 ½ reis); decorreram 15 annos e esta quantia não fôra satisfeita; pelo que o expoliado teve de pagar 60 rupias (24 mil reis) a titulo de que o ovo teria produzido uma gallinha no valor de tal, que poria mais ovos, que chocados produziriam tal e assim successivamente». — Augusto de Macedo Pinto, *Breves Estudos*, p. 12.

**Dágoba**:

1906. — «Os antigos templos hindús tinham um compartimento maior para a oração em commum «o *chaytya*» e outros mais pequenos, aonde se veneravam determinadas reliquias, certas encarnações das divindades brahmanicas — «os **dhagobas**». — Herculano de Moura, *Inscripções Indianas*, p. 38.

1918. — «**Dagoba**, a shrine of brick work erected over a relic». —P. E. Pieris, *Ceylon and the Hollanders*, p. XIV.

**Daimió**:

1908. — «Que engraçadissima força de *Muzumés* da côrte do **Daimiô** do Bungo, de Hakata, de Yamagûshi, è da terra de ambos os mares, suzeranos dos **Daimiôs** menores de Tósu-Shimonosíki e Miyashimá», — Alberto O. de Castro, *Flores de Coral*, p. 146.

1918. — «Among other sources of revenue from the sea were the *chanks* which were imported to India; the cowries from the Maldives, which were in great demand in Europe for the African slave trade; and shark skins, which were exported for covering the sword-bandles of Japanese **Daimios**».—P. E. Pieris, *Ceylon and the Hollanders,* p. 83.

**Dairi:**

1600. — «Gouernaua, e mantinha o *Huo*, ou **Dayri** (que d'ambas maneiras se intitula) suas terras, e vassallos em muyta paz, e justiça». — P. João Lucena, *Historia,* VII, cap. 6.

**Dal:**

1886.—«Em seguida o *gãocar* (vid. *gancar*) colloca um côco no centro da eira, e com um cesto de bambú — **dal** — vae medindo e lançando o arroz em cima do côco, e ao mesmo tempo avaliando em voz alta o numero de *curós* que produziu o arrózal». — Lopes Mendes, *A India Portugueza,* II, p. 41.

∗ **DAMPACA.** É uma iguaria, muito apreciada em Damão, feita de galinha ou de pato em bocados, e guisados a lume lento com vários temperos e especiarias. Estava antigamente também em voga entre os ingleses em Surrate; Ovington chama-lhe *dumpoked fowl*. Do guz. *dampāk,* «cozinhado a lume lento».

«**Dampaca** *dumpacá* Bai Calu
Qui cari jantou, Calu?
Caril de cachorrinho, Calu
Baixo de Mangueirinho, Calu».
Cantiga no crioulo de Damão [1].

∗ **DANÇARINA.** Por êste nome era conhecido — e creio que ainda voga — na Índia Portuguesa um trajo de rapazes de famílias ricas, feito de chita ou de *cheila;* consistia em calções largos, unidos na cintura a um justilho frisado e de mangas curtas por meio dum cós da mesma fazenda, e provido de alguns botões. O termo deve relacionar-se com *dançarino* ou *dançarina* e ter sido importado de Portugal, mas não o vejo registado em nenhum dicionário.

**Darameçalá:**

1856. — «**Dormossales** (casa para abrigo dos viandantes, e peregrinos)». — F. N. Xavier, *Defensa dos Direitos,* p. 8.

[1] Enviada obsequiosamente por um amigo (António Francisco Moniz) com uma longa descrição da iguaria, que acho desnecessario transcrever.

∗ **DARBA** (sânsc. *darbha*). É uma erva sagrada da Índia — *Andropogon schoenenthus,* Linn., usada em muitas cerimónias litúrgicas, e conhecida também pelo nome de *cuxa* (*kuça*); esquinanto.

1886. — «Em seguida liga [o *bôto*] em torno do dedo annullar uma hasteasinha de herva denominada **Darbha,** que tambem reputam sagrada, e purifica a casa com aspersão de *pancha-gávia*». — Lopes Mendes, *A India Portugueza,* I, p. 265.

1920.— «Produz a planta **dârbha,** que é a mesma planta *kusha*». —*Heraldo,* de 10 de Abril.

**Darbar:**

1919. — «**Dorbar** ou *durbar* means court, levée or government. Here, however, it seems to stand for a government officer». — J. Campos, *History of the Portuguese,* p. 143.

1919. — «In the Persian histories we have a detailed account of how a grand **darbar** was held in those days. The [Mughul] Emperor sat on his cushioned seat in the alcove. On his right and left were the princes, his sons. In the Hall stood the courtiers, officers, nobles, and gentry in due order, with their backs to the three open sides».—J. Sarkar, *Studies in Mughal India,* p. 6.

∗ **DASSERAI** (teto *desarai*). Axorcas que homens e mulheres de Timor trazem nos artelhos. V. *való*.

1908. — A gente de Manufáhi, principalmente, trabalha com muita arte em ourivesaria de prata e ouro, em axorcas macissas, ou **Dasserai,** para os artelhos de homens e mulheres». — Alberto O. de Castro, *Flores de Coral,* p. 192.

**DECHANI.** «Voador da fazenda» (em Pegu), diz-nos a abonação. Se com efeito o significado é «chefe da fazenda rial» ou «tesoureiro», o vocábulo deve ligar-se ao birm. *ban-dah-só*.

1617. — «Chegado o **Dachani** de Tangut (assim chamão ao Veador da Fazenda) e junto todos os *Banhas* e *Xemins* em acto publico...». — *Conquista de Pegu,* cap. 13.

**Deddi:**

1879. — «Continua toda a noite o estrondoso *batuque,* e outros divertimentos de cartas, *versos* ou *zotis,* etc. sendo d'entre elles um dos mais notaveis, em casa do noivo, fazer acompanhar o batuque, a criada da noiva (**deddy**) usança de que não cedem alguns emperrados». —João Stuart Torrie, *Estatistica da India Portugueza*, p. 316.

**Dekhanim:**

1905. —«Nos proprios *lãonis* e **dácnis**, emtoados pelas bailadeiras, o lyrismo triumphal de uma raça feliz e senhora dos seus destinos escorre impetuoso em torrentes de harmonia». — Fernando Leal, *Gloss. Port.-Oriental*, in *O Heraldo*, de 10 de Junho.

1918. — «A simpatica menina Gracinda cantava e dançava **decnins** e representava cançonetas comicas, tanto em português, como em concani». — *O Ultramar*, de 21 de Fevereiro.

1919. — «As bailadeiras cantaram em sua honra, além de **deknins**, a *Maria da Fonte*, ao som de *mordanga*». — *O Debate*, de Junho.

**Denibão.** Vê-se da abonação que é algum pau de Ceilão, cuja natureza não pude verificar.

1687. — «Tinha hũa fortaleza de madeyra com hũa caua, de 60 pês de largo, e outros tantos de fundo, com espetos de bambu, e **denibão** tostado». —P. Fernão de Queiroz, *Conquista de Ceylão*, p. 611.

**Deres:**

1769. — «Não encontrando na cidade **déres** para o serviço do convento, deliberaram os frades mandar uma quantia a Moçambique para compra de escravos». — *Apud* António Francisco Moniz, *Hist. de Damão*, IV, p. 98.

1876. — «**Deres** é a infima classe na seita pagãa e com que não se communica nenhuma outra das precedentes — são desprezados e vivem á parte, tem apenas o nome de gentios, pois não são aceitos nos pagodes, nem para serviço braçal com outras classes — destinão-se aqui [em Dio] á profissão de soldado e ao officio de criado de servir ou cosinheiro dos christãos, com quem vivem comendo até viandas de qualquer origem». —João Stuart Torrie, *Estatistica da India Portugueza*, p. 347.

**Derrubador:**

1862.—«... **derrubadores**, que cortam os cachos das palmeiras».—Francisco M. Bordalo, *Ensaios sobre a Estatistica*, V, p. 46.

**Desmuca:**

1870. — «O **Desmuk** (ou Zemindar, como se diz em Bengala) chefe de districto, he um official hereditario que antigamente superintendia a cobrança das rendas de uma *praganã* ou districto, e que era remunerado do seu trabalho e despesas por varios modos; e elle e o *Despandy*, escrivão hereditario seu deputado ou immediato, recebiam em recompensa annualmente dez por cento pouco mais ou menos da renda effectivamente cobrada».— Cunha Rivara, *Brados a favor das Communidades*, p. 24.

**Despanda:**

1885. — «... to whom the site, then covered with *jungle*, was granted by Bukht Buland, and whose descendant, the present landholder, still retains the title of **despándyá**».—Hunter, *The Imperial Gazetteer*, XIII, p. 423.

**Dessai:**

1920. — «Os **dessais** e **sardessais**, verdadeiros barões feudais, já existiam no Decão antes das invasões maometanas; eram recrutados, em regra, entre os companheiros de armas dos reis». — *O Oriente Português*.

**Dessaina:**

1805. — «Illustre e Grandiosa Laceximibay *Bounsuli*, Sar **Dessayna** do Pragana Cudale». — *Apud* Júlio Biker, *Collecção de Tratados*, X, p. 310.

* **DESTAR** (ant.). Trunfa, turbante, em Malaca. Do mal. *dĕstar* < persa *dastār*.

1613. — «E por cobertura de pernas andão [os malaios] cingidos de grandes panos de Choramandel, e por Touca trazem hum pano de seda enrolado na cabeça, que a cerca a modo de Cobra, que os naturaes chamão **Destar**». — Manuel G. de Erédia, *Informação da Aurea Chersoneso*, p. 77.

* **DEUSSUM.** Prédio pertencente a um ídolo ou pagode, nas Novas Conquistas de Goa. Do mar. e conc. *devsūm*.

1866. — «Ha finalmente em Morlem 5 **Deussuns**, que consistem em um palmar com um terreno arborisado adjacente, uma varzea de *serodio*, e tres pedaços de *vangana*». — *Relatorio da Provincia de Satary*, I, p. 11.

1869. — «Comprehende um pagode, 2 terrenos de serodio denominados—**Deussuns** — abrangendo a superficie total de 17544 metros quadrados».—*Ibid.*, III, p. 12.

1886. — «Os *bottos*, em paga do seu serviço, possuem terras denominadas **deussuns**, ou recebem certas rendas á custa dos fundos do pagode». — Lopes Mendes, *A India Portugueza*, II, p. 33.

**Devi:**

1908:

> «Só as raparigas tem
> Piso tão doce, e tão fresco
> Como a **Devi** d'Arvalem».

Alberto O. de Castro, *Flores de Coral*, p. 78.

**Devanágari**:

1880. — «Os aryas tinham caracteres especiaes para cada uma d'estas lettras ou sons, e davam a esta escriptura o nome de **dâvanâgarî**, que quer dizer — escripta divina, porque segundo os brahmanes, estes caracteres lhes foram revelados pela divindade». — Martins Velho, *Estudos sobre o Oriente*, p. 55.

* **DIANJÁ**. Não sei precisamente a que língua pertence o vocábulo, que no texto se dá como sinónimo de «governador». Neste sentido, em birmanês seria *oke-só-than-min*; mas talvez se relacione com *yay-gyung* [*sit-bu-yin*], «almirante». Em bengali *adhirajá* é «rei supremo», como em sânscrito.

1739. — «Pertencia este Reyno [de Bengala] naquelle tempo ao Rey de Arracão, que o tinha conquistado, e largara muita parte do governo delle ao famoso Manoel de Matos, o qual era **Dianjá**, ou Governador, e Capitão dos Portuguezes no porto grande de Bengala». — Fr. Fernando da Soledade, *Hist. Serafica*, III, p. 853.

**Dó**:

1908. — «É o **dó**, especie de ferragolo ou biôco do século XVI, ainda usado pelas senhoras portuguesas de Macau, como o capello pelas mulheres populares dos Açores e do Algarve». — Alberto O. de Castro, *Flores de Coral*, p. 135.

**Divali**:

«No **Divali** toda a cidade é lumes.
Chamam os finos *gongs* á oração.
E rua, entretecida de perfumes,
A silenciosa e immensa multidão».

Alberto O. de Castro, *A Cinza dos Myrtos*, p. 50.

* **DOITO**. Nome matronímico de demónios, na Índia, derivado de Diti, sua suposta mãe. Do sânsc. *daitya*.

1886. — «*Sura*, licor de palmeira, para os **doits** ou gigantes que auxiliaram Vishnú n'esta empreza». — Lopes Mendes, *A India Portugueza*, II, p. 70.

**Dongri**:

1885. — «Besides the great export of muslin, Kárwár provided pepper, cardamoms, cassia, and coarse blue cotton cloth (**dungari**)». — Hunter, *The Imperial Gazetteer*, VIII, p. 54.

**Donó**:

1879 — «**Donós** 80 arrobas 3 arrateis» (de importação). — João Stuart Torrie, *Estatistica da India Portugueza*, p. 147.

**Dorá**. V. *doddó*. Do mar.-hindust. *dhaḍā*.

1862. — «**Dorá** ou **Doddó**, que é de 6 1/2 arrateis, ou de 8, conforme os objectos que se pesam». — Francisco M. Bordalo, *Ensaios sobre a Estatistica*, V, p. 85.

**Doriá**. Crooke [in *Glossary*] deriva-o do hindust. *doriyā*, «striped cloth», *dor*, «thread». **Doriyah** appears among cotton stuff. It is now also made of silk».

* **DORÔBO**. Lugar da casa, *bosteado* e coberto de palha *darba* (q. v.), onde se coloca o cadáver entre os hindus, como o dos cristãos sôbre a essa. Do conc. *darabh*, corr. de *darbh*.

1886. — «O *botto*, ou o maioral da casa, que preside á ceremonia, depois de tomar banho, colloca o defuncto no **dorôbo**, que é, como mostra o desenho, um terreno bosteado de fresco, em frente do *Tulossy*». — Lopes Mendes, *A India Portugueza*, I, p. 265.

**Dossoró**:

1831. — «C'était l'époque de la fête du Desserré, où j'ai vu l'Asie dans ses pompes pittoresques». — Jacquemont, *Correspondence*, I, p. 173.

* **DOVOLO**. É o mesmo ou melhor que *davadá*, q. v. Do conc. *dhavaḍ*.

1857. — «Eis o que praticam os denominados **Dôvollos**, que o [ferro] preparam e o fundem para o vender aos ferreiros purificadores de Panchavaddy». — In *Archivo de Pharmacia*, VII, p. 93.

1866. — «Os **Dôvollos** (indigenas que exploram o ferro) dizem que o minerio de Malpona he o melhor do Estado de Goa». — *Relatorio da Provincia de Satary*, II, p. 4

1886. — «Estas minas são exploradas por um grande numero de **dovóllos** (fundidores de ferro) pela maior parte naturaes de Navelim de Salcete». — Lopes Mendes, *A India Portugueza*, II, p. 132.

**Dotim**:

1919. — «Of course there are many Indian Christians who wear the **dhoti**, though they have Portuguese names». — J. Campos, *History of the Portuguese*, p. 183.

* **DOVORNI**. Pouso à borda duma estrada para as cargas dos viandantes, que as podem colocar e levantar sem auxílio doutra pessoa, em Goa; serve também de marco miliá-

rio, equivalente mais ou menos a um quilómetro. Do conc. *davarnem,* pl. *devarnīm*.

1872.—«Medidas de extensão são *Gaum* (vid. *gão*) ou gramas, quasi duas leguas, divide-se em 4 *cossos* (vid. *coce*), e o cosso em 2 **dovornis**». — João Stuart Torrie, *Estatistica da India Portugueza,* p. 135.

**Dramo :**

1906. — «**Drumm,** moeda antiga do Guzarate cuja equivalencia não nos foi possivel estabelecer». — Herculano de Moura, *Inscripções Indianas,* p. 189.

**Dubaxi :**

1856. — «Sendo elle seu **Dubaxi,** *Carcun* ou Sar-Narcan (Secretario era considerado da classe dos servidores)». — F. N. Xavier, *Instrucção,* p. 32.

1868.—«He *Namoxim,* outr'ora desfructado pelos **dubaxis**». — *Relatorio da Provincia de Satary,* III, p. 41.

1886. — «... desordens, que sempre dimanaram do dolo e ambição dos administradores ou das intrigas fementidas e habilmente manejadas pelos seus **dubaxis** (secretarios) que procuravam envolver e entreter os administradores e administrados em continuas controversias». — Lopes Mendes, *A India Portugueza,* II, p. 3.

## E

**Elefante :**

1864. — «40 Peças de **elefante** encarnado». — Afonso de Castro, *As Possessões Portuguezas,* p. 339.

**Ema.** O Padre Neyens, superior das missões católicas da Nova Guiné e das Molucas, responde-me que em nenhuma parte ouviu *emeu* como sinónimo de *casuar,* mas que em duas ilhas a ave é conhecida por *samu* e *sam.* Pois se *emeu* não existe nem existiu, é provável que *ema* derivasse de *samu.* Informa-me porêm o Sr. Pelliot que *ema* figura nos textos chineses.

* **ENROTADOR.** Aquele que *enrota,* q. v.

1862. — «... distilladores, **enrotadores,** pintores, esculptores, serralheiros, abridores, etc.». — Francisco M. Bordalo, *Ensaios sobre a Estatistica,* v, p. 80.

* **ERVA-DO-FÍGADO.** Planta da família das compósitas — *Emilia sonchifolia,* D. C., muito commum na Índia Portuguesa. «É um dos medicamentos domesticos contra as febres biliosas; com a infusão da planta secca faz-se um collyrio para a conjunctivite». D. G. Dalgado, *Flora.*

* **ERVA-DOS-GOLPES.** Planta indiana da família das compósitas — *Achillea millefolium,* Linn., também conhecida por *millefólio* ou *mil-fôlhas.* Emprega-se nas feridas, donde lhe provêm a denominação. «Dizem aproveitar contra a amenorrhea e as hemorrhoidas». D. G. Dalgado. Os ingleses chamam-lhe *nosebleed.*

**Erva lombrigueira :**

1871. — «*Abrotano*... O nome vulgar d'esta planta é **herva lombrigueira**. — *Dicc.* de Domingos Vieira.

1918. — «No doubt the southernwood alluded to was not the European variety of *Artemisia abrotanum,* but some variety of Artemisia, probably the *Artimisia indica* or Indian wormwood». — Longworth Dames, *The Book of Duarte Barbosa,* I, p. 154.

**Esmani :**

1904. — «... or the solemn delivery of the bride to the **ijman** or elder of the bridegroom, and many other wedding ceremonies». — J. A. Saldanha, *The Indian Caste,* p. 82.

* **ESPINHO SANTO.** Nome que os portugueses deram a uma planta cornácea — *Alangium Lamarckii,* Thwaites, ou *A. hexapetalum,* Roxb., provávelmente por se reputar a sua raiz antídoto do veneno de cobras. *La Grande Encyclopédie* considera malabárico o nome botânico; mas Rheede não o regista senão como *Angolam.*

**Exploração :**

1879. — «A noiva, depois da **exploração,** ou pouco antes do casamento, é ordinariamente obsequiada pelos seus parentes». — João Stuart Torrie, *Estatistica da India Portugueza,* p. 314.

## F

**Fanão :**

1442. — «In this country [Bisnáguer] they have three kinds of money, made of gold mixed with allay... the third, called **fanom,** is equivalent in value to the tenth part of the last-named coin [pertab = pardau]. Of these different coins the *fanom* is the most useful».— Abd-el-Razzak, in *India in the fifteenth century*, p. 26.

**Fantan**:

1919. — «O concessionario do exclusivo do jogo de **Fantau** (*sic*), em Macau, em consequencia da diminuição do rendimento daquelle negocio, pediu que o pagamento das prestações, em lugar de ser feito mensalmente, passe a ser trimestral». — *Diario de Noticias*, de 30 de Outubro.

**Faqui**:

1548. — «Arabes quippe Mahometicae superstitionis Antistites, quos *Cacizes* vel **alfaques** appellant, nonnullos indigenas scribendi rationem nuper docuerunt, et hodie docent».— S. Francisco Xavier, *Epistolae*, II, 17.

**Faquir**:

1731.—«Donde procedia dizer o barbaro Canù Angria: Quem defende das minhas armas a Cidade de Chaul he a Senhora Mãy de Deos dos **Faquires**; nome que estes infieis dão aos nossos Religiosos».— Fr. Fernando da Soledade, *Hist. Serafica*, III, p. 791.

1750. — «Segue sempre ao Exercito [marata] hum numero infinito de gente, a que chamam **Faquires**, que não são homens de armas nem tem por officio combater, mas somente assolar, e roubar o paiz por onde passam». — Marquês de Alorna, *Instrução*, p. 51.

**Farinha-de-pau**. Alguns escritores também dão êste nome à farinha de *sagu* (q. v.).

* **FAZENDA-DE-NEGRO**. Tecido grosso de algodão, branco ou pintado, que se fabricava em Damão e era exportado para a África Oriental para uso dos negros.

1887. — «As fabricas de Damão, onde se manufacturavam muitos tecidos brancos e pintados que se chamavam **fazenda de negro**, arruinaram-se. Hoje ainda ha aldeias em que se fabricam fazendas de algodão, *canequins*, *chitas*, etc.». — João de Andrade Corvo, *Estudos sobre as Provincias Ultramarinas*, IV, p. 99.

* **FEIJÃO-CHICOTE**. É uma espécie de feijão indiano — *Vigna catiang*. Endl., provávelmente importado da China, conhecido em concani por *«virvīl»*, corrução de «ervilha». Tira o seu nome da feição das vagens, que são finas e compridas. «As vagens das raças cultivadas teem algumas vezes um a dois pés de comprimento». D. G. Dalgado, *Flora*.

* **FEIJÃO-CUTELINHO**. Outra espécie de feijão — *Dolichos lablab*, Linn., grande, branco e um tanto amargo; cultivado em certas partes da Índia e na China.

* **FIO-DE-PEIXE**. Nome que se dá em Macau ao fio que se extrai da *palha-de-água* (q. v.), e que serve, entre outros usos, para enfiar o peixe ou fazer cambadas.

* **FEIJÃO-FRADE**. É o nome que os mareantes deram a uma ave palmípede branca com pintas pretas, qua encontravam nos mares da Áfrice Oriental. V. abonação em *mangas-de-veludo*.

**Fenasco**:

1918. — Não se querem mexer senão à cheiro e promessa de **fenasco**». — *O Ultramar*, de 17 de Junho.

* **FIÇA**. Tecido das Molucas, feito de fibras de certas árvores. Não pude identificar o vocábulo com nenhum malaio; parece que pertence ao dialecto local.

1560. — «Fazem o vestido de certas casquas de vergonteas d'aruores, molhando-as e batendo-as com macetes sobre páos, e assim as estendem quanto querem, ou dão de si, e as fazem delgadas, grossas e largas, pegando-as hũas com as outras, e as pintão louçãmente, mas apodrecem com a agua, e chamão-se **Fiças**». — Gabriel Rebêlo, *Informação de Maluco*, p. 171.

«E assim não mostrando seu sentimento e doo, o qual tomão os da terra com trunfas nas cabeças de **fiças** branquas e panos çujos». — *Id.*, p. 180.

**Figo**:

1886. — «Ha cinco especies principaes das bananeiras; mas as que mais se cultivam em nossa India, são: A Musa *paradisiaca* (bananeira do paraizo ou de fructos longos), e a *Musa sapientum* (bananeira de fructos curtos ou **figos de horta**)». — Lopes Mendes, *A India Portugueza*, I, p. 239.

* **FIGO CÁQUI**. Nome por que é conhecido em Macau o *Diospyrus kaki*. V. *si-su*.

1679. — «O primeiro [género] que os chinezes chamam *shih-tu* e os portuguezes *figos*, não porque tenham a mesma similhança, mas porque incitam o sabor ao gosto dos figos». — Fr. Jacinto de Deus, *Vergel* (ed. de Macau). — Nota : «Em Macau chamam **figo-caqui,** — nome que uns querem que seja corrupção de *figos daqui,* e outros que seja derivado do seu nome botanico *diospyrus kaki*».

1904. — «**Figo kaki**. . . Esta planta é originaria do Japão d'onde veio para a China. O fructo é succulento e doce, ha varias especies tanto no formato como no gosto».—João Maria da Silva, *Repositorio,* p. 136.

*** FIGUEIRA DO JAPÃO** (ant.). Nome que os portugueses davam no Oriente ao *Diospyrus kaki*.

1812. — «Hũa arvore que os naturaes chamão *Caqui-noqui* [*kaki no ki,* «figueira do Japão»], e os Portuguezes **figueira do Japão,** não porque a arvore no tronco, ramos e folhas tenha alguma semelhança cõ as nossas figueiras, mas porque o seu fruito se parece muito com os nossos figos passados». — *Carta* do Bispo D. Luís Cerqueira a elrei D. Filipe III.

**Flor de Santo António :**

1908. — «Em português de Goa e em português de Timor são as Plumieras chamadas **Flores de Santo Antonio,** em português de Macao, *Fulas de S. João.* Ainda tem em Goa o nome de *Champós dos Firinghis*». — Alberto O. de Castro, *Flores de Coral,* p. 137.

**FLORIM.** É o mesmo que *rupia* em Timor. O nome é devido à influência holandesa.

1882. — «A rupia é chamada florim». — José Vaquinhas, *Timor,* in *Bol. S. G. L.,* II, p. 748.

**Fó :**

1908 :

> «Com mil dragões do Deus **Fó** !
> Não me convencem que o *dó*
> Deixe airosa a macaista.
>
> Alberto O. de Castro, *Flores de Coral,* p. 86.

**Fordar :**

1680. — «Throughout the empire the king is obliged to maintain **fosdars** — that is, lords of an army — for if he had no such officers no one would pay either revenue or tribute». — Manucci, *Storia do Mogor,* II, p. 450.

**Formão :**

1680. — «These **formaoens,** which bear the royal seal with the impression of the hand in saffron colour, are sent by the king to the kings, princes, rajahs, and other potentates. There is another kind of **formaoens,** which is attached by the above seal only, with the countermark of the chief *wazir*».—Manucci, *Storia do Mogor,* III, p. 232.

1919. — «In reply to them, **farmans** or Imperial letters were drafted by the ministers in the terms of their master's verbal orders».—J. Sarkar, *Studies in Mughal India,* p. 9.

*** FRUTA-DE-GRUDE.** Dá-se êste nome na Índia, em alusão à sua propriedade, ao fruto de *Diospyrus embryopteris,* Pers. «Dizem que o succo glutinoso do fructo se usa na encadernação de livros ; o extracto do episperma da semente é adstringente». D. G. Dalgado.

*** FRUTA-MANILA.** É o nome por que é conhecido em Macau o amendoim, pelo motivo indicado abaixo.

1904. — «Em Macau é conhecida por «**Fructa Manila,** porque foi d'ali que se importaram as primeiras sementes para a China». — João Maria da Silva, *Repositorio,* p. 23.

**Fota :**

1470. Niketin, referindo-se aos príncipes da India, diz : «Their *koziaz* wears a **fota** on the head ; and another on the loins». E o editor observa : «**Fota** is a large silken garment, still worn in some countries of Russia by the women of the lower classes, round the head or over the upper part of the body». — *India in the fifteenth century,* p. 9 :

**Fula :**

1904. — «Em Macau na linguagem antiga usava-se sempre da palavra **fula** em vez de flor». —João Maria da Silva, *Repositorio,* p. 138.

*** FULA-FREIRA.** «*Dhaius grandifolius*. . . Planta orchidacea originaria da China, é muito estimada nos jardins de recreio, por causa das lindas e curiosas flores. O estame da flor é de configuração que se parece com o rosto d'uma freira». João Maria da Silva, *Repositorio,* p. 140).

## G

**Gabara :**

1918. — «Nearly the whole of the Pasdum and Galle *Korales* had thus been given away, and encroachments made even on Gampala and Weke, the two ancient

**Gabadagam** which were of such value for provisioning the garrisons of Negumbo and Hemwella».—P. E. Pieris. *Ceylon and the Hollanders*, p. 80.

**Gaiatri** :

1908. — «. . . diz a divina **Gayatri** solar de santo Visvamitra, a oração por excellencia, que trezentos milhões de boccas hindus diariamente murmuram ao sol levante, á luz meridiana, como ao sol poente». — Alberto O. de Castro, *Flores de Coral*, p. 219.

**Galagala** :

1908. — «E dá uma gomma ou resina denominada **Galegala**, que se emprega nas redes de pesca». — Alberto O. de Castro, *Flores de Coral*, p. 203.

**Gamelão** :

1908. — «No lindo *batuque* de Oékússi, imitação musica por certo do **Gamelan** de Java, a rapariga tangedora dispõe de quatro *gong* suspensos de um bambú, e cada um de seu timbre differente».—Alberto O. de Castro, *Flores de Coral*, p. 152.

**Gamute** :

1560. — «E antre suas [do *sagueiro*] folhas ou ramos se cria muita estopa preta, a que chamão **Gamute**, que tem mui secas e rijas arestas, mas limpo e sacudido o grosso, fiqua bom, e delle fazem redes, dura muito na agoa, debaixo da terra». — Gabriel Rebêlo, *Informação de Maluco*, p. 169.

**Ganez** :

1913. — «**Ganezes**, de Q[ueiroz]. The Sinhalese **Ganinushe**, the word usually applied to the Budhist priest». — P. E. Pieris, *Ceylon*, I, p. 467.

**Gão** :

1870. — «Depois que os portuguezes chegaram á India, e occuparam Goa com animo de assentar ahi seu dominio, conheceram que nas circumscripções territoriaes denominadas no paiz **gãos**, se davam os caracteres essenciaes de municipio; e á falta de outro melhor vocabulo, chamaram a esses **gãos** aldeas; não porque o fossem verdadeiras ao modo portuguez, mas porque se não atreveram a applicar-lhes o nome de *concelhos*, que usam dar aos seus municipios». — Cunha Rivara, *Brados a favor das Communidades*, p. 8.

* **GAPUTAVIGIVA**. Necromancia, em Ceilão. Do sing. *guptavijjava*, «sciência occulta».

1687. — «Erão demandados de todas estas regiões Asiaticas pera aprenderem deles a Negromançia, a que eles chamão **Gaputuvigiua**».—P. Fernão de Queiroz, *Conquista de Ceylão*, p. 8.

* **Gará**. O étimo da palavra não é *ghar*, como está dado, mas o mar. *ghoḍá*, que própriamente quere dizer «cavalete». V. *goddó*, Suppl.

**Gau** :

1918.—«**Gowwa**, a Sinhalese measure of distance, about four miles».—P. E. Pieris, *Ceylon and the Hollanders*, p. xv.

**Gauro** :

1886. — «Nas florestas das Novas Conquistas habitam no estado selvagem algumas especies de bufalos, que os indigenas denominam **gavós**». — Lopes Mendes, *A India Portugueza*, II, p. 118.

**Garuda** :

1906. — «**Garuda** é o *vahan* de Vishnu. Representa-se metade como aguia, metade como homem. Na mithologia hindú é curiosa a lenda do combate entre um elephante de 160 milhas de comprido e uma tartaruga de 80 milhas, separados pelas garras potentes de **Garuda** e de que falla o *Mahabaratha*». — Herculano de Moura, *Inscripções Indianas*, p. 179.

* **GARACHE** (mal. *gunchang*). Nome dum festim público, que se fazia diante do rei, em Maluco.

1569. — «O pouo vai por ordem fazendo a *çumbaia*, dando alguns gritos em louuor, com o que se acrescenta a matinada, e assi se acaba a festa, que he a maior que tem, a que chamão **Garache** . . . dizem alguns que a tomarão dos papagaios brancos, que fazem os mesmos geitos com a cabeça». — Gabriel Rebêlo, *Informação de Maluco*, p. 153.

* **GAVANA** (ant.). Figura o termo numa pastoral dum arcebispo de Goa, que o emprega no sentido de «oferta que se faz por ocasião dos casamentos e baptismos». Mas *gávana* ou, melhor *gáiana*, (conc.-mar.-sânsc. *gāyana*), quere dizer própriamente «canto, canção». Costuma-se cantar alguma cantiga apropriada quando os parentes dos noivos lhes oferecem jóias ou dinheiro depois do recebimento e lhes deitam sua bênção, sendo por isso toda a cerimónia denominada ao presente *bênção*. As dádivas que se mandam para os pais dos noivos são conhecidas pelo nome de *saguate*, q. v.

1647.—«... que nos casamentos e baptismos da gente da terra, se não usem nem façam offertas que se chamam **gavanas**». —*Apud* Casimiro da Nazaré, *Mitras Lusitanas*, I, p. 158.

* **GAZ** (persa-hindust. *gaz*). Medida persiana e indiana, correspondente à vara ou jarda. Na Índia emprega-se às vezes por *mão*, q. v.

XVII. — «Terá hum livro pequeno em o qual escreverá as mercadorias que vender declarando logo, se foi em medidas... covados, ou varas ou **gazes**». — *Archivo Port.-Oriental*, V, p. 1552.

1754. — «I rather chose to make several of them presents of 2 1/4 **gaz** of cloth, which is the measure they usually take for a coat». — Hanway, in *Glossary*.

**Gaze**:

1866. — «I do not find this word (*Ghazar-Sini*) in the Arabic dictionaries. May it be the origin of our own word **Gauze**, which has been refered to *Gaza* in Palestine». — Yule, *Cathay*, I, p. 143.

**Gim**:

1563.—«Entre a gente que habita aquellas comarcas e terras vizinhas a Goa, ha duas linhagens antigas e nobres, que são as cabeceiras, de baixo de cujo gouerno estauão todas aquellas **Tanadarias**... Hua linhagem destas tinha por appellido *Berás*, que era a mais principal, e a outra **Gijs**. Destes **Gijs**, dous irmãos, hum por nome *Comogij*, e outro *Apagij*, vendo...». — João de Barros, Déc. III, IV, 5.

* **GUENROIM** (jap. *genrōin*). É o nome da casa do senado japonês.

1904. — «O **Guenro-in** ou assemblêa d'altos funcionarios e jurisconsultos nacionaes, estudou as testamentarias».—Ladislau Batalha, *O Japão por dentro*, p. 51.

* **GIRBAFO** (persa *zarbaft*). Brocado de ouro.

1806. — «Sete capas brancas, seis de taby e hum **girbafo** com sebasta encarnada». — Doc. *apud* António F. Moniz, *Hist. de Damão*, IV, p. 63.

«Sinco cazuis [casulas] brancas de **girbafo** diferente» — *Ibid.*, p. 64.

* **GÔ** (jap. *gō*). Medida japonesa para cereais e líquidos, equivalente a dous decilitros.

1906. — «O *saké*, vinho indigena, produzido pela fermentação do arroz, vende-se a 30 reis por cada **gó**, sendo **gó** equivalente a dous decilitros». — Venceslau de Morais, *Cartas do Japão*, II, p. 415.

* **GODDÓ**. Tugúrio, casebre de cultivadores; cabana, nas Novas Conquistas. Do conc. *ghodo* (mar. *ghodā*), lit. «cavalete».

1909. — «... permittindo aos *sandis* (cultivadores das Velhas Conquistas) a cultura de *cumerins* nas Novas Conquistas pagando ás respectivas camaras quatro xerafins por **goddó** ou casal de cultivadores».—Amâncio Gracias, *Subsídios*, p. 251.

**Golçori**:

1918.—«... levando os meliantes 1.500 rupias, 2 pares de pulseiras e 2 **golxirôs** de ouro, que foram sacados á força da mulher e filha do mesmo Barnó». — *Heraldo*, de 9 de Junho.

* **GOLE** (ant.). Espada de Maluco, descrita abaixo. Do mal. *golok*.

1560. — «Hũas espadas, a que chamão **goles**, são de bom ferro; mais curtas que as nossas, e de hum sŏ corte, estreitas na empunhadura, e alargão para a ponta; o punho e a maçã de pão bem guarnecido de estanho no qual trazem hum escudo que lhe empara a mão, e alguns por cima hum manqual de ostra, e bem polido; que parece bom, e guarda a mão, e os ricos pōem sobrelle outro de ouro uazado, ou como querem, com que fica mais leue e galante: cortão facilmente hũm homem, porque são pesadas». — Gabriel Rebêlo, *Informação de Maluco*, p. 162.

* **GOMA-DA-ÍNDIA**. Exsudação de *babul* (q. v.), semelhante à goma arábica. Os franceses chamam à árvore *gommier des Indes*, e os ingleses, *Indian gum arabic tree*.

1919. — «Chama-se também **Goma da India**; em concani *Bâbûl* ou *acásse*». — *Heraldo*, de 15 de Março.

1908. — «Indian gum arabic is used in Calico-printing and in all other industries where a mucilage is necessary and in which the peculiar properties of this particular gum are recognised as specially suitable». —Watt, *The Commercial Products*, p. 5.

**Gorgoli**:

1886. — «O *Xenôy* está, como mostra o desenho, com o seu **gorgoly** (especie de cachimbo) em punho, em pé no meio dos estudantes». — Lopes Mendes, *A India Portugueza*, I, p. 190.

1654. — «There are many seats where the Persians imbibe tobacco from crystal **guriguris**». — Manucci, *Storia do Mogor*, I, p. 36.

**Goto**:

1904. — «Só se escutam os acordes da

musica local tirados dos seus instrumentos nacionaes, alaúdes, tambores, rebecas indigenas, o *samisen* de tres cordas, o **koto**, que é uma especie de lira, e outros». — Ladislau Batalha, *O Japão por dentro*, p. 140.

* **GRAMACORCHO.** A locução, usada em concani e marata, *grāmakharcç*, é híbrida, composta do sânsc. *grāma*, «aldeia», e do persa *kharch*, «despesa»; e quere dizer, em sentido técnico, «contribuição para as despesas da aldeia».

1847. — «**Gramacorcho,** que he derrama para as despesas extraordinarias da aldêa». — *Apud* Cunha Rivara, *Brados a favor das Communidades*. — **Gram-corcho** parece-me que comprehende as despesas tanto ordinarias, como extraordinarias das aldeas». — *Id.*

**Granada :**

1919. — «Foram recebidos os illustres visitantes pelo digno cónego e administrador daquele convento... entre fogos, *granadas* e uma salva de 21 tiros e razoavel concurso de gente». — *Heraldo*, de 6 de Outubro.

1919. — «Se se põem peias para a queima de **granadas,** morteiros, girandolas, que é industria cá de casa, os manifestantes desforram-se com foguetes e *panchões*». — *O Ultramar*, de 31 de Julho.

**Grão-de-cavalo :**

1560. — «... algodão, *panha*, feijões, **grãos de cavallo,** inhames de muitos modos». — Gabriel Rebêlo, *Informação do Maluco*, p. 172.

**Grão-de-Maluco :**

1560. — «... e assim os **grãos** a que chamão **de Maluco,** *durioes* ha somente em Maquiem, Bachão, Amboino». — Gabriel Rebêlo, *Informação de Maluco*, p. 171.

**Guarda-olhos.** V. *uró*.

* **GUATIPAMOR** (ant.). Diz-nos Fernão Mendes Pinto que é casa de estudo dos budistas da Indo-China, isto é, «seminario» *thin-kyah'-thau-ta-pi-su* em birmanês.

1545 — «Fomos aquelle dia, já quasi noite, dormir a huus estudos, que chamavão **Guatipamor,** em hum pagode por nome Naypatim». — *Peregrinação*, cap. 126.

**Gueche :**

1613. — «E como os muros são feitos de **gueche** os pilouros de pedras de peças grossas ficauão embebidos e encaixados nelle meyos dentro e meyos fora». — Francisco de Andrada, *Chronica de D. João III*, cap. 93.

1614. — «Este homem andando abrindo as minas, foi dar em humas necessarias de abobada, que estavam no recanto de hum baluarte, e metteo nella certos barris de polvora, e por fora lhe fez seus repairos de pedra e **gueches** muito fortes». — Diogo do Couto, Déc. V, IX, 14.

«Como os muros [da fortaleza de Ormuz] eram de **gueche,** os pelouros de pedra das peças grossas ficavam mettidos no muro». — *Id.*, v, 8.

**Gueredão :**

1680. — «He [Roberto de' Nobili) spoke the **Grandonic** language, which is their Latin, just as if it were his mother-tongue». — Manucci, *Storia do Mogor*, III, p. 236.

**Gugul :**

XIII. — «Para os mesmos pagodes, estabeleceu o fornecimento de duas *mãos* de **gugól** por mez». — *Apud* Herculano de Moura, *Inscripções Indianas*, p. 190.

**Guingão :**

1917 — «Tecidos de Damão. Na armada de 1675 o adjunto de Damão remetteu para Goa: 400 lenções ordinarios; oito *corjas* de *Canequins*; dez corjas de **guingões** ordinarios e 30 *candis* de azeite amargoso». — António Francisco Moniz, *Hist. de Damão*, IV.

* **GUNDEIRA** (guz. *gundī*, mar. *gund*). É uma árvore da família das boragíneas — *Cordia myxa*, Linn., mais conhecida por *sebesteira*, que Webster deriva do persa *sapistān* por via do lat. *sebestena*. Em concani é denominada *xelti* ou *xelontī*. «Come-se o fructo, que é viscoso, e usa-se o succo como emoliente contra a irritação dos bofes e da bexiga». D. G. Dalgado, *Flora*.

1905. — «A **gundeira** de Diu... pertence a um grupo de plantas, e que alguns botanicos teem como uma familia distincta ... Chama-se «*chellan*» (*sic*) em Goa», e «gund» ou «gundy» no Indostão. Ha tambem outra especie de «gund», mais desenvolvido e menos gommoso, de que os indigenas se servem para usos culinarios e para *achar* (conserva em sal e vinagre)». — Jerónimo Quadros, *Cartas de Diu*, p. 184.

**Gune.** V. *goni*.

**Gurabo:**

1918. — «**Ghurabs** are flotting batteries or gun-boats carrying two masts and moving slowly». — In *The Modern Review*, de Dezembro.

## H

**Hai-tagem.** O Sr. Pelliot considera *hai* como nome próprio, e traduz o chin. *Haï-ta-jen* por «Sua Excelência Hai».

**Hava.** O Sr. Cabaton admite que possa provir de *kava*, nome duma planta (*Piper methysticum*), de que se faz uma bebida inebriante, mas prefere relacioná-lo com o malaio-ár. *arak*. V. *araca*.

**Hinduismo:**

1920. — «What is **Hinduism?** It is almost impossible to define the term and very difficult to expound its connotation... The term **Hinduism** includes a complex congeries of creeds and doctrines. It shelters within its portals monotheists, polytheists and pantheists; worshippers of the great gods Shiva and Vishnu or of their female counterparts, as well as the worshipper of the divine trees, rocks and streams and of the tutelar village deities». —*The Hindustan Review*, de Junho.

**HINDUÌZAR.** Submeter à civilização hindu, isto é, dos indo árias.

1920. — «É neste período chamado Racionalista ou Filosófico, que os árias, depois de terem **hinduizado** todo o vale gangético, alargaram a esfera da sua influência em todos os sentidos... Mas a [civilização] hindu como mais perfeita, prevaleceu e os drávidas, por sua vez, **hinduizam-se** e fundaram Estados florescentes». — *Heraldo*, de 29 de Janeiro.

**Hodamo:**

1609. — «Chamam [os habitantes de Socotorá] as suas igrejas *mocâmos*, e sacerdotes **hodâmos**». — Fr. João dos Santos, *Ethiopia Oriental*, I, p. 457.

* **HOURI** (s. f.). Figura muitas vezes o vocábulo na obra de Lopes Mendes com o sentido de «gruta ou templo monolítico», nas Novas Conquistas. Parece-me que se deveria ortografar *houdi*, deminutivo (*haudī*) do mar. *haud*, que Molesworth deriva do ár. *ḥoḍ*.

1886. — «**Houri** *de Lamagão*. Esta gruta, aberta n'uma grande rocha lateritica, e outras grutas... foram os primitivos templos gentilicos, na epocha em que a religião brahmanica se estabeleceu n'estas localidades». — *A India Portugueza*, I, p. 262.

«Em todas as **houris,** que visitámos e desenhámos na nossa India encontrámos idolos, mesmo no acima descripto, que segundo a tradição popular, serviu por muito tempo de coito aos malfeitores». — *Id.*, II, p. 176.

**HUQUER.** É, conforme Castanheda, uma embarcação de carga, do Malabar; mas não sei a que vocábulo vernáculo corresponde: se a *utu*, «navio» ou a *hukka*, «fôrça, poder», ou a *hukkaram*, «estrondo, ruído».

1552. — «Concertou-se com certos Chatis Portugueses casados em Goa que tinhão hũa *terrada* Dormuz e hũ **huquer** de Cananor». — *Historia*, VII, cap. 35.

**HURFANGÁ.** Diz-nos Fernão Mendes Pinto que é uma espécie de mitra, em Calaminhão. Parece que o vocábulo se liga ao birm. *tha-ra-hpū*, «coroa».

1546. — «Vimos um menino que podia ser de nove até dez annos, requissimamente vestido, e com huma **hurfangà** de ouro, que he a modo de mitra, mas fechada toda em roda sem abertura nenhuma». — *Peregrinação*, cap. 163.

## I

**Ilui.** Conforme Pelliot, *ilui* deve estar por *llui* e relacionar-se com *lutisse*. q. v. Mas a ortografia portuguesa não admite dois *ll* iniciais, e a primeira letra deve ser maiúscula, como a das palavras que antecedem, talvez *H*.

**Incão.** Parece que a palavra está errada, devendo ser *mião*, como observa Pelliot, derivado do chin. *miao*.

**INDIARU.** Sacerdote parse. Uma autoridade competente, respondendo à consulta, informa que *andhyaru* é forma corruta do sânsc. *adhvaryu*, «sacerdote ministrante, que preparava os materiais e recitava o Yajurveda nos sacrifícios védicos». Admira que os parses se tenham apropriado dum termo técnico do ritual bramânico. Mas o nome deve ter sido popularmente dado, por analogia.

1886. — «Entre os Parses e **Indiarús** ha duas especies de juramentos. . . o 2.° presta-se sobre o livro chamado —*Janvasta* — (de reza) e por intermedio de um **Indiarú,** ministro da sua religião». — *Apud* Lopes Mendes, *A India Portugueza*, II, p. 231.

1898. — «O pequeno, ou pequena, assentou-se em frente do sacerdote (**indiaru**), o qual, depois de ter murmurado em voz baixa certas palavras. . .». — Oliveira Mascarenhas, *Atravez dos Mares*, p. 117.

**Indo-português:**

1885. — «Of the Christian population, 50 are Europeans, 9 Eurasians or **Indo-Portugese**».—Hunter, *The Imperial Gazetteer*, v, p. 220.

* **ISPARÁ**. O sânsc. *īçvara*, do que o conc. *īxpará* é corrução, deriva-se de *īç*, «governar, reger», e tem, entre outros significados, o de «Supremo Deus»; mas é comummente atribuído a Xiva. V. *paramiçura*.

1886. — Os hindús que professão as doutrinas de Sancarachary, adoram no *ruxy* ou santo Bétal e *Máhadeu* sob a invocação de **Ispará**... Esta pedra, tambem chamada *Lingacá de* **Ispará,** symbolisa o orgão genital de **Ispará**». —Lopes Mendes, *A India Portugueza*, II, p. 88.

* **ITIHASSA** (sânsc. *itihāsa*). Nome que se dá na Índia árica a uma história heróica e lendária em poesia, como o é o *Mahābhārata*.

1883. — «Os **Itihássas** ou poemas epicos, as grandes epopeas: *O Mahábhárata*, prodigiosa collecção de lendas hindús em verso, algumas antiquissimas, em linguagem por vezes simples, natural e desenfeitada». — Vasconcellos Abreu, *Chrestomathia*, p. 14.

1904. — «Entre outros, recordamos os *Puranas*, os *Tantras* e **Itihassas** onde se contém o Ramaiana e o Mahabarata».—Ladislau Batalha, *O Japão por dentro*, p. 299.

1905. — «That [epic poetry] which comprises old stories goes by the name of **Itihasa,** «legend, *Akhyana*, «narrative, or *Purana*, «ancient tale». — Macdonell, *A History of Sanskrit Literature*, p. 281.

**Iaque:**

1898. — «Habia podido ver López Gil immensos rebaños de *kiang*, — animal que participa á la vez del asno y del cavallo; **yaks** silvestres, especie de toros de grande alzada, de cuernos que hacian delante una perfecta media luna, pelaje oscuro, patas cubiertas de largos pelos y prolongada cola». — Alfredo Opisso, *El Asia Musulmana*, p. 52.

**Icle:**

1920. — «. . . mesmo quando ides magoá-lo arrancando-lhe os **icles** e os *churtos* para os vossos brinquedos e joias». — *Heraldo*, de 3 de Janeiro.

1680. — «Brooms in India have handles of fine *ydes* ( = icles); they are not like of Europe». — Manucci, *Storia do Mogor*, III, p. 124.

**Iene:**

1905. — «As *clearing houses* levantaram as suas operações de 253 milhões de **yens** a 3587 milhões (o **yen** vale 2 francos, 58)». — *O Heraldo*, de 27 de Janeiro.

1919.— «A **yen** is equal to a little more than Rs. 1-8». *The Modern Review*, de Novembro.

* **IGUIARI**. Lugar ou templo onde se conserva o fogo sagrado dos parses. Parece que no vocábulo houve influência europeia, em alusão ao lat. *ignis*, «fogo», pois um sacerdote parse, consultado sôbre o assunto, respondeu que o termo comum era *agiary* (leia-se *aguiari*), derivado de *āg*, forma neo-árica do sânsc. *agni*.

1905. — «Veneram o fogo, que, alimentado pelo sandalo, arde noite e dia nos seus templos, que se chamam **iguiary** (templos de fogo)». — Jerónimo Quadros, *Cartas de Diu*, p. 169.

* **INAMO-DEHATA** (ant.). Capitação que se pagava em certas partes das Novas Conquistas de Goa. De *inamo* (q. v.) e do mar. *deha-hat*, «corpo e mão».

1824. — «Está possuida de posse estabelecida desde o tempo de Idalcha, *Haca, Otana, Poti Passodi*, **Inama Dehata**».— *Apud* Júlio Biker, *Collecção de Tratados*, XII, p. 43.

## J

* **JACA-PULU**. É, em Macau, o mesmo que *jaca-geriçal* em Goa. V. *arroz pulot*.

1904. — Conhecem-se duas qualidades

d'estes fructos; d'uma a carne é consistente, tem o nome de *jaca barica;* da outra a carne é molle e glutinosa e é conhecida por **jaca pulu**». — João Maria da Silva, *Repositorio*, p. 166.

**Jade :**

1919. — «*Yada* or **jada**, as justly said by Pelliot, is a bezoar; but what attracted the Chinese to this Turkish-Mongol word was not its character as bezoar, but its rôle in magic as a rain-producing stone». —Berthod Laufer, *Sino-Iranica*, p. 527.

**Jaguir :**

1710. — «He estylo geralmente observado em todas as nações, e entre Reys, e Emperadores da India pagar, ou dar ao Capitão, ou General dos exercitos certa contia, ou certas terras, que entre elles se chama **Zanguer**». — P. Leonardo Pais, *Promptuario*, p. 86.

**Jainista**. Indivíduo que professa o *jainismo;* é o mesmo que *jaina*, q. v.

1906. — «Os sacerdotes **jainistas** escrevem com methodo as chronicas da epocha». — Herculano de Moura, *Inscripções Indianas*, p. 12.

**Jalia :**

1919.—«Regarding the Portuguese fleet, the *Bādshāhnāmā* says that out of 64 *dinghas* (large vessels), 57 *Grabs* and 200 **Jalias**, only one Ghrab and two **Jalias** escaped». — J. Campos, *History of the Portuguese*, p. 138.

*** JAMADAR**. O vocábulo tem diversos significados: chefe, capataz; pôsto militar, inferior ao de *subedar* (q. v.); chefe dum pôsto fiscal. Na última acepção entrou o termo na Índia Portuguesa, juntamente com o tratado do regime do sal e *abcari*. Do hindust.-persa *jama'dar* < ár. *jama'*, «agregado».

1836.—«Apresenta a despeza feita com os inferiores emigrados *sopedares* (leia-se *subedares*) e **jamadares** dos auxiliares que vierão a Damão». — Doc. *apud* António F. Moniz, *Hist. de Damão*, IV, p. 124.

1566.—«All the *amirs, mansabdars, sardars*, and **jamadars** were presented with robes of honour, horses, swords, and shields, according to their rank». — Ms. pers., *apud* J. Sarkar, *Studies in Mughal India*, p. 139.

1752. — «The **jamautdars** or captains of these troops, received his bribes, and promised to join». — Orme, in *Glossary*.

**Jangada :**

1560. — «E loguo por a manhã ordenadas duas **Jenguadas** sobre *Paros* para os dous Capitães, tendo ambos aceitado partir Antonio dalmeida diante rodear o Ilheo. . .». — Gabriel Rebêlo, *Informação de Maluco*, p. 222.

**Jángal :**

1905. — «**Jángal**. — Hind. e Mahr. *jangal*, do sanscr. *jangala*. A palavra significa terra inculta. Floresta; espessura, matto denso; deserto emmaranhado». — Fernando Leal, *Gloss. Port.-Oriental*, in *O Herald-do*, de 20 de Maio.

**Jáo :**

1613. — «A gente de Jaua se chama ordinariamente **Jaos**, e são de côr castanho com mixto de amarello, e de natureza feroces, e de todo atreuidos e temerarios, e não arreceão a morte». — Manuel G. de Erédia, *Informação da Aurea Chersoneso*, p. 111.

*** JÁTACA** (s. m.). Quere dizer, na terminologia búdica, «historia do nascimento de Buda», a quem a mitologia atribui diversos nascimentos ou encarnações anteriores à sua última aparição como «iluminado». Do sânsc. *jātaka*.

1883. — «Ha, porem, nos **Játakas** buddhicos dois ensinamentos peculiares do genio hindú e da doutrina ethica do budhismo. . . Estes ensinamentos dos **Játakas** são: que no homem influe poderosissimamente o caracter herdado, e que a natureza do homem é no sua essencia como a dos outros animaes».—Vasconcelos Abreu, *Chrestomathia*, p. 204.

1920. — «The encarnation myths of the *Ramayana* and similiar legends of the **Jatakas** (*Birth Stories*) must have developed as early as the epoch of Maurya imperialism». — *The Hindustan Review*, de Junho.

1920. — «Tomando por fundamento um **Jataca** budista, escrito antes de 434, mostrou que os pilotos hindús possuiam conhecimentos suficientes para exercerem com sucesso a sua profição». — *A Terra*, de 28 de Julho.

**Jinricxa :**

**Jinrikishá**. — Japonez, que significa «Homem-Força-Carro». Vehiculo japonez composto de um pequeno carro, com espaço dentro para uma só pessoa. Puxado por um homem só que corre 6 milhas por hora».— Fernando Leal, *Gloss. Port.-Oriental*, in *O Heraldo*, de 20 de Maio.

**Jocim:**

1781. — «Os seus [de Bardês] Brachmanes, ou Mestres, da Idolatria não se podião contar; os **Josins** que correspondem a Bispos, ou Sacerdotes, e os *Jogues*, que remedão o estado dos nossos Religiosos, parecião infinitos». — Fr. Fernando da Soledade, *Hist. Serafica*, III, p. 781.

**Jogos malabáricos:**

1919. — «Havemos de analizar a sua governação e verberar os seus pruridos de agredir os luso-indianos com os **jogos malabáricos** duma linguagem que lhe é peculiar». — *A Terra*, de 26 de Junho.

1919. — «Extenso e um pouco banal, embora bem intencionado, o programa que no livro se reproduz é o **jogo malabar** do respeito pela lei, da ordem...». — *A Epoca*, de 3 de Setembro.

* **JOHAR.** «O costume de sacrificar durante a guerra as mulheres e as creanças, quando se julgava impossivel a resistencia. Fazia-se uma grande fogueira e n'ella se atiravam todos. Muito usado pelas tribus *rajputs* do Guzarathe». — Herculano de Moura. Do mar. *johār*.

1906. — «Por isso elle supporta, semi-feliz, a dominação europea que prohibe os *satis*, persegue os *thugs* e acabou os **johárs**». — Id., *Inscripções Indianas*, p. 126.

**Jomo.** O vocábulo vem do ár. *zān*, «três horas de derrota», isto é, 8.ª parte do dia de 24 horas. V. Gabriel Ferrand, *Malaka*, p. 158. É provável que o *jomo* da Década de Barros seja êrro tipográfico por *jumo*. Outros escritores lêem *gemma*.

1587. — «Os Mouros fazem tres partições do mar Roxo pera sua navegação, e tomam por fundamento, que na largura do mar Roxo ha doze **gemmas**, que são tres singraduras, em que poderá haver trinta leguas no mais largo do estreito, as quaes partem desta maneira: convem a saber: quatro **gemmas**, que he uma singradura do mar çujo». — *Commentarios*, IV, cap. 7.

I. **Judeu:**

1902. — «Os espiritos que se distillam no districto, são os de *sura* e *maura* (de 25 a 60 graus) e os de **Judeu** (de tamara e *jagra*) da força de 17, em um total médio de 9 mil *galões imperiaes*». — Jerónimo Quadros, *Cartas de Diu*, 10.

II. * **JUDEU.** Emprega-se o termo em Goa, em sentido restrito, para designar a figura humana, que os rapazes fazem de palha nas vésperas de S. João Baptista, vestem grotescamente, escarnecem por algumas horas, e ao sol pôsto queimam e batem com paus, clamando: judeu! judeu! Parece que é alusão a Herodes, se não fôr à expulsão dos judeus. Não sei se no continente voga o costume em alguma parte.

1919. — «The Carnaval, Representation of the Life of Christ, the Fast of Saint John, **Judeu**, Nativity of our Lady». — *The Indo-Portuguese Review*, p. 38.

* **JUDUM.** Medida itinerária, em Ceilão, correspondente a quatro *coces* ou oito milhas. Neo-árico e sânsc. *yojana*.

1687. — «Tinha 1400 legoas de circumferencia, que fazem nas suas contas 350 **judūs**, cada hũ de quatro leguas Portuguezas». — P. Fernão de Queiroz, *Conquista de Ceylão*.

**Juga:**

1886. — «Dizem as tradições brahmanicas que Brahmá dividira a duração do universo em quatro **yugas** ou epochas». — Lopes Mendes, *A India Portugueza*, II, p. 82.

**Juncão:**

1680. — «I passed several **chungams**, which are places where they collect money from people passing». — Manucci, *Storia do Mogor*, II, p. 171.

# L

**Labão.** O Sr. Pelliot não admite a etimologia apontada.

**Lacocacho:**

1613. — «Na sua natural Ilha não hauia lume de fogo, por quanto se lumiauão de noite com o lume de hũas pedras luminosas de hũs animaes chamados **Lacocachos**, e era tanto o numero dellas, que ordinariamente a mor parte das gentes tinha hũa pedra luminosa, ou pedra Carbonculo para lumiar o serviço de noite». — Manuel G. de Erédia, *Informação da Aurea Chersoneso*, p. 138.

* **LADDU** (conc. *lāḍū*). Denomina-se assim na Índia Portuguesa e em Macau doce sêco de qualquer substância — gergelim, arroz torrado,

castanhas de caju — feito em forma de bola grande ou pequena.

1902. — «... tendo n'uma das mãos um lenço que improvisava uma condeça com as pontas diagonaes atadas em nó e encerrava grão de bico e **laddús**». — *O Heraldo*, de 16 de Novembro.

* **LAMANE**. Casta indiana que se ocupa em transportar em bois sal, cereais, legumes, etc. Do mar. *lamāṇ* ou *lambāṇ*.

1710. — «Acompanhão o Exercito do Rey Mogor, que tem perto de duzentos mil homens, humas mulheres, que se chamão **Lamánes**, que tem muitos milhares de boys, com que provém de mantimento, e do mais necessario ao dito Exercito». — P. Leonardo Pais, *Promptuario*, p. 15.

1886. — «A prohibição imposta aos negociantes de grosso trato e aos de *boiada* de aluguer, denominados **lamânes**, de importar e exportar sal e outros generos, que não fossem comprados ou vendidos aos *bazareiros* de Sanquelim». — Lopes Mendes, *A India Portugueza*, II, p. 15.

**Lanchuêm**. O seu étimo é o chin. *long-chuen*.

**Lancoa**:

1560 — «... muitas castas d'arcca, pimenta longa, gengibre, **lançoaz** (*sic*), a que os nossos medicos chamão *calanga* [= *galanga*], açafrão da terra, tamarinho». — Gabriel Rebêlo, *Informação de Maluco*, p. 172.

1563. — «E ha outra mais grande achada na Java chamada acerca delles **lancuaz**, esta he grande e não tem cheiro nem tam aromatica como a primeira; e porém ambas chamamos nós outros os de qua da India **lancuaz**». — Garcia da Orta, Col. XXIV.

**Langotim**:

1906. — «Uma recordação, pelo menos glottologica, que destas praticas ancestraes ficou aos nativos de Goa christãos é o **langotim**». — Herculano de Moura, *Inscripções Indianas*, p. 136.

**Lanha**:

1680. — «When gown to the size of twenty-eight to thirthy inches round, and as much in length, they are called **lanha**. The nut is then full of a sweet water, a drink of which is very refreshing». — Manucci, *Storia do Mogor*, III, p. 186.

* **LARAMPARAM**. Diz-nos Manuel Godinho de Erédia que é um peixe de Malaca muito comum. O vocábulo parece ser o mesmo que *parañparañ*, registado por Wilkinson, que lhe dá em dúvida o significado de *pristis*, «peixe-serra».

1613. — «A major cantidade de peixe é daquelles **laramparam** e camarões meudos de que se sustenta o vulgo». — *Declaraçam de Malaca*, fl. 33.

**Lassemane**:

1918. — «Les dévoirs du **Laskamana**, dit le code de Malaka... sont de deux sortes: 1.° Lorsque le roi va en mer, il se met avec son *pĕráhu* (navire) en tête de la flotte, car le **Laksamana** est le roi de la mer. Il a également charge du harem... 2.° Son dévoir à terre, lorsque le roi monte dans son palanquin, est de se placer avec le Sĕri Bidji di Radja à droite et à gauche du palanquin». — G. Ferrand, *Malaka*, p. 41.

* **LATIM DOS BRÂMANES**. Os nossos indianistas antigos dão êste nome ao sânscrito por ser a língua sagrada dos brâmanes. O vocábulo *sânscrito* não estava vulgarizado no seu tempo, pois no sul da Índia designavam-no os indígenas, de ordinário, por *grantham*. V. *gueredão*. João Ribeiro, referindo-se ao páli, língua sagrada dos budistas de Ceilão, diz que é o latim dos chingalás. Entendia-se às vezes por *latim* qualquer língua neo-árica.

1608. — «Começou agora a aprender o gueredão, que he o **latim dos bramanes**, já o sabe mediocremente ler e falar». — P. Fernão Guerreiro, *Relação Annual*, fl. 85.

1512. — «Disto tem muitos livros em seu **latim**». — Diogo do Couto, Déc. V, VI, 3.

1687. — «Diz no idioma Girindão, que he *a sua* **lingua latina** as seguintes palavras». — P. Fernão de Queiroz, *Conquista de Ceylão*, p. 86.

1797. — «Hey por bem determinar que os Mercadores da dita Praça de Damão quando mandarem suas Embarcaçõens por sua conta ou a frete, fação manifestar a sua na Feitoria Portuguesa, e despachem no seo **Latim**». — Doc. *apud* António F. Moniz, *Hist. de Damão*, II, p. 79.

1680. — «He spoke the *Grandonic* language, wich is their **Latin**, just as if it were his mother tongue». — Manucci, *Storia do Mogor*, III, p 236.

* **LAUNIM** (mar. *lāvṇī*). Balada ou canção de amor, que as bailadeiras da India costumam cantar.

1906. — «**Launim** — Toada das canções de bailadeiras, canção de amor... A palavra **launim** do indo-português vem do mahrathi *lávanim*, derivado da palavra sanskrita composta — *lavânhi amahi*, proprio de belleza, gracioso». — Alberto O de Castro, *A Cinza dos Myrtos*, p. 184.

1905. — «In modern Marathi the erotic poetry is principally represented by the so-called **Lāvaṇīs** (small ballads usually put into the mouth of women)». — Grierson, *Linguistic Survey*, VII, p. 14.

**Li.** *Li Matheu* da abonação é emendada por Pelliot em *ri*, primeira sílaba de *Ricci*, e *ma-t'eu*, *Mateus*.

* **LIBANGU.** É claro o significado da palavra, conforme Fernão Mendes Pinto: prioresa de freiras budistas, na Indo-China. Mas não se pode saber a sua procedência, por ser impossível precisar o seu berço.

1544. — «Tinhão muytas mulheres deputadas para isto, as quaes com licença das suas **Libangús**, que são as prioresas se não negão aos sacerdotes desta bestial e diabolica seita». — *Peregrinação*, cap. 126.

**Lichim.** O Sr. Pelliot supõe que é nome próprio e não título chinês.

**Lim.** Conforme Pelliot, é nome da família do comissário.

**Lingaísmo.** Culto do *linga*.

1906. — «O brahmanismo.. descia do olympo soberbo das prédicas primárias dos *rishis* para ser amarrado ao potro ignominioso do **lingaismo**, a pratica sivaita que conta maior numero de crentes no hinduismo actual». — Herculano de Moura, *Inscripções Indianas*, p. 126.

**Lingavaito:**

1886. — «Os adoradores do Bétal seguem a seita nomeada **Lingavâto**, estabelecida por Sancarachary, e que ha 580 annos, proximamente, se introduziu em Carneate, estendendo-se depois aos reinos de Vizeapôr e Golconda». — Lopes Mendes, *A India Portugueza*, II, p. 88.

**Lingua moura:**

1857. — «E introduzio no curso de estudos do Seminario de Rachol a Lingua Tamul, e **Lingua Moura**, e no de Chorão a Lingua Hindostana, que aquelles auctores entenderam erroneamente ser diversa da **Lingua Moura**». — Cunha Rivara, *Gramatica da Lingua Concani*, p. CXI.

**Linha:**

1698. — «Esta **linha** que trazem os Brácmanes Gentios, nem he tanto em sinal da sua religião, quanto para a demonstração da sua nobreza; porque se fora sómente sinal da sua religião, todos os que a professão, serião obrigados ao trazer; mas como delle não podem usar as outras familias, e sómente os Bracmanes o trazem, se fica mostrando, que he mais demonstrativo da sua nobreza, que da sua fé». — P. António João Frias, *Aureola dos Indios*, p. 30.

**Linta.** O Sr. Cabaton prende *linta* ao mal. *lanta*, «porco-espinho», empregado por *pangolim*, e explica que a confusão proveio provávelmente do facto de um e outro animal se encolherem quando se assustam.

* **LIURAI** (teto). Título de rei ou régulo, em Timor.

1908. — «Os varões das familias do **Liurai** ou *Aran* (o Regulo), e do coronel, tem o titulo de *Principaes*». — Alberto O. de Castro, *Flores de Coral*, p. 178, *et passim*.

**Loiré.** V. *lorçá*.

1908. — «Em frente da quadrilha das mulheres o **Loiré** ou bobo, fazendo esgares, dando pulos de acrobata, sempre de ponta da lingua para fora avermelhada do *betle*, movida continuamente entre os labios finos». — Alberto O. de Castro, *Flores de Coral*, p. 229.

**Longana:**

1904. — «**Longan**... O nome é chinez, e significa «olho de dragão», porque o caroço assemelha-se ao caroço do olho d'aquelle animal, assim dizem os chinas... O **longan** é algum tanto indigesto nos estomagos fracos, e produz uma indigestão terrivel». — João Maria da Silva, *Repositorio*, p. 186.

1908. — «O Leidaque (um Nephelium ?) de pequenos fructos acidulos, que dizem similhantes aos do Von-pit da China, á **Longane** das hortas e xácaras de Macau». — Alberto O. de Castro, *Flores de Coral*, p. 202.

**Lonim:**

1919. — «O **lonim** e o leite passam a ser tributados, visto a sua inclusão na pauta de mercadorias isentas de direitos dar margem a abusos». — *Acta do Conselho do Governo* (da Índia), p. 354.

**Lórico.** Vejo que o Dr. Alberto

Osório de Castro acentua *lorico*, e é autoridade no assunto:

«Não vá fugir-nos da malha
*Parau* de ricos.
Que tremem toda a batalha
Como **loricos**».
*Flores de Coral*, p. 79.

**Lotingó:**

1919. — «Lenha grossa (**lotingó**) *candil* de 20 mãos...». — *Heraldo*, de 18 de Junho.

**Lua:**

1918. — «E é por isso que ainda em Atâuro se não observam as axorcas de prata, as **luas**, os colares, as joias, enfim, que representam a vaidade de outros povos da colónia». — In *Bol. S. G. L.*, XXXVI, p. 265.

* **LUSO-INDIANO.** O mesmo que *indo-português*, q. v.

1919. — «Havemos de analizar a sua governação e verberar os seus pruridos de agredir os **luso-indianos** com os *jogos malabáricos*». — *A Terra*, de 27 de Junho.

# M

**Maçã:**

1920. — «A jujubeira da India foi chamada pelos portuguezes macieira brava por os seus frutos terem o sabor de **maçãs** da Europa». — *Heraldo*, de 3 de Agosto.

**Macambeira:**

1905. — «O fructo, chamado **macambra** (em vernaculo «óca»), é apocarpico carnoso, e tem o mesocarpo muito desenvolvido, succulento e doce. Da semente ou caroço, que é rijo, fazem-se magnificos inhaladores para o classico rapé. Pensam alguns — mas ainda se não tentou — que da **macambra** se pode extrahir muito bom licor. — A **macambra** é d'um sabor vivo agradabilissimo, e não raro entretem a fome no pobre *cule*». — Jerónimo Quadros, *Cartas de Diu*, p. 184.

* **MADANÁ.** *Jarra martabana*, em Malaca. Talvez do mal. *mundam*, «alguidar, celha». Cf. o conc. *mandaṇ*.

1613. — «Em sua casa se mede o oro em poo com medidas, como se mede o trigo, e se recolhe em **Madanâs**, ou Jarras Martavans». — Manuel G. de Erédia, *Informação da Aurea Chersoneso*, p. 99.

**Majum:**

1516. — «Leuaom [de Malaca os chineses] pimenta... *pucho mangiçam* (leia-se *pucho, mangiçam*), que são galhas que trazem do Leuante dentro ha Cambay por uso de Malaca». — Duarte Barbosa, *Livro*, p. 371.

**Malemo:**

1918. — «Le **mu'allim** ou capitaine, dit Abu-'l-Fazil dans ses *Ayn-i-Akbari*... doit être informé des endroits profonds ou peu profonds de l'Océan et doit connaître l'astronomie. C'est lui qui guide le navire vers sa destination et l'écarte des dangers». — Gabriel Ferrand, *Malaka* p. 12.

1912. — «Every ship required officers and men of the following description... the **Maullim** (the mate), who knew the soundings, the situation of the stars, and guided the ship safe to her destination». — R. Mookerji, *Indian Shipping*, p. 207.

**Malvazar.** É bem possível que a palavra provenha, como me sugere o Sr. Longworth Dames, do hindust. *mālguzar*, que, conforme o sistema tributário do mogol, designava a pessoa que pagava, em seu nome ou como procurador, as contribuições duma terra. Em persa *mālguzārī*, é simplesmente «contribuição predial». V. Wilson, *Glossary*. Em Damão, porém, o termo tinha, e ainda hoje tem, acepções um pouco diferentes, como se vê dos textos: quitação do pagamento, inscrição do indivíduo responsável pela renda dum prédio.

1919. — «Resolvidas as pretenções por despacho do Administrador do Concelho até 15 de Dezembro, organizar-se hão os **malvazares** (relação por aldeias dos colonos arrendatarios)». — *Organização Agrária de Nagar-Aveli*, p. 146 (*Acta do Conselho do Govêrno*).

* **MAMONA.** É o mesmo que **mamude** no sentido de «tecido fino de algodão», e quanto à etimologia.

1516. — «Tambem se fazem [em Bengala] outros que chamaom **mamonas**, outros *duguazas*, outros *chauteres*, outros *sinabafos*; saom todas estas sortes de panos em pesas, que cada hũa teraa uinte e tres, uinte e quatro uaras portuguezas; uálem aqui muyto baratos, saom fiados em roda per homeis, e por eles tecidos». — Duarte Barbosa, *Livro*, p. 162. — Vid. Castanheda em *mamude* (nota).

**Mandapa:**

1905. — «Consiste em uma dança publica, em que só tomam parte os homens, á roda d'um **mandapa** ou *mandnô* especie de altar, feito de madeira, cobre, latão, prata ou oiro, segundo as posses, erigido n'uma superficie de 16 pés quadrados), que é illuminada profusamente, e em que se colloca a imagem da deusa». — Jerónimo Quadros, *Cartas de Diu*, p. 181.

1905. — «**Mandap**... Pórtico d'um templo hindû. É o mesmo que *mantapa* ou **mandapam** e corresponde ao vestibulo do templo onde se colloca o *linga* em dias de procissão, trazido do seu *mindra* ou sanctuario». — Herculano de Moura, *Inscripções Indianas*, p. 186.

**Mandó**:

1905. — «**Mandó**... Canto e dansa da India Portugueza. Qual é a etimologia da palavra? É impossivel dizel-o, com quanto a introducção da dansa e do canto em Goa seja relativamente recente... Será talvez o substantivo *mánd* (com *d* cereb.), do verbo *mandunk*, dispor em ordem, agrupar, alludindo-se á disposição dos pares no começo da dansa». — Fernando Leal, *Gloss. Port.-Oriental*, in *O Heraldo*, de 10 de Junho.

**Manducarado**:

1920. — «Receei tambêm que fossem descobrir, com interpretações erradas, *cobras* e *lagartos* no nosso regimen do **mundcarado** os que me lessem certas passagens do meu discurso inaugural». — *O Ultramar*, de 26 de Março.

**Manducarismo**:

1903. — «É [em Salcete] onde prevaleceu mais o vetusto regimen de **manducarismo** — instituição utilissima, em nada inferior ao melhor systema de colonisação de lá fóra». — Ismael Gracias, *Censo da População do Estado da India*, p. 42.

**Manga**:

1680. — «I may mention that the best **mangoes** grow in the island of Goa. They have special names, which are as follows: mangoes of Niculao *Affonso, Malaiasses, Carreira branca, Carreira vermelha*, of *Conde*, of *Joani Parreira, Babia* (large and round), of *Araup*, of *Secreta*, of *Mainate*, of *Our Lady* of *Agua de Lape*». — Manucci, *Storia do Mogor*, III, p. 180.

* **MAŅGISTA**. É o nome indígena (neo-árico e sânsc. *mañjiṣṭhā*) e designação comercial da *Rubia cordifolia*, Linn., que pouco difere da *ruiva indiana*. V. *xaia*.

**MANGOTE**. V. *Sotilicário*.

**Maniagar**:

1918. — «Its servants were prevented by the Nayaker's **Maniagar** or renter of the revenue from cutting firewood for its use». — P. E. Pieris, *Ceylon and the Hollanders*, p. 15.

* **MANTRÂGNI**. Fogo sagrado ou, mais exactamente, fogo aceso com a recitação de *mantras* ou fórmulas védicas. Do sânsc. *mantrāgni*.

1890. — «Elle é o portador do fogo do lar domestico, e assistido por um ministro, *purôhito*, faz as ceremonias de **mantragni** ou consagração e comunica-o á pyra». — António de Almeida Azevedo, *As Communidades de Goa*, p. 34.

**Manzil**:

1680. — «The queens and ladies offer to the king congratulations of arrival, saying, **Manzil** *mobarec*, which means, Happy be the journey». — Manucci, *Storia do Mogor*, II, p. 74.

**Marroio rosado**:

1920. — «... canela (tiki) 2 partes, flores de **marroio rosado** (*Nagchampó* ou *Vadlochampo*) 3 partes. Pimentas redondas...». — *O Ultramar*, de 20 de Junho.

**Massancrache**:

1731. — «Que todos os Principes do Reyno venerassem aos Padres de São Francisco com o mesmo respeito, que guardavão aos seus **Sancarraches**, que são os Sacerdotes». — Fr. Fernando da Soledade, *Hist. Serafica*, III, p. 876.

* **MATAFUNA** (ant.). É um tecido de S. Tomé de Meliapor, que me não foi possível identificar.

1601. — «**Matafunas** hão de ter oito covados e meio de comprido, covado e meio de largura». — «*Carta de Lei*, in *Archivo Port.-Oriental*, VI, p. 744.

**Matorfó**:

1886. — «Tinham de satisfazer aos mesmos *bazareiros*, que por este exclusivo pagavam á fazenda publica a renda do bazar, chamada **martofó**». — Lopes Mendes, *A India Portugueza*, II, p. 15.

**Maturance**:

1918. — «A chapter of priests headed by Upali **Maha Thero** accompanied them on their perilous voyage back». — P. E. Pieris, *Ceylon and the Hollanders*, p. 71.

* **MAVIÁ**. É uma árvore de Ceilão, que não pude identificar. Parece que a denominação é figurada e se prende ao sing. *māyāva* (sânsc. *māyā*),

«ilusão», pelo motivo abaixo indicado.

1687. — «Os mais uinhão tão feridos, que mais pelejaua o espirito, que o corpo; e buscando limpeza das feridas, e do suor, nas folhas de hũa aruore, chamada **Mauiá,** padecerão mayor dor por 24 horas, do que causa o Lacrã; e tão grande inflamação, e tumor, que causauão espanto aos que os virão; e igual comiseração». — P. Fernão de Queiroz, *Conquista de Ceylão,* p. 215.

**Menequi:**

1920. — «**Menequi** (arbusto). Emprega-se... para curativo de envenenamento por cobra. Como cobrifugo serve-se do seu ramo». — *Heraldo,* de 22 de Junho.

**Mestiço:**

1660. — «There were at that period in the whole province of Bengal about eight thousand families of Portuguese, European and Asiatic, the latter popularly called **Mestiços**».—Manucci, *Storia do Mogor,* I, p. 335.

* **MEXELIM** (ant.). Tecido de sêda ou de setim com costa de algodão, na Índia. Do persa *maxru,* «legal».

1601. — «*Turfulins* e **Mexelins,** hão de ter tres covados e huma terça de comprido, covado e terça de larguo». — *Carta de Lei,* in *Archivo,* VI, p. 744.

* **MIANA** (ant.). É o mesmo que *palanquim* (q. v.) no sentido de «liteira em forma de caixão». Parece que o termo era antes usado em Damão e outras praças do Norte. Do persa *myãna,* usado em várias línguas da Índia.

1805.—«Outro caixão comprido, **miyam** (*sic*), com suas ferragens de ferro».—*Doc. apud* António Francisco Moniz, *Hist. de Damão,* IV, p. 58.

**Miraba:**

1798. — «O guarda-mór cumprirá com muita promptidão obrigaçoens, que lhe imporem (*sic*) o regimento, e tudo o que lhe for determinado pelo juiz da Alfandega ou por quem fizer as suas vezes, e como o ordenado, que actualmente percebe não he sufficiente, para viver com a mesma independencia, vencerá daqui por diante annualmente trezentos xerafins, alem dos emolumentos que tem como **mirabá** da ribeira». — *Doc. apud* António F. Moniz, *Hist. de Damão,* IV, p. 131.

* **MISCUTO.** Espécie de *achar* muito picante, feito de mangas verdes com o tempêro de malaguetas, assafétida, óleo de côco ou de gergelim e outros ingredientes. Do conc. *miskūṭ.*

1919. — «Mangas, Geleias, Chouriços, pó de caril, *Chutneis,* **Miscut,** *Balcião* de *bilimbins,* etc. — *Heraldo,* de 2 de Agosto.

**Mithmapri:**

1886.— «Pagavam á fazenda publica... a *busmapri* e **mitmapri,** que se pagava pela medidagem dos legumes e do sal importados». — Lopes Mendes, *A India Portugueza,* II, p. 15.

**Mocadão:**

1668. — «But if the *chaudhuri* or **muqaddam** or *patwari* has practised oppression, conciliate the *ryots* and give them their dues». — *Apud* J. Sarkar, *Studies in Mughal India,* p. 192.

**Mocamo:**

1609. — «Chamam [os habitantes de Socotorá] as suas igrejas **mocâmos** e aos sacerdotes hodâmos». — Fr. João dos Santos, *Ethiopia Oriental,* p. 457.

* **MONVAGARU.** Governador do reino, em Calaminhã. Suponho que provêm do birm. *min-voni-gyi,* «ministro-governador».

1546. — «Estava um mandarim, tio delrei, por nome **Monvagaru,** homem de mais de setenta annos, acompanhado de gente muyto nobre, com muitos capitães e senhores do reino». — Fernão Pinto, *Peregrinação,* cap. 165.

«O que intendendo o **Monvagaru,** por quem ali se governava tudo, acenou ao *queitor,* que vinha um pouco detrás delle, que fizesse entrar os estrangeiros somente». — Id., *ibid.*

**MORIM.** O vocábulo vem no dicionário de Cândido de Figueiredo anotado de inédito e provinciano, e definido: «pano branco e fino de algodão, também conhecido por *pano patente*». O termo é indiano, ainda em fins do século passado usado em Goa, pôsto que eu o não tenha encontrado em nenhum escritor nacional. O *Glossario Anglo-indiano* (2.ª ed.) tem a seguinte inscrição: **Morrees** são panos azuis, manufacturados principalmente nos distritos de Nelor e de Canatur, no colectorado de Chingleput de Madrasta... São largamente exportados para os

Estreitos de Malaca» (Balfour, *Cyclopaedia of India*, 1885). Mas devo haver também de outras côres; em Goa eu ouvi falar de *morins tintos*, que eram pretos, e serviam de *lenções de manto* (q. v.) para luto de cristãs de trajo indígena, e igualmente para batinas, e calções de pobres. Do mal. *muri*, «moire-cloth», Wilkinson.

1684. — «**Moores** superfine, 1000 pieces». — Pringle, in *Glossary*.

* **MÓRUCO** (teto *móroko*). Aliança ou juramento de fidelidade por meio de sangue, em Timor. «Este termo tem a significação especial que provém do juramento que os indígenas fazem, com muita solemnidade, bebendo o sangue dos cooperadores». Rafael das Dores.

1908. — «Creio haver o costume de fraternidade pelo sangue (*blood brotherhood*), e o *córo* ou **móroco**, a alliança pelo sangue (*blood convenant*) terrivel na guerra, como se vê de episodios de esses *Amoucos*, tão fallados nas nossas guerras malaias». —Alberto O. de Castro, *Flores de Coral*, p. 176.

**Mui**. O malaio tem *muyu*, que Wilkinson diz ser fruto preto e azêdo, de espécie não identificada.

1613. — «E tem mais aquelles mattos algũas arvores de pão [pau] de Brasil, e arvores de goma de muytas especies, e **muys**, arvores de panha». — Manuel G. de Erédia, *Declaraçam de Malaca*, fl. 16.

1904. — «Ameixa é o fructo de ameixieira ou abrunheiro que em Macau é conhecido por **Mui**». — João Maria da Silva, *Repositorio*, p. 24.

* **MUNGO** ou **MUNGUS**. Nome de uma planta chinchonácea da Índia — *Ophiorrhiza mungus*, relacionada com a da *manguço*, q. v.

1898.—«Alguns auctores suppõem a raiz do *mungo*... ser a «primeira maneira», de pau de cobra descripto por Garcia d'Orta nos seus *Coloquios;* mas é um equivoco. A descripção refere-se a *Ophioxylon serpentinum*». — D. G. Dalgado, *Flora*, p. 95.

1904. — «**Mungus**... Este é o nome d'uma planta da India a que os nativos deram o nome de **mungus**, por ser a raiz d'esta planta que o quadrupede animalsinho chamado *Mungus* costuma comer quando é mordido pela cobra; elles descobriram isto, e d'ahi usarem mastigar a raiz e engolir a saliva, e untar com a mesma saliva a parte mordida». — João Maria da Silva, *Repositorio*, p. 206.

**Murdanga:**

1745. — «Prohibe aos christãos o tocar **mordanga**, ou cantar cantigas deshonestas ou supersticiosas». — P. Casimiro de Nazaré, *Mitras Lusitanas*, I, p. 268.

* **MURUARI**. Figura o vocábulo na obra de Duarte Barbosa como nome dum legume do Concão. Mas o termo é malaiala, *mulayari*, «semente de bambu», que serve de alimento em diversas partes e se considera muito substancial.

1516. — «Passando este rio de Betele indo pela costa adiante, estaom outros lugares pequenos que tambem são portos de mar, e do reino Dáquem, honde entraom *çambuquos* pequenos de Malabar ha caregar de muito aros roim que neles ha, e outros legumes ha hos quaes chamaom ha hũ *Arapatam*, ha ho outro **Muruary**». — *Livro*, p. 286.

**Mussumé:**

1908:

> «Graça de Musumé,
> que a Wenceslau de Moraes enfeitiça,
> agora vejo muito bem como é...
> ave do Paraíso que se arriça».
>
> Alberto O. de Castro, *Flores de Coral*, p. 22.

**Mutissala:**

1908. — «Uma donzela do povoado vestiu-se com o seu melhor *táis-fétò*, arraiou-se, sem pensar bem o que fazia, com todas as suas **muti-salas** e manilhas, e foi ao poço buscar agua». — Alberto O. de Castro, *Flores de Coral*, p. 162.

«Ao pescoço enfiadas ou ramaes de **muti-salas**.. Vale 5 bufalos ou 120 florins uma enfiada de **muti-sala** do comprimento de dois palmos». — *Id.*, p. 174.

# N

**Nabanga:**

1613. — «E uzão de hũas embarcações *ballos* [*baloq* em malaio], pera a carga de Mercancias, e para o serviço de navegação de Rios, uzão de outras pequenas que chamão *ballões* ou **nabangues**». — Manuel G. de Erédia, *Informação da Aurea Chersoneso*, p. 78.

* **NACADAR**. Empregado de alfândega, em Damão. Do mar.-hindust. *nākādār*.

1908.— «O então governador de Damão,

D. José Maria de Castro e Almeida, reclamou sobre a exigencía pelos **nocadares** ao sr. Evar Napier, governador de Bombaim».—António Francisco Moniz, *Damão Agonizante*, p. 31.

**Nacodá:**

1912. — «Every ship requires officers and men of the following titles and descriptions: The **Nakhoda**, or commander of the vessel, who directed the course of the ship». — R. Mookerji, *Indian Shipping*, p. 207.

* **NACTRO** (ant.). Direitos que um barco fluvial pagava nas Novas Conquistas ao atravessar um pôsto fiscal. Do mar. *nākātar*.

1788. — «Cada barca que cobra cada anno chamado **nactro**, quatro xerafins. Cada almadia, que paga **nactro**, dous xerafins». — *Collecção de Bandos*, I. p. 52.

**Nagi:**

1898. — «Hubo el conde de trabar amistad con un rico fabricante de peines de madera de **nají** que le invitó amablemente á passar algunas horas en su quinta o *tchaia* de las cercanias de Tokío».—Alfredo Opisso, *La Raza Amarilla*, p. 100.

* **NAGO**. Nome indiano do *cobra-de-capelo* (q. v.). Do conc. *nāg* < sânsc. *nāga*.

1710. — «Tambem adorão estes Gentios Cobras, e principalmente as de *Capello*, em Portuguez, e em lingua materna **Nago**, por se dizer que a dita Cobra era figura de Brama, Deos da Gentilidade».—P. Leonardo Pais, *Promptuario*, p. 115.

**Naique:**

731. — «Pouco mais aproveitou [a prègação] com os **Nayques** de Ginge, e Tanjaor, que erão huns Principes grandes, sugeitos a este Rey» (de Bisnagá).—Fr. Fernando da Soledade, *Historia Serafica*, III, p. 818.

**Namburim:**

1919. — «The indigenous Malayali Brahmans known as the **Nambudaris** and the Tamil Brahmans known as Pattars are reluctant to treat them [Konkani Brahmans] as Brahmans». — *The All-India Saraswat Quarterly Review*, de Julho.

**Naraca:**

1886.— «Se se conduzirem mal, são castigados, passando para os corpos de bestas e de outros animaes, ou para o **Naracá** (baratro) conforme a gravidade da culpa». — Lopes Mendes, *A India Portugueza*, II, p. 85.

**Nastiguel:**

1680. — «There is another class of persons called **Nostiguer**, who not only may not be looked upon when eating, but may not hear the sound of any human voice while so occupied. So far this is carried that, when eating, they cause a copper vessel be beaten hard at their door».— Manucci, *Storia do Mogor*, III, p. 44. — «That *Nāstika* is the word intended is shown by a passage in Father Pierre Martin's letter of November 8, 1709: «There is a class of men who, so it seems, profess that they do not recognize any divinity; they are called **Negastagher**». — O editor.

**Naurôs:**

1442. — His majesty, the happy Khakan, had sent a present for the prince of Calecut, some horses, some pelisses, some robes of cloth of gold, and some cups, similar to those distributed at the time of the **Nauruz**».— Abd-el-Razzek, in *India in the fifteenth century*, p. 14.

1670. — «The king makes great gains on that day, for everybody in the palace and all the nobles of the court are obliged to make him large presents. The day is called **Nauroz** — that is to say, New Day». — Manucci, *Storia do Mogor*, II, p. 348.

**Naussarim:**

1917. — «Nos portos do norte fabricavam os seguintes tecidos de algodão muito apreciados em Goa: Parcalos, Teadas de Baboy, **Nauxerins** (tecidos do porto de Nausery)». — António F. Moniz, *Hist. de Damão*, IV, p. 236.

* **NILÁ**. Colono ou cultivador livre, em Ceilão. Do sing. *nila* [*kāryā*].

1687. — «Serviço de **Nilaz** e *Careaz*. Pagauamos a *pinga* do ano (uem a ser hua carga) a el Rey .. dauamos *oto* e *anda* das nossas varzeas, punhamos estes otos e andas nos *motetos*». — P. Fernão de Queiroz, *Conquista de Ceylão*, p. 838.

* **NINHO-DE-ANGEDIVA**; **NINHO-DE-BABA**; **NINHO-SILVESTRE**. São nomes que se dão em Goa ao *ninho-de-pássaro* (q. v.). O primeiro indica a procedência, o segundo a natureza, e o terceiro o sítio apartado onde se encontra.

1870. — «Ninhos de Andorinha salangana, da ilha de Angediva, conhecidos em Goa pelo nome de **Ninhos de baba**, **Ninhos Silvestres** e **Ninhos de An-**

**gediva**». — *Archivo de Pharmacia*, VII, p. 61.

**Nirvana:**

1920. — «In Indian philosophy we have to distinguish two different aspects of **Nirvana**, that which regards it as the perfection of the Atman or individual soul in the infinite Brahman, and that which explains it as the anihilation of self through the subjugation of desire and the extinction of Karma». — *The Hindustan Review*, de Março.

* **NIRVANISTA.** Sectário da doutrina de *nirvana* (q. v.)., ou budista.

1920. — «It was a time when Platonists, Aristotelians, Cynics, and Stoics were likely to meet apocalyptists, *Zoroastrians*, *Confucianists*, *Taoists*, and *Yogaists* (vid. *jogue*) ou a common platform». — *The Hindustan Review*, de Junho.

* **NOZ DE MARCAR.** É outro nome de *anacardo* (q. v.), tirado dum dos usos do fruto, que é marcar a roupa com o seu suco.

1904. — «**Noz de marcar** ou *de tinta indelevel da India*... O succo dos fructos verdes misturado com cal produz uma tinta permanente para marcar roupas». — João Maria da Silva, *Repositorio*, p. 215.

## O

**Obi:**

1919. — «... abraçados um ao outro, ligado um corpo ao outro corpo pelo **obi**, que é a longa faixa que de ordinario a japoneza enrola sobre o *kimono* á roda da cintura». — Venceslau de Morais, in *Lusa*, III, p. 8.

**Oddo:**

1710. — Tambem adorão os Gentios hũa arvore chamada **Oddo**, a quem nós chamamos *Arvore de gralha*, de que faz menção Strabo, dizendo com verdade, que lança raizes dos ramos até o chão, e forma deste modo novos pés para mayor extensão. Nesta arvore dizem os Gentios, que se puzerão os seus Deoses para escaparem do diluvio universal». — P. Leonardo Pais, *Promptuario*, p. 117.

**Oiá:**

1918.— «Na ultima audiencia, o rei deu ao embaixador o *Lelom* (eminente distinção, diz uma nota, a que os portuguezes davam o nome de *bolseta*), e que era o *grande vaso de ouro*, a mais alta distinção do reino, que fazia do titular dela um **oya**, qualquer cousa superior ainda a um duque em França».—*Bol. da Classe de Letras* (da Academia), XII, p. 76.

**Oido:**

1919. — «The longer I remain in India and the more I see of the country and the people, the more convinced I am that many of the empirical methods of treatment adopted by the **Vaids** and *Hakims* are of the greatest value, and there is no doubt whatever that their ancestors knew ages ago many things which are now-a-days being brought forward as new discoveries». — Dr. Pardey Lukis, in *The Modern Review*, de dezembro.

**Orelheira:**

1516. — «Trazem [as mulheres de Bisnáguer] has orelhas furadas com **orelheiras** douro nelas com muyta pedraria». — Duarte Barbosa, *Livro*, p. 298.

## P

**Padamini:**

1660. — «Therefore it were well if the rajah agreed to send him the lovely **Padmany**, as she was called, meaning the woman perfect in everything». —Manucci, *Storia do Mogor*, I, p. 124.

* **PAGAR** (mal. *págar*). Sebe, palissada, na Insulíndia. O termo figura nos escritos de autores estrangeiros e de nacionais modernos, e é provável que fôsse antigamente usado pelos portugueses, pois foi levado para Goa, onde em concani quere dizer «muro de pedra bruta ou de barro, que cerca uma horta».

1908. — « . ladeado das lindas dracenas coloridas de verde-bronze e de purpura dos **pagares** ou cercados dos cafézaes». — Alberto O. de Castro, *Flores de Coral*, p. 223.

1918. — «... cada qual com seu quintal, de maior ou menor extensão, resguardado por tapumes de *palapa*, palmeira que abunda no litoral da ilha, a que se dá o nome de **pagares**». —*Apud* Fortunato de Almeida, *Portugal e as Colónias Portuguesas*, p. 309.

**PAITSAI.** Uma espécie de mostarda, *Brassica rapa*, na China. Do chin. *pai-ts'ai*.

1895. — «Ao almoço servem-nos uma salada china preparada com **pai-tsai**, um legume saborosissimo». — Conde de Arnoso, *Jornadas pelo Mundo*, p. 350.

* **PALHA-DE-ÁGUA.** Nome macaísta duma planta aquática, que se acha na China e tem vários usos. V. *fio-do-peixe* e *pávio-china* (Supl.).

*** PALHA DE BALAGATE.** É uma gramínea medicinal, *Andropogon citratus,* D. C., que se importa em Goa do Balagate; é também conhecida por «citronela», *gañjan* em concani. «Usa-se muito a infusão da planta fresca como diaphoretica nas febres». D. G. Dalgado.

**Palmeira de leques.** É o mesmo que *árvore dos sombreiros* ou *palmeira das vassouras* — *Corypha umbraculifera.* O nome provêm de abanos ou leques que se fazem das suas fôlhas.

1906.— «Em volta de Bombay domina a **palmeira de leques** ou *tahr-mahr,* a *palmeira brava* dos nossos chronistas». — Alberto O. de Castro, *A Cinza dos Myrtos,* p. 190.

**Palmeira brava:**

1680.—«There is another class of palm-tree which is called **Palmeira brava,** which takes many years to grow... Inside each fruit there are ordinarily three lumps of soft pith which are very refreshing. Eating them is useful in clearing the sight in those unable to see at night». — Manucci, *Storia do Mogor,* III, p. 187.

*** PANANA,** ou **panará**. É uma árvore da Malásia, que não é fácil identificar. Se está pelo mal *pĕnaga,* é o mesmo que *undeira* — *Calophyllum inophyllum.*

1616. — «.. porque se teve por certo serlhe por mandado do capitam dada peçonha, de que se saluou lambendo em hum pão (*sic*) chamado **panana** [**panará** no indice], que tem virtude contra ella». — António Pinto Pereira, *Hist. da India,* I, p. 103.

*** PANCHAGÁVIA** (s. m.). Conjunto de cinco produtos de vaca — leite, *daim* (coalhada), manteiga clarificada, urina e bosta — reputado sagrado pelos hindus desde que foi divinizada a vaca, em tempos post-védicos, e empregado em várias cerimónias religiosas. Do sânsc. *pañchagavya.*

1886. — «Todas as pessoas da casa tomam uma porção de agua benta gentilica ou **pancha-gávia** — nome composto de duas palavras marathas *pancha,* cinco, e *gávia,* vacca; cinco secreções e excreções de vacca, que são: *duda* (leite), *lounim* (manteiga), *tac* (soro de leite) *chene* (bosta) e *muta* (urina)». — Lopes Mendes, *A India Portugueza,* I, p. 249.

«Em seguida liga em torno do dedo annular do cadaver huma hasteasinha de *darbha,* que tambem reputam sagrada, e purifica a casa com aspersões de **pancha-gávia**». — *Id.,* p. 265.

**Panchal:**

1710. — «O primeiro quinario se chama **Panchallo**, que contém cinco naçoens, a saber, a de Ourives, Latoeiros, Ferreiros, Carpinteiros e *Bogarres.* O segundo quinario se chama *Panchacuru,* que o tem mais cinco nações, a saber, Oleiros, Barbeiros, *Mainatos, Farazes,* e Alparqueiros». — P. Leonardo Pais, *Promptuario,* p. 96.

**Pandão:**

1904. — «**Pandão**... O nome é derivado do malaio *pandan,* que os malaios dão a esta planta... É planta que não possue propriedade alguma particular. As folhas compridas são usadas para fazer esteiras, cestos, etc. As raizes machucadas e batidas, servem para fazer escovas. A parte esponjosa serve como rolha para garrafas». — João Maria da Silva, *Repositorio,* p. 224.

**Pandara:**

1680. — «The fathers who join this mission suffer great hardships, and all go out clothed like **pandarão,** who are the same as the Hindu bishops; they eat nothing but vegetables and fruit». — Manucci, *Storia do Mogor,* III, p. 136.

*** PANEIRA.** Não se sabe a espécie de flor que o vocábulo designa; mas se está, como suponho, pelo sing. *pālinday,* denota uma variedade de jasmim — *Jasminium pubescens,* Willd. «A raiz é considerada como um antídoto contra a mordedura de cobras». D. G. Dalgado, *Flora.*

1687. — «...abundante de **paneyras,** rosas, jasmins, e das mais flores de Ceylão». —P. Fernão de Queiroz, *Conquista de Ceylão,* p. 49.

**Panete**. O dicionário de Cândido de Figueiredo regista o termo como desusado e dá-lhe o significado de «pequeno pão». Não é porêm neste sentido que figura o termo na abonação, mas no de «cacha» ou «tanga», derivado de *pano.*

1560. — «Egualmente pelejão com **panetes**, ou em Cacha dos (leia-se *encachados*), e os honrados com carapuções de feltro vermelho, e huns camisões». — Gabriel Rebêlo, *Informação de Maluco,* p. 162.

**Panha:**

1904. — «A arvore de **panha** differe muito do algodoeiro; mas o fructo é quasi identico. Usa-se de **panha** para almofadas, colchões, e outros usos em vez de algodão. Não se pode usar para fiação, nem para fazer pannos, por falta de tenacidade necessaria». — João Maria da Silva, *Repositorio,* 224.

**Paniela:**

1680. — «Of these seeds [bagos de jaca] mixed with rice-flour they make a kind of fritters, which in India are called **paniera**». — Manucci, *Storia do Mogor,* III, p. 182.

**Pan-supari:**

1886. — «Mas o seu [do *cato*] principal uso consiste em misturar pequenas porções com o *betle* e *areca* (**pan supari**) de que na India se faz tão geral uso para mascar». — Lopes Mendes, *A India Portugueza,* II, p. 147.

1655. — «... a certain aromatic leaf called in the language of the country **pan**, or in Portuguese *betele*». — Manucci, *Storia do Mogor,* I, p. 62.

* **PANTUME.** Canção malaia em quadras de rima alternada. Do mal. *pāntun.*

1908:

«Tão loira de sárong-cabaia,
Vem do banho toda perfume.
Minha doce canção malaia,
Beija-lhe os pés, beija-os, Pantume!».

Alberto O. de Castro, *Flores de Coral,* p. 30.

«**Pantume**. *Pàntun* ou *pànton,* canção, em malaio. Amigos meus hollandezes me disseram as formas javanesas *pantume* e *pantunq*». — *Id.,* p. 143.

**Paparrão:**

1710. — «As brenhas são povoadas de Tigres... *Sahiros,* **Paparosas,** *Martinhos,* Pardaes, *Papafigos,* e outros animaes, e aves». — P. Leonardo Pais, *Promptuario,* p. 12.

**Papuses:**

1670. — «Once an under-eunuch came to tell him that Shāhjahan was in want of **papuz**, which are slippers wit out heels, such as Mahomedans wear». — Manucci, *Storia do Mogor,* II, p. 77.

1918. — «Perhaps as interesting as any was the tax levied on the humble Moor and *Chetty* who desired to wear the loose slippers called **Papus,** sandals, or any other footgear». — P. E. Pieris, *Ceylon and the Hollanders,* p. 82.

**Pará:**

1580. — «They received goods and paid for them by the **para,** which is a measure used in Europe (*sic*) to measure corn and vegetables». — Manucci, *Storia do Mogor,* III, p. 124.

**Paramiçuri:**

1680. — «Finally, at the approach of the evening, a solemn procession is formed, in which is prominent the idol **Parmansoury** with two of her children». — Manucci, *Storia do Mogor,* III, p. 355.

**Parangue.** Em malaio *pĕrahu pĕrangai* designa «embarcação corsária, munida duma escada de abordar e de ferros de arpoar». Wilkinson.

**Paravás:**

1893. — «**Parava,** from *paravai,* «seaman», a dark-skinned, almost black, race in the extreme south, living in villages along the sea-coast, and earning their bread as fishermen». — *Madras Manual of Administration,* III, p. 103.

**Pariá:**

1919. — «It is not true that **pariahs** and *pulyiars* have no caste or indeed that the **pariahs** are the lowest caste, nor have I observed in Madura, nor on the other side of the hills in Travancor «that the lower resent the attitude of the upper castes towards them». — J. D. Rees, in *The Asiatic Review,* de Outubro.

**Parganá:**

1680. — «*Sarkar* means division; **pargana** means a government subordinate to a division». — Manucci, *Storia do Mogor,* II, p. 413.

II. * **Patana.** Diz-nos Diogo do Couto que é uma espécie de embarcação de Ceilão, de fundo chato e pouca lotação. Em singalês corresponde-lhe o vocábulo *paręva.*

1614. — «... pondo-os em necessidade de commetterem a restinga, que tinha pouca agua, e roçando por sima della, foram á outra banda, porque todos os seus navios são de **Patana**, e demandam pouca agua». — Déc. X, x, 5.

**Patane:**

1825. — «Os cipaes são maratas e **patanes,** todos musulmanos, assoldadados pela companhia» (inglesa). — José Inacio de Andrade, *Cartas,* I, p. 59.

**Patecar:**

1710. — «Assistia hum Capitão Gentio de nação *Razaputru*, chamado **Patecar**, com quinhentos *Lascarins*, e vinte cavallos, para a defensão das ditas terras». — P. Leonardo Pais, *Promptuario*, p. 63.

**Patinga:**

1886. — «Assim uma *corja de sottás, dandas* ou **patingas**, designa uma collecção de 20 aguieiros, tendo cada um respectivamente 15, 12, 9 *vassás* 1/20 de covado de circumferencia medida a um covado acima do solo, no acto de cortar cada aguieiro». — Lopes Mendes, *A India Portugueza*, II, p. 251.

* **PATO DE CORAL; PATO DE MANILA, Manila.** Espécie de pato grande, que tem coral, e o bico e os pés encarnados, procedente das Filipinas. É termo usado na Índia Pertuguesa.

1862. — «Encontram-se tambem na India Portugueza gallinhas, perús, patos, gamos, lebres, **patos de coral**, pavões em abundancia». — Francisco M. Bordalo, *Ensaios sobre a Estatística*, v, p. 66.

1854. — «L'*anas moschata*, dont la patrie est en Amérique, est répandu comme animal domestique, par toute l'Asie Orientale, on ne l'élève cependant qu'en très-petite quantité dans les environs de Bangkok, où son nom étranger, **pet-manila**, indique encore par où cette espèce a été importé». — Jancigny, *Iudo-Chine*, p. 93.

**Patu:**

1778. — «Y se dividen [as *corlas*] en **Patos**, que es otra medida de terminos y districtos» — João de Sá e Meneses, *Rebelion de Ceylon*, p. 15.

* **PAU-DE-LEITE.** É uma espécie de madeira de Timor, muito apreciada, a qual tira o seu nome da sua côr muito branca.

1920. — «O seu solo é magnifico, pois tem florestas de boas e preciosas madeiras, avultando... o *pau vermelho*, o **pau leite**, etc.». — *Diario de Noticias*, de 16 de Junho.

* **PAVIO-CHINA.** «É a pita ou coração tirado do *Fio de peixe* [ou *palha-de-água*] — *Scirpus capsularis*... É muito usada para fazer esteiras, fio para atar pacotes, e até para peixes, por isso é conhecido como «Fio de peixe». As folhas quando chegam á altura d'uma braça, são cortadas, aquecidas ao vapor d'agua, e abertas em uma parte, e tirado o coração ou pita branca e leve, que põem a seccar, este é o **pavio china**, que elles usam para luzes ordinarias». João Maria da Silva, *Repositorio*, p. 233.

* **PÉ-DO-MORTO.** Nome que se dá na Índia a uma árvore da família das caparídeas — *Crataeva religiosa*, Forst. Toma-se o sumo das suas fôlhas para o reumatismo. A denominação portuguesa proveio de ser a árvore plantada junto dos túmulos dos maometanos.

* **PENEM** (p. us.). Paragem durante a jornada, pousada, no Concão. Emprega-se particularmente por «paragem de *boiada* ao meio-dia e durante a noite». Do conc. e mar. *peṇem*.

1879. — «... estradas, caminhos vicinaes, caminhos ruraes, rios, ribeiras, **penens**, ou terrenos onde descançam as boiadas nas proximidades dos postos fiscaes e registos d'alfandega». — *Relatorio Final da Provincia de Satary*, p. 21.

* **PEQUI** (ant.). Medida de três palmos, côvado, no Malabar. Não achei o étimo.

1498. — «Pano vermelho val hũ **pequy**, que sam tres palmos, dous cruzados». — *Roteiro de Vasco da Gama*, p. 48.

**Percal:**

1720. — «Com linha que se faz de algodão na India nascido, se obrão roupas de fineza, como são *cancquins*, *panos*, lençoes, lenços, **percaes**, *dotins*, *colapores*, *socrutoens*, *cassas*, *carlas*, beatilhas, *matafunes*, *cheilas*, *chaudés*, *borralhos*, pannos pintados, chamados de S. Thomé». — P. Leonardo Pais, *Promptuario*, p. 12.

* **PEREIRA BRAVA.** É o nome português de *combió* (q. v.). — *Careya arborea*, Roxb. «A casca dá fibras fortes, usadas para cordas; a madeira é util; os porcos gostam muito do fructo». D. G. Dalgado, *Flora*.

**PERO-DO-MATO** (ant.). É o nome que os portugueses davam na Índia ao *rumbor* (q. v.). Mas o fruto tem mais parecença com o figo que com a pera.

1658. — «La Rumbara pianta boscareggia, e siluestre, è chiamata da' Portoghesi **pero de Matto**».—Fr. Vincenzo Maria, *Viaggio*, p. 386.

**Pilau:**

1654. — «**Pulão** is rice cooked with many spices, cloves, cinnamon, mace, pimento, cardamoms, ginger, saffron, raisins, and almonds, to which is added the flesh of sheep, or fowls, or goats, and the whole dressed with plenty of butter». —Manucci, *Storia do Mogor*, I, p. 24.

**Pimpôlo:**

1610. — «Tambem adorão os Gentios hũa arvore chamada **Pimpol**, por se dizer, que he Rey das mais arvores, e ser tambem figura do Brama, Deos da Gẽtilidade». — P. Leonardo Pais, *Promptuario*, p. 117.

**Pitambor:**

1680. — «At some distance from the foregoing came Roshan Ara Begam upon a very large elephant in a litter called **pitambor**, which is a dome-roofed throne, very brilliant, made all of enamelled gold, and highly adorned».—Manucci, *Storia do Mogor*, II, p. 72.

**POLOTO.** Os campos e os oiteiros das *comunidades* agrícolas de Goa são arrematados trienalmente, e os nomes que a esta arrematação se dão em concani são *lāvṇī* e *pāvṇī*. Diz-nos porêm Bluteau que também se chama *poloto*. Mas informam-me que tal termo não é conhecido actualmente. Conjecturo que *poloto* está pelo conc. *parat*, «volta, retôrno».

1728. — «**Poloto**, na India Portuguesa se chama a arrematação, que se faz da varzea triennal ou annual em Salcete, e nas Ilhas de Goa se diz *Launy*».

**Pómal ou pomáli:**

1908. — «Os Belonêses e os Timoreses ainda não influenciados pelos missionarios christãos teem um culto animista; adoram os astros e os objectos, prestam homenagem ás almas dos mortos (*Matèbéen*). Os logares venerados são **pomáli** ou sagrados, e vedados aos profanos por leis severas».—Alberto O. de Castro, *Flores de Coral*, p. 101.

«No nosso territorio os indigenas não empregam a palavra *pomáli*, que imaginam portuguesa, e está efectivamente aportuguesada na forma **Pomal** pelos missionarios. Um objecto que se lhes affigura sagrado, ou de virtude magica, é denominado *Lúlic*» — Id., *ibid.*



*** PONDARI** (ant.). Espécie de lona do Malabar. Etimologia incerta.

1511.— «... de lonas **pondaris** trinta peças». — In *Cartas* de Afonso de Albuquerque, VI, p. 413.

«Destopa trymta quymtaees e de lonas **pondarys** trimta». — *Ibid.*, p. 416.

*** PURCERAGA.** Diz-nos Duarte Barbosa que é nome indiano do «topázio». Do sânsc. *puṣparāga*, «o que tem a côr da flor ou do mênstruo», corrente nas línguas indianas, inclusive dravídicas.

1516. — «Os Topazios naturaes nascem na Ilha de Ceilão, são chamados pelos Indios **Purceraga**; he pedra mui dura, e mui fria, e do peso de Rubi e Safira, porque todas tres são de huma mesma especie». — *Livro*, p. 389.

**Pustoca:**

1886. — «O *botto* ou o chefe da familia consulta a **Postóca**, livro sagrado, tira o horoscopo do recemnascido, e examina se os planetas lhe são favoraveis». — Lopes Mendes, *A India Portugueza*, I, p. 248.

**Puzá:**

1906. — «De tres em tres horas, de dia e de noite, offerecem-se **pujas** (orações) a Siva, e todas as castas se juntam nas adorações ao idolo, podendo até as mulheres fazerem as *mantras* (litanias, ladainhas), as cabalisticas invocações do ritual brahmanico». — Herculano de Moura, *Inscripções Indianas*, p. 134.

## Q

*** QHANZIR** (melhor *canzir*). Espécie de punhal oriental. Do mar. *khanjīr* < persa *khanjar*.

1710. — «Leva mil adagas de ouro e pedraria, que em lingua da terra se chamão **qhanzir**».— P. Leonardo Pais, *Promptuario*, p. 16.

**Quetri:**

1710. — «Ficou em uso de se chamarem os Regios **Qhetris** vulgarmente *Charodos*... sendo o seu proprio nome **Qhetris**, derivado de Qhetra, que he espada (!) ou arma militar». — P. Leonardo Pais, *Promptuario*, p. 87.

**Quismis:**

1680. — «... wine of Boas Vuas and viniyards of Vuas, grapes without stones, which are called **quiximis**». — Manucci, *Storia do Mogor*, I, p. 241.

**Quelins:**

1912. — The *Klings* are the lowest class of Indians, and their name is derived from Kalinga in India, from whence they are said to have come. Indians, moreover of a higher grade, Madrassees, Tamils, etc., are also called **Klings** at Singapore». — R. Mookerji, *Indian Shipping*, p. 145.

## R

**Radar:**

1620. — «Fra Nicolo Puigiola Francescano genovese, il passagiero, che d'India andaua in Italia alcuni giorni prima da Ispaha... poco di qua lontano era stato trattenuto dai **rahdari** ò custodi delle strade». — Piétro della Valle, *Viaggi*, II, p. 99.

* **RAFAZI** (ár. *rāfizi*). Herege. É o nome que os maometanos *sunis* dão por vitupério aos *xiás* (q. v.).

1529. — «Tem a ley de Sufi, que se chama **Rafaul** (*sic*), que he darem mais honra a Ali que a Mafamede». — António Tenreiro, *Itinerario*, cap. 2.

1553. — «Os arabios chamam-lhes por vituperio **Raffadij**, que quere dizer gente fora do caminho». — João de Barros, Déc. II, I, 6.

1919.—«To him the Shiah was a heretic (**rāfizi**)». — J. Sarkar, *Studies in Mughal India*, p. 48.

* **RAGUE** (mal. *rági*, em chinês *chau-mou*). «São bolinhos d'arroz, residuo depois da distillação de vinho ou espirito que os chinas empregam para fermentar outras substancias». João Maria da Silva, *Repositorio*, p. 135. O termo é corrente em Macau.

**Rajava:**

1665. — «The reader should know that these **Rajava** people are for the most part magicians, and have a compact with the devil». — Manucci, *Storia do Mogor*, III, p. 203.

**Ramada:**

1680. — «Seven days afterwords a sort of four-cornered tent was erected, called by these people **ramade**». — Manucci, *Storia do Mogor*, III, p. 339.

**Rambutão:**

1908. — «... e do saborosissimo **Rambutan** de Java e de Singapura». — Alberto O. de Castro, *Flores de Coral*, p. 226.

**Rame:**

1920. — «A **ramle** é uma herva de que se pode tecer boas fazendas. Quando o algodão estava a 3 *anás* a libra, a **ramie** não podia fazer-lhe competencia».—*O Ultramar*, de 28 de Março.

**Ramponim:**

1644. — «É causa de muitas offensas de Deus, irem algumas mulheres... esperar na dita praia pela tirada dos **rampanins** (rêdes), afim de haverem delles algum peixe». — *Apud* Casimiro da Nazaré, *Mitras Lusitanas*, I, p. 154.

**Ram' Ram':**

1695. — «Entrava dizendo **Ramà Ramà**: e he o mesmo que dizer, seja Deos com todos». — Cosme da Guarda, *Vida de Sevagy*, p. 133.

1680. — «The usual salution on meeting is **Ram Ram**».— Manucci, *Storia do Mogor*, III, p. 344.

**Ramo de figos:**

1710. — «Tinha o Rey de Araccão hum Elephante branco... a quem offerecendose hum **ramo de figos** para comer, o não quiz comer tornàrão as instancias que comesse por parte del Rey de Ova [Ava], e por vida del Rey Mogor; e como não admittisse estas instancias, replicàrão-lhe que comesse por vida del Rey de Portugal, a quem obedeceo pontualmente, e comeo o dito *ramo de figos*».— P. Leonardo Pais, *Promptuario*, p. 31.

**Ranes:**

1710. — «Biunxunu fabricou nas terras dos *Dessais* de Sâcaly chamados **Ranes**, hum *goddû*, que he fortaleza, ou *goddo* de Riun, que hoje se chama Biumgoddo». — P. Leonardo Pais, *Promptuario*, p. 34.

1732.— «Refere... haver-se n'esse anno praticado uma violencia contra o parocho de Revará fr. Domingos da Annunciação, o qual indo administrar extrema-unção a uma sua freguesa, guiado pelo meirinho da egreja, saltaram contra este meirinho 2 **ranes** cristãos com 2 soldados e o espancaram». — P. Casimiro da Nazaré, *Mitras Lusitanas*, I, p. 224.

**Ranismo:**

1920. — «Quanto ao **ranismo** no tempo do sr. Couceiro, um dos que levantaram o primeiro grito contra a iniquidade sanguinária e a favor dos **ranes**, foi...». — *A Terra*, de 26 de Junho.

*** RATO-DE-FARAÓ.** É o mesmo que *mangus* (q. v.) ou *icnéumon.*

1886. — «O ladrão, *sôr,* que arranca o côco sem os devidos cuidados, o **rato Pharaó** (*sic*), o *chanim,* o morcego ou *pacó,* o *síndó* (ave que fura o côco)... são outros tantos animaes damninhos, que prejudicam muito a palmeira». — Lopes Mendes, *A India Portugueza,* I, p. 185.

**Rato-de-palmeira:**

1886. — «Nas florestas das Novas Conquistas habitam... os seguintes animaes.. *colundir* (arganaz), *chani* (**rato de palmeira**)». — Lopes Mendes, *A India Portugueza,* II, p. 113.

**Raulim:**

1665. — «Their learned man are called **Rawlis;** they do not transgress the guidance of the latter, in their earthly affairs. The **Rawlis** have the ways of the *Sewrahs* (= Shevetambar Jains)». — Ms. persiano, *apud* J. Sarkar, *Studies in Mughal India,* p. 118.

**Rendeiro:**

1696. — «O parocho não consentirá morarem na freguezia **rendeiros** alguns de palmares ou *chaudarins* sem primeiro logo em vindo lhe mostrarem escrito do parocho de sua naturalidade». — *Apud* Casimiro da Nazaré, *Mitras Lusitanas,* I, p. 109.

1861. — «Produz [o *catanduro,* q. v.] grandes estragos nas palmeiras bebendo-lhes a *sura,* e quebrando o vaso que os **rendeiros** ali collocam para a receber». —*Archivo de Pharmacia,* I, p. 40.

*** RIBETA.** Gato de algália, na Malásia. Desconheço a etimologia.

1613. — «E na espessura e montanha se achão muytos Elefantes, Rinocerontes, ou *Badas,* **Ribetas,** ou Gatos Algalios». — Manuel G. de Erédia, *Declaraçam de Malaca,* fl. 91.

*** RICATI.** É uma medida de sal, no *Norte,* não se sabe de que capacidade. Presumo que vem do mar. *rekhaṭṇī,* que quere dizer «rasoira».

1721. — «A marinha de sal, por nome Servi, tem de toca (?) por anno dezesete **ricatis** de sal». — *Apud* Júlio Biker, *Collecção de Tratados,* III, p. 232.

**Rixi:**

1906. — «A primitiva religião hindú é conhecida hoje mais desenvolvidamente, graças ás traducções dos hymnos do *Rig-Veda,* cujus **rishis** patenteam a pureza dos costumes e infantilidade imaginativa dos primeiros immigrantes áryces no Hindustão». — Herculano de Moura, *Inscripções Indianas,* p. 117.

**Rui:**

1920. — «**Rui** (arbusto)... A raiz roçada com espirito fraco de coqueiro usa-se no curativo de dores inflamatorias no principio». — *Heraldo,* de 20 de Junho.

**Rumal:**

1580. — «They bind their hair with a scarf of very fine gold stuff that they call **romals**». — Manucci, *Storia do Mogor,* III, p. 33.

## S

**SABAGAGE** (ant.). Diogo do Couto menciona o termo entre os tecidos de Cambaia, mas não indica a sua natureza. Não posso com segurança atinar na sua origem. O hindust. *sabgazī* (do sânsc. *sarva* e persa *gaz*) significa «o que tem uma vara (de largura)». V. *gaz* (Supl.).

1602. — «Canequins, bofetás, beyrames, **sabagages**». — Déc. IV, I, 7.

**Sado.** Parece que o vocábulo provêm do mal. *sēdoh,* «infusão», se não está por *sabo.* V. *vinho-sabo.*

II. **SADO.** Diz-nos Bluteau que é um barco de pesca na Índia, e descreve-o muito bem. Mas *Índia* tem para êle acepção demasiado ampla, e eu não posso descortinar a que língua pertence ou pertenceu o vocábulo.

1728. — «**Sado**. Embarcação, que na India serve para pescar. São pequenas, e compostas de varias pranchas, cosidas com cairo ou esparto; tem huma pequena vela do feitio das mulêtas do Ribatejo». — *Supplemento.*

*** SALSAPARRILHA INDIANA.** Denomina-se assim em português, bem como em inglês e francês, uma planta da Índia, da família das asclepiádeas — *Hemidesmus Indicus,* Br., *uparsāḷ* em concani. «A raiz é muito usada internamente como alterante, e externamente contra as contusões, inchaços e mordeduras de cobras». D. G. Dalgado.

**Sanchu:**

1904. — «Pela fermentação e destillação produz [o arroz] um vinho ou aguardente, **Siu-cheu**». — João Maria da Silva, *Repositorio*, p. 36.

**Santono:**

1820. — «**Samton** (arvore). Decocto ou infusão da casca seca, deixando-se arrefecer durante uma noite e tomando-se pela manhã em jejum, faz o efeito da quina». — *Heraldo*, de 27 de Julho.

* **SARADE**. Pano branco, em Timor. Não vejo o vocábulo nos dicionários.

1883. — «Os reinos pagam á fazenda as fintas na razão de 1 **sarad** ou panno branco por 1 *pardau* ou rupia». — José Vàquinhas, in *Bol. S. G. L.*, III, p. 749.

**Sarrafo:**

1680. — «The **sarrafos**, who are the men who issue bills of exchange, wrote to their correspondents in metaphors». — Manucci, *Storia do Mogor*, I, p. 241.

**Saucarismo:**

1920. — «Nas Velhas Conquistas o *alcismo*, nas Novas e na Praganã o **saucarismo** conquistam foros de instituição». — *Heraldo*, de 20 de Agosto.

* **SEMENTINHA** (ant.). É o mesmo que *erva lombrigueira* (q. v.).

1516. — «Erva de vermes boa, que se chama **sementinha**» (vale 15 *fanões* por *farazola* no Malabar). — Duarte Barbosa, *Livro*, p. 393.

**SIGIPUTÃO**. Religioso budista de primeira categoria, em Calaminhã. Presumo que provêm do páli *sajjipito*, «preparado, esquipado, completo».

1546. — «Por serem mais sabios que todos os outros das vinte e quatro seytas deste Imperio, trazem huma certa divisa de cordões amarellos, com que andão cingidos, a que o vulgar da gente por grao supremo de honra nomea por **Sigiputões**, que quer dizer homens perfeitos». — Fernão Pinto, *Peregrinação*, cap. 164.

* **SIGRAME** (p. us.). «Carró de molas, com duas rodas altas puchado por bois. Proprios para travessias de regiões arenosas ou cortadas de ribeiros». Herculano de Moura. Do mar. *sīghrām* < sânsc. *çighra*, «rápido».

1906. — «Faz o resto da travessia em *machila*, camelo ou **sigrame**». — Id., *Inscripções Indianas*, p. 4.

1886. — «**Shigram**. s. A Bombay name for a kind of hack palankin-carriage». — Yule, *Glossary*.

**Sindo:**

1710. — «Em Goa se chamão **Sindos**, que quer dizer, que cortando a dita espiga [do coqueiro] tirão a dita *sura*». — P. Leonardo Pais, *Promptuario*, p. 94.

**Solans:**

1920. — «Leicenços e outros tumores abrem-se e curam-se pela aplicação de **solans** de mangas, moidas com sal (**solans** são lascas sêcas de manga não madura)». — *O Ultramar*, de 27 de Janeiro.

**II. Soma:**

1906. — «A adoração do **Soma** passa a ser a disfarçada apologia da embriaguez, do incesto, do deboche na sua forma mais repugnante, como a do *Linga* continua a ser hoje». — Herculano de Moura, *Inscripções Indianas*, p. 33.

**Sudro:**

1710. — «Nestas Partes de Goa se entende por ella a nação dos **Sudros**, que lavrão, não a terra... mas as Palmeiras para tirar a *sura*... Os **Sudros** exercitão o officio de *derrubadores* delles [cocos], e se chamão *Chaudarins*; outros exercitão o officio de extrahir o sal das marinhas; outros o de pescar; outros finalmente de comprar o peixe, e se chamão commummente **Rois**, e salgão o dito peixe para o venderem nas praças». — P. Leonardo Pais, *Promptuario*, p. 94.

* **SUTATE**. Na Índia Portuguesa quere dizer «môlho inglês, *sauce*, para carne ou peixe», o qual se vende em garrafas; em Macau é sinónimo de *soja*, q. v. Não posso conjecturar a procedência do vocábulo, que se usa como se fôra termo português.

1904. — «... Este condimento é do uso chinez e japonez. Hoje exporta-se grande quantidade para Europa e India, para fabricar outros condimentos mais agradaveis ao paladar dos europeus, como *Sauce*, etc. O **sutate** é feito dos feijões amarellos e pretos, que se poem a cozer até ficarem macios, misturam-se com uma pequena porção de farinha d'arroz ou de farelo d'arroz, que deixam fermentar e bolorecer, e então ajunta-se-lhes sal e agua fervida; a mistura é exposta ao sol, e sereno por tres semanas ou um mez, misturando e remechendo de vez em quando». — João Maria da Silva, *Repositorio*, p. 274.

1920. — «Recebeu Bonets, bonitos padrões... Vidros de azeite, e **Sutate** — Pickles e azeitonas». — *Heraldo*, de 6 de Abril.

## T

**Talapoi.** O Sr. Gabriel Ferrand informa-me que as recentes investigações provam que êste vocábulo provêm de duas palavras de Pegu: *tala*, «senhor», e *poi*, «nosso», isto é, «nossos senhores ou monsenhores», título protocolar dos bispos.

**TAMAXÁ.** Espectáculo divertido, scena cómica, farça. Do hindust.-persa *tamāxa*.

1710. — «He tão rica a gente da India, que os gentios della gastão nos banquetes de seus casamentos, e outres aprestos ordinariamente quatro até cinco mil rupias: e alguns quarenta e cincoenta mil, andando em continuos banquetes, conforme o muito que possuem; e por qualquer divertimento, que elles chamão **famaxà** (*sic*) deixão tratos de conveniencias». — P. Leonardo Pais, *Promptuario*, p. 17.

**Tam-Tam:**

1874. — «Reprova, condemna e prohibe ... fazer estrondo de **tam-tam,** ornar a casa com flores, dançar em presença do enfermo». — P. Casimiro da Nazaré, *Mitras Lusitanas*, I, p. 563.

**Tanadaria:**

1906. — «*Thaná*, um posto policial. Derivado do sanskrito *sthāna*, ou do hindustani *thāna*. Foram os portuguezes que estabeleceram este regime de soberania nas terras de Goa, após a conquista seguindo o systema dos mahometanos. D'ahi as nossas **tanadarias,** que João de Barros tão bem descreveu». — Herculano de Moura, *Inscripções Indianas*, p. 22.

**Tandel.** Tambêm o persa tem *tandīl*.

1912. — «Every ship required officers and men of the following titles and descriptions... the **Tundeil,** who was the chief of the *khelasses* or sailors». — R. Mookerji, *Indian Shipping*, p. 207.

**Tantrismo:**

1912. — «Subhakora was another Indian, native of Central India, who while working in China (717-739) privately visited Japan and left at the Kumedera Temple, in the province of Yamato, book... consisting of seven books, the fundamental doctrines of Buddhistic **Tantrism**». — R. Mookerji, *Indian Shipping*, p. 173.

**Tauísta:**

1920. — «The men and women of China, almost each and all, are **Taoists** (followers of Lao-ze's mystical cult) and Buddhists at the same time that they offer sacrifices to Confucius and Shangti». — *The Hindustan Review*, de Junho.

**Tendavá:**

1906. — «A primeira capella da direita é a de Siva dançando o **Tandáva,** ao pé de Parvati, assistidos de Bhrama, Vishnú e Ganez». — Herculano de Moura, *Inscripções Indianas*, p. 47.

* **TIRÍCIO.** Têrça parte, têrço, em Goa. Do conc. *tisró* ou *tisrāvó*.

1794. — «... com declaração que pelo emolumento de tres *bazarucos* chamados— **Tiricio** pertence ao *Potiqui* Bic Sinay». — *Collecção de Bandos*, I, p. 57.

**Tirta:**

1710. — «Por causa dos ditos Rios são todas as terras, a que chegão os ditos Rios, em grande estima, chamandoas **Tirta;** que quer dizer, terra que tem agua determinada para a tal lavagem. **Tirtas** são cento e oito por toda a India». — P. Leonardo Pais, *Promptuario*, p. 117.

* **TOQUE.** Figura o vocábulo na obra de Garcia da Orta como nome oriental do carbúnculo (pedra preciosa); e o Conde de Ficalho não lhe faz nenhum comentário. Eu ignoro a sua procedência, pois não o vejo em nenhuma das principais línguas indianas.

1563. — «Eu vi alguns destes [carbúnculos] a que chamam **toques,** e tem o preço segundo a grandeza, e feiçam e aguoas, e o mais caro que eu vi foy hum que diziam valer 20 mil cruzados; este tinha hum grande senhor no Decam, que mo mostrou por ser muito privado seu... dixeme que lhe custara seis *mãos* de ouro, que sam perto de cinquo arrobas portuguesas». — *Coloquios*, XLIV.

**Thug:**

1906. — «Por isso elle supporta, semi-feliz, a dominação europeia que prohibe os *satis*, os **thugs** e acabou os *johārs*». — Herculano de Moura, *Inscripções Indianas*, p. 127.

**Tudum**. Também designa o chapéu-de-sol indígena, em Macau.

1904.— «As folhas grandes e seccas [de caniço aquático] usam-nas para cobrir os chapeos de sol **tudum**, e para embrulhar a *catupa*». — João Maria da Silva, *Repositorio*, p. 72.

**Tulôsse :**

1710. — «Adorão mais hũa planta chamada **Tulassy**, por se dizer ser esta arvore do patio dos seus Deoses, e por esta razão todos os Gentios da terra firme tem em seus patios as ditas arvores, e em todas as manhãs lhe fazem sua veneração». — P. Leonardo Pais, *Promptuario*, p. 117.

## U

* **UPIÃO**. É o nome que em Macau se dá a uma espécie de *azeite-de-pau* (q. v.), preparada para calafetar. Do mal. *upam*.

1904. — «Ha duas qualidades, uma extrahida das sementes frias, e outra das sementes aquecidas ao fogo... A segunda é mais espessa e escura, e usa-se para fazer **Upião** (*Iau-fui*) para calafatar embarcações, e para pintar os botes». — João Maria da Silva, *Repositório*, p. 45.

## V

* **VAGARU**. Chefe militar superior em Calaminhã (Indo-China), provávelmente ministro de guerra. Presumo que provêm do birm. *voni-gyi*, «ministro de estado». *Bo-gyi* quere dizer «general». V: *monvagaru*.

1546. — «Cada hum destes Capitães he obrigado em cada hũa das lũas a fazer resenha geral da gente que pelo **Vagaruu** lhe he trazida». — Fernão Pinto, *Peregrinação*, cap 165.

**Vaniá :**

1710. — «Hũ Gentio, filho de hum **Vanio** de Triquimaleu, a quem Horacio Turselino chama Rey, querendo ser Christão, soube-o o pay, e o matou». — P. Leonardo Pais, *Promptuario*, p. 138.

* **VATALI** (ant.). Designa em concani (*vāṭlī*) «escudela de latão polido», de que se servem muitos cristãos da Índia em lugar de pratos de loiça ou de *potravalins* (q. v.) dos gentios. No português indiano é conhecido pelo nome de *bática*, q. v.

1736. — «Nenhum homem ou mulher para comer em loiça ou **vatalli** novo, dê nella primeiro de comer a alguma vaca, por serem todos estes ritos gentilicos e supersticiosos». —*Apud* Casimiro da Nazaré, *Mitras Lusitanas*, I, p. 247.

**Viddó :**

1647. — «... e que nos banquetes e ramadas que fazem nos ditos casamentos, se dêem primeiro agoa as mãos, e se lance agoa de cheiro, e se reparta o primeiro **viddo** de betle e toda a mais precedencia aos noivos». — *Apud* Casimiro da Nazaré, *Mitras Lusitanas*, I, p. 158.

**Vlão**. O Professor Pelliot reconhece a concordância de significados de *vlão* e de *colão*, mas hesita em admitir a identidade vocabular, por se encontrar *olao* ou *vlao*, como equivalente de *lao*, no *Imperio de la China* do Padre Semedo e na versão italiana duma inscrição chinesa, provávelmente feita duma tradução portuguesa. É possível que nos lugares citados o artigo *o* se tenha juntado ao substantivo, como aconteceu em *abadā* (q. v.); parece porém muito verosímil que Fernão Mendes Pinto tivesse escrito *clão*.

* **VOVI** (pl. *voviôs*). Espécie de versificação; muito usada em concani e marata, por permitir mais liberdade métrica. O *Purana* do Padre Tomás Estêvão e os livros apologéticos doutros missionários são compostos nesta forma. Do conc. *ovī*, pl. *ovyô*.

1734. — «Prohibe sob pena pecuniaria que os clerigos de ordens sacras assistam ás vodas ou banquetes de casamento, ou bailes, onde se cantam os epithalamios ou **oviôs**, ou aos jantares dos baptisados».— P. Casimiro da Nazaré, *Mitras Lusitanas*, I, p. 243.

1736. — «Mandamos... não cantem nem em publico, nem em particular as cantigas que se costumam cantar na lingua da terra, e se chamam vulgarmente **vóvios**; e quando queiram fazer algum festejo em demonstração de alegria, não sejam com cantigas, que tenham semelhança com os ditos **vovios**». — *Edital* da Inquisição de Goa de 14 de Abril.

1857. — «**Vovi**, no plural *voviô*, especie de metro, em strophes de quatro versos». Cunha Rivara, *Grammatica da Lingua Concani*, p. CIII.

# X

***XAQUIAÍSMO.** É, restritamente, o budismo primitivo, no qual Buda não figura como um deus ou profeta, mas como simples prègador de perfeição religiosa. V. *budismo*.

1920. — «In this branch of Buddhism, which should really be called **Shakayaism,** Buddha is of course neither a god or a prophet, but only a preacher of his time. The system is generally known as Hinayana or Lesser Vehicle of Buddhism. Its most prominent tenet is that of *Nirvana* or the cessation of misery (annihilation of pain)» — *The Hindustan Review,* de Junho.

**Xerafim :**

1680. — «On this account the viceroy sent me, through him, the proposition that I should accept either the knighthood of Saint'Iago, or a village yielding annually a thousand **xerafins**». — Manucci, *Storia do Mogor,* II, p. 281.

1918. — «The gold coin called **xerafim,** that is, *ashrafi,* was in later times identical with the Indian *Gold mohar,* which is still spoken of by that name, and gold coins of this type (weighing about 170 grains) were in early part of the sixteenth century struck in Gujarat, in the Bamini kingdom of the Deccan, in Malwa and in Bengal».—Longworth Dames, *The Book of Duarte Barbosa,* I, p. 39.

***XIVANTI.** Planta indiana — *Chrysanthemum indicum,* Linn., que produz lindas flores, *xivantins,* de diversos tamanhos e várias côres, predominando a amarela, sendo por isso a planta muito cultivada nos jardins. Do conc. *xivantī,* «planta», *xivantem,* «flor», pl. *xivantīm.*

# ÍNDICE[1]

## A



[1] Explicação. — O vocábulo em egípcio é o principal do *Glossário;* os que estão entre parênteses são variantes, derivados ou sinónimos; os dados em itálico figuram sòmente no corpo do artigo, e nas abonações. O algarismo romano denota o volume, o árabe a página, as letras *a* e *b* a primeira e a segunda colunas, respectivamente.

# D

## E



## F

## G

## J

## K

## L

# M

# N

## S

## U



## V

## W



## X

## Y



## Z

# APÊNDICE

## A

**Abedale.** O ar. *abdāl*, «religioso», é diferente de *'abdallah*, «servo de Deus».

**ADIGARIA** (ant.). Ofício de *adigar* (q. v.); recebedoria de aldeia, em Jafanapatão (Ceilão). O termo figura num manuscrito de 1645, que se acha na Biblioteca Nacional de Lisboa, e que serviu de base ao livro abaixo citado.

1645. — «The rent of Tobacco and of the ferry at Colombogama with its **Adigaria** 5410 *pardaos* of ten *fanams*». — P. E. Pieris, *The Kingdom of Jafanapatam*, p. 46.

* **AREATANE** (ant.). É termo que ocorre mais de uma vez no referido códice, e que designa certa contribuição indirecta, cuja natureza não se pode determinar com precisão. Deve ser de origem tamúlica.

1645. — «Any vessel with such a cargo [of foodstuffs] coming into any port had to pay three fanams of **areatane**, whatever might be the religion of the owner». — «The *Bellales* [vid. *balala*], however, who were not hunters had to continue to give **areatane** to the *Vidane* of the *Curo* both for his maintenance and for the expenses of the elephant catchers. He was also allowed the **areatane** of the village of Changatarvael». — Pieris, *op. cit.*, pp. 13 e 25.

## B

I. **Bata**. Que a palavra *bata*, empregada por Simão Botelho, não é a mesma que *bate*, como supunha Rodrigo Felner, vê-se da sua menção no aludido manuscrito em outro sentido, já indicado.

1645. — «The Canarese sailors were allowed **batta** at five fanams a month and the *mocadaens* double that amount». — Pieris, *op. cit.*, p. 4.

* **BOGAR**. Indivíduo duma casta de latoeiros, no Concão. Do conc.-mar. *bogār*. Na abonação parece que o termo está por «pedreiro».

1710. — «O primeiro quinario se chama *Panchallo*, que contêm cinco naçoens, a saber, o de Ourives, Latoeiros, Ferreiros, Carpinteiros, & **Bogares**». — P. Leonardo Pais, *Promptuario*, p. 96.

* **Bolca** (ant.). Contribuição que pagavam os negociantes, por ocasião da pesca de pérolas em Manar (Ceilão), para ter o direito de as comprar e vender. Do tam. *valakku*, «costume».

1645. — «The **Bolca**, which in view of several circumstances affecting its importance to the Treasury, was not leased out but collected by the Vedor himself». — Pieris, *op. cit.*, p. 41.

## C

* **CAMA, camão**. Aldeia cultivável; campo de arrozal, em Jafanapatão. Do tam. *kāmam* < sânsc. *grāma*. V. *gão*.

1645. — «... used to go to Vanni to cultivate **camas** there and would pay to the renter from ten to twenty *lachas* of foodstuffs for each **cama**, in accordance with its size». — «The natives had to pay a *marca* of paddy (*nele*) to the Clerk and the same to the *Camgane* of each tank or **Camão**». — «The Sin. *Gama*, Sansk. *grama*. The highest cultivator among the Tamils is still the *kamakaran*». — Pieris, *op. cit.*, pp. 15, 35 e 63.

* **CAMAPULI**. Não é bem claro o sentido do vocábulo no códice; Pires conjectura que está por *cumerim* (q. v.); mas se provêm do tam. *kamuga-pillai*, o que é duvidoso, deve significar «arecal».

1645. — «The Captains had also illegally apropriated the royal rights and dues which the inhabitants of the Island had to pay whenever they cleared forests to open plantations, whether of cotton, tobacco, or **camapully**». — Pieris, *op. cit.*, p. 36.

**Canvo**. O Sr. Pelliot, por subseqùente informação, acha inconciliável com a forma das abonações a etimologia (*tchao-hu*) que tinha sugerido. V. *Suplemento*.

* **CARISTA** (ant.). Figura o vocábulo, derivado de *caro*, no referido códice, com o sentido de «assambarcador, para vender mais caro».

1645. — «In order to assist the renter and to prevent forestallers and regraters (**caristas**) no one, whether European or Asiatic, was permitted to have in his house *marcas* and *medidas* (q. v.), by means of which secret sales could be conducted». — Pieris, *op. cit.*, p. 14.

* **CHAME**. É nome tamúlico, *samai* ou *sami*, do «milho painço», que também deve ser o significado de *tana* (q. v.).

1645. — «The labourers who were under the obligation of rendering such *Ulia* (q. v.) service to the Crown were supplied with food, for which 170 *candies* of **chame** (*sami*) were purchased». — Pieris, *op. cit.*, p. 6.

**Champana**. Parece que o termo era conhecido na Índia, por via dos malaios, e dado a certa espécie de embarcações indígenas antes da chegada dos portugueses e da conquista de Malaca, como se depreende da abonação de Duarte Barbosa. Em singalês *sampan* atenuou-se em *hampan* e deu o nome a um pôrto, *Hamban-tota*, «porto de champanas». Vid. Pieris, p. 62.

* **Chândea**. Mercado, em Jafanapatão. Do tam. *channadą*.

1645. — «In the case of all sales, whether at the Grand Bazar or at the numerous **chandeas**, markets, in the Kingdom». — Pieris, *op. cit.*, p. 13.

**Chapaz**. Acha o Sr. Pelliot arbitrária a combinação de palavras anamitas que eu dei por étimo, devendo a sua origem buscar-se no cambojano e não no anamita.

**Charão**. Informa-me o Sr. Pelliot que Mateus Ricci transcreve mais de uma vez em italiano *ciorone* o português *charão*, e que a forma mandarina é *ts'i* ou *yeu-ts'i* («óleo *ts'i*»), pronunciada no dialecto de Cantão aproximadamente *ts'at*, o que justifica a primeira sílaba, sendo a segunda inexplicável.

**Chau**. O seu étimo exacto é o chin. *tch'ao*. O nome usual de letra ou bilhete de banco é actualmente *ts'en-p'iao* ou *p'iao-tseu*. *Tch'u-ts'ien* ou *tche ts'ien* designa o papel dourado ou prateado que se emprega nas cerimónias religiosas, particularmente funerárias.

**Chau-chau**. Conforme o Sr. Pelliot, a etimologia desta locução é até o presente incerta.

**Chávena**. Em chinês, *tch'a-van* designa a «chávena», e *tch'a-kuan* ou *tch'a-h'u* quere dizer «bule».

**Chicu**. O Sr. Pelliot prova que *chicu* não vem do páli *bhikkhu*, mas do camb. *chaŏ-ku*, «senhor de mim», isto é, «meu senhor ou monsenhor». Neste caso, corresponderia no sentido a *talapoi*. V. o *Suplemento*.

**Chifanga**. «Como a maior parte das supostas palavras chinesas, de Pintó, resiste esta a toda a explicação». Pelliot.

**Chin**. No sentido de «muralha, recinto fortificado», provêm do chin. *tchen;* no de «subúrbio e mercado», do chin. *tch'eng.*

**Chujem** (*chujen*). Do chin. *kiu-jen,* «licenciado», graduado no segundo grau académico.

**Chumbim.** O étimo dêste vocábulo, como o de *compim,* é, segundo Pelliot, o mesmo que o de *chumpim,* — *-tsong-ping.*

**Chunambo.** Vê-se do citado manuscrito que havia em certas partes da Índia o ofício de *mestre de chunambo,* o qual consistia em fiscalizar a preparação de cal para uso de fortalezas e construções públicas.

1645. — «There was also a special **Mestre de Chunambo** who had to supervise the preparation of the lime».—Pieris, *op. cit.,* p. 6.

* **COLAPORE.** Tecido de algodão de diversas côres, fabricado em Colapor, usado por mulheres de *pano-paló* (q. v). De conc. *kholāpurī* < *Kholāpūr.*

1710. — «Com a linha que se fez de algodão na India nascido, se obram roupas de fineza como são *canequins, panos,...* **colapores, socrutoens,** *cassas*». — P. Leonardo Pais, *Promptuario,* p. 12.

**Colau.** Do cantonês *ko-lao* (mandarino *kao-leu*), lit. «sobrado ou andar superior», por ser aí que estão os restaurantes em Cantão e não no rés-do-chão, como em outras partes da China.

**Conchuim.** O Sr. Pelliot prefere o étimo chin. *kuan ch'uan,* «embarcação mandarina», a *kung-chuen,* «embarcação pública», por mim apontado.

**Conquão.** O étimo do vocábulo é, conforme o dito sinólogo, o chin. *tson-kuan,* «director geral».

**Curo.** Havia antigamente em Ceilão um *vidana* (q. v.) ou chefe do curo de elefantes.

1645. — «Several instructions were now framed by Mascarenhas for the guidance of the **Vidane de Curo** (Kuruwe Vidane) as the officer who supervise the collections of the Elephants due to the Crown was called». — »... had to continue to give *areatans* to the **Vidane of the Curo**». — Pieris, *op. cit.,* pp. 24 e 25.

## D

**Dó.** O Sr. Pelliot sugere que o vocábulo, no sentido que se lhe atribui em Macau e Timor (vid. no corpo e no *Suplemento*), poderia provir do chin. *teu,* «capucho». Pareco que tem razão, pois a peça do vestuário não tem nenhuma relação com o luto, nem o significado especial é conhecido na India, donde deveria naturalmente ser transmitida a dição, se fôsse genuinamente portuguesa.

## F

**Fanqui.** A mais antiga menção que ocorre do vocábulo é no *Tractado da China* (cap. XXIII, 1) do Fr. Gaspar da Cruz, que o transcreve em *fancui.*

**Fão.** As abonações de 1525 e de 1536 referem-se ao chin. *fen* (*fuen* em Halde, vid. p. 524 *a*), que é a décima parte de *maz* (q. v.) ou do chin. *ts'ien,* emquanto o *hão* de Semedo procede do vocábulo dado por étimo, e designa a décima parte de *li* (q. v.).

## G

**Guigavo.** O Sr. Pelliot põe em dúvida a etimologia apontada.

## H

**Hang-chien.** Não admite o mesmo sinólogo que o vocábulo se relacione com o chin. *san-tcheng* ou *san-chao.*

**HARDA.** O Sr. Cândido de Figueiredo fez-me reparo em não ter eu registado no *Glossário* o vocábulo *harda*, que não sabe o que é. Usa-se na Índia como termo português (vid. *bicho-de-palmeira*, e *chanim* no *Suplemento*), e assim me pareceu, pois Morais diz-nos, sem nenhuma referência geográfica, que é «espécie de doninha», e Vieira manda ver *esquilo*. É de facto uma espécie de esquilo, *Sciurus bicolor*; mas não conheço a origem da dição, que se me não afigura asiática. O malaiala *aṇṇān*, que significa o mesmo, não explica bem a forma de *harda*.

## L

* **LACHA** (**laxa**). Medida de capacidade, equivalente à quinta parte de *pará* (q. v., 1), em Ceilão. Do sing. *lahasa*.

1645. — «. would pay to the renters from ten to twenty **lachas**, in accordance with its size». — «For each such animal, [elephant] 3 *cules*, 1 ½ fanams a day for *olas* (at 25 *olas* the fanam), **laxe** at 2 fanams». — Pieris, *op. cit*, pp. 15 e 32.

**Lanteá**. O Sr. Pelliot inclina-se a derivar o vocábulo do cantonês *ling-t'ing*, que designa uma espécie de embarcação.

**Libango**. A etimologia proposta não agrada ao Sr. Pelliot.

**Lumichuem**. O citado orientalista supõe que o seu étimo é o mesmo que o de *leam-chuen*, isto é, *leang-tch'uan*.

## M

**Marca**. É o mesmo que *marcar* (q. v.). Do tam. *marakkal*.

1645. — «And he had to employ a **marca** which had been officially tested». — «The natives has to pay a **marca** of paddy (*nele*) to the Clerk». — Pieris, *op. cit.*, pp. 13 e 35.

**Massancrache**. A forma cambojana é, conforme Pelliot, *mohàsankhrăch* = páli *mahāsaṅgharājā*, «grande príncipe do assemblea ou igreja», ou «chefe de grande congregação».

**Maz**. Na acepção de «ouro», o Sr. Pelliot reputa-o vernáculo das línguas malaio-polinésias, e sòmente admite a derivação do sânsc. *māṣa* no sentido de «pêso».

**Meiji**. Conforme Pelliot, o vocábulo, no sentido apontado no texto, não provêm do jap. *meiji*, «ordem, decreto», mas doutros dois caracteres, que querem dizer «govêrno esclarecido».

* **METERE** (ant.). *Poleá* nomeado pelo rei para julgar os pleitos da gente da sua casta. Do malaiala *mēttaram*, «o mais excelente».

1710. — «Entre elles o Rey de Cochim elege hum Polia mais grave para diffinir os seus pleytos, & se intitula **Metère**, a respeito de não *impoliar* [vid. *empolear*] o Rey, porque para isto basta só a sombra, que em lingua da terra se chama *Tindi*, & em Portuguez quer dizer, não me toques com tua macula, como em Latim, *noli me tangere*: & em caso que algũ se *impuliar*, o Rey de Cochim dando de sua mão ao *impoliado* hum jarro de agua, & lançando quatro gotas della na cabeça o *desempolia*». — P. Leonardo Pais, *Promptuario*, p. 77.

**Mitir**. Corresponde exactamente ao camb. *mohàthēr* = páli *mahāthera*, «grande ancião ou monge sénior».

**Mobed**. O Sr. Pelliot deriva o persa *mōbed* do páhlavi *magupat*, «chefe dos magos».

**Monguiloto; monteu**. Não parecem ao referido professor atestadas em chinês as combinações que fiz para explicar a etimologia dos termos.

* **MOUTÃO** (ant.). Companhia de apanhadores de elefantes, em Jafanapatão. Do tam. *mūttam*.

1645. — «... were to be organised by the *Vidane* in companies (**Moutois**) to be employed in the Hunt». — «No inhabitant of Mantota or Manar was permitted to maintain a **moutao** of Hunters, for all those appertained to the King and his Hunt». — «All other animals captured by him would be paid for as in the case of other **moutoins**».—Pieris, *op. cit.*, pp. 26, 30 e 32.

## N

**Nacsendeche.** A sua exacta forma em cambojano é *nāksañkhrăch*.

## O

**Ôlho de gato.** Nota o Sr. Pelliot que o chin. *mao-ting*, atestado no século XIV, quere dizer o mesmo.

## P

**Panchão.** Diz o Sr. Pelliot: «A expressão chinesa correspondente é *pao-tch'ang*, que se escreve de diversas maneiras e tem variantes dialectais; a origem do nome não é muito clara, mas o sentido não é certamente «embrulho de pólvora».

**Paradis.** É outra forma de *pardexi* (q. v.).

1645. — «No **Paradis** or Bellala could sell the produce of his own land at the bazar, though he could keep it for his personal use». — Pieris, *op cit.*, p. 16.

*** PATARI.** Rendeiro ou arrematante das rendas do fisco; monopolista, no Malabar. Do malaiala *pāttāḷi*.

1710. — «Os **Patarês** exercitão o oficio de mercadores, em todo o contrato: *Canacas* he gente servil: *Chegos* tratão de Palmeiras: os *Macuas* são pescadores; os *Poliâs*, gente baixa». — P. Leonardo Pais, *Promptuario*, p. 76.

III. *** PATOLA.** É o mesmo que *ola* (q. v.): documento, cédula em lascínia de palmeira. Do tam. *pattōlai*

1645. — «Orders were also given that all Tombos, **patollas**, *Regimentos*, registers and other important documents should be stored at the same place». — «It appeared from the ancient **patollas** that the Kings used to vary in the manner in which they treated this commodity». — Pieris, *op. cit.*, pp. 11 e 16.

**Pilanga.** O étimo indicado *ping-lin*, não é certo.

**Pio.** Nenhumas das etimologias propostas satisfaz ao Sr. Pelliot, que não sugere outra.

**Pitau.** O Sr. Pellíot não admite *pu-tau* por étimo do vocábulo.

**Poei-chim.** O seu étimo é *p'ei-tch'en*, que quere dizer «enviado dum príncipe vassalo». Mateus Ricci assumiu o título em alguns dos seus escritos chineses.

II. **Pu.** Na definição dada, *pu* está pelo chin. *p'u*, mas na última abonação representa o chin. *pu* e designa «passo chinês», cêrca de $1^{m},60$.

## Q

**Quinchai.** O seu étimo é *k'in-tch'ai*, «delegado imperial».

## S

**Sai, saze.** O Sr. Pelliot considera os termos distintos, devendo a origem do segundo procurar-se no cambojano.

**Sapatião.** O Sr. Pelliot prefere derivar o vocábulo do chin. *sam-pan-ting*, «barco *sam-pan* ou *champana* (q. v.).

*** SOCRUTÃO** (ant.). Fazenda de algodão, não se sabe do que espécie. Se o termo provêm do sânsc. *sukṛta*, «bomfeito», designaria um tecido fino. É possível que seja o mesmo que *succatoon*, que figura numa pauta antiga da Índia Britânica.

1710. — «Com linha que se faz do algodão na India nascido, se obrão roupas de fineza, como são... *calapores*, **socrutoens**, *cassas*». — P. Leonardo Pais, *op. cit.*, p. 12.

**Subedar.** O turco *subachi* «capitão», não tem relação etimológica com o outro vocábulo.

**Sumbaia.** O Sr. Pelliot observa

que a palavra é empregada, com referência a Camboja, pelo viajante chinês Theu-ta-kuan em 1296–1297.

**Suncun.** O Sr. Pelliot rejeita a sua explicação pelo chin. *sún-tsáng*, que não conhece e não aponta outra origem.

## T

**Tael.** O referido sinólogo não admite que o mal. *tahil* se ligue ao indiano *tolá*, como presumia Crawfurd, por ser indígena das línguas malaio-polinésias e se encontrar nas inscrições antigas de Champá sob as formas *thil* e *thei*.

**Taifó.** Julga o Sr. Pelliot que esta palavra não se pode ligar ao chin. *tai-to* (mandarim *ta-tao*), «grande faca», mas que deve provir dalgum nome cantonês, em mandarim *ch'uang-tu* ou *ch'uang-kien*.

**Talismano.** O Sr. Pelliot rejeita a etimologia sugerida, em dúvida, por Yule e reproduzida por mim, e aponta o persa *dānişmănd*, pelo qual eram conhecidos na China os religiosos muçulmanos nos séculos XIII e XIV.

**Tauli.** Observa o Sr. Pelliot que o termo, mencionado pelos missionários antigos, não se encontrou até hoje nos textos chineses, e que *li*, «funcionário», não é própriamente sufixo, mas entra em certas expressões.

**Taurinel.** O referido sinólogo reputa inexplicável a dição empregada por Fernão Mendes Pinto e arbitrária a combinação que eu arranjei para a explicar.

**Tien.** *Tien-tzu* de Fr. Jacinto de Deus representa o chin. *t'ien-tsen*, «filho do céu», e é diferente do *t'ien-tcheu*, «senhor do céu ou Deus». *Tiensu* de Tavernier e de Bluteau é termo de Tonquim, diverso do chinês.

* **TIRVA** (ant.). Contribuição que se pagava em Jafanapatão do produto de arrozal. Do tam. *tirvai*.

1645. — «In making the **tirva** in Mantota, no Clerk (Escrivão) was required to take part on behalf of the King, as they had nothing to do». — Pieris, *op. cit.*, p. 35.

**Topaz.** Em Ceilão havia um *topaz-mor*, no sentido de «chefe de intérpretes».

1645. — «The *Patangatim Mor*, the *Canacapole Mor* and the **Topaz Mor** had certain customary, privileges over the divers in their *champanas*». — «The word signifies «two languages». An interpreter *Mudaliyar* is still popularly known as «*Tuppahi.* Mudiyanse». — Pieris, *op. cit.*, pp. 43 e 65

**Tuien.** Na opinião de Pelliot, *tu yuen* da abonação explica-se melhor pelo mandarino *tu-yuan*, «côrte do governador geral», que por *tu-hien*, «governador».

**Tuengia.** O Sr. Pelliot prefere derivá-lo de *thuyên-hai*, «junco de mar».

**Tutão.** Nota o Sr. Pelliot que *t'i-tu*, *tu-tu* e *tu-t'ong*, são três títulos militares diferentes. Vid. nota no texto.

**Tutié.** Não é própriamente o nome do tribunal, mas a patente que passa o tribunal acêrca da ordenação dos monges budistas, como se diz na abonação.

## U

**Ufu.** Parece ao Sr. Pelliot que nas duas citações se trata dum nome próprio; mas observa que *yu-fu*, «casa imperial», não é usado.

**Upo.** O Sr. Pelliot não encontra em chinês expressão que corresponda a *upo*, se bem que exista *pu* (*po* em cantonês), que quere dizer «prender» e se emprega com referência aos agentes de polícia.

## X

**Xaeiro.** Nome duma casta baixa, que se ocupa em preparar a *xaia* (q. v.); também conhecido por *xaiacar*, do tam. *chāyakkāran*.

1645. — Washermen (*mainatos*), painters and dyers (**xayacar**) were forbidden to wash or dye cloth which had not previously received the *chapa*». — «The **Xayeiros** were the people who were liable to the service of collecting this root». — Pieris, *op. cit.*, pp. 13 e 16.

**Xu-tagin.** O Sr. Pelliot considera *xu* como nome próprio; *Xu-tagim* significaria, portanto, Sua Excelência *Xu*.

# ERRATA

## VOLUME I

| *Pág. e col.* | *Lin.* | *Onde se lê:* | *Leia-se:* |
|---|---|---|---|
| XXVIII | 22 | *kheripo* | *keripo* |
| XLI | 14 | *uāzīr* | *uazīr* |
| 4 *b* | 4 | acrescente-se: Persa-ár. *'abbāsī*. | |
| 5 *b* | 33 | **Abedade** | **Abedale** |
| 7 *a* | 54 | **Accadaries** | **Accadaris** |
| 11 *a* | 1 | *hadyia* | *hadiya* |
| 22 *a* | 51 | *al-qor' an* | *al-qor' ān* |
| 37 *b* | 22 | 1587 | 1487 |
| 46 *a* | 12 | elimine-se: ou *sháng* | |
| 48 *a* | 32 | *yó pó* | *a-p'o* |
| 55 *a* | 34 | aventurou. | aventou |
| 72 *b* | 36 | acrescente-se: V. *wood-oil* in Glossary. | |
| 79 *a* | 44 | Hun **bar** | Hum **bar** |
| 98 *a* | 13 | *bánua* ou *bánuwa* | *bĕnua* ou *bĕnuwa* |
| 115 *a* | 28 | 1535 | 1635 |
| 121 *a* | 13 | *Bési* | *Bĕsi* |
| 126 *b* | 55 | *bhikku* | *bhikkhu* |
| » | pen. | *bikhār* | *bhikār* |
| 138 *b* | 1 | *bónzu* | *bózu* |
| 143 *b* | 3 | *Miralecy* | *Miralexy* |
| 153 *a* | 50 | corte-se: P. Fernão de Queiroz | |
| 157 *b* | 38 | Camilo Castelo Branco | Visconde de Ouguela |
| 160 *a* | 13 | chamaram | chamauão |
| » | 37 | *kabīlā* | *kābīla* |
| 179 *a* | 14 | *qal' ai* | *qala' i* |
| 194 *a* | 31 | *Hhakhon* | *Khakhon* |
| 201 *a* | 32 | **guntedras** | **gutedras** |
| 203 *a* | 19 | *kafūr* | *kāfūr* |
| 203 *b* | 27 | *kyang-hiai* | *hyang-hiai* |
| 221 *b* | 55 | *patracam* | *patracane* |
| 223 *a* | 56 | **Cossàbares** | **Cossebàres** |
| 249 *a* | 31 | **Chabouo** | **Chabouc** |
| » | 42 | **Ohacal** | **Chacal** |
| 252 *b* | 37 | **chaies** | **chales** |
| 255 *a* | 2 | *sam-pam* | *sam-pan* |
| 257 *b* | 5 | **Candaz** | **Chandaz** |
| 266 *b* | 10 | 339 e 339 | 339 e 359 |
| 268 *a* | 3 | *Tsau chi* | Do chin. *chão*. V. *Apêndice* |
| 274 *b* | 16 | de [Ceilão] | [de Ceilão] |
| 276 *a* | 7 | *crisanghī* | *çrisanghī* |
| 282 *b* | 57 | *Chanambêro* | *Chunambêro* |
| 283 *a* | 25 | **Chumane** | **Chuname** |
| 286 *a* | 21 | **Coamerque** | **Çoames,** que |
| 296 *a* | 50 | 1619 | 1679 |
| 298 *b* | 29 | *kolanjan* | *khūlinjan*, ár. *khulanjan* |
| 308 *b* | 1 | porta-couraça | porta-carcaz |
| 311 *b* | 29 | *kūrunāyak* | *kūrunāyaka* |
| 331 *a* | 34 | **culconi** | **culcorni** |
| 333 *a* | últ. | **Cumbulem** | **Cumbulêm** |

# ERRATA

| *Pág. e col.* | *Lin.* | *Onde se lê:* | *Leia-se:* |
|---|---|---|---|
| 346 *a* | 12 | **dallles** | **dallles** |
| 347 *b* | ant. | **Daramesalá** | **Darameçalá** |
| 371 *b* | 11 | *dūsum* | *dūsun* |
| 385 *b* | 13 | *falas* | *fals* |
| 395 *a* | 6 | três | quatro |
| » | 7 | cap. cxx | cap. cxxi |
| » | 16 | *pírange* | *pirange* |
| 407 *b* | 34 | *Minusops Kanki* | *Mimusops Kauki* |
| 428 *a* | 38 | *jilba* | *jalba*, vulg. *jelba* |
| 445 *b* | 34 | *godowon* | *godown* |
| 447 *b* | 33 | *Ramdia* | Randia |
| 524 *a* | últ. | *lie* | *li* |
| 524 *b* | pen. | **Libanco** | **Libango** |
| 529 *a* | 32 | horse leeck | horse-leech |
| 430 *b* | 7 | *li-kúm* | *li-kin* |
| 531 *b* | 3 | **Lochias** | **Lechias** |

## VOLUME II

| | | | |
|---|---|---|---|
| 1 *b* | 20 | *basbasa* | *basbāsa* |
| 12 *a* | 55 | *maidan* | *uaydān* |
| 18 *a* | 47 | *mahomūdi* | *maḥmudī* |
| 22 *a* | 40 | *kuam-kua* | *kuan-h'ua* |
| 30 *a* | 8 | 579 | 379 |
| 40 *a* | 32 | **ROZEDO** | **ROSADO** |
| » | 44 | *murauaj* | *muranuj* |
| 41 *b* | 58 | **MASSANCHRACHE** | **MASSANCRACHE** |
| 43 *a* | pen. | cada 32 | cada 52 |
| 53 *a* | 40 | Ku-fu-kien | Hu-fu-kien |
| 55 *a* | 4 | *bahr* | *baḥr* |
| 60 *b* | 25 | **mocarraias** | **mocarrarias** |
| 83 *a* | 12 | *maṣlah* | *maṣlaḥ* |
| 83 *b* | 32 | (q. v.). | (q. v.). V. *motiar*. |
| 84 *b* | 37 | *muxāra* | *muxāhara* |
| 85 *a* | 44 | *nāyīb* | *nā'ib* |
| 90 *b* | 42 | *nāyīb* | *nā'ib* |
| 110 *a* | 21 | **Nirvanica** | **Nirvánica** |
| 113 *a* | 4 | **NORIMANO** | **NORIMONO** |
| 120 *a* | 40 | E um | É uma |
| 134 *a* | ant. | **pagade** | **pagode** |
| 141 *a* | 18 | *pái-lo* | *p'ai-leu* |
| 155 *b* | 27 | **Panderane** | **Pandarane** |
| 192 *a* | 16 | envoye | envoya |
| 198 *b* | 8 | *bēsi* | *bĕsí* |
| 201 *a* | 1 | **PAVOL** | **PAVAL** |
| » | 5 | **pauol** | **paual** |
| » | 7 | 339 | 39 |
| 205 *a* | 41 | *pelang* | *pēlang* |
| 216 *b* | 17 | *fustuk* | *fustak* |
| » | 50 | *kin-tan-veng* | *kint'eu* |
| 220 *b* | 35 | Sabatini | Sabatino |
| 227 *a* | 11 | *chim-pu* (ching-pu) | *ximpu* (*xing-pu*) |
| » | 49 | *tchehĕ* | *tchchĕ* |
| 236 *b* | 41 | *Hin-tan* | *Hiu-tan* |
| 238 *b* | 33 e 44 | **QUINIGUILÃO** | **QUINIGUENILÃO** |
| » | 49 | Baconor | Bacanor |
| 240 *b* | 13 | 88, p. 34 | II, p. 34 |
| 242 *a* | 50 | **RAIZ-DE-CAMARAS** | **RAIZ-DE-CÂMARAS** |
| 248 *b* | 23 | **Ramoramo** | **Ramaramo** |
| » | 55 | eentinoms | cent noms |
| 249 *b* | 55 | Cette | Cette ville |
| 255 *b* | 42 | *icus* | *sens* |
| 269 *a* | 24 | dez **azares** | dous **azares** |
| » | 36 | e courenta e sete | e corenta e seis |
| 273 *a* | 31 | elimine-se: chin. *shan-shi* | |

| *Pág. e col.* | *Lin.* | *Onde se lê:* | *Leia se* |
|---|---|---|---|
| 277 *a* | 5 | *saligi* | *sĕligi* |
| 279 *a* | 55 | **Camorim** | **Çamorim** |
| 282 *a* | 36 | **ŞANEDEVÃO** | **SANIDEVÃO** |
| 282 *b* | 26 | rial | rei |
| 284 *b* | 32 | **SANGUIRAVE** | **SAGUIRAVE** |
| 286 *b* | 30 | **Santiaco** | **Sangiaco** |
| 297 *a* | 14 | **çarrafos** | **çarafos** |
| 297 *b* | 27 | *prinoides* | *prionoides* |
| 299 *b* | 54 | **Suttae** | **Suttee** |
| 306 *a* | 15 | **SIMATEM** | **SIMATÊM** |
| 323 *a* | 56 | *sūfī* | *sufī* |
| 329 *b* | 43 | *tsung-tu* ou *tang-doc* | *tsun-tu* ou *tong-doc* |
| 330 *a* | 13 | *Tsuong-Tou* | *Tsoun-Tou* |
| » | 17 | p. 160 | p. 360 |
| 334 *b* | últ. | *tau-kóh* | *taû-kok* |
| 336 *a* | 29 | ideâl | idéale |
| » | 31 | dix f. | dix. s. |
| » | 40 | **tall** | **taël** |
| » | 52 | *tafsila* | *tafsīla* |
| 337 *b* | pen. | elimine-se: composto de...) | |
| 341 *b* | 10 | **talapates** | **talapetes** |
| 347 *b* | 28 | **trambrompoté** | **tambrompoté** |
| » | ant. | *tăm-hŭng* | *tăm-lŭng* |
| 350 *a* | 46 | *temonggon* | *temoṅguṅ* |
| 358 *a* | 59 | *túng-sz'* | *t'ong-ch'e* |
| 362 *b* | 18 | *tau-kian* | *tau-kiau* |
| » | 20 | *táu-sze* | *tao-che* |
| 365 *b* | 50 | Nabumanga | Nobunanga |
| 366 *b* | 18 | *sion* | *siou* |
| 371 *a* | 2 | *thien thâng* | *thien than* |
| 372 *a* | 51 | *tien* | *t'ien* |
| 373 *b* | 3 | *Chong-t'ien-tzu* | *Cheng-t'ien-tzu* |
| 374 *a* | 29 | 1853 | 1837 |
| » | 35 | Kŭvung-tsen | Khoang-tsen |
| » | 39 | *tsien-só* | tien-sen, «coxim» |
| 376 *a* | 3 | **tin-tim** | **tin-tin** |
| 382 *b* | 30 | *tope-chī* | *topchī* |
| 383 *b* | 43 | jap. *tọri* | jap. *tori-i* |
| 391 *b* | 45 | *tung-tsian* | *t'ong-ts'en* |
| 392 *b* | 28 | *tu-váng* | *tu-kuan* |
| 403 *a* | 45 | **Vangares** | **Vangores** |
| 404 *a* | 19 | **Vanis** | **Vanios** |
| 408 *a* | 29 | **Betbs** | **Beths** |
| 416 *b* | 55 | **vishnatismo** | **vishnutismo** |
| 418 *a* | 11 | par la *O* | par un *O* |
| 419 *b* | 47 | **xadandar** | **xabandar** |
| 421 *b* | 48 | *Xe-kra* | *Xe-kia* |
| » | 61 | de Chingulois | des Chingulois |
| 423 *b* | 6 | *xa-man* ou *xi-man* | *chaman* |
| 424 *a* | 2 | **Shamaist** | **Shamanist** |
| » | 3 | Guenkdju | Geueukdju |
| » | últ. | *shān chū* | *xān-xū* |
| 432 *b* | 10 | **Siuto** | **Sinto** |
| 433 *a* | 1 | *xikire* | *sekire* |
| » | 44 | **Xivaita** | **Xivaíta** |
| 435 *b* | 29 | condemnaient | condamnaient |
| 449 *b* | 32 | **Agà** | **Agá** |
| 451 *a* | 34 | medeira | madeira |
| 457 *a* | 11 | **Atalaque** | **Atalaque**. (V. *atabaque*). |
| 465 *a* | 8 | 1853 | 1837 |
| 467 *a* | 28 | do segundo | no segundo |
| 474 *a* | 50 | **cocoètes** | **cacoètes** |
| 476 *a* | 32 | **Calicó** | **Calicó** |
| 477 *a* | 16 | *kvân-chân-fu* | *kuan-cheu-fu* |
| 478 *a* | pen. | *tchao-heu* | *tchao-hu* |
| 479 *a* | 23 | **Carla** | **Carlá** |

| *Pág. e col.* | *Lin.* | *Onde se lê :* | *Leia-se :* |
|---|---|---|---|
| 481 *b* | 18 | **Cevi** | **Ceuŕ** |
| 482 *b* | 41 | **Chanden** | **Chandeu** |
| 485 *a* | 39 | **Coameques** | **Çoamerques** |
| 487 *a* | 26 | **Coranganim** | **Çorangarim** |
| 489 *b* | 41 | **Dechani** | **Dachani** |
| 497 *b* | 23 | **Gugul** | **Gulgul** |
| 498 *a* | 7 | **Hai-tagem** | **Hai-tagim** |
| 502 *b* | 10 | **Laskamana** | **Lakṣamana** |
| 505 *b* | 15 | **Manzil** | **Manzel** |
| 506 *b* | 6 | *Balclão* | *Balchão* |
| » | 8 | **Mithmapri** | **Mitmapri** |
| 513 *b* | ant. | **Quismis** | **Quissimissas** |
| 514 *a* | 42 | **Rajava** | **Rájava** |